법무사

형법

시대에듀

시대에듀 법무사 2차 형법

Always with you

사람의 인연은 길에서 우연하게 만나거나 함께 살아가는 것만을 의미하지는 않습니다.
책을 펴내는 출판사와 그 책을 읽는 독자의 만남도 소중한 인연입니다.
시대에듀는 항상 독자의 마음을 헤아리기 위해 노력하고 있습니다. 늘 독자와 함께하겠습니다.

보다 깊이 있는 학습을 원하는 수험생들을 위한
시대에듀의 동영상 강의가 준비되어 있습니다.
www.sdedu.co.kr ➔ 회원가입(로그인) ➔ 강의 살펴보기

PREFACE 머리말

법무사는 일반인에게 법률서비스 및 조언을 제공하는 인력으로, 타인의 위촉에 의하여 법원과 검찰청에 제출할 서류나 등기·등록과 관련된 서류를 작성하고, 등기·공탁사건의 신청을 대리합니다. 갈수록 심화되는 사회의 복잡성으로 인하여 소송 관련 법무는 끊임없이 늘어나고, 이에 따라 법무사의 필요성과 수요는 그 어느 때보다 증가하고 있으나, 방대한 시험범위와 장문의 지문, 높아져만 가는 난도 등으로 인한 수험생들의 부담감 역시 상당한 것이 현실입니다.

「시대에듀 법무사 2차 형법」은 법무사시험을 준비하는 수험생들에게 가장 확실한 합격의 길을 제시하기 위한 수험서로, 단 한 과목도 소홀히 할 수 없는 수험생 여러분을 위하여 최신 출제경향과 학계동향을 반영한 핵심이론과, 주요 기출문제 및 상세해설을 한 권에 모두 수록하여 효율적인 시험 준비에 도움이 되고자 하였습니다.

「시대에듀 법무사 2차 형법」의 특징

❶ 최신 개정법령 및 판례를 완벽하게 반영하여 형법의 기본체계를 이해할 수 있도록 하였습니다.
❷ 사례형 문제로 자주 출제되는 중요 쟁점 및 관련 판례를 완벽히 정리하였습니다.
❸ 5개년 최신기출문제와 해설을 수록하여 출제경향을 파악할 수 있도록 하였습니다.
❹ 보다 깊이 있는 학습을 원하는 수험생들을 위하여 본서를 교재로 사용하는 동영상 강의(유료)를 준비하였습니다.

본서가 법무사시험에 도전하는 수험생들에게 합격의 길잡이가 될 것을 확신하며, 본서로 학습하는 모든 수험생 여러분에게 합격의 영광이 함께하기를 기원합니다.

대표 **편저자** 씀

이 책의 구성과 특징 STRUCTURES

1 핵심이론

▶ 기출문제를 바탕으로 2차시험에 적합한 핵심이론을 구성하였다.
▶ 형법의 기본 체계를 알 수 있도록 자세하게 서술하였다.

2 판례연습

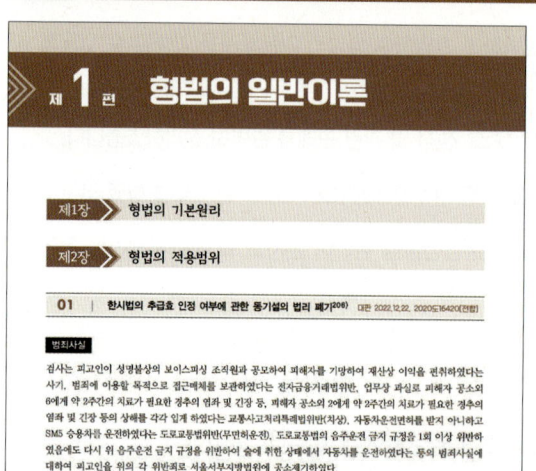

▶ 사례형 문제로 자주 출제되는 중요 쟁점 및 판례를 PART 4로 수록하여 효율적으로 학습할 수 있도록 하였다.

3 판례박스

▶ 판례를 비교하며 학습할 수 있도록 해당하는 판례와 해당하지 않는 판례를 구분하여 수록하였다.

4 기출문제 및 상세해설

▶ 기출문제를 통해 문제 해결능력을 습득하고, 최근 출제경향을 파악할 수 있도록 하였다.
▶ 기출문제 풀이에 필요한 주요 논점을 정리하고, 최신 법령과 판례에 근거하여 해설하여 논리의 전개를 확인하는 데 도움이 되도록 하였다.

자격시험 소개 INFORMATION

🛡 법무사란?
일반인에게 법률서비스 및 조언을 제공하는 인력으로, 타인의 위촉에 의하여 법원과 검찰청에 제출할 서류나 등기·등록과 관련된 서류를 작성하고, 등기·공탁사건의 신청을 대리하는 자

🛡 주요업무
❶ 법무사의 업무는 다른 사람이 위임한 다음 각 호의 사무로 한다.

> [1] 법원과 검찰청에 제출하는 서류의 작성
> [2] 법원과 검찰청의 업무에 관련된 서류의 작성
> [3] 등기나 그 밖에 등록신청에 필요한 서류의 작성
> [4] 등기·공탁사건신청의 대리
> [5] 「민사집행법」에 따른 경매사건과 「국세징수법」이나 그 밖의 법령에 따른 공매사건에서의 재산취득에 관한 상담, 매수신청 또는 입찰신청의 대리
> [6] 「채무자 회생 및 파산에 관한 법률」에 따른 개인의 파산사건 및 개인회생사건신청의 대리. 다만, 각종 기일에서의 진술의 대리는 제외한다.
> [7] [1]부터 [3]까지의 규정에 따라 작성된 서류의 제출대행
> [8] [1]부터 [7]까지의 사무를 처리하기 위하여 필요한 상담·자문 등 부수되는 사무

❷ 법무사는 [1] ~ [3]까지의 서류라고 하더라도 다른 법률에 따라 제한되어 있는 것은 작성할 수 없다.

🛡 응시자격
❶ 법무사법 제6조 각 호의 결격사유에 해당하지 아니하는 자

> 다음 각 호의 어느 하나에 해당하는 자는 법무사가 될 수 없다.
> [1] 피성년후견인 또는 피한정후견인
> [2] 파산선고를 받은 자로서 복권되지 아니한 자
> [3] 금고 이상의 실형을 선고받고 그 집행이 종료(집행이 종료된 것으로 보는 경우를 포함한다)되거나 집행이 면제된 날부터 5년이 경과되지 아니한 자
> [4] 금고 이상의 형의 집행유예를 선고받고 그 유예기간이 만료된 날부터 2년이 경과되지 아니한 자
> [5] 금고 이상의 형의 선고유예를 받고 그 유예기간 중에 있는 자
> [6] 공무원으로서 징계처분에 따라 파면된 후 5년이 경과되지 아니하거나 해임된 후 3년이 경과되지 아니한 자
> [7] 이 법에 따라 제명된 후 5년이 경과되지 아니한 자

❷ 2차시험은 당해 연도 1차시험 합격자 및 면제자(법무사법 제5조의2) 또는 전년도 1차시험 합격자

시험과목

구 분	1차시험(객관식)	2차시험(주관식)
1과목	• 헌법(40) • 상법(60)	• 민법(100)
2과목	• 민법(80) • 가족관계의 등록 등에 관한 법률(20)	• 형법(50) • 형사소송법(50)
3과목	• 민사집행법(70) • 상업등기법 및 비송사건절차법(30)	• 민사소송법(70) • 민사사건 관련 서류의 작성(30)
4과목	• 부동산등기법(60) • 공탁법(40)	• 부동산등기법(70) • 등기신청서류의 작성(30)

※ 괄호 안의 숫자는 각 과목별 배점비율입니다.

시험일정

구 분	1차시험	2차시험	최종합격자 발표
2025년 제31회	2025.08.30	2025.10.31 ~ 11.01	2026.02.04

※ 선발예정인원 및 시험일정은 시행처의 사정에 따라 변경될 수 있으니, 2025년 시험일정은 반드시 대한민국 법원 시험정보 홈페이지(exam.scourt.go.kr)에서 확인하시기 바랍니다.

합격기준

구 분	합격자 결정
1차시험	매 과목 100점을 만점으로 하여 매 과목 40점 이상을 득점한 자 중에서 시험성적과 응시자수를 참작하여 전 과목 총득점의 고득점자순으로 합격자를 결정
2차시험	매 과목 100점을 만점으로 하여 매 과목 40점 이상을 득점한 자 중 선발예정인원(1·2차 시험 일부면제자는 포함하지 아니한다)의 범위 안에서 전 과목 총득점의 고득점자순으로 합격자를 결정
일부면제자	매 과목 100점을 만점으로 하여 매 과목 40점 이상을 득점한 자 중 최종순위합격자의 합격점수(2차시험 일부면제자에 대하여는 과목별 난이도를 반영하여 일정 산식에 따라 산출되는 응시과목들의 평균점수를 합격점수로 한다) 이상 득점한 자를 합격자로 결정

※ 동점자로 인하여 선발예정인원을 초과하는 경우에는 해당 동점자 모두를 합격자로 합니다. 이 경우 동점자의 점수는 소수점 이하 둘째자리까지 계산합니다.

형법 5개년 기출분석 INTRODUCE

구 분		내 용
2024년 제30회 기출문제	문 1 (25점)	1. 甲이 국가를 상대로 소유권보존등기 말소의 소를 제기하여 의정부지방법원으로부터 승소 판결확정판결을 받은 경우, 소송사기죄의 성립 여부 15점 2. 甲이 소송비용액확정신청을 하면서 변호사 비용을 지출하였음을 증명할 자료는 제출하지 않은 경우, 소송사기죄의 성립 여부 10점
	문 2 (15점)	甲의 각 행위를 구분하여, 甲이 삼촌 丙의 집에 들어간 행위의 주거침입죄의 성립 여부, 삼촌 丙의 예금통장을 가지고 나온 행위의 절도죄의 성립 여부, 삼촌 丙의 예금을 자신명의의 계좌로 이체한 행위의 컴퓨터 등 사용사기죄의 성립 여부, 각 범죄가 성립하는 경우, 이들 행위에 대한 친족상도례의 적용 여부 15점
	문 3 (10점)	위계에 의한 경매방해죄, 위계에 의한 공무집행방해죄의 성립 여부 10점
2023년 제29회 기출문제	문 1 (20점)	甲이 A와의 명의신탁 계약에 따라 A 소유의 아파트를 자기명의로 소유권이전등기를 경료하고 보관하던 중 개인적인 채무 변제 등에 사용하기 위하여 약 2억원 상당인 위 아파트를 B에게 매도하고, 매매를 원인으로 한 소유권이전등기를 경료해 준 경우, 甲의 횡령죄 성립 여부 20점
	문 2 (20점)	甲은 乙과 절도 내지 특수절도를 공모한 후 乙이 망을 보고 甲은 물색한 주점의 시정장치를 뜯고 침입하여 양주를 바구니에 담고 있던 중 A가 甲을 붙잡자, 甲이 체포를 면탈할 목적으로 A를 폭행한 경우, 각 범죄의 성립 여부 20점
	문 3 (10점)	주거침입죄의 성립 여부 10점

2022년 제28회 기출문제	문 1 (30점)	1. 차량매도대금을 사용하고 상계를 주장하는 행위와 채권양도통지를 하지 않고 수령하여 소비한 행위에 대한 횡령죄의 성립 여부 15점 2. 재물손괴죄, 건조물침입죄의 성립 여부 15점
	문 2 (20점)	술에 취한 상태로 시청에 들어간 행위에 대한 건조물침입죄의 성립 여부, 휴대전화를 휘둘러 뺨을 1회 때린 행위에 대한 공무집행방해죄의 성립 여부, 담뱃불로 인한 화재로 손님 B를 사망하게 한 행위에 대한 현주건조물방화치사죄의 성립 여부, 중실화죄, 중과실치사죄의 성립 여부 20점
2021년 제27회 기출문제	문 1 (25점)	乙을 간음한 행위에 대한 강간치상죄의 성립 여부, 丙을 껴안으려다가 되돌아간 행위에 대한 강제추행미수죄의 성립 여부, 丁소유의 휴대전화로 통화한 행위에 대한 절도죄의 성립 여부, 휴대전화를 화분 옆에 놓아둔 행위에 대한 절도죄의 성립 여부 25점
	문 2 (15점)	공전자기록 등 부실기재죄 및 동행사죄의 성립 여부 15점
	문 3 (10점)	강제집행면탈죄의 성립 여부 10점
2020년 제26회 기출문제	문 1 (10점)	승객 A의 지갑 속 물건을 가지고 내린 행위에 대한 절도죄의 성립 여부, 휴대폰 화면을 경찰관 乙에게 제시한 행위에 대한 공문서부정행사죄의 성립 여부, 위계에 의한 공무집행방해죄의 성립 여부 10점
	문 1-2 (20점)	공갈죄, 수뢰죄, 제3자뇌물공여죄의 성립 여부, 증뢰죄의 성립 여부 20점
	문 2 (20점)	乙, A, C에 대한 배임죄의 성립 여부 20점

이 책의 차례 CONTENTS

PART 1 형법총론

제1편 형법의 일반이론

제1장 형법의 기본원리
제1절 죄형법정주의   004

제2장 형법의 적용범위
제1절 형법의 시간적 적용범위   013
제2절 형법의 장소적 적용범위   019

제2편 범죄론

제1장 범죄론의 기초
제1절 행위론   024
제2절 행위의 주체와 객체   024

제2장 구성요건론
제1절 구성요건의 일반이론   030
제2절 부작위범   031
제3절 인과관계와 객관적 귀속   044
제4절 구성요건적 고의   052
제5절 구성요건적 착오   055
제6절 과실범   060
제7절 결과적 가중범   069

제3장 위법성론
제1절 위법성의 일반이론   077
제2절 정당방위   078
제3절 긴급피난   086
제4절 자구행위   089
제5절 피해자의 승낙   092
제6절 정당행위   098

제4장 책임론
제1절 책임능력   112
제2절 위법성인식과 금지착오   118
제3절 기대가능성   127

제5장 미수론
제1절 장애미수   130
제2절 중지미수   133
제3절 불능미수   138
제4절 예비죄   142

제6장 정범 및 공범론
제1절 정범·공범의 일반이론   146
제2절 간접정범   151
제3절 공동정범   157
제4절 교사범   174
제5절 종 범   181
제6절 공범과 신분   188

제7장 죄수론

제1절 죄수의 일반이론 … 196
제2절 일 죄 … 197
제3절 수 죄 … 211

제3편 형벌론

제1장 형벌론의 개관

제1절 형벌의 종류 … 222
제2절 형의 양정 … 231
제3절 누 범 … 234
제4절 집행유예 … 236
제5절 선고유예 … 243
제6절 가석방 … 246

PART 2 형법각론

제1편 개인적 법익에 대한 죄

제1장 생명과 신체에 대한 죄

제1절 살인의 죄 … 252
제2절 상해와 폭행의 죄 … 259
제3절 과실치사상의 죄 … 271
제4절 낙태의 죄 … 278
제5절 유기와 학대의 죄 … 281

제2장 자유에 대한 죄

제1절 협박의 죄 … 286
제2절 강요의 죄 … 292
제3절 체포와 감금의 죄 … 298
제4절 약취 · 유인 및 인신매매의 죄 … 303
제5절 강간과 추행의 죄 … 310

제3장 명예와 신용에 대한 죄

제1절 명예에 관한 죄 … 329
제2절 신용 · 업무와 경매에 관한 죄 … 359

제4장 사생활의 평온에 대한 죄

제1절 비밀침해의 죄 … 381
제2절 주거침입의 죄 … 383

제5장 재산에 대한 죄

제1절 절도의 죄 … 403
제2절 강도의 죄 … 438
제3절 사기의 죄 … 465
제4절 공갈의 죄 … 519
제5절 횡령의 죄 … 525
제6절 배임의 죄 … 567
제7절 장물의 죄 … 613
제8절 손괴의 죄 … 620
제9절 권리행사를 방해하는 죄 … 625

제2편 사회적 법익에 대한 죄

제1장 공공의 안전과 평온에 대한 죄

제1절 공안을 해하는 죄   639
제2절 방화와 실화의 죄   643
제3절 교통방해의 죄   649

제2장 공공의 신용에 대한 죄

제1절 통화에 관한 죄   652
제2절 유가증권·인지와 우표에 관한 죄   657
제3절 문서에 관한 죄   666
제4절 인장에 관한 죄   712

제3장 사회의 도덕에 대한 죄

제1절 성풍속에 관한 죄   715
제2절 도박과 복표에 관한 죄   720
제3절 신앙에 관한 죄   724

제3편 국가적 법익에 대한 죄

제1장 국가의 존립과 권위에 대한 죄

제1절 내란의 죄   727
제2절 외환의 죄   730
제3절 국기·국교에 관한 죄   732

제2장 국가의 기능에 대한 죄

제1절 공무원의 직무에 관한 죄   733
제2절 공무방해에 관한 죄   772
제3절 도주와 범인은닉의 죄   791
제4절 위증과 증거인멸의 죄   800
제5절 무고의 죄   813

PART 3 최신기출문제

2024년 제30회 기출문제/해설   828
2023년 제29회 기출문제/해설   840
2022년 제28회 기출문제/해설   850
2021년 제27회 기출문제/해설   863
2020년 제26회 기출문제/해설   876

PART 4 판례연습   892

법무사 2차

형법

시대에듀

PART

1

형법총론

제1편	형법의 일반이론
제2편	범죄론
제3편	형벌론

제1편 형법의 일반이론

제1장 형법의 기본원리

제1절 죄형법정주의

I 죄형법정주의의 의의

죄형법정주의란 범죄와 형벌을 성문의 법률로 미리 정하라는 원칙, 즉 어떤 행위가 범죄가 되고 그 범죄에 대하여 어떤 형벌을 과할 것인가를 미리 성문의 법률로 규정해 두어야 한다는 원칙을 말한다.

II 죄형법정주의의 내용

1. 법률주의(성문법주의, 관습형법금지의 원칙)

(1) 의 의

법률주의란 범죄와 형벌은 성문의 법률로 규정되어야 한다는 원칙으로 여기서의 법률은 형식적 의미의 법률을 의미한다. 따라서 법률이 아닌 명령이나 규칙에 의하여 범죄와 형벌을 규정할 수 없고 관습법을 근거로 처벌하는 것은 죄형법정주의에 반하는 결과가 된다.

(2) 관습형법금지의 원칙

관습형법금지의 원칙이란 성문의 법률이 아닌 관습법을 직접 근거로 처벌할 수 없다는 원칙으로 관습법을 근거로 새로운 구성요건을 창설하거나 형의 가중은 할 수 없다. 다만 관습형법에 의하여 성문형법을 폐지·축소·감경할 수는 있으므로 위법성조각사유, 인적 처벌조각사유, 객관적 처벌조건 등 피고인에게 유리한 사유들에 대하여는 관습법에 의하여 그 적용이 확대되거나 창설하더라도 죄형법정주의에 반하지 않는다.

(3) 위임입법의 허용요건 및 한계

1) 위임입법의 허용요건

위임입법에 관한 헌법 제75조는 처벌법규에도 적용되는 것이지만 처벌법규의 위임은 특히 긴급한 필요가 있거나 미리 법률로써 자세히 정할 수 없는 부득이한 사정이 있는 경우에 한정되어야 하고 이 경우에도 법률에서 범죄의 구성요건은 처벌대상인 행위가 어떠한 것일 것이라고 이를 예측할 수 있을 정도로 구체적으로 정하고 형벌의 종류 및 그 상한과 폭을 명백히 규정하여야 한다(헌재 1991.7.8. 91헌가4).

2) 위임입법의 한계

위임입법도 구체적·개별적 위임만 허용되고 포괄적 위임은 인정되지 아니하며, 구성요건의 실질적 내용을 단체협약(헌재 1998.3.26. 96헌가20)이나 새마을금고의 정관(헌재 2001.1.18. 99헌바112)에 위임하는 것은 법률주의에 반한다.

모법의 위임을 벗어났는지의 여부에 대한 사례(법률주의 위반 여부에 대한 사례)

1. **위임을 벗어난 사례**
   법률의 시행령은 모법인 법률의 위임 없이 법률이 규정한 개인의 권리·의무에 관한 내용을 변경·보충하거나 법률에서 규정하지 아니한 새로운 내용을 규정할 수 없고, 특히 법률의 시행령이 형사처벌에 관한 사항을 규정하면서 법률의 명시적인 위임 범위를 벗어나 처벌의 대상을 확장하는 것은 죄형법정주의의 원칙에도 어긋나는 것이므로, 그러한 시행령은 위임입법의 한계를 벗어난 것으로서 무효이다(대판 2017.2.16. 2015도16014[전합]).

2. **위임을 벗어나지 아니한 사례**
   - 법률의 시행령이나 시행규칙의 규정이 모법의 위임범위를 벗어났는지를 판단함에 있어서 당해 특정조항 하나만을 가지고 판단할 것은 아니고, 시행령이나 시행규칙의 내용이 모법의 입법 취지와 관련 조항 전체를 유기적·체계적으로 살펴보아 모법의 해석상 가능한 것을 명시한 것에 지나지 아니하거나 모법 조항의 취지에 근거하여 이를 구체화하기 위한 것인 때에는 모법의 규율 범위를 벗어난 것으로 볼 수 없는바, 철도안전법의 목적과 입법 취지, 관련 법 조항의 내용 등을 종합하여 보면, 이 사건 시행규칙조항은 이 사건 법률조항의 해석상 가능한 내용을 구체화한 것이라고 볼 수 있으므로 이 사건 시행규칙조항이 모법인 이 사건 법률조항의 위임범위에서 벗어났다고 볼 수 없다(대판 2015.4.23. 2014도655).
   - 공공기관의 운영에 관한 법률(이하 '법') 제4조, 제5조 제1항, 제2항, 제3항 제1호 (가)목, 제53조, 공공기관의 운영에 관한 법률 시행령(이하 '시행령') 제7조의 취지와 내용에 더하여 법의 입법 목적과 경제상황이나 정책상 목적에 따라 공공기관의 사업 내용이나 범위 등이 계속적으로 변동할 수밖에 없는 현실, 국회가 공공기관의 재정상태와 직원 수의 변동, 수입액 등을 예측하기 어렵고 그러한 변화에 대응하여 그때마다 법률을 개정하는 것도 용이하지 아니한 점 등을 감안할 때 공무원 의제 규정의 적용을 받는 공기업 등의 정의규정을 법률이 아닌 시행령이나 고시 등 그 하위규범에서 정하는 것에 부득이한 측면이 있고, 법 및 시행령상 '시장형 공기업'의 경우 자산규모가 2조원 이상으로 직원 정원이 50인 이상인 공공기관으로서 총수입액 중 자체수입액이 85% 이상인 기업을 의미하는 것으로 명시적으로 규정되어 있어서 법령에서 비교적 구체적으로 요건과 범위를 정하여 공공기관 유형의 지정 권한을 기획재정부장관에게 위임하고 있는 것으로 볼 수 있으며, 특히 종래 '기타공공기관'으로 지정되어 있다가 기획재정부장관 고시에 의하여 '시장형 공기업'으로 지정된 기관의 임직원은 고시를 통하여 그 기관이 '시장형 공기업'으로 지정되었는지 여부를 확인할 수 있고, 시장형 공기업의 임직원이라는 의미가 불명확하다고 볼 수도 없는 점 등에 비추어 보면, 법 제53조가 공기업의 임직원으로서 공무원이 아닌 사람은 형법 제129조의 적용에 있어서는 이를 공무원으로 본다고 규정하고 있을 뿐 구체적인 공기업의 지정에 관하여는 그 하위규범인 기획재정부장관의 고시에 의하도록 규정하였다 하더라도 죄형법정주의에 위배되거나 위임입법의 한계를 일탈한 것으로 볼 수 없다(대판 2013.6.13. 2013도1685).

2. 소급효금지의 원칙

(1) 의 의

소급효금지의 원칙이란 형벌법규는 시행된 이후의 행위에 대하여만 적용되고 시행 이전의 행위에까지 소급하여 적용할 수 없다는 원칙을 말한다.

(2) 적용범위

소급효금지의 원칙도 피고인에게 불리한 소급효를 금지하는 것이므로 피고인에게 유리한 법률의 소급효는 허용된다(형법 제1조 제2항, 제3항 참조).

> - 2017.12.12. 법률 제15151호로 개정된 법무사법(이하 '개정된 법무사법')에는 제72조 제2항이 신설되어 등록증을 다른 사람에게 빌려준 법무사, 법무사의 등록증을 빌린 사람 등이 취득한 금품이나 그 밖의 이익은 몰수하고 이를 몰수할 수 없을 때에는 그 가액을 추징한다고 규정하고 있고, 부칙 제2조는 "제72조 제2항의 개정규정은 이 법 시행 후 최초로 법무사 등록증을 다른 사람에게 빌려준 경우부터 적용한다."라고 규정하고 있다. 위와 같이 개정된 법무사법 제72조 제2항, 부칙 제2조, 헌법 제13조 제1항 전단과 형법 제1조 제1항에서 정한 형벌법규의 소급효 금지 원칙에 비추어 보면, 법무사가 등록증을 다른 사람에게 빌려주거나 법무사의 등록증을 빌린 행위가 개정된 법무사법 시행 이전부터 계속되어 온 경우에는 개정된 법무사법이 시행된 이후의 행위로 취득한 금품 그 밖의 이익만이 개정된 법무사법 제72조 제2항에 따른 몰수나 추징의 대상이 된다고 보아야 한다(대판 2020.10.15. 2020도7307).
> - 대법원 양형위원회가 설정한 '양형기준'이 발효하기 전에 공소가 제기된 범죄에 대하여 위 '양형기준'을 참고하여 형을 양정한 경우, 피고인에게 불리한 법률을 소급하여 적용한 위법이 있다고 할 수 없다(대판 2009.12.10. 2009도11448).

(3) 소송법규정의 변경과 소급효금지의 원칙

1) 문제점

소송법규정에 대하여는 소급효금지의 원칙이 적용되지 아니하는 것이 원칙이나 친고죄를 비친고죄로 개정하거나 공소시효를 연장하는 등 범죄의 가벌성과 관련된 소송법규정의 변경의 경우에 소급효금지의 원칙이 적용되는지 여부에 대해 견해가 대립하고 있다.

2) 판례

헌법재판소는 부진정소급입법은 원칙적으로 허용된다고 하고 있으나, 진정소급효입법은 원칙적으로 이를 금지하면서 예외적으로 허용된다는 태도를 취하고 있다(헌재 1996.2.16. 96헌가2). 대법원은 5.18민주화운동 등에 관한 특별법 제2조는 그 제1항에서 그 적용대상을 1979년 12월 12일과 1980년 5월 18일을 전후하여 발생한 헌정질서 파괴범죄의 공소시효 등에 관한 특례법 제2조의 헌정질서파괴행위라고 특정하고 있으므로, 그에 해당하는 범죄는 5.18민주화운동 등에 관한 특례법 시행 당시 이미 형사소송법 제249조에 의한 공소시효가 완성되었는지 여부에 관계없이 모두 그 적용대상이 된다고(대판 1997.4.17. 96도3376[전합]) 하여 공소시효에 관한 진정소급입법도 허용된다는 태도를 취하고 있다.

3) 검 토

생각건대 공소시효는 소추조건에 불과하고 범죄와 형벌은 이미 행위시에 법률로 확정되어 있었으므로 소급효를 원칙적으로 허용하는 판례의 태도가 타당하다고 판단된다.

> 1. **공소시효가 사후적으로 정지된 경우 부진정소급효를 인정한 사례**
>   형벌불소급의 원칙은 "행위의 가벌성" 즉 형사소추가 "언제부터 어떠한 조건하에서" 가능한가의 문제에 관한 것이고, "얼마동안" 가능한가의 문제에 관한 것은 아니므로, 과거에 이미 행한 범죄에 대하여 공소시효를 정지시키는 법률이라 하더라도 그 사유만으로 헌법 제12조 제1항 및 제13조 제1항에 규정한 죄형법정주의의 파생원칙인 형벌불소급의 원칙에 언제나 위배되는 것으로 단정할 수는 없다. 공소시효가 아직 완성되지 않은 경우 위 법률조항은 단지 진행중인 공소시효를 연장하는 법률로서 이른바 부진정소급효를 갖게 되나, 공소시효제도에 근거한 개인의 신뢰와 공시시효의 연장을 통하여 달성하려는 공익을 비교형량하여 공익이 개인의 신뢰보호이익에 우선하는 경우에는 소급효를 갖는 법률도 헌법상 정당화될 수 있다(헌재 1996.2.16. 96헌가2).
> 2. **공소시효가 사후적으로 정지된 경우 진정소급효를 인정한 사례**
>   - 소급입법은 새로운 입법으로 이미 종료된 사실관계 또는 법률관계에 작용케 하는 진정소급입법과 현재 진행 중인 사실관계 또는 법률관계에 작용케 하는 부진정소급입법으로 나눌 수 있는바, 부진정소급입법은 원칙적으로 허용되지만 소급효를 요구하는 공익상의 사유와 신뢰보호의 요청 사이의 교량과정에서 신뢰보호의 관점이 입법자의 형성권에 제한을 가하게 되는데 반하여, 기존의 법에 의하여 형성되어 이미 굳어진 개인의 법적 지위를 사후입법을 통하여 박탈하는 것 등을 내용으로 하는 진정소급입법은 개인의 신뢰보호와 법적 안정성을 내용으로 하는 법치국가원리에 의하여 특단의 사정이 없는 한 헌법적으로 허용되지 아니하는 것이 원칙이고, 다만 일반적으로 국민이 소급입법을 예상할 수 있었거나 법적 상태가 불확실하고 혼란스러워 보호할 만한 신뢰이익이 적은 경우와 소급입법에 의한 당사자의 손실이 없거나 아주 경미한 경우 그리고 신뢰보호의 요청에 우선하는 심히 중대한 공익상의 사유가 소급입법을 정당화하는 경우 등에는 예외적으로 진정소급입법이 허용된다(헌재 1999.7.22. 97헌바76).
>   - 5·18민주화운동 등에 관한 특별법 제2조는 그 제1항에서 그 적용대상을 '1979년 12월 12일과 1980년 5월 18일을 전후하여 발생한 헌정질서 파괴범죄의 공소시효 등에 관한 특례법 제2조의 헌정질서 파괴범죄행위'라고 특정하고 있으므로, 그에 해당하는 범죄는 5·18민주화운동 등에 관한 특별법의 시행 당시 이미 형사소송법 제249조에 의한 공소시효가 완성되었는지 여부에 관계없이 모두 그 적용대상이 됨이 명백하다고 할 것인데, 위 법률 조항에 대하여는 헌법재판소가 위 법률 조항이 헌법에 위반되지 아니한다는 합헌결정을 하였으므로, 위 법률 조항의 적용범위에 속하는 범죄에 대하여는 이를 그대로 적용할 수밖에 없다(대판 1997.4.17. 96도3376[전합]).

(4) 판례의 변경과 소급효금지의 원칙

1) 학 설

판례에는 사실상의 구속력이 인정되므로 소급효를 부정하는 견해(적용긍정설)와 소급효금지의 원칙을 판례까지 확대 적용하는 것은 헌법과 형법의 문언에 반하는 결과가 되므로 소급효를 인정하는 견해(적용부정설)가 대립하고 있다.

2) 판 례

판례는 형사처벌의 근거가 되는 것은 법률이지 판례가 아니고, 형법 조항에 관한 판례의 변경은 그 법률조항의 내용을 확인하는 것에 지나지 아니하여 이로써 그 법률조항 자체가 변경된 것이라고 볼 수는 없으므로, 행위 당시의 판례에 의하면 처벌대상이 되지 아니하는 것으로 해석되었던 행위를 판례의 변경에 따라 확인된 내용의 형법 조항에 근거하여 처벌한다고 하여 그것이 헌법상 평등의 원칙과 형벌불소급의 원칙에 반한다고 할 수는 없다고(대판 1999.9.17. 97도3349) 하여 판례변경에 의한 소급효를 인정하고 있다.

3) 검 토

구체적 사건에 대한 법적 판단에 불과한 판례와 일반적 구속력이 인정되는 법률은 구별되어야 한다는 점에서 소급효긍정설(적용부정설)이 타당하다고 판단된다.

(5) 보안처분과 소급효금지의 원칙

판례는 특정범죄자에 대한 위치추적 전자장치 부착에 관한 법률에 의한 전자감시제도(대판 2010.12.23. 2010도11996)에 대하여는 소급효긍정설(적용부정설)을 취하면서도 가정폭력범죄의 처벌 등에 관한 특례법이 정한 보호처분 중의 하나인 사회봉사명령에 대하여는 보안처분으로 보면서도 실질적으로는 신체의 자유를 제한한다는 이유로 소급효부정설(적용긍정설)을 취하여 결국 개별적 판단설의 태도를 취하고(대결 2008.7.24. 2008어4) 있는 것으로 보인다.

> [1] 가정폭력범죄의 처벌 등에 관한 특례법이 정한 보호처분 중의 하나인 사회봉사명령은 가정폭력범죄를 범한 자에 대하여 환경의 조정과 성행의 교정을 목적으로 하는 것으로서 형벌 그 자체가 아니라 보안처분의 성격을 가지는 것이 사실이다. 그러나 한편으로 이는 가정폭력범죄행위에 대하여 형사처벌 대신 부과되는 것으로서, 가정폭력범죄를 범한 자에게 의무적 노동을 부과하고 여가시간을 박탈하여 실질적으로는 신체적 자유를 제한하게 되므로, 이에 대하여는 원칙적으로 형벌불소급의 원칙에 따라 행위시법을 적용함이 상당하다.
> [2] 가정폭력범죄의 처벌 등에 관한 특례법상 사회봉사명령을 부과하면서, 행위시법상 사회봉사명령 부과시간의 상한인 100시간을 초과하여 상한을 200시간으로 올린 신법을 적용한 것은 위법하다고 한 사례(대결 2008.7.24. 2008어4)

3. 유추해석금지의 원칙

(1) 의 의

1) 개 념

유추해석금지의 원칙이란 법률에 규정이 없는 사항에 대하여 그것과 유사한 성질을 가지는 사항에 관한 법률을 적용하는 것을 금지하는 원칙을 말한다.

2) 적용범위

유추해석금지의 원칙은 범죄와 그 결과에 대한 형벌법규의 모든 요소에 적용된다. 한편 유추해석금지의 원칙은 피고인에게 불리한 유추해석을 금지하는 것으로 유리한 유추해석은 허용되며(학설, 판례), 소송법규정에 대하여는 원칙적으로 유추해석이 허용된다는 것을 유의하여야 한다.

> **유리한 사유의 제한적 유추를 부정한 사례**
> - 형벌법규의 해석에 있어서 법규정 문언의 가능한 의미를 벗어나는 경우에는 유추해석으로서 죄형법정주의에 위반하게 된다. 그리고 유추해석금지의 원칙은 모든 형벌법규의 구성요건과 가벌성에 관한 규정에 준용되는데, 위법성 및 책임의 조각사유나 소추조건, 또는 처벌조각사유인 형면제 사유에 관하여 그 범위를 제한적으로 유추적용하게 되면 행위자의 가벌성의 범위는 확대되어 행위자에게 불리하게 되는바, 이는 가능한 문언의 의미를 넘어 범죄구성요건을 유추적용하는 것과 같은 결과가 초래되므로 죄형법정주의의 파생원칙인 유추해석금지의 원칙에 위반하여 허용될 수 없다. 한편 형법 제52조나 국가보안법 제16조 제1호에서도 공직선거법 제262조에서와 같이 모두 '범행발각 전'이라는 제한 문언 없이 "자수"라는 단어를 사용하고 있는데 형법 제52조나 국가보안법 제16조 제1호의 "자수"에는 범행이 발각되고 지명수배된 후의 자진출두도 포함되는 것으로 판례가 해석하고 있으므로 이것이 "자수"라는 단어의 관용적 용례라고 할 것인바, 공직선거법 제262조의 "자수"를 '범행발각 전에 자수한 경우'로 한정하는 풀이는 "자수"라는 단어가 통상 관용적으로 사용되는 용례에서 갖는 개념 외에 '범행발각 전'이라는 또 다른 개념을 추가하는 것으로서 결국은 '언어의 가능한 의미'를 넘어 공직선거법 제262조의 "자수"의 범위를 그 문언보다 제한함으로써 공직선거법 제230조 제1항 등의 처벌 범위를 실정법 이상으로 확대한 것이 되고, 따라서 이는 단순한 목적론적 축소해석에 그치는 것이 아니라, 형면제 사유에 대한 제한적 유추를 통하여 처벌 범위를 실정법 이상으로 확대한 것으로서 죄형법정주의의 파생원칙인 유추해석금지의 원칙에 위반된다(대판 1997.3.20. 96도1167[전합]).
> - 청탁금지법은 제2조 제2호에서 '공직자등'에 관한 정의 규정을 두고 있을 뿐 '상급 공직자등'의 정의에 관하여는 명문 규정을 두고 있지 않고, '상급'은 사전적으로 '보다 높은 등급이나 계급'을 의미할 뿐 직무상 명령·복종관계에서의 등급이나 계급으로 한정되지 아니한다. 처벌 규정의 소극적 구성요건을 문언의 가능한 의미를 벗어나 지나치게 좁게 해석하게 되면 피고인에 대한 가벌성의 범위를 넓히게 되어 죄형법정주의의 파생원칙인 유추해석금지원칙에 어긋날 우려가 있으므로 법률문언의 통상적인 의미를 벗어나지 않는 범위 내에서 합리적으로 해석할 필요가 있다. 청탁금지법의 위와 같은 입법목적, 금품등 수수 금지 및 그 처벌 규정의 내용과 체계, 처벌 규정의 소극적 구성요건에 관한 제8조 제3항 제1호의 규정 내용 등을 종합하여 보면, 제8조 제3항 제1호에서 정한 '상급 공직자등'이란 금품등 제공의 상대방보다 높은 직급이나 계급의 사람으로서 금품등 제공 상대방과 직무상 상하관계에 있고 그 상하관계에 기초하여 사회통념상 위로·격려·포상 등을 할 수 있는 지위에 있는 사람을 말하고, 금품등 제공자와 그 상대방이 직무상 명령·복종이나 지휘·감독관계에 있어야만 이에 해당하는 것은 아니다(대판 2018.10.25. 2018도7041).

(2) 유추해석과 확장해석

판례는 문언의 가능한 의미를 넘어서는, 피고인에게 불이익한 유추해석과 확장해석을 모두 금지하면서 그 한계를 법규정 또는 언어의 가능한 의미에서 구하고 있다.

> 형법 제170조 제2항에서 말하는 '자기의 소유에 속하는 제166조 또는 제167조에 기재한 물건'이라 함은 '자기의 소유에 속하는 제166조에 기재한 물건 또는 자기의 소유에 속하든, 타인의 소유에 속하든 불문하고 제167조에 기재한 물건'을 의미하는 것이라고 해석하여야 하며, 제170조 제1항과 제2항의 관계로 보아서도 제166조에 기재한 물건(일반건조물 등) 중 타인의 소유에 속하는 것에 관하여는 제1항에서 규정하고 있기 때문에 제2항에서는 그중 자기의 소유에 속하는 것에 관하여 규정하고, 제167조에 기재한 물건에 관하여는 소유의 귀속을 불문하고 그 대상으로 삼아 규정하고 있는 것이라고 봄이 관련조문을 전체적, 종합적으로 해석하는 방법일 것이고, 이렇게 해석한다고 하더라도 그것이 법규정의 가능한 의미를 벗어나 법형성이나 법창조행위에 이른 것이라고는 할 수 없어 죄형법정주의의 원칙상 금지되는 유추해석이나 확장해석에 해당한다고 볼 수는 없을 것이다(대결 1994.12.20. 94모32[전합]).

(3) 관련 판례

> **1. 유추해석이 금지되는 사례**
> - 형법 제258조의2 특수상해죄의 신설로 형법 제262조, 제261조의 특수폭행치상죄에 대하여 그 문언상 특수상해죄의 예에 의하여 처벌하는 것이 가능하게 되었다는 이유만으로 형법 제258조의2 제1항의 예에 따라 처벌할 수 있다고 한다면, 죄형법정주의원칙에도 반하는 결과가 된다(대판 2018.7.24. 2018도3443).
> - 성폭력범죄의 처벌 등에 관한 특례법 제13조는 "자기 또는 다른 사람의 성적 욕망을 유발하거나 만족시킬 목적으로 전화, 우편, 컴퓨터, 그 밖의 통신매체를 통하여 성적 수치심이나 혐오감을 일으키는 말, 음향, 글, 그림, 영상 또는 물건을 상대방에게 도달하게 한 사람은 2년 이하의 징역 또는 500만원 이하의 벌금에 처한다."고 규정하고 있다. 위 규정 문언에 의하면, 통신매체를 이용하지 아니한 채 '직접' 상대방에게 말, 글, 물건 등을 도달하게 하는 행위까지 포함하여 위 규정으로 처벌할 수 있다고 보는 것은 법문의 가능한 의미의 범위를 벗어난 해석으로서 실정법 이상으로 처벌 범위를 확대하는 것이다(대판 2016.3.10. 2015도17847).
> - 甲 항공사 부사장인 피고인이 외국 공항에서 국내로 출발 예정인 자사 여객기에 탑승하였다가, 담당 승무원의 객실서비스 방식에 화가 나 폭언하면서 승무원을 비행기에서 내리도록 하기 위해, 기장으로 하여금 계류장의 탑승교에서 분리되어 푸시백 중이던 비행기를 다시 탑승구 쪽으로 돌아가게 함으로써 위력으로 운항 중인 항공기의 항로를 변경하게 하였다고 하여 항공보안법 위반으로 기소된 경우, 피고인이 푸시백 중이던 비행기를 탑승구로 돌아가게 한 행위가 항공기의 항로를 변경하게 한 것에 해당하지 않는다(대판 2017.12.21. 2015도8335[전합]).
> - 구 저작권법은 "발행은 저작물 또는 음반을 공중의 수요를 충족시키기 위하여 복제·배포하는 것을 말한다."(제2조 제24호)라고 규정하였으며, 현행 저작권법도 이와 같다. 위 조항에서 말하는 '복제·배포'는 그 문언상 '복제하여 배포하는 행위'라고 해석할 수 있다. 한편 죄형법정주의의 원칙상 형벌법규는 문언에 따라 해석·적용하여야 하고 피고인에게 불리한 방향으로 지나치게 확장해석하거나 유추해석해서는 안 된다. 이러한 견지에서 '복제·배포'의 의미를 엄격하게 해석하여야 하므로 결국 저작물을 '복제하여 배포하는 행위'가 있어야 저작물의 발행이라고 볼 수 있고, 저작물을 복제한 것만으로는 저작물의 발행이라고 볼 수 없다(대판 2018.1.24. 2017도18230).

- [1] 공문서위조죄나 허위공문서작성죄의 객체인 공문서는 공무원 또는 공무소가 그 직무에 관하여 작성하는 문서이고, 그 행위주체가 공무원과 공무소가 아닌 경우에는 형법 또는 특별법에 의하여 공무원 등으로 의제되는 경우를 제외하고는 계약 등에 의하여 공무와 관련되는 업무를 일부 대행하는 경우가 있더라도 공무원 또는 공무소가 될 수 없다.
  [2] 선박안전법 제82조가 대행검사기관인 공단의 임직원을 형법 제129조 내지 제132조의 적용에 있어 공무원으로 의제하는 것으로 규정한다고 하여 이들이 공문서위조죄나 허위공문서작성죄에서의 공무원으로도 될 수 있다고 보는 것은 형벌법규를 피고인에게 불리하게 지나치게 확장해석하거나 유추해석하는 것이어서 죄형법정주의 원칙에 반한다. 따라서 공단이 해양수산부장관을 대행하여 이사장 명의로 발급하는 선박검사증서는 공무원 또는 공무소가 작성하는 문서라고 볼 수 없으므로 공문서위조나 허위공문서작성죄에서의 공문서에 해당하지 아니한다(대판 2016.1.14. 2015도9133).
- 도로교통법 제43조는 무면허운전 등을 금지하면서 "누구든지 제80조의 규정에 의하여 지방경찰청장으로부터 운전면허를 받지 아니하거나 운전면허의 효력이 정지된 경우에는 자동차 등을 운전하여서는 아니 된다"고 정하여, 운전자의 금지사항으로 운전면허를 받지 아니한 경우와 운전면허의 효력이 정지된 경우를 구별하여 대등하게 나열하고 있다. 그렇다면 '운전면허를 받지 아니하고'라는 법률문언의 통상적인 의미에 '운전면허를 받았으나 그 후 운전면허의 효력이 정지된 경우'가 당연히 포함된다고는 해석할 수 없다(대판 2011.8.25. 2011도7725).
- 피고인이 자동차운전면허를 받지 않고 아파트 단지 안에 있는 지하주차장 약 50m 구간에서 승용차를 운전하여 도로교통법 위반(무면허운전)으로 기소된 경우, 위 주차장이 아파트 주민이나 그와 관련된 용건이 있는 사람만 이용할 수 있고 경비원 등이 자체적으로 관리하는 곳이라면 도로에 해당하지 않을 수 있는데, 도로교통법 제2조 제1호에서 정한 도로에 해당하는지가 불분명하여 피고인의 자동차 운전행위가 도로교통법에서 금지하는 무면허운전에 해당하지 않는다고 볼 여지가 있는데도, 아파트 단지와 주차장의 규모와 형태, 아파트 단지와 주차장의 진·출입에 관한 구체적인 관리·이용 상황 등에 관하여 심리하지 아니한 채 피고인의 자동차 운전행위가 무면허운전에 해당한다고 보아 유죄를 인정한 원심판결에 심리미진 및 도로교통법에서 정한 도로와 무면허운전에 관한 법리오해의 잘못이 있다(대판 2017.12.28. 2017도17762).
- 통신비밀보호법 제3조 제1항은 법률이 정하는 경우를 제외하고는 공개되지 아니한 타인 간의 대화를 녹음 또는 청취하지 못하도록 정하고 있고, 제16조 제1항은 제3조의 규정에 위반하여 공개되지 아니한 타인 간의 대화를 녹음 또는 청취한 자(제1호)와 제1호에 의하여 지득한 대화의 내용을 공개하거나 누설한 자(제2호)를 처벌하고 있다. 이와 같이 공개되지 아니한 타인 간의 대화를 녹음 또는 청취하지 못하도록 한 것은, 대화에 원래부터 참여하지 않는 제3자가 그 대화를 하는 타인들 간의 발언을 녹음 또는 청취해서는 아니 된다는 취지이다. 따라서 3인 간의 대화에서 그중 한 사람이 그 대화를 녹음 또는 청취하는 경우에 다른 두 사람의 발언은 그 녹음자 또는 청취자에 대한 관계에서 통신비밀보호법 제3조 제1항에서 정한 '타인 간의 대화'라고 할 수 없으므로, 이러한 녹음 또는 청취하는 행위 및 그 내용을 공개하거나 누설하는 행위가 통신비밀보호법 제16조 제1항에 해당한다고 볼 수 없다(대판 2014.5.16. 2013도16404).
- [1] 폭력행위 등 처벌에 관한 법률(이하 '폭력행위처벌법') 제2조 제3항은 "이 법(형법 각 해당 조항 및 각 해당 조항의 상습범, 특수범, 상습특수범, 각 해당 조항의 상습범의 미수범, 특수범의 미수범, 상습특수범의 미수범을 포함)을 위반하여 2회 이상 징역형을 받은 사람이 다시 제2항 각 호에 규정된 죄를 범하여 누범으로 처벌할 경우에는 다음 각 호의 구분에 따라 가중처벌한다."라고 규정하고 있다. 그런데 형의 실효 등에 관한 법률에 따라 형이 실효된 경우에는 형의 선고에 의한 법적 효과가 장래를 향하여 소멸하므로 형이 실효된 후에는 그 전과를 폭력행위처벌법 제2조 제3항에서 말하는 '징역형을 받은 경우'라고 할 수 없다.

[2] 형법 제65조는 "집행유예의 선고를 받은 후 그 선고의 실효 또는 취소됨이 없이 유예기간을 경과한 때에는 형의 선고는 효력을 잃는다."라고 규정하고 있다. 여기서 '형의 선고가 효력을 잃는다'는 의미는 형의 실효와 마찬가지로 형의 선고에 의한 법적 효과가 장래를 향하여 소멸한다는 취지이다. 따라서 형법 제65조에 따라 형의 선고가 효력을 잃는 경우에도 그 전과는 폭력행위 등 처벌에 관한 법률 제2조 제3항에서 말하는 '징역형을 받은 경우'라고 할 수 없다.

[3] 어느 징역형의 실효기간이 경과하기 전에 별도의 집행유예 선고가 있었지만 집행유예가 실효 또는 취소됨이 없이 유예기간이 경과하였고 그 무렵 집행유예 전에 선고되었던 징역형도 자체의 실효기간이 경과하였다면 그 징역형 역시 실효되어 폭력행위 등 처벌에 관한 법률 제2조 제3항에서 말하는 '징역형을 받은 경우'에 해당한다고 할 수 없다(대판 2016.6.23. 2016도5032).

2. 유추해석이 허용되는 사례

- [1] 구 의료법 제19조는 "의료인은 이 법이나 다른 법령에 특별히 규정된 경우 외에는 의료·조산 또는 간호를 하면서 알게 된 다른 사람의 비밀을 누설하거나 발표하지 못한다."라고 정하고 있다.
  [2] 구 의료법 제19조에서 정한 '다른 사람'에는 생존하는 개인 이외에 이미 사망한 사람도 포함된다고 보아야 한다(대판 2018.5.11. 2018도2844).

- 음란한 부호 등으로 링크를 해 놓는 행위자의 의사의 내용, 그 행위자가 운영하는 웹사이트의 성격 및 사용된 링크기술의 구체적인 방식, 음란한 부호 등이 담겨져 있는 다른 웹사이트의 성격 및 다른 웹사이트 등이 음란한 부호 등을 실제로 전시한 방법 등 모든 사정을 종합하여 볼 때, 링크를 포함한 일련의 행위 및 범의가 다른 웹사이트 등을 단순히 소개·연결할 뿐이거나 또는 다른 웹사이트 운영자의 실행행위를 방조하는 정도를 넘어, 이미 음란한 부호 등이 불특정·다수인에 의하여 인식될 수 있는 상태에 놓여 있는 다른 웹사이트를 링크의 수법으로 사실상 지배·이용함으로써 그 실질에 있어서 음란한 부호 등을 직접 전시하는 것과 다를 바 없다고 평가되고, 이에 따라 불특정·다수인이 이러한 링크를 이용하여 별다른 제한 없이 음란한 부호 등에 바로 접할 수 있는 상태가 실제로 조성되었다면, 그러한 행위는 전체로 보아 음란한 부호 등을 공연히 전시한다는 구성요건을 충족한다고 봄이 상당하며, 이러한 해석은 죄형법정주의에 반하는 것이 아니라, 오히려 링크기술의 활용과 효과를 극대화하는 초고속정보통신망 제도를 전제로 하여 신설된 구 전기통신기본법 제48조의2 규정의 입법 취지에 부합하는 것이라고 보아야 한다(대판 2003.7.8. 2001도1335).

- 피고인은 속칭 PC방을 운영하는 피고인이 자신의 PC방 컴퓨터 바탕화면 중앙에 음란한 영상을 전문적으로 제공하는 웹사이트로 연결되는 바로가기 아이콘들을 집중적으로 설치하는 한편, 미리 위 웹사이트의 접속에 필요한 성인인증을 받아 두어 PC방 이용자가 위 아이콘을 클릭하기만 하면 별도의 성인인증절차 없이 위 웹사이트에 바로 들어가 그곳에 전시된 음란한 영상을 볼 수 있도록 하였다면, 그와 같이 바로가기 아이콘을 설치하는 등의 방법으로 위 웹사이트를 사실상 지배·이용한 셈이어서 이는 그 실질에 있어 위 웹사이트의 음란한 영상을 피고인이 직접 전시한 것과 다를 바 없고, 이에 따라 PC방을 이용하는 불특정·다수인이 이러한 바로가기 아이콘을 클릭함으로써 정보통신망을 통하여 아무런 제한 없이 위 웹사이트의 음란한 영상을 바로 접할 수 있는 상태가 실제 조성되었으므로, 피고인의 위와 같은 행위는 전체로 보아 음란한 영상을 공연히 전시한다는 이 사건 법률 규정의 구성요건을 충족한다고 봄이 상당하다. 그리고 이러한 해석은 앞서 본 이 사건 법률 규정의 입법 취지에 부합하는 것으로서 죄형법정주의에 반하지 않는다(대판 2008.2.1. 2007도8286).

4. 명확성의 원칙

형법은 범죄의 구성요건과 형사제재에 관한 규정을 법관의 자의적 해석이 허용되지 않도록 구체적으로 명확하게 규정하여야 한다는 원칙으로 구성요건의 명확성과 제재의 명확성을 그 내용으로 한다.

5. 적정성의 원칙

형식적으로 적법한 절차를 거쳐서 제정된 법률이라 할지라도 범죄로 마땅히 처벌될 만한 행위만을 처벌해야 하고, 그 처벌의 양도 그 행위의 불법과 책임의 양에 상응하여야 한다는 원칙을 말한다.

제2장 형법의 적용범위

제1절 형법의 시간적 적용범위

I. 행위시법주의의 원칙

1. 의 의

범죄의 성립과 처벌은 행위시의 법률에 따른다(형법 제1조 제1항). 이는 행위시법주의의 원칙을 선언한 것으로 행위시법주의는 사후입법에 의한 처벌 및 형의 가중을 금지하는 죄형법정주의의 핵심적 내용인 소급효금지의 원칙을 의미한다.

2. 행위시의 결정

행위시는 범죄의 종료시를 의미한다. 따라서 범죄의 실행행위의 종료 이전에 법률이 변경된 경우, 즉 실행행위가 법 개정 전후에 걸쳐 행하여진 경우에는 실행행위가 신법시행시에 종료된 것이므로, 신·구법의 법정형에 대한 경중을 비교할 필요 없이 범죄 실행 종료시의 법인 개정 신법이 행위시법이 된다.

> - **신설된 상습강제추행죄가 시행되기 전의 범행은 상습강제추행죄로 처벌할 수 없다고 한 사례[1]**
>   포괄일죄에 관한 기존 처벌법규에 대하여 그 표현이나 형량과 관련한 개정을 하는 경우가 아니라 애초에 죄가 되지 아니하던 행위를 구성요건의 신설로 포괄일죄의 처벌대상으로 삼는 경우에는 신설된 포괄일죄 처벌법규가 시행되기 이전의 행위에 대하여는 신설된 법규를 적용하여 처벌할 수 없다(형법 제1조 제1항). 이는 신설된 처벌법규가 상습범을 처벌하는 구성요건인 경우에도 마찬가지라고 할 것이므로, 구성요건이 신설된 상습강제추행죄가 시행되기 이전의 범행은 상습강제추행죄로는 처벌할 수 없고 행위시법에 기초하여 강제추행죄로 처벌할 수 있을 뿐이며, 이 경우 그 소추요건도 상습강제추행죄에 관한 것이 아니라 강제추행죄에 관한 것이 구비되어야 한다(대판 2016.1.28. 2015도15669).
> - **뇌물죄가 특가법 변경 전후에 행하여진 경우 신법상의 벌금형 산정기준인 수뢰액의 범위**
>   2008.12.26. 법률 제9169호로 개정·시행된 특정범죄 가중처벌 등에 관한 법률(이하 '특가법')은 제2조 제2항에서 "형법 제129조, 제130조 또는 제132조에 규정된 죄를 범한 자는 그 죄에 대하여 정한 형(제1항의 경우를 포함)에 수뢰액의 2배 이상 5배 이하의 벌금을 병과(倂科)한다."라고 규정하여 뇌물수수죄 등에 대하여 종전에 없던 벌금형을 필요적으로 병과하도록 하고 있는데, 헌법 제13조 제1항의 형벌법규 불소급 원칙과 형법 제1조 제1항의 "범죄의 성립과 처벌은 행위시의 법률에 의한다."는 규정에 비추어 보면, 포괄일죄인 뇌물수수 범행이 위 신설 규정의 시행 전후에 걸쳐 행하여진 경우 특가법 제2조 제2항에 규정된 벌금형 산정 기준이 되는 수뢰액은 위 규정이 신설된 2008.12.26. 이후에 수수한 금액으로 한정된다고 보아야 한다(대판 2011.6.10. 2011도4260).

3. 적용범위

신·구법 간의 형의 경중이 없는 경우에는 행위시법이 적용되고, 이는 신법에 의하여 형이 신설되거나 가중된 경우에도 마찬가지이다.

Ⅱ 행위시법주의의 예외

1. 의 의

신법(재판시법)이 형벌을 배제하거나 완화함으로써 행위자에게 유리한 경우에는 신법을 소급적용하여야 한다는 원칙을 말한다. 형법은 범죄 후 법률이 변경되어 그 행위가 범죄를 구성하지 아니하게 되거나 형이 구법보다 가벼워진 경우에는 신법에 따르고, 재판이 확정된 후 법률이 변경되어 그 행위가 범죄를 구성하지 아니하게 된 경우에는 형의 집행을 면제한다고(형법 제1조 제2항, 제3항) 규정하고 있다.

---

[1] 피고인이 신설된 구성요건인 상습강제추행죄 규정이 시행되기 이전에 ⓐ, ⓑ의 강제추행을 범하고 규정의 시행 이후에 ⓒ, ⓓ, ⓔ의 강제추행을 범하였는데, 검사가 ⓐ, ⓑ, ⓒ, ⓓ, ⓔ를 포괄하여 상습강제추행죄로 기소한 경우, 법원은 ⓒ, ⓓ, ⓔ의 범행만 상습강제추행죄로 처벌할 수 있고, ⓐ, ⓑ의 범행은 상습강제추행죄로 처벌할 수는 없고 강제추행죄로만 처벌할 수 있으며 법개정 전에는 강제추행죄는 친고죄로 고소를 필요로 하였으므로 강제추행의 범행에 대하여 피해자 등의 고소가 없다면 법원은 공소기각판결을 선고하여야 한다는 취지의 판례이다.

2. 신법적용의 요건

(1) 범죄 후 법률의 변경

범죄 후는 실행행위의 종료를 의미하며 결과의 발생은 포함하지 아니한다. 또한 여기서의 법률은 가벌성과 관련되는 총체적 법률상태 또는 전체로서의 법률을 의미한다. 변경이란 가벌성의 존부와 정도를 규율하는 총체적인 법상태의 개정과 폐지를 말한다. 즉 변경은 입법부의 입법작용 등으로 법률의 내용이 달라지는 것을 말하며, 사법부의 사법작용으로 법률이나 법률조항의 효력이 상실되는 경우는 여기에 해당하지 아니한다.

> **범죄 후 법률의 변경에 대한 사례**
> - 위헌결정으로 인하여 형벌에 관한 법률 또는 법률조항이 소급하여 그 효력을 상실한 경우에는 당해 법조를 적용하여 기소한 피고사건이 범죄로 되지 아니한 때에 해당한다고 할 것이고, 범죄 후의 법령의 개폐로 형이 폐지되었을 때에 해당한다거나, 혹은 공소장에 기재된 사실이 진실하다 하더라도 범죄가 될 만한 사실이 포함되지 아니하는 때에 해당한다고는 할 수 없다(대판 1992.5.8. 91도2825).
> - 재심이 개시된 사건에서 범죄사실에 대하여 적용하여야 할 법령은 재심판결 당시의 법령이므로, 법원은 재심대상판결 당시의 법령이 변경된 경우에는 그 범죄사실에 대하여 재심판결 당시의 법령을 적용하여야 하고, 폐지된 경우에는 형사소송법 제326조 제4호를 적용하여 그 범죄사실에 대하여 면소를 선고하는 것이 원칙이다. 그러나 법원은, 형벌에 관한 법령이 헌법재판소의 위헌결정으로 인하여 소급하여 그 효력을 상실하였거나 법원에서 위헌·무효로 선언된 경우, 당해 법령을 적용하여 공소가 제기된 피고사건에 대하여 같은 법 제325조에 따라 무죄를 선고하여야 한다(대판 2010.12.16. 2010도5986[전합]).

(2) 범죄를 구성하지 아니하게 된 경우

형법각칙이나 특별형법의 범죄구성요건이 폐지된 경우뿐만 아니라, 위법성조각사유 등 형법총칙의 변경으로 가벌성이 소멸된 경우도 포함한다. 이 경우 공소제기가 있으면 면소판결을 선고하여야 한다(형소법 제326조 제4호).

(3) 형이 구법보다 가벼워진 경우

가벼운 형으로 변경된 경우를 말한다. 이 경우는 물론 가벼운 형이 적용된다.

(4) 재판확정 후 법률의 변경에 의하여 범죄를 구성하지 아니하는 경우

형의 집행이 면제되나 유죄판결 그 자체는 유효하므로 누범전과가 된다. 그러나 재판확정 후 법률의 변경에 의하여 형이 가벼워진 경우에는 신법을 적용할 수 없고 이미 확정된 종전의 형을 적용하여야 한다.

3. 형법 제1조 제2항, 제3항의 적용배제 여부

(1) 경과규정

형법 제1조 제2항과 제3항은 다른 법령에 특별규정이 있는 때에는 적용되지 아니한다(형법 제8조 단서). 즉 신법에 경과규정을 두어 유리한 신법의 적용을 배제하는 것은 가능하다. 판례도 같은 취지에서 형을 종전보다 가볍게 개정하면서 그 부칙에서 개정된 법의 시행 전의 범죄에 대하여는 종전의 형벌법규를 적용하도록 규정한다 하여 형벌불소급의 원칙이나 신법우선의 원칙에 반한다고 할 수 없다고 (대판 2011.7.14. 2011도1303) 한다.

(2) 동기설

1) 동기설의 문제점

종래 판례는 범죄 후 법률의 변경에 의하여 형이 폐지되거나 가벼워진 경우 그 법률변경이 법률이념의 변경을 동기로 하는 경우에는 형법 제1조 제2항이 적용되어 유리한 신법이 적용되지만, 단순한 사실관계의 변경을 동기로 하는 경우에는 형법 제1조 제2항의 적용을 배제하여 불리한 구법이 적용된다는 동기설을 일관적으로 취하였기 때문에, 법률의 변경이 법률이념의 변경인지 아니면 사실관계의 변경인지의 여부에 대한 명백한 기준이 없으므로 법적 안정성을 해친다는 비판이 있어 왔다.

2) 동기설의 폐기

① **신법의 적용** : 최근 전합 판결은 범죄의 성립과 처벌에 관하여 규정한 형벌법규 자체 또는 그로부터 수권 내지 위임을 받은 법령의 변경에 따라 범죄를 구성하지 아니하게 되거나 형이 가벼워진 경우에는, 종전 법령이 범죄로 정하여 처벌한 것이 부당하였다거나 과형이 과중하였다는 반성적 고려에 따라 변경된 것인지 여부를 따지지 않고 원칙적으로 형법 제1조 제2항과 형사소송법 제326조 제4호가 적용된다고(대판 2022.12.22. 2020도16420[전합]) 하여 동기설을 폐기하였다. 여기서 법령의 변경은 반성적 고려 유무와는 구별되는 해당 형벌법규의 가벌성에 관한 형사법적 관점의 변화를 전제로 한 법령의 변경을 의미한다.

② **유형별 고찰**
   ㉠ 범죄 후 법률이 변경되어 그 행위가 범죄를 구성하지 아니하게 되거나 형이 구법보다 가벼워진 경우 : 형법 제1조 제2항과 형사소송법 제326조 제4호가 적용되므로 재판시법(신법)이 적용된다.
   ㉡ 해당 형벌법규로부터 수권 내지 위임을 받은 법령이나 고시 등 규정의 변경에 따라 범죄를 구성하지 아니하게 되거나 형이 가벼워진 경우 : 이러한 법령이나 고시 등 규정은 해당 형벌법규의 구성요건의 일부를 이루는 보충규범으로서 모법과 결합하여 형사처벌의 근거가 되는 것이므로 형벌법규의 일부가 변경된 것으로 인정된다. 또한 이는 해당 형벌법규의 가벌성과 직접 관련된 형사법적 관점의 변화에 근거한 것으로서 형법 제1조 제2항과 형사소송법 제326조 제4호가 적용되므로 재판시법(신법)이 적용된다.

ⓒ 해당 형벌법규로부터 수권 내지 위임을 받은 법령이 아닌 다른 법령의 변경으로 범죄를 구성하지 아니하게 되거나 형이 구법보다 가벼워진 경우[2] : 다른 법령의 변경이 형사법적 관점의 변화를 주된 근거로 할 때에는 형법 제1조 제2항과 형사소송법 제326조 제4호가 적용되므로 재판시법(신법)이 적용되는 반면, 해당 형벌법규와 수권·위임관계에 있지 아니하고 보호목적과 입법취지를 달리하는 민사적·행정적 규율의 변경이나 극히 기술적인 규율의 변경에 불과한 경우(예 : 미성년자의 기준, 재물의 소유권의 귀속, 친족의 범위 등에 관한 민사법령의 변경으로 인하여 형사범죄의 구성요건 해당 여부나 소추조건 등이 달라지는 경우)는 형사법적 관점의 변화에 근거한 법령의 변경에 해당하지 아니하여 형법 제1조 제2항과 형사소송법 제326조 제4호가 적용되지 아니하므로 형법 제1조 제1항에 따라 행위시법(구법)이 적용된다.

ⓓ 스스로 유효기간을 구체적인 일자나 기간으로 특정하여 효력의 상실을 예정하고 있던 법령이 그 유효기간을 경과함으로써 더 이상 효력을 갖지 않게 된 경우 : 협의의 한시법이 유효기간이 경과된 경우로, 유효기간의 경과에 따른 한시법의 효력 상실은 법령의 변경도 아니고 형사법적 관점의 변화에 근거한 것도 아니어서 이 경우에는 형법 제1조 제2항과 형사소송법 제326조 제4호가 적용되지 아니하므로 형법 제1조 제1항에 따라 행위시법(구법)이 적용된다.

---

[2] ⓒ과 관련하여 전합 판결의 취지에 따라 설시한 최근 판례가 있어 이하에서 소개한다.
[1] 해당 형벌법규 자체 또는 그로부터 수권 내지 위임을 받은 법령이 아닌 다른 법령이 변경된 경우 형법 제1조 제2항과 형사소송법 제326조 제4호를 적용하려면, 해당 형벌법규에 따른 범죄의 성립 및 처벌과 직접적으로 관련된 형사법적 관점의 변화를 주된 근거로 하는 법령의 변경에 해당하여야 하므로, 이와 관련이 없는 법령의 변경으로 인하여 해당 형벌법규의 가벌성에 영향을 미치게 되는 경우에는 형법 제1조 제2항과 형사소송법 제326조 제4호가 적용되지 않는다. 즉 해당 형벌법규 자체 또는 그로부터 수권 내지 위임을 받은 법령이 아닌 다른 법령이 변경된 경우에는 해당 형벌법규에 따른 범죄 성립의 요건과 구조, 형벌법규와 변경된 법령과의 관계, 법령 변경의 내용·경위·보호목적·입법취지 등을 종합적으로 고려하여, 법령의 변경이 해당 형벌법규에 따른 범죄의 성립 및 처벌과 직접적으로 관련된 형사법적 관점의 변화를 주된 근거로 한다고 해석할 수 있을 때 형법 제1조 제2항과 형사소송법 제326조 제4호를 적용할 수 있다.
[2] 원심은, 피고인들에 대한 공소사실 중 변호사법위반 부분에 대하여, 피고인들의 변호사법 제109조 제1호 위반행위 이후 2020.2.4. 법률 제16911호 개정으로 개인의 파산사건 및 개인회생사건 신청의 대리를 법무사의 업무로 규정한 법무사법 제2조 제6호가 추가된 것(이하 '이 사건 법률 개정')은 반성적 고려에서 비롯된 법령의 변경이 아니라고 보아 형법 제1조 제2항과 형사소송법 제326조 제4호를 적용하지 아니하는 등 판시와 같은 이유로 유죄로 판단하였다. 원심판결 이유와 기록을 통해 알 수 있는 다음과 같은 사정을 앞서 본 법리에 비추어 살펴보면, 원심의 이유 설시에 일부 부적절한 부분이 있기는 하나, 이 사건 법률 개정은 형사법적 관점의 변화를 주된 근거로 하는 법령의 변경에 해당하지 아니하므로 형법 제1조 제2항과 형사소송법 제326조 제4호를 적용하지 아니하고 유죄로 인정한 원심의 판단은 정당하고, 거기에 상고이유 주장과 같이 형법 제1조 제2항의 적용, 변호사법위반죄의 성립 등에 관한 법리를 오해한 잘못이 없다.
① 이 사건 법률 개정으로 제6호의 내용이 추가된 법무사법 제2조는 이 부분 공소사실의 해당 형벌법규인 변호사법 제109조 제1호 또는 그로부터 수권 내지 위임을 받은 법령이 아닌 별개의 다른 법령에 불과하다. 변호사법 제109조 제1호 위반죄의 성립 요건과 구조를 살펴보더라도 법무사법 제2조의 규정이 보충규범으로서 기능하고 있다고 보기 어렵다.
② 법무사법 제2조는 법무사의 업무범위에 관한 규정으로서 기본적으로 형사법과 무관한 행정적 규율에 관한 내용이다. 따라서 이는 타법에서의 비형사적 규율의 변경이 문제된 형벌법규의 가벌성에 간접적인 영향을 미치는 경우에 해당할 뿐이므로, 원칙적으로 형법 제1조 제2항과 형사소송법 제326조 제4호의 적용 대상인 형사법적 관점의 변화에 근거한 법령의 변경에 해당한다고 볼 수 없다.
③ 법무사법 제2조가 변호사법 제109조 제1호 위반죄와 불가분적으로 결합되어 그 보호목적과 입법취지 등을 같이 한다고 볼 만한 특별한 사정도 인정하기 어렵다(대판 2023.2.23. 2022도6434).

Ⅲ 한시법

1. 의의

한시법의 의미에 대하여 미리 일정한 유효기간이 명시된 법률이라는 견해(협의설)와 협의의 한시법 이외에 법령의 내용이나 목적이 일시적 특수사정에 대비하기 위한 임시법도 포함된다는 보는 견해(광의설)가 대립하고 있으나, 최근 판례는 동기설을 폐기하면서 유효기간이 정해진 법령에 대해서만 형법 제1조 제2항을 적용되지 않고 행위시법이 적용된다고 설시했다는 점에서 판례는 한시법을 협의의 의미로 이해한다고 판단된다.

2. 추급효 인정 여부[3]

(1) 문제점

한시법의 폐지 내지 실효 전에 행하여진 법위반행위에 대하여 형법 제1조 제2항에도 불구하고 그 추급효를 인정할 수 있는지 여부가 문제된다.

(2) 학설

한시법의 유효기간의 경과는 형법 제1조 제2항의 법률의 변경에 해당하고 추급효를 인정하여 처벌범위를 확장하는 것은 죄형법정주의에 위반하므로 추급효를 부정하는 추급효부정설(재판시법주의)과 추급효를 인정함으로써 법의 실효성을 확보할 수 있고 행위시에 이미 처벌 규정이 있었던 경우로 이를 인정하여도 죄형법정주의에 위반하지 아니한다는 추급효긍정설(행위시법주의)이 대립하고 있다.

(3) 판례

최근 전합 판결은 동기설을 폐기하면서 미리 일정한 유효기간이 명시된 협의의 한시법에 대하여는 추급효긍정설을 취한 반면, 법령의 내용이나 목적이 일시적 사정에 대비하기 위한 임시법인 광의의 한시법에 대하여는 그 효력의 종기가 명확하지 않아 특정된 기간 내의 위반행위에 대하여 처벌이 관철되어야 할 규범으로 명시되었다고 보기 어렵고, 해석 여하에 따라 이러한 법령에 포함될 수 있는 범위가 과도하게 확장되고 재판시법주의와 행위시법주의 사이의 경계가 불분명해져 또다시 수범자의 예측가능성이 문제될 수 있기 때문에 행위시법주의가 적용된다고 볼 수 없다고(추급효부정설)(대판 2022.12.22. 2020도16420[전합]) 판시하고 있다.

(4) 검토

추급효긍정설은 형법 제1조 제2항의 법률의 변경이라는 문언의 의미를 축소하여 부당하게 가벌성을 확장하여 죄형법정주의에 위반할 우려가 있다는 점에서 추급효부정설이 타당하다고 판단된다. 추급효부정설에 의할 경우 형법 제1조 제2항에 의하여 재판시법(신법)을 적용하여야 하고 법원은 형사소송법 제326조 제4호에 따라 면소판결을 하여야 한다.

---

[3] 추급효 인정 여부에 대한 논의는 형법 제1조 제2항을 원칙대로 적용하여 피고인에게 면소판결을 하여야 한다면 법의 실효성을 유지할 수 없는 것이 아닌가라는 형사정책적 고려가 전제되어 있음을 유의하여야 한다.

3. 백지형법

(1) 의 의
백지형법이란 일정한 형벌만을 규정하고 그 형벌의 전제가 되는 구성요건의 전부 또는 일부의 내용을 다른 법률·명령·고시에 의하여 보충하여야 할 공백을 가진 형벌법규를 말한다.

(2) 보충규범의 개폐와 추급효
종전 판례는 한시법에서의 추급효 인정 여부에 대한 동기설에 따라 추급효 인정 여부를 판단하였으나, 최근의 전합 판결(대판 2022.12.22. 2020도16420[전합])은 보충규범은 모법과 결합하여 형사처벌의 근거가 되는 것이므로 보충규범의 개폐도 형법 제1조 제2항의 법률의 변경에 해당하고 이는 해당 형벌법규의 가벌성과 직접 관련된 형사법적 변화에 근거한 것이므로 형법 제1조 제2항과 형사소송법 제326조 제4호에 따라 재판시법이 적용되어야 한다고 함으로써 추급효부정설의 태도를 취하고 있다.

제2절 형법의 장소적 적용범위

I 속지주의의 원칙

1. 속지주의

(1) 의 의
형법 제2조는 '본법은 대한민국 영역 내에서 죄를 범한 내국인과 외국인에게 적용한다'라고 하여 형법의 장소적 적용범위에 관한 속지주의의 원칙을 규정하고 있다.

(2) 판 례
판례는 범죄의 행위와 결과 중 하나만 대한민국 영역 내에서 발생하면 족하므로 공모공동정범의 공모지도 범죄지에 포함된다고(대판 1998.11.27. 98도2734) 판시하고 있다. 또한 변호사법위반의 알선행위가 대한민국 영역 외에서 있었고, 수수행위가 대한민국 영역 내에서 있었을 경우에는 속지주의에 의해 우리 형법에 의해 처벌이 가능하다고(대판 2000.4.21. 99도3403) 하고 있으나, 외국인이 외국에 거주하다가 반국가단체 지배하에 있는 지역으로 들어간 경우에는 국가보안법이 적용되지 아니한다고(대판 2008.4.17. 2004도4899[전합]) 판시하고 있다.

2. 기국주의

본법은 대한민국 영역 외에 있는 대한민국의 선박 또는 항공기 내에서 죄를 범한 외국인에게 적용한다(형법 제4조).

3. 관련 판례

- 헌법 제3조는 대한민국의 영토는 한반도와 그 부속도서로 한다고 규정하고 있어 북한도 대한민국의 영토에 속하는 것이 분명하므로, 캐나다 국적을 가진 피고인이 북한의 지령을 받기 위하여 캐나다 토론토를 출발하여 일본과 중국을 순차 경유하여 북한 평양에 들어간 행위는 제3국과 대한민국 영역 내에 걸쳐서 이루어진 것이고, 피고인이 북한의 지령을 받고 국내에 잠입하여 활동하던 중 그 목적수행을 위하여 서울 김포공항에서 대한항공편으로 중국 북경으로 출국한 후 중국 북경에서 북한 평양으로 들어간 행위는 대한민국 영역 내와 대한민국 영역 외에 있는 대한민국의 항공기 내 및 대한민국의 통치권이 미치지 아니하는 제3국에 걸쳐서 이루어진 것이라고 할 것인바, 이와 같은 경우에는 비록 피고인이 캐나다 국적을 가진 외국인이라고 하더라도 형법 제2조, 제4조에 의하여 대한민국의 형벌법규가 적용되어야 할 것이고, 형법 제5조, 제6조에 정한 외국인의 국외범 문제로 다룰 것은 아니다(대판 1997.11.20. 97도2021[전합]).
- [1] 대한민국 국민이 아닌 사람이 외국에 거주하다가 그곳을 떠나 반국가단체의 지배하에 있는 지역으로 들어가는 행위는, 대한민국의 영역에 대한 통치권이 실지로 미치는 지역을 떠나는 행위 또는 대한민국의 국민에 대한 통치권으로부터 벗어나는 행위 어디에도 해당하지 않으므로, 이는 국가보안법 제6조 제1항, 제2항의 탈출 개념에 포함되지 않는다.
[2] 대한민국 국민이던 사람이 대한민국 국적을 상실하기 전 4회에 걸쳐 북한의 초청에 응하여 거주하고 있던 독일에서 출발하여 북한을 방문하였고, 그 후 독일 국적을 취득함에 따라 대한민국 국적을 상실한 후에도 거주지인 독일에서 출발하여 북한을 방문한 사안에서, 대한민국 국적을 상실하기 전의 방문행위는 국가보안법 제6조 제2항의 탈출에 해당하지만 대한민국 국적을 상실한 후의 방문행위는 국가보안법 제6조 제2항의 탈출 개념에 해당하지 않는다고 본 사례
[3] 국가보안법 제6조 제2항의 "반국가단체나 그 구성원의 지령을 받거나 받기 위하여 또는 그 목적수행을 협의하거나 협의하기 위하여 잠입하거나 탈출한 자" 및 같은 법 제8조 제1항의 "국가의 존립·안전이나 자유민주적 기본질서를 위태롭게 한다는 정을 알면서 반국가단체의 구성원 또는 그 지령을 받은 자와 회합·통신 기타의 방법으로 연락을 한 자"의 적용과 관련하여, 독일인이 독일 내에서 북한의 지령을 받아 베를린 주재 북한이익대표부를 방문하고 그곳에서 북한공작원을 만났다면 위 각 구성요건상 범죄지는 모두 독일이므로 이는 외국인의 국외범에 해당하여, 형법 제5조와 제6조에서 정한 요건에 해당하지 않는 이상 위 각 조항을 적용하여 처벌할 수 없다(대판 2008.4.17. 2004도4899[전합]).

Ⅱ 속인주의와 보호주의에 의한 보충

1. 속인주의

(1) 의 의

본법은 대한민국 영역 외에서 죄를 범한 내국인에게 적용한다(형법 제3조).

(2) 판 례

판례에 의하면 도박죄를 처벌하지 아니하는 필리핀에서 한국인이 도박을 한 경우에는 속인주의에 의하여 처벌이 가능하고(대판 2001.9.25. 99도3337), 대한민국 내의 미국문화원에서 죄를 범한 경우에도 역시 속인주의에 의하여 처벌이 가능하다고(대판 1986.6.24. 86도403) 판시하고 있다.

2. 보호주의

(1) 의 의

본법은 대한민국 영역 외에서 내란의 죄, 외환의 죄, 국기에 관한 죄, 통화에 관한 죄, 유가증권, 우표와 인지에 관한 죄, 문서에 관한 죄 중 제225조 내지 제230조, 인장에 관한 죄 중 제238조의 죄를 범한 외국인에게 적용한다(형법 제5조). 본법은 대한민국 영역 외에서 대한민국 또는 대한민국국민에 대하여 제5조에 기재한 이외의 죄를 범한 외국인에게 적용한다. 단 행위지의 법률에 의하여 범죄를 구성하지 아니하거나 소추 또는 형의 집행을 면제할 경우에는 예외로 한다(형법 제6조).

(2) 관련 판례

> 1. 형법 제6조가 적용되는 사례
> - 내국 법인의 대표자인 외국인이 내국 법인이 외국에 설립한 특수목적법인에 위탁해 둔 자금을 정해진 목적과 용도 외에 임의로 사용한 데 따른 횡령죄의 피해자는 당해 금전을 위탁한 내국 법인이다. 따라서 그 행위가 외국에서 이루어진 경우에도 행위지의 법률에 의하여 범죄를 구성하지 아니하거나 소추 또는 형의 집행을 면제할 경우가 아니라면 그 외국인에 대해서도 우리 형법이 적용되어(형법 제6조), 우리 법원에 재판권이 있다(대판 2017.3.22. 2016도17465).
> - 피고인이 뉴질랜드 시민권을 취득함으로써 우리나라 국적을 상실하였으므로, 그 후 뉴질랜드에서 대한민국 국민에 대하여 사기행위를 하였더라도 외국인이 대한민국 영역 외에서 대한민국 국민에 대하여 범죄를 저지른 경우에 해당한다(대판 2008.7.24. 2008도4085).
> - [1] 형법 제6조 본문에 의하여 외국인이 대한민국 영역 외에서 대한민국 국민에 대하여 범죄를 저지른 경우 우리 형법이 적용되지만, 같은 조 단서에 의하여 행위지 법률에 의하여 범죄를 구성하지 아니하거나 소추 또는 형의 집행을 면제할 경우에는 우리 형법을 적용하여 처벌할 수 없고, 이 경우 행위지 법률에 의하여 범죄를 구성하는지는 엄격한 증명에 의하여 검사가 이를 증명하여야 한다.

[2] 캐나다 시민권자인 피고인이 투자금을 교부받더라도 선물시장에 투자하여 운용할 의사나 능력이 없음에도, 피해자들을 기망하여 투자금 명목의 돈을 편취하였다는 내용으로 기소된 사안에서, 공소사실 중 '피고인이 캐나다에 거주하는 대한민국 국민을 기망하여 캐나다에서 직접 또는 현지 은행계좌로 투자금을 수령한 부분'은 외국인이 대한민국 영역 외에서 대한민국 국민에 대하여 범죄를 저지른 경우에 해당하므로, 이 부분이 행위지인 캐나다 법률에 의하여 범죄를 구성하는지 및 소추 또는 형의 집행이 면제되는지를 심리하여 해당 부분이 행위지 법률에 의하여 범죄를 구성하고 그에 대한 소추나 형의 집행이 면제되지 않는 경우에 한하여 우리 형법을 적용하였어야 하는데도, 이에 관하여 아무런 증명이 없는 상황에서 공소사실 전부를 유죄로 인정한 원심판결에 재판권 인정에 관한 법리오해 및 심리미진의 위법이 있다(대판 2011.8.25. 2011도6507).

- 조선족 중국인들이 파나마 국적의 참치잡이 원양어선 페스카마(PESCA MAR) 15호에 승선하여 남태평양 해상에서 근무하던 중 한국인 선원들 7명을 도끼로 내려치거나 참치처리용 칼로 난자한 후 바다에 던진 경우, 선박에 대한 불법영득의사가 있다고 보아 해상강도살인죄를 인정한 사례(대판 1997.7.25. 97도1142)[4]

2. 형법 제6조가 적용되지 아니하는 사례

중국인이 중국 소재 대한민국 영사관에서 여권발급신청서를 위조한 경우나(대판 2006.9.22. 2006도5010), 중국인이 중국에서 대한민국국적 주식회사의 인장을 위조한 경우(대판 2002.11.26. 2002도4929)에는 우리 형법이 적용되지 아니한다.

3. 세계주의

세계주의의 인정 여부에 대하여는 견해가 대립하고 있으나 형법 제296조의2에서 명시적으로 규정하고 있으므로 이를 인정하는 것이 타당하다.

---

[4] 피해자인 선장 등 7명에 대한 범죄는 대한민국 영역 외에서 외국인이 죄를 범한 경우로 피해자가 대한민국 국민이므로 형법 제6조의 보호주의에 의하여 우리 형법이 적용된 결과임을 유의하여야 한다. 따라서 외국인 선원에 대한 범죄는 우리 형법이 적용되지 아니한다.

Ⅲ 외국에서 받은 형집행의 효력

1. 의 의

죄를 지어 외국에서 형의 전부 또는 일부가 집행된 사람에 대해서는 그 집행된 형의 전부 또는 일부를 선고하는 형에 산입한다(형법 제7조).

2. 관련 판례

외국에서의 미결구금기간에 대한 사례

[1] 형법 제7조는 "죄를 지어 외국에서 형의 전부 또는 일부가 집행된 사람에 대해서는 그 집행된 형의 전부 또는 일부를 선고하는 형에 산입한다."라고 규정하고 있다. 이 규정의 취지는, 형사판결은 국가주권의 일부분인 형벌권 행사에 기초한 것이어서 피고인이 외국에서 형사처벌을 과하는 확정판결을 받았더라도 그 외국 판결은 우리나라 법원을 기속할 수 없고 우리나라에서는 기판력도 없어 일사부재리의 원칙이 적용되지 않으므로, 피고인이 동일한 행위에 관하여 우리나라 형벌법규에 따라 다시 처벌받는 경우에 생길 수 있는 실질적인 불이익을 완화하려는 것이다. 그런데 여기서 '외국에서 형의 전부 또는 일부가 집행된 사람'이란 문언과 취지에 비추어 '외국 법원의 유죄판결에 의하여 자유형이나 벌금형 등 형의 전부 또는 일부가 실제로 집행된 사람'을 말한다고 해석하여야 한다. 따라서 형사사건으로 외국 법원에 기소되었다가 무죄판결을 받은 사람은, 설령 그가 무죄판결을 받기까지 상당 기간 미결구금되었더라도 이를 유죄판결에 의하여 형이 실제로 집행된 것으로 볼 수는 없으므로, '외국에서 형의 전부 또는 일부가 집행된 사람'에 해당한다고 볼 수 없고, 그 미결구금 기간은 형법 제7조에 의한 산입의 대상이 될 수 없다.

[2] 외국에서 무죄판결을 받고 석방되기까지의 미결구금은, 국내에서의 형벌권 행사가 외국에서의 형사절차와는 별개의 것인 만큼 우리나라 형벌법규에 따른 공소의 목적을 달성하기 위하여 필수불가결하게 이루어진 강제처분으로 볼 수 없고, 유죄판결을 전제로 한 것이 아니어서 해당 국가의 형사보상제도에 따라 구금 기간에 상응하는 금전적 보상을 받음으로써 구제받을 성질의 것에 불과하다. 또한 형사절차에서 미결구금이 이루어지는 목적, 미결구금의 집행 방법 및 피구금자에 대한 처우, 미결구금에 대한 법률적 취급 등이 국가별로 다양하여 외국에서의 미결구금으로 인해 피고인이 받는 신체적 자유 박탈에 따른 불이익의 양상과 정도를 국내에서의 미결구금이나 형의 집행과 효과 면에서 서로 같거나 유사하다고 단정할 수도 없다. 따라서 위와 같이 외국에서 이루어진 미결구금을 형법 제57조 제1항에서 규정한 '본형에 당연히 산입되는 미결구금'과 같다고 볼 수 없다. 결국 미결구금이 자유 박탈이라는 효과 면에서 형의 집행과 일부 유사하다는 점만을 근거로, 외국에서 형이 집행된 것이 아니라 단지 미결구금되었다가 무죄판결을 받은 사람의 미결구금일수를 형법 제7조의 유추적용에 의하여 그가 국내에서 같은 행위로 인하여 선고받는 형에 산입하여야 한다는 것은 허용되기 어렵다(대판 2017.8.24. 2017도5977[전합]).

제 2 편 범죄론

제1장 범죄론의 기초

제1절 행위론

오늘날의 지배적인 견해인 사회적 행위론에 의할 때 형법상의 행위란 인간의 의사에 의하여 지배되거나 지배가능한 사회적으로 중요한 인간의 행동이라고 할 수 있다.

제2절 행위의 주체와 객체

I 법인의 범죄능력

1. 문제점

형법에는 법인의 처벌에 대한 명문규정이 없지만 행정형법은 대부분 양벌규정을 두고 법인을 처벌하고 있어 법인도 행위주체가 될 수 있는지, 즉 범죄능력을 인정할 수 있는지 문제된다. 또한 법인의 범죄능력이 부정되는 경우에도 법인을 처벌할 수 있는지 여부인 법인의 형벌능력인정 여부도 문제된다.

2. 학설

법인에게는 의사활동을 할 수 있는 육체가 없고 법인은 그 기관인 자연인을 통하여 행위를 하여 범죄행위를 한 자연인을 처벌하는 것으로 충분하므로 범죄능력을 부정하는 범죄능력부정설과 법인실재설을 취하여 법인도 기관을 통하여 의사를 형성하고 행위를 할 수 있으므로 법인의 범죄능력을 인정하는 범죄능력긍정설과 형사범에 대하여는 범죄능력을 부정하나 행정범은 범죄능력을 긍정하는 부분적 긍정설이 대립하고 있다.

3. 판례

판례는 배임죄에 있어서 타인의 사무를 처리할 의무의 주체가 법인이 되는 경우라도 법인은 다만 사법상의 의무주체가 될 뿐 범죄능력이 없는 것이며 그 타인의 사무는 법인을 대표하는 자연인인 대표기관의 의사결정에 따른 대표행위에 의하여 실현될 수밖에 없어 그 대표기관은 마땅히 법인이 타인에 대하여 부담하고 있는 의무내용 대로 사무를 처리할 임무가 있다 할 것이므로 법인이 처리할 의무를 지는 타인의 사무에 관하여는 법인이 배임죄의 주체가 될 수 없고 그 법인을 대표하여 사무를 처리하는 자연인인 대표기관이 바로 타인의 사무를 처리하는 자, 즉 배임죄의 주체가 된다고(대판 1984.10.10. 82도2595[전합]) 판시하고 있다.

4. 검토

부분적 긍정설은 형사범과 행정범의 구별 자체가 모호하고 긍정설은 법인을 처벌하면 그 효과가 범죄와 무관한 법인의 구성원에게까지 미친다는 점에서 자기책임의 원칙에 반한다는 문제가 있어 범죄능력부정설이 타당하다고 판단된다. 즉, 법인은 처벌 규정이 있는 경우에도 행위의 주체가 될 수 없다고 보아야 한다.

> **법인의 범죄능력인정 여부에 대한 사례**
> - 형법 제355조 제2항의 배임죄에 있어서 타인의 사무를 처리할 의무의 주체가 법인이 되는 경우라도 법인은 다만 사법상의 의무주체가 될 뿐 범죄능력이 없는 것이며 그 타인의 사무는 법인을 대표하는 자연인인 대표기관의 의사결정에 따른 대표행위에 의하여 실현될 수밖에 없어 그 대표기관은 마땅히 법인이 타인에 대하여 부담하고 있는 의무내용 대로 사무를 처리할 임무가 있다 할 것이므로 법인이 처리할 의무를 지는 타인의 사무에 관하여는 법인이 배임죄의 주체가 될 수 없고 그 법인을 대표하여 사무를 처리하는 자연인인 대표기관이 바로 타인의 사무를 처리하는 자, 즉 배임죄의 주체가 된다(대판 1984.10.10. 82도2595[전합]).
> - 법인격 없는 사단과 같은 단체는 법인과 마찬가지로 사법상의 권리의무의 주체가 될 수 있음은 별론으로 하더라도 법률에 명문의 규정이 없는 한 그 범죄능력은 없고 그 단체의 업무는 단체를 대표하는 자연인인 대표기관의 의사결정에 따른 대표행위에 의하여 실현될 수밖에 없는바, 구 건축법 제26조 제1항의 규정에 의하여 건축물의 유지·관리의무를 지는 '소유자 또는 관리자'가 법인격 없는 사단인 경우에는 자연인인 대표기관이 그 업무를 수행하는 것이므로, 같은 법 제79조 제4호에서 같은 법 제26조 제1항의 규정에 위반한 자라 함은 법인격 없는 사단의 대표기관인 자연인을 의미한다(대판 1997.1.24. 96도524).
> - [1] 구 개인정보 보호법 제71조 제2호는 같은 법 제18조 제1항을 위반하여 이용 범위를 초과하여 개인정보를 이용한 개인정보처리자를 처벌하도록 규정하고 있고, 같은 법 제74조 제2항에서는 법인의 대표자나 법인 또는 개인의 대리인, 사용인, 그 밖의 종업원이 그 법인 또는 개인의 업무에 관하여 같은 법 제71조에 해당하는 위반행위를 하면 그 행위자를 벌하는 외에 그 법인 또는 개인에게도 해당 조문의 벌금형을 과하도록 하는 양벌규정을 두고 있다. 위 법 제71조 제2호, 제18조 제1항에서 벌칙규정의 적용대상자를 개인정보처리자로 한정하고 있기는 하나, 위 양벌규정은 벌칙규정의 적용대상인 개인정보처리자가 아니면서 그러한 업무를 실제로 처리하는 자가 있을 때 벌칙규정의 실효성을 확보하기 위하여 적용대상자를 해당 업무를 실제로 처리하는 행위자까지 확장하여 그 행위자나 개인정보처리자인 법인 또는 개인을 모두 처벌하려는 데 그 취지가 있으므로, 위 양벌규정에 의하여 개인정보처리자 아닌 행위자도 위 벌칙규정의 적용대상이 된다.

> [2] 구 개인정보 보호법은 제2조 제5호, 제6호에서 공공기관 중 법인격이 없는 '중앙행정기관 및 그 소속 기관' 등을 개인정보처리자 중 하나로 규정하고 있으면서도, 양벌규정에 의하여 처벌되는 개인정보처리자로는 같은 법 제74조 제2항에서 '법인 또는 개인'만을 규정하고 있을 뿐이고, 법인격 없는 공공기관에 대하여도 위 양벌규정을 적용할 것인지 여부에 대하여는 명문의 규정을 두고 있지 않으므로, 죄형법정주의의 원칙상 '법인격 없는 공공기관'을 위 양벌규정에 의하여 처벌할 수 없고, 그 경우 행위자 역시 위 양벌규정으로 처벌할 수 없다고 봄이 타당하다(대판 2021.10.28. 2020도1942).

Ⅱ 법인의 처벌

1. 법인의 형벌능력

(1) 문제점

행정형법에서 자연인 외에 법인을 처벌하는 양벌규정을 두고 있는 경우, 이러한 법인처벌의 근거가 무엇인지 문제된다.

(2) 학 설

범죄능력긍정설에 의하면 당연히 법인의 형벌능력이 인정되나, 범죄능력부정설에 의하면 행정형법에서 법인을 처벌하는 규정을 둔 경우 행정목적 달성을 위한 기술적·합목적적 요소가 강조되므로 이 경우 법인에게 범죄능력은 없지만 형벌능력은 인정되는 결과가 된다.

(3) 판 례

판례는 법인의 범죄능력은 부정하면서도 법인을 처벌하는 양벌규정이 있는 경우에는 형벌능력을 인정하고 있다.

(4) 검 토

행정목적 달성을 위한 필요가 인정되는 이상 법인의 형벌능력을 인정하는 것이 타당하다고 판단된다.

2. 법인처벌의 근거

(1) 학 설

양벌규정에 의한 법인의 처벌은 행정단속의 목적을 위하여 정책상 무과실책임을 인정한 것이라는 무과실책임설과 법인의 처벌 규정을 임직원에 대한 선임·감독에 있어서의 법인의 과실책임을 인정한 것이라는 과실책임설이 주장되고 있다. 과실책임설에는 실제로 법인 자신의 과실을 요하는 과실책임설, 법인의 반증이 없으면 과실이 추정된다는 과실추정설, 법인의 과실은 당연히 존재하는 것으로 의제된다는 과실의제설이 있다.

(2) 판 례

헌법재판소는 종업원의 범죄행위에 관하여 법인에게 무과실책임을 인정하는 양벌규정에 대하여 위헌결정을 함으로써 과실책임설의 태도를(헌재 2009.7.30. 2008헌가10) 취하고 있다. 대법원도 마찬가지로 양벌규정에 따라 사용자인 법인 또는 개인을 처벌하는 것은 형벌의 자기책임 원칙에 비추어 위반행위가 발생한 그 업무와 관련하여 사용자인 법인 또는 개인이 상당한 주의 또는 감독 의무를 게을리한 과실이 있기 때문이라고(대판 2021.9.30. 2019도3595) 하여 과실책임설을 취하고 있음을 명백히 하였다.

(3) 검 토

법인의 범죄능력은 부정되지만 형벌능력은 인정되고, 행정목적 달성을 위한 기술적·합목적적 요소가 강조되는 행정형법의 입법취지상 과실책임설이 타당하다고 판단된다.

> 1. 과실책임설을 취하는 헌법재판소의 태도
> [1] '종업원' 관련 부분은 법인이 고용한 종업원 등의 범죄행위에 관하여 비난할 근거가 되는 법인의 의사결정 및 행위구조, 즉 종업원 등이 저지른 행위의 결과에 대한 법인의 독자적인 책임에 관하여 전혀 규정하지 않은 채, 단순히 법인이 고용한 종업원 등이 업무에 관하여 범죄행위를 하였다는 이유만으로 법인에 대하여 형사처벌을 과하고 있는바, 이는 다른 사람의 범죄에 대하여 그 책임 유무를 묻지 않고 형벌을 부과함으로써 법치국가의 원리 및 죄형법정주의로부터 도출되는 책임주의원칙에 반한다.
> [2] 법인은 기관을 통하여 행위하므로 법인이 대표자를 선임한 이상 그의 행위로 인한 법률효과는 법인에게 귀속되어야 하고, 법인 대표자의 범죄행위에 대하여는 법인 자신이 자신의 행위에 대한 책임을 부담하여야 하는바, 법인 대표자의 법규위반행위에 대한 법인의 책임은 법인 자신의 법규위반행위로 평가될 수 있는 행위에 대한 법인의 직접책임으로서, 대표자의 고의에 의한 위반행위에 대하여는 법인 자신의 고의에 의한 책임을, 대표자의 과실에 의한 위반행위에 대하여는 법인 자신의 과실에 의한 책임을 부담하는 것이다. 따라서 법인의 '대표자' 관련 부분은 대표자의 책임을 요건으로 하여 법인을 처벌하므로 책임주의원칙에 반하지 아니한다(헌재 2010.7.29. 2009헌가25).
>
> 2. 과실책임설을 취하는 대법원의 태도
> 일반적으로 자연인이 법인의 기관으로서 범죄행위를 한 경우에도 행위자인 자연인이 그 범죄행위에 대한 형사책임을 지는 것이고, 다만 법률이 그 목적을 달성하기 위하여 특별히 규정하고 있는 경우에만 행위자를 벌하는 외에 법률효과가 귀속되는 법인에 대하여도 벌금형을 과할 수 있는 것인 만큼, 법인이 설립되기 이전에 어떤 자연인이 한 행위의 효과가 설립 후의 법인에게 당연히 귀속된다고 보기 어려울 뿐만 아니라, 양벌규정에 의하여 사용자인 법인을 처벌하는 것은 형벌의 자기책임원칙에 비추어 위반행위가 발생한 그 업무와 관련하여 사용자인 법인이 상당한 주의 또는 관리감독 의무를 게을리한 선임감독상의 과실을 이유로 하는 것인데, 법인이 설립되기 이전의 행위에 대하여는 법인에게 어떠한 선임감독상의 과실이 있다고 할 수 없으므로, 특별한 근거규정이 없는 한 법인이 설립되기 이전에 자연인이 한 행위에 대하여 양벌규정을 적용하여 법인을 처벌할 수는 없다고 봄이 타당하다(대판 2018.8.1. 2015도10388).

Ⅲ 양벌규정의 기능

1. 업무주체 처벌 기능

(1) 의 의

종업원 등이 위반행위를 한 경우 그 종업원의 업무주체인 법인 또는 개인에게 과실이 있는 때에 고의범의 형사처벌을 가능하게 하는 양벌규정의 기능을 의미하는 것으로, 업무주체인 법인을 처벌하는 경우와 업무주체인 개인을 처벌하는 경우를 말한다.

(2) 관련 판례

> **1. 업무주체인 법인을 처벌하는 사례**
> [1] 화물자동차운송사업면허를 가진 운송사업자와 실질적으로 자동차를 소유하고 있는 차주간의 계약으로 외부적으로는 자동차를 운송사업자 명의로 등록하여 운송사업자에게 귀속시키고 내부적으로는 각 차주들이 독립된 관리 및 계산으로 영업을 하며 운송사업자에 대하여는 지입료를 지불하는 지입제 형식의 운송사업에 있어, 그 지입차주가 세무관서에 독립된 사업자등록을 하고 지입된 차량을 직접 운행·관리하면서 그 명의로 운송계약을 체결하였다고 하더라도, 지입차주는 객관적으로나 외형상으로나 그 차량의 소유자인 지입회사와의 위탁계약에 의하여 그 위임을 받아 운행·관리를 대행하는 지위에 있는 자로서, 구 도로법 제86조에서 정한 '대리인·사용인 기타의 종업원'에 해당한다. 한편, 그 사업장의 근로자와의 관계에 있어서도 지입차량의 소유자이자 대외적인 경영 주체에 해당하는 지입회사가 직접 근로관계에 대한 책임을 지는 사용자라고 보아야 하므로, 비록 지입회사가 지입차량의 운전자를 직접 고용하여 지휘·감독을 한 바 없다 하더라도, 객관적으로 지입차량의 운전자를 지휘·감독할 관계에 있는 사용자로서 그 지휘·감독의 소홀에 따른 책임을 진다.
> [2] 지입차주가 고용한 운전자가 과적운행으로 구 도로법을 위반한 경우, 지입차주는 구 도로법 제86조에 정한 '대리인·사용인 기타의 종업원'의 지위에 있을 뿐이고 지입차량의 소유자이자 대외적인 경영 주체는 지입회사이므로, 지입회사가 구 도로법상 사용자로서의 형사책임을 부담한다고 한 사례(대판 2009.9.24. 2009도5302)
>
> **2. 업무주체인 개인을 처벌하는 사례**
> 법인이 아닌 약국에서의 영업으로 인한 사법상의 권리의무는 그 약국을 개설한 약사에게 귀속되므로 대외적으로 그 약국의 영업주는 그 약국을 개설한 약사라고 할 것이지만, 그 약국을 실질적으로 경영하는 약사가 다른 약사를 고용하여 그 고용된 약사를 명의상의 개설약사로 등록하게 해두고 실질적인 영업약사가 약사 아닌 종업원을 직접 고용하여 영업하던 중 그 종업원이 약사법위반 행위를 하였다면 약사법 제78조의 양벌규정상의 형사책임은 그 실질적 경영자가 지게 된다(대판 2000.10.27. 2000도3570).

2. 수범자 범위 확대 기능

(1) 문제점

행정형법상 벌칙규정의 적용대상이 사업주인 경우에는 그 벌칙규정은 신분범의 성격을 가지게 되므로 사업주가 아니어서 벌칙규정의 적용대상이 아닌 종업원을 양벌규정을 근거로 처벌할 수 있는지 여부가 다투어진다.

(2) 판 례

판례는 양벌규정은 업무주가 아니면서 당해 업무를 실제로 집행하는 자가 있는 때에 위 벌칙규정의 실효성을 확보하기 위하여 그 적용대상자를 당해 업무를 실제로 집행하는 자에게까지 확장함으로써 그러한 자가 당해 업무집행과 관련하여 위 벌칙규정의 위반행위를 한 경우 위 양벌규정에 의하여 처벌할 수 있도록 한 행위자의 처벌 규정임과 동시에 그 위반행위의 이익귀속주체인 업무주에 대한 처벌 규정이라고(대판 1999.7.15. 95도2870[전합]) 하여 종업원인 비신분자를 처벌하는 것을 인정하고 있다.

(3) 검 토

양벌규정은 법률이 요구하는 신분이 결여되어 단독으로 정범이 될 수 없는 행위자에게 정범자로서의 신분을 부여하여 종래 처벌되지 않던 법적용상의 흠결을 보충하는 기능을 수행한다고 볼 수 있으므로 판례의 태도가 타당하다고 판단된다.

3. 관련 판례

> **양벌규정에 의한 벌칙규정의 적용대상자의 확장 여부에 대한 사례**
> - [1] 건설산업기본법에서 일정한 체육시설을 설치하는 건설공사는 건설업 등록을 한 건설업자가 하도록 규정하고 있다. 즉, 많은 사람이 이용하는 시설물로서 체육시설의 설치·이용에 관한 법률에 따른 체육시설 중 대통령령으로 정하는 체육시설에 해당하는 새로운 시설물을 설치하는 건설공사는 건설업자가 하여야 한다(건설산업기본법 제41조 제2항 제1호). 건설산업기본법 제96조 제5호는 위와 같은 의무를 강제하기 위하여 '제41조를 위반하여 시공한 자는 3년 이하의 징역 또는 3천만원 이하의 벌금에 처한다'고 정하고 있다. 건설업자는 이 법 또는 다른 법률에 따라 등록 등을 하고 건설업을 하는 자를 말한다(건설산업기본법 제2조 제7호). 여기에서 '건설업을 한다'는 것은 '건설공사의 시공분야를 수행하는 것을 업으로 한다'는 것을 의미하고, '시공'은 '직접 또는 도급에 의하여 설계에 따라 건설공사를 완성하기 위하여 시행되는 일체의 행위'를 의미한다. 따라서 건설산업기본법 제96조 제5호, 제41조 제2항 제1호 위반행위의 주체는 '건설업 등록을 하지 않은 건설공사 시공자'와 같은 업무주에 한정된다.
> - [2] 건설산업기본법 제98조 제2항은 "법인의 대표자나 법인 또는 개인의 대리인, 사용인, 그 밖의 종업원이 그 법인 또는 개인의 업무에 관하여 제94조, 제95조, 제95조의2, 제96조 또는 제97조 제1호·제2호·제3호의 위반행위를 하면 그 행위자를 벌하는 외에 그 법인 또는 개인에게도 해당 조문의 벌금형을 과한다."라고 정하고 있다. 위 규정의 취지는 제96조 제5호 등 벌칙규정의 적용대상인 건설공사 시공자가 아니면서 그러한 업무를 실제로 집행하는 자가 있을 때 벌칙규정의 실효성을 확보하기 위하여 적용대상자를 해당 업무를 실제로 집행하는 자까지 확장하여 그 행위자도 아울러 처벌하려는 데

있다. 이러한 양벌규정은 해당 업무를 실제로 집행하는 자에 대한 처벌의 근거 규정이 된다. 결국 위 규정은 해당 법조의 위반행위를 건설시공자인 법인이나 개인이 직접 하지 않는 경우에 그 행위자나 건설시공자 쌍방을 모두 처벌하려는 것이므로, 이 양벌규정에 따라 건설시공자가 아닌 행위자도 업무주인 건설시공자에 대한 벌칙규정의 적용대상이 된다(대판 2017.12.5. 2017도11564).

- [1] 구 개인정보 보호법 제71조 제2호는 같은 법 제18조 제1항을 위반하여 이용 범위를 초과하여 개인정보를 이용한 개인정보처리자를 처벌하도록 규정하고 있고, 같은 법 제74조 제2항에서는 법인의 대표자나 법인 또는 개인의 대리인, 사용인, 그 밖의 종업원이 그 법인 또는 개인의 업무에 관하여 같은 법 제71조에 해당하는 위반행위를 하면 그 행위자를 벌하는 외에 그 법인 또는 개인에게도 해당 조문의 벌금형을 과하도록 하는 양벌규정을 두고 있다. 위 법 제71조 제2호, 제18조 제1항에서 벌칙규정의 적용대상자를 개인정보처리자로 한정하고 있기는 하나, 위 양벌규정은 벌칙규정의 적용대상인 개인정보처리자가 아니면서 그러한 업무를 실제로 처리하는 자가 있을 때 벌칙규정의 실효성을 확보하기 위하여 적용대상자를 해당 업무를 실제로 처리하는 행위자까지 확장하여 그 행위자나 개인정보처리자인 법인 또는 개인을 모두 처벌하려는 데 그 취지가 있으므로, 위 양벌규정에 의하여 개인정보처리자 아닌 행위자도 위 벌칙규정의 적용대상이 된다.

[2] 그러나 구 개인정보 보호법은 제2조 제5호, 제6호에서 공공기관 중 법인격이 없는 '중앙행정기관 및 그 소속 기관' 등을 개인정보처리자 중 하나로 규정하고 있으면서도, 양벌규정에 의하여 처벌되는 개인정보처리자로는 같은 법 제74조 제2항에서 '법인 또는 개인'만을 규정하고 있을 뿐이고, 법인격 없는 공공기관에 대하여도 위 양벌규정을 적용할 것인지 여부에 대하여는 명문의 규정을 두고 있지 않으므로, 죄형법정주의의 원칙상 '법인격 없는 공공기관'을 위 양벌규정에 의하여 처벌할 수 없고, 그 경우 행위자 역시 위 양벌규정으로 처벌할 수 없다고 봄이 타당하다(대판 2021.10.28. 2020도1942).

제2장 구성요건론

제1절 구성요건의 일반이론

구성요건이란 형법상 금지 또는 요구되는 행위가 무엇인가를 추상적·일반적으로 기술해 놓은 것을 말한다. 구성요건은 분류기준에 따라 각각 기술적 요소와 규범적 요소, 객관적 요소와 주관적 요소, 기술된 요소와 기술되지 않은 요소로 나누어 볼 수 있다. 이 중 기술적 요소는 물적·대상적으로 기술되어 있어 개별적인 경우에 사실확정에 의하여 그 의미를 인식할 수 있는 구성요건요소를 의미하고, 규범적 요소는 구성요건의 기술 그 자체만으로는 내용을 확정하기 어렵고 규범의 논리적 판단과 가치판단에 의하여만 그 의미내용을 확정할 수 있는 구성요건요소를 말한다.

제2절 부작위범

I 서설

1. 의의

형법 제18조는 위험의 발생을 방지할 의무가 있거나 자기의 행위로 인하여 위험발생의 원인을 야기한 자가 그 위험발생을 방지하지 아니한 때에는 그 발생된 결과에 의하여 처벌한다고 규정하고 있는 바, 부작위는 단순한 무위(無爲)나 소극적 행위가 아니라 규범적으로 기대되는 특정한 행위를 하지 아니하는 것을 말한다. 법규범에 금지규범과 명령규범이 있는 경우, 작위는 금지규범에 대한 위반행위이며 부작위는 명령규범에 대한 위반행위를 말한다.

2. 작위와 부작위의 구별

(1) 학설

행태의 법적 비난의 중점이 어디에 있는가에 착안하여 법적 비난의 중점이 작위에 있으면 작위범, 부작위에 있으면 부작위범이라는 규범적 척도설과 양자의 구별이 명확하지 아니한 경우 먼저 작위범의 성립 여부를 검토하여 이것이 성립하지 아니하는 경우에는 부작위를 검토하여야 한다는 작위우선·부작위보충설이 대립하고 있다.

(2) 판례

판례는 어떠한 범죄가 적극적 작위에 의하여 이루어질 수 있음은 물론 결과의 발생을 방지하지 아니하는 소극적 부작위에 의하여도 실현될 수 있는 경우에, 행위자가 자신의 신체적 활동이나 물리적·화학적 작용을 통하여 적극적으로 타인의 법익 상황을 악화시킴으로써 결국 그 타인의 법익을 침해하기에 이르렀다면, 이는 작위에 의한 범죄로 봄이 원칙이고, 작위에 의하여 악화된 법익 상황을 다시 되돌이키지 아니한 점에 주목하여 이를 부작위범으로 볼 것은 아니며, 나아가 악화되기 이전의 법익 상황이, 그 행위자가 과거에 행한 또 다른 작위의 결과에 의하여 유지되고 있었다 하여 이와 달리 볼 이유가 없다고(대판 2004.6.24. 2002도995) 하여 작위우선·부작위보충설을 취하고 있다고 판단된다.

(3) 검토

생각건대 법적 비난의 중점이 어디에 있는가를 판단할 규범적 기준이 불분명한 규범적 척도설은 불합리한 감정판단이 될 우려가 있으므로 작위우선·부작위보충설이 타당하다.

3. 관련 판례

> **작위에 의한 살인방조죄를 인정한 사례(보라매 병원 사건)**
> [1] 보호자가 의학적 권고에도 불구하고 치료를 요하는 환자의 퇴원을 간청하여 담당 전문의와 주치의가 치료중단 및 퇴원을 허용하는 조치를 취함으로써 환자를 사망에 이르게 한 행위에 대하여 보호자, 담당 전문의 및 주치의가 부작위에 의한 살인죄의 공동정범으로 기소된 사안에서, 담당 전문의와 주치의에게 환자의 사망이라는 결과 발생에 대한 정범의 고의는 인정되나 환자의 사망이라는 결과나 그에 이르는 사태의 핵심적 경과를 계획적으로 조종하거나 저지·촉진하는 등으로 지배하고 있었다고 보기는 어려워 공동정범의 객관적 요건인 이른바 기능적 행위지배가 흠결되어 있다는 이유로 작위에 의한 살인방조죄만 성립한다고 한 사례
> [2] 어떠한 범죄가 적극적 작위에 의하여 이루어질 수 있음은 물론 결과의 발생을 방지하지 아니하는 소극적 부작위에 의하여도 실현될 수 있는 경우에, 행위자가 자신의 신체적 활동이나 물리적·화학적 작용을 통하여 적극적으로 타인의 법익 상황을 악화시킴으로써 결국 그 타인의 법익을 침해하기에 이르렀다면, 이는 작위에 의한 범죄로 봄이 원칙이고, 작위에 의하여 악화된 법익 상황을 다시 되돌이키지 아니한 점에 주목하여 이를 부작위범으로 볼 것은 아니며, 나아가 악화되기 이전의 법익 상황이, 그 행위자가 과거에 행한 또 다른 작위의 결과에 의하여 유지되고 있었다 하여 이와 달리 볼 이유가 없다.
> [3] 종범은 정범의 실행행위 중에 이를 방조하는 경우뿐만 아니라, 실행 착수 전에 장래의 실행행위를 예상하고 이를 용이하게 하는 행위를 하여 방조한 경우에도 성립한다.
> [4] 법원은 공소사실의 동일성이 인정되는 범위 내에서 공소가 제기된 범죄사실보다 가벼운 범죄사실이 인정되는 경우에 있어서, 그 심리의 경과 등에 비추어 볼 때 피고인의 방어에 실질적인 불이익을 주는 것이 아니라면 공소장 변경 없이 직권으로 가벼운 범죄사실을 인정할 수 있다고 할 것이므로 공동정범으로 기소된 범죄사실을 방조사실로 인정할 수 있다(대판 2004.6.24. 2002도995).

Ⅱ 분류

1. 진정부작위범과 부진정부작위범

진정부작위범이란 구성요건이 부작위에 의하여만 실현될 수 있는 범죄를 말하며 이에는 다중불해산죄, 퇴거불응죄가 속한다. 부진정부작위범은 부작위에 의하여 작위범의 구성요건을 실현하는 범죄를 말한다.

2. 구별기준

범죄의 내용과 성질을 검토하여 양자를 구별하고자 하는 실질설에 의하면 진정부작위범은 거동범으로, 부진정부작위범은 결과범으로 보게 되나, 부진정부작위범도 거동범이 될 수 있다는 점에서 법률에 규정된 구성요건의 형식에 따라 양자를 구별하는 형식설이 타당하다고 판단된다.

Ⅲ 부작위범의 성립요건

1. 일반적 행위가능성

부작위범의 구성요건해당성 판단 이전에 행위자가 법이 요구하는 적극적인 작위의무를 실현할 수 있는 일반적·객관적 가능성이 있어야 한다. 일반적인 행위가능성은 부작위의 행위개념에 해당한다.

2. 객관적 구성요건요소

(1) 부작위범 일반에 공통된 요건

1) 구성요건적 상황

부작위범은 명령규범이 작위를 요구할 때에만 성립할 수 있으며, 이러한 구체적인 작위의무의 내용과 작위의무자의 신분을 인식시켜 주는 사실관계를 구성요건적 상황이라고 한다.

2) 요구된 행위의 부작위

행위자가 구체적인 상황에서 구성요건실현을 회피하도록 명령된 행위를 하지 않은 때 구성요건적 부작위가 된다.

3) 개별적 행위가능성

행위자가 규범이 요구하는 작위의무를 이행할 수 있는 개인적인 사실상의 가능성을 말한다.

부작위에 의한 현주건조물방화치사상죄의 성립 여부에 대한 사례

[1] 형법이 금지하고 있는 법익침해의 결과발생을 방지할 법적인 작위의무를 지고 있는 자가 그 의무를 이행하지 아니한 경우, 이를 작위에 의한 실행행위와 동일하게 부작위범으로 처벌하기 위하여는, 그 의무를 이행함으로써 결과발생을 쉽게 방지할 수 있었음에도 불구하고 그 결과의 발생을 용인하고 이를 방관한 채 그 의무를 이행하지 아니한 결과, 그 부작위가 작위에 의한 법익침해와 동등한 형법적 가치를 가진다고 볼 수 있어 그 범죄의 실행행위로 평가될 만한 것이라야 한다.

[2] 원심은, 이 사건 화재는 피고인이 모텔 방에 투숙하여 담배를 피운 후 재떨이에 담배를 끄게 되었으나 담뱃불이 완전히 꺼졌는지 여부를 확인하지 않은 채 불이 붙기 쉬운 휴지를 재떨이에 버리고 잠을 잔 과실로 담뱃불이 휴지와 옆에 있던 침대시트에 옮겨 붙게 함으로써 발생하였고, 이러한 피고인의 과실은 중대한 과실에 해당한다고 전제한 다음, 이와 같이 이 사건 화재가 피고인의 중과실로 발생하였다 하더라도, 이 부분 공소사실과 같이 부작위에 의한 현주건조물방화치사 및 현주건조물방화치상죄가 성립하기 위하여는, 피고인에게 법률상의 소화의무가 인정되는 외에 소화의 가능성 및 용이성이 있었음에도 피고인이 그 소화의무에 위배하여 이미 발생한 화력을 방치함으로써 소훼의 결과를 발생시켜야 하는 것인데, 이 사건 화재가 피고인의 중대한 과실 있는 선행행위로 발생한 이상 피고인에게 이 사건 화재를 소화할 법률상 의무는 있다 할 것이나, 피고인이 이 사건 화재 발생 사실을 안 상태에서 모텔을 빠져나오면서도 모텔 주인이나 다른 투숙객들에게 이를 알리지 아니하였다는 사정만으로는 피고인이 이 사건 화재를 용이하게 소화할 수 있었다고 보기 어렵고, 달리 이를 인정할 만한 증거가 없다는 이유로, 이 부분 공소사실에 대하여 무죄로 판단하였다. 앞서 본 법리에 비추어 기록을 살펴보면, 이러한 원심의 사실인정과 판단은 정당한 것으로 수긍이 되고, 거기에 상고이유의 주장과 같은 채증법칙 위배나 부작위범에 관한 법리오해 등의 위법이 있다고 할 수 없다(대판 2010.1.14. 2009도12109).

(2) 부진정부작위범에 특유한 요건

행위자는 결과발생을 방지할 의무가 있는 자여야 하고(보증인지위), 보증인지위에 있는 자의 부작위가 작위에 의한 구성요건의 실현과 같은 가치를 갖는 것으로 평가될 수 있어야 한다(행위정형의 동가치성).

(3) 구성요건적 결과의 발생, 인과관계와 객관적 귀속

진정부작위범은 거동범이므로 구성요건적 결과의 발생이나 인과관계와 객관적 귀속이 문제되지 아니하나 부진정부작위범은 구성요건적 결과의 발생과 인과관계와 객관적 귀속이 인정되어야 한다.

3. 주관적 구성요건요소

구성요건적 상황의 존재, 명령된 행위의 부작위, 개별적 행위가능성뿐만 아니라 보증인적 지위와 동가치성에 대한 인식을 필요로 한다. 그러나 보증인지위와는 달리 보증인의무는 고의의 인식대상에 해당하지 아니한다.

> **부진정부작위범의 고의에 대한 사례(세월호 사건)**
> [1] 부진정부작위범의 고의는 반드시 구성요건적 결과발생에 대한 목적이나 계획적인 범행 의도가 있어야 하는 것은 아니고 법익침해의 결과발생을 방지할 법적 작위의무를 가지고 있는 사람이 의무를 이행함으로써 결과발생을 쉽게 방지할 수 있었음을 예견하고도 결과발생을 용인하고 이를 방관한 채 의무를 이행하지 아니한다는 인식을 하면 족하며, 이러한 작위의무자의 예견 또는 인식 등은 확정적인 경우는 물론 불확정적인 경우이더라도 미필적 고의로 인정될 수 있다. 이때 작위의무자에게 이러한 고의가 있었는지는 작위의무자의 진술에만 의존할 것이 아니라, 작위의무의 발생근거, 법익침해의 태양과 위험성, 작위의무자의 법익침해에 대한 사태지배의 정도, 요구되는 작위의무의 내용과 이행의 용이성, 부작위에 이르게 된 동기와 경위, 부작위의 형태와 결과발생 사이의 상관관계 등을 종합적으로 고려하여 작위의무자의 심리상태를 추인하여야 한다.
> [2] 항해 중이던 선박의 선장 피고인 甲, 1등 항해사 피고인 乙, 2등 항해사 피고인 丙이 배가 좌현으로 기울어져 멈춘 후 침몰하고 있는 상황에서 피해자인 승객 등이 안내방송 등을 믿고 대피하지 않은 채 선내에 대기하고 있음에도 아무런 구조조치를 취하지 않고 퇴선함으로써, 배에 남아있던 피해자들을 익사하게 하고, 나머지 피해자들의 사망을 용인하였으나 해경 등에 의해 구조되었다고 하여 살인 및 살인미수로 기소된 사안에서, 피고인 乙, 丙은 간부 선원이기는 하나 나머지 선원들과 마찬가지로 선박 침몰과 같은 비상상황 발생시 각자 비상임무를 수행할 현장에 투입되어 선장의 퇴선명령이나 퇴선을 위한 유보갑판으로의 대피명령 등에 대비하다가 선장의 실행지휘에 따라 승객들의 이동과 탈출을 도와주는 임무를 수행하는 사람들로서, 임무의 내용이나 중요도가 선장의 지휘 내용이나 구체적인 현장상황에 따라 수시로 변동될 수 있을 뿐 아니라 퇴선유도 등과 같이 경우에 따라서는 승객이나 다른 승무원에 의해서도 비교적 쉽게 대체 가능하고, 따라서 승객 등의 퇴선을 위한 선장의 아무런 지휘・명령이 없는 상태에서 피고인 乙, 丙이 단순히 비상임무 현장에 미리 가서 추가 지시에 대비하지 아니한 채 선장과 함께 조타실에 있었다거나 혹은 기관부 선원들과 함께 3층 선실 복도에서 대기하였다는 사정만으로, 선장과 마찬가지로 선내 대기 중인 승객 등의 사망 결과나 그에 이르는 사태의 핵심적 경과를 계획적으로 조종하거나 저지・촉진하는 등 사태를 지배하는 지위에 있었다고 보기 어려운 점 등 제반 사정을 고려하면, 피고인 乙, 丙이 간부 선원들로서 선장을 보좌하여 승객 등을 구조하여야 할 지위에 있음에도 별다른 구조조치를 취하지 아니한 채 사태를 방관하여 결과적으로 선내 대기 중이던 승객 등이 탈출에

실패하여 사망에 이르게 한 잘못은 있으나, 그러한 부작위를 작위에 의한 살인의 실행행위와 동일하게 평가하기 어렵고, 또한 살인의 미필적 고의로 피고인 甲의 부작위에 의한 살인행위에 공모 가담하였다고 단정하기도 어려우므로, 피고인 乙, 丙에 대해 부작위에 의한 살인의 고의를 인정하기 어렵다고 한 원심의 조치는 정당하다고 한 사례(대판 2015.11.12. 2015도6809[전합])

4. 위법성과 책임

부작위범에 있어서도 구성요건해당성이 위법성을 징표하므로 구성요건에 해당하는 부작위도 위법성조각사유가 있으면 정당화된다. 또한 작위범과 동일하게 책임능력·책임형식(고의·과실), 위법성 인식, 책임조각사유의 부존재를 필요로 하며 기대불가능성은 부작위범에 있어서도 책임조각사유가 된다.

[1] 근로기준법 제112조, 제36조에서 정하는 임금 및 퇴직금 등의 기일 내 지급의무 위반죄는 사용자가 그 지급을 위하여 최선의 노력을 다하였으나, 경영부진으로 인한 자금사정 등으로 지급기일 내에 지급할 수 없었던 불가피한 사정이 사회통념에 비추어 인정되는 경우에만 면책되는 것이고, 단순히 사용자가 경영부진 등으로 자금압박을 받아 이를 지급할 수 없었다는 것만으로는 그 책임을 면할 수 없으며, '임금이나 퇴직금을 기일 안에 지급할 수 없었던 불가피한 사정'이 있었는지 여부를 판단함에 있어서는, 사용자가 퇴직 근로자 등의 생활안정을 도모하기 위하여 임금이나 퇴직금 등을 조기에 청산하기 위해 최대한 변제노력을 기울이거나 장래의 변제계획을 분명하게 제시하고 이에 관하여 근로자 측과 성실한 협의를 하는 등, 퇴직 근로자 등의 입장에서 상당한 정도 수긍할 만한 수준이라고 객관적으로 평가받을 수 있는 조치들이 행하여졌는지 여부도 하나의 구체적인 징표가 될 수 있다.
[2] 피고인이 그가 인수받아 운영하던 회사의 경영상태가 계속 악화되자 경영부진을 이유로 근로자들을 권고사직시키는 등 인원감축에 치중하였을 뿐, 퇴직 근로자들에 대한 임금이나 퇴직금 등의 청산을 위한 변제노력이 있었다거나 장래의 변제계획이 구체적으로 제시된 바 없고 이와 관련하여 근로자 측과 성실한 협의를 한 흔적이 없다면, 퇴직 근로자에 대하여 임금이나 퇴직금을 지급할 수 없었던 불가피한 사정이 있다고 인정하기 어렵다고 하여 피고인의 임금 등 체불의 면책 주장을 배척한 사례(대판 2006.2.9. 2005도9230)

Ⅳ 보증인지위

1. 의 의

(1) 개 념

보증인지위란 일정한 법익과 특수하고도 밀접한 관계를 맺고 있어 그 법익이 침해되지 않도록 보증 또는 보장해 주어야 할 지위를 말한다.

(2) 법적 성격

부진정부작위범의 기술되지 않은 구성요건요소이자 객관적 행위자지표가 되어 부진정부작위범은 진정신분범의 성격을 가지게 된다.

(3) 발생요건
① 법익의 담당자가 위협되는 침해에 대하여 스스로를 보호할 능력이 없어야 한다.
② 부작위범에게 그 위험으로부터 법익을 보호해야 할 작위의무가 인정되어야 한다.
③ 부작위범이 이러한 보호기능에 의하여 법익침해를 야기할 사태를 지배하고 있어야 한다.

2. 보증인의무

(1) 의 의
보증인의무란 보증인지위로부터 발생하는 결과발생방지의무를 말한다.

(2) 체계적 지위

1) 학 설

부진정부작위범이 성립하기 위해서는 작위의무위반이 있어야 하므로 작위의무는 위법성의 요소가 된다는 위법성요소설, 보증인지위와 보증인의무를 부진정부작위범의 구성요건요소로 이해하는 구성요건요소설, 보증인지위는 구성요건요소로 보증인의무는 위법성요소로 파악하는 이분설이 대립하고 있다.

2) 검 토

구성요건요소설은 작위범의 부작위의무, 과실범의 주의의무는 위법성요소로 보면서도 부작위범의 작위의무위반은 구성요건요소로 보는 문제가 있고, 위법성요소설은 작위의무 없는 자의 부작위도 부진정부작위범의 구성요건에 해당한다고 보아 구성요건해당성을 부당하게 확대하는 문제가 있으므로 이분설이 타당하다고 판단된다.

3. 보증인지위의 발생근거

(1) 학 설
보증인지위 및 작위의무를 형식적인 발생근거를 중심으로 확정하려는 형식설과 법익보호라는 실질적 기준에 따라 보호의무와 안전의무로 나누어 보는 기능설과 형식설과 실질설을 결합하여 파악하는 결합설이 대립하고 있다.

(2) 판 례
판례는 작위의무는 법적인 의무이어야 하므로 단순한 도덕상 또는 종교상의 의무는 포함되지 않으나 작위의무가 법적인 의무인 한 성문법이건 불문법이건 상관이 없고 또 공법이건 사법이건 불문하므로, 법령, 법률행위, 선행행위로 인한 경우는 물론이고 기타 신의성실의 원칙이나 사회상규 혹은 조리상 작위의무가 기대되는 경우에도 법적인 작위의무는 있다고(대판 1996.9.6. 95도2551) 하여 형식설의 입장에 있는 것으로 보인다.

(3) 검 토

형식설에 의하면 보증인지위 및 작위의무의 발생근거가 좁아지고, 실질설에 따르면 그 범위가 지나치게 확대될 우려가 있으므로 결합설이 타당하다고 판단된다.

> **1. 법령에 의한 작위의무에 대한 사례(세월호 사건)**
>
> [1] 자연적 의미에서의 부작위는 거동성이 있는 작위와 본질적으로 구별되는 무(無)에 지나지 아니하지만, 위 규정에서 말하는 부작위는 법적 기대라는 규범적 가치판단 요소에 의하여 사회적 중요성을 가지는 사람의 행태가 되어 법적 의미에서 작위와 함께 행위의 기본 형태를 이루게 되므로, 특정한 행위를 하지 아니하는 부작위가 형법적으로 부작위로서의 의미를 가지기 위해서는, 보호법익의 주체에게 해당 구성요건적 결과 발생의 위험이 있는 상황에서 행위자가 구성요건의 실현을 회피하기 위하여 요구되는 행위를 현실적·물리적으로 행할 수 있었음에도 하지 아니하였다고 평가될 수 있어야 한다. 나아가 살인죄와 같이 일반적으로 작위를 내용으로 하는 범죄를 부작위에 의하여 범하는 이른바 부진정부작위범의 경우에는 보호법익의 주체가 법익에 대한 침해위협에 대처할 보호능력이 없고, 부작위행위자에게 침해위협으로부터 법익을 보호해 주어야 할 법적 작위의무가 있을 뿐 아니라, 부작위행위자가 그러한 보호적 지위에서 법익침해를 일으키는 사태를 지배하고 있어 작위의무의 이행으로 결과발생을 쉽게 방지할 수 있어야 부작위로 인한 법익침해가 작위에 의한 법익침해와 동등한 형법적 가치가 있는 것으로서 범죄의 실행행위로 평가될 수 있다. 다만 여기서의 작위의무는 법령, 법률행위, 선행행위로 인한 경우는 물론, 신의성실의 원칙이나 사회상규 혹은 조리상 작위의무가 기대되는 경우에도 인정된다.
>
> [2] 항해 중이던 선박의 선장 피고인 甲, 1등 항해사 피고인 乙, 2등 항해사 피고인 丙이 배가 좌현으로 기울어져 멈춘 후 침몰하고 있는 상황에서 피해자인 승객 등이 안내방송 등을 믿고 대피하지 않은 채 선내에 대기하고 있음에도 아무런 구조조치를 취하지 않고 퇴선함으로써, 배에 남아있던 피해자들을 익사하게 하고, 나머지 피해자들의 사망을 용인하였으나 해경 등에 의해 구조되었다고 하여 살인 및 살인미수로 기소된 사안에서, 피고인 乙, 丙은 간부 선원이기는 하나 나머지 선원들과 마찬가지로 선박침몰과 같은 비상상황 발생시 각자 비상임무를 수행할 현장에 투입되어 선장의 퇴선명령이나 퇴선을 위한 유보갑판으로의 대피명령 등에 대비하다가 선장의 실행지휘에 따라 승객들의 이동과 탈출을 도와주는 임무를 수행하는 사람들로서, 임무의 내용이나 중요도가 선장의 지휘 내용이나 구체적인 현장상황에 따라 수시로 변동될 수 있을 뿐 아니라 퇴선유도 등과 같이 경우에 따라서는 승객이나 다른 승무원에 의해서도 비교적 쉽게 대체 가능하고, 따라서 승객 등의 퇴선을 위한 선장의 아무런 지휘·명령이 없는 상태에서 피고인 乙, 丙이 단순히 비상임무 현장에 미리 가서 추가 지시에 대비하지 아니한 채 선장과 함께 조타실에 있었다거나 혹은 기관부 선원들과 함께 3층 선실 복도에서 대기하였다는 사정만으로, 선장과 마찬가지로 선내 대기 중인 승객 등의 사망 결과나 그에 이르는 사태의 핵심적 경과를 계획적으로 조종하거나 저지·촉진하는 등 사태를 지배하는 지위에 있었다고 보기 어려운 점 등 제반 사정을 고려하면, 피고인 乙, 丙이 간부 선원들로서 선장을 보좌하여 승객 등을 구조하여야 할 지위에 있음에도 별다른 구조조치를 취하지 아니한 채 사태를 방관하여 결과적으로 선내 대기 중이던 승객 등이 탈출에 실패하여 사망에 이르게 한 잘못은 있으나, 그러한 부작위를 작위에 의한 살인의 실행행위와 동일하게 평가하기 어렵고, 또한 살인의 미필적 고의로 피고인 甲의 부작위에 의한 살인행위에 공모 가담하였다고 단정하기도 어려우므로, 피고인 乙, 丙에 대해 부작위에 의한 살인의 고의를 인정하기 어렵다고 한 원심의 조치는 정당하다고 한 사례

[3] 선장은 승객 등 선박공동체의 안전에 대한 총책임자로서 선박공동체가 위험에 직면할 경우 그 사실을 당국에 신고하거나 구조세력의 도움을 요청하는 등의 기본적인 조치뿐만 아니라 위기상황의 태양, 구조세력의 지원 가능성과 규모, 시기 등을 종합적으로 고려하여 실현가능한 구체적인 구조계획을 신속히 수립하고 선장의 포괄적이고 절대적인 권한을 적절히 행사하여 선박공동체 전원의 안전이 종국적으로 확보될 때까지 적극적·지속적으로 구조조치를 취할 법률상 의무가 있다. 또한 선장이나 승무원은 수난구호법 제18조 제1항 단서에 의하여 조난된 사람에 대한 구조조치의무를 부담하고, 선박의 해상여객운송사업자와 승객 사이의 여객운송계약에 따라 승객의 안전에 대하여 계약상 보호의무를 부담하므로, 모든 승무원은 선박 위험 시 서로 협력하여 조난된 승객이나 다른 승무원을 적극적으로 구조할 의무가 있다. 따라서 선박침몰 등과 같은 조난사고로 승객이나 다른 승무원들이 스스로 생명에 대한 위협에 대처할 수 없는 급박한 상황이 발생한 경우에는 선박의 운항을 지배하고 있는 선장이나 갑판 또는 선내에서 구체적인 구조행위를 지배하고 있는 선원들은 적극적인 구호활동을 통해 보호능력이 없는 승객이나 다른 승무원의 사망 결과를 방지하여야 할 작위의무가 있으므로, 법익침해의 태양과 정도 등에 따라 요구되는 개별적·구체적인 구호의무를 이행함으로써 사망의 결과를 쉽게 방지할 수 있음에도 그에 이르는 사태의 핵심적 경과를 그대로 방관하여 사망의 결과를 초래하였다면, 부작위는 작위에 의한 살인행위와 동등한 형법적 가치를 가지고, 작위의무를 이행하였다면 결과가 발생하지 않았을 것이라는 관계가 인정될 경우에는 작위를 하지 않은 부작위와 사망의 결과 사이에 인과관계가 있다(대판 2015.11.12. 2015도6809[전합]).

2. **선행행위에 의한 작위의무**
피고인이 조카인 피해자(10세)를 살해할 것을 마음먹고 저수지로 데리고 가서 미끄러지기 쉬운 제방쪽으로 유인하여 함께 걷다가 피해자가 물에 빠지자 그를 구호하지 아니하여 피해자를 익사하게 한 것이라면 피해자가 스스로 미끄러져서 물에 빠진 것이고, 그 당시는 피고인이 살인죄의 예비 단계에 있었을 뿐 아직 실행의 착수에는 이르지 아니하였다고 하더라도, 피해자의 숙부로서 익사의 위험에 대처할 보호능력이 없는 나이 어린 피해자를 익사의 위험이 있는 저수지로 데리고 갔던 피고인으로서는 피해자가 물에 빠져 익사할 위험을 방지하고 피해자가 물에 빠지는 경우 그를 구호하여 주어야 할 법적인 작위의무가 있다고 보아야 할 것이고, 피해자가 물에 빠진 후에 피고인이 살해의 범의를 가지고 그를 구호하지 아니한 채 그가 익사하는 것을 용인하고 방관한 행위(부작위)는 피고인이 그를 직접 물에 빠뜨려 익사시키는 행위와 다름없다고 형법상 평가될 만한 살인의 실행행위라고 보는 것이 상당하다(대판 1992.2.11. 91도2951).

3. **조리등에 의한 작위의무**
- 법무사가 아닌 사람이 법무사로 소개되거나 호칭되는 데에도 자신이 법무사가 아니라는 사실을 밝히지 않은 채 법무사 행세를 계속하면서 근저당권설정계약서를 작성한 경우, 피고인은 계약 당사자가 아니므로 적어도 등기위임장이나 근저당권설정계약서를 작성함에 있어 자신이 법무사가 아님을 밝힐 계약상 또는 조리상의 법적인 작위의무가 있다고 할 것이다(대판 2008.2.28. 2007도9354).
- [1] 사기죄의 요건으로서의 기망은 널리 재산상의 거래관계에 있어 서로 지켜야 할 신의와 성실의 의무를 저버리는 모든 적극적 또는 소극적 행위를 말하는 것이고, 이러한 소극적 행위로서의 부작위에 의한 기망은 법률상 고지의무 있는 자가 일정한 사실에 관하여 상대방이 착오에 빠져 있음을 알면서도 이를 고지하지 아니함을 말하는 것으로서, 일반거래의 경험칙상 상대방이 그 사실을 알았더라면 당해 법률행위를 하지 않았을 것이 명백한 경우에는 신의칙에 비추어 그 사실을 고지할 법률상 의무가 인정되는 것이다.
[2] 임대인이 임대차계약을 체결하면서 임차인에게 임대목적물이 경매진행중인 사실을 알리지 아니한 경우, 임차인이 등기부를 확인 또는 열람하는 것이 가능하더라도 사기죄가 성립한다(대판 1998.12.8. 98도3263).

4. 보증인지위의 유형(내용)

(1) 형식적 분류

1) 법령에 의한 작위의무

법령에는 법률·명령·규칙 등이 포함되며 공·사법을 불문한다. 여기에는 친권자의 보호의무, 부부간의 부양의무, 경찰관의 보호조치의무, 의사의 진료와 응급조치의무 등이 속한다.

2) 계약에 의한 작위의무

계약에 의해 보호의무를 인수한 경우로 민법상 계약의 유·무효는 불문한다. 고용계약에 의한 보호의무, 간호사의 보호의무 등이 속한다.

3) 선행행위에 의한 작위의무

자기의 행위로 인하여 위험발생의 원인을 야기한 자는 그 위험발생을 방지할 의무를 진다(형법 제18조 후단). 예컨대 행인을 과실로 치상한 운전자의 피해자에 대한 구호의무가 이에 속한다.

4) 조리에 의한 작위의무

조리에 의한 작위의무를 인정하게 되면 부당하게 가벌성이 확대될 우려가 있으므로 제한된 범위 내에서 인정하여야 한다. 따라서 단순한 도덕상·종교상 의무는 이에 포함되지 아니한다고 보아야 한다. 법적인 의무인 이상 신의성실의 원칙이나 사회상규·조리상 작위의무가 인정되는 경우에도 보증인지위를 인정하는 것이 판례(대판 1996.9.6. 95도2551)의 태도이다.

(2) 실질적 분류

1) 보호의무에 의한 보증인지위

법익주체와 보증인 사이의 특별한 결합관계가 존재함으로써 보증인이 법익에 대해 특별한 보호책임을 지는 경우로 자연적 결합관계, 긴밀한 공동관계, 보호기능의 인수에 의해 보증인지위가 인정된다.

2) 안전의무에 의한 보증인지위

보증인이 특정한 위험원으로부터 법익침해적 결과가 발생하지 않도록 안전조치를 취하여야 할 책임을 부담하는 경우로 선행행위로 인한 작위의무에 의해 보증인지위가 인정된다. 이 경우 보증인지위를 인정하기 위해서는 ① 선행행위가 결과발생에 대한 직접적이고 상당한 위험을 야기할 수 있는 것일 것, ② 선행행위는 객관적으로 의무에 위반했거나 위법한 것일 것, ③ 선행행위는 그 법익을 보호하기 위한 규범을 침해한 것일 것 등의 요건을 필요로 한다. 그 밖에 위험원에 대한 감독의무, 타인에 대한 감독의무 등이 인정되는 경우 안전의무에 의한 보증인지위가 인정된다.

> 형법상 방조는 작위에 의하여 정범의 실행행위를 용이하게 하는 경우는 물론, 직무상의 의무가 있는 자가 정범의 범죄행위를 인식하면서도 그것을 방지하여야 할 제반조치를 취하지 아니하는 부작위로 인하여 정범의 실행행위를 용이하게 하는 경우에도 성립된다 할 것이므로 은행지점장이 정범인 부하직원들의 범행을 인식하면서도 그들의 은행에 대한 배임행위를 방치하였다면 배임죄의 방조범이 성립된다 (대판 1984.11.27. 84도1906).

Ⅴ 행위정형의 동가치성

1. 의 의

행위정형의 동가치성이란 보증인지위에 있는 자의 부작위가 작위적 방법에 의한 구성요건의 실현과 동등한 것으로 평가될 수 있어야 한다는 것을 말한다. 판례도 같은 취지에서 부작위가 작위에 의한 법익침해와 동등한 형법적 가치가 있는 것이어서 그 범죄의 실행행위로 평가될 만한 것이라면, 작위에 의한 실행행위와 동일하게 부작위범으로 처벌할 수 있다고(대판 1992.2.11. 91도2951) 판시하고 있다.

> **1. 행위정형의 동가치성을 인정한 사례**
> - 세월호가 침몰해 가는 상태에서 선장인 피고인이 선내 대기 중인 승객 등에 대한 퇴선조치 없이 갑판부 선원들과 함께 해경 경비정으로 퇴선하였을 뿐 아니라 퇴선 이후에도 아무런 조치를 취하지 아니하여 승객 등이 스스로 세월호에서 탈출하는 것이 불가능하게 되는 결과를 초래하여 많은 승객 등이 사망한 경우, 피고인의 이러한 퇴선조치의 불이행은 승객 등을 적극적으로 물에 빠뜨려 익사시키는 행위와 다름이 없어, 위와 같은 부작위는 작위에 의한 살인의 실행행위와 동일하게 평가할 수 있고, 승객 등의 사망 또는 상해의 결과는 작위행위에 의해 결과가 발생한 것과 규범적으로 동일한 가치가 있다고 할 것이다(대판 2022.12.29. 2017도10007).
> - [1] 형법이 금지하고 있는 법익침해의 결과발생을 방지할 법적인 작위의무를 지고 있는 자가 그 의무를 이행함으로써 결과발생을 쉽게 방지할 수 있는데도 결과발생을 용인하고 방관한 채 의무를 이행하지 아니한 것이 범죄의 실행행위로 평가될 만한 것이라면 부작위범으로 처벌할 수 있다. 실화죄에 있어서 공동의 과실이 경합되어 화재가 발생한 경우 적어도 각 과실이 화재의 발생에 대하여 하나의 조건이 된 이상은 그 공동적 원인을 제공한 사람들은 각자 실화죄의 책임을 면할 수 없다.
> [2] 피고인들이 분리수거장 방향으로 담배꽁초를 던져 버리고 현장을 떠난 후 화재가 발생하여 각각 실화죄로 기소된 사안에서, 피고인들 각자 본인 및 상대방이 버린 담배꽁초 불씨가 살아 있는지를 확인하고 이를 완전히 제거하는 등 화재를 미리 방지할 주의의무가 있음에도 이를 게을리한 채 만연히 현장을 떠난 과실이 인정되고 이러한 피고인들 각자의 과실이 경합하여 위 화재를 일으켰다고 보아, 피고인들 각자의 실화죄 책임을 인정한 원심판결을 수긍하는 한편, 원심판단 중 위 화재가 피고인들 중 누구의 행위에 의한 것인지 인정하기에 부족하다는 취지의 부분은 '피고인들 중 누구의 담배꽁초로 인하여 위 화재가 발생하였는지 인정할 증거가 부족하다.'는 의미로 선해할 수 있고, 이는 피고인들의 각 주의의무 위반과 위 화재의 발생 사이에 인과관계가 인정된다는 취지의 부가적 판단이므로, 이와 다른 전제에서 '원인행위가 불명이어서 피고인들은 실화죄의 미수로 불가벌에 해당하거나 적어도 피고인들 중 일방은 실화죄가 인정될 수 없다.'는 취지의 피고인들 주장은 받아들이기 어렵다고 한 사례(대판 2023.3.9. 2022도16120)
>
> **2. 행위정형의 동가치성을 부정한 사례**
> 모텔 방에 투숙하여 담배를 피운 후 재떨이에 담배를 끄게 되었으나 담뱃불이 완전히 꺼졌는지 여부를 확인하지 않은 채 불이 붙기 쉬운 휴지를 재떨이에 버리고 잠을 잔 과실로 담뱃불이 휴지와 침대시트에 옮겨 붙게 함으로써 화재가 발생한 사안에서, 위 화재가 중대한 과실 있는 선행행위로 발생한 이상 화재를 소화할 법률상 의무는 있다 할 것이나, 화재 발생 사실을 안 상태에서 모텔을 빠져나오면서도 모텔 주인이나 다른 투숙객들에게 이를 알리지 아니하였다는 사정만으로는 화재를 용이하게 소화할 수 있었다고 보기 어렵다는 이유로, 부작위에 의한 현주건조물방화치사상죄의 공소사실에 대해 무죄를 선고한 원심의 판단을 수긍한 사례(대판 2010.1.14. 2009도12109)

2. 적용대상

행태적 결과범에서는 행위정형의 동가치성이 중요한 의미를 가지지만 순수한 결과범에서는 특별한 의미를 가지지 아니한다는 것이 학설의 일반적인 태도이나 판례는 순수한 결과범에서도 행위정형의 동가치성을 요구하는 경향이 있다.

Ⅵ 처 벌

1. 진정부작위범

형법각칙에 명문의 규정이 있다.

2. 부진정부작위범

형법에 부진정부작위범을 처벌하는 특별규정은 없으나 부진정부작위범의 불법내용은 작위범보다 가벼운 것이 일반적이므로 입법론으로는 부작위범의 형을 임의적 감경사유로 하는 것이 타당하다.

Ⅶ 관련 문제

1. 부작위범의 미수

(1) 진정부작위범

진정부작위범의 미수인정 여부에 대한 견해의 대립은 있으나 진정부작위범은 결과의 발생을 필요로 하지 아니하는 거동범이므로 미수를 인정할 수 없다고 보는 것이 타당하다. 따라서 주거침입의 죄에서의 미수범 처벌 규정은 퇴거불응죄(형법 제319조 제2항)에 대하여는 적용되지 아니한다.

(2) 부진정부작위범

부진정부작위범은 결과범의 성격을 가지므로 미수가 인정된다.

2. 실행의 착수시기

(1) 진정부작위범

거동범의 성격을 가지므로 논의의 실익이 없다.

(2) 부진정부작위범

행위자의 입장에서 보아 결과방지가 요구되는 시점을 기준으로 하여 행위자가 판단할 때 즉각적인 구조행위가 없다면 법익의 보호가 구체적이고 직접적으로 위태로운 때에 실행의 착수가 인정된다(위험설).

3. 부작위범과 과실범

(1) 진정부작위범

과실범의 처벌 규정이 없으므로 과실에 의한 진정부작위범은 논의의 실익이 없다.

(2) 부진정부작위범

과실에 의한 부작위도 가능하고 보증인의무와 과실에서의 객관적 주의의무가 중첩되므로 과실심사의 범위 내에서 주의의무가 인정된다면 부진정부작위범도 성립할 것이다.

4. 부작위범과 공범

(1) 부작위범과 공범

1) 부작위범의 공동정범

부작위범의 공동정범은 공통된 의무가 부여되어 있고 그 의무를 공통으로 이행할 수 있을 때에 성립하게 된다(대판 2008.3.27. 2008도89).

> 구 정신보건법 제24조 제1항은 "정신의료기관 등의 장은 정신질환자의 보호의무자 2인의 동의(보호의무자가 1인인 경우에는 1인의 동의로 한다)가 있고 정신건강의학과 전문의가 입원 또는 입소(이하 '입원 등')가 필요하다고 판단한 경우에 한하여 당해 정신질환자를 입원 등을 시킬 수 있으며, 입원 등을 할 때 당해 보호의무자로부터 보건복지부령으로 정하는 입원 등의 동의서 및 보호의무자임을 확인할 수 있는 서류를 받아야 한다."라고 정하고, 제57조 제2호는 제24조 제1항을 위반하여 입원동의서 또는 보호의무자임을 확인할 수 있는 서류를 받지 아니한 자를 처벌한다고 정하고 있다. 그 규정 형식과 취지에 비추어 보면, 보호의무자 확인 서류 등 수수 의무 위반으로 인한 구 정신보건법 위반죄는 구성요건이 부작위에 의해서만 실현될 수 있는 진정부작위범에 해당한다. 진정부작위범인 위 수수 의무 위반으로 인한 구 정신보건법 위반죄의 공동정범은 그 의무가 수인에게 공통으로 부여되어 있는데도 수인이 공모하여 전원이 그 의무를 이행하지 않았을 때 성립할 수 있다. 그리고 위 규정에 따르면 보호의무자 확인 서류 등의 수수 의무는 '정신의료기관 등의 장'에게만 부여되어 있고, 정신의료기관 등의 장이 아니라 그곳에 근무하고 있을 뿐인 정신건강의학과 전문의는 위 규정에서 정하는 보호의무자 확인 서류 등의 수수 의무를 부담하지 않는다고 보아야 한다(대판 2021.5.7. 2018도12973).

2) 부작위범을 도구하는 간접정범

보증인을 기망·강제하여 의무이행을 불가능하게 한 경우 의사지배가 인정되면 간접정범도 성립할 수 있다.

3) 부작위범에 대한 교사·방조

제한적 종속형식에 의할 때 부작위범의 행위가 구성요건에 해당하고 위법한 때에는 공범으로서 교사범과 방조범이 성립한다. 이 경우 교사·방조는 작위에 의한 것이므로 공범에게 보증인지위는 요구되지 아니한다.

4) 부작위에 의한 교사·방조

교사의 성질상 부작위에 의한 교사는 부정하는 것이 학설의 일반적 태도이다. 다만, 방조자에게 보증인지위가 있으면 부작위에 의한 방조도 가능하며, 정범의 실행의 착수 전에 예비단계에서 방조한 때에는 그 후에 정범의 실행의 착수가 있으면 방조범이 성립한다는 것이 판례의 태도이다.

(2) 부작위범에 있어서 정범과 공범의 구별

1) 문제점

보증인지위에 있는 자가 작위범의 범행에 부작위로 가담한 경우, 이를 부작위범의 정범으로 이해할 것인지 아니면 공범으로 이해할 것인지 문제된다.

2) 학 설

부작위를 통해 작위범에 참가한 보증인은 종범으로 간주하여야 한다는 종범설과 부작위자가 보호의무를 부담하는 경우에는 정범, 안전의무를 부담하는 경우에는 공범으로 보는 개별화설, 부작위자는 원칙적으로 정범이나 초과주관적 구성요건요소가 필요한 범죄나 신분범·자수범의 경우에는 예외적으로 공범이 된다는 정범설이 대립하고 있다.

3) 판 례

판례는 은행지점장이 부하직원들의 범행을 인식하면서도 그들의 은행에 대한 배임행위를 방치한 사안(대판 1984.11.27. 84도1906)이나, 백화점 직원이 입점 점포의 위조상표가 새겨진 상품을 진열 판매사실을 알면서도 방치한 사안(대판 1997.3.14. 96도1639) 등에서 일관하여 종범설의 태도를 취하고 있다.

4) 검 토

생각건대 부작위로 가담한 경우에는 작위의 정범에 대하여 행위정형의 동가치성을 인정할 수 없고 종범으로 인정하면 부작위범에 대한 임의적 감경규정이 없는 입법적 결함을 시정할 수 있다는 점에서 종범설이 타당하다고 판단된다.

제3절 인과관계와 객관적 귀속

I 인과관계의 의의

인과관계란 발생된 결과를 행위자의 행위에 의한 것으로 귀속시키는 데에 필요로 하는 행위와 결과 사이의 연관관계를 말한다. 형법 제17조는 어떤 행위라도 죄의 요소되는 위험발생에 연결되지 아니한 때에는 그 결과로 인하여 벌하지 아니한다고 규정하고 있다.

II 인과관계 인정 여부

1. 학 설

여러 가지 견해가 주장되고 있으나 사회생활상 일반적인 생활경험에 비추어 그러한 행위로부터 그러한 결과가 발생하는 것이 상당하다고 인정될 때 그 행위와 결과 사이에는 인과관계가 있다고 이해하는 상당인과관계설 중 행위 당시에 일반인이 인식할 수 있었던 사정 및 일반인이 인식할 수 없었던 사정이라도 행위자가 특히 인식하고 있었던 사정을 기초로 하여 상당성을 판단하는 절충적 상당인과관계설이 통설의 위치를 차지하고 있다.

2. 판 례

판례는 일반 경험칙상 피해자가 강간을 모면하기 위하여 창문을 통하여서라도 탈출하려다가 지상에 추락하여 사망에 이르게 될 수도 있음을 충분히 예견할 수 있었다고 볼 것이므로, 피고인의 이 사건 강간미수행위와 위 피해자의 사망과의 사이에는 상당인과관계가 있다고 할 것이라고(대판 1995.5.12. 95도425) 하는 등 일관하여 상당인과관계설을 따르고 있다.

3. 관련 판례

> **피해자의 질병·행위가 개입된 사례**
> 1. **인과관계가 인정되는 경우**
>   - 자상을 입은 피해자는 외상으로 인하여 급성신부전증이 발생하였고 또 소변량도 심하게 감소된 상태였으므로 음식과 수분의 섭취를 더욱 철저히 억제하여야 하는데, 이와 같은 사실을 모르고 콜라와 김밥 등을 함부로 먹은 탓으로 체내에 수분저류가 발생하여 위와 같은 합병증이 유발됨으로써 사망하게 된 사실 등을 인정할 수 있는바, 사실관계가 이와 같다면, 위 피고인들의 이 사건 범행이 위 피해자를 사망하게 한 직접적인 원인이 된 것은 아니지만, 그 범행으로 인하여 위 피해자에게 급성신부전증이 발생하였고 또 그 합병증으로 위 피해자의 직접사인이 된 패혈증 등이 유발된 이상, 비록 그 직접사인의 유발에 위 피해자 자신의 과실이 개재되었다고 하더라도 이와 같은 사실은 통상 예견할 수 있는 것으로 인정되므로, 위 피고인들의 이 사건 범행과 위 피해자의 사망과의 사이에는 인과관계가 있다고 보지 않을 수 없다(대판 1994.3.22. 93도3612).

- 피고인이 자신이 경영하는 속셈학원의 강사로 피해자를 채용하고 학습교재를 설명하겠다는 구실로 유인하여 호텔 객실에 감금한 후 강간하려 하자, 피해자가 완강히 반항하던 중 피고인이 대실시간 연장을 위해 전화하는 사이에 객실 창문을 통해 탈출하려다가 지상에 추락하여 사망한 경우, 피고인의 강간미수행위와 피해자의 사망과의 사이에 상당인과관계가 있으므로 피고인에게는 강간치사죄가 성립한다(대판 1995.5.12. 95도425).

2. **인과관계가 인정되지 아니하는 경우**

고등학교 교사가 제자의 잘못을 징계코자 왼쪽뺨을 때려 뒤로 넘어지면서 사망에 이르게 한 경우 위 피해자는 두께0.5미리밖에 안 되는 비정상적인 얇은 두개골이었고 또 뇌수종을 가진 심신허약자로서 좌측뺨을 때리자 급성뇌성압상승으로 넘어지게 된 것이라면 위 소위와 피해자의 사망 간에는 이른바 인과관계가 없는 경우에 해당한다(대판 1978.11.28. 78도1961).

제3자의 행위가 개입된 사례

1. **인과관계가 인정되는 경우**

- [1] 앞차를 뒤따라 진행하는 차량의 운전사로서는 앞차에 의하여 전방의 시야가 가리는 관계상 앞차의 어떠한 돌발적인 운전 또는 사고에 의하여서라도 자기 차량에 연쇄적인 사고가 일어나지 않도록 앞차와의 충분한 안전거리를 유지하고 진로 전방좌우를 잘 살펴 진로의 안전을 확인하면서 진행할 주의의무가 있다고 할 것이다.

[2] 기록에 의하면, 이 사건 사고 당시는 01:10경으로서 야간인데다가 비까지 내려 시계가 불량하고 내린 비로 인하여 노면이 다소 젖어있는 상태였으며, 이 사건 사고지점은 비탈길의 고개마루를 지나 내리막길이 시작되는 곳으로부터 가까운 지점인 사실, 피고인은 이 사건 사고차량을 운전하고 편도 2차선 도로 중 2차로를 시속 약 60km의 속도로 선행 차량과 약 30m가량의 간격을 유지한 채 진행하다가 선행차량에 역과된 채 진행 도로상에 누워있는 피해자를 뒤늦게 발견하고 급제동을 할 겨를도 없이 이를 그대로 역과한 사실을 인정할 수 있는바, 이러한 경우 피고인이 사전에 사람이 도로에 누워있을 것까지를 예상하여 이에 대비하면서 운전하여야 할 주의의무는 없다고 하더라도, 사고 당시의 도로상황에 맞추어 속도를 줄이고(위 사고지점은 비탈길의 고개마루를 막 지난 지점이므로 피고인으로서는 미리 법정 제한속도보다도 더 감속하여 서행하였어야 할 것이다) 전방시계의 확보를 위하여 선행차량과의 적절한 안전거리를 유지한 채 전방 좌우를 잘 살펴 진로의 안전을 확인하면서 운전하는 등 자동차 운전자에게 요구되는 통상의 주의의무를 다하였더라면, 진행 전방 도로에 누워있는 피해자를 상당한 거리에서 미리 발견하고 좌측의 1차로로 피양하는 등 사고를 미연에 방지할 수 있었음에도 불구하고 위와 같은 주의를 게을리한 탓으로 피해자를 미리 발견하지 못하고 역과한 것이라고 할 것이므로, 이 사건 사고에 관하여 피고인에게 업무상과실이 없다고 할 수는 없을 것이다. 같은 취지에서 원심이 피고인의 이 사건 교통사고처리특례법위반의 범죄사실을 유죄로 인정하여 처벌한 조치는 정당하고, 거기에 상고이유로 주장하는 바와 같이 주의의무 정도의 규준설정이나 신뢰의 원칙에 관한 법리오해의 위법이 있다고 할 수 없다(대판 2001.12.11. 2001도5005).

- 피고인이 고속도로 2차로를 따라 자동차를 운전하다가 1차로를 진행하던 甲의 차량 앞에 급하게 끼어든 후 곧바로 정차하여, 甲의 차량 및 이를 뒤따르던 차량 두 대는 연이어 급제동하여 정차하였으나, 그 뒤를 따라오던 乙의 차량이 앞의 차량들을 연쇄적으로 추돌케 하여 乙을 사망에 이르게 하고 나머지 차량 운전자 등 피해자들에게 상해를 입힌 경우, 편도 2차로의 고속도로 1차로 한가운데에 정차한 피고인은 현장의 교통상황이나 일반인의 운전 습관·행태 등에 비추어 고속도로를

주행하는 다른 차량 운전자들이 제한속도 준수나 안전거리 확보 등의 주의의무를 완전하게 다하지 않을 수도 있다는 점을 알았거나 충분히 알 수 있어, 피고인의 정차 행위와 사상의 결과 발생 사이에 상당인과관계가 있고, 사상의 결과 발생에 대한 예견가능성도 인정되므로, 피고인에게 일반교통방해치사상죄를 인정한 원심판단은 정당하다(대판 2014.7.24. 2014도6206).

2. 인과관계가 인정되지 아니하는 경우

초지조성공사를 도급받은 수급인이 불경운작업(산불작업)을 하도급을 준 이후에 계속하여 그 작업을 감독하지 아니한 잘못이 있다 하더라도 이는 도급자에 대한 도급계약상의 책임이지 위 하수급인의 과실로 인하여 발생한 산림실화에 상당인과관계가 있는 과실이라고는 할 수 없다(대판 1987.4.28. 87도297).

기타 인과관계가 인정되는 사례

1. 인과관계가 인정되는 경우

- 피고인이 피해자의 뺨을 1회 때리고 오른손으로 목을 쳐 피해자로 하여금 뒤로 넘어지면서 머리를 땅바닥에 부딪치게 하여 상해를 가한 것이 피해자를 사망하게 한 직접적인 원인이 된 것은 아니지만 그 범행으로 인하여 피해자에게 두개골 골절, 외상성 지주막하 출혈, 외상성 경막하 출혈 등의 상해가 발생하였고, 이를 치료하는 과정에서 피해자의 직접사인이 된 합병증인 폐렴, 패혈증이 유발된 이상, 비록 그 직접사인의 유발에 피해자의 기왕의 간경화 등 질환이 영향을 미쳤다고 하더라도, 피고인의 이 사건 범행과 피해자의 사망과의 사이에 인과관계의 존재를 부정할 수는 없다(대판 2012.3.15. 2011도17648).
- 피해자가 다른 병원으로 전원할 당시 이미 후복막에 농양이 광범위하게 형성되어 있었고 췌장이나 십이지장과 같은 후복막 내 장기 등 조직의 괴사가 진행되어 이미 회복하기 어려운 상태에 빠져 있었다면, 피해자가 다른 병원으로 전원하여 진료를 받던 중 사망하였다는 사실 때문에 피고인의 진료상의 과실과 피해자의 사망과의 사이의 인과관계가 단절된다고 볼 수는 없다(대판 1996.9.24. 95도245).

2. 인과관계가 인정되지 아니하는 경우

- 파도수영장에서 물놀이하던 초등학교 6학년생이 수영장 안에 엎어져 있는 것을 수영장 안전요원이 발견하여 인공호흡을 실시한 뒤 의료기관에 후송하였으나 후송 도중 사망한 사고에 있어서 그 사망원인이 구체적으로 밝혀지지 아니한 상태에서 수영장 안전요원과 수영장 관리책임자에게 업무상 주의의무를 게을리한 과실이 있고 그 주의의무 위반으로 인하여 피해자가 사망하였다고 인정한 원심판결을 업무상과실치사죄에 있어서의 과실 및 인과관계에 관한 법리오해 및 심리미진 등의 위법을 이유로 파기한 사례(대판 2002.4.9. 2001도6601)
- [1] 고속도로를 운행하는 자동차의 운전자로서는 일반적인 경우에 고속도로를 횡단하는 보행자가 있을 것까지 예견하여 보행자와의 충돌사고를 예방하기 위하여 급정차 등의 조치를 취할 수 있도록 대비하면서 운전할 주의의무가 없고, 다만 고속도로를 무단횡단하는 보행자를 충격하여 사고를 발생시킨 경우라도 운전자가 상당한 거리에서 보행자의 무단횡단을 미리 예상할 수 있는 사정이 있었고, 그에 따라 즉시 감속하거나 급제동하는 등의 조치를 취하였다면 보행자와의 충돌을 피할 수 있었다는 등의 특별한 사정이 인정되는 경우에만 자동차 운전자의 과실이 인정될 수 있다. [2] 야간에 고속도로를 무단횡단하는 보행자를 충격하여 사망에 이르게 한 운전자의 과실과 사고 사이의 상당인과관계를 인정한 원심을 파기한 사례(대판 2000.9.5. 2000도2671)

III 객관적 귀속이론

1. 의 의

(1) 개 념
객관적 귀속이론이란 인과관계가 인정되는 결과를 행위자의 행위에 객관적으로 귀속시킬 수 있는가를 확정하는 이론을 말한다.

(2) 법적 성격
객관적 귀속은 구성요건적 결과가 행위자에게 객관적으로 귀속될 수 있는가라는 법적·규범적 문제에 속하고 기술되지 아니한 객관적 구성요건요소에 해당한다.

2. 객관적 귀속의 판단기준

① 객관적 귀속을 인정하기 위해서는 결과가 객관적으로 예견가능하고 지배할 수 있는 것일 것(지배가능성이론), ② 행위자가 보호법익에 대한 허용되지 않는 위험을 창출하거나 증가시켰을 것(위험창출이론), ③ 허용되지 않는 위험이 구성요건적 결과로 실현되었을 것(위험실현이론), ④ 결과가 침해된 규범의 보호범위 안에서 발생하였을 것(규범의 보호목적이론) 등의 기준을 충족하여야 한다.

(1) 지배가능성이론

1) 의 의
지배가능성이론은 법은 객관적으로 예측이 불가능한 결과의 발생을 회피할 것을 요구할 수 없으므로 발생된 결과는 객관적으로 예측가능하고 회피가능한 경우에 한하여 행위사에게 객관적으로 귀속시킬 수 있다는 이론이다.

2) 구체적 판단기준
사건의 인과적 진행이 인간의 행위에 의한 지배가 불가능한 경우나 결과발생에 대한 지배가능성이 없는 경우에는 객관적 귀속이 부정된다. 결과가 객관적으로 예견할 수 없었던 인과과정을 통해 초래된 경우에는 객관적 귀속이 부정된다. 원인행위로부터 진행된 인과과정에 다른 고의 행위자가 자유롭게 뛰어든 경우에도 객관적 귀속이 부정된다.

(2) 위험창출이론

1) 의 의
위험창출이론이란 행위자의 행위가 법익침해의 원인을 야기하는 것만으로는 부족하고 법적으로 허용되지 아니한 위험을 창출·강화시켜야 객관적 구성요건에의 귀속을 인정할 수 있다는 이론이다.

2) 구체적 판단기준
그 행위가 허용된 위험행위인 경우에는 그 행위로 인한 결과를 행위자에게 귀속시킬 수 없다. 행위자가 기존의 인과과정에 개입하여 위험을 비록 저지하지 못했을지라도 그 위험의 정도를 감소시킨 경우에는 객관적 귀속이 부정된다. 행위자의 행위가 사회적으로 상당성이 있어 법적으로 의미 있는 만큼 증대시키지 않은 경우에는 객관적 귀속이 부정된다.

(3) 위험실현이론

1) 의 의

위험실현이론이란 행위자에 의해 창출되거나 증가된 위험이 구성요건적 결과에 사실상 실현되었을 때 객관적 귀속을 인정할 수 있다는 이론이다.

2) 구체적 판단기준

행위자가 창출한 위험이 실현된 것이 아니라 우연히 개입한 일상적인 위험이 현실화되어 결과가 발생한 경우에는 객관적 귀속이 부정되고 미수범이 성립할 수 있을 뿐이다. 허용되지 않는 위험을 창출한 행위와 결과 사이에 인과관계는 인정되지만 구체적인 결과가 행위자가 창출한 위험이 아니라 허용된 위험으로부터 현실화된 경우에는 객관적 귀속이 부정된다. 현실적으로 작용하지 않은 가설적 대체원인은 판단의 기초에서 배제되어야 하므로 현실적으로 작용한 행위에 대하여 결과의 객관적 귀속은 인정된다. 합법적 대체행위의 경우에 객관적 귀속을 인정할 수 있는지 여부는 아래에서 논의한다.

3) 합법적 대체행위이론(과실범의 결과귀속)

① **문제점** : 행위자가 금지된 행위를 함으로써 구성요건적 결과를 야기하였으나 합법적 행위를 하였더라고 동일한 결과가 발생하였을 개연성이 있는 경우에 객관적 귀속이 인정될 수 있는지 여부가 문제된다.

② **학설** : 행위자가 주의의무를 다했더라면 결과발생이 방지되었을 확실성 또는 확실성에 가까운 개연성이 있어야 객관적 귀속이 인정되고, 이 정도에 미치지 아니한 경우에는 in dubio pro reo 원칙에 따라 객관적 귀속이 부정된다는 무죄추정설과 행위자가 주의의무를 다했더라면 결과발생이 방지되었을 가능성 내지 개연성이 있는 경우에도 의무위반적 행위가 결과발생의 위험을 증가시킨 이상 객관적 귀속이 인정된다는 위험증대설이 대립하고 있다.

③ **판례** : 판례는 인과관계의 인정 여부에 대하여 상당인과관계설을 취하면서도 상당성을 판단함에 있어 주의의무위반관련성 여부를 판단하여, 주의의무를 준수하였다면 결과발생이 방지되었을 것임이 입증된 경우에 한하여 상당인과관계를 인정하고(대판 1990.12.11. 90도694) 있으므로 무죄추정설의 태도를 보이고 있다.

④ **검토** : 위험증대설에 의하면 주의의무를 다했으면 결과가 발생하지 않을 것이 확실하지 않은 경우에도 결과귀속을 인정하게 되는데 이는 in dubio pro reo 원칙에 반하고 침해범을 위험범으로 변질시키는 문제가 있어 무죄추정설이 타당하다고 판단된다.

1. **인과관계가 인정되는 사례**
   - 건설기술관리법 제35조, 같은 법 시행령 제56조, 같은 법 시행규칙(1993.12.31. 건설부령 제544호로 개정되기 전의 것) 제24조, 제25조, 같은 법 시행규칙(건설부령 제544호로 개정된 후의 것) 제43조 [별표 9]의 규정은 공사감독관으로 하여금 위 법령이 정한 감독의무를 철저히 수행하게 하여 무자격자 또는 자격미달자가 건설공사에 참여함으로써 야기될 공사의 부실화와 그로 인하여 발생할지도 모르는 재해를 미연에 방지하고자 하는 일반예방적인 차원에서 사전에 이를 차단하기 위한 것으로 보여지고, 오늘날 도처에서 일어나고 있는 교량 및 건물붕괴 등의 건축물 관련 대형사고가 대부분 부실공사에 의한 것으로 나타나고 있고, 그 사고의 결과 또한 참혹하기 이를 데 없을 뿐만 아니라 무자격자에 의한 시공이 그 부실공사의 원인 중의 하나로 밝혀지고 있는 점까지 아울러 감안하여 보면 공사감독관이 위와 같은 직무에 위배하여 당해 건축공사가 불법하도급되어 무자격자에 의하여 시공되고 있는 점을 알고도 이를 묵인하였거나 그와 같은 사정을 쉽게 적발할 수가 있었음에도 직무상의 의무를 태만히 하여 무자격자로 하여금 공사를 계속하게 함으로써 붕괴사고 등의 재해가 발생한 경우에, 만일 자격있는 자가 시공을 하였다면 당해 재해가 발생하지 아니하였거나 재해 발생의 위험이 상당히 줄어들었으리라고 인정된다면, 공사감독관의 그와 같은 직무상의 의무위반과 붕괴사고 등의 재해로 인한 치사상의 결과 사이에 상당인과관계가 있다(대판 1995.9.15. 95도906).
   - [1] 교통사고처리 특례법 제3조 제2항 제1호, 제4조 제1항 제1호의 규정에 의하면, 신호기에 의한 신호에 위반하여 운전한 경우에는 같은 법 제4조 제1항에서 정한 보험 또는 공제에 가입한 경우에도 공소를 제기할 수 있으나, 여기서 '신호기에 의한 신호에 위반하여 운전한 경우'란 신호위반행위가 교통사고 발생의 직접적인 원인이 된 경우를 말한다.
   [2] 택시 운전자인 피고인이 교통신호를 위반하여 4거리 교차로를 진행한 과실로 교차로 내에서 甲이 운전하는 승용차와 충돌하여 甲 등으로 하여금 상해를 입게 하였다고 하여 교통사고처리 특례법 위반으로 기소된 사안에서, 피고인의 택시가 차량 신호등이 적색 등화임에도 횡단보도 앞 정지선 직전에 정지하지 않고 상당한 속도로 정지선을 넘어 횡단보도에 진입하였고, 횡단보도에 들어선 이후 차량 신호등이 녹색 등화로 바뀌자 교차로로 계속 직진하여 교차로에 진입하자마자 교차보를 거의 통과하였던 甲의 승용차 오른쪽 뒤 문짝 부분을 피고인 택시 앞 범퍼 부분으로 충돌한 점 등을 종합할 때, 피고인이 적색 등화에 따라 정지선 직전에 정지하였더라면 교통사고는 발생하지 않았을 것임이 분명하여 피고인의 신호위반행위가 교통사고 발생의 직접적인 원인이 되었다고 보아야 하는데도, 이와 달리 보아 공소를 기각한 원심판결에 신호위반과 교통사고의 인과관계에 관한 법리오해의 위법이 있다고 한 사례(대판 2012.3.15. 2011도17117).
   - 피고인이 2000.10.경 또는 그 이후에 급성 흡입독성시험을 실시하였다면, 가습기 살균제의 유해성을 확인할 수 있었을 것이므로, 위 피고인이 급성 흡입독성시험을 실시하지 않은 업무상과실과 사상의 결과 사이에 인과관계가 인정된다(대판 2018.1.25. 2017도12537).
2. **인과관계가 인정되지 아니하는 사례**
   - 피고인이 트럭을 도로의 중앙선 위에 왼쪽 바깥 바퀴가 걸친 상태로 운행하던 중 피해자가 승용차를 운전하여 피고인이 진행하던 차선으로 달려오다가 급히 자기 차선으로 들어가면서 피고인이 운전하던 트럭과 교행할 무렵 다시 피고인의 차선으로 들어와 그 차량의 왼쪽 앞 부분으로 트럭의 왼쪽 뒷바퀴 부분을 스치듯이 충돌하고 이어서 트럭을 바짝 뒤따라 가던 차량을 들이받았다면, 설사 피고인이 중앙선 위를 달리지 아니하고 정상 차선으로 달렸다 하더라도 사고는 피할 수 없다 할 것이므로 피고인 트럭의 왼쪽 바퀴를 중앙선 위에 올려놓은 상태에서 운전한 것만으로는 위 사고의 직접적인 원인이 되었다고 할 수 없다(대판 1991.2.26. 90도2856).

- [1] 한의사인 피고인이 피해자에게 문진하여 과거 봉침을 맞고도 별다른 이상반응이 없었다는 답변을 듣고 알레르기 반응검사(skin test)를 생략한 채 환부인 목 부위에 봉침시술을 하였는데, 피해자가 위 시술 직후 아나필락시 쇼크반응을 나타내는 등 상해를 입은 사안에서, 피고인에게 과거 알레르기 반응검사 및 약 12일 전 봉침시술에서도 이상반응이 없었던 피해자를 상대로 다시 알레르기 반응검사를 실시할 의무가 있다고 보기는 어렵고, 설령 그러한 의무가 있다고 하더라도 제반 사정에 비추어 알레르기 반응검사를 하지 않은 과실과 피해자의 상해 사이에 상당인과관계를 인정하기 어렵다는 이유로, 같은 취지의 원심판단을 수긍한 사례
  [2] 한의사인 피고인이 피해자에게 문진하여 과거 봉침을 맞고도 별다른 이상반응이 없었다는 답변을 듣고 부작용에 대한 충분한 사전 설명 없이 환부인 목 부위에 봉침시술을 하였는데, 피해자가 위 시술 직후 쇼크반응을 나타내는 등 상해를 입은 사안에서, 제반 사정에 비추어 피고인이 봉침시술에 앞서 설명의무를 다하였더라도 피해자가 반드시 봉침시술을 거부하였을 것이라고 볼 수 없어, 피고인의 설명의무 위반과 피해자의 상해 사이에 상당인과관계를 인정하기 어렵다는 이유로, 같은 취지의 원심판단을 수긍한 사례(대판 2011.4.14. 2010도10104)
- 고령의 간경변증 환자인 피해자의 남편 공소외 2는 피해자가 화상을 입기 전 다른 의사로부터 피해자가 간경변증을 앓고 있기 때문에 어떠한 수술이라도 받으면 사망할 수 있다는 말을 들었고, 이러한 이유로 피해자와 공소외 2는 피고인의 거듭된 수술 권유에도 불구하고 계속 수술을 받기를 거부하였던 사실을 알 수 있다. 이로 보건대, 피해자와 공소외 2는 피고인이 수술의 위험성에 관하여 설명하였는지 여부에 관계없이 간경변증을 앓고 있는 피해자에게 이 사건 수술이 위험할 수 있다는 점을 이미 충분히 인식하고 있었던 것으로 보인다. 그렇다면 피고인이 피해자나 공소외 2에게 공소사실 기재와 같은 내용으로 수술의 위험성에 관하여 설명하였다고 하더라도 피해자나 공소외 2가 수술을 거부하였을 것이라고 단정하기 어렵다. 원심이 유지한 제1심이 적법하게 채택한 증거를 종합하여 보더라도 피고인의 설명의무 위반과 피해자의 사망 사이에 상당인과관계가 있다는 사실이 합리적 의심의 여지가 없이 증명되었다고 보기 어렵다. 그런데도 이와 달리 설명의무를 위반한 피고인의 과실로 인하여 피해자가 사망에 이르렀다고 보아 공소사실을 유죄로 판단한 원심판결에는 의사의 설명의무 위반으로 인한 업무상과실치사죄의 인과관계에 관한 법리를 오해한 잘못이 있다(대판 2015.6.24. 2014도11315).
- 마취통증의학과 의사인 피고인이 수술실에서 환자인 피해자 갑(73세)에게 마취시술을 시행한 다음 간호사 을에게 환자의 감시를 맡기고 수술실을 이탈하였는데, 이후 갑에게 저혈압이 발생하고 혈압 회복과 저하가 반복됨에 따라 을이 피고인을 수회 호출하자, 피고인은 수술실에 복귀하여 갑이 심정지 상태임을 확인하고 마취해독제 투여, 심폐소생술 등의 조치를 취하였으나, 갑이 심정지 등으로 사망에 이르게 된 경우, 피고인이 갑에게 마취가 진행되는 동안 마취간호사도 아니고 마취간호 업무를 시작한 지 2~3개월밖에 안 된 을에게 환자의 감시 업무를 맡긴 채 다른 수술실로 옮겨 다니며 다른 환자들에게 마취시술을 하고, 갑의 활력징후 감시장치 경보음을 들은 을로부터 호출을 받고도 신속히 수술실로 가지 않고 휴식을 취하는 등 마취유지 중 환자감시 및 신속한 대응 업무를 소홀히 한 업무상과실이 있다고 본 원심판단은 정당하나, 한편 갑은 반복적인 혈압상승제 투여에도 불구하고 알 수 없는 원인으로 계속적으로 혈압 저하 증상을 보이다가 사망하였는데, 검사가 제출한 증거만으로는 피고인이 직접 갑을 관찰하거나 을의 호출을 받고 신속히 수술실에 가서 대응하였다면 구체적으로 어떤 조치를 더 할 수 있는지, 그러한 조치를 취하였다면 갑이 심정지에 이르지 않았을 것인지 알기 어렵고, 갑에게 심정지가 발생하였을 때 피고인이 갑을 직접 관찰하고 있다가 심폐소생술 등의 조치를 하였더라면 갑이 사망하지 않았을 것이라는 점에 대한 증명도 부족하므로, 피고인의 업무상과실로 갑이 사망하게 되었다는 점이 합리적인 의심의 여지가 없을

정도로 증명되었다고 보기 어려우므로, 이와 달리 피고인의 업무상과실로 인하여 갑이 사망하였다고 보아 피고인에게 업무상과실치사죄를 인정한 원심판단에는 의사의 업무상과실과 피해자의 사망 사이의 인과관계 증명 등에 관한 법리오해의 잘못이 있다(대판 2023.8.31. 2021도1833).

- 의료사고에서 의사의 과실을 인정하기 위해서는, 의사가 결과 발생을 예견할 수 있었음에도 이를 예견하지 못하였거나 결과 발생을 회피할 수 있었음에도 이를 회피하지 못하였는지 여부를 검토하여야 하고, 과실 유무를 판단할 때에는 같은 업무·직무에 종사하는 일반적 평균인의 주의 정도를 표준으로 하여 사고 당시의 일반적 의학의 수준과 의료 환경 및 조건, 의료행위의 특수성 등을 고려하여야 한다. 의료사고에서 의사의 과실과 결과 발생 사이에 인과관계를 인정하기 위해서는, 주의의무 위반이 없었더라면 그러한 결과가 발생하지 않았을 것임이 증명되어야 한다. 그러므로 의사에게 의료행위로 인한 업무상과실치사상죄를 인정하기 위해서는, 의료행위 과정에서 공소사실에 기재된 업무상과실의 존재는 물론 그러한 업무상과실로 인하여 환자에게 상해·사망 등 결과가 발생한 점에 대하여도 엄격한 증거에 따라 합리적 의심의 여지가 없을 정도로 증명이 이루어져야 한다. 설령 의료행위와 환자에게 발생한 상해·사망 등 결과 사이에 인과관계가 인정되는 경우에도, 검사가 공소사실에 기재한 바와 같은 업무상과실로 평가할 수 있는 행위의 존재 또는 그 업무상과실의 내용을 구체적으로 증명하지 못하였다면, 의료행위로 인하여 환자에게 상해·사망 등 결과가 발생하였다는 사정만으로 의사의 업무상과실을 추정하거나 단순한 가능성·개연성 등 막연한 사정을 근거로 함부로 이를 인정할 수는 없다(대판 2023.1.12. 2022도11163).[5]

(4) 규범의 보호목적이론

1) 의 의

규범의 보호목적이론이란 행위자가 보호법익에 대하여 허용된 위험을 초과하는 위험을 창출하였고 또한 그 위험이 구성요건적 결과로 실현되었으나 그 인과과정의 진행을 방지하도록 하는 것이 당해 범죄구성요건의 임무가 아닐 경우에는 객관적 귀속이 부정된다는 이론이다.

2) 구체적 판단기준

행위가 허용되지 않는 위험과 상당한 관련성이 있는 경우에도 그러한 위험결과를 제지하고자 하는 것이 주의규범의 보호목적이 아니고 주의의무의 반사적 보호에 불과한 경우에는 객관적 귀속이 부정된다. 위험을 분명히 인식한 책임능력자인 피해자의 고의적인 자기위태화로 인하여 구성요건적 결과가 발생한 경우에는 그러한 결과는 당해 구성요건규범의 보호영역 밖에서 발생한 것이므로 객관적 귀속이 부정된다. 행위자가 창출한 위험이 구성요건적 결과로 실현되었다고 하더라도 그러한 결과가 타인의 직업적 책임영역에 인수된 이후에 발생한 경우, 그 결과는 행위자의 행위에 귀속시킬 수 없어 객관적 귀속이 부정된다.

---

[5] 피고인이 시행한 주사치료로 인하여 피해자에게 상해가 발생하였다는 점은 인정되지만, 공소사실에 기재된 바와 같이 주사치료 과정에서 피고인이 맨손으로 주사하였다거나 알코올 솜의 미사용·재사용, 오염된 주사기의 사용 등 비위생적 조치를 취한 사실에 대한 증명이 합리적 의심을 배제할 정도로 이루어졌다고 볼 수 없고, 달리 공소사실에 기재된 바와 같은 피고인의 업무상과실로 평가될 만한 행위의 존재나 업무상과실의 내용이 구체적으로 증명되었다고 보기도 어려운 사안에서, 피고인의 주사치료와 피해자의 상해 발생 사이에 인과관계가 인정된다는 등의 사정만을 이유로 피고인의 업무상과실은 물론 그것과 피해자의 상해 사이의 인과관계까지도 인정한 원심의 판단에 의료행위로 인한 업무상과실치상죄에서 '업무상과실'의 인정기준과 증명책임에 대한 법리를 오해함으로써 판결에 영향을 미친 잘못이 있다고 보아 원심판결을 파기·환송한 사례(대판 2023.1.12. 2022도11163).

> **인과관계의 인정 여부에 대한 사례**
> - 자동차의 운전자가 그 운전상의 주의의무를 게을리하여 열차건널목을 그대로 건너는 바람에 그 자동차가 열차 좌측 모서리와 충돌하여 20여 미터쯤 열차 진행방향으로 끌려가면서 튕겨나갔고 피해자는 타고 가던 자전거에서 내려 위 자동차 왼쪽에서 열차가 지나가기를 기다리고 있다가 위 충돌사고로 놀라 넘어져 상처를 입었다면 비록 위 자동차와 피해자가 직접 충돌하지는 아니하였더라도 자동차운전자의 위 과실과 피해자가 입은 상처 사이에는 상당한 인과관계가 있다(대판 1989.9.12. 89도866).
> - 피고인 운전의 차가 이미 정차하였음에도 뒤쫓아오던 차의 충돌로 인하여 앞차를 충격하여 사고가 발생한 경우, 설사 피고인에게 안전거리를 준수치 않은 위법이 있었다 할지라도 그것이 이 사건 피해결과에 대하여 인과관계가 있다고 단정할 수 없다(대판 1983.8.23. 82도3222).

제4절 구성요건적 고의

I 의 의

고의란 객관적 행위상황을 인식하고 구성요건을 실현하려는 의사를 말한다. 형법 제13조는 죄의 성립요소인 사실을 인식하지 못한 행위는 벌하지 아니한다. 다만, 법률에 특별한 규정이 있는 경우에는 예외로 한다고 규정하고 있다.

II 고의의 내용

고의는 지적 요소로 객관적 구성요건요소에 해당하는 사실의 인식이 필요하고, 의지적 요소로서 구성요건의 실현을 목표로 하는 의사가 있어야 한다.

III 고의의 종류

1. 미필적 고의

(1) 문제점

미필적 고의는 행위자가 객관적 구성요건 실현의 가능성을 인식하고 그것을 감수·용인하는 의사를 나타낸 경우의 고의를 말하는데, 미필적 고의는 원칙적으로 처벌되는 고의의 형태이고 인식 있는 과실은 예외적으로 가볍게 처벌되는 과실의 영역에 속하기 때문에 양자를 구별하는 것은 형사책임의 한계를 명백하게 하기 위해 필요하다.

(2) 학 설

행위자가 결과발생의 개연성을 인식한 경우에는 미필적 고의이나, 단순한 가능성을 인식한 경우에는 인식 있는 과실이 된다는 개연성설, 행위자가 결과발생의 가능성을 인식하면서도 이를 용인한 경우에는 미필적 고의이고 용인하지 않은 경우에는 인식 있는 과실이라는 용인설(통설), 행위자가 결과발생의 가능성을 인식하면서 구성요건실현의 위험을 감수했거나 묵인하면서 견딘 경우에는 미필적 고의이고 결과가 발생하지 않는다고 신뢰한 경우에는 인식 있는 과실이라는 감수설이 대립하고 있다.

(3) 판 례

판례는 미필적 고의가 있었다고 하려면 범죄사실의 발생 가능성에 대한 인식이 있음은 물론 나아가 범죄사실이 발생할 위험을 용인하는 내심의 의사가 있어야 한다고(대판 2004.5.14. 2004도74) 판시하여 용인설을 취하고 있는 것으로 보인다.

(4) 검 토

결과발생 자체에 대한 행위자의 의지적 측면을 기준으로 하여 행위자에게 용인의사가 있는 경우에는 미필적 고의를 인정하는 용인설이 타당하다고 판단된다. 감수설은 용인설과 마찬가지로 어떤 결과를 기꺼이 수용하겠다는 의지나 정서적 태도를 포함하고 있다는 점에서 용인설과 개념적으로 구별하기는 쉽지 않다.

---

1. 고의의 인정기준

범죄구성요건의 주관적 요소로서 미필적 고의라 함은 범죄사실의 발생 가능성을 불확실한 것으로 표상하면서 이를 용인하고 있는 경우를 말하고, 미필적 고의가 있었다고 하려면 범죄사실의 발생 가능성에 대한 인식이 있음은 물론 나아가 범죄사실이 발생할 위험을 용인하는 내심의 의사가 있어야 하며, 그 행위자가 범죄사실이 발생할 가능성을 용인하고 있었는지의 여부는 행위자의 진술에 의존하지 아니하고 외부에 나타난 행위의 형태와 행위의 상황 등 구체적인 사정을 기초로 하여 일반인이라면 당해 범죄사실이 발생할 가능성을 어떻게 평가할 것인가를 고려하면서 행위자의 입장에서 그 심리상태를 추인하여야 하고, 이와 같은 경우에도 공소가 제기된 범죄사실의 주관적 요소인 미필적 고의의 존재에 대한 입증책임은 검사에게 있는 것이며, 한편, 유죄의 인정은 법관으로 하여금 합리적인 의심을 할 여지가 없을 정도로 공소사실이 진실한 것이라는 확신을 가지게 하는 증명력을 가진 증거에 의하여야 하므로, 그와 같은 증거가 없다면 설령 피고인에게 유죄의 의심이 간다고 하더라도 피고인의 이익으로 판단할 수밖에 없다(대판 2004.5.14. 2004도74).

2. 미필적 고의 인정 여부에 대한 사례

1) 미필적 고의가 인정되는 사례

공소외 1은 2007.6.1.부터 같은 달 14일까지 2주 동안 위 유흥주점에서 손님접대, 청소 등의 일을 하였고, 근무를 시작한 다음 날부터 피고인을 내내 보았으며, 피고인이 공소외 1에게 저녁을 사주기도 한 사실을 알 수 있는데, 이처럼 청소년 고용이 일시적으로 그친 것이 아니라 상당 기간 동안 지속되었고, 피고인도 그 기간 동안 줄곧 공소외 1의 근무 사실을 알고 있었으며, 공소외 1에게 저녁을 사주는 등 그 업무 수행을 독려하기까지 한 점 등에 비추어 보면, 이 사건의 경우 피고인과 공소외 1 사이에 묵시적인 의사의 합치에 의하여 고용계약이 성립하였고, 이로써 피고인이 청소년인 공소외 1을 직접 고용하였다고 봄이 상당하다. 또한, 공소외 1이 면접 당시 지배인 공소외 2로부터 주민등록증을 보여달라는 요구를 받고도 이를 제시하지 않고 자신의 나이를 속였음에도(공판기록 제50면)

> 피고인이 채용을 보류하거나 거부하지 아니하였고, 그 후 공소외 1이 2주 동안 위 유흥주점에서 일하였는데도 그의 신분과 연령을 확인하지 아니한 이상 피고인에게는 청소년임에도 불구하고 공소외 1을 고용한다는 점에 관하여 미필적 고의가 있었다고 봄이 상당하다(대판 2011.1.13. 2010도10029).
>
> 2) 미필적 고의가 인정되지 아니하는 사례
> [1] 도로교통법 제109조 제1호, 제40조 제1항 위반의 죄는 유효한 운전면허가 없음을 알면서도 자동차를 운전하는 경우에만 성립하는, 이른바 고의범이므로, 기존의 운전면허가 취소된 상태에서 자동차를 운전하였더라도 운전자가 면허취소사실을 인식하지 못한 이상 도로교통법위반(무면허운전)죄에 해당한다고 볼 수 없고, 관할 경찰당국이 운전면허취소처분의 통지에 갈음하는 적법한 공고를 거쳤다 하더라도, 그것만으로 운전자가 면허가 취소된 사실을 알게 되었다고 단정할 수는 없으며, 이 경우 운전자가 그러한 사정을 알았는지는 각각의 사안에서 면허취소의 사유와 취소사유가 된 위법행위의 경중, 같은 사유로 면허취소를 당한 전력의 유무, 면허취소처분 통지를 받지 못한 이유, 면허취소 후 문제된 운전행위까지의 기간의 장단, 운전자가 면허를 보유하는 동안 관련 법령이나 제도가 어떻게 변동하였는지 등을 두루 참작하여 구체적·개별적으로 판단하여야 한다.
> [2] 운전면허증 앞면에 적성검사기간이 기재되어 있고, 뒷면 하단에 경고 문구가 있다는 점만으로 피고인이 정기적성검사 미필로 면허가 취소된 사실을 미필적으로나마 인식하였다고 추단하기 어렵다고 한 사례(대판 2004.12.10. 2004도6480)[6]

2. 택일적 고의

택일적 고의란 행위자가 두 가지 이상의 구성요건 또는 결과 중에서 어느 하나만 실현하기를 원하지만 그중 어느 것에서 그 결과가 발생해도 좋다고 생각하고 행위하는 경우의 고의를 말한다.

---

[6] 다음의 판례와 구별하여야 한다.
제1종 운전면허 소지자인 피고인이 정기적성검사기간 내에 적성검사를 받지 아니하였다고 하여 구 도로교통법 위반으로 기소된 사안에서, 운전면허증 소지자가 운전면허증만 꺼내 보아도 쉽게 알 수 있는 정도의 노력조차 기울이지 않는 것은 적성검사기간 내에 적성검사를 받지 못하게 되는 결과에 대한 방임이나 용인의 의사가 존재한다고 봄이 타당한 점 등에 비추어 볼 때, 피고인이 적성검사기간 도래 여부에 관한 확인을 게을리하여 기간이 도래하였음을 알지 못하였더라도 적성검사기간 내에 적성검사를 받지 않는 데 대한 미필적 고의는 있었다고 봄이 타당한데도, 이와 달리 보아 무죄를 선고한 원심판결에 진정부작위범의 미필적 고의에 관한 법리오해 등으로 판단을 그르친 잘못이 있다고 한 사례(대판 2014.4.10. 2012도8374)

제5절 구성요건적 착오

I 의 의

1. 개 념

구성요건적 착오란 행위자가 주관적으로 인식·인용한 범죄사실과 현실적으로 발생한 객관적인 범죄사실이 일치하지 아니하는 경우를 말한다. 형법 제15조 제1항은 특별히 무거운 죄가 되는 사실을 인식하지 못한 행위는 무거운 죄로 벌하지 아니한다고 규정하고 있다.

2. 구 별

구성요건적 착오는 객관적 구성요건요소에 대한 착오로 고의가 조각되는 반면 금지착오는 행위의 위법성에 대한 착오로 고의가 조각되지 않고 다만 착오에 정당한 이유가 있는 경우에는 책임이 조각된다(책임설).

II 구성요건적 착오의 유형

1. 구체적 사실의 착오와 추상적 사실의 착오

(1) 구체적 사실의 착오

행위자가 인식한 사실과 현실적으로 발생한 사실이 동가치의 행위객체에 속하는 범죄이지만 구체적으로 일치하지 아니하는 경우를 말한다.

(2) 추상적 사실의 착오

행위자가 인식한 사실과 현실로 발생한 사실이 상이한 가치를 지닌 행위객체에 속하는 범죄인 경우를 말한다.

2. 객체의 착오와 방법의 착오

(1) 객체의 착오

행위객체의 동일성에 대하여 착오한 경우를 말한다.

(2) 방법의 착오

방법상의 잘못으로 행위자가 의도한 객체가 아닌 다른 객체에 결과가 발생한 경우를 말한다.

Ⅲ 착오사례의 해결

1. 형법 제13조 및 제14조에 의한 해결

실현된 범죄의 객관적 구성요건요소에 대한 인식이 없는 경우인 기본적 구성요건의 착오는 당연히 형법 제13조가 적용되므로 고의가 조각되고, 발생한 범죄사실에 대해 과실이 있고 과실범의 처벌규정이 있다면 형법 제14조에 의하여 과실범으로 처벌되게 된다.

2. 착오의 한계 사례의 해결

(1) 형법 제15조에 의한 해결

형법 제15조 제1항은 기본적 구성요건과 파생적 구성요건 간에 적용된다는 것이 학설의 일반적인 태도이다. 한편 형법 제15조 제1항은 그 효과로 무거운 죄로 벌하지 아니하는 것으로 규정하고 있을 뿐이어서 구체적으로 어떻게 처벌해야 하는지 규정하고 있지 아니하므로 이와 관련한 착오의 한계 사례의 해결은 학설과 판례의 태도에 맡겨져 있다고 할 수 있다.

(2) 착오의 한계 사례와 고의의 성부

1) 학 설

인식한 범죄사실과 발생한 범죄사실이 법정적으로 부합하는 경우, 즉 동일 구성요건(구성요건부합설) 또는 동일 죄질(죄질부합설)에 속하는 경우에는 객체의 착오, 방법의 착오를 불문하고 발생한 범죄사실에 대하여 고의기수책임을 인정하는 법정적 부합설, 구체적 사실의 착오 중 객체의 착오의 경우에만 고의기수책임을 인정하는 구체적 부합설, 범죄의사가 어떤 형태로든 결과발생을 야기하게 되면 범죄의사와 결과가 가벌성의 점에서 중첩되는 범위 내에서 고의기수책임을 인정하는 추상적 부합설이 대립하고 있다.

2) 판 례

판례는 구체적 사실의 착오뿐만 아니라 방법의 착오도 소위 타격의 착오가 있는 경우라 할지라도 행위자의 살인의 범의성립에 방해가 되지 아니한다고(대판 1984.1.24. 83도2813) 하여 발생한 범죄사실에 대하여 고의기수책임을 인정하고 있으므로 법정적 부합설을 취하고 있다고 판단된다.

3) 검 토

구체적 부합설에 의해 사람을 살해할 의사로 살해한 경우에도 살인미수라고 하는 것은 일반인의 법감정에 반하는 결과가 되고, 추상적 부합설은 죄형법정주의에 반하는 문제가 있으므로 판례의 태도인 법정적 부합설이 타당하다고 판단된다.

3. 예상 외의 사실이 병발한 경우(병발 사례)의 해결

병발 사례의 유형 (살인의 고의로 A를 향하여 총을 발사하여,...)	학설별 결론	
	구체적 부합설	법정적 부합설
① A를 사망하게 하고 B도 사망하게 한 경우	A에 대한 살인기수죄와 B에 대한 과실치사죄의 상상적 경합	좌동(左同)
② A를 사망하게 하고 B에게도 상해를 입힌 경우	A에 대한 살인기수죄와 B에 대한 과실치상죄의 상상적 경합	좌동(左同)
③ A에게 상해를 입히고 B도 사망하게 한 경우	A에 대한 살인미수죄와 B에 대한 과실치사죄의 상상적 경합	다수설은 B에 대한 살인기수죄만 인정
④ A에게 상해를 입히고 B에게도 상해를 입힌 경우	A에 대한 살인미수죄와 B에 대한 과실치상죄의 상상적 경합	좌동(左同)

Ⅳ 인과관계의 착오[7]

1. 의 의

(1) 개 념

인과관계의 착오란 행위자가 인식한 범죄사실과 현실로 발생한 범죄사실은 법적으로 일치하지만 그 결과에 이르는 인과과정이 행위자가 인식했던 인과과정과 다른 경우를 말한다.

(2) 객관적 귀속과의 관계

인과관계의 착오는 결과에 대한 객관적 귀속이 인정된 다음에 검토되는 것이므로 객관적 귀속이 부정될 경우에는 인과관계의 착오도 논의할 여지가 없다.

---

[7] 인과관계의 착오사례는 세가지 유형으로 구분할 수 있는데, 여기서는 ① 甲이 살인의 고의로 乙의 머리를 도끼로 가격하였으나 두개골파열이 아니라 상처의 감염으로 인하여 사망한 경우와 같은 제1유형, ② 기절시킨 후에 추락사시키려고 하였으나 기절시키는 과정에서 이미 결과가 발생한 경우(결과발생이 앞으로 당겨진 경우)와 같은 제3유형을 다룬다. ③ 제2유형(결과발생이 뒤로 미뤄진 경우)은 개괄적 고의의 항목에서 별도로 서술한다.

2. 형법적 취급

(1) 학 설

현실적으로 진행한 인과과정이 행위자의 인식과 본질적으로 상이한가의 여부를 기준으로, 착오가 일반적인 생활경험상 예견가능하다면 현실로 발생한 범죄사실에 대해 고의기수책임을 인정하는 구성요건적 착오설, 인과과정은 고의의 인식대상이 아니므로 인과과정의 상이가 본질적인지의 여부는 고의의 문제가 아니라 객관적 귀속의 문제라는 객관적 귀속설이 대립하고 있다.

(2) 검 토

인과과정의 착오문제는 주관적 구성요건요소인 고의인정의 문제로 객관적 구성요건요소인 객관적 귀속이 인정된다는 것을 전제로 한다는 점에서 구성요건적 착오설이 타당하다고 판단된다.

V 개괄적 고의

1. 의 의

(1) 개 념

행위자가 일정한 고의를 가지고 행한 제1행위에 의하여 그 결과가 발생한 것으로 믿고 다른 의도를 가지고 제2행위를 하였으나, 행위자의 의도와는 달리 연속된 제2행위에 의하여 결과가 발생한 경우를 말한다.

(2) 개괄적 과실과의 구별

1) 의 의

결과적 가중범에 있어서 제1의 고의행위에서 결과가 발생하지 않았음에도 중한 결과가 발생한 것으로 오인하여 제2행위를 한 결과 제1행위에서 발생하지 않았던 중한 결과가 실현되었을 때 이를 단일한 결과적 가중범으로 처벌하는 것을 개괄적 과실의 사례라고 한다.

2) 판 례

판례는 피고인의 구타행위로 상해를 입은 피해자가 정신을 잃고 빈사상태에 빠지자 사망한 것으로 오인하고, 자신의 행위를 은폐하고 피해자가 자살한 것처럼 가장하기 위하여 피해자를 베란다 아래의 바닥으로 떨어뜨려 사망케 하였다면, 피고인의 행위는 포괄하여 단일의 상해치사죄에 해당한다고(대판 1994.11.4. 94도2361) 판시하고 있다.

2. 형법적 취급

(1) 학 설

1) 개괄적 고의설
개괄적 고의가 문제되는 사건은 제1행위의 고의가 제2행위 부분에도 개괄적으로 미치는 단일한 사건이므로 하나의 고의기수범이 성립한다는 견해이다.

2) 미수와 과실의 경합범설
제1행위에 대하여 미수를 인정하고 제2행위시에는 고의가 없었으므로 경우에 따라서 제2행위의 과실과의 실체적 경합을 인정하는 견해이다.

3) 객관적 계획설
개괄적 고의의 사례를 객관적 귀속의 문제로 파악하여 구성요건적 결과가 일반적인 생활경험에 비추어 죄적은폐를 위한 전형적인 행위로 평가된 제2행위에 의하여 야기되었을 경우에는 객관적 귀속을 인정하는 견해이다.

4) 인과관계착오설
개괄적 고의의 사례를 인과관계의 착오의 한 형태로 파악하여 이 사례에 존재하는 인과과정의 상위는 비본질적이기 때문에 발생한 결과에 대하여 고의기수범을 인정할 수 있다는 견해이다.

(2) 판 례
판례는 피고인이 자신의 부인을 희롱하는 피해자에 대한 분노가 폭발하여 살해하기로 마음먹고 돌로 수차례 내리쳐 피해자가 뇌진탕으로 실신하자 죽은 것으로 오인하고 모래웅덩이에 묻었다면 피해자가 피고인의 구타행위로 인해 직접 사망한 것이 아니라 죄적을 인멸할 목적으로 행한 매장행위에 의해 사망하게 되었더라도 전과정을 개괄적으로 보면 피해자의 실해라는 애초의 예견사실이 결국 실현된 것이기 때문에 살인죄의 죄책을 면할 수 없다고(대판 1988.6.28. 88도650) 판시하고 있다.

(3) 검 토
제2행위에 의하여 구성요건적 결과가 발생하였으나 전과정을 개괄적으로 보면 행위자의 예견사실이 결국 실현된 것에 불과하기 때문에 발생한 결과에 대하여 기수책임을 인정하는 판례의 태도가 타당하다고 판단된다.

VI. 관련 문제

1. 반전된 구성요건의 착오

대상 또는 방법이 흠결된 불능미수를 의미한다. 미수범으로 처벌되므로, 형법상의 착오가 행위자에게 불리하게 적용되어 처벌되는 유일한 예외가 된다.

2. 위법성조각사유에 대한 착오

위법성조각사유의 존재 내지 허용한계의 착오는 금지착오에 해당하나, 위법성조각사유의 전제사실에 대한 착오는 구성요건적 착오와 동일한 법적 효과를 가져온다(다수설).

제6절 과실범

I. 의의

1. 개념

과실이란 사회생활상 요구되는 주의의무를 위반 또는 태만히 함으로써 구성요건적 결과발생을 예견하지 못하거나 회피하지 못한 경우를 말한다. 형법 제14조는 정상적으로 기울여야 할 주의(注意)를 게을리하여 죄의 성립요소인 사실을 인식하지 못한 행위는 법률에 특별한 규정이 있는 경우에만 처벌한다고 규정하고 있다.

2. 종류

(1) 인식 있는 과실과 인식 없는 과실

구성요건실현가능성에 대한 인식의 유무에 따른 구별로 양 과실은 불법과 책임의 내용에 있어서 차이가 없으므로 구별의 실익은 거의 없으나, 양형에 있어서 고려될 여지는 있다.

(2) 보통의 과실과 업무상과실

보통의 과실은 형법상의 일반적인 과실을 말하고 업무상과실이란 일정한 업무에 종사하는 자가 그 업무의 성질상 또는 업무상의 지위 때문에 특별히 요구되는 주의의무를 태만히 한 경우를 말한다. 업무상과실은 일반인보다 결과에 대한 예견가능성이 크기 때문에 가중처벌된다는 것이 판례(대판 2009.10.29. 2009도5753)이다.

(3) 보통의 과실(경과실)과 중과실

보통의 과실(경과실)은 중과실이 아닌 모든 과실을 말하고, 중과실은 주의의무를 현저히 태만히 하는 경우, 즉 극히 근소한 주의만 하였더라도 결과발생을 예견할 수 있었음에도 불구하고 부주의로 이를 예견하지 못한 경우를 말한다. 양자의 구별실익은 중과실은 업무상과실과 마찬가지로 경과실에 비하여 가중처벌된다는 점에 있다.

> 1. **중과실이 인정되는 사례**
> 이 사건 화재는 피고인이 모텔 방에 투숙하여 담배를 피운 후 재떨이에 담배를 끄게 되었으나 담뱃불이 완전히 꺼졌는지 여부를 확인하지 않은 채 불이 붙기 쉬운 휴지를 재떨이에 버리고 잠을 잔 과실로 담뱃불이 휴지와 옆에 있던 침대시트에 옮겨 붙게 함으로써 발생하였고, 이러한 피고인의 과실은 중대한 과실에 해당한다(대판 2010.1.14. 2009도12109).
>
> 2. **중과실이 인정되지 아니하는 사례**
> 경찰관인 피고인들은 동료 경찰관인 갑 및 피해자 을과 함께 술을 많이 마셔 취하여 있던 중 갑자기 위 갑이 총을 꺼내 을과 같이 총을 번갈아 자기의 머리에 대고 쏘는 소위 "러시안 룰렛" 게임을 하다가 을이 자신이 쏜 총에 맞아 사망한 경우, 경찰관이라는 신분상의 조건을 고려하더라도 위와 같은 상황에서 피고인들이 이 사건 "러시안 룰렛" 게임을 즉시 물리력으로 제지하지 못하였다 한들 그것만으로는 위 갑의 과실과 더불어 중과실치사죄의 형사상 책임을 지울 만한 위법한 주의의무위반이 있었다고 평가할 수 없다(대판 1992.3.10. 91도3172).

II 과실범의 성립요건

1. 과실범의 구성요건해당성

(1) 객관적 주의의무위반

1) 주의의무의 내용

객관적 주의의무위반이란 행위자가 사회생활상 요구되는 주의의무를 태만히 하여 예견가능하고 회피가능한 결과를 야기한 경우를 말하는 것으로 결과예견의무와 결과회피의무를 그 내용으로 한다.

2) 주의의무의 판단기준

사회일반인을 기준으로 주의의무위반 여부를 판단할 것이라는 것이 통설, 판례(대판 2007.9.20. 2006도294)의 태도이다.

> **주의의무의 판단기준**
> - [1] 의료사고에 있어서 의사의 과실을 인정하기 위해서는 의사가 결과 발생을 예견할 수 있었음에도 불구하고 그 결과 발생을 예견하지 못하였고, 그 결과 발생을 회피할 수 있었음에도 불구하고 그 결과 발생을 회피하지 못한 과실이 검토되어야 하고, 그 과실의 유무를 판단함에는 같은 업무와 직무에 종사하는 일반적 보통인의 주의 정도를 표준으로 하여야 하며, 이에는 사고 당시의 일반적인 의학의 수준과 의료환경 및 조건, 의료행위의 특수성 등이 고려되어야 한다.

> [2] 내과의사가 신경과 전문의에 대한 협의진료 결과 피해자의 증세와 관련하여 신경과 영역에서 이상이 없다는 회신을 받았고, 그 회신 전후의 진료 경과에 비추어 그 회신 내용에 의문을 품을 만한 사정이 있다고 보이지 않자 그 회신을 신뢰하여 뇌혈관계통 질환의 가능성을 염두에 두지 않고 내과 영역의 진료 행위를 계속하다가 피해자의 증세가 호전되기에 이르자 퇴원하도록 조치한 경우, 피해자의 지주막하출혈을 발견하지 못한 데 대하여 내과의사의 업무상과실을 부정한 사례(대판 2003.1.10. 2001도3292)
>
> • 의료과오사건에 있어서 의사의 과실을 인정하려면 결과 발생을 예견·회피할 수 있었는데도 이를 하지 못한 점을 인정할 수 있어야 하고, 과실의 유무는 같은 업무에 종사하는 일반적인 의사의 주의 정도를 표준으로 판단하여야 하며, 이때 사고 당시의 의학의 수준, 의료환경과 조건, 의료행위의 특수성 등을 고려하여야 한다. 또한 의사에게는 환자의 상황, 당시의 의료수준, 자신의 지식·경험 등에 따라 적절하다고 판단되는 진료방법을 선택할 폭넓은 재량권이 있으므로, 의사가 특정 진료방법을 선택하여 진료를 하였다면 해당 진료방법 선택과정에 합리성이 결여되어 있다고 볼 만한 사정이 없는 이상 진료의 결과만을 근거로 하여 그중 어느 진료방법만이 적절하고 다른 진료방법을 선택한 것은 과실에 해당한다고 말할 수 없다(대판 2015.6.24. 2014도11315).

3) 주의의무의 근거

주의의무는 우선 법령, 규칙, 조례 등 법규가 근거가 되는 이외에 계약, 조리, 관습, 생활경험 등도 주의의무와 발생 근거와 범위를 정하는데 고려되어야 한다.

> **1. 주의의무위반이 인정되는 사례**
> • 중앙선에 서서 도로횡단을 중단한 피해자의 팔을 갑자기 잡아끌고 피해자로 하여금 도로를 횡단하게 만든 피고인으로서는 위와 같이 무단횡단을 하는 도중에 지나가는 차량에 충격당하여 피해자가 사망하는 교통사고가 발생할 가능성이 있으므로, 이러한 경우에는 피고인이 피해자의 안전을 위하여 차량의 통행 여부 및 횡단 가능 여부를 확인하여야 할 주의의무가 있다 할 것이므로, 피고인으로서는 위와 같은 주의의무를 다하지 않은 이상 교통사고와 그로 인한 피해자의 사망에 대하여 과실책임을 면할 수 없다(대판 2002.8.23. 2002도2800).
> • 피고인이 제왕절개수술을 시행 중 태반조기박리를 발견하고도 피해자의 출혈 여부 관찰을 간호사에게 지시하였다가 수술 후 약 45분이 지나 대량출혈을 확인하고 전원(轉院) 조치하였으나 그 후 피해자가 사망한 사안에서, 피고인에게 대량출혈 증상을 조기에 발견하지 못하고, 전원을 지체하여 피해자로 하여금 신속한 수혈 등의 조치를 받지 못하게 한 과실이 있다(대판 2010.4.29. 2009도7070).
>
> **2. 주의의무위반이 인정되지 아니하는 사례**
> • [1] 환자가 수술 중 수혈하지 않겠다는 명백한 의사를 표시하여 이를 전제로 인공고관절 치환술을 하던 중 수혈이 필요한 응급상황이 발생하였음에도 불구하고 의사인 피고인이 환자의 자기결정권을 존중하여 타가수혈하지 않다가 환자가 과다출혈로 사망한 경우, 의사의 과실을 부정한 사례
> [2] 특히 의사는 수술과정 등에서 발생되는 출혈로 인하여 환자의 생명이 위험에 빠지지 않도록 하기 위하여 환자에게 수혈하는 것이 통상적인 진료방법이고 또한 수혈을 통하여 출혈로 인한 사망의 위험을 상당한 정도로 낮출 수 있음에도 환자의 의사결정에 따라 수혈을 포기하고 이를 대체할 수 있는 수술 방법을 택하는 것인데, 그 대체 수술 방법이 수혈을 완전히 대체할 수 있을 정도의 출혈 방지 효과를 가지지 못한다면 그만큼 수술과정에서 환자가 과다출혈로 인한 사망에 이를 위험이 증가할 수 있으므로, 그럼에도 불구하고 수술을 할 필요성이 있는지에 관하여 통상적인 경우보다 더욱 세심하게 주의를 기울임으로써, 과연 수술을 하는 것이 환자를 위한 최선의 진료방법인지 신중히 판단할 주의의무가 있다. 그리고 수술을 하는 경우라 하더라도 수혈 대체 의료 방법과 함께

당시의 의료 수준에 따라 출혈로 인한 위험을 최대한 줄일 수 있는 사전준비나 시술방법을 시행함으로써 위와 같은 위험 발생 가능성을 줄이도록 노력하여야 하며, 또한 수술 과정에서 예상과 달리 다량의 출혈이 발생될 수 있는 사정이 드러남으로써 위와 같은 위험 발생 가능성이 현실화되었다면 과연 위험을 무릅쓰고 수술을 계속하는 것이 환자를 위한 최선의 진료방법인지 다시 판단하여야 한다. 환자가 수혈 대체 의료 방법을 선택하였다고 하더라도 이는 생명에 대한 위험이 현실화되지 아니할 것이라는 전제 내지 기대 아래에서의 결정일 가능성이 크므로, 위험 발생 가능성이 현실화된 상태에서 위험을 무릅쓰고 수술을 계속하는 것이 환자의 자기결정권에 기초한 진료라고 쉽게 단정하여서는 아니 된다.

[3] 피고인의 무수혈 방식의 수술 및 그 위험성에 관한 수술 전의 설명 내용, 망인의 나이, 가족관계, 망인이 이 사건 수술에 이르게 된 경위, 망인이 타가수혈 거부라는 자기결정권을 행사하게 된 배경, 수혈 거부에 대한 망인의 확고한 종교적 신념, 책임면제각서를 통한 망인의 진지한 의사결정, 수술 도중 타가수혈이 필요한 상황에서의 가족 등의 의사 재확인 등에 관한 사정들을 종합적으로 고려하여 보면, 이 사건에서는 망인의 생명과 자기결정권을 비교형량하기 어려운 특별한 사정이 있으므로, 타가수혈하지 아니한 사정만을 가지고 피고인이 의사로서 진료상의 주의의무를 다하지 아니하였다고 할 수 없다(대판 2014.6.26. 2009도14407).

- [1] 한의사인 피고인이 피해자에게 문진하여 과거 봉침(蜂針)을 맞고도 별다른 이상반응이 없었다는 답변을 듣고 알레르기 반응검사를 생략한 채 환부에 봉침시술을 하였는데, 피해자가 위 시술 직후 쇼크반응을 나타내는 등 상해를 입은 경우, 피고인이 알레르기 반응검사를 하지 않은 과실과 피해자의 상해 사이에 상당인과관계를 인정하기 어렵다.

  [2] 한의사인 피고인이 피해자에게 문진하여 과거 봉침을 맞고도 별다른 이상반응이 없었다는 답변을 듣고 부작용에 대한 충분한 사전 설명 없이 환부인 목 부위에 봉침시술을 하였는데, 피해자가 위 시술 직후 쇼크반응을 나타내는 등 상해를 입은 경우, 제반 사정에 비추어 피고인이 봉침시술에 앞서 설명의무를 다하였더라도 피해자가 반드시 봉침시술을 거부하였을 것이라고 볼 수 없어, 피고인의 설명의무 위반과 피해자의 상해 사이에 상당인과관계를 인정하기 어렵다(대판 2011.4.14. 2010도10104).

- 병원 인턴인 피고인이, 응급실로 이송되어 온 익수(溺水)환자 甲을 담당의사 乙의 지시에 따라 구급차에 태워 다른 병원으로 이송하던 중 산소통의 산소잔량을 체크하지 않은 과실로 산소 공급이 중단된 결과 甲을 폐부종 등으로 사망에 이르게 하였다는 내용으로 기소된 경우, 乙에게서 이송 도중 甲에 대한 앰부 배깅(ambu bagging)과 진정제 투여 업무만을 지시받은 피고인에게 일반적으로 구급차 탑승 전 또는 이송 도중 구급차에 비치되어 있는 산소통의 산소잔량을 확인할 주의의무가 있다고 보기는 어렵고, 다만 피고인이 甲에 대한 앰부 배깅 도중 산소 공급 이상을 발견하고도 구급차에 동승한 의료인에게 기대되는 적절한 조치를 취하지 아니하였다면 업무상과실이 있다고 할 것이나, 피고인이 산소부족 상태를 안 후 취한 조치에 어떠한 업무상 주의의무 위반이 있었다고 볼 수 없다(대판 2011.9.8. 2009도13959).

(2) 결과발생 및 인과관계와 객관적 귀속

1) 결과발생 및 인과관계

과실범도 결과범이므로 구성요건적 결과가 발생되어야 하며 인과관계를 만족시켜야 한다.

2) 객관적 귀속

① **주의의무위반관련성** : 행위자의 주의의무위반과 결과발생이 있는 경우 주의의무를 다하였더라도 결과가 발생했을 것이라고 인정될 때에는 객관적 귀속이 부정된다.

> 피고인이 농배양을 하지 않은 과실이 피해자의 사망에 기여한 인과관계 있는 과실이 된다고 하려면, 농배양을 하였더라면 피고인이 투약해 온 항생제와 다른 어떤 항생제를 사용하게 되었을 것이라거나 어떤 다른 조치를 취할 수 있었을 것이고, 따라서 피해자가 사망하지 않았을 것이라는 점을 심리·판단하여야 한다(대판 1996.11.8. 95도2710).

② **보호목적관련성** : 결과는 규범의 보호범위 안에서 발생한 것이어야 한다. 따라서 결과가 발생하였으나 그 결과를 방지하는 것이 당해 구성요건의 임무가 아닌 경우에는 객관적 귀속이 부정된다.

> 신호등에 의하여 교통정리가 행하여지고 있는 사거리 교차로를 녹색등화에 따라 직진하는 차량의 운전자는 특별한 사정이 없는 한 다른 차량들도 교통법규를 준수하고 충돌을 피하기 위하여 적절한 조치를 취할 것으로 믿고 운전하면 족하고, 다른 차량이 신호를 위반하고 직진하는 차량의 앞을 가로질러 직진할 경우까지 예상하여 그에 따른 사고발생을 미연에 방지할 특별한 조치까지 강구할 업무상의 주의의무는 없다고 할 것이므로, 피고인이 녹색등화에 따라 사거리 교차로를 통과할 무렵 제한속도를 초과하였더라도, 신호를 무시한 채 왼쪽도로에서 사거리 교차로로 가로 질러 진행한 피해자에 대한 업무상과실치사의 책임이 없다(대판 1990.2.9. 89도1774).

③ **객관적 예견가능성** : 결과와 인과관계의 본질적 요소는 객관적으로 예견가능하여야 하므로 객관적으로 예견할 수 없었던 결과는 행위자에게 객관적으로 귀속시킬 수 없다.

(3) 객관적 주의의무위반의 제한원리

1) 허용된 위험의 이론

자동차 교통, 원자력 발전 등 현대사회에서 위험을 수반하는 여러 행태들에 대해 충분한 안전조치를 취했다면 법질서는 사회적 유용성과 필요성 때문에 그 업무와 결합된 전형적 위험을 감수해야 한다는 이론을 말한다. 허용된 위험의 대상이 되는 행위는 사회적으로 상당한 행위의 범주에 속하므로 허용된 위험은 객관적 주의의무위반의 제한원리로서의 기능을 하게 된다.

2) 신뢰의 원칙

① **의의** : 신뢰의 원칙이란 교통규칙을 준수하는 운전자는 다른 관여자들도 교통규칙을 준수할 것을 신뢰하면 족하고 다른 관여자들이 교통규칙을 위반하는 경우까지 예상하여 이에 대한 방어조치를 취할 의무는 없다는 원칙을 말한다.

② **법적 성격** : 신뢰의 원칙은 사회적 상당성의 표현으로 허용된 위험의 법리가 적용되는 특수한 경우이므로 객관적 주의의무 자체를 제한하는 기능을 한다.

③ 적용범위
  ㉠ 도로교통과 신뢰의 원칙 : 판례는 자동차와 자동차의 충돌사고나 자동차와 자전거의 충돌사고의 경우에는 원칙적으로 신뢰의 원칙을 적용하고 있으나, 자동차와 보행자의 충돌사고의 경우에는 신뢰의 원칙을 엄격하게 적용하고 있지는 아니하다. 다만, 고속도로에서의 무단횡단사고, 육교 밑에서의 무단횡단사고, 횡단보도의 보행자의 신호가 적색인 경우의 무단횡단사고, 자동차 전용도로에서의 무단횡단사고 등에는 신뢰의 원칙을 적용하고 있다.

> **자동차와 자동차의 충돌사고**
> • 두 줄의 황색중앙선 표시가 있는 직선도로상을 운행하는 차량의 운전자로서는 특별한 사정이 없는 한 상대방향에서 운행하여 오는 차량이 도로중앙선을 넘어 자기가 진행하는 차선에 진입하지 않으리라고 믿는 것이 우리의 경험법칙에 합당하고, 또 반대차선에 연결된 소로에서 주도로로 진입하는 차량이 있다고 하더라도 그 차량이 법률상 금지된 중앙선을 침범하여 자기가 진행하는 차선에 진입하는 범법행위까지를 예상하여 자기가 운전하는 차량을 서행하거나 일일이 그 차량의 동태를 예의주시할 의무가 있다고 할 수 없다(대판 1995.7.11. 95도382).
> • 녹색등화에 따라 왕복 8차선의 간선도로를 직진하는 차량의 운전자는 특별한 사정이 없는 한 왕복 2차선의 접속도로에서 진행하여 오는 다른 차량들도 교통법규를 준수하여 함부로 금지된 좌회전을 시도하지는 아니할 것으로 믿고 운전하면 족하고, 접속도로에서 진행하여 오던 차량이 아예 허용되지 아니하는 좌회전을 감행하여 직진하는 자기 차량의 앞을 가로질러 진행하여 올 경우까지 예상하여 그에 따른 사고발생을 미리 방지하기 위하여 특별한 조치까지 강구할 주의의무는 없다 할 것이고, 또한 운전자가 제한속도를 지키며 진행하였더라면 피해자가 좌회전하여 진입하는 것을 발견한 후에 충돌을 피할 수 있었다는 등의 사정이 없는 한 운전자가 제한속도를 초과하여 과속으로 진행한 잘못이 있다 하더라도 그러한 잘못과 교통사고의 발생 사이에 상당인과관계가 있다고 볼 수는 없다(대판 1998.9.22. 98도1854).

  ㉡ 분업적 의료행위와 신뢰의 원칙
    ㉮ 논의의 전제 : 분업적 공동작업이 필요한 경우에 신뢰의 원칙을 확대적용하기 위해서는 신뢰를 기초지울 수 있는 분업관계가 확립되어 있어야 한다.
    ㉯ 수평적 분업관계 : 공동으로 수술을 행한 의사들 상호 간이나 한 병원의 독립적인 각 과 사이, 의사와 약사 사이처럼 지휘·감독관계가 없는 경우에는 원칙적으로 신뢰의 원칙이 적용된다.
    ㉰ 수직적 분업관계 : 의사와 조수·간호사 등 보조자 사이, 전문의와 일반의·수련의 사이, 주치의와 야간당직의사 사이처럼 지휘·감독관계가 있는 경우에는 원칙적으로 신뢰의 원칙이 적용되지 아니한다.

> **1. 수평적 분업관계에 대한 사례**
> • 약사는 의약품을 판매하거나 조제함에 있어서 그 의약품이 그 표시 포장상에 있어서 약사법 소정의 검인 합격품이고 또한 부패 변질 변색되지 아니하고 유효기간이 경과되지 아니함을 확인하고 조제판매한 경우에는 특별한 사정이 없는 한 관능시험 및 기기시험까지 할 주의의무가 없으므로 그 약의 표시를 신뢰하고 이를 사용한 경우에는 과실이 없다고 볼 수 있다(대판 1976.2.10. 74도2046).

- 내과의사가 신경과 전문의에 대한 협의진료 결과 피해자의 증세와 관련하여 신경과 영역에서 이상이 없다는 회신을 받았고, 그 회신 전후의 진료 경과에 비추어 그 회신 내용에 의문을 품을 만한 사정이 있다고 보이지 않자 그 회신을 신뢰하여 뇌혈관계통 질환의 가능성을 염두에 두지 않고 내과 영역의 진료 행위를 계속하다가 피해자의 증세가 호전되기에 이르자 퇴원하도록 조치한 경우, 피해자의 지주막하출혈을 발견하지 못한 데 대하여 내과의사의 업무상과실은 부정된다(대판 2003.1.10. 2001도3292).

2. 수직적 분업관계에 대한 사례

- [1] 환자의 주치의 겸 정형외과 전공의가 같은 과 수련의의 처방에 대한 감독의무를 소홀히 한 나머지, 환자가 수련의의 잘못된 처방으로 인하여 상해를 입게 된 사안에서 전공의에 대한 업무상과실치상죄를 인정한 사례

   [2] 의사는 전문적 지식과 기능을 가지고 환자의 전적인 신뢰하에서 환자의 생명과 건강을 보호하는 것을 업으로 하는 자로서 그 의료행위를 시술하는 기회에 환자에게 위해가 미치는 것을 방지하기 위하여 최선의 조치를 취할 의무를 지고 있으므로, 의사가 다른 의사와 의료행위를 분담하는 경우에도 자신이 환자에 대하여 주된 의사의 지위에 있거나 다른 의사를 사실상 지휘 감독하는 지위에 있다면, 그 의료행위의 영역이 자신의 전공과목이 아니라 다른 의사의 전공과목에 전적으로 속하거나 다른 의사에게 전적으로 위임된 것이 아닌 이상, 의사는 자신이 주로 담당하는 환자에 대하여 다른 의사가 하는 의료행위의 내용이 적절한 것인지의 여부를 확인하고 감독하여야 할 업무상 주의의무가 있고, 만약 의사가 이와 같은 업무상 주의의무를 소홀히 하여 환자에게 위해가 발생하였다면, 의사는 그에 대한 과실 책임을 면할 수 없다(대판 2007.2.22. 2005도9229).

- 의사는 전문적 지식과 기능을 가지고 환자의 전적인 신뢰하에서 환자의 생명과 건강을 보호하는 것을 업으로 하는 자로서, 그 의료행위를 시술하는 기회에 환자에게 위해가 미치는 것을 방지하기 위하여 최선의 조치를 취할 의무를 지고 있고, 간호사로 하여금 의료행위에 관여하게 하는 경우에도 그 의료행위는 의사의 책임하에 이루어지는 것이고 간호사는 그 보조자에 불과하므로, 의사는 당해 의료행위가 환자에게 위해가 미칠 위험이 있는 이상 간호사가 과오를 범하지 않도록 충분히 지도·감독을 하여 사고의 발생을 미연에 방지하여야 할 주의의무가 있고, 이를 소홀히 한 채 만연히 간호사를 신뢰하여 간호사에게 당해 의료행위(혈액봉지의 교체)를 일임함으로써 간호사의 과오로 환자에게 위해가 발생하였다면 의사는 그에 대한 과실책임을 면할 수 없다(대판 1998.2.27. 97도2812).

- [1] 간호사가 '진료의 보조'를 함에 있어서는 모든 행위 하나하나마다 항상 의사가 현장에 입회하여 일일이 지도·감독하여야 한다고 할 수는 없고, 경우에 따라서는 의사가 진료의 보조행위 현장에 입회할 필요 없이 일반적인 지도·감독을 하는 것으로 족한 경우도 있을 수 있다 할 것인데, 여기에 해당하는 보조행위인지 여부는 보조행위의 유형에 따라 일률적으로 결정할 수는 없고 구체적인 경우에 있어서 그 행위의 객관적인 특성상 위험이 따르거나 부작용 혹은 후유증이 있을 수 있는지, 당시의 환자 상태가 어떠한지, 간호사의 자질과 숙련도는 어느 정도인지 등의 여러 사정을 참작하여 개별적으로 결정하여야 한다.

   [2] 간호사가 의사의 처방에 의한 정맥주사(Side Injection 방식)를 의사의 입회 없이 간호실습생(간호학과 대학생)에게 실시하도록 하여 발생한 의료사고에 대한 의사의 과실을 부정한 사례(대판 2003.8.19. 2001도3667)

④ **적용한계** : 신뢰의 원칙은 상대방의 규칙위반을 이미 인식한 경우, 상대방의 규칙준수를 기대할 수 없는 경우, 행위자 자신이 스스로 교통규칙을 위반한 경우 등에는 적용되지 아니한다.

> **신뢰의 원칙 적용 여부에 대한 사례**
> - 신호등에 의하여 교통정리가 행하여지고 있는 사거리 교차로를 녹색등화에 따라 직진하는 차량의 운전자는 특별한 사정이 없는 한 다른 차량들도 교통법규를 준수하고 충돌을 피하기 위하여 적절한 조치를 취할 것으로 믿고 운전하면 족하고, 다른 차량이 신호를 위반하고 직진하는 차량의 앞을 가로질러 직진할 경우까지 예상하여 그에 따른 사고발생을 미연에 방지할 특별한 조치까지 강구할 업무상의 주의의무는 없다고 할 것이므로, 피고인이 녹색등화에 따라 사거리 교차로를 통과할 무렵 제한속도를 초과하였더라도, 신호를 무시한 채 왼쪽도로에서 사거리 교차로로 가로 질러 진행한 피해자에 대한 업무상과실치사의 책임이 없다(대판 1990.2.9. 89도1774).
> - 신호등에 의하여 교통정리가 행하여지고 있는 ⊢자형 삼거리의 교차로를 녹색등화에 따라 직진하는 차량의 운전자는 특별한 사정이 없는 한 다른 차량들도 교통법규를 준수하고 충돌을 피하기 위하여 적절한 조치를 취할 것으로 믿고 운전하면 족하고, 대향차선 위의 다른 차량이 신호를 위반하고 직진하는 자기 차량의 앞을 가로질러 좌회전할 경우까지 예상하여 그에 따른 사고발생을 미리 방지하기 위한 특별한 조치까지 강구하여야 할 업무상의 주의의무는 없고, 위 직진차량 운전자가 사고지점을 통과할 무렵 제한속도를 위반하여 과속운전한 잘못이 있었다 하더라도 그러한 잘못과 교통사고의 발생과의 사이에 상당인과관계가 있다고 볼 수 없다(대판 1993.1.15. 92도2579).
> - 피고인이 좌회전 금지구역에서 좌회전한 것은 잘못이나 이러한 경우에도 피고인으로서는 50여 미터 후방에서 따라오던 후행차량이 중앙선을 넘어 피고인 운전차량의 좌측으로 돌진하는 등 극히 비정상적인 방법으로 진행할 것까지를 예상하여 사고발생 방지조치를 취하여야 할 업무상 주의의무가 있다고 할 수는 없으므로 좌회전 금지구역에서 좌회전한 행위와 사고발생 사이에 상당인과관계가 인정되지 아니한다(대판 1996.5.28. 95도1200).[8]

---

8) 다음의 판례와 구별하여야 한다.
   피고인이 운전하던 차량이 신호등이 설치되어 있지 아니한 횡단보도를 통로로 하여 반대차선으로 넘어 들어가다 충돌사고가 발생한 경우, 그 횡단보도에 황색실선의 중앙선이 곧바로 이어져 좌회전이 금지된 장소인 점 등 사고경위에 비추어 피고인 차량이 넘어간 부분이 횡단보도로서 실제로 중앙선이 그어져 있지 아니하더라도 반대차선에서 오토바이를 운행하던 피해자의 신뢰에 크게 어긋남과 아울러 교통사고의 위험성이 큰 운전행위로서 사고발생의 직접적인 원인이 되었다고 보아 교통사고처리특례법 제3조 제2항 단서 제2호 소정의 중앙선침범사고에 해당한다고 한 사례(대판 1995.5.12. 95도512).

2. 과실범의 위법성 및 책임

(1) 과실범의 위법성

과실범에 있어서도 구성요건이 실현됨에 따라 위법성이 징표되나 위법성조각사유에 의하여 위법성이 배제될 수 있다.

(2) 과실범의 책임

고의범과 동일하게 책임능력, 위법성 인식, 기대가능성 등이 요구되나 과실범에 특유한 책임표지로 주관적 주의의무위반, 주관적 예견가능성이 요구된다는 점을 유의하여야 한다.

Ⅲ 관련 문제

1. 과실범의 미수

이론적으로는 과실행위가 있으나 구성요건적 결과가 발생하지 않은 경우 과실범의 미수가 성립할 수 있으나 미수범은 범죄실현의 의사를 내용으로 하는 고의범이어야 하므로 과실범의 미수는 생각하기 어렵다.

2. 과실범의 공범

과실에 의한 교사·방조는 불가능하나, 과실범에 대한 교사·방조는 간접정범이 된다(형법 제34조 제1항). 견해의 대립이 있으나 판례는 과실범의 공동정범을 인정하고 있다.

제7절 결과적 가중범

I 의 의

1. 개 념

결과적 가중범이란 고의에 의한 기본범죄에 의하여 행위자가 예견하지 않았던 중한 결과가 발생한 경우에 그 형이 가중되는 범죄를 말한다. 형법 제15조 제2항은 결과 때문에 형이 무거워지는 죄의 경우에 그 결과의 발생을 예견할 수 없었을 때에는 무거운 죄로 벌하지 아니한다고 하여 결과적 가중범에 대해 규정하고 있다.

2. 책임주의와의 관계

결과적 가중범은 고의의 기본범죄에 과실에 의한 중한 범죄의 결과가 결합된 독립적 범죄형태로, 고의의 기본범죄에 내포되어 있는 전형적 위험이 중한 결과로 실현되었다는 점에서 단순한 과실범보다 행위반가치가 크기 때문에 가중처벌된다고 보는 것이 일반적이다.

II 종 류

1. 진정결과적 가중범

진정결과적 가중범이란 고의에 의한 기본범죄에 의하여 과실로 중한 결과가 발생한 경우로, 형법상 대부분의 결과적 가중범이 이에 속한다.

2. 부진정결과적 가중범

(1) 의 의

부진정결과적 가중범이란 고의에 의한 기본범죄에 기하여 중한 결과를 과실뿐만 아니라 고의로 발생하게 한 경우를 말한다.

(2) 인정 여부

1) 학 설

결과에 대하여 고의가 있다면 처음부터 고의범이 성립할 뿐이므로 부진정결과적 가중범을 인정할 필요가 없다는 부정설과 중한 결과에 대하여 고의가 있음에도 과실이 있는 경우보다 가볍게 처벌하는 형의 불균형을 시정하기 위해서는 부진정결과적 가중범을 인정해야 한다는 긍정설이 대립하고 있다.

2) 판 례

판례는 현존건조물방화치상죄와 같은 이른바 부진정결과적 가중범은 예견가능한 결과를 예견하지 못한 경우뿐만 아니라 그 결과를 예견하거나 고의가 있는 경우까지도 포함하는 것이라고(대판 1996.4.12. 96도215) 하여 부진정결과적 가중범을 인정하는 태도를 보이고 있다.

3) 검 토

생각건대 중한 결과에 대하여 가중규정을 두지 아니한 입법의 불비를 고려할 때 부진정결과적 가중범을 인정하는 것이 타당하다고 판단된다.

(3) 죄수관계

1) 학 설

중한 결과에 대하여 고의가 있는 경우에 결과적 가중범과 중한 결과에 대한 고의범의 상상적 경합이 성립한다는 견해와 부진정결과적 가중범은 중한 결과에 대한 고의범을 포함하는 개념이므로 이중평가를 방지하기 위하여 결과적 가중범만 성립한다는 견해가 대립하고 있다.

2) 판 례

판례는 기본범죄를 통하여 고의로 중한 결과를 발생하게 한 경우에 가중 처벌하는 부진정결과적 가중범에서, 고의로 중한 결과를 발생하게 한 행위가 별도의 구성요건에 해당하고 그 고의범에 대하여 결과적 가중범에 정한 형보다 더 무겁게 처벌하는 규정이 있는 경우에는 그 고의범과 결과적 가중범이 상상적 경합관계에 있지만, 위와 같이 고의범에 대하여 더 무겁게 처벌하는 규정이 없는 경우에는 결과적 가중범이 고의범에 대하여 특별관계에 있으므로 결과적 가중범만 성립하고 이와 법조경합의 관계에 있는 고의범에 대하여는 별도로 죄를 구성하지 않는다고(대판 2008.11.27. 2008도7311) 판시하고 있다.

3) 검 토

생각건대 독립적인 고의범의 불법내용이 결과적 가중범에 포함될 수는 없다고 보아야 하므로 상상적 경합을 인정하는 견해가 타당해 보인다.

(4) 관련 판례

> 1. **현주건조물방화치사죄의 인정 여부에 대한 사례**
>   - 현주건조물방화치사상죄는 그 전단이 규정하는 죄에 대한 일종의 가중처벌 규정으로서 과실이 있는 경우뿐만 아니라, 고의가 있는 경우에도 포함된다고 볼 것이므로 사람을 살해할 목적으로 현주건조물에 방화하여 사망에 이르게 한 경우에는 현주건조물방화치사죄에 의율하여야 하고 이와 더불어 살인죄와의 상상적 경합범으로 의율할 것은 아니며, 다만 존속살인죄와 현주건조물방화치사죄는 상상적 경합범 관계에 있으므로, 법정형이 중한 존속살인죄로 의율함이 타당하다(대판 1996.4.26. 96도485).

- [1] 현주건조물 방화치사상죄는 그 전단에 규정하는 죄에 대한 일종의 가중처벌규정으로서 불을 놓아 사람의 주거에 사용하거나 사람이 현존하는 건조물을 소훼함으로 인하여 사람을 사상에 이르게 한 때에 성립되며 동 조항이 사형, 무기 또는 7년 이상의 징역의 무거운 법정형을 정하고 있는 취의에 비추어 보면 과실이 있는 경우뿐만 아니라 고의가 있는 경우도 포함된다고 볼 것이므로, 현주건조물 내에 있는 사람을 강타하여 실신케 한 후 동건조물에 방화하여 소사케 한 피고인을 현주건조물에의 방화죄와 살인죄의 상상적 경합으로 의율할 것은 아니다.

  [2] 현주건조물에의 방화죄는 공중의 생명, 신체, 재산 등에 대한 위험을 예방하기 위하여 공공의 안전을 그 제1차적인 보호법익으로 하고 제2차적으로는 개인의 재산권을 보호하는 것이라고 할 것이나, 여기서 공공에 대한 위험은 구체적으로 그 결과가 발생됨을 요하지 아니하는 것이고 이미 현주건조물에의 점화가 독립연소의 정도에 이르면 동 죄는 기수에 이르러 완료되는 것인 한편, 살인죄는 일신전속적인 개인적 법익을 보호하는 범죄이므로, 이 사건에서와 같이 불을 놓은 집에서 빠져 나오려는 피해자들을 막아 소사케 한 행위는 1개의 행위가 수개의 죄명에 해당하는 경우라고 볼 수 없고, 위 방화행위와 살인행위는 법률상 별개의 범의에 의하여 별개의 법익을 해하는 별개의 행위라고 할 것이니, 현주건조물방화죄와 살인죄는 실체적 경합관계에 있다(대판 1983.1.18. 82도2341).

- 피고인들이 피해자들의 재물을 강취한 후 그들을 살해할 목적으로 현주건조물에 방화하여 사망에 이르게 한 경우, 피고인들의 행위는 강도살인죄와 현주건조물방화치사죄에 모두 해당하고 그 두 죄는 상상적 경합범관계에 있다(대판 1998.12.8. 98도3416).

2. 특수공무집행방해치상죄가 성립하는 사례

직무를 집행하는 공무원에 대하여 위험한 물건을 휴대하여 고의로 상해를 가한 경우에는 특수공무집행방해치상죄만 성립할 뿐, 이와는 별도로 폭력행위 등 처벌에 관한 법률 위반(집단·흉기 등 상해)죄를 구성하지 않는다(대판 2008.11.27. 2008도7311).

Ⅲ 결과적 가중범의 성립요건

1. 구성요건해당성

(1) 고의의 기본범죄

기본범죄는 고의범이어야 하고 기수인지 미수인지는 불문한다. 그러나 기본범죄가 예비단계에 그친 경우에는 중한 결과가 발생하더라도 결과적 가중범은 성립하지 아니한다. 또한 고의의 기본범죄는 작위범에 제한되지 아니하고 부작위도 포함된다.

(2) 중한 결과의 발생

중한 결과는 결과적 가중범의 본질적인 불법내용을 구성한다.

(3) 인과관계와 객관적 귀속

결과적 가중범도 결과범이므로 인과관계와 객관적 귀속의 특유한 척도로서 직접성의 원칙을 필요로 한다.

(4) 중한 결과에 대한 예견가능성

기본범죄를 범하였다는 점에서 결과회피의무위반은 충족되었으므로 중한 결과에 대한 객관적 예견가능성만 있으면 과실이 인정된다. 한편 예견가능성은 기본범죄를 범한 때를 기준으로 한다.

> 1. 예견가능성이 인정되는 사례
>   - 강도치상죄에 있어서의 상해는 강도의 기회에 범인의 행위로 인하여 발생한 것이면 족한 것이므로, 피고인이 택시를 타고 가다가 요금지급을 면할 목적으로 소지한 과도로 운전수를 협박하자 이에 놀란 운전수가 택시를 급우회전하면서 그 충격으로 피고인이 겨누고 있던 과도에 어깨부분이 찔려 상처를 입었다면, 피고인의 위 행위를 강도치상죄에 의율함은 정당하다(대판 1985.1.15. 84도2397).
>   - 피고인이 자신이 경영하는 속셈학원의 강사로 피해자를 채용하고 학습교재를 설명하겠다는 구실로 유인하여 호텔 객실에 감금한 후 강간하려 하자, 피해자가 완강히 반항하던 중 피고인이 대실시간 연장을 위해 전화하는 사이에 객실 창문을 통해 탈출하려다가 지상에 추락하여 사망한 경우, 피고인의 강간미수행위와 피해자의 사망과의 사이에 상당인과관계가 있으므로 피고인에게는 강간치사죄가 성립한다(대판 1995.5.12. 95도425).
> 2. 예견가능성이 인정되지 아니하는 사례
>   폭행치사죄는 결과적 가중범으로서 폭행과 사망의 결과 사이에 인과관계가 있는 외에 사망의 결과에 대한 예견가능성, 즉 과실이 있어야 하고 이러한 예견가능성의 유무는 폭행의 정도와 피해자의 대응상태 등 구체적 상황을 살펴서 엄격하게 가려야 하는 것인바, 피고인이 피해자에게 상당한 힘을 가하여 넘어뜨린 것이 아니라 단지 공장에서 동료 사이에 말다툼을 하던 중 피고인이 삿대질하는 것을 피하고자 피해자 자신이 두어걸음 뒷걸음치다가 회전 중이던 십자형 스빙기계 철받침대에 걸려 넘어진 정도라면, 당시 바닥에 위와 같은 장애물이 있어서 뒷걸음치면 장애물에 걸려 넘어질 수 있다는 것까지는 예견할 수 있었다고 하더라도 그 정도로 넘어지면서 머리를 바닥에 부딪쳐 두개골절로 사망한다는 것은 이례적인 일이어서 통상적으로 일반인이 예견하기 어려운 결과라고 하지 않을 수 없으므로 피고인에게 폭행치사죄의 책임을 물을 수 없다(대판 1990.9.25. 90도1596).

2. 위법성 및 책임

(1) 위법성

기본범죄와 중한 결과 모두에 위법성이 인정될 경우에 결과적 가중범의 위법성이 인정된다. 따라서 기본범죄의 위법성이 조각되면 중한 결과의 과실범의 문제만 남고 중한 결과의 위법성이 조각되면 기본범죄의 고의범만 성립한다.

(2) 책 임

결과적 가중범의 책임이 인정되기 위해서는 일반범죄와 동일한 책임표지가 기본범죄와 중한 결과 모두에 존재하여야 한다.

Ⅳ 관련 문제

1. 결과적 가중범의 미수

(1) 진정결과적 가중범의 미수

1) 문제점

형법에는 진정결과적 가중범인 인질치사상죄, 강도치사상죄, 해상강도치사상죄에 대하여 미수범처벌이 가능한 것으로 해석될 여지가 있는 규정이 있고, 특별법으로 성폭력범죄의 처벌 등에 관한 특례법 제15조에도 같은 취지의 규정이 있어 결과적 가중범의 미수가 가능한지의 여부에 대해 논란이 있다.

2) 학 설

기본범죄가 미수에 그친 경우에도 일단 중한 결과가 발생한 이상 결과적 가중범의 기수가 된다는 부정설과 형법상의 결과적 가중범의 미수처벌규정은 가벌성의 확장에 제한을 가하려는 입법적 개선으로 파악하여 미수를 인정하는 긍정설이 대립하고 있다.

3) 판 례

판례는 구 성폭력범죄의 처벌 및 피해자보호 등에 관한 법률 제9조 제1항에 의하면 같은 법 제6조 제1항에서 규정하는 특수강간의 죄를 범한 자뿐만 아니라, 특수강간이 미수에 그쳤다고 하더라도 그로 인하여 피해자가 상해를 입었으면 특수강간치상죄가 성립하는 것이라고(대판 2008.4.24. 2007도10058) 하여 부정설의 태도를 취하고 있다.

4) 검 토

긍정설에 의하더라도 중한 결과가 발생하였으나 미수범 처벌 규정이 없는 경우에는 기수범으로 처벌되게 되는 이상한 결과가 되며 과형상의 불균형은 양형과정에서 시정하면 족하다는 점에서 부정설이 타당하다.

> • [1] 구 성폭력범죄의 처벌 및 피해자보호 등에 관한 법률 제9조 제1항에 의하면 같은 법 제6조 제1항에서 규정하는 특수강간의 죄를 범한 자뿐만 아니라, 특수강간이 미수에 그쳤다고 하더라도 그로 인하여 피해자가 상해를 입었으면 특수강간치상죄가 성립하는 것이고, 같은 법 제12조에서 규정한 위 제9조 제1항에 대한 미수범 처벌 규정은 제9조 제1항에서 특수강간치상죄와 함께 규정된 특수강간상해죄의 미수에 그친 경우, 즉 특수강간의 죄를 범하거나 미수에 그친 자가 피해자에 대하여 상해의 고의를 가지고 피해자에게 상해를 입히려다가 미수에 그친 경우 등에도 적용된다.
> [2] 위험한 물건인 전자충격기를 사용하여 강간을 시도하다가 미수에 그치고, 피해자에게 약 2주간의 치료를 요하는 안면부 좌상 등의 상해를 입힌 사안에서, 구 성폭력범죄의 처벌 및 피해자보호등에 관한 법률에 의한 특수강간치상죄가 성립한다고 본 사례(대판 2008.4.24. 2007도10058)

> • 피고인이 방화의 의사로 뿌린 휘발유가 인화성이 강한 상태로 주택주변과 피해자의 몸에 적지 않게 살포되어 있는 사정을 알면서도 라이터를 켜 불꽃을 일으킴으로써 피해자의 몸에 불이 붙은 경우, 비록 외부적 사정에 의하여 불이 방화 목적물인 주택 자체에 옮겨 붙지는 아니하였다 하더라도 현존건조물방화죄의 실행의 착수가 있었다고 봄이 상당하여 그 기회에 사람에게 화상을 입혔다면 현주건조물방화치상죄가 성립한다(대판 2002.3.26. 2001도6641).

(2) 부진정결과적 가중범의 미수

1) 학 설

이론상으로는 부진정결과적 가중범의 미수가 성립할 수 있으나 형법상 처벌 규정이 없으므로 부정하는 부정설과 부진정결과적 가중범인 현주건조물일수치사상죄에 대하여 미수범 처벌 규정을 두고 있으므로 미수를 인정할 수도 있다는 긍정설이 대립하고 있다.

2) 검 토

형법상 부진정결과적 가중범의 미수에 대한 처벌 규정이 없으므로 미수 인정 여부에 대하여는 이를 부정하는 것이 타당하다고 판단된다. 따라서 부진정결과적 가중범의 중한 결과에 대한 고의가 있었으나 중한 결과가 발생하지 아니한 경우에는 기본범죄와 중한 결과에 대한 고의범의 미수의 상상적 경합이 성립한다.

2. 결과적 가중범의 공범

(1) 결과적 가중범의 공동정범

1) 학 설

과실범의 공동정범은 인정할 수 없으므로 고의범인 기본범죄에 대하여만 공동정범이 성립하고 과실에 의한 중한 결과에 대하여는 각자에게 과실이 있는 경우에 동시범이 될 뿐이라는 부정설과 과실범의 공동정범도 가능하므로 공동자 전원이 중한 결과에 대하여 과실이 있는 경우에는 결과적 가중범의 공동정범이 성립한다는 긍정설이 대립하고 있다.

2) 판 례

판례는 결과적 가중범의 공동정범은 기본행위를 공동으로 할 의사가 있으면 성립하고 결과를 공동으로 할 의사는 필요 없는바, 특수공무집행방해치상죄는 단체 또는 다중의 위력을 보이거나 위험한 물건을 휴대하고 직무를 집행하는 공무원에 대하여 폭행·협박을 하여 공무원을 사상에 이르게 한 경우에 성립하는 결과적 가중범으로서 행위자가 그 결과를 의도할 필요는 없고 그 결과의 발생을 예견할 수 있으면 족하다고(대판 2002.4.12. 2000도3485) 하는 등 일관하여 결과적 가중범의 공동정범을 인정하고 있다.

3) 검 토

생각건대 과실범의 공동정범을 인정할 수 있다면 동일한 논거로 결과적 가중범의 공동정범을 인정하는 판례의 태도가 타당하다고 판단된다.

> **결과적 가중범의 공동정범 인정 여부에 대한 사례**
> - [1] 甲과 乙은 乙의 여동생을 강간한 A를 상해하여 혼내주기로 공모하고 甲과 乙이 A를 폭행하자 A가 폭행을 피하여 도주하므로 A를 추격하던 중 乙이 떨어뜨린 칼을 주운 甲이 그 칼로 1회 찔러 사망케 한 경우, 甲과 乙은 상해치사죄의 공동정범이 된다고 한 사례
> [2] 결과적 가중범인 상해치사죄의 공동정범은 폭행 기타의 신체침해 행위를 공동으로 할 의사가 있으면 성립되고 결과를 공동으로 할 의사는 필요 없으며, 여러 사람이 상해의 범의로 범행 중 한 사람이 중한 상해를 가하여 피해자가 사망에 이르게 된 경우 나머지 사람들은 사망의 결과를 예견할 수 없는 때가 아닌 한 상해치사의 죄책을 면할 수 없다(대판 2000.5.12. 2000도745).
> - 피고인들이 의도적으로 피해자를 술에 취하도록 유도하고 수차례 강간한 후 의식불명 상태에 빠진 피해자를 비닐창고로 옮겨 놓아 피해자가 저체온증으로 사망한 경우, 위 피해자의 사망과 피고인들의 강간 및 그 수반행위와의 인과관계 그리고 피해자의 사망에 대한 피고인들의 예견가능성이 인정되므로, 위 비닐창고에서 피해자를 재차 강제추행, 강간하고 하의를 벗겨 놓은 채 귀가한 피고인이 있다 하더라도 피고인들은 피해자의 사망에 대한 책임을 면한다고 볼 수 없어 강간치사죄가 인정된다(대판 2008.2.29. 2007도10120).
> - 부진정결과적 가중범인 특수공무방해치사상죄에 있어서 공무집행을 방해하는 집단행위의 과정에서 일부 집단원이 고의로 방화행위를 하여 사상의 결과를 초래한 경우에 다른 집단원이 그 방화행위로 인한 사상의 결과를 예견할 수 있는 상황이었다면 특수공무방해치사상의 죄책을 면할 수 없으나 그 방화행위 자체에 공모가담한 바 없는 이상 방화치사상죄로 의율할 수는 없다(대판 1990.6.26. 90도765).

(2) 결과적 가중범의 교사·방조범

1) 판 례

판례는 교사자가 피교사자에 대하여 상해 또는 중상해를 교사하였는데 피교사자가 이를 넘어 살인을 실행한 경우 일반적으로 교사자는 상해죄 또는 중상해죄의 교사범이 되지만 이 경우 교사자에게 피해자의 사망이라는 결과에 대하여 과실 내지 예견가능성이 있는 때에는 상해치사죄의 교사범으로서의 죄책을 지울 수 있다고(대판 1993.10.8. 93도1873) 판시하여 중한 결과에 대한 예견가능성이 있는 경우에는 결과적 가중범의 교사·방조범을 인정하는 태도를 취하고 있다.

2) 검 토

생각건대 기본범죄를 교사·방조한 자에게 중한 결과에 대해 스스로 과실이 있는 경우에 그에게 결과적 가중범의 교사·방조범의 책임을 묻는 것이 책임주의에 반한다고 할 수 없으므로 이를 인정하는 것이 타당하다고 판단된다.

1. **결과적 가중범의 교사범이 성립하는 사례**
    - [1] 교사자가 피교사자에게 피해자를 "정신차릴 정도로 때려주라"고 교사하였다면 이는 상해에 대한 교사로 봄이 상당하다.
    [2] 교사자가 피교사자에 대하여 상해를 교사하였는데 피교사자가 이를 넘어 살인을 실행한 경우, 일반적으로 교사자는 상해죄에 대한 교사범이 되는 것이고, 다만 이 경우 교사자에게 피해자의 사망이라는 결과에 대하여 과실 내지 예견가능성이 있는 때에는 상해치사죄의 교사범으로서의 죄책을 지울 수 있다(대판 1997.6.24. 97도1075).9)
    - [1] 교사자가 피교사자에 대하여 상해 또는 중상해를 교사하였는데 피교사자가 이를 넘어 살인을 실행한 경우에, 일반적으로 교사자는 상해죄 또는 중상해죄의 죄책을 지게 되는 것이지만 이 경우에 교사자에게 피해자의 사망이라는 결과에 대하여 과실 내지 예견가능성이 있는 때에는 상해치사죄의 죄책을 지울 수 있는 것이다.
    [2] 원심이 제1심판결 적시의 각 증거를 인용하여, 피고인 1이 상 피고인 3, 4, 5 및 원심 공동피고인 7에게 피고인과 사업관계로 다툼이 있었던 피해자를 혼내 주되, 평생 후회하면서 살도록 허리 아래 부분을 찌르고, 특히 허벅지나 종아리를 찔러 병신을 만들라는 취지로 이야기 하면서 차량과 칼 구입비 명목으로 경비 90만원 정도를 주어 범행에 이르게 한 사실, 피고인 2는 위와 같이 1과 상 피고인들에게 범행을 지시할 때 그들에게 연락하여 모이도록 하였으며, "피고인 1을 좀 도와 주어라" 등의 말을 하였고, 그 결과 상피고인들이 공소사실 기재와 같이 피해자의 종아리 부위 등을 20여 회나 칼로 찔러 살해한 사실을 인정한 다음, 그 당시 상황으로 보아 피고인 2 역시 공모관계에 있고, 피고인 1과 2는 피해자가 죽을 수도 있다는 점을 예견할 가능성이 있었다고 판단하여, 상해치사죄로 의율한 조치는 위 법리에 따른 것으로 정당하다(대판 2002.10.25. 2002도4089).
2. **결과적 가중범의 방조범이 성립하지 아니하는 사례**
    원심은, 피고인 2가 처음에 피고인 1이 피해자를 폭행하려는 것을 제지하였고, 피고인 1이 취중에 남의 자동차를 손괴하고도 상급자에게 무례한 행동을 하는 피해자를 교육시킨다는 정도로 가볍게 생각하고, 각목을 피고인 1에게 건네주었던 것이고, 그 후에도 양인 사이에서 폭행을 제지하려고 애쓴 사실을 인정한 다음, 피고인으로서는 피해자가 피고인 1의 폭행으로 사망할 것으로 예견할 수 있었다고 볼 수 없다는 이유로 피고인에 대하여 특수폭행치사방조의 점은 무죄로 판단하고, 특수폭행의 방조로 인정하였는바, 관계 증거를 기록에 비추어 살펴보면 이러한 원심의 조치는 정당하고, 거기에 상고이유에서 주장하는 바와 같이 결과적 가중범의 예견가능성에 관한 법리오해의 위법이 있다고 할 수 없다. 또한 앞서 본 원심의 판단이 정당한 이상, 가정적 판단에 관한 상고이유의 주장은 더 나아가 판단할 필요 없이 받아들일 수 없다(대판 1998.9.4. 98도2061).

---

9) 이 사안의 경우 판례는 피고인이 피해자의 사망이라는 결과를 예측하였다거나 또는 피해자의 사망의 결과에 대하여 과실이 있었다고 인정하기 어렵다고 판시하고 있다.

제3장 위법성론

제1절 위법성의 일반이론

I 위법성의 의의

위법성이란 구성요건에 해당하는 행위가 법질서 전체의 입장과 객관적으로 모순·충돌되는 성질을 가졌으므로 허용되지 아니한다는 부정적 가치판단을 의미한다. 위법성은 구성요건해당성을 전제로 위법성조각사유의 존부확인을 통해 소극적으로 평가한다.

II 위법성조각사유

1. 의 의

위법성조각사유란 구성요건에 해당하는 행위의 위법성을 조각하는 특별한 사유를 의미한다. 위법성조각사유는 구성요건해당성이 인정되는 행위의 결과반가치를 상쇄시키는 객관적 정당화상황과 구성요건해당성이 인정되는 행위의 행위반가치를 상쇄시키는 주관적 정당화요소로 구성된다.

2. 주관적 정당화요소

(1) 의 의

주관적 정당화요소란 정당화상황을 인식하고 이에 의하여 행위한다는 의사를 말한다.

(2) 주관적 정당화요소의 요부

1) 학 설

불법의 실체에 관하여 결과반가치론을 이론적 근거로 객관적 정당화상황만 존재하면 위법성이 조각되며 별도의 주관적 정당화요소는 필요하지 않다는 불요설과 주관적 정당화요소도 존재하여야 위법성이 조각될 수 있다고 보는 필요설이 대립하고 있다.

2) 판 례

판례는 정당방위·과잉방위나 긴급피난·과잉피난이 성립하기 위하여는 방위의사 또는 피난의사가 있어야 한다고(대판 1997.4.17. 96도3376[전합]) 판시하여 필요설의 입장을 취하고 있다.

3) 검 토

생각건대 결과반가치뿐만 아니라 행위반가치도 조각되어야 정당화될 수 있으므로 필요설이 타당하다.

(3) 주관적 정당화요소의 내용

주관적 정당화요소는 고의범에 있어서의 고의에 대응하는 것이므로 고의의 지적 요소와 의지적 요소를 상쇄하려면 정당화상황에 대한 인식뿐만 아니라 정당화의사도 필요하다.

(4) 주관적 정당화요소를 결한 경우의 효과

1) 문제점

객관적 정당화상황은 존재하지만 주관적 정당화요소가 존재하지 아니하는 경우를 어떻게 취급할 것인가에 대해 다툼이 있다.

2) 학 설

결과반가치론을 전제로 한 주관적 정당화요소 불요설의 입장에서 주관적 정당화요소가 없더라도 위법성은 조각된다는 위법성조각설(무죄설), 위법성조각사유는 모든 객관적 요건과 주관적 요건이 충족될 때에만 성립하는 것이므로 객관적 정당화상황이 존재한다고 하여 결과반가치를 부정할 수 없고, 이 경우에는 구성요건적 결과까지 발생하였으므로 기수가 된다는 기수범설, 이원적·인적 불법론을 전제로 객관적 정당화상황이 존재하여 기수범의 결과반가치는 배제되지만 주관적 정당화요소가 존재하지 않기 때문에 행위반가치는 그대로 존재하여 그 구조가 불능미수와 유사하므로 불능미수의 규정을 유추적용하는 유추적용설이 대립하고 있다.

3) 검 토

생각건대 위법성조각설은 객관적인 면에, 기수범설은 주관적인 면에 치우친 견해로 보이므로 불능미수의 규정을 유추적용하는 불능미수범설이 타당하다고 판단된다.

제2절 정당방위

I 의 의

1. 개 념

정당방위란 자기 또는 타인의 법익에 대한 현재의 부당한 침해를 방위하기 위한 상당한 이유 있는 행위를 말한다(형법 제21조 제1항).

2. 위법성조각의 근거

위법성조각의 개인권적 근거는 자기보호의 원리이고, 사회권적 근거는 법질서수호의 원리이다. 정당방위는 자기보호의 원리라는 점에서 국가적·사회적 법익에 대한 정당방위는 원칙적으로 허용되지 아니하며 법질서수호의 원리라는 점에서 제3자를 위한 정당방위가 허용될 수 있다.

Ⅱ 정당방위의 성립요건

1. 정당방위상황

(1) 자기 또는 타인의 법익

1) 법익의 주체

자기의 법익뿐만 아니라 타인의 법익을 보호하기 위한 정당방위도 가능하며 이때의 타인에는 자연인·법인·법인격 없는 단체·국가 등이 포함된다.

2) 법익의 범위

법에 의하여 보호되는 모든 개인적 법익이 정당방위에 의하여 보호될 수 있으며 형법상의 법익뿐만 아니라 가족관계, 애정관계와 같이 형법상의 구성요건에 해당하지 아니하는 법익도 포함된다. 국가적·사회적 법익을 위한 정당방위가 가능한지의 여부가 다투어지고 있으나 판례는 부정적인 태도를 취하고 있다.

> **국가적 법익에 대한 정당방위**
> 서면화된 인사발령 없이 국군보안사령부 서빙고분실로 배치되어 이른바 "혁노맹"사건 수사에 협력하게 된 사정만으로 군무이탈행위에 군무기피목적이 없었다고 할 수 없고, 국군보안사령부의 민간인에 대한 정치사찰을 폭로한다는 명목으로 군무를 이탈한 행위가 정당방위나 정당행위에 해당하지 아니한다(대판 1993.6.8. 93도766).

(2) 현재의 부당한 침해

1) 침해

침해는 법익에 대한 사람의 공격 또는 그 위험을 말하므로 법인 자체는 침해자가 될 수 없다. 동물의 공격이 사람의 고의·과실 없이 야기된 경우에는 긴급피난의 문제가 되지만 사람에 의하여 사주된 경우에는 정당방위가 가능하다. 침해행위는 고의·과실행위, 작위, 부작위, 책임 없는 행위 등을 묻지 아니한다. 작위의무가 존재하고 부작위가 가벌적인 경우에는 부작위에 의한 침해도 인정될 수 있다.

2) 침해의 현재성

① 의의 : 현재의 침해란 법익에 대한 침해가 급박한 상태에 있거나, 방금 막 개시되었거나, 아직도 계속되고 있는 경우를 말한다. 그러나 침해행위의 실행의 착수 이전이라도 방어를 지체함으로써 방어가 어려워지는 경우에는 현재성이 인정된다. 현재성의 판단기준은 방위행위시가 아니라 효과발생시(침해행위시)를 기준으로 판단하여야 한다. 판례는 '침해의 현재성'이란 침해행위가 형식적으로 기수에 이르렀는지에 따라 결정되는 것이 아니라 자기 또는 타인의 법익에 대한 침해상황이 종료되기 전까지를 의미하는 것이므로, 일련의 연속되는 행위로 인해 침해상황이 중단되지 아니하거나 일시 중단되더라도 추가 침해가 곧바로 발생할 객관적인 사유가 있는 경우에는 그중 일부 행위가 범죄의 기수에 이르렀더라도 전체적으로 침해상황이 종료되지 않은 것으로 볼 수 있다고(대판 2023.4.27. 2020도6874) 한다.

② 계속적·지속적 위험에 대한 정당방위
　㉠ 문제점 : 종전의 침해행위가 반복하여 계속될 것이라고 예상되는 경우에 현재의 침해가 있다고 하여 정당방위가 인정될 수 있는지 문제된다.
　㉡ 학설 : 정당방위와 유사한 상황이라는 개념을 사용하여 정당방위규정을 유추적용하려는 긍정설과 침해의 현재성은 인정할 수 없으나, 위난의 현재성은 인정할 수 있으므로 긴급피난에 의하여 위법성이 조각될 수 있다는 부정설이 대립하고 있다.
　㉢ 판례 : 판례는 피고인이 약 12살 때부터 의붓아버지인 피해자의 강간행위에 의하여 정조를 유린당한 후 계속적으로 이 사건 범행 무렵까지 피해자와의 성관계를 강요받아 왔고, 그 밖에 피해자로부터 행동의 자유를 간섭받아 왔으며, 또한 그러한 침해행위가 그 후에도 반복하여 계속될 염려가 있었다면, 피고인들의 이 사건 범행 당시 피고인의 신체나 자유 등에 대한 현재의 부당한 침해상태가 있었다고 볼 여지가 없는 것은 아니라고(대판 1992.12.22. 92도2540) 하여 침해의 현재성을 인정하는 듯한 판시를 한 적이 있다.
　㉣ 검토 : 생각건대 정당방위는 예외적으로 자기사법을 허용한다는 점에서 침해의 현재성은 엄격하게 해석되어야 하므로 반복될 위험을 방위하기 위한 정당방위는 허용되지 아니한다고 보는 것이 타당하다.

3) 침해의 부당성

부당한 침해는 형법상 구성요건에 해당하는 행위에 한하지 아니하고 객관적으로 법질서 전체의 반하는 일반적인 위법행위를 말하며 침해행위의 유책 여부는 불문한다. 따라서 과실범 처벌 규정이 없는 과실행위 또는 미수범 처벌 규정이 없는 미수행위에 대한 정당방위도 가능하고, 책임무능력자의 공격에 대한 정당방위도 가능하다. 적법한 침해에 대한 정당방위는 불가능하나 긴급피난은 가능함을 유의하여야 한다.

> 1. 부당한 침해에 대한 정당방위가 성립하는 사례
> - 순찰 중이던 경찰관이 교통사고를 낸 차량이 도주하였다는 무전연락을 받고 주변을 수색하다가 범퍼 등의 파손상태로 보아 사고차량으로 인정되는 차량에서 내리는 사람을 발견한 경우, 그를 경찰관이 적법절차를 준수하지 아니하고 실력으로 현행범인으로 연행하려고 하였다면 적법한 공무집행으로 볼 수 없어 공무집행방해죄의 구성요건을 충족하지 아니하므로, 경찰관의 행위가 적법한 공무집행을 벗어나 불법하게 체포한 것으로 볼 수밖에 없다면, 그 체포를 면하려고 반항하는 과정에서 경찰관에게 상해를 가한 것은 불법 체포로 인한 신체에 대한 현재의 부당한 침해에서 벗어나기 위한 행위로서 정당방위에 해당하여 위법성이 조각된다(대판 2000.7.4. 99도4341).
> - 피고인이 경찰관의 불심검문을 받아 운전면허증을 교부한 후 경찰관에게 큰 소리로 욕설을 하였는데, 경찰관이 모욕죄의 현행범으로 체포하겠다고 고지한 후 피고인의 오른쪽 어깨를 붙잡자 반항하면서 경찰관에게 상해를 가한 경우, 피고인은 경찰관의 불심검문에 응하여 이미 운전면허증을 교부한 상태이고, 경찰관뿐 아니라 인근 주민도 욕설을 직접 들었으므로, 피고인이 도망하거나 증거를 인멸할 염려가 있다고 보기는 어렵고, 피고인의 모욕 범행은 불심검문에 항의하는 과정에서 저지른 일시적, 우발적인 행위로서 사안 자체가 경미할 뿐 아니라, 피해자인 경찰관이 범행현장에서 즉시 범인을 체포할 급박한 사정이 있다고 보기도 어려우므로, 경찰관이 피고인을 체포한 행위는 적법한 공무집행이라고 볼 수 없고, 피고인이 체포를 면하려고 반항하는 과정에서 상해를 가한 것은 불법 체포로 인한 신체에 대한 현재의 부당한 침해에서 벗어나기 위한 행위로서 정당방위에 해당한다(대판 2011.5.26. 2011도3682).

2. **적법한 침해에 대한 정당방위가 성립하지 아니하는 사례**
   [1] 후보자를 비방하는 행위라 하더라도 적시된 사실이 진실에 부합하고 공공의 이익에 관한 때에는 위법성이 조각되는바(공직선거법 제251조 단서), 여기서 적시된 사실이 진실에 부합한다 함은 그 내용 전체의 취지를 살펴볼 때 중요한 부분이 객관적 사실과 합치되면 족하고 세부에 있어 약간의 상위가 있거나 다소 과장된 표현이 있더라도 무방한 것이며, 공공의 이익에 관한 때라 함은 반드시 공공의 이익이 사적 이익보다 우월한 동기가 된 것이 아니더라도 양자가 동시에 존재하고 거기에 상당성이 인정된다면 이에 해당한다.
   [2] 공직선거 후보자 합동연설회장에서 후보자 갑이 적시한 연설 내용이 다른 후보자 을에 대한 명예훼손 또는 후보자비방의 요건에 해당되나 그 위법성이 조각되는 경우, 갑의 연설 도중 을이 마이크를 빼앗고 욕설을 하는 등 물리적으로 갑의 연설을 방해한 행위가 갑의 '위법하지 않은 정당한 침해'에 대하여 이루어진 것일 뿐만 아니라 '상당성'을 결여하여 정당방위의 요건을 갖추지 못하였다고 한 사례(대판 2003.11.13. 2003도3606)

2. 방위행위

(1) 방위의사

1) 의 의

방위행위자에게는 정당방위상황에 대한 인식과 방어행위를 실현한다는 의사가 있어야 한다. 방위의사는 그것이 방위행위의 동기나 유일한 요소일 필요는 없고 방위의사가 주된 기능을 하는 한 정당방위의 성립에는 영향이 없다.

2) 싸움과 정당방위

① 원칙 : 싸움의 경우 일방의 행위만 위법한 침해행위라고 볼 수 없고, 방위의사가 아닌 공격의사를 가지고 있으며 상호 간에 침해를 유발한 것이기 때문에 원칙적으로 정당방위는 성립하지 아니한다.

② 예외 : 다만, 일방이 중지의사를 밝히고 싸움을 중지한 후 타방이 재차 공격해 온 경우, 싸움 도중 예상할 수 있는 범위를 벗어나는 공격수단을 사용한 경우, 외형상 싸움을 벌이는 것으로 보여도 한쪽 당사자가 일방적으로 공격하고 상대방은 소극적으로 방어를 하는데 그치는 경우 등에는 정당방위가 성립할 수 있다.

1. **정당방위가 성립하지 아니하는 사례**
   [1] 원심은, 피고인이 피고인의 처남인 피해자의 집에서 피해자의 왼쪽 허벅지를 길이 21cm 가량의 과도로 1회 찔러 피해자에게 약 14일간의 치료를 요하는 좌측대퇴외측부 심부자상 등을 가하였지만, 피해자가 술에 만취하여 누나인 공소외인과 말다툼을 하다가 공소외인의 머리채를 잡고 때렸으며, 당시 공소외인의 남편이었던 피고인이 이를 목격하고 화가 나서 피해자와 싸우게 되었는데, 그 과정에서 몸무게가 85kg 이상이나 되는 피해자가 62kg의 피고인을 침대 위에 넘어뜨리고 피고인의 가슴 위에 올라타 목부분을 누르자 호흡이 곤란하게 된 피고인이 안간힘을 쓰면서 허둥대다가 그 곳 침대

위에 놓여있던 과도로 피해자에게 상해를 가한 사실을 인정한 다음, 위와 같은 이 사건의 발생경위와 그 진행과정을 고려하여 피고인의 행위는 피고인의 신체에 대한 현재의 부당한 침해를 방위하기 위한 행위가 그 정도를 초과한 경우인 과잉방위행위에 해당한다고 판단하였다.

[2] 그러나 사실관계가 위와 같다 하더라도, 피고인의 행위는 피해자의 부당한 공격을 방위하기 위한 것이라기보다는 서로 공격할 의사로 싸우다가 먼저 공격을 받고 이에 대항하여 가해하게 된 것이라고 봄이 상당하고, 이와 같은 싸움의 경우 가해행위는 방어행위인 동시에 공격행위의 성격을 가지므로 정당방위 또는 과잉방위행위라고 볼 수 없다(대판 2000.3.28. 2000도228).

2. 정당방위가 성립하는 사례

[1] 맞붙어 싸움을 하는 사람 사이에서는 공격행위와 방어행위가 연달아 행하여지고 방어행위가 동시에 공격행위인 양면적 성격을 띠어서 어느 한쪽 당사자의 행위만을 가려내어 방어를 위한 '정당행위'라거나 '정당방위'에 해당한다고 보기 어려운 것이 보통이다. 그러나 겉으로는 서로 싸움을 하는 것처럼 보이더라도 실제로는 한쪽 당사자가 일방적으로 위법한 공격을 가하고 상대방은 이러한 공격으로부터 자신을 보호하고 이를 벗어나기 위한 저항수단으로서 유형력을 행사한 경우에는, 그 행위가 새로운 적극적 공격이라고 평가되지 아니하는 한, 이는 사회관념상 허용될 수 있는 상당성이 있는 것으로서 위법성이 조각된다.

[2] 甲과 자신의 남편과의 관계를 의심하게 된 상대방이 자신의 아들 등과 함께 甲의 아파트에 찾아가 현관문을 발로 차는 등 소란을 피우다가, 출입문을 열어주자 곧바로 甲을 밀치고 신발을 신은 채로 거실로 들어가 상대방 일행이 서로 합세하여 甲을 구타하기 시작하였고, 甲은 이를 벗어나기 위하여 손을 휘저으며 발버둥치는 과정에서 상대방 등에게 상해를 가하게 된 사안에서, 상대방의 남편과 甲이 불륜을 저지른 것으로 생각하고 이를 따지기 위하여 甲의 집을 찾아가 甲을 폭행하기에 이른 것이라는 것만으로 상대방 등의 위 공격행위가 적법하다고 할 수 없고, 甲은 그러한 위법한 공격으로부터 자신을 보호하고 이를 벗어나기 위한 사회관념상 상당성 있는 방어행위로서 유형력의 행사에 이르렀다고 할 것이어서 위 행위의 위법성이 조각된다고 판단한 원심판결에 법리오해의 위법이 없다고 한 사례(대판 2010.2.11. 2009도12958)

(2) 방위행위의 태양과 상대방

1) 방위행위의 태양

방위행위는 부당한 침해를 벗어나기 위하여 구성요건에 해당하는 행위를 하는 것을 말하고 방위행위에는 보호방위(수비적 방어)와 공격방위(반격적 방어)가 포함된다(대판 2023.4.27. 2020도6874). 보호방위란 침해에 대한 순수한 수세적인 방위를 말하고 공격방위란 적극적 반격의 형태로 행하여지는 방위를 말한다.

2) 방위행위의 상대방

방위행위의 상대방은 원칙적으로 부당한 침해를 가하는 자이어야 한다. 공격과 무관한 제3자에 대한 반격은 긴급피난만이 성립할 수 있을 뿐이다.

3. 상당한 이유

(1) 의 의
상당한 이유란 방위행위가 사회상규에 비추어 상당한 정도를 넘지 않고 당연시되는 것을 말한다.

(2) 방위의 필요성
방위의 필요성은 수단의 적합성과 상대적 최소침해의 원칙을 그 내용으로 하며 보충성의 원칙과 균형성의 원칙은 필요로 하지 아니한다. 수단의 적합성이란 방위행위는 침해를 즉시, 확실하게 그리고 종국적으로 배제하는 데 충분하고 적합한 수단이어야 한다는 의미이고, 상대적 최소침해의 원칙은 방위행위자는 적합한 여러 수단 중에서 공격자에게 경미한 침해를 주는 방법을 선택하여야 한다는 의미이다.

> **상당성이 인정되는 사례**
> - 피해자가 피고인 운전의 차량 앞에 뛰어 들어 함부로 타려고 하고 이에 항의하는 피고인의 바지춤을 잡아 당겨 찢고 피고인을 끌고 가려다가 넘어지자, 피고인이 피해자의 양 손목을 경찰관이 도착할 때까지 약 3분간 잡아 누른 경우, 정당방위에 해당한다(대판 1999.6.11. 99도943).
> - 갑과 을이 공동으로 인적이 드문 심야에 혼자 귀가중인 병녀에게 뒤에서 느닷없이 달려들어 양팔을 붙잡고 어두운 골목길로 끌고 들어가 담벽에 쓰러뜨린 후 갑이 음부를 만지며 반항하는 병녀의 옆구리를 무릎으로 차고 억지로 키스를 함으로 병녀가 정조와 신체를 지키려는 일념에서 엉겁결에 갑의 혀를 깨물어 설절단상을 입혔다면, 병녀의 범행은 자기의 신체에 대한 현재의 부당한 침해에서 벗어나려고 한 행위로서 그 행위에 이르게 된 경위와 그 목적 및 수단, 행위자의 의사등 제반사정에 비추어 위법성이 결여된 행위이다(대판 1989.8.8. 89도358).

(3) 정당방위의 사회윤리적 제한

1) 의 의
자기 또는 법질서를 보호할 이익이 없는 경우에는 정당방위가 제한되는 것이 당연하므로, 정당방위의 기본원리인 자기보호 및 법질서수호의 원리에 의해 정당방위의 한계가 설정된다.

2) 유 형
사회윤리적 제한으로는 책임 없는 자의 침해에 대한 방위, 보증관계에 있는 자의 침해에 대한 방위, 극히 경미한 침해에 대한 방위, 도발된 침해에 대한 방위를 들고 있는 것이 일반적이다.

Ⅲ 정당방위의 효과

정당방위의 요건을 구비한 경우에는 방위행위가 비록 범죄의 구성요건에 해당하더라도 위법성이 조각되어 범죄는 성립하지 아니하며 어떤 행위가 정당방위에 해당하면 이에 대한 정당방위는 허용되지 아니한다.

Ⅳ 과잉방위 · 오상방위 · 오상과잉방위

1. 과잉방위

(1) 의 의

방위행위가 상당성을 초과한 경우로 내포적 과잉방위와 외연적 과잉방위로 나누어 볼 수 있다. 내포적 과잉방위는 상당성의 정도를 초과하여 강한 반격을 한 경우로 보통의 과잉방위를 말한다. 외연적 과잉방위는 침해의 현재성이 아직 존재하지 않거나 침해를 중지한 자에 대해 계속 반격을 한 경우로, 제2행위가 공포·흥분 등 심리적 긴장상태에서 제1행위에 연속된 일련의 행위라고 볼 수 있는 경우에는 과잉방위에 해당한다는 것이 다수설의 태도이다.

(2) 관련 판례

> 1. **외연적 과잉방위에 대한 사례**
> 평소 흉포한 성격인데다가 술까지 몹시 취한 피해자가 심하게 행패를 부리던 끝에 피고인들을 모두 죽여버리겠다면서 식칼을 들고 공소외 1에게 달려들어 찌를듯이 면전에 칼을 들이대다가 공소외 2로부터 제지를 받자, 다시 공소외 2의 목을 손으로 졸라 숨쉬기를 어렵게 한 위급한 상황에서 피고인이 순간적으로 공소외 2를 구하기 위하여 피해자에게 달려들어 그의 목을 조르면서 뒤로 넘어뜨린 행위는 공소외 1, 2의 생명, 신체에 대한 현재의 부당한 침해를 방위하기 위한 상당한 행위라 할 것이고, 나아가 위 사건당시 피해자가 피고인의 위와 같은 방위행위로 말미암아 뒤로 넘어져 피고인의 몸아래 깔려 더 이상 침해행위를 계속하는 것이 불가능하거나 또는 적어도 현저히 곤란한 상태에 빠졌음에도 피고인이 피해자의 몸위에 타고앉아 그의 목을 계속하여 졸라 누름으로써 결국 피해자로 하여금 질식하여 사망에 이르게 한 행위는 정당방위의 요건인 상당성을 결여한 행위라고 보아야 할 것이나, 극히 짧은 시간 내에 계속하여 행하여진 피고인의 위와 같은 일련의 행위는 이를 전체로서 하나의 행위로 보아야 할 것이므로, 방위의사에서 비롯된 피고인의 위와 같이 연속된 전후행위는 하나로서 형법 제21조 제2항 소정의 과잉방위에 해당한다 할 것이고, 당시 야간에 흉포한 성격에 술까지 취한 피해자가 식칼을 들고 피고인을 포함한 가족들의 생명, 신체를 위협하는 불의의 행패와 폭행을 하여 온 불안스러운 상태하에서 공포, 경악, 흥분 또는 당황 등으로 말미암아 저질러진 것이라고 보아야 할 것이다(대판 1986.11.11. 86도1862).
>
> 2. **형법 제21조 제2항의 과잉방위에 대한 사례**
> 피고인이 피해자로부터 갑작스럽게 뺨을 맞는 등 폭행을 당하여 서로 멱살을 잡고 다투자 주위 사람들이 싸움을 제지하였으나 피해자에게 대항하기 위하여 깨어진 병으로 피해자를 찌를 듯이 겨누어 협박한 경우, 피고인의 행위는 자기의 법익에 대한 현재의 부당한 침해를 방어하기 위한 것이라고 볼 수 있으나, 맨손으로 공격하는 상대방에 대하여 위험한 물건인 깨어진 병을 가지고 대항한다는 것은 사회통념상 그 정도를 초과한 방어행위로서 상당성이 결여된 것이고, 또 주위사람들이 싸움을 제지하였다는 상황에 비추어 야간의 공포나 당황으로 인한 것이었다고 보기도 어렵다(대판 1991.5.28. 91도80).

3. 형법 제21조 제3항의 과잉방위에 대한 사례

피고인이 그의 처 공소외 1(31세)과 함께 극장구경을 마치고 귀가하는 도중 피해자(19세)가 피고인의 질녀 공소외 2(14세) 등의 소녀들에게 키스를 하자고 달려드는 것을 피고인이 술에 취했으니 집에 돌아가라고 타이르자 도리어 피고인의 뺨을 때리고 돌을 들어 구타하려고 따라오는 것을 피고인이 피하자, 위 피해자는 피고인의 처 공소외 1을 땅에 넘어뜨려 깔고 앉아서 구타하는 것을 피고인이 다시 제지하였지만 듣지 아니하고 돌로서 위 공소외 1을 때리려는 순간 피고인이 그 침해를 방위하기 위하여 농구화 신은 발로서 위 피해자의 복부를 한차례 차서 그 사람으로 하여금 외상성 12지장 천공상을 입게 하여 사망에 이르게 했다는 객관적인 사실에 의하여 볼 때 피고인의 행위는 형법 제21조 제2항 소정의 이른바 과잉방위에 해당한다 할 것이고, 다시 원심판결에 적시된 여러 가지 증거를 기록에 의하여 대조 검토하면, 피고인의 이 행위는 당시 야간에 술이 취한 위 피해자의 불의의 행패와 폭행으로 인한 불안스러운 상태에서의 공포, 경악, 흥분 또는 당황에 기인되었던 것임을 알 수 있다. 그러므로 같은 취지에서 원심이 형법 제21조 제3항을 적용하여 피고인에게 무죄를 선고한 제1심 판결을 유지하였음은 정당하고 여기에 소론과 같은 정당방위에 관한 법리의 오해가 있다고 할 수 없다(대판 1974.2.26. 73도2380).

2. 오상방위[10]

정당방위 상황에 대한 착오가 있는 것으로 객관적으로 정당방위요건이 구비되지 않았음에도 존재하는 것으로 오신하고 방위에 나간 경우를 말하며 구성요건적 고의와 고의불법은 인정되지만 책임요소인 고의는 탈락되므로 고의범으로 처벌할 수 없고 오상에 과실이 있는 경우에는 과실범에 준하여 처벌하게 된다(법효과제한적 책임설).

---

[10] 관련 판례를 아래에서 살펴본다.
[1] 상병인 피고인은 소속대의 경비병으로 복무를 하고 있는 자로서 1967.7.28. 오후 10시부터 동일 오후 12시까지 소속 연대장숙소 부근에서 초소근무를 하라는 명령받고 근무중, 그 이튿날인 1967.7.27. 오전 1시30분경 동소에서 다음번 초소로 근무를 하여야 할 상병 공소외인과 교대시간이 늦었다는 이유로 언쟁을 하다가 피고인이 동인을 구타하자 공소외인(22세)은 소지하고 있던 카빙소총을 피고인의 등 뒤에 겨누며 실탄을 장전하는 등 발사할 듯이 위협을 하자 피고인은 당황하여 먼저 동인을 사살치 않으면 위험하다고 느낀 피고인은 뒤로 돌아서면서 소지하고 있던 카빙소총을 동인의 복부를 향하여 발사함으로써 동인을 사망케 하였다는 것이다.
[2] 싸움을 함에 있어서의 격투자의 행위는 서로 상대방에게 대하여 공격을 함과 동시에 방위를 하는 것이므로 그중 일방 당사자의 행위만을 부당한 침해라고 하고, 다른 당사자의 행위만을 정당방위에 해당하는 행위라고는 할 수 없을 것이나, 격투를 하는 자중의 한사람의 공격이 그 격투에서 당연히 예상을 할 수 있는 정도를 초과하여 살인의 흉기등을 사용하여 온 경우에는 이는 역시 부당한 침해라고 아니할 수 없으므로 이에 대하여는 정당방위를 허용하여야 한다고 해석하여야 할 것이다(대판 1968.5.7. 68도370).
생각건대 공소외인이 피고인에게 진실로 총을 발사할 생각이 있었다면 피고인의 행위는 현재의 급박한 침해에 대한 방위행위로서 정당방위가 성립한다. 반대로 공소외인이 피고인에게 진실로 총을 발사할 생각이 없었다면 피고인의 행위는 현재의 급박한 침해가 존재한다고 오인하고 방위행위를 한 오상방위에 해당한다. 판례는 오상방위의 경우에도 현재의 급박하고 부당한 침해가 있는 것으로 오인하는데 대한 정당한 이유가 있다면 위법성이 조각된다는 태도를 취하고 있다.

3. 오상과잉방위

정당방위상황에 대한 착오가 있는 것으로 상당성을 넘는 방위행위를 한 경우를 말한다. 오상과잉방위는 오상방위와 같이 취급하여야 한다는 것이 다수설의 태도이다.

제3절 긴급피난

I 의 의

1. 개 념

긴급피난이란 자기 또는 타인의 법익에 대한 현재의 위난을 피하기 위한 상당한 이유가 있는 행위를 말한다(형법 제22조 제1항).

2. 본 질

긴급피난의 본질에 대하여 책임조각설, 위법성조각설, 정당화적 긴급피난과 면책적 긴급피난으로 나누어 보는 이분설 등이 대립하고 있으나, 판례는 정당방위나 긴급피난을 말하는 것이라면 그에는 엄격한 요건이 있을 뿐만 아니라 이와 같은 사유는 위법성조각의 문제일뿐 형의 양정의 조건이 되는 것은 아니라고(대판 1983.3.8. 82도3248) 하여 위법성조각설을 취하고 있다.

II 긴급피난의 성립요건

1. 긴급피난상황

(1) 자기 또는 타인의 법익

1) 법익의 주체

자기 이외에 타인을 위한 긴급피난도 허용되며, 타인에는 자연인, 법인, 법인격 없는 단체, 국가를 모두 포함한다.

2) 법익의 범위

개인의 모든 법익이 긴급피난에 의하여 보호될 수 있고, 국가적·사회적 법익도 보호의 필요성과 가치가 인정되고 위난에 처한 것을 방치할 수 없으므로 법익의 범위 안에 속한다고 보는 것이 타당하다.

(2) 현재의 위난

1) 위 난

위난이란 법익침해가 발생할 수 있는 가능성이 있는 상태를 말한다. 위난의 원인은 제한이 없고 사람의 위법한 침해에 대하여도 제3자의 법익을 공격하는 형태로 긴급피난이 가능하다. 고의·과실에 의한 자초위난의 경우에도 권리남용이 아니거나 예상 외의 위난이 초래된 경우에는 긴급피난이 가능하나, 목적에 의해 자초된 경우에는 긴급피난이 성립할 수 없다.

> **1. 긴급피난이 성립하는 사례**
> [1] 피고인들이 피조개양식장에 피해를 주지 아니하도록 할 의도에서 선박의 닻줄을 7샤클(175미터)에서 5샤클(125미터)로 감아놓았고 그 경우에 피조개양식장까지의 거리는 약 30미터까지 근접한다는 것이므로 닻줄을 50미터 더 늘여서 7샤클로 묘박하였다면 선박이 태풍에 밀려 피조개양식장을 침범하여 물적 손해를 입히리라는 것은 당연히 예상되는 것이고, 그럼에도 불구하고 태풍에 대비한 선박의 안전을 위하여 선박의 닻줄을 7샤클로 늘여 놓았다면 이는 피조개양식장의 물적 피해를 인용한 것이라 할 것이어서 재물손괴의 점에 대한 미필적 고의를 인정할 수 있다.
> [2] 선박의 이동에도 새로운 공유수면점용허가가 있어야 하고 휴지선을 이동하는 데는 예인선이 따로 필요한 관계로 비용이 많이 들어 다른 해상으로 이동을 하지 못하고 있는 사이에 태풍을 만나게 되고 그와 같은 위급한 상황에서 선박과 선원들의 안전을 위하여 사회통념상 가장 적절하고 필요불가결하다고 인정되는 조치를 취하였다면 형법상 긴급피난으로서 위법성이 없어서 범죄가 성립되지 아니한다고 보아야 하고 미리 선박을 이동시켜 놓아야 할 책임을 다하지 아니함으로써 위와 같은 긴급한 위난을 당하였다는 점만으로는 긴급피난을 인정하는데 아무런 방해가 되지 아니한다(대판 1987.1.20. 85도221).
>
> **2. 긴급피난이 성립하지 아니하는 사례**
> 강간 등에 의한 치사상죄에 있어서 사상의 결과는 간음행위 그 자체로부터 발생한 경우나 강간의 수단으로 사용한 폭행으로부터 발생한 경우는 물론 강간에 수반하는 행위에서 발생한 경우도 포함한다. 피고인이 스스로 야기한 강간범행의 와중에서 피해자가 피고인의 손가락을 깨물며 반항하자 물린 손가락을 비틀며 잡아 뽑다가 피해자에게 치아결손의 상해를 입힌 소위를 가리켜 법에 의하여 용인되는 피난행위라 할 수 없다(대판 1995.1.12. 94도2781).

2) 위난의 현재성

법익에 대한 실해 또는 위험이 있는 상태가 즉시 또는 곧 발생할 것으로 예견되는 경우라야 한다. 정당방위의 현재성과 긴급피난의 현재성을 같은 의미로 파악하는 견해도 있으나, 긴급피난의 현재성은 정당방위의 현재성보다 넓게 인정된다. 따라서 위난으로 인한 손해발생이 목전에 임박한 것은 아니지만 피난행위를 미룰 경우에 그 피해가 더 증대될 것으로 예상되는 경우(예방적 긴급피난)와 위험상태가 오랫동안 반복되어 앞으로도 같은 침해가 예상되는 지속적 위난의 경우에도 현재성이 인정된다.

2. 피난행위

(1) 피난의사

피난의사는 긴급피난상황에 대한 인식과 우월적 이익을 보호한다는 의사를 내용으로 하는 긴급피난의 주관적 정당화요소이다.

(2) 피난행위의 태양과 상대방

위난을 모면하기 위한 일체의 행위로서의 피난행위를 위난을 유발한 당사자에게 행사하는 방어적 긴급피난과 위난과 관계없는 제3자에게 행사하는 공격적 긴급피난이 있다.

3. 상당한 이유

긴급피난은 정당방위와는 달리 '정 대 정'의 관계이므로 정당방위보다 엄격한 요건을 필요로 한다. 긴급피난의 상당성에는 보충성, 균형성, 적합성 등이 포함된다.

(1) 보충성의 원칙

피난행위는 위난에 처한 법익을 보호하기 위한 유일한 수단이어야 하고(보충성), 피난방법도 피해자에게 가장 경미한 손해를 주는 방법이어야 한다(최소침해의 원칙).

> **보충성이 인정되지 아니하는 사례**
> - 아파트 입주자대표회의 회장이 다수 입주민들의 민원에 따라 위성방송 수신을 방해하는 케이블TV방송의 시험방송 송출을 중단시키기 위하여 위 케이블TV방송의 방송안테나를 절단하도록 지시한 행위를 긴급피난 내지는 정당행위에 해당한다고 볼 수 없다(대판 2006.4.13. 2005도9396).
> - 피고인이 피해견으로부터 직접적인 공격은 받지 아니하여 피고인으로서는 진돗개의 목줄을 풀어 다른 곳으로 피하거나 주위에 있는 몽둥이나 기계톱 등을 휘둘러 피해견을 쫓아버릴 수도 있었음에도 불구하고 그 자체로 매우 위험한 물건인 기계톱의 엑셀을 잡아당겨 작동시킨 후 이를 이용하여 피해견의 척추를 포함한 등 부분에서부터 배 부분까지 절단함으로써 내장이 밖으로 다 튀어나올 정도로 죽인 사실을 알 수 있는바, 위와 같이 피해견을 죽이게 된 경위, 피해견을 죽이는 데 사용한 도구 및 방법, 행위 태양 및 그 결과를 앞서 본 법리에 비추어 보면, 위와 같은 피고인의 행위는 동물보호법 제8조 제1항 제1호에 의하여 금지되는 '목을 매다는 등의 잔인한 방법으로 죽이는 행위'에 해당한다고 봄이 상당할 뿐 아니라, 나아가 피고인의 행위에 위법성조각사유 또는 책임조각사유가 있다고 보기도 어렵다(대판 2016.1.28. 2014도2477).

(2) 균형성의 원칙

피난행위에 의하여 보호되는 이익이 이로 인해 침해되는 이익에 비하여 본질적으로 우월하여야 한다.

(3) 적합성의 원칙

정당하게 승인된 목적에의 적합한 수단으로 피난행위가 사회윤리나 법정신에 비추어 용인되는 것이어야 한다.

Ⅲ 긴급피난의 효과

1. 위법성 조각

긴급피난의 요건을 구비한 경우에는 피난행위가 비록 범죄의 구성요건에는 해당하더라도 위법성이 조각되어 처벌받지 아니한다. 어떤 행위가 긴급피난으로 인정되면 이에 대한 정당방위는 허용되지 아니하나 긴급피난은 가능하다.

2. 긴급피난의 특칙

위난을 피하지 못할 책임이 있는 자에 대하여는 자기를 위한 긴급피난은 인정되지 아니한다(형법 제22조 제2항). 다만, 감수범위를 넘는 자기를 위한 긴급피난이나 타인을 위한 긴급피난은 가능하다.

Ⅳ 과잉피난과 오상피난

과잉피난과 오상피난에 대한 논의는 과잉방위나 오상방위에서의 논의를 참조하라.

제4절 자구행위

Ⅰ 의 의

1. 개 념

자구행위란 권리자가 권리에 대한 불법적인 침해를 받고 국가기관의 법정절차에 의해서는 권리보전이 불가능한 경우에 자력에 의하여 그 권리를 구제·보전하는 행위를 말한다(형법 제23조 제1항).

2. 법적 성격

자구행위는 긴급상태에서 권리자에 의한 국가권력의 대행이기 때문에 위법성이 조각된다는 것이 다수설의 태도이다.

Ⅱ 자구행위의 성립요건

1. 자구행위상황

(1) 청구권

청구권이란 특정인에게 작위 또는 부작위를 요구할 수 있는 권리를 말하며 자구행위에 의하여 보전 가능한 자기의 권리이어야 한다. 다만, 청구권자의 위임을 받은 경우에는 타인의 청구권을 위한 자구행위도 가능하다는 것이 다수설이다. 자구행위에 의하여 보전가능하여야 하므로 원상회복이 불가능한 권리는 여기의 청구권에 포함되지 아니한다.

(2) 청구권에 대한 불법한 침해

자구행위는 침해된 권리를 보전하기 위한 행위이므로 청구권에 대한 불법한 침해가 있어야 하고, 사후적 긴급행위이므로 침해는 과거의 침해상태를 의미한다.

(3) 법정절차에 의한 청구권 보전의 불가능

법정절차는 모든 공권적 구제수단을 의미하고 자구행위는 시간·장소관계로 공적 구제를 기다릴 여유가 없고 후일 공적 수단에 의하더라도 그 실효를 거두지 못할 긴급한 사정이 있는 경우에 한하여 인정된다(보충성).

> **자구행위가 성립하지 아니하는 사례**
> - 소유권의 귀속에 관한 분쟁이 있어 민사소송이 계속 중인 건조물에 관하여 현실적으로 관리인이 있음에도 위 건조물의 자물쇠를 쇠톱으로 절단하고 침입한 소위는 법정절차에 의하여 그 권리를 보전하기가 곤란하고 그 권리의 실행불능이나 현저한 실행곤란을 피하기 위해 상당한 이유가 있는 행위라고 할 수 없다(대판 1985.7.9. 85도707).
> - 인근 상가의 통행로로 이용되고 있는 토지의 사실상 지배권자가 위 토지에 철주와 철망을 설치하고 포장된 아스팔트를 걷어냄으로써 통행로로 이용하지 못하게 한 경우, 이는 일반교통방해죄를 구성하고 자구행위에 해당하지 않는다(대판 2007.12.28. 2007도7717).

2. 자구행위

(1) 청구권의 실행불능 또는 현저한 실행곤란 상황

법정절차에 의한 청구권을 보전하는 것이 불가능하더라도 그것으로 인하여 즉시 자력으로 구제하지 않으면 청구권의 실행이 불가능하거나 현저히 곤란한 사정이 존재하여야 한다(이중의 긴급성).

(2) 피하기 위한 행위

피하기 위한 행위, 즉 자구행위는 공적 구제가 불가능한 긴급상황에서 청구권을 보전하기 위해 필요한 조치를 취하는 행위로서 체포·손괴·재물의 탈환·강요·저항의 제거·주거침입 등의 행위가 있을 수 있다.

(3) 자구의사

자구행위로서 위법성이 조각되기 위해서는 자구행위상황에 대한 인식과 청구권의 실행불능 또는 현저한 실행곤란을 피하기 위한 의사가 있어야 하며 이는 자구행위의 주관적 정당화요소가 된다.

> **자구행위가 성립하지 아니하는 사례**
> [1] 피고인들이 자신들의 피해자에 대한 물품대금 채권을 다른 채권자들보다 우선적으로 확보할 목적으로 피해자가 부도를 낸 다음 날 새벽에 피해자의 승낙을 받지 아니한 채 피해자의 가구점의 시정장치를 쇠톱으로 절단하고 그곳에 침입하여 시가 16,000,000원 상당의 피해자의 가구들을 화물차에 싣고 가 다른 장소에 옮겨 놓은 행위에 대하여 피고인들에게는 불법영득의사가 있었다고 볼 수밖에 없어 특수절도죄가 성립한다고 한 사례
> [2] 형법상 자구행위라 함은 법정절차에 의하여 청구권을 보전하기 불능한 경우에 그 청구권의 실행불능 또는 현저한 실행곤란을 피하기 위한 상당한 행위를 말하는 것인바, 이 사건에서 피고인들에 대한 채무자인 피해자가 부도를 낸 후 도피하였고 다른 채권자들이 채권확보를 위하여 피해자의 물건들을 취거해 갈 수도 있다는 사정만으로는 피고인들이 법정절차에 의하여 자신들의 피해자에 대한 청구권을 보전하는 것이 불가능한 경우에 해당한다고 볼 수 없을 뿐만 아니라, 또한 피해자 소유의 가구점에 관리종업원이 있음에도 불구하고 위 가구점의 시정장치를 쇠톱으로 절단하고 들어가 가구들을 무단으로 취거한 행위가 피고인들의 피해자에 대한 청구권의 실행불능이나 현저한 실행곤란을 피하기 위한 상당한 이유가 있는 행위라고도 할 수 없다. 원심이 같은 취지에서 피고인들의 자구행위 내지 과잉자구행위 주장을 배척한 조치는 정당한 것으로 수긍이 가고, 거기에 상고이유로 주장하는 바와 같이 자구행위 내지 과잉자구행위에 관한 법리를 오해하는 등의 위법이 있다고 할 수 없다.
> [3] 추정적 승낙이란 피해자의 현실적인 승낙이 없었다고 하더라도 행위 당시의 모든 객관적 사정에 비추어 볼 때 만일 피해자가 행위의 내용을 알았더라면 당연히 승낙하였을 것으로 예견되는 경우를 말하는바, 기록에 비추어 살펴보면, 원심이 그 판시와 같은 사정을 인정한 다음 피고인들이 피해자의 가구들을 취거할 당시 피해자의 추정적 승낙이 있다고 볼 수 없다(대판 2006.3.24. 2005도8081).

3. 상당한 이유

자구행위의 상당한 이유가 충족되기 위해서는 보충성과 상대적 최소침해의 원칙뿐만 아니라 수단의 적합성의 원칙을 만족시켜야 한다. 다만, 긴급피난과 같은 엄격한 법익 균형성은 요구되지 아니하나, 어느 정도의 법익균형성을 필요로 한다.

III 자구행위의 효과

자구행위로서의 요건을 갖추면 위법성이 조각된다. 이 경우 자구행위는 적법한 행위이므로 상대방은 이에 대한 정당방위를 할 수 없다.

IV 과잉자구행위와 오상자구행위

정당방위·긴급피난과는 달리 과잉자구행위에는 형법 제21조 제3항은 준용되지 아니한다.

제5절 피해자의 승낙

I 의 의

1. 개 념

일정한 요건하에서 위법성을 조각시키는 법익주체의 타인에 대한 동의를 말한다.

2. 양해와의 구별

양해는 구성요건해당성을 배제시키는 사유이지만 승낙은 위법성을 조각하는 사유라는 점에서 구별된다는 것이 학설의 태도이다.

II 양 해

1. 의 의

구성요건이 피해자의 의사에 반하는 때에만 실현될 수 있도록 규정되어 있어 피해자의 동의로 범죄의 구성요건해당성 자체가 조각되는 경우를 말한다.

2. 양해의 유효요건

법익주체, 즉 법익을 임의로 처분할 수 있는 자의 유효한 양해가 있어야 한다. 그러나 양해에 의한 행위가 사회상규에 반하는가의 여부는 문제되지 아니한다.

> **양해로 볼 수 없는 사례**
> - 배임죄에 있어서 '임무에 위배하는 행위'라 함은 처리하는 사무의 내용, 성질 등에 비추어 법령의 규정, 계약의 내용 또는 신의칙상 당연히 하여야 할 것으로 기대되는 행위를 하지 않거나 당연히 하지 않아야 할 것으로 기대되는 행위를 함으로써 본인과의 신임관계를 저버리는 일체의 행위를 포함하며, 이에 해당하는 한 재산처분에 관한 결정권을 가진 학교법인의 이사회의 결의가 있었다거나 감독청의 허가를 받아서 한 것이라고 하여 정당화할 수 없다(대판 2000.3.14. 99도457).
> - [1] 주식회사의 이사가 타인 발행의 약속어음에 회사 명의로 배서할 경우 그 타인이 어음금의 지급능력이 없어 그 배서로 인하여 회사에 손해가 발생하리라는 점을 알면서 이에 나아갔다면, 이러한 약속어음의 배서행위는 타인에게 이익을 얻게 하고 회사에 손해를 가하는 행위로서 회사에 대하여 배임행위가 되고, 그것이 경영상의 판단이라는 이유만으로 배임죄의 죄책을 면할 수는 없다.
> [2] 주식회사와 주주는 별개의 인격으로서 동일인이라고 볼 수 없으므로, 회사의 임원이 그 임무에 위배되는 행위로 재산상 이익을 취득하거나 제3자로 하여금 이를 취득하게 하여 회사에 손해를 가한 때에는 이로써 배임죄가 성립하고, 그 임무위배행위에 대하여 사실상 대주주의 양해를 얻었다고 하여 본인인 회사에 손해가 없다거나 또는 배임의 범의가 없다고도 볼 수 없다.

[3] 주식회사의 경영을 책임지는 이사는 이사회의 결의가 있더라도 그 결의 내용이 주주 또는 회사 채권자를 해하는 불법한 목적이 있는 경우에는 이에 맹종할 것이 아니라 회사를 위하여 성실한 직무수행을 할 의무가 있으므로, 이사가 임무에 위배하여 주주 또는 회사 채권자에게 손해가 될 행위를 하였다면, 회사 이사회의 결의가 있었다고 하여 그 배임행위가 정당화될 수 없다(대판 2000.5.26. 99도2781).

3. 양해의 효과

(1) 구성요건해당성 조각
양해의 요건을 구비한 경우에는 구성요건해당성이 없어 범죄가 성립하지 아니한다.

(2) 양해에 대한 착오
양해가 있는데 이를 알지 못하고 행위한 경우에는 구성요건적 착오 중 적극적 착오(반전된 구성요건적 착오)로 불능미수의 문제가 되는 반면, 양해가 없는데 있는 것으로 오인하고 행위한 경우에는 고의가 조각되고 과실범의 문제가 된다.

(3) 관련 판례

1. **절도죄의 경우(양해는 유효)**
   - 피고인이 피해자에게 이 사건 밍크 45마리에 관하여 자기에게 그 권리가 있다고 주장하면서 이를 가져간 데 대하여 피해자의 묵시적인 동의가 있었다면 피고인의 주장이 후에 허위임이 밝혀졌더라도 피고인의 행위는 절도죄의 절취행위에는 해당하지 않는다(대판 1990.8.10. 90도1211).
   - 예금주인 현금카드 소유자를 협박하여 그 카드를 갈취한 다음 피해자의 승낙에 의하여 현금카드를 사용할 권한을 부여받아 이를 이용하여 현금자동지급기에서 현금을 인출한 행위는 모두 피해자의 예금을 갈취하고자 하는 피고인의 단일하고 계속된 범의 아래에서 이루어진 일련의 행위로서 포괄하여 하나의 공갈죄를 구성하므로, 현금자동지급기에서 피해자의 예금을 인출한 행위를 현금카드 갈취행위와 분리하여 따로 절도죄로 처단할 수는 없다. 왜냐하면 위 예금 인출 행위는 하자 있는 의사표시이기는 하지만 피해자의 승낙에 기한 것이고, 피해자가 그 승낙의 의사표시를 취소하기까지는 현금카드를 적법, 유효하게 사용할 수 있으므로, 은행으로서도 피해자의 지급정지 신청이 없는 한 그의 의사에 따라 그의 계산으로 적법하게 예금을 지급할 수밖에 없기 때문이다(대판 2007.5.10. 2007도1375).

2. **주거침입죄의 경우(양해는 유효)**[11]
   주거침입죄는 사실상 주거의 평온을 보호법익으로 한다. 주거침입죄의 구성요건적 행위인 침입은 주거침입죄의 보호법익과의 관계에서 해석하여야 하므로, 침입이란 주거의 사실상 평온상태를 해치는 행위 태양으로 주거에 들어가는 것을 의미하고, 침입에 해당하는지는 출입 당시 객관적·외형적으로 드러난 행위 태양을 기준으로 판단함이 원칙이다. 사실상의 평온상태를 해치는 행위 태양으로

---

[11] 자세한 논의는 형법각론의 주거침입죄에 대한 서술(강요 또는 기망에 의한 동의를 얻어 주거에 들어간 경우)을 참조하라.

주거에 들어가는 것이라면 대체로 거주자의 의사에 반하겠지만, 단순히 주거에 들어가는 행위 자체가 거주자의 의사에 반한다는 주관적 사정만으로는 바로 침입에 해당한다고 볼 수 없다. 거주자의 의사에 반하는지는 사실상의 평온상태를 해치는 행위 태양인지를 평가할 때 고려할 요소 중 하나이지만 주된 평가 요소가 될 수는 없다. 따라서 침입행위에 해당하는지는 거주자의 의사에 반하는지가 아니라 사실상의 평온상태를 해치는 행위 태양인지에 따라 판단되어야 한다. 행위자가 거주자의 승낙을 받아 주거에 들어갔으나 범죄나 불법행위 등(이하 '범죄 등')을 목적으로 한 출입이거나 거주자가 행위자의 실제 출입 목적을 알았더라면 출입을 승낙하지 않았을 것이라는 사정이 인정되는 경우 행위자의 출입행위가 주거침입죄에서 규정하는 침입행위에 해당하려면, 출입하려는 주거 등의 형태와 용도·성질, 외부인에 대한 출입의 통제·관리 방식과 상태, 행위자의 출입 경위와 방법 등을 종합적으로 고려하여 행위자의 출입 당시 객관적·외형적으로 드러난 행위 태양에 비추어 주거의 사실상 평온상태가 침해되었다고 평가되어야 한다. 이때 거주자의 의사도 고려되지만 주거 등의 형태와 용도·성질, 외부인에 대한 출입의 통제·관리 방식과 상태 등 출입 당시 상황에 따라 그 정도는 달리 평가될 수 있다. 일반인의 출입이 허용된 음식점에 영업주의 승낙을 받아 통상적인 출입방법으로 들어갔다면 특별한 사정이 없는 한 주거침입죄에서 규정하는 침입행위에 해당하지 않는다. 설령 행위자가 범죄 등을 목적으로 음식점에 출입하였거나 영업주가 행위자의 실제 출입 목적을 알았더라면 출입을 승낙하지 않았을 것이라는 사정이 인정되더라도 그러한 사정만으로는 출입 당시 객관적·외형적으로 드러난 행위 태양에 비추어 사실상의 평온상태를 해치는 방법으로 음식점에 들어갔다고 평가할 수 없으므로 침입행위에 해당하지 않는다(대판 2022.3.24. 2017도18272[전합]).[12]

---

12) 종전 판례(대판 1997.3.28. 95도2674)는 일반인의 출입이 허용되는 장소에 범죄의 목적으로 들어간 경우, 주거침입죄의 성립을 인정하였으나, 최근 전합판결(대판 2022.3.24. 2017도18272[전합])은 종전 판례를 변경하여 영업주의 승낙을 받아 통상적인 출입방법으로 들어갔다면 사실상의 평온상태를 해치는 방법으로 음식점에 들어갔다고 평가할 수 없으므로 침입행위에 해당하지 않는다고 보아, 주거침입죄의 성립을 부정한 판시를 한바 있다.

Ⅲ 피해자의 승낙

1. 의 의

피해자의 승낙은 법익의 주체가 타인에게 자기의 법익을 침해할 것을 허용한 경우 일정한 요건하에서 구성요건에 해당하는 행위의 위법성만 조각시키는 경우를 말한다. 형법 제24조는 처분할 수 있는 자의 승낙에 의하여 그 법익을 훼손한 행위는 법률에 특별한 규정이 없는 한 벌하지 아니한다고 규정하고 있다.

2. 피해자의 승낙의 성립요건

(1) 법익주체의 처분할 수 있는 법익에 대한 유효한 승낙

1) 승낙의 주체

법익주체인 피해자나 처분권자(법정대리인)가 승낙자가 되며, 피해자에게 필요한 승낙능력은 형법의 독자적 기준에 의하여 구체적·개별적으로 결정된다.

2) 처분할 수 있는 법익

승낙으로 처분할 수 있는 법익은 개인적 법익에 한하며 개인이 처분할 수 없는 법익, 예컨대 사람이나 태아의 생명에 대한 피해자의 승낙은 감경적 구성요건에 해당하는 범죄를 성립하게 한다.

> **사회적·국가적 법익에 대한 승낙**
> 아동·청소년을 대상으로 성적 행위를 한 자를 엄중하게 처벌함으로써 성적 학대나 착취로부터 아동·청소년을 보호하는 한편 아동·청소년이 책임 있고 건강한 사회구성원으로 성장할 수 있도록 하려는 구 아청법의 입법 목적과 취지, 정신적으로 미성숙하고 충동적이며 경제적으로도 독립적이지 못한 아동·청소년의 특성, 아동·청소년이용음란물은 직접 피해자인 아동·청소년에게는 치유하기 어려운 정신적 상처를 안겨줄 뿐 아니라, 이를 시청하는 사람들에게까지 성에 대한 왜곡된 인식과 비정상적 가치관을 조장하므로 이를 제작 단계에서부터 원천적으로 차단함으로써 아동·청소년을 성적 대상으로 보는 데서 비롯되는 잠재적 성범죄로부터 아동·청소년을 보호할 필요가 있는 점, 인터넷 등 정보통신매체의 발달로 인하여 음란물이 일단 제작되면 제작 후 사정의 변경에 따라, 또는 제작자의 의도와 관계없이 언제라도 무분별하고 무차별적으로 유통에 제공될 가능성을 배제할 수 없는 점 등을 더하여 보면, 제작한 영상물이 객관적으로 아동·청소년이 등장하여 성적 행위를 하는 내용을 표현한 영상물에 해당하는 한 대상이 된 아동·청소년의 동의하에 촬영한 것이라거나 사적인 소지·보관을 1차적 목적으로 제작한 것이라고 하여 구 아청법 제8조 제1항의 '아동·청소년이용음란물'에 해당하지 아니한다거나 이를 '제작'한 것이 아니라고 할 수 없다(대판 2015.2.12. 2014도11501).

3) 유효한 승낙

승낙은 자유로운 의사에 의해서 이루어진 진지한 승낙이어야 한다. 농담, 기망, 착오, 강제 등에 의한 하자 있는 승낙은 유효한 승낙이 되지 아니한다. 또한 승낙은 늦어도 법익침해시까지 존재하여야 한다.

(2) 승낙에 의한 법익침해행위

1) 법익침해행위

승낙을 받은 행위자의 법익침해행위는 구성요건에 해당하는 행위이어야 한다. 또한 승낙과 법익침해 사이에는 인과관계가 있어야 한다.

2) 주관적 정당화요소

행위자는 승낙이 있다는 사실을 인식하고 행위하여야 한다. 승낙이 존재함에도 이를 인식하지 못한 경우에는 주관적 정당화요소가 결여된 경우이므로 불능미수에 의하여 처리하여야 하고, 승낙이 없음에도 존재한다고 오인한 경우에는 위법성조각사유의 전제사실에 관한 착오의 문제가 되어 법적 효과에 있어서 구성요건적 착오와 같은 취급을 하게 된다(다수설).

(3) 상당성

1) 사회상규에 의한 제한의 필요성

피해자의 승낙도 실질적 위법성의 관점에서 법질서 전체와의 관련 속에서 파악하여야 하므로 사회상규에 의해 제한된다는 것이 학설의 일반적 태도이다. 판례도 피해자의 승낙은 개인적 법익을 훼손하는 경우에 법률상 이를 처분할 수 있는 사람의 승낙이어야 할 뿐만 아니라 그 승낙이 윤리적·도덕적으로 사회상규에 반하는 것이 아니어야 한다고(대판 2008.12.11. 2008도9606) 하여 학설과 같은 취지의 판시를 하고 있다.

2) 사회상규위배 여부의 판단기준

1차적으로 목적의 정당성 여부가 기준이 되고 다음으로 행위자가 기도한 목적이 정당하더라도 수단의 적합성, 즉 그 행위 자체가 가지고 있는 위험성도 사회상규 위배 여부를 판단하는 기준으로 작용한다. 따라서 기도한 목적이 정당하지 아니한 경우에는 피해자의 승낙이 위법성을 조각하지 못하며, 수단이 적합하지 아니한 경우 예컨대 승낙에 의한 행위가 피해자의 생명을 위태롭게 하는 경우에도 승낙으로 위법성이 조각되지 아니한다.

> 피고인이 피해자와 공모하여 교통사고를 가장하여 보험금을 편취할 목적으로 피해자에게 상해를 가하였다면 피해자의 승낙이 있었다고 하더라도 이는 위법한 목적에 이용하기 위한 것이므로 피고인의 행위가 피해자의 승낙에 의하여 위법성이 조각된다고 할 수 없다(대판 2008.12.11. 2008도9606).

(4) 법률에 특별한 규정의 부존재

이상의 요건이 구비되었더라도 승낙이 범죄의 구성요건요소로 되었거나 형의 감경사유가 되는 경우에는 위법성이 조각되지 아니한다.

Ⅳ 추정적 승낙

1. 의 의

추정적 승낙이란 피해자의 현실적인 승낙은 없었지만 행위 당시의 객관적 사정에 비추어 만일 피해자 내지 승낙권자가 그 사태를 인식하였다면 당연히 승낙할 것으로 기대되는 경우를 말한다.

2. 법적 성격

추정적 승낙은 피해자의 가상적 승낙의사에 근거를 두면서 객관적 추정에 의한다는 점에서 독자적인 위법성조각사유로서의 성격을 갖는다(다수설).

3. 추정적 승낙의 유형

추정적 승낙은 피해자의 이익을 위한 경우와 행위자나 제3자의 이익을 위한 경우로 구분된다.

4. 추정적 승낙의 성립요건

(1) 피해자의 승낙과 공통되는 요건

법익주체인 피해자가 처분할 수 있는 법익에 대해 행위자가 추정적 승낙에 의해 법익을 침해할 경우, 당해 행위가 사회상규에 반하지 아니하고 추정적 승낙을 제한하는 특별한 규정이 없어야 한다.

(2) 추정적 승낙에 특유한 요건

피해자에게 현실적인 승낙을 얻는 것이 불가능해야 하고 모든 사정이 객관적으로 판단할 때 피해자가 그 사정을 알았다면 승낙을 하는 것이 확실하게 기대될 수 있는 경우이어야 한다.

5. 추정적 승낙의 효과

추정적 승낙의 성립요건을 구비한 경우에는 이에 의한 행위는 위법성이 조각된다.

제6절 정당행위

I 의의

정당행위는 사회상규에 위배되지 아니하여 국가적·사회적으로 정당시되는 행위를 말한다. 형법 제20조는 법령에 의한 행위 또는 업무로 인한 행위 기타 사회상규에 위배되지 아니하는 행위는 벌하지 아니한다고 규정하고 있다.

II 법령에 의한 행위

1. 의의

법령에 의한 행위란 법령에 근거하여 정당한 권리 또는 의무로서 행하여지는 행위를 말한다. 여기서의 법령이란 실정법령뿐만 아니라 행정명령도 포함되나, 조리나 관습법은 업무로 인한 행위 또는 기타 사회상규에 반하지 아니하는 행위에 해당한다.

2. 공무원의 직무집행행위

(1) **법령에 근거한 직무집행행위**

공무원이 법령에 정해진 직무를 수행하면서 타인의 법익을 침해하더라도 정당행위로 위법성이 조각된다.

(2) **상관의 명령에 의한 행위**

1) 적법한 명령에 복종한 경우

상관의 적법한 명령에 복종하여 이를 수행한 행위는 법령에 의한 행위로서 위법성이 조각된다.

2) 위법한 명령에 복종한 경우

① 학설

㉠ 구속력 있는 명령 : 구속력 있는 위법한 명령에 복종한 경우라도 그 위법의 정도가 경미한 경우에는 위법성이 조각될 수 있다는 견해와 위법명령에 따른 행위는 기대가능성이 없는 경우에 한하여 책임이 조각될 뿐이라는 견해가 대립하고 있다.

㉡ 구속력 없는 명령 : 구속력 없는 명령이란 구속력의 실질적 요건[13]을 갖추지 못한 명령으로서 부하에게 형법상 범죄를 저지르도록 하거나 명백히 인간의 존엄성을 침해하는 내용의 명령을 말한다. 이 경우 정당행위로서 위법성조각은 물론 책임조각도 인정되지 아니한다. 명령자인 상관은 부하에 대한 특수교사·방조가 된다(형법 제34조 제2항).

---

[13] 명령에 구속력이 발생하려면 형식적 요건으로 상관의 추상적 권한과 법적 절차의 준수가 요구되고, 실질적 요건으로 법질서에 명백하게 위반하는 것이 아니어야 한다.

② 판례 : 판례는 상관의 적법한 직무상 명령에 따른 행위는 정당행위로서 형법 제20조에 의하여 그 위법성이 조각된다고 할 것이나, 상관의 위법한 명령에 따라 범죄행위를 한 경우에는 상관의 명령에 따랐다고 하여 부하가 한 범죄행위의 위법성이 조각될 수는 없고, 피고인들에게 상관의 위법한 명령에 따르지 아니하고 적법행위에 나아갈 기대가능성이 없었던 것으로 보이지도 아니하므로 책임이 조각될 수도 없다고(대판 1997.4.17. 96도3376[전합]) 하여 예외적으로 책임이 조각될 수도 있음을 보이고 있다.

③ 검토 : 생각건대 상관의 명령에 사실상의 구속력이 인정되는 한 이에 복종한 부하의 행위는 적법행위에 대한 기대가능성이 없는 행위로서 책임이 조각된다고 보는 것이 타당하다.

> **상관의 명령에 의한 행위**
> • 통일원장관의 접촉 승인 없이 북한 주민과 접촉한 행위가 정당행위 혹은 적법행위에 대한 기대가능성이 없는 경우에 해당하지 아니한다(대판 2003.12.26. 2001도6484).
> • 직장의 상사가 범법행위를 하는데 가담한 부하에게 직무상 지휘·복종관계에 있다 하여 범법행위에 가담하지 않을 기대가능성이 없다고 할 수 없다(대판 1999.7.23. 99도1911).

3) 위법한 명령을 적법한 명령으로 오인한 경우

오상정당행위로서 위법성조각사유의 전제사실에 대한 착오에 해당한다. 판례는 착오에 정당한 이유가 있으면 행위자가 착오한 그 위법성조각사유에 포섭시켜 위법성을 조각하고 정당한 이유가 없는 경우에는 고의범 내지 결과적 가중범의 성립을 인정하고 있다.

> **위법한 명령을 적법한 명령으로 오인한 사례**
> 소속 중대장의 당번병이 근무시간 중은 물론 근무시간 후에도 밤늦게 까지 수시로 영외에 있는 중대장의 관사에 머물면서 집안일을 도와주고 그 자녀들을 보살피며 중대장 또는 그 처의 심부름을 관사를 떠나서까지 시키는 일을 해오던 중 사건당일 중대장의 지시에 따라 관사를 지키고 있던 중 중대장과 함께 외출나간 그 처로부터 24:00경 비가 오고 밤이 늦어 혼자 귀가할 수 없으니 관사로부터 1.5킬로미터 가량 떨어진 지점까지 우산을 들고 마중을 나오라는 연락을 받고 당번병으로서 당연히 해야 할 일로 생각하고 그 지점까지 나가 동인을 마중하여 그 다음 날 01:00경 귀가하였다면 위와 같은 당번병의 관사이탈 행위는 중대장의 직접적인 허가를 받지 아니 하였다 하더라도 당번병으로서의 그 임무범위 내에 속하는 일로 오인하고 한 행위로서 그 오인에 정당한 이유가 있어 위법성이 없다고 볼 것이다(대판 1986.10.28. 86도1406).

3. 징계행위

(1) 의 의

법령상 허용된 징계권의 적정한 행사로 간주되는 행위는 정당행위로서 위법성이 조각된다. 위법성이 조각되기 위해서는 객관적 요건으로 충분한 징계사유가 있을 것과 징계행위는 교육목적의 달성을 위해 필요하고도 적절한 정도에 그칠 것이 요구되고 주관적 요건으로는 행위자에게 교육의사가 있을 것을 요한다.

(2) 체벌의 허용 여부

1) 친권자의 체벌

종래 판례는 친권자의 미성년 자녀에 대한 징계권을 규정한 구 민법 제915조에 의하여 친권자의 체벌이 법령에 의한 행위로서 위법성이 조각된다고 보았으나, 동 규정이 삭제되었으므로, 이제는 사회상규에 위배되지 아니하는 행위로서 위법성조각 여부를 검토할 수 있을 것이다.

2) 학교장과 교원의 체벌

개정 초·중등교육법 시행령 제40조의3 제1항은 "학교장과 교원이 지도를 할 때 도구, 신체 등을 이용하여 학생의 신체에 고통을 가하는 방법을 사용해서는 아니 된다"고 규정하고 있으므로 학교장과 교원의 체벌은 법령에 의한 행위가 될 수 없으나, 사회상규에 위배되지 아니하는 행위로서 위법성조각 여부를 검토할 수 있을 것이다. 종전 판례(대판 2004.6.10. 2001도5380)는 교사의 체벌은 법령에 의한 정당행위가 될 수 있다고 판시하였으나 초·중등교육법 시행령이 개정되었으므로 이러한 판례의 논지는 더 이상 유지될 수 없을 것으로 보인다.[14]

> **학교장 및 교사의 징계권**
> [1] 초·중등교육법령에 따르면 교사는 학교장의 위임을 받아 교육상 필요하다고 인정할 때에는 징계를 할 수 있고 징계를 하지 않는 경우에는 그 밖의 방법으로 지도를 할 수 있는데 그 지도에 있어서는 교육상 불가피한 경우에만 신체적 고통을 가하는 방법인 이른바 체벌로 할 수 있고 그 외의 경우에는 훈육, 훈계의 방법만이 허용되어 있는바, 교사가 학생을 징계 아닌 방법으로 지도하는 경우에도 징계하는 경우와 마찬가지로 교육상의 필요가 있어야 될 뿐만 아니라 특히 학생에게 신체적, 정신적 고통을 가하는 체벌, 비하(卑下)하는 말 등의 언행은 교육상 불가피한 때에만 허용되는 것이어서, 학생에 대한 폭행, 욕설에 해당되는 지도행위는 학생의 잘못된 언행을 교정하려는 목적에서 나온 것이었으며 다른 교육적 수단으로는 교정이 불가능하였던 경우로서 그 방법과 정도에서 사회통념상 용인될 수 있을 만한

---

14) 구 초·중등교육법 시행령은 "학교의 장은 법 제18조 제1항 본문의 규정에 의한 지도를 하는 때에는 교육상 불가피한 경우를 제외하고는 학생에게 신체적 고통을 가하지 아니하는 훈육·훈계등의 방법으로 행하여야 한다."고 규정하고 있었다(구 초·중등교육법 시행령 제31조 제7항).

> 객관적 타당성을 갖추었던 경우에만 법령에 의한 정당행위로 볼 수 있을 것이고, 교정의 목적에서 나온 지도행위가 아니어서 학생에게 체벌, 훈계 등의 교육적 의미를 알리지도 않은 채 지도교사의 성격 또는 감정에서 비롯된 지도행위라든가, 다른 사람이 없는 곳에서 개별적으로 훈계, 훈육의 방법으로 지도·교정될 수 있는 상황이었음에도 낯모르는 사람들이 있는 데서 공개적으로 학생에게 체벌·모욕을 가하는 지도행위라든가, 학생의 신체나 정신건강에 위험한 물건 또는 지도교사의 신체를 이용하여 학생의 신체 중 부상의 위험성이 있는 부위를 때리거나 학생의 성별, 연령, 개인적 사정에서 견디기 어려운 모욕감을 주어 방법·정도가 지나치게 된 지도행위 등은 특별한 사정이 없는 한 사회통념상 객관적 타당성을 갖추었다고 보기 어렵다.
> [2] 여자중학교 교사의 학생에 대한 지도행위가 당시의 상황, 동기, 그 수단, 방법 등에 비추어 사회통념상 객관적 타당성을 갖추지 못하여 정당행위로 볼 수 없다고 한 사례(대판 2004.6.10. 2001도5380)

4. 사인(私人)의 현행범 체포행위

사인이 현행범을 체포하는 행위는 형사소송법 제212조에 의한 행위로서 위법성이 조각된다. 그러나 현행범의 체포로 인하여 위법성이 조각되는 것은 직접 체포에 필요한 행위로 제한된다.

> [1] 현행범인은 누구든지 영장 없이 체포할 수 있으므로 사인의 현행범인 체포는 법령에 의한 행위로서 위법성이 조각된다고 할 것인데, 현행범인 체포의 요건으로서는 행위의 가벌성, 범죄의 현행성·시간적 접착성, 범인·범죄의 명백성 외에 체포의 필요성, 즉 도망 또는 증거인멸의 염려가 있을 것을 요한다.
> [2] 적정한 한계를 벗어나는 현행범인 체포행위는 그 부분에 관한 한 법령에 의한 행위로 될 수 없다고 할 것이나, 적정한 한계를 벗어나는 행위인가 여부는 결국 정당행위의 일반적 요건을 갖추었는지 여부에 따라 결정되어야 할 것이지 그 행위가 소극적인 방어행위인가 적극적인 공격행위인가에 따라 결정되어야 하는 것은 아니다.
> [3] 피고인의 차를 손괴하고 도망하려는 피해자를 도망하지 못하게 멱살을 잡고 흔들어 피해자에게 전치 14일의 흉부찰과상을 가한 경우, 정당행위에 해당한다고 본 사례(대판 1999.1.26. 98도3029)

5. 노동쟁의행위

(1) 의 의

근로자의 쟁의행위는 법령(노조법 제37조 이하)에 의한 행위로서 업무방해죄의 구성요건에 해당하더라도 위법성이 조각된다.

(2) 요 건

노동조합의 활동이 정당하다고 하려면, 첫째 주체의 측면에서 행위의 성질상 노동조합의 활동으로 볼 수 있거나 노동조합의 묵시적인 수권 혹은 승인을 받았다고 볼 수 있는 것이어야 하고, 둘째 목적의 측면에서 근로조건의 유지·개선과 근로자의 경제적 지위의 향상을 도모하기 위하여 필요하고 근로자들의 단결 강화에 도움이 되는 행위이어야 하며, 셋째 시기의 측면에서 취업규칙이나 단체협약에 별도의 허용규정이 있거나 관행이나 사용자의 승낙이 있는 경우 외에는 원칙적으로 근무시간 외에 행하여져야 하고, 넷째 수단·방법의 측면에서 사업장 내 조합활동에서는 사용자의 시설관리권에 바탕을 둔 합리적인 규율이나 제약에 따라야 하며 폭력과 파괴행위 등의 방법에 의하지 않는 것이어야 한다. 이 중에서 시기·수단·방법 등에 관한 요건은 조합활동과 사용자의 노무지휘권·시설관리권 등이 충돌할 경우에 그 정당성을 어떠한 기준으로 정할 것인지 하는 문제이므로, 위 요건을 갖추었는지 여부를 판단할 때에는 조합활동의 필요성과 긴급성, 조합활동으로 행해진 개별 행위의 경위와 구체적 태양, 사용자의 노무지휘권·시설관리권 등의 침해 여부와 정도, 그 밖에 근로관계의 여러 사정을 종합하여 충돌되는 가치를 객관적으로 비교·형량하여 실질적인 관점에서 판단하여야 한다(대판 2020.7.29. 2017도2478).

(3) 관련 판례

> **노동쟁의행위의 위법성조각 여부에 대한 사례**
> - 정리해고나 사업조직의 통폐합 등 기업의 구조조정의 실시 여부는 경영주체의 고도의 경영상 결단에 속하는 사항으로서 이는 원칙적으로 단체교섭의 대상이 될 수 없고, 그것이 긴박한 경영상의 필요나 합리적 이유 없이 불순한 의도로 추진되는 등의 특별한 사정이 없는 한, 노동조합이 실질적으로 그 실시 자체를 반대하기 위하여 쟁의행위에 나아간다면, 비록 그 실시로 인하여 근로자들의 지위나 근로조건의 변경이 필연적으로 수반된다고 하더라도 그 쟁의행위는 목적의 정당성을 인정할 수 없다. 또한 쟁의행위에서 추구되는 목적이 여러 가지이고 그중 일부가 정당하지 못한 경우에는 주된 목적 내지 진정한 목적의 당부에 의하여 그 쟁의목적의 당부를 판단하여야 하고, 부당한 요구사항을 제외하였다면 쟁의행위를 하지 않았을 것이라고 인정되는 경우에는 그 쟁의행위 전체가 정당성을 갖지 못한다고 보아야 한다(대판 2011.1.27. 2010도11030).
> - [1] 직장 또는 사업장시설의 점거는 적극적인 쟁의행위의 한 형태로서 그 점거의 범위가 직장 또는 사업장시설의 일부분이고 사용자 측의 출입이나 관리지배를 배제하지 않는 병존적인 점거에 지나지 않을 때에는 정당한 쟁의행위로 볼 수 있으나, 이와 달리 직장 또는 사업장시설을 전면적, 배타적으로 점거하여 조합원 이외의 자의 출입을 저지하거나 사용자 측의 관리지배를 배제하여 업무의 중단 또는 혼란을 야기케 하는 것과 같은 행위는 이미 정당성의 한계를 벗어난 것이라고 볼 수밖에 없다.
> [2] 노동조합의 조합원들이 쟁의행위로 사용자인 서울특별시건축사회의 사무실 일부를 점거한 사안에서, 점거한 곳의 범위와 평소의 사용형태, 사용자 측에서 이를 사용하지 못하게 됨으로써 입은 피해의 내용과 정도 등에 비추어 이는 폭력의 행사에 해당하지 않는 사업장시설의 부분적·병존적인 점거로서 사용자의 재산권과 조화를 이루고 있고, 사용자의 업무가 실제로 방해되었거나 업무방해의 결과를 초래할 위험성이 발생하였다고 보기 어려우므로, 위 점거행위는 노동관계 법령에 따른 정당한 행위로서 위법성이 조각되어 업무방해죄의 책임을 물을 수 없다고 한 사례(대판 2007.12.28. 2007도5204).
> - 노동조합이 주도한 쟁의행위 자체의 정당성과 이를 구성하거나 여기에 부수되는 개개 행위의 정당성은 구별하여야 하므로, 일부 소수의 근로자가 폭력행위 등의 위법행위를 하였더라도, 전체로서의 쟁의행위마저 당연히 위법하게 되는 것은 아니다(대판 2017.7.11. 2013도7896).

- [1] 노동조합의 활동이 정당하다고 하기 위하여는 행위의 성질상 노동조합의 활동으로 볼 수 있거나 노동조합의 묵시적인 수권 또는 승인을 받았다고 볼 수 있는 것으로서 근로조건의 유지개선과 근로자의 경제적 지위의 향상을 도모하기 위하여 필요하고 근로자들의 단결강화에 도움이 되는 행위이어야 하며, 취업규칙이나 단체협약에 별도의 허용규정이 있거나 관행 또는 사용자의 승낙이 있는 경우 외에는 취업시간 외에 행하여져야 하고, 사업장 내의 조합활동에 있어서는 사용자의 시설관리권에 바탕을 둔 합리적인 규율이나 제약에 따라야 하며, 폭력과 파괴행위 등의 방법에 의하지 않는 것이어야 한다. [2] 쟁의행위에 대한 찬반투표 실시를 위하여 전체 조합원이 참석할 수 있도록 근무시간 중에 노동조합 임시총회를 개최하고 3시간에 걸친 투표 후 1시간의 여흥시간을 가졌더라도 그 임시총회 개최행위가 전체적으로 노동조합의 정당한 행위에 해당한다고 본 사례(대판 1994.2.22. 93도613)

- [1] 쟁의행위가 정당행위로 위법성이 조각되는 것은 사용자에 대한 관계에서 인정되는 것이므로, 제3자의 법익을 침해한 경우에는 원칙적으로 정당성이 인정되지 않는다. 그런데 도급인은 원칙적으로 수급인 소속 근로자의 사용자가 아니므로, 수급인 소속 근로자의 쟁의행위가 도급인의 사업장에서 일어나 도급인의 형법상 보호되는 법익을 침해한 경우에는 사용자인 수급인에 대한 관계에서 쟁의행위의 정당성을 갖추었다는 사정만으로 사용자가 아닌 도급인에 대한 관계에서까지 법령에 의한 정당한 행위로서 법익 침해의 위법성이 조각된다고 볼 수는 없다. 그러나 사용자인 수급인에 대한 정당성을 갖춘 쟁의행위가 도급인의 사업장에서 이루어져 형법상 보호되는 도급인의 법익을 침해한 경우, 그것이 항상 위법하다고 볼 것은 아니고, 법질서 전체의 정신이나 그 배후에 놓여있는 사회윤리 내지 사회통념에 비추어 용인될 수 있는 행위에 해당하는 경우에는 형법 제20조의 '사회상규에 위배되지 아니하는 행위'로서 위법성이 조각된다. 이러한 경우에 해당하는지 여부는 쟁의행위의 목적과 경위, 쟁의행위의 방식·기간과 행위 태양, 해당 사업장에서 수행되는 업무의 성격과 사업장의 규모, 쟁의행위에 참여하는 근로자의 수와 이들이 쟁의행위를 행한 장소 또는 시설의 규모·특성과 종래 이용관계, 쟁의행위로 인해 도급인의 시설관리나 업무수행이 제한되는 정도, 도급인 사업장 내에서의 노동조합 활동 관행 등 여러 사정을 종합적으로 고려하여 판단하여야 한다. [2] 사용자는 쟁의행위 기간 중 그 쟁의행위로 중단된 업무의 수행을 위하여 당해 사업과 관계없는 자를 채용 또는 대체할 수 없다(노조법 제43조 제1항). 사용자가 당해 사업과 관계없는 자를 쟁의행위로 중단된 업무의 수행을 위하여 채용 또는 대체하는 경우, 쟁의행위에 참가한 근로자들이 위법한 대체근로를 저지하기 위하여 상당한 정도의 실력을 행사하는 것은 쟁의행위가 실효를 거둘 수 있도록 하기 위하여 마련된 위 규정의 취지에 비추어 정당행위로서 위법성이 조각된다. 위법한 대체근로를 저지하기 위한 실력 행사가 사회통념에 비추어 용인될 수 있는 행위로서 정당행위에 해당하는지는 그 경위, 목적, 수단과 방법, 그로 인한 결과 등을 종합적으로 고려하여 구체적인 사정 아래서 합목적적·합리적으로 고찰하여 개별적으로 판단하여야 한다(대판 2020.9.3. 2015도1927).

Ⅲ 업무로 인한 행위

1. 의 의

업무로 인한 행위란 직업의무의 정당한 수행을 위해 합목적적으로 요구되는 행위를 말한다. 이에는 의사의 치료행위와 변호사·성직자의 직무수행행위가 포함된다.

2. 종 류

(1) 의사의 치료행위

1) 의 의

치료행위란 주관적으로 치료의 목적을 가지고 객관적으로는 의술의 법칙에 맞게 행하여지는 신체침해행위를 말한다.

2) 형법상 취급

① 학설 : 상해죄의 구성요건에 해당하지만 업무로 인한 행위로 정당행위에 해당하여 위법성이 조각된다는 정당행위설, 성공한 치료행위는 물론 실패한 치료행위라도 의술의 법칙을 준수하여 시행되었다면 업무상과실치상죄의 구성요건해당성이 조각된다는 구성요건해당성조각설, 상해죄의 구성요건해당성을 인정한 후 의사의 설명의무를 전제로 하여 환자의 자기결정권을 고려한 피해자의 승낙에 의하여 위법성조각을 인정하는 피해자의 승낙설이 대립하고 있다.

② 판례 : 판례는 종래 의사의 치료행위를 업무로 인한 정당행위로 보았으나(대판 1978.11.14. 78도2388), 피해자의 승낙의 문제로 접근한 경우도 있다(대판 1993.7.27. 92도2345). 최근에는 정신과 의사가 환자를 진단목적으로 정신병원에 감금한 경우에는 감금죄의 고의나 감금행위가 부정된다고 하여 구성요건해당성조각의 문제로 본 판시도(대판 2015.10.29. 2015도8429) 있다.

③ 검토 : 생각건대 성공한 치료행위는 건강을 회복시키고 개선한 것이고, 실패한 치료행위라도 의술의 법칙을 준수하였다면 상해의 고의를 인정할 수 없을 것이므로 구성요건해당성조각설이 타당하다고 판단된다.

> **업무로 인한 행위에 해당하지 아니하는 사례**
> • [1] 의료행위에 해당하는 어떠한 시술행위가 무면허로 행하여졌을 때, 그 시술행위의 위험성의 정도, 일반인들의 시각, 시술자의 시술의 동기, 목적, 방법, 횟수, 시술에 대한 지식수준, 시술경력, 피시술자의 나이, 체질, 건강상태, 시술행위로 인한 부작용 내지 위험 발생 가능성 등을 종합적으로 고려하여 법질서 전체의 정신이나 그 배후에 놓여 있는 사회윤리 내지 사회통념에 비추어 용인될 수 있는 행위에 해당한다고 인정되는 경우에만 사회상규에 위배되지 아니하는 행위로서 위법성이 조각된다.
> [2] 의사가 모발이식시술을 하면서 이에 관하여 어느 정도 지식을 가지고 있는 간호조무사로 하여금 모발이식시술행위 중 일정 부분을 직접 하도록 맡겨둔 채 별반 관여하지 않은 것이 정당행위에 해당하지 않는다고 한 사례(대판 2007.6.28. 2005도8317).

- A의원의 원장이자 유일한 의사인 피고인 甲이 의사면허 없는 간호조무사 乙이 자신이 수술한 환자들에 대해 재수술을 맡아 하고 있다는 사실을 알면서도 월 1,000만원이라는 급여를 안정적으로 지급받으며 원장으로 계속 근무함으로써 乙의 무면허의료행위가 가능하도록 한 경우, 위 의원을 실질적으로 운영한 丙과 공동피고인인 丁 및 乙과 적어도 묵시적인 의사연결 아래 그 무면허의료행위에 가담하였다고 보아 피고인 1에게 위 무면허의료행위에 대한 공동정범으로서의 죄책이 있다(대판 2007.5.31. 2007도1977).
- 프로포폴에 의한 수면마취 시 의사는 반드시 마취 전에 환자를 문진 또는 진찰하고 환자마다 개별적으로 마취제의 투여 여부와 그 용량을 결정하여야 하며, 마취제의 투여 시에도 환자가 진정되는 깊이를 파악하고 약의 용량을 조절하기 위해 의사가 직접 투여하는 것이 원칙이고, 간호사 등에게 미리 확보되어 있는 정맥로를 통해 마취제를 투여하게 하더라도 의사가 현장에 참여하여 구체적인 지시·감독을 해야 할 의무를 부담하며, 이를 위반하여 간호사 등에게 프로포폴의 주사를 위임할 경우에는 무면허의료행위에 해당한다고 봄이 상당하므로, 피고인들은, 자신들이 운영하는 병원의 모든 시술에서 특별한 제한 없이 프로포폴을 투여하여 준다는 소문을 듣고 찾아온 사람들에게 환자에 대한 진료 및 간호사와 간호조무사에 대한 구체적인 지시·감독 없이 간호사와 간호조무사로 하여금 프로포폴을 제한 없이 투약하게 한 경우에는 무면허의료행위를 하였음을 인정할 수 있다(대판 2014.9.4. 2012도16119).

(2) 안락사

1) 의 의

안락사란 일반적으로 현대의학상 불치의 질병으로 빈사상태에 빠진 환자의 육체적 고통을 제거 또는 완화시켜 평온하게 죽게 하는 행위를 말한다.

2) 유 형

안락사에는 생명을 단축시키지 아니하고 마취제나 진정제를 투여하여 임종시에 고통을 제거하는 진정안락사와 환자의 생명을 단축시키는 부진정안락사로 구분할 수 있으며, 부진정안락사에는 고통제거의 부수적 효과로 생명단축의 위험을 수반하는 간접적 안락사와 죽음의 고통을 연장시키지 않기 위해 생명연장조치를 중단하는 소극적 안락사, 적극적으로 생명을 단절시키는 적극적·직접적 안락사로 구분할 수 있다.

3) 허용 여부

① **진정안락사** : 진정안락사는 일종의 치료행위로서 구성요건해당성이 없거나 업무로 인한 행위로 위법성이 조각된다고 보는 것이 타당하다.
② **소극적 안락사, 간접적 안락사** : 반대의 견해도 있으나 의식상실의 상태에 있는 환자로 하여금 품위있는 죽음을 맞이하도록 생명유지장치를 중단하는 존엄사도 소극적 안락사의 일종으로 볼 수 있고 소극적 안락사가 아래에서 논의할 위법성조각의 요건을 갖추면 사회상규에 위배되지 아니하는 행위에 해당하여 위법성이 조각될 수도 있다. 이러한 논의는 간접적 안락사의 경우에도 마찬가지로 적용될 수 있을 것이다.
③ **적극적·직접적 안락사** : 적극적·직접적 안락사도 간접적 안락사와 동일한 요건하에 위법성이 조각될 수 있다는 견해도 있으나 적극적·직접적 안락사는 절대적 생명보호의 원칙에 반하고 남용의 위험이 있으므로 허용되지 아니한다는 다수설이 타당하다고 판단된다.

4) 위법성조각의 요건

안락사는 ① 환자가 불치의 질병으로 사기(死期)가 임박해 있고, ② 육체적 고통이 극심하며, ③ 환자 본인이나 보호자의 진지한 촉탁이나 승낙이 있는 경우, ④ 고통완화의 목적으로, ⑤ 의사가 의학적 방법으로 시행하면서, ⑥ 그 방법이 사회윤리적으로 상당한 방법이면 기타 사회상규에 위배되지 않는 행위로서 위법성이 조각될 수 있다.

> **연명치료 중단**
>
> [1] 환자가 의사 또는 의료기관(이하 '의료인')에게 진료를 의뢰하고 의료인이 그 요청에 응하여 치료행위를 개시하는 경우에 의료인과 환자 사이에는 의료계약이 성립된다. 의료계약에 따라 의료인은 질병의 치료 등을 위하여 모든 의료지식과 의료기술을 동원하여 환자를 진찰하고 치료할 의무를 부담하며 이에 대하여 환자 측은 보수를 지급할 의무를 부담한다. 질병의 진행과 환자 상태의 변화에 대응하여 이루어지는 가변적인 의료의 성질로 인하여, 계약 당시에는 진료의 내용 및 범위가 개괄적이고 추상적이지만, 이후 질병의 확인, 환자의 상태와 자연적 변화, 진료행위에 의한 생체반응 등에 따라 제공되는 진료의 내용이 구체화되므로, 의료인은 환자의 건강상태 등과 당시의 의료수준 그리고 자기의 지식경험에 따라 적절하다고 판단되는 진료방법을 선택할 수 있는 상당한 범위의 재량을 가진다. 그렇지만 환자의 수술과 같이 신체를 침해하는 진료행위를 하는 경우에는 질병의 증상, 치료방법의 내용 및 필요성, 발생이 예상되는 위험 등에 관하여 당시의 의료수준에 비추어 상당하다고 생각되는 사항을 설명하여, 당해 환자가 그 필요성이나 위험성을 충분히 비교해 보고 그 진료행위를 받을 것인지의 여부를 선택하도록 함으로써 그 진료행위에 대한 동의를 받아야 한다. 환자의 동의는 헌법 제10조에서 규정한 개인의 인격권과 행복추구권에 의하여 보호되는 자기결정권을 보장하기 위한 것으로서, 환자가 생명과 신체의 기능을 어떻게 유지할 것인지에 대하여 스스로 결정하고 진료행위를 선택하게 되므로, 의료계약에 의하여 제공되는 진료의 내용은 의료인의 설명과 환자의 동의에 의하여 구체화된다.
>
> [2] 의학적으로 환자가 의식의 회복가능성이 없고 생명과 관련된 중요한 생체기능의 상실을 회복할 수 없으며 환자의 신체상태에 비추어 짧은 시간 내에 사망에 이를 수 있음이 명백한 경우(이하 '회복불가능한 사망의 단계')에 이루어지는 진료행위(이하 '연명치료')는, 원인이 되는 질병의 호전을 목적으로 하는 것이 아니라 질병의 호전을 사실상 포기한 상태에서 오로지 현 상태를 유지하기 위하여 이루어지는 치료에 불과하므로, 그에 이르지 아니한 경우와는 다른 기준으로 진료중단 허용가능성을 판단하여야 한다. 이미 의식의 회복가능성을 상실하여 더 이상 인격체로서의 활동을 기대할 수 없고 자연적으로는 이미 죽음의 과정이 시작되었다고 볼 수 있는 회복불가능한 사망의 단계에 이른 후에는, 의학적으로 무의미한 신체 침해 행위에 해당하는 연명치료를 환자에게 강요하는 것이 오히려 인간의 존엄과 가치를 해하게 되므로, 이와 같은 예외적인 상황에서 죽음을 맞이하려는 환자의 의사결정을 존중하여 환자의 인간으로서의 존엄과 가치 및 행복추구권을 보호하는 것이 사회상규에 부합되고 헌법정신에도 어긋나지 아니한다. 그러므로 회복불가능한 사망의 단계에 이른 후에 환자가 인간으로서의 존엄과 가치 및 행복추구권에 기초하여 자기결정권을 행사하는 것으로 인정되는 경우에는 특별한 사정이 없는 한 연명치료의 중단이 허용될 수 있다. 한편, 환자가 회복불가능한 사망의 단계에 이르렀는지 여부는 주치의의 소견뿐 아니라 사실조회, 진료기록 감정 등에 나타난 다른 전문의사의 의학적 소견을 종합하여 신중하게 판단하여야 한다.

[3] 환자가 회복불가능한 사망의 단계에 이르렀을 경우에 대비하여 미리 의료인에게 자신의 연명치료 거부 내지 중단에 관한 의사를 밝힌 경우(이하 '사전의료지시')에는, 비록 진료 중단 시점에서 자기결정권을 행사한 것은 아니지만 사전의료지시를 한 후 환자의 의사가 바뀌었다고 볼 만한 특별한 사정이 없는 한 사전의료지시에 의하여 자기결정권을 행사한 것으로 인정할 수 있다. 다만, 이러한 사전의료지시는 진정한 자기결정권 행사로 볼 수 있을 정도의 요건을 갖추어야 하므로 의사결정능력이 있는 환자가 의료인으로부터 직접 충분한 의학적 정보를 제공받은 후 그 의학적 정보를 바탕으로 자신의 고유한 가치관에 따라 진지하게 구체적인 진료행위에 관한 의사를 결정하여야 하며, 이와 같은 의사결정 과정이 환자 자신이 직접 의료인을 상대방으로 하여 작성한 서면이나 의료인이 환자를 진료하는 과정에서 위와 같은 의사결정 내용을 기재한 진료기록 등에 의하여 진료 중단 시점에서 명확하게 입증될 수 있어야 비로소 사전의료지시로서의 효력을 인정할 수 있다.

[4] 환자의 사전의료지시가 없는 상태에서 회복불가능한 사망의 단계에 진입한 경우에는 환자에게 의식의 회복가능성이 없으므로 더 이상 환자 자신이 자기결정권을 행사하여 진료행위의 내용 변경이나 중단을 요구하는 의사를 표시할 것을 기대할 수 없다. 그러나 환자의 평소 가치관이나 신념 등에 비추어 연명치료를 중단하는 것이 객관적으로 환자의 최선의 이익에 부합한다고 인정되어 환자에게 자기결정권을 행사할 수 있는 기회가 주어지더라도 연명치료의 중단을 선택하였을 것이라고 볼 수 있는 경우에는, 그 연명치료 중단에 관한 환자의 의사를 추정할 수 있다고 인정하는 것이 합리적이고 사회상규에 부합된다. 이러한 환자의 의사 추정은 객관적으로 이루어져야 한다. 따라서 환자의 의사를 확인할 수 있는 객관적인 자료가 있는 경우에는 반드시 이를 참고하여야 하고, 환자가 평소 일상생활을 통하여 가족, 친구 등에 대하여 한 의사표현, 타인에 대한 치료를 보고 환자가 보인 반응, 환자의 종교, 평소의 생활태도 등을 환자의 나이, 치료의 부작용, 환자가 고통을 겪을 가능성, 회복불가능한 사망의 단계에 이르기까지의 치료 과정, 질병의 정도, 현재의 환자 상태 등 객관적인 사정과 종합하여, 환자가 현재의 신체 상태에서 의학적으로 충분한 정보를 제공받는 경우 연명치료 중단을 선택하였을 것이라고 인정되는 경우라야 그 의사를 추정할 수 있다. 환자 측이 직접 법원에 소를 제기한 경우가 아니라면, 환자가 회복불가능한 사망의 단계에 이르렀는지 여부에 관하여는 전문의사 등으로 구성된 위원회 등의 판단을 거치는 것이 바람직하다.

[5] 담당 주치의, 진료기록 감정의, 신체 감정의 등의 견해에 따르면 환자는 현재 지속적 식물인간상태로서 자발호흡이 없어 인공호흡기에 의하여 생명이 유지되는 상태로서 회복불가능한 사망의 단계에 진입하였고, 환자의 일상생활에서의 대화 및 현 상태 등에 비추어 볼 때 환자가 현재의 상황에 관한 정보를 충분히 제공받았을 경우 현재 시행되고 있는 연명치료를 중단하고자 하는 의사를 추정할 수 있다(대판 2009.5.21. 2009다17417[전합]).

(3) 변호사 · 성직자 등의 직무수행행위

변호사 · 성직자 등의 직무수행행위는 업무로 인한 행위가 되어 위법성이 조각된다.

> **1. 업무로 인한 행위에 해당하는 사례**
> 신문은 헌법상 보장되는 언론자유의 하나로서 정보원에 대하여 자유로이 접근할 권리와 취재한 정보를 자유로이 공표할 자유를 가지므로(신문 등의 진흥에 관한 법률 제3조 제2항 참조), 종사자인 신문기자가 기사 작성을 위한 자료를 수집하기 위해 취재활동을 하면서 취재원에게 취재에 응해줄 것을 요청하고 취재한 내용을 관계 법령에 저촉되지 않는 범위 내에서 보도하는 것은 신문기자의 일상적 업무 범위에 속하는 것으로서, 특별한 사정이 없는 한 사회통념상 용인되는 행위라고 보아야 한다(대판 2011.7.14. 2011도639).

2. 업무로 인한 행위에 해당하지 아니하는 사례

- 방송사 기자인 피고인이, 구 국가안전기획부 내 정보수집팀이 대기업 고위관계자와 모 중앙일간지 사주 간의 사적 대화를 불법 녹음하여 생성한 녹음테이프와 녹취보고서로서, 1997년 제15대 대통령 선거를 앞두고 위 대기업의 여야 후보 진영에 대한 정치자금 지원 문제 및 정치인과 검찰 고위관계자에 대한 이른바 추석 떡값 지원 문제 등을 논의한 대화가 담겨 있는 도청자료를 입수한 후 그 내용을 자사의 방송프로그램을 통하여 공개한 경우, 피고인이 국가기관의 불법 녹음을 고발하기 위하여 불가피하게 위 도청자료에 담겨있던 대화 내용을 공개하였다고 보기 어렵고, 위 대화가 보도 시점으로부터 약 8년 전에 이루어져 그 내용이 보도 당시의 정치질서 전개에 직접적인 영향력을 미친다고 보기 어려운 사정 등을 고려할 때 위 대화 내용이 비상한 공적 관심의 대상이 되는 경우에 해당한다고 보기도 어려우며, 피고인이 위 도청자료의 취득에 적극적·주도적으로 관여하였다고 보는 것이 타당하고, 이를 보도하면서 대화 당사자들의 실명과 구체적인 대화 내용을 그대로 공개함으로써 수단이나 방법의 상당성을 결여하였으며, 위 보도와 관련된 모든 사정을 종합하여 볼 때 위 보도에 의하여 얻어지는 이익 및 가치가 통신비밀이 유지됨으로써 얻어지는 이익 및 가치보다 우월하다고 볼 수 없다는 이유로, 피고인의 위 공개행위가 형법 제20조의 정당행위에 해당하지 않는다(대판 2011.3.17. 2006도8839[전합]).

- 국회의원인 피고인이, 구 국가안전기획부 내 정보수집팀이 대기업 고위관계자와 중앙일간지 사주 간의 사적 대화를 불법 녹음한 자료를 입수한 후 그 대화내용과, 위 대기업으로부터 이른바 떡값 명목의 금품을 수수하였다는 검사들의 실명이 게재된 보도자료를 작성하여 자신의 인터넷 홈페이지에 게재하였다고 하여 통신비밀보호법 위반으로 기소된 경우, 피고인이 국가기관의 불법 녹음 자체를 고발하기 위하여 불가피하게 위 녹음 자료에 담겨 있던 대화 내용을 공개한 것이 아니고, 위 대화가 피고인의 공개행위시로부터 8년 전에 이루어져 이를 공개하지 아니하면 공익에 대한 중대한 침해가 발생할 가능성이 현저한 경우로서 비상한 공적 관심의 대상이 되는 경우에 해당한다고 보기 어려우며, 전파성이 강한 인터넷 매체를 이용하여 불법 녹음된 대화의 상세한 내용과 관련 당사자의 실명을 그대로 공개하여 방법의 상당성을 결여하였고, 위 게재행위와 관련된 사정을 종합하여 볼 때 위 게재에 의하여 얻어지는 이익 및 가치가 통신비밀이 유지됨으로써 얻어지는 이익 및 가치를 초월한다고 볼 수 없으므로, 피고인이 위 녹음 자료를 취득하는 과정에 위법이 없었더라도 위 행위는 형법 제20조의 정당행위에 해당한다고 볼 수 없다(대판 2011.5.13. 2009도14442).

Ⅳ 사회상규에 위배되지 않는 행위

1. 의 의

사회상규에 위배되지 않는 행위란 법질서 전체의 정신이나 그 배후의 지배적인 사회윤리 내지 사회통념에 비추어 원칙적으로 용인될 수 있는 행위를 말한다(대판 2001.2.23. 2000도4415).

2. 사회상규

(1) 의 의

사회상규란 국법질서의 존엄성을 기초로 한 국민일반의 건전한 도의감 또는 공정하게 사유하는 일반인의 건전한 윤리감정을 말한다.

(2) 판단기준

판례는 사회상규에 위배 여부를 판단하는 기준으로 행위의 동기·목적의 정당성, 행위의 수단·방법의 상당성, 보호이익과 침해이익 사이의 법익균형성, 긴급성, 보충성 등을 들고 있다(대판 1994.4.15. 93도2899).

> **사회상규에 위배되지 않는 행위인지 여부에 대한 사례**
> - 사기죄의 구성요건인 편취의 범의는 피고인이 자백하지 아니하는 이상 범행 전후의 피고인의 재력, 환경, 범행의 내용, 기망 대상 행위의 이행가능성 및 이행과정 등과 같은 객관적인 사정 등을 종합하여 판단할 수밖에 없다. 그리고 피고인이 피해자에게 불행을 고지하거나 길흉화복에 관한 어떠한 결과를 약속하고 기도비 등의 명목으로 대가를 교부받은 경우에 전통적인 관습 또는 종교행위로서 허용될 수 있는 한계를 벗어났다면 사기죄에 해당한다(대판 2017.11.9. 2016도12460).
> - 차임이나 관리비를 단 1회도 연체한 적이 없는 피해자가 임대차계약의 종료 후 임대료와 관리비를 인상하는 내용의 갱신계약 여부에 관한 의사표시나 명도의무를 지체하고 있다는 이유만으로 그 종료일로부터 16일 만에 피해자의 사무실에 대하여 단전조치를 취한 피고인의 행위는 그 권리를 확보하기 위하여 다른 적법한 절차를 취하는 것이 매우 곤란하였던 것으로 보이지 않아 그 동기와 목적이 정당하다거나 수단이나 방법이 상당하다고 할 수 없고, 또한 그에 관한 피고인의 이익과 피해자가 침해받은 이익 사이에 균형이 있는 것으로도 보이지 않으므로, 같은 취지의 원심 판단은 정당하고, 이 사건 단전조치가 사회상규에 위배되지 아니하는 정당행위라고 할 수 없고, 사무실 임대를 업으로 하는 피고인이 위와 같은 사정에서 일방적으로 취한 단전조치가 죄가 되지 않는다고 오인한 것에는 정당한 이유가 있다고 볼 수 없으므로, 정당한 이유가 있는 법률의 착오에 해당하지 아니한다(대판 2006.4.27. 2005도8074).[15]
> - 갑 아파트 입주자대표회의 회장인 피고인이 자신의 승인 없이 동대표들이 관리소장과 함께 게시한 입주자대표회의 소집공고문을 뜯어내 제거한 경우, 피고인이 위 공고문을 손괴한 조치는, 그에 선행하는 위법한 공고문 작성 및 게시에 따른 위법상태의 구체적 실현이 임박한 상황하에서 그 위법성을 바로잡기 위한 것으로 사회통념상 허용되는 범위를 크게 넘어서지 않는 행위로 볼 수 있다(대판 2021.12.30. 2021도9680).

---

15) 다음의 판례와 구별하여야 한다.
피고인이 이 사건 시장번영회의 회장으로서 시장번영회에서 제정하여 시행중인 관리규정을 위반하여 칸막이를 천장에까지 설치한 일부 점포주들에 대하여 단전조치를 한 경우, 피고인이 이러한 행위에 이르게 된 경위가 단전 그 자체를 궁극적인 목적으로 한 것이 아니라 위 관리규정에 따라 상품진열 및 시설물 높이를 규제하므로써 시장기능을 확립하기 위하여 적법한 절차를 거쳐 시행한 것이고 그 수단이나 방법에 있어서도 비록 전기의 공급이 현대생활의 기본조건이기는 하나 위 번영회를 운영하기 위한 효과적인 규제수단으로서 회원들의 동의를 얻어 시행되고 있는 관리규정에 따라 전기공급자의 지위에서 그 공급을 거절한 것이므로 정당한 사유가 있다고 볼 것이고, 나아가 제반사정에 비추어 보면 피고인의 행위는 법익권형성, 긴급성, 보충성을 갖춘 행위로서 사회통념상 허용될 만한 정도의 상당성이 있는 것이므로 피고인의 각 행위는 형법 제20조 소정의 정당행위에 해당한다(대판 1994.4.15. 93도2899).

3. 유 형[16]

(1) 징계권 없는 자의 징계행위

> 피고인 2는 피해자가 동네어른들에게 불손한 행동을 하므로 피고인은 수차 말려도 듣지 않고 동인은 급기야 피고인의 동생에게 유도를 하자고 마당으로 끌고 가서 동생을 넘어뜨리고 그 배 위에 올라타고 목을 조르고 있기에 피고인은 이를 제지하기 위하여 방빗자루로 피해자의 엉덩이를 2회 때린 경우, 피고인들의 소위는 연소한 피해자의 불손한 행위에 대하여 그 신원을 파악하고 훈계하는 한편 피해자의 행패행위를 제지하기 위한 것으로 피해자의 행위에 의하여 침해당한 피고인 1, 2의 법익에 비하여 피해자가 피고인 등의 폭행행위로 입은 신체상 침해된 법익을 교량할 때 피고인 등의 행위는 그 목적이나 수단이 상당하며 이는 사회상규에 위배되지 아니하여 위법성이 없다(대판 1978.12.13. 78도2617).

(2) 소극적 저항행위

> - 피해자가 양손으로 피고인의 넥타이를 잡고 늘어져 후경부피하출혈상을 입을 정도로 목이 졸리게 된 피고인이 피해자를 떼어놓기 위하여 왼손으로 자신의 목 부근 넥타이를 잡은 상태에서 오른손으로 피해자의 손을 잡아 비틀면서 서로 밀고 당기고 하였다면, 피고인의 그와 같은 행위는 목이 졸린 상태에서 벗어나기 위한 소극적인 저항행위에 불과하여 형법 제20조 소정의 정당행위에 해당하여 죄가 되지 아니한다(대판 1996.5.28. 96도979).
> - 피고인이 피해자로부터 며칠 간에 걸쳐 집요한 괴롭힘을 당해 온 데다가 피해자가 피고인이 교수로 재직하고 있는 대학교의 강의실 출입구에서 피고인의 진로를 막아서면서 피고인을 물리적으로 저지하려 하자 극도로 흥분된 상태에서 그 행패에서 벗어나기 위하여 피해자의 팔을 뿌리쳐서 피해자가 상해를 입게 된 경우, 피고인의 행위는 피해자의 부당한 행패를 저지하기 위한 본능적인 소극적 방어 행위에 지나지 아니하여 사회통념상 허용될 만한 정도의 상당성이 있어 위법성이 없는 정당행위라고 봄이 상당하다(대판 1995.8.22. 95도936).
> - 건설업체 노조원들이 시위의 방법으로 미리 신고하지 아니한 삼보일배 행진이 차량의 통행을 다소 방해한 경우, 사회상규에 반하지 아니하는 정당행위에 해당한다(대판 2010.4.8. 2009도11395).

(3) 권리실행행위

> - 공갈죄의 수단으로서 협박은 사람의 의사결정의 자유를 제한하거나 의사실행의 자유를 방해할 정도로 겁을 먹게 할 만한 해악을 고지하는 것을 말하고, 해악의 고지는 반드시 명시의 방법에 의할 것을 요하지 않고 언어나 거동에 의하여 상대방으로 하여금 어떠한 해악에 이르게 할 것이라는 인식을 갖게 한 것이면 족한 것이며, 이러한 해악의 고지가 비록 정당한 권리의 실현 수단으로 사용된 경우라고 하여도 그 권리실현의 수단방법이 사회통념상 허용되는 정도나 범위를 넘는 것인 이상 공갈죄의 실행에 착수한 것으로 보아야 하고, 여기서 어떠한 행위가 구체적으로 사회통념상 허용되는 정도나 범위를 넘는 것이냐의 여부는 그 행위의 주관적인 측면과 객관적인 측면, 즉 추구된 목적과 선택된 수단을 전체적으로 종합하여 판단하여야 한다(대판 1995.3.10. 94도2422).

---

[16] 사회상규에 위배되지 않는 행위로 위법성이 조각되는 경우와 그러하지 아니한 경우를 유의하여 살펴야 한다.

- 주주총회에 참석한 의결권 대리인이 회사 사무실을 뒤져 원하는 장부를 찾아낸 경우, 형법 제20조 소정의 정당행위라고 볼 수 없으므로 방실수색죄가 성립한다(대판 2001.9.7. 2001도2917).
- 피해자의 기망에 의하여 부동산을 비싸게 매수한 피고인이라도 그 계약을 취소함이 없이 등기를 피고인 앞으로 둔 채 피해자의 전매차익을 받아낼 셈으로 피해자를 협박하여 재산상의 이득을 얻거나 돈을 받았다면 이는 정당한 권리행사의 범위를 넘은 것으로서 사회통념상 용인될 수 없으므로 공갈죄를 구성한다(대판 1991.9.24. 91도1824).

(4) 일반인의 간단한 의료행위

- 일반적으로 면허 또는 자격 없이 침술행위를 하는 것은 의료법 제25조의 무면허 의료행위(한방의료행위)에 해당되어 같은 법 제66조에 의하여 처벌되어야 하고, 수지침 시술행위도 위와 같은 침술행위의 일종으로서 의료법에서 금지하고 있는 의료행위에 해당하며, 이러한 수지침 시술행위가 광범위하고 보편화된 민간요법이고, 그 시술로 인한 위험성이 적다는 사정만으로 그것이 바로 사회상규에 위배되지 아니하는 행위에 해당한다고 보기는 어렵다고 할 것이나, 수지침은 시술부위나 시술방법 등에 있어서 예로부터 동양의학으로 전래되어 내려오는 체침의 경우와 현저한 차이가 있고, 일반인들의 인식도 이에 대한 관용의 입장에 기울어져 있으므로, 이러한 사정과 함께 시술자의 시술의 동기, 목적, 방법, 횟수, 시술에 대한 지식수준, 시술경력, 피시술자의 나이, 체질, 건강상태, 시술행위로 인한 부작용 내지 위험발생 가능성 등을 종합적으로 고려하여 구체적인 경우에 있어서 개별적으로 보아 법질서 전체의 정신이나 그 배후에 놓여 있는 사회윤리 내지 사회통념에 비추어 용인될 수 있는 행위에 해당한다고 인정되는 경우에는 형법 제20조 소정의 사회상규에 위배되지 아니하는 행위로서 위법성이 조각된다고 할 것이다(대판 2000.4.25. 98도2389).
- 피고인이 행한 부항 시술행위가 보건위생상 위해가 발행할 우려가 전혀 없다고 볼 수 없는 데다가, 피고인이 한의사 자격이나 이에 관한 어떠한 면허도 없이 영리를 목적으로 위와 같은 치료행위를 한 것이고, 단순히 수지침 정도의 수준에 그치지 아니하고 부항침과 부항을 이용하여 체내의 혈액을 밖으로 배출되도록 한 것이므로, 이러한 피고인의 시술행위는 의료법을 포함한 법질서 전체의 정신이나 사회통념에 비추어 용인될 수 있는 행위에 해당한다고 볼 수는 없고, 따라서 사회상규에 위배되지 아니하는 행위로서 위법성이 조각되는 경우에 해당한다고 할 수 없다(대판 2004.10.28. 2004도3405).

(5) 관례화된 행위

후보자가 선거구 내 거주자에 대한 결혼축의금으로서 중앙선거관리위원회규칙이 정한 금액인 금 30,000원을 초과하여 금 50,000원을 지급한 사유가 후보자가 모친상 시 그로부터 받은 같은 금액의 부의금에 대한 답례취지이었다 하더라도 그것이 미풍양속으로서 사회상규에 위배되지 않는다고 볼 수 없다(대판 1999.5.25. 99도983).

제4장 책임론

제1절 책임능력

I 의 의

1. 개 념

책임능력이란 행위자가 법규범의 의미내용을 이해하여 명령과 금지를 인식할 수 있는 통찰능력과 이 통찰에 따라 행위할 수 있는 조종능력을 말한다.

2. 본 질

도의적 책임론은 책임능력을 범죄능력으로 이해하고, 사회적 책임론은 형벌능력으로 이해한다. 생각건대 사회적 책임론에 의하면 상습범인은 형벌적응능력이 없으므로 책임무능력자가 되고 명정자는 책임능력자가 된다는 문제가 있으므로 도의적 책임론에 따라 책임능력은 범죄능력으로 파악하는 것이 타당하다.

II 책임능력의 규정방법

형법 제10조는 혼합적 방법에 따라 책임능력의 유무·정도를 규정하고 있고, 제9조(형사미성년자)와 제11조(청각 및 언어 장애인)는 생물학적 방법에 의하여 규정하고 있다.

III 책임무능력자

1. 형사미성년자

(1) 의 의

형사미성년자란 14세 미만 자를 말한다. 형법 제9조는 14세 되지 아니한 자의 행위는 벌하지 아니한다고 규정하고 있다. 14세가 되지 아니하였는지의 여부는 사실문제이므로 가족관계등록부가 절대적 기준이 되는 것은 아니고 다른 증거에 의하여 실제의 연령에 대한 입증이 가능하다.

(2) 관련 판례

> 소년법이 적용되는 '소년'이란 심판시에 19세 미만인 사람을 말하므로, 소년법의 적용을 받으려면 심판시에 19세 미만이어야 한다. 따라서 소년법 제60조 제2항의 적용대상인 '소년'인지의 여부도 심판시, 즉 사실심판결 선고시를 기준으로 판단되어야 한다. 이러한 법리는 '소년'의 범위를 20세 미만에서 19세 미만으로 축소한 소년법 개정법률(2007.12.21. 법률 제8722호로 공포되어, 2008.6.22.에 시행)이 시행되기 전에 범행을 저지르고, 20세가 되기 전에 원심판결이 선고되었다고 해서 달라지지 아니한다(대판 2009.5.28. 2009도2682).

2. 심신상실자

(1) 의 의

심신상실자란 심신장애로 인하여 사물을 변별하거나 의사를 결정할 능력이 없는 자를 말한다. 형법 제10조 제1항은 혼합적 방법에 의하여 심신장애로 인하여 사물을 변별할 능력이 없거나 의사를 결정할 능력이 없는 자의 행위는 벌하지 아니한다고 규정하고 있다.

> 형법 제10조에 규정된 심신장애는 생물학적 요소로서 정신병 또는 비정상적 정신상태와 같은 정신적 장애가 있는 외에 심리학적 요소로서 이와 같은 정신적 장애로 말미암아 사물에 대한 변별능력과 그에 따른 행위통제능력이 결여되거나 감소되었음을 요하므로, 정신적 장애가 있는 자라고 하여도 범행 당시 정상적인 사물변별능력이나 행위통제능력이 있었다면 심신장애로 볼 수 없다(대판 2007.2.8. 2006도7900).

(2) 요 건

1) 생물학적 요소 – 심신장애

① 의의 : 심신장애란 정신기능의 장애를 말하는 것으로 정신병, 정신병질, 의식장애, 정신박약을 그 내용으로 하며, 명정도 병적 정신상태 또는 의식장애에 해당할 수 있다.

> **심신장애인지의 여부**
> 자신의 충동을 억제하지 못하여 범죄를 저지르게 되는 현상은 정상인에게서도 얼마든지 찾아볼 수 있는 일로서, 특단의 사정이 없는 한 위와 같은 성격적 결함을 가진 사람에 대하여 자신의 충동을 억제하고 법을 준수하도록 요구하는 것이 기대할 수 없는 행위를 요구하는 것이라고는 할 수 없으므로, 원칙적으로 충동조절장애와 같은 성격적 결함은 형의 감면사유인 심신장애에 해당하지 아니한다고 봄이 상당하지만, 충동조절장애와 같은 성격적 결함이라 할지라도 그것이 매우 심각하여 원래의 의미의 정신병을 가진 사람과 동등하다고 평가할 수 있는 경우에는 그로 인한 범행은 심신장애로 인한 범행으로 보아야 한다(대판 2006.10.13. 2006도5360).

② **판단방법** : 심신장애인지의 여부는 행위시를 기준으로 판단하고 사실문제이므로 먼저 정신과 의사의 감정을 거치는 것이 원칙이나 심신장애에 의심이 없는 경우에는 법원은 감정 없이 이를 판단할 수 있다.

> **심신장애인지의 여부의 판단방법**
> - 형법 제10조 제1항, 제2항에 규정된 심신장애의 유무 및 정도의 판단은 법률적 판단으로서 반드시 전문감정인의 의견에 기속되어야 하는 것은 아니고, 정신분열증의 종류와 정도, 범행의 동기, 경위, 수단과 태양, 범행 전후의 피고인의 행동, 반성의 정도 등 여러 사정을 종합하여 법원이 독자적으로 판단할 수 있다(대판 1999.1.26. 98도3812).
> - 피고인의 병력, 가족관계, 성장환경, 그 동안의 전력, 피고인의 범죄 횟수 및 그 시간적 간격, 각 범행 전후의 정황, 피고인에 대한 정신감정 결과 등에 비추어 피고인의 각 범행이 매우 심각한 충동조절장애와 같은 성격적 결함으로 인하여 심신장애 상태에서 순간적으로 저지른 것일 가능성도 있는데도, 원심판결이 객관적 정신감정기관을 통하여 자세한 정신감정을 다시 실시하는 등의 방법으로 심신장애 여부를 심리하지 아니한 것은 위법하다(대판 2006.10.13. 2006도5360).

2) 심리적 요소 – 사물변별능력 또는 의사결정능력의 결여

① **의의** : 사물변별능력은 법과 불법을 구별할 수 있는 통찰능력으로 지적 능력을 의미하고, 의사결정능력은 자신의 통찰에 따른 행위 조종능력 또는 통제능력, 즉 의지적 능력을 의미한다.
② **판단방법** : 사물변별능력 또는 의사결정능력의 결여 여부는 행위시를 기준으로 판단하여야 할 법적·규범적 문제에 속하기 때문에 법원은 감정인의 감정 결과에 기속되지 아니하고 독자적으로 판단할 수 있다.

> 형법상 심신상실자라고 하려면 그 범행당시에 심신장애로 인하여 사물의 시비선악을 변식할 능력이나 또 그 변식하는 바에 따라 행동할 능력이 없어 그 행위의 위법성을 의식하지 못하고 또는 이에 따라 행위를 할 수 없는 상태에 있어야 하며 범행을 기억하고 있지 않다는 사실만으로 바로 범행당시 심신상실 상태에 있었다고 단정할 수는 없다(대판 1985.5.28. 85도361).

(3) 효 과

심신상실자는 책임능력이 없기 때문에 필요적으로 책임이 조각된다. 다만, 치료감호법의 요건을 충족하는 경우에는 치료감호의 대상이 될 수 있다(치료감호법 제2조 제1항 제1호).

Ⅳ 한정책임능력자

1. 심신미약자

심신미약자란 심신장애로 인하여 사물을 변별하거나 의사를 결정할 능력이 미약한 자를 말한다. 형법 제10조 제2항은 심신상실자의 경우와 마찬가지로 혼합적 방법에 의하여 심신미약자를 규정하고 있다. 심신미약자의 형은 임의적 감경의 대상이 되고 심신미약자가 치료감호법의 요건을 충족하는 경우에는 치료감호의 대상이 될 수 있다(치료감호법 제2조 제1항 제1호).

2. 청각 및 언어장애인

청각 및 언어 장애인의 형은 감경한다(형법 제11조).

V 원인에 있어서 자유로운 행위

1. 의 의

(1) 개 념

원인에 있어서 자유로운 행위란 행위자가 고의 또는 과실로 자기를 심신상실 또는 심신미약의 상태에 빠지게 한 후 이러한 상태에서 범죄를 실행하는 것을 말한다. 형법 제10조 제3항은 위험의 발생을 예견하고 자의로 심신장애를 야기한 자의 행위에는 전2항의 규정을 적용하지 아니한다고 규정하고 있다.

(2) 문제점

행위와 책임의 동시존재의 원칙과 구성요건의 정형성을 강조하게 될 경우 발생하게 될 처벌상의 흠결을 입법적으로 해결한 우리 형법(형법 제10조 제3항)에 있어서, 이제는 "원인에 있어서 자유로운 행위의 가벌성의 근거는 무엇인가?, 원인에 있어서 자유로운 행위의 유형은 무엇인가?, 형법 제10조 제3항을 어떻게 해석하여야 하는가?"가 논제로 부각되게 된다.

2. 가벌성의 근거

(1) 학 설

1) 구성요건모델

원인에 있어서 자유로운 행위가 간접정범과 유사하다는 점을 논거로, 책임능력상태에서 이루어진 원인행위가 가벌성의 근거이자 실행행위라고 이해하는 견해이다.

2) 예외모델

행위와 책임의 동시존재의 원칙에 대한 예외로서, 원인행위와 실행행위의 불가분적 연관에 가벌성의 근거가 있고 책임능력결함상태에서의 구성요건적 행위를 실행행위라고 이해하는 견해이다.

(2) 검 토

구성요건모델은 원인에 있어서 자유로운 행위의 경우에도 행위와 책임의 동시존재원칙이 유지되는 장점이 있으나 원인행위를 실행행위로 이해함에 따라 구성요건의 정형성을 간과하여 죄형법정주의의 보장적 기능을 훼손할 우려가 있다는 점에서 예외모델이 타당하다고 판단된다.

3. 유 형

(1) 고의에 의한 원인에 있어서 자유로운 행위

1) 의 의

행위자가 이미 책임능력결함상태에서 행할 범죄에 대한 고의를 가지고 자신의 책임능력결함상태를 의도적으로 야기한 후 그 상태하에서 의도했던 범죄를 실행한 경우를 말한다.

2) 고의의 내용

행위자에게 원인행위시에 책임능력결함상태의 야기와 구성요건에 해당하는 행위의 실행에 대해 모두 고의를 가지고 있는 경우로 고의의 존부는 원인행위시를 기준으로 판단한다.

3) 실행의 착수시기

실행의 착수시기는 객관적인 구성요건의 정형을 떠나서는 논증하기 어렵다는 점에서 책임능력결함상태에서 구성요건에 해당하는 행위를 할 때(실행행위설) 실행의 착수가 있다고 보는 것이 타당하다.

(2) 과실에 의한 원인에 있어서 자유로운 행위

1) 의 의

행위자가 고의 또는 과실로 책임능력결함상태를 야기하고 그때 책임능력결함상태하에서 특정한 과실범의 구성요건을 실현할 것을 예견할 수 있었거나, 과실로 책임능력결함상태를 야기하고 그때 책임능력결함상태에서 행할 범죄에 대한 고의가 있었던 경우를 말한다.

2) 유 형

책임능력결함상태의 야기와 책임능력결함상태하에서의 범죄에 대하여 고의 또는 과실을 가졌는지의 여부에 따라 고의와 과실의 조합, 과실과 고의의 조합, 과실과 과실의 조합 등 세 가지 유형이 있을 수 있다.

3) 실행의 착수시기

고의에 의한 원인에 있어서 자유로운 행위와 마찬가지로 실행행위설이 타당하나, 과실범의 경우에는 예비와 미수를 처벌하지 아니하므로 실행의 착수시기를 논의할 실익은 없다.

4. 착오의 문제

(1) 구체적 사실의 착오 중 객체의 착오

예를 들어 甲이 A를 살해할 의도로 음주만취한 상태에서 B를 A로 오인하여 살해한 경우, 구성요건모델에 의하면 심신장애상태하에서의 객체의 착오를 정상적인 상태하에서의 객체의 착오와 동일하게 취급할 수 없으므로 전체적으로 방법의 착오로 이해한다. 예외설에 의하면 실행행위를 기준으로 고의를 판단하므로 객체의 착오가 된다.

(2) 구체적 사실의 착오 중 방법의 착오

예를 들어 甲이 A를 살해할 의도로 음주만취한 상태에서 A를 향하여 총격을 가하였으나 빗나가 B가 사망한 경우, 구성요건모델이나 예외설 어느 견해에 의하더라도 甲이 A에 대해 살인의 실행에 착수하였으나 잘못하여 B가 사망한 경우이므로 甲의 착오는 구체적 사실의 착오 중 방법의 착오에 해당한다.

5. 현행 형법의 해석

(1) 형법 제10조 제3항의 요건

1) 위험의 발생의 예견

위험의 발생이란 책임능력결함상태에서의 구성요건의 실현을 의미하며 위험발생을 예견한 경우(고의)뿐만 아니라 예견할 수 있었던 경우(과실)도 포함한다(다수설, 판례).

2) 자의에 의한 심신상태의 야기

자의에 의한 심신장애의 야기의 자의에는 고의뿐만 아니라 과실도 포함되고, 심신상실과 심신미약이 모두 포함된다. 결국 형법 제10조 제3항은 원인에 있어서 자유로운 행위의 네 가지 유형을 모두 규정하고 있다고 이해할 수 있다.

> **과실에 의한 원인에 있어서 자유로운 행위**
>
> 형법 제10조 제3항은 "위험의 발생을 예견하고 자의로 심신장애를 야기한 자의 행위에는 전2항의 규정을 적용하지 아니한다"고 규정하고 있는 바, 이 규정은 고의에 의한 원인에 있어서의 자유로운 행위만이 아니라 과실에 의한 원인에 있어서의 자유로운 행위까지도 포함하는 것으로서 위험의 발생을 예견할 수 있었는데도 자의로 심신장애를 야기한 경우도 그 적용 대상이 된다고 할 것이어서, 피고인이 음주운전을 할 의사를 가지고 음주만취한 후 운전을 결행하여 교통사고를 일으켰다면 피고인은 음주시에 교통사고를 일으킬 위험성을 예견하였는데도 자의로 심신장애를 야기한 경우에 해당하므로 위 법조항에 의하여 심신장애로 인한 감경 등을 할 수 없다(대판 1992.7.28. 92도999).

(2) 효 과

원인에 있어서 자유로운 행위는 비록 그 실행행위가 심신상실상태에서 행하여졌을지라도 면책되지 아니하며, 심신미약상태에서 행하여졌을지라도 형이 감경되지 아니한다. 다수설은 고의에 의한 원인에 있어서 자유로운 행위는 고의범으로 처벌되고 과실에 의한 원인에 있어서 자유로운 행위는 과실범 처벌 규정이 있는 경우에 한하여 과실범으로 처벌된다고 한다. 그러나 판례(대판 1992.7.28. 92도999)는 과실에 의해 심신미약상태를 야기한 원인에 있어서 자유로운 행위는 과실범이 아니라 고의범으로 처벌하고 있음을 유의하여야 한다.

제2절 위법성인식과 금지착오

I 위법성인식

1. 의 의

위법성인식은 행위자가 자신의 행위가 공동사회의 질서에 반하고 법적으로 금지되어 있다는 것을 인식하는 것을 말한다.

2. 위법성인식의 내용

행위자가 당해 행위가 전체 법질서에서 허용되지 아니한다는 것을 인식하면 족하고 가벌성에 대한 인식이나 구체적인 법규정의 인식까지 요구하는 것은 아니다. 위법성의 인식은 구성요건에 해당하는 행위가 전체 법질서에 반한다는 인식이므로 수죄의 경우 위법성인식의 존부는 실현된 개개의 구성요건에 따라 분리하여 판단될 수 있다(위법성인식의 분리가능성의 원칙).

3. 위법성인식의 체계적 지위

(1) 문제점

위법성의 인식이 책임요소로 기능한다는 데는 이론이 없으나, 책임의 구조에 있어서 위법성의 인식이 어떤 지위를 가지는지에 대하여 견해가 대립된다.

(2) 학 설[17]

책임요소인 고의의 내용으로 사실의 인식뿐만 아니라 위법성인식이 포함되어 위법성의 현실적인 인식이 필요하다는 엄격고의설, 위법성인식의 가능성으로 충분하다는 제한적 고의설, 고의는 주관적 구성요건에 속하고 위법성인식은 고의와는 분리된 독자적인 책임요소로 보아 책임조각이나 감경이 가능할 뿐이라는 책임설이 대립하고 있다.

(3) 판 례

판례는 법률의 착오는 범의를 조각하고 자신의 행위가 위법하다는 인식을 하고 있었다고 보이므로 피고인에게 적어도 미필적 고의가 있었음은 넉넉히 인정할 수 있다고 하여(대판 2006.3.9. 2003도6733) 고의설의 태도를 따르면서 금지착오가 정당한 이유가 없는 경우에는 항상 고의범으로 처벌하고 있으므로 제한적 고의설을 취하고 있는 것으로 보인다.

---

[17] 엄격책임설은 위법성조각사유에 대한 착오는 모두 금지착오에 해당되므로 위법성조각사유의 전제사실에 대한 착오도 금지착오가 된다는 견해이고, 제한적 책임설은 위법성조각사유의 존재 및 허용한계에 대한 착오는 금지착오에 해당하나 위법성조각사유의 전제사실에 대한 착오는 법적 효과에 있어서 구성요건적 착오와 동일하다고 이해하는 견해이다.

(4) 검 토

생각건대 형법이 고의(형법 제13조)와 위법성인식(형법 제16조)에 대해 별도의 규정을 둔 점에 비추어 위법성인식을 고의의 구성요소로 인식하지 아니하는 것이 입법자의 의사라고 보이므로 고의는 주관적 구성요건에 속하고 위법성인식은 고의와는 분리된 독자적인 책임요소로 이해하는 책임설이 타당하다고 판단된다.

Ⅱ 금지착오

1. 의 의

(1) 개 념

금지착오란 행위자가 행위시에 구성요건적 사실은 인식하였으나 착오로 인하여 자신의 행위가 금지규범에 위반하여 위법함을 인식하지 못한 경우를 말한다. 형법 제16조는 자기의 행위가 법령에 의하여 죄가 되지 아니하는 것으로 오인한 행위는 그 오인에 정당한 이유가 있는 때에 한하여 벌하지 아니한다고 규정하고 있다.

(2) 범 위

금지착오는 위법한 행위를 위법하지 않다고 오인하는 위법성의 소극적 착오로, 위법하지 않은 행위를 적극적으로 위법하다고 오인하는 위법성의 적극적 착오인 환각범과 구별된다.

2. 금지착오의 유형

(1) 직접적 착오

1) 의 의

직접적 착오란 행위자가 자기의 행위에 대하여 직접적으로 적용되는 금지규범 자체를 인식하지 못하여 그 행위가 허용된다고 오인한 경우를 말한다.

2) 종 류

① 법률의 부지
  ㉠ 의의 : 법률의 부지란 일정한 행위를 금지하는 규범을 전혀 알지 못하고 그 금지규범을 위반하는 행위를 하는 경우를 말한다.
  ㉡ 금지의 착오에 해당 여부
    ㉮ 학설 : 법률의 부지도 금지착오에 이르게 된 동기 중의 하나이므로 금지착오의 한 형태로 인정하는 것이 통설의 태도이다.
    ㉯ 판례 : 판례는 형법 제16조에서 "자기가 행한 행위가 법령에 의하여 죄가 되지 아니한 것으로 오인한 행위는 그 오인에 정당한 이유가 있는 때에 한하여 벌하지 아니한다."라고 규정하고 있는 것은 단순한 법률의 부지를 말하는 것이 아니고, 일반적으로 범죄가 되는

경우이지만 자기의 특수한 경우에는 법령에 의하여 허용된 행위로서 죄가 되지 아니한다고 그릇 인식하고 그와 같이 그릇 인식함에 정당한 이유가 있는 경우에는 벌하지 않는다는 취지라고 하여 법률의 부지는 법률의 착오에 포함되지 아니한다고(대판 2006.4.28. 2003도4128) 판시하고 있다.

ⓒ 검토 : 법률의 부지를 금지착오에서 배제하는 것은 피고인에게 유리한 규정을 축소하는 것이므로 죄형법정주의에 위반된다는 문제가 있어 통설의 태도에 따라 법률의 부지도 금지의 착오에 해당한다고 이해하는 것이 타당하다고 판단된다.

ⓒ 관련 판례

> **법률의 부지에 해당하는 사례**
> - 피고인은 이 사건 건물의 임차인으로서 건축법의 관계 규정을 알지 못하여 이 사건 건물을 자동차 정비공장으로 사용하는 것이 건축법상의 무단용도변경 행위에 해당한다는 것을 모르고 사용을 계속하였다는 것이므로, 이는 단순한 법률의 부지에 해당한다고 할 것이고 피고인의 소위가 특히 법령에 의하여 허용된 행위로서 죄가 되지 않는다고 그릇 인식한 경우는 아니므로 범죄의 성립에 아무런 지장이 없다고 할 것이다(대판 1995.8.25. 95도1351).
> - 부동산중개업자가 부동산중개업협회의 자문을 통하여 인원수의 제한 없이 중개보조원을 채용하는 것이 허용되는 것으로 믿고서 제한인원을 초과하여 중개보조원을 채용함으로써 부동산중개업법 위반행위에 이르게 되었다고 하더라도 그러한 사정만으로 자신의 행위가 법령에 저촉되지 않는 것으로 오인함에 정당한 이유가 있는 경우에 해당한다거나 범의가 없었다고 볼 수는 없다(대판 2000.8.18. 2000도2943).
> - 피고인은 단열재 시공 등에 대한 중간검사를 받아야 한다는 구 건축법 제7조의2의 규정을 알지 못하였다는 것이므로 이는 단순한 법률의 부지에 해당한다 할 것이고 피고인의 소위가 특히 법령에 의하여 허용된 행위로서 죄가 되지 않는다고 그릇 인식한 경우는 아니므로 범죄의 성립에 아무런 지장이 될 바 아니고, 한편 건축주인 피고인이 이 사건 건물 신축공사의 시공, 감리 등을 모두 전문가인 건축회사에 도급을 주고 그 공사에 대하여 직접 지시하거나 감독, 감리한 사실이 없다고 하더라도 피고인 자신이 건축주로 되어 있는 이상 그 건축에 관련하여 위 건축법규정 위반사실이 있는 경우에는 처벌을 면할 수 없다 할 것이다(대판 1994.4.15. 94도365).

② **효력의 착오** : 행위자가 자신의 행위에 대한 법규범이 있음을 알았으나 그 법규정이 상위규범에 위배되어 효력이 없다고 오인한 경우를 말한다.

③ **포섭의 착오** : 행위자가 구성요건적 사실은 인식하였으나 그 법률적 의미를 너무 좁게 해석하여 자기의 행위는 허용되는 것으로 오인한 경우를 말한다.

> **1. 법률의 부지에 해당하는 사례**
> [1] 형법 제16조에 자기의 행위가 법령에 의하여 죄가 되지 아니한 것으로 오인한 행위는 그 오인에 정당한 이유가 있는 때에 한하여 벌하지 아니한다고 규정하고 있는 것은 단순한 법률의 부지의 경우를 말하는 것이 아니고 일반적으로 범죄가 되는 행위이지만 자기의 특수한 경우에는 법령에 의하여 허용된 행위로서 죄가 되지 아니한다고 그릇 인식하고 그와 같이 그릇 인식함에 있어 정당한 이유가 있는 경우에는 벌하지 아니한다는 취지이다.

[2] 유흥접객업소의 업주가 경찰당국의 단속대상에서 제외되어 있는 만 18세 이상의 고등학생이 아닌 미성년자는 출입이 허용되는 것으로 알고 있었더라도 이는 미성년자보호법 규정을 알지 못한 단순한 법률의 부지에 해당하고 특히 법령에 의하여 허용된 행위로서 죄가 되지 않는다고 적극적으로 그릇 인정한 경우는 아니므로 비록 경찰당국이 단속대상에서 제외하였다 하여 이를 법률의 착오에 기인한 행위라고 할 수는 없다(대판 1985.4.9. 85도25).

2. 법률의 착오에 해당하는 사례

[1] 구 청소년보호법(이하 '법') 제2조 제1호는 청소년이라 함은 19세 미만의 자를 말한다고 규정하고 있고, 제5호 (가)목 (2)는 청소년출입금지업소의 하나로 음반·비디오물 및 게임물에 관한 법률에 의한 비디오물감상실업을 규정하고 있으며, 제6조는 이 법은 청소년유해환경의 규제에 관한 형사처벌에 있어서는 다른 법률에 우선하여 적용한다고 규정하고 있으므로, 비디오물감상실업자가 18세 이상 19세 미만의 청소년을 비디오물감상실에 출입시킨 경우에는 법 제51조 제7호, 제24조 제2항의 청소년보호법위반죄가 성립한다.

[2] 구 청소년보호법(이하 '법') 제24조 제3항이 제2항의 규정에 불구하고 청소년이 친권자 등을 동반할 때에는 대통령령이 정하는 바에 따라 출입하게 할 수 있다고 규정하고 있고, 법 시행령 제19조가 법 제24조 제2항 및 제3항의 규정에 의하여 다른 법령에서 청소년이 친권자 등을 동반할 경우 출입이 허용되는 경우 기타 다른 법령에서 청소년 출입에 관하여 특별한 규정을 두고 있는 경우에는 당해 법령이 정하는 바에 의한다고 규정하고 있으며, 구 음반·비디오물 및 게임물에 관한 법률 제8조 제3호, 제5호, 같은 법 시행령 제14조 [별표 1] 제2호 (다)목 등이 18세 미만의 자를 연소자로 규정하면서 비디오물감상실업자가 포함되는 유통관련업자의 준수사항 중의 하나로 출입자의 연령을 확인하여 연소자의 출입을 금지하도록 하고 출입문에는 "18세 미만 출입금지"라는 표시를 부착하여야 한다고 규정하고 있다고 하더라도, 법 제24조 제3항의 규정내용에 비추어 위 음반·비디오물 및 게임물에 관한 법률 및 같은 법 시행령의 규정을 다른 법령이 청소년보호법위반 행위에 대한 예외사유로서 청소년의 출입을 허용한 특별한 규정에 해당한다고 볼 수는 없다.

[3] 비디오물감상실업자가 자신의 비디오물감상실에 18세 이상 19세 미만의 청소년을 출입시킨 행위가 관련 법률에 의하여 허용된다고 믿었고, 그렇게 믿었던 것에 대하여 정당한 이유가 있는 경우에 해당한다고 한 사례(대판 2002.5.17. 2001도4077).

(2) 간접적 착오

1) 의 의

간접적 착오란 행위자가 금지된 것은 인식하였으나 자기의 경우에는 특별한 위법성조각사유가 적용되기 때문에 행위가 허용된다고 오인한 경우를 말한다.

2) 종 류

법적으로 인정된 위법성조각사유 그 자체가 없음에도 불구하고 존재하는 것으로 오인한 경우인 위법성조각사유의 존재에 대한 착오(허용규범의 착오), 위법성조각사유의 법적 한계를 오인한 경우인 위법성조각사유의 한계에 대한 착오(허용한계의 착오), 위법성조각사유의 전제사실이 존재하지 않음에도 불구하고 이를 존재한다고 오인하고 위법성조각사유에 해당하는 행위를 한 경우인 위법성조각사유의 전제사실에 대한 착오(허용구성요건의 착오)가 포함된다.

3. 금지착오의 효과

(1) 문제점

형법 제16조는 자기의 행위가 법령에 의하여 죄가 되지 아니하는 것으로 오인한 행위는 그 오인에 정당한 이유가 있는 때에 한하여 벌하지 아니한다고 하고 있는데 책임설에 의하면 금지착오는 착오에 정당한 이유가 있으면 책임이 조각되고, 정당한 이유가 없는 경우에는 고의범으로 처벌되지만 감경할 수 있는데 그치게 된다. 따라서 금지착오에서는 정당한 이유를 어떻게 해석할 것인가가 중요한 문제가 된다.

(2) 정당한 이유

정당한 이유는 위법성의 인식가능성을 전제로 한 착오의 회피가능성이 없는 경우를 의미한다고 보는 것이 통설이다. 판례는 정당한 이유를 착오에 과실이 없는 때라고 하여 통설과 같은 태도를 취하고 있다.

(3) 회피가능성

1) 의 의

책임설에 의할 때 금지착오는 회피가능성 여하에 따라 책임이 결정되므로 회피가능성은 결국 위법성의 인식가능성을 의미한다. 회피가능성의 판단기준으로 양심의 긴장설을 주장하는 견해도 있으나 법규정은 양심의 긴장에 의하여 경험되어질 수 있는 것은 아니므로 행위자가 처한 상황을 토대로 필요한 주의를 다했는지의 여부를 기준으로 회피가능성을 판단하는 지적 인식능력기준설이 타당하다고 판단된다(통설, 판례).

2) 구체적 판단기준

① 위법성인식의 계기의 존재 : 행위자에게 자신의 행위의 법적 의미에 대하여 스스로 생각하거나 제3자에게 문의·조회할 수 있는 구체적인 계기가 존재하여야 한다. 판례도 행위자에게 자기 행위의 위법의 가능성에 대해 심사숙고하거나 조회할 수 있는 계기가 있어야 한다고(대판 2006.3.24. 2005도3717) 판시하여 같은 태도를 취하고 있다. 이러한 계기의 존재 여부는 사회적·규범적 관점에서 판단하여야 한다.

② 숙고·조회의무의 이행

㉠ 숙고·조회의무의 발생 : 계기가 주어진 경우에 행위자는 자신의 행위를 스스로 심사숙고해보거나(숙고의무), 자신의 행위의 위법성을 인식하는데 이용할 수 있는 객관적인 수단에 접근하여 그 위법성 여부를 확인할 의무가 발생한다.

㉡ 판결·법률전문가·관청의 의견을 신뢰한 경우 : 원칙적으로 행위자가 법원의 판결이나 법률전문가·관청의 의견을 신뢰한 경우에는 회피가능성이 없으므로 정당한 이유가 있다.

1. **정당한 이유가 인정되는 사례**
   - 가감삼십전대보초와 한약 가지수에만 차이가 있는 십전대보초를 제조하고 그 효능에 관하여 광고를 한 사실에 대하여 이전에 검찰의 혐의없음 결정을 받은 적이 있다면, 피고인이 비록 한의사 약사 한약업사 면허나 의약품판매업 허가가 없이 의약품인 가감삼십전대보초를 판매하였다고 하더라도 자기의 행위가 법령에 의하여 죄가 되지 않는 것으로 믿을 수밖에 없었고, 또 그렇게 오인함에 있어서 정당한 이유가 있는 경우에 해당한다(대판 1995.8.25. 95도717). [18]
   - 행정청의 허가가 있어야 함에도 불구하고 허가를 받지 아니하여 처벌대상의 행위를 한 경우라도, 허가를 담당하는 공무원[제주시장(註)]이 허가를 요하지 않는 것으로 잘못 알려 주어 이를 믿었기 때문에 허가를 받지 아니한 것이라면 허가를 받지 않더라도 죄가 되지 않는 것으로 착오를 일으킨 데 대하여 정당한 이유가 있는 경우에 해당하여 처벌할 수 없다(대판 1992.5.22. 91도2525).
   - 국유재산을 대부받아 주유소를 경영하는 자가 기사식당과 휴게소가 필요하게 되어 건축허가사무 담당 공무원에게 위 국유지상에 건축물을 건축할 수 있는지의 여부를 문의하여, 비록 국유재산이지만 위 국유재산을 불하받을 것이 확실하고 또 만일 건축을 한 뒤에 위 국유재산을 불하받지 못하게 되면 건물을 즉시 철거하겠다는 각서를 제출하면 건축허가가 될 수 있다는 답변을 듣고, 건축사에게 건축물의 설계를 의뢰하여 위와 같은 내용의 각서와 함께 건축허가신청서를 제출하여 건축허가를 받고, 건물을 신축하여 준공검사를 받은 지 1년여 후에 위 국유재산을 매수하였다면, 국유재산법 제24조 제3항에 따라 기부를 전제로 한 시설물의 축조 이외에는 국유지상에 건물을 신축할 수 없는 사실을 알고 있었다 하더라도, 국유지상에 건물을 신축하여 그 국유재산을 사용·수익하는 것이 법령에 의하여 허용되는 것으로 믿었고 또 그렇게 믿을 만한 정당한 이유가 있었다고 볼 수 있다(대판 1993.10.12. 93도1888).

2. **정당한 이유가 인정되지 아니하는 사례**
   - 구 건설폐기물의 재활용촉진에 관한 법률 제16조 제1항의 위반행위를 하면서 이를 판단하는 데 직접적인 자료가 되지 않는 환경부의 질의회신을 받은 것만으로는 정당한 이유가 있는 법률의 착오에 해당하지 않는다(대판 2009.1.30. 2008도8607).
   - 다른 상호저축은행들에서도 상호저축은행법상 동일인 대출한도 제한규정을 회피하기 위하여 실질적으로는 한 사람에게 대출금이 귀속됨에도 다른 사람의 명의를 빌려 그들 사이에 형식적으로만 공동투자약정을 맺고 동일인 한도를 초과하는 대출을 받는, 이른바 '사업자쪼개기' 방식의 대출이 관행적으로 이루어져 왔으며, 금융감독원도 2008년 이전에는 이를 적발하지 못하였다는 사정만으로는 피고인들이 이 사건 대출행위가 죄가 되지 않는다고 오인하였다거나 그 오인에 정당한 이유가 있다고 볼 수 없다(대판 2010.4.29. 2009도13868).

---

18) 다음의 판례와 구별하여야 한다.
검사가 피고인들의 행위에 대하여 범죄혐의 없다고 무혐의 처리하였다가 고소인의 항고를 받아들여 재기수사명령에 의한 재수사 결과 기소에 이른 경우, 피고인들의 행위가 불기소처분 이전부터 저질러졌다면 그 무혐의 처분결정을 믿고 이에 근거하여 이루어진 것이 아님이 명백하고, 무혐의 처분일 이후에 이루어진 행위에 대하여도 그 무혐의 처분에 대하여 곧바로 고소인의 항고가 받아들여져 재기수사명령에 따라 재수사되어 기소에 이르게 된 이상, 피고인들이 자신들의 행위가 죄가 되지 않는다고 그릇 인식하는 데 정당한 이유가 있었다고 할 수 없다(대판 1995.6.16. 94도1793).

- 국회의원인 피고인이 그 보좌관을 통하여 관할 선거관리위원회 직원에게 문의하여 이 사건 의정보고서에 앞서 본 바와 같은 내용을 게재하는 것이 허용된다는 답변을 들은 것만으로는(또한, 원심도 인정하는 바와 같이 이 사건 의정보고서의 제작과 관련하여, 피고인 측에서 관할 선거관리위원회의 지도계장인 공소외 1에게 구두로 문의를 하였을 뿐 관할 선거관리위원회에 정식으로 질의를 하여 공식적인 답신을 받은 것도 아니다), 자신의 지적 능력을 다하여 이를 회피하기 위한 진지한 노력을 다 하였다고 볼 수 없고, 그 결과 자신의 행위의 위법성을 인식하지 못한 것이라고 할 것이므로 그에 대해 정당한 이유가 있다고 하기 어렵다(대판 2006.3.24. 2005도3717).[19]

ⓒ 행위자 스스로의 판단에 따른 경우 : 행위자가 법률을 올바르게 해석하고 그 효과를 판단할 수 있는 능력이 있다면 정당한 이유가 인정될 수 있다. 그러나 행위자가 직업상 필요한 교육을 받지 아니하여 위법성을 인식하지 못한 때에는 정당한 이유가 없다.

> 1. **정당한 이유가 인정되는 사례**
>   건설폐기물 처리업 허가를 받은 피고인이 예정사업지에 건설폐기물 처리시설을 설치한 후 변경허가를 받음으로써 변경허가 없이 그 시설의 소재지를 변경하였다고 하여 구 건설폐기물의 재활용촉진에 관한 법률 위반으로 기소된 경우, 피고인이 예정사업지에 시설 등을 미리 갖춘 후 실제 영업행위를 하기 전에 변경허가를 받으면 된다고 그릇 인식한 것은 정당한 이유 있는 법률의 착오에 해당한다(대판 2015.1.15. 2013도15027).
> 2. **정당한 이유가 인정되지 아니하는 사례**
>   - 일본 영주권을 가진 재일교포가 영리를 목적으로 관세물품을 구입한 것이 아니라거나 국내 입국시 관세신고를 하지 않아도 되는 것으로 착오하였다는 등의 사정만으로는 형법 제16조의 법률의 착오에 해당하지 않는다(대판 2007.5.11. 2006도1993).
>   - 사립학교인 갑 외국인학교 경영자인 피고인이 갑 학교의 교비회계에 속하는 수입을 수회에 걸쳐 을 외국인학교에 대여하였다고 하여 사립학교법 위반으로 기소된 경우, 갑 학교와 을 학교는 각각 설립인가를 받은 별개의 학교이므로 갑 학교의 교비회계에 속하는 수입을 을 학교에 대여하는 것은 구 사립학교법 제29조 제6항에 따라 금지되며, 한편 피고인은 위와 같은 대여행위가 적법한지에 관하여 관할 도교육청의 담당공무원에게 정확한 정보를 제공하고 회신을 받거나 법률전문가에게 자문을 구하는 등의 조치를 취하지 않았고, 피고인이 외국인으로서 국어에 능숙하지 못하였다거나 갑 학교 설립·운영협약의 당사자에 불과한 관할청의 소속 공무원들이 참석한 갑 학교 학교운영위원회에서 을 학교에 대한 자금 대여 안건을 보고하였다는 것만으로는 피고인이 자신의 지적 능력을 다하여 행위의 위법 가능성을 회피하기 위한 진지한 노력을 다하였다고 볼 수 없으므로, 피고인이 위와 같은 대여행위가 법률상 허용되는 것으로서 죄가 되지 않는다고 그릇 인식하고 있었더라도 그와 같이 그릇된 인식에 정당한 이유가 없다(대판 2017.3.15. 2014도12773).

---

19) 다음의 판례와 구별하여야 한다.
   광역시의회 의원이 선거구민들에게 의정보고서를 배부하기에 앞서 미리 관할 선거관리위원회 소속 공무원들에게 자문을 구하고 그들의 지적에 따라 수정한 의정보고서를 배부한 경우에는 형법 제16조에 해당하여 벌할 수 없다(대판 2005.6.10. 2005도835).

III 위법성조각사유의 전제사실에 대한 착오

1. 의 의

(1) 개 념
위법성조각사유의 전제사실에 대한 착오는 행위자가 존재하지 않는 위법성조각사유의 객관적 전제사실이 존재한다고 오인하고 위법성조각사유에 해당하는 행위를 한 경우를 말한다.

(2) 구 별
위법성조각사유의 객관적 전제사실은 사실관계에 관한 것이기는 하나 객관적 구성요건요소는 아니라는 점에서 구성요건적 착오와 구별되고, 허용규범에 대한 착오가 아니라 허용되는 상황에 대한 착오라는 점에서 금지착오와 구별된다.

2. 형법적 취급

(1) 학 설
위법성조각사유의 전제사실에 대한 착오는 위법성조각사유의 부존재에 대한 인식이 없기 때문에 구성요건적 착오로서 고의가 조각되고 과실범의 문제가 된다는 소극적 구성요건표지이론, 행위자는 구성요건적 사실을 인식하였으므로 구성요건적 고의와 고의불법은 인정되나, 자기행위의 위법성을 인식하지 못하였으므로 금지착오가 된다는 엄격책임설, 행위자에게는 구성요건적 불법을 실현하려는 의사가 결여되어 행위반가치를 인정할 수 없기 때문에 구성요건적 착오에 관한 규정을 유추적용하여 불법고의가 조각된다는 유추적용설, 구성요건적 고의와 고의불법은 인정되지만, 행위자는 법질서를 수호한다는 심정으로 한 것이어서 심정반가치를 인정할 수 없으므로 책임고의가 조각되어 그 법적 효과에 있어서만 구성요건적 고의가 조각된 것처럼 과실범의 문제로 취급하자는 법효과제한적 책임설이 대립하고 있다.

(2) 판 례
판례는 중대장과 함께 외출나간 그 처로부터 마중을 나오라는 연락을 받고 피고인이 당번병으로서 당연히 해야 할 일로 생각하고 동인을 마중하여 그 다음 날에 귀가하였다면 위와 같은 당번병의 관사이탈 행위는 중대장의 직접적인 허가를 받지 아니하였다 하더라도 당번병으로서의 그 임무범위 내에 속하는 일로 오인하고 한 행위로서 그 오인에 정당한 이유가 있어 위법성이 없다고 볼 것이라고 (대판 1986.10.28. 86도1406) 하거나, 피고인이 복싱클럽 관장과 회원인 피해자의 몸싸움을 지켜보던 중 피해자가 왼손을 주머니에 넣어 휴대용 녹음기를 꺼내어 움켜쥐자 피해자의 왼손 주먹을 강제로 펴게 함으로써 관장과 동시에 피해자를 폭행하여 피해자에게 약 4주간의 치료가 필요한 상해를 가한 행위는 휴대용 녹음기를 위험한 물건으로 착각하여 피해자로부터 빼앗기 위한 것으로 피고인이 피해자의 행동을 오인함에 정당한 이유가 있었음을 뒷받침하는 사정에 해당한다고(대판 2023.11.2. 2023도10768) 하면서, 착오의 정당성을 심사하여 위법성조각 여부를 결정하는 태도를 취하고 있다.

(3) 검 토

생각건대 행위자에게 고의불법을 인정하더라도 그 착오를 고려하면 고의범으로서의 책임을 지울 만한 심정반가치는 인정할 수 없으므로 법효과제한적 책임설이 타당하다고 판단된다.

3. 위법성조각사유의 전제사실에 대한 착오에 빠진 자에게 악의로 가담한 자의 죄책

(1) 문제점

악의로 가담한 자에게 전제사실의 착오에 빠진 자에 대한 의사지배가 인정되는지 여부에 따라 간접정범 또는 교사범의 성립 여부와 그 범위가 문제된다.

(2) 의사지배가 인정될 경우

1) 간접정범의 성립 여부[20]

의사지배가 인정될 경우 소극적 구성요건표지이론, 유추적용설, 법효과제한적 책임설에 의하면 악의가담자는 과실범으로 처벌되는 자를 도구로 이용한 경우에 해당하므로 간접정범이 성립할 수 있다. 그러나 엄격책임설이나 판례이론에 의할 경우에는 피이용자는 고의범으로 처벌되기 때문에 악의가담자는 간접정범으로 처벌되지 아니하고 교사범으로 처벌될 수 있을 뿐임을 유의하여야 한다.

2) 간접정범의 성립 범위

간접정범은 공범의 불법과는 독립적으로 자신의 불법에 따라 범죄가 성립하게 되므로 악의가담자에게 간접정범이 성립하면 그 성립 범위는 간접정범의 독자적인 견지에서 정해진다.

(3) 의사지배가 부정될 경우

1) 교사범의 성립 여부

의사지배가 부정될 경우 소극적 구성요건표지이론, 유추적용설에 의하면 악의가담자에게 교사범이 성립할 수 없다. 엄격책임설, 판례이론에 의하면 교사범이 성립하는 것은 당연하나, 법효과제한적 책임설에 의하더라도 피이용자인 전제사실의 착오에 빠진 자에게는 고의불법을 인정할 수 있으므로 교사범이 성립할 수 있다고 판단된다.

2) 교사범의 성립 범위

교사범은 정법의 불법에 종속하여 성립하기 때문에 교사범은 피이용자인 전제사실의 착오에 빠진 자가 고의로 실현한 불법까지 성립하게 된다.

---

[20] 엄격책임설이나 판례이론에 대한 논의는 피이용자에게 착오에 대한 정당한 이유가 없는 것을 전제로 한 것이고 정당한 이유가 있다면 엄격책임설에서는 책임이 조각되고, 판례이론에 의하면 위법성이 조각되므로 간접정범이 당연히 성립한다고 보아야 한다.

제3절 기대가능성

I 기대가능성이론

1. 의 의

기대가능성이란 행위시에 구체적 사정으로 보아 행위자가 범죄행위를 하지 않고 적법행위를 할 것을 기대할 수 있는 가능성을 의미한다.

2. 기대가능성이론의 기능

기대불가능성은 초법규적 책임조각사유로서의 기능을 하게 되고 기대가능성은 개개의 형벌법규를 해석하는데 그 범위와 한계를 설정하고 법관에게 모든 정황을 고려하여 판단을 할 수 있게 하는 실정형법규정의 보정기능을 수행한다.

3. 기대가능성의 판단기준

기대가능성의 판단기준에 대하여 행위자표준설, 국가표준설, 평균인표준설 등이 대립하고 있으나, 통설, 판례(대판 2004.7.15. 2004도2965[전합])는 행위 당시의 구체적 상황하에 행위자 대신에 사회적 평균인을 두고 이 평균인의 관점에서 기대가능성 유무를 판단하여야 할 것이라고 하여 평균인표준설을 따르고 있다.

4. 기대가능성에 대한 착오

(1) 기대가능성의 존재와 한계에 대한 착오

기대가능성의 유무는 행위자가 스스로 판단할 성질의 것이 아니므로 이러한 착오는 법적으로 무의미하다.

(2) 기대가능성의 기초가 되는 행위상황에 대한 착오

기대불가능한 사정이 없음에도 그것이 존재한다고 오인한 경우로서 자신의 생명·신체에 대한 폭행·협박이 없음에도 폭행·협박이 있다고 오인하고 그러한 상황에서 한 행위를 말한다. 이 경우는 고유한 형태의 착오로 취급하여 금지착오에 따라 해결하는 것이 다수설의 태도이다.

Ⅱ 강요된 행위

1. 의 의

강요된 행위란 저항할 수 없는 폭력이나 자기 또는 친족의 생명·신체에 대한 위해를 방어할 방법이 없는 협박에 의하여 강요된 행위를 말한다. 형법 제12조는 저항할 수 없는 폭력이나 자기 또는 친족의 생명, 신체에 대한 위해를 방어할 방법이 없는 협박에 의하여 강요된 행위는 벌하지 아니한다고 규정하고 있다.

2. 강요된 행위의 성립 요건

(1) 강제상태

1) 저항할 수 없는 폭력

절대적 폭력하에서 피강요자의 행위는 형법상의 행위라고 할 수 없으므로 여기서의 폭력은 강제적 폭력 또는 심리적 폭력을 의미하고 절대적 폭력은 제외된다. 저항가능성의 여부는 폭력 자체의 강도와 성질 및 피강요자의 특수성 등 구체적인 사정을 종합적으로 고려하여 판단한다.

2) 방어할 방법이 없는 협박

① **자기나 친족의 생명·신체에 대한 위해** : 친족의 범위는 민법에 의하여 정하여지며 내연관계에 있는 사실상의 부부나 혼외자·사생자도 본죄의 입법취지를 고려하여 포함된다고 하는 것이 통설이다. 생명·신체 이외의 법익에 대한 위해의 경우에는 초법규적 책임조각사유가 문제된다.

② **방어할 방법이 없는 협박** : 방어할 방법이 없다는 것은 피강요자가 강요된 행위를 하는 것 이외에는 다른 행위를 할 수 없을 정도로 의사결정의 자유를 침해하는 것을 말하며 피강요자가 강요된 행위를 하는 것이 위해를 피하기 위한 유일한 방법이어야 한다(보충성의 원리). 방어할 방법이 없는지 여부는 해악을 고지할 당시의 구체적 사정이나 피강요자의 능력 등을 종합적으로 고려하여 판단한다.

3) 자초한 강제상태

기대불가능한 상황을 자초한 경우에는 행위자에게 적법행위에 대한 기대가능성이 없다고 할 수 없어 형법 제12조의 강요된 행위라고 할 수 없다.

(2) 강요된 행위

강요된 행위란 폭행·협박으로 의사결정이나 활동의 자유가 침해된 상태에서 부득이하게 하게 된 행위를 말한다. 피강요자의 행위는 구성요건에 해당하고 위법하여야 하며 피강요자에게는 강요된 상태에서 부득이 위난을 피한다는 인식이 있어야 한다. 또한 폭력·협박과 강요된 행위 사이에는 인과관계가 존재하여야 한다. 인과관계가 인정되지 아니하는 경우에는 피강요자의 책임은 조각되지 아니하고 강요자와 공범이 될 수 있다.

3. 강요된 행위의 효과

피강요자의 행위는 적법행위에 대한 기대가능성이 없기 때문에 책임이 조각된다. 강요자는 우월한 의사에 의한 의사지배로 피강요자를 자유 없는 도구로 이용한 것이므로 강요한 범죄의 간접정범이 성립하고 강요죄와 상상적 경합이 성립한다.

4. 관련 판례

> **기대가능성의 인정 여부에 대한 사례**
> - [1] 위증죄의 의의 및 보호법익, 형사소송법에 규정된 증인신문절차의 내용, 증언거부권의 취지 등을 종합적으로 살펴보면, 증인신문절차에서 법률에 규정된 증인 보호를 위한 규정이 지켜진 것으로 인정되지 않은 경우에는 증인이 허위의 진술을 하였다고 하더라도 위증죄의 구성요건인 "법률에 의하여 선서한 증인"에 해당하지 아니한다고 보아 이를 위증죄로 처벌할 수 없는 것이 원칙이다. 다만, 법률에 규정된 증인 보호절차라 하더라도 개별 보호절차 규정들의 내용과 취지가 같지 아니하고, 당해 신문 과정에서 지키지 못한 절차 규정과 그 경위 및 위반의 정도 등 제반 사정이 개별 사건마다 각기 상이하므로, 이러한 사정을 전체적·종합적으로 고려하여 볼 때, 당해 사건에서 증인 보호에 사실상 장애가 초래되었다고 볼 수 없는 경우에까지 예외 없이 위증죄의 성립을 부정할 것은 아니라고 할 것이다. [2] 증언거부권 제도는 증인에게 증언의무의 이행을 거절할 수 있는 권리를 부여한 것이고, 형사소송법상 증언거부권의 고지 제도는 증인에게 그러한 권리의 존재를 확인시켜 침묵할 것인지 아니면 진술할 것인지에 관하여 심사숙고할 기회를 충분히 부여함으로써 침묵할 수 있는 권리를 보장하기 위한 것임을 감안할 때, 재판장이 신문 전에 증인에게 증언거부권을 고지하지 않은 경우에도 당해 사건에서 증언 당시 증인이 처한 구체적인 상황, 증언거부사유의 내용, 증인이 증언거부사유 또는 증언거부권의 존재를 이미 알고 있었는지 여부, 증언거부권을 고지 받았더라도 허위진술을 하였을 것이라고 볼 만한 정황이 있는지 등을 전체적·종합적으로 고려하여 증인이 침묵하지 아니하고 진술한 것이 자신의 진정한 의사에 의한 것인지 여부를 기준으로 위증죄의 성립 여부를 판단하여야 한다. 그러므로 헌법 제12조 제2항에 정한 불이익 진술의 강요금지 원칙을 구체화한 자기부죄거부특권에 관한 것이거나 기타 증언거부사유가 있음에도 증인이 증언거부권을 고지받지 못함으로 인하여 그 증언거부권을 행사하는 데 사실상 장애가 초래되었다고 볼 수 있는 경우에는 위증죄의 성립을 부정하여야 할 것이다(대판 2010.1.21. 2008도942[전합]).
> - [1] 피고인에게 적법행위를 기대할 가능성이 있는지 여부를 판단하기 위하여는 행위 당시의 구체적인 상황하에 행위자 대신에 사회적 평균인을 두고 이 평균인의 관점에서 그 기대가능성 유무를 판단하여야 한다. 또한, 자기에게 형사상 불리한 진술을 강요당하지 아니할 권리가 결코 적극적으로 허위의 진술을 할 권리를 보장하는 취지는 아니며, 이미 유죄의 확정판결을 받은 경우에는 일사부재리의 원칙에 의해 다시 처벌되지 아니하므로 증언을 거부할 수 없는바, 이는 사실대로의 진술, 즉 자신의 범행을 시인하는 진술을 기대할 수 있기 때문이다. 이러한 점 등에 비추어 보면, 이미 유죄의 확정판결을 받은 피고인은 공범의 형사사건에서 그 범행에 대한 증언을 거부할 수 없을 뿐만 아니라 나아가 사실대로 증언하여야 하고, 설사 피고인이 자신의 형사사건에서 시종일관 그 범행을 부인하였다 하더라도 이러한 사정은 위증죄에 관한 양형참작사유로 볼 수 있음은 별론으로 하고 이를 이유로 피고인에게 사실대로 진술할 것을 기대할 가능성이 없다고 볼 수는 없다. [2] 자신의 강도상해 범행을 일관되게 부인하였으나 유죄판결이 확정된 피고인이 별건으로 기소된 공범의 형사사건에서 자신의 범행사실을 부인하는 증언을 한 사안에서, 피고인에게 사실대로 진술할 기대가능성이 있으므로 위증죄가 성립한다고 판단한 사례(대판 2008.10.23. 2005도10101).

제5장 미수론

제1절 장애미수

I 의 의

1. 개 념

장애미수란 행위자가 의외의 장애로 인하여 자신의 의사에 반하여 범죄를 완성하지 못한 경우를 말한다. 형법 제25조 제1항은 범죄의 실행에 착수하여 행위를 종료하지 못하였거나 결과가 발생하지 아니한 때에는 미수범으로 처벌한다고 규정하고 있다.

2. 구별 개념

중지미수의 결과의 불발생(범죄의 미완성)은 자의에 의한 중지로 인한 것이지만 장애미수의 범죄의 미완성은 비자의적인 장애 때문이라는 점에서 구별되고, 불능미수는 결과발생이 처음부터 불가능한 경우이지만 장애미수는 결과발생은 가능하였던 경우라는 점에서 구별된다.

II 장애미수의 성립요건

1. 주관적 구성요건

미수범이 성립하기 위하여는 행위자에게 무조건적인 구성요건 실현의사인 확정적 행위의사가 있어야 한다. 또한 기수의 고의가 있어야 하므로 행위자가 처음부터 미수에 그치겠다는 고의(미수의 고의)만을 가진 때에는 미수범으로 처벌할 수 없고, 범행실현의 의사를 내용으로 하는 범행고의이어야 하므로 과실범의 미수는 생각할 수 없다. 고의 이외에 목적범의 목적이나 불법영득의사 등 특별한 주관적 구성요건요소가 필요한 범죄에서는 이도 주관적 구성요건요소가 된다.

> **기수의 고의 여부**
> [1] 주거침입죄는 사실상의 주거의 평온을 보호법익으로 하는 것이므로, 반드시 행위자의 신체의 전부가 범행의 목적인 타인의 주거 안으로 들어가야만 성립하는 것이 아니라 신체의 일부만 타인의 주거 안으로 들어갔다고 하더라도 거주자가 누리는 사실상의 주거의 평온을 해할 수 있는 정도에 이르렀다면 범죄구성요건을 충족하는 것이라고 보아야 하고, 따라서 주거침입죄의 범의는 반드시 신체의 전부가 타인의 주거 안으로 들어간다는 인식이 있어야만 하는 것이 아니라 신체의 일부라도 타인의 주거 안으로 들어간다는 인식이 있으면 족하다.
> [2] [1]의 범의로써 예컨대 주거로 들어가는 문의 시정장치를 부수거나 문을 여는 등 침입을 위한 구체적 행위를 시작하였다면 주거침입죄의 실행의 착수는 있었다고 보아야 하고, 신체의 극히 일부분이 주거 안으로 들어갔지만 사실상 주거의 평온을 해하는 정도에 이르지 아니하였다면 주거침입죄의 미수에 그친다.

[3] 야간에 타인의 집의 창문을 열고 집 안으로 얼굴을 들이미는 등의 행위를 하였다면 피고인이 자신의 신체의 일부가 집 안으로 들어간다는 인식하에 하였더라도 주거침입죄의 범의는 인정되고, 또한 비록 신체의 일부만이 집 안으로 들어갔다고 하더라도 사실상 주거의 평온을 해하였다면 주거침입죄는 기수에 이르렀다고 보아야 한다(대판 1995.9.15. 94도2561).

2. 객관적 구성요건

(1) 실행의 착수

범죄구성요건을 실현하는 실행행위의 개시로 실행의 착수는 형식적으로는 예비·음모와 미수의 구별기준이 되고 실질적으로는 불가벌적 불능범과 불능미수를 구별하는 기준이 된다.

1) 실행의 착수시기

① 학설 : 엄격한 의미의 구성요건에 해당하는 정형적인 행위 또는 그 일부를 개시한 때에 실행의 착수가 있다고 하는 형식적 객관설, 구성요건적 행위와 필연적으로 결합되어 있는 행위가 있을 때(Frank 공식) 또는 법익침해 또는 구성요건적 행위에 대한 밀접한 행위가 있을 때(밀접행위설) 실행의 착수가 있다고 하는 실질적 객관설, 범죄의사를 명백하게 인정할 수 있는 외부적 행위가 있을 때 또는 범죄의사의 비약적 표동이 있을 때 실행의 착수가 있다는 주관설, 행위자의 전체 범행계획에 비추어 구성요건 실현에 대한 직접적 위험이 있는 행위가 개시된 때 실행의 착수가 있다고 하는 절충설의 대립이 있다.

② 판례 : 판례는 절도죄의 실행의 착수시기를 재물에 대한 사실상의 지배를 침해하는데 밀접한 행위가 개시된 때에 그 실행의 착수가 있다고 판시함으로 실질적 객관설의 태도(대판 2003.6.24. 2003도1985)를 취하고 있다. 다만, 간첩죄에서는 주관설을, 방화죄에서는 형식적 객관설의 입장인 것으로 보인다.

③ 검토 : 범죄의 실현에는 주관적 요건과 객관적 요건이 모두 필요하므로 양자를 모두 고려하는 실질적 객관설의 태도가 타당하다고 판단된다.

> **개별범죄의 실행의 착수시기에 대한 사례**
> - 외국환거래법 제28조 제1항 제3호에서 규정하는, 신고를 하지 아니하거나 허위로 신고하고 지급수단·귀금속 또는 증권을 수출하는 행위는 지급수단 등을 국외로 반출하기 위한 행위에 근접·밀착하는 행위가 행하여진 때에 그 실행의 착수가 있다고 할 것인데, 피고인이 일화 500만 ¥은 기탁화물로 부치고 일화 400만 ¥은 휴대용 가방에 넣어 국외로 반출하려고 하는 경우에, 500만 ¥에 대하여는 기탁화물로 부칠 때 이미 국외로 반출하기 위한 행위에 근접·밀착한 행위가 이루어졌다고 보아 실행의 착수가 있었다고 할 것이지만, 휴대용 가방에 넣어 비행기에 탑승하려고 한 나머지 400만 ¥에 대하여는 그 휴대용 가방을 보안검색대에 올려 놓거나 이를 휴대하고 통과하는 때에 비로소 실행의 착수가 있다고 볼 것이고, 피고인이 휴대용 가방을 가지고 보안검색대에 나아가지 않은 채 공항 내에서 탑승을 기다리고 있던 중에 체포되었다면 일화 400만 ¥에 대하여는 실행의 착수가 있다고 볼 수 없다(대판 2001.7.27. 2000도4298).

- [1] 주거침입강제추행죄 및 주거침입강간죄 등은 사람의 주거 등을 침입한 자가 피해자를 간음, 강제추행 등 성폭력을 행사한 경우에 성립하는 것으로서, 주거침입죄를 범한 후에 사람을 강간하는 등의 행위를 하여야 하는 일종의 신분범이고, 선후가 바뀌어 강간죄 등을 범한 자가 그 피해자의 주거에 침입한 경우에는 이에 해당하지 않고 강간죄 등과 주거침입죄 등의 실체적 경합범이 된다. 그 실행의 착수시기는 주거침입 행위 후 강간죄 등의 실행행위에 나아간 때이다.
- [2] 강간죄는 사람을 강간하기 위하여 피해자의 항거를 불능하게 하거나 현저히 곤란하게 할 정도의 폭행 또는 협박을 개시한 때에 그 실행의 착수가 있다고 보아야 할 것이지, 실제 간음행위가 시작되어야만 그 실행의 착수가 있다고 볼 것은 아니다. 유사강간죄의 경우도 이와 같다(대판 2021.8.12. 2020도17796).[21]

2) 총칙상 공통된 범죄유형과 실행의 착수시기

간접정범은 이용자가 피이용자를 이용하기 시작한 때, 공동정범은 공동정범자 전체의 행위를 기초로 하여 전체 공동정범 중 어느 한 사람이라도 실행행위를 직접적으로 개시한 때, 교사범·종범의 경우에는 공범의 종속성으로 인하여 정범의 실행행위가 있는 때, 원인에 있어서 자유로운 행위는 심신장애 상태에서 구성요건에 해당하는 행위를 한 때, 부진정부작위범은 부작위로 인하여 보호법익에 대한 구체적이고 직접적인 위험을 초래하거나 기존의 위험이 증대된 때에 실행의 착수가 있다.

(2) 결과의 불발생(범죄의 미완성)

장애미수가 성립하기 위해서는 결과가 발생하지 아니하거나 결과가 발생한 경우에도 인과관계와 객관적 귀속이 부정되는 경우이어야 한다.

Ⅲ 장애미수의 처벌

미수범의 형은 기수범보다 감경할 수 있다(형법 제25조 제2항). 감경할 수 있는 형은 주형에 한하며 부가형 또는 보안처분에 대하여는 이를 감경할 수 없다. 그러나 징역형과 벌금형을 병과한 경우에는 양자 모두 감경할 수 있다.

---

21) 구 성폭력범죄의 처벌 등에 관한 특례법 위반(주거침입유사강간)죄는 먼저 주거침입죄를 범한 후 유사강간 행위에 나아갈 때 비로소 성립되는데, 피고인은 여자화장실에 들어가기 전에 이미 유사강간죄의 실행행위를 착수하였고 결국 피고인이 그 실행행위에 착수할 때에는 구 성폭력범죄의 처벌 등에 관한 특례법 위반(주거침입유사강간)죄를 범할 수 있는 지위, 즉 '주거침입죄를 범한 자'에 해당되지 아니함에도 원심은 이와 달리 피고인이 유사강간죄의 실행행위에 나아가기 전에 '주거침입죄를 범한 자'의 신분을 갖추었는지에 대하여는 살피지 아니한 채, 주점 여자화장실의 소유자나 관리자에 대해 주거침입죄가 인정된다는 이유로 이 부분 공소사실을 유죄로 판단하였다. 이러한 원심의 판단에는 구 성폭력범죄의 처벌 등에 관한 특례법 위반(주거침입유사강간)죄의 성립에 관한 법리를 오해한 잘못이 있다고 한 사례(대판 2021.8.12. 2020도17796)

제2절 중지미수

I 의 의

1. 개 념

중지미수란 범죄의 실행에 착수한 자가 그 범죄의 기수에 이르기 전에 자의로 범행을 중지하거나 범행으로 인한 결과의 발생을 방지한 경우를 말한다. 형법 제26조는 범인이 실행에 착수한 행위를 자의(自意)로 중지하거나 그 행위로 인한 결과의 발생을 자의로 방지한 경우에는 형을 감경하거나 면제한다고 규정하고 있다.

2. 구별 개념

중지미수는 결과의 발생은 가능하였다는 점에서 처음부터 결과의 발생이 불가능했던 불능미수와 구별된다.

II 중지미수의 성립요건

1. 주관적 구성요건 - 자의성

(1) 의 의

중지미수가 성립하기 위해서는 고의, 확정적 행위의사가 필요하고, 특수한 주관적 구성요건요소로 자의성이 있어야 한다.

(2) 판단기준

1) 학 설

외부적 사정과 내부적 동기를 구별하여 외부적 사정으로 범죄가 미완성에 그친 경우에는 장애미수이고 내부적 동기에 의한 경우에는 중지미수라는 객관설, 후회, 동정 등 윤리적 동기에 의한 경우라면 중지미수라는 주관설, 할 수 있었음에도 불구하고 하기를 원하지 않아 중지하면 중지미수이고 할 수가 없어서 중지한 경우에는 장애미수라는 Frank의 공식, 일반사회통념상 범죄수행에 장애가 될 만한 사유가 없음에도 중지한 경우에는 중지미수이고 그러한 강제사유가 있어서 중지한 경우에는 장애미수라는 절충설, 중지의 동기가 합법성으로의 회귀, 법의 궤도로의 회귀인 경우에는 중지미수이고 그렇지 않은 경우에는 장애미수라는 규범설이 대립하고 있다.

2) 판 례

판례는 범죄의 실행행위에 착수하고 그 범죄가 완수되기 전에 자기의 자유로운 의사에 따라 범죄의 실행행위를 중지한 경우에 그 중지가 일반 사회통념상 범죄를 완수함에 장애가 되는 사정에 의한 것이 아니라면 이는 중지미수에 해당한다고 할 것이라고(대판 1999.4.13. 99도640) 하여 절충설의 태도를 취하고 있다고 보인다.

3) 검 토

자의성은 행위자가 주관적으로 인식한 사실을 기초로 그의 내부적 동기를 고려하여 판단하여야 하므로 절충설이 타당하다고 판단된다. 절충설에 의하면 막연한 심리적 두려움(내심상의 발각 내지 형벌의 두려움)은 자의성이 인정되지만 외부사정의 불이익한 변화로 인한 발각·고소·체포의 두려움에 의하여 중지한 경우에는 타율적 동기에 의한 중지이므로 자의성이 부정된다.

> 1. 자의성이 인정되는 사례
>   피고인이 피해자를 강간하려다가 피해자의 다음 번에 만나 친해지면 응해 주겠다는 취지의 간곡한 부탁으로 인하여 그 목적을 이루지 못한 후 피해자를 자신의 차에 태워 집까지 데려다 주었다면 피고인은 자의로 피해자에 대한 강간행위를 중지한 것이고 피해자의 다음에 만나 친해지면 응해 주겠다는 취지의 간곡한 부탁은 사회통념상 범죄실행에 대한 장애라고 여겨지지는 아니하므로 피고인의 행위는 중지미수에 해당한다(대판 1993.10.12. 93도1851).
> 2. 자의성이 인정되지 아니하는 사례
>   - 범행 당일 미리 제보를 받은 세관직원들이 범행장소 주변에 잠복근무를 하고 있어 그들이 왔다 갔다하는 것을 본 피고인이 범행의 발각을 두려워한 나머지 자신이 분담하기로 한 실행행위에 이르지 못한 경우, 이는 피고인의 자의에 의한 범행의 중지가 아니어서 형법 제26조 소정의 중지범에 해당한다고 볼 수 없다(대판 1986.1.21. 85도2339).
>   - 피고인이 甲에게 위조한 예금통장 사본 등을 보여주면서 외국회사에서 투자금을 받았다고 거짓말 하며 자금 대여를 요청하였으나, 甲과 함께 그 입금 여부를 확인하기 위해 은행에 가던 중 은행 입구에서 차용을 포기하고 돌아가 사기미수로 기소된 경우, 피고인이 범행이 발각될 것이 두려워 범행을 중지한 것으로서 일반 사회통념상 범죄를 완수함에 장애가 되는 사정에 해당하여 자의에 의한 중지미수로 볼 수 없다(대판 2011.11.10. 2011도10539).
>   - 피고인이 장롱 안에 있는 옷가지에 불을 놓아 건물을 소훼하려 하였으나 불길이 치솟는 것을 보고 겁이 나서 물을 부어 불을 끈 것이라면, 위와 같은 경우 치솟는 불길에 놀라거나 자신의 신체안전에 대한 위해 또는 범행 발각시의 처벌 등에 두려움을 느끼는 것은 일반 사회통념상 범죄를 완수함에 장애가 되는 사정에 해당한다고 보아야 할 것이므로, 이를 자의에 의한 중지미수라고는 볼 수 없다(대판 1997.6.13. 97도957).

2. 객관적 구성요건

(1) 실행의 착수
중지미수의 경우에도 장애미수와 마찬가지로 실행의 착수에 나아가야 한다.

(2) 실행의 중지 또는 결과의 방지

1) 착수미수와 실행미수의 의의

착수미수란 행위자가 실행에 착수하였으나 실행행위를 종료하지 못한 경우이고, 실행미수란 행위자가 실행에 착수하여 실행행위를 종료하였으나 결과가 발생하지 아니한 경우를 말한다.

2) 착수미수와 실행미수의 구별

① 학설 : 행위자의 의사를 기준으로 양자를 구별하여 중지시에 행위자가 지금까지의 행위로는 결과가 발생하지 않는다고 믿고 더 이상의 실행행위를 하지 않은 경우에는 착수미수, 결과발생에 필요한 행위를 다하여 곧 결과가 발생할 것으로 믿은 경우에는 실행미수라는 주관설, 행위자의 의사와는 관계없이 결과발생의 가능성이 있는 행위가 있으면 실행행위의 종료로 이해하는 객관설, 행위자의 범행계획을 고려하면서 행위 당시의 객관적 사정과 이에 관한 행위자의 인식을 종합하여 결과발생에 필요한 행위가 종료된 경우에는 실행행위의 종료가 있다고 보는 절충설의 대립이 있다.

② 검토 : 중지미수의 문제는 행위자가 주관적으로 스스로 중지하는 경우에 특별한 효과를 부여하려는 것이므로 주관설이 타당해 보인다.

3) 착수미수의 중지

착수미수는 실행행위의 중지, 즉 범행계속의 포기만으로도 중지미수가 될 수 있다. 범행의 종국적 포기를 필요로 하는지 여부에 대해 견해의 대립이 있으나 중지미수를 불가벌로 하는 독일형법과는 달리 필요적 감면으로 하는 형법에서는 범행을 잠정적으로 중지한 경우에도 중지미수를 인정하는 것이 타당하다고 판단된다.

4) 실행미수의 중지

① 결과발생의 방지 : 방지행위는 인과의 진행을 의식적·의욕적으로 중단시키는 적극적인 행위이어야 하므로(적극성) 단순한 소극적인 부작위로는 충분하지 아니하다. 방지행위는 원칙적으로 행위자 자신이 할 것을 필요로 한다(직접성). 그러나 방지행위가 행위자의 진지한 주도하에 행하여지고 제3자에 의한 결과방지가 범인 자신이 결과를 방지한 것과 동일시될 수 있을 정도인 경우에는 타인의 도움을 받아 중지한 경우에도 가능하다.

② 결과의 불발생 : 진지한 노력에도 불구하고 결과방지가 성공하지 못하면 이미 기수에 이르렀다 할 것이므로 중지미수는 성립하지 아니한다.

③ 인과관계
  ㉠ 불능미수의 중지미수 인정 여부
    ㉮ 문제점 : 결과의 불발생과 방지행위 간에 인과관계가 존재하여야 하므로 방지행위가 아닌 다른 원인으로 결과가 발생하지 아니한 경우에는 중지미수가 인정되지 아니한다. 문제는 결과의 발생이 처음부터 불가능함에도 행위자가 이를 모르고 방지행위를 하였을 경우에도 중지미수를 인정할 수 있는지 문제된다.
    ㉯ 학설 : 행위자의 방지행위에 의하여 결과가 발생하지 않은 것이 아니므로 중지미수가 성립할 여지가 없다는 부정설, 불능미수의 형은 임의적 감면이지만 중지미수의 형은 필요적 감면이므로 형의 불균형을 시정하기 위하여 이를 인정하자는 긍정설이 대립하고 있다.
    ㉰ 검토 : 생각건대 부정설에 의하면 결과발생의 위험성은 적은데 결과방지를 위한 노력은 동일한 경우를 결과발생의 위험성이 큰 경우보다 중하게 취급하는 문제가 있으므로 중지미수의 성립을 인정하는 긍정설이 타당하다고 판단된다.
  ㉡ 결과방지의 의제 : 발생한 결과에 대하여 인과관계가 없거나 객관적 귀속이 부정되면 결과가 발생한 경우에 해당하지 않는다. 이 경우에 그 방지행위에 의하여 결과발생이 방지될 수 있었다고 인정되는 경우에는 중지미수가 성립할 수 있다.

Ⅲ 중지미수의 처벌

중지미수는 기수범의 형을 감경 또는 면제한다(형법 제26조).

Ⅳ 관련 문제

1. 예비의 중지

(1) 의 의

예비의 중지란 이미 예비행위를 한 자가 예비행위를 자의로 중지하거나 실행의 착수를 포기하는 것을 말한다.

(2) 중지미수규정의 준용 여부

1) 학 설

중지미수는 실행의 착수 이후의 개념이므로 실행의 착수 이전의 예비행위에 대하여는 그 규정을 준용할 수 없다는 부정설과 예비의 중지는 항상 중지미수의 규정을 준용하자는 견해인 긍정설이 대립되는데, 긍정설은 감면의 대상형은 예비·음모죄의 법정형이라는 견해와 예비의 형이 중지미수의 형보다 무거운 때에만 중지미수 규정을 준용하고 감면의 대상형은 기수의 법정형이라는 견해로 나뉜다.

2) 판 례

판례는 실행의 착수가 있기 전인 예비음모의 행위를 처벌하는 경우에 있어서는 중지범의 관념은 이를 인정할 수 없다고(대판 1991.6.25. 91도436) 하여 부정설의 태도를 취하고 있다.

3) 검 토

부정설은 형의 불균형을 시정할 수 없다는 점에서, 긍정설 중 감면의 대상형은 예비·음모죄의 법정형이라는 견해는 형법상 예비죄의 미수는 인정되지 아니한다는 점에서 긍정설 중 예비의 형이 중지미수의 형보다 무거운 때에만 중지미수 규정을 준용하고 감면의 대상형은 기수의 법정형이라는 견해가 타당하다고 보인다.

2. 공범과 중지미수

(1) 문제점

공범과 중지미수의 문제는 공범에 있어서 중지미수가 성립하기 위한 요건과 공범 사이에서 중지미수의 효과가 미치는 범위가 주로 문제된다.

(2) 공범과 중지미수의 성립요건

1) 주관적 요건

단독범과 마찬가지로 공범에 대해서도 중지미수가 성립하기 위해서는 자의성이 필요하다.

2) 객관적 요건

공범의 경우에는 착수미수·실행미수를 불문하고 자신(공동정범, 간접정범, 교사범·방조범 불문)의 행위를 중지한 것만으로는 중지미수가 성립하지 아니하고 다른 가담자(다른 공동정범, 피이용자, 정범 불문)의 행위까지 중지하게 하여 결과발생을 방지한 경우에 한하여 중지미수가 성립한다.

(3) 중지미수의 효과가 미치는 범위

중지미수는 형면제의 경우에는 인적 처벌조각사유이고 형감경의 경우에는 책임감경사유이다. 따라서 중지미수의 효과는 일신전속적 성격을 가지므로 다수참가형태의 경우 중지미수의 효과는 자의로 중지한 자에게만 미치고 나머지 자들은 장애미수가 된다.

> **공범과 중지미수 인정 여부에 대한 사례**
>
> • 다른 공범의 범행을 중지하게 하지 아니한 이상 자기만의 범의를 철회, 포기하여도 중지미수로는 인정될 수 없는 것인바, 기록에 의하면, 피고인은 원심 공동피고인과 합동하여 피해자를 텐트 안으로 끌고 간 후 원심 공동피고인, 피고인의 순으로 성관계를 하기로 하고 피고인은 위 텐트 밖으로 나와 주변에서 망을 보고 원심 공동피고인은 피해자의 옷을 모두 벗기고 피해자의 반항을 억압한 후 피해자를 1회 간음하여 강간하고, 이어 피고인이 위 텐트 안으로 들어가 피해자를 강간하려 하였으나 피해자가 반항을 하며 강간을 하지 말아 달라고 사정을 하여 강간을 하지 않았다는 것이므로, 앞서 본 법리에 비추어 보면 공동피고인이 피고인과의 공모하에 강간행위에 나아간 이상 비록 피고인이 강간행위에 나아가지 않았다 하더라도 중지미수에 해당하지는 않는다고 할 것이다(대판 2005.2.25. 2004도8259).

- 행위자 상호 간에 범죄의 실행을 공모하였다면 다른 공모자가 이미 실행에 착수한 이후에는 그 공모관계에서 이탈하였다고 하더라도 공동정범의 책임을 면할 수 없는 것이므로 피고인 등이 금품을 강취할 것을 공모하고 피고인은 집 밖에서 망을 보기로 하였으나, 다른 공모자들이 피해자의 집에 침입한 후 담배를 사기 위해서 망을 보지 않았다고 하더라도, 피고인은 판시 강도상해죄의 공동정범의 죄책을 면할 수가 없다(대판 1984.1.31. 83도2941).
- [1] 피고인이 포괄일죄의 관계에 있는 범행의 일부를 실행한 후 공범관계에서 이탈하였으나 다른 공범자에 의하여 나머지 범행이 이루어진 경우, 피고인이 관여하지 않은 부분에 대하여도 죄책을 부담한다. [2] 피고인이 甲 투자금융회사에 입사하여 다른 공범들과 특정 회사 주식의 시세조정 주문을 내기로 공모한 다음 시세조정행위의 일부를 실행한 후 甲 회사로부터 해고를 당하여 공범관계로부터 이탈하였고, 다른 공범들이 그 이후의 나머지 시세조정행위를 계속한 사안에서, 피고인이 다른 공범들의 범죄실행을 저지하지 않은 이상 그 이후 나머지 공범들이 행한 시세조정행위에 대하여도 죄책을 부담함에도, 피고인이 해고되어 甲 회사를 퇴사함으로써 기존의 공모관계에서 이탈하였다는 사정만으로 피고인이 이미 실행한 시세조정행위에 대한 기능적 행위지배가 해소되었다고 보아 그 이후의 각 구 증권거래법 위반의 공소사실에 대하여 무죄를 선고한 원심판결에 공모공동정범에 관한 법리오해의 위법이 있다고 한 사례(대판 2011.1.13. 2010도9927)

제3절 불능미수

I 의의

1. 개념

불능미수란 행위자가 범죄의사로 실행하였으나 처음부터 결과발생이 불가능하고 다만 위험성이 있기 때문에 미수범으로 처벌되는 경우를 말한다(형법 제27조).

2. 구별 개념

(1) 장애미수·중지미수

불능미수는 실행의 착수시기를 기준으로 하여 처음부터 결과발생의 가능성이 없었다는 점에서 그 가능성이 존재했던 장애미수·중지미수와 구별된다.

(2) 불능범

결과발생이 불가능하다는 점에서 불능미수와 불능범은 같지만 불능범은 위험성이 없어 불가벌인 경우이고 불능미수는 위험성으로 인하여 미수범으로 처벌되는 경우이다.

(3) 환각범

1) 의 의

구성요건이 존재하지 않거나 위법성이 조각되거나 인적 처벌조각사유에 해당하여 사실상 처벌되지 않는 행위를 환각범이라고 한다. 환각범이 반전된 금지착오에 해당한다면 불능미수는 존재하지 않는 사실을 적극적으로 존재한다고 착오한 경우이므로 반전된 구성요건적 착오에 해당한다.

2) 유 형

동성애가 형법에 위반되는 것으로 안 경우와 같이 금지규범의 존재 자체를 착오한 협의의 반전된 금지착오, 위법성조각사유에 해당하여 처벌되지 않는 행위를 처벌된다고 오인한 경우인 반전된 위법성조각사유의 착오, 규범의 해석을 잘못하여 자기에게 불리하게 적용된다고 오인한 경우인 반전된 포섭의 착오, 인적 처벌조각사유가 존재하여 처벌되지 아니함에도 불구하고 처벌된다고 오인한 경우인 반전된 가벌성의 착오 등이 있다.

Ⅱ 불능미수의 성립요건

1. 주관적 요건

불능미수가 성립하기 위해서는 고의, 확정적 행위의사 및 특수한 주관적 구성요건요소가 필요하다.

2. 객관적 요건

(1) 실행의 착수

불능미수도 미수의 한 형태이므로 실행의 착수를 필요로 한다.

(2) 결과의 불발생

1) 수단 또는 대상의 착오

실행의 수단 또는 대상의 착오로 인하여 결과발생이 불가능하여야 한다. 실행의 수단의 착오는 행위자가 선택한 수단으로는 결과발생이 불가능한 것, 즉 수단의 불가능을 말한다. 대상의 착오란 객체가 흠결되어 있거나 침해가 불가능한데도 불구하고 범죄가 가능하다고 착오한 것, 즉 객체의 불가능성을 말한다.

> **수단 또는 대상의 착오에 대한 사례**
>
> [1] 피고인이 피해자가 심신상실 또는 항거불능의 상태에 있다고 인식하고 그러한 상태를 이용하여 간음할 의사로 피해자를 간음하였으나 피해자가 실제로는 심신상실 또는 항거불능의 상태에 있지 않은 경우에는, 실행의 수단 또는 대상의 착오로 인하여 준강간죄에서 규정하고 있는 구성요건적 결과의 발생이 처음부터 불가능하였고 실제로 그러한 결과가 발생하였다고 할 수 없다. 피고인이 준강간의 실행에 착수하였으나 범죄가 기수에 이르지 못하였으므로 준강간죄의 미수범이 성립한다. 피고인이 행위 당시에 인식한 사정을 놓고 일반인이 객관적으로 판단하여 보았을 때 준강간의 결과가 발생할 위험성이 있었으므로 준강간죄의 불능미수가 성립한다.

> [2] 피해자가 실제로는 반항이 불가능할 정도로 술에 취하지 아니하여 항거불능 상태에 있는 피해자를 간음하였을 때 성립하는 준강간죄는 성립할 수 없음에도, 피고인이 피해자가 술에 만취한 나머지 항거불능 상태에 있다고 오인하여 준강간죄의 고의로 피해자를 간음한 사건에서, 준강간죄의 불능미수가 성립한다고 보아 같은 취지의 원심판결이 정당하다고 판단하여 피고인의 상고를 기각한 사례(대판 2019.3.28. 2018도16002[전합])[22]

2) 주체의 착오

① **문제점** : 주체의 착오는 공무원이 아닌 자가 공무원으로 착오하여 수뢰죄를 범하는 경우처럼 신분 없는 자가 신분 있는 것으로 오인하고 진정신분범을 범한 경우, 즉 주체의 불가능성을 말한다. 형법은 제27조에서 수단 또는 대상의 착오만 규정하고 있어 주체의 착오의 경우에도 불능미수가 성립할 수 있는지 여부가 문제된다.

② **학설** : 구성요건요소 중에 주체는 객체나 수단과 같은 가치를 가지는 것이고 형법 제27조의 수단 또는 대상의 착오는 예시적 규정이므로 주체의 착오의 경우에도 불능미수가 성립한다는 긍정설, 주체의 착오에 형법 제27조를 적용하는 것은 행위자에게 불리한 유추해석이 되므로 이를 부정하는 부정설의 대립이 있다.

③ **검토** : 생각건대 신분범에 있어서는 신분자의 특수의무가 불법을 형성하는 것이어서 비신분자의 행위는 미수범의 행위반가치를 결여하였으므로 부정설이 타당하다고 판단된다.

(3) 위험성

1) 의 의

위험성이란 결과발생의 사실상의 위험성이 아니라 형법적 가치평가로서의 잠재적 위험성을 의미한다고 보아야 한다. 그러나 판례는 구성요건을 실현할 가능성을 의미한다고(대판 2002.2.8. 2001도6669) 한다.

> **위험성의 의미**
>
> 임대인과 임대차계약을 체결한 임차인이 임차건물에 거주하기는 하였으나 그의 처만이 전입신고를 마친 후에 경매절차에서 배당을 받기 위하여 임대차계약서상의 임차인 명의를 처로 변경하여 경매법원에 배당요구를 한 경우, 실제의 임차인이 전세계약서상의 임차인 명의를 처의 명의로 변경하지 아니하였다 하더라도 소액임대차보증금에 대한 우선변제권 행사로서 배당금을 수령할 권리가 있다 할 것이어서, 경매법원이 실제의 임차인을 처로 오인하여 배당결정을 하였더라도 이로써 재물의 편취라는 결과의 발생은 불가능하다 할 것이고, 이러한 임차인의 행위를 객관적으로 결과발생의 가능성이 있는 행위라고 볼 수도 없으므로 형사소송법 제325조에 의하여 무죄를 선고하여야 한다(대판 2002.2.8. 2001도6669).

---

[22] 대판 2019.3.28. 2018도16002[전합]판결의 반대의견의 내용은 다음과 같다.
강간죄나 준강간죄에서 구성요건결과가 발생하였는지 여부는 간음이 이루어졌는지, 즉 그 보호법익인 개인의 성적 자기결정권이 침해되었는지를 기준으로 판단하여야 한다. 다수의견은 구성요건해당성 또는 구성요건의 충족의 문제와 형법 제27조에서 말하는 결과발생의 불가능의 의미를 혼동하고 있다. 만약 다수의견처럼 보게 되면 피고인의 행위가 검사가 공소제기한 범죄의 구성요건을 충족하지 못하면 그 결과의 발생이 불가능한 때에 해당한다는 것과 다름없고 검사가 공소장에 기재한 적용법조에서 규정하고 있는 범죄의 구성요건요소가 되는 사실을 증명하지 못한 때에도 불능미수범으로 처벌할 수 있다는 결론에 이르게 된다. 이러한 해석론은 근대형법의 기본원칙인 죄형법정주의를 전면적으로 형해화하는 결과를 초래하는 것이어서 도저히 받아들일 수 없다.

2) 위험성의 판단기준

① **학설** : 결과발생이 개념적으로 불가능한 절대적 불능과 구체적인 특수한 경우에만 불가능한 상대적 불능으로 나누어 상대적 불능의 경우에만 위험성을 인정하는 절대적 불능·상대적 불능설, 행위 당시에 행위자가 인식한 사정 및 일반인이 인식할 수 있었던 사실을 기초로 일반적 경험법칙에 따라 사후적으로 판단하여 구체적 위험성이 인정되면 위험성을 인정하는 구체적 위험설, 행위자가 행위 당시에 인식한 사실을 기초로 행위자가 생각한 대로의 사정이 존재하여 일반인의 관점에서 결과발생의 가능성이 있다면 위험성을 인정하는 추상적 위험설, 행위자의 법적대적 의사의 실행이 일반인에게 법동요적 인상을 주었다면 위험성을 인정하는 인상설, 범죄실현의 의사를 표현하는 행위가 있으면 법질서는 위험하게 되므로 위험성을 인정하는 주관설이 대립하고 있다.

② **판례** : 판례는 불능범은 범죄행위의 성질상 결과발생의 위험이 절대로 불능한 경우를 말하는 것이라고 하여 구객관설을 취한 경우(대판 1985.3.26. 85도206)도 있고, 위험성은 피고인이 행위 당시에 인식한 사정을 놓고 일반인이 객관적으로 판단하여 결과 발생의 가능성이 있는지 여부를 따져야 한다고 하여 추상적 위험설을 취한 경우(대판 2019.3.28. 2018도16002[전합])도 있다.

③ **검토** : 생각건대 위험성의 판단은 주관적 측면과 객관적 측면을 모두 고려해야 하고 특히 구체적 위험설은 행위자와 일반인이 인식한 사정이 다른 경우에는 이를 처리하기가 쉽지 않다는 점에서 행위자가 인식한 사정을 기초로 판단하는 추상적 위험설이 타당하다고 판단된다.

---

1. **구객관설에 따른 사례**
   - 불능범은 범죄행위의 성질상 결과발생의 위험이 절대로 불능한 경우를 말하는 것인바 향정신성의 약품인 메스암페타민 속칭 "히로뽕" 제조를 위해 그 원료인 염산에 페트린 및 수종의 약품을 교반하여 "히로뽕" 제조를 시도하였으나 그 약품배합미숙으로 그 완제품을 제조하지 못하였다면 위 소위는 그 성질상 결과발생의 위험성이 있다고 할 것이므로 이를 습관성의약품제조미수범으로 처단한 것은 정당하다(대판 1985.3.26. 85도206).
   - 일정량 이상을 먹으면 사람이 죽을 수도 있는 '초우뿌리'나 '부자' 달인 물을 마시게 하여 피해자를 살해하려다 미수에 그친 행위가 불능범이 아닌 살인미수죄에 해당한다(대판 2007.7.26. 2007도3687).

2. **추상적 위험설에 따른 사례**
   - 피고인이 피해자가 심신상실 또는 항거불능의 상태에 있다고 인식하고 그러한 상태를 이용하여 간음할 의사로 피해자를 간음하였으나 피해자가 실제로는 심신상실 또는 항거불능의 상태에 있지 않은 경우에는, 실행의 수단 또는 대상의 착오로 인하여 준강간죄에서 규정하고 있는 구성요건적 결과의 발생이 처음부터 불가능하였고 실제로 그러한 결과가 발생하였다고 할 수 없다. 피고인이 준강간의 실행에 착수하였으나 범죄가 기수에 이르지 못하였으므로 준강간죄의 미수범이 성립한다. 피고인이 행위 당시에 인식한 사정을 놓고 일반인이 객관적으로 판단하여 보았을 때 준강간의 결과가 발생할 위험성이 있었으므로 준강간죄의 불능미수가 성립한다(대판 2019.3.28. 2018도16002[전합]).
   - 불능범의 판단 기준으로서 위험성 판단은 피고인이 행위 당시에 인식한 사정을 놓고 이것이 객관적으로 일반인의 판단으로 보아 결과 발생의 가능성이 있느냐를 따져야 하고, 한편 민사소송법상 소송비용의 청구는 소송비용액 확정절차에 의하도록 규정하고 있으므로, 위 절차에 의하지 아니하고 손해배상금 청구의 소 등으로 소송비용의 지급을 구하는 것은 소의 이익이 없는 부적법한 소로서 허용될 수 없다고 할 것이다. 따라서 소송비용을 편취할 의사로 소송비용의 지급을 구하는 손해배상청구의 소를 제기하였다고 하더라도 이는 객관적으로 소송비용의 청구방법에 관한 법률적 지식을 가진 일반인의 판단으로 보아 결과 발생의 가능성이 없어 위험성이 인정되지 않는다고 할 것이다(대판 2005.12.8. 2005도8105).

Ⅲ 불능미수의 처벌

불능미수는 형을 감경 또는 면제할 수 있다(형법 제27조 단서).

제4절 예비죄

Ⅰ 의의

1. 개념

예비란 특정범죄를 실현할 목적으로 행하여지는 외부적 준비행위로서 아직 실행의 착수에 이르지 아니한 일체의 행위를 말한다. 형법은 예비를 원칙적으로 처벌하지 않고 예외적으로 특별한 규정이 있는 경우에만 처벌한다(형법 제28조).

2. 구별 개념

미수는 실행의 착수 이후의 개념이라는 점에서 착수 이전의 개념인 예비와 구별되고, 음모는 심리적 준비행위이고 예비는 그 외의 외부적 준비행위로서 시간적 선후관계는 없고, 형법이 예비와 음모를 병렬적으로 규정하고 있기 때문에 양자의 구별실익은 없다.

Ⅱ 예비죄의 법적 성격

1. 기본범죄에 대한 관계

예비죄는 기본범죄에 대해 자체 불법의 실질을 갖추고 있는 독립된 범죄라는 견해(독립범죄설)도 있으나, 독립된 형태가 아닌 기본범죄의 전단계 행위, 즉 발현행위에 지나지 아니한다는 것(발현형태설)이 학설·판례(대판 1976.5.25. 75도1549)의 일반적인 태도이다.

2. 예비죄의 실행행위성

예비죄를 독립범죄로 인식하게 되면 논리적으로 실행행위성을 인정하게 되나 발현형태로 보더라도 예비죄의 실행행위성을 인정할 때 예비행위의 범위를 제한할 수 있다는 점에서 실행행위성을 인정하는 것이 타당하다.

Ⅲ 예비죄의 성립요건

1. 주관적 요건

(1) 고 의

1) 문제점

예비죄가 성립하기 위하여는 고의가 있어야 한다. 따라서 과실에 의한 예비죄나 과실범의 예비죄는 성립할 수 없다. 다만, 예비의 고의의 내용이 무엇인가에 대하여는 견해가 대립한다.

2) 학 설

예비의 고의를 실행의 고의와 구별하여 준비행위 자체에 대한 인식을 의미한다고 하는 예비의 고의 설과 예비도 기본범죄의 발현형태이므로 기본적 구성요건 해당사실의 인식을 의미한다는 실행의 고의설이 대립하고 있다.

3) 판 례

판례는 형법 제255조의 살인예비죄가 성립하기 위하여는 형법 제255조에서 명문으로 요구하는 살인 죄를 범할 목적 외에 살인의 준비에 관한 고의가 있어야 한다고(대판 2009.10.29. 2009도7150) 판시하여 예비의 고의설을 취하고 있는 것으로 보인다.

4) 검 토

생각건대 예비죄의 실행행위성을 따로 인정하는 이상 예비행위의 고의도 기본범죄의 고의와는 별도로 존재하는 것으로 보아야 하므로 예비의 고의설이 타당하다.

(2) 목 적

예비죄는 목적범이므로 고의 이외에 기본범죄를 범할 목적이 있어야 한다.

2. 객관적 요건

(1) 외부적 준비행위

1) 의 의

예비죄가 성립하기 위해서는 범죄실현을 위한 외부적 준비행위가 있어야 하고 기본범죄의 실현에 적합한 행위로서 실질적 위험성이 인정되어야 한다.

2) 물적 예비와 인적 예비

예비가 물적 예비에 한정된다는 견해도 있으나, 인적 준비행위도 범죄실현을 위한 준비행위임이 명백한 이상 예비가 될 수 있다고 보아야 한다. 판례도 살인예비죄에 있어서 준비행위는 물적인 것에 한정되지 아니한다고(대판 2009.10.29. 2009도7150) 하여 같은 취지의 판시를 하고 있다.

> 1. **음모죄의 성립요건**
>   형법상 음모죄가 성립하는 경우의 음모란 2인 이상의 자 사이에 성립한 범죄실행의 합의를 말하는 것으로, 범죄실행의 합의가 있다고 하기 위하여는 단순히 범죄결심을 외부에 표시·전달하는 것만으로는 부족하고, 객관적으로 보아 특정한 범죄의 실행을 위한 준비행위라는 것이 명백히 인식되고, 그 합의에 실질적인 위험성이 인정될 때에 비로소 음모죄가 성립한다(대판 1999.11.12. 99도3801).
> 2. **예비죄의 성립요건**
>   [1] 형법 제255조, 제250조의 살인예비죄가 성립하기 위하여는 형법 제255조에서 명문으로 요구하는 살인죄를 범할 목적 외에도 살인의 준비에 관한 고의가 있어야 하며, 나아가 실행의 착수까지에는 이르지 아니하는 살인죄의 실현을 위한 준비행위가 있어야 한다. 여기서의 준비행위는 물적인 것에 한정되지 아니하며 특별한 정형이 있는 것도 아니지만, 단순히 범행의 의사 또는 계획만으로는 그것이 있다고 할 수 없고 객관적으로 보아서 살인죄의 실현에 실질적으로 기여할 수 있는 외적 행위를 필요로 한다.
>   [2] 甲이 乙을 살해하기 위하여 丙, 丁 등을 고용하면서 그들에게 대가의 지급을 약속한 경우, 甲에게는 살인죄를 범할 목적 및 살인의 준비에 관한 고의뿐만 아니라 살인죄의 실현을 위한 준비행위를 하였음을 인정할 수 있다는 이유로 살인예비죄의 성립을 인정한 사례(대판 2009.10.29. 2009도7150).

3) 자기예비와 타인예비

① **문제점** : 자기예비란 자신이 실행행위를 목적으로 스스로 혹은 타인과 공동으로 하는 예비행위를 말하고, 타인예비란 타인이 실행행위를 할 죄의 예비행위를 단독으로 혹은 공동으로 하는 것을 말한다. 이러한 타인예비가 예비가 될 수 있는지 여부에 대하여 다툼이 있다.

② **학설** : 타인예비를 인정하면 타인의 범죄를 준비하는 동일한 행위가 타인의 실행의 착수 여부에 따라 공범이 되기도 하고 정범이 되기도 하는 부당한 결과를 초래하게 되므로 부정하는 부정설과 타인예비도 법익침해의 실질적 위험성에 있어서는 자기예비와 차이가 없으므로 타인예비도 예비가 될 수 있다는 긍정설의 대립이 있다.

③ **검토** : 생각건대 '죄를 범할 목적으로'를 타인으로 하여금 '죄를 범하게 할 목적으로'라고 해석하는 것은 문언의 의미를 벗어나는 확장해석에 해당하여 형법의 보장적 기능을 훼손할 우려가 있으므로 부정설이 타당하다.

(2) 실행의 착수 이전

예비행위는 실행의 착수 이전의 준비행위이므로 실행의 착수로 나아가면 예비는 미수 혹은 기수가 된다(법조경합 중 보충관계). 한편 예비행위로부터 직접 결과가 발생한 경우에는 실행의 착수가 존재하지 않으므로 예비죄가 성립하고 별도로 과실이 문제된다. 예를 들어 甲이 乙을 살해할 목적으로 사격연습을 하다가 빗나간 총알이 우연히 지나가던 乙에게 맞아 乙이 사망한 경우, 甲은 살인예비죄와 과실치사죄의 상상적 경합의 죄책을 지게 된다.

Ⅳ 관련 문제

1. 예비죄의 중지

이는 중지미수에 대한 논의부분을 참조하라.

2. 예비죄의 공범

(1) 예비죄의 공동정범

예비죄의 성격에 관한 독립범죄설은 물론 발현형태설에 의하더라도 예비죄 자체의 실행행위성을 인정하는 한 예비죄의 공동정범을 인정할 수 있다는 것이 통설의 태도이다. 판례도 정범이 실행의 착수에 이르지 아니하고 예비단계에 그친 경우에는, 이에 가공한다 하더라도 예비의 공동정범이 되는 때를 제외하고는 종범으로 처벌할 수 없다고(대판 1979.5.22. 79도552) 하여 통설과 같은 태도를 취하고 있다.

(2) 예비죄의 교사범

예비죄의 교사범은 기본범죄를 교사하였으나 정범이 이를 승낙한 후 예비행위에 그친 경우를 말한다. 예비죄의 교사범은 효과 없는 교사에 해당하므로 예비·음모에 준하여 처벌받는다(형법 제31조 제2항).

(3) 예비죄의 방조범

1) 문제점

예비죄의 방조범은 기본범죄를 방조하였으나 정범이 예비행위에 그친 경우를 말한다. 예비죄의 교사범에 적용되는 형법 제31조 제2항과 같은 규정이 없는 이 경우를 어떻게 처리할 것인지의 여부에 대해 견해가 대립한다.

2) 학 설

공범이 성립하려면 정범의 실행행위가 전제되어야 하는데 예비죄에는 기본적 구성요건의 실행행위가 없으므로 방조범이 성립할 수 없다는 부정설과 예비행위의 실행행위성이 인정되고 정범이 예비로 처벌된다면 방조범의 처벌은 공범종속성설의 입장에서는 당연한 결과라는 긍정설이 대립하고 있다.

3) 판 례

판례는 형법 제32조 제1항 소정 타인의 범죄란 정범이 범죄의 실행에 착수한 경우를 말하는 것이므로 종범이 처벌되기 위하여는 정범의 실행의 착수가 있는 경우에만 가능하고 형법 전체의 정신에 비추어 정범이 실행의 착수에 이르지 아니한 예비의 단계에 그친 경우에는 이에 가공하는 행위가 예비의 공동정범이 되는 경우를 제외하고는 종범의 성립을 부정하고 있다고 보는 것이 타당하다고(대판 1976.5.25. 75도1549) 하여 부정설의 태도를 취하고 있다.

4) 검 토

생각건대 긍정설은 방조범의 미수에 대하여는 교사의 미수(형법 제31조 제2항)와 같은 처벌 규정을 두고 있지 않은 형법의 취지에 반한다는 문제가 있고 정범이 실행에 착수하지 않은 단계에서 방조행위를 처벌하는 것은 지나친 처벌의 확대로 국민의 법감정에도 반할 수 있으므로 부정설이 타당하다고 판단된다.

3. 예비죄의 미수

예비는 실행의 착수의 전단계의 행위이므로 예비죄의 미수는 생각하기 어렵다. 또한 처벌 규정도 없다.

4. 예비죄의 죄수

하나의 범죄실행을 위해 수개의 예비행위가 있었던 경우에는 전체로서 하나의 준비행위가 되므로 하나의 예비죄가 성립하고, 예비행위가 실행에 착수하여 미수 또는 기수로 발전한 때에는 법조경합 중 보충관계에 해당하여 예비죄는 따로 성립하지 않고 기본범죄의 미수 또는 기수만 성립한다.

제6장 정범 및 공범론

제1절 정범·공범의 일반이론

I 임의적 공범과 필요적 공범

1. 임의적 공범

임의적 공범이란 1인이 단독으로 실행할 수 있는 범죄를 2인 이상이 협력하여 실행하는 공범형태를 말한다.

2. 필요적 공범

(1) 의 의

구성요건 자체가 이미 2인 이상의 참가를 요구하고 있는 공범형태를 말한다. 2인 이상의 자가 반드시 관여하여 구성요건을 실현시켜야 한다는 의미에서 각 관여자에게는 정범의 지위가 인정된다.

(2) 종류

1) 집합범

다수인이 동일한 목표를 향해 같은 방향에서 공동으로 작용하는 범죄를 말한다. 집합범은 다수인에게 동일한 법정형이 부과된 경우(소요죄, 다중불해산죄 등)와 다수인에게 다른 법정형이 부과된 경우(내란죄 등)로 나누어 볼 수 있다.

2) 대향범

다수인이 서로 대립방향의 행위를 통하여 동일한 목표를 실현하는 범죄형태를 말한다. 대향범은 대향자 쌍방에게 동일한 법정형이 부과된 경우(도박죄, 아동혹사죄 등)와 대향자 쌍방에게 다른 법정형이 부과된 경우(수뢰죄와 증뢰죄, 배임수재죄와 배임증재죄 등)와 대향자 중 일방만 처벌되는 경우(음화판매죄, 범인은닉죄 등)로 구분할 수 있다.

> **필요적 공범의 성립 여부에 대한 사례**
> [1] 필요적 공범이라는 것은 법률상 범죄의 실행이 다수인의 협력을 필요로 하는 것을 가리키는 것으로서 이러한 범죄의 성립에는 행위의 공동을 필요로 하는 것에 불과하고 반드시 협력자 전부가 책임이 있음을 필요로 하는 것은 아니다.
> [2] 뇌물공여죄가 성립되기 위하여서는 뇌물을 공여하는 행위와 상대방 측에서 금전적으로 가치가 있는 그 물품 등을 받아들이는 행위(부작위 포함)가 필요할 뿐이지 반드시 상대방 측에서 뇌물수수죄가 성립되어야만 한다는 것을 뜻하는 것은 아니다(대판 1987.12.22. 87도1699).

(3) 공범규정의 적용 여부

1) 내부참가자[23]

① **학설** : 필요적 공범(대향범)에서의 내부참가자에 대한 공범규정의 적용 여부는 총칙상의 공범이 아니라 각칙상의 이미 예정된 개별적 구성요건의 문제이기 때문에 임의적 공범에 적용되는 총칙상의 공범규정이 적용될 여지가 없다는 부정설과 대향범의 대향자가 구성요건상 당연히 예정하고 있는 필요한 최소한도의 관여행위의 정도를 넘어 적극적으로 본범을 교사하였거나 협력의 범위를 초과한 경우에는 교사범의 죄책을 부담할 수 있다는 긍정설이 대립하고 있다.

② **판례** : 판례는 대향범 관계에 있는 자 사이에는 각자 상대방의 범행에 대하여 형법총칙의 공범규정이 적용되지 아니한다고(대판 2015.2.12. 2012도4842) 하여 부정설의 태도를 취하고 있다.

③ **검토** : 생각건대 내부참가자는 모두 정범으로서 각자에게 적용될 형벌이 각칙에 별도로 규정되어 있어 총칙상 공범규정을 적용할 여지가 없으므로 부정설이 타당하다고 판단된다.

---

[23] 내부참가자에 대한 공범규정의 적용 여부는 대향자 중 일방만 처벌하는 경우에 처벌되지 않는 대향자에게 처벌되는 대향자의 범죄에 대한 공범의 성립을 인정할 수 있는지 여부의 문제를 의미한다.

내부참가자 사이에 공범규정의 적용을 인정하지 아니한 사례

- 2인 이상의 서로 대향된 행위의 존재를 필요로 하는 대향범에 대하여는 공범에 관한 형법총칙 규정이 적용될 수 없다. 공무원인 피고인 2가 직무상 비밀을 누설한 행위와 피고인 1이 그로부터 그 비밀을 누설 받은 행위는 대향범 관계에 있다 할 것인데, 형법 제127조는 공무원 또는 공무원이었던 자가 법령에 의한 직무상 비밀을 누설하는 행위만을 처벌하고 있을 뿐, 직무상 비밀을 누설 받은 상대방을 처벌하는 규정이 없는 점에 비추어 볼 때, 직무상 비밀을 누설 받은 자에 대하여는 공범에 관한 형법총칙 규정이 적용될 수 없다(대판 2009.6.23. 2009도544). 위와 같은 법리는 구 정보통신망 이용촉진 및 정보보호 등에 관한 법률 제49조의 경우에도 마찬가지로 적용된다(대판 2017.6.19. 2017도4240).

- [1] 2인 이상 서로 대향된 행위의 존재를 필요로 하는 대향범에 대하여는 공범에 관한 형법총칙 규정이 적용될 수 없는데, 형법 제127조는 공무원 또는 공무원이었던 자가 법령에 의한 직무상 비밀을 누설하는 행위만을 처벌하고 있을 뿐 직무상 비밀을 누설 받은 상대방을 처벌하는 규정이 없는 점에 비추어, 직무상 비밀을 누설 받은 자에 대하여는 공범에 관한 형법총칙 규정이 적용될 수 없다고 보는 것이 타당하다.
[2] 변호사 사무실 직원인 피고인 甲이 법원공무원인 피고인 乙에게 부탁하여, 수사 중인 사건의 체포영장 발부자 53명의 명단을 누설 받은 사안에서, 피고인 乙이 직무상 비밀을 누설한 행위와 피고인 甲이 이를 누설 받은 행위는 대향범 관계에 있으므로 공범에 관한 형법총칙 규정이 적용될 수 없는데도, 피고인 甲의 행위가 공무상비밀누설교사죄에 해당한다고 본 원심판단에 법리오해의 위법이 있다고 한 사례(대판 2011.4.28. 2009도3642).

- 변호사 아닌 자가 변호사를 고용하여 법률사무소를 개설·운영하는 행위에 있어서는 변호사 아닌 자는 변호사를 고용하고 변호사는 변호사 아닌 자에게 고용된다는 서로 대향적인 행위의 존재가 반드시 필요하고, 나아가 변호사 아닌 자에게 고용된 변호사가 고용의 취지에 따라 법률사무소의 개설·운영에 어느 정도 관여할 것도 당연히 예상되는바, 이와 같이 변호사가 변호사 아닌 자에게 고용되어 법률사무소의 개설·운영에 관여하는 행위는 위 범죄가 성립하는 데 당연히 예상될 뿐만 아니라 범죄의 성립에 없어서는 아니 되는 것인데도 이를 처벌하는 규정이 없는 이상, 그 입법 취지에 비추어 볼 때 변호사 아닌 자에게 고용되어 법률사무소의 개설·운영에 관여한 변호사의 행위가 일반적인 형법총칙상의 공모, 교사 또는 방조에 해당된다고 하더라도 변호사를 변호사 아닌 자의 공범으로서 처벌할 수는 없다(대판 2004.10.28. 2004도3994).

- [1] 사용자는 쟁의행위 기간 중 그 쟁의행위로 중단된 업무의 수행을 위하여 당해 사업과 관계없는 자를 채용 또는 대체할 수 없고, 이를 위반한 자는 1년 이하의 징역 또는 1천만원 이하의 벌금으로 처벌된다[노조법 제91조, 제43조 제1항]. 여기서 처벌되는 '사용자'는 사업주, 사업의 경영담당자 또는 그 사업의 근로자에 관한 사항에 대하여 사업주를 위하여 행동하는 자를 말한다(노조법 제2조 제2호).
[2] 노조법 제91조, 제43조 제1항은 사용자의 위와 같은 행위를 처벌하도록 규정하고 있으므로, 사용자에게 채용 또는 대체되는 자에 대하여 위 법조항을 바로 적용하여 처벌할 수 없음은 문언상 분명하다. 나아가 채용 또는 대체하는 행위와 채용 또는 대체되는 행위는 2인 이상의 서로 대향된 행위의 존재를 필요로 하는 관계에 있음에도 채용 또는 대체되는 자를 따로 처벌하지 않는 노조법 문언의 내용과 체계, 법 제정과 개정 경위 등을 통해 알 수 있는 입법 취지에 비추어 보면, 쟁의행위 기간 중 그 쟁의행위로 중단된 업무의 수행을 위하여 당해 사업과 관계없는 자를 채용 또는 대체하는 사용자에게 채용 또는 대체되는 자의 행위에 대하여는 일반적인 형법 총칙상의 공범 규정을 적용하여 공동정범, 교사범 또는 방조범으로 처벌할 수 없다고 판단된다.

[3] 갑 노동조합 소속 지회의 지회장 및 조합원 등인 피고인들이, 파업기간 중에 위 지회에 가입한 중장비 임대업체인 을 회사에 채용되어 병 회사의 공장 내부에서 을 회사의 기중기를 운전하며 대체근로 중이던 정을 발견하고 뒤쫓아 가 붙잡으려는 과정에서 정에게 상해를 입게 하여 폭력행위 등 처벌에 관한 법률 위반(공동상해) 등으로 기소된 사안에서, 정은 을 회사 소속 근로자들의 쟁의행위로 중단된 업무를 수행하기 위하여 을 회사에 채용된 근로자에 불과하므로, 대향범 관계에 있는 행위 중 '사용자'만 처벌하는 노조법 제91조, 제43조 제1항 위반죄의 단독정범이 될 수 없고, 형법 총칙상 공범 규정을 적용하여 공동정범 또는 방조범으로 처벌할 수도 없으므로, 결국 정은 노조법 제91조, 제43조 제1항 위반에 따른 현행범인이 아니고, 피고인들이 정을 체포하려던 당시 상황을 기초로 보더라도 현행범인 체포의 요건을 갖추지 못하였다는 이유로, 이와 달리 피고인들의 행위가 적법한 현행범인 체포로서 정당행위에 해당한다고 보아 공소사실을 무죄로 판단한 원심판결에 노조법 제91조, 제43조 제1항 위반죄, 형법 총칙상 공범의 성립 및 현행범인 체포의 요건 등에 관한 법리오해의 잘못이 있다고 한 사례(대판 2020.6.11. 2016도3048)

2) 외부관여자

① **집합범** : 집합범의 경우 반대의 견해가 있으나 집단범죄에서 집단의 구성원이 아닌 자가 정범이 될 수는 없으므로 공동정범이 될 수는 없으나 교사·방조는 가능하다고 보는 것이 타당하다.
② **대향범** : 대향범의 쌍방을 처벌하는 경우 대향범은 집단범죄가 아니므로 각 대향자에게 관여한 외부관여자의 행위에 대하여는 총칙상 공범규정이 적용되고 공동정범도 성립가능하다. 일방만 처벌하는 경우에는 처벌되는 대향자에 가담한 자에게는 교사·방조뿐만 아니라 공동정범까지 성립하나, 처벌되지 아니한 대향자에게 가담한 경우에는 가담자에게도 공범성립을 부정하는 것이 학설, 판례의 일반적인 태도이다.

외부관여자에게 공범규정의 적용을 인정하지 아니하는 사례
- [1] 2인 이상의 서로 대향된 행위의 존재를 필요로 하는 대향범에 대하여는 공범에 관한 형법총칙 규정이 적용될 수 없는데, 구 의료법 제17조 제1항 본문은 의료업에 종사하고 직접 진찰한 의사가 아니면 처방전을 작성하여 환자 등에게 교부하지 못한다고 규정하면서 제89조에서는 위 조항 본문을 위반한 자를 처벌하고 있을 뿐, 위와 같이 작성된 처방전을 교부받은 상대방을 처벌하는 규정이 따로 없는 점에 비추어, 위와 같이 작성된 처방전을 교부받은 자에 대하여는 공범에 관한 형법총칙 규정이 적용될 수 없다고 보아야 한다.
[2] 甲 주식회사 임원인 피고인들이 의사 乙 등과 공모하거나 교사하여, 직원 丙 등을 통하여 의사 乙 등에게 직원 명단을 전달하면 乙 등이 직원들을 직접 진찰하지 않고 처방전을 작성하는 방법으로 甲 회사 직원들에 대하여 의약품 처방전을 발급·교부하였다고 하여 주위적으로 구 의료법 위반, 예비적으로 구 의료법 위반 교사로 기소된 사안에서, 乙 등이 처방전을 작성하여 교부한 행위와 丙 등이 처방전을 교부받은 행위는 대향범 관계에 있고, 구 의료법 제17조 제1항 본문 및 제89조에 비추어 위와 같이 처방전을 교부받은 자에 대하여는 공범에 관한 형법총칙 규정을 적용할 수 없다는 이유로, 직원 丙 등을 의사 乙 등의 처방전 교부행위에 대한 공동정범 또는 교사범으로 처벌할 수 없는 이상 丙 등에게 가공한 피고인들 역시 처벌할 수 없다고 본 원심판단을 수긍한 사례(대판 2011.10.13. 2011도6287)

> • 금품 등의 수수와 같이 2인 이상의 서로 대향된 행위의 존재를 필요로 하는 관계에 있어서는 공범이나 방조범에 관한 형법총칙 규정의 적용이 있을 수 없다. 따라서 금품 등을 공여한 자에게 따로 처벌규정이 없는 이상, 그 공여행위는 그와 대향적 행위의 존재를 필요로 하는 상대방의 범행에 대하여 공범관계가 성립되지 아니하고, 오로지 금품 등을 공여한 자의 행위에 대하여만 관여하여 그 공여행위를 교사하거나 방조한 행위도 상대방의 범행에 대하여 공범관계가 성립되지 아니한다(대판 2014.1.16. 2013도6969).

II 정범과 공범의 구별

1. 정범과 공범의 구별 기준

구별 기준에 대하여 객관설, 주관설 등의 대립이 있으나, 제한적 정범개념을 전제로 객관적 요소와 주관적 요소로 형성된 행위지배, 즉 구성요건에 해당하는 사건진행의 장악 또는 사태의 핵심형상의 지배 유무를 기준으로 정범과 공범을 구별하는 행위지배설이 타당하다고 보인다. 판례도 보호자가 퇴원을 강청하여 치료중단으로 환자가 사망한 사례에서 담당 전문의와 주치의에게 환자의 사망이라는 결과 발생에 대한 정범의 고의는 인정되나 환자의 사망이라는 결과나 그에 이르는 사태의 핵심적 경과를 계획적으로 조종하거나 저지·촉진하는 등으로 지배하고 있었다고 보기는 어려워 공동정범의 객관적 요건인 이른바 기능적 행위지배가 흠결되어 있다는 이유로 작위에 의한 살인방조죄만 성립한다고(대판 2004.6.24. 2002도995) 하여 행위지배설을 따르고 있음을 명백히 하였다.

2. 공범의 종속성과 공범의 처벌근거

(1) 문제점

행위지배 없이 단지 정범의 행위에 고의로 가담하여 범행을 실현하는 자를 공범이라고 한다(교사범·방조범). 공범은 정범의 행위에 가담한 자이므로 공범의 성립이 정범에 종속하는지의 여부가 문제되고(종속성의 유무), 종속성을 인정할 경우 범죄성립요건 중 어느 정도의 요건을 구비할 때 공범이 성립할 수 있는가(종속성의 정도)가 또한 문제된다.

(2) 종속성의 유무

종래 공범은 독립된 범죄이므로 교사·방조행위가 있으면 정범의 실행행위가 없더라고 공범이 성립할 수 있다는 공범독립성설도 주장되었으나 공범독립성설은 범죄적 의사에 치중하여 구성요건적 실행행위의 정형성을 무시하여 죄형법정주의에 위반할 우려가 있어, 공범은 적어도 정범이 구성요건에 해당하는 실행행위로 나아가야 이에 종속하여 성립할 수 있다는 공범종속성설이 타당하다고 판단된다. 판례도 교사범·방조범이 성립함에는 먼저 정범의 범죄행위가 인정되는 것이 그 전제요건이 된다고(대판 1981.11.24. 81도2422) 하여 공범종속성설의 태도를 취하고 있다.

(3) 종속성의 정도

형법의 해석과 관련하여 위법의 연대성 및 책임의 개별성의 관점에서 고려하건대, 정범의 행위가 구성요건에 해당하고 위법하면 공범이 성립한다는 제한적 종속형식이 합일태적 범죄체계의 구조와 가장 부합한다고 판단된다.

(4) 공범의 처벌근거

정범의 구성요건적 법익침해를 야기시키거나 정범의 행위에 조력하기 때문에 처벌되는 것으로 공범의 불법은 정범의 불법에 종속한다는 종속적 야기설이 타당하다. 이는 또한 공범종속성설과 종속성의 정도에 대한 제한적 종속형식과 일치하는 견해이기도 하다.

제2절 간접정범

I 의 의

1. 개 념

간접정범이란 타인을 생명 있는 도구로 이용하여 간접적으로 범죄를 실행하는 정범형태를 말한다. 형법 제34조 제1항은 어느 행위로 인하여 처벌되지 아니하는 자 또는 과실범으로 처벌되는 자를 교사 또는 방조하여 범죄행위의 결과를 발생하게 한 자는 교사 또는 방조의 예에 의하여 처벌한다고 규정하고 있다.

2. 구별 개념

간접정범은 행위자 스스로 구성요건을 실현하는 직접정범과 구별되고 의사지배가 정범성의 표지라는 점에서 기능적 행위지배로 범죄를 실행하는 공동정범과 구별된다. 또한 간접정범은 정범이라는 점에서 공범인 교사범, 방조범과 구별된다.

3. 간접정범의 본질

간접정범을 정범으로 이해하는 한 간접정범과 공범의 성립 여부가 문제되는 경우 정범인 간접정범의 성립 여부를 먼저 고려하여야 한다. 따라서 간접정범의 고유한 정범표지인 의사지배를 구비하였는지 여부를 검토하여 이를 구비한 경우에는 간접정범으로 처벌하고, 구비하지 못한 경우에는 공범의 성립 여부를 검토하여야 한다.

Ⅱ 간접정범의 성립요건

1. 피이용자의 범위

(1) 어느 행위로 처벌되지 아니하는 자

1) 구성요건해당성이 없는 행위를 이용하는 경우
① 객관적 구성요건에 해당하지 않는 도구
㉠ 자살·자상 등 자해행위를 이용한 경우 : 이용자의 강요·기망에 의하여 자살·자상의 의미를 모르는 피기망자가 자살·자상한 경우에는 살인죄나 상해죄의 간접정범이 성립한다.

- [1] 강제추행죄는 사람의 성적 자유 내지 성적 자기결정의 자유를 보호하기 위한 죄로서 정범 자신이 직접 범죄를 실행하여야 성립하는 자수범이라고 볼 수 없으므로, 처벌되지 아니하는 타인을 도구로 삼아 피해자를 강제로 추행하는 간접정범의 형태로도 범할 수 있다. 여기서 강제추행에 관한 간접정범의 의사를 실현하는 도구로서의 타인에는 피해자도 포함될 수 있으므로, 피해자를 도구로 삼아 피해자의 신체를 이용하여 추행행위를 한 경우에도 강제추행죄의 간접정범에 해당할 수 있다.
  [2] 피고인이 피해자들을 협박하여 겁을 먹은 피해자들로 하여금 어쩔 수 없이 나체나 속옷만 입은 상태가 되게 하여 스스로를 촬영하게 하거나, 성기에 이물질을 삽입하거나 자위를 하는 등의 행위를 하게 하였다면, 이러한 행위는 피해자들을 도구로 삼아 피해자들의 신체를 이용하여 그 성적 자유를 침해한 행위로서, 그 행위의 내용과 경위에 비추어 일반적이고도 평균적인 사람으로 하여금 성적 수치심이나 혐오감을 일으키게 하고 선량한 성적 도덕관념에 반하는 행위라고 볼 여지가 충분하다. 따라서 원심이 확정한 사실관계에 의하더라도, 피고인의 행위 중 위와 같은 행위들은 피해자들을 이용하여 강제추행의 범죄를 실현한 것으로 평가할 수 있고, 피고인이 직접 위와 같은 행위들을 하지 않았다거나 피해자들의 신체에 대한 직접적인 접촉이 없었다고 하더라도 달리 볼 것은 아니다(대판 2018.2.8. 2016도17733).
- 형법 제34조 제1항은 "어느 행위로 인하여 처벌되지 아니하는 자 또는 과실범으로 처벌되는 자를 교사 또는 방조하여 범죄행위의 결과를 발생하게 한 자는 교사 또는 방조의 예에 의하여 처벌한다."라고 규정하고 있다. 따라서 피고인이 아동·청소년인 피해자를 협박하여 스스로 아동·청소년의 성보호에 관한 법률(이하 '청소년성보호법') 제2조 제4호의 어느 하나에 해당하는 행위 또는 그 밖의 성적 행위에 해당하는 아동·청소년 자신의 행위를 내용으로 하는 화상·영상 등을 생성하게 하고 이를 인터넷 사이트 운영자의 서버에 저장시켜 피고인의 휴대전화기에서 재생할 수 있도록 하였다면, 간접정범의 형태로 청소년성보호법 제11조 제1항에서 정한 아동·청소년이용음란물을 제작하는 행위라고 보아야 한다(대판 2018.1.25. 2017도18443).

ⓒ 진정신분범의 신분 없는 고의 있는 도구
    ㉮ 간접정범의 성립 여부
        ⓐ 학설 : 신분 없는 고의 있는 도구에게는 규범적·심리적 측면에서의 우월적 영향력을 행사한 의사지배를 근거로 간접정범을 인정하는 견해와 도구에게는 규범의식이 있고 자신의 행위를 저지하려는 반대동기의 형성이 가능하므로 이용자에게 의사지배를 인정할 수 없어 간접정범의 성립을 부정하는 견해가 대립하고 있다.
        ⓑ 판례 : 판례는 간접정범은 어느 행위로 인하여 처벌되지 아니하는 자인 책임무능력자, 범죄사실의 인식이 없는 자, 의사의 자유를 억압당하고 있는 자, 목적범, 신분범인 경우 그 목적 또는 신분이 없는 자, 위법성이 조각되는 자 등을 마치 도구나 손발과 같이 이용하여 간접으로 죄의 구성요소를 실행한 자를 간접정범으로 처벌하는 것이라고(대판 1983.6.14. 83도515[전합]) 하여 신분 없는 도구를 이용한 간접정범을 인정하고 있다.
        ⓒ 검토 : 간접정범의 의사지배에는 규범적·심리적 행위지배 또는 사회적 행위지배 개념이 포함된 것으로 볼 수 있으므로 신분 없는 고의 있는 도구를 이용한 간접정범도 인정하는 것이 타당하다고 판단된다.
    ㉯ 신분 없는 고의 있는 도구의 죄책 : 이 경우 신분 없는 고의 있는 도구(피이용자)는 방조범의 죄책을 진다.
② 주관적 구성요건에 해당하지 않는 도구
    ㉠ 고의 없는 도구 : 고의 또는 과실 없는 도구를 이용하는 경우뿐만 아니라 피이용자의 구성요건적 착오를 이용하는 경우에도 간접정범이 성립한다.

> **고의 없는 도구를 이용한 간접정범 인정 여부에 대한 사례**
> - 명의인을 기망하여 문서를 작성케 하는 경우는 서명, 날인이 정당히 성립된 경우에도 기망자는 명의인을 이용하여 서명 날인자의 의사에 반하는 문서를 작성케 하는 것이므로 사문서위조죄가 성립한다(대판 2000.6.13. 2000도778).[24]
> - 어느 문서의 작성권한을 갖는 공무원이 그 문서의 기재 사항을 인식하고 그 문서를 작성할 의사로써 이에 서명날인하였다면, 설령 그 서명날인이 타인의 기망으로 착오에 빠진 결과 그 문서의 기재 사항이 진실에 반함을 알지 못한 데 기인한다고 하여도, 그 문서의 성립은 진정하며 여기에 하등 작성명의를 모용한 사실이 있다고 할 수는 없으므로, 공무원 아닌 자가 관공서에 허위 내용의 증명원을 제출하여 그 내용이 허위인 정을 모르는 담당공무원으로부터 그 증명원 내용과 같은 증명서를 발급받은 경우 공문서위조죄의 간접정범으로 의율할 수는 없다(대판 2001.3.9. 2000도938).
> - [1] 처벌되지 아니하는 타인의 행위를 적극적으로 유발하고 이를 이용하여 자신의 범죄를 실현한 자는 형법 제34조 제1항이 정하는 간접정범의 죄책을 지게 되고, 그 과정에서 타인의 의사를 부당하게 억압하여야만 간접정범에 해당하는 것은 아니다.
> [2] 정유회사 경영자의 청탁으로 국회의원이 위 경영자와 지역구 지방자치단체장 사이에 정유공장의 지역구 유치와 관련한 간담회를 주선하고 위 경영자는 정유회사 소속 직원들로 하여금 위 국회의원이 사실상 지배·장악하고 있던 후원회에 후원금을 기부하게 한 사안에서, 국회의원에게는 정치자금법 제32조 제3호 위반죄가, 경영자에게는 정치자금법 위반죄의 간접정범이 성립한다고 한 사례(대판 2008.9.11. 2007도7204)

---

24) 명의인을 기망하여 문서를 작성하게 하는 경우, 간접정범 형태의 사문서위조죄가 성립한다는 취지이다.

ⓒ 목적 없는 고의 있는 도구를 이용한 경우 : 피이용자가 고의는 가졌지만 목적이나 불법영득의 사가 없는 경우에 이를 이용한 간접정범이 인정되는지 여부가 문제되나 판례는 범죄는 '어느 행위로 인하여 처벌되지 아니하는 자'를 이용하여서도 이를 실행할 수 있으므로, 내란죄의 경우에도 '국헌문란의 목적'을 가진 자가 그러한 목적이 없는 자를 이용하여 이를 실행할 수 있다고(대판 1997.4.17. 96도3376[전합]) 하여 목적 없는 고의 있는 도구를 이용한 간접정범의 성립을 인정하고 있다.

> 출판물에 의한 명예훼손죄는 간접정범에 의하여 범하여질 수도 있으므로 타인을 비방할 목적으로 허위의 기사 재료를 그 정을 모르는 기자에게 제공하여 신문 등에 보도되게 한 경우에도 성립할 수 있으나 제보자가 기사의 취재·작성과 직접적인 연관이 없는 자에게 허위의 사실을 알렸을 뿐인 경우에는, 제보자가 피제보자에게 그 알리는 사실이 기사화 되도록 특별히 부탁하였다거나 피제보자가 이를 기사화 할 것이 고도로 예상되는 등의 특별한 사정이 없는 한, 피제보자가 언론에 공개하거나 기자들에게 취재됨으로써 그 사실이 신문에 게재되어 일반 공중에게 배포되더라도 제보자에게 출판·배포된 기사에 관하여 출판물에 의한 명예훼손죄의 책임을 물을 수는 없다(대판 2002.6.28. 2000도3045).

2) 위법성이 없는 행위를 이용하는 경우

타인의 정당행위·정당방위·긴급피난을 이용하거나, 국가기관의 적법한 행위를 이용하는 경우에도 간접정범이 성립할 수 있다.

3) 책임이 없는 행위를 이용하는 경우[25]

피이용자의 책임무능력, 회피불가능한 금지착오, 강요된 행위를 이용하는 경우, 기대불가능성에 의한 초법규적 책임조각사유에 의하여 책임이 조각되는 자를 이용한 경우, 책임이 조각되는 기초사정에 대한 착오를 일으킨 자를 이용하는 경우, 위법성조각사유의 전제사실에 대한 착오에 빠진 자를 이용하는 경우 등에는 간접정범이 성립할 수 있다.

---

25) 위법성조각사유의 전제사실에 대한 착오에 빠진 자를 이용하는 경우 소극적 구성요건요소이론, 유추적용설에 의하면 피이용자에게 고의가 조각되므로 이용자에게는 간접정범이 성립하나 의사지배가 인정되지 아니하는 경우 피이용자의 행위에는 구성요건해당성이 없으므로 이용자에게 공범이 성립할 여지는 없다. 엄격책임설이나 법효과제한적 책임설에 의하면 이용자에게 의사지배가 인정될 경우 간정정범이 성립하지만 의사지배가 인정되지 아니한다면 피이용자의 행위는 구성요건해당성이 있으므로 이용자에게는 공범이 성립함을 유의하여야 한다.

4) 구성요건해당성·위법성·책임이 있는 행위를 이용하는 경우 – 정범배후의 정범이론
① 문제점 : 이 경우 피이용자는 고의범으로 처벌되는 자이므로 이용자에게는 교사범이 성립하고 간접정범은 성립할 수 없다. 따라서 인적 처벌조각사유가 있는 피이용자를 이용한 경우에도 이용자는 교사범으로 처벌될 뿐이어서 간접정범이 될 수 없다. 이러한 현행법의 해석상 문제에도 불구하고 고의범으로 처벌되는 자를 이용한 경우 배후자에게 간접정범을 인정할 수 있다는 이론이 정범배후의 정범이론이다.
② 적용 상황 : 이용자가 회피가능한 금지착오에 빠진 자를 이용하는 경우, 객체의 착오를 유도하여 이용하는 경우, 조직적 권력구조를 통한 행위실현의 경우 등을 생각할 수 있다.
③ 인정 여부 : 정범배후의 정범이론을 인정하는 것은 형법 제34조의 문리해석에 합치되지 아니하므로 이용자에게 의사지배가 인정되더라도 간접정범을 인정할 수 없다는 부정설과 정범개념의 우위성에 따라 우월적 의사지배가 인정되면 간접정범을 인정할 수 있다는 긍정설이 대립하고 있다.
④ 검토 : 정범배후의 정범이론에 의하여 간접정범을 인정하는 긍정설은 죄형법정주의에 위반되는 해석이므로 부정설이 타당하다.

(2) 과실범으로 처벌되는 자
과실범의 처벌 규정의 유무를 불문하고 이용자는 간접정범으로 처벌된다.

2. 이용행위

(1) 교사 또는 방조
간접정범이 인정되기 위해서는 우월적 의사지배가 있어야 하므로 교사 또는 방조는 공범에서의 교사·방조 이외에 사주·이용 등의 넓은 의미로 이해하여야 한다.

(2) 결과의 발생
실행에 착수한 이상 범죄행위의 결과가 발생하지 아니하더라도 간접정범의 미수범으로 처벌될 수 있다. 또한 이용자의 이용행위와 결과발생 사이에 인과관계가 존재하여야 한다.

Ⅲ 간접정범의 처벌

범죄행위의 결과가 발생한 경우에는 교사 또는 방조의 예에 의하여 처벌된다(형법 제34조 제1항). 이용자가 피이용자를 교사 또는 방조하였으나 결과가 발생하지 아니한 경우에는 간접정범의 미수가 된다. 간접정범의 미수는 미수처벌의 일반규정(형법 제25조, 제26조, 제27조)에 따른다.

Ⅳ 관련 문제

1. 간접정범과 착오

(1) 피이용자의 성질에 대한 착오

이용자가 피이용자에게 고의·책임능력이 없는 것으로 알고 이용했으나 피이용자에게 고의·책임능력이 있는 경우 또는 그 반대의 경우에 간접정범이 성립한다는 견해가 있으나, 이용자에게 의사지배가 인정되지 아니하므로 공범이 성립한다고 보아야 한다.

(2) 실행행위에 대한 착오

1) 구체적 사실의 착오

① 문제점 : 피이용자의 방법의 착오는 이용자에게 방법의 착오가 된다는 점에는 의문이 없다. 그러나 피이용자가 객체의 착오를 한 경우 이용자에게 어떤 착오를 인정할 수 있는지 견해가 대립한다.

② 학설 : 구체적 부합설을 취하는 견해에 의하면 피이용자의 객체의 착오를 방법의 착오로 보는 것이 일반적이나 객체의 착오로 이해하는 견해도 있고, 마찬가지로 법정적 부합설을 취하는 견해도 방법의 착오라는 견해와 객체의 착오라는 견해가 있다.

③ 검토 : 생각건대 간접정범은 공범이 아니고 정범이므로 착오의 형태도 정범인 이용자를 기준으로 판단하여야 한다. 따라서 피이용자의 객체의 착오를 이용자에게는 방법의 착오로 보아 법정적 부합설에 의할 때 이용자에게 발생한 범죄사실에 대한 고의기수책임을 인정하는 것이 타당하다고 판단된다.

2) 추상적 사실의 착오

사주내용을 초과하여 실행한 양적 초과의 경우에 초과부분에 대하여는 의사지배가 없으므로 원칙적으로 사주한 부분에 대하여만 간접정범이 성립한다. 사주한 내용과 실행한 내용이 질적으로 다른 질적 초과의 경우에는 사주한 범죄의 미수범과 발생한 사실의 과실범의 상상적 경합이 성립하게 된다.

2. 간접정범의 한계

(1) 신분범과 간접정범

비신분자도 신분자와 함께 진정신분범의 공범이나 공동정범은 성립가능하나(형법 제33조), 신분 없는 자가 신분자를 이용한 간접정범은 성립하지 아니한다.

(2) 자수범

자수범은 정범 자신이 직접 실행하지 않으면 범할 수 없는 범죄이므로 자수범의 경우에는 간접정범이나 자수적 실행이 없는 공동정범은 성립하지 아니한다. 다만, 교사·방조는 가능하다.

3. 과실에 의한 간접정범

우월적 의사지배에 의한 행위지배가 없기 때문에 과실에 의한 간접정범은 인정되지 아니한다.

V 특수교사·방조

형법 제34조 제2항은 행위면에서는 특수공범이고 결과면에서는 특수간접정범이므로 이 조항은 특수한 교사범·종범과 특수한 간접정범을 모두 규정한 것(병합설)으로 보는 것이 통설의 태도이다.

제3절 공동정범

I 의 의

1. 개 념

공동정범이란 2인 이상의 자가 공동의 범행계획에 따라 각자 실행의 단계에서 본질적인 기능을 분담하여 이행함으로써 성립하는 범죄형태를 말한다. 형법 제30조는 2인 이상이 공동하여 죄를 범한 때에는 각자를 그 죄의 정범으로 처벌한다고 규정하고 있다.

2. 구별 개념

공동정범은 정범성의 표지가 행위지배라는 점에서 간접정범, 교사범, 종범과 구별된다. 공동정범은 공동가공의 의사가 존재한다는 점에서 동시범과 구별되고 공동자 전원의 현장성은 그 요건이 아니라는 점에서 합동범과도 구별된다. 또한 공동정범은 임의적 공범이라는 점에서 필요적 공범과도 구별된다.

II 공동정범의 성립요건

1. 주관적 요건

(1) 공동가공의 의사

1) 의 의

공동가공의 의사란 2인 이상이 공동으로 수립한 범행계획에 따라 공동으로 범행을 저지르고자 하는 의사를 말하는 것으로 공동가공의 의사가 없으면 단독정범의 병존에 불과한 동시범이 성립할 수 있을 뿐이다.

> **1. 공동가공의 의사가 인정되는 사례**
> - [1] 학부모들이 대학교 교무처장 등에게 자녀들의 부정입학을 청탁하면서 그 대가로 대학교 측에 기부금명목의 금품을 제공하고 이에 따라 교무처장 등이 그들의 실제 입학시험성적을 임의로 고쳐 그 석차가 모집정원의 범위 내에 들도록 사정부를 허위로 작성한 다음 이를 그 정을 모르는 입학사정위원들에게 제출하여 그들로 하여금 그 사정부에 따라 입학사정을 하게 함으로써 자녀들을 합격자로 사정처리 하게 한 것은 위계로써 입학사정위원들의 사정업무를 방해한 것이다.

> [2] 2인 이상이 공모하여 범죄에 공동 가공하는 공범관계에 있어 공모는 법률상 어떤 정형을 요구하는 것이 아니고 공범자 상호 간에 직접 또는 간접적으로 범죄의 공동실행에 관한 암묵적인 의사의 연락이 있으면 족한 것으로, 비록 전체의 모의과정이 없었다고 하더라도 수인 사이에 의사의 연락이 있으면 공동정범이 성립될 수 있다(대판 1994.3.11. 93도2305).[26]
> - 상명하복 관계에 있는 자들 사이에 있어서도 범행에 공동 가공한 이상 공동정범이 성립하는 데 아무런 지장이 없다(대판 2013.1.24. 2012도10629).
>
> **2. 공동가공의 의사가 인정되지 아니하는 사례**
> - [1] 형법 제30조의 공동정범은 2인 이상이 공동하여 죄를 범하는 것으로서, 공동정범이 성립하기 위하여는 주관적 요건으로서 공동가공의 의사와 객관적 요건으로서 공동의사에 기한 기능적 행위지배를 통한 범죄의 실행사실이 필요하고, 공동가공의 의사는 타인의 범행을 인식하면서도 이를 제지하지 아니하고 용인하는 것만으로는 부족하고 공동의 의사로 특정한 범죄행위를 하기 위하여 일체가 되어 서로 다른 사람의 행위를 이용하여 자기의 의사를 실행에 옮기는 것을 내용으로 하는 것이어야 한다.
> [2] 피해자 일행을 한 사람씩 나누어 강간하자는 피고인 일행의 제의에 아무런 대답도 하지 않고 따라 다니다가 자신의 강간 상대방으로 남겨진 공소외인에게 일체의 신체적 접촉도 시도하지 않은 채 다른 일행이 인근 숲 속에서 강간을 마칠 때까지 공소외인과 함께 이야기만 나눈 경우, 피고인에게 다른 일행의 강간 범행에 공동으로 가공할 의사가 있었다고 볼 수 없다고 한 사례(대판 2003.3.28. 2002도7477)
> - 타인의 사망을 보험사고로 하는 생명보험계약을 체결함에 있어 제3자가 피보험자인 것처럼 가장하여 체결하는 등으로 그 유효요건이 갖추어지지 못한 경우에도, 보험계약 체결 당시에 이미 보험사고가 발생하였음에도 이를 숨겼다거나 보험사고의 구체적 발생 가능성을 예견할 만한 사정을 인식하고 있었던 경우 또는 고의로 보험사고를 일으키려는 의도를 가지고 보험계약을 체결한 경우와 같이 보험사고의 우연성과 같은 보험의 본질을 해칠 정도라고 볼 수 있는 특별한 사정이 없는 한, 그와 같이 하자 있는 보험계약을 체결한 행위만으로는 미필적으로라도 보험금을 편취하려는 의사에 의한 기망행위의 실행에 착수한 것으로 볼 것은 아니다. 그러므로 그와 같이 기망행위의 실행의 착수로 인정할 수 없는 경우에 피보험자 본인임을 가장하는 등으로 보험계약을 체결한 행위는 단지 장차의 보험금 편취를 위한 예비행위에 지나지 않는다(대판 2013.11.14. 2013도7494).

2) 의사연락의 형태

공동정범은 모두 역할분담과 공동작용에 대한 상호양해가 있어야 한다. 즉, 공동가공의 의사는 공동행위자 상호 간에 있어야 하고 행위자 일방의 가공의사만으로는 공동정범관계가 성립하지 아니한다(대판 1985.5.14. 84도2118).

---

[26] 원심이 이러한 취지에서 위 피고인들과 그들로부터 부정입학을 알선 의뢰받은 교수나 실제로 부정입학을 주도한 위 교무처장 등과의 사이에 서로 암묵적인 의사의 연락에 의한 순차공모관계가 있다고 보아 위 피고인들에게 업무방해죄의 공동정범으로서의 죄책을 인정한 조치도 수긍이 된다고 판시하고 있다(판결이유 중)(대판 1994.3.11. 93도2305).

3) 의사연락의 방법

공동행위자 사이에 의사연락은 명시적·묵시적인 방법을 불문하고 순차적·간접적인 의사연락도 무방하다. 공동행위자 사이에 면식이 있을 것으로 요하는 것도 아니다. 그러나 의사연락은 공동행위자 상호 간에 있어야 하므로 범인 중 일방에게만 공동가공의 의사가 있는 편면적 공동정범은 인정되지 아니한다(통설, 판례). 이 경우에는 동시범이나 편면적 종범이 성립할 수 있을 뿐이다.

> **1. 공동가공의 의사가 인정되는 사례**
> - 공모는 법률상 어떤 정형을 요구하는 것이 아니고 2인 이상이 공모하여 범죄에 공동가공하여 범죄를 실현하려는 의사의 결합만 있으면 되는 것으로서, 비록 전체적인 모의과정이 없었다고 하더라도 수인 사이에 순차적으로 또는 암묵적으로 상통하여 그 의사의 결합이 이루어지면 공모관계가 성립하고, 이러한 공모가 이루어진 이상 실행행위에 직접 관여하지 아니한 자라도 다른 공모자의 행위에 대하여 공동정범으로서 형사적 책임을 지는 것이다(대판 2001.6.29. 2001도1319).
> - 공동정범 또는 공모 공동정범의 경우에 범인 전원이 일정한 시간과 장소에 집합하여 모의하지 아니하고 그중의 1인 또는 2인 이상을 통하여 릴레이식으로 범의의 연락이 있고 그 범의 내용에 대하여 포괄적 또는 개별적인 의사연락이나 인식이 있었다면 그들 전원이 공모관계가 있다고 보아야 한다(대판 1980.11.25. 80도2224).
> - [1] 공모공동정범의 경우, 범죄의 수단과 태양, 가담하는 인원과 그 성향, 범행 시간과 장소의 특성, 범행과정에서 타인과의 접촉 가능성과 예상되는 반응 등 제반 상황에 비추어, 공모자들이 그 공모한 범행을 수행하거나 목적 달성을 위해 나아가는 도중에 부수적인 다른 범죄가 파생되리라고 예상하거나 충분히 예상할 수 있는데도 그러한 가능성을 외면한 채 이를 방지하기에 족한 합리적인 조치를 취하지 아니하고 공모한 범행에 나아갔다가 결국 그와 같이 예상되던 범행들이 발생하였다면, 비록 그 파생적인 범행 하나하나에 대하여 개별적인 의사의 연락이 없었다 하더라도 당초의 공모자들 사이에 그 범행 전부에 대하여 암묵적인 공모는 물론 그에 대한 기능적 행위지배가 존재한다고 보아야 한다.
> [2] 피고인이 노조원들의 폭행, 상해, 특수공무집행방해치상 등 범행들에 대하여 구체적으로 모의하거나 이를 직접 분담·실행한 바 없었더라도, 피고인이 파업투쟁에 가담하게 된 경위, 위 파업투쟁 및 폭력사태의 경위와 진행 과정, 그 과정에서 피고인의 지위 및 역할, 피고인이 작성한 문건의 내용 및 성격 등을 종합할 때, 위 각 범행에 대하여 암묵적인 공모는 물론 본질적 기여를 통한 기능적 행위지배가 있었다고 보아 그 공동정범으로 의율한 원심판단을 수긍한 사례
> [3] 형법 제144조 제2항의 특수공무집행방해치상죄는 단체 또는 다중의 위력을 보이거나 위험한 물건을 휴대하여 직무를 집행하는 공무원에 대하여 폭행 또는 협박하여 공무원을 상해에 이르게 함으로써 성립하는 범죄이고, 여기에서의 폭행은 유형력을 행사하는 것을 말한다(대판 2010.12.23. 2010도7412).[27]

---

[27] 피고인이 노조원들과 함께 경찰관인 피해자들이 파업투쟁 중인 공장에 진입할 경우에 대비하여 그들의 부재 중에 미리 윤활유나 철판조각을 바닥에 뿌려 놓은 것에 불과하고, 위 피해자들이 이에 미끄러져 넘어지거나 철판조각에 찔려 다쳤다는 것에 지나지 않은 사안에서, 피고인 등이 위 윤활유나 철판조각을 위 피해자들의 면전에서 그들의 공무집행을 방해할 의도로 뿌린 것이라는 등의 특별한 사정이 있는 경우는 별론으로 하고 이를 가리켜 위 피해자들에 대한 유형력의 행사, 즉 폭행에 해당하는 것으로 볼 수 없는데도, 피고인의 위 행위를 특수공무집행방해치상죄로 의율한 원심의 조치에 법리오해 또는 사실오인의 위법이 있다고 한 사례(대판 2010.12.23. 2010도7412).

2. 공동가공의 의사가 인정되지 아니하는 사례

> 소말리아 해적인 피고인들 등이 공모하여 아라비아해 인근 공해상에서 대한민국 해운회사가 운항 중인 선박 '삼호주얼리호'를 납치하여 대한민국 국민인 선원 등에게 해상강도 등 범행을 저질렀다는 내용으로 국내법원에 기소된 경우, 피고인 甲이 선장 乙을 살해할 의도로 乙에게 총격을 가하여 미수에 그친 사실을 충분히 인정할 수 있다고 본 다음, 이 사건 해적들의 공모내용은 선박 납치, 소말리아로의 운항 강제, 석방대가 요구 등 본래 목적의 달성에 차질이 생기는 상황이 발생한 때에는 인질 등을 살상하여서라도 본래 목적을 달성하려는 것에 있을 뿐, 본래목적 달성이 무산되고 자신들의 생존 여부도 장담할 수 없는 상황에서 보복하기 위하여 그 원인을 제공한 이를 살해하는 것까지 공모한 것으로는 볼 수 없고, 당시 피고인 甲을 제외한 나머지 해적들은 두목의 지시에 따라 무기를 조타실 밖으로 버리고 조타실 내에서 몸을 숙여 총알을 피하거나 선실로 내려가 피신함으로써 저항을 포기하였고, 이로써 해적행위에 관한 공모관계는 실질적으로 종료하였으므로, 그 이후 자신의 생존을 위하여 피신하여 있던 나머지 피고인들로서는 피고인 甲이 乙에게 총격을 가하여 살해하려고 할 것이라는 점까지 예상할 수는 없었다고 보아야 한다(대판 2011.12.22. 2011도12927).

4) 의사연락의 시기

의사연락은 반드시 사전에 있을 것을 요하지 아니한다. 실행행위시에 우연히 의사연락이 있거나(우연적 공동정범), 실행행위 도중에 의사연락이 있더라도 공동정범이 성립할 수 있음을 유의하여야 한다(승계적 공동정범).

(2) 승계적 공동정범

1) 의 의

공동가공의 의사가 선행자의 실행행위의 일부종료 후 그 기수 이전에 성립한 경우로 결합범이나 포괄일죄에서 주로 발생한다.

2) 공동정범의 성립가능성

후행자와 선행자 사이의 공동의사의 성립이 가능한 시점에 대하여 학설은 기수시까지라는 견해와 종료시까지라는 견해가 대립하고 있으며 판례는 횡령죄나 배임죄 등의 상태범의 경우에는 기수시(대판 1953.8.4. 4286형상20)까지, 범인도피죄 등의 계속범은 종료시(대판 1995.9.5. 95도577)까지라는 태도를 취하고 있다. 공동정범의 정범성의 표지인 기능적 행위지배를 기준으로 판단하건대, 상태범은 원칙적으로 기수 이전에 가담하여야 공동정범이 될 수 있지만 계속범의 경우에는 기수 이후에도 법익침해가 계속되는 동안에는 그에 대한 행위지배가 가능하므로 판례의 태도가 타당하다고 판단된다.

후행자의 가담의 시간적 한계
- [1] 2인 이상이 공모하여 범죄에 공동 가공하는 공범관계에 있어서 공모는 법률상 어떤 정형을 요구하는 것이 아니고 공범자 상호 간에 직접 또는 간접으로 범죄의 공동실행에 관한 암묵적인 의사연락이 있으면 족한 것으로 비록 전체의 모의과정이 없었다고 하더라도 수인 사이에 의사의 결합이 있으면 공동정범이 성립되는 것이므로, 공범자가 공갈행위의 실행에 착수한 후 그 범행을 인식하면서 그와 공동의 범의를 가지고 그 후의 공갈행위를 계속하여 재물의 교부나 재산상 이익의 취득에 이른 때에는 공갈죄의 공동정범이 성립한다.

[2] 신문의 부실공사 관련 기사에 대한 해당 건설업체의 반박광고가 있었음에도 재차 부실공사 관련 기사가 나가는 등 그 신문사 기자들과 그 건설업체 대표이사의 감정이 악화되어 있는 상태에서, 그 신문사 사주 및 광고국장이 보도자제를 요청하는 그 건설업체 대표이사에게 자사 신문에 사과광고를 싣지 않으면 그 건설업체의 신용을 해치는 기사가 계속 게재될 것 같다는 기자들의 분위기를 전달하는 방식으로 사과광고를 게재토록 하면서 과다한 광고료를 받은 행위가 공갈죄의 구성요건에 해당한다고 본 사례(대판 1997.2.14. 96도1959).

- [1] 업무상배임죄의 실행으로 인하여 이익을 얻게 되는 수익자 또는 그와 밀접한 관련이 있는 제3자를 배임의 실행행위자와 공동정범으로 인정하기 위하여는 실행행위자의 행위가 피해자 본인에 대한 배임행위에 해당한다는 것을 알면서도 소극적으로 그 배임행위에 편승하여 이익을 취득한 것만으로는 부족하고, 실행행위자의 배임행위를 교사하거나 또는 배임행위의 전 과정에 관여하는 등으로 배임행위에 적극 가담할 것을 필요로 한다.
  [2] 회사직원이 영업비밀을 경쟁업체에 유출하거나 스스로의 이익을 위하여 이용할 목적으로 무단으로 반출한 때 업무상배임죄의 기수에 이르렀다고 할 것이고, 그 이후에 위 직원과 접촉하여 영업비밀을 취득하려고 한 자는 업무상배임죄의 공동정범이 될 수 없다고 한 사례(대판 2003.10.30. 2003도4382).

- 범인도피죄는 범인을 도피하게 함으로써 기수에 이르지만 범인도피행위가 계속되는 동안에는 범죄행위도 계속되고 행위가 끝날 때 비로소 범죄행위가 종료되고, 공범자의 범인도피행위의 도중에 그 범행을 인식하면서 그와 공동의 범의를 가지고 기왕의 범인도피상태를 이용하여 스스로 범인도피행위를 계속한 자에 대하여는 범인도피죄의 공동정범이 성립한다(대판 1995.9.5. 95도577).

- [1] 집회 및 시위에 관한 법률에 따른 신고 없이 이루어진 집회에 참석한 참가자들이 차로 위를 행진하는 등으로 도로 교통을 방해함으로써 통행을 불가능하게 하거나 현저하게 곤란하게 하는 경우에 일반교통방해죄가 성립한다. 그러나 이 경우에도 참가자 모두에게 당연히 일반교통방해죄가 성립하는 것은 아니고, 실제로 참가자가 집회·시위에 가담하여 교통방해를 유발하는 직접적인 행위를 하였거나, 참가자의 참가 경위나 관여 정도 등에 비추어 참가자에게 공모공동정범의 죄책을 물을 수 있는 경우라야 일반교통방해죄가 성립한다.
  [2] 일반교통방해죄는 이른바 추상적 위험범으로서 교통이 불가능하거나 또는 현저히 곤란한 상태가 발생하면 바로 기수가 되고 교통방해의 결과가 현실적으로 발생하여야 하는 것은 아니다. 또한 일반교통방해죄에서 교통방해 행위는 계속범의 성질을 가지는 것이어서 교통방해의 상태가 계속되는 한 위법상태는 계속 존재한다. 따라서 교통방해를 유발한 집회에 참가한 경우 참가 당시 이미 다른 참가자들에 의해 교통의 흐름이 차단된 상태였더라도 교통방해를 유발한 다른 참가자들과 암묵적·순차적으로 공모하여 교통방해의 위법상태를 지속시켰다고 평가할 수 있다면 일반교통방해죄가 성립한다(대판 2018.5.11. 2017도9146).[28]

---

28) 피고인이 집회 및 시위에 관한 법률에 따른 신고 없이 서울광장에서 개최된 '세월호 1주기 범국민행동' 추모제(이하 '갑 집회')에 참석한 뒤 다른 집회 참가자들과 함께 질서유지선을 넘어 방송차량을 따라 도로 전 차로를 점거하면서 행진하고, 행진을 제지하는 경찰과 대치하면서 도로에서 머물다가 귀가한 사안에서, 피고인은 다른 집회 참가자들과 함께 경찰이 공공질서 유지 등을 위하여 설정한 질서유지선을 넘어 도로 전 차로를 점거한 채 행진하였으므로 집회 참가자들 사이에 서로의 행위를 인식하며 암묵적·순차적으로 의사의 결합이 이루어졌다고 볼 수 있어, 피고인은 갑 집회의 위법성을 인식한 상태에서 이를 수용하여 도로 점거 등 교통을 방해하는 직접적 행위를 하였다고 보이는 점, 갑 집회 참가자들이 도로를 점거함으로써 차량의 통행이 전면적으로 제한되는 상태가 계속되었으므로 도로 점거행위는 직접적인 교통방해 행위에 해당하거나 교통방해의 위법상태를 지속시켰다고 평가할 수 있는 점, 갑 집회·시위의 내용과 진행 상황, 집회 참가자들이 질서유지선을 넘어 도로를 점거한 채 행진하는 등 구체적인 행위 모습, 도로 점거의 지속시간, 피고인이 다른 집회 참가자들과 함께 도로 점거를 계속한 점 등에 비추어 위법행위에 대한 본질적 기여를 통한 기능적 행위지배가 있다고 볼 수 있는 점을 종합하면, 피고인은 일반교통방해죄의 공모공동정범으로서 책임이 있다는 이유로, 이와 달리 보아 공소사실을 무죄로 판단한 원심판결에 일반교통방해죄의 공모공동정범에 관한 법리오해 등의 잘못이 있다고 한 사례(대판 2018.5.11. 2017도9146).

3) 공동정범의 성립범위

① **학설** : 형법상 사후고의를 인정할 수는 없으며 선행행위에 대한 후행자의 기능적 행위지배를 인정할 수 없으므로 가담 이후의 부분에만 공동정범이 성립한다는 소극설과 후행자가 선행자와의 양해하에 선행사실을 인용하고 이를 이용한 이상 공동가공의 의사를 인정할 수 있으므로 전체 범죄에 대한 공동정범이 성립한다는 적극설이 대립하고 있다.

② **판례** : 판례는 포괄일죄의 범행 도중에 공동정범으로 범행에 가담한 자는 비록 그가 그 범행에 가담할 때에 이미 이루어진 종전의 범행을 알았다 하더라도 그 가담 이후의 범행에 대하여만 공동정범으로 책임을 진다고(대판 1997.6.27, 97도163) 하여 소극설의 태도를 취하고 있는 것으로 판단된다.

③ **검토** : 선행자가 단독으로 실현한 부분에 대하여는 후행자의 공동가공의 의사는 물론 기능적 행위지배도 인정되지 아니하므로 후행자는 가담 이후의 범죄에 대하여만 공동정범으로서의 책임을 진다고 보는 것이 타당하다.

> **승계적 방조가 성립하는 사례**
>
> [1] 피고인이 미성년자를 유인하여 포박 감금한 후 단지 그 상태를 유지하였을 뿐인데도 피감금자가 사망에 이르게 된 것이라면 피고인의 죄책은 감금치사죄에 해당한다 하겠으나, 나아가서 그 감금상태가 계속된 어느 시점에서 피고인에게 살해의 범의가 생겨 피감금자에 대한 위험발생을 방지함이 없이 포박 감금상태에 있던 피감금자를 그대로 방치함으로써 사망케 하였다면 피고인의 부작위는 살인죄의 구성요건적 행위를 충족하는 것이라고 평가하기에 충분하므로 부작위에 의한 살인죄를 구성한다.
>
> [2] 피해자를 아파트에 유인하여 양 손목과 발목을 노끈으로 묶고 입에 반창고를 두 겹으로 붙인 다음 양 손목을 묶은 노끈은 창틀에 박힌 시멘트 못에, 양 발목을 묶은 노끈은 방문손잡이에 각각 잡아매고 얼굴에 모포를 씌워 감금한 후 수차 아파트를 출입하다가 마지막 들어갔을 때 피해자가 이미 탈진 상태에 이르러 박카스를 마시지 못하고 그냥 흘려버릴 정도였고 피고인이 피해자의 얼굴에 모포를 덮어씌워 놓고 그냥 나오면서 피해자를 그대로 두면 죽을 것 같다는 생각이 들었다면, 피고인이 위와 같은 결과발생의 가능성을 인정하고 있으면서도 피해자를 병원에 옮기지 않고 사경에 이른 피해자를 그대로 방치한 소위는 피해자가 사망하는 결과에 이르더라도 용인할 수밖에 없다는 내심의 의사, 즉 살인의 미필적 고의가 있다고 할 것이다.
>
> [3] 특정범죄 가중처벌 등에 관한 법률 제5조의2 제2항 제1호 소정의 죄는 형법 제287조의 미성년자 약취·유인행위와 약취 또는 유인한 미성년자의 부모 기타 그 미성년자의 안전을 염려하는 자의 우려를 이용하여 재물이나 재산상의 이익을 취득하거나 이를 요구하는 행위가 결합된 단순일죄의 범죄라고 봄이 상당하므로 비록 타인이 미성년자를 약취·유인한 행위에는 가담한 바 없다 하더라도 사후에 그 사실을 알면서 약취·유인한 미성년자를 부모 기타 그 미성년자의 안전을 염려하는 자의 우려를 이용하여 재물이나 재산상의 이익을 취득하거나 요구하는 타인의 행위에 가담하여 이를 방조한 때에는 단순히 재물등 요구행위의 종범이 되는데 그치는 것이 아니라 종합범인 위 특정범죄 가중처벌 등에 관한 법률 제5조의2 제2항 제1호 위반죄의 종범에 해당한다(대판 1982.11.23, 82도2024).

(3) 과실범의 공동정범

1) 의 의

2인 이상이 공동의 과실로 과실범의 구성요건적 결과를 발생하게 한 경우를 말하는데 과실범의 공동정범이 성립한다고 보아 각자가 발생한 결과 전부에 대하여 책임을 지우는 것이 가능한지 여부가 문제된다.

2) 인정 여부

① **학설** : 과실범의 공동정범을 인정하는 견해에는 전(前) 구성요건적 행위를 공동으로 할 의사가 있으면 과실범의 공동정범도 성립할 수 있다는 행위공동설, 주의의무위반의 공동과 구성요건을 실현하는 행위의 공동이 있으면 공동정범이 성립한다는 과실공동·행위공동설이 속해 있고, 과실범의 공동정범을 부정하는 견해에는 공동정범은 동일한 고의범의 범위 내에서 성립하므로 과실범의 공동정범은 부정된다는 범죄공동설, 과실범의 경우에는 기능적 행위지배에 의한 역할분담이 불가능하므로 과실범의 공동정범은 부정된다는 기능적 행위지배설이 있다.

② **판례** : 판례는 형법 제30조에 공동하여 죄를 범한 때의 죄라 함은 고의범이고 과실범이고를 불문하므로 두 사람 이상이 어떠한 과실행위를 서로의 의사연락하에 이룩하여 범죄가 되는 결과를 발생케 한 것이라면 과실범의 공동정범이 성립된다고(대판 1979.8.21. 79도1249) 하여 행위공동설의 입장에서 과실범의 공동정범을 인정하고 있다.

③ **검토** : 생각건대 형법 제30조에서 2인 이상이 공동하여 죄를 범한 때를 공동정범으로 규정하고 있을 뿐이고 여기서의 죄를 반드시 고의범에 제한된다고 할 것은 아니므로 과실범의 공동정범을 인정하는 것도 가능한 법리라고 판단된다.

> **과실범의 공동정범이 성립하는 사례**
> - 성수대교와 같은 교량이 그 수명을 유지하기 위하여는 건설업자의 완벽한 시공, 감독공무원들의 철저한 제작·시공상의 감독 및 유지·관리를 담당하고 있는 공무원들의 철저한 유지·관리라는 조건이 합치되어야 하는 것이므로, 위 각 단계에서의 과실 그것만으로 붕괴원인이 되지 못한다고 하더라도, 그것이 합쳐지면 교량이 붕괴될 수 있다는 점은 쉽게 예상할 수 있고, 따라서 위 각 단계에 관여한 자는 전혀 과실이 없다거나 과실이 있다고 하여도 교량붕괴의 원인이 되지 않았다는 등의 특별한 사정이 있는 경우를 제외하고는 붕괴에 대한 공동책임을 면할 수 없다고 봄이 상당하다 할 것이다. 이 사건의 경우, 피고인들에게는 트러스 제작상, 시공 및 감독의 과실이 인정되고, 감독공무원들의 감독상의 과실이 합쳐져서 이 사건 사고의 한 원인이 되었으며, 한편 피고인들은 이 사건 성수대교를 안전하게 건축되도록 한다는 공동의 목표와 의사연락이 있었다고 보아야 할 것이므로, 피고인들 사이에는 이 사건 업무상과실치사상등죄에 대하여 형법 제30조 소정의 공동정범의 관계가 성립된다고 보아야 할 것이다(대판 1997.11.28. 97도1740).
> - [1] 형법 제30조에 "공동하여 죄를 범한 때"의 "죄"라 함은 고의범이고 과실범이고를 불문하므로 두 사람 이상이 어떠한 과실행위를 서로의 의사연락하에 이룩하여 범죄가 되는 결과를 발생케 한 것이라면 과실범의 공동정범이 성립된다.
> [2] 운전병이 운전하던 짚차의 선임 탑승자는 이 운전병의 안전운행을 감독하여야 할 책임이 있는데 오히려 운전병을 데리고 주점에 들어가서 같이 음주한 다음 운전케 한 결과 위 운전병이 음주로 인하여 취한 탓으로 사고가 발생한 경우에는 위 선임 탑승자에게도 과실범의 공동정범이 성립한다(대판 1979.8.21. 79도1249).

2. 객관적 요건

(1) 공동가공의 사실

1) 의 의

공동가공의 사실이란 전체적인 공동의 범행계획을 실현하기 위하여 공동행위자들이 분업적 공동작업의 원리에 따라 상호 간의 역할을 분담하여 각각 실행단계에서 본질적인 기능을 수행하는 것을 말한다.

2) 역할분담의 방법

모든 공동행위자가 스스로 구성요건의 전부 또는 일부를 실현할 것을 요하지 아니하고 전체 범죄수행의 불가결한 요건이 되는 기능을 분담하는 것으로 충분하다. 판례에 의하면 수인이 공동하여 범죄의 실행을 모의하고 그 공동의사를 실행하기 위한 것이라면 모의자 사이에 역할에 차이가 있어 모의자 중의 일부가 그 범죄의 부수적인 실행에만 가담한 경우에도(대판 1990.3.27. 89도1670) 이에 포함된다.

> **공동가공의 사실이 인정되는 사례**
> - 공모에 의한 범죄의 공동실행은 모든 공범자가 스스로 범죄의 구성요건을 실현하는 것을 전제로 하지 아니하고, 그 실현행위를 하는 공범자에게 그 행위결정을 강화하도록 협력하는 것으로도 가능하며, 이에 해당하는지 여부는 행위 결과에 대한 각자의 이해 정도, 행위 가담의 크기, 범행지배에 대한 의지 등을 종합적으로 고려하여 판단하여야 한다(대판 2012.4.26. 2010도2905).
> - 공동피고인이 위조된 부동산임대차계약서를 담보로 제공하고 피해자로부터 돈을 빌려 편취할 것을 계획하면서 피해자가 계약서상의 임대인에게 전화를 하여 확인할 것에 대비하여 피고인에게 미리 전화를 하여 임대인 행세를 하여달라고 부탁하였고, 피고인은 위와 같은 사정을 잘 알면서도 이를 승낙하여 실제로 피해자의 남편으로부터 전화를 받자 자신이 실제의 임대인인 것처럼 행세하여 전세금액 등을 확인함으로써 위조사문서의 행사에 관하여 역할분담을 한 경우, 피고인의 행위는 위조사문서행사에 있어서 기능적 행위지배의 공동정범 요건을 갖추었다고 할 것이다(대판 2010.1.28. 2009도10139).

3) 역할분담의 시기

범죄의 실행행위단계는 물론 예비단계·실행행위 종료 후에 역할을 분담하는 것도 공동의 범행계획에 기초하여 행해지고 구성요건실현에 필요불가결한 영향을 미쳤다면 행위지배를 인정할 수 있다(대판 1997.9.30. 97도1940).

(2) 공모공동정범

1) 의 의

공모공동정범이론은 2인 이상의 자가 범죄를 공모한 후 그 공모자 가운데 일부만이 범죄의 실행에 나아간 경우에 실행행위를 분담하지 아니한 공모자에게도 공동정범이 성립한다는 이론이다.

2) 인정 여부

① 학설 : 공모공동정범을 인정하는 긍정설에는 공모에 의하여 공동의사주체를 형성하면 실행행위를 분담하지 않은 공모자도 공동정범으로 책임을 진다는 공동의사주체설, 공모자라고 하더라도 타인의 행위를 이용하여 자신의 범죄를 실현한다는 점에서 간접정범과 유사하므로 공동정범을 인정하는 간접정범유사설이 포함되어 있고, 부정설에는 형법 제30조의 규정에 비추어 실행행위를 직접 분담하지 않은 공모자는 공동정범이 될 수 없고 가담정도에 따라 교사 또는 방조의 책임을 질 뿐이라는 가능적 행위지배설이 속해 있다.

② 판례 : 판례는 종래 공동의사주체설 또는 간접정범유사설을 기초로 공모공동정범을 인정해 왔으나, 최근에는 공모자 중 구성요건행위를 직접 분담하여 실행하지 아니한 사람도 범죄에 대한 본질적인 기여를 통한 기능적 행위지배가 존재할 경우에는 공모공동정범이 성립할 수 있다고(대판 2010.7.15. 2010도3544) 하여 기능적 행위지배설에 가까운 태도를 보이고 있다.

③ 검토 : 공모자 중 구성요건적 행위를 직접 분담하지 않은 자라도 단순한 공모자에 그치는 것이 아니라 범죄에 대한 본질적 기여를 통한 기능적 행위지배가 존재하는 것으로 인정된다면 공모공동정범을 인정해도 좋을 것이다.

> **1. 공모공동정범이 성립하는 사례**
> - [1] 형법 제30조의 공동정범은 공동가공의 의사와 그 공동의사에 의한 기능적 행위지배를 통한 범죄실행이라는 주관적·객관적 요건을 충족함으로써 성립하므로, 공모자 중 구성요건행위를 직접 분담하여 실행하지 아니한 사람도 위 요건의 충족 여부에 따라 이른바 공모공동정범으로서의 죄책을 질 수도 있다. 한편 구성요건행위를 직접 분담하여 실행하지 아니한 공모자가 공모공동정범으로 인정되기 위하여는 전체 범죄에 있어서 그가 차지하는 지위·역할이나 범죄경과에 대한 지배 내지 장악력 등을 종합하여 그가 단순한 공모자에 그치는 것이 아니라 범죄에 대한 본질적 기여를 통한 기능적 행위지배가 존재하는 것으로 인정되어야 한다.
> - [2] 건설 관련 회사의 유일한 지배자가 회사 대표의 지위에서 장기간에 걸쳐 건설공사 현장소장들의 뇌물공여행위를 보고받고 이를 확인·결재하는 등의 방법으로 위 행위에 관여한 사안에서, 비록 사전에 구체적인 대상 및 액수를 정하여 뇌물공여를 지시하지 아니하였다고 하더라도 그 핵심적 경과를 계획적으로 조종하거나 촉진하는 등으로 기능적 행위지배를 하였다고 보아 공모공동정범의 죄책을 인정하여야 함에도 이를 인정하지 아니한 원심판단에 법리 오해의 위법이 있다고 한 사례(대판 2010.7.15. 2010도3544)

- 전국금속노동조합(이하 '노조') 부위원장인 피고인이, 공장점거파업 중인 甲 주식회사 노조(이하 '지부')와 공모하여 위력으로 甲 회사의 자동차생산 및 공장시설관리 업무를 방해하였다는 내용으로 기소된 사안에서, 지부 파업 경위 및 진행 과정, 노조와 지부의 관계 및 노조의 파업지원 경위, 피고인이 노조 활동을 결정하는 중앙집행위원회 및 상무집행위원회 의사결정 과정에 참석하고, 나아가 전면적인 공장점거파업이 진행 중인 甲 회사 공장에 상주하면서 현장을 촬영하는 등 상황을 파악하고 점거농성 근로자들을 격려하는 역할을 수행한 점 등 여러 사정을 종합할 때, 지부의 불법파업으로 인한 업무방해 행위에 대한 암묵적인 공모는 물론 그 범행에 대한 본질적 기여를 통한 기능적 행위지배를 한 자에 해당한다(대판 2011.10.27. 2010도7733).
- 구 특정범죄 가중처벌 등에 관한 법률 제3조와 특정경제범죄 가중처벌 등에 관한 법률 제7조 알선수재 및 구 변호사법 제90조 제2호 법률사건에 관한 화해·청탁 알선 등의 공모공동정범에서, 공범자들 사이에 그 알선 등과 관련하여 금품이나 이익을 수수하기로 명시적 또는 암묵적인 공모관계가 성립하고 그 공모 내용에 따라 공범자 중 1인이 금품이나 이익을 수수하였다면, 사전에 특정 금액 이하로만 받기로 약정하였다든가 수수한 금액이 공모 과정에서 도저히 예상할 수 없는 고액이라는 등과 같은 특별한 사정이 없는 한, 그 수수한 금품이나 이익 전부에 관하여 위 각 죄의 공모공동정범이 성립하는 것이며, 수수할 금품이나 이익의 규모나 정도 등에 대하여 사전에 서로 의사의 연락이 있거나 수수한 금품 등의 구체적 금액을 공범자가 알아야 공모공동정범이 성립하는 것은 아니고, 이와 같은 법리는 특정경제범죄 가중처벌 등에 관한 법률 제5조가 정한 수재의 공모공동정범에서도 마찬가지로 적용된다(대판 2010.10.14. 2010도387).

2. 공모공동정범이 성립하지 아니하는 사례

[1] 형법 제30조의 공동정범은 공동가공의 의사와 그 공동의사에 기한 기능적 행위지배를 통한 범죄실행이라는 주관적·객관적 요건을 충족함으로써 성립하는바, 공모자 중 구성요건 행위 일부를 직접 분담하여 실행하지 않은 자라도 경우에 따라 이른바 공모공동정범으로서의 죄책을 질 수도 있는 것이기는 하나, 이를 위해서는 전체 범죄에서 그가 차지하는 지위, 역할이나 범죄 경과에 대한 지배 내지 장악력 등을 종합해 볼 때, 단순한 공모자에 그치는 것이 아니라 범죄에 대한 본질적 기여를 통한 기능적 행위지배가 존재하는 것으로 인정되는 경우여야 한다.

[2] 전국노점상총연합회가 주관한 도로행진시위에 참가한 피고인이 다른 시위 참가자들과 함께 경찰관 등에 대한 특수공무집행방해 행위를 하던 중 체포된 사안에서, 단순 가담자인 피고인에게 체포된 이후에 이루어진 다른 시위참가자들의 범행에 대하여는 본질적 기여를 통한 기능적 행위지배가 존재한다고 보기 어려워 공모공동정범의 죄책을 인정할 수 없다고 한 사례(대판 2009.6.23. 2009도2994)

(3) 공모관계의 이탈

1) 실행의 착수 전의 이탈

① 의의 : 공모자 중 1인이 다른 공모자가 실행의 착수에 이르기 전에 공모관계에서 이탈한 경우에는 실행행위의 분담도 인정되지 아니하므로 공동정범은 성립하지 않는다.

② 이탈의 요건

ㄱ) 주관적 요건 : 범행결의를 포기한 공모자가 이탈의 의사표시를 다른 공모자에게 하여야 하는지 여부에 대해 판례는 공모공동정범에 있어서 그 공모자 중의 1인이 다른 공모자가 실행행위에 이르기 전에 그 공모관계에서 이탈한 때에는 그 이후의 다른 공모자의 행위에 관하여 공동정범으로서의 책임은 지지 않는다고 할 것이고 그 이탈의 표시는 반드시 명시적임을 요하지 않는다고(대판 1986.1.21. 85도2371) 판시하고 있다.

ㄴ) 객관적 요건 : 이탈자가 예비단계에서 자신의 범행기여를 실행하지 않은 경우에는 공동의 범행결의를 포기하는 의사를 표시하면 공모관계로부터의 이탈이 인정된다. 다만, 이탈자가 자신의 범행기여를 이미 실행한 경우에 판례는 공모관계에서의 이탈은 공모자가 공모에 의하여 담당한 기능적 행위지배를 해소하는 것이 필요하므로 공모자가 공모에 주도적으로 참여하여 다른 공모자의 실행에 영향을 미친 때에는 범행을 저지하기 위하여 적극적으로 노력하는 등 실행에 미친 영향력을 제거하여야 이탈이 인정된다고(대판 2008.4.10. 2008도1274) 판시하고 있다.

③ 이탈의 효과 : 다른 공모자가 실행한 범죄에 대한 공동정범이 성립하지 아니한다.[29] 다만, 인과성을 차단하지 못한 경우에는 기능적 행위지배의 유무에 따라 공동정범이나 교사·방조범이 성립할 수 있다.

> **1. 실행의 착수 전의 이탈이 인정되는 사례**
> - 공모자 중의 어떤 사람이 다른 공모자가 실행행위에 이르기 전에 그 공모관계에서 이탈한 때에는 그 이후의 다른 공모자의 행위에 관하여 공동정범으로서의 책임은 지지 않는다고 할 것이고 그 이탈의 표시는 반드시 명시임을 요하지 않는다고 할 것이다. 원심이 확정한 사실에 의하면 구체적인 살해방법이 확정되어 피고인을 제외한 나머지 공범들이 피해자의 팔, 다리를 묶어 저수지 안으로 던지는 순간에 피해자에 대한 살인행위의 실행의 착수가 있다 할 것이고 따라서 피고인은 살해모의에는 가담하였으나 다른 공모자들이 실행행위에 이르기 전에 그 공모관계에서 이탈하였다 할 것이고 그렇다면 피고인이 위 공모관계에서 이탈한 이후의 다른 공모자의 행위에 관하여는 공동정범으로서의 책임을 지지 않는다고 할 것이다(대판 1986.1.21. 85도2371).

---

[29] 이처럼 인과성을 차단한 경우에는 예비죄의 공동정범이 성립할 수 있다. 이탈자의 행위가 교사에 해당하는 경우에는 기도된 교사(형법 제31조 제2항)가 성립할 수 있고, 방조의 경우에는 기도된 방조에 해당하지만 처벌 규정이 없으므로 불가벌이다. 한편 예비·음모가 성립하는 경우에는 예비의 중지가 문제된다.

- 피고인은 원심공동피고인 1, 2와 함께 서울 동작구 소재 명진상사 창고에 몰래 들어가 피혁을 훔치기로 약속하였으나 피고인은 절취할 마음이 내키지 아니하고 처벌이 두려워 만나기로 한 시간에 약속장소로 가지 아니하고 포장마차에서 술을 마신 후 인근 여관에서 잠을 잤으며 원심공동피고인 1 등은 약속장소에서 피고인을 기다리다가 그들끼리 모의된 범행을 결행하기로 하여 원심공동피고인 1은 그 창고앞에서 망을 보고 원심공동피고인 2는 창고에 침입하여 가죽 약 1만평을 절취한 것이라는 바 그렇다면 피고인은 특수절도의 공동정범이 성립될 수 없음은 물론 다른 공모자들이 실행행위에 이르기 이전에 그 공모관계로부터 이탈한 것이 분명하므로 그 이후의 다른 공모자의 절도행위에 관하여도 공동정범으로서 책임을 지지 아니한다고 할 것이다(대판 1989.3.14. 88도837).
- 피고인은 공소외 1 등과 같이 술을 마시고 있다가 같은 조직원으로부터 연락을 받고 무심천 로울러 스케이트장에 가서 '파라다이스'파에게 보복을 하러 간다는 말을 듣고 다른 조직원들이 여러 대의 차에 분승하여 출발하려고 할 때 사태의 심각성을 실감하고 범행에 휘말리기 싫어서 그곳에서 택시를 타고 집에 왔으므로 피해자 1에 대한 폭력행위등 처벌에 관한 법률 위반 및 피해자 2에 대한 살인의 점에 대하여 다른 조직원들과의 사이에 '파라다이스'파 조직원들을 공격하여 상해를 가하거나 살해하기로 하는 모의가 있었다고 보기 어렵고, 가사 피고인에게도 그 범행에 가담하려는 의사가 있어 공모 관계가 인정된다 하더라도 다른 조직원들이 각 이 사건 범행에 이르기 전에 그 공모관계에서 이탈한 것이라 할 것이므로 피고인은 위 공모 관계에서 이탈한 이후의 행위에 대하여는 공동정범으로의 책임을 지지 않는다고 할 것이다(대판 1996.1.26. 94도2654).

2. 실행의 착수 전의 이탈이 인정되지 아니하는 사례

- [1] 공모공동정범에 있어서 공모자 중의 1인이 다른 공모자가 실행행위에 이르기 전에 그 공모관계에서 이탈한 때에는 그 이후의 다른 공모자의 행위에 관하여는 공동정범으로서의 책임은 지지 않는다 할 것이나, 공모관계에서의 이탈은 공모자가 공모에 의하여 담당한 기능적 행위지배를 해소하는 것이 필요하므로 공모자가 공모에 주도적으로 참여하여 다른 공모자의 실행에 영향을 미친 때에는 범행을 저지하기 위하여 적극적으로 노력하는 등 실행에 미친 영향력을 제거하지 아니하는 한 공모관계에서 이탈하였다고 할 수 없다.
  [2] 다른 3명의 공모자들과 강도 모의를 하면서 삽을 들고 사람을 때리는 시늉을 하는 등 그 모의를 주도한 피고인이 함께 범행 대상을 물색하다가 다른 공모자들이 강도의 대상을 지목하고 뒤쫓아 가자 단지 "어?"라고만 하고 비대한 체격 때문에 뒤따라가지 못한 채 범행현장에서 200m 정도 떨어진 곳에 앉아 있었으나 위 공모자들이 피해자를 쫓아가 강도상해의 범행을 한 사안에서, 피고인에게 공동가공의 의사와 공동의사에 기한 기능적 행위지배를 통한 범죄의 실행사실이 인정되므로 강도상해죄의 공모관계에 있고, 다른 공모자가 강도상해죄의 실행에 착수하기까지 범행을 만류하는 등으로 그 공모관계에서 이탈하였다고 볼 수 없으므로 강도상해죄의 공동정범으로서의 죄책을 진다고 한 사례(대판 2008.4.10. 2008도1274)
- 甲이 乙과 공모하여 가출 청소년 丙(여, 16세)에게 낙태수술비를 벌도록 해 주겠다고 유인하였고, 乙로 하여금 丙의 성매매 홍보용 나체사진을 찍도록 하였으며, 丙이 중도에 약속을 어길 경우 민형사상 책임을 진다는 각서를 작성하도록 한 후, 자신이 별건으로 체포되어 구치소에 수감 중인 동안 丙이 乙의 관리 아래 12회에 걸쳐 불특정 다수 남성의 성매수 행위의 상대방이 된 대가로 받은 돈을 丙, 乙 및 甲의 처 등이 나누어 사용한 사안에서, 丙의 성매매 기간 동안 甲이 수감되어 있었다 하더라도 위 甲은 乙과 함께 미성년자유인죄, 구 청소년의 성보호에 관한 법률 위반죄의 책임을 진다고 한 원심판단을 수긍한 사례(대판 2010.9.9. 2010도6924)

2) 실행의 착수 후의 이탈

이 경우에는 공범과 중지미수의 문제가 된다.

> **실행의 착수 후의 이탈 여부에 대한 사례**
> - [1] 피고인이 포괄일죄의 관계에 있는 범행의 일부를 실행한 후 공범관계에서 이탈하였으나 다른 공범자에 의하여 나머지 범행이 이루어진 경우, 피고인이 관여하지 않은 부분에 대하여도 죄책을 부담한다. [2] 피고인이 甲 투자금융회사에 입사하여 다른 공범들과 특정 회사 주식의 시세조정 주문을 내기로 공모한 다음 시세조정행위의 일부를 실행한 후 甲 회사로부터 해고를 당하여 공범관계로부터 이탈하였고, 다른 공범들이 그 이후의 나머지 시세조정행위를 계속한 사안에서, 피고인이 다른 공범들의 범죄실행을 저지하지 않은 이상 그 이후 나머지 공범들이 행한 시세조정행위에 대하여도 죄책을 부담함에도, 피고인이 해고되어 甲 회사를 퇴사함으로써 기존의 공모관계에서 이탈하였다는 사정만으로 피고인이 이미 실행한 시세조정행위에 대한 기능적 행위지배가 해소되었다고 보아 그 이후의 각 구 증권거래법 위반의 공소사실에 대하여 무죄를 선고한 원심판결에 공모공동정범에 관한 법리오해의 위법이 있다고 한 사례(대판 2011.1.13. 2010도9927).
> - [1] 공모공동정범에 있어서 공모자 중의 1인이 다른 공모자가 실행행위에 이르기 전에 그 공모관계에서 이탈한 때에는 그 이후의 다른 공모자의 행위에 관하여는 공동정범으로서의 책임은 지지 않는다 할 것이나, 공모관계에서의 이탈은 공모자가 공모에 의하여 담당한 기능적 행위지배를 해소하는 것이 필요하므로 공모자가 공모에 주도적으로 참여하여 다른 공모자의 실행에 영향을 미친 때에는 범행을 저지하기 위하여 적극적으로 노력하는 등 실행에 미친 영향력을 제거하지 아니하는 한 공모자가 구속되었다는 등의 사유만으로 공모관계에서 이탈하였다고 할 수 없다. [2] 甲이 乙과 공모하여 가출 청소년 丙(여, 16세)에게 낙태수술비를 벌도록 해 주겠다고 유인하였고, 乙로 하여금 丙의 성매매 홍보용 나체사진을 찍도록 하였으며, 丙이 중도에 약속을 어길 경우 민형사상 책임을 진다는 각서를 작성하도록 한 후, 자신이 별건으로 체포되어 구치소에 수감 중인 동안 丙이 乙의 관리 아래 12회에 걸쳐 불특정 다수 남성의 성매수 행위의 상대방이 된 대가로 받은 돈을 丙, 乙 및 甲의 처 등이 나누어 사용한 사안에서, 丙의 성매매 기간 동안 甲이 수감되어 있었다 하더라도 위 甲은 乙과 함께 미성년자유인죄, 구 청소년의 성보호에 관한 법률 위반죄의 책임을 진다고 한 원심판단을 수긍한 사례(대판 2010.9.9. 2010도6924).
> - 처가 구속된 남편을 대행하여 그의 지시를 받아 회사를 운영하면서 조세포탈행위를 하다가 협의이혼하고 스스로 회사를 경영한 경우, 남편은 처와 조세포탈의 공범관계에 있으며 협의이혼 후 조세포탈에 관하여도 마찬가지로 보아야 한다(대판 2008.7.24. 2007도4310).

3) 종료 후의 이탈

공모자 중 1인이 공동의 실행행위가 종료된 후 범죄계획에서 이탈하여 그의 의사로 범행을 한 경우에는 종료이후의 행위는 이탈자의 단독행위가 되고 공동정범은 성립하지 아니한다.

> **종료 후의 이탈**
> 소말리아 해적인 피고인들 등이 공모하여 아라비아해 인근 공해상에서 대한민국 해운회사가 운항 중인 선박 '삼호주얼리호'를 납치하여 대한민국 국민인 선원 등에게 해상강도 등 범행을 저질렀다는 내용으로 국내법원에 기소된 경우, 피고인 甲이 선장 乙을 살해할 의도로 乙에게 총격을 가하여 미수에 그친 사실을 충분히 인정할 수 있다고 본 다음, 이 사건 해적들의 공모내용은 선박 납치, 소말리아로의 운항 강제, 석방대가 요구 등 본래 목적의 달성에 차질이 생기는 상황이 발생한 때에는 인질 등을 살상하여서라도 본래 목적을 달성하려는 것에 있을 뿐, 본래 목적 달성이 무산되고 자신들의 생존 여부도 장담할 수 없는 상황에서 보복하기 위하여 그 원인을 제공한 이를 살해하는 것까지 공모한 것으로는 볼 수 없고, 당시 피고인 甲을 제외한 나머지 해적들은 두목의 지시에 따라 무기를 조타실 밖으로 버리고 조타실 내에서 몸을 숙여 총알을 피하거나 선실로 내려가 피신함으로써 저항을 포기하였고, 이로써 해적행위에 관한 공모관계는 실질적으로 종료하였으므로, 그 이후 자신의 생존을 위하여 피신하여 있던 나머지 피고인들로서는 피고인 甲이 乙에게 총격을 가하여 살해하려고 할 것이라는 점까지 예상할 수는 없었다고 보아야 한다(대판 2011.12.22. 2011도12927).30)

Ⅲ 공동정범의 처벌

공동정범은 각자를 그 죄의 정범으로 처벌한다(형법 제30조).

---

30) 피고인 甲의 선장 乙에 대한 해상강도살인 미수행위는 다른 공범들과의 해적행위에 대한 공모가 종료된 후의 행위이므로 甲의 단독범행이고 다른 공범들은 그에 대한 공동정범이 성립하지 아니한다는 취지이다.

Ⅳ 관련 문제

1. 공동정범과 신분

비신분자를 단독으로 진정신분범의 정범이 될 수 없으나 신분자와 공동으로는 진정신분범의 공동정범이 될 수 있다(형법 제33조 본문).

2. 공동정범과 착오

(1) 구체적 사실의 착오

공모사실과 발생사실이 불일치하지만 동일한 구성요건에 속하는 구체적 사실의 착오의 경우에는 구성요건적 착오에 관한 일반론이 그대로 적용된다.

(2) 추상적 사실의 착오

1) 양적 초과

공모사실과 발생사실이 별개의 구성요건에 속하지만 죄질을 같이 하는 양적 초과의 경우, 공모내용에 미달하는 경우에는 발생사실에 대하여 공동정범이 성립하고, 공모내용을 초과하는 경우에는 공모사실에 대한 공동정범이 성립한다.

2) 질적 초과

공모사실과 발생사실이 전혀 별개의 구성요건에 속하는 질적 초과의 경우에는 공모사실에 대하여는 예비·음모죄가 성립할 수 있고, 초과부분에 대하여는 공동정범이 성립하지 아니하고 단독정범이 성립한다.

> **질적 초과**
> 甲 등 3명이 강도를 공모한 후 A녀의 집에 침입하여 A녀를 폭행한 후 甲이 장롱을 뒤지는 사이 다른 두 명 중 한 명은 A녀를 붙잡고 다른 한 명이 A녀를 강간한 경우, 다른 두 명은 강도강간의 공동정범이 성립하지만, 甲은 특수강도죄만 성립한다(대판 1988.9.13. 88도1114).

3) 결과적 가중범을 실현한 경우

공동행위자 전원이 중한 결과에 대하여 과실이 있는 경우에는 결과적 가중범의 공동정범이 성립한다는 것이 판례(대판 1996.4.12. 96도215)이다.

> - 강도의 공범자 중 1인이 강도의 기회에 피해자에게 폭행 또는 상해를 가하여 살해한 경우, 다른 공모자가 살인의 공모를 하지 아니하였다고 하여도 그 살인행위나 치사의 결과를 예견할 수 없었던 경우가 아니면 강도치사죄의 죄책을 면할 수 없다고 할 것이다(대판 1991.11.12. 91도2156).
> - 피고인들이 등산용 칼을 이용하여 노상강도를 하기로 공모한 사건에서 범행 당시 차안에서 망을 보고 있던 피고인 갑이나 등산용 칼을 휴대하고 있던 피고인 을과 함께 차에서 내려 피해자로부터 금품을 강취하려 했던 피고인 병으로서는 그때 우연히 현장을 목격하게 된 다른 피해자를 피고인 을이 소지 중인 등산용 칼로 살해하여 강도살인행위에 이를 것을 전혀 예상하지 못하였다고 할 수 없으므로 피고인들 모두는 강도치사죄로 의율처단함이 옳다(대판 1990.11.27. 90도2262).

3. 동시범

(1) 의 의

1) 개 념
동시범이란 2인 이상이 상호 간에 공동의 범행결의 없이 동일객체에 대하여 동시 또는 이시에 각자 범죄를 실행하는 경우를 말한다.

2) 유 형
원인행위가 분명한 경우에는 각자 자기의 책임한도에서 결과를 발생시킨 자는 기수의, 그 외의 자는 미수의 책임을 지게 되나, 원인된 행위가 불분명한 경우에는 형법 제19조가 적용되는 것이 원칙이고 상해의 결과가 발생한 경우에는 형법 제263조의 상해죄의 동시범의 특례가 적용된다.

(2) 형법 제19조의 독립행위의 경합

1) 의 의
형법 제19조는 동시 또는 이시의 독립행위가 경합한 경우에 그 결과발생의 원인된 행위가 판명되지 아니한 때에는 각 행위를 미수범으로 처벌한다고 규정하고 있다.

2) 성립요건
2인 이상의 다수의 실행행위가 있어야 하므로 독립행위 존재 자체가 불분명한 경우에는 형법 제19조가 적용될 여지가 없고, 실행의 착수 이전의 예비행위는 형법 제19조의 적용대상이 아니다. 다수인의 행위는 시간적·장소적 동일성을 갖출 것을 요하지 아니한다. 독립행위는 동일한 객체에 대한 것이어야 하고, 범죄를 공동으로 실현하려는 의사의 연락이 없어야 한다. 또한 범죄행위로 구성요건적 결과가 발생하여야 한다. 마지막으로 결과발생의 원인된 행위가 판명되지 아니하여야 한다.

3) 효 과
결과발생의 원인된 행위가 판명되지 아니한 때에는 각 행위를 미수범으로 처벌한다(형법 제19조).

(3) 형법 제263조의 동시범의 특례

1) 의 의
형법 제263조는 독립행위가 경합하여 상해의 결과를 발생하게 한 경우에 있어서 원인된 행위가 판명되지 아니한 때에는 공동정범의 예에 의한다고 규정하고 있다.

2) 법적 성격

① **학설** : 공동정범에 관한 법률상의 책임을 추정한 것이라는 법률상 추정설, 공동정범이 아닌 것을 공동정범으로 의제한 것이라는 법률상 의제설, 소송법상으로는 상해결과에 대한 거증책임을 피고인에게 전환하고, 실체법상으로는 공동정범의 범위를 확장시킨 일종의 의제라는 이원설, 피고인에게 자기행위로 인해 상해결과가 발생한 것이 아니라는 거증책임을 지운 정책적 규정이라는 거증책임전환설이 대립하고 있다.

② **검토** : 형사소송법의 기본원리인 자유심증주의나 실체진실주의를 고려할 때 거증책임전환설이 타당하다고 판단된다.

3) 성립요건

형법 제263조는 제19조의 특례규정이므로 기본적으로 그 적용요건은 제19조와 같다. 즉 동시 또는 이시의 독립행위가 경합할 것, 상해의 결과가 발생할 것, 원인행위가 판명되지 않을 것 등의 요건이 필요하다.

4) 적용범위

① **상해죄, 폭행치상죄** : 형법 제263조는 폭행과 상해의 죄에 관한 특례규정이므로 당연히 이들 범죄에 대하여 특례규정이 적용된다.

② **상해치사죄, 폭행치사죄**

㉠ 학설 : 본조는 동시범에 대한 예외규정이고 상해를 넘어서 사망의 결과가 발생한 경우에도 적용하는 것은 유추해석금지의 원칙에 반하므로 적용되지 아니한다는 부정설, 사망의 결과에 대하여 인과관계가 있고 예견가능성이 있는 한 형법 제263조가 적용될 수 있다는 긍정설, 상해치사죄는 상해의 결과가 발생한 것이므로 특례가 적용되나 폭행치사죄는 상해의 결과가 발생한 것이 아니므로 적용되지 아니한다는 이분설이 대립하고 있다.

㉡ 판례 : 판례는 시간적 차이가 있는 독립된 상해행위나 폭행행위가 경합하여 사망의 결과가 일어나고 그 사망의 원인된 행위가 판명되지 않은 경우에는 공동정범의 예에 의하여 처벌할 것이라고(대판 2000.7.28. 2000도2466) 하여 상해치사죄와 폭행치사죄에 모두에 특례를 적용하고 있다.

㉢ 검토 : 생각건대 사망의 결과가 발생한 경우에도 적용하는 것은 유추해석금지의 원칙에 반한다는 통설의 태도도 충분히 경청할 여지가 있으나, 사망의 결과에 대하여 인과관계가 있고 예견가능성이 있는 한 특례를 적용할 수 있다고 보는 것이 타당하다고 판단된다.

> **상해치사죄에 특례를 적용한 사례**
> 피고인은 피고인 2, 원심상피고인, 공소외 인 등과 술을 마셔 만취된 상태에서 술을 더 마시자고 의논이 되어 사건현장 술집에 가게 되었는데 피고인과 피고인 2가 앞서 가다가 피고인이 마루에 걸터 앉아 있던 피해자를 지나면서 그의 발을 걸은 것이 발단이 되어 시비가 일어나자, ㉠ 화가 난 피고인이 손으로 피해자의 멱살을 잡아 흔들다 뒤로 밀어버려 피해자로 하여금 그곳 토방 시멘트 바닥에 넘어져 나무기둥에 뒷머리를 부딪치게 하였고, ㉡ 이때 뒤따라 들어오던 원심상피고인이 그 장면을 보고 들고 있던 쪽대(고기망태기)를 마당에 집어던지고 욕설을 하면서 피해자에게 달려들어 양손으로 멱살을 잡고 수회 흔들다가 밀어서 피해자를 뒤로 넘어뜨려 피해자로 하여금 뒷머리를 토방 시멘트바닥에 또다시 부딪치게 하였으며, ㉢ 원심상피고인은 이에 이어서 그곳 부엌근처에 있던 삽을 손에 들고 피해자의 얼굴 우측부위를 1회 때려 동인으로 하여금 넘어지면서 뒷머리를 장독대 모서리에 부딪치게 하여, 그 결과 피해자로 하여금 뇌저부경화동맥파열상을 입게 하여 사망에 이르게 한 경우, 피고인과 원심상피고인 사이에 암묵적으로라도 공동실행의 의사가 형성된 것으로 보기도 어려우나 다만 동시범의 특례를 규정한 형법 제263조가 상해치사죄에도 적용되는 관계상 위 피해자의 사망이 피고인의 범행에 인한 것인지, 원심상피고인의 범행에 인한 것인지가 판명되지 아니하는 때에 예외적으로 공동정범의 예에 의할 수 있을 것이다(대판 1985.5.14. 84도2118).

③ **강간치상죄, 강도치상죄** : 형법 제263조는 상해와 폭행죄에 관한 특별규정으로서 동 규정은 보호법익을 달리하는 강간치상죄, 강도치상죄에는 적용되지 아니하는 것으로 보는 것이 타당하고 판례도 보호법익을 달리하는 강간치상죄에는 적용할 수 없다고(대판 1984.4.24. 84도372) 판시하고 있다.

④ **과실치상죄** : 동시범의 특례규정은 예외규정이므로 그 적용범위를 제한해야 한다는 점을 고려할 때 과실치상죄에는 적용되지 아니하는 것으로 보는 것이 타당하다.

5) 효 과

원인된 행위가 판명되지 아니하는 경우에는 공동정범의 예에 의하여 처벌된다.

제4절 교사범

I 의 의

1. 개 념

교사범이란 타인을 교사하여 범죄실행의 결의를 생기게 하고 이 결의에 의하여 범죄를 실행하게 하는 자를 말한다. 형법 제31조 제1항은 타인을 교사하여 죄를 범하게 한 자는 죄를 실행한 자와 동일한 형으로 처벌한다고 규정하고 있다.

2. 구별 개념

교사범은 행위지배가 없다는 점에서 공동정범과 구별되고 공범이라는 점에서 간접정범과 구별된다. 또한 교사범은 타인으로 하여금 범죄를 하게 하는 자라는 점에서 방조범과 구별된다.

II 교사범의 성립요건

1. 교사자에 관한 요건

(1) 교사행위

1) 의 의

범죄를 범할 의사가 없는 타인에게 특정한 범죄의 결의를 불러일으키는 행위를 말한다. 교사행위와 피교사자의 범행결의 사이에는 인과관계가 있어야 한다. 따라서 편면적 교사는 양자 사이에 인과관계가 없기 때문에 교사범이 성립하지 아니한다. 다음과 같은 경우에 교사범을 인정할 수 있는지 문제된다.

> **인과관계가 인정되는 사례**
> [1] 교사범이란 정범인 피교사자로 하여금 범죄를 결의하게 하여 그 죄를 범하게 한 때에 성립하는 것이고, 교사범을 처벌하는 이유는 이와 같이 교사범이 피교사자로 하여금 범죄 실행을 결의하게 하였다는 데에 있다. 따라서 교사범이 그 공범관계로부터 이탈하기 위해서는 피교사자가 범죄의 실행행위에 나아가기 전에 교사범에 의하여 형성된 피교사자의 범죄 실행의 결의를 해소하는 것이 필요하고, 이때 교사범이 피교사자에게 교사행위를 철회한다는 의사를 표시하고 이에 피교사자도 그 의사에 따르기로 하거나 또는 교사범이 명시적으로 교사행위를 철회함과 아울러 피교사자의 범죄 실행을 방지하기 위한 진지한 노력을 다하여 당초 피교사자가 범죄를 결의하게 된 사정을 제거하는 등 제반 사정에 비추어 객관적 · 실질적으로 보아 교사범에게 교사의 고의가 계속 존재한다고 보기 어렵고 당초의 교사행위에 의하여 형성된 피교사자의 범죄 실행의 결의가 더 이상 유지되지 않는 것으로 평가할 수 있다면, 설사 그 후 피교사자가 범죄를 저지르더라도 이는 당초의 교사행위에 의한 것이 아니라 새로운 범죄 실행의 결의에 따른 것이므로 교사자는 형법 제31조 제2항에 의한 죄책을 부담함은 별론으로 하고 형법 제31조 제1항에 의한 교사범으로서의 죄책을 부담하지는 않는다고 할 수 있다. 한편 교사범이 성립하기 위해 교사범의 교사가 정범의 범행에 대한 유일한 조건일 필요는 없으므로, 교사행위에 의하여 피교사자가 범죄 실행을 결의하게 된 이상 피교사자에게 다른 원인이 있어 범죄를 실행한 경우에도 교사범의 성립에는 영향이 없다.
> [2] 피고인은 공소외인으로 하여금 이 사건 공갈 범죄의 실행을 결의하게 하였고, 피고인의 교사에 의하여 범죄 실행을 결의하게 된 공소외인이 그 실행행위에 나아가기 전에 피고인으로부터 범행을 만류하는 전화를 받기는 하였으나 이를 명시적으로 거절함으로써 여전히 피고인의 교사 내용과 같은 범죄 실행의 결의를 그대로 유지하였으며, 그 결의에 따라 실제로 피해자를 공갈하였음을 알 수 있다. 이를 앞서 본 법리에 비추어 보면, 피고인의 교사행위와 공소외인의 공갈행위 사이에는 상당인과관계가 인정된다 할 것이고, 피고인의 만류행위가 있었지만 공소외인이 이를 명시적으로 거절하고 당초와 같은 범죄 실행의 결의를 그대로 유지한 것으로 보이는 이상, 피고인이 공범관계에서 이탈한 것으로 볼 수도 없다(대판 2012.11.15. 2012도7407).

① **동일범죄를 교사한 경우** : 피교사자는 교사에 의하여 범죄실행을 결의한 것이 아니므로 교사행위는 성립할 수 없고 다만, 무형적 방법에 의한 방조범 또는 교사의 미수(형법 제31조 제3항)가 성립할 수 있을 뿐이다.

② **질적 차이가 있는 범죄를 교사한 경우** : 교사자가 질적 차이가 있는 범죄를 교사한 경우, 예컨대 상해를 결의하고 있는 자를 교사하여 절도를 범하도록 한 경우, 피교사자가 절도의 결의를 한 적이 없으므로 절도죄의 교사범이 성립한다.

③ **중대한 범죄를 교사한 경우** : 여러 견해가 있으나 피교사자의 결의보다 중한 범죄를 실행하게 한 경우에는 원래의 결의와는 다른 불법내용을 가진다고 할 것이므로 전체범죄에 대한 교사범이 성립한다고 보는 것이 타당하다.

④ **경미한 범죄를 교사한 경우** : 이 경우는 위험이 감소된 경우로서 객관적 귀속이 부정되어 기본범죄에 대한 방조가 될 수는 있어도 교사는 성립하지 아니한다.

2) 수단 · 방법

교사행위의 수단 · 방법은 제한이 없다. 직접적 · 간접적 · 연쇄적 방법이든 명시적 · 묵시적 방법이든 불문하고 공동교사도 가능하다. 다만, 부작위에 의한 교사나 과실에 의한 교사는 성립하지 아니한다.

> **교사범이 성립하는 사례**
> - [1] 막연히 "범죄를 하라"거나 "절도를 하라"고 하는 등의 행위만으로는 교사행위가 되기에 부족하다 하겠으나, 타인으로 하여금 일정한 범죄를 실행할 결의를 생기게 하는 행위를 하면 되는 것으로서 교사의 수단방법에 제한이 없다 할 것이므로, 교사범이 성립하기 위하여는 범행의 일시, 장소, 방법 등의 세부적인 사항까지를 특정하여 교사할 필요는 없는 것이고, 정범으로 하여금 일정한 범죄의 실행을 결의할 정도에 이르게 하면 교사범이 성립된다.
> [2] 피고인이 갑, 을, 병이 절취하여 온 장물을 상습으로 19회에 걸쳐 시가의 3분의1 내지 4분의 1의 가격으로 매수하여 취득하여 오다가, 갑, 을에게 일제 드라이버 1개를 사주면서 "병이 구속되어 도망다니려면 돈도 필요할텐데 열심히 일을 하라(도둑질을 하라)"고 말하였다면, 그 취지는 종전에 병과 같이 하던 범위의 절도를 다시 계속하면 그 장물은 매수하여 주겠다는 것으로서 절도의 교사가 있었다고 보아야 한다(대판 1991.5.14. 91도542).
> - 간호보조원이 치과의사의 지시를 받아 치과환자에게 그 환부의 엑스레이를 촬영하여 이를 판독하는 등 초진을 하고 발치, 주사, 투약등 독자적으로 진료행위를 하였다면 이는 의료법 제25조 제1항이 규정한 의료행위에 해당한다. 치과의사가 환자의 대량유치를 위해 치과기공사들에게 내원환자들에게 진료행위를 하도록 지시하여 동인들이 각 단독으로 전항과 같은 진료행위를 하였다면 무면허의료행위의 교사범에 해당한다(대판 1986.7.8. 86도749).

(2) 교사자의 고의

1) 고의의 내용

교사자의 고의는 정범에게 범죄의 결의를 가지게 하고(교사의 고의), 정범에 의하여 범죄를 실행할 고의(정범의 고의)가 있어야 한다(이중의 고의). 한편 교사자의 고의는 범죄의 완성, 즉 구성요건적 결과는 실현할 의사인 기수의 고의이여야 한다. 또한 특정한 정범과 특정한 범죄의 표지에 대한 인식이 필요하므로 목적범이나 신분범을 교사할 경우에는 정범이 그러한 목적이나 신분을 가지고 있음을 인식하여야 한다.

2) 미수의 교사

① **의의** : 미수의 교사란 피교사자의 행위가 미수에 그칠 것을 예견하면서 교사하는 경우로 소송법상 함정수사와 관련하여 논의된다. 함정수사[31]란 타인을 범인으로 처벌받게 하기 위해 범죄를 실행할 것을 사주하여 기수에 이르기 전에 체포하는 것을 말한다. 함정수사의 경우 교사자에게 기수의 고의가 없기 때문에 교사자를 처벌할 수 있는지 여부가 문제된다.

② **교사자의 가벌성** : 미수의 교사도 교사의 미수와 마찬가지로 가벌적이라는 견해도 있으나 미수의 교사는 구성요건적 결과발생에 대한 인식·인용이 없으므로 고의가 인정되지 아니하여 불가벌이라는 견해가 타당하다. 함정수사의 경우에도 교사범이 성립하기 위해서는 이중의 고의가 필요하나 정범의 고의가 없으므로 교사범이 성립하지 아니한다고 보아야 한다.

---

[31] 함정수사에는 이미 범죄의 결의를 가진 자에게 범죄를 범할 기회를 부여하는 기회제공형 함정수사와 전혀 범죄의사가 없는 자에게 새로운 범죄의사를 유발하는 범의유발형 함정수사가 있다. 판례는 범의유발형 함정수사만 함정수사에 해당하는 것으로 이해하여 기회제공형 함정수사는 처음부터 함정수사에 포함되지 아니하는 것으로 보고 있다.

③ 미수를 교사하였으나 기수에 이른 경우 : 교사자의 기대와는 달리 피교사자의 실행행위가 기수에 이른 경우, 교사자를 방조범으로 처벌하여야 한다는 견해도 있으나 결과발생에 대한 교사자의 과실 유무에 따라 과실범으로 처벌하는 것이 타당하다.
④ 피교사자의 처벌 : 피교사자는 결과발생에 대한 고의를 가지고 실행에 착수하였으므로 미수범으로 처벌된다.

> **함정수사의 해당 여부에 대한 사례**
>
> [1] 본래 범의를 가지지 아니한 자에 대하여 수사기관이 사술이나 계략 등을 써서 범의를 유발케 하여 범죄인을 검거하는 함정수사는 위법함을 면할 수 없고, 이러한 함정수사에 기한 공소제기는 그 절차가 법률의 규정에 위반하여 무효인 때에 해당한다 할 것이지만, 범의를 가진 자에 대하여 단순히 범행의 기회를 제공하는 것에 불과한 경우에는 위법한 함정수사라고 단정할 수 없다.
>
> [2] 경찰관이 취객을 상대로 한 이른바 부축빼기 절도범을 단속하기 위하여, 공원 인도에 쓰러져 있는 취객 근처에서 감시하고 있다가, 마침 피고인이 나타나 취객을 부축하여 10m 정도를 끌고 가 지갑을 뒤지자 현장에서 체포하여 기소한 경우, 위법한 함정수사에 기한 공소제기가 아니라고 한 사례(대판 2007.5.31. 2007도1903).

2. 피교사자에 관한 요건

(1) 피교사자의 범행결의

과실범에 대한 교사는 있을 수 없고(이 경우에는 간접정범이 성립), 교사를 하였으나 피교사자가 범죄를 결의하지 않으면 실패한 교사로 교사자만 예비·음모에 준하여 처벌된다(형법 제31조 제3항).

(2) 피교사자의 실행행위

피교사자가 범행결의를 하였지만 실행으로 나아가지 않은 경우는 효과 없는 교사로서 교사자·피교사자는 예비·음모에 준해서 처벌된다(형법 제31조 제2항). 제한적 종속형식에 의하면 정범의 실행행위는 구성요건에 해당하고 위법해야 하지만, 책임이 있을 것을 요하지 아니한다.

Ⅲ 교사범의 처벌

교사범은 정범과 동일한 형으로 처벌된다(형법 제31조 제1항). 다만, 동일한 형은 법정형을 의미하므로 선고형은 다를 수 있다.

Ⅳ 교사의 착오

1. 실행행위에 대한 착오

(1) 구체적 사실의 착오

1) 문제점

피교사자의 방법의 착오는 이용자에게 방법의 착오가 된다는 점에는 의문이 없다. 그러나 피교사자가 객체의 착오를 한 경우 교사자에게 어떤 착오를 인정할 수 있는지 견해가 대립한다.

2) 학 설

구체적 부합설을 취하는 견해에 의하면 교사범은 정범에 종속하기 때문에 착오론에 있어서도 정범에 종속되어 객체의 착오라는 견해와 피교사자의 객체의 착오는 교사자의 입장에서는 방법의 착오와 동일한 구조이므로 방법의 착오로 보아야 한다는 견해가 대립하고 있다. 법정적 부합설을 취하는 견해도 방법의 착오라는 견해와 객체의 착오라는 견해가 있다.

3) 검 토

생각건대 피교사자의 객체의 착오는 교사자의 입장에서는 방법의 착오와 동일한 구조이므로 방법의 착오로 보아 법정적 부합설에 의하여 교사자에게 발생한 범죄사실에 대한 고의기수책임을 인정하는 것이 타당하다고 판단된다.

(2) 추상적 사실의 착오

1) 교사내용보다 적게 실행한 경우

교사한 범죄에 대한 실행의 착수가 있는 경우, 공범의 종속성에 의하여 교사자에게는 피교사자가 실행한 범죄에 대한 교사범이 성립하고, 교사한 범죄에 대하여 실행의 착수가 없는 경우, 교사한 범죄의 예비·음모의 처벌 규정이 있는 경우에는 교사자가 교사한 범죄의 예비·음모와 피교사자가 실행한 범죄의 교사범의 상상적 경합이 성립하고 예비·음모의 형이 중하면 예비·음모의 형으로 처벌된다.

2) 교사내용을 초과하여 실행한 경우

① **양적 초과** : 실행한 범죄와 교사한 범죄가 공통된 요소를 가지고 있지만 그 정도를 초과한 경우로 초과부분에 대하여는 책임이 없고 교사한 범죄의 교사범으로만 처벌된다. 다만, 피교사자가 결과적 가중범의 중한 결과를 실현하여 중한 결과에 대한 예견가능성이 있는 경우에는 결과적 가중범의 교사범이 성립할 수 있다.

> 1. **예견가능성이 인정되는 사례**
> • 교사자가 피교사자에 대하여 상해 또는 중상해를 교사하였는데 피교사자가 이를 넘어 살인을 실행한 경우에, 일반적으로 교사자는 상해죄 또는 중상해죄의 죄책을 지게 되는 것이지만 이 경우에 교사자에게 피해자의 사망이라는 결과에 대하여 과실 내지 예견가능성이 있는 때에는 상해치사죄의 죄책을 지울 수 있다(대판 2002.10.25, 2002도4089).

- 조직 폭력배의 일원인 甲이 乙에게 전화하여 "A이라는 애가 행패를 부려서 망신을 당했는데 나이 먹고 챙피해 죽겠다. 네가 알아서 혼을 내주어라"고 말하자 乙은 그 휘하 조직원 丁에게 지시하고 丁이 상해를 가하여 사망하게 한 경우, 그로 인한 상해의 결과 피해자가 사망에 이르게 될 수 있음을 예견할 수 있었으므로 상해치사죄의 교사범이 성립한다(대판 1992.2.25. 91도3192).

2. 예견가능성이 인정되지 아니하는 사례

교사자가 피교사자에 대하여 "정신 차릴 정도로 때려주라"고 상해를 교사하였는데 피교사자가 이를 넘어 살인을 실행한 경우, 일반적으로 교사자는 상해죄에 대한 교사범이 되는 것이고, 다만 이 경우 교사자에게 피해자의 사망이라는 결과에 대하여 과실 내지 예견가능성이 있는 때에는 상해치사죄의 교사범으로서의 죄책을 지울 수 있다(대판 1997.6.24. 97도1075).[32]

② 질적 초과 : 실행한 범죄와 교사한 범죄가 전혀 다른 범죄인 경우로 질적 초과가 본질적인 경우에는 실행된 범죄에 대하여는 교사범은 성립하지 아니하고 교사한 범죄의 예비·음모 처벌 규정이 있으면 그에 따라 처벌될 수 있을 뿐이다. 이에 반하여 공갈을 교사하였는데 이를 이용하여 강도를 실행한 경우처럼 질적 초과가 비본질적인 경우에는 양적 초과와 마찬가지로 교사한 범죄에 대한 교사범이 성립한다.

2. 피교사자에 대한 착오

제한적 종속형식에 따르면 피교사자의 책임능력에 대한 인식은 교사자의 고의의 내용에 포함되지 않으며 그에 대한 착오는 교사범의 성립에 영향을 미치지 아니한다. 따라서 피교사자가 책임능력자로 알고 교사하였으나 책임무능력자였던 경우나 그 반대의 경우는 모두 교사범이 성립한다(다수설).

---

32) 이 사안에서 판례는 피고인이 피해자의 사망이라는 결과를 예측하였다거나 또는 피해자의 사망의 결과에 대하여 과실이 있었다고 인정하기 어렵다고 하여 상해죄의 교사범을 인정하였음을 유의하여야 한다.

V 관련 문제

1. 교사의 교사(간접교사)

교사의 교사에는 교사자와 피교사자 사이에 한 사람의 중간교사자가 개입되어 있는 간접교사와 여러 사람의 중간교사자가 개입되어 있는 연쇄교사가 있다. 교사의 교사는 직접교사와 실질적인 차이가 없으므로 간접교사나 연쇄교사도 가벌적이다.

2. 교사의 미수

(1) 협의의 교사의 미수

피교사자가 실행에 착수하였으나 미수에 그친 경우를 말한다.

(2) 기도된 교사

1) 의 의

기도된 교사는 효과 없는 교사와 실패한 교사를 포함한 개념이다. 효과 없는 교사란 피교사자가 교사를 승낙하기만 하고 아무런 행위를 하지 아니한 경우와 행위를 하였지만 예비·음모에 그친 경우 및 실행의 착수하였으나 불가벌적 미수(불능범)에 그친 경우를 말한다. 실패한 교사는 교사자가 교사를 하였으나 피교사자가 범죄실행을 승낙하지 않거나 이미 범죄실행의 결의를 하고 있는 경우를 말한다.

2) 형법의 태도

공범의 종속성과의 관계를 고려하면 기도된 교사에 대하여 처벌은 하지만 공범의 미수로 벌하지 아니하고 예비·음모로 처벌한다는 점에서 공범독립성설과 공범종속성설을 절충한 태도로 보인다.

3) 효 과

협의의 교사의 미수는 교사자·피교사자는 모두 미수범으로 처벌된다. 기도된 교사는 효과 없는 교사의 경우 교사자·피교사자는 모두 예비·음모에 준하여 처벌되고(형법 제31조 제2항), 실패한 교사는 교사자만 예비·음모에 준하여 처벌된다(형법 제31조 제3항).

제5절 종범

I 의의

1. 개념

종범이란 타인의 범죄를 방조하는 자를 말한다. 형법 제32조 제1항은 타인의 범죄를 방조한 자는 종범으로 처벌한다고 규정하고 있다.

2. 각칙상의 방조

각칙상의 방조가 특별구성요건으로 규정되어 있는 경우, 방조행위 자체가 실행행위이므로 형법 제32조가 적용될 여지가 없어 종범감경을 할 수 없다는 것이 판례(대판 1986.9.23. 86도1429)이다.

II 종범의 성립요건

1. 방조자에 관한 요건

(1) 방조행위

1) 의의

방조행위란 정범의 범죄실행의 결의를 강화시키거나 그 실행행위를 가능 또는 용이하게 해주는 실행행위 이외의 원조행위를 말한다.

2) 수단·방법

방조행위의 수단·방법에는 제한이 없어 정신적·물질적·직접적·간접적 방조를 불문하고 방조자에게 보증인지위가 있으면 부작위에 의한 방조도 가능하다.

> 1. **방조범이 성립하는 사례**
> - 형법상 방조행위는 정범이 범행을 한다는 정을 알면서 그 실행행위를 용이하게 하는 직접, 간접의 모든 행위를 가리키는 것인바, 자동차운전면허가 없는 자에게 승용차를 제공하여 그로 하여금 무면허운전을 하게 하였다면 이는 도로교통법위반(무면허운전) 범행의 방조행위에 해당한다(대판 2000.8.18. 2000도1914).
> - 甲이 수사기관 및 법원에 출석하여 乙 등의 사기 범행을 자신이 저질렀다는 취지로 허위자백하였는데, 그 후 甲의 사기 피고사건 변호인으로 선임된 피고인이 甲과 공모하여 진범 乙 등을 은폐하는 허위자백을 유지하게 함으로써 범인을 도피하게 하였다는 내용으로 기소된 경우, 피고인이 변호인으로서 단순히 甲의 이익을 위한 적절한 변론과 그에 필요한 활동을 하는 데 그치지 아니하고, 甲과 乙 사이에 부정한 거래가 진행 중이며 甲 피고사건의 수임과 변론이 거래의 향배와 불가결한 관련이 있을 것임을 분명히 인식하고도 乙에게서 甲 피고사건을 수임하고, 그들의 합의가 성사되도록 도왔으며, 스스로 합의금의 일부를 예치하는 방안까지 용인하고 합의서를 작성하는 등으로 甲과

乙의 거래관계에 깊숙이 관여한 행위를 정당한 변론권의 범위 내에 속한다고 평가할 수 없고, 나아가 변호인의 비밀유지의무는 변호인이 업무상 알게 된 비밀을 다른 곳에 누설하지 않을 소극적 의무를 말하는 것일 뿐 진범을 은폐하는 허위자백을 적극적으로 유지하게 한 행위가 변호인의 비밀유지의무에 의하여 정당화될 수 없고 한편으로 피고인의 행위는 정범인 甲에게 결의를 강화하게 한 방조행위로 평가될 수 있으므로 피고인에게는 범인도피방조죄가 성립한다(대판 2012.8.30. 2012도6027).

- 형법상 방조행위는 정범이 범행을 한다는 사정을 알면서 그 실행행위를 용이하게 하는 직접, 간접의 모든 행위를 가리키는 것으로서 그 방조는 유형적, 물질적인 방조뿐만 아니라 정범에게 범행의 결의를 강화하도록 하는 것과 같은 무형적, 정신적 방조행위까지도 이에 해당하는 것이어서 피고인 2는 피고인 1의 기자회견을 촬영하였을 뿐만 아니라 피고인 1이 공소외 1 주식회사 직원을 만나는 자리에 동석하여 피고인 1의 이 사건 강요 등 범행의 실행행위를 용이하게 한 사실을 알 수 있으므로 방조범에 해당한다(대판 2013.4.11. 2010도13774).

- [1] 형법이 금지하고 있는 법익침해의 결과발생을 방지할 법적인 작위의무를 지고 있는 자가 그 의무를 이행함으로써 결과발생을 쉽게 방지할 수 있었음에도 불구하고 그 결과의 발생을 용인하고 이를 방관한 채 그 의무를 이행하지 아니한 경우에, 그 부작위가 작위에 의한 법익침해와 동등한 형법적 가치가 있는 것이어서 그 범죄의 실행행위로 평가될 만한 것이라면, 작위에 의한 실행행위와 동일하게 부작위범으로 처벌할 수 있고, 여기서 작위의무는 법령, 법률행위, 선행행위로 인한 경우는 물론, 기타 신의성실의 원칙이나 사회상규 혹은 조리상 작위의무가 기대되는 경우에도 인정된다.
[2] 인터넷 포털 사이트 내 오락채널 총괄팀장과 위 오락채널 내 만화사업의 운영 직원인 피고인들에게, 콘텐츠제공업체들이 게재하는 음란만화의 삭제를 요구할 조리상의 의무가 있다고 하여, 구 전기통신기본법 제48조의2 위반 방조죄의 성립을 긍정한 사례(대판 2006.4.28. 2003도4128)

2. 방조범이 성립하지 아니하는 사례

[1] 거래상대방의 대향적 행위의 존재를 필요로 하는 유형의 배임죄에 있어서 거래상대방으로서는 기본적으로 배임행위의 실행행위자와는 별개의 이해관계를 가지고 반대편에서 독자적으로 거래에 임한다는 점을 감안할 때, 거래상대방이 배임행위를 교사하거나 그 배임행위의 전 과정에 관여하는 등으로 배임행위에 적극가담함으로써 그 실행행위자와의 계약이 반사회적 법률행위에 해당하여 무효로 되는 경우 배임죄의 교사범 또는 공동정범이 될 수 있음은 별론으로 하고, 관여의 정도가 거기에까지 이르지 아니하여 법질서 전체적인 관점에서 살펴볼 때 사회적 상당성을 갖춘 경우에 있어서는 비록 정범의 행위가 배임행위에 해당한다는 점을 알고 거래에 임하였다는 사정이 있어 외견상 방조행위로 평가될 수 있는 행위가 있었다 할지라도 범죄를 구성할 정도의 위법성은 없다고 봄이 상당하다.
[2] 1인 회사의 주주가 개인적 거래에 수반하여 법인 소유의 부동산을 담보로 제공한다는 사정을 거래상대방이 알면서 가등기의 설정을 요구하고 그 가등기를 경료받은 사안에서, 거래상대방이 배임행위의 방조범에 해당한다고 한 원심판결을 파기한 사례(대판 2005.10.28. 2005도4915)

3) 시 기

실행 중 또는 실행의 착수 전인 예비단계에도 가능하고 기수 이후에도 종료 이전까지는 방조가 가능하다. 다만, 예비단계에서 방조한 경우에는 정범이 실행의 착수로 나아가야 방조가 성립한다. 그러나 종료 이후의 단계에서의 방조는 사후종범에 해당하여 독립한 범죄로 성립한다.

1. **실행의 착수 이전에 방조한 사례**
   [1] 타인의 사망을 보험사고로 하는 생명보험계약을 체결함에 있어 제3자가 피보험자인 것처럼 가장하여 체결하는 등으로 그 유효요건이 갖추어지지 못한 경우에도, 보험계약 체결 당시에 이미 보험사고가 발생하였음에도 이를 숨겼다거나 보험사고의 구체적 발생 가능성을 예견할 만한 사정을 인식하고 있었던 경우 또는 고의로 보험사고를 일으키려는 의도를 가지고 보험계약을 체결한 경우와 같이 보험사고의 우연성과 같은 보험의 본질을 해칠 정도라고 볼 수 있는 특별한 사정이 없는 한, 그와 같이 하자 있는 보험계약을 체결한 행위만으로는 미필적으로라도 보험금을 편취하려는 의사에 의한 기망행위의 실행에 착수한 것으로 볼 것은 아니다. 그러므로 그와 같이 기망행위의 실행의 착수로 인정할 수 없는 경우에 피보험자 본인임을 가장하는 등으로 보험계약을 체결한 행위는 단지 장차의 보험금 편취를 위한 예비행위에 지나지 않는다.
   [2] 종범은 정범이 실행행위에 착수하여 범행을 하는 과정에서 이를 방조한 경우뿐 아니라, 정범의 실행의 착수 이전에 장래의 실행행위를 미필적으로나마 예상하고 이를 용이하게 하기 위하여 방조한 경우에도 그 후 정범이 실행행위에 나아갔다면 성립할 수 있다(대판 2013.11.14. 2013도7494).

2. **기수 이후 종료 이전에 방조한 사례**
   [1] 공중송신권을 침해하는 게시물이나 그 게시물이 위치한 웹페이지 등(이하 통틀어 '침해 게시물 등')에 연결되는 링크를 한 행위라도, 전송권(공중송신권) 침해행위의 구성요건인 '전송(공중송신)'에 해당하지 않기 때문에 전송권 침해가 성립하지 않는다. 이는 대법원의 확립된 판례이다. 링크는 인터넷에서 링크하고자 하는 웹페이지나 웹사이트 등의 서버에 저장된 개개의 저작물 등의 웹 위치 정보 또는 경로를 나타낸 것에 지나지 않는다. 인터넷 이용자가 링크 부분을 클릭함으로써 침해 게시물 등에 직접 연결되더라도, 이러한 연결 대상 정보를 전송하는 주체는 이를 인터넷 웹사이트 서버에 업로드하여 공중이 이용할 수 있도록 제공하는 측이지 그 정보에 연결되는 링크를 설정한 사람이 아니다. 링크는 단지 저작물 등의 전송을 의뢰하는 지시나 의뢰의 준비행위 또는 해당 저작물로 연결되는 통로에 해당할 뿐이므로, 링크를 설정한 행위는 전송에 해당하지 않는다. 따라서 전송권(공중송신권) 침해에 관한 위와 같은 판례는 타당하다.
   [2] ㉠ 공중송신권 침해의 방조에 관한 종전 판례는 인터넷 이용자가 링크 클릭을 통해 저작자의 공중송신권 등을 침해하는 웹페이지에 직접 연결되더라도 링크를 한 행위가 '공중송신권 침해행위의 실행 자체를 용이하게 한다고 할 수는 없다.'는 이유로, 링크 행위만으로는 공중송신권 침해의 방조행위에 해당한다고 볼 수 없다는 법리를 전개하고 있다. 링크는 인터넷 공간을 통한 정보의 자유로운 유통을 활성화하고 표현의 자유를 실현하는 등의 고유한 의미와 사회적 기능을 가진다. 인터넷 등을 이용하는 과정에서 일상적으로 이루어지는 링크 행위에 대해서까지 공중송신권 침해의 방조를 쉽게 인정하는 것은 인터넷 공간에서 표현의 자유나 일반적 행동의 자유를 과도하게 위축시킬 우려가 있어 바람직하지 않다. 그러나 링크 행위가 어떠한 경우에도 공중송신권 침해의 방조행위에 해당하지 않는다는 종전 판례는 방조범의 성립에 관한 일반 법리 등에 비추어 볼 때 재검토할 필요가 있다. 이는 링크 행위를 공중송신권 침해의 방조라고 쉽게 단정해서는 안 된다는 것과는 다른 문제이다.

ⓒ 정범이 침해 게시물을 인터넷 웹사이트 서버 등에 업로드하여 공중의 구성원이 개별적으로 선택한 시간과 장소에서 접근할 수 있도록 이용에 제공하면, 공중에게 침해 게시물을 실제로 송신하지 않더라도 공중송신권 침해는 기수에 이른다. 그런데 정범이 침해 게시물을 서버에서 삭제하는 등으로 게시를 철회하지 않으면 이를 공중의 구성원이 개별적으로 선택한 시간과 장소에서 접근할 수 있도록 이용에 제공하는 가별적인 위법행위가 계속 반복되고 있어 공중송신권 침해의 범죄행위가 종료되지 않았으므로, 그러한 정범의 범죄행위는 방조의 대상이 될 수 있다.

ⓒ 저작권 침해물 링크 사이트에서 침해 게시물에 연결되는 링크를 제공하는 경우 등과 같이, 링크 행위자가 정범이 공중송신권을 침해한다는 사실을 충분히 인식하면서 그러한 침해 게시물 등에 연결되는 링크를 인터넷 사이트에 영리적·계속적으로 게시하는 등으로 공중의 구성원이 개별적으로 선택한 시간과 장소에서 침해 게시물에 쉽게 접근할 수 있도록 하는 정도의 링크 행위를 한 경우에는 침해 게시물을 공중의 이용에 제공하는 정범의 범죄를 용이하게 하므로 공중송신권 침해의 방조범이 성립한다. 이러한 링크 행위는 정범의 범죄행위가 종료되기 전 단계에서 침해 게시물을 공중의 이용에 제공하는 정범의 범죄 실현과 밀접한 관련이 있고 그 구성요건적 결과 발생의 기회를 현실적으로 증대함으로써 정범의 실행행위를 용이하게 하고 공중송신권이라는 법익의 침해를 강화·증대하였다고 평가할 수 있다. 링크 행위자에게 방조의 고의와 정범의 고의도 인정할 수 있다.

ⓔ 저작권 침해물 링크 사이트에서 침해 게시물로 연결되는 링크를 제공하는 경우 등과 같이, 링크 행위는 그 의도나 양태에 따라서는 공중송신권 침해와 밀접한 관련이 있는 것으로서 그 행위자에게 방조 책임의 귀속을 인정할 수 있다. 이러한 경우 인터넷에서 원활한 정보 교류와 유통을 위한 수단이라는 링크 고유의 사회적 의미는 명목상의 것에 지나지 않는다. 다만 행위자가 링크 대상이 침해 게시물 등이라는 점을 명확하게 인식하지 못한 경우에는 방조가 성립하지 않고, 침해 게시물 등에 연결되는 링크를 영리적·계속적으로 제공한 정도에 이르지 않은 경우 등과 같이 방조범의 고의 또는 링크 행위와 정범의 범죄 실현 사이의 인과관계가 부정될 수 있거나 법질서 전체의 관점에서 살펴볼 때 사회적 상당성을 갖추었다고 볼 수 있는 경우에는 공중송신권 침해에 대한 방조가 성립하지 않을 수 있다(대판 2021.9.9. 2017도19025[전합]).

4) 인과관계

① **문제점** : 방조행위와 정범의 범행 사이에 인과관계의 요부 및 정도에 대하여 견해가 대립하고 있다. 이는 기도된 방조와의 구별을 위한 논의임을 유의하여야 한다.

② **학설** : 방조행위가 정범의 행위를 사실상 촉진하거나 용이하게 해주었거나(정범행위촉진설), 정범에 의한 법익침해를 증대하면(위험증대설) 별도의 인과관계는 필요하지 아니하다는 인과관계불요설, 방조행위가 적어도 구성요건적 결과발생의 기회를 현실적으로 증대시켜야 하고 인과관계가 인정되지 아니한다면 기도된 방조가 되어 불가벌(기회증대설)이라는 인과관계필요설이 대립하고 있다.

③ **판례** : 판례는 방조범은 정범에 종속하여 성립하는 범죄로, 방조행위와 정범의 범죄 실현 사이에는 인과관계가 필요하므로 방조범이 성립하려면 방조행위가 정범의 범죄 실현과 밀접한 관련이 있고 정범으로 하여금 구체적 위험을 실현시키거나 범죄 결과를 발생시킬 기회를 높이는 등으로 정범의 범죄 실현에 현실적인 기여를 하였다고 평가할 수 있어야 하나, 정범의 범죄 실현과 밀접한 관련이 없는 행위를 도와준 데 지나지 않는 경우에는 방조범이 성립하지 않는다고(대판 2021.9.9. 2017도19025[전합]) 하여 필요설의 태도를 취하고 있는 것으로 보인다.

④ 검토 : 생각건대 인과관계불요설에 의하면 기도된 방조범의 가벌성까지 인정하게 되어 방조범의 처벌이 부당하게 확대될 우려가 있어 인과관계필요설이 타당하다고 판단된다.

> **방조범 성립에 필요한 인과관계**
> [1] 형법 제32조 제1항은 "타인의 범죄를 방조한 자는 종범으로 처벌한다."라고 정하고 있다. 방조란 정범의 구체적인 범행준비나 범행사실을 알고 그 실행행위를 가능·촉진·용이하게 하는 지원행위 또는 정범의 범죄행위가 종료하기 전에 정범에 의한 법익침해를 강화·증대시키는 행위로서, 정범의 범죄 실현과 밀접한 관련이 있는 행위를 말한다. 방조범은 정범에 종속하여 성립하는 범죄이므로 방조행위와 정범의 범죄 실현 사이에는 인과관계가 필요하다. 방조범이 성립하려면 방조행위가 정범의 범죄 실현과 밀접한 관련이 있고 정범으로 하여금 구체적 위험을 실현시키거나 범죄 결과를 발생시킬 기회를 높이는 등으로 정범의 범죄 실현에 현실적인 기여를 하였다고 평가할 수 있어야 한다. 정범의 범죄 실현과 밀접한 관련이 없는 행위를 도와준 데 지나지 않는 경우에는 방조범이 성립하지 않는다.
> [2] 쟁의행위가 업무방해죄에 해당하는 경우 제3자가 그러한 정을 알면서 쟁의행위의 실행을 용이하게 한 경우에는 업무방해방조죄가 성립할 수 있다. 다만 헌법 제33조 제1항이 규정하고 있는 노동3권을 실질적으로 보장하기 위해서는 근로자나 노동조합이 노동3권을 행사할 때 제3자의 조력을 폭넓게 받을 수 있도록 할 필요가 있고, 나아가 근로자나 노동조합에 조력하는 제3자도 헌법 제21조에 따른 표현의 자유나 헌법 제10조에 내재된 일반적 행동의 자유를 가지고 있으므로, 위법한 쟁의행위에 대한 조력행위가 업무방해방조에 해당하는지 판단할 때는 헌법이 보장하는 위와 같은 기본권이 위축되지 않도록 업무방해방조죄의 성립 범위를 신중하게 판단하여야 한다(대판 2023.6.29. 2017도9835).[33]

(2) 방조자의 고의

1) 고의의 내용

종범은 정범의 실행행위를 방조한다는 고의(방조의 고의)와 정범의 실행행위가 구성요건적 결과를 실현한다는 사실에 대한 고의(정범의 고의)가 있어야 한다(이중의 고의). 정범의 고의는 정범에 의하여 실현되는 범죄의 구체적인 내용을 인식할 것을 요하는 것은 아니고 미필적 인식 또는 예견으로 충분하다(대판 2005.4.29. 2003도6056). 과실에 의한 방조는 고의가 없으므로 방조가 될 수 없고 과실범의 정범이 성립할 수 있을 뿐이다.

---

33) 철도노조 조합원 2인이 한국철도공사의 순환전보방침에 반대하고자 높이 15m 가량의 조명탑 중간 대기 장소에 올라가 이를 점거함으로써 한국철도공사로 하여금 위 조합원들의 안전을 위해 조명탑의 전원을 차단하게 하여 위력으로 한국철도공사의 야간 입환업무를 방해하였고, 피고인들은 위 조합원들의 농성을 지지하고자 조명탑 아래 천막을 설치하고, 지지집회를 개최하고, 음식물 등 물품을 제공하여 위 업무방해범행을 용이하게 함으로써 이를 방조하였다는 공소사실(업무방해방조)로 기소된 사안에서, 피고인들이 조명탑 점거농성 개시부터 관여한 것으로는 보이지 않는 점, 회사 인사 방침에 대한 의견을 표현하는 집회의 개최 등은 조합활동에 속하고, 농성자들에게 제공한 음식물 등은 생존을 위해 요구되는 것인 점 등의 사정을 들어 피고인들의 행위가 전체적으로 보아 조명탑 점거에 일부 도움이 된 측면이 있었다고 하더라도, 행위의 태양과 빈도, 경위, 장소적 특성 등에 비추어 농성자들의 업무방해범죄 실현과 밀접한 관련이 있는 행위로 보기 어렵다고 판단하여 방조죄에서 요구하는 인과관계를 부정하여, 이와 달리 공소사실을 모두 유죄로 인정한 원심을 파기·환송한 사례(대판 2023.6.29. 2017도9835)

> **방조의 고의**
> [1] 저작권법이 보호하는 복제권의 침해를 방조하는 행위란 정범의 복제권 침해를 용이하게 해주는 직접·간접의 모든 행위로서, 정범의 복제권 침해행위 중에 이를 방조하는 경우는 물론, 복제권 침해행위에 착수하기 전에 장래의 복제권 침해행위를 예상하고 이를 용이하게 해주는 경우도 포함하며, 정범에 의하여 실행되는 복제권 침해행위에 대한 미필적 고의가 있는 것으로 충분하고 정범의 복제권 침해행위가 실행되는 일시, 장소, 객체 등을 구체적으로 인식할 필요가 없으며, 나아가 정범이 누구인지 확정적으로 인식할 필요도 없다.
> [2] P2P 프로그램을 이용하여 음악파일을 공유하는 행위가 대부분 정당한 허락 없는 음악파일의 복제임을 예견하면서도 MP3 파일 공유를 위한 P2P 프로그램인 소리바다 프로그램을 개발하여 이를 무료로 널리 제공하였으며, 그 서버를 설치·운영하면서 프로그램 이용자들의 접속정보를 서버에 보관하여 다른 이용자에게 제공함으로써 이용자들이 용이하게 음악 MP3 파일을 다운로드 받아 자신의 컴퓨터 공유 폴더에 담아 둘 수 있게 하고, 소리바다 서비스가 저작권법에 위배된다는 경고와 서비스 중단 요청을 받고도 이를 계속한 경우, MP3 파일을 다운로드 받은 이용자의 행위는 구 저작권법 제2조 제14호의 복제에 해당하고, 소리바다 서비스 운영자의 행위는 구 저작권법상 복제권 침해행위의 방조에 해당한다고 한 사례(대판 2007.12.14. 2005도872)

2) 미수의 방조

정범이 미수에 그칠 것을 예견하면서 방조하는 미수의 방조는 불가벌이고, 미수를 방조하였으나 정범이 기수에 이른 경우에는 과실범의 문제가 된다.

3) 편면적 방조

정범이 방조를 받고 있는 것에 대한 인식이 없는 경우로 판례(대판 1974.5.28. 74도509)에 의하면 정범의 실행행위가 있으면 편면적 종범도 성립이 가능하다고 판시하고 있다.

2. 피방조자에 관한 요건

정범이 실행에 착수하였을 것을 요하므로 실행에 착수하지 아니한 기도된 방조는 처벌 규정이 없어 불가벌이 된다. 정범의 실행행위는 구성요건에 해당하고 위법하면 족하고 책임이 있을 필요는 없다 (제한적 종속형식).

> - 형법 제32조 제1항 소정 타인의 범죄란 정범이 범죄의 실현에 착수한 경우를 말하는 것이므로 종범이 처벌되기 위하여는 정범의 실행의 착수가 있는 경우에만 가능하고 형법 전체의 정신에 비추어 정범이 실행의 착수에 이르지 아니한 예비의 단계에 그친 경우에는 이에 가공하는 행위가 예비의 공동정범이 되는 경우를 제외하고는 종범의 성립을 부정하고 있다고 보는 것이 타당하다(대판 1976.5.25. 75도1549).
> - 예비행위의 방조행위는 방조범으로서 처단할 수 없는 것이고 그와 같은 법리는 특정범죄 가중처벌 등에 관한 법률 및 관세법에 규정된 무면허수입등 예비죄의 방조행위에 있어서도 마찬가지이다(대판 1979.11.27. 79도2201).

Ⅲ 종범의 처벌

종범의 형은 정범의 형보다 필요적으로 감경한다(형법 제32조 제2항). 정범이 미수에 그친 경우에는 종범은 이중으로 감경될 수 있다. 한편 자기의 지휘·감독을 받는 자를 방조한 때에는 정범의 형으로 처벌된다(형법 제34조 제2항).

Ⅳ 종범의 착오

1. 실행행위에 대한 착오

(1) 구체적 사실의 착오

착오론에 관한 이론이 그대로 적용되어 정범의 객체, 방법의 착오는 종범에게는 방법의 착오가 되므로 법정적 부합설에 의할 때 발생한 범죄사실에 대한 종범이 성립한다.

(2) 추상적 사실의 착오

1) 방조내용보다 적게 실행한 경우

공범의 종속성으로 인해 정범이 실행한 범위 내에서 책임을 진다.

2) 방조내용을 초과하여 실행한 경우

① 양적 초과 : 실행한 범죄와 방조한 범죄가 동질이지만 그 정도를 초과한 양적 초과의 경우에는 방조한 범죄의 종범으로 처벌된다. 다만, 정범이 결과적 가중범의 중한 결과를 실현한 경우에는 종범에게 중한 결과에 대한 예견가능성이 있으면 결과적 가중범의 방조범이 될 수 있다.

② 질적 초과 : 정범이 실행한 범죄가 방조 받은 범죄와는 다른 이질적인 범죄인 질적 초과의 경우에는 종범이 성립하지 아니하고 교사범과는 달리 기도된 방조를 처벌하지도 않으므로 불가벌이 된다.

2. 피방조자에 대한 착오

피방조자를 책임능력자로 알았으나 책임무능력자인 경우나 그 반대의 경우 종범의 성립에는 영향이 없다. 정범의 책임능력에 대한 인식은 방조자의 고의의 내용에 포함되지 아니하기 때문이다.

V 관련 문제

1. 방조의 방조, 교사의 방조, 방조의 교사

방조의 방조는 정범에 대한 간접방조 또는 연쇄방조가 되므로, 교사의 방조와 방조의 교사는 실질적으로 정범에 대한 방조로 볼 수 있으므로 종범이 성립한다.

2. 방조의 미수

협의의 방조의 미수는 정범·종범 모두 미수범으로 처벌되나, 기도된 방조는 처벌 규정이 없어 불가벌이 된다.

제6절 공범과 신분

I 의의

1. 개념

공범과 신분이란 신분이 범죄의 성립이나 형의 가감에 영향을 미치는 경우에 있어서 신분자와 비신분자가 공범관계에 있을 때 비신분자를 어떻게 취급할 것인가의 문제이다. 형법 제33조는 신분이 있어야 성립되는 범죄에 신분 없는 사람이 가담한 경우에는 그 신분 없는 사람에게도 제30조부터 제32조까지의 규정을 적용한다. 다만, 신분 때문에 형의 경중이 달라지는 경우에 신분이 없는 사람은 무거운 형으로 벌하지 아니한다고 규정하고 있다.

2. 신분의 의의 및 종류

(1) 신분의 의의

신분이란 널리 일정한 범죄행위에 대한 범인의 인적 관계인 특수한 지위나 상태를 말한다. '인적'이란 일신전속적이란 의미이다. 신분에는 인적 성질(성별, 연령 등), 인적 지위(공무원, 의사 등), 인적 상태(업무성, 상습성 등)가 포함된다.

(2) 신분의 종류

신분은 행위자에게 일정한 신분이 있어야 범죄가 성립하는 구성적 신분과 신분이 있으면 형이 가감되는 가감적 신분, 신분으로 인하여 범죄의 성립 또는 형벌이 조각되는 소극적 신분으로 나눌 수 있다.

Ⅱ 형법 제33조의 해석론

1. 의 의

(1) 공범이론과의 관계

공범종속성설에 의하면 위법성의 연대를 규정한 본문이 원칙규정이고 단서는 예외규정이라고 하나, 공범독립성설에 의하면 책임의 개별성을 규정한 단서가 원칙규정이고 본문이 예외규정이라고 한다.

(2) 형법 제33조 본문과 단서의 관계

1) 학 설

통설은 형법 제33조 본문은 진정신분범의 공범성립과 과형에 관한 규정이고 형법 제33조 단서는 부진정신분범의 공범성립과 과형에 관한 규정으로 이해한다.

2) 판 례

판례는 형법 제33조 본문을 진정신분범과 부진정신분범의 공범성립에 관한 규정으로 보고 형법 제33조 단서는 부진정신분범의 과형에 관한 규정이라고 한다.

3) 검 토

형법 제33조 본문이 신분이 있어야 성립되는 범죄라고 규정하고 있고 부진정신분범은 신분이 있어야 성립하는 범죄는 아니므로 형법의 해석상 법문에 충실한 통설의 태도가 타당하다고 판단된다.

2. 형법 제33조 본문의 해석

(1) 비신분자가 신분자에게 가공한 경우

1) 의 의

비신분자가 구성적 신분자의 범죄(진정신분범)에 가공한 경우에 형법 제33조 본문의 연대적 작용에 의하여 공동정범(형법 제30조), 교사범(형법 제31조), 종범(형법 제32조)이 성립한다.

2) 교사범·종범

공범종속성설에 의하면 정범에 대한 종속성이 인정되는 협의의 공범인 교사범·종범에 있어서는 정범에게 신분이 인정되는 한 비신분자도 진정신분범의 공범이 될 수 있다고 보는 것은 당연하다.

3) 공동정범

신분이 없기 때문에 정범이 될 수 없는 비신분자도 예외적으로 진정신분범의 공동정범이 될 수 있게 되었으므로 형법 제33조 본문은 교사범·종범에게는 당연규정이지만 공동정범에 대하여는 특별규정의 의미를 가지고 있다고 볼 수 있다.

4) 간접정범

비신분자가 신분자에게 가공한 경우에 간접정점의 성립 여부가 문제되나 형법 제33조 본문은 비신분자가 신분자와 함께 진정신분범의 공동정범은 될 수 있어도 단독으로 진정신분범의 정범이 될 수 있다는 의미는 아니므로 부정하는 것이 타당하다.

> **비신분자가 신분자에게 가공한 사례**
>
> - 신분관계가 없는 사람이 신분관계로 인하여 성립될 범죄에 가공한 경우에는 신분관계가 있는 사람과 공범이 성립한다(형법 제33조 본문 참조). 이 경우 신분관계가 없는 사람에게 공동가공의 의사와 이에 기초한 기능적 행위지배를 통한 범죄의 실행이라는 주관적·객관적 요건이 충족되면 공동정범으로 처벌한다. 공동가공의 의사는 공동의 의사로 특정한 범죄행위를 하기 위하여 일체가 되어 서로 다른 사람의 행위를 이용하여 자기의 의사를 실행에 옮기는 것을 내용으로 한다. 따라서 공무원이 아닌 사람(이하 '비공무원')이 공무원과 공동가공의 의사와 이를 기초로 한 기능적 행위지배를 통하여 공무원의 직무에 관하여 뇌물을 수수하는 범죄를 실행하였다면 공무원이 직접 뇌물을 받은 것과 동일하게 평가할 수 있으므로 공무원과 비공무원에게 형법 제129조 제1항에서 정한 뇌물수수죄의 공동정범이 성립한다(대판 2019.8.29. 2018도2738[전합]).
>
> - 형법 제33조 본문은 "신분관계로 인하여 성립될 범죄에 가공한 행위는 신분관계가 없는 자에게도 전3조의 규정을 적용한다."고 규정하고 있으므로, 비신분자라 하더라도 신분범의 공범으로 처벌될 수 있다. 그리고 구 지방공무원법 제58조 제1항 본문이 주체를 지방공무원으로 제한하고 있기는 하지만, 위 법조항에 의하여 금지되는 '노동운동이나 그 밖에 공무 외의 일을 위한 집단행위'의 태양이 행위자의 신체를 수단으로 하여야 한다거나 행위자의 인격적 요소가 중요한 의미를 가지는 것은 아니므로, 위 행위를 처벌하는 같은 법 제82조가 지방공무원이 스스로 위 행위를 한 경우만을 처벌하려는 것으로 볼 수는 없다. 따라서 지방공무원의 신분을 가지지 아니하는 사람도 구 지방공무원법 제58조 제1항을 위반하여 같은 법 제82조에 따라 처벌되는 지방공무원의 범행에 가공한다면 형법 제33조 본문에 의해서 공범으로 처벌받을 수 있다. 위 법리에 비추어 보면, 구 지방공무원법 제82조가 적용되지 않는 구 지방공무원법상 특수경력직공무원의 경우에도 위 법조항을 위반한 경력직공무원의 범행에 가공한다면 역시 형법 제33조 본문에 의해서 공범으로 처벌받을 수 있다고 보아야 하고, 특수경력직공무원에 대하여 구 지방공무원법 제82조가 직접 적용되지 않는다는 이유만으로 달리 볼 것은 아니다(대판 2012.6.14. 2010도14409).
>
> - [1] 형법 제323조의 권리행사방해죄는 타인의 점유 또는 권리의 목적이 된 자기의 물건을 취거, 은닉 또는 손괴하여 타인의 권리행사를 방해함으로써 성립하므로 그 취거, 은닉 또는 손괴한 물건이 자기의 물건이 아니라면 권리행사방해죄가 성립할 수 없다.
> [2] 물건의 소유자가 아닌 사람은 형법 제33조 본문에 따라 소유자의 권리행사방해 범행에 가담한 경우에 한하여 그의 공범이 될 수 있을 뿐이다. 그러나 권리행사방해죄의 공범으로 기소된 물건의 소유자에게 고의가 없는 등으로 범죄가 성립하지 않는다면 공동정범이 성립할 여지가 없다(대판 2017.5.30. 2017도4578).[34]

---

34) 피고인이, 자신이 관리하는 건물 5층에 거주하는 피해자를 내쫓을 목적으로 자신의 아들인 甲을 교사하여 그곳 현관문에 설치된 피고인 소유 디지털 도어락의 비밀번호를 변경하게 하였다는 권리행사방해교사의 공소사실로 기소된 사안에서, 甲이 자기의 물건이 아닌 위 도어락의 비밀번호를 변경하였다고 하더라도 권리행사방해죄가 성립할 수 없고, 정범인 甲의 권리행사방해죄가 인정되지 않는 이상 교사자인 피고인에 대하여 권리행사방해교사죄도 성립할 수 없다고 판단하여, 이와 달리 공소사실을 유죄로 인정한 원심판결을 파기·환송한 사례(대판 2017.5.30. 2017도4578).

(2) 신분자가 비신분자에게 가공한 경우

1) 의 의

형법 제33조 본문은 비신분자가 신분자에게 가공하는 경우를 상정한 규정이므로 신분자가 비신분자에게 가공한 경우에는 해석에 의하여 해결하여야 한다.

2) 교사·방조

진정신분범에서 신분자가 비신분자를 교사·방조하여 범죄를 실행하게 한 경우 비신분자의 행위는 구성요건해당성이 없으므로 이 경우에는 신분 없는 고의 있는 도구를 이용한 간접정범이 성립한다.

3) 공동정범

신분자가 비신분자에게 공동정범으로 가공한 경우에도 비신분자가 신분자에게 가공한 경우와 마찬가지로 서로 의사연락을 가지면서 공동으로 범죄를 실행하였다는 점이 중요하므로 그 순서에 관계없이 양자를 동일하게 취급하여 공동정범이 성립한다고 하여야 한다.

3. 형법 제33조 단서의 해석

(1) 비신분자가 신분자에게 가공한 경우

1) 의 의

비신분자가 신분자의 부진정신분범에 가공한 경우에는 양자 사이에 보통범죄와 부진정신분범의 공범관계가 성립하고 비신분자는 보통범죄의 형으로 처벌된다(책임개별화의 원칙).

2) 가중적 신분범에 가공한 경우

① 학설 : 통설에 의할 때 비신분자는 신분범의 공범이 아니라 보통범죄의 공동정범·교사범·종범이 성립하고 보통범죄의 형으로 처벌된다.

② 판례 : 판례는 아들과 공모하여 남편을 살해한 아내를 존속살해죄의 공동정범으로 의율하여(대판 1961.8.2. 4294형상284) 비신분자에게도 형법 제33조 본문이 적용되므로 부진정신분범의 공범이 성립하지만 제33조 단서에 의하여 보통범죄의 형으로 처벌받는다고 한다.

③ 검토 : 형법 제33조 본문이 신분이 있어야 성립되는 범죄라고 규정하고 있어 부진정신분범은 신분이 있어야 성립하는 범죄는 아니므로 부진정신분범의 공범성립과 과형에 대하여는 형법 제33조 단서를 적용하는 통설의 태도가 타당하다고 보인다. 이에 의할 때 비신분자에게는 보통범죄의 공동정범·교사범·종범이 성립하고 보통범죄의 형으로 처벌된다.

3) 감경적 신분범에 가공한 경우

비신분자가 감경적 신분범에 가공한 경우 형법 제33조 단서가 무거운 형으로 벌하지 아니한다고 규정하고 있기 때문에 언제나 가벼운 형으로 처벌하여야 하는지 문제된다. 생각건대 형법 제33조 단서는 가감적 신분범의 공범관계에 있어서 책임의 개별화의 원칙을 선언한 규정이므로 비신분자는 기본범죄에 정한 형으로 처벌된다고 이해하는 것이 타당하다.

4) 이중적 신분범에 가공한 경우

① **문제점** : 예컨대 비신분자인 甲이 乙의 업무상횡령(업무상배임)행위에 가공한 경우처럼 구성적 신분(재물보관자 또는 사무처리자)과 가중적 신분(업무자)의 이중적 신분범에 가공한 경우에 비신분자 甲은 어떤 죄책을 지는지 여부가 문제된다.

② **학설** : 통설에 의하면 재물보관자 또는 사무처리자라는 구성적 신분에 대하여는 형법 제33조 본문에 의하여 진정신분범에 가공한 것이므로 단순횡령죄, 단순배임죄의 공범이 성립하지만, 업무자라는 가중적 신분은 형법 제33조 단서에 의하여 가감적 신분자에게만 적용되므로 단순횡령죄, 단순배임죄의 정한 형으로 처벌된다.

③ **판례** : 판례에 의하면 업무상의 임무라는 신분관계가 없는 자가 그러한 신분관계가 있는 자와 공모하여 업무상배임죄를 저질렀다면 그러한 신분관계가 없는 공범에게도 형법 제33조 본문에 따라 일단 신분범인 업무상배임죄가 성립하고 다만 과형에서만 무거운 형이 아닌 단순배임죄의 법정형이 적용된다고(대판 2018.8.30. 2018도10047) 하여 비신분자도 재물보관자 및 업무자의 신분을 모두 가지게 되므로 업무상횡령죄의 공범이 성립하지만 단서의 개별화 작용으로 단순횡령죄의 공범의 형으로 처벌받게 된다.

④ **검토** : 형법 제33조 본문이 신분이 있어야 성립되는 범죄라고 규정하고 있어 부진정신분범은 신분이 있어야 성립하는 범죄는 아니므로 진정신분범의 공범성립과 과형에 대하여는 형법 제33조 본문을 적용하고 부진정신분범의 공범성립과 과형은 형법 제33조 단서를 적용하는 통설의 태도가 타당하다고 보인다. 이에 의할 때 형법 제33조 본문에 의하여 단순횡령죄, 단순배임죄의 공범이 성립하지만, 형법 제33조 단서에 의하여 횡령죄, 배임죄의 정한 형으로 처벌된다.

> **비신분자가 이중적 신분범에게 가공한 사례**
> - 업무상배임죄는 업무상 타인의 사무를 처리하는 지위에 있는 사람이 그 임무를 위반하는 행위로써 재산상의 이익을 취득하거나 제3자로 하여금 이를 취득하게 하여 본인에게 손해를 입힌 때에 성립한다. 이는 타인의 사무를 처리하는 지위라는 점에서 보면 단순배임죄에 대한 가중규정으로서 신분관계로 형의 경중이 있는 경우라고 할 것이다. 따라서 그와 같은 업무상의 임무라는 신분관계가 없는 자가 그러한 신분관계 있는 자와 공모하여 업무상배임죄를 저질렀다면, 그러한 신분관계가 없는 공범에 대하여는 형법 제33조 단서에 따라 단순배임죄에서 정한 형으로 처단하여야 한다. 이 경우에는 신분관계 없는 공범에게도 같은 조 본문에 따라 일단 신분범인 업무상배임죄가 성립하고 다만 과형에서만 무거운 형이 아닌 단순배임죄의 법정형이 적용된다(대판 2018.8.30. 2018도10047).
> - 횡령으로 인한 특정범죄 가중처벌 등에 관한 법률 위반(국고등손실)죄는 회계관계직원이라는 지위에 따라 형법상 횡령죄 또는 업무상횡령죄에 대한 가중처벌을 규정한 것으로서 신분관계로 인한 형의 경중이 있는 것이고, 피고인에게는 회계관계직원 또는 국정원장 특별사업비의 업무상 보관자라는 신분이 없다고 보아, 피고인은 형법 제355조 제1항의 횡령죄에 정한 형으로 처벌된다(대판 2020.10.29. 2020도3972).
> - 상호신용금고법 제39조 제1항 제2호 위반죄는 상호신용금고의 발기인·임원·관리인·청산인·지배인 기타 상호신용금고의 영업에 관한 어느 종류 또는 특정한 사항의 위임을 받은 사용인이 그 업무에 위배하여 배임행위를 한 때에 성립하는 것으로서, 이는 위와 같은 지위에 있는 자의 배임행위에 대한

형법상의 배임 내지 업무상배임죄의 가중규정이고, 따라서 형법 제355조 제2항의 배임죄와의 관계에서는 신분관계로 인하여 형의 경중이 있는 경우라고 할 것이다. 그리고 위와 같은 신분관계가 없는 자가 그러한 신분관계에 있는 자와 공모하여 위 상호신용금고법위반죄를 저질렀다면, 그러한 신분관계가 없는 자에 대하여는 형법 제33조 단서에 의하여 형법 제355조 제2항에 따라 처단하여야 할 것인 바, 그러한 경우에는 신분관계가 없는 자에게도 일단 업무상배임으로 인한 상호신용금고법 제39조 제1항 제2호 위반죄가 성립한 다음 형법 제33조 단서에 의하여 중한 형이 아닌 형법 제355조 제2항에 정한 형으로 처벌되는 것이다(대판 1997.12.26. 97도2609).

(2) 신분자가 비신분자에게 가공한 경우

1) 의 의

부진정신분범에 있어서 신분자가 비신분자의 범행에 가공한 경우에 대해 형법 제33조 단서가 적용될 것인가의 문제가 있다. 생각건대 형법 제33조 단서의 입법취지가 책임의 개별화의 원칙을 선언한 것이라는 점을 고려할 때 신분자가 비신분자를 가공한 경우에도 형법 제33조 단서가 적용된다고 보는 것이 타당하다.

2) 교사·방조

신분자가 비신분자를 교사·방조한 경우에는 신분자에게는 가감적 범죄의 공동정범·교사범·종범이 성립하고 그 형으로 처벌된다.

상습도박의 죄나 상습도박방조의 죄에 있어서의 상습성은 행위의 속성이 아니라 행위자의 속성으로서 도박을 반복해서 거듭하는 습벽을 말하는 것인바, 도박의 습벽이 있는 자가 타인의 도박을 방조하면 상습도박방조의 죄에 해당하는 것이며, 도박의 습벽이 있는 자가 도박을 하고 또 도박방조를 하였을 경우 상습도박방조의 죄는 무거운 상습도박의 죄에 포괄시켜 1죄로서 처단하여야 한다(대판 1984.4.24. 84도195).

3) 모해위증죄의 경우

① **문제점** : 모해목적을 가진 자가 그러한 목적이 없는 증인을 교사하여 증인으로 하여금 위증을 하도록 교사한 경우, 모해목적이 없는 증인에게 단순위증죄가 성립하지만, 모해목적을 가진 교사자에게는 어떤 범죄가 성립하는지 여부가 문제된다.

② **학설** : 모해목적은 신분이 아니어서 증인이라는 신분과의 관계에서만 비신분자가 구성적 신분자인 증인의 범죄에 가공한 경우에 해당하므로 형법 제33조 본문이 적용되어 비신분자에게는 단순위증교사죄가 성립한다는 견해와 모해목적은 신분이므로 증인 아닌 교사자는 형법 제33조 본문에 의하여 증인의 신분을 취득하고 형법 제33조 단서에 의하여 목적이라는 신분을 가지므로 목적을 가진 교사자는 모해위증죄의 교사범이 성립한다는 견해의 대립이 있다.

③ 판례 : 판례는 형법 제152조 제1항과 제2항은 위증을 한 범인이 형사사건의 피고인 등을 '모해할 목적'을 가지고 있었는가 아니면 그러한 목적이 없었는가 하는 범인의 특수한 상태의 차이에 따라 범인에게 과할 형의 경중을 구별하고 있으므로, 이는 바로 형법 제33조 단서 소정의 "신분관계로 인하여 형의 경중이 있는 경우"에 해당한다고 봄이 상당하므로 피고인이 甲을 모해할 목적으로 정범에게 위증을 교사한 이상, 가사 정범에게 모해의 목적이 없었다고 하더라도, 형법 제33조 단서의 규정에 의하여 피고인을 모해위증교사죄로 처단할 수 있다고(대판 1994.12.23. 93도1002) 판시하고 있다.

④ 검토 : 생각건대 모해할 목적은 행위자가 아니라 행위관련적 요소이므로 신분에 해당한다고 보기 어렵다. 따라서 모해목적을 가진 자가 그러한 목적이 없는 증인을 교사한 경우에는 단순위증교사죄가 성립한다고 이해하는 것이 타당하다고 판단된다.

4. 형법 제33조 본문과 단서의 해석에 대한 도해

신분의 종류	가공형태	학 설		판 례	
구성적 신분	비신분자가 신분자에게 가공한 경우	성립 : 본문 적용		성립 : 본문 적용	
		과형 : 본문 적용		과형 : 본문 적용	
	신분자가 비신분자에게 가공한 경우	신분자에게는 간접정범이 성립함		신분자에게는 간접정범이 성립함	
가감적 신분	비신분자가 신분자에게 가공한 경우	성립 : 단서 적용		성립 : 본문 적용	
		과형 : 단서 적용		과형 : 단서 적용	
	신분자가 비신분자에게 가공한 경우	성립 : 단서 적용		성립 : 단서 적용	
		과형 : 단서 적용		과형 : 단서 적용	

III 소극적 신분과 공범

1. 문제점

형법 제33조는 구성적 신분과 가감적 신분에 대하여만 규정하고 있어 소극적 신분과 공범의 문제는 공범종속성의 일반이론에 의하여 제한적 종속형식에 따라 해결하여야 한다.

2. 유형과 효과

(1) 불구성적 신분과 공범

비신분자가 불구성적 신분자에게 가공한 경우에는 신분자의 적법행위에 가공한 것이므로 비신분자에게는 범죄가 성립하지 아니하나, 불구성적 신분자가 비신분자에게 가공한 경우에는 정범인 비신분자에게 범죄가 성립하므로 신분자에게도 당해 범죄의 공동정범 및 공범이 성립한다.

> **불구성적 신분자가 비신분자에게 가공한 사례**
> - [1] 의사가 간호사로 하여금 의료행위에 관여하게 하는 경우에도 그 의료행위는 의사의 책임 아래 이루어지는 것이고 간호사는 그 보조자에 불과하다. 간호사가 '진료의 보조'를 하는 경우 모든 행위 하나하나마다 항상 의사가 현장에 입회하여 일일이 지도·감독하여야 한다고 할 수는 없고, 경우에 따라서는 의사가 진료의 보조행위 현장에 입회할 필요 없이 일반적인 지도·감독을 하는 것으로 충분한 경우도 있을 수 있으나, 이는 어디까지나 의사가 그의 주도로 의료행위를 실시하면서 그 의료행위의 성질과 위험성 등을 고려하여 그중 일부를 간호사로 하여금 보조하도록 지시 내지 위임할 수 있다는 것을 의미하는 것에 그친다. 이와 달리 의사가 간호사에게 의료행위의 실시를 개별적으로 지시하거나 위임한 적이 없음에도 간호사가 그의 주도 아래 전반적인 의료행위의 실시 여부를 결정하고 간호사에 의한 의료행위의 실시과정에도 의사가 지시·관여하지 아니한 경우라면, 이는 구 의료법 제27조 제1항이 금지하는 무면허의료행위에 해당한다고 볼 것이다. 그리고 의사가 이러한 방식으로 의료행위가 실시되는 데 간호사와 함께 공모하여 그 공동의사에 의한 기능적 행위지배가 있었다면, 의사도 무면허의료행위의 공동정범으로서의 죄책을 진다.
> - [2] 프로포폴에 의한 수면마취 시 의사는 반드시 마취 전에 환자를 문진 또는 진찰하고 환자마다 개별적으로 마취제의 투여 여부와 그 용량을 결정하여야 하며, 마취제의 투여 시에도 환자가 진정되는 깊이를 파악하고 약의 용량을 조절하기 위해 의사가 직접 투여하는 것이 원칙이고, 간호사 등에게 미리 확보되어 있는 정맥로를 통해 마취제를 투여하게 하더라도 의사가 현장에 참여하여 구체적인 지시·감독을 해야 할 의무를 부담하며, 이를 위반하여 간호사 등에게 프로포폴의 주사를 위임할 경우에는 무면허의료행위에 해당한다고 봄이 상당하다고 판단한 다음, 적법하게 채택된 증거에 의하면, 피고인들은, 자신들이 운영하는 병원의 모든 시술에서 특별한 제한 없이 프로포폴을 투여하여 준다는 소문을 듣고 찾아온 사람들에게 환자에 대한 진료 및 간호사와 간호조무사에 대한 구체적인 지시·감독 없이 간호사와 간호조무사로 하여금 제1심 판시 각 범죄일람표 기재와 같이 프로포폴을 제한 없이 투약하게 하였다면 의사도 무면허의료행위의 공동정범의 죄책을 진다(대판 2014.9.4. 2012도16119).

- [1] 의료인의 자격이 없는 일반인(이하 '비의료인')과 의료인이 동업 등의 약정을 하여 의료기관을 개설한 행위가 구 의료법에 의하여 금지되는 비의료인의 의료기관 개설행위에 해당하는지는 동업관계의 내용과 태양, 실제 의료기관의 개설에 관여한 정도, 의료기관의 운영 형태 등을 종합적으로 고려하여 누가 주도적인 입장에서 의료기관의 개설·운영 업무를 처리해 왔는지를 판단하여야 한다. 이에 따라 형식적으로만 적법한 의료기관의 개설로 가장한 것일 뿐 실질적으로는 비의료인이 주도적으로 의료기관을 개설·운영한 것으로 평가될 수 있는 경우에는 의료법에 위반된다.
[2] 의료인이 의료인의 자격이 없는 일반인의 의료기관 개설행위에 공모하여 가공하면 구 의료법 제87조 제1항 제2호, 제33조 제2항 위반죄의 공동정범에 해당한다(대판 2017.4.7. 2017도378).

(2) 책임조각적 신분과 공범

비신분자가 신분자에게 가공한 경우나 그 반대의 경우에도 신분자에게는 책임이 조각되어 범죄가 성립하지 아니하지만 비신분자는 제한적 종속형식에 따라 정범의 불법에 종속하여 당해 범죄의 공범이 성립한다.

(3) 형벌조각적 신분과 공범

비신분자가 신분자에게 가공한 경우나 그 반대의 경우에도 신분자에게는 범죄가 성립하지만 형벌이 조각되어 처벌되지 아니하나, 비신분자는 범죄의 성립에는 영향이 없고 형벌도 조각되지 아니한다.

제7장 죄수론

제1절 죄수의 일반이론

I 죄수결정의 기준

죄수결정의 기준으로는 행위표준설, 법익표준설, 의사표준설, 구성요건표준설 등이 대립하고 있다. 판례는 원칙적으로 법익표준설에 입각하면서 강간과 추행의 죄, 공갈죄 및 무면허운전의 도로교통법위반죄에 대하여는 행위표준설을 따르고 있고 포괄일죄(연속범)는 의사표준설을, 조세포탈죄는 법위반사실의 구성요건충족회수를 기준으로 죄수를 결정하는 태도를 취하고 있다.

II 수죄의 처벌

수죄는 형법 제38조, 제40조에 의하여 병과주의, 흡수주의, 가중주의 등의 원칙에 의하여 처벌된다.

제2절 일 죄

I 의 의

1. 개 념

일죄란 범죄행위가 1개의 구성요건을 1회 충족시켰을 경우를 말한다(단순일죄).

2. 종 류

일죄에는 단순일죄뿐만 아니라 1개 또는 수개의 행위가 수개의 구성요건을 충족하지만 구성요건 상호 간의 관계에 따라 1개의 구성요건만 적용되는 법조경합, 수개의 행위가 각각 독자적 구성요건을 충족하지만 각 행위 모두를 포괄하여 일죄로 취급하는 포괄일죄가 있다.

II 법조경합

1. 법조경합의 의의

(1) 개 념

법조경합이란 1개 또는 수개의 행위가 외관상 수개의 구성요건에 해당하는 것으로 보이나 구성요건 상호 간의 논리적 관계 때문에 실제로는 한 구성요건이 다른 구성요건을 배척하여 일죄만 성립하는 경우를 말한다. 법조경합을 일죄로 보는 근거는 이중평가금지의 원칙에 있다.

(2) 구별 개념

법조경합은 실질적으로 일죄라는 점에서 실질적으로도 수죄인 상상적 경합·실체적 경합과 구별된다.

2. 법조경합의 태양

(1) 특별관계

1) 의 의

특별관계란 어느 구성요건이 다른 구성요건의 모든 요소를 포함하는 이외에 다른 요소를 구비하여야 성립하는 경우를 말한다.

2) 관련 판례

> **특별관계에 해당하는 사례**
> [1] 교통사고로 인하여 업무상과실치상죄 또는 중과실치상죄를 범한 운전자에 대하여 피해자의 명시한 의사에 반하여 공소를 제기할 수 있는 교통사고처리특례법 제3조 제2항 단서 각 호의 사유는 같은 법 제3조 제1항 위반죄의 구성요건 요소가 아니라 그 공소제기의 조건에 관한 사유이다. 따라서 위 단서 각 호의 사유가 경합한다 하더라도 하나의 교통사고처리특례법 위반죄가 성립할 뿐, 그 각 호마다 별개의 죄가 성립하는 것은 아니다.

> [2] 음주로 인한 특정범죄 가중처벌 등에 관한 법률 위반(위험운전치사상)죄는 그 입법 취지와 문언에 비추어 볼 때, 주취상태의 자동차 운전으로 인한 교통사고가 빈발하고 그로 인한 피해자의 생명·신체에 대한 피해가 중대할 뿐만 아니라, 사고발생 전 상태로의 회복이 불가능하거나 쉽지 않은 점 등의 사정을 고려하여, 형법 제268조에서 규정하고 있는 업무상과실치사상죄의 특례를 규정하여 가중처벌함으로써 피해자의 생명·신체의 안전이라는 개인적 법익을 보호하기 위한 것이다. 따라서 그 죄가 성립하는 때에는 차의 운전자가 형법 제268조의 죄를 범한 것을 내용으로 하는 교통사고처리특례법 위반죄는 그 죄에 흡수되어 별죄를 구성하지 아니한다(대판 2008.12.11. 2008도9182). [35]

(2) 보충관계

1) 의 의

보충관계란 어떤 구성요건이 다른 구성요건의 적용이 없는 때에 보충적으로만 적용되는 경우를 말한다.

2) 종 류

보충관계에는 형법이 명시적으로 인정하는 명시적 보충관계와 형법의 해석에 의하여 인정되는 묵시적 보충관계가 있다. 후자에는 불가벌적 사전행위와 가벼운 침해방법이 속한다. 불가벌적 사전행위란 예비의 미수·기수에 대한 관계, 미수의 기수에 대한 관계, 상해죄의 살인죄에 대한 관계 등에서와 같이 전자가 후자에 대하여 보충관계에 있다는 것을 의미하고, 가벼운 침해방법은 동일한 법익에 대한 무거운 침해방법에 대하여 보충관계에 있음을 의미한다. 즉 종범은 정범과 교사범에 대하여, 부작위는 작위에 대하여, 과실은 고의에 대하여 보충관계에 있다.

---

35) 이해의 편의를 위하여 음주운전과 관련된 판례를 여기에 서술한다. 물론 특별관계는 아니다.
ⅰ) 형법 제40조에서 말하는 1개의 행위란 법적 평가를 떠나 사회관념상 행위가 사물자연의 상태로서 1개로 평가되는 것을 말하는 바, 무면허인데다가 술이 취한 상태에서 오토바이를 운전하였다는 것은 위의 관점에서 분명히 1개의 운전행위라 할 것이고 이 행위에 의하여 도로교통법 제111조 제2호, 제40조와 제109조 제2호, 제41조 제1항의 각 죄에 동시에 해당하는 것이니 두 죄는 형법 제40조의 상상적 경합관계에 있다고 할 것이다(대판 1987.2.24. 86도2731).
ⅱ) [1] 음주 또는 약물의 영향으로 정상적인 운전이 곤란한 상태에서 자동차를 운전하여 사람을 상해에 이르게 함과 동시에 다른 사람의 재물을 손괴한 때에는 특정범죄 가중처벌 등에 관한 법률 위반(위험운전치사상)죄 외에 업무상과실 재물손괴로 인한 도로교통법 위반죄가 성립하고, 위 두 죄는 1개의 운전행위로 인한 것으로서 상상적 경합관계에 있다.
[2] 자동차 운전면허 없이 술에 취하여 정상적인 운전이 곤란한 상태에서 차량을 운전하던 중 전방에 신호대기로 정차해 있던 화물차의 뒷부분을 들이받아 그 화물차가 밀리면서 그 앞에 정차해 있던 다른 화물차를 들이받도록 함으로써, 피해자에게 상해를 입게 함과 동시에 위 각 화물차를 손괴하였다는 공소사실에 대하여, 유죄로 인정되는 각 범죄 중 도로교통법 위반(음주운전)죄와 도로교통법 위반(무면허운전)죄 상호 간만 상상적 경합관계에 있고 특정범죄 가중처벌 등에 관한 법률 위반(위험운전치사상)죄와 각 업무상과실 재물손괴로 인한 도로교통법 위반죄는 실체적 경합관계라고 본 원심판결에 죄수관계에 관한 법리를 오해한 위법이 있다고 한 사례(대판 2010.1.14. 2009도10845).
ⅲ) 음주로 인한 특정범죄 가중처벌 등에 관한 법률 위반(위험운전치사상)죄와 도로교통법 위반(음주운전)죄는 입법 취지와 보호법익 및 적용영역을 달리하는 별개의 범죄이므로, 양 죄가 모두 성립하는 경우 두 죄는 실체적 경합관계에 있다(대판 2008.11.13. 2008도7143).
ⅳ) 운전면허 없이 운전을 하다가 두 사람을 한꺼번에 치어 사상케 한 경우 이 업무상과실치사상의 소위는 상상적 경합죄에 해당하고 이와 무면허운전에 대한 본법위반죄와는 실체적 경합관계에 있다(대판 1972.10.31. 72도2001).
ⅴ) 음주운전 또는 무면허운전으로 인한 도로교통법위반죄와 도주차량죄는 실체적 경합범의 관계에 있다(대판 1997.3.28. 97도447).

(3) 흡수관계

1) 의 의

흡수관계란 어떤 구성요건이 불법과 책임내용이 다른 구성요건의 불법과 책임내용을 포함하지만 특별관계나 보충관계에 해당하지 아니하는 경우를 말한다.

2) 종 류

① 불가벌적 수반행위 : 특정 범죄에 일반적·전형적으로 결합된 제3의 경미한 위법행위로서 상상적 경합이 인정되지 않는 제한된 범위 내에서만 인정된다. 예를 들어 살인에 수반된 의복손괴, 사문서위조와 인장위조, 감금의 수단으로서의 폭행·협박이 이에 해당한다.

> **1. 불가벌적 수반행위에 해당하는 사례**
> - 공갈죄의 수단으로서 한 협박은 공갈죄에 흡수될 뿐 별도로 협박죄를 구성하지 않으므로, 그 범죄사실에 대한 피해자의 고소는 결국 공갈죄에 대한 것이라 할 것이다(대판 1996.9.24. 96도2151).
> - 신용카드업법 제25조 제1항은 신용카드를 위조·변조하거나 도난·분실 또는 위조·변조된 신용카드를 사용한 자는 7년 이하의 징역 또는 5천만원 이하의 벌금에 처한다고 규정하고 있는바, 위 부정사용죄의 구성요건적 행위인 신용카드의 사용이라 함은 신용카드의 소지인이 신용카드의 본래 용도인 대금결제를 위하여 가맹점에 신용카드를 제시하고 매출표에 서명하여 이를 교부하는 일련의 행위를 가리키고 단순히 신용카드를 제시하는 행위만을 가리키는 것은 아니라고 할 것이므로, 위 매출표의 서명 및 교부가 별도로 사문서위조 및 동행사의 죄의 구성요건을 충족한다고 하여도 이 사문서위조 및 동행사의 죄는 위 신용카드부정사용죄에 흡수되어 신용카드부정사용죄의 1죄만이 성립하고 별도로 사문서위조 및 동행사의 죄는 성립하지 않는다(대판 1992.6.9. 92도77).
> - 폭행 또는 협박으로 부녀를 강간한 경우에는 강간죄만 성립하고, 그것과 별도로 강간의 수단으로 사용된 폭행·협박이 형법상의 폭행죄나 협박죄 또는 폭력행위 등 처벌에 관한 법률 위반의 죄를 구성한다고는 볼 수 없으며, 강간죄와 이들 각 죄는 이른바 법조경합의 관계일 뿐이다(대판 2002.5.16. 2002도51[전합]).
> - 흡수관계에 있는 인장위조죄와 사문서위조죄를 경합범으로 잘못 기소한 경우에 인장위조사실 자체가 없는 것으로 밝혀진 경우에는 경합범으로 기소한 인장위조의 공소사실에 대한 판단으로서 별도로 무죄선고를 하여야 한다(대판 1978.9.26. 78도1787).
>
> **2. 불가벌적 수반행위에 해당하지 아니하는 사례**
> - 공갈죄와 도박죄는 그 구성요건과 보호법익을 달리하고 있고, 공갈죄의 성립에 일반적·전형적으로 도박행위를 수반하는 것은 아니며, 도박행위가 공갈죄에 비하여 별도로 고려되지 않을 만큼 경미한 것이라고 할 수도 없으므로, 도박행위가 공갈죄의 수단이 되었다 하여 그 도박행위가 공갈죄에 흡수되어 별도의 범죄를 구성하지 않는다고 할 수 없다(대판 2014.3.13. 2014도212).
> - 업무방해죄와 폭행죄는 구성요건과 보호법익을 달리하고 있고, 업무방해죄의 성립에 일반적·전형적으로 사람에 대한 폭행행위를 수반하는 것은 아니며, 폭행행위가 업무방해죄에 비하여 별도로 고려되지 않을 만큼 경미한 것이라고 할 수도 없으므로, 설령 피해자에 대한 폭행행위가 동일한 피해자에 대한 업무방해죄의 수단이 되었다고 하더라도 그러한 폭행행위가 이른바 '불가벌적 수반행위'에 해당하여 업무방해죄에 대하여 흡수관계에 있다고 볼 수는 없다(대판 2012.10.11. 2012도1895).

- [1] 금원 편취를 내용으로 하는 사기죄에서는 기망으로 인한 금원 교부가 있으면 그 자체로써 피해자의 재산침해가 되어 바로 사기죄가 성립하고, 상당한 대가가 지급되었다거나 피해자의 전체 재산상에 손해가 없다 하여도 사기죄의 성립에는 그 영향이 없다. 한편 배임죄에 있어 재산상의 손해를 가한 때라 함은 현실적인 손해를 가한 경우뿐만 아니라 재산상 실해 발생의 위험을 초래한 경우도 포함되고, 재산상 손해의 유무에 대한 판단은 본인의 전 재산 상태와의 관계에서 법률적 판단에 의하지 아니하고 경제적 관점에서 파악하여야 하며, 따라서 법률적 판단에 의하여 당해 배임행위가 무효라 하더라도 경제적 관점에서 파악하여 배임행위로 인하여 본인에게 현실적인 손해를 가하였거나 재산상 실해 발생의 위험을 초래한 경우에는 재산상의 손해를 가한 때에 해당한다. 그리고 본인에 대한 배임행위가 본인 이외의 제3자에 대한 사기죄를 구성한다 하더라도 그로 인하여 본인에게 손해가 생긴 때에는 사기죄와 함께 배임죄가 성립한다.
  [2] 피고인이 이 사건 각 건물에 관하여 전세임대차계약을 체결할 권한이 없음에도 임차인들을 속이고 전세임대차계약을 체결하여 그 임차인들로부터 전세보증금 명목으로 돈을 교부받은 행위는 건물주인 공소외인이 민사적으로 임차인들에게 전세보증금반환채무를 부담하는지 여부와 관계없이 사기죄에 해당하고, 이 사건 각 건물에 관하여 전세임대차계약이 아닌 월세임대차계약을 체결하여야 할 업무상 임무를 위반하여 전세임대차계약을 체결하여 그 건물주인 피해자 공소외인으로 하여금 전세보증금반환채무를 부담하게 한 행위는 위 사기죄와 별도로 업무상배임죄에 해당하고, 나아가 위 각 죄는 서로 구성요건 및 그 행위의 태양과 보호법익을 달리하고 있어 상상적 경합범의 관계가 아니라 실체적 경합범의 관계에 있다고 할 것이다(대판 2010.11.11. 2010도10690).
- 업무상배임행위에 사기행위가 수반된 때의 죄수 관계에 관하여 보면, 사기죄는 사람을 기망하여 재물의 교부를 받거나 재산상의 이익을 취득하는 것을 구성요건으로 하는 범죄로서 임무위배를 그 구성요소로 하지 아니하고 사기죄의 관념에 임무위배 행위가 당연히 포함된다고 할 수도 없으며, 업무상배임죄는 업무상 타인의 사무를 처리하는 자가 그 업무상의 임무에 위배하는 행위로써 재산상의 이익을 취득하거나 제3자로 하여금 이를 취득하게 하여 본인에게 손해를 가하는 것을 구성요건으로 하는 범죄로서 기망적 요소를 구성요건의 일부로 하는 것이 아니어서 양 죄는 그 구성요건을 달리하는 별개의 범죄이고 형법상으로도 각각 별개의 장(章)에 규정되어 있어, 1개의 행위에 관하여 사기죄와 업무상배임죄의 각 구성요건이 모두 구비된 때에는 양 죄를 법조경합 관계로 볼 것이 아니라 상상적 경합관계로 봄이 상당하다 할 것이고, 나아가 업무상배임죄가 아닌 단순배임죄라고 하여 양 죄의 관계를 달리 보아야 할 이유도 없다(대판 2002.7.18. 2002도669[전합]).36)

---

36) 신용협동조합의 전무인 피고인이 조합의 담당직원을 기망하여 예금인출금 또는 대출금 명목으로 금원을 교부받은 사례(대판 2002.7.18. 2002도669[전합])

② **불가벌적 사후행위**
   ㉠ 의의 : 범죄에 의하여 획득된 위법한 이익을 확보하거나 사용・처분하는 구성요건에 해당하는 사후행위가 이미 주된 범죄에 의하여 완전히 평가된 것이어서 별죄를 구성하지 않는 경우를 말한다. 이는 사후적 이용・처분행위가 주된 범죄에서 이미 포괄적으로 평가되어 있다는 점에서 인정하는 것이다(이중평가금지의 원칙).
   ㉡ 요건 : 사후행위는 범죄의 구성요건에 해당하여야 하고 주된 범죄와 피해자 및 법익을 같이하여야 한다. 따라서 다른 사람의 새로운 법익을 침해한 경우에는 불가벌적 사후행위가 될 수 없다. 또한 사후행위가 주된 범죄의 침해의 양을 초과하지 아니하여야 한다. 주된 범죄는 재산죄인 것이 보통이지만 재산죄에 한하지 아니하고, 주된 범죄에 의해 행위자가 처벌받았을 것을 요하는 것도 아니다.
   ㉢ 효과 : 사후행위는 선행행위와 함께 평가되어 처벌되기 때문에 별도로 처벌되지 아니한다. 그러나 사후행위 자체는 구성요건에 해당하는 위법한 행위이므로 이에 대한 공동정범 및 공범의 성립이 가능함을 유의하여야 한다.

> **1. 불가벌적 사후행위에 해당하는 사례**
> - 甲 주식회사 대표이사인 피고인이 자신의 채권자 乙에게 차용금에 대한 담보로 甲 회사 명의 정기예금에 질권을 설정하여 주었는데, 그 후 乙이 차용금과 정기예금의 변제기가 모두 도래한 이후 피고인의 동의하에 정기예금 계좌에 입금되어 있던 甲 회사 자금을 전액 인출하였다고 하여 구 특정경제범죄 가중처벌 등에 관한 법률 위반으로 기소된 경우 민법 제353조에 의하면 질권자는 질권의 목적이 된 채권을 직접 청구할 수 있으므로, 피고인의 예금인출동의행위는 이미 배임행위로써 이루어진 질권설정행위의 사후조처에 불과하여 새로운 법익의 침해를 수반하지 않는 이른바 불가벌적 사후행위에 해당하고, 별도의 횡령죄를 구성하지 않는다(대판 2012.11.29, 2012도10980).
> - 갑 종친회 회장인 피고인이 위조한 종친회 규약 등을 공탁관에게 제출하는 방법으로 갑 종친회를 피공탁자로 하여 공탁된 수용보상금을 출급받아 편취하고, 이를 종친회를 위하여 업무상 보관하던 중 반환을 거부하여 횡령하였다는 내용으로 기소된 경우, 피고인이 공탁관을 기망하여 공탁금을 출급받음으로써 갑 종친회를 피해자로 한 사기죄가 성립하고, 그 후 갑 종친회에 대하여 공탁금 반환을 거부한 행위는 새로운 법익의 침해를 수반하지 않는 불가벌적 사후행위에 해당할 뿐 별도의 횡령죄가 성립하지 않는다(대판 2015.9.10, 2015도8592).
> - 금융기관 발행의 자기앞수표는 그 액면금을 즉시 지급받을 수 있는 점에서 현금에 대신하는 기능을 가지고 있어서 장물인 자기앞수표를 취득한 후 이를 현금 대신 교부한 행위는 장물취득에 대한 가벌적 평가에 당연히 포함되는 불가벌적 사후행위로서 별도의 범죄를 구성하지 아니한다(대판 1993.11.23, 93도213).
> - 절도 범인으로부터 장물보관 의뢰를 받은 자가 그 정을 알면서 이를 인도받아 보관하고 있다가 임의 처분하였다 하여도 장물보관죄가 성립하는 때에는 이미 그 소유자의 소유물 추구권을 침해하였으므로 그 후의 횡령행위는 불가벌적 사후행위에 불과하여 별도로 횡령죄가 성립하지 않는다(대판 2004.4.9, 2003도8219).

- [1] 부동산의 보관은 원칙으로 등기부상의 소유명의인에 대하여 인정되지만 등기부상의 명의인이 아니라도 소유자의 위임에 의거해서 실제로 타인의 부동산을 관리, 지배하면 부동산의 보관자라 할 수 있고, 미등기건물에 대하여는 위탁관계에 의하여 현실로 부동산을 관리, 지배하는 자가 보관자라고 할 수 있다.
  [2] 미등기건물의 관리를 위임받아 보관하고 있는 자가 임의로 건물에 대하여 자신의 명의로 보존등기를 하거나 동시에 근저당권설정등기를 마치는 것은 객관적으로 불법영득의 의사를 외부에 발현시키는 행위로서 횡령죄에 해당하고, 피해자의 승낙 없이 건물을 자신의 명의로 보존등기를 한 때 이미 횡령죄는 완성되었다 할 것이므로, 횡령행위의 완성 후 근저당권설정등기를 한 행위는 피해자에 대한 새로운 법익의 침해를 수반하지 않는 불가벌적 사후행위로서 별도의 횡령죄를 구성하지 않는다(대판 1993.3.9. 92도2999).
- 공동상속인 중 1인이 상속재산인 임야를 보관 중 다른 상속인들로부터 임야를 처분하여 상속지분대로 분배를 하거나 상속지분 비율대로 소유권이전등기를 경료해 달라는 요구를 받고도 그 반환을 거부한 경우, 이때 이미 횡령죄가 성립하고 그 후 그 임야에 관하여 다시 제3자 앞으로 근저당권설정등기를 경료해 준 행위는 불가벌적 사후행위로서 별도의 횡령죄를 구성하지 않는다(대판 2010.2.25. 2010도93).

2. **불가벌적 사후행위에 해당하지 아니하는 사례**
- [1] 형법 제41장의 장물에 관한 죄에 있어서의 '장물'이라 함은 재산범죄로 인하여 취득한 물건 그 자체를 말하므로, 재산범죄를 저지른 이후에 별도의 재산범죄의 구성요건에 해당하는 사후행위가 있었다면 비록 그 행위가 불가벌적 사후행위로서 처벌의 대상이 되지 않는다 할지라도 그 사후행위로 인하여 취득한 물건은 재산범죄로 인하여 취득한 물건으로서 장물이 될 수 있다.
  [2] 컴퓨터등사용사기죄의 범행으로 예금채권을 취득한 다음 자기의 현금카드를 사용하여 현금자동지급기에서 현금을 인출한 경우, 현금카드 사용권한 있는 자의 정당한 사용에 의한 것으로서 현금자동지급기 관리자의 의사에 반하거나 기망행위 및 그에 따른 처분행위도 없었으므로, 별도로 절도죄나 사기죄의 구성요건에 해당하지 않는다 할 것이고, 그 결과 그 인출된 현금은 재산범죄에 의하여 취득한 재물이 아니므로 장물이 될 수 없다고 한 사례(대판 2004.4.16. 2004도353)
- 타인의 재물을 공유하는 자가 공유자의 승낙을 받지 않고 공유대지를 담보에 제공하고 가등기를 경료한 경우 횡령행위는 기수에 이르고 그 후 가등기를 말소했다고 하여 중지미수에 해당하는 것이 아니며 가등기말소 후에 다시 새로운 영득의사의 실현행위가 있을 때에는 그 두 개의 횡령행위는 경합범 관계에 있다. 횡령죄는 상태범이므로 횡령행위의 완료 후에 행하여진 횡령물의 처분행위는 그것이 그 횡령행위에 의하여 평가되어 버린 것으로 볼 수 있는 범위 내의 것이라면 새로운 법익의 침해를 수반하지 않은 이른바 불가벌적 사후행위로서 별개의 범죄를 구성하지 않는다(대판 1978.11.28. 78도2175).
- 피고인들이 절취한 쏘나타 승용차의 번호판을 떼어낸 후 미리 절취하여 소지하고 있던 포텐샤 승용차의 번호판을 임의로 부착하여 운행한 행위에 대하여, 피고인들의 절취행위를 특정범죄 가중처벌 등에 관한 법률 제5조의4 제1항, 형법 제331조 제2항에, 자동차등록번호판을 떼어낸 행위를 자동차관리법 제81조 제1호, 제10조 제2항에, 포텐샤 승용차의 번호판을 쏘나타 승용차에 부착함으로써 부정사용한 행위를 형법 제238조 제1항에, 위와 같이 번호판을 부정사용한 자동차를 운행한 행위를 형법 제238조 제2항, 제1항에 각 의율한 다음 이를 실체적 경합범으로 처리하였는바, 자동차를 절취한 후 자동차등록번호판을 떼어내는 행위는 새로운 법익의 침해로 보아야 하므로 위와 같은 번호판을 떼어내는 행위가 절도범행의 불가벌적 사후행위가 되는 것은 아니라고 보아야 한다(대판 2007.9.6. 2007도4739).

- 배임죄는 재산상 이익을 객체로 하는 범죄이므로, 1인 회사의 주주가 자신의 개인채무를 담보하기 위하여 회사 소유의 부동산에 대하여 근저당권설정등기를 마쳐 주어 배임죄가 성립한 이후에 그 부동산에 대하여 새로운 담보권을 설정해 주는 행위는 선순위 근저당권의 담보가치를 공제한 나머지 담보가치 상당의 재산상 이익을 침해하는 행위로서 별도의 배임죄가 성립한다(대판 2005.10.28. 2005도4915).
- 사람을 살해한 다음 그 범죄의 흔적을 은폐하기 위하여 그 시체를 다른 장소로 옮겨 유기하였을 때에는 살인죄와 시체유기죄의 경합범이 성립하고 시체유기를 불가벌적 사후행위라 할 수 없다(대판 1984.11.27. 84도2263).
- 피고인이 예금통장을 강취하고 예금자 명의의 예금청구서를 위조한 다음 이를 은행원에게 제출 행사하여 예금인출금 명목의 금원을 교부받았다면 강도, 사문서위조, 동행사, 사기의 각 범죄가 성립하고 이들은 실체적 경합관계에 있다 할 것이다(대판 1991.9.10. 91도1722).
- [1] 횡령죄는 다른 사람의 재물에 관한 소유권 등 본권을 보호법익으로 하고 법익침해의 위험이 있으면 침해의 결과가 발생되지 아니하더라도 성립하는 위험범이다. 그리고 일단 특정한 처분행위(이를 '선행 처분행위')로 인하여 법익침해의 위험이 발생함으로써 횡령죄가 기수에 이른 후 종국적인 법익침해의 결과가 발생하기 전에 새로운 처분행위(이를 '후행 처분행위')가 이루어졌을 때, 후행 처분행위가 선행 처분행위에 의하여 발생한 위험을 현실적인 법익침해로 완성하는 수단에 불과하거나 그 과정에서 당연히 예상될 수 있는 것으로서 새로운 위험을 추가하는 것이 아니라면 후행 처분행위에 의해 발생한 위험은 선행 처분행위에 의하여 이미 성립된 횡령죄에 의해 평가된 위험에 포함되는 것이므로 후행 처분행위는 이른바 불가벌적 사후행위에 해당한다. 그러나 후행 처분행위가 이를 넘어서서, 선행 처분행위로 예상할 수 없는 새로운 위험을 추가함으로써 법익침해에 대한 위험을 증가시키거나 선행 처분행위와는 무관한 방법으로 법익침해의 결과를 발생시키는 경우라면, 이는 선행 처분행위에 의하여 이미 성립된 횡령죄에 의해 평가된 위험의 범위를 벗어나는 것이므로 특별한 사정이 없는 한 별도로 횡령죄를 구성한다고 보아야 한다. 따라서 타인의 부동산을 보관 중인 자가 불법영득의사를 가지고 그 부동산에 근저당권설정등기를 경료함으로써 일단 횡령행위가 기수에 이르렀다 하더라도 그 후 같은 부동산에 별개의 근저당권을 설정하여 새로운 법익침해의 위험을 추가함으로써 법익침해의 위험을 증가시키거나 해당 부동산을 매각함으로써 기존의 근저당권과 관계없이 법익침해의 결과를 발생시켰다면, 이는 당초의 근저당권 실행을 위한 임의경매에 의한 매각 등 그 근저당권으로 인해 당연히 예상될 수 있는 범위를 넘어 새로운 법익침해의 위험을 추가시키거나 법익침해의 결과를 발생시킨 것이므로 특별한 사정이 없는 한 불가벌적 사후행위로 볼 수 없고, 별도로 횡령죄를 구성한다.
[2] 피해자 甲 종중으로부터 종중 소유의 토지를 명의신탁받아 보관 중이던 피고인 乙이 자신의 개인 채무 변제에 사용할 돈을 차용하기 위해 위 토지에 근저당권을 설정하였는데, 그 후 피고인 乙, 丙이 공모하여 위 토지를 丁에게 매도한 사안에서, 피고인들이 토지를 매도한 행위는 선행 근저당권설정행위 이후에 이루어진 것이어서 불가벌적 사후행위에 해당한다는 취지의 피고인들 주장을 배척하고 위 토지 매도행위가 별도의 횡령죄를 구성한다고 본 원심판단을 정당하다고 한 사례(대판 2013.2.21. 2010도10500[전합])

- [1] 배임죄와 횡령죄의 구성요건적 차이에 비추어 보면, 회사에 대한 관계에서 타인의 사무를 처리하는 자가 임무에 위배하여 회사로 하여금 자신의 채무에 관하여 연대보증채무를 부담하게 한 다음, 회사의 금전을 보관하는 자의 지위에서 회사의 이익이 아닌 자신의 채무를 변제하려는 의사로 회사의 자금을 자기의 소유인 경우와 같이 임의로 인출한 후 개인채무의 변제에 사용한 행위는, 연대보증채무 부담으로 인한 배임죄와 다른 새로운 보호법익을 침해하는 것으로서 배임 범행의 불가벌적 사후행위가 되는 것이 아니라 별죄인 횡령죄를 구성한다고 보아야 하며, 횡령행위로 인출한 자금이 선행 임무위배행위로 인하여 회사가 부담하게 된 연대보증채무의 변제에 사용되었다 하더라도 달리 볼 것은 아니다.

  [2] 甲 주식회사의 대표이사와 실질적 운영자인 피고인들이 공모하여, 자신들이 乙에 대해 부담하는 개인채무 지급을 위하여 甲 회사로 하여금 약속어음을 공동발행하게 하고 위 채무에 대하여 연대보증하게 한 후에 甲 회사를 위하여 보관 중인 돈을 임의로 인출하여 乙에게 지급하여 위 채무를 변제한 사안에서, 피고인들이 甲 회사의 돈을 보관하는 자의 지위에서 회사의 이익이 아니라 자신들의 채무를 변제하려는 의사로 회사 자금을 자기의 소유인 경우와 같이 임의로 인출한 후 개인채무의 변제에 사용한 행위는, 약속어음금채무와 연대보증채무 부담으로 인한 회사에 대한 배임죄와 다른 새로운 보호법익을 침해하는 것으로서 배임 범행의 불가벌적 사후행위가 되는 것이 아니라 별죄인 횡령죄를 구성한다는 이유로, 피고인들에게 배임죄와 별도로 횡령죄를 인정한 원심판단을 정당하다고 한 사례(대판 2011.4.14. 2011도277).

- 구 아동·청소년의 성보호에 관한 법률(이하 '구 청소년성보호법') 제11조 제5항의 아동·청소년의 성보호에 관한 법률(이하 '청소년성보호법') 위반(음란물소지)죄는 아동·청소년이용음란물임을 알면서 이를 소지하는 행위를 처벌함으로써 아동·청소년이용음란물의 제작을 근원적으로 차단하기 위한 처벌 규정이다. 그리고 구 청소년성보호법 제11조 제1항의 청소년성보호법 위반(음란물제작·배포등)죄의 법정형이 무기징역 또는 5년 이상의 유기징역인 반면, 청소년성보호법 위반(음란물소지)죄의 법정형이 1년 이하의 징역 또는 2천만원 이하의 벌금형이고, 아동·청소년이용음란물 제작행위에 아동·청소년이용음란물 소지행위가 수반되는 경우 아동·청소년이용음란물을 제작한 자에 대하여 자신이 제작한 아동·청소년이용음란물을 소지하는 행위를 별도로 처벌하지 않더라도 정의 관념에 현저히 반하거나 해당 규정의 기본 취지에 반한다고 보기 어렵다. 따라서 아동·청소년이용음란물을 제작한 자가 그 음란물을 소지하게 되는 경우 청소년성보호법 위반(음란물소지)죄는 청소년성보호법 위반(음란물제작·배포등)죄에 흡수된다고 봄이 타당하다. 다만 아동·청소년이용음란물을 제작한 자가 제작에 수반된 소지행위를 벗어나 사회통념상 새로운 소지가 있었다고 평가할 수 있는 별도의 소지행위를 개시하였다면 이는 청소년성보호법 위반(음란물제작·배포등)죄와 별개의 청소년성보호법 위반(음란물소지)죄에 해당한다(대판 2021.7.8. 2021도2993).

- 배임죄와 횡령죄의 구성요건에서의 차이에 비추어 보면, 회사에 대한 관계에서 타인의 사무를 처리하는 자가 임무에 위배하는 행위로써 회사로 하여금 회사가 펀드 운영사에 지급하여야 할 펀드출자금을 정해진 시점보다 선지급하도록 하여 배임죄를 범한 다음, 그와 같이 선지급된 펀드출자금을 보관하는 자와 공모하여 펀드출자금을 임의로 인출한 후 자신의 투자금으로 사용하기 위하여 임의로 송금하도록 한 행위는 펀드출자금 선지급으로 인한 배임죄와는 다른 새로운 보호법익을 침해하는 행위로서 배임 범행의 불가벌적 사후행위가 되는 것이 아니라 별죄로서 횡령죄를 구성한다고 보아야 한다(대판 2014.12.11. 2014도10036).

(4) 택일관계

1) 의 의

택일관계란 양립할 수 없는 두 개의 구성요건 중에서 어느 하나만 적용되는 경우를 말한다.

2) 관련 판례

> **택일관계에 해당하는 사례**
> - [1] 외형상으로는 공소사실의 기초가 되는 피고인의 일련의 행위가 여러 개의 범죄에 해당되는 것 같지만 그 일련의 행위가 합쳐져서 하나의 사회적 사실관계를 구성하는 경우에 그에 대한 법률적 평가는 하나밖에 성립되지 않는 관계, 즉 일방의 범죄가 성립되는 때에는 타방의 범죄는 성립할 수 없고, 일방의 범죄가 무죄로 될 경우에만 타방의 범죄가 성립할 수 있는 비양립적인 관계가 있을 수 있다. [2] 아파트 소유권자인 피고인이 가등기권리자 갑에게 아파트에 관한 소유권이전청구권가등기를 말소해 주면 대출은행을 변경한 후 곧바로 다시 가등기를 설정해 주겠다고 속여 가등기를 말소하게 하여 재산상 이익을 편취하고, 가등기를 회복해 줄 임무에 위배하여 아파트에 제3자 명의로 근저당권 및 전세권설정등기를 마침으로써 갑에게 손해를 가하였다고 하여 사기 및 배임으로 기소된 경우, 사기죄를 인정하는 이상 비양립적 관계에 있는 배임죄는 별도로 성립하지 않는다(대판 2017.2.15. 2016도15226).
> - [1] 피고인이 2009.2.12.자 차용 시 피해자 및 다른 채권자에 대하여 상당한 채무를 부담하고 있는 상황이었다 하더라도, 그 차용금에 대하여 담보로 제공한 위 공사대금 채권이 차용액에 상응하고 추심에 문제가 없는 것이었으며 위 공사대금 채권의 양도에 관한 피고인의 진정성이 인정되는 경우라면, 피고인에게 위 차용금에 대한 편취범의를 인정하기는 어려우므로 피고인에게 사기죄의 책임을 물을 수 없다. 다만 피고인은 위 공사대금 채권의 양도인의 지위에서 양수인인 피해자를 위하여 보관하여야 하는데도 추심한 채권을 임의로 소비한 행위에 대하여 횡령죄의 책임만 지게 될 것이다. 반면에 피고인이 피해자로부터 돈을 빌리기 위해 피해자가 요구하는 대로 차용금에 대한 담보 명목으로 위 공사대금 채권을 양도하는 형식만 갖추었을 뿐, 당초부터 위 공사대금 채권을 추심하여 빼돌릴 생각을 가지고 있었던 경우라면, 차용금 편취에 관한 사기죄는 성립하지만, 위 공사대금 채권을 양도한 후 공사대금을 수령하여 임의 소비한 행위는 금전 차용 후 담보로 제공한 양도채권을 추심받아 이를 빼돌리려는 사기범행의 실행행위에 포함된 것으로 봄이 상당하므로 사기죄와 별도로 횡령죄는 성립되지 않는다고 할 것이다. [2] 피고인이 피해자 甲에게서 돈을 빌리면서 담보 명목으로 乙에 대한 채권을 양도하였는데도 乙에게 채권양도 통지를 하기 전에 이를 추심하여 임의로 소비한 사안에서, 차용금 편취의 점과 담보로 양도한 채권을 추심하여 임의 소비한 횡령의 점은 양도된 채권의 가치, 채권양도에 관한 피고인의 진정성 등의 사정에 따라 비양립적인 관계라 할 것이어서, 이러한 사정을 심리하여 피고인의 위 일련의 행위가 그중 어느 죄에 해당하는지를 가렸어야 할 것인데도, 사기죄 및 횡령죄를 모두 인정한 원심판단에 법리오해 및 심리미진의 위법이 있다고 한 사례(대판 2011.5.13. 2011도1442)

3. 법조경합의 처리

법조경합의 경우에는 행위자는 적용된 법률에 정한 형으로만 처벌된다. 배제되는 법률은 적용되지 않고 판결주문 및 이유에도 기재되지 아니한다. 그러나 제3자는 배제되는 범죄에 공범으로 가담할 수 있다.

Ⅲ 포괄일죄

1. 의 의

(1) 개 념

포괄일죄는 수개의 행위가 포괄하여 1개의 구성요건에 해당하여 일죄를 구성하는 경우를 말한다.

(2) 구별 개념

포괄일죄는 본래 일죄라는 점에서 외형상 수죄처럼 보이는 법조경합과 구별되고, 실질적으로 수죄이지만 처벌만 일죄로 하는 상상적 경합과 구별된다.

2. 포괄일죄의 유형

(1) 협의의 포괄일죄

1개의 구성요건에 속하여 행위태양이 동일한 법익을 침해하는 수종으로 나뉘어 있을 때 이 수종의 태양에 해당하는 일련의 행위가 포괄하여 일죄가 되는 경우로 수뢰죄(뇌물의 요구·약속·수수)와 장물죄(장물의 취득·양도·운반·보관·알선)가 그 예가 된다.

(2) 결합범

개별적으로는 독자적 구성요건에 해당하는 수개행위가 결합하여 1개의 범죄를 이루는 경우를 말한다. 강도강간죄가 그 예가 된다.

(3) 계속범

계속범이란 범죄가 기수에 도달한 이후에도 일정기간 동안 범죄행위가 계속될 수 있는 형태의 범죄를 말한다. 예를 들면 주거침입죄나 체포·감금죄가 이에 해당한다.

(4) 접속범

1) 의 의

접속범이란 단독으로도 범죄가 될 수 있는 수개의 행위가 동일한 기회에 동일한 법익에 대하여 불가분적으로 접속하여 행하여졌을 때 포괄하여 일죄로 되는 경우를 말한다.

2) 요 건

수개의 행위는 시간적·장소적으로 접속하여 행하여져야 하고 행위태양의 동종성이 인정되어야 한다. 또한 침해법익의 동일성이 인정되어야 하고 범의의 단일성이 인정되어야 한다. 피해자의 동일성은 요하지 아니하나, 전속적 법익의 경우에 주체를 달리하는 때에는 불법의 단순한 증가를 넘어서게 되므로 포괄일죄가 성립하는 것은 아니다.

1. 접속범에 해당하는 사례
- 피고인은 절취한 카드로 가맹점들로부터 물품을 구입하겠다는 단일한 범의를 가지고 그 범의가 계속된 가운데 동종의 범행인 신용카드 부정사용행위를 동일한 방법으로 반복하여 행하였고, 또 위 신용카드의 각 부정사용의 피해법익도 모두 위 신용카드를 사용한 거래의 안전 및 이에 대한 공중의 신뢰인 것으로 동일하므로, 피고인이 동일한 신용카드를 위와 같이 부정사용한 행위는 포괄하여 일죄에 해당하고, 신용카드를 부정사용한 결과가 사기죄의 구성요건에 해당하고 그 각 사기죄가 실체적 경합관계에 해당한다고 하여도 신용카드부정사용죄와 사기죄는 그 보호법익이나 행위의 태양이 전혀 달라 실체적 경합관계에 있으므로 신용카드 부정사용행위를 포괄일죄로 취급하는데 아무런 지장이 없다(대판 1996.7.12. 96도1181).
- 하나의 사건에 관하여 한 번 선서한 증인이 같은 기일에 여러 가지 사실에 관하여 기억에 반하는 허위의 진술을 한 경우 이는 하나의 범죄의사에 의하여 계속하여 허위의 진술을 한 것으로서 포괄하여 1개의 위증죄를 구성하는 것이다(대판 1998.4.14. 97도3340).
- 절도가 체포를 면탈할 목적으로 추격하여 온 수인에 대하여 같은 기회에 동시 또는 이시에 폭행 또는 협박을 하였다 하더라도 준강도의 포괄일죄가 성립한다. 준강도행위가 진전하여 상해행위를 수반한 경우에도 일괄하여 준강도상해죄의 일죄가 성립하는 것이지 별도로 준강도죄의 성립이 있는 것은 아니다(대판 1966.12.6. 66도1392).
- 절도범이 체포를 면탈할 목적으로 체포하려는 여러 명의 피해자에게 같은 기회에 폭행을 가하여 그중 1인에게만 상해를 가하였다면 이러한 행위는 포괄하여 하나의 강도상해죄만 성립한다(대판 2001.8.21. 2001도3447).
- 피해자를 위협하여 항거불능케 한 후 1회 간음하고 2백미터쯤 오다가 다시 1회 간음한 경우에 있어 피고인의 의사 및 그 범행시각과 장소로 보아 두 번째의 간음행위는 처음 한 행위의 계속으로 볼 수 있어 이를 단순일죄로 처단한 것은 정당하다(대판 1970.9.29. 70도1516).

2. 접속범에 해당하지 아니하는 사례
- 여러 개의 위탁관계에 의하여 보관하던 여러 개의 재물을 1개의 행위에 의하여 횡령한 경우 위탁관계별로 수개의 횡령죄가 성립하고, 그 사이에는 상상적 경합의 관계가 있는 것으로 보아야 한다(대판 2013.10.31. 2013도10020).
- [1] 강도가 동일한 장소에서 동일한 방법으로 시간적으로 접착된 상황에서 수인의 재물을 강취하였다고 하더라도, 수인의 피해자들에게 폭행 또는 협박을 가하여 그들로부터 그들이 각기 점유관리하고 있는 재물을 각각 강취하였다면, 피해자들의 수에 따라 수개의 강도죄를 구성하는 것이고, 다만 강도범인이 피해자들의 반항을 억압하는 수단인 폭행·협박행위가 사실상 공통으로 이루어졌기 때문에, 법률상 1개의 행위로 평가되어 상상적 경합으로 보아야 될 경우가 있는 것은 별문제다.
[2] 피해자별로 강도죄를 구성하되 상상적 경합범관계에 있는 피고인의 행위를 원심이 포괄하여 1개의 강도죄만을 구성하는 것으로 잘못 판단하여 피고인이 한 피해자에 대한 특수강도죄에 관하여 받은 유죄의 확정판결의 효력이 다른 피해자에 대한 강도상해행위에 대하여도 미친다고 보아 그 공소사실에 대하여 면소의 선고를 하였더라도, 위 유죄의 확정판결의 효력은 그 죄와 상상적 경합의 관계에 있는 다른 피해자에 대한 강도상해죄에 대하여도 어차피 미치게 되므로, 원심의 위와 같은 잘못은 판결에 영향을 미칠 것이 못된다.

> [3] 강도가 서로 다른 시기에 다른 장소에서 수인의 피해자들에게 각기 폭행 또는 협박을 하여 각 그 피해자들의 재물을 강취하고, 그 피해자들 중 1인을 상해한 경우에는, 각기 별도로 강도죄와 강도상해죄가 성립하는 것임은 물론, 법률상 1개의 행위로 평가되는 것도 아닌 바, 피고인이 여관에 들어가 1층 안내실에 있던 여관의 관리인을 칼로 찔러 상해를 가하고, 그로부터 금품을 강취한 다음, 각 객실에 들어가 각 투숙객들로부터 금품을 강취하였다면, 피고인의 위와 같은 각 행위는 비록 시간적으로 접착된 상황에서 동일한 방법으로 이루어지기는 하였으나, 포괄하여 1개의 강도상해죄만을 구성하는 것이 아니라 실체적 경합범의 관계에 있는 것이라고 할 것이다(대판 1991.6.25. 91도643).
> - 강도가 한 개의 강도범행을 하는 기회에 수명의 피해자에게 각 폭행을 가하여 각 상해를 입힌 경우에는 각 피해자별로 수개의 강도상해죄가 성립하며 이들은 실체적 경합범의 관계에 있다(대판 1987.5.26. 87도527).
> - 피해자를 1회 강간하여 상처를 입게 한 후 약 1시간 후에 장소를 옮겨 같은 피해자를 다시 1회 강간한 행위는 그 범행시간과 장소를 달리하고 있을 뿐만 아니라 각 별개의 범의에서 이루어진 행위로서 형법 제37조 전단의 실체적 경합범에 해당한다(대판 1987.5.12. 87도694).

(5) 연속범

1) 의 의

연속범이란 연속하여 행하여진 수개의 행위가 동종의 범죄에 해당하는 경우를 말한다.

2) 요 건

수개의 행위는 시간적·장소적으로 계속하여 행하여져야 하고 침해방법의 동종성이 인정되어야 하며 동일한 형법적 금지에 기초하여야 한다. 또한 침해법익의 동일성이 인정되어야 하고 범의의 계속성이 인정되어야 한다. 피해자의 동일성은 요하지 아니하나, 전속적 법익의 경우에 주체를 달리하는 때에는 불법의 단순한 증가를 넘어서게 되므로 포괄일죄가 성립하는 것은 아니다.

3) 효 과

연속범은 수개의 행위가 포괄하여 일죄로 처벌되고, 상이한 구성요건을 실현한 경우에는 가장 중한 죄로 처벌받는다. 소송법상으로도 일죄로 취급되어 연속범에 대한 판결의 기판력은 판결 이전에 범한 모든 범죄에 미치게 된다.

> **1. 연속범에 해당하는 사례**
> - 사기죄에 있어서 동일한 피해자에 대하여 수회에 걸쳐 기망행위를 하여 금원을 편취한 경우, 그 범의가 단일하고 범행 방법이 동일하다면 사기죄의 포괄일죄만이 성립한다 할 것이고, 포괄일죄는 그 중간에 별종의 범죄에 대한 확정판결이 끼어 있어도 그 때문에 포괄적 범죄가 둘로 나뉘는 것은 아니라 할 것이고, 또 이 경우에는 그 확정판결 후의 범죄로서 다루어야 한다(대판 2002.7.12. 2002도2029).
> - [1] 다수의 피해자에 대하여 각각 기망행위를 하여 각 피해자로부터 재물을 편취한 경우에는 범의가 단일하고 범행방법이 동일하더라도 각 피해자의 피해법익은 독립한 것이므로 이를 포괄일죄로 파악할 수 없고 피해자별로 독립한 사기죄가 성립된다. 다만 피해자들의 피해법익이 동일하다고 볼 수 있는 사정이 있는 경우에는 이들에 대한 사기죄를 포괄하여 일죄로 볼 수 있다.

[2] 피고인이 부부인 피해자 갑과 을에게 '토지를 매수하여 분필한 후 이를 분양해서 원금 및 수익금을 지급하겠다.'면서 기망한 후, 이에 속아 피고인에게 투자하기 위해 공동재산인 건물을 매도하여 돈을 마련한 피해자들로부터 피해자 갑 명의 예금계좌에서 1억원, 피해자 을 명의 예금계좌에서 4억 7,500만원, 합계 5억 7,500만원을 송금받아 이를 편취하였다는 이유로 특정경제범죄 가중처벌 등에 관한 법률 위반(사기)죄로 기소된 사안에서, 각 피해자 명의의 예금계좌에 예치된 금전에 관한 권리는 특별한 사정이 없는 한 각 피해자에게 별도로 귀속되므로 민사상 권리 귀속관계의 면에서는 각 피해자가 피고인의 기망행위로 별도의 재산상 법익을 침해당하였다고 볼 수도 있으나, 포괄일죄를 판단하는 기준 중 하나인 피해법익의 동일성은 민사상 권리 귀속관계 외에 해당 사건에 나타난 다른 사정도 함께 고려하여 판단해야 하는데, 피고인의 피해자들에 대한 기망행위의 공통성, 기망행위에 이르게 된 경위, 재산 교부에 관한 의사결정의 공통성, 재산의 형성·유지 과정, 재산 교부의 목적 및 방법, 기망행위 이후의 정황 등 모든 사정을 고려하여 보면, 피해자들에 대한 사기죄의 피해법익이 동일하다고 평가될 수 있어 이들에 대한 사기죄가 포괄일죄를 구성한다고 한 사례(대판 2023.12.21, 2023도13514).

- 수뢰후부정처사죄를 정한 형법 제131조 제1항은 공무원 또는 중재인이 형법 제129조(수뢰, 사전수뢰) 및 제130조(제3자뇌물제공)의 죄를 범하여 부정한 행위를 하는 것을 구성요건으로 하고 있다. 여기에서 '형법 제129조 및 제130조의 죄를 범하여'란 반드시 뇌물수수 등의 행위가 완료된 이후에 부정한 행위가 이루어져야 함을 의미하는 것은 아니고, 결합범 또는 결과적 가중범 등에서의 기본행위와 마찬가지로 뇌물수수 등의 행위를 하는 중에 부정한 행위를 한 경우도 포함하는 것으로 보아야 한다. 따라서 단일하고도 계속된 범의 아래 일정 기간 반복하여 일련의 뇌물수수 행위와 부정한 행위가 행하여졌고 그 뇌물수수 행위와 부정한 행위 사이에 인과관계가 인정되며 피해법익도 동일하다면, 최후의 부정한 행위 이후에 저질러진 뇌물수수 행위도 최후의 부정한 행위 이전의 뇌물수수 행위 및 부정한 행위와 함께 수뢰후부정처사죄의 포괄일죄로 처벌함이 타당하다(대판 2021.2.4, 2020도12103).

2. 연속범에 해당하지 아니하는 사례

- 피고인이 동일한 피해자로부터 3회에 걸쳐 돈을 편취함에 있어서 그 시간적 간격이 각 2개월 이상이 되고 그 기망방법에 있어서도 처음에는 경매보증금을 마련하여 시간을 벌어주면 경매목적물을 처분하여 갚겠다고 거짓말을 하였고, 두 번째는 한번만 더 시간을 벌면 위 부동산이 처분될 수 있다고 하여 돈을 빌려주게 하고, 마지막에는 돈을 빌려주지 않으면 두 번에 걸쳐 빌려준 돈도 갚을 수 없게 되었다고 거짓말을 함으로써 피해자로 하여금 부득이 그 돈을 빌려주지 않을 수 없는 상태에 놓이게 하였다면 피고인에게 범의의 단일성과 계속성이 있었다고 보이지 아니하므로 위의 각 범행은 실체적 경합범에 해당한다(대판 1989.11.28, 89도1309).

- 다수의 피해자에 대하여 각별로 기망행위를 하여 각각 재산상 이익을 편취한 경우에는 범의가 단일하고 범행방법이 동일하더라도 각 피해자의 피해법익은 독립한 것이므로 이를 포괄일죄로 파악할 수 없고 피해자별로 독립한 사기죄가 성립된다. 다만 피해자들이 하나의 동업체를 구성하는 등으로 피해 법익이 동일하다고 볼 수 있는 사정이 있는 경우에는 피해자가 복수이더라도 이들에 대한 사기죄를 포괄하여 일죄로 볼 수도 있을 것이다. 그리고 1개의 기망행위에 의하여 다수의 피해자로부터 각각 재산상 이익을 편취한 경우에는 피해자별로 수개의 사기죄가 성립하고, 그 사이에는 상상적 경합의 관계에 있는 것으로 보아야 한다(대판 2015.4.23, 2014도16980).

- 수개의 업무상횡령 행위라 하더라도 그 피해법익이 단일하고, 범죄의 태양이 동일하며, 단일 범의의 발현에 기인하는 일련의 행위라고 인정되는 경우에는 포괄하여 1개의 범죄라고 할 것이지만, 피해자가 수인인 경우에는 그 피해법익이 단일하다고 할 수 없으므로 포괄일죄의 성립을 인정하기 어렵다(대판 2011.2.24, 2010도13801).

(6) 집합범

1) 의 의

집합범이란 다수의 동종의 행위가 동일한 의사의 경향에 따라 반복될 것이 당연히 예상되어 있기 때문에 수개의 행위가 일괄하여 일죄를 구성하는 경우를 말한다. 집합범에는 반복된 행위로 얻어진 경향에 의하여 범죄한 경우인 상습범, 행위자가 행위의 반복으로 수입원을 삼는 영업범, 범죄의 반복이 경제적·직업적 활동이 되는 경우인 직업범 등이 있다.

2) 관련 판례

> 1. **집합범에 해당하는 사례**
>   - 특정범죄 가중처벌 등에 관한 법률 제5조의4 제3항에 규정된 상습강도죄를 범한 범인이 그 범행 외에 상습적인 강도의 목적으로 강도예비를 하였다가 강도에 이르지 아니하고 강도예비에 그친 경우에도 그것이 강도상습성의 발현이라고 보여지는 경우에는 강도예비행위는 상습강도죄에 흡수되어 위 법조에 규정된 상습강도죄의 1죄만을 구성하고 이 상습강도죄와 별개로 강도예비죄를 구성하지 아니한다(대판 2003.3.28. 2003도665).
>   - 상습범은 수개의 행위가 상습으로 반복되었을 경우에도 그 수개의 행위를 포괄하여 1죄로 다스려야 되는 것인바, 위 수개의 행위는 가사 상습장물취득과 상습장물알선인 경우라고 하여 위와 결론은 달리할 수 없으므로 상습장물알선죄는 상습장물취득죄에 포괄되고 상습장물취득죄 일죄만 성립한다(대판 1975.1.14. 73도1848).
> 2. **집합범에 해당하지 아니하는 사례**
>   구 저작권법(이하 '구 저작권법')은 제140조 본문에서 저작재산권 침해로 인한 제136조 제1항의 죄를 친고죄로 규정하면서, 제140조 단서 제1호에서 영리를 위하여 상습적으로 위와 같은 범행을 한 경우에는 고소가 없어도 공소를 제기할 수 있다고 규정하고 있으나, 상습으로 제136조 제1항의 죄를 저지른 경우 이를 가중처벌한다는 규정은 따로 두고 있지 않다. 따라서 수회에 걸쳐 구 저작권법 제136조 제1항의 죄를 범한 것이 상습성의 발현에 따른 것이라고 하더라도, 이는 원칙적으로 경합범으로 보아야 하는 것이지 하나의 죄로 처단되는 상습범으로 볼 것은 아니다. 그것이 법 규정의 표현에 부합하고, 상습범을 포괄일죄로 처단하는 것은 그것을 가중처벌하는 규정이 있기 때문이라는 법리적 구조에도 맞다. 그리고 저작재산권 침해행위는 저작권자가 같더라도 저작물별로 침해되는 법익이 다르므로 각각의 저작물에 대한 침해행위는 원칙적으로 각 별개의 죄를 구성한다고 할 것이다. 다만 단일하고도 계속된 범의 아래 동일한 저작물에 대한 침해행위가 일정 기간 반복하여 행하여진 경우에는 포괄하여 하나의 범죄가 성립한다고 볼 수 있다(대판 2013.8.23. 2011도1957).

3. 포괄일죄의 처리

(1) 실체법적 효과
포괄일죄는 일죄이므로 하나의 죄로 처벌된다. 구성요건을 달리하는 행위가 포괄일죄가 되는 경우에는 중한 죄의 일죄만 성립한다. 포괄일죄의 부분적인 행위가 진행 중에 형의 변경이 있는 때에는 최후의 행위시의 법이 행위시법으로 적용된다.

(2) 소송법적 효과
포괄일죄는 소송법상으로도 일죄이므로 공소의 효력과 기판력은 포괄일죄의 내용이 된 행위의 전부에 미친다.

제3절 수 죄

I 상상적 경합

1. 의 의

(1) 개 념
상상적 경합이란 1개의 행위가 수개의 죄에 해당하는 경우를 말한다. 형법 제40조는 한 개의 행위가 여러 개의 죄에 해당하는 경우에는 가장 무거운 죄에 대하여 정한 형으로 처벌한다고 규정하고 있다.

(2) 구별 개념
상상적 경합은 실질상 수죄라는 점에서 외관상의 경합인 법조경합과 구별되고 행위가 1개라는 점에서 행위가 수개인 실체적 경합과 구별된다.

2. 상상적 경합의 요건

(1) 행위의 단일성

1) 행위의 단일성의 의미
판례는 행위의 단일성을 법적 평가를 떠나 사회관념상 행위가 사물자연의 상태로서 1개로 평가되는 것을 의미한다고(대판 2023.12.28. 2023도12316) 하고 있으나, 행위는 법적 개념이므로 구성요건적 의미에서 하나인 경우를 말한다고 보아야 한다.

2) 행위의 완전동일성
행위의 동일성은 객관적 실행행위의 동일성을 의미한다. 수개의 구성요건을 실현하는 실행행위가 완전히 동일한 경우에는 단일성이 인정된다. 객관적 실행행위가 동일하면 고의범과 과실범 사이에도 상상적 경합이 가능하다. 부작위범 상호 간에는 상상적 경합이 가능하나, 작위범과 부작위범 사이에는 실행행위의 동일성을 인정할 수 없으므로 상상적 경합은 인정되지 아니한다.

3) 행위의 부분적 동일성

수개의 구성요건을 충족하는 행위가 부분적으로 중첩하는 경우에도 동일성이 인정된다. 문제되는 경우를 살펴본다.

① **결합범·결과적 가중범** : 결합범·결과적 가중범을 구성하는 부분범죄의 실행행위가 일부 동일한 경우에도 상상적 경합이 인정된다.

> **상상적 경합에 해당하는 사례**
> - 절도범인이 체포를 면탈할 목적으로 경찰관에게 폭행·협박을 가한 때에는 준강도죄와 공무집행방해죄를 구성하고 양 죄는 상상적 경합관계에 있으나, 강도범인이 체포를 면탈할 목적으로 경찰관에게 폭행을 가한 때에는 강도죄와 공무집행방해죄는 실체적 경합관계에 있고 상상적 경합관계에 있는 것이 아니다(대판 1992.7.28. 92도917).
> - 강도가 재물강취의 뜻을 재물의 부재로 이루지 못한 채 미수에 그쳤으나 그 자리에서 항거불능의 상태에 빠진 피해자를 간음할 것을 결의하고 실행에 착수했으나 역시 미수에 그쳤더라도 반항을 억압하기 위한 폭행으로 피해자에게 상해를 입힌 경우에는 강도강간미수죄와 강도치상죄가 성립되고 이는 1개의 행위가 2개의 죄명에 해당되어 상상적 경합관계가 성립된다(대판 1988.6.28. 88도820).[37]
> - 피고인 겸 피부착명령청구자(이하 '피고인')가 이 사건 강간 범행 과정에서 한 폭행행위는 단순한 폭행이 아니라 보복의 목적을 가지고 한 것으로서 특정범죄 가중처벌 등에 관한 법률 제5조의9 제2항의 구성요건에 해당하는데, 그것이 성폭력범죄의 처벌 등에 관한 특례법 위반(주거침입강간등)죄의 구성요건에 완전히 포섭되지 않는 점, 특정범죄 가중처벌 등에 관한 법률 위반(보복범죄등)죄가 범죄 신고자 등의 보호 외에 국가의 형사사법 기능을 보호법익으로 하는 죄인 데 반하여 강간죄는 개인의 성적 자기결정권을 보호법익으로 하는 죄로서 양(兩)죄는 그 보호법익을 달리하는 점 등에 비추어 볼 때, 특정범죄 가중처벌 등에 관한 법률 위반(보복범죄등)죄가 성폭력범죄의 처벌 등에 관한 특례법 위반(주거침입강간등)죄에 흡수되는 법조경합의 관계에 있다고 볼 수 없고 양 죄는 상상적 경합관계에 있다(대판 2012.3.15. 2012도544).

② **목적범** : 판례에 의하면 통화 또는 문서위조죄와 동행사죄 및 사기죄는 모두 실체적 경합의 관계에 있다.

> **실체적 경합에 해당하는 사례**
> - 통화위조죄에 관한 규정은 공공의 거래상의 신용 및 안전을 보호하는 공공적인 법익을 보호함을 목적으로 하고 있고, 사기죄는 개인의 재산법익에 대한 죄이어서 양 죄는 그 보호법익을 달리하고 있으므로 위조통화를 행사하여 재물을 불법영득한 때에는 위조통화행사죄와 사기죄의 양 죄가 성립된다(대판 1979.7.10. 79도840).

---

[37] 다음의 판례와 구별하여야 한다.
미성년자인 피해자를 약취한 후에 강간을 목적으로 피해자에게 가혹한 행위 및 상해를 가하고 나아가 그 피해자에 대한 강간 및 살인미수를 범하였다면, 이에 대하여는 약취한 미성년자에 대한 상해 등으로 인한 특정범죄 가중처벌 등에 관한 법률 위반죄 및 미성년자인 피해자에 대한 강간 및 살인미수행위로 인한 성폭력범죄의 처벌 등에 관한 특례법 위반죄가 각 성립하고, 설령 상해의 결과가 피해자에 대한 강간 및 살인미수행위 과정에서 발생한 것이라 하더라도 위 각 죄는 서로 형법 제37조 전단의 실체적 경합범 관계에 있다(대판 2014.2.27. 2013도12301).

- 예금통장과 인장을 갈취한 후 예금 인출에 관한 사문서를 위조한 후 이를 행사하여 예금을 인출한 행위는 공갈죄 외에 별도로 사문서위조, 동행사 및 사기죄가 성립한다(대판 1979.10.30. 79도489).
- 피고인이 예금통장을 강취하고 예금자 명의의 예금청구서를 위조한 다음 이를 은행원에게 제출행사하여 예금인출금 명목의 금원을 교부받았다면 강도, 사문서위조, 동행사, 사기의 각 범죄가 성립하고 이들은 실체적 경합관계에 있다 할 것이다(대판 1991.9.10. 91도1722).

③ 계속범
  ㉠ 주거침입죄와 주거침입 중에 범한 절도·강도 등의 범죄는 경합범이 된다. 다만, 이들 죄의 결합범을 가중처벌하는 규정이 있는 경우에는 결합범 일죄만 성립한다.

주거침입죄의 성립 여부에 대한 사례
- 형법 제330조에 규정된 야간주거침입절도죄 및 형법 제331조 제1항에 규정된 특수절도(야간손괴침입절도)죄를 제외하고 일반적으로 주거침입은 절도죄의 구성요건이 아니므로 절도범인이 범행수단으로 주거침입을 한 경우에 주거침입행위는 절도죄에 흡수되지 아니하고 별개로 주거침입죄를 구성하여 절도죄와는 실체적 경합의 관계에 서는 것이 원칙이다. 또 형법 제332조는 상습으로 단순절도(형법 제329조), 야간주거침입절도(형법 제330조)와 특수절도(형법 제331조) 및 자동차 등 불법사용(형법 제331조의2)의 죄를 범한 자는 그 죄에 정한 각 형의 2분의 1을 가중하여 처벌하도록 규정하고 있으므로, 위 규정은 주거침입을 구성요건으로 하지 않는 상습단순절도와 주거침입을 구성요건으로 하고 있는 상습야간주거침입절도 또는 상습특수절도(야간손괴침입절도)에 대한 취급을 달리하여, 주거침입을 구성요건으로 하고 있는 상습야간주거침입절도 또는 상습특수절도(야간손괴침입절도)를 더 무거운 법정형을 기준으로 가중처벌하고 있다. 따라서 상습으로 단순절도를 범한 범인이 상습적인 절도범행의 수단으로 주간(낮)에 주거침입을 한 경우에 주간 주거침입행위의 위법성에 대한 평가가 형법 제332조, 제329조의 구성요건적 평가에 포함되어 있다고 볼 수 없다. 그러므로 형법 제332조에 규정된 상습절도죄를 범한 범인이 범행의 수단으로 주간에 주거침입을 한 경우 주간 주거침입행위는 상습절도죄와 별개로 주거침입죄를 구성한다. 또 형법 제332조에 규정된 상습절도죄를 범한 범인이 그 범행 외에 상습적인 절도의 목적으로 주간에 주거침입을 하였다가 절도에 이르지 아니하고 주거침입에 그친 경우에도 주간 주거침입행위는 상습절도죄와 별개로 주거침입죄를 구성한다(대판 2015.10.15. 2015도8169).
- 형법 제331조 제2항의 특수절도에 있어서 주거침입은 그 구성요건이 아니므로, 절도범인이 그 범행수단으로 주거침입을 한 경우에 그 주거침입행위는 절도죄에 흡수되지 아니하고 별개로 주거침입죄를 구성하여 절도죄와는 실체적 경합의 관계에 있게 되고, 2인 이상이 합동하여 야간이 아닌 주간에 절도의 목적으로 타인의 주거에 침입하였다 하여도 아직 절취할 물건의 물색행위를 시작하기 전이라면 특수절도죄의 실행에는 착수한 것으로 볼 수 없는 것이어서 그 미수죄가 성립하지 않는다(대판 2009.12.24. 2009도9667).

- 특정범죄 가중처벌 등에 관한 법률 제5조의4 제5항은 범죄경력과 누범가중에 해당함을 요건으로 하는 반면, 같은 조 제1항은 상습성을 요건으로 하고 있어 그 요건이 서로 다르다. 또한, 형법 제330조의 야간주거침입절도죄 및 제331조 제1항의 손괴특수절도죄를 제외하고 일반적으로 주거침입은 절도죄의 구성요건이 아니므로, 절도범인이 그 범행수단으로 주거침입을 한 경우에 그 주거침입행위는 절도죄에 흡수되지 아니하고 별개로 주거침입죄를 구성하여 절도죄와는 실체적 경합의 관계에 서는 것이 원칙이다. 따라서 주간에 주거에 침입하여 절도함으로써 특정범죄 가중처벌 등에 관한 법률 제5조의4 제5항 위반죄가 성립하는 경우, 별도로 형법 제319조의 주거침입죄를 구성한다(대판 2008.11.27. 2008도7820).
- 특정범죄 가중처벌 등에 관한 법률 제5조의4 제6항에 규정된 상습절도 등 죄를 범한 범인이 그 범행의 수단으로 주거침입을 한 경우에 주거침입행위는 상습절도 등 죄에 흡수되어 위 조문에 규정된 상습절도 등 죄의 1죄만이 성립하고 별개로 주거침입죄를 구성하지 않으며, 또 위 상습절도 등 죄를 범한 범인이 그 범행 외에 상습적인 절도의 목적으로 주거침입을 하였다가 절도에 이르지 아니하고 주거침입에 그친 경우에도 그것이 절도 상습성의 발현이라고 보이는 이상 주거침입행위는 다른 상습절도 등 죄에 흡수되어 위 조문에 규정된 상습절도 등 죄의 1죄만을 구성하고 상습절도 등 죄와 별개로 주거침입죄를 구성하지 않는다(대판 2017.7.11. 2017도4044).
- 구 성폭력범죄의 처벌 및 피해자보호 등에 관한 법률 제5조 제1항은 형법 제319조 제1항의 죄를 범한 자가 강간의 죄를 범한 경우를 규정하고 있고, 구 성폭력범죄의 처벌 및 피해자보호 등에 관한 법률 제9조 제1항은 같은 법 제5조 제1항의 죄와 같은 법 제6조의 죄에 대한 결과적 가중범을 동일한 구성요건에 규정하고 있으므로, 피해자의 방안에 침입하여 식칼로 위협하여 반항을 억압한 다음 피해자를 강간하여 상해를 입히게 한 피고인의 행위는 그 전체가 포괄하여 같은 법 제9조 제1항의 죄를 구성할 뿐이지, 그중 주거침입의 행위가 나머지 행위와 별도로 주거침입죄를 구성한다고는 볼 수 없다(대판 1999.4.23. 99도354).

ⓒ 감금죄와 감금 중에 행한 강도·살인 등의 죄도 경합범이 된다. 다만, 강도·살인 등의 죄를 범하기 위한 수단으로 감금죄를 범한 경우에는 상상적 경합이 될 수 있다.

- 감금행위가 강간죄나 강도죄의 수단이 된 경우에도 감금죄는 강간죄나 강도죄에 흡수되지 아니하고 별죄를 구성한다 할 것이다(대판 1997.1.21. 96도2715).
- [1] 강간죄의 성립에 언제나 직접적으로 또 필요한 수단으로서 감금행위를 수반하는 것은 아니므로 감금행위가 강간미수죄의 수단이 되었다 하여 감금행위는 강간미수죄에 흡수되어 범죄를 구성하지 않는다고 할 수는 없는 것이고, 그때에는 감금죄와 강간미수죄는 일개의 행위에 의하여 실현된 경우로서 형법 제40조의 상상적 경합관계에 있다.
[2] 피고인이 피해자가 자동차에서 내릴 수 없는 상태에 있음을 이용하여 강간하려고 결의하고, 주행중인 자동차에서 탈출불가능하게 하여 외포케 하고 50킬로미터를 운행하여 여관 앞까지 강제연행한 후 강간하려다 미수에 그친 경우 위 협박은 감금죄의 실행의 착수임과 동시에 강간미수죄의 실행의 착수라고 할 것이다(대판 1983.4.26. 83도323).
- 감금행위가 단순히 강도상해 범행의 수단이 되는 데 그치지 아니하고 강도상해의 범행이 끝난 뒤에도 계속된 경우에는 1개의 행위가 감금죄와 강도상해죄에 해당하는 경우라고 볼 수 없고, 이 경우 감금죄와 강도상해죄는 형법 제37조의 경합범 관계에 있다(대판 2003.1.10. 2002도4380).

④ 연결효과에 의한 상상적 경합
　㉠ 문제점 : 경합범관계에 있는 두 개의 독자적인 범죄가 제3의 범죄와 각각 상상적 경합의 관계에 있을 때 제3의 범죄에 의한 연결을 통해 모든 범죄 사이에 상상적 경합을 인정할 수 있는지 여부가 문제된다.
　㉡ 학설 : 서로 다른 2개의 행위가 제3의 행위에 의하여 1개가 될 수는 없으므로 이를 인정할 수 없다는 부정설, 이중평가를 막기 위하여 인정하는 긍정설, 연결하는 범죄의 형이 연결되는 다른 독립된 범죄의 형보다 중하거나 같은 경우에 한하여 인정하는 절충설의 대립이 존재한다.
　㉢ 판례 : 판례는 허위공문서작성죄와 동행사죄가 수뢰후부정처사죄와 각각 상상적 경합관계에 있을 때에는 허위공문서작성죄와 동행사죄 상호 간은 실체적 경합범관계에 있다고 할지라도 상상적 경합범관계에 있는 수뢰후부정처사죄와 대비하여 가장 중한 죄에 정한 형으로 처단하면 족한 것이고 따로 경합 가중을 할 필요가 없다고(대판 1983.7.26. 83도1378) 하여 결과적으로 긍정설과 동일한 효과를 인정하고 있다.
　㉣ 검토 : 생각건대 두 개의 독자적인 범죄보다 제3의 연결범죄가 중한 경우에 연결효과에 의한 상상적 경합을 부정한다면 중한 제3의 범죄에 대한 이중평가의 문제가 발생하기 때문에 이를 인정하는 것이 타당하다고 판단된다.

> **연결효과에 의한 상상적 경합과 관련된 사례**
> - [1] 예비군 중대장이 그 소속예비군으로부터 금원을 교부받고 그 예비군이 예비군훈련에 불참하였음에도 불구하고 참석한 것처럼 허위내용의 중대학급편성명부를 작성, 행사한 경우라면 수뢰후부정처사죄 외에 별도로 허위공문서작성 및 동행사죄가 성립하고 이들 죄와 수뢰후부정처사죄는 각각 상상적 경합관계에 있다고 할 것이다.
> [2] 허위공문서작성죄와 동행사죄가 수뢰후부정처사죄와 각각 상상적 경합관계에 있을 때에는 허위공문서작성죄와 동행사죄 상호 간은 실체적 경합범관계에 있다고 할지라도 상상적 경합범관계에 있는 수뢰후부정처사죄와 대비하여 가장 중한 죄에 정한 형으로 처단하면 족한 것이고 따로이 경합가중을 할 필요가 없다(대판 1983.7.26. 83도1378).
> - 형법 제131조 제1항의 수뢰후부정처사죄에 있어서 공무원이 수뢰후 행한 부정행위가 공도화변조 및 동행사죄와 같이 보호법익을 달리하는 별개 범죄의 구성요건을 충족하는 경우에는 수뢰후부정처사죄 외에 별도로 공도화변조 및 동행사죄가 성립하고 이들 죄와 수뢰후부정처사죄는 각각 상상적 경합 관계에 있다고 할 것인바, 이와 같이 공도화변조죄와 동행사죄가 수뢰후부정처사죄와 각각 상상적 경합범 관계에 있을 때에는 공도화변조죄와 동행사죄 상호 간은 실체적 경합범 관계에 있다고 할지라도 상상적 경합범관계에 있는 수뢰후부정처사죄와 대비하여 가장 중한 죄에 정한 형으로 처단하면 족한 것이고 따로이 경합범 가중을 할 필요가 없다(대판 2001.2.9. 2000도1216).

(2) 여러 개의 죄

상상적 경합이 되기 위해서는 1개의 행위가 수개의 죄에 해당하여야 한다. 하나의 행위로 서로 다른 수개의 구성요건을 실현한 이종의 상상적 경합이 가능하다는 데는 이론이 없으나 동종의 상상적 경합이 성립할 수 있는지 여부에 대하여는 다툼이 있다. 생각건대 전속적 법익의 경우에는 상상적 경합이 가능하지만 비전속적 법익의 경우에는 불법의 양적에 불과하므로 단순일죄가 성립할 뿐이라는 견해가 타당하다. 다만, 국가적·사회적 법익에서도 개별적 고유가치를 가진 범죄의 경우나 재산죄 중에서 강도죄나 공갈죄와 같이 개인적 법익을 동시에 보호하는 범죄에 있어서는 동종의 상상적 경합을 인정해도 무방하다고 판단된다.

3. 상상적 경합의 법적 효과

(1) 실체법적 효과

상상적 경합은 가장 무거운 죄에 정한 형으로 처벌한다(형법 제40조). 여기서의 형은 법정형을 의미하고 징역과 금고를 동종의 형으로 보아 징역형으로 처벌하도록 규정한 형법 제38조 제2항은 상상적 경합의 경우에는 적용되지 아니한다는 것이 학설, 판례의 일반적인 태도이다. 상상적 경합은 전체적 대조주의를 취하여(학설, 판례), 상한과 하한을 모두 무거운 형의 범위 내에서 처단하고 가벼운 죄에 병과형·부가형이 있으면 이를 병과하여야 한다.

(2) 소송법적 효과

1) 과형상 일죄

상상적 경합을 이루는 일죄에 대한 공소제기의 효력과 기판력은 상상적 경합관계에 있는 여러 범죄에 미친다.

2) 실질상 수죄

상상적 경합의 경우에 판결이유에서는 수죄의 범죄사실과 적용법조를 모두 기재하여야 한다. 그리고 공소시효와 친고죄에서의 고소는 각 죄별로 별도로 논하게 된다.

Ⅱ 실체적 경합

1. 의의

(1) 개념
실체적 경합이란 한 사람에 의하여 범해진 판결이 확정되지 아니한 수개의 죄 또는 금고 이상의 형에 처한 판결이 확정된 죄와 그 판결확정 전에 범한 죄를 말한다. 형법 제37조는 판결이 확정되지 아니한 수개의 죄 또는 금고 이상의 형에 처한 판결이 확정된 죄와 그 판결확정 전에 범한 죄를 경합범으로 한다고 규정하고 있다.

(2) 구별 개념
경합범은 수개의 행위로 수개의 구성요건을 충족하는 경우라는 점에서 1개의 행위가 수개의 죄에 해당하는 상상적 경합과 구별되고 경합범은 수죄라는 점에서 수개의 행위일지라도 법조 사이에 외관상 경합이 있을 뿐인 일죄에 해당하는 법조경합과 구별된다.

(3) 종류

1) 동종의 경합범과 이종의 경합범

동종의 경합범이란 한 행위자가 같은 범죄를 여러 차례 범한 경우이고 이종의 경합범이란 한 행위자가 수개의 행위를 통하여 상이한 범죄를 범한 경우를 말한다.

2) 동시적 경합범과 사후적 경합범

동시적 경합범이란 판결이 확정되지 아니한 수개의 죄를 말하고, 사후적 경합범은 금고 이상에 처한 판결이 확정된 죄와 그 판결확정 전에 범한 죄를 말한다.

2. 실체적 경합의 요건

(1) 동시적 경합범의 요건

1) 수개의 행위로 수개의 범죄를 범할 것

경합범이 성립하기 위해서는 수개의 행위로 수개의 동종 또는 이종의 구성요건이 침해되어 수개의 죄를 범해야 한다.

> - 횡령 교사를 한 후 그 횡령한 물건을 취득한 때에는 횡령교사죄와 장물취득죄의 경합범이 성립된다(대판 1969.6.24. 69도692).
> - 회사의 대표이사가 업무상 보관하던 회사 자금을 빼돌려 횡령한 다음 그중 일부를 더 많은 장비 납품 등의 계약을 체결할 수 있도록 해달라는 취지의 묵시적 청탁과 함께 배임증재에 공여한 사안에서, 위 횡령의 범행과 배임증재의 범행은 서로 범의 및 행위의 태양과 보호법익을 달리하는 별개의 행위이므로 업무상횡령죄와 배임증재죄는 실체적 경합관계에 있다(대판 2010.5.13. 2009도13463).

> - 범죄수익은닉의 규제 및 처벌 등에 관한 법률(이하 '범죄수익규제법') 제3조 제1항 제1호는 '범죄수익 등의 취득 또는 처분에 관한 사실을 가장하는 행위'를 처벌하고 있는데, 이러한 행위에는 다른 사람 이름으로 된 계좌에 범죄수익 등을 입금하는 행위와 같이 범죄수익 등이 제3자에게 귀속되는 것처럼 가장하는 행위가 포함될 수 있다. 그리고 이러한 범죄수익규제법 위반죄는 특정범죄 가중처벌 등에 관한 법률 위반(뇌물)죄와 형법 제37조 전단의 실체적 경합범 관계에 있다(대판 2012.9.27. 2012도6079).[38]
> - 범죄단체 등에 소속된 조직원이 저지른 폭력행위 등 처벌에 관한 법률(이하 '폭력행위처벌법') 위반(단체 등의 공동강요)죄 등의 개별적 범행과 폭력행위처벌법 위반(단체 등의 활동)죄는 범행의 목적이나 행위 등 측면에서 일부 중첩되는 부분이 있더라도, 일반적으로 구성요건을 달리하는 별개의 범죄로서 범행의 상대방, 범행 수단 내지 방법, 결과 등이 다를 뿐만 아니라 그 보호법익이 일치한다고 볼 수 없다. 또한 폭력행위처벌법 위반(단체 등의 구성·활동)죄와 위 개별적 범행은 특별한 사정이 없는 한 법률상 1개의 행위로 평가되는 경우로 보기 어려워 상상적 경합이 아닌 실체적 경합관계에 있다고 보아야 한다(대판 2022.9.7. 2022도6993).

2) 수개의 죄에 대해 금고 이상의 형에 처한 판결이 없을 것

수개의 죄는 모두 판결이 확정되지 아니하여야 한다. 따라서 경합범 중 일부가 파기환송되고 나머지는 확정된 때는 동시적 경합범이 될 수 없다(대판 1974.10.8. 74도1301).

3) 수개의 죄는 동시에 판결될 상태에 있을 것

수개의 죄 중 일부가 기소되지 않은 때에는 경합범이 될 수 없으며 후에 그 죄가 추가기소된 때에도 병합심리된 때에만 동시적 경합범이 될 수 있다. 또한 1심에서 별도로 판결된 수죄라도 항소심에서 병합심리된 경우에는 동시적 경합범이 된다(대판 1972.5.9. 72도597).

(2) 사후적 경합범의 요건

1) 수개의 행위로 수개의 범죄를 범할 것

경합범이 성립하기 위해서는 수개의 행위로 수개의 동종 또는 이종의 구성요건이 침해되어 수개의 죄를 범해야 한다.

2) 하나의 죄에 대하여 금고 이상의 형에 처한 판결의 확정

판결의 확정이란 어느 한 죄에 대하여 유죄의 확정판결이 있었다는 사실 자체를 의미한다. 다만, 확정된 판결은 금고 이상의 형에 해당하는 것이어야 한다. 여기에는 집행유예, 선고유예의 판결이 확정된 경우, 집행유예, 선고유예의 판결이 확정된 후 집행유예가 실효되거나 유예기간의 경과로 형의 선고가 실효되었거나 면소된 것으로 간주된 경우, 확정판결을 받은 죄에 대하여 일반사면으로

---

[38] 경찰서 생활질서계에 근무하는 피고인 甲이 사행성 게임장 업주인 피고인 乙로부터 뇌물을 수수하면서, 피고인 乙의 자녀 명의 은행 계좌에 관한 현금카드를 받은 뒤 피고인 乙이 위 계좌에 돈을 입금하면 피고인 甲이 현금카드로 돈을 인출하는 방법으로 범죄수익의 취득에 관한 사실을 가장하였다는 내용으로 기소된 사안에서, 위 행위는 범죄수익은닉의 규제 및 처벌 등에 관한 법률(이하 '범죄수익규제법') 제3조 제1항 제1호에서 정한 '범죄수익 등의 취득 또는 처분에 관한 사실을 가장하는 행위'에 해당하므로, 피고인 甲에게 범죄수익규제법 위반죄와 특정범죄 가중처벌 등에 관한 법률 위반(뇌물)죄가 성립하고 두 죄가 실체적 경합범 관계에 있다고 본 원심판단을 정당하다고 한 사례(대판 2012.9.27. 2012도6079)

형의 선고의 효력이 상실된 경우도 포함된다. 그러나 벌금형을 선고한 판결이 확정되거나 약식명령이 확정된 경우에는 물론 자격정지의 형을 선고한 판결이 확정된 경우에는 사후적 경합범이 될 수 없고 확정판결 전후의 범죄는 동시적 경합범이 될 수 있을 뿐이다.

3) 판결이 확정되지 않은 죄는 확정판결을 받은 죄의 판결확정 전에 범한 죄일 것

판결확정 전후의 범죄는 사후적 경합범이 될 수 없다. 여기서 판결의 확정이란 상소 등 통상의 불복방법으로 다툴 수 없게 된 때를 의미한다. 판결이 확정되지 않은 죄를 범한 시기의 기준은 범죄의 종료시이다(다수설). 따라서 포괄일죄의 중간이나 계속범의 위법상태가 계속 중에 다른 범죄에 대한 확정판결이 있을 경우에는 포괄일죄나 계속범은 아직 종료되지 않았으므로 확정판결 이후에 범한 죄로 보아 결국 사후적 경합범이 될 수 없다(대판 2001.3.13. 2000도4880).

> **경합범에 해당하지 아니하는 사례**
> - [1] 상습범으로 유죄의 확정판결(이하 앞서 저질러 재심의 대상이 된 범죄를 '선행범죄')을 받은 사람이 그 후 동일한 습벽에 의해 범행을 저질렀는데(이하 뒤에 저지른 범죄를 '후행범죄') 유죄의 확정판결에 대하여 재심이 개시된 경우, 동일한 습벽에 의한 후행범죄가 재심대상판결에 대한 재심판결 선고 전에 저질러진 범죄라 하더라도 재심판결의 기판력이 후행범죄에 미치지 않는다. 재심심판절차에서 선행범죄, 즉 재심대상판결의 공소사실에 후행범죄를 추가하는 내용으로 공소장을 변경하거나 추가로 공소를 제기한 후 이를 재심대상사건에 병합하여 심리하는 것이 허용되지 않으므로 재심심판절차에서는 후행범죄에 대하여 사실심리를 할 가능성이 없다. 또한 재심심판절차에서 재심개시결정의 확정만으로는 재심대상판결의 효력이 상실되지 않으므로 재심대상판결은 확정판결로서 유효하게 존재하고 있고, 따라서 재심대상판결을 전후하여 범한 선행범죄와 후행범죄의 일죄성은 재심대상판결에 의하여 분단되어 동일성이 없는 별개의 상습범이 된다. 그러므로 선행범죄에 대한 공소제기의 효력은 후행범죄에 미치지 않고 선행범죄에 대한 재심판결의 기판력은 후행범죄에 미치지 않는다. 만약 재심판결의 기판력이 재심판결의 선고 전에 선행범죄와 동일한 습벽에 의해 저질러진 모든 범죄에 미친다고 하면, 선행범죄에 대한 재심대상판결의 선고 이후 재심판결 선고시까지 저지른 범죄는 동시에 심리할 가능성이 없었음에도 모두 처벌할 수 없다는 결론에 이르게 되는데, 이는 처벌의 공백을 초래하고 형평에 반한다.
> - [2] 유죄의 확정판결을 받은 사람이 그 후 별개의 후행범죄를 저질렀는데 유죄의 확정판결에 대하여 재심이 개시된 경우, 후행범죄가 재심대상판결에 대한 재심판결 확정 전에 범하여졌다 하더라도 아직 판결을 받지 아니한 후행범죄와 재심판결이 확정된 선행범죄 사이에는 형법 제37조 후단에서 정한 경합범 관계(이하 '후단 경합범')가 성립하지 않는다. 재심판결이 후행범죄 사건에 대한 판결보다 먼저 확정된 경우에 후행범죄에 대해 재심판결을 근거로 후단 경합범이 성립한다고 하려면 재심심판법원이 후행범죄를 동시에 판결할 수 있었어야 한다. 그러나 아직 판결을 받지 아니한 후행범죄는 재심심판절차에서 재심대상이 된 선행범죄와 함께 심리하여 동시에 판결할 수 없었으므로 후행범죄와 재심판결이 확정된 선행범죄 사이에는 후단 경합범이 성립하지 않고, 동시에 판결할 경우와 형평을 고려하여 그 형을 감경 또는 면제할 수 없다(대판 2019.6.20. 2018도20698[전합]).
>
> - 재심의 대상이 된 범죄(이하 '선행범죄')에 관한 유죄 확정판결(이하 '재심대상판결')에 대하여 재심이 개시되어 재심판결에서 다시 금고 이상의 형이 확정되었다면, 재심대상판결 이전 범죄와 재심대상판결 이후 범죄 사이에는 형법 제37조 전단의 경합범 관계가 성립하지 않으므로, 그 각 범죄에 대해 별도로 형을 정하여 선고하여야 한다(대판 2023.11.16. 2023도10545).

3. 실체적 경합의 법적 효과

(1) 동시적 경합범의 처분

형법 제38조에 따라 흡수주의, 가중주의, 병과주의의 원칙에 의하여 처벌한다(형법 제38조 참조).

> **동시적 경합범의 처분**
> - 두 개의 공소사실들이 형법 제37조 전단에서 정한 경합범관계에 있는 경우 그 사실들에 대하여 병합심리를 하고 하나의 판결로 처단하는 이상 형법 제38조 제1항에서 정한 예에 따라 경합 가중한 형기 범위 내에서 피고인을 단일한 선고형으로 처단하여야 한다. 그리고 같은 피고인에 대한 별개의 사건이 각각 항소된 것을 형법 제37조 전단의 경합범관계에 있다고 보고 병합심리하여 두 사건의 각 항소를 기각하는 주문을 내어 판결하였다면, 단일한 선고형으로 처단하여야 하는 형법 제37조 전단의 경합범관계에서 두 개의 판결이 있는 결과가 되어 위법하다(대판 2019.12.12. 2019도12560).
> - 구 공인중개사법 제10조의2 규정 취지는 공인중개사법 위반죄와 다른 죄의 경합범에 대하여 벌금형을 선고하는 경우 중개사무소 개설등록 결격사유의 기준이 되는 300만원 이상의 벌금형에 해당하는지 여부를 명확하게 하기 위하여 형법 제38조의 적용을 배제하고 분리 심리하여 형을 따로 선고하여야 한다는 것으로 보아야 한다. 따라서 공인중개사법 위반죄와 다른 죄의 경합범에 대하여 징역형을 선고하는 경우에는 중개사무소 개설등록 결격사유에 해당함이 분명하므로, 구 공인중개사법 제10조의2를 유추적용하여 형법 제38조의 적용을 배제하고 분리 선고하여야 한다고 볼 수 없다. 그리고 위와 같은 구 공인중개사법 제10조의2 규정취지에 비추어 보면, 공인중개사법 위반죄와 상상적 경합관계에 있는 다른 범죄에 대하여는 여전히 형법 제40조에 의하여 그중 가장 무거운 죄에 정한 형으로 처벌하여야 하므로, 그 처벌받는 가장 무거운 죄가 공인중개사법 위반죄인지 여부를 묻지 않고 이와 상상적 경합관계에 있는 모든 죄를 통틀어 하나의 형을 선고하여야 한다(대판 2022.1.13. 2021도14471).

(2) 사후적 경합범의 처분

1) 수개의 형 선고와 형평의 고려

경합범 중 판결을 받지 아니한 죄가 있는 때에는 그 죄와 판결이 확정된 죄를 동시에 판결할 경우와 형평을 고려하여 그 죄에 대하여 형을 선고한다. 이 경우 그 형을 감경 또는 면제할 수 있다(형법 제39조 제1항).

2) 형 선고의 방법

판결이 확정된 죄에 대하여 사형 또는 무기형이 선고된 경우, 흡수주의를 규정하고 있는 형법 제38조 제1항 제1호와의 균형상 판결을 받지 아니한 죄에 대하여는 형면제판결을 선고해야 한다. 그러나 판례는 형을 필요적으로 면제해야 하는 것은 아니라고 판시하고 있다. 즉 각 죄에서 정한 형이 동종의 형인 경우, 이미 선고된 형을 포함한 형이 중한 죄에 정한 장기 또는 다액의 2분의 1이나 각 죄에 정한 형의 장기 또는 다액을 합산한 형기 또는 액수를 초과할 수 없다. 따라서 초과되는 부분에 대하여는 형을 감경하거나 면제할 수 있다고 보는 것이 타당하나, 판례는 이 경우 형법 제38조에 의한 제한을 받는 것은 아니라는(대판 2008.9.11. 2006도8376) 태도를 보이고 있다.

> **형 선고의 방법**
> 형법 제37조 후단 경합범(이하 '후단 경합범')에 대하여 형법 제39조 제1항에 의하여 형을 감경할 때에도 법률상 감경에 관한 형법 제55조 제1항이 적용되어 유기징역을 감경할 때에는 그 형기의 2분의 1 미만으로는 감경할 수 없다. 그 이유는 다음과 같다.
> ① 처단형은 선고형의 최종적인 기준이 되므로 그 범위는 법률에 따라서 엄격하게 정하여야 하고, 별도의 명시적인 규정이 없는 이상 형법 제56조에서 열거하고 있는 가중·감경할 사유에 해당하지 않는 다른 성질의 감경 사유를 인정할 수는 없다. 형의 감경에는 법률상 감경과 재판상 감경인 작량감경이 있다. 작량감경 외에 법률의 여러 조항에서 정하고 있는 감경은 모두 법률상 감경이라는 하나의 틀 안에 놓여 있다. 따라서 형법 제39조 제1항 후문에서 정한 감경도 당연히 법률상 감경에 해당한다. 형법 제39조 제1항 후문의 "그 형을 감경 또는 면제할 수 있다."라는 규정 형식도 다른 법률상의 감경 사유들과 다르지 않다. 이와 달리 형법 제39조 제1항이 새로운 감경을 설정하였다고 하려면 그에 대하여 일반적인 법률상 감경과 다른, 감경의 폭이나 방식이 제시되어야 하고 감경의 순서 또한 따로 정했어야 할 것인데 이에 대하여는 아무런 정함이 없다. 감경의 폭이나 방식, 순서에 관해 달리 정하고 있지 않은 이상 후단 경합범에 대하여도 법률상 감경 방식에 관한 총칙규정인 형법 제55조, 제56조가 적용된다고 보는 것이 지극히 자연스럽다.
> ② 후단 경합범에 따른 감경을 새로운 유형의 감경이 아니라 일반 법률상 감경의 하나로 보고, 후단 경합범에 대한 감경에 있어 형법 제55조 제1항에 따라야 한다고 보는 것은 문언적·체계적 해석에 합치될 뿐 아니라 입법자의 의사와 입법연혁 등을 고려한 목적론적 해석에도 부합한다(대판 2019.4.18. 2017도14609[전합]).

3) 형의 집행

판결을 받지 아니한 죄에 대하여 새로운 형을 선고하는 단계에서 이미 판결이 확정된 죄에 대하여 선고된 형량을 고려하여 집행되는 형량을 선고하여야 하므로 수개의 판결에서 선고된 형을 합산하여 집행한다.

(3) 형의 집행과 경합범

경합범에 의한 판결의 선고를 받은 자가 경합범 중의 어떤 죄에 대하여 사면 또는 형의 집행이 면제된 때에는 다른 죄에 대하여 다시 형을 정한다. 형의 집행에 있어서는 이미 집행한 형기를 통산한다(형법 제39조 제3항, 제4항).

제 3 편 형벌론

제1장 형벌론의 개관

제1절 형벌의 종류

I 형벌의 의의

1. 개념

형벌이란 국가가 형벌권에 기해 범죄에 대한 법률상의 효과로서 범죄자에게 그의 책임을 전제로 과하는 일정한 법익의 박탈을 의미한다.

2. 종류

형법 제41조는 9종의 형벌을 규정하고 있으며 박탈되는 법익의 종류에 따라 생명형(사형), 자유형(징역·금고·구류), 재산형(벌금·과료·몰수), 명예형(자격상실, 자격정지)로 구분할 수 있다.

II 생명형

범죄자의 생명을 박탈하는 것을 내용으로 하는 형벌이다. 사형은 교정시설 안에서 교수하여 집행한다(형법 제66조).

III 자유형

자유형은 수형자의 신체적 자유를 박탈하는 것을 내용으로 하는 형벌이다. 자유형의 종류는 징역·금고·구류가 있다.

Ⅳ 재산형

1. 의 의
재산형은 범인으로부터 일정한 재산을 박탈하는 것을 내용으로 하는 형벌을 말한다.

2. 형법상의 재산형

(1) 벌 금

벌금형은 범인으로부터 일정한 금액을 지불하도록 강제하는 형벌이다. 5만원이라는 점에서 과료와 구별된다.

(2) 과 료

과료는 범인으로부터 일정한 금액을 지불의무를 강제하나 그 금액이 적고 경미한 범죄에 부과된다. 과료는 2천원 이상 5만원 미만으로 한다(형법 제47조).

(3) 몰 수

1) 의 의

몰수는 범죄의 반복방지와 범죄로 인한 이익취득을 금지할 목적으로 범죄행위와 관련된 재산을 박탈하여 국고에 귀속시키는 재산형을 말한다.

> **몰수의 의의**
> - 형법 제59조에 의하더라도 몰수는 선고유예의 대상으로 규정되어 있지 아니하고 다만 몰수 또는 이에 갈음하는 추징은 부가형적 성질을 띠고 있어 그 주형에 대하여 선고를 유예하는 경우에는 그 부가할 몰수 추징에 대하여도 선고를 유예할 수 있으나, 그 주형에 대하여 선고를 유예하지 아니하면서 이에 부가할 몰수 추징에 대하여서만 선고를 유예할 수는 없다(대판 1988.6.21. 88도551).
> - 형법 제48조, 제49조, 사면법 제5조 제1항 제2호, 제7조 등의 규정 내용 및 취지에 비추어 보면, 추징은 부가형이지만 징역형의 집행유예와 추징의 선고를 받은 사람에 대하여 징역형의 선고의 효력을 상실케 하는 동시에 복권하는 특별사면이 있는 경우에 추징에 대하여도 형 선고의 효력이 상실된다고 볼 수는 없다(대결 1996.5.14. 96모14).
> - 형법 제49조 단서는 행위자에게 유죄의 재판을 하지 아니할 때에도 몰수의 요건이 있는 때에는 몰수만을 선고할 수 있다고 규정하고 있으므로 몰수뿐만 아니라 몰수에 갈음하는 추징도 위 규정에 근거하여 선고할 수 있다. 그러나 우리 법제상 공소제기 없이 별도로 몰수나 추징만을 선고할 수 있는 제도가 마련되어 있지 아니하므로, 위 규정에 근거하여 몰수나 추징을 선고하려면 몰수나 추징의 요건이 공소가 제기된 공소사실과 관련되어야 한다. 공소사실이 인정되지 않는 경우에 이와 별개의 공소가 제기되지 아니한 범죄사실을 법원이 인정하여 그에 관하여 몰수나 추징을 선고하는 것은 불고불리의 원칙에 위배되어 불가능하다. 이러한 법리는 형법 제48조의 몰수·추징 규정에 대한 특별규정인 범죄수익은닉의 규제 및 처벌 등에 관한 법률 제8조 내지 제10조의 규정에 의한 몰수 또는 추징의 경우에도 마찬가지로 적용된다(대판 2008.11.13. 2006도4885).

2) 성 질

형법이 재산형으로 규정한 이상 형식적으로는 일종의 재산형이지만 실질적으로는 범죄반복의 위험성을 예방하고 범인에게 불법이득을 금지하겠다는 일종의 대물적 보안처분에 해당한다.

> 1. **형벌인 경우**
>   밀항단속법 제4조 제3항의 취지와 위 법의 입법 목적에 비추어 보면, 밀항단속법상의 몰수와 추징은 일반 형사법과 달리 범죄사실에 대한 징벌적 제재의 성격을 띠고 있으므로, 여러 사람이 공모하여 죄를 범하고도 몰수대상인 수수 또는 약속한 보수를 몰수할 수 없을 때에는 공범자 전원에 대하여 그 보수액 전부의 추징을 명하여야 한다(대판 2008.10.9. 2008도7034).
> 2. **보안처분인 경우**
>   형법 제134조의 규정에 의한 필요적 몰수 또는 추징은, 범인이 취득한 당해 재산을 범인으로부터 박탈하여 범인으로 하여금 부정한 이익을 보유하지 못하게 함에 그 목적이 있는 것으로서, 공무원의 직무에 속한 사항의 알선에 관하여 금품을 받고 그 금품 중의 일부를 받은 취지에 따라 청탁과 관련하여 관계 공무원에게 뇌물로 공여하거나 다른 알선행위자에게 청탁의 명목으로 교부한 경우에는 그 부분의 이익은 실질적으로 범인에게 귀속된 것이 아니어서 이를 제외한 나머지 금품만을 몰수하거나 그 가액을 추징하여야 한다(대판 2002.6.14. 2002도1283).

3) 종 류

형법 제48조의 몰수 또는 추징은 임의적 몰수 등에 해당하나, 배임수재죄의 취득한 재물·뇌물죄의 뇌물·아편에 관한 죄의 아편·모르핀 그 화합물·아편흡식기 등은 필요적 몰수이다.

4) 몰수의 요건

① 대물적 요건

　㉠ 물건 : 형법 제48조의 몰수의 대상은 물건으로 한정되어 있는데, 이 물건은 민법 제98조가 정의한 물건과 동일한 개념이다. 즉, 물건이란 유체물 및 전기 기타 관리할 수 있는 자연력을 말한다(대판 2021.10.14. 2021도7168).

> - 범죄행위에 제공하려고 한 물건은 범인 이외의 자의 소유에 속하지 아니하거나 범죄 후 범인 이외의 자가 정을 알면서 취득한 경우 이를 몰수할 수 있고, 한편 법원이나 수사기관은 필요한 때에는 증거물 또는 몰수할 것으로 사료하는 물건을 압수할 수 있으나, 몰수는 반드시 압수되어 있는 물건에 대하여서만 하는 것이 아니므로, 몰수대상물건이 압수되어 있는가 하는 점 및 적법한 절차에 의하여 압수되었는가 하는 점은 몰수의 요건이 아니다(대판 2003.5.30. 2003도705).
> - 몰수는 압수되어 있는 물건에 대해서만 하는 것이 아니므로 판결선고 전 검찰에 의하여 압수된 후 피고인에게 환부된 물건에 대하여도 피고인으로부터 몰수할 수 있다(대판 1977.5.24. 76도4001).

ⓒ 범죄행위에 제공하였거나 제공하려고 한 물건(형법 제48조 제1항 제1호) : 범죄행위에 제공하였다는 것은 현실적으로 범죄수행에 사용되었음을 말하고, 제공하려고 하였다는 것은 범행에 사용하려고 준비하였지만 현실적으로 사용하지 못한 경우를 말한다.

- [1] 형법 제48조 제1항 제1호의 "범죄행위에 제공한 물건"은, 가령 살인행위에 사용한 칼 등 범죄의 실행행위 자체에 사용한 물건에만 한정되는 것이 아니며, 실행행위의 착수 전의 행위 또는 실행행위의 종료 후의 행위에 사용한 물건이더라도 그것이 범죄행위의 수행에 실질적으로 기여하였다고 인정되는 한 위 법조 소정의 제공한 물건에 포함된다.
  [2] 대형할인매장에서 수회 상품을 절취하여 자신의 승용차에 싣고 간 경우, 위 승용차는 형법 제48조 제1항 제1호에 정한 범죄행위에 제공한 물건으로 보아 몰수할 수 있다고 한 사례(대판 2006.9.14. 2006도4075).

- [1] 형법 제48조 제1항 제1호는 몰수할 수 있는 물건으로서 '범죄행위에 제공하였거나 제공하려고 한 물건'을 규정하고 있는데, 여기서 범죄행위에 제공하려고 한 물건이란 범죄행위에 사용하려고 준비하였으나 실제 사용하지 못한 물건을 의미하는바, 형법상의 몰수가 공소사실에 대하여 형사재판을 받는 피고인에 대한 유죄판결에서 다른 형에 부가하여 선고되는 형인 점에 비추어, 어떠한 물건을 '범죄행위에 제공하려고 한 물건'으로서 몰수하기 위하여는 그 물건이 유죄로 인정되는 당해 범죄행위에 제공하려고 한 물건임이 인정되어야 한다.
  [2] 체포될 당시에 미처 송금하지 못하고 소지하고 있던 자기앞수표나 현금은 장차 실행하려고 한 외국환거래법 위반의 범행에 제공하려는 물건일 뿐, 그 이전에 범해진 외국환거래법 위반의 '범죄행위에 제공하려고 한 물건'으로는 볼 수 없으므로 몰수할 수 없다고 한 사례(대판 2008.2.14. 2007도10034).

- 구 형법 제48조 제1항 제1호의 '범죄행위에 제공한 물건'은 범죄의 실행행위 자체에 사용한 물건만 의미하는 것이 아니라 실행행위 착수 전 또는 실행행위 종료 후 행위에 사용한 물건 중 범죄행위의 수행에 실질적으로 기여하였다고 인정되는 물건까지도 포함한다. 한편 위 조항에 따른 몰수는 임의적인 것이어서 그 요건에 해당되더라도 실제로 이를 몰수할 것인지 여부는 법원의 재량에 맡겨져 있지만 형벌 일반에 적용되는 비례의 원칙에 따른 제한을 받는데, 몰수가 비례의 원칙에 위반되는 여부를 판단하기 위해서는, 몰수 대상 물건이 범죄 실행에 사용된 정도와 범위 및 범행에서의 중요성, 물건의 소유자가 범죄 실행에서 차지하는 역할과 책임의 정도, 범죄 실행으로 인한 법익 침해의 정도, 범죄 실행의 동기, 범죄로 얻은 수익, 물건 중 범죄 실행과 관련된 부분의 별도 분리 가능성, 물건의 실질적 가치와 범죄와의 상관성 및 균형성, 물건이 행위자에게 필요불가결한 것인지 여부, 몰수되지 아니할 경우 행위자가 그 물건을 이용하여 다시 동종 범죄를 실행할 위험성 유무 및 그 정도 등 제반 사정이 고려되어야 한다. 또한, 전자기록은 일정한 저장매체에 전자방식이나 자기방식에 의하여 저장된 기록으로서 저장매체를 매개로 존재하는 물건이므로 위 조항에 정한 사유가 있는 때에는 이를 몰수할 수 있는바, 가령 휴대전화의 동영상 촬영기능을 이용하여 피해자를 촬영한 행위 자체가 범죄에 해당하는 경우, 휴대전화는 '범죄행위에 제공된 물건', 촬영되어 저장된 동영상은 휴대전화에 저장된 전자기록으로서 '범죄행위로 인하여 생긴 물건'에 각각 해당하고 이러한 경우 법원이 휴대전화를 몰수하지 않고 동영상만을 몰수하는 것도 가능하다(대판 2024.1.4. 2021도5723).

ⓒ 범죄행위로 인하여 생겼거나 취득한 물건(형법 제48조 제1항 제2호) : 범죄행위로 인하여 생긴 물건이란 범죄행위로 인하여 비로소 생성된 물건을 말하고, 범죄행위로 취득한 물건은 범행당시에 이미 있던 물건이지만 범행으로 인해 범인이 취득하게 된 물건을 말한다.

1. **몰수·추징의 대상에 해당하는 사례**
   - 형법 제134조의 규정에 의한 필요적 몰수 또는 추징은 같은 법 제129조 내지 제133조를 위반한 자에게 제공되거나 공여될 금품 기타 재산상 이익을 박탈하여 그들로 하여금 부정한 이익을 보유하지 못하게 함에 그 목적이 있다. 금품의 무상대여를 통하여 위법한 재산상 이익을 취득한 경우 범인이 받은 부정한 이익은 그로 인한 금융이익 상당액이라 할 것이므로 추징의 대상이 되는 것은 무상으로 대여 받은 금품 그 자체가 아니라 위 금융이익 상당액이라고 봄이 상당하다. 한편 여기에서 추징의 대상이 되는 금융이익 상당액은 객관적으로 산정되어야 할 것인데, 범인이 금융기관으로부터 대출받는 등 통상적인 방법으로 자금을 차용하였을 경우 부담하게 될 대출이율을 기준으로 하거나 그 대출이율을 알 수 없는 경우에는 금품을 제공받은 피고인의 지위에 따라 민법 또는 상법에서 규정하고 있는 법정이율을 기준으로 하여, 변제기나 지연손해금에 관한 약정이 가장되어 무효라고 볼 만한 사정이 없는 한 금품수수일로부터 약정된 변제기까지 금품을 무이자로 차용하여 얻은 금융이익의 수액을 산정한 뒤 이를 추징하여야 한다. 나아가 그와 같이 약정된 변제기가 없는 경우에는, 판결 선고일 전에 실제로 차용금을 변제하였다거나 대여자의 변제 요구에 의하여 변제기가 도래하였다는 등의 특별한 사정이 없는 한, 금품수수일로부터 판결 선고시까지 금품을 무이자로 차용하여 얻은 금융이익의 수액을 산정한 뒤 이를 추징하여야 할 것이다(대판 2014.5.16. 2014도1547).
   - [1] 범죄수익은닉규제법의 입법 취지 및 법률 규정의 내용을 종합하여 보면, 범죄수익은닉규제법에 정한 중대범죄에 해당하는 범죄행위에 의하여 취득한 것으로 재산적 가치가 인정되는 무형재산도 몰수할 수 있다.
   [2] 피고인이 음란물유포 인터넷사이트를 운영하면서 정보통신망 이용촉진 및 정보보호 등에 관한 법률(이하 '정보통신망법') 위반(음란물유포)죄와 도박개장방조죄에 의하여 비트코인(Bitcoin)을 취득한 경우, 범죄수익의 규제 및 처벌 등에 관한 법률(이하 '범죄수익은닉규제법') [별표] 제1호 (사)목에서는 형법 제247조의 죄를, [별표] 제24호에서는 정보통신망법 제74조 제1항 제2호의 죄를 중대범죄로 규정하고 있어 피고인의 정보통신망법 위반(음란물유포)죄와 도박개장방조죄는 범죄수익은닉규제법에 정한 중대범죄에 해당하며, 비트코인은 경제적인 가치를 디지털로 표상하여 전자적으로 이전, 저장 및 거래가 가능하도록 한, 이른바 '가상화폐'의 일종인 점, 피고인은 위 음란사이트를 운영하면서 사진과 영상을 이용하는 이용자 및 음란사이트에 광고를 원하는 광고주들로부터 비트코인을 대가로 지급받아 재산적 가치가 있는 것으로 취급한 점에 비추어 비트코인은 재산적 가치가 있는 무형의 재산이라고 보아야 하므로, 몰수의 대상인 비트코인이 특정되어 있어, 피고인이 취득한 비트코인을 몰수할 수 있다(대판 2018.5.30. 2018도3619).
   - 마약류 불법거래 방지에 관한 특례법(이하 '마약거래방지법') 제6조를 위반하여 마약류를 수출입·제조·매매하는 행위 등을 업으로 하는 범죄행위의 정범이 그 범죄행위로 얻은 수익은 마약거래방지법 제13조부터 제16조까지의 규정에 따라 몰수·추징의 대상이 된다. 그러나 위 정범으로부터 대가를 받고 판매할 마약을 공급하는 방법으로 위 범행을 용이하게 한 방조범은 정범의 위 범죄행위로 인한 수익을 정범과 공동으로 취득하였다고 평가할 수 없다면 위 몰수·추징 규정에 의하여 정범과 같이 추징할 수는 없고, 그 방조범으로부터는 방조행위로 얻은 재산 등에 한하여 몰수, 추징할 수 있다고 보아야 한다(대판 2021.4.29. 2020도16369).

2. 몰수·추징의 대상에 해당하지 아니하는 사례
- 부동산의 소유권을 이전받을 것을 내용으로 하는 계약(1차 계약)을 체결한 자가 그 부동산에 대하여 다시 제3자와 소유권이전을 내용으로 하는 계약(전매계약)을 체결한 것이 부동산등기 특별조치법 제8조 제1호 위반행위에 해당하는 경우, 전매계약에 의하여 제3자로부터 받은 대금은 위 조항의 처벌대상인 '1차 계약에 따른 소유권이전등기를 하지 않은 행위'로 취득한 것이 아니므로 형법 제48조에 의한 몰수나 추징의 대상이 될 수 없다(대판 2007.12.14. 2007도7353).
- [1] 형법 제48조가 규정하는 몰수·추징의 대상은 범인이 범죄행위로 인하여 취득한 물건을 뜻하고, 여기서 '취득'이란 해당 범죄행위로 인하여 결과적으로 이를 취득한 때를 말한다고 제한적으로 해석함이 타당하다.
  [2] 원심이 피고인들에게 '사업장폐기물배출업체로부터 인수받은 폐기물을 폐기물관리법에 따라 허가 또는 승인을 받거나 신고한 폐기물처리시설이 아닌 곳에 매립하였다.'는 범죄행위를 인정하면서 피고인들이 사업장폐기물배출업체로부터 받은 돈을 형법 제48조에 따라 몰수·추징한 경우, 위 돈을 형법 제48조의 몰수·추징의 대상으로 보기 위해서는 피고인들의 위와 같은 범죄행위로 인하여 취득하였다는 점, 즉 위 돈이 피고인들과 사업장폐기물배출업체 사이에 피고인들의 범죄행위를 전제로 수수되었다는 점이 인정되어야 하므로, 사업장폐기물배출업체로부터 정상적인 절차에 따라 폐기물이 처리되는 것을 전제로 돈을 받았다는 피고인들 주장에 관하여 심리하지 아니한 채 막연히 피고인들이 폐기물을 불법적으로 매립할 목적으로 돈을 받고 폐기물을 인수하였다는 사정만을 근거로 위 돈이 범죄행위로 인하여 생하였거나 이로 인하여 취득된 것이라고 본 원심판결에 몰수·추징에 관한 법리오해 및 심리미진의 잘못이 있다(대판 2021.7.21. 2020도10970).
- 피고인이 갑, 을과 공모하여 정보통신망을 통하여 음란한 화상 또는 영상을 배포하고, 도박사이트를 홍보하였다는 공소사실로 기소되었는데, 원심이 공소사실을 유죄로 인정하면서 피고인이 범죄행위에 이용한 웹사이트 매각을 통해 취득한 대가를 형법 제48조에 따라 추징한 경우, 위 웹사이트는 범죄행위에 제공된 무형의 재산에 해당할 뿐 형법 제48조 제1항 제2호에서 정한 '범죄행위로 인하여 생하였거나 이로 인하여 취득한 물건'에 해당하지 않으므로, 피고인이 위 웹사이트 매각을 통해 취득한 대가는 형법 제48조 제1항 제2호, 제2항이 규정한 추징의 대상에 해당하지 않는다(대판 2021.10.14. 2021도7168).

ⓔ 제1호 또는 제2호의 대가로 취득한 물건(형법 제48조 제1항 제3호) : 예를 들어 장물의 매각대금이나 인신매매의 대금이 이에 해당한다. 다만, 장물의 대가로 취득한 금전도 장물 피해자가 있을 때에는 범인 이외의 자의 소유에 속하는 물건이 되기 때문에 몰수하여서는 안 되고 피해자의 교부청구가 있을 경우에는 환부하여야 한다.

② 대인적 요건

㉠ 범인 외의 자의 소유에 속하지 아니할 것(형법 제48조 제1항 전단) : 범인의 소유물은 몰수할 수 있고 범인에는 공동정범은 물론 교사범·방조범도 포함된다. 또한 무주물, 금제품, 소유자 불명의 물건도 몰수할 수 있다. 그러나 제3자의 소유물, 국가·공무소의 소유물은 몰수할 수 없고 이에 대한 몰수의 선고는 피고인에 대한 관계에서 그 소지를 몰수하는데 그치고 제3자의 소유권에는 영향이 없다(대판 1999.5.11. 99다12161). 몰수대상물의 소유권의 귀속은 판결선고시를 기준으로, 공부상의 명의 여하를 불문하고 권리의 실질적 귀속관계를 고려하여 판단하여야 한다(대판 1999.12.10. 99도3478).

> [1] 형법 제48조 제1항의 '범인'에는 공범자도 포함되므로 피고인의 소유물은 물론 공범자의 소유물도 그 공범자의 소추 여부를 불문하고 몰수할 수 있고, 여기에서의 공범자에는 공동정범, 교사범, 방조범에 해당하는 자는 물론 필요적 공범관계에 있는 자도 포함된다.
> [2] 형법 제48조 제1항의 '범인'에 해당하는 공범자는 반드시 유죄의 죄책을 지는 자에 국한된다고 볼 수 없고 공범에 해당하는 행위를 한 자이면 족하므로 이러한 자의 소유물도 형법 제48조 제1항의 '범인 이외의 자의 소유에 속하지 아니하는 물건'으로서 이를 피고인으로부터 몰수할 수 있다(대판 2006.11.23. 2006도5586).

ⓒ 범죄 후 범인 외의 자가 사정을 알면서 취득한 물건(형법 제48조 제1항 후단) : 취득 당시에 그 물건이 형법 제48조 제1항의 각 호에 해당함을 알고 취득한 경우에는 범인 이외의 자의 소유이더라도 몰수할 수 있다.

5) 추징·폐기
① 의의 : 몰수 대상물의 전부 또는 일부가 몰수하기 불능한 경우에 몰수에 갈음하여 가액의 납부를 명하는 부수처분을 말한다.
② 성질 : 몰수의 취지를 관철하기 위한 일종의 사법처분이나 실질적으로는 몰수에 갈음하는 부가형의 성질을 가진다.
③ 요건 : 몰수의 대상인 물건이 사실상 또는 법률상 장애로 몰수할 수 없는 경우(몰수의 불능)이어야 한다. 추징은 본래 몰수할 수 있었던 것을 전제로 하므로 처음부터 몰수가 허용되지 아니하는 경우에는 추징할 수 없고, 예를 들어 뇌물에 공할 금품이 특정되지 않았다면 역시 몰수할 수 없고 그 가액을 추징할 수도 없다.
④ 산정기준 : 추징가액은 판결선고시를 기준으로 하여 산정한다.
⑤ 몰수·추징의 상대방 : 몰수는 몰수대상물을 보유한 자로부터 몰수할 수 있고, 추징의 상대방은 소비 등 몰수불능 사유를 야기한 자가 된다.

> 1. 수뢰자로부터 몰수·추징하는 사례
> - 특정범죄 가중처벌 등에 관한 법률 제13조의 규정에 의한 필요적 몰수 또는 추징은, 범인이 취득한 당해 재산을 범인으로부터 박탈하여 범인으로 하여금 부정한 이익을 보유하지 못하게 함에 그 목적이 있는 것으로서, 공무원의 직무에 속한 사항의 알선에 관하여 금품을 받음에 있어 타인의 동의하에 그 타인 명의의 예금계좌로 입금 받는 방식을 취하였다고 하더라도 이는 범인이 받은 금품을 관리하는 방법의 하나에 지나지 아니하므로, 그 가액 역시 범인으로부터 추징하지 않으면 안 된다고 할 것이다(대판 2006.10.27. 2006도4659).
> - [1] 공소외 1이 공무원의 직무에 속한 사항의 알선에 관하여 공소외 2로부터 현금 4억원을 수수하고 그중 7,000만원을 임의로 사용하였다가 다른 돈으로 이를 메꾸어 공소외 2로부터 받아 가지고 있던 나머지 3억 3,000만원과 합하여 총 4억원을 피고인에게 교부하면서 공소외 2에게 다시 돌려주라고 하였으나, 피고인이 이를 반환하지 않고 임의로 유용하였다는 것이다.
> [2] 사실관계가 위와 같다면, 비록 피고인과 공소외 1이 공범관계에 있지만 공소외 1이 피고인에게 위 금전을 교부한 것은 공범 사이에서의 이득의 분배가 아니고, 한편 피고인이 위 금전을 사용함으로써 이득을 얻었다 하더라도 이는 이 사건 범행으로 인하여 얻은 이득이 아니라 이를 유용한

또 다른 행위의 결과에 불과한 것이므로, 결국 이미 소비되어 몰수가 불가능한 위 4억원은 모두 공소외 1로부터 추징하여야 하고, 피고인으로부터는 그 일부라도 추징할 수는 없다(대판 2000.6.13. 2000도691).

2. 증뢰자로부터 몰수·추징하는 사례
몰수·추징은 수뢰자가 뇌물을 그대로 보관하다가 증뢰자에게 반환한 때에는 증뢰자로부터 할 것이지 수뢰자로부터 할 것은 아니다(대판 2020.6.11. 2020도2883).

3. 대표이사로부터 몰수·추징하는 사례
[1] 甲 주식회사 대표이사인 피고인이 금융기관에 청탁하여 乙 주식회사가 대출을 받을 수 있도록 알선행위를 하고 그 대가로 용역대금 명목의 수수료를 甲 회사 계좌를 통해 송금 받아 특정경제범죄가중처벌 등에 관한 법률 위반(알선수재)죄가 인정된 사안에서, 피고인이 甲 회사의 대표이사로서 같은 법 제7조에 해당하는 행위를 하고 당해 행위로 인한 대가로 수수료를 받았다면, 수수료에 대한 권리가 甲 회사에 귀속된다 하더라도 행위자인 피고인으로부터 수수료로 받은 금품을 몰수 또는 그 가액을 추징할 수 있으므로, 피고인이 개인적으로 실제 사용한 금품이 없더라도 마찬가지라고 본 원심판단을 정당하다고 한 사례

[2] 뇌물수수나 알선수재에 이용된 공급계약이 실제 공급이 없는 형식적 계약에 불과하여 부가가치세 과세대상이 아니라면 그에 관한 납세의무가 없으므로, 설령 부가가치세 명목의 금전을 포함한 대가를 받았다고 하더라도 그 일부를 부가가치세로 거래 징수하였다고 할 수 없어 수수한 금액 전부가 범죄로 얻은 이익에 해당하여 추징대상이 되며, 그 후에 이를 부가가치세로 신고·납부하였다고 하더라도 달리 볼 수 없다(대판 2015.1.15. 2012도7571).

⑥ 추징의 방법
㉠ 개별적 추징 : 수인에게 가액을 개별적으로 추징하되 개별적으로 알 수 없는 경우에는 평등하게 분할한 금원을 추징한다.

- 수인이 공동하여 수수한 뇌물을 분배한 경우에는 각자로부터 실제로 분배받은 금품만을 개별적으로 몰수하거나 그 가액을 추징하여야 한다(대판 1993.10.12. 93도2056).
- 수인이 공모하여 뇌물을 수수한 경우에 몰수불능으로 그 가액을 추징하려면 개별적으로 추징하여야 하고 수수금품을 개별적으로 알 수 없을 때에는 평등하게 추징하여야 한다(대판 1975.4.22. 73도1963).
- 특정범죄 가중처벌 등에 관한 법률 제13조의 규정에 의한 필요적 몰수 또는 추징은, 범인이 취득한 당해 재산을 범인으로부터 박탈하여 범인으로 하여금 부정한 이익을 보유하지 못하게 함에 그 목적이 있는 것으로서, 이 점은 공무원범죄에 관한 몰수 특례법 제6조의 경우도 마찬가지이므로, 공무원의 직무에 속한 사항의 알선에 관하여 금품을 받고 그 금품 중의 일부를 받은 취지에 따라 청탁과 관련하여 관계 공무원에게 뇌물로 공여하거나 다른 알선행위자에게 청탁의 명목으로 교부한 경우에는 그 부분의 이익은 실질적으로 범인에게 귀속된 것이 아니어서 이를 제외한 나머지 금품만을 몰수하거나 그 가액을 추징하여야 하지만, 공무원의 직무에 속한 사항의 알선에 관하여 금품을 받은 자가 그 금품 중의 일부를 다른 알선행위자에게 청탁의 명목으로 교부하였다 하더라도 당초 금품을 받을 당시 그와 같이 사용하기로 예정되어 있어서 그 받은 취지에 따라 그와 같이 사용한 것이 아니라, 범인의 독자적인 판단에 따라 경비로 사용한 것이라면 이는 범인이 받은 금품을 소비하는 방법의 하나에 지나지 아니하므로, 그 가액 역시 범인으로부터 추징하지 않으면 안 된다(대판 1999.6.25. 99도1900).

- 공무원이 뇌물을 받는 데에 필요한 경비를 지출한 경우 그 경비는 뇌물수수의 부수적 비용에 불과하여 뇌물의 가액과 추징액에서 공제할 항목에 해당하지 않는다. 뇌물을 받는 주체가 아닌 자가 수고비로 받은 부분이나 뇌물을 받기 위하여 형식적으로 체결된 용역계약에 따른 비용으로 사용된 부분은 뇌물수수의 부수적 비용에 지나지 않는다. 뇌물을 받는다는 것은 영득의 의사로 금품을 받는 것을 말하므로, 뇌물인지 모르고 받았다가 뇌물임을 알고 즉시 반환하거나 또는 증뢰자가 일방적으로 뇌물을 두고 가므로 나중에 기회를 보아 반환할 의사로 어쩔 수 없이 일시 보관하다가 반환하는 등 영득의 의사가 없었다고 인정되는 경우라면 뇌물을 받았다고 할 수 없다. 그러나 피고인이 먼저 뇌물을 요구하여 증뢰자로부터 돈을 받았다면 피고인에게는 받은 돈 전부에 대한 영득의 의사가 인정된다(대판 2017.3.22. 2016도21536).
- 피고인이 증뢰자와 함께 향응을 하고 증뢰자가 이에 소요되는 금원을 지출한 경우 이에 관한 피고인의 수뢰액을 인정함에 있어서는 먼저 피고인의 접대에 요한 비용과 증뢰자가 소비한 비용을 가려내어 전자의 수액을 가지고 피고인의 수뢰액으로 하여야 하고 만일 각자에 요한 비용액이 불명일 때에는 이를 평등하게 분할한 액을 가지고 피고인의 수뢰액으로 인정하여야 할 것이고, 피고인이 향응을 제공받는 자리에 피고인 스스로 제3자를 초대하여 함께 접대를 받은 경우에는, 그 제3자가 피고인과는 별도의 지위에서 접대를 받는 공무원이라는 등의 특별한 사정이 없는 한 그 제3자의 접대에 요한 비용도 피고인의 접대에 요한 비용에 포함시켜 피고인의 수뢰액으로 보아야 한다(대판 2001.10.12. 99도5294).

ⓒ 징벌적 추징 : 징벌적 추징이란 공범자가 실제로 얻은 이익에 대하여만 추징하는 것이 아니라 각자에게 가액 전부를 추징하는 경우를 말한다.

- 관세법상 추징은 일반형사법의 경우와 달리 징벌적 성격을 띠고 있어 다수인이 공모하여 관세를 포탈한 경우 범칙자 중 1인이 소유 또는 점유하던 물품을 몰수할 수 없게 된 때에는 그 물품의 소유 또는 점유사실 유무를 불문하고 범칙자 전원으로부터 각각 그 물품의 범칙 당시의 가액을 추징할 것이다(대판 1984.6.12. 84도397).
- 향정신성의약품관리법상의 추징은 범죄행위로 인한 이득의 박탈을 목적으로 하는 것이 아니라 징벌적 성질을 가진 처분이므로 위 범행으로 인하여 이득을 취한 바 없다 하더라도 법원은 가액의 추징을 명하여야 하고, 죄를 범한 자가 여러 사람일 때에는 각자에 대하여 가격 전부의 추징을 명하여야 한다(대판 1993.3.23. 92도3250).

Ⅴ 명예형

명예형은 범인의 명예 또는 자격을 박탈하는 것을 내용으로 하는 형벌이다. 이에는 자격상실과 자격정지가 속한다.

Ⅵ 형의 경중

형의 경중은 형법 제41조 각 호의 순서에 따른다. 다만, 무기금고와 유기징역은 무기금고를 무거운 것으로 하고 유기금고의 장기가 유기징역의 장기를 초과하는 때에는 유기금고를 무거운 것으로 한다. 같은 종류의 형은 장기가 긴 것과 다액이 많은 것을 무거운 것으로 하고 장기 또는 다액이 같은 경우에는 단기가 긴 것과 소액이 많은 것을 무거운 것으로 한다. 전술한 것을 제외하고는 죄질과 범정(犯情)을 고려하여 경중을 정한다(형법 제50조).

제2절 형의 양정

Ⅰ 의 의

형의 양정 또는 양형이란 형법에 규정된 형벌의 종류와 범위 내에서 법관이 행위자에 대하여 구체적으로 선고할 형벌의 종류와 양을 정하는 것을 말한다.

Ⅱ 양형의 과정

양형은 법정형의 범위 내에서 처단형을 정하고 이어 형을 양정하여 선고형을 결정하는 과정을 거치게 된다. 구체적으로 살펴보면, 법정형은 구성요건에 규정되어 있는 형벌을 의미하고 처단형은 법정형을 구체적 범죄사실에 적용하기 위하여 법률상 및 재산상 가중·감경한 형을 말한다. 선고형이란 법원이 처단형의 범위 내에서 구체적으로 형을 양정하여 피고인에게 선고하는 형을 말한다.

Ⅲ 형의 가중·감경·면제

1. 형의 가중

죄형법정주의의 원칙상 법률상의 가중만 인정되고 재판상의 가중은 인정되지 아니한다. 또한 법률상 가중도 필요적 가중만 인정되고 임의적 가중은 인정되지 아니한다.

2. 형의 감경

형의 감경에는 법률상의 감경과 재판상의 감경(정상참작감경)이 있으며, 정상참작감경도 법률상 감경과 마찬가지로 형법 제55조에 규정한 방법에 의하여야 한다. 한편 정상참작감경 사유가 수개 있더라도 거듭 감경할 수 없다(대판 1964.4.7. 63도410).

3. 형의 면제

형의 면제란 범죄가 성립하여 형벌권이 발생하였으나 일정한 사유로 인하여 형벌을 과하지 아니하는 경우를 말하며 이에는 필요적 면제와 임의적 면제가 포함된다.

4. 자수와 자복

(1) 의 의

1) 개 념

자수란 범인이 자발적으로 자신의 범죄사실을 수사기관에 신고하여 소추를 구하는 의사표시를 말하고, 자복은 반의사불벌죄[39]에 있어서 범인이 피해자에게 자신의 범죄를 고백하는 것을 말한다(형법 제52조 참조).

2) 구별 개념

자수·자복은 자신의 범죄사실을 신고한다는 점에서 타인의 범죄사실을 신고하는 고소·고발과 구별되고, 자발적이라는 점에서 수사기관의 신문에 응하여 범죄사실을 인정하는 자백과 구별된다.

(2) 내 용

자수는 범인 자신이 자기가 범한 모든 죄에 대해 수사기관에 범죄사실을 내용으로 신고함으로써 성립한다. 자복은 범인 자신이 반의사불벌죄에 대해 피해자에게 범죄사실을 고백함으로 성립한다. 자수·자복의 시기는 범죄사실의 발각 전후를 불문하나 성질상 소송단계 이전일 것을 요한다.

(3) 효 과

자수·자복은 형의 임의적 감면사유이다. 따라서 법원이 자수감경을 하지 아니하였다고 하더라도 위법하다고 할 수 없다(대판 1992.8.14. 92도962).

> 1. **자수가 인정되는 사례**
>   법률상의 형의 감경사유가 되는 자수를 위하여는, 범인이 자기의 범행으로서 범죄성립요건을 갖춘 객관적 사실을 자발적으로 수사관서에 신고하여 그 처분에 맡기는 것으로 족하고, 더 나아가 법적으로 그 요건을 완전히 갖춘 범죄행위라고 적극적으로 인식하고 있을 필요까지는 없다(대판 1995.6.30. 94도1017).
> 2. **자수가 인정되지 아니하는 사례**
>   - 피고인이 2003.6.3. 검찰에 자수서를 제출하고 제1회 피의자신문을 받으면서 5,000만원이 아닌 3,000만원만을 받았다고 신고하고 이를 초과하는 금원의 수수사실을 부인한 이 사건의 경우, 비록 당시의 신고가 자발적이라고 하더라도 이는 그 신고된 내용에 해당하는 특정범죄 가중처벌 등에 관한 법률 제2조 제1항 제2호, 형법 제129조 위반죄에 비하여 뇌물죄의 보호법익에 대한 침해 또는

---

[39] 반의사불벌죄는 원칙적으로 공소제기가 가능하나 피해자가 처벌을 원하지 않는다는 의사를 명백하게 한 경우에는 소추가 불가능한 범죄를 말한다. 반의사불벌죄는 피해자의 처벌을 원하지 않는다는 의사표시로 인하여 공소제기가 부적법하게 된다는 점에서 해제조건부 범죄라고 한다.

침해 위험의 정도 및 그 위법성이 상대적으로 높기 때문에 적용법조와 법정형을 달리하는 이 사건 특정범죄 가중처벌 등에 관한 법률 제2조 제1항 제1호, 형법 제129조 위반죄의 범죄성립요건에 관하여 신고한 것이라고 할 수 없으므로 이 사건 죄에 관한 자수가 성립하였다고 할 수 없다(대판 2004.6.24. 2004도2003).

- 피고인이 금융기관 직원인 자신의 업무와 관련하여 금품을 수수하였다고 하여 특정경제범죄 가중처벌 등에 관한 법률 위반(수재)죄로 기소된 경우, 피고인이 수사기관에 자진 출석하여 처음 조사를 받으면서는 돈을 차용하였을 뿐이라며 범죄사실을 부인하다가 제2회 조사를 받으면서 비로소 업무와 관련하여 돈을 수수하였다고 자백한 행위를 자수라고 할 수 없고, 설령 자수하였다고 하더라도 자수한 이에 대하여는 법원이 임의로 형을 감경할 수 있음에 불과한 것으로서 원심이 자수의 착오 주장에 대하여 판단하지 아니하였다 하여 위법하다고 할 수 없다(대판 2011.12.22. 2011도12041).

5. 형의 가감례

형의 가중·감경의 순서는 형법 제54조, 제56조에 의한다. 가중의 정도에 대해 살피건대, 유기징역이나 유기금고를 가중하는 때에는 50년까지로 한다(형법 제42조 단서). 누범, 경합범 및 특수교사·방조 등 일반적인 가중사유의 가중정도는 별도로 규정되어 있다(형법 제34조 제2항, 제35조, 제38조). 법률상 감경은 형법 제55조에 의하고 정상참작감경은 법률상 감경례에 준한다.

필요적 감경의 경우에는 감경사유의 존재가 인정되면 반드시 형법 제55조 제1항에 따른 법률상 감경을 하여야 함에 반해, 임의적 감경의 경우에는 감경사유의 존재가 인정되더라도 법관이 형법 제55조 제1항에 따른 법률상 감경을 할 수도 있고 하지 않을 수도 있다. 나아가 임의적 감경사유의 존재가 인정되고 법관이 그에 따라 징역형에 대해 법률상 감경을 하는 이상 형법 제55조 제1항 제3호에 따라 상한과 하한을 모두 2분의 1로 감경한다(대판 2021.1.21. 2018도5475[전합]).

Ⅳ 양 형

1. 의 의

양형이란 법원이 법정형에 가능한 수정을 가하여 얻어진 처단형의 범위 내에서 범인과 범행 등에 관련된 제반정황을 고려하여 구체적으로 선고할 형의 양을 정하는 것을 의미한다.

2. 양형의 기준

양형은 형벌의 목적에 따라 결정되어야 하고 양형의 기초와 한계는 행위자의 책임이므로 책임의 범위를 넘어서는 형을 양정하는 것은 허용되지 아니한다. 양형의 기준에 관하여 여러 견해가 주장되고 있으나, 책임과 일치하는 정확한 형벌을 정할 수는 없으므로 형벌에 적합한 일정한 상한과 하한을 두고 특별예방과 일반예방이라는 형벌의 목적을 고려하여 구체적인 형을 양정하여야 한다는 범위이론이 타당하다고 판단된다(다수설).

3. 양형의 조건

양형을 함에 있어서는 형법 제51조를 참작하여야 하며, 구성요건의 불법과 책임을 근거지우거나 가중·감경사유가 된 상황은 다시 양형의 자료로 삼을 수 없다(이중평가금지의 원칙).

제3절 누 범

I 누범의 의의

1. 개 념

광의의 누범이란 확정판결을 받은 범죄(전범) 이후에 다시 범한 범죄(후범)를 말한다. 협의의 누범이란 금고 이상의 형을 선고받아 그 집행을 종료하거나 면제를 받은 후 3년 내에 다시 금고 이상에 해당하는 범죄를 다시 범한 경우를 말한다. 형법은 제35조에서 협의의 누범을 규정하고 있다.

2. 구별 개념

누범은 수개의 범죄가 누적적이라는 점에서 병립적인 경합범과 구별되고, 행위책임의 측면인 점에서 행위자의 범죄적 경향에 대한 책임인 상습범과 구별된다.

II 누범가중의 요건

1. 전범에 관한 요건

(1) 전범에 대해 금고 이상의 형을 받았을 것

전범의 형은 금고 이상의 형으로 선고형을 의미한다. 금고 이상의 형은 유효하여야 하므로 형이 실효된 경우 및 일반사면·집행유예기간 경과로 인한 형의 선고의 효력이 상실되면 누범전과는 인정되지 아니한다. 또한 유죄의 확정판결에 대하여 재심판결이 확정된 경우나 선고유예판결을 받은 경우에도 누범전과는 인정되지 아니한다. 다만, 복권은 형의 선고로 인하여 상실 또는 정지된 자격을 회복시키는 것에 불과하므로 그 전과사실은 누범가중사유에 해당한다.

> [1] 유죄의 확정판결에 대하여 재심개시결정이 확정되어 법원이 그 사건에 대하여 다시 심판을 한 후 재심의 판결을 선고하고 그 재심판결이 확정된 때에는 종전의 확정판결은 당연히 효력을 상실한다.
> [2] 피고인이 폭력행위 등 처벌에 관한 법률 위반(집단·흉기등재물손괴등)죄 등으로 징역 8월을 선고받아 판결이 확정되었는데(이하 '확정판결'), 그 집행을 종료한 후 3년 내에 상해죄 등을 범하였다는 이유로 제1심 및 원심에서 누범으로 가중처벌된 경우, 피고인이 누범전과인 확정판결에 대해 재심을 청구하여,

재심개시절차에서 재심대상판결 중 헌법재판소가 위헌결정을 선고하여 효력을 상실한 구 폭력행위 등 처벌에 관한 법률 제3조 제1항, 제2조 제1항 제1호, 형법 제366조를 적용한 부분에 헌법재판소법 제47조 제4항의 재심사유가 있다는 이유로 재심대상판결 전부에 대하여 재심개시결정이 이루어졌고, 상해죄 등 범행 이후 진행된 재심심판절차에서 징역 8월을 선고한 재심판결이 확정됨으로써 확정판결은 당연히 효력을 상실하였으므로, 더 이상 상해죄 등 범행이 확정판결에 의한 형의 집행이 끝난 후 3년 내에 이루어진 것이 아니다(대판 2017.9.21, 2017도4019).

(2) 전범의 형집행 종료 또는 면제받았을 것

전범의 형집행 전에 범한 죄, 전범의 형의 집행유예기간 중에 범한 죄, 전범의 형의 집행 중 또는 형의 집행정지 중에 범한 죄, 가석방 중 또는 복역 중에 범한 죄는 누범이 되지 아니한다. 판례는 '형집행 종료 후'라 함은 '형집행 종료일 후'를 의미한다고 해석되므로, 형집행 종료일에 출소하여 같은 날 다시 죄를 범하였다고 하더라도 누범으로 볼 수 없고, 누범기간의 기산점도 형집행 종료일의 다음 날이라고 봄이 타당하다고(대판 2021.2.25, 2020도8728) 한다.

2. 후범에 관한 요건

(1) 금고 이상에 해당하는 범죄일 것

금고 이상에 해당하는 죄는 선고형을 의미한다. 따라서 법정형 중 벌금형을 선택한 경우에는 누범가중을 할 수 없다. 후범은 전범과 동일한 범죄일 것을 요하지 아니하고 후범이 고의범인지의 여부는 불문한다.

(2) 전범의 형집행 종료 또는 면제 후 3년 이내(누범시효)에 후범이 행해질 것

후범은 전범의 형의 집행을 종료하거나 면제를 받은 후 3년 이내에 행하여져야 한다. 3년의 기산점은 전범의 형집행을 종료한 날 또는 형집행을 면제를 받은 날을 의미한다. 후범을 범한 시기는 실행의 착수시를 기준으로 정하고 후범이 예비·음모를 처벌하는 범죄라면 예비·음모시를 기준으로 한다.

- 포괄일죄의 일부 범행이 누범기간 내에 이루어진 이상 나머지 범행이 누범기간 경과 후에 이루어졌더라도 그 범행 전부가 누범에 해당한다고 보아야 한다(대판 2012.3.29, 2011도14135).
- 형법 제35조 제1항은 "금고 이상의 형을 받아 그 집행을 종료하거나 면제를 받은 후 3년 내에 금고 이상에 해당하는 죄를 범한 자는 누범으로 처벌한다."라고 규정하고 있다. 따라서 집행유예가 실효되는 등의 사유로 인하여 두 개 이상의 금고형 내지 징역형을 선고받아 각 형을 연이어 집행받음에 있어 하나의 형의 집행을 마치고 또 다른 형의 집행을 받던 중 먼저 집행된 형의 집행종료일로부터 3년 내에 금고 이상에 해당하는 죄를 저지른 경우에, 집행 중인 형에 대한 관계에 있어서는 누범에 해당하지 않지만 앞서 집행을 마친 형에 대한 관계에 있어서는 누범에 해당한다. 이는 형법 제37조 후단 경합범에 해당하여 두 개 이상의 금고형 내지 징역형을 선고받아 각 형을 연이어 집행 받은 경우에도 마찬가지이다(대판 2021.9.16, 2021도8764).

III 누범의 효과

누범의 형은 장기의 2배까지 가중하나(형법 제35조 제2항), 50년을 초과할 수 없다(형법 제42조). 다만, 가중은 장기에만 해당할 뿐 단기는 가중하지 아니한다. 가중되는 형은 법정형을 의미한다. 누범에 대하여도 법률상·재판상 감경이 가능함은 물론 법률상 가중사유가 있으면 다시 가중할 수 있다. 누범이 경합범인 경우에는 각 죄에 대하여 먼저 누범가중을 한 후에 경합범으로 처벌하여야 하며 상상적 경합의 경우에는 먼저 각 죄에 대하여 누범가중을 한 후 가장 중한 형으로 처단해야 한다.

IV 판결선고 후의 누범발각

판결선고 후 누범인 것이 발각된 때에는 그 선고한 형을 통산하여 다시 형을 정할 수 있다. 다만, 선고한 형의 집행을 종료하거나 그 집행이 면제된 후에는 예외로 한다(형법 제36조). 그러나 누범전과의 발견으로 가중형을 추가하는 것은 새로운 처벌이라고 보아야 하고 그 결과 일사부재리의 원칙에 반한다고 보는 것이 다수설의 태도이다.

제4절 집행유예

I 의 의

1. 개 념

집행유예란 일단 유죄를 인정하여 형을 선고하되 일정한 요건 아래 일정기간 그 형의 집행을 유예하고 그것이 취소·실효됨이 없이 유예기간을 경과한 때에는 형의 선고의 효력을 상실하게 하는 제도를 말한다.

2. 법적 성격

집행유예는 형벌 및 보안처분과는 구별되는 독립된 제도라는 형법의 제3원설이라는 견해도 있으나 집행유예의 본질은 본래적 의미의 형벌이나 보안처분이 아니라 외래적 처우라는 의미에서 특수성을 가진 형집행의 변형이라는 견해가 타당하다고 판단된다(형집행의 변형설).

Ⅱ 집행유예의 요건

1. 3년 이하의 징역이나 금고 또는 500만원 이하의 벌금의 형을 선고할 경우일 것

3년 이하의 징역 또는 금고의 형등은 선고형을 의미한다. 500만원 이하의 벌금형을 선고할 경우에도 집행유예를 선고할 수 있다. 그러나 구류에 대하여는 집행유예가 불가능하다.

2. 정상에 참작할 만한 사유가 있을 것

정상에 참작할 만한 사유란 형의 선고만으로 피고인에게 경고기능을 다하여 재범을 저지르지 않을 것으로 인정되는 경우를 말한다. 재범의 위험성 여부에 대한 판단은 판결선고시를 기준으로 형법 제51조의 양형조건을 종합하여 판단한다.

3. 금고 이상의 형을 선고한 판결이 확정된 때부터 그 집행을 종료하거나 면제된 후 3년까지의 기간에 범한 죄가 아닐 것

(1) 금고 이상의 형을 선고한 판결

1) 문제점

금고 이상의 형이 실형만을 의미하는 것인지 아니면 집행유예도 포함하는지 여부와 관련하여 집행유예기간 중에 범한 죄에 대하여 다시 집행유예를 선고할 수 있는지 여부가 문제된다.

2) 학설

판결 이후의 재범방지란 집행유예의 목적 및 입법취지를 고려하여 금고 이상의 형에는 실형뿐만 아니라 형의 집행유예를 선고받은 때도 포함하므로 집행유예를 선고받고 아직 유예기간이 경과하지 아니한 동안에 죄를 범한 경우에는 다시 집행유예를 할 수 없다는 소극설, 금고 이상의 형은 실형만을 의미하고 집행유예는 포함되지 아니하므로 형의 집행유예기간 중에 범한 죄에 대하여는 다시 집행유예를 선고할 수 있다는 적극설이 대립되어 있다.

3) 판례

판례는 형법 제62조 제1항 단서의 금고 이상의 형을 선고한 판결이 확정된 때는 실형뿐 아니라 형의 집행유예를 선고한 판결이 확정된 경우도 포함한다고 하여 원칙적으로 소극설의 입장이다. 그러나 집행유예 기간 중에 범한 죄에 대하여 형을 선고할 때에, 집행유예의 결격사유를 정하는 형법 제62조 제1항 단서 소정의 요건에 해당하는 경우란, 이미 집행유예가 실효 또는 취소된 경우와 그 선고시점에 미처 유예기간이 경과하지 아니하여 형 선고의 효력이 실효되지 아니한 채로 남아 있는 경우로 국한되고, 집행유예가 실효 또는 취소됨이 없이 유예기간을 경과한 때에는, 집행유예 기간 중에 범한 범죄라고 할지라도 집행유예가 실효·취소됨이 없이 그 유예기간이 경과한 경우에는 이에 대해 다시 집행유예의 선고가 가능하다고(대판 2007.2.8. 2006도6196) 판시하고 있다.

4) 검 토

판결 이후의 재범방지란 집행유예의 목적 및 입법취지를 고려할 때 형법 제62조 제1항 단서의 금고 이상의 형에는 형의 집행유예를 선고받은 때도 포함하므로 집행유예기간 중의 범죄에 대하여 다시 집행유예를 할 수 없다고 이해하는 소극설이 타당하다고 판단된다.

(2) 죄를 범한 시기

범죄가 금고 이상의 형을 선고한 판결이 확정된 때부터 그 집행을 종료하거나 면제된 후 3년까지의 기간에 범한 죄인 경우에 한하여 집행유예를 선고할 수 없다. 따라서 금고 이상의 형을 선고한 판결이 확정되기 전에 범한 범죄에 대하여는 집행유예가 가능하다.

> [1] 구 형법 제62조 제1항 단서에서 규정한 '금고 이상의 형의 선고를 받아 집행을 종료한 후 또는 집행이 면제된 후로부터 5년을 경과하지 아니한 자'라는 의미는 실형선고를 받고 집행종료나 집행면제 후 5년을 경과하지 않은 경우만을 가리키는 것이 아니라, 형의 집행유예를 선고받고 그 유예기간이 경과하지 않은 경우도 특별한 사정(형법 제37조의 경합범관계에 있는 수죄가 전후로 기소되어 각각 별개의 절차에서 재판을 받게 된 결과 어느 하나의 사건에서 먼저 집행유예가 선고되어 그 형이 확정된 경우로서 같은 절차에서 동시에 재판을 받았더라면 한꺼번에 집행유예의 선고를 받았으리라고 여겨지는 특수한 경우에 한함)이 없는 한 여기에 포함된다.
>
> [2] 구 형법 제62조 제1항 단서 규정의 문언과 취지 및 위 법리 등에 비추어 보면, 피고인에 대하여 3년 이하의 징역 또는 금고의 형을 선고할 경우에 형법 제51조의 사항을 참작하여 그 정상에 참작할 만한 사유가 있는 때에는 집행유예를 선고할 수 있으나, 원칙적으로 금고 이상의 형의 선고를 받은 전력이 있는 경우에는 집행유예를 선고할 수 없는 것으로 하되, 다만 금고 이상의 형의 선고를 받은 전력이 있더라도, 그 전력이 형의 집행유예를 선고받은 것으로서 그 집행유예가 실효 또는 취소됨이 없이 그 유예기간을 이미 경과하였거나, 그 전력이 실형을 선고받은 것으로서 그 형의 집행을 종료한 후 또는 집행이 면제된 후로부터 5년이 경과한 경우에는 다시 집행유예를 선고할 수 있는 것으로 해석함이 상당하다.
>
> [3] 집행유예기간 중에 범한 죄에 대하여 형을 선고할 때에, 집행유예의 결격사유를 정하는 현행형법 제62조 제1항 단서 소정의 요건에 해당하는 경우란, 이미 집행유예가 실효 또는 취소된 경우와 그 선고시점에 미처 유예기간이 경과하지 아니하여 형 선고의 효력이 실효되지 아니한 채로 남아 있는 경우로 국한되고, 집행유예가 실효 또는 취소됨이 없이 유예기간을 경과한 때에는 위 단서 소정의 요건에 해당하지 않으므로, 집행유예기간 중에 범한 범죄라고 할지라도 집행유예가 실효 또는 취소됨이 없이 그 유예기간이 경과한 경우에는 이에 대해 다시 집행유예의 선고가 가능하다(대판 2007.7.27, 2007도768).

III 보호관찰·사회봉사·수강명령

1. 보호관찰

재범방지와 사회복귀촉진을 위해 자유상태에서 지시·감독하는 것으로, 보호관찰 여부는 재량사항이다.

> [1] 형법 제62조의2 제1항에서 말하는 보호관찰은 형벌이 아닌 보안처분의 성격을 갖는 것으로서, 과거의 불법에 대한 책임에 기초하고 있는 제재가 아니라 장래의 위험성으로부터 행위자를 보호하고 사회를 방위하기 위한 합목적적인 조치이다. 보호관찰은 위와 같은 형사정책적 견지에서 때로는 본래 개인의 자유에 맡겨진 영역이거나 또는 타인의 이익을 침해하는 법상 금지된 행위가 아니더라도 보호관찰 대상자의 특성, 그가 저지른 범죄의 내용과 종류 등을 구체적·개별적으로 고려하여 일정기간 동안 보호관찰 대상자의 자유를 제한하는 내용의 준수사항을 부과함으로써 대상자의 교화·개선을 통해 범죄를 예방하고 재범을 방지하려는 데에 그 제도적 의의가 있다. 다만, 법치주의와 기본권 보장의 원칙 아래에서 보호관찰 역시 자의적·무제한적으로 허용될 수 없음은 물론이다. 보호관찰은 필요하고도 적절한 한도 내에서 이루어져야 하며, 가장 적합한 방법으로 실시되어야 하므로(보호관찰 등에 관한 법률 제4조 참조), 대상자가 준수할 수 있고 그 자유를 부당하게 제한하지 아니하는 범위 내에서 구체적으로 부과되어야 한다(보호관찰 등에 관한 법률 시행령 제19조 제8호 참조).
> [2] 버스회사 노동조합 지부장인 피고인이 운전기사 신규 채용 내지 정년 도과 후 촉탁직 근로계약의 체결과 관련하여 취업을 원하거나, 정년 후 계속 근로를 원하는 운전기사들로부터 청탁의 대가로 돈을 받아 이익을 취득하였고, 원심이 위 행위에 대해 근로기준법 위반죄의 성립을 인정한 뒤, 피고인에 대하여 형의 집행을 유예함과 동시에 집행유예기간 동안 보호관찰을 받을 것을 명하면서 "보호관찰기간 중 노조지부장 선거에 후보로 출마하거나 피고인을 지지하는 다른 조합원의 출마를 후원하거나 하는 등의 방법으로 선거에 개입하지 말 것"이라는 내용의 특별준수사항을 부과한 사안에서, 범행에 이르게 된 동기와 내용, 피고인의 지위, 업무 환경, 생활상태, 기타 개별적·구체적 특성들을 종합할 때, 원심이 피고인의 재범을 방지하고 개선·자립에 도움이 된다고 판단하여 위와 같은 특별준수사항을 부과한 것은 정당하다(대판 2010.9.30, 2010도6403).

2. 사회봉사 및 수강명령

사회봉사 또는 수강명령은 집행유예기간 내에 집행한다(형법 제62조의2 제3항). 반드시 보호관찰과 결합하지 아니하고 독립적으로 법관이 부관한다. 구체적인 방법은 보호관찰 등에 관한 법률에서 정한다.

> • 형법 제62조의2 제1항은 "형의 집행을 유예하는 경우에는 보호관찰을 받을 것을 명하거나 사회봉사 또는 수강을 명할 수 있다."고 규정하고 있는바, 그 문리에 따르면, 보호관찰과 사회봉사는 각각 독립하여 명할 수 있다는 것이지, 반드시 그 양자를 동시에 명할 수 없다는 취지로 해석되지는 아니할 뿐더러, 소년법 제32조 제3항, 구 성폭력범죄의 처벌 및 피해자보호 등에 관한 법률 제16조 제2항, 가정폭력범죄의 처벌 등에 관한 특례법 제40조 제1항 등에는 보호관찰과 사회봉사를 동시에 명할 수

있다고 명시적으로 규정하고 있는바, 일반 형법에 의하여 보호관찰과 사회봉사를 명하는 경우와 비교하여 특별히 달리 취급할 만한 이유가 없으며, 제도의 취지에 비추어 보더라도, 범죄자에 대한 사회복귀를 촉진하고 효율적인 범죄예방을 위하여 양자를 병과할 필요성이 있는 점 등을 종합하여 볼 때, 형법 제62조에 의하여 집행유예를 선고할 경우에는 같은 법 제62조의2 제1항에 규정된 보호관찰과 사회봉사 또는 수강을 동시에 명할 수 있다고 해석함이 상당하다(대판 1998.4.24. 98도98).

- [1] 형법과 보호관찰 등에 관한 법률의 관계 규정을 종합하면, 사회봉사는 형의 집행을 유예하면서 부가적으로 명하는 것이고 집행유예 되는 형은 자유형에 한정되고 있는 점 등에 비추어, 법원이 형의 집행을 유예하는 경우 명할 수 있는 사회봉사는 자유형의 집행을 대체하기 위한 것으로서 500시간 내에서 시간 단위로 부과될 수 있는 일 또는 근로활동을 의미하는 것으로 해석되므로, 법원이 형법 제62조의2의 규정에 의한 사회봉사명령으로 피고인에게 일정한 금원을 출연하거나 이와 동일시할 수 있는 행위를 명하는 것은 허용될 수 없다

  [2] 법원이 피고인에게 유죄로 인정된 범죄행위를 뉘우치거나 그 범죄행위를 공개하는 취지의 말이나 글을 발표하도록 하는 내용의 사회봉사를 명하고 이를 위반할 경우 형법 제64조 제2항에 의하여 집행유예의 선고를 취소할 수 있도록 함으로써 그 이행을 강제하는 것은, 헌법이 보호하는 피고인의 양심의 자유, 명예 및 인격에 대한 심각하고 중대한 침해에 해당하므로 허용될 수 없고, 또 법원이 명하는 사회봉사의 의미나 내용은 피고인이나 집행 담당 기관이 쉽게 이해할 수 있어 집행 과정에서 그 의미나 내용에 관한 다툼이 발생하지 않을 정도로 특정되어야 하므로, 피고인으로 하여금 자신의 범죄행위와 관련하여 어떤 말이나 글을 공개적으로 발표하라는 사회봉사를 명하는 것은 경우에 따라 피고인의 명예나 인격에 대한 심각하고 중대한 침해를 초래할 수 있고, 그 말이나 글이 어떤 의미나 내용이어야 하는 것인지 쉽게 이해할 수 없어 집행 과정에서 그 의미나 내용에 관한 다툼이 발생할 가능성이 적지 않으며, 유죄로 인정된 범죄행위를 뉘우치거나 그 범죄행위를 공개하는 취지의 말이나 글을 발표하도록 하는 취지의 것으로도 해석될 가능성이 적지 않으므로 이러한 사회봉사명령은 위법하다(대판 2008.4.11. 2007도8373).

- [1] 보호관찰, 사회봉사명령·수강명령은 당해 대상자의 교화·개선 및 범죄예방을 위하여 필요하고도 상당한 한도 내에서 이루어져야 하고, 당해 대상자의 연령·경력·심신상태·가정환경·교우관계 기타 모든 사정을 충분히 고려하여 가장 적합한 방법으로 실시되어야 하므로, 법원은 특별준수사항을 부과하는 경우 대상자의 생활력, 심신의 상태, 범죄 또는 비행의 동기, 거주지의 환경 등 대상자의 특성을 고려하여 대상자가 준수할 수 있다고 인정되고 자유를 부당하게 제한하지 아니하는 범위 내에서 개별화하여 부과하여야 한다는 점, 보호관찰의 기간은 집행을 유예한 기간으로 하고 다만 법원은 유예기간의 범위 내에서 보호관찰기간을 정할 수 있는 반면, 사회봉사명령·수강명령은 집행유예기간 내에 이를 집행하되 일정한 시간의 범위 내에서 그 기간을 정하여야 하는 점, 보호관찰명령이 보호관찰기간 동안 바른 생활을 영위할 것을 요구하는 추상적 조건의 부과이거나 악행을 하지 말 것을 요구하는 소극적인 부작위조건의 부과인 반면, 사회봉사명령·수강명령은 특정시간 동안의 적극적인 작위의무를 부과하는 데 특징이 있다는 점 등에 비추어 보면, 사회봉사명령·수강명령 대상자에 대한 특별준수사항은 보호관찰 대상자에 대한 것과 같을 수 없고, 따라서 보호관찰 대상자에 대한 특별준수사항을 사회봉사명령·수강명령 대상자에게 그대로 적용하는 것은 적합하지 않다.

  [2] 보호관찰 등에 관한 법률(이하 '보호관찰법') 제32조 제3항은 법원 및 보호관찰 심사위원회가 판결의 선고 또는 결정의 고지를 할 때 보호관찰 대상자에게 "범죄행위로 인한 손해를 회복하기 위하여 노력할 것(제4호)" 등 같은 항 제1호부터 제9호까지 정한 사항과 "그 밖에 보호관찰 대상자의 재범

방지를 위하여 필요하다고 인정되어 대통령령으로 정하는 사항(제10호)"을 특별준수사항으로 따로 과할 수 있다고 규정하고 있다. 이에 따라 보호관찰 등에 관한 법률 시행령(이하 '시행령') 제19조는 보호관찰 대상자에게 과할 수 있는 특별준수사항을 제1호부터 제7호까지 규정한 데 이어, 제8호에서 "그 밖에 보호관찰 대상자의 생활상태, 심신의 상태, 범죄 또는 비행의 동기, 거주지의 환경 등으로 보아 보호관찰 대상자가 준수할 수 있고 자유를 부당하게 제한하지 아니하는 범위에서 개선·자립에 도움이 된다고 인정되는 구체적인 사항"을 규정하고 있다. 나아가 보호관찰법 제62조는 제2항에서 사회봉사명령·수강명령 대상자가 일반적으로 준수하여야 할 사항을 규정하는 한편, 제3항에서 "법원은 판결의 선고를 할 때 제2항의 준수사항 외에 대통령령으로 정하는 범위에서 본인의 특성 등을 고려하여 특별히 지켜야 할 사항을 따로 과할 수 있다."라고 규정하고 있다. 이에 따라 시행령 제39조 제1항은 사회봉사명령·수강명령 대상자에 대한 특별준수사항으로 위 시행령 제19조를 준용하고 있다.
[3] 위 각 규정을 종합하면, 보호관찰법 제32조 제3항이 보호관찰 대상자에게 과할 수 있는 특별준수사항으로 정한 "범죄행위로 인한 손해를 회복하기 위하여 노력할 것(제4호)" 등 같은 항 제1호부터 제9호까지의 사항은 보호관찰 대상자에 한해 부과할 수 있을 뿐, 사회봉사명령·수강명령 대상자에 대해서는 부과할 수 없다(대판 2020.11.5. 2017도18291).

Ⅳ 집행유예의 효과

1. 집행유예의 선고

집행유예기간은 1년 이상 5년 이하의 범위 내에서 보통 판결주문에 선고된 형의 기간보다 긴 기간으로 법원의 재량에 의하여 정하여진다. 하나의 형의 일부에 대한 집행유예는 허용되지 아니하나 형을 병과한 경우에는 그 일부에 대해서도 집행유예를 할 수 있다(형법 제62조 제2항).

- 징역형과 벌금형을 병과하면서 그 징역형에 대하여 집행을 유예하고 그 벌금형에 대하여 선고를 유예하였음은 정당하다(대판 1976.6.8. 74도1266).
- [1] 형법 제37조 후단의 경합범 관계에 있는 죄에 대하여 형법 제39조 제1항에 의하여 따로 형을 선고하여야 하기 때문에 하나의 판결로 두 개의 자유형을 선고하는 경우 그 두 개의 자유형은 각각 별개의 형이므로 형법 제62조 제1항에 정한 집행유예의 요건에 해당하면 그 각 자유형에 대하여 각각 집행유예를 선고할 수 있는 것이고, 또 그 두 개의 자유형 중 하나의 자유형에 대하여 실형을 선고하면서 다른 자유형에 대하여 집행유예를 선고하는 것도 우리 형법상 이러한 조치를 금하는 명문의 규정이 없는 이상 허용되는 것으로 보아야 한다.
[2] 우리 형법이 집행유예기간의 시기(始期)에 관하여 명문의 규정을 두고 있지는 않지만 형사소송법 제459조가 "재판은 이 법률에 특별한 규정이 없으면 확정한 후에 집행한다."고 규정한 취지나 집행유예 제도의 본질 등에 비추어 보면 집행유예를 함에 있어 그 집행유예기간의 시기는 집행유예를 선고한 판결 확정일로 하여야 하고 법원이 판결 확정일 이후의 시점을 임의로 선택할 수는 없다.
[3] 형법 제37조 후단의 경합범 관계에 있는 죄에 대하여 두 개의 징역형을 선고하면서 하나의 징역형에 대하여만 집행유예를 선고하고 그 집행유예기간의 시기를 다른 하나의 징역형의 집행종료일로 한 것은 위법하다고 한 사례(대판 2002.2.26. 2000도4637).

- 집행유예의 요건에 관한 형법 제62조 제1항이 '형'의 집행을 유예할 수 있다고만 규정하고 있다고 하더라도, 이는 같은 조 제2항이 그 형의 '일부'에 대하여 집행을 유예할 수 있는 때를 형을 '병과'할 경우로 한정하고 있는 점에 비추어 보면, 조문의 체계적 해석상 하나의 형의 전부에 대한 집행유예에 관한 규정이라 할 것이고, 또한 하나의 자유형에 대한 일부집행유예에 관하여는 그 요건, 효력 및 일부 실형에 대한 집행의 시기와 절차, 방법 등을 입법에 의해 명확하게 할 필요가 있어, 그 인정을 위해서는 별도의 근거 규정이 필요하므로 하나의 자유형 중 일부에 대해서는 실형을, 나머지에 대해서는 집행유예를 선고하는 것은 허용되지 않는다(대판 2007.2.22. 2006도8555).

2. 집행유예기간 경과의 효과

집행유예의 선고를 받은 후 그 선고의 실효 또는 취소됨이 없이 유예기간을 경과한 때에는 형의 선고는 효력을 잃는다(형법 제65조). 따라서 형의 집행이 면제되고 처음부터 형선고의 법률적 효과가 없어지므로 전과자가 되지 아니한다. 그러나 형선고의 기왕의 사실까지 없어지는 것은 아니므로 형선고로 인하여 이미 발생한 법률효과에는 영향을 미치지 아니한다.

Ⅴ 집행유예의 실효와 취소

1. 집행유예의 실효

(1) 의 의

집행유예의 선고를 받은 자가 유예기간 중 고의로 범한 죄로 금고 이상의 실형을 선고받아 그 판결이 확정된 때에는 집행유예의 선고는 효력을 잃는다(형법 제63조).

(2) 요 건

① 집행유예기간 중의 범죄이어야 하므로 집행유예기간 이전에 범한 범죄일 경우에는 그에 대하여 집행유예기간 중에 금고 이상의 실형이 확정되더라도 집행유예선고는 실효되지 아니한다.
② 집행유예기간 중의 범죄는 고의범이어야 하므로 과실범을 범한 경우에는 집행유예의 선고는 실효되지 아니한다.
③ 금고 이상의 형은 실형의 선고로 제한된다. 따라서 집행유예기간 중에 집행유예를 선고받은 경우 먼저의 집행유예의 선고는 실효되지 아니한다.

(3) 효 과

집행유예는 효력을 잃게 되므로 선고된 형이 집행된다.

2. 집행유예의 취소

(1) 필요적 취소

집행유예의 선고를 받은 후 형법 제62조 단행의 사유가 발각된 때에는 집행유예의 선고를 취소한다(형법 제64조 제1항).

> [1] 형법 제64조 제1항에 의하면 집행유예의 선고를 받은 후 형법 제62조 단행의 사유가 발각된 때에는 집행유예의 선고를 취소한다고 규정되어 있는바, 여기에서 집행유예를 선고받은 후 형법 제62조 단행의 사유, 즉 금고 이상의 형의 선고를 받아 집행을 종료한 후 또는 집행이 면제된 후로부터 5년을 경과하지 아니한 자인 것이 발각된 때라 함은 집행유예 선고의 판결이 확정된 후에 비로소 위와 같은 사유가 발각된 경우를 말하고 그 판결확정 전에 결격사유가 발각된 경우에는 이를 취소할 수 없으며, 이때 판결확정 전에 발각되었다고 함은 검사가 명확하게 그 결격사유를 안 경우만을 말하는 것이 아니라 당연히 그 결격사유를 알 수 있는 객관적 상황이 존재함에도 부주의로 알지 못한 경우도 포함된다.
> [2] 집행유예 선고의 판결확정 전에 이미 수사단계에서 검사가 집행유예 결격사유가 되는 전과의 존재를 당연히 알 수 있는 객관적 상황이 존재하였음에도 부주의로 알지 못한 경우에 해당한다고 하여 집행유예의 선고를 취소할 수 없다고 본 사례(대결 2001.6.27. 2001모135).

(2) 임의적 취소

형법 제62조의2의 규정에 의하여 보호관찰이나 사회봉사 또는 수강을 명한 집행유예를 받은 자가 준수사항이나 명령을 위반하고 그 정도가 무거운 때에는 집행유예의 선고를 취소할 수 있다(형법 제64조 제2항).

제5절 선고유예

I 의 의

1. 개 념

선고유예란 법정이 경미한 범죄인에 대하여 일정기간 형의 선고를 유예하고 그 유예기간을 특별한 사고 없이 경과한 때에는 면소된 것으로 간주하는 제도를 말한다.

2. 법적 성격

형집행의 변형이나 보안처분으로 보는 견해가 있으나 형법이 규정한 고유한 종류로서의 제재라고 보는 것이 타당하다.

Ⅱ. 선고유예의 요건

1. 1년 이하의 징역·금고, 자격정지·벌금의 형을 선고할 경우일 것

1년 이하의 징역·금고 이외에 자격정지·벌금형에 대해서도 선고유예가 가능하다. 구류형에 대하여는 선고유예를 할 수 없다. 주형에 대해 선고유예를 하는 경우에는 몰수·추징도 선고유예가 가능하다. 그러나 주형에 대하여 선고유예를 하지 않으면서 부가형에 대하여만 선고유예를 하는 것은 가능하지 아니하다.

2. 뉘우치는 정상이 뚜렷할 것

뉘우치는 정상이 뚜렷(개전의 정상이 현저)하다는 것은 행위자에게 형을 선고하지 않더라도 재범의 위험이 없다고 인정되는 것을 말한다. 이에 해당 여부는 형법 제51조의 사항을 종합하여 판결선고시를 기준으로 판단한다.

3. 자격정지 이상의 형을 받은 전과가 없을 것

(1) 문제점

집행유예의 선고를 받아 선고가 실효 또는 취소됨이 없이 그 유예기간을 경과한 경우가 자격정지 이상의 형을 받은 전과에 해당하여 선고유예를 할 수 없는지 여부가 문제된다.

(2) 학설

형법이 자격정지 이상의 형을 받은 전과라고만 규정할 뿐이므로 이를 반드시 자격정지 이상의 형을 집행 받은 전과로 해석해야 할 근거는 없으므로 집행유예의 선고를 받아 선고가 실효 또는 취소됨이 없이 그 유예기간을 경과한 경우도 이에 포함되어 선고유예를 할 수 없다고 이해하는 소극설, 집행유예의 법률적 효과를 중시하여 집행유예기간의 경과로 인하여 법률적인 의미에서 형선고의 효력은 상실되었다고 보아 집행유예의 선고를 받아 그 유예기간을 경과한 경우에는 이에 포함되지 아니하므로 선고유예를 할 수 있다고 이해하는 적극설이 대립하고 있다.

(3) 판례

판례는 형의 집행유예를 선고받은 자는 형법 제65조에 의하여 그 선고가 실효 또는 취소됨이 없이 정해진 유예기간을 무사히 경과하여 형의 선고가 효력을 잃게 되었다고 하더라도 형의 선고의 법률적 효과가 없어진다는 것일 뿐, 형의 선고가 있었다는 기왕의 사실 자체까지 없어지는 것은 아니므로, 형법 제59조 제1항 단행에서 정한 선고유예 결격사유인 '자격정지 이상의 형을 받은 전과가 있는 자'에 해당한다고 보아야 한다고(대판 2008.1.18. 2007도9405)고 판시하고 있다.

(4) 검토

생각건대 형법이 자격정지 이상의 형을 받은 전과라고만 규정할 뿐이므로 집행유예의 선고를 받아 선고가 실효 또는 취소됨이 없이 그 유예기간을 경과한 경우도 이에 포함되어 선고유예를 할 수 없다고 이해하는 소극설이 타당하다고 판단된다.

> 선고유예가 주로 범정이 경미한 초범자에 대하여 형을 부과하지 않고 자발적인 개선과 갱생을 촉진시키고자 하는 제도인 점, 형법은 선고유예의 예외사유를 '자격정지 이상의 형을 받은 전과'라고만 규정하고 있을 뿐 그 전과를 범행 이전의 것으로 제한하거나 형법 제37조 후단 경합범 규정상의 금고 이상의 형에 처한 판결에 의한 전과를 제외하고 있지 아니한 점, 형법 제39조 제1항은 경합범 중 판결을 받지 아니한 죄가 있는 때에는 그 죄와 판결이 확정된 죄를 동시에 판결할 경우와 형평을 고려하여 그 죄에 대하여 형을 선고하여야 하는데 이미 판결이 확정된 죄에 대하여 금고 이상의 형이 선고되었다면 나머지 죄가 위 판결이 확정된 죄와 동시에 판결되었다고 하더라도 선고유예가 선고되었을 수 없을 것인데 나중에 별도로 판결이 선고된다는 이유만으로 선고유예가 가능하다고 하는 것은 불합리한 점 등을 종합하여 보면, 형법 제39조 제1항에 의하여 형법 제37조 후단 경합범 중 판결을 받지 아니한 죄에 대하여 형을 선고하는 경우에 있어서 형법 제37조 후단에 규정된 금고 이상의 형에 처한 판결이 확정된 죄의 형도 형법 제59조 제1항 단서에서 정한 '자격정지 이상의 형을 받은 전과'에 포함된다고 봄이 상당하다(대판 2010.7.8. 2010도931).

Ⅲ 보호관찰

형의 선고를 유예하는 경우에 재범방지를 위하여 지도 및 원호가 필요한 때에는 보호관찰을 받을 것을 명할 수 있다. 보호관찰의 기간은 1년으로 한다(형법 제59조의2). 선고유예의 조건으로 사회봉사명령, 수강명령은 부과할 수 없다.

Ⅳ 선고유예의 효과

1. 선고유예의 선고

선고유예의 판결 여부는 법원의 재량에 속한다. 그러나 유예기간은 언제나 2년으로서 단축이 인정되지 아니한다.

2. 선고유예기간 경과의 효과

면소된 것으로 간주되는데 면소판결이란 범죄는 성립하나 소송추행의 이익이 없음을 이유로 소송을 종결시키는 형식재판이라는 점에서 공소사실이 범죄로 되지 아니하거나 범죄사실의 증명이 없을 때 선고하는 실체판결인 무죄판결과 구별된다.

V 선고유예의 실효

1. 필요적 실효

형의 선고유예를 받은 자가 유예기간 중 자격정지 이상의 형에 처한 판결이 확정되거나 자격정지 이상의 형에 처한 전과가 발견된 때에는 유예한 형을 선고한다(형법 제61조 제1항).

> 형법 제60조, 제61조 제1항, 형사소송법 제335조, 제336조 제1항에 의하면, 형의 선고유예를 받은 자가 유예기간 중 자격정지 이상의 형에 처한 판결을 선고받아 그 판결이 확정되더라도 검사의 청구에 의한 선고유예 실효의 결정에 의하여 비로소 선고유예가 실효된다. 형의 선고유예 판결이 확정된 후 2년을 경과한 때에는 형법 제60조에 따라 면소된 것으로 간주하고, 그 뒤에는 실효의 대상이 되는 선고유예의 판결이 존재하지 않으므로 선고유예 실효의 결정을 할 수 없다. 이는 원결정에 대한 집행정지의 효력이 있는 즉시항고 또는 재항고로 인하여 아직 선고유예 실효 결정의 효력이 발생하기 전 상태에서 상소심 절차 진행 중에 선고유예 기간이 그대로 경과한 경우에도 마찬가지이다(대결 2018.2.6. 2017모3459).

2. 임의적 실효

형법 제59조의2의 규정에 의하여 보호관찰을 명한 선고유예를 받은 자가 보호관찰기간 중에 준수사항을 위반하고 그 정도가 무거운 때에는 유예한 형을 선고할 수 있다(형법 제61조 제2항).

제6절 가석방

I 의 의

1. 개 념

가석방이란 자유형을 집행 받고 있는 자가 개전의 정이 현저하다고 인정되는 때에 형기만료 전에 조건부로 수형자를 석방하고 일정한 기간을 경과한 때에는 형의 집행을 종료한 것으로 간주하는 제도를 말한다.

2. 법적 성격

가석방은 법무부장관의 행정처분에 의하여 시행되므로 형집행작용으로서의 성질을 지닌다.

Ⅱ 가석방의 요건

1. 징역 또는 금고의 집행 중에 있는 사람이 무기형은 20년, 유기형은 형기의 3분의 1이 지날 것

가석방은 징역 또는 금고의 집행 중에 있는 자뿐만 아니라 노역장유치 중에 있는 자에 대하여 인정된다. 무기형은 20년, 유기형은 형기의 3분의 1이 지날 것을 요하는데 여기서의 형기는 선고형을 의미한다.

2. 행상이 양호하여 뉘우침이 뚜렷할 것

수형자에게 잔형을 집행하지 않아도 재범의 위험성이 없다는 판단이 가능하여야 한다는 의미이다.

3. 벌금 또는 과료의 병과가 있는 때에는 그 금액을 완납할 것

다만, 벌금이나 과료에 대한 노역자 유치기간에 산입된 판결선고 전 구금일수는 그에 해당하는 금액이 납입된 것으로 본다(형법 제73조 제2항).

Ⅲ 가석방기간과 보호관찰

1. 가석방기간

가석방의 기간은 무기형에 있어서는 10년으로 하고, 유기형에 있어서는 남은 형기로 하되, 그 기간은 10년을 초과할 수 없다(형법 제73조의2 제1항).

2. 보호관찰

가석방된 자는 가석방기간 중 보호관찰을 받는다. 다만, 가석방을 허가한 행정관청이 필요가 없다고 인정한 때에는 그러하지 아니하다(형법 제73조의2 제2항).

Ⅳ 가석방의 효과

1. 가석방처분

위원회는 가석방 적격결정을 하였으면 5일 이내에 법무부장관에게 가석방 허가를 신청하여야 한다. 법무부장관은 위원회의 가석방 허가신청이 적정하다고 인정하면 허가할 수 있다(형집행법 제122조).

2. 잔형기 경과의 효과

가석방의 처분을 받은 후 그 처분이 실효 또는 취소되지 아니하고 가석방기간을 경과한 때에는 형의 집행을 종료한 것으로 본다(형법 제76조 제1항).

Ⅴ 가석방의 실효와 취소

1. 가석방의 실효

가석방 기간 중 고의로 지은 죄로 금고 이상의 형을 선고받아 그 판결이 확정된 경우에 가석방 처분은 효력을 잃는다(형법 제74조).

2. 가석방의 취소

가석방의 처분을 받은 자가 감시에 관한 규칙을 위배하거나, 보호관찰의 준수사항을 위반하고 그 정도가 무거운 때에는 가석방처분을 취소할 수 있다(형법 제75조).

3. 가석방의 실효·취소의 효과

가석방이 실효·취소된 경우에는 가석방 중의 일수는 형기에 산입하지 아니한다(형법 제76조 제2항). 따라서 가석방 당시에 잔형기의 형을 집행하므로 가석방의 익일부터 실효·취소로 인하여 다시 구금된 전일까지의 기간은 형기에 산입되지 아니한다.

우리가 쓰는 것 중
가장 값비싼 것은 시간이다.
- 테오프라스토스 -

PART 2
형법각론

제1편 개인적 법익에 대한 죄

제2편 사회적 법익에 대한 죄

제3편 국가적 법익에 대한 죄

제1편 개인적 법익에 대한 죄

제1장 생명과 신체에 대한 죄

제1절 살인의 죄

Ⅰ. 의의

1. 개념

살인의 죄는 사람을 살해함으로써 그 생명을 침해하는 것을 내용으로 하는 범죄이다.

2. 보호법익 및 보호정도

살인의 죄의 보호법익은 사람의 생명이고 보호의 정도는 침해범이다.

Ⅱ. 보통살인죄

1. 의의

살인죄는 고의로 사람을 살해함으로써 성립하는 범죄이다(형법 제250조 제1항). 이 죄는 살인의 죄의 기본적 구성요건으로 미수범과 예비·음모죄를 처벌한다.

2. 구성요건

(1) 객관적 구성요건

1) 객체

① **사람** : 행위자 이외에 사람(법인은 제외)이며 형법 제252조 제2항과의 관계상 타인에 한한다. 따라서 자살은 구성요건해당성이 없다. 출생 후 사망 전에 생명 있는 자연인인 이상 그 생존능력의 유무·국적의 여하를 불문하나, 태아·사자(死者)는 낙태죄·시체손괴죄의 객체가 될 뿐 살인죄의 객체는 될 수 없다.

② **사람의 시기** : 사람의 시기에 대하여는 일부노출설, 전부노출설, 독립호흡설 등이 대립하고 있으나 사람의 생명과 신체의 안전을 보호법익으로 하고 있는 형법의 해석으로는 규칙적인 진통을 동반하면서 분만이 개시된 때가 사람의 시기라고(대판 2007.6.29. 2005도3832) 하는 진통설이 통설, 판례의 태도이다. 한편 제왕절개수술에 의한 분만의 경우에는 의사의 수술시(자궁절개시)에 사람이 된다(통설).

> **사람의 시기**
> - [1] 사람의 생명과 신체의 안전을 보호법익으로 하고 있는 형법의 해석으로는 규칙적인 진통을 동반하면서 분만이 개시된 때(소위 진통설 또는 분만개시설)가 사람의 시기(始期)라고 봄이 타당하다. 제왕절개 수술의 경우 '의학적으로 제왕절개 수술이 가능하였고 규범적으로 수술이 필요하였던 시기(時期)'는 판단하는 사람 및 상황에 따라 다를 수 있어, 분만개시 시점, 즉 사람의 시기(始期)도 불명확하게 되므로 이 시점을 분만의 시기(始期)로 볼 수는 없다.
> [2] 현행형법이 사람에 대한 상해 및 과실치사상의 죄에 관한 규정과는 별도로 태아를 독립된 행위객체로 하는 낙태죄, 부동의 낙태죄, 낙태치상 및 낙태치사의 죄 등에 관한 규정을 두어 포태한 부녀의 자기낙태행위 및 제3자의 부동의 낙태행위, 낙태로 인하여 위 부녀에게 상해 또는 사망에 이르게 한 행위 등에 대하여 처벌하도록 한 점, 과실낙태행위 및 낙태미수행위에 대하여 따로 처벌 규정을 두지 아니한 점 등에 비추어 보면, 우리 형법은 태아를 임산부 신체의 일부로 보거나, 낙태행위가 임산부의 태아양육, 출산 기능의 침해라는 측면에서 낙태죄와는 별개로 임산부에 대한 상해죄를 구성하는 것으로 보지는 않는다고 해석된다. 따라서 태아를 사망에 이르게 하는 행위가 임산부 신체의 일부를 훼손하는 것이라거나 태아의 사망으로 인하여 그 태아를 양육, 출산하는 임산부의 생리적 기능이 침해되어 임산부에 대한 상해가 된다고 볼 수는 없다(대판 2007.6.29. 2005도3832).
> - 사람의 생명과 신체의 안전을 보호법익으로 하고 있는 형법상의 해석으로서는 사람의 시기는 규칙적인 진통을 동반하면서 태아가 태반으로부터 이탈하기 시작한 때 다시 말하여 분만이 개시된 때(소위 진통설 또는 분만개시설)라고 봄이 타당하며 이는 형법 제251조(영아살해)[40]에서 분만 중의 태아도 살인죄의 객체가 된다고 규정하고 있는 점을 미루어 보아도 그 근거를 찾을 수 있는 바이니 조산원이 분만 중인 태아를 질식사에 이르게 한 경우에는 업무상과실치사죄가 성립한다(대판 1982.10.12. 81도2621).

③ **사람의 종기** : 사람의 종기에 대하여는 호흡종지설, 맥박종지설, 호흡과 맥박이 모두 영구적으로 정지된 때를 기준으로 하는 종합설 등이 대립하고 있으나 뇌기능이 종지된 때에는 더 이상의 치료가 불가능하며 장기이식을 통하여 다른 환자를 구할 필요도 인정되므로 뇌사설[41]이 타당하다고 판단된다.

---

40) 저항 능력이 없거나 현저히 부족한 사회적 약자인 영아를 범죄로부터 두텁게 보호하고자, 2023.8.8. 개정되어 2024.2.9. 시행된 개정형법에 따라 영아살해죄(형법 제251조)가 폐지됨으로써 영아를 살해하는 경우 이제는 보통살인죄가 적용된다.

41) 장기등 이식에 관한 법률 제4조 제5호는 "살아있는 사람"이란 사람 중에서 뇌사자를 제외한 사람을 말하고, "뇌사자"란 이 법에 따른 뇌사판정기준 및 뇌사판정절차에 따라 뇌 전체의 기능이 되살아날 수 없는 상태로 정지되었다고 판정된 사람을 말한다고 하고 있으므로 동법이 사람의 종기에 대하여 뇌사설을 택한 것이라고 이해할 수는 없다. 동법은 뇌사자의 장기이식에 대한 특별한 법령상의 위법성조각사유를 규정한 것으로 보는 것이 타당하다.

2) 행 위

사람을 살해하는 것이다. 살해란 고의로 사람의 생명을 자연적인 사기(死期)에 앞서서 단절시키는 것을 말한다. 그 수단과 방법에는 제한이 없으므로 유형적·무형적·작위·부작위·직접적·간접적 방법 등을 불문한다. 무고·위증 또는 국가의 재판을 이용하여 사형을 당하게 한 경우에 살인죄의 간접정범을 인정하는 견해도 있으나 고발인이나 증인에게 수사기관이나 법원의 재판에 대한 의사지배를 인정할 수 없으므로 살인죄의 간접정범은 인정되지 아니한다고 보는 것이 타당하다.

(2) 주관적 구성요건

사람을 살해한다는 사실에 대한 고의가 있어야 하며 미필적 고의로 족하다. 고의로 에이즈에 감염시킨 경우에는 형법이 불치의 질병을 중상해의 중한 결과의 하나로 규정하고 있으므로(형법 제258조 제2항) 살인의 고의라기보다 중상해의 고의를 인정하여야 한다.

> 1. 고의가 인정되는 사례
> [1] 살인죄에 있어서의 범의는 반드시 살해의 목적이나 계획적인 살해의 의도가 있어야 인정되는 것은 아니고, 자기의 행위로 인하여 타인의 사망의 결과를 발생시킬 만한 가능 또는 위험이 있음을 인식하거나 예견하면 족한 것이고 그 인식이나 예견은 확정적인 것은 물론 불확정적인 것이라도 소위 미필적 고의로 인정되는 것인바, 피고인이 범행 당시 살인의 범의는 없었고 단지 상해 또는 폭행의 범의만 있었을 뿐이라고 다투는 경우에 피고인에게 범행 당시 살인의 범의가 있었는지 여부는 피고인이 범행에 이르게 된 경위, 범행의 동기, 준비된 흉기의 유무·종류·용법, 공격의 부위와 반복성, 사망의 결과발생가능성 정도 등 범행 전후의 객관적인 사정을 종합하여 판단할 수밖에 없다.
> [2] 건장한 체격의 군인이 왜소한 체격의 피해자를 폭행하고 특히 급소인 목을 설골이 부러질 정도로 세게 졸라 사망케 한 행위에 살인의 범의가 있다고 본 사례(대판 2001.3.9. 2000도5590)
>
> 2. 고의가 인정되지 아니하는 사례
> 수인이 가벼운 상해 또는 폭행 등의 범의로 범행 중 1인의 소위로 살인의 결과를 발생케 한 경우, 그 나머지 자들은 상해 또는 폭행죄 등과 결과적 가중범의 관계에 있는 상해치사 또는 폭행치사 등의 죄책은 면할 수 없다고 하더라도 위 살인등 소위는 전연 예기치 못하였다 할 것이므로 그들에게 살인죄의 책임을 물을 수는 없다 할 것이다(대판 1984.10.5. 84도1544).

3. 위법성

정당방위·정당행위에 의한 위법성조각은 가능하나 피해자의 승낙으로는 위법성은 조각되지 아니하고 촉탁·승낙에 의한 살인죄를 구성한다. 우월적 이익이 적용되는 긴급피난 또한 살인죄의 위법성조각사유가 될 수 없다.

4. 죄수 및 타죄와의 관계

동일장소에서 근접한 시간에 동일한 방법으로 여러 명을 살해한 경우, 수개의 살인죄의 경합범이 성립한다(대판 1969.12.30. 69도2062). 사람을 살해한 후 죄적을 은폐하기 위하여 시체를 다른 장소에 옮겨 유기한 경우, 살인죄와 시체유기죄의 경합범이 성립한다(대판 1997.7.25. 97도1142).

Ⅲ 존속살해죄

1. 의의

존속살해죄는 자기 또는 배우자의 직계존속을 살해함으로써 성립하는 범죄이다(형법 제250조 제2항).

2. 구성요건

(1) 직계존속

직계존속은 법률상의 개념으로 민법에 의하여 정하여지나 반드시 가족관계등록부의 기재가 기준이 되는 것은 아니다. 혼인 외의 출생자의 경우 생부는 인지한 경우에만 법률상의 직계존속이 되나, 생모는 자의 출생으로 당연히 법률상의 직계존속이 된다(대판 1980.9.9. 80도1731). 양자의 경우에 양친은 양자의 직계존속이 된다. 타가에 입양된 자도 친생부모와의 직계존속관계는 그대로 유지된다(대판 1967.1.31. 66도1483). 다만, 친양자의 경우 실부모는 친양자에 대해 직계존속에 해당하지 아니함을 유의하여야 한다(민법 제908조의3).

> **존속살해죄의 성립 여부에 대한 사례**
> - 피고인이 입양의 의사로 친생자 출생신고를 하고 자신을 계속 양육하여 온 사람을 살해한 경우, 위 출생신고는 입양신고의 효력이 있으므로 존속살해죄가 성립한다(대판 2007.11.29. 2007도8333).
> - 피살자(여)가 그의 문전에 버려진 영아인 피고인을 주어다 기르고 그 부와의 친생자인 것처럼 출생신고를 하였으나 입양요건을 갖추지 아니하였다면 피고인과의 사이에 모자관계가 성립될 리 없으므로, 피고인이 동녀를 살해하였다고 하여도 존속살인죄로 처벌할 수 없다(대판 1981.10.13. 81도2466).[42]

(2) 배우자

배우자는 법률상의 배우자를 말하고 사실혼관계에 있는 자는 제외되며, 현재 생존하는 배우자를 말한다.

---

42) 출생신고를 하였으나 입양요건을 갖추지 아니하여 입양의 효력이 인정되지 아니하므로 보통살인죄의 성립은 가능하다.

IV 촉탁 · 승낙에 의한 살인죄

1. 의 의

촉탁 · 승낙에 의한 살인죄는 사람의 촉탁이나 승낙을 받아 그를 살해함으로써 성립하는 범죄이다(형법 제252조 제1항).

2. 구성요건

(1) 객 체

촉탁 · 승낙을 한 타인이다. 죽음의 의미를 이해할 수 있는 가치판단능력과 자유로운 의사결정능력이 있어야 하므로 유아나 심신상실자는 이에 해당하지 아니한다.

(2) 행 위

촉탁이란 이미 죽음을 결의한 자로부터 실행을 위탁받은 것이고, 승낙이란 살해에 대한 동의를 받는 것을 의미한다. 촉탁 · 승낙의 상대방은 특정될 것을 요하지 아니한다. 한편 촉탁 · 승낙은 피해자 자신에 대한 것이어야 하고 피해자의 자유의사에 의한 진의에 따른 것이어야 한다. 본죄는 촉탁 또는 승낙을 받은 때가 아니라 살해행위를 개시한 때에 실행의 착수가 있다.

V 자살 · 교사방조죄

1. 의 의

자살 · 교사방조죄는 사람을 교사하거나 방조하여 자살하게 함으로써 성립하는 범죄이다(형법 제252조 제2항).

2. 법적 성격

공범독립성설은 본죄를 공범의 독립성에 기초한 당연규정으로 이해하고 있으나, 공범종속성설에 의하면 불가벌적인 자살에 관여하는 행위를 처벌하는 것은 타인의 생명을 침해하는 행위를 고의적으로 유발 또는 촉진하였다는 점에서 공범이 아닌 독립범죄를 특별히 규정한 것으로 이해한다(다수설). 이 견해에 의하면 형법 제31조, 제32조는 본죄에 적용이 없다.

3. 구성요건

(1) 객 체

자살의 의미를 이해하고 자유로운 의사결정능력이 있어야 하므로 의사결정능력이 없는 유아나 심신상실자는 객체가 될 수 없고 이들의 자살을 교사·방조한 경우에는 살인죄의 간접정범이 성립할 수 있을 뿐이다(대판 1987.1.20. 86도2395).

(2) 행 위

1) 자살교사·방조

자살교사는 자살의사가 없는 자에게 자살을 결의하게 하는 것을 말하고, 자살방조는 이미 자살을 결의한 자를 원조하여 자살을 용이하게 하는 것을 말한다. 교사 또는 방조의 의미는 총론의 그것과 동일하다.

> 1. **자살방조죄가 성립하는 사례**
>   피해자가 피고인과 말다툼을 하다가 '죽고 싶다' 또는 '같이 죽자'고 하며 피고인에게 기름을 사오라고 하자 피고인이 휘발유 1병을 사다주었는데 피해자가 몸에 휘발유를 뿌리고 불을 붙여 자살한 사안에서, 자살방조죄가 성립한다(대판 2010.4.29. 2010도2328).
> 2. **자살방조죄가 성립하지 아니하는 사례**
>   - 피고인이 인터넷 사이트 내 자살 관련 카페 게시판에 청산염 등 자살용 유독물의 판매광고를 한 행위가 단지 금원 편취 목적의 사기행각의 일환으로 이루어졌고, 변사자들이 다른 경로로 입수한 청산염을 이용하여 자살한 사정 등에 비추어, 피고인의 행위는 자살방조에 해당하지 않는다(대판 2005.6.10. 2005도1373).
>   - 피해자가 휘발유를 자신의 몸에 뿌리고 죽겠다고 말한 것은 전 여자친구에게 그만큼 사랑한다는 것을 보여주기 위해서 한 행동일 뿐 실제 자살의 결의를 가지고 위와 같은 행동을 한 것은 아니고, 피해자가 피고인이 던져 준 라이터로 자신의 몸에 불을 붙인 행위로까지 나아간 것은 실제로 죽을 마음을 먹고 그 자살의사를 실행에 옮긴 것이라기보다는 충동적으로 일어난 일로 보아야 할 것이며, 피고인도 피해자의 행동을 실제 자살할 마음이 없이 전 여자친구의 마음을 돌리려는 것이라고 받아들였을 것이어서 피해자가 실제 자살하거나 몸에 불을 붙이는 행동으로 나아갈 것을 예견하였다고 볼 수 없다(대판 2008.9.25. 2008도6556).

2) 실행의 착수시기

피해자가 자살에 들어간 때에 실행의 착수가 있다는 견해(자살행위시설)와 자살교사와 자살방조의 경우를 나누어 각각 행위자의 자살교사시, 피해자의 자살착수시로 보는 견해(이분설)도 주장되고 있으나 본죄는 독립된 범죄유형으로 자살교사·방조행위를 본죄의 독자적인 실행행위로 보아야 하므로 행위자가 교사·방조한 때에 실행의 착수가 있다는 견해(교사·방조시설)가 타당하다.

Ⅵ 위계・위력에 의한 살인죄

1. 의 의

위계・위력에 의한 살인죄는 위계 또는 위력으로써 촉탁 또는 승낙하게 하여 그를 살해하거나 자살을 결의하게 하여 자살하게 함으로써 성립하는 범죄이다(형법 제253조).

2. 구성요건

위계란 목적・수단을 상대방에게 알리지 아니하고 그의 부지・착오를 이용하여 목적을 달성하는 것을 말하고, 위력이란 사람의 의사를 제압하기에 족한 무형적・유형적 힘을 말한다. 본죄는 상대방에게 위계・위력을 행사한 때에 실행의 착수가 인정되고 피해자가 사망한 때에 기수가 된다.

3. 처 벌

본죄에 해당하면 형법 제250조의 예에 따라 처벌된다. 따라서 본죄의 객체가 일반인이면 보통살인죄의 형으로, 자기 또는 배우자의 직계존속이면 존속살해죄의 형으로 처벌된다.

Ⅶ 살인예비・음모죄

1. 의 의

살인예비・음모죄는 보통살인죄, 존속살해죄, 위계・위력에 의한 살인죄를 범할 목적으로 예비 또는 음모함으로써 성립하는 범죄이다(형법 제255조).

2. 관련 판례

> [1] 형법 제255조, 제250조의 살인예비죄가 성립하기 위하여는 형법 제255조에서 명문으로 요구하는 살인죄를 범할 목적 외에도 살인의 준비에 관한 고의가 있어야 하며, 나아가 실행의 착수까지는 이르지 아니하는 살인죄의 실현을 위한 준비행위가 있어야 한다. 여기서의 준비행위는 물적인 것에 한정되지 아니하며 특별한 정형이 있는 것도 아니지만, 단순히 범행의 의사 또는 계획만으로는 그것이 있다고 할 수 없고 객관적으로 보아서 살인죄의 실현에 실질적으로 기여할 수 있는 외적 행위를 필요로 한다.
> [2] 甲이 乙을 살해하기 위하여 丙, 丁 등을 고용하면서 그들에게 대가의 지급을 약속한 경우, 甲에게는 살인죄를 범할 목적 및 살인의 준비에 관한 고의뿐만 아니라 살인죄의 실현을 위한 준비행위를 하였음을 인정할 수 있다는 이유로 살인예비죄의 성립을 인정한 사례(대판 2009.10.29. 2009도7150)

제2절 상해와 폭행의 죄

I 의의

1. 개념
상해와 폭행의 죄란 사람의 신체에 대한 침해를 내용으로 하는 범죄를 말한다.

2. 보호법익 및 보호정도
상해죄의 보호법익은 신체의 건강이고 폭행죄의 보호법익은 신체의 안전이다. 보호의 정도는 각각 침해범, 추상적 위험범으로서의 보호이다.

II 상해죄

1. 의의
상해죄는 고의로 사람의 신체를 상해함으로써 성립하는 범죄이다(형법 제257조 제1항).

2. 구성요건

(1) 객관적 구성요건

1) 객체

사람은 타인을 의미하므로 자기의 신체에 대한 상해는 상해죄의 구성요건해당성이 없으나, 병역법이나 군형법에 의하여 처벌되는 경우가 있다.

2) 행위

① 상해의 개념
  ㉠ 학설 : 상해를 신체의 완전성에 대한 침해로 이해하는 신체의 완전성설, 생리적 기능의 훼손을 의미한다는 생리적 기능훼손설, 생리적 기능의 훼손과 신체외관의 중대한 변화라고 해석하는 절충설의 대립이 있다.
  ㉡ 판례 : 판례는 신체의 완전성설을 취한 경우나 신체의 완전성설과 생리적 기능훼손설을 포괄하는 태도를 취한 경우도 있으나, 오랜 시간 동안의 협박과 폭행을 이기지 못하고 실신하여 범인들이 불러온 구급차 안에서야 정신을 차리게 되었다면, 외부적으로 어떤 상처가 발생하지 않았다고 하더라도 생리적 기능에 훼손을 입어 신체에 대한 상해가 있었다고(대판 1996.12.10. 96도2529) 하여 대체적으로 생리적 기능훼손설을 취하고 있는 것으로 판단된다.

ⓒ 검토 : 생각건대 신체의 완전성설은 상해의 범위가 지나치게 넓어진다는 문제가 있고, 절충설은 상해와 폭행의 구별이 불분명하게 된다는 문제가 있으므로 생리적 기능훼손설이 타당하다. 따라서 이에 의하여 판단하건대 생리적 기능훼손이란 건강을 침해하는 것, 즉 육체적·정신적인 병적 상태를 야기하거나 기존의 병적 상태를 더욱 악화시키는 것을 말한다.

> 1. 상해에 해당하는 사례
>   - 피해자가 강제추행 과정에서 가해자로부터 왼쪽 젖가슴을 꽉 움켜잡힘으로 인하여 왼쪽 젖가슴에 약 10일간의 치료를 요하는 좌상을 입고, 심한 압통과 약간의 종창이 있어 그 치료를 위하여 병원에서 주사를 맞고 3일간 투약을 한 경우, 피해자는 위와 같은 상처로 인하여 신체의 건강상태가 불량하게 변경되고 생활기능에 장애가 초래되었다 할 것이어서 이는 강제추행치상죄에 있어서의 상해의 개념에 해당한다(대판 2000.2.11. 99도4794).
>   - 미성년자에 대한 추행행위로 인하여 그 피해자의 외음부 부위에 염증이 발생한 것이라면, 그 증상이 약간의 발적과 경도의 염증이 수반된 정도에 불과하다고 하더라도 그로 인하여 피해자 신체의 건강상태가 불량하게 변경되고 생활기능에 장애가 초래된 것이 아니라고 볼 수 없으니, 이러한 상해는 미성년자의제강제추행치상죄의 상해의 개념에 해당한다(대판 1996.11.22. 96도1395).
>   - 오랜 시간 동안의 협박과 폭행을 이기지 못하고 실신하여 범인들이 불러온 구급차 안에서야 정신을 차리게 되었다면, 외부적으로 어떤 상처가 발생하지 않았다고 하더라도 생리적 기능에 훼손을 입어 신체에 대한 상해에 해당한다(대판 1996.12.10. 96도2529).
> 2. 상해에 해당하지 아니하는 사례
>   - 피고인이 피해자와 연행문제로 시비하는 과정에서 치료도 필요 없는 가벼운 상처를 입었으나, 그 정도의 상처는 일상생활에서 얼마든지 생길 수 있는 극히 경미한 상처이므로 굳이 따로 치료할 필요도 없는 것이어서 그로 인하여 인체의 완전성을 해하거나 건강상태를 불량하게 변경하였다고 보기 어려우므로, 피해자가 약 1주간의 치료를 요하는 좌측팔 부분의 동전크기의 멍이 든 것은 상해죄에서 말하는 상해에 해당되지 않는다(대판 1996.12.23. 96도2673).
>   - 피해자를 강간하려다가 미수에 그치고 그 과정에서 피해자에게 경부 및 전흉부 피하출혈, 통증으로 약 7일 간의 가료를 요하는 상처가 발생하였으나 그 상처가 굳이 치료를 받지 않더라도 일상생활을 하는 데 아무런 지장이 없고 시일이 경과함에 따라 자연적으로 치유될 수 있는 정도라면 그로 인하여 신체의 완전성이 손상되고 생활기능에 장애가 왔다거나 건강상태가 불량하게 변경되었다고 보기는 어려우므로 강간치상죄의 상해에 해당하지 않는다(대판 1994.11.4. 94도1311).
>   - 체포치상죄의 상해는 피해자 신체의 건강상태가 불량하게 변경되고 생활기능에 장애가 초래되는 것을 말한다. 피해자가 입은 상처가 극히 경미하여 굳이 치료할 필요가 없고 치료를 받지 않더라도 일상생활을 하는 데 아무런 지장이 없으며 시일이 경과함에 따라 자연적으로 치유될 수 있는 정도라면, 그로 인하여 피해자의 신체의 건강상태가 불량하게 변경되었다거나 생활기능에 장애가 초래된 것으로 보기 어려워 체포치상죄의 상해에 해당한다고 할 수 없다(대판 2020.3.27. 2016도18713).

② 상해의 수단·방법 : 상해의 수단·방법에는 제한이 없으므로 유형적·무형적 방법 또는 직접적·간접적 방법을 불문한다.

(2) 주관적 구성요건

상해죄는 미필적 고의로 족하다. 폭행의 고의로 상해의 결과가 발생한 경우에는 폭행치상죄(형법 제262조)가 성립하고, 상해의 고의로 폭행에 그쳤다면 상해죄의 미수범(형법 제257조 제3항)이 성립한다.

3. 위법성

신체에 대한 상해가 공서양속이나 사회상규에 반하지 아니하는 경우에는 위법성이 조각된다. 치료행위는 구성요건해당성을 배제한다고 볼 것이나 치료유사행위는 피해자의 승낙에 의하여 위법성이 조각된다고 해야 한다.

4. 죄수 및 타죄와의 관계

신체의 완전성은 일신전속적 법익이므로 피해자의 수에 따라 죄수를 결정한다. 살인의 고의로 상해를 입힌 경우에는 살인미수가 된다. 공무집행 중의 공무원에게 상해를 가하면 공무집행방해죄와 상해죄의 상상적 경합이 성립한다.

III 존속상해죄

존속상해죄는 자기 또는 배우자의 직계존속의 신체를 상해함으로써 성립하는 범죄이다(형법 제257조 제2항). 본죄는 객체가 직계존속이라는 신분관계로 인하여 상해죄에 대하여 책임을 가중하는 가중적 구성요건으로서 부진정신분범에 해당한다.

IV 중상해죄

1. 의 의

중상해죄는 사람의 신체를 상해하여 생명에 위험을 발생하게 하거나 불구 또는 불치나 난치의 질병에 이르게 함으로써 성립하는 범죄이다(형법 제258조 제1항, 제2항).

2. 구성요건

생명에 대한 위험은 생명에 대한 구체적 위험의 발생, 즉 치명상을 의미한다. 불구는 신체의 전체 조직상 고유한 기능을 갖는 중요부분의 기능상실을 말한다. 판례에 의하면 안면부에 폭력을 가하여 실명하게 한 경우에는 중상해에 해당하나, 치아 한두 개를 부러뜨린 경우에는 단순상해에 해당한다고 한다. 또한 1~2개월간 입원할 정도로 다리가 부러진 상해 또는 3주간의 치료를 요하는 우측흉부 자상은 중상해에 해당하지 아니한다고(대판 2005.12.9. 2005도7527) 판시하고 있다. 불구에는 신체의 장기 상실이 포함된다고 보는 것이 다수설이다. 한편 중요부분인지 여부의 판단은 피해자의 주관적인 사정을 고려하지 아니하고 신체조직상의 기능을 객관적으로 판단하여 결정한다. 불치 또는 난치의 질병이란 치료의 가능성이 없거나 현저하게 곤란한 질병을 말한다.

3. 적용범위

폭행의 고의로 중상해의 결과가 발생한 경우를 중상해로 보는 견해도 있으나, 이 경우에는 폭행치상죄가 성립하고 중상해죄의 형으로 처벌된다고 보는 것이 타당하다.

V 존속중상해죄

존속중상해죄는 자기 또는 배우자의 직계존속에 대하여 중상해죄를 범함으로써 성립하는 범죄이다(형법 제258조 제3항). 본죄는 중상해죄에 비하여 신분관계로 책임이 가중되는 가중적 구성요건이다.

VI 특수상해죄

특수상해죄는 단체 또는 다중의 위력을 보이거나 위험한 물건을 휴대하여 상해죄, 존속상해죄, 중상해죄를 범함으로써 성립하는 범죄이다(형법 제258조의2 제1항, 제2항). 본죄는 행위의 위험성 때문에 불법이 가중되는 가중적 구성요건이다.

> **특수상해죄가 성립하는 사례**
>
> [1] 피고인이 길이 140cm, 지름 4cm인 대나무를 휴대하여 피해자 갑, 을에게 상해를 입혔다는 내용으로 기소된 사안에서, 피고인이 위 대나무로 갑의 머리를 여러 차례 때려 대나무가 부러졌고, 갑은 두피에 표재성 손상을 입어 사건 당일 병원에서 봉합술을 받은 점 등에 비추어 피고인이 사용한 위 대나무가 '위험한 물건'에 해당한다고 본 원심판단이 정당하다고 한 사례
> [2] 피고인이 위험한 물건인 대나무를 휴대하여 피해자들에게 상해를 입힌 행위는 형법 제1조 제2항에 따라 행위시법인 구 폭력행위처벌법의 규정으로 가중 처벌할 수 없고 신법인 형법 제258조의2 제1항으로 처벌할 수 있을 뿐이므로, 구 폭력행위처벌법의 규정을 적용한 원심판결은 더 이상 유지할 수 없다(대판 2017.12.28. 2015도5854).

VII 상해치사죄·존속상해치사죄

상해치사죄·존속상해치사죄는 사람 또는 자기나 배우자의 직계존속의 신체를 상해하여 사망에 이르게 함으로써 성립하는 범죄이다(형법 제259조 제1항, 제2항). 상해죄·존속상해죄의 결과적 가중범이다.

> **상해치사죄가 성립하는 사례**
> • 피고인이 피해자에게 우측 흉골골절 및 늑골골절상과 이로 인한 우측 심장벽좌상과 심낭내출혈 등의 상해를 가함으로써, 피해자가 바닥에 쓰러진 채 정신을 잃고 빈사상태에 빠지자, 피해자가 사망한 것으로 오인하고, 피고인의 행위를 은폐하고 피해자가 자살한 것처럼 가장하기 위하여 피해자를 베란다로 옮긴 후

베란다 밑 약 13m 아래의 바닥으로 떨어뜨려 피해자로 하여금 현장에서 좌측 측두부 분쇄함몰골절에 의한 뇌손상 및 뇌출혈 등으로 사망에 이르게 하였다면, 피고인의 행위는 포괄하여 단일의 상해치사죄에 해당한다(대판 1994.11.4. 94도2361).

- 피고인이 이 사건 범행일시경 계속 교제하기를 원하는 자신의 제의를 피해자가 거절한다는 이유로 얼굴을 주먹으로 수회 때리자 피해자는 이에 대항하여 피고인의 손가락을 깨물고 목을 할퀴게 되었고, 이에 격분한 피고인이 다시 피해자의 얼굴을 수회 때리고 발로 배를 수회 차는 등 폭행을 하므로 피해자는 이를 모면하기 위하여 도로 건너편의 추어탕 집으로 도망가 도움을 요청하였으나, 피고인은 이를 뒤따라 도로를 건너간 다음 피해자의 머리카락을 잡아 흔들고 얼굴 등을 주먹으로 때리는 등 폭행을 가하였고, 이에 견디지 못한 피해자가 다시 도로를 건너 도망하자 피고인은 계속하여 쫓아가 주먹으로 피해자의 얼굴 등을 구타하는 등 폭행을 가하여 전치 10일간의 흉부피하출혈상 등을 가하였고, 피해자가 위와 같이 계속되는 피고인의 폭행을 피하려고 다시 도로를 건너 도주하다가 차량에 치여 사망한 경우, 피고인의 위 상해행위와 피해자의 사망 사이에 상당인과관계가 있으므로 피고인에게는 상해치사죄가 성립한다(대판 1996.5.10. 96도529).

Ⅷ 동시범의 특례

이에 대하여는 총론의 공동정범 편을 참조하라.

Ⅸ 폭행죄

1. 의 의

폭행죄는 사람의 신체에 대하여 폭행을 가함으로써 성립하는 범죄이다(형법 제260조 제1항).

2. 구성요건

(1) 객관적 구성요건

1) 형법상의 폭행

형법상의 폭행은 대상을 불문하고 일체의 유형력의 행사를 의미하는 최광의의 폭행(내란죄, 소요죄), 사람에 대한 직·간접의 유형력의 행사를 의미하는 광의의 폭행(공무집행방해죄, 강요죄), 사람의 신체에 대한 유형력의 행사를 의미하는 협의의 폭행(폭행죄), 상대방의 반항을 불가능하게 하거나 현저히 곤란하게 할 정도의 유형력을 의미하는 최협의의 폭행(강도죄, 강간죄)으로 구분할 수 있다.

2) 폭행죄의 폭행

① 의의 : 폭행죄의 폭행은 협의의 폭행으로 사람의 신체에 대한 유형력의 행사를 말한다. 여기서의 유형력은 사람의 신체를 대상으로 하는 것이어야 하나 신체에 직접적으로 접촉할 필요는 없다. 물건을 대상으로 하는 것은 폭행이 아님을 유의하여야 한다.

> - 형법 제260조에서 말하는 폭행이란 사람의 신체에 대하여 유형력을 행사하는 것을 의미하는 것으로서 피고인이 피해자에게 욕설을 한 것만을 가지고 당연히 폭행을 한 것이라고 할 수는 없을 것이고, 피해자 집의 대문을 발로 찬 것이 막바로 또는 당연히 피해자의 신체에 대하여 유형력을 행사한 경우에 해당한다고 할 수도 없다(대판 1991.1.29. 90도2153).
> - 공소외인이 피고인을 만나주지 않는다는 이유로 시정된 탁구장문과 주방문을 부수고 주방으로 들어가 방문을 열어주지 않으면 모두 죽여버린다고 폭언하면서 시정된 방문을 수회 발로 찬 피고인의 행위는 재물손괴죄 또는 숙소안의 자에게 해악을 고지하여 외포케 하는 단순 협박죄에 해당함은 별론으로 하고, 단순히 방문을 발로 몇 번 찼다고 하여 그것이 피해자들의 신체에 대한 유형력의 행사로는 볼 수 없어 폭행죄에 해당한다 할 수 없다(대판 1984.2.14. 83도3186).

② 유형력의 행사 : 유형력은 육체적·정신적으로 고통을 가하는 일체의 힘을 말한다. 유형력에는 역학적 작용 이외에 화학적·생리적 작용뿐만 아니라 에너지의 작용도 포함된다고 하여야 한다. 사람의 면전에서 폭언을 수차례 반복하는 경우나 최면술·마취약으로 의식을 몽롱하게 하거나 가스총을 발사하여 일시 기절하게 하는 경우도 폭행에 해당한다.

> 1. **폭행이 인정되는 사례**
>   폭행죄에서 말하는 폭행이란 사람의 신체에 대하여 육체적·정신적으로 고통을 주는 유형력을 행사함을 뜻하는 것으로서 반드시 피해자의 신체에 접촉함을 필요로 하는 것은 아니고, 그 불법성은 행위의 목적과 의도, 행위 당시의 정황, 행위의 태양과 종류, 피해자에게 주는 고통의 유무와 정도 등을 종합하여 판단하여야 한다. 따라서 자신의 차를 가로막는 피해자를 부딪친 것은 아니라고 하더라도, 피해자를 부딪칠 듯이 차를 조금씩 전진시키는 것을 반복하는 행위 역시 피해자에 대해 위법한 유형력을 행사한 것이라고 보아야 한다(대판 2016.10.27. 2016도9302).
> 2. **폭행이 인정되지 아니하는 사례**
>   [1] 형법 제260조에 규정된 폭행죄는 사람의 신체에 대한 유형력의 행사를 가리키며, 그 유형력의 행사는 신체적 고통을 주는 물리력의 작용을 의미하므로 신체의 청각기관을 직접적으로 자극하는 음향도 경우에 따라서는 유형력에 포함될 수 있다.
>   [2] 피해자의 신체에 공간적으로 근접하여 고성으로 폭언이나 욕설을 하거나 동시에 손발이나 물건을 휘두르거나 던지는 행위는 직접 피해자의 신체에 접촉하지 아니하였다 하더라도 피해자에 대한 불법한 유형력의 행사로서 폭행에 해당될 수 있는 것이지만, 거리상 멀리 떨어져 있는 사람에게 전화기를 이용하여 전화하면서 고성을 내거나 그 전화 대화를 녹음 후 듣게 하는 경우에는 특수한 방법으로 수화자의 청각기관을 자극하여 그 수화자로 하여금 고통스럽게 느끼게 할 정도의 음향을 이용하였다는 등의 특별한 사정이 없는 한 신체에 대한 유형력의 행사를 한 것으로 보기 어렵다(대판 2003.1.10. 2000도5716).

(2) 주관적 구성요건

폭행죄가 성립하기 위해서는 타인의 신체에 대하여 유형력을 행사한다는 사실에 대한 인식과 의사가 있어야 한다.

3. 위법성

일반적인 위법성조각사유에 의하여 본죄의 위법성이 조각될 수 있다.

> 피고인들과 피해자 사이에 차량 주차 문제로 시비가 되어 서로 다투던 중, 피고인 2가 피해자의 멱살을 잡는 등 다소의 유형력을 행사한 것은 26세의 청년인 피해자가 자신의 딸인 피고인 1의 뺨을 때리는 등 구타할 뿐 아니라 62세인 자신까지 밀어 넘어뜨리는 상황에서 싸움을 말리기 위하여 한 행위로 피고인 2의 위 행위는 이러한 과정에서 이루어진 소극적인 방어행위로서 사회통념상 허용될 수 있는 정도의 상당성이 있으므로 위법성이 없어 죄가 되지 않는다(대판 1996.2.23. 95도1642).

4. 소추조건

본죄는 피해자의 명시한 의사에 반하여 공소를 제기할 수 없다(반의사불벌죄). 그러나 폭행이 폭력행위등 처벌에 관한 법률 위반에 해당하는 경우에는 반의사불벌죄가 아님을 유의하여야 한다(폭처법 제2조 제4항).

5. 죄수 및 타죄와의 관계

폭행이 다른 죄의 수단이 되는 경우에는 폭행은 다른 죄에 흡수되어 별도로 성립하지 아니한다(법조경합).

X 존속폭행죄

존속폭행죄는 자기 또는 배우자의 직계존속의 신체에 대하여 폭행을 가함으로써 성립하는 범죄이다(형법 제260조 제2항). 본죄는 폭행죄에 대하여 신분관계로 인하여 책임이 가중되는 가중적 구성요건으로서 부진정신분범이다.

XI 특수폭행죄

1. 의의

특수폭행죄는 단체 또는 다중의 위력을 보이거나 위험한 물건을 휴대하여 사람이나 자기 또는 배우자의 직계존속의 신체에 대하여 폭행을 가함으로써 성립하는 범죄이다(형법 제261조). 본죄는 폭행죄에 대하여 불법이 가중되는 가중적 구성요건이다.

2. 구성요건

(1) 객관적 구성요건

1) 단체 또는 다중의 위력을 보임

단체는 공동목적을 가진 다수인의 계속적·조직적 결합체를 말하고, 다중은 단체를 이루지 못한 다수인의 단순한 집합을 말하고 계속적 조직체일 필요는 없다. 단체는 구성원들이 반드시 동일장소에 현실적으로 집합할 것을 요하지 아니하나 다중의 경우에는 동일장소에 현실적으로 집합할 것을 요한다. 위력이란 사람을 제압하기에 족한 세력을 말한다. 본죄는 단체 또는 다중의 위력을 보이는 것이지 단체 또는 다중 그 자체를 보일 것을 요하지 아니한다. 따라서 폭행현장에 단체 또는 다중이 현존할 것을 요하지는 아니하나 단체 또는 다중은 현실적으로 존재하여야 한다.

2) 위험한 물건을 휴대

① 위험한 물건

  ㉠ 의의 : 물건의 객관적 성질과 사용방법에 따라서는 사람을 살상할 수 있는 물건을 말하고 그것이 사람을 살상하기 위하여 제조된 것임을 요하지 아니한다. 본래 사람을 살상하기 위해 만들어진 물건이 아니더라도 널리 사람의 생명·신체에 해를 가하는 데 사용될 수 있는 일체의 물건을 포함한다. 따라서 위험한 물건에 해당하는지 여부는 물건의 성질과 사용방법의 위험성을 함께 고려하여 사회통념에 비추어 그 물건을 사용하면 그 상대방이나 제3자가 위험성을 느낄 수 있으리라고 인정되는 물건인가의 여부에 따라 판단한다(대판 2002.11.26. 2002도4586).

  ㉡ 범위 : 위험한 물건은 휴대가 가능할 정도의 가동물건(동산)에 국한되고 부동산이나 사람의 신체는 제외된다. 따라서 사람의 머리를 벽에 부딪치게 할 때의 벽이나 신체의 일부인 주먹이나 발은 위험한 물건이라고 할 수 없다. 판례에 의하면 면도칼·쪽가위·파리약 등은 위험한 물건에 해당하나, 쇠파이프로 허리를 구타하는데 대항하여 각목으로 상대방의 허리를 구타한 경우 각목은 위험한 물건에 해당하지 아니한다고(대판 1981.7.28. 81도1046) 판시하고 있다.

1. **위험한 물건에 해당하는 사례**
   - 피고인이 甲과 운전 중 발생한 시비로 한차례 다툼이 벌어진 직후 甲이 계속하여 피고인이 운전하던 자동차를 뒤따라온다고 보고 순간적으로 화가 나 甲에게 겁을 주기 위하여 자동차를 정차한 후 4 내지 5m 후진하여 甲이 승차하고 있던 자동차와 충돌한 사안에서, 본래 자동차 자체는 살상용, 파괴용 물건이 아닌 점 등을 감안하더라도, 위 충돌 당시와 같은 상황하에서는 甲은 물론 제3자라도 피고인의 자동차와 충돌하면 생명 또는 신체에 살상의 위험을 느꼈을 것이므로, 피고인이 자동차를 이용하여 甲에게 상해를 가하고, 甲의 자동차를 손괴한 행위는 폭력행위 등 처벌에 관한 법률 제3조 제1항이 정한 '위험한 물건'을 휴대하여 이루어진 범죄라고 봄이 상당하다(대판 2010.11.11. 2010도10256).
   - 국회의원인 피고인이 한미 자유무역협정 비준동의안의 국회 본회의 심리를 막기 위하여 의장석 앞 발언대 뒤에서 CS최루분말 비산형 최루탄 1개를 터뜨리고 최루탄 몸체에 남아있는 최루분말을 국회부의장 甲에게 뿌려 甲과 국회의원 등을 폭행하였다는 내용으로 기소된 경우, 위 최루탄과 최루분말이 폭력행위 등 처벌에 관한 법률 제3조 제1항의 '위험한 물건'에 해당한다(대판 2014.6.12. 2014도1894).

2. **위험한 물건에 해당하지 아니하는 사례**
   - 자동차를 이용하여 다른 자동차를 충격한 경우, 충격 당시 차량의 크기, 속도, 손괴 정도 등 제반 사정에 비추어 위 자동차가 폭력행위 등 처벌에 관한 법률 제3조 제1항에 정한 '위험한 물건'에 해당하지 않는다(대판 2009.3.26. 2007도3520).[43]
   - 폭력행위 등 처벌에 관한 법률 제3조 제1항 소정의 위험한 물건의 위험성 여부는 구체적인 사안에 따라서 사회통념에 비추어 그 물건을 사용하면 그 상대방이나 제3자가 곧 위험성을 느낄 수 있으리라고 인정되는 물건인가의 여부에 따라 이를 판단하여야 할 것인바, 피해자가 먼저 식칼을 들고 나와 피고인을 찌르려다가 피고인이 이를 저지하기 위하여 그 칼을 뺏은 다음 피해자를 훈계하면서 위 칼의 칼자루 부분으로 피해자의 머리를 가볍게 쳤을 뿐이라면 피해자가 위험성을 느꼈으리라고는 할 수 없다(대판 1989.12.22. 89도1570).
   - 경륜장 사무실에서 술에 취해 소란을 피우면서 '소화기'를 집어던졌지만 특정인을 겨냥하여 던진 것이 아닌 점 등을 종합하면, 위 '소화기'는 폭력행위 등 처벌에 관한 법률 제3조 제1항의 '위험한 물건'에 해당하지 않는다(대판 2010.4.29. 2010도930).

---

43) 소형승용차(라노스)로 중형승용차(쏘나타)를 충격한 것이고, 충격할 당시 두 차량 모두 정차하여 있다가 막 출발하는 상태로서 차량 속도가 빠르지 않았으며 상대방 차량의 손괴 정도가 그다지 심하지 아니한 점, 이 사건 자동차의 충격으로 피해자들이 입은 상해의 정도가 비교적 경미한 점 등의 여러 사정을 종합하면, 피고인의 이 사건 자동차 운행으로 인하여 사회통념상 상대방이나 제3자가 생명 또는 신체에 위험을 느꼈다고 보기 어렵다고 판단하여 피고인에 대한 폭력행위 등 처벌에 관한 법률 제3조 제1항 위반죄가 성립하지 아니한다고 한 사례(대판 2009.3.26. 2007도3520)

② 휴 대
　㉠ 의의 : 휴대의 의미에 관하여 휴대란 폭행 현장에서 몸에 지니거나 몸에 지니고 이용하는 것을 의미한다는 협의설, 휴대란 범행 현장에서 사용할 의도 아래 몸에 지니거나 몸 가까이 소지하는 것을 의미한다는 중간설이 주장되고 있으나 행위방법의 위험성으로 인하여 불법이 가중되는 특수폭행죄의 본질을 고려하면 휴대를 사전적 의미와는 달리 널리 이용하여와 같이 해석하는 것이 타당하다고 판단된다(광의설). 판례도 '위험한 물건을 휴대하여'를 소지뿐만 아니라 널리 이용한다는 뜻도 포함하고 있다고(대판 2001.2.23. 2001도271) 판시함으로써 광의설을 취하고 있음을 명백히 하고 있다.

> 1. 휴대에 해당하는 사례
> - [1] 폭력행위 등 처벌에 관한 법률 제3조 제1항에 있어서 '위험한 물건'이라 함은 흉기는 아니라고 하더라도 널리 사람의 생명, 신체에 해를 가하는 데 사용할 수 있는 일체의 물건을 포함한다고 풀이할 것이므로, 본래 살상용·파괴용으로 만들어진 것뿐만 아니라 다른 목적으로 만들어진 칼·가위·유리병·각종공구·자동차 등은 물론 화학약품 또는 사주된 동물 등도 그것이 사람의 생명·신체에 해를 가하는 데 사용되었다면 본조의 '위험한 물건'이라 할 것이며, 한편 이러한 물건을 '휴대하여'라는 말은 소지뿐만 아니라 널리 이용한다는 뜻도 포함하고 있다.
> [2] 견인료납부를 요구하는 교통관리직원을 승용차 앞범퍼 부분으로 들이받아 폭행한 사안에서, 승용차가 폭력행위 등 처벌에 관한 법률 제3조 제1항 소정의 '위험한 물건'에 해당한다고 본 사례(대판 1997.5.30. 97도597)
> - [1] 성폭력범죄의 처벌 및 피해자보호 등에 관한 법률의 목적과 같은 법 제6조의 규정 취지에 비추어 보면 같은 법 제6조 제1항 소정의 '흉기 기타 위험한 물건을 휴대하여 강간죄를 범한 자'란 범행 현장에서 그 범행에 사용하려는 의도 아래 흉기를 소지하거나 몸에 지니는 경우를 가리키는 것이고, 그 범행과는 전혀 무관하게 우연히 이를 소지하게 된 경우까지를 포함하는 것은 아니라 할 것이나, 범행 현장에서 범행에 사용하려는 의도 아래 흉기 등 위험한 물건을 소지하거나 몸에 지닌 이상 그 사실을 피해자가 인식하거나 실제로 범행에 사용하였을 것까지 요구되는 것은 아니다.
> [2] 피고인은 피해자를 강간하기 위하여 피해자의 주거 부엌에 있던 칼과 운동화 끈을 들고 피해자가 자고 있던 방안으로 들어가서, 소리치면 죽인다며 손으로 피해자의 입을 틀어막고 운동화 끈으로 피해자의 손목을 묶어 반항을 억압한 다음 간음을 하였고, 부엌칼은 굳이 사용할 필요가 없어 이를 범행에 사용하지 않은 사실을 알 수 있는바, 그렇다면 당시 피고인의 부엌칼 휴대 사실을 피해자가 알지 못하였다고 하더라도 피고인은 "흉기 기타 위험한 물건을 휴대하여" 피해자를 강간한 것이라고 보아야 할 것이다(대판 2004.6.11. 2004도2018).
> 2. 휴대에 해당하지 아니하는 사례
> [1] 폭력행위 등 처벌에 관한 법률의 목적과 그 제3조 제1항의 규정취지에 비추어 보면 같은 법 제3조 제1항 소정의 "흉기 기타 위험한 물건을 휴대하여 그 죄를 범한 자"란 범행현장에서 그 범행에 사용하려는 의도 아래 흉기를 소지하거나 몸에 지니는 경우를 가리키는 것이지 그 범행과는 전혀 무관하게 우연히 이를 소지하게 된 경우까지를 포함하는 것은 아니다.

> [2] 피고인은 범행일에 버섯을 채취하러 산에 가면서 칼을 휴대한 것일 뿐 판시 주거침입에 사용할 의도 아래 이를 소지한 것이 아니고 판시 주거침입시에 이를 사용한 것도 아니라는 것인바 기록에 비추어 보면 원심의 이와 같은 사실인정은 수긍이 되고 거기에 소론과 같은 채증법칙에 위배된 바 있다고 할 수 없고, 사실이 그러하다면 피고인은 같은 법 제3조 제1항 소정의 흉기를 휴대하여 주거침입의 죄를 범한 자라고 할 수는 없다(대판 1990.4.24. 90도401).

ⓒ 범위 : 위험한 물건은 반드시 범행 이전부터 소지할 것을 요하지 아니하므로 범행 현장에서 소지하는 경우도 휴대가 된다. 위험한 물건은 반드시 손에 집어 들어야 하는 것은 아니며, 휴대란 범행 현장에서 사용할 의도로 위험한 물건을 소지하는 것을 말하므로 사용할 의도 없이 위험한 물건을 소지하는 것은 휴대가 아니다. 위험한 물건은 휴대로 충분하고 이를 피해자에게 보일 필요는 없으므로 휴대사실을 피해자에게 인식시킬 필요는 없고(대판 1984.4.10. 84도353), 실제로 범행에 사용하였을 것을 요하지도 않는다(대판 2004.6.11. 2004도2018).

③ 휴대 여부의 판단기준 : 휴대 여부는 직접 구성요건적 행위를 실행하는 범인을 기준으로 판단한다.

> [1] 폭력행위 등 처벌에 관한 법률 제3조 제1항, 제2조 제1항, 형법 제319조 제1항 소정의 특수주거침입죄는 흉기 기타 위험한 물건을 휴대하여 타인의 주거나 건조물 등에 침입함으로써 성립하는 범죄이므로, 수인이 흉기를 휴대하여 타인의 건조물에 침입하기로 공모한 후 그중 일부는 밖에서 망을 보고 나머지 일부만이 건조물 안으로 들어갔을 경우에 있어서 특수주거침입죄의 구성요건이 충족되었다고 볼 수 있는지의 여부는 직접 건조물에 들어간 범인을 기준으로 하여 그 범인이 흉기를 휴대하였다고 볼 수 있느냐의 여부에 따라 결정되어야 한다.
> [2] 원심이 인용한 제1심판결의 증거를 기록에 대조하여 검토하여 보면, 당시 흉기가 보관되어 있던 차량은 피고인 등이 침입한 위 건물로부터 약 30 내지 50미터 떨어진 거리에 있었고, 차량 안에 남아 있던 다른 피고인들은 만약의 사태에 대비하면서 차량 안에 남아서 유심히 주위의 동태를 살피다가 피고인 등이 도망치는 모습을 발견하고서는 그대로 차를 운전하여 도주한 사실을 인정할 수 있는바, 그렇다면 위 건물 안으로 들어간 피고인 등 범인들을 기준으로 할 경우에 그들이 위 건조물에 들어갈 때 30 내지 50여 미터 떨어진 거리에 세워진 차 안에 있던 흉기를 휴대하고 있었다고는 볼 수 없을 것이다. 그렇다면 판시 특수주거침입의 공소사실에 대하여 유죄로 인정한 원심판결은 특수주거침입죄에 대한 법리를 오해한 위법이 있다(대판 1994.10.11. 94도1991).

3) 폭 행

본죄의 폭행도 사람의 신체에 대한 직접적인 유형력의 행사를 의미한다.

(2) 주관적 구성요건

단체·다중의 위력을 보이거나 위험한 물건을 휴대하고 폭행한다는 사실에 대한 인식과 의사를 내용으로 하는 고의가 있어야 한다.

XII 폭행치사상죄

1. 의 의

폭행치사상죄는 폭행죄, 존속폭행죄, 특수폭행죄를 지어 사람을 사망이나 상해에 이르게 함으로써 성립하는 범죄이다(형법 제262조).

> 1. **폭행치사죄가 성립하는 사례**
>   피고인들이 공동하여 피해자를 폭행하여 당구장 3층에 있는 화장실에 숨어 있던 피해자를 다시 폭행하려고 피고인 갑은 화장실을 지키고, 피고인 을은 당구치는 기구로 문을 내려쳐 부수자 위협을 느낀 피해자가 화장실 창문 밖으로 숨으려다가 실족하여 떨어짐으로써 사망한 경우에는 피고인들의 위 폭행행위와 피해자의 사망 사이에는 인과관계가 있다고 할 것이므로 폭행치사죄의 공동정범이 성립된다(대판 1990.10.16. 90도1786).
> 2. **폭행치사죄가 성립하지 아니하는 사례**
>   속칭 '생일빵'을 한다는 명목하에 피해자를 가격하여 사망에 이르게 한 경우, 비록 피고인의 폭행과 피해자의 사망 간에 인과관계는 인정되지만 폭행의 부위와 정도, 피고인과 피해자의 관계, 피해자의 건강상태 등 제반 사정을 고려하여 볼 때 피고인이 폭행 당시 피해자가 사망할 것이라고 예견할 수 없었다는 이유로 피고인에 대한 공소사실 중 폭행치사의 점은 범죄의 증명이 없는 경우로서 무죄가 된다(대판 2010.5.27. 2010도2680).

2. 특수폭행치상죄의 처벌례

> [1] 형법 제258조의2 특수상해죄의 신설 이전에는 형법 제262조의 "전 2조의 죄를 범하여 사람을 사상에 이르게 한 때에는 제257조 내지 제259조의 예에 의한다."라는 규정 중 '제257조 내지 제259조의 예에 의한다'의 의미는 형법 제260조(폭행, 존속폭행) 또는 제261조(특수폭행)의 죄를 범하여 상해, 중상해, 사망의 결과가 발생한 경우, 그 결과에 따라 상해의 경우에는 형법 제257조, 중상해의 경우에는 형법 제258조, 사망의 경우에는 형법 제259조의 예에 준하여 처벌하는 것으로 해석·적용되어 왔고, 따라서 특수폭행치상죄의 경우 법정형은 형법 제257조 제1항에 의하여 '7년 이하의 징역, 10년 이하의 자격정지 또는 1천만원 이하의 벌금'이었다. 그런데 2016.1.6. 형법 개정으로 특수상해죄가 형법 제258조의2로 신설됨에 따라 문언상으로 형법 제262조의 '제257조 내지 제259조의 예에 의한다'는 규정에 형법 제258조의2가 포함되어 특수폭행치상의 경우 특수상해인 형법 제258조의2 제1항의 예에 의하여 처벌하여야 하는 것으로 해석될 여지가 생기게 되었다. 이러한 해석을 따를 경우 특수폭행치상죄의 법정형이 형법 제258조의2 제1항이 정한 '1년 이상 10년 이하의 징역'이 되어 종래와 같이 형법 제257조 제1항의 예에 의하는 것보다 상향되는 결과가 발생하게 된다.
> [2] 형벌규정 해석에 관한 법리와 폭력행위 등 처벌에 관한 법률의 개정 경과 및 형법 제258조의2의 신설 경위와 내용, 그 목적, 형법 제262조의 연혁, 문언과 체계 등을 고려할 때, 특수폭행치상의 경우 형법 제258조의2의 신설에도 불구하고 종전과 같이 형법 제257조 제1항의 예에 의하여 처벌하는 것으로 해석함이 타당하다(대판 2018.7.24. 2018도3443).

XIII 상습상해 · 상습폭행죄

상습상해 · 폭행죄는 상습으로 상해죄, 존속상해죄, 중상해죄, 존속중상해죄, 특수상해죄, 특수중상해죄, 폭행죄, 존속폭행죄, 특수폭행죄를 범함으로써 성립하는 범죄이다(형법 제264조).

> 폭행죄의 상습성은 폭행 범행을 반복하여 저지르는 습벽을 말하는 것으로서, 동종 전과의 유무와 그 사건 범행의 횟수, 기간, 동기 및 수단과 방법 등을 종합적으로 고려하여 상습성 유무를 결정하여야 하고, 단순폭행, 존속폭행의 범행이 동일한 폭행 습벽의 발현에 의한 것으로 인정되는 경우, 그중 법정형이 더 중한 상습존속폭행죄에 나머지 행위를 포괄하여 하나의 죄만이 성립한다고 봄이 타당하다. 그리고 상습존속폭행죄로 처벌되는 경우에는 형법 제260조 제3항이 적용되지 않으므로, 피해자의 명시한 의사에 반하여도 공소를 제기할 수 있다(대판 2018.4.24. 2017도10956).

제3절 과실치사상의 죄

I 의 의

1. 개념

과실치사상죄란 과실로 인하여 사람을 사망에 이르게 하거나 사람의 신체를 상해하는 것을 내용으로 하는 범죄를 말한다.

2. 보호법익 및 보호정도

과실치사죄는 사람의 생명을, 과실치상죄는 사람의 신체의 건강을 보호법익으로 하며, 보호의 정도는 침해범으로서의 보호이다.

Ⅱ 과실치사상죄

과실로 인하여 사람을 사망에 이르게 하거나 사람의 신체를 상해에 이르게 함으로써 성립하는 범죄이다(형법 제267조, 제266조 제1항).

> **1. 과실치사죄가 성립하는 사례**
> [1] 임대차 목적물상의 하자의 정도가 그 목적물을 사용할 수 없을 정도의 파손 상태라고 볼 수 없다든지 임대인에게 수선의무가 있는 대규모의 것이라고 볼 수 없어 임차인의 통상의 수선 및 관리의무에 속한다고 보여지는 경우에는 그 하자로 인하여 가스 중독사가 발생하였더라도 임대인에게 과실이 있다 할 수 없으나, 이러한 판단을 함에 있어 단순히 하자 자체의 상태만 고려할 것이 아니라 그 목적물의 구조 및 전반적인 노후화 상태 등을 아울러 참작하여 대규모적인 수선이 요구되는지를 판단하여야 하며, 대규모의 수선 여부가 분명하지 아니한 경우에는 임대차 전후의 임대차 목적물의 상태 내지 하자로 인한 위험성의 징후 여부와 평소 임대인 또는 임차인의 하자 상태의 지실 내지 발견 가능성 여부, 임차인의 수선 요구 여부 및 이에 대한 임대인의 조치 여부 등을 종합적으로 고려하여 임대인의 과실 유무를 판단하여야 한다.
> [2] 피고인은 이 사건 발생 전 임차인으로부터 위 작은방에서 연탄가스 냄새가 많이 나고 사람들이 두 차례나 연탄가스를 마셔 죽을 뻔하기까지 했으니 방을 고쳐달라는 요구를 받고도 아무런 조치를 취하지 아니한 사실을 알 수 있는바, 앞서의 하자 상태가 이 사건 가옥의 전반적인 노후화 정도에 비추어 과연 대수선을 요하는 정도인지가 불분명한 이 사건에서, 피고인이 임차인으로부터 이러한 요구를 받고도 연탄가스 냄새가 나는 원인을 조사하고 그에 대한 대책을 강구하는 등의 조처를 취하지 아니한 점에 비추어 보면 이 사건 사고는 임대인인 피고인의 과실로 인하여 발생하였다고 봄이 상당하다(대판 1993.9.10. 93도196).
>
> **2. 과실치사죄가 성립하지 않는 사례**
> 부엌과 창고홀로 통하는 방문이 상단부의 문틈과 벽 사이에 약 1.2센티미터 내지 2센티미터나 벌어져 있고 그 문틈과 문자체 사이도 두 군데나 0.5센티미터의 틈이 있는 정도의 하자는 임차목적물을 사용할 수 없을 정도의 것이거나 임대인에게 수선의무가 있는 대규모의 것이 아니고 임차인의 통상의 수선 및 관리의무의 범위에 속하는 것이어서 비록 임차인이 위 문틈으로 새어든 연탄가스에 중독되어 사망하였다 하더라도 임대인에게 그 책임을 물을 수 없다(대판 1986.7.8. 86도383).

Ⅲ 업무상과실 · 중과실치사상죄

1. 의 의

업무상과실 · 중과실치사상죄는 업무상과실 또는 중대한 과실로 사람을 사망이나 상해에 이르게 함으로써 성립하는 범죄이다(형법 제268조). 업무상과실치사상죄는 업무자라는 신분으로 책임이 가중되는 가중적 구성요건이고, 중과실치사상죄는 과실이 보통의 경우보다 크다는 점에서 불법 및 책임이 가중되는 가중적 구성요건이다.

2. 구성요건

(1) 객관적 구성요건
업무상과실치사상죄의 주체는 일정한 업무에 종사하는 자이나 중과실치사상죄의 주체는 제한이 없다.

(2) 주관적 구성요건

1) 업무상과실

① 형법상 업무의 개념

　㉠ 업무의 개념요소 : 형법상 업무란 사람이 사회생활상의 지위에 기하여 계속·반복하여 행하는 사무를 말한다. 업무는 사회적 활동의 의미를 가져야 하므로 개인적·자연적 생활현상(식사, 산책, 육아)은 업무라고 할 수 없다. 업무는 객관적으로 상당한 회수로 반복되거나 계속·반복할 의사로 행하여져야 한다. 따라서 계속성이 없는 업무는 형법상의 업무가 아니나 단 1회의 행위라도 계속·반복할 의사로 행한 것이라면 업무가 된다. 또한 사무는 사회생활상 계속성을 가진 사무 내지 일이어야 한다.

> **업무의 개념요소로서의 계속성**
> [1] 업무상과실치상죄에 있어서의 '업무'란 사람의 사회생활면에서 하나의 지위로서 계속적으로 종사하는 사무를 말하고, 여기에는 수행하는 직무 자체가 위험성을 갖기 때문에 안전배려를 의무의 내용으로 하는 경우는 물론 사람의 생명·신체의 위험을 방지하는 것을 의무내용으로 하는 업무도 포함되는데, 안전배려 내지 안전관리 사무에 계속적으로 종사하여 위와 같은 지위로서의 계속성을 가지지 아니한 채 단지 건물의 소유자로서 건물을 비정기적으로 수리하거나 건물의 일부분을 임대하였다는 사정만으로는 업무상과실치상죄에 있어서의 '업무'로 보기 어렵다.
> [2] 발화지점으로 지적된 분전반이 건물의 2층 내부 벽면에 매립·설치되어 있고, 건물 3층과 4층에 이르는 전선은 벽체 내부의 통로를 따라 분전반 후면을 거쳐 배선되어 있는 건물의 화재와 관련하여, 분전반이나 전선이 임차인의 지배관리영역에 속하는 것인지 여부, 임차인에게 위 분전반이나 그 내부 전선의 이상으로 인한 화재를 예방하여야 할 주의의무가 있다고 볼 특별한 사정이 있는지 여부, 나아가 그 주의의무가 '업무상'의 주의에 속하는지 여부 등을 심리하지 않은 채, 분전반이나 건물의 3층과 4층에 이르는 전선이 화재원인이고 10여 년간 건물 2층을 임차해 오면서 당해 건물의 안전에 이상이 있음을 알고 있었다는 이유만으로, 임차인에게 '업무상 주의의무' 위반이 있다고 본 원심판결을 심리미진 등을 이유로 파기한 사례(대판 2009.5.28. 2009도1040)

　㉡ 형법상 업무의 기능 : 총칙상의 업무로는 위법성조각사유인 업무로 인한 정당행위의 내용이 되는 업무가 있다. 각칙상의 업무는 과실범의 업무, 진정신분범의 업무(허위진단서작성죄 등), 부진정신분범의 업무(업무상배임죄), 보호법익으로서의 업무(업무방해죄), 행위태양으로서의 업무(아동혹사죄)등으로 구분하여 볼 수 있다.

② **업무상과실치사상죄의 업무** : 본죄는 생명 또는 신체의 건강을 보호하기 위한 범죄이므로 본죄의 업무는 성질상 사람의 생명 또는 신체에 위험을 초래할 수 있는 업무에 한정된다.
③ **업무상과실의 내용**
  ㉠ 자동차운전자 등의 업무상주의의무

---

1. **업무상과실이 인정되는 사례**
   - 택시 운전자인 피고인이 심야에 밀집된 주택 사이의 좁은 골목길이자 직각으로 구부러져 가파른 비탈길의 내리막에 누워 있던 피해자의 몸통 부위를 택시 바퀴로 역과하여 그 자리에서 사망에 이르게 하고 도주한 경우, 위 사고 당시 시각과 사고 당시 도로상황 등에 비추어 자동차 운전업무에 종사하는 피고인으로서는 평소보다 더욱 속도를 줄이고 전방 좌우를 면밀히 주시하여 안전하게 운전함으로써 사고를 미연에 방지할 주의의무가 있었는데도, 이를 게을리한 채 그다지 속도를 줄이지 아니한 상태로 만연히 진행하던 중 전방 도로에 누워 있던 피해자를 발견하지 못하여 위 사고를 일으켰으므로, 사고 당시 피고인에게는 이러한 업무상 주의의무를 위반한 잘못이 있다(대판 2011.5.26. 2010도17506).
   - [1] 골프 카트는 안전벨트나 골프 카트 좌우에 문 등이 없고 개방되어 있어 승객이 떨어져 사고를 당할 위험이 커, 골프 카트 운전업무에 종사하는 자로서는 골프 카트 출발 전에는 승객들에게 안전 손잡이를 잡도록 고지하고 승객이 안전 손잡이를 잡은 것을 확인하고 출발하여야 하고, 우회전이나 좌회전을 하는 경우에도 골프 카트의 좌우가 개방되어 있어 승객들이 떨어져서 다칠 우려가 있으므로 충분히 서행하면서 안전하게 좌회전이나 우회전을 하여야 할 업무상 주의의무가 있다.
   [2] 골프장의 경기보조원인 피고인이 골프 카트에 피해자 등 승객들을 태우고 진행하기 전에 안전 손잡이를 잡도록 고지하지도 않고, 또한 승객들이 안전 손잡이를 잡았는지 확인하지도 않은 상태에서 만연히 출발하였으며, 각도 70°가 넘는 우로 굽은 길을 속도를 충분히 줄이지 않고 급하게 우회전한 업무상과실로, 피해자를 골프 카트에서 떨어지게 하여 두개골골절, 지주막하출혈 등의 상해를 입게 하였다고 본 원심판단을 수긍한 사례(대판 2010.7.22. 2010도1911)
2. **업무상과실이 인정되지 아니하는 사례**
   - 갑이 택시를 운전하여 시속 40킬로미터 속도로 편도 3차선 도로의 1차선을 따라 운행하던 중 차도를 무단횡단하기 위하여 중앙선상에 서있던 피해자가 뒷걸음질을 치다가 반대방향에서 달려오는 을 운전의 차량에 충격되면서 중앙선을 넘어 갑이 운전하던 위 차량의 전면 바로 앞에 떨어지는 바람에 이를 피하지 못하고 위 피해자를 충격하여 사고가 발생한 경우라면 갑에게 위 피해자가 자기 운행차선으로 튕겨져 나오는 것까지 예상하면서 이에 대비하여야 할 주의의무가 있다고는 할 수 없다(대판 1987.9.22. 87도516).
   - 내리막길에서 버스의 브레이크가 작동되지 아니하여 대형사고를 피하기 위하여 인도 턱에 버스를 부딪쳐 정차시키려고 하였으나 버스가 인도 턱을 넘어 돌진하여 보행자를 사망에 이르게 한 경우, 피고인에게 업무상과실은 인정되지 아니한다(대판 1996.7.9. 96도1198).

ⓒ 의사 등의 업무상주의의무

1. **업무상과실이 인정되는 사례**
   - [1] 피고인이 제왕절개수술을 시행 중 태반조기박리를 발견하고도 피해자의 출혈 여부 관찰을 간호사에게 지시하였다가 수술 후 약 45분이 지나 대량출혈을 확인하고 전원(轉院) 조치하였으나 그 후 피해자가 사망한 경우, 피고인에게 대량출혈 증상을 조기에 발견하지 못하고, 전원을 지체하여 피해자로 하여금 신속한 수혈 등의 조치를 받지 못하게 한 과실이 있다.
   [2] 피고인이 전원받는 병원 의료진에게 피해자가 고혈압환자이고 제왕절개수술 후 대량출혈이 있었던 사정을 설명하지 않은 경우, 피고인에게 전원과정에서 피해자의 상태 및 응급조치의 긴급성에 관하여 충분히 설명하지 않은 과실이 있다.
   [3] 피고인이 제왕절개수술 후 대량출혈이 있었던 피해자를 전원 조치하였으나 전원받는 병원 의료진의 조치가 다소 미흡하여 도착 후 약 1시간 20분이 지나 수혈이 시작된 사안에서, 피고인의 전원지체 등의 과실로 신속한 수혈 등의 조치가 지연된 이상 피해자의 사망과 피고인의 과실 사이에 인과관계가 인정된다고 한 사례(대판 2010.4.29. 2009도7070).
   - 피고인은 병원관리자로서 폐쇄병동의 정신질환자들이 언제든지 자살하거나 탈출을 시도할 가능성이 있으므로 이를 방지하기 위한 충분한 조치를 하여야 하고, 창문의 유리창에 별도의 보호철망을 설치하거나 유리가 창틀에서 떨어져 나가지 않도록 건물을 유지, 보수, 관리할 책임이 있음에도, 건물의 유지, 보수, 관리를 적절히 하지 않은 업무상과실이 있고, 그와 같은 과실로 인하여 피해자 공소외 1이 창문유리를 발로 걷어차고 유리창이 창틀에서 떨어져 나가자 그 사이로 빠져나가 건물 아래로 투신하여 사망하였다면, 피고인에게 업무상과실치사죄가 성립한다(대판 2017.4.28. 2015도12325).

2. **업무상과실이 인정되지 아니하는 사례**
   - 소아외과 의사가 5세의 급성 림프구성 백혈병 환자의 항암치료를 위하여 쇄골하 정맥에 중심정맥도관을 삽입하는 수술을 하는 과정에서 환자의 우측 쇄골하 부위를 주사바늘로 10여 차례 찔러 환자가 우측 쇄골하 혈관 및 흉막 관통상에 기인한 외상성 혈흉으로 인한 순환혈액량 감소성 쇼크로 사망한 경우, 담당 소아외과 의사에게 형법 제268조의 업무상과실이 없다(대판 2008.8.11. 2008도3090).
   - [1] 한의사인 피고인이 피해자에게 문진하여 과거 봉침(蜂針)을 맞고도 별다른 이상반응이 없었다는 답변을 듣고 알레르기 반응검사를 생략한 채 환부에 봉침시술을 하였는데, 피해자가 위 시술 직후 쇼크반응을 나타내는 등 상해를 입은 경우, 피고인이 알레르기 반응검사를 하지 않은 과실과 피해자의 상해 사이에 상당인과관계를 인정하기 어렵다.
   [2] 한의사인 피고인이 피해자에게 문진하여 과거 봉침을 맞고도 별다른 이상반응이 없었다는 답변을 듣고 부작용에 대한 충분한 사전 설명 없이 환부에 봉침시술을 하였는데, 피해자가 위 시술 직후 쇼크반응을 나타내는 등 상해를 입은 사안에서, 피고인의 설명의무 위반과 피해자의 상해 사이에 상당인과관계를 인정하기 어렵다는 이유로, 같은 취지의 원심판단을 수긍한 사례(대판 2011.4.14. 2010도10104).

ⓒ 공사감독자 등의 업무상주의의무

> 1. 업무상과실이 인정되는 사례
> [1] 건축법, 건축사법, 건설기술관리법 등의 관련 법령에서 일정한 용도·규모 및 구조의 건축물을 건축하는 공사의 경우에 반드시 건축사 등의 일정한 자격을 갖춘 자에 의한 공사감리를 받도록 규정한 취지는, 건축주나 공사시공자로부터 독립한 전문가로 하여금 관계 법령과 설계도서 등에 따른 적합한 시공 여부를 확인하고 안전관리 등에 대한 지도·감독을 하게 함으로써, 건축물 붕괴사고, 하자분쟁, 유지보수비의 급증, 건축물 수명단축에 따른 재건축 등의 후유증을 유발하는 부실공사를 예방하기 위한 것으로 볼 수 있으므로, 공사감리자가 관계 법령과 계약에 따른 감리업무를 소홀히 하여 건축물 붕괴 등으로 인하여 사상의 결과가 발생한 경우에는 업무상과실치사상의 죄책을 면할 수 없다.
> [2] 설계도서에 따라 기둥과 보의 접합부에 적절한 보강조치가 행하여진 상태에서 공사가 진행되는지 여부 등을 확인하고 지도하는 업무가 이 사건 공사감리 책임자인 피고인 4의 업무 범위에 포함되므로 피고인이 시공자인 피고인 7 주식회사의 시공능력을 과신한 나머지 위와 같은 업무를 제대로 수행하지 아니하는 등 업무상 주의의무를 게을리하여 이 사건 사고의 원인을 제공하였다면 위 피고인에게 업무상과실치사상죄가 성립한다(대판 2010.6.24. 2010도2615).
>
> 2. 업무상과실이 인정되지 아니하는 사례
> - 지하철 공사구간 현장안전업무 담당자인 피고인이 공사현장에 인접한 기존의 횡단보도 표시선 안쪽으로 돌출된 강철빔 주위에 라바콘 3개를 설치하고 신호수 1명을 배치하였는데, 피해자가 위 횡단보도를 건너면서 강철빔에 부딪혀 상해를 입은 경우, 제반 사정에 비추어 피고인이 안전조치를 취하여야 할 업무상 주의의무를 위반하였다고 보기 어렵다(대판 2014.4.10. 2012도11361).
> - 건설회사가 건설공사 중 타워크레인의 설치작업을 전문업자에게 도급주어 타워크레인 설치작업을 한 경우, 타워크레인의 설치, 운전, 해체에 필요한 모든 인원은 피고인 2 주식회사(이하 '피고인 회사')의 관여 없이 공소외인이 자기의 책임하에 고용하여 작업에 투입한 점, 타워크레인 설치작업은 고도의 숙련된 노동을 필요로 하는데, 피고인 회사의 직원들은 그에 대한 경험이나 전문지식이 부족하여 구체적인 설치작업 과정에는 관여한 바 없는 점 등을 모두 종합하여 고려해 보면, 공소외인은 자기의 책임으로 운전기사를 고용하고 자기가 소유 또는 관리하는 장비를 사용하여 건설공사 중 타워크레인을 사용하여 수행해야 할 작업공정부분을 도급받은 것으로 봄이 상당하다 할 것이고, 따라서 피고인 1이 이 사건 타워크레인의 설치작업을 관리하고 통제할 실질적인 지휘, 감독권한이 있었던 것으로는 보이지 아니하므로, 결국 피고인 1에게 위와 같은 지휘, 감독관계가 있음을 전제로 이에 따라 부과되는 업무상 주의의무를 위반한 과실이 있다고 할 수 없다(대판 2005.9.9. 2005도3108).

ⓔ 기타 업무자의 주의의무

> **업무상과실이 인정되지 아니하는 사례**
> - 수영장의 경영자인 피고인이 수영장 내의 미끄럼틀에 안전요원을 배치하여 안전사고를 당하지 않도록 보살피도록 하였는데, 안전요원이 성인풀 쪽을 지키고 있는 사이에 피해자(9세)가 유아풀로 내려가는 미끄럼틀을 타고 내려 끝부분에 다다랐을 때 다가오는 어린아이에게 부딪치지 않으려고 몸을 틀다가 미끄럼틀 손잡이에 입부분을 부딪쳐 상해를 입었다면, 안전요원이 사고방지조치의무를 제대로 이행하지 않을 것에 대비하여 피고인이 안전조치지시 외에 안전요원의 지시에 따르지 아니하면 미끄럼틀을 이용할 수 없도록 쇠사슬을 설치하거나, 낙하지점 부근에 다른 사람들이 접근하여 오지 않도록 안전시설을 설치하고, 수영장 내에 안전요원을 충분히 배치하여 미끄럼틀 낙하지점에 다른 사람이 접근하지 못하게 하여 충돌을 방지하게 할 구체적이고 직접적인 업무상 주의의무가 있다고 할 수 없다(대판 1992.11.13. 92도610).
> - 술을 마시고 찜질방에 들어온 甲이 찜질방 직원 몰래 후문으로 나가 술을 더 마신 다음 후문으로 다시 들어와 발한실(發汗室)에서 잠을 자다가 사망한 사안에서, 甲이 처음 찜질방에 들어갈 당시 술에 만취하여 목욕장의 정상적 이용이 곤란한 상태였다고 단정하기 어렵고, 찜질방 직원 및 영업주에게 손님이 몰래 후문으로 나가 술을 더 마시고 들어올 경우까지 예상하여 직원을 추가로 배치하거나 후문으로 출입하는 모든 자를 통제·관리하여야 할 업무상 주의의무가 있다고 보기 어렵다(대판 2010.2.11. 2009도9807).

2) 중과실

중과실이란 주의의무위반의 정도가 현저한 경우, 즉 조금만 주의하였더라면 결과발생을 회피할 수 있었음에도 불구하고 이를 태만히 한 경우를 말한다. 중과실에 해당되는지 여부는 구체적인 상황에서 사회통념을 고려하여 판단해야 한다(대판 1980.10.14. 79도305).

3. 죄수 및 타죄와의 관계

(1) 죄 수

1개의 업무상과실·중과실로 2인 이상을 동시에 사상하게 한 경우에는 수개의 업무상과실·중과실치사상죄의 상상적 경합이 성립한다. 업무자가 중대한 과실로 사람을 사상에 이르게 한 경우에는 업무상과실치사상죄의 일죄만 성립한다.

(2) 타죄와의 관계 – 업무상과실치사상죄와 행정단속법규위반죄와의 관계

> - 도로교통법 제106조에 의해 처벌되는 동법 제50조 제1항 위반죄는 사람의 사상, 물건의 손괴가 있다는 것에 대한 인식이 있을 것을 필요로 하는 고의범으로서, 과실범인 형법 제268조의 죄 중 업무상과실 또는 중과실치상죄 및 도로교통법 제108조의 죄와는 그 보호법익, 주체, 행위 등 구성요건이 전혀 다른 별개의 범죄이므로, 차의 운전자가 업무상과실 또는 중과실에 의하여 사람을 상해에 이르게 하거나 재물을 손괴하고 같은 법 제50조 제1항 소정의 구호조치 등 필요한 조치를 취하지 아니한 경우에는 업무상과실, 중과실치상죄 또는 같은 법 제108조의 죄 외에 같은 법 제106조의 죄가 성립하고 이는 실체적 경합범이라고 보아야 한다(대판 1991.6.14. 91도253).

- 음주로 인한 특정범죄 가중처벌 등에 관한 법률 위반(위험운전치사상)죄는 그 입법 취지와 문언에 비추어 볼 때, 주취상태의 자동차 운전으로 인한 교통사고가 빈발하고 그로 인한 피해자의 생명·신체에 대한 피해가 중대할 뿐만 아니라, 사고발생 전 상태로의 회복이 불가능하거나 쉽지 않은 점 등의 사정을 고려하여, 형법 제268조에서 규정하고 있는 업무상과실치사상죄의 특례를 규정하여 가중처벌함으로써 피해자의 생명·신체의 안전이라는 개인적 법익을 보호하기 위한 것이다. 따라서 그 죄가 성립하는 때에는 차의 운전자가 형법 제268조의 죄를 범한 것을 내용으로 하는 교통사고처리특례법 위반죄는 그 죄에 흡수되어 별죄를 구성하지 아니한다(대판 2008.12.11. 2008도9182).
- 음주로 인한 특정범죄 가중처벌 등에 관한 법률 위반(위험운전치사상)죄와 도로교통법 위반(음주운전)죄는 입법 취지와 보호법익 및 적용영역을 달리하는 별개의 범죄이므로, 양 죄가 모두 성립하는 경우 두 죄는 실체적 경합관계에 있다(대판 2008.11.13. 2008도7143).
- 음주로 인한 특정범죄 가중처벌 등에 관한 법률 위반(위험운전치사상)죄는 도로교통법 위반(음주운전)죄의 경우와는 달리 형식적으로 혈중알코올농도의 법정 최저기준치를 초과하였는지 여부와는 상관없이 운전자가 '음주의 영향으로 실제 정상적인 운전이 곤란한 상태'에 있어야만 하고, 그러한 상태에서 자동차를 운전하다가 사람을 상해 또는 사망에 이르게 한 행위를 처벌대상으로 하고 있는바, 이는 음주로 인한 특정범죄 가중처벌 등에 관한 법률 위반(위험운전치사상)죄는 업무상과실치사상죄의 일종으로 구성요건적 행위와 그 결과 발생 사이에 인과관계가 요구되기 때문이다(대판 2018.1.25. 2017도15519).

제4절 낙태의 죄

I 의의

1. 개념

낙태죄는 태아를 자연적 분만기에 앞서서 인위적으로 모체 밖으로 배출하거나 태아를 모체 안에서 살해하는 것을 내용으로 하는 범죄이다(형법 제269조).

2. 보호법익 및 보호정도

낙태죄는 태아의 생명에 대한 안전과 부차적으로 모체의 생명·신체의 안전도 그 보호법익으로 한다. 형법은 자연분만기 이전에 모체 밖으로 배출시키는 행위 자체를 처벌하므로 낙태죄는 추상적 위험범으로 보는 것이 타당하다. 따라서 모체 밖으로 배출된 태아를 다시 살해한 경우에는 낙태죄와 영아살해죄의 실체적 경합범이 성립한다.[44]

---

44) 2023.8.8. 개정되어 2024.2.9. 시행된 개정형법에 따라 영아살해죄(형법 제251조)가 폐지됨으로써 모체 밖으로 배출된 태아를 다시 살해한 경우 이제는 보통살인죄만 성립할 것이다.

Ⅱ 모자보건법

모자보건법 제14조는 일정한 요건하에 낙태를 허용하고 있으나(의학적 적응, 우생학적 적응, 윤리적 적응), 모자보건법은 사회적, 경제적 적응을 인정하지 아니하고 있고, 낙태의 허용기간을 지나치게 길게 하여 태아의 생명보호에 문제가 있으며 낙태의 적응요건에 대한 판단기준과 판단절차에 대한 규정이 없어 전적으로 낙태시술을 하는 의사에게 맡긴 결과가 되어 실질적으로 낙태가 완전히 자유화될 수 있는 문제가 있다.

Ⅲ 자기낙태죄·동의낙태죄

1. 자기낙태죄

종래 자기낙태죄는 부녀가 약물 기타 방법으로 낙태한 때에 성립하는 범죄(형법 제269조 제1항)였으나 헌법재판소가 자기낙태죄 규정이 과잉금지원칙을 위반하여 임신한 여성의 자기결정권을 침해하는 위헌적인 규정임을 이유로 헌법불합치결정을 하여, 2020.12.31.을 경과함으로써 그 규정의 효력이 상실되었으므로 이 경우 범죄가 성립하지 아니하게 된다.

> [1] 자기낙태죄 조항이 달성하고자 하는 태아의 생명 보호라는 공익은 중요한 공익이나, 결정가능기간 중 다양하고 광범위한 사회적·경제적 사유를 이유로 낙태갈등 상황을 겪고 있는 경우까지도 낙태를 금지하고 형사처벌하는 것이 태아의 생명 보호라는 공익에 기여하는 실효성 내지 정도가 그다지 크다고 볼 수 없다. 반면 앞서 보았듯이 자기낙태죄 조항에 따른 형사처벌로 인하여 임신한 여성의 자기결정권이 제한되는 정도는 매우 크다. 결국, 입법자는 자기낙태죄 조항을 형성함에 있어 태아의 생명 보호와 임신한 여성의 자기결정권의 실제적 조화와 균형을 이루려는 노력을 충분히 하지 아니하여 태아의 생명 보호라는 공익에 대하여만 일방적이고 절대적인 우위를 부여함으로써 공익과 사익 간의 적정한 균형관계를 달성하지 못하였다. 따라서, 자기낙태죄 조항은 입법목적을 달성하기 위하여 필요한 최소한의 정도를 넘어 임신한 여성의 자기결정권을 제한하고 있어 침해의 최소성을 갖추지 못하고 있으며, 법익균형성의 원칙도 위반하였다고 할 것이므로, 과잉금지원칙을 위반하여 임신한 여성의 자기결정권을 침해하는 위헌적인 규정이다.
> [2] 자기낙태죄 조항은 모자보건법에서 정한 사유에 해당하지 않는다면, 결정가능기간 중에 다양하고 광범위한 사회적·경제적 사유로 인하여 낙태갈등 상황을 겪고 있는 경우까지도 예외 없이 임신한 여성에게 임신의 유지 및 출산을 강제하고, 이를 위반하여 낙태한 경우 형사처벌한다는 점에서 위헌이므로, 동일한 목표를 실현하기 위하여 임신한 여성의 촉탁 또는 승낙을 받아 낙태하게 한 의사를 처벌하는 의사낙태죄 조항도 같은 이유에서 위헌이라고 보아야 한다.
> [3] 자기낙태죄 조항과 의사낙태죄 조항에 대하여 단순위헌결정을 하는 대신 각각 헌법불합치결정을 선고하되, 다만 입법자의 개선입법이 이루어질 때까지 계속적용을 명하는 것이 타당하다. 입법자는 가능한 한 빠른 시일 내에 개선입법을 해야 할 의무가 있으므로, 늦어도 2020.12.31.까지는 개선입법을 이행하여야 하고, 그때까지 개선입법이 이루어지지 않으면 위 조항들은 2021.1.1.부터 효력을 상실한다 (헌재 2019.4.11. 2017헌바127).

2. 동의낙태죄

(1) 의 의
동의낙태죄는 부녀의 촉탁 또는 승낙을 받아 낙태하게 함으로서 성립하는 범죄이다(형법 제269조 제2항).

(2) 객관적 구성요건

1) 주 체
동의낙태죄의 주체는 임부 이외의 자이고 객체는 태아이다.

2) 행 위
촉탁 또는 승낙은 낙태의 의미를 이해할 수 있는 능력이 있는 자의 자유로운 의사에 의하여야 한다. 낙태하게 하는 것은 임신한 부녀의 촉탁·승낙을 받은 주체가 스스로 낙태행위를 하는 것을 말한다. 따라서 임부에게 낙태를 교사·방조한 경우에는 자기낙태죄가 성립하지 아니하므로 불가벌이다.

Ⅳ 업무상동의낙태죄

종래 의사, 한의사, 조산사, 약제사 또는 약종상이 부녀의 촉탁 또는 승낙을 받아 낙태하게 한 경우에 성립하는 범죄(형법 제270조 제1항)였으나, 위에서 살핀 것과 같이 헌법재판소가 업무상동의낙태죄 규정이 과잉금지원칙을 위반하여 임신한 여성의 자기결정권을 침해하는 위헌적인 규정임을 이유로 헌법불합치 결정을 하여, 2020.12.31.을 경과함으로써 그 규정의 효력이 상실되었으므로 이 경우 범죄가 성립하지 아니하게 된다. 헌법재판소 결정의 취지를 고려하건대 의사뿐만 아니라 한의사·약제사·약종상의 업무상동의낙태죄도 성립하지 아니한다고 이해하는 것이 타당하다.

Ⅴ 부동의낙태죄

부동의낙태죄는 부녀의 촉탁 또는 승낙 없이 낙태하게 함으로써 성립하는 범죄이다(형법 제270조 제2항).

Ⅵ 낙태치사상죄

낙태치사상죄는 동의낙태죄, 부동의낙태죄를 범하여 부녀를 상해에 이르게 하거나 사망에 이르게 함으로써 성립하는 범죄이다(형법 제269조 제3항, 제270조 제3항). 본죄는 동의낙태죄, 부동의낙태죄의 결과적 가중범이다.

제5절 유기와 학대의 죄[45]

I 의의

1. 개념

유기의 죄는 나이가 많거나 어림, 질병 그 밖의 사정으로 인하여 도움이 필요한 사람을 법률상 또는 계약상 보호할 의무가 있는 자가 유기하는 것을 내용으로 하는 범죄를 말한다. 학대죄는 자기의 보호 또는 감독을 받는 사람을 학대함으로써 성립하는 범죄이다.

2. 보호법익 및 보호정도

유기죄는 피유기자의 생명·신체의 안전, 학대죄는 사람의 생명·신체의 안전 및 인격권을 각각 보호법익으로 하고, 보호정도는 각각 추상적 위험범이다.

II 유기죄

1. 의의

나이가 많거나 어림, 질병 그 밖의 사정으로 도움이 필요한 사람을 법률상 또는 계약상 보호할 의무가 있는 자가 유기함으로써 성립하는 범죄이다(형법 제271조 제1항).

2. 구성요건

(1) 객관적 구성요건

1) 주체

① **보호의무의 의의** : 보호의무는 도움이 필요한 사람(요부조자)을 그의 생명·신체에 대한 위험으로부터 보호해야 할 의무를 말하며, 이러한 요부조자에 대한 보호의무를 가진 자가 본죄의 주체가 된다(진정신분범).

② **보호의무의 발생근거**
   ㉠ 학설 : 형법 제271조가 보호의무의 발생근거로 법률과 계약을 규정하고 있으므로 사무관리·관습·조리에 의한 보호의무는 인정되지 아니한다는 부정설과 본죄의 보호의무는 부진정부작위범의 보증인의무와 동일한 것이므로 사무관리·관습·조리에 의한 보호의무를 인정할 수 있다는 긍정설이 대립하고 있다.

---

[45] 영아유기죄(형법 제272조)도 영아살해죄에서와 같은 이유로 2023.8.8. 개정되어 2024.2.9. 시행된 개정형법에 따라 폐지되었다.

ⓒ 판례 : 판례는 형법은 유기죄에 있어서 구법과는 달리 보호법익의 범위를 넓힌 반면에 보호책임 없는 자의 유기죄는 없애고 법률상 또는 계약상의 의무 있는 자만을 유기죄의 주체로 규정하고 있어 명문상 사회상규상의 보호책임을 관념할 수 없다고 하겠으니 유기죄의 죄책을 인정하려면 보호책임이 있게 된 경위 사정관계등을 설시하여 구성요건이 요구하는 법률상 또는 계약상 보호의무를 밝혀야 하고 설혹 동행자가 구조를 요하게 되었다 하여도 일정거리를 동행한 사실만으로서는 피고인에게 법률상 계약상의 보호의무가 있다고 할 수 없으니 유기죄의 주체가 될 수 없다고(대판 1977.1.11. 76도3419)하여 부정설의 태도를 취하고 있다.
ⓒ 검토 : 생각건대 형법 제271조에 의해 제한된 보호의무의 범위를 사무관리·관습·조리까지 확대하는 것은 가벌성을 확장시켜 죄형법정주의에 반할 우려가 있으므로 부정설이 타당하다고 판단된다.

> • 현행형법은 유기죄에 있어서 구법과는 달리 보호법익의 범위를 넓힌 반면에 보호책임 없는 자의 유기죄는 없애고 법률상 또는 계약상의 의무 있는 자만을 유기죄의 주체로 규정하고 있으니 명문상 사회상규상의 보호책임을 관념할 수 없다고 하겠으며 유기죄의 죄책을 인정하려면 보호책임이 있게 된 경위, 사정 관계등을 설시하여 구성요건이 요구하는 법률상 또는 계약상 보호의무를 밝혀야 될 것이다. 본건에 있어서 원판결이 설시 한대로 피고인과 피해자가 특정지점에서 특정지점까지 가기 위하여 길을 같이 걸어간 관계가 있다는 사실만으로서는 피고인에게 설혹 동행자가 구조를 요하게 되었다 하여도 보호할 법률상 계약상의 의무가 있다고 할 수 없으니 밑도 끝도 없이 일정거리를 동행한 사실만으로 유기죄의 주체로 인정한 원판결은 본죄의 보호책임의 법리를 오해한 위법이 있다(대판 1977.1.11. 76도3419).
> • 강간치상의 범행을 저지른 자가 그 범행으로 인하여 실신상태에 있는 피해자를 구호하지 아니하고 방치하였다고 하더라도 그 행위는 포괄적으로 단일의 강간치상죄만을 구성한다(대판 1980.6.24. 80도726).[46]

③ 보호의무의 내용
  ㉠ 법률상의 보호의무 : 법률상의 보호의무는 행위자의 신분상의 지위로 인해 특별하게 주어진 것이어야 하며, 법령은 공·사법(경찰관직무집행법에 의한 경찰관의 보호조치의무, 도로교통법상 사고운전자의 피해자구호의무, 민법상 친족관계에 의한 부양의무, 친권자의 자녀에 대한 보호의무)을 불문한다. 그러나 법적 의무이지만 누구에게나 부과되는 일반적인 의무(경범죄처벌법 제3조 제1항 제6호의 요부조자 신고의무)는 본죄의 보호의무가 될 수 없음을 유의하여야 한다.

---

46) 범인에게는 피해자를 보호해야 할 의무가 인정되지 아니하므로 별도로 유기죄는 성립하지 아니한다는 취지이다.

- [1] 형법 제271조 제1항에서 말하는 법률상 보호의무 가운데는 민법 제826조 제1항에 근거한 부부 간의 부양의무도 포함되며, 나아가 법률상 부부는 아니지만 사실혼 관계에 있는 경우에도 위 민법 규정의 취지 및 유기죄의 보호법익에 비추어 위와 같은 법률상 보호의무의 존재를 긍정하여야 하지만, 사실혼에 해당하여 법률혼에 준하는 보호를 받기 위하여는 단순한 동거 또는 간헐적인 정교관계를 맺고 있다는 사정만으로는 부족하고, 그 당사자 사이에 주관적으로 혼인의 의사가 있고 객관적으로도 사회관념상 가족질서적인 면에서 부부공동생활을 인정할 만한 혼인생활의 실체가 존재하여야 한다.
  [2] 동거 또는 내연관계를 맺은 사정만으로는 사실혼관계를 인정할 수 없고, 내연녀가 치사량의 필로폰을 복용하여 부조를 요하는 상태에 있었음을 인식하였다는 점을 인정할 증거가 부족하다는 이유로 유기치사죄의 성립을 부정한 사례(대판 2008.2.14. 2007도3952).
- 국민의 생명과 신체의 안전을 보호하기 위한 응급의 조치를 강구하여야 할 직무를 가진 경찰관인 피고인으로서는 술에 만취된 피해자가 향토예비군 4명에게 떠메어 운반되어 지서 나무의자 위에 눕혀 놓았을 때 숨이 가쁘게 쿨쿨 내뿜고 자신의 수족과 의사도 자제할 수 없는 상태에 있음에도 불구하고 근 3시간 동안이나 아무런 구호조치를 취하지 아니한 것은 유기죄에 대한 범의를 인정할 수 있다(대판 1972.6.27. 72도863).

ⓒ 계약상의 보호의무 : 유기자와 피유기자 사이에 체결될 것을 요하지 아니하므로 유기자와 제3자와의 사이에 계약을 체결한 경우에도 가능하고 명시적·묵시적·유상·무상을 가리지 아니한다.

[1] 유기죄의 경우에는 당사자의 인적 책임에 대한 형사적 제재가 문제된다는 점 등을 고려하여 보면, 단지 부수의무로서의 민사적 부조의무 또는 보호의무가 인정된다고 해서 형법 제271조 소정의 '계약상 의무'가 당연히 긍정된다고는 말할 수 없고, 당해 계약관계의 성질과 내용, 계약당사자 기타 관련자들 사이의 관계 및 그 전개양상, 그들의 경제적·사회적 지위, 부조가 필요하기에 이른 전후의 경위, 필요로 하는 부조의 대체가능성을 포함하여 그 부조의 종류와 내용, 달리 부조를 제공할 사람 또는 설비가 있는지 여부 기타 제반 사정을 고려하여 위 '계약상의 부조의무'의 유무를 신중하게 판단하여야 한다.
[2] 피고인이 자신이 운영하는 주점에 손님으로 와서 수일 동안 식사는 한 끼도 하지 않은 채 계속하여 술을 마시고 만취한 피해자를 주점 내에 그대로 방치하여 저체온증 등으로 사망에 이르게 하였다는 내용으로 예비적으로 기소된 사안에서, 피해자가 피고인의 지배 아래 있는 주점에서 3일 동안 과도하게 술을 마시고 추운 날씨에 난방이 제대로 되지 아니한 주점 내 소파에서 잠을 자면서 정신을 잃은 상태에 있었다면, 피고인은 주점의 운영자로서 피해자의 생명 또는 신체에 대한 위해가 발생하지 아니하도록 피해자를 주점 내실로 옮기거나 인근에 있는 여관에 데려다 주어 쉬게 하거나 피해자의 지인 또는 경찰에 연락하는 등 필요한 조치를 강구하여야 할 계약상의 부조의무를 부담한다고 판단하여 유기치사죄를 인정한 원심판결을 수긍한 사례(대판 2011.11.24. 2011도12302).

④ **보호의무의 착오** : 보호의무를 발생시키는 기초사실에 대한 착오는 구성요건적 착오에 해당하나, 보호의무의 내용·범위·기간 등에 대한 착오는 금지착오가 된다.

2) 객체

나이가 많거나 어림, 질병 그 밖의 사정으로 도움이 필요한 사람으로, 그 밖의 사정에는 명정으로 의식을 잃은 사람, 마취, 최면상태에 있는 사람, 분만 중인 부녀 등도 포함된다.

3) 행위

① 유기의 의의 : 유기란 도움이 필요한 사람을 적극적으로 보호 없는 상태로 옮기는 것(협의의 유기)뿐만 아니라, 종래의 상태에 방치하고 떠나거나 생존에 필요한 조치를 하지 아니하는 소극적 유기도 포함된다(광의의 유기). 또한 작위·부작위·유형적·무형적 방법에 의한 유기를 불문하므로 도움이 필요한 사람을 위험장소에 가게 하는 것(부작위에 의한 협의의 유기)뿐만 아니라 단순히 도움이 필요한 사람이 위험에 빠지는 것을 방치하는 것(부작위에 의한 광의의 유기)도 유기에 해당한다.

> 생모가 사망의 위험이 예견되는 그 딸에 대하여는 수혈이 최선의 치료방법이라는 의사의 권유를 자신의 종교적 신념이나 후유증 발생의 염려만을 이유로 완강하게 거부하고 방해하였다면 이는 결과적으로 요부조자를 위험한 장소에 두고 떠난 경우나 다름이 없다고 할 것이고 그때 사리를 변식할 지능이 없다고 보아야 마땅한 11세 남짓의 환자본인 역시 수혈을 거부하였다고 하더라도 생모의 수혈거부 행위가 위법한 점에 영향을 미치는 것이 아니다(대판 1980.9.24. 79도1387).[47]

② 기수시기 : 도움이 필요한 사람의 생명·신체에 추상적 위험이 발생하면 기수가 되고, 피해자에 대한 제3자의 구조가능성은 묻지 아니한다.

(2) 주관적 구성요건

유기죄는 고의범이므로 자신이 보호의무자이며 도움이 필요한 사람을 유기한다는 데 대한 고의가 있어야 한다. 그러나 본죄는 살인죄·상해죄에 대하여 보충관계에 있으므로 살인·상해의 고의로 유기하면 살인죄·상해죄가 성립한다.

Ⅲ 존속유기죄

존속유기죄는 자기 또는 배우자의 직계존속을 유기함으로써 성립하는 범죄이다(형법 제271조 제2항).

Ⅳ 중유기죄·존속중유기죄

중유기죄·존속중유기죄는 유기죄 또는 존속유기죄를 지어 사람의 생명에 위험을 발생하게 함으로써 성립하는 범죄이다(형법 제271조 제3항, 제4항).

---

47) 유기의 유형 중 부작위에 의한 광의의 유기에 해당하는 사례이다.

V 학대죄

1. 의 의

학대죄는 자기의 보호 또는 감독을 받는 사람을 학대함으로써 성립하는 범죄이다(형법 제273조 제1항).

2. 구성요건

(1) 주 체

학대죄의 주체는 사람을 보호·감독하는 자이다. 본죄는 유기죄와는 달리 법문에 주체에 대한 제한이 규정되어 있지 아니하므로 사무관리·관습·조리에 의한 경우에도 포함된다고 볼 것이다.

(2) 객 체

학대죄의 객체는 자기의 보호 또는 감독을 받는 자이다. 단, 피보호·감독자가 18세 미만인 경우에는 아동복지법이 우선 적용된다.

(3) 행 위

학대란 생명·신체의 안전을 위태롭게 할 육체적 고통을 가하는 처우에 한정할 것이라는 견해도 있으나, 정신적 고통을 가하는 행위를 제외할 이유는 없으므로 육체적·정신적 고통을 가하는 가혹한 대우를 의미한다고 보는 것이 타당하다.

VI 존속학대죄

존속학대죄는 자기 또는 배우자의 직계존속을 학대함으로써 성립하는 범죄이다(형법 제273조 제2항).

VII 아동혹사죄

1. 의 의

아동혹사죄는 자기의 보호 또는 감독을 받는 16세 미만의 자를 그 생명 또는 신체에 위험한 업무에 사용할 영업자 또는 그 종업자에게 인도하거나 인도를 받음으로써 성립하는 범죄이다(형법 제274조).

2. 구성요건

본죄의 행위는 생명 또는 신체에 위험한 업무에 사용할 영업자 또는 그 종업자에게 인도하거나 인도받는 것이다. 인도는 인도계약만으로는 부족하고 현실적인 인도가 있어야 한다. 인도계약의 유·무효 여부와 인도 후 현실적으로 위험한 업무에 종사하고 있는지 여부는 불문한다.

Ⅷ 유기치사상죄[48]

유기치사상죄는 유기죄, 존속유기죄, 학대죄, 존속학대죄를 범하여 사람을 사상에 이르게 함으로써 성립하는 범죄이다(형법 제275조 제1항, 제2항).

> 치사량의 청산가리를 음독했을 경우 미처 인체에 흡수되기 전에 지체 없이 병원에서 위세척을 하는 등 응급치료를 받으면 혹 소생할 가능은 있을지 모르나 이미 이것이 혈관에 흡수되어 피고인이 피해자를 변소에서 발견했을 때의 피해자의 증상처럼 환자의 안색이 변하고 의식을 잃었을 때는 우리의 의학기술과 의료시설로서는 그 치료가 불가능하여 결국 사망하게 되는 것이고 또 일반적으로 병원에서 음독환자에게 위세척 호흡촉진제 강심제주사 등으로 응급가료를 하나 이것이 청산가리 음독인 경우에는 아무런 도움도 되지 못하는 것이므로 피고인의 유기행위와 피해자의 사망 간에는 상당인과관계가 없다 할 것이다(대판 1967.10.31, 67도1151).

제2장 자유에 대한 죄

제1절 협박의 죄

Ⅰ 의의

1. 개념

협박의 죄는 해악을 고지함으로써 개인의 의사결정의 자유를 침해하는 것을 내용으로 하는 범죄이다.

2. 보호법익 및 보호정도

협박죄의 보호법익은 사람의 의사결정의 자유이고 보호정도에 관하여 통설은 침해범으로 이해하지만 판례(대판 2007.9.28, 2007도606[전합])는 추상적 위험범으로 판시하고 있다.

---

[48] 2023.8.8. 개정되어 2024.2.9. 시행된 개정형법에 따라 영아유기죄가 폐지됨으로써 결과적 가중범인 유기치사상죄를 구성하는 기본범죄 중 영아유기죄는 삭제되었다.

Ⅱ 협박죄

1. 구성요건

(1) 객관적 구성요건

1) 객 체

사람은 자연인을 의미하며(법인은 제외), 해악의 고지에 의하여 공포심을 가질만한 정신적 능력이 있는 자에 국한된다. 따라서 젖먹이(영아), 명정자, 정신병자, 수면자 등은 본죄의 객체에서 제외된다.

> [1] 협박죄는 사람의 의사결정의 자유를 보호법익으로 하는 범죄로서 형법규정의 체계상 개인적 법익, 특히 사람의 자유에 대한 죄 중 하나로 구성되어 있는바, 위와 같은 협박죄의 보호법익, 형법규정상 체계, 협박의 행위 개념 등에 비추어 볼 때, 협박죄는 자연인만을 그 대상으로 예정하고 있을 뿐 법인은 협박죄의 객체가 될 수 없다.
> [2] 채권추심 회사의 지사장이 회사로부터 자신의 횡령행위에 대한 민·형사상 책임을 추궁당할 지경에 이르자 이를 모면하기 위하여 회사 본사에 '회사의 내부비리 등을 금융감독원 등 관계 기관에 고발하겠다'는 취지의 서면을 보내는 한편, 위 회사 경영지원본부장이자 상무이사에게 전화를 걸어 자신의 횡령행위를 문제삼지 말라고 요구하면서 위 서면의 내용과 같은 취지로 발언한 사안에서, 위 상무이사에 대한 협박죄를 인정한 원심의 판단을 수긍한 사례(대판 2010.7.15. 2010도1017)[49]

2) 행 위

① **형법상의 협박** : 일반적으로 공포심을 생기게 할 만한 해악을 고지하는 광의의 협박(공무집행방해죄, 내란죄), 상대방이 현실적으로 공포심을 느낄 수 있을 정도의 해악을 고지하는 협의의 협박(협박죄, 공갈죄), 상대방의 반항을 불가능하게 하거나 현저히 곤란하게 할 정도의 해악을 고지하는 최협의의 협박(강도죄, 강간죄)으로 구분할 수 있다.

② **협박죄의 협박**
  ㉠ 의의 : 협박이란 객관적으로 보아 사람으로 하여금 공포심을 일으킬 수 있을 정도의 해악을 고지하는 것을 말한다(협의의 협박). 그러나 판례는 협박죄에서 협박은 일반적으로 보아 사람으로 하여금 공포심을 일으킬 정도의 해악을 고지하는 것을 의미한다고(대판 2010.7.15. 2010도1017) 하여 광의의 협박으로 이해하고 있다.
  ㉡ 구별 개념 : 해악의 고지가 전혀 없는 단순한 욕설이나 폭언은 협박에 해당하지 아니하고, 고지된 해악의 실현 여부가 직접·간접으로 행위자에 의하여 좌우될 수 있는 것이어야 하므로 단순히 자연발생적인 재앙 또는 길흉화복이나 천재지변의 도래를 알리는 것은 경고에 해당할 뿐 협박이라고 할 수 없다.

---

49) 상무이사에 대한 협박죄만 성립하고 법인(회사)에 대한 협박죄는 성립하지 아니한다는 취지이다.

> [1] 공갈죄의 수단으로써의 협박은 객관적으로 사람의 의사결정의 자유를 제한하거나 의사실행의 자유를 방해할 정도로 겁을 먹게 할 만한 해악을 고지하는 것을 말하고, 그 해악에는 인위적인 것뿐만 아니라 천재지변 또는 신력이나 길흉화복에 관한 것도 포함될 수 있으나, 다만 천재지변 또는 신력이나 길흉화복을 해악으로 고지하는 경우에는 상대방으로 하여금 행위자 자신이 그 천재지변 또는 신력이나 길흉화복을 사실상 지배하거나 그에 영향을 미칠 수 있는 것으로 믿게 하는 명시적 또는 묵시적 행위가 있어야 공갈죄가 성립한다.
> [2] 조상천도제를 지내지 아니하면 좋지 않은 일이 생긴다는 취지의 해악의 고지는 길흉화복이나 천재지변의 예고로서 행위자에 의하여 직접, 간접적으로 좌우될 수 없는 것이고 가해자가 현실적으로 특정되어 있지도 않으며 해악의 발생가능성이 합리적으로 예견될 수 있는 것이 아니므로 협박으로 평가될 수 없다고 한 사례(대판 2002.2.8. 2000도3245).

ⓒ 해악의 내용 : 해악의 내용에는 제한이 없다. 해악고지의 상대방에 대한 해악임을 요하지 아니하고 상대방과 밀접한 관계에 있는 제3자에 대한 해악도 상관없다. 해악의 내용이 범죄를 구성하거나 불법해야 할 필요도 없으므로 해고의 통지·형사고소의 고지와 같이 정당한 권리행사를 고지한 경우에도 협박이 될 수 있다. 해악은 상대방에게 공포심을 일으킬 정도의 것이어야 하고, 그러한 해악의 고지는 구체적이어서 해악의 발생이 가능한 것으로 생각될 수 있어야 한다(대판 2011.5.26. 2011도2412).

> 피고인이 혼자 술을 마시던 중 甲 정당이 국회에서 예산안을 강행처리하였다는 것에 화가 나서 공중전화를 이용하여 경찰서에 여러 차례 전화를 걸어 전화를 받은 각 경찰관에게 경찰서 관할구역 내에 있는 甲 정당의 당사를 폭파하겠다는 말을 한 경우, 피고인은 甲 정당에 관한 해악을 고지한 것이므로 각 경찰관 개인에 관한 해악을 고지하였다고 할 수 없고, 다른 특별한 사정이 없는 한 일반적으로 甲 정당에 대한 해악의 고지가 각 경찰관 개인에게 공포심을 일으킬 만큼 서로 밀접한 관계에 있다고 보기 어려워 피고인의 행위는 각 경찰관에 대한 협박죄를 구성하지 아니한다(대판 2012.8.17. 2011도10451).

ⓔ 해악의 고지 : 해악의 고지의 방법도 제한이 없다. 언어·문서·거동·명시적·묵시적 방법을 불문한다. 부작위의 사회적 의미가 상대방에게 공포심을 주어 의사결정에 영향을 미칠 만한 것일 경우에는 부작위에 의한 해악의 고지도 가능하다. 행위자가 직접 해악을 고지하지 아니하고 제3자에 의한 가해를 고지한 경우에도 포함된다. 제3자에 의한 해악을 고지한 경우 그 제3자는 허무인이라도 상관없고 행위자가 제3자에게 사실상 영향력을 행사할 수 있음을 상대방에게 인식시키면 족하다.

> • 피고인이 피해자의 장모가 있는 자리에서 서류를 보이면서 "피고인의 요구를 들어주지 않으면 서류를 세무서로 보내 세무조사를 받게 하여 피해자를 망하게 하겠다"라고 말하여 피해자의 장모로 하여금 피해자에게 위와 같은 사실을 전하게 하고, 그 다음 날 피해자의 처에게 전화를 하여 "며칠 있으면 국세청에서 조사가 나올 것이니 그렇게 아시오"라고 말한 경우, 위 각 행위는 협박죄에 있어서 해악의 고지에 해당한다(대판 2007.6.1. 2006도1125).

- 협박의 경우 행위자가 직접 해악을 가하겠다고 고지하는 것은 물론, 제3자로 하여금 해악을 가하도록 하겠다는 방식으로도 해악의 고지는 얼마든지 가능하지만, 이 경우 고지자가 제3자의 행위를 사실상 지배하거나 제3자에게 영향을 미칠 수 있는 지위에 있는 것으로 믿게 하는 명시적·묵시적 언동을 하였거나 제3자의 행위가 고지자의 의사에 의하여 좌우될 수 있는 것으로 상대방이 인식한 경우에 한하여 비로소 고지자가 직접 해악을 가하겠다고 고지한 것과 마찬가지의 행위로 평가할 수 있고, 만약 고지자가 위와 같은 명시적·묵시적 언동을 하거나 상대방이 위와 같이 인식을 한 적이 없다면 비록 상대방이 현실적으로 외포심을 느꼈다고 하더라도 이러한 고지자의 행위가 협박죄를 구성한다고 볼 수는 없다(대판 2006.12.8. 2006도6155).

③ 기수시기

ㄱ) 학설 : 협박죄는 침해범이므로 해악의 고지로 현실적으로 상대방에게 공포심이 일어났을 때 기수가 된다는 견해와 추상적 위험범이므로 상대방이 고지된 해악의 의미를 인식한 이상 현실적으로 공포심을 일으켰는지 여부와 관계없이 협박죄는 기수가 된다는 견해가 대립하고 있다.

ㄴ) 판례 : 판례는 협박죄를 위험범으로 이해하여 객관적으로 공포심을 일으킬 정도의 해악을 고지함으로써 상대방이 그 의미를 인식한 이상, 상대방이 현실적으로 공포심을 일으켰는지 여부와 관계없이 그로써 구성요건은 충족되어 협박죄는 기수에 이르게 된다고(대판 2007.9.28. 2007도606[전합]) 판시하고 있다.

ㄷ) 검토 : 생각건대 협박죄의 보호의 정도를 추상적 위험범으로서의 보호로 이해할 때, 상대방이 현실적으로 공포심을 일으켰는지의 여부와 관계없이 상대방에게 해악을 고지하여 그가 의미를 인식하였다면 협박죄는 기수에 이르렀다고 보는 것이 타당하다.

[1] 협박죄가 성립하려면 고지된 해악의 내용이 행위자와 상대방의 성향, 고지 당시의 주변 상황, 행위자와 상대방 사이의 친숙의 정도 및 지위 등의 상호관계, 제3자에 의한 해악을 고지한 경우에는 그에 포함되거나 암시된 제3자와 행위자 사이의 관계 등 행위 전후의 여러 사정을 종합하여 볼 때에 일반적으로 사람으로 하여금 공포심을 일으키게 하기에 충분한 것이어야 하지만, 상대방이 그에 의하여 현실적으로 공포심을 일으킬 것까지 요구하는 것은 아니며, 그와 같은 정도의 해악을 고지함으로써 상대방이 그 의미를 인식한 이상, 상대방이 현실적으로 공포심을 일으켰는지 여부와 관계없이 그로써 구성요건은 충족되어 협박죄의 기수에 이르는 것으로 해석하여야 한다. 결국, 협박죄는 사람의 의사결정의 자유를 보호법익으로 하는 위험범이라 봄이 상당하고, 협박죄의 미수범 처벌조항은 해악의 고지가 현실적으로 상대방에게 도달하지 아니한 경우나, 도달은 하였으나 상대방이 이를 지각하지 못하였거나 고지된 해악의 의미를 인식하지 못한 경우 등에 적용될 뿐이다.
[2] 정보보안과 소속 경찰관이 자신의 지위를 내세우면서 타인의 민사분쟁에 개입하여 빨리 채무를 변제하지 않으면 상부에 보고하여 문제를 삼겠다고 말한 사안에서, 객관적으로 상대방이 공포심을 일으키기에 충분한 정도의 해악의 고지에 해당하므로 현실적으로 피해자가 공포심을 일으키지 않았다 하더라도 협박죄의 기수에 이르렀다고 본 사례(대판 2007.9.28. 2007도606[전합]).

(2) 주관적 구성요건

상대방에게 해악을 고지하여 공포심을 일으키게 한다는 인식과 의사가 있어야 한다. 고지된 해악을 실제로 실현할 의사를 가질 것을 요하지 아니한다.

> [1] 협박죄에 있어서의 협박이라 함은 일반적으로 보아 사람으로 하여금 공포심을 일으킬 수 있는 정도의 해악을 고지하는 것을 의미하므로 그 주관적 구성요건으로서의 고의는 행위자가 그러한 정도의 해악을 고지한다는 것을 인식, 인용하는 것을 그 내용으로 하고 고지한 해악을 실제로 실현할 의도나 욕구는 필요로 하지 아니하고, 다만 행위자의 언동이 단순한 감정적인 욕설 내지 일시적 분노의 표시에 불과하여 주위사정에 비추어 가해의 의사가 없음이 객관적으로 명백한 때에는 협박행위 내지 협박의 의사를 인정할 수 없으나 위와 같은 의미의 협박행위 내지 협박의사가 있었는지의 여부는 행위의 외형뿐만 아니라 그러한 행위에 이르게 된 경위, 피해자와의 관계 등 주위상황을 종합적으로 고려하여 판단해야 할 것이다.
>
> [2] 피고인이 피해자인 누나의 집에서 갑자기 온 몸에 연소성이 높은 고무놀을 바르고 라이터 불을 켜는 동작을 하면서 이를 말리려는 피해자 등에게 가위, 송곳을 휘두르면서 "방에 불을 지르겠다" "가족 전부를 죽여버리겠다"고 소리쳤고 피해자가 피고인의 행위를 약 1시간 가량 말렸으나 듣지 아니하여 무섭고 두려워서 신고를 하였다면, 피고인의 행위는 피해자 등에게 공포심을 일으키기에 충분할 정도의 해악을 고지한 것이고, 나아가 피고인에게 실제로 피해자 등의 신체에 위해를 가할 의사나 불을 놓을 의사가 없었다고 할지라도 위와 같은 해악을 고지한다는 점에 대한 인식, 인용은 있었다고 봄이 상당하고, 피해자가 그 이상의 행동에 이르지 못하도록 막은 바 있다 해도 피고인의 행위가 단순한 감정적 언동에 불과하거나 가해의 의사가 없음이 객관적으로 명백한 경우에 해당한다고는 볼 수 없다(대판 1991.5.10. 90도2102).

2. 위법성 - 권리행사의 수단으로 협박한 경우

(1) 학 설

권리행사의 수단으로 협박한 경우, 그 수단이 사회통념상 용인되는 범위를 일탈한 경우에는 공갈죄가 성립한다는 공갈죄설, 정당한 권리가 있을 때에는 공갈죄의 주관적 구성요건요소인 불법영득의사가 있다고 할 수 없으므로 강요죄만 성립한다는 강요죄설, 정당한 권리가 있을 때에는 불법영득의사를 인정할 수 없고 채무변제를 독촉한 때에는 의무 없는 일을 강요한 것도 아니므로 협박죄만 성립한다는 협박죄설의 대립이 있다.

(2) 판 례

판례는 피고인이 피해자에 대하여 채권이 있다고 하더라도 그 권리행사를 빙자하여 사회통념상 용인되기 어려운 정도를 넘는 협박을 수단으로 상대방을 외포케 하여 재물의 교부 또는 재산상의 이익을 받았다면 공갈죄가 되는 것이라고(대판 2000.2.25. 99도4305) 하여 원칙적으로 공갈죄설의 태도를 취하고 있다.

(3) 검 토

생각건대 정당한 권리가 있을 때에는 불법영득의사를 인정할 수 없고, 상대방에게 의무 없는 일을 강요한 것도 아니라는 점에서 협박죄만 성립한다고 보는 것이 타당하다고 판단된다.

3. 소추조건

협박죄는 반의사불벌죄이므로 피해자의 명시적인 의사에 반하여 공소를 제기할 수 없다. 그러나 형사사건의 수사·재판과 관련하여 보복목적으로 협박죄를 범한 경우(특가법 제5조의9 제2항)에는 반의사불벌죄가 아님을 유의하여야 한다(대판 1998.5.8. 98도631).

> 권리행사의 일환으로 상대방에게 일정한 해악을 고지한 경우에도, 그러한 해악의 고지가 사회의 관습이나 윤리관념 등에 비추어 사회통념상 용인할 수 있는 정도이거나 정당한 목적을 위한 상당한 수단에 해당하는 등 사회상규에 반하지 아니하는 때에는 협박죄가 성립하지 아니한다. 따라서 민사적 법률관계 하에서 이해관계가 상충되는 당사자 사이에 권리의 실현·행사 과정에서 이루어진 상대방에 대한 불이익이나 해악의 고지가 일반적으로 보아 공포심을 일으킬 수 있는 정도로서 협박죄의 '협박'에 해당하는지 여부와 그것이 사회상규에 비추어 용인할 수 있는 정도를 넘어선 것인지 여부를 판단할 때에는, 행위자와 상대방의 관계 및 사회경제적 위상의 차이, 고지된 불이익이나 해악의 내용이 당시 상황에 비추어 이해관계가 대립되는 당사자의 권리 실현·행사의 내용으로 통상적으로 예견·수용할 수 있는 범위를 현저히 벗어난 정도에 이르렀는지, 해악의 고지 방법과 그로써 추구하는 목적 사이에 합리적 관련성이 존재하는지 등 여러 사정을 세심히 살펴보아야 한다(대판 2022.12.15. 2022도9187).[50]

4. 죄수 및 타죄와의 관계

> - 흉기로 찔러 죽인다고 해악을 고지하여 협박한 후 다시 주먹과 발로 수회 구타하여 상해를 입힘으로써 다른 법익을 침해한 것이므로 실체적 경합범의 관계에 있다(대판 1982.6.8. 82도486).
> - 피고인의 협박사실행위가 피고인에게 인정된 상해사실과 같은 시간 같은 장소에서 동일한 피해자에게 가해진 경우에는 특별한 사정이 없는 한 상해의 단일범의하에서 이루어진 하나의 폭언에 불과하여 위 상해죄에 포함되는 행위라고 봄이 상당하다(대판 1976.12.14. 76도3375).
> - 피고인이 슈퍼마켓 사무실에서 식칼을 들고 피해자를 협박한 행위와 식칼을 들고 매장을 돌아다니며 손님을 내쫓아 그의 영업을 방해한 행위는 별개의 행위이다(대판 1991.1.29. 90도2445).

---

50) 경영위기에 놓인 회사의 직원 중 일부가 동료 직원 및 주요 투자자와 협의를 거쳐 회사 갱생을 위한 자구책으로 마련한 '사임제안서'를 대표이사에게 전달한 행위는 '협박'으로 볼 수 없고, 이에 해당하더라도 사회통념상 용인할 수 있는 정도이거나 회사의 경영 정상화라는 정당한 목적을 위한 상당한 수단에 해당하여 사회상규에 반하지 아니한다고 보아, 유죄 판결을 한 원심을 협박죄의 성립에 관한 법리오해를 이유로 파기한 사례(대판 2022.12.15. 2022도9187)

III 존속협박죄

존속협박죄는 자기 또는 배우자의 직계존속을 협박함으로써 성립하는 범죄이다(형법 제283조 제2항).

IV 특수협박죄

특수협박죄는 단체 또는 다중의 위력을 보이거나 위험한 물건을 휴대하여 협박죄 또는 존속협박죄를 범함으로써 성립하는 범죄이다(형법 제284조).

V 상습협박죄

상습협박죄는 상습으로 협박죄, 존속협박죄, 특수협박죄를 범함으로써 성립하는 범죄이다(형법 제285조).

제2절 강요의 죄

I 의의

1. 개념

강요의 죄란 폭행 또는 협박으로 사람의 권리행사를 방해하거나 의무 없는 일을 하게 하는 것을 내용으로 하는 범죄이다.

2. 보호법익 및 보호정도

강요의 죄의 보호법익은 사람의 의사결정의 자유와 의사활동의 자유이며 보호정도는 침해범이다.

Ⅱ 강요죄

1. 의 의

강요죄는 폭행 또는 협박으로 사람의 권리행사를 방해하거나 의무 없는 일을 하게 함으로써 성립하는 범죄이다(형법 제324조 제1항).

2. 구성요건

(1) 객관적 구성요건

1) 객 체

자연인인 타인을 의미하며 본죄의 보호법익을 고려할 때 의사결정 및 의사활동의 자유를 가진 자에 제한된다.

2) 행 위

① 강요의 수단 : 본죄의 폭행은 사람의 의사결정 및 의사활동을 강제하는 일체의 유형력의 행사로서(광의의 폭행), 절대적 폭력과 강제적·심리적 폭력을 포함한다. 협박은 해악을 고지하여 상대방에게 현실적으로 공포심을 일으키게 하는 협의의 협박을 의미한다.

> 1. **강요죄 등이 성립하는 사례**
>   - 골프시설의 운영자가 골프회원에게 불리하게 변경된 내용의 회칙에 대하여 동의한다는 내용의 등록신청서를 제출하지 아니하면 회원으로 대우하지 아니하겠다고 통지한 것은 강요죄에 해당한다(대판 2003.9.26. 2003도763).
>   - 해악의 고지는 반드시 명시적인 방법이 아니더라도 말이나 행동을 통해서 상대방에게 어떠한 해악을 끼칠 것이라는 인식을 갖도록 하면 충분하고, 제3자를 통해서 간접적으로 할 수도 있다. 행위자가 그의 직업, 지위 등에 기초한 위세를 이용하여 불법적으로 재물의 교부나 재산상 이익을 요구하고 상대방이 불응하면 부당한 불이익을 입을 위험이 있다는 위구심을 일으키게 하는 경우에도 해악의 고지가 된다. 협박받는 사람이 공포심 또는 위구심을 일으킬 정도의 해악을 고지하였는지는 행위 당사자 쌍방의 직무, 사회적 지위, 강요된 권리·의무에 관련된 상호관계 등 관련 사정을 고려하여 판단해야 한다(대판 2019.8.29. 2018도13792[전합]).
> 2. **강요죄 등이 성립하지 아니하는 사례**
>   - 대통령비서실장 및 정무수석비서관실 소속 공무원들인 피고인들이, 2014~2016년도의 3년 동안 각 연도별로 전국경제인연합회에 특정 정치성향 시민단체들에 대한 자금지원을 요구하고 그로 인하여 전국경제인연합회 부회장 갑으로 하여금 해당 단체들에 자금지원을 하도록 하였다고 하여 직권남용권리행사방해 및 강요의 공소사실로 기소된 경우, 피고인들이 자금지원을 요구한 행위는 대통령비서실장과 정무수석비서관실의 일반적 직무권한에 속하는 사항으로서 직권을 남용한 경우에 해당하고, 갑은 위 직권남용 행위로 인하여 자금지원 결정이라는 의무 없는 일을 하였으므로 직권남용권리행사방해죄는 성립하나, 피고인들의 자금지원 요구를 강요죄의 성립 요건인 협박, 즉 해악의 고지에 해당한다고 단정할 수 없으므로, 강요죄는 성립하지 아니한다(대판 2020.2.13. 2019도5186).

- 대통령비서실장을 비롯한 피고인들 등이 문화체육관광부 공무원들을 통하여 문화예술진흥기금 등 정부의 지원을 신청한 개인·단체의 이념적 성향이나 정치적 견해 등을 이유로 한국문화예술위원회·영화진흥위원회·한국출판문화산업진흥원이 수행한 각종 사업에서 이른바 좌파 등에 대한 지원배제에 이르는 과정에서, 공무원 갑 및 지원배제 적용에 소극적인 문화체육관광부 1급 공무원 을 등에 대하여 사직서를 제출하도록 요구하고, 한국문화예술위원회·영화진흥위원회·한국출판문화산업진흥원 직원들로 하여금 지원심의 등에 개입하도록 지시함으로써 업무상·신분상 불이익을 당할 위험이 있다는 위구심을 일으켜 의무 없는 일을 하게 하였다는 강요의 공소사실로 기소된 경우, 피고인들이 상대방의 의사결정의 자유를 제한하거나 의사실행의 자유를 방해할 정도로 겁을 먹게 할 만한 해악을 고지하였다는 점에 대한 증명이 부족하여 강요죄는 성립하지 아니한다(대판 2020.1.30. 2018도2236[전합]).

- [1] 행위자가 직무상 또는 사실상 상대방에게 영향을 줄 수 있는 직업이나 지위에 있고 직업이나 지위에 기초하여 상대방에게 어떠한 요구를 하였더라도 곧바로 그 요구 행위를 위와 같은 해악의 고지라고 단정하여서는 안 된다. 특히 공무원이 자신의 직무와 관련한 상대방에게 공무원 자신 또는 자신이 지정한 제3자를 위하여 재산적 이익 또는 일체의 유·무형의 이익 등을 제공할 것을 요구하고 상대방은 공무원의 지위에 따른 직무에 관하여 어떠한 이익을 기대하며 그에 대한 대가로서 요구에 응하였다면, 다른 사정이 없는 한 공무원의 위 요구 행위를 객관적으로 사람의 의사결정의 자유를 제한하거나 의사실행의 자유를 방해할 정도로 겁을 먹게 할 만한 해악의 고지라고 단정하기는 어렵다.

  [2] 행위자가 직업이나 지위에 기초하여 상대방에게 어떠한 이익 등의 제공을 요구하였을 때 그 요구 행위가 강요죄의 수단으로서 해악의 고지에 해당하는지 여부는 행위자의 지위뿐만 아니라 그 언동의 내용과 경위, 요구 당시의 상황, 행위자와 상대방의 성행·경력·상호관계 등에 비추어 볼 때 상대방으로 하여금 그 요구에 불응하면 어떠한 해악에 이를 것이라는 인식을 갖게 하였다고 볼 수 있는지, 행위자와 상대방이 행위자의 지위에서 상대방에게 줄 수 있는 해악을 인식하거나 합리적으로 예상할 수 있었는지 등을 종합하여 판단해야 한다. 공무원인 행위자가 상대방에게 어떠한 이익 등의 제공을 요구한 경우 위와 같은 해악의 고지로 인정될 수 없다면 직권남용이나 뇌물요구 등이 될 수는 있어도 협박을 요건으로 하는 강요죄가 성립하기는 어렵다(대판 2019.8.29. 2018도13792[전합]).

② **강요의 내용** : 권리행사방해란 행사할 수 있는 권리를 행사하지 못하게 하는 것을 말하며, 의무 없는 일을 하게 하는 것은 의무 없는 자에게 일정한 작위·부작위 또는 수인을 강요하는 것을 말한다. 따라서 폭행 또는 협박으로 법률상 의무 있는 일을 하게 한 경우에는 폭행 또는 협박죄만 성립할 뿐 강요죄는 성립하지 아니한다(대판 2008.5.15. 2008도1097). 본죄는 폭행·협박에 의하여 현실적으로 권리행사가 방해되거나 의무 없는 일이 행해졌을 때 기수가 된다. 즉 의사결정의 자유뿐만 아니라 의사결정에 따른 행동의 자유가 현실적으로 침해되어야 기수가 된다.

> **강요죄가 성립하지 아니하는 사례**
> - [1] 강요죄는 폭행 또는 협박으로 사람의 권리행사를 방해하거나 의무 없는 일을 하게 하는 것을 말하고, 여기에서 '의무 없는 일'이란 법령, 계약 등에 기하여 발생하는 법률상 의무 없는 일을 말하므로, 폭행 또는 협박으로 법률상 의무 있는 일을 하게 한 경우에는 폭행 또는 협박죄만 성립할 뿐 강요죄는 성립하지 아니한다.
> [2] 폭력조직 전력이 있는 피고인이 특정 연예인에게 팬미팅 공연을 하도록 강요하면서 만날 것을 요구하고, 팬미팅 공연이 이행되지 않으면 안 좋은 일을 당할 것이라고 협박한 사안에서, 위 연예인에게 공연을 할 의무가 없다는 점에 대한 미필적 인식, 즉 강요죄의 고의가 피고인에게 있었다고 단정하기 어렵다고 판단한 원심을 수긍한 사례(대판 2008.5.15. 2008도1097)
> - 피고인이 갑과 공모하여 갑 소유의 차량을 을 소유 주택 대문 바로 앞부분에 주차하는 방법으로 을이 차량을 주택 내부의 주차장에 출입시키지 못하게 한 경우, 피고인은 을로 하여금 주차장을 이용하지 못하게 할 의도로 갑 차량을 을 주택 대문 앞에 주차하였으나, 주차 당시 피고인과 을 사이에 물리적 접촉이 있거나 피고인이 을에게 어떠한 유형력을 행사했다고 볼만한 사정이 없는 점, 피고인의 행위로 을에게 주택 외부에 있던 을 차량을 주택 내부의 주차장에 출입시키지 못하는 불편이 발생하였으나, 을은 차량을 용법에 따라 정상적으로 사용할 수 있었던 점을 종합하면, 피고인이 을을 폭행하여 차량 운행에 관한 권리행사를 방해하였다고 평가하기 어렵다(대판 2021.11.25. 2018도1346).

(2) 주관적 구성요건

고의로서 폭행 또는 협박의 고의뿐만 아니라 강요, 즉 권리행사를 방해하거나 의무 없는 일을 하게 한다는 사실에 대한 인식과 의사가 있어야 한다.

3. 위법성

총칙상의 일반적 위법성조각사유에 의하여 위법성이 조각될 수 있으나, 피해자의 승낙의 경우에는 양해로서 구성요건해당성이 조각됨을 유의하여야 한다.

4. 죄수 및 타죄와의 관계

본죄는 자유에 대한 일반적 구성요건이므로 체포·감금죄, 약취·유인죄, 강간·강제추행죄 등 다른 자유에 대한 죄가 성립하면 법조경합에 의하여 별도로 강요죄는 성립하지 아니한다. 협박죄는 강요죄에 대하여 보충관계에 있으므로 본죄가 성립하면 협박죄는 성립하지 아니한다. 강요죄는 공갈죄·강도죄에 대하여 보충관계에 있으므로 공갈죄·강도죄가 성립하면 강요죄는 성립하지 아니한다.

Ⅲ 특수강요죄

특수강요죄는 단체 또는 다중의 위력을 보이거나 위험한 물건을 휴대하여 강요죄를 범함으로써 성립하는 범죄이다(형법 제324조 제2항).

Ⅳ 중강요죄

중강요죄는 강요죄, 특수강요죄, 점유강취죄, 준점유강취죄를 범하여 사람의 생명에 대한 위험을 발생하게 함으로써 성립하는 범죄이다(형법 제326조).

Ⅴ 인질강요죄

1. 의 의

인질강요죄는 사람을 체포·감금·약취 또는 유인하여 이를 인질로 삼아 제3자에 대하여 권리행사를 방해하거나 의무 없는 일을 하게 함으로써 성립하는 범죄이다(형법 제324조의2).

2. 구성요건

(1) 객 체

본죄는 체포·감금 또는 약취·유인된 인질의 객체인 사람과 강요의 객체인 제3자라는 이중의 객체를 요구한다. 인질의 객체인 사람은 자연인으로서 타인을 의미하며 제한이 없다. 후자인 강요죄의 객체인 제3자는 자연인에 한하지 아니하고 법인·법인격 없는 단체·국가기관·외국의 정부 등도 포함된다. 강요의 상대방은 제3자이므로 인질의 객체와 강요의 객체는 동일인이어서는 안 된다. 인질에 대한 강요는 체포·감금죄 또는 약취·유인죄와 강요죄의 실체적 경합범이 된다.

(2) 행 위

1) 체포·감금·약취·유인하여 인질로 삼아 강요

'인질로 삼는다는 것'은 체포·감금 또는 약취·유인된 자의 생명·신체의 안전에 대한 제3자의 우려를 이용하여 석방이나 안전보장의 대가로 제3자를 강요하기 위하여 이미 체포·감금·약취·유인된 자의 자유를 구속하는 것을 말하며 장소적 이전은 요하지 아니한다. 강요는 제3자에 대하여 권리행사를 방해하거나 의무 없는 일을 하게 하는 것을 말한다.

2) 실행의 착수시기

본죄의 실행의 착수시기에 대하여 견해가 대립하고 있으나 인질강요죄는 처음부터 강요의 목적으로 체포·감금·약취·유인하였을 것을 요하지 아니하므로 체포 등의 행위 이후에 인질강요의 고의가 생긴 경우에도 본죄가 성립할 수 있고, 본죄의 행위의 중점이 강요에 있다는 점을 고려하면 강요행위를 개시한 때에 실행의 착수가 있다고 보는 강요행위시설이 타당하다.

3) 기수시기

본죄의 기수시기는 강요행위로 인하여 제3자가 현실적으로 권리행사를 방해받았거나 의무 없는 일을 행한 때이다.

3. 죄수 및 타죄와의 관계

(1) 죄 수

본죄의 죄수는 인질의 수가 아니라 피강요자의 수를 기준으로 결정한다. 따라서 1개의 강요행위로 수인의 권리행사를 방해한 경우에는 수개의 인질강요죄의 상상적 경합이 성립한다. 반면 수인을 인질로 하여 1인에게 강요행위를 한 경우에는 1개의 인질강요죄가 성립한다.

(2) 타죄와의 관계

본죄는 체포·감금·약취·유인죄와 법조경합 중 보충관계에 있고, 사람을 체포·감금·약취·유인하여 이를 인질로 삼아 재물 또는 재산상의 이익을 취득한 경우에는 인질강도죄가 성립한다.

4. 해방감경

인질강요죄를 범한 자 및 그 미수범이 인질을 안전한 장소에 풀어준 때에는 그 형을 감경할 수 있다(형법 제324조의6)(임의적 감경). 인질의 안전을 확보하기 위한 형사정책적 고려가 반영된 규정이다. 기수범에 대하여도 인정되고 자의성을 요하지 아니한다는 점에서 중지미수와 구별된다.

Ⅵ 인질상해·치상죄

인질상해·치상죄는 인질강요죄를 범한 자가 인질을 상해하거나 상해에 이르게 함으로써 성립하는 범죄이다(형법 제324조의3).

Ⅶ 인질살해·치사죄

인질살해·치사죄는 인질강요죄를 범한 자가 인질을 살해하거나 사망에 이르게 함으로써 성립하는 범죄이다(형법 제324조의4).

제3절 체포와 감금의 죄

I 의 의

1. 개 념

체포와 감금의 죄는 불법하게 체포 또는 감금함으로써 신체적 활동의 자유를 침해하는 것을 내용으로 하는 범죄이다.

2. 보호법익 및 보호정도

본죄의 보호법익은 사람의 신체활동의 자유이고 구체적으로는 장소선택의 자유이다. 보호정도는 침해범이다.

II 체포·감금죄

1. 구성요건

(1) 객관적 구성요건

1) 객 체
① 문제점 : 체포·감금죄의 객체는 범인 이외의 자연인인 사람을 의미하는데 그 범위가 문제된다.
② 학설 : 신체활동의 자유를 가졌는지 여부를 불문하고 모든 자연인이 본죄의 객체가 된다는 최광의설, 현실적으로 신체활동의 자유는 없으나 잠재적 자유를 가진 자이면 객체가 된다는 광의설, 신체활동의 의사를 가질 수 없는 유아·명정자 수면자 등은 객체가 될 수 없으나 최소한의 활동가능성이 기대되는 정신병자·불구자는 본죄의 객체가 될 수 있다는 중간설, 현실적으로 활동의 의사가 없는 자는 모두 본죄의 객체가 될 수 없다는 협의설이 대립하고 있다.
③ 검토 : 생각건대 본죄의 보호법익이 신체활동의 자유이므로 잠재적 신체활동의 자유를 가진 자이면 본죄의 객체가 될 수 있다고 보는 것이 타당하다(광의설).

2) 행 위
① 체포·감금 : 체포는 사람의 신체에 직접적·현실적 구속을 가하여 그 신체활동의 자유를 박탈하는 것을 말한다. 감금이란 사람을 일정한 장소 밖으로 나가지 못하게 하여 신체활동의 자유를 장소적으로 제한하는 것을 말한다. 감금은 물리적·유형적 방법 이외에 심리적·무형적 방법에 의하여도 가능하고 작위·부작위에 의한 감금이나 간접정범에 의한 감금도 가능하다. 또한 비록 한정된 장소에서 어느 정도의 자유가 주어졌으나 특정한 구역에서 벗어나는 것을 불가능하게 하거나 매우 곤란하게 한 경우에는 감금에 해당한다(대결 1991.12.30. 91모5).

체포·감금죄가 성립하는 사례

- [1] 형법 제276조 제1항의 체포죄에서 말하는 '체포'는 사람의 신체에 대하여 직접적이고 현실적인 구속을 가하여 신체활동의 자유를 박탈하는 행위를 의미하는 것으로서 수단과 방법을 불문한다. 체포죄는 계속범으로서 체포의 행위에 확실히 사람의 신체의 자유를 구속한다고 인정할 수 있을 정도의 시간적 계속이 있어야 하나, 체포의 고의로써 타인의 신체적 활동의 자유를 현실적으로 침해하는 행위를 개시한 때 체포죄의 실행에 착수하였다고 볼 것이다.
  [2] 피해자가 피고인으로부터 강간미수 피해를 입은 후 피고인의 집에서 나가려고 하였는데 피고인이 피해자가 나가지 못하도록 현관에서 거실 쪽으로 피해자를 세 번 밀쳤고, 피해자가 피고인을 뿌리치고 현관문을 열고 나와 엘리베이터를 누르고 기다리는데 피고인이 팬티 바람으로 쫓아 나왔으며, 피해자가 엘리베이터를 탔는데도 피해자의 팔을 잡고 끌어내리려고 해서 이를 뿌리쳤고, 피고인이 닫히는 엘리베이터 문을 손으로 막으며 엘리베이터로 들어오려고 하자 피해자가 버튼을 누르고 손으로 피고인의 가슴을 밀어냈다면 피고인은 피해자의 신체적 활동의 자유를 박탈하려는 고의를 가지고 피해자의 신체에 대한 유형력의 행사를 통해 일시적으로나마 피해자의 신체를 구속하였다고 판단된다(대판 2018.2.28. 2017도21249).
- 구 정신보건법 제23조 제2항은 '정신의료기관의 장은 자의로 입원 등을 한 환자로부터 퇴원 신청이 있는 경우에는 지체 없이 퇴원을 시켜야 한다'고 정하고 있다(2016.5.29. 법률 제14224호로 전부 개정된 정신건강증진 및 정신질환자 복지서비스 지원에 관한 법률 제41조 제2항은 '정신의료기관 등의 장은 자의 입원 등을 한 사람이 퇴원 등을 신청한 경우에는 지체 없이 퇴원 등을 시켜야 한다'고 정하고 있다). 환자로부터 퇴원 요구가 있는데도 구 정신보건법에 정해진 절차를 밟지 않은 채 방치한 경우에는 위법한 감금행위가 있다(대판 2017.8.18. 2017도7134).

② **기수시기** : 본죄는 계속범이므로 피해자의 신체활동의 자유를 침해하는 일정한 사실이 계속되어야 기수가 된다. 한편 본죄의 보호법익이 잠재적 신체활동의 자유라는 점에서 기수가 되는 데는 별도로 피해자가 자기의 신체활동의 자유가 침해된 것을 인식할 것을 요하는 것은 아니다.

(2) 주관적 구성요건

본죄는 고의범이므로 체포·감금에 대한 고의가 있어야 한다.

체포·감금죄가 성립하지 아니하는 사례

- [1] 정신보건법 제3조 제1호는 정신질환자를 정신병(기질적 정신병을 포함)·인격장애·알코올 및 약물중독 기타 비정신병적 정신장애를 가진 사람으로 정의하고 있으나, 정신질환자의 치료 및 보호라는 법의 목적에 비추어 볼 때 여기서 말하는 정신질환자에는 의학적으로 정신병 또는 정신장애의 진단을 받은 사람뿐만 아니라 그러한 정신장애의 의심이 있는 사람도 포함된다.
  [2] 정신건강의학과 전문의인 피고인 甲, 乙이 각각 피해자의 아들 피고인 丙 등과 공동하여 피해자를 응급이송차량에 강제로 태워 병원으로 데려가 입원시켰다고 하여 폭력행위 등 처벌에 관한 법률 위반(공동감금)으로 기소된 사안에서, 망상장애와 같은 정신질환의 경우 진단적 조사 또는 정확한 진단을 위해 지속적인 관찰이나 특수한 검사가 필요한 때에도 환자의 입원이 고려될 수 있고, 피고인 甲, 乙은 보호의무자인 피고인 丙의 진술뿐만 아니라 피해자를 직접 대면하여 진찰한 결과를 토대로 피해자에게 피해사고나 망상장애의 의심이 있다고 판단하여 입원이 필요하다는 진단을 한 것이므로, 진단

> 과정에 정신건강의학과 전문의로서 최선의 주의를 다하지 아니하거나 신중하지 못했던 점이 일부 있었더라도 피해자를 정확히 진단하여 치료할 의사로 입원시켰다고 볼 여지 또한 충분하여 피고인 甲, 乙에게 감금죄의 고의가 있었다거나 이들의 행위가 형법상 감금행위에 해당한다고 단정하기 어려움에도 피고인 甲, 乙이 피해자를 입원시킨 행위가 감금죄에 해당한다고 판단한 원심판결에 법리오해의 잘못이 있다고 한 사례(대판 2015.10.29. 2015도8429)
>
> - 보호의무자의 동의를 제대로 얻지 못한 상태에서 정신의료기관의 장의 결정에 의하여 정신질환자에 대한 입원이 이루어졌다 하더라도, 정신건강의학과 전문의가 사실과 다르게 입원 진단을 하였다거나 또는 정신의료기관의 장 등과 공동하거나 공모하여 정신질환자를 강제입원시켰다는 등의 특별한 사정이 없는 이상, 정신의료기관의 장의 입원 결정과 구별되는 정신건강의학과 전문의의 입원 진단 내지 입원권고서 작성행위만을 가지고 부적법한 입원행위라고 보아 감금죄로 처벌할 수 없다(대판 2017.4.28. 2013도13569).

2. 위법성

정당행위(영장에 의한 구속, 현행범인의 체포, 친권자의 징계행위, 경찰관의 주취자 보호조치, 치료를 위한 감금)에 의하여 위법성이 조각될 수 있다. 그러나 피해자의 동의는 구성요건해당성을 조각하는 양해에 해당한다.

3. 죄수 및 타죄와의 관계

(1) 죄 수

사람을 체포한 후에 계속하여 감금한 때에는 포괄하여 1개의 감금죄가 성립한다. 1개의 행위로 수인을 감금한 경우에는 수개의 감금죄의 상상적 경합이 성립한다.

(2) 타죄와의 관계

1) 폭행·협박죄와의 관계

체포·감금의 수단으로 행하여진 폭행·협박이나 감금 중에 행한 폭행·협박이 감금상태를 유지하기 위한 것은 경우에는 체포·감금죄만 성립한다. 그러나 감금 중에 별개의 동기에서 폭행·협박한 경우에는 중체포·감금죄가 성립한다.

> 피해자의 신고로 같은 달 피고인이 폭력행위 등으로 구속되어 형사처벌을 받은 것에 불만을 품고 이를 보복하기 위하여 피해자에게 "자동차에 타라, 타지 않으면 가만있지 않겠다"고 협박하면서 동녀를 그곳에 대기시켜 놓았던 자동차 뒷좌석에 강제로 밀어 넣어 앉히고 동녀가 내려 달라고 애원했으나 내려주지 않고 그곳에서 같은 망우리 공동묘지까지 동 자동차를 운전하여 약 20분 간 동녀를 감금한 경우, 감금을 하기 위한 수단으로서 행사된 단순한 협박행위는 감금죄에 흡수되어 따로 협박죄를 구성하지 아니한다 (대판 1982.6.22. 82도705).

2) 강도죄·강간죄·상해죄·살인죄와의 관계

- 피고인이 피해자가 자동차에서 내릴 수 없는 상태에 있음을 이용하여 강간하려고 결의하고, 주행 중인 자동차에서 탈출불가능하게 하여 외포케 하고 50킬로미터를 운행하여 여관 앞까지 강제연행한 후 강간하려다 미수에 그친 경우 위 협박은 감금죄의 실행의 착수임과 동시에 강간미수죄의 실행의 착수라고 할 것이고, 그때에는 감금죄와 강간미수죄는 일개의 행위에 의하여 실현된 경우로서 형법 제40조의 상상적 경합관계에 있다(대판 1983.4.26. 83도323).
- 감금행위가 단순히 강도상해 범행의 수단이 되는 데 그치지 아니하고 강도상해의 범행이 끝난 뒤에도 계속된 경우에는 1개의 행위가 감금죄와 강도상해죄에 해당하는 경우라고 볼 수 없고, 이 경우 감금죄와 강도상해죄는 형법 제37조의 경합범 관계에 있다(대판 2003.1.10. 2002도4380).

3) 미성년자유인죄와의 관계

미성년자를 유인한 자가 계속하여 미성년자를 불법하게 감금하였을 때에는 미성년자유인죄 외에 감금죄가 별도로 성립한다(대판 1998.5.26. 98도1036).

III 존속체포·감금죄

존속체포·감금죄는 자기 또는 배우자의 직계존속을 체포·감금함으로써 성립하는 범죄이다(형법 제276조 제2항).

IV 중체포·감금죄, 존속중체포·감금죄

1. 의의

중체포·감금죄, 존속중체포·감금죄는 사람 또는 직계존속을 체포·감금하여 가혹한 행위를 함으로써 성립하는 범죄이다(형법 제277조 제1항, 제2항).

2. 구성요건

가혹한 행위란 사람에게 육체적·정신적 고통을 주는 일체의 유형적·무형적 행위를 의미하며 이에는 폭행·협박·음란행위도 포함된다.

- 피고인이 아파트 안방에서 안방문에 못질을 하여 동거하던 피해자가 술집에 나갈 수 없게 감금하고, 피해자를 때리고 옷을 벗기는 등 가혹한 행위를 하여 피해자가 이를 피하기 위하여 창문을 통해 밖으로 뛰어 내리려 하자 피고인이 이를 제지한 후, 피고인이 거실로 나오는 사이에 갑자기 안방 창문을 통하여 알몸으로 아파트 아래 잔디밭에 뛰어 내리다가 다발성 실질장기파열상 등을 입고 사망한 경우, 피고인의 중감금행위와 피해자의 사망 사이에는 인과관계가 있어 피고인은 중감금치사죄의 죄책을 진다(대판 1991.10.25. 91도2085).

- 피해자가 여관 등에서 8일간 있는 동안 그의 처와 만났으며 피고인 등과 같이 술을 마신 일이 있는 등 특정지역 내에서 일정한 생활의 자유가 허용되었고, 피고인이 피해자에게 폭행을 가한 것은 감금을 위한 것이라기보다는 피해자의 채무불이행에 대한 분노에서 행하여진 것으로 보인다든지 또는 피해자가 피고인 등과 민·형사 간 문제를 삼지 않겠다는 합의서를 경찰에 제출한 사실 또는 피해자나 그의 가족이 감금사실에 대하여 고소, 고발을 하지 않았다는 사정 등이 있다 하더라도 피고인 일행이 밤마다 폭행하고 괴롭히고 있으니 경찰에 신고하라고 피해자가 전화한 사실이 있을 뿐 아니라 감금에서 풀려난 것이 피해자의 얼굴 등이 많이 상해 있는 것을 본 공소외(갑)이 경찰에 신고하여 경찰관이 와서 피고인 등을 연행해 감으로써 풀려난 것임에 비추어 볼 때, 피해자가 그의 행동의 자유에 아무런 제약도 받지 아니하고 그의 자유로운 의사에 의하여 8일간을 여관 등에서 보내게 된 것이라고 볼 수 없다(대판 1984.5.15. 84도655).[51]

V 특수체포·감금죄

특수체포·감금죄는 단체 또는 다중의 위력을 보이거나 위험한 물건을 휴대하여 체포·감금죄, 존속체포·감금죄, 중체포·감금죄, 존속중체포·감금죄를 범함으로써 성립하는 범죄이다(형법 제278조).

VI 상습체포·감금죄

상습체포·감금죄는 상습으로 체포·감금죄, 존속체포·감금죄, 중체포·감금죄, 존속중체포·감금죄를 범함으로써 성립하는 범죄이다(형법 제279조).

VII 체포·감금치사상죄

체포·감금치사상죄는 체포·감금죄, 존속체포·감금죄, 중체포·감금죄, 존속중체포·감금죄, 특수체포·감금죄, 상습체포·감금죄 또는 그 미수범을 범하여 사람을 상해 또는 사망에 이르게 함으로써 성립하는 범죄이다(형법 제281조 제1항, 제2항).

- 승용차로 피해자를 가로막아 승차하게 한 후 피해자의 하차 요구를 무시한 채 당초 목적지가 아닌 다른 장소를 향하여 시속 약 60km 내지 70km의 속도로 진행하여 피해자를 차량에서 내리지 못하게 한 행위는 감금죄에 해당하고, 피해자가 그와 같은 감금상태를 벗어날 목적으로 차량을 빠져 나오려다가 길바닥에 떨어져 상해를 입고 그 결과 사망에 이르렀다면 감금행위와 피해자의 사망 사이에는 상당인과관계가 있다고 할 것이므로 감금치사죄에 해당한다(대판 2000.2.11. 99도5286).
- 피해자를 강제로 승용차에 태운 뒤 운전하여 가자 겁에 질린 피해자가 차에서 뛰어 내리다가 상해를 입은 경우, 감금 및 감금치상죄가 성립한다(대판 2000.5.26. 2000도440).

---

51) 피고인에게 중감금죄를 인정한 사례이다.

- 체포치상죄의 상해는 피해자 신체의 건강상태가 불량하게 변경되고 생활기능에 장애가 초래되는 것을 말한다. 피해자가 입은 상처가 극히 경미하여 굳이 치료할 필요가 없고 치료를 받지 않더라도 일상생활을 하는 데 아무런 지장이 없으며 시일이 경과함에 따라 자연적으로 치유될 수 있는 정도라면, 그로 인하여 피해자의 신체의 건강상태가 불량하게 변경되었다거나 생활기능에 장애가 초래된 것으로 보기 어려워 체포치상죄의 상해에 해당한다고 할 수 없다(대판 2020.3.27. 2016도18713).

제4절 약취·유인 및 인신매매의 죄

I 의 의

1. 개 념

약취·유인 및 인신매매의 죄는 사람을 약취·유인 또는 매매하여 자기 또는 제3자의 실력적 지배하에 둠으로써 개인의 자유로운 생활관계를 침해하는 것을 내용으로 하는 범죄이다.

2. 보호법익 및 보호정도

약취·유인죄의 보호법익은 개인의 자유(피인취자의 거처의 자유)이나 미성년자약취·유인죄에서는 보호자의 감독권도 부차적 법익으로 인정된다. 보호정도는 침해범이다.

II 미성년자약취·유인죄

1. 의 의

미성년자약취·유인죄는 미성년자를 약취·유인함으로써 성립하는 범죄이다(형법 제287조).

2. 구성요건

(1) 객관적 구성요건

1) 주 체

본죄의 주체에는 제한이 없다. 보호감독자도 타인의 인취에 동의하거나 가담하면 범죄의 주체가 될 수 있다. 한편 미성년자 본인은 본죄가 궁극적으로 미성년자의 자유를 보호하기 위한 범죄이므로 정범은 물론 공범도 되지 못한다는 것이 학설의 일반적인 태도이다.

1. **보호감독자에게 미성년자약취·유인죄가 성립하는 사례**
   - 피고인의 배우자였던 공소외인은 피고인을 상대로 미합중국 오레곤주의 벤튼 카운티 순회법원(Benton County Circuit Court)에 공소외인과 자녀들에 대한 접근금지를 신청하여, 위 법원은 접근금지명령과 함께 자녀들에 대한 Temporary custody(임시 보호)를 공소외인에게 부여하는 결정을 하였는데, 피고인은 2009. 11. 7. 그에게 주어진 Parenting time(면접교섭 시간)을 이용하여 자녀들을 인계받은 후, 공소외인의 동의 없이 곧바로 미국을 떠나 대한민국으로 입국한 경우, 미성년자에 대한 약취죄가 성립한다(대판 2017. 12. 13. 2015도10032).
   - 피고인과 갑은 각각 한국과 프랑스에서 따로 살며 이혼소송 중인 부부로서 자녀인 피해아동 을(만 5세)은 프랑스에서 갑과 함께 생활하였는데, 피고인이 을을 면접교섭하기 위하여 그를 보호·양육하던 갑으로부터 을을 인계받아 국내로 데려온 후 면접교섭 기간이 종료하였음에도 을을 데려다주지 아니한 채 갑과 연락을 두절한 후 법원의 유아인도명령 등에도 불응한 경우, 피고인의 행위는 미성년자약취죄의 약취행위에 해당한다(대판 2021. 9. 9. 2019도16421).

2. **보호감독자에게 미성년자약취·유인죄가 성립하지 아니하는 사례**

   [1] 형법 제287조의 미성년자약취죄, 제288조 제3항 전단의 국외이송약취죄 등의 구성요건요소로서 약취란 폭행, 협박 또는 불법적인 사실상의 힘을 수단으로 사용하여 피해자를 그 의사에 반하여 자유로운 생활관계 또는 보호관계로부터 이탈시켜 자기 또는 제3자의 사실상 지배하에 옮기는 행위를 의미하고, 구체적 사건에서 어떤 행위가 약취에 해당하는지 여부는 행위의 목적과 의도, 행위 당시의 정황, 행위의 태양과 종류, 수단과 방법, 피해자의 상태 등 관련 사정을 종합하여 판단하여야 한다. 한편 미성년자를 보호·감독하는 사람이라고 하더라도 다른 보호감독자의 보호·양육권을 침해하거나 자신의 보호·양육권을 남용하여 미성년자 본인의 이익을 침해하는 때에는 미성년자에 대한 약취죄의 주체가 될 수 있는데, 그 경우에도 해당 보호감독자에 대하여 약취죄의 성립을 인정할 수 있으려면 그 행위가 위와 같은 의미의 약취에 해당하여야 한다. 그렇지 아니하고 폭행, 협박 또는 불법적인 사실상의 힘을 사용하여 그 미성년자를 평온하던 종전의 보호·양육 상태로부터 이탈시켰다고 볼 수 없는 행위까지 다른 보호감독자의 보호·양육권을 침해하였다는 이유로 미성년자에 대한 약취죄의 성립을 긍정하는 것은 형벌법규의 문언 범위를 벗어나는 해석으로서 죄형법정주의의 원칙에 비추어 허용될 수 없다. 따라서 부모가 이혼하였거나 별거하는 상황에서 미성년의 자녀를 부모의 일방이 평온하게 보호·양육하고 있는데, 상대방 부모가 폭행, 협박 또는 불법적인 사실상의 힘을 행사하여 그 보호·양육 상태를 깨뜨리고 자녀를 탈취하여 자기 또는 제3자의 사실상 지배하에 옮긴 경우, 그와 같은 행위는 특별한 사정이 없는 한 미성년자에 대한 약취죄를 구성한다고 볼 수 있다. 그러나 이와 달리 미성년의 자녀를 부모가 함께 동거하면서 보호·양육하여 오던 중 부모의 일방이 상대방 부모나 그 자녀에게 어떠한 폭행, 협박이나 불법적인 사실상의 힘을 행사함이 없이 그 자녀를 데리고 종전의 거소를 벗어나 다른 곳으로 옮겨 자녀에 대한 보호·양육을 계속하였다면, 그 행위가 보호·양육권의 남용에 해당한다는 등 특별한 사정이 없는 한 설령 이에 관하여 법원의 결정이나 상대방 부모의 동의를 얻지 아니하였다고 하더라도 그러한 행위에 대하여 곧바로 형법상 미성년자에 대한 약취죄의 성립을 인정할 수는 없다.

   [2] 베트남 국적 여성인 피고인이 남편 甲의 의사에 반하여 생후 약 13개월 된 아들 乙을 주거지에서 데리고 나와 약취하고 이어서 베트남에 함께 입국함으로써 乙을 국외에 이송하였다고 하여 국외이송약취 및 피약취자국외이송으로 기소된 사안에서, 제반 사정을 종합할 때 피고인이 乙을 데리고 베트남으로 떠난 행위는 어떠한 실력을 행사하여 乙을 평온하던 종전의 보호·양육 상태로부터 이탈시킨 것이라기보다 친권자인 모(母)로서 출생 이후 줄곧 맡아왔던 乙에 대한 보호·양육을 계속 유지한 행위에 해당하여, 이를 폭행, 협박 또는 불법적인 사실상의 힘을 사용하여 乙을 자기 또는 제3자의 지배하에 옮긴 약취행위로 볼 수는 없다는 이유로, 피고인에게 무죄를 인정한 원심판단을 정당하다고 한 사례(대판 2013. 6. 20. 2010도14328[전합]).

2) 객 체

미성년자란 19세 미만자를 말한다. 혼인한 미성년자도 본죄의 미성년자보호의 취지를 고려하건대 본죄의 객체가 된다고 이해하는 것이 타당하다.

3) 행 위

① 약취·유인 : 약취란 폭행·협박에 의하여 미성년자를 보호받는 상태 내지 자유로운 생활관계로부터 자기 또는 제3자의 실력적 지배하에 옮기는 것을 말한다. 유인은 기망 또는 유혹으로 이러한 상태를 만드는 것을 말한다. 이때 약취는 미성년자를 실력적 지배하에 둘 정도면 족하고 반항을 억압할 정도의 필요는 없다(대판 1991.8.13. 91도1184). 한편 유인의 수단인 유혹은 기망의 정도에 이르지 않는 감언이설로 상대방을 현혹시켜 판단의 적정을 그르치게 하는 것으로 반드시 그 유혹의 내용이 허위일 것을 요하지 아니한다(대판 1996.2.27. 95도2980).

[1] 형법 제288조에 규정된 약취행위는 피해자를 그 의사에 반하여 자유로운 생활관계 또는 보호관계로부터 범인이나 제3자의 사실상 지배하에 옮기는 행위를 말하는 것으로서, 폭행 또는 협박을 수단으로 사용하는 경우에 그 폭행 또는 협박의 정도는 상대방을 실력적 지배하에 둘 수 있을 정도이면 족하고 반드시 상대방의 반항을 억압할 정도의 것임을 요하지는 아니하고, 뿐만 아니라 약취에는 폭행 또는 협박 이외의 사실상의 힘에 의한 경우도 포함되며, 어떤 행위가 위와 같은 약취행위에 해당하는지 여부는 행위의 목적과 의도, 행위 당시의 정황, 행위의 태양과 종류, 피해자의 의사 등을 종합하여 판단하여야 한다.

[2] 피고인이 위와 같이 위험에 대한 대처능력이 미약한 초등학교 5학년 여학생인 피해자의 소매를 잡아 끌면서 '우리 집에 같이 자러 가자'라고 한 행위는 그 행위의 목적과 의도, 행위 당시의 정황, 행위의 태양과 종류, 피해자의 의사 등을 종합하여 볼 때, 피고인이 피해자를 그 의사에 반하여 자유로운 생활관계 또는 보호관계로부터 피고인의 사실상 지배하에 옮기기 위한 약취행위의 수단으로서 폭행에 충분히 해당한다고 할 것이고, 또한 약취의 의사도 인정된다고 할 것이므로, 피고인에게 약취행위에 해당하는 실행행위가 있다고 보아야 할 것이고, 당시 피고인이 술에 많이 취한 상태였다고 하더라도 버스에서 내려 집으로 가는 중이었다는 점 등의 사정에 비추어 심신상실의 상태에까지 이르렀다고는 보기 어려운 이상 이를 이유로 약취행위의 실행행위를 부정할 수는 없다(대판 2009.7.9. 2009도3816).

② 실력적 지배의 설정 : 약취·유인이라고 하기 위해서는 자기 또는 제3자의 사실적 지배하에 두어야 한다. 여기서 사실적 지배란 미성년자에 대한 물리적·실력적 지배관계를 의미한다. 약취·유인이 되기 위해서는 피인취자에 대한 장소적 이전이나 피인취자와 보호감독자와 장소적 격리를 요하지 아니한다.

[1] 미성년자가 혼자 머무는 주거에 침입하여 그를 감금한 뒤 폭행 또는 협박에 의하여 부모의 출입을 봉쇄하거나, 미성년자와 부모가 거주하는 주거에 침입하여 부모만을 강제로 퇴거시키고 독자적인 생활관계를 형성하기에 이르렀다면 비록 장소적 이전이 없었다 할지라도 형법 제287조의 미성년자약취죄에 해당함이 명백하지만, 강도 범행을 하는 과정에서 혼자 주거에 머무르고 있는 미성년자를 체포·감금하거나 혹은 미성년자와 그의 부모를 함께 체포·감금, 또는 폭행·협박을 가하는 경우, 나아가 주거지에 침입하여 미성년자의 신체에 위해를 가할 것처럼 협박하여 부모로부터 금품을 강취하는 경우와 같이, 일시적으로 부모와의 보호관계가 사실상 침해·배제되었다 할지라도, 그 의도가 미성년자를 기존의 생활관계 및 보호관계로부터 이탈시키는 데 있었던 것이 아니라 단지 금품 강취를 위하여 반항을 제압하는

데 있었다거나 금품 강취를 위하여 고지한 해악의 대상이 그곳에 거주하는 미성년자였던 것에 불과하다면, 특별한 사정이 없는 한 미성년자를 약취한다는 범의를 인정하기 곤란할 뿐 아니라, 보통의 경우 시간적 간격이 짧아 그 주거지를 중심으로 영위되었던 기존의 생활관계로부터 완전히 이탈되었다고 평가하기도 곤란하다.

[2] 미성년자 혼자 머무는 주거에 침입하여 강도 범행을 하는 과정에서 미성년자와 그 부모에게 폭행·협박을 가하여 일시적으로 부모와의 보호관계가 사실상 침해·배제되었더라도, 미성년자가 기존의 생활관계로부터 완전히 이탈되었다거나 새로운 생활관계가 형성되었다고 볼 수 없고 범인의 의도도 위와 같은 생활관계의 이탈이 아니라 단지 금품 강취를 위한 반항 억압에 있었으므로, 형법 제287조의 미성년자약취죄가 성립하지 않는다고 한 사례(대판 2008.1.17. 2007도8485).

③ **계속범** : 본죄는 약취·유인의 고의를 가지고 약취·유인의 수단인 폭행·협박·기망·유혹을 개시한 때에 실행의 착수가 있고, 피인취자를 실력적 지배하에 두고 어느 정도의 시간적 계속이 있는 경우에는 기수가 된다.

(2) 주관적 구성요건

미성년자 약취·유인죄는 고의범이므로 미성년자의 약취·유인에 대한 인식과 의사를 내용으로 하는 고의가 있어야 한다. 다만, 미성년자라도 추행·간음·영리·결혼·국외이송 등의 목적이 있는 경우에는 형법 제288조, 제289조, 제291조의 영리 등 목적약취유인죄가 성립할 수 있다.

3. 위법성

본죄도 일반적 위법성조각사유에 의하여 위법성이 조각된다. 한편 피해자의 승낙과 관련해서는 미성년자와 보호자의 동의가 있는 경우에는 구성요건해당성이 조각되나 어느 일방의 동의가 있는 경우에 불과한 때에는 구성요건이나 위법성은 조각되지 아니한다.

4. 죄수 및 타죄와의 관계

약취와 유인이 경합한 경우에는 전체적으로 미성년자약취·유인죄의 1죄만 성립한다. 약취유인한 자가 피인취자를 계속하여 감금한 경우에는 미성년자약취·유인죄와 감금죄의 경합범이 성립한다.

- 미성년자인 피해자를 약취한 후에 강간을 목적으로 피해자에게 가혹한 행위 및 상해를 가하고 나아가 그 피해자에 대한 강간 및 살인미수를 범하였다면, 이에 대하여는 약취한 미성년자에 대한 상해 등으로 인한 특정범죄 가중처벌 등에 관한 법률 위반죄 및 미성년자인 피해자에 대한 강간 및 살인미수행위로 인한 성폭력범죄의 처벌 등에 관한 특례법 위반죄가 각 성립하고, 설령 상해의 결과가 피해자에 대한 강간 및 살인미수행위 과정에서 발생한 것이라 하더라도 위 각 죄는 서로 형법 제37조 전단의 실체적 경합범 관계에 있다(대판 2014.2.27. 2013도12301).
- 피고인은 1996.12.10.경 피해자(당시 만 10세)의 집에서 피해자로 하여금 부모에게 말하지 말고 인천에 있는 동아아파트 앞으로 나오도록 유인한 다음 피고인이 운전하는 화물차에 태우고 데리고 다니면서 피해자에게 "네가 집에 돌아가면 경찰이 붙잡아 소년원에 보낸다."라고 위협하여 피해자를 집에 가지 못하도록 하는 등 그 무렵부터 1997.6.8. 08:00경까지 피고인의 셋방 등지에서 피해자를 감금한 경우, 미성년자유인죄 이외에 감금죄가 별도로 성립한다(대판 1998.5.26. 98도1036).

5. 해방감경

미성년자약취·유인죄를 범한 사람이 약취·유인된 사람을 안전한 장소에 풀어준 때에는 그 형을 감경할 수 있다(형법 제295조의2).

Ⅲ 추행 등 목적 약취·유인 등죄

1. 의 의

추행·간음·결혼·영리의 목적, 노동력 착취, 성매매와 성적 착취, 장기적출의 목적, 국외이송 목적으로 사람을 약취·유인하거나, 약취 또는 유인된 사람을 국외에 이송함으로써 성립하는 범죄이다(형법 제288조).

2. 주관적 구성요건

(1) 추행·간음·결혼·영리의 목적

1) 추행·간음·결혼의 목적

추행의 목적은 피인취자를 추행의 주체 또는 객체로 삼으려는 목적을 말하고, 간음의 목적이란 결혼 이외에 성교행위를 하게 할 목적을 말하며 반드시 범인이 추행이나 간음의 당사자가 될 필요는 없다. 결혼할 목적에서 결혼은 사실혼을 포함하며 행위자가 피인취자와 결혼할 목적이 있는 경우 이외에 제3자와 결혼하게 할 목적이 있는 경우에도 포함되나 행위자가 제3자와 결혼할 목적이 있는 경우에는 본죄는 성립하지 아니하고 인질강요죄에 해당할 뿐이다.

2) 영리의 목적

① 문제점 : 영리의 목적이란 자기 또는 제3자로 하여금 재산상의 이익을 얻게 할 목적을 말한다. 이익은 계속적·반복적일 필요는 없고, 불법한 것임을 요하지 아니한다. 문제는 석방의 대가로 재물을 취득할 목적으로 사람을 약취·유인한 경우에도 본죄가 성립하는지 여부이다.

② 학설 : 이 경우에는 인질강도죄에 해당한다는 부정설과 이 경우에도 영리의 목적 약취유인죄가 성립한다는 긍정설이 대립하고 있다.

③ 검토 : 생각건대 약취·유인만으로는 인질강도죄의 실행에 착수한 것이라고 할 수 없으므로 긍정설이 타당하다고 판단된다. 따라서 행위자가 재물이나 재산상의 이익을 요구한 때에는 인질강도미수가 성립하고 영리목적유인죄는 성립할 여지가 없으나(법조경합 중 특별관계), 아직 재물을 요구하지 아니한 경우에는 영리목적유인죄와 인질강도예비죄의 상상적 경합이 성립한다고 보는 것이 타당하다.

(2) 노동력 착취, 성매매와 성적 착취, 장기적출의 목적

노동력 착취목적이란 대가를 주지 아니하거나 현저히 낮은 대가를 주고 타인의 노동력을 이용할 목적을 말한다. 성매매의 목적이란 성을 팔고 사는 행위를 하게 할 목적을 말하고, 성적 착취의 목적은 성매매로 인하여 얻어지는 경제적 이익을 착취할 목적을, 장기적출의 목적은 타인의 내장 등을 신체 밖으로 분리할 목적을 말한다.

(3) 국외이송목적

국외이송목적이란 국외(대한민국 외)로 보낼 목적을 말한다. 따라서 외국에서 대한민국으로 또는 외국에서 외국으로 이송할 목적인 경우에는 본죄가 성립하지 아니한다.

3. 기수시기

본죄는 일정한 목적으로 사람을 약취·유인하여 사실상 지배관계가 어느 정도 시간적 계속이 있으면 기수가 되며 목적의 달성 여부는 본죄의 기수와 관계가 없다.

Ⅳ 인신매매죄

1. 의 의

인신매매죄는 사람을 매매하거나 추행·간음·결혼·영리의 목적, 노동력 착취, 성매매와 성적 착취, 장기적출의 목적, 국외이송 목적으로 사람을 매매하거나 매매된 사람을 국외에 이송함으로써 성립하는 범죄이다(형법 제289조).

2. 구성요건

(1) 객 체

인신매매죄의 객체는 사람이다. 남녀·성년·미성년·기혼·미혼을 불문한다.

> 부녀매매죄는 부녀자의 신체의 자유를 그 일차적인 보호법익으로 하는 죄로서 그 행위의 객체는 부녀이고, 여자인 이상 그 나이나 성년, 미성년, 기혼 여부 등을 불문한다고 보아야 하고, 행위의 주체에는 제한이 없으니 반드시 친권자등의 보호자만이 본 죄의 주체가 될 수 있다는 것도 근거 없는 해석이라 할 것이며, 요컨대 본죄의 성립 여부는 그 주체 및 객체에 중점을 두고 볼 것이 아니라 매매의 일방이 어떤 경위로 취득한 부녀자에 대한 실력적 지배를 대가를 받고 그 상대방에게 넘긴다고 하는 행위에 중점을 두고 판단하여야 하므로 매도인이 매매 당시 부녀자를 실력으로 지배하고 있었는가 여부, 즉 계속된 협박이나 명시적 혹은 묵시적인 폭행의 위협 등의 험악한 분위기로 인하여 보통의 부녀자라면 법질서에 보호를 호소하기를 단념할 정도의 상태에서 그 신체에 대한 인계인수가 이루어졌는가의 여부에 달려 있다고 하여야 할 것이다(대판 1992.1.21. 91도1402[전합]).[52]

---

[52] 현행형법에 의하면 성매매와 성적 착취 목적 인신매매죄(형법 제289조 제3항)가 성립한다.

(2) 행 위

매매란 사람의 신체를 물건과 같이 유상으로 상대방 또는 제3자에게 교부하고 상대방은 그 교부를 받아 불법하게 실력적 지배를 설정하는 것을 말한다. 여기에는 교환도 포함됨을 물론이다. 본죄는 사람의 신체에 대한 실력적 지배의 이전이 있을 때에 기수가 되고 매매대금의 지급 여부나 목적의 달성 여부는 본죄의 성립에 영향을 미치지 아니한다.

(3) 주관적 구성요건

형법 제289조 제2항부터 제4항 전단까지의 인신매매죄는 고의 이외에 초과주관적 구성요건요소로서 목적을 필요로 한다.

Ⅴ 피약취·유인·매매·이송자 상해·치상죄, 살인·치사죄

피약취·유인·매매·이송자 상해·치상죄는 미성년자 약취·유인죄, 추행 등 목적 약취·유인죄, 인신매매의 죄를 범하여 약취, 유인, 매매 또는 이송된 사람을 상해하거나 상해에 이르게 함으로써 성립하는 범죄이고(형법 제290조 제1항, 제2항), 피약취·유인·매매·이송자살인·치사죄는 미성년자 약취·유인죄, 추행 등 목적 약취, 유인죄, 인신매매의 죄를 범하여 약취·유인, 매매 또는 이송된 사람을 살해하거나 사망에 이르게 함으로써 성립하는 범죄이다(형법 제291조 제1항, 제2항).

Ⅵ 피약취·유인·매매·이송자 수수·은닉 등죄

피약취·유인·매매·이송자 수수·은닉 등죄는 미성년자 약취·유인죄, 추행 등 목적 약취·유인죄, 인신매매의 죄로 약취, 유인, 매매 또는 이송된 사람을 수수 또는 은닉하거나, 미성년자 약취유인죄, 추행 등 목적 약취유인죄, 인신매매의 죄를 범할 목적으로 사람을 모집·운송·전달함으로써 성립하는 범죄이다(형법 제292조).

제5절 강간과 추행의 죄

I 의의

1. 개념
강간과 추행의 죄는 개인의 성적 자유를 침해하는 것을 내용으로 하는 범죄이다.

2. 보호법익 및 보호정도
본죄의 보호법익은 개인의 성적 자기결정의 자유(소극적 자유)이고 보호정도는 침해범이다.

II 강간죄

1. 의의
강간죄는 폭행 또는 협박에 의하여 사람을 강간함으로써 성립하는 범죄이다(형법 제297조).

2. 구성요건

(1) 객관적 구성요건

1) 주체

남자는 제한 없이 본죄의 주체가 될 수 있고, 여자는 남자를 객체로 하는 강간죄의 단독정범이 될 수 있으며 객체가 여자인 경우에는 남자를 이용한 간접정범 또는 남자와의 공동정범도 가능하다.

2) 객체

① 성전환수술을 받은 자 : 성전환수술을 받은 자가 강간죄의 객체가 될 수 있는지 여부가 문제되었고 종래 판례는 성의 결정에 있어 생물학적 요소와 정신적·사회적 요소를 종합적으로 고려하여야 한다고(대판 2009.9.10. 2009도3580) 하면서 강간죄의 객체가 될 수 있음을 인정하였다. 물론 현행 형법은 강간죄의 객체를 사람으로 개정하였으므로 이제는 당연히 객체가 된다고 해야 한다.

② 법률상의 배우자

㉠ 학설 : 부부관계의 특수성을 고려하면 폭행죄·협박죄의 성립은 별론으로 하고 법률상의 배우자는 강간죄의 객체가 될 수 없다는 부정설, 강요된 동침은 혼인계약의 내용에 포함되지 아니하므로 강간죄의 객체가 될 수 있다는 긍정설, 혼인이 파탄되어 별거 중인 경우에는 인정될 수도 있다는 제한적 긍정설이 대립하고 있다.

㉡ 판례 : 판례는 강간죄의 객체인 '부녀'에는 법률상 처가 포함되고, 혼인관계가 파탄된 경우뿐만 아니라 혼인관계가 실질적으로 유지되고 있는 경우에도 남편이 반항을 불가능하게 하거나 현저히 곤란하게 할 정도의 폭행이나 협박을 가하여 아내를 간음한 경우에는 강간죄가 성립한다고 보아야 한다고(대판 2013.5.16. 2012도14788[전합]) 판시하고 있다.

ⓒ 검토 : 민법 제826조의 동거의무를 인정한 취지, 형법 제297조의 사람에 대한 문리적 해석 등을 고려할 때 법률상의 처도 강간죄의 객체에 포함된다고 이해하는 것이 타당하다고 판단된다.

3) 행 위

① **폭행·협박** : 폭행은 피해자에 대한 것에 제한된다. 제3자에 대한 폭행은 협박에 해당한다. 폭행·협박은 상대방의 반항을 불가능하게 하거나 현저히 곤란하게 하는 경우를 말한다. 본죄의 폭행에는 절대적 폭력(마취제·수면제의 사용, 최면의 사용)뿐만 아니라 강제적·심리적 폭력도 포함된다.

> 1. **폭행·협박에 해당하는 사례**
> - [1] 유형력을 행사하게 된 경위, 피해자와의 관계, 성교 당시와 그 후의 정황 등 모든 사정을 종합하여 피해자가 성교 당시 처하였던 구체적인 상황을 기준으로 판단하여야 하며, 사후적으로 보아 피해자가 성교 전에 범행 현장을 벗어날 수 있었다거나 피해자가 사력을 다하여 반항하지 않았다는 사정만으로 가해자의 폭행·협박이 피해자의 항거를 현저히 곤란하게 할 정도에 이르지 않았다고 섣불리 단정하여서는 안 된다.
> [2] 피고인이 피해자 甲(女)을 비롯한 동호회 회원들과 연말 회식을 한 후 귀가하려는 甲에게 대리기사를 불러 데려다 주겠다면서 자신의 승용차 뒷좌석에 태운 다음 甲의 의사에 반하여 그를 강간하였다는 내용으로 기소된 사안에서, 제반 사정에 비추어 피고인은 甲의 반항을 억압하거나 현저히 곤란하게 할 정도의 유형력을 행사하여 강간하기에 이르렀다고 보기에 충분한데도, 이와 달리 보아 무죄를 선고한 원심판결에 심리미진 등 위법이 있다고 한 사례(대판 2012.7.12. 2012도4031)
> - 피고인은 당시 피해자를 침대에 던지듯이 눕히고 피해자의 양손을 피해자의 머리 위로 올린 후 피고인의 팔로 누르고 피고인의 양쪽 다리로 피해자의 양쪽 다리를 누르는 방법으로 피해자를 제압한 점, 피고인은 73kg의 건장한 체격이고 피해자는 50kg의 마른 체격으로서 상당한 신체적 차이가 있는 점, 당시 피고인과 피해자가 있던 곳은 피고인의 집이었으므로 피해자가 피고인을 피하여 도망쳐 나오거나 다른 사람에게 구조를 요청하기가 쉽지 않았을 것으로 보이는 점 등 증거에 의하여 인정되는 여러 사정을 종합하면, 피고인이 피해자의 반항을 억압하거나 현저히 곤란하게 할 정도의 유형력을 행사하였으므로 강간죄의 실행의 착수가 인정된다(대판 2018.2.28. 2017도21249).[53]
> 2. **폭행·협박에 해당하지 아니하는 사례**
> 피고인과 피해자가 전화로 사귀어 오면서 음담패설을 주고 받을 정도까지 되었고 당초 간음을 시도한 방에서 피해자가 "여기는 죽은 시어머니를 위한 제청방이니 이런 곳에서 이런 짓을 하면 벌 받는다"고 말하여 안방으로 장소를 옮기게 된 사정 등으로 미루어 본다면 강간피고사건의 피해자에게 가한 폭행 또는 협박이 그 반항을 현저히 곤란하게 할 정도에 까지 이른 것이라고 보기는 어렵다 하여 이와 달리 유죄로 판시한 원심판결을 강간죄에 관한 법리오해 등의 위법을 이유로 파기한 사례(대판 1991.5.28. 91도546)

---

53) 판례는 이 사안에서 피고인에게 강간미수죄를 인정하였다.

② **강간** : 강간이란 폭행·협박에 의하여 간음하는 것이고 간음이란 결혼 아닌 성교행위로서 남자의 성기를 여자의 성기에 삽입하는 것을 말한다. 폭행·협박과 간음 사이에는 인과관계가 있어야 하나 폭행·협박이 반드시 간음행위보다 선행되어야 하는 것은 아니다(대판 2017.10.12. 2016도16948).

③ **착수 및 기수시기** : 폭행·협박을 개시하면 실행의 착수가 인정되고 남자의 성기가 여자의 성기 안으로 들어가기 시작하는 순간에 기수가 된다.

> 1. **실행의 착수가 인정되는 사례**
>   [1] 강간죄는 부녀를 간음하기 위하여 피해자의 항거를 불능하게 하거나 현저히 곤란하게 할 정도의 폭행 또는 협박을 개시한 때에 그 실행의 착수가 있다고 보아야 할 것이고, 실제로 그와 같은 폭행 또는 협박에 의하여 피해자의 항거가 불능하게 되거나 현저히 곤란하게 되어야만 실행의 착수가 있다고 볼 것은 아니다.
>   [2] 피고인은 침대에서 일어나 나가려는 피해자의 팔을 낚아채어 일어나지 못하게 하고, 갑자기 입술을 빨고 계속하여 저항하는 피해자의 유방과 엉덩이를 만지면서 피해자의 팬티를 벗기려고 하였다는 것인바, 위와 같은 사실관계라면 피고인은 피해자의 의사에 반하여 피해자의 반항을 억압하거나 현저하게 곤란하게 할 정도의 유형력의 행사를 개시하였다고 보아야 할 것이고, 당시 피고인이 술에 많이 취하여 있어 피해자가 마음대로 할 수 있었다고 생각하였다거나 피해자가 피고인을 뿌리치고 동생 방으로 건너갔다고 하더라도 이러한 사정은 피고인이 술에 취하여 실제로 피해자의 항거를 불능하게 하거나 현저히 곤란하게 하지 못하여 강간죄의 실행행위를 종료하지 못한 것에 불과한 것이지, 피고인이 강간죄의 실행에 착수하였다고 판단하는 데 장애가 되는 것은 아니다(대판 2000.6.9. 2000도1253).
>
> 2. **실행의 착수가 인정되지 아니하는 사례**
>   강간죄의 실행의 착수가 있었다고 하려면 강간의 수단으로서 폭행이나 협박을 한 사실이 있어야 할 터인데 피고인이 강간할 목적으로 피해자의 집에 침입하였다 하더라도 안방에 들어가 누워 자고 있는 피해자의 가슴과 엉덩이를 만지면서 간음을 기도하였다는 사실만으로는 강간의 수단으로 피해자에게 폭행이나 협박을 개시하였다고 하기는 어렵다(대판 1990.5.25. 90도607).

(2) 주관적 구성요건

강간죄는 고의범이므로 폭행·협박에 의하여 사람을 강간한다는 사실에 대한 인식과 의사를 내용으로 하는 고의가 있어야 한다.

(3) 친고죄

본죄는 더 이상 친고죄가 아니므로 피해자의 고소와 상관없이 공소를 제기할 수 있다.

3. 죄수 및 타죄와의 관계

(1) 죄 수

강간의 수단으로 폭행과 협박을 행하거나 동일한 폭행·협박을 이용하여 수회 간음한 경우에는 본죄의 단순일죄가 성립한다.

(2) 타죄와의 관계

강간의 수단으로 폭행·협박을 한 경우에는 강간죄의 1죄만 성립하고(법조경합 중 특별관계), 강간행위시에 강제추행을 한 경우에는 강제추행죄는 강간죄의 불가벌적 수반행위에 해당되어 별죄를 구성하지 아니한다(법조경합 중 흡수관계). 강간을 하기 위하여 감금한 경우에는 강간죄와 감금죄는 상상적 경합이 성립하나, 감금 중에 강간의 고의가 생긴 경우에는 양 죄는 실체적 경합이 성립한다. 성폭력범죄의 처벌 등에 관한 특례법상 주거침입죄를 범한 자가 강간죄를 범한 경우에는 특수강도강간죄 등의 1죄로 처벌된다(동법 제3조 제1항).

- [1] 주거침입죄에 있어서 주거란 단순히 가옥 자체만을 말하는 것이 아니라 그 정원 등 위요지를 포함한다. 따라서 다가구용 단독주택이나 다세대주택·연립주택·아파트 등 공동주택 안에서 공용으로 사용하는 엘리베이터, 계단과 복도는 주거로 사용하는 각 가구 또는 세대의 전용 부분에 필수적으로 부속하는 부분으로서 그 거주자들에 의하여 일상생활에서 감시·관리가 예정되어 있고 사실상의 주거의 평온을 보호할 필요성이 있는 부분이므로, 다가구용 단독주택이나 다세대주택·연립주택·아파트 등 공동주택의 내부에 있는 엘리베이터, 공용 계단과 복도는 특별한 사정이 없는 한 주거침입죄의 객체인 '사람의 주거'에 해당하고, 위 장소에 거주자의 명시적, 묵시적 의사에 반하여 침입하는 행위는 주거침입죄를 구성한다.
  [2] 피고인이 강간할 목적으로 피해자를 따라 피해자가 거주하는 아파트 내부의 엘리베이터에 탄 다음 그 안에서 폭행을 가하여 반항을 억압한 후 계단으로 끌고 가 피해자를 강간하고 상해를 입힌 사안에서, 피고인이 성폭력범죄의 처벌 및 피해자보호 등에 관한 법률 제5조 제1항에 정한 주거침입범의 신분을 가지게 되었다는 이유로, 주거침입을 인정하지 않고 강간상해죄만을 선고한 원심판결을 파기한 사례(대판 2009.9.10. 2009도4335)[54]
- 성폭력범죄의 처벌 및 피해자보호 등에 관한 법률의 목적과 같은 법 제6조의 규정 취지에 비추어 보면 같은 법 제6조 제1항 소정의 '흉기 기타 위험한 물건을 휴대하여 강간죄를 범한 자'란 범행 현장에서 그 범행에 사용하려는 의도 아래 흉기를 소지하거나 몸에 지니는 경우를 가리키는 것이고, 그 범행과는 전혀 무관하게 우연히 이를 소지하게 된 경우까지를 포함하는 것은 아니라 할 것이나, 범행 현장에서 범행에 사용하려는 의도 아래 흉기 등 위험한 물건을 소지하거나 몸에 지닌 이상 그 사실을 피해자가 인식하거나 실제로 범행에 사용하였을 것까지 요구되는 것은 아니다(대판 2004.6.11. 2004도2018).

---

[54] 판례는 이 사안에서 주거침입죄를 범한 자가 강간과 상해를 가한 것이라고 인정하여 형법 제301조(강간상해죄)가 아니라 구 성폭력범죄의 처벌 및 피해자보호 등에 관한 법률 제5조 제1항(현행 성폭력처벌법 제3조 제1항, 제8조 제1항)을 적용할 것을 판시하였으므로 포괄하여 동법상의 강간상해죄가 성립하게 된다.

- [1] 성폭력범죄의 처벌 및 피해자보호 등에 관한 법률 제6조 제1항의 2인 이상이 합동하여 형법 제297조의 죄를 범함으로써 특수강간죄가 성립하기 위하여는 주관적 요건으로서의 공모와 객관적 요건으로서의 실행행위의 분담이 있어야 하고, 그 실행행위는 시간적으로나 장소적으로 협동관계에 있다고 볼 정도에 이르면 된다.
  [2] 피고인 등이 비록 특정한 1명씩의 피해자만 강간하거나 강간하려고 하였다 하더라도, 사전의 모의에 따라 강간할 목적으로 심야에 인가에서 멀리 떨어져 있어 쉽게 도망할 수 없는 야산으로 피해자들을 유인한 다음 곧바로 암묵적인 합의에 따라 각자 마음에 드는 피해자들을 데리고 불과 100m 이내의 거리에 있는 곳으로 흩어져 동시 또는 순차적으로 피해자들을 각각 강간하였다면, 그 각 강간의 실행행위도 시간적으로나 장소적으로 협동관계에 있었다고 보아야 할 것이므로, 피해자 3명 모두에 대한 특수강간죄 등이 성립된다고 한 사례(대판 2004.8.20. 2004도2870)
- 피고인이 피해자의 주거에 침입하여 강간하려다 미수에 그침과 동시에 자기의 형사사건의 수사 또는 재판과 관련하여 수사단서를 제공하고 진술한 것에 대한 보복 목적으로 그를 폭행하였다는 내용으로 기소된 사안에서, 특정범죄 가중처벌 등에 관한 법률 위반(보복범죄등)죄 및 성폭력범죄의 처벌 등에 관한 특례법 위반(주거침입강간등)죄가 각 성립하고 두 죄가 상상적 경합관계에 있다(대판 2012.3.15. 2012도544).

Ⅲ 유사강간죄

1. 의 의

폭행 또는 협박으로 사람에 대하여 구강, 항문 등 신체(성기는 제외)의 내부에 성기를 넣거나 성기, 항문에 손가락 등 신체(성기는 제외)의 일부 또는 도구를 넣는 행위를 함으로써 성립하는 범죄이다(형법 제297조의2).

2. 구성요건

(1) 객관적 구성요건

1) 주체 및 객체

주체에는 제한이 없고 객체도 사람이므로 남자도 본죄의 객체가 될 수 있다.

2) 행 위

① **폭행·협박** : 폭행·협박은 강간죄의 경우와 동일하게 상대방의 반항을 불가능하게 하거나 현저히 곤란하게 하는 정도이어야 한다.
② **유사강간행위** : 유사강간행위란 구강, 항문 등 신체(성기는 제외)의 내부에 성기를 넣거나 성기, 항문에 손가락 등 신체(성기는 제외)의 일부 또는 도구를 넣는 행위를 말한다. 따라서 신체 외부를 성기로 마찰하는 등의 행위, 손가락을 구강에 넣는 행위 등은 유사강간행위에 해당하지 아니한다.

③ **착수 및 기수시기** : 실행의 착수시기는 폭행·협박을 개시한 때이고, 기수시기는 행위자의 성기 등을 피해자의 신체 등에 넣었을 때이다.

> [1] 주거침입강제추행죄 및 주거침입강간죄 등은 사람의 주거 등을 침입한 자가 피해자를 간음, 강제추행 등 성폭력을 행사한 경우에 성립하는 것으로서, 주거침입죄를 범한 후에 사람을 강간하는 등의 행위를 하여야 하는 일종의 신분범이고, 선후가 바뀌어 강간죄 등을 범한 자가 그 피해자의 주거에 침입한 경우에는 이에 해당하지 않고 강간죄 등과 주거침입죄 등의 실체적 경합범이 된다. 그 실행의 착수시기는 주거침입 행위 후 강간죄 등의 실행행위에 나아간 때이다.
> [2] 강간죄는 사람을 강간하기 위하여 피해자의 항거를 불능하게 하거나 현저히 곤란하게 할 정도의 폭행 또는 협박을 개시한 때에 그 실행의 착수가 있다고 보아야 할 것이지, 실제 간음행위가 시작되어야만 그 실행의 착수가 있다고 볼 것은 아니다. 유사강간죄의 경우도 이와 같다.
> [3] 피고인은 주점에서 술을 마시던 중 화장실을 간다고 하여 자신을 남자화장실 앞까지 부축해준 피해자를 그 주점의 여자화장실로 끌고 가 여자화장실의 문을 잠근 후 강제로 입맞춤을 하고, 이에 피해자가 저항하자 피해자를 여자화장실 용변 칸으로 밀어 넣고 유사강간하려고 하였으나 미수에 그친 사실이 인정된다. 이러한 사실을 앞서 본 법리에 비추어 보면, 피고인이 자신을 부축한 피해자를 끌고 여자화장실로 억지로 들어가게 한 뒤 바로 화장실 문을 잠그고 강제로 입맞춤을 하였고 이어서 추행행위와 유사강간까지 시도하였으므로, 피고인은 피해자를 화장실로 끌고 들어갈 때 이미 피해자에게 유사강간 등의 성범죄를 의욕하였다고 보인다. 또한 피고인이 피해자의 반항을 억압한 채 피해자를 억지로 끌고 여자화장실로 들어가게 한 이상, 그와 같은 피고인의 강제적인 물리력의 행사는 유사강간을 위하여 피해자의 항거를 불능하게 하거나 현저히 곤란하게 할 정도의 폭행 또는 협박을 개시한 경우에 해당한다고 봄이 타당하다. 위 법리에서 본 바와 같이, 구 성폭력범죄의 처벌 등에 관한 특례법위반(주거침입유사강간)죄는 먼저 주거침입죄를 범한 후 유사강간 행위에 나아갈 때 비로소 성립되는데, 피고인은 여자화장실에 들어가기 전에 이미 유사강간죄의 실행행위를 착수하였다. 결국 피고인이 그 실행행위에 착수할 때에는 구 성폭력범죄의 처벌 등에 관한 특례법 위반(주거침입유사강간)죄를 범할 수 있는 지위, 즉 '주거침입죄를 범한 자'에 해당되지 아니한다(대판 2021.8.12. 2020도17796).[55]

(2) 주관적 구성요건

유사강간죄는 폭행·협박에 의하여 사람을 유사강간한다는 사실에 대한 인식과 의사를 내용으로 하는 고의가 있어야 한다.

3. 강간죄 등과의 관계

유사강간죄는 강제추행죄와 법조경합 중 특별관계에 있고, 유사강간행위에 더하여 간음행위까지 나아간 경우에는 강간죄만 성립한다고 이해하는 것이 타당하다.

---

55) 판례의 취지를 고려하면 피고인에게는 유사강간미수죄와 주거침입죄의 실체적 경합이 성립하게 된다.

Ⅳ 강제추행죄

1. 의 의

폭행·협박으로 사람에 대하여 추행함으로써 성립하는 범죄이다(형법 제298조).

2. 구성요건

(1) 객관적 구성요건

1) 주체 및 객체

주체는 제한이 없다. 여자도 단독정범이 될 수 있다. 객체는 사람이다.

2) 행 위

① **폭행·협박** : 폭행·협박의 의미와 정도에 대하여는 강간죄의 경우와 동일하게 이해하는 것이 다수설이다. 판례는 종래 강제추행죄의 '폭행 또는 협박'의 의미에 관하여 폭행행위 자체가 곧바로 추행에 해당하는 경우(이른바 기습추행형)에는 상대방의 의사를 억압할 정도의 것임을 요하지 않고 상대방의 의사에 반하는 유형력의 행사가 있는 이상 그 힘의 대소강약을 불문한다고 판시하는 한편, 폭행 또는 협박이 추행보다 시간적으로 앞서 그 수단으로 행해진 경우(이른바 폭행·협박 선행형)에는 상대방의 항거를 곤란하게 하는 정도의 폭행 또는 협박이 요구된다고 판시하여 왔으나, 최근 전합판결에 의해 강제추행죄의 '폭행 또는 협박'은 상대방의 항거를 곤란하게 할 정도로 강력할 것이 요구되지 아니하고, 상대방의 신체에 대하여 불법한 유형력을 행사(폭행)하거나 일반적으로 보아 상대방으로 하여금 공포심을 일으킬 수 있는 정도의 해악을 고지(협박)하는 것이라고 보아야 한다고 하여, 폭행·협박 선행형에 대한 종전 판례의 태도를 변경하였다(대판 2023.9.21. 2018도13877[전합]).

> • 피고인이 밤에 술을 마시고 배회하던 중 버스에서 내려 혼자 걸어가는 피해자 갑(여, 17세)을 발견하고 마스크를 착용한 채 뒤따라가다가 인적이 없고 외진 곳에서 가까이 접근하여 껴안으려 하였으나, 갑이 뒤돌아보면서 소리치자 그 상태로 몇 초 동안 쳐다보다가 다시 오던 길로 되돌아갔다고 하여 아동·청소년의 성보호에 관한 법률 위반으로 기소된 사안에서, 피고인과 갑의 관계, 갑의 연령과 의사, 행위에 이르게 된 경위와 당시 상황, 행위 후 갑의 반응 및 행위가 갑에게 미친 영향 등을 고려하여 보면, 피고인은 갑을 추행하기 위해 뒤따라간 것으로 추행의 고의를 인정할 수 있고, 피고인이 가까이 접근하여 갑자기 뒤에서 껴안는 행위는 일반인에게 성적 수치심이나 혐오감을 일으키게 하고 선량한 성적 도덕관념에 반하는 행위로서 갑의 성적 자유를 침해하는 행위여서 그 자체로 이른바 '기습추행' 행위로 볼 수 있으므로, 피고인의 팔이 갑의 몸에 닿지 않았더라도 양팔을 높이 들어 갑자기 뒤에서 껴안으려는 행위는 갑의 의사에 반하는 유형력의 행사로서 폭행행위에 해당하며, 그때 '기습추행'에 관한 실행의 착수가 있는데, 마침 갑이 뒤돌아보면서 소리치는 바람에 몸을 껴안는 추행의 결과에 이르지 못하고 미수에 그쳤으므로, 피고인의 행위는 아동·청소년에 대한 강제추행미수죄에 해당한다고 한 사례(대판 2015.9.10. 2015도6980)

- [1] 강제추행죄는 상대방에 대하여 폭행 또는 협박을 가하여 항거를 곤란하게 한 뒤에 추행행위를 하는 경우뿐만 아니라 폭행행위 자체가 추행행위라고 인정되는 이른바 기습추행의 경우도 포함된다. 특히 기습추행의 경우 추행행위와 동시에 저질러지는 폭행행위는 반드시 상대방의 의사를 억압할 정도의 것임을 요하지 않고 상대방의 의사에 반하는 유형력의 행사가 있기만 하면 그 힘의 대소강약을 불문한다는 것이 일관된 판례의 입장이다. 이에 따라 대법원은, 피해자의 옷 위로 엉덩이나 가슴을 쓰다듬는 행위, 피해자의 의사에 반하여 그 어깨를 주무르는 행위, 교사가 여중생의 얼굴에 자신의 얼굴을 들이밀면서 비비는 행위나 여중생의 귀를 쓸어 만지는 행위 등에 대하여 피해자의 의사에 반하는 유형력의 행사가 이루어져 기습추행에 해당한다고 판단한 바 있다. 나아가 추행은 객관적으로 일반인에게 성적 수치심이나 혐오감을 일으키게 하고 선량한 성적 도덕관념에 반하는 행위로서 피해자의 성적 자유를 침해하는 것으로, 이에 해당하는지 여부는 피해자의 의사, 성별, 연령, 행위자와 피해자의 이전부터의 관계, 그 행위에 이르게 된 경위, 구체적 행위태양, 주위의 객관적 상황과 그 시대의 성적 도덕관념 등을 종합적으로 고려하여 신중히 결정되어야 한다.

  [2] 미용업체인 갑 주식회사를 운영하는 피고인이 갑 회사의 가맹점에서 근무하는 을(여, 27세)을 비롯한 직원들과 노래방에서 회식을 하던 중 을을 자신의 옆자리에 앉힌 후 귓속말로 '일하는 것 어렵지 않냐. 힘든 것 있으면 말하라'고 하면서 갑자기 을의 볼에 입을 맞추고, 이에 을이 '하지 마세요'라고 하였음에도 계속하여 '괜찮다. 힘든 것 있으면 말해라. 무슨 일이든 해결해 줄 수 있다'고 하면서 오른손으로 을의 오른쪽 허벅지를 쓰다듬어 강제로 추행하였다는 내용으로 기소되었는데, 원심이 공소사실 전부를 무죄로 판단한 사안에서, 공소사실 중 피고인이 을의 허벅지를 쓰다듬은 행위로 인한 강제추행 부분에 대하여는, 을은 본인의 의사에 반하여 피고인이 자신의 허벅지를 쓰다듬었다는 취지로 일관되게 진술하였고, 당시 현장에 있었던 증인들의 진술 역시 피고인이 을의 허벅지를 쓰다듬는 장면을 목격하였다는 취지로서 을의 진술에 부합하는 점, 여성인 을이 성적 수치심이나 혐오감을 느낄 수 있는 부위인 허벅지를 쓰다듬은 행위는 을의 의사에 반하여 이루어진 것인 한 을의 성적 자유를 침해하는 유형력의 행사에 해당할 뿐 아니라 일반인에게도 성적 수치심이나 혐오감을 일으키게 하는 추행행위라고 보아야 하는 점, 원심은 무죄의 근거로서 피고인이 을의 허벅지를 쓰다듬던 당시 을이 즉시 피고인에게 항의하거나 반발하는 등의 거부의사를 밝히는 대신 그 자리에 가만히 있었다는 점을 중시한 것으로 보이나, 성범죄 피해자의 대처 양상은 피해자의 성정이나 가해자와의 관계 및 구체적인 상황에 따라 다르게 나타날 수밖에 없다는 점에서 위 사정만으로는 강제추행죄의 성립이 부정된다고 보기 어려운 점 등을 종합할 때 기습추행으로 인한 강제추행죄의 성립을 부정적으로 볼 수 없을 뿐 아니라, 피고인이 저지른 행위가 자신의 의사에 반하였다는 을 진술의 신빙성에 대하여 합리적인 의심을 가질 만한 사정도 없다는 이유로, 이와 달리 보아 이 부분에 대하여도 범죄의 증명이 없다고 본 원심의 판단에 기습추행 내지 강제추행죄의 성립에 관한 법리를 오해한 잘못이 있다고 한 사례(대판 2020.3.26. 2019도15994).

② **추행** : 추행은 객관적으로 일반인에게 성적 수치심이나 혐오감을 일으키게 하고 선량한 성적 도덕관념에 반하는 행위로서 피해자의 성적 자유를 침해하는 것을 말하며, 이에 해당하는지는 피해자의 의사, 성별, 연령, 행위자와 피해자의 이전부터의 관계, 행위에 이르게 된 경위, 구체적 행위태양, 주위의 객관적 상황과 그 시대의 성적 도덕관념 등을 종합적으로 고려하여 신중히 결정되어야 한다(대판 2015.9.10. 2015도6980). 이때 성적 자기결정권이 침해되었는지 여부를 판단함에 있어서도 구체적인 범행 상황에 놓인 피해자의 입장과 관점이 충분히 고려되어야 한다. 여성에 대한 추행에 있어 신체 부분에 따라 본질적인 차이가 있다고 볼 수는 없다(대판 2020.12.10. 2019도12282).

1. 추행에 해당하는 사례

- 피고인이, 알고 지내던 여성인 피해자 甲이 자신의 머리채를 잡아 폭행을 가하자 보복의 의미에서 甲의 입술, 귀, 유두, 가슴 등을 입으로 깨무는 등의 행위를 한 사안에서, 객관적으로 여성인 피해자의 입술, 귀, 유두, 가슴을 입으로 깨무는 행위는 일반적이고 평균적인 사람으로 하여금 성적 수치심이나 혐오감을 일으키게 하고 선량한 성적 도덕관념에 반하는 행위로서, 甲의 성적 자유를 침해하였다고 보는 것이 타당하다는 이유로, 피고인의 행위가 강제추행죄의 '추행'에 해당한다고 한 사례(대판 2013.9.26. 2013도5856).

- 피고인이 아파트 엘리베이터 내에 13세 미만인 甲(여, 11세)과 단둘이 탄 다음 甲을 향하여 성기를 꺼내어 잡고 여러 방향으로 움직이다가 이를 보고 놀란 甲 쪽으로 가까이 다가감으로써 위력으로 甲을 추행하였다고 하여 성폭력범죄의 처벌 등에 관한 특례법 위반으로 기소된 사안에서, 피고인은 나이 어린 甲을 범행 대상으로 삼아, 의도적으로 협소하고 폐쇄적인 엘리베이터 내 공간을 이용하여 甲이 도움을 청할 수 없고 즉시 도피할 수도 없는 상황을 만들어 범행을 한 점 등 제반 사정에 비추어 볼 때, 비록 피고인이 甲의 신체에 직접적인 접촉을 하지 아니하였고 엘리베이터가 멈춘 후 甲이 위 상황에서 바로 벗어날 수 있었다고 하더라도, 피고인의 행위는 甲의 성적 자유의사를 제압하기에 충분한 세력에 의하여 추행행위에 나아간 것으로서 위력에 의한 추행에 해당한다고 보아야 하는데도, 이와 달리 본 원심판결에 위력에 의한 추행에 관한 법리오해의 위법이 있다고 한 사례(대판 2013.1.16. 2011도7164).

- 피고인이 엘리베이터 안에서 피해자를 칼로 위협하는 등의 방법으로 꼼짝하지 못하도록 하여 자신의 실력적인 지배하에 둔 다음 자위행위 모습을 보여준 행위가 강제추행죄의 추행에 해당한다고 본 사례(대판 2010.2.25. 2009도13716).

- 피고인이 ○○중대 간부연구실에 있는 소파에서, 군인인 피해자 공소외 1(가명, 여, 23세)을 강제추행하기로 마음먹고 다리로 피해자의 양 다리를 겹쳐서 잡고, 피해자의 손목을 잡아 피고인 쪽으로 끌어당기고, 오른팔로 피해자의 목과 어깨를 감싸 안아 피해자를 강제로 추행한 경우, 추행이 인정된다(대판 2020.12.10. 2019도12282).

- 피고인이 아파트 놀이터의 의자에 앉아 전화통화를 하고 있던 갑(녀, 18세)의 뒤로 몰래 다가가 갑의 머리카락 및 옷 위에 소변을 보아 강제추행하였다는 내용으로 기소된 사안에서, 피고인이 처음 보는 여성인 갑의 뒤로 몰래 접근하여 성기를 드러내고 갑을 향한 자세에서 갑의 등 쪽에 소변을 본 행위는 객관적으로 일반인에게 성적 수치심이나 혐오감을 일으키게 하고 선량한 성적 도덕관념에 반하는 행위로서 갑의 성적 자기결정권을 침해하는 추행행위에 해당한다고 볼 여지가 있고, 행위 당시 갑이 이를 인식하지 못하였더라도 마찬가지라는 이유로, 이와 달리 보아 공소사실을 무죄로 판단한 원심판결에 법리오해 및 심리미진의 잘못이 있다고 한 사례(대판 2021.10.28. 2021도7538).

- [1] 성폭력범죄의 처벌 등에 관한 특례법 제10조는 '업무상 위력 등에 의한 추행'에 관한 처벌 규정인데, 제1항에서 "업무, 고용이나 그 밖의 관계로 인하여 자기의 보호, 감독을 받는 사람에 대하여 위계 또는 위력으로 추행한 사람은 3년 이하의 징역 또는 1천 500만원 이하의 벌금에 처한다."라고 정하고 있다. '업무, 고용이나 그 밖의 관계로 인하여 자기의 보호, 감독을 받는 사람'에는 직장 안에서 보호 또는 감독을 받거나 사실상 보호 또는 감독을 받는 상황에 있는 사람뿐만 아니라 채용절차에서 영향력의 범위 안에 있는 사람도 포함된다. 그리고 '위력'이란 피해자의 자유의사를 제압하기에 충분한 힘을 말하고, 유형적이든 무형적이든 묻지 않고 폭행·협박뿐만 아니라 사회적·경제적·정치적인 지위나 권세를 이용하는 것도 가능하며, 현실적으로 피해자의 자유의사가 제압될 필요는 없다. 위력으로써 추행하였는지는 행사한 유형력의 내용과 정도, 행위자의 지위나 권세의 종류, 피해자의 연령, 행위자와 피해자의 관계, 그 행위에 이르게 된 경위, 구체적인 행위 모습, 범행 당시의 정황 등 여러 사정을 종합적으로 고려하여 판단하여야 한다.

[2] 편의점 업주인 피고인이 아르바이트 구인 광고를 보고 연락한 갑을 채용을 빌미로 불러내 면접을 한 후 자신의 집으로 유인하여 갑의 성기를 만지고 갑에게 피고인의 성기를 만지게 하였다고 하여 성폭력범죄의 처벌 등에 관한 특례법 위반(업무상위력 등에 의한 추행)으로 기소된 사안에서, 피고인이 채용 권한을 가지고 있는 지위를 이용하여 갑의 자유의사를 제압하여 갑을 추행하였다고 본 원심판단이 정당하다고 한 사례(대판 2020.7.9. 2020도5646).

2. 추행에 해당하지 아니하는 사례
공소외인은 당시 피고인이 피해자 쪽으로 다가와 사탕을 건네면서 악수를 청하고 피해자의 손을 잡고 있는 것 자체가 싫어서 피해자를 데리고 현장을 벗어나려고 하였던 반면, 피고인은 피해자에게 사탕을 건네주며 나이를 물었는데, 피해자가 정작 아무런 대답도 하지 않자 대답을 재촉하는 상황에서 공소외인이 피해자의 팔을 잡아끌면서 피고인의 손이 피해자의 몸에 옷 위로 잠시 닿았던 경우, 피해자의 나이, 피고인이 행위에 이르게 된 경위, 행위의 태양, 주위의 객관적 상황 등에 비추어 피고인이 당시 피해자와 신체적인 접촉을 하였다고 하더라도 피고인에게 추행에 대한 고의가 있었다고 볼 수 없을 뿐만 아니라 피고인의 행위가 일반인에게 성적 수치심이나 혐오감을 일으키게 하고 선량한 성적 도덕관념에 반하는 행위로서 추행에 해당한다고 단정하기도 어렵다(대판 2017.10.31. 2016도21231).

(2) 주관적 구성요건

강제추행죄는 고의범이므로 폭행·협박에 의하여 사람을 추행한다는 사실에 대한 인식과 의사를 내용으로 하는 고의가 있어야 한다.

V 준강간죄·준강제추행죄

1. 의 의

준강간죄·준강제추행죄는 사람의 심신상실 또는 항거불능의 상태를 이용하여 간음 또는 추행함으로써 성립하는 범죄이다(형법 제299조).

2. 구성요건

(1) 객관적 구성요건

1) 객 체

본죄의 객체는 심신상실 또는 항거불능의 상태에 있는 사람이다. 심신상실은 정신기능의 장애로 성행위에 대한 정상적인 판단능력이 없는 상태로 형법 제10조의 심신상실보다 넓은 개념이라는 것이 다수설의 태도이다. 따라서 주취로 인한 인사불성의 상태나, 약물로 인한 환각상태에 있는 사람이나 수면 중이거나 일시 의식을 잃고 있는 사람도 여기에 해당한다. 그러나 심신미약자에 대한 간음·추행을 별도로 규정하고 있으므로 심신미약자는 본죄의 객체에 해당하지 아니한다. 항거불능상태는 심신상실 이외의 원인으로 심리적 또는 물리적으로 반항이 절대적으로 불가능하거나 현저히 곤란한 경우를 말한다. 심신상실 또는 항거불능의 원인은 묻지 아니하나 행위자가 간음 또는 추행을 위하여 마취제·수면제 등을 사용하여 이러한 상태를 야기한 경우에는 강간죄 또는 강제추행죄가 성립함을 유의하여야 한다.

> [1] 의학적 개념으로서의 '알코올 블랙아웃(black out)'은 중증도 이상의 알코올 혈중농도, 특히 단기간 폭음으로 알코올 혈중농도가 급격히 올라간 경우 그 알코올 성분이 외부 자극에 대하여 기록하고 해석하는 인코딩 과정(기억형성에 관여하는 뇌의 특정 기능)에 영향을 미침으로써 행위자가 일정한 시점에 진행되었던 사실에 대한 기억을 상실하는 것을 말한다. 알코올 블랙아웃은 인코딩 손상의 정도에 따라 단편적인 블랙아웃과 전면적인 블랙아웃이 모두 포함한다. 그러나 알코올의 심각한 독성화와 전형적으로 결부된 형태로서의 의식상실의 상태, 즉 알코올의 최면진정작용으로 인하여 수면에 빠지는 의식상실(passing out)과 구별되는 개념이다. 따라서 음주 후 준강간 또는 준강제추행을 당하였음을 호소한 피해자의 경우, 범행 당시 알코올이 위의 기억형성의 실패만을 야기한 알코올 블랙아웃 상태였다면 피해자는 기억장애 외에 인지기능이나 의식 상태의 장애에 이르렀다고 인정하기 어렵지만, 이에 비하여 피해자가 술에 취해 수면상태에 빠지는 등 의식을 상실한 패싱아웃 상태였다면 심신상실의 상태에 있었음을 인정할 수 있다. 또한 '준강간죄 또는 준강제추행죄에서의 심신상실·항거불능'의 개념에 비추어, 피해자가 의식상실 상태에 빠져 있지는 않지만 알코올의 영향으로 의사를 형성할 능력이나 성적 자기결정권 침해 행위에 맞서려는 저항력이 현저하게 저하된 상태였다면 '항거불능'에 해당하여, 이러한 피해자에 대한 성적 행위 역시 준강간죄 또는 준강제추행죄를 구성할 수 있다.
>
> [2] 법의학 분야에서는 알코올 블랙아웃이 '술을 마시는 동안에 일어난 중요한 사건에 대한 기억상실'로 정의되기도 하며, 일반인 입장에서는 '음주 후 발생한 광범위한 인지기능 장애 또는 의식상실'까지 통칭하기도 한다. 따라서 음주로 심신상실 상태에 있는 피해자에 대하여 준강간 또는 준강제추행을 하였음을 이유로 기소된 피고인이 '피해자가 범행 당시 의식상실 상태가 아니었고 그 후 기억하지 못할 뿐이다.'라는 취지에서 알코올 블랙아웃을 주장하는 경우, 법원은 피해자의 범행 당시 음주량과 음주 속도, 경과한 시간, 피해자의 평소 주량, 피해자가 평소 음주 후 기억장애를 경험하였는지 여부 등 피해자의 신체 및 의식 상태가 범행 당시 알코올 블랙아웃인지 아니면 패싱아웃 또는 행위통제능력이 현저히 저하된 상태였는지를 구분할 수 있는 사정들과 더불어 CCTV나 목격자를 통하여 확인되는 당시 피해자의 상태, 언동, 피고인과의 평소 관계, 만나게 된 경위, 성적 접촉이 이루어진 장소와 방식, 그 계기와 정황, 피해자의 연령·경험 등 특성, 성에 대한 인식 정도, 심리적·정서적 상태, 피해자와 성적 관계를 맺게 된 경위에 대한 피고인의 진술 내용의 합리성, 사건 이후 피고인과 피해자의 반응을 비롯한 제반 사정을 면밀하게 살펴 범행 당시 피해자가 심신상실 또는 항거불능 상태에 있었는지 여부를 판단해야 한다. 또한 피해사실 전후의 객관적 정황상 피해자가 심신상실 등이 의심될 정도로 비정상적인 상태에 있었음이 밝혀진 경우 혹은 피해자와 피고인의 관계 등에 비추어 피해자가 정상적인 상태하에서라면 피고인과 성적 관계를 맺거나 이에 수동적으로나마 동의하리라고 도저히 기대하기 어려운 사정이 인정되는데도, 피해자의 단편적인 모습만으로 피해자가 단순히 '알코올 블랙아웃'에 해당하여 심신상실 상태에 있지 않았다고 단정하여서는 안 된다(대판 2021.2.4. 2018도9781).

2) 행 위

심신상실 또는 항거불능상태를 이용하여 간음·추행하는 것으로, 심신상실·항거불능상태의 이용이란 행위자가 피해자의 이러한 상태를 인식하고 그 상태 때문에 간음·추행이 용이하게 되었음을 의미한다.

> - [1] 피고인이 야간에 甲의 주거에 침입하여 재물을 절취하고 甲의 항거불능 상태를 이용하여 추행하려다가 미수에 그쳤다고 하여 구 성폭력범죄의 처벌 등에 관한 특례법 위반(절도강간등)으로 기소된 사안에서, 피고인이 甲의 주거에 침입할 당시 甲은 이미 사망한 상태였고, 정확한 사망시기도 밝혀지지 않은 사정 등에 비추어, 야간주거침입절도 후 준강제추행 미수의 점을 무죄로 인정한 원심판단은 정당하다고 한 사례
> [2] 원심이, 이 사건 공소사실 중 야간주거침입절도 후 준강제추행 미수의 점에 대해서는, 이를 유죄로 보려면 야간주거침입절도죄의 성립이 전제되어야 하는데 이 사건에서 피고인이 피해자의 집에 침입할 당시 피해자는 이미 사망한 상태에 있었으므로 피고인이 가지고 나온 물건들은 피해자가 점유하고 있었다고 볼 수 없다고 하여 무죄라는 취지로 판단하고, 그에 대한 예비적 공소사실인 주거침입 후 준강제추행 미수의 점을 유죄로 인정하고 아울러 함께 공소제기된 점유이탈물횡령의 점을 유죄로 인정하였다. 또한 시체오욕의 점에 관해서도, 피고인이 이 사건 추행행위 당시 피해자가 이미 사망한 상태에 있었다는 사실을 알지 못하였으므로 시체에 대하여 모욕적인 행위를 한다는 인식이 없었으니 시체오욕의 고의가 있었다고 보기 어렵다고 하여 무죄라 할 것이나, 이와 상상적 경합관계에 있는 주거침입 후 준강제추행의 불능미수죄를 유죄로 인정하는 이상 판결 주문에서 따로 무죄를 선고하지 아니한다고 판시한 것은 정당한 것으로 수긍이 된다(대판 2013.7.11. 2013도5355).
> - 피고인은 피해자가 심신상실의 상태에 있다고 인식한 채 이를 이용하여 피해자의 성기에 손가락을 넣겠다는 의사로 위와 같은 행위를 하여 피고인은 준유사강간의 고의를 가지고 있었다고 할 것이고, 비록 피고인이 피해자의 의사에 반하여 피해자의 성기에 손가락을 넣었으나, 피해자가 실제로는 심신상실의 상태에 있지 않음으로써 대상의 착오로 인하여 유사강간 결과의 발생이 불가능하였으며, 피고인이 행위 당시에 인식한 사정을 놓고 객관적으로 일반인의 판단으로 보았을 때 유사강간의 결과가 발생할 위험성도 있다고 할 것이므로, 결국 피고인의 위와 같은 행위는 준유사강간죄의 불능미수에 해당할 여지가 많다(대판 2015.8.13. 2015도7343).

(2) 주관적 구성요건

상대방이 심신상실·항거불능상태에 있다는 것과 그러한 상태를 이용하여 간음·추행한다는 사실을 인식·인용하여야 한다.

3. 처 벌

사람의 심신상실 또는 항거불능의 상태를 이용하여 간음·추행을 한 자는 강간, 유사강간, 강제추행의 예에 따라 처벌한다(형법 제299조).

Ⅵ 미성년자의제강간 · 강제추행죄

1. 의 의

미성년자의제강간 · 강제추행죄란 13세 미만의 사람에 대하여 간음 또는 추행을 하거나(형법 제305조 제1항), 13세 이상 16세 미만의 사람에 대하여 19세 이상의 자가 간음 또는 추행함으로써 성립하는 범죄이다(형법 제305조 제2항).

2. 구성요건

(1) 객관적 구성요건

제305조 제1항의 범죄에 대하여는 주체의 제한이 없으나, 제2항의 범죄는 19세 이상의 자로 행위자가 성년일 것을 요하고 있다. 객체는 전자는 13세 미만의 사람이고, 후자는 13세 이상 16세 미만의 사람이다. 본죄의 수단에는 제한이 없으므로 피해자의 동의가 있는 경우에도 본죄가 성립한다(대판 1982.10.12. 82도2183). 그러나 13세 또는 16세 미만의 사람일지라도 폭행 · 협박에 의하여 간음이나 강제추행을 한 경우에는 강간죄나 강제추행죄가 성립한다.

(2) 주관적 구성요건

상대방이 13세 미만 또는 13세 이상 16세 미만이라는 사실과 간음 또는 추행에 대한 인식과 인용이 있어야 고의가 인정된다.

> [1] 형법 제305조의 미성년자의제강제추행죄는 '13세 미만의 아동이 외부로부터의 부적절한 성적 자극이나 물리력의 행사가 없는 상태에서 심리적 장애 없이 성적 정체성 및 가치관을 형성할 권익'을 보호법익으로 하는 것으로서, 그 성립에 필요한 주관적 구성요건요소는 고의만으로 충분하고, 그 외에 성욕을 자극 · 흥분 · 만족시키려는 주관적 동기나 목적까지 있어야 하는 것은 아니다.
> [2] 초등학교 4학년 담임교사(남자)가 교실에서 자신이 담당하는 반의 남학생의 성기를 만진 행위가 미성년자의제강제추행죄에서 말하는 '추행'에 해당한다고 한 원심의 판단을 수긍한 사례(대판 2006.1.13. 2005도6791)

3. 처 벌

13세 미만의 사람에 대하여 간음 또는 추행을 한 자는 제297조, 제297조의2, 제298조, 제301조 또는 제301조의2의 예에 의하고, 13세 이상 16세 미만의 사람에 대하여 간음 또는 추행을 한 19세 이상의 자는 제297조, 제297조의2, 제298조, 제301조 또는 제301조의2의 예에 의한다(형법 제305조).

> 미성년자의제강간 · 강제추행죄를 규정한 형법 제305조가 "13세 미만의 부녀를 간음하거나 13세 미만의 사람에게 추행을 한 자는 제297조, 제298조, 제301조 또는 제301조의2의 예에 의한다"로 되어 있어 강간죄와 강제추행죄의 미수범의 처벌에 관한 형법 제300조를 명시적으로 인용하고 있지 아니하나, 형법 제305조의 입법 취지는 성적으로 미성숙한 13세 미만의 미성년자를 특별히 보호하기 위한 것으로

보이는바 이러한 입법 취지에 비추어 보면 동조에서 규정한 형법 제297조와 제298조의 '예에 의한다'는 의미는 미성년자의제강간·강제추행죄의 처벌에 있어 그 법정형뿐만 아니라 미수범에 관하여도 강간죄와 강제추행죄의 예에 따른다는 취지로 해석되고, 이러한 해석이 형벌법규의 명확성의 원칙에 반하는 것이거나 죄형법정주의에 의하여 금지되는 확장해석이나 유추해석에 해당하는 것으로 볼 수 없다(대판 2007.3.15. 2006도9453).

Ⅶ. 강간상해·치상·강간살인·치사죄

1. 강간상해·치상죄

(1) 의 의

강간상해·치상죄는 강간죄, 유사강간죄, 강제추행죄, 준강간·준강제추행죄, 미성년자의제강간·강제추행죄 및 그 미수범을 범한 자가 사람을 상해하거나 상해에 이르게 함으로써 성립하는 범죄이다(형법 제301조).

(2) 구성요건

1) 객관적 구성요건

① 주체 : 본죄의 주체는 강간죄, 유사강간죄, 강제추행죄, 준강간·준강제추행죄, 미성년자의제강간·강제추행죄 및 그 미수범을 범한 자이다.
② 행위 : 고의로 상해하거나 과실로 상해에 이르게 하는 것으로 본죄의 상해도 상해죄의 상해와 동일한 개념으로 이해하는 것이 다수설의 태도이다.

> **1. 상해에 해당하는 사례**
> • [1] 강간행위에 수반하여 생긴 상해가 극히 경미한 것으로서 굳이 치료할 필요가 없어서 자연적으로 치유되며 일상생활을 하는 데 아무런 지장이 없는 경우에는 강간치상죄의 상해에 해당되지 아니한다고 할 수 있을 터이나, 그러한 논거는 피해자의 반항을 억압할 만한 폭행 또는 협박이 없어도 일상생활 중 발생할 수 있는 것이거나 합의에 따른 성교행위에서도 통상 발생할 수 있는 상해와 같은 정도임을 전제로 하는 것이므로 그러한 정도를 넘는 상해가 그 폭행 또는 협박에 의하여 생긴 경우라면 상해에 해당된다고 할 것이며, 피해자의 건강상태가 나쁘게 변경되고 생활기능에 장애가 초래된 것인지는 객관적, 일률적으로 판단될 것이 아니라 피해자의 연령, 성별, 체격 등 신체, 정신상의 구체적 상태를 기준으로 판단되어야 한다.
> [2] 피해자가 소형승용차 안에서 강간범행을 모면하려고 저항하는 과정에서 피고인과의 물리적 충돌로 인하여 입은 '우측 슬관절 부위 찰과상' 등이 강간치상죄의 상해에 해당하지 않는다고 본 원심판결을 파기한 사례(대판 2005.5.26. 2005도1039).

- [1] 강간치상죄나 강제추행치상죄에 있어서의 상해는 피해자의 신체의 완전성을 훼손하거나 생리적 기능에 장애를 초래하는 것, 즉 피해자의 건강상태가 불량하게 변경되고 생활기능에 장애가 초래되는 것을 말하는 것으로, 여기서의 생리적 기능에는 육체적 기능뿐만 아니라 정신적 기능도 포함된다. 따라서 수면제와 같은 약물을 투약하여 피해자를 일시적으로 수면 또는 의식불명 상태에 이르게 한 경우에도 약물로 인하여 피해자의 건강상태가 불량하게 변경되고 생활기능에 장애가 초래되었다면 자연적으로 의식을 회복하거나 외부적으로 드러난 상처가 없더라도 이는 강간치상죄나 강제추행치상죄에서 말하는 상해에 해당한다. 그리고 피해자에게 이러한 상해가 발생하였는지는 객관적, 일률적으로 판단할 것이 아니라 피해자의 연령, 성별, 체격 등 신체·정신상의 구체적인 상태, 약물의 종류와 용량, 투약방법, 음주 여부 등 약물의 작용에 미칠 수 있는 여러 요소를 기초로 하여 약물투약으로 인하여 피해자에게 발생한 의식장애나 기억장애 등 신체, 정신상의 변화와 내용 및 정도를 종합적으로 고려하여 판단하여야 한다.

  [2] 피해자(여, 40세)는 평소 건강에 별다른 이상이 없었던 사람으로 피고인으로부터 졸피뎀 성분의 수면제가 섞인 커피를 받아 마신 다음 곧바로 정신을 잃고 깊이 잠들었다가 약 4시간 뒤에 깨어났는데, 피고인이 피해자에게 투약한 수면제는 성인 권장용량의 1.5배 내지 2배 정도에 해당하는 양이었다. 피해자는 그때마다 잠이 든 이후의 상황에 대해서 제대로 기억하지 못하였고, 가끔 정신이 희미하게 든 경우도 있었으나 자신의 의지대로 생각하거나 행동하지 못한 채 곧바로 기절다시피 다시 깊은 잠에 빠졌다. 피고인은 13회에 걸쳐 이처럼 피해자를 항거불능 상태에 빠뜨린 후 피해자를 강간하거나 강제로 추행하였다. 피해자가 의식을 회복한 다음 그때마다 특별한 치료를 받지는 않았으나, 결국 피고인의 반복된 약물 투약과 그에 따른 강간 또는 강제추행 범행으로 외상 후 스트레스 장애까지 입은 것으로 보인다. 따라서 원심이 이 사건 공소사실 중 각 강간치상 및 강제추행치상의 점을 모두 유죄로 판단한 것은 위와 같은 법리에 따른 것으로서 정당하다(대판 2017.6.29. 2017도3196).

2. 상해에 해당하지 아니하는 사례

- [1] 강제추행치상죄에서 상해의 결과는 강제추행의 수단으로 사용한 폭행이나 추행행위 그 자체 또는 강제추행에 수반하는 행위로부터 발생한 것이어야 한다. 따라서 상해를 가한 부분을 고의범인 상해죄로 처벌하면서 이를 다시 결과적 가중범인 강제추행치상죄의 상해로 인정하여 이중으로 처벌할 수는 없다.

  [2] 피고인이 피해자를 폭행하여 비골 골절 등의 상해를 가한 다음 강제추행한 사안에서, 피고인의 위 폭행을 강제추행의 수단으로서의 폭행으로 볼 수 없어 위 상해와 강제추행 사이에 인과관계가 없다는 이유로, 폭력행위 등 처벌에 관한 법률 위반죄로 처벌한 상해를 다시 결과적 가중범인 강제추행치상죄의 상해로 인정한 원심판결을 파기한 사례(대판 2009.7.23. 2009도1934).

- [1] 강제추행치상죄에 있어서의 상해는 피해자의 신체의 건강상태가 불량하게 변경되고 생활기능에 장애가 초래되는 것을 말하는 것으로서, 신체의 외모에 변화가 생겼다고 하더라도 신체의 생리적 기능에 장애를 초래하지 아니하는 이상 상해에 해당한다고 할 수 없다.

  [2] 음모는 성적 성숙함을 나타내거나 치부를 가려주는 등의 시각적·감각적인 기능 이외에 특별한 생리적 기능이 없는 것이므로, 피해자의 음모의 모근(毛根) 부분을 남기고 모간(毛幹) 부분만을 일부 잘라냄으로써 음모의 전체적인 외관에 변형만이 생겼다면, 이로 인하여 피해자에게 수치심을 야기하기는 하겠지만, 병리적으로 보아 피해자의 신체의 건강상태가 불량하게 변경되거나 생활기능에 장애가 초래되었다고 할 수는 없을 것이므로, 그것이 폭행에 해당할 수 있음은 별론으로 하고 강제추행치상죄의 상해에 해당한다고 할 수는 없다(대판 2000.3.23. 99도3099).

③ 인과관계 및 객관적 귀속 : 상해의 결과가 간음이나 추행의 기회에 발생한 것이라면 직접성을 인정할 수 있다. 판례도 강간치상죄에 있어 상해의 결과는 강간의 수단으로 사용한 폭행으로부터 발생한 경우뿐 아니라 간음행위 그 자체로부터 발생한 경우나 강간에 수반하는 행위에서 발생한 경우도 포함하는 것이라고(대판 1999.4.9. 99도519) 하여 같은 취지로 판시하고 있다. 피해자가 폭행 등을 피하려다 발생한 상해도 폭행 등의 영향이나 강요상태 또는 급박한 위해상황을 벗어나기 위해 도주·탈출하는 과정에서 발생한 결과라면 직접성이 인정된다.

> 1. **강간치사죄가 성립하는 사례**
> 피고인들이 의도적으로 피해자를 술에 취하도록 유도하고 수차례 강간한 후 의식불명 상태에 빠진 피해자를 비닐창고로 옮겨 놓아 피해자가 저체온증으로 사망한 경우, 위 피해자의 사망과 피고인들의 강간 및 그 수반행위와의 인과관계 그리고 피해자의 사망에 대한 피고인들의 예견가능성이 인정되므로, 위 비닐창고에서 피해자를 재차 강제추행, 강간하고 하의를 벗겨 놓은 채 귀가한 피고인이 있다 하더라도 피고인들은 피해자의 사망에 대한 책임을 면한다고 볼 수 없어 강간치사죄가 인정된다(대판 2008.2.29. 2007도10120).
>
> 2. **강간치상죄가 성립하지 아니하는 사례**
> 피고인과 피해자가 여관에 투숙하여 별다른 저항이나 마찰 없이 성행위를 한 후, 피고인이 잠시 방밖으로 나간 사이에 피해자가 방문을 안에서 잠그고 구내전화를 통하여 여관종업원에게 구조요청까지 한 후라면, 일반경험칙상 이러한 상황아래에서 피해자가 피고인의 방문 흔드는 소리에 겁을 먹고 강간을 모면하기 위하여 3층에서 창문을 넘어 탈출하다가 상해를 입을 것이라고 예견할 수는 없다고 볼 것이므로 이를 강간치상죄로 처단할 수 없다(대판 1985.10.8. 85도1537).

④ 기수시기 및 미수범의 처벌 : 강간상해죄의 기수·미수는 강간·강제추행죄의 기수·미수가 아니라 상해의 결과발생 여부를 기준으로 판단하여야 하나, 형법은 강간상해죄에 대한 미수규정을 두고 있지 아니하여 특별법인 성폭력범죄의 처벌 등에 관한 특례법 위반에 해당되는 죄에만 미수를 처벌할 수 있다(동법 제15조).

2) 주관적 구성요건
본죄가 성립하기 위해서는 강간·유사강간·강제추행에 대한 고의가 있어야 한다.

(3) 타죄와의 관계

> - 피해자를 2회 강간하여 2주간 치료를 요하는 질입구파열창을 입힌 자가 피해자에게 용서를 구하였으나 피해자가 이에 불응하면서 위 강간사실을 부모에게 알리겠다고 하자 피해자를 살해하여 위 범행을 은폐시키기로 마음먹고 철사줄과 양손으로 피해자의 목을 졸라 질식 사망케 하였다면, 동인의 위와 같은 소위는 강간치상죄와 살인죄의 경합범이 된다(대판 1987.1.20. 86도2360).
> - 공동정범의 경우에 공모자 전원이 일정한 일시, 장소에 집합하여 모의하지 아니하고 공범자 중 수인을 통하여 범의의 연락이 있고 그 범의내용에 대하여 포괄적 또는 개별적인 의사연락이나 그 인식이 있었다면 그들 전원이 공모관계에 있다 할 것이고, 이와 같이 공모한 후 공범자중의 1인이 설사 범죄실행에 직접 가담하지 아니하였다 하더라도 다른 공모자가 분담실행한 공모자가 실행한 행위에 대하여 공동정범의 책임이 있다 할 것이며, 공범자 중 수인이 강간의 기회에 상해의 결과를 야기하였다면 다른 공범자가 그 결과의 인식이 없었더라도 강간치상죄의 책임이 없다고 할 수 없다(대판 1984.2.14. 83도3120).

2. 강간살인·치사죄

강간살인·치사죄는 강간죄, 유사강간죄, 강제추행죄, 준강간·준강제추행죄, 미성년자의제강간·강제추행죄 및 그 미수범을 범한 자가 사람을 살해하거나 사망에 이르게 함으로써 성립하는 범죄이다(형법 제301조의2).

Ⅷ 미성년자·심신미약자 간음·추행죄

1. 의 의

미성년자·심신미약자 간음·추행죄는 미성년자 또는 심신미약자에 대하여 위계 또는 위력으로써 간음 또는 추행함으로써 성립하는 범죄이다(형법 제302조).

2. 구성요건

(1) 객관적 구성요건

1) 객 체

미성년자는 13세 이상 19세 미만자를 말하고 본죄의 입법취지를 고려하건대 민법상 성년의제 규정은 본죄의 경우에 적용되지 아니한다고 보는 것이 타당하므로 혼인한 미성년자도 본죄의 객체에 해당한다. 심신미약자는 정신기능의 장애로 사물을 변별하거나 의사를 결정할 능력이 미약한 사람을 말하는 것으로 형법 제10조의 심신미약과는 반드시 그 의미가 일치한다고 할 수 없다.

2) 행 위

① 위계·위력 : 위계란 상대방을 착오에 빠지게 하여 정상적인 판단을 그르치게 하는 것을 말하며, 여기서는 행위자가 간음의 목적으로 상대방에게 오인·착각·부지를 일으키고 상대방의 그러한 심리상태를 이용하여 간음의 목적을 달성하는 것을 말한다. 위력은 사람의 의사를 제압하기에 족한 힘을 말하며, 폭행·협박은 물론 사회적·정치적 지위나 권세를 이용하는 것도 포함된다는 것이 판례이다(대판 2019.6.13. 2019도3341).

> • [1] 위계에 의한 간음죄에서 '위계'란 행위자의 행위목적을 달성하기 위하여 피해자에게 오인, 착각, 부지를 일으키게 하여 이를 이용하는 것을 말한다. 이러한 위계의 개념 및 성폭력범행에 특히 취약한 사람을 보호하고 행위자를 강력하게 처벌하려는 입법 태도, 피해자의 인지적·심리적·관계적 특성으로 온전한 성적 자기결정권 행사를 기대하기 어려운 사정 등을 종합하면, 행위자가 간음의 목적으로 피해자에게 오인, 착각, 부지를 일으키고 피해자의 그러한 심적 상태를 이용하여 간음의 목적을 달성하였다면 위계와 간음행위 사이의 인과관계를 인정할 수 있고, 따라서 위계에 의한 간음죄가 성립한다. 왜곡된 성적 결정에 기초하여 성행위를 하였다면 왜곡이 발생한 지점이 성행위 그 자체인지 성행위에 이르게 된 동기인지는 성적 자기결정권에 대한 침해가 발생한 것은 마찬가지라는 점에서 핵심적인

부분이라고 하기 어렵다. 피해자가 오인, 착각, 부지에 빠지게 되는 대상은 간음행위 자체일 수도 있고, 간음행위에 이르게 된 동기이거나 간음행위와 결부된 금전적·비금전적 대가와 같은 요소일 수도 있다. 다만 행위자의 위계적 언동이 존재하였다는 사정만으로 위계에 의한 간음죄가 성립하는 것은 아니므로 위계적 언동의 내용 중에 피해자가 성행위를 결심하게 된 중요한 동기를 이룰 만한 사정이 포함되어 있어 피해자의 자발적인 성적 자기결정권의 행사가 없었다고 평가할 수 있어야 한다. 이와 같은 인과관계를 판단할 때에는 피해자의 연령 및 행위자와의 관계, 범행에 이르게 된 경위, 범행 당시와 전후의 상황 등 여러 사정을 종합적으로 고려하여야 한다. 한편 위계에 의한 간음죄가 보호대상으로 삼는 아동·청소년, 미성년자, 심신미약자, 피보호자·피감독자, 장애인 등의 성적 자기결정 능력은 그 나이, 성장과정, 환경, 지능 내지 정신기능 장애의 정도 등에 따라 개인별로 차이가 있으므로 간음행위와 인과관계가 있는 위계에 해당하는지 여부를 판단할 때에는 구체적인 범행 상황에 놓인 피해자의 입장과 관점이 충분히 고려되어야 하고, 일반적·평균적 판단능력을 갖춘 성인 또는 충분한 보호와 교육을 받은 또래의 시각에서 인과관계를 쉽사리 부정하여서는 안 된다.

[2] 피고인이 스마트폰 채팅 애플리케이션을 통하여 알게 된 14세의 피해자에게 자신을 '고등학교 2학년인 갑'이라고 거짓으로 소개하고 채팅을 통해 교제하던 중 자신을 스토킹하는 여성 때문에 힘들다며 그 여성을 떼어내려면 자신의 선배와 성관계를 하여야 한다는 취지로 피해자에게 이야기하고, 피고인과 헤어지는 것이 두려워 피고인의 제안을 승낙한 피해자를 마치 자신이 갑의 선배인 것처럼 행세하여 간음한 사안에서, 14세에 불과한 아동·청소년인 피해자는 36세 피고인에게 속아 자신이 갑의 선배와 성관계를 하는 것만이 갑을 스토킹하는 여성을 떼어내고 갑과 연인관계를 지속할 수 있는 방법이라고 오인하여 갑의 선배로 가장한 피고인과 성관계를 하였고, 피해자가 위와 같은 오인에 빠지지 않았다면 피고인과의 성행위에 응하지 않았을 것인데, 피해자가 오인한 상황은 피해자가 피고인과의 성행위를 결심하게 된 중요한 동기가 된 것으로 보이고, 이를 자발적이고 진지한 성적 자기결정권의 행사에 따른 것이라고 보기 어렵다는 이유로, 피고인은 간음의 목적으로 피해자에게 오인, 착각, 부지를 일으키고 피해자의 그러한 심적 상태를 이용하여 피해자를 간음한 것이므로 이러한 피고인의 간음행위는 위계에 의한 것이라고 평가할 수 있음에도 이와 달리 본 원심판결에 위계에 의한 간음죄에 관한 법리오해의 위법이 있다고 한 사례(대판 2020.8.27. 2015도9436[전합])

- [1] 청소년성보호법 제7조 제5항이 정한 위계에 의한 간음죄는 행위자가 간음의 목적으로 피해자에게 오인, 착각, 부지를 일으키고 피해자의 그러한 심적 상태를 이용하여 간음의 목적을 달성하였다면 위계와 간음행위 사이의 인과관계를 인정할 수 있고, 따라서 위계에 의한 간음죄가 성립한다. 왜곡된 성적 결정에 기초하여 성행위를 하였다면 왜곡이 발생한 지점이 성행위 그 자체인지 성행위에 이르게 된 동기인지는 성적 자기결정권에 대한 침해가 발생한 것은 마찬가지라는 점에서 핵심적인 부분이라고 하기 어렵다. 피해자가 오인, 착각, 부지에 빠지게 되는 대상은 간음행위 자체일 수도 있고, 간음행위에 이르게 된 동기이거나 간음행위와 결부된 금전적·비금전적 대가와 같은 요소일 수도 있다. 다만 행위자의 위계적 언동이 존재하였다는 사정만으로 위계에 의한 간음죄가 성립하는 것은 아니므로 위계적 언동의 내용 중에 피해자가 성행위를 결심하게 된 중요한 동기를 이룰 만한 사정이 포함되어 있어 피해자의 자발적인 성적 자기결정권의 행사가 없었다고 평가할 수 있어야 한다. 이와 같은 인과관계를 판단함에 있어서는 피해자의 연령 및 행위자와의 관계, 범행에 이르게 된 경위, 범행 당시와 전후의 상황 등 여러 사정을 종합적으로 고려하여야 한다. 청소년성보호법 제7조 제5항이 정한 위력에 의한 간음죄의 경우도 마찬가지로 볼 수 있다.

> [2] 피고인은 이 사건 이전 피해자가 올린 조건만남 메시지를 보고 17세로 알고 있는 피해자에게 연락하여 의사가 합치하면 바로 시간과 장소를 정하는 방법으로 2회 성매수를 하였다. 피고인은 피해자에게 2회 성매수의 대가로 15만원을 교부한 뒤 1회 성교행위만을 하였고, 피해자가 나머지 1회 성교행위를 미루고 응하지 않자 2019.7.22.부터 같은 달 27.까지 15만원 전부를 변제할 것을 요구하면서 변제를 대신한 성교행위를 요구하는 공소사실과 같은 트위터 메시지를 보냈다. 피고인은 50만원을 급하게 빌린다는 피해자가 올린 트위터 메시지를 보고 2019.7.28. 60만원을 추가로 빌려주면서 그 차용증에 2019.7.30.부터 매일 6만원씩 분할변제하기로 하고, 연체에 대한 이자를 2회 성관계로 정하였으며, 그 이후 차용금에 대한 변제를 요구하면서 차용금에 대한 변제 또는 연체를 이유로 성교행위를 요구하는 공소사실과 같은 카카오톡 메시지를 보냈다. 피해자는 위와 같은 변제 요구나 성교행위 요구는 물론 자신의 집을 알고 있는 피고인이 집 앞 사진까지 찍어 올리고, 계속 통화를 시도하여 무서웠고, 빨리 채무변제를 하고 피고인을 떼어내고 싶었으며, 스스로 경찰에 신고할 생각까지 하였다고 진술한다. 위와 같은 사실 및 위 사실을 통해 알 수 있는 다음과 같은 사정을 앞서 본 법리에 비추어 보면, 피고인은 피해자의 입장에서 성행위를 결심하게 될 중요한 동기에 대하여 피해자의 자유의사를 제압할 만한 위력을 행사하였다고 볼 수 있다(대판 2020.10.29. 2020도4015).

② 추행 : 강간죄·강제추행죄의 경우와 동일하다.

(2) 주관적 구성요건

본죄는 고의범이므로 미성년자 또는 심신미약자를 간음·추행한다는 사실에 대한 인식과 의사를 내용으로 하는 고의가 있어야 한다.

IX 업무상위력 등에 의한 간음죄

1. 피보호·감독자간음죄

(1) 의 의

업무, 고용 기타 관계로 인하여 자기의 보호 또는 감독을 받는 사람에 대하여 위계 또는 위력으로써 간음함으로써 성립하는 범죄이다(형법 제303조 제1항).

(2) 구성요건

본죄의 주체는 업무, 고용 기타 관계로 인하여 자기의 보호 또는 감독을 하는 지위에 있는 자이고, 객체는 업무, 고용 기타 관계로 인하여 자기의 보호 또는 감독을 받는 사람이다. 형법 제302조, 제305조는 본죄의 특별규정이므로 본죄의 객체는 심신미약자가 아니라 19세 이상의 사람에 한정된다는 것이 다수설의 태도이다.

2. 피구금자간음죄

피구금자간음죄는 법률에 의하여 구금된 사람을 감호하는 자가 그 사람을 간음함으로써 성립하는 범죄이다(형법 제303조 제2항).

X 상습강간죄

상습으로 강간·유사강간·강제추행·준강간·준강제추행·미수범, 미성년자 등에 대한 간음, 피감호자간음, 피구금자간음 또는 미성년자의제강간·강제추행의 죄를 범함으로써 성립하는 범죄이다(형법 제305조의2).

XI 강간예비·음모죄

강간·유사강간·준강간, 강간상해, 미성년자의제강간·유사강간·강제추행의 죄를 범할 목적으로 예비 또는 음모함으로써 성립하는 범죄이다(형법 제305조의3).

제3장 명예와 신용에 대한 죄

제1절 명예에 관한 죄

I 의의

1. 개념

명예에 관한 죄란 공연히 사실을 적시하여 사람의 명예를 훼손하거나 사람을 모욕함으로써 성립하는 범죄이다.

2. 보호법익 및 보호정도

명예훼손죄와 모욕죄의 보호법익은 외적 명예이고 보호정도는 추상적 위험범이다.

II 명예훼손죄

1. 의 의

공연히 사실 또는 허위의 사실을 적시하여 사람의 명예를 훼손함으로써 성립하는 범죄이다(형법 제307조).

2. 구성요건

(1) 객관적 구성요건

1) 객 체

① **명예의 의의 및 주체** : 모든 자연인은 명예의 주체가 될 수 있다. 사자(死者)도 역사적 존재로서의 인격적 가치는 보호받아야 하므로 주체가 된다. 법인도 사회적 활동과 관련하여 명예를 향유할 수 있는 이상 주체가 된다고 하여야 한다. 그러나 법인격 없는 사단은 명예의 주체가 될 수 없다는 것이 판례이나 법인격 없는 단체도 법적으로 승인된 사회적 기능을 담당하고 통일된 의사를 형성할 수 있는 경우에는 명예의 주체가 된다고 이해하는 것이 타당하다.

> 형법이 명예훼손죄 또는 모욕죄를 처벌함으로써 보호하고자 하는 사람의 가치에 대한 평가인 외부적 명예는 개인적 법익으로서, 국민의 기본권을 보호 내지 실현해야 할 책임과 의무를 지고 있는 공권력의 행사자인 국가나 지방자치단체는 기본권의 수범자일 뿐 기본권의 주체가 아니고, 정책결정이나 업무수행과 관련된 사항은 항상 국민의 광범위한 감시와 비판의 대상이 되어야 하며 이러한 감시와 비판은 그에 대한 표현의 자유가 충분히 보장될 때에 비로소 정상적으로 수행될 수 있으므로, 국가나 지방자치단체는 국민에 대한 관계에서 형벌의 수단을 통해 보호되는 외부적 명예의 주체가 될 수는 없고, 따라서 명예훼손죄나 모욕죄의 피해자가 될 수 없다(대판 2016.12.27. 2014도15290).[56]

② **집합명칭에 의한 명예훼손** : 독자적으로 명예의 주체가 될 수 없는 집단의 구성원도 그 집단의 명칭을 지적함으로써 그 집단에 속하는 특정한 사람들의 명예가 훼손될 수 있다.
  ㉠ 집합명칭을 사용하여 집단구성원 전체의 명예가 침해되는 경우로, 일반인과 집단구성원이 명백히 구별될 수 있을 정도로 집합명칭이 특정되어야 하고 명예훼손의 내용이 집단구성원 전체를 지적하는 것일 때에는 집단을 구성하는 구성원 개개인의 명예훼손이 인정된다.
  ㉡ 구성원의 일부를 지적하였지만 그것이 누구인가가 명백하지 아니하여 구성원 전체가 혐의를 받는 경우에도 대상자의 수와 규모 및 집단의 크기가 비교적 작고 그 구성원이 쉽게 특정될 수 있을 때에는 구성원 전체에 대한 명예훼손이 인정된다.

---

[56] 국가나 지방자치단체에 대한 명예훼손죄나 모욕죄는 성립하지 아니한다고 한 사례이나 지방자치단체의 장에 대한 명예훼손죄나 모욕죄는 인정될 수 있다.

1. **집합명칭에 의한 명예훼손죄가 성립하는 사례**
   [1] 명예훼손죄는 어떤 특정한 사람 또는 인격을 보유하는 단체에 대하여 그 명예를 훼손함으로써 성립하는 것이므로 그 피해자는 특정한 것임을 요하고, 다만 서울시민 또는 경기도민이라 함과 같은 막연한 표시에 의해서는 명예훼손죄를 구성하지 아니한다 할 것이지만, 집합적 명사를 쓴 경우에도 그것에 의하여 그 범위에 속하는 특정인을 가리키는 것이 명백하면, 이를 각자의 명예를 훼손하는 행위라고 볼 수 있다고 할 것이다.
   [2] 피고인이 작성하여 배포한 보도자료에는 피해자의 이름을 직접적으로 적시하고 있지는 않으나, 3.19 동지회 소속 교사들이 학생들을 선동하여 무단하교를 하게 하였다고 적시하고 있는 사실, 이 사건 고등학교의 교사는 총 66명으로서 그중 약 37명이 3.19 동지회 소속 교사들인 사실, 위 학교의 학생이나 학부모, 교육청 관계자들은 3.19 동지회 소속 교사들이 누구인지 알고 있는 사실이라면 3.19 동지회는 그 집단의 규모가 비교적 작고 그 구성원이 특정되어 있으므로 피고인이 3.19 동지회 소속 교사들에 대한 허위의 사실을 적시함으로써 3.19 동지회 소속 교사들 모두에 대한 명예가 훼손되었다고 할 것이고, 따라서 3.19 동지회 소속 교사인 피해자의 명예 역시 훼손되었다고 보아야 할 것이다(대판 2000.10.10. 99도5407).

2. **집합명칭에 의한 명예훼손죄가 성립하지 아니하는 사례**
   세월호 사건 당시 피고인의 SNS의 글과 특정 케이블 TV와의 인터뷰가 생존자가 있는데도 해경이 민간잠수부의 구조작업을 막고 언론을 통제하여 진실을 은폐하고 있다는 취지의 사실을 적시한 경우, 적시한 사실 중 일부는 허위라고 보기 어렵고 허위 사실인 경우에도 허위임을 인식하였다고 단정하기 어려우며, 비방할 목적이 있었다고 보기 어렵고 공적인 존재에 대한 명예훼손이나 집단표시에 의한 명예훼손이 성립하는 경우에 해당하지 아니하므로 정보통신망 이용촉진 및 정보보호 등에 관한 법률 제70조 제2항이 정한 허위사실의 적시에 의한 명예훼손죄는 성립하지 아니한다(대판 2018.11.29. 2016도14678).

3. **집합명칭에 의한 모욕죄가 성립하지 아니하는 사례**
   [1] 모욕죄는 특정한 사람 또는 인격을 보유하는 단체에 대하여 사회적 평가를 저하시킬 만한 경멸적 감정을 표현함으로써 성립하므로 그 피해자는 특정되어야 한다. 그리고 이른바 집단표시에 의한 모욕은, 모욕의 내용이 집단에 속한 특정인에 대한 것이라고는 해석되기 힘들고, 집단표시에 의한 비난이 개별구성원에 이르러서는 비난의 정도가 희석되어 구성원 개개인의 사회적 평가에 영향을 미칠 정도에 이르지 아니한 경우에는 구성원 개개인에 대한 모욕이 성립되지 않는다고 봄이 원칙이고, 비난의 정도가 희석되지 않아 구성원 개개인의 사회적 평가를 저하시킬 만한 것으로 평가될 경우에는 예외적으로 구성원 개개인에 대한 모욕이 성립할 수 있다. 한편 구성원 개개인에 대한 것으로 여겨질 정도로 구성원 수가 적거나 당시의 주위 정황 등으로 보아 집단 내 개별구성원을 지칭하는 것으로 여겨질 수 있는 때에는 집단 내 개별구성원이 피해자로서 특정된다고 보아야 할 것인데, 구체적인 기준으로는 집단의 크기, 집단의 성격과 집단 내에서의 피해자의 지위 등을 들 수 있다.
   [2] 국회의원이었던 피고인이 국회의장배 전국 대학생 토론대회에 참여했던 학생들과 저녁회식을 하는 자리에서, 장래의 희망이 아나운서라고 한 여학생들에게 (아나운서 지위를 유지하거나 승진하기 위하여) "다 줄 생각을 해야 하는데, 그래도 아나운서 할 수 있겠느냐. ○○여대 이상은

> 자존심 때문에 그렇게 못하더라"라는 등의 말을 한 경우, '여성 아나운서'라는 집단 자체의 경계가 불분명하고 그 조직화 및 결속력의 정도 또한 견고하다고 볼 수 없는 점, 피해자들을 비롯한 여성 아나운서들은 방송을 통해 대중에게 널리 알려진 사람들이어서 그 생활 범위 내에 있는 사람들이 문제된 발언과 피해자들을 연결시킬 가능성이 있다는 이유만으로 곧바로 그 집단 구성원 개개인에 대한 모욕이 된다고 평가하게 되면 모욕죄의 성립 범위를 지나치게 확대시킬 우려가 있는 점 등을 종합해 보면, 피고인의 이 사건 발언은 여성 아나운서 일반을 대상으로 한 것으로서 그 개별구성원인 피해자들에 이르러서는 비난의 정도가 희석되어 피해자 개개인의 사회적 평가에 영향을 미칠 정도에까지는 이르지 아니하므로 형법상 모욕죄에 해당한다고 보기는 어렵다(대판 2014.3.27. 2011도15631).

2) 행위

① 공연성

㉠ 의의 : 불특정 또는 다수인이 인식할 수 있는 상태를 의미한다. 따라서 불특정인이면 다수인인지의 여부를 불문하고 다수인이면 특정·불특정인지의 여부를 불문한다. 다만, 불특정 또는 다수인이 인식할 수 있는 상태의 의미에 대하여는 견해가 대립하고 있다.

㉡ 학설 : 사실을 적시한 상대방이 특정한 개인이라 하더라도 상대방이 불특정 또는 다수인에게 전파할 가능성이 있으면 공연성이 인정된다는 전파가능성이론과 불특정 또는 다수인이 직접 인식할 수 있는 상태하에서 사실을 적시한 경우에 공연성을 인정할 수 있다는 직접인식가능성설이 대립하고 있다.

㉢ 판례 : 판례는 공연성은 불특정 또는 다수인이 인식할 수 있는 상태를 의미하므로 비록 개별적으로 한 사람에 대하여 사실을 유포하더라도 이로부터 불특정 또는 다수인에게 전파될 가능성이 있으면 공연성이 있다고(대판 1998.9.8. 98도1949) 하여 전파가능성이론을 취하고 있음을 명백히 하고 있다.

㉣ 검토 : 생각건대 전파가능성이론은 명예훼손죄의 성립 여부가 상대방의 전파의사에 좌우되고 표현의 자유를 지나치게 제한한다는 문제가 있으므로 통설의 태도인 직접인식가능성설이 타당하다고 판단된다.

> 1. 전파가능성이론
> - [1] 명예훼손죄의 구성요건인 공연성은 불특정 또는 다수인이 인식할 수 있는 상태를 의미하고, 비록 개별적으로 한사람에 대하여 사실을 유포하였다고 하더라도 그로부터 불특정 또는 다수인에게 전파될 가능성이 있다면 공연성의 요건을 충족하지만 이와 달리 전파될 가능성이 없다면 특정한 한 사람에 대한 사실의 유포는 공연성을 결한다.
> [2] 통상 기자가 아닌 보통 사람에게 사실을 적시할 경우에는 그 자체로서 적시된 사실이 외부에 공표되는 것이므로 그때부터 곧 전파가능성을 따져 공연성 여부를 판단하여야 할 것이지만, 그와는 달리 기자를 통해 사실을 적시하는 경우에는 기사화되어 보도되어야만 적시된 사실이 외부에 공표된다고 보아야 할 것이므로 기자가 취재를 한 상태에서 아직 기사화하여 보도하지 아니한 경우에는 전파가능성이 없다고 할 것이어서 공연성이 없다고 봄이 상당하다(대판 2000.5.16. 99도5622).

- 명예훼손죄의 구성요건으로서 공연성은 '불특정 또는 다수인이 인식할 수 있는 상태'를 의미하고, 개별적으로 소수의 사람에게 사실을 적시하였더라도 그 상대방이 불특정 또는 다수인에게 적시된 사실을 전파할 가능성이 있는 때에도 공연성이 인정된다. 개별적인 소수에 대한 발언을 불특정 또는 다수인에게 전파될 가능성을 이유로 공연성을 인정하기 위해서는 막연히 전파될 가능성이 있다는 것만으로 부족하고, 고도의 가능성 내지 개연성이 필요하며, 이에 대한 검사의 엄격한 증명을 요한다. 특히 발언 상대방이 직무상 비밀유지의무 또는 이를 처리해야 할 공무원이나 이와 유사한 지위에 있는 경우에는 그러한 관계나 신분으로 인하여 비밀의 보장이 상당히 높은 정도로 기대되는 경우로서 공연성이 부정되고, 공연성을 인정하기 위해서는 그러한 관계나 신분에도 불구하고 불특정 또는 다수인에게 전파될 수 있다고 볼 만한 특별한 사정이 존재하여야 한다(대판 2020.12.30. 2015도15619).

2. 전파가능성의 인정 여부에 대한 사례

1) 전파가능성이 인정되는 사례

- [1] 명예훼손죄의 관련 규정들은 명예에 대한 침해가 '공연히' 또는 '공공연하게' 이루어질 것을 요구하는데, '공연히' 또는 '공공연하게'는 사전적으로 '세상에서 다 알 만큼 떳떳하게', '숨김이나 거리낌이 없이 그대로 드러나게'라는 뜻이다. 공연성을 행위 태양으로 요구하는 것은 사회에 유포되어 사회적으로 유해한 명예훼손 행위만을 처벌함으로써 개인의 표현의 자유가 지나치게 제한되지 않도록 하기 위함이다. 대법원 판례는 명예훼손죄의 구성요건으로서 공연성에 관하여 '불특정 또는 다수인이 인식할 수 있는 상태'를 의미한다고 밝혀 왔고, 이는 학계의 일반적인 견해이기도 하다. 대법원은 명예훼손죄의 공연성에 관하여 개별적으로 소수의 사람에게 사실을 적시하였더라도 그 상대방이 불특정 또는 다수인에게 적시된 사실을 전파할 가능성이 있는 때에는 공연성이 인정된다고 일관되게 판시하여, 이른바 전파가능성 이론은 공연성에 관한 확립된 법리로 정착되었다. 이러한 법리는 정보통신망 이용촉진 및 정보보호 등에 관한 법률(이하 '정보통신망법')상 정보통신망을 이용한 명예훼손이나 공직선거법상 후보자비방죄 등의 공연성 판단에도 동일하게 적용되어, 적시한 사실이 허위인지 여부나 특별법상 명예훼손 행위인지 여부에 관계없이 명예훼손 범죄의 공연성에 관한 대법원 판례의 기본적 법리로 적용되어 왔다. [2] 피고인이 갑의 집 뒷길에서 피고인의 남편 을 및 갑의 친척인 병이 듣는 가운데 갑에게 '저것이 징역 살다온 전과자다' 등으로 큰 소리로 말함으로써 공연히 사실을 적시하여 갑의 명예를 훼손하였다는 내용으로 기소된 사안에서, 피고인과 갑은 이웃 주민으로 여러 가지 문제로 갈등관계에 있었고, 당일에도 피고인은 갑과 말다툼을 하는 과정에서 위와 같은 발언을 하게 된 점, 을과 갑의 처인 정은 피고인과 갑이 큰 소리로 다투는 소리를 듣고 각자의 집에서 나오게 되었는데, 갑과 정은 '피고인이 전과자라고 크게 소리쳤고, 이를 병 외에도 마을 사람들이 들었다'는 취지로 일관되게 진술한 점, 피고인은 신고를 받고 출동한 경찰관 앞에서도 '갑은 아주 질이 나쁜 전과자'라고 큰 소리로 수회 소리치기도 한 점, 갑이 사는 곳은 갑, 병과 같은 성씨를 가진 집성촌으로 갑에게 전과가 있음에도 병은 '피고인으로부터 갑이 전과자라는 사실을 처음 들었다'고 진술하여 갑과 가까운 사이가 아니었던 것으로 보이는 점을 종합하면, 갑과 병의 친분 정도나 적시된 사실이 갑의 공개하기 꺼려지는 개인사에 관한 것으로 주변에 회자될 가능성이 큰 내용이라는 점을 고려할 때 병이 갑과 친척관계에 있다는 이유만으로 전파가능성이 부정된다고 볼 수 없고(갑과 병 사이의 촌수나 구체적 친밀관계가 밝혀진 바도 없다), 오히려 피고인은 갑과의 싸움 과정에서 단지 갑을 모욕 내지 비방하기 위하여 공개된 장소에서 큰 소리로 말하여 다른 마을 사람들이 들을 수 있을 정도였던 것으로 불특정 또는 다수인이 인식할 수 있는 상태였다고 봄이 타당하므로 피고인의 위 발언은 공연성이 인정된다는 이유로, 같은 취지에서 공소사실을 유죄로 인정한 원심판단이 정당하다고 한 사례(대판 2020.11.19. 2020도5813 [전합]).

- [1] 형법 제310조는 "제307조 제1항의 행위가 진실한 사실로서 오로지 공공의 이익에 관한 때에는 처벌하지 아니한다."고 규정하고 있는바, 공연히 사실을 적시하여 사람의 명예를 훼손한 행위가 위 규정에 따라서 위법성이 조각되어 처벌받지 않기 위하여는 적시된 사실이 객관적으로 볼 때 공공의 이익에 관한 것으로서 행위자도 공공의 이익을 위하여 그 사실을 적시한 것이어야 할 것이고, 이 경우에 적시된 사실이 공공의 이익에 관한 것인지의 여부는 당해 적시 사실의 구체적 내용, 당해 사실의 공표가 이루어진 상대방의 범위, 그 표현의 방법 등 그 표현 자체에 관한 제반 사정을 감안함과 동시에 그 표현에 의하여 훼손되거나 훼손될 수 있는 타인의 명예의 침해의 정도도 비교·고려하여 결정하여야 할 것이다.

  [2] 피고인이 피고인 및 피해자의 직장인 공무원 및 사립학교교직원의료보험관리공단의 전산망에 설치된 전자게시판에 "모 직원은 공단과 직접 관계된 소송사건에서 공단이 신청한 증인으로 법정에 나와 양심에 따라 사실대로 증언할 것을 선서하였음에도 불구하고 거짓 사실로 증언을 하였고 그에 따라 위증죄로 고소를 당하여 결국 검찰로부터 기소유예처분을 결정한 바 있습니다. 그럼에도 불구하고 또다시 자신의 양심을 저버리고는 검찰의 기소유예처분이 마치 헌법상 보장된 기본권을 침해한 것인 양 주장하면서 헌법재판소에 헌법소원을 제기하였지만 얼마 전에 결국 기각당하고 말았습니다. 이러한 제반 사실은 공직자로서의 품위를 손상시킨 행위인바 공단은 마땅히 그에 상응하는 인사조치를 취하여야 할 것으로 판단되어 여론광장을 통해 의견을 개진합니다."라는 글을 게시한 행위는 명예훼손죄를 구성한다고 한 사례(대판 2000.5.12. 99도5734).

2) 전파가능성이 인정되지 아니하는 사례

- [1] 발언 상대방이 발언자나 피해자의 배우자, 친척, 친구 등 사적으로 친밀한 관계에 있는 경우 또는 직무상 비밀유지의무 또는 이를 처리해야 할 공무원이나 이와 유사한 지위에 있는 경우에는 그러한 관계나 신분으로 비밀의 보장이 상당히 높은 정도로 기대되는 경우로서 공연성이 부정된다. 위와 같이 발언자와 상대방, 그리고 피해자와 상대방이 특수한 관계에 있는 경우 또는 상대방이 직무상 특수한 지위나 신분을 가지고 있는 경우에 공연성을 인정하려면 그러한 관계나 신분에도 불구하고 불특정 또는 다수인에게 전파될 수 있다고 볼 만한 특별한 사정이 존재하여야 한다.

  [2] 피고인은 2014.5.14. 08:41경 피고인의 사무실에서 사실은 피해자가 이혼하기는 했지만 아들이 장애인이 아니고, 피해자와 사실혼관계에 있던 공소외 1이 피고인으로부터 임금을 가불하여 피해자에게 가져다준 것이 아닌데도, 피고인의 친구 공소외 2가 있는 자리에서 피해자에 관하여 "신랑하고 이혼했는데, 아들이 하나가 장애인이래, 그런데 공소외 1이 그래도 살아보겠다고 돈 갖다 바치는 거지, 그런데 이년이."라고 말한 경우, 피고인이 사무실에서 이 사건 발언을 할 당시 공소외 2만 있었는데, 이는 공연성이 부정될 유력한 사정이므로, 피고인의 발언이 전파될 가능성에 대해서는 검사의 엄격한 증명이 필요하다. 또한 피고인과 공소외 2의 친밀 관계를 고려하면 비밀보장이 상당히 높은 정도로 기대되기 때문에 공연성을 인정하려면 그러한 관계에도 불구하고 불특정 또는 다수인에게 전파될 수 있다고 볼 만한 특별한 사정이 있어야 한다. 피고인이 공소외 2 앞에서 한 발언 경위와 내용 등을 보면 위 발언이 불특정 또는 다수인에게 전파될 가능성이 있다고 보기 어렵거나 피고인에게 전파가능성에 대한 위험을 용인하는 내심의 의사가 있었다고 보기 어렵다(대판 2020.12.30. 2015도12933).

- 빌라를 관리하고 있는 피고인들이 빌라 아랫집에 거주하는 갑으로부터 누수 문제로 공사 요청을 받게 되자, 갑과 전화통화를 하면서 빌라를 임차하여 거주하고 있는 피해자들에 대하여 누수 공사 협조의 대가로 과도하고 부당한 요구를 하거나 막말과 욕설을 하였다는 취지로 발언하고, '무식한 것들', '이중인격자' 등으로 말한 경우, 위 발언들은 신속한 누수 공사 진행을 요청하는 갑에게 임차인인 피해자들의 협조 문제로 공사가 지연되는 상황을 설명하는 과정에서 나온 것으로서, 이에 관한 피고인들의 진술내용을 종합해 보더라도 피고인들이 전파가능성에 대한 인식과 위험을 용인하는 내심의 의사에 기하여 위 발언들을 하였다고 단정하기 어렵다(대판 2022.7.28. 2020도8336).

② **사실의 적시**

㉠ 사 실

㉮ 사실이란 현실적으로 발생하고 증명할 수 있는 과거 또는 현재의 사실을 말하며, 장래의 일은 과거 또는 현재의 사실을 기초로 하거나 이에 대한 주장을 포함하는 경우에는 사실의 적시로 인정된다(대판 2003.5.13. 2002도7420).

1. '사실'의 적시에 해당하지 아니하는 사례
   - 정보통신망법 제70조 제2항은 "사람을 비방할 목적으로 정보통신망을 통하여 공공연하게 거짓의 사실을 드러내어 다른 사람의 명예를 훼손한 자는 7년 이하의 징역, 10년 이하의 자격정지 또는 5천만원 이하의 벌금에 처한다."라고 규정하고 있다. 여기서 '사실을 드러내어'란 시간적으로나 공간적으로 구체적인 과거 또는 현재의 사실관계에 관한 보고 또는 진술을 의미한다. 따라서 어느 사람을 비방할 목적으로 인터넷 사이트에 게시글을 올리는 행위에 대하여 위 조항을 적용하기 위해서는, 해당 게시글이 그 사람에 대한 구체적인 사실관계를 보고하거나 진술하는 내용이어야 한다. 단순히 그 사람을 사칭하여 마치 그 사람이 직접 작성한 글인 것처럼 가장하여 게시글을 올리는 행위는 그 사람에 대한 사실을 드러내는 행위에 해당하지 아니하므로, 그 사람에 대한 관계에서는 위 조항을 적용할 수 없다. 이 법리에 의하면, 이 사건에서 피고인이 피해자를 사칭하여 마치 피해자가 직접 작성한 글인 것처럼 가장하여 각 게시글을 올렸더라도, 그 행위는 피해자에 대한 사실을 드러내는 행위가 아니므로, 정보통신망법 제70조 제2항의 명예훼손행위에 해당하지 않는다(대판 2018.5.30. 2017도607).
   - [1] 다른 사람의 말이나 글을 비평하면서 사용한 표현이 겉으로 보기에 증거에 의해 입증 가능한 구체적인 사실관계를 서술하는 형태를 취하고 있더라도, 글의 집필의도, 논리적 흐름, 서술체계 및 전개방식, 해당 글과 비평의 대상이 된 말 또는 글의 전체적인 내용 등을 종합하여 볼 때, 평균적인 독자의 관점에서 문제된 부분이 실제로는 비평자의 주관적 의견에 해당하고, 다만 비평자가 자신의 의견을 강조하기 위한 수단으로 그와 같은 표현을 사용한 것이라고 이해된다면 명예훼손죄에서 말하는 사실의 적시에 해당한다고 볼 수 없다.
   [2] 피해자가 「임나일본부설은 허구인가」라는 저서(이하 '피해자 책')에서 임나일본부라는 명칭을 부정함은 물론, 일본이 고대사의 특정시기에 가야를 비롯한 한반도 남부 일정지역을 점령하거나 통치했다는 사실을 일본인이 신봉하는 일본서기의 사료를 이용해 반박하였을 뿐이고 피해자 책에는 아래 ㉠, ㉡, ㉢과 같은 내용이 들어있지 않음에도 불구하고, 피고인은

피해자 책의 내용을 다룬 「우리 안의 식민사관」이라는 책(이하 '이 사건 책')을 집필·발간하면서, 피해자가 ㉠ "임나일본부설이 사실이다", ㉡ "백제는 야마토 조정의 속국·식민지이고, 야마토 조정이 백제를 통해 한반도 남부를 통치했다"고 주장했다고 기술하고, ㉢ "일본서기를 사실로 믿고, 스에마쓰 야스카즈의 임나일본부설을 비판하지 않고 있다"고 기술한 경우, 이 사건 책 및 피해자 책의 전체적인 내용 등을 종합하여 볼 때, 이 사건 책을 읽게 될 평균적인 독자의 관점에서 보면 위 ㉠, ㉡, ㉢ 부분은 피고인이 이 사건 책의 다른 부분에서 제시하고 있는 것과 같은 자료 내지 논증을 근거로 하여, '피해자는 임나의 지배주체가 백제라고 주장하였지만 그 밖에는 스에마쓰 야스카즈의 임나일본부설과 일본서기의 내용 대부분을 사실로 받아들였고, 표면적으로는 백제와 야마토 조정이 대등한 관계에 있는 것처럼 기술하였으나 실질적으로는 백제가 야마토 조정의 속국인 것처럼 묘사하였으므로, 결과적으로 야마토 조정이 한반도 남부를 통치했다는 임나일본부설이 사실이라고 주장한 것과 다름없다'는 취지의 피고인의 주장을 함축적이고 단정적인 문장으로 서술한 것으로서 피고인의 주관적 의견에 해당하고, 다만 피고인이 위 의견을 강조하기 위한 수단으로 그와 같은 표현을 사용한 것이라고 이해된다고 할 것이다. 비록 위와 같은 피고인의 주장 내지 의견에 대해서는 그 내용의 합리성이나 서술방식의 공정성 등과 관련하여 비판의 여지가 있다고 할지라도 그러한 비판은 가급적 학문적 논쟁과 사상의 자유경쟁 영역에서 다루어지도록 하는 것이 바람직하고, 명예훼손죄의 구성요건을 해석하면서 겉으로 드러난 표현방식을 문제 삼아 사실의 적시에 해당한다고 쉽사리 단정함으로써 형사처벌의 대상으로 함부로 끌어들일 일은 아니다(대판 2017.5.11. 2016도19255).

- [1] 어떠한 의사 표현이 법률에서 규정한 범죄에 해당한다고 평가하는 것은 그로써 표현의 자유라는 헌법상 기본권의 행사에 부정적인 영향을 줄 위험이 없지 않으므로 특정 의사 표현에 대한 법적 평가를 함에 있어서는 그 전제로서 문제된 표현의 의미가 합리적으로 파악되고 이해될 수 있도록 세심한 주의를 기울여야 한다. 다의적으로 해석될 수 있는 발언에 관하여 다른 합리적 해석의 가능성을 배제한 채 공소사실에 부합하는 취지로만 해석하는 것은 정치적 표현의 자유와 선거운동의 자유의 헌법적 의의와 중요성을 충분히 반영하지 않은 결과가 되고, '의심스러울 때는 피고인에게 유리하게'라는 형사법의 기본 원칙에도 반한다.

[2] 이 사건 발언은 ㉠ 공소외 1 후보의 ○○시장 재임기간에 △△△△△ ㅁㅁ공장 준공식이 개최되었다는 문장, ㉡ 그전에 행정지원이 미비하고, ○○시가 함께 고민하고 해결하려는 노력이 없어 (△△△△△가 공장부지 결정을 ○○시에서) ㅁㅁ으로 선회하였다는 문장, ㉢ 이는 공소외 1 후보 재임기간에 행정미숙으로 인해 일자리 대참사가 발생한 것이라는 문장으로 구성되어 있다. 이 사건 발언의 주된 취지는 앞서 본 바와 같이 '○○시의 행정지원 미비, 같이 해결하려는 노력의 부족으로 △△△△△가 ㅁㅁ군에 공장건립을 결정하였고, 그로 인해 ○○시가 일자리 창출의 기회를 놓치게 되었는데, 이로써 공소외 1 후보 재임기간에 일자리 대참사가 발생하였다고 평가할 만하다'는 것으로 해석되므로 ㉡, ㉢ 문장 내용이 주된 것으로 보인다. △△△△△ ㅁㅁ공장 준공식이 공소외 1 후보의 ○○시장 재임시절에 개최되었다는 ㉠ 문장은 이러한 평가의 전제사실 내지 배경사실에 불과한 것으로 보이고, 여기에 이 사건 발언이 △△△△△ 공장 재유치 등을 통한 ○○시 일자리 창출이라는 피고인의 선거공약을 발표하고 정책방향을 제시하는 기자회견문의 일부라는 점까지 더하여 보면, 이 사건 발언은 '전체적으로' 보아 의견의 표명으로 봄이 타당하다(대판 2020.12.24. 2019도12901).

2. 장래의 사실적시로 명예훼손죄가 성립하는 사례

[1] 명예훼손죄가 성립하기 위하여는 사실의 적시가 있어야 하는데, 여기에서 적시의 대상이 되는 사실이란 현실적으로 발생하고 증명할 수 있는 과거 또는 현재의 사실을 말하며, 장래의 일을 적시하더라도 그것이 과거 또는 현재의 사실을 기초로 하거나 이에 대한 주장을 포함하는 경우에는 명예훼손죄가 성립한다고 할 것이고, 장래의 일을 적시하는 것이 과거 또는 현재의 사실을 기초로 하거나 이에 대한 주장을 포함하는지 여부는 그 적시된 표현 자체는 물론 전체적인 취지나 내용, 적시에 이르게 된 경위 및 전후 상황, 기타 제반 사정을 종합적으로 참작하여 판단하여야 한다.

[2] 피고인이 경찰관을 상대로 진정한 사건의 혐의가 인정되지 않아 내사종결 처리되었음에도 불구하고 공연히 "사건을 조사한 경찰관이 내일부로 검찰청에서 구속영장이 떨어진다."고 말한 것은 현재의 사실을 기초로 하거나 이에 대한 주장을 포함하여 장래의 일을 적시한 것으로 볼 수 있어 명예훼손죄에 있어서의 사실의 적시에 해당한다고 한 사례(대판 2003.5.13. 2002도7420).

㉯ 형법 제307조 제1항의 '사실'은 제2항의 '허위의 사실'과 반대되는 '진실한 사실'을 말하는 것이 아니라 가치판단이나 평가를 내용으로 하는 '의견'에 대치되는 개념이다. 따라서 제307조 제1항의 명예훼손죄는 적시된 사실이 진실한 사실인 경우이든 허위의 사실인 경우이든 모두 성립될 수 있고, 특히 적시된 사실이 허위의 사실이라고 하더라도 행위자에게 허위성에 대한 인식이 없는 경우에는 제307조 제2항의 명예훼손죄가 아니라 제307조 제1항의 명예훼손죄가 성립될 수 있다(대판 2017.4.26. 2016도18024).

㉰ 반드시 숨겨진 사실에 한하지 아니하고, 이미 사회의 일부에 잘 알려진 사실이라고 하더라도 이를 적시하여 사람의 사회적 평가를 저하시킬 만한 행위를 한 때에는 명예훼손죄를 구성한다(대판 1994.4.12. 93도3535). 또한 사실은 직접 경험한 사실뿐만 아니라 추측사실이나 타인으로부터 전해들은 소문이라도 상관없다(대판 1985.4.23. 85도431).

㉱ 적시된 사실은 특정인의 명예가 침해될 수 있을 정도로 구체적 사실이어야 하고(대판 2003.6.24. 2003도1868), 가치중립적 표현을 사용하였다고 하더라도 그로 인하여 특정인의 사회적 평가가 저해되었다고 판단되면 명예훼손죄가 성립할 수 있다(대판 2007.10.25. 2007도5077).

• [1] 명예훼손죄에 있어서의 '사실의 적시'란 가치판단이나 평가를 내용으로 하는 의견표현에 대치되는 개념으로서 시간과 공간적으로 구체적인 과거 또는 현재의 사실관계에 관한 보고 내지 진술을 의미하는 것이며, 그 표현내용이 증거에 의한 입증이 가능한 것을 말한다. 또한, 판단할 진술이 사실인가 또는 의견인가를 구별할 때는 언어의 통상적 의미와 용법, 입증가능성, 문제된 말이 사용된 문맥, 그 표현이 행하여진 사회적 상황 등 전체적 정황을 고려하여 판단하여야 한다.

[2] 목사가 예배 중 특정인을 가리켜 "이단 중에 이단이다"라고 설교한 부분이 명예훼손죄에서 말하는 '사실의 적시'에 해당하지 않는다고 한 사례(대판 2008.10.9. 2007도1220)

- 피고인이 '야당 대통령후보였던 갑은 일명 부림사건의 변호인으로서 체제전복을 위한 활동을 한 국가보안법 위반 사범들을 변호하면서 그들과 동조하여 그들과 동일하게 체제전복과 헌법적 기본질서를 부정하는 활동인 공산주의 활동 내지 공산주의 운동을 해 왔다.'는 취지의 발언을 한 경우, 피고인의 위 '공산주의자 발언'은 자신의 경험을 통한 갑의 사상 또는 이념에 대한 피고인의 의견 내지 입장표명에 해당하여 이를 갑의 명예를 훼손할 만한 구체적인 사실의 적시라고 보기 어렵고, 나아가 표현의 자유의 한계를 일탈한 위법한 행위라고 볼 수 없다(대판 2021.9.16. 2020도12861).
- 동장인 피고인이 동 주민자치위원에게 전화를 걸어 '어제 열린 당산제(마을제사) 행사에 남편과 이혼한 갑도 참석을 하여, 이에 대해 행사에 참여한 사람들 사이에 안 좋게 평가하는 말이 많았다.'는 취지로 말하고, 동 주민들과 함께한 저녁식사 모임에서 '갑은 이혼했다는 사람이 왜 당산제에 왔는지 모르겠다.'는 취지로 말한 경우, 피고인의 위 발언은 갑의 사회적 가치나 평가를 침해하는 구체적인 사실의 적시에 해당하지 않고 갑의 당산제 참여에 관한 의견표현에 지나지 않는다(대판 2022.5.13. 2020도15642).

㈐ 적시된 사실이 진실인지 허위인지의 여부는 본죄의 성립에 영향이 없고, 이미 사회의 일부에서 다루어진 소문을 적시하여 사람의 사회적 평가를 저하시킬 만한 행위를 한 때에는 명예훼손에 해당한다(대판 2008.7.10. 2008도2422).

- [1] 다른 사람의 말이나 글을 비평하면서 사용한 표현이 겉으로 보기에 증거에 의해 입증 가능한 구체적인 사실관계를 서술하는 형태를 취하고 있더라도, 글의 집필의도, 논리적 흐름, 서술체계 및 전개방식, 해당 글과 비평의 대상이 된 말 또는 글의 전체적인 내용 등을 종합하여 볼 때, 평균적인 독자의 관점에서 문제된 부분이 실제로는 비평자의 주관적 의견에 해당하고, 다만 비평자가 자신의 의견을 강조하기 위한 수단으로 그와 같은 표현을 사용한 것이라고 이해된다면 명예훼손죄에서 말하는 사실의 적시에 해당한다고 볼 수 없다. 그리고 이러한 법리는 어떠한 의견을 주장하기 위해 다른 사람의 견해나 그 근거를 비판하면서 사용한 표현의 경우에도 다를 바 없다.
[2] 민사재판에서 법원은 당사자 사이에 다툼이 있는 사실관계에 대하여 처분권주의와 변론주의, 그리고 자유심증주의의 원칙에 따라 신빙성이 있다고 보이는 당사자의 주장과 증거를 받아들여 사실을 인정하는 것이어서, 민사판결의 사실인정이 항상 진실한 사실에 해당한다고 단정할 수는 없다. 따라서 다른 특별한 사정이 없는 한, 그 진실이 무엇인지 확인할 수 없는 과거의 역사적 사실관계 등에 대하여 민사판결을 통하여 어떠한 사실인정이 있었다는 이유만으로, 이후 그와 반대되는 사실의 주장이나 견해의 개진 등을 형법상 명예훼손죄 등에 있어서 '허위의 사실 적시'라는 구성요건에 해당한다고 쉽게 단정하여서는 아니 된다. 판결에 대한 자유로운 견해 개진과 비판, 토론 등 헌법이 보장한 표현의 자유를 침해하는 위헌적인 법률해석이 되어 허용될 수 없기 때문이다(대판 2017.12.5. 2017도15628).
- [1] 형사재판에서 공소가 제기된 범죄의 구성요건을 이루는 사실은 그것이 주관적 요건이든 객관적 요건이든 입증책임이 검사에게 있으므로, 형법 제307조 제2항의 허위사실 적시에 의한 명예훼손죄로 기소된 사건에서 사람의 사회적 평가를 떨어뜨리는 사실이 적시되었다는 점, 적시된 사실이 객관적으로 진실에 부합하지 아니하여 허위일 뿐만 아니라 적시된 사실이 허위라는 것을 피고인이 인식하고서 이를 적시하였다는 점은 모두 검사가 입증하여야 하고, 이 경우 적시된 사실이 허위의 사실인지 여부를 판단할 때에는 적시된 사실의 내용 전체의 취지를 살펴

> 보아야 하고, 중요한 부분이 객관적 사실과 합치되는 경우에는 세부에 있어서 진실과 약간 차이가 나거나 다소 과장된 표현이 있다고 하더라도 이를 허위의 사실이라고 볼 수 없다. 그리고 비록 허위의 사실을 적시하였더라도 허위의 사실이 특정인의 사회적 가치 내지 평가를 침해할 수 있는 내용이 아니라면 형법 제307조의 명예훼손죄는 성립하지 않고, 사회 평균인의 입장에서 허위의 사실을 적시한 발언을 들었을 경우와 비교하여 오히려 진실한 사실을 듣는 경우에 피해자의 사회적 가치 내지 평가가 더 크게 침해될 것으로 예상되거나, 양자 사이에 별다른 차이가 없을 것이라고 보는 것이 합리적인 경우라면, 형법 제307조 제2항의 허위사실 적시에 의한 명예훼손죄로 처벌할 수는 없다.
> [2] 아무리 종교적 목적을 위한 언론·출판의 자유가 고도로 보장되고, 종교적 의미의 검증을 위한 문제의 제기가 널리 허용되어야 한다고 하더라도 구체적 정황의 뒷받침도 없이 악의적으로 모함하는 일이 허용되지 않도록 경계해야 함은 물론, 구체적 정황에 근거한 것이라 하더라도 표현방법에 있어서는 상대방의 인격을 존중하는 바탕 위에서 어휘를 선택하여야 하고, 아무리 비판을 받아야 할 사항이 있다고 하더라도 모멸적인 표현으로 모욕을 가하는 일은 허용될 수 없다(대판 2014.9.4. 2012도13718).[57]

ⓒ 적시 : 적시란 사람의 인격적 가치에 대한 사회적 평가를 저하시킬 만한 사실을 지적·표시하는 것으로 적시의 방법에는 제한이 없으나 신문·잡지·라디오·기타 출판물에 의한 경우에는 비방의 목적이 인정되면 출판물에 의한 명예훼손죄가 성립한다(형법 제309조). 반드시 단정적 표현이 아니더라도 간접적·우회적 표현에 의하여 암시하거나(대판 2008.7.10. 2008도2422), 추측·의혹제기·질문의 방법에 의한 적시도 가능하나(대판 2008.11.27. 2007도5312), 질문에 대한 단순한 확인대답 정도로는 사실의 적시라고 할 수 없다(대판 1983.8.23. 83도1017). 사실의 적시라고 하기 위해서는 특정인의 명예가 침해될 수 있을 정도로 구체적 사실을 지적하는 것이어야 하고, 피해자가 특정되어야 하며 적시된 사실은 피해자에 대한 것이어야 한다.

---

[57] 판례는 피고인이 사실은 공소외 1이 식당에서 냉면을 먹다가 갑자기 그 자리에서 쓰러져 사망한 것이 아니고, 피해자 ○○○○ ○○ ○○○○○○협회(이하 '이 사건 종교단체')의 신도들은 공소외 1의 사망 사실과 그 경위에 대하여 잘 알고 있음에도, 공소외 1이 식당에서 냉면을 먹다가 갑자기 쓰러져 병원으로 옮겼으나 중풍으로 죽었다는 취지의 허위의 사실을 적시하여 이 사건 종교단체의 명예를 훼손하였다는 점에 대하여는 그 발언 안에 다소 과장·왜곡되거나 부적절한 표현이 있더라도 결국 피고인이 적시한 사실은 중요한 부분에 있어서 진실에 합치하는 것이거나, 적어도 허위라는 증명이 되었다고 볼 수는 없다고 하여 형법 제307조 제2항의 허위사실 적시에 의한 명예훼손죄가 성립하지 아니한다고 하였으나, 피고인이 공소외 1과 공소외 3이 부첩관계에 해당한다고 볼 만한 직접적인 증거가 없는 상황에서 공소외 3을 공소외 1의 넷째 부인이나 첩이라는 발언을 반복하였다는 점에 대하여는 그 발언의 경위나 횟수, 표현의 구체적 방식과 정도 및 맥락, 피고인의 의사를 전달하기 위하여 반드시 위와 같은 어휘를 선택할 필요성이 없는 점 등을 고려해 볼 때, 정당한 비판의 범위를 벗어나 공소외 1과 공소외 3의 부정한 성적 관계를 암시함으로써 그들의 사회적 가치 내지 평가를 저하시키는 허위사실의 적시라고 하여 형법 제307조 제2항의 허위사실 적시에 의한 명예훼손죄를 인정하였음을 유의하여야 한다.

> - 구 정보통신망 이용촉진 및 정보보호 등에 관한 법률(이하 '구 법') 제61조 제2항에 규정된 정보통신망을 이용한 명예훼손죄에 있어서의 사실의 적시란 반드시 사실을 직접적으로 표현한 경우에 한정할 것은 아니고, 간접적이고 우회적인 표현에 의하더라도 그 표현의 전 취지에 비추어 그와 같은 사실의 존재를 암시하고, 또 이로써 특정인의 사회적 가치 내지 평가가 침해될 가능성이 있을 정도의 구체성이 있으면 족한 것인데, 원심판결 이유와 원심이 인용한 제1심판결의 채용 증거들에 의하면, 피고인은 인터넷 포털사이트의 피해자에 대한 기사란에 그녀가 재벌과 사이에 아이를 낳거나 아이를 낳아준 대가로 수십억원을 받은 사실이 없음에도 불구하고, 그러한 사실이 있는 것처럼 댓글이 붙어 있던 상황에서, 추가로 "지고지순이 뜻이 뭔지나 아니? 모 재벌님하고의 관계는 끝났나?"라는 내용의 댓글을 게시하였다는 것인바, 위와 같은 댓글이 이루어진 장소, 시기와 상황, 그 표현의 전 취지 등을 위 법리에 비추어 보면, 피고인의 위와 같은 행위는 간접적이고 우회적인 표현을 통하여 위와 같은 허위 사실의 존재를 구체적으로 암시하는 방법으로 사실을 적시한 경우에 해당한다(대판 2008.7.10. 2008도2422).
> - 작업장의 책임자인 피고인이 갑으로부터 작업장에서 발생한 성추행 사건에 대해 보고받은 사실이 있음에도, 직원 5명이 있는 회의 자리에서 상급자로부터 경과보고를 요구받으면서 과태료 처분에 관한 책임을 추궁받자 이에 대답하는 과정에서 '갑은 성추행 사건에 대해 애초에 보고한 사실이 없다. 그런데도 이를 수사기관 등에 신고하지 않았다고 과태료 처분을 받는 것은 억울하다.'는 취지로 발언한 경우 위와 같이 회의 자리에서 상급자로부터 책임을 추궁당하며 질문을 받게 되자 이에 대답하는 과정에서 타인의 명예를 훼손하는 듯한 사실을 발설하게 된 것이라면 그 발설 내용과 경위·동기 및 상황 등에 비추어 명예훼손의 고의를 인정하기 어렵고, 또한 질문에 대하여 단순한 확인 취지의 답변을 소극적으로 한 것에 불과하다면 이를 명예훼손에서 말하는 사실의 적시라고 단정할 수도 없다(대판 2022.4.14. 2021도17744).

③ **명예의 훼손** : 본죄는 추상적 위험범이므로 불특정 또는 다수인이 직접 인식할 수 있는 상태에 이르면 기수가 되고 그 사실을 인지하거나 명예훼손의 결과발생을 요하지 아니한다. 즉 서적·신문 등 기존매체에 명예훼손적 내용의 글을 게시하는 경우는 물론 정보통신망을 이용한 명예훼손의 경우에도 그 게시행위 즉시 명예훼손죄의 범행은 기수가 된다(대판 2007.10.25. 2006도346).

(2) 주관적 구성요건

1) 고 의

명예훼손죄는 고의범이므로 타인의 명예를 훼손하는 데 적합한 사실 또는 허위사실을 공연히 적시한다는 점에 대한 인식과 의사를 내용으로 하는 고의가 있어야 한다. 판례에 의하면 적시된 사실이 허위의 사실이라고 하더라도 행위자에게 허위성에 대한 인식이 없는 경우에는 형법 제307조 제2항의 명예훼손죄가 아니라 제307조 제1항의 명예훼손죄가 성립될 수 있다고 하면서, 형법 제307조 제1항의 법정형이 2년 이하의 징역 등으로 되어 있는 반면 형법 제307조 제2항의 법정형은 5년 이하의 징역 등으로 되어 있는 것은 적시된 사실이 객관적으로 허위일 뿐 아니라 행위자가 그 사실의 허위성에 대한 주관적 인식을 하면서 명예훼손행위를 하였다는 점에서 가벌성이 높다고 본 것이라고 (대판 2017.4.26. 2016도18024) 한다.

1. **고의가 인정되는 사례**
   갑 대학교 사무처장인 피고인이 인터넷신문 기자에게 총장의 성추행 사건 등으로 복잡한 학교 측 입장을 이야기하면서 총장을 성추행 혐의로 고소한 갑 대학교 소속 교수인 피해자들에 대하여 '피해자들이 이상한 남녀관계인데, 치정 행각을 가리기 위해 개명을 하였고, 이를 확인해 보면 알 것이다'라는 취지의 말을 하여 공연히 허위의 사실을 적시하여 피해자들의 명예를 훼손하였다는 이유로 기소된 사안에서, 피고인에게 위와 같은 발언의 전파가능성에 관한 인식 및 용인의 의사가 없었다고 본 원심판단에 사실오인 또는 법리오해의 위법이 있다고 한 사례(대판 2017.9.7. 2016도15819)

2. **고의가 인정되지 아니하는 사례**
   마트의 운영자인 피고인이 마트에 아이스크림을 납품하는 업체 직원인 갑을 불러 '다른 업체에서는 마트에 입점하기 위하여 입점비를 준다고 하던데, 입점비를 얼마나 줬냐? 점장 을이 여러 군데 업체에서 입점비를 돈으로 받아 해먹었고, 지금 뒷조사 중이다.'라고 말하여 공연히 허위 사실을 적시하여 을의 명예를 훼손하였다는 내용으로 기소된 사안에서, 피고인은 마트 영업을 시작하면서 을을 점장으로 고용하여 관리를 맡겼는데, 재고조사 후 일부 품목과 금액의 손실이 발견되자 그때부터 을을 의심하여 마트 관계자들을 상대로 을의 비리 여부를 확인하고 다니던 중 을이 납품업자들로부터 현금으로 입점비를 받았다는 이야기를 듣고 갑을 불러 을에게 입점비를 얼마 주었느냐고 질문하였던 점 등 제반 사정을 종합하면, 피고인은 을이 납품업체들로부터 입점비를 받아 개인적으로 착복하였다는 소문을 듣고 갑을 불러 소문의 진위를 확인하면서 갑도 입점비를 을에게 주었는지 질문하는 과정에서 위와 같은 말을 한 것으로 보이므로, 을의 사회적 평가를 저하시킬 의도를 가지거나 그러한 결과가 발생할 것을 인식한 상태에서 위와 같은 말을 한 것이 아니어서 피고인에게 명예훼손의 고의를 인정하기 어렵고, 한편 피고인이 아무도 없는 사무실로 갑을 불러 단둘이 이야기를 하였고, 갑에게 그와 같은 사실을 을에게 말하지 말고 혼자만 알고 있으라고 당부하였으며, 갑이 그 후 을에게는 이야기하였으나 을 외의 다른 사람들에게 이야기한 정황은 없는 점 등을 고려하면 피고인에게 전파가능성에 대한 인식과 그 위험을 용인하는 내심의 의사가 있었다고 보기도 어려운데도, 이와 달리 보아 유죄를 인정한 원심판단에 명예훼손죄에서의 고의와 공연성 또는 전파가능성에 관한 법리오해의 잘못이 있다고 한 사례(대판 2018.6.15. 2018도4200)

2) 착 오

진실한 사실로 오인하고 허위의 사실을 적시한 경우에는 형법 제15조 제1항에 의하여 형법 제307조, 제309조 제1항의 명예훼손죄가 성립하고, 허위의 사실로 오인하고 진실한 사실을 적시한 경우에는 큰 고의는 작은 고의를 포함하므로 마찬가지로 형법 제307조, 제309조 제1항의 명예훼손죄가 성립한다.

3. 위법성

(1) 일반적 위법성조각사유

피해자의 승낙이나 법령에 의한 행위(증인의 증언, 변호인의 변호권의 행사), 업무로 인한 행위(보도기관의 보도)에 해당하여 정당행위에 의해 위법성이 조각될 수 있다.

(2) 형법 제310조에 의한 위법성조각

1) 의 의

형법 제307조 제1항의 행위가 진실한 사실로서 오로지 공익에 관한 때에는 처벌하지 아니한다. 본조는 헌법상의 표현의 자유와 개인의 명예의 보호라는 사익을 조화시키기 위한 규정으로 이해하는 것이 학설, 판례의 일반적인 태도이다.

2) 적용요건

① **사실의 진실성** : 적시된 사실은 진실이어야 한다. 따라서 적시된 사실이 중요부분이 진실과 합치하여 전체로서 진실하다고 볼 수 있으면 족하고 세부에 있어서 약간 진실과 상위하거나 다소의 과장이 있더라도 무방하다는 것이 판례(대판 2001.10.9. 2001도3594)이다. 적시된 사실은 진실이어야 하므로 형법 제310조는 제307조 제2항, 제308조, 제309조에는 적용되지 아니한다.

> 만약 피해자의 명예를 현저하게 훼손할 수 있는 이 사건 적시사실 자체가 허위이고 위 피고인이 위 적시사실의 주요 부분이 허위임을 충분히 인식하였다면, 특별한 사정이 없는 한 거기에는 피해자를 비방할 목적이 있다고 볼 것이고, 이 경우에는 형법 제310조 및 거기에서 파생된 법리에 의하여 위법성이 조각될 여지가 없는 것이므로, 피고인의 행위는 구 정보통신망법 제61조 제2항 소정의 명예훼손죄에 해당한다고 보아야 할 것이다. 반면에, 이 사건 적시사실이 진실이거나 위 피고인에게 위 적시사실의 허위성에 대한 인식이 없었다면 구 정보통신망법 제61조 제2항 소정의 명예훼손죄는 물론, 원심이 유죄로 인정한 형법 제307조 제2항 소정의 명예훼손죄도 성립되지 않는 것이며, 나아가 원심이 구 정보통신망법 제61조 제2항 소정의 명예훼손죄에 대하여 이유에서 무죄로 판단하면서 든 여러 사정들을 고려할 때 구 정보통신망법 제61조 제1항의 명예훼손죄의 구성요건요소인 '비방의 목적'이나 형법 제307조 제1항 소정의 명예훼손죄의 위법성 역시 부정된다고 볼 여지가 없지 않다고 할 것이다(대판 2008.11.27. 2007도5312).

② **적시의 공익성** : 사실의 적시는 오로지 공공의 이익에 관한 것이어야 한다. 공공의 이익이란 널리 국가·사회 기타 일반 다수인의 이익에 관한 것뿐만 아니라 특정한 사회집단이나 그 구성원의 관심과 이익에 관한 것도 포함된다. 그 내용은 불문하므로 개인의 사적인 신상에 관하여 적시된 사실도 그 적시의 주요한 동기가 공공의 이익을 위한 것이라면 위와 같은 의미에서 공공의 이익에 관한 것으로 볼 수 있는 경우가 있다(대판 1996.4.12. 94도3309).

1. 공공의 이익의 의미
- 독일 형법 제193조와 같은 입법례나 유엔인권위원회의 권고 및 표현의 자유와의 조화를 고려하면, 진실한 사실의 적시의 경우에는 형법 제310조의 '공공의 이익'도 보다 더 넓게 인정되어야 한다. 특히 공공의 이익관련성 개념이 시대에 따라 변화하고 공공의 관심사 역시 상황에 따라 쉴 새 없이 바뀌고 있다는 점을 고려하면, 공적인 인물, 제도 및 정책 등에 관한 것만을 공공의 이익관련성으로 한정할 것은 아니다. 따라서 사실적시의 내용이 사회 일반의 일부 이익에만 관련된 사항이라도 다른 일반인과의 공동생활에 관계된 사항이라면 공익성을 지닌다고 할 것이고, 이에 나아가 개인에 관한 사항이더라도 그것이 공공의 이익과 관련되어 있고 사회적인 관심을 획득한 경우라면 직접적으로 국가·사회 일반의 이익이나 특정한 사회집단에 관한 것이 아니라는 이유만으로 형법 제310조의 적용을 배제할 것은 아니다. 사인이라도 그가 관계하는 사회적 활동의 성질과 사회에 미칠 영향을 헤아려 공공의 이익에 관련되는지 판단하여야 한다(대판 2020.11.19. 2020도5813[전합]).
- [1] 기자회견 등 공개적인 발언으로 인한 명예훼손죄 성립 여부가 문제되는 경우 발언으로 인한 피해자가 공적 인물인지 사적 인물인지, 발언이 공적인 관심사안에 관한 것인지 순수한 사적인 영역에 속하는 사안에 관한 것인지, 발언이 객관적으로 국민이 알아야 할 공공성이나 사회성을 갖춘 사안에 관한 것으로 여론형성이나 공개토론에 기여하는 것인지 아닌지 등을 따져보아 공적 인물에 대한 공적 관심사안과 사적인 영역에 속하는 사안 사이에 심사기준의 차이를 두어야 한다. 문제된 표현이 사적인 영역에 속하는 경우에는 표현의 자유보다 명예의 보호라는 인격권이 우선할 수 있으나, 공공적·사회적인 의미를 가진 경우에는 이와 달리 표현의 자유에 대한 제한이 완화되어야 한다. 특히 정부 또는 국가기관의 정책결정이나 업무수행과 관련된 사항은 항상 국민의 감시와 비판의 대상이 되어야 하고, 이러한 감시와 비판은 표현의 자유가 충분히 보장될 때 비로소 정상적으로 이루어질 수 있으며, 정부 또는 국가기관은 형법상 명예훼손죄의 피해자가 될 수 없다. 그러므로 정부 또는 국가기관의 정책결정 또는 업무수행과 관련된 사항을 주된 내용으로 하는 발언으로 정책결정이나 업무수행에 관여한 공직자에 대한 사회적 평가가 다소 저하될 수 있더라도, 발언 내용이 공직자 개인에 대한 악의적이거나 심히 경솔한 공격으로서 현저히 상당성을 잃은 것으로 평가되지 않는 한, 그 발언은 여전히 공공의 이익에 관한 것으로서 공직자 개인에 대한 명예훼손이 된다고 할 수 없다. 이때 그러한 표현이 국가기관에 대한 감시·비판을 벗어나 공직자 개인에 대한 악의적이거나 심히 경솔한 공격으로서 현저히 상당성을 잃은 것인지는 표현의 내용이나 방식, 의혹사항의 내용이나 공익성의 정도, 공직자의 사회적 평가를 저하하는 정도, 사실 확인을 위한 노력의 정도, 그 밖의 주위 여러 사정 등을 종합하여 판단해야 한다.
[2] 피고인이 세월호 참사 국민대책회의 공동위원장이자 '4월 16일의 약속 국민연대'(이하 '4·16 연대') 상임운영위원으로서 언론사 기자와 시민 등을 상대로 기자회견을 하던 중 '세월호 참사 당일 7시간 동안 대통령 갑이 마약이나 보톡스를 했다는 의혹이 사실인지 청와대를 압수·수색해서 확인했으면 좋겠다.'는 취지로 발언함으로써 마치 갑이 세월호 사건 발생 당일 마약을 하거나 피부미용, 성형수술을 위한 보톡스 주사를 맞고 있어 직무수행을 하지 않았던 것처럼 허위사실을 적시하여 갑의 명예를 훼손하였다는 내용으로 기소된 사안에서, 제반 사실에 비추어 위 발언은 피고인과 4·16 연대 사무실에 대한 압수·수색의 부당성과 갑의 행적을 밝힐 필요성에 관한 의견을 표명하는 과정에서 세간에 널리 퍼져 있는 의혹을 제시한 것으로 '갑이 마약을 하거나 보톡스 주사를 맞고 있어 직무수행을 하지 않았다.'는 구체적인 사실을 적시하였다고 단정하기 어렵고, 피고인이 공적 인물과 관련된 공적 관심사항에 대한 의혹 제기 방식으로 표현행위를 한 것으로서 대통령인 갑 개인에 대한 악의적이거나 심히 경솔한 공격으로서 현저히 상당성을 잃은 것으로 평가할 수

없어 명예훼손죄로 처벌할 수 없다는 이유로, 이와 달리 본 원심판단에 형법 제307조 제2항에서 정한 명예훼손죄의 사실 적시, 전면적 공적 인물에 대한 명예훼손죄의 위법성 판단에 관한 법리오해의 잘못이 있다고 한 사례(대판 2021.3.25. 2016도14995)

- [1] 정보통신망 이용촉진 및 정보보호 등에 관한 법률 제70조 제2항은 "사람을 비방할 목적으로 정보통신망을 통하여 공공연하게 거짓의 사실을 드러내어 다른 사람의 명예를 훼손한 자는 7년 이하의 징역, 10년 이하의 자격정지 또는 5천만원 이하의 벌금에 처한다."라고 정하고 있다. 이 규정에 따른 범죄가 성립하려면 피고인이 공공연하게 드러낸 사실이 거짓이고 그 사실이 거짓임을 인식하여야 할 뿐만 아니라 사람을 비방할 목적이 있어야 한다. 비방할 목적이 있는지 여부는 피고인이 드러낸 사실이 거짓인지 여부와 별개의 구성요건으로서, 드러낸 사실이 거짓이라고 해서 비방할 목적이 당연히 인정되는 것은 아니다. 그리고 이 규정에서 정한 모든 구성요건에 대한 증명책임은 검사에게 있다. '사람을 비방할 목적'이란 가해의 의사와 목적을 필요로 하는 것으로서, 사람을 비방할 목적이 있는지는 드러낸 사실의 내용과 성질, 사실의 공표가 이루어진 상대방의 범위, 표현의 방법 등 표현 자체에 관한 여러 사정을 감안함과 동시에 그 표현으로 훼손되는 명예의 침해 정도 등을 비교·형량하여 판단하여야 한다. '비방할 목적'은 공공의 이익을 위한 것과는 행위자의 주관적 의도라는 방향에서 상반되므로, 드러낸 사실이 공공의 이익에 관한 것인 경우에는 특별한 사정이 없는 한 비방할 목적은 부정된다. 여기에서 '드러낸 사실이 공공의 이익에 관한 것인 경우'란 드러낸 사실이 객관적으로 볼 때 공공의 이익에 관한 것으로서 행위자도 주관적으로 공공의 이익을 위하여 그 사실을 드러낸 것이어야 한다. 그 사실이 공공의 이익에 관한 것인지는 명예훼손의 피해자가 공무원 등 공인인지 아니면 사인에 불과한지, 그 표현이 객관적으로 공공성·사회성을 갖춘 공적 관심 사안에 관한 것으로 사회의 여론형성이나 공개토론에 기여하는 것인지 아니면 순수한 사적인 영역에 속하는 것인지, 피해자가 명예훼손적 표현의 위험을 자초한 것인지 여부, 그리고 표현으로 훼손되는 명예의 성격과 침해의 정도, 표현의 방법과 동기 등 여러 사정을 고려하여 판단하여야 한다. 행위자의 주요한 동기와 목적이 공공의 이익을 위한 것이라면 부수적으로 다른 사익적 목적이나 동기가 포함되어 있더라도 비방할 목적이 있다고 보기는 어렵다.

  [2] 피고인은 ○○ △△△△협회 이사이고, 피해자는 미국 (그룹명 생략) 자산운용사(영문명 생략)의 최고경영자로 재직한 사람이다. 피고인은 2018.10.19.경 휴대전화를 이용하여 ○○ △△△△법학회 ㅁㅁㅁㅁ 그룹채팅방에 '3,000억원대 ICO 코인투자 사기사건을 목격했다. 피해자가 사기꾼이라는 증거를 찾았다. 피해자는 (그룹명 생략) Asset Management의 CEO라고 자신을 소개했지만 거짓이었다.'라는 내용의 글을 게시한 경우, 피고인이 드러낸 사실이 거짓임을 인식하였거나 피해자를 비방할 목적이 있다는 점에 대하여 범죄의 증명이 없다고 보아, 무죄를 선고한 원심판결을 수긍한 사례(대판 2020.12.10. 2020도11471)

2. 공공의 이익인정 여부에 대한 사례

1) 공공의 이익을 인정한 사례

- [1] 형법 제310조에는 '형법 제307조 제1항의 행위가 진실한 사실로서 오로지 공공의 이익에 관한 때에는 처벌하지 않는다'고 규정하고 있는데, 여기서 '진실한 사실'이라 함은 그 내용 전체의 취지를 살펴볼 때 중요한 부분이 객관적 사실과 합치되는 사실이라는 의미로 세부(細部)에 있어 진실과 약간 차이가 나거나 다소 과장된 표현이 있더라도 무방하다 할 것이며, 한편 '오로지 공공의 이익에 관한 때'라 함은 적시된 사실이 객관적으로 볼 때 공공의 이익에 관한 것으로서 행위자도 주관적으로 공공의 이익을 위하여 그 사실을 적시한 것이어야 하는 것인데, 여기의 공공의 이익에 관한

것에는 널리 국가·사회 기타 일반 다수인의 이익에 관한 것뿐만 아니라 특정한 사회집단이나 그 구성원 전체의 관심과 이익에 관한 것도 포함하는 것이고, 적시된 사실이 공공의 이익에 관한 것인지 여부는 당해 적시 사실의 내용과 성질, 당해 사실의 공표가 이루어진 상대방의 범위, 그 표현의 방법 등 그 표현 자체에 관한 제반 사정을 감안함과 동시에 그 표현에 의하여 훼손되거나 훼손될 수 있는 명예의 침해 정도 등을 비교·고려하여 결정하여야 하며, 행위자의 주요한 동기 내지 목적이 공공의 이익을 위한 것이라면 부수적으로 다른 사익적 목적이나 동기가 내포되어 있더라도 형법 제310조의 적용을 배제할 수 없다.

[2] 컴퓨터 워드프로세서로 작성되어 프린트된 A4 용지 7쪽 분량의 인쇄물이 형법 제309조 제1항 소정의 '기타 출판물'에 해당하지 않는다고 본 사례(대판 2000.2.11. 99도3048)

- 아파트 동대표인 피고인이 자신에 대한 부정비리 의혹을 해명하기 위하여 그 의혹제기자가 명예훼손죄로 입건된 사실 등을 기재한 문서를 아파트 입주민들에게 배포한 경우, 문서에 기재된 내용이 대체로 객관적인 사실과 일치하고, 배포가 이루어진 상대방의 범위가 제한되며, 그 표현방법도 위 의혹제기자를 비방하는 표현이 없는 점 등 제반 사정에 비추어, 위 문서 배포행위가 오로지 공공의 이익을 위하여 진실한 사실을 적시한 경우로서 형법 제310조의 위법성조각사유에 해당한다(대판 2005.7.15. 2004도1388).

- 교장 甲이 여성 기간제교사 乙에게 차 접대 요구와 부당한 대우를 하였다는 인상을 주는 내용의 글(이하 '이 사건 글')을 게재한 경우, 이 사건 글이 독자들에게 교장이 여성인 기간제교사에게 차 준비나 차 접대를 채용과 계약유지의 조건으로 내세우고 이를 거부하자 부당한 대우를 하여 사직하도록 하였다는 인상을 줌으로써 위 교장의 명예를 훼손한 사실은 인정되지만, 한편 여성 교원의 차 접대와 관련하여 이 사건 발생 3년 전부터 교육·여성 관련 행정기관에서 이를 금지하는 지침을 내려왔던 점, 교육현장에서의 남녀평등은 중요한 헌법적 가치이고, 교육문제는 교육관련자들만의 문제가 아니라 학부모와 학생 등 국가사회 일반의 관심사항이며, 교육문제에 관하여 정보가 공개되고 공론의 장이 마련될 필요가 있는 점, 이 사건 글이 게재된 이후 교사 업무분장의 잘못과 부적절한 관행에 대하여 시정조치가 이루어진 점 등을 종합하여 보면, 이 사건 글을 게재한 주요 동기 내지 목적은 공공의 이익에 관한 것이라고 볼 수 있으므로, 위 피고인의 행위는 형법 제310조에 의하여 위법성이 조각되어 죄가 되지 않는다(대판 2008.7.10. 2007도9885).

- 재단법인 이사장 갑이 전임 이사장 을에 대하여 재임 기간 중 재단법인의 재산을 횡령하였다고 고소하였다가 무고죄로 유죄판결을 받자, 피고인들이 갑의 퇴진을 요구하는 시위를 하면서 갑이 유죄판결을 받은 사실 등을 적시하여 명예훼손으로 기소된 경우, 피고인들이 갑의 범행전력을 적시함으로써 사회적 평가를 저하시키는 행위를 하였지만, 적시된 주된 사실이 진실에 부합하고 오로지 공공의 이익에 관한 것으로 위법성이 조각된다고 볼 여지가 충분하다(대판 2017.6.15. 2016도8557).

- 피고인 1은 2017.11.18. 14:00경 포항시 (주소 생략)에서 열린 ○○△씨 종친회 자리에서 종원들이 듣는 가운데 마침 발언을 하려던 피해자를 가리키면서 "공소외 1은 남의 재산을 탈취한 사기꾼이다. 사기꾼은 내려오라."고 말한 경우, 피고인들은 위와 같은 범죄전력이 있는 피해자가 종친회 회장으로 선출되는 것은 부당하다는 판단에 따라 이에 관한 의사를 적극적으로 표명하는 과정에서 이 사건 발언에 이르게 된 것으로 보이고, 이와 같은 피해자의 종친회 회장으로서의 적격 여부는 종친회 구성원들 전체의 관심과 이익에 관한 사항으로서 공익성이 인정되므로 범죄전력과 같은 개인적인 사항이라고 하더라도 피해자가 종친회 회장으로 출마함으로써 공공의 이익과 관련성이 발생한 이상, 그러한 사정만으로 형법 제310조의 적용을 배제할 것은 아니다(대판 2022.2.11. 2021도10827).

- 피고인은 2017.11.14. 일산 ○○대학교 병원 정문 앞길에서 "잘못된 만행을 알리고자 합니다!! ○○대 병원에서 무릎 인공관절 수술을 하다 돌아가신 공소외 1 아들 공소외 2입니다. 수술을 한 국제 인공관절 포럼 초청 강연 및 수술 시연에서 큰 호응을 얻었다는 정형외과 공소외 3은 의사가 하는 말 - 최초 수술한 △△병원은 돌팔이 의사가 수술한 것이 '운이 좋아 살았다'라고 하고 ○○대 병원 공소외 3은 의사 자기가 수술하다 죽은게 '재수가 없어 죽었다' 이런 막말을 하고 있습니다. 어떻게 의사란 사람이 상식 밖의 말을 하는지 ○○대학병원 관계자는 이런 사실을 알고 있는지 궁금합니다!! ○○대학병원을 찾고 있는 모든 환자와 가족분들께 알리고자 합니다. 이런 형태로 의료행위를 한다는 것을 반드시 만천하에 알려야 한다고 생각합니다."라는 문구와 수술경과 모습이 촬영된 사진을 첨부한 전단지(이하 '이 사건 전단지')를 병원을 출입하는 불특정 다수인들에게 배포한 경우, 이 사건 전단지의 내용이 진실한 사실이라고 한다면 피고인이 이 사건 전단지를 배포한 행위는 공공의 이익을 위한 것으로 볼 여지가 있다(대판 2022.7.28. 2020도8421).

2) 공공의 이익을 인정하지 아니한 사례
- 회사에서 징계 업무를 담당하는 직원인 피고인이 피해자에 대한 징계절차 회부 사실이 기재된 문서를 근무현장 방재실, 기계실, 관리사무실의 각 게시판에 게시함으로써 공연히 피해자의 명예를 훼손하였다는 내용으로 기소된 사안에서, 징계혐의 사실은 징계절차를 거친 다음 확정되는 것이므로 징계절차에 회부되었을 뿐인 단계에서 그 사실을 공개함으로써 피해자의 명예를 훼손하는 경우, 이를 사회적으로 상당한 행위라고 보기는 어려운 점, 피해자에 대한 징계 의결이 있기 전에 징계절차에 회부되었다는 사실이 공개되는 경우 피해자가 입게 되는 피해의 정도는 가볍지 않은 점 등을 종합하면, 피해자에 대한 징계절차 회부 사실을 공지하는 것이 회사 내부의 원활하고 능률적인 운영의 도모라는 공공의 이익에 관한 것으로 볼 수 없다는 이유로, 이와 달리 본 원심판단에 명예훼손죄에서의 '공공의 이익'에 관한 법리오해의 잘못이 있다고 한 사례(대판 2021.8.26. 2021도6416)
- 피해자는 공소외 주식회사의 대주주이기는 하나 회사 대표이사직을 사임하고 이사직도 사임한 후 국회의원으로 활동하며 공소외 주식회사의 경영에는 직접 관여하지 아니하였음에도 불구하고, 피고인들이 공소외 주식회사 사용자 측에 압력을 가하여 단체협상에서 양보를 얻어내기 위한 방법의 하나로 피해자의 지역구나 소속 정당의 중앙당사 앞에서 그가 노동조합을 탄압하는 악덕 기업주라고 비방하는 집회를 개최하고 피해자를 모욕하거나 명예를 훼손하는 발언 등을 하였음이 인정되는 바, 이와 같은 피고인들의 이 사건 행위의 동기 및 목적 등에 비추어 볼 때 사실의 적시가 공공의 이익을 위한 것이라고 볼 수 없다(대판 2001.6.12. 2001도1012).
- 대안학교에서 영어 교과를 담당하는 피고인이 교장 갑이 정신과를 다닌다는 내용의 발언을 하거나 갑이 학교 재산을 횡령하였다는 내용의 글을 게시하여 명예훼손, 정보통신망 이용촉진 및 정보보호 등에 관한 법률 위반(명예훼손)으로 기소된 경우, 피고인은 갑을 속이고 자신이 별도로 운영하는 교육 콘텐츠 제공 등 업체가 사용권이 있는 영어 교육 프로그램을 도입하면서 이용료를 학생들로부터 지급받은 문제 등으로 갑과 대립하면서 학교 운영의 정상화나 학생의 학습권 보장 등의 목적이 아니라 본인의 이익을 추구할 목적으로 갑을 비난하는 내용의 위와 같은 행위를 하였다고 보아, 같은 취지에서 공소사실을 유죄로 인정한 원심판단을 수긍한 사례(대판 2021.1.14. 2020도8780)

③ **주관적 정당화요소** : 형법 제310조에 의해 위법성이 조각되기 위해서는 진실한 사실을 공공의 이익을 위하여 적시한다는 의사 또는 동기가 있어야 한다. 공공의 이익을 위한 것이 주된 동기라면 부수적으로 다른 사익적 동기가 있더라도 형법 제310조는 적용될 수 있다. 형법 제309조 제1항 소정의 '사람을 비방할 목적'이란 가해의 의사 내지 목적을 요하는 것으로서 공공의 이익을 위한 것과는 행위자의 주관적 의도의 방향에 있어 서로 상반되는 관계에 있다고 할 것이므로, 적시한 사실이 공공의 이익에 관한 것인 경우에는 특별한 사정이 없는 한 비방 목적은 부인된다(대판 1998.10.9. 97도158).

3) 법적 효과
실체법적으로는 위법성이 조각되고, 소송법적으로는 사실의 진실성과 적시의 공익성에 대한 거증책임을 피고인에 부담하는 거증책임전환의 효과(대판 2007.5.10. 2006도8544)를 가져온다.

4) 진실성에 대한 착오
① 진실로 오인하고 허위의 사실을 공익을 위하여 적시한 경우
  ㉠ 학설 : 형법 제310조의 진실성의 표지는 위법성의 요소이므로 위법성조각사유의 전제사실에 대한 착오가 된다는 위법성조각사유의 전제사실에 대한 착오설, 성실한 검토의무를 주관적 정당화요소로 이해하여 성실한 검토의무를 다하였다면 위법성이 조각되나 그렇지 않다면 행위반가치가 인정되므로 형법 제307조 제1항의 명예훼손죄의 죄책을 지게 된다는 성실한 검토의무설, 진실성은 객관적 구성요건요소이므로 진실에 대한 착오가 있다면 형법 제15조 제1항이 적용되는 구성요건적 착오의 문제가 된다는 형법 제15조 제1항의 착오설이 대립하고 있다.
  ㉡ 판례 : 판례는 적시된 사실이 공공의 이익에 관한 것이면 진실한 것이라는 증명이 없다 할지라도 행위자가 진실한 것으로 믿었고 또 그렇게 믿을 만한 상당한 이유가 있는 경우에는 위법성이 없다고(대판 1996.8.23. 94도3191) 하여 성실한 검토의무설과 유사한 태도를 취하고 있는 것으로 보인다.
  ㉢ 검토 : 생각건대 형법 제310조는 적시사실이 객관적으로 진실한 경우에 위법성을 조각하는 규정이므로 진실성에 대한 착오는 위법성조각사유의 전제사실에 대한 착오의 문제로 이해하는 것이 타당하다고 판단된다.

> **사실의 진실성에 대한 착오와 관련된 사례**
> • 피고인은 부산광역시 개인택시운송조합(이하 '조합')의 이사장으로 근무하던 자로서, 2000년경부터 개인택시 정보화사업을 추진하여 개인택시에 단말기를 장착하는 등 그 사업을 계속하였으나 2002.7.경 조합 이사장으로 새로 취임한 고소인 공소외인이 위 정보화사업을 중단시켰다는 이유로, 2004.6.1.부터 2005.2.16.까지 6회에 걸쳐서 조합원들에게 "고소인이 자격도 없는 개인연구원에게 부탁하여 공인받을 수 없는 감정서를 만들어 조합원들에게 공인감정서인 것처럼 홍보하고 감정비 명목으로 지출한 2,200만원은 중간에서 착복하였고, 위 정보화사업에 컨소시움 참여업체인 KTF가 26억원의 지원금을 내는 조건으로 참여하고는 5억원만 지원하고 잔액 21억원이 있었는데 고소인이 잔액 21억원을 안 받기로 탕감해 주었다."라는 발언을 하거나 같은 취지의 유인물을 배포한 경우, 피고인의 발언이나 피고인이 배포한 유인물의 기재는 대체로 진실에 부합하는 것이거나 피고인의 비판적인 의견을 표명한 것에 지나지 않는다고 할 것이고, 설령 진실인지 여부가 다소 명확하지 않은 부분이 있다고 하더라도

> 피고인으로서는 그것이 진실하다고 믿을 만한 상당한 이유가 있었다고 할 것이고, 그 적시된 사실 또는 의견은 모두 조합의 업무집행이 정당하게 이루어지지 아니하였음을 지적하는 취지로서 그 표현행위의 상대방인 조합원들에 대한 관계에서 객관적으로 공공의 이익에 관한 것이어서 위법성이 조각되는 경우에 해당한다고 봄이 상당하다(대판 2007.12.14. 2006도2074).

- 피고인은 한겨레신문 민권사회부 기자로서 국가안전기획부 소속 타자수인 공소외 1을 비방할 목적으로 1989.10.6.자 위 신문 머릿기사 '甲 사망 전 안기부 요원 동행'이라는 제목 아래 '중앙대 안성캠퍼스 총학생회장 甲이 사망하기 직전에 마지막으로 동행한 사람은 남자 한 명, 여자 한 명이며 이 중 여자는 안기부에 근무하고 있다는 새로운 사실이 밝혀졌으며, 숨진 甲이 배에 타기 직전 甲을 보았다는 다방 종업원은 甲이 동행한 여자는 사진으로 확인해 보니 도아무개(23세, 위 공소외 1과 동일인이다.)였다고 경찰에서 진술했고, 선장은 甲과 배에 탄 남자는 백아무개(22세)라고 말하고 도씨는 안기부에 근무하고 있는 것이 밝혀졌다.'는 요지의 기사를 작성, 이를 게재한 위 신문을 그날 전국 일원에 보급하게 하게 한 경우, 위 기사는 당시 평양에서 벌어진 세계청년학생축전에 학생운동권 대표가 비밀리에 참가한 것을 계기로 정부수사기관과 학생운동권 간의 긴장이 고조되고 있던 시점에서 중앙대 안성캠퍼스 총학생회장인 甲이 거문도의 외딴 해수욕장에서 의문의 변사체로 발견된 것과 관련하여 제기된 의혹들을 취재하여 보도하는 과정에서 작성된 것으로 그 주요 목적이 공공의 이익에 관한 것으로 볼 수 있고, '甲이 사망 직전에 마지막으로 동행한 사람은 백아무개와 안기부 요원인 공소외 1이었다.'라는 취지의 이 사건 기사내용이 진실이라는 것을 입증할 증거가 없고 나아가 그것이 결국에는 사실과 다른 것으로 밝혀졌다 하더라도 안기부의 추적대상이었을 것으로 추정되는 甲이 거문도에까지 와서 사망하게 된 경위와 그 사망 원인에 의혹이 제기되고 있던 터에 안기부 직원인 공소외 1이 여수에서 거문도까지 가는 배에 위 甲과 동승하였던 것으로 밝혀지고 나아가 甲과 공소외 1의 일행이 거문도에서 함께 동행하고 있는 것을 보았다는 목격자까지 나왔으나 그들이 석연치 않은 이유로 그 진술을 번복하였던 까닭에 피고인이 위 기사내용을 진실이라고 믿고 보도하게 되었던 것이므로 피고인이 그와 같이 믿은 데에는 객관적으로 그럴 만한 상당한 이유가 있었다 할 것이어서 피고인의 행위는 형법 제310조에 따라 처벌할 수 없다고 봄이 상당하다(대판 1996.8.23. 94도3191).

② 허위로 오인하고 진실한 사실을 적시한 경우 : 이 경우에 형법 제310조는 적용의 여지가 없으므로 형법 제307조 제1항의 죄가 성립한다.

4. 소추요건

명예훼손죄는 반의사불벌죄이므로 피해자의 명시한 의사에 반하여 공소를 제기할 수 없다(형법 제312조 제2항).

5. 죄수 및 타죄와의 관계

(1) 죄 수

명예훼손죄의 죄수는 피해자의 수를 기준으로 한다. 따라서 1통의 문서로 2인 이상의 명예를 훼손하면 수개의 명예훼손죄의 상상적 경합이 되나, 동일인에 대하여 수회 연속하여 명예를 훼손한 경우에는 포괄하여 1죄가 된다.

(2) 타죄와의 관계

명예훼손과 모욕이 경합하면 명예훼손죄만 성립하고(법조경합) 공연히 허위사실을 적시하여 명예와 신용을 훼손한 경우에는 신용훼손죄만 성립한다(특별관계). 명예훼손행위가 동시에 업무를 방해하는 때에는 명예훼손죄와 업무방해죄는 상상적 경합관계에 있다. 형법 제307조의 명예훼손죄와 공직선거법상의 후보자비방죄는 상상적 경합관계에 있다(대판 1998.3.24. 97도2956).

Ⅲ 사자의 명예훼손죄

1. 의 의

사자의 명예훼손죄는 공연히 허위의 사실을 적시하여 사자의 명예를 훼손함으로써 성립하는 범죄이다(형법 제308조).

2. 구성요건

본죄의 객체는 자연인인 사자의 명예이다. 따라서 해산된 법인이나 법인격 없는 단체는 본죄의 객체에 해당하지 아니한다. 본죄의 행위는 공연히 허위의 사실을 적시하여 사자의 명예를 훼손하는 것이다. 고의범이므로 공연히 허위사실을 적시하여 사자의 명예를 훼손한다는 점에 대한 인식과 의사를 내용으로 하는 고의가 있어야 한다.

> 형법 제307조 제2항의 허위사실 적시에 의한 명예훼손죄에서 적시된 사실이 허위인지 여부를 판단함에 있어서는 적시된 사실의 내용 전체의 취지를 살펴볼 때 세부적인 내용에서 진실과 약간 차이가 나거나 다소 과장된 표현이 있는 정도에 불과하다면 이를 허위라고 볼 수 없으나, 중요한 부분이 객관적 사실과 합치하지 않는다면 이를 허위라고 보아야 한다. 나아가 행위자가 그 사항이 허위라는 것을 인식하였는지 여부는 성질상 외부에서 이를 알거나 증명하기 어려우므로, 공표된 사실의 내용과 구체성, 소명자료의 존재 및 내용, 피고인이 밝히는 사실의 출처 및 인지 경위 등을 토대로 피고인의 학력, 경력, 사회적 지위, 공표 경위, 시점 및 그로 말미암아 예상되는 파급효과 등의 여러 객관적 사정을 종합하여 판단할 수밖에 없으며, 범죄의 고의는 확정적 고의뿐만 아니라 결과 발생에 대한 인식이 있고 그를 용인하는 의사인 이른바 미필적 고의도 포함하므로 허위사실 적시에 의한 명예훼손죄 역시 미필적 고의에 의하여도 성립하고, 위와 같은 법리는 형법 제308조의 사자명예훼손죄의 판단에서도 마찬가지로 적용된다(대판 2014.3.13. 2013도12430).

3. 소추요건

사자의 명예훼손죄는 친고죄이므로 고소가 있어야 공소를 제기할 수 있다(형법 제312조 제1항).

Ⅳ 출판물에 의한 명예훼손죄

1. 의 의

출판물에 의한 명예훼손죄란 사람을 비방할 목적으로 신문, 잡지 또는 라디오 기타 출판물에 의하여 사실 또는 허위의 사실을 적시하여 사람의 명예를 훼손함으로써 성립하는 범죄이다(형법 제309조).

2. 구성요건

(1) 객관적 구성요건

1) 신문·잡지·라디오·기타 출판물

① 의의 : 신문·잡지·라디오 등은 출판물의 예시이고, 기타 출판물에 해당하기 위해서는 그것이 등록·출판된 제본인쇄물이나 제작물은 아니라고 할지라도 적어도 그와 같은 정도의 효용과 기능을 가지고 사실상 출판물로 유통·통용될 수 있는 외관을 가진 인쇄물로 볼 수 있어야 한다(대판 2000.2.11. 99도3048).

② 행위대상의 해당 여부
  ㉠ 문제점 : 컴퓨터통신망 또는 인터넷의 전자게시판, TV, 영화, 비디오테입 등에 사실을 게재한 경우, 출판물에 의한 명예훼손죄가 성립하는지 여부에 대한 견해가 대립하고 있다.
  ㉡ 학설 : 이들 새로운 정보공유수단을 형법 제309조의 행위대상에 포함시키는 것은 형법이 허용하지 아니하는 유추해석에 해당한다는 견해와 시간적·공간적 한계를 초월하는 정보교류의 장으로서의 기능을 하는 역할을 고려할 때 형법 제309조의 행위대상에 포함된다는 견해가 있다.
  ㉢ 판례 : 인터넷 게시판이나 포털사이트의 기사란에 비방의 목적으로 허위의 사실을 게재하거나 허위사실의 존재를 암시하는 댓글을 게시한 경우, 형법 제309조가 아니라 정보통신망 이용촉진 및 정보보호에 관한 법률상의 명예훼손죄를 인정하여(대판 2005.2.18. 2004도8351 등) 주목된다.
  ㉣ 검토 : 생각건대 본죄의 구성요건의 문리해석상 컴퓨터통신망 또는 인터넷의 전자게시판이 행위대상에 포함된다고 하는 것은 피고인에게 불리한 유추해석에 해당한다고 보는 것이 타당하다고 판단된다. 그러나 TV, 영화, 비디오테입 등은 이에 포함된다고 보아도 좋을 것이다.

> **출판물에 해당하지 아니하는 사례**
> - 컴퓨터 워드프로세서로 작성되어 프린트된 A4 용지 7쪽 분량의 인쇄물이 형법 제309조 제1항 소정의 '기타 출판물'에 해당하지 않는다(대판 2000.2.11. 99도3048).
> - 피고인이 배포한 인쇄물은 가로 25cm 세로 35cm 정도되는 일정한 제호(題號)가 표시되었다고 볼 수 없는 낱장의 종이에 단지 단편적으로 피고인의 주장을 광고하는 문안이 인쇄되어 있는 것에 불과한 것인바, 이와 같은 인쇄물의 외관이나 형식에 비추어 볼 때 이 사건 인쇄물이 등록된 간행물과 동일한 정도의 높은 전파성, 신뢰성, 보존가능성 등을 가지고 사실상 유통·통용될 수 있는 출판물이라고는 보기 어렵다 할 것이다(대판 1998.10.9. 97도158).

2) 사실 또는 허위의 사실의 적시

적시된 사실은 진실이든 허위이든 불문한다. 반드시 숨겨진 사실을 적발하는 행위에 한정되지 아니하고 이미 사회의 일부에 잘 알려진 사실이라도 이를 적시하여 사람의 사회적 평가를 저하시킬 만한 행위를 하면 충분하다. 본죄는 간접정범의 형식으로도 가능하고 출판물은 공연성보다 더 높은 전파가능성을 가지고 있기 때문에 명예훼손죄의 경우처럼 공연성을 별도로 요구하지 아니한다.

3) 기수시기

출판물에 사실을 적시함으로써 불특정 또는 다수인이 인식할 수 있는 상태에 이르면 성립하며 현실적인 인식 여부는 불문한다. 판례도 같은 취지에서 정보통신망을 이용한 명예훼손의 경우에, 게시행위로써 명예훼손의 범행은 종료하는 것이라고(대판 2007.10.25. 2006도346) 판시하고 있다.

> **출판물에 의한 명예훼손죄의 간접정범의 성립 여부에 대한 사례**[58)][59)]
> 1. 사실관계
>   i) 피고인이 공소외 1 주식회사와 사이에 발생한 분쟁을 해결하려고 1996.3.경 당시의 대표이사 공소외 2를 사기혐의로 고소하였으나 1996.7.30. 검찰에서 혐의없음 처분이 내려지자, 공소외 2와 사이의 분쟁을 야당 국회의원들을 통하여 해결하고자 1996.9.경 당시 국민회의 소속 서울시 정무부시장 공소외 3에게 그 판시와 같은 허위 사실들을 적시하면서 그 분쟁 경위와 검찰의 사건처리과정 등을 설명하고 국회차원에서 공소외 1 주식회사의 비리를 조사해 줄 것을 부탁하며 관련 자료를 넘겨

---

58) 원심판결(서울지판 2000.6.27. 2000노999)은 i), ii) 범죄사실 모두에 대하여 출판물에 의한 명예훼손죄의 간접정범을 인정하였으나, 파기환송판결은 i) 범죄사실에 대하여는 출판물에 의한 명예훼손죄의 간접정범을 부정하였고, ii) 범죄사실에 대하여는 출판물에 의한 명예훼손죄의 간접정범을 인정하였다. 재상고판결은 i) 범죄사실에 대하여는 형법 제307조 제2항의 명예훼손죄를, ii) 범죄사실에 대하여는 출판물에 의한 명예훼손죄의 간접정범을 인정하였다.

59) 또한 판례는 다른 사례에서 피고인이 피해자를 비방할 목적으로 조선일보 기자에게 피고인이 동대표 선거에서 당선되고도 선거가 무효로 된 경위에 관하여 허위사실을 설명하고 자료를 제공하여, 그 내용을 진실한 것으로 오신한 기자로 하여금 조선일보에 허위기사를 게재하도록 하였다면 이는 출판물에 의한 명예훼손죄의 구성요건을 충족한다고(대판 2004.5.14. 2003도5370) 하여 출판물에 의한 명예훼손죄의 간접정범을 인정한 판시를 한바 있다.

ⅱ) 피고인이 1996.10. 중순 국민회의 소속 서울시 정무부시장이던 공소외 3을 통하여 같은 당 국회의원 공소외 4에게 "메디슨사는 기술력이 외국에 비해 떨어지는 기업이나 정부의 보호정책과 권력자의 비호 등에 의해 급성장했다. 메디슨사의 급성장에는 정부고위층의 1백억원 특혜금융지원이 있었다, 피고인이 메디슨사를 사기로 고소했으나 대통령 주치의 공소외 5가 담당검사에게 압력을 넣어 무혐의 처리되도록 하였고 피고인에게도 전화를 걸어 메디슨사의 대표이사 공소외 2를 봐주라고 요구하였고, 메디슨사의 초음파진단기의 성능은 엉터리라는"는 취지로 1996.10.22. 공소외 4로 하여금 국회에서 위 제보내용을 공개하도록 하여, 1996.10.23. 한겨레신문, 조선일보, 경향신문 등에 그 내용대로 기사가 게재되어 다수의 독자들에게 배포되게 하였다.

2. 파기환송판결
[1] 출판물에 의한 명예훼손죄는 간접정범에 의하여 범하여질 수도 있으므로 타인을 비방할 목적으로 허위의 기사 재료를 그 정을 모르는 기자에게 제공하여 신문 등에 보도되게 한 경우에도 성립할 수 있다. 그러나 제보자가 기사의 취재·작성과 직접적인 연관이 없는 자에게 허위의 사실을 알렸을 뿐인 경우에는, 제보자가 피제보자에게 그 알리는 사실이 기사화 되도록 특별히 부탁하였다거나 피제보자가 이를 기사화 할 것이 고도로 예상되는 등의 특별한 사정이 없는 한, 피제보자가 언론에 공개하거나 기자들에게 취재됨으로써 그 사실이 신문에 게재되어 일반 공중에게 배포되더라도 제보자에게 출판·배포된 기사에 관하여 출판물에 의한 명예훼손죄의 책임을 물을 수는 없다고 할 것이다.
[2] 피고인은 단지 메디슨사와의 분쟁을 야당 국회의원을 통하여 정치적으로 해결하려 하였던 것으로 보이고, 달리 피고인이 공소외 4에게 이를 알리면서 신문에 기사화 되도록 특별히 부탁하였다거나 공소외 4가 이를 언론에 공개하여 기사화 할 것이 고도로 예상되는 특별한 사정이 있다고 보기 어렵다고 할 것이므로, 그 후 국회의원인 공소외 4가 여당 대표연설에 대한 비판으로 이를 공개하고, 그것이 신문에 보도되었다고 할지라도 피고인에게 출판물에 의한 명예훼손죄의 책임이 있다고 보기는 어렵다.
[3] 메디슨사가 정부의 보호정책과 권력자의 비호 및 100억원의 특혜금융에 의하여 급성장하였다거나, 대통령 주치의 공소외 5가 메디슨사의 배후세력으로서 담당검사에게 압력을 넣어 이민화에 대한 사기 사건을 무혐의 처리되도록 하고, 피고인에게도 전화를 걸어 공소외 2를 봐주라고 요구하였다거나, 메디슨사의 초음파진단기의 성능은 엉터리라는 피고인 주장의 이 사건 제보내용이 모두 허위 사실이라고 할 것이고, 나아가 이 사건에 나타난 원심 판시의 피고인이 이 사건 일련의 행위를 하게 된 동기와 경위 및 결과를 종합하여 보면 피고인은 자기의 메디슨사에 대한 주장이 옳다는 것을 공적으로 인정받기 위한 욕심에서 진실이라는 확신이 없는 사실들에 관하여 함부로 기자들에게 제보하였음을 인정할 수 있으므로, 피고인에게 위 제보 내용에 관하여 허위의 인식이 있었다고 하지 않을 수 없다고 판단된다(대판 2002.6.28, 2000도3045).

3. 재상고판결
[1] 위와 같은 사실관계에 기초하여, 피고인이 비록 공소외 3에 대하여 허위 사실을 적시하였다고 하더라도 피고인의 행위 형태와 당시의 행위 상황 등에 비추어 보면, 피고인으로서는 공소외 3이 피고인으로부터 전해 들은 허위 사실들을 야당 국회의원 등을 통하여 공론화함으로써 불특정 또는 다수인에게 전파될 가능성이 있었음을 인식하면서 이를 용인하고 있었음이 인정되므로 명예훼손의 범죄사실이 인정된다.

[2] 파기환송판결의 사실판단의 기속력은 파기의 직접 이유가 된 환송 전 원심에 이르기까지 조사한 증거들만에 의하여서는 출판물에 의한 명예훼손의 공소사실이 인정되지 아니한다는 소극적인 부정판단에만 미치는 것이므로, 환송 후 원심에서 이 부분 공소사실이 형법 제307조 제2항의 명예훼손죄의 공소사실로 변경된 이상 환송 후 원심은 이에 대하여 새롭게 사실인정을 할 재량권을 가지게 되는 것이고 더 이상 파기환송판결이 한 사실판단에 기속될 필요는 없게 되었다고 할 것이므로, 같은 취지의 원심의 판단은 정당하고, 거기에 파기판결의 기속력에 관한 법리오해의 위법이 있다는 상고 논지는 이유 없다.

[3] 공소외 1 주식회사가 정부의 보호정책과 권력자의 비호 및 100억원의 특혜 금융에 의하여 급성장 하였다거나, 대통령 주치의 공소외 5가 공소외 1 주식회사의 배후세력으로서 담당 검사에게 압력을 넣어 공소외 2에 대한 사기 사건을 무혐의 처리되도록 하고, 피고인에게도 전화를 걸어 공소외 2를 봐 주라고 요구하였다거나, 공소외 1 주식회사가 만든 초음파 진단기의 성능이 엉터리라고 피고인이 적시하여 제보한 내용이 모두 허위 사실이고, 피고인이 그와 같은 사실을 적시하게 된 동기와 경위 및 결과를 종합하여 보면, 피고인의 주장이 옳다는 것을 공적으로 인정받기 위한 욕심에서 피고인은 진실이라는 확신이 없는 사실들을 적시하여 함부로 기자들에게 제보한 사실을 인정할 수 있으므로, 피고인에게는 적시하여 제보한 내용에 관하여 허위의 인식이 있었으며, 비방할 목적도 인정되므로 출판물에 의한 명예훼손의 범죄사실은 모두 유죄로 판단된다(대판 2004.4.9. 2004도340).

(2) 주관적 구성요건

본죄는 목적범이므로 비방의 목적이 있어야 한다. 비방의 목적이란 사람의 사회적 평가를 저하시키려는 목적을 말하며 공공의 이익과는 행위자의 주관적 의도의 방향에 있어서 서로 상반된 관계에 있어, 출판물 등에 사실을 적시한 경우에도 비방의 목적이 없는 경우에는 형법 제307조의 명예훼손죄의 성립 여부가 문제될 뿐이다.

1. 비방의 목적이 인정되는 사례

- [1] 구 정보통신망 이용촉진 및 정보보호 등에 관한 법률(이하 '구 법') 제61조 제2항에 규정된 정보통신망을 이용한 명예훼손죄에 있어서의 사실의 적시란 반드시 사실을 직접적으로 표현한 경우에 한정할 것은 아니고, 간접적이고 우회적인 표현에 의하더라도 그 표현의 전 취지에 비추어 그와 같은 사실의 존재를 암시하고, 또 이로써 특정인의 사회적 가치 내지 평가가 침해될 가능성이 있을 정도의 구체성이 있으면 족한 것인데, 원심판결 이유와 원심이 인용한 제1심판결의 채용 증거들에 의하면, 피고인은 인터넷 포털사이트의 피해자에 대한 기사란에 그녀가 재벌과 사이에 아이를 낳거나 아이를 낳아준 대가로 수십억원을 받은 사실이 없음에도 불구하고, 그러한 사실이 있는 것처럼 댓글이 붙어 있던 상황에서, 추가로 "지고지순이 뜻이 뭔지나 아니? 모 재벌님하고의 관계는 끝났나?"라는 내용의 댓글을 게시하였다는 것인바, 위와 같은 댓글이 이루어진 장소, 시기와 상황, 그 표현의 전 취지 등을 위 법리에 비추어 보면, 피고인의 위와 같은 행위는 간접적이고 우회적인 표현을 통하여 위와 같은 허위 사실의 존재를 구체적으로 암시하는 방법으로 사실을 적시한 경우에 해당한다.

[2] 구 법 제61조 제2항 위반죄에 규정된 '사람을 비방할 목적'이란 가해의 의사 내지 목적을 요하는 것으로서, 사람을 비방할 목적이 있는지 여부는 당해 적시 사실의 내용과 성질, 당해 사실의 공표가 이루어진 상대방의 범위, 그 표현의 방법 등 그 표현 자체에 관한 제반 사정을 감안함과 동시에 그 표현에 의하여 훼손되거나 훼손될 수 있는 명예의 침해 정도 등을 비교, 고려하여 결정하여야 하는 것이고, 한편, 피고인이 범의를 부인하고 있는 경우에는 사물의 성질상 고의와 상당한 관련성이 있는 간접 사실을 증명하는 방법에 의하여 입증할 수밖에 없고, 무엇이 상당한 관련성이 있는 간접사실에 해당할 것인가는 정상적인 경험칙에 바탕을 두고 치밀한 관찰이나 분석력에 의하여 사실의 연결상태를 합리적으로 판단하는 방법에 의하여야 할 것인바, 원심이 인용한 제1심판결의 채용 증거들을 위 법리에 비추어 살펴보면, 피고인이 떠도는 소문만 듣고 그 진위를 확인하지도 아니한 채 앞서 본 바와 같이 인터넷을 통하여 피해자의 명예를 심각하게 훼손하는 내용의 댓글을 단 이상, 피고인에게 비방의 목적이나 명예훼손의 고의가 없었다고 할 수는 없다(대판 2008.7.10. 2008도2422).

- 대안학교의 영어 교과를 담당하던 피고인이 교장인 피해자를 속이고 자신이 별도로 운영하는 교육 콘텐츠 제공 등 업체가 사용권이 있는 영어 교육 프로그램을 도입하면서 청구할 필요 없는 이용료를 학생들로부터 지급받은 문제 등으로 피해자와 대립하면서 학교 운영의 정상화나 학생의 학습권 보장 등의 목적이 아니라 본인의 이익을 추구할 목적으로 피해자를 비난하는 내용의 공소사실 기재 발언 게시행위를 하였다고 보여지는 경우 정보통신망 이용촉진 및 정보보호 등에 관한 법률 제70조 제1항이 정한 '비방할 목적'이 인정된다(대판 2021.1.14. 2020도8780).

2. **비방의 목적이 인정되지 아니하는 사례**

- 甲 운영의 산후조리원을 이용한 피고인이 9회에 걸쳐 임신, 육아 등과 관련한 유명 인터넷 카페나 자신의 블로그 등에 자신이 직접 겪은 불편사항 등을 후기 형태로 게시하여 甲의 명예를 훼손하였다는 내용으로 정보통신망 이용촉진 및 정보보호 등에 관한 법률 위반으로 기소된 사안에서, 피고인이 인터넷 카페 게시판 등에 올린 글은 자신이 산후조리원을 실제 이용하면서 겪은 일과 이에 대한 주관적 평가를 담은 이용 후기인 점, 위 글에 '甲의 막장 대응' 등과 같이 다소 과장된 표현이 사용되기도 하였으나, 인터넷 게시글에 적시된 주요 내용은 객관적 사실에 부합하는 점, 피고인이 게시한 글의 공표 상대방은 인터넷 카페 회원이나 산후조리원 정보를 검색하는 인터넷 사용자들에 한정되고 그렇지 않은 인터넷 사용자들에게 무분별하게 노출되는 것이라고 보기 어려운 점 등의 제반 사정에 비추어 볼 때, 피고인이 적시한 사실은 산후조리원에 대한 정보를 구하고자 하는 임산부의 의사결정에 도움이 되는 정보 및 의견 제공이라는 공공의 이익에 관한 것이라고 봄이 타당하고, 이처럼 피고인의 주요한 동기나 목적이 공공의 이익을 위한 것이라면 부수적으로 산후조리원 이용대금 환불과 같은 다른 사익적 목적이나 동기가 내포되어 있다는 사정만으로 피고인에게 甲을 비방할 목적이 있었다고 보기 어려운데도, 이와 달리 보아 유죄를 인정한 원심판결에 같은 법 제70조 제1항에서 정한 명예훼손죄 구성요건요소인 '사람을 비방할 목적'에 관한 법리오해의 위법이 있다고 한 사례(대판 2012.11.29. 2012도10392)

- 피고인이 고등학교 동창인 갑으로부터 사기 범행을 당했던 사실과 관련하여 같은 학교 동창 10여 명이 참여하던 단체 채팅방에서 '갑이 내 돈을 갚지 못해 사기죄로 감방에서 몇 개월 살다가 나왔다. 집에서도 포기한 애다. 너희들도 조심해라.'라는 내용의 글을 게시한 경우, 제반 사정을 종합하면 피고인의 주요한 동기와 목적은 공공의 이익을 위한 것으로 볼 여지가 있고 피고인에게 갑을 비방할 목적이 있다는 사실이 증명되었다고 볼 수 없다(대판 2022.7.28. 2022도4171).

> • 피고인이 과거 근무했던 회사의 대표인 피해자가 술을 마시지 못하는 직원들에게 소주 3병 이상의 술을 마시도록 강요하거나 만취한 직원들에게 과음을 강권한 사실이 없었고, 직원들을 룸살롱에 데리고 가 여직원들로 하여금 유흥접객원과 동석하도록 한 사실이 없었음에도, 피고인이 위 회사에서 퇴직후 11개월이 지난 2018.4.19.경 피해자를 비방할 목적으로 인터넷 페이스북 게시판에 '무슨 지병이 있어도 컨디션이 좋지 않아도 모두 소주 3병은 기본으로 마시고 돌아가야 했다. 어떤 날은 단체로 룸살롱에 몰려가 여직원도 여자를 초이스 해 옆에 앉아야 했다.'는 취지의 글을 게시한 경우, 피고인이 이 사건 게시글이 포함된 전체 글을 게시한 주요한 목적이나 동기가 당시 사회적 관심사로 떠오르던 소위 '직장 갑질'이 소규모 스타트업 기업에도 존재하고 이를 개선해야 한다는 사회적 관심을 환기시키기 위한 것이었다고 봄이 상당하므로 피고인이 이 사건 회사에서 퇴사한 지 1년 가량 지나 자신의 페이스북에 이 사건 게시글을 게시하였고, 거기에 다소 단정적이고 과장된 표현을 사용하였다고 하더라도 이 사건 게시글의 주요한 목적이나 동기가 피해자를 비방하려는 데에 있다고 단정할 수 없다(대판 2022.4.28. 2020도15738).

3. 위법성

비방의 목적이 있는 출판물에 의한 명예훼손죄에 대하여는 형법 제310조가 적용되지 아니한다.

4. 소추조건

본죄는 반의사불벌죄이므로 피해자의 명시한 의사에 반하여 공소를 제기할 수 없다(형법 제312조 제2항).

Ⅴ 모욕죄

1. 의 의

모욕죄는 공연히 사람을 모욕함으로써 성립하는 범죄이다(형법 제311조).

2. 구성요건

(1) 공연성

명예훼손죄에서 살펴본 바와 같이 공연성은 불특정 또는 다수인이 인식할 수 있는 상태를 의미한다.

(2) 모 욕

모욕이란 구체적인 사실을 적시하지 아니하고 사람의 사회적 평가를 저하시킬 만한 추상적 판단이나 경멸적 감정을 표현하는 것을 말한다. 모욕의 수단·방법에는 제한이 없으며 모욕죄는 피해자의 외적 명예를 저하시킬 만한 추상적 판단을 표시한 때에 기수가 된다.

1. 모욕에 해당하는 사례

- [1] 모욕죄는 공연히 사람을 모욕하는 경우에 성립하는 범죄로서(형법 제311조), 사람의 가치에 대한 사회적 평가를 의미하는 외부적 명예를 보호법익으로 하고, 여기에서 '모욕'이란 사실을 적시하지 아니하고 사람의 사회적 평가를 저하시킬 만한 추상적 판단이나 경멸적 감정을 표현하는 것을 의미한다. 그리고 모욕죄는 피해자의 외부적 명예를 저하시킬 만한 추상적 판단이나 경멸적 감정을 공연히 표시함으로써 성립하므로, 피해자의 외부적 명예가 현실적으로 침해되거나 구체적·현실적으로 침해될 위험이 발생하여야 하는 것도 아니다.
  [2] 피고인이 식당에서 영업 업무를 방해하고 식당 주인을 폭행하던 중 식당 주인 부부, 손님, 인근 상인들이 있는 공개된 위 식당 앞 노상에서 112 신고를 받고 출동한 경찰관인 피해자를 향해 "젊은 놈의 새끼야, 순경새끼, 개새끼야.", "씨발 개새끼야, 좆도 아닌 젊은 새끼는 꺼져. 새끼야."라는 욕설을 한 사실을 알 수 있다. 피고인의 발언 내용과 그 당시의 주변 상황, 경찰관이 현장에 가게 된 경위 등을 종합해 보면, 당시 피고인은 업무방해와 폭행의 범법행위를 한 자로서 이를 제지하는 등 법집행을 하려는 경찰관 개인을 향하여 경멸적 표현을 담은 욕설을 함으로써 경찰관 개인의 인격적 가치에 대한 평가를 저하시킬 위험이 있는 모욕행위를 하였다고 볼 것이고, 이를 단순히 당면 상황에 대한 분노의 감정을 표출하거나 무례한 언동을 한 정도에 그친 것으로 평가하기는 어렵다. 그리고 설사 그 장소에 있던 사람들이 전후 경과를 지켜보았기 때문에 피고인이 근거 없이 터무니없는 욕설을 한다는 사정을 인식할 수 있었다고 하더라도, 그 현장에 식당 손님이나 인근 상인 등 여러 사람이 있어 공연성 및 전파가능성도 있었다고 보이는 이상, 피해자인 경찰관 개인의 외부적 명예를 저하시킬 만한 추상적 위험을 부정할 수는 없다고 할 것이다(대판 2016.10.13. 2016도9674).
- 피고인이 진보신당 인터넷 게시판에 게시한 글과 자신의 인터넷 블로그에 게시한 글의 내용과 문맥, 그 표현의 통상적 의미와 용법 등에 비추어 보면, 피고인이 게시한 글들 중 '듣보잡', '함량미달', '함량이 모자라도 창피한 줄 모를 정도로 멍청하게 충성할 사람', '싼 맛에 갖다 쓰는 거죠', '비온 드보르잡', '개집' 등이라고 한 경우, 비록 '듣보잡'이라는 신조어(新造語)가 '듣도 보도 못한 잡것(잡놈)'이라는 의미 외에 피고인의 주장과 같이 '유명하지 않거나 알려지지 않은 사람'이라는 의미로 사용될 수도 있음을 고려하더라도, 피고인이 이 부분 게시 글에서 '듣보잡'이라는 용어를 '함량 미달의 듣보잡', '개집으로 숨어 버렸나? 비온 드보르잡이 지금 뭐하고 있을까요?' 등과 같이 전자(前者)의 의미로 사용하였음이 명백한 이상 이로써 피해자의 사회적 평가를 저하시킬 만한 추상적 판단이나 경멸적 감정을 표현한 것으로 볼 수 있다(대판 2011.12.22. 2010도10130).
- 표현이 다의적이거나 의미가 확정되지 않은 신조어인 경우 피고인이 그러한 표현을 한 경위 및 동기, 피고인의 의도, 표현의 구체적인 내용과 맥락 등을 고려하여, 그 용어의 의미를 확정한 후 모욕적 표현에 해당하는지를 판단해야 한다. 표현이 모욕죄의 구성요건에 해당하는 경우에도 사회상규에 위배되지 않는 때에는 형법 제20조의 정당행위가 성립한다. 이는 피고인과 피해자의 지위와 그 관계, 표현행위를 하게 된 동기, 경위나 배경, 표현의 전체적인 취지와 구체적인 표현방법, 모욕적인 표현의 맥락 그리고 전체적인 내용과의 연관성 등을 종합적으로 고려하여 판단해야 한다. 이를 종합하면, 연예인의 사생활에 대한 모욕적인 표현에 대하여 표현의 자유를 근거로 모욕죄의 구성요건에 해당하지 않거나 사회상규에 위배되지 않는다고 판단하는 데에는 신중할 필요가 있다.

특히 최근 사회적으로 인종, 성별, 출신 지역 등을 이유로 한 혐오 표현이 문제 되고 있으며, 혐오 표현 중에는 특정된 피해자에 대한 사회적 평가를 저하하여 모욕죄의 구성요건에도 해당하는 것이 적지 않은데, 그러한 범위 내에서는 모욕죄가 혐오 표현에 대한 제한 내지 규제로 기능하고 있는 측면을 고려하여야 한다(대판 2022.12.15. 2017도19229).[60]

2. 모욕에 해당하지 아니하는 사례

- 아파트 입주자대표회의 감사인 피고인이 관리소장 갑의 외부특별감사에 관한 업무처리에 항의하기 위해 관리소장실을 방문한 자리에서 갑과 언쟁을 하다가 "야, 이따위로 일할래.", "나이 처먹은 게 무슨 자랑이냐."라고 말한 경우, 피고인과 갑의 관계, 피고인이 발언을 하게 된 경위와 발언의 횟수, 발언의 의미와 전체적인 맥락, 발언을 한 장소와 발언 전후의 정황 등에 비추어 볼 때, 피고인의 발언은 상대방을 불쾌하게 할 수 있는 무례하고 저속한 표현이기는 하지만 객관적으로 갑의 인격적 가치에 대한 사회적 평가를 저하시킬 만한 모욕적 언사에 해당하지 않는다(대판 2015.9.10. 2015도2229).

- 갑 주식회사 해고자 신분으로 노동조합 사무장직을 맡아 노조활동을 하는 피고인이 노사 관계자 140여 명이 있는 가운데 큰 소리로 피고인보다 15세 연장자로서 갑 회사 부사장인 을을 향해 "야 ○○아, ○○이 여기 있네, 니 이름이 ○○이잖아, ○○아 나오니까 좋지?" 등으로 여러 차례 을의 이름을 불러 을을 모욕하였다는 내용으로 기소된 사안에서, 갑 회사는 노사분규로 노조와 사용자가 극심한 대립을 겪고 있고, 그러한 과정에서 사용자 측의 부당노동행위가 사실로 확인되는 등 노사 간 갈등이 격화된 점, 을은 사용자 측 교섭위원들과 노사교섭을 하였다가 노조 간부 병이 을에게 욕설을 하여 교섭이 결렬되었고, 그 후 노사 양측이 교섭을 이어나갔으나 피고인과 병이 을에게 다시 욕설을 하여 노사교섭이 파행된 점, 을 등을 비롯한 관리자 40여 명이 시설관리권 행사 명목으로 노조가 설치한 미승인 게시물을 철거하기 위하여 모이자, 이를 제지하기 위해 노조 조합원 100여 명이 모여 서로 대치하였는데, 피고인은 사용자 측의 게시물 철거행위가 노조활동을 방해하고 노동운동에 대해 간섭하는 것으로 여겨 화가 나 위와 같이 말하였던 점 및 피고인과 을의 관계, 피고인이 이러한 발언을 하게 된 경위, 발언의 의미와 전체적인 맥락, 발언을 한 장소와 발언 전후의 정황을 종합하면, 피고인의 위 발언은 상대방을 불쾌하게 할 수 있는 무례하고 예의에 벗어난 표현이기는 하지만 객관적으로 을의 인격적 가치에 대한 사회적 평가를 저하시킬 만한 모욕적 언사에 해당한다고 보기 어렵다는 이유로, 이와 달리 본 원심판단에 형법상 모욕의 의미에 관한 법리를 오해한 잘못이 있다고 한 사례(대판 2018.11.29. 2017도2661).

---

[60] 피고인이 인터넷 포털사이트 뉴스 댓글난에 연예인 피해자를 '국민호텔녀'로 지칭하는 댓글을 게시하여 모욕죄로 기소된 사안에서, 피해자는 '국민첫사랑', '국민여동생' 등의 수식어로 불리며 대중적 인기를 받아 온 점, 이전에 피해자가 남성 연예인과 데이트를 했다는 취지의 보도가 되었고, 직후 피해자와 그 남성 연예인은 연인관계임을 인정한 바 있는 점, 피고인은 피해자가 출연한 영화 개봉 기사에 "… 그냥 국민호텔녀"라는 댓글을 달았고, 수사기관에서 이에 대하여 "피해자를 언론에서 '국민여동생'으로 띄우는데 그중 '국민'이라는 단어와 당시 해외에서 모 남성 연예인과 호텔을 갔다고 하는 스캔들이 있어서 '호텔'이라는 단어를 합성하여 만든 단어이다."라는 취지로 진술한 점을 종합하면, '국민호텔녀'라는 표현은 피해자의 사생활을 들추어 피해자가 종전에 대중에게 호소하던 청순한 이미지와 반대의 이미지를 암시하면서 피해자를 성적 대상화하는 방법으로 비하하는 것으로서 여성 연예인인 피해자의 사회적 평가를 저하시킬 만한 모멸적인 표현으로 평가할 수 있고, 정당한 비판의 범위를 벗어난 것으로서 정당행위로 보기도 어려우므로, 이와 달리 본 원심판단에 법리오해의 위법이 있다고 한 사례(대판 2022.12.15. 2017도19229)

- 피고인이 공소외인이 인터넷 포털 사이트 'ㅇㅇ'의 다른 카페에서 다른 회원을 강제탈퇴시킨 후 보여준 태도에 대하여 불만을 가지고 댓글을 게시하게 된 사실, 피고인이 게시한 댓글 내용은 '선무당이 사람 잡는다, 자승자박, 아전인수, 사필귀정, 자업자득, 자중지란, 공황장애 ㅋ'라고 되어 있는 사실을 알 수 있다. 위 사실관계에 나타난 피고인의 댓글 게시 경위, 댓글의 전체 내용과 표현방식, 공황장애의 의미(뚜렷한 근거나 이유 없이 갑자기 심한 불안과 공포를 느끼는 공황 발작이 되풀이해서 일어나는 병) 등을 종합하면, 피고인이 댓글로 게시한 '공황장애 ㅋ'라는 표현이 상대방을 불쾌하게 할 수 있는 무례한 표현이기는 하나, 상대방의 인격적 가치에 대한 사회적 평가를 저하시킬 만한 표현에 해당한다고 보기는 어렵다(대판 2018.5.30. 2016도20890).
- 피고인은 직원들에게 피해자가 관리하는 사업소의 문제를 지적하는 내용의 카카오톡 문자메시지를 발송하며 '민주노총 공소외인 지부장은 정말 야비한 사람인 것 같습니다.'라고 표현한 경우, 이 사건 표현은 피고인의 피해자에 대한 부정적·비판적 의견이나 감정이 담긴 경미한 수준의 추상적 표현에 불과할 뿐 피해자의 외부적 명예를 침해할 만한 표현이라고 단정하기 어렵다(대판 2022.8.31. 2019도7370).

3. 위법성

형법 제310조는 사실의 적시를 요하지 아니하는 모욕죄에는 적용되지 아니한다. 공익성과 진실성을 갖춘 모욕은 사회상규에 반하지 아니하는 정당행위로 위법성이 조각된다.

> **모욕죄의 위법성이 조각되는 사례**
> - [1] 피고인이 방송국 홈페이지의 시청자 의견란에 작성·게시한 글 중 일부의 표현은 이미 방송된 프로그램에 나타난 기본적인 사실을 전제로 한 뒤, 그 사실관계나 이를 둘러싼 문제에 관한 자신의 판단과 나아가 이러한 경우에 피해자가 취한 태도와 주장한 내용이 합당한가 하는 점에 대하여 자신의 의견을 개진하고, 피해자에게 자신의 의견에 대한 반박이나 반론을 구하면서, 자신의 판단과 의견의 타당함을 강조하는 과정에서 부분적으로 그와 같은 표현을 사용한 것으로서 사회상규에 위배되지 않는다고 봄이 상당하다.
> [2] 피고인이 방송국 시사프로그램을 시청한 후 방송국 홈페이지의 시청자 의견란에 작성·게시한 글 중 특히, "그렇게 소중한 자식을 범법행위의 변명의 방패로 쓰시다니 정말 대단하십니다."는 등의 표현은 그 게시글 전체를 두고 보더라도, 그 출연자인 피해자에 대한 사회적 평가를 훼손할 만한 모욕적 언사라고 한 사례(대판 2003.11.28. 2003도3972)
> - 골프클럽 경기보조원들의 구직편의를 위해 제작된 인터넷 사이트 내 회원 게시판에 특정 골프클럽의 운영상 불합리성을 비난하는 글을 게시하면서 위 클럽담당자에 대하여 한심하고 불쌍한 인간이라는 등 경멸적 표현을 한 사안에서, 게시의 동기와 경위, 모욕적 표현의 정도와 비중 등에 비추어 사회상규에 위배되지 않는다고 보아 모욕죄의 성립을 부정한 사례(대판 2008.7.10. 2008도1433)
> - 자동차 정보 관련 인터넷 신문사 소속 기자 갑이 작성한 기사가 인터넷 포털 사이트의 자동차 뉴스 '핫이슈' 난에 게재되자, 피고인이 "이런걸 기레기라고 하죠?"라는 댓글을 게시함으로써 공연히 갑을 모욕하였다는 내용으로 기소된 사안에서, '기레기'는 기자인 갑의 사회적 평가를 저하시킬 만한 추상적 판단이나 경멸적 감정을 표현한, 모욕적 표현에 해당하나, 피고인은 기사를 본 독자들이 자신의 의견을 자유롭게 펼칠 수 있도록 마련된 '네티즌 댓글' 난에 위 댓글을 게시한 점, 위 기사는 특정 제조사 자동차 부품의 안전성에 대한 논란이 많은 가운데 이를 옹호하는 제목으로 게시되었는데, 위 기사가 게재되기 직전 다른 언론사에서 이와 관련한 부정적인 내용을 방송하였고, 위 기사를 읽은 상당수의

독자들은 위와 같은 방송 내용 등을 근거로 위 기사의 제목과 내용, 이를 작성한 갑의 행위나 태도를 비판하는 의견이 담긴 댓글을 게시하였으므로 이러한 의견은 어느 정도 객관적으로 타당성 있는 사정에 기초한 것으로 볼 수 있는 점, 위 댓글의 내용, 작성 시기와 위치, 위 댓글 전후로 게시된 다른 댓글의 내용과 흐름 등에 비추어 볼 때, 위 댓글은 그 전후에 게시된 다른 댓글들과 같은 견지에서 방송 내용 등을 근거로 위 기사의 제목과 내용, 이를 작성한 갑의 행위나 태도를 비판하는 의견을 강조하거나 압축하여 표현한 것이라고 평가할 수 있고, '기레기'는 기사 및 기자의 행태를 비판하는 글에서 비교적 폭넓게 사용되는 단어이며, 위 기사에 대한 다른 댓글들의 논조 및 내용과 비교할 때 댓글의 표현이 지나치게 악의적이라고 하기도 어려운 점을 종합하면, 위 댓글을 작성한 행위는 사회상규에 위배되지 않는 행위로서 형법 제20조에 의하여 위법성이 조각된다고 한 사례(대판 2021.3.25. 2017도17643).

- 피고인은 2017.7.27. 14:09경 피고인의 페이스북에 "또 나쁜 짓한 거 고발당했다. D. 간첩조작질 공안검사 출신 변호사. 매카시스트. 철면피 파렴치 양두구육... 역시 극우부패세력에 대한 기대를 저버리지 않는다. 대한민국의 양심과 양식을 대표하는 인사가 맡아야 할 공영방송 B의 감독기관인 E 이사장 자리에 앉아 버티기 농성에 들어간 F 체제를 뒤에서 지탱하고 있다."라는 글을 게시한 경우, 피고인이 사용한 이 사건 표현이 모욕적 표현에 해당하여 구성요건이 인정되나 피고인이 피해자가 공적 활동을 이용하여 사익을 추구하였다는 혐의로 고발되었다는 기사를 통하여 피해자의 E 이사장으로서의 자격과 역할에 대한 비판적인 의견을 표현하는 과정에서 피해자에 대한 부정적인 평가를 강조하기 위하여 이 사건 표현을 사용한 것이라면, 피해자의 행위와 관련된 이 사건 표현이 지나치게 모욕적이거나 악의적이라 보기도 어려우므로 피고인의 이러한 표현은 사회상규에 위배되지 않는 행위로서 형법 제20조에 의하여 위법성이 조각된다고 볼 여지가 크다(대판 2022.8.25. 2020도16897).

4. 소추조건

모욕죄는 친고죄이므로 고소가 있어야 공소를 제기할 수 있다(형법 제312조 제1항).

제2절 신용·업무와 경매에 관한 죄

I 의 의

1. 개 념

신용·업무와 경매에 관한 죄란 사람의 신용을 훼손하거나 업무를 방해하거나 경매·입찰의 공정을 침해하는 것을 내용으로 하는 범죄이다.

2. 보호법익 및 보호정도

신용훼손죄는 신용, 업무방해죄는 업무, 경매·입찰방해죄는 경매·입찰의 공정성을 보호법익으로 한다. 보호정도는 추상적 위험범이다.

Ⅱ 신용훼손죄

1. 의 의

신용훼손죄는 허위의 사실을 유포하거나 기타 위계로써 사람의 신용을 훼손함으로써 성립하는 범죄이다(형법 제313조).

2. 구성요건

(1) 객관적 구성요건

1) 객 체

신용훼손죄는 사람의 신용이다. 신용이란 사람의 지불능력이나 지불의사에 대한 사회적 신뢰를 말한다.

> **신용훼손죄가 성립하지 아니하는 사례**
> 퀵서비스 운영자인 피고인이 배달업무를 하면서, 손님의 불만이 예상되는 경우에는 평소 경쟁관계에 있는 피해자 운영의 퀵서비스 명의로 된 영수증을 작성·교부함으로써 손님들로 하여금 불친절하고 배달을 지연시킨 사업체가 피해자 운영의 퀵서비스인 것처럼 인식하게 한 경우, 퀵서비스의 주된 계약내용이 신속하고 친절한 배달이라 하더라도, 그와 같은 사정만으로 위 행위가 피해자의 경제적 신용, 즉 지급능력이나 지급의사에 대한 사회적 신뢰를 저해하는 행위에 해당한다고 보기는 어렵다(대판 2011.5.13. 2009도5549).

2) 행 위

① **허위사실의 유포** : 허위사실의 유포란 객관적 진실과 부합하지 아니하는 과거 또는 현재의 사실을 불특정 또는 다수인에게 전파하는 것으로 미래의 사실일지라도 증거에 의하여 신용훼손의 입증이 가능할 때에는 여기의 사실에 포함되나 단순한 의견이나 가치판단을 표시하는 것은 이에 해당하지 아니한다.

> **신용훼손죄가 성립하지 아니하는 사례**
> 형법상 신용훼손죄는 허위사실의 유포 기타 위계로써 사람의 신용을 훼손할 것을 요하고, 여기서 허위사실의 유포라 함은 객관적으로 진실과 부합하지 않는 과거 또는 현재의 사실을 유포하는 것으로서, 미래의 사실도 증거에 의한 입증이 가능할 때에는 여기의 사실에 포함된다고 할 것이다. 피고인의 단순한 의견이나 가치판단을 표시하는 것은 이에 해당하지 않는다고 할 것이므로, 공소외 갑은 8년전부터 남편 없이 3자녀를 데리고 생계를 꾸려왔을 뿐 아니라 피고인에 대한 다액의 채무를 담보하기 위해 동녀의 아파트와 가재도구까지를 피고인에게 제공한 사실이 인정되니 위 공소외 갑이 집도 남편도 없는 과부라고 말한 것이 허위사실이 될 수 없고 또 공소외 갑이 계주로서 계불입금을 모아서 도망가더라도 책임지고 도와줄 사람이 없다는 취지의 피고인의 말은 피고인의 위 공소외 갑에 대한 개인적 의견이나 평가를 진술한 것에 불과하여 허위사실의 유포라고 볼 수 없다(대판 1983.2.8. 82도2486).

② **기타 위계** : 상대방의 착오나 부지를 이용하거나 기망 또는 유혹의 방법으로 판단을 그르치게 하는 것을 말하며 위계의 방법에는 제한이 없다.
③ **신용의 훼손** : 신용을 훼손한다고 하는 것은 사람의 경제적 지위에 대한 사회적 평가, 즉 지불능력이나 지불의사에 대한 사회적 신뢰를 저하시키는 것을 말한다. 본죄는 추상적 위험범이므로 신용훼손의 결과발생을 요하지 아니하고 허위사실의 유포 기타 위계가 있으면 기수가 된다.

(2) 주관적 구성요건

신용훼손죄는 고의범이므로 허위사실의 유포 또는 위계로서 특정인의 신용을 훼손한다는 사실에 대한 인식과 의사를 내용으로 하는 고의가 있어야 한다.

> [1] 형법 제313조에 정한 신용훼손죄에서의 '신용'은 경제적 신용, 즉 사람의 지불능력 또는 지불의사에 대한 사회적 신뢰를 말하는 것이다. 그리고 같은 조에 정한 '허위의 사실을 유포한다'고 함은 실제의 객관적인 사실과 다른 사실을 불특정 또는 다수인에게 전파시키는 것을 말하는데, 이러한 경우 그 행위자에게 행위 당시 자신이 유포한 사실이 허위라는 점을 적극적으로 인식하였을 것을 요한다고 할 것이며, 이와 같이 전파가능성을 이유로 허위사실의 유포를 인정하는 경우에는 적어도 범죄구성요건의 주관적 요소로서 미필적 고의가 필요하므로 전파가능성에 대한 인식이 있음은 물론 나아가 그 위험을 용인하는 내심의 의사가 있어야 하고, 그 행위자가 전파가능성을 용인하고 있었는지의 여부는 외부에 나타난 행위의 형태와 행위의 상황 등 구체적인 사정을 기초로 하여 일반인이라면 그 전파가능성을 어떻게 평가할 것인가를 고려하면서 행위자의 입장에서 그 심리상태를 추인하여야 할 것이다. 이는 같은 행위를 구성요건으로 하는 업무방해죄의 경우에도 마찬가지라고 할 것이다.
> [2] 건축공사의 시공사 대표이사가 비용을 줄이려는 시도에서 건축설계자에게 제품변경을 요청하는 문서를 송부한 사안에서, 위 문서의 내용은 위 제품을 판매하는 회사의 지불능력이나 지불의사에 대한 사회적 신뢰를 저해한 것이 아니라고 보아 신용훼손죄의 객체인 신용에 해당하지 않는다고 한 사례(대판 2006.5.25. 2004도1313)

3. 타죄와의 관계

1개의 행위로 신용을 훼손하고 업무를 방해한 경우 신용훼손죄와 업무방해죄는 독립된 범죄이므로 양 죄의 상상적 경합이 성립한다. 공연히 허위사실을 적시하여 명예와 신용을 훼손한 경우에는 신용훼손죄만 성립하고(특별관계), 공연히 사실을 적시하여 명예와 신용을 훼손한 경우에는 명예훼손죄만 성립한다.

III. 업무방해죄

1. 의 의

업무방해죄는 허위의 사실을 유포하거나 위계 또는 위력으로써 사람의 업무를 방해함으로써 성립하는 범죄이다(형법 제314조 제1항).

2. 구성요건

(1) 객관적 구성요건

　1) 업 무

　① 의 의

　　㉠ 사람이 그 사회생활상의 지위에 의하여 계속적으로 종사하는 사무 내지 사업을 말한다. 여기서 사람은 타인으로서 자연인 이외에 법인·법인격 없는 단체를 포함한다.

> **업무의 타인성 인정 여부에 대한 사례**
> - 업무방해죄에 있어서의 행위의 객체는 타인의 업무이고, 여기서 타인이라 함은 범인이외의 자연인과 법인 및 법인격 없는 단체를 가리킨다. V대 학칙 등에 따라 V대의 입학에 관한 업무가 총장인 피고인 C의 권한에 속한다고 하더라도, 그중 면접업무는 면접위원들에게, 신입생 모집과 사정업무는 교무위원들에게 각 위임되었고, 그 수임자들은 각자의 명의와 책임으로 수임받은 권한을 행사하여야 한다. 따라서 위와 같이 위임된 업무는 면접위원들 및 교무위원들의 독립된 업무에 속하고, 총장인 피고인 C와의 관계에서도 타인의 업무에 해당한다. 같은 취지인 원심 판단은 정당하고, 거기에 상고이유로 지적하는 바와 같이 업무방해죄에서 행위 객체인 '타인의 업무'에 관한 법리를 오해하는 등의 잘못이 없다(대판 2018.5.15. 2017도19499).
> - [1] 업무방해죄에 있어서의 행위의 객체는 타인의 업무이고, 여기서 타인이라 함은 범인 이외의 자연인과 법인 및 법인격 없는 단체를 가리키므로, 법적 성질이 영조물에 불과한 대학교 자체는 업무방해죄에 있어서의 업무의 주체가 될 수 없다. 뿐만 아니라 구 교육법 시행령 제69조 제1항에 의하면 학생의 편입학은 특별한 사정이 없는 한 학칙이 정하는 바에 따라 학교장이 행하게 되어 있고, 기록에 의하면 이 사건 대학교의 학칙도 그 제17조에서 입학의 허가는 소속대학 교수회의 사정을 거쳐 총장이 이를 행하는 것으로 규정하고 있음을 알 수 있으므로, 이러한 관련 규정들에 의하면 이 사건 대학교의 편입학 업무는 그 총장에게 귀속된다고 할 것이다. 따라서 원심이 이 부분 범죄사실에서 피고인이 방해한 편입학 업무의 주체가 이 사건 대학교인 것으로 판시한 것은 적절치 아니한 것이라 할 것이나, 원심이 인정한 범죄사실 중 총장이 소정의 절차에 따라 사정대장에 날인하지 아니하였음에도 피고인 2등을 합격자로 발표함으로써 편입학업무를 방해한 것이라는 부분은 총장의 편입학업무를 방해한 것이라고 보아야 한다.
> - [2] 대학 편입학업무의 주체는 대학교가 아닌 총장이고, 성적평가업무의 주체는 대학교가 아닌 담당교수라고 본 사례(대판 1999.1.15. 98도663)[61]

---

61) 이 판례에서는 편입학업무를 방해한 것에 대하여 업무방해죄를 인정하였으나, 성적평가업무의 주체는 담당교수(피고인)이므로 성적평가업무에 대한 업무방해죄는 인정하고 있지 아니함을 유의하여야 한다.

- 여객선의 출항 전 안전점검이 기본적으로 해운법 등 관련 법령에 의하여 운항관리자의 직무로 규정된 것이라고 볼 수 있으나, 한국해운조합으로 하여금 운항관리자를 선임하고 각 지부에 설치된 운항관리실에 배치하여 구체적으로 업무를 수행하도록 하고 있는 점, 한국해운조합법 등 관련 규정에 의하면 한국해운조합의 사업 중 하나로 규정된 '여객선 안전운항관리에 관한 사업'에는 적어도 운항관리자 및 운항관리실의 운영과 관련한 사업이 포함되는 점 등을 고려하면, 한국해운조합 역시 관련 법령에 의하여 운항관리자의 출항 전 안전점검 등 그 직무 수행과 관련된 업무를 담당하고 있다고 보이고, 그에 따라 한국해운조합은 그 자신의 업무로 출항 전 안전점검에 관한 운항관리자의 적절한 업무 수행과 이를 감독하기 위한 범위 내에서 내부 규정을 마련하거나 업무에 필요한 지시를 할 수 있다고 보아야 한다. 이러한 취지에 따라 한국해운조합이 그 내부 규정인 여객선운항관리실운영기준과 운항관리실업무처리요령을 마련하여 운항관리자로 하여금 적절하게 확인한 여객선 안전점검 보고서를 보관하게 하고 여객선 방문결과 서류를 기록하고 유지하도록 하고, 한국해운조합 이사장이 현대설봉호 화재 사건을 계기로 운항관리자에게 안전점검 보고서 서면확인 시 공란 여부를 정확히 확인하도록 업무에 관한 지시를 한 것은 모두 운항관리자와의 관계에서 한국해운조합의 업무라고 봄이 타당하다. 따라서 출항 전 안전점검을 충실히 하고 그 결과를 기재한 서류를 작성 또는 보관하여야 할 운항관리자의 업무는 한국해운조합에 대한 관계에서 타인의 업무에 해당한다(대판 2016.7.27. 2015도17290).

ⓒ 업무의 계속성과 관련하여 판례는 공장이전과 같은 일회적 사무(대판 1989.9.12. 88도1752), 건물 임대인이 구청장의 조경공사 촉구 지시에 따라 임대건물 앞에서 시행하는 일회적인 조경공사(대판 1993.2.9. 92도2929) 등은 본죄의 업무에 해당하지 아니한다고 한다. 본죄의 업무는 반드시 경제적인 사무에 제한하지 아니하고 보수의 유무·주된 업무 유무를 불문한다.

1. **업무에 해당하는 사례**
   - 종중 정기총회를 주재하는 종중 회장의 의사진행업무 자체는 1회성을 갖는 것이라고 하더라도 그것이 종중 회장으로서의 사회적인 지위에서 계속적으로 행하여 온 종중 업무수행의 일환으로 행하여진 것이라면, 그와 같은 의사진행업무도 형법 제314조 소정의 업무방해죄에 의하여 보호되는 업무에 해당되고, 또 종중 회장의 위와 같은 업무는 종중원들에 대한 관계에서는 타인의 업무에 해당한다(대판 1995.10.12. 95도1589).
   - 회사가 사업장의 이전을 계획하고 그 이전을 전후하여 사업을 중단 없이 영위할 목적으로 이전에 따른 사업의 지속적인 수행방안, 새 사업장의 신축 및 가동개시와 구 사업장의 폐쇄 및 가동중단 등에 관한 일련의 경영상 계획의 일환으로서 시간적·절차적으로 일정기간의 소요가 예상되는 사업장 이전을 추진, 실시하는 행위는 그 자체로서 일정기간 계속성을 지닌 업무의 성격을 지니고 있을 뿐만 아니라 회사의 본래 업무인 목적 사업의 경영과 밀접불가분의 관계에서 그에 수반하여 이루어지는 것으로 볼 수 있으므로 이 점에서도 업무방해죄에 의한 보호의 대상이 되는 업무에 해당한다(대판 2005.4.15. 2004도8701).

2. **업무에 해당하지 아니하는 사례**
   - 형법상 업무방해죄의 보호대상이 되는 '업무'라 함은 직업 기타 사회생활상의 지위에 기하여 계속적으로 종사하는 사무 또는 사업을 말하는 것인데, 초등학생들이 학교에 등교하여 교실에서 수업을 듣는 것은 헌법 제31조가 정하고 있는 무상으로 초등교육을 받을 권리 및 초·중등교육법 제12, 13조가 정하고 있는 국가의 의무교육 실시의무와 부모들의 취학의무 등에 기하여

>> 학생들 본인의 권리를 행사하는 것이거나 국가 내지 부모들의 의무를 이행하는 것에 불과할 뿐 그것이 '직업 기타 사회생활상의 지위에 기하여 계속적으로 종사하는 사무 또는 사업'에 해당한다고 할 수 없다(대판 2013.6.14. 2013도3829).
> - 공소외 1은 주부로서 개인적 용무로 서울행 고속버스를 타기 위해 대전 유성구에 있는 고속버스터미널까지 위 차량을 운행한 후 근처에 있던 위 건물 주차장에 주차하였는데 공소외 1이 운행한 위 차량은 공소외 1의 할머니인 공소외 2의 명의로 등록이 마쳐진 자가용 차량으로서, 위 차량이 영업과 관련되었다거나 공소외 1이 자신의 영업을 위하여 위 차량을 운전하였다고 볼 자료는 찾을 수 없는 사정이 있고 피고인은 운전자나 탑승자의 신원, 위 건물 내 점포에 대한 용무 여부를 확인할 수 없는 상태로 주차되어 있던 위 차량을 발견하자 이를 무단주차 차량으로 여기고 차량 앞 범퍼와 손수레 사이를 쇠사슬로 묶어 둔 경우, 공소외 1이 피고인의 위 행위 당시에 직업이나 사회생활상의 지위에 기한 계속적 사무 또는 사업 활동의 일환으로 위 차량을 건물에 주차해 두었다거나 그 후 위 차량을 운행하려고 한 것으로 단정하기는 어렵고, 오히려 단순한 개인생활상의 행위로 차량을 운전한 것에 지나지 않는다고 볼 여지가 많다. 따라서 위 차량에 대한 공소외 1의 운전이 업무방해죄의 보호대상이 되는 업무에 해당한다고 보기 어렵고, 피고인의 행위로 인하여 피해자의 업무가 방해되었다고 볼 수 없다(대판 2017.11.9. 2014도3270).

② **보호가치 있는 업무** : 본죄의 업무는 보호법익으로서의 업무에 해당하므로 형법상 보호가치 있는 업무에 제한된다. 보호가치 있는 업무인지의 여부는 그 사무가 사실상 평온하게 이루어지는 사회적 활동의 기반을 두고 있는지의 여부에 따라 결정되는 것이고 업무의 기초가 되는 계약이나 행정행위 등이 반드시 적법하여야 하는 것은 아니다(대판 2006.3.9. 2006도382). 그러나 어떤 사무나 활동 자체가 위법의 정도가 중하여 사회생활상 도저히 용인될 수 없을 정도로 반사회성을 띠는 경우에는 업무방해죄의 보호대상이 되는 '업무'에 해당한다고 볼 수 없다(대판 2001.11.30. 2001도2015).

> **1. 보호가치 있는 업무에 해당하는 사례**
> - [1] 형법상 업무방해죄의 보호대상이 되는 '업무'란 직업 또는 계속적으로 종사하는 사무나 사업으로서 타인의 위법한 행위에 의한 침해로부터 보호할 가치가 있으면 되고, 반드시 그 업무가 적법하거나 유효할 필요는 없으므로 법률상 보호할 가치가 있는 업무인지 여부는 그 사무가 사실상 평온하게 이루어져 사회적 활동의 기반이 되고 있느냐에 따라 결정되고, 그 업무의 개시나 수행과정에 실체상 또는 절차상의 하자가 있다 하더라도 그 정도가 사회생활상 도저히 용인할 수 없을 정도로 반사회성을 띠는 데까지 이르거나 법적 보호라는 측면에서 그와 동등한 평가를 받을 수밖에 없는 경우에 이르지 아니한 이상 업무방해죄의 보호대상이 된다.
> [2] 이 사건 주민투표 당일의 현장투표에 앞서 그 전날까지 실시한 세대별 방문투표 과정에서 원심 판시와 같이 그 구체적인 진행경위나 입주자들의 신분확인절차가 불분명하여 투표의 중립이나 비밀투표의 원칙이 침해되었다고 볼 여지가 크다고 하더라도, 이러한 사정만으로 아파트 관리규약 제20조에 따라 선거사무를 담당하는 선거관리위원회가 적법하게 개시되어 추진되어 온 동별 대표자의 해임 여부에 관한 절차를 주민투표를 통하여 마무리 짓기 위하여 이 사건 주민투표를 시행하고 관리하는 업무 자체가 사회생활상 도저히 용인될 수 없는 정도로 반사회성을 띠는 데까지 이르렀다거나, 법적 보호라는 측면에서 그와 동등한 평가를 받을 정도에까지 이르렀다고 보기는 어렵다고

봄이 타당하다. 따라서 피고인들이 합세하여 그 사무를 수행하고 있는 공소외 1로부터 강제로 투표자명부를 빼앗고 그 과정에서 일부 피고인들이 공소외 1에게 상해를 가하기까지 함으로써 주민투표가 중단되는 등으로 주민투표 진행에 차질을 초래하였다면, 피고인들의 행위는 업무방해에 해당할 여지가 충분하다(대판 2015.4.23. 2013도9828).

- [1] 사용자가 연설, 사내방송, 게시문, 서한 등을 통하여 의견을 표명하는 경우 표명된 의견의 내용과 함께 그것이 행하여진 상황, 시점, 장소, 방법 및 그것이 노동조합의 운영이나 활동에 미치거나 미칠 수 있는 영향 등을 종합하여 노동조합의 조직이나 운영 및 활동을 지배하거나 이에 개입하는 의사가 인정된다면 노조법 제81조 제4호에 규정된 '근로자가 노동조합을 조직 또는 운영하는 것을 지배하거나 이에 개입하는 행위'로서 부당노동행위가 성립하고, 또 그 지배·개입으로서 부당노동행위의 성립에 반드시 근로자의 단결권 침해라는 결과 발생까지 요하는 것은 아니다. 그러나 사용자 또한 자신의 의견을 표명할 수 있는 자유를 가지고 있으므로, 사용자가 노동조합의 활동에 대하여 단순히 비판적 견해를 표명하거나 근로자를 상대로 집단적인 설명회 등을 개최하여 회사의 경영상황 및 정책방향 등 입장을 설명하고 이해를 구하는 행위 또는 비록 파업이 예정된 상황이라 하더라도 파업의 정당성과 적법성 여부 및 파업이 회사나 근로자에 미치는 영향 등을 설명하는 행위는 거기에 징계 등 불이익의 위협 또는 이익제공의 약속 등이 포함되어 있거나 다른 지배·개입의 정황 등 노동조합의 자주성을 해칠 수 있는 요소가 연관되어 있지 않는 한, 사용자에게 노동조합의 조직이나 운영 및 활동을 지배하거나 이에 개입하는 의사가 있다고 가볍게 단정할 것은 아니다.
[2] 전국철도노동조합(이하 '노동조합')이 한국철도공사(이하 '철도공사')와 단체교섭 결렬을 이유로 파업을 예고한 상태에서 파업 예정일 하루 전에 사용자 측 교섭위원인 甲이 직원들을 상대로 설명회를 개최하려고 지역 차량사업소에 도착하자, 노동조합 간부인 피고인들 등이 청사 안으로 들어가지 못하게 몸으로 가로막는 등 위력으로 甲의 업무를 방해하였다는 내용으로 기소된 사안에서, 甲이 설명회에서 발언하고자 한 내용과 설명회 전 다른 지역 순회설명회에서 표명한 발언 내용 및 그러한 발언 등이 조합원이나 노동조합 활동에 미쳤거나 미칠 수 있는 영향, 당초 예정된 파업의 정당성 여부 등 부당노동행위를 인정하는 전제가 되는 전후 상황 등에 관하여 구체적으로 심리하여, 설명회 개최가 사용자 입장에서 단순히 파업에 대한 의견을 개진하는 수준을 넘어 사용자에게 노동조합의 운영이나 활동을 지배하거나 그 활동에 개입하려는 의사가 있었던 것으로 추단되는지를 판단하지 아니한 채, 설명회 개최가 '근로자가 노동조합을 운영하는 것을 지배하거나 이에 개입하는 행위'로서 업무방해죄의 보호법익인 '업무'에 해당하지 않는다는 등의 이유로 피고인들에게 무죄를 선고한 원심판결에 법리오해 및 심리미진의 위법이 있다고 한 사례(대판 2013.1.10. 2011도15497).

2. 보호가치 있는 업무에 해당하지 아니하는 사례

- 의료인이나 의료법인이 아닌 자가 의료기관을 개설하여 운영하는 행위는 그 위법의 정도가 중하여 사회생활상 도저히 용인될 수 없는 정도로 반사회성을 띠고 있으므로 업무방해죄의 보호대상이 되는 '업무'에 해당하지 않는다(대판 2001.11.30. 2001도2015).
- 폭력조직 간부인 피고인이 조직원들과 공모하여 甲이 운영하는 성매매업소 앞에 속칭 '병풍'을 치거나 차량을 주차해 놓는 등 위력으로써 업무를 방해하였다는 내용으로 기소된 사안에서, 甲은 사창가 골목에서 윤락녀를 고용하여 성매매업소를 운영하여 왔는데, 성매매업소 운영에는 성매매를 알선·권유하거나 성매매장소를 제공하는 행위 등이 필연적으로 수반되고 따라서 업소 운영자는 구 성매매알선 등 행위의 처벌에 관한 법률 제19조 제1항 제1호의 '성매매알선 등 행위를 한 자' 또는 같은 법 제19조 제2항 제1호의 '영업으로 성매매알선 등 행위를 한 자'에 해당하므로, 甲의 성매매업소 운영업무는 업무방해죄의 보호대상이 되는 업무라고 볼 수 없다(대판 2011.10.13. 2011도7081).

- 법원의 직무집행정지 가처분결정에 의하여 그 직무집행이 정지된 자가 법원의 결정에 반하여 직무를 수행함으로써 업무를 계속 행하는 경우 그 업무는 국법질서와 재판의 존엄성을 무시하는 것으로서 사실상 평온하게 이루어지는 사회적 활동의 기반이 되는 것이라 할 수 없고, 비록 그 업무가 반사회성을 띠는 경우라고까지는 할 수 없다고 하더라도 법적 보호라는 측면에서는 그와 동등한 평가를 받을 수밖에 없으므로, 그 업무자체는 법의 보호를 받을 가치를 상실하였다고 하지 않을 수 없어 업무방해죄에서 말하는 업무에 해당하지 않는다(대판 2002.8.23. 2001도5592).

③ 공무의 포함 여부
  ㉠ 학설 : 본죄는 사람의 사회적 활동을 보호하기 위한 범죄이므로 본죄의 업무에는 공무가 포함된다는 적극설, 형법상 공무집행방해죄가 별도로 규정되어 있으므로 본죄의 업무에 공무를 포함시킬 이유가 없다고 하는 소극설, 폭행·협박·위계의 경우에는 공무집행방해죄가 성립하므로 이외에 위력의 경우에는 업무방해죄가 성립한다는 절충설이 대립하고 있다.
  ㉡ 판례 : 판례는 형법이 업무방해죄와는 별도로 공무집행방해죄를 규정하고 있는 것은 사적 업무와 공무를 구별하여 공무에 관해서는 공무원에 대한 폭행, 협박 또는 위계의 방법으로 그 집행을 방해하는 경우에 한하여 처벌하겠다는 취지라고 보아야 하므로 공무원이 직무상 수행하는 공무를 방해하는 행위에 대해서는 업무방해죄로 의율할 수는 없다고 해석함이 상당하다고(대판 2009.11.19. 2009도4166[전합]) 판시하고 있다.
  ㉢ 검토 : 생각건대 형법이 공무집행방해죄의 수단을 폭행·협박·위계로 제한한 것은 그 이외의 행위에 대하여는 처벌하지 아니하겠다는 취지로 보이므로 본죄의 업무에는 공무가 포함되지 아니한다고 보는 것이 타당하다.

- 지방경찰청 민원실에서 민원인들이 진정사건의 처리와 관련하여 지방경찰청장과의 면담 등을 요구하면서 이를 제지하는 경찰관들에게 큰소리로 욕설을 하고 행패를 부린 경우, 형법이 업무방해죄와는 별도로 공무집행방해죄를 규정하고 있는 것은 사적 업무와 공무를 구별하여 공무에 관해서는 공무원에 대한 폭행, 협박 또는 위계의 방법으로 그 집행을 방해하는 경우에 한하여 처벌하겠다는 취지라고 보아야 한다. 따라서 공무원이 직무상 수행하는 공무를 방해하는 행위에 대해서는 업무방해죄로 의율할 수는 없다고 해석함이 상당하다(대판 2009.11.19. 2009도4166[전합]).
- "마산시장 공소외 1과 STX중공업 회사 관계자 등이 'STX조선소 유치 확정'에 관한 기자회견을 하려고 하자, 피고인이 2008.6.5. 13:00경부터 14:20경까지 공소외 2 등과 공모하여 위력으로써 마산시청 1층 브리핑룸 및 중회의실 출입구를 봉쇄하여 공소외 1 등의 기자회견 업무를 방해한 경우, 형법이 업무방해죄와는 별도로 공무집행방해죄를 규정하고 있는 것은 사적 업무와 공무를 구별하여 공무에 관해서는 공무원에 대한 폭행, 협박 또는 위계의 방법으로 그 집행을 방해하는 경우에 한하여 처벌하겠다는 취지라고 보아야 할 것이고, 따라서 공무원이 직무상 수행하는 공무를 방해하는 행위에 대해서는 업무방해죄로 의율할 수는 없다(대판 2011.7.28. 2009도11104).

2) 행 위

① 허위사실 유포 또는 위계

㉠ 허위사실 유포 또는 위계의 의미는 신용훼손죄의 경우와 동일하다. 즉 허위사실 유포는 객관적 진실과 부합하지 아니하는 과거 또는 현재의 사실을 불특정 또는 다수인에게 전파하는 것을 말하며, 이때 반드시 기본적 사실이 허위여야 하는 것은 아니고, 비록 기본적 사실은 진실이더라도 이에 허위사실을 상당 정도 부가시킴으로써 타인의 업무를 방해할 위험이 있는 경우도 포함되지만, 그 내용 전체의 취지를 살펴볼 때 중요한 부분이 객관적 사실과 합치되고 단지 세부에 있어 약간의 차이가 있거나 다소 과장된 표현이 있는 정도에 불과하여 타인의 업무를 방해할 위험이 없는 경우는 이에 해당하지 않는다(대판 2006.9.8. 2006도1580).

> 1. **허위사실의 유포에 의한 업무방해죄가 성립하는 사례**
> [1] 업무방해죄의 성립에 있어서 업무방해의 결과가 실제로 발생함을 요하는 것은 아니고 업무방해의 결과를 초래할 위험이 발생하면 족하다고 할 것이며, 업무를 '방해한다'함은 업무의 집행 자체를 방해하는 것은 물론이고 널리 업무의 경영을 저해하는 것도 포함한다.
> [2] 피해자가 대표이사인 회사의 소방사업부장이 소속 직원들에게 허위의 사실을 유포하는 등의 방법을 사용하여 직원들로부터 사표를 제출받은 경우, 직원들이 집단적으로 사표를 제출함으로써 일시적으로나마 소방사업부의 업무에서 이탈하거나 업무를 중단할 위험이 생겼고 그로 인하여 피해자의 소방사업부 업무의 경영을 저해할 위험성이 발생하였다고 볼 것이므로, 업무방해죄가 성립된다고 한 사례(대판 2002.3.29. 2000도3231)
>
> 2. **허위사실의 유포에 의한 업무방해죄가 성립하지 아니하는 사례**
> 부산 남구 ○○동에 거주하는 피고인들은 이 사건 조합 설립을 반대하면서, 공소사실과 같이 "지역주택조합 실패 시 개발 투자금 전부 날릴 수 있으니 주의하세요"라는 문구가 기재된 현수막(이하 '이 사건 현수막')과 "○○ 5구역 토지등 소유자 50%가 개발 반대로 해산된 곳이니 지역주택조합 가입, 투자에 신중하세요", "지역주택조합 동의는 보증 빚지는 행위와 같을 수 있으니 투자에 신중하세요"라고 기재된 현수막를 만들어서 건 경우, 이 사건 현수막에 지역주택조합 실패 시 개발 투자금 중 일부가 아니라 '전부'를 날릴 수 있다고 기재되어 있다고 하더라도, 이는 피고인들이 자신들이 거주하는 지역에 지역주택조합이 설립되어 주택건설사업이 진행되는 것에 대한 반대의견을 표명하면서 지역주택조합에 투자하였다가 그 사업이 실패할 경우 투자금 손실을 입을 수 있다는 사실을 과장하여 표현한 것에 불과하므로, 이를 허위사실의 유포에 해당한다고 보기는 어렵다(대판 2017.4.13. 2016도19159).

㉡ 위계는 상대방의 착오나 부지를 이용하거나 기망 또는 유혹의 방법으로 판단을 그르치게 하는 것을 말하며 위계의 방법에는 제한이 없다.

> 1. **위계에 의한 업무방해죄의 성립 여부에 대한 사례**
> 1) 위계에 의한 업무방해죄가 성립하는 사례
>   • [1] 위계에 의한 업무방해죄에서 '위계'란 행위자가 행위목적을 달성하기 위하여 상대방에게 오인, 착각 또는 부지를 일으키게 하여 이를 이용하는 것을 말하고, 업무방해죄의 성립에는 업무방해의 결과가 실제로 발생함을 요하지 않고 업무방해의 결과를 초래할 위험이 발생하면 족하며, 업무수행 자체가 아니라 업무의 적정성 내지 공정성이 방해된 경우에도 업무방해죄가

성립한다. 나아가 컴퓨터 등 정보처리장치에 정보를 입력하는 등의 행위가 그 입력된 정보 등을 바탕으로 업무를 담당하는 사람의 오인, 착각 또는 부지를 일으킬 목적으로 행해진 경우에는 그 행위가 업무를 담당하는 사람을 직접적인 대상으로 이루어진 것이 아니라고 하여 위계가 아니라고 할 수는 없다.
[2] 甲 정당의 제19대 국회의원 비례대표 후보자 추천을 위한 당내 경선과정에서 피고인들이 선거권자들로부터 인증번호만을 전달받은 뒤 그들 명의로 특정 후보자에게 전자투표를 함으로써 위계로써 甲 정당의 경선관리 업무를 방해하였다는 내용으로 기소된 사안에서, 국회의원 비례대표 후보자 명단을 확정하기 위한 당내 경선은 정당의 대표자나 대의원을 선출하는 절차와 달리 국회의원 당선으로 연결될 수 있는 중요한 절차로서 직접투표의 원칙이 그러한 경선절차의 민주성을 확보하기 위한 최소한의 기준이 된다고 할 수 있는 점 등 제반 사정을 종합할 때, 당내 경선에도 직접·평등·비밀투표 등 일반적인 선거원칙이 그대로 적용되고 대리투표는 허용되지 않는다는 이유로 피고인들에게 유죄를 인정한 사례(대판 2013.11.28. 2013도5117).

- 피고인들이 성별이나 연령을 허위로 입력한 상대방은 ACS시스템인 사실을 인정할 수 있지만, 한편 위 피고인들이 단순히 ACS시스템에 허위의 응답을 입력한 행위만 한 것이 아니라, ○○을 선거구 지역에 거주하지 아니하여 여론조사에 응답할 자격이 없거나 중복응답이 되어 여론조사를 왜곡할 위험이 있다는 사정을 알면서도 여론조사에 참여하기 위하여 미리 자신의 휴대전화를 착신전환해 둔 사실, ACS 전화가 걸려오자 고의로 허위의 응답을 입력함으로써 공소외 1 후보의 지지율을 높이는 방법으로 경선관리위원회와 공소외 2 주식회사의 공정한 여론조사를 통한 후보자 경선관리업무에 위험을 초래한 사실이 인정된다면, 피고인들의 위와 같은 일련의 행위는 단순히 정보처리장치를 부정 조작한 수준을 넘어 사람에 의하여 이루어지는 여론조사를 통한 경선관리업무를 위계로 방해하였다고 평가할 여지가 충분하여(ACS시스템에 대한 허위 입력은 전체적인 위계의 행위태양 중 일부분일 뿐만 아니라 경선을 통한 후보자 확정과정에서 부분적 도구에 불과함) 형법 제314조 제1항에 규정된 업무방해죄에 해당한다(대판 2013.11.28. 2013도5814).

- 甲 상호저축은행 경영진인 피고인이 甲 저축은행의 영업정지가 임박한 상황에서 甲 저축은행에 파견되어 있던 금융감독원 감독관에게 알리지 아니한 채 영업마감 후에 특정 고액 예금채권자들에게 영업정지 예정사실을 알려주어 예금을 인출하도록 한 경우, 피고인이 영업정지 예정사실 통지에 관한 파견감독관의 부지를 이용하여 예금채권자들로 하여금 예금을 인출하도록 한 것이 업무방해죄의 위계에 해당한다(대판 2013.1.24. 2012도10629).

- 피고인 A, C가 교무회의 당시 교무위원들에게 앞서 본 것과 같은 피고인 A의 부적절한 언행과 위력행사로 인하여 면접평가가 부정하게 실시된 사실을 알리지 않은 채, 교무위원들로 하여금 면접평가가 공정하게 진행되었다고 오인·착오하게 하여 T를 선발하는 내용이 포함된 입학사정 안건에 대해 심의·의결을 하게 한 것은 위계로써 교무위원들의 입학사정 업무의 적정성이나 공정성을 방해한 것이라고 보아 이 부분 공소사실을 유죄로 판단하였다. 나아가 원심은 피고인 A의 위력이 개입된 면접평가 결과가 교무회의에 회부되었고 그와 같은 개입이 없었다면 합격자 순위 내에 들 가능성이 있었던 다른 지원자를 합격자로 사정할 수 없게 하였다는 사실 그 자체로 교무위원들의 입학사정 업무의 적정성이나 공정성이 저해되는 것이므로, 입학사정 업무 수행이 소극적·형식적이었는지는 업무방해죄 성립에 영향이 없다(대판 2018.5.15. 2017도19499).

- 피고인들이 운항관리자로서 수행하여야 할 출항 전 안전점검을 하지 않았거나 부실하게 하였음에도 마치 출항 전 여객선 안전점검 보고서가 선장에 의해 정상적으로 작성·제출되고, 자신들이 출항 전 안전점검을 제대로 실시한 것처럼 위 보고서에 확인 서명한 것은 한국해운조합에 대한 관계에서 '위계'에 해당하고, 이러한 위계로 인해 이 사건 각 여객선의 안전한 운항관리를 위하여 필요한 승선정원 초과 여부 및 화물 적재한도 초과 여부, 화물·차량의 고박상태(적재상태)에 대해 아무런 점검 없이 위 여객선들을 출항하게 함으로써 한국해운조합의 운항관리업무가 방해될 위험이 발생하였으며, 피고인들은 그러한 위험을 불확정적이나마 인식하였다고 봄이 타당하다(대판 2021.3.11. 2016도14415).

2) 위계에 의한 업무방해죄가 성립하지 아니하는 사례
- 갑 주식회사의 상무이사인 피고인이 갑 회사의 신규 직원 채용 과정에서, 면접위원인 을이 면접이 끝난 후 인사 담당 직원에게 채점표를 작성하여 제출하고 면접장소에서 먼저 퇴장하자, 남은 면접위원들과 협의하여 피고인이 지정한 응시자를 최종합격자로 선정함으로써 피해자 을의 공정하고 객관적인 직원채용에 관한 업무를 위계로써 방해하였다는 내용으로 기소된 사안에서, 을에 대한 업무방해의 점을 유죄로 인정한 원심판단에 법리오해의 잘못이 있다고 한 사례(대판 2017.5.30. 2016도18858).
- 피고인이 피해자 게임회사들이 제작한 모바일게임의 이용자들의 게임머니나 능력치를 높게 할 수 있는 변조된 게임프로그램을 해외 인터넷 사이트에서 다운로드받은 다음, 위와 같은 게임프로그램을 제공한다는 것을 나타내는 문구가 게임프로그램 실행 시 화면에 나올 수 있도록 게임프로그램을 변조한 후 자신이 직접 개설한 모바일 어플리케이션 공유사이트 게시판에 위와 같이 변조한 게임프로그램들을 게시·유포하여 위계로써 피해자 게임회사들의 정상적인 영업업무를 방해하였다는 내용으로 기소된 사안에서, 피고인이 어떠한 방법으로 변조된 게임프로그램을 실행하여 게임서버에 접속하였는지에 관하여 전혀 특정하지 아니한 채 변조된 게임프로그램을 게시·유포하였다는 사실만으로는 위계에 의한 업무방해죄가 성립하지 않는다고 한 사례(대판 2017.2.21. 2016도15144).
- 피고인이 피해 회사가 사용 중인 서비스표를 피해 회사보다 시간적으로 먼저 등록출원을 하였다거나 피해 회사가 사용 중인 서비스표의 제작에 실제로는 관여하지 않았으면서도 서비스표 등록출원을 하였다는 등의 사정만으로는 피해 회사에 대한 위계에 해당한다고 단정하기 어렵다. 나아가 피고인의 경력, 이 사건 서비스표의 지정서비스업의 내용 등에 비추어 보면, 피고인이 국내에서 사용하려는 의사 없이 이 사건 서비스표를 출원하였다고 단정하기 어렵고, 피고인이 특허청 심사관의 거절이유통지나 제3자의 이의신청에 대한 답변을 하는 과정에서 허위의 서류를 제출하는 등 적극적인 기망행위를 하였다는 등의 사정이 인정되지 않는 한 특허청 심사관에게 오인·착각 또는 부지를 일으킨 뒤 이를 이용하였다고 볼 수도 없다(대판 2020.11.12. 2017도7236).
- [1] 위계에 의한 업무방해죄에서 '위계'란 행위자가 행위 목적을 달성하기 위하여 상대방에게 오인, 착각 또는 부지를 일으키게 하여 이를 이용하는 것을 말한다. 컴퓨터 등 정보처리장치에 정보를 입력하는 등의 행위도 그 입력된 정보 등을 바탕으로 업무를 담당하는 사람의 오인, 착각 또는 부지를 일으킬 목적으로 행해진 경우에는 여기서 말하는 위계에 해당할 수 있으나, 위와 같은 행위로 말미암아 업무과 관련하여 오인, 착각 또는 부지를 일으킨 상대방이 없었던 경우에는 위계가 있었다고 볼 수 없다.
[2] 검사가 제출한 증거들만으로는 피고인이 위계로써 피해자 은행들의 자동화기기를 통한 무통장·무카드 입금거래에 관한 업무를 방해하였음이 인정되지 않는다는 사례(대판 2022.2.11. 2021도12394).

2. 업무담당자에 대한 위계로 인한 업무방해죄의 성립 여부에 대한 사례
1) 업무방해죄가 성립하는 사례
- 피고인 갑, 을이 공모하여, 피고인 갑은 병 고등학교의 학생 정이 약 10개월 동안 총 84시간의 봉사활동을 한 것처럼 허위로 기재된 봉사활동확인서를 발급받아 피고인 을에게 교부하고, 피고인 을은 이를 정의 담임교사를 통하여 병 학교에 제출하여 정으로 하여금 2010년도 학교장 명의의 봉사상을 수상하도록 하는 방법으로 위계로써 학교장의 봉사상 심사 및 선정 업무를 방해하였다는 내용으로 기소된 사안에서, 관련 법령에 의하면 학교의 장은 학생지도 및 상급학교의 학생 선발에 활용할 수 있는 인적사항, 학적사항, 출결사항 등 학교생활기록을 작성·관리하도록 규정하고 있는데, 봉사활동 및 봉사상 수상경력은 이러한 학교생활기록 사항에 포함되는 점, 병 학교는 학생들이 제출하는 봉사활동확인서에 따라 학교생활기록부에 봉사활동내역 및 시간 등을 기재한 후 학년도 말에 학교생활기록부의 연간 봉사실적 누계시간이 80시간 이상인 학생을 특별활동부에 추천하고, 특별활동부에서 이를 취합한 후 공적심사위원회를 통하여 봉사활동시간의 적정성에 관한 자료를 검토·심의하고 학장의 결재를 거쳐 봉사상 수상자를 선정하도록 정하고 있는 점, 피고인 을이 제출한 봉사활동확인서는 교내가 아닌 학교 외에서 이루어진 봉사활동에 관한 것이고, 주관기관이 그 명의로 발급하였으며, 위 확인서 자체로 명백한 모순·오류가 있다거나 병 학교 담당교사들 또는 학교장 등이 위 확인서에서 그 내용이 허위임을 인식하였거나 인식할 수 있었다고 볼 사정도 발견되지 않는 점, 학교장은 피고인 을이 제출한 봉사활동확인서에 기재된 대로 정이 봉사활동을 한 것으로 오인·착각하여 정을 봉사상 수상자로 선정하였으므로, 피고인들의 허위 봉사활동확인서 제출로써 학교장의 봉사상 심사 및 선정 업무 방해의 결과를 초래할 위험이 발생한 점, 병 학교의 봉사상 심사 및 선정 업무는 봉사활동확인서의 내용이 사실과 부합하지 않을 수 있음을 전제로 봉사상 수상의 자격요건 등을 심사·판단하는 업무라고 볼 수 없는 점 등의 사정을 종합하면, 이와 다른 전제에서 정의 봉사상 수상자 선정은 병 학교 업무담당자의 불충분한 심사에 기인한 것으로서 피고인들의 위계가 업무방해의 위험성을 발생시켰다고 할 수 없다고 보아 피고인들에게 무죄를 선고한 원심의 판단에 업무방해죄의 성립에 관한 법리오해의 위법이 있다고 한 사례(대판 2020.9.24. 2017도19283)
- 경품용 상품권 발행업체 지정 여부를 결정하는 한국게임산업개발원의 업무담당자는 관계 규정이 정한 바에 따라 가맹점 내역에 관한 공인회계사 명의의 확인서를 받았고, 가맹점에 가맹점계약의 체결 여부를 확인하였으며, 공인회계사 등 전문적인 지식을 갖춘 자들을 실사위원으로 지정하여 현장실사하게 하는 등의 방법으로 그 요건의 존부에 관하여 나름대로 충분히 심사를 하였으나, 신청사유 및 소명자료가 허위임을 발견하지 못하고 결국 그 신청을 받아들여 공소외 1 주식회사를 경품용 상품권 발행업체로 지정하게 된 것이므로, 이는 한국게임산업개발원 업무담당자의 불충분한 심사가 아니라 피고인들의 위계행위에 의하여 한국게임산업개발원의 경품용 상품권 발행업체 지정업무가 방해될 위험성이 발생되었다고 할 것이고, 또한 판시 사정에 비추어 볼 때, 피고인들은 피고인들이 상품권 발행업체로 지정되기 위한 업무를 대행시킨 공소외 2, 3 및 공소외 4 주식회사의 직원들이 공소외 1 주식회사의 직원들과 함께 공소외 1 주식회사의 가맹점보유실적을 허위로 만드는 방법으로 상품권 발행업체로 지정되기 위한 조건을 충족시키는 작업을 하였음을 알고 있었다고 봄이 상당하므로 한국게임산업개발원이 가맹점 일부가 확인되지 않는 등의 이유로 부적격판정을 내리자 피고인들이 이를 보완하여 재신청하였고 그 과정에서 나름대로 충분한 심사가 이루어졌다면, 이에 대하여 위계에 의한 업무방해죄가 성립된다(대판 2010.3.25. 2008도4228).

2) 업무방해죄가 성립하지 아니하는 사례

> 피고인이 이화여자대학교에 제출한 서류는 허위 학력이 기재된 이력서뿐이었고, 원심이 적법하게 채택하여 조사한 증거에 의하면 ㉠ 이화여자대학교는 피고인의 문화예술계 활동경력이 학생들에게 도움이 될 것이라는 점을 고려하여 피고인을 시간강사로 임용하였고, ㉡ 피고인이 강의한 과목은 학위취득 여부와 무관한 문화예술활동 경험이 뒷받침되어야 하는 것이었으며, ㉢ 시간강사 임용심사업무 담당자는 피고인의 성곡미술관 큐레이터 경력을 보고 이력서에 기재한 학력을 믿었기 때문에 학위증이나 졸업증명서를 따로 요구하지 않았던 사정을 인정할 수 있는바, 임용심사업무 담당자로서는 피고인에게 학력 관련 서류의 제출을 요구하여 이력서와 대조 심사하였더라면 문제를 충분히 인지할 수 있었음에도 불구하고, 업무담당자의 불충분한 심사로 인하여 허위 학력이 기재된 이력서를 믿은 것이므로 피고인의 위계행위에 의하여 업무방해의 위험성이 발생하였다고 할 수 없다(대판 2009.1.30. 2008도6950).

② **위력** : 위력은 사람의 자유의사를 제압하기에 족한 세력을 말하며, 유형적·무형적 방법을 불문한다. 위력에 의하여 현실적으로 피해자의 자유의사가 제압될 것을 요하는 것도 아니다(대판 2005.5.27. 2004도8447).

> **1. 위력에 의한 업무방해죄가 성립하는 사례**
> - 피고인이 자신의 명의로 등록되어 있는 피해자 운영의 학원에 대하여 피해자의 승낙을 받지 아니하고 폐원신고를 하였다고 하더라도 피해자에게 사전에 통고를 한 뒤 폐원신고를 하였다면 피해자에게 오인·착각 또는 부지를 일으켜 이를 이용하여 피해자의 업무를 방해한 것으로 보기는 어렵고, 오히려 피해자가 운영하고 있는 학원이 자신의 명의로 등록되어 있는 지위를 이용하여 임의로 폐원신고를 함으로써 피해자의 업무를 위력으로써 방해한 것이라고 한 사례(대판 2005.3.25. 2003도5004)[62]
> - 주주가 주주총회에 참석하면서 소유 주식 중 일부에 관한 의결권의 대리행사를 타인들에게 나누어 위임하여 주주총회에 참석한 그 의결권 대리인들이 대표이사의 주주총회장에서의 퇴장 요구를 거절하면서 고성과 욕설 등을 사용하여 대표이사의 주주총회의 개최, 진행을 포기하게 만든 경우, 그와 같은 의결권 대리행사의 위임은 위세를 과시하여 정상적인 주주총회의 진행을 저해할 의도이고 주주총회에서 그 의결권 대리인들이 요구한 사항은 의결권 대리행사를 위한 권한 범위에 속하지 않으므로, 대표이사는 그 대리인들이 주주총회에 참석하는 것을 적법하게 거절할 수 있었다는 이유로, 업무방해죄가 성립한다(대판 2001.9.7. 2001도2917).

---

62) 다음의 판례와 구별하여야 한다.
임대인 甲으로부터 건물을 임차하여 학원을 운영하던 피고인이 건물을 인도한 이후에도 자신 명의로 된 학원설립등록을 말소하지 않고 휴원신고를 연장함으로써 새로운 임차인 乙이 그 건물에서 학원설립등록을 하지 못하도록 하여 위력에 의한 업무방해로 기소된 사안에서, 피고인의 휴원연장신고와 乙이 학원설립등록을 하지 못한 점 사이에 인과관계가 있다고 단정하기 어렵고, 피고인의 행위가 乙의 자유의사를 제압·혼란케 할 정도의 위력에 해당한다고 보기 어렵다는 이유로, 피고인의 행위가 위력에 의한 업무방해죄를 구성한다고 본 원심판결에 법리를 오해한 위법이 있다고 한 사례(대판 2010.11.25. 2010도9186)

- 피고인 A는 면접 오리엔테이션 자리에서 면접위원들에게 금메달을 가지고 올 Z종목 특기생이 비선실세 AA의 딸이고, '총장님께 보고 드렸더니 총장님이 무조건 뽑으라고 하신다'는 취지로 말하여 서류평가 순위 9위였던 T는 면접평가 결과 가장 높은 점수를 받아 최종 순위 6위로 전체 6명인 체육특기자 전형 합격자에 포함된 경우, 입학처장인 피고인 A는 비선실세로 알려진 AA, V대 총장인 피고인 C 및 입학처장인 자신의 사회적·경제적·정치적 지위와 권세를 이용하여 면접위원들에게 압박을 가하였고, 이는 면접위원들의 자유의사를 제압·혼란케 할 만한 '위력'에 해당하며, 이로 인하여 면접평가 업무의 적정성이나 공정성이 방해되었다고 봄이 타당하다(대판 2018.5.15. 2017도19499).
- 피고인들이 공소외 1 등 수십 명의 당권과 중앙위원들 및 당원들과 공동하여 ○○○○당 중앙위원회 회의가 진행되는 단상 앞으로 진출을 시도하면서 이를 제지하는 질서유지인 등을 몸으로 밀치거나 그 단상을 점거하는 등의 행위를 하여 그 회의를 중단시키고 회의가 속개되지 못하도록 막아 결국 무기한 정회가 선포되도록 함으로써 위력으로 ○○○○당의 중앙위원회 회의 운영업무를 방해한 경우, 업무방해죄가 성립한다(대판 2013.11.28. 2013도4430).
- 甲 주식회사 임원인 피고인이 자동차 판매수수료율과 관련하여 대리점 사업자들과 甲 회사 사이에 의견대립이 고조되자, 대리점 사업자 乙이 일정액의 사용료를 지급하고 판매정보 교환 등에 이용해오던 甲 회사의 내부전산망 전체 및 고객관리시스템 중 자유게시판에 대한 접속권한을 차단한 경우, 피고인이 위력으로 乙의 업무를 방해하였다고 보아야 한다(대판 2012.5.24. 2009도4141).

2. 위력에 의한 업무방해죄가 성립하지 아니하는 사례
- 갑 주식회사가 운영하는 사우나에서 시설 및 보일러, 전기 등을 관리하던 피고인이, 갑 회사가 을에게 사우나를 인계하는 과정에서 자신을 부당하게 해고하였다는 이유로 화가 나 그곳 전기배전반의 위치와 각 스위치의 작동방법 등을 알려주지 않는 등으로 갑 회사의 사우나 경영 업무를 방해하였다는 내용으로 기소된 경우, 제반 사정을 종합하면, 피고인의 위 행위가 갑 회사나 을이 사우나를 운영하려는 자유의사 또는 갑 회사가 을에게 사우나의 운영에 관한 업무 인수인계를 정상적으로 해 주려는 자유의사를 제압하기에 족한 위력에 해당한다고 단정하기 어렵다(대판 2017.11.9. 2017도12541).
- [1] 업무방해죄의 수단인 위력은 사람의 자유의사를 제압·혼란하게 할 만한 일체의 억압적 방법을 말하고, 이는 제3자를 통하여 간접적으로 행사하는 것도 포함될 수 있다. 그러나 어떤 행위의 결과 상대방의 업무에 지장이 초래되었다 하더라도 행위자가 가지는 정당한 권한을 행사한 것으로 볼 수 있는 경우에는, 행위의 내용이나 수단 등이 사회통념상 허용될 수 없는 등 특별한 사정이 없는 한 업무방해죄를 구성하는 위력을 행사한 것이라고 할 수 없다. 따라서 제3자로 하여금 상대방에게 어떤 조치를 취하게 하는 등으로 상대방의 업무에 곤란을 야기하거나 그러한 위험이 초래되게 하였다 하더라도, 행위자가 제3자의 의사결정에 관여할 수 있는 권한을 가지고 있거나 그에 대하여 업무상 지시를 할 수 있는 지위에 있는 경우에는 특별한 사정이 없는 한 업무방해죄를 구성하지 아니한다.

[2] ○○광역시개인택시운송사업조합 새마을금고(이하 '새마을금고')의 임원이 되기 위하여는 ○○광역시개인택시운송사업조합(이하 '조합')의 조합원 자격을 갖추어야 하기 때문에 새마을금고가 사실상 조합의 영향력 하에 있어 그 권고사항을 따르지 않을 수 없는 지위에 있음을 이용하여, 조합 이사장 지위에 있는 피고인이 조합 이사장 명의로 새마을금고에 공문을 보내 ○○개인택시신문(이하 '택시신문')에 게재하던 광고를 중단하도록 한 경우, 제3자의 의사결정에 직접적으로 관여하거나 지시할 권한을 가지고 있는 행위자가 그 권한 범위 내에서 업무상의 지시 등을 하면서 그 실행을 확실하게 하기 위하여 지시 등에 따르지 않는 경우의 제재조치 등을 강조하는 과도한 표현을

사용하였다 하더라도 이는 특별한 사정이 없는 한 행위자 자신의 고유권한을 행사한 범주에서 벗어나는 것은 아니라고 할 것인데, 이 사건 조합의 정관, 새마을금고의 설립 경위, 새마을금고 임원 및 회원의 구성, 조합과 새마을금고 사이에 주기적으로 이루어지는 업무보고 및 의사결정 과정 등을 고려하면, 조합과 새마을금고는 상호 간 업무적으로 밀접하게 연관되어 있고 조합이 새마을금고의 업무에 직·간접적으로 관여할 권한을 가지고 있다고 볼 만한 사정도 상당하므로 피고인의 행위는 업무방해죄를 구성하지 아니한다(대판 2013.2.28. 2011도16718).

- 피고인이 2014.6.4. 09:00경부터 09:30경까지 사이에 서울 중구에 있는 ○○○하우스 빌라 3층 피해자 공소외 1의 의뢰로 시공 중인 창문교체공사 현장에서, 창문이 설치될 경우 건너편에 살고 있는 피고인의 집 내부가 들여다보인다는 이유로 화가 나서, 피해자 측 공사인부 공소외 2 등에게 "합의가 되었는데 공사를 왜 진행하느냐, 집주인과 통화를 하게 해 달라, 공사를 중단하라면 중단하지 왜 다시 공사를 하냐?"라고 고함을 지르고, 미리 현장에 와 있던 피고인의 어머니인 공소외 3도 피고인과 함께 피해자에게 "공사를 당장 중지하라"고 하면서 피해자 및 인부들에게 나가라고 고함을 질러 약 30여 분간 창문교체 공사가 이뤄지지 못하게 한 경우, 피고인과 공소외 3의 행위의 동기 내지 목적, 그 태양과 정도 등에 비추어 보면, 피고인이 공소외 3과 공모하여 피해자와 인부들의 자유의사를 제압하기에 족한 위력을 행사하였다고 쉽게 단정하기는 어렵고, 이웃 간의 사소한 시비에 대하여 업무방해죄를 적용하는 것은 신중할 필요가 있다(대판 2016.10.27. 2016도10956).

- [1] 업무방해죄와 같이 작위를 내용으로 하는 범죄를 부작위에 의하여 범하는 부진정부작위범이 성립하기 위해서는 부작위를 실행행위로서의 작위와 동일시할 수 있어야 한다.
[2] 피고인이 갑과 토지 지상에 창고를 신축하는 데 필요한 형틀공사 계약을 체결한 후 그 공사를 완료하였는데, 갑이 공사대금을 주지 않는다는 이유로 위 토지에 쌓아 둔 건축자재를 치우지 않고 공사현장을 막는 방법으로 위력으로써 갑의 창고 신축 공사 업무를 방해하였다는 내용으로 기소된 사안에서, 피고인이 일부러 건축자재를 갑의 토지 위에 쌓아 두어 공사현장을 막은 것이 아니라 당초 자신의 공사를 위해 쌓아 두었던 건축자재를 공사 완료 후 치우지 않은 것에 불과하므로, 비록 공사대금을 받을 목적으로 건축자재를 치우지 않았더라도, 피고인이 자신의 공사를 위하여 쌓아 두었던 건축자재를 공사 완료 후에 단순히 치우지 않은 행위가 위력으로써 갑의 추가 공사 업무를 방해하는 업무방해죄의 실행행위로서 갑의 업무에 대하여 하는 적극적인 방해행위와 동등한 형법적 가치를 가진다고 볼 수 없는데도, 이와 달리 보아 공소사실을 유죄로 인정한 원심판결에 부작위에 의한 업무방해죄의 성립에 관한 법리오해의 잘못이 있다고 한 사례(대판 2017.12.22. 2017도13211).

- [1] 소비자불매운동이 헌법상 보장되는 정치적 표현의 자유나 일반적 행동의 자유 등의 점에서도 전체 법질서상 용인될 수 없을 정도로 사회적 상당성을 갖추지 못한 때에는 그 행위 자체가 위법한 세력의 행사로서 형법 제314조 제1항의 업무방해죄에서 말하는 위력의 개념에 포섭될 수 있다.
[2] 업무방해죄의 위력은 원칙적으로 피해자에게 행사되어야 하므로, 그 위력 행사의 상대방이 피해자가 아닌 제3자인 경우 그로 인하여 피해자의 자유의사가 제압될 가능성이 직접적으로 발생함으로써 이를 실질적으로 피해자에 대한 위력의 행사와 동일시할 수 있는 특별한 사정이 있는 경우가 아니라면 피해자에 대한 업무방해죄가 성립한다고 볼 수 없다. 이때 제3자에 대한 위력의 행사로 피해자의 자유의사가 직접 제압될 가능성이 있는지는 위력 행사의 의도나 목적, 위력 행사의 상대방인 제3자와 피해자의 관계, 위력의 행사 장소나 방법 등 태양, 제3자에 대한 위력의 행사에 관한 피해자의 인식 여부, 제3자에 대한 위력의 행사로 피해자가 입게 되는 불이익이나 피해의 정도, 피해자에 의한 위력의 배제나 제3자에 대한 보호의 가능성 등을 종합적으로 고려하여 판단하여야 한다.

[3] 인터넷카페의 운영진인 피고인들이 카페 회원들과 공모하여, 특정 신문들에 광고를 게재하는 광고주들에게 불매운동의 일환으로 지속적·집단적으로 항의전화를 하거나 광고주들의 홈페이지에 항의글을 게시하는 등의 방법으로 광고중단을 압박함으로써 위력으로 광고주들 및 신문사들의 업무를 방해하였다는 내용으로 기소된 사안에서, 원심이 피고인들이 벌인 불매운동의 목적, 그 조직과정, 대상 기업의 선정경위, 불매운동의 규모 및 영향력, 불매운동의 실행 형태, 불매운동의 기간, 대상 기업인 광고주들이 입은 불이익이나 피해의 정도 등에 비추어 피고인들의 위 행위가 광고주들의 자유의사를 제압할 만한 세력으로서 위력에 해당한다고 본 것은 정당하나, 나아가 피고인들의 행위로 신문사들이 실제 입은 불이익이나 피해의 정도, 그로 인하여 신문사들의 영업활동이나 보도에 관한 자유의사가 제압될 만한 상황에 이르렀는지 등을 구체적으로 심리하여 살펴보지 아니한 채, 신문사들에 대한 직접적인 위력의 행사가 있었다고 보아 유죄를 인정한 원심판결에 업무방해죄의 구성요건인 위력의 대상 등에 관한 법리를 오해하여 심리를 다하지 아니한 잘못이 있다고 한 사례(대판 2013.3.14. 2010도410)

- [1] 쟁의행위로서 파업은 근로자가 사용자에게 압력을 가하여 그 주장을 관철하고자 집단적으로 노무제공을 중단하는 실력행사여서 업무방해에서의 위력으로 볼 만한 요소를 포함하고 있지만, 근로자에게는 원칙적으로 헌법상 보장된 기본권으로서 근로조건 향상을 위한 자주적인 단결권·단체교섭권 및 단체행동권이 있으므로, 이러한 파업이 언제나 업무방해죄의 구성요건을 충족한다고 할 것은 아니며, 전후 사정과 경위 등에 비추어 전격적으로 이루어져 사용자의 사업운영에 심대한 혼란 내지 막대한 손해를 초래할 위험이 있는 등의 사정으로 사용자의 사업계속에 관한 자유의사가 제압·혼란될 수 있다고 평가할 수 있는 경우 비로소 그러한 집단적 노무제공의 거부도 위력에 해당하여 업무방해죄를 구성한다고 보는 것이 타당하다.
[2] 철도노동조합과 산하 지방본부 간부인 피고인들이 '구내식당 외주화 반대' 등 한국철도공사의 경영권에 속하는 사항을 주장하면서 업무 관련 규정을 지나치게 철저히 준수하는 등의 방법으로 안전운행투쟁을 전개하여 열차가 지연 운행되도록 함으로써 한국철도공사의 업무를 방해하였다는 내용으로 기소된 사안에서, 열차 지연 운행 횟수나 정도 등에 비추어 안전운행투쟁으로 말미암아 한국철도공사의 사업운영에 심대한 혼란 내지 막대한 손해가 초래될 위험이 있었다고 하기 어렵고, 그 결과 한국철도공사의 사업계속에 관한 자유의사가 제압·혼란될 수 있다고 평가할 수 있는 경우에 해당하지 않는다고 볼 여지가 충분한데도, 이와 달리 안전운행투쟁의 주된 목적이 정당하지 않다는 이유만으로 업무방해죄가 성립한다고 단정한 원심판단에 업무방해죄의 위력에 관한 법리오해 및 심리미진의 위법이 있다고 한 사례(대판 2014.8.20. 2011도468)

③ **업무방해** : 업무방해는 업무의 집행 자체를 방해하는 경우뿐만 아니라 널리 업무의 경영을 저해하는 경우도 포함한다(대판 1999.5.14. 98도3767). 본죄는 추상적 위험범이므로 방해결과의 현실적 발생은 요하지 아니하고 업무를 방해할 우려가 있는 상태가 발생한 때에 기수가 된다.

(2) 주관적 구성요건

업무방해죄는 고의범이므로 허위사실의 유포·위계·위력으로 타인의 업무를 방해한다는 사실에 대한 인식과 의사를 내용으로 하는 고의가 있어야 한다.

3. 위법성

업무방해행위는 정당방위, 긴급피난, 자구행위, 피해자의 승낙, 정당행위에 의하여 위법성이 조각될 수 있다.

> 호텔 내 주점의 임대인이 임차인의 차임 연체를 이유로 계약서상 규정에 따라 위 주점에 대하여 단전·단수조치를 취한 경우, 약정 기간이 만료되었고 임대차보증금도 차임연체 등으로 공제되어 이미 남아있지 않은 상태에서 미리 예고한 후 단전·단수조치를 하였다면 형법 제20조의 정당행위에 해당하지만, 약정 기간이 만료되지 않았고 임대차보증금도 상당한 액수가 남아있는 상태에서 계약해지의 의사표시와 경고만을 한 후 단전·단수조치를 하였다면 정당행위로 볼 수 없다(대판 2007.9.20. 2006도9157).

4. 타죄와의 관계

> - 한국소비자보호원을 비방할 목적으로 18회에 걸쳐서 출판물에 의하여 공연히 허위의 사실을 적시·유포함으로써 한국소비자보호원의 명예를 훼손하고 업무를 방해하였다는 각죄는 1개의 행위가 2개의 죄에 해당하는 형법 제40조 소정의 상상적 경합의 관계에 있다(대판 1993.4.13. 92도3035).
> - 피고인이 피해자의 기념전시회에 참석한 손님들에게 피해자가 공사대금을 주지 않는다는 취지로 소리를 치며 소란을 피운 경우, 업무방해죄와 명예훼손죄는 상상적 경합의 관계에 있다(대판 2007.2.23. 2005도10233).

Ⅳ 컴퓨터업무방해죄

1. 의 의

컴퓨터업무방해죄는 컴퓨터등 정보처리장치 또는 전자기록등 특수매체기록을 손괴하거나 정보처리장치에 허위의 정보 또는 부정한 명령을 입력하거나 기타 방법으로 정보처리에 장애를 발생하게 하여 사람의 업무를 방해함으로써 성립하는 범죄이다(형법 제314조 제2항).

2. 구성요건

(1) 객관적 구성요건

1) 객 체

본죄의 객체는 컴퓨터등 정보처리장치와 전자기록등 특수매체기록이다. 컴퓨터등 정보처리장치는 자동적으로 계산이나 데이터를 처리할 수 있는 전자장치를 말한다. 하드웨어가 정보처리장치에 포함되는 것은 다툼이 없으나, 소프트웨어는 정보처리장치가 아니므로 전자기록등 특수매체기록에 포함된다고 이해하는 것이 타당하다.63) 전자기록은 전자적 방식과 자기적 방식에 의하여 만들어진 기록을 말하며 특수매체기록은 사람의 지각으로 인식할 수 없는 방식에 의하여 만들어진 기록을 말한다.

2) 행 위

① 손괴 : 유형력을 행사하여 물리적으로 파괴·멸실시키는 것뿐만 아니라 전자기록의 소거·삭제나 자력에 의한 교란도 포함한다.

② 허위정보·부정한 명령의 입력 : 객관적으로 진실에 반하는 내용의 정보를 입력하거나 정보처리장치를 운영하는 본래의 목적과 상이한 명령을 입력하는 것을 말한다.

③ 기타 방법 : 가해수단으로 컴퓨터의 작동에 직접·간접으로 영향을 미치는 일체의 행위를 말한다.

> 1. **허위정보의 입력에 해당하는 사례**
> 주택재건축조합 조합장인 피고인이 자신에 대한 감사활동을 방해하기 위하여 조합 사무실에 있던 컴퓨터에 비밀번호를 설정하고 하드디스크를 분리·보관함으로써 조합 업무를 방해한 경우, 이 사건 컴퓨터와 하드디스크는 형법 제314조 제2항에 규정된 '컴퓨터 등 정보처리장치'에 해당하고, 업무수행을 위해서가 아니라 담당직원의 정상적인 업무수행을 방해할 의도에서 그 담당 직원의 의사와는 상관없이 함부로 컴퓨터에 비밀번호를 설정한 행위는 같은 항의 '허위의 정보 또는 부정한 명령의 입력'에 해당하며 컴퓨터의 하드디스크를 분리·보관한 행위는 같은 항의 '손괴'에 해당하므로, 피고인이 컴퓨터에 비밀번호를 설정하고 하드디스크를 분리·보관함으로써 조합의 정보처리에 관한 업무를 방해한 행위는 형법 제314조 제2항의 컴퓨터 등 장애 업무방해죄에 해당한다고 할 것이다(대판 2012.5.24. 2011도7943).
> 2. **부정한 명령의 입력에 해당 여부에 대한 사례**
> 1) 부정한 명령의 입력에 해당하는 사례
> 대학의 컴퓨터시스템 서버를 관리하던 피고인이 전보발령을 받아 더 이상 웹서버를 관리 운영할 권한이 없는 상태에서, 웹서버에 접속하여 홈페이지 관리자의 아이디와 비밀번호를 무단으로 변경한 행위는, 피고인이 웹서버를 관리 운영할 정당한 권한이 있는 동안 입력하여 두었던 홈페이지 관리자의 아이디와 비밀번호를 단지 후임자 등에게 알려 주지 아니한 행위와는 달리, 정보처리장치에 부정한 명령을 입력하여 정보처리에 현실적 장애를 발생시킴으로써 피해 대학에 업무방해의 위험을 초래하는 행위에 해당하여 컴퓨터 등 장애 업무방해죄를 구성한다(대판 2006.3.10. 2005도382).
> 2) 부정한 명령의 입력에 해당하지 아니하는 사례
> 특정 회사가 제공하는 게임사이트에서 정상적인 포커게임을 하고 있는 것처럼 가장하면서 통상적인 업무처리 과정에서 적발해 내기 어려운 사설 프로그램('한도우미 프로그램')을 이용하여 약관상 양도가 금지되는 포커머니를 약속된 상대방에게 이전해 준 경우, 이는 구 정보통신망 이용촉진 및 정보보호 등에 관한 법률 제48조 제2항에서 정한 '악성프로그램'이나 형법 제314조 제2항에 정한 '부정한 명령의 입력'에 해당하지는 않지만, 회사의 정상적인 게임사이트 운영 업무를 방해한 것이므로 위계에 의한 업무방해죄를 구성한다(대판 2009.10.15. 2007도9334).

---

63) 그러나 판례는 '컴퓨터 등 정보처리장치'란 자동적으로 계산이나 데이터처리를 할 수 있는 전자장치로서 하드웨어와 소프트웨어를 모두 포함한다고(대판 2004.7.9. 2002도631) 판시하고 있다.

3) 정보처리에 장애의 발생과 업무방해

본죄가 성립하기 위해서는 이러한 수단을 통하여 실제로 정보처리장치에 장애가 발생하여야 한다(대판 2004.7.9. 2002도631). 본죄는 일반적으로 업무를 방해할 우려가 있는 상태가 발생한 때에 기수가 되고 현실적으로 업무방해의 결과가 발생할 것을 요하지 아니한다.

1. **정보처리에 장애가 발생하지 아니한 사례**
   - 메인 컴퓨터의 비밀번호는 시스템관리자가 시스템에 접근하기 위하여 사용하는 보안 수단에 불과하므로, 단순히 메인 컴퓨터의 비밀번호를 알려주지 아니한 것만으로는 정보처리장치의 작동에 직접 영향을 주어 그 사용목적에 부합하는 기능을 하지 못하게 하거나 사용목적과 다른 기능을 하게 하였다고 볼 수 없어 형법 제314조 제2항에 의한 컴퓨터등장애업무방해죄로 의율할 수 없다 할 것이다(대판 2004.7.9. 2002도631).
   - [1] 형법 제314조 제2항의 컴퓨터 등 장애 업무방해죄에서 '기타 방법'이란 컴퓨터의 정보처리에 장애를 초래하는 가해수단으로서 컴퓨터의 작동에 직접·간접으로 영향을 미치는 일체의 행위를 말하나, 위 죄가 성립하기 위해서는 위와 같은 가해행위의 결과 정보처리장치가 그 사용목적에 부합하는 기능을 하지 못하거나 사용목적과 다른 기능을 하는 등 정보처리의 장애가 현실적으로 발생하였을 것을 요한다.
   [2] 피고인들이 불특정 다수의 인터넷 이용자들에게 배포한 '업링크솔루션'이라는 프로그램은, 甲 회사의 네이버 포털사이트 서버가 이용자의 컴퓨터에 정보를 전송하는 데에는 아무런 영향을 주지 않고, 다만 이용자의 동의에 따라 위 프로그램이 설치된 컴퓨터 화면에서만 네이버 화면이 전송받은 원래 모습과는 달리 피고인들의 광고가 대체 혹은 삽입된 형태로 나타나도록 하는 것에 불과하므로, 이것만으로는 정보처리장치의 작동에 직접·간접으로 영향을 주어 그 사용목적에 부합하는 기능을 하지 못하게 하거나 사용목적과 다른 기능을 하게 하였다고 볼 수 없어 컴퓨터 등 장애 업무방해죄로 의율할 수 없다고 본 원심판단을 수긍한 사례(대판 2010.9.30. 2009도12238).

2. **컴퓨터업무방해죄의 기수시기**
   - 甲 주식회사 대표이사인 피고인이, 악성프로그램이 설치된 피해 컴퓨터 사용자들이 실제로 인터넷 포털사이트 '네이버' 검색창에 해당 검색어로 검색하거나 검색 결과에서 해당 스폰서링크를 클릭하지 않았음에도 악성프로그램을 이용하여 그와 같이 검색하고 클릭한 것처럼 네이버의 관련 시스템 서버에 허위의 신호를 발송하는 방법으로 정보처리에 장애를 발생하게 하였다고 하여 컴퓨터등장애업무방해로 기소된 사안에서, 피고인의 행위는 객관적으로 진실에 반하는 내용의 정보인 '허위의 정보'를 입력한 것에 해당하고, 그 결과 네이버의 관련 시스템 서버에서 실제적으로 검색어가 입력되거나 특정 스폰서링크가 클릭된 것으로 인식하여 그에 따른 정보처리가 이루어졌으므로 이는 네이버의 관련 시스템 등 정보처리장치가 그 사용목적에 부합하는 기능을 하지 못하거나 사용목적과 다른 기능을 함으로써 정보처리의 장애가 현실적으로 발생하였고, 이로 인하여 네이버의 검색어 제공서비스 등의 업무나 네이버의 스폰서링크 광고주들의 광고 업무가 방해되었다는 이유로 유죄를 인정한 원심판단을 수긍한 사례(대판 2013.3.28. 2010도14607).
   - 형법 제314조 제2항의 '컴퓨터 등 장애 업무방해죄'가 성립하기 위해서는 가해행위 결과 정보처리장치가 그 사용목적에 부합하는 기능을 하지 못하거나 사용목적과 다른 기능을 하는 등 정보처리에 장애가 현실적으로 발생하였을 것을 요하나, 정보처리에 장애를 발생하게 하여 업무방해의 결과를 초래할 위험이 발생한 이상, 나아가 업무방해의 결과가 실제로 발생하지 않더라도 위 죄가 성립한다. 따라서 포털사이트 운영회사의 통계집계시스템 서버에 허위의 클릭정보를 전송하여 검색순위 결정 과정에서 위와 같이 전송된 허위의 클릭정보가 실제로 통계에 반영됨으로써 정보처리에 장애가 현실적으로 발생하였다면, 그로 인하여 실제로 검색순위의 변동을 초래하지는 않았다 하더라도 '컴퓨터 등 장애 업무방해죄'가 성립한다(대판 2009.4.9. 2008도11978).

(2) 주관적 구성요건

컴퓨터업무방해죄는 고의범이므로 본죄의 객관적 구성요건에 해당하는 사실에 대한 인식과 의사를 내용으로 하는 고의가 있어야 한다.

V 경매·입찰방해죄

1. 의 의

경매·입찰방해죄는 위계 또는 위력 기타 방법으로 경매 또는 입찰의 공정을 해함으로써 성립하는 범죄이다(형법 제315조).

2. 구성요건

(1) 객관적 구성요건

1) 객 체

경매는 다수인으로부터 구두로 청약을 받아 최고가격의 청약자에게 승낙하여 매매를 성립시키는 것을 말하고 입찰은 다수인으로 하여금 문서로 청약하게 하여 최고가격 청약자에게 승낙하여 매매를 성립시키는 것을 말한다. 경매, 입찰의 종류는 불문하므로 국가·공공단체에서 실행하는 것은 물론 사인이 행하는 것도 본죄의 객체에 포함되나, 경매, 입찰은 현실적으로 존재하여야 한다. 그러나 공적·사적 주체의 임의의 선택에 따른 계약체결과정에 공정한 경쟁을 해하는 행위가 개재되었다고 하여 입찰방해죄는 성립하지 아니한다(대판 2008.5.29. 2007도5037).

> **경매·입찰방해죄가 성립하지 아니하는 사례**
> - 한국토지공사 지역본부가 중고자동차매매단지를 분양하기 위하여 유자격 신청자들을 대상으로 무작위 공개추첨하여 1인의 수분양자를 선정하는 절차를 진행하는데, 신청자격이 없는 피고인이 총 12인의 신청자 중 9인의 신청자의 자격과 명의를 빌려 그 당첨확률을 약 75%까지 인위적으로 높여 분양을 신청한 경우, 위 분양절차는 공정한 자유경쟁을 통한 적정한 가격형성을 목적으로 하는 입찰절차에 해당하지 않고, 피고인이 분양절차에 참가한 것은 9인의 신청자와 맺은 합작투자의 약정에 따른 것으로서 위 분양업무의 주체인 한국토지공사가 예정하고 있던 범위 내의 행위이므로, 위 추첨방식의 분양업무의 적정성과 공정성 등을 방해하는 행위라고 볼 수 없어 입찰방해죄나 업무방해죄가 성립하지 않는다(대판 2008.5.29. 2007도5037).
> - [1] 형법 제315조의 입찰방해죄는 위계 또는 위력 기타의 방법으로 입찰의 공정을 해하는 경우에 성립하는 위태범으로서, 여기서 '입찰의 공정을 해하는 행위'란 공정한 자유경쟁을 통한 적정한 가격형성에 부당한 영향을 주는 상태를 발생시키는 것으로, 그 행위에는 가격결정뿐 아니라 적법하고 공정한 경쟁방법을 해하는 행위도 포함된다 할 것이지만, 이러한 입찰방해 행위가 있다고 하기 위해서는 그 방해의 대상이 되는 입찰절차가 존재하여야 할 것이므로, 공정한 자유경쟁을 통한 적정한 가격형성을 목적으로 하는 입찰절차가 아니라 공적·사적 경제주체의 임의의 선택에 따른 계약체결의 과정에 공정한 경쟁을 해하는 행위가 개재되었다 하여 입찰방해죄로 처벌할 수는 없다 할 것이다.

> [2] 위 법리와 기록에 비추어 보면, 한국토지공사 경북지사가 이 사건 폐기물최종처리시설 부지를 조성·분양함에 있어 사전에 그 분양가격을 14,684,000,000원으로 확정 공고한 다음, 포항시장의 심의 및 추첨을 받아 신청예약금 730,000,000원을 납부한 분양신청자들을 대상으로 하여 추첨의 방식으로 1인의 당첨자를 선정하는 것에 불과한 이 사건 분양절차는, 앞서 본 공정한 자유경쟁을 통한 적정한 가격형성을 목적으로 하는 입찰절차에 해당한다고 볼 수 없다(대판 2008.12.24. 2007도9287)

2) 행 위

① **위계·위력 기타의 방법** : 위계·위력의 의미는 신용훼손죄나 업무방해죄의 그것과 동일하나, 위력의 사용은 폭행·협박의 정도에 이르러야만 되는 것은 아니다(대판 1993.2.23. 92도3395). 기타 방법이란 경매·입찰의 공정을 해할 수 있는 유형·무형의 일체의 방법을 말한다.

② **경매 또는 입찰의 공정을 해하는 행위** : 경매 또는 입찰의 공정을 해한다는 것은 경매 또는 입찰에서 적정한 가격이 형성되어 낙찰되는데 필요한, 안전하고 자유로운 경쟁상태를 방해하거나 위태롭게 하는 것을 말하며, 공정을 해하는 행위에는 경매·입찰의 적정한 가격을 결정뿐 아니라 공정한 경쟁방법을 해하는 경우도 포함된다(대판 2007.5.31. 2006도8070).

③ **기수시기** : 경매·입찰의 공정을 해할 염려가 있는 위계나 위력 등의 행위가 있으면 기수가 되고 현실적으로 경매·입찰의 공정성이 해하여진 결과는 요하지 아니한다(대판 1994.5.24. 94도600).

3) 담합행위 등

① **담합행위** : 담합행위란 경매·입찰의 참가자 상호 간에 통모에 의하여 특정인을 경락자·낙찰자로 하기 위하여 그 이외의 자는 일정한 가격 이상 또는 그 이하로 호가·입찰을 하지 않을 것을 협정하는 것을 말한다.

> **1. 입찰방해죄가 성립하는 사례**
> - [1] 입찰참가자들 사이의 담합행위가 입찰방해죄로 되기 위하여는 반드시 입찰참가자 전원 사이에 담합이 이루어져야 하는 것은 아니고, 입찰참가자들 중 일부 사이에만 담합이 이루어진 경우라고 하더라도 그것이 입찰의 공정을 해하는 것으로 평가되는 이상 입찰방해죄는 성립한다.
>   [2] 일부 입찰참가자들이 가격을 합의하고, 낙찰이 되면 특정 업체가 모든 공사를 하기로 합의하는 등 담합하여 투찰행위를 한 사안에서, 이는 '적법하고 공정한 경쟁방법'을 해하는 행위로서 입찰의 공정을 해하는 경우에 해당하며, 결과적으로 위 투찰에 참여한 업체의 수가 많아서 실제로 가격형성에 부당한 영향을 주지 않았다고 하더라도 입찰방해죄가 성립한다고 한 사례(대판 2009.5.14. 2008도11361)
> - [1] 입찰자들 상호 간에 특정업체가 낙찰받기로 하는 담합이 이루어진 상태에서 그 특정업체를 포함한 다른 입찰자들은 당초의 합의에 따라 입찰에 참가하였으나 일부 입찰자는 자신이 낙찰받기 위하여 당초의 합의에 따르지 아니한 채 오히려 낙찰받기로 한 특정업체보다 저가로 입찰하였다면, 이러한 일부 입찰자의 행위는 위와 같은 담합을 이용하여 낙찰을 받은 것이라는 점에서 적법하고 공정한 경쟁방법을 해한 것이 되고, 따라서 이러한 일부 입찰자의 행위 역시 입찰방해죄에 해당한다.
>   [2] 피고인이 서울특별시도시철도공사가 발주한 시각장애인용 음성유도기 제작설치 입찰에 관한 담합에 가담하기로 하였다가 자신이 낙찰받기 위하여 당초의 합의에 따르지 아니한 채 원래 낙찰받기로 한 특정업체보다 저가로 입찰한 사안에서, 이러한 피고인의 행위는 입찰방해죄에 해당하므로, 같은 취지에서 위계로써 입찰의 공정을 해하였다는 공소사실을 유죄로 인정한 원심판단을 수긍한 사례(대판 2010.10.14. 2010도4940)

> **2. 입찰방해죄가 성립하지 아니하는 사례**
> 입찰자들의 전부 또는 일부 사이에서 담합을 시도하는 행위가 있었을 뿐 실제로 담합이 이루어지지 못하였고, 또 위계 또는 위력 기타의 방법으로 담합이 이루어진 것과 같은 결과를 얻어내거나 다른 입찰자들의 응찰 내지 투찰행위를 저지하려는 시도가 있었지만 역시 그 위계 또는 위력 등의 정도가 담합이 이루어진 것과 같은 결과를 얻어내거나 그들의 응찰 내지 투찰행위를 저지할 정도에 이르지 못하였고 또 실제로 방해된 바도 없다면, 이로써 공정한 자유경쟁을 방해할 염려가 있는 상태, 즉 공정한 자유경쟁을 통한 적정한 가격형성에 부당한 영향을 주는 상태를 발생시켜 그 입찰의 공정을 해하였다고 볼 수 없어, 이는 입찰방해미수행위에 불과하고 입찰방해죄의 기수에 이르렀다고 할 수는 없다(대판 2003.9.26. 2002도3924).[64]

② **가장입찰·단독입찰** : 판례에 의하면 가장경쟁자를 조작하여 단독입찰을 경쟁입찰인 것처럼 가장한 가장입찰이나 다수의 입찰자 중 1인을 입찰하게 하고 나머지는 입찰을 포기할 것을 모의한 단독입찰의 경우에는 적정한 가격을 유지하면서 무모한 출혈경쟁을 방지할 목적이 있더라도 본죄가 성립한다(대판 1983.1.18. 81도824).

③ **신탁입찰** : 내부적으로 각자가 일정한 지분으로 입찰에 참가하지만 1인을 대표자로 하여 단독으로 입찰하게 하는 신탁입찰에 대하여는 본죄가 성립하지 아니한다(대판 1957.10.21. 4290민상368).

(2) 주관적 구성요건

경매·입찰방해죄는 고의범이므로 위계·위력 기타 방법으로 경매·입찰의 공정을 해한다는 사실에 대한 인식과 의사를 내용으로 하는 고의가 있어야 한다.

---

64) 입찰방해미수행위를 처벌하는 규정이 없으므로 결국 피고인의 행위는 불가벌이 된다.

제4장 사생활의 평온에 대한 죄

제1절 비밀침해의 죄

Ⅰ 의 의

1. 개 념

비밀침해의 죄는 개인의 사생활에 있어서의 비밀을 침해하는 것을 내용으로 하는 범죄이다.

2. 보호법익 및 보호정도

비밀침해죄나 업무상비밀누설죄의 보호법익은 개인의 비밀이고, 보호정도는 형법 제316조 제1항의 죄는 추상적 위험범, 동조 제2항의 죄는 침해범, 제317조의 죄는 추상적 위험범이다.

Ⅱ 비밀침해죄

1. 의 의

비밀침해죄는 봉함 기타 비밀장치한 사람의 편지, 문서 또는 도화를 개봉하거나, 봉함 기타 비밀장치한 사람의 편지, 문서, 도화 또는 전자기록등 특수매체기록을 기술적 수단을 이용하여 그 내용을 알아냄으로써 성립하는 범죄이다(형법 제316조).

2. 구성요건

(1) 객 체

봉함 기타 비밀장치한 사람의 편지, 문서 또는 도화, 전자기록등 특수매체기록이다. 봉함은 그 외포를 훼손하지 아니하고는 그 내용을 쉽게 알 수 없도록 한 장치를 말하고, 기타 비밀장치는 봉함 이외의 방법으로 외포를 만들거나 기타 특수한 방법으로 그 내용을 쉽게 알 수 없도록 하는 일체의 장치를 말한다.

> • '봉함 기타 비밀장치가 되어 있는 문서'란 '기타 비밀장치'라는 일반 조항을 사용하여 널리 비밀을 보호하고자 하는 위 규정의 취지에 비추어 볼 때, 반드시 문서 자체에 비밀장치가 되어 있는 것만을 의미하는 것은 아니고, 봉함 이외의 방법으로 외부 포장을 만들어서 그 안의 내용을 알 수 없게 만드는 일체의 장치를 가리키는 것으로, 잠금장치 있는 용기나 서랍 등도 포함한다고 할 것인바, 이 사건과 같이 서랍이 2단으로 되어 있어 그중 아랫칸의 윗부분이 막혀 있지 않아 윗칸을 밖으로 빼내면 아랫칸의 내용물을 쉽게 볼 수 있는 구조로 되어 있는 서랍이라고 하더라도, 피해자가 아랫칸에 잠금장치를 하였고 통상적으로 서랍의 윗칸을 빼어 잠금장치된 아랫칸 내용물을 볼 수 있는 구조라거나 그와 같은

> 방법으로 볼 수 있다는 것을 예상할 수 없어 객관적으로 그 내용물을 쉽게 볼 수 없도록 외부에 의사를 표시하였다면, 형법 제316조 제1항의 규정 취지에 비추어 아랫칸은 윗칸에 잠금장치가 되어 있는지 여부에 관계없이 그 자체로서 형법 제316조 제1항에 규정하고 있는 비밀장치에 해당한다(대판 2008.11.27. 2008도9071).
>
> - 피고인이 피해자가 사용하는 노트북 컴퓨터에 해킹프로그램을 몰래 설치한 후 이를 작동시켜 피해자의 네이트온, 카카오톡, 구글 계정의 각 아이디 및 비밀번호(이하 '이 사건 아이디 등')를 알아낸 경우, 이 사건 아이디 등이 형법 제316조 제2항에 규정된 전자기록 등 특수매체기록에는 해당하더라도 이에 대하여 별도의 보안장치가 설정되어 있지 않은 등 비밀장치가 된 것으로 볼 수 없는 이상, 이 사건 아이디 등을 위 프로그램을 이용하여 알아냈더라도 전자기록등내용탐지죄가 성립하지 않는다(대판 2022.3.31. 2021도8900).

(2) 행 위

개봉하거나 기술적 수단을 이용하여 그 내용을 알아내는 것이다. 편지 등을 개봉한 경우(형법 제316조 제1항)에는 개봉하여 그 내용을 알 수 있는 상태에 두면 기수가 되고 내용까지 인식할 필요는 없으나, 기술적 수단을 이용하여 그 내용을 알아내는 경우(형법 제316조 제2항)에는 그 내용을 인식한 때에 기수가 된다.

3. 위법성

피해자의 동의는 구성요건해당성을 조각하는 양해가 되고, 추정적 승낙은 위법성이 조각된다. 비밀침해행위는 법령(예를 들어 감염병의 예방 및 관리에 관한 법률 제11조)에 의한 행위 또는 업무로 인한 행위 기타 사회상규에 위배되지 아니하는 행위로서 정당행위에 해당하여 위법성이 조각될 수 있다.

> '회사의 직원이 회사의 이익을 빼돌린다'는 소문을 확인할 목적으로, 비밀번호를 설정함으로써 비밀장치를 한 전자기록인 피해자가 사용하던 '개인용 컴퓨터의 하드디스크'를 떼어내어 다른 컴퓨터에 연결한 다음 의심이 드는 단어로 파일을 검색하여 메신저 대화 내용, 이메일 등을 출력한 경우, 피해자의 범죄 혐의를 구체적이고 합리적으로 의심할 수 있는 상황에서 피고인이 긴급히 확인하고 대처할 필요가 있었고, 그 열람의 범위를 범죄 혐의와 관련된 범위로 제한하였으며, 피해자가 입사시 회사 소유의 컴퓨터를 무단 사용하지 않고 업무 관련 결과물을 모두 회사에 귀속시키겠다고 약정하였고, 검색 결과 범죄행위를 확인할 수 있는 여러 자료가 발견된 사정 등에 비추어, 피고인의 그러한 행위는 사회통념상 허용될 수 있는 상당성이 있는 행위로서 형법 제20조의 '정당행위'라고 보아야 한다(대판 2009.12.24. 2007도6243).

4. 소추조건

본죄는 친고죄이므로 고소가 있어야 공소를 제기할 수 있다(형법 제318조). 고소권자는 피해자, 즉 편지의 경우 발송·도착 전후를 불문하고 발신인과 수신인 모두 고소권자가 된다.

Ⅲ 업무상비밀누설죄

의사, 한의사, 치과의사, 약제사, 약종상, 조산사, 변호사, 변리사, 공인회계사, 공증인, 대서업자나 그 직무상 보조자 또는 차등의 직에 있던 자가 그 직무처리 중 지득한 타인의 비밀을 누설하거나, 종교의 직에 있는 자 또는 있던 자가 그 직무상 지득한 사람의 비밀을 누설함으로써 성립하는 범죄이다(형법 제317조).

제2절 주거침입의 죄

Ⅰ 의의

1. 개념

주거침입의 죄란 사람의 주거 또는 관리하는 장소의 평온과 안전을 침해하는 것을 내용으로 하는 범죄이다.

2. 보호법익 및 보호정도

보호법익은 공동생활자 전원의 사실상의 평온(다수설, 판례)이고, 보호정도는 본죄의 미수범을 처벌하는 것을 고려할 때 침해범으로 보는 것이 타당하다.

> 1. **주거침입죄가 성립하는 사례**
>   근저당권설정등기가 되어 있지 아니한 별개 독립의 이 사건 건물이 근저당권의 목적으로 된 대지 및 건물과 일괄하여 경매된 경우 이 사건 건물에 대한 경락허가결정이 당연무효라고 하더라도 이에 기한 인도명령에 의한 집행으로서 일단 이 사건 건물의 점유가 경락인에게 이전된 이상 이 사건 건물의 소유자인 피고인이 위 무효인 인도집행에 반하여 위 건물에 들어간 경우에도 주거침입죄는 성립한다(대판 1984.4.24. 83도1429).
> 2. **주거침입죄가 성립하지 아니하는 사례**
>   주택의 매수인이 계약금과 중도금을 지급하고서 그 주택을 명도 받아 점유하고 있던 중 위 매매계약을 해제하고 중도금반환청구소송을 제기하여 얻은 그 승소판결에 기하여 강제집행에 착수한 이후에, 매도인이 매수인이 잠가 놓은 위 주택의 출입문을 열고 들어간 경우라면 매도인으로서는 매수인이 그 주택에 대한 모든 권리를 포기한 것으로 알고 그 주택에 들어간 것이라고 할 수 있을 뿐만 아니라 또한 그 주택에 대하여 보호받아야 할 피해자의 주거에 대한 평온상태는 소멸되었다고 볼 수 있으므로 매도인의 위 소위는 주거침입죄를 구성하지 아니한다(대판 1987.5.12. 87도3).

Ⅱ 주거침입죄

1. 의 의

주거침입죄는 사람의 주거, 관리하는 건조물, 선박이나 항공기 또는 점유하는 방실에 침입함으로써 성립하는 범죄이다(형법 제319조 제1항).

2. 구성요건

(1) 객관적 구성요건

1) 객 체

① 사람의 주거

  ㉠ 형법 제319조 제1항이 객체로서 점유하는 방실을 규정하고 있으므로 주거는 사람이 기거침식에 사용하는 장소로 보아야 한다(다수설). 주거는 자기가 그 공동생활의 일원이 아닌 타인의 주거를 의미하므로 공동생활에서 이탈한 후 종전 주거에 침입한 경우에는 주거침입죄가 성립한다.

> **다른 공동주거자의 의사에 반하는 경우 주거침입죄가 성립하지 아니하는 사례**
> [1] 주거침입죄의 객체는 행위자 이외의 사람, 즉 '타인'이 거주하는 주거 등이라고 할 것이므로 행위자 자신이 단독으로 또는 다른 사람과 공동으로 거주하거나 관리 또는 점유하는 주거 등에 임의로 출입하더라도 주거침입죄를 구성하지 않는다. 다만 다른 사람과 공동으로 주거에 거주하거나 건조물을 관리하던 사람이 공동생활관계에서 이탈하거나 주거 등에 대한 사실상의 지배·관리를 상실한 경우 등 특별한 사정이 있는 경우에 주거침입죄가 성립할 수 있을 뿐이다.
> [2] 공동거주자 각자가 공동생활의 장소에서 누리는 사실상 주거의 평온이라는 법익은 공동거주자 상호 간의 관계로 인하여 일정 부분 제약될 수밖에 없고, 공동거주자는 이러한 사정에 대한 상호 용인하에 공동주거관계를 형성하기로 하였다고 보아야 한다. 따라서 공동거주자 상호 간에는 특별한 사정이 없는 한 다른 공동거주자가 공동생활의 장소에 자유로이 출입하고 이를 이용하는 것을 금지할 수 없다.
> [3] 공동거주자 중 한 사람이 법률적인 근거 기타 정당한 이유 없이 다른 공동거주자가 공동생활의 장소에 출입하는 것을 금지한 경우, 다른 공동거주자가 이에 대항하여 공동생활의 장소에 들어갔더라도 이는 사전 양해된 공동주거의 취지 및 특성에 맞추어 공동생활의 장소를 이용하기 위한 방편에 불과할 뿐, 그의 출입을 금지한 공동거주자의 사실상 주거의 평온이라는 법익을 침해하는 행위라고는 볼 수 없으므로 주거침입죄는 성립하지 않는다. 설령 그 공동거주자가 공동생활의 장소에 출입하기 위하여 출입문의 잠금장치를 손괴하는 등 다소간의 물리력을 행사하여 그 출입을 금지한 공동거주자의 사실상 평온상태를 해쳤더라도 그러한 행위 자체를 처벌하는 별도의 규정에 따라 처벌될 수 있음은 별론으로 하고, 주거침입죄가 성립하지 아니함은 마찬가지이다.

[4] 공동거주자 각자가 상호 용인한 통상적인 공동생활 장소의 출입 및 이용행위의 내용과 범위는 공동주거의 형태와 성질, 공동주거를 형성하게 된 경위 등에 따라 개별적·구체적으로 살펴보아야 한다. 공동거주자 중 한 사람의 승낙에 따른 외부인의 공동생활 장소의 출입 및 이용행위가 외부인의 출입을 승낙한 공동거주자의 통상적인 공동생활 장소의 출입 및 이용행위의 일환이자 이에 수반되는 행위로 평가할 수 있는 경우에는 이러한 외부인의 행위는 전체적으로 그 공동거주자의 행위와 동일하게 평가할 수 있다. 따라서 공동거주자 중 한 사람이 법률적인 근거 기타 정당한 이유 없이 다른 공동거주자가 공동생활의 장소에 출입하는 것을 금지하고, 이에 대항하여 다른 공동거주자가 공동생활의 장소에 들어가는 과정에서 그의 출입을 금지한 공동거주자의 사실상 평온상태를 해쳤더라도 주거침입죄가 성립하지 않는 경우로서, 그 공동거주자의 승낙을 받아 공동생활의 장소에 함께 들어간 외부인의 출입 및 이용행위가 전체적으로 그의 출입을 승낙한 공동거주자의 통상적인 공동생활 장소의 출입 및 이용행위의 일환이자 이에 수반되는 행위로 평가할 수 있는 경우라면, 이를 금지하는 공동거주자의 사실상 평온상태를 해쳤음에도 불구하고 그 외부인에 대하여도 역시 주거침입죄가 성립하지 않는다고 봄이 타당하다.

[5] 피고인 갑은 처 을과의 불화로 인해 을과 공동생활을 영위하던 아파트에서 짐 일부를 챙겨 나왔는데, 그 후 자신의 부모인 피고인 병, 정과 함께 아파트에 찾아가 출입문을 열 것을 요구하였으나 을은 외출한 상태로 을의 동생인 무가 출입문에 설치된 체인형 걸쇠를 걸어 "언니가 귀가하면 오라." 며 문을 열어 주지 않자 공동하여 걸쇠를 손괴한 후 아파트에 침입하였다고 하여 폭력행위 등 처벌에 관한 법률 위반(공동주거침입)으로 기소된 사안에서, 검사가 제출한 증거만으로는 피고인 갑이 아파트에서의 공동생활관계에서 이탈하였다거나 그에 대한 지배·관리를 상실하였다고 보기 어렵고, 공동거주자인 을이나 그로부터 출입관리를 위탁받은 무가 공동거주자인 피고인 갑의 출입을 금지할 법률적인 근거 기타 정당한 이유가 인정되지 않으므로, 아파트에 대한 공동거주자의 지위를 계속 유지하고 있던 피고인 갑이 아파트에 출입하는 과정에서 정당한 이유 없이 이를 금지하는 무의 조치에 대항하여 걸쇠를 손괴하는 등 물리력을 행사하였다고 하여 주거침입죄가 성립한다고 볼 수 없고, 한편 피고인 병, 정은 공동거주자이자 아들인 피고인 갑의 공동주거인 아파트에 출입함에 있어 무의 정당한 이유 없는 출입금지 조치에 대항하여 아파트에 출입하는 데에 가담한 것으로 볼 수 있고, 그 과정에서 피고인 갑이 걸쇠를 손괴하는 등 물리력을 행사하고 피고인 병도 이에 가담함으로써 공동으로 재물손괴 범죄를 저질렀으나 피고인 병의 행위는 그 실질에 있어 피고인 갑의 행위에 편승, 가담한 것에 불과하므로, 피고인 병, 정이 아파트에 출입한 행위 자체는 전체적으로 공동거주자인 피고인 갑이 아파트에 출입하고 이를 이용하는 행위의 일환이자 이에 수반되어 이루어진 것에 해당한다고 평가할 수 있어 피고인 병, 정에 대하여도 같은 법 위반(공동주거침입)죄가 성립하지 않는다고 한 사례(대판 2021.9.9. 2020도6085[전합])[65]

---

65) 다음의 판례와 구별하여야 한다.
피고인은 2020.11. 초순 피해자를 알게 되어 교제하기 시작하여 같은 달 중순부터 2020.12.31.까지 1개월 조금 넘는 기간 동안 피해자의 집에서 함께 생활한 피해자가 집을 비운 틈을 이용해 아파트 1층 베란다를 타고 올라가 2층에 있는 피해자의 집 거실 베란다 문을 열고 피해자의 집 안으로 들어갔다면 주거침입죄가 성립한다(대판 2021.12.30. 2021도13639).

ⓒ 장소적으로는 건조물의 일부가 주거로 사용되는 경우에는 그 건조물 전체가 주거가 되고 주거 자체를 위한 건조물 이외에 그 부속물이나 위요지도 주거에 포함된다(대판 2001.4.24, 2001도1092). 주거는 구조설비의 여하, 계속적 사용 여부, 부동산 또는 동산인지의 여부, 소유관계 등은 불문한다.

> **주거에 해당하는 사례**
> - [1] 주거침입죄에서 주거란 단순히 가옥 자체만을 말하는 것이 아니라 그 정원 등 위요지를 포함한다. 따라서 다가구용 단독주택이나 다세대주택·연립주택·아파트 등 공동주택 안에서 공용으로 사용하는 계단과 복도는, 주거로 사용하는 각 가구 또는 세대의 전용 부분에 필수적으로 부속하는 부분으로서 그 거주자들에 의하여 일상생활에서 감시·관리가 예정되어 있고 사실상의 주거의 평온을 보호할 필요성이 있는 부분이므로, 특별한 사정이 없는 한 주거침입죄의 객체인 '사람의 주거'에 해당한다.
> [2] 다가구용 단독주택인 빌라의 잠기지 않은 대문을 열고 들어가 공용 계단으로 빌라 3층까지 올라갔다가 1층으로 내려온 사안에서, 주거인 공용 계단에 들어간 행위가 거주자의 의사에 반한 것이라면 주거에 침입한 것이라고 보아야 한다는 이유로, 주거침입죄를 구성하지 않는다고 본 원심판결을 파기한 사례(대판 2009.8.20, 2009도3452)
> - 피고인이 강간할 목적으로 피해자를 따라 피해자가 거주하는 아파트 내부의 엘리베이터에 탄 다음 그 안에서 폭행을 가하여 반항을 억압한 후 계단으로 끌고 가 피해자를 강간하고 상해를 입힌 사안에서, 피고인이 성폭력범죄의 처벌 및 피해자보호 등에 관한 법률 제5조 제1항에 정한 주거침입범의 신분을 가지게 되었다는 이유로, 주거침입을 인정하지 않고 강간상해죄만을 선고한 원심판결을 파기한 사례(대판 2009.9.10, 2009도4335)

② 관리하는 건조물·선박·항공기 : 관리란 사실상 지배하고 있음을 말하며 타인의 침입을 방지할 만한 인적·물적 설비를 갖출 것을 요한다. 건조물이란 주거를 제외한 일체의 건물 및 그 위요지를 말한다.

> **1. 건조물에 해당하는 사례**
> - 선박건조자재운반용으로 도크에 고정되어 82m 높이에 설치되어 있으며 약 10평 정도되는 방실 등이 있고 평소 그 운전을 위해 1, 2명의 직원이 근무하며 인가자 이외의 출입이 금지되는 "골리앗크레인"에 출입통제를 위해 출입문이 잠긴 채 간수인이 없었다 하여도 피고인 등 70명 정도의 근로자가 함께 위 "골리앗크레인"에 들어가서 농성을 하였다면, 피고인 등이 다중의 위력을 보여 간수하는 건조물에 침입한 것으로 보아야 한다(대판 1991.6.11, 91도753).
> - [1] 건조물침입죄에서 건조물이란 단순히 건조물 그 자체만을 말하는 것이 아니고 위요지를 포함하는 개념이다. 위요지란 건조물에 직접 부속한 토지로서 그 경계가 장벽 등에 의하여 물리적으로 명확하게 구획되어 있는 장소를 말한다.
> [2] 피고인들이 골프장 부지에 설치된 사드(THAAD : 고고도 미사일 방어 체계)기지 외곽 철조망을 미리 준비한 각목과 장갑을 이용해 통과하여 300m 정도 진행하다가 내곽 철조망에 도착하자 미리 준비한 모포와 장갑을 이용해 통과하여 사드기지 내부 1km 지점까지 진입함으로써 대한민국 육군과 주한미군이 관리하는 건조물에 침입하였다고 하여 폭력행위 등 처벌에 관한 법률 위반(공동주거침입)으로 기소된 사안에서, 위 사드기지는 더 이상 골프장으로 사용되고 있지 않을 뿐만 아니라

이미 사드발사대 2대가 반입되어 이를 운용하기 위한 병력이 골프장으로 이용될 당시의 클럽하우스, 골프텔 등의 건축물에 주둔하고 있었고, 군 당국은 외부인 출입을 엄격히 금지하기 위하여 사드기지의 경계에 외곽 철조망과 내곽 철조망을 2중으로 설치하여 외부인의 접근을 철저하게 통제하고 있었으므로, 위 사드기지의 부지는 기지 내 건물의 위요지에 해당한다는 이유로, 이와 달리 보아 피고인들에게 무죄를 선고한 원심판결에 주거침입죄의 위요지에 관한 법리를 오해한 잘못이 있다고 한 사례(대판 2020.3.12. 2019도16484).

- [1] 퇴거불응죄에 있어서 '건조물'이라 함은 단순히 건조물 그 자체만을 말하는 것이 아니고 위요지를 포함하고, '위요지'가 되기 위하여는 건조물에 인접한 그 주변 토지로서 관리자가 외부와의 경계에 문과 담 등을 설치하여 그 토지가 건조물의 이용을 위하여 제공되었다는 것이 명확히 드러나야 할 것인데, 화단의 설치, 수목의 식재 등으로 담장의 설치를 대체하는 경우에도 건조물에 인접한 그 주변 토지가 건물, 화단, 수목 등으로 둘러싸여 건조물의 이용에 제공되었다는 것이 명확히 드러난다면 위요지가 될 수 있다.
[2] 이 사건 시위 장소와 병원 외부 사이에 문이나 담이 설치되어 있지 아니하고 또 관리자가 있어 이 사건 시위 장소에 일반인의 출입을 제한하고 있지는 아니하나, 이 사건 시위 장소를 병원의 건물들과 화단, 그리고 화단에 식재된 수목들이 둘러싸고 있으면서 병원 외부와의 경계 역할을 하고 있는 사실, 이 사건 시위 장소가 각 병원 건물의 앞 또는 옆 마당으로서 병원 각 건물로 오가는 통행로 등으로 이용되고 있는 사실 등을 인정한 다음, 이러한 점에 비추어 보면, 이 사건 시위 장소가 병원 건물의 이용에 제공되었다는 것이 명확히 드러난다고 할 것이므로, 이 사건 시위 장소는 병원 건물의 위요지에 해당한다고 봄이 상당하다(대판 2010.3.11. 2009도12609).

2. 건조물에 해당하지 아니하는 사례

- [1] 주거침입죄에서 침입행위의 객체인 '건조물'은 주거침입죄가 사실상 주거의 평온을 보호법익으로 하는 점에 비추어 엄격한 의미에서의 건조물 그 자체뿐만이 아니라 그에 부속하는 위요지를 포함한다고 할 것이나, 여기서 위요지라고 함은 건조물에 인접한 그 주변의 토지로서 외부와의 경계에 담 등이 설치되어 그 토지가 건조물의 이용에 제공되고 또 외부인이 함부로 출입할 수 없다는 점이 객관적으로 명확하게 드러나야 한다. 따라서 건조물의 이용에 기여하는 인접의 부속 토지라고 하더라도 인적 또는 물적 설비 등에 의한 구획 내지 통제가 없어 통상의 보행으로 그 경계를 쉽사리 넘을 수 있는 정도라고 한다면 일반적으로 외부인의 출입이 제한된다는 사정이 객관적으로 명확하게 드러났다고 보기 어려우므로, 이는 다른 특별한 사정이 없는 한 주거침입죄의 객체에 속하지 아니한다고 봄이 상당하다.
[2] 차량 통행이 빈번한 도로에 바로 접하여 있고, 도로에서 주거용 건물, 축사 4동 및 비닐하우스 2동으로 이루어진 시설로 들어가는 입구 등에 그 출입을 통제하는 문이나 담 기타 인적·물적 설비가 전혀 없고 노폭 5m 정도의 통로를 통하여 누구나 축사 앞 공터에 이르기까지 자유롭게 드나들 수 있는 사실 등을 이유로, 차를 몰고 위 통로로 진입하여 축사 앞 공터까지 들어간 행위가 주거침입에 해당한다고 본 원심판단에 법리오해 등의 위법이 있다고 한 사례(대판 2010.4.29. 2009도14643).

- 공사현장에서 당시 건축 중인 이 사건 타워가 기둥과 계단 등을 갖추고 있었고, 피고인들이 이 사건 타워의 계단을 통해 이 사건 타워 상단부에 올라갔으며, 피해자 ○○건설 등은 이 사건 공사현장 외부 경계에 담장과 문 등을 설치하여 출입을 통제하고 있었으나, 이 사건 타워는 석유화학제품을 만드는 공정에서 촉매제로 사용된 백금을 다시 세척하여 재활용하기 위하여 사용되는 석유정제시설 중 하나인 개질시설로서 사람이 기거하거나 출입을 목적으로 사용되는 장소가 아니고, 당시 이 사건 타워는 아직 신축 중인 상태의 철골구조물로 기둥과 계단 외에 벽이나 천정이라고 볼 수

> 있는 시설은 갖추어지지 않았고, 그에 대한 접근이나 출입을 제한하는 시설도 없는 상태였고, 한편 이 사건 공사현장에는 현장사무실이나 경비실 외에 별도의 건조물은 없었던 것으로 보이는데, 이 사건 공사현장이 현장사무실이나 경비실의 이용을 위하여 제공된 토지라고 보기 어려울 뿐만 아니라, 당시 피고인들은 그 현장사무실이나 경비실에 출입하지도 않았으므로 이 사건 타워는 건조물침입죄의 객체인 건조물로서의 요건을 갖추었다고 볼 수 없고, 이에 따라 이 사건 공사현장도 이러한 건조물의 이용을 위하여 제공되는 토지, 즉 위요지라고 볼 수 없으므로, 피고인들이 이 사건 공사현장에 출입한 행위는 건조물침입죄가 성립할 수 없다(대판 2017.12.22. 2017도690).

③ **점유하는 방실** : 건물 내에서 사실상 지배·관리하는 구획을 말한다(사무실, 연구실 등). 그러나 일시적으로 점유하는 데 불과한 노래방, 비디오방 등의 구획된 공간은 방실에 해당하지 아니한다.

2) 행 위

① 침입은 주거자의 의사에 반하는 외부로부터의 신체적 침입을 의미하며 그 방법은 제한이 없다. 작위는 물론 부작위에 의한 침입도 가능하다.

㉠ 대법원이 2020도12630 전합 판결에서 침입의 의미에 관하여 이른바 의사침해설에서 평온침해설로 입장을 변경한 이후, 최근 판례도 같은 취지에서 주거침입죄의 구성요건적 행위인 침입은 주거침입죄의 보호법익과의 관계에서 해석하여야 하므로, 침입이란 주거의 사실상 평온상태를 해치는 행위 태양으로 주거에 들어가는 것을 의미하고, 침입에 해당하는지는 출입 당시 객관적·외형적으로 드러난 행위 태양을 기준으로 판단함이 원칙이고, 사실상의 평온상태를 해치는 행위 태양으로 주거에 들어가는 것이라면 대체로 거주자의 의사에 반하겠지만, 단순히 주거에 들어가는 행위 자체가 거주자의 의사에 반한다는 주관적 사정만으로는 바로 침입에 해당한다고 볼 수 없으므로, 침입행위에 해당하는지는 거주자의 의사에 반하는지가 아니라 사실상의 평온상태를 해치는 행위 태양인지에 따라 판단되어야 한다고(대판 2024.1.4. 2022도15955) 판시하고 있다.

> **1. 침입에 해당하는 사례**
> - [1] 주거침입죄는 사실상의 주거의 평온을 보호법익으로 하는 것이므로 그 거주자 또는 관리자가 건조물 등에 거주 또는 관리할 권한을 가지고 있는가 여부는 범죄의 성립을 좌우하는 것이 아니고, 그 거주자나 관리자와의 관계 등으로 평소 그 건조물에 출입이 허용된 사람이라 하더라도 주거에 들어간 행위가 거주자나 관리자의 명시적 또는 추정적 의사에 반함에도 불구하고 감행된 것이라면 주거침입죄는 성립하며, 출입문을 통한 정상적인 출입이 아닌 경우 특별한 사정이 없는 한 그 침입 방법 자체에 의하여 위와 같은 의사에 반하는 것으로 보아야 한다. [2] 피고인은 회장으로서 피해 회사의 업무처리를 위해 이 사건 사무실을 사용하였던 것이고, 피해 회사와는 무관하게 개인적인 용도에 사용한 것은 아니므로, 피고인이 공소외 2와 결별하고 사실상 피해 회사를 퇴사한 이상 피고인은 더 이상 피해 회사의 승낙 없이는 위 사무실을 출입할 수 없게 되었다고 봄이 상당하고, 이후 위 사무실에 나타나지 않다가 약 20일이 지나서 피해 회사의 명시적인 의사에 반하여 비정상적인 방법으로 위 사무실에 들어간 행위는 방실침입죄에 해당한다(대판 2007.8.23. 2007도2595).
> - 피고인이 피해자가 사용 중인 공중화장실의 용변칸에 노크하여 남편으로 오인한 피해자가 용변칸 문을 열자 강간할 의도로 용변칸에 들어간 것이라면 피해자가 명시적 또는 묵시적으로 이를 승낙하였다고 볼 수 없어 주거침입죄에 해당한다(대판 2003.5.30. 2003도1256).

- [1] 건조물침입죄는 건조물의 사실상 평온을 보호법익으로 하고 있으므로 건조물 관리자의 의사에 반하여 건조물에 침입함으로써 성립한다. 건조물의 거주자나 관리자와의 관계 등으로 평소 건조물에 출입이 허용된 사람이라 하더라도 건조물에 들어간 행위가 거주자나 관리자의 명시적 또는 추정적 의사에 반함에도 불구하고 감행된 것이라면 건조물침입죄가 성립한다.
[2] 입주자대표회의는 구 주택법 또는 공동주택관리법에 따라 구성되는 공동주택의 자치의결기구로서 공동주택의 입주자 및 사용자(이하 '입주자 등')를 대표하여 공동주택의 관리에 관한 주요사항을 결정할 수 있고, 개별 입주자 등은 원활한 공동생활을 유지하기 위하여 공동주택에서의 본질적인 권리가 침해되지 않는 한 입주자대표회의가 결정한 공동주택의 관리에 관한 사항을 따를 의무가 있다. 공동주택의 관리에 관한 사항에는 '단지 안의 주차장 유지 및 운영에 관한 사항'도 포함된다. 따라서 입주자대표회의가 입주자 등이 아닌 자(이하 '외부인')의 단지 안 주차장에 대한 출입을 금지하는 결정을 하고 그 사실을 외부인에게 통보하였음에도 외부인이 입주자대표회의의 결정에 반하여 그 주차장에 들어갔다면, 출입 당시 관리자로부터 구체적인 제지를 받지 않았다고 하더라도 그 주차장의 관리권자인 입주자대표회의의 의사에 반하여 들어간 것이므로 건조물침입죄가 성립한다. 설령 외부인이 일부 입주자 등의 승낙을 받고 단지 안의 주차장에 들어갔다고 하더라도 개별 입주자 등은 그 주차장에 대한 본질적인 권리가 침해되지 않는 한 입주자대표회의의 단지 안의 주차장 관리에 관한 결정에 따를 의무가 있으므로 건조물침입죄의 성립에 영향이 없다. 외부인의 단지 안 주차장 출입을 금지하는 입주자대표회의의 결정이 개별 입주자 등의 본질적인 권리를 침해하는지 여부는 주차장의 유지 및 운영에 관한 입주자대표회의에서 제정·개정한 제 규정의 내용, 주차장의 본래 사용용도와 목적, 입주자 등 사이의 관계, 입주자 등과 외부인 사이의 관계, 외부인의 출입 목적과 출입 방법 등을 종합적으로 고려하여 판단하여야 한다.
[3] 이 사건 아파트 지하주차장의 관리권자는 입주자대표회의이고, 피고인은 이 사건 아파트의 입주자대표회의의 결의 및 이 사건 가처분결정에 반하여 이 사건 아파트의 지하주차장 안까지 들어갔으므로, 비록 피고인이 일부 입주자등과 체결한 세차용역계약에 따라 이 사건 아파트의 지하주차장에 들어가면서 관리자로부터 구체적인 제지를 받지 않았다고 하더라도 건조물침입죄가 성립한다. 한편 이 사건 아파트의 입주자대표회의는 입주자등의 재산상의 피해나 각종 사고 등을 예방하기 위하여 이 사건 아파트 단지 내를 통행하는 차량의 통행을 제한할 수 있고, 입주자등은 입주자대표회의의 이러한 결정에 따를 의무가 있다. 따라서 입주자대표회의가 일부 입주자등과 세차용역계약을 체결한 피고인에 대하여 세차영업을 위하여 이 사건 아파트의 지하주차장으로 출입하는 것을 금지하였다고 하더라도 그것이 일부 입주자등의 지하주차장에 대한 본질적인 권리를 침해한 것이라고 볼 수 없으므로, 피고인이 피고인과 세차용역계약을 체결한 일부 입주자등의 승낙을 받고 이 사건 아파트의 지하주차장에 출입하였다고 하여도 건조물침입죄의 성립에 영향이 없다(대판 2021.1.14. 2017도21323).
- [1] 주거침입죄의 구성요건적 행위인 침입은 주거침입죄의 보호법익과의 관계에서 해석하여야 하므로, 침입이란 거주자가 주거에서 누리는 사실상의 평온상태를 해치는 행위태양으로 주거에 들어가는 것을 의미하고, 침입에 해당하는지 여부는 출입 당시 객관적·외형적으로 드러난 행위태양을 기준으로 판단함이 원칙이다. 사실상의 평온을 해치는 행위태양으로 주거에 들어가는 것이라면 특별한 사정이 없는 한 거주자의 의사에 반하는 것이겠지만, 단순히 주거에 들어가는 행위 자체가 거주자의 의사에 반한다는 거주자의 주관적 사정만으로 바로 침입에 해당한다고 볼 수 없다. 따라서 침입에 해당한다고 인정하기 위해서는 거주자의 의사에 반한다는 사정만으로는 부족하고, 주거의 형태와 용도·성질, 외부인의 출입에 대한 통제·관리 상태, 출입의 경위와 태양 등을 종합적으로 고려하여 객관적·외형적으로 판단할 때 주거의 사실상의 평온상태를 해치는 경우에 이르러야 한다.

[2] 다가구용 단독주택이나 다세대주택·연립주택·아파트와 같은 공동주택 내부의 엘리베이터, 공용 계단, 복도 등 공용 부분도 그 거주자들의 사실상 주거의 평온을 보호할 필요성이 있어 주거침입죄의 객체인 '사람의 주거'에 해당한다. 아파트 등 공동주택의 공동현관에 출입하는 경우에도, 그것이 주거로 사용하는 각 세대의 전용 부분에 필수적으로 부속하는 부분으로 거주자와 관리자에게만 부여된 비밀번호를 출입문에 입력하여야만 출입할 수 있거나, 외부인의 출입을 통제·관리하기 위한 취지의 표시나 경비원이 존재하는 등 외형적으로 외부인의 무단출입을 통제·관리하고 있는 사정이 존재하고, 외부인이 이를 인식하고서도 그 출입에 관한 거주자나 관리자의 승낙이 없음은 물론, 거주자와의 관계 기타 출입의 필요 등에 비추어 보더라도 정당한 이유 없이 비밀번호를 임의로 입력하거나 조작하는 등의 방법으로 거주자나 관리자 모르게 공동현관에 출입한 경우와 같이, 그 출입 목적 및 경위, 출입의 태양과 출입한 시간 등을 종합적으로 고려할 때 공동주택 거주자의 사실상 주거의 평온상태를 해치는 행위태양으로 볼 수 있는 경우라면 공동주택 거주자들에 대한 주거침입에 해당할 것이다(대판 2022.1.27. 2021도15507).

2. 침입에 해당하지 아니하는 사례

- 피고인이 인근 동리에 사는 고모의 아들인 피해자의 집에 잠시 들어가 있는 동안에 동 피해자에게 돈을 갚기 위하여 찾아온 동 피해자의 이질의 돈을 절취하였다면 피고인이 당초부터 불법목적을 가지고 위 피해자의 집에 들어갔거나 그의 의사에 반하여 그의 집에 들어간 것이 아니어서 주거침입죄 부분의 공소사실은 범죄의 증명이 없는 때에 해당한다(대판 1984.2.14. 83도2897).
- 주거침입죄의 구성요건적 행위인 침입은 주거침입죄의 보호법익과의 관계에서 해석하여야 한다. 따라서 침입이란 '거주자가 주거에서 누리는 사실상의 평온상태를 해치는 행위태양으로 주거에 들어가는 것'을 의미하고, 침입에 해당하는지 여부는 출입 당시 객관적·외형적으로 드러난 행위태양을 기준으로 판단함이 원칙이다. 사실상의 평온상태를 해치는 행위태양으로 주거에 들어가는 것이라면 대체로 거주자의 의사에 반하는 것이겠지만, 단순히 주거에 들어가는 행위 자체가 거주자의 의사에 반한다는 거주자의 주관적 사정만으로 바로 침입에 해당한다고 볼 수는 없다. 외부인이 공동거주자 중 주거 내에 현재하는 거주자로부터 현실적인 승낙을 받아 통상적인 출입방법에 따라 주거에 들어간 경우라면, 특별한 사정이 없는 한 사실상의 평온상태를 해치는 행위태양으로 주거에 들어간 것이라고 볼 수 없으므로 주거침입죄에서 규정하고 있는 침입행위에 해당하지 않는다(대판 2021.9.9. 2020도12630[전합]).66)

---

66) 피고인이 갑의 부재중에 갑의 처 을과 혼외 성관계를 가질 목적으로 을이 열어 준 현관 출입문을 통하여 갑과 을이 공동으로 거주하는 아파트에 3회에 걸쳐 들어간 사안에서, 피고인이 을로부터 현실적인 승낙을 받아 통상적인 출입방법에 따라 주거에 들어갔으므로 주거의 사실상 평온상태를 해치는 행위태양으로 주거에 들어간 것이 아니어서 주거에 침입한 것으로 볼 수 없고, 설령 피고인의 주거 출입이 부재중인 갑의 의사에 반하는 것으로 추정되더라도 그것이 사실상 주거의 평온을 보호법익으로 하는 주거침입죄의 성립 여부에 영향을 미치지 않는다는 이유로, 같은 취지에서 피고인에게 무죄를 선고한 원심의 판단이 정당하다고 한 사례(대판 2021.9.9. 2020도12630[전합])

ⓒ 주거자는 주거에 대한 출입·체류 여부를 결정할 수 있는 권리가 있는 자를 말한다. 소유자·직접점유자에 한하지 아니하고 주거 등을 사실상 평온하게 거주·점유·관리하고 있으면 주거자가 될 수 있다. 예를 들어 임대차기간은 물론 임대차기간의 경과로 임대차가 종료된 경우에도 임차인이 계속 주거에 거주하는 한 제3자는 물론 소유자에 대한 관계에서도 임차인이 주거자가 된다는 것이 학설, 판례의 일반적인 태도이다. 수인이 공동으로 거주하는 공동주거의 경우에는 각자 모두 주거에 출입·체류 여부를 결정할 수 있다. 주거 내에 수인이 모두 현존하는 상황이라면 수인 모두의 동의를 받아야 출입이 가능하며 단독으로는 출입을 허가할 수 없다.

② 주거침입죄 성립 여부에 대한 사례
  ㉠ 공동주거자 중 1인의 동의를 얻어 주거에 들어간 경우
    ㉮ 문제점 : 공동주거자 중 1인의 동의를 얻어 주거에 들어간 경우, 주거침입죄의 성립 여부가 문제된다. 이 문제는 주로 남편의 부재 중 처의 동의를 얻어 주거에 들어간 경우에 주거침입죄를 인정할 것인지의 여부와 관련하여 논의된다.
    ㉯ 학설 : 외출 중인 자의 사실상의 평온을 침해한 것은 아니므로 본죄가 성립하는 것은 아니라는 소극설, 외출 중인 자의 추정적 의사에 반하므로 본죄가 성립한다는 적극설이 대립하고 있다.
    ㉰ 판례 : 최근 전합판례는 외부인이 공동거주자의 일부가 부재 중에 주거 내에 현재하는 거주자의 현실적인 승낙을 받아 통상적인 출입방법에 따라 공동주거에 들어간 경우라면 그것이 부재 중인 다른 거주자의 추정적 의사에 반하는 경우에도 주거침입죄는 성립하지 아니한다고(대판 2021.9.9. 2020도12630[전합]) 판시하고 있다.
    ㉱ 검토 : 생각건대 본죄의 보호법익을 사실상의 평온이라고 본다면 현재하는 주거자의 승낙을 얻어 들어간 것이 사실상의 평온을 깨뜨렸다고 보기는 어려우므로 이 경우 주거침입죄는 성립하지 아니한다고 이해하는 것이 타당하다.

> **공동주거자의 부재 중 일부의 승낙을 얻어 들어간 경우 주거침입죄가 성립하지 아니하는 사례**
> 외부인이 공동거주자의 일부가 부재중에 주거 내에 현재하는 거주자의 현실적인 승낙을 받아 통상적인 출입방법에 따라 공동주거에 들어간 경우라면 그것이 부재중인 다른 거주자의 추정적 의사에 반하는 경우에도 주거침입죄가 성립하지 않는다고 보아야 한다. 구체적인 이유는 다음과 같다.
> • 부재중인 일부 공동거주자에 대하여 주거침입죄가 성립하는지를 판단할 때에도 이러한 주거침입죄의 보호법익의 내용과 성질, 공동주거관계의 특성을 고려하여야 한다. 공동거주자 개개인은 각자 사실상 주거의 평온을 누릴 수 있으므로 어느 거주자가 부재중이라고 하더라도 사실상의 평온상태를 해치는 행위태양으로 들어가거나 그 거주자가 독자적으로 사용하는 공간에 들어간 경우에는 그 거주자의 사실상 주거의 평온을 침해하는 결과를 가져올 수 있다. 그러나 공동거주자 중 주거 내에 현재하는 거주자의 현실적인 승낙을 받아 통상적인 출입방법에 따라 들어갔다면, 설령 그것이 부재중인 다른 거주자의 의사에 반하는 것으로 추정된다고 하더라도 주거침입죄의 보호법익인 사실상 주거의 평온을 깨뜨렸다고 볼 수는 없다.

> - 주거침입죄의 구성요건적 행위인 침입은 주거침입죄의 보호법익과의 관계에서 해석하여야 한다. 따라서 침입이란 '거주자가 주거에서 누리는 사실상의 평온상태를 해치는 행위태양으로 주거에 들어가는 것'을 의미하고, 침입에 해당하는지 여부는 출입 당시 객관적·외형적으로 드러난 행위태양을 기준으로 판단함이 원칙이다. 사실상의 평온상태를 해치는 행위태양으로 주거에 들어가는 것이라면 대체로 거주자의 의사에 반하는 것이겠지만, 단순히 주거에 들어가는 행위 자체가 거주자의 의사에 반한다는 거주자의 주관적 사정만으로 바로 침입에 해당한다고 볼 수는 없다.
> - 외부인이 공동거주자 중 주거 내에 현재하는 거주자로부터 현실적인 승낙을 받아 통상적인 출입방법에 따라 주거에 들어간 경우라면, 특별한 사정이 없는 한 사실상의 평온상태를 해치는 행위태양으로 주거에 들어간 것이라고 볼 수 없으므로 주거침입죄에서 규정하고 있는 침입행위에 해당하지 않는다(대판 2021.9.9. 2020도12630[전합]).

ⓒ 강요 또는 기망에 의한 동의를 얻어 주거에 들어간 경우

㉮ 문제점 : 형법 문언의 해석상 주거침입죄의 구성요건해당성을 조각하는 양해를 순수한 사실적 성격을 가진 것으로 한정할 근거는 없으므로 해당 구성요건의 내용과 기능, 그 보호법익의 본질 등에 따라 개별적으로 양해의 효력을 판단하는 것이 타당하다고 할 때, 개별적 사례에서 하자있는 동의의 효력을 어떻게 볼 것인지 여부가 문제된다.

㉯ 학설 : 주거침입죄에서 동의의 의사표시가 강요나 협박에 의한 것일 경우에는 그 동의는 무효이고 주거침입죄가 성립한다고 보는 것이 학설의 일반적인 태도이나, 기망에 의해 동의를 얻은 경우에 주거침입죄가 성립하는가에 관하여는 긍정설과 부정설의 대립이 있다. 긍정설은 범죄목적이라는 이유 또는 주거자의 진정한 의사에 반하는 출입이라는 이유로 주거침입죄의 성립을 인정하거나, 주거자의 반대의사는 그 동의의사를 무효라고 봄으로써 추정되어야 한다는 근거로 주거침입죄의 성립을 인정한다. 부정설은 동의를 얻어서 들어간 경우에는 주거자의 현실적 의사에 반하였다고 할 수 없고, 주거자의 진의를 기준으로 할 경우에는 주거침입죄는 강요죄 유사의 구성요건으로 변질될 우려가 있다고 하여 주거침입죄의 성립을 부정한다.

㉰ 판례 : 주거침입죄에서 동의의 의사표시가 강요나 협박에 의한 것일 경우에는 판례(대판 2007.1.25. 2006도5979)도 학설과 마찬가지로 주거침입죄가 성립한다고 보고 있다. 기망에 의해 동의를 얻은 경우에 종전 판례는 도청장치를 설치할 목적으로 손님을 가장하여 음식점에 들어간 경우(대판 1997.3.28. 95도2674), 부녀가 남편인줄 착각하고 문을 열어 준 경우(대판 2003.5.30. 2003도1256) 등에서 주거침입죄의 성립을 인정하였으나, 최근 판례는 관리자에 의해 출입이 통제되는 건조물에 관리자의 승낙을 받아 건조물에 통상적인 출입방법으로 들어갔다면, 이러한 승낙의 의사표시에 기망이나 착오 등의 하자가 있더라도 특별한 사정이 없는 한 형법 제319조 제1항에서 정한 건조물침입죄가 성립하지 않는다고(대판 2022.3.31. 2018도15213) 판시하고 있다.

㉣ 검토 : 생각건대 강요나 협박에 의해 동의를 얻은 경우 법익주체의 진정한 의사는 출입을 동의하지 않은 것이므로 동의의 효력을 부정하여 주거침입죄는 성립하지 아니한다고 이해하는 것이 타당하지만, 기망에 의해 동의를 얻은 경우에는 동의 당시의 시점에서 보면 법익주체의 자유로운 의사판단에 의하여 출입동의를 한 것으로 볼 수 있으므로 현실적으로 이루어진 동의의 효력 자체를 부정할 수는 없어, 원칙적으로 주거침입죄는 성립하지 아니한다고 보아야 한다. 다만, 기망에 의한 동의의 경우에 동의의 효력 자체를 부정할 수는 없다고 하더라도 기망적 방법을 동원한 출입이라는 행위태양이 주거의 사실상 평온을 해치는 정도에 이른 것이라고 평가할 수 있는 경우에는 주거침입죄의 성립을 긍정해야 할 것으로 판단된다.

1. **주거침입죄가 성립하는 사례**
   - 피고인이 피해자의 옛 애인 및 '사진 찍은 자'로 1인 2역을 수행하면서 설령 그 정을 알지 못하는 피해자로부터 승낙을 얻고 피해자의 주거에 들어갔다고 하더라도, 그 승낙의 의사표시는 기망 및 협박에 의한 것으로서 무효이므로 주거침입죄가 성립한다(대판 2007.1.25. 2006도5979).
   - 피고인이 피해자가 사용 중인 공중화장실의 용변칸에 노크하여 남편으로 오인한 피해자가 용변칸 문을 열자 강간할 의도로 용변칸에 들어간 것이라면 피해자가 명시적 또는 묵시적으로 이를 승낙하였다고 볼 수 없어 주거침입죄에 해당한다(대판 2003.5.30. 2003도1256).

2. **주거침입죄가 성립하지 아니하는 사례**
   [1] 관리자에 의해 출입이 통제되는 건조물에 관리자의 승낙을 받아 건조물에 통상적인 출입방법으로 들어갔다면, 이러한 승낙의 의사표시에 기망이나 착오 등의 하자가 있더라도 특별한 사정이 없는 한 형법 제319조 제1항에서 정한 건조물침입죄가 성립하지 않는다. 이러한 경우 관리자의 현실적인 승낙이 있었으므로 가정적·추정적 의사는 고려할 필요가 없다. 단순히 승낙의 동기에 착오가 있다고 해서 승낙의 유효성에 영향을 미치지 않으므로, 관리자가 행위자의 실제 출입 목적을 알았더라면 출입을 승낙하지 않았을 사정이 있더라도 건조물침입죄가 성립한다고 볼 수 없다. 나아가 관리자의 현실적인 승낙을 받아 통상적인 출입방법에 따라 건조물에 들어간 경우에는 출입 당시 객관적·외형적으로 드러난 행위태양에 비추어 사실상의 평온상태를 해치는 모습으로 건조물에 들어간 것이라고 평가할 수도 없다.
   [2] 피고인들은 서울구치소에 수용 중인 사람을 취재하고자 서울구치소장의 허가 없이 접견 내용을 촬영·녹음할 목적으로 명함지갑 모양으로 제작된 녹음·녹화장비를 몰래 소지하고 서울구치소에 들어갔다. 서울구치소장이나 교도관이 이러한 사실을 알았더라면 피고인들이 이를 소지한 채 서울구치소에 출입하는 것을 승낙하지 않았을 것이나, 이러한 사정은 승낙의 동기가 착오가 있는 것에 지나지 않아 피고인들이 서울구치소장이나 교도관의 의사에 반하여 구치소에 출입하거나 사실상의 평온상태를 해치는 모습으로 서울구치소 내 민원실이나 접견실에 침입한 것으로 평가할 수 없다. 따라서 피고인들의 행위는 건조물침입죄에 해당하지 않는다(대판 2022.3.31. 2018도15213).

ⓒ 범죄의 목적으로 사인의 주거에 들어간 경우 : 주거자가 그 사정을 알았더라면 그로부터 동의를 기대할 수 없는 경우에는 주거침입죄가 성립한다. 다만, 범죄의 목적이 있지만 주거자의 진지한 동의가 있는 경우에는 주거침입죄가 성립하지 아니한다.

> **주거침입죄가 성립하는 사례**
> - 피고인은 회장으로서 피해 회사의 업무처리를 위해 이 사건 사무실을 사용하였던 것이고, 피해 회사와는 무관하게 개인적인 용도에 사용한 것은 아니므로, 피고인이 공소외 2와 결별하고 사실상 피해 회사를 퇴사한 이상 피고인은 더 이상 피해 회사의 승낙 없이는 위 사무실을 출입할 수 없게 되었다고 봄이 상당하고, 이후 위 사무실에 나타나지 않다가 약 20일이 지나서 피해 회사의 명시적인 의사에 반하여 비정상적인 방법으로 위 사무실에 들어간 행위는 방실침입죄에 해당한다(대판 2007.8.23. 2007도2595).
> - 피고인은 자신과 다툰 후 집을 나간 처가 처갓집으로 간 것으로 생각하고 처를 만나기 위해 자신의 장인인 피해자가 거주하는 처갓집(이하 '이 사건 집')을 방문하여 그 안으로 들어간 것으로서, 피고인은 이 사건 집의 공동거주자가 아니고 피고인은 이 사건 범행 전 피해자 측에게 "처가 지금 오지 않으면 이 사건 집에 가서 휘발유를 뿌리겠다"는 취지의 문자메시지를 보냈고, 이에 피해자와 가족들이 피고인을 피해 이 사건 집을 비웠음에도 피고인은 휘발유로 추정되는 물질을 소지한 채 이 사건 집을 방문하였고, 피해자 측에게 "이 사건 집을 부수고 불을 지르겠다"는 취지의 문자메시지 등을 보냈을 뿐더러 이 사건 집에 들어가는 과정에서 창문을 깨뜨리기도 하였는바, 피고인은 피해자가 이 사건 집에서 누리는 사실상의 평온상태를 해치는 행위태양으로 이 사건 집에 들어간 점 등을 더하여 보면, 주거침입죄가 성립한다(대판 2021.10.28. 2021도9242).

ⓔ 공공장소에 범죄의 목적으로 들어간 경우 : 일반인의 출입이 허용되는 공공장소(관공서, 역, 은행, 백화점 등)에 범죄의 목적으로 들어간 경우, 주거침입죄의 성립 여부가 다투어지고 있다. 판례는 최근 전합 판결을 통해 일반인의 출입이 허용된 음식점에 영업주의 승낙을 받아 통상적인 출입방법으로 들어갔다면 특별한 사정이 없는 한 주거침입죄에서 규정하는 침입행위에 해당하지 않고, 행위자가 범죄 등을 목적으로 음식점에 출입하였거나 영업주가 행위자의 실제 출입 목적을 알았더라면 출입을 승낙하지 않았을 것이라는 사정이 인정되는 경우라도 주거침입죄는 성립하지 아니한다고(대판 2022.3.24. 2017도18272[전합]) 판시하고 있다. 생각건대 이러한 사정만으로는 객관적·외형적으로 드러난 행위 태양에 비추어 사실상의 평온상태를 해치는 방법으로 음식점 기타 공공장소에 들어갔다고 평가할 수 없으므로 주거침입죄는 성립하지 아니한다고 보는 것이 타당하다.

> - [1] 행위자가 거주자의 승낙을 받아 주거에 들어갔으나 범죄나 불법행위 등(이하 '범죄 등')을 목적으로 한 출입이거나 거주자가 행위자의 실제 출입 목적을 알았더라면 출입을 승낙하지 않았을 것이라는 사정이 인정되는 경우 행위자의 출입행위가 주거침입죄에서 규정하는 침입행위에 해당하려면, 출입하려는 주거 등의 형태와 용도·성질, 외부인에 대한 출입의 통제·관리 방식과 상태, 행위자의 출입 경위와 방법 등을 종합적으로 고려하여 행위자의 출입 당시 객관적·외형적으로 드러난 행위 태양에 비추어 주거의 사실상 평온상태가 침해되었다고 평가되어야 한다. 이때 거주자의 의사도 고려되지만 주거 등의 형태와 용도·성질, 외부인에 대한 출입의 통제·관리 방식과 상태 등 출입

당시 상황에 따라 그 정도는 달리 평가될 수 있다. 일반인의 출입이 허용된 음식점에 영업주의 승낙을 받아 통상적인 출입방법으로 들어갔다면 특별한 사정이 없는 한 주거침입죄에서 규정하는 침입행위에 해당하지 않는다. 설령 행위자가 범죄 등을 목적으로 음식점에 출입하였거나 영업주가 행위자의 실제 출입 목적을 알았더라면 출입을 승낙하지 않았을 것이라는 사정이 인정되더라도 그러한 사정만으로는 출입 당시 객관적·외형적으로 드러난 행위 태양에 비추어 사실상의 평온상태를 해치는 방법으로 음식점에 들어갔다고 평가할 수 없으므로 침입행위에 해당하지 않는다.

[2] 피고인들이 공모하여, 갑, 을이 운영하는 각 음식점에서 인터넷 언론사 기자 병을 만나 식사를 대접하면서 병이 부적절한 요구를 하는 장면 등을 확보할 목적으로 녹음·녹화장치를 설치하거나 장치의 작동 여부 확인 및 이를 제거하기 위하여 각 음식점의 방실에 들어감으로써 갑, 을의 주거에 침입하였다는 내용으로 기소된 사안에서, 피고인들은 병을 만나 식사하기에 앞서 병과의 대화 내용과 장면을 녹음·녹화하기 위한 장치를 설치하기 위해 각 음식점 영업주로부터 승낙을 받아 각 음식점의 방실에 미리 들어간 다음 녹음·녹화장치를 설치하고 그 작동 여부를 확인하거나 병과의 식사를 마친 후 이를 제거하였는데, 피고인들이 각 음식점 영업주로부터 승낙을 받아 통상적인 출입방법에 따라 각 음식점의 방실에 들어간 이상 사실상의 평온상태를 해치는 행위태양으로 음식점의 방실에 들어갔다고 볼 수 없어 주거침입죄에서 규정하는 침입행위에 해당하지 아니하고, 설령 다른 손님인 병과의 대화 내용과 장면을 녹음·녹화하기 위한 장치를 설치하거나 장치의 작동 여부 확인 및 이를 제거할 목적으로 각 음식점의 방실에 들어간 것이어서 음식점 영업주가 이러한 사정을 알았더라면 피고인들의 출입을 승낙하지 않았을 것이라는 사정이 인정되더라도, 그러한 사정만으로는 사실상의 평온상태를 해치는 행위태양으로 각 음식점의 방실에 출입하였다고 평가할 수 없어 피고인들에게 주거침입죄가 성립하지 않는다고 한 사례(대판 2022.3.24. 2017도18272[전합])

- [1] 성폭력처벌법위반(주거침입강제추행)죄는 형법 제319조 제1항의 주거침입죄 내지 건조물침입죄와 형법 제298조의 강제추행죄의 결합범이므로 위 죄가 성립하려면 형법 제319조가 정한 주거침입죄 내지 건조물침입죄에 해당하여야 한다. 주거침입죄는 사실상 주거의 평온을 보호법익으로 한다. 주거침입죄의 구성요건적 행위인 침입은 주거침입죄의 보호법익과의 관계에서 해석하여야 하므로, 침입이란 주거의 사실상 평온상태를 해치는 행위태양으로 주거에 들어가는 것을 의미하고, 침입에 해당하는지는 출입 당시 객관적·외형적으로 드러난 행위태양을 기준으로 판단함이 원칙이다. 사실상의 평온상태를 해치는 행위태양으로 주거에 들어가는 것이라면 대체로 거주자의 의사에 반하겠지만, 단순히 주거에 들어가는 행위 자체가 거주자의 의사에 반한다는 주관적 사정만으로는 바로 침입에 해당한다고 볼 수 없다. 거주자의 의사에 반하는지는 사실상의 평온상태를 해치는 행위태양인지를 평가할 때 고려할 요소 중 하나이지만 주된 평가 요소가 될 수는 없다. 따라서 침입행위에 해당하는지는 거주자의 의사에 반하는지가 아니라 사실상의 평온상태를 해치는 행위태양인지에 따라 판단하여야 한다.

[2] 아파트 등 공동주택의 공동현관에 출입하는 경우에도, 그것이 주거로 사용하는 각 세대의 전용 부분에 필수적으로 부속하는 부분으로 거주자와 관리자에게만 부여된 비밀번호를 출입문에 입력하여야만 출입할 수 있거나, 외부인의 출입을 통제·관리하기 위한 취지의 표시나 경비원이 존재하는 등 외형적으로 외부인의 무단출입을 통제·관리하고 있는 사정이 존재하고, 외부인이 이를 인식하고서도 그 출입에 관한 거주자나 관리자의 승낙이 없음은 물론, 거주자와의 관계 기타 출입의 필요 등에 비추어 보더라도 정당한 이유 없이 비밀번호를 임의로 입력하거나 조작하는 등의 방법으로 거주자나 관리자 모르게 공동현관에 출입한 경우와 같이, 출입 목적 및 경위, 출입의 태양과 출입한 시간 등을 종합적으로 고려할 때 공동주택 거주자의 사실상 주거의 평온상태를 해치는 행위태양으로 볼 수 있는 경우라면 공동주택 거주자들에 대한 주거침입에 해당할 것이다.

[3] ㉠ 피고인이 위 피해자들을 포함한 이 사건 각 아파트에 대한 거주자들이나 관리자의 사실상 평온상태를 해치는 행위태양으로 이 사건 각 아파트의 공동현관 내 계단 또는 엘리베이터 앞 부분까지 침입하여 위 피해자(공소외 1, 공소외 3)들을 각 강제로 추행한 경우, 피고인이 위 피해자들을 뒤따라 들어간 이 사건 각 아파트의 공동현관 내 계단 또는 엘리베이터 앞 부분은 거주자가 아닌 외부인의 자유로운 출입이 허용되는 공간이 아니고 각 세대의 전용 부분에 필수적으로 부속하는 부분으로서 거주자들의 사실상 평온을 보호할 필요성이 있는 장소에 해당하고, 피고인과 위 피해자들의 관계, 피고인의 출입 목적 등에 비추어 피고인이 이 사건 각 아파트의 공동현관 내 계단이나 엘리베이터 앞 부분 계단까지 출입하는 것에 대하여 위 피해자들을 포함한 이 사건 각 아파트의 거주자들이나 관리자의 추정적 승낙이 있었을 것으로 보이지도 않으므로 피고인에게는 성폭력처벌법위반(주거침입강제추행)죄가 성립한다.

㉡ 피고인은 야간에 일반인의 출입이 허용되는 이 사건 상가 건물 1층의 열려져 있는 출입문을 통하여 통상적인 출입방법으로 들어가 그곳에서 엘리베이터를 기다리는 피해자(공소외 2)를 추행한 경우, 피고인은 야간에 일반인의 출입이 허용되는 이 사건 상가 건물 1층의 열려져 있는 출입문을 통하여 통상적인 출입방법으로 들어간 사실을 알 수 있고, 피고인의 출입 당시 모습 등에 비추어 이 사건 상가 건물에 대한 관리자의 사실상 평온상태가 침해되었다고 볼 만한 사정이 보이지 아니하므로 피고인에게는 성폭력처벌법위반(주거침입강제추행)죄가 성립하지 아니한다(대판 2022.8.25. 2022도3801).

③ **착수시기** : 주거침입죄의 실행의 착수는 주거자, 관리자, 점유자 등의 의사에 반하여 주거나 관리하는 건조물 등에 들어가는 행위, 즉 구성요건의 일부를 실현하는 행위까지 요구하는 것은 아니고 범죄구성요건의 실현에 이르는 현실적 위험성을 포함하는 행위를 개시하는 것으로 족하다(대판 2006.9.14. 2006도2824).

1. **실행의 착수가 인정되는 사례**
   - 야간에 아파트에 침입하여 물건을 훔칠 의도하에 아파트의 베란다 철제난간까지 올라가 유리창문을 열려고 시도하였다면 야간주거침입절도죄의 실행에 착수한 것으로 보아야 한다(대판 2003.10.24. 2003도4417).
   - 출입문이 열려 있으면 안으로 들어가겠다는 의사 아래 출입문을 당겨보는 행위는 바로 주거의 사실상의 평온을 침해할 객관적인 위험성을 포함하는 행위를 한 것으로 볼 수 있어 그것으로 주거침입의 실행에 착수한 것으로 보아야 한다(대판 2006.9.14. 2006도2824).
2. **실행의 착수가 인정되지 아니하는 사례**
   - 침입 대상인 아파트에 사람이 있는지를 확인하기 위해 그 집의 초인종을 누른 행위만으로는 침입의 현실적 위험성을 포함하는 행위를 시작하였다거나, 주거의 사실상의 평온을 침해할 객관적인 위험성을 포함하는 행위를 한 것으로 볼 수 없다 할 것이다(대판 2008.4.10. 2008도1464).
   - 야간에 다세대주택에 침입하여 물건을 절취하기 위하여 가스배관을 타고 오르다가 순찰 중이던 경찰관에게 발각되어 그냥 뛰어내렸다면, 야간주거침입절도죄의 실행의 착수에 이르지 못하였다고 보아야 한다(대판 2008.3.27. 2008도917).

④ 기수시기
　㉠ 학설 : 신체의 전부가 들어갔을 경우에 기수가 되고, 일부만 들어간 경우에는 본죄의 미수가 된다는 전부침입설, 신체의 일부만 타인의 주거에 들어간 경우에도 타인의 주거의 평온이 침해될 정도에 이른 경우에는 본죄의 기수가 된다는 일부침입설이 대립하고 있다.
　㉡ 판례 : 판례는 주거침입죄는 사실상의 주거의 평온을 보호법익으로 하는 것이므로, 신체의 일부만 타인의 주거 안으로 들어갔다고 하더라도 거주자가 누리는 사실상의 주거의 평온을 해할 수 있는 정도에 이르렀다면 범죄구성요건을 충족하는 것이라고 보아야 한다고(대판 1995.9.15. 94도2561) 하여 일부침입설의 태도를 취하고 있다.
　㉢ 검토 : 생각건대 주거침입죄의 보호법익인 사실상의 주거의 평온은 반드시 신체의 전부가 주거 안에 들어가야 침해되는 것은 아니라고 할 것이므로 일부침입설이 타당하다고 판단된다.

> [1] 주거침입죄는 사실상의 주거의 평온을 보호법익으로 하는 것이므로, 반드시 행위자의 신체의 전부가 범행의 목적인 타인의 주거 안으로 들어가야만 성립하는 것이 아니라 신체의 일부만 타인의 주거 안으로 들어갔다고 하더라도 거주자가 누리는 사실상의 주거의 평온을 해할 수 있는 정도에 이르렀다면 범죄구성요건을 충족하는 것이라고 보아야 하고, 따라서 주거침입죄의 범의는 반드시 신체의 전부가 타인의 주거 안으로 들어간다는 인식이 있어야만 하는 것이 아니라 신체의 일부라도 타인의 주거 안으로 들어간다는 인식이 있으면 족하다.
> [2] [1]의 범의로써 예컨대 주거로 들어가는 문의 시정장치를 부수거나 문을 여는 등 침입을 위한 구체적 행위를 시작하였다면 주거침입죄의 실행의 착수는 있었다고 보아야 하고, 신체의 극히 일부분이 주거 안으로 들어갔지만 사실상 주거의 평온을 해하는 정도에 이르지 아니하였다면 주거침입죄의 미수에 그친다.
> [3] 야간에 타인의 집의 창문을 열고 집 안으로 얼굴을 들이미는 등의 행위를 하였다면 피고인이 자신의 신체의 일부가 집 안으로 들어간다는 인식하에 하였더라도 주거침입죄의 범의는 인정되고, 또한 비록 신체의 일부만이 집 안으로 들어갔다고 하더라도 사실상 주거의 평온을 해하였다면 주거침입죄는 기수에 이르렀다고 보아야 한다(대판 1995.9.15. 94도2561).

(2) 주관적 구성요건
주거침입죄는 고의범이므로 주거자의 의사에 반하여 들어간다는 고의가 있어야 한다.

3. 위법성

주거침입죄는 긴급피난이나 정당행위에 의하여 위법성이 조각된다. 한편 주거침입행위에 대하여 피해자의 명시적·묵시적 동의가 있는 경우에는 구성요건해당성을 조각하는 양해에 해당한다.

> 1. **주거침입죄의 위법성이 조각되는 사례**
>   - 연립주택 아래층에 사는 피해자가 위층 피고인의 집으로 통하는 상수도관의 밸브를 임의로 잠근 후 이를 피고인에게 알리지 않아 하루 동안 수돗물이 나오지 않은 고통을 겪었던 피고인이 상수도관의 밸브를 확인하고 이를 열기 위하여 부득이 피해자의 집에 들어간 행위는 정당행위에 해당한다(대판 2004.2.13. 2003도7393).
>   - 사용자의 직장폐쇄가 정당한 쟁의행위로 인정되지 아니하는 때에는 다른 특별한 사정이 없는 한 근로자가 평소 출입이 허용되는 사업장 안에 들어가는 행위가 주거침입죄를 구성하지 아니한다(대판 2002.9.24. 2002도2243).
> 2. **주거침입죄의 위법성이 조각되지 아니하는 사례**
>   - 전국금속노조 쌍용자동차 지부의 노동조합원들이 평택공장을 전면적으로 점거하여 회사 측의 시설관리권을 배제한 채 점거파업이 진행되었고 그 점거의 목적이 회사의 구조조정 추진을 저지하는 데 있어 이는 정당한 쟁의행위로 볼 수 없으므로, 회사 측이 행정관청에 직장폐쇄를 신고하고 위 공장을 점거 중인 위 노동조합원들에게 퇴거를 요구하는 등으로 회사 측 관리자 외의 출입을 금지하는 의사를 표시하였으며, 피고인들은 그와 같은 사정을 알고 있었음에도 불구하고 회사 측의 의사에 반하여 평택공장에 들어간 이상 이러한 행위는 건조물침입죄에 해당하고, 피고인들이 위 노동조합원들의 승낙을 얻어 전국공무원노동조합 교육활동의 일환으로 평화적인 방법에 의해 위 공장에 들어갔다는 사정만으로는 정당한 행위에 해당한다고 볼 수 없다(대판 2012.5.24. 2010도9963).
>   - 근로자들이 사용자인 (주)코스콤 이외에도 (주)한국증권선물거래소가 병존적으로 관리·사용하는 빌딩 로비에 쟁의행위를 이유로 침입하여, 그중 일부를 점거하며 10여 일간 숙식하면서 선전전, 강연, 토론 등의 방법으로 농성한 경우, 피고인들이 이 사건 로비에 침입하여 이를 점거한 행위는 (주)한국증권선물거래소를 포함한 위 로비 관리자의 의사에 반하여 이루어진 것이 명백하므로, 위에서 본 법리에 비추어, 비록 원심 판시의 사정이 있어 피고인들의 위 행위가 (주)코스콤에 대한 관계에서 정당한 쟁의행위라고 평가될 여지가 있다 하여도 위 로비를 공동으로 관리·사용하며 자신의 주거의 평온을 보호받을 권리가 있는 (주)한국증권선물거래소에 대하여서까지 형법 제20조의 정당행위로서 위법성이 조각된다고 볼 수는 없다 할 것이다(대판 2010.3.11. 2009도5008).

4. 주거침입죄의 주요판례 정리

장소	사례	범죄의 성립 여부
공동거주	① 혼외 성관계의 목적으로 다른 배우자의 부재 중에 주거에 들어간 사례 (대판 2021.9.9. 2020도12630[전합])	주거침입죄 불성립
	② 별거 중인 남편이 잠금장치를 손괴하고 주거에 들어간 사례 (대판 2021.9.9. 2020도6085[전합])	공동주거침입죄 불성립
	③ 피해자와 공동으로 관리·점유하는 피해 회사 사무실에 피해자로부터 교부받은 스마트키를 이용하여 절도를 목적으로 출입한 사례 (대판 2023.6.29. 2023도3351)	야간주거 침입절도죄 불성립
공동주택	④ 교제하다 헤어진 피해자의 주거가 속해 있는 아파트(빌라)의 공용부분에 출입한 사례(대판 2022.1.27. 2021도15507; 대판 2024.2.15. 2023도15164)	주거침입죄 성립
	⑤ 외부인에 대한 주차장 출입을 금지하는 입주자대표회의의 결정에 반하여 외부인이 주차장에 들어간 사례(대판 2021.1.14. 2017도21323)	주거침입죄 성립
공중개방	⑥ 법원의 접근금지가처분 결정을 위반하고 변호사인 피해자가 운영하는 변호사사무실에 들어간 사례(대판 2024.2.8. 2023도16595)[67]	건조물침입죄 성립
	⑦ 피해자가 운영하는 음식점에 녹음장치를 설치할 목적으로 음식점의 방실에 들어간 사례(대판 2022.3.24. 2017도18272[전합])	주거침입죄 불성립
	⑧ 조합원들과 함께 시청 로비에 들어가 구호를 외치며 소란을 피운 사례 (대판 2022.6.16. 2021도7087)[68]	건조물침입죄 불성립

---

[67] 피고인이 '갑에게 100m 이내로 접근하지 말 것' 등을 명하는 법원의 접근금지가처분 결정이 있는 등 피고인이 갑을 방문하는 것을 갑이 싫어하는 것을 알고 있음에도 임의로 갑이 근무하는 사무실 안으로 들어감으로써 건조물에 침입하였다는 공소사실로 기소된 사안에서, 법원이 접근금지가처분 결정정본에 기하여 피고인에게 '갑의 의사에 반하여 갑에게 100m 이내로 접근하여서는 아니 되고, 갑에게 면담을 요구하여서는 아니 되며, 전화를 걸거나 편지, 문자메시지, 이메일을 보내는 방법으로 갑의 평온한 생활 및 업무를 방해하여서는 아니 된다. 위 각 의무를 위반할 때에는 갑에게 그 위반이 있을 때마다 1회에 10만원을 지급하라.'는 내용의 간접강제결정을 고지하였고, 피고인은 위 간접강제결정에서 정한 부작위의무를 위반하여 갑의 사무실에 들어간 사정에 비추어 보면, 피고인이 위 간접강제결정에 반하여 갑이 근무하는 사무실에 출입한 것은 갑의 명시적인 의사에 반하는 행위일 뿐만 아니라, 출입의 금지나 제한을 무시하고 출입한 경우로서 출입 당시 객관적·외형적으로 드러난 행위태양을 기준으로 보더라도 사실상 평온상태가 침해된 것으로 볼 수 있으므로 건조물침입죄가 성립한다는 이유로, 이와 달리 보아 공소사실을 무죄로 판단한 원심판결에 건조물침입죄의 성립에 관한 법리오해의 잘못이 있다고 한 사례(대판 2024.2.8. 2023도16595).

[68] [1] 이 부분 공소사실 당일 14시경부터 ○○시청 앞에서 △△△△ ㅁㅁ지역본부 주최 '도보순회투쟁 출정식 및 기자회견' 행사가 있었는데, 그 행사 참가 조합원들 중 5명이 15:10경 시장 면담을 요청하며 ○○시청 2층에 있는 시장 집무실에 들어갔고, 이러한 소식과 이들이 강제로 끌려나온다는 소문을 들은 위 행사 참가 조합원들이 피고인 2, 피고인 3 등과 함께 ○○시청에 들어간 것이다. 당시 피고인 2, 피고인 3 등 조합원들은 약 30분 간격을 두고 2회에 걸쳐 ○○시청 1층 중앙현관을 통해 1층 로비에 들어가면서 ○○시 공무원 등으로부터 아무런 제지를 받지 않았다. 조합원들이 현관을 밀고 들어갔다거나 기타 다수의 힘 또는 위세를 이용하여 들어간 정황은 인정되지 않는다.
[2] 위와 같은 사실관계를 앞서 본 법리에 비추어 살펴보면, 일반적으로 출입이 허용되어 개방된 시청사 로비에 관리자의 출입 제한이나 제지가 없는 상태에서 통상적인 방법으로 들어간 이상 사실상의 평온상태를 해치는 행위 태양으로 ○○시청 1층 로비에 들어갔다고 볼 수 없으므로 건조물침입죄에서 규정하는 침입행위에 해당하지 않는다. ○○시청 관리자의 명시적 출입 금지 의사는 확인되지 않고, 설령 피고인 2, 피고인 3 등이 이 부분 공소사실과 같이 ○○시청에 들어간 행위가 ○○시청 관리자의 추정적 의사에 반하였더라도, 그러한 사정만으로는 사실상의 평온상태를 해치는 행위 태양으로 시청 로비에 출입하였다고 평가할 수 없다. 따라서 피고인 2, 피고인 3에 대하여는 건조물침입죄가 성립하지 않는다(대판 2022.6.16. 2021도7087).

	⑨ 해고 및 전보인사발령에 항의하기 위해 지점장의 의사에 반하여 지점 2층 매장에 들어간 사례(대판 2022.9.7. 2021도9055)[69]	공동주거침입죄 불성립
	⑩ 교도관을 속여 접견을 허가받은 후 녹음장치로 피접견자와의 대화내용을 녹음한 사례(대판 2022.3.31. 2018도15213)[70]	건조물침입죄 불성립
	⑪ 호텔관리단 소속 피고인들이 업무시간 중 A건설, B저축은행, C저축은행에 사전 면담약속·방문 통지를 한 후 방문하거나 면담요청을 하기 위해 방문하였다가 면담이 무산되어 각 장소를 점거한 사례(대판 2024.1.4. 2022도15955)[71]	건조물침입죄 불성립

---

[69] 마트산업노동조합 간부와 조합원인 피고인들이 공동하여, 대형마트 지점에 방문한 대표이사 등에게 해고와 전보인사발령에 항의하기 위하여 지점장 갑의 의사에 반하여 정문을 통해 지점 2층 매장으로 들어감으로써 건조물에 침입하였다고 하여 폭력행위 등 처벌에 관한 법률 위반(공동주거침입)으로 기소된 사안에서, 피고인들이 들어간 지점 2층 매장은 영업시간 중에는 출입자격 등의 제한 없이 일반적으로 개방되어 있는 장소인 점, 피고인들은 영업시간에 손님들이 이용하는 정문과 매장 입구를 차례로 통과하여 2층 매장에 들어가면서 보안요원 등에게 제지를 받거나 보안요원이 자리를 비운 때를 노려 몰래 들어가는 등 특별한 조치를 취하지도 아니한 점에 비추어 보면, 일반적으로 출입이 허용되어 개방된 지점 매장에 관리자의 출입 제한이나 제지가 없는 상태에서 통상적인 방법으로 들어간 이상 사실상의 평온상태를 해치는 행위 태양으로 들어갔다고 볼 수 없어 건조물침입죄에서 규정하는 침입행위에 해당하지 않으며, 지점 관리자의 명시적 출입 금지 의사는 확인되지 않고, 설령 피고인들이 지점 매장에 들어간 행위가 그 관리자의 추정적 의사에 반하였더라도, 그러한 사정만으로는 사실상의 평온상태를 해치는 행위 태양으로 출입하였다고 평가할 수 없으므로 피고인들에 대하여 건조물침입죄가 성립하지 않는다는 이유로, 이와 달리 관리자의 추정적 의사를 주된 근거로 건조물침입죄의 성립을 인정한 원심판단에 법리오해의 잘못이 있다고 한 사례(대판 2022.9.7. 2021도9055).

[70] 원심판결 이유와 적법하게 채택된 증거에 따라 알 수 있는 사정을 이러한 법리에 비추어 보면, 피고인들은 접견신청인으로서 서울구치소의 관리자인 서울구치소장으로부터 구치소에 대한 출입관리를 위탁받은 교도관의 현실적인 승낙을 받아 통상적인 출입방법으로 서울구치소 내 민원실과 접견실에 들어갔으므로, 관리자의 의사에 반하여 사실상의 평온상태를 해치는 모습으로 서울구치소에 들어갔다고 볼 수 없다. 이 사건에서 피고인들은 서울구치소에 수용 중인 사람을 취재하고자 서울구치소장의 허가 없이 접견내용을 촬영·녹음할 목적으로 명함지갑 모양으로 제작된 녹음·녹화장비를 몰래 소지하고 서울구치소에 들어갔다. 서울구치소장이나 교도관이 이러한 사실을 알았더라면 피고인들이 이를 소지한 채 서울구치소에 출입하는 것을 승낙하지 않았을 것이다. 그러나 이러한 사정은 승낙의 동기에 착오가 있는 것에 지나지 않아 피고인들이 서울구치소장이나 교도관의 의사에 반하여 구치소에 출입하거나 사실상의 평온상태를 해치는 모습으로 서울구치소 내 민원실이나 접견실에 침입한 것으로 평가할 수 없다. 따라서 피고인들의 행위는 건조물침입죄에 해당하지 않는다(대판 2022.3.31. 2018도15213).

[71] 위 피고인들은 물론 함께 들어간 구분소유자들이 위 각 장소에 순차적으로 들어간 후 다중의 위력을 보일 수 있을 정도의 규모에 이르렀고, 그로부터 상당한 시간이 경과한 이후 그때까지 위 피고인들이 기대하였던 담당자 또는 대표이사와의 면담 등이 무산됨에 따라 일부 참석자들에 의한 소란 등 행위가 우발적으로 발생하였던 것으로 보일 뿐이다. 즉, 소란 등 행위에 가담한 이들에 대하여 판시 업무방해 또는 폭력행위처벌법위반(공동퇴거불응) 등 범행이 성립함은 별론으로 하고, 업무시간 중 일반적으로 출입이 허용되어 개방된 'OSB저축은행·대신저축은행'은 물론 업무상 이해관계인의 출입에 별다른 제한이 없는 영업장소인 '신영건설'에 위 피고인들이 업무상 이해관계인 자격으로 관리자의 출입제한이나 제지가 없는 상태에서 사전에 면담약속·방문 통지를 한 후 방문한 것이거나 면담요청을 하기 위해 통상적인 방법으로 들어간 이상, 사실상의 평온상태를 해치는 행위 태양으로 들어갔다고 볼 수 없어 건조물침입죄에서 규정하는 침입행위에 해당한다고 보기 어렵다. 설령 사후적으로 볼 때 위 피고인들의 위 각장소에의 순차적 출입이 앞서 본 소란 등 행위로 인하여 결과적으로 각 관리자의 추정적 의사에 반하는 결과를 초래하게 되었더라도, 그러한 사후적 사정만으로는 사실상의 평온상태를 해치는 행위 태양으로 출입하였다고 평가할 수 없다(대판 2024.1.4. 2022도15955).

Ⅲ 퇴거불응죄

1. 의 의

퇴거불응죄는 사람의 주거, 관리하는 건조물, 선박이나 항공기 또는 점유하는 방실에서 퇴거를 요구받고 응하지 아니함으로써 성립하는 범죄이다(형법 제319조 제2항).

2. 구성요건

(1) 행 위

퇴거란 행위자의 신체가 주거 밖으로 나가는 것을 말한다. 퇴거불응은 퇴거요구를 받고 퇴거할 수 있음에도 퇴거하지 아니하는 것이다.

> 1. **퇴거불응죄가 성립하는 사례**
>   - 피고인이 지하철 내에서 승객들에게 무릎보호대를 판매하는 행위를 하다가 철도보안관에게 적발되어 즉시 지하철역 밖으로 퇴거를 요구당하였음에도 이에 불응한 경우, 철도보안관은 철도안전법령에 따라 피고인을 지하철역 밖으로 퇴거시킬 수 있는 정당한 권한이 있으므로 이에 불응한 피고인에게는 형법상 퇴거불응죄가 성립한다(대판 2015.4.23. 2014도655).
>   - [1] 숙박계약에서 숙박업자는 통상적인 임대차계약과는 달리 다수의 고객에게 반복적으로 객실을 제공하여 영업을 영위하고, 객실이라는 공간 외에도 객실 안의 시설이나 서비스를 함께 제공하여 객실 제공 이후에도 필요한 경우 객실에 출입하기도 하며, 사전에 고객과 사이에 대실기간을 단기간으로 정하여 대실기간 경과 후에는 고객의 퇴실 및 새로운 고객을 위한 객실 정비를 예정한다. 이와 같은 숙박계약의 특수성을 고려하면, 고객이 개별 객실을 점유하고 있더라도 숙박업소 및 객실의 구조 및 성격, 고객이 개별 객실을 점유하게 된 경위 및 점유 기간, 퇴실시간의 경과 여부, 숙박업자의 관리 정도, 고객에 대한 퇴거요구의 사유 등에 비추어 오히려 고객의 개별 객실에 대한 점유가 숙박업자의 전체 숙박업소에 대한 사실상 주거의 평온을 침해하는 것으로 평가할 수 있는 특별한 사정이 있는 경우에는 숙박업자가 고객에게 적법하게 퇴거요구를 하였음에도 고객이 응하지 않을 때 퇴거불응죄가 성립할 수 있다.
>   [2] 피고인은 피해자 공소외인이 운영하는 모텔(이하 '이 사건 모텔')에 투숙하면서 투숙일 다음 날 이 사건 객실에서 소란을 피웠고, 피해자는 다른 객실 투숙객으로부터 항의를 받게 되어 같은 날 투숙객이 시비를 한다는 내용으로 112에 신고를 하고, 피고인에게도 퇴실시간을 알렸는데, 이후 피해자는 출동한 경찰관들과 함께 다시 피고인에게 퇴실시간이 되었음을 이유로 이 사건 객실에서 퇴실할 것을 요구하였으나, 피고인은 '여기는 범죄현장이다. 국과수를 불러 달라. 내가 피해자인데 내가 왜 나가냐? 니들이 경찰이냐?'라고 말하는 등 횡설수설하면서 이 사건 객실에서 나가지 않자, 경찰관들이 피고인을 퇴거불응죄의 현행범으로 체포한 사안에서, 피고인이 피해자의 퇴거요청에도 불구하고 퇴실시간으로부터 상당한 시간이 지나도록 퇴거하지 않아, 퇴거불응죄가 성립한다고 한 사례(대판 2023.12.14. 2023도9350).
> 2. **퇴거불응죄가 성립하지 아니하는 사례**
>   주거침입죄와 퇴거불응죄는 모두 사실상의 주거의 평온을 그 보호법익으로 하고, 주거침입죄에서의 침입이 신체적 침해로서 행위자의 신체가 주거에 들어가야 함을 의미하는 것과 마찬가지로 퇴거불응죄의 퇴거 역시 행위자의 신체가 주거에서 나감을 의미하므로, 피고인이 이 사건 건물에 가재도구 등을 남겨두었다고 하더라도 퇴거불응죄는 성립하지 아니한다(대판 2007.11.15. 2007도6990).

(2) 기수시기

퇴거요구를 받는 즉시 이에 응하지 아니함으로써 기수가 된다. 미수범 처벌 규정이 있어 본죄의 미수범의 성립 여부에 대해 다툼이 있으나 본죄는 진정부작위범·거동범이므로 미수범은 생각할 여지가 없다고 보는 것이 타당하다.

Ⅳ. 특수주거침입죄

단체 또는 다중의 위력을 보이거나 위험한 물건을 휴대하여 주거침입죄·퇴거불응죄를 범함으로써 성립하는 범죄이다(형법 제320조).

> [1] 폭력행위 등 처벌에 관한 법률 제3조 제1항, 제2조 제1항, 형법 제319조 제1항 소정의 특수주거침입죄는 흉기 기타 위험한 물건을 휴대하여 타인의 주거나 건조물 등에 침입함으로써 성립하는 범죄이므로, 수인이 흉기를 휴대하여 타인의 건조물에 침입하기로 공모한 후 그중 일부는 밖에서 망을 보고 나머지 일부만이 건조물 안으로 들어갔을 경우에 있어서 특수주거침입죄의 구성요건이 충족되었다고 볼 수 있는지의 여부는 직접 건조물에 들어간 범인을 기준으로 하여 그 범인이 흉기를 휴대하였다고 볼 수 있느냐의 여부에 따라 결정되어야 한다.
> [2] 원심이 인용한 제1심판결의 증거를 기록에 대조하여 검토하여 보면, 당시 흉기가 보관되어 있던 차량은 피고인 등이 침입한 위 건물로부터 약 30 내지 50미터 떨어진 거리에 있었고, 차량 안에 남아 있던 다른 피고인들은 만약의 사태에 대비하면서 차량 안에 남아서 유심히 주위의 동태를 살피다가 피고인 등이 도망치는 모습을 발견하고서는 그대로 차를 운전하여 도주한 사실을 인정할 수 있는바, 그렇다면 위 건물 안으로 들어간 피고인 등 범인들을 기준으로 할 경우에 그들이 위 건조물에 들어갈 때 30 내지 50여미터 떨어진 거리에 세워진 차 안에 있던 흉기를 휴대하고 있었다고는 볼 수 없을 것이다. 그렇다면 판시 특수주거침입의 공소사실에 대하여 유죄로 인정한 원심판결은 특수주거침입죄에 대한 법리를 오해한 위법이 있다(대판 1994.10.11. 94도1991).

Ⅴ. 주거·신체수색죄

1. 의 의

사람의 신체, 주거, 관리하는 건조물, 자동차, 선박이나 항공기 또는 점유하는 방실을 수색함으로써 성립하는 범죄이다(형법 제321조).

2. 구성요건

수색이란 사람 또는 물건을 발견하기 위해 사람의 신체 또는 일정한 장소를 조사하는 것을 말한다. 판례는 주주총회에 참석한 의결권 대리인이 회사 사무실을 뒤져 원하는 장부를 찾아낸 경우, 형법 제20조 소정의 정당행위라고 볼 수 없다는 이유로 방실수색죄가 성립한다고(대판 2001.9.7. 2001도2917) 판시하고 있다.

3. 타죄와의 관계

위법하게 주거에 침입하여 수색하면 주거수색죄와 주거침입죄의 실체적 경합이 성립한다. 절도 · 강도의 목적으로 물건을 수색한 경우에는 수색은 절도죄 · 강도죄에 흡수된다(불가벌적 수반행위).

제5장 ▶ 재산에 대한 죄

제1절 절도의 죄

I 의 의

1. 개 념

절도의 죄는 타인의 재물을 절취하는 것을 내용으로 하는 범죄이다.

2. 보호법익 및 보호정도

절도의 죄의 보호법익에 대하여 다투어지고 있으나 점유자에 의한 평온한 점유도 보호되어야 하므로 절도죄의 주된 보호법익은 소유권이지만 부차적으로 평온한 점유도 보호법익이 된다는 절충설이 타당하다고 판단된다. 판례(대판 1980.11.11. 80도131)도 같은 취지에서 소유권뿐만 아니라 점유권도 보호법익으로 인정하는 절충설의 태도인 것으로 보인다. 보호정도는 침해범이다.

II 절도죄

1. 의 의

절도죄는 타인이 점유하는 타인의 재물을 절취함으로써 성립하는 범죄이다(형법 제329조).

2. 구성요건

(1) 객관적 구성요건

1) 객 체

① 재 물

㉠ 재물의 개념 : 일정한 공간을 차지하고 있는 유체물뿐만 아니라 물리적 관리가 가능한 무체물, 동력 등도 재물이 된다(관리가능성설). 동력규정(형법 제346조)은 관리가능성설에 의하면 주의규정으로 보게 된다.

ⓛ 재물의 범위 : 관리가능성설에 의하면 유체물도 관리가능하여야 재물이 되므로 저수지의 물이나 해, 달, 별 등은 재물이라고 할 수 없다. 시체·유골·유발은 사용·수익·처분의 대상이 아니므로 재물이 아니나 매장·제사대상의 성질을 상실한 경우에는 재물이 된다. 관리가능한 동력이란 물리적 관리가 가능한 에너지를 말하므로 전기는 여기에 해당하나, 전파, 전화통화, 정보, 기획, 사상은 물리적으로 관리할 수 있는 동력이 아니기 때문에 재물에 포함되지 아니한다.

> **절도죄의 객체인지 여부가 다투어지는 사례**
> - [1] 절도죄의 객체는 관리가능한 동력을 포함한 '재물'에 한한다 할 것이고, 또 절도죄가 성립하기 위해서는 그 재물의 소유자 기타 점유자의 점유 내지 이용가능성을 배제하고 이를 자신의 점유하에 배타적으로 이전하는 행위가 있어야만 할 것인바, 컴퓨터에 저장되어 있는 '정보' 그 자체는 유체물이라고 볼 수도 없고, 물질성을 가진 동력도 아니므로 재물이 될 수 없다 할 것이며, 또 이를 복사하거나 출력하였다 할지라도 그 정보 자체가 감소하거나 피해자의 점유 및 이용가능성을 감소시키는 것이 아니므로 그 복사나 출력 행위를 가지고 절도죄를 구성한다고 볼 수도 없다.
> [2] 피고인이 컴퓨터에 저장된 정보를 출력하여 생성한 문서는 피해 회사의 업무를 위하여 생성되어 피해 회사에 의하여 보관되고 있던 문서가 아니라, 피고인이 가지고 갈 목적으로 피해 회사의 업무와 관계없이 새로이 생성시킨 문서라 할 것이므로, 이는 피해 회사 소유의 문서라고 볼 수는 없다 할 것이어서, 이를 가지고 간 행위를 들어 피해 회사 소유의 문서를 절취한 것으로 볼 수는 없다(대판 2002.7.12. 2002도745).
> - 회사 직원이 업무와 관련하여 다른 사람이 작성한 회사의 문서를 복사기를 이용하여 복사를 한 후 원본은 제자리에 갖다 놓고 그 사본만 가져간 경우, 그 회사 소유의 문서의 사본을 절취한 것으로 볼 수는 없다(대판 1996.8.23. 95도192).[72]
> - 타인의 전화기를 무단으로 사용하여 전화통화를 하는 행위는 전기통신사업자가 그가 갖추고 있는 통신선로, 전화교환기 등 전기통신설비를 이용하고 전기의 성질을 과학적으로 응용한 기술을 사용하여 전화가입자에게 음향의 송수신이 가능하도록 하여 줌으로써 상대방과의 통신을 매개하여 주는 역무, 즉 전기통신사업자에 의하여 가능하게 된 전화기의 음향송수신기능을 부당하게 이용하는 것으로, 이러한 내용의 역무는 무형적인 이익에 불과하고 물리적 관리의 대상이 될 수 없어 재물이 아니라고 할 것이므로 절도죄의 객체가 되지 아니한다(대판 1998.6.23. 98도700).

---

72) 다음의 판례와 구별하여야 한다.
 i) 피고인이 절취한 주주명부가 기재된 용지 70장은 피해자 회사에 비치되어 있던 그 소유의 복사용지를 이용하여 전산출력된 사실, 설령 피고인이 가지고 나왔다는 위 서류들이 비록 원주주명부를 복사하여 놓은 복사본이었다 하더라도, 위 서류들은 피해자 회사의 주주명단을 기재하여 놓은 문서들로서 주주명단을 정리할 당시 위 서류들에 기재된 인적사항 등이 외부에 유출되는 것을 방지하기 위하여 피해자 회사에서는 회의실 밖에 위치해 있던 분쇄기를 이용하여 명단을 폐기해 온 사실을 인정할 수 있는바, 그렇다면 위 서류들은 피해자 회사에 있어서는 소유권의 대상으로 할 수 있는 주관적 가치뿐만 아니라 그 경제적 가치도 있다 할 것이어서, 절도죄의 객체가 되는 재물에 해당한다(대판 2004.10.28. 2004도5183).
 ii) 사실상 퇴사하면서 회사의 승낙 없이 가지고 간 부동산매매계약서 사본들은 절도죄의 객체인 재물에 해당한다 (대판 2007.8.23. 2007도2595).

ⓒ 재물의 가치성 : 형법상 보호를 받을 수 있는 재물에 해당하기 위해 재물은 소유자가 소유권의 대상으로 할 수 있는 주관적 가치 내지 소극적 가치만 있으면 충분하고 경제적 교환가치까지 가질 것은 요구되지 아니한다는 것이 학설, 판례의 일반적인 태도이다. 이에 의할 때 찢어진 무효의 약속어음(대판 1976.1.27. 74도3442), 부동산매매계약서 사본(대판 2007.8.23. 2007도2595), 법원으로부터 송달된 심문기일소환장(대판 2000.2.25. 99도5775), 백지의 자동차출고의뢰서 용지(대판 1996.5.10. 95도3057), 주권포기각서(대판 1996.9.10. 95도2747) 등은 재물에 해당한다.

ⓓ 부동산의 재물성 : 동산뿐만 아니라 부동산도 재물임은 분명하나 부동산은 그 자체로는 절도죄·강도죄의 객체가 될 수 없다고 보는 것이 타당하다. 다만, 부동산의 구성부분이 분리된 경우에는 절도죄의 객체가 될 수 있다고 해야 한다. 판례도 같은 취지에서 부동산으로 취급되는 입목을 땅에서 캐내어 가지고 간 경우에는 절도죄가 성립한다고(대판 2008.10.23. 2008도6080) 판시하고 있다.

ⓔ 금제품과 불법원인급여물의 재물성

㉮ 금제품 : 법률에 의하여 소지가 금지되어 있는 물건을 상대적 금제품(불법무기, 마약)이라 하고, 처음부터 소유 자체가 금지되어 있는 물건(아편흡식기, 위조통화)을 절대적 금제품이라고 한다. 금제품이 재산죄의 객체가 될 수 있는지 여부에 대해 다투어지고 있으나, 판례는 유가증권도 그것이 정상적으로 발행된 것은 물론 비록 작성권한 없는 자에 의하여 위조된 것이라고 하더라도 절차에 따라 몰수되기까지는 그 소지자의 점유를 보호하여야 한다는 점에서 형법상 재물로서 절도죄의 객체가 된다고(대판 1998.11.24. 98도2967) 판시하여 적극설의 태도를 취하고 있는 것으로 보인다.

> **절대적 금제품의 재물성 인정 여부에 대한 사례**
>
> 1. **사실관계**
>   1997.10.경 주식회사 쌍방울개발 무주리조트에 입사하여 전산팀에 근무하던 제1심 공동피고인이 1997.12.27. 16:00경 무주리조트 서편매표소에서 판매할 목적으로 권한 없이 그곳에 있는 리프트탑승권 발매기를 임의 조작한 다음 정상적인 리프트탑승권과 상이한 쌍방울개발 명의의 회원용 리프트탑승권 100장을 부정 발급하여 취득한 것을 비롯하여 그때부터 1998.1.6. 11:00경까지 사이에 위와 같은 방법으로 모두 5회에 걸쳐 정상적인 리프트탑승권과 상이한 쌍방울개발 명의의 회원용 리프트탑승권 1,700장을 부정 발급하여 취득한 사실과 피고인이 1997.12.27. 20:00경 무주리조트 티롤호텔 뒤에서 제1심 공동피고인으로부터 위와 같이 부정 발급된 리프트탑승권 100장을 대금 2,790,000원을 매수한 것을 비롯하여 그때부터 1998.1.6. 12:00경까지 사이에 모두 5회에 걸쳐 1,700장을 대금 47,430,000원을 매수하였다.
>
> 2. **판결요지**
>   [1] 유가증권도 그것이 정상적으로 발행된 것은 물론 비록 작성권한 없는 자에 의하여 위조된 것이라고 하더라도 절차에 따라 몰수되기까지는 그 소지자의 점유를 보호하여야 한다는 점에서 형법상 재물로서 절도죄의 객체가 된다고 할 것이므로, 이 사건에서 제1심 공동피고인의 행위가 원심이 인정한 것처럼 유가증권위조행위일 뿐 위조된 유가증권인 리프트탑승권의 절도죄에는 해당하지 아니한다고 단정하기 위하여는 과연 제1심 공동피고인이 구체적으로 어떠한 방법으로 이 사건 리프트탑승권 발매기를 조작하여 탑승권을 부정발급하였는지를 살펴보아야 할 것이다.

[2] 기록에 의하면, 제1심 공동피고인은 무주리조트 서편매표소에 있던 탑승권 발매기의 전원을 켠 후 날짜를 입력시켜서 탑승권발행화면이 나타나면 전산실의 테스트카드를 사용하여 한 장씩 찍혀나오는 탑승권을 빼내어 가지고 가는 방법으로 리프트탑승권을 발급·취득한 사실이 인정되고, 그와 같이 발매기에서 나오는 위조된 탑승권은 제1심 공동피고인이 이를 뜯어가기 전까지는 쌍방울개발의 소유 및 점유하에 있다고 보아야 할 것이므로, 위 제1심 공동피고인의 행위는 발매할 권한 없이 발매기를 임의 조작함으로써 유가증권인 리프트탑승권을 위조하는 행위와 발매기로부터 위조되어 나오는 리프트탑승권을 절취하는 행위가 결합된 것이고, 나아가 그와 같이 위조된 리프트탑승권을 판매하는 행위는 일면으로는 위조된 리프트탑승권을 행사하는 행위임과 동시에 절취한 장물인 위조 리프트탑승권의 처분행위에 해당한다 할 것이다.

[3] 따라서 이 사건에서 제1심 공동피고인이 위 위조된 리프트탑승권을 위와 같은 방법으로 취득하였다는 정을 피고인이 알면서 이를 제1심 공동피고인으로부터 매수하였다면 그러한 피고인의 행위는 위조된 유가증권인 리프트탑승권에 대한 장물취득죄를 구성한다고 할 것이다(대판 1998.11.24. 98도2967).

④ 불법원인급여물 : 불법원인급여물도 그 소유와 점유가 금지되어 있지 아니하므로 재산죄의 성립 여부와는 별도로 재물성 그 자체는 인정된다는 것이 통설이다.

② 점유
㉠ 형법상의 점유
㉮ 점유의 의의 : 점유란 재물에 대하여 사실상 지배를 하고 있는 상태를 말한다. 형법상의 점유는 순수한 사실적·현실적 개념인데 반하여 민법상의 점유는 규범적 개념이라는 점에서 본질적인 차이가 있다.

[1] 절도죄란 재물에 대한 타인의 점유를 침해함으로써 성립하는 것이다. 여기서의 '점유'라고 함은 현실적으로 어떠한 재물을 지배하는 순수한 사실상의 관계를 말하는 것으로서, 민법상의 점유와 반드시 일치하는 것이 아니다. 물론 이러한 현실적 지배라고 하여도 점유자가 반드시 직접 소지하거나 항상 감수(監守)하여야 하는 것은 아니고, 재물을 위와 같은 의미에서 사실상으로 지배하는지 여부는 재물의 크기·형상, 그 개성의 유무, 점유자와 재물과의 시간적·장소적 관계 등을 종합하여 사회통념에 비추어 결정되어야 한다. 그렇게 보면 종전 점유자의 점유가 그의 사망으로 인한 상속에 의하여 당연히 그 상속인에게 이전된다는 민법 제193조는 절도죄의 요건으로서의 '타인의 점유'와 관련하여서는 적용의 여지가 없고, 재물을 점유하는 소유자로부터 이를 상속받아 그 소유권을 취득하였다고 하더라도 상속인이 그 재물에 관하여 위에서 본 의미에서의 사실상의 지배를 가지게 되어야만 이를 점유하는 것으로서 그때부터 비로소 상속인에 대한 절도죄가 성립할 수 있다.

[2] 피고인이 내연관계에 있는 甲과 아파트에서 동거하다가, 甲의 사망으로 甲의 상속인인 乙 및 丙 소유에 속하게 된 부동산 등기권리증 등 서류들이 들어 있는 가방을 위 아파트에서 가지고 가 절취하였다는 내용으로 기소된 사안에서, 피고인이 甲의 사망 전부터 아파트에서 甲과 함께 거주하였고, 甲의 자식인 乙 및 丙은 위 아파트에서 전혀 거주한 일이 없이 다른 곳에서 거주·생활하다가 甲의 사망으로 아파트 등의 소유권을 상속하였으나, 乙 및 丙이 甲 사망 후 피고인이 가방을 가지고 가기까지 그들의 소유권 등에 기하여 아파트 또는 그곳에 있던 가방의 인도 등을

요구한 일이 전혀 없는 사정 등에 비추어, 피고인이 가방을 들고 나온 시점에 乙 및 丙이 아파트에 있던 가방을 사실상 지배하여 점유하고 있었다고 볼 수 없어 피고인의 행위가 乙 등의 가방에 대한 점유를 침해하여 절도죄를 구성한다고 할 수 없는데도, 이와 달리 보아 절도죄를 인정한 원심판결에 절도죄의 점유에 관한 법리오해 등의 위법이 있다고 한 사례(대판 2012.4.26. 2010도6334)

㉯ 점유의 요건
ⓐ 객관적·물리적 요소 : 점유는 사실상의 재물지배를 말한다. 사실상의 재물지배가 인정되기 위해서는 밀접한 장소적 연관성과 사실상의 처분가능성이 인정되어야 한다.
ⓑ 주관적·정신적 요소 : 점유는 지배의사를 전제로 한다. 지배의사는 순수한 자연적·사실적인 처분의사인 사실상의 지배의사와 일반적 지배의사, 잠재적 지배의사를 말한다. 판례도 같은 취지에서 피해자가 졸도하여 의식을 상실한 경우에도 현장에 일실된 피해자의 물건은 의연히 그 지배 내에 있는 것으로 보아야 할 것이라고(대판 1956.8.17. 4289형상170) 판시하고 있다.
ⓒ 사회적·규범적 요소
  • 형법상의 점유는 점유사실과 점유의사뿐만 아니라 거래의 경험칙을 고려하여 규범적으로 결정하여야 한다. 이에 의하여 점유개념이 확대되기고 하고, 축소될 수도 있다. 전자에 대하여 살피건대 재물에 대한 시간적·장소적인 지배관계로부터 일시 이탈되더라도 점유는 계속될 수 있다. 판례에 의하면 강간피해자가 도피하면서 범죄현장에 놓아두고 간 손가방은 강간피해자의 점유에 속한다고(대판 1984.2.28. 84도38) 판시하고 있다.
  • 유류물·분실물일지라도 점유자가 그 소재를 알고 다시 찾아올 수 있는 경우에는 여전히 주인의 점유가 인정되므로 점유이탈물이 아니나, 점유자가 그 소재를 모르는 경우에는 원칙적으로 점유이탈물이 된다. 다만, 타인의 배타적인 지배범위 내에 두고 온 물건은 그 장소관리자의 점유에 속한다. 한편 공중의 출입이 자유롭고 빈번하여 장소의 관리자가 배타적 지배를 충분히 할 수 없는 경우에는 유류물·분실물은 점유이탈물이 된다고 보아야 한다.

> **유류물·분실물에 대한 점유인정 여부에 대한 사례**
> • 어떤 물건을 잃어버린 장소가 당구장과 같이 타인의 관리 아래 있을 때에는 그 물건은 일응 그 관리자의 점유에 속한다 할 것이고, 이를 그 관리자 아닌 제3자가 취거하는 것은 유실물횡령이 아니라 절도죄에 해당한다(대판 1988.4.25. 88도409).
> • 고속버스 운전사는 고속버스의 관수자로서 차내에 있는 승객의 물건을 점유하는 것이 아니고 승객이 잊고 내린 유실물을 교부받을 권능을 가질 뿐이므로 유실물을 현실적으로 발견하지 않는 한 이에 대한 점유를 개시하였다고 할 수 없고, 그 사이에 다른 승객이 유실물을 발견하고 이를 가져 갔다면 절도에 해당하지 아니하고 점유이탈물횡령에 해당한다(대판 1993.3.16. 92도3170).

> • 승객이 놓고 내린 지하철의 전동차 바닥이나 선반 위에 있던 물건을 가지고 간 경우, 지하철의 승무원은 유실물법상 전동차의 관수자로서 승객이 잊고 내린 유실물을 교부받을 권능을 가질 뿐 전동차 안에 있는 승객의 물건을 점유한다고 할 수 없고, 그 유실물을 현실적으로 발견하지 않는 한 이에 대한 점유를 개시하였다고 할 수도 없으므로, 그 사이에 위와 같은 유실물을 발견하고 가져간 행위는 점유이탈물횡령죄에 해당함은 별론으로 하고 절도죄에 해당하지는 않는다(대판 1999.11.26. 99도3963).

- 점유개념이 축소되는 후자에 대하여 살피건대 사실상의 재물지배가 인정되는 때에도 점유를 인정할 수 없는 경우가 있다. 예를 들어 가정부나 음식점에서 식사 중인 사람은 사실상의 재물지배를 하고 있다고 하더라도 이들의 점유는 인정되지 아니한다.

㉰ 점유의 주체
　ⓐ 자연인과 법인 : 자연인은 의사능력·행위능력의 유무를 불문하고 점유의 주체가 된다. 법인은 점유의 의사가 인정되지 아니하므로 법인의 기관인 대표이사가 점유의 주체가 된다.
　ⓑ 사자(死者)의 점유 : 사자도 형법상의 점유의 주체가 될 수 있는지 여부에 관련하여 다음의 경우가 다투어지고 있다.
- 강도의 고의로 사람을 살해하고 재물을 영득한 경우 : 강도살인죄가 성립한다는 데는 의문이 없으나 누구의 점유를 침해한 것인지 여부에 대해 다툼이 있다. 생각건대 사자에게는 잠재적 지배의사도 없다는 점에서 사자의 생전점유를 침해한 것으로 이해하는 것이 타당하다.
- 사람을 살해한 후 비로소 재물영득의사가 생긴 경우 : 학설은 피해자의 사망에 의하여 재물이 피해자의 지배를 떠났기 때문에 살인죄 외에 점유이탈물횡령죄가 성립한다는 소극설, 피해자의 사망과 시간적·장소적으로 근접한 범위 내에 있는 한 사망 후에도 생전점유는 계속되므로 살인죄 외에 절도죄가 성립한다는 적극설, 재물의 소재를 기준으로 재물이 주거 내에 있는 경우에는 살인죄 외에 절도죄가 성립하고 야외의 경우에는 원칙적으로 살인죄 외에 점유이탈물횡령죄가 성립하나 살해와 시간적·장소적으로 근접한 상태에서 영득한 경우에는 살인죄 외에 절도죄가 성립한다는 절충설이 대립하고 있다. 판례는 피해자를 살해한 방에서 사망한 피해자 곁에 4시간 30분쯤 있다가 그곳 피해자의 자취방 벽에 걸려 있던 피해자가 소지하는 물건들을 영득의 의사로 가지고 나온 경우 피해자가 생전에 가진 점유는 사망 후에도 여전히 계속되는 것으로 보아야 한다고(대판 1993.9.28. 93도2143) 판시하여 절도죄를 인정하였다. 생각건대 형법상 사자에게는 잠재적 지배의사가 인정되지 아니하므로 소극설이 타당하다고 판단된다.

사자의 점유를 인정한 사례

1. **사실관계**

    甲은 01:30경 乙의 자취방에서 술을 마시던 중 乙이 "이 새끼야, 그렇게 살지 마라."며 甲의 따귀를 때리고, 산업재해로 오른손가락 2개가 없는 甲에게 모욕적인 욕설을 하자 이에 격분하여 부뚜막에 있는 부엌칼을 집어 들고 乙을 십여 차례 힘껏 찔러 살해하였다. 甲은 그 방에서 술에 취해 잠들었다가 06:00경 일어나 피 묻은 옷을 벗고 벽에 걸려 있는 900만원이 예금된 乙명의의 통장 1개, 도장 1개, 현금 10만원이 들어 있는 乙의 점퍼를 입고 나왔다. 같은 날 甲은 은행에 가서 乙명의의 예금청구서 1매를 작성한 후 은행직원에게 제출하여 乙의 예금을 인출하였다.

2. **판결요지**

    [1] 피고인이 피해자를 살해한 방에서 사망한 피해자 곁에 4시간 30분쯤 있다가 그곳 피해자의 자취방 벽에 걸려있던 피해자가 소지하는 원심판시 물건들을 영득의 의사로 가지고 나온 사실이 인정되는바, 이와 같은 경우에 피해자가 생전에 가진 점유는 사망 후에도 여전히 계속되는 것으로 보아 이를 보호함이 법의 목적에 맞는 것이라고 할 것이고, 따라서 피고인의 위 행위는 피해자의 점유를 침탈한 것으로서 절도죄에 해당하므로, 원심판결에 채증법칙을 위반하여 점유이탈물횡령의 범행을 절도로 오인한 잘못이나 절도죄의 고의에 관한 법리를 오해한 위법이 있다는 논지는 받아들일 수 없다.

    [2] 다음 사문서위조죄와 동행사죄에 있어서, 사망자명의로 된 문서라고 할지라도 그 문서의 작성일자가 명의자의 생존중의 날짜로 된 경우에는, 일반인으로 하여금 사망자가 생존 중에 작성한 것으로 오신케 할 우려가 있으므로, 비록 시간적으로 피해자의 사망 이후에 피해자 명의의 문서를 위조하고 이를 행사한 것이라 하더라도, 사문서위조죄와 동행사죄가 성립한다고 할 것인바, 원심이 시간적으로는 피해자의 사망 이후이지만 피해자의 사망일자인 동시에 또한 그의 생존일자이기도 한 1992.12.2.에 작성일자를 같은 날로 하는 피해자 명의의 예금청구서 1통을 위조하고, 이를 행사한 피고인의 행위를 사문서위조죄와 동행사죄로 의율, 처단한 것은 정당하다(대판 1993.9.28, 93도2143).[73]

- 사망과 무관한 제3자가 사자의 물건을 영득한 경우 : 이 경우에도 역시 사자의 점유는 부정되고 그 재물이 가족이나 기타의 자의 공동점유에 속한다고 볼 수 없는 이상 점유이탈물횡령죄가 성립한다고 보는 것이 타당하다.

---

73) 피고인에게는 살인죄, 절도죄, 사문서위조죄・동행사죄, 사기죄가 성립하고 각 죄는 실체적 경합의 관계에 있다.

ⓒ 점유의 타인성
㉮ 의의 : 절도죄의 객체는 타인이 점유하는 타인의 재물이다. 타인이 단독점유하거나 행위자와 타인이 공동점유하는 경우에 점유의 타인성이 인정된다. 자기가 점유하는 타인의 재물을 영득하는 경우에는 횡령죄가 성립한다.

> 1. **점유의 타인성이 인정되는 사례**
>   - 피해자가 결혼예식장에서 신부 측 축의금 접수인인 것처럼 행세하는 피고인에게 축의금을 내어 놓자 이를 교부받아 가로챈 사안에서, 피해자의 교부행위의 취지는 신부 측에 전달하는 것일 뿐 피고인에게 그 처분권을 주는 것이 아니므로, 이를 피고인에게 교부한 것이라고 볼 수 없고 단지 신부 측 접수대에 교부하는 취지에 불과하므로 피고인이 그 돈을 가져간 것은 신부 측 접수처의 점유를 침탈하여 범한 절취행위라고 보는 것이 정당하다(대판 1996.10.15. 96도2227).
>   - 피고인이 피해자 경영의 금방에서 마치 귀금속을 구입할 것처럼 가장하여 피해자로부터 순금목걸이 등을 건네받은 다음 화장실에 갔다 오겠다는 핑계를 대고 도주한 것이라면 위 순금목걸이 등은 도주하기 전까지는 아직 피해자의 점유하에 있었다고 할 것이므로 이를 절도죄로 의율 처단한 것은 정당하다(대판 1994.8.12. 94도1487).
> 2. **점유의 타인성이 인정되지 아니하는 사례**
>   - 임차인이 임대계약 종료 후 식당건물에서 퇴거하면서 종전부터 사용하던 냉장고의 전원을 켜 둔 채 그대로 두었다가 약 1개월 후 철거해 가는 바람에 그 기간 동안 전기가 소비된 경우, 임차인이 퇴거 후에도 냉장고에 관한 점유·관리를 그대로 보유하고 있었다고 보아야 하므로, 냉장고를 통하여 전기를 계속 사용하였다고 하더라도 이는 당초부터 자기의 점유·관리하에 있던 전기를 사용한 것일 뿐 타인의 점유·관리하에 있던 전기가 아니어서 절도죄가 성립하지 않는다(대판 2008.7.10. 2008도3252).
>   - 상사와의 의견 충돌 끝에 항의의 표시로 사표를 제출한 다음 평소 피고인이 전적으로 보관, 관리해 오던 이른바 비자금 관계 서류 및 금품이 든 가방을 들고 나온 경우, 불법영득의 의사가 있다고 할 수 없을 뿐만 아니라, 그 서류 및 금품이 타인의 점유하에 있던 물건이라고도 볼 수 없다(대판 1995.9.5. 94도3033).

㉯ 점유의 유형
ⓐ 대등관계에 의한 공동점유 : 공동점유자 상호 간에는 점유의 타인성이 인정되므로 1인이 일방적으로 점유를 옮긴 경우에는 절도죄가 성립한다.

> **대등관계에 의한 공동점유가 인정되는 사례**
> - 하나의 교회가 두 개 이상으로 분열된 경우 그 재산의 처분에 관하여 교회 장정 등에 규정이 없는 한 분열 당시 교인들의 총의에 따라 그 귀속을 정하여야 하고 그와 같은 절차 없이 위 재산에 대하여 다른 교파의 점유를 배제하고 자기 교파만의 지배에 옮긴다는 인식 아래 이를 가지고 갔다면 절도죄를 구성한다(대판 1998.7.10. 98도126).
> - 동업체에 제공된 물품은 동업관계가 청산되지 않는 한 동업자들의 공동점유에 속하므로, 그 물품이 원래 피고인의 소유라거나 피고인이 다른 곳에서 빌려서 제공하였다는 사유만으로는 절도죄의 객체가 됨에 지장이 없다(대판 1995.10.12. 94도2076).

ⓑ 상하관계에 의한 공동점유 : 상점백화점의 물건 또는 주인의 물건에 대하여는 상위점유자의 단독점유가 인정되므로 하위점유자의 영득은 절도죄를 구성한다. 다만, 상위점유자의 특별한 위임이 있는 경우에는 하위점유자의 단독점유가 인정되므로 이를 영득하면 횡령죄가 성립한다고 보는 것이 타당하다.

> **상위점유자의 특별한 위임이 인정되는 사례**
> - 피해자가 그 소유의 오토바이를 타고 심부름을 다녀오라고 하여서 그 오토바이를 타고 가다가 마음이 변하여 이를 반환하지 아니한 채 그대로 타고 가버렸다면 횡령죄를 구성함은 별론으로 하고 적어도 절도죄를 구성하지는 아니한다(대판 1986.8.19. 86도1093).
> - 민법상 점유보조자(점원)라고 할지라도 그 물건에 대하여 사실상 지배력을 행사하는 경우에는 형법상 보관의 주체로 볼 수 있으므로 이를 영득한 경우에는 절도죄가 아니라 횡령죄에 해당한다(대판 1982.3.9. 81도3396).

ⓒ 소유의 타인성

㉮ 의의 : 타인의 단독소유, 행위자와 타인의 공동소유의 경우에는 소유의 타인성을 만족한다. 무주물이나 소유자가 유효하게 소유권을 포기한 재물은 타인의 재물이라고 할 수 없다. 타인이 점유하는 자기의 재물에 대하여는 권리행사방해죄가 성립한다.

> **1. 소유의 타인성이 인정되는 사례**
> - [1] 자동차에 대한 소유권의 득실변경은 등록을 함으로써 그 효력이 생기고 등록이 없는 한 대외적 관계에서는 물론 당사자의 대내적 관계에서도 소유권을 취득할 수 없는 것이 원칙이지만, 당사자 사이에 소유권을 등록명의자 아닌 자가 보유하기로 약정하였다는 등의 특별한 사정이 있는 경우에는 그 내부관계에 있어서는 등록명의자 아닌 자가 소유권을 보유하게 된다고 할 것이다.
> [2] 피고인 명의로 등록되어 있지만 피해자가 점유·관리하여 온 이 사건 승용차를 피고인이 임의로 운전해 간 경우, 피고인이 사실혼 관계에 있던 피해자에게 이 사건 승용차를 선물하여 증여한 이래 피해자만이 이 사건 승용차를 운행하며 관리하여 왔고 피고인과 피해자가 별거하면서 재산분할 내지 위자료 명목으로 피해자가 이 사건 승용차를 소유하기로 하여 이 사건 승용차는 그 등록명의와 관계없이 피고인과 피해자 사이에서는 피해자를 소유자로 보아야 하므로 피고인의 행위는 절도행위에 해당한다(대판 2013.2.28. 2012도15303).
> - 사원이 회사를 퇴사하면서 부품과 원료의 배합비율과 제조공정을 기술한 자료와 회사가 시제품의 품질을 확인하거나 제조기술 향상을 위한 각종 실험을 통하여 나타난 결과를 기재한 자료를 가져간 경우 이는 절도에 해당한다(대판 2008.2.15. 2005도6223).
> - 명의대여 약정에 따른 신청에 의하여 발급된 영업허가증과 사업자등록증은 피해자가 인도받음으로써 피해자의 소유가 되었다고 할 것이므로, 이를 명의대여자가 가지고 간 행위가 절도죄에 해당한다(대판 2004.3.12. 2002도5090).

2. 소유의 타인성이 인정되지 아니하는 사례

피고인이 컴퓨터에 저장된 정보를 출력하여 생성한 문서는 피해 회사의 업무를 위하여 생성되어 피해 회사에 의하여 보관되고 있던 문서가 아니라, 피고인이 가지고 갈 목적으로 피해 회사의 업무와 관계없이 새로이 생성시킨 문서라 할 것이므로, 이는 피해 회사 소유의 문서라고 볼 수는 없다 할 것이어서, 이를 가지고 간 행위를 들어 피해 회사 소유의 문서를 절취한 것으로 볼 수는 없다(대판 2002.7.12. 2002도745).

㉯ 소유권의 귀속 : 소유권의 귀속은 민법상의 물권법이론에 의하여 형식적으로 결정된다.

1. 수목의 소유관계

타인의 토지상에 권원 없이 식재한 수목의 소유권은 토지소유자에게 귀속하고 권원에 의하여 식재한 경우에는 그 소유권이 식재한 자에게 있으므로, 권원 없이 식재한 감나무에서 감을 수확한 것은 절도죄에 해당한다(대판 1998.4.24. 97도3425).

2. 동업재산의 소유관계

[1] 두 사람으로 된 동업관계, 즉 조합관계에 있어 그중 1인이 탈퇴하면 조합관계는 해산됨이 없이 종료되어 청산이 뒤따르지 아니하며 조합원의 합유에 속한 조합재산은 남은 조합원의 단독소유에 속하고, 탈퇴자와 남은 자 사이에 탈퇴로 인한 계산을 하여야 한다.

[2] 공소외인과 피고인이 2007년 초경 공동으로 이 사건 밭에 생강을 경작하여 그 이익을 분배하기로 약정하고, 2007.4.경 함께 생강종자를 심고 생강농사를 시작하였는데, 공소외인과 피고인 사이에 불화가 생겨 2007.6.경부터 공소외인이 이 사건 생강 밭에 나오지 않았으며, 그때부터 피고인 혼자 생강 밭을 경작하고 수확까지 한 경우, 공소외인이 2007.6.경 묵시적으로 동업탈퇴의 의사표시를 한 것이라고 볼 수 있으므로, 피고인이 2007.11.17.경 및 같은 달 20.경 이 사건 생강 밭에서 생강을 반출한 것은 절도죄를 구성하지 아니한다(대판 2009.2.12. 2008도11804).

3. 자동차 등의 소유관계

을이 갑회사로부터 중기를 갑회사에 소유권을 유보하고 할부로 매수한 다음 병회사에 이를 지입하고 중기등록원부에 병회사를 소유자로 등록한 후 을의 갑에 대한 할부매매대금 채무를 담보하기 위하여 갑명의로 근저당권 설정등록을 하였으며 위 중기는 을이 이를 점유하고 있었는데 갑의 회사원인 피고인들이 합동하여 승낙 없이 위 중기를 가져간 경우, 지입자가 사실상의 처분관리권을 가지고 있다고 하여도 이는 지입자와 지입받은 회사와의 내부관계에 지나지 않는 것이고 대외적으로는 자동차등록원부상의 소유자 등록이 원인무효가 아닌 한 지입 받은 회사가 소유권자로서의 권리(처분권 등)를 가지고 의무(공과금 등 납세의무, 중기보유자의 손해배상 책임 등)를 지는 것이므로 피고인들의 중기취거행위는 지입 받은 회사인 병의 중기 등록원부상의 소유권을 침해한 것으로서 특수절도죄에 해당한다(대판 1989.11.14. 89도773).

4. 동산양도담보 목적물의 소유관계

[1] 금전채무를 담보하기 위하여 채무자가 그 소유의 동산을 채권자에게 양도하되 점유개정에 의하여 채무자가 이를 계속 점유하기로 한 경우, 특별한 사정이 없는 한 동산의 소유권은 신탁적으로 이전되고, 채권자와 채무자 사이의 대내적 관계에서 채무자는 의연히 소유권을 보유하나 대외적인 관계에 있어서 채무자는 동산의 소유권을 이미 채권자에게 양도한 무권리자가 된다. 따라서 동산에 관하여 양도담보계약이 이루어지고 채권자가 점유개정의 방법으로 인도를 받았다면, 그 정산절차를 마치기 전이라도 양도담보권자인 채권자는 제3자에 대한 관계에 있어서는 담보목적물의 소유자로서 그 권리를 행사할 수 있다.

[2] 양도담보권자인 채권자가 제3자에게 담보목적물인 동산을 매각한 경우, 제3자는 채권자와 채무자 사이의 정산절차 종결 여부와 관계없이 양도담보 목적물을 인도받음으로써 소유권을 취득하게 되고, 양도담보의 설정자가 담보목적물을 점유하고 있는 경우에는 그 목적물의 인도는 채권자로부터 목적물반환청구권을 양도받는 방법으로도 가능하다. 채권자가 양도담보 목적물을 위와 같은 방법으로 제3자에게 처분하여 그 목적물의 소유권을 취득하게 한 다음 그 제3자로 하여금 그 목적물을 취거하게 한 경우, 그 제3자로서는 자기의 소유물을 취거한 것에 불과하므로, 채권자의 이같은 행위는 절도죄를 구성하지 않는다(대판 2008.11.27. 2006도4263).

5. 명의신탁재산의 소유관계

- [1] 당사자 사이에 자동차의 소유권을 등록명의자 아닌 자가 보유하기로 약정한 경우, 약정 당사자 사이의 내부관계에서는 등록명의자 아닌 자가 소유권을 보유하게 된다고 하더라도 제3자에 대한 관계에서는 어디까지나 등록명의자가 자동차의 소유자라고 할 것이다.
  [2] 피고인이 자신의 모(母) 甲 명의로 구입·등록하여 甲에게 명의신탁한 자동차를 乙에게 담보로 제공한 후 乙 몰래 가져가 절취하였다는 내용으로 기소된 사안에서, 乙에 대한 관계에서 자동차의 소유자는 甲이고 피고인은 소유자가 아니므로 乙이 점유하고 있는 자동차를 임의로 가져간 이상 절도죄가 성립한다고 본 원심판단을 정당하다고 한 사례(대판 2012.4.26. 2010도11771).

- [1] 자동차나 중기(또는 건설기계)의 소유권의 득실변경은 등록을 함으로써 그 효력이 생기고 그와 같은 등록이 없는 한 대외적 관계에서는 물론 당사자의 대내적 관계에 있어서도 그 소유권을 취득할 수 없는 것이 원칙이지만, 당사자 사이에 그 소유권을 그 등록 명의자 아닌 자가 보유하기로 약정하였다는 등의 특별한 사정이 있는 경우에는 그 내부관계에 있어서는 그 등록 명의자 아닌 자가 소유권을 보유하게 된다.
  [2] 자동차 명의신탁관계에서 제3자가 명의수탁자로부터 승용차를 가져가 매도할 것을 허락받고 인감증명 등을 교부받아 위 승용차를 명의신탁자 몰래 가져간 경우, 위 제3자와 명의수탁자의 공모·가공에 의한 절도죄의 공모공동정범이 성립한다고 한 사례
  [3] 부동산의 명의수탁자가 부동산을 제3자에게 매도하고 매매를 원인으로 한 소유권이전등기까지 마쳐 준 경우, 명의신탁의 법리상 대외적으로 수탁자에게 그 부동산의 처분권한이 있는 것임이 분명하고, 제3자로서도 자기 명의의 소유권이전등기가 마쳐진 이상 무슨 실질적인 재산상의 손해가 있을 리 없으므로 그 명의신탁 사실과 관련하여 신의칙상 고지의무가 있다거나 기망행위가 있었다고 볼 수도 없어서 그 제3자에 대한 사기죄가 성립될 여지가 없고, 나아가 그 처분시 매도인(명의수탁자)의 소유라는 말을 하였다고 하더라도 역시 사기죄가 성립하지 않으며, 이는 자동차의 명의수탁자가 처분한 경우에도 마찬가지이다(대판 2007.1.11. 2006도4498).

2) 행 위

① 의의 : 절취란 폭행·협박에 의하지 아니하고 타인이 점유하고 있는 타인의 재물을 점유자의 의사에 반하여 그 점유자의 점유를 배제하고 자기 또는 제3자의 점유로 옮기는 것을 말한다. 절취는 타인의 점유배제와 점유취득을 그 내용으로 한다.

② 점유의 배제

㉠ 의의 : 점유자의 의사에 반하여 재물에 대한 사실상의 지배를 제거하는 것을 말한다. 점유의 배제는 점유자의 의사에 반할 것을 요하므로 점유배제에 대한 점유자의 명시적·묵시적 동의는 절도죄의 구성요건해당성을 조각하는 양해가 된다.

> 1. **절도죄가 성립하는 사례**
>   피고인이 타인의 명의를 모용하여 신용카드를 발급받은 경우, 비록 카드회사가 피고인으로부터 기망을 당한 나머지 피고인에게 피모용자 명의로 발급된 신용카드를 교부하고, 사실상 피고인이 지정한 비밀번호를 입력하여 현금자동지급기에 의한 현금대출(현금서비스)을 받을 수 있도록 하였다 할지라도, 카드회사의 내심의 의사는 물론 표시된 의사도 어디까지나 카드명의인인 피모용자에게 이를 허용하는 데 있을 뿐, 피고인에게 이를 허용한 것은 아니라는 점에서 피고인이 타인의 명의를 모용하여 발급받은 신용카드를 사용하여 현금자동지급기에서 현금대출을 받는 행위는 카드회사에 의하여 미리 포괄적으로 허용된 행위가 아니라, 현금자동지급기의 관리자의 의사에 반하여 그의 지배를 배제한 채 그 현금을 자기의 지배하에 옮겨 놓는 행위로서 절도죄에 해당한다고 봄이 상당하다(대판 2002.7.12. 2002도2134).
> 2. **절도죄가 성립하지 아니하는 사례**
>   - 피고인이 발급받아 제3자에게 교부하여 준 속칭 '대포통장'의 명의인으로서, 그 계좌로 송금되어 온 금전을 인출하기 위하여 일단 위 통장의 분실신고를 하여 계좌거래를 정지시킨 다음 위 통장을 재발급받는 방법으로 위 금전의 인출을 시도한 행위는 피고인이 자신의 명의로 된 은행계좌를 이용한 것이어서 애초 예금계좌를 개설한 은행의 의사에 반한다고 볼 수 없으므로 절취행위에 해당하지 않는다(대판 2009.12.10. 2009도8776).
>   - 절취한 타인의 신용카드를 이용하여 현금지급기에서 계좌이체를 한 행위는 컴퓨터등사용사기죄에서 컴퓨터 등 정보처리장치에 권한 없이 정보를 입력하여 정보처리를 하게 한 행위에 해당함은 별론으로 하고 이를 절취행위라고 볼 수는 없고, 한편 위 계좌이체 후 현금지급기에서 현금을 인출한 행위는 자신의 신용카드나 현금카드를 이용한 것이어서 이러한 현금인출이 현금지급기 관리자의 의사에 반한다고 볼 수 없어 절취행위에 해당하지 않으므로 절도죄를 구성하지 않는다(대판 2008.6.12. 2008도2440).

ⓛ 절취와 사취의 구별 : 절취와 사취는 처분효과의 직접성과 처분행위의 자의성 인정 여부로 구분할 수 있다. 전자에 대해 살피건대 재물의 교부와 재산상의 손해발생 사이에 직접성이 인정되는 경우에는 사취가 되지만 기망자가 별도의 행위에 의하여 재물을 취거하는 간접적인 경우에는 절취가 된다. 또한 후자에 의하면 재물의 교부가 자의적인 경우에는 사취가 되지만 비자의적으로 이루어진 경우에는 절취가 된다.

ⓒ 착수시기 : 시간적·장소적으로 타인의 점유를 배제하는데 밀접한 행위를 하거나 목적물을 물색한 때에 실행의 착수가 인정된다(밀접행위설, 물색행위설). 아래에서 실행의 착수 인정 여부에 대한 주요판례를 살펴본다.

1. **실행의 착수가 인정되는 사례**
   - 범인들이 함께 담을 넘어 마당에 들어가 그중 1명이 그곳에 있는 구리를 찾기 위하여 담에 붙어 걸어가다가 잡혔다면 절취대상품에 대한 물색행위가 없었다고 할 수 없다(대판 1989.9.12. 89도1153).
   - 5주간에 절도의 목적으로 방 안까지 들어갔다가 절취할 재물을 찾지 못하여 거실로 돌아나온 경우, 절도죄의 실행 착수가 인정된다(대판 2003.6.24. 2003도1985).
   - 야간에 손전등과 박스 포장용 노끈을 이용하여 도로에 주차된 차량의 문을 열고 현금 등을 훔치기로 마음먹고, 차량의 문이 잠겨 있는지 확인하기 위해 양손으로 운전석 문의 손잡이를 잡고 열려고 하던 중 경찰관에게 발각된 경우, 절도죄의 실행에 착수한 것으로 보아야 한다(대판 2009.9.24. 2009도5595).

2. **실행의 착수가 인정되지 아니하는 사례**
   - 피고인이 1991.12.18. 11:20경 금품을 절취할 의도로 피해자의 집에 침입하여 계단을 통해 그 집 3층으로 올라갔다가 마침 2층에서 3층 옥상에 빨래를 널기 위하여 올라가던 피해자를 만나자 사람을 찾는 것처럼 가장하여 피해자에게 A라는 사람이 사느냐고 물어 피해자가 없다고 대답하자 알았다며 계단으로 내려갔다가 피해자가 옥상에 올라가 빨래를 널고 있는 틈을 이용하여 그 집 2층 부엌을 통해 방으로 들어가 절취할 금품을 물색하려다가 옥상에서 내려온 피해자에게 발각되어 그 뜻을 이루지 못한 경우, 피고인이 방안에 침입한 것은 인정되나, 방안에 들어가 절취할 물건의 물색행위에까지 나간 것인지의 여부는 분명하지 않고 피고인이 방안에 들어간 때로부터 피해자에게 발각될 때까지 물색행위를 할 만한 충분한 시간이 경과하였다면 절도목적으로 침입한 이상 물색행위를 하였을 것으로 보아도 무방하지만, 그럴만한 시간적 여유가 없었다면 피고인이 방안에서 뛰어 나온 것만 가지고 절취할 물건을 물색하다가 뛰어 나온 것으로 단정할 수는 없을 것이다(대판 1992.9.8. 92도1650).
   - 피고인이 성명불상의 공범과 합동하여 2009.5.20. 22:15경 아파트 신축공사현장 안에 있는 건축자재 등을 훔칠 생각으로 성명불상의 공범과 함께 마스크를 착용하고 위 공사현장 안으로 들어간 후 창문을 통하여 건축 중인 아파트의 지하실 안쪽을 살폈을 뿐이고 나아가 위 지하실에까지 침입하였다거나 훔칠 물건을 물색하던 중 동파이프를 발견하고 그에 접근하였다는 등의 사실을 인정할 만한 증거가 없는 이상, 비록 피고인이 창문으로 살펴보고 있었던 지하실에 실제로 값비싼 동파이프가 보관되어 있었다고 하더라도 피고인의 위 행위를 위 지하실에 놓여있던 동파이프에 대한 피해자의 사실상의 지배를 침해하는 밀접한 행위라고 볼 수 없다(대판 2010.4.29. 2009도14554).

③ **점유의 취득**[74] : 점유의 취득이란 행위자 또는 제3자가 재물에 대하여 방해받지 아니하는 사실상의 지배를 갖는 것을 말한다. 본죄는 재물에 대하여 새로운 점유취득이 있으면 기수가 된다(취득설). 판례도 취득설의 입장에서 행위자가 소유자의 물건에 대한 소지를 침해하고 행위자 자신의 지배 내로 옮겼을 경우에는 절도의 기수가 된다고(대판 1964.4.21. 64도112) 판시하고 있다. 주의하여야 할 몇 가지 판례가 있다.

> 1. **점유의 취득이 인정되는 사례**
>   피고인이 피해자 경영의 까페에서 야간에 아무도 없는 그 곳 내실에 침입하여 장식장 안에 들어 있던 정기적금통장 등을 꺼내 들고 까페로 나오던 중 발각되어 돌려 준 경우 피고인은 피해자의 재물에 대한 소지(점유)를 침해하고, 일단 피고인 자신의 지배 내에 옮겼다고 볼 수 있으니 절도의 미수에 그친 것이 아니라 야간주거침입절도의 기수라고 할 것이다(대판 1991.4.23. 91도476).
> 2. **점유의 취득이 인정되지 아니하는 사례**
>   자동차를 절취할 생각으로 자동차의 조수석문을 열고 들어가 시동을 걸려고 시도하는 등 차 안의 기기를 이것저것 만지다가 핸드브레이크를 풀게 되었는데 그 장소가 내리막길인 관계로 시동이 걸리지 않은 상태에서 약 10미터 전진하다가 가로수를 들이받는 바람에 멈추게 되었다면 절도의 기수에 해당한다고 볼 수 없을 뿐 아니라 도로교통법 제2조 제19호 소정의 자동차의 운전에 해당하지 아니한다(대판 1994.9.9. 94도1522).

(2) 주관적 구성요건

1) 고 의

타인이 점유하는 타인의 재물을 절취한다는 점에 대한 인식과 의사를 말하며, 미필적 고의로도 족하다.

2) 불법영득의사

① 의의 : 불법영득의사는 권리자를 배제하고 타인의 재물을 자기의 소유물과 같이 이용·처분할 의사를 말한다.
② 요부 : 불법영득의사를 인정하는 명문규정이 없고 이 개념은 다의적이고 불명확하므로 불필요하다는 견해도 있으나 절도죄는 소유권을 보호하는 범죄이므로 불법영득의사를 필요로 한다고 보는 견해가 통설, 판례의 태도이다.

---

74) 이와 관련된 중요판례를 살펴본다.
[1] 입목을 절취하기 위하여 이를 캐낸 때에는 그 시점에서 이미 소유자의 입목에 대한 점유가 침해되어 범인의 사실적 지배하에 놓이게 됨으로써 범인이 그 점유를 취득하게 되는 것이므로, 이때 절도죄는 기수에 이르렀다고 할 것이고, 이를 운반하거나 반출하는 등의 행위는 필요로 하지 않는다고 할 것이다.
[2] 피고인 2는 피고인 1이 영산홍을 땅에서 완전히 캐낸 이후에 비로소 범행장소로 와서 피고인 1과 함께 위 영산홍을 승용차까지 운반하였다는 것인바, 앞서 본 법리에 비추어 보면, 피고인 1이 영산홍을 땅에서 캐낸 그 시점에서 이미 피해자의 영산홍에 대한 점유가 침해되어 그 사실적 지배가 피고인 1에게 이동되었다고 봄이 상당하므로, 그때 피고인 1의 영산홍 절취행위는 기수에 이르렀다고 할 것이고, 이와 같이 보는 이상 그 이후에 피고인 2가 영산홍을 피고인 1과 함께 승용차까지 운반하였다고 하더라도 그러한 행위가 다른 죄에 해당하는지의 여부는 별론으로 하고, 피고인 2가 피고인 1과 합동하여 영산홍 절취행위를 하였다고 볼 수는 없다고 할 것이다.
[3] 절도범인이 혼자 입목을 땅에서 완전히 캐낸 후에 비로소 제3자가 가담하여 함께 입목을 운반한 사안에서, 특수절도죄의 성립을 부정한 사례(대판 2008.10.23. 2008도6080)

③ 내용 : 불법영득의사는 권리자를 계속적·지속적으로 배제한다는 소극적 요소와 타인의 재물에 대하여 소유권자와 유사한 지배를 행사하는 적극적 요소를 그 내용으로 한다는 소유자의사설이 다수설이다. 판례는 이에 더하여 그 재물의 경제적 용법에 따라 이용·처분하는 경제적 요소를 그 내용으로 한다는 경제적 용법설을 취하고(대판 2000.10.13. 2000도3655) 있다. 생각건대 경제적 용법에 따른 이용의사는 영득의사의 적극적 요소에 포함되므로 이를 독자적 내용으로 추가할 이유는 없어 보인다(소유자의사설).

㉠ 소극적 요소 : 재물에 대한 권리자의 종래의 지위를 계속적·지속적으로 제거·배제하려는 의사를 말한다. 이 점에서 소유자지위의 배제의사가 결여된 사용절도는 원칙적으로 불가벌이 된다.

> **1. 불법영득의사가 인정되는 사례**
> - [1] 절도죄의 성립에 필요한 불법영득의 의사란 타인의 물건을 그 권리자를 배제하고 자기의 소유물과 같이 그 경제적 용법에 따라 이용·처분하고자 하는 의사를 말하는 것으로서, 단순히 타인의 점유만을 침해하였다고 하여 그로써 곧 절도죄가 성립하는 것은 아니나, 재물의 소유권 또는 이에 준하는 본권을 침해하는 의사가 있으면 되고 반드시 영구적으로 보유할 의사가 필요한 것은 아니며, 그것이 물건 자체를 영득할 의사인지 물건의 가치만을 영득할 의사인지를 불문한다. 따라서 어떠한 물건을 점유자의 의사에 반하여 취거하는 행위가 결과적으로 소유자의 이익으로 된다는 사정 또는 소유자의 추정적 승낙이 있다고 볼 만한 사정이 있다고 하더라도, 다른 특별한 사정이 없는 한 그러한 사유만으로 불법영득의 의사가 없다고 할 수는 없다. [2] 피고인이 소유자인 ○○ 캐피탈로부터 리스한 승용차를 담보로 사채업자로부터 빌린 금원을 갚지 못하자 사채업자가 피해자에게 동 승용차를 매도하여 피해자가 점유하던 중, 피고인이 자기 이외의 자의 소유물인 이 사건 승용차를 점유자인 피해자의 의사에 반하여 그 점유를 배제하고 자기의 점유로 옮긴 이상 그러한 행위가 '절취'에 해당함은 분명하다. 또한 피고인이 이 사건 승용차를 임의로 가져간 것이 소유자인 ○○ 캐피탈의 의사에 반하는 것이라고는 보기 어렵고 실제로 위 승용차가 ○○ 캐피탈에 반납된 사정을 감안한다고 하더라도, 그러한 사정만으로는 피고인에게 불법영득의 의사가 없다고 할 수도 없다(대판 2014.2.21. 2013도14139).
> - [1] 절도죄의 성립에 필요한 불법영득의 의사란 권리자를 배제하고 타인의 물건을 자기의 소유물과 같이 이용·처분할 의사를 말하고, 영구적으로 물건의 경제적 이익을 보유할 의사임은 요하지 않으며, 일시 사용의 목적으로 타인의 점유를 침탈한 경우에도 사용으로 인하여 물건 자체가 가지는 경제적 가치가 상당한 정도로 소모되거나 또는 상당한 장시간 점유하고 있거나 본래의 장소와 다른 곳에 유기하는 경우에는 이를 일시 사용하는 경우라고는 볼 수 없으므로 영득의 의사가 없다고 할 수 없다. [2] 피고인이 甲의 영업점 내에 있는 甲 소유의 휴대전화를 허락 없이 가지고 나와 이를 이용하여 통화를 하고 문자메시지를 주고받은 다음 약 1~2시간 후 甲에게 아무런 말을 하지 않고 위 영업점 정문 옆 화분에 놓아두고 감으로써 이를 절취하였다는 내용으로 기소된 사안에서, 피고인이 甲의 휴대전화를 자신의 소유물과 같이 경제적 용법에 따라 이용하다가 본래의 장소와 다른 곳에 유기한 것이므로 피고인에게 불법영득의사가 있었다고 할 것인데도, 이와 달리 보아 무죄를 선고한 원심판결에 절도죄의 불법영득의사에 관한 법리오해의 위법이 있다고 한 사례(대판 2012.7.12. 2012도1132).

2. 불법영득의사가 인정되지 아니하는 사례
- 내연관계에 있던 여자가 계속 회피하며 만나 주지 않자 내연관계를 회복시켜 볼 목적으로 그녀의 물건을 가져 와 보관한 후 이를 찾으러 오면 그때 그 물건을 반환하면서 타일러 다시 내연관계를 지속시킬 생각으로 물건을 가져 왔고 그녀의 가족에게 그 사실을 그녀에게 연락하라고 말하였으며 그 후 이를 보관하고 있으면서 이용 내지 소비하지 아니한 경우, 불법영득의 의사가 있다고 할 수 없다(대판 1992.5.12. 92도280).
- 피해자의 승낙 없이 혼인신고서를 작성하기 위하여 피해자의 도장을 몰래 꺼내어 사용한 후 곧바로 제자리에 갖다 놓은 경우, 도장에 대한 불법영득의 의사가 있었다고 볼 수 없다(대판 2000.3.28. 2000도493).

ⓒ 적극적 요소 : 타인의 재물에 대하여 소유권자와 유사한 지배를 행사하여 이용·처분하려는 의사를 말한다. 적극적 요소는 일시적 의사로도 족하나 확정적 의사임을 요한다. 절도죄는 적극적 요소를 필요로 한다는 점에서 이를 필요로 하지 아니하는 손괴죄와 구별된다.

불법영득의사가 인정되지 아니하는 사례
- [1] 절도죄의 성립에 필요한 불법영득의 의사라 함은 권리자를 배제하고 타인의 물건을 자기의 소유물과 같이 그 경제적 용법에 따라 이용, 처분하려는 의사를 말한다.
  [2] 피고인이 살해된 피해자의 주머니에서 꺼낸 지갑을 살해도구로 이용한 골프채와 옷 등 다른 증거품들과 함께 자신의 차량에 싣고 가다가 쓰레기 소각장에서 태워버린 경우, 살인 범행의 증거를 인멸하기 위한 행위로서 불법영득의 의사가 있었다고 보기 어렵다고 한 사례(대판 2000.10.13. 2000도3655)
- 가구회사의 디자이너인 피고인이 자신이 제작한 가구 디자인 도면을 가지고 나온 경우 평소 위 회사에서 채택한 도면은 그 유출과 반출을 엄격히 통제하고 있으나 채택하지 아니 한 도면들은 대부분 작성한 디자이너에게 반환하여 각자가 자기의 서랍 또는 집에 보관하거나 폐기하는 등 디자이너 개인에게 임의처분이 허용되어 왔고, 피고인은 회사로부터 부당하게 징계를 받았다고 생각하고 노동위원회에 구제신청을 하면서 자신이 그 동안 회사업무에 충실하였다는 사실을 입증하기 위한 자료로 삼기 위하여 이를 가지고 나온 것이라면 피고인에게 위 도면들에 대한 불법영득의 의사가 있었다고 볼 수 없다(대판 1992.3.27. 91도2831).

④ 대 상
ⓐ 견해의 대립 : 학설은 재물이라는 물체 자체가 불법영득의사의 대상이라는 물체설, 재물의 경제적 가치가 대상이라는 가치설, 물체 자체 또는 재물이 보유하고 있는 가치가 대상이라는 절충설의 대립이 있고, 판례는 목적물의 물질을 영득할 의사이거나 또는 그 물질의 가치만을 영득할 의사이든 적어도 그 재물에 대한 영득의 의사가 있어야 한다고(대판 1992.9.8. 91도3149) 하여 절충설의 태도를 취하고 있다. 생각건대 물체 그 자체와 가치는 재물이 가지고 있는 동일한 속성의 양 측면에 불과하므로 양자 모두 불법영득의사의 대상이 된다고 보는 것이 타당하다.

ⓒ 가치의 범위
　㉮ 영득의 대상은 단순한 사용가치가 아니라 재물의 종류와 기능에 따라 결합되어 있는 특수한 기능가치에 제한되어야 하므로 물건 자체를 반환한 경우에도 기능가치의 침해가 인정되는 경우에는 영득의사가 인정된다.

> **예금통장을 무단사용하여 예금을 인출한 후 반환한 사례[75]**
> 예금통장은 예금채권을 표창하는 유가증권이 아니고 그 자체에 예금액 상당의 경제적 가치가 화체되어 있는 것도 아니지만, 이를 소지함으로써 예금채권의 행사자격을 증명할 수 있는 자격증권으로서 예금계약사실 뿐 아니라 예금액에 대한 증명기능이 있고 이러한 증명기능은 예금통장 자체가 가지는 경제적 가치라고 보아야 하므로, 예금통장을 사용하여 예금을 인출하게 되면 그 인출된 예금액에 대하여는 예금통장 자체의 예금액 증명기능이 상실되고 이에 따라 그 상실된 기능에 상응한 경제적 가치도 소모된다. 그렇다면 타인의 예금통장을 무단사용하여 예금을 인출한 후 바로 예금통장을 반환하였다 하더라도 그 사용으로 인한 위와 같은 경제적 가치의 소모가 무시할 수 있을 정도로 경미한 경우가 아닌 이상, 예금통장 자체가 가지는 예금액 증명기능의 경제적 가치에 대한 불법영득의 의사를 인정할 수 있으므로 절도죄가 성립한다(대판 2010.5.27. 2009도9008).

　㉯ 단순한 사용가치를 침해한 경우에는 그 물건의 경제적 가치가 감소되지 아니하였으므로 영득의사는 부정된다.

> **1. 타인의 신용카드를 무단사용하여 현금대출을 받은 후 반환한 사례[76]**
> 1) 사실관계
> 　피고인은 1998.3.31. 15:00경 서울 종로구 명륜동2가에 있는 피고인이 종업원으로 일하던 가게에서, 위 가게의 주인인 피해자가 자리를 비운 틈을 타서 위 피해자가 계산대 뒤의 창문에 두고 간 핸드백에서 피해자 소유의 신용카드 1장을 꺼내어 그 곳에서 약 50m 떨어진 은행에 설치된 현금자동지급기에서 위 신용카드를 이용하여 50만원을 현금서비스 받고, 다시 위 가게로 돌아와서 피해자의 핸드백 안에 신용카드를 넣어 두었다.
> 2) 판결요지
> 　[1] 타인의 재물을 점유자의 승낙 없이 무단사용하는 경우에 있어서 그 사용으로 인하여 물건 자체가 가지는 경제적 가치가 상당한 정도로 소모되거나 또는 사용 후 그 재물을 본래 있었던 장소가 아닌 다른 장소에 버리거나 곧 반환하지 아니하고 장시간 점유하고 있는 것과 같은 때에는 그 소유권 또는 본권을 침해할 의사가 있다고 보아 불법영득의 의사를 인정할 수 있을 것이나, 그렇지 않고 그 사용으로 인한 가치의 소모가 무시할 수 있을 정도로 경미하고, 또한 사용 후 곧 반환한 것과 같은 때에는 그 소유권 또는 본권을 침해할 의사가 있다고 할 수 없어 불법영득의 의사가 있다고 인정할 수 없다.

---

75) 판례의 취지를 고려할 때 통장 자체에 대하여는 절도죄, 예금을 인출한 행위에 대하여는 사기죄, 사문서위조죄, 동행사죄가 성립하고 각 죄는 실체적 경합의 관계에 있다.
76) 예금통장의 경우와는 달리 신용카드는 경제적 가치가 화체되어 있거나 특정의 재산권을 표창하는 유가증권이라고 볼 수 없고, 단지 신용카드업자로부터 서비스를 받을 수 있는 증표로서의 가치를 갖는데 불과하므로 이를 사용한 후 반환한 경우에는 신용카드 자체에 대한 절도죄는 인정되지 아니한다. 다만, 현금대출을 받은 경우, 대출(서비스) 받은 현금에 대한 절도죄와 신용카드부정사용죄의 실체적 경합이 성립한다.

> [2] 신용카드업자가 발행한 신용카드는 이를 소지함으로써 신용구매가 가능하고 금융의 편의를 받을 수 있다는 점에서 경제적 가치가 있다 하더라도, 그 자체에 경제적 가치가 화체되어 있거나 특정의 재산권을 표창하는 유가증권이라고 볼 수 없고, 단지 신용카드회원이 그 제시를 통하여 신용카드회원이라는 사실을 증명하거나 현금자동지급기 등에 주입하는 등의 방법으로 신용카드업자로부터 서비스를 받을 수 있는 증표로서의 가치를 갖는 것이어서, 이를 사용하여 현금자동지급기에서 현금을 인출하였다 하더라도 신용카드 자체가 가지는 경제적 가치가 인출된 예금액만큼 소모되었다고 할 수 없으므로, 이를 일시 사용하고 곧 반환한 경우에는 불법영득의 의사가 없다.
>
> [3] 여신전문금융업법 제70조 제1항 제3호는 분실 또는 도난된 신용카드를 사용한 자를 처벌하도록 규정하고 있는데, 여기서 분실 또는 도난된 신용카드라 함은 소유자 또는 점유자의 의사에 기하지 않고 그의 점유를 이탈하거나 그의 의사에 반하여 점유가 배제된 신용카드를 가리키는 것으로서, 소유자 또는 점유자의 점유를 이탈한 신용카드를 취득하거나 그 점유를 배제하는 행위를 한 자가 반드시 유죄의 처벌을 받을 것을 요하지 아니한다(대판 1999.7.9. 99도857).
>
> **2. 직불카드, 현금카드에 대한 영득의사를 부정한 유사한 사례**
> - 은행이 발급한 직불카드를 사용하여 타인의 예금계좌에서 자기의 예금계좌로 돈을 이체시켰다 하더라도 직불카드 자체가 가지는 경제적 가치가 계좌이체된 금액만큼 소모되었다고 할 수는 없으므로, 이를 일시 사용하고 곧 반환한 경우에는 그 직불카드에 대한 불법영득의 의사는 없다고 보아야 한다(대판 2006.3.9. 2005도7819).
> - 피해자로부터 지갑을 잠시 건네받아 임의로 지갑에서 현금카드를 꺼내어 현금자동인출기에서 현금을 인출하고 곧바로 피해자에게 현금카드를 반환한 경우, 현금카드에 대한 불법영득의사가 없다(대판 1998.11.10. 98도2642).

⑤ 불법의 의미
  ㉠ 문제점 : 영득행위는 객관적으로 불법 내지 위법한 행위임을 요한다는 점에서 영득의 불법이 구체적으로 무슨 의미인지 견해가 대립한다. 이는 권리행사의 수단으로 재물을 절취한 경우를 어떻게 취급할 것인가의 문제이다.
  ㉡ 학설 : 불법이란 영득이 실질적으로 소유권질서와 모순·충돌되는 상태를 의미한다는 영득의 불법설과 불법이란 절취의 불법을 의미하므로 절취가 적법하지 않으면 불법영득의사를 인정하여야 한다는 절취의 불법설이 대립하고 있다.
  ㉢ 판례 : 판례는 행위자에게 반환청구권이 있어도 점유자의 승낙 없이 물건을 가져갔다면 절도죄가 성립한다고(대판 1973.2.28. 72도2538)하여 절취의 불법설을 취하고 있다.
  ㉣ 검토 : 생각건대 절도죄의 보호법익은 소유권이기 때문에 영득이 실질적인 소유권질서와 일치한다면 불법은 존재하지 아니한다고 보아야 하므로 영득의 불법설이 타당하다고 판단된다.

절취의 불법설을 취한 사례

- [1] 형법상 절취란 타인이 점유하고 있는 자기 이외의 자의 소유물을 점유자의 의사에 반하여 그 점유를 배제하고 자기 또는 제3자의 점유로 옮기는 것을 말하는 것으로, 비록 약정에 기한 인도 등의 청구권이 인정된다고 하더라도, 취거 당시에 점유 이전에 관한 점유자의 명시적·묵시적인 동의가 있었던 것으로 인정되지 않는 한, 점유자의 의사에 반하여 점유를 배제하는 행위를 함으로써 절도죄는 성립하는 것이고, 그러한 경우에 특별한 사정이 없는 한 불법영득의 의사가 없었다고 할 수는 없다.
 [2] 굴삭기 매수인이 약정된 기일에 대금채무를 이행하지 아니하면 굴삭기를 회수하여 가도 좋다는 약정을 하고 각서와 매매계약서 및 양도증명서 등을 작성하여 판매회사 담당자에게 교부한 후 그 채무를 불이행하자 그 담당자가 굴삭기를 취거하여 매도한 경우, 굴삭기에 대한 소유권 등록 없이 매수인의 위와 같은 약정 및 각서 등의 작성, 교부만으로 굴삭기에 대한 소유권이 판매회사로 이전될 수는 없으므로 굴삭기 취거 당시 그 소유권은 여전히 매수인에게 남아 있고, 매수인의 의사 표시 중에 자신의 동의나 승낙 없이 현실적으로 자신의 점유를 배제하고 굴삭기를 가져가도 좋다는 의사까지 포함되어 있었던 것으로 보기는 어렵다는 이유로, 그 굴삭기 취거행위는 절도죄에 해당하고 불법영득의 의사도 인정된다고 한 사례(대판 2001.10.26, 2001도4546).
- [1] 형법상 절취란 타인이 점유하고 있는 자기 이외의 자의 소유물을 점유자의 의사에 반하여 그 점유를 배제하고 자기 또는 제3자의 점유로 옮기는 것을 말하는 것으로, 비록 약정에 기한 인도 등의 청구권이 인정된다고 하더라도, 취거 당시에 점유 이전에 관한 점유자의 명시적·묵시적인 동의가 있었던 것으로 인정되지 않는 한, 점유자의 의사에 반하여 점유를 배제하는 행위를 함으로써 절도죄는 성립하는 것이다.
 [2] 피고인이 할부매매 덤프트럭을 가져가기 전에 공소외 1 주식회사에 "여신거래기본약관상의 기한이익 상실조항에 의거하여 리스료의 일시상환 청구를 하게 되었으며 또한 귀하의 재산에 대한 법적조치 및 연체자 정보제공 준비에 있습니다."라는 내용의 통보서를 보냈고, 공소외 3 주식회사와 공소외 1 주식회사 간에 " 공소외 1 주식회사가 채무를 이행하지 아니하는 경우에 공소외 3 주식회사가 이를 관리하고 그 처분 혹은 임대수익으로써 채무의 변제에 충당할 수 있다."는 취지의 서면약정이 있었다고 하더라도, 피고인이 할부매매 덤프트럭을 가져간 행위는 공소외 1 주식회사의 의사에 반하는 절취행위에 해당한다(대판 2010.2.25, 2009도5064).

⑥ 사용절도

㉠ 의의 : 타인의 재물을 무단으로 일시적으로 사용한 후에 소유자에게 반환하는 것을 말한다.

㉡ 성립요건 : 사용절도에 해당하기 위해서는 타인의 재물에 대한 사용이 일시적인 것에 그쳐야 하고, 재물의 가치를 감소·소멸시켜서는 안 되며 행위자에게 확실한 반환의사가 인정되어야 한다.

㉢ 한계 : 계속적인 소유자의 배제가 인정되거나 타인의 재물의 가치를 감소·소멸시키거나 타인에게 반환하지 아니하고 방치한 경우에는 사용절도의 한계를 넘어서는 절도죄를 구성한다고 해야 한다.

㉣ 효과 : 사용절도에 해당하는 경우, 불법영득의사의 소극적 요소가 결여되어 절도죄가 성립하지 아니하나, 그 객체가 타인의 자동차, 선박, 항공기 또는 원동기장치자전거 등인 경우에는 자동차등불법사용죄(형법 제331조의2)로 처벌될 수 있다.

> **1. 사용절도에 해당하는 사례**
> [1] 타인의 재물을 점유자의 승낙 없이 무단사용하는 경우에 있어서 그 사용으로 물건 자체가 가지는 경제적 가치가 상당한 정도로 소모되거나 또는 사용 후 본래의 장소가 아닌 다른 곳에 버리거나 곧 반환하지 아니하고 장시간 점유하고 있는 것과 같은 때에는 그 소유권 또는 본권을 침해할 의사가 있다고 보아 불법영득의 의사를 인정할 수 있을 것이나 그렇지 아니하고 그 사용으로 인한 가치의 소모가 무시할 정도로 경미하고 또 사용 후 곧 반환한 것과 같은 때에는 그 소유권 또는 본권을 침해할 의사가 있다고 할 수 없어 불법영득의 의사를 인정할 수 없다고 봄이 상당하다.
> [2] 동네 선배로부터 차량을 빌렸다가 반환하지 아니한 보조열쇠를 이용하여 그 후 3차례에 걸쳐 위 차량을 2-3시간 정도 운행한 후 원래 주차된 곳에 갖다 놓아 반환한 경우 피해자와의 친분관계, 차량의 운행경위, 운행시간, 운행 후의 정황 등에 비추어 불법영득의 의사가 있었다고 볼 수 없다고 한 사례(대판 1992.4.24. 92도118)[77]
>
> **2. 사용절도에 해당하지 아니하는 사례**
> - [1] 甲 주식회사 감사인 피고인이 회사 경영진과의 불화로 한 달 가까이 결근하다가 자신의 출입카드가 정지되어 있는데도 이른 아침에 경비원에게서 출입증을 받아 컴퓨터 하드디스크를 절취하기 위해 회사 감사실에 들어간 경우, 위 방실침입 행위는 정당행위에 해당하지 않는다.
> [2] 甲 주식회사 감사인 피고인이 회사 경영진과의 불화로 한 달 가까이 결근하다가 회사 감사실에 침입하여 자신이 사용하던 컴퓨터에서 하드디스크를 떼어간 후 4개월 가까이 지난 시점에 반환한 경우, 피고인이 하드디스크를 일시 보관 후 반환하였다고 평가하기 어려워 불법영득의 의사를 인정할 수 있다(대판 2011.8.18. 2010도9570).
> - 피고인이 甲의 영업점 내에 있는 甲 소유의 휴대전화를 허락 없이 가지고 나와 이를 이용하여 통화를 하고 문자메시지를 주고받은 다음 약 1~2시간 후 甲에게 아무런 말을 하지 않고 위 영업점 정문 옆 화분에 놓아두고 감으로써 이를 절취하였다는 내용으로 기소된 사안에서, 피고인이 甲의 휴대전화를 자신의 소유물과 같이 경제적 용법에 따라 이용하다가 본래의 장소와 다른 곳에 유기한 것이므로 피고인에게 불법영득의사가 있었다고 할 것인데도, 이와 달리 보아 무죄를 선고한 원심판결에 절도죄의 불법영득의사에 관한 법리오해의 위법이 있다고 한 사례(대판 2012.7.12. 2012도1132)

---

77) 현행법상 1995.12.29.에 신설된 자동차등불법사용죄에 해당한다(형법 제331조의2).

3. 죄수와 타죄와의 관계

(1) 죄 수

절도죄의 죄수는 구성요건인 절취의 수에 의하여 결정된다. 한편 절도죄는 상태범이므로 절도가 기수로 된 후에 장물을 손괴 내지 처분하는 행위는 불가벌적 사후행위로서 별죄를 구성하지 아니한다(법조경합 중 흡수관계).

> - 단일범의로서 절취한 시간과 장소가 접착되어 있고 같은 관리인의 관리하에 있는 방 안에서 소유자를 달리하는 두 사람의 물건을 절취한 경우에는 1개의 절도죄가 성립한다(대판 1970.7.21. 70도1133).
> - 절도범이 갑의 집에 침입하여 그 집의 방안에서 그 소유의 재물을 절취하고 그 무렵 그 집에 세 들어 사는 을의 방에 침입하여 재물을 절취하려다 미수에 그쳤다면 위 두 범죄는 그 범행장소와 물품의 관리자를 달리하고 있어서 별개의 범죄를 구성한다(대판 1989.8.8. 89도664).

(2) 타죄와의 관계

주거침입이 주간이면 주거침입죄와 절도죄의 경합범이 되고 야간이면 야간주거침입절도죄만 성립한다.

Ⅲ 야간주거침입절도죄

1. 의 의

야간주거침입절도죄는 야간에 사람의 주거, 관리하는 건조물, 선박, 항공기 또는 점유하는 방실(房室)에 침입하여 타인의 재물을 절취함으로써 성립하는 범죄이다(형법 제330조).

2. 구성요건

(1) 객관적 구성요건

1) 야 간

야간은 범죄지의 일몰 후 일출 전까지의 시간을 말한다(천문학적 해석설). 야간의 적용범위에 대해 주거침입과 절취행위 중 어느 하나만 야간에 이루어지면 야간주거침입절도죄가 성립한다는 견해(주거침입 또는 절취행위설)도 있으나 본죄의 문리해석에 충실하게 주거침입과 절취행위가 모두 야간에 이루어지는 경우에 한하여 본죄가 성립한다는 견해가 타당하다(주거침입 및 절취행위설). 판례는 형법은 야간에 이루어지는 주거침입행위의 위험성에 주목하여 그러한 행위를 수반한 절도를 야간주거침입절도죄로 중하게 처벌하고 있는 것으로 보아야 하고, 따라서 주거침입이 주간에 이루어진 경우에는 야간주거침입절도죄가 성립하지 않는다고 해석하는 것이 타당하다고(대판 2011.4.14. 2011도300) 판시하고 있으나 어느 견해를 취한 것인지 분명하지 아니하다.

2) 행 위

본죄의 실행의 착수시기는 절취할 의사로 사람의 주거 등에 침입한 때이고 기수시기는 재물을 취득한 때이다.

> 1. **실행의 착수가 인정되는 사례**
>   - 야간에 아파트에 침입하여 물건을 훔칠 의도하에 아파트의 베란다 철제난간까지 올라가 유리창문을 열려고 시도하였다면 야간주거침입절도죄의 실행에 착수한 것으로 보아야 한다(대판 2003.10.24. 2003도4417).
>   - 출입문이 열려 있으면 안으로 들어가겠다는 의사 아래 출입문을 당겨보는 행위는 바로 주거의 사실상의 평온을 침해할 객관적인 위험성을 포함하는 행위를 한 것으로 볼 수 있어 그것으로 주거침입의 실행에 착수한 것으로 보아야 한다(대판 2006.9.14. 2006도2824).
> 2. **실행의 착수가 인정되지 아니하는 사례**
>   야간에 다세대주택에 침입하여 물건을 절취하기 위하여 가스배관을 타고 오르다가 순찰 중이던 경찰관에게 발각되어 그냥 뛰어내렸다면, 야간주거침입절도죄의 실행의 착수에 이르지 못하였다고 보아야 한다(대판 2008.3.27. 2008도917).

(2) 주관적 구성요건

주거침입 및 절도의 고의와 절취 재물에 대한 불법영득의사가 있어야 한다.

Ⅳ 특수절도죄

1. 의 의

특수절도죄는 야간에 문이나 담 그 밖의 건조물의 일부를 손괴하고 사람의 주거, 관리하는 건조물, 선박, 항공기 또는 점유하는 방실(房室)에 침입하여 타인의 재물을 절취하거나, 흉기를 휴대하거나 2명 이상이 합동하여 타인의 재물을 절취함으로써 성립하는 범죄이다(형법 제331조).

2. 손괴후야간주거침입절도(형법 제331조 제1항)

(1) 행위상황

행위상황은 야간으로 그 의미는 야간주거침입절도죄의 경우와 동일하다.

(2) 행 위

① 문이나 담 그 밖의 건조물의 일부를 손괴하고 사람의 주거, 관리하는 건조물, 선박, 항공기 또는 점유하는 방실(房室)에 침입하여 타인의 재물을 절취하는 것으로, 손괴는 문 등을 물리적으로 훼손하여 그 효용을 해하는 것을 말한다.

> **1. 손괴에 해당하는 사례**
> 야간에 불이 꺼져 있는 상점의 출입문을 손으로 열어보려고 하였으나 출입문의 하단에 부착되어 있던 잠금 고리가 잠겨져 있어 열리지 않았는데, 출입문을 발로 걷어차자 잠금 고리의 아래쪽 부착부분이 출입문에서 떨어져 출입문과의 사이가 뜨게 되면서 출입문이 열려 상점 안으로 침입하여 재물을 절취하였다면, 이는 물리적으로 위장시설을 훼손하여 그 효용을 상실시키는 행위에 해당한다 (대판 2004.10.15, 2004도4505).
>
> **2. 손괴에 해당하지 아니하는 사례**
> [1] 형법 제331조 제1항에 정한 '손괴'는 물리적으로 문호 또는 장벽 기타 건조물의 일부를 훼손하여 그 효용을 상실시키는 것을 말한다.
> [2] 피고인이 창문과 방충망을 창틀에서 분리한 사실만을 인정할 수 있을 뿐 달리 창문과 방충망을 물리적으로 훼손하여 그 효용을 상실하게 한 것은 아니므로 특수절도죄는 성립하지 아니한다(대판 2015.10.29, 2015도7559).

② 본죄는 침입을 위하여 건조물 등의 일부를 손괴하기 시작한 때에 실행의 착수가 있고, 재물을 취득한 때에 기수가 된다. 판례도 마찬가지로 야간에 절도의 목적으로 출입문에 장치된 자물통 고리를 절단하고 출입문을 손괴한 뒤 집안으로 침입하려다가 발각된 것이라면 이는 특수절도죄의 실행에 착수한 것이라고 (대판 1986.9.9, 86도1273) 판시하고 있다.

3. 흉기휴대절도(형법 제331조 제2항 전단)

(1) 흉기휴대

1) 흉 기

흉기란 본래 사람의 살상을 목적으로 제작된 기구 또는 용법에 따라서는 사람의 살상에 이용될 수 있는 물건을 말하지만, 본죄의 흉기는 이에 한하지 아니하고 널리 위험한 물건과 같은 의미로 이해할 수 있다. 따라서 그 객관적 성질과 사용방법에 따라 능히 사람을 살상할 수 있는 것이라면 흉기에 해당한다. 그러나 판례는 흉기와 위험한 물건을 구별하는 태도를 취하는 것으로 이해된다.

> **흉기 해당 여부에 대한 사례**
> [1] 형법 제331조 제2항에서 '흉기를 휴대하여 타인의 재물을 절취한' 행위를 특수절도죄로 가중하여 처벌하는 것은 흉기의 휴대로 인하여 피해자 등에 대한 위해의 위험이 커진다는 점 등을 고려한 것으로 볼 수 있다. 이에 비추어 위 형법 조항에서 규정한 흉기는 본래 살상용·파괴용으로 만들어진 것이거나 이에 준할 정도의 위험성을 가진 것으로 봄이 상당하고, 그러한 위험성을 가진 물건에 해당하는지 여부는 그 물건의 본래의 용도, 크기와 모양, 개조 여부, 구체적 범행 과정에서 그 물건을 사용한 방법 등 제반 사정에 비추어 사회통념에 따라 객관적으로 판단할 것이다.
> [2] 피고인이 이 사건 절도 범행을 함에 있어서 택시 운전석 창문을 파손하는 데 사용한 이 사건 드라이버는 일반적인 드라이버와 동일한 것으로 특별히 개조된 바는 없는 것으로 보이고, 그 크기와 모양 등 제반 사정에 비추어 보더라도 피고인의 이 사건 범행이 흉기를 휴대하여 타인의 재물을 절취한 경우에 해당한다고 보기는 어렵다고 보인다(대판 2012.6.14, 2012도4175).

2) 휴 대

휴대는 범행현장에서 그 범행에 사용할 의도로 흉기를 소지하거나 몸에 지니는 경우를 가리키는 것이므로(대판 1990.4.24. 90도401), 자신이 흉기를 휴대한 사실을 알지 못하였다면 흉기휴대의 고의를 인정할 수 없다.

(2) 재물의 절취

재물의 절취의 의미는 절도죄의 경우와 동일하다.

(3) 착수・기수시기

실행의 착수・기수시기는 원칙적으로 절도죄의 경우와 동일하나 본죄의 행위가 야간에 주거에 침입하여 행하여진 경우에는 야간주거침입절도죄와 동일하게 착수시기는 주거침입시, 기수시기는 절취행위의 종료시이다.

4. 합동절도(형법 제331조 제2항 후단)

(1) 2인 이상의 합동

1) 합동범의 의의

합동범은 2인 이상이 합동하여 죄를 범한 경우에 그 형이 가중되는 범죄를 말한다. 공동정범의 특수한 경우로 그 법적 성격을 이해하는 견해도 있으나, 본질에 관하여 현장설을 취하는 한 합동범은 1인이 범할 수 없으므로 필요적 공범(집합범)으로 보는 것이 타당하다.

2) 합동범의 본질

① 학설 : 합동의 의미를 공모로 이해하는 공모공동정범설, 공동과 동일한 개념이지만 집단범죄에 대한 대책상 특별히 그 형을 가중한 것이라고 해석하는 가중적 공동정범설, 공동보다는 좁은 개념으로 현장성, 즉 다수인의 시간적・장소적 협동을 의미한다는 현장설, 합동범의 의미를 현장에 의하여 제한된 공동정범으로 이해하는 현장적 공동정범설이 대립하고 있다.

② 판례 : 판례는 합동절도가 성립하려면 주관적 요건으로 공모 외에 실행행위의 분담이 있어야 하고 그 실행행위에 있어서는 시간적으로나 장소적으로 합동관계가 있다고 볼 수 있어야 한다고(대판 1982.1.12. 81도2991) 판시하여 현장설을 취하고 있다.

③ 검토 : 형법이 합동범의 형을 가중하는 이유는 2명 이상이 현장에서 합동하여 범죄를 범하는 경우에 일반에 대한 위험성이 커진다는 데 있으므로 합동은 현장성을 의미한다고 보는 현장설이 타당하다고 판단된다.

- [1] 성폭력범죄의 처벌 등에 관한 특례법 제4조 제3항, 제1항의 '2인 이상이 합동하여 형법 제299조의 죄를 범한 경우'에 해당하려면, 피고인들이 공모하여 실행행위를 분담하였음이 인정되어야 하는데, 범죄의 공동가공의사가 암묵리에 서로 상통하고 범의 내용에 대하여 포괄적 또는 개별적인 의사연락이나 인식이 있었다면 공모관계가 성립하고, 시간적으로나 장소적으로 협동관계에 있었다면 실행행위를 분담한 것으로 인정된다.

[2] 늦어도 피고인 1이 피해자를 간음하기 위해 화장실로 갈 무렵에는 피고인들이 술에 취해 반항할 수 없는 피해자를 간음하기로 공모하였고, 피고인 2가 피고인 1에게 간음하기에 편한 자세를 가르쳐 주고 피고인 1이 간음 행위를 하는 방식으로 실행행위를 분담하였다면 피고인들은 시간적·장소적 협동관계에 있었다고 판단된다(대판 2016.6.9. 2016도4618).

- [1] 합동범은 주관적 요건으로서 공모 외에 객관적 요건으로서 현장에서의 실행행위의 분담을 요하나 이 실행행위의 분담은 반드시 동시에 동일장소에서 실행행위를 특정하여 분담하는 것만을 뜻하는 것이 아니라 시간적으로나 장소적으로 서로 협동관계에 있다고 볼 수 있으면 충분하다.
[2] 피고인들 중 피고인 甲이 피해자의 집 담을 넘어 들어가 대문을 열어 피고인 乙, 丙으로 하여금 들어오게 한 다음 피고인 甲, 丙은 드라이버로 현관문을 열고 들어가 그 곳에 있던 식칼 두 개를 각자 들고 피고인들 모두가 안방에 들어가서 피해자들을 칼로 협박하고 손을 묶은 뒤 장농서랍을 뒤져 귀금속과 현금 등을 강취하였다는 것이므로, 피고인 乙이 소론과 같이 직접 문을 열거나 식칼을 든 일이 없다고 하여도 다른 피고인들과 함께 행동하면서 범행에 협동한 이상 현장에서 실행행위를 분담한 것이라고 볼 것이다(대판 1992.7.28. 92도917).

3) 합동범의 공범

① 합동범의 공동정범

㉠ 문제점 : 합동하여 범죄를 실행하기로 공모하였으나 현장에는 가지 아니한 자에게 합동범의 공동정범을 인정할 수 있는지 문제된다. 이는 합동범의 본질에 대해 현장설을 따를 때 문제된다는 것을 유의하여야 한다. 공모공동정범설이나 가중적 공동정범설에 의하면 공모나 공동만으로 합동범이 성립하고 현장적 공동정범설에 의하면 합동범의 공동정범은 당연히 가능하기 때문이다.

㉡ 학설 : 합동범은 공동정범에 대한 특별규정으로 현장에서 시간적·장소적으로 협동하지 아니한 자는 합동범의 정범이 될 수 없으므로 합동범의 공동정범을 부정하는 견해와 현장에게 가담하지 아니한 자에게 기능적 행위지배가 인정된다면 합동범의 공동정범이 인정될 수 있다는 견해가 대립하고 있다.

㉢ 판례 : 판례는 3인 이상의 범인이 합동절도의 범행을 공모한 후 적어도 2인 이상의 범인이 범행 현장에서 시간적, 장소적으로 협동관계를 이루어 절도의 실행행위를 분담하여 절도 범행을 한 경우에는 공동정범의 일반 이론에 비추어 그 공모에는 참여하였으나 현장에서 절도의 실행행위를 직접 분담하지 아니한 다른 범인에 대하여도 그가 현장에서 절도 범행을 실행한 위 2인 이상의 범인의 행위를 자기 의사의 수단으로 하여 합동절도의 범행을 하였다고 평가할 수 있는 정범성의 표지를 갖추고 있다고 보여지는 한 그 다른 범인에 대하여 합동절도의 공동정범의 성립을 부정할 이유가 없다고 할 것이라고(대판 1998.5.21. 98도321[전합])하여 긍정설을 취하고 있다.

㉣ 검토 : 공동정범의 정범성의 표지인 기능적 행위지배의 요건을 가중하기 위하여 현장성의 요건을 추가한 것임에도 다시 기능적 행위지배가 인정된다면 공동정범을 인정하는 것은 불합리하다는 점에서 부정설이 타당하다고 판단된다. 이때 현장에 참여하지 아니한 자에게는 단순절도죄의 공동정범 또는 단순절도죄의 공동정범과 특수절도죄의 교사·방조범의 상상적 경합이 성립한다는 견해가 있으나, 현장에 참여하지 아니한 자에게 공동정범의 성립을 인정할 위험성이 있으므로 특수절도죄의 교사·방조범 또는 특수교사·방조범(형법 제34조 제2항)이 성립한다고 이해하는 것이 타당하다고 판단된다.

> **합동범의 공동정범을 인정한 사례**
> - [1] 3인 이상의 범인이 합동절도의 범행을 공모한 후 적어도 2인 이상의 범인이 범행 현장에서 시간적, 장소적으로 협동관계를 이루어 절도의 실행행위를 분담하여 절도 범행을 한 경우에는 공동정범의 일반 이론에 비추어 그 공모에는 참여하였으나 현장에서 절도의 실행행위를 직접 분담하지 아니한 다른 범인에 대하여도 그가 현장에서 절도 범행을 실행한 위 2인 이상의 범인의 행위를 자기 의사의 수단으로 하여 합동절도의 범행을 하였다고 평가할 수 있는 정범성의 표지를 갖추고 있다고 보여지는 한 그 다른 범인에 대하여 합동절도의 공동정범의 성립을 부정할 이유가 없다고 할 것이다. 형법 제331조 제2항 후단의 규정이 위와 같이 3인 이상이 공모하고 적어도 2인 이상이 합동절도의 범행을 실행한 경우에 대하여 공동정범의 성립을 부정하는 취지라고 해석할 이유가 없을 뿐만 아니라, 만일 공동정범의 성립가능성을 제한한다면 직접 실행행위에 참여하지 아니하면서 배후에서 합동절도의 범행을 조종하는 수괴는 그 행위의 기여도가 강력함에도 불구하고 공동정범으로 처벌받지 아니하는 불합리한 현상이 나타날 수 있다. 그러므로 합동절도에서도 공동정범과 교사범·종범의 구별기준은 일반원칙에 따라야 하고, 그 결과 범행현장에 존재하지 아니한 범인도 공동정범이 될 수 있으며, 반대로 상황에 따라서는 장소적으로 협동한 범인도 방조만 한 경우에는 종범으로 처벌될 수도 있다.
> [2] 속칭 삐끼주점의 지배인인 피고인이 피해자로부터 신용카드를 강취하고 신용카드의 비밀번호를 알아낸 후 현금자동지급기에서 인출한 돈을 삐끼주점의 분배관례에 따라 분배할 것을 전제로 하여 원심 공동피고인 1(삐끼), 2(삐끼주점 업주) 및 공소외 인(삐끼)과 피고인은 삐끼주점 내에서 피해자를 계속 붙잡아 두면서 감시하는 동안 원심 공동피고인 1, 2 및 공소외인은 피해자의 위 신용카드를 이용하여 현금자동지급기에서 현금을 인출하기로 공모하였고, 그에 따라 원심 공동피고인 1, 2 및 공소외인이 1997.4.18. 04:08경 서울 강남구 삼성동 소재 편의점에서 합동하여 현금자동지급기에서 현금 4,730,000원을 절취한 사실을 인정하기에 넉넉한바, 비록 피고인이 범행 현장에 간 일이 없다 하더라도 위와 같은 사실관계에서라면 피고인이 합동절도의 범행을 현장에서 실행한 원심 공동피고인 1, 2 및 공소외인과 공모한 것만으로서도 그들의 행위를 자기 의사의 수단으로 하여 합동절도의 범행을 하였다고 평가될 수 있는 합동절도 범행의 정범성의 표지를 갖추었다고 할 것이고, 따라서 위 합동절도 범행에 대하여 공동정범으로서의 죄책을 면할 수 없다(대판 1998.5.21. 98도321[전합]).

- 피고인이 이 사건 범행 전에 원심 공동피고인 1로부터 이 사건 범행을 제의받고 원심 공동피고인 1에게 아는 후배를 한 명 소개할 테니 함께 하자고 승낙하였고, 피고인이 이 사건 범행 전날 원심 공동피고인 2를 만나 원심 공동피고인 1의 범행 계획 등에 관해 알려 주고 원심 공동피고인 2의 승낙을 받아, 피고인이 이 사건 범행 당일 원심 공동피고인 2를 원심 공동피고인 1에게 소개하여 주었고, 원심 공동피고인 1, 2와 함께 이 사건 범행 장소인 공소외 합명회사 사무실 부근까지 동행하였으며, 도중에 이 사건 범행에 사용할 면장갑과 쇼핑백을 구입하여 원심 공동피고인 2에게 건네 주었고, 피고인이 이 사건 범행 직전 원심 공동피고인 2로부터 이 사건 범행을 하는 동안 자신의 가방을 대신 보관하여 달라는 부탁을 받고 이를 대신 보관하였고, 피고인이 공소외 합명회사 사무실로부터 불과 약 200m 정도 떨어진 ○○○○ 주유소 앞에서 원심 공동피고인 2와 원심 공동피고인 1을 기다리고 있었고, 피고인은 위 식당에서 원심 공동피고인 1, 2와 함께 절취한 현금의 액수를 확인하여 절취한 현금의 약 1/3에 해당하는 175만원을 분배받은 경우, 피고인이 비록 망을 본 일이 없다고 하더라도, 피고인이 합동절도의 범행을 현장에서 실행한 원심 공동피고인 1, 2와 공모하였고, 이 사건 범행을 직접 실행할 원심 공동피고인 2를 원심 공동피고인 1에게 소개하여 주었으며, 원심 공동피고인 2에게 이 사건 범행 도구인 면장갑과 쇼핑백을 구입하여 건네 주었고, 원심 공동피고인 2, 1이 이 사건 범행을 종료할 때까지 기다려 그들과 함께 절취한 현금을 운반한 후 그중 일부를 분배받은 것만으로도 단순한 공모자에 그치는 것이 아니라 이 사건 범행에 대한 본질적 기여를 통한 기능적 행위지배를 하였다고 할 것이고, 따라서 피고인이 원심 공동피고인 1, 2의 행위를 자기 의사의 수단으로 하여 합동절도의 범행을 하였다고 평가될 수 있는 정범성의 표지를 갖추었다고 할 것이므로, 원심 공동피고인 1, 2의 위 합동절도의 범행에 대하여 공동정범으로서의 죄책을 면할 수 없다(대판 2011.5.13. 2011도2021).

② **합동범의 교사·방조범** : 현장성을 결여한 자일지라도 합동범에 대한 교사·방조는 당연히 가능하다는 것이 학설의 일반적인 태도이다.

(2) 재물의 절취

재물의 절취의 의미는 절도죄의 그것과 동일하다.

> **합동의 시간적 한계**
> "피고인들은 합동하여, 2007.2.11. 13:30경 피해자 공소외인 운영의 주식회사 유천 연구소에서, 피고인 1은 위 일시에 위 연구소 마당에 쏘렌토 승용차를 세워 두고, 그 곳에서 약 20m 떨어진 연구소 마당 뒤편에서 피해자 소유의 영산홍 1그루를 캔 다음, 남편인 피고인 2에게 전화를 걸어 영산홍을 차에 싣는 것을 도와 달라고 말하여, 피고인 1이 영산홍을 땅에서 완전히 캐낸 이후에 비로소 범행장소로 와서 피고인 1과 함께 위 영산홍을 승용차까지 운반한 경우, 피고인 1이 영산홍을 땅에서 캐낸 그 시점에서 이미 피해자의 영산홍에 대한 점유가 침해되어 그 사실적 지배가 피고인 1에게 이동되었다고 봄이 상당하므로, 그때 피고인 1의 영산홍 절취행위는 기수에 이르렀다고 할 것이고, 이와 같이 보는 이상 그 이후에 피고인 2가 영산홍을 피고인 1과 함께 승용차까지 운반하였다고 하더라도 그러한 행위가 다른 죄에 해당하는지의 여부는 별론으로 하고, 피고인 2가 피고인 1과 합동하여 영산홍 절취행위를 하였다고 볼 수는 없다고 할 것이다(대판 2008.10.23. 2008도6080).[78]

---

[78] 이론상 피고인 1에게는 주거침입죄, 단순절도죄의 실체적 경합이 성립하고, 피고인 2에게는 장물운반죄가 성립할 수 있다.

(3) 착수·기수시기

실행의 착수·기수시기는 원칙적으로 절도죄의 경우와 동일하나 본죄의 행위가 야간에 주거에 침입하여 행하여진 경우에는 야간주거침입절도죄와 동일하게 착수시기는 주거침입시, 기수시기는 절취행위의 종료시이다.

5. 죄 수

형법 제331조 제1항과 제2항의 구성요건을 동시에 충족한 경우에는 특수절도죄의 포괄일죄가 성립한다.

Ⅴ 자동차 등 불법사용죄

1. 의 의

(1) 개 념

자동차 등 불법사용죄는 권리자의 동의없이 타인의 자동차, 선박, 항공기 또는 원동기장치자전거를 일시 사용함으로써 성립하는 범죄이다(형법 제331조의2).

(2) 보호법익

본죄의 보호법익이 소유권이라는 소유권설이 주장되고 있으나, 본죄는 불법영득의사 없이 자동차의 사용권만을 일시 침해하는 경우를 예외적으로 처벌하기 위한 규정이므로 사용권설이 타당하다고 판단된다.

2. 구성요건

(1) 객관적 구성요건

1) 객 체

타인의 자동차, 선박, 항공기 또는 원동기장치자전거이다.

2) 행 위

① 권리자의 동의 없이 : 권리자는 소유자뿐만 아니라 타인에게 위임된 사용권도 보호할 필요가 있으므로 사용권을 위임받은 사용권자도 포함된다. 동의는 구성요건해당성을 배제하는 양해에 해당하고 동의의 방법은 불문한다.

② 일시사용 : 권리자의 점유를 일시적으로 배제하고 무단히 독자적으로 그 본래의 용도인 교통수단으로 물건을 일시 사용하는 것을 말한다. 사용이란 불법적으로 사용을 개시한 경우에만 문제되고 정당하게 사용을 개시한 후에 권한범위를 넘어 사용한 경우에는 본죄에 해당하지 아니한다.

> **자동차에 대한 사용절도에 관한 사례**
> - 피고인들이 친구의 근무처인 세차장에 들렀다가 이 사건 승용차를 발견하고는 습득한 승용차열쇠로 문을 열고 시동을 걸고서 아는 여자를 만나러 가기 위해 위 차를 운행하여 갔다가 위 세차장으로 되돌아 오던 중 위 승용차가 운행정지처분을 당하여 앞 번호판이 없었던 관계로 때마침 순찰 중이던 방범대원에게 검문을 당하여 입건되었고 피고인들이 검거장소까지 운행한 거리가 약 2킬로미터 정도로서 그에 소요된 시간이 약 10분 정도라면 피고인들은 위 승용차를 불법영득하려 한 것이 아니고 잠깐 동안 사용할 의사로 위와 같이 무단운행한 것이라 인정되므로 피고인들에게 불법영득의 의사가 있다고 보기 어렵다(대판 1984.4.24. 84도311).[79]
> - 공동피고인의 삼촌인 공소외인이 경영하는 카센터 종업원으로 근무하고 있었고 피고인과는 동네 친구 사이인데 범행 당일 만나서 밤 늦도록 함께 놀다가 카센터에 가보니 삼촌은 보이지 않고 삼촌의 친구가 그의 소유인 액센트승용차를 밖에 세워 놓고 카센터 안에 있는 방에서 잠을 자고 있어 피고인에게 삼촌친구가 잠을 자고 있는데 삼촌친구 차를 몰래 타 보자고 하자 피고인이 좋다고 하여 피해자 잠바 주머니에서 열쇠를 가지고 나와 피고인으로 하여금 위 차량을 운전하게 하여 차량을 가지고 간 것으로, 승용차를 운전하고 싶어 하루만 운전하고 돌아다니다가 돌려주려고 하다가 피고인 등이 이 사건 차량을 운전하고 며칠간 그들이 거주하는 부천 인근만을 돌아다니다가 불심 검문에 붙들려 차가 피해자에게 반환된 경우, 피고인 등은 위 차량을 반환할 의사를 가지고 피해자의 동의 없이 일시 사용한 것이라고 볼 여지가 충분히 있고, 만일 사실이 그러하다면 피고인 등의 위와 같은 행위에 대하여 형법 제331조의2에서 규정하고 있는 자동차등불법사용죄의 죄책을 물을 수 있음은 별론으로 하고, 특수절도죄로 의율, 처벌할 수는 없다 할 것이다(대판 1998.9.4. 98도2181).

③ **착수·기수시기** : 본죄의 착수시기는 자동차등을 일시 사용할 의사로 시동을 건 때로 보아야 하고, 기수시기는 자동차 등에 기존의 사용관계에 장애가 발생한 때라고 보아야 한다.

(2) 주관적 구성요건

본죄는 고의범이므로 타인의 자동차등을 동의 없이 일시 사용한다는 점에 대한 인식과 의사가 있어야 한다. 사용절도이므로 불법영득의사가 없어야 한다.

3. 타죄와의 관계

본죄는 절도죄와는 법조경합의 보충관계에 있으므로 불법영득의사가 인정되어 절도죄가 성립하는 경우에는 본죄는 성립하지 아니한다.

> 피고인이 강도상해 등의 범행을 저지르고 도주하기 위하여 피고인이 근무하던 인천 중구 소재 연안아파트 상가 중국집 앞에 세워져 있는 오토바이를 소유자의 승낙 없이 타고가서 신흥동 소재 뉴스타호텔 부근에 버린 다음 버스를 타고 광주로 가버렸다는 것이므로 피고인에게 위 오토바이를 불법영득할 의사가 없었다고 할 수 없어, 형법 제331조의2의 자동차등불법사용죄가 아닌 절도죄가 성립한다(대판 2002.9.6. 2002도3465).

---

[79] 현행법상 1995.12.29.에 신설된 자동차등불법사용죄에 해당한다(형법 제331조의2).

Ⅵ 상습절도죄

1. 의 의

상습절도죄는 상습으로 절도죄, 야간주거침입절도죄, 특수절도죄 및 자동차 등 불법사용죄를 범한 경우에 성립하는 범죄이다(형법 제332조).

2. 상습성

상습성이란 동종의 범행을 반복하여 저지르는 습벽을 말한다.

3. 타죄와의 관계

> 1. **자동차 등 불법사용죄와의 관계**
>   형법 제331조의2, 제332조 및 특정범죄 가중처벌 등에 관한 법률(이하 '특가법') 제5조의4 제1항 등의 규정 취지나 자동차등불법사용죄의 성질에 비추어 보면, 상습으로 절도, 야간주거침입절도, 특수절도 또는 그 미수 등의 범행을 저지른 자가 마찬가지로 절도 습벽의 발현으로 자동차등불법사용의 범행도 함께 저지른 경우에 검사가 형법상의 상습절도죄로 기소하는 때는 물론이고, 자동차등불법사용의 점을 제외한 나머지 범행에 대하여 특가법상의 상습절도 등의 죄로 기소하는 때에도 자동차등불법사용의 위법성에 대한 평가는 특가법상의 상습절도 등 죄의 구성요건적 평가 내지 위법성 평가에 포함되어 있다고 보는 것이 타당하고, 따라서 상습절도 등의 범행을 한 자가 추가로 자동차등불법사용의 범행을 한 경우에 그것이 절도 습벽의 발현이라고 보이는 이상 자동차등불법사용의 범행은 상습절도 등의 죄에 흡수되어 1죄만이 성립하고 이와 별개로 자동차등불법사용죄는 성립하지 않는다고 보아야 하고, 검사가 상습절도 등의 범행을 형법 제332조 대신에 특가법 제5조의4 제1항으로 의율하여 기소하였다 하더라도 그 공소제기의 효력은 동일한 습벽의 발현에 의한 자동차등불법사용의 범행에 대하여도 미친다고 보아야 한다(대판 2002.4.26. 2002도429).
>
> 2. **주거침입죄와의 관계**
> 1) 주거침입죄가 별도로 성립하는 사례
>   - 형법 제330조에 규정된 야간주거침입절도죄 및 같은 법 제331조 제1항에 규정된 손괴특수절도죄를 제외하고 일반적으로 주거침입은 절도죄의 구성요건이 아니므로 절도범인이 그 범행수단으로 주거침입을 한 경우에 그 주거침입행위는 절도죄에 흡수되지 아니하고 별개로 주거침입죄를 구성하여 절도죄와는 실체적 경합의 관계에 서는 것이 원칙이다. 또 형법 제332조는 단순절도, 야간주거침입절도와 특수절도 및 자동차 등 불법사용의 죄에 정한 각 형의 2분의 1을 가중하여 처벌하도록 규정하고 있으므로, 위 규정은 주거침입을 구성요건으로 하지 않는 상습단순절도와 주거침입을 구성요건으로 하고 있는 상습야간주거침입절도 또는 상습손괴특수절도에 대한 취급을 달리하여, 주거침입을 구성요건으로 하고 있는 상습야간주거침입절도 또는 상습손괴특수절도를 더 무거운 법정형을 기준으로 가중처벌하고 있다. 따라서 상습으로 단순절도를 범한 범인이 상습적인 절도범행의 수단으로 주간에 주거침입을 한 경우에 그 주간 주거침입행위의 위법성에 대한 평가가 형법 제332조, 제329조의 구성요건적 평가에 포함되어 있다고 볼 수 없다. 그러므로 형법 제332조에 규정된 상습절도죄를 범한 범인이 그 범행의 수단으로 주간에 주거침입을 한 경우 그 주간 주거침입행위는

상습절도죄와 별개로 주거침입죄를 구성한다. 또 형법 제332조에 규정된 상습절도죄를 범한 범인이 그 범행 외에 상습적인 절도의 목적으로 주간에 주거침입을 하였다가 절도에 이르지 아니하고 주거침입에 그친 경우에도 그 주간 주거침입행위는 상습절도죄와 별개로 주거침입죄를 구성한다(대판 2015.10.15. 2015도9049).

- 특정범죄 가중처벌 등에 관한 법률 제5조의4 제5항은 범죄경력과 누범가중에 해당함을 요건으로 하는 반면, 같은 조 제1항은 상습성을 요건으로 하고 있어 그 요건이 서로 다르다. 또한, 형법 제330조의 야간주거침입절도죄 및 제331조 제1항의 손괴특수절도죄를 제외하고 일반적으로 주거침입은 절도죄의 구성요건이 아니므로, 절도범인이 그 범행수단으로 주거침입을 한 경우에 그 주거침입행위는 절도죄에 흡수되지 아니하고 별개로 주거침입죄를 구성하여 절도죄와는 실체적 경합의 관계에 서는 것이 원칙이다. 따라서 주간에 주거에 침입하여 절도함으로써 특정범죄 가중처벌 등에 관한 법률 제5조의4 제5항 위반죄가 성립하는 경우, 별도로 형법 제319조의 주거침입죄를 구성한다(대판 2008.11.27. 2008도7820).

2) 주거침입죄가 별도로 성립하지 아니하는 사례

- 특정범죄 가중처벌 등에 관한 법률 제5조의4 제6항에 규정된 상습절도 등 죄를 범한 범인이 그 범행의 수단으로 주거침입을 한 경우에 주거침입행위는 상습절도 등 죄에 흡수되어 위 조문에 규정된 상습절도 등 죄의 1죄만이 성립하고 별개로 주거침입죄를 구성하지 않으며, 또 위 상습절도 등 죄를 범한 범인이 그 범행 외에 상습적인 절도의 목적으로 주거침입을 하였다가 절도에 이르지 아니하고 주거침입에 그친 경우에도 그것이 절도상습성의 발현이라고 보이는 이상 주거침입행위는 다른 상습절도 등 죄에 흡수되어 위 조문에 규정된 상습절도 등 죄의 1죄만을 구성하고 상습절도 등 죄와 별개로 주거침입죄를 구성하지 않는다(대판 2017.7.11. 2017도4044).

- 성폭력범죄의 처벌 및 피해자보호 등에 관한 법률 제5조 제1항은 형법 제319조 제1항의 죄를 범한 자가 강간의 죄를 범한 경우를 규정하고 있고, 성폭력범죄의 처벌 및 피해자보호 등에 관한 법률 제9조 제1항은 같은 법 제5조 제1항의 죄와 같은 법 제6조의 죄에 대한 결과적 가중범을 동일한 구성요건에 규정하고 있으므로, 피해자의 방안에 침입하여 식칼로 위협하여 반항을 억압한 다음 피해자를 강간하여 상해를 입히게 한 피고인의 행위는 그 전체가 포괄하여 같은 법 제9조 제1항의 죄를 구성할 뿐이지, 그중 주거침입의 행위가 나머지 행위와 별도로 주거침입죄를 구성한다고는 볼 수 없다(대판 1999.4.23. 99도354).

Ⅶ 친족상도례

1. 의 의

친족상도례란 친족 간의 재산범죄에 대해 친족관계의 특수성을 고려하여 범인에게 유리하게 형을 면제하거나 고소가 있어야 공소를 제기할 수 있도록 한 특례규정을 말한다.

2. 법적 성격

형법 제328조 제1항의 형면제[80]는 인적 처벌조각사유이고 제2항의 고소는 소추조건에 해당한다. 한편 장물죄에서 형을 감경하는 경우(형법 제365조 제2항)에는 책임감경사유로 이해된다. 인적 처벌조각사유나 소추조건, 책임감경사유는 고의의 인식대상이 아니므로 이에 대한 착오는 고의를 조각하지 아니한다.

3. 적용범위

(1) 적용대상범죄

친족상도례는 강도죄, 손괴죄, 강제집행면탈죄 등을 제외한 재산범죄 일반(미수, 기수 불문)에 대하여 적용되고 특별법에 대하여도 친족상도례의 적용을 배제하는 명시적 규정이 없는 한 적용된다는 것이 판례(대판 2013.9.13. 2013도7754 등)의 일관적인 태도이다.

(2) 친족의 범위

친족의 범위는 민법에 의하여 정하여진다.

1) 직계혈족

직계혈족은 직계존속과 직계비속을 말하고, 모와 혼외자는 당연히 혈족관계가 인정되나 부(父)와 혼외자는 인지에 의하여 혈족관계가 발생한다. 양자의 경우 종전의 생가를 중심으로 한 친족관계는 소멸되지 아니하나, 친양자는 입양 전 친족관계는 친양자 입양이 확정된 경우에는 종료되므로 친양자와 친생부모사이에는 친족상도례가 적용되지 아니한다.

2) 배우자

배우자는 법률혼의 배우자를 말하며, 사실혼의 배우자는 포함되지 아니한다는 것이 다수설이다.

---

[80] 헌법재판소가 직계혈족, 배우자, 동거친족, 동거가족 또는 그 배우자 간의 권리행사방해죄는 그 형을 면제하도록 한 형법 제328조 제1항(이하 '심판대상조항')이 '일률적으로 형면제'를 함에 따라 구체적 사안에서 형사피해자의 재판절차진술권을 형해화할 수 있는 위헌성이 있고, 이러한 위헌성 제거에는 여러 입법적 선택가능성이 있으므로 심판대상조항에 대하여 2025.12.31.을 시한으로 입법자가 개정할 때까지 적용중지를 명하는 헌법불합치결정(헌재 2024.6.27. 2020헌마468)을 하였으므로, 형법 제328조를 준용하는 다른 재산범죄에도 같은 법리가 적용됨을 유의하여야 한다.

> 민법 제815조 제1호는 당사자 사이에 혼인의 합의가 없는 때에는 그 혼인을 무효로 한다고 규정하고 있고, 이 혼인무효 사유는 당사자 사이에 사회관념상 부부라고 인정되는 정신적·육체적 결합을 할 의사를 가지고 있지 않은 경우를 가리킨다. 그러므로 비록 당사자 사이에 혼인의 신고가 있었더라도, 그것이 단지 다른 목적을 달성하기 위한 방편에 불과한 것으로서 그들 사이에 참다운 부부관계의 설정을 바라는 효과의사가 없을 때에는 그 혼인은 무효라고 할 것이다. 그리고 형법 제354조, 제328조 제1항에 의하면 배우자 사이의 사기죄는 이른바 친족상도례에 의하여 형을 면제하도록 되어 있으나, 사기죄를 범하는 자가 금원을 편취하기 위한 수단으로 피해자와 혼인신고를 한 것이어서 그 혼인이 무효인 경우라면, 그러한 피해자에 대한 사기죄에서는 친족상도례를 적용할 수 없다고 할 것이다(대판 2015.12.10. 2014도11533).

3) 동거친족·가족·그 배우자

동거란 동일주거에 일상생활을 사실상 같이 하는 것을 말한다. 동거친족은 같은 주거에서 일상생활을 하는 친족을 말한다. 친족은 배우자·혈족·인척을 말하지만(민법 제767조) 배우자나 직계혈족은 별도로 열거되어 있으므로 여기서는 동거하는 방계혈족[81]과 인척[82]을 말한다. 동거가족은 배우자, 직계혈족 및 형제자매, 직계혈족의 배우자, 배우자의 직계혈족 및 배우자의 형제자매 등으로 구성된다. 판례에 의하면 '그 배우자'의 '그'는 바로 앞의 동거가족만을 의미하는 것이 아니라 직계혈족, 동거친족, 동거가족 모두를 포함하는 것(대판 2011.5.13. 2011도1765)으로 이해하고 있다.

> **친족의 범위에 포함되는지 여부에 대한 사례**
> - 절도피해자가 범인의 고모아들의 부인, 즉 고종사촌 형수인 경우에는 범인과 피해자 사이에는 형법 제328조 제2항 소정의 친족관계가 있다(대판 1980.3.25. 79도2874).[83]
> - [1] 친족상도례가 적용되는 친족의 범위는 민법의 규정에 의하여야 하는데, 민법 제767조는 배우자, 혈족 및 인척을 친족으로 한다고 규정하고 있고, 민법 제769조는 혈족의 배우자, 배우자의 혈족, 배우자의 혈족의 배우자만을 인척으로 규정하고 있을 뿐, 구 민법 제769조에서 인척으로 규정하였던 '혈족의 배우자의 혈족'을 인척에 포함시키지 않고 있다. 따라서 사기죄의 피고인과 피해자가 사돈지간이라고 하더라도 이를 민법상 친족으로 볼 수 없다.
> [2] 피고인이 백화점 내 점포에 입점시켜 주겠다고 속여 피해자로부터 입점비 명목으로 돈을 편취하였다며 사기로 기소된 사안에서, 피고인의 딸과 피해자의 아들이 혼인하여 피고인과 피해자가 사돈지간이라고 하더라도 민법상 친족으로 볼 수 없는데도, 2촌의 인척인 친족이라는 이유로 위 범죄를 친족상도례가 적용되는 친고죄라고 판단한 후 피해자의 고소가 고소기간을 경과하여 부적법하다고 보아 공소를 기각한 원심판결 및 제1심판결에 친족의 범위에 관한 법리오해의 위법이 있다고 하여 모두 파기한 사례(대판 2011.4.28. 2011도2170)

---

81) 방계혈족은 자기의 형제자매와 형제자매의 직계비속, 직계존속의 형제자매, 직계존속의 형제자매의 직계비속을 말한다(민법 제768조).
82) 인척은 혈족의 배우자, 배우자의 혈족, 배우자의 혈족의 배우자를 말한다(민법 제769조).
83) 고종사촌 형수는 방계혈족인 직계존속의 형제자매의 직계비속의 배우자에 해당하므로 혈족의 배우자로서 인척에 해당하므로 친족에 포함된다.

- [1] 형법 제354조에 의하여 준용되는 제328조 제1항에서 "직계혈족, 배우자, 동거친족, 동거가족 또는 그 배우자 간의 제323조의 죄는 그 형을 면제한다."고 규정하고 있는바, 여기서 '그 배우자'는 동거가족의 배우자만을 의미하는 것이 아니라, 직계혈족, 동거친족, 동거가족 모두의 배우자를 의미하는 것으로 볼 것이다.
- [2] 피고인이 피해자의 직계혈족의 배우자임을 이유로 형법 제354조, 제328조 제1항에 따라 피해자에 대한 상습사기의 점에 관한 공소사실에 대하여 형을 면제한 것은 정당하다(대판 2011.5.13. 2011도1765).

(3) 친족관계존재의 범위

1) 인적 범위

① **절도죄** : 소유자와 행위자 사이에 친족관계가 있으면 친족상도례를 적용할 수 있다는 견해가 있으나, 친족관계의 특수성을 고려하는 친족상도례의 입법취지상 소유자·점유자 쌍방과 행위자 사이에 친족관계가 있어야 적용된다는 소유자·점유자관계설이 타당하다고 판단된다. 판례(대판 1980.11.11. 80도131)도 역시 소유자·점유자관계설을 취하고 있다.

> 1. **친족상도례가 적용되는 사례**
>   이건 피해품인 민화가 피고인의 오빠가 매수한 것이라면 이는 동인의 특유재산으로서 이에 대한 점유·관리권은 동인에게 있다 할 것이고 범행 당시 비록 동인이 집에 없었다 하더라도 그것이 동인 소유의 집 벽에 걸려있었던 이상 동인의 지배력이 미치는 범위 안에 있는 것이라 할 것이므로 동인의 소지에 속하고 그 부부의 공동점유하에 있다고 볼 수는 없어 이를 절취한 행위에 대하여는 친족상도례가 적용된다(대판 1985.3.26. 84도365).
> 2. **친족상도례가 적용되지 아니하는 사례**
>   [1] 당사자 사이에 자동차의 소유권을 그 등록명의자 아닌 자가 보유하기로 약정한 경우, 그 약정 당사자 사이의 내부관계에서는 등록명의자 아닌 자가 소유권을 보유하게 된다고 하더라도 제3자에 대한 관계에서는 어디까지나 그 등록명의자가 자동차의 소유자라고 할 것이다. 한편 형법상 절취란 타인이 점유하고 있는 자기 이외의 자의 소유물을 점유자의 의사에 반하여 그 점유를 배제하고 자기 또는 제3자의 점유로 옮기는 것을 말하고, 형법 제344조에 의하여 준용되는 형법 제328조 제1항에 정한 친족 간의 범행에 관한 규정은 범인과 피해물건의 소유자 및 점유자 쌍방 간에 같은 규정에 정한 친족관계가 있는 경우에만 적용되는 것이며, 단지 절도범인과 피해물건의 소유자 간에만 친족관계가 있거나 절도범인과 피해물건의 점유자 간에만 친족관계가 있는 경우에는 그 적용이 없다고 보아야 한다.
>   [2] 제3자인 피해자에 대한 관계에서는 이 사건 자동차의 등록명의자인 공소외 1이 그 소유자이고, 피해자가 매수하여 점유하던 이 사건 자동차를 피고인이 임의로 가져간 이상 절도죄가 성립하며, 피고인은 이 사건 자동차의 소유자인 공소외 1과 친족관계가 있을 뿐 그 점유자인 피해자와는 친족관계가 없으므로 피고인의 절도죄에는 친족 간의 범행에 관한 형법 제328조 제1항이 적용되지 아니한다고 할 것이다(대판 2014.9.25. 2014도8984).

② **사기죄** : 사기죄의 보호법익은 전체로서의 재산권이므로 피기망자는 피해자가 아니므로 피기망자와 피해자가 다른 경우에는 피해자와의 사이에 친족관계가 있는 것으로 충분하다는 것이 학설·판례의 일반적인 태도이다.

1. **친족상도례가 적용되는 사례**
   [1] 사기죄의 보호법익은 재산권이라고 할 것이므로 사기죄에 있어서는 재산상의 권리를 가지는 자가 아니면 피해자가 될 수 없다. 그러므로 법원을 기망하여 제3자로부터 재물을 편취한 경우에 피기망자인 법원은 피해자가 될 수 없고 재물을 편취당한 제3자가 피해자라고 할 것이므로 피해자인 제3자와 사기죄를 범한 자가 직계혈족의 관계에 있을 때에는 그 범인에 대하여는 형법 제354조에 의하여 준용되는 형법 제328조 제1항에 의하여 그 형을 면제하여야 할 것이다.
   [2] 사기미수의 점의 피해자인 공소외인과 피고인은 모녀 사이로서 직계혈족 관계에 있음을 알 수 있고, 따라서 원심으로서는 이 사건 공소사실 중 사기미수의 점에 대하여는 형법 제354조, 제328조 제1항의 규정을 적용하여 형을 면제하였어야 한다(대판 2014.9.26. 2014도8076).

2. **친족상도례가 적용되지 아니하는 사례**
   - 피고인 등이 공모하여, 피해자 甲, 乙 등을 기망하여 甲, 乙 및 丙과 부동산 매매계약을 체결하고 소유권을 이전받은 다음 잔금을 지급하지 않아 같은 금액 상당의 재산상 이익을 편취하였다는 내용으로 기소된 경우, 甲은 피고인의 8촌 혈족, 丙은 피고인의 부친이나, 위 부동산이 甲, 乙, 丙의 합유로 등기되어 있어 피고인에게 형법상 친족상도례 규정이 적용되지 않는다(대판 2015.6.11. 2015도3160).
   - 친척 소유 예금통장을 절취한 자가 그 친척 거래 금융기관에 설치된 현금자동지급기에 예금통장을 넣고 조작하는 방법으로 친척 명의 계좌의 예금 잔고를 자신이 거래하는 다른 금융기관에 개설된 자기 계좌로 이체한 경우, 그 범행으로 인한 피해자는 이체된 예금 상당액의 채무를 이중으로 지급해야 할 위험에 처하게 되는 그 친척 거래 금융기관이라 할 것이므로 손자가 할아버지 소유 농업협동조합 예금통장을 절취하여 이를 현금자동지급기에 넣고 조작하는 방법으로 예금 잔고를 자신의 거래 은행 계좌로 이체한, 경우 위 농업협동조합이 컴퓨터 등 사용사기 범행 부분의 피해자가 되어 친족상도례를 적용할 수 없다(대판 2007.3.15. 2006도2704).

③ **공갈죄**: 공갈죄의 보호법익은 재산권 및 피공갈자의 자유권이므로 피공갈자도 피해자가 된다. 따라서 피공갈자와 피해자가 다른 경우에는 모두에게 친족관계가 있어야 한다.

④ **횡령죄·배임죄**: 횡령죄·배임죄는 신뢰관계의 위반에 그 본질이 있으므로 소유자와 위탁자가 다른 경우에는 위탁자도 피해자로 보아야 한다. 따라서 양자 모두에게 친족관계가 있어야 한다.

> 횡령범인이 위탁자가 소유자를 위해 보관하고 있는 물건을 위탁자로부터 보관 받아 이를 횡령한 경우에 형법 제361조에 의하여 준용되는 제328조 제2항의 친족 간의 범행에 관한 조문은 범인과 피해물건의 소유자 및 위탁자 쌍방 사이에 같은 조문에 정한 친족관계가 있는 경우에만 적용되고, 단지 횡령범인과 피해물건의 소유자 간에만 친족관계가 있거나 횡령범인과 피해물건의 위탁자 간에만 친족관계가 있는 경우에는 적용되지 않는다(대판 2008.7.24. 2008도3438).

2) 시적 범위

친족관계는 행위시에만 존재하면 충분하다. 따라서 그 후에 친족관계가 소멸된다고 하더라도 친족상도례는 적용된다. 다만, 판례에 의하면 혼인 외의 출생자에 대한 인지가 범행 후에 행하여진 경우에는 인지의 소급효에 의하여 친족상도례가 적용된다고(대판 1997.1.24. 96도1731) 판시하고 있다.

4. 적용효과

(1) 일반적인 경우

형법 제328조 제1항의 친족관계가 있는 경우에는 그 형을 면제하고, 제2항의 친족관계가 있는 경우에는 고소가 있어야 공소를 제기할 수 있고, 고소 없이 공소가 제기된 경우에는 공소기각판결로 소송을 종결한다(형소법 제327조).

(2) 장물죄의 경우

장물범과 피해자 간에 형법 제328조 제1항, 제2항의 신분관계가 있는 때에는 형을 면제하거나 고소가 있어야 공소를 제기할 수 있다. 장물범과 본범 간에 제328조 제1항의 신분관계가 있는 때에는 그 형을 감경 또는 면제한다. 단, 신분관계가 없는 공범에 대하여는 예외로 한다. 형법 제328조 제2항의 신분관계가 있는 때에는 처벌에 영향을 미치지 아니한다.

(3) 공범관계

비친족이 친족의 범죄에 가담한 경우에는 비친족에게 친족상도례가 적용되지 아니한다(형법 제328조 제3항, 제365조 제2항 단서). 그러나 친족이 비친족의 범죄에 가담한 경우에는 친족에게는 친족상도례가 적용된다.

제2절 강도의 죄

I 의 의

1. 개 념

강도의 죄란 폭행·협박으로 타인의 재물을 강취하거나 또는 재산상의 이익을 취득하거나 제3자로 하여금 취득하게 하는 것을 내용으로 하는 범죄이다.

2. 보호법익 및 보호정도

강도죄의 주된 보호법익은 재산권이나 신체의 완전성 및 개인의 자유도 부차적인 보호법익이 된다. 보호정도는 침해범이다.

II 강도죄

1. 의 의

강도죄는 폭행 또는 협박으로 타인의 재물을 강취하거나 기타 재산상의 이익을 취득하거나 제3자로 하여금 이를 취득하게 함으로써 성립하는 범죄이다(형법 제333조).

2. 구성요건

(1) 객관적 구성요건

1) 객 체

① 재물 : 타인이 점유하고 있는 타인소유의 재물이 객체가 된다. 판례에 의하면 찢어진 어음이라도 그것이 아직 객관적인 경제적 가치 내지 금전적 교환가치를 가지고 있는 경우에는 그 어음조각은 여전히 강도죄의 객체인 재물에 해당한다고(대판 1987.10.13. 87도1240) 판시하고 있다. 부동산도 본죄의 재물에 포함된다는 견해가 있으나, 부동산은 재물이 아니라 재산상의 이익으로서 본죄의 객체가 된다고 보는 것이 타당하다.

② 재산상의 이익 : 재물 이외의 경제적 가치 있는 일체의 이익으로 객관적 교환가치 있는 경제적 이익의 총체를 말한다(경제적 재산설). 판례도 재산상의 이익이 반드시 사법상 보호되는 경제적 이익만을 의미하지 아니하고 매음의 대가도 사기죄의 객체인 경제적 이익에 해당한다고(대판 2001.10.23. 2001도2991)하여 경제적 재산설의 태도를 취하고 있다.

> **재산상의 이익과 관련된 사례**
> [1] 형법 제333조 후단의 강도죄, 이른바 강제이득죄에서 말하는 '재산상의 이익'이란 재물 이외의 재산상의 이익을 말하는 것으로서 적극적 이익(재산의 증가)과 소극적 이익(부채의 감소)을 모두 포함한다. 강제이득죄를 처벌하는 취지는 권리의무관계가 외형상으로라도 불법적으로 변동되는 것을 막고자 함에 있고, 강도죄는 항거불능이나 반항을 억압할 정도의 폭행·협박을 그 요건으로 한다. 따라서 법률상 정당하게 그 이행을 청구할 수 있는 것이 아니어도 강도죄에서의 재산상의 이익에 해당할 수 있고, 그 재산상의 이익은 반드시 사법상 유효한 재산상의 이득만을 의미하는 것이 아니며, 외견상 재산상의 이득을 얻을 것이라고 인정할 수 있는 사실관계만 있으면 여기에 해당된다.
> [2] 원심은 판시와 같은 사실을 인정한 다음, 피고인과 그 공범들이 피해자를 속여 그로부터 성매매대금 명목의 돈을 받고 뒤이어 그 반환을 요구하는 피해자를 폭행·협박한 후 돈을 가지고 현장을 이탈함으로써 외견상 위 돈의 반환을 면하게 되는 재산상의 이익을 취득하였다고 판단하였다. 원심판결 이유를 위에서 본 법리와 적법하게 채택된 증거에 비추어 살펴보면, 원심의 위와 같은 판단은 정당하고, 거기에 필요한 심리를 다하지 않은 채 논리와 경험의 법칙을 위반하여 자유심증주의의 한계를 벗어나거나 특수강도죄에서의 '재산상 이익의 취득'에 관한 법리를 오해한 잘못이 없다(대판 2020.10.15. 2020도7218).

2) 행 위

① 폭행·협박

㉠ 폭행·협박의 의의

㉮ 폭 행

ⓐ 폭행은 사람에 대한 직·간접의 유형력의 행사를 말한다. 직접적으로 물건에 대한 유형력이 간접적으로 사람에게 작용하는 경우에는 폭행에 해당한다. 주의해야 될 사례가 날치기의 경우로 이는 물건에 대한 유형력의 행사에 해당하므로 절도죄가 성립하는 것이 원칙이나 사안에 따라서는 강도에 의한 강도치상죄가 성립하는 경우가 있다.

> 1. **절도죄가 성립하는 사례**
> [1] 날치기와 같이 강력적으로 재물을 절취하는 행위는 때로는 피해자를 전도시키거나 부상케 하는 경우가 있고, 구체적인 상황에 따라서는 이를 강도로 인정하여야 할 때가 있다 할 것이나, 그와 같은 결과가 피해자의 반항억압을 목적으로 함이 없이 점유탈취의 과정에서 우연히 가해진 경우라면 이는 절도에 불과한 것으로 보아야 한다.
> [2] 피고인은 원심 공동피고인 1, 공소외 1과 합동하여 2002.8.8. 19:15경 부천시 오정구 여월동 6-1 앞길에서, 공소외 1은 위 승용차를 운전하고, 피고인, 원심 공동피고인 1은 위 승용차에 승차하여 범행 대상을 물색하던 중, 마침 그 곳을 지나가는 피해자 (여, 49세)에게 접근한 후 원심 공동피고인 1이 창문으로 손을 내밀어 100만원권 자기앞수표 2장, 현금 25만원, 휴대폰 1개 시가 50만원 상당, 신용카드 3장이 든 피해자 소유의 손가방 1개를 낚아채어 감으로써 이를 절취하고, 이에 피해자가 위 가방을 꽉 붙잡고 이를 탈환하려고 하자, 그 탈환을 항거할 목적으로 원심 공동피고인 1이 피해자가 붙잡고 있는 위 가방을 붙잡은 채 공소외 1이 위 승용차를 운전하여 가버림으로써 피해자로 하여금 약 4주간의 치료를 요하는 좌수 제3지 중위지골 골절상을 입게 한 경우, 피해자의 상해는 차량을 이용한 날치기 수법의 절도시 점유탈취의 과정에서 우연히 가해진 것에 불과하고, 그에 수반된 강제력 행사도 피해자의 반항을 억압하기 위한 목적 또는 정도의 것도 아니었던 것이 아닌가 하는 의문이 들어, 피고인에 대한 위 강도치상의 점을 인정하기에 부족하다 할 것이다(대판 2003.7.25. 2003도2316).
> 2. **강도죄가 성립하는 사례**
> [1] 소위 '날치기'와 같이 강제력을 사용하여 재물을 절취하는 행위가 때로는 피해자를 넘어뜨리거나 상해를 입게 하는 경우가 있고, 그러한 결과가 피해자의 반항 억압을 목적으로 함이 없이 점유탈취의 과정에서 우연히 가해진 경우라면 이는 강도가 아니라 절도에 불과하지만, 그 강제력의 행사가 사회통념상 객관적으로 상대방의 반항을 억압하거나 항거 불능케 할 정도의 것이라면 이는 강도죄의 폭행에 해당한다. 그러므로 날치기 수법의 점유탈취 과정에서 이를 알아채고 재물을 뺏기지 않으려는 상대방의 반항에 부딪혔음에도 계속하여 피해자를 끌고 가면서 억지로 재물을 빼앗은 행위는 피해자의 반항을 억압한 후 재물을 강취한 것으로서 강도에 해당한다.
> [2] 날치기 수법으로 피해자가 들고 있던 가방을 탈취하면서 가방을 놓지 않고 버티는 피해자를 5m 가량 끌고 감으로써 피해자의 무릎 등에 상해를 입힌 경우, 반항을 억압하기 위한 목적으로 가해진 강제력으로서 그 반항을 억압할 정도에 해당한다고 보아 강도치상죄의 성립을 인정한 사례(대판 2007.12.13. 2007도7601)

ⓑ 폭행은 절대적・강제적 폭력을 불문하고, 마취제・수면제・약물 등을 사용하여 항거불능상태를 만드는 경우에도 폭행에 해당한다. 판례도 같은 취지에서 약물을 탄 오렌지를 먹자마자 정신이 혼미해지고 그 후 기억을 잃었다는 것은 강도죄에서 항거불능이라고(대판 1984.12.11. 84도2324) 하여 강도죄의 성립을 인정하고 있다.
㉮ 협박 : 현재 또는 장래의 해악을 고지하여 상대방에게 외포심을 일으키는 것을 말한다. 해악의 발생은 행위자의 의사 여하에 따라 달려있는 것으로 피해자에게 인식될 정도이어야 한다.
㉡ 폭행・협박의 상대방 : 폭행・협박의 상대방이 반드시 재물 또는 재산상의 이익의 피해자, 즉 재물의 소유자 또는 점유자와 일치할 필요는 없고 재물 또는 재산상의 이익강취라는 목적수행에 장애가 될 수 있는 제3자라도 무방하다.
㉢ 폭행・협박의 정도 : 폭행・협박은 상대방의 반항을 억압할 정도이어야 한다. 반항의 억압은 일반적인 반항을 불가능하게 할 정도를 말한다(최협의의 폭행・협박). 따라서 상대방이 폭행・협박을 인식하지 못한 경우에도 강도죄가 성립할 수 있으며, 반항을 억압할 수 있는 정도인지의 여부는 일반인의 입장에서 객관적으로 판단하여야 한다. 강도의 고의를 가지고 폭행・협박하였으나 객관적으로 공갈의 정도에 불과한 경우에는 공갈죄가 성립할 뿐이다.

> 1. **강도죄의 폭행・협박에 해당하는 사례**
> 피해자가 맞은 편에서 걸어오고 있는 것을 발견하고 접근하여 미리 준비한 돌멩이로 안면을 1회 강타하여 전치 3주간의 안면부좌상 및 피하출혈상등을 입히고 가방을 빼앗은 것이라면 피해자의 반항을 억압할 수 있을 정도의 폭행행위에 해당한다(대판 1986.12.23. 86도2203).
> 2. **강도죄의 폭행・협박에 해당하지 아니하는 사례**
> 피고인은 제1심 공동피고인 1이 2000년 3월 초순경부터 4월 중순경까지 6회에 걸쳐 자신의 집에서 피해자(남, 38세)에게 270만원을 도박자금으로 빌려주었으나 이를 변제받지 못하자 평소 알고 지내던 제1심 공동피고인 2에게 부탁하여 피고인, 공소외 1 및 공소외 2등을 소개받아 문제해결의 대가로 돈을 지급하기로 공모 공동하여, 2000.5.23. 12:30경 인천 동구 화수동에 있는 피해자의 동생 집 앞에서 피해자를 발견하고 피고인과 위 공소외 2가 피해자의 허리를 잡고 미리 준비한 승합차에 강제로 태운 후 인천 부평동에 있는 부평공동묘지로 가면서 슈퍼마켓에 들러 피해자의 요구에 의하여 캔 맥주를 사 주었고, 휴대전화로 통장입금하라는 말을 듣고 피해자를 직접 대면하기를 원하는 피해자 고모의 요구를 받아들여 고모가 있는 장소까지 차를 몰고 가서 피해자와 고모를 대면시켜 주고 고모로부터 추가입금을 받았을 뿐 아니라, 피고인은 피해자 측으로부터 돈을 받은 다음 그런 취지의 확인서까지 작성해 주었다면, 공갈죄에 있어서의 폭행과 협박에 해당함은 별론으로 하더라도, 사회통념상 객관적으로 상대방의 반항을 억압하거나 항거불능케 할 정도에 이르렀다고 볼 수는 없다(대판 2001.3.23. 2001도359).

② **재물의 강취** : 폭행・협박에 의하여 상대방의 의사에 반하여 타인의 재물을 자기 또는 제3자의 점유로 옮기는 것을 말한다.

③ 재산상의 이익의 취득
　㉠ 의의 : 폭행·협박에 의하여 상대방의 의사에 반하여 자신이 재산상의 이익을 취득하거나 제3자로 하여금 취득하게 하는 것을 말한다.
　㉡ 이익취득의 형태 : 재산상의 이익을 취득하는 형태에는 피해자에게 일정한 처분을 하게 하는 경우나, 정당한 대가를 지급하지 아니하고 노무를 제공하게 하는 경우, 피해자에게 일정한 의사표시를 하게 하는 경우 등이 있다.
　㉢ 피해자의 처분행위
　　㉮ 문제점 : 강도죄의 성립을 위해서는 피해자의 처분행위가 필요한지 여부에 대하여 견해가 대립하고 있다.
　　㉯ 학설 : 재산상의 이익의 취득은 상대방의 반항이 억압된 상태에서 이루어지므로 재산상의 이익의 취득에는 피해자의 별도의 처분행위에 의한 것일 필요는 없다는 소극설, 경제적 이익을 위하여 살인한 경우에는 전부 강도살인죄가 성립한다고 하는 것은 부당하므로 재산상의 이익의 취득에는 피해자의 처분행위가 있어야 한다는 적극설이 대립하고 있다.
　　㉰ 판례 : 판례는 강도죄의 재산상 이득행위는 반드시 상대방의 의사에 의한 처분행위를 강제함을 요하지 아니한다고 할 것이므로 채무면탈의 목적을 가지고 살해행위에 착수한 이상 강도살인미수가 인정된다고(대판 1964.9.8. 64도310) 하여 소극설의 태도인 것으로 보인다.
　　㉱ 검토 : 생각건대 적극설은 상대방이 전혀 의사표시를 할 수 없을 정도로 억압된 경우에는 강도죄의 성립을 부정하여야 하고, 강도죄와 공갈죄와의 구별을 어렵게 하는 문제가 있으므로 소극설이 타당하다고 판단된다. 따라서 재산상의 이익의 취득이 구체적으로 현실화 될 수 있는 외견상의 가능성이 있는 상태, 외견상 재산상의 이익을 얻을 것으로 인정될 만한 사실관계 또는 외형상의 권리의무관계의 불법적 변동이 있는 경우에는 재산상의 이익을 취득한 것으로 보아야 한다.[84]

---

[84] 아래의 판례(대판 2001.11.27. 2001도4392)와 구별하여야 한다. 아래 판례의 경우에는 사실관계의 변동마저 인정되지 아니하기 때문에 단순살인죄가 성립한다고 할 것이다. 마찬가지로 채무자가 채무면탈의 목적으로 채권자를 살해한 경우에도 이로 인해 채무자가 현실적으로 채무를 면탈받거나 채무면탈이라는 재산상의 이익을 취득할 수 있는 사실관계가 존재하는 경우에는 강도살인죄에 해당하지만 그러한 사실관계조차 인정되지 아니하는 경우에는 단순살인죄가 성립할 수 있을 뿐이다.
피고인이 교통사고를 가장하여 피해자들을 살해하고 보험금을 수령하여 자신의 경제적 곤란을 해결하고 신변을 정리하는 한편, 그 범행을 은폐할 목적으로 피해자들을 승용차에 태운 후에 고의로 승용차를 저수지에 추락시켜 피해자들을 사망하게 한 것으로서 살인의 범의가 인정된다(대판 2001.11.27. 2001도4392)

1. **채무면탈의 목적으로 채권자를 살해한 경우 강도살인죄가 성립하는 사례**
   - 피고인이 피해자를 살해할 당시 그 소주방 안에는 피고인과 피해자 두 사람밖에 없었음을 알 수 있는바, 그와 같은 경우 피고인이 피해자를 살해하면 피해자는 피고인에 대하여 술값 채권을 행사할 수 없게 되고, 피해자 이외의 사람들에게는 피해자가 피고인에 대하여 술값 채권을 가지고 있음이 알려져 있지 아니한 탓으로 피해자의 상속인이 있다 하더라도 피고인에 대하여 그 채권을 행사할 가능성은 없다 하겠다. 그러므로 위와 같은 상황에서 피고인이 채무를 면탈할 목적으로 피해자를 살해한 것은 재산상의 이익을 취득할 목적으로 피해자를 살해한 것이라 할 수 있고, 또한 피고인이 피해자를 살해한 행위와 즉석에서 피해자가 소지하였던 현금을 탈취한 행위는 서로 밀접하게 관련되어 있기 때문에 살인행위를 이용하여 재물을 탈취한 행위라고 볼 수 있으니 원심이 피고인의 위와 같은 일련의 행위에 대하여 강도살인죄의 성립을 인정한 조치는 정당하다(대판 1999.3.9. 99도242).
   - 피고인은 피해자의 택시를 무임승차하고 택시요금을 요구하는 피해자의 추급을 벗어나고자 동인을 살해한 직후 피해자의 주머니에서 택시 열쇠와 돈 8,000원을 꺼내어 피해자의 택시를 운전하고 현장을 벗어난 사실이 인정되는 바, 위와 같은 사실관계에 비추어 보면 피고인은 채무면탈의 목적으로 피해자를 살해하고 피해자의 반항능력이 완전히 상실된 것을 이용하여 즉석에서 피해자가 소지하였던 재물까지 탈취한 것이므로, 살인행위와 재물탈취행위는 서로 밀접하게 관련되어 있어 살인행위를 이용한 재물탈취행위라고 볼 것이니 피고인을 강도살인죄로 의율한 원심조치는 정당하다(대판 1985.10.22. 85도1527).

2. **채무면탈의 목적으로 채권자를 살해한 경우 강도살인죄가 성립하지 아니하는 사례**
   [1] 강도살인죄가 성립하려면 먼저 강도죄의 성립이 인정되어야 하고, 강도죄가 성립하려면 불법영득(또는 불법이득)의 의사가 있어야 하며, 형법 제333조 후단 소정의 이른바 강제이득죄의 성립요건인 '재산상 이익의 취득'을 인정하기 위하여는 재산상 이익이 사실상 피해자에 대하여 불이익하게 범인 또는 제3자 앞으로 이전되었다고 볼 만한 상태가 이루어져야 하는데, 채무의 존재가 명백할 뿐만 아니라 채권자의 상속인이 존재하고 그 상속인에게 채권의 존재를 확인할 방법이 확보되어 있는 경우에는 비록 그 채무를 면탈할 의사로 채권자를 살해하더라도 일시적으로 채권자 측의 추급을 면한 것에 불과하여 재산상 이익의 지배가 채권자 측으로부터 범인 앞으로 이전되었다고 보기는 어려우므로, 이러한 경우에는 강도살인죄가 성립할 수 없다.
   [2] 강도살인죄는 강도범인이 강도의 기회에 살인행위를 함으로써 성립하는 것이므로, 강도범행의 실행중이거나 그 실행 직후 또는 실행의 범의를 포기한 직후로서 사회통념상 범죄행위가 완료되지 아니하였다고 볼 수 있는 단계에서 살인이 행하여짐을 요건으로 한다.
   [3] 피고인이 피해자 소유의 돈과 신용카드에 대하여 불법영득의 의사를 갖게 된 것이 살해 후 상당한 시간이 지난 후로서 살인의 범죄행위가 이미 완료된 후의 일이라면, 살해 후 상당한 시간이 지난 후에 별도의 범의에 터잡아 이루어진 재물 취거행위를 그보다 앞선 살인행위와 합쳐서 강도살인죄로 처단할 수 없다고 한 사례(대판 2004.6.24. 2004도1098)

④ 폭행·협박과 재물·이익 강취 사이의 관계
　㉠ 수단과 목적의 관계 : 강도죄의 폭행·협박은 재물을 빼앗거나 재산상의 이익을 얻어내기 위한 수단으로 사용하여야 한다. 따라서 폭행·협박은 취거행위의 기수 이전에 행하여져야 하며(시간적·장소적 관련성), 기수에 이른 후에 폭행·협박을 한 경우에는 준강도죄가 성립할 뿐이다. 구체적으로 살피건대, 폭행, 강간 등 다른 목적으로 폭행·협박하던 중에 재물강취의 고의가 생겨 계속 폭행·협박하여 재물을 빼앗은 때에는 강도죄가 성립하나, 강간, 살인 등 다른 목적으로 폭행·협박하여 상대방이 항거불능상태에 빠진 후에 영득의 의사가 생겨 재물을 취거한 때에는 수단과 목적의 관계가 부정되므로 강도죄는 성립할 여지가 없다. 그러나 판례는 재물탈취를 위한 새로운 폭행·협박이 없다고 하더라도 강도죄가 성립한다고 한다.

> 1. **강도죄가 성립하는 사례**
>   - [1] 형법 제333조의 강도죄는 사람의 반항을 억압함에 충분한 폭행 또는 협박을 사용하여 타인의 재물을 강취하거나 재산상의 이익을 취득함으로써 성립하는 범죄이므로, 피고인이 강도의 범의 없이 공범들과 함께 피해자의 반항을 억압함에 충분한 정도로 피해자를 폭행하던 중 공범들이 피해자를 계속하여 폭행하는 사이에 피해자의 재물을 취거한 경우에는 피고인 및 공범들의 위 폭행에 의한 반항억압의 상태와 재물의 탈취가 시간적으로 극히 밀접하여 전체적·실질적으로 재물 탈취의 범의를 실현한 행위로 평가할 수 있으므로 강도죄의 성립을 인정할 수 있고, 그 과정에서 피해자가 상해를 입었다면 강도상해죄가 성립한다고 보아야 한다.
>   [2] 피고인은 공범들과 함께 피해자를 추적하여 폭행을 하던 중 바닥에 쓰러진 피해자의 바지 뒷주머니에서 장지갑을 꺼내갔는데, 그동안 공범들은 계속하여 피해자를 폭행한 사실을 알 수 있어, 위와 같은 사실관계를 앞서 본 법리에 비추어 보면, 원심이 그 판시와 같은 이유를 들어 피고인에 대하여 강도상해의 공소사실을 유죄로 판단한 조치는 정당하고 한 사례(대판 2013.12.12. 2013도11899).
>   - [1] 강도죄는 재물탈취의 방법으로 폭행, 협박을 사용하는 행위를 처벌하는 것이므로 폭행, 협박으로 타인의 재물을 탈취한 이상 피해자가 우연히 재물탈취 사실을 알지 못하였다고 하더라도 강도죄는 성립하고, 폭행, 협박당한 자가 탈취당한 재물의 소유자 또는 점유자일 것을 요하지도 아니하며, 강간범인이 부녀를 강간할 목적으로 폭행, 협박에 의하여 반항을 억압한 후 반항억압 상태가 계속 중임을 이용하여 재물을 탈취하는 경우에는 재물탈취를 위한 새로운 폭행, 협박이 없더라도 강도죄가 성립한다.
>   [2] 야간에 甲의 주거에 침입하여 드라이버를 들이대며 협박하여 甲의 반항을 억압한 상태에서 강간행위의 실행 도중 범행현장에 있던 乙 소유의 핸드백을 가져간 피고인의 행위를 포괄하여 구 성폭력범죄의 처벌 및 피해자보호 등에 관한 법률 위반(특수강도강간등)죄에 해당한다고 판단한 원심의 조치를 수긍한 사례(대판 2010.12.9. 2010도9630).
> 2. **절도죄가 성립하는 사례**
>   강간을 당한 피해자가 도피하면서 현장에 놓아두고 간 손가방은 점유이탈물이 아니라 사회통념상 피해자의 지배하에 있는 물건이라고 보아야 할 것이므로 피고인이 그 손가방안에 들어 있는 피해자 소유의 돈을 꺼낸 소위는 절도죄에 해당한다(대판 1984.2.28. 84도38).

ⓒ 인과관계 : 폭행·협박은 재물강취의 수단이어야 하므로 양자 사이에는 인과관계가 있어야 한다. 강도의 고의로 상대방의 반항을 억압할 정도의 폭행·협박을 하였으나 상대방이 전혀 공포를 느끼지 않고 연민의 정에서 재물을 교부했거나 공포심을 일으키긴 하였으나 반항이 억압되지 아니한 상태에서 재물을 교부한 경우에는 인과관계가 없으므로 강도미수죄가 성립한다.

인과관계가 인정되지 아니하는 사례
[1] 형법 제333조의 강도죄는 사람의 반항을 억압함에 충분한 폭행 또는 협박을 사용하여 타인의 재물을 강취하거나 재산상의 이익을 취득함으로써 성립하는 범죄이므로, 피고인이 타인에 대하여 반항을 억압함에 충분한 정도의 폭행 또는 협박을 가한 사실이 있다 해도 그 타인이 재물 취거의 사실을 알지 못하는 사이에 그 틈을 이용하여 피고인이 우발적으로 타인의 재물을 취거한 경우에는 위 폭행이나 협박이 재물 탈취의 방법으로 사용된 것이 아님은 물론, 그 폭행 또는 협박으로 조성된 피해자의 반항억압의 상태를 이용하여 재물을 취득하는 경우에도 해당하지 아니하여 양자 사이에 인과관계가 존재하지 아니한다 할 것이므로, 위 폭행 또는 협박에 의한 반항억압의 상태가 처음부터 재물 탈취의 계획하에 이루어졌다거나 양자가 시간적으로 극히 밀접되어 있는 등 전체적·실질적으로 단일한 재물 탈취의 범의의 실현행위로 평가할 수 있는 경우에 해당하지 아니하는 한 강도죄의 성립을 인정하여서는 안 될 것이다.
[2] 주점 도우미인 피해자와의 윤락행위 도중 시비 끝에 피해자를 이불로 덮어씌우고 폭행한 후 이불 속에 들어 있는 피해자를 두고 나가다가 탁자 위의 피해자 손가방 안에서 현금을 가져간 경우, 피고인의 이 사건 재물 취거행위가 피해자가 이불 속에 들어가 있어 이를 전혀 인식하지 못한 가운데 이루어진데다가 그 원인이 되었던 피고인의 피해자에 대한 폭행행위도 그와는 전혀 무관한 윤락행위 도중의 시비끝에 발생하게 된 것이 사실이라면, 비록 위 재물의 취득이 피해자에 대한 폭행 직후에 이루어지긴 했지만 위 폭행이 피해자의 재물 탈취를 위한 피해자의 반항억압의 수단으로 이루어졌다고 단정할 수 없어 양자 사이에 인과관계가 존재한다고 보기 어렵다 할 것이고, 달리 위 폭행이 처음부터 재물 탈취의 범의하에 이루어졌다거나 피고인의 위 폭행 및 재물 취거의 각 행위를 전체적으로 종합하여 단일한 재물 강취의 범행으로 인정할 만한 증거가 존재하지 아니하는 이상, 위 인정 사실만으로는 폭행에 의한 강도죄의 성립을 인정하기에 부족하다고 하지 아니할 수 없다(대판 2009.1.30. 2008도10308).

⑤ 착수·기수시기 : 본죄의 착수시기는 강도의 의사로 상대방의 반항을 억압할 정도의 폭행·협박을 개시한 때이다. 기수시기는 재물 또는 재산상의 이익을 취득한 때이다.

(2) 주관적 구성요건

강도죄는 고의범이므로 폭행·협박으로 타인의 재물을 강취하거나 재산상 이익을 취득한다는 인식과 의사가 있어야 하고, 강도죄는 영득죄이므로 불법영득·이득의 의사가 있어야 한다.

> 1. **불법영득의사가 인정되는 사례**
>   채권자로부터 채무자에 대한 외상물품 대금채권의 회수를 의뢰받았다 하더라도, 채무자의 반항을 억압할 정도의 폭행과 협박을 가하여 재물 및 재산상 이득을 취득한 이상 이는 정당한 권리행사라고 볼 수 없음이 명백하여 강도상해죄가 성립함에는 아무런 지장이 없다(대판 1995.12.12. 95도2385).
> 2. **불법영득의사가 인정되지 아니하는 사례**
>   [1] 강도상해죄가 성립하려면 먼저 강도죄의 성립이 인정되어야 하고, 강도죄가 성립하려면 불법영득 또는 불법이득의 의사가 있어야 한다. 채권자를 폭행·협박하여 채무를 면탈함으로써 성립하는 강도죄에서 불법이득의사는 단순 폭력범죄와 구별되는 중요한 구성요건 표지이다. 폭행·협박 당시 피고인에게 채무를 면탈하려는 불법이득의사가 있었는지는 신중하고 면밀하게 심리·판단되어야 한다. 불법이득의사는 마음속에 있는 의사이므로, 피고인과 피해자의 관계, 채무의 종류와 액수, 폭행에 이르게 된 경위, 폭행의 정도와 방법, 폭행 이후의 정황 등 범행 전후의 객관적인 사정을 종합하여 불법이득의사가 있었는지를 판단할 수밖에 없다.
>   [2] 다음 사정에 따르면, 피고인이 피해자들을 폭행할 당시 술값 채무를 면탈하려는 불법이득 의사를 가지고 있었다고 보기는 어렵다.
>   ① 피고인은 피해자 공소외 1과 술값 지급 문제로 실랑이를 하던 중 피해자 공소외 1이 자신의 얼굴에 손전등을 들이대고, 손전등으로 자신의 몸을 미는 등 행위를 하자 흥분한 상태였고, 피해자 공소외 1이 주점을 나가려는 자신의 옷을 잡아당기자 격분하여 피해자 공소외 1을 폭행하고, 이를 말리는 피해자 공소외 2를 폭행했다.
>   ② 피해자 공소외 2는 피고인의 폭행을 피해 주점 밖으로 피신하였고, 피해자 공소외 1은 주점 바닥에 쓰러져 저항이 불가능했다. 따라서 피고인이 술값 채무를 면탈할 의사가 있었다면 그때 현장을 벗어나는 것이 자연스럽다. 그런데도 피고인은 피해자 공소외 2를 쫓아 주점 밖으로 나갔다가 다시 주점으로 돌아와 피해자 공소외 1을 폭행하였고, 이후 신고를 받고 출동한 경찰관이 현장에 도착하였을 때에는 주점 바닥에 누워 있었다. 피고인이 주점에서 지급하지 않은 술값이 큰 금액은 아니다. 피고인은 공사현장의 일용직 근로자로 일하고 있어 소득이 있었고, 이 사건 당일 이 사건 주점에 오기 전 다른 노래방이나 주점 등에서 수회에 걸쳐 별다른 문제없이 술값 등을 결제했다.
>   ③ 피고인이 주점의 주인 및 종업원과 술값 지급문제로 실랑이를 하던 중 격분하여 그들을 폭행하였는데 신고를 받고 출동한 경찰관이 현장에 도착하였을 때 피고인은 주점 바닥에 누워 있었던 경우, 피고인이 피해자들을 폭행할 당시 술값 채무를 면탈하려는 불법이득의사를 가지고 있었다고 보기는 어렵다(대판 2021.6.30. 2020도4539).

3. 죄수 및 타죄와의 관계

(1) 죄 수

점유관리의 수와 폭행・협박의 상대방의 수를 고려하여 결정한다. 1인이 점유하는 수인의 소유물을 강취한 경우에는 강도죄의 단순일죄가 성립한다. 1개의 폭행・협박에 의하여 수인으로부터 재물을 강취한 경우에는 수개의 강도죄의 상상적 경합이 성립한다.

> 1. **일죄를 인정한 사례**
>   강도가 시간적으로 접착된 상황에서 가족을 이루는 수인에게 폭행・협박을 가하여 집안에 있는 재물을 탈취한 경우 그 재물은 가족의 공동점유 아래 있는 것으로서, 이를 탈취하는 행위는 그 소유자가 누구인지에 불구하고 단일한 강도죄의 죄책을 진다(대판 1996.7.30. 96도1285).
> 2. **상상적 경합을 인정한 사례**
>   피고인이 여관에서 종업원을 칼로 찔러 상해를 가하고 객실로 끌고 들어가는 등 폭행・협박을 하고 있던 중, 마침 다른 방에서 나오던 여관의 주인도 같은 방에 밀어 넣은 후, 주인으로부터 금품을 강취하고, 1층 안내실에서 종업원 소유의 현금을 꺼내 갔다면, 여관 종업원과 주인에 대한 각 강도행위가 각별로 강도죄를 구성하되 피고인이 피해자인 종업원과 주인을 폭행・협박한 행위는 법률상 1개의 행위로 평가되는 것이 상당하므로 위 2죄는 상상적 경합범관계에 있다고 할 것이다(대판 1991.6.25. 91도643).
> 3. **실체적 경합을 인정한 사례**
>   강도가 서로 다른 시기에 다른 장소에서 수인의 피해자들에게 각기 폭행 또는 협박을 하여 각 그 피해자들의 재물을 강취하고, 그 피해자들 중 1인을 상해한 경우에는, 각기 별도로 강도죄와 강도상해죄가 성립하는 것임은 물론, 법률상 1개의 행위로 평가되는 것도 아닌 바, 피고인이 여관에 들어가 1층 안내실에 있던 여관의 관리인을 칼로 찔러 상해를 가하고, 그로부터 금품을 강취한 다음, 각 객실에 들어가 각 투숙객들로부터 금품을 강취하였다면, 피고인의 위와 같은 각 행위는 비록 시간적으로 접착된 상황에서 동일한 방법으로 이루어지기는 하였으나, 포괄하여 1개의 강도상해죄만을 구성하는 것이 아니라 실체적 경합범의 관계에 있는 것이라고 할 것이다(대판 1991.6.25. 91도643).

(2) 타죄와의 관계

감금 중에 새로운 범의가 생겨 강도를 한 경우에는 감금죄와 강도죄의 실체적 경합이 되지만, 처음부터 강도를 목적으로 감금한 경우에는 강도죄와 감금죄의 상상적 경합이 된다. 강도가 체포를 면탈하기 위하여 경찰관에게 폭행을 가한 때에는 강도죄와 공무집행방해죄는 실체적 경합관계에 있다.

> - 감금행위가 강간죄나 강도죄의 수단이 된 경우에도 감금죄는 강간죄나 강도죄에 흡수되지 아니하고 별죄를 구성한다(대판 1997.1.21. 96도2715).
> - 절도범인이 체포를 면탈할 목적으로 경찰관에게 폭행 협박을 가한 때에는 준강도죄와 공무집행방해죄를 구성하고 양 죄는 상상적 경합관계에 있으나, 강도범인이 체포를 면탈할 목적으로 경찰관에게 폭행을 가한 때에는 강도죄와 공무집행방해죄는 실체적 경합관계에 있고 상상적 경합관계에 있는 것이 아니다(대판 1992.7.28. 92도917).

Ⅲ 특수강도죄

1. 의 의

특수강도죄는 야간에 사람의 주거, 관리하는 건조물, 선박이나 항공기 또는 점유하는 방실에 침입하여 강도죄를 범하거나, 흉기를 휴대하거나 2인 이상이 합동하여 강도죄를 범함으로써 성립하는 범죄이다(형법 제334조).

2. 구성요건

(1) 야간주거침입강도

1) 행위상황

야간의 의미는 야간주거침입절도죄에서 논의한 것과 같다.

2) 행 위

행위는 야간에 사람의 주거, 관리하는 건조물, 선박이나 항공기 또는 점유하는 방실에 침입하여 강도죄를 범하는 것이다. 실행의 착수시기에 대하여 주거침입시설, 폭행·협박시설이 대립하고 있고, 판례는 주거침입시설을 취한 경우(대판 1992.7.28. 92도917)도 있고, 폭행·협박시설을 취한 경우(대판 1991.11.22. 91도2296)도 있어 일관성이 없어 보인다. 생각건대 주거침입시설은 행위자의 주관적 의사에 따라 야간주거침입절도 또는 야간주거침입강도로 구성요건의 적용이 달라질 수 있어, 대부분의 야간주거침입강도가 형이 가벼운 야간주거침입절도로 취급될 가능성이 있으므로 폭행·협박행위시설이 타당하다고 판단된다.

> **1. 주거침입시설을 취한 사례**
> [1] 형법 제334조 제1항 소정의 야간주거침입강도죄는 주거침입과 강도의 결합범으로서 시간적으로 주거침입행위가 선행되는 것이므로 주거침입을 한 때에 본죄의 실행에 착수한 것으로 볼 것인바, 같은 조 제2항 소정의 흉기휴대 합동강도죄에 있어서도 그 강도행위가 야간에 주거에 침입하여 이루어지는 경우에는 주거침입을 한 때에 실행에 착수한 것으로 보는 것이 타당하다.
> [2] 피고인들이 야간에 피해자 甲의 집에 이르러 재물을 강취할 의도로 피고인 1이 출입문 옆 창살을 통하여 침입하고 피고인 2는 부엌방충망을 뜯고 들어 가다가 피해자 시아버지의 헛기침에 발각된 것으로 알고 도주함으로써 뜻을 이루지 못했고, 피고인들이 야간에 피해자 乙의 집에 이르러 피고인 1이 담을 넘어 들어가 대문을 열고 나머지 피고인들이 집에 들어가 피고인 2가 부엌에서 식칼을 들고 방안에 들어가는 순간 비상벨이 울려 도주함으로써 뜻을 이루지 못했다는 것이므로, 피고인들이 위와 같이 야간에 주거에 침입한 이상 특수강도죄의 실행에 착수한 것으로서 그 미수범으로서 처단되어야 할 것이고 현장에서 함께 행동한 피고인으로서도 같은 죄책을 져야함은 더 말할 나위도 없다(대판 1992.7.28. 92도917).

> **2. 폭행・협박시설을 취한 사례**
> [1] 특수강도의 실행의 착수는 강도의 실행행위, 즉 사람의 반항을 억압할 수 있는 정도의 폭행 또는 협박에 나아갈 때에 있다 할 것이다.
> [2] 피고인이 야간에 타인의 재물을 강취하기로 마음먹고 흉기인 칼을 휴대한 채 시정되어 있지 않은 피해자 1의 집 현관문을 열고 마루까지 침입하여 동정을 살피던 중 마침 혼자서 집을 보던 피해자 1의 손녀 피해자 2(14세)가 화장실에서 용변을 보고 나오는 것을 발견하고 갑자기 욕정을 일으켜 칼을 피해자 2의 목에 들이대고 방안으로 끌고 들어가 밀어 넘어뜨려 반항을 억압한 다음 강제로 1회 간음하여 동 피해자를 강간한 경우, 형법 제334조 제1, 2항 소정의 특수강도의 실행의 착수는 어디까지나 강도의 실행행위, 즉 사람의 반항을 억압할 수 있는 정도의 폭행 또는 협박에 나아갈 때에 있다 할 것이고, 위와 같이 야간에 흉기를 휴대한 채 타인의 주거에 침입하여 집안의 동정을 살피는 것만으로는 동 법조에서 말하는 특수강도의 실행에 착수한 것이라고 할 수 없으므로 위의 특수강도에 착수하기도 전에 저질러진 위와 같은 강간행위가 구 특정범죄 가중처벌 등에 관한 법률 제5조의6 제1항 소정의 특수강도강간죄에 해당한다고 할 수 없다(대판 1991.11.22. 91도2296).[85]

(2) 흉기휴대강도, 합동강도

'흉기휴대'나 '2인 이상의 합동'의 의미는 특수절도죄나 강도죄에서 이미 살펴본 바와 같다.

Ⅳ 준강도죄

1. 의 의

준강도죄는 절도가 재물의 탈환에 항거하거나 체포를 면탈하거나 범죄의 흔적을 인멸할 목적으로 폭행 또는 협박함으로써 성립하는 범죄이다(형법 제335조).

2. 구성요건

(1) 객관적 구성요건

1) 주 체

① 절도의 실행에 착수한 자 : 모든 형태의 절도가 포함되며, 기수・미수를 불문한다. 본죄의 절도는 정범을 의미한다. 따라서 절도죄의 공범이 폭행・협박에 가담한 경우에는 준강도죄의 공범이 될 수 있을 뿐이다. 한편 절도죄의 실행에 착수하였을 것을 요하므로 절도의 예비단계에서 폭행・협박을 한 경우에는 본죄가 성립하지 아니한다. 즉 절도의 의사로 야간에 타인의 주거에 침입하였다가 주인에게 발각되자 체포를 면탈할 목적으로 폭행한 경우에는 본죄가 성립하지만, 주간인 경우에는 주거침입죄와 폭행죄의 경합범이 성립할 수 있다.

---

85) 이론상 현행 성폭력범죄의 처벌 등에 관한 특례법 제3조 제2항(특수강도강간 등) 위반죄는 성립하지 아니하나, 동법 제3조 제1항(특수강도강간 등) 위반죄와 강도예비죄가 성립한다.

② **신분범인지의 여부** : 본죄가 신분범인지의 여부에 대해 긍정하는 견해도 있으나, 절도는 행위관련적 표지에 불과하고 행위자관련적 표지인 사회생활상의 지위라고 할 수 없으므로 신분범이라고 할 수 없다.

③ **강도가 본죄의 주체인지 여부** : 강도죄가 본죄의 주체가 될 수 있는지 여부에 대해 다투어지고 있다. 생각건대 강도죄의 구성요건이 절도죄를 포함하고 있으므로 재물에 대한 강도도 본죄의 주체가 될 수 있다고 보는 것이 타당하다. 따라서 강도가 처음에는 흉기를 휴대하지 않았으나 체포를 면탈할 목적으로 흉기를 휴대하고 폭행·협박한 경우에는 특수강도의 준강도(준강도에 의한 특수강도죄)가 성립한다. 판례는 절도범인이 체포를 면탈할 목적으로 경찰관에게 폭행 협박을 가한 때에는 준강도죄와 공무집행방해죄를 구성하고 양 죄는 상상적 경합관계에 있으나, 강도 범인이 체포를 면탈할 목적으로 경찰관에게 폭행을 가한 때에는 강도죄와 공무집행방해죄는 실체적 경합관계에 있고 상상적 경합관계에 있는 것이 아니라고(대판 1992.7.28. 92도917) 하고 있으므로 부정설의 태도인 것으로 보인다.

2) 객 체

타인이 점유하고 있는 타인소유의 재물로서 절도죄의 객체와 같다.

3) 행 위

① **폭행·협박** : 강도죄의 폭행·협박과 동일하다. 즉, 상대방의 반항을 억압하여 반항을 불가능하게 할 정도의 것이어야 한다. 폭행·협박은 일반적인 반항을 억압할 정도이면 족하고 현실적으로 억압하였을 것을 요하는 것은 아니다.

> **1. 준강도죄의 폭행·협박에 해당하는 사례**
> 오토바이를 끌고 가다가 추격하여 온 피해자에게 멱살을 잡히게 되자 체포를 면탈할 목적으로 피해자의 얼굴을 주먹으로 때리고, 놓아주지 아니하면 죽여버리겠다고 협박한 경우에는 그 같은 폭행, 협박은 피해자의 반항을 억압하기 위한 수단으로써 일반적, 객관적으로 가능하다고 인정되는 정도의 폭행, 협박에 해당한다고 볼 수 있으므로 준강도죄를 구성한다(대판 1983.3.8. 82도2838).
>
> **2. 준강도죄의 폭행·협박에 해당하지 아니하는 사례**
> 준강도죄의 구성요건인 폭행, 협박은 일반강도죄와의 균형상 사람의 반항을 억압할 정도의 것임을 요하므로, 일반적, 객관적으로 체포 또는 재물탈환을 하려는 자의 체포의사나 탈환의사를 제압할 정도라고 인정될 만한 폭행, 협박이 있어야만 준강도죄가 성립한다고 할 것인바, 피고인을 체포하려는 피해자가 체포에 필요한 정도를 넘어서서 발로 차며 늑골 9, 10번 골절상, 좌폐기흉증, 좌흉막출혈 등 전치 3개월을 요하는 중상을 입힐 정도로 심한 폭력을 가해오자 피고인이 이를 피하기 위하여 엉겁결에 솥뚜껑을 들어 위 폭력을 막아 내려다가 그 솥뚜껑에 스치어 피해자가 상처를 입게 되었다면 피고인의 위 행위는 일반적, 객관적으로 피해자의 체포의사를 제압할 정도의 폭행에 해당하지 않는다고 할 것이므로 준강도상해죄는 성립되지 않는다(대판 1990.4.24. 90도193).[86]

---

86) 이론상 피고인에게는 절도죄와 폭행치상죄가 성립하고 양 죄는 실체적 경합의 관계에 있다.

② **절도의 기회** : 폭행·협박은 절도의 기회에 행하여져야 한다. 즉, 폭행·협박과 절취 사이에는 시간적·장소적 근접성이 필요하다. 시간적 근접성이란 절도의 실행의 착수 이후 종료 이전까지 폭행·협박이 행해져야 함을 의미한다. 판례는 폭행 또는 협박은 절도의 실행에 착수하여 그 실행 중이거나 그 실행 직후 또는 실행의 범의를 포기한 직후로서 사회통념상 범죄행위가 완료되지 아니하였다고 인정될 만한 단계에서 행하여짐을 요한다고(대판 1984.9.11. 84도1398) 하여 시간적 근접성을 요구하고 있다. 장소적 근접성이란 절도현장 또는 그와 밀접한 인근 장소에서 폭행·협박이 행하여짐을 의미한다.

> 1. **절도의 기회가 인정되는 사례**
> [1] 준강도는 절도범인이 절도의 기회에 재물탈환의 항거 등의 목적으로 폭행 또는 협박을 가함으로써 성립되는 것으로서, 여기서 절도의 기회라고 함은 절도범인과 피해자 측이 절도의 현장에 있는 경우와 절도에 잇달아 또는 절도의 시간·장소에 접착하여 피해자 측이 범인을 체포할 수 있는 상황, 범인이 죄적인멸에 나올 가능성이 높은 상황에 있는 경우를 말하고, 그러한 의미에서 피해자 측이 추적태세에 있는 경우나 범인이 일단 체포되어 아직 신병확보가 확실하다고 할 수 없는 경우에는 절도의 기회에 해당한다고 할 것이다.
> [2] 피고인은 절도행위가 발각되어 도주하다가 곧바로 뒤쫓아 온 보안요원에게 붙잡혀 보안사무실로 인도되어 피해자로부터 그 경위를 확인받던 중 체포된 상태를 벗어나기 위해서 위 피해자에게 폭행을 가하여 상해를 가한 사실이 인정되고, 사실관계가 이러하다면 피고인은 일단 체포되었다고는 하지만 아직 신병확보가 확실하다고 할 수 없는 단계에서 체포된 상태를 면하기 위해서 피해자를 폭행하여 상해를 가한 것이므로 이러한 피고인의 행위는 절도의 기회에 체포를 면탈할 목적으로 폭행하여 상해를 가한 것으로서 강도상해죄에 해당한다고 할 것이다(대판 2001.10.23. 2001도4142).
>
> 2. **절도의 기회가 인정되지 아니하는 사례**
> [1] 준강도는 절도범인이 절도의 기회에 재물탈환, 항거 등의 목적으로 폭행 또는 협박을 가함으로써 성립되는 것이므로, 그 폭행 또는 협박은 절도의 실행에 착수하여 그 실행중이거나 그 실행 직후 또는 실행의 범의를 포기한 직후로서 사회통념상 범죄행위가 완료되지 아니하였다고 인정될 만한 단계에서 행하여짐을 요한다.
> [2] 피해자의 집에서 절도범행을 마친지 10분 가량 지나 피해자의 집에서 200m 가량 떨어진 버스정류장이 있는 곳에서 피고인을 절도범인이라고 의심하고 뒤쫓아 온 피해자에게 붙잡혀 피해자의 집으로 돌아왔을 때 비로소 피해자를 폭행한 경우, 그 폭행은 사회통념상 절도범행이 이미 완료된 이후에 행하여졌다는 이유로 준강도죄가 성립하지 않는다고 한 사례(대판 1999.2.26. 98도3321).

③ **상대방** : 절도의 피해자에 한하지 아니하고 장애가 될 만한 제3자도 폭행·협박의 상대방이 될 수 있다.

④ 준강도의 기수와 미수의 구별
  ㉠ 학설 : 준강도의 구성요건적 행위는 폭행·협박이므로 폭행·협박의 기수·미수를 기준으로 하여야 한다는 폭행·협박기준설, 준강도죄의 재산죄적 성격을 고려하여 절취행위를 기준으로 하여야 한다는 절취행위기준설, 절도와 폭행·협박이 모두 기수에 도달한 경우에는 기수가 되지만, 어느 하나라도 미수에 그친 경우에는 준강도죄의 미수가 된다는 종합설의 대립이 있다.
  ㉡ 판례 : 준강도죄의 입법취지, 강도죄와의 균형 등을 종합적으로 고려해 보면 준강도죄의 기수 여부는 절도행위의 기수 여부를 기준으로 하여 판단하여야 한다고(대판 2004.11.18. 2004도5074[전합]) 판시하여 절취행위기준설을 취하고 있음을 명백히 하고 있다.
  ㉢ 검토 : 생각건대 준강도의 기수·미수의 구별은 구성요건적 행위인 폭행·협박이 종료되었는지 여부에 따라 결정된다고 이해하는 것이 법규정의 문언 및 미수론의 법리에 부합한다고 보이므로 폭행·협박행위기준설이 타당하다고 판단된다.

> **절취행위기준설을 취한 사례**
> [1] 형법 제335조에서 절도가 재물의 탈환을 항거하거나 체포를 면탈하거나 죄적을 인멸할 목적으로 폭행 또는 협박을 가한 때에 준강도로서 강도죄의 예에 따라 처벌하는 취지는, 강도죄와 준강도죄의 구성요건인 재물탈취와 폭행·협박 사이에 시간적 순서상 전후의 차이가 있을 뿐 실질적으로 위법성이 같다고 보기 때문인바, 이와 같은 준강도죄의 입법 취지, 강도죄와의 균형 등을 종합적으로 고려해 보면, 준강도죄의 기수 여부는 절도행위의 기수 여부를 기준으로 하여 판단하여야 한다.
> [2] 피고인이 공소외인과 합동하여 양주를 절취할 목적으로 장소를 물색하던 중, 2003.12.9. 06:30경 부산 부산진구 소재 5층 건물 중 2층 피해자 1이 운영하는 주점에 이르러, 공소외인은 1층과 2층 계단 사이에서 피고인과 무전기로 연락을 취하면서 망을 보고, 피고인은 위 주점의 잠금장치를 뜯고 침입하여 위 주점 내 진열장에 있던 양주 45병 시가 1,622,000원 상당을 미리 준비한 바구니 3개에 담고 있던 중, 계단에서 서성거리고 있던 공소외인을 수상히 여기고 위 주점 종업원 피해자 2가 주점으로 돌아오려는 소리를 듣고서 양주를 그대로 둔 채 출입문을 열고 나오다가 피해자 2 등이 피고인을 붙잡자, 체포를 면탈할 목적으로 피고인의 목을 잡고 있던 피해자의 오른손을 깨무는 등 폭행한 경우 피고인에게 준강도미수죄를 인정한 사례(대판 2004.11.18. 2004도5074[전합])

(2) 주관적 구성요건

준강도는 고의범이므로 절도와 폭행·협박에 대한 고의가 있어야 하고, 본죄도 소유권범죄이므로 불법영득의사가 있어야 한다. 또한 초과주관적 구성요건요소로서 재물탈환항거·체포면탈·범죄흔적인멸의 목적이 있어야 한다.

3. 죄 수

준강도죄는 강도죄에 대하여 법조경합 중 보충관계에 있다(통설). 따라서 절도가 미수단계에서 체포를 면탈함과 동시에 재물을 강취하려고 폭행·협박한 후 재물을 취득한 경우에는 강도죄만 성립한다. 절도가 체포면탈의 목적으로 추적하여 온 수인에게 동일기회에 폭행·협박을 가한 경우에는 준강도죄의 포괄일죄가 성립한다. 판례에 의하면 절도가 체포를 면탈할 목적으로 체포하려는 여러 명의 피해자에게 같은 기회에 폭행을 가하여 그중 1인에게만 상해를 가한 경우, 포괄하여 하나의 강도상해죄만 성립한다고(대판 2001.8.21. 2001도3447) 판시하고 있다.

4. 공범 및 처벌

(1) 준강도 내지 준강도상해죄의 공동정범 인정 여부

1) 문제점

절도의 공동정범 중 1인이 준강도죄(또는 강도상해죄)를 범한 경우에 다른 공범자에게도 준강도죄(또는 강도상해죄 내지 강도치상죄)의 성립을 인정할 수 있는지 여부가 문제된다.

2) 학 설

공동정범은 공동의사의 범위 내에서만 성립하고 공동정범의 정범성의 표지는 기능적 행위지배에 있으므로 공범의 폭행에 대한 예견가능성만 가지고 준강도죄(또는 강도상해죄 내지 강도치상죄)의 공동정범을 인정할 수는 없어 이를 부정하는 부정설과 다른 공범자에게 폭행과 협박에 대한 예견가능성 유무를 판단하여 예견가능성이 있으면 본죄(또는 강도상해죄 내지 강도치상죄)의 공동정범을 인정하는 긍정설이 대립하고 있다.

3) 판 례

판례는 폭행·협박에 대해 공동의사가 없는 다른 공범자도 이를 예견할 수 없었다고 할 수 없는 한 준강도의 공동정범을 인정하면서 나아가 합동절도의 1인이 폭행으로 상해를 가한 경우에도 다른 공범자가 폭행으로 인한 상해의 결과를 예기하지 못한 것으로 볼 수 없다면 강도상해죄의 공동정범의 죄책을 면할 수 없다고(대판 1984.2.28. 83도3321) 판시하고 있다.

4) 검 토

생각건대 준강도죄는 목적범으로서 독자적인 범죄이고 예견가능성을 기준으로 준강도죄의 성립 여부를 검토하는 것은 책임주의에 반하는 것으로 보아야 하므로 준강도죄(또는 강도상해죄 내지 강도치상죄)의 성립을 부정하는 것이 타당하다고 판단된다. 다른 공범자가 중한 결과에 대한 예견가능성이 있는 경우에는 다른 공범자는 특수절도죄와 과실치상죄의 실체적 경합이 성립한다고 해야 한다.

1. **폭행·협박을 예기한 사례**
   - [1] 2인 이상이 합동하여 절도를 한 경우 범인 중의 1인이 체포를 면탈할 목적으로 폭행을 하여 상해를 가한 때에는 나머지 범인도 이를 예기하지 못한 것으로 볼 수 없으면 강도상해죄의 죄책을 면할 수 없다.
   [2] 피고인은 제1심 공동피고인 1, 2 및 공소외 인과 합동하여 피해자가 경영하는 대성서점에 이르러 제1심 공동피고인 1과 2는 망을 보고 피고인과 공소외인은 미리 준비한 절단기로 서점 샷타문 자물쇠를 절단하고 서점 내에 들어가 현금 등을 절취한 후 주민의 신고를 받고 경찰관이 위 절취현장에 출동하자 피고인과 공소외인이 약 50미터가량 도주하다가 공소외인은 우연히 그 곳을 지나다가 뒤쫓아온 피해자에게 체포를 면탈할 목적으로 소지하고 있던 제도용 면도칼로 그의 얼굴을 1회 그어 그에게 약 2주간의 치료를 요하는 안면부열상 및 우측 귀바퀴 다발성열상을 입힌 사실이 인정되는 바, 사실이 위와 같다면 피고인이 범행이 발각되어 함께 도망가던 공소외인이 추격하는 피해자에게 체포를 면탈할 목적으로 위와 같은 상해를 입힐 것을 전혀 예기치 못한 것으로는 볼 수 없다 할 것이므로 그 결과에 대하여 형법 제337조, 제335조의 강도상해죄가 성립된다(대판 1988.2.9. 87도2460).

2. **폭행·협박을 예기하지 못한 사례**
   - [1] 절도범행의 종료 후 얼마되지 아니한 단계이고 안전지대에로 이탈하지 못하고 피해자 측에 의하여 체포될 가능성이 남아있는 단계에서 추적당하여 체포되려 하자 구타한 경우에는 절도행위와 그 체포를 면탈하기 위한 구타행위와의 사이에 시간상 및 거리상 극히 근접한 관계에 있다 할 것이므로, 준강도죄가 성립한다. 합동하여 절도를 한 경우 범인 중 1인이 체포를 면탈할 목적으로 폭행을 하여 상해를 가한 때에는 나머지 범인도 이를 예기하지 못한 것으로 볼 수 없으면 준강도상해죄의 죄책을 면할 수 없다.
   [2] 피해자는 피고인 및 분리확정된 제1심 공동 피고인이 자기 집에서 물건을 훔쳐 나왔다는 연락을 받고 도주로를 따라 추격하자 범인들이 이를 보고 도주하므로 1킬로미터 가량 추격하여 피고인을 체포하여 같이 추격하여 온 동리 사람들에게 인계하고 1킬로미터를 더 추격하여 제1심 공동 피고인을 체포하여 가지고 간 나무몽둥이로 동인을 1회 구타하자 동인이 위 몽둥이를 빼앗아 피해자를 구타 상해를 가하고 도주한 사실을 인정할 수 있다. 사실관계가 위와 같다면 피고인 및 제1심 공동 피고인은 절도범행의 종료 후 얼마되지 아니한 단계로서 안전지대에로 이탈하지 못하고 피해자 측에 의하여 체포될 가능성이 남아 있는 단계에서 추적당하여 체포되었다고 할 것이므로 위 절취행위와 그 체포를 면하기 위한 제1심 공동 피고인의 구타행위와의 사이에 시간상 및 거리상으로 극히 근접한 관계에 있다고 할 것이니 제1심 공동 피고인의 소위는 준강도상해죄에 해당된다고 할 것이나 피고인으로서는 사전에 제1심 공동 피고인과의 사이에 상의한 바 없었음은 물론 체포 현장에 있어서도 피고인과의 사이에 전혀 의사연락 없이 제1심 공동 피고인이 피해자로부터 그가 가지고 간 몽둥이로 구타당하자 돌연 이를 빼앗아 피해자를 구타하여 상해를 가한 것으로서 피고인이 이를 예기하지 못하였다고 할 것이므로 동 구타상해행위를 공모 또는 예기하지 못한 피고인에게까지 준강도 상해의 죄책을 문의할 수 없다고 해석함이 타당하다고 할 것이다(대판 1982.7.13. 82도1352).

- [1] 준강도가 성립하려면 절도가 절도행위의 실행 중 또는 실행직후에 체포를 면탈할 목적으로 폭행, 협박을 한 때에 성립하고 이로써 상해를 가하였을 때에는 강도상해죄가 성립되는 것이고, 공모합동하여 절도를 한 경우 범인 중의 하나가 체포를 면탈할 목적으로 폭행을 하여 상해를 가한 때에는 나머지 범인도 이를 예기하지 못한 것으로 볼 수 없다면 강도상해죄의 죄책을 면할 수 없다.
  [2] 절도를 공모한 피고인이 다른 공모자 甲의 폭행행위에 대하여 사전양해나 의사의 연락이 전혀 없었고, 범행장소가 빈 가게로 알고 있었고, 위 甲이 담배창구를 통하여 가게에 들어가 물건을 절취하고 피고인은 밖에서 망을 보던 중 예기치 않았던 인기척 소리가 나므로 도주해버린 이후에 위 甲이 창구에 몸이 걸려 빠져 나오지 못하게 되어 피해자에게 붙들리자 체포를 면탈할 목적으로 피해자에게 폭행을 가하여 상해를 입힌 것이고, 피고인은 그동안 상당한 거리를 도주하였을 것으로 추정되는 상황하에서는 피고인이 위 甲의 폭행행위를 전연 예기할 수 없었다고 보여지므로 피고인에게 준강도상해죄의 공동책임을 지울 수 없다(대판 1984.2.28. 83도3321).

(2) 준강도의 처벌

1) 단순강도와 특수강도의 예에 따른 처벌

준강도는 강도죄(형법 제333조)와 특수강도죄(형법 제334조)의 예에 따라 처벌된다(형법 제335조).

2) 준강도와 준특수강도의 구별

① 학설 : 절도에 관한 가중사유를 기준으로 하는 절취태양기준설, 폭행·협박행위의 태양에 따라 판단하여야 한다는 폭행·협박태양기준설, 절취행위와 폭행·협박행위의 양자를 기준으로 하여 양자 모두에 가중사유가 있으면 특수강도로 처벌할 수 있다는 양자병합설 등이 대립하고 있다.

② 판례 : 판례는 절도범인이 처음에는 흉기를 휴대하지 아니하였으나, 체포를 면탈할 목적으로 폭행 또는 협박을 가할 때에 비로소 흉기를 휴대 사용하게 된 경우에는 형법 제334조의 예에 의한 준강도(특수강도의 준강도)가 된다고(대판 1973.11.13. 73도1553[전합]) 판시하고 있다.

③ 검토 : 생각건대 준강도죄의 위험성을 결정하는 것은 범죄의 행위태양이므로 준강도죄의 행위태양인 폭행·협박행위를 기준으로 결정하는 폭행·협박태양기준설이 타당하다고 판단된다.

Ⅴ 인질강도죄

1. 의 의

인질강도죄는 사람을 체포·감금·약취 또는 유인하여 이를 인질로 삼아 재물 또는 재산상의 이익을 취득하거나 제3자로 하여금 이를 취득하게 함으로써 성립하는 범죄이다(형법 제336조).

2. 구성요건

(1) 사 람

수단인 체포·감금·약취 또는 유인의 객체는 사람이다. 인질과 재산상의 피해자가 동일인인지의 여부는 문제되지 아니한다는 점에서 인질강요죄와 구별된다.

(2) 인질로 삼아

인질로 삼는다는 것은 체포·감금·약취·유인된 자의 석방이나 생명·신체에 대한 안전을 보장하는 대가로 재물이나 재산상의 이익을 취득하기 위하여 피체포자 등의 자유를 구속하는 것을 말한다.

(3) 착수·기수시기

본죄의 착수시기는 석방이나 안전보장의 대가로 재물 또는 재산상의 이익을 요구한 때라고 보는 것이 타당하고(재물이익요구시설), 기수시기는 재물 또는 재산상의 이익 취득시이다.

3. 타죄와의 관계

본죄의 범인이 인질을 상해하거나 살해한 경우에는 강도상해죄 또는 강도살인죄만 성립한다. 미성년자를 약취·유인하여 재물이나 재산상의 이익을 취득요구한 때에는 특정범죄 가중처벌 등에 관한 법률(제5조의2)이 적용된다.

Ⅵ 강도상해·치상죄

1. 의 의

강도상해·치상죄는 강도가 사람을 상해하거나 상해에 이르게 함으로써 성립하는 범죄이다(형법 제337조).

2. 구성요건

(1) 주 체

모든 형태의 강도가 포함되며, 기수·미수를 불문한다. 본죄의 주체는 강도의 실행에 착수한 자를 말하므로 예비·음모의 단계에 있는 자는 제외된다.

(2) 행 위

강도상해·치상죄의 행위는 사람을 상해하거나 상해에 이르게 하는 것이다. 상해·치상의 결과는 강도의 기회에 발생하면 충분하다. 강도의 기회란 강도범행의 실행 중이거나 실행 직후 또는 실행의 범의를 포기한 직후로서 사회통념상 범죄행위가 완료되지 아니하였다고 볼 수 있는 단계를 의미한다(대판 2014.9.26. 2014도9567). 따라서 상해·치상의 결과는 강도의 수단인 폭행·협박이나 재물취득행위는 물론 강도행위와 시간적·장소적 관련성이 인정되는 한 이를 피하기 위한 행위 또는 강도행위 수행시에 이루어지면 충분하다.

> **강도의 기회가 인정되는 사례**
> - 피고인이 피해자로부터 재물을 강취하고 피해자가 운전하는 자동차에 함께 타고 도주하다가 단속 경찰관이 뒤따라오자 피해자를 칼로 찔러 상해를 가하였다면 강도상해죄를 구성한다 할 것이고 강취와 상해 사이에 1시간 20분이라는 시간적 간격이 있었다는 것만으로는 그 범죄의 성립에 영향이 없다(대판 1992.1.21. 91도2727).
> - 강도범인이 강도를 하는 기회에 범행의 현장에서 사람을 상해한 이상, 재물강취의 수단인 폭행으로 인하여 상해의 결과가 발생한 것이 아니고, 재물의 탈환을 항거하거나 체포를 면탈하거나 죄적을 인멸할 목적으로 폭행을 가한 것이 아니라고 하더라도 강도상해죄가 성립한다(대판 1992.4.14. 92도408).
> - 형법 제337조의 강도상해죄는 강도범인이 강도의 기회에 상해행위를 함으로써 성립하므로 강도범행의 실행 중이거나 실행 직후 또는 실행의 범의를 포기한 직후로서 사회통념상 범죄행위가 완료되지 아니하였다고 볼 수 있는 단계에서 상해가 행하여짐을 요건으로 한다. 그러나 반드시 강도범행의 수단으로 한 폭행에 의하여 상해를 입힐 것을 요하는 것은 아니고 상해행위가 강도가 기수에 이르기 전에 행하여져야만 하는 것은 아니므로, 강도범행 이후에도 피해자를 계속 끌고 다니거나 차량에 태우고 함께 이동하는 등으로 강도범행으로 인한 피해자의 심리적 저항불능 상태가 해소되지 않은 상태에서 강도범인의 상해행위가 있었다면 강취행위와 상해행위 사이에 다소의 시간적·공간적 간격이 있었다는 것만으로는 강도상해죄의 성립에 영향이 없다(대판 2014.9.26. 2014도9567).

3. 죄 수

특수강도에 의한 강도상해가 성립할 경우에 별도로 주거침입죄를 처벌할 수 없다(법조경합 중 특별관계).

> [1] 형법 제334조 제1항은 "야간에 사람의 주거, 관리하는 건조물, 선박이나 항공기 또는 점유하는 방실에 침입하여 제333조(강도)의 죄를 범한 자는 무기 또는 5년 이상의 징역에 처한다."고 규정하고 있고, 형법 제337조는 "강도가 사람을 상해하거나 상해에 이르게 한 때에는 무기 또는 7년 이상의 징역에 처한다."고 규정하고 있는데, 강도상해죄에 있어서의 강도는 형법 제334조 제1항 특수강도도 포함된다고 보아야 한다. 그런데 형법 제334조 제1항 특수강도죄는 '주거침입'이라는 요건을 포함하고 있으므로 형법 제334조 제1항 특수강도죄가 성립할 경우 '주거침입죄'는 별도로 처벌할 수 없고, 형법 제334조 제1항 특수강도에 의한 강도상해가 성립할 경우에도 별도로 '주거침입죄'를 처벌할 수 없다고 보아야 할 것이다.

[2] 피고인이 야간에 피해자의 주거에 침입하여 재물을 물색하던 중 피해자가 잠에서 깨어나자 피해자를 폭행하여 간음하고 재물을 강취할 것을 마음먹고, 주먹으로 피해자의 얼굴 부위를 수회 때려 피해자의 반항을 억압한 후 피해자의 바지와 팬티를 벗겨 피해자를 간음하려 하였으나 피해자의 집 밖에서 차량 소리가 들리는 바람에 피해자를 간음하지 못하고, 현금 8,730원을 가지고 나온 경우, 강도상해, 강도강간미수에 해당하는 이외에 별도로 주거침입죄는 성립하지 아니한다(대판 2012.12.27. 2012도12777).

4. 공범관계[87]

(1) 문제점

강도의 공동정범 중 1인이 강도의 기회에 상해 또는 치상의 결과를 발생하게 한 경우에는 다른 공범자에게 본죄가 성립하는지 여부가 문제된다.

(2) 학 설

통설은 상해에 대하여 공동가공의 의사가 없는 공범자에게 강도상해죄는 성립하지 아니하고 중한 결과를 예견할 수 있었던 경우에 한하여 강도치상죄가 성립한다고 한다.

(3) 판 례[88]

판례는 강도합동범 중 1인이 피해자들을 과도로 찔러 상해를 가하였다면 대문 밖에서 망을 본 공범인 피고인이 구체적으로 상해를 가할 것까지 공모하지 않았다 하더라도 피고인은 상해의 결과에 대하여 공범으로서의 책임을 면할 수 없다고(대판 1998.4.14. 98도356) 하여 강도상해죄의 성립을 인정하고 있다.

(4) 검 토

생각건대 상해에 대한 고의가 없는 공모자에게 강도상해죄의 공동정범을 인정하는 것은 공동정범의 본질에 반하는 문제가 있으므로 이를 부정하는 통설의 견해가 타당하다고 판단된다. 따라서 강도의 공동정범 중 1인이 강도의 기회에 상해 또는 치상의 결과를 발생하게 한 경우에 그에게는 강도상해죄 내지 강도치상죄가 성립하게 되고, 다른 공범자는 결과적 가중범의 중한 결과에 대한 예견가능성이 있는 경우에 강도치상죄의 죄책을 지게 된다.

---

87) 준강도상해죄의 공동정범에 대한 것은 전술한 준강도 내지 준강도상해죄의 공동정범 인정 여부를 참조하라.
88) 판례의 태도를 일반화시키면 다음과 같다. 즉 절도공모자 중 1인이 재물의 탈환에 항거하거나 체포를 면탈하거나 범죄의 흔적을 인멸할 목적으로 폭행 또는 협박한 경우에 나머지 공모자가 예견할 수 없었던 경우가 아니라면 준강도상해죄의 공동정범을 인정하고, 강도공모자 중 1인이 상해를 가한 경우 나머지 공모자는 공모를 하지 아니한 경우에도 강도상해죄의 공동정범의 죄책을 지게 되며, 강도공모자 중 1인이 살인을 한 경우, 나머지 공모자는 이를 예견할 수 없었던 경우가 아니라면 원칙적으로 강도치사죄의 공동정범의 죄책을 지게 된다.

> **강도상해죄의 공동정범이 성립하는 사례**
> - 강도의 공범자 중의 한 사람이 강도의 기회에 피해자에게 폭행을 가하여 상해를 입힌 경우 다른 공범자도 재물강취의 수단으로 폭행을 가할 것이라는 점에 관하여 상호의사의 연락이 있었던 것이므로 구체적으로 상해에 관하여는 공모하지 않았다 하더라도 폭행으로 생긴 결과에 대한 공범으로서 강도상해 및 강도치상의 책임을 진다(대판 1990.12.26. 90도2362).
> - 강도합동범 중 1인이 피고인과 공모한대로 과도를 들고 강도를 하기 위하여 피해자의 거소를 들어가 피해자를 향하여 칼을 휘두른 이상 이미 강도의 실행행위에 착수한 것임이 명백하고, 그가 피해자들을 과도로 찔러 상해를 가하였다면 대문 밖에서 망을 본 공범인 피고인이 구체적으로 상해를 가할 것까지 공모하지 않았다 하더라도 피고인은 상해의 결과에 대하여도 공범으로서의 책임을 면할 수 없다(대판 1998.4.14. 98도356).

Ⅶ 강도살인・치사죄

1. 의 의

강도살인・치사죄는 강도가 사람을 살해하거나 사망에 이르게 함으로써 성립하는 범죄이다(형법 제338조).

2. 구성요건

(1) 주 체

강도살인・치사죄의 주체는 강도로 그 범위는 강도상해・치상죄에서 논의한 바와 같다.

(2) 행 위

강도가 사람을 살해하거나 사망에 이르게 하는 것이다. 살해나 치사는 강도의 기회에 발생한 것이어야 한다.

> **1. 강도의 기회가 인정되는 사례**
> [1] 강도살인이라 함은 강도범인이 강도의 기회에 살인행위를 함으로써 성립하는 것이므로, 강도범행의 실행 중이거나 그 실행 직후 또는 실행의 범의를 포기한 직후로서 사회통념상 범죄행위가 완료되지 아니하였다고 볼 수 있는 단계에서 살인이 행하여짐을 요건으로 한다.
> [2] 강도범행 직후 신고를 받고 출동한 경찰관이 위 범행 현장으로부터 약 150m 지점에서, 화물차를 타고 도주하는 피고인을 발견하고 순찰차로 추적하여 격투 끝에 피고인을 붙잡았으나, 피고인이 너무 힘이 세고 반항이 심하여 수갑도 채우지 못한 채 피고인을 순찰차에 억지로 밀어 넣고서 파출소로 연행하고자 하였는데, 그 순간 피고인이 체포를 면하기 위하여 소지하고 있던 과도로써 옆에 앉아 있던 경찰관을 찔러 사망케 하였다면 피고인의 위 살인행위는 강도행위와 시간상 및 거리상 극히 근접하여 사회통념상 범죄행위가 완료되지 아니한 상태에서 이루어진 것이라고 보여지므로(위 살인행위 당시에 피고인이 체포되어 신체가 완전히 구속된 상태이었다고 볼 수 없다), 원심이 피고인을 강도살인죄로 적용하여 처벌한 것은 옳다고 한 사례(대판 1996.7.12. 96도1108).

> **2. 강도의 기회가 인정되지 아니하는 사례**
>
> [1] 피고인은 살해 직후 피해자가 운전하고 온 차량의 적재함에 피해자의 시체를 싣고 보니 마침 그 상의 조끼에 지갑이 있는 것을 발견하고, 장차 시체가 발견될 때 피해자의 신원이 밝혀지는 게 두려워 이를 숨기기 위하여 지갑을 꺼내 그 차량의 사물함에 통째로 넣어두었다가(따라서 이때까지는 피고인에게 지갑 속의 재물에 대한 불법영득의 의사를 인정하기 어렵다), 그로부터 15시간 가량 지난 후인 그 다음 날 10:00경 범행현장에 다시 왔을 때 지갑 속에 들어 있던 돈과 피해자의 바지주머니에 별도로 들어 있던 10만원 가량의 돈을 꺼냈다가, 지갑 속의 돈은 피에 젖어 사용할 수 없을 것으로 생각하여 며칠 후 월악산 계곡에다 지갑째로 버리고, 다만 바지주머니에서 꺼낸 돈을 유류대금과 담뱃값 등으로 사용한 경우, 강도살인죄는 강도범인이 강도의 기회에 살인행위를 함으로써 성립하는 것이므로, 강도범행의 실행 중이거나 그 실행 직후 또는 실행의 범의를 포기한 직후로서 사회통념상 범죄행위가 완료되지 아니하였다고 볼 수 있는 단계에서 살인이 행하여짐을 요건으로 하는데, 피고인이 피해자 소유의 돈과 신용카드에 대하여 불법영득의 의사를 갖게 된 것은 살해 후 상당한 시간이 지난 후로서 살인의 범죄행위가 이미 완료된 후의 일로 보이므로, 살해 후 상당한 시간이 지난 후에 별도의 범의에 터잡아 이루어진 재물 취거행위를 그보다 앞선 살인행위와 합쳐서 강도살인죄로 처단할 수는 없다.
>
> [2] 피고인이 피해자 소유의 돈과 신용카드에 대하여 불법영득의 의사를 갖게 된 것이 살해 후 상당한 시간이 지난 후로서 살인의 범죄행위가 이미 완료된 후의 일이라면, 살해 후 상당한 시간이 지난 후에 별도의 범의에 터잡아 이루어진 재물 취거행위를 그보다 앞선 살인행위와 합쳐서 강도살인죄로 처단할 수 없다고 한 사례(대판 2004.6.24. 2004도1098)

3. 공범관계

(1) 문제점

강도의 공동정범 중 1인이 강도의 기회에 살인을 한 경우에는 다른 공범자에게 본죄가 성립하는지 여부가 문제된다.

(2) 학 설

통설은 살인에 대하여 공동가공의 의사가 없는 공범자에게 강도살인죄는 성립하지 아니하고 중한 결과를 예견할 수 있었던 경우에 한하여 강도치사죄가 성립한다고 한다.

(3) 판 례

판례는 종래 피해자를 살해하리라는 점을 예기할 수 없었다고 보여지지 아니하므로 다른 공범자에게는 강도살인죄가 성립한다고(대판 1984.2.28. 83도3162) 하거나, 피해자를 살해하여 강도살인행위에 이를 것을 전혀 예상하지 못하였다고 할 수 없으므로 다른 공범자에게 강도치사죄가 성립한다고(대판 1990.11.27. 90도2262) 판시하고 있다.

(4) 검 토

생각건대 살인에 대한 고의가 없는 공모자에게 강도살인죄의 공동정범을 인정하는 것은 공동정범의 본질에 반하는 문제가 있으므로 이를 부정하는 통설의 견해가 타당하다고 판단된다. 따라서 강도의 공동정범 중 1인이 강도의 기회에 살인을 한 경우에 그에게는 강도살인죄가 성립하게 되고, 다른 공범자는 결과적 가중범의 중한 결과에 대한 예견가능성이 있는 경우에 강도치사죄의 죄책을 지게 된다.

> **1. 공범자의 죄책에 대한 원칙**
> 강도살인죄는 고의범이고 강도치사죄는 이른바 결과적 가중범으로서 살인의 고의까지 요하는 것이 아니므로, 수인이 합동하여 강도를 한 경우 그중 1인이 사람을 살해하는 행위를 하였다면 그 범인은 강도살인죄의 기수 또는 미수의 죄책을 지는 것이고 다른 공범자도 살해행위에 관한 고의의 공동이 있었으면 그 또한 강도살인죄의 기수 또는 미수의 죄책을 지는 것이 당연하다 하겠으나, 고의의 공동이 없었으면 피해자가 사망한 경우에는 강도치사의, 강도살인이 미수에 그치고 피해자가 상해만 입은 경우에는 강도상해 또는 치상의, 피해자가 아무런 상해를 입지 아니한 경우에는 강도의 죄책만 진다고 보아야 할 것이다(대판 1991.11.12. 91도2156).
>
> **2. 강도살인·치사죄의 성립 여부에 대한 사례**
> 1) 강도살인죄가 성립하는 사례
> 수인이 합동하여 강도를 한 경우 1인이 강취하는 과정에서 간수자를 강타, 사망케 한 때에는 나머지 범인도 이를 예기하지 못한 것으로 볼 수 없는 경우에는 강도살인죄의 죄책을 면할 수 없다 할 것인바, 피고인들이 사전에 금품강취범행을 모의하고 전원이 범행현장에 임하여 각자 범죄의 실행을 분담하였으며 그 과정에 피고인 甲을 제외한 나머지 3명이 모두 과도 또는 쇠파이프 등을 휴대하였고 쇠파이프를 휴대한 피고인 乙이 위 피해자를 감시하였던 상황에 비추어 피고인 乙이 피해자를 강타, 살해하리라는 점에 관하여 나머지 피고인들도 예기할 수 없었다고는 보여지지 아니하므로 피고인들을 모두 강도살인죄의 정범으로 처단함은 정당하다(대판 1984.2.28. 83도3162).
>
> 2) 강도치사죄가 성립하는 사례
> 피고인들이 등산용 칼을 이용하여 노상강도를 하기로 공모한 사건에서 범행 당시 차안에서 망을 보고 있던 피고인 甲이나 등산용 칼을 휴대하고 있던 피고인 乙과 함께 차에서 내려 피해자로부터 금품을 강취하려 했던 피고인 丙으로서는 그때 우연히 현장을 목격하게 된 다른 피해자를 피고인 乙이 소지 중인 등산용 칼로 살해하여 강도살인행위에 이를 것을 전혀 예상하지 못하였다고 할 수 없으므로 피고인들 모두는 강도치사죄로 의율처단함이 옳다(대판 1990.11.27. 90도2262).

VIII 강도강간죄

1. 의 의

강도강간죄는 강도가 사람을 강간함으로서 성립하는 범죄이다(형법 제339조).

2. 구성요건

(1) 주 체

본죄의 주체는 강도로, 단순강도, 특수강도, 준강도, 인질강도를 불문한다. 다만 해상강도는 본조가 아닌 해상강도강간죄(형법 제340조)의 성립 여부가 문제된다. 강도범이 강간한 경우에 성립하므로 강간범이 강도한 경우에는 강간죄와 강도죄의 경합범이 성립한다.

> 1. **강도강간죄가 성립하는 사례**
> [1] 강도강간죄는 강도라는 신분을 가진 범인이 강간죄를 범하였을 때 성립하는 범죄이므로, 강간범이 강간행위 후에 강도의 범의를 일으켜 그 부녀의 재물을 강취하는 경우에는 강도강간죄가 아니라 강도죄와 강간죄의 경합범이 성립될 수 있을 뿐이나, 강간범이 강간행위 종료 전, 즉 그 실행행위의 계속 중에 강도의 행위를 할 경우에는 이때에 바로 강도의 신분을 취득하는 것이므로 이후에 그 자리에서 강간행위를 계속하는 때에는 강도가 부녀를 강간한 때에 해당하여 형법 제339조 소정의 강도강간죄를 구성한다 할 것이고, 구 성폭력범죄의 처벌 및 피해자보호 등에 관한 법률 제5조 제2항은 형법 제334조(특수강도) 등의 죄를 범한 자가 형법 제297조(강간) 등의 죄를 범한 경우에 이를 특수강도강간 등의 죄로 가중하여 처벌하는 것이므로, 다른 특별한 사정이 없는 한 특수강간범이 강간행위 종료 전에 특수강도의 행위를 한 이후에 그 자리에서 강간행위를 계속하는 때에도 특수강도가 부녀를 강간한 때에 해당하여 구 성폭력범죄의 처벌 및 피해자보호 등에 관한 법률 제5조 제2항에 정한 특수강도강간죄로 의율할 수 있다.
> [2] 야간에 甲의 주거에 침입하여 드라이버를 들이대며 협박하여 甲의 반항을 억압한 상태에서 강간행위의 실행 도중 범행현장에 있던 乙 소유의 핸드백을 가져간 피고인의 행위를 포괄하여 구 성폭력범죄의 처벌 및 피해자보호 등에 관한 법률 위반(특수강도강간등)죄에 해당한다고 판단한 원심의 조치를 수긍한 사례(대판 2010.12.9. 2010도9630)
>
> 2. **강도강간죄가 성립하지 아니하는 사례**
> 강간범이 강간행위 후에 강도의 범의를 일으켜 그 부녀의 재물을 강취하는 경우에는 형법상 강도강간죄가 아니라 강간죄와 강도죄의 경합범이 성립될 수 있을 뿐인바, 성폭력범죄의 처벌 및 피해자보호 등에 관한 법률 제5조 제2항은 형법 제334조(특수강도) 등의 죄를 범한 자가 형법 제297조(강간) 등의 죄를 범한 경우에 이를 특수강도강간 등의 죄로 가중하여 처벌하고 있으므로, 다른 특별한 사정이 없는 한 강간범이 강간의 범행 후에 특수강도의 범의를 일으켜 그 부녀의 재물을 강취한 경우에는 이를 성폭력범죄의 처벌 및 피해자보호 등에 관한 법률 제5조 제2항 소정의 특수강도강간죄로 의율할 수 없다(대판 2002.2.8. 2001도6425).[89]

---

89) 판례의 취지를 고려하건대 강간죄와 특수강도죄의 실체적 경합이 성립한다.

(2) 행 위

강도강간죄의 행위는 강도가 강간하는 것이다. 강간은 강도의 기회에 행하여지면 족하다. 강도피해자와 강간피해자는 반드시 동일할 것을 요하지 아니하므로, 예를 들어 피고인이 강도하기로 모의한 후 피해자 갑남으로부터 금품을 빼앗고 이어서 피해자 을녀를 강간하였다면 강도강간죄가 성립한다(대판 1991.11.12. 91도2241).

3. 죄 수

강도강간범이 사람을 살해·상해한 경우, 판례는 강도강간죄와 강도살인·강도상해죄의 상상적 경합을 인정하고 있고, 강도강간범이 사람을 치사·치상하게 한 경우에는 강도강간죄와 강도치사상죄와의 상상적 경합을 인정하고 있다.

> 1. **강도강간죄와 강도상해죄의 상상적 경합이 성립하는 사례**
>   강도가 피해자에게 상해를 입혔으나 재물의 강취에는 이르지 못하고 그 자리에서 항거불능 상태에 빠진 피해자를 간음한 경우에는 강도강간죄와 강도상해죄만 성립하고, 그 실행행위의 일부인 강도미수 행위는 위 각 죄에 흡수되어 별개의 범죄를 구성하지 않는다(대판 2010.4.29. 2010도1099).
> 2. **강도강간미수죄와 강도치상죄의 상상적 경합이 성립하는 사례**
>   강도가 재물강취의 뜻을 재물의 부재로 이루지 못한 채 미수에 그쳤으나 그 자리에서 항거불능의 상태에 빠진 피해자를 간음할 것을 결의하고 실행에 착수했으나 역시 미수에 그쳤더라도 반항을 억압하기 위한 폭행으로 피해자에게 상해를 입힌 경우에는 강도강간미수죄와 강도치상죄가 성립되고 이는 1개의 행위가 2개의 죄명에 해당되어 상상적 경합관계가 성립된다(대판 1988.6.28. 88도820).

Ⅸ 해상강도죄

해상강도죄는 다중의 위력으로 해상에서 선박을 강취하거나 선박 내에 침입하여 타인의 재물을 강취함으로써 성립하는 범죄이고, 해상강도상해·치상죄는 해상강도가 사람을 상해하거나 상해에 이르게 함으로써 성립하는 범죄이고, 해상강도살인·치사·강간죄는 해상강도가 사람을 살해 또는 사망에 이르게 하거나 강간함으로써 성립하는 범죄이다(형법 제340조).

X 상습강도죄

상습강도죄는 상습으로 강도죄, 특수강도죄, 인질강도죄, 해상강도죄를 범함으로써 성립하는 범죄이다(형법 제341조).

XI 강도예비·음모죄

강도예비·음모죄는 강도할 목적으로 예비·음모함으로써 성립하는 범죄이다(형법 제343조).

> **강도예비·음모죄가 성립하지 아니하는 사례**
> - [1] 강도예비·음모죄가 성립하기 위해서는 예비·음모 행위자에게 미필적으로라도 '강도'를 할 목적이 있음이 인정되어야 하고 그에 이르지 않고 단순히 '준강도'할 목적이 있음에 그치는 경우에는 강도예비·음모죄로 처벌할 수 없다.
> [2] 피고인은 상습으로 절도 범행이 발각될 염려가 거의 없는 심야의 인적이 드문 주택가 주차장이나 길가에 주차된 자동차를 골라 그 문을 열고 동전 등 물건을 훔치는 범행을 계속해 오던 중 피고인이 휴대 중이던 등산용 칼을 절도 범행이 발각되었을 경우 체포를 면탈하는 데 도움이 될 수 있을 것이라는 정도의 생각에서 더 나아가, 타인으로부터 물건을 강취하는 데 사용하겠다는 생각으로 준비하였다고 단정하기는 어렵고, 이와 같이 피고인에게 준강도할 목적이 인정되는 정도에 그치는 이상 피고인에게 강도할 목적이 있었다고 볼 수 없으므로 강도예비죄의 죄책을 인정할 수는 없다 할 것이다(대판 2006.9.14. 2004도6432).
> - [1] 형법상 음모죄가 성립하는 경우의 음모란 2인 이상의 자 사이에 성립한 범죄실행의 합의를 말하는 것으로, 범죄실행의 합의가 있다고 하기 위하여는 단순히 범죄결심을 외부에 표시·전달하는 것만으로는 부족하고, 객관적으로 보아 특정한 범죄의 실행을 위한 준비행위라는 것이 명백히 인식되고, 그 합의에 실질적인 위험성이 인정될 때에 비로소 음모죄가 성립한다고 할 것이다.
> [2] 피고인 1과 피고인 3이 수회에 걸쳐 '총을 훔쳐 전역 후 은행이나 현금수송차량을 털어 한탕 하자'는 말을 나눈 정도만으로는 강도음모를 인정하기에 부족하다(대판 1999.11.12. 99도3801).

제3절 사기의 죄

I 의 의

1. 개 념

사기의 죄는 사람을 기망하여 재물을 편취하거나 재산상의 불법한 이익을 취득하거나 제3자로 하여금 얻게 하는 것을 내용으로 하는 범죄이다.

2. 보호법익 및 보호정도

사기죄의 보호법익은 전체로서의 재산권이다. 기망이 있었지만 재산권을 침해하지 아니한 경우, 즉 공무원을 기망하여 세금을 포탈한 경우나 부녀를 기망하여 정조를 유린한 경우에는 사기죄는 성립하지 아니한다. 그러나 부녀를 기망하여 성행위의 대가를 면한 경우에는 사기죄가 성립한다. 보호정도는 침해범이다.

> **1. 조세포탈의 경우 사기죄가 성립하지 아니하는 사례**
> [1] 기망행위에 의하여 국가적 또는 공공적 법익을 침해하는 경우라도 그와 동시에 형법상 사기죄의 보호법익인 재산권을 침해하는 것과 동일하게 평가할 수 있는 때에는 행정법규에서 사기죄의 특별관계에 해당하는 처벌 규정을 별도로 두고 있지 않는 한 사기죄가 성립할 수 있다. 그런데 중앙행정기관의 장, 지방자치단체의 장 등 법률에 따라 금전적 부담의 부과권한을 부여받은 자(이하 '부과권자')가 재화 또는 용역의 제공과 관계없이 특정 공익사업과 관련하여 권력작용으로 부담금을 부과하는 것은 일반 국민의 재산권을 제한하는 침해행정에 속한다. 이러한 침해행정 영역에서 일반 국민이 담당 공무원을 기망하여 권력작용에 의한 재산권 제한을 면하는 경우에는 부과권자의 직접적인 권력작용을 사기죄의 보호법익인 재산권과 동일하게 평가할 수 없는 것이므로, 행정법규에서 그러한 행위에 대한 처벌 규정을 두어 처벌함은 별론으로 하고, 사기죄는 성립할 수 없다.
> [2] 피고인이 담당 공무원을 기망하여 납부의무가 있는 농지보전부담금을 면제받아 재산상 이익을 취득하였다는 이 사건 공소사실에 대하여 범죄로 되지 아니하는 경우에 해당한다(대판 2019.12.24. 2019도2003).
>
> **2. 성행위의 대가를 면한 경우 사기죄가 성립하는 사례**
> 일반적으로 부녀와의 성행위 자체는 경제적으로 평가할 수 없고, 부녀가 상대방으로부터 금품이나 재산상 이익을 받을 것을 약속하고 성행위를 하는 약속 자체는 선량한 풍속 기타 사회질서에 위반한 사항을 내용으로 하는 법률행위로서 무효이나, 사기죄의 객체가 되는 재산상의 이익이 반드시 사법(私法)상 보호되는 경제적 이익만을 의미하지 아니하고, 부녀가 금품 등을 받을 것을 전제로 성행위를 하는 경우 그 행위의 대가는 사기죄의 객체인 경제적 이익에 해당하므로, 부녀를 기망하여 성행위 대가의 지급을 면하는 경우 사기죄가 성립한다(대판 2001.10.23. 2001도2991).

Ⅱ 사기죄

1. 의 의

사기죄는 사람을 기망하여 재물의 교부를 받거나 재산상의 이익을 취득하게 하거나, 제3자로 하여금 재물의 교부를 받게 하거나 재산상의 이익을 취득하게 함으로써 성립하는 범죄이다(형법 제347조).

2. 구성요건

(1) 객관적 구성요건

1) 객 체

① 재물 : 타인이 점유하는 타인의 재물 또는 재산상의 이익이다. 따라서 자기가 점유하는 타인의 재물을 기망에 의하여 영득한 경우에는 횡령죄가 성립할 뿐이다. 판례에 의하면 피해자 명의의 인감증명서(대판 2011.11.10. 2011도9919), 무효인 약속어음공정증서(대판 1995.12.22. 94도3013)는 재물에 해당하지만, 보험가입사실증명원(대판 1997.3.28. 96도2625)은 재물에 해당하지 아니한다.

② 재산상의 이익 : 재물 이외의 전체적으로 재산상태의 증가를 가져오는 일체의 이익을 말하며, 이익의 취득이 사법상 유효할 필요도 없으며, 외관상 재산상 이익을 취득하였다고 볼 수 있는 사실관계가 있으면 족하다(경제적 재산설).

> **1. 재산상의 이익에 해당하는 사례**
> - 甲이 OO 캐피탈에 가서 친구 A의 명의로 담당직원과 승용차량에 대한 리스계약을 체결하였는데 당시 甲은 차량대금을 납부할 의사나 능력이 없으면서도 회사의 회장님이 승용차를 필요로 하는데 계약을 해주면 틀림없이 대금을 납부하겠다고 A에게 거짓말을 하여 계약에 필요한 서류를 A로부터 전달받아 OO 캐피탈로부터 승용차를 인도받은 경우, 甲이 A를 기망하여 리스계약의 당사자가 되게 하여 리스대금상당의 재산상의 이익을 취득한 부분에 대하여 A에 대한 사기죄가 성립하고, 그 후 B에게 2천만원을 차용하면서 담보로 리스한 승용차를 B에게 넘겼다면 이는 리스회사인 OO 캐피탈에 대한 횡령죄가 성립하고 양자는 실체적 경합의 관계에 있다(대판 2011.5.26. 2010도17349).
> - 피고인이 자신이 개발한 주식운용프로그램을 이용하면 상당한 수익을 낼 수 있고 만일 손해가 발생하더라도 원금과 은행 정기예금 이자 상당의 반환은 보장하겠다는 취지로 피해자 甲을 기망하여 甲의 자금이 예치된 甲 명의 주식계좌에 대한 사용권한을 부여받아 재산상 이익을 취득하였다는 내용으로 기소된 사안에서, 주식운용에 따른 수익금이 발생할 경우 피고인이 그중 1/2에 해당하는 돈을 매달 지급받기로 약정한 점 등 제반 사정을 종합하면, 피고인은 장래의 수익 발생을 조건으로 한 수익분배청구권을 취득하였을 뿐 아니라 그러한 경제적 이익을 기대할 수 있는 자금운용의 권한과 지위를 획득하였고, 이는 주식거래의 특성 등에 비추어 충분히 경제적 가치가 있다고 평가할 수 있으므로 甲을 기망하여 그러한 권한과 지위를 획득한 것 자체를 사기죄의 객체인 재산상 이익을 취득한 것으로 볼 수 있다는 이유로, 피고인에게 사기죄를 인정한 원심판단의 결론을 정당하다고 한 사례(대판 2012.9.27. 2011도282).
> - 비트코인은 경제적인 가치를 디지털로 표상하여 전자적으로 이전, 저장과 거래가 가능하도록 한 가상자산의 일종으로 사기죄의 객체인 재산상 이익에 해당한다(대판 2021.11.11. 2021도9855).

2. 재산상의 이익에 해당하지 아니하는 사례

- 사기죄는 사람을 기망하여 자기 또는 제3자로 하여금 재물 또는 재산상의 이익을 얻거나 얻게 하는 경우에 성립하는 것인바, 자기의 채권자에 대한 채무이행으로 채권을 양도하였다 하더라도 위 채권이 존재하지 않는다면 이를 양도하였다 하여 권리이전의 효력을 발생할 수 없는 것이고 따라서 채권자에 대한 기존의 채무도 소멸하는 것이 아니므로 채무면탈의 효과도 발생할 수 없어 위 채권의 양도로써 재산상의 이득을 취하였다고는 볼 수 없으므로 사기죄는 성립하지 않는다(대판 1985.3.12. 85도74).
- 甲 주식회사의 실질적 경영자인 피고인이, 전(前) 대표이사 乙이 지방자치단체에 기부금을 납부하기로 약정하고 골프장사업을 승인받으면서 그 이행을 위해 약속어음을 발행·교부한 사실을 잘 알고 있음에도, 위 어음을 분실하였다는 허위 사유를 들어 법원을 기망하고 제권판결을 선고받음으로써 어음금 상당의 재산상 이익을 편취하였다는 공소사실에 대하여, 위 기부금 증여계약은 지방자치단체장의 공무수행과 결부된 금전적 대가로서 그 조건이나 동기가 사회질서에 반하여 무효이므로 지방자치단체로서는 위 어음금의 지급을 청구할 수 없음에도, 위 증여가 유효하다고 판단하여 피고인을 유죄로 인정한 원심판결에 민법 제103조에 관한 법리오해 또는 증여의 효력에 관한 심리미진의 위법이 있다고 한 사례(대판 2010.1.28. 2007도9331)[90]

2) 기망행위

① 의의 : 기망행위란 허위의 의사표시에 의하여 타인을 착오에 빠뜨리는 일체의 행위를 말한다. 상대방이 이미 착오에 빠져있다면 그러한 상태를 이용하는 것도 기망행위에 해당한다.

② 대 상

㉠ 기망행위의 대상으로 사실이 포함되는 데는 의문이 없다. 사실이란 구체적으로 증명이 가능한 과거와 현재의 상태를 말하고 사실인 이상 내적 사실(지불의사), 외적 사실(지불능력)을 불문한다. 장래의 사실도 과거·현재의 사실과 관련되는 것이면 포함된다. 또한 동기 또는 용도가 기망의 대상이 되는지 여부에 대해 학설, 판례(대판 2005.9.15. 2003도5382)는 대체적으로 이를 인정하고 있다.

> 사기죄의 구성요건인 편취의 범의는 피고인이 자백하지 않는 이상 범행 전후의 피고인의 재력, 환경, 범행의 내용, 거래의 이행과정 등과 같은 객관적인 사정 등을 종합하여 판단할 수밖에 없는 것이고, 타인으로부터 금전을 차용함에 있어서 그 차용한 금전의 용도나 변제할 자금의 마련방법에 관하여 사실대로 고지하였더라면 상대방이 응하지 않았을 경우에 그 용도나 변제자금의 마련방법에 관하여 진실에 반하는 사실을 고지하여 금전을 교부받은 경우에는 사기죄가 성립하고, 이 경우 차용금채무에 대한 담보를 제공하였다는 사정만으로는 결론을 달리 할 것은 아니다(대판 2005.9.15. 2003도5382).

---

[90] 다음의 판례와 구별하여야 한다.
약속어음의 발행인이 그 어음을 타인이 교부받아 소지하고 있는 사실을 알면서도 허위의 분실사유를 들어 공시최고신청을 하고 이에 따라 법원으로부터 제권판결을 받았다면, 발행인이 어음소지인에 대하여 처음부터 그 어음상 채무를 부담하지 않았다는 등의 특별한 사정이 없는 한 원인관계상의 채무가 존속하고 있더라도 사위의 방법으로 얻어낸 제권판결로 그 어음채무를 면하게 된 데 대하여 사기죄가 성립한다(대판 1995.9.15. 94도3213).

ⓒ 기망행위의 대상에 가치판단이 포함되는지 여부에 대해 다툼이 있다. 순수한 가치판단이나 단순한 의견의 진술은 객관적 확정이 불가능하므로 기망행위의 대상에서 제외된다고 보아야 하나, 가치판단이 예외적으로 사실의 중요한 부분을 내포할 경우 기망행위가 될 수 있다고 보는 것이 타당하다.

③ 수 단
㉠ 명시적 기망행위
㉮ 언어・문서에 의하여 객관적으로 진실에 반하는 허위사실을 주장하는 것을 말한다.

> **1. 명시적 기망행위에 해당하는 사례**
> - 유동적 무효의 상태인 부동산 매매계약이라 하더라도 매수인이 제3자로부터 금전을 융자받을 목적으로 매도인을 기망하여 매도인 소유의 부동산에 제3자 앞으로 근저당권을 설정하게 함으로써 재산상 이익을 취득하였다면, 사기죄가 성립한다(대판 2008.2.14. 2007도10658).
> - 사기죄는 상대방을 기망하여 하자 있는 상대방의 의사에 의하여 재물을 교부받음으로써 성립하는 것이므로, 분식회계에 의한 재무제표 등으로 금융기관을 기망하여 대출을 받았다면 사기죄는 성립하고, 변제의사와 변제능력이 있었다든지 충분한 담보가 제공되었다거나 피해자의 전체 재산상에 손해가 없고 사후에 대출금이 상환되었다고 하더라도 사기죄의 성립에는 영향이 없으므로, 피고인 1이 분식회계된 허위의 재무제표를 제시함으로써 금융기관을 기망하여 대출을 받은 이상 그에 관하여 충분한 담보가 제공되었다고 하더라도 사기죄의 성립에는 영향이 없다(대판 2012.1.27. 2011도14247).
> - 사기죄의 구성요건인 편취의 범의는 피고인이 자백하지 아니하는 이상 범행 전후의 피고인의 재력, 환경, 범행의 내용, 기망 대상 행위의 이행가능성 및 이행과정 등과 같은 객관적인 사정 등을 종합하여 판단할 수밖에 없다. 그리고 피고인이 피해자에게 불행을 고지하거나 길흉화복에 관한 어떠한 결과를 약속하고 기도비 등의 명목으로 대가를 교부받은 경우에 전통적인 관습 또는 종교행위로서 허용될 수 있는 한계를 벗어났다면 사기죄에 해당한다(대판 2017.11.9. 2016도12460).
> - [1] 금융회사 등의 임직원의 직무에 속하는 사항에 관하여 알선을 할 의사나 능력이 없음에도 이를 알선을 한다고 기망하고, 이에 속은 피해자로부터 알선 명목으로 금품을 받은 경우, 특정경제범죄 가중처벌 등에 관한 법률 위반(알선수재)죄가 성립하는지 여부와 상관없이, 그 행위는 다른 사람을 속여 재물을 받은 행위로서 사기죄를 구성한다.
> [2] 피고인이 대출을 위한 접대비 등의 명목으로 돈을 받더라도 피해자에게 대출받게 해줄 의사나 능력이 없는데도, 피해자에게 저축은행 부행장을 만나기로 하였으니 접대비 등 경비로 사용할 3,000만원을 주면 골프장 회원권 10개를 담보로 20억원 이상을 대출받을 수 있도록 해 주겠다고 거짓말을 하여 피고인이 지정한 계좌로 합계 2,100만원을 송금을 받은 경우, 사기죄가 성립한다(대판 2016.9.28. 2016도6470).
> - [1] 투자금의 편취에 의한 사기죄의 성립 여부에 있어 투자약정 당시 투자받은 사람이 투자자로부터 투자금을 지급받아 투자자에게 설명한 투자사업에 사용하더라도 일정 기간 내에 원금을 반환할 의사나 능력이 없음에도 마치 일정 기간 내에 투자자에게 원금을 반환할 것처럼 거짓말을 한 경우에는 투자를 받는 사람과 투자자의 관계, 거래의 상황, 투자자의 경험, 지식, 성격, 직업 등 행위 당시의 구체적인 사정에 비추어 투자자가 원금반환 약정을 전적으로 믿고 투자를 한 경우라면 사기죄의 요건으로서 기망행위에 해당할 수 있고, 이때 투자금 약정 당시를 기준으로 피해자로부터 투자금을 편취할 고의가 있었는지 여부를 판단하여야 할 것이다.

[2] 피고인 1이 2005. 8. 초경 피해자 공소외인(이하 '피해자')에게 '주한 인도네시아 대사관이 노후되어 인근 부지에 주상복합건물을 건축할 예정인데 3억원이 부족하여 사업 진행을 하지 못하고 있으니 3억원을 투자하면 회사의 지분 20%를 주거나 사업이 성사되지 아니할 경우에라도 1년 이내에 원금은 반환하겠다'고 하면서 투자를 권유하였다. 피해자는 20여 년간 골프용품 수입판매업에 종사해 오던 사람으로, 피고인들과 이전부터 알고 지내던 사이가 아니고, 피고인 1의 후배 소개로 2005. 8. 초경, 2005. 8. 19. 피고인 1을 두 차례 만나 위 사업에 관한 설명을 듣고, 피고인들의 위 사업진행에 필요하다고 하여 3억원을 지급하게 되었다. 피고인들은 피해자의 투자금 3억원을 지급받기 위하여 사업전망이 불투명할 뿐 아니라 사업이 성사되지 아니할 경우에 1년 안에 원금을 반환할 능력도 없는 상태임에도 마치 피해자에게 1년 안에는 적어도 원금만은 반드시 반환할 수 있는 것처럼 거짓말을 하였고, 피해자가 이와 같은 원금반환 약정을 전적으로 믿고 투자를 하였다고 볼 수 있으므로 이는 기망행위에 의한 편취에 해당하고, 피해자로부터 투자금을 편취할 미필적 고의가 있었다고 볼 수 있다(대판 2013. 9. 26. 2013도3631).

2. 명시적 기망행위에 해당하지 아니하는 사례

- 피고인이 갑에게 '각 5,000만원씩 출자하여 회사를 설립하되, 우선 자본금 1억원에 대한 잔고증명은 갑의 돈으로 발급받고 회사가 설립되면 바로 출자금 5,000만원을 납부하겠다'고 속여 갑으로 하여금 5,000만원을 투자하게 하고 갑 명의 은행계좌의 예금잔고증명서(1억원)를 제출하여 을 주식회사를 설립하게 한 후 그 주식 10,000주(1주의 금액 5,000원, 합계 5,000만원)를 편취하였다는 내용으로 기소된 사안에서, 피고인과 갑은 을 회사를 설립하면서 각 발기인으로서 10,000주씩을 인수한 것으로 볼 여지가 있어 피고인이 갑으로부터 을 회사 주식 10,000주를 취득한 것이 아니므로 갑을 피해자로 볼 수 없고, 갑의 예금잔고증명서를 이용하여 주금을 가장납입하였다면 피고인은 을 회사에 주금 상당의 체당금 반환책임을 부담할 뿐이어서 갑에 대한 사기죄가 성립한다고 보기 어렵다는 이유로, 이와 달리 본 원심판단에 회사 설립과 발기인의 주식 취득, 가장납입에 관한 법리오해 등의 잘못이 있다고 한 사례(대판 2018. 2. 8. 2017도19799).

- 피고인 등이 피해자 갑 등에게 자동차를 매도하겠다고 거짓말하고 자동차를 양도하면서 매매대금을 편취한 다음, 자동차에 미리 부착해 놓은 지피에스(GPS)로 위치를 추적하여 자동차를 절취하였다고 하여 사기 및 특수절도로 기소된 사안에서, 피고인이 갑 등에게 자동차를 인도하고 소유권이전등록에 필요한 일체의 서류를 교부함으로써 갑 등이 언제든지 자동차의 소유권이전등록을 마칠 수 있게 된 이상, 피고인이 자동차를 양도한 후 다시 절취할 의사를 가지고 있었더라도 자동차의 소유권을 이전하여 줄 의사가 없었다고 볼 수 없고, 피고인이 자동차를 매도할 당시 곧바로 다시 절취할 의사를 가지고 있으면서도 이를 숨긴 것을 기망이라고 할 수 없어, 결국 피고인이 자동차를 매도할 당시 기망행위가 없었으므로, 피고인에게 사기죄를 인정한 원심판결에 법리오해의 잘못이 있다고 한 사례(대판 2016. 3. 24. 2015도17452).

- 안전진단전문기관으로 등록된 갑 주식회사를 운영하는 피고인 을이 안전점검 또는 정밀안전진단(이하 통칭하여 '안전진단') 용역을 낙찰 받으면 나머지 피고인들이 운영하는 독립채산 하도급 업체들에 도급금액의 약 60%로 하도급하기로 나머지 피고인들과 공모한 다음, 갑 회사 명의로 다수의 안전진단 용역 입찰에 참가하여 마치 갑 회사가 해당 용역을 수행할 것처럼 가장하여 안전진단 용역을 낙찰 받은 후 위 하도급 업체들에 하도급을 주어 용역을

수행하게 하고 발주처로부터 용역대금을 교부받아 편취하였다는 내용으로 기소된 사안에서, 구 시설물의 안전관리에 관한 특별법상 하도급 제한 규정(제8조의3)은 시설물의 안전점검과 적정한 유지관리를 통하여 재해와 재난을 예방하고 시설물의 효용을 증진시킨다는 국가적 또는 공공적 법익을 보호하기 위한 것이므로, 이를 위반한 경우 위 법률에 따른 제재를 받는 것은 별론으로 하고 곧바로 사기죄의 보호법익인 재산권을 침해하였다고 단정할 수 없고, 사기죄가 성립하려면 이러한 사정에 더하여 각 안전진단 용역계약의 내용과 체결 경위, 계약의 이행과정이나 결과 등까지 종합하여 살펴볼 때 과연 피고인들이 안전진단 용역을 완성할 의사와 능력이 없음에도 용역을 완성할 것처럼 거짓말을 하여 용역대금을 편취하려 하였는지를 기준으로 판단하여야 하는데, 제반 사정을 종합하면 검사가 제출한 증거만으로는 피고인들이 발주처로부터 용역대금을 지급받은 행위가 사기죄에서의 기망행위로 인한 재물의 편취에 해당한다고 보기 어렵다고 한 사례(대판 2021.10.14. 2016도16343)

- [1] 사기죄는 타인을 기망하여 착오에 빠뜨리고 처분행위를 유발하여 재물을 교부받거나 재산상 이익을 얻음으로써 성립하는 범죄로서 그 본질은 기망행위에 의한 재물이나 재산상 이익의 취득에 있다. 그리고 사기죄는 보호법익인 재산권이 침해되었을 때 성립하는 범죄이므로, 사기죄의 기망행위라고 하려면 불법영득의 의사 내지 편취의 범의를 가지고 상대방을 기망한 것이어야 한다. 사기죄의 주관적 구성요건인 불법영득의 의사 내지 편취의 범의는 피고인이 자백하지 않는 이상 범행 전후 피고인의 재력, 환경, 범행의 내용, 거래의 이행과정 등과 같은 객관적인 사정 등을 종합하여 판단할 수밖에 없다. 특히 공사도급계약에서 편취에 의한 사기죄의 성립 여부는 계약 당시를 기준으로 피고인에게 공사를 완성할 의사나 능력이 없음에도 피해자에게 공사를 완성할 것처럼 거짓말을 하여 피해자로부터 공사대금 등을 편취할 고의가 있었는지에 의하여 판단하여야 한다. 이때 법원으로서는 공사도급계약의 내용, 체결 경위 및 계약의 이행과정이나 그 결과 등을 종합하여 판단하여야 한다.
[2] 사기죄의 보호법익은 재산권이므로, 기망행위에 의하여 국가적 또는 공공적 법익이 침해되었다는 사정만으로 사기죄가 성립한다고 할 수 없다. 따라서 공사도급계약 당시 관련 영업 또는 업무를 규제하는 행정법규나 입찰 참가자격, 계약절차 등에 관한 규정을 위반한 사정이 있는 때에는 그러한 사정만으로 공사도급계약을 체결한 행위가 기망행위에 해당한다고 단정해서는 안 되고, 그 위반으로 말미암아 계약 내용대로 이행되더라도 공사의 완성이 불가능하였다고 평가할 수 있을 만큼 그 위법이 공사의 내용에 본질적인 것인지 여부를 심리·판단하여야 한다.
[3] 피고인 1이 부정한 방법으로 문화재수리업 등록을 한 행위, 자격증을 대여 받아 사용한 행위 등은 문화재수리법 위반죄에, 계약담당 공무원들의 직무집행을 방해한 행위는 위계에 의한 공무집행방해죄에 해당하지만, 사기죄에 대하여는 이 사건 각 계약 체결 당시 피고인들에게 공사를 수행할 의사나 능력이 없었다고 보기 어렵고, 원심이 유죄로 인정한 각 죄는 모두 국가적 또는 공공적 법익을 보호법익으로 하는 범죄이고 이러한 행위가 곧바로 사기죄의 보호법익인 재산권을 침해하는 행위가 아님은 분명하고, 이 사건 각 계약이 체결되었다고 하여 곧바로 공사대금이 지급되는 것도 아니며 피고인들이 이 사건 각 계약에서 정한 내용과 기한에 맞추어 공사를 진행하여 이를 모두 완료하였고 그 완성된 공사에 별다른 하자나 문제점 등이 발견되지도 않은 이상 그 공사대금을 지급한 행위가 사기죄에서의 재물의 편취에 해당한다고 보기 어렵다고 판단한 사례(대판 2019.12.27. 2015도10570)

㉯ 국민건강보험공단에 요양급여비용을 청구하는 경우 사기죄의 명시적 기망행위에 해당하는지 여부에 대하여 판례가 일정한 판례법리를 형성하고 있어 이를 살펴본다.

1. **명시적 기망행위에 해당하는 사례**
   - 국민건강보험법 제42조 제1항 제1호는 요양급여를 실시할 수 있는 요양기관 중 하나인 의료기관을 '의료법에 따라 개설된 의료기관'으로 한정하고 있다. 따라서 의료법 제33조 제2항을 위반하여 적법하게 개설되지 아니한 의료기관에서 환자를 진료하는 등의 요양급여를 실시하였다면 해당 의료기관은 국민건강보험법상 요양급여비용을 청구할 수 있는 요양기관에 해당되지 아니하므로 요양급여비용을 적법하게 지급받을 자격이 없다. 따라서 비의료인이 개설한 의료기관이 마치 의료법에 의하여 적법하게 개설된 요양기관인 것처럼 국민건강보험공단에 요양급여비용의 지급을 청구하는 것은 국민건강보험공단으로 하여금 요양급여비용 지급에 관한 의사결정에 착오를 일으키게 하는 것으로서 사기죄의 기망행위에 해당하고, 이러한 기망행위에 의하여 국민건강보험공단에서 요양급여비용을 지급받을 경우에는 사기죄가 성립한다. 이 경우 의료기관의 개설인인 비의료인이 개설 명의를 빌려준 의료인으로 하여금 환자들에게 요양급여를 제공하게 하였다 하여도 마찬가지이다(대판 2015.7.9. 2014도11843).
   - 의사인 피고인이 전화를 이용하여 진찰(이하 '전화 진찰')한 것임에도 내원 진찰인 것처럼 가장하여 국민건강보험관리공단에 요양급여비용을 청구함으로써 진찰료 등을 편취하였다는 내용으로 기소된 사안에서, 당시에 시행되던 구 '국민건강보험 요양급여의 기준에 관한 규칙'에 기한 보건복지부장관의 고시는 내원을 전제로 한 진찰만을 요양급여의 대상으로 정하고 있고 전화 진찰이나 이에 기한 약제 등의 지급은 요양급여의 대상으로 정하고 있지 아니하므로, 전화 진찰이 구 의료법 제17조 제1항에서 정한 '직접 진찰'에 해당한다고 하더라도 그러한 사정만으로 요양급여의 대상이 된다고 할 수 없는 이상, 전화 진찰을 요양급여 대상으로 되어 있던 내원 진찰인 것으로 하여 요양급여비용을 청구한 것은 기망행위로서 사기죄를 구성하고, 피고인의 불법이득의 의사 또한 인정된다는 이유로, 피고인에게 유죄를 인정한 원심판단이 정당하다고 한 사례(대판 2013.4.26. 2011도10797).

2. **명시적 기망행위에 해당하지 아니하는 사례**
   - [1] 피해자가 보험회사 등에게 갖는 직접청구권과 의료기관의 자동차보험진료수가 청구의 인정 근거, 범위 및 성격에다가 자동차손해배상 보장법의 입법 목적 등을 종합적으로 고려하면, 설령 개설자격이 없는 비의료인이 의료법 제33조 제2항을 위반하여 개설한 의료기관이라고 하더라도, 면허를 갖춘 의료인을 통해 피해자에 대한 진료가 이루어지고 보험회사 등에 자동차손해배상 보장법에 따라 자동차보험진료수가를 청구한 것이라면 보험회사 등으로서는 특별한 사정이 없는 한 그 지급을 거부할 수 없다고 보아야 한다. 따라서 피해자를 진료한 의료기관이 위 의료법 규정에 위반되어 개설된 것이라는 사정은 피해자나 해당 의료기관에 대한 보험회사 등의 자동차보험진료수가 지급의무에 영향을 미칠 수 있는 사유가 아니어서, 해당 의료기관이 보험회사 등에 이를 고지하지 아니한 채 그 지급을 청구하였다고 하여 사기죄에서 말하는 기망이 있다고 볼 수는 없다.

> [2] 상법 제737조, 제739조의2, 제739조의3의 규정과 실손의료보험이 보험회사가 피보험자의 질병 또는 상해로 인한 의료비 상당의 손해를 보상하는 것을 내용으로 한다는 점을 종합해 보면, 실손의료보험에는 상법상 상해보험에 관한 규정이 준용되고, 그 경우 인보험인 상해보험에서와 마찬가지로 실손의료보험에서도 보험사고가 발생하면 보험수익자만이 보험회사에 대해 실손의료비 청구권을 행사할 수 있다고 보아야 한다. 반면 피보험자를 진료한 의료기관으로서는 피보험자나 보험수익자로부터 그에 따른 진료비를 지급받을 수 있고, 경우에 따라 보험수익자의 청구에 응하여 진료사실증명 등을 발급해 줌으로써 단순히 그 보험금 청구 절차를 도울 수 있을 뿐이다. 따라서 특별한 사정이 없는 한 피보험자를 진료한 의료기관이 의료법 제33조 제2항에 위반되어 개설된 것이라는 사정은 해당 피보험자에 대한 보험회사의 실손의료비 지급의무에 영향을 미칠 수 있는 사유가 아니라고 보아야 하고, 설령 해당 의료기관이 보험회사 등에 이를 고지하지 아니한 채 보험수익자에게 진료사실증명 등을 발급해 주었다 하더라도, 그러한 사실만으로는 사기죄에서 말하는 기망이 있다고 볼 수는 없다(대판 2018.4.10. 2017도17699).
>
> • 의료인으로서 자격과 면허를 보유한 사람이 의료법에 따라 의료기관을 개설하여 건강보험의 가입자 또는 피부양자에게 국민건강보험법에서 정한 요양급여를 실시하고 국민건강보험공단으로부터 요양급여비용을 지급받았다면, 설령 그 의료기관이 다른 의료인의 명의로 개설·운영되어 의료법 제4조 제2항을 위반하였더라도 그 자체만으로는 국민건강보험법상 요양급여비용을 청구할 수 있는 요양기관에서 제외되지 아니하므로, 달리 요양급여비용을 적법하게 지급받을 수 있는 자격 내지 요건이 흠결되지 않는 한 국민건강보험공단을 피해자로 하는 사기죄를 구성한다고 할 수 없다(대판 2019.5.30. 2019도1839).

ⓛ 묵시적 기망행위 : 행동에 의하여 허위의 주장을 하는 경우에 인정된다. 행동 내지 거동이 어떤 설명가치를 가지는지는 사회통념에 의하여 결정된다. 무전취식·무전숙박의 경우, 처음부터 지불의사·지불능력이 없을 때에는 묵시적 기망행위에 해당한다. 그러나 취식·숙박 후 돈이 없음을 알고 도주한 때에는 피해자의 처분행위를 인정할 수 없으므로 사기죄는 성립하지 아니한다. 처분권이 없는 자의 재물처분은 처분권한이 있음을 묵시적으로 표현한 것이므로 묵시적 기망행위에 해당한다. 예를 들어 절취한 예금통장으로 예금을 인출하거나(대판 1974.11.26. 74도2817), 절취한 장물을 담보로 제공하고 돈을 빌린 경우(대판 1980.11.25. 80도2310)에는 그 거동에 의해 인출권한 또는 처분권한이 있음을 설명한 것이므로 묵시적 기망행위에 해당한다.

ⓒ 부작위에 의한 기망행위
  ㉮ 의의 : 사실의 묵비가 묵시적 기망행위에 해당하지 않으면서도 기망행위로 인정되는 경우이다.
  ㉯ 성립요건 : 부작위에 의한 기망행위가 인정되기 위해서는 상대방이 착오에 빠져있어야 하고, 행위자에게 보증인적 지위에 근거하여 상대방의 착오를 일깨워주어야 할 고지의무가 있어야 하며 부작위에 의한 기망이 작위에 의한 기망과 그 행위태양에 있어서 동가치로 인정되어야 한다.

㈢ 고지의무의 발생근거 : 고지의무는 법령, 계약, 선행행위, 조리 내지 신의성실의 원칙에 의하여 발생할 수 있다.

> 1. **고지의무가 인정되는 사례**
> 피고인이 갑 저축은행에 대출을 신청하여 심사를 받을 당시 동시에 다른 저축은행에 대출을 신청한 상태였는데도 갑 저축은행으로부터 다른 금융회사에 동시에 진행 중인 대출이 있는지에 대하여 질문을 받자 '없다'고 답변하였고, 갑 저축은행으로부터 대출을 받은 지 약 6개월 후에 신용회복위원회에 대출 이후 증가한 채무를 포함하여 프리워크아웃을 신청한 사안에서, 피고인은 갑 저축은행에 대하여 다른 금융회사에 동시에 진행 중인 대출이 있는지를 허위로 고지하였고, 갑 저축은행이 제대로 된 고지를 받았더라면 대출을 해주지 않았을 것으로 판단되며, 그 밖에 피고인의 재력, 채무액, 대출금의 사용처, 대출일부터 약 6개월 후 프리워크아웃을 신청한 점과 그 경위 등의 사정을 종합하면, 기망행위, 기망행위와 처분행위 사이의 인과관계와 편취의 고의가 인정된다고 볼 여지가 있다는 이유로, 이와 달리 보아 피고인에 대한 사기 공소사실을 무죄라고 판단한 원심판결에 사기죄에서 기망행위, 기망행위와 처분행위 사이의 인과관계와 편취의 고의에 관한 법리를 오해한 잘못이 있다고 한 사례(대판 2018.8.1. 2017도20682)
>
> 2. **고지의무가 인정되지 아니하는 사례**
> - 피고인이 평소 알고 지내던 화가 갑에게 돈을 주고 자신의 기존 콜라주 작품을 회화로 그려오게 하거나, 자신이 추상적인 아이디어만 제공하고 이를 갑이 임의대로 회화로 표현하게 하거나, 기존 자신의 그림을 그대로 그려달라고 하는 등의 작업을 지시한 다음 갑으로부터 완성된 그림을 건네받아 배경색을 일부 덧칠하는 등의 경미한 작업만 추가하고 자신의 서명을 하였음에도, 위와 같은 방법으로 그림을 완성한다는 사실을 고지하지 아니하고 사실상 갑 등이 그린 그림을 마치 자신이 직접 그린 친작인 것처럼 전시하여 피해자들에게 그림(이하 '미술작품')을 판매하고 대금 상당의 돈을 편취하였다는 내용으로 기소된 사안에서, 피고인이 미술작품의 창작과정, 특히 조수 등 다른 사람이 관여한 사정을 알리지 않은 것이 신의칙상 고지의무 위반으로서 사기죄에서의 기망행위에 해당하고 그 그림을 판매한 것이 판매대금의 편취행위라고 보려면 두 가지의 전제, 즉 미술작품의 거래에서 창작과정을 알려주는 것, 특히 작가가 조수의 도움을 받았는지 등 다른 관여자가 있음을 알려주는 것이 관행이라는 것 및 미술작품을 구매한 사람이 이러한 사정에 관한 고지를 받았더라면 거래에 임하지 아니하였을 것이라는 관계가 인정되어야 하고, 미술작품의 거래에서 기망 여부를 판단할 때에는 미술작품에 위작 여부나 저작권에 관한 다툼이 있는 등의 특별한 사정이 없는 한 법원은 미술작품의 가치 평가 등은 전문가의 의견을 존중하는 사법자제 원칙을 지켜야 한다는 이유로, 피해자들의 구매 동기 등 제반 사정에 비추어 검사가 제출한 증거만으로는 피해자들이 미술작품을 피고인의 친작으로 착오한 상태에서 구매한 것이라고 단정하기 어렵다고 보아 피고인에게 무죄를 선고한 원심판단을 수긍한 사례(대판 2020.6.25. 2018도13696)
> - [1] 어떤 법률행위를 하려는 사람이 그 법률행위에 따른 상대방의 법률상 지위에 아무런 영향도 미칠 수 없는 사유까지 상대방에게 고지할 의무가 있다고 볼 수는 없다.
> [2] 피고인은 공소외 2의 이름을 빌려 이 사건 오피스텔 매수자금을 마련하기 위해 피해자로부터 20억원을 대출받고 공소외 3으로부터 5억원을 차용한 후에 그 대출금 및 차용금으로 이 사건 오피스텔의 매매대금을 지급하고 그 소유권을 취득하는 한편 같은 날 위 대출금채무 및 차용금채무의 담보로 이 사건 오피스텔에 관하여 피해자를 1순위, 공소외 3을 2순위의 우선수익자로 한 신탁계약을 체결하고 한국자산신탁에 신탁등기를 마쳐 준 경우, 피고인이

> 공소외 1에게 이 사건 오피스텔 중 17세대를 대물변제조로 이전해 주고 공소외 1의 동의 없이 이를 신탁할 수 없다는 취지의 약정을 체결하였다는 사정만으로는 이 사건 신탁계약의 효력과 그 신탁계약에 따르는 채무의 이행에 장애를 가져오거나 수탁자와 우선수익자의 권리실현에 장애가 된다고 볼 수 없고, 따라서 피고인이 피해자에게 이 사건 신탁금지약정을 체결한 사실을 고지하지 아니하였다고 하여 피해자를 기망한 것이라고 평가할 수는 없을 것이다(대판 2012.4.13. 2011도2989).

㉣ 묵시적 기망과 부작위에 의한 기망의 구별
ⓐ 문제점 : 매도인이 목적물의 하자를 고지하지 아니하고 목적물을 처분한 경우처럼 하나의 행태속에 묵시적 기망의 요소와 부작위에 의한 기망의 요소가 동시에 포함되어 있는 경우, 이를 어떻게 취급할 것인지 여부에 대해 견해가 대립하고 있다.
ⓑ 학설 : 고지의무의 유무를 기준으로 고지의무가 있으면 부작위에 의한 기망이고, 없으면 묵시적 기망이라고 하는 견해와 설명가치 있는 행위자의 행위에 의하여 상대방이 착오에 빠진 경우에는 묵시적 기망행위이고, 상대방의 착오를 제거하여야 할 보증인적 지위에 있는 자가 그 착오를 제거하지 아니하고 그 착오를 이용하는 경우에는 부작위에 의한 기망이라는 견해가 대립하고 있다.
ⓒ 판례 : 판례는 일관하여 고지의무 있는 자가 묵비한 경우에는 부작위에 의한 기망이라고 판시하고 있다.[91]
ⓓ 검토 : 생각건대 부작위에 의한 기망은 행위자에게 보증인의무와 행위정형의 동가치성이 인정되어야 한다는 점에서, 이를 기준으로 묵시적 기망과 구별하는 견해가 타당하다고 판단된다.

> **부작위에 의한 기망으로 판시한 사례**
> • 사채업자가 대출희망자로부터 대출을 의뢰받은 다음 대출희망자가 자동차의 실제 구입자가 아니어서 자동차할부금융의 대상이 되지 아니함에도 그가 실제로 자동차를 할부로 구입하는 것처럼 그 명의의 대출신청서 등 관련 서류를 작성한 후 이를 할부금융회사에 제출하여 자동차할부금융으로 대출금을 받은 경우, 할부금융회사로서는 사채업자가 할부금융의 방법으로 대출의뢰인들 명의로 자동차를 구입하여 보유할 의사 없이 단지 자동차할부금융대출의 형식을 빌려 자금을 융통하려는 의도로 할부금융대출을 신청하였다는 사정을 알았더라면 할부금융대출을 실시하지 않았을 것이므로, 사채업자로서는 신의성실의 원칙상 사전에 할부금융회사에게 자동차를 구입하여 보유할 의사 없이 자동차할부금융대출의 방법으로 자금을 융통하려는 사정을 고지할 의무가 있다 할 것이고, 그럼에도 불구하고 이를 고지하지 아니한 채 대출의뢰인들 명의로 자동차할부금융을 신청하여 그 대출금을 지급하도록 한 행위는 고지할 사실을 묵비함으로써 거래상대방인 할부금융회사를 기망한 것이 되어 사기죄를 구성한다고 한 사례(대판 2004.4.9. 2003도7828)

---

[91] 판례에 의하여 부작위에 의한 기망이라고 열거되는 대부분의 사례들은 행위자의 전체적 행위를 판단 대상으로 하여 파악하면 작위에 의한 기망(명시적, 묵시적 기망)에 포함될 수 있다는 견해가 점점 늘어나고 있음을 유의하여야 한다.

- 대출자금으로 빌딩을 경락받았으나 분양이 저조하여 자금조달에 실패한 피고인들이 수분양자들과 사이에 대출금으로 충당되는 중도금을 제외한 계약금과 잔금의 지급을 유예하고 1년의 위탁기간 후 재매입하기로 하는 등의 비정상적인 이면약정을 체결하고 점포를 분양하였음에도, 금융기관에 대해서는 그러한 이면약정의 내용을 감춘 채 분양 중도금의 집단적 대출을 교섭하여 중도금 대출 명목으로 금원을 지급받은 경우, 대출 금융기관에 대하여 비정상적인 이면약정의 내용을 알릴 신의칙상 의무가 있다고 보아 이를 알리지 않은 것은 사기죄의 요건으로서의 부작위에 의한 기망에 해당한다(대판 2006.2.23. 2005도8645).
- 연구책임자가 처음부터 소속 학생연구원들에 대한 개별 지급의사 없이 공동관리계좌를 관리하면서 사실상 그 처분권을 가질 의도하에 이를 숨기고 산학협력단에 연구비를 신청하여 이를 지급받았다면 이는 산학협력단에 대한 관계에 있어 기망에 의한 편취행위에 해당한다. 다만 연구책임자가 원래 용도에 부합하게 학생연구원들의 사실상 처분권 귀속하에 학생연구원들의 공동비용 충당 등을 위하여 학생연구원들의 자발적인 의사에 근거하여 공동관리계좌를 조성하고 실제로 그와 같이 운용한 경우라면, 비록 공동관리계좌의 조성 및 운영이 관련 법령이나 규정 등에 위반되더라도 그러한 사정만으로 불법영득의사가 추단되어 사기죄가 성립한다고 단정할 수 없다. 이 경우 사기죄 성립 여부는 공동관리계좌 개설의 경위, 실질적 관리 및 처분권의 귀속, 연구비가 온전히 법률상 귀속자인 학생연구원들의 공동비용을 위하여 사용되었는지 여부 등을 종합적으로 고려하여 판단하여야 한다(대판 2021.9.9. 2021도8468).

㈑ 문제되는 사례

ⓐ 초과지급되는 잔전(殘錢)이나 매매잔대금을 수령한 경우의 죄책
- 학설 : 처음부터 상대방이 더 많은 거스름돈이나 매수인이 매매잔대금을 초과하여 지급하는 정을 알면서 수령하는 경우 행위자에게 신의칙상 고지의무가 있으므로 사기죄가 성립하나, 수령한 후에 알고 영득한 경우에는 점유이탈물횡령죄가 성립한다는 견해와 행위자에게 법적 고지의무가 없으므로 초과사실을 알면서 수령한 경우에도 점유이탈물횡령죄가 성립할 수 있을 뿐이라는 견해가 대립한다.
- 판례 : 판례는 매도인이 매매잔금을 교부받기 전 또는 교부받던 중에 그 사실을 알게 되었을 경우에는 특별한 사정이 없는 한 매도인으로서는 매수인에게 사실대로 고지하여 매수인의 그 착오를 제거하여야 할 신의칙상 의무를 지므로 그 의무를 이행하지 아니하고 매수인이 건네주는 돈을 그대로 수령한 경우에는 사기죄에 해당될 것이라고(대판 2004.5.27. 2003도4531) 하여 적극설의 태도를 취하고 있다.
- 검토 : 생각건대 행위자가 초과사실을 알면서 수령한 경우에는 행위자에게 신의칙상 고지의무가 인정될 수 있으므로 사기죄가 성립한다는 판례의 태도가 타당하다.

> 매수인이 매도인에게 매매잔금을 지급함에 있어 착오에 빠져 지급해야 할 금액을 초과하는 돈을 교부하는 경우, 매도인이 사실대로 고지하였다면 매수인이 그와 같이 초과하여 교부하지 아니하였을 것임은 경험칙상 명백하므로, 매도인이 매매잔금을 교부받기 전 또는 교부받던 중에 그 사실을 알게 되었을 경우에는 특별한 사정이 없는 한 매도인으로서는 매수인에게 사실대로 고지하여 매수인의 그 착오를 제거하여야 할 신의칙상 의무를 지므로 그 의무를 이행하지 아니하고 매수인이 건네주는 돈을 그대로 수령한 경우에는 사기죄에 해당될 것이지만, 그 사실을 미리 알지 못하고 매매잔금을 건네주고 받는 행위를 끝마친 후에야 비로소 알게 되었을 경우에는 주고 받는 행위는 이미 종료되어 버린 후이므로 매수인의 착오 상태를 제거하기 위하여 그 사실을 고지하여야 할 법률상 의무의 불이행은 더 이상 그 초과된 금액 편취의 수단으로서의 의미는 없으므로, 교부하는 돈을 그대로 받은 그 행위는 점유이탈물횡령죄가 될 수 있음은 별론으로 하고 사기죄를 구성할 수는 없다(대판 2004.5.27. 2003도4531).

ⓑ 보험계약 관련 기망행위 : 판례는 보험계약자가 일정한 사항에 대한 고지의무를 위반한 경우에 사기죄를 인정하고 있다.

> [1] 보험계약자가 고지의무를 위반하여 보험회사와 보험계약을 체결한다 하더라도 그 보험금은 보험계약의 체결만으로 지급되는 것이 아니라 보험계약에서 정한 우연한 사고가 발생하여야만 지급되는 것이다. 상법상 고지의무를 위반하여 보험계약을 체결하였다는 사정만으로 보험계약자에게 미필적으로나마 보험금 편취를 위한 고의의 기망행위가 있었다고 단정하여서는 아니 되고, 더 나아가 보험사고가 이미 발생하였음에도 이를 묵비한 채 보험계약을 체결하거나 보험사고 발생의 개연성이 농후함을 인식하면서도 보험계약을 체결하는 경우 또는 보험사고를 임의로 조작하려는 의도를 갖고 보험계약을 체결하는 경우와 같이 그 행위가 '보험사고의 우연성'과 같은 보험의 본질을 해할 정도에 이르러야 비로소 보험금 편취를 위한 고의의 기망행위를 인정할 수 있다. 피고인이 위와 같은 고의의 기망행위로 보험계약을 체결하고 위 보험사고가 발생하였다는 이유로 보험회사에 보험금을 청구하여 보험금을 지급받았을 때 사기죄는 기수에 이른다.
> [2] 피고인이, 갑에게 이미 당뇨병과 고혈압이 발병한 상태임을 숨기고 을 생명보험 주식회사와 피고인을 보험계약자로, 갑을 피보험자로 하는 2건의 보험계약을 체결한 다음, 고지의무 위반을 이유로 을 회사로부터 일방적 해약이나 보험금 지급거절을 당할 수 없는 이른바 면책기간 2년을 도과한 이후 갑의 보험사고 발생을 이유로 을 회사에 보험금을 청구하여 당뇨병과 고혈압 치료비 등의 명목으로 14회에 걸쳐 보험금을 수령하여 편취하였다는 내용으로 기소된 사안에서, 피고인의 보험계약 체결행위와 보험금 청구행위는 을 회사를 착오에 빠뜨려 처분행위를 하게 만드는 일련의 기망행위에 해당하고 을 회사가 그에 따라 보험금을 지급하였을 때 사기죄는 기수에 이르며, 그전에 을 회사의 해지권 또는 취소권이 소멸되었더라도 마찬가지라는 이유로, 이와 달리 보험계약이 체결되고 최초 보험료가 납입된 때 또는 을 회사가 보험계약을 더 이상 해지할 수 없게 되었을 때 또는 고지의무 위반 사실을 알고 보험금을 지급하거나 지급된 보험금을 회수하지 않았을 때 사기죄가 기수에 이른다는 전제 아래 공소사실 전부에 대하여 공소시효가 완성되었다고 보아 면소를 선고한 원심판결에 보험금 편취를 목적으로 하는 사기죄의 기수시기에 관한 법리를 오해한 위법이 있다고 한 사례(대판 2019.4.3. 2014도2754).

> [1] 부작위에 의한 기망은 보험계약자가 보험자와 보험계약을 체결하면서 상법상 고지의무를 위반한 경우에도 인정될 수 있다. 다만 보험계약자가 보험자와 보험계약을 체결하더라도 우연한 사고가 발생하여야만 보험금이 지급되는 것이므로, 고지의무 위반은 보험사고가 이미 발생하였음에도 이를 묵비한 채 보험계약을 체결하거나 보험사고 발생의 개연성이 농후함을 인식하면서도 보험계약을 체결하는 경우 또는 보험사고를 임의로 조작하려는 의도를 가지고 보험계약을 체결하는 경우와 같이 '보험사고의 우연성'이라는 보험의 본질을 해할 정도에 이르러야 비로소 보험금 편취를 위한 고의의 기망행위에 해당한다. 특히 상해·질병보험계약을 체결하는 보험계약자가 보험사고 발생의 개연성이 농후함을 인식하였는지는 보험계약 체결 전 기왕에 입은 상해의 부위 및 정도, 기존 질병의 종류와 증상 및 정도, 상해나 질병으로 치료받은 전력 및 시기와 횟수, 보험계약 체결 후 보험사고 발생시까지의 기간과 더불어 이미 가입되어 있는 보험의 유무 및 종류와 내역, 보험계약 체결의 동기 내지 경과 등을 두루 살펴 판단하여야 한다.
> [2] 피고인은 이 사건 보험계약 체결 당시 이미 발생한 교통사고 등으로 생긴 '요추, 경추, 사지' 부분의 질환과 관련하여 입·통원치료를 받고 있었을 뿐 아니라 그러한 기왕증으로 인해 향후 추가 입원치료를 받거나 유사한 상해나 질병으로 보통의 경우보다 입원치료를 더 받게 될 개연성이 농후하다는 사정을 인식하고 있었음에도 자신의 과거 병력과 치료이력을 모두 묵비한 채 이 사건 보험계약을 체결함으로써 피해회사로부터 보험금을 편취하였다는 취지로 판단한 사례(대판 2017.4.26. 2017도1405).

④ 정 도

㉠ 신의칙에 반하는 정도 : 기망행위는 행위 당시의 구체적인 사정을 감안하여 일반인을 착오에 빠뜨릴 수 있는 것으로 신의칙에 반하는 정도이어야 한다. 그러나 기망행위로 상대방이 착오에 빠진 경우에도 기망한 사실이 법률관계의 효력에 영향이 없고 상대방의 권리실현에 장애가 되지 아니하는 사유인 경우에는 기망행위에 해당하지 아니한다.

1. 신의칙 위반 여부의 판단기준

> 부동산을 매매함에 있어서 매도인이 매수인에게 매매와 관련된 어떤 구체적인 사정을 고지하지 아니함으로써 장차 매매의 효력이나 매매에 따르는 채무의 이행에 장애를 가져와 매수인이 매매목적물에 대한 권리를 확보하지 못할 위험이 생길 수 있음을 알면서도 매수인에게 그와 같은 사정을 고지하지 아니한 채 매매계약을 체결하고 매매대금을 교부받는 한편, 매수인은 그와 같은 사정을 고지받았더라면 매매계약을 체결하지 아니하거나 매매대금을 지급하지 아니하였을 것임이 경험칙상 명백한 경우에는, 신의성실의 원칙상 매수인에게 미리 그와 같은 사정을 고지할 의무가 매도인에게 있다고 할 것이므로, 매도인이 매수인에게 그와 같은 사정을 고지하지 아니한 것이 사기죄의 구성요건인 기망에 해당한다고 할 것이지만, 매매로 인한 법률관계에 아무런 영향도 미칠 수 없는 것이어서 매수인의 권리의 실현에 장애가 되지 아니하는 사유까지 매도인이 매수인에게 고지할 의무가 있다고는 볼 수 없다(대판 2011.1.27. 2010도5124).

2. 신의칙 위반 여부에 대한 사례

1) 신의칙 위반에 해당하는 사례

보험계약자가 보험계약 체결 시 보험금액이 목적물의 가액을 현저하게 초과하는 초과보험 상태를 의도적으로 유발한 후 보험사고가 발생하자 초과보험 사실을 알지 못하는 보험자에게 목적물의 가액을 묵비한 채 보험금을 청구하여 보험금을 교부받은 경우, 보험자가 보험금액이 목적물의 가액을 현저하게 초과한다는 것을 알았더라면 같은 조건으로 보험계약을 체결하지 않았을 뿐만 아니라 협정보험가액에 따른 보험금을 그대로 지급하지 아니하였을 관계가 인정된다면, 보험계약자가 초과보험 사실을 알지 못하는 보험자에게 목적물의 가액을 묵비한 채 보험금을 청구한 행위는 사기죄의 실행행위로서의 기망행위에 해당한다(대판 2015.7.23. 2015도6905).

2) 신의칙 위반에 해당하지 아니하는 사례

- 부동산의 명의수탁자가 부동산을 제3자에게 매도하고 매매를 원인으로 한 소유권이전등기까지 마쳐 준 경우, 명의신탁의 법리상 대외적으로 수탁자에게 그 부동산의 처분권한이 있는 것임이 분명하고, 제3자로서도 자기 명의의 소유권이전등기가 마쳐진 이상 무슨 실질적인 재산상의 손해가 있을 리 없으므로 그 명의신탁 사실과 관련하여 신의칙상 고지의무가 있다거나 기망행위가 있었다고 볼 수도 없어서 그 제3자에 대한 사기죄가 성립될 여지가 없고, 나아가 그 처분시 매도인(명의수탁자)의 소유라는 말을 하였다고 하더라도 역시 사기죄가 성립하지 않으며, 이는 자동차의 명의수탁자가 처분한 경우에도 마찬가지이다(대판 2007.1.11. 2006도4498).

- 피고인 등이 피해자 갑 등에게 자동차를 매도하겠다고 거짓말하고 자동차를 양도하면서 매매대금을 편취한 다음, 자동차에 미리 부착해 놓은 지피에스(GPS)로 위치를 추적하여 자동차를 절취하였다고 하여 사기 및 특수절도로 기소된 사안에서, 피고인이 갑 등에게 자동차를 인도하고 소유권이전등록에 필요한 일체의 서류를 교부함으로써 갑 등이 언제든지 자동차의 소유권이전등록을 마칠 수 있게 된 이상, 피고인이 자동차를 양도한 후 다시 절취할 의사를 가지고 있었더라도 자동차의 소유권을 이전하여 줄 의사가 없었다고 볼 수 없고, 피고인이 자동차를 매도할 당시 곧바로 다시 절취할 의사를 가지고 있으면서도 이를 숨긴 것을 기망이라고 할 수 없어, 결국 피고인이 자동차를 매도할 당시 기망행위가 없었으므로, 피고인에게 사기죄를 인정한 원심판결에 법리오해의 잘못이 있다고 한 사례(대판 2016.3.24. 2015도17452)

ⓒ 예측이나 가격표시 : 예측이나 가격표시가 구체적으로 객관화할 수 있는 사실관계와 연결되어 있는 경우에는 기망이 될 수 있다.

현대산업화 사회에 있어 소비자가 갖는 상품의 품질, 가격에 대한 정보는 대부분 생산자 및 유통업자의 광고에 의존할 수밖에 없고 백화점과 같은 대형유통업체에 대한 소비자들의 신뢰(정당한 품질, 정당한 가격)는 백화점 스스로의 대대적인 광고에 의하여 창출된 것으로서 이에 대한 소비자들의 신뢰와 기대는 보호되어야 한다고 할 것인바, 종전에 출하한 일이 없던 신상품에 대하여 첫 출하시부터 종전가격 및 할인가격을 비교표시하여 막바로 세일에 들어가는 이른바 변칙세일은 진실규명이 가능한 구체적 사실인 가격조건에 관하여 기망이 이루어진 경우로서 그 사술의 정도가 사회적으로 용인될 수 있는 상술의 정도를 넘은 것이므로 사기죄의 기망행위를 구성한다(대판 1992.9.14. 91도2994).

ⓒ 과장광고·허위광고 : 단순히 상등품, 최고품이라고 하는 등 상관행상 인정되는 추상적 과장광고는 사회상당성의 범위 내에 있는 것으로 기망이라고 할 수 없으나, 구체적으로 증명할 수 있는 사실을 들어 허위광고를 하는 것은 기망이라고 해야 한다.

1. **기망행위에 해당하는 사례**
   - 통신판매에 있어 소비자가 갖는 상품의 품질, 가격에 대한 정보는 전적으로 유통업자의 광고에 의존할 수밖에 없고, TV홈쇼핑업체에 대한 소비자들의 신뢰는 TV라는 영상매체를 이용한 스스로의 강도 높은 광고에 의하여 창출된 것인 만큼 이에 대한 소비자들의 신뢰와 기대는 특별히 보호되어야 할 것인바, 농업협동조합의 조합원이나 검품위원이 아닌 자가 TV홈쇼핑업체에 납품한 삼이 제3자가 산삼의 종자인지 여부가 불분명한 삼의 종자를 뿌려 이식하면서 인공적으로 재배한 삼이라는 사실을 알면서도 광고방송에 출연하여 위 삼이 위 조합의 조합원들이 자연산 삼의 종자를 심산유곡에 심고 자연방임 상태에서 성장시킨 산양산삼이며 자신이 조합의 검품위원으로서 위 삼 중 우수한 것만을 선정하여 감정인의 감정을 받은 것처럼 허위 내용의 광고를 한 것은 진실규명이 가능하고 구매의 결정에 있어 가장 중요한 요소로서 구체적 사실인 판매물품의 품질에 관하여 기망한 것으로서 그 사술의 정도가 사회적으로 용인될 수 있는 상술의 정도를 넘은 것이어서 사기죄의 기망행위를 구성한다고 한 사례(대판 2002.2.5. 2001도5789)
   - [1] 피고인은 이른바 기획부동산 사무실을 차려놓고 영업직원들을 통하여 이 사건 제천, 당진 임야에 관한 정보를 제대로 알려주지 아니하고 오히려 제천시와 당진군이 용역업체에 의뢰하여 작성한 용역보고서에 불과한 '21세기를 향한 제천시 장기종합개발계획', '친환경민속마을 개발에 관한 기본구상', '당진 배후도시 건설 기본계획' 등만을 근거로 확정되지도 아니한 개발계획이 마치 확정된 것처럼 허위 또는 심히 과장된 정보를 제공하여 매수인들의 판단을 흐리게 하여 매매계약을 체결하였는바, 이는 일반 상거래의 관행과 신의칙에 비추어 시인될 수 있는 정도를 벗어나 거래에 있어서 중요한 사항에 관하여 구체적 사실을 거래상의 신의성실의 의무에 비추어 비난받을 정도의 방법으로 허위로 고지한 경우에 해당하여 사기죄에 있어서 타인을 기망하는 행위에 해당한다.
   [2] 부동산 관련 업체가 지방자치단체의 특정 용역보고서만을 근거로 확정되지도 않은 개발계획이 마치 확정된 것처럼 허위 또는 과장된 정보를 제공하여 매수인들과 토지매매계약을 체결한 사안에서, 사기죄가 성립한다고 한 사례(대판 2008.10.23. 2008도6549)

2. **기망행위에 해당하지 아니하는 사례**
   [1] 피고인들이 매수인들에게 이 사건 토지 일대가 신도시개발예정지로 고시되어 지가가 급상승할 것처럼 언급한 내용은 객관적 사실에 부합하거나, 비록 확정된 것은 아닐지라도 충청남도가 연구용역을 주어 보고받은 보고서 내용에 포함된 것으로서 신문에 대대적으로 보도된 것이고, 위 피고인들이 위와 같이 언급하면서 보고서와 신문스크랩 등을 보여주었으므로 매수인들이 그보다 과장되게 오해할 여지도 없었다고 할 것이며, 위 피고인들이 자료를 제공하여 방영된 매일경제 TV '부동산 전망대'의 방송내용은 위 피고인들이 언급한 내용에서 크게 벗어나지 않는 것으로 매수인들이 이 사건 토지의 매수 여부를 결정하는 데 크게 영향을 미치는 것이라고 보이지 아니하므로, 위 피고인들이 한 매수권유 행위 등이 일반 상거래의 관행과 신의칙에 비추어 시인될 수 있는 정도를 벗어나거나 사기죄에 있어서의 기망행위에 해당한다고 보기는 어렵다.
   [2] 피고인들이 매수인들에게 토지의 매수를 권유하면서 언급한 내용이 객관적 사실에 부합하거나 비록 확정된 것은 아닐지라도 연구용역 보고서와 신문스크랩 등에 기초한 것으로서 사기죄에 있어서 기망행위에 해당한다고 보기는 어렵다고 한 사례(대판 2007.1.25. 2004도45)

⑤ **상대방** : 기망행위의 상대방은 재산적 처분능력이 있는 자연인이어야 한다. 따라서 유아나 심신상실자는 제외된다. 기망의 상대방은 재산상의 피해자와 동일인일 필요는 없지만 피해자의 재산에 대해 처분행위를 할 수 있는 권한·지위가 있는 자이어야 한다.

> 1. **피기망자에 해당하는 사례**
>   - 사기죄는 타인을 기망하여 착오에 빠뜨리고 그로 인하여 피기망자(기망행위의 상대방)가 처분행위를 하도록 유발하여 재물 또는 재산상의 이익을 얻음으로써 성립하는 범죄이다. 따라서 사기죄가 성립하려면 행위자의 기망행위, 피기망자의 착오와 그에 따른 처분행위, 그리고 행위자 등의 재물이나 재산상 이익의 취득이 있고, 그 사이에 순차적인 인과관계가 존재하여야 한다. 그리고 사기죄의 피해자가 법인이나 단체인 경우에 기망행위로 인한 착오, 인과관계 등이 있었는지는 법인이나 단체의 대표 등 최종 의사결정권자 또는 내부적인 권한 위임 등에 따라 실질적으로 법인의 의사를 결정하고 처분을 할 권한을 가지고 있는 사람을 기준으로 판단하여야 한다. 따라서 피해자 법인이나 단체의 대표자 또는 실질적으로 의사결정을 하는 최종결재권자 등이 기망행위자와 동일인이거나 기망행위자와 공모하는 등 기망행위임을 알고 있었던 경우에는 기망행위로 인한 착오가 있다고 볼 수 없고, 재물 교부 등의 처분행위가 있었더라도 기망행위와 인과관계가 있다고 보기 어렵다. 이러한 경우에는 사안에 따라 업무상횡령죄 또는 업무상배임죄 등이 성립하는 것은 별론으로 하고 사기죄가 성립한다고 볼 수 없다. 반면에 피해자 법인이나 단체의 업무를 처리하는 실무자인 일반 직원이나 구성원 등이 기망행위임을 알고 있었더라도, 피해자 법인이나 단체의 대표자 또는 실질적으로 의사결정을 하는 최종결재권자 등이 기망행위임을 알지 못한 채 착오에 빠져 처분행위에 이른 경우라면, 피해자 법인에 대한 사기죄의 성립에 영향이 없다(대판 2017.9.26. 2017도8449).
>   - 피고인은 신용카드업자에게 사용대금을 변제할 의사나 능력이 없거나 적어도 매우 모자랐음에도 불구하고 공소사실 기재의 각 카드사용행위를 하였다고 보아 이 사건 사기의 범죄사실을 유죄로 판단한 조치는 정당하고, 거기에 상고이유 주장과 같은 사기죄에 관한 법리오해 등의 위법이 없다. 또 위의 법리에 비추어 볼 때 위와 같은 사기죄의 피해자는 이 사건 신용카드업자인 삼성카드 주식회사라고 할 것인데, 법인도 사기죄의 피해자가 될 수 있음은 당연하고 다만, 이 경우 현실적인 피기망자와 처분행위자는 사기 범행의 성질상 자연인이어야 하는 것이나, 그 자연인은 법인의 임원 또는 직원으로서 당해 업무를 담당한 자 또는 그 업무에 관여한 다수의 자로 파악할 수 있으면 족하고 반드시 그 자연인의 이름 등이 특정되어야 하는 것은 아니다(대판 2006.3.24. 2006도282).
> 2. **피기망자에 해당하지 아니하는 사례**
>   피고인이, 휴대전화 문자메시지를 발송하더라도 이용대금을 납부할 의사와 능력이 없는데도, 단독으로 또는 공범들과 함께 사용이 정지되거나 사용할 수 없게 된 휴대전화를 구입한 후 이른바 '대포폰'으로 유통시켜 사용하도록 하거나 '유심칩(USIM Chip) 읽기'를 통하여 해당 휴대전화의 문자발송제한을 해제하고 광고성 문자를 대량 발송하는 방법으로 이동통신회사들로부터 이용대금 상당의 재산상 이득을 취득하였다는 내용으로 기소된 사안에서, 피고인의 행위가 '사람을 기망하여 재산상 이득을 취득한 경우'에 해당한다고 볼 수 없는데도 이와 달리 보아 피고인에게 사기죄를 인정한 원심판단에 법리오해의 위법이 있다고 한 사례(대판 2011.7.28. 2011도5299)

⑥ 착수시기 : 편취의 의사로 기망행위를 개시한 때에 실행의 착수가 인정된다.

> 1. **실행의 착수가 인정되는 사례**
>   특정 질병을 앓고 있는 사람이 보험회사가 정한 약관에 그 질병에 대한 고지의무를 규정하고 있음을 알면서도 이를 고지하지 아니한 채 그 사실을 모르는 보험회사와 그 질병을 담보하는 보험계약을 체결한 다음 바로 그 질병의 발병을 사유로 하여 보험금을 청구하였다면 특별한 사정이 없는 한 사기죄에 있어서의 기망행위 내지 편취의 범의를 인정할 수 있고, 보험회사가 그 사실을 알지 못한 데에 과실이 있다거나 고지의무위반을 이유로 보험계약을 해제할 수 있다고 하여 사기죄의 성립에 영향이 생기는 것은 아니다(대판 2007.4.12. 2007도967).
>
> 2. **실행의 착수가 인정되지 아니하는 사례**
>   - 타인의 사망을 보험사고로 하는 생명보험계약을 체결함에 있어 제3자가 피보험자인 것처럼 가장하여 체결하는 등으로 그 유효요건이 갖추어지지 못한 경우에도, 보험계약 체결 당시에 이미 보험사고가 발생하였음에도 이를 숨겼다거나 보험사고의 구체적 발생 가능성을 예견할 만한 사정을 인식하고 있었던 경우 또는 고의로 보험사고를 일으키려는 의도를 가지고 보험계약을 체결한 경우와 같이 보험사고의 우연성과 같은 보험의 본질을 해칠 정도라고 볼 수 있는 특별한 사정이 없는 한, 그와 같이 하자 있는 보험계약을 체결한 행위만으로는 미필적으로라도 보험금을 편취하려는 의사에 의한 기망행위의 실행에 착수한 것으로 볼 것은 아니다. 그러므로 그와 같이 기망행위의 실행의 착수로 인정할 수 없는 경우에 피보험자 본인임을 가장하는 등으로 보험계약을 체결한 행위는 단지 장차의 보험금 편취를 위한 예비행위에 지나지 않는다(대판 2013.11.14. 2013도7494).
>   - 장애인단체의 지회장이 지방자치단체로부터 보조금을 더 많이 지원받기 위하여 허위의 보조금 정산보고서를 제출한 경우, 보조금 정산보고서는 보조금의 지원 여부 및 금액을 결정하기 위한 참고자료에 불과하고 직접적인 서류라고 할 수 없다는 이유로 보조금 편취범행의 실행에 착수한 것으로 보기 어렵다(대판 2003.6.13. 2003도1279).

3) 피기망자의 착오

① 의의 : 행위자의 기망행위에 의하여 피기망자가 착오에 빠졌어야 한다. 착오란 인식과 현실의 불일치를 말한다.

② 내용 : 착오는 사실에 대한 것이든 가치판단에 대한 것이든 불문하나, 사실 그 자체에 대하여 아무런 관념이 없을 경우에는 착오라고 할 수 없다. 착오는 반드시 법률행위의 중요부분에 대한 것임을 요하지 아니하므로 동기의 착오로도 족하다.

> **용도에 대한 기망으로 사기죄가 성립하는 사례**
> - 피고인이 전업농 육성 정책자금인 농지구입자금을 융자받아 농지 구입과 관련 없는 다른 채무의 변제에 사용할 생각이면서도 농지 매매대금에 충당할 것처럼 농지구입자금의 융자신청서류인 매매계약서의 내용을 허위로 작성하는 등 하여 농지구입자금을 융자받은 경우, 사기죄에 해당한다(대판 2005.5.26. 2002도5566).
> - 사기죄의 구성요건인 편취의 범의는 피고인이 자백하지 않는 이상 범행 전후의 피고인의 재력, 환경, 범행의 내용, 거래의 이행과정 등과 같은 객관적인 사정 등을 종합하여 판단할 수밖에 없는 것이고, 타인으로부터 금전을 차용함에 있어서 그 차용한 금전의 용도나 변제할 자금의 마련방법에 관하여 사실대로 고지하였더라면 상대방이 응하지 않았을 경우에 그 용도나 변제자금의 마련방법에 관하여 진실에 반하는 사실을 고지하여 금전을 교부받은 경우에는 사기죄가 성립하고, 이 경우 차용금채무에 대한 담보를 제공하였다는 사정만으로는 결론을 달리 할 것은 아니다(대판 2005.9.15. 2003도5382).

③ **기망과 착오의 인과관계** : 기망행위와 피기망자의 착오 사이에는 인과관계가 있어야 한다. 기망행위가 착오에 대한 유일한 원인이 될 필요는 없으며 피해자의 과실로 착오가 발생하여 기망을 당한 경우에도 기망과 착오 사이에 인과관계가 인정된다. 인과관계가 인정되지 아니하면 미수가 된다.

> 1. **인과관계가 인정되는 사례**
>   - 피고인이 갑 저축은행에 대출을 신청하여 심사를 받을 당시 동시에 다른 저축은행에 대출을 신청한 상태였는데도 갑 저축은행으로부터 다른 금융회사에 동시에 진행 중인 대출이 있는지에 대하여 질문을 받자 '없다'고 답변하였고, 갑 저축은행으로부터 대출을 받은 지 약 6개월 후에 신용회복위원회에 대출 이후 증가한 채무를 포함하여 프리워크아웃을 신청한 사안에서, 피고인은 갑 저축은행에 대하여 다른 금융회사에 동시에 진행 중인 대출이 있는지를 허위로 고지하였고, 갑 저축은행이 제대로 된 고지를 받았더라면 대출을 해주지 않았을 것으로 판단되며, 그 밖에 피고인의 재력, 채무액, 대출금의 사용처, 대출일부터 약 6개월 후 프리워크아웃을 신청한 점과 그 경위 등의 사정을 종합하면, 기망행위, 기망행위와 처분행위 사이의 인과관계와 편취의 고의가 인정된다고 볼 여지가 있다는 이유로, 이와 달리 보아 피고인에 대한 사기 공소사실을 무죄라고 판단한 원심판결에 사기죄에서 기망행위, 기망행위와 처분행위 사이의 인과관계와 편취의 고의에 관한 법리를 오해한 잘못이 있다고 한 사례(대판 2018.8.1. 2017도20682)
>   - 甲 주식회사의 실질적 운영자인 피고인 등이 공모하여, 회사에 대한 고의 부도 준비 사실 등을 숨긴 채 甲 회사 명의로 대한주택보증 주식회사(이하 '대한주택보증')와 임대보증금 보증약정을 체결하여 재산상 이익을 취득하였다고 하여 구 특정경제범죄 가중처벌 등에 관한 법률 위반(사기)으로 기소된 사안에서, 대한주택보증의 임대보증금 보증서 발급이 피고인 등의 기망행위에 의하여 이루어졌다면 그로써 사기죄는 성립하고, 피고인 등이 취득한 재산상 이익은 대한주택보증이 보증한 임대보증금 상당액이며, 임대주택법에 따라 민간건설 공공임대주택 임대사업자의 임대보증금 보증 가입이 강제된다 하여 달리 볼 것이 아닌데도, 이와 달리 보아 사기죄가 성립하지 않는다고 한 원심판결에 사기죄의 기수시기와 재산상 이익액의 산정에 관한 법리오해의 위법이 있다고 한 사례(대판 2013.11.28. 2011도7229)
> 2. **인과관계가 인정되지 아니하는 사례**
>   - 피고인이 식당을 운영하면서 수입산 식재료를 사용하고 중국산 부세를 조리하여 제공하면서도 메뉴판에 원산지를 국내산이라고 기재하여 마치 국내산 식재료와 굴비인 것처럼 손님들을 기망함으로써 이에 속은 손님들로부터 음식대금을 편취하였다는 공소사실로 기소된 사안에서, 피고인은 전남 영광군 법성포에서 굴비처럼 가공한 중국산 부세를 20,000원짜리 점심 식사 등에 굴비 대용품으로 사용한 점, 위 식당에서 사용되는 중국산 부세와 같은 크기의 국내산 굴비는 1마리에 200,000원 내외의 고가인 점 등에 비추어 보면, 손님들이 메뉴판에 기재된 국내산이라는 원산지 표시에 속아 식당을 이용하였다고 보기 어렵다고 한 사례(대판 2017.6.8. 2015도12932)
>   - 갑 주식회사의 실질적 운영자이자 을 주식회사의 대표이사인 피고인 병 및 피고인 정 등이 공모하여, 갑 회사가 시행하고 을 회사가 시공하는 아파트 중 임대아파트 부분의 신축과 관련하여 국민주택기금의 기금수탁자인 무 은행에 국민주택기금을 재원으로 한 임대주택건설자금 대출을 신청하면서 아파트 부지의 매매가격을 부풀린 매매계약서 등을 제출하는 방법으로 무 은행을 기망하여 국민주택기금 대출금을 편취하였다는 내용으로 기소된 사안에서, 무 은행은 '호당 대출금액'과 임대아파트 세대수를 기준 삼아 전체 대출금액을 정하였고, '호당 대출금액'은 '호당 주택가격', 즉 '호당 부지가격'과 '호당 건물가격'을 기초로 산정되는데, '호당 건물가격'은 무 은행이 정한 표준건축비

단가를 적용하여 산정되므로 아파트 부지의 가치와는 무관하고 허위 매매계약서 등에 의하여 영향을 받을 수 있는 부분은 '호당 부지가격'뿐이며, '호당 부지가격'은 무 은행이 정한 '사정가격'에 의하여 정해지는데, 무 은행은 별도의 감정평가법인이 정한 감정평가액을 기초로 '사정가격'을 결정하였고, 감정평가액이 피고인들의 행위로 부당하게 높게 산정되었다는 점에 대한 증명이 부족하여 무 은행이 담보가치 평가를 그르쳐 적정 담보가치를 반영하지 못한 '사정가격'을 결정하였다고 단정하기 어려우므로, 피고인들이 아파트 부지의 매매가격을 부풀린 매매계약서 등을 제출한 행위와 무 은행의 대출 사이에 인과관계가 존재한다고 보기 어렵다고 한 사례(대판 2016.7.14. 2015도20233).

4) 처분행위

① 의의 : 처분행위란 직접 재산상의 손해를 초래하는 작위 또는 부작위를 말한다. 사기죄의 기술되지 아니하는 구성요건요소이다. 재물의 경우는 그 점유를 이전해주는 교부는 물론 행위자가 재물을 가져가는 것을 자유로운 의사에 의해 수인·묵인하는 것도 처분행위가 될 수 있고, 재산상 이익의 경우에는 계약의 체결, 노무의 제공, 채무면제의 의사표시와 같은 작위는 물론 사실상 이행가능한 청구권 기타 권리를 행사하지 않는 부작위도 처분행위가 된다.

> **1. 처분행위의 의미와 기능**
> 사기죄에서 처분행위는, 행위자의 기망행위에 의한 피기망자의 착오와 행위자 등의 재물 또는 재산상 이익의 취득이라는 최종적 결과를 중간에서 매개·연결하는 한편, 착오에 빠진 피해자의 행위를 이용하여 재산을 취득하는 것을 본질적 특성으로 하는 사기죄와 피해자의 행위에 의하지 아니하고 행위자가 탈취의 방법으로 재물을 취득하는 절도죄를 구분하는 역할을 한다. 처분행위가 갖는 이러한 역할과 기능을 고려하면, 피기망자의 의사에 기초한 어떤 행위를 통해 행위자 등이 재물 또는 재산상의 이익을 취득하였다고 평가할 수 있는 경우라면, 사기죄에서 말하는 처분행위가 인정된다. 또한 재물에 대한 사기죄에 있어서 처분행위란, 범인의 기망에 따라 피해자가 착오로 재물에 대한 사실상의 지배를 범인에게 이전하는 것을 의미하므로, 외관상 재물의 교부에 해당하는 행위가 있었다고 하더라도, 재물이 범인의 사실상의 지배 아래에 들어가 그의 자유로운 처분이 가능한 상태에 놓이지 않고 여전히 피해자의 지배 아래에 있는 것으로 평가된다면, 그 재물에 대한 처분행위가 있었다고 볼 수 없다(대판 2018.8.1. 2018도7030).
>
> **2. 처분행위의 해당 여부에 대한 사례**
> 1) 처분행위에 해당하는 사례
> - 사기죄는 타인을 기망하여 착오에 빠뜨리고 그 처분행위를 유발하여 재물이나 재산상의 이득을 얻음으로써 성립하는 것으로서 여기에서 처분행위라 함은 재산적 처분행위를 의미한다고 할 것인바, 부동산 위에 소유권이전청구권 보전의 가등기를 마친 자가 그 가등기를 말소하면 부동산 소유자는 가등기의 부담이 없는 부동산을 소유하게 되는 이익을 얻게 되는 것이므로, 가등기를 말소하는 것 역시 사기죄에서 말하는 재산적 처분행위에 해당하고, 설령 그 후 위 가등기에 의하여 보전하고자 하였던 소유권이전청구권이 존재하지 않아 위 가등기가 무효임이 밝혀졌다고 하더라도 가등기의 말소로 인한 재산상의 이익이 없었던 것으로 볼 수 없다. 한편, 피고인에게 피해자 명의의 가등기 말소를 구할 권리가 인정된다 하더라도 피고인이 기망행위를 사용하여 피해자로 하여금 위 가등기를 말소하게 한 경우 그 기망행위가 사회통념상 권리행사의 수단으로서 용인될 수 없는 것이라면 피고인의 위와 같은 행위는 사기죄를 구성한다(대판 2008.1.24. 2007도9417).

- 부동산가압류결정을 받아 부동산에 관한 가압류집행까지 마친 자가 그 가압류를 해제하면 소유자는 가압류의 부담이 없는 부동산을 소유하는 이익을 얻게 되므로, 가압류를 해제하는 것 역시 사기죄에서 말하는 재산적 처분행위에 해당하고, 그 이후 가압류의 피보전채권이 존재하지 않는 것으로 밝혀졌다고 하더라도 가압류의 해제로 인한 재산상의 이익이 없었다고 할 수 없다(대판 2007.9.20. 2007도5507).

2) 처분행위에 해당하지 아니하는 사례
- [1] 송금의뢰인이 수취인의 예금계좌에 계좌이체 등을 한 이후, 수취인이 은행에 대하여 예금반환을 청구함에 따라 은행이 수취인에게 그 예금을 지급하는 행위는 계좌이체금액 상당의 예금계약의 성립 및 그 예금채권 취득에 따른 것으로서 은행이 착오에 빠져 처분행위를 한 것이라고 볼 수 없으므로, 결국 이러한 행위는 은행을 피해자로 한 형법 제347조의 사기죄에 해당하지 않는다고 봄이 상당하다.
[2] 예금주인 피고인이 제3자에게 편취당한 송금의뢰인으로부터 자신의 은행계좌에 계좌송금된 돈을 출금한 사안에서, 피고인은 예금주로서 은행에 대하여 예금반환을 청구할 수 있는 권한을 가진 자이므로, 위 은행을 피해자로 한 사기죄가 성립하지 않는다는 원심의 판단을 정당하다고 한 사례(대판 2010.5.27. 2010도3498).

- 금괴무역상인 피해자의 부탁으로 최종적으로 금괴의 일본운반책 모집을 담당하게 된 B, C, D 등은 피해자의 금괴를 몰래 빼돌리기로 공모하고, 모집한 운반책들과도 피해자의 금괴를 운반해 줄 것처럼 가장하여 피해자로부터 금괴를 건네받은 후 이들의 지시에 따라 금괴를 빼돌릴 것을 공모하였으며, 위와 같이 피해자 몰래 빼돌린 금괴를 일본 오사카로 운반해 줄 2차 운반책들을 별도로 모집한 경우, 금괴 교부장소인 인천공항 면세구역에서부터 금괴 전달 장소인 후쿠오카 공항의 입국장에 도착할 때까지 운반책들의 이동이 피해자에 의하여 관리 또는 감독되고 있었고, 정해진 경로에서 이탈할 가능성이 없어, 운반책들이 피해자의 금괴 교부 행위로 인하여 금괴에 대한 사실상의 지배를 취득하였다고 보기 어렵다. 오히려, 위와 같은 이동 과정에서 운반책들이 피해자의 눈을 피해 금괴를 2차 운반책들에게 전달하기 전까지 금괴는 아직 피해자의 지배하에 있었고, 2차 운반책들에 대한 금괴 전달행위로 인하여 그 점유 또는 사실상의 지배가 범인들에게 이전되었다고 할 수 있다. 결국, 운반책들이 피해자로부터 금괴를 교부받은 것만으로는 범인들의 편취의사에 기초하여 피해자의 재물을 취득한 것으로 볼 수 없다(대판 2018.8.1. 2018도7030).

- 피고인이 갑에게 '각 5,000만원씩 출자하여 회사를 설립하되, 우선 자본금 1억원에 대한 잔고증명은 갑의 돈으로 발급받고 회사가 설립되면 바로 출자금 5,000만원을 납부하겠다'고 속여 갑으로 하여금 5,000만원을 투자하게 하고 갑 명의 은행계좌의 예금잔고증명서(1억원)를 제출하여 을 주식회사를 설립하게 한 후 그 주식 10,000주(1주의 금액 5,000원, 합계 5,000만원)를 편취하였다는 내용으로 기소된 사안에서, 피고인과 갑은 을 회사를 설립하면서 각 발기인으로서 10,000주씩을 인수한 것으로 볼 여지가 있어 피고인이 갑으로부터 을 회사 주식 10,000주를 취득한 것이 아니므로 갑을 피해자로 볼 수 없고, 갑의 예금잔고증명서를 이용하여 주금을 가장납입하였다면 피고인은 을 회사에 주금 상당의 체당금 반환책임을 부담할 뿐이어서 갑에 대한 사기죄가 성립한다고 보기 어렵다는 이유로, 이와 달리 본 원심판단에 회사 설립과 발기인의 주식 취득, 가장납입에 관한 법리오해 등의 잘못이 있다고 한 사례(대판 2018.2.8. 2017도19799).

② **내용** : 처분효과의 직접성과 처분행위의 자의성이 요구된다. 처분효과의 직접성이란 처분행위로 인하여 직접 재산상의 손해가 발생하여야 하는 것을 말한다. 따라서 처분행위가 직접 재물의 교부를 결과한 경우에는 사기죄가 성립하지만 행위자가 별도의 행위로 재물을 취거해 간 경우에는 절도죄가 성립한다. 또한 처분행위가 처분행위자의 자유로운 의사에 의하여 이루어진 것이어야 한다. 처분행위자에게 행위의 선택가능성이 있는 경우에 자의성이 인정된다.

③ **처분의사** : 처분의사는 자기의 행위로 인하여 재물의 점유 또는 재산상의 이익이 타인에게 이전된다는 인식을 말한다. 처분의사의 요부에 대하여 다툼이 있으나 사기죄는 피기망자의 하자있는 의사에 의한 처분행위를 요건으로 하는 범죄이고 사기죄와 절도죄, 문서위조죄와의 구별을 위해서도 처분의사가 필요하다는 견해가 타당하다. 판례도 피기망자가 처분행위의 의미나 내용을 인식하지 못하였으나 피기망자의 작위 또는 부작위가 직접 재산상 손해를 초래하는 재산적 처분행위로 평가되고, 이러한 작위 또는 부작위를 피기망자가 인식하고 한 경우, 사기죄의 처분행위에 상응하는 처분의사가 인정된다고(대판 2017.2.16, 2016도13362[전합]) 하여 같은 취지로 판시하고 있다.

처분의사의 의미와 기능

[1] 사기죄에서 피기망자의 처분의사는 착오에 빠진 피기망자가 어떤 행위를 한다는 인식이 있으면 충분하고, 그 행위가 가져오는 결과에 대한 인식까지 필요하다고 볼 것은 아니다. 사기죄의 성립요소로서 기망행위는 널리 거래관계에서 지켜야 할 신의칙에 반하는 행위로서 사람으로 하여금 착오를 일으키게 하는 것을 말하고, 착오는 사실과 일치하지 않는 인식을 의미하는 것으로, 사실에 관한 것이든, 법률관계에 관한 것이든, 법률효과에 관한 것이든 상관없다. 또한 사실과 일치하지 않는 하자 있는 피기망자의 인식은 처분행위의 동기, 의도, 목적에 관한 것이든, 처분행위 자체에 관한 것이든 제한이 없다. 따라서 피기망자가 기망당한 결과 자신의 작위 또는 부작위가 갖는 의미를 제대로 인식하지 못하여 그러한 행위가 초래하는 결과를 인식하지 못하였더라도 그와 같은 착오 상태에서 재산상 손해를 초래하는 행위를 하기에 이르렀다면 피기망자의 처분행위와 그에 상응하는 처분의사가 있다고 보아야 한다. 피해자의 처분행위에 처분의사가 필요하다고 보는 근거는 처분행위를 피해자가 인식하고 한 것이라는 점이 인정될 때 처분행위를 피해자가 한 행위라고 볼 수 있기 때문이다. 다시 말하여 사기죄에서 피해자의 처분의사가 갖는 기능은 피해자의 처분행위가 존재한다는 객관적 측면에 상응하여 이를 주관적 측면에서 확인하는 역할을 하는 것일 뿐이다. 따라서 처분행위라고 평가되는 어떤 행위를 피해자가 인식하고 한 것이라면 피해자의 처분의사가 있다고 할 수 있다. 결국 피해자가 처분행위로 인한 결과까지 인식할 필요가 있는 것은 아니다. 결론적으로 사기죄의 본질과 구조, 처분행위와 그 의사적 요소로서 처분의사의 기능과 역할, 기망행위와 착오의 의미 등에 비추어 보면, 비록 피기망자가 처분행위의 의미나 내용을 인식하지 못하였더라도, 피기망자의 작위 또는 부작위가 직접 재산상 손해를 초래하는 재산적 처분행위로 평가되고, 이러한 작위 또는 부작위를 피기망자가 인식하고 한 것이라면 처분행위에 상응하는 처분의사는 인정된다. 다시 말하면 피기망자가 자신의 작위 또는 부작위에 따른 결과까지 인식하여야 처분의사를 인정할 수 있는 것은 아니다.

[2] 이른바 '서명사취' 사기는 기망행위에 의해 유발된 착오로 인하여 피기망자가 내심의 의사와 다른 처분문서에 서명 또는 날인함으로써 재산상 손해를 초래한 경우이다. 여기서는 행위자의 기망행위 태양 자체가 피기망자가 자신의 처분행위의 의미나 내용을 제대로 인식할 수 없는 상황을 이용하거나 피기망자로 하여금 자신의 행위로 인한 결과를 인식하지 못하게 하는 것을 핵심적인 내용으로 하고, 이로 말미암아 피기망자는 착오에 빠져 처분문서에 대한 자신의 서명 또는 날인행위가 초래하는 결과를 인식하지 못하는 특수성이 있다. 피기망자의 하자 있는 처분행위를 이용하는 것이 사기죄의 본질인데, 서명사취 사안에서는 그 하자가 의사표시 자체의 성립과정에 존재한다. 이러한 서명사취 사안에서 피기망자가 처분문서의 내용을 제대로 인식하지 못하고 처분문서에 서명 또는 날인함으로써 내심의 의사와 처분문서를 통하여 객관적·외부적으로 인식되는 의사가 일치하지 않게 되었더라도, 피기망자의 행위에 의하여 행위자 등이 재물이나 재산상 이익을 취득하는 결과가 초래되었다고 할 수 있는 것은 그러한 재산의 이전을 내용으로 하는 처분문서가 피기망자에 의하여 작성되었다고 볼 수 있기 때문이다. 이처럼 피기망자가 행위자의 기망행위로 인하여 착오에 빠진 결과 내심의 의사와 다른 효과를 발생시키는 내용의 처분문서에 서명 또는 날인함으로써 처분문서의 내용에 따른 재산상 손해가 초래되었다면 그와 같은 처분문서에 서명 또는 날인을 한 피기망자의 행위는 사기죄에서 말하는 처분행위에 해당한다. 아울러 비록 피기망자가 처분결과, 즉 문서의 구체적 내용과 법적 효과를 미처 인식하지 못하였더라도, 어떤 문서에 스스로 서명 또는 날인함으로써 처분문서에 서명 또는 날인하는 행위에 관한 인식이 있었던 이상 피기망자의 처분의사 역시 인정된다.

[3] 피고인 등이 토지의 소유자이자 매도인인 피해자 갑 등에게 토지거래허가 등에 필요한 서류라고 속여 근저당권설정계약서 등에 서명·날인하게 하고 인감증명서를 교부받은 다음, 이를 이용하여 갑 등의 소유 토지에 피고인을 채무자로 한 근저당권을 을 등에게 설정하여 주고 돈을 차용하는 방법으로 재산상 이익을 취득하였다고 하여 특정경제범죄 가중처벌 등에 관한 법률 위반(사기) 및 사기로 기소된 사안에서, 갑 등은 피고인 등의 기망행위로 착오에 빠진 결과 토지거래허가 등에 필요한 서류로 잘못 알고 처분문서인 근저당권설정계약서 등에 서명 또는 날인함으로써 재산상 손해를 초래하는 행위를 하였으므로 갑 등의 행위는 사기죄에서 말하는 처분행위에 해당하고, 갑 등이 비록 자신들이 서명 또는 날인하는 문서의 정확한 내용과 문서의 작성행위가 어떤 결과를 초래하는지를 미처 인식하지 못하였더라도 토지거래허가 등에 관한 서류로 알고 그와 다른 근저당권설정계약에 관한 내용이 기재되어 있는 문서에 스스로 서명 또는 날인함으로써 그 문서에 서명 또는 날인하는 행위에 관한 인식이 있었던 이상 처분의사도 인정됨에도, 갑 등에게 그 소유 토지들에 근저당권 등을 설정하여 줄 의사가 없었다는 이유만으로 갑 등의 처분행위가 없다고 보아 공소사실을 무죄로 판단한 원심판결에 사기죄의 처분행위에 관한 법리오해의 잘못이 있다고 한 사례(대판 2017.2.16. 2016도13362[전합])

④ 처분행위자
  ㉠ 문제점 : 처분행위자와 피기망자는 동일인이어야 하지만, 처분행위자와 피해자는 동일인임을 요하지 아니한다. 이처럼 처분행위자와 피해자가 일치하지 아니하는 경우를 삼각사기라고 하는데, 삼각사기와 선의의 도구를 이용한 절도죄의 간접정범을 구별하기 위해 처분행위자와 피해자 사이에 어떤 관계가 인정되어야 하는지가 문제된다.
  ㉡ 학설 : 처분행위자에게 피해자의 재산을 처분할 법적 권한이 있을 것을 요하는 법적 권한설과 사실상 처분행위자에게 피해자의 재산을 처분할 수 있는 지위가 있으면 족하다는 사실상의 지위설이 대립하고 있다.

ⓒ 판례 : 피기망자에게 법적 권한이 있을 것을 요구하는 법적 권한설을 취한 경우(대판 2002.7.26. 2002도2620)도 있고, 피기망자에게 피해자를 위하여 그 재산을 처분할 수 있는 권능이나 지위에 있을 것을 요하는 사실상의 지위설을 취한 경우(대판 1994.10.11. 94도1575)도 있다.
ⓓ 검토 : 생각건대 사기죄의 처분행위에는 유효한 법률행위뿐만 아니라 하자있는 법률행위나 사실행위도 포함되므로 사실상의 지위설이 타당하다.

> 1. **삼각사기로 사기죄가 성립하는 사례**
> - 피고인 1이 원심공동피고인 1 등과 공모하여 리스물건을 실제로 구입하는 것처럼 허위의 서류를 첨부한 심사승인품의서를 제출하여 피해자 국민리스 주식회사의 경영위원회 위원들을 기망함으로써, 이에 속은 경영위원들로 하여금 여신승인이라는 처분행위를 하게 하는 이른바 '공(空)리스'의 방법으로 위 원심공동피고인 1로 하여금 리스자금 599,100,000원을 대출받게 한 경우, 위 원심공동피고인 1의 리스대출 경위와 당시의 자금사정, 대출을 받은 후의 정황 등 제반 사정을 종합하여 보면 편취의 범의와 불법영득의 의사도 있었다고 보이고, 피해자 국민리스 주식회사의 경우 5억원을 초과하는 리스자금의 여신은 경영위원회에서 전적인 결정권한을 가지고 있고, 위 회사 부산지점장인 공동피고인 피고인 2는 단지 경영위원회에 심사승인품의서를 제출하는 것뿐임을 인정할 수 있으므로, 경영위원회의 위원들을 피기망자로 하고 피해자를 국민리스 주식회사로 하는 사기죄가 성립한다(대판 2001.4.27. 99도484).
> - [1] 국민주택기금은 국민주택건설자금 등 주택건설촉진법 제10조의4에서 정한 용도 외로는 이를 운용할 수 없는 점, 관리규정은 한국주택은행장으로 하여금 국민주택건설자금을 융자받고자 하는 민간사업자가 허위 또는 부정한 수단으로 자금융자승인을 받은 때에는 자금융자승인을 취소하도록 하고, 기금대출을 받은 자가 융자금을 주택건설자금 이외의 용도로 사용한 때에는 융자금을 일시에 회수하도록 규정하고 있는 점에 비추어 보면, 국민주택건설자금을 융자받고자 하는 민간사업자가 사실은 국민주택건설자금으로 사용할 의사가 없으면서도 국민주택건설자금으로 사용할 것처럼 용도를 속여 자금융자승인을 받아 국민주택건설자금을 대출받은 경우에는, 대출받을 당시 자금의 일부를 지급받는 대신 이로써 같은 은행에 대한 기존채무의 변제에 갈음하기로 하였다 하더라도 대출금 전액에 대하여 사기죄가 성립한다. 국민주택건설자금을 융자받고자 하는 민간사업자가 처음부터 사실은 국민주택건설자금으로 사용할 의사가 없으면서도 국민주택건설자금으로 사용할 것처럼 용도를 속여 국민주택건설자금을 대출받은 경우에는 대출받은 자금 중 일부를 나중에 국민주택건설자금으로 사용하였다 하더라도 대출금 전액에 대하여 사기죄가 성립한다.
> [2] 용도를 속여 국민주택 건설자금을 대출받음에 있어, 기금 대출사무를 위탁받은 은행의 일선 담당 직원이 대출금이 지정된 용도에 사용되지 않을 것이라는 점을 알고 있었다 하더라도, 대출신청액이 일정한 금액을 초과하는 경우에는 은행장이 대출 승인 여부를 결정할 권한이 있으므로, 은행장을 피기망자라고 보아 사기죄의 성립을 인정한 사례(대판 2002.7.26. 2002도2620)
> 2. **삼각사기로 사기죄가 성립하지 아니하는 사례**
> 토지의 일부만을 매수한 자가 그 부분만을 분할 이전하겠다고 거짓말하여 소유자로부터 인장을 교부받아 토지전부에 관하여 소유권이전등기를 필한 경우에는 매수하지 아니한 부분에 관한 등기에 대하여는 위 소유자의 처분 행위가 없었을 뿐만 아니라 등기 공무원에게는 그 처분권한이 있다고 볼 수 없어 사기죄가 성립하지 않는다(대판 1982.3.9. 81도1732).

5) 재물 또는 재산상의 이익의 취득

① 피기망자의 처분행위로 인하여 행위자 또는 제3자가 재물을 교부받거나 재산상의 이익을 취득하여야 한다. 재산상의 이익의 취득이란 경제적 재산개념에 의하면 재산의 경제적 가치의 증가를 말한다. 기망행위자가 얻은 재산상의 이익은 피해자가 입은 재산상의 손해에서 직접 비롯된 것이어야 한다.

> **재산상의 이익의 취득이 인정되는 사례**
> - [1] 사기죄에서 '재산상의 이익'이란 채권을 취득하거나 담보를 제공받는 등의 적극적 이익뿐만 아니라 채무를 면제받는 등의 소극적 이익까지 포함하며, 채무자의 기망행위로 인하여 채권자가 채무를 확정적으로 소멸 내지 면제시키는 특약 등 처분행위를 한 경우에는 채무의 면제라고 하는 재산상 이익에 관한 사기죄가 성립하고, 후에 재산적 처분행위가 사기를 이유로 민법에 따라 취소될 수 있다고 하여 달리 볼 것은 아니다.
> [2] 피고인이 피해자들을 기망하여 부동산을 매도하면서 매매대금 중 일부를 피해자들의 피고인에 대한 기존 채권과 상계하는 방법으로 지급받아 채무 소멸의 재산상 이익을 취득하였다는 내용으로 기소된 사안에서, 피고인이 상계에 의하여 기존 채무가 소멸되는 재산상 이익을 취득하였다고 보아 사기죄를 인정한 원심판단을 정당하다고 한 사례(대판 2012.4.13. 2012도1101)
> - 甲 주식회사의 실질적 운영자인 피고인 등이 공모하여, 회사에 대한 고의 부도 준비 사실 등을 숨긴 채 甲 회사 명의로 대한주택보증 주식회사(이하 '대한주택보증')와 임대보증금 보증약정을 체결하여 재산상 이익을 취득하였다고 하여 구 특정경제범죄 가중처벌 등에 관한 법률 위반(사기)으로 기소된 사안에서, 대한주택보증의 임대보증금 보증서 발급이 피고인 등의 기망행위에 의하여 이루어졌다면 그로써 사기죄는 성립하고, 피고인 등이 취득한 재산상 이익은 대한주택보증이 보증한 임대보증금 상당액이며, 임대주택법에 따라 민간건설 공공임대주택 임대사업자의 임대보증금 보증 가입이 강제된다 하여 달리 볼 것이 아닌데도, 이와 달리 보아 사기죄가 성립하지 않는다고 한 원심판결에 사기죄의 기수시기와 재산상 이익액의 산정에 관한 법리오해의 위법이 있다고 한 사례(대판 2013.11.28. 2011도7229)
> - 보험금을 지급받을 수 있는 사유가 있더라도 이를 기화로 실제 지급받을 수 있는 보험금보다 다액의 보험금을 편취할 의사로 장기간의 입원 등을 통해 과다한 보험금을 지급받는 경우 지급받은 보험금 전체에 대하여 사기죄가 성립한다는 법리를 고려할 때, 피고인들의 통원치료 횟수와 기간이 통상의 경우보다 현저히 과다하고 통원치료 사이의 시간적 간격도 지나치게 짧으며, 의사들은 대부분 피고인들의 지속적인 통증 호소와 요구를 거부할 수 없어 피고인들에 대한 진료를 계속하였다면, 피고인들이 보험금을 지급받을 수 있는 질환을 어느 정도 가지고 있음을 기화로 여러 병원에서 장기간에 걸쳐 과다하게 통원치료를 받은 후 실제 지급받을 수 있는 보험금보다 많은 보험금을 청구하는 방법으로 보험회사를 기망하여 전체 통원치료 횟수에 대한 보험금 전액을 수령함으로써 이를 편취한 것으로 보아야 한다(대판 2021.8.12. 2020도13704).

② 사기로 부동산의 소유권을 취득하여 얻은 이득은 원칙적으로 부동산의 시가상당액이나 부동산 위에 부담이 있는 경우에는 이를 고려하여 산정한다.

> **사기로 취득한 이득**
> 사람을 기망하여 부동산의 소유권을 이전받거나 제3자로 하여금 이전받게 함으로써 이를 편취한 경우에 특정경제범죄 가중처벌 등에 관한 법률 제3조의 적용을 전제로 하여 그 부동산의 가액을 산정함에 있어서는, 그 부동산에 아무런 부담이 없는 때에는 그 부동산의 시가 상당액이 곧 그 가액이라고 볼 것이지만, 그 부동산에 근저당권설정등기가 경료되어 있거나 압류 또는 가압류 등이 이루어져 있는 때에는 특별한 사정이 없는 한 아무런 부담이 없는 상태에서의 그 부동산의 시가 상당액에서 근저당권의 채권최고액 범위 내에서의 피담보채권액, 압류에 걸린 집행채권액, 가압류에 걸린 청구금액 범위 내에서의 피보전채권액 등을 뺀 실제의 교환가치를 그 부동산의 가액으로 보아야 한다(대판 2007.4.19. 2005도7288[전합]).

6) 재산상의 손해

① 손해발생의 요부
  ㉠ 문제점 : 사기죄의 성립에 재산상의 손해가 발생하여야 하는지 여부에 대하여 견해가 대립하고 있다.
  ㉡ 학설 : 형법 제347조에서는 재산상의 손해발생 여부에 대한 명문의 규정이 없으므로 손해발생을 요하지 아니한다는 불요설, 사기죄는 재산권을 보호법익으로 하는 재산죄이므로 손해발생을 요한다는 필요설, 사기취재죄는 손해의 발생을 요하지 아니하나 사기이득죄의 경우에는 손해발생을 요한다는 이분설이 대립하고 있다.
  ㉢ 판례 : 사기죄의 본질은 기망행위에 의한 재산이나 재산상 이익의 취득에 있는 것이고 상대방에게 현실적으로 재산상 손해가 발생함을 요건으로 하지 아니한다고(대판 2004.4.9. 2003도7828) 하여 불요설의 태도를 취하고 있다.
  ㉣ 검토 : 생각건대 불요설 및 이분설에 의하면 사기죄는 재산죄가 아니라 처분의 자유를 보호하기 위한 범죄로서의 성격을 갖게 되므로 필요설이 타당하다고 판단된다.
② 손해판단의 기준 : 재산상의 손해는 객관적 관찰자의 입장에서 경제거래의 관점에 따라 판단할 때 처분행위로 재산의 전체적 가치의 감소된 경우에 재산상의 손해가 인정된다. 그러나 객관적 재산가치의 감소가 없는 경우라도 재산에 대한 피해자의 구체적·개별적인 사정을 고려하여 손해가 인정되는 경우가 있다. 예를 들어 불필요·부적합하거나 이용가치가 없는 경우, 경제적으로 지나친 부담이 되는 의무이행을 수반하는 경우, 처음부터 처분행위의 사회적·경제적 목적이 없어진 경우에는 재산상의 손해가 인정된다.
③ 재산의 위험 : 손해발생에 대한 구체적인 위험도 재산의 전체적 가치의 감소로 평가할 수 있으므로 재산상의 위험도 재산상의 손해로 볼 수 있다.

④ 손해의 발생시기(기수시기) : 재산상의 손해 또는 구체적 위험이 발생한 때에 기수가 된다. 사기죄의 성립에 손해의 발생을 요구하지 아니하는 판례에 의하면 재물의 교부가 있는 때, 즉 재물의 현실의 인도가 있는 경우뿐만 아니라 재물이 범인의 사실상의 지배 아래 들어가 그의 자유로운 처분이 가능한 상태에 놓인 경우에도 재물의 교부가 있다고 볼 수 있다고(대판 2003.5.16. 2001도1825) 판시하고 있다. 구체적으로는 ㉠ 동산의 경우에는 인도 또는 교부받은 때, ㉡ 부동산의 경우는 현실적으로 점유의 이전이 있거나 소유권이전등기가 경료된 때(대판 1961.7.14. 4294형상109), ㉢ 보험금편취를 위해 살인 또는 방화한 경우는 보험금을 수령한 때, ㉣ 소송사기의 경우에는 승소판결 확정시, ㉤ 어음·수표할인사기는 거래상대방을 속여 그 할인을 받거나 물품을 매수한 때(대판 1998.2.10. 97도3040)에 기수가 된다.

(2) 주관적 구성요건

① 사기죄는 고의범이고 영득죄이므로 고의와 불법영득·이득의사가 있어야 한다. 즉 행위자는 기망행위, 피기망자의 착오, 처분행위, 재물 또는 재산상의 이익취득 및 그 사이의 인과관계를 인식하여야 하고 재물 또는 재산상의 이익의 취득에 대한 불법영득·이득의사가 있어야 한다.

> **1. 사기죄의 고의의 인정 여부에 대한 사례**
> 1) 사기죄의 고의가 인정되는 사례
> - 농어촌구조개선 특별회계기금을 재원으로 하여 임업후계자육성을 위해 이루어지는 정책자금대출로서 그 대출의 조건 및 용도가 임야매수자금으로 한정되어 있는 정책자금을 대출받음에 있어 임야매수자금을 실제보다 부풀린 허위의 계약서를 제출함으로써 대출취급기관을 기망하였다면, 피고인에게 대출받을 자금을 상환할 의사와 능력이 있었는지 여부를 불문하고 편취의 고의가 인정된다(대판 2007.4.27. 2006도7634).
> - 물품거래관계에 있어서 편취에 의한 사기죄의 성립 여부는 거래 당시를 기준으로 피고인에게 납품대금을 변제할 의사나 능력이 없음에도 피해자에게 납품대금을 변제할 것처럼 거짓말을 하여 피해자로부터 물품 등을 편취할 고의가 있었는지 여부에 의하여 판단하여야 하며, 어음할인의 방법으로 금원을 교부받은 경우에는 어음이 지급기일에 결제되지 않으리라는 점을 예견하였거나 지급기일에 지급될 수 있다는 확신이 없으면서도 그러한 내용을 수취인에게 고지하지 아니하고 이를 속여서 할인을 받았다면 사기죄가 성립한다(대판 2008.2.28. 2007도10416).
> 2) 사기죄의 고의가 인정되지 아니하는 사례
> 갑 주식회사 대표이사인 피고인이, 2011.11.경 갑 회사에 입사하여 기계정비공으로 근무하다가 2016.3.11. 퇴직한 근로자 을을 상대로 2011.12.부터 2015.4.까지 포괄일급에 포함하여 이미 지급한 퇴직적립금에 대하여 부당이득반환청구소송을 제기하면서 2015.5.1.자 근로계약서의 일급란 기재 금액을 변조하여 증거자료로 제출한 사안에서, 갑 회사는 을에게 포괄일급에 일급의 8.3%에 해당하는 퇴직적립금을 포함하여 임금을 지급하였는데, 을의 퇴사 후 위와 같이 을에게 지급된 퇴직적립금이 퇴직금 지급으로서의 효력이 없다는 자문을 받고 별도로 퇴직금 전액을 지급하였으므로 피고인이 이미 지급한 퇴직적립금에 대하여 부당이득반환의 소를 제기한 것은 정당한 권리행사의 일환으로 이루어진 것으로서, 이러한 피고인의 주장이 허위의 주장이라거나 이로써 법원을 기망한 것이라고 볼 수 없고, 또한 피고인이 제기한 부당이득반환청구소송은 2015.5.1.자 근로계약서가 작성되기 전까지 갑 회사가 을에게 지급한 퇴직적립금의 반환을 구하는 것으로 2015.5.1. 이후에 지급한 임금과 관련된 청구를 하고 있지 않으므로 2015.5.1. 이후의 근로조건에 관한 내용을 규정한 위 근로계약서는 위 소송의 권리발생 사유에 관한 증거가 될 수 없어 소송의 내용이나 결과에 전혀 영향을 미칠

수 없으며, 비록 피고인이 위 소송을 제기하면서 위 근로계약서의 일급란 기재 금액을 변조하여 제출하였더라도 그것만으로 피고인이 증거조작을 통하여 법원을 기망한 것이라거나 피고인에게 허위사실을 증명함으로써 법원을 기망한다는 인식이 있었다고 볼 수 없다는 이유로, 이와 달리 보아 피고인에게 사기미수죄를 인정한 원심판결에 소송사기의 법리를 오해한 잘못이 있다고 한 사례(대판 2018.12.28. 2018도13305).

2. **불법영득의사가 인정되는 사례**
[1] 범인이 기망행위에 의해 스스로 재물을 취득하지 않고 제3자로 하여금 재물의 교부를 받게 한 경우에 사기죄가 성립하려면, 그 제3자가 범인과 사이에 정을 모르는 도구 또는 범인의 이익을 위해 행동하는 대리인의 관계에 있거나, 그렇지 않다면 적어도 불법영득의사와의 관련상 범인에게 그 제3자로 하여금 재물을 취득하게 할 의사가 있어야 한다. 위와 같은 의사는 반드시 적극적 의욕이나 확정적 인식이어야 하는 것은 아니고 미필적 인식이 있으면 충분하며, 그 의사가 있는지 여부는 범인과 그 제3자 및 피해자 사이의 관계, 기망행위 혹은 편취행위의 동기, 경위와 수단·방법, 그 행위의 내용과 태양 및 당시의 거래관행 등 여러 사정을 종합하여 사회통념에 비추어 합리적으로 판단하여야 한다. 한편, 재물편취를 내용으로 하는 사기죄에 있어서는 기망으로 인한 재물교부가 있으면 그 자체로써 피해자의 재산침해가 되어 곧 사기죄는 성립하는 것이고, 그로 인한 이익이 결과적으로 누구에게 귀속하는지는 사기죄의 성부에 아무런 영향이 없다.
[2] 甲이 乙에게 이중매도한 택지분양권을 순차 매수한 丙·丁에게 이중매도 사실을 숨긴 채 자신의 명의로 형식적인 매매계약서를 작성해 준 사안에서, 甲이 직접 매매대금을 수령하지 않았더라도 丙·丁에 대한 사기죄가 성립한다고 판단한 사례(대판 2009.1.30. 2008도9985).

② 사기죄의 고의 유무는 행위자의 기망행위 당시를 기준으로 판단하여야 한다. 개별적 사례에서 사기죄의 성립 여부에 대한 판례의 구체적 태도를 살펴본다.

1. **차용금 편취 사례**
사기죄가 성립하는지는 행위 당시를 기준으로 판단하여야 하므로, 소비대차 거래에서 차주가 돈을 빌릴 당시에는 변제할 의사와 능력을 가지고 있었다면 비록 그 후에 변제하지 않고 있더라도 이는 민사상 채무불이행에 불과하며 형사상 사기죄가 성립하지는 아니한다. 따라서 소비대차 거래에서, 대주와 차주 사이의 친척·친지와 같은 인적 관계 및 계속적인 거래 관계 등에 의하여 대주가 차주의 신용 상태를 인식하고 있어 장래의 변제 지체 또는 변제불능에 대한 위험을 예상하고 있었거나 충분히 예상할 수 있는 경우에는, 차주가 차용 당시 구체적인 변제의사, 변제능력, 차용 조건 등과 관련하여 소비대차 여부를 결정지을 수 있는 중요한 사항에 관하여 허위 사실을 말하였다는 등의 다른 사정이 없다면, 차주가 그 후 제대로 변제하지 못하였다는 사실만을 가지고 변제능력에 관하여 대주를 기망하였다거나 차주에게 편취의 범의가 있었다고 단정할 수 없다(대판 2016.4.28. 2012도14516).

2. **분양대금 편취 사례**
피고인의 사기죄의 성립 여부는 그 행위 당시를 기준으로 판단하여야 하고 그 행위 이후의 경제사정의 변화 등으로 인하여 피고인이 채무불이행 상태에 이르게 된다고 하여 이를 사기죄로 처벌할 수는 없는바, 이 사건과 같은 분양대금 편취에 의한 사기죄의 성립 여부를 판단함에 있어서도 이 사건 전전대분양계약을 체결할 당시 또는 그 분양대금을 수령할 당시에 피고인에게 그 편취의 범의가 있었는지 여부, 즉 그 당시에 이 사건 점포에 관하여 전전대분양계약을 체결하고 그 분양대금을 수령하더라도 수분양자에게 해당 점포를 전전대분양해 주는 것이 불가능하게 될 가능성을 인식하고 이를 용인한 채 그러한 행위를 한 것인지 여부를 기준으로 판단하여야 한다(대판 2008.9.25. 2008도5618).

> **3. 공사도급대금 편취 사례**
> 사기죄는 타인을 기망하여 착오에 빠뜨리고 그 처분행위를 유발하여 재물을 교부받거나 재산상 이익을 얻음으로써 성립하는 범죄로서 그 본질은 기망행위에 의한 재물이나 재산상 이익의 취득에 있다. 그리고 사기죄는 보호법익인 재산권이 침해되었을 때 성립하는 범죄이므로, 사기죄의 기망행위라고 하려면 불법영득의 의사 내지 편취의 범의를 가지고 상대방을 기망한 것이어야 한다. 사기죄의 주관적 구성요건인 불법영득의 의사 내지 편취의 범의는 피고인이 자백하지 않는 이상 범행 전후 피고인의 재력, 환경, 범행의 내용, 거래의 이행과정 등과 같은 객관적인 사정 등을 종합하여 판단할 수밖에 없다. 특히 도급계약에서 편취에 의한 사기죄의 성립 여부는 계약 당시를 기준으로 피고인에게 일을 완성할 의사나 능력이 없음에도 피해자에게 일을 완성할 것처럼 거짓말을 하여 피해자로부터 일의 대가 등을 편취할 고의가 있었는지 여부에 의하여 판단하여야 한다. 이때 법원으로서는 도급계약의 내용, 그 체결 경위 및 계약의 이행과정이나 그 결과 등을 종합하여 판단하여야 한다(대판 2021.10.14. 2016도16343).

3. 위법성

(1) 문제점

권리자가 권리실행의 수단으로 기망에 의하여 재물을 교부받은 경우에 사기죄가 성립하는지 여부가 문제된다.

(2) 학 설

정당한 권리 내에서 재물 또는 이익을 취득하는 것이므로 불법영득·이득의사를 인정할 수 없어 사기죄의 구성요건해당성이 없다는 부정설(영득의 불법설)과 권리행사라도 사회통념상 허용된 범위를 초과하는 경우에는 권리남용이 되므로 위법성이 조각되지 아니하고 사기죄가 성립한다는 긍정설(사취의 불법설)이 대립하고 있다.

(3) 판 례

판례는 기망행위를 수단으로 한 권리행사의 경우 그와 같은 기망행위가 사회통념상 권리행사의 수단으로서 용인할 수 없는 정도이거나, 위법성을 조각할 만한 정당한 권리행사의 방법이라고 볼 수 없는 경우라면 그 권리행사에 속하는 행위는 사기죄를 구성한다고(대판 2003.12.26. 2003도4914, 대판 1982.9.14. 82도1679) 하여 사취의 불법설을 취하고 있다.

(4) 검 토

생각건대 청구권이 있는 경우에 기망수단을 사용한 것만으로는 불법한 이익이라고 할 수 없으므로 정당한 권리 내에서는 사기죄가 성립하지 아니한다고 이해하는 것이 타당하다.

> **사취의 불법설을 취한 사례**
> - 부동산 소유권이전등기절차 이행을 구하는 소를 제기하여 동시이행 조건 없이 이행을 명하는 승소확정 판결을 받은 피고인이, 부동산 소유권을 이전받더라도 매매잔금을 공탁할 의사나 능력이 없음에도 피해자에게 매매잔금을 공탁해 줄 것처럼 거짓말을 하여 그러한 내용으로 합의한 후 그에 따라 부동산 소유권을 임의로 이전받은 경우, 피고인의 행위는 사회통념상 권리행사의 수단으로서 용인할 수 있는 범위를 벗어난 것으로 사기죄의 기망행위에 해당한다(대판 2011.3.10. 2010도14856).
> - [1] 기망행위를 수단으로 한 권리행사의 경우 그 권리행사에 속하는 행위와 그 수단에 속하는 기망행위를 전체적으로 관찰하여 그와 같은 기망행위가 사회통념상 권리행사의 수단으로서 용인할 수 없는 정도라면 그 권리행사에 속하는 행위는 사기죄를 구성하는데, 보험금을 지급받을 수 있는 사유가 있다 하더라도 이를 기화로 실제 지급받을 수 있는 보험금보다 다액의 보험금을 편취할 의사로 장기간의 입원 등을 통하여 과다한 보험금을 지급받는 경우에는 지급받은 보험금 전체에 대하여 사기죄가 성립한다.
> [2] 환자들의 건강상태에 맞게 적정한 진료행위를 하지 않은 채 입원의 필요성이 적은 환자들에게까지 입원을 권유하고 퇴원을 만류하는 등으로 장기간의 입원을 유도하여 국민건강보험공단에 과다한 요양급여비를 청구한 행위는 사회통념상 권리행사의 수단으로 용인할 수 없는 것이어서, 비록 그중 일부 기간에 대하여 실제 입원치료가 필요하였다고 하더라도 그 부분을 포함한 당해 입원기간의 요양급여비 전체에 대하여 사기죄가 성립한다고 한 사례(대판 2009.5.28. 2008도4665).

4. 죄수 및 타죄와의 관계

(1) 죄 수

① 1개의 기망행위로 1인으로부터 수회 재물을 편취하거나 재물과 재산상 이익을 취득한 경우에는 사기죄의 포괄일죄가 성립한다(대판 1996.1.26. 95도2437). 수개의 기망행위로 1인으로부터 재물을 편취한 경우에는 범의가 단일하고 범행방법이 동일하다면 사기죄의 포괄일죄가 되나, 다를 경우에는 실체적 경합이 된다(대판 1997.6.27. 97도508).

> **피해자가 일인인 경우의 죄수**
> **1. 포괄일죄를 인정한 사례**
> - 피해자를 기망하여 1994.2.25.경부터 같은 해 11.경까지 휴대폰 할부대금 및 사용료 금 226만원을 피해자의 통장에서 지급되도록 하여 합계 금 2,392,000원 상당을 편취한 경우와 같이 여러 차례에 걸쳐 금원을 교부받거나 재산상 이익을 취득한 행위는 포괄하여 1개의 사기죄를 구성하고 그 죄는 마지막으로 재산상 이익을 취득한 1994.11.경에 완성되는 것이어서 1994.3.3.자로 확정된 판결에 대하여 그 후의 범행임이 분명하므로 원심이 이를 확정판결 전의 범행으로 보아 처단한 점에는 경합범의 법리를 오해한 위법이 있다는 이유로 원심판결을 파기한 사례(대판 1996.1.26. 95도2437)
> - [1] 대출자금으로 빌딩을 경락받았으나 분양이 저조하여 자금조달에 실패한 피고인들이 수분양자들과 사이에 대출금으로 충당되는 중도금을 제외한 계약금과 잔금의 지급을 유예하고 1년의 위탁기간 후 재매입하기로 하는 등의 비정상적인 이면약정을 체결하고 점포를 분양하였음에도, 금융기관에 대해서는 그러한 이면약정의 내용을 감춘 채 분양 중도금의 집단적 대출을 교섭하여 중도금 대출 명목으로 금원을 지급받은 경우, 그 범의가 단일하고 범행 방법이 동일하므로 사기죄의 포괄일죄만이 성립한다.

> [2] 피고인들이 자산관리위탁계약서상의 약정 및 계약금 지급의 유예 사실을 숨기는 한편 분양 계약금이 입금된 것처럼 가장하여 피해 저축은행들로부터 10여 일의 짧은 기간 동안에 수백 회에 걸쳐 중도금 대출 명목으로 금원을 편취한 것으로, 단일한 범의하의 동일한 수법의 범행이므로 피해 저축은행별로 사기죄의 포괄일죄가 성립된다고 한 사례(대판 2006.2.23. 2005도8645)[92]
>
> **2. 실체적 경합을 인정한 사례**
> 피고인이 동일한 피해자로부터 3회에 걸쳐 돈을 편취함에 있어서 그 시간적 간격이 각 2개월 이상이 되고 그 기망방법에 있어서도 처음에는 경매보증금을 마련하여 시간을 벌어주면 경매목적물을 처분하여 갚겠다고 거짓말을 하였고, 두 번째는 한 번만 더 시간을 벌면 위 부동산이 처분될 수 있다고 하여 돈을 빌려주게 하고, 마지막에는 돈을 빌려주지 않으면 두 번에 걸쳐 빌려준 돈도 갚을 수 없게 되었다고 거짓말을 함으로써 피해자로 하여금 부득이 그 돈을 빌려주지 않을 수 없는 상태에 놓이게 하였다면 피고인에게 범의의 단일성과 계속성이 있었다고 보여지지 아니하므로 위의 각 범행은 실체적 경합범에 해당한다(대판 1989.11.28. 89도1309).

② 1개의 기망행위로 수인을 기망하여 재물을 편취한 경우에는 수개의 점유를 침해한 것이므로 수개의 사기죄의 상상적 경합이 된다. 수인에 대하여 수개의 기망행위를 하여 각각 재물을 편취한 경우에는 범의가 단일하고 범행방법이 동일하다고 하더라도 수개의 사기죄의 실체적 경합이 된다(대판 1997.6.27. 97도508).

> **피해자가 수인인 경우의 죄수**
> [1] 사기죄에서 수인의 피해자에 대하여 각 피해자별로 기망행위를 하여 각각 재물을 편취한 경우에 그 범의가 단일하고 범행방법이 동일하다고 하더라도 포괄일죄가 성립하는 것이 아니라 피해자별로 1개씩의 죄가 성립하는 것으로 보아야 한다. 다만 피해자들이 하나의 동업체를 구성하는 등으로 피해 법익이 동일하다고 볼 수 있는 사정이 있는 경우에는 피해자가 복수이더라도 이들에 대한 사기죄를 포괄하여 일죄로 볼 수도 있다.
> [2] 사기죄 피해자들의 피해 법익이 동일하다고 볼 근거가 없는데도, 위 피해자들이 부부라는 사정만으로 이들에 대한 각 사기 행위가 포괄하여 일죄에 해당한다고 보아 특정경제범죄 가중처벌 등에 관한 법률을 적용한 원심판결에 죄수에 관한 심리미진 또는 법리오해의 위법이 있다고 한 사례(대판 2011.4.14. 2011도769)

③ 편취금원을 재투자하는 형식을 취하는 경우에는 원칙적으로 별도의 사기죄는 성립하지 아니한다는 것이 판례이다.

> **편취금원을 재투자하는 경우 사기죄의 성립 여부에 대한 사례**
> • 특정경제범죄 가중처벌 등에 관한 법률 제3조 제1항의 이득액은 범죄행위로 인하여 취득한 실질적인 이득의 합산액을 뜻하고, 사기죄는 기망으로 인한 재물의 교부가 있으면 바로 성립하고, 그 후 피해자를 기망하여 편취한 재물의 반환을 회피할 목적으로 현실적인 자금의 수수 없이 이미 있던 차입원리금을 주식 구입자금 또는 신규 차입금에 새로이 투자하는 형식을 취하였다 하더라도 이는 새로운 법익을 침해하는 것이 아니어서 별도의 죄를 구성하지 아니한다(대판 2001.7.24. 2001도2196).

---

92) 피해 저축은행별로 사기죄의 포괄일죄가 성립하고 저축은행 간에는 사기죄의 실체적 경합이 성립한다.

> • 재물을 편취한 후 현실적인 자금의 수수 없이 형식적으로 기왕에 편취한 금원을 새로이 장부상으로만 재투자하는 것으로 처리한 경우에는 그 재투자금액은 이를 편취액의 합산에서 제외하여야 할 것이나, 그렇지 아니하고 재물을 편취한 후 예금계좌 등으로 그 일부를 수당 등의 명목으로 입금해 주어 피해자가 이를 현실적으로 수령한 다음, 일정기간 후 이를 가지고 다시 물품을 구매하는 형식으로 재투자하였다면, 이는 새로운 법익의 침해가 발생한 경우라고 할 것이어서 그 재구매 금액은 편취액에서 제외할 성질의 것이 아니라고 할 것이고, 한편, 재물편취를 내용으로 하는 사기죄에 있어서는 기망으로 인한 재물교부가 있으면 그 자체로써 피해자의 재산침해가 되어 이로써 곧 사기죄가 성립하는 것이고, 상당한 대가가 지급되었다거나 피해자의 전체 재산상에 손해가 없다 하여도 사기죄의 성립에는 그 영향이 없으므로 사기죄에 있어서 그 대가가 일부 지급된 경우에도 그 편취액은 피해자로부터 교부된 재물의 가치로부터 그 대가를 공제한 차액이 아니라 교부받은 재물 전부라 할 것이다(대판 2005.10.28. 2005도5774).

(2) 타죄와의 관계

사기도박의 경우 도박의 우연성을 결여하고 있으므로 도박죄가 성립하는 것이 아니라 사기죄가 성립한다(대판 1960.11.16. 4293형상743). 자기가 점유하는 타인의 재물을 기망에 의하여 영득한 경우에는 기망행위는 영득행위의 수단으로 행하여지는데 불과하고 소유자의 처분행위도 인정되지 아니하므로 횡령죄만 성립한다(대판 1980.12.9. 80도1177). 타인의 사무를 처리하는 자가 본인에 대하여 기망행위를 하여 재산상의 이익을 취득한 경우에는 사기죄와 (업무상)배임죄의 상상적 경합이 성립한다(대판 2002.7.18. 2002도669[전합]). 사기죄와 위조통화행사죄·위조문서행사죄는 실체적 경합의 관계에 있다(대판 1979.7.10. 79도840). 공무원이 직무에 관하여 타인을 기망하여 재물을 교부받은 경우에는 사기죄와 수뢰죄의 상상적 경합이 성립한다(대판 1977.6.7. 77도1069).

5. 관련 문제

(1) 불법원인급여와 사기죄의 성립 여부

1) 문제점

사람을 기망하여 반환청구권이 없는 불법한 급여를 하게 한 경우에 사기죄가 성립하는지 여부가 문제된다.

2) 학설

민법상 피해자에게 반환청구권이 없으므로 사기죄가 성립하지 아니한다는 부정설과 민법상 반환청구권의 존재가 사기죄의 요건이 아니고 이 경우에도 행위자가 기망행위에 의하여 정당하지 아니한 재물을 편취하였으므로 사기죄가 성립한다는 긍정설의 대립이 있다.

3) 판례

판례는 불법원인급여에 해당하여 급여자가 수익자에 대한 반환청구권을 행사할 수 없다고 하더라도, 수익자가 기망을 통하여 급여자로 하여금 불법원인급여에 해당하는 재물을 제공하도록 하였다면 사기죄가 성립한다고(대판 2006.11.23. 2006도6795) 판시하고 있다.

4) 검토

생각건대 민법상 반환청구권의 존재가 사기죄의 요건이 아니고 행위자는 위법한 수단을 이용하여 피해자의 재산권을 침해한 것이므로 긍정설이 타당하다고 판단된다.

(2) 매음료 면탈과 사기죄의 성립 여부

1) 문제점

매음료를 지불하겠다고 부녀를 기망하여 성관계를 한 경우와 같이 기망에 의하여 매음료를 면탈한 경우에 사기죄의 성립 여부가 문제된다.

2) 학 설

매음계약은 공서양속에 반하는 계약이므로 사기죄가 성립하지 아니한다는 부정설과 형법이 재산상의 이익에 대하여 경제적 재산개념을 취하고 있으므로 사기죄가 성립한다는 긍정설이 대립하고 있다.

3) 판 례

판례는 부녀가 금품 등을 받을 것을 전제로 성행위를 하는 경우 그 행위의 대가는 사기죄의 객체인 경제적 이익에 해당하므로, 부녀를 기망하여 성행위 대가의 지급을 면하는 경우 사기죄가 성립한다고 (대판 2001.10.23. 2001도2991) 판시하고 있다.

4) 검토

형법상 재산상의 이익에 대해 경제적 재산설을 취하는 한 반드시 유효하고 적법한 법률관계에 기인한 이익만을 재산죄의 보호법익이라고 할 필요는 없다고 보아야 하므로 사기죄 성립을 인정하는 것이 타당하다고 판단된다.

(3) 간접정범

> [1] 간접정범을 통한 범행에서 피이용자는 간접정범의 의사를 실현하는 수단으로서의 지위를 가질 뿐이므로, 피해자에 대한 사기범행을 실현하는 수단으로서 타인을 기망하여 그를 피해자로부터 편취한 재물이나 재산상 이익을 전달하는 도구로서만 이용한 경우에는 편취의 대상인 재물 또는 재산상 이익에 관하여 피해자에 대한 사기죄가 성립할 뿐 도구로 이용된 타인에 대한 사기죄가 별도로 성립한다고 할 수 없다.
> [2] 피고인 1에 대한 공소사실 중 피해자 공소외 1에 대한 사기의 점의 요지는, '피고인 1이 피고인 2 등과 공모하여 2015.11.5. 피해자 공소외 1에게 금융감독원 직원 등을 사칭하면서 거짓말하여 피해자 공소외 1로 하여금 1,880만원을 인출하여 전달하게 함으로써 피해자 공소외 1로부터 1,880만원을 편취하였다'는 것이고, 피해자 공소외 2에 대한 사기의 점의 요지는, '피고인 1이 피고인 2 등과 공모하여 2015.11.5. 피해자 공소외 2에게 금융감독원 직원 등을 사칭하면서 공소외 1의 계좌에 1,400만원을 입금하라고 하고, 공소외 1에게도 같은 취지로 거짓말하여 입금된 돈을 찾아서 전달하도록 하여 피해자 공소외 2로부터 1,400만원을 편취하였다'는 것이다. 위 각 공소사실과 증거에 의하여 살펴보면, 피해자 공소외 1이 인출하여 전달한 1,880만원 중 1,400만원은 피해자 공소외 2가 입금한 돈이고, 피해자 공소외 1은 피고인 1 등을 금융감독원이나 검찰 직원 등으로 알고 자신의 계좌번호를 제공한 후 그 계좌에 입금된 위 돈을 공공기관에 전달하는 것으로 인식한 상태에서 이를 전달하였을 뿐인 사실을 알 수 있다.

[3] 위와 같은 사실관계를 앞서 본 법리에 비추어 살펴보면, 피해자 공소외 1에 대한 사기의 점 중 피해자 공소외 2가 피해자 공소외 1의 계좌에 입금한 위 1,400만원 부분에 대하여는 피해자 공소외 1이 피고인 1 등의 기망에 따라 단지 피해자 공소외 2에 대한 사기범행을 실현하기 위한 도구로 이용되었을 뿐이므로 피해자 공소외 2에 대한 사기죄가 성립할 뿐 피해자 공소외 1에 대한 사기죄가 별도로 성립한다고 보기 어렵다(대판 2017.5.31. 2017도3894).

III 컴퓨터 등 사용사기죄

1. 의 의

컴퓨터 등 사용사기죄는 컴퓨터등 정보처리장치에 허위의 정보 또는 부정한 명령을 입력하거나 권한 없이 정보를 입력·변경하여 정보처리를 하게 함으로써 재산상의 이익을 취득하거나 제3자로 하여금 취득하게 함으로써 성립하는 범죄이다(형법 제347조의2).

2. 구성요건

(1) 객관적 구성요건

1) 객 체

① 재산상의 이익

㉠ 의의 : 본죄는 재산상의 이익을 객체로 하는 순수한 이득죄이다.

㉡ 위임범위를 초과 인출한 경우의 죄책

㉮ 학설 : 위임범위를 초과하여 현금카드로 현금을 인출한 경우, 초과인출부분은 피해자의 승낙이 없으므로 절도죄가 성립한다는 견해와 재물을 재산상의 이익의 특수한 형태로 이해하는 전제에서 컴퓨터 등 정보처리장치에 권한 없이 정보를 입력하여 재물이라는 특수한 재산상의 이익을 취득한 것이므로 컴퓨터 등 사용사기죄가 성립한다는 견해가 대립하고 있다.

㉯ 판례 : 판례는 예금주인 현금카드 소유자로부터 일정한 금액의 현금을 인출해 오라는 부탁을 받으면서 이와 함께 현금카드를 건네받은 것을 기화로 그 위임을 받은 금액을 초과하여 현금을 인출하는 방법으로 그 차액 상당을 위법하게 이득할 의사로 현금자동지급기에 그 초과된 금액이 인출되도록 입력하여 그 초과된 금액의 현금을 인출한 경우에는 그 인출된 현금에 대한 점유를 취득함으로써 이때에 그 인출한 현금 총액 중 인출을 위임받은 금액을 넘는 부분의 비율에 상당하는 재산상 이익을 취득한 것으로 볼 수 있으므로 이러한 행위는 그 차액 상당액에 관하여 형법 제347조의2(컴퓨터등사용사기)에 규정된 '컴퓨터 등 정보처리장치에 권한 없이 정보를 입력하여 정보처리를 하게 함으로써 재산상의 이익을 취득'하는 행위로서 컴퓨터등사용사기죄에 해당된다고(대판 2006.3.24. 2005도3516) 판시하고 있다.

ⓒ 검토 : 생각건대 판례의 취지대로 인출한 현금 총액 중 인출을 위임받은 금액을 넘는 부분의 비율에 상당하는 재산상 이익을 취득한 것으로 볼 수 있으므로, 컴퓨터 등 사용사기죄가 성립한다고 이해하는 것이 타당하다고 판단된다. 현금카드로 예금인출을 의뢰받은 자가 초과인출한 부분을 취득한 경우 초과인출된 금원에 대하여 위탁관계가 인정되지 아니하므로 횡령죄는 성립하지 아니한다. 그러나 행위자는 의뢰자의 사무를 처리하는 자에 해당하고 초과인출된 부분을 취득함으로써 임무에 위배하여 재산상의 이익을 취득하고 의뢰자에게 손해를 입힌 것으로 볼 수 있어 배임죄는 성립할 수 있다고 해야 한다. 컴퓨터 등 사용사기죄와 배임죄는 구성요건과 피해자를 달리하므로 상상적 경합의 관계에 있다.

② **재물을 취득한 경우의 죄책**
　ⓐ 학설 : 본죄의 객체를 재산상의 이익으로 제한하고 있으므로 재물을 취득한 경우 절도죄가 성립한다는 견해와 재물은 특수한 형태의 재산상의 이익이므로 재물을 취득한 경우에도 컴퓨터 등 사용사기죄가 성립한다는 견해가 대립하고 있다.
　ⓑ 판례 : 판례는 형법이 일반 사기죄를 재물죄 겸 이득죄로 규정한 것과 달리 형법 제347조의2는 컴퓨터등사용사기죄의 객체를 재물이 아닌 재산상의 이익으로만 한정하여 규정하고 있으므로, 절취한 타인의 신용카드로 현금자동지급기에서 현금을 인출하는 행위가 재물에 관한 범죄임이 분명한 이상 이를 위 컴퓨터등사용사기죄로 처벌할 수는 없다고(대판 2003.5.13, 2003도1178)판시하고 있다.
　ⓒ 검토 : 생각건대 본죄는 객체를 재산상의 이익으로 제한하고 있으므로 재물을 취득한 경우에는 본죄가 아니라 절도죄가 성립한다고 보는 것이 타당하다.

2) 행 위

컴퓨터 등 사용사기죄의 행위는 컴퓨터 등 정보처리장치에 허위의 정보 또는 부정한 명령을 입력하거나 권한 없이 정보를 입력·변경하여 정보처리를 하게 함으로써 재산상의 이익을 취득하거나 제3자로 하여금 취득하게 하는 것이다.

① **컴퓨터 등 정보처리장치** : 정보처리장치란 자동적으로 계산이나 데이터를 처리할 수 있는 전자장치로 컴퓨터는 그 예시에 해당하고 은행의 현금자동입출금기도 여기에 포함된다.
② **허위정보나 부정한 명령의 입력** : 허위의 정보의 입력이란 진실에 반하는 내용의 정보를 입력하는 것을 말하며, 부정한 정보의 입력이란 당해 시스템의 사무처리 목적에 비추어 지시해서는 안 되는 명령을 입력하는 것을 말한다.

> 형법 제347조의2는 컴퓨터 등 정보처리장치에 허위의 정보 또는 부정한 명령을 입력하거나 권한 없이 정보를 입력·변경하여 정보처리를 하게 함으로써 재산상의 이익을 취득하거나 제3자로 하여금 취득하게 하는 행위를 처벌하고 있다. 여기서 '부정한 명령의 입력'은 당해 사무처리시스템에 예정되어 있는 사무처리의 목적에 비추어 지시해서는 안 될 명령을 입력하는 것을 의미한다. 따라서 설령 '허위의 정보'를 입력한 경우가 아니라고 하더라도, 당해 사무처리시스템의 프로그램을 구성하는 개개의 명령을 부정하게 변개·삭제하는 행위는 물론 프로그램 자체에서 발생하는 오류를 적극적으로 이용하여 그 사무처리의 목적에 비추어 정당하지 아니한 사무처리를 하게 하는 행위도 특별한 사정이 없는 한 위 '부정한 명령의 입력'에 해당한다고 보아야 한다(대판 2013.11.14, 2011도4440).

③ **권한 없이 정보를 입력·변경** : 정보를 권한 없이 임의로 입력하거나 변경하는 행위, 즉 진실한 정보의 권한 없는 사용을 말한다.

> **권한 없이 정보를 입력·변경하는 사례**
> - 신용카드가맹점의 점주인 피고인이 동남아 외국인들이 가져온 신용카드가 위조카드로서 본인에 의하여 정당하게 사용되지 아니하고 있음을 알고 있었음에도 불구하고 아무런 조치도 취하지 아니한 채 그대로 카드 단말기에 당해 신용카드를 결제하여 승인을 요청한 경우, 형법 제347조의2가 규정하는 '정보처리장치에 권한 없이 정보를 입력'한 행위에 해당되어 피고인에 대하여 컴퓨터등사용사기죄의 정범의 죄책을 부담한다(대판 2007.8.23. 2007도2070).
> - [1] 피고인이 타인의 명의를 모용하여 신용카드를 발급받은 경우, 비록 카드회사가 피고인으로부터 기망을 당한 나머지 피고인에게 피모용자 명의로 발급된 신용카드를 교부하고, 사실상 피고인이 지정한 비밀번호를 입력하여 현금자동지급기에 의한 현금대출(현금서비스)을 받을 수 있도록 하였다 할지라도, 카드회사의 내심의 의사는 물론 표시된 의사도 어디까지나 카드명의인인 피모용자에게 이를 허용하는 데 있을 뿐 피고인에게 이를 허용한 것은 아니라는 점에서, 피고인이 타인의 명의를 모용하여 발급받은 신용카드를 사용하여 현금자동지급기에서 현금대출을 받는 행위는 카드회사에 의하여 미리 포괄적으로 허용된 행위가 아니라, 현금자동지급기의 관리자의 의사에 반하여 그의 지배를 배제한 채 그 현금을 자기의 지배하에 옮겨 놓는 행위로서 절도죄에 해당한다.
> [2] 타인의 명의를 모용하여 발급받은 신용카드의 번호와 그 비밀번호를 이용하여 ARS 전화서비스나 인터넷 등을 통하여 신용대출을 받는 방법으로 재산상 이익을 취득하는 행위 역시 미리 포괄적으로 허용된 행위가 아닌 이상, 컴퓨터 등 정보처리장치에 권한 없이 정보를 입력하여 정보처리를 하게 함으로써 재산상 이익을 취득하는 행위로서 컴퓨터등사용사기죄에 해당한다(대판 2006.7.27. 2006도3126).

④ **정보처리를 하게 함** : 입력된 허위의 정보나 부정한 명령에 따라 계산처리과정을 실행하게 하여 진실에 반하는 기록을 만들게 하는 것을 말한다. 정보처리는 사기죄에서 피해자의 처분행위에 상응하므로 입력된 허위의 정보 등에 의하여 계산이나 데이터의 처리가 이루어짐으로써 직접적으로 재산처분의 결과를 초래하여야 한다(대판 2014.3.13. 2013도16099).

> **'정보처리를 하게 한 것'이 인정되지 아니하는 사례**
> 휴대전화의 경우 그 사용시마다 사용자가 정당한 사용권자인지에 관한 정보를 입력하는 절차가 없고, 이동통신회사가 서비스를 제공하는 과정에서 휴대전화를 통하여 입력된 신호에 대하여 신원확인절차를 거치지는 않는 점 등에 비추어 보면 휴대전화의 통화 또는 인터넷접속 버튼을 누르는 경우 기계적 또는 전자적 작동 과정에 따라 그대로 일정한 서비스가 제공되는 것이므로, 휴대전화기의 통화버튼이나 인터넷접속버튼을 누르는 것만으로 사용자에 의한 정보 혹은 명령의 입력이 행하여졌다고 보기 어렵고, 따라서 휴대전화 또는 이동통신회사에 의하여 그 입력된 정보 혹은 명령에 따른 정보처리가 이루어진 것으로 보기도 어렵다(대판 2010.9.9. 2008도128).

⑤ **착수·기수시기** : 정보처리장치에 허위의 정보 또는 부정한 명령을 입력한 경우에 실행의 착수가 인정되고 피해자에게 재산상의 손해가 발생한 때 기수가 된다. 행위자나 제3자가 재산상의 이익을 취득하였는지의 여부는 문제되지 아니한다. 허위의 정보나 부정한 명령의 입력, 정보처리와 재산상의 손해의 발생 사이에는 인과관계가 있어야 하며 인과관계가 인정되지 아니하는 경우에는 미수가 된다(형법 제352조).

3) 재산상 이익의 취득

정보처리를 통해 행위자가 재산상의 이익을 취득하거나 제3자로 하여금 취득하게 하여야 한다. 행위자나 제3자의 재산상의 이익의 취득은 사람의 처분행위가 개입됨이 없이 컴퓨터등에 의한 정보처리 과정에서 이루어져야 한다(대판 2014.3.13. 2013도16099).

> 피고인이 시설공사 발주처인 지방자치단체 등의 재무관 컴퓨터에는 암호화되기 직전 15개의 예비가격과 그 추첨번호를 해킹하여 볼 수 있는 악성프로그램을, 입찰자의 컴퓨터에는 입찰금액을 입력하면서 선택하는 2개의 예비가격 추첨번호가 미리 지정된 추첨번호 4개 중에서 선택되어 조달청 서버로 전송되도록 하는 악성프로그램을 각각 설치하여 낙찰하한가를 미리 알아낸 다음 특정 건설사에 낙찰이 가능한 입찰금액을 알려주어 그 건설사가 낙찰받게 한 경우, 적격심사를 거치게 되어 있는 이 사건 각 시설공사의 전자입찰에 있어서 특정 건설사가 낙찰하한가에 대한 정보를 사전에 알고 투찰할 경우 그 건설사가 낙찰자로 결정될 가능성이 높은 것은 사실이나, 낙찰하한가에 가장 근접한 금액으로 투찰한 건설사라고 하더라도 적격심사를 거쳐 일정 기준 이상이 되어야만 낙찰자로 결정될 수 있는 점 등을 감안할 때, 피고인 1 등이 조달청의 국가종합전자조달시스템에 입찰자들이 선택한 추첨번호가 변경되어 저장되도록 하는 등 권한 없이 정보를 변경하여 정보처리를 하게 함으로써 직접적으로 얻은 것은 낙찰하한가에 대한 정보일 뿐, 위와 같은 정보처리의 직접적인 결과 특정 건설사가 낙찰자로 결정되어 낙찰금액 상당의 재산상 이익을 얻게 되었다거나 그 낙찰자 결정이 사람의 처분행위가 개재됨이 없이 컴퓨터 등의 정보처리과정에서 이루어졌다고 보기 어렵다(대판 2014.3.13. 2013도16099).

(2) 주관적 구성요건

컴퓨터 등 사용사기죄가 성립하기 위해서는 고의 이외에 불법이득의 의사가 있어야 한다.

3. 죄수 및 타죄와의 관계

(1) 죄 수

여러 번에 걸쳐 컴퓨터 등 정보처리장치에 허위의 정보를 입력하여 동일인에게 재산상의 손해를 입힌 경우에는 본죄의 포괄일죄가 성립한다.

(2) 타죄와의 관계

1) 문제점

컴퓨터 등 사용사기죄의 행위는 대부분 전자기록위작·변작죄와 동행사죄에도 해당하며 양자는 보호법익을 달리하므로 상상적 경합이 된다. 또한 본죄는 사기죄에 대하여 보충관계이므로 사기죄가 성립하면 본죄는 성립하지 아니한다는 데도 이견이 없다. 그러나 허위의 입금데이터를 입력하여 자신의 예금잔고를 증액시켜 본죄를 범한 자가 취득한 재산상의 이익을 현금으로 인출한 경우의 죄책에 대하여는 견해가 대립하고 있다.

2) 학 설

이 경우 절도죄나 사기죄의 구성요건해당성도 인정되지 아니한다는 견해, 불가벌적 사후행위에 해당한다는 견해, 자신의 현금카드를 이용하여 예금을 인출한 경우에는 불가벌적 사후행위이지만 예금통장으로 은행원에게 청구하여 인출한 경우에는 본죄와 사기죄의 경합범이 된다는 견해가 대립하고 있다.

3) 판 례

판례는 컴퓨터등사용사기죄의 범행으로 예금채권을 취득한 다음 자기의 현금카드를 사용하여 현금자동지급기에서 현금을 인출한 경우, 현금카드 사용권한 있는 자의 정당한 사용에 의한 것으로서 현금자동지급기 관리자의 의사에 반하거나 기망행위 및 그에 따른 처분행위도 없었으므로, 별도로 절도죄나 사기죄의 구성요건에 해당하지 않는다고(대판 2004.4.16. 2004도353) 판시하고 있다.

4) 검 토

생각건대 판례의 판시대로 이 경우 현금자동지급기 관리자의 의사에 반하거나 기망행위 및 처분행위도 없었으므로 절도죄나 사기죄의 구성요건해당성도 인정되지 아니한다고 보는 것이 타당하다고 판단된다.

> [1] 컴퓨터등사용사기죄의 범행으로 예금채권을 취득한 다음 자기의 현금카드를 사용하여 현금자동지급기에서 현금을 인출한 경우, 현금카드 사용권한 있는 자의 정당한 사용에 의한 것으로서 현금자동지급기 관리자의 의사에 반하거나 기망행위 및 그에 따른 처분행위도 없었으므로, 별도로 절도죄나 사기죄의 구성요건에 해당하지 않는다 할 것이고, 그 결과 그 인출된 현금은 재산범죄에 의하여 취득한 재물이 아니므로 장물이 될 수 없다.
> [2] 장물인 현금 또는 수표를 금융기관에 예금의 형태로 보관하였다가 이를 반환받기 위하여 동일한 액수의 현금 또는 수표를 인출한 경우에 예금계약의 성질상 그 인출된 현금 또는 수표는 당초의 현금 또는 수표와 물리적인 동일성은 상실되었지만 액수에 의하여 표시되는 금전적 가치에는 아무런 변동이 없으므로, 장물로서의 성질은 그대로 유지된다.
> [3] 甲이 권한 없이 인터넷뱅킹으로 타인의 예금계좌에서 자신의 예금계좌로 돈을 이체한 후 그중 일부를 인출하여 그 정을 아는 乙에게 교부한 경우, 甲이 컴퓨터등사용사기죄에 의하여 취득한 예금채권은 재물이 아니라 재산상 이익이므로, 그가 자신의 예금계좌에서 돈을 인출하였더라도 장물을 금융기관에 예치하였다가 인출한 것으로 볼 수 없다는 이유로 乙의 장물취득죄의 성립을 부정한 사례(대판 2004.4.16. 2004도353)[93]

Ⅳ. 준사기죄

준사기죄는 미성년자의 사리분별력 부족 또는 사람의 심신장애를 이용하여 재물을 교부받거나 재산상 이익을 취득하거나 또는 제3자로 하여금 재물을 교부받게 하거나 재산상 이익을 취득하게 함으로써 성립하는 범죄이다(형법 제348조).

---

93) 판례의 법리를 고려하면, 甲이 A의 현금카드를 이용하여 인출한 현금을 그 정을 아는 乙이 취득한 경우, 甲은 절도죄, 乙은 장물취득죄가 성립하지만, 甲이 A의 현금카드를 이용하여 A의 예금을 자신의 계좌로 이체한 후 자신의 카드로 현금을 인출하여 그 정을 아는 乙이 이를 취득한 경우에 甲은 컴퓨터사용사기죄에 해당하지만 乙은 장물취득죄에 해당하지 아니하므로 불가벌이 된다.

V 편의시설부정이용죄

1. 의 의

편의시설부정이용죄는 부정한 방법으로 대가를 지급하지 아니하고 자동판매기, 공중전화 기타 유료자동설비를 이용하여 재물 또는 재산상의 이익을 취득함으로써 성립하는 범죄이다(형법 제348조의2).

2. 구성요건

(1) 편의시설

유료자동설비란 대가를 지불하면 물건 이외에 편익을 제공하는 자동기계설비를 말하고 자동판매기, 공중전화는 그 예시이다. 공중전화, 무인보관함, 무인자동입장설비 등이 이에 해당하나, 현금자동지급기, 개인의 휴대폰은 본죄가 적용되는 편의시설에 해당하지 아니한다.

(2) 부정이용

대가를 지급하지 아니하고 자동설비의 메커니즘을 비정상적으로 조종하여 재물 또는 재산상의 이익을 취득하는 것을 말한다. 대가를 지급하지 아니하여야 하므로 절취한 타인의 공중전화카드를 전화통화에 이용한 경우에는 통화에 상응하는 대가가 지급된 것이므로 본죄에 해당하지 아니한다. 부정한 방법으로 이용은 이용규칙·방법에 반한 사용을 의미하고 위조통화·위조공중전화카드를 이용하여 자동판매기·공중전화기에 투입하여 물품이나 서비스를 제공받는 경우를 말한다.

> **편의시설부정이용죄가 성립하지 아니하는 사례[94]**
> - 형법 제348조의2에서 규정하는 편의시설부정이용의 죄는 부정한 방법으로 대가를 지급하지 아니하고 자동판매기, 공중전화 기타 유료자동설비를 이용하여 재물 또는 재산상의 이익을 취득하는 행위를 범죄구성요건으로 하고 있는데, 타인의 전화카드(한국통신의 후불식 통신카드)를 절취하여 전화통화에 이용한 경우에는 통신카드서비스 이용계약을 한 피해자가 그 통신요금을 납부할 책임을 부담하게 되므로, 이러한 경우에는 피고인이 '대가를 지급하지 아니하고' 공중전화를 이용한 경우에 해당한다고 볼 수 없어 편의시설부정이용의 죄를 구성하지 않는다(대판 2001.9.25. 2001도3625).
> - 사용자에 관한 각종 정보가 전자기록되어 있는 자기띠가 카드번호와 카드발행자 등이 문자로 인쇄된 플라스틱 카드에 부착되어 있는 전화카드의 경우 그 자기띠 부분은 카드의 나머지 부분과 불가분적으로 결합되어 전체가 하나의 문서를 구성하므로, 전화카드를 공중전화기에 넣어 사용하는 경우 비록 전화기가 전화카드로부터 판독할 수 있는 부분은 자기띠 부분에 수록된 전자기록에 한정된다고 할지라도, 전화카드 전체가 하나의 문서로서 사용된 것으로 보아야 하고 그 자기띠 부분만 사용된 것으로 볼 수는 없으므로 절취한 전화카드를 공중전화기에 넣어 사용한 것은 권리의무에 관한 타인의 사문서를 부정행사한 경우에 해당한다(대판 2002.6.25. 2002도461).

---

[94] 한편 폐공중전화카드의 자기기록 부분에 전자정보를 기록하여 사용가능한 공중전화카드를 만든 행위가 유가증권위조죄에 해당함을 유의하여야 한다(대판 1998.2.27. 97도2483).

Ⅵ 부당이득죄

1. 의 의

부당이득죄는 사람의 곤궁하고 절박한 상태를 이용하여 현저하게 부당한 이익을 취득하거나 제3자로 하여금 부당한 이익을 취득하게 함으로써 성립하는 범죄이다(형법 제349조).

2. 구성요건

(1) 곤궁하고 절박한 상태를 이용

곤궁하고 절박한 상태는 파산·부도 등 경제적 곤궁상태는 물론 생명·건강·명예·신용 등에 대한 육체적·정신적 곤궁상태도 포함되며 그러한 상태에 이르게 된 원인이 누구에게 있는지도 불문한다.

(2) 현저하게 부당한 이득의 취득

행위당시의 구체적 상황을 종합하여 객관적으로 판단할 때 행위자의 급부와 피해자의 반대급부 사이에 사회통념상 지나치게 상당성이 없는 경우를 말한다.

> 1. **부당이득죄가 성립하는 사례**
> 토지매수인인 건설회사가 아파트 건설사업의 순조로운 진행과 막대한 은행융자금 이자의 부담을 피하기 위해 토지소유권을 시급히 확보해야 하는 처지여서 목적 토지에 관하여 명의자인 문중원들과 문중 사이의 소유권 분쟁에 관한 민사소송의 종료시까지 기다릴 여유가 없는 사정을 이용하여, 문중 대표자이자 목적 토지의 공유지분권자인 사람이 자기 지분에 대해 문중 명의매매계약과 따로 별도의 매매계약을 체결하고 나머지 지분권자들의 3배 이상의 매매대금을 수령한 것은 건설회사의 궁박을 이용하여 현저하게 부당한 이득을 취한 것으로서 부당이득죄가 성립한다(대판 2007.12.28, 2007도6441).
>
> 2. **부당이득죄가 성립하지 아니하는 사례**
> [1] 개발사업 등이 추진되는 사업부지 중 일부의 매매와 관련된 이른바 '알박기' 사건에서 부당이득죄의 성립 여부가 문제되는 경우, 그 범죄의 성립을 인정하기 위해서는 피고인이 피해자의 개발사업 등이 추진되는 상황을 미리 알고 그 사업부지 내의 부동산을 매수한 경우이거나 피해자에게 협조할 듯한 태도를 보여 사업을 추진하도록 한 후에 협조를 거부하는 경우 등과 같이, 피해자가 궁박한 상태에 빠지게 된 데에 피고인이 적극적으로 원인을 제공하였거나 상당한 책임을 부담하는 정도에 이르러야 한다. 이러한 정도에 이르지 않은 상태에서 단지 개발사업 등이 추진되기 오래 전부터 사업부지 내의 부동산을 소유하여 온 피고인이 이를 매도하라는 피해자의 제안을 거부하다가 수용하는 과정에서 큰 이득을 취하였다는 사정만으로 함부로 부당이득죄의 성립을 인정해서는 안 된다.
> [2] 아파트 건축사업이 추진되기 수년 전부터 사업부지 내 일부 부동산을 소유하여 온 피고인이 사업자의 매도 제안을 거부하다가 인근 토지 시가의 40배가 넘는 대금을 받고 매도한 사안에서, 부당이득죄의 성립을 부정한 사례(대판 2009.1.15, 2008도8577).

Ⅶ 상습사기죄

상습사기죄는 상습으로 사기죄, 컴퓨터 등 사용사기죄, 준사기죄, 편의시설부정이용죄, 부당이득죄를 범함으로써 성립하는 범죄이다(형법 제351조).

Ⅷ 삼각사기의 특수한 형태로서의 소송사기

1. 의 의

소송사기란 법원에 허위사실을 주장하거나 허위증거를 제출하여 유리한 판결을 받고 이에 의하여 강제집행을 하여 재산 또는 재산상의 이익을 취득하는 경우를 말한다.

2. 주 체

소송사기의 주체는 원고뿐만 아니라 피고도 가능하며, 제3자도 원·피고를 이용하여 간접정범의 형태로 범할 수 있다.

> [1] 자기에게 유리한 판결을 얻기 위하여 소송상의 주장이 사실과 다름이 객관적으로 명백하거나 증거가 조작되어 있다는 정을 인식하지 못하는 제3자를 이용하여 그로 하여금 소송의 당사자가 되게 하고 법원을 기망하여 소송 상대방의 재물 또는 재산상 이익을 취득하려 하였다면 간접정범의 형태에 의한 소송사기죄가 성립하게 된다.
> [2] 甲이 乙 명의 차용증을 가지고 있기는 하나 그 채권의 존재에 관하여 乙과 다툼이 있는 상황에서 당초에 없던 월 2푼의 약정이자에 관한 내용 등을 부가한 乙 명의 차용증을 새로 위조하여, 이를 바탕으로 자신의 처에 대한 채권자인 丙에게 차용원금 및 위조된 차용증에 기한 약정이자 2,500만원을 양도하고, 이러한 사정을 모르는 丙으로 하여금 乙을 상대로 양수금 청구소송을 제기하도록 한 사안에서, 적어도 위 약정이자 2,500만원 중 법정지연손해금 상당의 돈을 제외한 나머지 돈에 관한 甲의 행위는 丙을 도구로 이용한 간접정범 형태의 소송사기죄를 구성한다고 한 사례(대판 2007.9.6. 2006도3591).

3. 기망행위

(1) 기망행위의 해당 여부

1) 공시최고 신청

허위의 분실사유를 들어 공시최고 신청을 하고 법원으로부터 제권판결을 받아 수표상의 채무를 면하는 경우에는 사기죄가 성립한다(대판 1999.4.9. 99도364).

2) 경매신청 또는 임차권등기명령신청

피담보채권을 크게 부풀려 유치권에 의하여 경매를 신청하거나(대판 2012.11.15. 2012도9603), 무효인 임대차계약에 기초하여 임차권등기명령을 신청한 경우(대판 2012.5.24. 2010도12732), 사기죄의 실행의 착수가 인정된다.

> **경매신청 또는 임차권등기명령신청에 의한 기망행위가 인정되는 사례**
> - 유치권에 의한 경매를 신청한 유치권자는 일반채권자와 마찬가지로 피담보채권액에 기초하여 배당을 받게 되는 결과 피담보채권인 공사대금 채권을 실제와 달리 허위로 크게 부풀려 유치권에 의한 경매를 신청할 경우 정당한 채권액에 의하여 경매를 신청한 경우보다 더 많은 배당금을 받을 수도 있으므로, 이는 법원을 기망하여 배당이라는 법원의 처분행위에 의하여 재산상 이익을 취득하려는 행위로서, 불능범에 해당한다고 볼 수 없고, 소송사기죄의 실행의 착수에 해당한다(대판 2012.11.15. 2012도9603).[95]
> - 소송사기에 있어서 피기망자인 법원의 재판은 피해자의 처분행위에 갈음하는 내용과 효력이 있는 것이어야 하고, 그렇지 아니하는 경우에는 착오에 의한 재물의 교부행위가 있다고 할 수 없어서 사기죄는 성립되지 아니하는바, 위에서 본 바와 같은 임차권등기명령의 절차 및 그 집행에 의한 임차권등기의 법적 효력을 고려하면, 다른 특별한 사정이 없는 한, 법원의 임차권등기명령은 피신청인의 재산상의 지위 또는 상태에 영향을 미칠 수 있는 행위로서 피신청인의 처분행위에 갈음하는 내용과 효력이 있다고 보아야 하고, 따라서 이러한 법원의 임차권등기명령을 이용한 소송사기의 경우 피해자인 피신청인이 직접 처분행위를 하였는지 여부는 사기죄의 성부에 아무런 영향을 주지 못한다. 위와 같이 법원의 임차권등기명령을 피해자의 재산적 처분행위에 갈음하는 내용과 효력이 있는 것으로 보고 그 집행에 의한 임차권등기가 마쳐짐으로써 신청인이 재산상 이익을 취득하였다고 보는 이상, 진정한 임차권자가 아니면서 허위의 임대차계약서를 법원에 제출하여 임차권등기명령을 신청하면 그로써 소송사기의 실행행위에 착수한 것으로 보아야 하고, 나아가 그 임차보증금 반환채권에 관하여 현실적으로 청구의 의사표시를 하여야만 사기죄의 실행의 착수가 있다고 볼 것은 아니다(대판 2012.5.24. 2010도12732).

3) 지급명령 신청

법원을 기망한다는 고의를 가지고 허위의 내용으로 지급명령을 신청하는 것도 사기죄의 기망행위에 해당한다. 지급명령신청의 경우 반드시 허위의 증거를 이용하지 않더라도 당사자의 주장이 법원을 기망하기에 충분하면 기망수단이 된다(대판 2004.6.24. 2002도4151). 그러나 기한미도래의 채권에 대하여 즉시 지급을 구하는 취지의 지급명령의 신청은 기망행위에 해당하지 아니한다(대판 1982.7.27. 82도1160).

4) 가압류·가처분 신청

가압류는 강제집행의 보전방법에 불과한 것이어서 허위의 채권을 피보전권리로 삼아 가압류를 하였다고 하더라도 그 채권에 관하여 현실적으로 청구의 의사표시를 한 것이라고는 볼 수 없으므로, 본안소송을 제기하지 아니한 채 가압류를 한 것만으로는 사기죄의 실행에 착수하였다고 할 수 없다(대판 1988.9.13. 88도55). 이러한 법리는 가처분신청에도 마찬가지로 적용된다.

5) 재판상 화해 신청

재판상 화해가 이루어지면 화해로 인하여 당사자 사이에 새로운 법률관계가 창설되기 때문에 비록 화해내용이 실제 법률관계와 일치하지 아니한다고 하더라도 사기죄는 성립하지 아니한다(대판 1968.2.27. 67도1579).

---

[95] 다음의 판례와 구별하여야 한다.
부동산 경매절차에서 피고인들이 허위의 공사대금채권을 근거로 유치권 신고를 한 경우, 소송사기의 실행의 착수가 있다고 볼 수 없다(대판 2009.9.24. 2009도5900).

6) 말소등기청구소송의 제기

소유권보존등기 또는 소유권이전등기말소청구소송을 제기하는 경우 기망행위가 인정된다.

> 1. **소송사기가 성립하는 사례**
> - 피고인 또는 그와 공모한 자가 자신이 토지의 소유자라고 허위의 주장을 하면서 소유권보존등기 명의자를 상대로 보존등기의 말소를 구하는 소송을 제기한 경우 그 소송에서 위 토지가 피고인 또는 그와 공모한 자의 소유임을 인정하여 보존등기 말소를 명하는 내용의 승소확정판결을 받는다면, 이에 터 잡아 언제든지 단독으로 상대방의 소유권보존등기를 말소시킨 후 위 판결을 부동산등기법 제130조 제2호 소정의 소유권을 증명하는 판결로 하여 자기 앞으로의 소유권보존등기를 신청하여 그 등기를 마칠 수 있게 되므로, 이는 법원을 기망하여 유리한 판결을 얻음으로써 '대상 토지의 소유권에 대한 방해를 제거하고 그 소유명의를 얻을 수 있는 지위'라는 재산상 이익을 취득한 것이고, 그 경우 기수시기는 위 판결이 확정된 때이다(대판 2006.4.7. 2005도9858[전합]).
> - 소송사기는 법원을 기망하여 자기에게 유리한 재판을 얻고 이에 기하여 상대방으로부터 재물의 교부를 받거나 재산상 이익을 취득하는 것을 말하는 것인바, 부동산등기부상 소유자로 등기된 적이 있는 자가 자기 이후에 소유권이전등기를 경료한 등기명의인들을 상대로 허위의 사실을 주장하면서 그들 명의의 소유권이전등기의 말소를 구하는 소송을 제기한 경우 그 소송에서 승소한다면 등기명의인들의 등기가 말소됨으로써 그 소송을 제기한 자의 등기명의가 회복되는 것이므로 이는 법원을 기망하여 재물이나 재산상 이익을 편취한 것이라고 할 것이고 따라서 등기명의인들 전부 또는 일부를 상대로 하는 그와 같은 말소등기청구 소송의 제기는 사기의 실행에 착수한 것이라고 보아야 한다(대판 2003.7.22. 2003도1951).
>
> 2. **소송사기가 성립하지 아니하는 사례**
> 피고인이 갑 명의로, 갑이 이 건 임야를 매수한 일이 없음에도 매수한 것처럼 허위의 사실을 주장하여 위 임야에 대한 소유권이전등기를 거친 자들을 상대로 각 그 소유권이전등기말소를 구하는 소송을 제기하였다가 취하하였다고 하여도, 위 소송의 결과 원고로 된 갑이 승소한다고 가정하더라도 위 피고들의 등기가 말소될 뿐이고 이것만으로 피고인이 위 임야에 관한 어떠한 권리를 취득하거나 의무를 면하는 것은 아니므로 법원을 기망하여 재물이나 재산상 이익을 편취한 것이라고 보기 어려우니 위 소제기 행위를 가리켜 사기의 실행에 착수한 것이라고 할 수 없다(대판 1981.12.8. 81도1451).

(2) 기망행위의 정도

기망행위를 인정하기 위해서는 허위사실의 주장·증거조작·위증교사 등의 적극적인 사술을 사용해야 한다. 그러나 반드시 허위의 증거를 이용하지 아니하더라도 당사자의 주장이 법원을 기망하기 충분한 것이라면 기망수단이 된다는 것이 판례(대판 2011.9.8. 2011도7262)이다.

> 1. **기망행위가 인정되는 사례**
> - [1] 기망행위를 수단으로 한 권리행사의 경우 그 권리행사에 속하는 행위와 그 수단에 속하는 기망행위를 전체적으로 관찰하여 그와 같은 기망행위가 사회통념상 권리행사의 수단으로서 용인할 수 없는 정도라면 그 권리행사에 속하는 행위는 사기죄를 구성한다.
> [2] 근저당권자의 대리인인 피고인이 채무자 겸 소유자인 피해자를 대리하여 경매개시결정 정본을 받을 권한이 없음에도, 경매개시결정 정본 등 서류의 수령을 피고인에게 위임한다는 내용의 피해자 명의의 위임장을 위조하여 법원에 제출하는 방법으로 경매개시결정 정본을 교부받은 사안에서, 위 행위는 사회통념상 도저히 용인될 수 없으므로 비록 근저당권이 유효하다고 하더라도 사기죄의 기망행위에 해당한다고 한 사례(대판 2009.7.9. 2009도295)

- [1] 소송사기는 법원을 기망하여 제3자의 재물을 편취할 것을 기도하는 것을 내용으로 하는 것으로서, 사기죄로 인정하기 위하여는 제소 당시 그 주장과 같은 권리가 존재하지 않는다는 것만으로는 부족하고, 그 주장의 권리가 존재하지 않는 사실을 잘 알고 있으면서도 허위의 주장과 입증으로 법원을 기망한다는 인식을 요한다. 그러나 허위의 내용으로 소송을 제기하여 법원을 기망한다는 고의가 있는 경우에 법원을 기망하는 것은 반드시 허위의 증거를 이용하지 않더라도 당사자의 주장이 법원을 기망하기에 충분한 것이라면 기망수단이 된다.
  [2] 甲 주식회사와 乙 주식회사 사이에 작성된 물품공급계약서는 피고인 등이 乙 회사가 발행한 어음을 할인하는 과정에서 허위로 작성한 것이고, 실제로 甲 회사가 乙 회사에 물품을 공급한 사실이 없는데도, 甲 회사 경영자인 피고인이 물품공급계약에 따른 공급을 완료하였음을 전제로 乙 회사를 상대로 물품대금 청구소송을 제기하면서 증거자료로 위 물품공급계약서를 제출하였다가 그 후 소송을 취하한 사안에서, 피고인의 행위가 사기미수죄에 해당한다고 본 원심판단을 수긍한 사례(대판 2011.9.8. 2011도7262)

2. 기망행위가 인정되지 아니하는 사례

- [1] 소송사기는 법원을 기망하여 자기에게 유리한 판결을 얻음으로써 상대방의 재물 또는 재산상 이익을 취득하는 것을 내용으로 하는 범죄로서, 소송사기가 성립하기 위하여는 제소 당시에 그 주장과 같은 채권이 존재하지 아니한다는 것만으로는 부족하고, 그 주장의 채권이 존재하지 아니하는 사실을 잘 알면서도 허위의 주장과 입증으로써 법원을 기망한다는 인식을 하고 있어야만 한다. 한편, 채권에 대한 압류 및 전부(추심)명령을 신청한 경우, 집행력 있는 정본의 존부, 집행개시의 요건 구비 여부 등은 법원의 심사 대상이지만 피압류채권의 존부는 그 심사 대상이 아니다.
  [2] 피고인(甲회사 운영자)이 '甲회사의 乙에 대한 채권'이 존재하지 않는다는 사실을 알면서 그 사실을 모르는 丙(甲회사에 대한 채권자)에게 '甲회사의 乙에 대한 채권'의 압류 및 전부(추심)명령을 신청하게 하여 그 명령을 받게 한 사안에서, 丙이 甲회사에 대하여 진정한 채권을 가지고 있는 이상, 위와 같은 사정만으로는 법원을 기망하였다고 볼 수 없고, 丙이 乙을 상대로 전부(추심)금 소송을 제기하지 않은 이상 소송사기의 실행에 착수하였다고 볼 수도 없다고 한 사례(대판 2009.12.10. 2009도9982)

- 갑 주식회사 대표이사인 피고인이, 2011.11.경 갑 회사에 입사하였다가 2016.3.11. 퇴직한 근로자 을을 상대로 2011.12.부터 2015.4.까지 포괄일급에 포함하여 이미 지급한 퇴직적립금에 대하여 부당이득반환청구 소송을 제기하면서 2015.5.1.자 근로계약서의 일급란 기재 금액을 변조하여 증거자료로 제출한 사안에서, 갑 회사는 을에게 포괄일급에 일급의 8.3%에 해당하는 퇴직적립금을 포함하여 임금을 지급하였는데, 을의 퇴사 후 위와 같이 을에게 지급된 퇴직적립금이 퇴직금 지급으로서의 효력이 없다는 자문을 받고 별도로 퇴직금 전액을 지급하였으므로 피고인이 부당이득반환의 소를 제기한 것은 정당한 권리행사의 일환이라는 등의 이유로, 이와 달리 보아 피고인에게 사기미수죄를 인정한 원심판결에 소송사기의 법리를 오해한 잘못이 있다고 한 사례(대판 2018.12.28. 2018도13305)

- 갑은 을에 대한 손해배상채권에 기하여 피고인을 상대로 '피고인이 을로부터 부동산을 매수한 것은 사해행위에 해당한다.'는 이유로 사해행위취소소송을 제기하여 제1심에서 승소판결을 받고, 피고인은 이에 대해 추완항소를 제기하였는데, 피고인은 선행 사해행위취소소송을 제기한 채권자 병과의 사이에 성립한 조정 결과에 따른 가액배상금의 변제를 완료하였으므로 이를 사해행위 대상 부동산의 담보가치에서 공제하여야 한다고 주장하며 해당 금융거래내역을 증거로 제출하였으나, 사실은 미리 병으로부터 송금받은 금원을 거의 그대로 재송금한 거래내역에 불과하여 실제 채무변제가

> 완료되지는 않았고, 피고인의 항소는 기각된 사안에서, 제반 사정을 종합하면 피고인이 병과 조정조서상의 가액배상금이 지급된 것으로 하고 위 금원의 별개 채무를 이행하기로 새로운 약정을 한 것이라거나 또는 선행 사해행위취소소송 당사자였던 병의 채권액이 사해행위 대상 부동산의 담보가치에서 제외되어야 한다는 판단으로 위 가액배상의 변제를 주장하고 해당 금융거래내역을 제출한 것이라고 볼 여지가 크고, 이러한 주장이 법원에서 받아들여지지 않았더라도 그것이 객관적으로 허위임이 명백하다거나 피고인이 허위의 주장과 증명으로써 법원을 기망한다는 인식을 하고 있었다고 단정하기 어렵다는 이유로, 이와 달리 피고인이 허위 주장 및 증거 제출의 고의로 사기죄의 실행에 착수하였다고 보아 사기미수죄를 인정한 원심판단에 소송사기에 관한 법리오해의 잘못이 있다고 한 사례(대판 2022.5.26. 2022도1227)

4. 피기망자의 착오 및 처분행위

(1) 소송사기의 구조

소송사기의 경우 피기망자와 처분행위자는 법원이고, 피해자는 재산의 소유자이므로 소송사기는 삼각사기의 형태를 취한다.

(2) 처분행위

1) 권리자에 대한 법원의 판결

법원의 판결이 처분행위가 되기 위해서는 법원의 판결이 피해자의 처분행위에 갈음하는 내용과 효력이 있어야 하므로 행위자는 진정한 권리자를 상대로 소송을 제기하여야 한다. 따라서 행위자가 타인 소유의 부동산에 관하여 아무런 권한이 없는 사람을 상대로 소유권확인등의 청구소송을 제기함으로써 법원을 기망하여 승소판결을 받고 그 확정판결을 이용하여 동 부동산에 대한 소유권보존등기를 경료했다 하여도, 위 판결의 효력은 소송당사자들 사이에만 미치고 제3자인 부동산소유자에게는 미치지 아니하여 위 판결로 인하여 위 부동산에 대한 제3자의 소유권이 행위자에게 이전되는 것도 아니므로 사기죄를 구성한다고 볼 수 없다(대판 1985.10.8. 84도2642).

2) 공모자에 대한 판결

> **1. 사기죄가 성립하는 사례**
> 원고인 피고인과 피고 갑이 공모하여 민사소송에서 법원에 대하여 위조된 문서를 증거로 제출하면서 피고인이 동일한 전 소송에서 모두 패소확정된 사실을 감춘 가운데, 피고인은 다른 피고들에게 피고인이 승소하더라도 피고 갑에 대하여서만 권리행사를 하고 다른 피고들에게는 집행을 하지 아니하겠다는 등으로 이들을 회유하여 이들의 적극적인 방어행위를 방해하고, 피고 갑은 원고인 피고인의 주장 사실을 단순히 부인하였을 뿐 동일한 전소에서의 피고인의 패소판결내용을 구체적으로 알고 있으면서도 이를 적극적으로 주장 입증하지 아니하는 등 불성실하게 소송을 진행하여 이러한 사정 등을 모르는 법원을 기망하였다면 소송사기가 된다(대판 1991.8.27. 91도1524).

2. 사기죄가 성립하지 아니하는 사례

- 건물을 신축하여 그 소유권을 원시취득한 미등기건물의 소유자가 있고 그에 대한 채권담보 등을 위하여 건축허가명의만을 가진 자가 따로 있는 상황에서, 건축허가명의자에 대한 채권자가 위 명의자와 공모하여 명의자를 상대로 위 건물에 관한 강제경매를 신청하여 법원의 경매개시결정이 내려지고, 그에 따라 위 명의자 앞으로 촉탁에 의한 소유권보존등기가 되고 나아가 그 경매절차에서 건물이 매각된 경우, 경매절차에서 한 법원의 재판이나 법원의 촉탁에 의한 소유권보존등기의 효력은 그 재판의 당사자도 아닌 위 진정한 소유자에게는 미치지 아니하는 것이어서, 피기망자인 법원의 재판이 피해자의 처분행위에 갈음하는 내용과 효력이 있는 것이라고 보기는 어렵기 때문에 경매신청행위 등이 진정한 소유자에 대한 관계에서 사기죄가 된다고 볼 수는 없다(대판 2013.11.28. 2013도459).

- 소송사기에 있어 피기망자인 법원의 재판은 피해자의 처분행위에 갈음하는 내용과 효력이 있는 것이어야 하므로, 피고인이 타인과 공모하여 그 공모자를 상대로 제소하여 의제자백의 판결을 받아 이에 기하여 부동산의 소유권이전등기를 하였다고 하더라도 이는 소송 상대방의 의사에 부합하는 것으로서 착오에 의한 재산적 처분행위가 있다고 할 수 없어 동인으로부터 부동산을 편취한 것이라고 볼 수 없고, 또 그 부동산의 진정한 소유자가 따로 있다고 하더라도 피고인이 의제자백판결에 기하여 그 진정한 소유자로부터 소유권을 이전받은 것이 아니므로 그 소유자로부터 부동산을 편취한 것이라고 볼 여지도 없다(대판 1997.12.23. 97도2430).

3) 사자에 대한 소송사기의 형법적 취급

① **문제점**: 피고인이 사자(死者)를 피고로 하여 법원에 제소한 것이라고 하더라도 법원을 기망하여 부동산 등을 편취하고자 하는 범행계획을 직접 개시한 것이므로 사기죄의 실행의 착수를 인정하여 사기미수죄의 성립을 인정할 것인지의 여부가 문제된다.

② **학설**: 범인이 재산상의 이익을 취득한 경우에는 사기죄, 그렇지 아니한 경우에는 사기죄의 장애미수가 된다는 견해, 사자 상대 소송제기를 수단의 착오로 인해 결과발생이 불가능한 경우로 이해하여 사기죄의 불능미수가 성립한다는 견해, 기본적으로 추상적 위험설을 지지하면서 사자인 정을 알면서 소송을 제기한 경우에는 그 위험성이 부정되므로 불능범, 생존자로 알았으나 소송진행 중 사자인 것이 밝혀진 경우에는 위험성이 인정되므로 불능미수라는 견해, 이 경우를 행위상황의 흠결로 이해하여 위험성 여부를 판단할 필요 없이 불능범으로 불가벌이라는 견해 등이 대립하고 있다.

③ **판례**: 판례는 사자를 상대로 한 제소의 경우 제소 당시에 사자임을 알고 제소한 때(대판 2002.1.11. 2000도1881)는 물론 사자임을 모르고 제소하여 소송수행 중 사자임이 밝혀진 때(대판 1997.7.8. 97도632)에도 사망한 자에 대한 판결은 그 내용에 따른 효력이 생기지 아니하여 상속인에게 그 효력이 미치지 아니하므로 사기죄가 성립하지 아니한다고 판시하고 있다.

④ **검토**: 생각건대 사자를 상대로 한 소송제기를 수단의 착오로 인해 결과발생이 불가능한 경우로 볼 수 없으므로 행위상황의 흠결로 인한 불능범으로 이해하여 불가벌이라고 보는 것이 타당하다고 판단된다.

(3) 피기망자의 착오 및 처분행위의 인과관계

착오와 처분행위 사이에 인과관계가 있어야 한다. 착오가 처분행위의 유일한 원인이 될 것을 요하는 것은 아니다.

> 갑 주식회사의 실질적 운영자이자 을 주식회사의 대표이사인 피고인 병 및 피고인 정 등이 공모하여, 갑 회사가 시행하고 을 회사가 시공하는 아파트 중 임대아파트 부분의 신축과 관련하여 국민주택기금의 기금수탁자인 무 은행에 국민주택기금을 재원으로 한 임대주택건설자금 대출을 신청하면서 아파트 부지의 매매가격을 부풀린 매매계약서 등을 제출하는 방법으로 무 은행을 기망하여 국민주택기금 대출금을 편취하였다는 내용으로 기소된 사안에서, 무 은행은 '호당 대출금액'과 임대아파트 세대수를 기준 삼아 전체 대출금액을 정하였고, '호당 대출금액'은 '호당 주택가격', 즉 '호당 부지가격'과 '호당 건물가격'을 기초로 산정되는데, '호당 건물가격'은 무 은행이 정한 표준건축비 단가를 적용하여 산정되므로 아파트 부지의 가치와는 무관하고 허위 매매계약서 등에 의하여 영향을 받을 수 있는 부분은 '호당 부지가격'뿐이며, '호당 부지가격'은 무 은행이 정한 '사정가격'에 의하여 정해지는데, 무 은행은 별도의 감정평가법인이 정한 감정평가액을 기초로 '사정가격'을 결정하였고, 감정평가액이 피고인들의 행위로 부당하게 높게 산정되었다는 점에 대한 증명이 부족하여 무 은행이 담보가치 평가를 그르쳐 적정 담보가치를 반영하지 못한 '사정가격'을 결정하였다고 단정하기 어려우므로, 피고인들이 아파트 부지의 매매가격을 부풀린 매매계약서 등을 제출한 행위와 무 은행의 대출 사이에 인과관계가 존재한다고 보기 어렵다고 한 사례(대판 2016.7.14. 2015도20233).

5. 주관적 요건

(1) 고 의

허위의 주장과 입증으로 법원을 기망하여 유리한 재판을 받고 재판의 상대방으로부터 재물 또는 재산상의 이익을 취득한다는 사실에 대한 인식과 의사가 있어야 한다. 따라서 단순히 사실을 잘못 인식하거나 법률적인 평가를 잘못하여 존재하지 아니하는 권리를 존재한다고 믿고 제소한 경우에는 사기죄가 성립하지 아니한다(대판 2018.12.28. 2018도13305).

(2) 불법영득의사

> [1] 기망행위를 수단으로 한 권리행사의 경우 그 권리행사에 속하는 행위와 그 수단에 속하는 기망행위를 전체적으로 관찰하여 그와 같은 기망행위가 사회통념상 권리행사의 수단으로서 용인할 수 없는 정도라면 그 권리행사에 속하는 행위는 사기죄를 구성한다.
> [2] 토지를 20년 이상 점유하여 왔더라도 그 점유권원의 성질이 불분명하여 일단 자주점유로 추정받기는 하나, 상대방이 그 추정을 번복시킬 수 있는 사실을 입증하면 취득시효를 인정받을 수 없어 결국 상대방의 입증 여부에 따라 소송의 승패가 결정되는 소송에서, 소송의 승패에 결정적인 증거인 자주점유의 권원에 관한 처분문서를 위조하고, 그 성립에 관한 위증을 교사함으로써 상대방의 추정번복의 입증을 원천적으로 봉쇄하고 법원으로서도 그 처분문서의 성립이 인정되는 한 채증법칙상 그 문서의 내용대로 인정할 수밖에 없도록 하는 등의 소송행위는 사회통념상 도저히 용인될 수 없다고 할 것이므로, 비록 점유자가 자주점유로 추정받는다고 하더라도 위와 같은 기망행위에 의하여 적극적으로 법원을 기망하여 착오에 빠지게 함으로써 승소판결을 받고, 등기까지 했던 것이라면 그 행위는 정당한 권리행사라 할 수 없어 사기죄를 구성한다(대판 1997.10.14. 96도1405).

6. 실행의 착수 및 기수시기

(1) 실행의 착수시기

원고의 경우에는 원칙적으로 법원에 소를 제기한 때, 피고의 경우에는 허위의 증거를 제출하거나 그에 따른 주장을 한 답변서나 준비서면을 제출한 때에 실행의 착수가 인정된다.

> 1. 실행의 착수가 인정되는 사례
>   - 소송사기는 법원을 기망하여 자기에게 유리한 판결을 얻고 이에 터잡아 상대방으로부터 재물의 교부를 받거나 재산상 이익을 취득하는 것을 말하는 것으로서 소송에서 주장하는 권리가 존재하지 않는 사실을 알고 있으면서도 법원을 기망한다는 인식을 가지고 소를 제기하면 이로써 실행의 착수가 있고 소장의 유효한 송달을 요하지 아니한다고 할 것인바, 이러한 법리는 제소자가 상대방의 주소를 허위로 기재함으로써 그 허위주소로 소송서류가 송달되어 그로 인하여 상대방 아닌 다른 사람이 그 서류를 받아 소송이 진행된 경우에도 마찬가지로 적용된다(대판 2006.11.10. 2006도5811).
>   - 피고인이 피해자와 사이에 온천의 시공에 필요한 비용을 포함한 일체의 비용을 자신이 부담하기로 약정하였음에도 피해자를 상대로 공사대금청구의 소를 제기하면서 시공 외의 비용은 모두 피해자가 부담한다는 내용으로 변조한 인증합의서를 소장에 첨부하여 제출한 경우, 소송사기의 실행에 착수하였다고 한 사례(대판 2005.3.24. 2003도2144)
> 2. 실행의 착수가 인정되지 아니하는 사례
>   예고등기로 인한 경매대상 부동산의 경매가격 하락 등을 목적으로 허위의 채권을 주장하며 채권자대위의 방식에 의한 원인무효로 인한 소유권보존등기 말소청구소송을 제기한 경우, 그 소송의 결과 원고가 승소한다고 가정하더라도 그 피고의 등기가 말소될 뿐이고 이것만으로 피고인이 위 부동산에 관한 어떠한 권리를 취득하거나 의무를 면하는 것은 아니므로 법원을 기망하여 재물이나 재산상 이익을 편취한 것이라고 보기 어렵고, 따라서 위 소제기 행위를 가리켜 사기의 실행에 착수한 것이라고 할 수 없다(대판 2009.4.9. 2009도128).

(2) 기수시기

소송사기는 ① 당해 소송의 판결이 확정된 때(대판 1980.4.22. 80도533), ② 공시최고신청에 의한 소송사기의 경우에는 법원으로부터 제권판결을 받은 때(대판 2003.12.26. 2003도4914), ③ 지급명령에 의한 소송사기의 경우에는 허위의 내용으로 신청한 지급명령이 그대로 확정된 때(대판 2004.6.24. 2002도4151) 기수가 된다.

> [1] 특정인 명의로 사정(査定)된 토지는 특별한 사정이 없는 한 사정명의자나 상속인의 소유로 추정되고, 토지 소유자가 행방불명되어 생사 여부를 알 수 없다 하더라도 그가 사망하고 상속인도 없다는 점이 증명되거나 토지에 대하여 민법 제1053조 내지 제1058조에 의한 국가귀속 절차가 이루어지지 아니한 이상 그 토지가 바로 무주부동산이 되어 국가 소유로 귀속되는 것은 아니다. 또한, 무주부동산이 아닌 한 국유재산법 제8조에 의한 무주부동산의 처리절차를 밟아 국유재산으로 등록되었다 하여 국가 소유로 되는 것도 아니다.

> [2] 甲이 일제시대 사정(査定)받은 토지에 대하여 소유자 미복구를 원인으로 국가 명의의 소유권보존등기가 되어 있는 상태에서, 피고인이 제1심 공동피고인과 공모하여 乙이 사정명의인 甲의 소유권을 대습상속한 것처럼 상속인의 사망 시기 등을 조작한 다음 乙을 원고로 하여 국가를 상대로 소유권보존등기말소등기 청구소송을 제기하여 이를 일부 인용하는 취지의 화해권고결정이 확정된 사안에서, 위 부동산에 대하여 민법 제1053조 이하의 절차에 따른 국가귀속 절차가 이루어지거나 국가가 소유권을 가지게 된 다른 특별한 사정이 있지 않는 한 당연히 국가 소유가 되는 것은 아니라고 할 것이나, 이미 국가 명의로 소유권보존등기가 되어 있는 상태에서 소유권보존등기의 말소 청구를 하고 청구의 일부인용 판결에 준하는 화해권고결정이 확정된 이상, 청구인용 부분에 대하여는 법원을 기망하여 유리한 결정을 받음으로써 '대상 토지의 소유명의를 얻을 수 있는 지위'라는 재산상 이익을 취득하였다고 할 것이고, 이는 사기죄의 대상인 재산상 이익의 편취에 해당한다는 이유로, 위 청구인용 부분에 대하여 사기죄, 그리고 화해권고결정에 의하여 등기말소청구를 포기한 부분에 대하여 사기미수죄를 각 인정한 원심판단을 수긍한 사례(대판 2011.12.13. 2011도8873).

7. 죄 수

법원을 기망하여 유리한 판결을 받은 후에 상대방으로부터 재물을 편취한 경우에는 사기죄의 포괄일죄가 성립한다. 소송사기로 인한 확정판결에 의하여 소유권이전등기를 경료한 경우에는 사기죄와 공정증서원본부실기재죄의 실체적 경합이 된다(대판 1983.4.26. 83도188).

IX 신용카드 관련범죄

1. 신용카드의 의의

신용카드란 이를 제시함으로써 반복하여 신용카드가맹점에서 일정 사항을 결제할 수 있는 증표로서 신용카드업자(외국에서 신용카드업에 상당하는 영업을 영위하는 자를 포함)가 발행한 것을 말한다(여신전문금융업법 제2조 제3호).

2. 법적 성격

신용카드는 물리적으로 관리가 가능한 유체물이고 현금대용기능과 신용구매기능을 가지고 있으므로 재물에 해당하나, 재산권이 화체되어 있지 아니하여 유가증권으로는 볼 수 없다(대판 1999.7.9. 99도857). 한편 신용카드는 카드상에 표시된 자가 회원의 자격을 가졌다는 점을 증명하고 회원과 가맹점 사이의 신용거래에서 발생한 거래대금에 대하여 카드회사가 책임을 진다는 것을 증명하여 주는 사실증명에 관한 사문서라고 하여야 한다.

3. 신용카드범죄의 유형

(1) 신용카드 자체에 대한 범죄

1) 신용카드의 불법영득

타인명의의 신용카드를 절취·강취·편취·갈취한 경우에는 신용카드 자체에 대한 절도죄(대판 1996.7.12. 96도1181), 강도죄(대판 1997.1.21. 96도2715), 사기죄, 공갈죄가 성립한다.

2) 신용카드의 부정발급

① **자기명의의 신용카드를 부정발급받은 경우** : 판례는 자기명의의 신용카드를 부정발급받은 이후의 물품구입 및 현금인출행위에 대해 사기죄의 포괄일죄가 성립한다고(대판 1996.4.9. 95도2466) 판시하고 있다.

> **자기명의의 신용카드를 부정발급받아 사용한 경우의 죄책**
>
> 1. **사실관계**
>   피고인은 대금결제의 의사와 능력이 없으면서 1992년 12월에 카드회사로부터 신용카드를 발급받아 이를 사용하여 1993년 1월 5일을 시작으로 그 해 9월 1일까지 총 22회에 걸쳐 710만원의 현금서비스를 받았다.
>
> 2. **판결요지**
>   피고인이 카드사용으로 인한 대금결제의 의사와 능력이 없으면서도 있는 것 같이 가장하여 카드회사를 기망하고, 카드회사는 이에 착오를 일으켜 일정 한도 내에서 카드사용을 허용해 줌으로써 피고인은 기망당한 카드회사의 신용공여라는 하자 있는 의사표시에 편승하여 자동지급기를 통한 현금대출도 받고, 가맹점을 통한 물품구입대금 대출도 받아 카드발급회사로 하여금 같은 액수 상당의 피해를 입게 함으로써, 카드사용으로 인한 일련의 편취행위가 포괄적으로 이루어지는 것이다. 따라서 카드사용으로 인한 카드회사의 손해는 그것이 자동지급기에 의한 인출행위이든 가맹점을 통한 물품구입행위이든 불문하고 모두가 피해자인 카드회사의 기망당한 의사표시에 따른 카드발급에 터잡아 이루어지는 사기의 포괄일죄이다(대판 1996.4.9. 95도2466).

② **타인명의의 신용카드를 부정발급받은 경우** : 판례는 타인명의의 신용카드를 부정발급받은 이후의 물품구입 및 현금인출행위 등에 대하여는 사안에 따라 개별적으로 판단하고 있다.

    ㉠ **신용카드부정발급에 대한 죄책** : 신용카드는 형법상의 재물이고 행위자가 지불의사를 기망하여 이에 기망당한 카드회사가 카드를 발급하여 처분행위를 하였으며 이로 인해 행위자는 신용카드라는 재물을 취득하고 카드회사에 손해를 발생시켰으므로 사기죄가 성립한다고 보는 것이 타당하다. 판례(대판 2006.7.27. 2006도3126)도 같은 취지로 판시하고 있는 것으로 보인다. 사기죄와 사문서위조죄·동행사죄는 상상적 경합의 관계에 있다.

    ㉡ **물품구입에 대한 죄책** : 신용카드를 이용한 물품구입에 대하여는 사기죄가 성립한다(대판 2006.7.27. 2006도3126). 사기죄와 여신전문금융업법상의 신용카드부정사용죄는 상상적 경합이 된다.

ⓒ 현금대출에 대한 죄책 : 카드회사의 내심의 의사는 물론 표시된 의사도 어디까지나 카드명의인인 피모용자에게 이를 허용하는 데 있을 뿐 피고인에게 이를 허용한 것은 아니라는 점에서, 현금대출을 받는 행위는 현금자동지급기의 관리자의 의사에 반하여 그의 지배를 배제한 채 그 현금을 자기의 지배하에 옮겨 놓는 행위로서 절도죄에 해당한다(대판 2006.7.27. 2006도3126). 학설은 절도죄와 신용카드부정사용죄는 상상적 경합이 된다고 하나, 판례(대판 1995.7.28. 95도997)는 양 죄가 실체적 경합의 관계에 있다고 한다.

ⓓ ARS 등을 이용한 신용대출에 대한 죄책 : 컴퓨터 등 정보처리장치에 권한 없이 정보를 입력하여 정보처리를 하게 함으로써 재산상 이익을 취득하는 행위로서 컴퓨터 등 사용사기죄에 해당한다(대판 2006.7.27. 2006도3126). 컴퓨터 등 사용사기죄와 신용카드부정사용죄는 상상적 경합이 된다.

ⓔ 죄수 : 판례에 의하면 신용카드, 물품구입에 대하여는 사기죄, 현금대출에 대하여는 절도죄, 신용대출에 대하여는 컴퓨터사용사기죄가 성립하고 각 죄는 실체적 경합의 관계에 있다. 이들 죄와 신용카드부정사용죄는 마찬가지로 실체적 경합의 관계에 있게 된다.

> **타인명의의 신용카드를 부정발급받아 사용한 경우의 죄책**
>
> 1. **사실관계**
>   피고인이 공소외인(이혼한 처)의 명의를 사칭하여 신용카드 발급신청서를 작성·제출하여 신용카드를 발급받은 뒤, 변제할 능력이나 의사가 없음에도 불구하고 냉장고 1대를 구입하고 현금지급기에서 현금서비스를 받고 ARS 서비스를 통하여 현금을 대출하였다.
>
> 2. **판결요지**
>   [1] 피고인이 타인의 명의를 모용하여 신용카드를 발급받은 경우, 비록 카드회사가 피고인으로부터 기망을 당한 나머지 피고인에게 피모용자 명의로 발급된 신용카드를 교부하고, 사실상 피고인이 지정한 비밀번호를 입력하여 현금자동지급기에 의한 현금대출(현금서비스)을 받을 수 있도록 하였다 할지라도, 카드회사의 내심의 의사는 물론 표시된 의사도 어디까지나 카드명의인인 피모용자에게 이를 허용하는 데 있을 뿐 피고인에게 이를 허용한 것은 아니라는 점에서, 피고인이 타인의 명의를 모용하여 발급받은 신용카드를 사용하여 현금자동지급기에서 현금대출을 받는 행위는 카드회사에 의하여 미리 포괄적으로 허용된 행위가 아니라, 현금자동지급기의 관리자의 의사에 반하여 그의 지배를 배제한 채 그 현금을 자기의 지배하에 옮겨 놓는 행위로서 절도죄에 해당한다.
>
>   [2] 타인의 명의를 모용하여 발급받은 신용카드의 번호와 그 비밀번호를 이용하여 ARS 전화서비스나 인터넷 등을 통하여 신용대출을 받는 방법으로 재산상 이익을 취득하는 행위 역시 미리 포괄적으로 허용된 행위가 아닌 이상, 컴퓨터 등 정보처리장치에 권한 없이 정보를 입력하여 정보처리를 하게 함으로써 재산상 이익을 취득하는 행위로서 컴퓨터 등 사용사기죄에 해당한다 (대판 2006.7.27. 2006도3126).

3) 신용카드의 위·변조

신용카드를 위·변조한 경우에는 신용카드위·변조죄가 성립한다(여신전문금융업법 제70조 제1항). 판례에 의하면 여신전문금융업법 제70조 제1항 제1호에서 위조행위를 처벌하고 있는 '신용카드 등'은 신용카드업자가 발행한 신용카드·직불카드 또는 선불카드만을 의미할 뿐, 회원권카드나 현금카드 등은 신용카드 기능을 겸하고 있다는 등의 특별한 사정이 없는 한 이에 해당할 여지가 없다고(대판 2010.6.10. 2010도3409) 한다.

(2) 신용카드의 부정사용에 대한 범죄

1) 자기명의의 신용카드의 부정사용

① **물품구입 및 현금대출에 대한 죄책** : 신용카드사용으로 인한 신용카드업자의 금전채권을 발생케 하는 행위는 카드회원이 신용카드업자에 대하여 대금을 성실히 변제할 것을 전제로 하는 것이므로, 카드회원이 일시적인 자금궁색 등의 이유로 그 채무를 일시적으로 이행하지 못하게 되는 상황이 아니라 이미 과다한 부채의 누적 등으로 신용카드 사용으로 인한 대출금채무를 변제할 의사나 능력이 없는 상황에 처하였음에도 불구하고 신용카드를 사용하였다면 사기죄에 있어서 기망행위 내지 편취의 범의를 인정할 수 있다(대판 2005.8.19. 2004도6859).

② **죄수** : 카드사용으로 인한 일련의 편취행위는 그것이 가맹점을 통한 물품구입행위이든, 현금자동지급기에 의한 인출행위이든 불문하고 모두가 피해자인 신용카드업자의 기망당한 금전대출에 터잡아 포괄적으로 이루어지는 것이라고 보아야 한다(대판 2005.8.19. 2004도6859). 한편 여신전문금융업법상의 신용카드부정사용죄는 자기명의의 카드이므로 성립하지 아니한다.

2) 타인명의의 신용카드의 부정사용

① **물품구입에 대한 죄책**

  ㉠ 사기죄의 성립 여부 : 절취·강취·습득한 타인의 신용카드를 마치 자기 것처럼 가장하여 가맹점으로부터 물품을 구입하는 경우에는 구입한 물품에 대하여 사기죄가 성립하고 카드에 대한 절도죄의 불가벌적 사후행위가 되지 아니한다(대판 1996.7.12. 96도1181).

  ㉡ 신용카드부정사용죄의 성립 여부

> **1. 신용카드부정사용죄의 성립 여부에 대한 사례**
> 1) 신용카드부정사용죄가 성립하는 사례
> - 강취한 신용카드를 가지고 자신이 그 신용카드의 정당한 소지인인양 가맹점의 점주를 속이고 그에 속은 점주로부터 주류 등을 제공받아 이를 취득한 것이라면 신용카드부정사용죄와 별도로 사기죄가 성립한다(대판 1997.1.21. 96도2715).
> - [1] 여신전문금융업법 제70조 제1항 제4호에서는 '강취·횡령하거나, 사람을 기망하거나 공갈하여 취득한 신용카드나 직불카드를 판매하거나 사용한 자'를 처벌하도록 규정하고 있는데, 여기에서 '사용'은 강취·횡령, 기망 또는 공갈로 취득한 신용카드나 직불카드를 진정한 카드로서 본래의 용법에 따라 사용하는 경우를 말한다. 그리고 '기망하거나 공갈하여 취득한 신용카드나 직불카드'는 문언상 '기망이나 공갈을 수단으로 하여 다른 사람으로부터 취득한 신용카드나 직불카드'라는 의미이므로, '신용카드나 직불카드의 소유자 또는 점유자를 기망하거나 공갈하여 그들의 자유로운 의사에 의하지 않고 점유가 배제되어 그들로부터 사실상 처분권을 취득한 신용카드나 직불카드'라고 해석되어야 한다.

[2] 피고인은 교도소에 수용 중인 피해자를 기망하여 2019.2.22. 이 사건 신용카드를 교부받은 뒤, 2019.2.26.부터 같은 해 3.25.까지 약 1개월간 총 23회에 걸쳐 피고인의 의사에 따라 이 사건 신용카드를 사용하였으므로, 피해자는 피고인으로부터 기망당함으로써 피해자의 자유로운 의사에 의하지 않고 이 사건 신용카드에 대한 점유를 상실하였고, 피고인은 이 사건 신용카드에 대한 사실상 처분권을 취득하였다고 보아야 한다. 따라서 이 사건 신용카드는 피고인이 이 사건 신용카드의 소유자인 피해자를 기망하여 취득한 신용카드에 해당하고, 이를 사용한 피고인의 행위는 기망하여 취득한 신용카드 사용으로 인한 여신전문금융업법 위반죄에 해당한다. 그런데도 원심은 피해자가 피고인에게 이 사건 신용카드 사용권한을 주었다는 이유로 이 부분 공소사실을 무죄로 판단하였다. 이러한 원심판결에는 여신전문금융업법 제70조 제1항 제4호에서 정한 '기망하여 취득한 신용카드'의 해석 등에 관한 법리를 오해하여 판결에 영향을 미친 잘못이 있다(대판 2022.12.16. 2022도10629).

2) 신용카드부정사용죄가 성립하지 아니하는 사례

유흥주점 업주가 과다한 술값 청구에 항의하는 피해자들을 폭행 또는 협박하여 피해자들로부터 일정 금액을 지급받기로 합의한 다음, 피해자들이 결제하라고 건네준 신용카드로 합의에 따라 현금서비스를 받거나 물품을 구입한 경우, 신용카드에 대한 피해자들의 점유가 피해자들의 의사에 기하지 않고 이탈하였거나 배제되었다고 보기 어려워 여신전문금융업법상의 신용카드 부정사용에 해당하지 않는다(대판 2006.7.6. 2006도654).

2. 신용카드부정사용죄의 기수시기

신용카드부정사용죄의 구성요건적 행위인 신용카드의 사용이라 함은 신용카드의 소지인이 신용카드의 본래 용도인 대금결제를 위하여 가맹점에 신용카드를 제시하고 매출전표에 서명하여 이를 교부하는 일련의 행위를 가리키므로, 단순히 신용카드를 제시하는 행위만으로는 신용카드부정사용죄의 실행에 착수한 것이라고 할 수는 있을지언정 그 사용행위를 완성한 것으로 볼 수 없고, 신용카드를 제시한 거래에 대하여 카드회사의 승인을 받았다고 하더라도 마찬가지라 할 것이다(대판 2008.2.14. 2007도8767).

ⓒ 죄수 : 신용카드를 부정사용하는 과정에서 행한 매출전표에 서명하여 이를 교부하는 사문서위조 및 동행사죄는 신용카드부정사용죄에 흡수되어 별죄를 구성하지 아니한다(대판 1992.6.9. 92도77). 이러한 법리에 의하면 매출전표를 작성하여 교부하지 않고 가맹점의 신용카드 단말기에 서명하고 신용카드로 결제한 경우, 사전자기록위작죄 및 위작사전자기록행사죄는 신용카드부정사용죄에 흡수되어 별죄를 구성하지 아니하는 것으로 볼 수 있다.

피고인은 절취한 카드로 가맹점들로부터 물품을 구입하겠다는 단일한 범의를 가지고 그 범의가 계속된 가운데 동종의 범행인 신용카드 부정사용행위를 동일한 방법으로 반복하여 행하였고, 또 위 신용카드의 각 부정사용의 피해법익도 모두 위 신용카드를 사용한 거래의 안전 및 이에 대한 공중의 신뢰인 것으로 동일하므로, 피고인이 동일한 신용카드를 위와 같이 부정사용한 행위는 포괄하여 일죄에 해당하고, 신용카드를 부정사용한 결과가 사기죄의 구성요건에 해당하고 그 각 사기죄가 실체적 경합관계에 해당한다고 하여도 신용카드부정사용죄와 사기죄는 그 보호법익이나 행위의 태양이 전혀 달라 실체적 경합관계에 있으므로 신용카드 부정사용행위를 포괄일죄로 취급하는 데 아무런 지장이 없다(대판 1996.7.12. 96도1181).

② 현금대출에 대한 죄책
  ㉠ 절도죄의 성립 여부 : 현금자동인출기에서 현금을 인출하여 그 현금을 취득함으로써 현금자동인출기 관리자의 의사에 반하여 그의 지배를 배제하고 그 현금을 자기의 지배하에 옮겨 놓는 것이 되므로 절도죄를 구성한다(대판 1995.7.28. 95도997).
  ㉡ 신용카드부정사용죄의 성립 여부 : 절취·강취한 신용카드로 현금대출을 받은 경우, 신용카드에 대한 절도죄나 강도죄 이외에 여신전문금융업법상의 신용카드부정사용죄도 성립한다(대판 1995.7.28. 95도997).
  ㉢ 죄수 : 피해자 명의의 신용카드를 부정사용하여 현금자동인출기에서 현금을 인출하고 그 현금을 취득까지 한 행위는 신용카드부정사용죄에 해당할 뿐 아니라 별도로 절도죄를 구성하고, 양 죄는 보호법익이나 행위태양이 전혀 달라 실체적 경합관계에 있는 것으로 보아야 한다(대판 1995.7.28. 95도997).
③ 예금인출에 대한 죄책
  ㉠ 절도죄의 성립 여부 : 판례에 의하면 강취한 현금카드를 사용하여 현금자동지급기에서 예금을 인출한 행위는 피해자의 승낙에 기한 것이라고 할 수 없으므로, 현금자동지급기 관리자의 의사에 반하여 그의 지배를 배제하고 그 현금을 자기의 지배하에 옮겨 놓는 것이 되어 강도죄와는 별도로 절도죄를 구성한다고(대판 2007.5.10. 2007도1375) 한다.

> **타인의 현금카드·직불카드로 예금을 인출한 경우의 죄책**
> 1. 절도죄가 성립하는 사례
>   - 범인이 피해자로부터 직불카드 등을 강취한 경우에는, 이를 갈취 또는 편취한 경우와는 달리, 피해자가 그 직불카드 등의 사용권한을 범인에게 부여하였다고 할 수 없고, 따라서 그와 같이 강취한 직불카드를 사용하여 현금자동인출기에서 현금을 인출하여 가진 경우에는 그 현금자동인출기 관리자의 의사에 반하여 그의 지배를 배제하고 그 현금을 자기의 지배하에 옮겨 놓는 것이 되므로 절도죄가 별도로 성립한다고 할 것이다(대판 2007.4.13. 2007도1377).
>   - 강취한 현금카드를 사용하여 현금자동지급기에서 예금을 인출한 행위는 피해자의 승낙에 기한 것이라고 할 수 없으므로, 현금자동지급기 관리자의 의사에 반하여 그의 지배를 배제하고 그 현금을 자기의 지배하에 옮겨 놓는 것이 되어서 강도죄와는 별도로 절도죄를 구성한다(대판 2007.5.10. 2007도1375).
> 2. 절도죄가 성립하지 아니하는 사례
>   - 예금주인 현금카드 소유자로부터 그 카드를 편취하여, 비록 하자 있는 의사표시이기는 하지만 현금카드 소유자의 승낙에 의하여 사용권한을 부여받은 이상, 피고인이 현금카드의 소유자로부터 현금카드를 사용한 예금인출의 승낙을 받고 현금카드를 교부받은 행위와 이를 사용하여 현금자동지급기에서 예금을 여러 번 인출한 행위들은 모두 현금카드 소유자의 예금을 편취하고자 하는 피고인의 단일하고 계속된 범의 아래에서 이루어진 일련의 행위로서 포괄하여 하나의 사기죄를 구성한다고 볼 것이지, 현금자동지급기에서 카드 소유자의 예금을 인출, 취득한 행위를 현금자동지급기 관리자의 의사에 반하여 그가 점유하고 있는 현금을 절취한 것이라 하여 이를 현금카드 편취행위와 분리하여 따로 절도죄로 처단할 수는 없다(대판 2005.9.30. 2005도5869).

> • 예금주인 현금카드 소유자를 협박하여 그 카드를 갈취한 다음 피해자의 승낙에 의하여 현금카드를 사용할 권한을 부여받아 이를 이용하여 현금자동지급기에서 현금을 인출한 행위는 모두 피해자의 예금을 갈취하고자 하는 피고인의 단일하고 계속된 범의 아래에서 이루어진 일련의 행위로서 포괄하여 하나의 공갈죄를 구성하므로, 현금자동지급기에서 피해자의 예금을 인출한 행위를 현금카드 갈취행위와 분리하여 따로 절도죄로 처단할 수는 없다(대판 2007.5.10. 2007도1375).

ⓒ 신용카드부정사용죄의 성립 여부 : 판례는 절취한 직불카드를 온라인 현금자동지급기에 넣고 비밀번호 등을 입력하여 피해자의 예금을 인출한 행위는 여신전문금융업법상의 부정사용의 개념에 포함될 수 없다고 하여 직불카드부정행사죄에 해당하지 않는다고(대판 2003.11.14. 2003도3977) 판시하고 있다. 이러한 판례의 취지를 고려할 때 범죄로 취득한 신용카드로 피해자의 예금을 인출한 행위는 신용카드부정사용죄에 해당하지 아니할 것으로 보인다.

④ 계좌이체에 대한 죄책 : 권한 없이 현금자동인출기나 인터넷뱅킹으로 타인의 예금계좌에서 자신의 예금계좌로 금원을 이체하여 예금채권을 취득한 것은 컴퓨터 등 사용사기죄에 해당한다(대판 2004.4.16. 2004도353).

(3) 매출전표의 허위작성행위

1) 사기죄의 성립 여부

판례는 신용카드회사는 매출전표에 기재된 바와 같은 가맹점의 용역의 제공이 실제로 있은 것으로 오신하여 그에게 그 대금 상당의 금원을 교부한 경우, 가맹점주가 용역의 제공을 가장한 허위의 매출전표임을 고지하지 아니한 채 신용카드회사에게 제출하여 대금을 청구한 행위는 사기죄의 실행행위로서의 기망행위에 해당하고 신용카드 이용대금을 변제할 의사와 능력이 있었다고 하더라도 사기죄의 범의가 있었음을 인정할 수 있다고(대판 1999.2.12. 98도3549) 한다.

2) 여신전문금융업법위반죄의 성립 여부

동법 제19조 제5항 제3호의 규정을 위반하여 다른 신용카드가맹점의 명의를 사용하여 신용카드로 거래를 한 경우에는 동법 제70조 제3항 제3호에 의하여 처벌된다.

제4절 공갈의 죄

I 의 의

1. 개 념

공갈의 죄는 사람을 공갈하여 재물의 교부를 받거나 재산상의 이익을 취득하거나 제3자로 하여금 취득하게 하는 것을 내용으로 하는 범죄를 말한다.

2. 보호법익 및 보호정도

공갈죄의 주된 보호법익은 재산권이고 사람의 의사결정의 자유도 부차적인 보호법익이 된다. 보호받는 정도는 침해범이다.

II 공갈죄

1. 의 의

공갈죄는 사람을 공갈하여 재물의 교부를 받거나 재산상의 이익을 취득하거나 제3자로 하여금 재물의 교부를 받게 하거나 재산상의 이익을 취득하게 함으로써 성립하는 범죄이다(형법 제350조).

2. 구성요건

(1) 객관적 구성요건

1) 객 체

공갈죄의 객체는 재물 또는 재산상의 이익으로 사기죄의 경우와 동일하다. 재물에는 부동산이 포함되고 채무를 변제받거나 채권양도를 약속받는 것도 이에 해당하나, 부녀와의 정교는 재물이나 재산상의 이익에 해당하지 아니한다.

> **공갈죄의 객체가 인정되지 아니하는 사례**
> • 공갈죄는 재산범으로서 그 객체인 재산상 이익은 경제적 이익이 있는 것을 말하는 것인바, 일반적으로 부녀와의 정부 그 자체는 이를 경제적으로 평가할 수 없는 것이므로 부녀를 공갈하여 정교를 맺었다고 하여도 특단의 사정이 없는 한 이로써 재산상 이익을 갈취한 것이라고 볼 수는 없는 것이며, 부녀가 주점접대부라 할지라도 피고인과 매음을 전제로 정교를 맺은 것이 아닌 이상 피고인이 매음대가의 지급을 면하였다고 볼 여지가 없으니 공갈죄가 성립하지 아니한다(대판 1983.2.8. 82도2714).

- 甲이 乙의 돈을 절취한 다음 다른 금전과 섞거나 교환하지 않고 쇼핑백 등에 넣어 자신의 집에 숨겨두었는데, 피고인이 乙의 지시로 폭력조직원 丙과 함께 甲에게 겁을 주어 쇼핑백 등에 들어 있던 절취된 돈을 교부받아 갈취하였다고 하여 폭력행위 등 처벌에 관한 법률 위반(공동공갈)으로 기소된 경우, 피고인 등이 甲에게서 되찾은 돈은 절취 대상인 당해 금전이라고 구체적으로 특정할 수 있어 객관적으로 甲의 다른 재산과 구분됨이 명백하므로 이를 타인인 甲의 재물이라고 볼 수 없고, 따라서 비록 피고인 등이 甲을 공갈하여 돈을 교부받았더라도 타인의 재물을 갈취한 행위로서 공갈죄가 성립된다고 볼 수 없다(대판 2012.8.30. 2012도6157).

2) 행 위

공갈이란 재물을 교부받거나 재산상의 이익을 취득하기 위하여 폭행·협박으로 상대방에게 외포심을 일으키게 하는 것을 말한다.

① **폭행·협박** : 폭행이란 사람에 대한 직·간접적인 유형력의 행사를 말하고(광의의 폭행), 협박이란 해악을 고지하여 상대방에게 외포심을 일으키는 것을 말한다(협의의 협박). 해악의 고지는 반드시 명시의 방법에 의할 것을 요하지 아니하며 언어나 거동에 의하여 상대방으로 하여금 어떠한 해악에 이르게 할 것이라는 인식을 갖게 하는 것이면 족한 것이고, 또한 직접적이 아니더라도 피공갈자 이외의 제3자를 통해서 간접적으로 할 수도 있으며, 행위자가 그의 직업, 지위 등에 기하여 불법한 위세를 이용하여 재물의 교부나 재산상 이익을 요구하고 상대방으로 하여금 그 요구에 응하지 아니한 때에는 부당한 불이익을 초래할 위험이 있다는 위구심을 야기하게 하는 경우에도 해악의 고지가 된다(대판 2003.5.13. 2003도709).

② **폭행·협박의 정도** : 폭행·협박은 사람의 의사결정과 행동의 자유를 제한하는 정도로 충분하며 상대방의 반항을 억압할 정도인 경우에는 강도죄가 성립한다.

1. **공갈죄가 성립하는 사례**
   - 신문의 부실공사 관련 기사에 대한 해당 건설업체의 반박광고가 있었음에도 재차 부실공사 관련 기사가 나가는 등 그 신문사 기자들과 그 건설업체 대표이사의 감정이 악화되어 있는 상태에서, 그 신문사 사주 및 광고국장이 보도자제를 요청하는 그 건설업체 대표이사에게 자사 신문에 사과광고를 싣지 않으면 그 건설업체의 신용을 해치는 기사가 계속 게재될 것 같다는 기자들의 분위기를 전달하는 방식으로 사과광고를 게재토록 하면서 과다한 광고료를 받은 경우, 이는 공갈죄의 구성요건에 해당한다(대판 1997.2.14. 96도1959).
   - [1] 대상 기업에 특정한 요구를 하면서 이에 응하지 않을 경우 불매운동의 실행 등 대상 기업에 불이익이 되는 조치를 취하겠다고 고지하거나 공표하는 것과 같이 소비자불매운동의 일환으로 이루어지는 것으로 볼 수 있는 표현이나 행동이 정치적 표현의 자유나 일반적 행동의 자유 등의 관점에서도 전체 법질서상 용인될 수 없을 정도로 사회적 상당성을 갖추지 못한 때에는 그 행위 자체가 강요죄나 공갈죄에서 말하는 협박의 개념에 포섭될 수 있다.
   [2] 피고인 1이, 甲 주식회사가 특정 신문들에 광고를 편중했다는 이유로 기자회견을 열어 甲 회사에 대하여 불매운동을 하겠다고 하면서 특정 신문들에 대한 광고를 중단할 것과 다른 신문들에 대해서도 특정 신문들과 동등하게 광고를 집행할 것을 요구하고 甲 회사 인터넷 홈페이지에 '甲 회사는 앞으로 특정 언론사에 편중하지 않고 동등한 광고 집행을 하겠다'는 내용의 팝업창을 띄우게

한 경우, 불매운동의 목적, 그 조직과정 및 규모, 대상 기업으로 甲 회사 하나만을 선정한 경우, 피고인 1의 행위는 甲 회사의 의사결정권자로 하여금 그 요구를 수용하지 아니할 경우 불매운동이 지속되어 영업에 타격을 입게 될 것이라는 겁을 먹게 하여 의사결정 및 의사실행의 자유를 침해한 것으로 강요나 공갈죄의 수단으로서의 협박에 해당한다.
[3] 피고인 1이 甲주식회사 직원을 협박하여 甲주식회사가 그 의사에 반하여 ㅁㅁㅁ신문과 ◇◇신문에 광고를 게재하고 광고료를 지급하게 한 경우, 공갈죄가 성립한다(대판 2013.4.11. 2010도13774).[96]

2. 공갈죄가 성립하지 아니하는 사례
지역신문의 발행인이 시정에 관한 비판기사 및 사설을 보도하고 관련 공무원에게 광고의뢰 및 직보배정을 타 신문사와 같은 수준으로 높게 해달라고 요청한 사실만으로 공갈죄의 수단으로서 그 상대방을 협박하였다고 볼 수 없다(대판 2002.12.10. 2001도7095).

③ **공갈의 상대방** : 공갈의 상대방은 재산에 대하여 처분행위를 할 수 있는 권한·지위에 있는 자이어야 하고 피공갈자와 재산상의 피해자는 동일인일 필요는 없다.

3) **피공갈자의 외포상태 및 처분행위**

공갈로 인하여 피공갈자에게 외포심이 야기되어야 하고, 피공갈자는 이로 인하여 재물을 교부하거나 재산상의 이익을 공여하는 처분행위를 하여야 한다. 즉 피공갈자의 외포상태 및 이로 인한 처분행위 사이에는 인과관계가 인정되어야 한다. 판례에 의하면 피공갈자가 자의로 재물을 교부한 경우뿐만 아니라 공갈로 인하여 피공갈자가 외포심을 일으켜 묵인하고 있는 사이에 공갈자가 직접 재물을 탈취한 때에도 공갈죄는 성립한다고(대판 2012.1.27. 2011도16044) 한다.

피고인이 피해자가 운전하는 택시를 타고 간 후 최초의 장소에 이르러 택시요금의 지급을 면할 목적으로 다른 장소에 가자고 하였다면서 택시에서 내린 다음 택시요금 지급을 요구하는 피해자를 때리고 달아나자, 피해자가 피고인이 말한 다른 장소까지 쫓아가 기다리다 그곳에서 피고인을 발견하고 택시요금 지급을 요구하였는데 피고인이 다시 피해자의 얼굴 등을 주먹으로 때리고 달아난 경우, 피해자가 피고인에게 계속해서 택시요금의 지급을 요구하였으나 피고인이 이를 면하고자 피해자를 폭행하고 달아났을 뿐, 피해자가 폭행을 당하여 외포심을 일으켜 수동적·소극적으로라도 피고인이 택시요금 지급을 면하는 것을 용인하여 이익을 공여하는 처분행위를 하였다고 할 수 없다(대판 2012.1.27. 2011도16044).

4) **재산상의 손해 및 재산상 이익의 취득**

피공갈자의 처분행위로 인한 재산상의 손해 및 재산상 이익의 취득 사이에도 인과관계가 요구된다. 공갈은 하였으나 상대방이 외포심을 일으키지 아니하였거나 다른 이유에 의하여 재물을 교부한 때에는 공갈에 의하여 재물을 교부한 것이 아니므로 본죄는 미수에 그치게 된다. 판례에 의하면 피공갈자의 하자 있는 의사에 의하여 이루어지는 재물의 교부 자체가 공갈죄의 재산상의 손해에 해당하므로 반드시 피해자의 전체 재산의 감소가 요구되는 것은 아니라고(대판 2013.4.11. 2010도13774) 한다.

---

96) 판례에 의하면 피고인 1에게 [1]의 행위에 대하여는 강요죄, [2]의 행위에 대하여는 공갈죄가 인정되고, 피고인 1의 요청으로 피고인 1과 기자회견장에 동석한 피고인 2에게는 강요방조죄 및 공갈방조죄의 죄책을 지게 된다.

5) 착수시기·기수시기

본죄는 갈취의 의사로 공갈행위를 개시한 때에 실행의 착수가 있다. 제3자를 통하여 해악을 고지한 경우에는 해악의 고지가 피해자에게 도달한 때에 실행의 착수가 있다(대판 1969.7.29. 69도984). 이때 상대방이 외포심을 일으켰는지 여부는 관계가 없다. 피공갈자의 처분행위로 인해 행위자가 재물 또는 재산상의 이익을 교부받은 때, 즉 피해자에게 재산상의 손해가 발생한 때에 기수가 된다.

(2) 주관적 구성요건

공갈죄가 성립하기 위해서는 사기죄의 경우와 마찬가지로 고의와 불법영득·이득의 의사가 인정되어야 한다.

3. 위법성

(1) 문제점

권리자가 권리의 실현의 수단으로 공갈에 의하여 재물을 교부받은 경우에 공갈죄의 성립 여부가 문제된다.

(2) 학 설

권리자에게 정당한 청구권이 있어 불법한 이익이라고 할 수 없으므로 권리행사의 범위를 초과하지 아니하는 한 공갈죄는 성립하지 아니하고 폭행·협박죄가 성립할 수 있을 뿐이라는 견해, 권리행사라고 하더라도 사회통념상 허용되는 정도나 범위를 넘어서는 경우에는 권리남용으로서 위법하므로 공갈죄가 성립한다는 견해, 특정물을 교부받은 경우에는 영득행위가 위법하지 아니하므로 위법성이 조각되지만, 불특정물을 교부받거나 재산상의 이익을 취득한 경우에는 공갈죄가 성립한다는 견해가 대립하고 있다.

(3) 판 례

판례는 해악의 고지가 비록 정당한 권리의 실현 수단으로 사용된 경우라고 하여도 그 권리실현의 수단·방법이 사회통념상 허용되는 정도나 범위를 넘는 것인 이상 공갈죄가 성립한다고(대판 1995.3.10. 94도2422) 판시하고 있다.

(4) 검 토

생각건대 불법영득·이득의 의사를 인정할 수 없어 공갈죄는 성립하지 아니하므로 폭행·협박죄가 성립할 수 있을 뿐이라는 견해가 타당하다. 나아가 폭행·협박이 사회상규에 반할 정도가 아니라면 위법성이 조각될 수 있다고 보아야 한다. 그러나 권리행사의 범위를 초과한 경우, 그 초과부분이 가분적이라면 초과부분에 대하여만 공갈죄가 성립하고, 불가분적이라면 전체에 대하여 공갈죄가 성립한다고 보는 것이 타당하다고 판단된다.

1. 공갈죄가 성립하는 사례

   [1] 피고인은 피해자 회사들에 6~8일간의 유예기간을 두고 돈을 요구하면서 그때까지 돈이 지급되지 않으면 자동차 부품 생산라인을 중단하여 자동차 부품 공급 중단으로 큰 손실을 입게 만들겠다는 태도를 보였다. 이러한 언행은 피해자 회사들의 자유로운 의사결정을 제한하거나 의사실행의 자유를 방해할 정도에 이르는 해악의 고지에 해당한다. 피고인은 이와 같은 해악의 고지로 두려움을 느낀 피해자 공소외 1 주식회사로부터 손실비용 등 명목으로 합계 110억원을 받고, 피해자 공소외 2 주식회사로부터 4,299,986,069원을 받아 이를 갈취하였다.

   [2] 피고인 운영 회사는 계속적인 재정 악화 등으로 회사 운영에 어려움을 겪었고 그로 인해 피해자 회사들이 피고인으로부터 금형 이관 절차를 검토하는 등으로 피고인 운영 회사가 절박한 상황에 있었다. 그러나 피고인이 합법적인 방법으로 피해자 회사들과 갈등을 해결하려고 시도하지 않고 곧바로 생산라인을 중단하겠다고 협박한 것은 피고인의 법익을 보호하기 위한 유일한 수단이라거나 적합한 수단이었다고 볼 수 없으므로 위법성이 조각되지 않는다(대판 2019.2.14. 2018도19493).

2. 공갈죄가 성립하지 아니하는 사례
   - 국가안전기획부 직원이 아들 담임선생의 부탁을 받고 그 담임선생의 채무자에게 채무변제를 독촉하는 과정에서 다소 위협적인 말을 한 경우, 이는 사회통념상 허용되는 범위를 넘어선 것이라고 할 수 없어 공갈죄가 성립되지 아니한다(대판 1993.12.24. 93도2339).
   - 피해자가 공소외 (갑)을 대리하여 동인 소유의 여관을 피고인에게 매도하고 피고인으로부터 계약금과 잔대금 일부를 수령하였는데 그 후 위 (갑)이 많은 부채로 도피해 버리고 동인의 채권자들이 채무변제를 요구하면서 위 여관을 점거하여 피고인에게 여관을 명도하기가 어렵게 되자 피고인은 피해자에게 여관을 명도해 주던가 명도소송비용을 내놓지 않으면 고소하여 구속시키겠다고 말한 경우 피고인이 매도인의 대리인인 위 피해자에게 위 여관의 명도 또는 명도소송비용을 요구한 것은 매수인으로서 정당한 권리행사라 할 것이며 위와 같이 다소 위협적인 말을 하였다고 하여도 이는 사회통념상 용인될 정도의 것으로서 협박으로 볼 수 없다(대판 1984.6.26. 84도648).

4. 타죄와의 관계

(1) 폭행·협박죄와의 관계

판례는 공갈죄의 수단으로서 한 협박은 공갈죄에 흡수될 뿐 별도로 협박죄를 구성하지 않으므로, 그 범죄사실에 대한 피해자의 고소는 결국 공갈죄에 대한 것이라 할 것이어서 그 후 고소가 취소되었다 하여 공갈죄로 처벌하는 데에 아무런 장애가 되지 아니한다고(대판 1996.9.24. 96도2151) 한다.

(2) 사기죄와의 관계

기망과 공갈의 두 가지 수단을 병용하여 재물 등을 교부받은 경우, 사실관계에 따라 기망과 공갈 중 어느 요소가 피해자의 의사형성에 영향을 미쳤는지 여부에 따라 결정된다. 그러나 공갈과 기망이 피해자의 의사형성에 독립적으로 함께 영향을 미친 경우에는 사기죄와 공갈죄는 상상적 경합의 관계에 있게 된다.

(3) 수뢰죄와의 관계

1) 문제점

공무원이 상대방을 공갈하여 재물의 교부를 받은 경우 공무원에게 공갈죄가 성립함에는 의문이 없으나, 공무원에게 또한 수뢰죄, 그 상대방에게 증뢰죄가 성립할 수 있는지 여부에 대하여는 견해의 대립이 있다.

2) 공무원의 죄책

① 학설 : 공무원이 직무집행의 의사로 당해 직무와 관련하여 공갈하여 재물을 교부받으면 수뢰죄와 공갈죄의 상상적 경합이 되고, 공무원에게 직무집행의 의사가 없으면 공갈죄만 성립한다는 견해, 공갈로 인하여 재물을 교부받은 경우에도 직무행위에 대한 대가관계만 있으면 충분하고 직무집행의 의사 유무와는 무관하게 수뢰죄가 성립한다는 견해가 대립하고 있다.

② 판례 : 판례는 공무원이 직무집행의 의사 없이 또는 직무처리와 대가적 관계없이 타인을 공갈하여 재물을 교부하게 한 경우에는 공갈죄만이 성립한다고(대판 1994.12.22. 94도2528) 판시하고 있다.

③ 검토 : 생각건대 수뢰죄의 구성요건의 해석에 있어서 공무원에게 직무집행의 의사가 있는지의 여부는 묻지 아니하므로 직무처리와 대가적 관계가 있으면 수뢰죄를 인정하는 견해가 타당하다고 판단된다. 따라서 공무원의 직무행위와 대가관계가 인정되면 공무원에게는 수뢰죄와 공갈죄의 상상적 경합이 성립할 것이다.

3) 피공갈자의 죄책

① 학설 : 피공갈자가 공갈로 인해 외포심에서 마지못해 교부한 것이므로 증뢰죄는 성립하지 아니한다는 견해, 피공갈자가 비록 외포심에서 재물을 교부하였더라도 그의 의사에 반한 것이라고는 할 수 없으므로 공갈자에게 수뢰죄가 성립하는 경우에는 피공갈자에게 증뢰죄가 성립한다는 견해가 대립하고 있다.

② 판례 : 판례는 공무원이 직무집행의 의사 없이 또는 직무처리와 대가적 관계없이 타인을 공갈하여 재물을 교부하게 한 경우에는 공갈죄만이 성립하고, 이러한 경우 재물의 교부자가 공무원의 해악의 고지로 인하여 외포의 결과 금품을 제공한 것이라면 그는 공갈죄의 피해자가 될 것이고 뇌물공여죄는 성립될 수 없다고(대판 1994.12.22. 94도2528) 한다.

③ 검토 : 생각건대 공무원이 직무행위와 대가관계가 인정되는 재물을 교부받은 경우에는 피공갈자에게도 증뢰죄가 성립한다고 보는 것이 타당하다고 판단된다.

(4) 기타의 죄와의 관계

공갈죄에 있어서 공갈행위의 수단으로 상해행위가 행하여진 경우에는 공갈죄와 별도로 상해죄가 성립하고, 이들 죄는 상상적 경합 관계에 있다(대판 2008.1.24. 2007도9580).

Ⅲ 특수공갈죄

특수공갈죄는 단체 또는 다중의 위력을 보이거나 위험한 물건을 휴대하여 공갈죄를 범함으로써 성립하는 범죄이다(형법 제350조의2).

Ⅳ 상습공갈죄

상습공갈죄는 상습으로 공갈죄 또는 특수공갈죄를 범함으로써 성립하는 범죄이다(형법 제351조).

제5절 횡령의 죄

Ⅰ 의 의

1. 개 념

횡령의 죄는 자기가 보관하는 타인의 재물이나 점유이탈물을 불법하게 영득하는 것을 내용으로 하는 범죄이다.

2. 보호법익 및 보호정도

횡령죄는 소유권을 보호법익으로 하며 보호정도는 침해범이다. 그러나 판례는 본권이 침해될 위험성이 있으면 침해의 결과가 발생되지 아니하더라도 성립하는 위험범이라고(대판 2009.2.12. 2008도10971) 판시하고 있다.

3. 횡령죄의 본질

위탁물에 대한 권한을 초월하는 처분행위를 함으로써 위탁에 기초한 신임관계를 깨뜨리는 데 횡령죄의 본질이 있다는 월권행위설이 주장되고 있으나, 횡령죄의 보호법익이 소유권이므로 소유권을 침해하는 의사로서 불법영득의사가 필요하다는 점에서 위탁물을 불법하게 영득하는 데 횡령죄의 본질이 있다고 이해하는 영득행위설(대판 2004.12.9. 2004도5904)이 타당하다고 판단된다.

Ⅱ 횡령죄

1. 의 의

횡령죄는 타인의 재물을 보관하는 자가 그 재물을 횡령하거나 그 반환을 거부함으로써 성립하는 범죄이다(형법 제355조 제1항).

2. 구성요건

(1) 객관적 구성요건

1) 주 체

횡령죄의 주체는 위탁관계에 의하여 타인의 재물을 보관하는 자이다.

① 보 관

㉠ 의의 : 행위자 자신이 재물을 사실상·법률상 지배하는 것으로서 횡령죄의 보관은 신임관계를 기초로 하는 것이므로 사실상의 지배 이외에 법률상의 지배까지 포함하며 진정신분범의 신분요소로서의 기능을 한다.

> 횡령죄는 타인의 재물을 보관하는 사람이 재물을 횡령하거나 반환을 거부한 때에 성립한다(형법 제355조 제1항). 횡령죄에서 재물의 보관은 재물에 대한 사실상 또는 법률상 지배력이 있는 상태를 의미하며, 횡령행위는 불법영득의사를 실현하는 일체의 행위를 말한다. 따라서 소유권의 취득에 등록이 필요한 타인 소유의 차량을 인도받아 보관하고 있는 사람이 이를 사실상 처분하면 횡령죄가 성립하며, 보관 위임자나 보관자가 차량의 등록명의자일 필요는 없다. 그리고 이와 같은 법리는 지입회사에 소유권이 있는 차량에 대하여 지입회사에서 운행관리권을 위임받은 지입차주가 지입회사의 승낙 없이 보관 중인 차량을 사실상 처분하거나 지입차주에게서 차량 보관을 위임받은 사람이 지입차주의 승낙 없이 보관 중인 차량을 사실상 처분한 경우에도 마찬가지로 적용된다(대판 2015.6.25. 2015도1944 [전합]).

㉡ 법률상의 재물지배가 문제되는 경우

㉮ 부동산의 보관 : 부동산에 대한 보관자의 지위는 점유가 아니라 그 부동산을 유효하게 처분할 수 있는 권능의 존부를 기준으로 결정하여야 한다(대판 2005.6.24. 2005도2413). 등기명의인은 원칙적으로 부동산의 보관자가 될 수 있지만 등기가 원인무효인 경우에는 보관자가 될 수 없다(대판 2021.2.18. 2016도18761[전합]). 부동산에 대하여 등기 유무를 불문하고 위탁관계로 인하여 현실로 부동산을 관리·지배하는 자는 명의인이 아닐지라도 보관자가 된다(대판 1993.3.9. 92도2999).

1. **보관자에 해당하는 사례**
   횡령죄에 있어서 부동산을 보관하는 자라 함은 동산의 경우와는 달리 그 부동산에 대한 점유를 기준으로 할 것이 아니고 그 부동산을 제3자에게 유효하게 처분할 수 있는 권능의 유무를 기준으로 하여 결정하여야 할 것이고, 토지의 일부지분에 관하여 명의신탁에 의한 소유권이전등기를 경료 받은 사람은 그 지분의 범위 내에서 그 토지를 제3자에게 유효하게 처분할 수 있는 권능을 갖게 되어 그 부동산을 보관하는 자의 지위에 있다 할 것이다(대판 1989.12.8. 89도1220).[97]

2. **보관자에 해당하지 아니하는 사례**
   - [1] 부동산에 관한 횡령죄에 있어서 타인의 재물을 보관하는 자의 지위는 동산의 경우와는 달리 부동산에 대한 점유의 여부가 아니라 부동산을 제3자에게 유효하게 처분할 수 있는 권능의 유무에 따라 결정하여야 하므로, 부동산의 공유자 중 1인이 다른 공유자의 지분을 임의로 처분하거나 임대하여도 그에게는 그 처분권능이 없어 횡령죄가 성립하지 아니한다. [2] 구분소유자 전원의 공유에 속하는 공용부분인 지하주차장 일부를 그중 1인이 독점 임대하고 수령한 임차료를 임의로 소비한 경우 횡령죄가 성립하지 아니한다고 한 사례(대판 2004.5.27. 2003도6988).
   - 부동산에 관한 횡령죄에 있어서 타인의 재물을 보관하는 자의 지위는 동산의 경우와는 달리 부동산에 대한 점유의 여부가 아니라 부동산을 제3자에게 유효하게 처분할 수 있는 권능의 유무에 따라 결정하여야 하므로, 부동산을 공동으로 상속한 자들 중 1인이 부동산을 혼자 점유하던 중 다른 공동상속인의 상속지분을 임의로 처분하여도 그에게는 그 처분권능이 없어 횡령죄가 성립하지 아니한다(대판 2000.4.11. 2000도565).
   - 타인 소유의 토지에 관하여 허위의 보증서와 확인서를 발급받아 부동산소유권이전등기 등에 관한 특별조치법에 따른 소유권이전등기를 임의로 마친 사람은 그와 같은 원인무효 등기에 따라 토지에 대한 처분권능이 새로이 발생하는 것이 아니므로 토지에 대한 보관자의 지위에 있다고 할 수 없다. 타인 소유의 토지에 대한 보관자의 지위에 있지 않은 사람이 그 앞으로 원인무효의 소유권이전등기가 되어 있음을 이용하여 토지소유자에게 지급될 보상금을 수령하였더라도 보상금에 대한 점유 취득은 진정한 토지소유자의 위임에 따른 것이 아니므로 보상금에 대하여 어떠한 보관관계가 성립하지 않는다(대판 2021.6.30. 2018도18010).

㉯ **동산의 보관** : 점포의 점원 등 점유보조자는 민법상 점유자는 아니지만 형법상으로는 위탁관계가 인정되면 보관자가 된다.

㉰ **은행예금** : 타인의 돈을 타인으로부터 위탁을 받아 은행에 예금한 경우에도 그 돈에 대한 법률상의 지배가 인정되어 보관자가 된다.

---

97) 전합판결(대판 2021.2.18. 2016도18761[전합])에 의하면 부동산실명법에 위반하는 2자간 명의신탁의 경우에 수탁자는 신탁자에 대한 관계에서 타인의 재물을 보관하는 자의 지위에 있다고 볼 수 없다. 그러나 명의신탁이 부동산실명법에 위반되지 아니하여 유효한 경우, 수탁자는 그 부동산의 보관자가 될 수 있음을 유의하여야 한다.

> 타인의 금전을 위탁받아 보관하는 자가 보관방법으로 금융기관에 자신의 명의로 예치한 경우, 금융실명거래 및 비밀보장에 관한 긴급재정경제명령이 시행된 이후 금융기관으로서는 특별한 사정이 없는 한 실명확인을 한 예금명의자만을 예금주로 인정할 수밖에 없으므로 수탁자 명의의 예금에 입금된 금전은 수탁자만이 법률상 지배·처분할 수 있을 뿐이고 위탁자로서는 위 예금의 예금주가 자신이라고 주장할 수는 없으나, 그렇다고 하여 보관을 위탁받은 위 금전이 수탁자 소유로 된다거나 위탁자가 위 금전의 반환을 구할 수 없는 것은 아니므로 수탁자가 이를 함부로 인출하여 소비하거나 또는 위탁자로부터 반환요구를 받았음에도 이를 영득할 의사로 반환을 거부하는 경우에는 횡령죄가 성립한다(대판 2000.8.18. 2000도1856).

ⓒ 관련 판례

> 1. **보관자의 지위가 인정되는 사례**
>   [1] 주식회사는 주주와 독립된 별개의 권리주체로서 이해가 반드시 일치하는 것은 아니므로, 주주나 대표이사 또는 그에 준하여 회사 자금의 보관이나 운용에 관한 사실상의 사무를 처리하는 자가 회사 소유 재산을 제3자의 자금 조달을 위하여 담보로 제공하는 등 사적인 용도로 임의 처분하였다면 그 처분에 관하여 주주총회나 이사회의 결의가 있었는지 여부와는 관계없이 횡령죄의 죄책을 면할 수는 없다.
>   [2] 피고인이 甲 주식회사의 경영권을 인수한 후 甲 회사 소유의 예금을 인출하여 피고인의 甲 회사 인수를 위한 대출금 변제에 사용하는 방법으로 횡령하였다는 내용으로 기소된 사안에서, 피고인이, 위 예금이 인출되기 직전에 있었던 주주총회에서 피고인 측 이사 3명이 선출됨으로써 甲 회사의 실질적 운영자의 지위를 취득하였던 점 등에 비추어 위 예금을 보관하는 자의 지위에 있었다는 이유로, 이를 유죄로 인정한 원심판단을 수긍한 사례(대판 2011.3.24. 2010도17396).
> 2. **보관자의 지위가 인정되지 아니하는 사례**
>   건물에 대한 과반수 지분을 가진 공유자들이 과반수 지분권에 기하여 건물의 사용·수익에 대한 결정에 따라 위 건물의 임대수익을 분배하면서 피해자를 제외한 경우, 피고인들이 피해자에 대하여 그 지분 상당액을 보관하는 지위에 있었다고 볼 수 없어 횡령죄가 성립하지 않는다(대판 2009.6.11. 2009도2461).

② 위탁관계에 의한 보관

ㄱ 위탁관계의 의의 : 횡령죄에 있어서 보관은 법률상 또는 사실상 위탁신임관계에 의하여 재물을 점유하는 것을 의미한다(대판 2007.5.31. 2007도1082). 이점에 의하여 횡령죄와 점유이탈물횡령죄가 구별된다.

> 발행인으로부터 일정한 금액의 범위 내에서 액면을 보충·할인하여 달라는 의뢰를 받고 액면 백지인 약속어음을 교부받아 보관 중이던 자가 발행인과의 합의에 의하여 정해진 보충권의 한도를 넘어 보충을 한 경우에는 발행인의 서명날인 있는 기존의 약속어음 용지를 이용하여 새로운 별개의 약속어음을 발행한 것에 해당하여 이러한 보충권의 남용행위로 인하여 생겨난 새로운 약속어음에 대하여는 발행인과의 관계에서 보관자의 지위에 있다 할 수 없으므로, 설사 그 약속어음을 자신의 채무변제조로 제3자에게 교부하여 임의로 사용하였다고 하더라도, 발행인으로 하여금 제3자에 대하여 어음상의 채무를 부담하는 손해를 입게 한 데에 대한 배임죄가 성립될 수 있음은 별론으로 하고, 보관자의 지위에 있음을 전제로 횡령죄가 성립될 수는 없다(대판 1995.1.20. 94도2760).

ⓒ 위탁관계의 발생근거 : 위탁관계는 계약, 법률의 규정은 물론 사무관리·조리·관습·신의성 실의 원칙에 의하여 발생할 수 있다(대판 2011.3.24. 2010도17396). 다만, 계약에 의한 위탁관계는 묵시적 합의에 의하여도 성립할 수 있고(대판 2008.10.23. 2007도6463), 위탁관계는 소유자의 의사에 반하지 아니하는 한 제3자에 의하여도 가능함을 유의하여야 한다(대판 1985.9.10. 84도2644).

> **1. 위탁관계가 인정되는 사례**
> 법인 소유의 자금에 대한 사실상 또는 법률상 지배·처분 권한을 가지고 있는 대표자 등은 법인에 대한 관계에서 자금의 보관자 지위에 있으므로, 법인이 특정 사업의 명목상의 주체로 특수목적법인을 설립하여 그 명의로 자금 집행 등 사업진행을 하면서도 자금의 관리·처분에 관하여는 실질적 사업주체인 법인이 의사결정권한을 행사하면서 특수목적법인 명의로 보유한 자금에 대하여 현실적 지배를 하고 있는 경우에는, 사업주체인 법인의 대표자 등이 특수목적법인의 보유 자금을 정해진 목적과 용도 외에 임의로 사용하면 위탁자인 법인에 대하여 횡령죄가 성립할 수 있다. 이는 법인의 대표자 등이 외국인인 경우에도 마찬가지이므로, 내국 법인의 대표자인 외국인이 내국 법인이 외국에 설립한 특수목적법인에 위탁해 둔 자금을 정해진 목적과 용도 외에 임의로 사용한 데 따른 횡령죄의 피해자는 당해 금전을 위탁한 내국 법인이다. 따라서 그 행위가 외국에서 이루어진 경우에도 행위지의 법률에 의하여 범죄를 구성하지 아니하거나 소추 또는 형의 집행을 면제할 경우가 아니라면 그 외국인에 대해서도 우리 형법이 적용되어(형법 제6조), 우리 법원에 재판권이 있다(대판 2017.3.22. 2016도17465).
>
> **2. 위탁관계가 인정되지 아니하는 사례**
> - 채무자 법인의 대표이사인 피고인을 비롯한 공동상속인들이 피상속인의 채무자 법인에 대한 대여금채권을 공동상속한 경우, 피고인이 다른 공동상속인들로부터 위 대여금채권의 변제수령에 관한 권한을 위임받은 바가 없음에도 단독으로 피상속인의 채무자 법인에 대한 채권을 변제받는 것으로 회계처리하면서 채무자 법인의 자금을 인출하였다면, 그 인출금액 중 피고인의 상속분을 초과하는 부분에 대하여는 권한 없이 채무자 법인 소유의 금원을 인출한 것이어서 채무자 법인에 대한 업무상횡령죄가 성립한다 할 것이고, 피고인이 위와 같이 인출한 금원에 대하여 다른 공동상속인들과 사이에 어떠한 위탁관계를 맺고 있다고 할 수 없으므로 다른 공동상속인들을 위하여 위 인출금원을 보관하는 자의 지위에 있다고 할 수 없다(대판 2006.6.30. 2005도5338).
> - 위탁관계가 있는지는 재물의 보관자와 소유자 사이의 관계, 재물을 보관하게 된 경위 등에 비추어 볼 때 보관자에게 재물의 보관 상태를 그대로 유지해야 할 의무를 부과하여 그 보관 상태를 형사법적으로 보호할 필요가 있는지 등을 고려하여 규범적으로 판단해야 한다. 재물의 위탁행위가 범죄의 실행행위나 준비행위 등과 같이 범죄 실현의 수단으로서 이루어진 경우 그 행위 자체가 처벌 대상인지와 상관없이 그러한 행위를 통해 형성된 위탁관계는 횡령죄로 보호할 만한 가치 있는 신임에 의한 것이 아니라고 봄이 타당하다(대판 2022.6.30. 2017도21286).

ⓒ 위탁관계의 성질 : 위탁관계는 사실상의 위탁관계로 충분하므로 위탁관계가 법률상 무효·취소되어도 이에 의하여 인도한 재물의 점유에 대하여 사실상의 위탁관계는 인정된다. 그러나 절도·강도는 물론 사기 또는 공갈에 의하여 점유하게 된 재물에 대하여는 피해자와 행위자 사이에 사실상의 위탁관계도 인정될 여지가 없으므로 재물을 처분하더라도 횡령죄를 구성하지 아니한다(대판 1986.2.11. 85도2513).

㉮ 전기통신금융사기

> **전기통신금융사기와 관련된 사기죄, 횡령죄의 성립 여부에 대한 사례**
>
> • [1] 간접정범을 통한 범행에서 피이용자는 간접정범의 의사를 실현하는 수단으로서의 지위를 가질 뿐이므로, 피해자에 대한 사기범행을 실현하는 수단으로서 타인을 기망하여 그를 피해자로부터 편취한 재물이나 재산상 이익을 전달하는 도구로서만 이용한 경우에는 편취의 대상인 재물 또는 재산상 이익에 관하여 피해자에 대한 사기죄가 성립할 뿐 도구로 이용된 타인에 대한 사기죄가 별도로 성립한다고 할 수 없다.
> [2] 전기통신금융사기(이른바 보이스피싱 범죄)의 범인이 피해자를 기망하여 피해자의 자금을 사기이용계좌로 송금·이체 받으면 사기죄는 기수에 이르고, 범인이 피해자의 자금을 점유하고 있다고 하여 피해자와의 어떠한 위탁관계나 신임관계가 존재한다고 볼 수 없을 뿐만 아니라, 그 후 범인이 사기이용계좌에서 현금을 인출하였더라도 이는 이미 성립한 사기범행이 예정하고 있던 행위에 지나지 아니하여 새로운 법익을 침해한다고 보기도 어려우므로, 위와 같은 인출행위는 사기의 피해자에 대하여 별도의 횡령죄를 구성하지 아니한다. 이러한 법리는 사기범행에 이용되리라는 사정을 알고서 자신 명의 계좌의 접근매체를 양도함으로써 사기범행을 방조한 종범이 사기이용계좌로 송금된 피해자의 자금을 임의로 인출한 경우에도 마찬가지로 적용된다(대판 2017.5.31. 2017도3894).
> • [1] 형법 제355조 제1항이 정한 횡령죄의 주체는 타인의 재물을 보관하는 자라야 하고, 여기에서 보관이란 위탁관계에 의하여 재물을 점유하는 것을 뜻하므로 횡령죄가 성립하기 위하여는 재물의 보관자와 재물의 소유자(또는 기타의 본권자) 사이에 위탁관계가 있어야 한다. 이러한 위탁관계는 사실상의 관계에 있으면 충분하고 피고인이 반드시 민사상 계약의 당사자일 필요는 없다. 위탁관계는 사용대차·임대차·위임·임치 등의 계약에 의하여 발생하는 것이 보통이지만 이에 한하지 않고 사무관리와 같은 법률의 규정, 관습이나 조리 또는 신의성실의 원칙에 의해서도 발생할 수 있다. 그러나 횡령죄의 본질이 위탁받은 타인의 재물을 불법으로 영득하는 데 있음에 비추어 볼 때 그 위탁관계는 횡령죄로 보호할 만한 가치가 있는 것으로 한정된다. 위탁관계가 있는지 여부는 재물의 보관자와 소유자 사이의 관계, 재물을 보관하게 된 경위 등에 비추어 볼 때 보관자에게 재물의 보관 상태를 그대로 유지하여야 할 의무를 부과하여 그 보관 상태를 형사법적으로 보호할 필요가 있는지 등을 고려하여 규범적으로 판단하여야 한다.
> [2] 송금의뢰인이 다른 사람의 예금계좌에 자금을 송금·이체한 경우 특별한 사정이 없는 한 송금의뢰인과 계좌명의인 사이에 그 원인이 되는 법률관계가 존재하는지 여부에 관계없이 계좌명의인(수취인)과 수취은행 사이에는 그 자금에 대하여 예금계약이 성립하고, 계좌명의인은 수취은행에 대하여 그 금액 상당의 예금채권을 취득한다. 이때 송금의뢰인과 계좌명의인 사이에 송금·이체의 원인이 된 법률관계가 존재하지 않음에도 송금·이체에 의하여 계좌명의인이 그 금액 상당의 예금채권을 취득한 경우 계좌명의인은 송금의뢰인에게 그 금액 상당의 돈을

반환하여야 한다. 이와 같이 계좌명의인이 송금·이체의 원인이 되는 법률관계가 존재하지 않음에도 계좌이체에 의하여 취득한 예금채권 상당의 돈은 송금의뢰인에게 반환하여야 할 성격의 것이므로, 계좌명의인은 그와 같이 송금·이체된 돈에 대하여 송금의뢰인을 위하여 보관하는 지위에 있다고 보아야 한다. 따라서 계좌명의인이 그와 같이 송금·이체된 돈을 그대로 보관하지 않고 영득할 의사로 인출하면 횡령죄가 성립한다. 이러한 법리는 계좌명의인이 개설한 예금계좌가 전기통신금융사기 범행에 이용되어 그 계좌에 피해자가 사기피해금을 송금·이체한 경우에도 마찬가지로 적용된다. 계좌명의인은 피해자와 사이에 아무런 법률관계 없이 송금·이체된 사기피해금 상당의 돈을 피해자에게 반환하여야 하므로, 피해자를 위하여 사기피해금을 보관하는 지위에 있다고 보아야 하고, 만약 계좌명의인이 그 돈을 영득할 의사로 인출하면 피해자에 대한 횡령죄가 성립한다. 이때 계좌명의인이 사기의 공범이라면 자신이 가담한 범행의 결과 피해금을 보관하게 된 것일 뿐이어서 피해자와 사이에 위탁관계가 없고, 그가 송금·이체된 돈을 인출하더라도 이는 자신이 저지른 사기범행의 실행행위에 지나지 아니하여 새로운 법익을 침해한다고 볼 수 없으므로 사기죄 외에 별도로 횡령죄를 구성하지 않는다. 한편 계좌명의인의 인출행위는 전기통신금융사기의 범인에 대한 관계에서는 횡령죄가 되지 않는다.
㉠ 계좌명의인이 전기통신금융사기의 범인에게 예금계좌에 연결된 접근매체를 양도하였다 하더라도 은행에 대하여 여전히 예금계약의 당사자로서 예금반환청구권을 가지는 이상 그 계좌에 송금·이체된 돈이 그 접근매체를 교부받은 사람에게 귀속되었다고 볼 수는 없다. 접근매체를 교부받은 사람은 계좌명의인의 예금반환청구권을 자신이 사실상 행사할 수 있게 된 것일 뿐 예금 자체를 취득한 것이 아니다. 판례는 전기통신금융사기 범행으로 피해자의 돈이 사기이용계좌로 송금·이체되었다면 이로써 편취행위는 기수에 이른다고 보고 있는데, 이는 사기범이 접근매체를 이용하여 그 돈을 인출할 수 있는 상태에 이르렀다는 의미일 뿐 사기범이 그 돈을 취득하였다는 것은 아니다.
㉡ 또한 계좌명의인과 전기통신금융사기의 범인 사이의 관계는 횡령죄로 보호할 만한 가치가 있는 위탁관계가 아니다. 사기범이 제3자 명의 사기이용계좌로 돈을 송금·이체하게 하는 행위는 그 자체로 범죄행위에 해당한다. 그리고 사기범이 그 계좌를 이용하는 것도 전기통신금융사기 범행의 실행행위에 해당하므로 계좌명의인과 사기범 사이의 관계를 횡령죄로 보호하는 것은 그 범행으로 송금·이체된 돈을 사기범에게 귀속시키는 결과가 되어 옳지 않다.
[3] 피고인 갑, 을이 공모하여, 피고인 갑 명의로 개설된 예금계좌의 접근매체를 보이스피싱 조직원 병에게 양도함으로써 병의 정에 대한 전기통신금융사기 범행을 방조하고, 사기피해자 정이 병에게 속아 위 계좌로 송금한 사기피해금 중 일부를 별도의 접근매체를 이용하여 임의로 인출함으로써 주위적으로는 병의 재물을, 예비적으로는 정의 재물을 횡령하였다는 내용으로 기소되었는데, 원심이 피고인들에 대한 사기방조 및 횡령의 공소사실을 모두 무죄로 판단한 사안에서, 피고인들에게 사기방조죄가 성립하지 않는 이상 사기피해금 중 일부를 임의로 인출한 행위는 사기피해자 정에 대한 횡령죄가 성립한다고 한 사례(대판 2018.7.19. 2017도17494[전합])

㉯ 착오송금

> **착오송금과 관련된 사기죄, 횡령죄의 성립 여부에 대한 사례**
> 어떤 예금계좌에 돈이 착오로 잘못 송금되어 입금된 경우에는 그 예금주와 송금인 사이에 신의칙상 보관관계가 성립한다고 할 것이므로, 피고인이 송금 절차의 착오로 인하여 피고인 명의의 은행 계좌에 입금된 돈을 임의로 인출하여 소비한 행위는 횡령죄에 해당하고, 이는 송금인과 피고인 사이에 별다른 거래관계가 없다고 하더라도 마찬가지이다(대판 2010.12.9. 2010도891).98)

2) 객 체

횡령죄의 객체는 자기가 보관하는 타인의 재물이다.

① 타인의 재물

㉠ 타인성 : 재물의 소유권이 타인에게 귀속되는 경우를 의미하며 행위자와 타인의 공동소유에 속하는 것도 공유·합유·총유를 불문하고 타인의 재물에 해당한다. 여기서 타인이란 행위자 이외의 자연인·법인·법인격 없는 단체·조합을 불문한다. 소유권의 귀속은 민법에 의하여 결정된다.

> [1] 횡령죄는 타인의 재물에 대한 재산범죄로서 재물의 소유권 등 본권을 보호법익으로 하는 범죄이다. 따라서 횡령죄의 객체가 타인의 재물에 속하는 이상 구체적으로 누구의 소유인지는 횡령죄의 성립 여부에 영향이 없다. 주식회사는 주주와 독립된 별개의 권리주체로서 그 이해가 반드시 일치하는 것은 아니므로, 주주나 대표이사 또는 그에 준하여 회사 자금의 보관이나 운용에 관한 사실상의 사무를 처리하는 자가 회사 소유의 재산을 사적인 용도로 함부로 처분하였다면 횡령죄가 성립한다.
> [2] 피고인들이 공모하여 갑 주식회사 등 피해 회사가 납품하는 물품을 마치 피해 회사의 자회사로서 서류상으로만 존재하는 을 주식회사 등이 납품하는 것처럼 서류를 꾸며 피해 회사가 지급받아야 할 납품대금을 자회사 명의의 계좌로 지급받아 급여 등의 명목으로 임의로 사용하였다고 하여 특정경제범죄 가중처벌 등에 관한 법률 위반(횡령)으로 기소된 사안에서, 법인격 부인 또는 남용 법리는 회사가 법인격을 남용했다고 볼 수 있는 예외적인 경우에 회사에 법인격이 있더라도 이를 무시하고 그 뒤에 있는 배후자에게 책임을 추궁하는 것이므로, 피고인들이 피해 회사의 자회사 계좌를 이용하여 피해 회사의 납품대금을 횡령한 사건에서 법인격 부인 여부에 따라 횡령죄의 성립이 좌우되는 것은 아니라고 한 사례(대판 2019.12.24. 2019도9773).

---

98) 다음의 판례와 구별하여야 한다. 2010도3498 판례는 송금자에 대한 횡령죄가 아니라 은행에 대한 사기죄로 공소제기된 사안임을 유의하여야 한다.
예금주인 피고인이 제3자에게 편취당한 송금의뢰인으로부터 자신의 은행계좌에 계좌송금된 돈을 출금한 경우, 피고인은 예금주로서 은행에 대하여 예금반환을 청구할 수 있는 권한을 가진 자이므로, 위 은행을 피해자로 한 사기죄가 성립하지 않는다(대판 2010.5.27. 2010도3498).

㉮ 공유관계에서의 재물의 타인성

- 피고인 甲과 乙이 임대목적물을 공동으로 임대한 것이라면 그 보증금반환채무는 성질상 불가분채무에 해당하므로, 위 임대보증금 잔금은 이를 정산하기까지는 피고인 甲과 乙의 공동소유에 귀속한다고 할 것이고, 공동소유자 1인에 불과한 피고인 甲이 乙의 승낙 없이 위 임대보증금 잔금을 임의로 처분하였다면 횡령죄가 성립한다(대판 2001.10.30, 2001도2095).
- 피고인이 2천원을 내어 피해자를 통하여 구입한 복권 4장을 피고인과 피해자를 포함한 4명이 한 장씩 나누어 그 당첨 여부를 확인하는 결과 피해자 등 2명이 긁어 확인한 복권 2장이 1천원씩에 당첨되자 이를 다시 복권 4장으로 교환하여 같은 4명이 각자 한 장씩 골라잡아 그 당첨 여부를 확인한 결과 피해자 등 2명이 긁어 확인한 복권 2장이 2천만원씩에 당첨되었으나 당첨금을 수령한 피고인이 피해자에게 그 당첨금의 반환을 거부한 경우, 피고인과 피해자를 포함한 4명 사이에는 어느 누구의 복권이 당첨되더라도 당첨금을 공평하게 나누거나 공동으로 사용하기로 하는 묵시적인 합의가 있었다고 보아야 하므로 그 당첨금 전액은 같은 4명의 공유라고 봄이 상당하여 피고인으로서는 피해자의 당첨금 반환요구에 따라 그의 몫을 반환할 의무가 있고 피고인이 이를 거부하고 있는 이상 불법영득의사가 있다는 이유로 횡령죄가 성립될 수 있다고 한 사례(대판 2000.11.10, 2000도4335)

㉯ 합유관계에서의 재물의 타인성

1. **횡령죄가 성립하는 사례**
   [1] 동업재산은 동업자의 합유에 속하므로, 동업관계가 존속하는 한 동업자는 동업재산에 대한 지분을 임의로 처분할 권한이 없고, 동업자 한 사람이 지분을 임의로 처분하거나 또는 동업재산의 처분으로 얻은 대금을 보관 중 임의로 소비하였다면 횡령죄의 죄책을 면할 수 없다.
   [2] 동업자 사이에 손익분배 정산이 되지 아니하였다면 동업자 한 사람이 임의로 동업자들의 합유에 속하는 동업재산을 처분할 권한이 없는 것이므로, 동업자 한 사람이 동업재산을 보관 중 임의로 횡령하였다면 지분비율에 관계없이 횡령한 금액 전부에 대하여 횡령죄의 죄책을 부담한다.
   [3] 피고인과 甲 주식회사가 서로 금전 또는 노무를 출자하여 甲 회사 명의로 공동주택건립사업을 시행하기로 하는 내용의 동업약정을 맺고 사업을 진행하다가 乙 주식회사에 사업권을 양도하는 양도양수계약을 체결한 다음, 위 양도대금에서 비용을 공제한 이익금을 같은 비율로 분배하기로 약정했는데, 피고인이 乙 회사에서 甲 명의의 법인계좌로 송금받은 일부 계약금을 보관 중 甲 회사 대표이사인 丙 승낙 없이 그 대부분을 임의로 인출하여 개인적인 용도로 소비한 사안에서, 피고인이 甲 회사와 동업관계에 있더라도 지분비율에 관계없이 임의로 소비한 금액 전부에 대하여 횡령죄의 죄책을 면할 수 없다는 이유로, 같은 취지의 원심판단을 수긍한 사례(대판 2011.6.10, 2010도17684)

2. 횡령죄가 성립하지 아니하는 사례

- 2인의 조합관계에 있어서 1인의 조합원이 탈퇴의 의사를 표시하였을 경우 조합관계는 그 성질상 종료되나 특별한 사정이 없는 한 조합은 해산되지 아니하며 따라서 청산도 개시되지 아니하고 조합원의 합유에 속하였던 조합재산은 탈퇴하지 않은 남은 조합원의 단독소유에 속하게 되어 탈퇴한 사람과 남은 사람사이에는 탈퇴에 따른 투자금의 환급등 계산만이 남는다고 할 것이므로, (갑)과 (을)이 당구장을 동업하기로 약정하였다가 공동으로 운영하지도 못한 채 (갑)이 동업조건에 불만을 갖고 약정투자금의 일부만을 지급한 후 동업계약을 해지하고 탈퇴해버린 경우에 (을)이 동 당구장을 단독처분하였다 해도 횡령죄를 구성하지 아니한다(대판 1983.2.22. 82도3236).[99]

- [1] 조합재산은 조합원의 합유에 속하므로 조합원 중 한 사람이 조합재산 처분으로 얻은 대금을 임의로 소비하였다면 횡령죄의 죄책을 면할 수 없고, 이러한 법리는 내부적으로는 조합관계에 있지만 대외적으로는 조합관계가 드러나지 않는 이른바 내적 조합의 경우에도 마찬가지이다.

  [2] 조합 또는 내적 조합과 달리 익명조합의 경우에는 익명조합원이 영업을 위하여 출자한 금전 기타의 재산은 상대편인 영업자의 재산이 되므로 영업자는 타인의 재물을 보관하는 자의 지위에 있지 않고, 따라서 영업자가 영업이익금 등을 임의로 소비하였더라도 횡령죄가 성립할 수는 없다.

  [3] 어떠한 법률관계가 내적 조합에 해당하는지 아니면 익명조합에 해당하는지는, 당사자들의 내부관계에 공동사업이 있는지, 조합원이 업무검사권 등을 가지고 조합의 업무에 관여하였는지, 재산의 처분 또는 변경에 전원의 동의가 필요한지 등을 모두 종합하여 판단하여야 한다.

  [4] 피고인이 甲과 특정 토지를 매수하여 전매한 후 전매이익금을 정산하기로 약정한 다음 甲이 조달한 돈 등을 합하여 토지를 매수하고 소유권이전등기는 피고인 등의 명의로 마쳐 두었는데, 위 토지를 제3자에게 임의로 매도한 후 甲에게 전매이익금 반환을 거부함으로써 이를 횡령하였다는 내용으로 기소된 사안에서, 甲이 토지의 매수 및 전매를 피고인에게 전적으로 일임하고 그 과정에 전혀 관여하지 아니한 사정 등에 비추어, 비록 甲이 토지의 전매차익을 얻을 목적으로 일정 금원을 출자하였더라도 이후 업무감시권 등에 근거하여 업무집행에 관여한 적이 전혀 없을 뿐만 아니라 피고인이 아무런 제한 없이 재산을 처분할 수 있었음이 분명하므로 피고인과 甲의 약정은 조합 또는 내적 조합에 해당하는 것이 아니라 '익명조합과 유사한 무명계약'에 해당한다고 보아야 한다는 이유로, 피고인이 타인의 재물을 보관하는 자의 지위에 있지 않다고 보아 횡령죄 성립을 부정한 사례(대판 2011.11.24. 2010도5014).

---

99) 유사한 취지의 다음 판례도 살펴보아야 한다.
동업자 갑은 자금만 투자하고 동업자 을은 노무와 설비를 투자하여 공사를 수급하여 시공하고 그 대금 등을 추심하는 등 일체의 거래행위를 담당하면서 그 이익을 나누어 갖기로 하는 내용의 동업계약이 체결되었다가 그 계약이 종료된 경우, 위 공사 시공 등 일체의 행위를 담당하였던 을이 자금만을 투자한 갑에게 투자금원을 반환하고 또 이익 또는 손해를 부담시키는 내용의 정산의무나 그 정산과정에서 행하는 채권의 추심과 채무의 변제 등의 행위는 모두 을 자신의 사무이지 자금을 투자한 갑을 위하여 하는 타인의 사무라고 볼 수는 없으므로 을의 제3자에 대한 채권양도행위를 배임죄에 있어서 타인의 사무를 처리하는 자로서의 임무위배행위라고 할 수 없다(대판 1992.4.14. 91도2390).

㉰ 회사의 재산관계에서의 재물의 타인성

1. **횡령죄가 성립하는 사례**
   - [1] 주식회사는 주주와 독립된 별개의 권리주체로서 그 이해가 반드시 일치하는 것은 아니므로, 회사 소유 재산을 주주나 대표이사가 제3자의 자금 조달을 위하여 담보로 제공하는 등 사적인 용도로 임의 처분하였다면 그 처분에 관하여 주주총회나 이사회의 결의가 있었는지 여부와는 관계없이 횡령죄의 죄책을 면할 수는 없다.
   [2] 피고인 1, 2가 피고인 5 등과 공모하여 2009. 7. 28. 피고인 1이 피고인 5로부터 공소외 1 주식회사의 주식 및 경영권을 인수하기로 하는 계약을 체결하고 사채업자로부터 그 인수대금을 차용하는 과정에서 그 차용금 변제를 위한 담보 제공 및 일부 이자 등의 지급조로 공소외 1 주식회사 명의의 은행 계좌에서 액면금 합계 82억 5,000만원의 자기앞수표를 인출하여 사채업자에게 교부한 경우, 이는 업무상횡령죄에 해당한다(대판 2012.6.28. 2012도2628).
   - 회사의 대표이사 혹은 그에 준하여 회사 자금의 보관이나 운용에 관한 사실상의 사무를 처리하여 온 자가 회사를 위한 지출 이외의 용도로 거액의 회사 자금을 가지급금 등의 명목으로 인출, 사용함에 있어서 이자나 변제기의 약정이 없음은 물론 이사회 결의 등 적법한 절차도 거치지 아니하는 것은 통상 용인될 수 있는 범위를 벗어나 대표이사 등의 지위를 이용하여 회사 자금을 사적인 용도로 임의로 대여, 처분하는 것과 다름없어 횡령죄를 구성한다. 한편 업무상횡령죄에 있어서 불법영득의 의사라 함은 자기 또는 제3자의 이익을 꾀할 목적으로 업무상의 임무에 위배하여 보관하는 타인의 재물을 자기의 소유인 경우와 같은 처분을 하는 의사를 말하고 사후에 이를 반환하거나 변상, 보전하는 의사가 있다 하더라도 불법영득의 의사를 인정함에 지장이 없다(대판 2017.4.13. 2017도953).

2. **횡령죄가 성립하지 아니하는 사례**
   횡령죄가 성립하기 위하여는 피고인이 타인의 재물을 보관하는 자의 지위에 있어야 하고, 타인의 재물인가의 여부는 민법, 상법, 기타의 실체법에 의하여 결정되어야 하는바, 주식회사의 대표이사가 적법하게 수령할 권한이 있는 보수가 압류당할 우려가 있자 이를 피하기 위하여 비록 실제 근무하지 않는 근로자의 임금 명목으로 보수를 조성하여 타인의 명의로 이를 수령하였다 하더라도 그 수령과 동시에 그 금원에 대한 소유권을 취득하였다고 보아야 할 것이므로, 위 보수를 소비하는 것은 자신의 재물을 소비한 것에 불과하고, 이를 가지고 타인의 재물을 보관하는 자가 그 재물을 횡령한 경우에 해당한다고 볼 수 없다(대판 2003.10.10. 2003도3516).

㉱ 계약관계 등에서의 재물의 타인성

1. **횡령죄가 성립하는 사례**
   운송회사와 소속 근로자 사이에 근로자가 운송회사로부터 일정액의 급여를 받으면서 당일 운송수입금을 전부 운송회사에 납입하되, 운송회사는 근로자가 납입한 운송수입금을 월 단위로 정산하여 그 운송수입금이 월간 운송수입금 기준액인 사납금을 초과하는 경우에는 그 초과 금액에 대하여 운송회사와 근로자에게 일정 비율로 배분하여 정산하고, 사납금에 미달되는 경우에는 그 부족금액에 대하여 근로자의 급여에서 공제하여 정산하기로 하는 약정이 체결되었다면, 근로자가 사납금 초과 수입금을 개인 자신에게 직접 귀속시키는 경우와는 달리, 근로자가 애초 거둔 운송수입금 전액은 운송회사의 관리와 지배 아래 있다고 봄이 상당하므로 근로자가 운송수입금을 임의로 소비하였다면 횡령죄를 구성한다. 이는 근로자가 운송회사에 대하여 사납금을 초과하는 운송수입금의 일부를 배분받을 권리를 가지고 있다고 하더라도 다른 특별한 사정이 없는 한 다를 바 없다고 할 것이다(대판 2014.4.30. 2013도8799).

2. 횡령죄가 성립하지 아니하는 사례

- [1] 집행채무자가 제3채무자에 대하여 가지는 금전채권에 관하여 압류 및 추심명령이 행하여져서 제3채무자는 집행채무자에게 그 채권금을 지급하는 것이, 집행채무자는 이를 수령하는 것이 각 금지된다고 하더라도, 제3채무자가 위와 같은 금지에도 불구하고 피압류채무를 스스로 변제하였거나 또는 그에 관하여 민법 제487조에 기한 변제공탁을 하였다면, 집행채무자가 그로써 수령한 금전은 자기 채권에 관한 원래의 이행으로 또는 변제공탁 등과 같이 변제에 갈음하는 방법을 통하여 취득한 것으로서 역시 그의 소유에 속한다고 할 것이고, 그가 단지 집행채권자 또는 제3채무자의 금전을 '보관'하는 관계에 있다고 할 수 없다. 따라서 집행채무자가 그 금전을 집행채권자에게 반환하는 것을 거부하였다고 하여 그에게 횡령의 죄책을 물을 수는 없다. 이는 제3채무자가 원래 민사집행법 제248조에서 정하는 집행공탁을 하여야 할 것을 착오로 변제공탁을 하였다고 해서 달리 볼 수 없다.
  [2] 피고인이 자신의 공유 토지가 다목적댐사업의 사업구역에 편입됨으로써 한국수자원공사에 대하여 가지게 된 토지보상금채권에 관하여 피고인의 채권자 甲 주식회사가 압류 및 추심명령을 받아 그 명령이 피고인에게 송달되었는데, 그 후 한국수자원공사가 업무착오로 토지보상금을 집행공탁이 아니라 피고인을 피공탁자로 변제공탁한 것을 기화로 피고인이 이를 수령하여 보관하며 한국수자원공사의 반환요구를 여러 차례에 걸쳐 거절함으로써 횡령하였다는 내용으로 기소된 사안에서, 피고인이 한국수자원공사의 공탁 취지에 좇아 수령한 토지보상금은 피고인의 소유이고 달리 위 금전이 한국수자원공사의 소유라는 점을 인정할 증거가 없다고 보아 무죄를 인정한 원심판단을 수긍한 사례(대판 2012.1.12. 2011도12604)
- 피고인이 아파트 잡수입금을 기존의 관행에 따라 관리하고 있는 것을 기화로 이를 부녀회 운영비 등의 용도로 소비하기로 마음먹고, 2010.12.7.부터 2014.12.29.까지 총 68회에 걸쳐 피해자인 위 아파트 주민들을 위해 보관 중이던 아파트 잡수입금 합계 71,674,130원(이하 '이 사건 잡수입금')을 임의로 소비한 경우, 이 사건 부녀회는 최소한 회칙을 제정하고 조직을 갖추어 그 사회적 활동을 지속한 2005년 11월부터는 입주자대표회의와 독립하여 법인 아닌 사단으로서의 실체를 갖게 되어, 그 구성원인 부녀회원들로부터 징수한 부녀회비와 이 사건 잡수입금이 부녀회원들의 총유재산으로 귀속되었으므로 동 금원이 입주자대표회의의 소유로 의제된다고 볼 수도 없어 피고인이 이를 임의로 소비하였더라도 횡령죄는 성립하지 아니한다(대판 2021.1.14. 2017도13252).

ⓒ 재물 : 관리가능한 유체물 또는 동력이다. 동산·부동산을 불문한다.

② 재물의 타인성 여부가 문제되는 사례
  ㉠ 금전 기타 대체물
    ㉮ 특정물로서 위탁된 경우 : 소유권이 위탁자에게 있으므로 수탁자가 이를 임의로 소비한 경우에는 횡령죄가 성립한다.
    ㉯ 불특정물로서 위탁된 경우
      ⓐ 용도·목적을 정하지 아니하고 임치된 소비임치의 경우, 위탁금전의 소유권은 수령과 동시에 수탁자에게 귀속하게 되므로 수치인이 이를 임의로 소비하더라도 배임죄의 성부는 별론으로 하고, 횡령죄는 성립하지 아니한다.

> **횡령죄가 성립하지 아니하는 사례**
> 피고인이 본사와 맺은 가맹점계약은 독립된 상인 간에 일방이 타방의 상호, 상표 등의 영업표지를 이용하고 그 영업에 관하여 일정한 통제를 받으며 이에 대한 대가를 타방에 지급하기로 하는 특수한 계약 형태인 이른바 '프랜차이즈 계약'으로서 그 기본적인 성격은 각각 독립된 상인으로서의 본사 및 가맹점주 간의 계약기간 동안의 계속적인 물품공급계약이고, 본사의 경우 실제로는 가맹점의 영업활동에 관여함이 없이 경영기술지도, 상품대여의 대가로 결과적으로 매출액의 일정 비율을 보장받는 것에 지나지 아니하여 본사와 가맹점이 독립하여 공동경영하고, 그 사이에서 손익분배가 공동으로 이루어진다고 할 수 없으므로 이러한 가맹점 계약을 동업계약 관계로는 볼 수 없고, 따라서 가맹점주인 피고인이 판매하여 보관 중인 물품판매 대금은 피고인의 소유라 할 것이어서 피고인이 이를 임의 소비한 행위는 프랜차이즈 계약상의 채무불이행에 지나지 아니하므로, 결국 횡령죄는 성립하지 아니한다고 판단한 원심판결을 수긍한 사례(대판 1998.4.14. 98도292)

      ⓑ 용도를 정하여 임치받은 금전을 용도 외에 소비한 경우
        • 학설 : 용도를 정하여 위탁받은 금전은 정해진 용도에 사용되기까지는 소유권이 위탁자에게 유보되어 있다고 이해하여 횡령죄가 성립한다는 견해와 금전 등은 용도를 정하여 위탁된 경우에도 가치로 파악되어야 하므로 점유이전과 동시에 소유권도 이전된다고 보아 배임죄가 성립한다는 견해가 대립하고 있다.
        • 판례 : 판례는 목적과 용도를 정하여 위탁한 금전은 정해진 목적, 용도에 사용할 때까지는 이에 대한 소유권이 위탁자에게 유보되어 있는 것으로서 수탁자가 임의로 소비하면 횡령죄를 구성한다고(대판 2014.1.16. 2013도11014) 판시하고 있다.
        • 검토 : 생각건대 목적과 용도가 정하여져 있다면 금전 등의 소유권은 위탁자에게 유보되어 있다고 보는 것이 합리적이므로 수탁자가 이를 임의로 소비하였다면 횡령죄를 구성한다고 보는 것이 타당하다고 판단된다.

1. 횡령죄가 성립하는 사례
   - [1] 목적·용도를 정하여 위탁한 금전은 정해진 목적·용도에 사용할 때까지는 이에 대한 소유권이 위탁자에게 유보되어 있는 것으로서, 특히 그 금전의 특정성이 요구되지 아니하는 경우 수탁자가 위탁의 취지에 반하지 아니하고 필요한 시기에 다른 금전으로 대체시킬 수 있는 상태에 있는 한 이를 일시 사용하더라도 횡령죄를 구성한다고 할 수 없고, 수탁자가 그 위탁의 취지에 반하여 다른 용도에 소비할 때 비로소 횡령죄를 구성한다.
   [2] 에스케이그룹 계열사에서 펀드출자금으로 사용하도록 용도를 정하여 지급하였고 펀드가 설립되지 아니할 경우 이를 회수할 것을 약정한 점 등에 비추어 보면, 펀드 선지급금은 펀드설립이라는 목적과 용도가 특정된 금전에 해당하고, 피고인들이 공모하여 이를 투자위탁금으로 공소외 1에게 송금한 것은 위와 같이 제한된 용도 이외의 목적으로 사용한 것일 뿐만 아니라 선지급을 실시한 에스케이그룹 계열사의 위탁 취지에도 반하는 것이므로 횡령죄가 성립한다고 한 사례(대판 2014.2.27. 2013도12155)

2. 횡령죄가 성립하지 아니하는 사례
   - 갑 아파트의 입주자대표회의 회장인 피고인이, 일반 관리비와 별도로 입주자대표회의 명의 계좌에 적립·관리되는 특별수선충당금을 아파트 구조진단 견적비 및 시공사인 을 주식회사에 대한 손해배상청구소송의 변호사 선임료로 사용함으로써 아파트 관리규약에 의하여 정하여진 용도 외에 사용하였다고 하여 업무상횡령으로 기소된 사안에서, 특별수선충당금은 갑 아파트의 주요시설 교체 및 보수를 위하여 별도로 적립한 자금으로 원칙적으로 그 범위 내에서 사용하도록 용도가 제한된 자금이나, 당시에는 특별수선충당금의 용도 외 사용이 관리규약에 의해서만 제한되고 있었던 점, 피고인이 구분소유자들 또는 입주민들로부터 포괄적인 동의를 얻어 특별수선충당금을 위탁의 취지에 부합하는 용도에 사용한 것으로 볼 여지가 있는 점 등 제반 사정을 종합하면, 피고인이 특별수선충당금을 위와 같이 지출한 것이 위탁의 취지에 반하여 자기 또는 제3자의 이익을 위하여 자기의 소유인 것처럼 처분하였다고 단정하기 어려우므로, 피고인의 불법영득의사를 인정한 원심판결에 업무상횡령죄의 불법영득의사에 관한 법리오해의 잘못이 있다고 한 사례(대판 2017.2.15. 2013도14777)
   - 횡령죄는 타인의 재물을 보관하는 자가 그 재물을 횡령하는 것을 처벌하는 범죄이므로 횡령죄가 성립되기 위해서는 횡령의 대상이 된 재물이 타인의 소유일 것을 요하는 것인바, 목적과 용도를 정하여 위탁한 금전은 정해진 목적, 용도에 사용할 때까지는 이에 대한 소유권이 위탁자에게 유보되어 있는 것으로서 수탁자가 임의로 소비하면 횡령죄를 구성한다. 그러나 금전의 교부행위가 계약상 채무의 이행으로서 변제의 성질을 가지는 경우에는, 특별한 사정이 없는 한 금전이 상대방에게 교부됨으로써 그 소유권이 상대방에게 이전되므로 상대방이 변제금으로 교부받은 돈을 임의로 소비하였더라도 횡령죄를 구성하지 아니한다(대판 2014.1.16. 2013도11014).

㉰ 사무처리를 위임받은 자가 사무처리과정에서 수령한 금전을 임의소비한 경우
ⓐ 학설 : 사무처리와 관련하여 수수한 금전 등의 소유권은 위탁자에게 유보되어 있으므로 횡령죄가 성립한다는 견해와 금전 등의 고도의 유통성과 대체성으로 인하여 점유이전과 동시에 그 소유권도 이전되므로 이를 임의로 소비한 경우에는 배임죄가 성립한다는 견해가 대립하고 있다.
ⓑ 판례 : 판례는 금전의 수수를 수반하는 사무처리를 위임받은 자가 그 행위에 기하여 위임자를 위하여 제3자로부터 수령한 금전은 그 수령과 동시에 위임자의 소유에 속하고 위임을 받은 자는 이를 위임자를 위하여 보관하는 관계에 있다고 보아, 횡령죄의 성립을 인정하고(대판 2010.11.25. 2010도10417) 있다.
ⓒ 검토 : 생각건대 목적이나 용도를 한정하여 위탁된 금전과 마찬가지로 사무처리과정에서 수령한 금전의 소유권은 위임자에게 유보되었다고 이해하는 것이 합리적이므로 수임자가 임의로 소비한 경우에는 횡령죄가 성립한다고 보는 것이 타당하다고 판단된다.

> **1. 횡령죄가 성립하는 사례**
> - 금전의 수수를 수반하는 사무처리를 위임받은 사람이 그 행위에 기하여 위임자를 위하여 제3자로부터 수령한 금전은, 목적이나 용도를 한정하여 위탁된 금전과 마찬가지로, 달리 특별한 사정이 없는 한 그 수령과 동시에 위임자의 소유에 속하고, 위임을 받은 사람은 이를 위임자를 위하여 보관하는 관계에 있다고 보아야 한다. 따라서 위임을 받은 사람이 위 금전을 그 위임의 취지대로 사용하지 아니하고 마음대로 자신의 위임자에 대한 채권에 상계충당하는 것은 상계정산하기로 하였다는 특별한 약정이 없는 한 당초 위임한 취지에 반하므로 횡령죄를 구성한다(대판 2017.11.29. 2015도18253).
> - 운송회사와 소속 근로자 사이에 근로자가 운송회사로부터 일정액의 급여를 받으면서 당일 운송수입금을 전부 운송회사에 납입하되, 운송회사는 근로자가 납입한 운송수입금을 월 단위로 정산하여 그 운송수입금이 월간 운송수입금 기준액인 사납금을 초과하는 경우에는 그 초과금액에 대하여 운송회사와 근로자에게 일정 비율로 배분하여 정산하고, 사납금에 미달되는 경우에는 그 부족금액에 대하여 근로자의 급여에서 공제하여 정산하기로 하는 약정이 체결되었다면, 근로자가 사납금 초과 수입금을 개인 자신에게 직접 귀속시키는 경우와는 달리, 근로자가 애초 거둔 운송수입금 전액은 운송회사의 관리와 지배 아래 있다고 봄이 상당하므로 근로자가 운송수입금을 임의로 소비하였다면 횡령죄를 구성한다. 이는 근로자가 운송회사에 대하여 사납금을 초과하는 운송수입금의 일부를 배분받을 권리를 가지고 있다고 하더라도 다른 특별한 사정이 없는 한 다를 바 없다고 할 것이다(대판 2014.4.30. 2013도8799).
> - [1] 위탁매매에 있어서 위탁품의 소유권은 위임자에게 있고 그 판매대금은 이를 수령함과 동시에 위탁자에게 귀속한다 할 것이므로, 특별한 사정이 없는 한 위탁매매인이 위탁품이나 그 판매대금을 임의로 사용·소비한 때에는 횡령죄가 성립한다고 할 것이다. [2] 피해자는 금은방을 운영하는 피고인의 경험과 지식을 활용함에 따른 이익을 노리고 자신 소유의 금을 피고인에게 맡겨 사고팔게 하였다고 할 것인데, 이를 앞서 본 법리에 비추어 보면, 피해자가 피고인에게 매매를 위탁하거나 피고인이 그 결과로 취득한 금이나 현금은 모두 피해자의 소유이고, 피고인이 이를 개인채무의 변제 등에 사용한 행위는 횡령죄를 구성한다(대판 2013.3.28. 2012도16191).

> 2. 횡령죄가 성립하지 아니하는 사례
> 횡령죄는 타인의 재물을 보관하는 자가 그 재물을 횡령하는 것을 처벌하는 범죄이므로, 횡령죄가 성립되기 위해서는 횡령의 대상이 된 재물이 타인의 소유일 것을 요한다 할 것이므로, 금전의 수수를 수반하는 사무처리를 위임받은 자가 그 행위에 기하여 위임자를 위하여 제3자로부터 수령한 금전이라고 하더라도 이것이 위임자의 소유에 속하지 아니한 경우라면, 그 반환을 거부하는 수임자를 횡령죄로 처벌할 수 없는 것이다(대판 2007.7.26. 2007도1840).

㉣ 지명채권의 양도인이 양도통지 전에 추심한 금전을 소비한 경우
  ⓐ 학설 : 양도인이 추심한 금전의 소유권은 채권양도로 인해 양수인에게 귀속하게 되므로 양도인이 양도통지 전에 추심한 금전을 소비한 경우 횡령죄가 성립한다는 견해와 양수인이나 채무자가 양도인에게 양수채권에 대해 용도를 정하여 위탁하지 않았으므로 배임죄가 성립한다는 견해가 대립하고 있다.
  ⓑ 판례 : 판례는 최근 전합판결로 양도인이 수령한 금전은 양도인과 양수인 사이에서 양수인의 소유에 속하고 양도인은 이를 양수인을 위하여 보관하는 관계에 있다고 하여 양도인이 양도통지 전에 추심한 금전을 소비한 경우 횡령죄를 인정하던 종전 판례(대판 1999.4.15. 97도666)를 변경하여, 금전의 소유권은 채권양수인이 아니라 채권양도인에게 귀속하고 채권양도인이 양도한 채권을 추심하여 수령한 금전에 관하여 채권양수인을 위해 보관하는 자의 지위에 있다고 볼 수 없으므로, 채권양도인이 금전을 임의로 처분하더라도 횡령죄는 성립하지 않는다고(대판 2022.6.23. 2017도3829[전합]) 판시하고 있다.
  ⓒ 검토 : 생각건대 채권 자체와 채권의 목적물인 금전은 엄연히 구별되므로, 채권양도에 따라 채권이 이전되었다는 사정만으로 채권의 목적물인 금전의 소유권까지 당연히 채권양수인에게 귀속한다고 볼 수 없고, 채권양도인은 채권양수인과 사이에 채권양도계약 또는 채권양도의 원인이 된 계약에 따른 채권·채무관계에 있을 뿐이므로, 횡령죄는 성립하지 아니한다고 보는 것이 타당하다.
ⓒ 양도담보 및 유보부 소유권
  ㉮ 양도담보
    ⓐ 양도담보의 의의 : 협의의 양도담보[100]란 변제기까지 담보목적물의 소유권은 여전히 채무자가 보유하면서 변제기에 채무변제가 없으면 담보목적물의 소유권이 비로소 채권자에게 이전되는 형태의 양도담보를 말한다.
    ⓑ 채무자가 담보목적물을 처분한 경우 : 채무자는 채권자의 관계에서 타인의 사무를 처리하는 자라고 할 수 없으므로 배임죄는 성립하지 아니한다.

---

100) 광의의 양도담보는 담보제공자가 필요한 자금을 획득하는 방법에 따라 매매의 형식을 이용하는 매도담보와 소비대차의 형식을 이용하는 협의의 양도담보로 구분할 수 있다.

1. **부동산양도담보의 경우 배임죄가 성립하지 아니하는 사례**
    [1] 채무자가 금전채무를 담보하기 위한 저당권설정계약에 따라 채권자에게 그 소유의 부동산에 관하여 저당권을 설정할 의무를 부담하게 되었다고 하더라도, 이를 들어 채무자가 통상의 계약에서 이루어지는 이익대립관계를 넘어서 채권자와의 신임관계에 기초하여 채권자의 사무를 맡아 처리하는 것으로 볼 수 없다. 채무자가 저당권설정계약에 따라 채권자에 대하여 부담하는 저당권을 설정할 의무는 계약에 따라 부담하게 된 채무자 자신의 의무이다. 채무자가 위와 같은 의무를 이행하는 것은 채무자 자신의 사무에 해당할 뿐이므로, 채무자를 채권자에 대한 관계에서 '타인의 사무를 처리하는 자'라고 할 수 없다. 따라서 채무자가 제3자에게 먼저 담보물에 관한 저당권을 설정하거나 담보물을 양도하는 등으로 담보가치를 감소 또는 상실시켜 채권자의 채권실현에 위험을 초래하더라도 배임죄가 성립한다고 할 수 없다. 위와 같은 법리는, 채무자가 금전채무에 대한 담보로 부동산에 관하여 양도담보설정계약을 체결하고 이에 따라 채권자에게 소유권이전등기를 해 줄 의무가 있음에도 제3자에게 그 부동산을 처분한 경우에도 적용된다.
    [2] 피고인이 갑으로부터 18억원을 차용하면서 담보로 피고인 소유의 아파트에 갑 명의의 4순위 근저당권을 설정해 주기로 약정하였음에도 제3자에게 채권최고액을 12억원으로 하는 4순위 근저당권을 설정하여 줌으로써 12억원 상당의 재산상 이익을 취득하고 갑에게 같은 금액 상당의 손해를 가하였다고 하여 특정경제범죄 가중처벌 등에 관한 법률 위반(배임)으로 기소된 사안에서, 위 근저당권설정계약에서 피고인과 갑 사이 당사자 관계의 전형적·본질적 내용은 채무의 변제와 이를 위한 담보에 있고, 피고인을 통상의 계약에서의 이익대립관계를 넘어서 갑과의 신임관계에 기초하여 갑의 사무를 맡아 처리하는 것으로 볼 수 없는 이상 갑에 대한 관계에서 '타인의 사무를 처리하는 자'에 해당한다고 할 수 없다는 이유로, 이와 달리 보아 공소사실을 유죄로 인정한 원심판결에 배임죄에서 '타인의 사무를 처리하는 자'의 의미에 관한 법리오해의 잘못이 있다고 한 사례(대판 2020.6.18. 2019도14340[전합]).

2. **동산양도담보의 경우 배임죄가 성립하지 아니하는 사례**[101]
    [1] 배임죄는 타인의 사무를 처리하는 자가 그 임무에 위배하는 행위로써 재산상의 이익을 취득하거나 제3자로 하여금 이를 취득하게 하여 사무의 주체인 타인에게 손해를 가할 때 성립하는 것이므로 범죄의 주체는 타인의 사무를 처리하는 지위에 있어야 한다. 여기에서 '타인의 사무를 처리하는 자'라고 하려면, 타인의 재산관리에 관한 사무의 전부 또는 일부를 타인을 위하여 대행하는 경우와 같이 당사자 관계의 전형적·본질적 내용이 통상의 계약에서의 이익대립관계를 넘어서 그들 사이의 신임관계에 기초하여 타인의 재산을

---

[101] 동산·채권 등의 담보에 관한 법률에 따라 설정된 동산담보 목적물을 처분한 경우, 배임죄의 성립을 부정한 다음의 판례도 중요하다.
   채무자가 금전채무를 담보하기 위하여 그 소유의 동산을 채권자에게 동산·채권 등의 담보에 관한 법률(이하 '동산채권담보법')에 따른 동산담보로 제공함으로써 채권자인 동산담보권자에 대하여 담보물의 담보가치를 유지·보전할 의무 또는 담보물을 타에 처분하거나 멸실, 훼손하는 등으로 담보권 실행에 지장을 초래하는 행위를 하지 않을 의무를 부담하게 되었더라도, 이를 들어 채무자가 통상의 계약에서의 이익대립관계를 넘어서 채권자와의 신임관계에 기초하여 채권자의 사무를 맡아 처리하는 것으로 볼 수 없다. 따라서 이러한 경우 채무자를 배임죄의 주체인 '타인의 사무를 처리하는 자'에 해당한다고 할 수 없고, 그가 담보물을 제3자에게 처분하는 등으로 담보가치를 감소 또는 상실시켜 채권자의 담보권 실행이나 이를 통한 채권실현에 위험을 초래하더라도 배임죄가 성립하지 아니한다(대판 2020.8.27. 2019도14770[전합]).

보호 또는 관리하는 데에 있어야 한다. 이익대립관계에 있는 통상의 계약관계에서 채무자의 성실한 급부이행에 의해 상대방이 계약상 권리의 만족 내지 채권의 실현이라는 이익을 얻게 되는 관계에 있다거나, 계약을 이행함에 있어 상대방을 보호하거나 배려할 부수적인 의무가 있다는 것만으로는 채무자를 타인의 사무를 처리하는 자라고 할 수 없고, 위임 등과 같이 계약의 전형적·본질적인 급부의 내용이 상대방의 재산상 사무를 일정한 권한을 가지고 맡아 처리하는 경우에 해당하여야 한다. 채무자가 금전채무를 담보하기 위하여 그 소유의 동산을 채권자에게 양도담보로 제공함으로써 채권자인 양도담보권자에 대하여 담보물의 담보가치를 유지·보전할 의무 내지 담보물을 타에 처분하거나 멸실, 훼손하는 등으로 담보권 실행에 지장을 초래하는 행위를 하지 않을 의무를 부담하게 되었더라도, 이를 들어 채무자가 통상의 계약에서의 이익대립관계를 넘어서 채권자와의 신임관계에 기초하여 채권자의 사무를 맡아 처리하는 것으로 볼 수 없다. 따라서 채무자를 배임죄의 주체인 '타인의 사무를 처리하는 자'에 해당한다고 할 수 없고, 그가 담보물을 제3자에게 처분하는 등으로 담보가치를 감소 또는 상실시켜 채권자의 담보권 실행이나 이를 통한 채권실현에 위험을 초래하더라도 배임죄가 성립한다고 할 수 없다. 위와 같은 법리는, 채무자가 동산에 관하여 양도담보설정계약을 체결하여 이를 채권자에게 양도할 의무가 있음에도 제3자에게 처분한 경우에도 적용되고, 주식에 관하여 양도담보설정계약을 체결한 채무자가 제3자에게 해당 주식을 처분한 사안에도 마찬가지로 적용된다.

[2] 갑 주식회사를 운영하는 피고인이 을 은행으로부터 대출을 받으면서 대출금을 완납할 때까지 갑 회사 소유의 동산을 점유개정 방식으로 양도담보로 제공하기로 하는 계약을 체결하였음에도 담보목적물인 동산을 병 등에게 매각함으로써 을 은행에 대출금 상당의 손해를 가하였다고 하여 배임의 공소사실로 기소된 사안에서, 위 양도담보계약에서 갑 회사와 을 은행 간 당사자 관계의 전형적·본질적 내용은 대출금 채무의 변제와 이를 위한 담보에 있고, 갑 회사를 통상의 계약에서의 이익대립관계를 넘어서 을 은행과의 신임관계에 기초하여 을 은행의 사무를 맡아 처리하는 것으로 볼 수 없는 이상 갑 회사를 운영하는 피고인을 을 은행에 대한 관계에서 '타인의 사무를 처리하는 자'에 해당한다고 할 수 없다는 이유로, 이와 달리 보아 공소사실을 유죄로 판단한 원심판결에 법리오해의 위법이 있다고 한 사례(대판 2020.2.20. 2019도9756[전합])

3. 채권양도담보의 경우 횡령죄, 배임죄가 성립하지 아니하는 사례

- 채무자가 기존 금전채무를 담보하기 위하여 다른 금전채권을 채권자에게 양도하는 경우, 채무자가 채권자에 대하여 부담하는 '담보 목적 채권의 담보가치를 유지·보전할 의무'는 채권 양도담보계약에 따라 부담하게 된 채무의 한 내용에 불과하다. 또한 통상의 채권양도계약은 그 자체가 채권자 지위의 이전을 내용으로 하는 주된 계약이고, 그 당사자 사이의 본질적 관계는 양수인이 채권자 지위를 온전히 확보하여 채무자로부터 유효하게 채권의 변제를 받는 것이다. 그런데 채권 양도담보계약은 피담보채권의 발생을 위한 계약(예컨대 금전소비대차계약 등)의 종된 계약으로, 채권 양도담보계약에 따라 채무자가 부담하는 위와 같은 의무는 담보 목적을 달성하기 위한 것에 불과하고, 그 당사자 사이의 본질적이고 주된 관계는 피담보채권의 실현이다. 이처럼 채권 양도담보계약의 목적이나 본질적 내용을 통상의 채권양도계약과 같이 볼 수는 없다. 따라서 채무자가 채권 양도담보계약에 따라 담보 목적 채권의 담보가치를 유지·보전할 의무는 계약에 따른 자신의 채무에 불과하고, 채권자와 채무자 사이에 채무자가 채권자를 위하여 담보가치의 유지·보전사무를 처리함으로써 채무자의 사무처리를 통해 채권자가 담보 목적을 달성한다는 신임관계가 존재한다고 볼 수 없다. 그러므로 채무자가 제3채무자에게

채권양도 통지를 하지 않은 채 자신이 사용할 의도로 제3채무자로부터 변제를 받아 변제금을 수령한 경우, 이는 단순한 민사상 채무불이행에 해당할 뿐, 채무자가 채권자와의 위탁신임관계에 의하여 채권자를 위해 위 변제금을 보관하는 지위에 있다고 볼 수 없고, 채무자가 이를 임의로 소비하더라도 횡령죄는 성립하지 않는다(대판 2021.2.25. 2020도12927).

- [1] 채무자가 채권양도담보계약에 따라 부담하는 '담보 목적 채권의 담보가치를 유지·보전할 의무'를 이행하는 것은 채무자 자신의 사무에 해당할 뿐이고, 채무자가 통상의 계약에서의 이익대립관계를 넘어서 채권자와의 신임관계에 기초하여 채권자의 사무를 맡아 처리한다고 볼 수 없으므로, 이 경우 채무자는 채권자에 대한 관계에서 '타인의 사무를 처리하는 자'에 해당한다고 할 수 없다.
  [2] 피고인의 담보가치 유지·보전에 관한 사무가 채권양도담보계약에 따른 채무의 한 내용임을 넘어 피해자의 담보 목적 달성을 위한 신임관계에 기초한 타인의 사무에 해당한다고 볼 수 없다. 따라서 피고인이 피해자에게 채권양도담보에 관한 대항요건을 갖추어 주기 전에 담보 목적 채권을 타에 이중으로 양도하고 제3채무자에게 그 채권양도통지를 하였다 하더라도, 피고인이 피해자와의 신임관계에 의하여 '타인의 사무를 처리하는 자'의 지위에 있다고 볼 수 없어 배임죄는 성립하지 않는다(대판 2021.7.15. 2015도5184).
- [1] 채무자가 채권양도담보계약에 따라 부담하는 '담보 목적 채권의 담보가치를 유지·보전할 의무'를 이행하는 것은 채무자 자신의 사무에 해당할 뿐이고, 채무자가 통상의 계약에서의 이익대립관계를 넘어서 채권자와의 신임관계에 기초하여 채권자의 사무를 맡아 처리한다고 볼 수 없으므로, 이 경우 채무자는 채권자에 대한 관계에서 '타인의 사무를 처리하는 자'에 해당한다고 할 수 없다.
  [2] 피고인이 피해자에게 3억 5,000만원을 차용하면서 그 담보 목적으로 이 사건 전세보증금반환채권 5억원 중 2억 2,000만원(기존에 설정되어 있던 전세권근저당의 실제 피담보채무액 2억 8,000만원 제외)을 양도해 주기로 약정하였음에도, 그 양도의 통지를 하기 전에 제3자에게 채권최고액을 2억 3,500만원으로 하는 전세권근저당권을 설정하여 준 경우, 피고인이 피해자에게 전세보증금반환채권의 양도담보에 관한 대항요건을 갖추어 주기 전에 제3자에게 전세권근저당권을 설정하여 주었다 하더라도, 피고인이 피해자와의 신임관계에 의하여 '타인의 사무를 처리하는 자'의 지위에 있다고 볼 수 없어 배임죄는 성립하지 않는다(대판 2021.7.15. 2020도3514).

ⓒ 채권자가 담보목적물을 처분한 경우
- 채권자(양도담보권자)가 변제기 이전에 담보목적물을 임의로 처분하는 경우 원칙적으로 부동산은 배임죄가, 동산은 횡령죄가 성립한다.

1. 부동산양도담보의 경우 배임죄가 성립하는 사례
- 채권의 담보를 목적으로 부동산의 소유권이전등기를 경료받은 채권자는 채무자가 변제기일까지 그 채무를 변제하면 채무자에게 그 소유명의를 환원하여 주기 위하여 그 소유권이전등기를 이행할 의무가 있으므로 그 변제기일 이전에 그 임무에 위배하여 이를 제3자에게 처분하였다면 변제기일까지 채무자의 변제가 없었다 하더라도 배임죄가 성립한다(대판 2007.1.25. 2005도7559).

- 채권의 담보를 목적으로 부동산의 소유권이전등기를 마친 채권자는 채무자가 변제기일까지 그 채무를 변제하면 채무자에게 그 소유명의를 환원하여 주기 위하여 그 소유권이전등기를 이행할 의무가 있으므로, 그 변제기일 이전에 그 임무에 위배하여 제3자에게 근저당권을 경료하여 주었다면 변제기일까지 채무자의 채무변제가 없었다고 하더라도 배임죄는 성립되고, 그와 같은 법리는 채무자에게 환매권을 주는 형식을 취하였다고 하여 다를 바가 없다(대판 1995.5.12. 95도283).

2. 동산양도담보의 경우 횡령죄가 성립하는 사례

- 채무자가 채무이행의 담보를 위하여 동산에 관한 양도담보계약을 체결하고 점유개정의 방법으로 여전히 그 동산을 점유하는 경우 그 계약이 채무의 담보를 위하여 양도의 형식을 취하였을 뿐이고 실질은 채무의 담보와 담보권실행의 청산절차를 주된 내용으로 하는 것이라면 별단의 사정이 없는 한 그 동산의 소유권은 여전히 채무자에게 남아 있고, 채권자는 단지 양도담보물권을 취득하는 데 지나지 않으므로 그 동산을 다른 사유에 의하여 보관하게 된 채권자는 타인 소유의 물건을 보관하는 자로서 횡령죄의 주체가 될 수 있다(대판 1989.4.11. 88도906).

- 금전을 대여하면서 채무자로부터 그 담보로 동산을 교부받은 담보권자는 그 담보권의 범위 내에서 담보권을 행사할 수 있을 것인데, 담보권자가 담보목적물을 보관하고 있음을 기화로 실제의 피담보채권 이외에 자신의 제3자에 대한 기존의 채권까지 변제받을 의도로, 채무자인 담보제공자와의 소비대차 및 담보설정관계를 부정하고 그 담보목적물이 자신과 제3자 사이의 소비대차 및 담보설정계약에 따라 제공된 것으로서 실제의 피담보채권 외에 제3자에 대한 기존의 채권까지도 피담보채권에 포함되는 것이라고 주장하면서 그것까지 포함하여 변제가 이루어지지 아니할 경우 반환하지 않을 것임을 표명하다가 타인에게 담보목적물을 매각하거나 담보로 제공하여 피담보채무 이외의 채권까지도 변제충당한 경우에는 정당한 담보권의 행사라고 볼 수 없고, 위탁의 취지에 반하여 자기 또는 제3자의 이익을 위하여 권한 없이 그 재물을 자기의 소유인 것 같이 처분하는 것으로서 불법영득의 의사가 인정된다(대판 2007.6.14. 2005도7880).

- 채권자가 변제기 이후 담보권의 실행 차원에서 처분하거나(대판 1979.7.10. 79도1125), 담보권의 실행으로 목적물을 부당하게 염가로 처분하거나(대판 1997.12.23. 97도2430), 청산금의 잔액을 채무자에게 지급하지 아니하더라도 담보권의 실행은 채권자의 자기의 사무이므로 배임죄는 성립하지 아니한다. 다만, 채권자가 부동산양도담보물에 변제기 후에 채권변제와 무관하게 제3자의 채무를 위하여 근저당권을 설정하는 경우에는 배임죄가 성립할 수 있다(대판 1977.5.24. 76도4180).

> **부동산양도담보의 경우 배임죄가 성립하는 사례**
> - 부동산양도담보권자는 채권회수를 위하여 그 담보부동산을 환가처분할 권리를 가지지만 그 처분은 채권의 변제충당을 위한 환가방법으로서 적절한 처분을 하여야 할 의무가 있다 할 것이므로 채권변제와는 아무런 관계도 없이 제3자의 채무를 위하여 근저당권을 설정해 준 소위는 채무자에 대한 배임행위가 된다(대판 1977.5.24. 76도4180).

> • 양도담보의 채무자는 채권자가 담보권의 실행을 위하여 양도담보의 목적물처분을 종료할 때까지 피담보채무를 변제하여 목적물을 도로 찾아올 수 있고 양도담보의 피담보채권이 채무자의 변제 등에 의하여 소멸하면 양도담보권자는 담보목적물의 소유자이었던 담보설정자에게 그 권리를 회복시켜 줄 의무를 부담하게 함으로 그 이행은 타인의 재산을 보전하는 형법 제355조 제1항 소정의 타인의 사무라고 할 것이다(대판 1988.12.13. 88도184).

㈏ 매도담보[102]
  ⓐ 매도담보의 의의 : 매도담보란 담보설정시에 담보목적물의 소유권을 채권자에게 이전하되 내부적으로는 변제기에 채무의 변제가 있으면 다시 채무자에게 소유권을 회복시키는 형태의 약정을 말한다.
  ⓑ 채무자가 담보목적물(동산)을 처분한 경우 : 매도담보의 경우에 채권자에게 소유권이 이전되므로 채무자가 처분한 경우에는 횡령죄가 성립한다(대판 1962.2.8. 4294형상470).
  ⓒ 채권자가 담보목적물(부동산)을 처분한 경우 : 채권자가 처분한 경우에는 배임죄가 성립한다(대판 1990.8.10. 90도414).
㈐ 할부판매(소유권유보부매매) : 대금의 완납시까지는 매도인이 소유이므로 완납 전 매수인이 목적물을 처분하면 횡령죄가 성립한다. 다만, 등록을 요구하는 동산(자동차, 중기 등)의 경우에는 형식적으로 소유권이 결정되므로 매수인이 할부금을 완납하기 전이라도 그 명의가 매수인 앞으로 등록되었다면 그 동산의 소유권은 매수인에게 귀속된 것으로 보아, 매수인의 처분은 횡령죄를 구성하지 아니하는 것으로 이해하여야 한다.

> 1. 동산소유권유보부매매를 인정하는 사례
>   [1] 소유권유보의 특약을 한 경우, 목적물의 소유권을 이전한다는 당사자 사이의 물권적 합의는 매매계약을 체결하고 목적물을 인도한 때 이미 성립하지만 대금이 모두 지급되는 것을 정지조건으로 하므로, 목적물이 매수인에게 인도되었다고 하더라도 특별한 사정이 없는 한 매도인은 대금이 모두 지급될 때까지 매수인뿐만 아니라 제3자에 대하여도 유보된 목적물의 소유권을 주장할 수 있다.
>   [2] 피고인이 소유권유보의 특약하에 피해자 회사로부터 이 사건 금형을 인도받고서도 이를 임의로 공소외 주식회사에 인도한 경우, 횡령죄가 성립한다(대판 2007.6.1. 2006도8400).
> 2. 동산소유권유보부매매를 인정하지 아니하는 사례
>   부동산과 같이 등기에 의하여 소유권이 이전되는 경우에는 등기를 대금완납시까지 미룸으로써 담보의 기능을 할 수 있기 때문에 굳이 위와 같은 소유권유보부매매의 개념을 원용할 필요성이 없으며, 일단 매도인이 매수인에게 소유권이전등기를 경료하여 준 이상은 특별한 사정이 없는 한 매수인에게 소유권이 귀속되는 것이다. 한편 자동차, 중기, 건설기계 등은 비록 동산이기는 하나 부동산과 마찬가지로 등록에 의하여 소유권이 이전되고, 등록이 부동산 등기와 마찬가지로 소유권이전의 요건이므로, 역시 소유권유보부매매의 개념을 원용할 필요성이 없는 것이다(대판 2010.2.25. 2009도5064).

---

102) 매도담보의 목적물이 부동산인 경우뿐만 아니라 동산인 경우에도 같은 법리가 적용됨을 유의하여야 한다.

ⓒ 부동산 명의신탁
　㉮ 문제점 : 부동산 실권리자명의 등기에 관한 법률(이하 '부동산실명법') 제4조에 의하면 명의신탁약정 및 이에 따른 등기로 이루어진 부동산에 관한 물권변동을 무효로 하고 있다. 다만, 종중이나 배우자명의 또는 종교단체의 명의로 등기된 경우에는 조세포탈, 강제집행의 면탈(免脫) 또는 법령상 제한의 회피를 목적으로 하지 아니하는 경우에는 그 명의신탁과 물권변동을 유효한 것으로 규정하고 있다(부동산실명법 제8조).103) 이에 명의신탁 약정과 물권변동이 효력 여하에 따라 행위자에게 어떤 범죄가 성립하는가에 대한 검토가 필요하게 된다.
　㉯ 명의신탁의 의의 : 명의신탁약정이란 부동산에 관한 소유권이나 그 밖의 물권을 보유한 자 또는 사실상 취득하거나 취득하려고 하는 자(이하 "실권리자")가 타인과의 사이에서 대내적으로는 실권리자가 부동산에 관한 물권을 보유하거나 보유하기로 하고 그에 관한 등기(가등기를 포함)는 그 타인의 명의로 하기로 하는 약정을 말한다(부동산실명법 제2조 제1호).
　㉰ 2자간 명의신탁
　　ⓐ 문제점 : 부동산의 소유자가 그 등기명의를 타인에게 신탁하기로 명의신탁약정을 체결하고 그 등기명의를 수탁자에게 이전하는 형식의 명의신탁으로, 수탁자가 임의로 명의신탁부동산을 처분한 경우의 죄책에 대하여 견해의 대립이 있다.
　　ⓑ 학설 : 명의신탁약정과 그에 따른 등기명의가 무효이므로 소유권은 신탁자에게 있고 수탁자는 타인의 재물을 보관하는 자에 해당하여 수탁자가 임의로 처분하는 경우에는 횡령죄가 성립한다는 견해, 명의신탁약정이 무효이므로 형법상 보호할 만한 신뢰관계가 없지만, 행위반가치와 법익평온상태의 교란이라는 결과반가치는 존재하므로 횡령죄의 불능미수가 된다는 견해, 부동산실명법에 위반한 등기를 불법원인급여로 이해하여 신탁자의 수탁자에 대한 반환청구를 부정하여야 한다는 횡령죄부정설이 대립하고 있다.
　　ⓒ 판례 : 판례는 종래 수탁자가 임의로 명의신탁부동산을 처분하는 경우 횡령죄의 성립을 인정하였으나 최근 전합판결로 신탁자와 수탁자 사이에 무효인 명의신탁약정 등에 기초하여 존재한다고 주장될 수 있는 사실상의 위탁관계라는 것은 부동산실명법에 반하여 범죄를 구성하는 불법적인 관계에 지나지 아니할 뿐 이를 형법상 보호할 만한 가치 있는 신임에 의한 것이라고 할 수 없고, 수탁자의 신탁자에 대한 말소등기의무의 존재나 수탁자에 의한 유효한 처분가능성을 들어 수탁자가 신탁자에 대한 관계에서 '타인의 재물을 보관하는 자'의 지위에 있다고 볼 수도 없다고(대판 2021.2.18. 2016도18761[전합]) 하여 횡령죄는 성립하지 아니한다고 판시하고 있다.

---

103) 부동산실명법상 유효한 명의신탁의 경우, 판례는 종중소유의 부동산을 명의신탁받아 소유권이전등기를 거친 사람이 이를 임의로 처분한 경우에는 횡령죄가 성립한다고(대판 1971.6.22. 71도740[전합]) 판시하고 있다.

ⓓ 검토 : 생각건대 부동산실명법에 위반한 무효인 명의신탁약정에 의해서는 형법상 보호할 만한 가치 있는 신임관계를 인정할 수 없으므로 횡령죄는 성립하지 아니한다고 보는 것이 타당하다고 판단된다.

[1] 횡령죄에서 보관이란 위탁관계에 의하여 재물을 점유하는 것을 뜻하므로 횡령죄가 성립하기 위하여는 재물의 보관자와 재물의 소유자(또는 기타의 본권자) 사이에 법률상 또는 사실상의 위탁관계가 존재하여야 한다. 이러한 위탁관계는 사용대차·임대차·임임 등의 계약에 의하여서뿐만 아니라 사무관리·관습·조리·신의칙 등에 의해서도 성립될 수 있으나, 횡령죄의 본질이 신임관계에 기초하여 위탁된 타인의 물건을 위법하게 영득하는 데 있음에 비추어 볼 때 위탁관계는 횡령죄로 보호할 만한 가치 있는 신임에 의한 것으로 한정함이 타당하다. 위탁관계가 있는지 여부는 재물의 보관자와 소유자 사이의 관계, 재물을 보관하게 된 경위 등에 비추어 볼 때 보관자에게 재물의 보관 상태를 그대로 유지하여야 할 의무를 부과하여 그 보관 상태를 형사법적으로 보호할 필요가 있는지 등을 고려하여 규범적으로 판단하여야 한다.
[2] 부동산실명법의 명의신탁관계에 대한 규율 내용 및 태도 등에 비추어 보면, 부동산실명법을 위반하여 명의신탁자가 그 소유인 부동산의 등기명의를 명의수탁자에게 이전하는 이른바 양자 간 명의신탁의 경우, 계약인 명의신탁약정과 그에 부수한 위임약정, 명의신탁약정을 전제로 한 명의신탁 부동산 및 그 처분대금 반환약정은 모두 무효이다. 나아가 명의신탁자와 명의수탁자 사이에 무효인 명의신탁약정 등에 기초하여 존재한다고 주장될 수 있는 사실상의 위탁관계라는 것은 부동산실명법에 반하여 범죄를 구성하는 불법적인 관계에 지나지 아니할 뿐 이를 형법상 보호할 만한 가치 있는 신임에 의한 것이라고 할 수 없다.
[3] 명의수탁자가 명의신탁자에 대하여 소유권이전등기말소의무를 부담하게 되나, 위 소유권이전등기는 처음부터 원인무효여서 명의수탁자는 명의신탁자가 소유권에 기한 방해배제청구로 말소를 구하는 것에 대하여 상대방으로서 응할 처지에 있음에 불과하다. 명의수탁자가 제3자와 한 처분행위가 부동산실명법 제4조 제3항에 따라 유효하게 될 가능성이 있다고 하더라도 이는 거래 상대방인 제3자를 보호하기 위하여 명의신탁약정의 무효에 대한 예외를 설정한 취지일 뿐 명의신탁자와 명의수탁자 사이에 위 처분행위를 유효하게 만드는 어떠한 위탁관계가 존재함을 전제한 것이라고는 볼 수 없다. 따라서 말소등기의무의 존재나 명의수탁자에 의한 유효한 처분가능성을 들어 명의수탁자가 명의신탁자에 대한 관계에서 '타인의 재물을 보관하는 자'의 지위에 있다고 볼 수도 없다. 그러므로 부동산실명법을 위반한 양자 간 명의신탁의 경우 명의수탁자가 신탁 받은 부동산을 임의로 처분하여도 명의신탁자에 대한 관계에서 횡령죄가 성립하지 아니한다. 이러한 법리는 부동산 명의신탁이 부동산실명법 시행 전에 이루어졌고 같은 법이 정한 유예기간 이내에 실명등기를 하지 아니함으로써 그 명의신탁약정 및 이에 따라 행하여진 등기에 의한 물권변동이 무효로 된 후에 처분행위가 이루어진 경우에도 마찬가지로 적용된다(대판 2021.2.18. 2016도18761[전합]).

㉴ 3자간(중간생략등기형) 명의신탁
  ⓐ 문제점 : 신탁자와 수탁자가 명의신탁약정을 체결하고 신탁자가 매매계약의 당사자가 되어 매도인과 매매계약을 체결하되 등기는 매도인으로부터 수탁자 앞으로 직접 이전하는 형식의 명의신탁으로, 수탁자가 신탁부동산을 처분하는 경우 수탁자의 죄책에 대하여 견해의 대립이 있다.
  ⓑ 학설 : 수탁자의 입장에서 신탁부동산은 타인의 부동산에 해당하므로 횡령죄가 성립하므로 매도인에 대한 횡령죄가 성립한다는 견해, 신탁자에 대한 횡령죄가 성립한다는 견해가 있으며, 신탁부동산의 소유자인 매도인에게 손해가 없어 신탁자를 피해자로 하는 배임죄가 성립한다는 견해가 대립하고 있다.
  ⓒ 판례 : 판례는 종래 수탁자가 임의로 명의신탁부동산을 처분하는 경우 신탁자에 대한 횡령죄의 성립을 인정하였으나 최근 전합판결로 중간생략등기형 명의신탁을 한 경우, 신탁자는 신탁부동산의 소유권을 가지지 아니하고, 신탁자와 수탁자 사이에 위탁신임관계를 인정할 수도 없어, 수탁자가 신탁자의 재물을 보관하는 자라고 할 수 없으므로, 수탁자가 신탁 받은 부동산을 임의로 처분하여도 신탁자에 대한 관계에서 횡령죄가 성립하지 아니한다고(대판 2016.5.19. 2014도6992[전합]) 판시하고 있다.
  ⓓ 검토 : 생각건대 신탁자와 수탁자 사이에는 형법상 보호할 만한 신뢰관계가 인정되지 아니하고 신탁부동산의 소유자도 아닌 수탁자를 타인의 재물을 보관하는 자라고도 할 수 없어 횡령죄의 성립을 부정하는 것이 타당하다고 판단된다.

㉮ 계약(위임형)명의신탁
  ⓐ 문제점 : 신탁자와 수탁자가 부동산의 매수위임과 함께 명의신탁약정을 체결하고 수탁자가 매매계약의 당사자가 되어 매도인과 매매계약을 체결한 후 수탁자 앞으로 이전등기하는 형식의 명의신탁으로, 매도인이 명의신탁사실을 모르는 경우에는 소유권이전등기는 유효하지만 아는 경우에는 무효가 되므로, 수탁자가 신탁부동산을 임의로 처분하는 경우 매도인의 선악에 따른 수탁자의 범죄의 성립 여부가 문제된다.
  ⓑ 매도인이 명의신탁사실을 모르는 경우
    • 학설 : 신탁자와 수탁자의 내부관계에서는 신탁부동산의 소유권은 신탁자에게 유보되어 있으므로 신탁자에 대한 횡령죄가 성립한다는 견해, 명의신탁약정이 무효일지라도 사실상의 신임관계는 존재하므로 배임죄가 성립한다는 견해, 수탁자는 부동산실명법에 의하여 완전한 소유권을 취득하므로 수탁자의 처분행위에 대하여는 횡령죄는 물론 배임죄도 성립하지 아니한다는 견해가 대립되어 있다.
    • 판례 : 판례는 계약명의신탁약정에서 명의수탁자가 이러한 사실을 알지 못하는 소유자[매도인(註)]와 부동산 매매계약을 체결한 후 명의수탁자 명의로 소유권이전등기를 한 경우, 명의수탁자는 명의신탁자에 대한 관계에서도 유효하게 소유권을 취득하므로 타인의 재물을 보관하는 자라고 볼 수 없다고(대판 2016.8.24. 2014도6740) 하여 횡령죄는 성립하지 아니한다고 하였고, 수탁자가 신탁부동산을 임의로 매도하여 처분대금을 반환하지 아니하고 소비하였다고 하더라도 배임죄는 성립하지 아니한다고(대판 2001.9.25. 2001도2722) 판시하고 있다.

- 검토 : 생각건대 신탁부동산의 소유권을 취득한 수탁자를 타인의 재물을 보전·관리하는 자라고 할 수는 없으므로 횡령죄나 배임죄는 성립하지 아니한다고 보는 것이 타당하다.

> 1. **횡령죄가 성립하지 아니하는 사례**
> 명의신탁자와 명의수탁자가 이른바 계약명의신탁약정을 맺고, 이에 따라 명의수탁자가 이러한 사실을 알지 못하는 소유자와 부동산 매매계약을 체결한 후 명의수탁자 명의로 소유권이전등기를 한 경우, 명의수탁자는 명의신탁자에 대한 관계에서도 유효하게 소유권을 취득하므로 타인의 재물을 보관하는 자라고 볼 수 없다. 이러한 경우 소유자가 계약명의신탁약정이 있음을 알고 있었다면 명의수탁자 명의의 소유권이전등기는 무효이고, 부동산의 소유권은 매도인이 그대로 보유하고 있으므로, 명의수탁자는 부동산 취득을 위한 계약의 당사자도 아닌 명의신탁자의 재물을 보관하는 자의 지위에 있다고 볼 수 없다. 또한, 명의신탁자와 명의수탁자가 이른바 중간생략등기형 명의신탁약정을 맺고 소유자와 매매계약을 체결한 경우에도, 명의신탁자는 신탁부동산의 소유권을 가지지 아니하고, 명의신탁자와 명의수탁자 사이에 위탁신임관계를 인정할 수 없으므로, 명의수탁자는 매도인에 대하여 소유권이전등기청구권을 가질 뿐인 명의신탁자의 재물을 보관하는 자라고 할 수 없다(대판 2016.8.24. 2014도6740).
>
> 2. **배임죄가 성립하지 아니하는 사례**
> 계약명의신탁에 있어서 단지 부당이득반환의무만을 부담하는 수탁자인 피고인이 이 사건 부동산을 위 피해자의 허락 없이 매도하여서는 아니 되고, 매도하더라도 그 대금을 위 피해자에게 전달해 주거나 위 피해자를 위하여 사용할 의무가 있는 등 위 수탁부동산 및 그 처분대금에 대하여 '타인의 재산을 보전·관리하는 자'의 지위에 있다고는 볼 수 없으므로 피고인이 이 사건 부동산을 임의로 매도하여 그 처분대금을 반환하지 아니하고 소비하였다 하여 이를 배임죄로 처벌할 수는 없다(대판 2001.9.25. 2001도2722).

ⓒ 매도인이 명의신탁사실을 아는 경우
- 학설 : 소유권이전등기는 무효이고 신탁부동산의 소유자는 원소유자인 매도인이므로 수탁자에게는 매도인에 대한 횡령죄가 성립한다는 견해, 수탁자는 신탁자의 사무를 처리하는 자로서 사실상의 신임관계를 위배하였으므로 배임죄가 성립한다는 견해가 대립하고 있다.
- 판례 : 판례는 계약명의신탁약정에서 명의수탁자가 이러한 사실을 알고 있는 소유자[매도인(註)]와 부동산 매매계약을 체결한 후 명의수탁자 명의로 소유권이전등기를 한 경우, 수탁자 명의의 소유권이전등기는 무효이고 부동산의 소유권은 매도인이 그대로 보유하게 되므로, 명의수탁자는 명의신탁자에 대한 관계에서 횡령죄에서 '타인의 재물을 보관하는 자'의 지위에 있다고 볼 수 없고, 명의수탁자가 명의신탁자에 대하여 매매대금 등을 부당이득으로 반환할 의무를 부담한다고 하더라도 배임죄에서 '타인의 사무를 처리하는 자'의 지위에 있다고 보기도 어려워, 횡령죄, 배임죄는 성립하지 아니한다고(대판 2012.11.29. 2011도7361) 판시하고 있다.

- 검토 : 판례의 태도가 합리적이라는 점에서 횡령죄, 배임죄는 성립하지 아니한다고 이해하는 것이 타당하다고 판단된다.

> 명의신탁자와 명의수탁자가 이른바 계약명의신탁 약정을 맺고 명의수탁자가 당사자가 되어 명의신탁약정이 있다는 사실을 알고 있는 소유자와 부동산에 관한 매매계약을 체결한 후 매매계약에 따라 부동산의 소유권이전등기를 명의수탁자 명의로 마친 경우에는 부동산 실권리자명의 등기에 관한 법률(이하 '부동산실명법') 제4조 제2항 본문에 의하여 수탁자 명의의 소유권이전등기는 무효이고 부동산의 소유권은 매도인이 그대로 보유하게 되므로, 명의수탁자는 부동산 취득을 위한 계약의 당사자도 아닌 명의신탁자에 대한 관계에서 횡령죄에서 '타인의 재물을 보관하는 자'의 지위에 있다고 볼 수 없고, 또한 명의수탁자가 명의신탁자에 대하여 매매대금 등을 부당이득으로 반환할 의무를 부담한다고 하더라도 이를 두고 배임죄에서 '타인의 사무를 처리하는 자'의 지위에 있다고 보기도 어렵다. 한편 위 경우 명의수탁자는 매도인에 대하여 소유권이전등기말소의무를 부담하게 되나, 위 소유권이전등기는 처음부터 원인무효여서 명의수탁자는 매도인이 소유권에 기한 방해배제청구로 말소를 구하는 것에 대하여 상대방으로서 응할 처지에 있음에 불과하고, 그가 제3자와 한 처분행위가 부동산실명법 제4조 제3항에 따라 유효하게 될 가능성이 있다고 하더라도 이는 거래 상대방인 제3자를 보호하기 위하여 명의신탁 약정의 무효에 대한 예외를 설정한 취지일 뿐 매도인과 명의수탁자 사이에 위 처분행위를 유효하게 만드는 어떠한 신임관계가 존재함을 전제한 것이라고는 볼 수 없으므로, 말소등기의무의 존재나 명의수탁자에 의한 유효한 처분가능성을 들어 명의수탁자가 매도인에 대한 관계에서 횡령죄에서 '타인의 재물을 보관하는 자' 또는 배임죄에서 '타인의 사무를 처리하는 자'의 지위에 있다고 볼 수도 없다(대판 2012.11.29. 2011도7361).

ⓒ 불법원인급여와 횡령죄

㉮ 문제점 : 위탁관계가 불법한 원인으로 이루어져 급여자가 목적물에 대하여 반환을 청구할 수 없는 경우에 수탁자가 이 불법원인급여물을 영득한 경우 횡령죄가 성립하는지 여부가 문제된다.

㉯ 학설 : 위탁자(급여자)는 반환청구권을 상실하고 급여자와 수급자 사이에 보호할 만한 신임관계가 인정되지 아니하므로 횡령죄는 성립하지 아니한다는 견해, 형법의 독자적 관점에서 범죄의 성부를 판단해야 하며 불법원인급여의 경우에도 신임관계가 존재할 수 있다는 이유로 횡령죄가 성립한다는 견해, 불법원인급여의 경우에는 횡령죄가 성립하지 아니하지만 불법원인위탁[104]의 경우에는 횡령죄가 성립한다는 견해가 대립하고 있다.

㉰ 판례 : 판례는 뇌물로 전달하여 달라고 교부한 금전은 불법원인급여물에 해당하여 그 소유권은 급여를 받은 자에게 귀속되는 것으로서 급여를 받은 자가 이를 임의로 소비하였다고 하더라도 횡령죄는 성립하지 아니한다고(대판 1999.6.11. 99도275) 판시하였으나, 예외적으로 약정에 위반하여 보관중인 화대를 임의로 소비한 경우, 포주의 불법성이 윤락녀의 불법성보다 현저히 크므로 화대의 소유권은 여전히 윤락녀에게 속한다고(대판 1999.9.17. 98도2036) 하여 횡령죄를 인정하는 판시를 한바 있다.

---

[104] 급여자가 수급자에게 소유권이전의 의사가 있는 점유이전을 불법원인급여라고 하고, 소유권이전의 의사가 없는 점유이전을 불법원인위탁이라고 한다.

㉣ 검토 : 생각건대 급여자와 수익자 사이에는 형법상 보호할 만한 신임관계가 인정되지 아니하므로 횡령죄는 성립하지 아니한다고 보는 것이 타당하다. 다만, 현저한 불법성의 차이가 있는 경우에는 구체적인 사정을 고려하여 횡령죄의 성립을 인정하는 것도 바람직하다고 판단된다.

3) 행 위

① **태양** : 횡령행위란 자기가 보관하는 타인의 재물에 대하여 횡령하거나 반환을 거부하는 것으로 불법영득의사를 외부에 표현하는 행위를 말한다.

㉠ 횡 령

㉮ 횡령행위란 타인의 재물을 보관하는 자가 그 재물에 대한 불법영득의사를 객관적으로 인식할 수 있는 방법으로 표현하는 일체의 행위를 말한다. 법률행위뿐만 아니라 사실행위를 불문하고 작위 또는 부작위로도 가능하다. 이와 관련하여 법인·단체의 자금으로 개인의 소송비용을 지급한 경우 횡령죄의 성립 여부가 문제된다.

> **1. 횡령죄가 성립하는 사례**
> [1] 원칙적으로 단체의 비용으로 지출할 수 있는 변호사 선임료는 단체 자체가 소송당사자가 된 경우에 한하므로 단체의 대표자 개인이 당사자가 된 민·형사사건의 변호사 비용은 단체의 비용으로 지출할 수 없고, 예외적으로 분쟁에 대한 실질적인 이해관계는 단체에게 있으나 법적인 이유로 그 대표자의 지위에 있는 개인이 소송 기타 법적 절차의 당사자가 되었다거나 대표자로서 단체를 위해 적법하게 행한 직무행위 또는 대표자의 지위에 있음으로 말미암아 의무적으로 행한 행위 등과 관련하여 분쟁이 발생한 경우와 같이, 당해 법적 분쟁이 단체와 업무적인 관련이 깊고 당시의 제반 사정에 비추어 단체의 이익을 위하여 소송을 수행하거나 고소에 대응하여야 할 특별한 필요성이 있는 경우에 한하여 단체의 비용으로 변호사 선임료를 지출할 수 있다.
> [2] 재건축조합 조합장이 조합장 개인을 위하여 자신의 위법행위에 관한 형사사건의 변호인을 선임하는 것을 재건축조합의 업무라고 볼 수 없으므로, 그가 재건축조합의 자금으로 자신의 변호사 비용을 지출하였다면 이는 횡령에 해당하고, 위 형사사건의 변호사 선임료를 지출함에 있어 이사 및 대의원회의 승인을 받았다 하여도 재건축조합의 업무집행과 무관한 조합장 개인의 형사사건을 위하여 변호사 선임료를 지출하는 것이 위법한 이상 위 승인은 내재적 한계를 벗어나는 것으로서 횡령죄의 성립에 영향을 미치지 아니한다.
> [3] 재건축조합장이 개인 명의의 손해배상청구소송을 위하여 변호사를 소송대리인으로 선임하고 그 선임료를 재건축조합의 비용으로 지출한 행위가 업무상횡령죄에 해당한다고 본 사례 (대판 2006.10.26. 2004도6280)
>
> **2. 횡령죄가 성립하지 아니하는 사례**
> 법인의 이사를 상대로 한 이사직무집행정지가처분 신청이 받아들여질 경우, 당해 법인의 업무를 수행하는 이사의 직무집행이 정지당함으로써 사실상 법인의 업무수행에 지장을 받게 될 것이 명백하므로, 해당 법인으로서는 그 이사 자격의 부존재가 객관적으로 명백하여 항쟁의 여지가 없는 경우가 아닌 한 위 가처분신청에 대항하여 항쟁할 필요가 있고, 위와 같은 필요에서 법인의 대표자가 법인 경비에서 당해 가처분사건의 소송비용을 지급하는 것은 법인의 업무수행을 위하여 필요한 비용을 지급하는 것에 해당한다. 따라서 이러한 지급을 가지고

법인의 경비를 횡령한 것이라고 할 수 없다. 이러한 법리는 상가관리운영위원회의 운영위원장이 그에 대하여 제기된 직무집행정지가처분 신청에 대응하기 위하여 선임한 변호사의 선임료를 상가 관리비에서 지급한 경우에도 마찬가지로 적용된다. 그리고 법인 자체가 소송당사자가 된 경우에는 원칙적으로 그 소송의 수행이 법인의 업무수행이라고 볼 수 있으므로 그 소송에서 법인이 형식적으로 소송당사자가 되어 있을 뿐 실질적인 당사자가 따로 있고 법인으로서는 그 소송의 결과에 있어서 별다른 이해관계가 없다고 볼 만한 특별한 사정이 없는 한 그 변호사 선임료를 법인의 비용으로 지출할 수 있다(대판 2019.5.30. 2016도5816).

㉯ 판례는 법률행위가 강행규정위반으로 당연무효인 경우에는 횡령죄는 성립하지 아니한다고 하나(대판 1978.11.28. 75도2713), 사법상 무효에 불과할 경우에는 횡령죄를 인정한다(대판 2002.11.13. 2002도2219).

1. 횡령죄가 성립하는 사례
   횡령죄는 다른 사람의 재물에 관한 소유권 등 본권을 그 보호법익으로 하고 본권이 침해될 위험성이 있으면 그 침해의 결과가 발생되지 아니하더라도 성립하는 이른바 위태범이므로, 다른 사람의 재물을 보관하는 사람이 그 사람의 동의 없이 함부로 이를 담보로 제공하는 행위는 불법영득의 의사를 표현하는 횡령행위로서 사법(私法)상 그 담보제공행위가 무효이거나 그 재물에 대한 소유권이 침해되는 결과가 발생하는지 여부에 관계없이 횡령죄를 구성한다(대판 2002.11.13. 2002도2219).

2. 횡령죄가 성립하지 아니하는 사례
   공장저당법에 따라 공장재단을 구성하는 기계를 타인에게 양도담보로 제공하였다 하여도 공장저당법의 강행성에 비추어 위 양도는 무효이므로 양도인이 위 기계에 대하여 다시 근저당권을 설정한 행위는 횡령죄를 구성하지 아니한다(대판 1978.11.28. 75도2713).

㉰ 기타 회사의 재산관계나 사법상의 계약관계에서 횡령죄의 성립 여부가 문제되는 경우를 살펴본다.

1. 횡령죄가 성립하는 사례
   - 타인을 위하여 금전 등을 보관·관리하는 자가 개인적 용도로 사용할 자금을 마련하기 위하여, 적정한 금액보다 과다하게 부풀린 금액으로 공사계약을 체결하기로 공사업자 등과 사전에 약정하고 그에 따라 과다 지급된 공사대금 중의 일부를 공사업자로부터 되돌려 받는 행위는 그 타인에 대한 관계에서 과다하게 부풀려 지급된 공사대금 상당액의 횡령이 된다(대판 2015.12.10. 2013도13444).
   - 관광지조성사업조합의 조합장인 피고인이 정관에서 정한 절차를 거치지 않고 조합 명의의 계좌에서 급여 명목의 보수를 수령하여 개인 채무 변제 등에 사용함으로써 횡령하였다는 내용으로 기소된 사안에서, 조합 정관인 개발규약이 조합 임원의 보수는 이사회 결의에 따라 지급할 수 있고, 조합 상근임원에 대한 보수는 총회의 인준을 받은 보수규정에 따라야 한다고 규정하고 있음에 비추어, 피고인이 정관에서 정하고 있는 이사회 결의를 거치거나 총회 인준을 받은 보수규정에 따라 보수를 지급받은 것이 아닌 이상 조합에 대하여 보수채권을 주장할 수 없다는 이유로, 피고인이 조합장 직무대행자 또는 조합장으로 근무하여 보수채권을 갖고 있으므로 이사회 결의 등 절차를 거치지 않았더라도 민사상 정산의 문제일 뿐 횡령죄가 성립할 수 없다는 피고인 주장을 배척한 사례(대판 2013.8.30. 2013도2761).

2. 횡령죄가 성립하지 아니하는 사례

[1] 회사 운영자나 대표 등이 그 내부 절차를 거쳐 고문 등을 위촉하고 급여를 지급한 행위가 업무상횡령으로 인정되기 위해서는 그와 같이 고문 등을 위촉할 필요성이나 정당성이 명백히 결여되거나 그 지급되는 급여가 합리적인 수준을 현저히 벗어나는 경우이어야 한다. 그리고 그에 해당하는지를 판단하기 위해서는 고문 등으로 위촉된 자의 업무수행능력뿐만 아니라, 고문 등의 위촉 경위와 동기, 고문 등으로 위촉된 자와 회사의 관계, 그가 회사 발전에 기여한 내용 및 정도, 고문 등으로 위촉되어 담당하기로 한 업무의 내용 및 중요성, 회사 규모와 당시의 경제적 상황, 고문 등의 위촉으로 인하여 회사가 얻을 것으로 예상되는 유·무형의 이익, 관련 업계의 관행 등을 종합적으로 고려하여 판단하여야 한다.

[2] 일반적으로 상당히 고령인 가까운 친족을 회사의 경영진이나 고문으로 참여시키고 보수를 지급하는 행위가 과연 회사를 위한 최선의 행위로서 적절한지에 대하여 기업윤리적인 측면에서 의문이 제기될 수 있고 그 판단에 신중을 기하여야 할 것이지만, 이 사건에서 검사 제출의 증거들이나 원심이 판단 근거로 삼은 사정들만으로는 피고인이 공소외 1 회사 내부의 정상적인 의사결정 절차를 거쳐 공소외 2를 고문으로 위촉하여 공소사실과 같이 급여를 지급한 것이 명백히 그 필요성이나 정당성이 없었다거나 그 지급한 급여 액수가 합리적인 수준을 현저히 벗어나는 행위로서 외형상 급여 명목으로 지급된 것에 불과하고 실질적으로는 피고인이 그 급여 명목의 돈을 자신의 소유인 것처럼 개인적인 용도로 사용·처분한 것이나 마찬가지여서 업무상횡령에 해당하는 행위라고 단정할 수는 없다고 할 것이다(대판 2013.6.27. 2012도4848).

ⓒ 반환거부 : 횡령죄에서 '반환의 거부'라고 함은 보관물에 대하여 소유자의 권리를 배제하는 의사표시를 하는 행위를 뜻하므로, 타인의 재물을 보관하는 사람이 단순히 반환을 거부한 사실만으로 횡령죄가 성립하는 것은 아니며, 반환거부의 이유 및 주관적인 의사 등을 종합하여 반환거부행위가 횡령행위와 같다고 볼 수 있을 정도이어야만 횡령죄가 성립할 수 있다(대판 2013.8.23. 2011도7637). 반환거부에 정당한 사유가 있는 경우에는 불법영득의사가 인정되지 아니하므로 횡령죄는 성립하지 아니하고(대판 1998.7.10. 98도126), 보관물의 진정한 소유자를 가릴 수 없어 진정한 소유자가 밝혀질 때까지 그 반환을 거절하거나(대판 1989.3.14. 88도2437), 연체한 월세와 동시이행을 주장하며 반환을 거부한 경우에는 횡령죄가 성립하지 아니한다(대판 1992.11.27. 92도2079).

1. 횡령죄가 성립하는 사례

[1] 익명조합관계는 당사자의 일방이 상대방의 영업을 위하여 출자하고 상대방은 그 영업으로 인한 이익을 분배할 것을 약정함으로써 그 효력이 생기는 것이므로, 당사자 사이에 영업으로 인한 이익을 분배할 것이 약정되어 있지 않는 이상 그 법률관계를 익명조합관계라고 할 수 없다. 또한 형법 제355조 제1항 소정의 '반환의 거부'라 함은 보관물에 대하여 소유자의 권리를 배제하는 의사를 표시하는 행위를 뜻하므로 타인의 재물을 보관하는 자가 단순히 반환요구에 불응한 사실만으로 횡령죄를 구성하는 것은 아니며, 횡령죄를 구성한다고 하려면 그 반환불응의 이유와 주관적인 의사 등을 종합하여 그 행위가 횡령행위와 같다고 볼 수 있을 정도이어야만 한다.

[2] 실질적으로 피해자가 단독으로 운영하여 오던 사업장이어서 그 사업장의 재산은 피해자의 단독 소유라고 할 것임에도, 익명조합관계의 영업자의 지위에 있다고 주장하면서 사업장의 재산의 반환을 거부한 사안에서, 횡령죄의 성립을 인정한 사례(대판 2009.4.23. 2007도9924).

> 2. 횡령죄가 성립하지 아니하는 사례
> 보관자의 지위에 있는 공동명의 예금채권자가 다른 채권의 집행 확보를 위하여 위 예금계좌에 초과로 입금된 돈의 반환을 거부한 경우, 이는 피해자 조합원들이 제기한 소송으로 인하여 조합이 입게 되는 손해에 대한 구상금채권의 집행 확보를 위한 것에 불과하고, 위 개발부담금을 영득하기 위한 것이라고 볼 수 없으므로 피고인들에 대하여 횡령죄가 성립하지 않는다(대판 2008.12.11. 2008도8279).

② 기수시기 : 횡령죄는 미수범 처벌 규정이 존재하므로 불법영득의사가 실현되었을 때 기수가 된다는 실현설이 주장되고 있으나, 자기가 보관하는 타인의 재물을 처분행위에 의하여 영득의사가 객관적으로 인식될 수 있도록 외부에 표현되기만 하면 기수가 된다는 표현설이 타당하다고 판단된다. 판례는 원칙적으로 불법영득의사가 객관적으로 표현된 때 횡령죄는 기수가 된다는 표현설을 취하고 있으나(대판 1981.5.26. 81도673), 실현설의 태도를 취한 경우도(대판 2012.8.17. 2011도9113) 있다.

(2) 주관적 구성요건

1) 고 의

횡령죄는 고의범이므로 자기가 보관하는 타인의 재물을 횡령한다는 사실에 대한 인식과 의사가 있어야 한다.

2) 불법영득의사

① 불법영득의사의 내용

㉠ 불법영득의사는 자기 또는 제3자의 이익을 꾀할 목적으로 위탁의 취지에 반하여 보관하고 있는 타인의 재물을 자기의 소유인 것처럼 사실상 또는 법률상 처분하는 의사를 말한다.

> 1. 불법영득의사가 인정되는 사례
> [1] 업무상횡령죄에서 불법영득의 의사라 함은, 자기 또는 제3자의 이익을 꾀할 목적으로 업무상의 임무에 위배하여 보관하는 타인의 재물을 자기의 소유인 경우와 같이 처분하는 의사를 말하고 사후에 이를 반환하거나 변상, 보전하는 의사가 있다 하더라도 이를 인정하는 데는 지장이 없다. 또한 업무상횡령죄는 위와 같은 불법영득의 의사가 확정적으로 외부에 표현되었을 때 성립하는 것이므로, 횡령의 범행을 한 자가 물건의 소유자에 대하여 별도의 금전채권을 가지고 있었다 하더라도 횡령 범행 전에 상계 정산하였다는 등 특별한 사정이 없는 한 그러한 사정만으로 이미 성립한 업무상횡령죄에 영향을 미칠 수는 없다.
> [2] 피고인 2가 공소외 1로부터 피해자 피고인 1 주식회사에 대한 투자금 명목으로 미화 600만 달러를 교부받아 보관 중인 사실을 회사 관계자들에게 전혀 알리지 아니한 채, 그중 4,510,200,000원을 자기 명의로 ○○○ 교회에 대여하거나 처 공소외 3 명의로 부동산을 구입하는 등 개인적인 용도로 사용한 점, 위 피고인이 위 교회로부터 변제받은 금원을 피해자 피고인 1 주식회사의 계좌에 입금하면서 위 피고인의 개인 자금이 입금된 것처럼 대표이사 가수금입금으로 회계처리하거나 아예 입금하지 아니한 채 위 피고인의 개인적인 용도로 사용한 점 등을 종합하면, 위 피고인에게 피해자 피고인 1 주식회사 소유의 자금 중 4,510,200,000원을 자신의 소유인 것처럼 처분할 불법영득의 의사가 있었다고 인정되고, 나아가 위 피고인이 ○○○ 교회로부터 나중에 위 대여금을 모두 변제받았다는 사정 등은 업무상횡령죄의 성립에 아무런 영향이 없다.

[3] 피고인 2가 위와 같은 업무상횡령의 범행을 저지를 당시 공소외 1에게 개인 자금으로 미화 150만 달러를 지급하여 피해자 피고인 1 주식회사에 대하여 동액 상당의 구상금채권을 가지고 있었다고 하더라도, 그러한 사정만으로 위 피고인이 피해자 피고인 1 주식회사를 위하여 보관 중이던 자금 4,510,200,000원을 불법영득의 의사로써 횡령하였다고 인정하는 데 방해가 되지 아니한다(대판 2012.6.14. 2010도9871).

2. 불법영득의사가 인정되지 아니하는 사례

- [1] 횡령죄가 성립하려면 보관하고 있는 타인의 재물을 자기 또는 제3자의 이익을 꾀할 목적으로 임무에 위배하여 자기의 소유인 것과 같이 사실상 또는 법률상 처분하는 의사를 의미하는 불법영득의 의사가 있어야 한다. 법인의 회계장부에 올리지 않고 법인의 운영자나 관리자가 회계로부터 분리시켜 별도로 관리하는 이른바 비자금은, 법인을 위한 목적이 아니라 법인의 자금을 빼내어 착복할 목적으로 조성한 것임이 명백히 밝혀진 경우에는 조성행위 자체로써 불법영득의 의사가 실현된 것으로 볼 수 있다. 또한 보관·관리하던 비자금을 인출·사용하였음에도 그 자금의 행방이나 사용처를 제대로 설명하지 못하거나 당사자가 주장하는 사용처에 그 비자금이 사용되었다고 볼 수 있는 자료는 현저히 부족하고 오히려 개인적인 용도에 사용하였다는 신빙성 있는 자료가 훨씬 많은 것과 같은 경우에는 비자금의 사용행위가 불법영득의 의사에 의한 횡령에 해당하는 것으로 추단할 수 있을 것이다.

  [2] 피고인들이 불법영득의사의 존재를 인정하기 어려운 사유를 들어 비자금의 행방이나 사용처에 대한 설명을 하고 있고 이에 부합하는 자료도 제시한 경우에는 피고인들이 보관·관리하고 있던 비자금을 일단 다른 용도로 소비한 다음 그만한 돈을 별도로 입금 또는 반환한 것이라는 등의 사정이 인정되지 않는 한, 함부로 그 비자금을 불법영득의사로 인출·사용함으로써 횡령하였다고 단정할 것은 아니다(대판 2017.5.30. 2016도9027).

- 납입가장죄는 회사의 자본충실을 기하려는 법의 취지를 유린하는 행위를 단속하려는 데 그 목적이 있는 것이므로, 당초부터 진실한 주금납입으로 회사의 자금을 확보할 의사 없이 형식상 또는 일시적으로 주금을 납입하고 이 돈을 은행에 예치하여 납입의 외형을 갖추고 주금납입증명서를 교부받아 설립등기나 증자등기의 절차를 마친 다음 바로 그 납입한 돈을 인출한 경우에는, 이를 회사를 위하여 사용하였다는 특별한 사정이 없는 한 실질적으로 회사의 자본이 늘어난 것이 아니어서 납입가장죄 및 공정증서원본부실기재죄와 부실기재공정증서원본행사죄가 성립하고, 다만 납입한 돈을 곧바로 인출하였다고 하더라도 그 인출한 돈을 회사를 위하여 사용한 것이라면 자본충실을 해친다고 할 수 없으므로 주금납입의 의사 없이 납입한 것으로 볼 수는 없고, 한편 주식회사의 설립업무 또는 증자업무를 담당한 자와 주식인수인이 사전 공모하여 주금납입취급은행 이외의 제3자로부터 납입금에 해당하는 금액을 차입하여 주금을 납입하고 납입취급은행으로부터 납입금보관증명서를 교부받아 회사의 설립등기절차 또는 증자등기절차를 마친 직후 이를 인출하여 위 차용금채무의 변제에 사용하는 경우, 위와 같은 행위는 실질적으로 회사의 자본을 증가시키는 것이 아니고 등기를 위하여 납입을 가장하는 편법에 불과하여 주금의 납입 및 인출의 전과정에서 회사의 자본금에는 실제 아무런 변동이 없다고 보아야 할 것이므로, 그들에게 회사의 돈을 임의로 유용한다는 불법영득의 의사가 있다고 보기 어렵다 할 것이고, 이러한 관점에서 상법상 납입가장죄의 성립을 인정하는 이상 회사 자본이 실질적으로 증가됨을 전제로 한 업무상횡령죄가 성립한다고 할 수는 없다(대판 2004.6.17. 2003도7645[전합]).

- [1] 횡령죄의 주체는 위탁관계에 따라 타인의 재물을 보관하는 자인바, 그 위탁관계는 반드시 사용대차·임대차·위임 등 계약에 따라 설정될 필요는 없고 사무관리·관습·조리·신의칙 등에 따라 성립될 수도 있으며, 반드시 소유자가 직접 위탁하여야만 인정되는 것도 아니다.
  [2] 피고인과 피해자는 2010. 8. 중순경 서로 알게 되어 2010. 8. 27. 저녁에 피고인의 제의로 함께 소주방에 가서 술을 마시던 중 서로 몸싸움을 하게 된 사실, 그 과정에서 피해자가 먼저 소주방을 나오면서 휴대전화를 그곳에 떨어뜨렸고, 소주방 업주가 위 휴대전화를 발견하고 소유자에게 전해달라는 의사로 일행인 피고인에게 건네주어 피고인이 보관하게 된 사실을 알 수 있는바, 사정이 이와 같다면 피고인은 조리상 피해자를 위하여 위 휴대전화를 보관하는 지위에 있었다고 보아야 한다.
  [3] 횡령죄에서 불법영득의 의사는 자기 또는 제3자의 이익을 꾀할 목적으로 임무에 위배하여 보관하는 타인의 재물을 자기의 소유인 것과 같이 처분을 하는 의사를 말하는바, 피고인이 피해자의 휴대전화를 보관하면서 임의로 사용한 것만으로는 불법영득의 의사가 있었다고 단정하기 어렵다고 할 것이다(대판 2014. 3. 13. 2012도5346).

- [1] 횡령죄는 타인의 재물에 대한 재산범죄로 그 재물의 소유권 등 본권을 보호법익으로 하는 범죄이므로, 어떤 재물을 횡령의 객체로 보느냐에 따라 그 재물이 타인의 소유인지, 위탁관계에 기초한 보관자의 지위가 인정되는지, 피해자가 누구인지, 그 재물에 대한 반환청구가 가능한지 등이 달라질 수 있다. 따라서 횡령행위가 여러 단계의 일련의 거래 과정을 거쳐 이루어지는 등의 사유로 여러 재물을 횡령의 객체로 볼 여지가 있어 이를 확정할 필요가 있는 경우에는, 해당 재물의 소유관계 및 성상, 위탁관계의 내용, 재물의 보관·처분 방법, 행위자가 어떤 재물을 영득할 의사로 횡령행위를 한 것인지 등의 제반 사정을 종합적으로 고려하여 횡령의 객체를 확정해야 할 것이다. 한편 횡령죄에서 불법영득의사는 타인의 재물을 보관하는 자가 자기 또는 제3자의 이익을 꾀할 목적으로 그 위탁의 취지에 반하여 타인의 재물을 자기의 소유인 것처럼 권한 없이 스스로 처분하는 의사를 의미한다. 따라서 위와 같은 보관자가 자기 또는 제3자의 이익을 위하여 그 소유자의 이익에 반하여 재물을 처분한 경우에는 그 재물에 대한 불법영득의사를 인정할 수 있을 것이나, 그와 달리 그 소유자의 이익을 위하여 재물을 처분한 경우에는 특별한 사정이 없는 한 그 재물에 대하여는 불법영득의사를 인정할 수 없다.
  [2] 피고인 1은 자신이 지배하는 피고인 5 회사에서 생산된 섬유제품 자체를 영득할 의사로 무자료 거래를 한 것이 아니라, 섬유제품 판매대금으로 비자금을 조성하여 그 비자금을 개인적으로 영득할 의사로 무자료 거래를 하였다고 볼 수 있으므로, 이 사건 횡령행위의 객체는 '섬유제품'이 아니라 섬유제품의 '판매대금'이라고 보아야 할 것이다. 무자료 거래를 통하여 조세를 포탈하고 비자금을 조성하는 것은 비록 위법한 행위이기는 하지만, 비자금 조성이 대표자의 개인적 목적에 의한 것이 아니라 법인의 운영에 필요한 자금을 조달하는 수단인 경우라면 '섬유제품' 소유자인 피고인 5 회사의 이익에는 반하지 않으므로, 앞서 본 법리에 따라 특별한 사정이 없는 한 '섬유제품'에 대한 불법영득의사는 인정하기 어렵다.
  [3] 한편 횡령죄의 구성요건으로서의 횡령행위란 불법영득의사를 실현하는 일체의 행위를 말하는 것으로, 단순한 내심의 의사만으로는 횡령행위가 있었다고 할 수 없고, 불법영득의사가 외부에 인식될 수 있는 객관적 행위가 있을 때 횡령죄가 성립한다고 할 것인데, 이 사건 무자료 거래는 정상거래와 외관상 동일한 방법으로 이루어졌으므로, 이 사건 섬유제품의 무자료 판매 행위만으로 곧바로 피고인 1 등의 '섬유제품'에 대한 불법영득의사가 외부에 인식될 수 있는 정도에 이르렀다고 평가하기도 어렵고, 섬유제품의 판매대금이 비밀리에 현금으로 원심공동피고인 2에게 전달된 때 또는 전달된 대금이 개인적인 목적으로 소비된 때 비로소 그 '판매대금'에 대한 영득의사가 외부에 표현된 것으로 볼 수 있을 것이다(대판 2016. 8. 30. 2013도658).

- [1] 형법 제355조 제1항에서 정하는 '반환의 거부'란 보관물에 대하여 소유자의 권리를 배제하는 의사표시를 하는 행위를 뜻하므로, '반환의 거부'가 횡령죄를 구성하려면 타인의 재물을 보관하는 자가 단순히 반환을 거부한 사실만으로는 부족하고 반환거부의 이유와 주관적인 의사들을 종합하여 반환거부행위가 횡령행위와 같다고 볼 수 있을 정도이어야 한다. 횡령죄에서 불법영득의 의사는 타인의 재물을 보관하는 자가 그 취지에 반하여 정당한 권원 없이 스스로 소유권자와 같이 이를 처분하는 의사를 말하므로 비록 반환을 거부하였더라도 반환거부에 정당한 이유가 있다면 불법영득의 의사가 있다고 할 수 없다.

  [2] 주류업체 갑 주식회사의 사내이사인 피고인이 피해자를 상대로 주류대금 청구소송을 제기한 민사 분쟁 중 피해자가 착오로 피고인이 관리하는 갑 회사 명의 계좌로 금원을 송금하여 피고인이 이를 보관하게 되었는데, 피고인은 피해자로부터 위 금원이 착오송금된 것이라는 사정을 문자메시지를 통해 고지받아 위 금원을 반환해야 할 의무가 있었음에도, 피해자와 상계 정산에 관한 합의 없이 피고인이 주장하는 주류대금 채권액을 임의로 상계 정산한 후 반환을 거부하여 횡령죄로 기소된 사안에서, 어떤 예금계좌에 금원이 착오로 잘못 송금되어 입금된 경우 수취인과 송금인 사이에 신의칙상 보관관계가 성립하기는 하나, 특별한 사정이 없는 한 이러한 이유만으로 송금인이 착오송금한 금전이 위탁자가 목적과 용도를 정하여 명시적으로 위탁한 금전과 동일하다거나, 송금인이 수취인에게 금원의 수수를 수반하는 사무처리를 위임하였다고 보아 수취인의 송금인에 대한 상계권 행사가 당초 위임한 취지에 반한다고 평가할 수는 없는 점, 관련 민사사건의 진행경과에 비추어 갑 회사가 반환거부 일시경 피해자에 대하여 반환거부 금액에 상응하는 물품대금채권을 보유하고 있었던 것으로 보이는 점, 피고인은 착오송금된 금원 중 갑 회사의 물품대금채권액에 상응한 금액을 제외한 나머지는 송금 다음 날 반환하였고, 나머지에 대해서도 반환을 요청하는 피해자에게 갑 회사의 물품대금채권을 자동채권으로 하여 상계권을 행사한다는 의사를 충분히 밝힌 것으로 보여, 피고인이 불법영득의사를 가지고 반환을 거부한 것이라고 단정하기 어려운 점을 종합하면, 피고인이 피해자의 착오로 갑 회사 명의 계좌로 송금된 금원 중 갑 회사의 피해자에 대한 채권액에 상응하는 부분에 관하여 반환을 거부한 행위는 정당한 상계권의 행사로 볼 여지가 있으므로, 피고인의 반환거부행위가 횡령행위와 같다고 보아 불법영득의사를 인정한 원심판결에 법리오해의 잘못이 있다고 한 사례(대판 2022.12.29. 2021도2088).

ⓒ 예산을 집행할 책임이 있는 자가 예산을 전용한 경우, 위법한 목적으로 예산을 유용한 경우와 예산의 용도가 엄격하게 제한되어 있는 경우에는 불법영득의사가 인정되어 횡령죄가 성립한다(대판 2004.12.24. 2003도4570).

1. 예산전용의 경우 불법영득의사의 판단기준
   - 타인으로부터 용도가 엄격히 제한된 자금을 위탁받아 집행하면서 그 제한된 용도 이외의 목적으로 자금을 사용하는 것은 그 사용이 개인적인 목적에서 비롯된 경우는 물론 결과적으로 자금을 위탁한 본인을 위하는 면이 있더라도 그 사용행위 자체로서 불법영득의 의사를 실현한 것이 되어 횡령죄가 성립하므로 학교법인의 회계는 학교회계와 법인회계로 구분되고 학교회계 중 특히 교비회계에 속하는 수입은 다른 회계에 전출하거나 대여할 수 없는 등 용도가 엄격히 제한되어 있기 때문에 교비회계자금을 다른 용도에 사용하였다면 그 자체로서 횡령죄가 성립하나(대판 2005.9.28. 2005도3929), 그것이 본래 책정되거나 영달되어 있어야 할 필요경비이기 때문에 일정한 절차를 거치면 그 지출이 허용될 수 있었던 때에는 그 간격을 메우기 위한 유용이 있었다는 것만으로 바로 그 유용자에게 불법영득의 의사가 있었다고 단정할 수는 없다(대판 1995.2.10. 94도2911).

- 타인으로부터 용도가 엄격히 제한된 자금을 위탁받아 집행하면서 제한된 용도 이외의 목적으로 자금을 사용하는 것은 결과적으로 자금을 위탁한 본인을 위하는 면이 있더라도 사용행위 자체로서 불법영득의사를 실현하는 것이 되어 횡령죄가 성립하겠지만, 이러한 경우에 해당하지 아니할 때에는 피고인이 불법영득의사의 존재를 인정하기 어려운 사유를 들어 돈의 행방이나 사용처에 대한 설명을 하고 있고 이에 부합하는 자료도 있다면 달리 특별한 사정이 인정되지 아니하는 한 함부로 위탁받은 돈을 불법영득의사로 횡령하였다고 인정할 수는 없다(대판 2011.5.26. 2011도1904).

2. 학교법인의 교비전용의 경우 불법영득의사의 인정 여부에 대한 사례
1) 불법영득의사가 인정되는 사례
- [1] 피고인이 甲 사립학교 경영자 乙과 공모하여 학생이나 학부모가 납부한 수업료 기타 납부금을 교비회계 아닌 다른 회계에 임의로 사용하였다고 하여 구 특정경제범죄 가중처벌 등에 관한 법률 위반(횡령)으로 기소된 사안에서, 甲 학교는 사인(私人)인 乙 등이 설립하여 운영하는 학교로서 수업료 등으로 조성된 교비는 특별한 사정이 없는 한 甲 학교의 설치·경영자인 乙 등의 소유에 속하므로, 피고인이 乙과 공모하여 이를 임의로 사용하였더라도 사립학교법 위반죄가 성립하는 것 외에 따로 횡령죄가 성립하지 않는다고 본 원심판단을 수긍한 사례
[2] 사립학교법 제29조 제2항의 위임에 의하여 교비회계의 세출에 관한 사항을 정하고 있는 사립학교법 시행령 제13조 제2항은 교비회계의 세출을 그 각 호에서 정한 경비로 한다고 하면서, 학교운영에 필요한 인건비 및 물건비(제1호), 학교교육에 직접 필요한 시설·설비를 위한 경비(제2호), 기타 학교교육에 직접 필요한 경비(제5호) 등을 들고 있으므로, 교비회계에 속하는 수입에 의한 지출이 허용되는 교비회계의 세출에 해당하는지 여부는 지출과 관련된 제반 사정을 종합적으로 살펴볼 때 당해 학교의 교육에 직접 필요한 것인지에 따라 판단하여야 한다. 한편 타인으로부터 용도가 엄격히 제한된 자금을 위탁받아 집행하면서 제한된 용도 이외의 목적으로 자금을 사용하는 것은 그 사용이 개인적인 목적에서 비롯된 경우는 물론 결과적으로 자금을 위탁한 본인을 위하는 면이 있더라도 사용행위 자체로서 불법영득의 의사를 실현한 것이 되어 횡령죄가 성립하므로, 결국 사립학교의 교비회계에 속하는 수입을 적법한 교비회계의 세출에 포함되는 용도, 즉 당해 학교의 교육에 직접 필요한 용도가 아닌 다른 용도에 사용하였다면 사용행위 자체로서 불법영득의사를 실현하는 것이 되어 그로 인한 죄책을 면할 수 없다.
[3] 학교법인 이사장인 피고인이 산하 대학의 건물 중 일부를 정관 기타 규정상 근거 없이 주거용으로 사용하다가 거실 확장 공사 및 인테리어 공사를 한 후 그 공사대금을 대학 교비회계에 속하는 수입으로 지급하게 하여 업무상횡령으로 기소된 사안에서, 위 비용 지출은 학교의 교육에 직접 필요한 용도가 아닌 다른 용도에 교비회계자금을 사용한 것이어서 사립학교법상 허용되는 교비회계의 세출에 포함되지 않는다고 보아 유죄를 인정한 원심판단을 수긍한 사례(대판 2012.5.10. 2011도12408)
- 타인으로부터 용도가 엄격히 제한된 자금을 위탁받아 집행하면서 그 제한된 용도 이외의 목적으로 자금을 사용하는 것은 그 사용이 개인적인 목적에서 비롯된 경우는 물론 결과적으로 자금을 위탁한 본인을 위하는 면이 있더라도 그 사용행위 자체로서 불법영득의 의사를 실현한 것이 되어 횡령죄가 성립하는바, 사립학교법 제29조 및 같은 법 시행령에 의해 학교법인의 회계는 학교회계와 법인회계로 구분되고 학교회계 중 특히 교비회계에 속하는 수입은 다른 회계에 전출하거나 대여할 수 없는 등 용도가 엄격히 제한되어 있으므로 교비회계자금을 다른 용도에 사용하였다면 그 자체로서 횡령죄가 성립하고, 이는 사립학교법상 교비회계에 속하는 금원을 같은 학교법인에 속하는 다른 학교의 교비회계에 사용한 경우에도 마찬가지이다(대판 2014.8.28. 2014도6286).

2) 불법영득의사가 인정되지 아니하는 사례
사립학교에 있어서 학교교육에 직접 필요한 시설, 설비를 위한 경비 등과 같이 원래 교비회계에 속하는 자금으로 지출할 수 있는 항목에 관한 차입금을 상환하기 위하여 교비회계 자금을 지출한 경우, 이러한 차입금 상환행위에 관하여 교비회계 자금을 임의로 횡령하고자 하는 불법영득의 의사가 있다고 보기는 어렵고, 만일 그 행위자가 이러한 차입을 하거나 지출을 하는 과정에서 사립학교법의 관련 규정을 제대로 준수하지 아니하였다면 이에 대하여 사립학교법에 따른 형사적 제재 등이 부과될 수 있을 뿐이다(대판 2006.4.28. 2005도4085).

3. 자금(예산)전용의 경우 불법영득의사의 인정 여부에 대한 사례
1) 불법영득의사가 인정되는 사례
[1] 타인으로부터 용도가 엄격히 제한된 자금을 위탁받아 집행하면서 그 제한된 용도 이외의 목적으로 자금을 사용하는 것은 그 사용이 개인적인 목적에서 비롯된 경우는 물론 결과적으로 자금을 위탁한 본인을 위하는 면이 있더라도 그 사용행위 자체로써 불법영득의 의사를 실현한 것이 되어 횡령죄가 성립한다. 보조금을 집행할 직책에 있는 자가 자기 자신의 이익을 위한 것이 아니고 경비부족을 메우기 위하여 보조금을 전용한 것이라 하더라도, 그 보조금의 용도가 엄격하게 제한되어 있는 이상 불법영득의 의사를 부인할 수는 없다.
[2] ○○시니어클럽에서는 급식지원사업에 사용하도록 그 용도가 엄격히 제한되어 있는 이 사건 보조금을 운영비 등으로 사용하기 위해 그 직원으로 근무하였던 피고인 4로 하여금 식자재 납품업체인 △△상회를 설립하게 한 다음 ○○시니어클럽과 △△상회 사이에 식자재 거래가 이루어지는 것처럼 보이는 외관을 가장하는 방법으로 이 사건 보조금 중 상당 부분을 빼돌려 이를 ○○시니어클럽의 운영비 등으로 전용하였다고 봄이 상당하다(대판 2018.10.4. 2016도16388).

2) 불법영득의사가 인정되지 아니하는 사례
- [1] 예산을 집행할 직책에 있는 자가 자기 자신의 이익을 위한 것이 아니고 경비부족을 메꾸기 위하여 예산을 전용한 경우라면, 그 예산의 항목유용 자체가 위법한 목적을 가지고 있다거나 예산의 용도가 엄격하게 제한되어 있는 경우는 별론으로 하고 그것이 본래 책정되거나 영달되어 있어야 할 필요경비이기 때문에 일정한 절차를 거치면 그 지출이 허용될 수 있었던 때에는 그 간격을 메우기 위한 유용이 있었다는 것만으로 바로 그 유용자에게 불법영득의 의사가 있었다고 단정할 수는 없다.
[2] 법인의 대표자가 법인의 예비비를 전용하여 기관운영판공비, 회의비 등으로 사용한 경우 이사회에서 사전에 예비비의 전용결의가 이루어지지 아니하였다는 사정만으로 불법영득의 의사를 단정할 수 없다고 한 사례(대판 2002.2.5. 2001도5439)
- [1] 타인으로부터 용도나 목적이 엄격히 제한된 자금을 위탁받아 집행하면서 제한된 용도 이외의 목적으로 자금을 사용하는 것은 사용행위 자체로서 불법영득의 의사를 실현한 것이 되어 횡령죄가 성립하나, 회사의 경영자가 회사를 위하여 자금을 지출할 때, 법령의 규정 또는 회사 내부의 규정에 의해 자금의 용도가 엄격하게 제한되어 있는 것이 아닐 뿐 아니라 자금을 집행하기 위한 회사 내부의 정상적인 절차도 거쳤다면, 원래 사용될 이외의 목적으로 자금을 지출하였다는 사정만으로 지출행위에 불법영득의 의사가 있었다고 단정할 수 없다.
[2] 甲 주식회사의 공동운영자인 피고인들이 乙 주식회사의 자금집행 담당자 丙과 공모하여, 乙 회사가 甲 회사와 체결한 선박건조계약에 따라 甲 회사로부터 지급받은 선박건조 선수금을 甲 회사의 대출금 변제 등 다른 용도에 사용하였다고 하여 업무상횡령으로 기소된 사안에서, 甲 회사와 乙 회사 및 선수금환급보증서를 발급하여 준 보험회사가 선수금 계좌관리약정을 체결하면서 乙 회사가 선수금 계좌에 입금된 자금을 인출하는 경우 보험회사에 증빙자료를

> 제출하여 검토·확인을 받아야 하며, 증빙자료를 제출하지 않거나 선박건조 이외의 목적으로 선수금을 사용할 경우 보험회사가 출금 정지 등을 요구할 수 있도록 약정하여 乙 회사가 위 약정에 따른 채무를 부담하더라도, 그러한 사정만으로 乙 회사 내부에서 선수금을 집행하는 직원에 대한 관계에서 그 용도가 선박건조용으로 엄격하게 제한되어 있었다고 단정할 수 없고, 乙 회사 자금집행자가 선수금을 사적으로 유용한 것이 아니고 정상적인 회계처리를 거쳐 계열사인 甲 회사에 자금지원한 것이라면 업무상배임죄에 해당함은 별론으로 하고 업무상횡령죄의 불법영득의사가 있었다고 단정하기 어려운데도, 이와 달리 보아 유죄를 인정한 원심판결에 법리오해의 위법이 있다고 한 사례(대판 2012.5.24. 2012도535)

ⓒ 회사나 단체의 재산관계나 사법상의 계약관계에서 횡령죄의 성립 여부가 문제되는 경우를 살펴본다. 전자와 관련하여서는 1인 회사에서의 횡령죄의 성립 여부가 중요하다. 주식회사의 주식이 사실상 1인 주주에 귀속하는 1인 회사의 경우에도 회사와 주주는 별개의 인격체로서 1인 회사의 재산이 곧바로 그 1인 주주의 소유하고 볼 수 없으므로 그 회사 소유의 금원을 업무상 보관 중 임의로 소비하면 불법영득의사를 인정할 수 있어 횡령죄가 성립한다(대판 1995.3.14. 95도59).

> **1. 회사나 단체의 재산관계 등에서 횡령죄의 성립 여부에 대한 사례**
> 1) 횡령죄가 성립하는 사례
>   - 회사가 기업활동을 하면서 형사상의 범죄를 수단으로 하여서는 안 되므로 뇌물공여를 금지하는 법률 규정은 회사가 기업활동을 할 때 준수하여야 하고, 따라서 회사의 이사 등이 업무상의 임무에 위배하여 보관 중인 회사의 자금으로 뇌물을 공여하였다면 이는 오로지 회사의 이익을 도모할 목적이라기보다는 뇌물공여 상대방의 이익을 도모할 목적이나 기타 다른 목적으로 행하여진 것이라고 보아야 하므로, 그 이사 등은 회사에 대하여 업무상횡령죄의 죄책을 면하지 못한다. 그리고 특별한 사정이 없는 한 이러한 법리는 회사의 이사 등이 회사의 자금으로 부정한 청탁을 하고 배임증재를 한 경우에도 마찬가지로 적용된다(대판 2013.4.25. 2011도9238).
>   - 주식회사의 대표이사가 자신의 다른 횡령사실을 감추기 위한 목적으로 가공의 공사대금을 지급한 것처럼 허위로 회계처리하면서 가공의 공사대금에 대한 부가가치세 명목으로 회사 자금을 임의로 지출한 경우에는 그로써 횡령죄는 기수에 이른다. 그 후에 그 지출액 상당을 매입세액으로 환급받아 회사에 다시 입금하였다고 하더라도 이미 성립한 횡령죄에 영향을 미치지 아니한다(대판 2008.11.13. 2006도4885).
> 2) 횡령죄가 성립하지 아니하는 사례
> [1] 법인이나 단체에서 임직원에게 업무를 수행하는 데에 드는 비용 명목으로 정관 기타 의 규정에 의해 지급되는 이른바 판공비 또는 업무추진비가 직무수행에 드는 경비를 보전해 주는 실비변상적 급여의 성질을 가지고 있고, 정관이나 그 지급기준 등에서 업무와 관련하여 지출하도록 포괄적으로 정하고 있을 뿐 그 용도나 목적에 구체적인 제한을 두고 있지 않을 뿐만 아니라, 이를 사용한 후에도 그 지출에 관한 영수증 등 증빙자료를 요구하고 있지 않은 경우에는, 임직원에게 그 사용처나 규모, 업무와 관련된 것인지 여부 등에 대한 판단이 맡겨져 있고, 그러한 판단은 우선적으로 존중되어야 한다. 따라서 임직원이 판공비 등을 불법영득의 의사로 횡령한 것으로 인정하려면 판공비 등이 업무와 관련없이 개인적인 이익을 위하여 지출되었다거나 또는 업무와 관련되더라도 합리적인 범위를 넘어 지나치게 과다하게 지출되었다는 점이 증명되어야 할 것이고, 단지 판공비 등을 사용한 임직원이 그 행방이나 사용처를 제대로 설명하지 못하거나 사후적

으로 그 사용에 관한 증빙자료를 제출하지 못하고 있다고 하여 함부로 불법영득의 의사로 이를 횡령하였다고 추단하여서는 아니 된다.

[2] 버스운송사업조합의 이사장이 현금으로 지급된 판공비 또는 조합활동비의 구체적인 사용처를 설명하지 못한다거나 사후적으로 그 증빙자료를 제출하지 못하고 있다는 이유로 불법영득의 의사를 추단하고, 위 조합의 일부 자금이 그 용도와 목적에 맞게 지출되었다는 합리적인 가능성을 배제할 수 없음에도 이를 횡령하였다고 인정한 원심판결에 법리오해의 위법이 있다고 한 사례 (대판 2010.6.24. 2007도5899)

2. 1인 회사에서의 횡령죄의 성립 여부에 대한 사례

1) 횡령죄가 성립하는 사례

[1] 회사의 대표이사 또는 그에 준하여 회사 자금의 보관이나 운용에 관한 사실상의 사무를 처리하여 온 자가, 회사를 위한 지출 이외의 용도로 거액의 회사 자금을 가지급금 등의 명목으로 인출·사용함에 있어 이사회 결의 등 적법한 절차를 거치지 않았음은 물론 이자나 변제기의 약정조차 없었다고 한다면 이는 통상 용인되는 직무권한이나 업무의 범위를 벗어나 대표이사 등의 지위를 이용하여 회사 자금을 사적인 용도로 대여·처분하는 것과 다를 바 없다고 할 것이므로, 그러한 행위는 형법상 횡령죄에 해당한다고 봄이 상당하다. 또한 주식회사는 주주와는 독립한 별개의 권리주체로서 회사와 주주 사이에 그 이해관계가 반드시 일치하는 것은 아니므로, 회사의 자금을 회사의 업무와 무관하게 주주나 대표이사 개인의 채무 변제, 증여나 대여 등과 같은 사적인 용도로 지출하였다면 횡령죄의 죄책을 면할 수 없고, 이는 1인 회사의 경우에도 마찬가지이다.

[2] 피고인 주식회사 A클럽과 주식회사 B섬유가 사실상 1인 회사로서 그 실질 사주인 피고인 1이 각기 그 회사의 임직원인 공소외 1, 2등과 공모하여 회사의 업무와 무관하게 자신의 사적인 용도에 사용할 목적으로 회사의 자금을 주주임원단기대여금 명목으로 인출하거나 회사의 예금과 대출금 등을 임의로 인출하여 사용하였는데, 그와 같이 회사를 위한 지출 이외의 용도로 인출·사용한 주주임원단기대여금의 규모가 그 기간 중 총 매출액의 약 20%(A클럽)또는 약 45%(B섬유)에 이르는 사실, 이러한 거액의 주주임원단기대여금을 지급함에 있어 이자나 변제기의 정함이 없음은 물론 상법 제398조 소정의 이사회 승인도 거치지 아니한 사실 등을 인정한 다음, 그 인정 사실들에 의하면 피고인 1이 공소외 1, 2등과 공모하여 위 각 회사 자금을 횡령하였다고 보아야 한다(대판 2012.5.24. 2010도8614).

2) 배임죄가 성립하는 사례

[1] 재무구조가 열악한 회사의 대표이사가 제3자에게 회사의 자산으로 거액의 기부를 한 경우 그로써 회사를 채무초과 상태에 빠뜨리거나 채무상환이 곤란한 상태에 처하게 하는 등 그 기부액수가 회사의 재정상태 등에 비추어 기업의 사회적 역할을 감당하는 정도를 넘는 과도한 규모로서 상당성을 결여한 것이고 특히 그 기부의 상대방이 대표이사와 개인적 연고가 있을 뿐 회사와는 연관성이 거의 없다면, 그 기부는 대표이사의 선량한 관리자로서의 업무상 임무에 위배되는 행위에 해당한다 할 것이고, 그 대표이사가 실질적 1인 주주라는 등의 사정이 있다고 하더라도 마찬가지라 할 것이다.

[2] 이 사건 기부금의 규모, 이 사건 기부행위 당시 피해자 피고인 1 주식회사의 채무현황, 자산상태, 자본금과 매출 및 당기순이익의 규모, 이 사건 기부금이 최종적으로 피고인 2에 대한 개인 채무 변제에 사용된 점 등 그 판시와 같은 사정들을 종합하여, 피고인 2가 기부금 명목으로 피고인 1 주식회사의 자금 미화 7,954,746달러를 ○○○ 교회의 계좌로 송금함으로써 피고인 1 주식회사를 채무 상환이 곤란한 재정적 상태에 처하게 한 행위는 업무상배임죄에 해당한다(대판 2012.6.14. 2010도9871).

ⓛ 채권자의 양도담보권의 실행과 같은 정당한 권리행사이거나 피해자의 승낙이 있는 경우에도 불법영득의사는 부정된다.

> [1] 횡령죄에서 불법영득의 의사는 타인의 재물을 보관하는 자가 위탁의 취지에 반하여 자기 또는 제3자의 이익을 위하여 권한 없이 재물을 자기의 소유인 것처럼 사실상 또는 법률상 처분하는 의사를 의미하므로, 보관자가 자기 또는 제3자의 이익을 위한 것이 아니라 소유자의 이익을 위하여 이를 처분한 경우에는 특별한 사정이 없는 한 불법영득의 의사를 인정할 수 없다. 위와 같은 불법영득의 의사는 내심의 의사에 속하여 피고인이 이를 부인하는 경우, 이러한 주관적 요소로 되는 사실은 사물의 성질상 그와 상당한 관련이 있는 간접사실 또는 정황사실을 증명하는 방법에 의하여 증명할 수밖에 없다. 불법영득의사를 실현하는 행위로서의 횡령행위가 있다는 사실은 검사가 증명하여야 하고, 그 증명은 법관으로 하여금 합리적인 의심을 할 여지가 없을 정도의 확신을 생기게 하는 증명력을 가진 엄격한 증거에 의하여야 한다. 이와 같은 증거가 없다면 설령 피고인에게 유죄의 의심이 간다 하더라도 피고인의 이익으로 판단할 수밖에 없다.
> [2] 갑 아파트의 입주자대표회의 회장인 피고인이, 일반 관리비와 별도로 입주자대표회의 명의 계좌에 적립·관리되는 특별수선충당금을 아파트 구조진단 견적비 및 시공사인 을 주식회사에 대한 손해배상청구소송의 변호사 선임료로 사용함으로써 아파트 관리규약에 의하여 정하여진 용도 외에 사용하였다고 하여 업무상횡령으로 기소된 사안에서, 특별수선충당금은 갑 아파트의 주요시설 교체 및 보수를 위하여 별도로 적립한 자금으로 원칙적으로 그 범위 내에서 사용하도록 용도가 제한된 자금이나, 당시에는 특별수선충당금의 용도 외 사용이 관리규약에 의해서만 제한되고 있었던 점, 피고인이 구분소유자들 또는 입주민들로부터 포괄적인 동의를 얻어 특별수선충당금을 위탁의 취지에 부합하는 용도에 사용한 것으로 볼 여지가 있는 점 등 제반 사정을 종합하면, 피고인이 특별수선충당금을 위와 같이 지출한 것이 위탁의 취지에 반하여 자기 또는 제3자의 이익을 위하여 자기의 소유인 것처럼 처분하였다고 단정하기 어려우므로, 피고인의 불법영득의사를 인정한 원심판결에 업무상횡령죄의 불법영득의사에 관한 법리오해의 잘못이 있다고 한 사례(대판 2017.2.15. 2013도14777).

3. 공범관계

횡령죄는 진정신분범이므로 이에 가담한 자는 비신분범인 경우 형법 제33조 본문이 적용되고, 업무상횡령죄는 부진정신분범이므로 형법 제33조 단서가 적용된다(통설).

> [1] 주식회사의 재산을 임의로 처분하려는 대표이사의 횡령행위를 주선하고 그 처분행위를 적극적으로 종용한 경우에는 대표이사의 횡령행위에 가담한 공동정범의 죄책을 면할 수 없다.
> [2] 피고인 1이 주식회사 사이어스의 주식을 매도하는 과정에서 위 회사의 자금으로 준비한 53억원 상당의 양도성예금증서를 매수인 측이 주식매수대금을 마련하기 위하여 대출을 받는 데 담보로 제공한 것은 그 거래의 형식만 LBO(Leveraged Buyouts)방식에 의한 M&A계약의 외양을 갖추었을 뿐 실제에 있어서는 피고인 1 개인의 주식처분에 따른 매매대금을 마련하기 위한 사적인 목적을 위하여 회사의 재산을 임의로 담보제공한 것에 불과하다 할 것이므로, 원심이 주식회사 사이어스의 주주이자 대표이사인 피고인 1이 피고인 2를 대리인으로 하여 위 회사의 주식을 매도하는 과정에서 1차 중도금 50억원 마련을 위하여 위 회사 소유의 양도성예금증서를 대출금의 담보로 제공해 달라는 매수인 측의 요청을 피고인 2를 통하여 전달받은 다음 이에 응하는 방법으로 순차 공모하여, 피고인 1은 위 회사의 자금으로 양도성

예금증서를 준비하고, 피고인 2는 양도성예금증서의 준비를 독촉하는 외에 머뭇거리는 피고인 1과 양도성예금증서의 교부를 반대하는 위 회사 주주이자 이사인 공소외 2에게 법적으로 책임질 것이 없다는 취지로 말하면서 강력히 권유하여, 피고인 1로 하여금 매수인 측에 양도성예금증서 53억원 상당을 교부토록 하여 매수인 측이 1차 중도금 50억원 대출 원리금의 담보로 제공케 하는 방법으로 횡령하였다는 공소사실을 유죄로 인정한 조치는 정당하다(대판 2005.8.19. 2005도3045).

4. 죄수 및 타죄와의 관계

(1) 죄 수

1) 판단기준

횡령죄의 죄수는 위탁관계의 수에 따라 판단한다. 판례에 의하면 여러 개의 위탁관계에 의하여 보관하던 여러 개의 재물을 1개의 행위에 의하여 횡령한 경우, 위탁관계로 수개의 횡령죄가 성립하고 그 사이에는 상상적 경합의 관계가 있는 것으로 보아야 한다고(대판 2013.10.31. 2013도10020) 판시하고 있다.

2) 불가벌적 사후행위

횡령한 재물을 처분하는 행위는 다른 사람의 새로운 법익을 침해하지 아니하는 한 불가벌적 사후행위에 해당한다.

> 1. **불가벌적 사후행위에 해당하는 사례**
>   - 갑 종친회 회장인 피고인이 위조한 종친회 규약 등을 공탁관에게 제출하는 방법으로 갑 종친회를 피공탁자로 하여 공탁된 수용보상금을 출급받아 편취하고, 이를 종친회를 위하여 업무상 보관하던 중 반환을 거부한 경우, 피고인이 공탁관을 기망하여 공탁금을 출급받음으로써 갑 종친회를 피해자로 한 사기죄가 성립하고, 그 후 갑 종친회에 대하여 공탁금 반환을 거부한 행위는 새로운 법익의 침해를 수반하지 않는 불가벌적 사후행위에 해당할 뿐 별도의 횡령죄가 성립하지 않는다(대판 2015.9.10. 2015도8592).
>   - 공동상속인 중 1인이 상속재산인 임야를 보관 중 다른 상속인들로부터 매도 후 분배 또는 소유권이전등기를 요구받고도 그 반환을 거부한 경우 이때 이미 횡령죄가 성립하고, 그 후 그 임야에 관하여 다시 제3자 앞으로 근저당권설정등기를 경료해 준 행위는 불가벌적 사후행위로서 별도의 횡령죄를 구성하지 않는다(대판 2010.2.25. 2010도93).
> 2. **불가벌적 사후행위에 해당하지 아니하는 사례**
>   - [1] 횡령죄는 다른 사람의 재물에 관한 소유권 등 본권을 보호법익으로 하고 법익침해의 위험이 있으면 침해의 결과가 발생되지 아니하더라도 성립하는 위험범이다. 그리고 일단 특정한 처분행위(이를 '선행 처분행위')로 인하여 법익침해의 위험이 발생함으로써 횡령죄가 기수에 이른 후 종국적인 법익침해의 결과가 발생하기 전에 새로운 처분행위(이를 '후행 처분행위')가 이루어졌을 때, 후행 처분행위가 선행 처분행위에 의하여 발생한 위험을 현실적인 법익침해로 완성하는 수단에 불과하거나 그 과정에서 당연히 예상될 수 있는 것으로서 새로운 위험을 추가하는 것이 아니라면 후행 처분행위에 의해 발생한 위험은 선행 처분행위에 의하여 이미 성립된 횡령죄에 의해 평가된 위험에

포함되는 것이므로 후행 처분행위는 이른바 불가벌적 사후행위에 해당한다. 그러나 후행 처분행위가 이를 넘어서서, 선행 처분행위로 예상할 수 없는 새로운 위험을 추가함으로써 법익침해에 대한 위험을 증가시키거나 선행 처분행위와는 무관한 방법으로 법익침해의 결과를 발생시키는 경우라면, 이는 선행 처분행위에 의하여 이미 성립된 횡령죄에 의해 평가된 위험의 범위를 벗어나는 것이므로 특별한 사정이 없는 한 별도로 횡령죄를 구성한다고 보아야 한다. 따라서 타인의 부동산을 보관 중인 자가 불법영득의사를 가지고 그 부동산에 근저당권설정등기를 경료함으로써 일단 횡령행위가 기수에 이르렀다 하더라도 그 후 같은 부동산에 별개의 근저당권을 설정하여 새로운 법익침해의 위험을 추가함으로써 법익침해의 위험을 증가시키거나 해당 부동산을 매각함으로써 기존의 근저당권과 관계없이 법익침해의 결과를 발생시켰다면, 이는 당초의 근저당권 실행을 위한 임의경매에 의한 매각 등 그 근저당권으로 인해 당연히 예상될 수 있는 범위를 넘어 새로운 법익침해의 위험을 추가시키거나 법익침해의 결과를 발생시킨 것이므로 특별한 사정이 없는 한 불가벌적 사후행위로 볼 수 없고, 별도로 횡령죄를 구성한다.

[2] 피해자 甲 종중으로부터 종중 소유의 토지를 명의신탁받아 보관 중이던 피고인 乙이 자신의 개인 채무 변제에 사용할 돈을 차용하기 위해 위 토지에 근저당권을 설정하였는데, 그 후 피고인 乙, 丙이 공모하여 위 토지를 丁에게 매도한 사안에서, 피고인들이 토지를 매도한 행위는 선행 근저당권설정행위 이후에 이루어진 것이어서 불가벌적 사후행위에 해당한다는 취지의 피고인들 주장을 배척하고 위 토지 매도행위가 별도의 횡령죄를 구성한다고 본 원심판단을 정당하다고 한 사례(대판 2013.2.21. 2010도10500[전합]).

- 회사의 대표이사가 업무상 보관하던 회사 자금을 빼돌려 횡령한 다음 그중 일부를 더 많은 장비 납품 등의 계약을 체결할 수 있도록 해달라는 취지의 묵시적 청탁과 함께 배임증재에 공여한 경우, 위 횡령의 범행과 배임증재의 범행은 서로 범의 및 행위의 태양과 보호법익을 달리하는 별개의 행위라고 보아, 별도의 배임증재죄를 구성한다(대판 2010.5.13. 2009도13463).

(2) 타죄와의 관계

1) 사기죄와의 관계

자기가 점유하는 타인의 재물을 기망에 의하여 영득한 경우, 사기죄는 성립하지 아니하고 횡령죄만 성립한다(대판 1987.12.22. 87도2168).

> **1. 사기죄와 횡령죄의 구별**
> [1] 외형상으로는 공소사실의 기초가 되는 피고인의 일련의 행위가 여러 개의 범죄에 해당되는 것 같지만 합쳐져서 하나의 사회적 사실관계를 구성하는 경우에 그에 대한 법률적 평가는 하나밖에 성립되지 않는 관계, 즉 일방의 범죄가 성립되는 때에는 타방의 범죄는 성립할 수 없고, 일방의 범죄가 무죄로 될 경우에만 타방의 범죄가 성립할 수 있는 비양립적인 관계가 있을 수 있다.
> [2] 피고인이 피해자 甲에게서 돈을 빌리면서 담보 명목으로 乙에 대한 채권을 양도하였는데도 乙에게 채권양도 통지를 하기 전에 이를 추심하여 임의로 소비한 사안에서, 차용금 편취의 점과 담보로 양도한 채권을 추심하여 임의 소비한 횡령의 점은 양도된 채권의 가치, 채권양도에 관한 피고인의 진정성 등의 사정에 따라 비양립적인 관계라 할 것이어서, 이러한 사정을 심리하여 피고인의 위 일련의 행위가 그중 어느 죄에 해당하는지를 가렸어야 할 것인데도, 사기죄 및 횡령죄를 모두 인정한 원심판단에 법리오해 및 심리미진의 위법이 있다고 한 사례(대판 2011.5.13. 2011도1442)

2. 사기죄와 횡령죄의 실체적 경합

[1] 주식회사의 주주 겸 대표이사가 장차 신주발행절차에서 자신이 취득하게 될 주식을 타인에게 매도하고자 하면서 다만 양도소득세 등의 부담을 피하기 위해 주식매수인이 회사에 대해 직접 신주를 인수하는 절차를 취한 경우, 회사에 대한 관계에서 신주인수인은 대표이사가 아니라 주식매수인이므로 대표이사가 주식매수인으로부터 받은 주식매매대금은 신주인수대금으로서 이를 보관 중 개인적인 용도로 사용하였다면 횡령죄를 구성한다. 주식회사의 대표이사가 타인을 기망하여 회사가 발행하는 신주를 인수하게 한 다음 그로부터 납입받은 신주인수대금을 보관하던 중 횡령한 행위는 사기죄와는 전혀 다른 새로운 보호법익을 침해하는 행위로서 별죄를 구성한다.

[2] 주식매도인이 주식매수인에게 주식거래의 목적물이 증자 전의 주식이 아니라 증자 후의 주식이라는 점을 제대로 알리지 않은 것이 사기죄의 기망행위에 해당한다고 본 사례(대판 2006.10.27. 2004도6503)

2) 장물죄와의 관계

① 장물의 보관을 위탁받은 자가 이를 영득한 경우, 장물보관죄만 성립하고 횡령죄는 불가벌적 사후행위가 된다(대판 1976.11.23. 76도3067).

② 타인의 재물을 보관하는 자가 영득한 경우에는 횡령죄만 성립하고 강제집행면탈죄는 성립하지 아니한다.

[1] 횡령죄의 구성요건으로서의 횡령행위란 불법영득의 의사, 즉 타인의 재물을 보관하는 자가 자기 또는 제3자의 이익을 꾀할 목적으로 위탁의 취지에 반하여 권한 없이 그 재물을 자기의 소유인 것처럼 사실상 또는 법률상 처분하려는 의사를 실현하는 행위를 말하고, 강제집행면탈죄에 있어서 은닉이라 함은 강제집행을 면탈할 목적으로 강제집행을 실시하는 자로 하여금 채무자의 재산을 발견하는 것을 불능 또는 곤란하게 만드는 것을 말하는 것으로서 진의에 의하여 재산을 양도하였다면 설령 그것이 강제집행을 면탈할 목적으로 이루어진 것으로서 채권자의 불이익을 초래하는 결과가 되었다고 하더라도 강제집행면탈죄의 허위양도 또는 은닉에는 해당하지 아니한다 할 것이며, 이와 같은 양 죄의 구성요건 및 강제집행면탈죄에 있어 은닉의 개념에 비추어 보면 타인의 재물을 보관하는 자가 보관하고 있는 재물을 영득할 의사로 은닉하였다면 이는 횡령죄를 구성하는 것이고 채권자들의 강제집행을 면탈하는 결과를 가져온다 하여 이와 별도로 강제집행면탈죄를 구성하는 것은 아니다.

[2] 당해 회계연도의 결산이 적자인 경우 다음 해에 관급공사의 수주나 금융기관으로부터의 대출이 어렵게 되는 것을 피하기 위하여 실제로는 손실을 입었음에도 이익이 발생한 것처럼 이른바 분식결산서를 작성한 후 이를 토대로 금융기관으로부터 대출을 받은 행위가 사기죄에 해당한다고 한 원심의 판단을 수긍한 사례(대판 2000.9.8. 2000도1447)

③ 보관자의 영득행위(횡령)라는 것을 알면서 이를 매수한 경우
  ㉠ 학설 : 매도인의 매도의사만 있으면 매수인의 승낙을 기다리지 않고 횡령죄가 기수가 되므로 매수인에게는 장물취득죄가 성립한다는 견해, 매수인이 매수의사를 표시함으로써 횡령죄의 방조가 되고 그 후 매수함으로써 장물취득죄가 성립하므로 횡령죄의 종범과 장물취득죄의 실체적 경합이 성립한다는 견해, 횡령에 의한 재물의 영득과 장물의 취득이 시간적으로 중복되므로 횡령죄의 공범이 성립할 뿐이라는 견해가 대립하고 있다.
  ㉡ 판례 : 판례는 甲이 회사 자금으로 乙에게 주식매각 대금조로 금원을 지급한 사례에서 甲에게는 업무상횡령죄를, 乙에게는 장물취득죄가 성립한다고(대판 2004.12.9. 2004도5904) 판시하고 있다.
  ㉢ 검토 : 생각건대 매도인에 의하여 매도가 실현될 때 횡령죄는 기수가 되고 동시에 장물이 되므로 이를 타인이 매수하면 장물취득죄가 성립한다고 보는 것이 타당하다고 판단된다.

> **장물취득죄의 성립 여부에 대한 사례**
> 1. 부동산을 매수한 자의 죄책
>   - 부동산의 수탁자가 신탁자의 승낙없이 매각처분함으로써 횡령죄가 성립하는 경우에 매수인이 그 정을 알고 있었다 하더라도 수탁자와 짜고 불법영득할 것을 공모한 것이 아닌 한 그 횡령죄의 공동정범이 되지 아니한다. 신탁행위에 있어서는 수탁자가 외부관계에 대하여 소유자로 간주되므로 이를 취득한 제3자는 수탁자가 신탁자의 승낙없이 매각하는 정을 알고 있는 여부에 불구하고 장물취득죄가 성립하지 아니한다(대판 1979.11.27. 79도2410).
>   - 채권자가 채무자로부터 채권확보를 위하여 담보물을 제공받을 때 그 물건이 채무자가 보관중인 타인의 물건임을 알았다고 하여도 그것만으로 채권자가 채무자의 불법영득행위인 횡령행위에 공모가담한 것으로 단정할 수 없다(대판 1992.9.8. 92도1396).
> 2. 금전을 교부받은 자의 죄책
>   甲이 회사 자금으로 乙에게 주식매각 대금조로 금원을 지급한 경우, 그 금원은 단순히 횡령행위에 제공된 물건이 아니라 횡령행위에 의하여 영득된 장물에 해당한다고 할 것이고, 나아가 설령 甲이 乙에게 금원을 교부한 행위 자체가 횡령행위라고 하더라도 이러한 경우 甲의 업무상횡령죄가 기수에 달하는 것과 동시에 그 금원은 장물이 된다(대판 2004.12.9. 2004도5904).

Ⅲ 업무상횡령죄

업무상횡령죄는 업무상임무에 위배하여 자기가 보관하는 타인의 재물을 횡령하거나 반환을 거부함으로서 성립하는 범죄이다(형법 제356조).

Ⅳ 점유이탈물횡령죄

1. 의의

점유이탈물횡령죄는 유실물, 표류물, 매장물 또는 타인의 점유를 이탈한 재물을 횡령함으로써 성립하는 범죄이다(형법 제360조 제1항, 제2항).

2. 구성요건

(1) 객관적 구성요건

점유이탈물횡령죄의 객체는 유실물, 표류물, 매장물 또는 타인의 점유를 이탈한 재물이고, 행위는 횡령이다.

(2) 주관적 구성요건

점유이탈물횡령죄도 고의와 불법영득의사가 필요하다.

제6절 배임의 죄

Ⅰ 의의

1. 개념

배임의 죄는 타인의 사무를 처리하는 자가 배임행위에 의하여 재산상의 이익을 취득하거나 제3자로 하여금 이를 취득하게 하여 본인에게 손해를 가하는 것을 내용으로 하는 범죄이다.

2. 보호법익 및 보호정도

배임의 죄의 보호법익은 전체로서의 재산권이고, 보호받는 정도는 침해범이다.

3. 배임죄의 본질

타인의 재산을 처분할 법적 권한을 가진 자가 그 권한을 남용하여 본인에게 손해를 가하는 점에 배임죄의 본질이 있다는 권한남용설도 주장되고 있으나, 권한남용설에 의하면 사실행위에 의한 배임죄의 성립을 부정함으로써 배임죄의 성립 범위를 제한하는 형사정책적 문제가 있으므로 타인의 재산을 보호할 의무가 있는 자가 타인의 신뢰를 배반하여 본인에게 손해를 가하는 점에 본질이 있다고 하는 배신설(대판 2002.6.14. 2001도3534)이 타당하다고 판단된다.

Ⅱ 배임죄

1. 의 의

배임죄는 타인의 사무를 처리하는 자가 그 임무에 위배하는 행위로써 재산상의 이익을 취득하거나 제3자로 하여금 이를 취득하게 하여 본인에게 손해를 가함으로써 성립하는 범죄이다(형법 제355조 제2항).

2. 구성요건

(1) 객관적 구성요건

1) 주 체

배임죄의 주체는 타인의 사무를 처리하는 자로 타인과의 대내적 신임관계에 비추어 맡겨진 사무를 신의성실의 원칙에 부합하게 처리해야 할 의무가 있는 자를 말한다.
① 사무의 타인성
  ㉠ 신임관계의 전형적·본질적 내용
    ㉮ 타인의 사무라고 하기 위해서는 타인의 재산보호가 신임관계의 본질적·전형적인 내용이 되는 주된 의무이어야 한다. 따라서 단순한 부수적 의무인 것만으로는 부족하다.

> **1. 타인의 사무 여부의 판단기준**
> 배임죄는 타인의 사무를 처리하는 자가 그 임무에 위배하는 행위로써 재산상의 이익을 취득하거나 제3자로 하여금 이를 취득하게 하여 사무의 주체인 타인에게 손해를 가할 때 성립하는 것이므로 범죄의 주체는 타인의 사무를 처리하는 지위에 있어야 한다. 여기에서 '타인의 사무를 처리하는 자'라고 하려면, 타인의 재산관리에 관한 사무의 전부 또는 일부를 타인을 위하여 대행하는 경우와 같이 당사자 관계의 전형적·본질적 내용이 통상의 계약에서의 이익대립관계를 넘어서 그들 사이의 신임관계에 기초하여 타인의 재산을 보호 또는 관리하는 데에 있어야 한다. 이익대립관계에 있는 통상의 계약관계에서 채무자의 성실한 급부이행에 의해 상대방이 계약상 권리의 만족 내지 채권의 실현이라는 이익을 얻게 되는 관계에 있다거나, 계약을 이행함에 있어 상대방을 보호하거나 배려할 부수적인 의무가 있다는 것만으로는 채무자를 타인의 사무를 처리하는 자라고 할 수 없고, 위임 등과 같이 계약의 전형적·본질적인 급부의 내용이 상대방의 재산상 사무를 일정한 권한을 가지고 맡아 처리하는 경우에 해당하여야 한다 (대판 2020.2.20. 2019도9756[전합]).
>
> **2. 타인의 사무에 해당 여부에 대한 사례**
> 1) 타인의 사무에 해당하는 사례
>   • 지입제는 자동차운송사업면허 등을 가진 운송사업자와 실질적으로 자동차를 소유하고 있는 차주 간의 계약으로 외부적으로는 자동차를 운송사업자 명의로 등록하여 운송사업자에게 귀속시키고 내부적으로는 각 차주들이 독립된 관리 및 계산으로 영업을 하며 운송사업자에 대하여는 지입료를 지불하는 운송사업형태를 말한다. 따라서 지입차주가 자신이 실질적으로 소유하거나 처분권한을 가지는 자동차에 관하여 지입회사와 지입계약을 체결함으로써

지입회사에 그 자동차의 소유권등록 명의를 신탁하고 운송사업용 자동차로서 등록 및 그 유지 관련 사무의 대행을 위임한 경우에는, 특별한 사정이 없는 한 지입회사 측이 지입차주의 실질적 재산인 지입차량에 관한 재산상 사무를 일정한 권한을 가지고 맡아 처리하는 것으로서 당사자 관계의 전형적·본질적 내용이 통상의 계약에서의 이익대립관계를 넘어서 그들 사이의 신임관계에 기초하여 타인의 재산을 보호 또는 관리하는 데에 있으므로, 지입회사 운영자는 지입차주와의 관계에서 '타인의 사무를 처리하는 자'의 지위에 있다(대판 2021.6.24. 2018도14365).

- 직무발명에 대한 특허를 받을 수 있는 권리 등을 사용자 등에게 승계한다는 취지를 정한 약정 또는 근무규정의 적용을 받는 종업원 등은 사용자 등이 이를 승계하지 아니하기로 확정되기 전까지는 임의로 위와 같은 승계 약정 또는 근무규정의 구속에서 벗어날 수 없는 상태에 있는 것이어서, 종업원 등이 그 발명의 내용에 관한 비밀을 유지한 채 사용자 등의 특허권 등 권리의 취득에 협력하여야 할 의무는 자기 사무의 처리라는 측면과 아울러 상대방의 재산보전에 협력하는 타인 사무의 처리라는 성격을 동시에 가지게 되므로, 이러한 경우 종업원 등은 배임죄의 주체인 '타인의 사무를 처리하는 자'의 지위에 있다고 할 것이다. 따라서 위와 같은 지위에 있는 종업원 등이 임무를 위반하여 직무발명을 완성하고도 그 사실을 사용자 등에게 알리지 않은 채 그 발명에 대한 특허를 받을 수 있는 권리를 제3자에게 이중으로 양도하여 제3자가 특허권 등록까지 마치도록 하는 등으로 그 발명의 내용이 공개되도록 하였다면, 이는 사용자 등에게 손해를 가하는 행위로서 배임죄를 구성한다(대판 2012.11.15. 2012도6676).

- [1] 회원 가입 시에 일정 금액을 예탁하였다가 탈퇴 등의 경우에 예탁금을 반환받는 이른바 예탁금 회원제로 운영되는 골프장의 회원권을 다른 채무에 대한 담보 목적으로 양도한 경우, 회원권은 양도인과 양수인 사이에서는 동일성을 유지한 채 양도인으로부터 양수인에게 이전하고, 양도인은 양수인에게 귀속된 회원권을 보전하기 위하여 채무자인 골프장 운영회사에 채권양도 통지를 하거나 채권양도 승낙(필요한 경우에는 명의개서까지)을 받음으로써 양수인으로 하여금 채무자에 대한 대항요건을 갖출 수 있도록 해 줄 의무를 부담하므로, 회원권 양도의 당사자 사이에서는 양도인은 양수인을 위하여 회원권 보전에 관한 사무를 처리하는 자라고 할 것이다.
[2] 피고인이 甲에게서 돈을 차용하면서 피고인 소유의 골프회원권을 담보로 제공한 후 이를 제3자에게 임의로 매도한 사안에서, 피고인과 甲 사이에 골프회원권에 관하여 유효하게 담보계약이 체결되어 피고인이 담보물인 골프회원권을 담보 목적에 맞게 보관·관리할 의무를 부담함으로써 甲의 사무를 처리하는 자의 지위에 있다고 보아 피고인에 대하여 배임죄를 인정한 원심판단을 정당하다고 한 사례(대판 2012.2.23. 2011도16385)[105]

---

105) 다음의 판례와 구별하여야 한다.
채무자가 투자금반환채무의 변제를 위하여 담보로 제공한 임차권 등의 권리를 그대로 유지할 계약상 의무가 있다고 하더라도, 이는 기본적으로 투자금반환채무의 변제의 방법에 관한 것이고, 성실한 이행에 의하여 채권자가 계약상 권리의 만족이라는 이익을 얻는다고 하여도 이를 가지고 통상의 계약에서의 이익대립관계를 넘어서 배임죄에서 말하는 신임관계에 기초하여 채권자의 재산을 보호 또는 관리하여야 하는 '타인의 사무'에 해당한다고 볼 수 없다(대판 2015.3.26. 2015도1301).

2) 타인의 사무에 해당하지 아니하는 사례
- [1] 예금은 은행 등 법률이 정하는 금융기관을 수치인으로 하는 금전의 소비임치계약으로서, 그 예금계좌에 입금된 금전의 소유권은 금융기관에 이전되고, 예금주는 그 예금계좌를 통한 예금반환채권을 취득하므로, 금융기관의 임직원은 예금주로부터 예금계좌를 통한 적법한 예금반환 청구가 있으면 이에 응할 의무가 있을 뿐 예금주와의 사이에서 그의 재산관리에 관한 사무를 처리하는 자의 지위에 있다고 할 수 없다.
  [2] 피해자들 명의 예금계좌에 입금된 대출금은 스탠다드차타드은행의 소유이고, 그 직원인 피고인이 위 대출금을 관리하고 또한 스탠다드차타드은행이 발행하는 예금계좌의 통장을 예금주에게 교부하는 것은 스탠다드차타드은행의 업무에 속하며 예금주인 피해자들의 사무에 속한다고 볼 수 없으므로, 피고인이 피해자들과의 사이에서 피해자들의 재산관리에 관한 사무를 처리하는 지위에 있다고 할 수 없다. 따라서 피고인이 피해자들 명의 예금계좌에 입금된 대출금을 임의로 인출하였다 하더라도 피해자들에 대한 관계에서 업무상배임죄가 성립한다고 할 수 없다(대판 2017.8.24. 2017도7489).
- [1] 채무자가 채권자에 대하여 소비대차 등으로 인한 채무를 부담하고 이를 담보하기 위하여 장래에 부동산의 소유권을 이전하기로 하는 내용의 대물변제예약에서, 약정의 내용에 좇은 이행을 하여야 할 채무는 특별한 사정이 없는 한 '자기의 사무'에 해당하는 것이 원칙이다. 채무자가 대물변제예약에 따라 부동산에 관한 소유권을 이전해 줄 의무는 예약 당시에 확정적으로 발생하는 것이 아니라 채무자가 차용금을 제때에 반환하지 못하여 채권자가 예약완결권을 행사한 후에야 비로소 문제가 되고, 채무자는 예약완결권 행사 이후라도 얼마든지 금전채무를 변제하여 당해 부동산에 관한 소유권이전등기절차를 이행할 의무를 소멸시키고 의무에서 벗어날 수 있다. 한편 채권자는 당해 부동산을 특정물 자체보다는 담보물로서 가치를 평가하고 이로써 기존의 금전채권을 변제받는 데 주된 관심이 있으므로, 채무자의 채무불이행으로 인하여 대물변제예약에 따른 소유권등기를 이전받는 것이 불가능하게 되는 상황이 초래되어도 채권자는 채무자로부터 금전적 손해배상을 받음으로써 대물변제예약을 통해 달성하고자 한 목적을 사실상 이룰 수 있다. 이러한 점에서 대물변제예약의 궁극적 목적은 차용금반환채무의 이행 확보에 있고, 채무자가 대물변제예약에 따라 부동산에 관한 소유권이전등기절차를 이행할 의무는 궁극적 목적을 달성하기 위해 채무자에게 요구되는 부수적 내용이어서 이를 가지고 배임죄에서 말하는 신임관계에 기초하여 채권자의 재산을 보호 또는 관리하여야 하는 '타인의 사무'에 해당한다고 볼 수는 없다. 그러므로 채권 담보를 위한 대물변제예약 사안에서 채무자가 대물로 변제하기로 한 부동산을 제3자에게 처분하였다고 하더라도 형법상 배임죄가 성립하는 것은 아니다.
  [2] 채무자인 피고인이 채권자 甲에게 차용금을 변제하지 못할 경우 자신의 어머니 소유 부동산에 대한 유증상속분을 대물변제하기로 약정한 후 유증을 원인으로 위 부동산에 관한 소유권이전등기를 마쳤음에도 이를 제3자에게 매도함으로써 甲에게 손해를 입혔다고 하여 배임으로 기소된 사안에서, 피고인이 대물변제예약에 따라 甲에게 부동산의 소유권이전등기를 마쳐 줄 의무는 민사상 채무에 불과할 뿐 타인의 사무라고 할 수 없어 피고인이 '타인의 사무를 처리하는 자'의 지위에 있다고 볼 수 없는데도, 피고인이 이에 해당된다고 전제하여 유죄를 인정한 원심판결에 배임죄에서 '타인의 사무를 처리하는 자'의 의미에 관한 법리오해의 위법이 있다고 한 사례(대판 2014.8.21. 2014도3363[전합])

- [1] 매매와 같이 당사자 일방이 재산권을 상대방에게 이전할 것을 약정하고 상대방이 그 대금을 지급할 것을 약정함으로써 그 효력이 생기는 계약의 경우(민법 제563조), 쌍방이 그 계약의 내용에 좇은 이행을 하여야 할 채무는 특별한 사정이 없는 한 '자기의 사무'에 해당하는 것이 원칙이다.
  [2] 특별한 사정이 없는 한 수분양권 매도인이 수분양권 매매계약에 따라 매수인에게 수분양권을 이전할 의무는 자신의 사무에 해당할 뿐이므로, 매수인에 대한 관계에서 '타인의 사무를 처리하는 자'라고 할 수 없다. 그러므로 수분양권 매도인이 위와 같은 의무를 이행하지 아니하고 수분양권 또는 이에 근거하여 향후 소유권을 취득하게 될 목적물을 미리 제3자에게 처분하였더라도 형법상 배임죄가 성립하는 것은 아니다(대판 2021.7.8. 2014도12104).
- [1] 배임죄는 타인의 사무를 처리하는 자가 그 임무에 위배하는 행위로써 재산상의 이익을 취득하거나 제3자로 하여금 이를 취득하게 하여 사무의 주체인 타인에게 손해를 가할 때 성립하므로 범죄의 주체는 타인의 사무를 처리하는 지위에 있어야 한다. 여기에서 '타인의 사무를 처리하는 자'라고 하려면, 타인의 재산관리에 관한 사무의 전부 또는 일부를 타인을 위하여 대행하는 경우와 같이 당사자 관계의 전형적·본질적 내용이 통상의 계약에서의 이익대립관계를 넘어서 그들 사이의 신임관계에 기초하여 타인의 재산을 보호 또는 관리하는 데에 있어야 한다. 이익대립관계에 있는 통상의 계약관계에서 채무자의 성실한 급부이행에 의해 상대방이 계약상 권리의 만족 내지 채권의 실현이라는 이익을 얻게 되는 관계에 있다거나, 계약을 이행함에 있어 상대방을 보호하거나 배려할 부수적인 의무가 있다는 것만으로는 채무자를 타인의 사무를 처리하는 자라고 할 수 없다.
  [2] 피고인이 갑 새마을금고로부터 특정 토지 위에 건물을 신축하는 데 필요한 공사자금을 대출받으면서 이를 담보하기 위하여 을 신탁회사를 수탁자, 갑 금고를 우선수익자, 피고인을 위탁자 겸 수익자로 한 담보신탁계약 및 자금관리대리사무계약을 체결하였고 계약 내용에 따라 건물이 준공된 후 을 회사에 신탁등기를 이행하여 갑 금고의 우선수익권을 보장할 임무가 있음에도 이에 위배하여 병 앞으로 건물의 소유권보존등기를 마쳐줌으로써 갑 금고에 재산상 손해를 가하였다고 하여 특정경제범죄 가중처벌 등에 관한 법률 위반(배임)으로 기소된 사안에서, 피고인이 배임죄에서의 '타인의 사무를 처리하는 자'에 해당하지 않는다고 한 사례(대판 2020.4.29. 2014도9907).
- 피고인이 임차인 갑과 아파트에 관한 임대차계약을 체결하면서 자신이 소유권을 취득하는 즉시 갑에게 알려 갑이 전입신고를 하고 확정일자를 받아 1순위 근저당권자 다음으로 대항력을 취득할 수 있도록 하기로 약정하였는데, 그 후 갑에게서 전세금 전액을 수령하고 소유권을 취득하였음에도 취득 사실을 고지하지 않고 다른 2, 3순위 근저당권을 설정해 준 경우, 피고인은 '타인의 사무를 처리하는 자'의 지위에 있지 않다(대판 2015.11.26. 2015도4976).
- [1] 가상자산 권리자의 착오나 가상자산 운영 시스템의 오류 등으로 법률상 원인관계 없이 다른 사람의 가상자산 전자지갑에 가상자산이 이체된 경우, 가상자산을 이체 받은 자는 가상자산의 권리자 등에 대한 부당이득반환의무를 부담하게 될 수 있다. 그러나 이는 당사자 사이의 민사상 채무에 지나지 않고 이러한 사정만으로 가상자산을 이체 받은 사람이 신임관계에 기초하여 가상자산을 보존하거나 관리하는 지위에 있다고 볼 수 없다.
  [2] 원인불명으로 재산상 이익인 가상자산을 이체 받은 자가 가상자산을 사용·처분한 경우 이를 형사처벌하는 명문의 규정이 없는 현재의 상황에서 착오송금 시 횡령죄 성립을 긍정한 판례를 유추하여 신의칙을 근거로 피고인을 배임죄로 처벌하는 것은 죄형법정주의에 반한다.

[3] 피고인이 알 수 없는 경위로 갑의 특정 거래소 가상지갑에 들어 있던 비트코인을 자신의 계정으로 이체 받은 후 이를 자신의 다른 계정으로 이체하여 재산상 이익을 취득하고 갑에게 손해를 가하였다고 하여 특정경제범죄 가중처벌 등에 관한 법률 위반(배임)의 예비적 공소 사실로 기소된 사안에서, 비트코인이 법률상 원인관계 없이 갑으로부터 피고인 명의의 전자지갑으로 이체되었더라도 피고인이 신임관계에 기초하여 갑의 사무를 맡아 처리하는 것으로 볼 수 없는 이상 갑에 대한 관계에서 '타인의 사무를 처리하는 자'에 해당하지 않는다는 이유로, 이와 달리 보아 공소사실을 유죄로 인정한 원심판단에 배임죄에서 '타인의 사무를 처리하는 자'에 관한 법리오해의 잘못이 있다고 한 사례(대판 2021.12.16. 2020도9789)

㉯ 타인의 재산보호가 신임관계의 본질적·전형적인 내용이 되는 주된 의무이어야 하는 것은 채무자, 채권자의 담보목적물 보관의무가 타인의 사무에 해당되는지 여부에 대하여도 문제되는데 이에 대한 주요한 판례를 살펴본다.

타인의 사무에 해당하지 아니하는 사례

• [1] 금전채권채무 관계에서 채권자가 채무자의 급부이행에 대한 신뢰를 바탕으로 금전을 대여하고 채무자의 성실한 급부이행에 의해 채권의 만족이라는 이익을 얻게 된다 하더라도, 채권자가 채무자에 대한 신임을 기초로 그의 재산을 보호 또는 관리하는 임무를 부여하였다고 할 수 없고, 금전채무의 이행은 어디까지나 채무자가 자신의 급부의무의 이행으로서 행하는 것이므로 이를 두고 채권자의 사무를 맡아 처리하는 것으로 볼 수 없다. 따라서 채무자를 채권자에 대한 관계에서 '타인의 사무를 처리하는 자'에 해당한다고 할 수 없다.

[2] 채무자가 금전채무를 담보하기 위하여 '자동차 등 특정동산 저당법' 등에 따라 그 소유의 동산[버스(註)]에 관하여 채권자에게 저당권을 설정해 주기로 약정하거나 저당권을 설정한 경우에도 마찬가지이다. 채무자가 저당권설정계약에 따라 부담하는 의무, 즉 동산을 담보로 제공할 의무, 담보물의 담보가치를 유지·보전하거나 담보물을 손상, 감소 또는 멸실시키지 않을 소극적 의무, 담보권 실행 시 채권자나 그가 지정하는 자에게 담보물을 현실로 인도할 의무와 같이 채권자의 담보권 실행에 협조할 의무 등은 모두 저당권설정계약에 따라 부담하게 된 채무자 자신의 급부의무이다. 또한 저당권설정계약은 피담보채권의 발생을 위한 계약에 종된 계약으로, 피담보채무가 소멸하면 저당권설정계약상의 권리의무도 소멸하게 된다. 저당권설정계약에 따라 채무자가 부담하는 의무는 담보목적의 달성, 즉 채무불이행시 담보권 실행을 통한 채권의 실현을 위한 것이므로 저당권설정계약의 체결이나 저당권 설정 전후를 불문하고 당사자관계의 전형적·본질적 내용은 여전히 금전채권의 실현 내지 피담보채무의 변제에 있다. 따라서 채무자가 위와 같은 급부의무를 이행하는 것은 채무자 자신의 사무에 해당할 뿐이고, 채무자가 통상의 계약에서의 이익대립관계를 넘어서 채권자와의 신임관계에 기초하여 채권자의 사무를 맡아 처리한다고 볼 수 없으므로 채무자를 채권자에 대한 관계에서 배임죄의 주체인 '타인의 사무를 처리하는 자'에 해당한다고 할 수 없다. 그러므로 채무자가 담보물을 제3자에게 처분하는 등으로 담보가치를 감소 또는 상실시켜 채권자의 담보권 실행이나 이를 통한 채권실현에 위험을 초래하더라도 배임죄가 성립하지 아니한다. 위와 같은 법리는, 금전채무를 담보하기 위하여 '공장 및 광업재단 저당법'에 따라 저당권이 설정된 동산을 채무자가 제3자에게 임의로 처분한 사안에도 마찬가지로 적용된다.

[3] 매매와 같이 당사자 일방이 재산권을 상대방에게 이전할 것을 약정하고 상대방이 그 대금을 지급할 것을 약정함으로써 효력이 생기는 계약의 경우(민법 제563조), 쌍방이 그 계약의 내용에 좇은 이행을 하여야 할 채무는 특별한 사정이 없는 한 '자기의 사무'에 해당하는 것이 원칙이다. 동산 매매계약에서의 매도인은 매수인에 대하여 그의 사무를 처리하는 지위에 있지 아니하므로, 매도인이 목적물을 타에 처분하였다 하더라도 형법상 배임죄가 성립하지 아니한다. 위와 같은 법리는 권리이전에 등기·등록을 요하는 동산에 대한 매매계약에서도 동일하게 적용되므로, 자동차 등의 매도인은 매수인에 대하여 그의 사무를 처리하는 지위에 있지 아니하여, 매도인이 매수인에게 소유권이전등록을 하지 아니하고 타에 처분하였다고 하더라도 마찬가지로 배임죄가 성립하지 아니한다(대판 2020.10.22. 2020도6258[전합]).[106]

- [1] 배임죄는 타인의 사무를 처리하는 자가 그 임무에 위배하는 행위로써 재산상의 이익을 취득하거나 제3자로 하여금 이를 취득하게 하여 사무의 주체인 타인에게 손해를 가할 때 성립하는 것이므로 범죄의 주체는 타인의 사무를 처리하는 지위에 있어야 한다. 여기에서 '타인의 사무를 처리하는 자'라고 하려면, 타인의 재산관리에 관한 사무의 전부 또는 일부를 타인을 위하여 대행하는 경우와 같이 당사자 관계의 전형적·본질적 내용이 통상의 계약에서의 이익대립관계를 넘어서 그들 사이의 신임관계에 기초하여 타인의 재산을 보호 또는 관리하는 데에 있어야 한다. 이익대립관계에 있는 통상의 계약관계에서 채무자의 성실한 급부이행에 의해 상대방이 계약상 권리의 만족 내지 채권의 실현이라는 이익을 얻게 되는 관계에 있다거나, 계약을 이행함에 있어 상대방을 보호하거나 배려할 부수적인 의무가 있다는 것만으로는 채무자를 타인의 사무를 처리하는 자라고 할 수 없고, 위임 등과 같이 계약의 전형적·본질적인 급부의 내용이 상대방의 재산상 사무를 일정한 권한을 가지고 맡아 처리하는 경우에 해당하여야 한다. 채무자가 금전채무를 담보하기 위하여 그 소유의 동산을 채권자에게 양도담보로 제공함으로써 채권자인 양도담보권자에 대하여 담보물의 담보가치를 유지·보전할 의무 내지 담보물을 타에 처분하거나 멸실, 훼손하는 등으로 담보권 실행에 지장을 초래하는 행위를 하지 않을 의무를 부담하게 되었더라도, 이를 들어 채무자가 통상의 계약에서의 이익대립관계를 넘어서 채권자와의 신임관계에 기초하여 채권자의 사무를 맡아 처리하는 것으로 볼 수 없다. 따라서 채무자를 배임죄의 주체인 '타인의 사무를 처리하는 자'에 해당한다고 할 수 없고, 그가 담보물을 제3자에게 처분하는 등으로 담보가치를 감소 또는 상실시켜 채권자의 담보권 실행이나 이를 통한 채권실현에 위험을 초래하더라도 배임죄가 성립한다고 할 수 없다. 위와 같은 법리는, 채무자가 동산에 관하여 양도담보설정계약을 체결하여 이를 채권자에게 양도할 의무가 있음에도 제3자에게 처분한 경우에도 적용되고, 주식에 관하여 양도담보설정계약을 체결한 채무자가 제3자에게 해당 주식을 처분한 사안에도 마찬가지로 적용된다.

---

106) 피고인이 자신의 모(母) 명의를 빌려 자동차를 매수하면서 피해자 甲 주식회사에서 필요한 자금을 대출받고 자동차에 저당권을 설정하였는데, 저당권자인 甲 회사의 동의 없이 이를 성명불상의 제3자에게 양도담보로 제공한 경우, 배임죄를 인정한 판례(대판 2012.9.13. 2010도11665), 설정자로부터 그의 금융기관에 대한 피담보채무를 이행인수하면서 공장저당법에 의하여 공장저당권이 설정된 공장기계를 함께 양수한 자는 그 채무 변제시까지 목적물을 담보 목적에 맞게 보관하여야 할 임무가 있다고 할 것이므로 그 임무에 위배하여 제3자에게 임의 매도한 경우, 배임죄를 인정한 판례(대판 2003.7.11. 2003도67)는 대판 2020.10.22. 2020도6258[전합] 판결에 의하여 배임죄가 성립하지 아니하는 것으로 변경되었다.

[2] 갑 주식회사를 운영하는 피고인이 을 은행으로부터 대출을 받으면서 대출금을 완납할 때까지 갑 회사 소유의 동산을 점유개정 방식으로 양도담보로 제공하기로 하는 계약을 체결하였음에도 담보목적물인 동산을 병 등에게 매각함으로써 을 은행에 대출금 상당의 손해를 가하였다고 하여 배임의 공소사실로 기소된 사안에서, 위 양도담보계약에서 갑 회사와 을 은행 간 당사자 관계의 전형적·본질적 내용은 대출금 채무의 변제와 이를 위한 담보에 있고, 갑 회사를 통상의 계약에서의 이익대립관계를 넘어서 을 은행과의 신임관계에 기초하여 을 은행의 사무를 맡아 처리하는 것으로 볼 수 없는 이상 갑 회사를 운영하는 피고인을 을 은행에 대한 관계에서 '타인의 사무를 처리하는 자'에 해당한다고 할 수 없다는 이유로, 이와 달리 보아 공소사실을 유죄로 판단한 원심판결에 법리오해의 위법이 있다고 한 사례(대판 2020.2.20. 2019도9756[전합])107)

- 채무자가 금전채무를 담보하기 위하여 그 소유의 동산을 채권자에게 동산·채권 등의 담보에 관한 법률(이하 '동산채권담보법')에 따른 동산담보로 제공함으로써 채권자인 동산담보권자에 대하여 담보물의 담보가치를 유지·보전할 의무 또는 담보물을 타에 처분하거나 멸실, 훼손하는 등으로 담보권 실행에 지장을 초래하는 행위를 하지 않을 의무를 부담하게 되었더라도, 이를 들어 채무자가 통상의 계약에서의 이익대립관계를 넘어서 채권자와의 신임관계에 기초하여 채권자의 사무를 맡아 처리하는 것으로 볼 수 없다. 따라서 이러한 경우 채무자를 배임죄의 주체인 '타인의 사무를 처리하는 자'에 해당한다고 할 수 없고, 그가 담보물을 제3자에게 처분하는 등으로 담보가치를 감소 또는 상실시켜 채권자의 담보권 실행이나 이를 통한 채권실현에 위험을 초래하더라도 배임죄가 성립하지 아니한다(대판 2020.8.27. 2019도14770[전합]).

- 채무자가 투자금반환채무의 변제를 위하여 담보로 제공한 임차권 등의 권리를 그대로 유지할 계약상 의무가 있다고 하더라도, 이는 기본적으로 투자금반환채무의 변제의 방법에 관한 것이고, 성실한 이행에 의하여 채권자가 계약상 권리의 만족이라는 이익을 얻는다고 하여도 이를 가지고 통상의 계약에서의 이익대립관계를 넘어서 배임죄에서 말하는 신임관계에 기초하여 채권자의 재산을 보호 또는 관리하여야 하는 '타인의 사무'에 해당한다고 볼 수 없다(대판 2015.3.26. 2015도1301).

- 공소외 1은 공소외 2 회사의 실질적 대표자이고 피고인은 공소외 2 회사의 명의상 대표이사인데 공소외 1의 피해자에 대한 차용금 채무 21억원을 담보하기 위하여 공소외 1은 이 사건 임야 등에 관하여 매매예약 가등기와 근저당권설정등기를 마쳐 주고, 공소외 2 회사는 이에 필요한 가등기 등 관련서류를 제공한다고 약정한 후 피고인이 이 약정에 위배하여 제3자에게 이 사건 임야에 근저당권을 설정해 준 경우, 공소외 2 회사와 피해자 간 당사자 관계의 전형적·본질적 내용은 위 차용금 채무의 변제와 이를 위한 담보에 있고, 공소외 2 회사를 통상의 계약에서의 이익대립관계를 넘어서 피해자와의 신임관계에 기초하여 피해자의 사무를 맡아 처리하는 것으로 볼 수 없는 이상, 공소외 2 회사의 대표이사인 피고인이 피해자에 대한 관계에서 '타인의 사무를 처리하는 자'에 해당한다고 할 수 없다(대판 2020.12.10. 2016도8447).

---

107) 다음의 판례도 같은 취지의 판시를 하고 있어 이하에서 소개한다.
권리이전에 등기·등록을 요하는 동산에 관한 양도담보설정계약에도 마찬가지로 같은 법리가 적용된다. 따라서 자동차 등에 관하여 양도담보설정계약을 체결한 채무자는 채권자에 대하여 그의 사무를 처리하는 지위에 있지 아니하므로, 채무자가 채권자에게 양도담보설정계약에 따른 의무를 다하지 아니하고 이를 타에 처분하였다고 하더라도 배임죄가 성립하지 아니한다(대판 2022.12.22. 2020도8682[전합]).

ⓒ 일반적인 계약이행의무 : 일반적인 계약이행사무에 해당하는 매수인의 할부금납부의무(대판 1983.11.8. 83도2496), 임대차에 의한 차임지급의무(대판 1971.12.28. 71다1116) 등은 단순한 채권적인 급부의무에 불과한 금원의 지급의무로 자기의 사무에 해당한다. 따라서 그 사무가 자기의 사무이면 사무를 타인을 위하여 처리하거나(대판 1976.5.11. 75도2245), 그 사무의 처리가 타인에게 이익이 되어 타인에게 이를 처리할 의무를 부담하는 경우에도 타인의 사무를 처리하는 자에 해당하지 아니한다(대판 2014.2.27. 2011도3482).

> **타인의 사무에 해당하지 아니하는 사례**
> • 서면에 의하지 아니한 증여계약이 행하여진 경우 당사자는 그 증여가 이행되기 전까지는 언제든지 이를 해제할 수 있으므로 증여자가 구두의 증여계약에 따라 수증자에 대하여 증여 목적물의 소유권을 이전하여 줄 의무를 부담한다고 하더라도 그 증여자는 수증자의 사무를 처리하는 자의 지위에 있다고 할 수 없다(대판 2005.12.9. 2005도5962).
> • 아파트 건축공사 시행사가 시공사와의 아파트 건축공사 도급계약을 체결하면서 분양수입금을 공동명의로 개설한 예금계좌로만 수령하고 그 분양수입금으로 공사대금 등을 지급하기로 특약하였음에도, 시행사가 이를 어기고 아파트에 대한 분양수입금을 공동명의 예금계좌에 입금하지 아니한 채 이를 자신의 기존 채무의 변제 등에 사용한 사안에서, 위 특약은 시행사의 수급인인 시공사에 대한 공사대금 채무의 변제를 확보하는 방편으로 약정한 것에 불과할 뿐이고, 위 아파트의 수분양자로부터 분양수입금을 수령할 권한 자체는 여전히 시행사에 있으며, 그 분양수입금으로 시공사에 공사대금을 지급하는 사무는 시행사 자신의 사무에 속하는 것이므로, 시행사의 위 행위는 시공사에 대한 단순한 민사상의 채무불이행에 불과할 뿐 배임죄를 구성한다고 볼 수 없다고 한 사례(대판 2008.3.13. 2008도373)

ⓒ 타인의 사무인 동시에 자기의 사무 : 타인의 재산을 보호할 사무임과 동시에 자기의 사무로서의 성질을 가지고 있는 때에도 타인을 위한 사무가 전형적·본질적인 내용을 이루는 경우에는 타인의 사무에 해당한다.

> **1. 타인의 사무에 해당하는 사례**
> [1] 배임죄에 있어서 '타인의 사무를 처리하는 자'라 함은 타인과의 내부적인 관계에서 신의성실의 원칙에 비추어 타인의 사무를 처리할 신임관계에 있게 되어 그 관계에 기하여 타인의 재산적 이익 등을 보호·관리하는 것이 신임관계의 전형적·본질적 내용이 되는 지위에 있는 사람을 말한다. 그러나 그 사무의 처리가 오로지 타인의 이익을 보호·관리하는 것만을 내용으로 하여야 할 필요는 없고, 자신의 이익을 도모하는 성질도 아울러 가진다고 하더라도 타인을 위한 사무로서의 성질이 부수적·주변적인 의미를 넘어서 중요한 내용을 이루는 경우에는 여기서 말하는 '타인의 사무를 처리하는 자'에 해당한다. 따라서 위임 등 계약에 기하여 위임인 등으로부터 맡겨진 사무를 처리하는 것이 약정된 보수 등을 얻기 위한 것이라고 하더라도, 또는 매매 등 계약에 기하여 일정한 단계에 이르러 타인에게 소유권등기를 이전하는 것이 대금 등을 얻고 자신의 거래를 완성하기 위한 것이라고 하더라도, 그 사무를 처리하는 이는 상대방과의 신임관계에서 그의 재산적 이익을 보호·관리하여야 할 지위에 있다고 할 것이다.

[2] 甲 주식회사와 가맹점 관리대행계약 등을 체결하고 그 대리점으로서 가맹점 관리업무 등을 수행하는 乙 주식회사 대표이사인 피고인이, 임무에 위배하여 甲 회사의 가맹점을 다른 경쟁업체 가맹점으로 임의로 전환하여 甲 회사에 재산상 손해를 가하였다고 하여 업무상배임으로 기소된 사안에서, 피고인은 甲 회사의 가맹점 관리업무를 대행하는 '타인의 사무를 처리하는 자'의 지위에 있는데도, 이와 달리 보아 무죄를 선고한 원심판결에 법리오해의 위법이 있다고 한 사례(대판 2012.5.10. 2010도3532).

2. 타인의 사무에 해당하지 아니하는 사례

甲 주식회사의 임원 또는 종업원인 피고인들이 직무발명에 대한 특허출원인 명의를 피고인들 등으로 변경해서 특허출원이 이루어지도록 하여 甲 회사에 재산상 손해를 가하였다는 내용으로 기소된 사안에서, 피고인들이 직무에 관하여 발명한 '3D 입체게임 전용 컨트롤러'는 발명진흥법에서 정한 '직무발명'에 해당하여 이에 대하여 특허를 받을 수 있는 권리는 당연히 발명자인 피고인들에게 있으므로 사용자인 甲 회사가 발명의 특허출원을 하기 위하여는 피고인들로부터 특허를 받을 수 있는 권리를 승계하여야 하는데, 제반 사정에 비추어 甲 회사가 위 발명에 대하여 특허를 받을 수 있는 권리를 적법하게 승계하였다고 할 수 없으므로, 피고인들이 위 발명에 대하여 특허출원인 명의를 피고인들 등으로 변경하여 출원하였다 하여 그와 같은 행위가 업무상배임죄에 해당한다고 할 수 없는데도, 피고인들과 甲 회사 사이에 특허를 받을 수 있는 권리를 甲 회사에 승계시키는 묵시적 합의가 있었다는 전제하에 이와 달리 본 원심판단에 직무발명의 권리 귀속에 관한 법리오해의 위법이 있다고 한 사례(대판 2011.7.28. 2010도12834).

② **사무처리의 근거**

㉠ 법령, 계약을 불문하며 사실상의 신임관계가 인정되는 경우라면 관습이나 사무관리도 사무처리의 근거가 될 수 있다.

㉡ 사무처리의 근거가 되는 법률행위가 무효인 경우에도 배임죄가 성립할 수 있으나 반사회질서의 법률행위처럼 처음부터 신임관계가 발생하지 아니하는 경우에는 사무처리의 근거가 될 수 없다고 보는 것이 타당하다. 판례에 의하면 내연의 처와의 불륜관계를 지속하는 대가로서 부동산에 관한 소유권이전등기를 경료해 주기로 약정한 경우에는 부동산 증여계약은 선량한 풍속과 사회질서에 반하는 것으로 무효이어서 증여로 인한 소유권이전등기의무가 인정되지 아니하는 이상 등기의무를 이행하지 아니하더라도 배임죄를 구성하지 아니한다고(대판 1986.9.9. 86도1382) 판시하고 있다.

㉢ 법적 권한이 소멸된 이후에 사무를 처리하거나 사무처리자가 그 직에서 해임된 후에 사무인계 전에 사무를 처리한 경우(대판 1999.6.22. 99도1095), 사실상 일처리에 종사하고 있는 자는 신의칙에 따라 사무처리자가 된다(대판 2000.3.14. 99도457).

③ **사무의 재산관련성** : 반대의 견해가 있으나 배임죄의 사무의 성질은 재산상의 사무에 제한된다고 이해하는 것이 타당하다(통설). 판례도 배임죄에 있어서 타인의 사무라 함은 신임관계에 기초를 둔 타인의 재산의 보호 내지 관리의무가 있을 것을 그 본질적인 내용으로 한다고(대판 1983.2.8. 81도3137) 판시하여 같은 태도를 취하고 있다.

④ **사무처리의 독립성** : 사무처리자가 되기 위해서는 사무처리자에게 일정한 범위 내에서 판단 내지 결정의 자유 및 독립성이 있어야 한다. 어느 정도 재량권을 가지고 있으면 보조자로 관여하는 경우에도 타인의 사무처리자로 인정될 수 있다.

2) 객 체

배임죄의 객체는 재산상의 이익이다.

3) 행 위

① 배임행위

㉠ 의의 및 판단기준 : 배임행위라 함은 처리하는 사무의 내용, 성질 등 구체적 상황에 비추어 법령의 규정, 계약의 내용 또는 신의칙상 당연히 하여야 할 것으로 기대되는 행위를 하지 않거나 당연히 하지 않아야 할 것으로 기대되는 행위를 함으로써 본인과의 신임관계를 저버리는 일체의 행위를 의미한다(대판 2004.7.9. 2004도810).

㉡ 배임행위의 태양 : 권한남용이건, 법률상의 의무위반이건, 법률행위이건, 사실행위이건 불문한다. 또한 작위나 부작위를 묻지 아니한다.

> 1. 회사의 재산관계에서의 배임죄의 성립 여부에 대한 사례
> 1) 배임죄가 성립하는 사례
> - 회사의 이사 등이 타인에게 회사자금을 대여함에 있어 타인이 이미 채무변제능력을 상실하여 그에게 자금을 대여할 경우 회사에 손해가 발생하리라는 정을 충분히 알면서 이에 나아갔거나, 충분한 담보를 제공받는 등 상당하고도 합리적인 채권회수조치를 취하지 아니한 채 만연히 대여해 주었다면, 그와 같은 자금대여는 타인에게 이익을 얻게 하고 회사에 손해를 가하는 행위로서 회사에 대하여 배임행위가 되고, 회사의 이사는 단순히 그것이 경영상의 판단이라는 이유만으로 배임죄의 죄책을 면할 수 없으며, 이러한 이치는 타인이 자금지원 회사의 계열회사라 하여 달라지지 않는다(대판 2017.11.9. 2015도12633).
> - 甲 주식회사 대표이사인 피고인이 자신과 딸이 발행주식 전부를 소유하고 있는 乙 주식회사 및 丙 주식회사를 운영하면서, 甲 회사로 하여금 乙 회사가 건물 신축 과정에서 丁 은행에서 받은 대출금 등 채무를 연대보증하게 하고 신축될 건물을 미리 임차하여 임대차보증금을 선지급하도록 하거나, 丙 회사의 丁 은행에 대한 대출금채무를 연대보증하게 함으로써 甲 회사에 재산상 손해를 가하였다고 하여 특정경제범죄 가중처벌 등에 관한 법률 위반(배임)으로 기소된 사안에서, 피고인이 甲 회사로 하여금 乙 회사 및 丙 회사를 위하여 수차례에 걸쳐 대출금 등 채무를 연대보증하게 하면서도 어떠한 대가나 이익을 제공받지 아니하였고, 甲 회사가 연대보증채무를 이행할 경우 구상금채권의 확보방안도 마련하지 아니한 점, 피고인이 甲 회사의 이사회 승인을 받거나 다른 주주들의 동의를 받지 아니한 점 등을 종합하면, 피고인의 행위는 甲 회사에 대한 임무위배행위로서 甲 회사에 재산상 손해발생의 위험을 초래하였고, 피고인에게 배임의 고의도 인정된다고 한 사례(대판 2015.11.26. 2014도17180).
> - 전환사채의 발행업무를 담당하는 사람과 전환사채 인수인이 사전 공모하여 제3자에게서 전환사채 인수대금에 해당하는 금액을 차용하여 전환사채 인수대금을 납입하고 전환사채 발행절차를 마친 직후 인출하여 차용금채무의 변제에 사용하는 등 실질적으로 전환사채 인수대금이 납입되지 않았음에도 전환사채를 발행한 경우에, 전환사채의 발행이 주식 발행의 목적을 달성하기 위한 수단으로 이루어졌고 실제로 목적대로 곧 전환권이 행사되어 주식이 발행됨에 따라 실질적으로 신주인수대금의 납입을 가장하는 편법에 불과하다고 평가될 수 있는 등의 특별한 사정이 없는 한, 전환사채의 발행업무를 담당하는 사람은 회사에 대하여 전환사채 인수대금이 모두 납입되어 실질적으로 회사에 귀속되도록 조치할 업무상의 임무를 위반하여, 전환사채 인수인이 인수대금을 납입하지 않고서도 전환사채를 취득하게 하여 인수대금 상당의 이득을 얻게

하고, 회사가 사채상환의무를 부담하면서도 그에 상응하여 취득하여야 할 인수대금 상당의 금전을 취득하지 못하게 하여 같은 금액 상당의 손해를 입게 하였으므로, 업무상배임죄의 죄책을 진다. 그리고 그 후 전환사채의 인수인이 전환사채를 처분하여 대금 중 일부를 회사에 입금하였거나 또는 사채로 보유하는 이익과 주식으로 전환할 경우의 이익을 비교하여 전환권을 행사함으로써 전환사채를 주식으로 전환하였더라도, 이러한 사후적인 사정은 이미 성립된 업무상배임죄에 영향을 주지 못한다(대판 2015.12.10. 2012도235).

- 회사 직원이 경쟁업체에 유출하거나 스스로의 이익을 위하여 이용할 목적으로 회사 자료를 무단으로 반출한 경우에, 그 자료가 영업비밀에 해당하지 아니한다 하더라도, 그 자료가 불특정 다수인에게 공개되어 있지 아니하여 보유자를 통하지 아니하고는 이를 통상 입수할 수 없고, 그 자료의 보유자가 그 자료의 취득이나 개발을 위해 상당한 시간, 노력 및 비용을 들인 것으로서 그 자료의 사용을 통해 경쟁자에 대하여 경쟁상의 이익을 얻을 수 있는 정도의 영업상 주요한 자산에 해당한다면, 이는 업무상의 임무에 위배한 행위로서 업무상배임죄가 성립한다. 한편 회사 직원이 영업비밀이나 영업상 주요한 자산인 자료를 적법하게 반출하여 그 반출행위가 업무상배임죄에 해당하지 않는 경우라도, 퇴사 시에 그 영업비밀 등을 회사에 반환하거나 폐기할 의무가 있음에도 경쟁업체에 유출하거나 스스로의 이익을 위하여 이용할 목적으로 이를 반환하거나 폐기하지 아니하였다면, 이러한 행위는 업무상배임죄에 해당한다(대판 2016.7.7. 2015도17628).

- [1] 업무상배임죄의 주체는 타인의 사무를 처리하는 지위에 있어야 한다. 따라서 회사직원이 재직 중에 영업비밀 또는 영업상 주요한 자산을 경쟁업체에 유출하거나 스스로의 이익을 위하여 이용할 목적으로 무단으로 반출하였다면 타인의 사무를 처리하는 자로서 업무상의 임무에 위배하여 유출 또는 반출한 것이어서 유출 또는 반출 시에 업무상배임죄의 기수가 된다. 또한 회사직원이 영업비밀 등을 적법하게 반출하여 반출행위가 업무상배임죄에 해당하지 않는 경우라도, 퇴사 시에 영업비밀 등을 회사에 반환하거나 폐기할 의무가 있음에도 경쟁업체에 유출하거나 스스로의 이익을 위하여 이용할 목적으로 이를 반환하거나 폐기하지 아니하였다면, 이러한 행위 역시 퇴사 시에 업무상배임죄의 기수가 된다.
[2] 회사직원이 퇴사한 후에는 특별한 사정이 없는 한 퇴사한 회사직원은 더 이상 업무상배임죄에서 타인의 사무를 처리하는 자의 지위에 있다고 볼 수 없고, 위와 같이 반환하거나 폐기하지 아니한 영업비밀 등을 경쟁업체에 유출하거나 스스로의 이익을 위하여 이용하더라도 이는 이미 성립한 업무상배임 행위의 실행행위에 지나지 아니하므로, 그 유출 내지 이용행위가 부정경쟁방지 및 영업비밀보호에 관한 법률 위반(영업비밀누설등)죄에 해당하는지는 별론으로 하더라도, 따로 업무상배임죄를 구성할 여지는 없다. 그리고 위와 같이 퇴사한 회사직원에 대하여 타인의 사무를 처리하는 자의 지위를 인정할 수 없는 이상 제3자가 위와 같은 유출 내지 이용행위에 공모·가담하였더라도 타인의 사무를 처리하는 자의 지위에 있다는 등의 사정이 없는 한 업무상배임죄의 공범 역시 성립할 수 없다(대판 2017.6.29. 2017도3808).

2) 배임죄가 성립하지 아니하는 사례
- [1] 배임죄의 성립을 인정하려면 재산상 손해의 발생이 합리적인 의심이 없는 정도의 증명에 이르러야 하므로, 배임행위로 인한 재산상 손해의 발생 여부가 충분히 증명되지 않았음에도 가볍게 액수 미상의 손해가 발생하였다고 인정함으로써 배임죄의 성립을 인정하는 것은 허용될 수 없다. 회사의 대표이사 등이 임무에 위배하여 회사로 하여금 다른 사업자와 용역계약을 체결하게 하면서 적정한 용역비의 수준을 벗어나 부당하게 과다한 용역비를 정하여 지급하게 하였다면 다른 특별한 사정이 없는 한 통상 그와 같이 지급한 용역비와 적정한 수준의 용역비 사이의 차액 상당의 손해를 회사에 가하였다고 볼 수 있다. 이 경우 배임죄가 성립하기 위해서는

해당 용역비가 적정한 수준에 비하여 과다하다고 볼 수 있는지가 객관적이고 합리적인 평가 방법이나 기준을 통하여 충분히 증명되어야 하고, 손해의 발생이 그와 같이 증명된 이상 손해액이 구체적으로 명백하게 산정되지 아니하였더라도 배임죄의 성립에는 영향이 없다. 그러나 적정한 수준에 비하여 과다한지 여부를 판단할 객관적이고 합리적인 평가 방법이나 기준 없이 단지 임무위배행위가 없었다면 더 낮은 수준의 용역비로 정할 수도 있었다는 가능성만을 가지고 재산상 손해 발생이 있었다고 쉽사리 단정하여서는 안 된다.

[2] 대행용역계약에 있어 적정 수수료에 관한 규정이나 지침 등 객관적 기준은 따로 마련되어 있지 않은 것으로 보이고, 피해자 ○○○○회의 내부 규정 등에 이 사건 대행용역계약과 같은 계약의 용역비를 정함에 있어 어떠한 제한이 있다고 보이지도 않으며, 총 사업비의 2~3%를 업계의 통상적인 용역비 수준으로 보더라도, 이 사건 용역업무가 분양 및 임대관리 등 재건축사업의 전 과정을 대행하는 것으로 사업비의 규모가 크고, 상당한 기간이 소요되는 것인 데다가 사업자금 조달지원 등의 업무까지 포함되어 있는 등의 특성을 고려하면, 23억원의 용역비가 시장의 거래관행에 부합하는 가격범위를 과다하게 넘은 것이라고 쉽게 평가할 수 있는지 의문이다. 따라서 이 사건 용역비 23억원이 적정한 용역비 수준에 비하여 과다하게 정해진 것이라고 단정하거나, 나아가 그와 같이 용역비를 정하여 그 일부를 지급함으로써 ○○○○회에 재산상 손해가 발생하였다고 평가하기에 부족하고, 또한 당시 피고인 1에게 배임죄의 범의, 즉 임무위배행위로 인하여 자기 또는 제3자가 이익을 취득하여 본인에게 손해를 가한다는 인식이나 의사를 가지고 있었다고 보기도 어렵다(대판 2018.2.13. 2017도17627).

- [1] 회사가 주주 배정의 방법, 즉 주주가 가진 주식 수에 따라 신주, 전환사채나 신주인수권부사채(이하 '신주 등'의 배정을 하는 방법으로 신주 등을 발행하는 경우에는 원칙적으로 경영판단에 따라 자유로이 그 발행조건을 정할 수 있다고 보아야 하므로, 시가보다 낮게 발행가액 등을 정함으로써 주주들로부터 가능한 최대한의 자금을 유치하지 못하였다고 하여 배임죄의 구성요건인 임무위배, 즉 회사의 재산보호의무를 위반하였다고 볼 것은 아니다. 그러나 주주배정의 방법이 아니라 제3자에게 인수권을 부여하는 제3자 배정방법의 경우, 제3자는 신주 등을 인수함으로써 회사의 지분을 새로 취득하게 되므로 그 제3자와 회사와의 관계를 주주의 경우와 동일하게 볼 수는 없다. 제3자에게 시가보다 현저하게 낮은 가액으로 신주 등을 발행하는 경우, 현저하게 불공정한 가액으로 제3자 배정방식에 의하여 신주 등을 발행하는 행위는 이사의 임무위배행위에 해당하는 것으로서 그로 인하여 회사에 공정한 발행가액과의 차액에 상당하는 자금을 취득하지 못하게 되는 손해를 입힌 이상 이사에 대하여 배임죄의 죄책을 물을 수 있다.

[2] 신주 등의 발행에서 주주 배정방식과 제3자 배정방식을 구별하는 기준은 회사가 신주 등을 발행하는 때에 주주들에게 그들의 지분비율에 따라 신주 등을 우선적으로 인수할 기회를 부여하였는지 여부에 따라 객관적으로 결정되어야 할 성질의 것이지, 신주 등의 인수권을 부여받은 주주들이 실제로 인수권을 행사함으로써 신주 등을 배정받았는지 여부에 좌우되는 것은 아니다. 회사가 기존 주주들에게 지분비율대로 신주 등을 인수할 기회를 부여하였는데도 주주들이 그 인수를 포기함에 따라 발생한 실권주 등을 제3자에게 배정한 결과 회사 지분비율에 변화가 생기고, 이 경우 신주 등의 발행가액이 시가보다 현저하게 낮아 그 인수권을 행사하지 아니한 주주들이 보유한 주식의 가치가 희석되어 기존 주주들의 부(富)가 새로이 주주가 된 사람들에게 이전되는 효과가 발생하더라도, 그로 인한 불이익은 기존 주주들 자신의 선택에 의한 것일 뿐이다. 또한, 회사의 입장에서 보더라도 기존 주주들이 신주 등을 인수하여 이를 제3자에게 양도한 경우와 이사회가 기존 주주들이 인수하지 아니한 신주 등을 제3자에게 배정한 경우를 비교하여 보면 회사에 유입되는 자금의 규모에 아무런 차이가 없을 것이므로, 이사가 회사에 대한 관계에서 어떠한 임무에 위배하여 손해를 끼쳤다고 볼 수는 없다.

[3] 상법상 전환사채를 주주 배정방식에 의하여 발행하는 경우에도 주주가 그 인수권을 잃은 때에는 회사는 이사회의 결의에 의하여 그 인수가 없는 부분에 대하여 자유로이 이를 제3자에게 처분할 수 있는 것인데, 단일한 기회에 발행되는 전환사채의 발행조건은 동일하여야 하므로, 주주배정으로 전환사채를 발행하는 경우에 주주가 인수하지 아니하여 실권된 부분에 관하여 이를 주주가 인수한 부분과 별도로 취급하여 전환가액 등 발행조건을 변경하여 발행할 여지가 없다. 주주배정의 방법으로 주주에게 전환사채인수권을 부여하였지만 주주들이 인수청약하지 아니하여 실권된 부분을 제3자에게 발행하더라도 주주의 경우와 같은 조건으로 발행할 수밖에 없고, 이러한 법리는 주주들이 전환사채의 인수청약을 하지 아니함으로써 발생하는 실권의 규모에 따라 달라지는 것은 아니다.

[4] 이사가 주식회사의 지배권을 기존 주주의 의사에 반하여 제3자에게 이전하는 것은 기존 주주의 이익을 침해하는 행위일 뿐 지배권의 객체인 주식회사의 이익을 침해하는 것으로 볼 수는 없는데, 주식회사의 이사는 주식회사의 사무를 처리하는 자의 지위에 있다고 할 수 있지만 주식회사와 별개인 주주들에 대한 관계에서 직접 그들의 사무를 처리하는 자의 지위에 있는 것은 아니고, 더욱이 경영권의 이전은 지배주식을 확보하는 데 따르는 부수적인 효과에 불과한 것이어서, 회사 지분비율의 변화가 기존 주주 자신의 선택에 기인한 것이라면 지배권 이전과 관련하여 이사에게 임무위배가 있다고 할 수 없다(대판 2009.5.29. 2007도4949[전합]).

- 회사 직원이 경쟁업체 또는 스스로의 이익을 위하여 이용할 의사로 무단으로 자료를 반출한 행위가 업무상배임죄에 해당하기 위하여는, 그 자료가 반드시 영업비밀에 해당할 필요까지는 없다고 하겠지만 적어도 그 자료가 불특정 다수인에게 공개되어 있지 않아 보유자를 통하지 아니하고는 이를 통상 입수할 수 없고 그 보유자가 자료의 취득이나 개발을 위해 상당한 시간, 노력 및 비용을 들인 것으로서, 그 자료의 사용을 통해 경쟁상의 이익을 얻을 수 있는 정도의 영업상 주요한 자산에는 해당하여야 한다. 또한 비밀유지조치를 취하지 아니한 채 판매 등으로 공지된 제품의 경우, 역설계(reverse engineering)를 통한 정보의 획득이 가능하다는 사정만으로 그 정보가 불특정 다수인에게 공개된 것으로 단정할 수 없으나, 상당한 시간과 노력 및 비용을 들이지 않고도 통상적인 역설계 등의 방법으로 쉽게 입수 가능한 상태에 있는 정보라면 보유자를 통하지 아니하고서는 통상 입수할 수 없는 정보에 해당한다고 보기 어려우므로 영업상 주요한 자산에 해당하지 않는다(대판 2022.6.30. 2018도4794).[108]

---

108) 따라서 피고인 2가 반출한 자료가 피해자 회사의 영업상 주요한 자산에 해당하지 아니하므로 피고인들의 행위는 업무상배임죄를 구성하지 아니한다는 취지이다.

2. 공법관계에서의 배임죄의 성립 여부에 대한 사례
1) 배임죄가 성립하는 사례
[1] 공무원이 그 임무에 위배되는 행위로써 제3자로 하여금 재산상의 이익을 취득하게 하여 국가에 손해를 가한 경우에 업무상배임죄가 성립한다. 그리고 업무상배임죄에서 '임무에 위배되는 행위'는 당해 사무의 내용·성질 등 구체적 상황에 비추어 법률의 규정, 계약의 내용 또는 신의성실의 원칙상 당연히 할 것으로 기대되는 행위를 하지 않거나 당연히 하지 말아야 할 것으로 기대되는 행위를 함으로써 본인에 대한 신임관계를 저버리는 일체의 행위를 말하고, 그럼으로써 재산상 이익을 취득하거나 제3자로 하여금 이를 취득하게 하고 본인에게 손해를 가한 이상 그에 관한 고의 내지 불법이득의사가 인정된다고 할 것이다.

[2] 공무원인 피고인 1, 2가 공소외 1 대통령의 퇴임 후 사용할 사저부지와 그 경호부지를 일괄 매수하는 사무를 처리하면서 매매계약 체결 후 그 매수대금을 공소외 1 대통령의 아들 공소외 2와 국가에 배분함에 있어, 사저부지 가격을 높게 평가하면 경호부지 가격이 내려가고 경호부지 가격을 높게 평가하면 사저부지 가격이 내려가는 관계에 있으므로, 이러한 경우 다른 특별한 대체수단이 없는 이상 공익사업을 위한 토지 등의 취득 및 보상에 관한 법률에서 정한 복수의 감정평가업자의 평가액의 산술평균액을 기준으로 하여 그 비율을 정하여 배분하는 것이 가장 합리적이고 객관적인 방법이라 할 것인데, 이미 복수의 감정평가업자에게 감정평가를 의뢰하여 그 결과를 통보받았음에도 굳이 이를 무시하면서 인근 부동산업자들이나 인터넷, 지인 등으로부터의 불확실한 정보를 가지고 감정평가결과와 전혀 다르게 상대적으로 사저부지 가격을 낮게 평가하고 경호부지 가격을 높게 평가하여 매수대금을 배분한 것은 국가사무를 처리하는 자로서의 임무위배행위에 해당하고 위 피고인들에게 배임의 고의 및 불법이득의사도 인정된다(대판 2013.9.27. 2013도6835).

2) 배임죄가 성립하지 아니하는 사례
[1] 공무원이 그 임무에 위배되는 행위로써 제3자로 하여금 재산상의 이익을 취득하게 하여 국가에 손해를 가한 경우에 업무상배임죄가 성립하지만, 다수인의 이해관계가 나름대로의 근거를 가지면서 정면으로 충돌하고 법적으로 명쾌하게 해결하기도 어려워 사회적 물의와 공론이 계속되고 있는 고질적인 문제를 해소·수습하는 직무를 처리하는 과정에서 담당공무원이 고질적인 문제의 발생 원인과 그 책임자, 이해관계인이 제시하는 근거, 재산적인 손익관계뿐 아니라 유형·무형의 모든 이해관계와 파급효과 등을 전반적으로 따져 그 해결책을 강구하여, 그 해결책이 맡은 직무를 집행·처리하는 가장 합리적인 방안으로서 직무의 본지에 적합하다는 신념하에 처리하고 그 내용이 직무범위 내에 속하는 것으로 인정된다면, 특별한 사정이 없는 한 이는 정책 판단과 선택의 문제로서 그 방안의 시행에 의해 결과적으로 국가에 재산적 손해가 발생하거나 제3자에게 재산적 이익이 귀속되는 측면이 있다는 것만으로 임무위배가 있다 할 수 없으므로, 배임죄에 해당하지 않는다.

[2] 불법매각된 국유지의 환수업무를 처리하는 공무원이 다수의 이해관계가 충돌하고 법적 해결이 용이하지 않은 상황에서 이를 해결하기 위하여 선의의 취득자 보호를 위한 국유재산법상 특례매각에 관한 규정을 유추적용하기로 하면서 문제의 발생 원인과 각종 이해관계 및 파급효과 등을 전반적으로 고려하고 내부 결재를 거쳐 특례매각의 범위를 확장하여 시행한 사안에서, 그로 인해 결과적으로 국가에 재산상 손해가 발생하였다고 하더라도 문제해결을 위한 직무범위 내의 정책 판단과 선택이므로 업무상배임죄에 해당하지 않는다고 한 사례(대판 2008.6.26. 2006도2222)

3. 사법상의 계약관계에서의 배임죄의 성립 여부에 대한 사례

1) 배임죄가 성립하는 사례

[1] 금융기관이 거래처의 기존 대출금에 대한 원리금에 충당하기 위하여 거래처에 신규대출을 함에 있어 형식상 신규대출을 한 것처럼 서류상 정리를 하였을 뿐 실제로 거래처에 대출금을 새로 교부한 것이 아니라면 그로 인하여 금융기관에 어떤 새로운 손해가 발생하는 것은 아니라고 할 것이므로 따로 업무상배임죄가 성립된다고 볼 수 없으나, 금융기관이 실제로 거래처에 대출금을 새로 교부한 경우에는 거래처가 그 대출금을 임의로 처분할 수 없다거나 그 밖에 어떠한 이유로든 그 대출금이 기존 대출금의 원리금으로 상환될 수밖에 없다는 등의 특별한 사정이 없는 한 비록 새로운 대출금이 기존 대출금의 원리금으로 상환되도록 약정되어 있다고 하더라도 그 대출과 동시에 이미 손해발생의 위험은 발생하였다고 보아야 할 것이므로 업무상배임죄가 성립한다.

[2] 상호저축은행의 임원들이 은행의 실질적 최대주주인 甲의 지시에 따라 상당한 담보를 확보하지 아니하고 관계 규정상의 적법한 대출심사를 거치지도 아니한 채 각 부실대출을 실행하여, 甲에게 실제로 귀속된 그 대출금 중 일부를 기존 대출금의 변제충당을 위하여 위 은행에 다시 입금하는 등의 용도로 사용한 사안에서, 위 부실대출을 실행함으로 인하여 그 대출과 동시에 은행으로 하여금 대출금 상당의 손해를 입게 하였다고 보아, 위 각 업무상배임의 점을 유죄로 판단한 원심의 조치를 정당하다고 수긍한 사례(대판 2010.1.28. 2009도10730).

2) 배임죄가 성립하지 아니하는 사례

새마을금고의 동일인 대출한도 제한규정은 새마을금고 자체의 적정한 운영을 위하여 마련된 것이지 대출채무자의 신용도를 평가해서 대출채권의 회수가능성을 직접적으로 고려하여 만들어진 것은 아니므로 동일인 대출한도를 초과하였다는 사실만으로 곧바로 대출채권을 회수하지 못하게 될 위험이 생겼다고 볼 수 없고, 구 새마을금고법 제26조의2, 제27조에 비추어 보면 동일인 대출한도를 초과하였다는 사정만으로는 다른 회원들에 대한 대출을 곤란하게 하여 새마을금고의 적정한 자산운용에 장애를 초래한다는 등 어떠한 위험이 발생하였다고 단정할 수도 없다. 따라서 동일인 대출한도를 초과하여 대출함으로써 구 새마을금고법을 위반하였다고 하더라도, 대출한도 제한규정 위반으로 처벌함은 별론으로 하고, 그 사실만으로 특별한 사정이 없는 한 업무상배임죄가 성립한다고 할 수 없고, 일반적으로 이러한 동일인 대출한도 초과대출이라는 임무위배의 점에 더하여 대출 당시의 대출채무자의 재무상태, 다른 금융기관으로부터의 차입금, 기타 채무를 포함한 전반적인 금융거래상황, 사업현황 및 전망과 대출금의 용도, 소요기간 등에 비추어 볼 때 채무상환능력이 부족하거나 제공된 담보의 경제적 가치가 부실해서 대출채권의 회수에 문제가 있는 것으로 판단되는 경우에 재산상 손해가 발생하였다고 보아 업무상배임죄가 성립한다고 해야 한다(대판 2008.6.19. 2006도4876[전합]).

ⓒ 피해자의 동의 : 사무처리에 관하여 본인의 동의가 있으면 배임행위라고 할 수 없다. 피해자의 동의는 배임죄의 구성요건해당성을 조각하는 양해에 해당한다.

② 재산상 손해의 발생
   ㉠ 재산상의 손해란 본인의 전체 재산가치의 감소, 즉 총체적으로 본인의 재산상태에 손실을 가하는 것을 말하며(대판 1981.6.23. 80도2934), 적극적 손해, 소극적 손해를 불문한다. 손해 여부는 경제적 관점에서 파악하여 법률적 관점에서 당해 배임행위가 무효라고 하더라도, 현실적인 손해가 발생한 경우뿐만 아니라 재산상 실해 발생의 위험을 초래한 경우에도 재산상의 손해를 가한 때에 해당한다(대판 2000.11.24. 99도822).

> 1. 배임죄가 성립하는 사례
> - 甲 주식회사의 실질적 경영자인 피고인이 자신의 개인사업체가 甲 회사에 골프장 조경용 수목을 매도하였다는 허위의 매매계약을 체결하고 그 매매대금 채권과 甲 회사의 피고인에 대한 채권을 상계처리한 경우, 피고인의 수목 매매대금 채권이 존재하지 아니하여 상계가 법률상 무효라고 하더라도 甲 회사에 재산상 실해 발생의 위험이 초래되었으므로 업무상배임죄가 성립하나, 甲 주식회사의 실질적 경영자인 피고인이 자신의 개인채무를 담보하기 위하여 甲 회사 소유 부동산에 乙 앞으로 근저당권설정등기를 마친 경우, 乙은 피고인이 개인채무를 담보하기 위하여 근저당권을 설정한다는 사정을 잘 알고 있어서 근저당권 설정행위는 대표권 남용행위로서 무효이므로 甲 회사는 乙에 대하여 무효인 근저당권에 기한 채무는 물론 사용자책임이나 법인의 불법행위 등에 따른 손해배상의무도 부담할 여지가 없고, 근저당권이 그 후 해지를 원인으로 말소되어, 피고인의 근저당권 설정행위로 말미암아 甲 회사에 재산상 손해가 발생하였다거나 재산상 실해 발생의 위험이 초래된 것으로 볼 수 없으므로 업무상배임죄는 성립하지 아니한다(대판 2012.2.23. 2011도15857).
> - [1] 형법 제355조 제2항의 배임죄 또는 형법 제356조의 업무상배임죄는 임무에 위배되는 행위로 재산상 이익을 취득하거나 제3자로 하여금 취득하게 하여 본인에게 손해를 가한 때에 성립하는 범죄인데, 이때 본인에게 재산상의 손해를 가한 것이란 본인의 전체적 재산가치가 감소됨을 가리키는 것으로서 본인에게 현실적인 손해를 입힌 경우뿐만 아니라 재산상 실해 발생의 위험을 초래한 경우도 포함한다. 그리고 위와 같은 재산상 손해의 유무는 법률적 판단에 의하지 아니하고 경제적 관점에서 파악하여야 하나, 회사의 대표이사가 회사 명의로 체결한 계약이 관련 법령이나 정관에 위배되어 법률상 효력이 없는 경우에는 그로 인하여 회사가 계약 상대방에게 민법상 불법행위책임을 부담하게 되는 등 특별한 사정이 없는 한 계약의 체결행위만으로 회사에 현실적인 손해가 발생하거나 재산상 실해 발생의 위험이 초래되었다고 할 수 없어서, 그것만으로 배임죄 구성요건이 모두 충족되어 범행이 기수에 이르렀거나 범행이 종료되었다고 볼 수 없다.
> [2] 甲 주식회사 대표이사인 피고인이 주주총회 의사록을 허위로 작성하고 이를 근거로 임직원들과 주식매수선택권부여계약을 체결함으로써 甲 회사에 재산상 손해를 가하였다고 하며 특정경제범죄 가중처벌 등에 관한 법률 위반(배임)으로 기소된 사안에서, 법률상 무효인 계약을 체결한 것만으로는 업무상배임죄 구성요건이 완성되거나 범행이 종료되었다고 볼 수 없는데도, 계약을 체결한 시점에 범행이 종료되었음을 전제로 공소시효가 완성되었다고 보아 면소를 선고한 원심판결에는 법리오해의 위법이 있다고 한 사례(대판 2011.11.24. 2010도11394).

- [1] 배임죄는 타인의 사무를 처리하는 자가 그 임무에 위배하는 행위로써 재산상 이익을 취득하거나 제3자로 하여금 이를 취득하게 하여 본인에게 손해를 가함으로써 성립하는 범죄로서, 여기에서 '재산상의 손해를 가한 때'에는 현실적인 손해를 가한 경우뿐만 아니라 재산상 실해 발생의 위험을 초래한 경우도 포함된다. 재산상 손해의 유무에 대한 판단은 본인의 전 재산상태와의 관계에서 법률적 판단에 의하지 아니하고 경제적 관점에서 파악하여야 하므로, 법률적 판단에 의하여 당해 배임행위가 무효라 하더라도 경제적 관점에서 파악하여 배임행위로 인하여 본인에게 현실적인 손해를 가하였거나 재산상 실해 발생의 위험을 초래한 경우에는 재산상의 손해를 가한 때에 해당되어 배임죄를 구성한다.
  [2] 위와 같은 법리에 비추어 보면, 이 사건 부동산에 관하여(회사명 생략) 앞으로 소유권이전등기를 마쳐준 피고인의 행위에 원심 판시와 같이 주무관청의 처분허가에 관한 부관인 '매매대금을 모두 지급받기 전에는 소유권을 이전하지 못한다.'는 조건을 어김으로써 무효사유가 있다 하더라도, 그로 인해 피해 학교법인 소유의 이 사건 부동산에 관하여(회사명 생략) 명의의 소유권이전등기가 실제로 경료된 이상 경제적 관점에서는 피해 학교법인에 현실적인 손해가 발생하였거나 재산상 실해 발생의 위험이 초래되었다고 봄이 타당하다(대판 2023.8.31. 2023도7045).

2. 배임죄가 성립하지 아니하는 사례

- 타인에 대한 채무의 담보로 제3채무자에 대한 채권에 대하여 권리질권을 설정한 경우 질권설정자는 질권자의 동의 없이 질권의 목적된 권리를 소멸하게 하거나 질권자의 이익을 해하는 변경을 할 수 없다(민법 제352조). 또한 질권설정자가 제3채무자에게 질권설정의 사실을 통지하거나 제3채무자가 이를 승낙한 때에는 제3채무자가 질권자의 동의 없이 질권의 목적인 채무를 변제하더라도 이로써 질권자에게 대항할 수 없고, 질권자는 여전히 제3채무자에 대하여 직접 채무의 변제를 청구하거나 변제할 금액의 공탁을 청구할 수 있다(민법 제353조 제2항, 제3항). 그러므로 이러한 경우 질권설정자가 질권의 목적인 채권의 변제를 받았다고 하여 질권자에 대한 관계에서 타인의 사무를 처리하는 자로서 임무에 위배하는 행위를 하여 질권자에게 손해를 가하거나 손해 발생의 위험을 초래하였다고 할 수 없고, 배임죄가 성립하지도 않는다(대판 2016.4.29. 2015도5665).

- 배합사료 판매회사인 갑 회사의 영업사원인 피고인이 을에게 배합사료를 공급하면서 갑 회사의 내부 결재를 거치지 않고 장려금 등 명목으로 임의로 단가를 조정하거나 대금을 할인해 줌으로써 을에게 재산상 이익을 취득하게 하고 갑 회사에 손해를 가하였다고 하여 특정경제범죄 가중처벌 등에 관한 법률 위반(배임)으로 기소된 사안에서, 갑 회사의 을 측을 상대로 한 물품대금 소송의 제1심에서 갑 회사가 승소하였지만 상대방의 항소로 항소심에 계속 중인 이상 사용자책임 등을 부담할 가능성을 완전히 배제하기 어렵다는 등의 원심이 설시한 사정만으로는 갑 회사에 재산상 실해가 발생할 가능성이 생겼다고 말할 수는 있어도 나아가 그 실해 발생의 위험이 구체적·현실적인 정도에 이르렀다고 보기 어려운데도, 피고인의 행위가 갑 회사의 재산 상태에 구체적으로 어떠한 영향을 미쳤는지, 위 물품대금 소송의 제1심판결에도 불구하고 갑 회사가 사용자책임을 부담한다고 볼 만한 사정이 있는지 등을 면밀히 심리하여 갑 회사에 현실적인 손해가 발생하거나 실해 발생의 위험이 생겼다고 볼 수 있는지를 판단하지 아니한 채 공소사실을 유죄로 판단한 원심판결에 배임죄의 재산상 손해 요건에 관한 법리를 오해하여 필요한 심리를 다하지 아니한 잘못이 있다고 한 사례(대판 2017.10.12. 2017도6151).

ⓒ 주식회사의 대표이사가 대표권을 남용하는 등 임무에 위배하여 회사의 명의로 의무를 부담하는 경우나 약속어음을 발행하는 경우 배임죄의 성립 여부에 대한 전합판례가 있어 주목된다.

1. **대표권을 남용한 의무부담행위나 약속어음 발행행위의 배임죄의 성립 여부에 대한 사례**
   - [1] 타인의 사무를 처리하는 자가 배임의 범의로, 즉 임무에 위배하는 행위를 한다는 점과 이로 인하여 자기 또는 제3자가 이익을 취득하여 본인에게 손해를 가한다는 점에 대한 인식이나 의사를 가지고 임무에 위배한 행위를 개시한 때 배임죄의 실행에 착수한 것이고, 이러한 행위로 인하여 자기 또는 제3자가 이익을 취득하여 본인에게 손해를 가한 때 기수에 이른다.
   [2] 주식회사의 대표이사가 대표권을 남용하는 등 그 임무에 위배하여 회사 명의로 의무를 부담하는 행위를 하더라도 일단 회사의 행위로서 유효하고, 다만 상대방이 대표이사의 진의를 알았거나 알 수 있었을 때에는 회사에 대하여 무효가 된다. 따라서 상대방이 대표권남용 사실을 알았거나 알 수 있었던 경우 그 의무부담행위는 원칙적으로 회사에 대하여 효력이 없고, 경제적 관점에서 보아도 이러한 사실만으로는 회사에 현실적인 손해가 발생하였다거나 실해 발생의 위험이 초래되었다고 평가하기 어려우므로, 달리 그 의무부담행위로 인하여 실제로 채무의 이행이 이루어졌다거나 회사가 민법상 불법행위책임을 부담하게 되었다는 등의 사정이 없는 이상 배임죄의 기수에 이른 것은 아니다. 그러나 이 경우에도 대표이사로서는 배임의 범의로 임무위배행위를 함으로써 실행에 착수한 것이므로 배임죄의 미수범이 된다. 그리고 상대방이 대표권남용 사실을 알지 못하였다는 등의 사정이 있어 그 의무부담행위가 회사에 대하여 유효한 경우에는 회사의 채무가 발생하고 회사는 그 채무를 이행할 의무를 부담하므로, 이러한 채무의 발생은 그 자체로 현실적인 손해 또는 재산상 실해 발생의 위험이라고 할 것이어서 그 채무가 현실적으로 이행되기 전이라도 배임죄의 기수에 이르렀다고 보아야 한다.
   [3] 주식회사의 대표이사가 대표권을 남용하는 등 그 임무에 위배하여 약속어음 발행을 한 행위가 배임죄에 해당하는지도 원칙적으로 위에서 살펴본 의무부담행위와 마찬가지로 보아야 한다. 다만 약속어음 발행의 경우 어음법상 발행인은 종전의 소지인에 대한 인적 관계로 인한 항변으로써 소지인에게 대항하지 못하므로(어음법 제17조, 제77조), 어음발행이 무효라 하더라도 그 어음이 실제로 제3자에게 유통되었다면 회사로서는 어음채무를 부담할 위험이 구체적·현실적으로 발생하였다고 보아야 하고, 따라서 그 어음채무가 실제로 이행되기 전이라도 배임죄의 기수범이 된다. 그러나 약속어음 발행이 무효일 뿐만 아니라 그 어음이 유통되지도 않았다면 회사는 어음발행의 상대방에게 어음채무를 부담하지 않기 때문에 특별한 사정이 없는 한 회사에 현실적으로 손해가 발생하였다거나 실해 발생의 위험이 발생하였다고도 볼 수 없으므로, 이때에는 배임죄의 기수범이 아니라 배임미수죄로 처벌하여야 한다.
   [4] 갑 주식회사 대표이사인 피고인이, 자신이 별도로 대표이사를 맡고 있던 을 주식회사의 병 은행에 대한 대출금채무를 담보하기 위해 병 은행에 갑 회사 명의로 액면금 29억 9,000만원의 약속어음을 발행하여 줌으로써 병 은행에 재산상 이익을 취득하게 하고 갑 회사에 손해를 가하였다고 하여 특정경제범죄 가중처벌 등에 관한 법률 위반(배임)으로 기소된 사안에서, 피고인이 대표권을 남용하여 약속어음을 발행하였고 당시 상대방인 병 은행이 그러한 사실을 알았거나 알 수 있었던 때에 해당하여 그 발행행위가 갑 회사에 대하여 효력이 없다면, 그로 인해 갑 회사가 실제로 약속어음금을 지급하였거나 민사상 손해배상책임 등을 부담하거나 약속어음이 실제로 제3자에게 유통되었다는 등의 특별한 사정이 없는 한 피고인의 약속어음 발행행위로 인해 갑 회사에 현실적인 손해나 재산상 실해 발생의 위험이 초래되었다고 볼 수 없는데도, 이에 대한 심리 없이 약속어음 발행행위가 배임죄의 기수에 이르렀음을 전제로 공소사실을 유죄로 판단한 원심판결에 배임죄의 재산상 손해 요건 및 기수시기 등에 관한 법리오해의 잘못이 있다고 한 사례(대판 2017.7.20. 2014도1104[전합])

- [1] 타인의 사무를 처리하는 자가 배임의 범의로, 즉 임무에 위배하는 행위를 한다는 점과 이로 인하여 자기 또는 제3자가 이익을 취득하여 본인에게 손해를 가한다는 점에 대한 인식이나 의사를 가지고 임무에 위배한 행위를 개시한 때 배임죄의 실행에 착수한 것이고, 이러한 행위로 인하여 자기 또는 제3자가 이익을 취득하여 본인에게 손해를 가한 때 배임죄는 기수가 된다(형법 제355조 제2항). 그런데 타인의 사무를 처리하는 자의 임무위배행위는 민사재판에서 법질서에 위배되는 법률행위로서 무효로 판단될 가능성이 적지 않고, 그 결과 본인에게도 아무런 손해가 발생하지 않는 경우가 많다. 이러한 때에는 배임죄의 기수를 인정할 수 없다. 그러나 의무부담 행위로 인하여 실제로 채무의 이행이 이루어지거나 본인이 민법상 불법행위책임을 부담하게 되는 등 본인에게 현실적인 손해가 발생하거나 실해 발생의 위험이 생겼다고 볼 수 있는 사정이 있는 때에는 배임죄의 기수를 인정하여야 한다. 다시 말하면, 형사재판에서 배임죄의 객관적 구성요건요소인 손해 발생 또는 배임죄의 보호법익인 피해자의 재산상 이익의 침해 여부는 구체적 사안별로 타인의 사무의 내용과 성질, 임무위배의 중대성 및 본인의 재산 상태에 미치는 영향 등을 종합하여 신중하게 판단하여야 한다.
- [2] 갑 주식회사 대표이사인 피고인이 갑 회사 설립의 동기가 된 동업약정의 투자금 용도로 부친 을로부터 2억원을 차용한 후 을에게 갑 회사 명의의 차용증을 작성·교부하는 한편 갑 회사 명의로 액면금 2억원의 약속어음을 발행하여 공증해 줌으로써 갑 회사에 재산상 손해를 입게 하고 을에게 재산상 이익을 취득하게 하였다고 하여 업무상배임으로 기소된 사안에서, 피고인의 행위가 대표이사의 대표권을 남용한 때에 해당하고 그 행위의 상대방인 을로서는 피고인이 갑 회사의 영리 목적과 관계없이 자기 또는 제3자의 이익을 도모할 목적으로 권한을 남용하여 차용증 등을 작성해 준다는 것을 알았거나 알 수 있었으므로 그 행위가 갑 회사에 대하여 아무런 효력이 없다고 본 원심판단은 수긍할 수 있으나, 을은 피고인이 작성하여 준 약속어음공정증서에 기하여 갑 회사의 병 재단법인에 대한 임대차보증금반환채권 중 2억원에 이르기까지의 금액에 대하여 압류 및 전부명령을 받은 다음 확정된 압류 및 전부명령에 기하여 병 재단법인으로부터 갑 회사의 임대차보증금 중 1억 2,300만원을 지급받은 사실에 비추어 피고인의 임무위배행위로 인하여 갑 회사에 현실적인 손해가 발생하였거나 실해 발생의 위험이 생겼으므로 배임죄의 기수가 성립하고, 전부명령이 확정된 후 집행권원인 집행증서의 기초가 된 법률행위 중 전부 또는 일부에 무효사유가 있는 것으로 판명되어 집행채권자인 을이 집행채무자인 갑 회사에 부당이득 상당액을 반환할 의무를 부담하더라도 배임죄의 성립을 부정할 수 없는데도, 이와 달리 보아 공소사실을 무죄로 판단한 원심판결에 배임죄의 실행의 착수 및 기수 시기에 관한 법리오해의 잘못이 있다고 한 사례(대판 2017.9.21. 2014도9960).

2. 전합판례에 따른 종전 판례의 이해

1) 무죄가 아니라 배임죄의 기수 또는 미수를 인정하여야 할 사례
   - 배임죄에서 '재산상 손해를 가한 때'란 현실적인 손해를 가한 경우뿐만 아니라 재산상 실해발생의 위험을 초래한 경우도 포함되나, 그러한 손해발생의 위험조차 초래되지 아니한 경우에는 배임죄가 성립하지 아니하는데, 법인의 대표자가 법인 명의로 한 채무부담행위가 법률상 효력이 없는 경우에는 특별한 사정이 없는 한 그로 인하여 법인에 어떠한 손해가 발생하거나 발생할 위험이 있다고 할 수 없으므로, 대표자의 행위는 배임죄를 구성하지 아니한다(대판 2011.7.14. 2011도3180).

- 배임죄에서 '재산상 손해를 가한 때'에는 현실적인 손해를 가한 경우뿐만 아니라 재산상 실해발생의 위험을 초래한 경우도 포함되나, 그러한 손해발생의 위험조차 초래되지 아니한 경우에는 배임죄가 성립하지 아니한다. 이에 따라 법인의 대표자가 법인 명의로 한 채무부담행위가 법률상 효력이 없는 경우에는 특별한 사정이 없는 한 그로 인하여 법인에 어떠한 손해가 발생하거나 발생할 위험이 있다고 할 수 없으므로 그 대표자의 행위는 배임죄를 구성하지 아니하며, 주식회사의 대표이사 등이 회사의 이익을 위해서가 아니라 자기 또는 제3자의 이익을 도모할 목적으로 대표권을 행사한 경우에 상대방이 대표이사 등의 진의를 알았거나 알 수 있었을 때에는 그 행위는 회사에 대하여 무효가 되므로 위와 같이 보아야 한다(대판 2012.5.24. 2012도2142).

2) 기수가 아니라 어음의 유통 여부에 따라 배임죄의 기수 또는 미수를 인정하여야 할 사례

대표이사가 대표권을 남용하여 회사 명의의 약속어음을 발행하였다면, 비록 상대방이 그 사실을 알고 있었거나 중대한 과실로 알지 못하여 회사가 상대방에 대하여는 채무를 부담하지 아니한다 하더라도 약속어음이 제3자에게 유통될 경우 회사가 소지인에 대하여 어음금 채무를 부담할 위험은 이미 발생하였다 할 것이므로, 그 약속어음이 제3자에게 유통되지 아니한다는 특별한 사정이 없는 한 경제적 관점에서는 회사에 대하여 배임죄에서의 재산상 실해 발생의 위험이 초래되었다고 봄이 상당하다(대판 2012.12.27. 2012도10822).

3. **대표권남용행위로 인한 배임죄 성부의 도해**(대판 2017.7.20. 2014도1104[전합])

법률행위의 유형	상대방의 악의·과실여부	법률행위의 효력	배임죄의 성부
의무부담행위	상대방의 악의·과실이 있는 경우	의무부담행위는 무효	배임죄의 미수
		단, 의무가 실제로 이행되거나 회사가 민법상 불법행위책임을 부담하는 경우	배임죄의 기수
	상대방의 악의·과실이 없는 경우	의무부담행위는 유효	배임죄의 기수
약속어음발행행위	상대방의 악의·과실이 있는 경우	약속어음발행행위는 무효이나 약속어음이 유통되지 아니한 경우	배임죄의 미수
		약속어음발행행위는 무효이나 약속어음이 유통된 경우	배임죄의 기수
	상대방의 악의·과실이 없는 경우	약속어음발행행위는 유효	배임죄의 기수

ⓒ 재산상의 손해를 야기한 임무위배행위가 동시에 그 손해를 보상할 만한 재산상의 이익을 준 경우 전체적인 재산가치의 감소는 없으므로 손해는 없다고 보아야 한다(대판 2011.4.28. 2009도14268). 재산상의 이익은 손해를 가한 행위 자체로부터 취득한 이익에 제한되고 본인이 손해배상청구권이나 원상회복청구권을 취득했다고 하더라도 이익에 해당하지 아니하며, 사후에 피해가 회복되었다 하여도 배임죄의 성립에 영향을 주는 것은 아니다(대판 2000.12.8. 99도3338).

> **1. 손해의 인정 여부에 대한 사례**
> 1) 손해가 인정되는 사례
> - 甲조합의 대출업무 등 담당자인 피고인이 甲조합에 처와 모친 소유의 토지를 담보로 제공하고 그들 명의로 대출받은 다음, 위임장과 해지증서를 위조하여 피해자 조합의 근저당권설정등기를 말소한 것이라면, 그 등기 말소로 피해자 조합은 당장 위 근저당권을 피담보채권과 함께 처분한다거나 피담보채권 회수를 위한 경매 신청을 할 수 없는 손해가 발생하였다고 할 것이고, 피해자 조합이 위 말소된 근저당권설정등기의 회복등기를 구할 수 있다고 하여 달리 볼 것은 아니다(대판 2014.6.12. 2014도2578).
> - 기업인수에 필요한 자금을 마련하기 위하여 인수자가 금융기관으로부터 대출을 받고 나중에 피인수회사의 자산을 담보로 제공하는 방식[이른바 LBO(Leveraged Buyout) 방식]을 사용하는 경우, 피인수회사로서는 주채무가 변제되지 아니할 경우에는 담보로 제공되는 자산을 잃게 되는 위험을 부담하게 되므로 인수자만을 위한 담보제공이 무제한 허용된다고 볼 수 없고, 인수자가 피인수회사의 위와 같은 담보제공으로 인한 위험 부담에 상응하는 대가를 지급하는 등의 반대급부를 제공하는 경우에 한하여 허용될 수 있다. 만일 인수자가 피인수회사에 아무런 반대급부를 제공하지 않고 임의로 피인수회사의 재산을 담보로 제공하게 하였다면, 인수자 또는 제3자에게 담보 가치에 상응한 재산상 이익을 취득하게 하고 피인수회사에 재산상 손해를 가하였다고 보는 것이 타당하다. 부도로 인하여 회생절차가 진행 중인 주식회사의 경우에도 회사의 주주나 채권자들의 잠재적 이익은 여전히 보호되어야 하므로, 피인수회사가 회생절차를 밟고 있는 기업이라고 하더라도 위와 같은 결론에는 아무런 영향이 없다(대판 2012.6.14. 2012도1283).
> 2) 손해가 인정되지 아니하는 사례
> - 타인에 대한 채무의 담보로 제3채무자에 대한 채권에 대하여 권리질권을 설정한 경우 질권설정자는 질권자의 동의 없이 질권의 목적된 권리를 소멸하게 하거나 질권자의 이익을 해하는 변경을 할 수 없다(민법 제352조). 또한 질권설정자가 제3채무자에게 질권설정의 사실을 통지하거나 제3채무자가 이를 승낙한 때에는 제3채무자가 질권자의 동의 없이 질권의 목적인 채무를 변제하더라도 이로써 질권자에게 대항할 수 없고, 질권자는 여전히 제3채무자에 대하여 직접 채무의 변제를 청구하거나 변제할 금액의 공탁을 청구할 수 있다(민법 제353조 제2항, 제3항). 그러므로 이러한 경우 질권설정자가 질권의 목적인 채권의 변제를 받았다고 하여 질권자에 대한 관계에서 타인의 사무를 처리하는 자로서 임무에 위배하는 행위를 하여 질권자에게 손해를 가하거나 손해 발생의 위험을 초래하였다고 할 수 없고, 배임죄가 성립하지도 않는다(대판 2016.4.29. 2015도5665).

- 갑 은행 지점장인 피고인이 업무상 임무에 위배하여 물품대금지급보증서를 발급한 후 을 주식회사의 거래처인 병 주식회사에 건네줌으로써 갑 은행에 손해를 가하였다고 하여 특정경제범죄가중처벌 등에 관한 법률 위반(배임)으로 기소된 사안에서, 병 회사는 지급보증서가 정상적으로 발급된 것이 아님을 확인하고 을 회사를 통하여 물품을 주문하였던 사람들에게 물품을 공급하지 않음으로써 을 회사가 병 회사에 대하여 아무런 물품대금 채무를 부담하지 않게 된 사정 등에 비추어, 피고인이 갑 은행을 대리하여 을 회사가 병 회사에 대해 장래 부담하게 될 물품대금 채무에 대하여 지급보증을 하였더라도, 병 회사가 을 회사와 거래를 개시하지 않아 지급보증 대상인 물품대금 지급채무 자체가 현실적으로 발생하지 않은 이상, 보증인인 갑 은행에 경제적인 관점에서 손해가 발생한 것과 같은 정도로 구체적인 위험이 발생하였다고 평가할 수 없는데도, 이와 달리 갑 은행에 구체적인 실해 발생의 위험이 초래되었음을 전제로 피고인에게 유죄를 인정한 원심판결에 법리를 오해한 잘못이 있다고 한 사례(대판 2015.9.10. 2015도6745)

2. 손해액의 산정에 대한 사례

- [1] 업무상배임죄에서 재산상 손해의 유무에 관한 판단은 법률적 판단에 의하지 아니하고 경제적 관점에서 실질적으로 판단하여야 하는데, 여기에는 재산의 처분 등 직접적인 재산의 감소, 보증이나 담보제공 등 채무 부담으로 인한 재산의 감소와 같은 적극적 손해를 야기한 경우는 물론, 객관적으로 보아 취득할 것이 충분히 기대되는데도 임무위배행위로 말미암아 이익을 얻지 못한 경우, 즉 소극적 손해를 야기한 경우도 포함된다. 이러한 소극적 손해는 재산증가를 객관적·개연적으로 기대할 수 있음에도 임무위배행위로 이러한 재산증가가 이루어지지 않은 경우를 의미하므로 임무위배행위가 없었다면 실현되었을 재산 상태와 임무위배행위로 말미암아 현실적으로 실현된 재산 상태를 비교하여 그 유무 및 범위를 산정하여야 한다.

  [2] 피고인이, 甲이 운영하는 乙 주식회사의 부사장으로 대외 영업활동을 하여 그 활동 및 계약을 乙 회사에 귀속시키기로 甲과 약정하고도 乙 회사에 알리지 않고 피고인 자신이 乙 회사 대표인 것처럼 가장하거나 피고인이 별도로 설립한 丙 주식회사 명의로 금형제작·납품계약을 체결함으로써 乙 회사에 손해를 가하였다고 하여 업무상배임으로 기소된 사안에서, 乙 회사의 재산상 손해는 피고인의 임무위배행위로 乙 회사의 금형제작·납품계약 체결기회가 박탈됨으로써 발생하므로, 원칙적으로 계약을 체결한 때를 기준으로 금형제작·납품계약 대금에 기초하여 산정하여야 하며, 계약대금 중에서 사후적으로 발생되는 미수금이나 계약 해지로 받지 못하게 되는 나머지 계약대금 등은 특별한 사정이 없는 한 계약 대금에서 공제할 것이 아닌데도, 이와 달리 금형제작·납품계약 대금 중 미수금 및 계약 해지로 받지 못하게 된 부분은 피고인의 배임행위로 인한 재산상 손해로 인정할 수 없다고 본 원심판결에 업무상배임죄의 재산상 손해에 관한 법리를 오해한 잘못이 있다고 한 사례(대판 2013.4.26. 2011도6798)

- [1] 회사의 대표이사 등이 그 임무에 위배하여 주식을 고가로 매수함으로 인하여 회사에 가한 손해액은, 그 주식이 회사의 경영권을 행사할 수 있는 이른바 경영권 프리미엄을 지니고 있어 그 가치를 평가하여 주식의 적정가액 산정에 가산하여야 하는 특별한 사정이 없는 한, 통상 그 주식의 실제 매수대금과 그 주식의 적정가액 사이의 차액 상당이라고 봄이 타당하다.

  [2] 배임죄에서 재산상의 손해를 가한 때라 함은 현실적인 손해를 가한 경우뿐만 아니라 재산상 실해 발생의 위험을 초래한 경우도 포함되고, 주식의 실질가치가 0인 회사가 발행하는 신주를 액면가격으로 인수하는 경우 그로 인한 손해액은 그 신주 인수대금 전액 상당으로 보아야 할 것이다(대판 2012.6.28. 2012도2623).

- 부동산 매도인이 매수인 앞으로 소유권이전등기를 마쳐 주기 전에 제3자로부터 금원을 차용하고 그 담보로 근저당권을 설정해 준 경우 매수인이 입은 손해는 그 근저당권이 설정될 당시의 부동산 교환가치 중 근저당권에 이용되어 상실된 담보가치 상당이다. 그리고 배임죄에 있어서 손해액이 구체적으로 명백하게 산정되지 않았더라도 배임죄의 성립에는 영향이 없다고 할 것이나, 발생된 손해액을 구체적으로 산정하여 인정하는 경우 이를 잘못 산정하는 것은 위법하다(대판 2018.7.11. 2015도12692).
- 회사의 대표이사 등이 임무에 위배하여 회사로 하여금 다른 사업자와 용역계약을 체결하게 하면서 적정한 용역비의 수준을 벗어나 부당하게 과다한 용역비를 정하여 지급하게 하였다면 다른 특별한 사정이 없는 한 통상 그와 같이 지급한 용역비와 적정한 수준의 용역비 사이의 차액 상당의 손해를 회사에 가하였다고 볼 수 있다. 이 경우 배임죄가 성립하기 위해서는 해당 용역비가 적정한 수준에 비하여 과다하다고 볼 수 있는지가 객관적이고 합리적인 평가 방법이나 기준을 통하여 충분히 증명되어야 하고, 손해의 발생이 그와 같이 증명된 이상 손해액이 구체적으로 명백하게 산정되지 아니하였더라도 배임죄의 성립에는 영향이 없다. 그러나 적정한 수준에 비하여 과다한지 여부를 판단할 객관적이고 합리적인 평가 방법이나 기준 없이 단지 임무위배행위가 없었다면 더 낮은 수준의 용역비로 정할 수도 있었다는 가능성만을 가지고 재산상 손해 발생이 있었다고 쉽사리 단정하여서는 안 된다(대판 2018.2.13. 2017도17627).

③ **재산상 이익의 취득** : 재산상의 이익이란 모든 재산적 가치의 증가를 의미하며, 본인에게 손해를 가하였다고 할지라도 행위자 또는 제3자가 재산상 이익을 취득한 사실이 없다면 배임죄가 성립할 수 없다(대판 2007.7.26. 2005도6439).

재산상 이익의 취득이 인정되지 아니하는 사례
- 입주자대표회의 회장이 지출결의서에 날인을 거부함으로써 아파트 입주자들에게 그 연체료를 부담시킨 사안에서, 열 사용요금 납부 연체로 인하여 발생한 연체료는 금전채무 불이행으로 인한 손해배상에 해당하므로, 공급업체가 연체료를 지급받았다는 사실만으로 공급업체가 그에 해당하는 재산상의 이익을 취득하게 된 것으로 단정하기 어렵고, 나아가 공급업체가 열 사용요금 연체로 인하여 실제로는 아무런 손해를 입지 않았거나 연체료 액수보다 적은 손해를 입었다는 등의 특별한 사정이 인정되는 경우에 한하여 비로소 연체료 내지 연체료 금액에서 실제 손해액을 공제한 차액에 해당하는 재산상의 이익을 취득한 것으로 볼 수 있을 뿐이라는 이유로, 공급업체가 연체료 상당의 재산상 이익을 취득한 것으로 보아 업무상 배임죄의 성립을 인정한 원심판결을 파기한 사례(대판 2009.6.25. 2008도3792)
- 갑 새마을금고 임원인 피고인이 새마을금고의 여유자금 운용에 관한 규정을 위반하여 금융기관으로부터 원금 손실의 위험이 있는 금융상품을 매입함으로써 갑 금고에 액수 불상의 재산상 손해를 가하고 금융기관에 수수료 상당의 재산상 이익을 취득하게 한 경우, 피고인의 임무위배행위로 갑 금고에 액수 불상의 재산상 손해가 발생하였더라도 금융기관이 취득한 수수료 상당의 이익을 그와 관련성 있는 재산상 이익이라고 인정할 수 없고, 또한 위 수수료 상당의 이익은 배임죄에서의 재산상 이익에 해당한다고 볼 수도 없다(대판 2021.11.25. 2016도3452).

④ 착수·기수시기 : 배임죄는 배임행위를 개시하는 때 실행의 착수가 인정되고, 재산상의 손해가 발생한 때 기수가 된다. 손해액이 불확정하거나 후에 손해가 전보되어도 범죄의 성립에는 영향이 없다(대판 1986.8.19. 86도584).

[1] 형법 제355조 제2항의 배임죄 또는 형법 제356조의 업무상배임죄는 임무에 위배되는 행위로 재산상 이익을 취득하거나 제3자로 하여금 취득하게 하여 본인에게 손해를 가한 때에 성립하는 범죄인데, 이때 본인에게 재산상의 손해를 가한 것이란 본인의 전체적 재산가치가 감소됨을 가리키는 것으로서 본인에게 현실적인 손해를 입힌 경우뿐만 아니라 재산상 실해 발생의 위험을 초래한 경우도 포함한다. 그리고 위와 같은 재산상 손해의 유무는 법률적 판단에 의하지 아니하고 경제적 관점에서 파악하여야 하나, 회사의 대표이사가 회사 명의로 체결한 계약이 관련 법령이나 정관에 위배되어 법률상 효력이 없는 경우에는 그로 인하여 회사가 계약 상대방에게 민법상 불법행위책임을 부담하게 되는 등 특별한 사정이 없는 한 계약의 체결행위만으로 회사에 현실적인 손해가 발생하거나 재산상 실해 발생의 위험이 초래되었다고 할 수 없어서, 그것만으로 배임죄 구성요건이 모두 충족되어 범행이 기수에 이르렀거나 범행이 종료되었다고 볼 수 없다.
[2] 甲 주식회사 대표이사인 피고인이 주주총회 의사록을 허위로 작성하고 이를 근거로 피고인을 비롯한 임직원들과 주식매수선택권부여계약을 체결함으로써 甲 회사에 재산상 손해를 가하였다고 하며 특정경제범죄 가중처벌 등에 관한 법률 위반(배임)으로 기소된 사안에서, 상법과 정관에 위배되어 법률상 무효인 계약을 체결한 것만으로는 업무상배임죄 구성요건이 완성되거나 범행이 종료되었다고 볼 수 없고, 임직원들이 이후 계약에 기초하여 甲 회사에 주식매수선택권을 행사하고, 피고인이 이에 호응하여 주식의 실질가치에 미달하는 금액만을 받고 신주를 발행해 줌으로써 비로소 甲 회사에 현실적 손해가 발생하거나 그러한 실해 발생의 위험이 초래되었다고 볼 수 있으므로, 피고인에 대한 업무상배임죄는 피고인이 의도한 배임행위가 모두 실행된 때로서 최종적으로 주식매수선택권이 행사되고 그에 따라 신주가 발행된 시점에 종료되었다고 보아야 하는데도, 이와 달리 계약을 체결한 시점에 범행이 종료되었음을 전제로 공소시효가 완성되었다고 보아 면소를 선고한 원심판결에는 법리오해의 위법이 있다고 한 사례(대판 2011.11.24. 2010도11394).

(2) 주관적 구성요건

1) 고 의

배임죄는 고의범이므로 타인의 사무처리자로서 배임행위를 하여 자기 또는 제3자가 재산상 이익을 취득하고 본인에게 손해를 가한다는 점에 대한 인식과 의사가 있어야 한다.

경영상판단과 관련한 배임의 고의 인정 여부에 대한 사례
- 경영상의 판단과 관련하여 기업의 경영자에게 배임의 고의가 있었는지 여부를 판단함에 있어서도 일반적인 업무상배임죄에 있어서 고의의 입증방법과 마찬가지의 법리가 적용되어야 함은 물론이지만, 현행형법상의 배임죄가 위태범이라는 법리를 부인할 수 없다 할지라도, 문제된 경영상의 판단에 이르게 된 경위와 동기, 판단대상인 사업의 내용, 기업이 처한 경제적 상황, 손실발생의 개연성과 이익획득의 개연성 등 제반 사정에 비추어 자기 또는 제3자가 재산상 이익을 취득한다는 인식과 본인에게 손해를 가한다는 인식(미필적 인식을 포함)하의 의도적 행위임이 인정되는 경우에 한하여 배임죄의 고의를 인정하는 엄격한 해석기준은 유지되어야 할 것이고, 그러한 인식이 없는데 단순히 본인에게 손해가 발생하였다는 결과만으로 책임을 묻거나 주의의무를 소홀히 한 과실이 있다는 이유로 책임을 물을 수는 없다(대판 2019.6.13. 2018도20655).

> 기업집단의 공동목표에 따른 공동이익의 추구가 사실적, 경제적으로 중요한 의미를 갖는 경우라도 기업집단을 구성하는 개별 계열회사는 별도의 독립된 법인격을 가지고 있는 주체로서 각자의 채권자나 주주 등 다수의 이해관계인이 관여되어 있고, 사안에 따라서는 기업집단의 공동이익과 상반되는 계열회사의 고유이익이 있을 수 있다. 이와 같이 동일한 기업집단에 속한 계열회사 사이의 지원행위가 기업집단의 차원에서 계열회사들의 공동이익을 위한 것이라 하더라도 지원 계열회사의 재산상 손해의 위험을 수반하는 경우가 있으므로, 기업집단 내 계열회사 사이의 지원행위가 합리적인 경영판단의 재량 범위 내에서 행하여졌는지는 신중하게 판단하여야 한다. 계열회사 사이의 지원행위가 합리적인 경영판단의 재량 범위 내에서 행하여진 것이라고 인정된다면 이러한 행위는 본인에게 손해를 가한다는 인식하의 의도적 행위라고 인정하기 어렵다(대판 2017.11.9. 2015도12633).

2) 불법이득의사

배임죄는 이득죄이므로 자기 또는 제3자로 하여금 재산상의 이익을 취득하게 하려는 의사가 있어야 한다. 본인에게 손해를 가할 목적은 요하지 아니한다.

3. 공범

배임죄의 실행으로 인하여 이익을 얻게 되는 수익자 또는 그와 밀접한 관련이 있는 제3자는 배임행위를 교사하거나 그 배임행위의 전 과정에 관여하는 등으로 배임행위에 적극가담한 경우에 한하여 배임죄의 공동정범이나 교사범이 성립할 수 있다(대판 2009.9.10. 2009도5630). 따라서 단순히 정범의 행위가 배임행위에 해당한다는 점을 알고 거래에 임하였을 경우에는 배임죄의 공범이 성립할 수 없다고 해야 한다.

> **1. 배임죄의 공범이 성립하는 사례**
> - 피고인 甲이 피고인 乙의 자금 지원 등을 통해 丙 주식회사를 인수한 다음 피고인 乙의 적극적인 요구에 따라 丙 회사로 하여금 별다른 반대급부도 받지 않고 丁 주식회사의 피고인 乙에 대한 금전채무와 그 담보 목적으로 丁 회사가 발행한 약속어음채무를 연대보증하도록 하였는데, 피고인 甲은 그 후 피고인 乙이 위 연대보증에 기초하여 강제집행을 할 때 丙 회사가 아무런 이의를 제기하지 않기로 하는 약정(이하 '이의부제기약정')을 피고인 乙과 체결하여 피고인 乙이 丙 회사로부터 약속어음금을 추심하도록 함으로써 丙 회사에 손해를 입게 한 사안에서, 피고인 甲이 丙 회사의 대표이사로서 회사 재산을 성실히 관리하고 보전해야 할 업무상 임무가 있는데도 채권자인 피고인 乙의 요구를 거절하지 못하고 별다른 반대급부도 받지 않은 채 연대보증 및 이의부제기 약정 등을 함으로써 피고인 乙에게 약속어음금 상당의 재산상 이익을 취득하게 하고 丙 회사에 손해를 입게 한 것은 배임행위에 해당하고, 피고인 乙도 피고인 甲의 배임행위 전 과정에 적극적으로 가담한 이상 배임죄의 공동정범에 해당하며, 위 배임행위는 대표권남용에 의한 연대보증의 채무부담행위뿐만 아니라 나아가 강제집행 과정에서 이의부제기약정의 체결을 통하여 피고인 乙이 약속어음금을 추심하도록 함으로써 직접적으로 丙 회사가 추심금 상당의 현실적인 손해를 입게 된 일련의 행위를 모두 포함하는 것으로서, 피고인들의 위와 같은 배임행위가 직접적인 원인이 되어 丙 회사가 현실적인 손해를 입은 이상 배임행위의 무효 여부와는 관계없이 배임죄의 죄책을 진다고 본 원심판단을 수긍한 사례(대판 2013.4.11. 2012도15890).

- 주식회사의 임원이나 회계책임자가 당해 회사의 주식을 매수하여 대주주가 되려고 하는 자에게 미리 대주주대여금 명목으로 회사자금을 교부하여 그 돈으로 주식매수대금을 지급하게 하는 행위는 대주주가 되려는 자의 개인적인 이익을 도모하고 회사의 부실을 초래하는 것으로서, 그 대여행위가 회사의 이익을 위한 것임이 명백하고 회사 내부의 정상적인 의사결정절차를 거쳤으며 그로 인하여 회사의 자금운용에 아무런 어려움이 발생하지 않을 뿐만 아니라 대여금 회수를 위한 충분한 담보도 확보되어 있다는 등의 특별한 사정이 없는 한 업무상배임죄(경우에 따라서는 업무상횡령죄)에 해당하고, 또 그와 같은 방법으로 회사의 대주주가 된 자가 회사 임원 등의 배임행위를 교사하거나 배임행위의 전 과정에 관여하는 등으로 적극 가담한 경우에는 업무상배임죄의 공동정범이 된다(대판 2007.2.8. 2006도483).

2. **배임죄의 공범이 성립하지 아니하는 사례**
수분양권 매매계약과 관련하여 제2매수인이 매수 당시에는 이중매매 사실을 몰랐으나 나중에 그 사실을 알고 매도인을 상대로 소송을 제기하던 중 오히려 매도인과 약정을 맺고 그의 도움으로 승소판결을 받고 분양권에 대한 소유권이전등기까지 마친 경우, 제2매수인의 민사상 권리 행사가 매도인의 배임행위를 교사하거나 전 과정에 관여하는 등 배임행위에 적극 가담한 경우에 해당한다고 볼 수 없으므로 배임죄의 공동정범은 성립하지 아니한다(대판 2009.9.10. 2009도5630).

4. 죄수 및 타죄와의 관계

(1) 죄 수

배임죄는 배신성을 본질로 하므로 배임행위로 인하여 깨어진 신임관계의 수를 기준으로 한다.

> **1인 회사의 주주가 회사재산을 반복적으로 담보로 제공한 경우의 죄책**
> [1] 회사의 대표이사는 이사회 또는 주주총회의 결의가 있더라도 그 결의내용이 회사 채권자를 해하는 불법한 목적이 있는 경우에는 이에 맹종할 것이 아니라 회사를 위하여 성실한 직무수행을 할 의무가 있으므로 대표이사가 임무에 배임하는 행위를 함으로써 주주 또는 회사 채권자에게 손해가 될 행위를 하였다면 그 회사의 이사회 또는 주주총회의 결의가 있었다고 하여 그 배임행위가 정당화될 수는 없다.
> [2] 배임죄는 재산상 이익을 객체로 하는 범죄이므로, 1인 회사의 주주가 자신의 개인채무를 담보하기 위하여 회사 소유의 부동산에 대하여 근저당권설정등기를 마쳐 주어 배임죄가 성립한 이후에 그 부동산에 대하여 새로운 담보권[가등기담보권(註)]을 설정해 주는 행위는 선순위 근저당권의 담보가치를 공제한 나머지 담보가치 상당의 재산상 이익을 침해하는 행위로서 별도의 배임죄가 성립한다.
> [3] 거래상대방의 대향적 행위의 존재를 필요로 하는 유형의 배임죄에 있어서 거래상대방으로서는 기본적으로 배임행위의 실행행위자와는 별개의 이해관계를 가지고 반대편에서 독자적으로 거래에 임한다는 점을 감안할 때, 거래상대방이 배임행위를 교사하거나 그 배임행위의 전 과정에 관여하는 등으로 배임행위에 적극가담함으로써 그 실행행위자와의 계약이 반사회적 법률행위에 해당하여 무효로 되는 경우 배임죄의 교사범 또는 공동정범이 될 수 있음은 별론으로 하고, 관여의 정도가 거기에까지 이르지 아니하여 법질서 전체적인 관점에서 살펴볼 때 사회적 상당성을 갖춘 경우에 있어서는 비록 정범의 행위가 배임행위에 해당한다는 점을 알고 거래에 임하였다는 사정이 있어 외견상 방조행위로 평가될 수 있는 행위가 있었다 할지라도 범죄를 구성할 정도의 위법성은 없다고 봄이 상당하다.

[4] 1인 회사의 주주가 개인적 거래에 수반하여 법인 소유의 부동산을 담보로 제공한다는 사정을 거래상 대방이 알면서 가등기의 설정을 요구하고 그 가등기를 경료받은 사안에서, 거래상대방이 배임행위의 방조범에 해당한다고 한 원심판결을 파기한 사례(대판 2005.10.28. 2005도4915)[109]

(2) 타죄와의 관계

1) 사기죄와의 관계

타인의 사무를 처리하는 자가 본인을 기망하여 재산상의 이익을 취득한 경우, 배임죄 외에 사기죄도 성립하며 양 죄의 관계에 따라 상상적 경합이나 실체적 경합이 성립한다.

1. **상상적 경합이 성립하는 사례**

   업무상배임죄와 사기죄는 그 구성요건을 달리하는 별개의 범죄이고 형법상으로도 각각 별개의 장(章)에 규정되어 있어, 1개의 행위에 관하여 사기죄와 업무상배임죄의 각 구성요건이 모두 구비된 때에는 양 죄를 법조경합 관계로 볼 것이 아니라 상상적 경합관계로 봄이 상당하다 할 것이고, 나아가 업무상배임죄가 아닌 단순배임죄라고 하여 양 죄의 관계를 달리 보아야 할 이유도 없다(대판 2002.7.18. 2002도669[전합]).

2. **실체적 경합이 성립하는 사례**

   피고인이 이 사건 각 건물에 관하여 전세임대차계약을 체결할 권한이 없음에도 임차인들을 속이고 전세임대차계약을 체결하여 그 임차인들로부터 전세보증금 명목으로 돈을 교부받은 행위는 건물주인 공소외인이 민사적으로 임차인들에게 전세보증금반환채무를 부담하는지 여부와 관계없이 사기죄에 해당하고, 이 사건 각 건물에 관하여 전세임대차계약이 아닌 월세임대차계약을 체결하여야 할 업무상 임무를 위반하여 전세임대차계약을 체결하여 그 건물주인 피해자 공소외인으로 하여금 전세보증금반환채무를 부담하게 한 경우, 사기죄와 별도로 업무상배임죄에 해당하고 각 죄는 서로 구성요건 및 그 행위의 태양과 보호법익을 달리하고 있어 실체적 경합범의 관계에 있다고 할 것이다(대판 2010.11.11. 2010도10690).

3. **사기죄만 성립하는 사례**

   [1] 외형상으로는 공소사실의 기초가 되는 피고인의 일련의 행위가 여러 개의 범죄에 해당되는 것 같지만 그 일련의 행위가 합쳐져서 하나의 사회적 사실관계를 구성하는 경우에 그에 대한 법률적 평가는 하나밖에 성립되지 않는 관계, 즉 일방의 범죄가 성립되는 때에는 타방의 범죄는 성립할 수 없고, 일방의 범죄가 무죄로 될 경우에만 타방의 범죄가 성립할 수 있는 비양립적인 관계가 있을 수 있다.

   [2] 아파트 소유권자인 피고인이 가등기권리자 갑에게 아파트에 관한 소유권이전청구권가등기를 말소해 주면 대출은행을 변경한 후 곧바로 다시 가등기를 설정해 주겠다고 속여 가등기를 말소하게 하여 재산상 이익을 편취하고, 가등기를 회복해 줄 임무에 위배하여 아파트에 제3자 명의로 근저당권 및 전세권설정등기를 마침으로써 갑에게 손해를 가하였다고 하여 사기 및 배임으로 기소된 경우, 사기죄를 인정하는 이상 비양립적 관계에 있는 배임죄는 별도로 성립하지 않는다(대판 2017.2.15. 2016도15226).

---

109) 1인 회사의 주주는 회사 소유의 부동산에 대하여 근저당권설정등기를 마쳐 줌으로써 배임죄가 성립하고, 거래상대방에게 가등기를 경료한 때 별개의 배임죄가 성립하여 양자는 실체적 경합관계에 있게 된다.

2) 장물죄와의 관계

재산범죄에 제공된 물건은 장물이라고 할 수 없으므로 배임행위에 제공된 재물은 이를 취득하더라도 장물죄는 성립할 여지가 없다.

3) 횡령죄와의 관계

횡령죄는 재물죄이고 배임죄는 이득죄로서 객체에 의하여만 구별되는 특별법과 일반법의 관계에 있으므로 횡령죄가 성립하는 경우 배임죄는 별도로 성립하지 아니한다.

---

1. 불가벌적 사후행위에 해당하는 사례

甲 주식회사 대표이사인 피고인이 자신의 채권자 乙에게 차용금에 대한 담보로 甲 회사 명의 정기예금에 질권을 설정하여 주었는데, 그 후 乙이 차용금과 정기예금의 변제기가 모두 도래한 이후 피고인의 동의하에 정기예금 계좌에 입금되어 있던 甲 회사 자금을 전액 인출한 경우, 민법 제353조에 의하면 질권자는 질권의 목적이 된 채권을 직접 청구할 수 있으므로, 피고인의 예금인출동의행위는 이미 배임행위로써 이루어진 질권설정행위의 사후조처에 불과하여 새로운 법익의 침해를 수반하지 않는 이른바 불가벌적 사후행위에 해당하고, 별도의 횡령죄를 구성하지 않는다(대판 2012.11.29. 2012도10980).

2. 불가벌적 사후행위에 해당하지 아니하는 사례

- [1] 배임죄와 횡령죄의 구성요건적 차이에 비추어 보면, 회사에 대한 관계에서 타인의 사무를 처리하는 자가 임무에 위배하여 회사로 하여금 자신의 채무에 관하여 연대보증채무를 부담하게 한 다음, 회사의 금전을 보관하는 자의 지위에서 회사의 이익이 아닌 자신의 채무를 변제하려는 의사로 회사의 자금을 자기의 소유인 경우와 같이 임의로 인출한 후 개인채무의 변제에 사용한 행위는, 연대보증채무 부담으로 인한 배임죄와 다른 새로운 보호법익을 침해하는 것으로서 배임 범행의 불가벌적 사후행위가 되는 것이 아니라 별죄인 횡령죄를 구성한다고 보아야 하며, 횡령행위로 인출한 자금이 선행 임무위배행위로 인하여 회사가 부담하게 된 연대보증채무의 변제에 사용되었다 하더라도 달리 볼 것은 아니다.
  [2] 甲 주식회사의 대표이사와 실질적 운영자인 피고인들이 공모하여, 자신들이 乙에 대해 부담하는 개인채무 지급을 위하여 甲 회사로 하여금 약속어음을 공동발행하게 하고 위 채무에 대하여 연대보증하게 한 후에 甲 회사를 위하여 보관 중인 돈을 임의로 인출하여 乙에게 지급하여 위 채무를 변제한 사안에서, 피고인들에게 배임죄와 별도로 횡령죄를 인정한 원심판단을 정당하다고 한 사례(대판 2011.4.14. 2011도277).
- 회사에 대한 관계에서 타인의 사무를 처리하는 자가 임무에 위배하는 행위로써 회사로 하여금 회사가 펀드 운영사에 지급하여야 할 펀드출자금을 정해진 시점보다 선지급하도록 하여 배임죄를 범한 다음, 그와 같이 선지급된 펀드출자금을 보관하는 자와 공모하여 펀드출자금을 임의로 인출한 후 자신의 투자금으로 사용하기 위하여 임의로 송금하도록 한 행위는 펀드출자금 선지급으로 인한 배임죄와는 다른 새로운 보호법익을 침해하는 행위로서 배임 범행의 불가벌적 사후행위가 되는 것이 아니라 별죄로서 횡령죄를 구성한다고 보아야 한다(대판 2014.12.11. 2014도10036).

5. 이중매매와 이중저당의 형사책임

(1) 부동산의 이중매매

1) 의 의

부동산의 소유자가 소유권이전의 의사로 제1매수인에게 부동산을 매도하는 계약을 체결하고 등기를 경료하지 아니한 상태에서 다시 제2매수인과 매매계약을 체결하고 제2매수인에게 소유권이전등기를 경료한 경우를 말한다.

2) 문제점

민법은 부동산 물권변동에 관하여 형식주의를 취하고 있어 매도인이 제1매수인과 매매계약을 체결하였더라도 부동산의 소유권은 여전히 매도인에게 속하므로 매도인이 다시 제2매수인에게 부동산을 매도하였더라도 횡령죄는 성립하지 아니하고, 제2매수인은 유효하게 부동산의 소유권을 취득할 수 있으므로 매도인에게 처음부터 이중매매의 의도가 없는 한 제2매수인을 기망한 것을 이유로 한 사기죄도 성립할 여지가 없다. 그러므로 이중매매의 형사책임과 관련하여는 매도인의 배임죄의 성립 여부의 문제로 귀결된다.

3) 매도인의 형사책임

① **매도인의 의무** : 매도인의 제1매수인에 대한 등기협력의무는 제1매수인의 재산보호를 본질적인 내용으로 하는 타인의 사무가 되므로 그 범위 내에서 매도인은 타인의 사무를 처리하는 자로서 배임죄의 주체가 된다.

② **등기협력의무의 발생시기**

㉠ 계약금만 수령한 경우 : 매도인이 계약금만 수령한 경우에는 민법 제565조에 의하여 언제든지 계약금의 배액을 지급하고 매매계약을 해제할 수 있으므로 매도인의 목적부동산에 대한 사무는 자기의 사무가 되어 매도인이 이중매매를 하더라도 배임죄는 성립하지 아니한다(대판 2020.5.14. 2019도16228).

㉡ 중도금 또는 잔금을 수령한 경우 : 매도인이 중도금 또는 잔금을 수령한 경우 제1매수인이 매매계약의 이행에 착수한 것이 되어 매도인은 임의로 매매계약을 해제할 수 없으므로 매도인은 제1매수인에 대하여 등기협력의무를 부담하여 타인의 사무를 처리하는 자가 된다(대판 2020.5.14. 2019도16228).

㉢ 매매계약이 무효·취소·해제된 경우나 중도금이 지급되었을지라도 매도인에게 해제권이 유보된 경우에는 배임죄는 성립하지 아니한다.

1. 배임죄가 성립하는 사례

- 부동산 매매계약에서 계약금만 지급된 단계에서는 어느 당사자나 계약금을 포기하거나 그 배액을 상환함으로써 자유롭게 계약의 구속력에서 벗어날 수 있다. 그러나 중도금이 지급되는 등 계약이 본격적으로 이행되는 단계에 이른 때에는 계약이 취소되거나 해제되지 않는 한 매도인은 매수인에게 부동산의 소유권을 이전해 줄 의무에서 벗어날 수 없다. 따라서 이러한 단계에 이른 때에 매도인은 매수인에 대하여 매수인의 재산보전에 협력하여 재산적 이익을 보호·관리할 신임관계에 있게 된다. 그때부터 매도인은 배임죄에서 말하는 '타인의 사무를 처리하는 자'에 해당한다고 보아야 한다. 그러한 지위에 있는 매도인이 매수인에게 계약 내용에 따라 부동산의 소유권을 이전해 주기 전에 그 부동산을 제3자에게 처분하고 제3자 앞으로 그 처분에 따른 등기를 마쳐 준 행위는 매수인의 부동산 취득 또는 보전에 지장을 초래하는 행위이다. 이는 매수인과의 신임관계를 저버리는 행위로서 배임죄가 성립한다(대판 2018.5.17. 2017도4027[전합]).
- 중도금이 지급되는 등 계약이 본격적으로 이행되는 단계에 이른 때에는 계약이 취소되거나 해제되지 않는 한 매도인은 매수인에게 부동산의 소유권을 이전해 줄 의무에서 벗어날 수 없다. 따라서 이러한 단계에 이른 때에 매도인은 매수인에 대하여 매수인의 재산보전에 협력하여 재산적 이익을 보호·관리할 신임관계에 있게 된다. 그때부터 매도인은 배임죄에서 말하는 '타인의 사무를 처리하는 자'에 해당한다고 보아야 한다. 그러한 지위에 있는 매도인이 매수인에게 계약 내용에 따라 부동산의 소유권을 이전해 주기 전에 그 부동산을 제3자에게 처분하고 제3자 앞으로 그 처분에 따른 등기를 마쳐 준 행위는 매수인의 부동산 취득 또는 보전에 지장을 초래하는 행위이다. 이는 매수인과의 신임관계를 저버리는 행위로서 배임죄가 성립한다. 그리고 매도인이 매수인에게 순위보전의 효력이 있는 가등기를 마쳐 주었더라도 이는 향후 매수인에게 손해를 회복할 수 있는 방안을 마련하여 준 것일 뿐 그 자체로 물권변동의 효력이 있는 것은 아니어서 매도인으로서는 소유권을 이전하여 줄 의무에서 벗어날 수 없으므로, 그와 같은 가등기로 인하여 매수인의 재산보전에 협력하여 재산적 이익을 보호·관리할 신임관계의 전형적·본질적 내용이 변경된다고 할 수 없다(대판 2020.5.14. 2019도16228).
- [1] 서면으로 부동산 증여의 의사를 표시한 증여자는 계약이 취소되거나 해제되지 않는 한 수증자에게 목적부동산의 소유권을 이전할 의무에서 벗어날 수 없다. 그러한 증여자는 '타인의 사무를 처리하는 자'에 해당하고, 그가 수증자에게 증여계약에 따라 부동산의 소유권을 이전하지 않고 부동산을 제3자에게 처분하여 등기를 하는 행위는 수증자와의 신임관계를 저버리는 행위로서 배임죄가 성립한다.
[2] 피고인이 갑과의 증여계약에 따라 목장용지 중 1/2 지분을 갑에게 증여하고 증여의 의사를 서면으로 표시하였는데 그 후 농업협동조합에서 4,000만원을 대출받으면서 목장용지에 농업협동조합 앞으로 채권최고액 5,200만원의 근저당권설정등기를 마침으로써 피담보채무액 중 1/2 지분에 해당하는 2,000만원의 재산상 이익을 취득하고, 갑에게 같은 금액의 재산상 손해를 입혔다고 하여 배임으로 기소된 사안에서, 피고인이 서면으로 증여의 의사를 표시하였는지에 관하여 심리하지 아니한 채, 서면으로 증여의 의사를 표시한 증여자의 소유권이전등기의무는 증여자 자기의 사무일 뿐이라는 전제에서 공소사실을 무죄로 판단한 원심판결에 배임죄에서 '타인의 사무를 처리하는 자' 등에 관한 법리를 오해하고 필요한 심리를 다하지 않은 잘못이 있다고 한 사례(대판 2018.12.13. 2016도19308).

2. **배임죄가 성립하지 아니하는 사례**
- 부동산 매매업자 甲이 피고인에게서 구 국토의 계획 및 이용에 관한 법률에서 정한 토지거래허가구역 내 토지를 매수하면서, 매수인을 자신이 운영하는 부동산컨설팅 회사 직원 乙 등의 명의로 하고, 소유권이전등기는 甲이 지정하는 자에게 하기로 하는 내용의 토지매매계약을 체결하고 대금을 지급하였는데, 그 후 위 토지가 허가구역 지정에서 해제되자 피고인이 이를 임의로 처분한 경우, 배임죄는 성립하지 아니한다(대판 2011.6.30. 2011도614).
- [1] 부동산을 이중으로 매도한 경우에 매도인이 선매수인에게 소유권이전의무를 이행하였다고 하여 후매수인에 대한 관계에서 그가 임무를 위법하게 위배한 것이라고 할 수 없다.
  [2] 부동산의 이중매매에 있어서 매도인의 선매수인에 대한 매매계약이 특별한 사정에 의하여 선매수인에 대하여 사기죄를 구성하는 경우에도 그 매매계약에 무효의 사유가 있거나 취소되지 않는 한 매도인의 선매수인에 대한 소유권이전의무가 존재하지 아니하거나 소멸할 리가 없다(대판 1992.12.24. 92도1223).

③ **배임행위** : 배임죄의 행위는 임무위배행위를 하여 재산상의 이익을 취득하고 본인에게 손해를 가하는 것이다.

④ **재산상의 이익취득** : 재산상의 이익의 취득이 있어야 한다. 이중매매의 경우 동일한 부동산을 이중매매하였으므로 당연히 재산상의 이익을 인정할 수 있다.

⑤ **착수·기수시기** : 착수시기는 매도인이 제2매수인과 매매계약을 체결하고 중도금을 수령한 때(통설, 판례)이며, 기수시기는 ㉠ 등기부동산인 경우에는 제2매수인에게 소유권이전등기를 경료해 주거나(대판 1984.11.27. 83도1946), 제2매수인에게 소유권이전등기청구권보전의 가등기를 경료해 준 때(대판 2008.7.10. 2008도3766), ㉡ 미등기건축물의 경우에는 인도한 때(대판 2005.10.28. 2005도5713)로 볼 수 있다.

⑥ **선의의 후매수인(제2매수인)에 대한 죄책** : 매도인이 제1매수인에게 소유권이전등기를 경료한 경우, 매도인은 자기의 의무를 이행한 것이므로 제2매수인에게 배임죄의 죄책을 지지는 아니한다. 판례도 같은 취지에서 부동산을 이중으로 매도한 경우에 매도인이 선매수인에게 소유권이전의무를 이행하였다고 하여 후매수인에 대한 관계에서 그가 임무를 위법하게 위배한 것이라고 할 수 없다고(대판 1992.12.24. 92도1223) 판시하고 있다. 다만, 매도인에게 처음부터 제2매수인에게 대하여 금전편취의 목적이 있는 경우에는 사기죄가 성립할 수 있다.

4) **악의의 후매수인의 형사책임**

① **배임죄의 성립 여부** : 매도인의 행위가 피해자 본인[제1매수인(註)]에 대한 배임행위에 해당한다는 점을 인식한 상태에서 배임의 의도가 전혀 없었던 매도인에게 배임행위를 교사하거나 또는 배임행위의 전 과정에 관여하는 등으로 배임행위에 적극 가담한 경우에 한하여 매도인에 대한 공동정범으로 인정할 수 있다(대판 2016.10.13. 2014도17211).

1. **배임죄의 공동정범이 성립하는 사례**
점포의 임차인이 임대인이 그 점포를 타에 매도한 사실을 알고 있으면서 점포의 임대차 계약 당시 "타인에게 점포를 매도할 경우 우선적으로 임차인에게 매도한다"는 특약을 구실로 임차인이 매매대금을 일방적으로 결정하여 공탁하고 임대인과 공모하여 임차인 명의로 소유권이전등기를 경료하였다면 임대인의 배임행위에 적극가담한 것으로서 배임죄의 공동정범에 해당한다(대판 1983.7.12. 82도180).

2. 배임죄의 공동정범이 성립하지 아니하는 사례

- [1] 거래상대방의 대향적 행위의 존재를 필요로 하는 유형의 배임죄에서 거래상대방은 기본적으로 배임행위의 실행행위자와 별개의 이해관계를 가지고 반대편에서 독자적으로 거래에 임한다는 점을 고려하면, 업무상배임죄의 실행으로 이익을 얻게 되는 수익자는 배임죄의 공범이라고 볼 수 없는 것이 원칙이고, 실행행위자의 행위가 피해자 본인에 대한 배임행위에 해당한다는 점을 인식한 상태에서 배임의 의도가 전혀 없었던 실행행위자에게 배임행위를 교사하거나 또는 배임행위의 전 과정에 관여하는 등으로 배임행위에 적극 가담한 경우에 한하여 배임의 실행행위자에 대한 공동정범으로 인정할 수 있다.
    [2] 피고인 2가 이 사건 특허권이 피고인 1의 소유가 아니라는 사정을 알 수 있었던 상황에서 피고인 1에게 특허권을 이전하라고 제의하였다고 하더라도, 배임행위의 실행행위자인 피고인 1과는 별개의 이해관계를 가지고 대향적 지위에서 독자적으로 거래하면서 자신의 이익을 위하여 이 사건 특허권을 이전받은 것으로 보이고, 원심이 든 사정만으로 피고인 2가 배임의 의사가 없었던 피고인 1에게 배임의 결의를 하게 하여 교사하였다거나 배임행위의 전 과정에 관여하는 등 배임행위에 적극 가담하였다고 단정하기 어렵다(대판 2016.10.13. 2014도17211).

- [1] 업무상 배임죄의 실행으로 인하여 이익을 얻게 되는 수익자 또는 그와 밀접한 관련이 있는 제3자를 배임의 실행행위자에 대한 공동정범으로 인정하기 위하여는, 우선 실행행위자의 행위가 피해자 본인에 대한 배임행위에 해당한다는 점을 인식하였어야 한다. 나아가 실행행위자의 배임행위를 교사하거나 또는 배임행위의 전 과정에 관여하는 등으로 배임행위에 적극 가담할 것을 필요로 한다.
    [2] 수분양권 매매계약과 관련하여 제2매수인이 매수 당시에는 이중매매 사실을 몰랐으나 나중에 그 사실을 알고 매도인을 상대로 소송을 제기하던 중 오히려 매도인과 약정을 맺고 그의 도움으로 승소판결을 받고 분양권에 대한 소유권이전등기까지 마친 사안에서, 제2매수인의 민사상 권리 행사가 매도인의 배임행위를 교사하거나 전 과정에 관여하는 등 배임행위에 적극 가담한 경우에 해당한다고 볼 수 없다는 이유로, 배임죄의 공동정범의 성립을 부정한 사례(대판 2009.9.10. 2009도5630).

② **장물취득죄의 성립 여부** : 이중매매에 제공된 부동산은 재산범죄로 인하여 영득한 재물이 아니라 재산범죄에 제공된 재물에 불과하므로 장물취득죄는 성립하지 아니한다(대판 1975.12.9. 74도2804).

5) 대물변제약정의 목적물인 부동산에 대한 채무자의 처분

[1] 채무자가 채권자에 대하여 소비대차 등으로 인한 채무를 부담하고 이를 담보하기 위하여 장래에 부동산의 소유권을 이전하기로 하는 내용의 대물변제예약에서, 약정의 내용에 좇은 이행을 하여야 할 채무는 특별한 사정이 없는 한 '자기의 사무'에 해당하는 것이 원칙이다. 대물변제예약의 궁극적 목적은 차용금반환채무의 이행 확보에 있고, 채무자가 대물변제예약에 따라 부동산에 관한 소유권이전등기절차를 이행할 의무는 궁극적 목적을 달성하기 위해 채무자에게 요구되는 부수적 내용이어서 이를 가지고 배임죄에서 말하는 신임관계에 기초하여 채권자의 재산을 보호 또는 관리하여야 하는 '타인의 사무'에 해당한다고 볼 수는 없다. 그러므로 채권 담보를 위한 대물변제예약 사안에서 채무자가 대물로 변제하기로 한 부동산을 제3자에게 처분하였다고 하더라도 형법상 배임죄가 성립하는 것은 아니다.

[2] 채무자인 피고인이 채권자 甲에게 차용금을 변제하지 못할 경우 자신의 어머니 소유 부동산에 대한 유증상속분을 대물변제하기로 약정한 후 유증을 원인으로 위 부동산에 관한 소유권이전등기를 마쳤음에도 이를 제3자에게 매도함으로써 甲에게 손해를 입혔다고 하여 배임으로 기소된 사안에서, 피고인이 대물변제예약에 따라 甲에게 부동산의 소유권이전등기를 마쳐 줄 의무는 민사상 채무에 불과할 뿐 타인의 사무라고 할 수 없어 피고인이 '타인의 사무를 처리하는 자'의 지위에 있다고 볼 수 없는데도, 피고인이 이에 해당된다고 전제하여 유죄를 인정한 원심판결에 배임죄에서 '타인의 사무를 처리하는 자'의 의미에 관한 법리오해의 위법이 있다고 한 사례(대판 2014.8.21. 2014도3363[전합])

(2) 동산의 이중매매

1) 현실의 인도(또는 간이인도)의 경우

① **문제점** : 매도인이 동산을 제1매수인에게 매도하고 중도금을 수령한 후 인도 또는 간이인도 전에 다시 제2매수인에게 이중으로 인도한 경우, 매도인의 죄책이 문제된다.

② **학설** : 동산매매계약의 내용에 따라 동산을 제1매수인에게 인도할 채무는 자기의 사무이므로 배임죄가 성립하지 아니한다는 견해와 제1매수인의 동산에 대한 소유권취득에 협력할 의무는 자기의 사무이자 타인의 사무이지만 타인인 제1매수인의 소유권취득을 위한 사무가 신임관계의 전형적·본질적인 내용을 이루므로 동산의 이중매매는 배임죄를 구성한다는 견해(통설)가 대립하고 있다.

③ **판례** : 판례는 매매의 목적물이 동산일 경우, 매도인에게 자기의 사무인 동산인도채무 외에 별도로 매수인의 재산의 보호 내지 관리 행위에 협력할 의무가 있다고 할 수 없어, 동산매매계약에서의 매도인은 매수인에 대하여 그의 사무를 처리하는 지위에 있지 아니하므로, 매도인이 목적물을 매수인에게 인도하지 아니하고 이를 타에 처분하였다 하더라도 형법상 배임죄가 성립하는 것은 아니라고(대판 2011.1.20. 2008도10479[전합]) 판시하고 있다.

④ **검토** : 생각건대 매도인에게 자기의 사무인 동산인도채무 이외에 별도의 의무가 인정되는 것은 아니어서 매도인은 매수인의 사무를 처리하는 자라고 할 수 없으므로 배임죄는 성립하지 아니하는 것으로 이해하는 것이 타당하다고 판단된다.

[1] 매매의 목적물이 동산일 경우, 매도인은 매수인에게 계약에 정한 바에 따라 그 목적물인 동산을 인도함으로써 계약의 이행을 완료하게 되고 그때 매수인은 매매목적물에 대한 권리를 취득하게 되는 것이므로, 매도인에게 자기의 사무인 동산인도채무 외에 별도로 매수인의 재산의 보호 내지 관리 행위에 협력할 의무가 있다고 할 수 없다. 동산매매계약에서의 매도인은 매수인에 대하여 그의 사무를 처리하는 지위에 있지 아니하므로, 매도인이 목적물을 매수인에게 인도하지 아니하고 이를 타에 처분하였다 하더라도 형법상 배임죄가 성립하는 것은 아니다.
[2] 피고인이 '인쇄기'를 甲에게 양도하기로 하고 계약금 및 중도금을 수령하였음에도 이를 자신의 채권자 乙에게 기존 채무 변제에 갈음하여 양도함으로써 재산상 이익을 취득하고 甲에게 동액 상당의 손해를 입혔다는 배임의 공소사실에 대하여, 이를 무죄로 선고한 원심판단을 수긍한 사례(대판 2011.1.20. 2008도10479[전합])

2) 점유개정의 경우

예를 들어 甲이 乙에게 동산을 매각하고 점유개정에 의해 인도 후 丙에게 다시 매각하고 인도한 경우에는 횡령죄가 성립한다(통설).

3) 반환청구권의 양도에 의한 인도의 경우

예를 들어 甲이 乙에게 반환청구권의 양도에 의한 인도를 하고 점유매개자 丙에게 통지를 하기 전에 다시 丁에게 반환청구권을 양도한 경우에는 자기가 점유하는 타인의 재물을 처분한 것이므로 횡령죄가 성립한다(통설).

(3) 권리의 이중양도

권리의 이중양도에 의한 배임죄의 성립 여부에 대한 사례

1. 배임죄가 성립하는 사례

1) 토석채취권·주류면허제조권의 이중양도
- 토석채취권을 매도한 자는 그 매수인에게 그들이 토석을 채취할 수 있도록 그에 필요한 서류를 넘겨주어 위 허가를 받는데 협력하여야 할 의무가 있으므로 위 임무에 위배하여 타인에게 토석채취권을 양도하고 소요서류를 교부하여 토석채취허가를 취득케 한 경우에는 배임죄가 성립하고, 가사 그 후에 타인이 그 토석채취권을 포기하고 토석채취를 하지 않았다고 하더라도 이미 성립한 배임죄에는 아무런 소장이 없다(대판 1979.7.10. 79도961).
- 피고인이 소외 공동매수인들과 간에 소위 주류제조면허권에 관한 양도 계약을 체결하고 그 대가를 지급받았는데도 공동 매수인 중의 1인인 소외 (갑)과 공모하여 피고인이 (갑)으로부터 윗돈을 받고 그 면허가 위 (갑)의 자인 소외 (을)앞으로 실질적으로 이전될 수 있도록 필요한 제반 협조를 제공키로 하는 한편 이전절차에 필요한 구비서류 일체를 (갑)에게 교부한 경우, 이로써 나머지 공동매수인에 대한 면허 양도인으로서의 협력임무를 다한 것으로 평가할 수는 없다 할 것이므로 배임죄를 구성한다(대판 1984.5.9. 83도3084).

2. 배임죄가 성립하지 아니하는 사례

1) 주식의 이중양도
주권발행 전 주식의 양도는 양도인과 양수인의 의사표시만으로 효력이 발생한다. 그 주식 양수인은 특별한 사정이 없는 한 양도인의 협력을 받을 필요 없이 단독으로 자신이 주식을 양수한 사실을 증명함으로써 회사에 대하여 명의개서를 청구할 수 있다. 따라서 양도인이 양수인으로 하여금 회사 이외의 제3자에게 대항할 수 있도록 확정일자 있는 증서에 의한 양도통지 또는 승낙을 갖추어 주어야 할 채무를 부담한다 하더라도 이는 자기의 사무라고 보아야 하고, 이를 양수인과의 신임관계에 기초하여 양수인의 사무를 맡아 처리하는 것으로 볼 수 없다. 그러므로 주권발행 전 주식에 대한 양도계약에서의 양도인은 양수인에 대하여 그의 사무를 처리하는 지위에 있지 아니하여, 양도인이 위와 같은 제3자에 대한 대항요건을 갖추어 주지 아니하고 이를 타에 처분하였다 하더라도 형법상 배임죄가 성립하는 것은 아니다(대판 2020.6.4. 2015도6057).

> 2) 수분양권의 이중양도
> 수분양권 매매계약의 내용과 그 이행의 정도, 그에 따른 계약의 구속력의 정도, 거래의 관행, 신임관계의 유형과 내용, 신뢰위반의 정도 등을 종합적으로 고려해 보면, 수분양권 매매계약에 따른 당사자관계의 전형적·본질적 내용이 통상의 계약에서의 이익대립관계를 넘어서 그들 사이의 신임관계에 기초하여 타인의 재산을 보호 또는 관리하는 데에 있다고 할 수 없다. 따라서 특별한 사정이 없는 한 수분양권 매도인이 수분양권 매매계약에 따라 매수인에게 수분양권을 이전할 의무는 자신의 사무에 해당할 뿐이므로, 매수인에 대한 관계에서 '타인의 사무를 처리하는 자'라고 할 수 없다. 그러므로 수분양권 매도인이 위와 같은 의무를 이행하지 아니하고 수분양권 또는 이에 근거하여 향후 소유권을 취득하게 될 목적물을 미리 제3자에게 처분하였더라도 형법상 배임죄가 성립하는 것은 아니다(대판 2021.7.8. 2014도12104).
> 3) 임차권의 이중양도
> 양품점의 임차권만의 양도계약을 체결한 경우 양수인에게 그 점포를 명도하여 줄 양도인의 의무는 양도계약에 따른 민사상의 채무에 불과할 뿐 타인의 사무라고 할 수 없으므로 위 점포의 이중양도행위는 배임죄를 구성하지 않는다(대판 1990.9.25. 90도1216).

(4) 동산의 이중양도담보

> **동산의 이중양도담보에 의한 배임죄의 성립 여부에 대한 사례**
> - 채무자가 금전채무를 담보하기 위하여 그 소유의 동산을 채권자에게 동산·채권 등의 담보에 관한 법률(이하 '동산채권담보법')에 따른 동산담보로 제공함으로써 채권자인 동산담보권자에 대하여 담보물의 담보가치를 유지·보전할 의무 또는 담보물을 타에 처분하거나 멸실, 훼손하는 등으로 담보권실행에 지장을 초래하는 행위를 하지 않을 의무를 부담하게 되었더라도, 이를 들어 채무자가 통상의 계약에서의 이익대립관계를 넘어서 채권자와의 신임관계에 기초하여 채권자의 사무를 맡아 처리하는 것으로 볼 수 없다. 따라서 이러한 경우 채무자를 배임죄의 주체인 '타인의 사무를 처리하는 자'에 해당한다고 할 수 없고, 그가 담보물을 제3자에게 처분하는 등으로 담보가치를 감소 또는 상실시켜 채권자의 담보권 실행이나 이를 통한 채권실현에 위험을 초래하더라도 배임죄가 성립하지 아니한다(대판 2020.8.27. 2019도14770[전합]).
> - 채무자가 금전채무를 담보하기 위하여 그 소유의 주식을 채권자에게 양도담보로 제공함으로써 채권자인 양도담보권자에 대하여 담보물의 담보가치를 유지·보전할 의무 내지 담보물을 타에 처분하거나 멸실, 훼손하는 등으로 담보권 실행에 지장을 초래하는 행위를 하지 않을 의무를 부담하게 되었더라도, 이를 들어 채무자가 통상의 계약에서의 이익대립관계를 넘어서 채권자와의 신임관계에 기초하여 채권자의 사무를 맡아 처리하는 것으로 볼 수 없다. 따라서 채무자를 배임죄의 주체인 '타인의 사무를 처리하는 자'에 해당한다고 할 수 없고, 그가 담보물을 제3자에게 처분하는 등으로 담보가치를 감소 또는 상실시켜 채권자의 담보권 실행이나 이를 통한 채권실현에 위험을 초래하더라도 배임죄가 성립한다고 할 수 없다(대판 2020.2.20. 2019도9756[전합]).

(5) 이중저당

1) 의 의

예를 들어 甲이 乙로부터 금전을 차용하고 1번 저당권의 설정을 약정하였으나 아직 등기가 경료되지 않았음을 이유로 다시 丙으로부터 금전을 차용하고 丙에게 1번 저당권을 경료하여 준 경우를 말한다.

2) 저당권설정자의 형사책임

① **학설** : 통설은 채무자(저당권설정자)가 채권자에게 부담하는 저당권설정등기절차에 협력하여야 할 의무는 채권자의 재산보호를 본질적 내용으로 하는 타인의 사무이므로 배임죄가 성립한다고 주장하고 있다.

② **판례** : 판례는 채무자가 채권자에 대하여 부담하는 저당권설정의무를 이행하는 것은 채무자 자신의 사무에 해당할 뿐이므로, 채무자를 채권자에 대한 관계에서 '타인의 사무를 처리하는 자'라고 할 수 없으므로 채무자가 제3자에게 먼저 담보물에 관한 저당권을 설정하거나 담보물을 양도하는 등으로 담보가치를 감소 또는 상실시켜 채권자의 채권실현에 위험을 초래하더라도 배임죄가 성립한다고 할 수 없다고(대판 2020.6.18. 2019도14340[전합]) 판시하고 있다.

③ **검토** : 생각건대 채무자가 채권자에게 부담하는 저당권설정절차에 협력할 의무는 자기의 사무라고 할 것이어서 채무자는 채권자의 사무를 처리하는 자라고 할 수 없으므로 배임죄는 성립하지 아니하는 것으로 이해하는 것이 타당하다고 판단된다.

> [1] 채무자가 금전채무를 담보하기 위한 저당권설정계약에 따라 채권자에게 그 소유의 부동산에 관하여 저당권을 설정할 의무를 부담하게 되었다고 하더라도, 이를 들어 채무자가 통상의 계약에서 이루어지는 이익대립관계를 넘어서 채권자와의 신임관계에 기초하여 채권자의 사무를 맡아 처리하는 것으로 볼 수 없다. 채무자가 저당권설정계약에 따라 채권자에 대하여 부담하는 저당권을 설정할 의무는 계약에 따라 부담하게 된 채무자 자신의 의무이다. 채무자가 위와 같은 의무를 이행하는 것은 채무자 자신의 사무에 해당할 뿐이므로, 채무자를 채권자에 대한 관계에서 '타인의 사무를 처리하는 자'라고 할 수 없다. 따라서 채무자가 제3자에게 먼저 담보물에 관한 저당권을 설정하거나 담보물을 양도하는 등으로 담보가치를 감소 또는 상실시켜 채권자의 채권실현에 위험을 초래하더라도 배임죄가 성립한다고 할 수 없다. 위와 같은 법리는, 채무자가 금전채무에 대한 담보로 부동산에 관하여 양도담보설정계약을 체결하고 이에 따라 채권자에게 소유권이전등기를 해 줄 의무가 있음에도 제3자에게 그 부동산을 처분한 경우에도 적용된다.
> [2] 피고인이 갑으로부터 18억원을 차용하면서 담보로 피고인 소유의 아파트에 갑 명의의 4순위 근저당권을 설정해 주기로 약정하였음에도 제3자에게 채권최고액을 12억원으로 하는 4순위 근저당권을 설정하여 줌으로써 12억 원 상당의 재산상 이익을 취득하고 갑에게 같은 금액 상당의 손해를 가하였다고 하여 특정경제범죄 가중처벌 등에 관한 법률 위반(배임)으로 기소된 사안에서, 위 근저당권설정계약에서 피고인과 갑 사이 당사자 관계의 전형적·본질적 내용은 채무의 변제와 이를 위한 담보에 있고, 피고인을 통상의 계약에서의 이익대립관계를 넘어서 갑과의 신임관계에 기초하여 갑의 사무를 맡아 처리하는 것으로 볼 수 없는 이상 갑에 대한 관계에서 '타인의 사무를 처리하는 자'에 해당한다고 할 수 없다는 이유로, 이와 달리 보아 공소사실을 유죄로 인정한 원심판결에 배임죄에서 '타인의 사무를 처리하는 자'의 의미에 관한 법리오해의 잘못이 있다고 한 사례(대판 2020.6.18. 2019도14340[전합])

III 업무상배임죄

업무상배임죄는 업무상 타인의 사무를 처리하는 자가 그 임무에 위배하는 행위로써 재산상의 이익을 취득하거나 제3자로 하여금 이를 취득하게 하여 본인에게 손해를 가함으로써 성립하는 범죄를 말한다(형법 제356조).

IV 배임수재죄

1. 의 의

배임수재죄는 타인의 사무를 처리하는 자가 그 임무에 관하여 부정한 청탁을 받고 재물 또는 재산상의 이익을 취득하거나 제3자로 하여금 이를 취득하게 함으로써 성립하는 범죄이다(형법 제357조 제1항).

2. 구성요건

(1) 객관적 구성요건

1) 주 체

① 의의 : 부정한 청탁을 받을 당시에 타인의 사무를 처리하는 자이어야 한다. 타인의 사무를 처리하는 자라 함은 타인과의 대내관계에 있어서 신의성실의 원칙에 비추어 그 사무를 처리할 신임관계가 존재한다고 인정되는 자를 의미하고, 반드시 제3자에 대한 대외관계에서 그 사무에 관한 권한이 존재할 것을 요하지 않으며, 또 그 사무가 포괄적 위탁사무일 것을 요하는 것도 아니다. 사무처리의 근거, 즉 신임관계의 발생근거는 법령의 규정, 법률행위, 관습 또는 사무관리에 의하여도 발생할 수 있다(대판 2003.2.26. 2002도6834).

② 사무처리자의 범위 : 본죄는 타인의 사무처리자를 구성적 신분으로 하는 진정신분범이고, 사무를 처리하는 자의 업무성을 불문한다. 타인의 사무를 처리하는 자의 범위는 배임죄의 경우보다 넓어 재산상의 사무에 국한되지 아니한다. 판례에 의하면 은행장, 건설회사 대표이사, 종중회관을 매수하는 사무를 처리하는 자, 보험회사 지부장, 신문사의 지국장, 가요담당 프로듀서, 종합병원의사, 수출면장의 발급신청업무처리자, 감정평가법인의 지점을 독립채산제로 운영하는 자 등도 본죄의 주체가 된다.

> 1. 타인의 사무처리자에 해당 여부에 대한 사례
> 시·도 화물자동차운송사업협회(이하 '지역협회') 대표자인 피고인들이 甲으로부터 전국화물자동차운송사업연합회(이하 '연합회') 회장 선거에서 자신을 지지해달라는 취지의 부정한 청탁을 받고 돈을 수수한 경우, 각 지역협회 대표자가 연합회 총회에서 총회의 구성원이 되어 회장 선출에 관한 선거권 내지 의결권을 행사하는 것은 연합회 회원인 각 지역협회 업무집행기관으로서 권한을 행사하는 것에 불과하므로, 이러한 대표자의 권한행사는 자기의 사무를 처리하는 것이 아니라 타인인 '지역협회'의 사무를 처리하는 것으로 보아야 한다(대판 2011.8.25. 2009도5618).

2. 타인의 사무처리자라는 신분(구성적 신분)의 존재 시기

1) 청탁을 받은 후 신분을 취득한 사례

배임수재죄는 타인의 사무를 처리하는 지위를 가진 자에게 부정한 청탁을 행하여야 성립하는 것으로 형법 제357조 제1항에 규정되어 있고, 타인의 사무를 처리하는 자의 지위를 취득하기 전에 부정한 청탁을 받은 행위를 처벌하는 별도의 구성요건이 존재하지 않는 이상, 타인의 사무처리자의 지위를 취득하기 전에 부정한 청탁을 받은 경우에 배임수재죄로는 처벌할 수 없다고 보는 것이 죄형법정주의의 원칙에 부합한다고 할 것이다(대판 2010.7.22. 2009도12878).

2) 수재시에 신분이 없었던 사례

- 배임수재죄는 타인의 사무를 처리하는 자의 청렴성을 보호법익으로 하는 것으로, 그 임무에 관하여 부정한 청탁을 받고 재물을 수수함으로써 성립하고 반드시 수재 당시에도 그와 관련된 임무를 현실적으로 담당하고 있음을 그 요건으로 하는 것은 아니므로, 타인의 사무를 처리하는 자가 그 임무에 관하여 부정한 청탁을 받은 이상 그 후 사직으로 인하여 그 직무를 담당하지 아니하게 된 상태에서 재물을 수수하게 되었다 하더라도, 그 재물 등의 수수가 부정한 청탁과 관련하여 이루어진 것이라면 배임수재죄가 성립한다(대판 1997.10.24. 97도2042).

- 타인의 사무를 처리하는 자가 그 임무에 관하여 부정한 청탁을 받은 이상 그후 사무분담 변경으로 그 직무를 담당하지 아니하게 된 상태에서 재물을 수수하게 되었다 하더라도 여전히 타인의 사무를 처리하는 지위에 있고, 그 재물등의 수수가 부정한 청탁과 관련하여 이루어진 것이라면 배임수재죄는 성립한다(대판 1987.4.28. 87도414).

2) 객 체

배임수재죄의 객체는 재물과 재산상의 이익이다.

3) 행 위

배임수재의 행위는 임무에 관하여 부정한 청탁을 받고 재물 또는 재산상의 이익을 취득하거나 제3자로 하여금 이를 취득하게 하는 것이다.

① **임무관련성** : '임무에 관하여'란 타인의 사무를 처리하는 자가 위탁받은 사무를 말하는 것이나, 이는 그 위탁관계로 인한 본래의 사무뿐만 아니라 그와 밀접한 관계가 있는 범위 내의 사무도 포함되는 것이며, 나아가 고유의 권한으로서 그 처리를 하는 자에 한하지 않고 그 자의 보조기관으로서 직접 또는 간접으로 그 처리에 관한 사무를 담당하는 자도 포함된다(대판 2006.3.24. 2005도6433).

1. 임무관련성이 인정되는 사례

- 피고인은 서울시당 운영위원회 운영위원장으로서 서울시당 공천심사위원회의 심사 결과에 대한 서울시당 운영위원회의 의결에 참여하는 한편, 서울 중구 당원협의회 운영위원장으로서 공천심사위원회의 후보자 자격심사 절차에서 의견을 개진하는 등의 업무를 담당하는 사실 등을 알 수 있는 바, 이러한 사정들에 비추어 보면 피고인이 위와 같은 각 지위에서 담당하는 업무들은 (정당명 생략)당의 중구청장 후보자 공천 업무 내지 그와 밀접한 관계가 있는 범위 내의 업무라고 볼 것이다 (대판 2007.4.27. 2006도8136).

- 노동조합과는 별개의 사업장 내 단체인 이른바 '현장조직'의 간부가 회사 측으로부터 부정한 청탁을 받고 두 차례에 걸쳐 합계 5,000만원을 받은 경우, 피고인이 노동조합 활동이나 위 현장조직 소속 대의원 내지 교섭위원들에 대하여 사실상의 영향력을 행사하는 것을 단순히 친분관계를 이용하여 평소 알고 지내던 노조원들에게 부탁을 한 것이라거나 조합원 내지 소속 회원으로서 지지를 표방하거나 사업에 참여하는 등의 개인적 차원의 활동을 한 것이라고 볼 수는 없어 위 청탁의 '임무관련성'을 충분히 인정할 수 있다(대판 2010.9.9. 2009도10681).

2. **임무관련성이 인정되지 아니하는 사례**
   - 대학원생들이 지도교수들을 통하여 다른 대학교 교수인 피고인에게 "학위논문 작성에 필요한 실험 대행 및 논문의 주요부분 작성 등 편의를 제공하여 문제없이 학위를 취득하게 해 달라"는 청탁을 하고 금품을 교부한 경우, 위 청탁은 부정한 청탁에 해당하지만, 타 대학 대학원생들에 대한 논문지도 및 심사업무가 피고인의 업무라고 할 수 없으며, 피고인이 대학원생들 지도교수들의 배임수재행위에 공모하였다고 보기도 어렵다(대판 2008.3.27. 2006도3504).
   - 대학 편입학업무를 담당하지 아니한 피고인 甲이 피고인 乙로부터 편입학과 관련한 부정한 청탁을 받고 금품을 수수하였다 하더라도 편입학업무를 담당한 교무처장 등이 피고인 甲이 부정한 청탁을 받았음을 알았거나 스스로 부정한 청탁을 받지 않은 경우, 피고인 甲을 배임수재로, 피고인 乙을 배임증재로 처벌할 수 없다(대판 1999.1.15. 98도663).

② **부정한 청탁** : 사무처리자에 대하여 그의 임무상 사회상규와 신의성실의 원칙에 반하는 행위를 해 줄 것을 의뢰하는 것을 말한다. 청탁의 내용이 반드시 배임행위의 내용이 되는 정도에 이를 것을 요하는 것은 아니며 명시적·묵시적 방법이나 작위·부작위도 불문한다. 그러나 단순히 선처를 바란다는 부탁(대판 1982.9.28. 82도1656), 계약관계를 유지시켜 기존 권리를 확보하기 위하여 하는 부탁(대판 1991.8.27. 91도61), 환심을 사두어 후일 범행이 발각되더라도 이를 누설하지 않게끔 하기 위해 금전을 나누어 준 경우(대판 1983.12.27. 83도2472) 등은 부정한 청탁으로 보기 어렵다.

1. **부정한 청탁에 해당하는 사례**
   - 보도의 대상이 되는 자가 언론사 소속 기자에게 소위 '유료 기사' 게재를 청탁하는 행위는 사실상 '광고'를 '언론 보도'인 것처럼 가장하여 달라는 것으로서 언론 보도의 공정성 및 객관성에 대한 공공의 신뢰를 저버리는 것이므로, 배임수재죄의 부정한 청탁에 해당한다. 설령 '유료 기사'의 내용이 객관적 사실과 부합하더라도, 언론 보도를 금전적 거래의 대상으로 삼은 이상 그 자체로 부정한 청탁에 해당한다(대판 2021.9.30. 2019도17102).
   - 주택조합아파트 시공회사 직원인 피고인들이 조합장으로부터 조합의 이중분양에 관한 민원을 회사에 보고하지 않고 묵인하거나 이중분양에 대한 조치를 강구할 때 조합의 입장을 배려하여 달라는 청탁을 받고 위 아파트 분양권을 취득한 경우, 피고인들에게 배임수재죄가 성립한다(대판 2011.2.24. 2010도11784).
   - 기자가 국가산업단지 내 기업체들로부터 묵시적으로 부정적인 기사를 자제해 달라는 취지의 청탁을 받고 그와 관련된 돈을 공동광고비 명목으로 받거나 적정한 광고비의 1.5배에서 4.5배에 이르는 금액을 개별광고비 명목으로 받은 경우, 피고인이 받은 공동광고비와 개별광고비는 부정한 청탁과 관련되어 있고, 피고인에게 배임수재의 고의 또한 인정된다(대판 2014.5.16. 2012도11259).

2. 부정한 청탁에 해당하지 아니하는 사례
- 학교법인의 이사장 또는 사립학교경영자가 학교법인 운영권을 양도하고 양수인으로부터 양수인 측을 학교법인의 임원으로 선임해 주는 대가로 양도대금을 받기로 하는 내용의 '청탁'을 받았다 하더라도, 그 청탁의 내용이 당해 학교법인의 설립 목적과 다른 목적으로 기본재산을 매수하여 사용하려는 것으로서 학교법인의 존립에 중대한 위협을 초래할 것임이 명백하다는 등의 특별한 사정이 없는 한, 그 청탁이 사회상규 또는 신의성실의 원칙에 반하는 것을 내용으로 하는 것이라고 할 수 없으므로 이를 배임수재죄의 구성요건인 '부정한 청탁'에 해당한다고 할 수 없다(대판 2014.1.23. 2013도11735).110)
- 공인회계사인 피고인이 甲 주식회사 부사장 乙에게서 '합병에 필요한 甲 회사의 주식가치를 높게 평가해 달라'는 부정한 청탁을 받고 금품을 수수한 경우, 주식가치평가에 대한 언급을 사회상규에 반하는 부정한 청탁으로 보기 어렵다(대판 2011.9.29. 2011도4397).

③ 재물 또는 재산상의 이익의 취득

㉠ 배임수재죄 및 배임증재죄에서의 공여 또는 취득하는 재물 또는 재산상의 이익은 부정한 청탁에 대한 대가 또는 사례이어야 한다. 수뢰죄에서와는 달리 배임수재죄에서는 취득만 처벌하므로 현실적으로 취득하여야 하고 요구나 약속한 것만으로는 부족하다. 따라서 요구나 약속한 경우에는 본죄의 미수에 해당할 뿐이다.

1. 배임수재죄가 성립하는 사례
    甲주식회사의 임대아파트 분양업무를 담당하는 A 등은 분양되었다가 해약된 아파트의 재임대차 계약 업무를 처리하면서 중개업자 B 등으로부터 프리미엄을 배분하여 주겠다는 제의 아래 재임대차계약 중개에 관한 권리를 부여하여 달라는 청탁을 받은 후 그들에게 중개업무를 전담하게 하고 그에 대한 대가로 그들이 받은 프리미엄의 일부를 일정한 기준에 따라 나누어 받은 경우, 부정한 청탁의 결과로 상대방이 얻은 재물 또는 재산상의 이익의 일부를 상대방으로부터 청탁의 대가로 취득한 경우에도 배임수재죄가 성립한다(대판 2013.11.14. 2011도11174).
2. 배임수재죄가 성립하지 아니하는 사례
    - [1] 거래상대방의 대향적 행위의 존재를 필요로 하는 유형의 배임죄에서 거래상대방은 기본적으로 배임행위의 실행행위자와 별개의 이해관계를 가지고 반대편에서 독자적으로 거래에 임한다는 점을 고려하면, 업무상배임죄의 실행으로 이익을 얻게 되는 수익자는 배임죄의 공범이라고 볼 수 없는 것이 원칙이고, 실행행위자의 행위가 피해자 본인에 대한 배임행위에 해당한다는 점을 인식한 상태에서 배임의 의도가 전혀 없었던 실행행위자에게 배임행위를 교사하거나 또는 배임행위의 전 과정에 관여하는 등으로 배임행위에 적극 가담한 경우에 한하여 배임의 실행행위자에 대한 공동정범으로 인정할 수 있다.

---

110) 사회복지법인에 대한 같은 취지의 다음 판례를 참조하라.
사회복지법인의 설립자 내지 운영자가 사회복지법인 운영권을 양도하고 양수인으로부터 양수인 측을 사회복지법인의 임원으로 선임해 주는 대가로 양도대금을 받기로 하는 내용의 '청탁'을 받았다 하더라도, 청탁의 내용이 당해 사회복지법인의 설립 목적과 다른 목적으로 기본재산을 매수하여 사용하려는 것으로서 실질적으로 법인의 기본재산을 이전하는 것과 다름이 없어 사회복지법인의 존립에 중대한 위협을 초래할 것임이 명백하다는 등의 특별한 사정이 없는 한 사회상규 또는 신의성실의 원칙에 반하는 것을 내용으로 하는 청탁이라고 할 수 없으므로 이를 배임수재죄의 성립 요건인 '부정한 청탁'에 해당한다고 할 수 없다(대판 2013.12.26. 2010도16681).

[2] 배임수재죄 및 배임증재죄에서 공여 또는 취득하는 재물 또는 재산상 이익은 부정한 청탁에 대한 대가 또는 사례여야 한다. 따라서 거래상대방의 대향적 행위의 존재를 필요로 하는 유형의 배임죄에서 거래상대방이 양수대금 등 거래에 따른 계약상 의무를 이행하고 배임행위의 실행행위자가 이를 이행받은 것을 두고 부정한 청탁에 대한 대가로 수수하였다고 쉽게 단정하여서는 아니 된다.

[3] 피고인 2가 이 사건 특허권이 피고인 1의 소유가 아니라는 사정을 알 수 있었던 상황에서 피고인 1에게 특허권을 이전하라고 제의하였다고 하더라도, 배임행위의 실행행위자인 피고인 1과는 별개의 이해관계를 가지고 대향적 지위에서 독자적으로 거래하면서 자신의 이익을 위하여 이 사건 특허권을 이전받은 것으로 보이고, 원심이 든 사정만으로 피고인 2가 배임의 의사가 없었던 피고인 1에게 배임의 결의를 하게 하여 교사하였다거나 배임행위의 전 과정에 관여하는 등 배임행위에 적극 가담하였다고 단정하기 어렵다.

[4] 이 사건 공소사실 자체에도 위 1,000만원은 '특허권 명의이전대금'이라고 되어 있고, 기록에 의하면 피고인 2는 종전 특허권자인 공소외인이 피고인 1에게 특허권을 양도하였다는 인증서(공증인의 면전에서 사서증서에 적힌 내용이 진실임을 선서하였음을 공증인이 인증함), 피고인 1이 특허권자로 등록되어 있는 특허등록원부 등을 확인한 후 피고인 1과 양수대금을 1,000만원으로 정하여 이 사건 특허권에 관한 양도양수계약을 체결하고 2012.12.29. 이 사건 특허권의 전부이전등록을 받음과 동시에 피고인 1에게 그 양수대금 1,000만원을 지급한 사실을 인정할 수 있다. 위와 같은 사실관계를 앞서 본 법리에 비추어 살펴보면, 원심이 든 사정만으로는 피고인 2가 피고인 1과 체결한 계약에 따른 의무의 이행으로 1,000만원을 지급하고 피고인 1이 이를 받은 것을 두고 부정한 청탁에 대한 대가로 수수하였다고 단정하기 어렵다(대판 2016.10.13. 2014도17211).[111]

- [1] 공동의 사기 범행으로 인하여 얻은 돈을 공범자끼리 수수한 행위가 공동정범들 사이의 그 범행에 의하여 취득한 돈이나 재산상 이익의 내부적인 분배행위에 지나지 않는 것이라면 그 돈의 수수행위가 따로 배임수증재죄를 구성한다고 볼 수는 없다.

[2] 공사 발주처의 입찰 업무를 처리하는 자가 공사업자와 공모하여 부정한 방법으로 낙찰하한가를 알아낸 다음 공사업자에게 알려주어 발주처가 공사업자를 낙찰자로 선정하도록 하여 공사계약의 체결에 이르게 하고 공사업자에게서 돈을 수수한 경우에, 피고인 등 공사업자들과 공소외 1 등은 공소사실과 같은 사기 범행을 공동 실행하여 공사업자들이 운영하는 회사들이 낙찰자로 선정되는 경우 그에 따른 일정한 이익을 분배하기로 미리 공모하고, 이에 따라 공사업자들이 낙찰정보를 제공받은 직후 또는 위 회사들이 낙찰자로 선정된 직후로서 공사계약을 체결할 무렵에 공소외 1 등에게 사전 약정에 따른 비율의 돈을 교부한 것으로서, 결국 공소외 1 등이 피고인 등 공사업자들로부터 수수한 돈은 공동의 사기 범행으로 취득하였거나 가까운 장래에 취득할 재산상 이익 중 일부를 내부적으로 분배받은 것에 지나지 않는다고 봄이 타당하므로 피고인에게 별도로 배임증재죄가 성립하지 않는다(대판 2016.5.24. 2015도18795).

---

111) 판례에 의하면 피고인 1에게는 업무상배임죄가 성립하고, 피고인 2는 무죄이다. 피고인 1에 대한 배임수재죄나, 피고인 2에 대한 배임증재죄, 업무상배임죄의 공동정범은 성립하지 아니한다.

㉡ 배임수재죄는 타인의 사무처리자가 재물 또는 재산상의 이익을 취득하거나 제3자로 하여금 취득하게 하는 것이므로 제3자에는 원칙적으로 사무처리를 위임한 타인은 포함되지 아니한다. 따라서 사무처리를 위임한 타인으로 하여금 취득하게 한 경우에는 본죄는 성립하지 아니한다.

1. **배임수재죄가 성립하는 사례(사무처리자가 받은 것과 동등하게 평가되는 경우)**
   - [1] 배임수재죄를 규정한 형법 제357조 제1항의 법문상 타인의 사무를 처리하는 자가 그 임무에 관하여 부정한 청탁을 받았다 하더라도 자신이 아니라 다른 사람으로 하여금 재물 또는 재산상의 이익을 취득하게 한 경우에는 위 죄가 성립하지 않음이 명백하다. 다만, 그 다른 사람이 부정한 청탁을 받은 자의 사자(使者) 또는 대리인으로서 재물 또는 재산상 이익을 취득한 경우나 그 밖에 평소 부정한 청탁을 받은 자가 그 다른 사람의 생활비 등을 부담하고 있었다거나 혹은 그 다른 사람에 대하여 채무를 부담하고 있었다는 등의 사정이 있어 그 다른 사람이 재물 또는 재산상 이익을 받음으로써 부정한 청탁을 받은 자가 그만큼 지출을 면하게 되는 경우 등 사회통념상 그 다른 사람이 재물 또는 재산상 이익을 받은 것을 부정한 청탁을 받은 자가 직접 받은 것과 동일하게 평가할 수 있는 관계가 있는 경우에는 위 죄가 성립할 수 있다.
   [2] 구 병역법상 지정업체의 대표이사인 피고인이 병역의무자를 형식적으로 당해 지정업체 소속 병역특례 산업기능요원으로 편입시킨 뒤 다른 회사에서 근무하도록 해 달라는 부정한 청탁을 받고 그 대가로 위 지정업체 명의의 계좌로 금원을 송금 받은 사안에서, 피고인이 당해 지정업체의 대표이사이자 주요 주주이므로 위 지정업체가 재물 또는 재산상 이익을 받는 것은 피고인이 받는 것과 사실상 동일하게 평가할 수 있어 배임수재죄가 성립한다고 한 사례(대판 2009.3.12. 2008도1321).
   - 백화점 및 면세점의 입점업체 선정 업무를 총괄하는 피고인이 입점업체들로부터 추가 입점이나 매장 이동 등 입점 관련 편의를 제공해 달라는 청탁을 받고 그 대가로 매장 수익금 등을 지급받는 방법으로 돈을 수수한 경우, 피고인이 입점업체 대표 갑으로부터 부정한 청탁을 받고 그 대가로 자신이 받아온 수익금을 딸에게 주도록 갑에게 지시하였다면 이는 피고인 자신이 수익금을 취득한 것과 같다고 평가하여야 하고, 피고인이 입점업체인 을 주식회사 대표이사 병으로부터 부정한 청탁을 받고 그 대가를 피고인이 아들 명의로 설립하여 자신이 지배하는 정 주식회사 계좌로 돈을 입금하도록 한 이상 사회통념상 피고인이 직접 받은 것과 동일하게 보아야 한다(대판 2017.12.7. 2017도12129).

2. **배임수재죄가 성립하지 아니하는 사례(사무처리를 위임한 타인이 취득한 경우)**
   - [1] 보도의 대상이 되는 자가 언론사 소속 기자에게 소위 '유료 기사' 게재를 청탁하는 행위는 사실상 '광고'를 '언론 보도'인 것처럼 가장하여 달라는 것으로서 언론 보도의 공정성 및 객관성에 대한 공공의 신뢰를 저버리는 것이므로, 배임수재죄의 부정한 청탁에 해당한다. 설령 '유료 기사'의 내용이 객관적 사실과 부합하더라도, 언론 보도를 금전적 거래의 대상으로 삼은 이상 그 자체로 부정한 청탁에 해당한다.
   [2] 개정 형법(2016.5.29. 법률 제14178호로 개정된 것) 제357조 제1항은 구법과 달리 배임수재죄의 구성요건을 '타인의 사무를 처리하는 자가 그 임무에 관하여 부정한 청탁을 받고 재물 또는 재산상의 이익을 취득하거나 제3자로 하여금 이를 취득하게 한 때'라고 규정함으로써 제3자로 하여금 재물이나 재산상 이익을 취득하게 하는 행위를 구성요건에 추가하였다. 그 입법취지는 부패행위를 방지하고 UN 부패방지협약 등 국제적 기준에 부합하도록 하려는 것이다. 개정 형법 제357조의 보호법익 및 체계적 위치, 개정 경위, 법문의 문언 등을 종합하여 볼 때,

> 개정 형법이 적용되는 경우에도 '제3자'에는 다른 특별한 사정이 없는 한 사무처리를 위임한 타인은 포함되지 않는다고 봄이 타당하다. 그러나 배임수재죄의 행위주체가 재물 또는 재산상 이익을 취득하였는지는 증거에 의하여 인정된 사실에 대한 규범적 평가의 문제이다. 부정한 청탁에 따른 재물이나 재산상 이익이 외형상 사무처리를 위임한 타인에게 지급된 것으로 보이더라도 사회통념상 그 타인이 재물 또는 재산상 이익을 받은 것을 부정한 청탁을 받은 사람이 직접 받은 것과 동일하게 평가할 수 있는 경우에는 배임수재죄가 성립될 수 있다.
> [3] 원심은 피고인들에 대한 이 사건 공소사실 중 신문사 기자인 피고인들이 홍보성 기사를 작성해 달라는 부정한 청탁을 받고 각 소속 신문사로 하여금 금원을 취득하게 하였다는 배임수재 부분에 대하여, 사무처리를 위임한 타인은 개정 형법 제357조 제1항의 배임수재죄에 규정한 '제3자'에 포함되지 않는다고 전제한 후, 피고인들이 속한 각 소속 언론사는 사무처리를 위임한 자에 해당하고, 기록상 위 금원이 피고인들 본인 또는 사무처리를 위임한 자가 아닌 제3자에게 사실상 귀속되었다고 평가할만한 사정이 없다는 이유로 범죄의 증명이 없다고 판단하여 무죄를 선고한 제1심판결을 그대로 유지하였다. 원심판결 이유를 앞서 본 법리와 기록에 비추어 살펴보면, 위와 같은 원심의 판단은 수긍할 수 있고, 거기에 상고이유 주장과 같이 논리와 경험의 법칙을 위반하여 자유심증주의의 한계를 벗어나거나 배임수재죄에서의 '제3자'에 관한 법리를 오해한 잘못이 없다(대판 2021.9.30. 2019도17102).

ⓒ 불법영득의사로 취득하여 배임수재죄가 성립한 후에 취득한 이익을 반환한 경우에도 성립한 범죄에 영향을 미치지 아니한다(대판 2001.2.9. 2000도4700).

④ **미수 인정 여부** : 본죄의 미수범을 인정하지 아니하는 견해도 있으나, 본죄는 미수범 처벌 규정을 마련하고 있고 요구 또는 약속이 이에 해당한다고 할 것이므로 본죄의 미수범을 인정하는 것이 타당하다.

⑤ **착수·기수시기** : 본죄는 임무에 관하여 부정한 청탁을 받고 재물 또는 재산상의 이익을 취득하기 위한 직접적인 행위가 있을 때 실행의 착수가 있고, 현실적으로 재물 또는 재산상의 이익을 취득한 때에 기수가 된다. 본죄는 본인에게 재산적인 손해가 발생할 것을 요하지 아니한다(대판 1983.12.13. 82도735). 반드시 배임행위로 나갈 것을 요하지 아니하므로 배임행위까지 한 경우에는 배임수재죄와 배임죄의 실체적 경합이 성립한다(대판 1984.11.27. 84도1906).

4) 몰수 및 추징

범인 또는 정을 아는 제3자가 취득한 재물은 몰수하며 그 재물을 몰수할 수 없거나 재산상의 이익을 취득한 때에는 그 가액을 추징한다(형법 제357조 제3항).

> • 형법은 제357조 제1항에서 배임수재죄를, 제2항에서 배임증재죄를 규정하고, 이어 제3항에서 "범인이 취득한 제1항의 재물은 몰수한다. 그 재물을 몰수하기 불능하거나 재산상의 이익을 취득한 때에는 그 가액을 추징한다."라고 규정하고 있다. 배임수재죄와 배임증재죄는 이른바 대향범으로서 위 제3항에서 필요적 몰수 또는 추징을 규정한 것은 범행에 제공된 재물과 재산상 이익을 박탈하여 부정한 이익을 보유하지 못하게 하기 위한 것이므로, 제3항에서 몰수의 대상으로 규정한 '범인이 취득한 제1항의 재물'은 배임수재죄의 범인이 취득한 목적물이자 배임증재죄의 범인이 공여한 목적물을 가리키는

> 것이지 배임수재죄의 목적물만을 한정하여 가리키는 것이 아니다. 그러므로 수재자가 증재자로부터 받은 재물을 그대로 가지고 있다가 증재자에게 반환하였다면 증재자로부터 이를 몰수하거나 그 가액을 추징하여야 한다(대판 2017.4.7. 2016도18104).
> - 배임수증재죄에 있어서 타인의 업무를 처리하는 자에게 공여한 금품에 부정한 청탁의 대가로서의 성질과 그 외의 행위에 대한 사례로서의 성질이 불가분적으로 결합되어 있는 경우에는 그 전부가 불가분적으로 부정한 청탁의 대가로서의 성질을 갖는 것으로 보아야 한다(대판 2019.6.13. 2018도20655).

(2) 주관적 구성요건

배임수재죄가 성립하기 위해서는 고의와 불법영득·이득의사가 있어야 한다.

Ⅴ 배임증재죄

1. 의 의

배임증재죄는 타인의 사무를 처리하는 자에게 그 임무에 관하여 부정한 청탁을 하고 재물 또는 재산상의 이익을 공여함으로써 성립하는 범죄이다(형법 제357조 제2항).

2. 구성요건

(1) 객관적 구성요건

1) 부정한 청탁

배임증재죄는 증재자에게 부정한 청탁이 있어야 하므로 재물 또는 재산상의 이익의 공여자에게 부정한 청탁이 없는 한 배임증재죄는 성립하지 아니하며 이는 그것을 받은 사람으로 보아 부정한 것인지 여부에 구애되지 아니한다(대판 1979.6.12. 79도708).

> [1] 형법 제357조 제1항의 배임수재죄와 같은 조 제2항의 배임증재죄는 통상 필요적 공범의 관계에 있기는 하나, 이것은 반드시 수재자와 증재자가 같이 처벌받아야 하는 것을 의미하는 것은 아니고, 증재자에게는 정당한 업무에 속하는 청탁이라도 수재자에게는 부정한 청탁이 될 수도 있다.
> [2] 甲 주식회사를 사실상 관리하는 乙이 甲 회사가 사업용 부지로 매수한 토지에 관하여 처분금지가처분등기를 마쳐두었는데, 위 토지를 매수하려는 丙에게서 가처분을 취하해 달라는 취지의 청탁을 받고 돈을 수수하였다는 내용으로 기소된 사안에서, 乙이 받은 돈은 부정한 청탁의 대가임이 분명하고 乙에게 부정한 청탁에 대한 인식이 없었다고 볼 수 없어 배임수재죄가 성립하나, 반면 丙은 사업의 더 큰 손실을 피하기 위하여 가처분 취하의 대가로 乙이 지정하는 계좌로 돈을 송금한 점, 丙으로서는 위 돈이 궁극적으로 甲 회사에 귀속될 것인지 乙에게 귀속될 것인지에 관한 분명한 인식이 있었다고 볼 수 없는 점 등 제반 사정에 비추어, 丙이 가처분 취하의 대가로 돈을 교부한 행위는 사회상규에 위배되지 아니하여 배임증재죄를 구성할 정도의 위법성은 없다고 본 사례(대판 2011.10.27. 2010도7624).

2) 공 여

공여란 현실적인 제공을 말하고 이때에 기수가 된다. 공여의 의사표시나 약속만으로는 본죄의 미수에 그칠 뿐이다. 그러나 현실적인 제공이 있는 한 상대방의 취득 여부는 범죄의 성립 여부에 영향을 미치지 아니한다.

(2) 주관적 구성요건

배임증재의 고의가 있어야 한다.

3. 몰수 및 추징

배임수재죄와는 달리 배임증재죄는 필요적 몰수·추징규정이 적용되지 아니하고 단지 형법 제48조 제1항, 제2항의 임의적 몰수·추징만 문제된다.

4. 공 범

> 업무상배임죄는 업무상 타인의 사무를 처리하는 지위에 있는 사람이 그 임무에 위배하는 행위로써 재산상의 이익을 취득하거나 제3자로 하여금 이를 취득하게 하여 본인에게 손해를 가한 때에 성립하는 것으로서, 이는 타인의 사무를 처리하는 지위라는 점에서 보면 신분관계로 인하여 성립될 범죄이고, 업무상 타인의 사무를 처리하는 지위라는 점에서 보면 단순배임죄에 대한 가중규정으로서 신분관계로 인하여 형의 경중이 있는 경우라고 할 것이므로, 그와 같은 신분관계가 없는 자가 그러한 신분관계가 있는 자와 공모하여 업무상배임죄를 저질렀다면 그러한 신분관계가 없는 자에 대하여는 형법 제33조 단서에 의하여 단순배임죄에 정한 형으로 처단하여야 할 것이다(대판 1999.4.27. 99도883).

제7절 장물의 죄

I 의의

1. 개념

장물의 죄란 장물을 취득·양도·운반·보관·알선하는 것을 내용으로 하는 범죄이다.

2. 보호법익 및 보호정도

장물죄의 보호법익은 피해자의 재산권이고, 보호의 정도는 장물범의 행위는 본범에 의하여 이미 침해된 피해자의 재산권에 대한 위험을 유지·증가시키는 것에 불과하고 장물죄는 미수범 처벌 규정이 없다는 점에서 위험범으로 이해하는 것이 타당하다.

3. 장물죄의 본질

본범의 피해자가 점유를 상실한 재물에 대하여 추구·회복하는 것을 곤란하게 하는 것에 장물죄의 본질이 있다고 하는 추구권설, 본범의 행위에 의하여 형성된 위법한 재산상태를 본범 또는 재물의 점유자와의 합의에 의하여 유지·존속시키는데 장물죄의 본질이 있다는 유지설이 대립하고 있으나, 장물죄의 행위태양 중 취득·운반·보관·알선은 유지설의 입장에서, 양도는 추구권설의 입장에서 설명될 수 있다는 점에서 결합설이 타당하다고 판단된다. 판례는 추구권설을 취한 사례(대판 2004.4.9. 2003도8219)도 있고, 결합설을 취한 사례(대판 1987.10.13. 87도1633)도 있다.

II 장물죄

1. 의의

장물죄는 장물을 취득, 양도, 운반, 보관 또는 알선함으로써 성립하는 범죄이다(형법 제362조).

2. 구성요건

(1) 객관적 구성요건

1) 주체

장물죄는 타인이 불법하게 영득한 재물의 처분에 관여하는 범죄이므로 본범의 정범(합동범, 공동정범, 간접정범)은 본죄의 주체가 될 수 없다(대판 1986.9.9. 86도1273). 그러나 본범의 공범(교사범, 종범)은 본죄의 주체가 될 수 있으므로 이 경우 본범에 대한 공범과 장물죄의 실체적 경합범이 성립한다.

2) 객 체

① **장물의 개념** : 장물죄의 본질에 대하여 결합설을 취하는 이상 재산죄에 의하여 영득한 재물이면 족하고 피해자가 추구권을 가질 필요는 없다고 보는 것이 타당하다. 최근 판례도 장물이라 함은 재산죄인 범죄행위에 의하여 영득된 물건을 말하는 것으로서 절도, 강도, 사기, 공갈, 횡령 등 영득죄에 의하여 취득된 물건이어야 한다고(대판 2004.12.9. 2004도5904) 판시하고 있다.

② **장물의 요건**

㉠ 객체에 대한 요건

㉮ 재물성 : 장물은 재물임을 요하므로 권리가 화체된 증권은 물론 부동산, 동산도 재물이 될 수 있고, 그의 경제적 가치는 불문한다. 관리할 수 있는 동력도 재물에 해당한다는 것이 판례(대판 1972.6.13. 72도971)이다. 그러나 재산상의 이익이나 권리는 장물죄의 객체가 될 수 없다.

㉯ 재물의 동일성

ⓐ 대체장물의 장물성 : 장물의 매각대금, 장물인 금전으로 구입한 물건 등의 장물성 인정 여부에 대하여 추구권설이나 유지설은 장물성을 부정하고 공범설은 장물성을 인정하고 있다. 판례는 장물을 팔아서 얻은 돈(대판 1972.6.13. 72도971), 장물을 전당잡힌 전당표(대판 1997.3.13. 73도58) 등에 대하여 장물성을 부정하는 태도를 취하고 있다. 생각건대 대체장물은 재산범죄에 의하여 취득한 재물 그 자체는 아니므로 장물성을 부정하는 것이 타당하다고 판단된다. 그러나 별개의 재산범죄로 취득한 것인 경우에는 장물이 될 수 있음을 유의하여야 한다.

ⓑ 환전통화의 장물성

• 문제점 : 장물인 통화를 다른 종류의 통화로 환전하거나 장물인 수표를 현금으로 또는 장물인 현금을 수표로 교환한 경우 그 교환된 현금 또는 수표의 장물성이 인정될 수 있는지 여부에 대하여 견해가 대립하고 있다.

• 학설 : 환전된 순간 장물인 통화에 대한 위법한 재물상태는 단절된다고 보아야 하므로 장물성을 부정하는 부정설, 가치의 동일성이 여전히 유지되므로 장물성을 인정하는 긍정설, 수표를 현금으로 교환한 경우에 한하여 기망적 요소가 있어 사기죄가 성립하는 경우에만 장물성을 인정하는 절충설이 대립하고 있다.

• 판례 : 판례는 장물인 현금을 금융기관에 예금의 형태로 보관하였다가 이를 반환받기 위하여 동일한 액수의 현금을 인출한 경우에 예금계약의 성질상 인출된 현금은 당초의 현금과 물리적인 동일성은 상실되었지만 액수에 의하여 표시되는 금전적 가치에는 아무런 변동이 없으므로 장물로서의 성질은 그대로 유지된다고 봄이 상당하고, 자기앞수표도 그 액면금을 즉시 지급받을 수 있는 등 현금에 대신하는 기능을 가지고 거래상 현금과 동일하게 취급되고 있는 점에서 금전의 경우와 동일하게 보아야 한다고(대판 2004.3.12. 2004도134) 판시하고 있다.

• 검토 : 생각건대 환전으로 물리적 동일성은 상실되었지만 금전적 가치에는 아무런 변동이 없어 장물로서의 성질은 그대로 유지된다고 보아야 하므로 장물성은 인정된다고 이해하는 것이 타당하다.

ⓒ 본범에 대한 요건
  ㉮ 본범의 성질
    ⓐ 재산범죄 : 본범은 재산범죄이어야 하고 이에는 특별법상 재산범죄(예 산림절도)도 포함된다. 장물죄나 권리행사방해죄도 장물죄의 본범이 될 수 있지만 손괴죄는 재물의 영득이 없으므로, 배임죄나 컴퓨터 등 사용사기죄는 이익죄이므로 장물죄의 본범이 될 수 없다.
    ⓑ 영득한 재물 : 장물은 재산범죄에 의하여 영득된 재물이어야 한다. 따라서 재산범죄에 의하여 작성된 물건이나 재산범죄의 수단으로 사용된 흉기, 재산범죄에 제공된 것에 불과한 이중매매된 부동산(대판 1975.12.9. 74도2804), 양도담보로 제공된 후에 다시 타인에게 양도한 물건(대판 1983.11.8. 82도2119) 등은 장물이 될 수 없다.
  ㉯ 본범의 실현정도
    ⓐ 범죄의 성립정도 : 본범이 반드시 범죄로서 성립할 필요는 없고 구성요건에 해당하고 위법한 행위이면 족하다. 따라서 책임무능력자가 절취한 재물도 장물이 되며 본범에게 소추조건이나 처벌조건을 구비할 것을 요하지는 아니한다.

> **본범의 실현정도에 대한 사례**
> • [1] '장물'이라 함은 재산죄인 범죄행위에 의하여 영득된 물건을 말하는 것으로서 절도·강도·사기·공갈·횡령 등 영득죄에 의하여 취득된 물건이어야 한다. 여기에서의 범죄행위는 절도죄 등 본범의 구성요건에 해당하는 위법한 행위일 것을 요한다. 그리고 본범의 행위에 관한 법적 평가는 그 행위에 대하여 우리 형법이 적용되지 아니하는 경우에도 우리 형법을 기준으로 하여야 하고 또한 이로써 충분하므로, 본범의 행위가 우리 형법에 비추어 절도죄 등의 구성요건에 해당하는 위법한 행위라고 인정되는 이상 이에 의하여 영득된 재물은 장물에 해당한다.
> [2] 횡령죄가 성립하기 위하여는 그 주체가 '타인의 재물을 보관하는 자'이어야 하고, 타인의 재물인가 또는 그 재물을 보관하는가의 여부는 민법·상법 기타의 민사실체법에 의하여 결정되어야 한다. 따라서 타인의 재물인가 등과 관련된 법률관계에 당사자의 국적·주소, 물건 소재지, 행위지 등이 외국과 밀접하게 관련되어 있어서 국제사법 제1조 소정의 외국적 요소가 있는 경우에는 다른 특별한 사정이 없는 한 국제사법의 규정에 좇아 정하여지는 준거법을 1차적인 기준으로 하여 당해 재물의 소유권의 귀속관계 등을 결정하여야 한다.
> [3] 대한민국 국민 또는 외국인이 미국 캘리포니아주에서 미국 리스회사와 미국 캘리포니아주의 법에 따라 차량 이용에 관한 리스계약을 체결하면서 준거법에 관하여는 별도로 약정하지 아니하였는데, 이후 자동차수입업자인 피고인이 리스기간 중 위 리스이용자들이 임의로 처분한 리스계약의 목적물인 차량들을 수입한 사안에서, 국제사법에 따라 위 리스계약에 적용될 준거법인 미국 캘리포니아주의 법에 의하면, 위 차량들의 소유권은 리스회사에 속하고, 리스이용자는 일정 기간 차량의 점유·사용의 권한을 이전받을 뿐이어서(미국 캘리포니아주 상법 제10103조 제a항 제10호도 참조), 리스이용자들은 리스회사에 대한 관계에서 위 차량들에 관한 보관자로서의 지위에 있으므로, 위 차량들을 임의로 처분한 행위는 형법상 횡령죄의 구성요건에 해당하는 위법한 행위로 평가되고 이에 의하여 영득된 위 차량들은 장물에 해당한다는 이유로, 피고인에게 장물취득죄를 인정한 원심판단의 결론을 정당하다고 한 사례(대판 2011.4.28. 2010도15350).

> • [1] 컴퓨터등사용사기죄의 범행으로 예금채권을 취득한 다음 자기의 현금카드를 사용하여 현금자동지급기에서 현금을 인출한 경우, 현금카드 사용권한 있는 자의 정당한 사용에 의한 것으로서 현금자동지급기 관리자의 의사에 반하거나 기망행위 및 그에 따른 처분행위도 없었으므로, 별도로 절도죄나 사기죄의 구성요건에 해당하지 않는다 할 것이고, 그 결과 그 인출된 현금은 재산범죄에 의하여 취득한 재물이 아니므로 장물이 될 수 없다.
> [2] 장물인 현금 또는 수표를 금융기관에 예금의 형태로 보관하였다가 이를 반환받기 위하여 동일한 액수의 현금 또는 수표를 인출한 경우에 예금계약의 성질상 그 인출된 현금 또는 수표는 당초의 현금 또는 수표와 물리적인 동일성은 상실되었지만 액수에 의하여 표시되는 금전적 가치에는 아무런 변동이 없으므로, 장물로서의 성질은 그대로 유지된다.
> [3] 甲이 권한 없이 인터넷뱅킹으로 타인의 예금계좌에서 자신의 예금계좌로 돈을 이체한 후 그중 일부를 인출하여 그 정을 아는 乙에게 교부한 경우, 甲이 컴퓨터등사용사기죄에 의하여 취득한 예금채권은 재물이 아니라 재산상 이익이므로, 그가 자신의 예금계좌에서 돈을 인출하였더라도 장물을 금융기관에 예치하였다가 인출한 것으로 볼 수 없다는 이유로 乙의 장물취득죄의 성립을 부정한 사례(대판 2004.4.16. 2004도353)

　　　ⓑ 본범의 기수 여부 : 본범이 미수인 경우에는 본범의 공범에 불과하게 되므로 장물죄가 성립하기 위해서는 본범이 기수에 이를 것을 요한다. 결합범은 재산죄부분이 기수에 이르면 충분하다.
　ⓒ 재물상태의 위법성
　　㉮ 재물상태의 위법성의 유지 : 재산범죄에 의하여 영득된 재물이 모두 장물이 되는 것은 아니고, 본범에 의하여 형성된 위법한 재산상태가 존재하여야만 장물성이 인정된다.
　　㉯ 장물성의 상실 : 본범 또는 제3자가 그 장물에 대하여 소유권을 취득한 경우에는 장물성을 상실하나, 불법원인급여물의 경우(유지설, 결합설)에는 장물성이 유지된다. 피해자가 사기 또는 강박으로 인한 법률행위를 취소할 수 있는 데 불과한 경우에는 장물성이 인정된다. 그러나 피해자가 소유권을 포기하거나 취소기간을 도과하여 취소할 수 없게 된 때에는 장물성을 상실한다.

3) 행 위
장물죄의 행위는 장물을 취득·양도·운반·보관 또는 이러한 행위를 알선하는 것이다.
① 취 득
　㉠ 취득이란 장물의 점유를 이전받음으로써 재물에 대한 사실상의 처분권을 획득하는 것을 말한다. 장물취득죄는 늦어도 장물에 대한 점유를 이전받았을 때에 장물에 대한 고의가 있어야 한다.

> [1] 사기죄의 객체는 타인이 점유하는 '타인의' 재물 또는 재산상의 이익이므로, 피해자와의 관계에서 살펴보아 그것이 피해자 소유의 재물인지 아니면 피해자가 보유하는 재산상의 이익인지에 따라 '재물'이 객체인지 아니면 '재산상의 이익'이 객체인지 구별하여야 하는 것으로서, 이 사건과 같이 피해자가 본범의 기망행위에 속아 현금을 피고인 명의의 은행 예금계좌로 송금하였다면, 이는 재물에 해당하는 현금을 교부하는 방법이 예금계좌로 송금하는 형식으로 이루어진 것에 불과하여, 피해자의 은행에 대한 예금채권은 당초 발생하지 않는다.

[2] 장물취득죄에서 '취득'이라 함은 장물의 점유를 이전받음으로써 그 장물에 대하여 사실상 처분권을 획득하는 것을 의미하는데, 이 사건의 경우 본범의 사기행위는 피고인이 예금계좌를 개설하여 본범에게 양도한 방조행위가 가공되어 본범에게 편취금이 귀속되는 과정 없이 피고인이 피해자로부터 피고인의 예금계좌로 돈을 송금받아 취득함으로써 종료되는 것이고, 그 후 피고인이 자신의 예금계좌에서 위 돈을 인출하였다 하더라도 이는 예금명의자로서 은행에 예금반환을 청구한 결과일 뿐 본범으로부터 위 돈에 대한 점유를 이전받아 사실상 처분권을 획득한 것은 아니므로, 피고인의 위와 같은 인출행위를 장물취득죄로 벌할 수는 없다.
[3] 사기 범행에 이용되리라는 사정을 알고서도 자신의 명의로 새마을금고 예금계좌를 개설하여 甲에게 이를 양도함으로써 甲이 乙을 속여 乙로 하여금 1,000만원을 위 계좌로 송금하게 한 사기 범행을 방조한 피고인이 위 계좌로 송금된 돈 중 140만원을 인출하여 甲이 편취한 장물을 취득하였다는 공소사실에 대하여, 甲이 사기 범행으로 취득한 것은 재산상 이익이어서 장물에 해당하지 않는다는 원심판단은 적절하지 아니하지만, 피고인의 위와 같은 인출행위를 장물취득죄로 벌할 수는 없으므로, 위 '장물취득' 부분을 무죄로 선고한 원심의 결론을 정당하다고 한 사례(대판 2010.12.9, 2010도6256)

ⓒ 취득은 장물에 대한 처분권이 이전된다는 점에 본질이 있으므로 보관이나 운반과는 구별된다.

[1] 장물취득죄에서 '취득'이라고 함은 점유를 이전받음으로써 그 장물에 대하여 사실상의 처분권을 획득하는 것을 의미하는 것이므로, 단순히 보수를 받고 본범을 위하여 장물을 일시 사용하거나 그와 같이 사용할 목적으로 장물을 건네받은 것만으로는 장물을 취득한 것으로 볼 수 없다. 피고인이 공소외인으로부터 보수를 받는 조건으로 공소외인이 습득하였다고 주장하는 신용카드들로 물품을 구입하여 주기로 하고 위 신용카드들을 교부받은 행위가 장물취득에 해당하지 아니한다고 판단한 것은 정당하고, 거기에 사실을 오인하거나 장물죄에 있어서 취득의 법리를 오해한 위법이 없다.
[2] 피고인은 경찰 이래 원심 법정에 이르기까지 시종일관 공소외인로부터 보수를 줄 터이니 물건을 대신 구입하여 달라는 부탁과 함께 위 신용카드 2장을 교부받을 당시, 공소외인이 위 신용카드를 습득한 것으로 알고 있었다고 진술하고 있고, 이 사건 장물취득의 점에 관한 공소사실 자체도 이와 같이 되어 있음을 알 수 있는바, 공소외인은 늦어도 습득한 위 신용카드 2장으로 물건을 구입하여 줄 것을 피고인에게 부탁한 때에는 불법영득의 의사가 확정됨으로써 점유이탈물횡령죄의 기수에 이른 것이고, 점유이탈물횡령으로 인하여 영득한 재물 역시 장물로 보아야 하므로, 공소외인의 위와 같은 부탁을 받아들여 위 신용카드 2장을 교부받은 피고인의 행위는 적어도 형법 제362조 제1항 소정의 장물을 보관한 경우에 해당한다고 보아야 한다(대판 2003.5.13, 2003도1366).

② **양도** : 장물임을 모르고 취득한 후에 장물임을 알고서 제3자에게 수여하는 것을 말한다. 판례는 피고인이 도난차량인 미등록 수입자동차를 취득하여 신규등록을 마친 후 위 자동차가 장물일지도 모른다고 생각하면서 이를 양도한 경우, 장물양도죄가 성립한다고(대판 2011.5.13, 2009도3552) 한다. 장물취득죄가 성립한 후의 양도는 불가벌적 사후행위에 해당한다.
③ **운반** : 장물의 소재를 장소적으로 이전하는 것을 말한다. 판례는 피고인이 본범이 절취한 차량이라는 정을 알면서 본범으로부터 그들이 이 차량을 이용하여 강도를 하려 함에 있어 차량을 운전해 달라는 부탁을 받고 위 차량을 운전해 준 경우, 강도예비죄와 장물운반죄의 상상적 경합이 성립한다고(대판 1999.3.26, 98도3030) 판시하고 있다.

④ 보관 : 위탁을 받고 장물을 자기의 점유 하에 두는 것을 말한다. 장물에 대한 사실상의 처분권이 없다는 점에서 취득과 구별된다. 보관은 장물인 정을 알면서 보관을 사실상 개시한 때에 기수가 된다. 다만, 장물인 정을 모르고 취득하여 보관한 자가 그 정을 알고 난 후 보관한 때에는 그때부터 장물보관죄가 성립한다(대판 1987.10.13. 87도1633). 그러나 이때에도 장물을 점유할 권한이 있는 경우에는 보관죄가 성립하지 아니한다(대판 1986.1.21. 85도2472).

⑤ 알선 : 장물의 취득·양도·운반·보관을 매개하거나 주선하는 것으로 장물이 현실적으로 존재하여야 하고 단순히 절취하여 오면 매각해 주겠다라고 하는 것은 절도의 방조에 불과하고 장물의 알선에는 해당하지 아니한다. 알선행위만 있으면 그 알선에 의하여 당사자 사이에 실제로 장물의 취득·양도·운반·보관에 관한 계약이 성립하지 아니하였거나 장물의 점유가 현실적으로 이전되지 아니한 경우라도 장물알선죄는 기수에 이른다고 보는 것이 타당하다(알선행위시설)(대판 2009.4.23. 2009도1203).

(2) 주관적 구성요건

1) 고 의

장물죄는 고의범이므로 객관적 구성요건요소에 대한 인식과 의사가 있어야 한다.

2) 불법영득·이득의사

장물죄의 성립에 불법영득의사가 필요한지 여부에 대해 견해가 대립하고 있으나, 장물죄는 무상으로도 범할 수 있고 장물죄는 위법한 재산상태의 유지 또는 추구권행사의 곤란에 그 본질이 있으므로 필요하지 아니하다는 견해가 타당하다.

3. 죄수 및 타죄와의 관계

(1) 횡령죄와의 관계

장물을 보관하는 자가 그 장물을 영득하는 경우에는 장물죄만 성립하고 별도의 횡령죄는 성립하지 아니한다(대판 2004.4.9. 2003도8219).

(2) 장물에 대한 재산범죄와의 관계

장물을 절취·강취·사취·갈취한 경우에 별도로 장물죄도 성립할 수 있는지 다투어지고 있으나, 본범과 장물범 간의 의사의 합치는 장물범과 본범 간의 위법재산상태유지에 대한 내적 연관을 이룬다는 점에서 유지설이 타당하나, 같은 논거를 취하는 결합설에 의하는 경우에도, 장물죄는 성립하지 아니하고 절도죄·강도죄·사기죄·공갈죄만 성립한다고 이해하게 된다.

(3) 비재산죄와의 관계

타인의 죄증을 인멸하기 위하여 장물을 은닉한 경우에는 증거인멸죄와 장물보관죄의 상상적 경합이 되고, 장물인 정을 알면서 뇌물로 수수한 경우에는 수뢰죄와 장물취득죄의 상상적 경합이 성립한다.

4. 친족상도례

(1) 장물범과 피해자 간에 친족관계가 있는 경우

형법 제328조를 준용한다. 이는 장물죄의 재산죄로서의 성격을 반영한 규정이다.

(2) 장물범과 본범 간에 친족관계가 있는 경우

장물죄의 범인비호적 성격을 반영하여 형법 제328조 제1항의 신분관계가 있는 경우에는 그 형을 감경 또는 면제한다(필요적 감면).

Ⅲ 상습장물죄

상습장물죄는 상습으로 장물을 취득·양도·운반·보관하거나 이를 알선함으로써 성립하는 범죄이다(형법 제363조 제1항).

Ⅳ 업무상과실·중과실장물죄

업무상과실·중과실장물죄는 업무상과실 또는 중과실에 의하여 장물을 취득·양도·운반·보관하거나 이를 알선함으로써 성립하는 범죄이다(형법 제364조).

> **1. 업무상과실이 인정되는 사례**
> [1] 금은방을 운영하는 자가 귀금속류를 매수함에 있어 매도자의 신원확인절차를 거쳤다고 하여도 장물인지의 여부를 의심할 만한 특별한 사정이 있거나, 매수물품의 성질과 종류 및 매도자의 신원 등에 좀 더 세심한 주의를 기울였다면 그 물건이 장물임을 알 수 있었음에도 불구하고 이를 게을리하여 장물인 정을 모르고 매수하여 취득한 경우에는 업무상과실장물취득죄가 성립한다고 할 것이고, 물건이 장물인지의 여부를 의심할 만한 특별한 사정이 있는지 여부나 그 물건이 장물임을 알 수 있었는지 여부는 매도자의 인적사항과 신분, 물건의 성질과 종류 및 가격, 매도자와 그 물건의 객관적 관련성, 매도자의 언동 등 일체의 사정을 참작하여 판단하여야 한다.
> [2] 금은방 운영자가 반지를 매수함에 있어 장물인 정을 알 수 있었거나 장물인지의 여부를 의심할 만한 특별한 사정이 있었다면 매도인의 신원확인 외에 반지의 출처 및 소지경위 등에 대하여도 확인할 업무상 주의의무가 있다고 할 것임에도 그러한 업무상 주의의무가 없다고 보아 무죄를 선고한 원심판결을 파기한 사례(대판 2003.4.25. 2003도348)
>
> **2. 업무상과실이 인정되지 아니하는 사례**
> 피고인은 중고 휴대전화 매입 업무에 종사하면서 원심공동피고인 1은 물론 원심공동피고인 1이 근무하는 휴대전화 판매점 직원들로부터 고객이 교체한 중고 휴대전화를 매입하는 거래를 하여오던 중 원심공동피고인 1이 피고인에게 고객이 판매를 위탁한 가개통 휴대전화라면서 이 사건 휴대전화 매입을 요청하였고, 피고인은 당일 시세를 정하여 놓은 매입단가표의 가격으로 휴대전화를 매입하여, 휴대전화의 고유 식별번호로 인터넷 사이트(이동전화 단말기 자급제)에서 도난 또는 분실 등록된 휴대전화가 아님을 확인하였고, 원심공동피고인 1로부터 인적사항, 휴대전화 기종, 매입가, 판매 가능한 정상적인 휴대전화라는 취지 등이 기재된 매매계약서를 작성받은 경우, 피고인이 중고 휴대전화를 매입함에 있어 판매자의 인적사항을 확인하고 매입하는 가개통 휴대전화가 분실 또는 도난 신고된 휴대전화인지 여부를 확인하는 외에

> 매입하는 가개통 휴대전화의 등록상 명의자가 누구인지, 만일 판매자가 등록상 명의자가 아니라면 가개통 휴대전화를 판매할 정당한 권한이 있는지, 가개통 휴대전화가 정상적으로 해지되어 문제없이 유통가능한 것인지 여부 등을 확인하지 아니하였더라도 피고인이 업무상 주의의무를 게을리하였다고 할 수 없다(대판 2019.6.13. 2016도21178).

제8절 손괴의 죄

I 의 의

1. 개 념

손괴의 죄란 타인의 재물, 문서 또는 전자기록 등 특수매체기록을 손괴 또는 은닉 기타 방법으로 그 효용을 해하는 것을 내용으로 하는 범죄이다.

2. 보호법익 및 보호정도

재물손괴죄는 소유권의 이용가치, 공익건조물파괴죄는 공익건조물의 유지에 관한 공공의 이익, 경계침범죄는 토지경계의 명확성을 보호법익으로 하며 보호의 정도는 침해범이다.

II 재물손괴죄

1. 의 의

타인의 재물, 문서 또는 전자기록 등 특수매체기록을 손괴 또는 은닉 기타 방법으로 그 효용을 해함으로써 성립하는 범죄이다(형법 제366조).

2. 구성요건

(1) 객관적 구성요건

1) 객 체

① 재물, 문서 또는 전자기록 등 특수매체기록

㉠ 재물 : 유체물, 관리할 수 있는 자연력, 동산, 부동산을 불문한다. 판례에 의하면 재건축사업으로 철거가 예정되어 있고 그 입주자들이 모두 이사하여 아무도 거주하지 않는 아파트도 재물손괴죄의 객체가 된다고(대판 2010.2.25. 2009도8473) 한다.

ⓛ 문서 : 공용서류(형법 제141조 제1항)에 해당하지 아니하는 모든 서류를 말한다. 문서에는 편지·도화·유가증권도 포함된다. 판례에 의하면 계산서에 작성명의인 표시가 없고 그 내용에 있어 표시가 부분적으로 생략되어 몇 개의 계산식만 기재되어 있는 경우 문서에 해당한다고(대판 1985.10.22. 85도1677) 하나, 이미 작성되어 있던 장부의 기재를 새로운 장부로 이기하는 과정에서 누계 등을 잘못 기재하다가 그 부분을 찢어버리고 계속하여 종전장부의 기재내용을 모두 이기하였다면 그 당시 새로운 경리장부는 아직 작성 중에 있어서 손괴죄의 객체가 되는 문서로서의 경리장부가 아니라 할 것이고, 이기과정에서 잘못 기재되어 찢어버린 부분 그 자체는 손괴죄의 객체가 되는 재산적 이용가치 내지 효용이 있는 재물이라고도 볼 수 없다고(대판 1989.10.24. 88도1296) 한다.
ⓒ 전자기록 등 특수매체기록 : 사람의 지각으로 인식할 수 없는 방식에 의하여 만들어진 기록을 말한다.
② **재물의 타인성** : 자기소유에 속하는 것은 공무상보관물무효죄(형법 제142조) 또는 권리행사방해죄(형법 제323조)의 객체는 될 수 있어도 손괴죄의 객체는 될 수 없다.

2) **행 위**

재물손괴의 행위는 손괴·은닉·기타의 방법으로 그 효용을 해하는 것이다.
① **손괴** : 재물 등에 직접 유형력을 행사하여 소유자의 이익에 반하는 물체의 상태변화를 가져오는 일체의 행위를 말한다(보존상태변경설). 이는 일시적인 것이어도 족하고 그 물체의 본래의 용도에 사용할 수 없게 하는 정도로 충분하다. 주요한 판례 사례를 살펴본다.

> 1. **손괴에 해당하는 사례**
> 갑이 홍보를 위해 광고판(홍보용 배너와 거치대)을 1층 로비에 설치해 두었는데, 피고인이 을에게 지시하여 을이 위 광고판을 그 장소에서 제거하여 컨테이너로 된 창고로 옮겨 놓아 갑이 사용할 수 없도록 한 경우, 비록 물질적인 형태의 변경이나 멸실, 감손을 초래하지 않은 채 그대로 옮겼더라도 위 광고판은 본래적 역할을 할 수 없는 상태로 되었으므로 피고인의 행위는 재물손괴죄에서의 재물의 효용을 해하는 행위에 해당한다(대판 2018.7.24. 2017도18807).
> 2. **손괴에 해당하지 아니하는 사례**
> [1] 소유자의 의사에 따라 어느 장소에 게시 중인 문서를 소유자의 의사에 반하여 떼어내는 것과 같이 소유자의 의사에 따라 형성된 종래의 이용상태를 변경시켜 종래의 상태에 따른 이용을 일시적으로 불가능하게 하는 경우에도 문서손괴죄가 성립할 수 있다. 그러나 문서손괴죄는 문서의 소유자가 문서를 소유하면서 사용하는 것을 보호하려는 것이므로, 어느 문서에 대한 종래의 사용상태가 문서 소유자의 의사에 반하여 또는 문서 소유자의 의사와 무관하게 이루어진 경우에 단순히 종래의 사용상태를 제거하거나 변경시키는 것에 불과하고 손괴, 은닉하는 등으로 새로이 문서 소유자의 문서 사용에 지장을 초래하지 않는 경우에는 문서의 효용, 즉 문서 소유자의 문서에 대한 사용가치를 일시적으로도 해하였다고 할 수 없어서 문서손괴죄가 성립하지 아니한다.

[2] 피고인은 이 사건 아파트 입주자로서 ○○신도시 쓰레기 자동집하시설 건립 반대를 위한 비상대책위원회(이하 '비대위') 위원장인바, 2012.8.1. 20:38경 이 사건 아파트 관리사무소장이 이 사건 아파트 303동 3·4호 라인 엘리베이터 벽면에 게시한 "○○시청 ○○신도시 생활쓰레기 자동집하시설 공사 반대 탄원에 따른 회신 문서"(이하 '이 사건 회신 문서') 1부를 임의로 제거한 경우, 이 사건 회신 문서를 위 엘리베이터 벽면에 게시한 것이 이 사건 회신 문서 소유자의 의사에 따른 것으로 인정되지 아니하므로 이 사건 아파트 관리주체의 동의 등 게시물 제거에 필요한 절차를 밟지 않고 이 사건 회신 문서를 위 엘리베이터 벽면에서 떼어내었다는 이유로 문서손괴죄가 성립하는 것은 아니라고 한 사례(대판 2015.11.27. 2014도13083).

② 은닉 : 소재를 불분명하게 하여 그 발견을 곤란 또는 불가능하게 하는 것을 말한다. 행위자가 점유하고 있다는 사실을 피해자가 알고 있다고 하더라도 피해자가 이를 발견할 수 없다면 은닉에 해당한다(대판 1971.11.23. 71도1576).

③ 기타의 방법 : 손괴·은닉 이외의 방법으로 재물 등의 효용을 침해하는 일체의 행위를 말한다. 사실상으로나 감정상으로 그 재물을 본래의 사용목적에 제공할 수 없게 하는 상태로 만드는 것을 말하며, 일시적으로 그 재물을 이용할 수 없거나 구체적 역할을 할 수 없는 상태로 만드는 것도 포함한다(대판 2021.5.7. 2019도13764).

피고인이 평소 자신이 굴삭기를 주차하던 장소에 갑의 차량이 주차되어 있는 것을 발견하고 갑의 차량 앞에 철근콘크리트 구조물을, 뒤에 굴삭기 크러셔를 바짝 붙여 놓아 갑이 17~18시간 동안 차량을 운행할 수 없게 된 경우, 차량 앞뒤에 쉽게 제거하기 어려운 구조물 등을 붙여 놓은 행위는 차량에 대한 유형력 행사로 보기에 충분하고, 차량 자체에 물리적 훼손이나 기능적 효용의 멸실 내지 감소가 발생하지 않았더라도 갑이 위 구조물로 인해 차량을 운행할 수 없게 됨으로써 일시적으로 본래의 사용목적에 이용할 수 없게 된 이상 차량 본래의 효용을 해한 경우라고 보아야 한다(대판 2021.5.7. 2019도13764).

④ 착수·기수시기 : 손괴의 고의로 효용침해행위를 직접적으로 개시한 때에 실행의 착수가 인정된다. 재물 등의 이용가치의 감소상태가 발생한 때, 즉 효용을 해하는 정도에 이르렀을 때 재물손괴죄는 기수에 이르게 된다.

갑 주식회사의 직원인 피고인들이 유색 페인트와 래커 스프레이를 이용하여 갑 회사 소유의 도로 바닥에 직접 문구를 기재하거나 도로 위에 놓인 현수막 천에 문구를 기재하여 페인트가 바닥으로 배어 나와 도로에 배게 하는 방법으로 다중의 위력으로써 도로의 효용을 해하였다고 하여 특수재물손괴로 기소된 사안에서, 피고인들이 위와 같은 방법으로 도로 바닥에 여러 문구를 써놓은 행위가 위 도로의 효용을 해하는 정도에 이른 것이라고 보기 어렵다는 이유로, 이와 달리 보아 공소사실을 유죄로 판단한 원심판결에 재물손괴죄에 관한 법리를 오해하는 등의 잘못이 있다고 한 사례(대판 2020.3.27. 2017도20455).

(2) 주관적 구성요건

손괴죄는 고의범이므로 고의가 있어야 한다. 그러나 불법영득의사는 필요로 하지 아니한다.

> [1] 재물손괴죄는 다른 사람의 재물을 손괴 또는 은닉하거나 그 밖의 방법으로 그 효용을 해한 경우에 성립하는 범죄로, 행위자에게 다른 사람의 재물을 자기소유물처럼 그 경제적 용법에 따라 이용·처분할 의사(불법영득의사)가 없다는 점에서 절도, 강도, 사기, 공갈, 횡령 등 영득죄와 구별된다. 다른 사람의 소유물을 본래의 용법에 따라 무단으로 사용·수익하는 행위는 소유자를 배제한 채 물건의 이용가치를 영득하는 것이고, 그 때문에 소유자가 물건의 효용을 누리지 못하게 되었더라도 효용 자체가 침해된 것이 아니므로 재물손괴죄에 해당하지 않는다.
> [2] 피고인이 타인 소유 토지에 권원 없이 건물을 신축함으로써 그 토지의 효용을 해하였다는 이 사건 공소사실에 대하여, 원심은 판시와 같은 이유로 무죄로 판단하였다. 원심판결 이유에는 적절하지 않은 부분이 있지만, 피고인의 행위는 이미 대지화된 토지에 건물을 새로 지어 부지로서 사용·수익함으로써 그 소유자로 하여금 효용을 누리지 못하게 한 것일 뿐 토지의 효용을 해하지 않았으므로, 재물손괴죄가 성립하지 않는다는 결론은 정당하다(대판 2022.11.30. 2022도1410).

3. 위법성

일반적인 위법성조각사유에 의하여 손괴죄의 위법성이 조각될 수 있고, 피해자의 동의는 구성요건 해당성을 조각하는 양해가 된다. 그러나 판례는 피해자의 동의를 위법성조각사유인 피해자의 승낙이라고 판시하고 있다(대판 2011.5.13. 2010도9962).

4. 타죄와의 관계

(1) 문서변조죄와의 관계

문서변조죄와의 관계에서 문서손괴죄는 원칙적으로 타인소유·자기명의의 문서의 경우에 문제된다. 타인소유·타인명의의 문서의 경우에는 문서변조죄만 문제되나(변조죄가 손괴죄에 대하여 특별관계), 행사의 목적이 없거나 문서의 효용 전부를 없애거나 명의인의 동의가 있는 예외적인 경우에는 손괴도 가능하다고 판단된다.

> - 비록 자기명의의 문서라 할지라도 이미 타인(타기관)에 접수되어 있는 문서에 대하여 함부로 이를 무효화시켜 그 용도에 사용하지 못하게 하였다면 일응 형법상의 문서손괴죄를 구성한다 할 것이므로 그러한 내용의 범죄될 사실을 허위로 기재하여 수사기관에 고소한 이상 무고죄의 죄책을 면할 수 없다(대판 1987.4.14. 87도177).
> - 약속어음의 발행인이 소지인에게 어음의 액면과 지급기일을 개서하여 주겠다고 하여 위 어음을 교부받은 후 위 어음의 수취인란에 타인의 이름을 추가로 기입하여 위 어음배서의 연속성을 상실하게 함으로써 그 효용을 해한 경우에는 문서손괴죄에 해당한다(대판 1985.2.26. 84도2802).

(2) 업무방해죄와의 관계

> 2000.11.22.부터 2001.1.19. 사이에 발생한 수차에 걸친 난방공급 중단에 따른 각종 시설물과 장비 손괴의 범죄사실을 2000.12.13.부터 2001.1.31.까지의 전면파업을 통한 과학기술원 업무방해의 범죄사실과 실체적 경합범관계에 있다(대판 2003.12.26. 2001도3380).

III 공익건조물파괴죄

공익건조물파괴죄는 공익에 공하는 건조물을 파괴함으로써 성립하는 범죄이다(형법 제367조).

IV 중손괴죄 · 손괴치사상죄

중손괴죄는 재물손괴죄와 공익건조물파괴죄를 범하여 사람의 생명 또는 신체에 대하여 위험을 발생하게 함으로써 성립하는 범죄이고(형법 제368조 제1항), 손괴치사상죄는 재물손괴죄와 공익건조물파괴죄를 범하여 사람을 상해 또는 사망에 이르게 함으로써 성립하는 범죄이다(형법 제368조 제2항).

V 특수손괴죄

특수손괴죄는 단체 또는 다중의 위력을 보이거나 위험한 물건을 휴대하여 재물손괴죄 또는 공익건조물파괴죄를 범함으로써 성립하는 범죄이다(형법 제369조 제1항, 제2항).

VI 경계침범죄

1. 의 의

경계침범죄는 경계표를 손괴·이동 또는 제거하거나 기타 방법으로 토지의 경계를 인식불능하게 함으로써 성립하는 범죄이다(형법 제370조).

2. 구성요건

(1) 객관적 구성요건

경계침범죄의 객체는 토지의 경계이다. 행위는 경계표를 손괴·이동 또는 제거하거나 기타 방법으로 경계를 인식불능하게 하는 것이다.

> [1] 경계침범죄는 토지의 경계에 관한 권리관계의 안정을 확보하여 사권을 보호하고 사회질서를 유지하려는 데 그 목적이 있는 것으로서, 단순히 경계표를 손괴, 이동 또는 제거하는 것만으로는 부족하고 위와 같은 행위나 기타 방법으로 토지의 경계를 인식불능하게 함으로써 비로소 성립된다 할 것인데, 여기에서 말하는 경계는 법률상의 정당한 경계인지 여부와는 상관없이 종래부터 경계로서 일반적으로 승인되어 왔거나 이해관계인들의 명시적 또는 묵시적 합의가 존재하는 등 어느 정도 객관적으로 통용되어 오던 사실상의 경계를 의미한다 할 것이므로, 설령 법률상의 정당한 경계를 침범하는 행위가 있었다 하더라도 그로 말미암아 위와 같은 토지의 사실상의 경계에 대한 인식불능의 결과가 발생하지 않는 한 경계침범죄가 성립하지 아니한다 할 것이다.
> [2] 피고인이 피해자 소유의 인접한 토지를 침범하여 나무를 심고 도랑을 파내는 등의 행위를 하였다는 경계침범의 공소사실에 대하여, 피고인과 피해자 소유의 토지는 이전부터 경계구분이 되어 있지 않았고, 피고인의 행위로 새삼스럽게 토지경계에 대한 인식불능의 결과를 초래하였다고 볼 수 없다는 이유로 무죄를 선고한 원심판결을 수긍한 사례(대판 2010.9.9. 2008도8973)

(2) 주관적 구성요건

경계표를 손괴・이동 또는 제거하거나 기타 방법으로 토지의 경계를 인식불능하게 한다는 사실에 대한 고의가 있어야 한다. 물론 불법영득의사는 필요로 하지 아니한다.

제9절 권리행사를 방해하는 죄

I 의 의

1. 개 념

권리행사를 방해하는 죄란 타인의 점유 또는 권리의 목적이 된 자기의 물건에 대한 타인의 권리행사를 방해하거나 강제집행을 면할 목적으로 채권자를 해하는 것을 내용으로 하는 범죄이다.

2. 보호법익 및 보호정도

권리행사방해죄의 보호법익은 제한물권과 채권이고 점유강취죄는 제한물권과 자유권, 강제집행면탈죄는 채권자의 채권이다. 보호받는 정도는 권리행사방해죄와 강제집행면탈죄는 추상적 위험범이고 점유강취죄는 침해범이다.

Ⅱ 권리행사방해죄

1. 의 의

권리행사방해죄는 타인의 점유 또는 권리의 목적이 된 자기의 물건 또는 전자기록등 특수매체기록을 취거·은닉 또는 손괴하여 타인의 권리행사를 방해함으로써 성립하는 범죄이다(형법 제323조).

2. 구성요건

(1) 객관적 구성요건

1) 주 체

자기의 재물을 타인의 제한물권 또는 채권의 목적물로 제공한 사람인 재물의 소유자만 본죄의 주체가 된다. 이런 의미에서 본죄는 진정신분범이라고 할 수 있다.

> 1. 권리행사방해죄가 성립하는 사례
>   - 자동차대여사업 회사의 실질적인 대표이사가 자가용으로 사용하는 것임에도 형식상으로 렌트카영업을 하는 회사의 명의를 빌려 대여용인 것처럼 구입하게 하는 방법으로 구입하여, 자동차의 실제 매수자들이 점유하는 차량을 취거한 경우, 권리행사방해죄를 구성한다(대판 2003.6.27. 2002도6088).
>   - 주식회사의 대표이사가 대표이사의 지위에 기하여 그 직무집행행위로서 타인이 점유하는 위 회사의 물건을 취거한 경우에는, 위 행위는 위 회사의 대표기관으로서의 행위라고 평가되므로, 위 회사의 물건도 권리행사방해죄에 있어서의 "자기의 물건"이라고 보아야 할 것이다(대판 1992.1.21. 91도1170).
> 2. 권리행사방해죄가 성립하지 아니하는 사례
>   - 권리행사방해죄는 타인의 점유 또는 권리의 목적이 된 자기의 물건을 취거, 은닉 또는 손괴하여 타인의 권리행사를 방해함으로써 성립하므로 그 취거, 은닉 또는 손괴한 물건이 자기의 물건이 아니라면 권리행사방해죄가 성립할 수 없다. 물건의 소유자가 아닌 사람은 형법 제33조 본문에 따라 소유자의 권리행사방해 범행에 가담한 경우에 한하여 그의 공범이 될 수 있을 뿐이다. 그러나 권리행사방해죄의 공범으로 기소된 물건의 소유자에게 고의가 없는 등으로 범죄가 성립하지 않는다면 공동정범이 성립할 여지가 없다(대판 2017.5.30. 2017도4578).
>   - 렌트카회사의 공동대표이사 중 1인이 회사 보유 차량을 자신의 개인적인 채무담보 명목으로 피해자에게 넘겨 주었는데 다른 공동대표이사인 피고인이 위 차량을 몰래 회수하도록 한 경우, 이 사건 승용차는 (회사명 생략)렌트카(주)가 구입하여 보유 중이나 이 사건 공소사실 기재 일시까지도 아직 위 회사나 피고인 명의로 신규등록 절차를 마치지 않은 미등록 상태였던 사실을 알 수 있다. 따라서 이 사건 승용차는 이 사건 공소사실 기재 범행 당시 (회사명 생략)렌트카(주) 혹은 피고인의 소유물이라고 할 수 없어 이를 전제로 하는 권리행사방해죄는 성립되지 아니한다(대판 2006.3.23. 2005도4455).
>   - 피고인은 2019.11.4. 22:10경 이 사건 건물 5층에 가족과 함께 임시로 거주하는 피해자를 만나 약속한 돈이 입금되지 않았다면서 퇴거를 요구하였으나 받아들여지지 않자, 피해자의 가족을 내쫓을 목적으로 아들인 공소외 3에게 이 사건 건물 5층 현관문에 설치된 디지털 도어락(이하 '이 사건

도어락')의 비밀번호를 변경할 것을 지시하였고, 공소외 3은 피고인의 지시에 따라 이 사건 도어락의 비밀번호를 변경한 경우, 이 사건 도어락은 피고인 소유의 물건일 뿐 공소외 3 소유의 물건은 아니라는 것이다. 따라서 앞서 본 법리에 비추어 보면, 공소외 3이 자기의 물건이 아닌 이 사건 도어락의 비밀번호를 변경하였다고 하더라도 권리행사방해죄가 성립할 수 없고, 이와 같이 정범인 공소외 3의 권리행사방해죄가 인정되지 않는 이상 교사자인 피고인에 대하여 권리행사방해교사죄도 성립할 수 없다(대판 2022.9.15. 2022도5827).

2) 객체(타인의 점유 또는 권리의 목적이 된 자기의 물건 또는 전자기록 등 특수매체기록)
① 자기의 물건 등 : 자기의 물건은 자기의 단독소유인 물건을 의미한다. 타인과의 공동소유물은 본죄의 객체가 되지 아니한다.

> 1. **권리행사방해죄의 성립 여부에 대한 사례**
> 1) 권리행사방해죄가 성립하는 사례
> 법인의 대표기관이 아닌 대리인이나 지배인이 대표기관과 공모 없이 한 행위라도 그 직무권한 범위 내에서 직무에 관하여 타인이 점유하는 법인의 물건을 취거한 경우에는 대표기관이 한 행위와 법률적·사실적 효력이 동일하고, 법인의 물건을 법인의 이익을 위해 취거하여 불법영득의사가 없는 점과 범의 내용 등에 관해서 실질적인 차이가 없으므로 권리행사방해죄가 규정하는 '자기의 물건을 취거한 경우'에 해당한다(대판 2020.9.24. 2020도9801).
> 2) 권리행사방해죄가 성립하지 아니하는 사례
> • 피고인이 택시를 회사에 지입하여 운행하였다고 하더라도, 피고인이 회사와 사이에 위 택시의 소유권을 피고인이 보유하기로 약정하였다는 등의 특별한 사정이 없는 한, 위 택시는 그 등록명의자인 회사의 소유이고 피고인의 소유는 아니라고 할 것이므로 회사의 요구로 위 택시를 회사 차고지에 입고하였다가 회사의 승낙을 받지 않고 이를 가져간 피고인의 행위는 권리행사방해죄에 해당하지 않는다(대판 2003.5.30. 2000도5767).
> • 피고인이 피해자에게 담보로 제공한 차량이 그 자동차등록원부에 타인 명의로 등록되어 있는 이상 그 차량은 피고인의 소유는 아니므로, 피고인이 피해자의 승낙 없이 미리 소지하고 있던 위 차량의 보조키를 이용하여 이를 운전하여 간 행위는 권리행사방해죄를 구성하지 않는다(대판 2005.11.10. 2005도6604).
> 2. **명의신탁부동산과 권리행사방해죄의 성립 여부**
> 1) 신탁자에게 권리행사방해죄가 성립하지 아니하는 사례
> [1] 부동산 실권리자명의 등기에 관한 법률 제8조는 배우자 명의로 부동산에 관한 물권을 등기한 경우에 조세포탈, 강제집행의 면탈 또는 법령상 제한의 회피를 목적으로 하지 아니한 때에는 제4조 내지 제7조 및 제12조 제1항, 제2항의 규정을 적용하지 아니한다고 규정하고 있는바, 만일 명의신탁자가 그러한 목적으로 명의신탁을 함으로써 명의신탁이 무효로 되는 경우에는 말할 것도 없고, 그러한 목적이 없어서 유효한 명의신탁이 되는 경우에도 제3자인 부동산의 임차인에 대한 관계에서는 명의신탁자는 소유자가 될 수 없으므로, 어느 모로 보나 신탁한 부동산이 권리행사방해죄에서 말하는 '자기의 물건'이라 할 수 없다.
> [2] 피고인이 이른바 중간생략등기형 명의신탁 또는 계약명의신탁의 방식으로 자신의 처에게 등기명의를 신탁하여 놓은 점포에 자물쇠를 채워 점포의 임차인을 출입하지 못하게 한 경우, 그 점포가 권리행사방해죄의 객체인 자기의 물건에 해당하지 않는다고 한 사례(대판 2005.9.9. 2005도626)

2) 수탁자에게 권리행사방해죄가 성립하지 아니하는 사례

권리행사방해죄에서 말하는 '자기의 물건'이라 함은 범인이 소유하는 물건을 의미하고, 여기서 소유권의 귀속은 민법 기타 법령에 의하여 정하여진다 할 것인바, 부동산실권리자 명의등기에 관한 법률 제4조 제1항, 제2항 및 제8조에 의하면 종중 및 배우자에 대한 특례가 인정되는 경우나 부동산에 관한 물권을 취득하기 위한 계약에서 명의수탁자가 그 일방 당사자가 되고 그 타방 당사자가 명의신탁약정이 있다는 사실을 알지 못하는 경우 이외에는 명의수탁자는 명의신탁 받은 부동산의 소유자가 될 수 없고, 이는 제3자에 대한 관계에 있어서도 마찬가지이므로, 명의수탁자로서는 명의신탁 받은 부동산이 '자기의 물건'이라고 할 수 없다(대판 2007.1.11. 2006도4215).

3. **강제경매와 권리행사방해죄의 성립 여부**

피고인이, 갑 주식회사가 유치권을 행사 중인 건물을 강제경매를 통하여 자신의 아들 을 명의로 매수한 후 그 잠금장치를 변경하여 점유를 침탈한 경우, 부동산경매절차에서 부동산을 매수하려는 사람이 타인과의 명의신탁약정 아래 타인 명의로 매각허가결정을 받아 자신의 부담으로 매수대금을 완납한 때에는 경매목적 부동산의 소유권은 매수대금의 부담 여부와는 관계없이 그 명의인이 취득하게 되므로, 피고인이 위 건물에 대한 갑 회사의 점유를 침탈하였더라도 피고인의 물건에 대한 타인의 권리행사를 방해한 것으로 볼 수 없다(대판 2019.12.27. 2019도14623).

② 타인의 점유의 목적 : 본죄의 점유는 사실상의 재물지배를 의미하고 타인과 공동점유는 타인의 점유에 해당한다. 학설은 본죄의 점유는 보호법익으로서의 기능을 가지므로 적법한 권원에 의한 점유에 제한된다는 것이 일반적이나, 판례는 권리행사방해죄에서의 보호대상인 '타인의 점유'는 반드시 점유할 권원에 기한 점유만을 의미하는 것은 아니고, 일단 적법한 권원에 기하여 점유를 개시하였으나 사후에 점유권원을 상실한 경우의 점유, 점유권원의 존부가 외관상 명백하지 아니하여 법정절차를 통하여 권원의 존부가 밝혀질 때까지의 점유, 권원에 기하여 점유를 개시한 것은 아니나 동시이행항변권 등으로 대항할 수 있는 점유 등과 같이 법정절차를 통한 분쟁해결시까지 잠정적으로 보호할 가치 있는 점유는 모두 포함된다고 볼 것이며, 다만 절도범인의 점유와 같이 점유할 권리 없는 자의 점유임이 외관상 명백한 경우는 포함되지 아니한다고(대판 2010.10.14. 2008도6578) 판시하고 있다.

타인의 점유의 목적에 대한 사례

• 권리행사방해죄에 있어서의 타인의 점유라 함은 권원으로 인한 점유, 즉 정당한 원인에 기하여 그 물건을 점유하는 권리 있는 점유를 의미하는 것으로서 본권을 갖지 아니한 절도범인의 점유는 여기에 해당하지 아니하나, 반드시 본권에 의한 점유에 한하지 아니하고 동시이행항변권 등에 기한 점유와 같은 적법한 점유도 여기에 해당한다고 할 것이고, 한편, 쌍무계약이 무효로 되어 각 당사자가 서로 취득한 것을 반환하여야 할 경우, 어느 일방의 당사자에게만 먼저 그 반환의무의 이행이 강제된다면 공평과 신의칙에 위배되는 결과가 되므로 각 당사자의 반환의무는 동시이행 관계에 있다고 보아 민법 제536조를 준용함이 옳다고 해석되고, 이러한 법리는 경매절차가 무효로 된 경우에도 마찬가지라고 할 것이므로, 무효인 경매절차에서 경매목적물을 경락받아 이를 점유하고 있는 낙찰자의 점유는 적법한 점유로서 그 점유자는 권리행사방해죄에 있어서의 타인의 물건을 점유하고 있는 자라고 할 것이다(대판 2003.11.28. 2003도4257).

- [1] 권리행사방해죄에 있어서의 타인의 점유라 함은 권원으로 인한 점유, 즉 정당한 원인에 기하여 물건을 점유하는 것을 의미하지만, 반드시 본권에 기한 점유만을 말하는 것이 아니라 유치권 등에 기한 점유도 여기에 해당한다.
  [2] 甲 종합건설회사가 유치권 행사를 위하여 점유하고 있던 주택에 피고인이 그 소유자인 처(妻)와 함께 출입문 용접을 해제하고 들어가 거주한 사안에서, 유치권자인 甲 회사의 권리행사를 방해하였다고 보아 형법 제323조의 권리행사방해죄의 유죄를 인정한 원심판단을 수긍한 사례(대판 2011.5.13. 2011도2368)

③ **타인의 권리의 목적** : 타인의 제한물권 또는 채권의 목적이 된 자기의 물건을 말한다. 정지조건 있는 대물변제예약이 되어 있는 물건(대판 1968.6.18. 68도616), 가압류가 되어 있는 물건(대판 1960.9.14. 4292형상537) 등과 같이 권리는 반드시 점유를 수반하는 것임을 요하지 아니하고 타인에게 점유가 없는 경우에도 포함된다.

3) **행위**(취거・은닉 또는 손괴하여 타인의 권리행사를 방해하는 것)

① **취거・은닉・손괴** : 취거란 점유자의 의사에 반하여 재물에 대한 점유자의 사실상의 지배를 배제하고 자기 또는 제3자의 사실상의 지배하에 옮기는 것을 말한다. 점유자의 의사나 그의 하자있는 의사에 기하여 점유가 이전된 경우에는 취거로 볼 수 없다(대판 1988.2.23. 87도1952). 은닉은 물건의 소재 발견이 불가능 또는 현저히 곤란한 상태에 두는 것을 말한다. 손괴란 물리적 훼손 등의 방법으로 물건의 전부 또는 일부에 대하여 그 용익적・가치적 효용을 해하는 것을 말한다. 판례에 의하면 타인의 권리의 목적이 된 자기소유의 부동산을 매도하고 소유권이전등기를 하여준 행위는 취거・은닉 또는 손괴행위의 어느 것에도 해당될 수 없어 본죄는 성립하지 아니한다고(대판 1972.6.27. 71도1072) 판시하고 있다.

은닉에 해당하는 사례
- 피고인들이 공모하여 렌트카 회사인 갑 주식회사를 설립한 다음 을 주식회사 등의 명의로 저당권등록이 되어 있는 다수의 차량들을 사들여 갑 회사 소유의 영업용 차량으로 등록한 후 자동차대여사업자등록 취소처분을 받아 차량등록을 직권말소시켜 저당권 등이 소멸되게 함으로써 을 회사 등의 저당권의 목적인 차량들을 은닉하는 방법으로 권리행사를 방해하였다는 내용으로 기소된 사안에서, 피고인들은 처음부터 자동차대여사업자에 대한 등록취소 및 자동차등록 직권말소절차의 허점을 이용하여 권리행사를 방해할 목적으로 범행을 모의한 다음 렌트카 사업자등록만 하였을 뿐 실제로는 영업을 하지 아니함에도 차량 구입자들 또는 지입차주들로 하여금 차량을 관리・처분하도록 함으로써 차량들의 소재를 파악할 수 없게 하였고, 나아가 자동차대여사업자등록이 취소되어 차량들에 대한 저당권등록마저 직권말소되도록 하였으므로, 이러한 행위는 그 자체로 저당권자인 을 회사 등으로 하여금 자동차등록원부에 기초하여 저당권의 목적이 된 자동차의 소재를 파악하는 것을 현저하게 곤란하게 하거나 불가능하게 하는 행위에 해당함에도, 이와 달리 피고인들이 차량들을 은닉하였다고 단정할 수 없다는 이유로 무죄로 판단한 원심판결에 권리행사방해죄에 관한 법리오해의 잘못이 있다고 한 사례(대판 2017.5.17. 2017도2230)

> - 피고인들이 운영하는 자동차정비업체 소유의 건물과 기계·기구에 근저당권을 설정하고도 담보유지의무를 위반하여, 이 사건 건물을 철거 및 멸실등기 하고, 이 사건 기계·기구를 양도한 경우, 이로써 피해자의 권리의 목적이 된 피고인들의 물건을 손괴 또는 은닉하여 피해자의 권리행사를 방해한 권리행사방해죄 및 그 공모공동정범이 성립한다(대판 2021.1.14. 2020도14735).
> - 피고인이 차량을 구입하면서 피해자로부터 차량 매수대금을 차용하고 담보로 차량에 피해자 명의의 저당권을 설정해 주었는데, 그 후 대부업자로부터 돈을 차용하면서 차량을 대부업자에게 담보로 제공하여 이른바 '대포차'로 유통되게 한 경우, 피고인이 피해자의 권리의 목적이 된 피고인의 물건을 은닉하여 권리행사를 방해한 것으로 보아야 한다(대판 2016.11.10. 2016도13734).

② 권리행사방해 : 타인의 권리행사가 방해될 우려가 있는 상태에 이른 것을 말한다. 타인의 권리행사가 현실적으로 방해되었을 것을 요하는 것은 아니며 방해될 위험이 있으면 충분하다.

(2) 주관적 구성요건

타인의 권리행사를 방해한다는 사실에 대한 고의가 있어야 한다. 물론 불법영득의사는 필요없다.

3. 친족상도례

직계혈족, 배우자, 동거친족, 동거가족 또는 그 배우자 간의 제323조의 죄는 그 형을 면제한다. 이 이외의 친족 간에 제323조의 죄를 범한 때에는 고소가 있어야 공소를 제기할 수 있다(형법 제328조).

> [1] 여러 사람의 권리의 목적이 된 자기의 물건을 취거, 은닉 또는 손괴함으로써 그 여러 사람의 권리행사를 방해하였다면 권리자별로 각각 권리행사방해죄가 성립하고 각 죄는 서로 상상적 경합범의 관계에 있다. 여러 명의 유류분권리자가 각자의 유류분반환청구권을 보전하기 위하여 부동산에 대한 가압류결정을 받아 가압류등기가 마쳐진 경우, 위 부동산은 유류분권리자들 각자의 유류분반환청구권 집행을 보전하기 위한 가압류의 목적이 되고 이는 유류분권리자들이 가압류를 개별적으로 신청하였는지 공동으로 신청하였는지에 따라 다르지 않다. 한편 형법 제328조 제1항은 "직계혈족, 배우자, 동거친족, 동거가족 또는 그 배우자 간의 제323조의 죄는 그 형을 면제한다."라고 정하고 있는데, 위 조항에 따른 형면제 요건에 해당하는지는 각 죄마다 살펴보아야 한다.
> [2] 피고인들에 대한 공소사실을 모두 유죄로 인정한 다음 그중 피해자 공소외 1에 대한 권리행사방해 부분은 친족 사이의 범행에 해당한다고 보아, 공소사실 전부에 관하여 하나의 형을 정하거나 그 형의 선고를 유예한 제1심판결을 파기하고, 피해자 공소외 2에 대한 권리행사방해 부분에 관하여만 형을 정하거나 그 형의 선고를 유예하고 피해자 공소외 1에 대한 권리행사방해 부분에 관하여는 형법 제328조 제1항을 적용하여 형을 면제한 원심을 수긍한 사례(대판 2022.5.12. 2021도16876).

Ⅲ 점유강취죄·준점유강취죄

점유강취죄는 폭행·협박으로 타인의 점유에 속하는 자기의 물건을 강취함으로써 성립하는 범죄이고(형법 제325조 제1항), 준점유강취죄는 타인의 점유에 속하는 자기의 물건을 취거하는 과정에서 그 물건의 탈환에 항거하거나 체포를 면탈하거나 범죄의 흔적을 인멸할 목적으로 폭행 또는 협박을 가함으로써 성립하는 범죄이다(형법 제325조 제2항).

Ⅳ 중권리행사방해죄

중권리행사방해죄는 점유강취죄·준점유강취죄를 범하여 사람의 생명에 대한 위험을 발생하게 함으로써 성립하는 범죄이다(형법 제326조).

Ⅴ 강제집행면탈죄

1. 의 의

강제집행면탈죄는 강제집행을 면할 목적으로 재산을 은닉·손괴·허위양도 또는 허위의 채무를 부담하여 채권자를 해함으로써 성립하는 범죄이다(형법 제327조).

2. 구성요건

(1) 객관적 구성요건

1) 주 체

채무자가 본죄의 주체가 된다는 데는 의문이 없으나 제3자가 주체가 될 수 있는지 여부에 대하여는 견해가 대립하고 있다. 생각건대 형법 제327조가 본죄의 주체를 채무자로 제한하고 있지 아니하므로 형법의 해석상 제3자도 본죄의 주체가 된다고 이해하는 것이 타당하다.

2) 객 체

객체는 재산으로, 이에는 재물과 권리가 포함된다. 재물은 동산·부동산을 불문하고 권리는 채권·산업재산권을 가리지 아니한다. 재산은 민사소송법상 강제집행의 대상이 될 수 있어야 한다.

> **1. 강제집행의 대상에 해당하는 사례**
> - [1] 강제집행면탈죄의 객체인 재산은 채무자의 재산 중에서 채권자가 민사집행법상 강제집행 또는 보전처분의 대상으로 삼을 수 있는 것을 의미하는데, 장래의 권리라도 채무자와 제3채무자 사이에 채무자의 장래청구권이 충분하게 표시되었거나 결정된 법률관계가 존재한다면 재산에 해당하는 것으로 보아야 한다.
> [2] 피해자 甲은 乙의 채권자로서 乙이 丙 소유 부동산 경매사건에서 지급받을 배당금 채권의 일부에 가압류를 해 두었는데, 乙 사망 후 피고인과 丙, 乙의 상속인 등이 공모하여 丙의 乙에 대한 채무가 완제된 것처럼 허위의 채무완제확인서를 작성하여 법원에 제출하는 등의 방법으로 매각허가결정된 丙 소유 부동산의 경매를 취소하였다는 내용으로 기소된 사안에서, 乙의 상속인들이 丙 소유 부동산의 경매절차에서 배당받을 배당금지급채권은 강제집행면탈죄의 객체인 '재산'에 해당하고, 피고인 등이 丙의 乙에 대한 채권이 완제된 것처럼 가장하여 乙의 상속인 등을 상대로 청구이의의 소를 제기하고 그 판결에 기하여 강제집행정지 및 경매취소에 이르게 한 행위는 소유관계를 불명하게 하는 방법에 의한 '재산의 은닉'에 해당한다는 이유로, 피고인에게 강제집행면탈죄를 인정한 원심판단을 수긍한 사례(대판 2011.7.28. 2011도6115).
> - 강제집행면탈죄에 있어서 재산에는 동산·부동산뿐만 아니라 재산적 가치가 있어 민사소송법에 의한 강제집행 또는 보전처분이 가능한 특허 내지 실용신안 등을 받을 수 있는 권리도 포함된다(대판 2001.11.27. 2001도4759).

2. 강제집행의 대상에 해당하지 아니하는 사례

- 의료법 제33조 제2항, 제87조 제1항 제2호는 의료기관 개설자의 자격을 의사 등으로 한정한 다음 의료기관의 개설자격이 없는 자가 의료기관을 개설하는 것을 엄격히 금지하고 있고, 이를 위반한 경우 형사처벌하도록 정함으로써 의료의 적정을 기하여 국민의 건강을 보호·증진하는 데 기여하도록 하고 있다. 또한 국민건강보험법 제42조 제1항은 요양급여는 '의료법에 따라 개설된 의료기관'에서 행하도록 정하고 있다. 따라서 의료법에 의하여 적법하게 개설되지 아니한 의료기관에서 요양급여가 행하여졌다면 해당 의료기관은 국민건강보험법상 요양급여비용을 청구할 수 있는 요양기관에 해당되지 아니하여 해당 요양급여비용 전부를 청구할 수 없고, 해당 의료기관의 채권자로서도 위 요양급여비용 채권을 대상으로 하여 강제집행 또는 보전처분의 방법으로 채권의 만족을 얻을 수 없는 것이므로, 결국 위와 같은 채권은 강제집행면탈죄의 객체가 되지 아니한다(대판 2017.4.26. 2016도19982).

- 압류금지채권의 목적물이 채무자의 예금계좌에 입금된 경우에는 그 예금채권에 대하여 더 이상 압류금지의 효력이 미치지 아니하므로 그 예금은 압류금지채권에 해당하지 않지만, 압류금지채권의 목적물이 채무자의 예금계좌에 입금되기 전까지는 여전히 강제집행 또는 보전처분의 대상이 될 수 없으므로, 압류금지채권의 목적물을 수령하는 데 사용하던 기존 예금계좌가 채권자에 의해 압류된 채무자가 압류되지 않은 다른 예금계좌를 통하여 그 목적물을 수령하더라도 강제집행이 임박한 채권자의 권리를 침해할 위험이 있는 행위라고 볼 수 없어 강제집행면탈죄가 성립하지 않는다(대판 2017.8.18. 2017도6229).

- [1] 명의신탁자와 명의수탁자가 이른바 계약명의신탁 약정을 맺고 명의수탁자가 당사자가 되어 명의신탁 약정이 있다는 사실을 알지 못하는 소유자와 부동산에 관한 매매계약을 체결한 후 그 매매계약에 따라 당해 부동산의 소유권이전등기를 명의수탁자 명의로 마친 경우에는, 명의신탁자와 명의수탁자의 명의신탁 약정이 무효임에도 불구하고 부동산 실권리자명의 등기에 관한 법률 제4조 제2항 단서에 의하여 명의수탁자가 당해 부동산의 완전한 소유권을 취득한다. 반면에 소유자가 계약명의신탁 약정이 있다는 사실을 안 경우에는 수탁자 명의의 소유권이전등기는 무효이고 당해 부동산의 소유권은 매도인이 그대로 보유하게 된다. 어느 경우든지 명의신탁자는 그 매매계약에 의해서는 당해 부동산의 소유권을 취득하지 못하게 되어, 결국 그 부동산은 명의신탁자에 대한 강제집행이나 보전처분의 대상이 될 수 없다.
[2] 명의신탁 부동산의 실질적 소유자인 피고인이 강제집행을 면탈할 목적으로 부동산을 허위양도하여 채권자들을 해하였다고 하며 강제집행면탈죄로 기소된 사안에서, 위 부동산 중 대지는 피고인이 매입하여 甲 명의로 명의신탁해 두었다가 임의경매절차를 통하여 乙에게 매각되자 다시 丙 주식회사의 명의로 매수하여 丙 회사 명의로 소유권이전등기를 마친 것인데, 이는 신탁자인 피고인과 명의수탁자인 丙 회사의 계약명의신탁 약정에 의한 것이므로 소유자 乙이 그러한 약정이 있다는 사실을 알았는지에 관계없이 명의신탁자인 피고인은 대지의 소유권을 취득할 수 없고, 이후로도 위 대지에 관하여 피고인 이름으로 소유권이전등기를 마친 적이 없다면 피고인에 대한 강제집행이나 보전처분의 대상이 될 수 없어 피고인에 대한 강제집행면탈죄의 객체가 될 수 없다고 한 사례
[3] 채권자들에 의한 복수의 강제집행이 예상되는 경우 재산을 은닉 또는 허위양도함으로써 채권자들을 해하였다면 채권자별로 각각 강제집행면탈죄가 성립하고, 상호 상상적 경합범의 관계에 있다(대판 2011.12.8. 2010도4129).

3) 행 위
① 은닉·손괴·허위양도 또는 허위의 채무 부담
  ㉠ 은닉이란 재산의 발견을 불가능하게 하거나 곤란하게 하는 것으로 재산의 소재를 불명하게 하는 것은 물론 재산의 소유관계를 불명하게 하는 것도 포함된다(대판 2011.7.28. 2011도6115).

> 1. **은닉에 해당하는 사례**
> [1] 강제집행면탈죄의 객체인 재산은 채무자의 재산 중에서 채권자가 민사집행법상 강제집행 또는 보전처분의 대상으로 삼을 수 있는 것을 의미하는데, 장래의 권리라도 채무자와 제3채무자 사이에 채무자의 장래청구권이 충분하게 표시되었거나 결정된 법률관계가 존재한다면 재산에 해당하는 것으로 보아야 한다.
> [2] 피해자 甲은 乙의 채권자로서 乙이 丙 소유 부동산 경매사건에서 지급받을 배당금 채권의 일부에 가압류를 해 두었는데, 乙 사망 후 피고인과 丙, 乙의 상속인 등이 공모하여 丙의 乙에 대한 채무가 완제된 것처럼 허위의 채무완제확인서를 작성하여 법원에 제출하는 등의 방법으로 매각허가결정된 丙 소유 부동산의 경매를 취소하였다는 내용으로 기소된 사안에서, 乙의 상속인들이 丙 소유 부동산의 경매절차에서 배당받을 배당금지급채권은 강제집행면탈죄의 객체인 '재산'에 해당하고, 피고인 등이 丙의 乙에 대한 채권이 완제된 것처럼 가장하여 乙의 상속인 등을 상대로 청구이의의 소를 제기하고 그 판결에 기하여 강제집행정지 및 경매취소에 이르게 한 행위는 소유관계를 불명하게 하는 방법에 의한 '재산의 은닉'에 해당한다는 이유로, 피고인에게 강제집행면탈죄를 인정한 원심판단을 수긍한 사례(대판 2011.7.28. 2011도6115)
>
> 2. **은닉에 해당하지 아니하는 사례**
> 강제집행면탈죄에서 재산의 '은닉'이란 강제집행을 실시하는 자에 대하여 재산의 발견을 불능 또는 곤란케 하는 것을 말하는 것으로서, 재산의 소재를 불명케 하는 경우는 물론 그 소유관계를 불명하게 하는 경우도 포함하나, 채무자가 제3자 명의로 되어 있던 사업자등록을 또 다른 제3자 명의로 변경하였다는 사정만으로는 그 변경이 채권자의 입장에서 볼 때 사업장 내 유체동산에 관한 소유관계를 종전보다 더 불명하게 하여 채권자에게 손해를 입게 할 위험성을 야기한다고 단정할 수 없다(대판 2014.6.12. 2012도2732).

  ㉡ 손괴란 재물의 물질적 훼손뿐만 아니라 그 가치를 감소하게 하는 일체의 행위를 의미하고, 허위양도란 실제로 재산의 양도가 없음에도 불구하고 양도한 것처럼 가장하여 소유명의를 변경하는 것을 말한다(대판 2001.11.27. 2001도4759).

> **강제집행면탈죄가 성립하지 아니하는 사례**
> 진의에 의하여 재산을 양도하였다면 설령 그것이 강제집행을 면탈할 목적으로 이루어진 것으로서 채권자의 불이익을 초래하는 결과가 되었다고 하더라도 강제집행면탈죄의 허위양도 또는 은닉에는 해당하지 아니하는 것인바, 피고인이 주식회사 우성여객(이하 '우성여객')의 재산 일체를 같은 소재지에서 피고인이 새로이 설립한 주식회사 성은고속(이하 '성은고속')에 양도한 사실은 인정되나 나아가 위 양도가 허위라고 볼 사정은 보이지 아니하므로, 원심이 위 재산 양도만으로는 피고인이 우성여객 재산의 소재를 불명하게 하거나 그 소유관계를 불명하게 하여 은닉하였다고 볼 수 없다(대판 2007.11.30. 2006도7329).

ⓒ 허위의 채무부담이란 채무가 없음에도 불구하고 채무를 부담한 것처럼 가장하는 것을 말한다. 장래에 발생할 특정한 조건부채권을 부담한 경우에도 진실한 채무를 부담한 경우이므로 본죄에 해당하지 아니한다(대판 1996.10.25. 96도1531).

> 1. **강제집행면탈죄가 성립하는 사례**
>   - 피고인이 강제집행을 면할 목적으로 허위채무를 부담하고 근저당권설정등기를 경료하여 줌으로써 채권자를 해하였다고 인정된다면 설혹 피고인이 그 근저당권이 설정된 부동산 외에 약간의 다른 재산이 있더라도 강제집행면탈죄가 성립된다(대판 1990.3.23. 89도2506).
>   - 이혼을 요구하는 처로부터 재산분할청구권에 근거한 가압류 등 강제집행을 받을 우려가 있는 상태에서 남편이 이를 면탈할 목적으로 허위의 채무를 부담하고 소유권이전청구권보전가등기를 경료한 경우, 강제집행면탈죄가 성립한다(대판 2008.6.26. 2008도3184).
>   - 피고인이 乙에 대한 허위채무를 부담하고 이에 대한 차용증서를 작성한 후 자기 소유 아파트에 대해 乙 앞으로 소유권이전등기청구권 보전을 위한 가등기를 경료한 경우, 피고인이 면탈하고자 한 강제처분의 전제가 된 채권이 금전채권(자신이 횡령한 등록세에 대한 손해배상채권)인 경우에는 피고인의 이와 같은 행위로 인하여 이 사건 세금 횡령의 피해자로서 손해배상채권자인 지방자치단체나 국가를 해할 위험은 발행하였다고 봄이 상당하므로 강제집행면탈죄를 구성한다(대판 1996.1.26. 95도2526).
> 2. **강제집행면탈죄가 성립하지 아니하는 사례**[112]
>   채권자의 채권이 금전채권이 아니라 토지 소유자로서 그 지상 건물의 소유자에 대하여 가지는 건물철거 및 토지인도청구권인 경우라면, 채무자인 건물 소유자가 제3자에게 허위의 금전채무를 부담하면서 이를 피담보채무로 하여 건물에 관하여 근저당권설정등기를 경료하였다는 것만으로는 직접적으로 토지 소유자의 건물철거 및 토지인도청구권에 기한 강제집행을 불능케 하는 사유에 해당한다고 할 수 없으므로 건물 소유자에게 강제집행면탈죄가 성립한다고 할 수 없고, 이는 건물 소유자가 토지 임차인으로서 임대인인 토지 소유자에 대하여 민법 제643조의 건물매수청구권을 행사함으로써 건물 소유자와 토지 소유자 사이에 건물에 관한 매매관계가 성립하여 토지 소유자가 건물 소유자에 대하여 건물에 관한 소유권이전등기 및 명도청구권을 가지게 된 후에 건물 소유자가 제3자에게 허위의 금전채무를 부담하면서 이를 피담보채무로 하여 건물에 관하여 근저당권설정등기를 경료한 경우에도 마찬가지이다(대판 2008.6.12. 2008도2279).

ⓔ 강제집행면탈죄의 행위유형인 은닉·손괴·허위양도 또는 허위의 채무 부담에 해당하지 아니하면 본죄가 성립하지 아니한다.

> **강제집행면탈죄가 성립하지 아니하는 사례**
> - [1] 강제집행면탈죄의 객체는 채무자의 재산 중에서 채권자가 민사집행법상 강제집행 또는 보전처분의 대상으로 삼을 수 있는 것만을 의미하므로, '보전처분 단계에서의 가압류채권자의 지위' 자체는 원칙적으로 민사집행법상 강제집행 또는 보전처분의 대상이 될 수 없어 강제집행면탈죄의 객체에 해당한다고 볼 수 없고, 이는 가압류채무자가 가압류해방금을 공탁한 경우에도 마찬가지이다.

---

112) 강제집행면탈의 목적이 된 채권자의 채권이 금전채권이 아닌 경우에는, 강제집행면탈죄를 인정하지 아니하는 것이 판례의 일반적인 태도로 보인다.

[2] 채무자가 가압류채권자의 지위에 있으면서 가압류집행해제를 신청함으로써 그 지위를 상실하는 행위는 형법 제327조에서 정한 '은닉, 손괴, 허위양도 또는 허위채무부담' 등 강제집행면탈행위의 어느 유형에도 포함되지 않는 것이므로, 이러한 행위를 처벌대상으로 삼을 수 없다(대판 2008.9.11. 2006도8721).

- 채권자가 채무자에 대한 채무명의에 기하여 제3채무자에 대한 매매잔대금채권에 관하여 압류 및 전부명령을 받고 그 명령이 제3채무자에게 송달되자 피고인이 채무자와 공모하여 위 잔대금이 전부명령 송달 전에 전액 지급된 양 허위영수증을 발행한 경우 피고인이 채무자로부터 허위영수증을 수취한 것이 제3채무자에 대한 전부명령의 송달로 위 잔대금채권에 대한 집행이 완료된 후라면 이로써는 동채권에 대한 채권자의 강제집행을 방해하였다고는 볼 수 없고 또 위 영수증의 발행 및 그 수취행위는 제3채무자의 재산에 대한 형법 제327조 소정의 어느 행위에도 해당되지 않는다 할 것이므로 강제집행면탈죄는 성립되지 아니한다(대판 1984.6.12. 82도1544).

② **채권자를 해할 것** : 본죄는 추상적 위험범이므로 채권자를 해할 위험성이 있으면 충분하고 현실적으로 채권자를 해할 것을 요하지 아니한다. 채권자를 해할 위험성의 존부는 행위자의 행위 당시를 기준으로 구체적 상황을 고려하여 판단한다.

1. **채권자를 해할 위험성이 인정되는 사례**

   [1] 채권양수인과 동일 채권에 대하여 가압류명령을 집행한 자 사이의 우열은 확정일자 있는 채권양도통지와 가압류결정 정본의 제3채무자(채권양도의 경우는 채무자, 이하 같다)에 대한 도달의 선후(확정일자 있는 승낙의 경우에는 그 일시와 가압류결정 정본의 도달의 선후)에 의하여 그 우열을 결정하여야 할 것이고, 채권양도통지, 가압류 또는 압류명령 등이 제3채무자에 동시에 송달되어 그들 상호 간에 우열이 없는 경우에도 그 채권양수인, 가압류 또는 압류채권자는 모두 제3채무자에 대하여 완전한 대항력을 갖추었다고 할 것이므로, 그 전액에 대하여 채권양수금, 압류전부금 또는 추심금의 이행청구를 하고 적법하게 이를 변제받을 수 있고, 제3채무자로서는 이들 중 누구에게라도 그 채무 전액을 변제하면 다른 채권자에 대한 관계에서도 유효하게 면책되는 것이다.

   [2] 채무자인 피고인이 채권자 甲의 가압류집행을 면탈할 목적으로 제3채무자 乙에 대한 채권을 丙에게 허위양도하였다고 하여 강제집행면탈로 기소된 사안에서, 가압류결정 정본이 제3채무자에게 송달된 날짜와 피고인이 채권을 양도한 날짜가 동일하므로 가압류결정 정본이 乙에게 송달되기 전에 채권을 허위로 양도하였다면 강제집행면탈죄가 성립하는데도, 가압류결정 정본 송달과 채권양도 행위의 선후에 대해 심리·판단하지 아니한 채 무죄를 선고한 원심판결에 법리오해 등의 위법이 있다고 한 사례(대판 2012.6.28. 2012도3999)[113]

2. **채권자를 해할 위험성이 인정되지 아니하는 사례**

   - 가압류에는 처분금지적 효력이 있으므로 가압류 후에 목적물의 소유권을 취득한 제3취득자 또는 그 제3취득자에 대한 채권자는 그 소유권 또는 채권으로써 가압류권자에게 대항할 수 없다. 따라서 가압류 후에 목적물의 소유권을 취득한 제3취득자가 다른 사람에 대한 허위의 채무에 기하여 근저당권설정등기 등을 경료하더라도 이로써 가압류채권자의 법률상 지위에 어떤 영향을 미치지 않으므로, 강제집행면탈죄에 해당하지 아니한다(대판 2008.5.29. 2008도2476).

---

113) 피해자가 피고인의 A에 대한 채권(A가 제3채무자임)에 관하여 가압류를 신청하여 그 가압류 신청이 인용되어 2008.10.1. A에게 위 가압류결정정본이 송달되었는데 그 가압류결정정본이 송달되기 2시간 전에 피고인이 피고인의 A에 대한 채권을 B에게 허위로 양도하기로 하는 내용의 채권양도계약서를 작성하고 2008.11.7. 경 A에게 양도통지를 한 사례이다.

> • 피고인이 자신을 상대로 사실혼관계해소 청구소송을 제기한 甲에 대한 채무를 면탈하려고 피고인 명의 아파트를 담보로 10억원을 대출받아 그중 8억원을 타인 명의 계좌로 입금한 경우, 피고인의 재산은닉 행위 당시 甲의 재산분할청구권은 존재하였다고 보기 어렵고, 가사사건 제1심판결에 근거하여 위자료 4,000만원의 채권이 존재한다는 사실이 증명되었다고 볼 여지가 있었을 뿐이므로, 피고인에게 위자료채권액을 훨씬 상회하는 다른 재산이 있었던 이상 강제집행면탈죄는 성립하지 않는다고 보아야 한다(대판 2011.9.8. 2011도5165).

③ **기수 및 종료시기** : 강제집행면탈죄는 채권자의 권리 실현의 이익을 보호법익으로 하는데, 강제집행 면탈의 목적으로 채무자가 그의 제3채무자에 대한 채권을 허위로 양도한 경우에 제3채무자에게 채권 양도의 통지가 행하여짐으로써 통상 제3채무자가 채권 귀속의 변동을 인식할 수 있게 된 시점에서는 채권 실현의 이익이 해하여질 위험이 실제로 발현되었다고 할 것이므로, 늦어도 그 통지가 있는 때에는 그 범죄행위가 종료하여 그때부터 공소시효가 진행된다(대판 2011.10.13. 2011도6855).

4) **상 황**

강제집행면탈죄가 성립하기 위해서는 '강제집행을 받을 위험이 있는 객관적 상태'가 존재하여야 한다.

① **의의** : 채무자가 현실적으로 민사소송법에 의한 강제집행 또는 가압류, 가처분의 집행을 받을 우려가 있는 객관적인 상태, 즉 적어도 채권자가 민사소송을 제기하거나 가압류, 가처분의 신청을 할 기세를 보이고 있는 상태를 말한다(대판 1998.9.8. 98도1949).

② **강제집행의 범위** : 본죄는 채권자 보호를 위한 것이므로 강제집행은 민사집행법상 강제집행이나 가압류・가처분만을 의미한다. 강제집행에는 금전채권의 강제집행 이외에 소유권이전등기의 강제집행도 포함된다(대판 1983.10.25. 82도808).

> 1. **강제집행의 범위에 포함되는 사례**
>   강제집행면탈죄는 국가의 강제집행권이 발동될 단계에 있는 채권자의 권리를 보호하기 위한 범죄로서, 여기서의 강제집행에는 광의의 강제집행인 의사의 진술에 갈음하는 판결의 강제집행도 포함되고, 강제집행면탈죄의 성립요건으로서의 채권자의 권리와 행위의 객체인 재산은 국가의 강제집행권이 발동될 수 있으면 충분하다(대판 2015.9.15. 2015도9883).
> 2. **강제집행의 범위에 포함되지 아니하는 사례**
>   강제집행면탈죄가 적용되는 강제집행은 민사집행법 제2편의 적용 대상인 '강제집행' 또는 가압류・가처분 등의 집행을 가리키는 것이고, 민사집행법 제3편의 적용 대상인 '담보권 실행 등을 위한 경매'를 면탈할 목적으로 재산을 은닉하는 등의 행위는 위 죄의 규율 대상에 포함되지 않는다(대판 2015.3.26. 2014도14909).

③ **채권의 존재** : 이는 강제집행의 전제가 되므로 본죄가 성립하기 위해서는 채권이 존재하여야 한다. 따라서 채권의 존재가 인정되지 아니하는 경우에는 강제집행면탈죄는 성립하지 아니한다 (대판 2010.12.9. 2010도11015).

> 1. **채권의 존재가 인정되는 사례**
> [1] 채권자가 민사소송에서 승소확정판결을 받기 전에 당해 채권을 제3자에게 양도한 경우, 양도 전 수개의 가압류가 경합하고 있었고 채무자가 민사소송에서 채권이 양도되었다는 항변을 제출하지 않아 승소판결이 되었다면, 강제집행면탈죄의 성립요건인 '채권의 존재'를 인정할 수 있다.
> [2] 채권자 A주식회사는 원심 공동피고인 1, 4를 상대로 공사대금 청구소송을 제기하여 2006.1.20. 광주고등법원에서 '위 피고인들은 연대하여 A주식회사에 259,113,130원 및 이에 대한 지연손해금을 지급하라'는 취지의 일부 승소판결을 받아 2006.2.10. 위 판결이 확정된 사실을 알 수 있으므로, 위 판결에 기해 이 사건 공사대금채권의 존재는 확정되었다고 할 것이다. 피고인은 A주식회사가 위 판결의 변론종결일 이전인 2004.11.26. 위 공사대금채권을 B주식회사에 양도하였으니 그 채권양도로 인하여 A주식회사의 채권은 확정적으로 소멸하였다고 주장하나, 피고인의 주장에 의하더라도 위 공사대금채권에 대하여는 위 채권양도 이전에 이미 다른 채권자들에 의하여 수개의 가압류, 채권압류 및 전부명령 등이 경합되어 있었다는 것이고, 민사소송에서 피고인들인 원심 공동피고인 1, 4가 그러한 내용의 항변을 제기하지도 아니한 이상 단순히 채권양도가 있었다는 사정만으로 위 확정판결에 따른 채권의 존재를 부정할 수는 없다고 할 것이다(대판 2008.5.8. 2008도198).
>
> 2. **채권의 존재가 인정되지 아니하는 사례**
> [1] 강제집행면탈죄는 채권자의 권리보호를 주된 보호법익으로 하므로 강제집행의 기본이 되는 채권자의 권리, 즉 채권의 존재는 강제집행면탈죄의 성립요건이다. 따라서 채권의 존재가 인정되지 않을 때에는 강제집행면탈죄는 성립하지 않는다. 그러므로 강제집행면탈죄를 유죄로 인정하기 위해서는 먼저 채권이 존재하는지에 관하여 심리·판단하여야 하고, 민사절차에서 이미 채권이 존재하지 않는 것으로 판명된 경우에는 다른 특별한 사정이 없는 한 이와 모순·저촉되는 판단을 할 수가 없다고 보아야 한다. 한편 상계의 의사표시가 있는 경우에는 각 채무는 상계할 수 있는 때에 소급하여 대등액에 관하여 소멸한 것으로 보게 된다. 따라서 상계로 인하여 소멸한 것으로 보게 되는 채권에 관하여는 상계의 효력이 발생하는 시점 이후에는 채권의 존재가 인정되지 않으므로 강제집행면탈죄가 성립하지 않는다.
> [2] 피고인이 처 甲 명의로 임차하여 운영하는 주유소의 주유대금 신용카드 결제를, 별도로 운영하는 다른 주유소의 신용카드 결제 단말기로 처리함으로써 甲 명의 주유소의 매출채권을 다른 주유소의 매출채권으로 바꾸는 수법으로 은닉하여 甲에 대하여 연체차임 등 채권이 있어 甲 명의 주유소의 매출채권을 가압류한 乙 주식회사의 강제집행을 면탈하였다는 내용으로 기소된 사안에서, 乙 회사가 甲을 상대로 미지급 차임 등의 지급을 구하는 민사소송을 제기하였으나 甲이 임대차보증금 반환채권으로 상계한다는 주장을 하여 乙 회사의 청구가 기각된 판결이 확정된 사정에 비추어, 상계의 의사표시에 따라 乙 회사의 차임채권 등은 채권 발생일에 임대차보증금 반환채권과 대등액으로 상계되어 소멸되었으므로 피고인의 행위 당시 乙 회사의 채권의 존재가 인정되지 아니하여 강제집행면탈죄가 성립하지 않는다고 본 원심판단을 정당하다고 한 사례(대판 2012.8.30. 2011도2252).

(2) 주관적 구성요건

본죄가 성립하기 위해서는 고의 이외에 강제집행을 면할 목적이 있어야 한다.

3. 죄수 및 타죄와의 관계

(1) 죄 수

> - 채권자들에 의한 복수의 강제집행이 예상되는 경우 재산을 은닉 또는 허위양도함으로써 채권자들을 해하였다면 채권자별로 각각 강제집행면탈죄가 성립하고, 상호 상상적 경합범의 관계에 있다(대판 2011.12.8. 2010도4129).
> - [1] 피고인은 허위의 금전채권에 기하여 이를 담보하는 양 설정한 이 사건 소유권이전등기청구권 보전을 위한 가등기를 원심 공동피고인 2에게 양도해 주고, 피고인 2로 하여금 본등기를 경료하게 함으로써 이 사건 건물이 허위로 양도되게 하였음을 알 수 있는바, 위와 같은 담보가등기 설정행위를 강제집행면탈 행위로 본다고 하더라도, 그 가등기를 양도하여 본등기를 경료하게 함으로써 소유권을 상실케 하는 행위는 면탈의 방법과 법익침해의 정도가 훨씬 중하다는 점을 고려할 때 이를 불가벌적 사후행위로 볼 수는 없다고 할 것이다.
> [2] 채무자가 자신의 부동산에 甲명의로 허위의 금전채권에 기한 담보가등기를 설정하고 이를 乙에게 양도하여 乙명의의 본등기를 경료하게 한 사안에서, 甲명의 담보가등기 설정행위로 강제집행면탈죄가 성립한다고 하여 그 후 乙명의로 이루어진 가등기 양도 및 본등기 경료행위가 불가벌적 사후행위가 되는 것은 아니라고 한 사례(대판 2008.5.8. 2008도198)

(2) 타죄와의 관계

> 횡령죄의 구성요건으로서의 횡령행위란 불법영득의 의사, 즉 타인의 재물을 보관하는 자가 자기 또는 제3자의 이익을 꾀할 목적으로 위탁의 취지에 반하여 권한 없이 그 재물을 자기의 소유인 것처럼 사실상 또는 법률상 처분하려는 의사를 실현하는 행위를 말하고, 강제집행면탈죄에 있어서 은닉이라 함은 강제집행을 면탈할 목적으로 강제집행을 실시하는 자로 하여금 채무자의 재산을 발견하는 것을 불능 또는 곤란하게 만드는 것을 말하는 것으로서 진의에 의하여 재산을 양도하였다면 설령 그것이 강제집행을 면탈할 목적으로 이루어진 것으로서 채권자의 불이익을 초래하는 결과가 되었다고 하더라도 강제집행면탈죄의 허위양도 또는 은닉에는 해당하지 아니한다 할 것이며, 이와 같은 양 죄의 구성요건 및 강제집행면탈죄에 있어 은닉의 개념에 비추어 보면 타인의 재물을 보관하는 자가 보관하고 있는 재물을 영득할 의사로 은닉하였다면 이는 횡령죄를 구성하는 것이고 채권자들의 강제집행을 면탈하는 결과를 가져온다 하여 이와 별도로 강제집행면탈죄를 구성하는 것은 아니다(대판 2000.9.8. 2000도1447).

제2편 사회적 법익에 대한 죄

제1장 공공의 안전과 평온에 대한 죄

제1절 공안을 해하는 죄

I. 의의

1. 개념

공안을 해하는 죄는 공공의 안전과 평온을 해하는 것을 내용으로 하는 범죄를 말한다.

2. 보호법익 및 보호정도

공안을 해하는 죄는 공공의 안전과 평온을 보호법익으로 하고 보호받는 정도는 추상적 위험범이다.

II. 범죄단체 등 조직죄

1. 의의

범죄단체 등 조직죄는 사형, 무기 또는 장기 4년 이상의 징역에 해당하는 범죄를 목적으로 하는 단체 또는 집단을 조직하거나 이에 가입하거나 그 구성원으로 활동함으로써 성립하는 범죄이다(형법 제114조).

2. 구성요건

(1) 객관적 구성요건

1) 범죄

본죄의 범죄는 사형, 무기 또는 장기 4년 이상의 징역에 해당하는 범죄로 제한되므로 경범죄처벌법 상의 경범죄나, 반국가단체의 조직·가입 그 자체를 처벌하는 국가보안법상의 반국가단체구성·가입죄는 제외된다.

2) 단체·집단

① **단체** : 범죄를 목적으로 하는 단체란 특정 다수인이 일정한 범죄를 수행한다는 공동목적 아래 구성한 계속적인 결합체로서 그 단체를 주도하거나 내부의 질서를 유지하는 최소한의 통솔체계를 갖춘 것을 의미한다(대판 2020.8.20. 2019도16263).

② **집단** : 범죄를 목적으로 하는 집단이란 공동목적 아래 구성원들이 정해진 역할분담에 따라 행동함으로써 범죄를 반복적으로 실행할 수 있는 조직체계를 갖춘 계속적인 결합체를 의미한다. 범죄단체에서 요구되는 최소한의 통솔체계를 갖출 필요는 없지만, 범죄의 계획과 실행을 용이하게 할 정도의 조직적 구조를 갖추어야 한다(대판 2020.8.20. 2019도16263). 따라서 단순히 범죄를 예비·음모하거나 또는 그 범죄의 모의에 가담하여 실행행위의 분담을 정함에 불과하거나 실행행위를 하였다는 사실만으로는 범죄단체를 조직하거나 범죄집단을 구성한 것이라고 할 수 없다(대판 1991.1.15. 90도2301).

> 1. **범죄단체 등 조직죄가 성립하는 사례**
>   - 피고인 갑은 무등록 중고차 매매상사(외부사무실)를 운영하면서 피해자들을 기망하여 중고차량을 불법으로 판매해 금원을 편취할 목적으로 외부사무실 등에서 범죄집단을 조직·활동하고, 피고인 갑, 을을 제외한 나머지 피고인들은 범죄집단에 가입·활동한 경우, 위 외부사무실은 특정 다수인이 사기범행을 수행한다는 공동목적 아래 구성원들이 대표, 팀장, 출동조, 전화상담원 등 정해진 역할분담에 따라 행동함으로써 사기범행을 반복적으로 실행하는 체계를 갖춘 결합체, 즉 형법 제114조의 '범죄를 목적으로 하는 집단'에 해당한다(대판 2020.8.20. 2019도16263).
>   - [1] 피고인들이 불특정 다수의 피해자들에게 전화하여 금융기관 등을 사칭하면서 신용등급을 올려 낮은 이자로 대출을 해주겠다고 속여 신용관리비용 명목의 돈을 송금 받아 편취할 목적으로 보이스피싱 사기 조직을 구성하고 이에 가담하여 조직원으로 활동함으로써 범죄단체를 조직하거나 이에 가입·활동한 경우, 위 보이스피싱 조직은 형법상의 범죄단체에 해당하고, 조직의 업무를 수행한 피고인들에게 범죄단체 가입 및 활동에 대한 고의가 인정되며, 피고인들의 사기범죄 행위는 범죄단체 활동에 해당한다.
>   [2] 피고인이 보이스피싱 사기 범죄단체에 가입한 후 사기범죄의 피해자들로부터 돈을 편취하는 등 그 구성원으로서 활동하였다는 내용의 공소사실이 유죄로 인정된 사안에서, 범죄단체 가입행위 또는 범죄단체 구성원으로서 활동하는 행위와 사기행위는 각각 별개의 범죄구성요건을 충족하는 독립된 행위이고 서로 보호법익도 달라 법조경합 관계로 목적된 범죄인 사기죄만 성립하는 것은 아니라고 본 원심판단을 수긍한 사례(대판 2017.10.26. 2017도8600)
> 2. **범죄단체 등 조직죄가 성립하지 아니하는 사례**
>   '범죄를 목적으로 하는 단체'라 함은 특정다수인이 일정한 범죄를 수행한다는 공동목적 아래 이루어진 계속적인 결합체로서 단순한 다중의 집합과는 달리 단체를 주도하는 최소한의 통솔체제를 갖추고 있어야 함을 요하는바, 피고인들이 각기 소매치기의 범죄를 목적으로 그 실행행위를 분담하기로 약정하였으나 위에서 본 계속적이고 통솔체제를 갖춘 단체를 조직하였거나 그와 같은 단체에 가입하였다고 볼 증거가 없다는 이유로 무죄를 선고한 조치는 정당하다(대판 1981.11.24. 81도2608).

3) 조직·가입·활동

조직이란 다수인이 의사연락하에 집합체를 형성하는 것이고, 가입은 이미 조직된 단체나 집단에 구성원으로 참가하는 것을 말한다. 활동이란 범죄단체 또는 집단의 내부 규율 및 통솔 체계에 따른 조직적, 집단적 의사 결정에 의하여 행하는 범죄단체 또는 집단의 존속·유지를 지향하는 적극적인 행위를 말한다.

> **조직·가입·활동 해당 여부에 대한 사례**
>
> - 범죄단체의 구성이란 단체를 새로이 조직, 창설하는 것을 의미하므로, 기존의 범죄단체를 이용하여 새로운 범죄단체를 구성하는 경우는 ㉠ 기존의 범죄단체가 이미 해체 내지 와해된 상태에 있어 그 조직을 재건하는 경우, ㉡ 기존의 범죄단체에서 분리되어 나와 별도의 범죄단체를 구성하는 경우, ㉢ 현재 활동 중인 범죄단체가 다른 범죄단체를 흡수하거나, 그와 통합하는 경우 등으로 그 조직이 완전히 변경됨으로써 기존의 범죄단체와 동일성이 없는 별개의 단체로 인정될 수 있을 정도에 이른 경우를 말한다(대판 2000.3.24. 2000도102).
> - [1] 폭력행위 등 처벌에 관한 법률 제4조의 규정 내용과 형식, 입법 취지, 처벌의 종류 및 정도 등을 종합하여 보면, 위 법 제4조 제1항의 '활동'이란 범죄단체 또는 집단의 내부 규율 및 통솔 체계에 따른 조직적, 집단적 의사 결정에 의하여 행하는 범죄단체 또는 집단의 존속·유지를 지향하는 적극적인 행위로서 그 기여의 정도가 같은 조 제3항, 제4항에 규정된 행위에 준하는 것을 의미한다. 그리고 특정한 행위가 범죄단체 또는 집단의 구성원으로서의 '활동'에 해당하는지 여부는 당해 행위가 행해진 일시, 장소 및 그 내용, 그 행위가 이루어지게 된 동기 및 경위, 목적, 의사 결정자와 실행 행위자 사이의 관계 및 그 의사의 전달 과정 등의 구체적인 사정을 종합하여 실질적으로 판단하여야 한다. 따라서 다수의 구성원이 관여되었다고 하더라도 범죄단체 또는 집단의 존속·유지를 목적으로 하는 조직적, 집단적 의사결정에 의한 것이 아니거나, 범죄단체 또는 집단의 수괴나 간부 등 상위 구성원으로부터 모임에 참가하라는 등의 지시나 명령을 소극적으로 받고 이에 단순히 응하는데 그친 경우, 구성원 사이의 사적이고 의례적인 회식이나 경조사 모임 등을 개최하거나 참석하는 경우 등은 '활동'에 해당한다고 볼 수 없다.
> [2] 범죄단체의 상위 구성원들로부터 조직의 위계질서를 잘 지키라는 지시를 받으며 속칭 '줄빠따'를 맞고 그에 관하여 입단속을 잘하라는 지시를 받은 피고인들의 행위가, 상위 구성원들로부터 소극적으로 지시나 명령을 받고 폭행을 당한 것에 불과할 뿐 범죄단체의 존속·유지에 기여하기 위한 행위를 한 것이라고 볼 수 없어, 폭력행위 등 처벌에 관한 법률 제4조 제1항에 정한 범죄단체 구성원으로서의 '활동'에 해당하지 않는다고 한 사례(대판 2009.9.10. 2008도10177).
> - [1] '범죄단체의 간부급 조직원들이 조직생활의 자부심을 심어 주고, 조직 결속력 강화 및 조직 이탈을 방지하기 위하여 개최한 회식에 참석한 행위' 및 '다른 폭력조직의 조직원의 장례식, 결혼식 등 각종 행사에 참석하여 하부 조직원들이 행사장에 도열하여 상부 조직원들이 도착할 때와 나갈 때 90°로 인사하는 이른바 병풍 역할을 하여 조직의 위세를 과시한 행위'는 폭력행위 등 처벌에 관한 법률 제4조 제1항의 '활동'에 해당하지 않는다.
> [2] '다른 폭력조직과의 싸움에 대비하고 조직의 위세를 과시하기 위하여 비상연락체계에 따라 다른 조직원들과 함께 집결하여 대기한 일련의 행위'는 폭력행위 등 처벌에 관한 법률 제4조 제1항의 '활동'에 해당한다(대판 2010.1.28. 2009도9484).

(2) 주관적 구성요건

사형, 무기 또는 장기 4년 이상의 징역에 해당하는 범죄를 목적으로 하는 단체 또는 집단을 조직하거나 이에 가입하거나 그 구성원으로 활동한다는 점에 대한 고의가 있어야 한다. 또한 이러한 범죄를 범할 목적이 있어야 한다.

3. 죄 수

범죄단체를 구성하거나 이에 가입한 자가 더 나아가 구성원으로 활동하는 경우, 이는 포괄일죄의 관계에 있다(대판 2015.9.10. 2015도7081).

Ⅲ 소요죄

소요죄는 다중이 집합하여 폭행·협박·손괴의 행위를 함으로써 성립하는 범죄이다(형법 제115조).

Ⅳ 다중불해산죄

다중불해산죄는 폭행·협박 또는 손괴의 행위를 할 목적으로 다중이 집합하여 그를 단속할 권한이 있는 공무원으로부터 3회 이상 해산명령을 받고 해산하지 아니함으로써 성립하는 범죄이다(형법 제116조).

Ⅴ 공무원자격사칭죄

공무원자격사칭죄는 공무원의 자격을 사칭하여 그 직권을 행사함으로써 성립하는 범죄이다(형법 제118조).

제2절 방화와 실화의 죄

I 의의

1. 개념

방화와 실화의 죄는 고의 또는 과실로 불을 놓아 건조물 등을 소훼하는 것을 내용으로 하는 범죄이다.

2. 보호법익 및 보호정도

방화죄의 보호법익은 공공의 안전이라는 사회적 법익이며 재산죄와는 관계가 없다는 견해도 주장되고 있으나 보호법익은 일차적으로는 공공의 안전이고, 부차적으로 개인의 재산권이라는 이중성격설이 판례(대판 1983.1.18. 82도2341)의 태도이다. 보호받는 정도에 대해 살피건대 현주건조물방화죄, 공용건조물방화죄, 타인소유일반건조물방화죄는 추상적 위험범이고, 자기소유일반건조물방화죄, 일반물건방화죄는 구체적 위험범이다.

3. 공공위험죄

공공의 위험이란 불특정 또는 다수인의 생명·신체·재산을 침해할 가능성을 의미한다. 추상적 공공위험죄는 법익침해나 구체적 위험발생과 같은 결과를 요하지 아니하고 일반적으로 위험한 행위방법 그 자체로 성립되는 범죄를 말한다(거동범). 구체적 공공위험죄는 공공의 위험이라는 결과가 발생하여야 성립하는 범죄(결과범)로 공공의 위험발생은 구성요건요소이므로 고의의 인식대상이다.

II 현주건조물 등 방화죄

1. 의의

불을 놓아 사람이 주거로 사용하거나 사람이 현존하는 건조물, 기차, 전차, 자동차, 선박, 항공기 또는 지하채굴시설을 불태움으로써 성립하는 범죄이다(형법 제164조 제1항).

2. 구성요건

(1) 객관적 구성요건

1) 객체

① **사람이 주거에 사용** : 사람이란 범인(공동정범 포함) 이외의 모든 자연인을 의미하며 협의의 공범도 사람에 포함된다. 주거란 사람이 일상생활을 영위하기 위하여 사실상 점거하는 장소이면 충분하고 사람의 기와침식(起臥寢食)에 사용되는 장소임을 요하지 아니한다. 주거에 사용된다는 것은 범행 당시에 누군가가 사실상의 주거로 사용하는 상태에 있기만 하면 족하고 방화 당시 사람의

현존 여부, 주거사용의 적법·적합 여부 및 주거에 사용되는 건조물의 범위나 건조물의 소유관계 등은 불문한다.

② **사람이 현존하는 건조물 등** : 사람이 현존하는 것은 방화 당시 건조물 등의 내부에 범인 이외의 자가 존재하는 것을 말한다. 사람의 현존은 일시적이어도 상관없으며 건조물의 일부에만 사람이 있어도 무방하다. 건조물이란 토지에 정착되고 벽 또는 기둥과 지붕 또는 천장으로 구성되어 사람이 내부에 기거하거나 출입할 수 있는 공작물을 말하고, 반드시 사람의 주거용이어야 하는 것은 아니라도 사람이 사실상 기거·취침에 사용할 수 있는 정도는 되어야 한다(대판 2013.12.12. 2013도3950).

2) 행 위

① **방화** : 목적물을 불태우기 위하여 불을 놓는 일체의 행위를 말한다. 소화할 보증인적 지위가 있고 행위정형의 동가치성이 인정되면 부작위에 의한 방화도 가능하다. 방화죄는 목적물에 직접 점화한 경우뿐만 아니라 매개물에 발화한 경우에는 목적물에 불이 옮겨 붙지 않아도 실행의 착수가 인정된다(통설).

> 1. **부작위에 의한 방화죄의 성립을 인정하지 아니한 사례**
>   모텔 방에 투숙하여 담배를 피운 후 재떨이에 담배를 끄게 되었으나 담뱃불이 완전히 꺼졌는지 여부를 확인하지 않은 채 불이 붙기 쉬운 휴지를 재떨이에 버리고 잠을 잔 과실로 담뱃불이 휴지와 침대시트에 옮겨 붙게 함으로써 화재가 발생한 경우, 위 화재가 중대한 과실 있는 선행행위로 발생한 이상 화재를 소화할 법률상 의무는 있다 할 것이나, 화재 발생 사실을 안 상태에서 모텔을 빠져나오면서도 모텔 주인이나 다른 투숙객들에게 이를 알리지 아니하였다는 사정만으로는 화재를 용이하게 소화할 수 있었다고 보기 어렵다(대판 2010.1.14. 2009도12109).[114]
> 2. **실행의 착수 인정 여부에 대한 사례**
>   1) 실행의 착수가 인정되는 사례
>   [1] 매개물을 통한 점화에 의하여 건조물을 소훼함을 내용으로 하는 형태의 방화죄의 경우에, 범인이 그 매개물에 불을 켜서 붙였거나 또는 범인의 행위로 인하여 매개물에 불이 붙게 됨으로써 연소작용이 계속될 수 있는 상태에 이르렀다면, 그것이 곧바로 진화되는 등의 사정으로 인하여 목적물인 건조물 자체에는 불이 옮겨 붙지 못하였다고 하더라도, 방화죄의 실행의 착수가 있었다고 보아야 할 것이다.
>   [2] 피고인이 방화의 의사로 뿌린 휘발유가 인화성이 강한 상태로 주택주변과 피해자의 몸에 적지 않게 살포되어 있는 사정을 알면서도 라이터를 켜 불꽃을 일으킴으로써 피해자의 몸에 불이 붙은 경우, 비록 외부적 사정에 의하여 불이 방화 목적물인 주택 자체에 옮겨 붙지는 아니하였다 하더라도 현존건조물방화죄의 실행의 착수가 있었다고 봄이 상당하다고 한 사례(대판 2002.3.26. 2001도6641).
>   2) 실행의 착수가 인정되지 아니하는 사례
>   피고인이 선박에 침입하여 준비하였던 휘발유 1통을 선박 갑판부에 살포하고 소지 중이던 라이터를 꺼내어 점화하려 한 사실은 인정되나, 피고인이 아직 방화목적물 내지 그 도화물체에 점화하지 아니한 이상 방화죄의 착수로 논란하지 못할 것이다(대판 1960.7.22. 293형상213).

---

[114] 판례는 현주건조물방화치사상죄는 인정하지 아니하였으나 중과실치사·중과실치상·중실화죄의 상상적 경합을 인정하였음을 유의하여야 한다.

② **불에 태움(소훼)** : 소훼는 화력에 의한 목적물의 손괴를 의미한다. 소훼의 결과가 발생하면 본죄는 기수에 이르게 되는데 구체적으로 어느 정도의 손괴가 소훼가 되어 방화죄의 기수가 되는지 여부에 대하여 견해의 대립이 있다. 방화죄의 재산죄적 성격을 중시하는 효용상실설과 절충적 견해인 중요부분연소개시설, 일부손괴설 등이 주장되고 있으나, 방화죄는 기본적으로 공공위험죄적 성격을 지니고 있다는 점에서 불이 매개물을 떠나 목적물 자체에 옮겨 붙어 독립하여 연소할 수 있는 상태에 이르면 기수가 된다는 독립연소설이 타당하다고 판단된다. 판례도 현주건조물방화죄는 화력이 매개물을 떠나 목적물인 건조물 스스로 연소할 수 있는 상태에 이름으로써 기수가 된다고(대판 2007.3.16. 2006도9164) 하여 같은 태도를 취하고 있다.

(2) 주관적 구성요건

본죄는 고의범이므로 불을 놓아 사람이 주거로 사용하거나 사람이 현존하는 건조물 등을 불태운다는 사실에 대한 인식과 의사가 있어야 한다. 본죄는 추상적 위험범이므로 공공의 위험에 대한 인식은 필요하지 아니하다.

3. 죄 수

본죄는 행위객체의 수가 아니라 공공의 안전이라는 보호법익을 기준으로 죄수를 판단한다. 따라서 1개의 방화행위로 수개의 현주건조물을 소훼하면 1개의 현주건조물방화죄가 성립하고, 1개의 방화행위로 현주건조물과 비현주건조물을 소훼하면 현주건조물방화죄만 성립한다. 현주건조물에 방화할 목적으로 인접한 비현주건조물에 방화하였으나 비현주건조물만 전소하고 현주건조물은 연소되지 아니한 경우에는 현주건조물방화죄의 미수범만 성립한다(법조경합).

Ⅲ 현주건조물 등 방화치사상죄

1. 의 의

현주건조물 등 방화치사상죄는 현주건조물방화죄를 지어 사람을 상해 또는 사망에 이르게 함으로써 성립하는 범죄이다(형법 제164조 제2항).

2. 구성요건

(1) 객관적 구성요건

현주건조물 등 방화치사상죄의 중한 결과는 사람을 상해 또는 사망에 이르게 하는 것이다. 결과적 가중범의 일반법리에 따라 기본범죄와 중한 결과 사이에 인과관계·객관적 귀속 및 사상의 결과에 대한 객관적 예견가능성이 있어야 한다.

(2) 주관적 구성요건

현주건조물 등 방화치사상죄는 부진정결과적 가중범이므로 현주건조물방화에 대한 고의와 사상의 결과에 대한 과실 또는 고의가 있어야 한다.

3. 타죄와의 관계

> **1. 살인죄와의 관계**
> [1] 현주건조물방화치사상죄는 그 전단에 규정하는 죄에 대한 일종의 가중처벌규정으로서 불을 놓아 사람의 주거에 사용하거나 사람이 현존하는 건조물을 소훼함으로 인하여 사람을 사상에 이르게 한 때에 성립되며 동 조항이 사형, 무기 또는 7년 이상의 징역의 무거운 법정형을 정하고 있는 취의에 비추어 보면 과실이 있는 경우뿐만 아니라 고의가 있는 경우도 포함된다고 볼 것이므로, 현주건조물 내에 있는 사람을 강타하여 실신케 한 후 동 건조물에 방화하여 소사케 한 피고인을 현주건조물에의 방화죄와 살인죄의 상상적 경합으로 의율할 것은 아니다.
> [2] 현주건조물에의 방화죄는 공중의 생명, 신체, 재산 등에 대한 위험을 예방하기 위하여 공공의 안전을 그 제1차적인 보호법익으로 하고 제2차적으로는 개인의 재산권을 보호하는 것이라고 할 것이나, 여기서 공공에 대한 위험은 구체적으로 그 결과가 발생됨을 요하지 아니하는 것이고 이미 현주건조물에의 점화가 독립연소의 정도에 이르면 동 죄는 기수에 이르러 완료되는 것인 한편, 살인죄는 일신전속적인 개인적 법익을 보호하는 범죄이므로, 이 사건에서와 같이 불을 놓은 집에서 빠져 나오려는 피해자들을 막아 소사케 한 행위는 1개의 행위가 수개의 죄명에 해당하는 경우라고 볼 수 없고, 위 방화행위와 살인행위는 법률상 별개의 범의에 의하여 별개의 법익을 해하는 별개의 행위라고 할 것이니, 현주건조물방화죄와 살인죄는 실체적 경합관계에 있다(대판 1983.1.18. 82도2341).
>
> **2. 존속살해죄와의 관계**
> 현주건조물방화치사상죄는 그 전단이 규정하는 죄에 대한 일종의 가중처벌 규정으로서 과실이 있는 경우뿐만 아니라, 고의가 있는 경우에도 포함된다고 볼 것이므로 사람을 살해할 목적으로 현주건조물에 방화하여 사망에 이르게 한 경우에는 현주건조물방화치사죄로 의율하여야 하고 이와 더불어 살인죄와의 상상적 경합범으로 의율할 것은 아니며, 다만 존속살인죄와 현주건조물방화치사죄는 상상적 경합범 관계에 있으므로, 법정형이 중한 존속살인죄로 의율함이 타당하다(대판 1996.4.26. 96도485).
>
> **3. 강도살인죄와의 관계**
> 피고인들이 피해자들의 재물을 강취한 후 그들을 살해할 목적으로 현주건조물에 방화하여 사망에 이르게 한 경우, 피고인들의 행위는 강도살인죄와 현주건조물방화치사죄에 모두 해당하고 그 두 죄는 상상적 경합범관계에 있다(대판 1998.12.8. 98도3416).

Ⅳ 공용건조물 등 방화죄

공용건조물 등 방화죄는 불을 놓아 공용(公用)으로 사용하거나 공익을 위해 사용하는 건조물, 기차, 전차, 자동차, 선박, 항공기 또는 지하채굴시설을 불태움으로써 성립하는 범죄이다(형법 제165조).

Ⅴ 일반건조물 등 방화죄

1. 의 의

일반건조물 등 방화죄는 불을 놓아 현주건조물과 공용·공익건조물 이외의 건조물, 기차, 전차, 자동차, 선박, 항공기 또는 지하채굴시설을 불태우거나(형법 제166조 제1항), 자기 소유인 위의 물건을 불태워 공공의 위험을 발생하게 함으로써 성립하는 범죄이다(형법 제166조 제2항).

2. 구성요건

일반건조물 등 방화죄의 객체는 사람이 주거로 사용하거나 사람이 현존하지 않는, 공용·공익에 사용하지 않는 건조물 등이다.

> [1] 형법상 방화죄의 객체인 건조물은 토지에 정착되고 벽 또는 기둥과 지붕 또는 천장으로 구성되어 사람이 내부에 기거하거나 출입할 수 있는 공작물을 말하고, 반드시 사람의 주거용이어야 하는 것은 아니라도 사람이 사실상 기거·취침에 사용할 수 있는 정도는 되어야 한다.
> [2] 이 사건 폐가는 지붕과 문짝, 창문이 없고 담장과 일부 벽체가 붕괴된 철거 대상 건물로서 사실상 기거·취침에 사용할 수 없는 상태의 것이므로 형법 제166조의 건조물이 아닌 형법 제167조의 물건에 해당하고, 피고인이 이 사건 폐가의 내부와 외부에 쓰레기를 모아놓고 태워 그 불길이 이 사건 폐가 주변 수목 4~5그루를 태우고 폐가의 벽을 일부 그을리게 하는 정도만으로는 방화죄의 기수에 이르렀다고 보기 어려우며, 일반물건방화죄에 관하여는 미수범의 처벌 규정이 없다는 이유로 제1심의 유죄판결을 파기하고 피고인에게 무죄를 선고한 원심판결을 수긍한 사례(대판 2013.12.12. 2013도3950).

Ⅵ 일반물건방화죄

1. 의 의

일반물건방화죄는 불을 놓아 형법 제164조부터 제166조까지에 기재된 객체 이외의 타인소유 또는 자기소유의 물건을 불태워 공공의 위험을 발생하게 함으로써 성립하는 범죄이다(형법 제167조).

2. 구성요건

일반물건방화죄의 객체는 형법 제164조부터 제166조까지에 기재된 객체 이외의 타인소유 또는 자기소유의 물건에 불을 놓아 불태움으로써 공공의 위험을 발생하게 하는 것이다. 공공의 위험이 발생하지 아니하면 불가벌이나 타인소유물인 경우에는 손괴죄가 성립한다.

> [1] 현재 소유자가 없는 물건인 무주물에 방화하는 경우에 타인의 재산권을 침해하지 않는 점은 자기의 소유에 속한 물건을 방화하는 경우와 마찬가지인 점, 무주의 동산을 소유의 의사로 점유하는 경우에 소유권을 취득하는 것에 비추어(민법 제252조) 무주물에 방화하는 행위는 그 무주물을 소유의 의사로 점유하는 것이라고 볼 여지가 있는 점 등을 종합하여 보면, 불을 놓아 무주물을 소훼하여 공공의 위험을 발생하게 한 경우에는 '무주물'을 '자기 소유의 물건'에 준하는 것으로 보아 형법 제167조 제2항을 적용하여 처벌하여야 한다.

[2] 노상에서 전봇대 주변에 놓인 재활용품과 쓰레기 등에 불을 놓아 소훼한 사안에서, 그 재활용품과 쓰레기 등은 '무주물'로서 형법 제167조 제2항에 정한 '자기 소유의 물건'에 준하는 것으로 보아야 하므로, 여기에 불을 붙인 후 불상의 가연물을 집어넣어 그 화염을 키움으로써 전선을 비롯한 주변의 가연물에 손상을 입히거나 바람에 의하여 다른 곳으로 불이 옮아 붙을 수 있는 공공의 위험을 발생하게 하였다면, 일반물건방화죄가 성립한다고 한 사례(대판 2009.10.15. 2009도7421)

Ⅶ 연소죄

연소죄는 자기소유일반건조물 또는 물건에 대한 방화가 확대되어 현주·공용 또는 타인소유일반건조물 또는 물건에 연소한 경우에 성립하는 범죄이다(형법 제168조).

Ⅷ 진화방해죄

진화방해죄는 화재에 있어서 진화용의 시설 또는 물건을 은닉 또는 손괴하거나 기타 방법으로 진화를 방해함으로써 성립하는 범죄이다(형법 제169조).

Ⅸ 방화 등 예비·음모죄

방화 등 예비·음모죄는 현주건조물 등 방화죄, 공용건조물 등 방화죄, 타인소유일반건조물 등 방화죄 등을 범할 목적으로 예비 또는 음모함으로써 성립하는 범죄이다(형법 제175조).

Ⅹ 실화죄

실화죄는 과실로 형법 제164조 또는 제165조에 기재한 물건 또는 타인 소유인 제166조에 기재한 물건을 불태우거나 과실로 자기 소유인 제166조의 물건 또는 제167조에 기재한 물건을 불태워 공공의 위험을 발생하게 함으로써 성립하는 범죄이다(형법 제170조).

Ⅺ 업무상실화·중실화죄

업무상실화·중실화죄는 업무상과실 또는 중대한 과실로 인하여 실화죄를 범함으로써 성립하는 범죄이다(형법 제171조).

제3절 교통방해의 죄

I 의의

1. 개념

교통방해의 죄란 교통로 또는 교통기관 등 공공의 교통설비를 손괴 또는 불통하게 하거나 기타의 방법으로 교통을 방해하는 것을 내용으로 하는 범죄이다.

2. 보호법익 및 보호정도

주된 보호법익은 공공의 교통안전이고 부차적인 법익은 공중의 생명·신체·재산의 안전이다. 보호받는 정도는 추상적 위험범이다.

II 일반교통방해죄

1. 의의

일반교통방해죄는 육로, 수로 또는 교량을 손괴 또는 불통하게 하거나 기타 방법으로 교통을 방해함으로써 성립하는 범죄이다(형법 제185조).

2. 구성요건

(1) 객관적 구성요건

1) 객체

일반교통방해죄의 객체는 육로·수로·교량이다. 육로는 공중의 왕래에 사용되는 육상의 도로를 말한다. 사실상의 공중이나 차량의 통행에 사용될 수 있는 공공성을 지닌 도로이면 족하고, 관리자·소유자가 누구인지 여부 또는 노면폭의 광협·통행인의 다과(대판 1988.4.25. 88도18)·통행할 권리의 유무(대판 2007.2.22. 2006도8750)도 묻지 아니한다.

> **1. 육로에 해당하는 사례**
> [1] 일반교통방해죄는 일반공중의 교통의 안전을 보호법익으로 하는 범죄로서 여기서의 '육로'라 함은 사실상 일반공중의 왕래에 공용되는 육상의 통로를 널리 일컫는 것으로서 그 부지의 소유관계나 통행권리관계 또는 통행인의 많고 적음 등을 가리지 않는다.
> [2] 불특정 다수인의 통행로로 이용되어 오던 도로의 토지 일부의 소유자라 하더라도 그 도로의 중간에 바위를 놓아두거나 이를 파헤침으로써 차량의 통행을 못하게 한 행위는 일반교통방해죄 및 업무방해죄에 해당한다고 한 사례(대판 2002.4.26. 2001도6903)

> **2. 육로에 해당하지 아니하는 사례**
> 통행로를 이용하는 사람이 적은 경우에도 위 규정에서 말하는 육로에 해당할 수 있으나, 공로에 출입할 수 있는 다른 도로가 있는 상태에서 토지 소유자로부터 일시적인 사용승낙을 받아 통행하거나 토지 소유자가 개인적으로 사용하면서 부수적으로 타인의 통행을 묵인한 장소에 불과한 도로는 위 규정에서 말하는 육로에 해당하지 않는다(대판 2017.4.7. 2016도12563).

2) 행 위

본죄의 행위는 손괴·불통·기타의 방법으로 교통을 방해하는 것이다. 교통방해는 교통을 불가능하게 하거나 현저히 곤란하게 하는 것을 말한다. 본죄는 추상적 위험범이므로 이러한 상태가 발생하면 기수가 되며, 현실적인 방해의 결과를 요하지 아니한다.

> **1. 교통방해죄가 성립하는 사례**
> - [1] 집회 및 시위에 관한 법률에 따른 신고 없이 이루어진 집회에 참석한 참가자들이 차로 위를 행진하는 등으로 도로 교통을 방해함으로써 통행을 불가능하게 하거나 현저하게 곤란하게 하는 경우에 일반교통방해죄가 성립한다. 그러나 이 경우에도 참가자 모두에게 당연히 일반교통방해죄가 성립하는 것은 아니고, 실제로 참가자가 집회·시위에 가담하여 교통방해를 유발하는 직접적인 행위를 하였거나, 참가자의 참가 경위나 관여 정도 등에 비추어 참가자에게 공모공동정범의 죄책을 물을 수 있는 경우라야 일반교통방해죄가 성립한다.
> [2] 일반교통방해죄는 이른바 추상적 위험범으로서 교통이 불가능하거나 또는 현저히 곤란한 상태가 발생하면 바로 기수가 되고 교통방해의 결과가 현실적으로 발생하여야 하는 것은 아니다. 또한 일반교통방해죄에서 교통방해 행위는 계속범의 성질을 가지는 것이어서 교통방해의 상태가 계속되는 한 위법상태는 계속 존재한다. 따라서 교통방해를 유발한 집회에 참가한 경우 참가 당시 이미 다른 참가자들에 의해 교통의 흐름이 차단된 상태였더라도 교통방해를 유발한 다른 참가자들과 암묵적·순차적으로 공모하여 교통방해의 위법상태를 지속시켰다고 평가할 수 있다면 일반교통방해죄가 성립한다.
> [3] 피고인이 집회 및 시위에 관한 법률에 따른 신고 없이 서울광장에서 개최된 '세월호 1주기 범국민행동' 추모제에 참석한 뒤 다른 집회 참가자들과 함께 질서유지선을 넘어 방송차량을 따라 도로 전 차로를 점거하면서 행진하고, 행진을 제지하는 경찰과 대치하면서 도로에서 머물다가 귀가한 사안에서, 제반 사정을 종합하면 피고인은 일반교통방해죄의 공모공동정범으로서 책임이 있다는 이유로, 이와 달리 본 원심판결에 법리오해 등의 잘못이 있다고 한 사례(대판 2018.5.11. 2017도9146)
> - [1] 구 집회 및 시위에 관한 법률 제6조 제1항 및 입법 취지에 비추어, 적법한 신고를 마치고 도로에서 집회나 시위를 하는 경우 도로의 교통이 어느 정도 제한될 수밖에 없으므로, 그 집회 또는 시위가 신고된 범위 내에서 행해졌거나 신고된 내용과 다소 다르게 행해졌어도 신고된 범위를 현저히 일탈하지 않는 경우에는, 그로 인하여 도로의 교통이 방해를 받았다고 하더라도 특별한 사정이 없는 한 형법 제185조의 일반교통방해죄가 성립한다고 볼 수 없다. 그러나 그 집회 또는 시위가 당초 신고된 범위를 현저히 일탈하거나 구 집회 및 시위에 관한 법률 제12조에 의한 조건을 중대하게 위반하여 도로 교통을 방해함으로써 통행을 불가능하게 하거나 현저하게 곤란하게 하는 경우에는 일반교통방해죄가 성립한다.

[2] 전국민주노동조합총연맹 준비위원회가 주관한 도로행진시위가 사전에 구 집회 및 시위에 관한 법률에 따라 옥외집회신고를 마쳤어도, 신고의 범위와 위 법률 제12조에 따른 제한을 현저히 일탈하여 주요도로 전차선을 점거하여 행진 등을 함으로써 교통소통에 현저한 장해를 일으켰다면, 일반교통방해죄를 구성한다고 한 사례(대판 2008.11.13. 2006도755)

2. 교통방해죄가 성립하지 아니하는 사례

- 공항 여객터미널 버스정류장 앞 도로 중 공항리무진 버스 외의 다른 차의 주차가 금지된 구역에서 밴 차량을 40분간 불법주차하고 호객행위를 한 것은, 다른 차량들의 통행을 불가능하거나 현저히 곤란하게 한 것으로 볼 수 없어 형법 제185조의 일반교통방해죄를 구성하지 않는다(대판 2009.7.9. 2009도4266).
- 이미 교통의 흐름이 완전히 차단된 상태의 도로를 다수인이 행진하여 점거하는 것은 교통방해의 추상적 위험조차 발생시키지 않는다고 보아야 한다. 교통의 흐름이 완전히 차단된 상태에서 피고인이 도로에 걸어 나간 것만으로는 교통방해의 위험을 발생시켰다고 볼 수 없고, 집회참가자들의 도로 점거 이후 시위에 합류한 피고인에게 차벽 설치 전 다른 집회참가자들이 한 도로점거에 대한 책임을 물을 수 없다(대판 2018.1.24. 2017도11408).

(2) 주관적 구성요건

육로·수로·교량을 손괴·불통하게 하거나 기타 방법으로 교통을 방해한다는 사실에 대한 인식과 의사가 있어야 한다.

Ⅲ 기차·선박 등 교통방해죄

기차·선박 등 교통방해죄는 궤도, 등대 또는 표지를 손괴하거나 기타 방법으로 기차, 전차, 자동차, 선박 또는 항공기의 교통을 방해함으로써 성립하는 범죄이다(형법 제186조).

Ⅳ 기차 등 전복죄

기차 등 전복죄는 사람의 현존하는 기차, 전차, 자동차, 선박 또는 항공기를 전복, 매몰, 추락 또는 파괴함으로써 성립하는 범죄이다(형법 제187조).

Ⅴ 교통방해치사상죄

교통방해치사상죄는 일반교통방해죄, 기차·선박 등 교통방해죄 또는 기차 등 전복죄를 범하여 사람을 상해 또는 사망에 이르게 함으로써 성립하는 범죄이다(형법 제188조).

Ⅵ 과실교통방해죄

과실교통방해죄는 과실로 인하여 일반교통방해죄, 기차·선박 등 교통방해죄 또는 기차 등 전복죄를 범함으로써 성립하는 범죄이다(형법 제189조 제1항).

Ⅶ 업무상과실·중과실교통방해죄

업무상과실·중과실교통방해죄는 업무상과실 또는 중대한 과실로 인하여 일반교통방해죄, 기차·선박 등 교통방해죄 또는 기차 등 전복죄를 범함으로써 성립하는 범죄이다(형법 제189조 제2항).

제2장 공공의 신용에 대한 죄

제1절 통화에 관한 죄

Ⅰ 의의

1. 개념

통화에 관한 죄는 행사할 목적으로 통화를 위조·변조하거나, 위조·변조한 통화를 행사·수입·수출 또는 취득하거나, 통화유사물을 제조·수입·수출·판매하는 것을 내용으로 하는 범죄이다.

2. 보호법익 및 보호정도

통화에 관한 죄의 보호법익은 통화에 대한 공공의 신용과 거래의 안전이고, 보호받는 정도는 추상적 위험범이다.

Ⅱ 내국통화위조·변조죄

1. 의 의

내국통화위조·변조죄는 행사할 목적으로 통용하는 대한민국의 화폐, 지폐 또는 은행권을 위조 또는 변조함으로써 성립하는 범죄이다(형법 제207조 제1항).

2. 구성요건

(1) 객관적 구성요건

1) 객 체

① 통화 : 국가나 국가기관에 의하여 금액이 표시된 지불수단으로 강제통용력이 부여된 교환의 매개물을 말한다. 교환 중인 구화(舊貨)는 강제통용력이 없으므로 통화가 아니다. 형법은 통화로 화폐·지폐·은행권을 열거하고 있다.

② 통용 : 법률에 의하여 강제통용력이 인정되는 것으로, 사실상 국내에서 사용되는 것이라는 의미의 유통과 구별된다. 고화(古貨), 폐화(廢貨)는 강제통용력이 없으므로 통화가 아니나, 기념주화는 강제통용력이 인정된다면 통화로 보는 것이 타당하다.

2) 행 위

① 위조 : 통화의 발행권이 없는 자가 진정한 통화의 외관을 가진 물건을 만드는 것을 의미한다. 진화(眞貨)의 존재를 전제로 하지 않으며 위조는 일반인이 진화로 오인할 정도의 외관을 갖추면 족하다(대판 1986.3.25. 86도255). 위조의 정도에 이르지 않은 경우 모조로서, 판매의 목적이 있는 경우에는 통화유사물제조죄가 성립할 수 있다.

② 변조 : 진화에 가공하여 동일성이 상실되지 아니하는 범위 내에서 그 가치를 변경하는 것을 말한다.

> **변조에 해당하지 아니하는 사례**
> - 진정한 통화인 미화 1달러 및 2달러 지폐의 발행연도, 발행번호, 미국 재무부를 상징하는 문양, 재무부장관의 사인, 일부 색상을 고친 것만으로는 통화가 변조되었다고 볼 수 없다(대판 2004.3.26. 2003도5640).
> - 피고인들이 한국은행발행 500원짜리 주화의 표면 일부를 깎아내어 손상을 가하였지만 그 크기와 모양 및 대부분의 문양이 그대로 남아 있어, 이로써 기존의 500원짜리 주화의 명목가치나 실질가치가 변경되었다거나, 객관적으로 보아 일반인으로 하여금 일본국의 500¥짜리 주화로 오신케 할 정도의 새로운 화폐를 만들어 낸 것이라고 볼 수 없고, 일본국의 자동판매기 등이 위와 같이 가공된 주화를 일본국의 500¥짜리 주화로 오인한다는 사정만을 들어 그 명목가치가 일본국의 500¥으로 변경되었다거나 일반인으로 하여금 일본국의 500¥짜리 주화로 오신케 할 정도에 이르렀다고 볼 수도 없다(대판 2002.1.11. 2000도3950).

(2) 주관적 구성요건

내국통화위조·변조죄가 성립하기 위해서는 고의 이외에 행사할 목적이 있어야 한다. 행사할 목적이란 위조·변조한 통화를 진정한 통화로서 유통에 놓겠다는 목적을 말하므로, 자신의 신용력을 증명하기 위하여 타인에게 보일 목적으로 통화를 위조한 경우에는 행사할 목적이 있다고 할 수 없다(대판 2012.3.29. 2011도7704).

Ⅲ 내국유통 외국통화위조·변조죄

내국유통 외국통화위조·변조죄는 내국에서 유통하는 외국의 화폐, 지폐 또는 은행권을 위조 또는 변조함으로써 성립하는 범죄이다(형법 제207조 제2항).

Ⅳ 외국통용 외국통화위조·변조죄

1. 의 의

외국통용 외국통화위조·변조죄는 행사할 목적으로 외국에서 통용하는 외국의 화폐, 지폐 또는 은행권을 위조 또는 변조함으로써 성립하는 범죄이다(형법 제207조 제3항).

2. 구성요건

본죄의 객체는 외국에서 통용하는 외국의 통화이다. 따라서 외국통화라고 하더라도 본국에서 강제통용력을 상실한 경우에는 본죄의 객체가 될 수 없다.

> [1] 형법 제207조 제3항은 "행사할 목적으로 외국에서 통용하는 외국의 화폐, 지폐 또는 은행권을 위조 또는 변조한 자는 10년 이하의 징역에 처한다."고 규정하고 있는바, 여기에서 외국에서 통용한다고 함은 그 외국에서 강제통용력을 가지는 것을 의미하는 것이므로 외국에서 통용하지 아니하는, 즉 강제통용력을 가지지 아니하는 지폐는 그것이 비록 일반인의 관점에서 통용할 것이라고 오인할 가능성이 있다고 하더라도 위 형법 제207조 제3항에서 정한 외국에서 통용하는 외국의 지폐에 해당한다고 할 수 없고, 만일 그와 달리 위 형법 제207조 제3항의 외국에서 통용하는 지폐에 일반인의 관점에서 통용할 것이라고 오인할 가능성이 있는 지폐까지 포함시키면 이는 위 처벌조항을 문언상의 가능한 의미의 범위를 넘어서까지 유추해석 내지 확장해석하여 적용하는 것이 되어 죄형법정주의의 원칙에 어긋나는 것으로 허용되지 않는다.
> [2] 미국에서 발행된 적이 없이 단지 여러 종류의 관광용 기념상품으로 제조, 판매되고 있는 미합중국 100만 달러 지폐와 과거에 발행되어 은행 사이에서 유통되다가 현재는 발행되지 않고 있으나 화폐수집가나 재벌들이 이를 보유하여 오고 있는 미합중국 10만 달러 지폐가 막연히 일반인의 관점에서 미합중국에서 강제통용력을 가졌다고 오인할 수 있다는 이유로 형법 제207조 제3항의 외국에서 통용하는 지폐에 포함된다고 판단한 원심판결을 파기한 사례(대판 2004.5.14. 2003도3487).

V 위조·변조통화행사 등 죄

1. 의 의

위조·변조통화행사 등 죄는 위조 또는 변조한 통화를 행사하거나 행사할 목적으로 수입 또는 수출함으로써 성립하는 범죄이다(형법 제207조 제4항).

2. 구성요건

(1) 객관적 구성요건

1) 객 체

위조·변조통화행사 등 죄의 객체는 위조 또는 변조한 내국통화, 내국유통 및 외국통용의 외국통화이다.

> **통화행사죄의 객체에 해당하지 아니하는 사례**
> [1] 형법상 통화에 관한 죄는 문서에 관한 죄에 대하여 특별관계에 있으므로 통화에 관한 죄가 성립하는 때에는 문서에 관한 죄는 별도로 성립하지 않는다. 그러나 위조된 외국의 화폐, 지폐 또는 은행권이 강제통용력을 가지지 않는 경우에는 형법 제207조 제3항에서 정한 '외국에서 통용하는 외국의 화폐 등'에 해당하지 않고, 나아가 그 화폐 등이 국내에서 사실상 거래 대가의 지급수단이 되고 있지 않는 경우에는 형법 제207조 제2항에서 정한 '내국에서 유통하는 외국의 화폐 등'에도 해당하지 않으므로, 그 화폐 등을 행사하더라도 형법 제207조 제4항에서 정한 위조통화행사죄를 구성하지 않는다고 할 것이고, 따라서 이러한 경우에는 형법 제234조에서 정한 위조사문서행사죄 또는 위조사도화행사죄로 의율할 수 있다고 보아야 한다.
> [2] 피고인이 영국 중앙은행(BANK OF ENGLAND)에서 1971년에 발행한 5파운드화 권종을 스캐너 등을 사용하여 위조한 10만 파운드화는 형법 제207조 제3항에서 정한 외국에서 통용하는 외국의 화폐 등이나 형법 제207조 제2항에서 정한 국내에서 유통하는 외국의 화폐 등에 해당하지 않으므로, 피고인이 이를 행사하였다고 하더라도 형법 제207조 제4항에서 정한 위조통화행사죄를 구성하지 않는다고 할 것이고, 한편 비록 위 10만 파운드화가 영국 지폐의 외관을 갖고 있다고 하더라도, 영국 중앙은행 "CHIEF CASHIER"의 의사의 표현으로서 그 내용이 법률상 또는 사회생활상 의미 있는 사항에 관한 증거가 될 수 있는 것이므로, 형법상 문서에 관한 죄의 객체인 '문서 또는 도화'에 해당한다고 할 것이다. 따라서 피고인이 이 부분 공소사실 기재와 같이 위 10만 파운드화를 행사한 행위는 위조사문서행사죄 또는 위조사도화행사죄로 의율할 수 있다고 보아야 한다(대판 2013.12.12. 2012도2249).

2) 행 위

위조·변조통화행사 등 죄의 행위는 행사·수입·수출하는 것이다. 행사는 위조·변조된 통화를 진정한 통화처럼 본래의 용법에 따라 거래·유통될 수 있게 하는 것을 말한다. 단순히 자기의 신용력을 보이기 위하여 제시하거나, 명가 이하의 상품으로 매매하는 경우에는 행사에 해당하지 아니한다. 그러나 진화로서 화폐수집상에게 판매하는 경우에는 행사에 해당하고, 위조통화임을 알고 있는 자에게 교부한 경우에도 피교부자가 이를 유통시키리라는 점을 예상하고 교부하였다면 그 교부행위만으로도 위조통화행사죄가 성립한다(대판 2003.1.10. 2002도3340).

> [1] 피고인들이 행사하거나 취득하였다는 스위스 화폐의 진폐는 스위스 국내에서 1998년까지 일반 상거래를 할 수 있었고 현재 통용되지 않고 있으며 다만 스위스 은행에서 2020.4.30.까지 신권과의 교환이 가능하고 국내은행에서 환전할 수 있다 하더라도 이는 외국환매매거래의 대상으로서 상품과 유사한 것에 불과하다 할 것이므로 이를 가리켜 국내에서 유통되고 있다고 보기는 어렵고, 이태원 등 관광지에서 지급수단으로 사용된다고 하더라도 상인은 이 사건 스위스 화폐를 은행에서의 매수환율보다 낮은 가격에 매수하여 은행에 매도함에 따른 차익을 목적으로 이를 취득한 것으로서 지급수단이라기보다는 은행에서 환전하는 경우와 마찬가지로 외국환거래의 대상으로 봄이 상당하여, 이 사건 스위스 화폐의 진폐는 내국에서 '유통하는' 화폐라고 볼 수 없다.
> [2] 피고인 1이 이 사건 위조된 이라크 화폐를 취득한 경우, 피고인의 행위는 위조통화취득죄가 성립한다.
> [3] 위조통화임을 알고 있는 자에게 그 위조통화를 교부한 경우에 피교부자가 이를 유통시키리라는 것을 예상 내지 인식하면서 교부하였다면, 그 교부행위 자체가 통화에 대한 공공의 신용 또는 거래의 안전을 해할 위험이 있으므로 위조통화행사죄가 성립한다(대판 2003.1.10. 2002도3340).[115]

(2) 주관적 구성요건

위조 또는 변조한 통화를 행사한다는 인식과 의사가 있어야 한다. 수입 또는 수출의 경우에는 초과주관적 구성요건요소로서의 행사할 목적이 있어야 한다.

3. 타죄와의 관계

판례는 통화위조죄에 관한 규정은 공공의 거래상의 신용 및 안전을 보호하는 공공적인 법익을 보호함을 목적으로 하고 있고, 사기죄는 개인의 재산법익에 대한 죄이어서 양 죄는 그 보호법익을 달리하고 있으므로 위조통화를 행사하여 재물을 불법영득한 때에는 위조통화행사죄와 사기죄의 양 죄가 성립된다고(대판 1979.7.10. 79도840) 판시하고 있다.

---

[115] 판례에 의하면 스위스 화폐는 우리나라에서 유통되지도 아니하고 본국인 스위스에서도 강제통용력이 인정되지 아니하므로 통화에 관한 죄의 객체가 되지 아니하나, 이라크 화폐는 우리나라에서는 유통되지는 않지만 본국인 이라크에서 여전히 강제통용력을 가지고 있으므로 위조통화취득죄가 성립한다. 이라크 화폐가 위조통화임을 알고 있는 자에게 교부한 경우 피교부자가 이를 유통시키리라는 것을 예상 내지 인식하면서 교부하였다면 위조통화행사죄가 성립한다.

Ⅵ 위조·변조통화취득죄

위조·변조통화취득죄는 행사할 목적으로 위조 또는 변조한 통화를 취득함으로써 성립하는 범죄이다(형법 제208조).

Ⅶ 위조통화취득후지정행사죄

위조통화취득후지정행사죄는 위조 또는 변조한 통화임을 모르고 취득한 후 그 사정을 알고 행사함으로써 성립하는 범죄이다(형법 제210조).

Ⅷ 통화유사물제조·수입·수출죄

통화유사물제조·수입·수출죄는 판매할 목적으로 내국 또는 외국에서 통용하거나 유통하는 화폐, 지폐 또는 은행권에 유사한 물건을 제조, 수입 또는 수출하거나 판매함으로써 성립하는 범죄이다(형법 제211조).

Ⅸ 통화위조·변조 예비·음모죄

통화위조·변조 예비·음모죄는 내국통화 위조·변조죄, 내국유통 외국통화 위조·변조죄, 외국통용 위국통화 위조·변조죄를 범할 목적으로 예비 또는 음모함으로써 성립하는 범죄이다(형법 제213조).

제2절 유가증권·인지와 우표에 관한 죄

Ⅰ 의의

1. 개념

유가증권에 관한 죄란 행사할 목적으로 유가증권을 위조·변조 또는 허위작성하거나 위조·변조·허위작성한 유가증권을 행사·수입·수출하는 것을 내용으로 하는 범죄를 말한다.

2. 보호법익 및 보호정도

유가증권에 관한 죄의 보호법익은 유가증권에 관한 공공의 신용과 거래의 안전이고, 보호받는 정도는 추상적 위험범이다.

Ⅱ 유가증권위조·변조죄

1. 의 의

유가증권위조·변조죄는 행사할 목적으로 대한민국 또는 외국의 공채증서 기타 유가증권을 위조 또는 변조함으로써 성립하는 범죄이다(형법 제214조 제1항).

2. 구성요건

(1) 객관적 구성요건

1) 객 체

① 공채증서 : 국가 또는 지방자치단체의 채무를 증명하기 위하여 국가 또는 지방자치단체가 발행하는 증권을 말하며 공채증서는 유가증권의 예시로 보아야 한다.

② 유가증권

㉠ 유가증권은 재산권을 표창하는 증권으로서 증권상에 기재한 권리의 행사나 처분에 그 증권의 점유를 필요로 하는 것을 말한다. 예를 들어 어음, 수표, 주권 등이 이에 해당한다. 판례에 의하면 직장소비자조합이 그 소속조합원에게 그의 직번, 구입상품명 등을 기재하여 교부한 신용카드(대판 1984.11.27. 84도1862), 폐공중전화카드(대판 1998.2.27. 97도2483)는 유가증권에 해당하나, 신용카드업자가 발행한 신용카드(대판 1999.7.9. 99도857), 국제전화카드(대판 2011.11.10. 2011도9620), 후불식 전화카드(대판 2002.6.25. 2002도461)는 유가증권이 아니라고 한다.

㉡ 유가증권은 원본을 의미하므로 복사한 사본(대판 1998.2.13. 97도2922)이나, 선하증권의 팩스(모사전송기) 사본(대판 2007.2.8. 2006도8480)은 유가증권이 아니다.

㉢ 재산권이 표창되어 있어야 하므로 증거증권은 유가증권이 아니며, 권리의 행사와 처분에 증권의 점유를 필요로 하기 때문에 점유가 권리행사의 요건이 아닌 면책증권은 유가증권이 아니라고 해야 한다.

㉣ 유가증권의 유통성 구비와 형식이 유효할 것을 요하는 것도 아니며, 명의인의 실재를 요하지도 아니한다.

> 약속어음과 같이 유통성을 가진 유가증권의 위조는 일반거래의 신용을 해하게 될 위험성이 매우 크다는 점에서 적어도 행사할 목적으로 외형상 일반인으로 하여금 진정하게 작성된 유가증권이라고 오신케 할 수 있을 정도로 작성된 것이라면 그 발행명의인이 가령 실재하지 않은 사자 또는 허무인이라 하더라도 그 위조죄가 성립된다고 해석함이 상당하다. 그리고 사자 명의로 된 약속어음을 작성함에 있어 사망자의 처로부터 사망자의 인장을 교부받아 생존 당시 작성한 것처럼 약속어음의 발행일자를 그 명의자의 생존 중의 일자로 소급하여 작성한 때에는 발행명의인의 승낙이 있었다고 볼 수 없다(대판 2011.7.14. 2010도1025).

2) 행 위

① **위조** : 위조란 유가증권의 작성권한이 없는 자가 타인명의를 사칭하여 그 본인명의의 유가증권을 발행하는 것을 말한다.

    ㉠ 작성권한 없는 자 : 행위자에게 유가증권의 작성권한이 없어야 한다. 대리권·대표권 있는 자가 그 권한을 초월하여 명백히 권한 밖의 사항에 관하여 유가증권을 작성한 경우에는 위조에 해당한다. 그러나 유가증권의 발행에 대하여 명의인의 승낙이나 포괄적 위임을 받은 경우, 대리권·대표권 있는 자가 그 권한의 범위 내에서 본인명의의 유가증권을 작성한 경우에는 위조에 해당하지 아니한다. 다만, 대리권·대표권 있는 자가 권한의 범위 내에서 권한을 남용하여 유가증권을 발행한 경우에는 배임죄가 성립할 수 있고, 허위의 유가증권을 작성한 경우에는 허위유가증권작성죄가 성립할 수 있다.

> **유가증권위조죄가 성립하지 아니하는 사례**
>
> [1] 주식회사의 대표이사가 그 대표 자격을 표시하는 방식으로 작성한 문서에 표현된 의사 또는 관념이 귀속되는 주체는 대표이사 개인이 아닌 주식회사이므로 그 문서의 명의자는 주식회사라고 보아야 한다. 따라서 위와 같은 문서 작성행위가 위조에 해당하는지는 그 작성자가 주식회사 명의의 문서를 적법하게 작성할 권한이 있는지에 따라 판단하여야 하고, 문서에 대표이사로 표시되어 있는 사람으로부터 그 문서 작성에 관하여 위임 또는 승낙을 받았는지에 따라 판단할 것은 아니다. 원래 주식회사의 적법한 대표이사는 회사의 영업에 관하여 재판상 또는 재판외의 모든 행위를 할 권한이 있으므로, 대표이사가 직접 주식회사 명의의 문서를 작성하는 행위는 자격모용사문서작성 또는 위조에 해당하지 않는 것이 원칙이다. 이는 그 문서의 내용이 진실에 반하는 허위이거나 대표권을 남용하여 자기 또는 제3자의 이익을 도모할 목적으로 작성된 경우에도 마찬가지이다.
>
> [2] 공소외 2는 공소외 4와 함께 공소외 1 주식회사의 각자 대표이사라는 것이므로, 특별한 사정이 없는 한 단독 대표이사와 마찬가지로 공소외 1 주식회사의 영업에 관하여 재판상 또는 재판외의 모든 행위를 단독으로 할 권한이 있다. 따라서 앞에서 본 법리에 의하여 살펴보면, 공소외 2가 공소외 1 주식회사의 영업에 관하여 공소외 1 주식회사 명의의 이 사건 약속어음을 작성한 것은 그의 적법한 권한에 따른 것이므로, 설령 공소외 4가 공소외 1 주식회사를 대표하여 이 사건 약속어음을 발행한 것처럼 기재한 점에 허위가 있다고 하더라도 유가증권위조죄가 성립하지 아니하고, 이를 전제로 한 위조유가증권행사죄 역시 성립하지 아니한다. 그리고 공소외 2는 공소외 4로부터 이 사건 약속어음의 작성에 관하여 위임 또는 승낙을 받은 자의 지위가 아니라 공소외 1 주식회사의 각자 대표이사 지위에서 이 사건 약속어음을 작성한 것이므로, 공소외 4로부터 개별적·구체적 위임이나 승낙은 물론 포괄적 위임이나 승낙 없이도 이 사건 약속어음을 단독으로 적법하게 작성할 수 있다고 보아야 하고, 공소외 4로부터 개별적·구체적 위임이나 승낙을 받지 아니하였다고 하여 이 사건 약속어음 작성이 유가증권위조죄에 해당한다고 볼 수 없다(대판 2015.11.27. 2014도17894).

    ㉡ 타인명의의 모용 : 위조는 타인명의를 사칭할 것을 요하므로 대리권·대표권 있는 자의 자격을 사칭한 경우에는 자격모용에 의한 유가증권작성죄가 성립한다. 판례에 의하면 수표에 기재되어야 할 수표행위자의 명칭은 반드시 수표행위자의 본명에 한하는 것은 아니고 상호, 별명 그 밖의 거래상 본인을 가리키는 것으로 인식되는 칭호라면 어느 것이나 다 가능하다고 볼 것이므로, 비록 그 칭호가 본명이 아니라 하더라도 통상 그 명칭을 자기를 표시하는 것으로 거래상 사용하여 그것이 그 행위자를 지칭하는 것으로 인식되어 온 경우에는 그것을 수표상으로도 자기를 표시하는 칭호로 사용할 수 있다고(대판 1996.5.10. 96도527) 한다.

ⓒ 유가증권의 작성 : 약속어음의 액면란에 보충권의 범위를 초과한 금액을 기입하거나(대판 1999.6.11. 99도1201), 타인이 위조한 백지약속어음의 액면란에 금액을 기입하여 완성하거나(대판 1982.6.22. 82도677), 찢어진 약속어음을 조합하는 경우(대판 1976.1.27. 74도3442)에 위조가 인정된다. 간접정범에 의하여 위조하는 것도 가능하므로 타인을 기망하여 약속어음용지에 발행인으로 서명·날인하게 한 후 행위자가 임의로 어음요건을 기재하여 어음을 발행하는 경우에도 이에 해당한다(대판 1984.11.27. 84도1862).
ⓓ 위조의 정도 : 일반인으로 하여금 진정하게 작성된 유가증권으로 오신하게 할 정도의 외관을 갖추면 족하다.
② 변조 : 변조란 이미 진정하게 성립된 타인명의의 유가증권의 내용에 권한 없이 증권의 동일성을 해하지 아니하는 범위 내에서 변경을 가하는 것을 말한다.
㉠ 진정하게 성립된 타인명의의 유가증권
㉮ 유가증권은 진정하게 성립해 있어야 하므로 타인에 의하여 위조된 유가증권은 변조죄의 객체가 되지 아니한다.

> **유가증권변조죄가 성립하지 아니하는 사례**
> - [1] 유가증권변조죄에 있어서 변조라 함은 진정으로 성립된 유가증권의 내용에 권한 없는 자가 그 유가증권의 동일성을 해하지 않는 한도에서 변경을 가하는 것을 말하므로, 이미 타인에 의하여 위조된 약속어음의 기재사항을 권한 없이 변경하였다고 하더라도 유가증권변조죄는 성립하지 아니한다.
> [2] 약속어음의 액면금액을 권한 없이 변경하는 것은 유가증권변조에 해당할 뿐 유가증권위조는 아니므로, 약속어음의 액면금액을 권한 없이 변경하는 행위가 당초의 위조와는 별개의 새로운 유가증권위조로 된다고 할 수 없다(대판 2006.1.26. 2005도4764).[116]
> - 유가증권변조죄에서 '변조'는 진정하게 성립된 유가증권의 내용에 권한 없는 자가 유가증권의 동일성을 해하지 않는 한도에서 변경을 가하는 것을 의미하고, 이와 같이 권한 없는 자에 의해 변조된 부분은 진정하게 성립된 부분이라 할 수 없다. 따라서 유가증권의 내용 중 권한 없는 자에 의하여 이미 변조된 부분을 다시 권한 없이 변경하였다고 하더라도 유가증권변조죄는 성립하지 않는다(대판 2012.9.27. 2010도15206).
> - 甲이 백지 약속어음의 액면란 등을 부당 보충하여 위조한 후 乙이 甲과 공모하여 금액란을 임의로 변경한 경우, 乙의 행위는 유가증권위조나 변조에 해당하지 않는다(대판 2008.12.24. 2008도9494).

㉯ 변조는 타인명의의 유가증권에 대하여만 성립할 수 있으므로 타인소유에 속하는 자기명의의 유가증권을 임의로 변경하는 경우에는 문서손괴죄나 허위유가증권작성죄에 해당하는 것은 별론으로 하고 유가증권변조죄는 성립하지 아니한다(대판 1978.11.14. 78도1904).

---

116) 판례는 약속어음의 액면금액을 권한 없이 변경하는 행위는 변조에 해당하고, 액면란에 금액을 기입하는 행위는 위조에 해당한다고 하고 있다. 한편 변조는 진정하게 성립한 유가증권을 전제로 한다고 판시하고 있다. 이러한 취지를 고려하여 위의 유가증권변조죄가 성립하지 아니하는 사례를 살핀다면 이해하기 수월할 것이다.

ⓒ 변경의 권한이 없을 것 : 변경권한이 없어야 하므로 변경권한이 있는 경우에는 변조가 될 수 없고 사안에 따라 문서손괴죄나 허위유가증권작성죄가 성립할 수 있을 뿐이다.

> **유가증권변조죄가 성립하지 아니하는 사례**
> - 회사의 대표이사로서 주권작성에 관한 일반적인 권한을 가지고 있는 자가 대표권을 남용하여 자기 또는 제3자의 이익을 도모할 목적으로 그들 명의의 주권의 기재사항에 변경을 가한 행위는 유가증권변조죄를 구성하지 아니한다(대판 1980.4.22, 79도3034).
> - 약속어음의 발행인으로부터 어음금액이 백지인 약속어음의 할인을 위임받은 자가 위임 범위 내에서 어음금액을 기재한 후 어음할인을 받으려고 하다가 그 목적을 이루지 못하자 유통되지 아니한 당해 약속어음을 원상태로 발행인에게 반환하기 위하여 어음금액의 기재를 삭제하는 것은 그 권한 범위 내에 속한다고 할 것이므로, 이를 유가증권변조라고 볼 수 없다(대판 2006.1.13, 2005도6267).

ⓒ 내용의 변경 : 내용의 변경은 동일성을 해하지 아니하는 범위 내에서 이루어져야 한다. 어음의 발행일자·수취일자·액면금액·지급인의 주소 등을 함부로 변경하는 것은 동일성을 유지하고 있으므로 변조에 해당하지만 발행인의 성명을 변경하는 것은 위조에 해당한다. 판례에 의하면 신용카드를 제시받은 상점점원이 그 카드의 금액란을 정정기재하였다 하더라도 그것이 카드소지인이 위 점원에게 자신이 위 금액을 정정기재 할 수 있는 권리가 있는 양 기망하여 이루어졌다면 이는 간접정범에 의한 유가증권변조로 봄이 상당하다고(대판 1984.11.27, 84도1862) 한다.

(2) 주관적 구성요건

고의 이외에 유가증권을 진정한 유가증권으로 사용할 목적이 있어야 한다.

3. 죄 수

유가증권위조·변조죄의 죄수는 유가증권의 수를 기준으로 결정한다(대판 1983.4.12, 82도2938).

III 기재의 위조·변조죄

기재의 위조·변조죄는 행사할 목적으로 유가증권의 권리의무에 관한 기재를 위조 또는 변조함으로써 성립하는 범죄이다(형법 제214조 제2항).

> 형법 제214조에서 발행에 관한 위조·변조는 대상을 '유가증권'으로, 배서 등에 관한 위조·변조는 대상을 '유가증권의 권리의무에 관한 기재'로 구분하여 표현하고 있는데, 구 부정수표 단속법 제5조는 위조·변조 대상을 '수표'라고만 표현하고 있다. 구 부정수표 단속법 제5조는 유가증권에 관한 형법 제214조 제1항 위반행위를 가중처벌하려는 규정이므로, 그 처벌 범위가 지나치게 넓어지지 않도록 제한적으로 해석할 필요가 있다. 따라서 구 부정수표 단속법 제5조에서 처벌하는 행위는 수표의 발행에 관한 위조·변조를 말하고, 수표의 배서를 위조·변조한 경우에는 수표의 권리의무에 관한 기재를 위조·변조한 것으로서, 형법 제214조 제2항에 해당하는지 여부는 별론으로 하고 구 부정수표 단속법 제5조에는 해당하지 않는다(대판 2019.11.28, 2019도12022).

Ⅳ. 자격모용에 의한 유가증권작성죄

1. 의 의

자격모용에 의한 유가증권작성죄는 행사할 목적으로 타인의 자격을 모용하여 유가증권을 작성하거나 유가증권의 권리 또는 의무에 관한 사항을 기재함으로써 성립하는 범죄이다(형법 제215조).

2. 구성요건

(1) 객관적 구성요건

타인의 자격을 모용하는 것은 대리권·대표권 없는 자가 타인의 대리권·대표권 있는 자로서의 자격을 사칭하여 유가증권을 작성하는 것을 말한다.

> **자격모용에 해당하는 사례**
> - 대표이사 직무집행정지가처분결정은 대표이사의 직무집행만을 정지시킬 뿐 대표이사의 자격까지 박탈하는 것은 아니나 가처분결정이 송달되어 일절의 직무집행이 정지됨으로써 직무집행의 권한이 없게 된 대표이사가 그 권한밖의 일인 대표이사 명의의 유가증권을 작성 행사하는 행위가 회사업무의 중단을 막기 위한 긴급한 인수인계 행위라 하더라도 합법적인 권한행사라 할 수 없으므로 이는 자격모용유가증권작성 및 동행사죄에 해당한다(대판 1987.8.18. 87도145).
> - 주식회사 대표이사로 재직하던 피고인이 대표이사가 타인으로 변경되었음에도 불구하고 이전부터 사용하여 오던 피고인 명의로 된 위 회사 대표이사의 명판을 이용하여 여전히 피고인을 위 회사의 대표이사로 표시하여 약속어음을 발행, 행사하였다면, 설사 약속어음을 작성, 행사함에 있어 후임 대표이사의 승낙을 얻었다거나 위 회사의 실질적인 대표이사로서의 권한을 행사하는 피고인이 은행과의 당좌계약을 변경하는 데에 시일이 걸려 잠정적으로 전임 대표이사인 그의 명판을 사용한 것이라 하더라도 이는 합법적인 대표이사로서의 권한 행사라 할 수 없어 자격모용유가증권작성 및 동행사죄에 해당한다(대판 1991.2.26. 90도577).

(2) 주관적 구성요건

고의 이외에 행사할 목적이 있어야 한다.

Ⅴ 허위유가증권작성죄

1. 의 의

허위유가증권작성죄는 행사할 목적으로 허위의 유가증권을 작성하거나 유가증권에 허위사항을 기재함으로써 성립하는 범죄이다(형법 제216조).

2. 구성요건

(1) 객관적 구성요건

1) 객 체

본죄의 객체는 유가증권이다.

2) 행 위

허위의 유가증권을 작성하는 것은 작성권한 있는 자가 작성명의를 모용하지 아니하고 기본적 증권행위에 허위내용을 기재하는 것을 말하고, 허위의 사항을 기재하는 것은 기재권한 있는 자가 기존의 유가증권의 부수적 증권행위에 허위사항을 기재하는 것을 말한다.

> 1. **허위유가증권작성죄가 성립하는 사례**
> [1] 선하증권 기재의 화물을 인수하거나 확인하지도 아니하고 또한 선적할 선편조차 예약하거나 확보하지도 않은 상태에서 수출면장만을 확인한 채 실제로 선적한 일이 없는 화물을 선적하였다는 내용의 선하증권을 발행, 교부하였다면 피고인들은 위 선하증권을 작성하면서 진실에 반하는 허위의 기재를 하였음이 명백할 뿐만 아니라 위 선하증권이 허위라는 사실을 인식하였다고 볼 것이고, 피고인들이 진실에 반하는 선하증권을 작성하면서 곧 위 물품이 선적될 것이라고 예상하였다고 하여 위 각 선하증권의 허위성의 인식이 없었다고 할 수 없으며, 화물이 선적되기도 전에 이른바 선선하증권을 발행하는 것이 해운업계의 관례라고 하더라도 이를 가리켜 정상적인 행위라거나 그 목적과 수단의 관계에서 보아 사회적 상당성이 있다고 할 수는 없으므로 피고인들이 위 행위가 죄가 되지 아니한다고 그릇 인식하였다고 하더라도 거기에 정당한 이유가 있는 경우라고 할 수 없으므로 허위유가증권작성죄의 죄책을 면할 수 없다.
> [2] 허위작성된 유가증권을 피교부자가 그것을 유통하게 한다는 사실을 인식하고 교부한 때에는 허위작성유가증권행사죄에 해당하고, 행사할 의사가 분명한 자에게 교부하여 그가 이를 행사한 때에는 허위작성유가증권행사죄의 공동정범이 성립된다(대판 1995.9.29. 95도803).
>
> 2. **허위유가증권작성죄가 성립하지 아니하는 사례**
> - 은행을 통하여 지급이 이루어지는 약속어음의 발행인이 그 발행을 위하여 은행에 신고된 것이 아닌 발행인의 다른 인장을 날인하였다 하더라도 그것이 발행인의 인장인 이상 그 어음의 효력에는 아무런 영향이 없으므로 허위유가증권작성죄가 성립하지 아니한다(대판 2000.5.30. 2000도883).
> - 허위유가증권작성죄는 작성권한 있는 자가 자기 명의로 기본적 증권행위를 함에 있어서 유가증권의 효력에 영향을 미칠 기재사항에 관하여 진실에 반하는 내용을 기재하는 경우에 성립하는바, 자기앞수표의 발행인이 수표의뢰인으로부터 수표자금을 입금받지 아니한 채 자기앞수표를 발행하더라도 그 수표의 효력에는 아무런 영향이 없으므로 허위유가증권작성죄가 성립하지 아니한다(대판 2005.10.27. 2005도4528).

(2) 주관적 구성요건

고의 이외에 행사할 목적이 있어야 한다.

Ⅵ 위조 등 유가증권 행사·수입·수출죄

1. 의 의

위조 등 유가증권 행사·수입·수출죄는 위조, 변조, 작성 또는 허위기재한 유가증권을 행사하거나 행사할 목적으로 수입 또는 수출함으로써 성립하는 범죄이다(형법 제217조).

2. 구성요건

(1) 객관적 구성요건

1) 객 체

본죄의 객체는 위조·변조·작성 또는 허위기재된 유가증권이다. 유가증권은 원본을 의미하며, 위조된 유가증권의 사본은 본죄의 객체가 아니다(대판 1998.2.13. 97도2922).

2) 행 위

본죄의 행위는 행사·수입·수출하는 것이다. 행사란 위조 등의 유가증권을 진정하게 작성된 진실한 내용의 유가증권으로 사용하는 것을 말한다. 반드시 유통에 놓을 것을 요하지 아니한다는 점에서 위조통화행사죄와 구별된다. 따라서 비치·열람제공·신용을 위한 제시 등도 행사에 해당한다.

> 1. 행사에 해당하는 사례
>   - 위조유가증권행사죄의 처벌목적은 유가증권의 유통질서를 보호하는 데 있는 만큼 단순히 문서의 신용성을 보호하고자 하는 위조공·사문서행사죄의 경우와는 달리 교부자가 진정 또는 진실한 유가증권인 것처럼 위조유가증권을 행사하였을 때뿐만 아니라 위조유가증권임을 알고 있는 자에게 교부하였더라도 피교부자가 이를 유통시킬 것임을 인식하고 교부하였다면, 그 교부행위 그 자체가 유가증권의 유통질서를 해할 우려가 있어 처벌의 이유와 필요성이 충분히 있으므로 위조유가증권행사죄가 성립한다고 보아야 한다(대판 2010.12.9. 2010도12553).
>   - 허위작성된 유가증권을 피교부자가 그것을 유통하게 한다는 사실을 인식하고 교부한 때에는 허위작성유가증권행사죄에 해당하고, 행사할 의사가 분명한 자에게 교부하여 그가 이를 행사한 때에는 허위작성유가증권행사죄의 공동정범이 성립된다(대판 1995.9.29. 95도803).
> 2. 행사에 해당하지 아니하는 사례
>   [1] 위조유가증권의 교부자와 피교부자가 서로 유가증권위조를 공모하였거나 위조유가증권을 타에 행사하여 그 이익을 나누어 가질 것을 공모한 공범의 관계에 있다면, 그들 사이의 위조유가증권 교부행위는 그들 이외의 자에게 행사함으로써 범죄를 실현하기 위한 전단계의 행위에 불과한 것으로서 위조유가증권은 아직 범인들의 수중에 있다고 볼 것이지 행사되었다고 볼 수는 없다.

> [2] 피고인과 甲은 甲이 피고인으로부터 1,500만원을 차용하는 것처럼 가장하기로 공모한 다음, 피고인이 위조된 100만원권 자기앞수표 14장 외에 10만원권 수표 10장이 들어 있는 봉투를 乙을 통해 공범 甲과 그 위조사실을 모르는 丙이 함께 있는 자리에서 甲에게 교부하자, 甲은 그 자리에서 자신의 연인 丙을 보증인으로 하는 차용증을 작성하여 乙에게 주었는데, 이때 甲은 봉투에서 10만원권 수표 10장을 꺼내어 丙에게 보여 주었으나 위조된 100만원권 자기앞수표는 봉투에서 꺼내거나 丙에게 보여 주지도 않은 사안에서, 乙이나 甲이 위조된 자기앞수표를 丙에게 제시하는 등으로 이를 인식하게 하였다고 할 수 없어 이들이 위 봉투를 丙의 면전에서 주고받은 행위를 위조된 자기앞수표를 행사한 경우에 해당한다고 볼 수 없고, 따라서 乙이나 甲에게 위 수표를 교부한 것이 이를 행사한 경우에 해당한다고 볼 수도 없음에도, 피고인에 대한 위 위조유가증권행사의 공소사실을 유죄로 인정한 원심판결에 법리오해의 위법이 있다고 한 사례(대판 2010.12.9. 2010도12553)

(2) 주관적 구성요건

위조, 변조, 작성 또는 허위기재한 유가증권을 행사하거나 행사할 목적으로 수입 또는 수출한다는 인식과 의사가 있어야 한다. 수입 또는 수출의 경우에는 초과주관적 구성요건요소로서의 행사할 목적이 있어야 한다.

Ⅶ 인지·우표 위조·변조죄

인지·우표 위조·변조죄는 행사할 목적으로 대한민국 또는 외국의 인지, 우표 기타 우편요금을 표시하는 증표를 위조 또는 변조함으로써 성립하는 범죄이다(형법 제218조 제1항).

Ⅷ 위조·변조 인지·우표 행사·수입·수출죄

위조·변조 인지·우표 행사·수입·수출죄는 위조 또는 변조된 대한민국 또는 외국의 인지, 우표 기타 우편요금을 표시하는 증표를 행사하거나 행사할 목적으로 수입 또는 수출함으로써 성립하는 범죄이다(형법 제218조 제2항).

Ⅸ 위조·변조 인지·우표 취득죄

위조·변조 인지·우표 취득죄는 행사할 목적으로 위조 또는 변조한 대한민국 또는 외국의 인지, 우표 기타 우편요금을 표시하는 증표를 취득함으로써 성립하는 범죄이다(형법 제219조).

X 소인말소죄

소인말소죄는 행사할 목적으로 대한민국 또는 외국의 인지, 우표 기타 우편요금을 표시하는 증표의 소인 기타 사용의 표지를 말소함으로써 성립하는 범죄이다(형법 제221조).

XI 인지·우표유사물 제조·수입·수출죄

인지·우표유사물 제조·수입·수출죄는 판매할 목적으로 대한민국 또는 외국의 공채증서, 인지, 우표 기타 우편요금을 표시하는 증표와 유사한 물건을 제조, 수입 또는 수출하거나, 이러한 물건을 판매함으로써 성립하는 범죄이다(형법 제222조).

XII 예비·음모죄

유가증권위조·변조죄, 기재의 위조·변조죄, 자격모용에 의한 유가증권작성죄와 인지·우표위조·변조죄를 범할 목적으로 예비 또는 음모함으로써 성립하는 범죄이다(형법 제224조).

제3절 문서에 관한 죄

I 의의

1. 개념

문서에 관한 죄란 행사할 목적으로 문서를 위조·변조하거나, 허위의 문서를 작성하거나, 위조·변조·허위작성된 문서를 행사하거나 문서를 부정행사하는 것을 내용으로 하는 범죄이다.

2. 보호법익 및 보호정도

보호법익은 문서의 진정에 대한 공공의 신용이고, 보호받는 정도는 추상적 위험범이다.

3. 문서에 관한 죄의 본질

(1) 유형위조와 무형위조

유형위조는 문서의 작성권한 없는 자가 타인의 명의를 사칭하여 타인명의의 문서를 작성하는 것을 말하고, 무형위조는 문서의 작성권한 있는 자가 객관적 진실에 반하는 문서를 작성하는 것을 말한다. 형법에서는 유형위조는 공·사문서를 불문하고 처벌하나 무형위조는 공문서와는 달리 사문서에서의 허위진단서작성죄의 경우에만 예외적으로 처벌하고 있다.

(2) 형식주의와 실질주의

형식주의는 문서위조죄의 보호대상을 문서성립의 진정으로 보고 문서작성명의에 허위가 있을 때 처벌하는 입법형식을 말하고, 실질주의는 보호대상을 문서내용의 진실로 보고 문서내용을 허위로 작성했을 때 처벌하는 입법형식을 말한다. 형법에서는 작성명의에 허위가 있는 경우에는 공·사문서 불문하고 처벌하고 있고, 내용이 허위인 경우에는 공문서는 처벌하나 사문서의 경우에는 허위진단서작성죄의 경우에만 예외적으로 처벌하여, 형식주의를 원칙으로 하고 실질주의를 가미하는 태도를 취하고 있다.

4. 문서의 개념

(1) 의 의

문서란 문자 또는 이에 대신하는 부호에 의하여 사람의 관념·의사가 화체되어 표시된, 어느 정도 계속성이 있는 물체로서 법률관계 또는 사회생활상의 중요한 사실을 증명할 수 있는 것을 말한다.

(2) 개념요소

1) 계속적 기능

문서는 사람의 의사 또는 관념을 외부적으로 표시하는 물체로서 어느 정도 계속성이 있어야 한다.
① **의사표시**
　㉠ 의사표시의 내용 : 관념 또는 의사의 표시이어야 하므로 문패·전기요금 등 관념·의사의 표시가 아닌 것은 문서가 아니다. 판례는 피해자 회사의 법인명판과 인감도장만 찍힌 백지는 구체적인 의사가 표현되었다고 볼 수 없으므로 문서로 볼 수 없다고(대판 2002.12.10. 2002도5533) 한다.
　㉡ 의사표시의 방법 : 사람의 의사 또는 관념은 일반적·객관적으로 이해 가능한 문자 또는 가독적 부호에 의하여 표시되어야 한다. 판례에 의하면 생략문서도 사람 등의 동일성을 나타내는 데에 그치지 않고 그 이외의 사항도 증명, 표시하는 한 인장이나 기호가 아니라 문서로서 취급하여야 하므로(대판 1995.9.5. 95도1269), 구청 세무계장 명의의 소인(대판 1995.9.5. 95도1269), 신용장에 날인된 은행의 접수일부인(대판 1979.10.30. 77도1879), 인감증명서 신청인란의 본인 또는 대리인 여부를 표시한 ○(대판 1985.6.25. 85도758), 교통사고 실황조사서의 도주 또는 자수 여부를 표시한 ∨(대판 1997.3.11. 96도2329) 등은 사실증명에 관한 문서에 해당한다. 예술작품에 표시된 서명·낙관은 그 의사표시가 가독적으로 이해될 수 있는 것이 아니므로 인장에 관한 죄의 객체로 보는 것이 타당하다.
② **의사표시의 계속성** : 의사표시가 물체에 고정되어 있어 어느 정도 계속성을 가져야 한다. 계속성을 가지는 한 의사표시의 수단이나 물체는 제한이 없다. 또한 문서는 시각적으로 이해할 수 있는 것이어야 하므로 녹음테이프 등은 문서라고 할 수 없다.

1. 문서에 해당하는 사례

[1] 형법상 문서에 관한 죄에 있어서 문서라 함은, 문자 또는 이에 대신할 수 있는 가독적 부호로 계속적으로 물체상에 기재된 의사 또는 관념의 표시인 원본 또는 이와 사회적 기능, 신용성 등을 같게 볼 수 있는 기계적 방법에 의한 복사본으로서 그 내용이 법률상, 사회생활상 주요 사항에 관한 증거로 될 수 있는 것을 말하므로, 원심이 컴퓨터 모니터 화면에 나타나는 이미지는 이미지 파일을 보기 위한 프로그램을 실행할 경우에 그때마다 전자적 반응을 일으켜 화면에 나타나는 것에 지나지 아니하여 형법상 문서에 관한 죄에 있어서의 '문서'에 해당하지 않는다고 본 것은 정당하다.

[2] 이 사건 제1사문서변조 및 행사의 점에 관한 공소사실은 "피고인이 사무실전세계약서 원본을 스캐너로 복사하여 컴퓨터 화면에 띄운 후 그 보증금액란을 공란으로 만든 다음 이를 프린터로 출력하여 검정색 볼펜으로 보증금액을 '삼천만원(30,000,000원)'으로 변조하고, 이와 같이 변조된 사무실전세계약서를 팩스로 송부하여 행사하였다."는 것이므로, 이 부분 공소사실에서 적시된 범죄사실은 '컴퓨터 모니터 화면상의 이미지'를 변조하고 이를 행사한 행위가 아니라 '프린터로 출력된 문서'인 사무실전세계약서를 변조하고 이를 행사한 행위임을 알 수 있다(대판 2011.11.10. 2011도10468).

2. 문서에 해당하지 아니하는 사례[117]

- 피고인이 컴퓨터 스캔 작업을 통하여 만들어낸 공인중개사 자격증의 이미지 파일은 전자기록으로서 전자기록 장치에 전자적 형태로서 고정되어 계속성이 있다고 볼 수는 있으나, 그러한 형태는 그 자체로서 시각적 방법에 의해 이해할 수 있는 것이 아니어서 이를 형법상 문서에 관한 죄에 있어서의 '문서'로 보기 어렵다(대판 2008.4.10. 2008도1013).
- 국립대학교 교무처장 명의의 '졸업증명서 파일'을 위조한 경우, 이 파일은 형법상의 문서에 해당하지 않는다(대판 2010.7.15. 2010도6068).
- 자신의 이름과 나이를 속이는 용도로 사용할 목적으로 주민등록증의 이름·주민등록번호란에 글자를 오려붙인 후 이를 컴퓨터 스캔 장치를 이용하여 이미지 파일로 만들어 컴퓨터 모니터로 출력하는 한편 타인에게 이메일로 전송한 경우, 컴퓨터 모니터 화면에 나타나는 이미지는 형법상 문서에 관한 죄의 문서에 해당하지 않으므로 공문서위조 및 위조공문서행사죄를 구성하지 않는다(대판 2007.11.29. 2007도7480).
- 피고인 B의 지시로 AM이 흔글(ⅧP) 프로그램을 이용하여 상단에 S의 명칭 등이 기재되어 있고 하단에 S의 직인과 결재자의 성명 등이 기재되어 있으며 제목과 내용 부분은 공란으로 된 S 명의 공문 1부를 임의로 작성하여, 그 문서 파일을 이메일과 모바일 메신저를 이용하여 AN에게 송부한 경우, 이 문서 파일이 전자적 형태로 저장된 상태를 넘어 계속적으로 물체상에 기재된 형태의 문서로 화체되었다고 볼 만한 아무런 자료가 없으므로, 행사할 목적으로 '문서'를 작성한 때, 즉 실행의 착수에 이르렀다고 볼 수 없다(대판 2018.5.15. 2017도19499).

---

[117] 판례는 컴퓨터 모니터에 나타나는 이미지는 계속성이 인정되지 아니하고, 이미지파일은 계속성은 인정되지만 그 자체로서 시각적 방법에 의해 이해할 수 있는 것이 아니어서 문서에 해당하지 아니한다는 점을 전제로, 이미지나 이미지파일을 만드는 것과 이를 전송한 것은 각각 문서위조죄와 위조문서행사죄에 해당하지 아니한다는 취지이다.

2) 증명적 기능

물체에 기재된 의사표시는 일정한 법률관계 내지 사회생활상 중요사항을 증명할 수 있고 증명하기 위한 것이어야 한다.

① **증명능력** : 문서는 일정한 법률관계 내지 사회생활상 중요사항을 증명할 수 있어야 한다. 사회생활상의 중요한 사실이란 권리의무 이외의 사항으로서 거래상 중요한 사실증명에 사용될 수 있는 것을 말한다. 신분증명서, 계약서, 계산서 등은 문서에 해당하나, 십지지문 대조표(대판 2000.8.22. 2000도2393)는 문서라고 할 수 없다. 판례는 거래상 중요한 사실을 증명하는 문서는, 법률관계의 발생·존속·변경·소멸의 전후과정을 증명하는 것이 주된 취지인 문서뿐만 아니라 직접적인 법률관계에 단지 간접적으로만 연관된 의사표시 내지 권리·의무의 변동에 사실상으로만 영향을 줄 수 있는 의사표시를 내용으로 하는 문서도 포함될 수 있다고(대판 2012.5.9. 2010도2690) 한다.

② **증명의사** : 문서는 일정한 법률관계 내지 사회생활상 중요사항을 증명하기 위한 것이어야 한다. 증명의사는 확정적 의사임을 요하므로 초안·초고는 문서라 할 수 없지만, 이러한 의사가 인정되는 한 시한부로 작성된 것도 문서라고 해야 한다. 판례는 최초 합의서 및 서명날인부 각 원본과 사본은 물론 수정 합의서와 서명날인부 사본도 문서에 해당한다고(대판 2006.1.26. 2004도788) 하고 있으며, 타인의 명의를 도용하여 작성한 건의문과 호소문은 구체적인 요구사항을 적시하고 이를 이행하지 않으면 법적·행정적 책임을 묻겠다는 의사표시를 밝힌 것으로, 중요한 사실을 증명하는 사실증명에 관한 문서에 해당한다고(대판 2009.4.23. 2008도8527) 판시하고 있다.

3) 보장적 기능

문서에는 의사표시의 내용을 보증할 수 있는 명의인이 표시되어 있어야 한다.

① **명의인**

㉠ 명의인의 표시 : 문서에 표시된 의사표시의 주체로서 자연인뿐만 아니라 법인과 법인격 없는 단체, 국가기관 등을 불문한다. 문서에 작성명의인이 명시되어 있지는 아니하더라도, 문서의 내용, 형식, 체제 등에 비추어 그 문서 자체에 의하여 그 작성명의인을 판별할 수 있으면 족하므로(대판 1992.5.26. 92도353), 명의인의 서명·날인은 요하지 아니하며 명의인과 문서의 실제 작성자가 반드시 일치할 것을 요하는 것도 아니다.

㉡ 명의인의 실재 요부 : 일반인에게 진정한 문서로 오신케 할 염려가 있다면 사자·허무인 명의의 문서라도 문서의 진정에 대한 공공의 신용은 저해될 수 있으므로 공문서·사문서를 불문하고 명의인이 실재할 필요는 없다는 것이 학설·판례의 일반적인 태도이다.

> • 문서위조죄는 문서의 진정에 대한 공공의 신용을 그 보호법익으로 하는 것이므로 행사할 목적으로 작성된 문서가 일반인으로 하여금 당해 명의인의 권한 내에서 작성된 문서라고 믿게 할 수 있는 정도의 형식과 외관을 갖추고 있으면 문서위조죄가 성립하는 것이고, 위와 같은 요건을 구비한 이상 그 명의인이 실재하지 않는 허무인이거나 또는 문서의 작성일자 전에 이미 사망하였다고 하더라도 그러한 문서 역시 공공의 신용을 해할 위험성이 있으므로 문서위조죄가 성립한다고 봄이 상당하며, 이는 공문서뿐만 아니라 사문서의 경우에도 마찬가지라고 보아야 한다(대판 2005.2.24. 2002도18[전합]).

> • 문서위조죄는 문서의 진정에 대한 공공의 신용을 그 보호법익으로 하는 것이므로 그 작성된 문서가 일반인으로 하여금 당해 명의인의 권한 내에서 작성된 것이라고 믿을 수 있는 정도의 형식과 외관을 구비하면 성립되는 것이고 자연인 아닌 법인 또는 단체명의의 문서에 있어서는 요건이 구비된 이상 그 문서작성자로 표시된 사람의 실존 여부는 위조죄의 성립에 아무런 지장이 없으며, 기존의 진정문서를 이용하여 문서를 변개하는 경우에도 문서의 중요 부분에 변경을 가하여 새로운 증명력을 가지는 별개의 문서를 작성하는 것은 문서의 변조가 아닌 위조에 해당한다(대판 2003.9.26, 2003도3729).

② **복본 등의 문서성** : 문서에 관한 죄의 객체는 원칙적으로 원본이어야 하나, 형법 제237조의2에 '이 장의 죄에 있어서 전자복사기, 모사전송기 기타 이와 유사한 기기를 사용하여 복사한 문서 또는 도화의 사본도 문서 또는 도화로 본다'고 하여 복사문서의 문서성을 인정하고 있다.

> [1] 형법 제237조의2에 따라 전자복사기, 모사전송기 기타 이와 유사한 기기를 사용하여 복사한 문서의 사본도 문서원본과 동일한 의미를 가지는 문서로서 이를 다시 복사한 문서의 재사본도 문서위조죄 및 동 행사죄의 객체인 문서에 해당한다 할 것이고, 진정한 문서의 사본을 전자복사기를 이용하여 복사하면서 일부 조작을 가하여 그 사본 내용과 전혀 다르게 만드는 행위는 공공의 신용을 해할 우려가 있는 별개의 문서사본을 창출하는 행위로서 문서위조행위에 해당한다.
> [2] 타인의 주민등록증사본의 사진란에 피고인의 사진을 붙여 복사하여 행사한 행위가 공문서위조죄 및 동행사죄에 해당한다고 한 사례(대판 2000.9.5, 2000도2855)

(3) 도 화

도화란 문자 이외의 상형적 부호에 의하여 사람의 관념·의사가 물체에 화체되어 표현된 것으로 도화도 문서와 마찬가지로 계속적 기능, 증명적 기능, 보장적 기능을 구비하여야 한다.

5. 문서의 종류

(1) 공문서·사문서

1) 공문서

공문서란 공무소 또는 공무원이 그 명의로 권한의 범위 내에서 소정의 형식에 따라 직무상 작성한 문서를 말한다.

> **1. 공문서에 해당하는 사례**
> • [1] 지방자치단체를 당사자로 하는 계약의 이행완료에 관한 검사는 지방자치단체의 장 또는 계약담당자의 직무권한에 속하는 사항으로서 이를 전문기관에 위임하여 수행하게 한다고 하여 그 직무소관이 달라지는 것은 아니고 다만 이때에는 전문기관으로부터 검사결과를 문서로 통보받아 확인하는 방법으로 그 직무를 집행하게 되는 것이므로, 지방자치단체의 장 또는 계약담당자가 그 검사를 위임받아 수행한 전문기관으로부터 검사결과를 검사조서로 작성·보고받고 이를 확인하여 승인하는 의미로 검사조서에 결재하였다면 그와 같이 결재된 검사조서는 공무원이 그 직무권한 내에서 작성한 문서로서 허위공문서작성죄의 객체인 공문서에 해당한다.

[2] 자생식물원 조성공사의 감리업체의 책임감리원인 甲이, 이 공사를 감독하는 담당공무원 乙과 공모하여 허위 내용의 준공검사조서를 작성한 다음 준공검사결과보고서에 첨부하여 乙에게 제출하여 공무원들의 결재를 받아 사무실에 비치한 사안에서, 위 '준공검사조서'는 공문서에 해당한다고 한 사례(대판 2010.4.29. 2010도875).

- 금융위원회의 설치 등에 관한 법률(이하 '금융위원회법') 제69조, 제29조, 제23조 등은 금융위원회법 제37조에서 정한 업무에 종사하는 금융감독원장 등 금융감독원의 집행간부 및 실·국장급 부서의 장 등 금융위원회법 시행령에서 정한 직원에게 공무원과 동일한 책임을 부담시킴과 동시에 그들을 공무원과 동일하게 보호해 주기 위한 필요에서 모든 벌칙의 적용에 있어서 공무원으로 본다고 해석함이 타당하다. 따라서 금융위원회법 제69조 제1항에서 말하는 벌칙에는 금융감독원장 등 금융감독원의 집행간부 및 위 직원들이 지위를 남용하여 범법행위를 한 경우에 적용할 벌칙만이 아니라, 제3자가 금융감독원장 등 금융감독원의 집행간부 및 위 직원들에 대하여 범법행위를 한 경우에 적용할 벌칙과 같이 피해자인 금융감독원장 등 금융감독원의 집행간부 및 위 직원들을 보호하기 위한 벌칙도 포함되는 것으로 풀이하여야 한다. 그렇다면 금융위원회법 제29조, 제69조 제1항에서 정한 금융감독원 집행간부인 금융감독원장 명의의 문서를 위조, 행사한 행위는 사문서위조죄, 위조사문서행사죄에 해당하는 것이 아니라 공문서위조죄, 위조공문서행사죄에 해당한다(대판 2021.3.11. 2020도14666).

2. 공문서에 해당하지 아니하는 사례

- [1] 공문서변조나 위조죄의 객체인 공문서는 공무원 또는 공무소가 그 직무에 관하여 작성하는 문서이고, 그 행위주체가 공무원과 공무소가 아닌 경우에는 형법 또는 기타 특별법에 의하여 공무원 등으로 의제되는 경우를 제외하고는 계약 등에 의하여 공무와 관련되는 업무를 일부 대행하는 경우가 있다 하더라도 공무원 또는 공무소가 될 수는 없다.

[2] 식당의 주·부식 구입 업무를 담당하는 공무원이 계약 등에 의하여 공무소의 주·부식 구입·검수 업무 등을 담당하는 조리장·영양사 등의 명의를 위조하여 검수결과보고서를 작성한 경우, 종사자 조리장 공소외 2, 영양사 공소외 4(원심판결 이유의 정○○은 오기) 명의 부분의 경우에는 공소외 2와 공소외 4가 후생계 조리장 및 영양사라는 사실만으로 그 신분이 공무원이거나 공무원으로 의제되는 자에 해당한다고 단정할 수 없으므로 일반인으로 하여금 공무원 또는 공무소의 권한 내에서 작성된 문서라고 믿을 수 있는 형식과 외관을 구비한 문서라고 보기 어려워 공문서위조죄는 성립하지 아니한다(대판 2008.1.17. 2007도6987).

- 공단이 선박안전법 제60조 제1항에 따라 해양수산부장관의 선박검사업무 등을 대행하면서 선박검사증서를 발급하더라도 그 업무를 수행하는 공단 임직원을 공문서의 작성 주체인 공무원으로 볼 수는 없다고 할 것이다. 이 경우에 관하여 선박안전법 제82조가 대행검사기관인 공단의 임직원을 형법 제129조 내지 제132조의 적용에 있어 공무원으로 의제하는 것으로 규정한다고 하여 이들이 공문서위조죄나 허위공문서작성죄에서의 공무원으로도 될 수 있다고 보는 것은 형벌법규를 피고인에게 불리하게 지나치게 확장해석하거나 유추해석하는 것이어서 죄형법정주의 원칙에 반한다. 따라서 공단이 해양수산부장관을 대행하여 이사장 명의로 발급하는 선박검사증서는 공무원 또는 공무소가 작성하는 문서라고 볼 수 없으므로 공문서위조죄나 허위공문서작성죄에서의 공문서에 해당하지 아니한다(대판 2016.1.14. 2015도9133).

2) 사문서

사인(사법인·법인격 없는 단체도 포함)명의로 작성된 문서 중 권리의무와 사실증명에 관한 것을 말한다.

(2) 복합문서

1통 또는 수통의 용지에 종류가 다른 2개 이상의 문서가 병존해 있는 경우로서 사문서와 공문서가 병존하는 경우를 공사병존문서라고 한다. 공무원이 작성한 문서와 개인이 작성한 문서가 1개의 문서 중에 포함되어 있는 경우에는 공무원이 작성한 증명문구에 의하여 증명되는 개인작성부분도 공문서가 된다(대판 1985.9.24. 85도1490).

> **공사병존문서에 해당하는 사례**
> - 구 호적법 제79조 제1항 및 구 호적법 시행규칙 등을 종합하여 볼 때, 가정법원의 서기관 등이 이혼의사확인서등본을 작성한 뒤 이를 이혼의사확인신청 당사자 쌍방에게 교부하면서 이혼신고서를 확인서등본 뒤에 첨부하여 그 직인을 간인하였다고 하더라도, 그러한 사정만으로 이혼신고서가 공문서인 이혼의사확인서등본의 일부가 되었다고 볼 수 없다. 따라서 당사자가 이혼의사확인서등본과 간인으로 연결된 이혼신고서를 떼어내고 원래 이혼신고서의 내용과는 다른 이혼신고서를 작성하여 이혼의사확인서등본과 함께 호적관서에 제출하였다고 하더라도, 공문서인 이혼의사확인서등본을 변조하였다거나 변조된 이혼의사확인서등본을 행사하였다고 할 수 없다(대판 2009.1.30. 2006도7777).
> - [1] 공증인이 공증인법 제57조 제1항의 규정에 의하여 사서증서에 대하여 하는 인증은 당해 사서증서에 나타난 서명 또는 날인이 작성명의인에 의하여 정당하게 성립하였음을 인증하는 것일 뿐 그 사서증서의 기재 내용을 인증하는 것은 아닌바, 사서증서 인증서 중 인증기재 부분은 공문서에 해당한다고 하겠으나, 위와 같은 내용의 인증이 있었다고 하여 사서증서의 기재 내용이 공문서인 인증기재 부분의 내용을 구성하는 것은 아니라고 할 것이므로, 사서증서의 기재 내용을 일부 변조한 행위는 공문서변조죄가 아니라 사문서변조죄에 해당한다.
> [2] 피고인이 피해자와 사이에 온천의 시공에 필요한 비용을 포함한 일체의 비용을 자신이 부담하기로 약정하였음에도 피해자를 상대로 공사대금청구의 소를 제기하면서 시공 외의 비용은 모두 피해자가 부담한다는 내용으로 변조한 인증합의서를 소장에 첨부하여 제출한 경우, 소송사기의 실행에 착수하였다고 한 사례(대판 2005.3.24. 2003도2144).

Ⅱ 사문서위조 · 변조죄

1. 의 의

사문서위조 · 변조죄는 행사할 목적으로 권리 · 의무 또는 사실증명에 관한 타인의 문서 또는 도화를 위조 또는 변조함으로써 성립하는 범죄이다(형법 제231조).

2. 구성요건

(1) 객관적 구성요건

1) 객 체

① 타인의 문서 · 도화 : 전술한 '4. 문서의 개념', '5. 문서의 종류'를 참조하라.
② 권리 · 의무 또는 사실증명에 관한 문서 · 도화 : 권리 · 의무에 대한 문서 · 도화란 공법상 · 사법상 권리 · 의무의 발생 · 유지 · 변경 · 소멸에 관한 사항을 내용으로 하는 문서를 말하며, 사실증명에 관한 문서 · 도화란 권리 · 의무에 관한 문서 이외에 사회생활상 중요사항을 증명하는 문서를 말한다.

2) 행 위

① 위조 : 작성권한 없는 자가 타인명의를 모용하여 문서를 작성하는 것을 말한다.
  ㉠ 작성권한 없는 자
    ㉮ 타인명의의 문서를 작성할 권한이 없어야 위조가 되므로, 자기의 명의로 문서를 작성하는 경우, 명의인의 명시적 · 묵시적 사전승낙이 있는 경우에는 문서를 작성할 권한이 있어 위조에 해당하지 아니한다. 명의인의 사전승낙은 구성요건해당성을 배제하는 양해에 해당한다(통설, 판례). 사문서위조죄나 공정증서원본 부실기재죄가 성립한 후, 사후에 피해자의 동의 또는 추인 등의 사정으로 문서에 기재된 대로 효과의 승인을 받거나, 등기가 실체적 권리관계에 부합하게 되었다 하더라도, 이미 성립한 범죄에는 아무런 영향이 없다(대판 1999.5.14. 99도202).

> 1. 명의인의 (추정적) 승낙 · 위임이 인정되는 사례
> • 문서의 위조는 작성권한 없는 자가 타인 명의를 모용하여 문서를 작성하는 행위를 말하는 것이므로, 사문서를 작성함에 있어 그 명의자의 명시적이거나 묵시적인 승낙 또는 위임이 있었다면 사문서위조에 해당한다고 할 수 없다. 특히 문서명의인이 문서작성자에게 사전에 문서 작성과 관련한 사무처리의 권한을 포괄적으로 위임함으로써 문서작성자가 위임된 권한의 범위 내에서 그 사무처리를 위하여 문서명의인 명의의 문서를 작성 · 행사한 것이라면, 비록 문서작성자가 개개의 문서 작성에 관하여 문서명의인으로부터 승낙을 받지 않았다고 하더라도 특별한 사정이 없는 한 사문서위조 및 위조사문서행사죄는 성립하지 않는다고 할 것이다(대판 2015.6.11. 2012도1352).

- 주식을 명의신탁한 피고인이 명의수탁자를 변경하기 위해 제3자에게 주식을 양도한 후 수탁자 명의의 증권거래세 과세표준신고서를 작성하여 관할세무서에 제출한 경우, 신탁자에게 아무런 부담이 지워지지 않은 채 재산이 수탁자에게 명의신탁된 경우 특별한 사정이 없는 한 수탁자는 신탁자에게 자신의 명의사용을 포괄적으로 허용했다고 보는 것이 타당하므로, 사법행위와 공법행위를 구별하여 신탁재산의 처분 등과 관련한 사법상 행위에 대하여만 명의사용을 승낙하였다고 제한할 수는 없고, 특히 명의신탁된 주식의 처분 후 수탁자 명의의 과세표준신고를 하는 것은 법령에 따른 절차로서 신고를 하지 않는다면 오히려 수탁자에게 불이익할 수 있다는 점까지 고려한다면, 명의수탁자가 명의신탁주식의 처분을 허용하였음에도 처분 후 과세표준 등의 신고행위를 위한 명의사용에 대하여는 승낙을 유보하였다고 볼 특별한 사정이 존재하지 않는 한 허용된 범위에 속한다고 보아야 한다(대판 2022.3.31. 2021도17197).[118]

2. 명의인의 (추정적) 승낙·위임이 인정되지 아니하는 사례[119]

- [1] 신탁자에게 아무런 부담이 없이 재산이 수탁자에게 명의신탁된 경우에는 그 재산의 처분 기타 권한행사에 있어서는 수탁자가 자신의 명의사용을 포괄적으로 신탁자에게 허용하였다고 봄이 상당하므로, 신탁자가 수탁자 명의로 신탁재산의 처분에 필요한 서류를 작성함에 있어 수탁자로부터 개별적인 승낙을 받지 아니하였다 하더라도 사문서위조·동행사죄가 성립하지 아니하지만, 수탁자가 명의신탁 받은 사실을 부인하면서 신탁재산이 수탁자 자신의 소유라고 주장하는 등으로 두 사람 사이에 신탁재산의 소유권에 관하여 다툼이 있는 경우에는 더 이상 신탁자가 그 재산의 처분 등과 관련하여 수탁자의 명의를 사용하는 것이 허용된다고 볼 수 없으며, 이는 수탁자가 명의신탁 받은 사실 자체를 부인하는 것은 아니더라도 신탁자의 신탁재산 처분권한을 다투는 등 신탁재산에 관한 처분이나 기타 권한행사에 있어서 신탁자에게 부여하였던 수탁자 명의사용에 대한 포괄적 허용을 철회한 것으로 볼 만한 사정이 있는 경우에도 마찬가지이다.

  [2] 수탁자가 신탁자에게 자신에 대한 차용금 채무를 변제하지 않는 한 신탁재산을 타인에게 매도하는 데 필요한 서류 작성에 협조하지 않겠다는 취지의 말을 한 경우, 신탁자에게 부여하였던 수탁자 명의사용에 대한 포괄적 허용을 철회한 것으로 본 사례

  [3] 명의신탁자가 매도인 명의를 수탁자로 하여 제3자에게 신탁재산을 매도하는 계약을 체결하면서 수탁자가 위 신탁재산의 매도를 반대하며 매도에 따른 절차이행에 협조하기를 거절하고 있는 사정을 숨긴 경우, 매수인인 제3자에 대한 기망행위가 된다고 한 사례(대판 2007.11.30. 2007도4812)

---

118) 따라서 수탁자 명의로 과세표준신고를 하는 행위는 사문서위조죄 및 위조사문서행사죄가 성립하지 아니한다.
119) 다음의 판례와 구별하여야 한다.
  [1] 주식회사 대표이사의 대표권은 정관이나 주주총회 또는 이사회 결의 등에 의하여 적법하게 제한할 수 있지만, 회사의 운영을 실질적으로 장악·통제하고 있는 1인 주주가 적법한 대표이사의 권한 행사를 사실상 제한하고 있다는 것만으로는 대표이사의 대표권을 적법하게 제한하였다고 할 수 없으므로, 대표이사가 권한을 행사하는 과정에서 단순히 그 1인 주주의 위임 또는 승낙을 받지 않았다고 하여 그 대표권 행사가 권한을 넘어서는 행위가 되는 것은 아니다.
  [2] 주식회사의 대표이사가 실질적 운영자인 1인 주주의 구체적인 위임이나 승낙을 받지 않고 이미 퇴임한 전 대표이사를 대표이사로 표시하여 회사 명의의 문서를 작성한 사안에서, 문서위조죄의 성립을 부정한 사례 (대판 2008.11.27. 2006도9194)

- [1] 문서위조죄는 문서의 진정에 대한 공공의 신용을 보호법익으로 하는 것이므로 행사할 목적으로 작성된 사문서가 일반인으로 하여금 당해 명의인의 권한 내에서 작성된 문서라고 믿게 할 수 있는 정도의 형식과 외관을 갖추고 있으면 사문서위조죄가 성립하고, 위와 같은 요건을 구비한 이상 명의인이 문서의 작성일자 전에 이미 사망하였더라도 그러한 문서 역시 공공의 신용을 해할 위험성이 있으므로 사문서위조죄가 성립한다. 위와 같이 사망한 사람 명의의 사문서에 대하여도 문서에 대한 공공의 신용을 보호할 필요가 있다는 점을 고려하면, 문서명의인이 이미 사망하였는데도 문서명의인이 생존하고 있다는 점이 문서의 중요한 내용을 이루거나 그 점을 전제로 문서가 작성되었다면 이미 문서에 관한 공공의 신용을 해할 위험이 발생하였다 할 것이므로, 그러한 내용의 문서에 관하여 사망한 명의자의 승낙이 추정된다는 이유로 사문서위조죄의 성립을 부정할 수는 없다.
- [2] 피고인이 자신의 부(父) 甲에게서 甲 소유 부동산 매매에 관한 권한 일체를 위임받아 이를 매도하였는데, 그 후 甲이 갑자기 사망하자 소유권 이전에 사용할 목적으로 甲이 자신에게 인감증명서 발급을 위임한다는 취지의 인감증명 위임장을 작성하여 주민센터 담당직원에게 제출한 사안에서, 피고인에게 무죄를 인정한 원심판결에 사망한 사람 명의의 사문서위조죄에서 승낙 내지 추정적 승낙에 관한 법리오해의 위법이 있다고 한 사례(대판 2011.9.29. 2011도6223)

- 피고인이 행사할 목적으로 권한 없이 甲 은행 발행의 피고인 명의 예금통장 기장내용 중 특정 일자에 乙 주식회사로부터 지급받은 월급여의 입금자 부분을 화이트테이프로 지우고 복사하여 통장 1매를 변조한 후 그 통장사본을 법원에 증거로 제출하여 행사하였다는 내용으로 기소된 사안에서, 관련 민사소송에서 피고인이 언제부터 乙 회사에서 급여를 받았는지가 중요한 사항이었는데 2006.4.25.자 입금자 명의를 가리고 복사하여 이를 증거로 제출함으로써 2006.5.25.부터 乙 회사에서 급여를 수령하였다는 새로운 증명력이 작출되었으므로 공공적 신용을 해할 위험성이 있었다고 볼 수 있고, 제반 사정을 종합할 때 통장 명의자인 甲 은행장이 행위 당시 그러한 사실을 알았다면 이를 당연히 승낙했을 것으로 추정된다고 볼 수 없으며, 피고인이 쟁점이 되는 부분을 가리고 복사함으로써 문서내용에 변경을 가하고 증거자료로 제출한 이상 사문서변조 및 동행사의 고의가 없었다고 할 수 없는데도, 이와 달리 보아 피고인에게 무죄를 인정한 원심판결에 사문서변조 및 동행사죄에 관한 법리오해의 위법이 있다고 한 사례(대판 2011.9.29. 2010도14587)

㉯ 명의인으로부터 포괄적 위임을 받은 자[120]가 위임의 취지에 따라 문서를 작성하는 경우에는 위조에 해당하지 아니한다. 대리권·대표권 있는 자가 위임받은 범위 내에서 권한을 남용하여 본인명의의 문서를 작성한 경우(권한남용)에도 배임죄 또는 허위공문서작성죄의 성립 여부가 문제될 뿐 위조에는 해당하지 아니한다. 그러나 위임범위를 초월하거나 위임의 본지에 반하여 문서를 작성한 경우에는 위조가 된다. 한편 대리권·대표권 없는 자가 대리권·대표권 있는 자의 자격을 표시하여 본인명의의 문서를 작성한 경우(무권대리)나 대리권·대표권 있는 자가 권한을 초월하여 대리권·대표권 있는 자의 자격을 표시하여 문서를 작성한 경우(월권대리)에는 자격모용에 의한 문서작성죄가 성립한다.

---

[120] 명의인으로부터 포괄적 위임을 받은 자가 위임의 취지에 따라 문서를 작성하는 경우에는 위조에 해당하지 아니한다는 것과, 주식회사의 대표이사는 그 권한을 포괄적으로 위임하여 다른 사람으로 하여금 업무를 처리하게 할 수 없으므로, 포괄적으로 권한을 위임받은 자가 주식회사 명의의 문서를 작성하는 것은 자격모용사문서작성 또는 위조에 해당할 수 있다는 판례의 태도를 구별할 필요가 있다.

사문서위조·변조죄 등의 성립 여부에 대한 사례

1. **대표이사로부터 권한을 포괄적으로 위임받아 문서를 작성한 사례**

   [1] 주식회사의 대표이사가 그 대표 자격을 표시하는 방식으로 작성한 문서에 표현된 의사 또는 관념이 귀속되는 주체는 대표이사 개인이 아닌 주식회사이므로, 그 문서의 명의자는 주식회사이다. 위와 같은 문서 작성행위가 위조에 해당하는지는 그 작성자가 주식회사 명의의 문서를 적법하게 작성할 권한이 있는지에 따라 판단하여야 하고, 문서에 대표이사로 표시되어 있는 사람으로부터 그 문서 작성에 관하여 위임 또는 승낙을 받았는지에 따라 판단할 것은 아니다.

   [2] 원래 주식회사의 적법한 대표이사는 회사의 영업에 관하여 재판상 또는 재판 외의 모든 행위를 할 권한이 있으므로, 대표이사가 직접 주식회사 명의 문서를 작성하는 행위는 자격모용사문서작성 또는 위조에 해당하지 않는 것이 원칙이다. 이는 그 문서의 내용이 진실에 반하는 허위이거나 대표권을 남용하여 자기 또는 제3자의 이익을 도모할 목적으로 작성된 경우에도 그러하다.

   [3] 주식회사의 적법한 대표이사라 하더라도 그 권한을 포괄적으로 위임하여 다른 사람으로 하여금 대표이사의 업무를 처리하게 하는 것은 허용되지 않는다. 따라서 대표이사로부터 포괄적으로 권한 행사를 위임받은 사람이 주식회사 명의로 문서를 작성하는 행위는 원칙적으로 권한 없는 사람의 문서 작성행위로서 자격모용사문서작성 또는 위조에 해당하고, 대표이사로부터 개별적·구체적으로 주식회사 명의의 문서 작성에 관하여 위임 또는 승낙을 받은 경우에만 예외적으로 적법하게 주식회사 명의로 문서를 작성할 수 있다.

   [4] A회사의 대표이사 甲이 B회사의 대표이사 乙로부터 포괄적 위임을 받아 두 회사의 대표이사 업무를 처리하면서 두 회사 명의로 허위 내용의 영수증과 세금계산서를 작성한 사안에서, B회사 명의 부분은 乙의 개별적·구체적 위임 또는 승낙 없는 행위로서 사문서위조 및 위조사문서행사죄가 성립하지만, A회사 명의 부분은 이미 퇴직한 종전의 대표이사를 승낙 없이 대표이사로 표시하였더라도 이에 해당하지 않는다고 한 사례(대판 2008.11.27. 2006도2016)

2. **권한을 남용하여 유가증권, 문서를 작성한 사례**

   - [1] 주식회사의 대표이사가 그 대표 자격을 표시하는 방식으로 작성한 문서에 표현된 의사 또는 관념이 귀속되는 주체는 대표이사 개인이 아닌 주식회사이므로 그 문서의 명의자는 주식회사라고 보아야 한다. 따라서 위와 같은 문서 작성행위가 위조에 해당하는지는 그 작성자가 주식회사 명의의 문서를 적법하게 작성할 권한이 있는지에 따라 판단하여야 하고, 문서에 대표이사로 표시되어 있는 사람으로부터 그 문서 작성에 관하여 위임 또는 승낙을 받았는지에 따라 판단할 것은 아니다. 원래 주식회사의 적법한 대표이사는 회사의 영업에 관하여 재판상 또는 재판 외의 모든 행위를 할 권한이 있으므로, 대표이사가 직접 주식회사 명의의 문서를 작성하는 행위는 자격모용사문서작성 또는 위조에 해당하지 않는 것이 원칙이다. 이는 그 문서의 내용이 진실에 반하는 허위이거나 대표권을 남용하여 자기 또는 제3자의 이익을 도모할 목적으로 작성된 경우에도 마찬가지이다.

   [2] 피고인이 공소외 1 주식회사의 적법한 대표이사로서 그 권한이 제한되어 있는 특별한 경우가 아닌 이상 직접 공소외 1 주식회사 명의의 문서를 작성하는 행위가 자격모용사문서작성에 해당될 수는 없는 것이 원칙이고, 이는 문서의 내용이 진실에 반하는 허위인지, 대표권을 남용하여 자기 또는 제3자의 이익을 도모할 목적으로 문서를 작성한 것인지에 따라 달라

지는 것도 아니기 때문에, 비록 피고인이 작성일자를 '1995.12.18.'로, 채무자를 '공소외 1 주식회사 대표이사 공소외 3'으로 표시하는 등 일부 허위 내용의 이 사건 차용증을 작성하여 행사하였다 하더라도, 자격모용사문서작성죄나 자격모용작성사문서행사죄를 구성하지 아니한다(대판 2008.12.24. 2008도7836).[121]

- [1] 원래 주식회사의 지배인은 회사의 영업에 관하여 재판상 또는 재판 외의 모든 행위를 할 권한이 있으므로, 지배인이 직접 주식회사 명의 문서를 작성하는 행위는 위조나 자격모용사문서작성에 해당하지 않는 것이 원칙이고, 이는 그 문서의 내용이 진실에 반하는 허위이거나 권한을 남용하여 자기 또는 제3자의 이익을 도모할 목적으로 작성된 경우에도 마찬가지이다.
[2] 주식회사의 지배인이 자신을 그 회사의 대표이사로 표시하여 연대보증채무를 부담하는 취지의 회사 명의의 차용증을 작성·교부한 경우, 그 문서에 일부 허위 내용이 포함되거나 위 연대보증행위가 회사의 이익에 반하는 것이더라도 사문서위조 및 위조사문서행사에 해당하지 않는다고 한 사례(대판 2010.5.13. 2010도1040)[122]

- [1] 주식회사의 대표이사가 그 대표 자격을 표시하는 방식으로 작성한 문서에 표현된 의사 또는 관념이 귀속되는 주체는 대표이사 개인이 아닌 주식회사이므로 그 문서의 명의자는 주식회사라고 보아야 한다. 따라서 위와 같은 문서 작성행위가 위조에 해당하는지는 그 작성자가 주식회사 명의의 문서를 적법하게 작성할 권한이 있는지에 따라 판단하여야 하고, 문서에 대표이사로 표시되어 있는 사람으로부터 그 문서 작성에 관하여 위임 또는 승낙을 받았는지에 따라 판단할 것은 아니다. 원래 주식회사의 적법한 대표이사는 회사의 영업에 관하여 재판상 또는 재판 외의 모든 행위를 할 권한이 있으므로, 대표이사가 직접 주식회사 명의의 문서를 작성하는 행위는 자격모용사문서작성 또는 위조에 해당하지 않는 것이 원칙이다. 이는 그 문서의 내용이 진실에 반하는 허위이거나 대표권을 남용하여 자기 또는 제3자의 이익을 도모할 목적으로 작성된 경우에도 마찬가지이다.

---

121) 이러한 법리는 주식회사의 대표이사가 대표 자격을 표시하는 방식으로 약속어음 등 유가증권을 작성하는 경우에도 마찬가지로 적용된다(대판 2015.11.27. 2014도17894).
122) 다음의 판례와 구별하여야 한다.
[1] 원래 주식회사의 지배인은 회사의 영업에 관하여 재판상 또는 재판 외의 모든 행위를 할 권한이 있으므로, 지배인이 직접 주식회사 명의 문서를 작성하는 행위는 위조나 자격모용사문서작성에 해당하지 않는 것이 원칙이고, 이는 문서의 내용이 진실에 반하는 허위이거나 권한을 남용하여 자기 또는 제3자의 이익을 도모할 목적으로 작성된 경우에도 마찬가지이다. 그러나 회사 내부규정 등에 의하여 각 지배인이 회사를 대리할 수 있는 행위의 종류, 내용, 상대방 등을 한정하여 권한을 제한한 경우에 제한된 권한 범위를 벗어나서 회사 명의의 문서를 작성하였다면, 이는 자기 권한 범위 내에서 권한 행사의 절차와 방식 등을 어긴 경우와 달리 문서위조죄에 해당한다.
[2] 甲 은행의 지배인으로 등기되어 있는 피고인이, 신용이나 담보가 부족한 차주 회사가 저축은행 등 대출기관에서 대출을 받는 데 사용하도록 지급보증의 성질이 있는 甲 은행 명의의 대출채권양수도약정서와 사용인감계를 작성하였다고 하여 사문서위조로 기소된 사안에서, 제반 사정에 비추어 甲 은행의 내부규정은 지급보증 등 여신에 관하여 금액 규모 등에 따라 전결권자를 구분하고 나아가 여신 결재가 이루어진 것을 전제로 인감관리자의 결재를 받아 사용인감계를 작성하도록 하는 등으로 지급보증 등의 의사결정 권한을 상위 결재권자에게 부여하고 있으므로, 위와 같은 문서작성 행위는 제한된 지배인의 대리권한을 넘는 경우에 해당하여 사문서위조죄가 성립한다고 본 원심판단을 정당하다고 한 사례(대판 2012.9.27. 2012도7467)

[2] 공소외 2는 공소외 4와 함께 공소외 1 주식회사의 각자 대표이사라는 것이므로, 특별한 사정이 없는 한 단독 대표이사와 마찬가지로 공소외 1 주식회사의 영업에 관하여 재판상 또는 재판 외의 모든 행위를 단독으로 할 권한이 있다. 따라서 앞에서 본 법리에 의하여 살펴보면, 공소외 2가 공소외 1 주식회사의 영업에 관하여 공소외 1 주식회사 명의의 이 사건 약속어음을 작성한 것은 그의 적법한 권한에 따른 것이므로, 설령 공소외 4가 공소외 1 주식회사를 대표하여 이 사건 약속어음을 발행한 것처럼 기재한 점에 허위가 있다고 하더라도 유가증권위조죄가 성립하지 아니하고, 이를 전제로 한 위조유가증권행사죄 역시 성립하지 아니한다. 그리고 공소외 2는 공소외 4로부터 이 사건 약속어음의 작성에 관하여 위임 또는 승낙을 받은 자의 지위가 아니라 공소외 1 주식회사의 각자 대표이사 지위에서 이 사건 약속어음을 작성한 것이므로, 공소외 4로부터 개별적·구체적 위임이나 승낙은 물론 포괄적 위임이나 승낙 없이도 이 사건 약속어음을 단독으로 적법하게 작성할 수 있다고 보아야 하고, 공소외 4로부터 개별적·구체적 위임이나 승낙을 받지 아니하였다고 하여 이 사건 약속어음 작성이 유가증권위조죄에 해당한다고 볼 수 없다(대판 2015.11.27. 2014도17894).

ⓒ 타인명의의 모용 : 명의인을 사칭하여 마치 명의인이 작성한 문서인 것처럼 가장하는 명의인의 동일성의 사칭을 의미한다. 명의인은 실재인일 것을 요하지 아니하므로 사자·허무인명의를 모용하는 경우도 위조가 될 수 있다. 문서내용의 진실 여부, 진정문서의 존재 여부는 문제되지 아니한다.

1. **타인명의모용에 해당하는 사례**
    [1] 실제의 본명 대신 가명이나 위명을 사용하여 사문서를 작성한 경우에 그 문서의 작성명의인과 실제 작성자 사이에 인격의 동일성이 그대로 유지되는 때에는 위조가 되지 않으나, 명의인과 작성자의 인격이 상이할 때에는 위조죄가 성립할 수 있다.
    [2] 피고인이 다방 업주로부터 선불금을 받고 그 반환을 약속하는 내용의 현금보관증을 작성하면서 가명과 허위의 출생연도를 기재한 후 이를 교부한 경우, 현금보관증이라는 문서의 성질과 기능, 위와 같은 작성 경위에 비추어 보면 이 사건 현금보관증에 표시된 명칭과 주민등록번호 등으로부터 인식되는 인격은 '1954년에 출생한 52세 가량의 여성인 ○○○'이고, 1950년생인 피고인과는 다른 인격인 것이 분명하므로, 이 사건 문서의 명의인과 작성자 사이에 인격의 동일성이 인정되지 않고, 위 문서를 작성함에 있어서 자신이 위 문서에 표시된 명의인인 '1954년생 ○○○'인 체 가장한 것만은 분명하므로, 명의인과 작성자의 인격의 동일성을 오인케 한 피고인의 이러한 행위는 사문서 위조, 동행사죄에 해당한다고 보아야 한다(대판 2010.11.11. 2010도1835).

2. **타인명의모용에 해당하지 아니하는 사례**
    이 사건 세금계산서는, 원심이 적절히 설시한 바와 같이, 부가가치세 과세사업자가 재화나 용역을 공급하는 때에 이를 공급받은 자에게 작성·교부하여야 하는 계산서이므로, 그 작성권자는 어디까지나 재화나 용역을 공급하는 공급자라고 보아야 할 것이고, 공급받는 자의 상호, 성명, 주소는 필요적 기재사항이 아닌 임의적 기재사항에 불과하여(부가가치세법 시행령 제53조 제1항) 공급받는 자의 상호, 성명, 주소가 기재되어 있지 않은 세금계산서라도 그 효력에는 영향이 없으며, 공급자가 세금계산서를 작성함에 있어 공급받은 자의 동의나 협조가 요구되지도 않는 점 등에 비추어 세금계산서상의 공급받는 자는 그 문서 내용의 일부에 불과할 뿐 세금계산서의 작성명의인은 아니라 할 것이니, 공급받는 자란에 임의로 다른 사람을 기재하였다 하여 그 사람에 대한 관계에서 사문서위조죄가 성립된다고 할 수 없다(대판 2007.3.15. 2007도169).

ⓒ 문서의 작성 : 작성자가 명의인의 의사에 반하여 문서를 현실적으로 작출하는 것을 말한다.
  ㉮ 새로운 문서의 작성 : 존재하지 아니하던 문서를 작출해 내는 것으로 이에는 위조한 원본을 전자복사기로 복사하는 것도 포함된다(대판 1996.5.14. 96도785).

> **새로운 문서의 작성에 해당하는 사례**
> - 주취운전자 적발보고서 및 주취운전자 정황진술보고서의 각 운전자란에 타인의 서명을 한 다음 이를 경찰관에게 제출한 것은 사문서위조 및 동행사죄에 해당한다(대판 2004.12.23. 2004도6483).
> - [1] 문서위조 및 동행사죄의 보호법익은 문서에 대한 공공의 신용이므로 '문서가 원본인지 여부'가 중요한 거래에서 문서의 사본을 진정한 원본인 것처럼 행사할 목적으로 다른 조작을 가함이 없이 문서의 원본을 그대로 컬러복사기로 복사한 후 복사한 문서의 사본을 원본인 것처럼 행사한 행위는 사문서위조죄 및 동행사죄에 해당한다. 또한 사문서위조죄는 명의자가 진정으로 작성한 문서로 볼 수 있을 정도의 형식과 외관을 갖추어 일반인이 명의자의 진정한 사문서로 오신하기에 충분한 정도이면 성립한다.
> [2] 변호사인 피고인이 대량의 저작권법 위반 형사고소 사건을 수임하여 피고소인 30명을 각 형사고소하기 위하여 20건 또는 10건의 고소장을 개별적으로 수사관서에 제출하면서 각 하나의 고소위임장에만 소속 변호사회에서 발급받은 진정한 경유증표 원본을 첨부한 후 이를 일체로 하여 컬러복사기로 20장 또는 10장의 고소위임장을 각 복사한 다음 고소위임장과 일체로 복사한 경유증표를 고소장에 첨부하여 접수한 사안에서, 변호사회가 발급한 경유증표는 증표가 첨부된 변호사선임서 등이 변호사회를 경유하였고 소정의 경유회비를 납부하였음을 확인하는 문서이므로 법원, 수사기관 또는 공공기관에 이를 제출할 때에는 원본을 제출하여야 하고 사본으로 원본에 갈음할 수 없으며, 각 고소위임장에 함께 복사되어 있는 변호사회 명의의 경유증표는 원본이 첨부된 고소위임장을 그대로 컬러 복사한 것으로서 일반적으로 문서가 갖추어야 할 형식을 모두 구비하고 있고, 이를 주의 깊게 관찰하지 아니하면 그것이 원본이 아닌 복사본임을 알아차리기 어려울 정도이므로 일반인이 명의자의 진정한 사문서로 오신하기에 충분한 정도의 형식과 외관을 갖추었다는 이유로, 피고인의 행위가 사문서위조죄 및 동행사죄에 해당한다고 한 사례(대판 2016.7.14. 2016도2081).
> - [1] 형법 제237조의2에 따라 전자복사기, 모사전송기 기타 이와 유사한 기기를 사용하여 복사한 문서의 사본도 문서원본과 동일한 의미를 가지는 문서로서 이를 다시 복사한 문서의 재사본도 문서위조죄 및 동 행사죄의 객체인 문서에 해당한다 할 것이고, 진정한 문서의 사본을 전자복사기를 이용하여 복사하면서 일부 조작을 가하여 그 사본 내용과 전혀 다르게 만드는 행위는 공공의 신용을 해할 우려가 있는 별개의 문서사본을 창출하는 행위로서 문서위조 행위에 해당한다.
> [2] 피고인이 타인의 주민등록증을 이용하여 주민등록증상 이름과 사진을 하얀 종이로 가린 후 복사기로 복사를 하고, 다시 컴퓨터를 이용하여 위조하고자 하는 당사자의 인적사항과 주소, 발급일자를 기재한 후 덮어쓰기를 하여 이를 다시 복사하는 방식으로 전혀 별개의 주민등록증 사본을 창출시킨 사실을 인정한 다음, 그 사본 또한 공문서위조 및 행사죄의 객체가 되는 공문서에 해당한다(대판 2004.10.28. 2004도5183).

㉯ 기존문서의 이용 : 기존의 미완성문서에 가공하여 그 문서를 완성시키거나, 진정문서의 중요부분을 변경하여 동일성을 상실시키거나 무효가 된 문서에 가공하여 새로운 증명력을 지닌 별개의 문서를 작출하는 경우에 위조가 인정된다.

> **기존문서의 이용에 해당하는 사례**
> - 다른 곳의 토지에 분묘를 소유하고 있는 피해자에게 피고인이 신청한 골재채취장과는 멀리 떨어져 있어 토석채취를 한다고 하여도 피해가 없으니 동의해 달라고 말하여 백지의 동의서 양식에 인감도장을 날인하게 한 다음, 행사할 목적으로 그 동의서에 피해자의 의사에 반하여 분묘 소재지를 위 골재채취장 주변의 토지로 기재하였다면 피고인이 작성한 피해자 작성명의의 동의서는 피해자가 동의서의 양식에 인감도장을 날인하면서 그 공란을 기재하도록 승낙한 내용과 다른 것이고, 위 동의서의 공란을 기재하여 완성하도록 승낙한 취지에도 어긋나는 것이어서 피고인은 피해자가 승낙한 문서 아닌 문서를 작성한 셈이 되고, 피해자의 의사에 반한 내용의 동의서를 작성한 것이 되어 사문서를 위조한 경우에 해당한다고 보아야 할 것이고, 그 동의서에 미리 날인 받은 피해자의 인영이 진정한 것이었다고 하여 이것만 가지고 사문서를 위조한 것이 아니라고 할 수 없다(대판 1992.3.31. 91도2815).
> - 피고인이 행사할 목적으로 타인의 주민등록증에 붙어있는 사진을 떼어내고 그 자리에 피고인의 사진을 붙였다면 이는 기존 공문서의 본질적 또는 중요 부분에 변경을 가하여 새로운 증명력을 가지는 별개의 공문서를 작성한 경우에 해당하므로 공문서위조죄를 구성한다(대판 1991.9.10. 91도1610).

㉰ 간접정범에 의한 작성 : 명의인을 속여 명의인으로 하여금 진의에 반하는 문서에 서명·날인하게 하거나(대판 2000.6.13. 2000도778), 명의인이 내용을 오신하고 있는 것을 이용하여 그의 의사와 다른 내용의 문서에 서명·날인을 받은 경우에는 사문서위조죄의 간접정범이 성립한다.

> **1. 간접정범에 의한 작성이 인정되는 사례**
> - 피고인이 이 사건 정기문중총회 회의록을 임의로 작성하고는 종중원들을 찾아다니면서 서명, 날인을 받았는데, 이때 종중원들에게 이 사건 임야의 등기, 매도권한을 피고인에게 일임하고 매도금액 3분의 1을 문중에 반납하고 나머지를 피고인에게 소송대행비용으로 준다는 위 회의록의 내용 등에 관하여 제대로 알려 주지 아니한 채, 단지 이 사건 임야에 관하여 문중 명의로 소유권이전등기를 하는 데 필요하다는 정도로만 얘기하면서 서명, 날인을 받은 경우, 명의인을 기망하여 문서를 작성케 하는 경우는 서명, 날인이 정당히 성립된 때에도 기망자는 명의인을 이용하여 서명 날인자의 의사에 반하는 문서를 작성케 하는 것이므로 사문서위조죄가 성립한다(대판 2000.6.13. 2000도778).
> - 권리의무에 관한 사문서인 타인명의의 신탁증서 1통을 작성한 후 마치 이를 다른 내용의 문서인 것처럼 그 타인에게 제시하여 날인을 받은 후 이를 법원에 증거로 제출하여 사용하였다면 사문서위조 및 동행사죄가 성립한다(대판 1983.6.28. 83도1036).

2. **간접정범에 의한 작성이 인정되지 아니하는 사례**
   어느 문서의 작성권한을 갖는 공무원이 그 문서의 기재 사항을 인식하고 그 문서를 작성할 의사로써 이에 서명날인하였다면, 설령 그 서명날인이 타인의 기망으로 착오에 빠진 결과 그 문서의 기재사항이 진실에 반함을 알지 못한 데 기인한다고 하여도, 그 문서의 성립은 진정하며 여기에 하등 작성명의를 모용한 사실이 있다고 할 수는 없으므로, 공무원 아닌 자가 관공서에 허위 내용의 증명원을 제출하여 그 내용이 허위인 정을 모르는 담당공무원으로부터 그 증명원 내용과 같은 증명서를 발급받은 경우 공문서위조죄의 간접정범으로 의율할 수는 없다(대판 2001.3.9. 2000도938).

㉣ **작성의 정도** : 일반인으로 하여금 진정문서로 오인할 정도의 형식·외관을 갖추면 충분하므로 반드시 그 작성명의인의 서명이나 날인이 있어야 하는 것은 아니다(대판 2011.2.10. 2010도8361).

1. **위조에 해당하는 사례**
   - 피고인이 다른 서류에 찍혀 있던 甲의 직인을 칼로 오려내어 풀로 붙인 후 이를 복사하는 방법으로 甲 명의의 추천서와 경력증명서를 위조하고 이를 행사하였다고 하여 기소된 사안에서, 위 문서는 피고인이 직인을 오려붙인 흔적을 감추기 위하여 복사한 것으로서 일반적으로 문서가 갖추어야 할 형식을 다 구비하고 있고, 주의 깊게 관찰하지 아니하면 외관에 비정상적인 부분이 있음을 알아차리기가 어려울 정도이므로, 일반인이 명의자의 진정한 사문서로 오신하기에 충분한 정도의 형식과 외관을 갖추었다고 한 사례(대판 2011.2.10. 2010도8361)
   - [1] 사문서위조죄는 그 명의자가 진정으로 작성한 문서로 볼 수 있을 정도의 형식과 외관을 갖추어 일반인이 명의자의 진정한 사문서로 오신하기에 충분한 정도이면 성립하는 것이고, 반드시 그 작성명의자의 서명이나 날인이 있어야 하는 것은 아니다.
   [2] 이 사건 차용증 3장에는 연대보증인으로 공소외 1의 이름이 적혀 있고, 아울러 공소외 1의 주민등록번호와 주소도 함께 적혀 있어, 비록 공소외 1의 날인이 없다고 하더라도 위와 같은 정도라면 공소외 1이 연대보증을 하였다는 내용의 문서로 볼 수 있을 정도의 형식과 외관을 갖추어 일반인이 공소외 1명의의 진정한 사문서로 오신하기에 충분하다(대판 2007.5.10. 2007도1674).

2. **위조에 해당하지 아니하는 사례**
   - [1] 위조문서행사죄에서 행사란 위조된 문서를 진정한 문서인 것처럼 그 문서의 효용방법에 따라 이를 사용하는 것을 말하고, 위조된 문서를 진정한 문서인 것처럼 사용하는 한 행사의 방법에 제한이 없으므로 위조된 문서를 스캐너 등을 통해 이미지화한 다음 이를 전송하여 컴퓨터 화면상에서 보게 하는 경우도 행사에 해당하지만, 이는 문서의 형태로 위조가 완성된 것을 전제로 하는 것이므로, 공문서로서의 형식과 외관을 갖춘 문서에 해당하지 않아 공문서위조죄가 성립하지 않는 경우에는 위조공문서행사죄도 성립할 수 없다.
   [2] 중국인인 피고인이 콘도미니엄 입주민들의 모임인 갑 시설운영위원회의 대표로 선출된 후 갑 위원회가 대표성을 갖춘 단체라는 외양을 작출할 목적으로, 주민센터에서 가져온 행정용 봉투의 좌측 상단에 미리 제작해 둔 갑 위원회 한자 직인과 한글 직인을 날인한 다음 주민센터에서 발급받은 피고인의 인감증명서 중앙에 있는 '용도'란 부분에 이를 오려 붙이는 방법으로 인감증명서 1매를 작성하고, 이를 휴대전화로 촬영한 사진 파일을 갑 위원회에

> 가입한 입주민들이 참여하는 메신저 단체대화방에 게재하였다고 하여 공문서위조 및 위조공문서행사로 기소된 사안에서, 피고인이 만든 문서가 공문서로서의 외관과 형식을 갖추었다고 인정하기 어렵고, 이를 사진촬영한 파일을 단체대화방에 게재한 행위가 위조공문서행사죄에 해당할 수도 없다고 한 사례(대판 2020.12.24. 2019도8443)
> - 건설시행업자가 재개발사업 대상 토지 소유자들이 일정한 기한 내에 매매계약을 체결할 것을 동의한다는 내용의 매매계약동의서를 컴퓨터 및 필기구를 이용하여 작성하였지만, 위 매매계약동의서에는 동의 당사자들의 성명 및 주소만 기재되어 있을 뿐 날인은 없었던 점, 다른 토지 소유자들의 매매동의를 얻어 날인까지 받은 매매계약동의서와 함께 제시됨으로써 위 매매계약동의서의 소유자들은 확정적으로 매매계약에 동의하지 않았다는 사실을 쉽게 구별·확인가능한 점, 매매계약동의서의 성격 등을 고려해 볼 때, 위 매매계약동의서가 진정한 문서로 오신하기에 충분한 정도의 형식과 외관을 갖춘 완성된 문서로 인정하기에 부족하다는 이유로 사문서위조죄의 성립을 부정한 사례(대판 2009.5.14. 2009도5)

② **변조** : 권한 없는 자가 이미 진정하게 성립한 타인명의의 문서내용에 그 동일성을 해하지 아니할 정도의 변경을 가하는 것을 말한다.

㉠ 권한 없는 자 : 기존의 진정문서에 변경을 가할 권한이 없는 자의 행위여야 한다. 권한이 있는 자라고 할지라도 위임의 범위를 초월하여 임의로 변경을 가하는 것은 변조가 된다(대판 1983.3.22. 82도2300).

> 공문서변조죄는 권한 없는 자가 행사할 목적으로 공무소 또는 공무원이 이미 작성한 문서내용에 대하여 동일성을 침해하지 않을 정도로 변경을 가하여 새로운 증명력을 만들어 냄으로써 공공적 신용을 해칠 위험성이 있을 때 성립한다. 최종 결재권자를 보조하여 문서의 기안업무를 담당한 공무원이 이미 결재를 받아 완성된 공문서에 대하여 적법한 절차를 밟지 않고 그 내용을 변경한 경우에도 특별한 사정이 없는 한 공문서변조죄가 성립한다(대판 2017.6.8. 2016도5218).

㉡ 타인명의의 진정문서 : 변조는 타인명의의 문서라야 하므로 자기명의의 문서는 타인의 소유인 경우에 한하여 문서손괴죄가 성립할 수 있을 뿐이다. 이미 진정하게 성립된 타인명의의 문서가 대상이므로 위조문서·허위문서는 변조의 대상이 아니다(대판 2017.12.5. 2014도14924). 문서위조·변조죄의 객체가 되는 문서는 반드시 원본일 필요는 없고 문서의 사본도 객체가 될 수 있다.

㉢ 동일성이 인정되는 범위 내의 내용변경 : 기존문서의 동일성을 해하지 아니하는 범위 내에서의 변경이어야 하므로 본질적 부분이나 중요부분을 변경하여 새로운 증명력을 가지는 별개의 문서를 작출하는 경우에는 위조가 된다. 변조는 문서의 내용을 변경함으로써 충분하고 명의인에게 유리하게 변경되어 명의인의 의사에 합치되거나(대판 1985.1.22. 84도2422), 당초 잘못된 기재내용을 바로잡아 변경내용이 객관적인 진실에 합치하거나(대판 1985.1.22. 84도2422), 법규에 어긋난 기재내용을 법규에 부합하게 변경한 경우에도 변경에 해당한다(대판 1970.9.22. 70도1509).

㉣ 변조의 정도 : 애초에 그러한 내용으로 작성된 문서라고 일반인으로 하여금 믿게 할 정도의 형식과 외관을 갖추면 충분하고 이로써 기수가 된다(대판 1970.9.17. 70다1096).

> **1. 변조에 해당하는 사례**
> - [1] 이사회 회의록에 관한 이사의 서명권한에는 서명거부사유를 기재하고 그에 대해 서명할 권한이 포함된다. 이사가 이사회 회의록에 서명함에 있어 이사장이나 다른 이사들의 동의를 받을 필요가 없는 이상 서명거부사유를 기재하고 그에 대한 서명을 함에 있어서도 이사장 등의 동의가 필요 없다고 보아야 한다. 따라서 이사가 이사회 회의록에 서명 대신 서명거부사유를 기재하고 그에 대한 서명을 하면, 특별한 사정이 없는 한 그 내용은 이사회 회의록의 일부가 되고, 이사회 회의록의 작성권한자인 이사장이라 하더라도 임의로 이를 삭제한 경우에는 이사회 회의록 내용에 변경을 가하여 새로운 증명력을 가져오게 되므로 사문서변조에 해당한다. [2] 갑 학교법인 이사장인 피고인이 갑 법인의 이사회 회의록 중 '이사장의 이사회 내용 사전 유출로 인한 책임을 물어 회의록 서명을 거부합니다. 을'이라고 기재된 부분 및 그 옆에 있던 이사 을의 서명 부분을 지워 회의록을 변조하고, 이를 행사하였다는 내용으로 기소된 사안에서, 을이 회의록에 대한 서명권한 범위 내에서 회의록에 서명거부사유를 기재하고 그에 대한 서명을 한 이상 위 문구는 회의록의 일부가 되었으므로, 피고인이 임의로 위 문구를 삭제함으로써 회의록의 새로운 증명력을 작출하였다는 이유로, 이와 달리 보아 공소사실을 무죄로 판단한 원심판결에 사문서변조죄 및 변조사문서행사죄의 법리를 오해하는 등의 잘못이 있다고 한 사례 (대판 2018.9.13. 2016도20954)
> - [1] 공문서변조죄는 권한 없는 자가 공무소 또는 공무원이 이미 작성한 문서내용에 대하여 동일성을 해하지 않을 정도로 변경을 가하여 새로운 증명력을 작출케 함으로써 공공적 신용을 해할 위험성이 있을 때 성립한다. 이때 일반인으로 하여금 공무원 또는 공무소의 권한 내에서 작성된 문서라고 믿을 수 있는 형식과 외관을 구비한 문서를 작성하면 공문서변조죄가 성립하는 것이고, 일반인으로 하여금 공무원 또는 공무소의 권한 내에서 작성된 문서라고 믿게 할 수 있는지 여부는 그 문서의 형식과 외관은 물론 그 문서의 작성경위, 종류, 내용 및 일반거래에 있어서 그 문서가 가지는 기능 등 여러 가지 사정을 종합적으로 고려하여 판단하여야 한다. [2] 피고인이 인터넷을 통하여 열람·출력한 등기사항 전부증명서 하단의 열람 일시 부분을 수정 테이프로 지우고 복사해 두었다가 이를 타인에게 교부하여 공문서변조 및 변조공문서행사로 기소된 사안에서, 피고인이 등기사항 전부증명서의 열람 일시를 삭제하여 복사한 행위는 등기사항 전부증명서가 나타내는 권리·사실관계와 다른 새로운 증명력을 가진 문서를 만든 것에 해당하고 그로 인하여 공공적 신용을 해할 위험성도 발생하였다고 한 사례(대판 2021.2.25. 2018도19043)
>
> **2. 변조에 해당하지 아니하는 사례**
> 피고인의 본명은 박규탁이나 일상거래상 박진우로 통용되어 온 경우에 공소외인 작성의 박진우 앞으로 된 영수증에 피고인이 "박진우" 라는 기재 옆에 "규탁"이라고 기입하였다고 하여도 이는 위 영수증의 내용에 영향을 미쳤다고 보여지지 아니하고, 따라서 새로운 증명력을 가한 것이 아니므로 사문서 변조죄를 구성하지 아니한다(대판 1981.10.27. 81도2055).

(2) 주관적 구성요건

고의 이외에 행사할 목적이 있어야 한다. 행사할 목적이란 위조·변조된 문서를 진정한 문서로서 효력을 발생하게 할 목적을 말한다. 행사할 목적은 미필적 인식으로도 족하다(대판 2006.1.26. 2004도788).

3. 죄수 및 타죄와의 관계

(1) 죄 수

판례는 명의인의 수를 기준으로 하여 2인 이상이 연명으로 된 문서를 위조한 경우에는 수죄의 상상적 경합이 된다고(대판 1987.7.21. 87도564) 판시하고 있다.

(2) 타죄와의 관계

문서를 위조하여 행사한 경우 본죄와 행사죄는 실체적 경합의 관계에 있다(대판 1991.9.10. 91도1722).

Ⅲ 자격모용에 의한 사문서작성죄

1. 의 의

자격모용에 의한 사문서작성죄는 행사할 목적으로 타인의 자격을 모용하여 권리·의무 또는 사실증명에 관한 문서 또는 도화를 작성함으로써 성립하는 범죄이다(형법 제232조).

2. 구성요건

(1) 객관적 구성요건

1) 객 체

본죄의 객체는 권리·의무 또는 사실증명에 관한 문서·도화이다.

2) 행 위

① **타인의 자격모용** : 대리권·대표권 없는 자가 타인의 대리·대표자격을 사칭하여 문서·도화를 작성하는 것을 말한다. 대리권·대표권 없는 자가 대리권·대표권 있는 자의 자격을 표시하여 본인명의의 사문서를 작성한 경우(무권대리)나 대리권·대표권 있는 자의 권한을 초월하여 대리권·대표권 있는 자의 자격을 표시하여 사문서를 작성한 경우(월권대리)에는 본죄가 성립한다. 그러나 대리인·대표권 있는 자가 위임받은 범위 내에서 권한을 남용하여 본인명의의 사문서를 작성한 경우(권한남용)에는 배임죄의 성립 여부가 문제될 뿐 본죄는 성립하지 아니한다.

1. **타인의 자격모용에 해당하는 사례**
   - [1] 자격모용에 의한 사문서작성죄는 문서위조죄와 마찬가지로 문서의 진정에 대한 공공의 신용을 보호법익으로 하는 것으로, 행사할 목적으로 타인의 자격을 모용하여 작성된 문서가 일반인으로 하여금 명의인의 권한 내에서 작성된 문서라고 믿게 할 수 있는 정도의 형식과 외관을 갖추고 있으면 성립한다. 대표자 또는 대리인의 자격으로 임대차 등 계약을 하는 경우 그 자격을 표시하는 방법에는 특별한 규정이 없다. 피고인 자신을 위한 행위가 아니고 작성명의인을 위하여 법률행위를 한다는 것을 인식할 수 있을 정도의 표시가 있으면 대표 또는 대리관계의 표시로서 충분하다. 일반인이 명의인의 권한 내에서 작성된 문서로 믿게 하기에 충분한 정도인지는 문서의 형식과 외관은 물론 문서의 작성 경위, 종류, 내용과 거래에서 문서가 가지는 기능 등 여러 사정을 종합하여 판단해야 한다.
   [2] 피고인이 갑 주식회사 소유의 오피스텔에 대한 분양대행 권한을 가지게 되었을 뿐 갑 회사의 동의 없이 오피스텔을 임대할 권한이 없는데도 임차인들과 임대차계약을 체결하면서 갑 회사가 분양사업을 위해 만든 을 회사 명의로 계약서를 작성·교부하였는데, 임대차계약서에는 임대인 성명이 '을 회사(피고인)'로 기재되어 대표자 또는 대리인의 자격 표시가 없고 또 피고인의 개인 도장이 찍혀있는 사안에서, 피고인의 행위가 자격모용사문서작성과 자격모용작성사문서행사에 해당된다고 한 사례(대판 2017.12.22. 2017도14560).
   - [1] 주식회사의 대표 자격으로 계약을 하는 경우 피고인 자신을 위한 행위가 아니고 작성명의인인 회사를 위하여 법률행위를 한다는 것을 인식할 수 있을 정도의 표시가 있으면 대표관계의 표시라고 할 수 있다.
   [2] 이 사건 도급계약서의 형식과 외관, 위 계약서의 작성 경위, 종류, 내용, 거래에서 위 계약서가 가지는 기능 등 여러 가지 사정을 종합하면, 도급계약서를 수령한 공소외 2 등으로서는 이 사건 도급계약서가 'ㅇㅇ건설'의 대표이사 또는 'ㅇㅇ건설'과 '공소외 3 회사'의 총괄대표이사의 자격을 가진 피고인에 의해 ㅇㅇ건설 및 공소외 3 회사 명의로 작성된 문서라고 믿게 할 수 있는 정도의 형식과 외관을 갖추고 있다고 볼 수 있다. 이 사건 도급계약서에 ㅇㅇ건설 대표이사의 직인이 아닌 공소외 3 회사 대표이사의 직인이 날인되었다거나 공소외 2가 피고인이 ㅇㅇ건설의 대표이사가 아니란 사실을 알고 있었다는 사정은 위와 같은 결론에 영향을 주지 않는다. 따라서 피고인이 이 사건 도급계약서를 작성한 행위는 자격모용사문서작성죄에 해당된다고 보아야 한다(대판 2022.6.30. 2021도17712).
2. **타인의 자격모용에 해당하지 아니하는 사례**
   - [1] 민법상 법인의 이사 전원 또는 그 일부의 임기가 만료하였다고 하더라도 후임 이사가 선임되지 않았거나 또는 후임 이사가 선임되었다고 하더라도 그 선임결의가 무효이고 임기가 만료하지 아니한 다른 이사만으로는 정상적인 법인의 활동을 할 수 없는 경우에는, 임기가 만료한 구 이사로 하여금 법인의 업무를 수행케 함이 부적당하다고 인정할 만한 특별한 사정이 없는 한, 구 이사는 후임 이사가 선임될 때까지 종전의 직무를 수행할 수 있다.
   [2] 종중의 대표자 등 임원 선임결의가 무효인 경우, 전임 이사들이 계속 종전 그 직무를 수행하면서 임원 자격으로 작성한 이사회 의사록 등은 자격을 모용하여 작성한 문서가 아니라고 한 사례
   [3] 종중의 신임 대표자 등이 선임되고 전임 대표자에 대한 직무집행정지가처분결정이 있은 후 위 가처분결정이 취소된 경우, 신임 대표자 선임결의가 무효라 하더라도 전임 대표자가 위 가처분결정을 알면서 가처분결정시부터 취소시 사이에 대표자 자격으로 작성한 이사회 의사록 등은 자격을 모용하여 작성한 문서라고 한 사례

> [4] 종중의 신임 대표자 등이 선임되고 전임 대표자에 대한 직무집행정지가처분결정이 있은 후 위 가처분결정이 취소된 경우, 위 선임결의가 무효라면 종전 임원의 위 가처분결정 이전에 작성한 이사회 의사록은 '자격을 모용하여 작성한 문서'가 아니고, 이를 위 가처분결정 이후에 행사하였다고 하더라도 자격모용작성사문서행사죄가 성립하지 않는다고 한 사례(대판 2007.7.26. 2005도4072)
>
> • [1] 이사 선임의 주주총회결의에 대한 취소판결이 확정된 경우 그 결의에 의하여 선임된 이사들로 구성된 이사회에서 선정된 대표이사는 소급하여 그 자격을 상실한다. 마찬가지로 이사 해임의 주주총회결의에 대한 취소판결이 확정된 경우 그 결의에 의하여 해임된 이사는 소급하여 그 자격을 회복한다.
>
> [2] 2012.8.9. 개최된 주주총회결의에 대한 취소판결이 확정된 이상, 위 주주총회결의에서 해임된 피고인은 소급하여 공소외 1 회사의 대표이사로서의 자격을 회복하므로, 피고인이 2012.11. 하순경 자신을 공소외 1 회사의 대표이사로 표시한 주식회사 변경등기신청서를 작성하고 같은 해 12. 4.경 이를 대전지방법원 등기과 공무원에게 제출한 행위는 자격모용사문서작성죄와 동 행사죄를 구성하지 않는다고 보아야 한다(대판 2018.11.29. 2016도15089).

② 문서·도화의 작성 : 본인의 의사에 반하여 문서·도화를 현실적으로 작출하는 것을 말한다.

(2) 주관적 구성요건

본죄는 목적범이므로 고의 이외에 행사할 목적이 필요하다.

Ⅳ 사전자기록위작·변작죄

1. 의 의

사전자기록위작·변작죄는 사무처리를 그르치게 할 목적으로 권리·의무 또는 사실증명에 관한 타인의 전자기록 등 특수매체기록을 위작 또는 변작함으로써 성립하는 범죄이다(형법 제232조의2).

2. 구성요건

(1) 객관적 구성요건

1) 객 체

본죄의 객체는 권리·의무 또는 사실증명에 관한 타인의 전자기록 등 특수매체기록이다.

① 타인의 범위 : 본죄의 객체인 특수매체기록은 명의인이 없거나 불분명한 경우가 많으므로 본죄의 타인은 작성명의인 이외에 소유자·소지인을 포함하는 광의의 개념으로 보는 것이 타당하다. 판례는 법인이 컴퓨터 등 정보처리장치를 이용하여 전자적 방식에 의한 정보의 생성·처리·저장·출력을 목적으로 전산망 시스템을 구축하여 설치·운영하는 경우 위 시스템을 설치·운영하는 주체는 법인이고, 법인의 임직원은 법인으로부터 정보의 생성·처리·저장·출력의 권한을 위임받아 그 업무를 실행하는 사람에 불과하므로, 법인이 설치·운영하는 전산망 시스템에 제공되어 정보의 생성·처리·저장·출력이 이루어지는 전자기록 등 특수매체기록은 그 법인의 임직원과의 관계에서 '타인'의 전자기록 등 특수매체기록에 해당한다고(대판 2020.8.27. 2019도11294[전합]) 한다.

② **전자기록 등 특수매체기록** : 특수매체기록은 사람의 지각으로 인식할 수 없는 방식으로 만들어진 기록으로 그 자체로서 계속성을 가져야 한다. 모니터에 화상형태로 존재하는 데이터는 기록이라 할 수 없지만 컴퓨터의 기억장치 중의 하나인 RAM에 올려진 기록은 본죄의 객체에 해당한다(대판 2003.10.9. 2000도4993).

2) 행 위

① **문제점** : 본죄의 행위인 위작·변작 개념 속에 유형위조 이외에 무형위조도 포함되는지 여부가 문제된다.

② **학설** : 본죄의 위작·변작은 문서의 위조·변조에 대응하는 개념이므로 유형위조만을 의미한다는 부정설, 전자기록의 작성에는 고도의 전문성·기술성·신뢰성을 요하고 무형위조도 처벌의 필요성이 있으므로 위작·변작에는 무형위조도 포함된다는 긍정설, 운영주체인 개인사업자가 허위의 전자기록을 만드는 경우에는 본죄가 성립하지 아니하나 종업원이 운영주체의 의사에 반하여 위작·변작한 경우에는 본죄가 성립한다는 절충설이 대립하고 있다.

③ **판례** : 판례는 사전자기록위작죄의 경우 전자기록의 생성에 관여할 권한이 없는 사람이 전자기록을 작출하거나 전자기록의 생성에 필요한 단위정보의 입력을 하는 경우는 물론 시스템의 설치·운영 주체로부터 각자의 직무 범위에서 개개의 단위정보의 입력 권한을 부여받은 사람이 그 권한을 남용하여 허위의 정보를 입력함으로써 시스템 설치·운영 주체의 의사에 반하는 전자기록을 생성하는 경우도 전자기록의 '위작'에 포함된다고(대판 2020.8.27. 2019도11294[전합]) 판시하고 있다.

④ **검토** : 생각건대 전자기록은 일반적으로 표시주체가 결여되어 있고 그 작성에 고도의 전문성 등이 요구되어 무형위조도 처벌할 필요가 있다는 점에서 긍정설이 타당하다고 판단된다.

3) 기수시기

본죄는 전자기록에 대한 위작·변작을 종료한 때 기수가 되므로 새로운 전자기록을 입력하거나 기존 전자기록의 내용을 수정입력한 때 기수가 되며 반드시 원본파일의 변경까지 초래할 것을 요하는 것은 아니다(대판 2003.10.9. 2000도4993).

(2) **주관적 구성요건**

본죄는 고의범이므로 권리·의무 또는 사실증명에 관한 타인의 전자기록 등 특수매체기록을 위작 또는 변작한다는 인식과 의사가 있어야 하고, 사무처리를 그르치게 할 목적이 있어야 한다. '사무처리를 그르치게 할 목적'이란 위작 또는 변작된 전자기록이 사용됨으로써 위와 같은 시스템을 설치·운영하는 주체의 사무처리를 잘못되게 하는 것을 말한다(대판 2008.6.12. 2008도938).

> 1. **사무처리를 그르치게 할 목적이 인정되는 사례**
> 공군 복지근무지원단 예하 18지구대에서 부대매점 및 창고관리 부사관으로 근무하던 피고인이 창고관리병 공소외인으로 하여금 위 복지근무지원단의 업무관리시스템인 복지전산시스템에 피고인이 그전에 이미 이 사건 다른 공소사실 내용과 같이 횡령한 바 있는 면세주류를 2009.7.10.경 및 2009.7.14.경 마치 당일 정상적으로 판매한 것처럼 허위로 입력하게 한 것은 각 지구대의 판매량의 신뢰도에 직접 영향을 미쳐 그 관련 업무를 처리함에 있어 중요한 정보를 허위로 생성하게 한 것으로서 피고인에게는 사무처리를 그르치게 할 목적이 있었다고 보아야 한다(대판 2010.7.8. 2010도3545).

2. 사무처리를 그르치게 할 목적이 인정되지 아니하는 사례
- 피고인이 '북한산 월드메르디앙 아파트 입주자대표회의'를 반대하는 일부 주민들이 개설한 인터넷 포털사이트 '네이버'상의 '북한산 월드메르디앙 아파트' 카페에 접속한 다음, 중립적인 입장을 천명한 원로회의가 마치 위 입주자대표회의에 반대하는 입장에 있는 듯하게 보일 수 있는 허위내용의 전자기록을 작성하여 카페에 게시한 경우, 당시 피고인이 비록 위 카페에 허위내용의 전자기록을 작성하여 게시하였다고 하여 그러한 점만으로 피고인에게 위 카페나 위 사이트의 설치·운영 주체의 사무처리를 그르치게 할 목적이 있었다고 단정하기도 어렵다고 할 것이다(대판 2008.4.24. 2008도294).
- [1] 새마을금고의 내부규정이나 여신거래기본약관이 효율적인 채권관리를 위해 필요한 경우에는 채무자의 예금을 그 채무자에 대한 채권과 상계하거나 상계에 앞서 일시적인 지급정지조치를 취할 수 있도록 규정하고 있음에 비추어, 채무자의 계좌에 입금된 돈을 그에 대한 채권확보를 위해 필요한 경우 채무자의 동의 없이 일시 위 금고의 가수금계좌로 이체할 수 있다 할 것이고, 피고인은 위 금고의 예금 및 입·출금 업무를 총괄하는 지위에 있는 사람으로서 위 규정에 의거 위 공소외인에 대한 기존의 채권확보를 위해 이사장의 결재를 받는 등 내부적인 절차를 밟아 그의 예금계좌에 있는 돈을 위 금고의 가수금계좌로 이체한 것임을 알 수 있으므로, 피고인의 행위는 위 금고의 업무에 부합하는 것으로서 그 사무처리를 그르치게 할 목적이 있었다고 볼 수는 없고, 위 계좌이체 과정에 공소외인의 비밀번호를 사용한 잘못이 있다 하여 달리 볼 것은 아니라 할 것이다.
[2] 새마을금고의 예금 및 입·출금 업무를 총괄하는 직원이 전 이사장 명의 예금계좌로 상조금이 입금되자 전 이사장에 대한 금고의 채권확보를 위해 내부 결재를 받아 금고의 예금 관련 컴퓨터 프로그램에 접속하여 전 이사장 명의 예금계좌의 비밀번호를 동의 없이 입력한 후 위 금원을 위 금고의 가수금계정으로 이체한 사안에서, 위 금고의 내부규정이나 여신거래기본약관의 규정에 비추어 이는 위 금고의 업무에 부합하는 행위로서 피해자의 비밀번호를 임의로 사용한 잘못이 있다고 하더라도 사전자기록위작·변작죄의 '사무처리를 그르치게 할 목적'을 인정할 수 없다고 한 사례(대판 2008.6.12. 2008도938)

V 공문서위조·변조죄

공문서위조·변조죄는 행사할 목적으로 공무원 또는 공무소의 문서 또는 도화를 위조 또는 변조함으로써 성립하는 범죄이다(형법 제225조).

1. **공문서위조죄가 성립하는 사례**
   공문서 작성권자로부터 일정한 요건이 구비되었는지 여부를 심사하여 그 요건이 구비되었음이 확인될 경우에 한하여 작성권자의 직인을 사용하여 작성권자 명의의 공문서를 작성하라는 포괄적인 권한을 수여받은 업무보조자인 공무원이, 그 위임의 취지에 반하여 공문서 용지에 허위내용을 기재하고 그 위에 보관하고 있던 작성권자의 직인을 날인하였다면, 그 업무보조자인 공무원에게 공문서위조죄가 성립할 것이고, 그에게 위와 같은 행위를 하도록 지시한 중간결재자인 공무원도 공문서위조죄의 공범으로서의 책임을 면할 수 없다(대판 1996.4.23. 96도424).

2. **공문서위조죄가 성립하지 아니하는 사례**
   공문서의 위조라 함은 행사할 목적으로 공무원 또는 공무소의 문서를 정당한 작성권한 없는 자가 작성권한 있는 자의 명의로 작성하는 것을 말하므로, 공문서인 기안문서의 작성권한자가 직접 이에 서명하지 않고 피고인에게 지시하여 자기의 서명을 흉내 내어 기안문서의 결재란에 대신 서명케 한 경우라면 피고인의 기안문서 작성행위는 작성권자의 지시 또는 승낙에 의한 것으로서 공문서위조죄의 구성요건해당성이 조각된다(대판 1983.5.24. 82도1426).

Ⅵ 자격모용에 의한 공문서작성죄

자격모용에 의한 공문서작성죄는 행사할 목적으로 공무원 또는 공무소의 자격을 모용하여 문서 또는 도화를 작성함으로써 성립하는 범죄이다(형법 제226조).

Ⅶ 공전자기록위작·변작죄

1. 의 의

공전자기록위작·변작죄는 사무처리를 그르치게 할 목적으로 공무원 또는 공무소의 전자기록 등 특수매체기록을 위작 또는 변작함으로써 성립하는 범죄이다(형법 제227조의2).

2. 구성요건

(1) 객 체

공무원 또는 공무소의 전자기록이란 공무원 또는 공무소의 직무수행상 만들어지도록 되어 있거나 이미 만들어진 전자기록을 말한다.

[1] 형법 제227조의2(공전자기록위작·변작)는 "사무처리를 그르치게 할 목적으로 공무원 또는 공무소의 전자기록 등 특수매체기록을 위작 또는 변작한 자는 10년 이하의 징역에 처한다."라고 규정하고 있다. 여기에서 '공무원'이란 원칙적으로 법령에 의해 공무원의 지위를 가지는 자를 말하고, '공무소'란 공무원이 직무를 행하는 관청 또는 기관을 말하며, '공무원 또는 공무소의 전자기록'은 공무원 또는 공무소가 직무상 작성할 권한을 가지는 전자기록을 말한다. 따라서 그 행위주체가 공무원과 공무소가 아닌 경우에는 형법 또는 특별법에 의하여 공무원 등으로 의제되는 경우를 제외하고는 계약 등에 의하여 공무와 관련되는 업무를 일부 대행하는 경우가 있더라도 공무원 또는 공무소가 될 수 없다. 형벌법규의 구성요건인 공무원 또는 공무소를 법률의 규정도 없이 확장해석하거나 유추해석하는 것은 죄형법정주의의 원칙에 반하기 때문이다.

[2] 한국환경공단은 한국환경공단법에 의해 설립된 법인으로서, 그 임직원은 공무원이 아니고 단지 같은 법 제11조, 건설폐기물법 제61조, 폐기물관리법 제62조의2 등에 의하여 형법 제129조부터 제132조까지의 규정을 적용할 때 공무원으로 의제될 뿐이며, 한국환경공단 임직원을 공전자기록 등 위작죄에서 공전자기록 작성권한자인 공무원으로 의제하거나 한국환경공단이 작성하는 전자기록을 공전자기록으로 의제하는 취지의 명문규정은 없다. 이러한 관련 법령을 법리에 비추어 살펴보면, 한국환경공단이 환경부장관의 위탁을 받아 건설폐기물 인계·인수에 관한 내용 등의 전산처리를 위한 전자정보처리프로그램인 올바로시스템을 구축·운영하고 있더라도, 그 업무를 수행하는 한국환경공단 임직원을 공전자기록의 작성권한자인 공무원으로 보거나 한국환경공단을 공무소로 볼 수는 없다. 그리고 한국환경공단법 등이 한국환경공단 임직원을 형법 제129조 내지 제132조의 적용에 있어 공무원으로 본다고 규정한다고 하여 그들 또는 그들이 직무를 행하는 한국환경공단을 형법 제227조의2에 정한 공무원 또는 공무소에 해당한다고 보는 것은 형벌법규를 피고인에게 불리하게 확장해석하거나 유추해석하는 것이어서 죄형법정주의 원칙에 반한다. 이는 한국환경공단 또는 그 임직원이 환경부장관으로부터 위탁받은 업무와 관련하여 직무상 작성한 문서를 공문서로 볼 수 없는 것과 마찬가지이다(대판 2020.3.12. 2016도19170).

(2) 행 위

본죄의 행위인 위작·변작 개념 속에 유형위조 이외에 무형위조도 포함되는지 여부가 문제되는바, 사전자기록위작·변작죄에서의 논의를 참조하라.

1. 위작에 해당하는 사례

- [1] 형법 제227조의2에서 위작의 객체로 규정한 전자기록은, 그 자체로는 물적 실체를 가진 것이 아니어서 별도의 표시·출력장치를 통하지 아니하고는 보거나 읽을 수 없고, 그 생성 과정에 여러 사람의 의사나 행위가 개재됨은 물론 추가 입력한 정보가 프로그램에 의하여 자동으로 기존의 정보와 결합하여 새로운 전자기록을 작출하는 경우도 적지 않으며, 그 이용 과정을 보아도 그 자체로서 객관적·고정적 의미를 가지면서 독립적으로 쓰이는 것이 아니라 개인 또는 법인이 전자적 방식에 의한 정보의 생성·처리·저장·출력을 목적으로 구축하여 설치·운영하는 시스템에서 쓰임으로써 예정된 증명적 기능을 수행하는 것이므로, 위와 같은 시스템을 설치·운영하는 주체와의 관계에서 전자기록의 생성에 관여할 권한이 없는 사람이 전자기록을 작출하거나 전자기록의 생성에 필요한 단위 정보의 입력을 하는 경우는 물론 시스템의 설치·운영 주체로부터 각자의 직무 범위에서 개개의 단위정보의 입력 권한을 부여받은 사람이 그 권한을 남용하여 허위의 정보를 입력함으로써 시스템 설치·운영 주체의 의사에 반하는 전자기록을 생성하는 경우도 형법 제227조의2에서 말하는 전자기록의 '위작'에 포함된다.
  [2] 경찰관이 고소사건을 처리하지 아니하였음에도 경찰범죄정보시스템에 그 사건을 검찰에 송치한 것으로 허위사실을 입력한 행위가 공전자기록위작죄에서 말하는 위작에 해당한다고 한 사례(대판 2005.6.9. 2004도6132).
- 피고인 1의 업무를 보조하는 공소외 1은 체비지 현장에 출장을 나간 사실이 없고 피고인 1만이 체비지 현장에 출장을 나갔음에도 불구하고, 피고인 1과 위 공소외 1이 공모하여 마치 공소외 1이 직접 그 출장을 나간 것처럼 부천시청 행정지식관리시스템에 허위의 정보를 입력하여 출장복명서를 생성한 후 이를 그 정을 모르는 위 시청 도시과장에게 전송한 경우, 피고인 1에게는 공전자기록 등위작 및 위작공전자기록등행사의 범의가 인정된다(대판 2007.7.27. 2007도3798).

2. 위작에 해당하지 아니하는 사례

자동차등록 담당공무원인 피고인이 여객자동차 운수사업법상 차량충당연한 규정에 위배되어 영업용으로 변경 및 이전등록을 할 수 없는 차량인 것을 알면서 자동차등록정보 처리시스템의 자동차등록원부 용도란에 '영업용'이라고 입력하였으나, 변경 및 이전등록에 관한 구체적 등록내용인 최초등록일 등은 사실대로 입력한 경우, 자동차등록원부상 '영업용으로의 용도변경 및 이전'에 관한 등록정보가 확인·공시하는 내용에 자동차가 영업용으로 용도변경되어 이전되었다는 사실 외에 변경 및 이전등록에 필요한 법령상 자격의 구비 사실까지 포함한다고 볼 법적인 근거가 없고, 최초등록일 등 등록과 관련된 사실관계에 대한 내용에 거짓이 있다고 볼 수 없는 이상, 위 행위가 공전자기록등위작죄의 '위작'에 해당한다고 할 수 없다(대판 2011.5.13. 2011도1415).

VIII 허위진단서 등 작성죄

1. 의 의

허위진단서 등 작성죄는 의사, 한의사, 치과의사 또는 조산사가 진단서, 검안서 또는 생사에 관한 증명서를 허위로 작성함으로써 성립하는 범죄이다(형법 제233조).

2. 구성요건

(1) 객관적 구성요건

1) 주 체

본죄의 주체는 의사, 한의사, 치과의사 또는 조산사이다.

2) 객 체

본죄의 객체는 진단서, 검안서 또는 생사에 관한 증명서이다. 진단서란 의사 등이 진찰결과에 대한 판단을 표시하여 사람의 건강상태를 증명하기 위하여 작성하는 문서를 말한다.

[1] 허위진단서작성죄에서 '진단서'란 의사가 진찰의 결과에 관한 판단을 표시하여 사람의 건강상태를 증명하기 위하여 작성하는 문서를 말하고, 위 조항에서 규율하는 진단서에 해당하는지 여부는 서류의 제목, 내용, 작성목적 등을 종합적으로 고려하여 판단하여야 한다.
[2] 의사인 피고인이 환자의 인적사항, 병명, 입원기간 및 그러한 입원사실을 확인하는 내용이 기재된 '입퇴원 확인서'를 허위로 작성하였다고 하여 허위진단서작성으로 기소된 사안에서, 위 '입퇴원 확인서'는 문언의 제목, 내용 등에 비추어 의사의 전문적 지식에 의한 진찰이 없더라도 확인 가능한 환자들의 입원 여부 및 입원기간의 증명이 주된 목적인 서류로서 환자의 건강상태를 증명하기 위한 서류라고 볼 수 없어 허위진단서작성죄에서 규율하는 진단서로 보기 어려운데도, 이와 달리 보아 유죄를 인정한 원심판결에 허위진단서작성죄의 진단서에 관한 법리를 오해한 위법이 있다고 한 사례(대판 2013.12.12. 2012도3173).

3) 행 위

진단서 등을 작성할 권한이 있는 자가 실질상 객관적 진실에 반하는 내용을 기재하는 것을 말한다(대판 1990.3.27. 89도2083).

> [1] 허위진단서 작성에 해당하는 허위의 기재는 사실에 관한 것이건 판단에 관한 것이건 불문하므로, 현재의 진단명과 증상에 관한 기재뿐만 아니라 현재까지의 진찰 결과로서 발생 가능한 합병증과 향후 치료에 대한 소견을 기재한 경우에도 그로써 환자의 건강상태를 나타내고 있는 이상 허위진단서 작성의 대상이 될 수 있다.
>
> [2] 의사가 진단서 등으로 어떠한 의견을 제시하였더라도 검사는 그 의견에 구애받지 아니하며, 검사의 책임하에 규범적으로 형집행정지 여부의 판단이 이루어진다. 그렇지만 이 경우에 의사가 환자의 수형생활 또는 수감생활의 가능 여부에 관하여 기재한 의견이 환자의 건강상태에 기초한 향후 치료 소견의 일부로서 의료적 판단을 기재한 것으로 볼 수 있다면, 이는 환자의 건강상태를 나타내고 있다는 점에서 허위진단서 작성의 대상이 될 수 있다(대판 2017.11.9. 2014도15129).

(2) 주관적 구성요건

본죄는 고의범이므로 진단서, 검안서 또는 생사에 관한 증명서를 허위로 작성한다는 인식과 의사가 있어야 한다. 행사할 목적은 필요하지 아니하다.

> [1] 허위진단서작성죄가 성립하기 위하여서는 진단서의 내용이 객관적으로 진실에 반할 뿐 아니라 작성자가 진단서 작성 당시 그 내용이 허위라는 점을 인식하고 있어야 하고, 주관적으로 진찰을 소홀히 한다든가 착오를 일으켜 오진한 결과로 진실에 반한 진단서를 작성하였다면 허위진단서 작성에 대한 인식이 있다고 할 수 없으므로 허위진단서작성죄가 성립하지 않는다. 의사 등이 사망진단서를 작성할 당시 기재한 사망 원인이나 사망의 종류가 허위인지 또는 의사 등이 그러한 점을 인식하고 있었는지는 임상의학 분야에서 실천되고 있는 의료 수준 및 사망진단서 작성현황에 비추어 사망진단서 작성 당시까지 작성자가 진찰한 환자의 구체적인 증상 및 상태 변화, 시술, 수술 등 진료 경과 등을 종합하여 판단하여야 한다. 특히 부검을 통하지 않고 사망의 의학적 원인을 정확하게 파악하는 데에는 한계가 있으므로, 부검 결과로써 확인된 최종적 사인이 이보다 앞선 시점에 작성된 사망진단서에 기재된 사망 원인과 일치하지 않는다는 사정만으로 사망진단서의 기재가 객관적으로 진실에 반한다거나, 작성자가 그러한 사정을 인식하고 있었다고 함부로 단정하여서는 안 된다.
>
> [2] 만 6개월의 영아(이하 '망아')가 골수검사 시행 중 상태가 급격히 악화되어 사망에 이르게 되자, 망아의 주치의인 소아청소년과 교수 피고인 A와 망아의 담당의사인 소아청소년과 전공의인 피고인 B는 망아의 사망진단서상 사인을 무엇으로 기재할지 상의한 후, 피고인 B는 사망의 종류 '병사', 직접사인 '호흡정지', 중간선행사인 '범혈구감소증(골수검사확인예정)'으로 기재한 사망진단서를 작성하였는데, 망아의 사망 이후 골수검사 결과는 급성 골수구성 백혈병으로 확인되었고, 망아의 사망 약 1개월 뒤 작성된 망아에 대한 부검감정서는 망아의 사인을 골수채취 바늘이 총장골동맥을 파열하여 발생한 의인성 손상으로 인한 혈복강으로 판정하여, 피고인들이 공모하여 사망진단서를 허위로 작성하였다고 기소된 사안에서, 의사는 사망진단서 작성 당시까지 드러난 환자의 임상 경과를 고려하여 가장 부합하는 사망 원인과 사망의 종류를 자신의 의학적인 판단에 따라 사망진단서에 기재할 수 있으므로, 부검 이전에 작성된 사망진단서에 기재된 사망 원인이 부검으로 밝혀진 사망 원인과 다르다고 하여 피고인들에게 허위진단서 작성의 고의가 있다고 곧바로 추단할 수는 없다고 보아, 허위진단서작성죄를 유죄로 인정한 원심을 파기·환송한 사례(대판 2024.4.4. 2021도15080).

IX 허위공문서작성죄

1. 의 의

허위공문서작성죄는 공무원이 행사할 목적으로 그 직무에 관하여 문서 또는 도화를 허위로 작성하거나 변개함으로써 성립하는 범죄이다(형법 제227조).

2. 구성요건

(1) 객관적 구성요건

1) 주 체

본죄의 주체는 직무에 관하여 문서 또는 도화를 작성할 권한이 있는 공무원이다. 권한범위 내에서 권한을 남용하여 허위내용의 문서를 작성한 공무원, 전결권을 위임받은 자(대판 1977.1.11. 76도3884), 대리권·대표권 있는 자도 본죄의 주체가 될 수 있다. 그러나 공무원이라도 작성권한이 없는 권한 밖의 사항에 대하여 허위의 공문서를 작성하거나, 문서를 보충기재할 권한만 위임받은 자가 허위내용의 공문서를 작성한 경우에는 공문서위조죄가 성립한다(대판 1974.1.29. 73도1854, 대판 1984.9.11. 84도368).

2) 객 체

본죄의 객체는 공문서 또는 공도화이다. 문서는 문서상 작성명의인이 명시된 경우뿐 아니라 작성명의인이 명시되어 있지 않더라도 문서의 형식, 내용 등 문서 자체에 의하여 누가 작성하였는지를 추지할 수 있을 정도의 것이면 된다(대판 2019.3.14. 2018도18646).

3) 행 위

① 허위작성

  ㉠ 작성권자의 허위작성 : 공무원이 작성권한 있는 문서·도화에 객관적 진실에 반하는 내용을 기재하는 것으로 진실에 반하는 한 사실·가치판단·의견에 관한 것인지 여부를 불문한다. 공문서를 작성하는 과정에서 법령 등을 잘못 적용하거나 적용하여야 할 법령 등을 적용하지 아니한 잘못이 있더라도 그 적용의 전제가 된 사실관계에 관하여 거짓된 기재가 없다면 허위공문서작성죄가 성립할 수 없고, 이는 그와 같은 잘못이 공무원의 고의에 기한 것이라도 달리 볼 수 없다(대판 2021.9.16. 2019도18394).

> 1. 허위작성에 해당하는 사례
> - 피고인들을 비롯한 경찰관들이 피의자 4명을 현행범으로 체포하거나 현행범인체포서를 작성할 때 체포사유 및 변호인선임권을 고지하지 아니하였음에도 불구하고, '체포의 사유 및 변호인선임권 등을 고지 후 현행범인 체포한 것임'이라는 내용의 허위의 현행범인체포서 4장과 '현행범인으로 체포하면서 범죄사실의 요지, 구속의 이유와 변호인을 선임할 수 있음을 고지하고 변명의 기회를 주었다'는 내용의 허위의 확인서 4장을 각 작성한 사안에서, 당시 피고인들에게 허위공문서작성에 대한 범의도 있었다고 보아야 함에도 이와 다른 판단을 한 원심판결에 사실오인의 잘못이 있다고 한 사례(대판 2010.6.24. 2008도11226)

- 성명불상자 또는 공소외 2가 피고인 2의 담당구역에 소재한 위 각 불법건축물의 원상복구 여부에 대한 현장확인을 한 다음, 원상복구가 되지 않았음에도 마치 원상복구가 된 것처럼 피고인 2 명의의 출장복명서를 작성하고, 피고인 2는 자신이 현장확인을 한 사실이 없고, 원상복구 여부에 대해서도 제대로 알지 못하면서 마치 자신이 현장확인을 한 것처럼 각 출장복명서에 서명을 한 다음 결재를 올린 것이라면 이는 허위공문서작성죄 및 허위작성공문서행사죄에 해당한다고 할 것이다(대판 2013.10.24. 2013도5752).

2. 허위작성에 해당하지 아니하는 사례

- [1] 허위공문서작성죄는 공문서에 진실에 반하는 기재를 하는 때에 성립하는 범죄이므로, 공문서를 작성하는 과정에서 법령 등을 잘못 적용하거나 적용하여야 할 법령 등을 적용하지 아니한 잘못이 있더라도 그 적용의 전제가 된 사실관계에 관하여 거짓된 기재가 없다면 허위공문서작성죄가 성립할 수 없고, 이는 그와 같은 잘못이 공무원의 고의에 기한 것이라도 달리 볼 수 없다. 공문서 작성 과정에서 법령 등을 잘못 적용하였다고 하여 반드시 진실에 반하는 기재를 하여 공문서를 작성하게 되는 것은 아니므로, 공문서 작성 과정에서 법령 등의 적용에 잘못이 있다는 것과 기재된 공문서 내용이 허위인지 여부는 구별되어야 한다.
[2] 지방자치단체에서 발주·시행한 교량 공사의 현장감독관인 피고인이, '지방자치단체 입찰 및 계약 집행기준'에 따르면 자재의 제작이 완료되었더라도 현장에 반입되어 시공되지 않은 이상 기성부분으로 인정할 수 없고 예외적으로 제작 공장에서 기성검사를 실시·합격한 경우에 한하여 50% 한도 내에서만 기성고 비율을 인정하여야 함에도, 현장에 반입되지 않아 그 시공이 이루어지지 않은 교량 구조물인 '주탑'이 100% 제작되었음을 전제로 공사 전체의 기성고 비율과 기성부분 준공액을 산정·기재함으로써 허위의 기성검사조서를 작성하였다는 내용으로 기소된 사안에서, 위 조서에는 위 기준 적용의 전제가 되는 사실관계, 즉 주탑 등 자재의 제작 및 현장 반입 여부 등에 관하여 아무런 기재가 없으므로 피고인이 위 기준 적용의 전제가 되는 사실관계에 관하여 허위로 기재할 여지가 없다는 등의 이유로, 위 조서가 허위의 공문서에 해당한다고 본 원심판단에 법리오해의 잘못이 있다고 한 사례(대판 2021.9.16. 2019도18394).
- [1] 허위공문서작성죄란 공문서에 진실에 반하는 기재를 하는 때에 성립하는 범죄이므로, 고의로 법령을 잘못 적용하여 공문서를 작성하였다고 하더라도 그 법령적용의 전제가 된 사실관계에 대한 내용에 거짓이 없다면 허위공문서작성죄가 성립될 수 없다.
[2] 건축 담당 공무원이 건축허가신청서를 접수·처리함에 있어 건축법상의 요건을 갖추지 못하고 설계된 사실을 알면서도 기안서인 건축허가통보서를 작성하여 건축허가서의 작성명의인인 군수의 결재를 받아 건축허가서를 작성한 경우, 건축허가서는 그 작성명의인인 군수가 건축허가신청에 대하여 이를 관계 법령에 따라 허가한다는 내용에 불과하고 위 건축허가신청서와 그 첨부서류에 기재된 내용(건축물의 건축계획)이 건축법의 규정에 적합하다는 사실을 확인하거나 증명하는 것은 아니라 할 것이므로 군수가 위 건축허가통보서에 결재하여 위 건축허가신청을 허가하였다면 위 건축허가서에 표현된 허가의 의사표시 내용 자체에 어떠한 허위가 있다고 볼 수는 없다 할 것이어서, 이러한 건축허가에 그 요건을 구비하지 못한 잘못이 있고 이에 담당 공무원의 위법행위가 개입되었다 하더라도 그 위법행위에 대한 책임을 추궁하는 것은 별론으로 하고 위 건축허가서를 작성한 행위를 허위공문서작성죄로 처벌할 수는 없다(대판 2000.6.27. 2000도1858).

ⓒ 형식적 심사권을 가진 작성권자
　㉮ 문제점 : 작성권자가 허위임을 알고 기재한 경우, 공무원이 실질적 심사권을 가진 경우 본죄가 성립하는 데는 의문이 없으나, 형식적 심사권을 가지는데 불과한 경우에도 본죄가 성립할 수 있는지 여부에 대하여는 견해가 대립하고 있다.
　㉯ 학설 : 신고가 일정 요건을 구비하면 공무원은 문서를 작성할 직무상 의무가 있으므로 본죄의 성립을 부정하는 부정설과 신고내용이 허위라면 공무원은 그 기재를 거부할 수 있고, 허위신고에 의하여 공문서도 공공의 신용을 침해할 수 있으므로 본죄의 성립을 긍정하는 긍정설이 대립하고 있다.
　㉰ 판례 : 판례는 신고사항이 허위인 것이 명백한 경우에는 호적리는 그 기재를 거부할 수 있다고 해석할 것이므로 허위임을 알고 있으면서 이를 호적부에 기재하였다면 허위공문서 작성죄가 성립한다고(대판 1977.12.27. 77도2155) 하여 긍정설의 태도를 취하고 있다.
　㉱ 검토 : 신고내용이 허위라고 하더라도 그에 따른 공문서에 의해 공공의 신용을 침해할 수 있으므로 본죄의 성립을 긍정하는 긍정설이 타당하다고 판단된다.
② 허위변개 : 작성권한 있는 공무원이 이미 진정하게 성립한 공문서의 내용을 허위로 고치는 것으로 작성권한 없는 자가 행하는 변조와 구별된다.
③ 기수시기 : 작성의 경우에는 허위내용을 기재한 때, 변개의 경우에는 진정문서의 내용을 허위로 변경한 때에 기수가 된다. 판례는 한 개의 공문서에 작성자가 2인 이상일 경우에도 1인의 작성행위의 완료로서 그 1인의 공문서 작성행위는 완료 되는 것이며 나머지 다른 사람의 서명 날인이 없다 하여 전체의 허위공문서가 작성되지 않는다고 볼 것이 아니라고(대판 1973.6.26. 73도733) 판시하고 있다.

(2) 주관적 구성요건

본죄는 고의범이므로 직무에 관하여 문서 또는 도화를 허위로 작성하거나 변개한다는 점에 대한 인식과 의사가 있어야 한다. 또한 행사할 목적이 있어야 한다. 공문서를 작성함에 있어 그 내용이 허위임을 인식하면 고의가 인정되므로 상사나 상급관청의 양해·지시 등이 있더라도 고의의 성립에 영향을 미치지 아니한다(대판 1970.6.30. 70도1122). 그러나 공무원이 사전에 출장조사한 다음 출장조사내용이 변동 없다는 확신하에 출장복명서를 작성하고 다만 그 출장일자를 작성일자로 기재한 경우(대판 2001.1.5. 99도4101)나, 업무상 관행에 따라 피고인들이 물품(미역)검사를 하면서 전체량의 일부만을 추출하여 실물검사를 하였음에도 이를 초과하여 외관검사를 행한 수량 중의 일정량을 실물검사한 것처럼 보고서를 작성한 경우(대판 1982.7.27. 82도1026)에는 고의를 인정하지 아니하는 것이 판례의 태도이다.

> **1. 허위공문서작성죄가 성립하는 사례**
> [1] 문서에 관한 죄의 보호법익은 문서의 증명력과 문서에 들어 있는 의사표시의 안정·신용으로, 일정한 법률관계 또는 거래상 중요한 사실에 관한 관계를 표시함으로써 증거가 될 만한 가치가 있는 문서를 대상으로 한다. 그중 공무소 또는 공무원이 직무에 관하여 진실에 반하는 허위 내용의 문서를 작성할 경우 허위공문서작성죄가 성립하고, 이는 공문서에 특별한 증명력과 신용력이 인정되기 때문에 성립의 진정뿐만 아니라 내용의 진실까지 보호하기 위함이다. 허위공문서작성죄에서 허위란 표시된 내용과 진실이 부합하지 아니하여 그 문서에 대한 공공의 신용을 위태롭게 하는 경우를 말하고, 허위공문서작성죄는 허위공문서를 작성하면서 그 내용이 허위라는 사실을 인식하면 성립한다.

[2] 사법경찰관인 피고인이 검사로부터 '교통사고 피해자들로부터 사고 경위에 대해 구체적인 진술을 청취하여 운전자 갑의 도주 여부에 대해 재수사할 것'을 요청받고, 재수사 결과서의 '재수사 결과'란에 피해자들로부터 진술을 청취하지 않았음에도 진술을 듣고 그 진술내용을 적은 것처럼 기재함으로써 허위공문서를 작성하였다는 내용으로 기소된 사안에서, 재수사 결과서의 작성 경위나 구성형태에 비추어 재수사 결과란의 기재는 피고인이 재수사 요청 취지에 따라 피해자들로부터 구체적인 진술을 듣고 진술내용을 적었음을 의미하는데 피고인은 피해자들로부터 진술을 청취하지 않았고, 특히 피고인은 피해자들이 진술한 바 없는 내용으로 자신의 독자적인 의견이나 추측에 불과한 것을 마치 피해자들로부터 직접 들은 진술인 것처럼 기재하였으므로, 피해자들 진술로 기재된 내용 중 일부가 결과적으로 사실과 부합하는지, 재수사 요청을 받은 사법경찰관이 검사에 의하여 지목된 참고인이나 피의자 등에 대한 재조사 여부와 재조사 방식 등에 대해 재량을 가지는지 등과 무관하게 피고인의 행위는 허위공문서작성죄를 구성하며, 피고인이 피해자들의 진술에 신빙성이 부족하다는 이유에서 자신의 판단에 따라 기재하는 내용이 객관적인 사실에 부합할 것이라고 생각하였다 하여 범의를 부정할 수 없다는 이유로, 이와 달리 보아 공소사실을 무죄로 판단한 원심판결에 심리미진 및 허위공문서작성죄에 관한 법리오해 등의 위법이 있다고 한 사례(대판 2023.3.30. 2022도6886).

2. 허위공문서작성죄가 성립하지 아니하는 사례

[1] 문서에 관한 죄의 보호법익은 문서의 증명력과 문서에 들어 있는 의사표시의 안정·신용으로, 일정한 법률관계 또는 거래상 중요한 사실에 관한 관계를 표시함으로써 증거가 될 만한 가치가 있는 문서를 그 대상으로 한다. 그중 공무소 또는 공무원이 그 직무에 관하여 진실에 반하는 허위 내용의 문서를 작성할 경우 허위공문서작성죄가 성립하고, 이는 공문서에 특별한 증명력과 신용력이 인정되기 때문에 성립의 진정뿐만 아니라 내용의 진실까지 보호하기 위함이다. 따라서 허위공문서작성죄의 허위는 표시된 내용과 진실이 부합하지 아니하여 그 문서에 대한 공공의 신용을 위태롭게 하는 경우여야 하고, 그 내용이 허위라는 사실에 관한 피고인의 인식이 있어야 한다.

[2] 피고인 갑이 세월호 침몰사고 진상규명을 위한 국정조사특별위원회의 국정조사(이하 '국조특위') 절차에서 대통령비서실장으로서 증언한 후 국회의원으로부터 대통령 대면보고 시점 등에 관한 추가 서면질의를 받고, 실무 담당 행정관으로 하여금 '비서실에서는 20~30분 단위로 간단없이 유·무선으로 보고를 하였기 때문에, 대통령은 직접 대면보고 받는 것 이상으로 상황을 파악하고 있었다고 생각합니다.'라는 내용의 서면답변서(이하 '답변서')를 작성하여 국회에 제출하도록 함으로써 공문서를 허위로 작성·행사하였다는 내용으로 기소된 사안에서, 답변서가 대통령비서실장으로서 최종 작성권한을 갖는 피고인 갑에 의하여 대통령비서실, 국가안보실의 직무권한 범위 내에서 작성된 공문서에 해당한다고 본 원심판단은 정당하나, 답변서 중 '대통령은 직접 대면보고 받는 것 이상으로 상황을 파악하고 있었다고 생각한다.'는 부분은 피고인 갑의 의견으로서 그 자체로 내용의 진실 여부를 판단할 수 있다거나 문서에 대한 공공의 신용을 위태롭게 할 만한 증명력과 신용력을 갖는다고 볼 수 없고, '비서실에서 20~30분 단위로 간단없이 유·무선으로 보고를 하였다.'는 부분은 실제로 있었던 객관적 사실을 기반으로 하여 기재된 내용으로 이를 허위라고 볼 수 없으며, 또한 답변서는 그 실질이 국조특위 이후 추가된 국회 질의에 대하여 서면으로 행한 '증언'과 다를 바 없을 뿐만 아니라, 국조특위에서 위증에 대한 제재를 감수하는 증인선서 후 증언한 것과 내용 면에서 차이가 없고, 실제 작성·제출도 자료 취합과 정리를 담당한 실무자에 의하여 기존 증언 내용 그대로 이루어졌다는 점 등에 비추어, 답변서는 피고인 갑이 국조특위 이후 추가된 국회 질의에 대하여 기존 증언과 같은 내용의 답변을 담은 문서로서 허위공문서작성죄에서 말하는 '허위'가 있다거나 그에 관한 피고인 갑의 인식이 있었다고 보기 어렵다는 이유로, 이와 달리 보아 답변서 작성 및 제출이 허위공문서작성죄 및 허위작성공문서행사죄에 해당한다고 인정한 원심판단에는 허위공문서작성죄에 관한 법리오해의 잘못이 있다고 한 사례(대판 2022.8.19. 2020도9714).

3. 간접정범의 성립 여부

(1) 작성권자가 타인을 이용하는 경우

작성권자가 권한 없는 자를 이용하거나 권한 있는 다른 공무원을 이용하여 허위공문서를 작성한 경우에는 본죄의 간접정범이 성립한다(통설).

(2) 비공무원이 작성권자를 이용하는 경우

본죄는 진정신분범이므로 신분 없는 비공무원은 정범적격이 없기 때문에 작성권자를 이용하는 경우 본죄의 간접정범이 성립하지 아니한다. 다만, 작성권자에게 본죄의 간접정범이 성립할 경우 그 공무원에게 가공한 비공무원은 자신의 가담형태에 따라 본죄의 간접정범의 공범이 성립할 수는 있다.

> 1. **비공무원이 본죄의 간접정범에 가공한 사례**
>   공문서의 작성권한이 있는 공무원의 직무를 보좌하는 자가 그 직위를 이용하여 행사할 목적으로 허위의 내용이 기재된 문서 초안을 그 정을 모르는 상사에게 제출하여 결재하도록 하는 등의 방법으로 작성권한이 있는 공무원으로 하여금 허위의 공문서를 작성하게 한 경우에는 간접정범이 성립되고 이와 공모한 자 역시 그 간접정범의 공범으로서의 죄책을 면할 수 없는 것이고, 여기서 말하는 공범은 반드시 공무원의 신분이 있는 자로 한정되는 것은 아니라고 할 것이다(대판 1992.1.17. 91도2837).
> 2. **비공무원이 본죄의 정범에 가공한 사례**
>   - 공무원이 아닌 자는 형법 제228조의 경우를 제외하고는 허위공문서작성죄의 간접정범으로 처벌할 수 없으나, 공무원이 아닌 자가 공무원과 공동하여 허위공문서작성죄를 범한 때에는 공무원이 아닌 자도 형법 제33조, 제30조에 의하여 허위공문서작성죄의 공동정범이 된다(대판 2006.5.11. 2006도1663).
>   - 피고인이 건축물조사 및 가옥대장 정리업무를 담당하는 지방행정서기를 교사하여 무허가 건물을 허가받은 건축물인 것처럼 가옥대장 등에 등재케하여 허위공문서 등을 작성케 한 사실이 인정된다면, 허위공문서작성죄의 교사범으로 처단한 것은 정당하다(대판 1983.12.13. 83도1458).

(3) 공문서작성의 보조자가 작성권자를 이용하는 경우

1) 문제점

공문서작성의 보조자가 허위인 정을 모르는 작성권자의 결재를 이용하여 허위의 공문서를 완성한 경우에 허위공문서작성죄의 간접정범이 성립할 수 있는지 여부가 문제된다.

2) 학 설

본죄는 진정신분범이므로 보조공무원이라고 하더라도 간접정범이 성립할 수 없다는 부정설과 보조공무원은 사실상 또는 실질적으로 공문서를 작성할 권한을 가지고 있으므로 명의인을 도구로 이용한 간접정범이 성립할 수 있다는 긍정설이 대립하고 있다.

3) 판 례

판례는 공문서의 작성권한이 있는 공무원의 직무를 보좌하는 사람이 그 직위를 이용하여 행사할 목적으로 허위의 내용이 기재된 문서 초안을 그 정을 모르는 상사에게 제출하여 결재하도록 하는 등의 방법으로 작성권한이 있는 공무원으로 하여금 허위의 공문서를 작성하게 한 경우에는 허위공문서작성죄의 간접정범이 성립한다고(대판 2011.5.13. 2011도1415) 판시하고 있다.

4) 검 토

생각건대 부정설에 의하면 보조공무원의 위법행위에 대하여 처벌의 흠결이 발생하고, 실무상 대부분의 공문서가 보조공무원에 의하여 기안되고 작성권자는 결재만 하는 것이 관례로 되어 있다는 점을 고려하면 긍정설이 타당하다고 판단된다.

> **1. 공문서작성의 보조자에게 본죄의 간접정범이 성립하는 사례**
> - [1] 지방자치단체를 당사자로 하는 계약의 이행완료에 관한 검사는 지방자치단체의 장 또는 계약담당자의 직무권한에 속하는 사항으로서 이를 전문기관에 위임하여 수행하게 한다고 하여 그 직무 소관이 달라지는 것은 아니고 다만 이때에는 전문기관으로부터 검사결과를 문서로 통보받아 확인하는 방법으로 그 직무를 집행하게 되는 것이므로, 지방자치단체의 장 또는 계약담당자가 그 검사를 위임받아 수행한 전문기관으로부터 검사결과를 검사조서로 작성·보고받고 이를 확인하여 승인하는 의미로 검사조서에 결재하였다면 그와 같이 결재된 검사조서는 공무원이 그 직무권한 내에서 작성한 문서로서 허위공문서작성죄의 객체인 공문서에 해당한다.
> [2] 자생식물원 조성공사의 감리업체의 책임감리원인 甲이, 이 공사를 감독하는 담당공무원 乙과 공모하여 허위 내용의 준공검사조서를 작성한 다음 준공검사결과보고서에 첨부하여 乙에게 제출하여 공무원들의 결재를 받아 사무실에 비치한 경우, 위 '준공검사조서'는 공문서에 해당한다.
> [3] 위와 같은 결재로써 공문서가 되는 이 사건 준공검사조서의 경우 직무상 그 작성권한이 있는 농업기술센터 소장만이 허위공문서작성죄의 주체가 되고 그 직무를 보조하는 지위에 있는 공무원 공소외 2는 허위공문서작성죄의 주체가 되지 못하나, 공소외 2는 피고인과 공모하여 그로 하여금 이 사건 준공검사조서를 허위로 작성·제출하게 하고 그에 관하여 준공검사에 입회한 담당자로서 그 진정성을 확인한다는 의미로 결재한 다음 담당과장을 통해 그 허위의 정을 모르는 소장에게 이를 제출하여 결재하게 함으로써 이 사건 준공검사조서를 허위의 공문서로 완성하였던 것이므로 허위공문서작성죄의 간접정범으로서 죄책을 지게 되고, 그와 공모한 피고인도 공무원의 신분을 가지는지 여부와 관계없이 그 간접정범의 공범으로서 죄책을 면할 수 없다(대판 2010.4.29, 2010도875).
> - 공무원 甲이 허위의 사실을 기재한 자동차운송사업변경(증차)허가신청 검토조서를 작성한 다음 이를 자동차운송사업변경(증차)허가신청 검토보고에 첨부하여 결재를 상신하였고, 담당계장으로서 그와 같은 사정을 알고 있는 중간 결재자인 피고인과 담당과장으로서 그와 같은 사정을 알지 못하는 최종 결재자인 乙이 차례로 위 검토보고에 결재를 하여 자동차운송사업 변경허가가 이루어진 경우, 위 검토조서 및 검토보고의 각 내용과 형식, 관계 및 작성 목적, 이를 토대로 변경허가가 이루어진 점 등을 종합할 때, 공문서인 위 검토보고의 작성자는 乙이라고 보아야 하므로, 위 검토보고의 내용 중 일부에 불과한 위 검토조서의 작성자인 甲은 물론 乙의 업무상 보조자이자 중간 결재자인 피고인은 허위공문서작성죄의 주체가 될 수 없는데도 피고인과 甲의 행위가 공동정범에 해당한다고 본 원심판단은 잘못이지만, 이는 허위의 정을 모르는 작성권자 乙로 하여금 허위의 공문서를 결재·작성하게 한 경우에 해당하여 그 간접정범에 해당한다(대판 2011.5.13, 2011도1415).[123]

---

123) 다음 논점도 유의하여야 한다. 판결요지를 살펴본다.
자동차등록 담당공무원인 피고인이 여객자동차 운수사업법상 차량충당연한 규정에 위배되어 영업용으로 변경 및 이전등록을 할 수 없는 차량인 것을 알면서 자동차등록정보 처리시스템의 자동차등록원부 용도란에 '영업용'이라고 입력하였으나, 변경 및 이전등록에 관한 구체적 등록내용인 최초등록일 등은 사실대로 입력한 경우, 자동차등록원부상 '영업용으로의 용도변경 및 이전'에 관한 등록정보가 확인·공시하는 내용에 자동차가 영업용으로 용도변경되어 이전되었다는 사실 외에 변경 및 이전등록에 필요한 법령상 자격의 구비 사실까지 포함한다고 볼 법적인 근거가 없고, 최초등록일 등 등록과 관련된 사실관계에 대한 내용에 거짓이 있다고 볼 수 없는 이상, 위 행위가 공전자기록등위작죄의 '위작'에 해당한다고 할 수 없다(대판 2011.5.13, 2011도1415).

- 경찰서 보안과장인 피고인이 갑의 음주운전을 눈감아주기 위하여 그에 대한 음주운전자 적발보고서를 찢어버리고, 부하로 하여금 일련번호가 동일한 가짜 음주운전 적발보고서에 을에 대한 음주운전 사실을 기재케 하여 그 정을 모르는 담당 경찰관으로 하여금 주취운전자 음주측정처리부에 을에 대한 음주운전 사실을 기재하도록 한 이상, 을이 음주운전으로 인하여 처벌을 받았는지 여부와는 관계없이 허위공문서작성 및 동 행사죄의 간접정범으로서의 죄책을 면할 수 없다(대판 1996.10.11. 95도1706).

2. 공문서작성의 보조자에게 본죄의 간접정범이 성립하지 아니하는 사례
    - 군청 산림과 소속 공무원인 피고인 甲과 乙이 공모하여 乙이 기안하고 甲이 전결한 해당 임야에 대한 허위의 '산지이용구분 내역 통보'를 군청 민원봉사과에 보내거나, 또는 피고인 乙이 일부 임야에 대하여는 단독으로, 일부 임야에 대하여는 공무원 아닌 피고인 丙과 공모하여 허위의 각 '산지이용구분 내역 통보' 공문을 기안하고 그 정을 모르는 피고인 甲의 전결로 위 각 공문을 군청 민원봉사과로 보내어, 그 정을 모르는 민원봉사과 소속 공무원으로 하여금 군수 명의의 위 각 임야에 대한 토지이용계획확인서를 작성·발급하게 한 경우, 피고인 甲, 乙이 위 각 토지이용계획확인서의 작성권한자라고 볼 수 없을 뿐만 아니라 위 각 문서의 발급을 담당하는 민원봉사과 소속 공무원의 업무를 보조하는 직무에 종사하거나 위 각 문서의 작성을 기안하는 업무에 종사하는 지위에서 위 각 '산지이용구분 내역 통보' 공문을 보내 준 것으로 보기도 어려우므로, 피고인 甲, 乙을 각 허위공문서작성죄의 간접정범 내지 간접정범의 공동정범으로 볼 수는 없다고 할 것이고, 피고인 乙에게 각 허위공문서작성죄의 간접정범으로서의 죄책이 인정되지 않으므로 그와 공모한 공무원 아닌 피고인 丙 역시 각 허위공문서작성죄의 간접정범의 공동정범으로 처단할 수 없다 할 것이다(대판 2010.1.14. 2009도9963).
    - 허위공문서작성죄의 주체는 문서를 작성할 권한이 있는 명의인인 공무원에 한하고 그 공무원의 문서작성을 보조하는 직무에 종사하는 공무원은 허위공문서작성죄의 주체가 될 수 없다. 따라서 보조 직무에 종사하는 공무원이 허위공문서를 기안하여 허위임을 모르는 작성권자의 결재를 받아 공문서를 완성한 때에는 허위공문서작성죄의 간접정범이 될 것이지만, 이러한 결재를 거치지 않고 임의로 작성권자의 직인 등을 부정 사용함으로써 공문서를 완성한 때에는 공문서위조죄가 성립한다. 이는 공문서의 작성권한 없는 사람이 허위공문서를 기안하여 작성권자의 결재를 받지 않고 공문서를 완성한 경우에도 마찬가지이다. 나아가 작성권자의 직인 등을 보관하는 담당자는 일반적으로 작성권자의 결재가 있는 때에 한하여 보관 중인 직인 등을 날인할 수 있을 뿐이다. 이러한 경우 다른 공무원 등이 작성권자의 결재를 받지 않고 직인 등을 보관하는 담당자를 기망하여 작성권자의 직인을 날인하도록 하여 공문서를 완성한 때에도 공문서위조죄가 성립한다(대판 2017.5.17. 2016도13912).

4. 타죄와의 관계

(1) 허위진단서작성죄와의 관계

공무원인 의사가 공무소 명의의 허위진단서를 발행한 경우, 학설은 허위공문서작성죄와 허위진단서작성죄의 상상적 경합을 인정하지만, 판례는 허위공문서작성죄만 인정한다(대판 2004.4.9. 2003도7762).

(2) 직무유기죄와의 관계

판례는 공무원이 위법사실을 적극적으로 은폐할 목적으로 허위공문서를 작성한 경우에는 허위공문서작성죄만 성립하고 위법사실은 은폐할 목적이 아닌 경우에는 허위공문서작성죄와 직무유기죄의 실체적 경합을 인정한다(대판 1993.12.24. 92도3334).

> 1. 직무유기죄가 성립하는 사례
>   공무원이 어떠한 위법사실을 발견하고도 직무상 의무에 따른 적절한 조치를 취하지 아니하고 위법사실을 적극적으로 은폐할 목적으로 허위공문서를 작성·행사한 경우에는 직무위배의 위법상태는 허위공문서작성 당시부터 그 속에 포함되는 것으로 작위범인 허위공문서작성, 동행사죄만이 성립하고 부작위범인 직무유기죄는 따로 성립하지 아니하나, 위 복명서 및 심사의견서를 허위작성한 것이 농지일시전용허가를 신청하자 이를 허가하여 주기 위하여 한 것이라면 직접적으로 농지불법전용 사실을 은폐하기 위하여 한 것은 아니므로 위 허위공문서작성, 동행사죄와 직무유기죄는 실체적 경합범의 관계에 있다(대판 1993.12.24. 92도3334).
> 2. 직무유기죄가 성립하지 아니하는 사례
>   예비군 중대장이 그 소속 예비군대원의 훈련불참사실을 알았다면 이를 소속 대대장에게 보고하는 등의 조치를 취할 직무상의 의무가 있음은 물론이나, 그 소속 예비군대원의 훈련불참사실을 고의로 은폐할 목적으로 당해 예비군대원이 훈련에 참석한 양 허위내용의 학급편성명부를 작성, 행사하였다면, 직무위배의 위법상태는 허위공문서작성 당시부터 그 속에 포함되어 있는 것이고 그 후 소속대대장에게 보고하지 아니하였다 하더라도 당초에 있었던 직무위배의 위법상태가 그대로 계속된 것에 불과하다고 보아야 하고, 별도의 직무유기죄가 성립하여 양 죄가 실체적 경합범이 된다고 할 수 없다(대판 1982.12.28. 82도2210).

X 공정증서원본 등 부실기재죄

1. 의 의

공정증서원본 등 부실기재죄는 공무원에 대하여 허위신고를 하여 공정증서원본 또는 이와 동일한 전자기록 등 특수매체기록에 부실의 사실을 기재 또는 기록하게 하거나, 공무원에 대하여 허위신고를 하여 면허증, 허가증, 등록증 또는 여권에 부실의 사실을 기재하게 함으로써 성립하는 범죄이다(형법 제228조).

2. 구성요건

(1) 객관적 구성요건

1) 주 체

본죄의 주체에는 제한이 없다. 공무원도 본죄의 주체가 될 수 있다.

2) 객 체

본죄의 객체는 공정증서원본 또는 이와 동일한 전자기록 등 특수매체기록, 면허증, 허가증, 등록증, 여권이다.

① 공정증서란 공무원이 직무상 작성하는 공문서로서 권리·의무에 관한 사실을 증명하는 효력을 가지는 것으로, 원본이어야 한다(대판 2002.3.26. 2001도6503). 가족관계등록부, 부동산등기부, 상업등기부가 이에 해당하나, 권리의무를 증명하는 것이 아닌 자동차운전면허대장(대판 2010.6.10. 2010도1125), 주민등록부(대판 1968.11.19. 68도1231), 토지대장(대판 1971.1.29. 69도2238), 인감대장(대판 1968.11.19. 68도1231), 가옥대장, 임야대장 등은 이에 해당하지 아니한다.

② 공정증서원본은 허위신고에 의하여 부실한 사실이 그대로 기재될 수 있는 성질의 것이어야 하므로 작성자의 자유재량에 따라 기재할 수 있는 감정인의 감정서와 같은 것은 공정증서원본이라고 할 수 없다. 법원의 판결원본이나 지급명령원본은 처분문서의 성격을 가지고 있으므로 공정증서원본이라고 할 수 없다. 다만, 화해조서는 처분문서이지만 증명문서의 성격이 강하므로 공정증서원본에 포함된다고 보는 것이 타당하다.

3) 행 위

① **공무원** : 허위신고의 상대방인 공무원은 공정증서원본 등에 신고사실을 기재할 권한을 가진 공무원이라야 한다. 다만, 공무원은 기재사실이 허위임을 알지 못해야 하며, 정을 알고 부실의 사실을 기재한 경우에는 공무원에게는 허위공문서작성죄가 성립하고 신고를 한 자는 가담형태에 따라 형법 제33조 본문에 의하여 허위공문서작성죄의 공범이 성립할 수 있다.

② **허위신고** : 일정한 사실의 존부에 대해서 진실에 반하는 신고를 하는 것을 말한다. 신고 또는 기재사항이 반드시 불법한 것일 필요는 없으므로 확정판결이나(대판 1996.5.31. 95도1967), 화해조서에 의하여 등기신청을 하는 경우(대판 1980.11.11. 80다1584)에도 그 내용이 진실에 반하는 것을 알면서 신청한 때에는 허위신고에 해당한다. 등기부에 부실등기가 이루어진 경우에도 당사자의 신고가 아니라 법원의 촉탁으로 이루어진 경우에는 본죄가 성립하지 아니한다(대판 1983.12.27. 83도2442).

1. **허위신고에 해당하는 사례**
   - 공정증서원본부실기재죄는 공무원에 대하여 진실에 반하는 허위신고를 하여 공정증서원본 또는 이와 동일한 전자기록 등 특수매체기록에 실체관계에 부합하지 않는 부실의 사실을 기재 또는 기록하게 함으로써 성립한다. 그런데 발행인과 수취인이 통모하여 진정한 어음채무 부담이나 어음채권 취득에 관한 의사 없이 단지 발행인의 채권자에게서 채권 추심이나 강제집행을 받는 것을 회피하기 위하여 형식적으로만 약속어음의 발행을 가장한 경우 이러한 어음발행행위는 통정허위표시로서 무효이므로, 이와 같이 발행인과 수취인 사이에 통정허위표시로서 무효인 어음발행행위를 공증인에게는 마치 진정한 어음발행행위가 있는 것처럼 허위로 신고함으로써 공증인으로 하여금 어음발행행위에 대하여 집행력 있는 어음공정증서원본을 작성케 하고 이를 비치하게 하였다면, 이러한 행위는 공정증서원본부실기재 및 부실기재공정증서원본행사죄에 해당한다고 보아야 한다(대판 2012.4.26. 2009도5786).
   - 공정증서원본부실기재죄나 공전자기록등부실기재죄(이하 위 두 죄를 합쳐 '공정증서원본 등의 부실기재죄')는 특별한 신빙성이 인정되는 공문서에 대한 공공의 신용의 보장을 보호법익으로 하는 범죄로서, 공무원에 대하여 진실에 반하는 허위신고를 하여 공정증서원본 또는 이와 동일한 전자기록 등 특수매체기록에 실체관계에 부합하지 않는 부실의 사실을 기재 또는 기록하게 함으로써 성립한다. 따라서 실제로는 채권·채무관계가 존재하지 않는데도 허위의 채무를 가장하고 이를 담보한다는 명목으로 허위의 근저당권설정등기를 마친 것이라면 등기공무원에게 허위신고를 하여 등기부에 부실의 사실을 기재하게 한 때에 해당하므로 공정증서원본 등의 부실기재죄 및 부실기재공정증서원본 등의 행사죄가 성립한다(대판 2017.2.15. 2014도2415).
   - 공정증서원본부실기재죄는 특별한 신빙성이 인정되는 공문서에 대한 공공의 신용을 보장함을 보호법익으로 하는 범죄로서 공무원에 대하여 진실에 반하는 허위신고를 하여 공정증서원본 또는 이와 동일한 전자기록 등 특수매체 기록에 실체관계에 부합하지 아니하는 부실의 사실을 기재 또는 등록하게 함으로써 성립하는 것이므로, 실제로는 채권·채무관계가 존재하지 아니함에도 공증인에게 허위신고를 하여 가장된 금전채권에 대하여 집행력이 있는 공정증서 원본을 작성하고 이를 비치하게 한 것이라면 공정증서원본 부실기재죄 및 부실기재 공정증서원본 행사죄의 죄책을 면할 수 없다 할 것이다(대판 2003.7.25. 2002도638).

2. 허위신고에 해당하지 아니하는 사례

- 공정증서가 증명하는 사항은 채권양도의 법률행위가 진정으로 이루어졌다는 것일 뿐 그 공정증서가 나아가 양도되는 채권이 진정하게 존재한다는 사실까지 증명하는 것으로 볼 수는 없으므로, 양도인이 허위의 채권에 관하여 그 정을 모르는 양수인과 실제로 채권양도의 법률행위를 한 이상, 공증인에게 그러한 채권양도의 법률행위에 관한 공정증서를 작성하게 하였다고 하더라도 그 공정증서가 증명하는 사항에 관하여는 부실의 사실을 기재하게 하였다고 볼 것은 아니고, 따라서 공정증서원본부실기재죄가 성립한다고 볼 수 없다(대판 2004.1.27, 2001도5414).
- 중고자동차매매업자인 피고인이 여객자동차 운수사업법상 차량충당연한 규정에 위배되어 여객자동차운수사업에 충당될 수 없는 차량인 것을 알면서 영업용으로 변경 및 이전등록신청을 하였으나, 구체적 등록내용인 최초등록일 등은 사실대로 기재한 사안에서, 자동차등록원부상 '영업용으로의 용도변경 및 이전'에 관한 등록정보가 확인·공시하는 내용에 자동차가 영업용으로 용도변경되어 이전되었다는 사실 외에 변경 및 이전등록에 필요한 법령상 자격의 구비 사실까지 포함한다고 볼 법령상의 근거가 없고, 최초등록일 등 등록과 관련된 사실관계에 대한 내용에 거짓이 있다고 볼 수 없는 이상, 피고인이 허위의 신고를 하였다고 할 수 없는데도, 이와 달리 피고인에게 공전자기록등부실기재죄 및 그 행사죄를 인정한 원심판단에 법리오해의 위법이 있다고 한 사례(대판 2011.5.13, 2011도1415).

③ 부실의 사실의 기재 또는 기록

㉠ 부실의 사실의 기재란 권리의무관계에서 중요한 의미를 갖는 사항에 대해 객관적 진실에 반하는 사실을 기재·기록하게 하는 것을 말한다(대판 2013.1.24, 2012도12363).

> 부동산등기부에 기재되는 거래가액은 당해 부동산의 권리의무관계에 중요한 의미를 갖는 사항에 해당한다고 볼 수 없다. 따라서 부동산의 거래당사자가 거래가액을 시장 등에게 거짓으로 신고하여 신고필증을 받은 뒤 이를 기초로 사실과 다른 내용의 거래가액이 부동산등기부에 등재되도록 하였다면, '공인중개사의 업무 및 부동산 거래신고에 관한 법률'에 따른 과태료의 제재를 받게 됨은 별론으로 하고, 형법상의 공전자기록등부실기재죄 및 부실기재공전자기록등행사죄가 성립하지는 아니한다(대판 2013.1.24, 2012도12363).

㉡ 기재사항·내용의 중요부분에 대한 부실기재가 있어야 한다. 따라서 권리의무와 관계없는 예고등기를 말소하게 하는 경우에는 부실기재에 해당하지 아니한다(대판 1972.10.31, 72도1966). 기재절차나 내용에 하자가 있거나 등기의 원인관계가 실제와 다르더라도 기재내용의 중요부분이 당사자의 의사와 합치하거나 실체권리관계와 부합하는 경우에는 부실기재라고 할 수 없다. 실체권리관계와의 부합 여부는 기재시를 기준으로 한다(대판 1998.4.14, 98도16).[124]

---

[124] 판례도 같은 취지에서 소유권이전등기가 절차상 하자가 있거나 등기원인이 실제와 다르다 하더라도 그 등기가 실체적 권리관계에 부합하게 하기 위한 것이거나 실체적 권리관계에 부합하는 유효한 등기인 경우에는 공정증서원본부실기재 및 동행사죄가 성립되지 않는다고 할 것이나, 이는 소유권이전등기 경료 당시를 기준으로 그 등기가 실체권리관계에 부합하여 유효한 경우에 한정되는 것이라고(대판 1998.4.14, 98도16) 판시하고 있다. 따라서 소유권이전등기 경료 당시에는 실체권리관계에 부합하지 아니한 등기인 경우에는 사후에 이해관계인들의 동의 또는 추인 등의 사정으로 실체권리관계에 부합하게 된다 하더라도 공정증서원본부실기재 및 동행사죄의 성립에는 아무런 영향이 없다(대판 1998.4.14, 98도16).

1. **당사자의 의사와 합치하여 부실기재에 해당하지 아니하는 사례**
   - 공정증서원본 부실기재죄나 공전자기록 등 부실기재죄는 특별한 신빙성이 인정되는 권리의무에 관한 공문서에 대한 공공의 신용을 보장함을 보호법익으로 하는 범죄로서 공무원에 대하여 진실에 반하는 허위신고를 하여 공정증서원본 또는 이와 동일한 전자기록 등 특수매체기록에 그 증명하는 사항에 관하여 실체관계에 부합하지 아니하는 '부실의 사실'을 기재 또는 기록하게 함으로써 성립하고, 여기서 '부실의 사실'이라 함은 권리의무관계에 중요한 의미를 갖는 사항이 객관적인 진실에 반하는 것을 말한다. 따라서 피고인 소유의 자동차를 타인에게 명의신탁하기 위한 것이거나 이른바 권리 이전 과정이 생략된 중간생략의 소유권 이전등록이라도 그러한 소유권 이전등록이 실체적 권리관계에 부합하는 유효한 등록이라면 이를 부실의 사실을 기록하게 하였다고 할 수 없다(대판 2020.11.5. 2019도12042).
   - 부동산을 관리보존하는 방법으로 이를 타에 신탁하는 의사로서 그 소유권이전등기를 한 경우에는 그 원인을 매매로 가장하였다 하더라도 이는 공정증서원본부실기재죄에 해당하지 아니하고, 피고인이 부동산에 관하여 가장매매를 원인으로 소유권이전등기를 경료하였더라도, 그 당사자 사이에는 소유권이전등기를 경료시킬 의사는 있었다고 할 것이므로 공정증서원본부실기재죄 및 동행사죄는 성립하지 않고, 또한 등기의무자와 등기권리자(피고인) 간의 소유권이전등기신청의 합의에 따라 소유권이전등기가 된 이상, 등기의무자 명의의 소유권이전등기가 원인이 무효인 등기로서 피고인이 그 점을 알고 있었다고 하더라도, 특별한 사정이 없는 한 바로 피고인이 등기부에 부실의 사실을 기재하게 하였다고 볼 것은 아니다(대판 2011.7.14. 2010도1025).
   - 대주주가 적법한 소집절차나 임시주주총회의 개최 없이 나머지 주주들의 의결권을 위임받아 자신이 임시의장이 되어 임시주주총회 의사록을 작성하여 법인등기를 마친 경우, 공정증서원본 부실기재죄가 성립하지 않는다(대판 2008.6.26. 2008도1044).

2. **실체권리관계와 부합하여 부실기재에 해당하지 아니하는 사례**
   - 주식회사의 임시주주총회가 법령 및 정관상 요구되는 이사회의 결의나 소집절차 없이 이루어졌다고 하더라도, 주주 전원이 참석하여 총회를 개최하는 데 동의하고 아무런 이의 없이 만장일치로 결의가 이루어졌다면 그 결의는 특별한 사정이 없는 한 유효하고, 그 결의에 따른 등기는 실체관계에 부합하는 것으로 이를 부실의 사항을 기재한 등기라고 할 수 없다(대판 2014.5.16. 2013도15895).
   - [1] 주식회사의 발기인 등이 상법 등 법령에 정한 회사설립의 요건과 절차에 따라 회사설립등기를 함으로써 회사가 성립하였다고 볼 수 있는 경우 회사설립등기와 그 기재 내용은 특별한 사정이 없는 한 공정증서원본 부실기재죄나 공전자기록 등 부실기재죄에서 말하는 부실의 사실에 해당하지 않는다. 발기인 등이 회사를 설립할 당시 회사를 실제로 운영할 의사 없이 회사를 이용한 범죄 의도나 목적이 있었다거나, 회사로서의 인적·물적 조직 등 영업의 실질을 갖추지 않았다는 이유만으로는 부실의 사실을 법인등기부에 기록하게 한 것으로 볼 수 없다.
   [2] 피고인 등이 공모하여, 갑 주식회사를 설립한 후 회사 명의로 통장을 개설하여 이른바 대포통장을 유통시킬 목적이었을 뿐 자본금을 납입하거나 회사를 설립한 사실이 없는데도 상호, 본점, 1주의 금액, 발행주식의 총수, 자본금의 액, 목적, 임원 등이 기재된 허위의 회사설립등기신청서를 법원 등기관에게 제출하여 등기관으로 하여금 상업등기 전산정보처리시스템의 법인등기부에 위 신청서의 기재 내용을 입력하고 이를 비치하게 하여 행사하였다고 하여 공전자기록 등 부실기재와 부실기재 공전자기록 등 행사의 공소사실로 기소된 사안에서, 피고인 등이 갑 회사를 정관에 정한 목적대로 운영할 의사는 없었더라도 설립된 회사 명의로 금융기관 계좌를 개설하기 위해 상법상 회사를 설립할 의사는 있었던 점, 갑 회사의 설립에 필요한 정관을

> 작성하고, 주식 발행·인수 절차와 관련해 주금 납입 사실을 증명하기 위하여 금융기관으로부터 잔고증명서를 발급받아 설립등기신청의 첨부정보로 제출하였으며, 회사 임원으로 등재될 사람들로부터 취임승낙을 증명하는 정보를 받아 첨부정보로 제출한 점, 이와 같은 요건과 절차가 단지 설립된 회사의 법인격을 범죄 등에 이용하기 위한 방편으로 이행된 측면이 있더라도, 상법상 회사설립절차를 이루는 회사 정관의 작성 자체가 없었다거나 주금 납입 사실 자체가 부존재한다거나 납입의 효력이 없다고 볼 수 없는 점, 회사설립등기에 임원으로 등재된 사람에게 임원 등재 의사가 인정되는 이상 실제로 직무를 행사할 의사까지는 없었다고 해서 그 사람이 회사의 임원이 아니라거나 회사에 임원이 부존재한다고 볼 수도 없는 점을 종합하면, 피고인 등이 실제 회사를 설립하려는 의사를 가지고 상법이 정하는 회사설립에 필요한 정관 작성, 주식 발행·인수, 임원 선임 등의 절차를 이행함으로써 갑 회사는 상법상 주식회사로 성립하였고, 갑 회사의 설립행위에 일부 하자가 있었다거나 피고인 등이 갑 회사 설립 당시 정관에 기재된 목적 수행에 필요한 영업의 실질을 갖추거나 영업에 필요한 인적·물적 조직을 갖추지 않았다는 등의 사정만으로는 갑 회사의 성립 자체를 부정하고 갑 회사가 부존재한다고 인정할 수 없으므로, 갑 회사에 대한 회사설립등기는 공전자기록 등 부실기재죄에서 말하는 부실의 사실에 해당하지 않는다고 한 사례(대판 2020.2.27. 2019도9293).

ⓒ 공정증서원본에 기재된 사항이 부존재하거나 외관상 존재한다고 하더라도 무효에 해당하는 하자가 있는 경우에는 부실기재에 해당하지만, 취소사유인 하자가 있는데 불과한 경우에는 취소되기 전에는 그 결의 내용이 공정증서원본에 기재된 이상 부실기재에 해당하지 아니한다 (대판 1993.9.10. 93도698).

1. 기재된 사항이 부존재하거나 무효사유에 해당하는 하자로 부실기재가 되는 사례
- 총 주식을 한 사람이 소유한 이른바 1인 회사와 달리, 주식의 소유가 실질적으로 분산되어 있는 주식회사의 경우, 실제의 소집절차와 결의절차를 거치지 아니한 채 주주총회의 결의가 있었던 것처럼 주주총회 의사록을 허위로 작성한 것이라면, 설사 1인이 총 주식의 대다수를 가지고 있고 그 지배주주에 의하여 의결이 있었던 것으로 주주총회 의사록이 작성되어 있다 하더라도, 도저히 그 결의가 존재한다고 볼 수 없을 정도로 중대한 하자가 있는 때에 해당하여, 그 주주총회의 결의는 부존재하다고 보아야 한다(대판 2018.6.19. 2017도21783).
- 부동산 매수인이 매도인과 사이에 부동산의 소유권이전에 관한 물권적 합의가 없는 상태에서, 소유권이전등기신청에 관한 대리권이 없이 단지 소유권이전등기에 필요한 서류를 보관하고 있을 뿐인 법무사를 기망하여 매수인 명의의 소유권이전등기를 신청하게 한 경우, 이는 단지 소유권이전등기신청절차에 하자가 있는 것에 불과한 것이 아니라 허위의 사실을 신고한 것이라고 보아야 하고, 위 소유권이전등기는 원인무효의 등기로서 부실기재에 해당한다는 이유로, 공정증서원본부실기재죄가 성립한다고 한 사례(대판 2006.3.10. 2005도9402)[125]

---

125) 다음의 판례와 구별하여야 한다.
피고인과 매도인과의 사이에 매매계약이 이루어졌고 그 계약금과 대부분의 중도금이 지급되었으며 매도인이 법무사에게 소유권이전등기에 필요한 서류 일체를 맡기고 나중에 잔금지급이 되면 그 등기신청을 하도록 위임하였는데, 피고인이 법무사를 기망하였고 그가 피고인에게 기망당하여 잔금이 모두 지급된 것으로 잘못 알고 등기신청을 하여 그 소유권이전등기를 경료한 것이라면 위 법무사의 등기신청 행위에 하자가 있다고 할 수는 있으나(위 신청이 무효라고는 할 수 없다), 위 소유권이전등기의 원인이 되는 법률관계인 매매 내지는 물권적 합의가 객관적으로 존재하지 아니하는 것이라고는 할 수 없으니, 피고인이 위 법무사를 통하여 등기공무원에게 허위의 사실을 신고하여 등기부에 부실의 사실을 기재하게 한 것이라고는 할 수 없다(대판 1996.6.11. 96도233).

- 발행인과 수취인이 통모하여 진정한 어음채무 부담이나 어음채권 취득에 관한 의사 없이 단지 발행인의 채권자에게서 채권 추심이나 강제집행을 받는 것을 회피하기 위하여 형식적으로만 약속어음의 발행을 가장한 경우 이러한 어음발행행위는 통정허위표시로서 무효이므로, 이와 같이 발행인과 수취인 사이에 통정허위표시로서 무효인 어음발행행위를 공증인에게는 마치 진정한 어음발행행위가 있는 것처럼 허위로 신고함으로써 공증인으로 하여금 어음발행행위에 대하여 집행력 있는 어음공정증서원본을 작성케 하고 이를 비치하게 하였다면, 이러한 행위는 공정증서원본부실기재 및 부실기재공정증서원본행사죄에 해당한다고 보아야 한다(대판 2012.4.26. 2009도5786).[126)]
- 피고인들이 중국 국적의 조선족 여자들과 참다운 부부관계를 설정할 의사 없이 단지 그들의 국내 취업을 위한 입국을 가능하게 할 목적으로 형식상 혼인하기로 한 것이라면, 피고인들과 조선족 여자들 사이에는 혼인의 계출에 관하여는 의사의 합치가 있었으나 참다운 부부관계의 설정을 바라는 효과의사는 없었다고 인정되므로 피고인들의 혼인은 우리나라의 법에 의하여 혼인으로서의 실질적 성립요건을 갖추지 못하여 그 효력이 없고, 따라서 피고인들이 중국에서 중국의 방식에 따라 혼인식을 거행하였다고 하더라도 우리나라의 법에 비추어 그 효력이 없는 혼인의 신고를 한 이상 피고인들의 행위는 공정증서원본부실기재 및 동행사 죄의 죄책을 면할 수 없다(대판 1996.11.22. 96도2049).[127)]
- 종중의 대표자가 종중총회의 결의 없이 종중재산인 부동산에 근저당권설정등기를 마친 경우, 이는 공정증서원본부실기재죄에 해당한다(대판 2005.8.25. 2005도4910).[128)]
- 구 국적법 제3조 제1호는 대한민국 국적의 법정 취득 사유로 '대한민국 국민의 처가 된 자'를 정하고 있다. 여기서 '대한민국 국민의 처가 된 자'에 해당하려면 대한민국 국민인 남자와 혼인한 배우자로서 당사자 사이에 혼인의 합의, 즉 사회관념상 부부라고 인정되는 정신적·육체적 결합을 생기게 할 의사의 합치가 있어야 한다. 그런데 외국인 여자가 대한민국에 입국하여 취업 등을 하기 위한 방편으로 대한민국 국민인 남자와 혼인신고를 하였더라도 위와 같은 혼인의 합의가 없다면 구 국적법 제3조 제1호에서 정한 '대한민국 국민의 처가 된 자'에 해당하지 않으므로 대한민국 국적을 취득할 수 없다. 구 국적법 제3조 제1호에 따라 대한민국 국적을 취득하지 않았는데도 대한민국 국적을 취득한 것처럼 인적 사항을 기재하여 대한민국 여권을 발급받은 다음 이를 출입국심사 담당공무원에게 제출하였다면 위계로써 출입국심사업무에 관한 정당한 직무를 방해함과 동시에 부실의 사실이 기재된 여권을 행사한 것으로 볼 수 있다(대판 2022.4.28. 2020도12239).

---

126) 다음의 판례와 구별하여야 한다.
주식회사의 신주발행의 경우 신주발행에 법률상 무효사유가 존재한다고 하더라도 그 무효는 신주발행무효의 소에 의해서만 주장할 수 있고, 신주발행무효의 판결이 확정되더라도 그 판결은 장래에 대하여만 효력이 있으므로(상법 제429조, 제431조 제1항), 그 신주발행이 판결로써 무효로 확정되기 이전에 그 신주발행사실을 담당 공무원에게 신고하여 공정증서인 법인등기부에 기재하게 하였다고 하여 그 행위가 공무원에 대하여 허위신고를 한 것이라거나 그 기재가 부실기재에 해당하는 것이라고 할 수는 없다(대판 2007.5.31. 2006도8488).

127) 반면, 판례는 피고인들이 해외로 이주할 목적으로 이혼신고를 하였다 하더라도 일시적이나마 이혼할 의사가 있었다고 보여지므로 혼인 및 이혼의 효력발생 여부에 있어서 형식주의를 취하는 이상 피고인 등의 이건 이혼신고는 유효하다고(대판 1976.9.14. 76도107) 판시하고 있다.

128) 반면, 판례는 주식회사의 임시주주총회가 법령 및 정관상 요구되는 이사회의 결의나 소집절차 없이 이루어졌다고 하더라도, 주주 전원이 참석하여 총회를 개최하는 데 동의하고 아무런 이의 없이 만장일치로 결의가 이루어졌다면 그 결의는 특별한 사정이 없는 한 유효하고, 그 결의에 따른 등기는 실체관계에 부합하는 것으로 이를 부실의 사항을 기재한 등기라고 할 수 없다고(대판 2014.5.16. 2013도15895) 한다.

> **2. 취소사유에 해당하는 하자로 부실기재가 되지 아니하는 사례**
> [1] 공정증서원본에 기재된 사항이 외관상 존재하는 사실이라 하더라도, 이에 무효나 부존재에 해당되는 흠이 있다면 그 기재는 부실기재에 해당된다. 그러나 그것이 객관적으로 존재하는 사실이고 이에 취소사유에 해당되는 하자가 있을 뿐인 경우에는 그 취소 전에 그 사실의 내용이 공정증서원본에 기재된 이상, 그 기재가 공정증서원본부실기재죄를 구성하지 않는다.
> [2] 주주총회의 소집절차 등에 관한 하자가 주주총회결의의 취소사유에 불과하여 그 취소 전에 주주총회의 결의에 따른 감사변경등기를 한 것이 공정증서원본부실기재죄를 구성하지 않는다고 본 사례
> (대판 2009.2.12. 2008도10248)

④ 착수・기수시기 : 공무원에게 허위신고를 한 때 본죄의 실행의 착수가 있고, 공무원이 현실적으로 부실기재・기록을 한 때에 기수가 된다(대판 1998.4.14. 98도16).

(2) 주관적 구성요건

고의가 있어야 한다. 행사할 목적은 필요하지 아니하다.

3. 타죄와의 관계

법원을 기망하여 승소판결을 받고 그 확정판결에 의하여 소유권이전등기를 경료한 경우에는 사기죄와 별도로 공정증서원본 부실기재죄가 성립하고 양 죄는 실체적 경합범 관계에 있다(대판 1983.4.26. 83도188).

XI 위조・변조・작성 사문서행사죄

1. 의 의

위조・변조・작성 사문서행사죄는 사문서 등 위조・변조죄, 자격모용에 의한 사문서작성죄, 사전자기록위작・변작죄, 허위진단서 등 작성죄에 의하여 만들어진 문서・도화 또는 전자기록 등 특수매체기록을 행사함으로써 성립하는 범죄이다(형법 제234조).

2. 구성요건

(1) 객관적 구성요건

1) 주 체

본죄의 주체는 제한이 없다. 행사한 자가 위조・변조 등의 행위를 한 범인일 필요는 없고, 범인이 행사한 경우에는 위조・변조 등죄와 행사죄의 실체적 경합범이 성립한다.

2) 객 체

본죄의 객체는 사문서 등 위조・변조죄, 자격모용에 의한 사문서작성죄, 사전자기록위작・변작죄, 허위진단서 등 작성죄에 의하여 만들어진 문서・도화 또는 전자기록 등 특수매체기록이다.

3) 행 위

위조 등 사문서행사죄의 행위는 '행사'하는 것이다.

① 의의 : 행사란 위조·변조·허위작성 등 문서 또는 위작·변작된 전자기록을 진정하게 작성된 문서 또는 기록으로 사용함으로써 문서에 대한 공공의 신용을 해할 우려가 있는 행위를 말한다. 문서의 행사는 법적 거래에서 문서의 기능적 이용, 즉 권리의무 또는 사실증명을 위해 위조문서 등을 이용하는 것이어야 하므로 예를 들어 위조문서를 법원에 증거로 제출하는 경우, 위조문서임을 증명하기 위한 자료로 제출한 것이라면 행사에 해당하지 아니하지만, 주장의 정당성을 입증하기 위한 것이라면 행사에 해당한다(대판 1983.6.28. 83도1036).

② 방 법

㉠ 문서의 내용을 상대방이 인식할 수 있는 상태에 두는 것을 말하며 그 방법에는 제한이 없다. 문서의 내용에 대한 상대방의 현실적인 인식은 요하지 아니한다. 판례에 의하면 위조한 문서를 모사전송의 방법으로 전송하는 것도 행사에 해당하고(대판 1994.3.22. 94도4), 위조문서를 컴퓨터에 연결된 스캐너(scanner)로 읽어 들여 이미지화한 다음 이를 전송하여 컴퓨터 화면상에서 보게 하는 경우도 행사에 해당한다(대판 2008.10.23. 2008도5200).

㉡ 반드시 유통에 놓아야 하는 것은 아니며 문서가 제조된 본래 용법대로 사용할 것도 요하지 아니하므로 신용력을 보이기 위해 제시하는 경우에도 행사에 해당한다. 자신이 직접 행사하거나 타인을 이용하여 간접정범의 형태로 행사하는 것도 가능하다. 판례는 피고인이 위조·변조한 공문서의 이미지 파일을 甲 등에게 이메일로 송부하여 프린터로 출력하게 한 경우, 甲 등은 출력 당시 위 파일이 위조된 것임을 알지 못하였다면 피고인의 행위는 위조·변조공문서행사죄를 구성한다고 보아야 한다고(대판 2012.2.23. 2011도14441) 판시하고 있다.

③ 상대방 : 유가증권 또는 통화에 관한 죄에서와는 달리 행사의 상대방은 위조 등의 사실을 알지 못하는 자이어야 한다. 정을 아는 공범에게 제시하는 것은 행사가 될 수 없으나(대판 1986.2.25. 85도2798), 위조인 정을 모른다면 위조된 문서의 작성명의인으로 표시된 자도 행사의 상대방이 될 수 있다(대판 2005.1.28. 2004도4663).

④ 기수시기 : 위조사문서행사는 상대방으로 하여금 위조된 문서를 인식할 수 있는 상태에 두거나 위작·변작된 전자기록을 정보처리할 수 있는 상태에 둠으로써 기수가 된다. 따라서 제시·교부·비치한 때에 기수가 된다. 위조된 문서를 우송한 경우에는 그 문서가 상대방에게 도달한 때 기수가 되고, 상대방이 실제로 그 문서를 보아야 하는 것은 아니다(대판 2005.1.28. 2004도4663).

(2) 주관적 구성요건

고의가 있어야 한다. 행사할 목적은 필요하지 아니하다.

XII 위조 · 변조 등 공문서행사죄

위조·변조 등 공문서행사죄는 공문서 등 위조·변조죄, 자격모용에 의한 공문서작성죄, 허위공문서작성죄, 공전자기록위작·변작죄, 공정증서원본 등 부실기재죄에 의하여 만들어진 문서, 도화, 전자기록 등 특수매체기록, 공정증서원본, 면허증, 허가증, 등록증 또는 여권을 행사함으로써 성립하는 범죄이다(형법 제229조).

XIII 사문서부정행사죄

1. 의 의

사문서부정행사죄는 권리·의무 또는 사실증명에 관한 타인의 문서 또는 도화를 부정행사함으로써 성립하는 범죄이다(형법 제236조).

2. 구성요건

(1) 객 체

본죄의 객체는 권리·의무 또는 사실증명에 관한 타인의 문서 또는 도화이다. 판례는 실질적인 채권채무관계 없이 당사자 간의 합의로 작성한 차용증 및 이행각서를 이용하여 대여금청구소송을 제기하면서 이를 법원에 제출한 경우, 사문서부정행사죄에 해당하지 않는다고(대판 2007.3.30. 2007도629) 판시하고 있다.

(2) 행 위

본죄의 행위는 부정행사하는 것이다. 진정하게 성립된 타인의 사문서를 사용권한 없는 자가 사용권한이 있는 것처럼 가장하여 부정한 목적으로 행사하는 경우 이에 해당하고, 반대의 견해가 있으나 권한 있는 자라도 정당한 용법에 반하여 부정하게 행사하는 경우도 부정행사에 포함된다고 보아야 한다(대판 2007.3.30. 2007도629).

XIV 공문서부정행사죄

1. 의 의

공문서부정행사죄는 공무원 또는 공무소의 문서 또는 도화를 부정행사함으로써 성립하는 범죄이다(형법 제230조).

2. 구성요건

(1) 객관적 구성요건

1) 주 체

본죄의 주체는 제한이 없다. 공무원·사인을 묻지 아니한다.

2) 객 체

본죄의 객체는 진정하게 성립하고 사용권한자와 용도가 특정된 공문서이어야 한다(대판 1998.8.21. 98도1701). 따라서 주민등록표등본(대판 1999.5.14. 99도206), 신원증명서(대판 1993.5.11. 93도127), 인감증명서(대판 1983.6.28. 82도1985), 등기필증(대판 1981.12.8. 81도1130) 등은 본죄의 객체가 되지 아니한다.

3) 행 위

① 사용권한 있는 자의 사용

㉠ 용도 내 사용 : 자기의 권한에 따라 그 문서의 용도대로 사용한 것이므로 별도로 문제되지 아니한다. 판례는 어떤 선박이 사고를 낸 것처럼 허위로 사고신고를 하면서 그 선박의 선박국적증서와 선박검사증서를 함께 제출하였다고 하더라도, 선박국적증서와 선박검사증서는 위 선박의 국적과 항행할 수 있는 자격을 증명하기 위한 용도로 사용된 것일 뿐 그 본래의 용도를 벗어나 행사된 것으로 보기는 어려우므로, 이와 같은 행위는 공문서부정행사죄에 해당하지 않는다고(대판 2009.2.26. 2008도10851) 한다.

㉡ 용도 외 사용 : 사용권한 있는 자가 그 문서를 본래의 용도와 다른 목적으로 사용한 경우 부정행사에 해당하는지 여부에 대해 견해가 대립하고 있으나, 공문서의 용법에 대한 공공의 신뢰를 보호할 필요가 있으므로 공문서부정행사죄를 인정하는 것이 타당하다고 판단된다. 판례도 공문서부정행사죄는 사용권한자와 용도가 특정되어 작성된 공문서 또는 공도화를 사용권한 없는 자가 사용권한이 있는 것처럼 가장하여 부정한 목적으로 행사하거나 또는 권한 있는 자라도 정당한 용법에 반하여 부정하게 행사하는 경우에 성립되는 것이라고(대판 1998.8.21. 98도1701) 하여 긍정설의 태도를 취하고 있다.

② 사용권한 없는 자의 사용
　㉠ 용도 내 사용 : 사용권한 없는 자가 진정한 공문서를 본래의 용도에 따라 사용하는 경우에는 당연히 본죄가 성립한다.

> **사용권한 없는 자의 용도 내 사용에 대한 사례**
> - 자동차운전면허증은 운전면허시험에 합격하여 자동차의 운전이 허락된 자임을 증명하는 공문서로서 운전 중에 휴대하도록 되어 있고, 자동차대여약관상 대여회사는 운전면허증 미소지자에게는 자동차 대여를 거절할 수 있도록 되어 있으므로, 자동차를 임차하려는 피고인들이 자동차 대여업체의 담당직원들로부터 임차할 자동차의 운전에 필요한 운전면허가 있고 또 운전면허증을 소지하고 있는지를 확인하기 위한 운전면허증의 제시 요구를 받자 타인의 운전면허증을 소지하고 있음을 기화로 자신이 타인의 자동차운전면허를 받은 사람들인 것처럼 행세하면서 자동차 대여업체의 직원들에게 이를 제시한 것이라면, 피고인들의 위와 같은 행위는 단순히 신분확인을 위한 것이라고는 할 수 없고, 이는 운전면허증을 사용권한이 없는 자가 사용권한이 있는 것처럼 가장하여 부정한 목적으로 사용한 것이기는 하나 운전면허증의 본래의 용도에 따른 사용행위라고 할 것이므로 공문서부정행사죄에 해당한다(대판 1998.8.21. 98도1701).
> - 운전면허증은 운전면허를 받은 사람이 운전면허시험에 합격하여 자동차의 운전이 허락된 사람임을 증명하는 공문서로서, 운전면허증에 표시된 사람이 운전면허시험에 합격한 사람이라는 '자격증명'과 이를 지니고 있으면서 내보이는 사람이 바로 그 사람이라는 '동일인증명'의 기능을 동시에 가지고 있다. 운전면허증의 앞면에는 운전면허를 받은 사람의 성명·주민등록번호·주소가 기재되고 사진이 첨부되며 뒷면에는 기재사항의 변경내용이 기재될 뿐만 아니라, 정기적으로 반드시 갱신교부되도록 하고 있어, 운전면허증은 운전면허를 받은 사람의 동일성 및 신분을 증명하기에 충분하고 그 기재 내용의 진실성도 담보되어 있다. 그럼에도 불구하고 운전면허증을 제시한 행위에 있어 동일인증명의 측면은 도외시하고, 그 사용목적이 자격증명으로만 한정되어 있다고 해석하는 것은 합리성이 없다. 인감증명법상 인감신고인 본인 확인, 공직선거 및 선거부정 방지법상 선거인 본인 확인, 부동산등기법상 등기의무자 본인 확인 등 여러 법령에 의한 신분 확인절차에서도 운전면허증은 신분증명서의 하나로 인정되고 있다. 또한 주민등록법 자체도 주민등록증이 원칙적인 신분증명서이지만, 주민등록증을 제시하지 아니한 사람에 대하여 신원을 증명하는 증표나 기타 방법에 의하여 신분을 확인하도록 규정하는 등으로 다른 문서의 신분증명서로서의 기능을 예상하고 있다. 한편 우리 사회에서 운전면허증을 발급받을 수 있는 연령의 사람들 중 절반 이상이 운전면허증을 가지고 있고, 특히 경제활동에 종사하는 사람들의 경우에는 그 비율이 훨씬 더 이를 앞지르고 있으며, 금융기관과의 거래에 있어서도 운전면허증에 의한 실명확인이 인정되고 있는 등 현실적으로 운전면허증은 주민등록증과 대등한 신분증명서로 널리 사용되고 있다. 따라서, 제3자로부터 신분확인을 위하여 신분증명서의 제시를 요구받고 다른 사람의 운전면허증을 제시한 행위는 그 사용목적에 따른 행사로서 공문서부정행사죄에 해당한다고 보는 것이 옳다(대판 2001.4.19. 2000도1985[전합]).
> - 공문서부정행사죄는 그 사용권한자와 용도가 특정되어 작성된 공문서 또는 공도화를 사용권한 없는 자가 그 사용권한 있는 것처럼 가장하여 부정한 목적으로 행사한 때 또는 형식상 그 사용권한이 있는 자라도 그 정당한 용법에 반하여 부정하게 행사한 때에 성립한다고 해석할 것인바, 피고인이 공소외 (갑)인 양 허위신고하여 피고인의 사진과 지문이 찍힌 공소외 (갑)명의의 주민등록증을 발급받은 이상 주민등록증의 발행목적상 피고인에게 위 주민등록증에 부착된 사진의 인물이 공소외 (갑)의 신원 상황을 가진 사람이라는 허위사실을 증명하는 용도로 이를 사용할 수 있는 권한이 없다는 사실을 인식하고 있었다고도 할 것이므로 이를 검문경찰관에게 제시하여 이러한 허위사실을 증명하는 용도로 사용한 것은 공문서 부정행사죄를 구성한다(대판 1982.9.28. 82도1297).

ⓛ 용도 외 사용 : 사용권한 없는 자가 진정한 공문서를 본래의 용도와는 다른 용도로 사용하는 경우 부정행사에 해당하는지 여부에 대해 견해가 대립하고 있으나, 부정행사에서의 사용은 본래의 용도에 따른 공문서의 사용만을 의미한다고 보아야 할 것이므로 공문서부정행사죄를 부정하는 것이 타당하다고 판단된다. 판례도 사용권한자와 용도가 특정되어 있는 공문서를 사용권한 없는 자가 사용한 경우에도 그 공문서 본래의 용도에 따른 사용이 아닌 경우에는 공문서부정행사죄가 성립되지 아니한다고(대판 2003.2.26. 2002도4935) 판시하고 있다.

사용권한 없는 자의 용도 외 사용에 대한 사례
- [1] 사용권한자와 용도가 특정되어 있는 공문서를 사용권한 없는 자가 사용한 경우에도 그 공문서 본래의 용도에 따른 사용이 아닌 경우에는 형법 제230조의 공문서부정행사죄가 성립되지 아니한다. [2] 피고인이 기왕에 습득한 타인의 주민등록증을 피고인 가족의 것이라고 제시하면서 그 주민등록증상의 명의 또는 가명으로 이동전화 가입신청을 한 경우, 타인의 주민등록증을 본래의 사용용도인 신분확인용으로 사용한 것이라고 볼 수 없어 공문서부정행사죄가 성립하지 않는다고 한 사례(대판 2003.2.26. 2002도4935).
- '다른 사람의 주민등록증을 부정사용한 자'를 처벌하고 있는 주민등록법 제21조 제2항 제8호의 입법경위, 입법취지 및 구성요건의 내용 등에 비추어 보면, 위 조항은 다른 사람의 주민등록증을 부정사용한 자를 형법상의 공문서부정행사죄보다 가중처벌하기 위하여 규정된 것으로 보아야 할 것이므로, 공문서부정행사죄와 마찬가지로 다른 사람의 주민등록증을 그 명의자의 허락 없이 함부로 사용하였다고 하더라도 주민등록증 본래의 사용용도인 신분확인용으로 사용한 경우가 아닌 한 주민등록법 제21조 제2항 제8호 소정의 주민등록증부정사용죄가 성립하지 않는다고 봄이 상당하다. 같은 취지에서 원심이, 피고인이 공소외 1 명의로 할부금융을 받기 위하여 공소외 1의 허락을 받은 것처럼 행세하면서 공소외 1의 주민등록증을 담당직원에게 제시하거나, 남편인 공소외 2 명의의 신용카드를 발급받기 위하여 공소외 2의 승낙을 받은 것처럼 공소외 2의 주민등록증을 담당직원에게 제시한 행위는 다른 사람의 주민등록증을 그 본래의 사용용도인 신분확인용으로 사용한 것으로 볼 수 없어 주민등록법 위반죄가 성립하지 아니한다(대판 2004.3.26. 2003도7830).
- 도로교통법 제92조 제2항에서 제시의 객체로 규정한 운전면허증은 적법한 운전면허의 존재를 추단 내지 증명할 수 있는 운전면허증 그 자체를 가리키는 것이지, 그 이미지파일 형태는 여기에 해당하지 않는다. 이와 같은 공문서부정행사죄의 구성요건과 입법 취지, 도로교통법 제92조의 규정 내용과 입법 취지 등에 비추어 보면, 자동차 등의 운전자가 운전 중에 도로교통법 제92조 제2항에 따라 경찰공무원으로부터 운전면허증의 제시를 요구받은 경우 운전면허증의 특정된 용법에 따른 행사는 도로교통법 관계 법령에 따라 발급된 운전면허증 자체를 제시하는 것이라고 보아야 한다. 이 경우 자동차 등의 운전자가 경찰공무원에게 다른 사람의 운전면허증 자체가 아니라 이를 촬영한 이미지파일을 휴대전화 화면 등을 통하여 보여주는 행위는 운전면허증의 특정된 용법에 따른 행사라고 볼 수 없는 것이어서 그로 인하여 경찰공무원이 그릇된 신용을 형성할 위험이 있다고 할 수 없으므로, 이러한 행위는 결국 공문서부정행사죄를 구성하지 아니한다(대판 2019.12.12. 2018도2560).

- [1] 공문서부정행사죄는 공문서의 사용에 대한 공공의 신용을 보호법익으로 하는 범죄로서 추상적 위험범이다. 형법 제230조는 본죄의 구성요건으로 단지 '공무원 또는 공무소의 문서 또는 도화를 부정행사한 자'라고만 규정하고 있어, 자칫 처벌범위가 지나치게 확대될 염려가 있으므로 본죄에 관한 범행의 주체, 객체 및 태양을 되도록 엄격하게 해석하여 처벌범위를 합리적인 범위 내로 제한하여야 한다. 사용권한자와 용도가 특정되어 있는 공문서를 사용권한 없는 자가 사용한 경우에도 그 공문서의 본래 용도에 따른 사용이 아닌 경우에는 공문서부정행사죄가 성립되지 아니한다. [2] 원심은 국가유공자증의 본래 용도는 제시인이 국가유공자법에 따라 등록된 국가유공자로서 관련 혜택을 받을 수 있는 자격이 있음을 증명하는 것이고, 신분의 동일성을 증명하는 것이 아니라고 보아, 이 사건 공소사실 중 공문서부정행사 부분에 대하여 범죄로 되지 않는 경우에 해당한다는 이유로 무죄를 선고한 제1심판결을 그대로 유지하였다. 원심판결 이유를 관련 법리에 비추어 살펴보면, 원심의 판단에 공문서부정행사죄의 성립에 관한 법리를 오해한 잘못이 없다(대판 2022.10.14. 2020도13344).
- 장애인복지법과 장애인등편의법의 규정과 관련 법리에 따르면, 장애인사용자동차표지는 장애인이 이용하는 자동차에 대한 조세감면 등 필요한 지원의 편의를 위하여 장애인이 사용하는 자동차를 대상으로 발급되는 것이고, 장애인전용주차구역 주차표지가 있는 장애인사용자동차표지는 보행상 장애가 있는 사람이 이용하는 자동차에 대한 지원의 편의를 위하여 발급되는 것이다. 따라서 장애인사용자동차표지를 사용할 권한이 없는 사람이 장애인전용주차구역에 주차하는 등 장애인사용자동차에 대한 지원을 받을 것으로 합리적으로 기대되는 상황이 아니라면 단순히 이를 자동차에 비치하였더라도 장애인사용자동차표지를 본래의 용도에 따라 사용했다고 볼 수 없어 공문서부정행사죄가 성립하지 않는다(대판 2022.9.29. 2021도14514).

(2) 주관적 구성요건

고의가 있어야 한다. 행사할 목적은 필요하지 아니하다.

제4절 인장에 관한 죄

I 의 의

1. 개 념

인장에 관한 죄란 행사할 목적으로 인장·서명·기명·기호를 위조 또는 부정사용하거나 위조 또는 부정사용한 인장·서명·기명·기호를 행사함으로써 성립하는 범죄이다.

2. 보호법익 및 보호정도

보호법익은 인장 등의 진정에 대한 공공의 신용이고, 보호받는 정도는 추상적 위험범이다.

Ⅱ 사인 등 위조·부정사용죄

1. 의 의

사인 등 위조·부정사용죄는 행사할 목적으로 타인의 인장, 서명, 기명 또는 기호를 위조 또는 부정 사용함으로써 성립하는 범죄이다(형법 제239조 제1항).

2. 구성요건

(1) 객관적 구성요건

1) 객 체

사인 등 위조·부정사용죄의 객체는 타인의 인장, 서명, 기명 또는 기호이다. 타인은 실존인물일 필요는 없으므로 사자·허무인 명의의 인장 등을 위조하는 경우에도 사인위조죄에 해당한다.

2) 행 위

① 위조 : 위조는 권한 없이 타인의 인장 등을 작성 내지 기재하여 일반인으로 하여금 명의인의 진정한 인장 등으로 오신하게 하는 것을 말한다.

> 1. **사인 등 위조죄가 성립하는 사례**
> [1] 사서명(私署名) 등 위조죄가 성립하려면 서명 등이 일반인으로 하여금 특정인의 진정한 서명 등으로 오신하게 할 정도에 이르러야 하고, 일반인이 특정인의 진정한 서명 등으로 오신하기에 충분한 정도인지 여부는 서명 등의 형식과 외관, 작성 경위뿐만 아니라 서명 등이 기재된 문서에 서명 등을 할 필요성, 문서의 작성 경위, 종류, 내용 그리고 일반거래에서 문서가 가지는 기능 등도 함께 고려하여 판단하여야 한다.
> [2] 피고인이 음주운전으로 단속되자 동생 갑의 이름을 대며 조사를 받다가 경찰관으로부터 음주운전 단속내역이 입력된 휴대용정보단말기(PDA)에 전자 서명할 것을 요구받자, 갑이라는 성명 옆에 서명을 하고 이를 경찰전산망에 전송하게 하여 사서명위조 및 위조사서명행사로 기소된 사안에서, 피고인이 휴대용정보단말기(PDA)에 표시된 음주운전단속결과통보 중 운전자 갑의 서명란에 갑의 이름 대신 의미를 알 수 없는 부호를 기재한 행위가 갑의 서명을 위조한 것에 해당한다고 보아 공소사실을 유죄로 인정한 원심판단이 정당하다고 한 사례(대판 2020.12.30. 2020도14045).
> 2. **사인 등 위조죄가 성립하지 아니하는 사례**
> 사인위조죄는 그 명의인의 의사에 반하여 위법하게 행사할 목적으로 권한 없이 타인의 인장을 위조한 경우에 성립하므로, 타인의 인장을 조각할 당시에 그 명의자로부터 명시적이거나 묵시적인 승낙 내지 위임을 받았다면 인장위조죄가 성립하지 않는다고 할 것이다(대판 2014.9.26. 2014도9213).

② 부정사용 : 부정사용은 인장 등을 권한 없는 자가 사용하거나 권한 있는 자가 그 권한을 남용하여 부당하게 사용하는 것을 말한다.

(2) 주관적 구성요건

고의와 행사할 목적이 있어야 한다. 행사할 목적이란 위조인장을 명의인의 의사에 반하여 위법하게 행사할 목적을 말한다(대판 1992.10.27. 92도1578).

3. 타죄와의 관계

인장 등의 위조·부정사용이 유가증권·문서위조의 수단으로 행하여진 경우에는 유가증권위조죄·문서위조죄에 흡수된다(법조경합 중 흡수관계)(대판 1978.9.26. 78도1787).

Ⅲ 위조사인 등 행사죄

위조사인 등 행사죄는 위조 또는 부정사용한 타인의 인장, 서명, 기명 또는 기호를 행사함으로써 성립하는 범죄이다(형법 제239조 제2항).

Ⅳ 공인 등 위조·부정사용죄

공인 등 위조·부정사용죄는 행사할 목적으로 공무원 또는 공무소의 인장, 서명, 기명 또는 기호를 위조 또는 부정사용함으로써 성립하는 범죄이다(형법 제238조 제1항).

> 피고인들이 절취한 쏘나타 승용차의 번호판을 떼어낸 후 미리 절취하여 소지하고 있던 포텐샤 승용차의 번호판을 임의로 부착하여 운행한 경우, 피고인들의 절취행위를 특정범죄 가중처벌 등에 관한 법률 제5조의4 제1항, 형법 제331조 제2항에, 자동차등록번호판을 떼어낸 행위를 자동차관리법 제81조 제1호, 제10조 제2항에, 포텐샤 승용차의 번호판을 쏘나타 승용차에 부착함으로써 부정사용한 행위를 형법 제238조 제1항에, 위와 같이 번호판을 부정사용한 자동차를 운행한 행위를 형법 제238조 제2항, 제1항에 각 의율한 다음 이를 실체적 경합범이 성립하고 자동차를 절취한 후 자동차등록번호판을 떼어내는 행위는 새로운 법익의 침해로 보아야 하므로 위와 같은 번호판을 떼어내는 행위가 절도범행의 불가벌적 사후행위가 되는 것은 아니라고 보아야 한다(대판 2007.9.6. 2007도4739).

Ⅴ 위조공인 등 행사죄

위조공인 등 행사죄는 위조 또는 부정사용한 공무원 또는 공무소의 인장, 서명, 기명 또는 기호를 행사함으로써 성립하는 범죄이다(형법 제238조 제2항).

제3장 사회의 도덕에 대한 죄

제1절 성풍속에 관한 죄

I 의 의

1. 개 념

성풍속에 관한 죄란 성생활에 관련된 성도덕 내지 성풍속을 해하는 행위를 내용으로 하는 범죄를 말한다.

2. 보호법익 및 보호정도

음행매개죄는 선량한 성풍속을 주된 보호법익으로, 부차적으로 개인의 성적 자유를 보호법익으로 하고, 음란물죄, 공연음란죄는 사회의 선량한 성풍속을 보호법익으로 한다. 보호받는 정도는 음행매개죄는 침해범, 음란물죄, 공연음란죄는 추상적 위험범이다.

II 음행매개죄

1. 의 의

음행매개죄는 영리의 목적으로 사람을 매개하여 간음하게 함으로써 성립하는 범죄이다(형법 제242조).

2. 구성요건

(1) 객관적 구성요건

1) 주 체

본죄의 주체는 제한이 없다. 본죄는 매개자·부녀·간음자 3인이 필요한 필요적 공범이나 매개자만 처벌한다.

2) 객 체

본죄의 객체는 사람으로 남녀, 음행의 상습 유무를 불문한다. 성년자는 당연히 포함되고 미성년자의 경우, 특히 13세 미만자의 경우에도 본죄의 행위객체에 포함된다고 보는 것이 타당하다.

3) 행 위

음행매개죄의 행위는 사람으로 매개하여 간음하게 하는 것이다. 매개는 간음에 이르게 하는 일체의 행위이고, 간음은 배우자 이외의 자와 성교행위를 하는 것을 말한다.

(2) 주관적 구성요건

고의 이외에 영리의 목적이 있어야 한다. 영리의 목적이란 재산적 이익을 취득할 목적을 말한다.

Ⅲ 음화 등 반포·판매·임대·공연전시죄

1. 의 의

음화 등 반포·판매·임대·공연전시죄는 음란한 문서, 도화, 필름 기타 물건을 반포, 판매 또는 임대하거나 공연히 전시 또는 상영함으로써 성립하는 범죄이다(형법 제243조).

2. 구성요건

(1) 객관적 구성요건

1) 객 체

본죄의 객체는 음란한 문서·도화·필름 기타 물건이다.
① 음란성
  ㉠ 의의 : 음란이란 사회통념상 일반 보통인의 성욕을 자극하여 성적 흥분을 유발하고 정상적인 성적 수치심을 해하여 성적 도의관념에 반하는 것을 말한다(대판 2008.3.13. 2006도3558).
  ㉡ 판단기준 : 표현물의 음란 여부는 당해 표현물을 전체로서 보았을 때 주로 표현물을 보는 사람들의 호색적 흥미를 돋우느냐의 여부 등을 고려하여야 하며, 표현물 제작자의 주관적 의도가 아니라 사회의 평균인의 입장에서 그 시대의 건전한 사회 통념에 따라 객관적이고 규범적으로 평가하여야 한다(대판 2005.7.22. 2003도2911).

> [1] '음란'이라는 개념은 사회와 시대적 변화에 따라 변동하는 상대적이고도 유동적인 것이고, 그 시대에 있어서 사회의 풍속, 윤리, 종교 등과도 밀접한 관계를 가지는 추상적인 것이므로, 구체적인 판단에 있어서는 사회통념상 일반 보통인의 정서를 그 판단의 기준으로 삼을 수밖에 없다고 할지라도, 이는 일정한 가치판단에 기초하여 정립할 수 있는 규범적인 개념이므로, '음란'이라는 개념을 정립하는 것은 물론 구체적인 표현물의 음란성 여부도 종국적으로는 법원이 이를 판단하여야 한다.
> [2] 영화나 비디오물 등에 관한 영상물등급위원회의 등급분류는 관람자의 연령을 고려하여 영화나 비디오물 등의 시청등급을 분류하는 것일 뿐 그 음란성 여부에 대하여 심사하여 판단하는 것이 아니므로, 법원이 영화나 비디오물 등의 음란성 여부를 판단하는 과정에서 영상물등급위원회의 등급분류를 참작사유로 삼을 수는 있겠지만, 영상물등급위원회에서 18세 관람가로 등급분류 하였다는 사정만으로 그 영화나 비디오물 등의 음란성이 당연히 부정된다거나 영상물등급위원회의 판단에 법원이 기속된다고 볼 수는 없다.
> [3] 영상물등급위원회로부터 18세 관람가로 등급분류 받은 비디오물을 편집·변경함이 없이 그대로 옮겨 제작한 동영상을 정보통신망을 통하여 제공한 사안에서, 정보통신망을 통하여 제공한다는 시청환경 때문에 보다 엄격한 기준으로 음란 여부를 판단할 것은 아니라고 한 사례(대판 2008.3.13. 2006도3558).

ⓒ 학술서·예술작품과 음란성 : 반대의 견해가 있으나 과학성·예술성과 음란성은 차원을 달리하는 개념이므로 학술서·예술작품의 음란성이 당연히 부정되는 것은 아니라고 이해하는 것이 타당하다(다수설, 판례).

> [1] 음란물이 그 자체로는 하등의 문학적·예술적·사상적·과학적·의학적·교육적 가치를 지니지 아니하더라도, 음란성에 관한 논의의 특수한 성격 때문에, 그에 관한 논의의 형성·발전을 위해 문학적·예술적·사상적·과학적·의학적·교육적 표현 등과 결합되는 경우가 있다. 이러한 경우 음란 표현의 해악이 이와 결합된 위와 같은 표현 등을 통해 상당한 방법으로 해소되거나 다양한 의견과 사상의 경쟁메커니즘에 의해 해소될 수 있는 정도라는 등의 특별한 사정이 있다면, 이러한 결합 표현물에 의한 표현행위는 공중도덕이나 사회윤리를 훼손하는 것이 아니어서, 법질서 전체의 정신이나 그 배후에 놓여 있는 사회윤리 내지 사회통념에 비추어 용인될 수 있는 행위로서 형법 제20조에 정하여진 '사회상규에 위배되지 아니하는 행위'에 해당된다.
> [2] 방송통신심의위원회 심의위원인 피고인이 자신의 인터넷 블로그에 위원회에서 음란정보로 의결한 '남성의 발기된 성기 사진'을 게시함으로써 정보통신망을 통하여 음란한 화상 또는 영상인 사진을 공공연하게 전시하였다고 하여 정보통신망 이용촉진 및 정보보호 등에 관한 법률 위반(음란물유포)으로 기소된 사안에서, 피고인의 게시물은 사진과 학술적, 사상적 표현 등이 결합된 결합 표현물로서, 사진은 음란물에 해당하나 결합 표현물인 게시물을 통한 사진의 게시는 형법 제20조에 정하여진 '사회상규에 위배되지 아니하는 행위'에 해당한다고 한 사례(대판 2017.10.26, 2012도13352)

ⓔ 상대적 음란성이론 : 음란개념을 상대적·유동적인 것으로 파악하여 같은 문서라도 판매방법·선전방법·대상독자 등의 여하에 따라 가벌성 여부를 상대적으로 결정하여야 한다는 이론이다. 판례도 명화집에 실려 있는 그림을 성냥갑 속에 넣어 제작한 사례에서 이 이론을 인정하는 판시를 한바 있으나(대판 1970.10.30, 70도1879), 공개의 상대방이 학자·예술인인가 일반 대중인가에 따라 음란성이 달라진다면 결국 음란의 개념이 명확하지 아니하게 되어 금지된 행위를 명시할 수 없다는 문제가 생긴다는 비판이 있다.

② 문서·도화·필름 기타 물건 : 문서·도화는 문서에 관한 죄에서 살펴본 바와 같다. 필름이란 사진이나 영화 등으로 재생될 수 있도록 제작된 물체를 말한다.

2) 행 위

① 반포·판매·임대 : 반포란 불특정 또는 다수인에게 무상으로 교부하는 것을 말하고, 판매란 불특정 또는 다수인에게 유상으로 양도하는 것을 말한다. 임대는 유상으로 대여하는 것이다.

② 공연전시·상영 : 공연전시란 불특정 또는 다수인이 관람할 수 있는 상태에 두는 것으로 유상·무상을 불문한다. 공연상영은 불특정 또는 다수인에게 필름 등 영상자료를 화면에 비추어 보여주는 것을 말한다.

공연전시에 해당하는 사례
- 음란한 부호 등으로 링크를 해 놓는 행위자의 의사의 내용, 그 행위자가 운영하는 웹사이트의 성격 및 사용된 링크기술의 구체적인 방식, 음란한 부호 등이 담겨져 있는 다른 웹사이트의 성격 및 다른 웹사이트 등이 음란한 부호 등을 실제로 전시한 방법 등 모든 사정을 종합하여 볼 때, 링크를 포함한 일련의 행위 및 범의가 다른 웹사이트 등을 단순히 소개·연결할 뿐이거나 또는 다른 웹사이트 운영자의 실행행위를 방조하는 정도를 넘어, 이미 음란한 부호 등이 불특정·다수인에 의하여 인식될 수 있는 상태에 놓여 있는 다른 웹사이트를 링크의 수법으로 사실상 지배·이용함으로써 그 실질에 있어서

> 음란한 부호 등을 직접 전시하는 것과 다를 바 없다고 평가되고, 이에 따라 불특정·다수인이 이러한 링크를 이용하여 별다른 제한 없이 음란한 부호 등에 바로 접할 수 있는 상태가 실제로 조성되었다면, 그러한 행위는 전체로 보아 음란한 부호 등을 공연히 전시한다는 구성요건을 충족한다고 봄이 상당하며, 이러한 해석은 죄형법정주의에 반하는 것이 아니라, 오히려 링크기술의 활용과 효과를 극대화하는 초고속정보통신망 제도를 전제로 하여 신설된 구 전기통신기본법 제48조의2 규정의 입법 취지에 부합하는 것이라고 보아야 한다(대판 2003.7.8. 2001도1335).
>
> - 인터넷사이트에 집단 성행위 목적의 카페를 개설, 운영한 자가 남녀 회원을 모집한 후 특별모임을 빙자하여 집단으로 성행위를 하고 그 촬영물이나 사진 등을 카페에 게시한 경우, 카페가 회원제로 운영되는 등 제한적이고 회원들 상호 간에 음란물을 게시, 공유해 온 사정이 있다고 하더라도, 위 카페의 회원수에 비추어 위 게시행위가 음란물을 공연히 전시한 것에 해당한다(대판 2009.5.14. 2008도10914).

(2) 주관적 구성요건

고의가 있어야 하므로 음란성에 대한 인식도 필요하다.

Ⅳ 음화 등 제조·소지·수입·수출죄

음화 등 제조·소지·수입·수출죄는 반포, 판매 또는 임대하거나 공연히 전시 또는 상영할 목적으로 음란한 물건을 제조, 소지, 수입 또는 수출함으로써 성립하는 범죄이다(형법 제244조).

Ⅴ 공연음란죄

1. 의 의

공연음란죄는 공연히 음란한 행위를 함으로써 성립하는 범죄이다(형법 제245조).

2. 구성요건

(1) 객관적 구성요건

1) 행위상황

행위상황으로 공연성을 필요로 한다. 공연성은 불특정 또는 다수인이 직접 인식할 수 있는 상태를 말한다.

2) 행 위

음란한 행위란 사람의 성욕을 자극·흥분시키는 것으로 보통인의 성적 수치심을 해하고 선량한 성적 도의관념에 반하는 행위를 말한다. 다수설은 음란한 행위란 남녀 간을 불문하고 성행위일 것을 요하고 있으나, 판례(대판 2006.1.13. 2005도1264)는 그 행위가 반드시 성행위를 묘사하거나 성적인 의도를 표출할 것을 요하는 것은 아니라고 판시하고 있다.

1. **음란한 행위에 해당하는 사례**
   [1] 공연음란죄에서의 '음란한 행위'란 일반 보통인의 성욕을 자극하여 성적 흥분을 유발하고 정상적인 성적 수치심을 해하여 성적 도의관념에 반하는 행위를 가리키는 것이고, 그 행위가 반드시 성행위를 묘사하거나 성적인 의도를 표출할 것을 요하는 것은 아니다.
   [2] 피고인은 2017.10.9. 경 이 사건 공소사실 기재 참전비 앞길에서 바지와 팬티를 내리고 성기와 엉덩이를 노출한 채 위 참전비를 바라보고 서 있었고 참전비의 한쪽 끝 방향으로 걸어가다가 돌아서서 걷기도 하는 등 위와 같이 노출한 상태에서 참전비 앞에 서 있거나 그 주위를 서성거린 경우, 피고인이 이 사건 공소사실과 같이 성기와 엉덩이를 노출한 행위는 그 일시와 장소, 노출 부위, 노출 방법·정도·시간, 노출 경위 등 구체적 사정을 종합해 볼 때, 비록 성행위를 묘사하거나 성적인 의도를 표출한 것은 아니라고 하더라도 공연히 음란한 행위를 한 것에 해당한다고 볼 수 있다(대판 2020.1.16. 2019도14056).

2. **음란한 행위에 해당하지 아니하는 사례**
   [1] 경범죄처벌법 제1조 제41호가 '여러 사람의 눈에 뜨이는 곳에서 함부로 알몸을 지나치게 내놓거나 속까지 들여다 보이는 옷을 입거나 또는 가려야 할 곳을 내어 놓아 다른 사람에게 부끄러운 느낌이나 불쾌감을 준 사람'을 처벌하도록 규정하고 있는 점 등에 비추어 볼 때, 신체의 노출행위가 있었다고 하더라도 그 일시와 장소, 노출 부위, 노출 방법·정도, 노출 동기·경위 등 구체적 사정에 비추어, 그것이 일반 보통인의 성욕을 자극하여 성적 흥분을 유발하고 정상적인 성적 수치심을 해하는 것이 아니라 단순히 다른 사람에게 부끄러운 느낌이나 불쾌감을 주는 정도에 불과하다고 인정되는 경우 그와 같은 행위는 경범죄처벌법 제1조 제41호에 해당할지언정, 형법 제245조의 음란행위에 해당한다고 할 수 없다.
   [2] 말다툼을 한 후 항의의 표시로 엉덩이를 노출시킨 행위가 음란한 행위에 해당한다고 판단한 원심판결을 파기한 사례(대판 2004.3.12. 2003도6514)

(2) 주관적 구성요건

음란성 이외에 공연성에 대한 인식과 의사가 있어야 하나, 성욕의 흥분, 만족 등의 성적인 목적을 요하는 것은 아니다(대판 2004.3.12. 2003도6514).

제2절 도박과 복표에 관한 죄

I 의의

1. 개념

도박과 복표에 대한 죄는 도박하거나 도박장소를 개설하거나 복표를 발매·중개 또는 취득하는 것을 내용으로 하는 범죄를 말한다.

2. 보호법익 및 보호정도

도박과 복표에 대한 죄의 보호법익은 국민 일반의 건전한 근로관념과 공공의 미풍양속 내지 사회의 경제도덕이고, 보호받는 정도는 추상적 위험범이다.

II 도박죄

1. 의의

도박죄는 도박을 함으로써 성립하는 범죄이다(형법 제246조 제1항).

2. 구성요건

(1) 객관적 구성요건

1) 주체

도박죄의 주체는 제한이 없다. 도박죄의 당사자는 필요적 공범이며 대향범이 된다.

2) 행위

도박죄의 행위는 '도박'하는 것이다.

① 의의 : 도박이란 당사자 상호 간에 재물이나 재산상의 이익을 걸고 우연한 승부에 의하여 득실을 결정하는 것을 말한다.

② 우연성 : 우연이란 당사자가 확실하게 예견하나 영향을 미칠 수 없는 사정을 말하고, 우연성은 당사자에게 주관적으로 불확실하면 충분하다. 승패의 우연성과 관련하여 당사자의 능력이 승패에 영향을 미친다고 하더라도 다소라도 우연의 지배를 받는 것이라면 도박에 해당한다고 보는 것이 타당하다(다수설).

③ **편면적 도박** : 우연성이 당사자 일방에게만 있는 경우로 사기도박자의 상대방에게 도박죄가 성립하는지 여부에 대해 논란이 있다. 생각건대 사기도박의 경우에는 도박죄의 본질인 우연성이 결여되어 사기도박자에게는 사기죄가 성립하고 상대방에게는 범죄가 성립하지 아니한다고 보는 것이 타당하다. 판례(대판 1960.11.16. 4293형상743)도 같은 태도를 취하고 있다.

> **편면적 도박에 대한 사례**
> - 사기죄는 편취의 의사로 기망행위를 개시한 때에 실행에 착수한 것으로 보아야 하므로, 사기도박에서도 사기적인 방법으로 도금을 편취하려고 하는 자가 상대방에게 도박에 참가할 것을 권유하는 등 기망행위를 개시한 때에 실행의 착수가 있는 것으로 보아야 하고, 그 후에 사기도박을 숨기기 위하여 정상적인 도박을 하였더라도 이는 사기죄의 실행행위에 포함된다. 한편 사기죄에서 동일한 피해자에 대하여 수회에 걸쳐 기망행위를 하여 금원을 편취한 경우에 그 범의가 단일하고 범행 방법이 동일하다면 사기죄의 포괄일죄만이 성립한다. 따라서 피해자의 도박이 피고인들의 기망행위에 의하여 이루어졌다면 그로써 사기죄는 성립하며, 이로 인하여 피고인들이 취득한 재물이나 재산상 이익은 도박 당일 피해자가 잃은 도금 상당액이라 할 것이다(대판 2015.10.29. 2015도10948).
> - [1] 도박이란 2인 이상의 자가 상호 간에 재물을 도(賭)하여 우연한 승패에 의하여 그 재물의 득실을 결정하는 것이므로, 이른바 사기도박과 같이 도박당사자의 일방이 사기의 수단으로써 승패의 수를 지배하는 경우에는 도박에서의 우연성이 결여되어 사기죄만 성립하고 도박죄는 성립하지 아니한다. 사기죄는 편취의 의사로 기망행위를 개시한 때에 실행에 착수한 것으로 보아야 하므로, 사기도박에서도 사기적인 방법으로 도금을 편취하려고 하는 자가 상대방에게 도박에 참가할 것을 권유하는 등 기망행위를 개시한 때에 실행의 착수가 있는 것으로 보아야 한다.
> [2] 피고인 등이 사기도박에 필요한 준비를 갖추고 그러한 의도로 피해자들에게 도박에 참가하도록 권유한 때 또는 늦어도 그 정을 알지 못하는 피해자들이 도박에 참가한 때에는 이미 사기죄의 실행에 착수하였다고 할 것이므로, 피고인 등이 그 후에 사기도박을 숨기기 위하여 얼마간 정상적인 도박을 하였더라도 이는 사기죄의 실행행위에 포함되는 것이어서 피고인에 대하여는 피해자들에 대한 사기죄만이 성립하고 도박죄는 따로 성립하지 아니함에도, 이와 달리 피해자들에 대한 사기죄 외에 도박죄가 별도로 성립하는 것으로 판단하고 이를 유죄로 인정한 원심판결에 사기도박에 있어서의 실행의 착수시기 등에 관한 법리오해의 위법이 있다고 한 사례
> [3] 피고인 등이 피해자들을 유인하여 사기도박으로 도금을 편취한 행위는 사회관념상 1개의 행위로 평가하는 것이 타당하므로, 피해자들에 대한 각 사기죄는 상상적 경합의 관계에 있다고 보아야 함에도, 위 각 죄가 실체적 경합의 관계에 있는 것으로 보고 경합범 가중을 한 원심판결에 사기죄의 죄수에 관한 법리오해의 위법이 있다고 한 사례(대판 2011.1.13. 2010도9330).

④ 경기의 도박성 : 경기는 우연성이 아니라 당사자의 육체적·정신적 능력이나 기량 등에 의하여 그 승패가 결정되는 것을 말하는데, 반대의 견해도 있으나 당사자의 능력이나 기량등이 승패에 영향을 미치더라도 우연의 지배에서 완전히 벗어난 것이 아니라면 도박죄를 인정하는 것이 타당하다. 판례(대판 2008.10.23. 2006도736)[129]도 피고인들이 각자 핸디캡을 정하고 홀마다 또는 9홀마다 별도의 돈을 걸고 총 26 내지 32회에 걸쳐 내기 골프를 한 사례에서 도박죄를 인정한 판시를 한바 있다.

⑤ 기수시기 : 본죄는 추상적 위험범이므로 도박행위의 착수와 동시에 기수가 된다.

(2) 주관적 구성요건

고의가 있어야 한다.

3. 위법성

도박행위가 일시오락 정도에 불과한 경우에는 그 위법성이 조각된다(형법 제246조 제1항 단서). 일시 오락 정도에 불과한지의 여부는 도박의 시간과 장소, 도박자의 사회적 지위 및 재산정도, 재물의 근소성, 그 밖에 도박에 이르게 된 경위 등 모든 사정을 참조하여 구체적으로 판단하여야 한다(대판 1985.11.12. 85도2096). 한편 판례는 내국인의 출입을 허용하는 폐광지역 개발 지원에 관한 특별법 등에 따라 카지노에 출입하는 것은 법령에 의한 행위로 위법성이 조각된다고 할 것이나, 도박죄를 처벌하지 않는 외국 카지노에서의 도박이라는 사정만으로 그 위법성이 조각된다고 할 수 없다고(대판 2004.4.23. 2002도2518) 판시하고 있다.

Ⅲ 상습도박죄

상습도박죄는 상습으로 도박죄를 범함으로써 성립하는 범죄이다(형법 제246조 제2항).

---

[129] 사기죄의 성립 여부도 문제되나 판례는 판결이유에서 개인의 골프 핸디캡은 이를 객관적으로 계량화하여 산정하기가 매우 어렵고 실제 당사자들이 생각하는 자신의 핸디캡은 개인의 주관적인 평가에 상당히 영향을 받는 것인 점, 내기 골프에서의 핸디캡의 조정이나 내기 바둑의 치수 조정 등과 같이 도박의 조건을 설정하는 당사자 사이의 조치는 당사자들의 객관적인 기량차이뿐만 아니라 서로 승산이 높게 도박을 하려는 자연스런 시도가 반영된 일종의 흥정의 결과이기도 하므로 이를 함부로 기망행위로 보기 어렵다고 하여, 사기죄를 인정하지 아니하였음을 유의하여야 한다.

Ⅳ 도박장소 등 개설죄

1. 의 의

도박장소 등 개설죄는 영리의 목적으로 도박을 하는 장소나 공간을 개설함으로써 성립하는 범죄이다(형법 제247조).

2. 구성요건

(1) 객관적 구성요건

1) 도박을 하는 장소나 공간을 개설

도박을 하는 장소의 개설이란 스스로 도박의 주재자가 되어 그 지배하에서 일정한 장소에 도박을 할 수 있는 설비를 하는 것을 말하고, 도박을 하는 공간의 개설이란 도박의 주재자가 인터넷상에 도박사이트 등을 개설하여 도박을 할 수 있는 사이버 공간 등을 제공하는 것을 말한다.

> **도박장소 등 개설죄가 성립하는 사례**
> [1] 구 아동·청소년의 성보호에 관한 법률 제11조 제2항은 영리를 목적으로 아동·청소년이용음란물을 공연히 전시한 자는 10년 이하의 징역에 처한다고 규정한다. 위 조항에서 규정하는 '영리의 목적'이란 위 법률이 정한 구체적 위반행위를 함에 있어서 재산적 이득을 얻으려는 의사 또는 이윤을 추구하는 의사를 말하며, 이는 널리 경제적인 이익을 취득할 목적을 말하는 것으로서 반드시 아동·청소년이용음란물 배포 등 위반행위의 직접적인 대가가 아니라 위반행위를 통하여 간접적으로 얻게 될 이익을 위한 경우에도 영리의 목적이 인정된다.
> [2] 사설 인터넷 도박사이트를 운영하는 사람이, 먼저 소셜 네트워크 서비스 앱에 오픈채팅방을 개설하여 아동·청소년이용음란 동영상을 게시하고 1:1 대화를 통해 불특정 다수를 위 오픈채팅방 회원으로 가입시킨 다음, 그 오픈채팅방에서 자신이 운영하는 도박사이트를 홍보하면서 회원들이 가입 시 입력한 이름, 전화번호 등을 이용하여 전화를 걸어 위 도박사이트 가입을 승인해주는 등의 방법으로 가입을 유도하고 그 도박사이트를 이용하여 도박을 하게 하였다면, 영리를 목적으로 도박공간을 개설한 행위가 인정됨은 물론, 나아가 영리를 목적으로 아동·청소년이용음란물을 공연히 전시한 행위도 인정된다(대판 2020.9.24. 2020도8978).

2) 기수시기

영리의 목적으로 도박장소를 개설하면 본죄의 기수가 된다. 도박을 유인하거나 현실적으로 도박이 행하여질 것을 요하지 아니한다.

> [1] 도박개장죄는 영리의 목적으로 도박을 개장하면 기수에 이르고, 현실로 도박이 행하여졌음은 묻지 않는다. 따라서 영리의 목적으로 속칭 포커나 바둑이, 고스톱 등의 인터넷 도박게임 사이트를 개설하여 운영하는 경우, 현실적으로 게임이용자들로부터 돈을 받고 게임머니를 제공하고 게임이용자들이 위 도박게임 사이트에 접속하여 도박을 하여, 위 게임으로 획득한 게임머니를 현금으로 환전해 주는 방법 등으로 게임이용자들과 게임회사 사이에 있어서 재물이 오고갈 수 있는 상태에 있으면, 게임이용자가 위 도박게임 사이트에 접속하여 실제 게임을 하였는지 여부와 관계없이 도박개장죄는 '기수'에 이른다.

[2] 피고인이 단순히 가맹점만을 모집한 상태에서 도박게임 프로그램을 시험가동한 정도에 그친 것이 아니라, 가맹점을 모집하여 인터넷 도박게임이 가능하도록 시설 등을 설치하고 도박게임 프로그램을 가동하던 중 문제가 발생하여 더 이상의 영업으로 나아가지 못한 것으로 볼 여지가 있다면 이로써 도박개장죄는 이미 '기수'에 이르렀다고 볼 수 있고, 나아가 피고인이 모집한 피씨방의 업주들이 그곳을 찾은 이용자들에게 피고인이 개설한 도박게임 사이트에 접속하여 도박을 하게 한 사실이 없다고 하여 도박개장죄의 성립이 부정된다고 할 수 없다고 한 사례(대판 2009.12.10. 2008도5282).

(2) 주관적 구성요건

고의 이외에 영리의 목적이 있어야 한다.

3. 타죄와의 관계

도박장소를 개설한 자가 도박을 한 경우에는 본죄와 도박죄의 실체적 경합이 성립한다. 도박의 장소 등 개설을 방조한 경우에는 도박장소 등 개설죄의 방조가 되며 별도로 도박방조죄는 성립하지 아니한다.

V 복표발매·중개·취득죄

복표발매·중개·취득죄는 법령에 의하지 아니한 복표를 발매하거나, 중개 또는 취득함으로써 성립하는 범죄이다(형법 제248조).

제3절 신앙에 관한 죄

I 의 의

1. 개 념

신앙에 관한 죄는 공중의 종교생활의 평온과 종교감정을 침해하는 것을 내용으로 하는 범죄이다.

2. 보호법익 및 보호정도

보호법익은 사회풍속으로서의 종교감정과 종교생활의 평온이고, 보호받는 정도는 추상적 위험범이다.

Ⅱ 장례식 등 방해죄

1. 의 의

장례식 등 방해죄는 장례식, 제사, 예배 또는 설교를 방해함으로써 성립하는 범죄이다(형법 제158조).

2. 구성요건

(1) 객 체

본죄의 객체는 장례식, 제사, 예배 또는 설교이다.

> [1] 장례식방해죄는 장례식의 평온과 공중의 추모감정을 보호법익으로 하는 이른바 추상적 위험범으로서 범인의 행위로 인하여 장례식이 현실적으로 저지 내지 방해되었다고 하는 결과의 발생까지 요하지 않고 방해행위의 수단과 방법에도 아무런 제한이 없으며 일시적인 행위라 하더라도 무방하나, 적어도 객관적으로 보아 장례식의 평온한 수행에 지장을 줄 만한 행위를 함으로써 장례식의 절차와 평온을 저해할 위험이 초래될 수 있는 정도는 되어야 비로소 방해행위가 있다고 보아 장례식방해죄가 성립한다고 할 것이다.
> [2] 장의위원회 장의위원인 피고인은 이 사건 영결식 도중인 2009.5.29. 12:00경 유족의 헌화 다음 순으로 이명박 대통령 부부가 헌화를 하기 위하여 헌화대로 나오려는 순간 갑자기 자리에서 일어나 동그랗게 만 행사 안내장을 앞으로 치켜든 채 헌화대 쪽을 향하여 몇 발짝 걸어가면서 "사죄하라. 어디서 분향을 해."라고 크게 소리를 질렀으나 경호원들의 제압되었으며 이명박 대통령은 피고인이 지른 소리를 듣고 잠시 그쪽을 바라보았을 뿐 헌화대로 나가 헌화 절차를 마무리하였고, 그 이후의 영결식 절차 역시 예정대로 정상적으로 진행되었다면 객관적 사정으로 보아 피고인의 위와 같은 행위가 이 사건 영결식의 평온한 수행에 지장을 줄 만한 행위로서 이로 말미암아 이 사건 영결식의 절차와 평온을 저해할 위험이 초래될 정도라고 단정하기는 어렵다고 할 것이다(대판 2013.2.14. 2010도13450).

(2) 행 위

본죄의 행위는 방해하는 것이다.

Ⅲ 시체 등 오욕죄

시체 등 오욕죄는 시체, 유골 또는 유발(遺髮)을 오욕함으로써 성립하는 범죄이다(형법 제159조).

Ⅳ 분묘발굴죄

분묘발굴죄는 분묘를 발굴함으로써 성립하는 범죄이다(형법 제160조).

Ⅴ 시체 등 손괴·유기·은닉·영득죄

시체 등 손괴·유기·은닉·영득죄는 시체, 유골, 유발 또는 관 속에 넣어 둔 물건을 손괴(損壞), 유기, 은닉 또는 영득(領得)하거나, 분묘를 발굴하여 시체, 유골, 유발 또는 관 속에 넣어 둔 물건을 손괴(損壞), 유기, 은닉 또는 영득(領得)함으로써 성립하는 범죄이다(형법 제161조).

Ⅵ 변사체검시방해죄

변사체검시방해죄는 변사자의 시체 또는 변사(變死)로 의심되는 시체를 은닉하거나 변경하거나 그 밖의 방법으로 검시(檢視)를 방해함으로써 성립하는 범죄이다(형법 제163조).

제3편 국가적 법익에 대한 죄

제1장 국가의 존립과 권위에 대한 죄

제1절 내란의 죄

I 의의

1. 개념

내란의 죄는 국가의 내부로부터 헌법의 기본질서를 침해하여 국가의 존립을 위태롭게 하는 것을 내용으로 하는 범죄이다.

2. 보호법익 및 보호정도

보호법익은 국가의 내적 안전이고, 보호받는 정도는 구체적 위험범이다.

II 내란죄

1. 의의

내란죄는 대한민국 영토의 전부 또는 일부에서 국가권력을 배제하거나 국헌을 문란하게 할 목적으로 폭동을 일으킴으로써 성립하는 범죄이다(형법 제87조).

2. 구성요건

(1) 객관적 구성요건

내외국인을 불문한다. 필요적 공범의 일종인 집합범으로, 상당 정도의 조직화된 다수인의 공동이 필요하다. 폭동이란 다수인이 결합하여 폭행·협박하는 것으로 폭행·협박의 정도는 최광의의 폭행·협박을 의미하며 한 지방의 평온을 해할 정도에 이르러야 한다. 폭행·협박이 한 지방의 평온을 해하는 정도에 이른 때 기수가 되며 이에 이르지 아니한 경우에는 미수가 된다.

> [1] 내란죄의 구성요건인 폭동의 내용으로서의 폭행 또는 협박은 일체의 유형력의 행사나 외포심을 생기게 하는 해악의 고지를 의미하는 최광의의 폭행·협박을 말하는 것으로서, 이를 준비하거나 보조하는 행위를 전체적으로 파악한 개념이며, 그 정도가 한 지방의 평온을 해할 정도의 위력이 있음을 요한다. 법령이나 제도가 가지고 있는 위협적인 효과가 국헌문란의 목적을 가진 자에 의하여 그 목적을 달성하기 위한 수단으로 이용되는 경우에는 비상계엄의 전국확대조치가 내란죄의 구성요건인 폭동의 내용으로서의 협박행위가 되므로 이는 내란죄의 폭동에 해당하고, 또한 그 당시 그와 같은 비상계엄의 전국확대는 우리나라 전국의 평온을 해하는 정도에 이르렀음을 인정할 수 있다.
> [2] 내란죄는 국토를 참절하거나 국헌을 문란할 목적으로 폭동한 행위로서, 다수인이 결합하여 위와 같은 목적으로 한 지방의 평온을 해할 정도의 폭행·협박행위를 하면 기수가 되고, 그 목적의 달성 여부는 이와 무관한 것으로 해석되므로, 다수인이 한 지방의 평온을 해할 정도의 폭동을 하였을 때 이미 내란의 구성요건은 완전히 충족된다고 할 것이어서 상태범으로 봄이 상당하다(대판 1997.4.17. 96도3376[전합]).

(2) 주관적 구성요건

다수인이 집합하여 폭동한다는 인식과 의사가 있어야 한다. 내란죄에서의 국헌문란의 목적은 미필적 인식으로 족하다는 것이 판례(대판 1980.5.20. 80도306)이다.

3. 타죄와의 관계

> 내란목적살인죄는 국헌을 문란할 목적을 가지고 직접적인 수단으로 사람을 살해함으로써 성립하는 범죄라 할 것이므로, 국헌문란의 목적을 달성함에 있어 내란죄가 '폭동'을 그 수단으로 함에 비하여 내란목적살인죄는 '살인'을 그 수단으로 하는 점에서 두 죄는 엄격히 구별된다 할 것이다. 그러므로 내란의 실행과정에서 폭동행위에 수반하여 개별적으로 발생한 살인행위는 내란행위의 한 구성요소를 이루는 것이므로 내란행위에 흡수되어 내란목적살인의 별죄를 구성하지 아니하나, 특정인 또는 일정한 범위내의 한정된 집단에 대한 살해가 내란의 와중에 폭동에 수반하여 일어난 것이 아니라 그것 자체가 의도적으로 실행된 경우에는 이러한 살인행위는 내란에 흡수될 수 없고 내란목적살인의 별죄를 구성한다고 할 것이다(대판 1997.4.17. 96도3376[전합]).

Ⅲ 내란목적살인죄

내란목적살인죄는 대한민국 영토의 전부 또는 일부에서 국가권력을 배제하거나 국헌을 문란하게 할 목적으로 사람을 살해함으로써 성립하는 범죄이다(형법 제88조).

Ⅳ 내란예비・음모・선동・선전죄

1. 의의

내란예비・음모・선동・선전죄는 내란죄 또는 내란목적살인죄를 범할 목적으로 예비・음모・선동・선전함으로써 성립하는 범죄이다(형법 제90조).

2. 구성요건

예비란 내란죄・내란목적살인죄의 실행을 위한 준비행위를 의미하고, 음모란 내란죄・내란목적살인죄의 실행을 위해서 2인 이상이 통모・합의하는 것을 말한다. 선동이란 일반대중을 자극하여 내란죄・내란목적살인죄의 실행을 결의하게 하거나 이미 존재하는 결의를 촉구하는 것을 말한다. 선전이란 내란의 당위성・필요성을 일반대중에게 주지시키는 일체의 의사전달행위를 말한다.

3. 관련 판례

> [1] 내란선동죄는 내란이 실행되는 것을 목표로 선동함으로써 성립하는 독립한 범죄이고, 선동으로 말미암아 피선동자들에게 반드시 범죄의 결의가 발생할 것을 요건으로 하지 않는다. 내란선동죄에서 국헌문란의 목적은 범죄 성립을 위하여 고의 외에 요구되는 초과주관적 위법요소로서 엄격한 증명사항에 속하나, 확정적 인식임을 요하지 아니하며, 다만 미필적 인식이 있으면 족하다. 내란선동이란 내란이 실행되는 것을 목표로 하여 피선동자들에게 내란행위를 결의, 실행하도록 충동하고 격려하는 일체의 행위를 말한다. 내란을 실행시킬 목표를 가지고 있다 하여도 단순히 특정한 정치적 사상이나 추상적인 원리를 옹호하거나 교시하는 것만으로는 내란선동이 될 수 없고, 그 내용이 내란에 이를 수 있을 정도의 폭력적인 행위를 선동하는 것이어야 하고, 나아가 피선동자의 구성 및 성향, 선동자와 피선동자의 관계 등에 비추어 피선동자에게 내란 결의를 유발하거나 증대시킬 위험성이 인정되어야만 내란선동으로 볼 수 있다. 다만 내란선동에 있어 시기와 장소, 대상과 방식, 역할분담 등 내란 실행행위의 주요 내용이 선동 단계에서 구체적으로 제시되어야 하는 것은 아니고, 또 선동에 따라 피선동자가 내란의 실행행위로 나아갈 개연성이 있다고 인정되어야만 내란선동의 위험성이 있는 것으로 볼 수도 없다.
>
> [2] 특정 정당 소속의 국회의원 피고인 甲 및 지역위원장 피고인 乙이 공모하여, 이른바 조직원들과 두 차례 회합을 통하여 회합 참석자 130여 명에게 한반도에서 전쟁이 발발하는 등 유사시에 상부 명령이 내려지면 바로 전국 각 권역에서 국가기간시설 파괴 등 폭동을 할 것을 주장함으로써 내란의 죄를 범할 것을 선동하였다는 내용으로 기소된 사안에서, 당시의 한반도 정세, 각 회합의 내용 및 경위, 회합 참석자들의 성향・구성 및 피고인들과 관계, 피고인들의 경력과 범죄전력, 피고인들이 각 회합에서 맡은 역할과 발언 내용, 회합 참석자들의 강연 청취태도 및 발언 등 제반 사정을 종합할 때, 피고인들의 발언은 아직 전쟁 위기가 완전히 해소된 상태가 아니고 북한의 도발이 계속되는 당시의 상황에서 각 회합 참석자들에게 특정 정세를 전쟁 상황으로 인식하고 가까운 장래에 구체적인 내란의 결의를 유발하거나 증대시킬 위험성이 충분하므로, 피고인들의 행위는 그 자체로 위험성이 있는 내란 선동행위에 해당한다는 이유로, 피고인들에게 유죄를 인정한 원심판단을 정당하다고 한 사례

[3] 음모는 실행의 착수 이전에 2인 이상의 자 사이에 성립한 범죄실행의 합의로서, 합의 자체는 행위로 표출되지 않은 합의 당사자들 사이의 의사표시에 불과한 만큼 실행행위로서의 정형이 없고, 따라서 합의의 모습 및 구체성의 정도도 매우 다양하게 나타날 수밖에 없다. 그런데 어떤 범죄를 실행하기로 막연하게 합의한 경우나 특정한 범죄와 관련하여 단순히 의견을 교환한 경우까지 모두 범죄실행의 합의가 있는 것으로 보아 음모죄가 성립한다고 한다면 음모죄의 성립범위가 과도하게 확대되어 국민의 기본권인 사상과 표현의 자유가 위축되거나 그 본질이 침해되는 등 죄형법정주의 원칙이 형해화될 우려가 있으므로, 내란음모가 성립하였다고 하기 위해서는 개별 범죄행위에 관한 세부적인 합의가 있을 필요는 없으나, 공격의 대상과 목표가 설정되어 있고, 그 밖의 실행계획에 있어서 주요 사항의 윤곽을 공통적으로 인식할 정도의 합의가 있어야 한다. 나아가 합의는 실행행위로 나아간다는 확정적인 의미를 가진 것이어야 하고, 단순히 내란에 관한 생각이나 이론을 논의한 것으로는 부족하다. 또한, 내란음모가 단순히 내란에 관한 생각이나 이론을 논의 내지 표현한 것인지 실행행위로 나아간다는 확정적인 의미를 가진 합의인지를 구분하기가 쉽지 않다는 점을 고려하면, 내란음모죄에 해당하는 합의가 있다고 하기 위해서는 단순히 내란에 관한 범죄결심을 외부에 표시·전달하는 것만으로는 부족하고 객관적으로 내란범죄의 실행을 위한 합의라는 것이 명백히 인정되고, 그러한 합의에 실질적인 위험성이 인정되어야 한다.

[4] 특정 정당 소속의 국회의원 피고인 甲 및 지역위원장 피고인 乙을 비롯한 피고인들이, 이른바 조직원들과 회합을 통하여 회합 참석자 130여 명과 한반도에서 전쟁이 발발하는 등 유사시에 상부 명령이 내려지면 바로 전국 각 권역에서 국가기간시설 파괴 등 폭동을 할 것을 통모함으로써 내란의 죄를 범할 목적으로 음모하였다는 내용으로 기소된 사안에서, 당시의 한반도 정세, 회합의 내용 및 경위, 회합 참석자들의 성향·구성 및 피고인들과 관계, 피고인들의 경력과 범죄전력, 피고인들이 회합에서 맡은 역할과 발언 내용, 회합 참석자들의 강연 청취태도 및 발언 등 제반 사정에 비추어 볼 때, 피고인들을 비롯한 회합 참석자들이 전쟁 발발시 대한민국의 체제를 전복하기 위하여 구체적인 물질적 준비방안을 마련하라는 피고인 甲의 발언에 호응하여 선전전, 정보전, 국가기간시설 파괴 등을 논의하기는 하였으나, 1회적인 토론의 정도를 넘어서 내란의 실행행위로 나아가겠다는 확정적인 의사의 합치에 이르렀다고 보기 어려워 형법상 내란음모죄 성립에 필요한 '내란범죄 실행의 합의'를 하였다고 할 수 없다는 이유로, 피고인들에게 무죄를 선고한 원심판단을 정당하다고 한 사례(대판 2015.1.22. 2014도10978[전합])

제2절 외환의 죄

I 의의

1. 개념

외환의 죄는 외환을 유치하거나 대한민국에 항적하거나 적국에 이익을 제공하여 국가의 안정을 위태롭게 하는 것을 내용으로 하는 범죄이다.

2. 보호법익 및 보호정도

보호법익은 국가의 외적 안전이고, 보호받는 정도는 구체적 위험범이다.

Ⅱ 외환유치죄

외국과 통모하여 대한민국에 대하여 전단을 열게 하거나 외국인과 통모하여 대한민국에 항적함으로써 성립하는 범죄이다(형법 제92조).

Ⅲ 간첩죄

1. 의 의

간첩죄는 적국을 위하여 간첩하거나 적국의 간첩을 방조하거나 군사상의 기밀을 적국에 누설함으로써 성립하는 범죄이다(형법 제98조).

2. 구성요건

(1) 객관적 구성요건

1) 간 첩

① 적국을 위하여 : 적국은 대한민국에 적대하는 외국 또는 외국인의 단체를 말하고, 북한은 간첩죄의 적용에 있어서 국가에 준하여 취급한다(대판 1983.3.22. 82도3036). 간첩은 적국에 알리기 위하여 국가기밀을 탐지·수집하는 것으로 적국과의 의사연락이 있을 것을 요하므로 편면적 간첩은 간첩예비죄를 구성할 뿐이다(대판 1975.9.23. 75도1773).

② 국가기밀

㉠ 의의 : 국가기밀은 정치, 경제, 사회, 문화 등 각 방면에 관하여 반국가단체에 대하여 비밀로 하거나 확인되지 아니함이 대한민국의 이익이 되는 모든 사실, 물건 또는 지식을 말한다(대판 1997.7.16. 97도985[전합]).

㉡ 국가기밀의 범위 : 국가기밀은 대한민국에 이익이 되는 모든 기밀을 포함하며, 해외교포사회의 민심동향파악(대판 1988.11.8. 88도1630), 수배자명단(대판 1978.1.10. 77도3571)도 이에 해당한다. 공지의 사실이 국가기밀에 해당하는지 여부가 다투어지고 있으나, 판례는 국내에서의 적법한 절차 등을 거쳐 이미 일반인에게 널리 알려진 공지의 사실, 물건 또는 지식은 국가기밀이 아니라고(대판 1997.7.16. 97도985[전합]) 판시하고 있다.

> 국가보안법 제4조가 반국가단체의 구성원 또는 그 지령을 받은 자의 목적수행 행위를 처벌하는 규정이므로 그것들이 공지되었다고 하기 위하여는 신문, 방송 등 대중매체나 통신수단 등의 발달 정도, 독자 및 청취의 범위, 공표의 주체 등 여러 사정에 비추어 보아 반국가단체 또는 그 지령을 받은 자가 더 이상 탐지·수집이나 확인·확증의 필요가 없는 것이라고 볼 수 있어야 할 것이고, 누설할 경우 실질적 위험성이 있는지 여부는 그 기밀을 수집할 당시의 대한민국과 북한 또는 기타 반국가단체와의 대치현황과 안보사항 등이 고려되는 건전한 상식과 사회통념에 따라 판단하여야 할 것이며, 그 기밀이 사소한 것이라 하더라도 누설될 경우 반국가단체에는 이익이 되고 대한민국에는 불이익을 초래할 위험성이 명백하다면 이에 해당한다 할 것이다(대판 2011.10.13. 2009도320).

ⓒ 모자이크이론 : 개별내용이 이미 알려진 사실이지만 이를 종합하면 전체로서 중요한 사실을 판단할 수 있는 정보가 되는 경우 기밀로 인정할 수 있다는 모자이크이론이 주장되고 있으나, 공지의 사실은 기밀성을 상실한다고 보아야 하므로 부정하는 것이 타당하다.
　③ 착수·기수시기 : 간첩을 위하여 국내에 잠입·침투·상륙·입국한 때에 실행의 착수가 있고(대판 1984.9.11. 84도1381), 기밀을 탐지·수집함으로써 기수가 된다(대판 2011.1.20. 2008재도11).

2) 간첩방조

적국의 간첩임을 알면서 그의 간첩행위를 원조하여 용이하게 하는 일체의 행위를 말한다. 간첩방조는 각칙상의 독립범죄로 총칙의 종범규정이 적용되지 아니하므로 종범감경을 할 수 없다.

3) 군사상의 기밀누설

군사기밀임을 알면서 이를 적국에 누설하는 것을 말한다. 직무상 지득한 기밀을 누설할 것을 요하므로 직무와 관계없이 알게 된 기밀을 누설하는 경우에는 일반이적죄(형법 제99조)가 된다.

(2) 주관적 구성요건

고의 이외에 적국을 위한다는 이적의사가 있어야 한다.

제3절　국기·국교에 관한 죄

국기에 관한 죄란 대한민국을 모욕할 목적으로 국기 또는 국장을 손상·제거·오욕 또는 비방하는 것을 내용으로 하는 범죄이고, 국교에 관한 죄는 국제법상 보호되는 외국의 이익을 침해함으로써 외국과의 국교관계를 해하고 우리나라의 대외적 지위를 위태롭게 하는 것을 내용으로 하는 범죄를 말한다. 국기에 관한 죄는 국가의 권위와 대외적 체면이 보호법익이고 국교에 관한 죄는 외국의 이익과 함께 국가의 대외적 지위가 보호법익에 해당한다. 보호받는 정도는 전자는 구체적 위험범이고 후자는 추상적 위험범이다.

제2장 국가의 기능에 대한 죄

제1절 공무원의 직무에 관한 죄

I 의 의

1. 개 념

공무원의 직무에 관한 죄란 공무원이 직무를 위배하거나 직권을 남용하는 행위와 뇌물을 수수하는 행위를 내용으로 하는 범죄이다.

2. 보호법익 및 보호정도

보호법익은 국가의 기능이고, 보호받는 정도는 직무유기죄는 구체적 위험범, 불법체포·감금죄는 침해범, 나머지의 죄는 추상적 위험범이다.

II 직무유기죄

1. 의 의

직무유기죄는 공무원이 정당한 이유 없이 그 직무수행을 거부하거나 그 직무를 유기함으로써 성립하는 범죄이다(형법 제122조).

2. 구성요건

(1) 객관적 구성요건

1) 주 체

본죄의 주체는 공무원이다. 이러한 의미에서 본죄는 진정신분범, 의무범의 성격을 가진다. 공무원 중 구체적인 직무수행의 의무가 있는 자가 본죄의 주체가 될 수 있으므로 휴가 중이거나 병가 중인 공무원은 직무유기죄의 주체가 될 수 없다(대판 1997.4.22. 95도748).

2) 행 위

직무유기죄의 행위는 '직무수행을 거부하거나 직무를 유기'하는 것이다.

① **직무** : 본죄의 직무는 공무원이 공무원법에 의하여 수행하는 고유한 직무를 말한다. 따라서 부수적·파생적 의무에 해당하는 통고처분이나 고발조치를 건의하지 아니한 경우에는 직무유기라고 할 수 없다(대판 1997.4.11. 96도2753). 직무는 구체적이어야 하므로 법령에 근거가 있거나 특별한 지시·명령에 의한 것이어야 한다(대판 1976.10.12. 75도1895).

② **직무수행의 거부 및 직무유기** : 직무수행의 거부란 직무를 능동적으로 수행할 의무가 있는 자가 이를 행하지 아니하는 것을 말하고, 직무유기란 직무에 관한 의식적인 방임 내지 포기 등 정당한 이유없이 직무를 수행하지 아니하는 것을 말한다. 직무유기가 되기 위해서는 주관적으로 직무를 버린다는 인식과 객관적으로 직무 또는 직장을 벗어나는 행위가 있어야 한다(대판 1983.1.18. 82도2624). 따라서 공무원이 태만, 분망, 착각 등으로 인하여 직무를 성실히 수행하지 아니한 경우나 형식적으로 또는 소홀히 직무를 수행하였기 때문에 성실한 직무수행을 못한 것에 불과한 경우에는 직무유기죄는 성립하지 아니한다(대판 1997.8.29. 97도675).

> 1. **직무유기죄가 성립하는 사례**
>   - 경찰관이 장기간에 걸쳐 여러 번 오토바이를 오토바이 상회 운영자에게 보관시키고도 경찰관 스스로 소유자를 찾아 반환하도록 처리하거나 상회 운영자에게 반환 여부를 확인한 일이 전혀 없고, 상회 운영자로부터 오토바이를 보내준 대가 또는 그 처분대가로 돈까지 지급받은 경우, 경찰관의 이와 같은 행위는 습득물을 단순히 상회 운영자에게 보관시키거나 소유자를 찾아서 반환하도록 협조를 구한 정도를 벗어나 상회 운영자에게 그 습득물에 대한 임의적인 처분까지 용인한 것으로서 습득물 처리 지침에 따른 직무를 의식적으로 방임 내지 포기하고 정당한 사유 없이 직무를 수행하지 아니한 경우에 해당한다(대판 2002.5.17. 2001도6170).
>   - 피고인들을 비롯한 경찰관들이 현행범으로 체포한 도박혐의자 17명에 대해 현행범인체포서 대신에 임의동행동의서를 작성하게 하고, 그나마 제대로 조사도 하지 않은 채 석방하였으며, 현행범인 석방사실을 검사에게 보고도 하지 않았고, 석방일시·사유를 기재한 서면을 작성하여 기록에 편철하지도 않았으며, 압수한 일부 도박자금에 관하여 압수조서 및 목록도 작성하지 않은 채 검사의 지휘도 받지 않고 반환하였고, 일부 도박혐의자의 명의도용 사실과 도박 관련 범죄로 수회 처벌받은 전력을 확인하고서도 아무런 추가조사 없이 석방한 사안에서, 이는 단순히 업무를 소홀히 수행한 것이 아니라 정당한 사유 없이 의도적으로 수사업무를 방임 내지 포기한 것이라고 봄이 상당하다는 이유로, 피고인들에 대하여 직무유기죄의 성립을 부정한 원심판단에 법리오해 또는 사실오인의 잘못이 있다고 한 사례(대판 2010.6.24. 2008도11226)
> 2. **직무유기죄가 성립하지 아니하는 사례**
>   - 지방자치단체의 교육기관 등의 장이 국가위임사무인 교육공무원에 대한 징계사무를 처리함에 있어 주무부장관의 직무이행명령을 받은 경우에도 이의가 있으면 대법원에 소를 제기할 수 있다 할 것이므로, 수사기관 등으로부터 징계사유를 통보받고도 징계요구를 하지 아니하여 주무부장관으로부터 징계요구를 하라는 직무이행명령을 받았다 하더라도 그에 대한 이의의 소를 제기한 경우에는, 수사기관 등으로부터 통보받은 자료 등으로 보아 징계사유에 해당함이 객관적으로 명백한 경우 등 특별한 사정이 없는 한 징계사유를 통보받은 날로부터 1개월 내에 징계요구를 하지 않았다는 것만으로 곧바로 직무를 유기한 것에 해당한다고 볼 수는 없다(대판 2013.6.27. 2011도797).

- • [1] 교육기관·교육행정기관·지방자치단체 또는 교육연구기관의 장이 징계의결을 집행하지 못할 법률상·사실상의 장애가 없는데도 징계의결서를 통보받은 날로부터 법정 시한이 지나도록 집행을 유보하는 모든 경우에 직무유기죄가 성립하는 것은 아니고, 그러한 유보가 직무에 관한 의식적인 방임이나 포기에 해당한다고 볼 수 있는 경우에 한하여 직무유기죄가 성립한다고 보아야 한다. [2] 시국선언에 참여한 교사들에 대한 형사재판의 진행 경과 및 시국선언 참여행위의 정당성 여부에 관한 찬반양론이 대립하였던 점, 전임 전라북도 교육감 공소외인이 재직 당시 위 교사들에 대한 이 사건 징계의결의 집행 유보를 선언하였던 점, 이후 피고인이 이 사건 징계의결의 집행을 유보하게 된 경위와 위 교사들에 대한 형사사건의 대법원판결이 있던 당일 징계의결을 집행한 점, 이 사건 징계의결의 집행 유보로 학생들의 학습권이 침해되었다고 볼 만한 자료가 없는 점 등의 사정을 고려할 때 피고인이 이 사건 징계의결의 집행을 유보한 행위를 직무의 의식적인 방임이나 포기로 볼 수 없다(대판 2014.4.10. 2013도229).
- • [1] 무단이탈로 인한 직무유기죄 성립 여부는 결근 사유와 기간, 담당하는 직무의 내용과 적시 수행 필요성, 결근으로 직무수행이 불가능한지, 결근 기간에 국가기능의 저해에 대한 구체적인 위험이 발생하였는지 등을 종합적으로 고려하여 신중하게 판단해야 한다. 특히 근무기간을 정하여 임용된 공무원의 경우에는 근무기간 안에 특정 직무를 마쳐야 하는 특별한 사정이 있는지 등을 고려할 필요가 있다. [2] ○○중학교에 기간제 교원으로 채용되어 근무하면서 사회 과목 수업을 담당하던 피고인이 ○○중학교에서 3학년 학생들의 2학기 사회 과목 시험 답안지의 채점과 점수 확인을 완료하고, 고등학교 입학전형을 위한 중학교 석차연명부를 작성할 수 있게 할 직무상 의무가 있었으나 무단이탈한 후 출근을 하지 않은 경우, 피고인이 무단으로 결근한 날짜는 임기 종료 직전 2일인데, 결근하게 된 사유는 기간제 임기가 종료됨에 따라 다른 기간제 교원 관련 면접을 보려고 했으나 연가가 승인되지 않았기 때문으로 보이고, 근무 마지막 날에 대한 병가신청이 승인되어 이후로는 더 이상 출근이나 업무 수행을 할 의무가 없었던 사정에 비추어 보면, 피고인이 자신의 업무를 의식적으로 방임하거나 포기하려는 것이었다고 단정하기 어렵다. 피고인이 임기 종료 이후 성적 처리에 관한 최종 업무 종료일인 2017.11.24. 이후까지 답안지와 채점결과를 학교 측에 인계하지 않았으나, 이는 피고인의 임기가 종료되어 공무원으로서의 지위를 상실한 이후의 사정으로서 직무유기죄를 구성하는 행위로 평가할 수 없다(대판 2022.6.30. 2021도8361).

(2) 주관적 구성요건

정당한 이유 없이 그 직무수행을 거부하거나 그 직무를 유기한다는 인식과 의사가 있어야 한다.

3. 죄수 및 타죄와의 관계

(1) 죄 수

직무유기죄는 그 직무를 수행하여야 하는 작위의무의 존재와 그에 대한 위반을 전제로 하고 있는바, 그 작위의무를 수행하지 아니함으로써 구성요건에 해당하는 사실이 있었고 그 후에도 계속하여 그 작위의무를 수행하지 아니하는 위법한 부작위상태가 계속되는 한 가벌적 위법상태는 계속 존재하고 있다고 할 것이며 형법 제122조 후단은 이를 전체적으로 보아 1죄로 처벌하는 취지로 해석하여야 한다(대판 1997.8.29. 97도675).

(2) 타죄와의 관계

1) 허위공문서작성죄와의 관계

> 1. **위법사실의 은폐목적이 없는 사례**
> [1] 농지사무를 담당하고 있는 군직원으로서는 그 관내에서 발생한 농지불법전용 사실을 알게 되었으면 군수에게 그 사실을 보고하여 군수로 하여금 원상회복을 명하거나 나아가 고발을 하는 등 적절한 조치를 취할 수 있도록 하여야 할 직무상 의무가 있는 것이므로 농지불법전용 사실을 외면하고 아무런 조치를 취하지 아니한 것은 자신의 직무를 저버린 행위로서 농지의 보전·관리에 관한 국가의 기능을 저해하며 국민에게 피해를 야기시킬 가능성이 있어 직무유기죄에 해당한다.
> [2] 군직원이 농지전용허가를 하여 주어서는 안 됨을 알면서도 허가하여 줌이 타당하다는 취지의 현장출장복명서 및 심사의견서를 작성하여 결재권자에게 제출한 것이 허위공문서작성, 동행사죄에 해당한다고 본 사례
> [3] 공무원이 어떠한 위법사실을 발견하고도 직무상 의무에 따른 적절한 조치를 취하지 아니하고 위법사실을 적극적으로 은폐할 목적으로 허위공문서를 작성·행사한 경우에는 직무위배의 위법상태는 허위공문서작성 당시부터 그 속에 포함되는 것으로 작위범인 허위공문서작성, 동행사죄만이 성립하고 부작위범인 직무유기죄는 따로 성립하지 아니하나, 위 복명서 및 심사의견서를 허위작성한 것이 농지일시전용허가를 신청하자 이를 허가하여 주기 위하여 한 것이라면 직접적으로 농지불법전용사실을 은폐하기 위하여 한 것은 아니므로 위 허위공문서작성, 동행사죄와 직무유기죄는 실체적 경합범의 관계에 있다(대판 1993.12.24. 92도3334).
>
> 2. **위법사실의 은폐목적이 있는 사례**
> • 공무원이 어떠한 위법사실을 발견하고도 직무상 의무에 따른 적절한 조치를 취하지 아니하고 위법사실을 적극적으로 은폐할 목적으로 허위공문서를 작성, 행사한 경우에는 직무위배의 위법상태는 허위공문서작성 당시부터 그 속에 포함되는 것으로 작위범인 허위공문서작성, 동행사죄만이 성립하고 부작위범인 직무유기죄는 따로 성립하지 아니한다 할 것인바, 원심이 유죄로 인정한 판시 허위공문서작성, 동행사죄의 범죄사실에 의하더라도, 피고인들은 판시 일시장소에서 적발한 공소외인 등의 도박범행을 은폐하는데 행사할 목적으로 공문서인 판시 근무일지를 허위로 작성, 행사하였다는 것이므로 수사업무에 종사하는 피고인들의 직무위배의 위법상태는 그 근무일지를 허위로 작성할 당시부터 그 속에 포함되어 판시 허위공문서작성, 동행사죄만이 성립하고 직무유기죄는 따로 성립하지 아니한다 할 것이다(대판 1999.12.24. 99도2240).
> • 허위공문서작성죄의 범죄사실에 의하더라도, 피고인은 그 일시, 장소에서 적발한 공소외 1 주식회사의 폐수배출시설 폐쇄명령 불이행 사실을 은폐하는 데 행사할 목적으로 그 출장복명서의 폐쇄명령 이행사항 확인란을 허위로 작성하였다는 것이므로, 폐수배출시설 등 지도·단속 업무를 담당하는 피고인의 직무 배의 위법상태는 그 출장복명서를 허위로 작성할 당시부터 그 속에 포함되어 판시 허위공문서작성죄만 성립하고, 직무유기죄는 따로 성립하지 아니한다 할 것이다(대판 2004.3.26. 2002도5004).

2) 범인도피죄와의 관계

경찰공무원이 지명수배 중인 범인을 발견하고도 직무상 의무에 따른 적절한 조치를 취하지 아니하고 오히려 범인을 도피하게 하는 행위를 하였다면, 그 직무위배의 위법상태는 범인도피행위 속에 포함되어 있다고 보아야 할 것이므로, 이와 같은 경우에는 작위범인 범인도피죄만이 성립하고 부작위범인 직무유기죄는 따로 성립하지 아니한다(대판 2017.3.15. 2015도1456).

3) 건축법위반죄와의 관계

위법건축물이 발생하지 않도록 자신은 물론 소관 부하직원들로 하여금 이를 예방단속하게 하여야 할 직무상 의무 있는 자가 위법건축을 하도록 타인을 교사한 경우 위 직무위배의 위법상태는 건축법위반 교사행위에 내재하고 있는 것이므로 건축법위반교사죄와 직무유기죄는 실체적 경합범이 되지 아니한다(대판 1980.3.25. 79도2831).

4) 위계에 의한 공무집행방해죄와의 관계

피고인이, 출원인이 어업허가를 받을 수 없는 자라는 사실을 알면서도 그 직무상의 의무에 따른 적절한 조치를 취하지 않고 오히려 부하직원으로 하여금 어업허가 처리기안문을 작성하게 한 다음 피고인 스스로 중간결재를 하는 등 위계로써 농수산국장의 최종결재를 받았다면, 직무위배의 위법상태가 위계에 의한 공무집행방해행위 속에 포함되어 있는 것이라고 보아야 할 것이므로, 이와 같은 경우에는 작위범인 위계에 의한 공무집행방해죄만이 성립하고 부작위범인 직무유기죄는 따로 성립하지 아니한다(대판 1997.2.28. 96도2825).

5) 증거인멸죄와의 관계

경찰서 방범과장이 부하직원으로부터 음반·비디오물 및 게임물에 관한 법률 위반 혐의로 오락실을 단속하여 증거물로 오락기의 변조 기판을 압수하여 사무실에 보관중임을 보고받아 알고 있었음에도 그 직무상의 의무에 따라 위 압수물을 수사계에 인계하고 검찰에 송치하여 범죄 혐의의 입증에 사용하도록 하는 등의 적절한 조치를 취하지 않고, 오히려 부하직원에게 위와 같이 압수한 변조 기판을 돌려주라고 지시하여 오락실 업주에게 이를 돌려준 경우, 작위범인 증거인멸죄만이 성립하고 부작위범인 직무유기(거부)죄는 따로 성립하지 아니한다(대판 2006.10.19. 2005도3909[전합]).

III 피의사실공표죄

피의사실공표죄는 검찰, 경찰 그 밖에 범죄수사에 관한 직무를 수행하는 자 또는 이를 감독하거나 보조하는 자가 그 직무를 수행하면서 알게 된 피의사실을 공소제기 전에 공표(公表)함으로써 성립하는 범죄이다(형법 제126조).

IV 공무상비밀누설죄

1. 의 의

공무상비밀누설죄는 공무원 또는 공무원이었던 자가 법령에 의한 직무상 비밀을 누설함으로써 성립하는 범죄이다(형법 제127조).

2. 구성요건

(1) 객관적 구성요건

1) 주 체

본죄의 주체는 공무원 또는 공무원이었던 자이다.

2) 객 체

① 직무상 비밀 : 비밀이란 일반적으로 알려져 있지 않은 사실로서 그것을 알리지 않는 것이 국가에게 이익이 되는 것을 말한다. 직무상 비밀이란 직무수행 중 알게 된 비밀을 의미한다.

② 법령에 의한 비밀 : 법령에 의한 비밀에 대하여 학설은 법령에 의하여 비밀로 분류된 것에 국한하고 있으나, 판례는 반드시 법령에 의하여 비밀로 규정되었거나 비밀로 분류 명시된 사항에 한하지 아니하고, 객관적, 일반적인 입장에서 외부에 알려지지 않는 것에 상당한 이익이 있는 사항도 포함하나, 실질적으로 그것을 비밀로서 보호할 가치가 있다고 인정할 수 있는 것이어야 한다고(대판 2012.3.15. 2010도14734) 판시하고 있다.

> 1. 공무상비밀누설죄가 성립하는 사례
>   • [1] 수사지휘서의 기재 내용과 이에 관계된 수사상황은 해당 사건에 대한 종국적인 결정을 하기 전까지는 외부에 누설되어서는 안 될 수사기관 내부의 비밀에 해당한다.
>   [2] 검사가 수사의 대상, 방법 등에 관하여 사법경찰관리에게 지휘한 내용을 기재한 수사지휘서의 기재 내용과 이에 관계된 수사상황을 누설한 경우, 공무상 비밀누설에 해당한다고 한 사례(대판 2018.2.13. 2014도11441)
>   • 제18대 대통령 당선인 갑의 비서실 소속 공무원인 피고인이 당시 갑을 위하여 중국에 파견할 특사단 추천 의원을 정리한 문건을 을에게 이메일 또는 인편 등으로 전달함으로써 법령에 의한 직무상 비밀을 누설하였다는 내용으로 기소된 사안에서, 위 문건이 사전에 외부로 누설될 경우 대통령 당선인의 인사 기능에 장애를 초래할 위험이 있으므로, 종국적인 의사결정이 있기 전까지는 외부에 누설되어서는 아니 되는 비밀로서 보호할 가치가 있는 직무상 비밀에 해당한다고 한 사례(대판 2018.4.26. 2018도2624)

2. 공무상비밀누설죄가 성립하지 아니하는 사례

- [1] 공무상비밀누설죄는 공무상 비밀 그 자체를 보호하는 것이 아니라 공무원의 비밀엄수의무의 침해에 의하여 위험하게 되는 이익, 즉 비밀누설에 의하여 위협받는 국가의 기능을 보호하기 위한 것이다. 그러므로 공무원이 직무상 알게 된 비밀을 그 직무와의 관련성 혹은 필요성에 기하여 해당 직무의 집행과 관련 있는 다른 공무원에게 직무집행의 일환으로 전달한 경우에는, 관련 각 공무원의 지위 및 관계, 직무집행의 목적과 경위, 비밀의 내용과 전달 경위 등 제반 사정에 비추어 비밀을 전달받은 공무원이 이를 그 직무집행과 무관하게 제3자에게 누설할 것으로 예상되는 등 국가기능에 위험이 발생하리라고 볼 만한 특별한 사정이 인정되지 않는 한, 위와 같은 행위가 비밀의 누설에 해당한다고 볼 수 없다.
  [2] 피고인들[D지방법원 부장판사, 영장전담판사들(註)]에 대한 공소사실 기재 '수사정보 중 일부를 제외한 나머지 부분 및 수사보고서 사본'이 '영장재판 과정에서 취득한 정보'라고 인정하기 어렵고, 피고인들이 현직 법관에 대한 검찰 수사를 저지하여 법관 비리를 은폐·축소하려는 의사를 상호 연락하거나 영장기록에 있는 수사정보를 법원행정처 차장 공소 외인에게 보고할 것을 '공모'한 사실이 인정되지 않으며, 피고인 1이 법원행정처 차장 공소외인에게 한 보고는 재판 제도 존립의 핵심이 되는 법관의 공정성과 청렴성 및 불가매수성에 대한 일반 국민의 신뢰 확보의 차원에서 비리 혐의를 받고 있는 해당 법관에 대해 형사재판이 확정되기 전이라도 그 사실관계를 파악하여 해당 법관의 사무분담 변경이나 징계 처분 등 사법행정의 측면에서 요구되는 조치를 신속하면서도 신중하게 검토, 실행할 필요성 하에 해당 사법행정업무를 직·간접적으로 담당하고 그에 관한 비밀엄수의무를 부담하는 자들 사이에 그 직무집행에 필요한 정보를 주고받은 행위로 볼 수 있으므로 공무상비밀누설죄의 처벌대상이 되는 공무상 비밀의 누설행위에 해당하지 않는다(대판 2021.11.25. 2021도2486).130)
- 구청에서 체납차량 영치 및 공매 등의 업무를 담당하던 공무원인 피고인이 甲의 부탁을 받고 차적조회 시스템을 이용하여 범죄 현장 부근에서 경찰의 잠복근무에 이용되고 있던 경찰청 소속 차량의 소유관계에 관한 정보를 알아내 甲에게 알려준 경우, 위 정보는 재산의 소유 주체에 관한 정보에 불과한 자동차 소유자에 관한 정보를 정부나 공무소 또는 국민이 객관적, 일반적인 입장에서 외부에 알려지지 않는 것에 상당한 이익이 있는 사항으로서 실질적으로 비밀로 보호할 가치가 있다거나, 그 누설에 의하여 국가의 기능이 위협받는다고 볼 수 없고, 경찰청 소속 차량으로 잠복수사에 이용되는 경우 소속이 외부에 드러나지 말아야 할 사실상의 필요성이 있다는 사정만으로 달리 볼 것이 아니어서 공무상비밀누설죄의 '법령에 의한 직무상 비밀'에 해당한다고 볼 수 없다(대판 2012.3.15. 2010도14734).

3) 행 위

본죄의 행위는 누설하는 것이다. 누설이란 비밀사항을 이를 모르는 제3자에게 알리는 것을 말한다.

(2) 주관적 구성요건

법령에 의한 직무상 비밀을 누설하는 데 대한 인식과 의사가 있어야 한다.

---

130) 같은 취지의 다음 판례도 유의하여야 한다.
이 사건 각 보고서[수사정보에 대한 보고서(註)]의 내용 중 일부는 외부에 알려질 경우 집행관사무원 비리 사건에 관한 수사기관의 기능에 장애를 초래할 위험이 있다고 인정되는 비밀에 해당하나, 나머지 부분은 이러한 비밀에 해당하지 않는다. 피고인[J지방법원장(註)]이 B와 공모하여 법원행정처 C에게 이 사건 각 보고서를 송부한 행위는 B가 D법원 법원장인 피고인의 사법행정사무를 보좌하는 기획법관 지위에서 직무와 관련하여 알게 된 직무상 비밀을 이를 취득할 지위 내지 자격이 있는 사람에게 전달한 것이므로, 공무상비밀누설죄의 처벌대상이 되는 공무상 비밀의 누설에 해당하지 않는다(대판 2021.12.30. 2021도11924).

3. 타죄와의 관계

판례에 의하면 피고인이 그 직무상 지득한 구술시험 문제 중에서 소론 사항을 "병"에게 알린 것은 공무상 비밀의 누설인 동시에 수뢰후부정처사죄의 부정한 행위를 한 때에 해당한다고(대판 1970.6.30. 70도562) 한다.

V 직권남용죄

1. 의 의

직권남용죄는 공무원이 직권을 남용하여 사람으로 하여금 의무 없는 일을 하게 하거나 사람의 권리행사를 방해함으로써 성립하는 범죄이다(형법 제123조).

2. 구성요건

(1) 객관적 구성요건

1) 주 체

본죄의 주체는 직접 혹은 간접적인 강제력을 수반하는 직무를 행사하는 공무원에 국한된다는 것이 학설이나, 판례는 반드시 법률상의 강제력을 수반하는 공무원임을 요하지 아니한다고(대판 2004.5.27. 2002도6251) 한다.

2) 행 위

직권을 남용하여 사람으로 하여금 의무 없는 일을 하게 하거나 사람의 권리행사를 방해하는 것이다.
① 직권남용
  ㉠ 직권의 남용이란 공무원이 일반적 직무권한에 속하는 사항을 불법하게 행사하는 것, 즉 형식적, 외형적으로는 직무집행으로 보이나 그 실질은 정당한 권한 이외의 행위를 하는 경우를 의미하고, 남용에 해당하는지는 구체적인 직무행위의 목적, 그 행위가 당시의 상황에서 필요성이나 상당성이 있는 것이었는지 여부, 직권행사가 허용되는 법령상의 요건을 충족했는지 등의 여러 요소를 고려하여 결정하여야 한다(대판 2022.10.27. 2020도15105).
  ㉡ 공무원이 위법·부당한 행위를 한 경우 그 위법성의 정도는 불법행위책임에 그치는 경우, 징계사유에 해당하는 경우, 형사처벌사유에 해당하는 경우 등으로 다양하게 나타날 수 있고, 그중 형사처벌은 기본권 침해의 정도가 가장 무거우므로, 공무원의 직무행위가 형사처벌의 대상인 직권남용에 해당하는지 여부는 기본권 제한에 관한 최소침해의 원칙을 참작하여 엄격하게 판단하여야 한다. 구체적 사건에서 직권남용 여부를 판단함에 있어서는, 직권 행사의 주된 목적이 직무 본연의 수행에 있지 않고 본인 또는 제3자의 사적 이익 추구나 청탁 또는 불법목적의 실현 등에 있는 경우, 권한 행사의 형식을 갖추기 위하여 관련 자료나 근거를

작출, 조작, 은닉, 묵비하는 등의 적극적 또는 소극적 행위가 개입된 경우 등과 같이, 직권행사의 목적과 방법에 있어 그 위법·부당의 정도가 실질적·구체적으로 보아 직무 본래의 수행이라고 평가할 수 없을 정도에 이른 경우라면 직권을 남용하였다고 평가할 수 있을 것이나, 위법·부당의 정도가 그에 미치지 못하는 경우라면 직권남용 해당 여부를 보다 신중하게 판단할 필요가 있다(대판 2022.10.27. 2020도15105).

1. 직권남용에 해당하는 사례

피고인 1은 대통령비서실장(이하 '비서실장')으로서 '문화예술계가 좌편향 되어 있어 이에 대한 시정이 필요하다'는 박근혜 전 대통령(이하 '전 대통령')의 뜻에 따라 대통령비서실 정무수석비서관(이하 '정무수석')실과 교문수석실 등 수석비서관실과 문체부에 문화예술진흥기금(이하 '문예기금') 등 정부의 지원을 신청한 개인·단체의 이념적 성향이나 정치적 견해 등을 이유로 한국문화예술위원회·영화진흥위원회·한국출판문화산업진흥원(이하 각각 '예술위', '영진위', '출판진흥원')이 수행한 각종 사업에서 좌파 등에 대한 지원배제, 예술위 책임심의위원 선정과정 개입을 지시하였고, 정부를 비판하거나 정부의 견해에 의문을 제기하는 영화를 상영한 영화제나 영화관에 대한 지원의 배제를 지시한 경우, 직권을 남용한 경우에 해당한다(대판 2020.1.30. 2018도2236[전합]).

2. 직권남용에 해당하지 아니하는 사례

- 대통령비서실 정책실장이 기업관계자들에게 기업 메세나(Mecenat) 활동의 일환인 미술관 전시회 후원을 요청하여 기업관계자들이 특정 미술관에 후원금을 지급한 경우, 직권남용권리행사방해죄 및 제3자뇌물공여죄가 성립하지 않는다(대판 2009.1.30. 2008도6950).
- 전 국방부장관인 피고인이 '국군사이버사령부 530단 정치관여 등 의혹 사건'의 수사과정에서 국방부조사본부장으로부터 530단장에 대한 구속영장 신청 상황을 보고받은 후 국방부조사본부장에게 청와대 민정수석실에 구속 여부에 관한 의견을 묻게 하고 결국은 국방부조사본부장에게 530단장의 불구속 송치를 지시한 사건에서, 피고인의 국방부조사본부장에 대한 불구속 송치 지시는 피고인에게 주어진 신병처리에 관한 구체적이고 최종적인 권한 내의 행위로서 피고인은 법령이 허용하는 범위 내에서 불구속수사의 원칙 등 여러 사항을 참작하여 신병에 관한 결정을 할 수 있는 재량을 가지고 있으므로 일부 부적절한 사정을 고려하였다고 하여 그 직무행사의 목적이 위법하다고 볼 수 없고, 피고인이 피의자 신병에 관한 구체적이고 최종적인 결정권한을 행사하는 과정에서 여러 견해를 참고할 필요가 있어 국방부조사본부장에게 그에 관한 지시를 하였다고 볼 수 있어서 그 직권의 행사가 당시의 상황에 비추어 필요성이나 상당성이 없다고 단정하기 어렵다고 보아, 청와대 민정수석실에 피의자의 구속에 관한 의견을 묻게 하고 불구속 송치를 지시한 행위가 직권남용권리행사방해죄를 구성한다고 본 원심 판단을 파기·환송한 사례(대판 2022.10.27. 2020도15105).

ⓒ 어떠한 직무가 공무원의 일반적 권한에 속하는 사항이라고 하기 위해서는 그에 관한 법령상의 근거가 필요하다. 다만 법령상의 근거는 반드시 명문의 근거만을 의미하는 것은 아니고, 명문이 없는 경우라도 법·제도를 종합적, 실질적으로 관찰해서 그것이 해당 공무원의 직무권한에 속한다고 해석되고 그것이 남용된 경우 상대방으로 하여금 의무 없는 일을 행하게 하거나 상대방의 권리를 방해하기에 충분한 것이라고 인정되는 경우에는 직권남용죄에서 말하는 일반적 권한에 포함된다(대판 2009.1.30. 2008도6950).

1. **일반적 직무권한이 인정되는 사례**
   해군본부 법무실장인 피고인이 국방부 검찰수사관 甲에게 군내 납품비리 수사와 관련한 수사기밀사항을 보고하게 한 경우, 피고인은 해군 검찰업무뿐 아니라 소송, 징계업무 등 법무업무 전반에 관하여 해군참모총장을 보좌하는 자로서 해군 소속 인원의 사법처리와 관련된 중요 사항에 관하여 보고를 받을 일반적인 직무권한이 있으나, 여기서 나아가 국방부 검찰단의 향후 수사방향에 대한 내용 등 수사기밀사항에 대한 보고를 요구하는 행위는 형식적, 외형적으로는 직무집행으로 보이나 실질은 일반적 직무권한 범위를 넘어 직무의 행사에 가탁한 부당한 행위이고, 甲으로서는 외부에 유출될 경우 검찰단의 수사 기능에 현저한 장애를 초래할 수 있는 검찰단 내부 수사 내용을 피고인에게 보고할 법률상의 의무가 없었으므로 피고인에게 직권남용권리행사방해죄를 구성한다(대판 2011.7.28. 2011도1739).

2. **일반적 직무권한이 인정되지 아니하는 사례**
   - 직권남용권리행사방해죄는 공무원에게 직권이 존재하는 것을 전제로 하는 범죄이고, 직권은 국가의 권력 작용에 의해 부여되거나 박탈되는 것이므로, 공무원이 공직에서 퇴임하면 해당 직무에서 벗어나고 그 퇴임이 대외적으로도 공표된다. 공무원인 피고인이 퇴임한 이후에는 위와 같은 직권이 존재하지 않으므로, 퇴임 후에도 실질적 영향력을 행사하는 등으로 퇴임 전 공모한 범행에 관한 기능적 행위지배가 계속되었다고 인정할 만한 특별한 사정이 없는 한, 퇴임 후의 범행에 관하여는 공범으로서 책임을 지지 않는다고 보아야 한다(대판 2020.2.13. 2019도5186).
   - 국가정보원 △△△△국장인 피고인 2와 △△△△국 ㅁㅁ단 소속 기업 담당 I/O(Intelligence Officer, 정보 담당관)에게는 사기업에 보수단체에 대한 자금지원을 요청할 수 있는 일반적 직무권한이 없으므로, 피고인 2가 ◇◇그룹과 ☆☆그룹으로 하여금 특정 보수단체에 자금을 지원하게 한 경우, 그러한 행위는 국가정보원 △△△△국장의 지위를 이용한 불법행위에 해당할지언정 국가정보원법상 직권남용죄의 구성요건인 직권을 남용한 행위로 볼 수 없다(대판 2019.3.14. 2018도18646).

② **의무 없는 일의 강요** : 의무란 법률상의 의무를 말하며, 의무 없는 일의 강요란 법령상 전혀 의무가 없는 일을 행하게 하거나 의무의 태양을 변경하여 행하게 하는 경우를 말한다.

1. **의무 없는 일의 강요에 해당하는 사례**
   - [1] 직권남용 행위의 상대방이 일반 사인인 경우 특별한 사정이 없는 한 직권에 대응하여 따라야 할 의무가 없으므로 그에게 어떠한 행위를 하게 하였다면 '의무 없는 일을 하게 한 때'에 해당할 수 있다. 그러나 상대방이 공무원이거나 법령에 따라 일정한 공적 임무를 부여받고 있는 공공기관 등의 임직원인 경우에는 법령에 따라 임무를 수행하는 지위에 있으므로 그가 직권에 대응하여 어떠한 일을 한 것이 의무 없는 일인지는 관계 법령 등의 내용에 따라 개별적으로 판단해야 한다. 행정조직은 날로 복잡·다양화·전문화되고 있는 현대 행정에 대응하는 한편, 민주주의의 요청을 실현하는 것이어야 한다. 따라서 행정조직은 통일된 계통구조를 갖고 효율적으로 운영될 필요가 있고, 민주적으로 운영되어야 하며, 행정목적을 달성하기 위하여 긴밀한 협동과 합리적인 조정이 필요하다. 그로 인하여 행정기관의 의사결정과 집행은 다양한 준비과정과 검토 및 다른 공무원, 부서 또는 유관기관 등과의 협조를 거쳐 이루어지는 것이 통상적이다. 이러한 협조 또는 의견교환 등은 행정의 효율성을 높이기 위하여 필요하고, 동등한 지위 사이뿐만 아니라 상하기관 사이, 감독기관과 피감독기관 사이에서도 이루어질 수 있다. 이러한 관계에서 일방이 상대방의 요청을 청취하고

자신의 의견을 밝히거나 협조하는 등 요청에 응하는 행위를 하는 것은 특별한 사정이 없는 한 법령상 의무 없는 일이라고 단정할 수 없다. 결국 공무원이 직권을 남용하여 사람으로 하여금 어떠한 일을 하게 한 때에 상대방이 공무원 또는 유관기관의 임직원인 경우에는, 그가 한 일이 형식과 내용 등에서 직무범위 내에 속하는 사항으로서 법령 그 밖의 관련 규정에 따라 직무수행 과정에서 준수해야 할 원칙이나 기준, 절차 등을 위반하였는지 등을 살펴 법령상 의무 없는 일을 하게 한 때에 해당하는지를 판단해야 한다.

[2] 대통령비서실 소속 비서관들인 피고인 갑과 피고인 을이 4·16 세월호참사 특별조사위원회(이하 '위원회') 설립준비 관련 업무를 담당하거나 설립팀장으로 지원근무 중이던 해양수산부 소속 공무원들에게 '세월호 특별조사위 설립준비 추진경위 및 대응방안 문건'을 작성하게 하고, 피고인 갑이 소속 비서관실 행정관 또는 해양수산부 공무원들에게 세월호 특별조사위원회의 동향을 파악하여 보고하도록 지시하였다는 직권남용권리행사방해의 공소사실로 기소된 사안에서, 대통령비서실과 해양수산부 사이에 현안의 협의·조정 등을 위해 업무 협조가 필요하여 해당 공무원들이 피고인 갑과 피고인 을의 협조 등 요청에 응하여야 하는 경우도 있으나, 해당 공무원들은 위원회의 정치적 중립성, 업무의 독립성·객관성을 보장할 의무가 있고, 위원회 설립준비팀장으로 지원근무를 하게 된 해당 공무원에게는 파견공무원에 준하는 직무상 독립성이 요구되는 점, 해당 공무원들이 위원회 직원을 통해 위원회 내부 동향을 파악하여 피고인 갑에게 보고하는 행위는 경우에 따라 4·16 세월호참사 진상규명 및 안전사회 건설 등을 위한 특별법 제51조 제3항 제1호에 따라 처벌되는 비밀준수의무 위반행위에 가담한 행위로 평가될 수 있는 점 등을 종합하면, 피고인 갑과 피고인 을이 해당 공무원들에게 문건을 작성하거나 동향을 보고하게 함으로써 직무수행의 원칙과 기준 등을 위반하여 업무를 수행하게 하여 법령상 의무 없는 일을 하게 한 때에 해당한다고 볼 여지가 있는데도, 이와 달리 본 원심판단에 법리오해의 잘못이 있다고 한 사례(대판 2023.4.27. 2020도18296).

• [1] 직권남용권리행사방해죄에서 말하는 '사람으로 하여금 의무 없는 일을 하게 한 때'란 공무원이 직권을 남용하여 다른 사람으로 하여금 법령상 의무 없는 일을 하게 한 때를 의미한다. 따라서 공무원이 자신의 직무권한에 속하는 사항에 관하여 실무담당자로 하여금 그 직무집행을 보조하는 사실행위를 하도록 하더라도 이는 공무원 자신의 직무집행으로 귀결될 뿐이므로 원칙적으로 의무 없는 일을 하게 한 때에 해당한다고 할 수 없다. 그러나 직무집행의 기준과 절차가 법령에 구체적으로 명시되어 있고 실무 담당자에게도 직무집행의 기준을 적용하고 절차에 관여할 고유한 권한과 역할이 부여되어 있다면 실무 담당자로 하여금 그러한 기준과 절차를 위반하여 직무집행을 보조하게 한 경우에는 '의무 없는 일을 하게 한 때'에 해당한다.

[2] 피고인이 북한군의 사이버 심리전에 대응한다는 명목으로 부대원들에게 이 사건 트위터 활동을 지시한 경우, 방첩 또는 첩보 업무를 수행하는 실무 담당자들에게도 각자 자신들이 수행할 정보의 수집 및 처리 등 업무에 관하여 그 대상과 방식을 적절하게 선택하는 등으로 직무집행의 기준을 적용하고 절차에 관여할 고유한 권한과 역할이 부여되어 있었다고 봄이 타당하고, 위 실무 담당자들이 행한 이 사건 트위터 활동을 두고 피고인의 직무집행을 보조하는 사실행위에 불과하다고 할 수 없고, 피고인 등 B 지휘부는 정부나 대통령 등에 대한 긍정적인 여론을 형성하기 위하여 대북첩보계 계원들 및 예하부대 사이버 전담관들로 하여금 신분을 감춘 채 일반 국민인 것처럼 트위터상에서 대통령과 정부를 옹호하는 글 등을 반복적으로 게시하게 함으로써 위 실무 담당자들로 하여금 정치적 중립의무를 위반한 채 '군 방첩 업무', '군 첩보 및 군 관련 첩보의 수집·작성 및 처리' 등 B의 정당한 직무 범위를 벗어난 업무를 수행하게 하였으므로 피고인이 실무 담당자인 대북첩보계 계원들 및 예하부대 사이버 전담관들로 하여금 법령상 의무 없는 일을 하게 한 때에 해당한다(대판 2021.9.9. 2021도2030).

- 서울특별시 교육감인 피고인이 인사담당장학관 등에게 지시하여 승진후보자명부상 승진 또는 자격연수 대상이 될 수 없는 특정 교원들을 적격 후보자인 것처럼 추천하거나 임의로 평정점을 조정하는 방법으로 승진임용하거나 그 대상자가 되도록 한 경우, 서울특별시교육청 소속 교육공무원에 대한 인사권은 교육감인 피고인의 일반적인 직무권한에 속하는 사항이지만, 피고인이 승진대상자를 특정한 후 그들을 승진시킬 목적으로 법령에 위반하여 위와 같은 행위를 한 것이라면 그 실질은 정당한 권한 행사를 넘어 직무의 행사에 가탁한 부당한 행위라고 할 것이므로 직권남용에 해당하고, 인사 실무를 담당하는 장학관이나 장학사로 하여금 법령에 위배되는 일을 하게 하여 그들이 이와 같은 역할을 수행한 것은 그들에게 법령상 의무 없는 일을 하게 한 것이므로 직권남용권리행사방해죄가 성립한다(대판 2011.2.10. 2010도13766).
- 시장(市長)인 피고인 甲이 자신의 인사관리업무를 보좌하는 행정과장 피고인 乙과 공동하여, 관련 법령에서 정한 절차에 따라 평정대상 공무원에 대한 평정단위별 서열명부가 작성되고 이에 따라 평정순위가 정해졌는데도 평정권자나 실무 담당자 등에게 특정 공무원들에 대한 평정순위 변경을 구체적으로 지시하여 평정단위별 서열명부를 새로 작성하도록 한 경우, 지방공무원법, 지방공무원 임용령, 지방공무원 평정규칙의 입법 목적에 비추어 평정권자나 확인권자가 아닌 지방자치단체의 장이나 그의 인사관리업무를 보좌하는 자에게는 소속 공무원에게 지시하여 관련 법령에서 정해진 절차에 따라 작성된 평정단위별 서열명부를 특정 공무원에 대한 평정순위를 변경하는 내용으로 재작성하게 할 권한이 없으므로, 피고인들의 행위가 공무원이 일반적 직무권한에 속하는 사항에 관하여 직권을 남용하여 평정권자나 실무 담당자 등으로 하여금 의무 없는 일을 하도록 한 것으로서 직권남용권리행사방해죄에 해당한다(대판 2012.1.27. 2010도11884).
- 대통령비서실장 및 정무수석비서관실 소속 공무원들인 피고인들이, 2014~2016년도의 3년 동안 각 연도별로 전국경제인연합회(이하 '전경련')에 특정 정치성향 시민단체들에 대한 자금지원을 요구하고 그로 인하여 전경련 부회장 갑으로 하여금 해당 단체들에 자금지원을 하도록 한 경우, 피고인들이 위와 같이 자금지원을 요구한 행위는 대통령비서실장과 정무수석비서관실의 일반적 직무권한에 속하는 사항으로서 직권을 남용한 경우에 해당한다(대판 2020.2.13. 2019도5186).

2. 의무 없는 일의 강요에 해당하지 아니하는 사례
- [1] 직권남용 행위의 상대방이 일반 사인인 경우 특별한 사정이 없는 한 직권에 대응하여 따라야 할 의무가 없으므로 그에게 어떠한 행위를 하게 하였다면 '의무 없는 일을 하게 한 때'에 해당할 수 있다. 그러나 상대방이 공무원이거나 법령에 따라 일정한 공적 임무를 부여받고 있는 공공기관 등의 임직원인 경우에는 법령에 따라 임무를 수행하는 지위에 있으므로 그가 직권에 대응하여 어떠한 일을 한 것이 의무 없는 일인지 여부는 관계 법령 등의 내용에 따라 개별적으로 판단하여야 한다.

  [2] 행정목적을 달성하기 위한 협조 또는 의견교환 등은 행정의 효율성을 높이기 위하여 필요하고, 동등한 지위 사이뿐만 아니라 상하기관 사이, 감독기관과 피감독기관 사이에서도 이루어질 수 있다. 이러한 관계에서 일방이 상대방의 요청을 청취하고 자신의 의견을 밝히거나 협조하는 등 요청에 응하는 행위를 하는 것은 특별한 사정이 없는 한 법령상 의무 없는 일이라고 단정할 수 없다. 결국 공무원이 직권을 남용하여 사람으로 하여금 어떠한 일을 하게 한 때에 상대방이 공무원 또는 유관기관의 임직원인 경우에는 그가 한 일이 형식과 내용 등에 있어 직무범위 내에 속하는 사항으로서 법령 그 밖의 관련 규정에 따라 직무수행 과정에서 준수하여야 할 원칙이나 기준, 절차 등을 위반하지 않는다면 특별한 사정이 없는 한 법령상 의무 없는 일을 하게 한 때에 해당한다고 보기 어렵다.

[3] 대통령비서실장을 비롯한 피고인들 등이 문화체육관광부(이하 '문체부') 공무원을 통하여 문화예술진흥기금 등 정부의 지원을 신청한 개인·단체의 이념적 성향이나 정치적 견해 등을 이유로 한국문화예술위원회·영화진흥위원회·한국출판문화산업진흥원(이하 각각 '예술위', '영진위', '출판진흥원')이 수행한 각종 사업에서 이른바 좌파 등에 대한 지원배제를 지시함으로써 예술위·영진위·출판진흥원 직원들로 하여금 의무 없는 일을 하게 하였다는 직권남용권리행사방해의 공소사실로 기소된 사안에서, 피고인들의 위와 같은 지원배제 지시는 헌법에서 정한 문화국가원리, 표현의 자유, 평등의 원칙, 문화기본법의 기본이념인 문화의 다양성·자율성·창조성 등에 반하여 헌법과 법률에 위배되므로 '직권남용'에 해당하고, 나아가 위 지원배제 지시로써 문체부 공무원이 예술위·영진위·출판진흥원 직원들로 하여금 지원배제 방침이 관철될 때까지 사업진행 절차를 중단하는 행위, 지원배제 대상자에게 불리한 사정을 부각시켜 심의위원에게 전달하는 행위, 지원배제 방침을 심의위원에게 전달하면서 지원배제 대상자의 탈락을 종용하는 행위 등을 하게 한 것은 모두 위원들의 독립성을 침해하고 자율적인 절차진행과 운영을 훼손하는 것으로서 예술위·영진위·출판진흥원 직원들이 준수해야 하는 법령상 의무에 위배되므로 '의무 없는 일을 하게 한 때'에 해당하나, 예술위·영진위·출판진흥원 직원들로 하여금 문체부 공무원에게 각종 명단을 송부하게 한 행위, 공모사업 진행 중 수시로 심의 진행 상황을 보고하게 한 행위 부분은, 예술위·영진위·출판진흥원은 사업의 적정한 수행에 관하여 문체부의 감독을 받으므로 일반적으로 지원사업의 진행 상황을 보고하는 등 문체부의 지시에 협조할 의무가 있어 의무 없는 일에 해당하기 어렵다고 볼 여지가 있다(대판 2020.1.30. 2018도2236[전합]).

- 지방자치단체의 장이 승진후보자명부 방식에 의한 5급 공무원 승진임용 절차에서 인사위원회의 사전심의·의결 결과를 참고하여 승진후보자명부상 후보자들에 대하여 승진임용 여부를 심사하고서 최종적으로 승진대상자를 결정하는 것이 아니라, 미리 승진후보자명부상 후보자들 중에서 승진대상자를 실질적으로 결정한 다음 그 내용을 인사위원회 간사, 서기 등을 통해 인사위원회 위원들에게 '승진대상자 추천'이라는 명목으로 제시하여 인사위원회로 하여금 자신이 특정한 후보자들을 승진대상자로 의결하도록 유도하는 행위는 인사위원회 사전심의 제도의 취지에 부합하지 않다는 점에서 바람직하지 않다고 볼 수 있지만, 그것만으로는 직권남용권리행사방해죄의 구성요건인 '직권의 남용' 및 '의무 없는 일을 하게 한 경우'로 볼 수 없다(대판 2020.12.10. 2019도17879).
- 법무부 검찰국장인 피고인이, 검찰국이 마련하는 인사안 결정과 관련한 업무권한을 남용하여 검사인사담당 검사 갑으로 하여금 2015년 하반기 검사인사에서 부치지청에 근무하고 있던 경력검사 을을 다른 부치지청으로 다시 전보시키는 내용의 인사안을 작성하게 함으로써 의무 없는 일을 하게 하였다고 하여 직권남용권리행사방해로 기소된 사안에서, 검사에 대한 전보인사는 인사권자의 권한에 속하고, 검사는 고도의 전문지식과 직무능력, 인격을 갖출 것이 요구되므로 인사권자는 이를 결정함에 있어 상당한 재량을 가지며, 인사안 작성 당시 경력검사 부치지청 배치제도가 인사기준 내지 고려사항의 하나로 유지되고 있었더라도, 관련 법령이나 검찰인사위원회의 심의·의결사항 등을 전제로 한 여러 인사기준 또는 다양한 고려사항들 중 하나로서, 검사인사담당 검사가 검사의 전보인사안을 작성할 때 지켜야 할 일의적·절대적 기준이라고 볼 수 없고, 다른 인사기준 내지 다양한 고려사항들보다 일방적으로 우위에 있는 것으로 볼 만한 근거도 찾기 어려운 점 등의 사정을 종합하면, 피고인이 갑으로 하여금 위 인사안을 작성하게 한 것을 두고 피고인의 직무집행을 보조하는 갑으로 하여금 그가 지켜야 할 직무집행의 기준과 절차를 위반하여 법령상 의무 없는 일을 하게 한 때에 해당한다고 보기 어렵다(대판 2020.1.9. 2019도11698).
- 피고인[J지방법원장(註)]이 법원 형사과장 G에게 집행관사무원 비리 사건 관련 영장이 청구되는 경우 이를 보고하고 필요한 영장을 사본하여 총무과에 제공하라고 지시하였다고 인정하기 어렵고,

> 설령 피고인이 G에게 이를 지시하였다고 하더라도 직권을 남용한 것이라고 볼 수 없다. 또한 피고인이 법원 사무국장 H, 총무과장 I에게 집행관사무원 비리 사건 관련자들의 검찰 진술내용을 파악하여 B에게 그 내용을 제공할 것을 지시하고, I가 대표집행관 J, 감사계장 K에게 이를 전달하였다고 인정하기 어려워 직권남용권리행사방해죄는 성립하지 아니한다(대판 2021.12.30, 2021도11924).

③ **권리행사의 방해** : 법률상 가지고 있는 권리를 행사하지 못하게 하는 것을 말한다.

> [1] 상급 경찰관이 직권을 남용하여 부하 경찰관들의 수사를 중단시키거나 사건을 다른 경찰관서로 이첩하게 한 경우, 일단 '부하 경찰관들의 수사권 행사를 방해한 것'에 해당함과 아울러 '부하 경찰관들로 하여금 수사를 중단하거나 사건을 다른 경찰관서로 이첩할 의무가 없음에도 불구하고 수사를 중단하게 하거나 사건을 이첩하게 한 것'에도 해당된다고 볼 여지가 있다. 그러나 이는 어디까지나 하나의 사실을 각기 다른 측면에서 해석한 것에 불과한 것으로서, '권리행사를 방해함으로 인한 직권남용권리행사방해죄'와 '의무 없는 일을 하게 함으로 인한 직권남용권리행사방해죄'가 별개로 성립하는 것이라고 할 수는 없다. 따라서 위 두 가지 행위 태양에 모두 해당하는 것으로 기소된 경우, '권리행사를 방해함으로 인한 직권남용권리행사방해죄'만 성립하고 '의무 없는 일을 하게 함으로 인한 직권남용권리행사방해죄'는 따로 성립하지 아니하는 것으로 봄이 상당하다.
> [2] 경찰관 직무집행법의 관련 규정을 근거로 경찰관은 범죄를 수사할 권한을 가지고 있다고 인정한 다음, 이러한 범죄수사권은 직권남용권리행사방해죄에서 말하는 '권리'에 해당한다고 인정한 원심판결을 정당하다고 수긍한 사례(대판 2010.1.28, 2008도7312).

④ **기수시기** : 직권남용권리행사방해죄는 단순히 공무원이 직권을 남용하는 행위를 하였다는 것만으로 곧바로 성립하는 것이 아니라, 직권을 남용하여 현실적으로 다른 사람으로 하여금 법령상 의무 없는 일을 하게 하였거나 다른 사람의 구체적인 권리행사를 방해하는 결과가 발생하여야 하고, 그 결과의 발생은 직권남용 행위로 인한 것이어야 한다. 여기서 권리행사를 방해한다 함은 법령상 행사할 수 있는 권리의 정당한 행사를 방해하는 것을 말하므로, 이에 해당하려면 구체화된 권리의 현실적인 행사가 방해된 경우라야 한다. 또한 직권남용 행위의 상대방이 공무원이거나 법령에 따라 일정한 공적 임무를 부여받고 있는 공공기관 등의 임직원인 경우에는 법령에 따라 임무를 수행하는 지위에 있으므로, 그가 직권에 대응하여 어떠한 일을 한 것이 의무 없는 일인지 여부는 관계 법령 등의 내용에 따라 개별적으로 판단하여야 한다(대판 2022.10.27, 2020도15105).

1. **직권남용죄가 성립하는 사례**
    - 현행범인 체포의 요건을 갖추었는지에 관한 검사나 사법경찰관 등의 판단에는 상당한 재량의 여지가 있으나, 체포 당시 상황으로 보아도 요건 충족 여부에 관한 검사나 사법경찰관 등의 판단이 경험칙에 비추어 현저히 합리성을 잃은 경우 그 체포는 위법하다. 그리고 범죄의 고의는 확정적 고의뿐만 아니라 결과 발생에 대한 인식이 있고 이를 용인하는 의사인 이른바 미필적 고의도 포함하므로, 피고인이 인신구속에 관한 직무를 집행하는 사법경찰관으로서 체포 당시 상황을 고려하여 경험칙에 비추어 현저하게 합리성을 잃지 않은 채 판단하면 체포 요건이 충족되지 아니함을 충분히 알 수 있었는데도, 자신의 재량 범위를 벗어난다는 사실을 인식하고 그와 같은 결과를 용인한 채 사람을 체포하여 권리행사를 방해하였다면, 직권남용체포죄와 직권남용권리행사방해죄가 성립한다(대판 2017.3.9, 2013도16162).

- 서울특별시 ○○구청장으로 재직 중이던 피고인 1과 ○○구 주택과장으로 재직 중이던 피고인 2가 공모하여, 직권을 남용하여 △△구역 주택재개발정비사업조합(이하 '△△조합')으로 하여금 조합원이 아닌 공소외 1에게 보류지 아파트를 조합원 가격으로 배정, 분양하게 한 경우, 의무 없는 일을 하게 한 것이므로 직권남용권리행사방해죄의 공동정범이 성립한다(대판 2015.3.26. 2013도2444).

2. **직권남용죄가 성립하지 아니하는 사례**

   [1] 직권남용권리행사방해죄는 공무원이 직권을 남용하여 사람으로 하여금 의무 없는 일을 하게 하거나 사람의 권리행사를 방해한 때에 성립하는 범죄이다. 여기에서 '직권남용'이란 공무원이 그 일반적 직무권한에 속하는 사항에 관하여 직권의 행사에 가탁하여 실질적, 구체적으로 위법·부당한 행위를 하는 경우를 의미하고, 공무원이 직무와는 상관없이 단순히 개인적인 친분에 근거하여 문화예술 활동에 대한 지원을 권유하거나 협조를 의뢰한 것에 불과한 경우까지 직권남용에 해당한다고 할 수는 없다. 그리고 직권남용죄에서 말하는 '의무'란 법률상 의무를 가리키고, 단순한 심리적 의무감 또는 도덕적 의무는 이에 해당하지 아니한다.

   [2] 대통령비서실 정책실장이 기업관계자들에게 기업 메세나(Mecenat) 활동의 일환인 미술관 전시회 후원을 요청하여 기업관계자들이 특정 미술관에 후원금을 지급한 사안에서, 직권남용권리행사방해죄 및 제3자뇌물공여죄가 성립하지 않는다고 한 사례(대판 2009.1.30. 2008도6950).

(2) 주관적 구성요건

사람으로 하여금 의무 없는 일을 하게 하거나 사람의 권리행사를 방해한다는 것에 대한 인식과 의사가 있어야 한다.

3. 죄 수

판례는 직권남용권리행사방해죄는 국가기능의 공정한 행사라는 국가적 법익을 보호하는 데 주된 목적이 있고, 직권남용으로 인한 국가정보원법 위반죄도 마찬가지이므로 국가정보원 직원이 동일한 사안에 관한 일련의 직무집행 과정에서 단일하고 계속된 범의로 일정 기간 계속하여 저지른 직권남용행위에 대하여는 설령 그 상대방이 수인이라고 하더라도 포괄일죄가 성립할 수 있다고 봄이 타당하다고(대판 2021.3.11. 2020도12583) 한다.

Ⅵ 불법체포·감금죄

불법체포·감금죄는 재판, 검찰, 경찰 기타 인신구속에 관한 직무를 행하는 자 또는 이를 보조하는 자가 그 직권을 남용하여 사람을 체포 또는 감금함으로써 성립하는 범죄이다(형법 제124조).

Ⅶ 폭행・가혹행위죄

폭행・가혹행위죄는 재판, 검찰, 경찰 그 밖에 인신구속에 관한 직무를 수행하는 자 또는 이를 보조하는 자가 그 직무를 수행하면서 형사피의자나 그 밖의 사람에 대하여 폭행 또는 가혹행위를 함으로써 성립하는 범죄이다(형법 제125조).

Ⅷ 선거방해죄

선거방해죄는 검찰, 경찰 또는 군의 직에 있는 공무원이 법령에 의한 선거에 관하여 선거인, 입후보자 또는 입후보자되려는 자에게 협박을 가하거나 기타 방법으로 선거의 자유를 방해함으로써 성립하는 범죄이다(형법 제128조).

Ⅸ 뇌물죄의 일반이론

1. 의 의

뇌물죄란 공무원 또는 중재인이 직무행위에 대한 대가로서 부당한 이익을 취득하는 것을 내용으로 하는 범죄이다.

2. 보호법익

보호법익에 대하여는 직무행위 자체의 순수성 또는 직무의무의 불가침성을 보호법익으로 한다는 순수성설, 직무행위의 불가매수성・무상성을 보호법익으로 한다는 불가매수성설 등이 주장되고 있으나, 우리 형법은 제129조에서 단순수뢰죄를 처벌하고 있고, 직무행위가 매수되면 공무의 공정성에 대한 국민의 신뢰기반이 상실된다는 점에서 직무행위의 불가매수성과 이에 대한 사회일반의 신뢰를 보호법익으로 한다는 신뢰보호설이 타당하다고 판단된다. 판례는 불가매수성설을 따른 경우(대판 2000.1.28. 99도4022)도 있고, 신뢰보호설을 취한 경우(대판 2000.1.21. 99도4940)도 있다. 보호받는 정도는 추상적 위험범이다.

3. 수뢰죄와 증뢰죄의 관계

뇌물죄 중 수수・공여・약속은 필요적 공범이나, 요구와 공여의 의사표시는 일방적인 의사표시로도 가능하므로 독립범죄라는 이원설(통설)이 타당하다. 판례는 뇌물수수죄는 필요적 공범으로서 형법 총칙의 공범이 아니므로 따로 형법 제30조를 적용할 필요 없다고(대판 1971.3.9. 70도2536) 한다.

4. 뇌물

(1) 뇌물의 개념
뇌물이란 공무원 또는 중재인의 직무에 관한 위법한 보수 또는 부정한 이익을 말한다.

(2) 뇌물의 요건

1) 직무관련성

① **직무** : 공무원·중재인이 그 지위에 기하여 담당하는 일체의 사무를 말한다. 법령·행정처분·훈령 등에 의한 직무는 물론 관례·상사의 명령에 의해 소관 이외의 사무를 일시 대리할 경우의 사무도 포함한다(대판 1996.6.14. 96도865). 공무원의 일반적·추상적 직무는 현재 구체적으로 직무를 담당하고 있어야 하는 것은 아니며 과거에 담당하였거나 장래에 담당할 직무도 무관하다(대판 1994.3.22. 93도2962).

② **직무에 관하여**

㉠ 의의 : '직무에 관하여'란 법령상 권한에 속하는 직무 그 자체에 관한 것은 물론 직무와 밀접한 관련이 있는 행위 또는 직무행위와 관련하여 관례상·사실상 관여·처리하던 직무도 포함한다(대판 2002.3.15. 2001도970).

[1] 뇌물수수죄가 성립하려면 공무원이 그 직무에 관하여 뇌물을 수수하여야 한다. 따라서 공무원이 이익을 수수한 행위가 공무원의 직무와 관련이 없다면 뇌물수수죄는 성립하지 않는다. 공무원이 장래에 담당할 직무에 대한 대가로 이익을 수수한 경우에도 뇌물수수죄가 성립할 수 있지만, 그 이익을 수수할 당시 장래에 담당할 직무에 속하는 사항이 그 수수한 이익과 관련된 것임을 확인할 수 없을 정도로 막연하고 추상적이거나, 장차 그 수수한 이익과 관련지을 만한 직무권한을 행사할지 자체를 알 수 없다면, 그 이익이 장래에 담당할 직무에 관하여 수수되었다거나 그 대가로 수수되었다고 단정하기 어렵다.

[2] 형법 제132조에서 말하는 '다른 공무원의 직무에 속한 사항의 알선에 관하여 뇌물을 수수한다'라고 함은, 다른 공무원의 직무에 속한 사항을 알선한다는 명목으로 뇌물을 수수하는 행위로서 반드시 알선의 상대방인 다른 공무원이나 그 직무의 내용을 구체적으로 특정할 필요까지는 없다. 알선행위는 장래의 것이라도 무방하므로, 뇌물을 수수할 당시 상대방에게 알선에 의하여 해결을 도모하여야 할 현안이 반드시 존재하여야 할 필요는 없지만, 알선뇌물수수죄가 성립하려면 알선할 사항이 다른 공무원의 직무에 속하는 사항으로서 뇌물수수의 명목이 그 사항의 알선에 관련된 것임이 어느 정도는 구체적으로 나타나야 한다. 단지 상대방으로 하여금 뇌물을 수수하는 자에게 잘 보이면 어떤 도움을 받을 수 있다거나 손해를 입을 염려가 없다는 정도의 막연한 기대감을 갖게 하는 정도에 불과하고, 뇌물을 수수하는 자 역시 상대방이 그러한 기대감을 가질 것이라고 짐작하면서 수수하였다는 사정만으로는 알선뇌물수수죄가 성립하지 않는다.

[3] 검사였던 피고인 1이 대학생 시절부터 친하게 지내온 기업인인 피고인 2로부터 장래 발생할 수 있는 형사사건에서 피고인 1이 사건을 맡으면 직접, 다른 검사가 맡게 되면 피고인 1이 청탁을 알선해 주는 대가로 금품 등을 수수한 경우, 피고인 1이 피고인 2로부터 이익을 수수할 당시 장래에 담당할 직무에 속하는 사항이 그 수수한 이익과 관련성을 인정하기 어려울 정도로 막연하고 추상적이고 장차 그 수수한 이익과 관련성이 있는 직무권한을 행사할지 알 수 없고, 피고인 1이 장래 알선할

사항이 다른 검사의 직무에 속하는 사항으로서 금품수수의 명목이 그 사항의 알선에 관련된 것이라고 구체적으로 나타나지 않고 단지 피고인 2가 피고인 1로부터 어떤 도움을 받을 수 있다거나 손해를 입을 염려가 없다는 정도의 막연한 기대감을 갖게 하는 정도에 불과하고, 피고인 1도 그러한 기대감을 가질 것이라고 짐작하면서 수수하였다는 정도의 사정만이 인정되므로 피고인 1에게 뇌물수수 및 알선뇌물수수죄, 피고인 2에게 뇌물공여죄의 성립을 인정할 수는 없다(대판 2017.12.22. 2017도12346).

ⓒ 직무관련성의 판단기준 : 직무관련성의 판단기준은 공무원의 이익수수로 인하여 사회일반으로부터 직무집행의 공정성을 의심받게 되는지 여부가 그 기준이 된다(대판 2002.3.15. 2001도970). 그 여부는 객관적으로 직무행위의 외형을 갖추고 있는가를 토대로 판단하여야 한다.

1. **직무관련성을 인정한 사례**
   - 공무원이 그 직무의 대상이 되는 사람으로부터 금품 기타 이익을 받은 때에는 그것이 그 사람이 종전에 공무원으로부터 접대 또는 수수한 것을 갚는 것으로서 사회상규에 비추어 볼 때 의례상 대가에 불과한 것이라고 여겨지거나, 개인적인 친분관계가 있어서 교분상 필요에 의한 것이라고 명백하게 인정할 수 있는 경우 등 특별한 사정이 없는 한 직무와 관련성이 있다고 볼 수 있다. 그리고 공무원의 직무와 관련하여 금품을 주고받았다면 비록 사교적 의례의 형식을 빌려 금품을 주고받았다고 하더라도 그 수수한 금품은 뇌물이 된다(대판 2018.5.15. 2017도19499).
   - 국회 정무위원회 수석전문위원으로서 정무위원회 소관 기관에 대하여 상당한 영향력을 가진 피고인이 그 소관 기관 등의 업무에 관한 청탁 또는 부탁을 받고 금품을 수수한 경우, 피고인의 위 행위는 자신의 직무이거나 그 직무와 밀접한 관계가 있는 행위라고 할 것이어서 형법 제129조의 수뢰죄에 해당한다(대판 2010.12.23. 2010도10910).
   - 공무원으로 의제되는 재건축조합 조합장인 피고인 甲이 조합장의 직무와 관련하여 금품을 수수한 경우, 甲이 재건축상가 일반분양분의 매수를 위한 청탁 명목으로 제공된다는 사정을 알면서 피고인 乙을 통하여 丁으로부터 5,000만원이 입금되어 있는 통장과 현금카드를 교부받았고, 재건축상가 일반분양분의 매각은 조합장의 직무와 밀접한 관련이 있으므로, 甲에게 뇌물수수죄가 인정된다(대판 2010.12.23. 2010도13584).
   - 경찰청장으로서 모든 범죄수사에 관하여 직무상 또는 사실상의 영향력을 행사할 수 있는 지위에 있던 피고인이, 1년에 3~4차례 정도 전화로 안부 인사를 나눌 정도였던 甲으로부터 미화 2만 달러를 받은 경우, 이는 직무와 관련하여 뇌물로 수수한 것으로 보아야 한다(대판 2010.4.29. 2010도1082).

2. **직무관련성을 인정하지 아니한 사례**
   - 구 해양수산부 소속 공무원인 피고인이 甲 해운회사의 전·현직 대표이사에게서 직무관련성이 없는 '중국 교통부로부터 선박운항허가를 받을 수 있도록 해달라는 명목'과 직무관련성이 있는 '甲 회사의 업무편의를 도모하여 달라는 명목'으로 돈을 교부받은 경우, 관련 규정에 의하면 해운정책과 업무에는 대한민국 국적선사의 선박에 관한 것만 포함되어 있을 뿐 외국 국적선사의 선박에 대한 행정처분에 관한 것은 포함되어 있지 않고, 또한 외국 국적선사의 선박에 대한 구체적인 행정처분은, 해운정책과 소속 공무원에게 이를 좌우할 수 있는 어떠한 영향력이 있다고 할 수도 없어 해운정책과 소속 공무원의 직무와 밀접한 관계에 있는 행위라거나 또는 그가 관여하는 행위에 해당한다고 볼 수 없으므로, 직무관련성이 없어 뇌물수수죄가 성립하지 않는다(대판 2011.5.26. 2009도2453).

> - 뇌물수수죄가 성립하려면 공무원이 그 직무에 관하여 뇌물을 수수하여야 한다. 따라서 공무원이 이익을 수수한 행위가 공무원의 직무와 관련이 없다면 뇌물수수죄는 성립하지 않는다. 공무원이 장래에 담당할 직무에 대한 대가로 이익을 수수한 경우에도 뇌물수수죄가 성립할 수 있지만, 그 이익을 수수할 당시 장래에 담당할 직무에 속하는 사항이 그 수수한 이익과 관련된 것임을 확인할 수 없을 정도로 막연하고 추상적이거나, 장차 그 수수한 이익과 관련지을 만한 직무권한을 행사할지 자체를 알 수 없다면, 그 이익이 장래에 담당할 직무에 관하여 수수되었다거나 그 대가로 수수되었다고 단정하기 어렵다(대판 2017.12.22. 2017도12346).

③ **전직 전의 직무** : 공무원이 다른 직무로 전직한 후에 전직 전의 직무와 관련하여 뇌물을 받은 경우, 반대의 견해가 있으나 이때에도 과거 직무의 공정과 이에 대한 신뢰가 침해되는 것으로 볼 수 있으므로 직무관련성이 인정된다고 이해하는 것이 타당하다.

2) 부정한 보수

① **대가관계** : 뇌물은 직무에 관한 부정한 이익이므로 뇌물과 직무행위가 급부와 반대급부라는 직무에 대한 대가관계가 인정되어야 한다. 이러한 대가관계는 개개의 직무행위에 대하여 구체적으로 존재할 필요는 없고 그 공무원의 직무에 대한 것이라면 특정적·포괄적인 것을 불문한다(대판 2000.1.21. 99도4940).

② **사교적 의례와 뇌물** : 사교적 의례로서의 선물이 뇌물인지 여부에 대하여 사교적 의례로서의 선물일지라도 직무행위와 대가관계가 인정되면 뇌물이라는 견해와 대가관계가 인정되는 경우라도 사회관례상 관습적으로 인정되는 한도 내에서는 뇌물이 아니라는 견해가 대립하고 있고, 판례는 뇌물은 직무에 관한 행위의 대가로서의 불법한 이익을 말하므로 직무와 관련 없이 단순히 사교적인 예의로서 하는 증여는 뇌물이라고 할 수 없으나, 직무행위와의 대가관계가 인정되는 경우에는 비록 사교적 예의의 명목을 빌더라도 뇌물성을 부정할 수 없다고(대판 1999.7.23. 99도390) 한다. 생각건대 뇌물죄의 보호법익을 고려할 때 직무행위와의 대가관계가 인정되는 경우에는 비록 사교적 의례로 선물을 주고 받더라도 뇌물이라고 보는 것이 타당하다.

3) 이 익

이익이란 사람의 수요·욕망을 충족시켜 줄 수 있는 일체의 유형·무형의 이익을 말한다. 여기에는 재산적·비재산적 이익도 포함되나 비재산적 이익은 객관적으로 측정가능한 것에 한한다는 것을 유의하여야 한다.

> 1. **뇌물성이 인정되는 사례**
>   - 뇌물죄에서 뇌물의 내용인 이익이라 함은 금전, 물품 기타의 재산적 이익뿐만 아니라 사람의 수요·욕망을 충족시키기에 족한 일체의 유형·무형의 이익을 포함하며, 제공된 것이 성적 욕구의 충족이라고 하여 달리 볼 것이 아니다(대판 2014.1.29. 2013도13937).
>   - 甲 생명보험 주식회사의 보험설계사이자 도시 및 주거환경정비법상 재건축정비사업조합의 조합장인 피고인이, 乙에게서 시공사 선정 등에 도움을 달라는 청탁을 받고 乙로 하여금 甲 회사 보험상품에 대한 보험계약을 체결하게 한 후 그에 대한 보험계약 모집수수료를 교부받은 경우, 피고인이 乙에게서 제공받은 뇌물은 '보험계약 체결에 따라 모집수수료 등을 지급받을 수 있는 지위 또는 기회'이고, 재산적 가치는 적어도 보험계약 모집수수료 상당은 된다고 보아야 한다(대판 2014.10.15. 2014도8113).

- 재개발주택조합의 조합장이 그 재직 중 고소하거나 고소당한 사건의 수사를 담당한 경찰관에게 액수 미상의 프리미엄이 예상되는 그 조합아파트 1세대를 분양해 준 경우, 그 아파트가 당첨자의 분양권 포기로 조합에서 임의분양하기로 된 것으로서 예상되는 프리미엄의 금액이 불확실하였다고 하더라도, 조합, 즉 조합장이 선택한 수분양자가 되어 분양계약을 체결한 것 자체가 경제적인 이익이라고 볼 수 있으므로 뇌물공여죄에 해당한다(대판 2002.11.26. 2002도3539).

2. 뇌물성이 인정되지 아니하는 사례

[1] 횡령 범행으로 취득한 돈을 공범자끼리 수수한 행위가 공동정범들 사이의 범행에 의하여 취득한 돈을 공모에 따라 내부적으로 분배한 것에 지나지 않는다면 별도로 그 돈의 수수행위에 관하여 뇌물죄가 성립하는 것은 아니다. 그와 같이 수수한 돈의 성격을 뇌물로 볼 것인지 횡령금의 분배로 볼 것인지 여부는 돈을 공여하고 수수한 당사자들의 의사, 수수된 돈의 액수, 횡령 범행과 수수행위의 시간적 간격, 수수한 돈이 횡령한 그 돈인지 여부, 수수한 장소와 방법 등을 종합적으로 고려하여 객관적으로 평가하여 판단하여야 한다.

[2] 대통령은 행정부의 수반이면서 국정원장에 대한 지휘·감독 및 인사권자이다. 피고인은 이러한 대통령의 지위에서 국정원장들에게 국정원 자금을 횡령하여 교부할 것을 지시하고 국정원장들로부터 그들이 횡령한 특별사업비를 교부받았다. 이러한 사정을 종합하면, 피고인과 국정원장들 사이에 국정원 자금을 횡령하여 이를 모두 피고인에게 귀속시키기로 하는 공모가 있었고 그에 따라 이 부분 특별사업비의 횡령 및 교부가 이루어진 것으로 볼 수 있다. 피고인은 횡령범행의 실행행위를 직접 수행하지는 않았으나 국정원장들에 대한 우월하고 압도적인 지위에서 범행을 지시하고 이를 따른 국정원장들로부터 이 부분 특별사업비를 교부받았다. 결국 피고인은 자신이 적극적으로 가담하여 이루어진 횡령범행 과정에서 공범자 중 일부가 취득한 돈을 공모의 내용에 따라 내부적으로 분배받은 것에 불과하다. 따라서 피고인이 교부받은 이 부분 특별사업비를 뇌물로 보기 어렵고, 피고인에게 뇌물에 관한 고의가 있었다고 보기도 어려우므로 특정범죄가중법 위반(뇌물)죄가 성립하지 않는다(대판 2019.11.28. 2019도11766).

X 수뢰죄

1. 의 의

수뢰죄는 공무원 또는 중재인이 그 직무에 관하여 뇌물을 수수, 요구 또는 약속함으로써 성립하는 범죄이다(형법 제129조 제1항).

2. 구성요건

(1) 객관적 구성요건

1) 주 체

공무원 또는 중재인이다. 공무원은 법령의 근거에 기하여 국가 또는 지방자치단체 및 이에 준하는 공법인의 사무에 종사하는 자로서 그 노무의 내용이 단순한 기계적·육체적인 것에 한정되어 있지 않은 자를 말한다(대판 2012.8.23. 2011도12639). 중재인은 법령에 의하여 중재의 직무를 담당하는 자를 의미한다(예 노조법상 중재인, 중재법상 중재인 등).

1. **퇴직 후에 금품을 수수한 사례**
   [1] 뇌물수수죄는 공무원 또는 중재인이 그 직무에 관하여 뇌물을 수수한 때에 성립하는 것이어서 그 주체는 현재 공무원 또는 중재인의 직에 있는 자에 한정되므로, 공무원이 직무와 관련하여 뇌물수수를 약속하고 퇴직 후 이를 수수하는 경우에는, 뇌물약속과 뇌물수수가 시간적으로 근접하여 연속되어 있다고 하더라도, 뇌물약속죄 및 사후수뢰죄가 성립할 수 있음은 별론으로 하고, 뇌물수수죄는 성립하지 않는다.
   [2] 피고인이 공소외인으로부터 사무실 등을 제공받을 당시 산업은행 총재직에서 퇴직한 이상 뇌물수수죄는 성립하지 않는다고 판단한 것은 위 법리에 따른 것으로 정당하다(대판 2008.2.1. 2007도5190).

2. **공무원에 해당하는지 여부에 대한 사례**
1) 공무원에 해당하는 사례
   - 형법이 뇌물죄에 관하여 규정하고 있는 것은 공무원의 직무집행의 공정과 그에 대한 사회의 신뢰 및 직무행위의 불가매수성을 보호하기 위한 것이다. 법령에 기한 임명권자에 의하여 임용되어 공무에 종사하여 온 사람이 나중에 그가 임용결격자이었음이 밝혀져 당초의 임용행위가 무효라고 하더라도, 그가 임용행위라는 외관을 갖추어 실제로 공무를 수행한 이상 공무 수행의 공정과 그에 대한 사회의 신뢰 및 직무행위의 불가매수성은 여전히 보호되어야 한다. 따라서 이러한 사람은 형법 제129조에서 규정한 공무원으로 봄이 타당하고, 그가 그 직무에 관하여 뇌물을 수수한 때에는 수뢰죄로 처벌할 수 있다(대판 2014.3.27. 2013도11357).
   - [1] 구 건설기술관리법 제45조 제1호는 형법 제129조부터 제132조까지의 뇌물죄 규정을 적용할 때에는 제5조 제1항에 따른 지방건설기술심의위원회(이하 '기술심의위원회')의 위원 중 공무원이 아닌 위원은 공무원으로 본다고 규정하고 있다. 이는 심의의 공정성과 투명성을 높이기 위하여 공무원이 아닌 사람이 기술심의위원회의 위원으로서 직무를 처리하는 경우에 그 직무와 관련하여 부당한 금품을 수수하면 공무원으로 보아 형법 제129조부터 제132조까지의 뇌물죄로 처벌하려는 것이다. 위와 같은 의제규정의 내용 및 목적에 비추어 보면, 국가공무원이나 지방공무원 등 공무원이 기술심의위원회의 위원으로서 직무를 처리하는 경우에 그 직무가 그 공무원이 취급하는 원래의 직무 범위에 속하지 아니한다고 하더라도 기술심의위원회 위원의 직무와 관련하여 부당한 금품을 수수한 때에는 뇌물죄가 성립한다.
   [2] 뇌물죄에서 직무란 공무원이 그 지위에 수반하여 공무로서 처리하는 일체의 직무를 말하며, 과거에 담당하였거나 또는 장래 담당할 직무 및 사무분장에 따라 현실적으로 담당하지 않는 직무라고 하더라도 법령상 일반적인 직무권한에 속하는 직무 등 공무원이 그 지위에 따라 공무로 담당할 일체의 직무를 말한다. 다만 형법은 공무원이었던 자가 재직 중에 청탁을 받고 직무상 부정한 행위를 한 후 뇌물을 수수, 요구 또는 약속을 한 때에는 제131조 제3항에서 사후수뢰죄로 처벌하도록 규정하고 있으므로, 뇌물의 수수 등을 할 당시 이미 공무원의 지위를 떠난 경우에는 제129조 제1항의 수뢰죄로는 처벌할 수 없고 사후수뢰죄의 요건에 해당할 경우에 한하여 그 죄로 처벌할 수 있을 뿐이다(대판 2013.11.28. 2013도10011).
   - 도시 및 주거환경정비법(이하 '도시정비법') 제84조의 문언과 취지, 형법상 뇌물죄의 보호법익 등을 고려하면, 정비사업조합의 임원이 정비구역 안에 있는 토지 또는 건축물의 소유권 또는 지상권을 상실함으로써 조합 임원의 지위를 상실한 경우나 임기가 만료된 정비사업조합의 임원이 관련 규정에 따라 후임자가 선임될 때까지 계속하여 직무를 수행하다가 후임자가 선임되어 직무수행권을 상실한 경우, 그 조합 임원이 그 후에도 조합의 법인 등기부에 임원으로 등기되어 있는 상태에서 계속하여 실질적으로 조합 임원으로서의 직무를 수행하여 왔다면 직무수행의 공정과 그에 대한 사회의 신뢰 및 직무행위의 불가매수성은 여전히 보호되어야 한다. 따라서 그 조합 임원은 임원의 지위 상실이나 직무수행권의 상실에도 불구하고 도시정비법 제84조에 따라 형법 제129조 내지 제132조의 적용에서 공무원으로 보아야 한다(대판 2016.1.14. 2015도15798).

2) 공무원에 해당하지 아니하는 사례
　구 건축법 제4조 제1항의 규정에 의한 건축위원회 위원(대판 2012.7.26. 2012도5692), 서울특별시 후생복지심의위원회 위원장에 의해 서울시청 구내식당 소속 시간제 종사원으로 고용된 자(대판 2012.8.23. 2011도12639), 집행관사무소의 사무원(대판 2011.3.10. 2010도14394) 등은 뇌물수수죄의 주체인 공무원에 해당하지 아니한다.

2) 행 위

수뢰죄의 행위는 '직무에 관하여 뇌물을 수수·요구·약속'하는 것이다.

① 수 수

　㉠ 의의 : 영득의 의사로 뇌물을 현실적으로 취득하는 것을 말한다. 영득의 의사로 이를 취득한 이상 그 액수가 피고인이 예상한 것보다 너무 많은 액수여서 후일에 이를 반환하였다고 하더라도 뇌물수수죄는 성립하나(대판 2007.3.29. 2006도9182), 후일 기회를 보아서 반환할 의사로서 일단 받아둔 데 불과하다면 뇌물의 수수라고 할 수 없다(대판 1989.7.25. 89도126).

1. 뇌물수수죄가 성립하는 사례
   • [1] 뇌물죄는 공여자의 출연에 의한 수뢰자의 영득의사의 실현으로서, 공여자의 특정은 직무행위와 관련이 있는 이익의 부담 주체라는 관점에서 파악하여야 할 것이므로, 금품이나 재산상 이익 등이 반드시 공여자와 수뢰자 사이에 직접 수수될 필요는 없다.
   [2] 공무원인 피고인 갑은 피고인 을로부터 "선물을 할 사람이 있으면 새우젓을 보내 주겠다."라는 말을 듣고 이를 승낙한 뒤 새우젓을 보내고자 하는 사람들의 명단을 피고인 을에게 보내주고 피고인 을로 하여금 위 사람들에게 피고인 갑의 이름을 적어 마치 피고인 갑이 선물을 하는 것처럼 새우젓을 택배로 발송하게 하고 그 대금을 지급하지 않는 방법으로 직무에 관하여 뇌물을 교부받고, 피고인 을은 피고인 갑에게 뇌물을 공여하였다는 내용으로 기소된 사안에서, 피고인 을의 새우젓 출연에 의한 피고인 갑의 영득의사가 실현되어 형법 제129조 제1항의 뇌물공여죄 및 뇌물수수죄가 성립하고, 공여자와 수뢰자 사이에 직접 금품이 수수되지 않았다는 사정만으로 이와 달리 볼 수 없다고 한 사례(대판 2020.9.24. 2017도12389)
   • [1] 신분관계가 없는 사람이 신분관계로 인하여 성립될 범죄에 가공한 경우에는 신분관계가 있는 사람과 공범이 성립한다(형법 제33조 본문 참조). 이 경우 신분관계가 없는 사람에게 공동가공의 의사와 이에 기초한 기능적 행위지배를 통한 범죄의 실행이라는 주관적·객관적 요건이 충족되면 공동정범으로 처벌한다. 공동가공의 의사는 공동의 의사로 특정한 범죄행위를 하기 위하여 일체가 되어 서로 다른 사람의 행위를 이용하여 자기의 의사를 실행에 옮기는 것을 내용으로 한다. 따라서 공무원이 아닌 사람(이하 '비공무원')이 공무원과 공동가공의 의사와 이를 기초로 한 기능적 행위지배를 통하여 공무원의 직무에 관하여 뇌물을 수수하는 범죄를 실행하였다면 공무원이 직접 뇌물을 받은 것과 동일하게 평가할 수 있으므로 공무원과 비공무원에게 형법 제129조 제1항에서 정한 뇌물수수죄의 공동정범이 성립한다. 형법은 제130조에서 제129조 제1항 뇌물수수죄와는 별도로 공무원이 그 직무에 관하여 뇌물공여자로 하여금 제3자에게 뇌물을 공여하게 한 경우에는 부정한 청탁을 받고 그와 같은 행위를 한 때에 뇌물수수죄와 법정형이 동일한 제3자뇌물수수죄로 처벌하고 있다.

제3자뇌물수수죄에서 뇌물을 받는 제3자가 뇌물임을 인식할 것을 요건으로 하지 않는다. 그러나 공무원이 뇌물공여자로 하여금 공무원과 뇌물수수죄의 공동정범 관계에 있는 비공무원에게 뇌물을 공여하게 한 경우에는 공동정범의 성질상 공무원 자신에게 뇌물을 공여하게 한 것으로 볼 수 있다. 공무원과 공동정범 관계에 있는 비공무원은 제3자뇌물수수죄에서 말하는 제3자가 될 수 없고, 공무원과 공동정범 관계에 있는 비공무원이 뇌물을 받은 경우에는 공무원과 함께 뇌물수수죄의 공동정범이 성립하고 제3자뇌물수수죄는 성립하지 않는다. 뇌물수수죄의 공범들 사이에 직무와 관련하여 금품이나 이익을 수수하기로 하는 명시적 또는 암묵적 공모관계가 성립하고 공모 내용에 따라 공범 중 1인이 금품이나 이익을 주고받았다면, 특별한 사정이 없는 한 이를 주고받은 때 금품이나 이익 전부에 관하여 뇌물수수죄의 공동정범이 성립하고, 금품이나 이익의 규모나 정도 등에 대하여 사전에 서로 의사의 연락이 있거나 금품 등의 구체적 금액을 공범이 알아야 공동정범이 성립하는 것은 아니다. 금품이나 이익 전부에 관하여 뇌물수수죄의 공동정범이 성립한 이후에 뇌물이 실제로 공동정범인 공무원 또는 비공무원 중 누구에게 귀속되었는지는 이미 성립한 뇌물수수죄에 영향을 미치지 않는다. 공무원과 비공무원이 사전에 뇌물을 비공무원에게 귀속시키기로 모의하였거나 뇌물의 성질상 비공무원이 사용하거나 소비할 것이라고 하더라도 이러한 사정은 뇌물수수죄의 공동정범이 성립한 이후 뇌물의 처리에 관한 것에 불과하므로 뇌물수수죄가 성립하는 데 영향이 없다. 형법 제133조 제1항, 제129조 제1항에서 정한 뇌물공여죄의 고의는 '공무원에게 그 직무에 관하여 뇌물을 공여한다'는 사실에 대한 인식과 의사를 말하고, 미필적 고의로도 충분하다. 공여자가 공무원의 요구에 따라 비공무원에게 뇌물을 공여한 경우 공무원과 비공무원 사이의 관계가 형법 제129조 제1항 뇌물수수죄의 공동정범에 해당하고 공여자가 이러한 사실을 인식하였다면 공여자에게 형법 제133조 제1항, 제129조 제1항에서 정한 뇌물공여죄의 고의가 인정된다.

[2] 뇌물죄에서 뇌물의 내용인 이익은 금전, 물품 기타의 재산적 이익과 사람의 수요 욕망을 충족시키기에 충분한 일체의 유형·무형의 이익을 포함한다. 뇌물수수에서 말하는 '수수'란 받는 것, 즉 뇌물을 취득하는 것이고, 뇌물공여에서 말하는 '공여'란 뇌물을 취득하게 하는 것이다. 여기에서 취득이란 뇌물에 대한 사실상의 처분권을 획득하는 것을 의미하고, 뇌물인 물건의 법률상 소유권까지 취득하여야 하는 것은 아니다. 뇌물수수자가 법률상 소유권 취득의 요건을 갖추지는 않았더라도 뇌물로 제공된 물건에 대한 점유를 취득하고 뇌물공여자 또는 법률상 소유자로부터 반환을 요구받지 않는 관계에 이른 경우에는 그 물건에 대한 실질적인 사용·처분권한을 갖게 되어 그 물건 자체를 뇌물로 받은 것으로 보아야 한다. 뇌물수수자가 뇌물공여자에 대한 내부관계에서 물건에 대한 실질적인 사용·처분권한을 취득하였으나 뇌물수수 사실을 은닉하거나 뇌물공여자가 계속 그 물건에 대한 비용 등을 부담하기 위하여 소유권 이전의 형식적 요건을 유보하는 경우에는 뇌물수수자와 뇌물공여자 사이에서는 소유권을 이전받은 경우와 다르지 않으므로 그 물건을 뇌물로 수수하고 공여하였다고 보아야 한다. 뇌물수수자가 교부받은 물건을 뇌물공여자에게 반환할 것이 아니므로 뇌물수수자에게 영득의 의사도 인정되고, 뇌물공여자가 교부한 물건을 뇌물수수자로부터 반환받을 것이 아니므로 뇌물공여자에게 고의도 인정된다.

[3] 형법 제130조 제3자뇌물수수죄는 공무원 또는 중재인이 직무에 관하여 부정한 청탁을 받고 제3자에게 뇌물을 공여하게 하는 행위를 구성요건으로 한다. 여기에서 뇌물이란 공무원의 직무에 관하여 부정한 청탁을 매개로 제3자에게 교부되는 위법·부당한 이익을 말하고, 형법 제129조 뇌물죄와 마찬가지로 직무관련성이 있으면 인정된다. '부정한 청탁'이란 청탁이 위법·부당한 직무집행을 내용으로 하는 경우는 물론, 청탁의 대상이 된 직무집행 그 자체는 위법·부당하지 않더라도 직무집행을 어떤 대가관계와 연결시켜 직무집행에 관한 대가의 교부를 내용으로 하는 경우도 포함한다. 청탁의 대상인 직무행위의 내용을 구체적으로 특정할 필요도 없다. 부정한 청탁의 내용은

공무원의 직무와 제3자에게 제공되는 이익 사이의 대가관계를 인정할 수 있을 정도로 특정하면 충분하고, 이미 발생한 현안뿐만 아니라 장래 발생될 것으로 예상되는 현안도 위와 같은 정도로 특정되면 부정한 청탁의 내용이 될 수 있다.

부정한 청탁은 명시적인 의사표시가 없더라도 청탁의 대상이 되는 직무집행의 내용과 제3자에게 제공되는 금품이 직무집행에 대한 대가라는 점에 대하여 당사자 사이에 공통의 인식이나 양해가 있는 경우에는 묵시적 의사표시로 가능하다. 제3자뇌물수수죄에서 직무와 관련된 뇌물에 해당하는지 또는 부정한 청탁이 있었는지를 판단할 때에는 직무와 청탁의 내용, 공무원과 이익 제공자의 관계, 이익의 다과, 수수 경위와 시기 등의 여러 사정과 아울러 직무집행의 공정, 이에 대한 사회의 신뢰와 직무수행의 불가매수성이라고 하는 뇌물죄의 보호법익에 비추어 이익의 수수로 말미암아 사회 일반으로부터 직무집행의 공정성을 의심받게 되는지 등이 기준이 된다(대판 2019.8.29. 2018도2738[전합]).131)

- [1] 뇌물공여죄와 뇌물수수죄는 필요적 공범관계에 있다고 할 것이나, 필요적 공범이라는 것은 법률상 범죄의 실행이 다수인의 협력을 필요로 하는 것을 가리키는 것으로서 이러한 범죄의 성립에는 행위의 공동을 필요로 하는 것에 불과하고 반드시 협력자 전부가 책임이 있음을 필요로 하는 것은 아니므로, 오로지 공무원을 함정에 빠뜨릴 의사로 직무와 관련되었다는 형식을 빌려 그 공무원에게 금품을 공여한 경우에도 공무원이 그 금품을 직무와 관련하여 수수한다는 의사를 가지고 받아들이면 뇌물수수죄가 성립한다.
  [2] 피고인의 뇌물수수가 공여자들의 함정교사에 의한 것이기는 하나, 뇌물공여자들에게 피고인을 함정에 빠뜨릴 의사만 있었고 뇌물공여의 의사가 전혀 없었다고 보기 어려울 뿐 아니라, 뇌물공여자들의 함정교사라는 사정은 피고인의 책임을 면하게 하는 사유가 될 수 없다고 한 사례(대판 2008.3.13. 2007도10804)

2. 뇌물수수죄가 성립하지 아니하는 사례

피고인 2는 미필적으로나마 피고인에 대한 뇌물공여의 의사로 위 금원을 교부하였다 하더라도, 피고인은 평소 도움을 주고받으며 돈독하게 지내야 할 피고인 2가 교부하는 각 금원을 불우이웃돕기 성금이나 춘천연극제에 전달할 의사로 받은 것에 불과하다면, 이를 자신이 영득할 의사로 수수하였다고 보기는 어렵다(대판 2010.4.15. 2009도11146).

---

131) 대법원은 1. 비공무원의 딸에 대한 승마 지원과 관련한 뇌물이 비공무원에게 모두 귀속되었더라도 공무원인 대통령과 비공무원 사이에 뇌물수수죄의 공동정범이 성립될 수 있다는 이유로, 같은 취지의 원심 판단에 상고이유에서 주장하는 법리오해 등 잘못이 없다고 판단함.
2. 비공무원에게 제공한 3필의 말들에 관한 실질적인 사용·처분권한이 비공무원에게 있다는 의사의 합치가 있었으므로 말들 자체가 뇌물이라고 보아야 한다는 이유로, 이와 달리 말들이 뇌물이 아니라고 판단한 원심판결을 파기함.
3. 형법 제130조 제3자뇌물수수죄에서 말하는 부정한 청탁의 내용은 공무원의 직무와 특정 단체에 대한 자금 지원 사이에 대가관계를 인정할 수 있을 정도면 충분하고, 대통령의 포괄적인 권한에 비추어 보면 특정 단체에 대한 지원금은 공무원의 직무와 대가관계가 있다고 볼 수 있어 제3자뇌물수수죄가 성립할 여지가 충분하므로, 공무원의 직무와 특정 단체에 대한 지원금 사이에 대가관계가 있는지와 그와 관련된 부정한 청탁이 인정되는지를 판단했어야 하는데도, 부정한 청탁의 대상이 명확하게 정의되어야 하고, 부정한 청탁의 대상에 대한 인식은 뚜렷하고 명확하여야 한다는 근거를 들어 승계작업과 그에 대한 공무원의 인식을 인정하지 않은 원심판결에 부정한 청탁 등에 관한 법리를 오해하고 필요한 심리를 다하지 않은 잘못이 있다는 이유로, 대법원이 원심판결을 파기한 사례(대판 2019.8.29. 2018도2738[전합])

ⓒ 기수시기 : 판례는 공무원이 뇌물로 투기적 사업에 참여할 기회를 제공받은 경우, 뇌물수수죄의 기수시기는 투기적 사업에 참여하는 행위가 종료된 때로 보아야 한다고(대판 2002.5.10. 2000도2251) 하고 있으며, 자동차를 뇌물로 제공한 경우 자동차등록원부에 뇌물수수자가 그 소유자로 등록되지 않았다고 하더라도 자동차의 사실상 소유자로서 자동차에 대한 실질적인 사용 및 처분권한이 있다면 자동차 자체를 뇌물로 취득한 것으로 보아야 한다고(대판 2006.4.27. 2006도735) 판시하고 있다.[132]

② 요구 : 취득의 의사로 상대방에게 뇌물의 공여를 청구하는 것으로, 일방적인 청구의 의사표시만 있으면 상대방의 응낙 여부와는 관계없이 성립한다.

③ 약속 : 당사자 사이에 장래의 뇌물의 수수에 관하여 합의하는 것으로 목적물인 뇌물이 약속 당시에 현존할 필요가 없고 가액·이익의 정도가 확정될 필요도 없다(대판 2001.9.18. 2000도5438).

> 1. 뇌물약속죄가 성립하는 사례
> 뇌물약속죄에 있어서 뇌물을 약속한다 함은 뇌물의 수수를 장래에 기약하는 것이므로 뇌물의 목적물인 이익은 약속 당시에 현존할 필요는 없는 것이고 약속 당시에 있어서 예기할 수 있는 것이라도 무방하며 뇌물의 목적물이 재산상의 이익인 경우에는 그 가액이 확정되어 있지 않아도 뇌물약속죄가 성립하는 때는 영향이 없다 할 것이므로 원심 판시와 같이 원심 상피고인이 건축할 주택의 공사비가 매매가격보다 적어서 이를 공사비 상당의 대금으로 분양받을 경우 이익이 있을 것을 예상하고 피고인이 그 직무에 관하여 주택 1동을 공사비 상당의 대금으로 분양받기로 약속한 이상 뇌물약속죄는 성립되는 것이고 원심이 이와 같은 뇌물의 약속으로 피고인이 얻게 될 재산상의 이익에 관하여 그 가액을 구체적으로 확정하지 아니하고 매매가격과 공사비와의 차액 상당이라고 설시하였다 하여 이를 잘못이라고는 할 수 없으며, 또 논지가 지적하는 것처럼 그 후 피고인이 실제로 분양받은 주택이 준공되지도 아니하여 손해를 보았다 하더라도 그러한 사정이 본건 뇌물약속죄의 성립에 영향을 미칠 것은 못된다 할 것이다(대판 1981.8.20. 81도698).
>
> 2. 뇌물약속죄가 성립하지 아니하는 사례
> 甲 유한회사의 이사 피고인 乙과 대표 피고인 丙이 공모하여, 甲 회사가 추진하는 골프장 조성 공사와 관련하여 피고인 丁이 관할 시장으로서 인허가 절차가 신속하게 처리되도록 하는 등 편의를 봐준 데 대한 사례 차원에서 시장직 퇴임 후의 해외 연수비용 명목으로 미화 50,000달러를 제공하기로 하고, 피고인 丁은 위 돈을 제공받기로 한 경우, 제반 사정에 비추어 피고인 丙과 피고인 丁 사이에 또는 피고인들 3자 사이에 뇌물을 공여하고 수수하기로 하는 확정적인 의사의 합치로서 약속이 있었다고 보기 어렵고, 설령 당시 피고인 丁의 뇌물요구 의사표시가 있었다고 보더라도 뇌물을 공여하겠다는 피고인 丙의 확정적인 의사가 피고인 丁에게 그 퇴임일 이전에 전달되었음을 인정할 만한 증거도 없으므로, 결국 피고인 丁의 시장직 퇴임일 이전에 피고인들 사이에 뇌물공여 및 수수에 관한 약속이 이루어졌다고 단정할 수 없다(대판 2012.11.15. 2012도9417).

---

132) 이 사례에서 판례는 피고인에게 뇌물로 제공되었다는 자동차는 리스차량으로 리스회사 명의로 등록되어 있는 점, 피고인이 처분승낙서, 권리확인서 등 원하는 경우 소유권이전을 할 수 있는 서류를 소지하고 있지도 아니한 점, 리스계약상 리스계약이 기간만료 또는 리스료 연체로 종료되어 리스회사에서 위 승용차의 반환을 구하는 경우 피고인은 이에 응할 수밖에 없다고 보이는 점 등에 비추어 볼 때 피고인에게 위 승용차에 대한 실질적 처분권한이 있다고 할 수 없어 자동차 자체를 뇌물로 수수한 것으로 볼 수 없다고 판시하고 있다(대판 2006.4.27. 2006도735).

(2) 주관적 구성요건

고의가 있어야 하며, 미필적 고의로도 족하다. 직무관련성과 부정한 대가라는 인식이 있으면 족하고, 뇌물을 받는 대가로 직무집행을 할 의사를 필요로 하는 것은 아니다.

3. 죄수 및 타죄와의 관계

(1) 죄 수

요구·약속 후에 뇌물을 수수하였으면 포괄하여 1개의 수수죄가 성립한다. 동일인에게서 동일한 이유로 수회 뇌물을 수수한 경우에도 포괄일죄가 성립한다.

(2) 타죄와의 관계

1) 횡령죄와의 관계

- [1] 횡령 범행으로 취득한 돈을 공범자끼리 수수한 행위가 공동정범들 사이의 범행에 의하여 취득한 돈을 공모에 따라 내부적으로 분배한 것에 지나지 않는다면 별도로 그 돈의 수수행위에 관하여 뇌물죄가 성립하는 것은 아니다. 그와 같이 수수한 돈의 성격을 뇌물로 볼 것인지 횡령금의 분배로 볼 것인지 여부는 돈을 공여하고 수수한 당사자들의 의사, 수수된 돈의 액수, 횡령 범행과 수수 행위의 시간적 간격, 수수한 돈이 횡령한 그 돈인지 여부, 수수한 장소와 방법 등을 종합적으로 고려하여 객관적으로 평가하여 판단하여야 한다.
[2] 전 대통령과 국정원장인 위 피고인들 사이에 국정원 자금을 횡령하여 이를 모두 전 대통령에게 귀속시키기로 하는 공모가 있었고 그에 따라 위 피고인들이 이 부분 특별사업비를 횡령하여 전 대통령에게 교부한 것으로 볼 수 있다. 전 대통령은 횡령범행의 실행행위를 직접 수행하지는 않았으나 위 피고인들에 대한 우월하고 압도적인 지위에서 범행을 지시하고 이를 따른 위 피고인들로부터 위 특별사업비를 교부받았다. 결국 위 피고인들이 위 특별사업비를 전 대통령에게 교부한 것은 횡령 범행에 의하여 취득한 돈을 공모에 따라 내부적으로 분배한 것에 불과하다. 따라서 위 피고인들이 교부한 위 특별사업비를 뇌물로 보기 어렵고, 위 피고인들에게 뇌물에 관한 고의가 있었다고 보기도 어려우므로 뇌물공여죄가 성립하지 않는다(대판 2019.11.28. 2018도20832).
- 타인을 위하여 금전 등을 보관·관리하는 자가 개인적 용도로 사용할 자금을 마련하기 위하여, 적정한 금액보다 과다하게 부풀린 금액으로 공사계약을 체결하기로 공사업자 등과 사전에 약정하고 그에 따라 과다지급된 공사대금 중의 일부를 공사업자로부터 되돌려받는 행위는 그 타인에 대한 관계에서 횡령에 해당한다(대판 2007.10.12. 2005도7112).

2) 사기죄와의 관계

공무원이 직무에 관하여 타인을 기망하여 재물을 교부받은 경우에는 사기죄와 수뢰죄의 상상적 경합이 성립한다(대판 1977.6.7. 77도1069).

3) 공갈죄와의 관계

공갈죄와의 관계는 공갈의 죄 해당 부분을 참조하라.

4. 몰수 및 추징

(1) 필요적 몰수·추징

형법은 제48조에 대한 특칙으로 제134조에서 뇌물에 대한 필요적 몰수·추징을 규정하고 있다.

(2) 몰수·추징의 대상

범인 또는 정을 아는 제3자가 받은 뇌물 또는 뇌물에 공할 금품이 몰수·추징의 대상이다. 공여만 한 경우에는 몰수의 대상이 되나, 요구만 한 경우에는 몰수할 수 없다(대판 1978.2.28. 77도4037).

> **몰수·추징의 대상 여부에 대한 사례**
>
> **1. 몰수·추징의 대상으로 인정되는 사례**
> - 금융지주회사 또는 금융기관 임·직원이 거래처 고객으로부터 금품 기타 이익을 받은 때에는, 그것이 거래처 고객이 종전에 금융지주회사 또는 금융기관의 임·직원으로부터 접대 또는 수수 받은 것을 갚는 것으로서 사회상규에 비추어 볼 때에 의례상의 대가에 불과한 것이라고 여겨지거나 개인적인 친분관계가 있어서 교분상의 필요에 의한 것이라고 명백하게 인정할 수 있는 경우 등의 특별한 사정이 없는 한, 직무와의 관련성을 부정할 수 없다. 그리고 금융지주회사 또는 금융기관 임·직원이 수수한 금품에 직무행위에 대한 대가로서의 성질과 직무 외의 행위에 대한 사례로서의 성질이 불가분적으로 결합되어 있는 경우에는, 그 전부가 불가분적으로 직무행위에 대한 대가로서의 성질을 가진다(대판 2017.3.9. 2014도144).[133]

---

[133] 다음의 판례와 구별하여야 한다.
 i) [1] 뇌물죄에서의 수뢰액은 그 많고 적음에 따라 범죄구성요건이 되므로 엄격한 증명의 대상이 된다. 이때 공무원이 수수한 금품에 직무행위에 대한 대가로서의 성질과 직무 외의 행위에 대한 대가로서의 성질이 불가분적으로 결합되어 있는 경우에는 그 수수한 금품 전부가 불가분적으로 직무행위에 대한 대가로서의 성질을 가진다. 다만 그 금품의 수수가 수회에 걸쳐 이루어졌고 각 수수 행위별로 직무 관련성 유무를 달리 볼 여지가 있는 경우에는 그 행위마다 직무와의 관련성 여부를 가릴 필요가 있다. 그리고 공무원이 아닌 사람과 공무원이 공모하여 금품을 수수한 경우에도 각 수수자가 수수한 금품별로 직무 관련성 유무를 달리 볼 수 있다면, 각 금품마다 직무와의 관련성을 따져 뇌물성을 인정하는 것이 책임주의 원칙에 부합한다.
[2] 공무원으로 간주되는 도시개발조합장인 피고인 1과 공무원이 아닌 피고인 2가 공모하여 뇌물을 수수하였다고 기소된 사안에서, 뇌물 가액 산정에 있어 각 수수자가 수수한 금품별로 직무 관련성 유무를 달리 볼 수 있다면 각 금품마다 직무와의 관련성을 따져 뇌물성을 인정하여야 한다는 법리를 설시하면서, 피고인들이 공모하여 수수한 금품 중 일부는 피고인 1의 직무와 직접 관련이 없어 수수한 금품 전부를 피고인 1의 직무행위에 대한 대가라고 보기 어렵다고 보아, 이와 달리 판단한 원심을 파기·환송한 사례(대판 2024.3.12. 2023도17394).
 ii) 변호사법 제111조에서 규정하고 있는 '공무원이 취급하는 사건 또는 사무에 관하여 청탁 또는 알선을 한다는 명목으로 금품·향응, 그 밖의 이익을 받는다'고 함은 공무원이 취급하는 사건 또는 사무에 관하여 공무원과 의뢰인 사이를 중개한다는 명목으로 금품을 받는 경우를 말한다. 공무원이 취급하는 사건 또는 사무에 관하여 청탁한다는 명목이라는 성격과 단순히 공무원이 취급하는 사건 또는 사무와 관련하여 노무나 편의를 제공한 대가라는 성격이 불가분적으로 결합되어 금품을 받은 경우에 그 전부가 불가분적으로 공무원이 취급하는 사건 또는 사무에 관하여 청탁한다는 명목으로 금품을 받았다고 보아야 한다. 이는 공무원이 취급하는 사건 또는 사무에 관한 청탁 명목의 금품과 이와 무관한 행위에 대한 대가로서의 금품이 액수가 구분되지 않은 채 불가분적으로 결합되어 수수된 경우에도 마찬가지이다. 다만 금품의 수수가 여러 차례에 걸쳐 이루어졌고 각각의 행위별로 공무원이 취급하는 사건 또는 사무에 관한 청탁 명목의 대가성 유무를 달리 볼 여지가 있는 경우에는 그 행위마다 청탁 명목과 관련성이 있는지를 가릴 필요가 있을 뿐이다(대판 2017.3.22. 2016도21536).

- 공무원이 직무에 관하여 금전[134]을 무이자로 차용한 경우에는 차용 당시에 금융이익 상당의 뇌물을 수수한 것으로 보아야 하므로, 공소시효는 금전을 무이자로 차용한 때로부터 기산한다(대판 2012.2.23. 2011도7282).

  2. **몰수·추징의 대상으로 인정되지 아니하는 사례**

     [1] 형법 제134조는 뇌물에 공할 금품을 필요적으로 몰수하고 이를 몰수하기 불가능한 때에는 그 가액을 추징하도록 규정하고 있는바, 몰수는 특정된 물건에 대한 것이고 추징은 본래 몰수할 수 있었음을 전제로 하는 것임에 비추어 뇌물에 공할 금품이 특정되지 않았던 것은 몰수할 수 없고 그 가액을 추징할 수도 없다.

     [2] 피고인이 위와 같이 공소외 1, 공소외 2에게 돈을 빌려달라고 요구하였으나 공소외 1, 공소외 2가 이를 즉각 거부하여 공소외 1, 공소외 2가 피고인에게 뇌물로 제공한 금품이 특정되지 않아 이를 몰수할 수 없으므로 그 가액을 추징할 수도 없는 것이다(대판 2015.10.29. 2015도12838).

(3) 몰수·추징의 상대방

뇌물을 보유하고 있는 자로부터 몰수하고 몰수하기 불능한 경우에는 불능 당시 보유하고 있었던 자로부터 가액을 추징하여야 한다. 따라서 수뢰자가 뇌물을 보관하고 있다가 증뢰자에게 반환한 경우에는 증뢰자로부터 몰수·추징하여야 한다(대판 1984.2.28. 83도2783). 수뢰자가 뇌물을 소비·예금한 후 동액을 반환하거나(대판 1986.10.14. 86도1189), 뇌물을 다시 타인에게 뇌물로 공여한 경우(대판 1986.11.25. 86도1951)에는 수뢰자로부터 추징한다. 다만, 공무원이 금품 중의 일부를 받은 취지에 따라 청탁과 관련하여 관계 공무원에게 뇌물로 공여하거나 다른 알선행위자에게 청탁의 명목으로 교부한 경우에는 그 부분의 이익은 실질적으로 범인에게 귀속된 것이 아니어서 이를 제외한 나머지 금품만을 몰수하거나 그 가액을 추징하여야 한다(대판 2002.6.14. 2002도1283).

(4) 몰수·추징의 방법과 범위

몰수·추징은 보안처분의 성격을 가지고 있으므로 실질적으로 범인에게 귀속된 것만 몰수·추징한다. 따라서 수인이 공동하여 수수한 경우 각자 실제로 수수한 대로 몰수·추징할 것이나 개별적으로 알 수 없는 경우에는 평등하게 균분하여야 한다.

---

[134] 직무에 관한 금전(원금)은 뇌물 그 자체는 아니므로 임의적 몰수·추징의 대상이 된다(대판 1976.9.28. 75도3607).

> **몰수·추징의 방법과 범위에 대한 사례**
> - 뇌물수수나 알선수재에 이용된 공급계약이 실제 공급이 없는 형식적 계약에 불과하여 부가가치세 과세대상이 아니라면 그에 관한 납세의무가 없으므로, 설령 부가가치세 명목의 금전을 포함한 대가를 받았다고 하더라도 그 일부를 부가가치세로 거래 징수하였다고 할 수 없어 수수한 금액 전부가 범죄로 얻은 이익에 해당하여 추징대상이 되며, 그 후에 이를 부가가치세로 신고·납부하였다고 하더라도 달리 볼 수 없다(대판 2015.1.15. 2012도7571).[135]
> - 피고인이 증뢰자와 함께 향응을 하고 증뢰자가 이에 소요되는 금원을 지출한 경우 이에 관한 피고인의 수뢰액을 인정함에 있어서는 먼저 피고인의 접대에 요한 비용과 증뢰자가 소비한 비용을 가려내어 전자의 수액을 가지고 피고인의 수뢰액으로 하여야 하고 만일 각자에 요한 비용액이 불명일 때에는 이를 평등하게 분할한 액을 가지고 피고인의 수뢰액으로 인정하여야 할 것이고, 피고인이 향응을 제공받는 자리에 피고인 스스로 제3자를 초대하여 함께 접대를 받은 경우에는, 그 제3자가 피고인과는 별도의 지위에서 접대를 받는 공무원이라는 등의 특별한 사정이 없는 한 그 제3자의 접대에 요한 비용도 피고인의 접대에 요한 비용에 포함시켜 피고인의 수뢰액으로 보아야 한다(대판 2001.10.12. 99도5294).
> - 공무원이 뇌물을 받는 데에 필요한 경비를 지출한 경우 그 경비는 뇌물수수의 부수적 비용에 불과하여 뇌물의 가액과 추징액에서 공제할 항목에 해당하지 않는다. 뇌물을 받는 주체가 아닌 자가 수고비로 받은 부분이나 뇌물을 받기 위하여 형식적으로 체결된 용역계약에 따른 비용으로 사용된 부분은 뇌물수수의 부수적 비용에 지나지 않는다(대판 2017.3.22. 2016도21536).

(5) 추징가액산정의 기준시기

추징가액은 몰수할 수 없는 사유가 발생한 경우를 기준으로 산정하여야 한다는 것이 통설의 태도이나, 판례(대판 1991.5.28. 91도352)는 재판선고시의 가액을 기준으로 산정할 것이라고 한다.

---

135) 같은 취지의 판례를 살펴본다.
특정범죄 가중처벌 등에 관한 법률(이하 '특가법') 제13조의 규정에 의한 필요적 몰수 또는 추징은, 금품 기타 이익을 범인으로부터 박탈하여 그로 하여금 부정한 이익을 보유하지 못하게 함에 그 목적이 있는 것인데, 범인이 알선 대가로 수수한 금품에 관하여 소득신고를 하고 이에 관하여 법인세 등 세금을 납부하였다고 하더라도 이는 범인이 자신의 알선수재행위를 정당화시키기 위한 것이거나, 범인 자신의 독자적인 판단에 따라 소비하는 방법의 하나에 지나지 아니하므로 이를 추징에서 제외할 것은 아니다. 이와 같은 법리에 비추어 볼 때, 피고인 2가 취득한 이 사건 알선수재금 중 공소외 1 주식회사의 법인세 및 주민세로 납부한 1억 2,100만원에 관하여, 이는 피고인 2가 자신의 행위를 정당화하기 위한 방법에 지나지 않거나 범죄로 취득한 재물을 독자적인 판단에 따라 소비한 것에 불과하므로 이를 추징액에서 공제할 것은 아니다(대판 2010.3.25. 2009도11660).

XI 사전수뢰죄

1. 의 의

사전수뢰죄는 공무원 또는 중재인이 될 자가 그 담당할 직무에 관하여 청탁을 받고 뇌물을 수수, 요구 또는 약속함으로써 성립하는 범죄이다(형법 제129조 제2항).

2. 객관적 처벌조건

'공무원 또는 중재인이 된 때'는 객관적 처벌조건에 해당한다. 따라서 본죄에 의한 처벌은 행위자가 공무원 또는 중재인이 되어야 처벌이 가능하다.

XII 제3자뇌물공여죄

1. 의 의

제3자뇌물공여죄는 공무원 또는 중재인이 그 직무에 관하여 부정한 청탁을 받고 제3자에게 뇌물을 공여하게 하거나 공여를 요구 또는 약속함으로써 성립하는 범죄이다(형법 제130조).

2. 구성요건

(1) 부정한 청탁

부정한 청탁이란 청탁이 위법·부당한 직무집행을 내용으로 하는 경우는 물론, 청탁의 대상이 된 직무집행 그 자체는 위법·부당하지 않더라도 직무집행을 어떤 대가관계와 연결시켜 직무집행에 관한 대가의 교부를 내용으로 하는 경우도 포함한다. 청탁의 대상인 직무행위의 내용을 구체적으로 특정할 필요도 없다. 부정한 청탁의 내용은 공무원의 직무와 제3자에게 제공되는 이익 사이의 대가관계를 인정할 수 있을 정도로 특정하면 충분하고, 이미 발생한 현안뿐만 아니라 장래 발생될 것으로 예상되는 현안도 위와 같은 정도로 특정되면 부정한 청탁의 내용이 될 수 있다(대판 2019.8.29. 2018도2738[전합]).

> **1. 부정한 청탁을 인정한 사례**
> 공정거래위원회 위원장인 피고인이 이동통신회사가 속한 그룹의 구조조정본부장으로부터 당해 이동통신회사의 기업결합심사에 대하여 선처를 부탁받으면서 특정 사찰에의 시주를 요청하여 시주금을 제공케 한 경우, 그 부탁한 직무가 피고인의 재량권한 내에 속하더라도 형법 제130조에 정한 '부정한 청탁'에 해당한다(대판 2006.6.15. 2004도3424).

2. 부정한 청탁을 인정하지 아니한 사례

[1] 형법 제130조의 제3자뇌물제공죄는 공무원이 직무에 관하여 부정한 청탁을 받고 제3자에게 뇌물을 제공하게 하면 성립하는 죄로서, 이때 '부정한 청탁'이란 의뢰한 직무집행 자체가 위법・부당한 경우뿐 아니라 의뢰한 직무집행 자체는 위법하거나 부당하지 않더라도 당해 직무집행을 어떤 대가관계와 연결시켜 이에 관한 대가의 교부를 내용으로 하는 청탁이면 되고 반드시 명시적 의사표시에 의해서뿐 아니라 묵시적 의사표시에 의해서도 가능하지만, 묵시적 의사표시에 의한 부정한 청탁이 있다고 하기 위하여는 청탁의 대상이 되는 직무집행의 내용과 제3자에게 제공되는 금품이 그 직무집행에 대한 대가라는 점에 대하여 당사자 사이에 공통의 인식이나 양해가 있어야 한다. 따라서 그러한 인식이나 양해 없이 막연히 선처하여 줄 것이라는 기대나 직무집행과는 무관한 다른 동기에 의하여 제3자에게 금품을 공여한 경우에는 묵시적 의사표시에 의한 부정한 청탁이 있다고 볼 수 없고, 이는 공무원이 먼저 제3자에게 금품을 공여할 것을 요구하였다고 하여 달리 볼 것도 아니다. 한편 형법상 수뢰죄의 경우 공무원의 직무와 금품의 수수가 전체적으로 대가관계에 있으면 성립하는 것과는 달리, 제3자뇌물제공죄의 경우 '부정한 청탁'을 범죄성립의 구성요건으로 하고 있고 이는 처벌의 범위가 불명확해지지 않도록 하려는 데 취지가 있으므로, 당사자 사이에 청탁의 부정성을 규정짓는 대가관계에 관한 양해가 없었다면 단지 나중에 제3자에 대한 금품제공이 있었다는 사정만으로 어떠한 직무가 소급하여 부정한 청탁에 의한 것이라고 평가될 수는 없다.

[2] 구청장인 피고인이 구청 관내의 공사 인・허가와 관련하여 甲 회사로부터 묵시적인 부정한 청탁을 받고 5억원 상당의 경로당 누각을 제3자인 구(區)에 기부채납하게 하였다는 등의 제3자뇌물제공으로 기소된 사안에서, 공무원인 지방자치단체장이 직무에 관하여 부정한 청탁을 받고 지방자치단체에 금품을 제공하게 하였다면 공무원 개인이 금품을 취득한 경우와 동일시할 수는 없고 그 공무원이 단체를 대표하는 지위에 있는 경우에도 마찬가지여서 형법 제130조의 제3자뇌물제공죄가 성립할 수 있으므로, 이와 달리 위 기부채납 재산을 취득한 지방자치단체인 구는 '제3자뇌물제공죄의 제3자'가 될 수 없다고 본 원심판단에 잘못이 있으나, 제반 사정에 비추어 甲 회사의 관계자들이 피고인의 요구를 받고 위 누각을 구에 기부채납한 것이 피고인의 직무와 관련한 부정한 청탁의 대가로 제공된 것이라고 단정할 수 없다는 이유로, 피고인에게 무죄를 선고한 원심판단의 결론은 정당하다고 한 사례(대판 2011.4.14. 2010도12313)

(2) 제3자

행위자와 공동정범 이외의 사람으로 법인과 법인격 없는 단체도 포함된다. 교사자나 방조자도 제3자에 해당한다. 처자 기타 생활관계를 같이하는 가족은 물론 공무원의 사자・대리인, 공무원에게 생활비를 받는 자, 공무원의 채권자, 공무원이 실질적으로 경영자로 있는 회사 등과 같이 타인이 뇌물을 받은 것을 공무원이 직접 받은 것으로 평가할 수 있는 관계가 있는 경우에는 제3자가 될 수 없다(대판 1998.9.22. 98도1234).

1. 제3자뇌물공여죄의 성립 여부에 대한 사례

1) 제3자뇌물공여죄가 성립하는 사례

[1] 형법 제129조 제1항의 뇌물수수죄는 공무원이 직무에 관하여 뇌물을 수수한 때에 적용되는 것으로서, 이와 별도로 형법 제130조에서 공무원이 직무에 관하여 부정한 청탁을 받고 제3자에게 뇌물을 공여하게 한 때에는 제3자뇌물제공죄로 처벌하도록 규정하고 있는 점에 비추어 보면, 공무원이 직접

뇌물을 받지 않고 증뢰자로 하여금 다른 사람에게 뇌물을 공여하도록 한 경우에는 다른 사람이 공무원의 사자 또는 대리인으로서 뇌물을 받은 경우 등과 같이 사회통념상 다른 사람이 뇌물을 받은 것을 공무원이 직접 받은 것과 같이 평가할 수 있는 관계가 있는 경우에 한하여 형법 제129조 제1항의 뇌물수수죄가 성립한다.

[2] 해군참모총장인 피고인 갑이 피고인 을과 공모하여, 방위산업물자를 공급하는 병 그룹 관련 회사들로 하여금 피고인 을이 33%의 지분을 보유한 정 주식회사에 후원금을 지급하게 하는 방법으로 뇌물을 수수하였다고 하여 특정범죄 가중처벌 등에 관한 법률 위반(뇌물)으로 기소된 사안에서, 정 회사가 후원금을 받은 것을 피고인들이 직접 받은 것과 동일하게 평가할 수 없다는 이유로 후원금에 대한 단순수뢰죄가 성립하지 않는다고 보는 이상, 정 회사가 공무원이나 그 공동정범자 이외의 제3자 지위에서 후원금을 공여받음으로써 피고인 을이 그 주주로서 간접적으로 이익을 얻게 되더라도 그러한 사실상의 경제적 이익에 관하여 피고인들을 뇌물의 귀속주체로 하여 단순수뢰죄가 별도로 성립한다고 볼 수 없으므로, 피고인 을이 33% 지분을 보유한 주주로서 정 회사와 밀접한 이해관계를 맺고 있더라도 정 회사가 후원금을 받은 것을 피고인 을이 직접 받은 것과 동일하게 평가할 수 없는 이상 그 금품에서 파생하는 경제적 이익을 뇌물로 직접 수수하였다고 인정하여 단순수뢰죄가 성립하였다고 볼 수 없음에도, 공소장 변경 절차를 거치지 않고 직권으로 피고인들이 받은 뇌물의 내용을 후원금이 아닌 '주요 주주로서 얻게 되는 경제적 이익'이라고 인정하고 그에 관하여 형법 제129조 제1항의 뇌물수수죄가 성립한다고 본 원심판결에 뇌물의 내용이나 귀속주체에 관한 법리오해의 위법이 있다고 한 사례(대판 2016.6.23. 2016도3540).

2) 제3자뇌물공여죄가 성립하지 아니하는 사례

- 구청장인 피고인이 구청 관내의 공사 인·허가와 관련하여 甲회사로부터 묵시적인 부정한 청탁을 받고 5억원 상당의 경로당 누각을 제3자인 구(區)에 기부채납하게 하였다는 등의 제3자뇌물제공으로 기소된 사안에서, 공무원인 지방자치단체장이 직무에 관하여 부정한 청탁을 받고 지방자치단체에 금품을 제공하게 하였다면 공무원 개인이 금품을 취득한 경우와 동일시할 수는 없고 그 공무원이 단체를 대표하는 지위에 있는 경우에도 마찬가지여서 형법 제130조의 제3자뇌물제공죄가 성립할 수 있으므로, 이와 달리 위 기부채납 재산을 취득한 지방자치단체인 구는 '제3자뇌물제공죄의 제3자'가 될 수 없다고 본 원심판단에 잘못이 있으나, 제반 사정에 비추어 甲 회사의 관계자들이 피고인의 요구를 받고 위 누각을 구에 기부채납한 것이 피고인의 직무와 관련한 부정한 청탁의 대가로 제공된 것이라고 단정할 수 없다는 이유로, 피고인에게 무죄를 선고한 원심판단의 결론은 정당하다고 한 사례(대판 2011.4.14. 2010도12313).

- [1] 공무원이 직접 뇌물을 받지 아니하고 증뢰자로 하여금 다른 사람에게 뇌물을 공여하도록 한 경우에는 그 다른 사람이 공무원의 사자 또는 대리인으로서 뇌물을 받은 경우 등과 같이 사회통념상 그 다른 사람이 뇌물을 받은 것을 공무원이 직접 받은 것과 같이 평가할 수 있는 관계가 있는 경우에 한하여 형법 제129조 제1항의 뇌물수수죄가 성립하고, 이러한 법리는 공무원으로 의제되는 정비사업전문관리업자의 임·직원이 직무에 관하여 자신이 아닌 정비사업전문관리업자에 뇌물을 공여하게 하는 경우에도 마찬가지라고 할 것이어서, 임·직원이 법인인 정비사업전문관리업자를 사실상 1인 회사로서 개인기업과 같이 운영하거나, 그렇지 않더라도 사회통념상 정비사업전문관리업자에 뇌물을 공여한 것이 곧 그 임·직원에게 공여한 것과 같다고 볼 수 있을 정도로 경제적·실질적 이해관계를 같이 하는 것으로 평가되는 경우에 한하여 형법 제129조 제1항의 뇌물수수죄가 성립한다.

> [2] 피고인 5, 7, 8, 9, 11, 12는 이들이 비록 소속된 정비사업전문관리업체의 대표이사이거나 실질적 운영자이기는 하나, 그 회사 주식을 전부 보유하고 있는 것은 아닌 사실을 알 수 있고, 그 밖에 이들 회사가 사실상 1인 회사라거나 개인기업과 같이 운영되어 이들 회사가 돈을 무이자로 차용한 것이 사회통념상 위 피고인들이 돈을 무이자로 차용한 것으로 평가할 만큼 경제적·실질적 이해관계를 같이 한다고 보기에 충분한 자료는 찾아볼 수 없다(대판 2010.5.13. 2008도5506).

2. **단순수뢰죄가 성립하는 사례**

> 신분관계가 없는 사람이 신분관계로 인하여 성립될 범죄에 가공한 경우에는 신분관계가 있는 사람과 공범이 성립한다(형법 제33조 본문 참조). 이 경우 신분관계가 없는 사람에게 공동가공의 의사와 이에 기초한 기능적 행위지배를 통한 범죄의 실행이라는 주관적·객관적 요건이 충족되면 공동정범으로 처벌한다. 공동가공의 의사는 공동의 의사로 특정한 범죄행위를 하기 위하여 일체가 되어 서로 다른 사람의 행위를 이용하여 자기의 의사를 실행에 옮기는 것을 내용으로 한다. 따라서 공무원이 아닌 사람(이하 '비공무원')이 공무원과 공동가공의 의사와 이를 기초로 한 기능적 행위지배를 통하여 공무원의 직무에 관하여 뇌물을 수수하는 범죄를 실행하였다면 공무원이 직접 뇌물을 받은 것과 동일하게 평가할 수 있으므로 공무원과 비공무원에게 형법 제129조 제1항에서 정한 뇌물수수죄의 공동정범이 성립한다(대판 2019.8.29. 2018도2738[전합]).

(3) 기수시기

부정한 청탁을 받고 제3자에게 뇌물을 공여하게 하거나 공여를 요구 또는 약속한 때에 기수가 된다. 제3자가 그 정을 알고 있는지의 여부 또는 제3자가 현실적으로 이를 수수 또는 거절했는지의 여부는 문제되지 아니한다.

(4) 공범관계

> [1] 제3자뇌물수수죄에서 제3자란 행위자와 공동정범 이외의 사람을 말하고, 교사자나 방조자도 포함될 수 있다. 그러므로 공무원 또는 중재인이 부정한 청탁을 받고 제3자에게 뇌물을 제공하게 하고 제3자가 그러한 공무원 또는 중재인의 범죄행위를 알면서 방조한 경우에는 그에 대한 별도의 처벌 규정이 없더라도 방조범에 관한 형법총칙의 규정이 적용되어 제3자뇌물수수방조죄가 인정될 수 있다.
> [2] 공무원이 직무관련자에게 제3자와 계약을 체결하도록 요구하여 계약 체결을 하게 한 행위가 제3자뇌물수수죄의 구성요건과 직권남용권리행사방해죄의 구성요건에 모두 해당하는 경우에는, 제3자뇌물수수죄와 직권남용권리행사방해죄가 각각 성립하되, 이는 사회 관념상 하나의 행위가 수개의 죄에 해당하는 경우이므로 두 죄는 형법 제40조의 상상적 경합관계에 있다(대판 2017.3.15. 016도19659).

XIII 수뢰후부정처사죄

1. 의 의

수뢰후부정처사죄는 공무원 또는 중재인이 수뢰죄, 사전수뢰죄 또는 제3자뇌물공여죄를 범한 후 부정한 행위를 함으로써 성립하는 범죄이다(형법 제131조 제1항).

2. 구성요건

(1) 죄를 범하여

'죄를 범하여'란 반드시 뇌물수수 등의 행위가 완료된 이후에 부정한 행위가 이루어져야 함을 의미하는 것은 아니고, 뇌물수수행위를 하는 중에 부정한 행위를 하는 경우도 포함된다(대판 2021.2.4. 2020도12103).

(2) 부정한 행위

부정한 행위란 직무상의 의무에 위배되는 일체의 행위를 말한다. 직무행위 자체는 물론 직무행위와 객관적 관련이 있는 행위까지 포함하고(대판 2003.6.13. 2003도1060), 위법·부당한 행위는 물론 직권남용행위·기타 직무위배행위를 포함한다(대판 1996.8.23. 96도1231).

3. 관련 판례

> 수뢰후부정처사죄를 정한 형법 제131조 제1항은 공무원 또는 중재인이 형법 제129조(수뢰, 사전수뢰) 및 제130조(제3자뇌물제공)의 죄를 범하여 부정한 행위를 하는 것을 구성요건으로 하고 있다. 여기에서 '형법 제129조 및 제130조의 죄를 범하여'란 반드시 뇌물수수 등의 행위가 완료된 이후에 부정한 행위가 이루어져야 함을 의미하는 것은 아니고, 결합범 또는 결과적 가중범 등에서의 기본행위와 마찬가지로 뇌물수수 등의 행위를 하는 중에 부정한 행위를 한 경우도 포함하는 것으로 보아야 한다. 따라서 단일하고도 계속된 범의 아래 일정 기간 반복하여 일련의 뇌물수수 행위와 부정한 행위가 행하여졌고 그 뇌물수수 행위와 부정한 행위 사이에 인과관계가 인정되며 피해법익도 동일하다면, 최후의 부정한 행위 이후에 저질러진 뇌물수수 행위도 최후의 부정한 행위 이전의 뇌물수수 행위 및 부정한 행위와 함께 수뢰후부정처사죄의 포괄일죄로 처벌함이 타당하다(대판 2021.2.4. 2020도12103).

XIV 부정처사후수뢰죄

부정처사후수뢰죄는 공무원 또는 중재인이 그 직무상 부정한 행위를 한 후 뇌물을 수수, 요구 또는 약속하거나 제3자에게 이를 공여하게 하거나 공여를 요구 또는 약속함으로써 성립하는 범죄이다(형법 제131조 제2항).

> 1. **부정처사후수뢰죄가 성립하는 사례**
>   구 공중위생법 제41조 제2항, 같은 법 시행령 제27조 제1항 제4호에 의하여 전자유기기구의 검사를 위탁받은 기관의 직원이 기구 내에 설치된 프로그램의 점검필 여부를 확인하지 아니한 채 점검필유기기구확인표시증을 컴퓨터게임장 업주에게 교부한 경우, 이는 검사기관 직원으로서의 직무에 위배되는 행위로서 같은 법 제41조 제3항, 형법 제131조 제2항 소정의 '직무상 부정한 행위'에 해당한다 할 것이고, 그것이 직무에 위배되는 행위인 이상 그와 같이 교부된 점검필유기기구확인표시증에 점검필 여부의 확인대상이 되는 프로그램의 점검번호, 프로그램명, 취급자 성명 등이 구체적으로 기재되어 있는지 여부나 그것이 컴퓨터게임장 업주에 의하여 점검을 마치지 않은 프로그램이 설치된 전자유기기구에 실제로 부착되었는지 여부 등은 죄의 성립에 아무런 영향을 미치지 못한다(대판 1999.7.23. 99도390).
> 2. **부정처사후수뢰죄가 성립하지 아니하는 사례**
>   특정범죄 가중처벌 등에 관한 법률 제5조 소정의 배임에 의한 국고손실죄의 공동정범인 공무원이 다른 공범으로부터 그 범행에 의하여 취득한 금원의 일부를 받은 경우, 그 금원의 성격은 그 성질이 공동정범들 사이의 내부적 이익분배에 불과한 것이고 별도로 뇌물수수죄(사후수뢰죄)에 해당하지 않는다(대판 1997.2.25. 94도3346).

XV 사후수뢰죄

사후수뢰죄는 공무원 또는 중재인이었던 자가 그 재직 중에 청탁을 받고 직무상 부정한 행위를 한 후 뇌물을 수수, 요구 또는 약속함으로써 성립하는 범죄이다(형법 제131조 제3항).

XVI 알선수뢰죄

1. 의 의

알선수뢰죄는 공무원이 그 지위를 이용하여 다른 공무원의 직무에 속한 사항의 알선에 관하여 뇌물을 수수, 요구 또는 약속함으로써 성립하는 범죄이다(형법 제132조).

2. 구성요건

(1) 객관적 구성요건

1) 주 체

본죄의 주체는 공무원이다. 당해 직무를 처리하는 공무원과 직무상 직·간접의 연관관계를 가지고 법률상 또는 사실상 어떤 영향력을 미칠 수 있는 지위에 있을 것을 요하나 반드시 상하관계·감독관계·협력관계에 있을 것을 필요로 하는 것은 아니다.

2) 객 체

알선수뢰죄의 객체인 뇌물은 공무원의 직무에 대한 대가가 아니라 다른 공무원의 직무에 속한 사항의 알선의 대가로서의 의미를 가진다.

3) 행 위

알선수뢰죄의 행위는 그 지위를 이용하여 다른 공무원의 직무에 속한 사항의 알선에 관하여 뇌물을 수수·요구·약속하는 것이다.

① 지위를 이용하여 : 이는 다른 공무원의 직무에 영향력을 미칠 수 있는 신분·지위를 이용하는 것을 말한다. 그 의미에 대해 직무행위의 공정성을 확보하기 위해서는 지위이용의 범위를 넓혀야 한다는 견해도 있으나, 다른 공무원의 지위에 일반적 또는 구체적으로 영향을 미칠 수 있는 관계이어야 한다는 것이 학설, 판례(대판 1994.10.21. 94도852)의 일반적인 태도이다.

> 1. 지위이용에 해당하는 사례
> 피고인은 중부지방국세청 재산국 제3부동산 조사담당관인 공소외 1이 제1세무서 총무과장으로 근무할 당시 제1세무서장이었고, 이 사건 당시 위 지방국세청 산하 제2세무서장으로 근무하고 있었다면, 이 사건 양도소득세 관련 세무조사 사무를 담당한 위 공소외 1의 직무에 관하여 사실상의 영향력을 행사할 수 있는 지위에 있었다고 인정할 수 있을 것이다(대판 1994.10.21. 94도852).
>
> 2. 지위이용에 해당하지 아니하는 사례
> 육군본부 정보작전지원참모부에서 조직진단관으로 근무하는 3급 군무원 피고인이 장군진급심사를 앞두고 있던 甲으로부터 인사참모부 선발관리실장인 乙에게 부탁하여 장군진급이 되도록 하여 달라는 부탁을 받고 합계 5,000만원을 받은 경우, 피고인은 위 금원을 수수할 당시 자신의 지위를 이용하여 선발관리실장이던 乙의 진급업무와 관련하여 사실상 영향을 줄 수 있는 관계에 있었다고 하기에 부족하다고 보아야 한다(대판 2010.11.25. 2010도11460).

② 다른 공무원의 직무에 속한 사항을 알선 : 알선이란 일정한 사항을 중개하여 당사자 사이에 교섭이 성립하도록 편의를 제공하는 것을 말한다. 정당한 직무행위를 알선한 경우에도 본죄가 성립한다(대판 1992.5.8. 92도532).

③ **뇌물을 수수·요구·약속** : 알선과 관련하여 뇌물을 수수·요구·약속하여야 한다. 알선에 관하여 수뢰하면 족하고 반드시 알선행위가 있을 것을 요하지 아니한다.
④ **기수시기** : 알선에 관하여 뇌물을 수수·요구·약속한 때에 기수가 된다. 따라서 알선의 명목으로 금품을 받았다면 실제로 어떤 구체적인 알선행위를 하였는지와 상관없이 범죄는 성립한다(대판 2017.1.12. 2016도15470).

> [1] 형법 제132조에서 말하는 '다른 공무원의 직무에 속한 사항의 알선에 관하여 뇌물을 요구한다'고 함은, 다른 공무원의 직무에 속한 사항을 알선한다는 명목으로 뇌물을 요구하는 행위로서 반드시 알선의 상대방인 다른 공무원이나 그 직무의 내용이 구체적으로 특정될 필요까지는 없지만, 알선뇌물요구죄가 성립하려면 알선할 사항이 다른 공무원의 직무에 속하는 사항으로서 뇌물요구의 명목이 그 사항의 알선에 관련된 것임이 어느 정도 구체적으로 나타나야 한다. 단지 상대방으로 하여금 뇌물을 요구하는 자에게 잘 보이면 그로부터 어떤 도움을 받을 수 있다거나 손해를 입을 염려가 없다는 정도의 막연한 기대감을 갖게 하는 정도에 불과하고, 뇌물을 요구하는 자 역시 상대방이 그러한 기대감을 가질 것이라고 짐작하면서 뇌물을 요구하였다는 정도의 사정만으로는 알선뇌물요구죄가 성립한다고 볼 수 없다. 한편, 여기서 말하는 알선행위는 장래의 것이라도 무방하므로, 알선뇌물요구죄가 성립하기 위하여는 뇌물을 요구할 당시 반드시 상대방에게 알선에 의하여 해결을 도모하여야 할 현안이 존재하여야 할 필요는 없다.
> [2] 구청 공무원이 유흥주점의 업주에게 '유흥주점 영업과 관련하여 세금이나 영업허가 등에 관하여 문제가 생기면 다른 담당 공무원에게 부탁하여 도움을 주겠다'면서 그 대가로 1,000만원을 요구한 사안에서, 그 뇌물요구의 명목이 상대방의 막연한 기대감을 전제로 한 것이고 당시 알선할 사항이 구체적으로 특정되었다거나 알선에 의하여 해결을 도모해야 할 현안이 존재하였다는 사실을 인정할 증거가 없어 알선뇌물요구죄가 성립하지 않는다고 판단한 원심판결을, 알선뇌물요구죄에 관한 법리를 오해하였다는 이유로 파기한 사례(대판 2009.7.23. 2009도3924).

(2) 주관적 구성요건

그 지위를 이용하여 다른 공무원의 직무에 속한 사항의 알선에 관하여 뇌물을 수수, 요구 또는 약속하는 것에 대한 인식과 의사가 있어야 한다.

3. 타죄와의 관계

뇌물이 알선행위와 관련하여 수수된 경우에도 당해 공무원의 직무와 밀접한 관련이 있어 단순수뢰죄에 해당한다면 단순수뢰죄가 성립할 수 있을 뿐이다(대판 1996.11.15. 95도1114). 알선수뢰한 금원 중 일부를 증뢰한 경우, 알선수뢰죄 외에 증뢰죄가 성립한다(대판 1967.1.31. 66도1581).

> 토지소유자들이 구획정리사업조합을 설립하여 시행하는 토지구획정리사업에 관하여 실무상 시의회의 심의를 거치도록 되어 있다면 시의회 의장직에 있던 피고인은 위 토지구획정리사업에 대한 시의회의 심의와 관련하여 영향을 미칠 수 있는 지위에 있다고 할 것이어서 직무관련성이 있다 할 것이므로 형법 제129조 제1항의 뇌물수수죄가 성립하고 뇌물이 알선행위와 관련하여 수수된 경우에도 그것이 당해 공무원의 직무와 밀접한 관계가 있어 단순수뢰죄에 해당한다면 단순수뢰죄만 성립하고 알선수뢰죄는 성립하지 아니한다(대판 1996.11.15. 95도1114).

XVII 증뢰죄

1. 의 의

증뢰죄는 수뢰죄, 사전수뢰죄, 제3자뇌물제공죄, 수뢰후부정처사죄, 부정처사후수뢰죄, 사후수뢰죄, 알선수뢰죄의 뇌물을 약속, 공여 또는 공여의 의사를 표시하거나 이러한 행위에 제공할 목적으로 제3자에게 금품을 교부한 자 또는 그 사정을 알면서 금품을 교부받은 제3자에게 성립하는 범죄이다(형법 제133조).

2. 구성요건

(1) 객관적 구성요건

1) 주 체

본죄의 주체는 제한이 없다. 공무원, 중재인뿐만 아니라 일반인도 본죄의 주체가 될 수 있다.

> 형법 제133조 제2항은 증뢰자가 뇌물에 공할 목적으로 금품을 제3자에게 교부하거나 또는 그 정을 알면서 교부받는 증뢰물전달행위를 독립한 구성요건으로 하여 이를 같은 조 제1항의 뇌물공여죄와 같은 형으로 처벌하는 규정으로서, 제3자의 증뢰물전달죄는 제3자가 증뢰자로부터 교부받은 금품을 수뢰할 사람에게 전달하였는지의 여부에 관계없이 제3자가 그 정을 알면서 금품을 교부받음으로써 성립하는 것이고, 본죄의 주체는 비공무원을 예정한 것이나 공무원일지라도 직무와 관계되지 않는 범위 내에서는 본죄의 주체에 해당될 수 있다 할 것이므로, 피고인이 자신의 공무원으로서의 직무와는 무관하게 군의관 등의 직무에 관하여 뇌물에 공할 목적의 금품이라는 정을 알고 이를 전달해준다는 명목으로 취득한 경우라면 제3자뇌물취득죄가 성립된다(대판 2002.6.14. 2002도1283).

2) 행 위

증뢰죄의 행위는 '뇌물을 약속, 공여 또는 공여의 의사를 표시하거나 이러한 행위에 제공할 목적으로 제3자에게 금품을 교부하거나 제3자가 그러한 사정을 알면서 금품을 교부받는 것'이다.

① 약속·공여·공여의 의사를 표시 : 약속이란 증뢰자와 수뢰자 사이에 뇌물 수수에 대한 의사의 합치를 말하고, 공여란 공무원·중재인이 뇌물을 수수할 수 있도록 제공하는 것을 말한다. 공여는 상대방이 수수할 수 있는 상태에 두면 충분하고 상대방의 현실적인 취득은 요구되지 아니한다(대판 1987.12.22. 87도1699). 공여의 의사표시는 상대방에게 뇌물을 제공하겠다는 일방적인 의사표시이다. 이러한 증뢰행위는 공무원·중재인의 직무행위와 관련성이 있어야 한다(대판 1987.11.24. 87도1463).

> 배임수재자가 배임증재자에게서 그가 무상으로 빌려준 물건을 인도받아 사용하고 있던 중에 공무원이 된 경우, 그 사실을 알게 된 배임증재자가 배임수재자에게 앞으로 물건은 공무원의 직무에 관하여 빌려주는 것이라고 하면서 뇌물공여의 뜻을 밝히고 물건을 계속하여 배임수재자가 사용할 수 있는 상태로 두더라도, 처음에 배임증재로 무상 대여할 당시에 정한 사용기간을 추가로 연장해 주는 등 새로운 이익을 제공한 것으로 평가할 만한 사정이 없다면, 이는 종전에 이미 제공한 이익을 나중에 와서 뇌물로 하겠다는 것에 불과할 뿐 새롭게 뇌물로 제공되는 이익이 없어 뇌물공여죄가 성립하지 않는다(대판 2015.10.15. 2015도6232).

② **증뢰물전달** : 증뢰에 제공할 목적으로 제3자에게 금품을 교부하거나 제3자가 그 사정을 알면서 금품을 교부받는 것으로, 제3자가 수뢰할 자에게 금품을 전달하였는지 여부는 범죄의 성립에 영향을 미치지 아니한다(대판 1965.10.26. 65도785).

> **1. 증뢰물전달죄의 성립 여부에 대한 사례**
> 1) 증뢰물전달죄가 성립하는 사례
>   공무원이 취급하는 사건 또는 사무에 관하여 청탁한다는 명목으로 자신의 이득을 취하기 위하여 금품 등을 교부받은 것이 아니고, 공무원이 취급하는 사무에 관한 청탁을 받고 청탁 상대방인 공무원에게 제공할 금품을 받아 그 공무원에게 단순히 전달한 경우에는 알선수뢰죄나 증뢰물전달죄만이 성립하고, 이와 같은 경우에 변호사법 제111조 위반죄는 성립할 수 없다(대판 2007.2.23. 2004도6025).
> 2) 증뢰물전달죄가 성립하지 아니하는 사례
>   공무원이 취급하는 사건 또는 사무에 관한 청탁을 받고 청탁 상대방인 공무원에게 제공할 금품을 받아 그 공무원에게 단순히 전달한 경우와는 달리, 자기 자신의 이득을 취하기 위하여 공무원이 취급하는 사건 또는 사무에 관하여 청탁한다는 등의 명목으로 금품 등을 교부받으면 그로써 곧 구 변호사법(1996.12.12. 법률 제5177호로 개정되기 전의 것) 제90조 제1호 위반죄가 성립되고 이와 같은 경우에는 형법 제133조 제2항 증뢰물전달죄는 성립할 여지가 없다(대판 2006.11.24. 2005도5567).
> **2. 증뢰물전달죄 외에 뇌물공여죄의 성립 여부에 대한 사례**
> - 형법 제133조 제2항은 증뢰자가 뇌물에 공할 목적으로 금품을 제3자에게 교부하거나 또는 그 정을 알면서 교부받는 증뢰물전달행위를 독립한 구성요건으로 하여 이를 같은 조 제1항의 뇌물공여죄와 같은 형으로 처벌하는 규정으로서, 제3자의 증뢰물전달죄는 제3자가 증뢰자로부터 교부받은 금품을 수뢰할 사람에게 전달하였는지 여부에 관계없이 제3자가 그 정을 알면서 금품을 교부받음으로써 성립하는 것이며, 나아가 제3자가 그 교부받은 금품을 수뢰할 사람에게 전달하였다고 하여 증뢰물전달죄 외에 별도로 뇌물공여죄가 성립하는 것은 아니다(대판 1997.9.5. 97도1572).
> - 제3자가 교부받은 금품을 수뢰할 사람에게 전달하지 아니하였다고 하여도 형법 제133조 제2항 후문에서 정한 죄의 성립에는 영향이 없다(대판 1985.1.22. 84도1033).

(2) 주관적 구성요건

고의가 있어야 한다.

3. 죄 수

판례에 의하면 제3자의 증뢰물전달죄는 제3자가 증뢰자로부터 교부받은 금품을 수뢰할 사람에게 전달하였는지 여부에 관계없이 제3자가 그 정을 알면서 금품을 교부받음으로써 성립하는 것이며, 나아가 제3자가 그 교부받은 금품을 수뢰할 사람에게 전달하였다고 하여 증뢰물전달죄 외에 별도로 뇌물공여죄가 성립하는 것은 아니라고(대판 1997.9.5. 97도1572) 한다.

제2절 공무방해에 관한 죄

I 의 의

1. 개 념

공무방해의 죄는 국가 또는 공공기관의 공권력행사를 방해하는 것을 내용으로 하는 범죄이다.

2. 보호법익 및 보호정도

보호법익은 국가 또는 공공기관의 기능적 작용으로서의 공무이고 보호받는 정도는 추상적 위험범(통설)이다.

II 공무집행방해죄

1. 의 의

공무집행방해죄는 직무를 집행하는 공무원에 대하여 폭행 또는 협박함으로써 성립하는 범죄이다(형법 제136조 제1항).

2. 구성요건

(1) 객관적 구성요건

1) 객 체

① 공무원 : 법령에 의하여 국가 또는 공공단체의 공무에 종사하는 자이다. 판례에 의하면 파출소에 근무하는 방범대원(대판 1991.3.27. 90도2930)은 공무원에 해당하나, 주민의 자치적인 방범활동을 위하여 갹출한 비용으로 구성된 방범위원회에서 위촉되고 보수를 받는 방범대원(대판 1983.2.22. 82도794), 국민권익위원회 운영지원과 소속 기간제근로자(대판 2015.5.29. 2015도3430) 등은 공무원에 해당하지 아니한다.

② 직무집행

㉠ 직무의 범위 : 널리 공무원이 직무상 취급할 수 있는 사무를 행하는 것을 의미하고, 반드시 강제력을 수반하는 권력적 작용일 것을 요하지 아니하므로, 사경제주체로서의 활동을 비롯한 비권력적 작용도 포함된다(대판 2003.12.26. 2001도6349). 단순한 내부적 사무라도 공법적 행위의 성질을 가지고 있는 한 본죄의 직무집행이라고 보아야 한다.

㉡ 시간적 범위 : 현재 직무를 집행하고 있어야 한다. 직무집행과 밀접한 관계가 있을 때에는 직무집행의 착수 전의 밀접한 행위도 '직무를 집행하는'에 해당하고, 직무집행을 대기하고 있는 경우, 집무시간 중 정석에 착석하고 있는 경우, 직무집행 중 일시 휴식하고 있는 경우에도 이에 포함된다.

> **'직무를 집행하는'에 해당하는 사례**
> [1] 노동조합관계자들과 사용자 측 사이의 다툼을 수습하려 하였으나 노동조합 측이 지시에 따르지 않자 경비실 밖으로 나와 회사의 노사분규 동향을 파악하거나 파악하기 위해 대기 또는 준비 중이던 근로감독관을 폭행한 경우에도 피해자는 일련의 직무수행을 위하여 근무 중인 상태로 보아야 한다.
> [2] 집회 및 시위에 참가한 노동조합원 중 일부가 시위진압 경찰관들과의 몸싸움 과정에서 경찰관들에게 상해를 입게 한 사안에서 금속연맹 지역 본부장의 직책을 가지고 그 집회 및 시위에 적극적으로 참가한 피고인에게 특수공무집행방해치상의 공모공동정범으로서의 죄책을 인정한 사례(대판 2002.4.12, 2000도3485)

③ 직무집행의 적법성
  ㉠ 적법성의 요부 : 공무로서 성립한 이상 부적법한 경우라도 재판・행정처분에 의하여 무효・취소되기 전까지는 보호할 필요가 있으므로 사소한 적법・부적법 여부는 문제되지 아니한다는 견해도 있으나, 위법한 직무집행에 대하여는 복종의무가 없고 형법은 적법한 직무집행만 보호하므로 직무집행이 적법한 경우에만 공무집행방해죄가 성립한다는 견해가 타당하다고 판단된다. 판례도 공무집행방해죄는 공무원의 직무집행이 적법한 경우에 한하여 성립하는 것이므로 위법한 직무행위를 하는 공무원에 대항하여 폭행을 가하였다고 하더라도 공무집행방해죄는 성립하지 아니한다고(대판 2000.7.4. 99도4341) 판시하고 있다.
  ㉡ 적법성의 요건 : 공무집행이 적법하기 위해서는 그 행위가 공무원의 추상적 직무 권한에 속할 뿐만 아니라 구체적으로 그 권한 내에 있어야 하며, 직무행위로서 중요한 방식을 갖추어야 한다. 추상적인 권한에 속하는 공무원의 어떠한 공무집행이 적법한지는 행위 당시의 구체적 상황에 기초를 두고 객관적・합리적으로 판단해야 하고, 사후적으로 순수한 객관적 기준에서 판단할 것은 아니다(대판 2021.10.14. 2018도2993).
    ㉮ 추상적 직무권한 : 공무원의 권한은 사항적・장소적・일반적・추상적으로 정해져 있으므로 이 범위를 넘어서는 행위는 적법성이 인정되지 아니한다.
    ㉯ 구체적 직무권한 : 직무행위가 법률에 규정된 구체적 직무행위의 요건을 구비하여야 한다.

> **1. 공무집행방해죄가 성립하는 사례**
> • [1] 형집행법의 내용에 비추어, 보호장비의 사용은 사용 목적과 필요성, 그 사용으로 인한 기본권의 침해 정도, 목적 달성을 위한 다른 방법의 유무 등 제반 사정에 비추어 상당한 이유가 있는 경우에 한하여 그 목적 달성에 필요한 최소한의 범위 내에서만 허용되어야 하지만, 보호장비 사용에 상당한 이유가 있었는지 여부를 판단할 때에는 교정시설의 특수성을 충분히 감안하여 보호장비 사용 당시를 전후한 수용자의 구체적 행태는 물론이고 수용자의 나이, 기질, 성행, 건강상태, 수용생활 태도, 교정사고의 전력, 교정사고 유발의 위험성 등까지 종합적으로 고려하여 보호장비 사용의 적정성을 객관적・합리적으로 평가하여야 한다.
> [2] 교도관들이 교도소 내에서 소란을 피운 피고인에 대하여 보호장비인 수갑과 머리보호대를 사용하자, 피고인이 이에 저항하는 과정에서 머리로 교도관의 턱부위를 들이받아 상해를 가함과 동시에 그 직무집행을 방해하였다는 내용으로 기소된 사안에서, 제반 사정을 종합할 때 교도소 질서유지 등을 위하여 교도관들이 보호장비를 사용할 만한 상당한 이유가 있었다고 보아야 하는데도, 이와 달리 보아 공소사실 전부에 대하여 무죄를 선고한 원심판결에 법리오해 등 잘못이 있다고 한 사례(대판 2012.6.28. 2011도15990)

- [1] 음주운전 신고를 받고 출동한 경찰관이 만취한 상태로 시동이 걸린 차량 운전석에 앉아 있는 피고인을 발견하고 음주측정을 위해 하차를 요구함으로써 도로교통법 제44조 제2항이 정한 음주측정에 관한 직무에 착수하였다고 할 것이고, 피고인이 차량을 운전하지 않았다고 다투자 경찰관이 지구대로 가서 차량 블랙박스를 확인하자고 한 것은 음주측정에 관한 직무 중 '운전' 여부 확인을 위한 임의동행 요구에 해당하고, 피고인이 차량에서 내리자마자 도주한 것을 임의동행 요구에 대한 거부로 보더라도, 경찰관이 음주측정에 관한 직무를 계속하기 위하여 피고인을 추격하여 도주를 제지한 것은 앞서 본 바와 같이 도로교통법상 음주측정에 관한 일련의 직무집행 과정에서 이루어진 행위로써 정당한 직무집행에 해당한다.
  [2] 경찰관이 하차를 계속 거부하는 피고인에게 지구대로 가 차량에 설치된 블랙박스 영상을 재생하여 보는 방법으로 운전 여부를 확인하자고 하자 피고인은 명시적인 거부 의사표시 없이 차량에서 내리더니 곧바로 도주하므로 경찰관 공소외 1이 피고인을 10m 정도 추격하여 피고인의 앞을 가로막는 방법으로 제지한 뒤 '그냥 가면 어떻게 하느냐'는 취지로 말하자 피고인이 위 경찰관의 뺨을 때렸고, 계속하여 도주하고 폭행하려고 하자 경찰관이 피고인을 공무집행방해죄의 현행범으로 체포한 경우, 공무집행방해죄가 성립한다(대판 2020.8.20. 2020도7193).
- 피고인이 갑과 주차문제로 언쟁을 벌이던 중, 112 신고를 받고 출동한 경찰관 을이 갑을 때리려는 피고인을 제지하자 자신만 제지를 당한 데 화가 나서 손으로 을의 가슴을 1회 밀치고, 계속하여 욕설을 하면서 피고인을 현행범으로 체포하며 순찰차 뒷좌석에 태우려고 하는 을의 정강이 부분을 양발로 2회 걷어차는 등 폭행을 한 경우, 제반 사정을 종합하면 피고인이 손으로 을의 가슴을 밀칠 당시 을은 112 신고처리에 관한 직무 내지 순찰근무를 수행하고 있었고, 이와 같이 공무를 집행하고 있는 을의 가슴을 밀치는 행위는 공무원에 대한 유형력의 행사로서 공무집행방해죄에서 정한 폭행에 해당한다(대판 2018.3.29. 2017도21537).
- 피고인들을 포함한 '갑 주식회사 희생자 추모와 해고자 복직을 위한 범국민대책위원회'(이하 '대책위')가 덕수궁 대한문 화단 앞 인도(이하 '농성 장소')를 불법적으로 점거한 뒤 천막·분향소 등을 설치하고 농성을 계속하다가 관할 구청이 행정대집행으로 농성 장소에 있던 물건을 치웠음에도 대책위 관계자들이 이에 대한 항의의 일환으로 기자회견 명목의 집회를 개최하려고 하자, 출동한 경찰 병력이 농성 장소를 둘러싼 채 대책위 관계자들의 농성 장소 진입을 제지하는 과정에서 피고인들이 경찰관을 밀치는 등으로 공무집행을 방해하였다는 내용으로 기소된 사안에서, 경찰 병력이 행정대집행 직후 대책위가 또다시 같은 장소를 점거하고 물건을 다시 비치하는 것을 막기 위해 농성 장소를 미리 둘러싼 뒤 대책위가 같은 장소에서 기자회견 명목의 집회를 개최하려는 것을 불허하면서 소극적으로 제지한 것은 구 경찰관 직무집행법 제6조 제1항의 범죄행위 예방을 위한 경찰 행정상 즉시강제로서 적법한 공무집행에 해당하고, 피고인 등 대책위 관계자들이 이와 같이 직무집행 중인 경찰 병력을 밀치는 등 유형력을 행사한 행위는 공무집행방해죄에 해당한다는 이유로, 이와 달리 경찰의 농성 장소에 대한 점거와 대책위의 집회 개최를 제지한 직무집행이 '위법한 공무집행'이라고 본 원심판단에 법리오해의 잘못이 있다고 한 사례(대판 2021.10.14. 2018도2993)
- 피고인은 평소 집에서 심한 고성과 욕설, 시끄러운 음악 소리 등으로 이웃 주민들로부터 수회에 걸쳐 112신고가 있어 왔던 사람인데, 피고인의 집이 소란스럽다는 112신고를 받고 출동한 경찰관 갑, 을이 인터폰으로 문을 열어달라고 하였으나 욕설을 하였고, 경찰관들이 피고인을 만나기 위해 전기차단기를 내리자 화가 나 식칼을 들고 나와 욕설을 하면서 경찰관들을 향해 찌를 듯이 협박함으로써 갑, 을의 112신고 업무 처리에 관한 직무집행을 방해하였

다고 하여 특수공무집행방해로 기소된 사안에서, 공소사실을 무죄로 판단한 원심판결에 필요한 심리를 다하지 않은 채 논리와 경험의 법칙에 반하여 자유심증주의의 한계를 벗어나거나 경찰관 직무집행법의 해석과 적용, 공무집행의 적법성 등에 관한 법리를 오해한 잘못이 있다고 한 사례(대판 2018.12.13. 2016도19417)

2. 공무집행방해죄가 성립하지 아니하는 사례

- '태평양전쟁 희생자 유족회' 사무국장인 피고인이 부산지방경찰청장에게 시위(행진)의 상세한 일정과 진로가 기재된 전국도보행진 일정표와 함께 '위 유족회가 부산에서 서울까지 도보로 시위한다'는 내용의 옥외집회(시위·행진) 신고를 한 후 부산 등을 거쳐 서울에서 도보행진을 하던 중, 경찰관들에게서 불법집회라는 등의 이유로 제지를 받자 이에 불응하여 승합차를 계속 운전함으로써 일부 경찰관들을 넘어뜨려 상해를 입히는 등 시위진압 업무를 방해하였다는 내용으로 기소된 사안에서, 제반 사정에 비추어 두 곳 이상의 지방경찰청 관할지에 속하는 위 집회 신고가 주최지 관할 지방경찰청장인 부산지방경찰청장에게 접수되었고, 신고서 및 첨부서류에 의하면 도보행진 당일의 집회를 비롯하여 예정된 각 집회의 구체적 일정 및 장소가 특정된 것으로 볼 수 있으며, 신고 후 개최된 집회의 실제 내용도 신고 내용과 동일성이 없다거나 신고한 목적, 일시, 장소, 방법 등의 범위를 뚜렷이 벗어난 것이라고 보기 어려워, 위 집회를 집시법에서 정한 신고절차를 위반하여 개최된 옥외집회 또는 시위에 해당한다고 단정할 수 없다는 이유로, 경찰관들의 위 제지 행위가 공무집행방해죄의 보호대상이 되는 적법한 공무집행에 해당하는지에 관하여 살피지 아니한 채 이에 저항한 피고인의 행위가 공무집행방해죄를 구성한다고 본 원심판결에 법리오해 및 심리미진의 위법이 있다고 한 사례(대판 2011.6.9. 2009도591)

- 피고인이 경찰관의 불심검문을 받아 운전면허증을 교부한 후 경찰관에게 큰 소리로 욕설을 하였는데, 경찰관이 모욕죄의 현행범으로 체포하겠다고 고지한 후 피고인의 오른쪽 어깨를 붙잡자 반항하면서 경찰관에게 상해를 가한 사안에서, 피고인은 경찰관의 불심검문에 응하여 이미 운전면허증을 교부한 상태이고, 경찰관뿐 아니라 인근 주민도 욕설을 직접 들었으므로, 피고인이 도망하거나 증거를 인멸할 염려가 있다고 보기는 어렵고, 피고인의 모욕 범행은 불심검문에 항의하는 과정에서 저지른 일시적, 우발적인 행위로서 사안 자체가 경미할 뿐 아니라, 피해자인 경찰관이 범행현장에서 즉시 범인을 체포할 급박한 사정이 있다고 보기도 어려우므로, 경찰관이 피고인을 체포한 행위는 적법한 공무집행이라고 볼 수 없고, 피고인이 체포를 면하려고 반항하는 과정에서 상해를 가한 것은 불법체포로 인한 신체에 대한 현재의 부당한 침해에서 벗어나기 위한 행위로서 정당방위에 해당한다는 이유로, 피고인에 대한 상해 및 공무집행방해의 공소사실을 무죄로 인정한 원심판단을 수긍한 사례(대판 2011.5.26. 2011도3682)

- ○○자동차 주식회사△△공장을 점거하여 농성 중이던 ㅁㅁㅁㅁ노동조합 ○○자동차지부 조합원인 공소외 1 등이 2009.6.26. 경찰과 부식 반입 문제를 협의하거나 기자회견장 촬영을 위해 공장 밖으로 나오자, 전투경찰대원들은 '고착관리'라는 명목으로 위 공소외 1 등 6명의 조합원을 방패로 에워싸 이동하지 못하게 하였다. 위 조합원들이 어떠한 범죄행위를 목전에서 저지르려고 하거나 이들의 행위로 인하여 인명·신체에 위해를 미치거나 재산에 중대한 손해를 끼칠 우려 등 긴급한 사정이 있는 경우가 아닌데도 방패를 든 전투경찰대원들이 위 조합원들을 둘러싸고 이동하지 못하게 가둔 행위는 구 경찰관 직무집행법 제6조 제1항에 근거한 제지 조치라고 볼 수 없고, 이는 형사소송법상 체포에 해당한다. 전투경찰대원들이 위 조합원들을 체포하는 과정에서 체포의 이유 등을 제대로 고지하지 않다가 30~40분이 지난 후 피고인 등의 항의를 받고 나서야 비로소 체포의 이유 등을 고지한 것은 형사소송법상 현행범인 체포의 적법한 절차를 준수한 것이 아니므로 적법한 공무집행이라고 볼

수 없다. 피고인이 위와 같은 위법한 공무집행에 항의하면서 공소사실과 같이 전투경찰대원들의 방패를 손으로 잡아당기거나 전투경찰대원들을 발로 차고 몸으로 밀었다고 하더라도 공무집행방해죄가 성립할 수 없다(대판 2017.3.15. 2013도2168).
- 한미FTA 비준동의안에 대한 국회 외교통상 상임위원회(이하 '외통위')의 처리 과정에서, 甲 정당 당직자인 피고인들이 甲 정당 소속 외통위 위원 등과 함께 외통위 회의장 출입문 앞에 배치되어 출입을 막고 있던 국회 경위들을 밀어내기 위해 국회 경위들의 옷을 잡아당기거나 밀치는 등의 행위를 한 사안에서, 제반 사정에 비추어 외통위 위원장이 乙 정당 소속 외통위 위원들이 위원장실에 이미 입실한 상태에서 회의장 출입구를 폐쇄하고 출입을 봉쇄하여 다른 정당 소속 외통위 위원들의 회의장 출입을 막은 행위는 상임위원회 위원장의 질서유지권 행사의 한계를 벗어난 위법한 조치이고, 회의장 근처에 배치된 국회 경위들이 甲 정당 소속 외통위 위원들의 회의장 출입을 막은 행위는 외통위 위원장의 위법한 조치를 보조한 행위에 지나지 아니하여 역시 위법한 직무집행이며, 피고인들이 甲 정당 소속 외통위 위원들을 회의장으로 들여보내기 위하여 그들과 함께 국회 경위들을 밀어내는 과정에서 경위들의 옷을 잡아당기는 등의 행위를 하였더라도, 이러한 행위는 적법성이 결여된 직무행위를 하는 공무원에게 대항하여 한 것에 지나지 아니하여 공무집행이 적법함을 전제로 하는 공무집행방해죄는 성립하지 않는데도, 이와 달리 보아 피고인들에게 유죄를 인정한 원심판결에 공무집행방해죄에 관한 법리오해의 위법이 있다고 한 사례(대판 2013.6.13. 2010도13609).

㉰ 법정의 절차와 방식의 준수 : 직무행위의 형식적 적법요건으로서 법령상 요구되는 일정한 절차·방식을 준수하여야 한다.

> **1. 공무집행방해죄가 성립하는 사례**
> - 피고인들이 甲 시(市)에서 관리하는 도로의 보도에서 농성용 천막을 설치하던 중 이를 제지하려는 甲 시청 소속 공무원들에게 상해 또는 폭행을 가한 경우, 도로관리청인 甲 시청 소속 공무원들이 보도에서 피고인들의 천막 설치를 제지하거나 설치 중인 천막을 철거하려고 한 행위는 구 도로법 제83조에 따라 구 도로법 제45조에 규정된 도로에 관한 금지행위를 제지하기 위한 합리적 상당성이 있는 조치로서 보도의 본래 목적을 달성하도록 하기 위한 관리권 범위 내의 행위에 해당하므로, 이러한 도로관리권에 근거하여 적법하게 공무집행을 하는 공무원들에게 폭행 등을 가한 피고인들의 행위는 공무집행방해죄를 구성한다(대판 2014.2.27. 2013도5356).[136]

---

136) 다음의 판례와 구별하여야 한다.
[1] 도로법 제65조 제1항은 일반인의 교통을 위하여 제공되는 도로로서 도로법 제8조에 열거된 도로를 불법점용하는 경우 등에 적용될 뿐 도로법상 도로가 아닌 장소의 경우에까지 적용된다고 할 수 없고, 토지대장상 지목이 도로로 되어 있다고 하여 반드시 도로법의 적용을 받는 도로라고 할 수는 없다.
[2] 도심광장으로서 '서울특별시 서울광장의 사용 및 관리에 관한 조례'에 의하여 관리되고 있는 '서울광장'에서, 서울시청 및 중구청 공무원들이 행정대집행법이 정한 계고 및 대집행영장에 의한 통지절차를 거치지 아니한 채 위 광장에 무단설치된 천막의 철거대집행에 착수하였고, 이에 피고인들을 비롯한 '광우병위험 미국산 쇠고기 전면 수입을 반대하는 국민대책회의' 소속 단체 회원들이 몸싸움을 하거나 천막을 붙잡고 이를 방해한 사안에서, 위 서울광장은 비록 공부상 지목이 도로로 되어 있으나 도로법 제65조 제1항 소정의 행정대집행의 특례규정이 적용되는 도로법상 도로라고 할 수 없으므로 위 철거대집행은 구체적 직무집행에 관한 법률상 요건과 방식을 갖추지 못한 것으로서 적법성이 결여되었고 따라서 피고인들이 위 공무원들에 대항하여 폭행·협박을 가하였더라도 특수공무집행방해죄는 성립되지 않는다는 이유로, 같은 취지에서 피고인들에 대해 무죄를 선고한 원심판단을 수긍한 사례(대판 2010.11.11. 2009도11523).

- 경찰관직무집행법(이하 '법') 제3조 제4항은 경찰관이 불심검문을 하고자 할 때에는 자신의 신분을 표시하는 증표를 제시하여야 한다고 규정하고, 경찰관직무집행법 시행령 제5조는 위 법에서 규정한 신분을 표시하는 증표는 경찰관의 공무원증이라고 규정하고 있는데, 불심검문을 하게 된 경위, 불심검문 당시의 현장상황과 검문을 하는 경찰관들의 복장, 피고인이 공무원증 제시나 신분 확인을 요구하였는지 여부 등을 종합적으로 고려하여, 검문하는 사람이 경찰관이고 검문하는 이유가 범죄행위에 관한 것임을 피고인이 충분히 알고 있었다고 보이는 경우에는 신분증을 제시하지 않았다고 하여 그 불심검문이 위법한 공무집행이라고 할 수 없다(대판 2014.12.11. 2014도7976).
- 경찰관들이 야간에 다른 지명수배자를 검거하기 위하여 도로에서 잠복근무를 하고 있다가 그곳에 있던 차량을 조회하는 과정에서 차주인 피고인이 벌금 미납으로 지명수배 중임을 인지하게 되어 경찰관들이 위 차량을 운전하여 가는 피고인을 추적하다가 도로상에서 단속하였는데 당시 경찰관들은 피고인에게 신분증을 제시하면서 벌금 미납으로 인하여 지명수배가 되어 있으며 형집행장이 발부되어 있음을 고하고 임의동행을 요구하였으나 피고인은 벌금을 납부할 수 있도록 시간을 달라고 요청하면서 계속 동행을 거부하므로 피고인이 가족과 연락할 수 있도록 경찰관들이 시간을 주었음에도 벌금 납부가 이루어지지 아니하자 경찰관들은 피고인을 경찰차에 태워 경찰서로 연행하고자 하였으나 피고인이 경찰차에 타지 아니하려고 하면서 경찰관 중 한 명의 왼쪽 턱 부위를 발로 찬 경우, 경찰관들의 형집행장 집행이 위법하지 아니하고 피고인에 대한 검거행위가 적법한 공무집행에 해당하므로 피고인에게 정당방위는 인정되지 아니하고 공무집행방해죄와 상해죄가 성립한다(대판 2013.9.12. 2012도2349).

2. 공무집행방해죄가 성립하지 아니하는 사례

- 경찰관 공소외 1 등이 이미 행하여진 주취운전이라는 범죄행위에 대한 증거 수집을 위한 수사절차로서의 의미를 가지는 음주측정 등의 수사목적으로 피고인을 지구대로 데려가면서, 달리 피고인을 현행범으로 체포하였다거나 임의동행에 관한 동의를 얻는 등의 적법 요건을 갖추었다고 볼 자료가 없는 이상, 경찰관 공소외 1 등이 피고인을 지구대로 데려간 행위는 위법한 체포에 해당한다고 보아야 한다. 따라서 그와 같이 위법한 체포 상태에서 이루어진 경찰관 공소외 2의 음주측정요구 또한 위법하다고 볼 수밖에 없고, 피고인에게 그와 같은 위법한 음주측정요구에 대해서까지 응할 의무가 있다고 보아 이를 강제하는 것은 부당하므로 그에 불응하였다고 하여 피고인을 음주측정거부에 관한 도로교통법 위반죄로 처벌할 수는 없으며, 위법한 음주측정요구가 있었던 것으로 볼 수밖에 없다면 그 위법한 음주측정요구라는 공무집행행위 역시 위법하므로, 피고인이 음주측정을 요구하는 경찰관 공소외 2를 폭행하였다고 하여 공무집행방해죄가 성립한다고 볼 수도 없다(대판 2012.12.13. 2012도11162).
- 경찰관들이 체포영장을 소지하고 메트암페타민(일명 필로폰) 투약 등 혐의로 피고인을 체포하려고 하자, 피고인이 이에 거세게 저항하는 과정에서 경찰관들에게 상해를 가하였다고 하여 공무집행방해 및 상해의 공소사실로 기소된 사안에서, 피고인이 경찰관들과 마주하자마자 도망가려는 태도를 보이거나 먼저 폭력을 행사하며 대항한 바 없는 등 경찰관들이 체포를 위한 실력행사에 나아가기 전에 체포영장을 제시하고 미란다 원칙을 고지할 여유가 있었음에도 애초부터 미란다 원칙을 체포 후에 고지할 생각으로 먼저 체포행위에 나선 행위는 적법한 공무집행이라고 보기 어렵다는 등의 이유로 공소사실에 대하여 무죄를 선고한 원심판단이 정당하다고 한 사례(대판 2017.9.21. 2017도10866).

- 경찰관 갑이 도로를 순찰하던 중 벌금 미납으로 지명수배된 피고인과 조우하게 되어 벌금 미납 사실을 고지하고 벌금납부를 유도하였으나 피고인이 이를 거부하자 벌금 미납으로 인한 노역장 유치의 집행을 위하여 구인하려 하였는데, 피고인이 이에 저항하여 갑의 가슴을 양손으로 수차례 밀침으로써 벌금수배자 검거를 위한 경찰관의 공무집행을 방해하였다는 내용으로 기소된 사안에서, 피고인에 대하여 확정된 벌금형의 집행을 위하여 형집행장이 이미 발부되어 있었으나, 갑이 피고인을 구인하는 과정에서 형집행장이 발부되어 있는 사실은 고지하지 않았던 사정에 비추어 갑의 위와 같은 직무집행은 위법하다고 보아 공소사실을 무죄로 판단한 원심판결이 정당하다고 한 사례(대판 2017.9.26. 2017도9458).

ⓒ 적법성의 판단기준 : 직무행위의 적법성은 법원이 법령의 해석을 통하여 객관적으로 판단해야 한다(객관설). 판례도 공무원의 어떠한 공무집행이 적법한지 여부는 행위 당시의 구체적 상황에 기하여 객관적·합리적으로 판단하여야 한다고(대판 2013.2.15. 2010도11281) 한다.

ⓔ 적법성의 체계적 지위 : 학설은 직무집행의 적법성은 객관적 처벌조건에 불과하여 고의의 인식대상이 아니라는 객관적 처벌조건설, 직무집행의 적법성은 구성요건요소이므로 착오는 고의를 조각시킨다는 구성요건요소설, 직무집행의 적법성은 위법성의 요소이므로 이에 대한 착오는 형법 제16조에 의하여 해결하여야 한다는 위법성요소설이 대립하고 있다. 생각건대 적법한 직무행위에 대하여만 국가가 그 방해행위를 처벌할 이익이 있다고 보아야 하므로 구성요건요소설로 이해하는 것이 타당하다고 판단된다. 판례도 경찰관의 체포행위가 적법한 공무집행이 아니라면 공무집행방해죄의 구성요건을 충족하지 못한다고(대판 2006.11.23. 2006도2732) 판시하여 구성요건요소설을 취하고 있다.

2) 행 위

공무집행방해죄의 행위는 '폭행·협박'하는 것이다.

① 폭행·협박의 의의 : 폭행은 공무원에 대한 직·간접의 유형력의 행사(광의의 폭행)를 말하고, 협박은 공무원에게 공포심을 생기게 하는 일체의 해악의 고지(광의의 협박)를 말한다.

> 1. 폭행·협박에 해당하는 사례
> - 피고인이 지구대 내에서 약 1시간 40분 동안 큰 소리로 경찰관을 모욕하는 말을 하고, 그곳 의자에 드러눕거나 다른 사람들에게 시비를 걸고 그 과정에서 경찰관들이 피고인을 내보낸 뒤 문을 잠그자 다시 들어오기 위해 출입문을 계속해서 두드리거나 잡아당기는 등 소란을 피운 경우, 피고인이 밤늦은 시각에 술에 취해 위와 같이 한참 동안 소란을 피운 행위는 그 정도에 따라 공무원에 대한 간접적인 유형력의 행사로서 형법 제136조에서 규정한 '폭행'에 해당할 여지가 있다(대판 2013.12.26. 2013도11050).
> - 피고인이 갑과 주차문제로 언쟁을 벌이던 중, 112 신고를 받고 출동한 경찰관 을이 갑을 때리려는 피고인을 제지하자 자신만 제지를 당한 데 화가 나서 손으로 을의 가슴을 1회 밀치고, 계속하여 욕설을 하면서 피고인을 현행범으로 체포하며 순찰차 뒷좌석에 태우려고 하는 을의 정강이 부분을 양발로 2회 걷어차는 등 폭행한 경우, 제반 사정을 종합하면 피고인이 손으로 을의 가슴을 밀칠 당시 을은 112 신고처리에 관한 직무 내지 순찰근무를 수행하고 있었고, 이와 같이 공무를 집행하고 있는 을의 가슴을 밀치는 행위는 공무원에 대한 유형력의 행사로서 공무집행방해죄에서 정한 폭행에 해당한다(대판 2018.3.29. 2017도21537).

- 수산업협동조합 조합장인 피고인이 수사 중인 해양경찰서 소속 경찰공무원인 甲에게 전화를 걸어 폭언하며 협박함으로써 범죄수사 등에 관한 직무집행을 방해하였다는 공소사실에 대하여, 피고인은 당시 조합장을 7년 이상 역임해 온 자로서 지역사회에 상당한 영향력을 행사하고 있었고, 검찰청 또는 해양경찰청 고위 간부들과의 친분관계를 과시하였으므로 甲으로서는 충분히 위험을 느낄 수 있는 지위에 있었던 것으로 보이는 점, 당시 피고인의 전화통화 내용도 수사에 대하여 강하게 항의하면서 해양경찰청 고위 간부들과의 친분관계를 이용하여 甲에게 인사상 불이익을 가하겠다는 것으로 甲이 공포심을 느낄 수 있는 해악의 고지로 보여지는 점, 기타 폭언을 하게 된 동기 및 경위, 그 내용 등에 비추어 보면, 피고인의 폭언은 단순히 경찰공무원의 수사에 대한 불만의 표시나 감정적인 욕설에 그친다고 볼 수는 없고, 수사를 계속하는 경우에는 담당 경찰관에게 어떤 인사상 불이익이 가해지리라는 것을 통보함으로써 공포심을 품게 하려는 데 그 목적이 있었다 할 것이고, 또 이는 객관적으로 보아 상대방으로 하여금 공포심을 느끼게 하기에 충분하다는 이유로, 이를 유죄로 인정한 원심판단을 정당하다고 한 사례(대판 2011.2.10. 2010도15986).

2. **폭행·협박에 해당하지 아니하는 사례**
   [1] 형법 제144조 제2항의 특수공무집행방해치상죄는 단체 또는 다중의 위력을 보이거나 위험한 물건을 휴대하여 직무를 집행하는 공무원에 대하여 폭행 또는 협박하여 공무원을 상해에 이르게 함으로써 성립하는 범죄이고, 여기에서의 폭행은 유형력을 행사하는 것을 말한다.
   [2] 피고인이 노조원들과 함께 경찰관인 피해자들이 파업투쟁 중인 공장에 진입할 경우에 대비하여 그들의 부재 중에 미리 윤활유나 철판조각을 바닥에 뿌려 놓은 것에 불과하고, 위 피해자들이 이에 미끄러져 넘어지거나 철판조각에 찔려 다쳤다는 것에 지나지 않은 사안에서, 피고인 등이 위 윤활유나 철판조각을 위 피해자들의 면전에서 그들의 공무집행을 방해할 의도로 뿌린 것이라는 등의 특별한 사정이 있는 경우는 별론으로 하고 이를 가리켜 위 피해자들에 대한 유형력의 행사, 즉 폭행에 해당하는 것으로 볼 수 없는데도, 피고인의 위 행위를 특수공무집행방해치상죄로 의율한 원심의 조치에 법리오해 또는 사실오인의 위법이 있다고 한 사례(대판 2010.12.23. 2010도7412).

② **폭행·협박의 정도** : 폭행·협박은 공무원의 직무집행을 방해할 수 있을 정도에 이르러야 하므로 공무원이 전혀 개의치 아니할 정도의 경미한 폭행·협박은 공무의 적정한 집행이 방해될 염려가 없으므로 본죄의 폭행·협박에 해당하지 아니한다(대판 1976.5.11. 76도988). 또한 폭행·협박은 적극적 행위이어야 하므로 소극적인 거동이나 불복종은 제외된다.

③ **기수시기** : 본죄는 추상적 위험범이므로 공무원에 대한 폭행·협박이 있으면 즉시 기수가 되고 공무의 현실적인 방해결과는 필요로 하지 아니한다(대판 2018.3.29. 2017도21537).

(2) 주관적 구성요건

적법한 직무를 집행하는 공무원에 대하여 폭행 또는 협박을 한다는 인식과 의사가 있어야 한다. 위계에 의한 공무집행방해죄와는 달리 공무집행방해죄에서는 공무집행을 방해한다는 의사는 고의의 내용이 되지 아니함(대판 1995.1.24. 94도1949)을 유의하여야 한다.

3. 죄수 및 타죄와의 관계

(1) 죄 수

통설은 공무의 수로 죄수를 판단하나, 판례는 공무원의 수를 기준으로 죄수를 판단하여, 동일한 공무를 집행하는 여럿의 공무원에 대하여 폭행·협박 행위를 한 경우에는 공무를 집행하는 공무원의 수에 따라 여럿의 공무집행방해죄가 성립하고, 위와 같은 폭행·협박 행위가 동일한 장소에서 동일한 기회에 이루어진 것으로서 사회관념상 1개의 행위로 평가되는 경우에는 여럿의 공무집행방해죄는 상상적 경합의 관계에 있다고(대판 2009.6.25. 2009도3505) 한다.

(2) 타죄와의 관계

판례는 절도범인이 체포를 면탈할 목적으로 경찰관에게 폭행·협박을 가한 때에는 준강도죄와 공무집행방해죄를 구성하고 양 죄는 상상적 경합관계에 있으나, 강도범인이 체포를 면탈할 목적으로 경찰관에게 폭행을 가한 때에는 강도죄와 공무집행방해죄는 실체적 경합관계에 있다고(대판 1992.7.28. 92도917) 판시하고 있다.

III 직무·사직강요죄

직무·사직강요죄는 공무원에 대하여 그 직무상의 행위를 강요 또는 조지하거나 그 직을 사퇴하게 할 목적으로 폭행 또는 협박함으로써 성립하는 범죄이다(형법 제136조 제2항).

IV 위계에 의한 공무집행방해죄

1. 의 의

위계에 의한 공무집행방해죄는 위계로써 공무원의 직무집행을 방해함으로써 성립하는 범죄이다(형법 제137조).

2. 구성요건

(1) 객관적 구성요건

1) 객 체

본죄의 객체에는 현재 직무집행 중인 공무원 이외에 장래 직무집행이 예상되는 공무원도 포함된다. 공무원의 직무집행과 관련이 있는 한 위계의 상대방이 비공무원인 경우도 객체가 될 수 있다.

2) 행 위

① **직무집행** : 법령의 위임에 따른 공무원의 적법한 직무집행인 이상 공권력의 행사를 내용으로 하는 권력적 작용뿐만 아니라 사경제주체로서의 활동을 비롯한 비권력적 작용도 포함된다(대판 2003.12.26. 2001도6349).

② **위 계**
  ㉠ 위계란 행위목적을 이루기 위하여 상대방에게 오인, 착각, 부지를 일으키게 하여 이를 이용하는 일체의 행위를 말한다(대판 2003.12.26. 2001도6349).
  ㉡ 판례는 수사기관, 법원 등에 대한 허위의 진술을 하거나 허위의 증거를 제출한 경우, 허위자료에 의하여 인·허가 등을 받은 경우, 공무원의 감시·단속을 피하기 위하여 금지규정위반행위를 한 경우, 기타의 경우로 나누어 위계에 의한 공무집행방해죄의 성립 여부에 대한 일정한 판례군을 형성하여 그 법리를 구체화하고 있다.
  ㉮ 수사기관, 법원 등에 대한 허위의 진술을 하거나 허위의 증거를 제출한 경우

> **1. 위계에 의한 공무집행방해죄가 성립하는 사례**
> - [1] 수사기관이 범죄사건을 수사함에 있어서는 피의자 등의 진술 여하에 불구하고 피의자를 확정하고 그 피의사실을 인정할 만한 객관적인 모든 증거를 수집·조사할 권한과 의무가 있다. 한편 피의자는 진술거부권 및 자기에게 유리한 진술을 할 권리와 유리한 증거를 제출할 권리를 가질 뿐이고, 수사기관에 대하여 진실만을 진술하여야 할 의무가 있는 것은 아니다. 따라서 피의자 등이 수사기관에 대하여 허위사실을 진술하거나 피의사실 인정에 필요한 증거를 감추고 허위의 증거를 제출하였더라도, 수사기관이 충분한 수사를 하지 않은 채 이와 같은 허위의 진술과 증거만으로 증거의 수집·조사를 마쳤다면, 이는 수사기관의 불충분한 수사에 의한 것으로서 피의자 등의 위계에 의하여 수사가 방해되었다고 볼 수 없어 위계에 의한 공무집행방해죄가 성립된다고 할 수 없다. 그러나 피의자 등이 적극적으로 허위의 증거를 조작하여 제출하고 그 증거 조작의 결과 수사기관이 그 진위에 관하여 나름대로 충실한 수사를 하더라도 제출된 증거가 허위임을 발견하지 못할 정도에 이르렀다면, 이는 위계에 의하여 수사기관의 수사행위를 적극적으로 방해한 것으로서 위계공무집행방해죄가 성립된다.
> [2] 국가정보원 고위 간부인 피고인이 검찰의 국가정보원에 대한 압수수색에 대비하여 심리전단사무실을 새롭게 조성하고 심리전단의 활동의 정당성을 드러내기 위한 허위 문건을 작출하여 비치하는 한편, 존재하지 않는다거나 국가기밀에 해당한다는 이유를 내세워 국가정보원이 보관하고 있는 자료의 제출을 거부하였으며 이로 인하여 검찰 공무원들은 압수수색을 할 수 있었던 장소와 물건에 대하여 압수수색을 하지 못한 경우, 이는 위계로서 수사기관의 수사행위를 적극적으로 방해한 것으로서 위계에 의한 공무집행방해죄가 성립한다(대판 2019.3.14. 2018도18646).
> - 교육부장관의 특별사안감사와 관련하여, 감사대상자가 감사관에게 허위 사실을 진술하거나 감사 목적 달성에 필요한 자료를 감추고 허위 자료를 제출하였다고 하더라도, 감사관이 충분한 조사를 하지 않은 채 그와 같은 허위 진술과 자료만으로 자료 수집·조사 절차를 마쳤다면, 이는 감사관의 불충분한 조사에 기인한 것으로서 감사대상자 등의 위계에 의하여 감사관의 감사업무가 방해되었다고 볼 수 없어 위계에 의한 공무집행방해죄가 성립하지 않는다.

그러나 감사대상자가 적극적으로 허위 자료를 조작하여 제출하고 자료 조작 결과 감사관이 그 진위에 관하여 나름대로 충실한 조사를 하더라도 제출된 자료가 허위임을 발견하지 못할 정도에 이르렀다면, 이는 위계에 의하여 감사관의 감사업무를 적극적으로 방해한 것으로서 위계에 의한 공무집행방해죄가 성립한다(대판 2018.5.15. 2017도19499).

2. **위계에 의한 공무집행방해죄가 성립하지 아니하는 사례**
- 법원은 당사자의 허위 주장 및 증거 제출에도 불구하고 진실을 밝혀야 하는 것이 그 직무이므로, 가처분신청 시 당사자가 허위의 주장을 하거나 허위의 증거를 제출하였다 하더라도 그것만으로 법원의 구체적이고 현실적인 어떤 직무집행이 방해되었다고 볼 수 없으므로 이로써 바로 위계에 의한 공무집행방해죄가 성립한다고 볼 수 없다(대판 2012.4.26. 2011도17125).
- [1] 삼성 비자금 의혹 관련 특별검사의 임명 등에 관한 법률 제18조 제1항에 정한 '위계에 의한 특별검사 등의 직무방해죄'에서 '위계'란 행위자가 행위 목적을 달성하기 위하여 상대방에게 오인, 착각, 부지를 일으키게 하여 그 오인, 착각, 부지를 이용하는 것을 의미한다. 그리고 수사기관이 범죄사건을 수사하는 때에는 피의자나 참고인의 진술 여하에 불구하고 피의자를 확정하고 그 피의사실을 인정할 만한 객관적인 모든 증거를 수집·조사하여야 할 직무상 권한과 의무가 있지만, 피의자나 참고인은 수사기관에 진실만을 진술하거나 증거를 제출하여야 할 법률상의 의무를 지는 것은 아니므로, 피의자나 참고인 등이 적극적으로 피의자의 무고함을 입증하는 등의 목적으로 허위의 증거를 조작하여 제출한 것이 아니라 단순히 증거를 감추거나 없애 버린 것만으로는 위계로써 수사기관으로 하여금 오인, 착각, 부지를 일으키게 하였다고 할 수 없다.
[2] 보험회사 임원이, 회사 전산시스템에서 관리하고 있던 보험금 출금 관련 데이터가 압수될 상황에 이르게 되자 특정 기간의 위 전산데이터를 삭제한 행위가 '위계로써 특별검사 등의 직무수행을 방해한 것'이라고 볼 수 없다고 한 사례(대판 2009.6.11. 2008도9437)

㉯ 허위자료에 의하여 인·허가 등을 받은 경우

1. **위계에 의한 공무집행방해죄가 성립하는 사례**
위계에 의한 공무집행방해죄는 상대방의 오인, 착각, 부지를 일으키고 이를 이용하는 위계에 의하여 상대방이 그릇된 행위나 처분을 하게 함으로써 공무원의 구체적이고 현실적인 직무집행을 방해하는 경우에 성립한다. 따라서 행정청에 대한 일방적 통고로 효과가 완성되는 '신고'의 경우에는 신고인이 신고서에 허위사실을 기재하거나 허위의 소명자료를 제출하였더라도, 그것만으로는 담당 공무원의 구체적이고 현실적인 직무집행이 방해받았다고 볼 수 없어 특별한 사정이 없는 한 허위 신고가 위계에 의한 공무집행방해죄를 구성한다고 볼 수 없다. 그러나 행정관청이 출원에 의한 인허가처분 여부를 심사하거나 신청을 받아 일정한 자격요건 등을 갖춘 때에 한하여 그에 대한 수용 여부를 결정하는 등의 업무를 하는 경우에는 위 '신고'의 경우와 달리, 출원자나 신청인이 제출한 허위의 소명자료 등에 대하여 담당 공무원이 나름대로 충분히 심사를 하였으나 이를 발견하지 못하여 인허가처분을 하게 되거나 신청을 수리하게 되었다면, 출원자나 신청인의 위계행위가 원인이 되어 행정관청이 그릇된 행위나 처분에 이르게 된 것이어서 위계에 의한 공무집행방해죄가 성립한다.

[2] 등기신청은 단순한 '신고'가 아니라 신청에 따른 등기관의 심사 및 처분을 예정하고 있으므로, 등기신청인이 제출한 허위의 소명자료 등에 대하여 등기관이 나름대로 충분히 심사를 하였음에도 이를 발견하지 못하여 등기가 마쳐지게 되었다면 위계에 의한 공무집행방해죄가 성립할 수 있다. 등기관이 등기신청에 대하여 부동산등기법상 등기신청에 필요한 서면이 제출되었는지 및 제출된 서면이 형식적으로 진정한 것인지를 심사할 권한은 갖고 있으나 등기신청이 실체법상의 권리관계와 일치하는지를 심사할 실질적인 심사권한은 없다고 하여 달리 보아야 하는 것은 아니다(대판 2016.1.28. 2015도17297).

2. 위계에 의한 공무집행방해죄가 성립하지 아니하는 사례
수출입화물방제업체 운영자인 피고인이 국립식물검역소 출장소에 허위의 소독작업결과서가 첨부된 수출식물검사신청서를 제출하여 수출검사합격증명서를 발급받음으로써 위계로써 위 출장소의 수출식물 검역 및 검사합격증명서 발급 업무의 집행을 방해하였다는 공소사실에 대하여, 담당공무원이 신청사유를 정당하게 조사하였다면 허위임을 알 수 있었을 터인데 그 사실 여부를 조사하지 아니한 채 신청사유 및 첨부서류가 진실한 것으로 가볍게 믿은 나머지 위 합격증명서를 발급한 것이라면, 이는 위 담당공무원이 신청사유를 충분히 심사하지 못한 데에 기인한 결과라고 할 것이므로 그 공무집행이 방해되었다고 단정할 수는 없음에도, 피고인의 행위를 위계에 의한 공무집행방해죄에 해당한다고 단정한 원심의 조치에 법리오해 및 심리미진의 위법이 있다고 한 사례(대판 2010.10.28. 2008도9590)

㉰ 공무원의 감시·단속을 피하기 위하여 금지규정위반행위를 한 경우

1. 위계에 의한 공무집행방해죄가 성립하는 사례
[1] 행형법 제45조, 제46조 제1항, 구 수용자 규율 및 징벌에 관한 규칙 제3조, 제7조 제1항, 교도관직무규칙 제47조, 제54조의 각 규정들을 종합해 보면, 수용자에게는 허가 없는 물품을 사용·수수하거나 허가 없이 전화 등의 방법으로 다른 사람과 연락하는 등의 규율위반행위를 하여서는 아니 될 금지의무가 부과되어 있고, 교도관은 수용자의 규율위반행위를 감시·단속·적발하여 상관에게 보고하고 징벌에 회부되도록 하여야 할 일반적인 직무상 권한과 의무가 있다고 할 것이므로, 수용자가 교도관의 감시·단속을 피하여 규율위반행위를 하는 것만으로는 단순히 금지규정에 위반되는 행위를 한 것에 지나지 아니할 뿐 위계에 의한 공무집행방해죄가 성립한다고 할 수 없고, 또 수용자가 아닌 자가 교도관의 검사 또는 감시를 피하여 금지 물품을 반입하거나 허가 없이 전화 등의 방법으로 다른 사람과 연락하도록 하였더라도 교도관에게 교도소 등의 출입자와 반출·입 물품을 단속·검사할 권한과 의무가 있는 이상, 수용자 아닌 자의 그러한 행위는 특별한 사정이 없는 한 위계에 의한 공무집행방해죄에 해당하는 것으로는 볼 수 없다 할 것이나, 구체적이고 현실적으로 감시·단속업무를 수행하는 교도관에 대하여 그가 충실히 직무를 수행한다고 하더라도 통상적인 업무처리 과정하에서는 사실상 적발이 어려운 위계를 적극적으로 사용하여 그 업무집행을 하지 못하게 하였다면 이에 대하여 위계에 의한 공무집행방해죄가 성립한다.
[2] 변호사가 접견을 핑계로 수용자를 위하여 휴대전화와 증권거래용 단말기를 구치소 내로 몰래 반입하여 이용하게 한 행위가 위계에 의한 공무집행방해죄에 해당한다고 한 원심의 판단을 수긍한 사례(대판 2005.8.25. 2005도1731)

2. 위계에 의한 공무집행방해죄가 성립하지 아니하는 사례

- [1] 법령에서 어떤 행위의 금지를 명하면서 이를 위반하는 행위에 대한 벌칙을 두는 한편, 공무원으로 하여금 그 금지규정의 위반 여부를 감시, 단속하게 하고 있는 경우 그 공무원에게는 금지규정 위반행위의 유무를 감시하여 확인하고 단속할 권한과 의무가 있으므로 단순히 공무원의 감시, 단속을 피하여 금지규정에 위반하는 행위를 한 것에 불과하다면 그에 대하여 벌칙을 적용하는 것은 별론으로 하고 그 행위가 위계에 의한 공무집행방해죄에 해당하는 것이라고는 할 수 없다.
  [2] 법령에서 교도소 수용자에게는 흡연하거나 담배를 소지·수수·교환하거나 허가 없이 전화 등의 방법으로 다른 사람과 연락하는 등의 규율위반행위를 하여서는 아니될 금지의무가 부과되어 있고, 교도관은 수용자의 규율위반행위를 감시, 단속, 적발하여 상관에게 보고하고 징벌에 회부되도록 하여야 할 일반적인 직무상 권한과 의무가 있다고 할 것인바, 구체적이고 현실적으로 감시, 단속업무를 수행하는 교도관에 대하여 위계를 사용하여 그 업무집행을 못하게 한다면 이에 대하여 위계에 의한 공무집행방해죄가 성립한다고 할 것이지만, 수용자가 교도관의 감시, 단속을 피하여 규율위반행위를 하는 것만으로는 단순히 금지규정에 위반되는 행위를 한 것에 지나지 아니할 뿐 이로써 위계에 의한 공무집행방해죄가 성립한다고는 할 수 없고, 수용자가 아닌 자가 교도관의 검사 또는 감시를 피하여 금지물품을 교도소 내로 반입되도록 하였다고 하더라도 교도관에게 교도소 등의 출입자와 반출·입 물품을 단속, 검사하거나 수용자의 거실 또는 신체 등을 검사하여 금지물품 등을 회수하여야 할 권한과 의무가 있는 이상, 그러한 수용자 아닌 자의 행위를 위계에 의한 공무집행방해죄에 해당하는 것으로는 볼 수 없으며, 교도관이 수용자의 규율위반행위를 알면서도 이를 방치하거나 도와주었더라도, 이를 다른 교도관 등에 대한 관계에서 위계에 의한 공무집행방해죄가 성립하는 것으로 볼 수는 없다고 한 사례(대판 2003.11.13. 2001도7045)

- 녹음·녹화 등을 할 수 있는 전자장비가 교정시설의 안전 또는 질서를 해칠 우려가 있는 금지물품에 해당하여 반입을 금지할 필요가 있다면 교도관은 교정시설 등의 출입자와 반출·반입 물품을 검사·단속해야 할 일반적인 직무상 권한과 의무가 있으므로 수용자가 아닌 사람이 위와 같은 금지물품을 교정시설 내로 반입하였다면 교도관의 검사·단속을 피하여 단순히 금지규정을 위반하는 행위를 한 것일 뿐 이로써 위계에 의한 공무집행방해죄가 성립한다고 할 수는 없다(대판 2022.3.31. 2018도15213).

- [1] 피고인의 변호인 접견교통권 행사가 한계를 일탈한 규율위반행위에 해당하더라도 그 행위가 위계공무집행방해죄의 '위계'에 해당하려면 행위자가 상대방에게 오인, 착각, 부지를 일으키게 하여 그 오인, 착각, 부지를 이용함으로써 상대방이 이에 따라 그릇된 행위나 처분을 하여야만 한다. 만약 그러한 행위가 구체적인 직무집행을 저지하거나 현실적으로 곤란하게 하는 데까지는 이르지 않은 경우에는 위계에 의한 공무집행방해죄로 처벌할 수 없다.
  [2] 형집행법은 수용자와 교정시설의 외부에 있는 사람의 접견 시 일정한 경우 접견내용을 청취·기록·녹음 또는 녹화할 수 있도록 하면서도(구 형집행법 제41조 제2항) 미결수용자와 변호인의 접견에는 교도관의 참여나 접견내용의 청취 또는 녹취를 금지하고 있는바(구 형집행법 제84조 제1항), 미결수용자가 변호인과 접견에서 어떤 대화를 나누는지는 교도관의 감시, 단속의 대상이 아니다. 따라서 이 사건 접견변호사들이 피고인의 개인적인 연락업무 등을

수행한 것이 위계에 해당한다거나 그로 인해 교도관의 직무집행이 방해되었다고 할 수 없다. 결국 피고인이 이 사건 접견변호사들에게 지시한 접견이 변호인에 의한 변호활동이라는 외관만을 갖추었을 뿐 실질적으로는 형사사건의 방어권 행사가 아닌 다른 주된 목적이나 의도를 위한 행위로서 접견교통권 행사의 한계를 일탈한 경우에 해당할 수는 있겠지만, 그 행위가 '위계'에 해당한다거나 그로 인해 교도관의 구체적이고 현실적인 직무집행이 방해되었다고 보기 어렵다(대판 2022.6.30. 2021도244).

㉣ 기타의 경우

1. **위계에 의한 공무집행방해죄가 성립하는 사례**
   - 지방의회 의장 선거의 감표위원이 사전에 투표용지에 감표위원 확인 도장을 날인하면서 누가 어떤 후보에게 투표하였는지 구별할 수 있도록 투표용지에 표시하고 그 용지에 의하여 투표가 행해진 경우, 지방의회 의장 선거의 감표위원이 되어 투표용지에 사전에 날인하게 된 것을 기화로 누가 어떤 후보에게 투표를 하였는지 구별할 수 있도록 그 용지에 표시를 하는 행위는 무기명투표의 비밀성을 침해하는 행위로서, 그 후에 그 용지에 의하여 투표가 행하여졌다면 그 자체만으로 의원들의 비밀선거에 의한 의장 선출 직무와 의장의 투표사무 감독직무를 위계로써 방해하는 행위에 해당한다고 할 것이다. 거기서 나아가 의원들이 비밀성이 침해되었음을 알아서 자신들의 소신과 다른 투표를 하게 되어야 비로소 의원들 및 의장의 위 직무의 집행이 방해되었다고 할 것은 아니다(대판 2009.9.10. 2009도6541).
   - 한국자산관리공사가 공적자금을 회수하기 위하여 공적자금 투입업체의 출자전환주식을 매각하기로 하고 그 매각업무의 주간사를 선정하는 과정에서 우선 공사 내부구성원들이 1차 선정위원회를 구성하여 후보기관을 심사·선정하면서, 위 선정위원회가 준수해야 하는 매각심사소위원회의 평가표에 따를 경우 甲업체의 제안서 심사결과가 경쟁상대인 乙업체보다 불리하다고 판단되자, 위 평가표의 평가항목별 배점을 甲업체에 유리하게 수정하여 甲업체를 1순위로, 乙업체를 2순위로 선정한 다음, 이러한 사실을 고지하지 않은 채 별도의 민간전문가가 참여한 2차 선정위원회에 위 심사결과와 수정된 평가표를 제출하여 평가절차를 진행하게 한 경우, 위 평가표의 임의 수정 및 제출행위는 위계에 해당하고 이로 인하여 위 2차 선정위원회의 민간전문가가 매각 주간사를 선정하는 업무의 적정성 내지 공정성을 해할 위험이 발생하였으므로 위계에 의한 업무방해죄가 성립한다고 한 사례(대판 2008.1.17. 2006도1721).

2. **위계에 의한 공무집행방해죄가 성립하지 아니하는 사례**
   이 사건 재단법인 조직위원회 출범식 무대제작 및 전시연출 용역계약 체결에 관한 실무 담당자들인 피고인 3, 피고인 4, 피고인 5가 임의로 위 용역을 분할하여 수의계약을 체결한 것은 집행위원장인 피고인 1의 지시에 따라 위 용역계약 체결에 관한 전결권자인 피고인 2가 지시한 후 전결 처리한 결과일 뿐, 피고인 3 등이 오인, 착각, 부지를 일으킨 결과가 아니다. 그리고 집행위원장인 피고인 1의 지시에 따라 전결권자인 피고인 2와 실무 담당자들인 피고인 3 등이 모두 공모하여 위와 같은 행위를 하였다면 이 사건 재단법인이나 조직위원회 위원장에게 위 용역계약 체결에 관하여 오인, 착각 또는 부지를 일으키게 하였다고 볼 수도 없다. 따라서 위 피고인들의 위와 같은 행위로 말미암아 위 용역계약 체결에 관하여 오인, 착각 또는 부지를 일으킨 상대방이 있다고 할 수 없으므로, 위 피고인들의 위와 같은 행위는 위계에 의한 공무집행방해죄에서의 위계에 해당하지 않는다(대판 2015.2.26. 2013도13217).

③ **직무집행방해** : 본죄의 기수시기에 대하여 학설은 대립하고 있으나, 판례는 상대방이 그릇된 행위나 처분을 하게 함으로써 공무원의 구체적이고 현실적인 직무집행을 방해하는 경우에 성립한다고(대판 2017.4.27. 2017도2583) 판시하고 있다.

> 특정 정당 소속 지방의회의원인 피고인들 등이 지방의회 의장 선거를 앞두고 '갑을 의장으로 추대'하기로 서면합의하고 그 이행을 확보하기 위해 투표용지에 가상의 구획을 설정하고 각 의원별로 기표할 위치를 미리 정하기로 구두합의하는 방법으로 선거를 사실상 기명·공개투표로 치르기로 공모한 다음 그 정을 모르는 임시의장 을이 선거를 진행할 때 사전공모에 따라 투표하여 단독 출마한 갑이 의장에 당선되도록 한 경우, 피고인들 등이 '지방의회 임시의장의 무기명투표 관리에 관한 직무집행을 방해'하였다고 평가할 사정에 관한 검사의 증명이 없거나 부족하다는 등의 이유로, 이와 달리 보아 피고인들에게 유죄를 인정한 원심판결에 위계에 의한 공무집행방해죄의 성립에서 위계의 실행행위와 공무집행방해의 결과 및 그 고의에 관한 법리 등을 오해한 잘못이 있다고 한 사례(대판 2021.4.29. 2018도18582)

(2) 주관적 구성요건

공무원에 대하여 위계를 사용한다는 점과 공무집행을 방해한다는 의사가 있어야 한다(대판 1974.12.10. 74도2841).

3. 타죄와의 관계

(1) 직무유기죄와의 관계

판례는 피고인이, 출원인이 어업허가를 받을 수 없는 자라는 사실을 알면서도 그 직무상의 의무에 따른 적절한 조치를 취하지 않고 오히려 부하직원으로 하여금 어업허가 처리기안문을 작성하게 한 다음 피고인 스스로 중간결재를 하는 등 위계로써 농수산국장의 최종결재를 받았다면, 직무위배의 위법상태가 위계에 의한 공무집행방해행위 속에 포함되어 있는 것이라고 보아야 할 것이므로, 이와 같은 경우에는 작위범인 위계에 의한 공무집행방해죄만이 성립하고 부작위범인 직무유기죄는 따로 성립하지 아니한다고(대판 1997.2.28. 96도2825) 한다.

(2) 범인은닉죄와의 관계

판례는 수사기관이 범죄사건을 수사함에 있어서는 피의자나 피의자로 자처하는 자 또는 참고인의 진술여하에 불구하고 피의자를 확정하고 그 피의사실을 인정할 만한 객관적인 제반증거를 수집 조사하여야 할 권리와 의무가 있는 것이라고 할 것이므로 피의자나 참고인이 아닌 자가 자발적이고 계획적으로 피의자를 가장하여 수사기관에 대하여 허위사실을 진술하였다 하여 바로 이를 위계에 의한 공무집행방해죄가 성립된다고 할 수 없다고(대판 1977.2.8. 76도3685) 한다.

Ⅴ 법정·국회회의장모욕죄

법정·국회회의장모욕죄는 법원의 재판 또는 국회의 심의를 방해 또는 위협할 목적으로 법정이나 국회회의장 또는 그 부근에서 모욕 또는 소동함으로써 성립하는 범죄이다(형법 제138조).

Ⅵ 인권옹호직무방해죄

인권옹호직무방해죄는 경찰의 직무를 행하는 자 또는 이를 보조하는 자가 인권옹호에 관한 검사의 직무집행을 방해하거나 그 명령을 준수하지 아니함으로써 성립하는 범죄이다(형법 제139조).

Ⅶ 공무상봉인 등 표시무효죄

1. 의 의

공무상봉인 등 표시무효죄는 공무원이 그 직무에 관하여 실시한 봉인 또는 압류 기타 강제처분의 표시를 손상 또는 은닉하거나 기타 방법으로 그 효용을 해함으로써 성립하는 범죄이다(형법 제140조 제1항).

2. 구성요건

(1) 객관적 구성요건

1) 객 체

본죄의 객체는 '공무원이 그 직무에 관하여 실시한 봉인 또는 압류 기타 강제처분의 표시'이다.
① 봉인 또는 압류 기타 강제처분의 표시

> [1] 공무상표시무효죄는 공무원이 그 직무에 관하여 봉인, 동산의 압류, 부동산의 점유 등과 같은 구체적인 강제처분을 실시하였다는 표시를 손상 또는 은닉하거나 기타 방법으로 그 효용을 해함으로써 성립하는 범죄이다. 따라서 집행관이 법원으로부터 피신청인에 대하여 부작위를 명하는 가처분이 발령되었음을 고시하는 데 그치고 나아가 봉인 또는 물건을 자기의 점유로 옮기는 등의 구체적인 집행행위를 하지 아니하였다면, 단순히 피신청인이 가처분의 부작위명령을 위반하였다는 것만으로는 공무상 표시의 효용을 해하는 행위에 해당하지 아니한다.
> [2] 집행관이 이 사건 부동산에 관한 점유이전금지가처분을 집행하면서 '채무자는 점유를 타에 이전하거나 또는 점유명의를 변경하여서는 아니 된다.'는 등의 집행취지가 기재되어 있는 고시문을 이 사건 부동산에 부착하였음에도 피고인은 이 사건 부동산을 사업장 소재지로 하는 '○○○○○○1호(신촌점)'(이하 '이 사건 마트')의 사업자등록명의를 피고인 단독 명의에서 피고인과 공소외인의 공동 명의로 변경한 경우, 이 사건 마트의 사업자등록명의가 점유명의에 해당하더라도, 앞서 본 법리에 비추어 살펴보면 피고인이 이 사건 마트의 사업자등록명의를 변경한 것은 구체적인 집행행위가 없는 가처분의 부작위명령을 위반한 것에 불과하여 공무상 표시의 효용을 해하는 행위에 해당한다고 볼 수 없다(대판 2016.5.12. 2015도20322).

② **강제처분의 유효성** : 봉인 또는 압류 기타 강제처분의 표시는 강제처분이 유효할 것을 전제로 한다. 따라서 강제처분이 완료된 경우에는 본죄가 성립할 여지가 없으나(대판 1985.7.23. 85도1092), 가처분결정이 부당한 경우에는 본죄가 성립한다(대판 2001.1.16. 2000도1757). 압류가 경합된 경우에는 한 채권자에게만 채무를 변제하였다는 사실만으로는 압류의 효력이 부정되는 것은 아님을 유의하여야 한다(대판 1981.10.13. 80도1441).

③ **강제처분의 적법성** : 봉인 또는 압류 기타 강제처분의 표시는 적법하여야 한다. 그러나 절차상의 사소한 하자는 본죄의 성립에 영향을 미치지 아니한다.

2) 행 위

본죄의 행위는 손상 또는 은닉하거나 기타 방법으로 그 효용을 해하는 것이다. 손상이란 표시물에 유형력을 가하여 물질적으로 훼손·파괴하거나 그 본래 효용을 감소시키는 것을 말하고, 은닉은 소재를 불명하게 하여 발견을 곤란하게 하는 것을 말한다. 기타 방법은 손상·은닉 이외의 방법으로 표시의 효용을 해하는 일체의 행위를 말한다.

> **1. 공무상봉인 등 표시무효죄가 성립하는 사례**
> - [1] 공무상표시무효죄 중 '공무원이 그 직무에 관하여 실시한 압류 기타 강제처분의 표시를 기타 방법으로 그 효용을 해하는 것'이라 함은 손상 또는 은닉 이외의 방법으로 그 표시 자체의 효력을 사실상으로 감살 또는 멸각시키는 것을 의미하는 것이지, 그 표시의 근거인 처분의 법률상의 효력까지 상실케 한다는 의미는 아니라 할 것이다.
> [2] 이 사건 점유이전금지가처분 채무자인 피고인은 집행관이 이 사건 건물에 관하여 가처분을 집행하면서 '채무자는 점유를 타에 이전하거나 또는 점유명의를 변경하여서는 아니 된다.'는 등의 집행 취지가 기재되어 있는 고시문을 이 사건 건물에 부착한 이후에 제3자로 하여금 이 사건 건물 중 3층에서 카페 영업을 할 수 있도록 이를 무상으로 사용케 하였다는 것인바, 이러한 피고인의 행위는 위 고시문의 효력을 사실상 멸각시키는 행위라 할 것이고, 가족, 고용인 기타 동거자 등 가처분 채무자에게 부수하는 사람을 거주시키는 것과 같이 가처분 채무자가 그 목적물을 사용하는 하나의 태양에 지나지 아니하는 행위라고 보기는 어려우므로 형법 제140조 제1항 소정의 공무상표시무효죄에 해당한다 할 것이고, 비록 점유이전금지가처분 채권자가 가처분이 가지는 당사자항정효로 인하여 가처분 채무자로부터 점유를 이전받은 제3자를 상대로 본안판결에 대한 승계집행문을 부여받아 가처분의 피보전권리를 실현할 수 있다 하더라도 달리 볼 것은 아니다(대판 2004.10.28. 2003도8238).
> - 집행관이 유체동산을 가압류하면서 이를 채무자에게 보관하도록 한 경우 그 가압류의 효력은 압류된 물건의 처분행위를 금지하는 효력이 있으므로, 채무자가 가압류된 유체동산을 제3자에게 양도하고 그 점유를 이전한 경우, 이는 가압류집행이 금지하는 처분행위로서, 특별한 사정이 없는 한 가압류표시 자체의 효력을 사실상으로 감쇄 또는 멸각시키는 행위에 해당한다. 이는 채무자와 양수인이 가압류된 유체동산을 원래 있던 장소에 그대로 두었더라도 마찬가지이다(대판 2018.7.11. 2015도5403).

2. 공무상봉인 등 표시무효죄가 성립하지 아니하는 사례
[1] 가처분은 가처분 채무자에 대한 부작위 명령을 집행하는 것이므로 가처분의 채무자가 아닌 제3자가 그 부작위 명령을 위반한 행위는 그 가처분집행 표시의 효용을 해한 것으로 볼 수 없다.
[2] 온천수 사용금지 가처분결정이 있기 전부터 온천이용허가권자인 가처분 채무자로부터 이를 양수하고 임대차계약의 형식을 빌어 온천수를 이용하여 온 제3자가 위 금지명령을 위반하여 계속 온천수를 사용한 경우, 위 제3자가 위 가처분 사건 당사자 사이의 권리관계 내용을 잘 알고 있었다거나 그가 실질적으로는 가처분 채무자와 같은 당사자 위치에 있었다는 등의 사정이 있다 하여도 위 위반행위가 공무상표시무효죄를 구성하지 않는다고 한 사례(대판 2007.11.16. 2007도5539)

(2) 주관적 구성요건

봉인 또는 압류 기타 강제처분의 표시를 손상 또는 은닉하거나 기타 방법으로 그 효용을 해한다는 인식과 의사가 있어야 한다.

VIII 공무상비밀침해죄

공무상비밀침해죄는 공무원이 그 직무에 관하여 봉함 기타 비밀장치한 문서 또는 도화를 개봉하거나, 공무원이 그 직무에 관하여 봉함 기타 비밀장치한 문서, 도화 또는 전자기록등 특수매체기록을 기술적 수단을 이용하여 그 내용을 알아냄으로써 성립하는 범죄이다(형법 제140조 제2항, 제3항).

IX 부동산강제집행효용침해죄

부동산강제집행효용침해죄는 강제집행으로 명도 또는 인도된 부동산에 침입하거나 기타 방법으로 강제집행의 효용을 해함으로써 성립하는 범죄이다(형법 제140조의2).

X 공용서류 등 무효죄

공용서류 등 무효죄는 공무소에서 사용하는 서류 기타 물건 또는 전자기록등 특수매체기록을 손상 또는 은닉하거나 기타 방법으로 그 효용을 해함으로써 성립하는 범죄이다(형법 제141조 제1항).

XI 공용물파괴죄

공용물파괴죄는 공무소에서 사용하는 건조물, 선박, 기차 또는 항공기를 파괴함으로써 성립하는 범죄이다(형법 제141조 제2항).

XII 공무상보관물무효죄

공무상보관물무효죄는 공무소로부터 보관명령을 받거나 공무소의 명령으로 타인이 관리하는 자기의 물건을 손상 또는 은닉하거나 기타 방법으로 그 효용을 해함으로써 성립하는 범죄이다(형법 제142조).

XIII 특수공무방해죄 · 특수공무방해치상죄

1. 특수공무방해죄

특수공무방해죄는 단체 또는 다중의 위력을 보이거나 위험한 물건을 휴대하여 공무집행방해죄, 직무·사직강요죄, 법정·국회회의장모욕죄, 공무상비밀표시무효죄, 부동산강제집행효용침해죄, 공용서류등무효죄, 공용물파괴죄, 공무상보관물무효죄 및 그 미수죄를 범함으로써 성립하는 범죄이다(형법 제144조 제1항).

2. 특수공무방해치상죄

특수공무방해죄를 범하여 공무원을 상해 또는 사망에 이르게 함으로써 성립하는 범죄이다(형법 제144조 제2항).

3. 관련 판례

> 1. 특수공무집행방해죄 등이 성립하는 사례
> - 피고인은 평소 집에서 심한 고성과 욕설, 시끄러운 음악 소리 등으로 이웃 주민들로부터 수회에 걸쳐 112신고가 있어 왔던 사람인데, 피고인의 집이 소란스럽다는 112신고를 받고 출동한 경찰관 갑, 을이 인터폰으로 문을 열어달라고 하였으나 욕설을 하였고, 경찰관들이 피고인을 만나기 위해 전기차단기를 내리자 화가 나 식칼(전체 길이 약 37cm, 칼날 길이 약 24cm)을 들고 나와 욕설을 하면서 경찰관들을 향해 찌를 듯이 협박한 경우, 피고인의 행위를 제지하고 수사하는 것은 경찰관의 직무상 권한이자 의무라고 볼 수 있으므로, 위와 같은 상황에서 갑과 을이 피고인의 집으로 통하는 전기를 일시적으로 차단한 것은 피고인을 집 밖으로 나오도록 유도한 것으로서, 피고인의 범죄행위를 진압·예방하고 수사하기 위해 필요하고도 적절한 조치로 보이고, 경찰관 직무집행법 제1조의 목적에 맞게 제2조의 직무 범위 내에서 제6조에서 정한 즉시강제의 요건을 충족한 적법한 직무집행으로 볼 여지가 있으므로 피고인의 행위는 특수공무집행방해죄에 해당할 수 있다(대판 2018.12.13. 2016도19417).
> - [1] 국회의원인 피고인이 한미 자유무역협정 비준동의안의 국회 본회의 심리를 막기 위하여 의장석 앞 발언대 뒤에서 CS최루분말 비산형 최루탄 1개를 터뜨리고 최루탄 몸체에 남아있는 최루분말을 국회부의장 甲에게 뿌린 경우, 이 최루탄과 최루분말은 위험한 물건에 해당한다.
> [2] 국회사무처의 이 사건 본회의 소집 통지가 그 실효적인 측면에서 문제가 있다고 볼 여지가 있더라도 일단 본회의를 위하여 참석한 개별 국회의원들의 안건 심의를 위한 직무집행 자체를 부적법한 공무라고 할 수 없고, 공무집행방해죄에서 직무집행의 적법성을 요구하는 취지 등에 비추어

볼 때 직무집행이 강제처분이 아닌 경우에 세밀한 부분에 있어 절차상 위법이 있다 하더라도 일단 직무상 권한 있는 자에 의하여 법령이 정한 방식에 따라 이루어졌다면 형법상 보호가치 있는 직무에 해당한다고 보아야 하는 점 등을 근거로, 피고인의 행위는 국회부의장의 본회의 진행 및 해당 국회의원들의 안건 심의 업무를 폭행 등의 방법으로 방해한 경우에 해당하여 형법상 특수공무집행방해죄가 성립한다.

[3] 피고인은 의장석 앞 발언대에서 이 사건 최루탄을 터뜨렸을 뿐만 아니라 최루탄을 터뜨린 후에도 공소외인 국회부의장이 자리를 뜨지 않자 그를 향해 다량의 최루가루를 뿌림으로써 국회부의장으로 하여금 자리를 벗어나게 한 점 등을 근거로 피고인에게 국회의 심의를 방해할 목적이 있었으므로 특수국회회의장소동죄가 성립한다(대판 2014.6.12. 2014도1894).

2. 특수공무집행방해치사상죄의 성립 여부에 대한 사례

1) 특수공무집행방해치사죄가 성립하는 사례

신호위반에 따른 정지 지시를 무시하고 도주하던 사람이 자신을 추격해 온 경찰관의 하차 요구에 불응한 채 계속 도주를 시도하다가 자동차 앞 범퍼로 경찰관을 들이받고, 차 본넷 위에 경찰관을 매단 채로 그대로 차를 몰고 진행하던 중 인도에 있던 가로수를 들이받아 결국 경찰관을 사망에 이르게 한 경우, '위험한 물건'인 자동차를 이용하여 경찰관의 정당한 업무를 방해하고, 이로 인해 사망에 이르게 한 특수공무방해치사죄에 해당한다(대판 2008.2.28. 2008도3).

2) 특수공무집행방해치상죄가 성립하지 아니하는 사례

의무경찰이 직진하여 오는 택시의 운전자에게 좌회전을 지시하고 불과 30cm 앞에서 이유를 설명하고 있다가, 택시 운전자가 신경질적으로 갑자기 좌회전하는 바람에 택시 우측 범퍼로 무릎을 들이받힌 경우, 사건의 경위와 정황, 그 의무경찰의 피해가 전치 5일 간의 우슬관절부 경도좌상 정도에 불과한 점 등에 비추어 볼 때, 그와 같은 택시운행으로 인하여 사회통념상 피해자인 의무경찰이나 제3자가 위험성을 느꼈으리라고는 보여지지 아니하므로 그 택시 운전자의 범행을 특수공무집행방해치상죄로 의율할 수는 없으나, 공무집행방해의 미필적 고의는 인정된다(대판 1995.1.24. 94도1949).

제3절 도주와 범인은닉의 죄

I 의 의

1. 개 념

도주와 범인은닉의 죄는 법률에 의하여 체포·구금된 자가 스스로 도주하거나, 타인이 범인의 도주에 관여하는 것을 내용으로 하는 범죄이고, 범인은닉죄는 벌금 이상의 형에 해당하는 죄를 범한 자를 은닉·도피하게 하는 것을 내용으로 하는 범죄이다.

2. 보호법익 및 보호정도

도주의 죄의 보호법익은 국가의 구금권이고 범인은닉죄는 국가의 형사사법기능이다. 보호받는 정도는 전자는 침해범이고 후자는 추상적 위험범이다.

Ⅱ 도주죄

1. 의 의

도주죄는 법률에 따라 체포되거나 구금된 자가 도주함으로써 성립하는 범죄이다(형법 제145조 제1항).

2. 구성요건

(1) 주 체

1) 법률에 따른 체포・구금

체포・구금의 적법성은 형식적 적법성을 의미하고 실질적 적법성까지 요하는 것은 아니다. 따라서 미결구금된 자가 후에 무죄판결이 확정된 경우라도 도주죄의 주체가 될 수 있으나 불법하게 체포된 피고인은 법률에 따라 체포 또는 구금된 자가 아니어서 도주죄의 주체가 될 수 없다(대판 2006.7.6. 2005도6810).

2) 체포되거나 구금된 자

① 의의 : '체포된 자'는 체포영장에 의하여 체포되거나 긴급체포・현행범으로 체포된 자를 말하고, 사인에 의하여 현행범으로 체포된 자는 국가기관에게 현실적으로 인도될 때까지 본죄의 주체가 될 수 없다. '구금된 자'는 법률에 근거하여 적법하게 감금된 자를 말한다.

② 사례 : 자유형의 집행을 받고 있는 자, 사형집행의 대기자, 구속영장에 의해 구속된 피고인[137]・피의자, 국가기관에 의해 현행범으로 체포된 자 등은 본죄의 주체가 될 수 있으나, 가석방・보석 중인 자, 형집행정지・구속집행정지 중인 자 등은 본죄의 주체가 될 수 없다.

(2) 행 위

도주란 피체포・감금자가 체포・구금상태로부터 이탈하는 것을 말한다. 본죄는 체포・구금작용에 대한 침해가 개시된 때에 실행의 착수가 있고, 체포자・간수자의 실력적 지배를 완전하게 벗어났을 때 기수가 된다.

---

[137] 최근 판례도 같은 취지에서 법원이 선고기일에 피고인에 대하여 실형을 선고하면서 구속영장을 발부하는 경우 검사가 법정에 재정하여 법원으로부터 구속영장을 전달받아 집행을 지휘하고, 그에 따라 피고인이 피고인 대기실로 인치되었다면 다른 특별한 사정이 없는 한 피고인은 형법 제145조 제1항의 '법률에 의하여 체포 또는 구금된 자'에 해당한다고(대판 2023.12.28. 2020도12586) 판시하고 있다.

Ⅲ 집합명령위반죄

집합명령위반죄는 법률에 의하여 구금된 자가 천재지변이나 사변 그 밖에 법령에 따라 잠시 석방된 상황에서 정당한 이유없이 집합명령에 위반함으로써 성립하는 범죄이다(형법 제145조 제2항).

Ⅳ 특수도주죄

특수도주죄는 수용설비 또는 기구를 손괴하거나 사람에게 폭행 또는 협박을 가하거나 2인 이상이 합동하여 도주함으로써 성립하는 범죄이다(형법 제146조).

Ⅴ 도주원조죄

도주원조죄는 법률에 의하여 구금된 자를 탈취하거나 도주하게 함으로써 성립하는 범죄이다(형법 제147조).

Ⅵ 간수자도주원조죄

간수자도주원조죄는 법률에 의하여 구금된 자를 간수 또는 호송하는 자가 이를 도주하게 함으로써 성립하는 범죄이다(형법 제148조).

Ⅶ 범인은닉죄

1. 의 의

범인은닉죄는 벌금 이상의 형에 해당하는 죄를 범한 자를 은닉 또는 도피하게 함으로써 성립하는 범죄이다(형법 제151조 제1항).

2. 구성요건

(1) 객관적 구성요건

1) 주 체

범인 자신이 아니면 제한이 없다. 공범자 중 1인이 다른 공범자를 도피시킨 경우에도 본죄가 성립하고(대판 1958.1.14. 57도393), 다른 공범자의 도피를 용이하게 한 경우에는 본죄의 방조범이 성립한다(대판 1958.1.14. 4290형상393).

[1] 범인도피죄는 범인을 도피하게 함으로써 기수에 이르지만, 범인도피행위가 계속되는 동안에는 범죄행위도 계속되고 행위가 끝날 때 비로소 범죄행위가 종료된다. 따라서 공범자의 범인도피행위 도중에 그 범행을 인식하면서 그와 공동의 범의를 가지고 기왕의 범인도피상태를 이용하여 스스로 범인도피행위를 계속한 경우에는 범인도피죄의 공동정범이 성립하고, 이는 공범자의 범행을 방조한 종범의 경우도 마찬가지이다.
[2] 변호사는 공공성을 지닌 법률 전문직으로서 독립하여 자유롭게 직무를 수행하여야 하고(변호사법 제2조), 직무를 수행하면서 진실을 은폐하거나 거짓 진술을 하여서는 아니 된다(같은 법 제24조 제2항). 따라서 형사변호인의 기본적인 임무가 피고인 또는 피의자를 보호하고 그의 이익을 대변하는 것이라고 하더라도, 그러한 이익은 법적으로 보호받을 가치가 있는 정당한 이익으로 제한되고, 변호인이 의뢰인의 요청에 따른 변론행위라는 명목으로 수사기관이나 법원에 대하여 적극적으로 허위의 진술을 하거나 피고인 또는 피의자로 하여금 허위진술을 하도록 하는 것은 허용되지 않는다.
[3] 甲이 수사기관 및 법원에 출석하여 乙 등의 사기 범행을 자신이 저질렀다는 취지로 허위자백하였는데, 그 후 甲의 사기 피고사건 변호인으로 선임된 피고인이 甲과 공모하여 진범 乙 등을 은폐하는 허위자백을 유지하게 함으로써 범인을 도피하게 하였다는 내용으로 기소된 사안에서, 피고인이 변호인으로서 단순히 甲의 이익을 위한 적절한 변론과 그에 필요한 활동을 하는 데 그치지 아니하고, 甲과 乙 사이에 부정한 거래가 진행 중이며 甲 피고사건의 수임과 변론이 거래의 향배와 불가결한 관련이 있을 것임을 분명히 인식하고도 乙에게서 甲 피고사건을 수임하고, 그들의 합의가 성사되도록 도왔으며, 스스로 합의금의 일부를 예치하는 방안까지 용인하고 합의서를 작성하는 등으로 甲과 乙의 거래관계에 깊숙이 관여한 행위를 정당한 변론권의 범위 내에 속한다고 평가할 수 없고, 나아가 변호인의 비밀유지의무는 변호인이 업무상 알게 된 비밀을 다른 곳에 누설하지 않을 소극적 의무를 말하는 것일 뿐 진범을 은폐하는 허위자백을 적극적으로 유지하게 한 행위가 변호인의 비밀유지의무에 의하여 정당화될 수 없다고 하면서, 한편으로 피고인의 행위는 정범인 甲에게 결의를 강화하게 한 방조행위로 평가될 수 있다는 이유로 범인도피방조죄를 인정한 원심판단을 정당하다고 한 사례(대판 2012.8.30. 2012도6027).

① **자기은닉·도피** : 범인 자신의 은닉·도피행위는 본죄의 구성요건해당성이 인정되지 아니하여 처벌할 수 없다고 보는 것이 타당하나, 판례는 기대가능성의 문제로 이해하고 있다(대판 2018.8.1. 2015도20396).[138]

[1] 범인도피죄는 타인을 도피하게 하는 경우에 성립할 수 있는데, 여기에서 타인에는 공범도 포함되나 범인 스스로 도피하는 행위는 처벌되지 않는다. 또한 공범 중 1인이 그 범행에 관한 수사절차에서 참고인 또는 피의자로 조사받으면서 자기의 범행을 구성하는 사실관계에 관하여 허위로 진술하고 허위 자료를 제출하는 것은 자신의 범행에 대한 방어권 행사의 범위를 벗어난 것으로 볼 수 없다. 이러한 행위가 다른 공범을 도피하게 하는 결과가 된다고 하더라도 범인도피죄로 처벌할 수 없다. 이때 공범이 이러한 행위를 교사하였더라도 범죄가 될 수 없는 행위를 교사한 것에 불과하여 범인도피교사죄가 성립하지 않는다.

---

138) 공범자 중 1인이 다른 공범을 도피하게 하는 것이 자신의 범행 은닉과 밀접불가분 관계를 가졌다면 자기도피와 마찬가지로 적법행위에 대한 기대가능성이 없다. 피고인들이 강제집행면탈죄의 공동정범으로서 한 범인도피교사 행위와 범인도피 행위는 자신들의 범행 은닉과 밀접불가분 관계에 있어 자기도피와 마찬가지로 적법행위에 대한 기대가능성이 없고, 방어권 남용으로 보기 어렵다(판결이유 중)(대판 2018.8.1. 2015도20396).

[2] 이 사건에서 범인도피의 대상이 되는 피고인 2, 피고인 3의 범행은 강제집행을 피하기 위하여 피고인 1에게 콜라텍을 허위로 양도하여 채권자 공소외인을 불리하게 하였다는 것이고, 피고인 1은 허위양수인으로서 행위의 모습이나 관여 정도에 비추어 강제집행면탈죄의 공동정범이라 할 수 있다. 피고인 2, 피고인 3에 대한 고소사건에서 피고인 1에 대한 조사는 콜라텍을 허위로 양수하였는지에 관한 것이었는데, 이는 피고인 1을 포함한 공범자 모두의 범행을 구성하는 사실관계로서 그중 피고인 2, 피고인 3의 범행에 관한 것만을 분리할 수 없다. 피고인 1이 콜라텍을 실제 양수하여 운영하고 있다고 허위로 진술하고 그에 관한 허위 자료를 제출하였고 그것이 피고인 2, 피고인 3을 도피하게 하는 결과가 되더라도 범인도피죄가 성립할 수 없다. 이는 피고인 1에 대한 고소사건에서도 마찬가지이다. 피고인 2, 피고인 3이 이러한 행위를 교사하였다고 해도 이는 범죄가 될 수 없는 행위를 교사한 것에 불과하여 범인도피교사죄도 성립하지 않는다(대판 2018.8.1. 2015도20396).

② 자기은닉·도피의 교사·방조
  ㉠ 문제점 : 범인이 타인을 교사하여 자기를 은닉 또는 도피하게 한 경우에 타인에게 범인은닉죄가 성립한다는 것에는 의문이 없으나, 범인에게 본죄의 교사범이 성립하는지 여부에 대해 견해가 대립하고 있다.
  ㉡ 학설 : 타인을 교사하여 자기를 은닉·도피하게 한 경우에는 자기비호의 연장에 불과하므로 교사범도 성립할 수 없다는 부정설과 이 경우에는 자기비호권의 한계를 일탈한 것이므로 기대가능성이 인정되기 때문에 교사범이 성립한다는 긍정설이 대립하고 있다.
  ㉢ 판례 : 판례는 범인이 자신을 위하여 타인으로 하여금 허위의 자백을 하게 하여 범인도피죄를 범하게 하는 행위는 방어권의 남용으로 범인도피교사죄에 해당하는바, 이 경우 그 타인이 처벌을 받지 아니하는 친족, 호주 또는 동거 가족에 해당한다 하여 달리 볼 것은 아니라고(대판 2006.12.7. 2005도3707) 판시하고 있다.
  ㉣ 검토 : 생각건대 자기은닉·도피를 처벌하지 아니하는 것은 기대가능성이 아니라 구성요건해당성의 문제이므로, 본죄의 주체가 될 수 없는 자를 교사범으로 처벌하는 것은 부당하다고 이해하는 것이 타당하다고 판단된다.

> 1. 자기은닉·도피의 교사·방조죄가 성립하는 사례
> • 피고인이 운영하는 ○○주유소 및 △△주유소에서 유사석유를 판매하고, 피고인이 ㅁㅁ에너지에 유사석유를 공급한 것으로 단속되자, 피고인이 수사 과정에서 공소외 1로 하여금 ○○주유소의 실제 업주이며, 공소외 2로 하여금 △△주유소의 실제 업주이며, 공소외 3으로 하여금 피고인에게 석유를 공급하였는데 자신도 유사석유임을 몰랐다는 내용으로 각 허위진술 하도록 한 경우, 피고인이 판매·공급한 휘발유가 유사석유임을 알았다고 인정할 증거가 부족하여 피고인에 대하여 석유 및 석유대체연료 사업법위반죄를 인정할 수 없다고 하더라도, 피고인의 교사에 의하여 공소외 1, 2 및 공소외 3이 위와 같이 허위로 진술한 사실이 인정되고 그것이 적극적으로 수사기관을 기만하여 착오에 빠지게 함으로써 범인의 발견 또는 체포를 곤란 내지 불가능하게 할 정도에 해당하여 범인도피죄를 구성한다면, 그들은 석유 및 석유대체연료 사업법위반죄의 혐의를 받아 수사대상이 된 피고인을 도피하도록 한 것으로 볼 수 있고, 나아가 이를 교사한 피고인에 대하여도 범인도피교사의 죄책이 성립될 수 있다(대판 2014.3.27. 2013도152).

- 무면허 운전으로 사고를 낸 사람이 동생을 경찰서에 대신 출두시켜 피의자로 조사받도록 한 행위는 범인도피교사죄를 구성한다(대판 2006.12.7. 2005도3707).
- [1] 범인도피죄는 범인은닉 이외의 방법으로 범인에 대한 수사·재판 및 형의 집행 등 형사사법의 작용을 곤란 또는 불가능하게 하는 행위를 말하는 것으로서 그 방법에는 아무런 제한이 없고, 또한 범인도피죄는 위험범으로서 현실적으로 형사사법의 작용을 방해하는 결과가 초래되어야만 하는 것은 아니다.
[2] 피고인은 음주운전 혐의로 적발되자 평소 알고 지내던 공소외 1을 불러내어 그로 하여금 단속경찰관인 공소외 2가 피고인에 대한 주취운전자 적발보고서를 작성하거나 재차 음주측정을 하지 못하도록 제지하는 등으로 공소외 2의 수사를 곤란하게 했던 사실을 인정할 수 있는바, 이러한 피고인의 행위는 범인도피죄에서 말하는 도피에 해당하고, 나아가 피고인이 위 공소외 1에게 전화를 걸어 음주단속 현장으로 나오게 한 점이나 그에게 "어떻게 좀 해 보라"고 계속 재촉한 사정 등에 비추어 보면 피고인에게 범인도피교사에 대한 범의가 없었다고 보기도 어렵다(대판 2006.5.26. 2005도7528).

2. 자기은닉·도피의 교사·방조죄가 성립하지 아니하는 사례

[1] 범인 스스로 도피하는 행위는 처벌되지 아니하므로, 범인이 도피를 위하여 타인에게 도움을 요청하는 행위 역시 도피행위의 범주에 속하는 한 처벌되지 아니하며, 범인의 요청에 응하여 범인을 도운 타인의 행위가 범인도피죄에 해당한다고 하더라도 마찬가지이다. 다만 범인이 타인으로 하여금 허위의 자백을 하게 하는 등으로 범인도피죄를 범하게 하는 경우와 같이 그것이 방어권의 남용으로 볼 수 있을 때에는 범인도피교사죄에 해당할 수 있다. 이 경우 방어권의 남용이라고 볼 수 있는지 여부는, 범인을 도피하게 하는 것이라고 지목된 행위의 태양과 내용, 범인과 행위자의 관계, 행위 당시의 구체적인 상황, 형사사법의 작용에 영향을 미칠 수 있는 위험성의 정도 등을 종합하여 판단하여야 한다.

[2] 피고인은 자신의 휴대폰을 사용할 경우 소재가 드러날 것을 염려하여 피고인이 평소 가깝게 지내던 후배인 공소외인에게 요청하여 대포폰을 개설하여 받고, 공소외인에게 전화를 걸어 자신이 있는 곳으로 오도록 한 다음 공소외인이 운전하는 자동차를 타고 청주시 일대를 이동하여 다닌 것으로서, 피고인의 이러한 행위는 형사사법에 중대한 장애를 초래한다고 보기 어려운 통상적 도피의 한 유형으로 볼 여지가 충분하여, 피고인에 대하여 범인도피교사죄는 성립하지 아니한다(대판 2014.4.10. 2013도12079).

2) 객 체

범인은닉죄의 객체는 '벌금 이상의 형에 해당하는 죄를 범한 자'이다.

① **벌금 이상의 형에 해당하는 죄** : 법정형에 벌금 또는 그 이상의 형을 포함하고 있는 범죄를 말한다.

② **죄를 범한 자**

    ㉠ 의의 : 구성요건에 해당하고 위법·유책뿐만 아니라 처벌조건과 소송조건도 구비되어 공소제기 가능성과 유죄판결의 가능성까지 있어야 하나, 반드시 공소가 제기되었거나 유죄판결이 확정된 자임을 요하지 아니한다(대판 1983.8.23. 83도1486). 따라서 범죄의 혐의를 받고 수사의 대상이 된 자(대판 1983.8.23. 83도1486)뿐만 아니라 아직 수사의 대상이 되지 아니한 자(대판 2003.12.12. 2003도4533)도 본죄의 객체가 될 수 있다. 죄를 범한 자에는 정범은 물론 공범도 포함되고 미수범·예비·음모자도 포함된다.

- ⓒ 문제되는 경우 : 친고죄에서 단순히 고소가 없는 경우에는 고소의 가능성이 있으므로 본죄의 객체에 포함되나 고소기간 등의 경과로 고소권이 소멸되어 고소의 가능성이 없는 경우에는 본죄의 객체에 해당되지 아니한다. 검사의 불기소처분이 있는 경우, 불기소처분에는 재판과 같은 확정력이 없어 소추처벌의 가능성이 있으므로 본죄의 객체가 된다고 보는 것이 타당하다.
- ⓒ 진범인의 요부
  - ㉮ 학설 : 진범인은 물론 수사·소추 중인 자이면 충분하다는 부정설, 본죄의 구성요건이 죄를 범한 자로 명시되어 있고, 진범인 아닌 자에 대한 은닉행위는 국가의 형사사법기능을 해할 위험이 없으므로 진범인임을 요한다는 긍정설, 형사사법절차의 진행 단계에 따라 진범인의 요부를 달리 보는 단계적 구분설이 대립하고 있다.
  - ㉯ 판례 : 판례는 죄를 범한 자는 범죄의 혐의를 받아 수사대상이 되어 있는 사람이면 그가 진범인지 여부를 묻지 않고 이에 해당한다고(대판 2014.3.27. 2013도152) 하여 소극설을 취하고 있다.
  - ㉰ 검토 : 생각건대 긍정설과 단계적 구분설은 진범인임을 알지 못했다는 행위자의 착오 주장으로 본죄의 성립 가능성이 거의 없어진다는 형사정책적 문제가 있고 형사사법기능을 보호하려는 본죄의 입법취지를 함께 고려할 때 진범인임을 요하지 아니한다는 부정설이 타당하다고 판단된다.

3) 행 위

① 은닉 또는 도피하게 하는 것 : 은닉은 장소를 제공하여 범인을 감추어 주는 행위이고, 도피하게 하는 것은 은닉 이외의 행위로서 관헌의 발견·체포를 곤란하게 하는 일체의 행위를 말한다.

> **1. 범인은닉·도피죄가 성립하는 사례**
> - 범인이 기소중지자임을 알고도 범인의 부탁으로 다른 사람의 명의로 대신 임대차계약을 체결해 준 경우, 비록 임대차계약서가 공시되는 것은 아니라 하더라도 수사기관이 탐문수사나 신고를 받아 범인을 발견하고 체포하는 것을 곤란하게 하여 범인도피죄에 해당한다(대판 2004.3.26. 2003도8226).
> - '게임산업 진흥에 관한 법률' 위반의 혐의로 수사기관에서 조사받는 피의자가 사실은 게임장·오락실·피씨방 등의 실제 업주가 아니라 그 종업원임에도 불구하고 자신이 실제 업주라고 허위로 진술하였다고 하더라도 그 자체만으로 범인도피죄를 구성하는 것은 아니다. 다만 그 피의자가 실제 업주로부터 금전적 이익 등을 제공받기로 하고 단속이 되면 실제 업주를 숨기고 자신이 대신하여 처벌받기로 하는 역할(이른바 '바지사장')을 맡기로 하는 등 수사기관을 착오에 빠뜨리기로 하고, 단순히 실제 업주라고 진술하는 것에서 나아가 게임장 등의 운영 경위, 자금 출처, 게임기 등의 구입 경위, 점포의 임대차계약 체결 경위 등에 관하여서까지 적극적으로 허위로 진술하거나 허위 자료를 제시하여 그 결과 수사기관이 실제 업주를 발견 또는 체포하는 것이 곤란 내지 불가능하게 될 정도에까지 이른 것으로 평가되는 경우 등에는 범인도피죄를 구성할 수 있다(대판 2012.8.30. 2010도13694).

- 게임장 등의 실제 업주가 아니라 종업원임에도 불구하고 자신이 실제 업주라고 허위로 진술하는 경우, 단순히 실제 업주라고 허위로 진술하는 것만으로는 부족하고 게임장 등의 운영 경위, 자금 출처, 게임기 등의 구입 경위, 점포의 임대차계약 체결 경위 등에 관해서까지 적극적으로 허위로 진술하거나 허위 자료를 제시하여 그 결과 수사기관이 실체 업주를 발견 또는 체포하는 것이 곤란 내지 불가능하게 될 정도에까지 이른 것으로 평가될 수 있어야 범인도피죄를 구성한다고 할 것이다(대판 2013.1.10. 2012도13999).
- 범인 아닌 자가 수사기관에서 범인임을 자처하고 허위사실을 진술하여 진범의 체포와 발견에 지장을 초래하게 한 행위는 범인은닉죄에 해당한다(대판 1996.6.14. 96도1016).

2. **범인은닉·도피죄가 성립하지 아니하는 사례**
   - [1] 범인도피죄에서 '도피하게 하는 행위'는 은닉 이외의 방법으로 범인에 대한 수사, 재판 및 형의 집행 등 형사사법의 작용을 곤란 또는 불가능하게 하는 일체의 행위를 말하는 것으로서 그 수단과 방법에는 어떠한 제한이 없고, 또한 위 죄는 위험범으로서 현실적으로 형사사법의 작용을 방해하는 결과가 초래될 것이 요구되지 아니하지만, 같은 조에 함께 규정되어 있는 은닉행위에 비견될 정도로 수사기관의 발견·체포를 곤란하게 하는 행위, 즉 직접 범인을 도피시키는 행위 또는 도피를 직접적으로 용이하게 하는 행위에 한정된다고 해석함이 상당하고, 그 자체로는 도피시키는 것을 직접적인 목적으로 하였다고 보기 어려운 어떤 행위의 결과 간접적으로 범인이 안심하고 도피할 수 있게 한 경우까지 포함되는 것은 아니다.
   [2] 원래 수사기관은 범죄사건을 수사함에 있어서 피의자나 참고인의 진술 여하에 불구하고 피의자를 확정하고 그 피의사실을 인정할 만한 객관적인 제반 증거를 수집·조사하여야 할 권리와 의무가 있는 것이므로, 참고인이 수사기관에서 범인에 관하여 조사를 받으면서 그가 알고 있는 사실을 묵비하거나 허위로 진술하였다고 하더라도, 그것이 적극적으로 수사기관을 기만하여 착오에 빠지게 함으로써 범인의 발견 또는 체포를 곤란 내지 불가능하게 할 정도의 것이 아니라면 범인도피죄를 구성하지 않는다.
   [3] 수사절차에서 작성되는 신원보증서는 체포된 피의자 석방의 필수적인 요건이거나 어떠한 법적 효력이 있는 것은 아니고, 다만 피의사건이 비교적 경미한 경우 피의자와 일정한 관계에 있는 신원보증인이 수사기관에 대하여 피의자의 신분, 직업, 주거 등을 보증하고 향후 수사기관이나 법원의 출석요구에 사실상 협조하겠다는 의사를 표시하는 것으로서 피의자나 신원보증인에게 심리적인 부담을 줌으로써 수사기관이나 재판정에의 출석 또는 형 집행 등 형사사법절차상의 편의를 도모하는 것에 불과하여 보증인에게 법적으로 진실한 서류를 작성·제출할 의무가 부과된 것은 아니므로, 신원보증서를 작성하여 수사기관에 제출하는 보증인이 피의자의 인적 사항을 허위로 기재하였다고 하더라도, 그로써 적극적으로 수사기관을 기망한 결과 피의자를 석방하게 하였다는 등 특별한 사정이 없는 한, 그 행위만으로 범인도피죄가 성립되지 않는다고 한 사례(대판 2003.2.14. 2002도5374)
   - [1] 범인도피행위는 범인을 도주하게 하는 행위 또는 도주하는 것을 직접적으로 용이하게 하는 행위에 한정된다고 봄이 상당하고, 그 자체가 도피시키는 것을 직접 목적으로 한 것이라고는 보기 어려운 행위로 말미암아 간접적으로 범인이 안심하여 도피할 수 있도록 하는 것과 같은 경우는 이에 포함되는 것이 아니라고 해석하여야 할 것이다. 나아가 어떤 행위가 범인도피죄에 해당하는 것처럼 보이더라도 그것이 사회적으로 상당성이 있는 행위일 때에는 이 또한 처벌할 수 없다고 보아야 할 것이다.

> [2] 미국으로 도주한 범인에게 송금하여 달라는 부탁과 함께 자기앞수표를 건네받아 이를 가명으로 예금해 두고 현실적으로 송금하지 아니한 경우, 도주한 범인이 편취하여 마련한 자금 중 일부를 가명으로 예금하고 입금과 출금을 되풀이하면서 그 인출한 돈으로 범인 자녀들의 생활비에 충당한 경우, 범인의 자녀들을 미국에 보낸 경우, 원심공동피고인이 검찰에 자수한다는 것과 변호사를 선임하였다는 사실을 알려주고 모든 범행을 자신에게 미루고 검찰에 출석하여 부인하라는 지시를 원심공동피고인에게 전달한 경우 등에 대하여는 범인도피죄가 성립하지 아니한다(대판 1995.3.3. 93도3080).
>
> - 피고인이 절도사건과 관련하여 사법경찰리로부터 조사받는 과정에서 공범인 상피고인들 (갑, 을)의 이름을 단순히 묵비하였다 하여 절도범인을 도피하게 하였다고는 볼 수 없다(대판 1984.4.10. 83도3288).
> - 사행행위 등 규제 및 처벌특례법 위반죄의 피의자가 수사기관에서 조사받으며 오락실을 단독 운영하였다고 허위진술하여 오락실 공동운영자인 공범의 존재를 숨긴 경우, 범인도피죄에 해당하지 않는다(대판 2008.12.24. 2007도11137).

② **부작위에 의한 은닉·도피** : 부작위에 의한 은닉·도피도 가능하다. 범인을 체포하여야 할 보증인의 지위에 있는 자가 범인임을 알고 방임한 경우에는 부작위에 의한 본죄가 성립한다(대판 1996.5.10. 96도51).

(2) 주관적 구성요건

벌금 이상의 형에 해당하는 죄를 범한 자를 은닉 또는 도피하게 한다는 인식과 의사가 있어야 한다. 범인의 성명·범죄의 구체적인 내용까지 행위자가 인식하여야 하는 것은 아니다.

3. 죄 수

판례는 경찰공무원이 지명수배 중인 범인을 발견하고도 직무상 의무에 따른 적절한 조치를 취하지 아니하고 오히려 범인을 도피하게 하는 행위를 하였다면, 그 직무위배의 위법상태는 범인도피행위 속에 포함되어 있다고 보아야 할 것이므로, 이와 같은 경우에는 작위범인 범인도피죄만이 성립하고 부작위범인 직무유기죄는 따로 성립하지 아니한다고(대판 2017.3.15. 2015도1456) 한다.

4. 친족 간의 특례

(1) 법적 성격

친족 또는 동거의 가족이 본인을 위하여 범인은닉·도피죄를 범한 때에는 처벌하지 아니한다(형법 제151조 제2항). 친족 간의 정의에 비추어 볼 때, 적법행위의 기대가능성이 없음을 고려한 책임조각사유이다.

(2) 적용 범위

1) 주 체

주체는 친족 또는 동거의 가족이며 그 범위는 민법에 의하여 정하여 진다. 판례는 사실혼관계에 있는 자는 본죄의 친족에 포함되지 아니한다고(대판 2003.12.12. 2003도4533) 한다.

2) 목 적

벌금 이상에 해당하는 죄를 범한 본인의 형사책임상의 이익을 위하여 본죄를 범하여야 한다. 본 특례가 기대불가능성을 고려한 책임조각사유임을 고려할 때 본인의 이익과 공범자의 이익을 동시에 위하는 경우에도 특례가 적용된다고 보는 것이 타당하다.

(3) 공범관계

1) 친족과 제3자가 공동정범으로 본죄를 범한 경우

친족에 대하여만 특례가 적용되어 처벌되지 아니한다.

2) 비친족이 친족을 교사하여 범인을 은닉하게 한 경우

정범인 친족은 처벌할 수 없으나 비친족은 본죄의 교사범이 된다(제한적 종속형식).

3) 친족이 비친족을 교사하여 범인을 은닉하게 한 경우

① 학설 : 기대불가능성을 이유로 한 본 특례의 적용은 친족 자신이 은닉하는 경우와 비친족을 교사하여 은닉하게 하는 경우를 구별할 이유가 없으므로 교사범이 성립하지 아니한다는 부정설과 비호권의 남용이므로 본죄의 교사범이 성립한다는 긍정설이 대립하고 있다.

② 판례 : 판례는 피고인이 동생이 벌금 이상의 형에 해당하는 범죄를 저지른 것을 알면서 제3자로 하여금 수사기관에 허위의 진술을 하도록 교사한 것이라면 이러한 경우에는 형법 제151조 제2항에 정한 친족이 본인을 도피하게 한 경우에 해당하지 아니하므로 범인도피죄의 교사범으로서의 죄책을 면할 수 없다고(대판 1996.9.24. 95도1382) 판시하고 있다.

③ 검토 : 생각건대 특례가 적용되어 본죄를 범할 수 없는 자를 교사범으로 처벌하는 것은 부당하므로 소극설이 타당하다고 판단된다.

제4절 위증과 증거인멸의 죄

I 의 의

1. 개 념

위증죄는 법률에 의하여 선서한 증인이 허위의 진술을 하거나, 법률에 의하여 선서한 감정인·통역인·번역인이 허위의 감정·통역·번역을 하는 것을 내용으로 하는 범죄이고, 증거인멸의 죄는 타인의 형사사건 또는 징계사건에 관한 증거를 인멸·은닉·위조·변조하거나 위조·변조한 증거를 사용하거나, 타인의 형사사건 또는 징계사건에 관한 증인을 은닉·도피하게 하는 것을 내용으로 하는 범죄이다.

2. 보호법익 및 보호정도

위증과 증거인멸의 죄는 국가의 사법기능을 보호법익으로 하며, 보호받는 정도는 추상적 위험범이다.

Ⅱ 위증죄

1. 의 의

위증죄는 법률에 의하여 선서한 증인이 허위의 진술을 함으로써 성립하는 범죄이다(형법 제152조 제1항).

2. 구성요건

(1) 객관적 구성요건

1) 주 체

① **법률에 의한 선서** : 법률에 근거하여 법률이 정하는 절차에 따라 유효하게 행하여진 선서를 말한다. 따라서 선서의 취지를 이해하지 못하는 선서무능력자의 선서는 무효이므로 선서무능력자가 선서 후에 허위의 진술을 한 경우에도 본죄의 주체는 될 수 없다. 판례에 의하면 심문절차로 진행되는 소송비용확정신청사건(대판 1995.4.11. 95도186), 가처분 신청사건(대판 2003.7.25. 2003도180)에서 행한 선서는 법률상 근거가 없어 무효이므로 위증죄는 성립하지 아니한다고 판시하고 있다.

② **증인** : 증인은 법원 또는 법관의 면전에서 과거에 경험한 사실을 진술하는 제3자를 말한다.
 ㉠ 형사피고인·민사소송의 당사자 : 이들은 제3자가 아니므로 본죄의 주체가 될 수 없다. 민사소송의 당사자인 법인의 대표자도 같다(대판 1998.3.10. 97도1168).
 ㉡ 공동피고인 : 공범자 아닌 공동피고인은 증인적격이 있지만(대판 1979.3.27. 78도1031), 공범자인 공동피고인은 소송절차가 분리되지 아니하는 한 증인적격이 없다(대판 2008.6.26. 2008도3300).
 ㉢ 증언거부권자 : 증언거부권을 행사하지 아니하고 선서 후 위증한 경우 본죄의 주체가 된다. 그러나 최근 판례는 증언거부권자가 증언거부권을 고지 받지 못함으로써 증언거부권 행사에 사실상의 장애가 생긴 경우에는 위증죄가 성립하지 아니한다고(대판 2010.1.21. 2008도942[전합]) 판시하고 있다.

> 1. 위증죄가 성립하는 사례
> - [1] 재판장이 신문 전에 증인에게 증언거부권을 고지하지 않은 경우에도 당해 사건에서 증언 당시 증인이 처한 구체적인 상황, 증언거부사유의 내용, 증인이 증언거부사유 또는 증언거부권의 존재를 이미 알고 있었는지 여부, 증언거부권을 고지 받았더라도 허위 진술을 하였을 것이라고 볼 만한 정황이 있는지 등을 전체적·종합적으로 고려하여 증인이 침묵하지 아니하고 진술한 것이 자신의 진정한 의사에 의한 것인지 여부를 기준으로 위증죄의 성립 여부를 판단하여야 한다.
> [2] 전 남편에 대한 도로교통법 위반(음주운전) 사건의 증인으로 법정에 출석한 전처(前妻)가 증언거부권을 고지 받지 않은 채 공소사실을 부인하는 전 남편의 변명에 부합하는 내용을 적극적으로 허위 진술한 사안에서, 증인으로 출석하여 증언한 경위와 그 증언 내용, 증언거부권을 고지 받았더라도 그와 같이 증언을 하였을 것이라는 취지의 진술 내용 등을 전체적·종합적으로 고려할 때 선서 전에 재판장으로부터 증언거부권을 고지 받지 아니하였다 하더라도 이로 인하여 증언거부권이 사실상 침해당한 것으로 평가할 수는 없다는 이유로 위증죄의 성립을 긍정한 사례(대판 2010.2.25. 2007도6273)

- [1] 민사소송법은 형사소송법과 달리, 증언거부권 제도를 두면서도(제314조 내지 제316조) '선서거부권 제도'(제324조), '선서면제 제도'(제323조) 등 증인으로 하여금 위증죄의 위험에서 벗어날 수 있도록 하는 이중의 장치를 마련하고 있어 증언거부권 고지 규정을 두지 아니한 것이 입법의 불비라거나 증언거부권 있는 증인의 침묵할 수 있는 권리를 부당하게 침해하는 입법이라고 볼 수도 없다. 그렇다면 민사소송절차에서 재판장이 증인에게 증언거부권을 고지하지 아니하였다 하여 절차위반의 위법이 있다고 할 수 없고, 따라서 적법한 선서절차를 마쳤는데도 허위진술을 한 증인에 대해서는 달리 특별한 사정이 없는 한 위증죄가 성립한다고 보아야 한다.
  [2] 민사소송절차에 증인으로 출석한 피고인이, 민사소송법 제314조에 따라 증언거부권이 있는데도 재판장으로부터 증언거부권을 고지 받지 않은 상태에서 허위의 증언을 한 사안에서, 민사소송법이 정하는 절차에 따라 증인으로서 적법하게 선서를 마치고도 허위진술을 한 피고인의 행위는 위증죄에 해당하고 기록상 달리 특별한 사정이 보이지 아니하는데도, 법적 근거가 없는 증언거부권의 고지절차가 없었다는 이유로 무죄를 인정한 원심판단에 민사소송절차의 증언거부권 고지에 관한 법리오해의 위법이 있다고 한 사례(대판 2011.7.28. 2009도14928)
- [1] 자신에 대한 유죄판결이 확정된 증인이 재심을 청구한다 하더라도, 이미 유죄의 확정판결이 있는 사실에 대해서는 일사부재리의 원칙에 의하여 거듭 처벌받지 않는다는 점에 변함이 없고, 형사소송법상 피고인의 불이익을 위한 재심청구는 허용되지 아니하며(형사소송법 제420조), 재심사건에는 불이익변경 금지 원칙이 적용되어 원판결의 형보다 중한 형을 선고하지 못하므로(형사소송법 제439조), 자신의 유죄 확정판결에 대하여 재심을 청구한 증인에게 증언의무를 부과하는 것이 형사소추 또는 공소제기를 당하거나 유죄판결을 받을 사실이 발로(發露)될 염려 있는 증언을 강제하는 것이라고 볼 수는 없다. 따라서 자신에 대한 유죄판결이 확정된 증인이 공범에 대한 피고사건에서 증언할 당시 앞으로 재심을 청구할 예정이라고 하여도, 이를 이유로 증인에게 형사소송법 제148조에 의한 증언거부권이 인정되지는 않는다.
  [2] 피고인이 마약류관리에 관한 법률 위반(향정)죄로 이미 유죄판결을 받아 확정된 후 별건으로 기소된 공범 甲에 대한 공판절차의 증인으로 출석하여 허위의 진술을 한 사안에서, 피고인에게 증언을 거부할 권리가 없으므로 증언에 앞서 증언거부권을 고지 받지 못하였더라도 증인신문절차상 잘못이 없다고 판단하여 위증죄를 인정한 원심판단을 수긍한 사례(대판 2011.11.24. 2011도11994)

2. 위증죄가 성립하지 아니하는 사례

- [1] 증언거부권 제도는 증인에게 증언의무의 이행을 거절할 수 있는 권리를 부여한 것이고, 형사소송법상 증언거부권의 고지 제도는 증인에게 그러한 권리의 존재를 확인시켜 침묵할 것인지 아니면 진술할 것인지에 관하여 심사숙고할 기회를 충분히 부여함으로써 침묵할 수 있는 권리를 보장하기 위한 것임을 감안할 때, 재판장이 신문 전에 증인에게 증언거부권을 고지하지 않은 경우에도 당해 사건에서 증언 당시 증인이 처한 구체적인 상황, 증언거부사유의 내용, 증인이 증언거부사유 또는 증언거부권의 존재를 이미 알고 있었는지 여부, 증언거부권을 고지 받았더라도 허위진술을 하였을 것이라고 볼 만한 정황이 있는지 등을 전체적·종합적으로 고려하여 증인이 침묵하지 아니하고 진술한 것이 자신의 진정한 의사에 의한 것인지 여부를 기준으로 위증죄의 성립 여부를 판단하여야 한다. 그러므로 헌법 제12조 제2항에 정한 불이익 진술의 강요금지 원칙을 구체화한 자기부죄거부특권에 관한 것이거나 기타 증언거부사유가 있음에도 증인이 증언거부권을 고지 받지 못함으로 인하여 그 증언거부권을 행사하는 데 사실상 장애가 초래되었다고 볼 수 있는 경우에는 위증죄의 성립을 부정하여야 할 것이다.

[2] 피고인이 공소외인과 쌍방 상해 사건으로 공소 제기되어 공동피고인으로 함께 재판을 받으면서 자신은 폭행한 사실이 없다고 주장하며 다투던 중 공소외인에 대한 상해 사건이 변론분리되면서 피해자인 증인으로 채택되어 검사로부터 신문받게 되었고 그 과정에서 피고인 자신의 공소외인에 대한 폭행 여부에 관하여 신문을 받게 됨에 따라 증언거부사유가 발생하게 되었는데도, 재판장으로부터 증언거부권을 고지 받지 못한 상태에서 자신의 종전 주장을 그대로 되풀이함에 따라 결국 거짓 진술에 이르게 된 사정 등이 있으므로 피고인에게 위증죄의 죄책을 물을 수 없다(대판 2010.1.21. 2008도942[전합]).

- 사촌관계에 있는 甲의 도박 사실 여부에 관하여 증언거부사유가 발생하게 되었는데도 재판장으로부터 증언거부권을 고지 받지 못한 상태에서 허위 진술을 하게 된 경우, 이 사건 증언 당시 증언거부권을 고지 받지 못함으로 인하여 피고인이 그 증언거부권을 행사하는 데 사실상 장애가 초래되었다고 볼 수 있으므로, 피고인에게 위증죄의 죄책을 물을 수 없다(대판 2010.2.25. 2009도13257).

- 피고인들은 뇌물증·수뢰사건으로 공소제기되어 공동피고인으로 함께 재판을 받으면서 서로 뇌물을 주고받은 사실이 없다고 주장하며 다투던 중 뇌물증·수뢰의 상대방인 공동피고인에 대한 사건이 변론분리되면서 뇌물공여 또는 뇌물수수의 증인으로 채택되어 검사로부터 신문받게 되었고, 이러한 경우 위 피고인들로서는 증인신문과정에서 그들 자신의 뇌물공여 또는 뇌물수수 여부에 관하여 신문을 받게 됨에 따라 유죄판결을 받을 수 있는 범죄사실이 발각될 염려가 있어 증언거부사유가 발생하게 되었음에도, 재판장으로부터 증언거부권을 고지 받지 못한 상태에서 그들의 종전 주장을 그대로 되풀이함에 따라 결국 거짓 진술에 이르게 되었음을 알 수 있다. 그렇다면 위 피고인들이 이 사건 증언 당시 증언거부권을 고지 받지 못함으로 인하여 그 증언거부권을 행사하는 데 사실상 장애가 초래되었다고 보기에 충분하므로, 이를 위증죄로 처벌할 수는 없다(대판 2012.3.29. 2009도11249).

2) 행 위

① **허위의 의의** : 허위란 진술의 내용이 객관적 진실에 반하는 것을 의미한다. 증인의 기억과 일치하는지 여부는 불문한다는 객관설과 허위란 진술의 내용이 증인의 기억에 반하는 것을 의미한다는 주관설이 대립하고 있다. 생각건대 자기의 기억에 반하는 진술을 하면 이미 국가의 사법기능에 추상적 위험이 발생하는 것이므로 주관설이 타당하다고 판단된다. 판례도 위증죄에서 말하는 허위의 진술이라는 것은 그 객관적 사실이 허위라는 것이 아니라 스스로 체험한 사실을 기억에 반하여 진술하는 것, 즉 기억에 반한다는 사실을 말한다고(대판 1984.2.28. 84도114) 하여 주관설을 취하고 있다.

[1] 증인의 증언이 기억에 반하는 허위진술인지 여부는 그 증언의 단편적인 구절에 구애될 것이 아니라 당해 신문절차에 있어서의 증언 전체를 일체로 파악하여 판단하여야 할 것이고, 증언의 전체적 취지가 객관적 사실과 일치되고 그것이 기억에 반하는 공술이 아니라면 사소한 부분에 관하여 기억과 불일치하더라도 그것이 신문취지의 몰이해 또는 착오에 의한 것이라면 위증이 될 수 없다.
[2] 증언이 허위진술이라고 단정하기 어려움에도 불구하고 위증죄를 인정한 원심을 심리미진이나 사실오인의 위법을 범하였다는 이유로 원심판결을 파기한 사례(대판 1996.3.12. 95도2864)

② 진 술
　　㉠ 진술의 대상 : 사실에 제한되며 가치판단을 포함하지 아니한다. 따라서 증인의 진술이 경험한 사실에 대한 법률적 평가나 단순한 의견에 지나지 아니하는 경우에는 본죄에서 말하는 허위의 진술에 해당하지 아니한다(대판 1996.2.9. 95도1797).
　　㉡ 진술의 방법 : 제한이 없으므로 구두는 물론 거동이나 표정에 의한 진술도 가능하다. 단순한 진술거부는 위증죄에서 말하는 진술이 될 수 없다.

> **진술의 방법에 대한 사례**
> - 증인이 법정에서 선서 후 증인진술서에 기재된 구체적인 내용에 관하여 진술함이 없이 단지 그 증인진술서에 기재된 내용이 사실대로라는 취지의 진술만을 한 경우에는 그것이 증인진술서에 기재된 내용 중 특정 사항을 구체적으로 진술한 것과 같이 볼 수 있는 등의 특별한 사정이 없는 한 증인이 그 증인진술서에 기재된 구체적인 내용을 기억하여 반복 진술한 것으로는 볼 수 없으므로, 가사 거기에 기재된 내용에 허위가 있다 하더라도 그 부분에 관하여 법정에서 증언한 것으로 보아 위증죄로 처벌할 수는 없다고 할 것이다(대판 2010.5.13. 2007도1397).
> - 판사가 증인이 경찰과 검사에게 진술한 내용이 사실이냐고 묻고 수사기록을 제시하고 그 요지를 고지한 즉 증인이 사실대로 진술하였으며 그 내용도 상위 없다고 답변하였을 뿐이라면 증인이 수사기록에 있는 그의 진술조서에 기재된 내용을 기억하여 반복 진술한 것이라고 할 수는 없으므로 설사 그 진술조서에 기재된 내용 중 증인의 기억에 반하는 부분이 있다고 하여도 그 기재내용을 상위 없다고 하는 진술자체가 위증이 될 수 있음은 별론으로 하고 그 진술기재내용을 위증한 것이라고 할 수는 없다(대판 1989.9.12. 88도1147).

　　㉢ 진술의 내용 : 진술의 내용은 반드시 당해 사건의 요증사실에 대한 것으로서 재판의 결과에 영향을 미칠 수 있는 것임을 요하지 아니한다(대판 1990.2.23. 89도1212). 인정신문에 대한 것도 포함되며 지엽적 사실에 대한 진술(대판 1982.6.8. 81도3069)이거나 어느 사실의 동기나 내력에 관한 진술인가(대판 1969.6.24. 68도1503)를 불문한다.
③ 기수시기 : 증인신문절차가 종료되어 그 진술을 철회할 수 없는 단계에 이르렀을 때 기수가 된다. 따라서 당사자의 신문에서 허위 진술을 한 반대당사자가 보충신문에서 취소·시정하면 본죄는 성립하지 아니한다(대판 1984.3.27. 83도2853). 다만, 사후선서의 경우에는 선서가 종료된 때에 기수가 된다(대판 1974.6.25. 74도1231).

> [1] 증인의 증언은 그 전부를 일체로 관찰·판단하는 것이므로 선서한 증인이 일단 기억에 반하는 허위의 진술을 하였더라도 그 신문이 끝나기 전에 그 진술을 철회·시정한 경우 위증이 되지 아니한다고 할 것이나, 증인이 1회 또는 수회의 기일에 걸쳐 이루어진 1개의 증인신문절차에서 허위의 진술을 하고 그 진술이 철회·시정된 바 없이 그대로 증인신문절차가 종료된 경우 그로써 위증죄는 기수에 달하고, 그 후 별도의 증인 신청 및 채택 절차를 거쳐 그 증인이 다시 신문을 받는 과정에서 종전 신문절차에서의 진술을 철회·시정한다 하더라도 그러한 사정은 형법 제153조가 정한 형의 감면사유에 해당할 수 있을 뿐, 이미 종결된 종전 증인신문절차에서 행한 위증죄의 성립에 어떤 영향을 주는 것은 아니다. 위와 같은 법리는 증인이 별도의 증인신문절차에서 새로이 선서를 한 경우뿐만 아니라 종전 증인신문절차에서 한 선서의 효력이 유지됨을 고지 받고 진술한 경우에도 마찬가지로 적용된다.

> [2] 피고인으로부터 위증의 교사를 받은 甲이 관련사건의 제1심 제9회 공판기일에 증인으로 출석하여 한 허위 진술이 철회·시정된 바 없이 증인신문절차가 종료되었다가, 그 후 증인으로 다시 신청·채택된 甲이 위 관련사건의 제21회 공판기일에 다시 출석하여 종전 선서의 효력이 유지됨을 고지받고 증언하면서 종전 기일에 한 허위 진술을 철회한 사안에서, 甲의 위증죄는 이미 기수에 이르렀음에도 이와 달리 본 원심판단에 법리오해의 위법이 있다고 한 사례(대판 2010.9.30. 2010도7525)

(2) 주관적 구성요건

법률에 의하여 선서한 증인이라는 점과 그 진술이 자신의 기억에 반한다는 점을 인식하여야 하며 미필적 고의로 족하다. 따라서 오해 또는 착오에 의한 진술이거나(대판 1991.5.10. 89도1748), 기억이 분명하지 못하거나 잘못 기억하여 한 진술은 고의를 인정할 수 없다.

3. 공범관계

(1) 비신분자가 신분자에게 가공한 경우

본죄는 진정자수범이므로 법률에 의하여 선서한 증인만이 정범적격을 가진다. 따라서 선서하지 아니한 자는 본죄의 정범이 될 수 없지만 교사범·종범은 될 수 있다.

(2) 자기의 형사사건에 대한 위증교사

1) 문제점

형사피고인이 자기의 형사사건에 관하여 타인을 교사하여 위증하게 한 경우 피고인에게 본죄의 교사범이 성립할 수 있는지 여부가 문제된다.

2) 학 설

형사피고인의 위증교사도 자기비호의 연장에 불과하고 정범이 될 수 없는 자를 공범으로 처벌하는 것은 부당하므로 교사범이 성립하지 아니한다는 부정설과 타인에게 위증을 교사하는 경우까지 기대가능성이 없다고 할 수 없고 새로운 범인을 창출하였으므로 비호권의 남용이라고 보아 교사범이 성립한다는 긍정설의 대립이 있다.

3) 판 례

판례는 자기의 형사사건에 관하여 타인을 교사하여 위증죄를 범하게 하는 것은 방어권을 남용하는 것이라고 할 것이어서 교사범의 죄책을 부담케 함이 상당하다고(대판 2004.1.27. 2003도5114) 판시하고 있다.

4) 검 토

생각건대 피고인은 증인적격이 없어 위증죄의 구성요건을 충족할 수 없으므로 본죄의 주체가 될 수 없는 자를 교사범으로 처벌하는 것은 부당하다고 이해하는 것이 타당하다고 판단된다.

4. 죄 수

판례는 선서한 증인이 같은 기일에 여러 가지 사실에 관하여 기억에 반하는 허위의 진술을 한 경우, 포괄하여 1개의 위증죄를 구성한다고(대판 1998.4.14. 97도3340) 한다.

5. 자백·자수의 특례

위증죄·모해위증죄를 범한 자가 그 공술한 사건의 재판 또는 징계처분이 확정되기 전에 자백 또는 자수한 때에는 그 형을 감경 또는 면제한다(형법 제153조).

Ⅲ 모해위증죄

1. 의 의

형사사건 또는 징계사건에 관하여 피고인, 피의자 또는 징계혐의자를 모해할 목적으로 위증죄를 범함으로써 성립하는 범죄이다(형법 제152조 제2항).

2. 모해할 목적

> 모해위증죄에 있어서 '모해할 목적'이란 피고인·피의자 또는 징계혐의자를 불리하게 할 목적을 말하고, 허위진술의 대상이 되는 사실에는 공소 범죄사실을 직접, 간접적으로 뒷받침하는 사실은 물론 이와 밀접한 관련이 있는 것으로서 만일 그것이 사실로 받아들여진다면 피고인이 불리한 상황에 처하게 되는 사실도 포함된다. 그리고 이러한 모해의 목적은 허위의 진술을 함으로써 피고인에게 불리하게 될 것이라는 인식이 있으면 충분하고 그 결과의 발생까지 희망할 필요는 없다(대판 2007.12.27. 2006도3575).

Ⅳ 허위감정·통역·번역죄

1. 의 의

법률에 의하여 선서한 감정인, 통역인 또는 번역인이 허위의 감정, 통역 또는 번역을 함으로써 성립하는 범죄이다(형법 제154조).

2. 죄 수

> [1] 감정인이 감정사항의 일부를 타인에게 의뢰하여 그 감정 결과를 감정인 명의로 법원에 제출한 경우, 그 타인은 감정인의 업무보조자에 불과하고 감정의견은 감정인 자신의 의견과 판단을 나타내는 것이므로 감정인으로서는 그 감정 결과의 적정성을 당연히 확인하였다고 볼 것인데 제반 사정에 비추어 보면 감정인에게 허위성의 인식이 있었으므로 허위감정죄가 성립한다.
> [2] 하나의 소송사건에서 동일한 선서 하에 이루어진 법원의 감정명령에 따라 감정인이 동일한 감정명령 사항에 대하여 수차례에 걸쳐 허위의 감정보고서를 제출하는 경우에는 각 감정보고서 제출행위시마다 각기 허위감정죄가 성립한다 할 것이나, 이는 단일한 범의 하에 계속하여 허위의 감정을 한 것으로서 포괄하여 1개의 허위감정죄를 구성한다(대판 2000.11.28. 2000도1089).

Ⅴ 증거인멸죄

1. 의 의

타인의 형사사건 또는 징계사건에 관한 증거를 인멸, 은닉, 위조 또는 변조하거나 위조 또는 변조한 증거를 사용함으로써 성립하는 범죄이다(형법 제155조 제1항).

2. 구성요건

(1) 객관적 구성요건

1) 객 체

① 타인 : 본죄의 타인은 행위자 이외의 사람을 말하므로 자기 사건에 대한 증거는 본죄의 객체가 되지 아니한다(대판 1965.12.10. 65도826[전합]).
   ㉠ 공범자의 형사사건에 관한 증거
      ㉮ 공통된 증거를 인멸하는 경우 증거인멸죄의 성립 여부
         ⓐ 학설 : 공범자의 사건은 타인의 사건이라고 할 수 없으므로 본죄의 객체가 될 수 없다는 부정설, 공범자와 자기에게 공통된 증거는 타인의 형사사건에 대한 증거이므로 본죄의 객체가 될 수 있다는 긍정설, 공범자를 위한 의사로 인멸한 경우에는 타인의 사건이 되어 본죄가 성립하지만, 자기만을 위하거나 자기와 공범자를 위한 의사로 한 경우에는 본죄가 성립하지 아니한다는 절충설의 대립이 있다.

ⓑ 판례 : 판례는 자기의 이익을 위하여 그 증거가 될 자료를 인멸하였다면, 그 행위가 동시에 다른 공범자의 형사사건이나 징계사건에 관한 증거를 인멸한 결과가 된다고 하더라도 이를 증거인멸죄로 다스릴 수 없고, 이러한 법리는 그 행위가 피고인의 공범자가 아닌 자의 형사사건이나 징계사건에 관한 증거를 인멸한 결과가 된다고 하더라도 마찬가지라고(대판 1995.9.29. 94도2608) 판시하고 있다.
ⓒ 검토 : 생각건대 부정설에 대하여는 공범자 상호 간에 이해가 상반되는 경우도 있을 수 있고, 긍정설에 대하여는 단독범의 경우에는 본죄가 성립할 수 없는 경우가 공범관계에서는 성립할 수 있다는 점에서 각각 의문이 있으므로 절충설이 타당하다고 판단된다.

> [1] 증거인멸죄는 타인의 형사사건 또는 징계사건에 관한 증거를 인멸하는 경우에 성립하는 것으로서, 피고인 자신이 직접 형사처분이나 징계처분을 받게 될 것을 두려워한 나머지 자기의 이익을 위하여 그 증거가 될 자료를 인멸하였다면, 그 행위가 동시에 다른 공범자의 형사사건이나 징계사건에 관한 증거를 인멸한 결과가 된다고 하더라도 이를 증거인멸죄로 다스릴 수 없다. 한편 증거인멸죄에 있어서 타인의 형사사건 또는 징계사건이란 인멸행위시에 아직 수사 또는 징계절차가 개시되기 전이라도 장차 형사 또는 징계사건이 될 수 있는 것까지를 포함한다.
> [2] 피고인 1은 '공소외 1에 대한 불법 내사' 사건과 관련하여 공소외 2, 3, 4, 5, 6, 상피고인 3 등과 함께 공소외 1을 협박하여 공소외 7 주식회사 대표이사직을 사직하게 함과 아울러 공소외 1이 보유한 공소외 7 주식회사의 주식을 타인에게 양도하게 하는 등 의무 없는 일을 하게 하는 한편, 위 회사 사무실을 수색하고 위력으로 그 임직원들의 회사 운영 업무를 방해하였다는 이유로 강요죄, 방실수색죄 및 업무방해죄로 기소되어 유죄의 확정판결을 받은 사실, 피고인 1이 삭제하여 인멸한 컴퓨터 파일 자료들은 '공소외 1에 대한 불법 내사'와 관련된 증거인 사실 등을 알 수 있다. 그렇다면 피고인 1은 자신이 직접 형사처분을 받게 될 것을 두려워한 나머지 스스로의 이익을 위하여 그 증거가 될 자료를 인멸한 것이므로 비록 피고인 1의 증거인멸 행위가 동시에 다른 공범자의 증거를 인멸한 결과가 된다고 하더라도 증거인멸죄로 처벌할 수는 없다(대판 2013.11.28. 2011도5329).

㊁ 공범 일방의 타공범에 대한 공동증거인멸교사

> 노동조합 지부장인 피고인 甲이 업무상횡령 혐의로 조합원들로부터 고발을 당하자 피고인 乙과 공동하여 조합 회계서류를 무단 폐기한 후 폐기에 정당한 근거가 있는 것처럼 피고인 乙로 하여금 조합 회의록을 조작하여 수사기관에 제출하도록 교사한 경우, 회의록의 변조·사용은 피고인들이 공범관계에 있는 문서손괴죄 형사사건에 관한 증거를 변조·사용한 것으로 볼 수 있어 피고인 乙에 대한 증거변조죄 및 변조증거사용죄가 성립하지 않으며, 피교사자인 피고인 乙이 증거변조죄 및 변조증거사용죄로 처벌되지 않은 이상 피고인 甲에 대하여 공범인 교사범은 물론 그 간접정범도 성립하지 않는다(대판 2011.7.14. 2009도13151).

- ⓒ 자기의 형사사건에 대한 증거인멸교사
  - ㉮ 학설 : 증거인멸교사도 자기비호의 연장에 불과하고 정범이 될 수 없는 자를 공범으로 처벌하는 것은 부당하므로 교사범이 성립하지 아니한다는 부정설과 타인에게 증거인멸을 교사하는 경우까지 기대가능성이 없다고 할 수 없고 새로운 범인의 창출을 의미하므로 비호권의 남용이라고 보아 교사범이 성립한다는 긍정설의 대립이 있다.
  - ㉯ 판례 : 판례는 자기의 형사 사건에 관한 증거를 인멸하기 위하여 타인을 교사하여 죄를 범하게 한 자에 대하여는 증거인멸교사죄가 성립한다고(대판 2000.3.24. 99도5275) 한다.
  - ㉰ 검토 : 생각건대 피고인의 행위는 증거인멸죄의 구성요건을 충족할 수 없으므로 본죄의 주체가 될 수 없는 자를 교사범으로 처벌하는 것은 부당하다고 이해하는 것이 타당하다고 판단된다.
- ② 형사사건·징계사건 : 본죄는 형사사건·징계사건에 대한 증거이어야 한다. 피고사건은 물론 피의사건도 당연히 포함된다. 아직 수사개시 전인 사건에 관한 증거도 포함된다(대판 2003.12.12. 2003도4533).
- ③ 증거 : 타인의 형사사건 또는 징계사건에 관하여 수사기관이나 법원 또는 징계기관이 국가의 형벌권 또는 징계권의 유무를 확인하는 데 관계 있다고 인정되는 일체의 자료를 뜻한다. 따라서 범죄 또는 징계사유의 성립 여부에 관한 것뿐만 아니라 형 또는 징계의 경중에 관계 있는 정상을 인정하는 데 도움이 될 자료까지도 본조가 규정한 증거에 포함된다(대판 2021.1.28. 2020도2642).

2) 행 위

증거인멸죄의 행위는 증거를 '인멸, 은닉, 위조 또는 변조하거나 위조 또는 변조한 증거를 사용'하는 것이다.
① 인멸 : 증거의 가치·효용을 멸실·감소시키는 일체의 행위를 말한다. 증거의 사용방해나 현출방해도 인멸에 해당한다(대판 1961.10.19. 4294형상347).
② 은닉 : 적극적으로 증거를 숨기거나 발견을 곤란하게 하는 일체의 행위를 말한다.
③ 위조 : 위조는 부진정한 새로운 증거를 작출하는 것을 말한다.

> **1. 증거위조죄가 성립하는 사례**
> - 참고인이 타인의 형사사건 등에 관하여 제3자와 대화를 하면서 허위로 진술하고 위와 같은 허위 진술이 담긴 대화 내용을 녹음한 녹음파일 또는 이를 녹취한 녹취록은 참고인의 허위진술 자체 또는 참고인 작성의 허위 사실확인서 등과는 달리 그 진술내용만이 증거자료로 되는 것이 아니고 녹음 당시의 현장음향 및 제3자의 진술 등이 포함되어 있어 그 일체가 증거자료가 된다고 할 것이므로, 이는 증거위조죄에서 말하는 '증거'에 해당한다. 또한 위와 같이 참고인의 허위 진술이 담긴 대화 내용을 녹음한 녹음파일 또는 이를 녹취한 녹취록을 만들어 내는 행위는 무엇보다도 그 녹음의 자연스러움을 뒷받침하는 현장성이 강하여 단순한 허위진술 또는 허위의 사실확인서 등에 비하여 수사기관 등을 그 증거가치를 판단함에 있어 오도할 위험성을 현저히 증대시킨다고 할 것이므로, 이러한 행위는 허위의 증거를 새로이 작출하는 행위로서 증거위조죄에서 말하는 '위조'에도 해당한다고 봄이 상당하다. 따라서 참고인이 타인의 형사사건 등에 관하여 제3자와 대화를 하면서 허위로 진술하고 위와 같은 허위 진술이 담긴 대화 내용을 녹음한 녹음파일 또는 이를 녹취한 녹취록을

만들어 수사기관 등에 제출하는 것은, 참고인이 타인의 형사사건 등에 관하여 수사기관에 허위의 진술을 하거나 이와 다를 바 없는 것으로서 허위의 사실확인서나 진술서를 작성하여 수사기관 등에 제출하는 것과는 달리, 증거위조죄를 구성한다(대판 2013.12.26. 2013도8085).

- [1] 타인의 형사사건 또는 징계사건에 관한 증거를 위조한 경우에 성립하는 형법 제155조 제1항의 증거위조죄에서 '증거'라 함은 타인의 형사사건 또는 징계사건에 관하여 수사기관이나 법원 또는 징계기관이 국가의 형벌권 또는 징계권의 유무를 확인하는 데 관계있다고 인정되는 일체의 자료를 의미하고, 타인에게 유리한 것이건 불리한 것이건 가리지 아니하며 또 증거가치의 유무 및 정도를 불문하는 것이고, 여기서의 '위조'란 문서에 관한 죄에 있어서의 위조 개념과는 달리 새로운 증거의 창조를 의미하는 것이므로 존재하지 아니한 증거를 이전부터 존재하고 있는 것처럼 작출하는 행위도 증거위조에 해당하며, 증거가 문서의 형식을 갖는 경우 증거위조죄에 있어서의 증거에 해당하는지 여부가 그 작성권한의 유무나 내용의 진실성에 좌우되는 것은 아니다.
[2] 타인의 형사사건과 관련하여 수사기관이나 법원에 제출하거나 현출되게 할 의도로 법률행위 당시에는 존재하지 아니하였던 처분문서, 즉 그 외형 및 내용상 법률행위가 그 문서 자체에 의하여 이루어진 것과 같은 외관을 가지는 문서를 사후에 그 작성일을 소급하여 작성하는 것은, 가사 그 작성자에게 해당 문서의 작성권한이 있고, 또 그와 같은 법률행위가 당시에 존재하였다거나 그 법률행위의 내용이 위 문서에 기재된 것과 큰 차이가 없다 하여도 증거위조죄의 구성요건을 충족시키는 것이라고 보아야 하고, 비록 그 내용이 진실하다 하여도 국가의 형사사법기능에 대한 위험이 있다는 점은 부인할 수 없다.
[3] 피고인 1이 피고인 2 등에게 "검찰에서 나에 대해서 탈세사실에 관하여 조사하고 있으니 나리·한의리 관행어업권 손해배상사건의 당사자들에게 보관증을 작성하여 주고, 대신 마을 대표로부터 성공보수금 10%를 제외한 손해배상금 모두를 반환하겠다는 각서를 받으라"고 지시하였고, 위 피고인 2는 그 다음 날 공소외 7에게 " 피고인 1 변호사가 탈세혐의로 검찰에서 조사를 받고 있는데, 위 소송사건의 성공보수금이 소득신고가 되어있지 않으니 도와달라"고 제의하여 이를 수락한 공소외 7에게 작성일을 소급하여 기재한 보관증을 작성하여 교부하게 된 경우, 피고인 2 등의 보관증 작성행위는 존재하지 아니한 증거를 이전부터 존재하고 있는 것처럼 작출하는 행위로서, 문서의 작성명의, 내용의 진부의 여부에 불구하고 증거위조죄에 해당하고, 피고인 1이 자신의 형사사건에 관하여 피고인 2 등에게 증거위조를 교사한 이상 피고인 1의 증거위조교사죄의 성립에 방해가 되지 않는다(대판 2007.6.28. 2002도3600).
- [1] 형법 제155조 제1항의 증거위조죄에서 타인의 형사사건이란 증거위조 행위시에 아직 수사절차가 개시되기 전이라도 장차 형사사건이 될 수 있는 것까지 포함하고, 그 형사사건이 기소되지 아니하거나 무죄가 선고되더라도 증거위조죄의 성립에 영향이 없다. 여기에서의 '위조'란 문서에 관한 죄에 있어서의 위조 개념과는 달리 새로운 증거의 창조를 의미하는 것이므로 존재하지 아니한 증거를 이전부터 존재하고 있는 것처럼 작출하는 행위도 증거위조에 해당하며, 증거가 문서의 형식을 갖는 경우 증거위조죄에 있어서의 증거에 해당하는지 여부가 그 작성권한의 유무나 내용의 진실성에 좌우되는 것은 아니다. 또한 자기의 형사사건에 관한 증거를 위조하기 위하여 타인을 교사하여 죄를 범하게 한 자에 대하여는 증거위조교사죄가 성립한다.

[2] 피고인 2는 2009.1.30.경 풍어제 관련 기부금 횡령 의혹을 제기하는 뉴스가 방송된 이후 ○○수산업협동조합 직원 공소외 12 등에게 1,300만원 상당의 기부금을 풍어제 관련 식비로 사용하였다는 것을 입증할 수 있는 증거를 만들라고 지시하고, 공소외 12 등이 그 무렵 2005.4.21.자 '05년 풍어제 행사 지원비 집행(안)', 2005.6.27.자 '05년 풍어제 행사 지원비 사용 내역' 등 공문 2장을 그 일자를 소급해서 허위로 작성한 사실, 피고인 2는 2009.2.25.경 위 기부금 횡령 사건에 관하여 조사받은 이후 공소외 12로 하여금 위와 같이 허위 작성된 공문 2장을 검찰청에 제출하게 한 사실을 알 수 있다. 사실관계가 위와 같다면 기부금 횡령 사건의 수사가 개시되기 전이라도 장차 형사사건이 될 수 있는 상태에서 풍어제 경비 지출 관련 공문을 허위로 작성한 행위는 위 공문 작성일자로 기재된 날에 실제 존재하지 아니한 문서를 그 당시 존재하는 것처럼 작출하는 것으로서 문서의 작성 명의, 내용의 진위 여부에 불구하고 증거위조 행위에 해당하고, 피고인 2가 자신의 형사사건에 관하여 위 공소외 12 등에게 증거위조 및 위조증거의 사용을 교사한 이상 나중에 기부금 횡령 사건에 관하여 불기소처분을 받았다고 하더라도 증거위조교사죄 및 위조증거사용교사죄가 성립된다(대판 2011.2.10. 2010도15986).

2. 증거위조죄가 성립하지 아니하는 사례

- [1] 형법 제155조 제1항은 타인의 형사사건 또는 징계사건에 관한 증거를 인멸, 은닉, 위조 또는 변조하거나 위조 또는 변조한 증거를 사용한 자를 처벌하고 있고, 여기서의 '위조'란 문서에 관한 죄의 위조 개념과는 달리 새로운 증거의 창조를 의미한다. 그러나 사실의 증명을 위해 작성된 문서가 그 사실에 관한 내용이나 작성명의 등에 아무런 허위가 없다면 '증거위조'에 해당한다고 볼 수 없다. 설령 사실증명에 관한 문서가 형사사건 또는 징계사건에서 허위의 주장에 관한 증거로 제출되어 그 주장을 뒷받침하게 되더라도 마찬가지이다.

  [2] 비록 피고인이 공소외 4 명의 ㅁㅁ은행 계좌에서 공소외 2 회사 명의 △△은행 계좌에 금원을 송금하고 다시 되돌려 받는 행위를 반복한 후 그중 송금자료만을 발급받아 이를 3억 5,000만원을 변제하였다는 허위 주장과 함께 법원에 제출한 행위는 형법상 증거위조죄의 보호법익인 사법기능을 저해할 위험성이 있다. 그러나 앞서 본 법리에 비추어 보면, 피고인이 제출한 입금확인증 등은 금융기관이 금융거래에 관한 사실을 증명하기 위해 작성한 문서로서 그 내용이나 작성명의 등에 아무런 허위가 없는 이상 이를 증거의 '위조'에 해당한다고 볼 수 없고, 나아가 '위조한 증거를 사용'한 행위에 해당한다고 볼 수도 없다(대판 2021.1.28. 2020도2642).

- [1] 타인의 형사사건 등에 관한 증거를 위조한다 함은 증거 자체를 위조함을 말하는 것이고, 참고인이 수사기관에서 허위의 진술을 하는 것은 여기에 포함되지 않는다. 한편 참고인이 타인의 형사사건 등에서 직접 진술 또는 증언하는 것을 대신하거나 그 진술 등에 앞서서 허위의 사실확인서나 진술서를 작성하여 수사기관 등에 제출하거나 또는 제3자에게 교부하여 제3자가 이를 제출한 것은 존재하지 않는 문서를 이전부터 존재하고 있는 것처럼 작출하는 등의 방법으로 새로운 증거를 창조한 것이 아닐뿐더러, 참고인이 수사기관에서 허위의 진술을 하는 것과 차이가 없으므로, 증거위조죄를 구성하지 않는다고 할 것이다.

  [2] '2013.9.27.자 확인서 및 사실확인서'와 '2013.12.17.자 확인서'는 그 목적이 공적인 증명에 있다기보다는 영사인 피고인 3이 국정원 수사팀의 지시에 따라 '공소외 1 등의 출입경사실을 확인하였다'는 내용과 '삼합변방검사참에 정황설명서에 관해 문의한 것처럼 하여 그 결과 등'을 보고 형식으로 기재한 일종의 보고서로서 그 명칭 여하에 상관없이 위 피고인 스스로의 진술을 기재한 '진술서'의 성격을 가지고, 비록 위 확인서 등에 주선양총영사관의 관인이 날인되어 있거나 또는 사서증서 인증이 되어 있고, 첨부서류로 '피고인 4 입수 출입경기록' 또는 '일사적답복 및 거보재료'가 첨부되어 있다 하더라도 이로써 그 진술의 취지와 본질이 달라지는 것은 아니라고 할 것이며,

> 피고인 2와 피고인 4 또는 피고인 1이 피고인 3과 공모하여 관련 사건의 증거로 제출하기 위해 위 허위의 확인서 등을 작성하였다고 하더라도 이는 존재하지 않는 문서를 이전부터 존재하고 있는 것처럼 작출하는 등의 방법으로 새로운 증거를 창조하는 것이 아닐뿐더러, 피고인 3이 관련 사건에 관하여 수사기관에서 허위의 진술을 하는 것과 차이가 없다고 할 것이므로, 증거위조죄에서의 '증거위조'에 해당하지 않는다. 또한 공소외 7이 작성한 설명서의 내용이 공소외 7 자신이 집안변방검사참에서 근무한 특별한 지식·경험에 기초한 것이라고 하더라도 위 설명서가 감정서에 가까워 독립된 증거가치가 있다고 보기 어렵고, 공소외 7이 위 설명서를 작성하여 피고인 4에게 교부한 것은 그 명칭 여하에 상관없이 공소외 7이 타인의 형사사건 등에 관하여 자신의 경험과 기억에 반하는 허위 내용의 진술서를 제출한 것과 다를 바 없어서 증거위조죄에서의 '증거위조'에 해당하지 않는다(대판 2015.10.29. 2015도9010).

④ **변조** : 변조는 진정한 증거에 가공하여 증거가치를 변경하는 것을 말한다.
⑤ **사용** : 사용은 위조·변조된 증거를 진정한 증거처럼 법원·수사기관·징계기관 등에 제공하는 것을 말한다.

(2) 주관적 구성요건

증거를 인멸, 은닉, 위조 또는 변조하거나 위조 또는 변조한 증거를 사용한다는 점에 대한 인식과 의사가 있어야 한다.

3. 타죄와의 관계

판례에 의하면 경찰서 방범과장이 부하직원으로부터 음반·비디오물 및 게임물에 관한 법률 위반 혐의로 오락실을 단속하여 증거물로 오락기의 변조 기판을 압수하여 사무실에 보관중임을 보고받아 알고 있었음에도 그 직무상의 의무에 따라 위 압수물을 수사계에 인계하고 검찰에 송치하여 범죄 혐의의 입증에 사용하도록 하는 등의 적절한 조치를 취하지 않고, 오히려 부하직원에게 위와 같이 압수한 변조 기판을 돌려주라고 지시하여 오락실 업주에게 이를 돌려준 경우, 작위범인 증거인멸죄만이 성립하고 부작위범인 직무유기(거부)죄는 따로 성립하지 아니한다고(대판 2006.10.19. 2005도3909 [전합]) 한다.

4. 친족 간의 특례

친족 또는 동거의 가족이 본인을 위하여 본조의 죄를 범한 때에는 처벌하지 아니한다(형법 제155조 제4항).

Ⅵ 증인은닉·도피죄

1. 의 의

타인의 형사사건 또는 징계사건에 관한 증인을 은닉 또는 도피하게 함으로써 성립하는 범죄이다(형법 제155조 제2항).

2. 관련 판례

> 증인도피죄는 타인의 형사사건 또는 징계사건에 관한 증인을 은닉·도피하게 한 경우에 성립하는 것으로서, 피고인 자신이 직접 형사처분이나 징계처분을 받게 될 것을 두려워한 나머지 자기의 이익을 위하여 증인이 될 사람을 도피하게 하였다면, 그 행위가 동시에 다른 공범자의 형사사건이나 징계사건에 관한 증인을 도피하게 한 결과가 된다고 하더라도 이를 증인도피죄로 처벌할 수 없다(대판 2003.3.14. 2002도6134).

Ⅶ 모해증거인멸죄

피고인, 피의자 또는 징계혐의자를 모해할 목적으로 증거인멸죄와 증인은닉·도피죄를 범함으로써 성립하는 범죄이다(형법 제155조 제3항).

제5절 무고의 죄

Ⅰ 의 의

1. 개 념

무고의 죄란 타인으로 하여금 형사처분 또는 징계처분을 받게 할 목적으로 공무소 또는 공무원에 대하여 허위의 사실을 신고함으로써 성립하는 범죄이다.

2. 보호법익 및 보호정도

주된 보호법익은 국가의 심판기능의 적정한 행사이고 부차적으로 피무고자의 법적 안정성도 보호한다. 보호받는 정도는 추상적 위험범이다.

Ⅱ 무고죄

1. 의 의

무고죄는 타인으로 하여금 형사처분 또는 징계처분을 받게 할 목적으로 공무소 또는 공무원에 대하여 허위의 사실을 신고함으로써 성립하는 범죄이다(형법 제156조).

2. 구성요건

(1) 객관적 구성요건

1) 주 체

본죄의 주체는 제한이 없으므로 공무원도 주체가 될 수 있다.

2) 행위대상

허위신고의 대상은 형사처분·징계처분에 대하여 직권행사를 할 수 있는 해당 관서 또는 그 소속 공무원을 말한다. 형사처분의 경우 수사기관인 검사·사법경찰관 및 그 보조자가 이에 해당하고, 행정처분의 경우 징계권자 또는 징계권의 발동을 촉구하는 직권을 가진 자와 그 감독기관 또는 그 소속공무원을 말한다(대판 2010.11.25. 2010도10202).

3) 행 위

본죄의 행위는 허위사실을 신고하는 것이다.

① 허위사실
 ㉠ 의의 : 신고자가 그 신고내용을 허위라고 믿었다 하더라도 그것이 객관적으로 진실한 사실에 부합할 때에는 허위사실의 신고에 해당하지 않아 무고죄는 성립하지 않는다(대판 1991.10.11. 91도1950). 또한 정황을 다소 과장한 정도이거나 주관적 법률평가를 잘못한 경우에는 무고죄는 성립하지 아니한다(대판 1996.5.31. 96도771, 대판 1987.6.9. 87도1029).
 ㉡ 판단 : 신고한 사실의 허위 여부는 그 범죄의 구성요건과 관련하여 신고사실의 핵심 또는 중요내용이 허위인가에 따라 판단하여 무고죄의 성립 여부를 가려야 한다(대판 1991.10.11. 91도1950).

> 1. 무고죄가 성립하는 사례
> • 피고인이 甲, 乙과 공모하여 은행으로부터 대출금을 편취한 것과는 별도로 甲이 피고인을 기망하여 위 대출금을 편취하였으니 처벌해 달라는 취지로 고소하여 甲에 대해 사기죄로 공소제기까지 경우, 위 고소는 甲에 대한 관계에서 독립하여 형사처분 등의 대상이 되는 허위사실의 고소로 볼 여지가 있다(대판 2010.2.25. 2009도1302).
> • 피고인이 甲 주식회사에서 리스한 승용차를 乙에게 담보로 제공하고 돈을 차용하면서 약정기간 내에 갚지 못할 경우 이를 처분하더라도 아무런 이의를 제기하지 않기로 하였는데, 변제기 이후 乙 등이 차량을 처분하자 피고인의 허락 없이 마음대로 처분하였다는 취지로 고소한 경우, 위 고소 내용은 허위사실 기재로서 그 자체로 독립하여 무고죄가 성립한다(대판 2012.5.24. 2011도11500).

2. 무고죄가 성립하지 아니하는 사례

피고인 자신이 상대방의 범행에 공범으로 가담하였음에도 자신의 가담사실을 숨기고 상대방만을 고소한 경우, 피고인의 고소내용이 상대방의 범행 부분에 관한 한 진실에 부합하므로 이를 허위의 사실로 볼 수 없고, 상대방의 범행에 피고인이 공범으로 가담한 사실을 숨겼다고 하여도 그것이 상대방에 대한 관계에서 독립하여 형사처분 등의 대상이 되지 아니할뿐더러 전체적으로 보아 상대방의 범죄사실의 성립 여부에 직접 영향을 줄 정도에 이르지 아니하는 내용에 관계되는 것이므로 무고죄가 성립하지 않는다(대판 2008.8.21. 2008도3754).

ⓒ 증명 : 신고한 사실이 객관적 진실에 반하는 허위사실이라는 요건은 적극적 증명이 있어야 하고, 신고사실의 진실성을 인정할 수 없다는 소극적 증명만으로 곧 그 신고사실이 객관적 진실에 반하는 허위의 사실이라 단정하여 무고죄의 성립을 인정할 수는 없다(대판 2019.7.11. 2018도2614).

[1] 성폭행이나 성희롱 사건의 피해자가 피해사실을 알리고 문제를 삼는 과정에서 오히려 피해자가 부정적인 여론이나 불이익한 처우 및 신분 노출의 피해 등을 입기도 하여 온 점 등에 비추어 보면, 성폭행 피해자의 대처 양상은 피해자의 성정이나 가해자와의 관계 및 구체적인 상황에 따라 다르게 나타날 수밖에 없다. 따라서 개별적, 구체적인 사건에서 성폭행 등의 피해자가 처하여 있는 특별한 사정을 충분히 고려하지 않은 채 피해자 진술의 증명력을 가볍게 배척하는 것은 정의와 형평의 이념에 입각하여 논리와 경험의 법칙에 따른 증거판단이라고 볼 수 없다. 위와 같은 법리는, 피해자임을 주장하는 자가 성폭행 등의 피해를 입었다고 신고한 사실에 대하여 증거불충분 등을 이유로 불기소처분되거나 무죄판결이 선고된 경우 반대로 이러한 신고내용이 객관적 사실에 반하여 무고가 성립하는지 여부를 판단할 때에도 마찬가지로 고려되어야 한다. 따라서 성폭행 등의 피해를 입었다는 신고사실에 관하여 불기소처분 내지 무죄판결이 내려졌다고 하여, 그 자체를 무고를 하였다는 적극적인 근거로 삼아 신고내용을 허위라고 단정하여서는 아니 됨은 물론, 개별적, 구체적인 사건에서 피해자임을 주장하는 자가 처하였던 특별한 사정을 충분히 고려하지 아니한 채 진정한 피해자라면 마땅히 이렇게 하였을 것이라는 기준을 내세워 성폭행 등의 피해를 입었다는 점 및 신고에 이르게 된 경위 등에 관한 변소를 쉽게 배척하여서는 아니 된다.

[2] 피고인이 공소외인으로 하여금 형사처분을 받게 할 목적으로, 공소외인이 2014.5.26. 19:00경 서울에 있는 'ㅇ'이라는 술집에서 피고인의 옆에 앉아 팔로 피고인의 허리를 감싸 안는 방법으로 추행하고, 같은 날 22:30경 술집에서 나와 피고인과 함께 걸어가며 강제로 손을 잡는 방법으로 추행하고, 소파에 앉았다가 일어나려는 순간 피고인의 팔을 잡고 끌어 앉히더니 강제로 피고인의 목덜미에 팔을 두르고는 피고인의 입에 강제로 입을 맞추고 자신의 혀를 피고인의 입에 넣으려고 하는 등 추행을 하였다는 허위 내용의 고소장을 작성하여 제출한 경우, 피고인이 수사기관의 추문(推問)에 따라 강제추행 피해경위를 설명하는 과정에서 비자발적으로 언급되거나 신고사실의 정황을 과장하는 수준에 불과하다고 볼 여지가 많고 피고인이 주장하는 기습추행이 있기 전까지 공소외인과 사이에 어느 정도의 신체접촉이 있었다고 하여, 입맞춤 등의 행위에 대해서까지 피고인이 동의하거나 승인을 하였다고 인정하기는 어려우므로 무고죄는 인정되지 아니한다(대판 2019.7.11. 2018도2614).

㉤ 허위 여부 : 판례는 차용금용도를 기망한 경우, 신고나 고소의 정황을 과장한 경우 등에서 무고죄의 성립 여부에 대한 일정한 판례군을 형성하여 그 법리를 구체화하고 있다.

> **1. 차용금과 관련된 허위신고에서 무고죄의 성립 여부에 대한 사례**
> 1) 무고죄가 성립하는 사례
>   피고인이 1999.6.경 도박현장에서 공소외 1에게 도박자금으로 120만원을 빌려주었다가 이를 돌려받지 못하게 되자 2001.6.27. 위 금원을 도박자금으로 빌려주었다는 사실을 감추고 단순한 대여금인 것처럼 하여 공소외 1이 120만원을 빌려 간 후 변제하지 아니하고 있으니 처벌하여 달라는 취지로 고소하였고, 경찰서에서 고소보충 진술을 하면서 금전의 대여경위에 대하여 공소외 1이 사고가 나서 급해서 그러니 120만원을 빌려주면 다음 날 아침에 카드로 현금서비스를 받아 갚아 주겠다고 하여 금전을 빌려준 것이라고 허위로 진술한 경우, 피고인이 공소외 1에게 도박자금으로 대여하였음에도 불구하고 단순히 그 대여금의 용도를 묵비한 것을 넘어서 실제와는 다른 장소에서 공소외 1에게 사고 처리비용조로 금전을 대여하였고 공소외 1이 그 다음 날 바로 변제하겠다고 약속하였다는 내용으로 고소하여 그 대여한 금전의 용도에 대하여 허위로 진술한 것은, 수사기관이 피고인의 고소내용을 근거로 피고소인의 범행방법을 특정하여 수사권을 발동하고, 이를 기초로 하여 당해 행위에 있어 사기죄의 기망행위와 편취범의를 조사하여 형사처분을 할 것인지와 어떠한 내용의 형사처분을 할 것인지를 결정하는 데에 직접적인 영향을 줄 정도에 이르는 내용에 관하여 허위의 사실을 고소한 것이므로, 무고죄가 성립한다(대판 2004.1.16. 2003도7178).
> 2) 무고죄가 성립하지 아니하는 사례
> • [1] 금원을 대여한 고소인이 차용금을 갚지 않은 차용인을 사기죄로 고소하는 데 있어서, 피고소인이 차용금의 용도를 사실대로 이야기하였더라면 금원을 대여하지 않았을 것인데 차용금의 용도를 속이는 바람에 대여하였다고 주장하는 사안이라면, 차용금의 실제 용도는 사기죄의 성립 여부에 영향을 미치는 것으로서 고소사실의 중요한 부분이 되고 따라서 실제 용도에 관하여 고소인이 허위로 신고할 경우에는 그것만으로도 무고죄에서 허위의 사실을 신고한 경우에 해당한다고 할 수 있다. 그러나 단순히 차용인이 변제의사와 능력의 유무에 관하여 기망하였다는 내용으로 고소한 경우에는, 차용금의 용도와 무관하게 다른 자료만으로도 충분히 차용인의 변제의사나 능력의 유무에 관한 기망사실을 인정할 수 있는 경우도 있을 것이므로, 차용금의 실제 용도에 관하여 사실과 달리 신고하였다는 것만으로는 범죄사실의 성립 여부에 영향을 줄 정도의 중요한 부분을 허위로 신고하였다고 할 수 없다. 이와 같은 법리는 고소인이 차용사기로 고소할 때 묵비하거나 사실과 달리 신고한 차용금의 실제 용도가 도박자금이었더라도 달리 볼 것은 아니다.
> [2] 피고인이 돈을 갚지 않는 甲을 차용금 사기로 고소하면서 대여금의 용도에 관하여 '도박자금'으로 빌려준 사실을 감추고 '내비게이션 구입에 필요한 자금'이라고 허위 기재하고, 대여의 일시·장소도 사실과 달리 기재하여 甲을 무고하였다는 내용으로 기소된 사안에서, 피고인의 고소 내용은 甲이 변제의사와 능력도 없이 차용금 명목으로 돈을 편취하였으니 사기죄로 처벌하여 달라는 것이고, 甲이 차용금의 용도를 속이는 바람에 대여하게 되었다는 취지로 주장한 사실은 없으며, 수사기관으로서는 차용금의 용도와 무관하게 다른 자료들을 토대로 甲이 변제의사나 능력 없이 돈을 차용하였는지를 조사할 수 있는 것이므로, 비록 피고인이 도박자금으로

대여한 사실을 숨긴 채 고소장에 대여금의 용도에 관하여 허위로 기재하고 대여 일시·장소 등 변제의사나 능력의 유무와 관련성이 크지 아니한 사항에 관하여 사실과 달리 기재한 사정만으로는 사기죄 성립 여부에 영향을 줄 정도의 중요한 부분을 허위 신고하였다고 보기 어려운데도, 피고인에게 유죄를 인정한 원심판단에 무고죄에 관한 법리오해의 위법이 있다고 한 사례(대판 2011.9.8. 2011도3489).

- 피고인은, 그가 공소외인에게 교부한 금원은 차용금 명목이 아니라 공소외인이 그 금원을 이용하여 도박에 참가하여 도박에서 이긴 경우 수익금을 반으로 나누는 조건으로 지원해 준 도박자금이었음에도 불구하고, 공소외인으로 하여금 형사처분을 받게 할 목적으로, 공소외인이 변제할 의사 없이 고소인으로부터 차용금 명목으로 금원을 교부받아 이를 편취하였다고 허위의 사실을 신고한 경우, 피고인이 이 사건 고소를 하면서 돈을 빌려주게 된 경위, 즉 공소외인이 도박자금으로 사용하는 것을 알고 있었던 사실을 밝히지 않았다는 등의 사유만으로는 피고인이 허위의 사실을 신고하였다고 할 수 없으므로 무고죄는 성립하지 아니한다(대판 2004.12.9. 2004도2212).

2. 정황의 과장 여부에 따른 무고죄의 성립 여부에 대한 사례

1) 무고죄가 성립하는 사례

피고인이 때려 주면 돈을 주겠다는 요청을 하여 공소외 1 등이 피고인을 폭행하였고, 그 과정에서 피고인이 다발성 좌상 등의 상해를 입게 된 사실을 알 수 있는바, 이와 같은 사정 아래에서라면 비록 피고인이 먼저 공소외 1 등에게 때려 달라고 요청하였다 하더라도 그러한 피고인의 요청은 윤리적·도덕적으로 사회상규에 어긋나는 것이어서 위법성 조각사유로서의 피해자의 승낙에 해당한다고 할 수는 없을 것이다. 그러나 공소외 1 등의 위와 같은 행위가 결과적으로 위법하다 하더라도 이는 폭행 내지 상해의 범죄에 해당할 수 있는 것인 반면, 피고인의 신고사실은 공소외 1 등이 갈취 내지 강취의 범죄를 범하였다는 것이어서 그 신고사실의 일부가 허위라는 점은 어느 모로 보나 명백하다. 그런데, 피고인이 자신의 의사에 따라 폭행을 당한 것인지 여부는 갈취 내지 강취 범죄의 성부에 영향을 미치는 중요한 부분으로서 단지 신고한 사실을 과장한 것에 불과하다고 볼 수는 없을 뿐만 아니라 공소외 1 등이 갈취 내지 강취의 의사로 피고인을 폭행한 것이 아니라 피고인의 요청에 따라 그러한 행위를 하였음이 분명한 이상 '공소외 1 등이 피고인을 폭행하여 돈을 빼앗았다'는 취지의 피고인의 신고는 그 폭행의 경위에 관한 허위사실만으로도 국가의 심판작용을 그르치거나 부당하게 처벌을 받지 아니할 개인의 법적 안정성을 침해할 우려가 있을 정도로 고소사실 전체의 성질을 변경시킨 것으로 판단된다(대판 2010.4.29. 2010도2745).

2) 무고죄가 성립하지 아니하는 사례

피고인이 고소장에서 甲, 공소외 2에게 대여하였다고 주장하는 금원의 액수가 부풀려져 있고, 법률적 의미에서 피고인과 甲, 공소외 2 사이에 금전 대차관계가 성립할 수 있는지가 다소 불명확한 점이 있기는 하지만 피고인이 고소한 위 내용은 전혀 터무니없는 허위사실은 아니라 할 것이고, 단지 사실에 기초하여 그 정황을 다소 과장한 데에 지나지 아니한다 할 것이며, 또 피고인에게 허위성에 대한 인식이 있다고 보기도 어렵다 할 것이다(대판 2003.1.24. 2002도5939).

㉤ 정도 : 허위사실 적시의 정도는 수사관서 또는 감독관서에 대하여 수사권 또는 징계권의 발동을 촉구하는 정도의 것이면 충분하고 반드시 범죄구성요건 사실이나 징계요건 사실을 구체적으로 명시하여야 하는 것은 아니다(대판 2014.12.24. 2012도4531). 피무고자의 성명을 표시할 필요는 없으나 누구를 무고하였는지 인식할 수 있는 정도의 특정이 요구된다. 신고사실이 허위일지라도 신고사실이 범죄를 구성하지 아니하는 경우(대판 2013.9.26. 2013도6862), 친고죄의 고소기간이 경과한 것이 신고내용 자체에 의해 명백한 경우(대판 1998.4.14. 98도150), 공소시효가 완성된 것이 분명한 경우(대판 1994.2.8. 93도3445)등에는 무고죄가 성립하지 아니한다.

1. 무고죄가 성립하는 사례
   [1] 무고죄는 타인으로 하여금 형사처분 등을 받게 할 목적으로 공무소 등에 허위의 사실을 신고함으로써 성립하는 범죄이므로, 그 신고된 범죄사실이 이미 공소시효가 완성된 것이어서 무고죄가 성립하지 아니하는 경우에 해당하는지 여부는 그 신고시를 기준으로 하여 판단하여야 한다고 할 것이다.
   [2] 피고인은 피해자 공소외인의 폭행일시를 특정하지 아니한 고소장을 2005.6.28.경 수서경찰서 민원실에 제출, 접수한 후, 고소인 보충진술시에 그 폭행일시를 2003.3.경으로 특정하였음을 알아 볼 수 있는바, 폭행죄의 공소시효기간은 3년이므로 피고인은 아직 공소시효가 완성되지 아니한 범죄사실을 신고한 것임이 명백하고, 따라서 그 신고사실이 허위인 이상 피고인은 무고죄의 죄책을 면할 수 없다고 할 것이고, 피고인이 그 이후 검찰이나 제1심 법정에서 위 피해자의 폭행일시를 2002.3.로 정정하여 진술하였다고 하여 이미 성립된 무고죄에 영향을 미칠 수는 없다고 할 것이다(대판 2008.3.27. 2007도11153).

2. 무고죄가 성립하지 아니하는 사례
   • [1] 피고인이 작성한 고소장의 기재 내용을 살펴보면, 그 고소의 취지가 '피고인은 공소외인에게 이 사건 주택의 임대차보증금으로 950만원을 지급하였는데, 공소외인은 900만원만 받았다고 주장하면서 임대차보증금 전액을 돌려주지 않기 위해 중국 국적의 피고인을 불법체류자로 고발하였다'는 것임을 알 수 있는바, 다음과 같은 이유로 이러한 고소 사실은 그 자체가 형사범죄로 구성되지 아니한다고 보아야 할 것이다.
   [2] 임대차보증금이 있는 임대차계약에 있어 임대인은 임차인으로 하여금 목적물을 사용·수익하게 할 의무와 임대차가 종료한 경우 임대차보증금 중 연체차임 등 당해 임대차에 관하여 명도시까지 생긴 임차인의 채무를 청산한 나머지 금액을 반환할 사법상의 의무만 있을 뿐, 임차인을 위하여 임대차보증금을 보관하거나 임차인의 사무를 처리하는 지위에 있지 아니하므로, 설령 피고인이 공소외인에게 이 사건 주택에 관한 임대차보증금으로 950만원을 지급하였는데, 공소외인이 900만원을 받았다고 주장하며 900만원을 초과하는 임대차보증금의 반환을 거부하였더라도 횡령죄나 배임죄가 성립하지 아니한다. 또한, 피고인이 고소장에 기재한 고소 내용에 의하면, 피고인은 자신이 불법체류자라는 사실을 스스로 밝히고 있음을 알 수 있고, 한편 공소외인은 피고인을 불법체류자로 고발한다고 하여 피고인에 대한 임대차보증금의 반환의무를 면할 수도 없으므로, 설령 공소외인이 임대차보증금 전액을 돌려주지 않겠다는 내심의 의사를 가지고 피고인을 불법체류자로 고발하였더라도 어떠한 형사범죄로 구성되지 아니한다. 그렇다면, 설령 피고인의 공소외인에 대한 고소가 허위 사실의 신고에 해당한다고 하더라도, 그 고소 사실 자체가 횡령죄, 배임죄 기타 형사범죄로 구성되지 아니하는 이상 피고인의 무고죄가 성립한다고 할 수 없다(대판 2013.9.26. 2013도6862).

- [1] 타인으로 하여금 형사처분을 받게 할 목적으로 공무소에 대하여 허위의 사실을 신고하였다고 하더라도, 그 사실이 친고죄로서 그에 대한 고소기간이 경과하여 공소를제기할 수 없음이 그 신고내용 자체에 의하여 분명한 때에는 당해 국가기관의 직무를 그르치게 할 위험이 없으므로 이러한 경우에는 무고죄가 성립하지 아니한다. 한편, 형법 제354조, 제328조의 규정에 의하면, 직계혈족, 배우자, 동거친족, 동거가족 또는 그 배우자 간의 사기죄는 그 형을 면제하여야 하고, 그 이외의 친족 간에는 고소가 있어야 공소를 제기할 수 있다. 그리고 고소기간은 형사소송법 제230조 제1항에 의하여 범인을 알게 된 날로부터 6개월로 정하여져 있다. 여기서 범인을 알게 된다는 것은 통상인의 입장에서 보아 고소권자가 고소를 할 수 있을 정도로 범죄사실과 범인을 아는 것을 의미하고, 범죄사실을 안다는 것은 고소권자가 친고죄에 해당하는 범죄의 피해가 있었다는 사실관계에 관하여 확정적인 인식이 있음을 말한다.

[2] 피고인 B는 피고인 A의 무고 교사에 따라 '피고소인 A는 2012.10.1. 고소인 B에게 횡성에 다방을 개업하고 돈을 갚겠다고 오천만원을 차용하여서 2015.10.1. 갚기로 하였으나 현재 춘천교도소에서 복역 중이며 약속을 이행하지 않고 있기에 부득불 고소를 하게 되었습니다'라고 기재한 고소장을 작성하여 원주경찰서에 접수하려 하였으나, 접수담당 경찰관으로부터 피고인들이 친족 간이라는 이유로 거부당하였다. 이에 피고인 B는 위 고소장을 춘천지방법원 원주지원에 우편으로 제출하였고, 2015.12.3.경 성명을 알 수 없는 원주지원 소속 공무원은 위 고소장을 춘천지방검찰청 원주지청에 접수하였다. 피고인 B는 위 고소에 따라 원주경찰서에서 진행된 고소인 진술 시에 '동생인 피고인 A가 횡성에 다방을 여는데 필요한 돈을 빌려주면 2012.10.경까지 갚겠다고 하여, 2012.3.경 3,000만원, 2012.9.경 2,000만원 합계 5,000만원을 빌려주었는데, 다방도 열지 않고 10월이 되어도 갚지 않아, 2012.10.1. 차용증을 작성해 달라고 하였다. 이에 피고인 A가 5,000만원을 2015.10.1.까지 갚겠다고 차용증을 작성해 주었다'는 취지로 진술하였다. 피고인 A 역시 경찰 및 검찰의 피의자신문시에 피고인 B의 위 경찰 진술에 부합하는 진술을 하였고, '피고인 B로부터 돈을 차용할 당시 본인 소유의 재산이 거의 없었으며, 그 돈을 변제할 의사나 능력도 없었던 것이 맞다'고 진술하였다.

[3] 위와 같은 피고인 B의 고소장 기재 내용 및 경찰에서의 진술 내용을 앞서 본 법리에 비추어 살펴보면, 그 신고내용 자체로 피고인 B가 2012.10.1. 피고인 A로부터 차용증을 받을 당시에 피고인 A가 애초에 돈을 빌릴 당시 용도인 다방 개업에 위 돈을 사용하지도 않았고 변제 자력이 없다는 것을 알았던 것으로 보인다. 따라서 2012.10.1.경에는 피고인 B에게 피고인 A를 고소할 수 있을 정도로 사기범죄 피해를 입었다는 점에 대한 확정적 인식이 있어, 그 무렵부터 고소기간이 진행하고, 고소장이 춘천지방검찰청 원주지청에 접수된 2015.12.3.에는 이미 그 고소기간이 도과하였다고 볼 여지가 많다. 위와 같이 볼 경우 피고인 B의 허위의 사기 고소사실은 그 고소기간이 경과하여 공소를 제기할 수 없음이 그 신고내용 자체에 의하여 분명한때에 해당하여 무고죄가 성립하지 아니하고, 그 결과 피고인 A의 무고 교사죄도 성립하지 아니한다고 할 것이다(대판 2018.7.11. 2018도1818).

② 신고 : 자발성을 요건으로 하므로 신고는 자진하여 사실을 신고하는 것을 말한다고 해야 한다. 따라서 검사 또는 수사기관의 신문에 의해 허위진술을 한 경우에는 자발성이 없으므로 신고에 해당하지 아니한다(대판 1990.8.14. 90도595). 다만, 고소장에 기재하지 아니한 사실을 고소보충조서를 받을 때 진술한 경우에는 자진하여 신고한 것으로 보아야 한다(대판 1996.2.9. 95도2652). 신고의 방법에는 제한이 없어 구두·서면을 불문한다. 간접정범의 방법으로도 허위신고는 가능하나, 본죄의 불법 내용은 허위의 사실을 자진하여 적극적으로 신고함으로써 형사처분 또는 징계처분의 원인을 제공하는데 있다는 점을 고려하면 부작위에 의한 신고는 성립할 수 없다고 보아야 한다(통설).

> **간접정범에 의한 신고를 인정한 사례**
> 수표발행인인 피고인이 은행에 지급제시된 수표가 위조되었다는 내용의 허위의 신고를 하여 그 정을 모르는 은행 직원이 수사기관에 고발을 함에 따라 수사가 개시되고, 피고인이 경찰에 출석하여 수표위조자로 특정인을 지목하는 진술을 한 경우, 이는 피고인이 위조 수표에 대한 부정수표단속법 제7조의 고발의무가 있는 은행원을 도구로 이용하여 수사기관에 고발을 하게 하고 이어 수사기관에 대하여 특정인을 위조자로 지목함으로써 자발적으로 수사기관에 대하여 허위의 사실을 신고한 것으로 평가하여야 한다(대판 2005.12.22. 2005도3203).

③ 기수시기 : 허위사실의 신고가 공무소·공무원에게 도달한 때에 기수가 된다. 공무소에 도달한 이상 후에 고소장을 되돌려 받았다고 하더라도 본죄의 성립에는 영향이 없다(대판 1985.2.8. 84도2215).

> 타인에게 형사처분을 받게 할 목적으로 '허위의 사실'을 신고한 행위가 무고죄를 구성하기 위해서는 신고된 사실 자체가 형사처분의 대상이 될 수 있어야 하므로, 가령 허위의 사실을 신고하였더라도 신고 당시 그 사실 자체가 형사범죄를 구성하지 않으면 무고죄는 성립하지 않는다. 그러나 허위로 신고한 사실이 무고행위 당시 형사처분의 대상이 될 수 있었던 경우에는 국가의 형사사법권의 적정한 행사를 그르치게 할 위험과 부당하게 처벌받지 않을 개인의 법적 안정성이 침해될 위험이 이미 발생하였으므로 무고죄는 기수에 이르고, 이후 그러한 사실이 형사범죄가 되지 않는 것으로 판례가 변경되었더라도 특별한 사정이 없는 한 이미 성립한 무고죄에는 영향을 미치지 않는다(대판 2017.5.30. 2015도15398).

(2) 주관적 구성요건

1) 고 의

공무소·공무원에 대하여 허위의 사실을 신고한다는 인식과 의사가 있어야 한다. 이는 미필적 고의로도 족하다(대판 2006.5.25. 2005도4642). 따라서 신고자가 진실하다는 확신 없는 사실을 신고함으로써 무고죄는 성립하고 그 신고사실이 허위라는 것을 확신할 것까지는 없다(대판 1991.12.13. 91도2127). 한편 사실이 허위라는 것도 고의의 인식대상이므로 객관적 사실과 일치하지 않는 것이라도 신고자가 진실이라고 확신하고 신고하였을 때에는 무고죄가 성립하지 않는다(대판 2000.7.4. 2000도1908).

1. 무고죄가 성립하는 사례
    - 무고죄에 있어서 형사처분을 받게 할 목적은 허위신고를 함에 있어 다른 사람이 그로 인하여 형사처분을 받게 될 것이라는 인식이 있으면 충분하고 그 결과의 발생을 희망할 필요까지는 없다 할 것이므로, 고소인이 고소장을 수사기관에 제출한 이상 그러한 인식은 있다 할 것이고, 나아가 고소를 한 목적이 상대방을 처벌받도록 하는 데 있지 않고 시비를 가려 달라는 데에 있다고 하여 무고죄의 범의가 없다고 할 수 없으며, 그가 신문사의 대표이사로서 위 신문사 수습대책위원회의 요구에 따라 수동적으로 행동한 것이라고 하여도 무고죄의 성립에는 지장이 없다(대판 1995.12.12. 94도3271).
    - 무고죄에 있어서 허위사실의 신고라 함은 신고사실이 객관적 사실에 반한다는 것을 확정적이거나 미필적으로 인식하고 신고하는 것을 말하는 것이므로 객관적 사실과 일치하지 않는 것이라도 신고자가 진실이라고 확신하고 신고하였을 때에는 무고죄가 성립하지 않는다고 할 것이나, 여기에서 진실이라고 확신한다 함은 신고자가 알고 있는 객관적인 사실관계에 의하더라도 신고사실이 허위라거나 또는 허위일 가능성이 있다는 인식을 하지 못하는 경우를 말하는 것이지, 신고자가 알고 있는 객관적 사실관계에 의하여 신고사실이 허위라거나 허위일 가능성이 있다는 인식을 하면서도 이를 무시한 채 무조건 자신의 주장이 옳다고 생각하는 경우까지 포함되는 것은 아니다(대판 2000.7.4. 2000도1908).
    - 무고죄의 허위신고에 있어서 다른 사람이 그로 인하여 형사처분 또는 징계처분을 받게 될 것이라는 인식이 있으면 족하므로, 고소당한 범죄가 유죄로 인정되는 경우에, 고소를 당한 사람이 고소인에 대하여 '고소당한 죄의 혐의가 없는 것으로 인정된다면 고소인이 자신을 무고한 것에 해당하므로 고소인을 처벌해 달라'는 내용의 고소장을 제출하였다면 설사 그것이 자신의 결백을 주장하기 위한 것이라고 하더라도 방어권의 행사를 벗어난 것으로서 고소인을 무고한다는 범의를 인정할 수 있다(대판 2007.3.15. 2006도9453).
    - [1] 무고죄는 타인으로 하여금 형사처분이나 징계처분을 받게 할 목적으로 신고한 사실이 객관적 진실에 반하는 허위사실인 경우에 성립한다. 무고죄의 범의는 반드시 확정적 고의일 필요가 없고 미필적 고의로도 충분하므로, 신고자가 허위라고 확신한 사실을 신고한 경우뿐만 아니라 진실하다는 확신 없는 사실을 신고하는 경우에도 그 범의를 인정할 수 있다. 또한 무고죄에서 형사처분을 받게 할 목적은 허위신고를 하면서 다른 사람이 그로 인하여 형사처분을 받게 될 것이라는 인식이 있으면 충분하고 그 결과의 발생을 희망할 필요까지는 없으므로, 신고자가 허위 내용임을 알면서도 신고한 이상 그 목적이 필요한 조사를 해 달라는 데에 있다는 등의 이유로 무고의 범의가 없다고 할 수 없다. 또한 신고자가 알고 있는 객관적인 사실관계에 의하더라도 신고사실이 허위라거나 또는 허위일 가능성이 있다는 인식을 하지 못하였다면 무고의 고의를 부정할 수 있으나, 이는 알고 있는 객관적 사실관계에 의하여 신고사실이 허위라거나 허위일 가능성이 있다는 인식을 하면서도 그 인식을 무시한 채 무조건 자신의 주장이 옳다고 생각하는 경우까지 포함하는 것은 아니다. [2] 피고인이 국민권익위원회 운영의 국민신문고 홈페이지에 '약사가 무자격자인 종업원으로 하여금 불특정 다수의 환자들에게 의약품을 판매하도록 지시하거나 실제로 자신에게 의약품을 판매하였다'는 등의 내용으로 제기한 민원의 내용이 객관적 사실관계에 반하는 허위사실임이 확인되고, 그러한 민원 제기에는 미필적으로나마 그 내용이 허위이거나 허위일 가능성을 인식한 무고의 고의가 있었다고 보아, 유죄를 인정한 원심판단을 수긍한 사례(대판 2022.6.30. 2022도3413).

> **2. 무고죄가 성립하지 아니하는 사례**
> 진실한 객관적인 사실들에 근거하여 고소인이 피고소인의 주관적인 의사에 관하여 갖게 된 의심을 고소장에 기재하였을 경우에 법률 전문가 아닌 일반인의 입장에서 볼 때 그와 같은 의심을 갖는 것이 충분히 합리적인 근거가 있다고 볼 수 있다면, 비록 그 의심이 나중에 진실하지 않은 것으로 밝혀졌다고 하여 곧바로 고소인에게 무고의 미필적 고의가 있었다고 단정하여서는 안 된다(대판 1996.3.26. 95도2998).

2) 목 적

타인으로 하여금 형사처분·징계처분을 받게 할 목적이 있어야 한다. 타인은 범인 이외의 자로서 자연인은 물론 법인도 포함된다.

① 타 인

㉠ 자기무고 등 : 자기무고는 구성요건해당성이 없으므로, 사자·허무인에 대한 무고는 처음부터 국가의 심판기능이 침해될 위험성이 없으므로 무고죄는 성립하지 아니한다. 승낙무고는 본죄의 보호법익을 고려할 때 피무고자의 승낙 유무에 관계없이 무고죄가 성립하며, 공동무고는 타인의 범행부분에 대하여 무고죄가 성립한다.

㉡ 자기무고의 교사

㉮ 학설 : 무고죄의 정범이 될 수 없는 자를 공범으로 처벌하는 것은 부당하므로 교사범이 성립하지 아니한다는 부정설과 정범에게 무고죄가 성립한 이상 자기무고를 교사한 경우에도 무고죄의 교사범이 성립한다는 긍정설이 대립하고 있다.

㉯ 판례 : 판례는 피무고자의 교사·방조 하에 제3자가 피무고자에 대한 허위의 사실을 신고한 경우에는 제3자의 행위는 무고죄의 구성요건에 해당하여 무고죄를 구성하므로, 제3자를 교사·방조한 피무고자도 교사·방조범으로서의 죄책을 부담한다고(대판 2008.10.23. 2008도4852) 한다.

㉰ 검토 : 생각건대 자기무고는 무고죄의 구성요건을 충족할 수 없으므로 본죄의 주체가 될 수 없는 자를 교사범으로 처벌하는 것은 부당하다고 이해하는 것이 타당하다고 판단된다.

㉢ 성명불상자에 대한 무고 : 특정되지 않은 성명불상자에 대한 무고죄는 성립하지 않는다. 공무원에게 무익한 수고를 끼치는 일은 있어도 심판 자체를 그르치게 할 염려가 없으며 피무고자를 해할 수도 없기 때문이다(대판 2022.9.29. 2020도11754).

② 형사처분·징계처분 : 형사처분에는 형벌 이외에 보안처분, 소년법, 가정폭력특별법상의 보호처분 및 사회봉사명령 또는 수강명령도 포함된다. 징계처분은 공법상 특별권력관계에서의 처분을 말한다.

> **1. 무고죄가 성립하는 사례**
> [1] 구 변호사법 제92조, 제95조, 제96조, 제100조 등 관련 규정에 의하면 변호사에 대한 징계가 대한변호사협회 변호사징계위원회를 거쳐 최종적으로 법무부의 변호사징계위원회에서 결정되고 이에 불복하는 경우에는 행정소송을 할 수 있는 점, 구 변호사법 제93조, 제94조, 제101조의2 등은 판사 2명과 검사 2명이 위원으로 참여하여 대한변호사협회 변호사징계위원회나 법무부의 변호사징계위원회를 구성하고, 서류의 송달, 기일의 지정이나 변경 및 증인·감정인의 선서와 급여에 관한

사항에 대하여 '형사소송법'과 '형사소송비용 등에 관한 법률'의 규정을 준용하도록 정하고 있는 점, 위와 같은 절차를 마련한 것은 변호사의 공익적 지위에 기인하여 공법상의 특별권력관계에 준하여 징계에 관하여도 공법상의 통제를 하려는 의도로 보여지는 점 등을 고려하여 보면, 변호사에 대한 징계처분은 형법 제156조에서 정하는 '징계처분'에 포함된다고 봄이 상당하고, 구 변호사법 제97조의2 등 관련 규정에 의하여 그 징계 개시의 신청권이 있는 지방변호사회의 장은 형법 제156조에서 정한 '공무소 또는 공무원'에 포함된다.
[2] 피고인이 변호사인 피해자로 하여금 징계처분을 받게 할 목적으로 서울지방변호사회에 위 변호사회 회장을 수취인으로 하는 허위 내용의 진정서를 제출한 사안에서, 무고죄를 인정한 원심판단을 수긍한 사례(대판 2010.11.25. 2010도10202)

2. 무고죄가 성립하지 아니하는 사례

[1] 사립학교 교원은 학교법인 또는 사립학교경영자가 임면하고(사립학교법 제53조, 제53조의2), 그 임면은 사법상 고용계약에 의하며, 사립학교 교원은 학생을 교육하는 대가로 학교법인 등으로부터 임금을 지급받으므로 학교법인 등과 사립학교 교원의 관계는 원칙적으로 사법상 법률관계에 해당한다. 따라서 학교법인 등의 사립학교 교원에 대한 인사권의 행사로서 징계 등 불리한 처분은 사법적 법률행위의 성격을 가진다. 한편 형벌법규의 해석은 엄격하여야 하고, 명문의 형벌법규의 의미를 피고인에게 불리한 방향으로 지나치게 확장해석하거나 유추해석하는 것은 죄형법정주의의 원칙에 어긋나는 것으로서 허용되지 않는다. 위와 같은 법리를 종합하여 보면, 사립학교 교원에 대한 학교법인 등의 징계처분은 형법 제156조의 '징계처분'에 포함되지 않는다고 해석함이 옳다.
[2] 피고인이 사립대학교 교수인 피해자들로 하여금 징계처분을 받게 할 목적으로 국민권익위원회에서 운영하는 범정부 국민포털인 국민신문고에 민원을 제기한 사안에서, 피해자들은 사립학교 교원이므로 피고인의 행위가 무고죄에 해당하지 않음에도, 이와 달리 보아 유죄를 인정한 원심판결에 무고죄의 '징계처분'에 관한 법리를 오해한 잘못이 있다고 한 사례(대판 2014.7.24. 2014도6377)

③ **목적의 인식 정도** : 구성요건적 결과발생의 미필적 인식이 있으면 족하다는 미필적 인식설이 주장되고 있으나, 목적범에서의 목적은 원칙적으로 강한 의도와 밀접한 관계가 있는 의사형태이므로 결과발생을 희망·의욕할 것을 요하는 확정적 인식설이 타당하다고 판단된다. 판례는 무고죄에 있어서 '형사처분 또는 징계처분을 받게 할 목적'은 허위신고를 함에 있어서 다른 사람이 그로 인하여 형사 또는 징계처분을 받게 될 것이라는 인식이 있으면 족한 것이고 그 결과발생을 희망하는 것을 요하는 것은 아니라고(대판 2006.5.25. 2005도4642) 하여 미필적 인식설을 취하고 있다.

[1] 甲은 乙과 그로부터 피해를 당한 사람들 사이의 합의를 주선하기 위하여 자신들도 피해자인 것처럼 행세하기 위한 방편으로 乙을 고소하기로 하고 이러한 취지를 乙에게도 미리 알린 후 乙의 승낙을 얻어 乙로부터 차용금 피해를 당한 것처럼 허위사실을 기재하여 乙을 고소하였다. 그러나 甲은 바로 乙에게 합의서를 작성하여 교부해 주는 한편 수사기관의 고소인 출석요구에 응하지 않았고 결국 고소사건은 고소장 각하로 종결된 경우, 무고죄는 국가의 형사사법권 또는 징계권의 적정한 행사를 주된 보호법익으로 하고 다만, 개인의 부당하게 처벌 또는 징계받지 아니할 이익을 부수적으로 보호하는 죄이므로, 설사 무고에 있어서 피무고자의 승낙이 있었다고 하더라도 무고죄의 성립에는 영향을 미치지 못한다 할 것이고, 무고죄에 있어서 형사처분 또는 징계처분을 받게 할 목적은 허위신고를 함에 있어서 다른 사람이 그로 인하여 형사 또는 징계처분을 받게 될 것이라는 인식이 있으면 족한 것이고 그 결과발생을 희망하는 것까지를 요하는 것은 아니므로, 고소인이 고소장을 수사기관에 제출한 이상 그러한 인식은 있었다고 보아야 한다.

[2] 피무고자의 승낙을 받아 허위사실을 기재한 고소장을 제출하였다면 피무고자에 대한 형사처분이라는 결과발생을 의욕한 것은 아니라 하더라도 적어도 그러한 결과발생에 대한 미필적인 인식은 있었던 것으로 보아야 한다고 한 사례(대판 2005.9.30. 2005도2712)

3. 자백·자수의 특례

무고죄를 범한 자가 그 공술한 사건의 재판 또는 징계처분이 확정되기 전에 자백 또는 자수한 때에는 그 형을 감경 또는 면제한다(형법 제157조, 제153조).

자백·자수의 특례에 대한 사례

- 무고죄에 있어서 형의 필요적 감면사유에 해당하는 자백이란 자신의 범죄사실, 즉 타인으로 하여금 형사처분 또는 징계처분을 받게 할 목적으로 공무소 또는 공무원에 대하여 허위의 사실을 신고하였음을 자인하는 것을 말하고, 단순히 그 신고한 내용이 객관적 사실에 반한다고 인정함에 지나지 아니하는 것은 이에 해당하지 아니한다(대판 1995.9.5. 94도755).
- 형법 제157조, 제153조는 무고죄를 범한 자가 그 신고한 사건의 재판 또는 징계처분이 확정되기 전에 자백 또는 자수한 때에는 형을 감경 또는 면제한다고 하여 이러한 재판확정 전의 자백을 필요적 감경 또는 면제사유로 정하고 있다. 위와 같은 자백의 절차에 관해서는 아무런 법령상의 제한이 없으므로 그가 신고한 사건을 다루는 기관에 대한 고백이나 그 사건을 다루는 재판부에 증인으로 다시 출석하여 전에 그가 한 신고가 허위의 사실이었음을 고백하는 것은 물론 무고 사건의 피고인 또는 피의자로서 법원이나 수사기관에서의 신문에 의한 고백 또한 자백의 개념에 포함된다. 형법 제153조에서 정한 '재판이 확정되기 전'에는 피고인의 고소 사건 수사결과 피고인의 무고 혐의가 밝혀져 피고인에 대한 공소가 제기되고 피고소인에 대해서는 불기소결정이 내려져 재판절차가 개시되지 않은 경우도 포함된다(대판 2021.1.14. 2020도13077).[139]

---

139) 피고인은 제1심에서 이 사건 공소사실을 부인하였지만 제1심의 유죄 판결에 대하여 양형부당을 이유로 항소하면서 재항고가 진행 중인 2020.6.16. 원심 제1회 공판기일에서 양형부당의 항소 취지와 이 사건 공소사실을 모두 인정한다는 취지가 기재된 항소이유서를 진술한 경우, 피고인이 원심에서 허위의 사실을 고소했음을 자백하였고, 당시 피고소인에 대해서는 불기소 처분이 내려져 재판절차가 개시되지 않았다. 따라서 원심으로서는 형법 제157조, 제153조에 따라 형의 필요적 감면조치를 하였어야 한다(판결이유)(대판 2021.1.14. 2020도13077).

가장 빠른 지름길은
지름길을 찾지 않는 것이다.
- 다산 정약용 -

합격의 공식 시대에듀 | www.sdedu.co.kr

PART

3

최신기출문제

2024년 제30회 기출문제

2023년 제29회 기출문제

2022년 제28회 기출문제

2021년 제27회 기출문제

2020년 제26회 기출문제

2024년 제30회 기출문제

문제 1

아래 각 사안에서 甲에 대한 소송사기죄의 성립 여부를 논하고, 소송사기죄가 성립하는 경우 기수 여부를 함께 논하시오(소송사기죄를 제외한 나머지 범죄에 대해서는 논하지 말 것. 다툼이 있을 때에는 대법원 판례 다수의견에 의함).

1 甲은 경기도 포천시 영북면 운천리 소재 임야 합계 872,500m²에 관한 등기부와 지적공부가 한국전쟁 당시 멸실된 후 국가 명의로 소유권보존등기가 되어 있다는 것을 알고 소유권보존등기 말소의 소를 통해 위 임야의 소유권을 취득하려고 마음먹었다. 甲은 문서위조 전문 브로커들에게 의뢰하여 허위로 위조한 매도문서 등을 미리 준비하여 2023.12.8. 의정부지방법원에 '위 국유 임야가 원고의 망부(亡父) 소유였으므로, 국가 명의의 소유권보존등기는 원인무효이다'는 취지의 주장을 하면서 국가를 상대로 소유권보존등기 말소의 소를 제기하여 2024.6.27. 의정부지방법원으로부터 승소판결을 받았다. 위 판결은 2024.7.15. 확정되었으나, 甲은 위 승소판결이 확정된 이후 자신 명의로 위 임야에 관한 소유권보존등기를 마치는 것을 차일피일 미룬 채 현재까지 위 판결에 기한 소유권보존등기는 마치지 않고 있다. [15점]

2 甲은 乙에게 물건을 판매한 후 물품대금을 지급받지 못하자 서울중앙지방법원에 乙을 상대로 물품대금 청구의 소를 제기하여 전부 승소하였고, 위 판결에서 소송비용은 乙이 부담하기로 정해졌다. 甲은 위 판결이 확정된 후 서울중앙지방법원에 乙을 상대로 소송비용액확정신청을 하면서 사실은 물품대금 청구의 소에서 변호사를 선임하지 않았음에도 변호사보수까지를 포함한 소송비용을 받아내 이를 편취하고자 마음먹었다. 위 계획에 따라 甲은 앞선 소송에서 지출한 소송비용으로 인지대와 송달료 외 변호사 보수 330만원을 소송비용계산표에 적어 법원에 제출하고, 그에 관한 소명자료로 인지대와 송달료 납부영수증은 제출하였으나, 변호사 비용을 지출하였음을 증명할 자료는 제출하지 않았다. 甲은 위 소송비용액확정신청의 상대방인 乙이 이의를 제기하자 소송비용액확정신청을 취하하였다. [10점]

문제 2

아래 사안에서 甲의 죄책을 논하시오(고소한 절도죄에 한정하지 말 것).

甲은 삼촌 丙으로부터 집안일을 도와달라는 부탁을 받고 삼촌 丙의 집에 갔다가 그 곳 안방에서 삼촌 丙명의의 A 은행 예금통장을 발견하였다. 甲은 위 통장 안쪽에 비밀번호로 추정되는 숫자가 적혀 있는 것을 보고는 위 예금통장을 이용해 자신의 계좌에 돈을 이체한 후 그 돈을 인출해 사용하기로 마음먹고 위 예금통장을 가지고 나왔다.

甲은 집에 돌아오는 길에 A 은행 현금자동인출기에 들러 위 예금통장을 넣고 통장에 적혀 있는 숫자 4자리가 삼촌의 예금 비밀번호가 맞는 걸 확인한 후 위 현금자동인출기를 이용해 예금계좌에 있던 500만원의 예금을 자신명의의 B 은행 계좌로 이체하였다. 甲은 곧바로 B 은행 현금자동인출기가 있는 곳으로 가서 위와 같이 이체한 500만원을 자신의 현금카드로 인출한 후 이를 유흥비로 사용하였다. 위와 같은 사실을 알게 된 삼촌 丙은 경찰에 甲을 절도죄로 고소하였다. [15점]

문제 3

아래 사안에서 甲의 죄책을 논하시오.

甲은 친구 丁으로부터 사업자금을 빌리면서 甲소유의 경기도 광주시 오포읍에 있는 X 토지에 관하여 채권자를 丁으로 하는 근저당권을 설정해주었다.

甲이 약속한 기한까지 차용금을 변제하지 않자 丁은 X 토지에 관한 임의경매를 신청하였다. 甲은 X 토지가 제3자에게 매각되는 것을 저지할 의도로 자신이 운영하는 주식회사 A 명의로 위 경매절차에 참여하여 X 토지의 감정가 대비 약 300% 이상의 높은 금액을 매수 희망가액으로 적어 내 최고가매수신고인으로 매각허가결정을 받았으나, 그 대금지급기한까지 매각대금을 내지 않았다.

甲은 X 토지에 대한 재매각절차가 개시되자 이번에는 자신이 운영하는 또 다른 회사인 주식회사 B 명의로 X 토지의 감정가 대비 약 400% 이상 높은 금액으로 입찰에 참여해 다시 최고가매수신고인으로 매각허가결정을 받았으나, 이번에도 대금지급기한까지 매각대금을 내지 않았다. 甲은 그 후 丁에게 빌린 돈 전부를 변제하였고, 丁은 X 토지에 관한 임의경매신청을 취하하였다. [10점]

2024년 제30회 기출문제해설

문제 1

I. 논점의 정리

삼각사기의 특수한 형태로서의 소송사기의 성립 여부와 관련하여, 甲이 국가를 상대로 소유권보존등기 말소의 소를 제기하여 의정부지방법원으로부터 승소판결확정판결을 받은 경우, 소송사기죄의 기수에 이르렀는지 여부가 문제되고, 甲이 소송비용액확정신청을 하면서 변호사 비용을 지출하였음을 증명할 자료는 제출하지 않은 경우, 법원에 대한 기망행위가 인정되어 소송사기죄가 성립하는지 여부가 문제된다.

II. 삼각사기의 특수한 형태로서의 소송사기의 법리

1. 소송사기의 의의

소송사기란 법원에 허위사실을 주장하거나 허위증거를 제출하여 유리한 판결을 받고 이에 의하여 강제집행을 하여 재산 또는 재산상의 이익을 취득하는 경우를 말한다.

2. 기망행위

기망행위란 허위의 의사표시에 의하여 타인을 착오에 빠뜨리는 일체의 행위를 말한다. 상대방이 이미 착오에 빠져있다면 그러한 상태를 이용하는 것도 기망행위에 해당한다. 기망행위를 인정하기 위해서는 허위사실의 주장·증거조작·위증교사 등의 적극적인 사술을 사용해야 한다. 그러나 반드시 허위의 증거를 이용하지 아니하더라도 당사자의 주장이 법원을 기망하기 충분한 것이라면 기망수단이 된다는 것이 판례이다.

3. 실행의 착수 및 기수시기

소송사기는 원고의 경우에는 원칙적으로 법원에 소를 제기한 때, 피고의 경우에는 허위의 증거를 제출하거나 그에 따른 주장을 한 답변서나 준비서면을 제출한 때에 실행의 착수가 인정된다. 소송사기는 ① 당해 소송의 판결이 확정된 때, ② 공시최고신청에 의한 소송사기의 경우에는 법원으로부터 제권판결을 받은 때, ③ 지급명령에 의한 소송사기의 경우에는 허위의 내용으로 신청한 지급명령이 그대로 확정된 때 기수가 된다.

Ⅲ. 사례의 각 행위의 소송사기죄(형법 제347조 제1항)의 성립 여부

1. 국가를 상대로 소유권보존등기말소청구의 소를 제기한 행위

(1) 문제점

허위의 주장을 하면서 소유권보존등기 명의자를 상대로 소유권보존등기의 말소를 구하는 소송을 제기하여 승소확정판결을 받은 경우, 소송사기죄의 성립 여부가 문제된다.

(2) 판 례

판례는 피고인 또는 그와 공모한 자가 자신이 토지의 소유자라고 허위의 주장을 하면서 소유권보존등기 명의자를 상대로 보존등기의 말소를 구하는 소송을 제기한 경우 그 소송에서 위 토지가 피고인 또는 그와 공모한 자의 소유임을 인정하여 보존등기 말소를 명하는 내용의 승소확정판결을 받는다면, 이에 터 잡아 언제든지 단독으로 상대방의 소유권보존등기를 말소시킨 후 위 판결을 부동산등기법상의 소유권을 증명하는 판결로 하여 자기 앞으로의 소유권보존등기를 신청하여 그 등기를 마칠 수 있게 되므로, 이는 법원을 기망하여 유리한 판결을 얻음으로써 '대상 토지의 소유권에 대한 방해를 제거하고 그 소유명의를 얻을 수 있는 지위'라는 재산상 이익을 취득하였거나,140) 甲이 일제시대 사정(査定)받은 토지에 대하여 소유자 미복구를 원인으로 국가 명의의 소유권보존등기가 되어 있는 상태에서, 피고인이 갑의 상속인인 것처럼 조작하여 국가를 상대로 소유권보존등기말소등기 청구소송을 제기하여 이를 인용하는 취지의 화해권고결정이 확정되었다면 사기죄가 성립한다고 판시141)하고 있으며, 그 경우 기수시기는 위 판결이 확정된 때라고 이해하고 있다.

(3) 검 토

甲이 사안의 임야에 대해 국가 명의로 소유권보존등기가 되어 있다는 것을 알고 소유권보존등기말소의 소를 통해 위 임야의 소유권을 취득하려고 마음먹고, 국가를 상대로 소유권보존등기 말소의 소를 제기하여 의정부지방법원으로부터 승소판결확정판결을 받았다면, 甲은 부동산등기법상 소유권보존등기를 신청하여 단독으로 그 등기를 경료할 수 있게 되었으므로 대상토지의 소유명의를 얻을 수 있는 지위라는 재산상의 이익을 취득한 것으로 볼 수 있어, 비록 甲의 명의로 소유권보존등기를 경료하지 아니하였더라도 소송사기죄는 기수에 이르렀다고 판단된다.

---

140) 대판 2006.4.7. 2005도9858[전합]
141) 대판 2011.12.13. 2011도8873

2. 소송비용액확정신청을 한 후 이를 취하한 행위

(1) 문제점

소송비용액확정결정을 신청하는 당사자가 소명자료 등을 조작하거나 허위의 소명자료 등을 제출함이 없이 단지 실제 사실과 다른 비용액에 관한 주장만 하는 경우, 소송사기죄의 성립 여부가 문제된다.

(2) 판 례

판례는 소송비용부담의 재판은 소송비용상환의무의 존재를 확정하고 그 지급을 명하는 데 그치고, 구체적인 소송비용의 액수는 민사소송법에 의한 소송비용액확정결정을 통하여 확정되며, 소송비용의 상환을 구하는 자는 소송비용액확정결정에 집행문을 부여받아 그 확정된 소송비용액에 관하여 강제집행을 할 수 있는바, 허위 내용으로 법원을 기망하여 자기에게 유리한 소송비용액확정결정을 받는 행위는 사기죄를 구성할 수 있으나, 소송비용 중 당사자 등이 소송 기타 절차를 수행하기 위하여 법원에 납부하는 인지액 및 민사예납금 등 이른바 '재판비용'은 관할법원이 스스로 보존하고 있는 재판서 및 소송기록 등에 의하여 계산할 것이 예정되어 있고, 당사자가 소송 등 수행을 위하여 제3자에게 직접 지출하는 이른바 '당사자비용'은 신청인이 반드시 소명하여야 하므로, 소명자료 등을 조작하거나 허위의 소명자료 등을 제출함이 없이 단지 실제 사실과 다른 비용액에 관한 주장만 하는 경우에는 특별한 사정이 없는 한 법원을 기망하였다고 단정하기 어렵기 때문에, 소송비용액확정결정을 신청할 때에는 비용계산서, 그 등본과 비용액을 소명하는 데 필요한 서면을 제출하여야 하므로, 당사자가 단순히 실제 사실과 다른 비용액에 관한 주장만 한 경우를 사기죄로 인정하는 것에는 신중하여야 한다고 판시하고 있다.[142]

(3) 검 토

甲이 변호사를 선임하지 않았음에도 변호사 보수까지를 포함한 소송비용을 편취하고자 마음먹고 변호사 보수 330만원을 소송비용계산표에 적어 법원에 제출하였으나 이와 관련하여 변호사 비용을 지출하였음을 증명할 자료는 제출하지 않았으므로 甲의 소송비용액확정신청이 객관적으로 법원을 기망하기에 충분하다고 보기는 어려워 이를 소송사기죄의 기망행위라고 볼 수 없다. 따라서 甲에 대하여는 소송사기죄가 성립하지 아니한다고 판단된다.

IV 사안의 해결

甲이 국가를 상대로 소유권보존등기 말소의 소를 제기하여 의정부지방법원으로부터 승소판결확정판결을 받았다면, 甲의 명의로 소유권보존등기를 경료하지 아니하였더라도 소송사기죄는 기수에 이르렀다고 해야 하나, 소송비용액확정신청을 하면서 변호사 비용을 지출하였음을 증명할 자료는 제출하지 않았다면 소송사기죄는 성립하지 아니한다.

---

142) 대판 2024.6.27. 2021도2340

문제 2

I. 논점의 정리

甲의 각 행위를 구분하여, 甲이 삼촌 丙의 집에 들어간 행위의 주거침입죄의 성립 여부, 삼촌 丙의 예금통장을 가지고 나온 행위의 절도죄의 성립 여부, 삼촌 丙의 예금을 자신명의의 계좌로 이체한 행위의 컴퓨터 등 사용사기죄의 성립 여부가 각각 문제되며, 각 범죄가 성립하는 경우, 이들 행위에 대한 친족상도례의 적용 여부가 또한 문제된다.

II. 삼촌 丙의 집에 들어간 행위의 죄책

1. 주거침입죄(형법 제319조 제1항)의 성립 여부

주거침입죄는 사람의 주거, 관리하는 건조물, 선박이나 항공기 또는 점유하는 방실에 침입함으로써 성립하는 범죄이다. 침입은 주거자의 의사에 반하는 외부로부터의 신체적 침입을 의미하며 그 방법은 제한이 없다. 작위는 물론 부작위에 의한 침입도 가능하다. 종래 판례는 침입이란 '주거자 또는 관리자의 의사 또는 추정적 의사에 반하여 주거 안으로 들어가는 것'을 의미한다고 보았으나, 최근 전합 판결은 침입이란 '거주자가 주거에서 누리는 사실상의 평온상태를 해치는 행위태양으로 주거에 들어가는 것'을 의미하는 것으로 보아, 판례를 변경하였다.[143]

2. 사안의 적용

甲은 삼촌 丙으로부터 집안일을 도와달라는 부탁을 받고 삼촌 丙의 집에 들어갔으므로, 침입이라 볼 수 없어 甲에게는 주거침입죄가 성립하지 않는다.

III. 삼촌 丙의 예금통장을 가지고 나온 행위의 죄책

1. 절도죄(형법 제329조)의 성립 여부

절도죄는 타인의 재물을 그의 의사에 반하여 절취함으로써 성립하는 범죄이다(형법 제329조). 절도죄의 보호법익에 대하여 다투어지고 있으나 소유권과 부차적 법익인 평온한 점유로 이해하는 것이 타당하다고 판단된다. 보호의 정도는 침해범이다. 甲은 삼촌 丙의 예금통장을 이용해 자신의 계좌에 돈을 이체한 후 그 돈을 인출해 사용하기로 마음먹고 위 예금통장을 가지고 나왔으므로 甲에게는 예금통장에 대한 절도죄가 성립한다.

---

143) 대판 2021.9.9. 2020도12630[전합]

2. 친족상도례(형법 제344조, 제328조 제2항)의 적용 여부

친족상도례란 친족 간의 재산범죄에 대해 친족관계의 특수성을 고려하여 범인에게 유리하게 형을 면제하거나 고소가 있어야 공소를 제기할 수 있도록 한 특례규정을 말한다. 헌법재판소는 형법 제328조 제1항에 대하여는 구체적인 사안에서 형사피해자의 재판절차진술권을 형해화할 수 있어 적용중지를 명하는 헌법불합치결정[144]을 하였고, 형법 제328조 제2항에 대하여는 평등원칙에 위배되는 것으로 볼 수 없다고 하여 합헌결정[145]을 하고 있다.

3. 사안의 적용

사안에서 甲은 따로 살고 있는 삼촌 丙의 집에서 예금통장에 대한 절도죄를 범하였으므로 형법 제344조, 제328조 제2항에 따라 친족상도례가 적용되어, 삼촌 丙의 고소가 있어야 공소를 제기할 수 있으나, 삼촌 丙은 경찰에 甲을 절도죄로 고소하였으므로 검사는 甲을 절도죄로 처벌함에 지장이 없다.

IV. 삼촌 丙의 예금을 자신명의의 계좌로 이체한 행위의 죄책

1. 절도죄(형법 제329조)의 성립 여부

절도죄는 재물을 객체로 하는데 甲은 계좌이체행위를 통하여 예금채권을 취득하였으므로 재산상 이익을 취득한 것에 불과하여 절도죄는 성립하지 아니한다.

2. 사기죄(형법 제347조)의 성립 여부

사기죄는 사람을 기망하여 재물의 교부를 받거나 재산상의 이익을 취득하거나 제3자로 하여금 취득하게 함으로써 성립하는 범죄이다. 현금자동지급기와 같은 기계에 대하여는 기망행위가 인정될 수 없으므로 사기죄는 성립하지 아니한다.

3. 편의시설부정이용죄(형법 제348조의2)의 성립 여부

편의시설의 구성요건인 자동판매기, 공중전화 기타 유료자동설비 등은 대가를 지불하면 물건 이외에 편익을 제공하는 자동기계설비를 말하는 것으로, 현금자동지급기는 유료자동설비라고 할 수 없어 편의시설부정이용죄는 성립하지 아니한다.

---

144) 헌재 2024.6.27. 2020헌마468
145) 헌재 2024.6.27. 2023헌바449

4. 컴퓨터 등 사용사기죄(형법 제347조의2)의 성립 여부

(1) 구성요건

컴퓨터 등 사용사기죄는 컴퓨터 등 정보처리장치에 허위의 정보 또는 부정한 명령을 입력하거나 권한 없이 정보를 입력·변경하여 정보처리를 하게 함으로써 재산상의 이익을 취득하거나 제3자로 하여금 취득하게 함으로써 성립하는 범죄이다(형법 제347조의2).

(2) 판 례

판례는 절취한 타인의 신용카드를 이용하여 현금지급기에서 계좌이체를 한 행위는 컴퓨터 등 사용사기죄에서 컴퓨터 등 정보처리장치에 권한 없이 정보를 입력하여 정보처리를 하게 한 행위에 해당한다고 판시하고 있다.[146]

(3) 검 토

甲은 삼촌의 예금통장의 비밀번호를 입력하여 예금계좌에 있던 500만원의 예금을 자신명의의 B은행 계좌로 이체하였으므로 이는 500만원의 예금채권에 해당하는 재산상의 이익을 취득한 것으로 甲에게는 컴퓨터 등 사용사기죄가 성립한다.

5. 컴퓨터 등 사용사기죄에 대한 친족상도례(형법 제354조, 제328조 제2항)의 적용여부

(1) 판 례

판례는 친척 소유 예금통장을 절취한 자가 그 친척 거래 금융기관에 설치된 현금자동지급기에 예금통장을 넣고 조작하는 방법으로 친척 명의 계좌의 예금 잔고를 자신이 거래하는 다른 금융기관에 개설된 자기 계좌로 이체한 경우, 그 범행으로 인한 피해자는 이체된 예금 상당액의 채무를 이중으로 지급해야 할 위험에 처하게 되는 그 친척 거래 금융기관이라 할 것이므로 손자가 할아버지 소유 농업협동조합 예금통장을 절취하여 이를 현금자동지급기에 넣고 조작하는 방법으로 예금 잔고를 자신의 거래 은행 계좌로 이체한, 경우 위 농업협동조합이 컴퓨터 등 사용사기 범행 부분의 피해자가 되어 친족상도례를 적용할 수 없다고 한다.[147]

(2) 검 토

삼촌 丙이 아니라 A 은행이 컴퓨터 등 사용사기 범행 부분의 피해자이므로 甲에 의한 컴퓨터 등 사용사기죄에는 친족상도례를 적용할 수 없다.

6. 사안의 적용

삼촌 丙의 예금을 자신명의의 계좌로 이체한 행위는 컴퓨터 등 사용사기죄를 구성하고 이에는 친족상도례를 적용할 수 없으므로 甲을 컴퓨터 등 사용사기죄로 처벌하는데 지장이 없다.

---

146) 대판 2008.6.12. 2008도2440
147) 대판 2007.3.15. 2006도2704

V 甲이 자신의 계좌로 이체한 500만원을 인출 후 사용한 행위의 죄책

(1) 판 례
판례는 컴퓨터 등 사용사기죄의 범행으로 예금채권을 취득한 다음 자기의 현금카드를 사용하여 현금자동지급기에서 현금을 인출한 경우, 현금카드 사용권한 있는 자의 정당한 사용에 의한 것으로서 현금자동지급기 관리자의 의사에 반하거나 기망행위 및 그에 따른 처분행위도 없었으므로, 별도로 절도죄나 사기죄의 구성요건에 해당하지 않는다고 한다.[148]

(2) 검 토
甲이 계좌이체한 500만원을 자신의 현금카드로 인출한 행위는 자신의 현금카드를 이용한 것이어서 절취행위에 해당하지 않으므로 따로 절도죄가 성립하지 않는다.

VI 사안의 해결

삼촌 丙의 예금통장을 가지고 나온 행위는 절도죄를 구성하고 친족상도례가 적용되나, 삼촌 丙은 경찰에 甲을 절도죄로 고소하였으므로 검사는 甲을 절도죄로 처벌함에 지장이 없다. 반면 삼촌 丙의 예금을 자신명의의 계좌로 이체한 행위는 컴퓨터 등 사용사기죄를 구성하고 친족상도례는 적용되지 아니한다. 결국 甲은 절도죄(형법 제329조)와 컴퓨터 등 사용사기죄(형법 제347조의2)의 죄책을 지고 양 죄는 실체적 경합관계에 있다.

---

[148] 대판 2004.4.16. 2004도35

문제 3

I. 논점의 정리

甲이 약속한 기한까지 차용금을 변제하지 않아, 채권자 丁이 근저당권자로서 甲 소유의 X 토지에 관한 임의경매를 신청하자, 甲이 자신이 운영하는 주식회사 A 명의로 경매절차에 참여하여 법원으로부터 매각허가결정을 받고 매각대금을 내지 않은 경우, 이후 재매각절차에서 다시 주식회사 B 명의로 매각허가결정을 받았으나 매각대금을 내지 않은 경우, 위계에 의한 경매방해죄의 성립 여부, 위계에 의한 공무집행방해죄의 성립 여부가 문제된다. 또한 甲이 그 후 丁에게 빌린 돈 전부를 변제하였고, 丁이 임의경매 신청을 취하하였다면 범죄의 성립 여부에 영향을 미치는지 여부도 문제되므로 같이 검토하기로 한다.

II. 위계에 의한 경매방해죄(형법 제315조)의 성립 여부

1. 구성요건

경매·입찰방해죄는 위계 또는 위력 기타 방법으로 경매 또는 입찰의 공정을 해함으로써 성립하는 범죄이다(형법 제315조). 경매 또는 입찰의 공정을 해한다는 것은 경매 또는 입찰에서 적정한 가격이 형성되어 낙찰되는데 필요한, 안전하고 자유로운 경쟁상태를 방해하거나 위태롭게 하는 것을 말하며, 공정을 해하는 행위에는 경매·입찰의 적정한 가격을 결정뿐 아니라 공정한 경쟁방법을 해하는 경우도 포함된다. 경매·입찰의 공정을 해할 염려가 있는 위계나 위력 등의 행위가 있으면 기수가 되고 현실적으로 경매·입찰의 공정성이 해하여진 결과는 요하지 아니한다.

2. 판 례

판례는 피고인은 민사집행법상 기일입찰 방식의 경매절차에서 경매목적물을 매수할 의사나 능력 없이 오로지 경매목적물이 제3자에게 매각되는 것을 저지하기 위하여 경매절차를 지연할 목적으로 다른 사람의 명의를 이용하여 감정가와 현저하게 차이가 나는 금액으로 입찰하는 행위를 반복함으로써 제3자의 매수를 사실상 봉쇄하여 전체적으로 경매절차를 형해화하는 정도에 이르렀고, 이는 위계로써 경매의 공정을 해한 것으로 볼 수 있어, 경매방해죄가 성립한다고 판시하고 있다.[149]

3. 검 토

甲은 경매절차에서 경매목적물을 매수할 의사나 능력 없이 오로지 경매목적물이 제3자에게 매각되는 것을 저지하기 위하여 경매절차를 지연할 목적으로 다른 사람의 명의를 이용하여 감정가와 현저하게 차이가 나는 금액으로 입찰하는 행위를 반복함으로써 제3자의 매수를 사실상 봉쇄하여 전체적으로 경매절차를 형해화하는 정도에 이르렀고, 이는 위계로써 경매의 공정을 해한 것으로 볼 수 있다. 따라서 甲에게는 위계에 의한 경매방해죄가 성립한다.

---

[149] 대판 2023.12.21. 2023도10254

Ⅲ 위계에 의한 공무집행방해죄(형법 제137조)의 성립 여부

판례는 범죄행위가 법원경매업무를 담당하는 집행관의 구체적인 직무집행을 저지하거나 현실적으로 곤란하게 하는 데까지는 이르지 않고 입찰의 공정을 해하는 정도의 행위라면 형법 제315조의 경매·입찰방해죄에만 해당될 뿐, 형법 제137조의 위계에 의한 공무집행방해죄에는 해당되지 않는다고 한다.[150] 사안의 경우 甲의 경매의 공정을 해하는 행위로 인하여 법원경매업무를 담당하는 집행관의 구체적인 직무집행을 저지하거나 현실적으로 곤란하게 하는 데까지는 이르지 않았으므로 위계에 의한 공무집행방해죄가 성립하지 않고, 위계에 의한 공무집행방해죄는 미수범처벌규정이 없으므로 甲을 위계에 의한 공무집행방해죄로 처벌할 수는 없다.

Ⅳ 사기죄(형법 제347조 제1항)의 성립 여부

甲이 처음부터 약정된 변제기에 변제할 의사없이 사업자금을 빌려 丁을 기망하였다면 설사 담보물을 제공하였다고 하더라도 丁에 대한 사기죄가 성립할 여지가 있으나, 차용할 당시에는 변제할 생각이었으나 추후에 채무불이행의 상태가 된 것이라면 丁에 대한 사기죄는 성립하지 아니한다.

Ⅴ 사안의 해결

甲에게는 위계에 의한 경매방해죄(형법 제315조)가 성립하고, 위계에 의한 공무집행방해죄(형법 제137조), 사기죄(형법 제347조 제1항)는 별도로 성립하지 아니한다.

---

150) 대판 2000.3.24. 2000도102

2023년 제29회 기출문제

문제 1

甲은 2013.12.경 A로부터 A 소유인 ○○○아파트를 명의신탁 받아 이를 보관하여 달라는 취지의 부탁을 받고 2014.1.13.경 위 아파트를 甲의 명의로 이전등기하고 그 무렵부터 A를 위하여 위 아파트를 보관하게 되었다. 甲은 2015.8.6.경 개인적인 채무 변제 등에 사용하기 위하여 약 2억원 상당인 위 아파트를 B에게 1억 7천만원에 매도하고, 2015.8.7.경 위 아파트에 대하여 B에게 매매를 원인으로 한 소유권이전등기를 경료해 주었다. 甲의 횡령죄 성립 여부에 관하여 논하시오. [20점]

문제 2

甲은 乙과 합동하여 영업을 마친 주점을 대상으로 주점 내에 있는 양주를 훔치기로 하고서 그 범행에 필요한 무전기, 플라스틱 바구니 3개 정도를 준비한 후 장소를 물색하였다. 甲, 乙은 2003.12.9. 07:30경 A 운영의 '○○주점'에 이르러, 乙은 1층과 2층 계단 사이에서 甲과 무전기로 연락을 취하면서 망을 보고, 甲은 불상의 방법으로 주점의 시정장치를 뜯고 침입하여 위 주점 내 진열장에 있던 임페리얼 등 양주 45병 시가 1,622,000원 상당을 미리 준비한 바구니 3개에 담고 있던 중, 계단에서 서성거리고 있던 乙을 수상하게 여기고 A가 주점으로 다시 돌아오자 그 소리를 듣고서 양주를 그대로 둔 채 출입문을 열고 나오다가 A에게 발각되었다.

A가 甲을 붙잡자, 甲은 체포를 면탈할 목적으로 자신의 목을 잡고 있던 A의 오른손을 깨무는 등 폭행하였다. 甲의 죄책을 논하시오. [20점]

문제 3

甲은 2022.1.24.과 2022.1.26. A가 운영하는 음식점에서 기자인 B를 만나 식사를 대접하면서 B가 부적절한 요구를 하는 장면 등을 확보할 목적으로 B와 식사하기에 앞서 또는 식사를 마친 후 녹음·녹화장치를 설치하거나 장치의 작동 여부 확인 및 이를 제거하기 위하여 위 음식점의 방실에 들어갔다. 甲은 위 출입에 A의 승낙을 받았으나, A는 甲의 위와 같은 출입목적을 알지 못하였다. 甲의 A에 대하여 주거침입죄가 성립하는지 논하시오. [10점]

2023년 제29회 기출문제해설

문제 1

Ⅰ. 논점의 정리

甲이 A와의 명의신탁 계약에 따라 A 소유의 아파트를 자기명의로 소유권이전등기를 경료하고 보관하던 중 개인적인 채무 변제 등에 사용하기 위하여 약 2억원 상당인 위 아파트를 B에게 매도하고, 매매를 원인으로 한 소유권이전등기를 경료해 준 경우, 甲의 횡령죄 성립 여부는 양자 간 명의신탁에 의하여 수탁자의 지위에 있는 甲이 횡령죄의 주체인 타인의 재물을 보관하는 자에 해당하는지 여부와 관련된다. 사안에서 甲과 A 간의 명의신탁이 부동산 실권리자명의 등기에 관한 법률(이하 '부동산실명법')에 위반되는 경우인지 여부를 명시하고 있지 아니하므로 甲과 A 간의 명의신탁이 부동산실명법에 위반되어 무효인 경우와 유효인 경우로 나누어 검토하기로 한다.

Ⅱ. 횡령죄(형법 제355조 제1항)의 구성요건

1. 의 의

횡령죄는 타인의 재물을 보관하는 자가 그 재물을 횡령하거나 그 반환을 거부함으로써 성립하는 범죄이다(형법 제355조 제1항).

2. 주 체

횡령죄의 주체는 위탁관계에 의하여 타인의 재물을 보관하는 자이다. 보관은 행위자 자신이 재물을 사실상·법률상 지배하는 것으로서 횡령죄의 보관은 신임관계를 기초로 하는 것이므로 사실상의 지배 이외에 법률상의 지배까지 포함하며 진정신분범의 신분요소로서의 기능을 한다. 부동산에 대한 횡령죄에 있어서 보관자의 지위는 점유가 아니라 그 부동산을 유효하게 처분할 수 있는 권능의 존부를 기준으로 결정하여야 한다. 등기명의인은 원칙적으로 부동산의 보관자가 될 수 있지만 등기가 원인무효인 경우에는 보관자가 될 수 없다. 횡령죄에 있어서 보관은 법률상 또는 사실상 위탁신임관계에 의하여 재물을 점유하는 것을 의미한다. 위탁관계는 계약, 법률의 규정은 물론 사무관리·조리·관습·신의성실의 원칙에 의하여 발생할 수 있다.

3. 객 체

횡령죄의 객체는 자기가 보관하는 타인의 재물이므로, 부동산도 여기에 포함된다. 재물의 타인성 인정 여부와 관련하여 형법의 독자적인 소유권개념은 없기 때문에 소유권의 귀속은 원칙적으로 민법에 따라 해결되어야 한다.

Ⅲ 명의신탁부동산을 임의로 처분한 수탁자의 횡령죄(형법 제355조 제1항)의 성립 여부

1. 부동산실명법에 위반한 양자 간 명의신탁의 경우

(1) 문제점

양자 간 명의신탁(2자 간 명의신탁)이란 부동산의 소유자가 그 등기명의를 타인에게 신탁하는 명의신탁약정을 체결하고 그 등기명의를 수탁자에게 이전하는 형식의 명의신탁으로, 수탁자가 임의로 명의신탁부동산을 처분한 경우의 죄책에 대하여 견해의 대립이 있다.

(2) 견해의 대립

1) 학 설

명의신탁약정과 그에 따른 등기명의가 무효이므로 소유권은 신탁자에게 있고 수탁자는 타인의 재물을 보관하는 자에 해당하여 수탁자가 임의로 처분하는 경우에는 횡령죄가 성립한다는 견해, 명의신탁약정이 무효이므로 형법상 보호할 만한 신뢰관계가 없지만, 행위반가치와 법익평온상태의 교란이라는 결과반가치는 존재하므로 횡령죄의 불능미수가 된다는 견해, 부동산실명법에 위반한 등기를 불법원인급여로 이해하여 신탁자의 수탁자에 대한 반환청구를 부정하여 횡령죄가 성립하지 아니한다는 견해가 대립하고 있다.

2) 판 례

판례는 종래 수탁자가 임의로 명의신탁부동산을 처분하는 경우 횡령죄의 성립을 인정하였으나, 최근 전합 판결로 신탁자와 수탁자 사이에 무효인 명의신탁약정 등에 기초하여 존재한다고 주장될 수 있는 사실상의 위탁관계라는 것은 부동산실명법에 반하여 범죄를 구성하는 불법적인 관계에 지나지 아니할 뿐 이를 형법상 보호할 만한 가치 있는 신임에 의한 것이라고 할 수 없고, 수탁자의 신탁자에 대한 말소등기의무의 존재나 수탁자에 의한 유효한 처분가능성을 들어 수탁자가 신탁자에 대한 관계에서 '타인의 재물을 보관하는 자'의 지위에 있다고 볼 수도 없다고[151] 하여 횡령죄는 성립하지 아니한다고 판시하고 있다.

3) 검 토

생각건대 甲과 A 간의 명의신탁이 부동산실명법 위반으로 무효인 경우, 甲과 A 간에는 형법상 보호할 만한 가치 있는 신임관계를 인정할 수 없고, 甲이 A에 대한 관계에서 타인의 재물을 보관하는 자의 지위에 있다고 볼 수도 없으므로, 甲이 명의신탁 부동산을 B에게 매도하여 소유권이전등기를 경료하여 주었다고 하더라도 甲에게 횡령죄는 성립하지 아니한다고 판단된다.

---

151) 대판 2021.2.18. 2016도18761[전합]

2. 부동산실명법상 유효한 양자 간 명의신탁의 경우

(1) 부동산실명법상 유효한 명의신탁 : 종중·배우자 및 종교단체에 대한 특례

부동산실명법은 ① 종중(宗中)이 보유한 부동산에 관한 물권을 종중 외의 자의 명의로 등기한 경우, ② 배우자 명의로 부동산에 관한 물권을 등기한 경우 ③ 종교단체의 명의로 그 산하 조직이 보유한 부동산에 관한 물권을 등기한 경우 조세 포탈, 강제집행의 면탈(免脫) 또는 법령상 제한의 회피를 목적으로 하지 아니하는 경우에는 유효한 명의신탁으로 보고 있다(부동산실명법 제8조).

(2) 판 례

판례는 피고인과 A가 토지의 각 특정부분을 1, 2로 구분하여 소유하면서 공유등기를 하였다가(상호 명의신탁관계) 토지를 분할하여 분할된 각 토지에 종전 토지의 공유등기가 전사된 후, 피고인이 분할 후 A소유인 토지부분에 피고인의 공유지분이 남아 있음을 기화로, 그에 대하여 근저당권을 설정한 행위는 횡령죄를 구성한다고 판시하고 있다.[152]

(3) 검 토

변경된 판례는 부동산실명법에 위반한 무효인 명의신탁에 대하여 보호가치 있는 신임관계를 인정하고 있지 않은 것이므로, 부동산실명법상 유효한 명의신탁의 경우 甲은 A에 대한 관계에서 타인의 재물을 보관하는 자의 지위에 있다고 보아야 할 것으로, 수탁자 甲이 명의신탁 부동산을 임의처분하면 신탁자 A에 대한 횡령죄가 성립한다고 보아야 한다.

Ⅳ 사안의 해결

횡령죄는 타인의 재물을 보관하는 자가 그 재물을 횡령하거나 그 반환을 거부함으로써 성립하는 범죄로, 甲과 A 간의 명의신탁이 부동산실명법 위반으로 무효인 경우, 甲이 명의신탁 부동산을 B에게 매도하여 소유권이전등기를 경료하여 주었다고 하더라도 甲에게 횡령죄는 성립하지 아니하나, 유효한 명의신탁의 경우 수탁자 甲이 명의신탁 부동산을 B에게 임의처분하면 신탁자 A에 대한 횡령죄(형법 제355조 제1항)가 성립한다.

---

[152] 대판 2014.12.24. 2011도11084

문제 2

I 논점의 정리

甲은 乙과 절도 내지 특수절도를 공모한 후 乙이 망을 보고 甲은 물색한 주점의 시정장치를 뜯고 침입하여 양주를 바구니에 담고 있던 중 A가 甲을 붙잡자, 甲이 체포를 면탈할 목적으로 A를 폭행한 경우, 통설인 천문학적 해석설에 의하면 야간이란 해가 진 후 해뜨기 전까지를 의미하는데, 사안에서 甲이 주점에 침입한 12.9. 07:30경이 야간인지 주간인지 명확하지 않아, 야간인지 주간인지 여부에 따라 절도죄의 적용법조와 실행의 착수시기 및 죄수관계가 달라지므로 범행시각이 야간인 경우와 주간인 경우로 나누어서 甲의 죄책을 검토하기로 한다.

II 甲의 범행시각을 야간이라고 할 경우

1. 손괴후야간주거침입절도(특수절도)죄(형법 제331조 제1항)의 성립 여부

(1) 구성요건

손괴후야간주거침입절도(특수절도)죄는 야간에 문이나 담 그 밖의 건조물의 일부를 손괴하고 사람의 주거, 관리하는 건조물, 선박, 항공기 또는 점유하는 방실(房室)에 침입하여 타인의 재물을 절취함으로써 성립하는 범죄이다(형법 제331조 제1항). 본죄는 침입을 위하여 건조물 등의 일부를 손괴하기 시작한 때에 실행의 착수가 있고, 재물을 취득한 때에 기수가 된다. 판례도 마찬가지로 야간에 절도의 목적으로 출입문에 장치된 자물통 고리를 절단하고 출입문을 손괴한 뒤 집안으로 침입하려다가 발각된 것이라면 이는 특수절도죄의 실행에 착수한 것이라고 판시하고 있다.[153]

(2) 판례

판례는 사안과 유사한 사례에서 피고인이 공소외인과 합동하여 양주를 절취할 목적으로 장소를 물색하던 중, 피해자가 운영하는 주점에 이르러, 공소외인은 피고인과 무전기로 연락을 취하면서 망을 보고, 피고인은 위 주점의 잠금장치를 뜯고 침입하여 위 주점 내 진열장에 있던 양주 45병을 미리 준비한 바구니에 담고 있던 중 주점 종업원이 주점으로 돌아오려는 소리를 듣고서 양주를 그대로 둔 채 출입문을 열고 나온 경우, 손괴후야간주거침입절도(특수절도)죄의 실행의 착수를 인정하는 판시를 하고 있다.[154]

(3) 검토

甲은 乙과 절도 내지 특수절도를 공모한 후 乙이 망을 보고 甲은 물색한 주점의 시정장치를 뜯고 침입하여 손괴후야간주거침입절도죄의 실행에 착수하였으나, 인기척을 느끼고 바구니에 담고 있던 양주를 그대로 둔 채 나왔으므로 피해자의 점유를 침해하고 양주를 자신의 사실적 지배아래 두었다고 보기 어려워, 甲에게는 손괴후야간주거침입절도죄의 미수범이 성립한다고 보아야 한다.

---

153) 대판 1986.9.9. 86도1273
154) 대판 2004.11.18. 2004도5074[전합]

2. 준강도죄(형법 제335조)의 성립 여부

(1) 준강도죄의 구성요건

준강도죄는 절도가 재물의 탈환에 항거하거나 체포를 면탈하거나 범죄의 흔적을 인멸할 목적으로 폭행 또는 협박함으로써 성립하는 범죄이다(형법 제335조). 본죄의 주체는 절도의 실행에 착수한 자로, 모든 형태의 절도가 포함되며, 기수·미수를 불문한다. 본죄의 절도는 정범을 의미한다.

(2) 준강도죄의 기수 시기

1) 문제점

甲이 양주에 대한 절취행위의 실행에 착수하여 기수에 이르지 못했으나, 준강도죄의 기수 시기를 폭행·협박시로 보아 甲에게 준강도죄의 기수를 인정할 것인지, 아니면 절취행위시를 기준으로 하여 준강도죄의 미수를 인정할 것인지 여부가 문제된다.

2) 학 설

준강도의 구성요건적 행위는 폭행·협박이므로 폭행·협박의 기수·미수를 기준으로 하여야 한다는 폭행·협박기준설, 준강도죄의 재산죄적 성격을 고려하여 절취행위를 기준으로 하여야 한다는 절취행위기준설, 절도와 폭행·협박이 모두 기수에 도달한 경우에는 기수가 되지만, 어느 하나라도 미수에 그친 경우에는 준강도죄의 미수가 된다는 종합설의 대립이 있다.

3) 판 례

준강도죄의 입법취지, 강도죄와의 균형 등을 종합적으로 고려해 보면 준강도죄의 기수 여부는 절도행위의 기수 여부를 기준으로 하여 판단하여야 한다고 판시하여 절취행위기준설을 취하고 있음을 명백히 하고 있다.[155]

4) 검 토

생각건대 준강도의 기수·미수의 구별은 구성요건적 행위인 폭행·협박이 종료되었는지 여부에 따라 결정된다고 이해하는 것이 법규정의 문언 및 미수론의 법리에 부합한다고 보이므로 폭행·협박행위기준설이 타당하다고 판단된다. 따라서 절취행위의 실행에 착수하여 손괴후야간주거침입절도죄의 미수범을 범하는데 그친 甲이 체포를 면탈할 목적으로 자신의 목을 잡고 있던 A의 오른손을 깨무는 등 폭행을 하였다면 준강도죄의 기수범의 죄책을 구성한다.

(2) 위법성 및 책임

A가 甲의 목을 붙잡는 행위는 폭행죄의 구성요건에 해당할 수 있으나 현행범체포로서 정당행위에 해당하므로 이러한 정당행위에 대해서는 甲의 정당방위가 불가능하다. 甲이 A의 오른손을 깨무는 행위가 긴급피난으로서 상당성을 갖춘 것으로 보기도 어렵다. 기타 甲에게 위법성조각사유나 책임조각사유는 인정되지 아니한다.

---

155) 대판 2004.11.18. 2004도5074[전합]

(3) 처벌 및 죄수

甲의 절취행위가 준강도로 나아간 이상 손괴후야간주거침입절도죄는 준강도죄에 흡수되고 별도로 성립하지 않는다. 준강도는 형법 제333조(강도) 및 제334조(특수강도)의 예에 따라 처벌된다. 판례가 특수강도의 예에 따라 처벌되는 준강도는 폭행, 협박의 행위태양에 따라 결정되어야 한다는 태도156)를 취하고 있음을 고려할 때 야간주거침입강도는 특수강도(형법 제334조 제1항)에 해당하므로, 사안의 경우 甲은 야간에 주거에 침입한 자가 폭행을 가한 경우로서 결국 甲에게는 특수강도의 예에 따라 처벌되는 준강도죄가 성립한다.

Ⅲ 甲의 범행시각을 주간이라고 할 경우

1. 폭력행위 등 처벌에 관한 법률위반(공동주거침입)죄의 성립 여부

2명 이상이 공동하여 형법 제319조 주거침입죄를 범한 경우 폭력행위 등 처벌에 관한 법률(이하 '폭처법')에 의하여 가중처벌된다(폭처법 제2조 제2항). 판례에 의하면, 폭처법상 '공동하여'라함은 수인이 동일한 장소에서 동일한 기회에 서로 다른 자의 범행을 인식하고 이를 이용하여 범행을 한 경우를 말한다.157) 사안의 경우 乙은 1층과 2층 계단 사이 즉 가까운 곳에서 망을 보았는데, 乙과 甲은 동일 기회에 동일한 범행장소에 있으면서 주거침입행위를 공동으로 범하였다고 봄이 상당하다. 따라서 甲에게는 폭처법위반(공동주거침입)죄가 성립한다.

2. 폭력행위 등 처벌에 관한 법률 위반(공동재물손괴등)죄의 성립 여부

2명 이상이 공동하여 형법 제366조 재물손괴죄를 범한 경우 폭처법위반(공동재물손괴)죄에 해당한다(폭처법 제2조 제2항). 사안의 경우 시정장치에 대한 재물손괴죄도 주거침입죄와 마찬가지로 甲과 乙이 같은 범행장소에서 공동하여 범행에 가담하였다고 봄이 상당하므로 甲에게는 폭처법위반(공동재물손괴)죄가 성립한다.

3. 합동절도죄(형법 제331조 제2항)의 성립 여부

(1) 구성요건

합동절도죄는 2인 이상이 합동하여 타인의 재물을 절취함으로써 성립하는 범죄이다. 판례는 합동절도가 성립하려면 주관적 요건으로 공모 외에 실행행위의 분담이 있어야 하고 그 실행행위에 있어서는 시간적으로나 장소적으로 합동관계가 있다고 볼 수 있어야 한다고 판시하고 있다.158)

(2) 실행의 착수 시기 및 기수시기

합동절도의 실행의 착수·기수 시기는 원칙적으로 절도죄의 경우와 동일하다.

---

156) 대판 1973.11.13. 73도1553[전합]
157) 대판 1982.1.26. 81도1934
158) 대판 1982.1.12. 81도2991

(3) 사안의 경우

사안의 경우 甲과 절도 내지 특수절도를 공모한 乙은 가까운 곳에서 망을 보았고 甲은 乙과 현장에서 시간적, 장소적 협동관계하에서 절취할 양주를 이미 바구니에 담고 있었으므로 합동절도의 실행의 착수는 인정되나, 甲의 절취행위가 기수에 이르렀다고 볼 수는 없으므로 甲에게는 합동절도미수범이 성립한다.

4. 준강도죄(형법 제335조)의 성립 여부

합동절도에 착수한 甲은 준강도죄의 주체가 되며, 합동절도가 미수인 단계에서 체포를 면탈하기 위하여 폭행을 가한 행위는 준강도죄의 구성요건에 해당하고 별도의 위법성조각사유나 책임조각사유는 인정되지 아니하므로 甲에게는 준강도죄가 성립한다.

5. 죄 수

판례에 의하면, 형법 제331조 제2항의 특수절도에 있어서 주거침입은 그 구성요건이 아니므로, 절도범인이 그 범행수단으로 주거침입을 한 경우에 그 주거침입행위는 절도죄에 흡수되지 아니하고 별개로 주거침입죄를 구성하여 절도죄와는 실체적 경합의 관계에 있다고 판시하고 있다.[159] 따라서 甲의 준강도죄, 폭처법상 공동주거침입죄, 공동재물손괴죄는 각 실체적 경합범의 관계에 있게 되고 합동절도미수죄는 준강도죄에 흡수되어 별도로 성립하지 아니한다.

Ⅳ. 사안의 해결

甲의 범행시각을 야간이라고 할 경우, 甲의 절취행위가 준강도로 나아간 이상 손괴후야간주거침입절도죄는 준강도죄에 흡수되고 별도로 성립하지 않는다. 甲의 행위는 야간에 주거에 침입한 자가 폭행을 가한 경우로서 결국 甲에게는 특수강도의 예에 따라 처벌되는 준강도죄가 성립한다(형법 제335조, 제331조 제1항, 제334조 제1항). 甲의 범행시각을 주간이라고 할 경우, 甲에게는 준강도죄(형법 제335조, 제331조 제2항), 폭처법상 공동주거침입죄(폭처법 제2조 제2항, 형법 제319조), 공동재물손괴죄(폭처법 제2조 제2항, 형법 제366조)의 실체적 경합범이 성립한다. 甲의 합동절도미수죄는 준강도죄에 흡수되어 별도로 성립하지 아니한다.

---

159) 대판 2009.12.24. 2009도9667

문제 3

I. 논점의 정리

공공장소에 범죄의 목적으로 들어간 경우, 주거침입죄의 성립 여부가 다투어지고 있는데, 주거침입죄의 보호법익이 사실상의 주거의 평온(사실상의 평온설, 판례)이고, 보호정도는 침해범(판례)이라는 점을 고려하여 성립 여부를 판단하여야 한다. 사안에서 甲이 녹음·녹화장치를 설치하거나 장치의 작동 여부 확인 및 이를 제거하기 위하여 일반인의 출입이 허용되는 A의 음식점에 A의 승낙을 받고 들어간 행위가 주거침입죄에서의 침입에 해당하는지가 문제되므로 이를 검토하기로 한다.

II. 주거침입죄의 구성요건

주거침입죄는 사람의 주거, 관리하는 건조물, 선박이나 항공기 또는 점유하는 방실에 침입함으로써 성립하는 범죄이다(형법 제319조 제1항). 주거침입죄에서의 침입은 주거자의 의사에 반하는 외부로부터의 신체적 침입을 의미하며 그 방법은 제한이 없다. 작위는 물론 부작위에 의한 침입도 가능하다. 주거침입죄의 실행의 착수는 주거자, 관리자, 점유자 등의 의사에 반하여 주거나 관리하는 건조물 등에 들어가는 행위, 즉 구성요건의 일부를 실현하는 행위까지 요구하는 것은 아니고 범죄구성요건의 실현에 이르는 현실적 위험성을 포함하는 행위를 개시하는 것으로 족하다.160) 기수시기에 대하여 견해의 대립이 있으나, 신체의 일부만 타인의 주거에 들어간 경우에도 타인의 주거의 평온이 침해될 정도에 이른 경우에는 본죄의 기수가 된다는 일부침입설이 타당하다.

III. 공공장소에 범죄의 목적으로 들어간 경우, 주거침입죄(형법 제319조 제1항)의 성립 여부

1. 문제점

일반인의 출입이 허용되는 공공장소(관공서, 역, 은행, 백화점, 음식점 등)에 범죄의 목적으로 들어간 경우, 주거침입죄의 성립 여부가 다투어지고 있다.

2. 판 례

(1) 종전 판례

판례는 일반인의 출입이 허용된 음식점이라 하더라도, 영업주의 명시적 또는 추정적 의사에 반하여 들어간 것이라면 주거침입죄가 성립되는데, 기관장들의 조찬모임에서의 대화내용을 도청하기 위한 도청장치를 설치할 목적으로 손님을 가장하여 그 조찬모임 장소인 음식점에 들어간 경우에는 영업주가 그 출입을 허용하지 않았을 것으로 보는 것이 경험칙에 부합하므로, 그와 같은 행위는 주거침입죄가 성립한다고 판시한 바가 있었다.161)

---

160) 대판 2006.9.14. 2006도2824
161) 대판 1997.3.28. 95도2674

(2) 전합 판례

판례는 최근 전합 판결을 통해 일반인의 출입이 허용된 음식점에 영업주의 승낙을 받아 통상적인 출입방법으로 들어갔다면 특별한 사정이 없는 한 주거침입죄에서 규정하는 침입행위에 해당하지 않고, 행위자가 범죄 등을 목적으로 음식점에 출입하였거나 영업주가 행위자의 실제 출입 목적을 알았더라면 출입을 승낙하지 않았을 것이라는 사정이 인정되는 경우라도 주거침입죄는 성립하지 아니한다고 판시하고 있다.[162]

3. 검 토

주거침입죄의 구성요건적 행위인 침입은 주거침입죄의 보호법익과의 관계에서 해석하여야 하므로, 침입이란 주거의 사실상 평온상태를 해치는 행위 태양으로 주거에 들어가는 것을 의미하고, 침입에 해당하는지는 출입 당시 객관적·외형적으로 드러난 행위 태양을 기준으로 판단함이 타당하다. 따라서 침입행위에 해당하는지는 거주자의 의사에 반하는지가 아니라 사실상의 평온상태를 해치는 행위 태양인지에 따라 판단되어야 한다. 공공장소에 범죄의 목적으로 들어갔다는 사정만으로는 객관적·외형적으로 드러난 행위 태양에 비추어 사실상의 평온상태를 해치는 방법으로 음식점 기타 공공장소에 들어갔다고 평가할 수 없으므로 주거침입죄는 성립하지 아니한다고 보는 것이 타당하다.

Ⅳ 사안의 해결

甲이 음식점을 운영하는 A로부터 승낙을 얻어 통상적인 출입방법에 따라 음식점의 방실에 들어간 행위는 주거침입죄에서 규정하는 침입행위에 해당하지 아니하고, A가 甲의 실제 출입 목적을 알았더라면 출입을 승낙하지 않았을 것이라는 사정이 인정되더라도 그러한 사정만으로는 甲이 출입할 당시 객관적·외형적으로 드러난 행위 태양에 비추어 사실상의 평온상태를 해치는 방법으로 A의 음식점에 들어갔다고 평가할 수 없으므로 甲에게 주거침입죄는 성립하지 아니한다.

---

162) 대판 2022.3.24. 2017도18272[전합]

2022년 제28회 기출문제

문제 1

다음 각 설문에 답하고 그 이유를 간략히 서술하시오(각 설문의 사안은 모두 별개이며, 다툼이 있는 경우는 가장 최근의 판례에 의함. 그리고 특별법위반 여부는 논외로 한다).

1 甲과 乙은 함께 식당을 운영하기로 하되, 점포 임대차보증금은 甲이 단독으로 부담하고 배달용 차량은 甲과 乙이 공동으로 소유(지분비율 각 50%)하기로 하였다. 이에 따라 甲은 2020.4.1. 丙으로부터 그 소유의 상가건물 1층을 보증금 2,000만원, 차임 월 100만원에 임차하였다. 甲은 영업부진으로 인하여 영업을 정리하기로 乙과 합의하고 2021.11.경 丙에 대하여 가지는 임대차보증금 반환채권을 丁에게 양도하고 배달용 차량도 1,000만원에 매도하였다. 그런데 甲은 차량 매도대금을 甲명의의 계좌로 수령하여 개인 채무의 변제에 모두 사용하였다. 2021.12.경 이 사실을 안 乙이 甲에게 항의하자, 甲은 뒤늦게 乙에 대한 기존 대여금 채권 500만원과 상계한다고 주장하였다(실제 甲주장의 대여금 채권 자체는 존재하는 것으로 추후 확인되었다). 한편 甲은 丁에게 양도한 임대차보증금 반환채권에 관하여 丙에게 채권양도의 통지를 하지 아니하고 있다가, 2022.3.31. 임대차기간이 만료되자 丙으로부터 보증금 중 연체차임 등을 공제한 잔액 1,200만원을 반환받은 후 생활비 등으로 소비하였다. 甲의 죄책 유무를 논하고 그 이유를 간략히 서술하시오. [15점]

2 甲과 乙은 동업계약을 체결하고 2021.4.1. 상가건물 1층을 매수하여 식당을 운영하였고, 乙의 배우자인 丁이 때때로 함께 출근하여 주방일을 도와주었다. 그런데 甲과 乙 사이에 2021.11.경 수익 배분 문제로 서로 다툼이 발생하였다. 다음 날 乙이 丁과 함께 출근하자 甲은 부재 중이었고, 甲의 처남으로 마침 식당을 방문한 丙이 식당 문을 잠그고 문을 열어줄 것을 거부하였다. 이에 乙은 丁과 함께 식당 문에 설치된 자물쇠를 부수고 문을 열고 들어갔다(그 자물쇠는 甲과 乙이 식당을 개업할 당시 새로 설치한 것이었다). 乙과 丁의 죄책 유무를 논하고 그 이유를 간략히 서술하시오. [15점]

문제 2

주점을 운영하는 甲은 평소 자신의 민원을 느리게 처리하는 시청 공무원에 대해 불만을 가지고 있었다. 그러던 어느 날 이러한 시청 공무원들을 가만둘 수 없다고 생각한 甲은 시청 청사 내 주민생활복지과 사무실에 술에 취한 상태로 찾아가 소란을 피웠다. 이때 시청 주민생활복지과 소속으로 주민생활복지에 대한 통합조사 및 민원 업무에 관한 직무를 담당하는 A공무원이 목소리를 낮춰달라는 요청과 함께 민원 내용에 대한 질문을 하였으나 甲은 욕설을 하면서 계속하여 소란을 피웠고, 이에 A공무원이 피고인을 제지하며 사무실 밖으로 데리고 나가려고 하자 甲은 손에 들고 있던 휴대전화를 휘둘러 뺨을 1회 때렸다. A공무원은 민원 상담을 시도하였으나 甲의 욕설과 소란으로 인해 정상적인 민원 상담이 이루어지지 아니하고 다른 민원 업무 처리에 장애가 발생하는 상황이 지속되어 甲을 사무실 밖으로 데리고 나간 것이고, 그 과정에서 甲의 팔을 잡는 등 다소의 물리력을 행사하였다.

시청을 나온 甲은 기분이 풀리지 않자 잠이나 한숨 잘까 생각하여 시청 근처에 있는 모텔 방에 투숙하였다. 모텔 방에서 담배를 피운 甲은 재떨이에 담배를 끄게 되었으나 담뱃불이 완전히 꺼졌는지 확인하지 않은 채 휴지를 재떨이에 버리고 잠을 잔 탓에 담뱃불이 휴지와 옆에 있던 침대시트에 옮겨 붙어 화재가 발생하였고, 잠에서 깬 甲은 불이 붙은 사실을 발견하고서도 불을 끄는 조치를 하거나 모텔 주인이나 다른 방에 투숙 중인 손님 B에게 화재사실을 알리고 119에 신고를 하는 등의 조치를 취하지 아니하고 모텔을 빠져나갔으며, 결국 불길은 순식간에 모텔 전체에 번져 손님 B가 사망하였다. 그러나 불길이 순식간에 모텔 전체로 번져, 불이 난 사실을 알리지 아니하였다는 사정만으로는 甲이 이 사건 화재를 용이하게 소화할 수 있었다고 보기 어려웠다.

甲의 죄책을 논하시오(특별법 위반죄는 논외로 하고, 다툼이 있는 경우 대법원 판례에 따름). [20점]

2022년 제28회 기출문제해설

문제 1

I 논점의 정리

(1) 식당영업을 공동으로 하기로 한 甲과 乙은 영업이 부진하자 영업을 정리하기로 하였으나 손익분배 정산이 되지 아니한 상태에서 甲이 배달용 차량 매도대금을 사용하고 상계를 주장한 행위가 횡령죄를 구성하는지 문제된다. 또한 甲이 임대차보증금 반환채권을 丁에게 양도한 후 丙에게 양도통지를 하지 아니하던 중 丙으로부터 보증금 중 연체차임 등을 공제한 잔액 1,200만원을 반환받은 후 생활비 등으로 소비한 행위가 횡령죄를 구성하는지도 문제된다.

(2) 乙이 丁과 함께 식당 문에 설치된 자물쇠를 부순 행위에 대하여는 재물손괴죄의 공동정범의 성립 여부, 문을 열고 甲과 식당을 운영하던 상가건물 1층에 들어간 행위는 주거침입죄의 공동정범의 성립 여부가 문제된다. 전자와 관련하여 乙이 甲과 동업계약으로 식당을 운영하였다는 점에서 위법성 조각사유로 자구행위나 정당행위의 성립 여부가 문제되며 후자와 관련하여 공동거주자 중 한 사람인 乙의 침입행위 및 乙이 들어가는 행위에 외부인인 丁이 가담한 경우 주거침입죄를 구성하는지 여부가 문제된다.

II 甲의 죄책

1. 차량매도대금을 사용하고 상계를 주장하는 행위

(1) 횡령죄(형법 제355조 제1항)의 성립 여부

  1) 구성요건

  횡령죄는 타인의 재물을 보관하는 자가 그 재물을 횡령하거나 그 반환을 거부함으로써 성립하는 범죄이다(형법 제355조 제1항).

  2) 동업재산의 처분행위

  판례는 동업재산은 동업자의 합유에 속하므로, 동업관계가 존속하는 한 동업자는 동업재산에 대한 지분을 임의로 처분할 권한이 없고, 동업자 한 사람이 지분을 임의로 처분하거나 또는 동업재산의 처분으로 얻은 대금을 보관 중 임의로 소비하였다면 횡령죄의 죄책을 면할 수 없으며, 동업자 사이에 손익분배 정산이 되지 아니하였다면 동업자 한 사람이 임의로 동업자들의 합유에 속하는 동업재산을 처분할 권한이 없는 것이므로, 동업자 한 사람이 동업재산을 보관 중 임의로 횡령하였다면 지분비율에 관계없이 횡령한 금액 전부에 대하여 횡령죄의 죄책을 부담한다고 판시하고 있다.163)

3) 상계주장행위

판례는 환전하여 달라는 부탁과 함께 교부받은 돈을 그 목적과 용도에 사용하지 않고 마음대로 피고인의 위탁자에 대한 채권에 상계충당함은, 상계정산하기로 하였다는 특별한 약정이 없는 한, 당초 위탁한 취지에 반하는 것으로서 횡령죄를 구성한다고 볼 것이고 위탁자에 대한 채권의 존재는 횡령죄의 성립에 영향을 미치는 것이 아니며, 또한 상계할 수 있는 반대채권이 있어 그에 상계충당하였다는 것만으로는 용도 내지 목적을 특정하여 위탁한 돈의 반환을 거절할 정당한 사유가 되지 못한다고 판시하고 있다.164)

(2) 검 토

식당을 함께 운영하기로 한 甲과 乙은 영업부진으로 인하여 식당영업을 정리하기로 합의하였으나 아직 손익분배 정산이 되지 아니하였다고 보이므로 甲이 배달용 차량을 1,000만원에 매도한 후 차량매도대금을 甲 개인 채무의 변제에 모두 사용하였다면 횡령죄의 구성요건에 해당하고 별도의 위법성조각사유나 책임조각사유는 인정되지 아니하므로 횡령죄가 성립한다. 甲이 乙에 대한 기존 대여금 채권 500만원과 상계한다고 주장하였다 하더라도 이미 성립한 횡령죄에는 영향을 미치지 아니한다.

2. 채권양도통지를 하지 않고 수령하여 소비한 행위

(1) 횡령죄(형법 제355조 제1항)의 성립 여부

1) 학 설

양도인이 추심한 금전의 소유권은 채권양도로 인해 양수인에게 귀속하게 되므로 양도인이 양도통지 전에 추심한 금전을 소비한 경우 횡령죄가 성립한다는 견해와 양수인이나 채무자가 양도인에게 양수채권에 대해 용도를 정하여 위탁하지 않았으므로 배임죄가 성립한다는 견해가 대립하고 있다.

2) 판 례

판례는 최근 전합판결로 양도인이 수령한 금전은 양도인과 양수인 사이에서 양수인의 소유에 속하고 양도인은 이를 양수인을 위하여 보관하는 관계에 있다고 하여 양도인이 양도통지 전에 추심한 금전을 소비한 경우 횡령죄를 인정하던 종전 판례165)를 변경하여 금전의 소유권은 채권양수인이 아니라 채권양도인에게 귀속하고 채권양도인이 양도한 채권을 추심하여 수령한 금전에 관하여 채권양수인을 위해 보관하는 자의 지위에 있다고 볼 수 없으므로, 채권양도인이 금전을 임의로 처분하더라도 횡령죄는 성립하지 않는다고 판시하고 있다.166) 판례가 설시하는 구체적인 이유는 다음과 같다.

---

163) 대판 2011.6.10. 2010도17684
164) 대판 1997.9.26. 97도1520
165) 대판 1999.4.15. 97도666
166) 대판 2022.6.23. 2017도3829[전합]

① 채권양도에 의하여 양도된 채권이 동일성을 잃지 않고 채권양도인으로부터 채권양수인에게 이전되더라도, 채권양도인이 양도한 채권을 추심하여 금전을 수령한 경우 금전의 소유권 귀속은 채권의 이전과는 별개의 문제이다. 채권 자체와 채권의 목적물인 금전은 엄연히 구별되므로, 채권양도에 따라 채권이 이전되었다는 사정만으로 채권의 목적물인 금전의 소유권까지 당연히 채권양수인에게 귀속한다고 볼 수 없다.

② 채권양도인은 채권양수인과 사이에 채권양도계약 또는 채권양도의 원인이 된 계약에 따른 채권·채무관계에 있을 뿐이고, 채권양수인을 위하여 타인의 사무를 처리하는 자의 지위에 있다고 볼 수 없다.

③ 종전 판례를 유지하게 되면 대법원 선례와의 관계에서 해결하기 어려운 형사처벌의 불균형이 발생한다. 즉, 부동산 임차권, 일반 동산, 권리이전에 등기·등록을 필요로 하는 동산, 주권 발행 전 주식, 수분양권 등의 양도와는 달리 금전채권 양도의 경우만 그 불이행을 배임죄나 횡령죄로 처벌하는 것은 지나치게 자의적인 구별이다.

(2) 검 토

생각건대 채권 자체와 채권의 목적물인 금전은 엄연히 구별된다. 채권양도에 따라 채권이 이전되었다는 사정만으로 채권의 목적물인 금전의 소유권까지 당연히 채권양수인에게 귀속한다고 볼 수 없고, 채권양도인은 채권양수인과 사이에 채권양도계약 또는 채권양도의 원인이 된 계약에 따른 채권·채무관계에 있을 뿐이므로, 횡령죄는 성립하지 아니한다고 보는 것이 타당하다. 甲이 임대차보증금 반환채권에 관하여 丙에게 채권양도의 통지를 하지 아니하고 있다가, 丙으로부터 보증금 중 연체차임 등을 공제한 잔액 1,200만원을 반환받은 후 생활비 등으로 소비하였다 하더라도 횡령죄는 성립하지 아니한다.

3. 사안의 적용

甲이 차량매도대금을 사용한 행위는 甲과 乙 사이의 손익분배 정산이 되지 아니하였다고 보이므로 횡령죄를 구성하고 甲이 후에 乙에 대하여 상계를 주장하는 것은 이미 성립한 횡령죄에는 영향을 미치지 아니한다. 甲이 丙에게 임대차보증금 반환채권양도통지를 하지 아니하고 있던 중 丙으로부터 1,200만원을 반환받은 후 생활비 등으로 소비한 행위는 채권양도가 있었더라도 수령한 금전의 소유권은 甲에게 귀속한다고 보아야 하므로 甲이 이를 생활비 등으로 소비하였다하더라도 횡령죄는 성립하지 아니한다.

Ⅲ 乙과 丁의 죄책

1. 乙의 죄책

(1) 재물손괴죄(형법 제366조)의 성립 여부

1) 구성요건

타인의 재물, 문서 또는 전자기록 등 특수매체기록을 손괴 또는 은닉 기타 방법으로 그 효용을 해함으로써 성립하는 범죄이다(형법 제366조). 사안에서 乙과 甲이 식당을 개업할 당시 새로 설치한 자물쇠는 乙과 甲의 동업계약에 대한 손익분배의 정산이 되지 아니하는 한 乙과 甲의 동업재산이라 할 것이므로 乙이 丁과 함께 자물쇠를 부순 행위는 재물손괴죄의 구성요건에 해당한다.

2) 위법성

① 자구행위의 성립 여부 : 자구행위란 법률에서 정한 절차에 따라서는 청구권을 보전(保全)할 수 없는 경우에 그 청구권의 실행이 불가능해지거나 현저히 곤란해지는 상황을 피하기 위하여 한 상당한 이유가 있는 행위를 말한다(형법 제23조). 사안의 경우 乙의 손괴행위가 청구권의 실행이 불가능하거나 현저히 곤란해지는 긴급한 사정하에서 이루어진 것은 아니므로 자구행위에는 해당되지 않는 것으로 판단된다.

② 정당행위의 성립 여부 : 법령에 의한 행위 또는 업무로 인한 행위 기타 사회상규에 위배되지 아니하는 행위는 벌하지 아니한다(형법 제20조). 사안의 경우 乙이 丁과 함께 식당 문에 설치된 자물쇠를 부수고 문을 열고 들어간 행위가 법령에 의한 행위, 업무로 인한 행위라고 할 수 없으므로 사회상규에 위배되지 아니하는 행위인지 여부를 살피건대, 판례에 의하면 사회상규에 위배 여부를 판단하는 기준으로 행위의 동기·목적의 정당성, 행위의 수단·방법의 상당성, 보호이익과 침해이익 사이의 법익균형성, 긴급성, 보충성 등을 들고 있다.[167] 사안의 경우 乙이 재물을 손괴해야 할 특별한 긴급한 사정이 보이지 않으므로 정당행위에 해당되지 않는다고 판단된다.

3) 검토

사안에서 乙과 甲이 새로 설치한 자물쇠는 동업재산이라 할 것이므로 乙이 丁과 함께 자물쇠를 부순 행위는 재물손괴죄의 구성요건에 해당하고, 자구행위와 정당행위는 성립하지 아니하며 별도의 책임조각사유는 인정되지 아니하므로 재물손괴죄의 공동정범이 성립한다.

(2) 건조물침입죄(형법 제319조 제1항)의 성립 여부

1) 구성요건

건조물침입죄는 사람의 주거, 관리하는 건조물, 선박이나 항공기 또는 점유하는 방실에 침입함으로써 성립하는 범죄이다(형법 제319조 제1항). 판례에 의하면, 주거침입죄의 구성요건적 행위인 침입은 주거침입죄의 보호법익과의 관계에서 해석하여야 한다. 침입이란 거주자가 주거에서 누리는 사실상의 평온상태를 해치는 행위태양으로 주거에 들어가는 것을 의미하고, 침입에 해당하는지 여부는

---

167) 대판 1994.4.15. 93도2899

출입 당시 객관적·외형적으로 드러난 행위태양을 기준으로 판단함이 원칙이므로 사실상의 평온을 해치는 행위태양으로 주거에 들어가는 것이라면 특별한 사정이 없는 한 거주자의 의사에 반하는 것이겠지만, 단순히 주거에 들어가는 행위 자체가 거주자의 의사에 반한다는 거주자의 주관적 사정만으로 바로 침입에 해당한다고 볼 수 없다고 한다.168)

2) 공동거주자의 침입 인정 여부

판례는 공동거주자 중 한 사람이 법률적인 근거 기타 정당한 이유 없이 다른 공동거주자가 공동생활의 장소에 출입하는 것을 금지한 경우, 다른 공동거주자가 이에 대항하여 공동생활의 장소에 들어갔더라도 이는 사전 양해된 공동주거의 취지 및 특성에 맞추어 공동생활의 장소를 이용하기 위한 방편에 불과할 뿐, 그의 출입을 금지한 공동거주자의 사실상 주거의 평온이라는 법익을 침해하는 행위라고는 볼 수 없으므로 주거침입죄는 성립하지 않으며 설령 그 공동거주자가 공동생활의 장소에 출입하기 위하여 출입문의 잠금장치를 손괴하는 등 다소간의 물리력을 행사하여 그 출입을 금지한 공동거주자의 사실상 평온상태를 해쳤더라도 그러한 행위 자체를 처벌하는 별도의 규정에 따라 처벌될 수 있음은 별론으로 하고, 주거침입죄가 성립하지 아니함은 마찬가지라고 판시하고 있다.169)

3) 검 토

다른 공동관리 또는 점유자인 乙이 공동생활관계에서 이탈하거나 건조물 등에 대한 사실상의 지배·관리를 상실한 경우 등 특별한 사정이 있는 경우가 아닌 한, 사실상 주거의 평온이라는 법익은 일정 부분 제약될 수밖에 없고, 공동관리 또는 점유자는 특별한 사정이 없는 한 다른 공동관리 또는 점유자가 공동생활의 장소에 자유로이 출입하고 이를 이용하는 것을 금지할 수 없다. 乙과 丁이 식당에 출입하기 위하여 자물쇠를 부수고 식당문을 열고 들어가는 등 다소간의 물리력을 행사하여 출입을 금지한 甲의 사실상 평온상태를 해쳤더라도 건조물침입죄가 성립하지 아니한다고 보는 것이 타당하다.

(3) 사안의 적용

사안에서 乙이 丁과 함께 乙과 甲의 동업재산인 자물쇠를 부순 행위는 재물손괴죄의 구성요건에 해당하고, 자구행위와 정당행위는 성립하지 아니하며 별도의 책임조각사유는 인정되지 아니하므로 재물손괴죄를 구성한다. 乙과 丁이 식당에 출입하기 위하여 자물쇠를 부수고 식당문을 열고 들어가는 등 다소간의 물리력을 행사하여 甲의 사실상 평온상태를 해쳤더라도 건조물침입죄는 성립하지 아니한다.

---

168) 대판 2021.9.9. 2020도12630[전합]
169) 대판 2021.9.9. 2020도6085[전합]

2. 丁의 죄책

(1) 재물손괴죄(형법 제366조)의 성립 여부

丁이 乙과 함께 자물쇠를 부순 행위는 재물손괴죄의 구성요건에 해당하고, 별도의 위법성조각사유나 책임조각사유는 인정되지 아니하므로 재물손괴죄의 공동정범을 구성한다.

(2) 건조물침입죄(형법 제319조 제1항)의 성립 여부

판례에 의하면 공동거주자 중 한 사람이 법률적인 근거 기타 정당한 이유 없이 다른 공동거주자가 공동생활의 장소에 출입하는 것을 금지하고, 이에 대항하여 다른 공동거주자가 공동생활의 장소에 들어가는 과정에서 그의 출입을 금지한 공동거주자의 사실상 평온상태를 해쳤더라도 주거침입죄가 성립하지 않는 경우로서, 그 공동거주자의 승낙을 받아 공동생활의 장소에 함께 들어간 외부인의 출입 및 이용행위가 전체적으로 그의 출입을 승낙한 공동거주자의 통상적인 공동생활 장소의 출입 및 이용행위의 일환이자 이에 수반되는 행위로 평가할 수 있는 경우라면, 이를 금지하는 공동거주자의 사실상 평온상태를 해쳤음에도 불구하고 그 외부인에 대하여도 역시 주거침입죄가 성립하지 않는다고 봄이 타당하다고 한다.[170] 판례의 취지를 고려할 때 사안에서 다른 공동관리 또는 점유자인 乙에게 건조물침입죄가 성립하지 아니하고, 외부인 丁의 출입이 전체적으로 乙의 통상적인 식당의 출입 및 이용행위의 일환이자 이에 수반되는 행위로 평가할 수 있는 경우라고 할 수 있으므로 별도로 丁의 건조물침입죄는 성립하지 아니한다고 보는 것이 타당하다.

(3) 사안의 적용

丁이 乙과 함께 자물쇠를 부순 행위는 재물손괴죄의 구성요건에 해당하고, 별도의 위법성조각사유나 책임조각사유는 인정되지 아니하므로 재물손괴죄의 공동정범을 구성한다. 외부인 丁의 출입은 전체적으로 乙의 통상적인 식당의 출입 및 이용행위의 일환이자 이에 수반되는 행위로 평가할 수 있는 경우라고 할 수 있으므로 丁이 乙과 함께 식당에 들어간 행위는 별도로 건조물침입죄를 구성하지 아니한다고 보는 것이 타당하다.

Ⅳ 사안의 해결

(1) 甲이 차량매도대금을 사용한 행위는 횡령죄를 구성하고 후에 상계를 주장하는 것은 횡령죄에는 영향을 미치지 아니한다. 甲이 丙으로부터 1,200만원을 반환받은 후 임의로 소비한 행위는 횡령죄를 구성하지 아니한다.

(2) 乙이 丁과 함께 자물쇠를 부순 행위는 재물손괴죄를 구성하나, 乙과 丁이 자물쇠를 부수고 식당문을 열고 들어갔더라도 건조물침입죄는 성립하지 아니한다. 丁이 乙과 함께 자물쇠를 부순 행위는 재물손괴죄의 공동정범을 구성하나 乙과 함께 식당에 들어간 행위는 별도로 건조물침입죄를 구성하지 아니한다.

---

170) 대판 2021.9.9. 2020도6085[전합]

문제 2

I 논점의 정리

(1) 甲이 술에 취한 상태로 시청에 들어간 행위에 대하여는 일반인의 출입이 허용되는 공공장소에 범죄의 목적으로 들어갔다는 점에서 건조물침입죄의 성립 여부가 문제된다.

(2) 휴대전화를 휘둘러 A공무원의 뺨을 1회 때린 행위에 대하여는 공무집행방해죄의 성립 여부가 문제되며 이는 A공무원의 공무집행이 적법한지의 여부와 관련된다.

(3) 담뱃불로 인한 화재로 손님 B를 사망하게 한 행위에 대하여는 부작위에 의한 현주건조물방화치사죄의 성립 여부가 문제되며 甲의 중과실이 인정된다면 중실화죄, 중과실치사죄의 성립 여부도 또한 문제되므로 이를 검토하기로 한다.

II 술에 취한 상태로 시청에 들어간 행위에 대한 죄책

1. 건조물침입죄(형법 제319조 제1항)의 성립 여부

(1) 문제점

일반인의 출입이 허용되는 공공장소(관공서, 역, 은행, 백화점 등)에 범죄의 목적으로 들어간 경우, 건조물침입죄의 성립 여부가 다투어지고 있다.

(2) 판 례

판례는 최근 전합 판결을 통해 일반인의 출입이 허용된 음식점에 영업주의 승낙을 받아 통상적인 출입방법으로 들어갔다면 특별한 사정이 없는 한 주거침입죄에서 규정하는 침입행위에 해당하지 않고, 행위자가 범죄 등을 목적으로 음식점에 출입하였거나 영업주가 행위자의 실제 출입 목적을 알았더라면 출입을 승낙하지 않았을 것이라는 사정이 인정되는 경우라도 그러한 사정만으로는 출입 당시 객관적·외형적으로 드러난 행위 태양에 비추어 사실상의 평온상태를 해치는 방법으로 음식점에 들어갔다고 평가할 수 없으므로 주거침입죄는 성립하지 아니한다고 판시하고 있다.[171]

2. 사안의 적용

甲이 시청 공무원들을 가만둘 수 없다고 생각하고 시청 청사에 술에 취한 상태로 찾아가 소란을 피웠다고 하더라도 시청에 들어갈 당시 객관적·외형적으로 드러난 행위 태양에 비추어 사실상의 평온상태를 해치는 방법으로 시청에 들어갔다고 평가할 수 없으므로 甲의 행위는 건조물침입죄를 구성하지 아니한다고 보는 것이 타당하다.

---

171) 대판 2022.3.24. 2017도18272[전합]

III. 휴대전화를 휘둘러 뺨을 1회 때린 행위에 대한 죄책

1. 공무집행방해죄(형법 제136조 제1항)의 성립 여부

(1) 구성요건

공무집행방해죄는 직무를 집행하는 공무원에 대하여 폭행 또는 협박함으로써 성립하는 범죄이다(형법 제136조 제1항). 공무집행방해죄는 공무원의 적법한 공무집행이 전제되어야 하고, 공무집행이 적법하기 위해서는 그 행위가 공무원의 추상적 직무 권한에 속할 뿐만 아니라 구체적으로 그 권한 내에 있어야 하며, 직무행위로서 중요한 방식을 갖추어야 한다. 추상적인 권한은 반드시 법령에 명시되어 있을 필요는 없다. 추상적인 권한에 속하는 공무원의 어떠한 공무집행이 적법한지는 행위 당시의 구체적 상황에 기초를 두고 객관적·합리적으로 판단해야 하고, 사후적으로 순수한 객관적 기준에서 판단할 것은 아니다.172)

(2) 판 례

판례는 사안과 유사한 사례에서 시청 주민생활복지과 소속 공무원이 주민생활복지과 사무실에 방문한 피고인에게 민원 내용을 물어보며 민원 상담을 시도한 행위, 피고인의 욕설과 소란으로 정상적인 민원 상담이 이루어지지 않고 다른 민원 업무 처리에 장애가 발생하는 상황이 지속되자 피고인을 사무실 밖으로 데리고 나간 행위는 민원 안내 업무와 관련된 일련의 직무수행으로 포괄하여 파악함이 타당한 점, 행위 당시의 구체적 상황에 기초를 두고 객관적·합리적으로 판단해 보면, 담당 공무원이 피고인을 사무실 밖으로 데리고 나가는 과정에서 피고인의 팔을 잡는 등 다소의 물리력을 행사했더라도, 이는 피고인의 불법행위를 사회적 상당성이 있는 방법으로 저지한 것에 불과하므로 위법하다고 볼 수 없는 점, 소란을 피우는 민원인을 제지하거나 사무실 밖으로 데리고 나가는 행위도 민원 담당 공무원의 직무에 수반되는 행위로 파악함이 타당하고 직무권한의 범위를 벗어난 행위라고 볼 것은 아닌 점 등을 종합하면, 피고인의 행위는 시청 소속 공무원들의 적법한 직무집행을 방해한 행위에 해당하므로 공무집행방해죄를 구성한다고 판시하고 있다.173)

2. 사안의 적용

사안에서 시청 청사 내 주민생활복지과 사무실에서 소란을 피우는 甲에게 A공무원이 민원 내용에 대한 질문을 하였으나 甲이 계속하여 소란을 피워 甲의 팔을 잡는 등 다소의 물리력을 행사하여 밖으로 데리고 나가려고 하자, 甲이 휴대전화를 휘둘러 A공무원의 뺨을 1회 때렸다면 A공무원의 적법한 공무집행에 대하여 폭행을 한 것으로 별도의 위법성조각사유나 책임조각사유는 인정되지 아니하므로 공무집행방해죄를 구성한다.

---

172) 대판 2022.3.17. 2021도13883
173) 대판 2022.3.17. 2021도13883

Ⅳ 담뱃불로 인한 화재로 손님 B를 사망하게 한 행위에 대한 죄책

1. 현주건조물방화치사죄의 성립 여부

(1) 구성요건

현주건조물방화치사죄는 현주건조물방화죄를 지어 사람을 사망에 이르게 함으로써 성립하는 범죄이다(형법 제164조 제2항). 부진정결과적 가중범으로 결과적 가중범의 일반법리에 따라 기본범죄와 중한 결과 사이에 인과관계·객관적 귀속 및 사망의 결과에 대한 객관적 예견가능성이 있어야 한다.

(2) 부진정부작위범의 성립요건

1) 일반적인 성립요건

부진정부작위범은 부작위에 의하여 작위범의 구성요건을 실현하는 범죄를 말하는 것으로, 부작위범의 일반적인 성립요건인 ① 구성요건적 상황, ② 요구된 행위의 부작위, ③ 개별적 행위가능성, ④ 구성요건적 결과의 발생 및 인과관계, ⑤ 고의 등의 요건을 필요로 한다.

2) 특유한 요건

① 보증인지위 : 보증인지위란 일정한 법익과 특수하고도 밀접한 관계를 맺고 있어 그 법익이 침해되지 않도록 보증 또는 보장해 주어야 할 지위를 말하고 이로부터 보증인의무가 발생한다. 보증인지위의 발생근거에 대한 결합설에 의할 때 보증인지위는 형식적으로는 법령, 계약, 선행행위, 조리에 의하여 발생할 수 있고, 실질적으로는 보호의무에 의한 보증인지위, 안전의무에 의한 보증인지위가 인정될 수 있다. 사안과 관련하여는 선행행위에 의한 보증인지위인정 여부가 문제되는데 이 경우 보증인지위를 인정하기 위해서는 ㉠ 선행행위가 결과발생에 대한 직접적이고 상당한 위험을 야기할 수 있는 것일 것, ㉡ 선행행위는 객관적으로 의무에 위반했거나 위법한 것일 것, ㉢ 선행행위는 그 법익을 보호하기 위한 규범을 침해한 것일 것 등의 요건을 필요로 한다.

② 행위정형의 동가치성 : 행위정형의 동가치성이란 보증인지위에 있는 자의 부작위가 작위적 방법에 의한 구성요건의 실현과 동등한 것으로 평가될 수 있어야 한다는 것을 말한다.

(3) 판 례

판례는 사안과 유사한 사례에서 모텔 방에 투숙하여 담배를 피운 후 재떨이에 담배를 끄게 되었으나 담뱃불이 완전히 꺼졌는지 여부를 확인하지 않은 채 불이 붙기 쉬운 휴지를 재떨이에 버리고 잠을 잔 과실로 담뱃불이 휴지와 침대시트에 옮겨 붙게 함으로써 화재가 발생한 경우, 위 화재가 중대한 과실 있는 선행행위로 발생한 이상 화재를 소화할 법률상 의무는 있다 할 것이나, 화재 발생 사실을 안 상태에서 모텔을 빠져나오면서도 모텔 주인이나 다른 투숙객들에게 이를 알리지 아니하였다는 사정만으로는 화재를 용이하게 소화할 수 있었다고 보기 어렵다고 판시하고 있다.[174]

---

[174] 대판 2010.1.14. 2009도12109

(4) 검토

甲이 피운 담뱃불이 휴지와 옆에 있던 침대시트에 옮겨 붙어 화재가 발생하였고, 이는 위법하다고 할 수 있으며 이러한 선행행위는 방화죄의 보호법익인 공공의 안전과 개인의 재산권을 침해하는 행위로 평가할 수 있으므로 甲에게는 선행행위로 인한 화재를 소화할 보증인지위가 인정된다. 그러나 잠에서 깬 甲은 불이 붙은 사실을 발견하고서도 불을 끄는 조치를 하거나 모텔 주인이나 다른 방에 투숙 중인 손님 B에게 화재사실을 알리고 119에 신고를 하는 등의 조치를 취하지 아니하고 모텔을 빠져나갔더라도 甲에 의한 화재의 진화가능성이 없다고 할 것이어서 부진정부작위범의 일반적인 성립요건으로서의 개별적 행위가능성이 부정되므로 甲의 행위는 부작위에 의한 현주건조물방화죄를 구성하지 아니하고 이를 전제로 하는 부작위에 의한 현주건조물방화치사죄도 역시 성립하지 아니하는 것으로 보는 것이 타당하다.

2. 중실화죄(형법 제171조, 제170조 제1항)의 성립 여부

중실화죄는 중대한 과실로 인하여 실화죄를 범함으로써 성립하는 범죄이다(형법 제171조). 중과실은 주의의무를 현저히 태만히 하는 경우, 즉 극히 근소한 주의만 하였더라도 결과발생을 예견할 수 있었음에도 불구하고 부주의로 이를 예견하지 못한 경우를 말한다. 판례는 사안과 유사한 사례에서 모텔 방에서 담배를 피운 甲은 재떨이에 담배를 끄게 되었으나 담뱃불이 완전히 꺼졌는지 확인하지 않은 채 휴지를 재떨이에 버리고 잠을 잔 탓에 담뱃불이 휴지와 옆에 있던 침대시트에 옮겨 붙어 화재가 발생한 경우, 중대한 과실을 인정한 판시를 한바 있다.[175] 사안의 경우 甲의 중과실과 화재로 인한 소훼 사이에 인과관계도 인정되므로 甲의 행위는 중실화죄를 구성한다.

3. 중과실치사죄(형법 제268조)의 성립 여부

중과실치사죄는 중대한 과실로 사람을 사망이나 상해에 이르게 함으로써 성립하는 범죄이다(형법 제268조). 甲이 조금이라도 주의를 기울여 담뱃불을 제대로 소화하였다면 B의 사망의 결과는 발생하지 않았을 것이므로 甲의 중과실과 B의 사망 간에 상당인과관계가 인정된다. 따라서 B에 대한 중과실치사죄가 성립한다.

4. 사안의 적용

甲이 버린 담뱃불에 의해 모텔에 화재가 발생하였으나 甲에 의한 화재의 진화가능성이 없다고 할 것이어서 개별적 행위가능성이 부정되므로 甲의 행위는 부작위에 의한 현주건조물방화죄를 구성하지 아니하고 이를 전제로 하는 부작위에 의한 현주건조물방화치사죄도 역시 성립하지 아니한다. 그러나 甲에게 중과실이 인정되므로 중실화죄를 구성하고 甲의 중과실과 B의 사망 간에 상당인과관계가 인정되므로 B에 대한 중과실치사죄도 성립한다. 중실화죄의 중과실치사죄는 상상적 경합의 관계에 있다.

---

[175] 대판 2010.1.14. 2009도12109

Ⅴ 사안의 해결

술에 취한 상태로 시청에 들어간 행위는 甲의 행위 태양에 비추어 건조물침입죄를 구성하지 아니한다. 휴대전화를 휘둘러 뺨을 1회 때린 행위는 A공무원의 적법한 공무집행에 대하여 폭행을 한 것으로 공무집행방해죄를 구성한다. 담뱃불로 인한 화재로 손님 B를 사망하게 한 행위는 부작위에 의한 현주건조물방화치사죄를 구성하지는 아니하나 중실화죄의 중과실치사죄를 구성하고, 상상적 경합의 관계에 있는 이들 죄와 공무집행방해죄는 실체적 경합의 관계에 있다.

2021년 제27회 기출문제

문제 1

甲은 과거 연인관계였던 乙(女)에게 성인 권장용량의 1.5배 내지 2배 정도에 해당하는 양의 졸피뎀 성분의 수면제가 섞인 커피를 주어 마시게 한 다음 乙(女)이 잠이 들자 간음하였다. 乙(女)은 커피를 받아 마신 다음 곧바로 정신을 잃고 깊이 잠들었다가 약 4시간 뒤에 깨어 났는데 잠이 든 이후의 상황에 대해서 제대로 기억하지 못하였고, 정신이 희미하게 든 경우도 있었으나 자신의 의지대로 생각하거나 행동하지 못한 채 곧바로 기절하다시피 다시 깊은 잠에 빠졌다. 이후 乙(女)은 자연적으로 의식을 회복하였으며 의식을 회복한 다음 특별한 치료를 받지는 않았다.

한편 甲은 자기가 몹쓸 짓을 저질렀나 하는 생각에 술을 마시고 거리를 배회하던 중 우연히 버스에서 내려서 걸어가는 丙(女)의 용모에 반하여 마스크를 착용한 채 뒤따라가다가 인적이 없고 외진 곳에서 가까이 접근하여 양팔을 높이 들어 껴안으려 하였으나, 丙(女)이 뒤돌아보면서 소리치자 그 상태로 몇 초 동안 쳐다보다가 다시 오던 길로 되돌아갔다. 돌아오면서 자신의 피부가 문제였다고 생각한 甲은 이전에 손님으로 방문하여 어느 정도 안면이 있는 丁이 운영하는 'B스포츠피부'로 피부 마사지를 받으러 갔는데 대기하는 손님이 많아서 결국 피부 마사지를 받지 못하였다. 'B스포츠피부'를 나오면서 여자친구 A에게 전화를 하지 않았다는 사실이 생각난 甲은 영업점 내에 있는 丁소유의 휴대전화를 허락 없이 가지고 나와 여자친구 A와 1~2시간 가량 통화를 한 후 丁에게 알리지 않은 채 휴대전화를 위 'B스포츠피부' 정문 옆에 있는 화분에 놓아두고 그대로 가버렸다.

甲의 죄책을 논하시오(특별법 위반죄는 논외로 하고, 다툼이 있는 경우 대법원 판례에 따름). [25점]

문제 2

甲은 주식회사를 설립하여 그 회사 명의로 여러 개의 통장을 개설하여 속칭 대포통장을 유통시킬 마음을 먹었다. 甲은 2016.6.경 주식회사 설립등기를 마쳤는데, 이를 위해 회사 정관을 작성·제출하였고, 주식 발행·인수 절차와 관련하여 주금 납입 사실을 증명하기 위해 금융기관으로부터 잔고증명서를 발급받아 설립등기신청 당시 첨부정보로 제출하였으며, 회사 임원으로 등재될 사람으로부터 취임승낙을 증명하는 정보를 받아 첨부정보로 제출하였다. 검사는 甲이 주식회사를 실제로 운영할 의사 없이 주식회사를 이용하여 범죄를 저지를 목적으로 허위의 회사설립등기 신청을 하고, 상업등기 전산정보처리시스템에 회사설립 내용을 등록하게 하였다는 이유로 '공전자기록 등 부실기재죄와 그 행사죄'로 공소를 제기하였다. 대법원 판례에 비추어 甲에게 '공전자기록 등 부실기재죄와 그 행사죄'가 성립하는지 논하시오. [15점]

문제 3

甲은 2015년 편의점을 개업하면서 사업자등록을 이모인 A 명의로 하였다. 乙은 2017.10.경 甲을 상대로 1억원의 대여금 지급을 구하는 소를 제기하였다. 甲은 그 소송계속 중인 2018.4.30. 위 편의점에 관한 폐업신고를 하고, 2018.5.6. 처인 B 명의로 새로 사업자등록을 하였다. 이에 乙은 법무사 사무실을 찾아와 甲을 강제집행면탈죄로 고발하여 처벌받게 할 수 있는지 문의하였다. 대법원 판례에 비추어 甲에게 '강제집행면탈죄'가 성립하는지 논하시오. [10점]

2021년 제27회 기출문제해설

문제 1

I 논점의 정리

(1) 졸피뎀 성분이 든 수면제를 마시게 하여 乙을 간음한 甲에게 강간죄의 구성요건요소인 폭행이 인정되어 준강간죄가 아니라 강간죄가 성립하는지 여부가 우선 문제된다. 간음행위 후에 정신을 잃고 깊이 잠들었으나 자연적으로 의식을 회복하였다는 점에서 강간과 추행의 죄의 상해에 해당하는지 또한 문제된다. 甲의 강간치상죄의 성립 여부는 이와 관련된다.

(2) 甲이 丙에게 가까이 접근하여 양팔을 높이 들어 껴안으려 하였다는 점에서 甲에게 강제추행미수죄(형법 제298조, 제300조)의 실행의 착수의 인정 여부가 문제되고 몇 초 동안 쳐다보다가 다시 오던 길로 되돌아갔다는 점에서 장애미수 또는 중지미수의 성립 여부가 문제된다.

(3) 甲이 안면이 있는 丁 소유의 휴대전화를 丁의 허락 없이 사용한 경우, 절도죄(형법 제329조), 사기죄(형법 제347조), 컴퓨터 등 사용사기죄(형법 제347조의2)의 성립 여부가 문제된다.

(4) 丁의 휴대전화를 화분 옆에 놓아둔 행위에 대하여는 불법영득의사의 소극적 요소 인정 여부와 관련하여 절도죄와 사용절도의 성립 여부가 문제되며 그밖에 손괴죄의 성립 여부도 검토하기로 한다.

II 乙을 간음한 행위에 대한 죄책

1. 강간죄(형법 제297조)의 성립 여부

(1) **강간죄의 폭행에 해당 여부**

강간죄는 폭행 또는 협박에 의하여 사람을 강간함으로써 성립하는 범죄이다(형법 제297조). 강간죄의 폭행은 피해자에 대한 것에 제한되며 상대방의 반항을 불가능하게 하거나 현저히 곤란하게 하는 경우를 말한다. 본죄의 폭행에는 절대적 폭력(마취제·수면제의 사용, 최면의 사용)뿐만 아니라 강제적·심리적 폭력도 포함된다. 한편 준강간죄의 항거불능의 상태는 이미 조성된 것임을 요하므로 행위자가 마취제 등을 사용하여 항거불능의 상태를 야기하였다면 준강간죄가 아니라 강간죄가 성립한다.

(2) **검 토**

甲은 乙에게 졸피뎀 성분이 들어간 커피를 주어 깊이 잠들게 하여 항거불능의 상태를 만들어 간음하였으므로 일단 절대적 폭력에 의한 강간죄가 성립한다고 판단된다.

2. 강간치상죄(형법 제301조)의 성립 여부

(1) 구성요건

강간치상죄는 강간죄를 범한 자가 사람을 상해에 이르게 함으로써 성립하는 범죄이다(형법 제301조).

(2) 상해에 해당 여부

1) 상해의 개념

강간치상죄에 있어서의 상해는 피해자의 신체의 완전성을 훼손하거나 생리적 기능에 장애를 초래하는 것, 즉 피해자의 건강상태가 불량하게 변경되고 생활기능에 장애가 초래되는 것을 말하는 것으로, 여기서의 생리적 기능에는 육체적 기능뿐만 아니라 정신적 기능도 포함된다.[176]

2) 상대적 상해개념의 인정 여부

본죄의 상해도 상해죄의 상해와 동일한 개념으로 이해하는 것이 다수설의 태도이나 판례는 구체적·개별적 사정을 고려하여 약물로 인한 상해의 경우 상해가 발생하였는지는 객관적, 일률적으로 판단할 것이 아니라 피해자의 연령, 성별, 체격 등 신체·정신상의 구체적인 상태, 약물의 종류와 용량, 투약방법, 음주 여부 등 약물의 작용에 미칠 수 있는 여러 요소를 기초로 하여 약물 투약으로 인하여 피해자에게 발생한 의식장애나 기억장애 등 신체, 정신상의 변화와 내용 및 정도를 종합적으로 고려하여 판단하여야 한다고 판시하고 있다.[177]

3) 상해에 해당 여부

판례는 사안과 유사한 사례에서 피해자가 졸피뎀 성분의 수면제가 섞인 커피를 받아 마신 다음 곧바로 정신을 잃고 깊이 잠들었다가 깨어났는데, 피해자는 그때마다 잠이 든 이후의 상황에 대해서 제대로 기억하지 못하였고, 가끔 정신이 희미하게 든 경우도 있었으나 자신의 의지대로 생각하거나 행동하지 못한 채 곧바로 기절하다시피 다시 깊은 잠에 빠졌다면 피해자를 항거불능 상태에 빠뜨린 후 강간하거나 강제로 추행한 경우에 해당하여 피고인에게 각 강간치상 및 강제추행치상죄를 인정하고 있다.[178]

(3) 검 토

생각건대 乙은 甲이 준 커피를 받아 마신 다음 곧바로 정신을 잃고 깊이 잠들었다가 약 4시간 뒤에 깨어났는데 잠이 든 이후의 상황에 대해서 제대로 기억하지 못하였고, 정신이 희미하게 든 경우도 있었으나 자신의 의지대로 생각하거나 행동하지 못한 채 곧바로 기절하다시피 다시 깊은 잠에 빠졌으므로 乙의 건강상태가 불량하게 변경되고 생활기능에 장애가 초래되는 것으로 볼 수 있어 이후 乙이 자연적으로 의식을 회복하였으며 의식을 회복한 다음 특별한 치료를 받지는 않았더라도 상해에 해당한다. 甲에 의한 강간과 중한 결과인 상해에 이르게 된 것과는 인과관계가 인정되고 중한 결과에 대한 예견가능성도 있으므로 甲의 행위는 강간치상죄의 구성요건에 해당하고 별도의 위법성조각사유나 책임조각사유는 인정되지 아니하므로 강간치상죄가 성립한다.

---

176) 대판 2017.6.29. 2017도3196
177) 대판 2017.6.29. 2017도3196
178) 대판 2017.6.29. 2017도3196

3. 사안의 적용

甲이 乙을 강간하여 상해에 이르게 한 행위는 강간치상죄를 구성한다. 상해에 대하여 甲에게 미필적 고의가 인정된다면 강간상해죄가 성립하는 것은 물론이다.

Ⅲ 丙을 껴안으려다가 되돌아간 행위에 대한 죄책

1. 강제추행죄(형법 제298조)의 실행의 착수 인정 여부

(1) 구성요건

폭행·협박으로 사람에 대하여 추행함으로써 성립하는 범죄이다(형법 제298조).

(2) 추행인지의 여부

1) 추행의 의미

추행은 객관적으로 일반인에게 성적 수치심이나 혐오감을 일으키게 하고 선량한 성적 도덕관념에 반하는 행위로서 피해자의 성적 자유를 침해하는 것을 말하며, 이에 해당하는지는 피해자의 의사, 성별, 연령, 행위자와 피해자의 이전부터의 관계, 행위에 이르게 된 경위, 구체적 행위태양, 주위의 객관적 상황과 그 시대의 성적 도덕관념 등을 종합적으로 고려하여 신중히 결정되어야 한다.[179]

2) 기습추행

판례는 사안과 유사한 사례에서 피고인이 가까이 접근하여 갑자기 뒤에서 껴안는 행위는 일반인에게 성적 수치심이나 혐오감을 일으키게 하고 선량한 성적 도덕관념에 반하는 행위로서 피해자의 성적 자유를 침해하는 행위여서 그 자체로 이른바 '기습추행' 행위로 볼 수 있으므로, 피고인의 팔이 피해자의 몸에 닿지 않았더라도 양팔을 높이 들어 갑자기 뒤에서 껴안으려는 행위는 피해자의 의사에 반하는 유형력의 행사로서 폭행행위에 해당하며, 그때 '기습추행'에 관한 실행의 착수가 있는데, 마침 피해자가 뒤돌아보면서 소리치는 바람에 몸을 껴안는 추행의 결과에 이르지 못하고 미수에 그쳤으므로, 피고인의 행위는 아동·청소년에 대한 강제추행미수죄에 해당한다고 한다.[180]

(3) 검 토

甲이 丙의 용모에 반하여 가까이 접근하여 양팔을 높이 들어 껴안으려 하였으나, 丙이 뒤돌아보면서 소리치자 그 상태로 몇 초 동안 쳐다보다가 다시 오던 길로 되돌아갔다면, 기습추행의 실행의 착수가 인정되고 추행의 결과에 이르지 못하고 미수에 그쳤으므로, 甲의 행위는 강제추행미수죄의 구성요건에 해당하고 별도의 위법성조각사유나 책임조각사유는 인정되지 아니하므로 강제추행미수죄가 성립한다.

---

179) 대판 2015.9.10. 2015도6980
180) 대판 2015.9.10. 2015도6980

2. 강제추행죄의 중지미수(형법 제298조, 제300조, 제26조) 또는 장애미수(형법 제298조, 제300조, 제25조)의 인정 여부

甲이 丙에게 가까이 접근하여 양팔을 높이 들어 껴안으려 하였으나, 丙이 뒤돌아보면서 소리치자 추행을 그만두었다면 그 중지가 일반 사회통념상 범죄를 완수함에 장애가 되는 사정에 의한 것이라고 보아야 할 것이므로 강제추행죄의 장애미수의 죄책을 지게 된다고 보는 것이 타당하다.

3. 사안의 적용

丙에 대한 기습추행의 실행의 착수는 인정되나 丙이 뒤돌아보면서 소리치자 추행을 그만둔 행위는 강제추행죄의 장애미수를 구성한다.

Ⅳ. 丁소유의 휴대전화로 통화한 행위에 대한 죄책

1. 절도죄(형법 제329조)의 성립 여부

판례에 의하면 타인의 전화기를 무단으로 사용하여 전화통화를 하는 행위는 전기통신사업자에 의하여 가능하게 된 전화기의 음향송·수신기능을 부당하게 이용하는 것으로, 이러한 내용의 역무는 무형적인 이익에 불과하고 물리적 관리의 대상이 될 수 없어 재물이 아니라고 할 것이므로 절도죄의 객체가 되지 아니한다고 한다.[181]

2. 사기죄(형법 제347조)의 성립 여부

판례에 의하면 타인의 일반전화를 무단으로 이용하여 전화통화를 하는 행위는 한국전기통신공사에 대한 기망행위에 해당한다고 볼 수 없을 뿐만 아니라, 제공되는 역무도 일반전화 가입자와 한국전기통신공사 사이에 체결된 서비스이용계약에 따라 제공되는 것으로서 한국전기통신공사가 착오에 빠져 처분행위를 한 것이라고 볼 수 없으므로, 결국 위와 같은 행위는 사기죄를 구성하지 아니한다고 한다.[182]

3. 컴퓨터 등 사용사기죄(형법 제347조의2)의 성립 여부

판례는 휴대전화의 통화 또는 인터넷접속 버튼을 누르는 경우 기계적 또는 전자적 작동 과정에 따라 그대로 일정한 서비스가 제공되는 것이므로, 휴대전화기의 통화버튼이나 인터넷접속버튼을 누르는 것만으로 사용자에 의한 정보 혹은 명령의 입력이 행하여졌다고 보기 어렵고, 따라서 휴대전화 또는 이동통신회사에 의하여 그 입력된 정보 혹은 명령에 따른 정보처리가 이루어진 것으로 보기도 어려우므로, 컴퓨터 등 사용사기죄는 성립하지 아니한다고 판시하고 있다.[183]

---

[181] 대판 1998.6.23. 98도700
[182] 대판 1999.6.25. 98도3891
[183] 대판 2010.9.9. 2008도128

4. 편의시설부정이용죄(형법 제348조의2)의 성립 여부

편의시설의 구성요건인 자동판매기, 공중전화 기타 유료자동설비 등은 대가를 지불하면 물건 이외에 편익을 제공하는 자동기계설비를 말하는 것으로 일반휴대전화기는 유료자동설비라고 할 수 없어 편의시설부정이용죄는 성립하지 아니한다.

5. 사안의 적용

甲이 영업점 내에 있는 丁소유의 휴대전화로 여자친구 A와 1~2시간 가량 통화를 한 행위는 형법상 범죄를 구성하지 아니한다.

V 휴대전화를 화분 옆에 놓아둔 행위에 대한 죄책

1. 절도죄(형법 제329조)의 성립 여부

(1) 丁의 점유 인정 여부

1) 구성요건

절도죄는 타인인 점유하는 타인의 재물을 절취함으로써 성립하는 범죄이다(형법 제329조).

2) 점유의 요건

점유의 요건은 사실상의 재물지배를 의미하는 객관적·물리적 요소와 사실상의 지배의사와 일반적 지배의사, 잠재적 지배의사를 의미하는 주관적·정신적 요소 및 거래의 경험칙을 고려하여 점유개념의 확대와 축소가 결정되는 사회적·규범적 요소로 이루어져 있다.

3) 검 토

점유의 요건으로 판단하건대 丁의 영업점 내에 있는 휴대전화에 대하여는 丁의 사실상, 일반적 지배의사에 의한 사실상의 재물지배가 인정된다고 판단된다.

(2) 불법영득의사 인정 여부

1) 불법영득의사의 내용

불법영득의사는 권리자를 배제하고 타인의 재물을 자기의 소유물과 같이 이용·처분할 의사를 말한다. 불법영득의사는 권리자를 계속적·지속적으로 배제한다는 소극적 요소와 타인의 재물에 대하여 소유권자와 유사한 지배를 행사하는 적극적 요소를 그 내용으로 한다는 소유자의사설이 다수설이다. 판례는 이에 더하여 그 재물의 경제적 용법에 따라 이용·처분하는 경제적 요소를 그 내용으로 한다는 경제적 용법설을 취하고 있다.[184]

---

184) 대판 2000.10.13. 2000도3655

2) 사용절도의 인정 여부

불법영득의사의 소극적 요소는 재물에 대한 권리자의 종래의 지위를 계속적·지속적으로 제거·배제하려는 의사를 말한다. 이 점에서 소유자지위의 배제의사가 결여된 사용절도는 원칙적으로 불가벌이 된다.

3) 판 례

판례는 사안과 유사한 사례에서 일시 사용의 목적으로 타인의 점유를 침탈한 경우에도 사용으로 인하여 물건 자체가 가지는 경제적 가치가 상당한 정도로 소모되거나 또는 상당한 장시간 점유하고 있거나 본래의 장소와 다른 곳에 유기하는 경우에는 이를 일시 사용하는 경우라고는 볼 수 없으므로 영득의 의사가 없다고 할 수 없다고 하면서, 피고인이 甲의 영업점 내에 있는 甲 소유의 휴대전화를 허락 없이 가지고 나와 이를 이용하여 통화를 하고 문자메시지를 주고받은 다음 약 1~2시간 후 甲에게 아무런 말을 하지 않고 위 영업점 정문 옆 화분에 놓아두고 간 경우, 피고인이 甲의 휴대전화를 자신의 소유물과 같이 경제적 용법에 따라 이용하다가 본래의 장소와 다른 곳에 유기한 것이므로 피고인에게 불법영득의사가 있었다고 할 것이라고 판시하고 있다.[185]

4) 검 토

甲은 丁의 점유가 인정되는 丁소유의 휴대전화를 허락 없이 가지고 나와 통화를 한 후 丁에게 알리지 않은 채 휴대전화를 위 'B스포츠피부' 정문 옆에 있는 화분에 놓아두고 그대로 가버렸으므로 재물에 대한 권리자의 지위를 계속적·지속적으로 제거·배제하려는 불법영득의사의 소극적 요소를 인정할 수 있어 사용절도가 아닌 절도죄의 구성요건에 해당하고 별도의 위법성조각사유나 책임조각사유는 인정되지 아니하므로 절도죄가 성립한다고 판단된다.

2. 손괴죄(형법 제366조)의 성립 여부

甲에게 절도죄가 성립하는 경우 丁이 휴대전화를 정문 옆에 있는 화분에 놓아두고 그대로 가버려 휴대전화를 사용할 수 없게 하는 행위가 손괴죄의 구성요건에 해당한다고 하더라도 절도죄의 불가벌적 사후행위로 보는 것이 타당하다.

3. 사안의 적용

甲이 丁의 휴대전화로 통화를 한 후 정문 옆에 있는 화분에 놓아두고 그대로 가버린 행위는 절도죄를 구성한다.

Ⅵ 사안의 해결

甲에게는 강간치상죄, 강제추행죄의 장애미수, 절도죄가 성립하고 각 죄는 실체적 경합의 관계에 있다. 甲이 丁소유의 휴대전화로 통화한 행위는 형법상 범죄를 구성하지 아니한다.

---

185) 대판 2012.7.12. 2012도1132

문제 2

I 논점의 정리

甲이 주식회사의 명의로 대포통장을 유통시키기 위하여 주식회사를 실제로 운영할 의사 없이 허위의 회사설립등기 신청을 하고, 상업등기 전산정보처리시스템에 회사설립 내용을 등록하게 하여 주식회사의 설립등기를 마친 경우, 최근 대법원 판례에 비추어 주식회사의 설립행위의 하자로 甲이 설립한 주식회사가 부존재한다고 인정되어 甲에게 공전자기록등 부실기재죄 및 동행사죄가 성립하는지 여부가 문제된다.

II 공전자기록 등 부실기재죄(형법 제228조 제1항)의 성립 여부

1. 공전자기록 여부

(1) 의 의

공전자기록 등 부실기재죄 공무원에 대하여 허위신고를 하여 공정증서원본과 동일한 전자기록 등 특수매체기록에 부실의 사실을 기재 또는 기록하게 함으로써 성립하는 범죄이다(형법 제228조). 공정증서원본과 동일한 전자기록 등 특수매체기록은 전산화된 부동산등기파일, 자동차등록파일 등을 의미한다.

(2) 검 토

甲으로 인해 등기공무원으로 하여금 회사설립 내용을 등록하게 한 상업등기 전산정보처리시스템은 공전자기록에 해당한다.

2. 부실의 사실의 기재 또는 기록 여부

(1) 부실의 사실의 기재 또는 기록

부실의 사실의 기재란 권리의무관계에서 중요한 의미를 갖는 사항에 대해 객관적 진실에 반하는 사실을 기재·기록하게 하는 것을 말한다.[186]

(2) 중요부분에 대한 부실기재

기재사항·내용의 중요부분에 대한 부실기재가 있어야 하므로 권리의무와 관계없는 예고등기를 말소하게 하는 경우에는 부실기재에 해당하지 아니한다.[187] 기재절차나 내용에 하자가 있거나 등기의 원인관계가 실제와 다르더라도 기재내용의 중요부분이 당사자의 의사와 합치하거나 실체권리관계와 부합하는 경우에는 부실기재라고 할 수 없다. 실체권리관계와의 부합 여부는 기재시를 기준으로 한다.[188]

---

186) 대판 2013.1.24. 2012도12363
187) 대판 1972.10.31. 72도1966
188) 대판 1998.4.14. 98도16

(3) 범죄목적으로 이루어진 회사설립 등기

판례는 사안과 유사한 사례에서 주식회사의 발기인 등이 상법 등 법령에 정한 회사설립의 요건과 절차에 따라 회사설립등기를 함으로써 회사가 성립하였다고 볼 수 있는 경우 회사설립등기와 그 기재 내용은 특별한 사정이 없는 한 공정증서원본 부실기재죄나 공전자기록 등 부실기재죄에서 말하는 부실의 사실에 해당하지 않고, 발기인 등이 회사를 설립할 당시 회사를 실제로 운영할 의사 없이 회사를 이용한 범죄 의도나 목적이 있었다거나, 회사로서의 인적·물적 조직 등 영업의 실질을 갖추지 않았다는 이유만으로는 부실의 사실을 법인등기부에 기록하게 한 것으로 볼 수 없다고 한다.[189]

(4) 검 토

생각건대 甲이 주식회사를 정관에 정한 목적대로 운영할 의사는 없었더라도 설립된 회사 명의로 금융기관 계좌를 개설하기 위해 상법상 회사를 설립할 의사는 있었던 점, 회사의 설립에 필요한 정관을 작성하고, 주식 발행·인수 절차와 관련해 주금 납입 사실을 증명하기 위하여 금융기관으로부터 잔고증명서를 발급받아 설립등기신청의 첨부정보로 제출하였으며, 회사 임원으로 등재될 사람들로부터 취임승낙을 증명하는 정보를 받아 첨부정보로 제출한 점, 상법상 회사설립절차를 이루는 회사 정관의 작성 자체가 없었다거나 주금 납입 사실 자체가 부존재한다거나 납입의 효력이 없다고 볼 수 없는 점, 회사설립등기에 임원으로 등재된 사람에게 임원 등재 의사가 인정되는 이상 실제로 직무를 행사할 의사까지는 없었다고 해서 그 사람이 회사의 임원이 아니라거나 회사에 임원이 부존재한다고 볼 수도 없는 점을 종합하면, 공전자기록 등 부실기재죄는 성립하지 아니한다고 보는 것이 타당하다.

3. 사안의 적용

甲으로 인해 등기공무원으로 하여금 회사설립 내용을 등록하게 한 상업등기 전산정보처리시스템은 공전자기록에 해당하나, 주식회사의 설립행위에 일부 하자가 있었다거나 甲이 회사 설립 당시 정관에 기재된 목적 수행에 필요한 영업의 실질을 갖추거나 영업에 필요한 인적·물적 조직을 갖추지 않았다는 등의 사정만으로 주식회사의 성립 자체를 부정하고 주식회사가 부존재한다고 인정할 수 없으므로, 공전자기록 등 부실기재죄는 성립하지 아니한다.

Ⅲ 부실기재공전자기록 등 행사죄(형법 제229조)의 성립 여부

공전자기록 등 부실기재죄가 성립하지 아니하므로 이를 전제로 하는 부실기재공전자기록 등 행사죄도 성립하지 아니한다.

Ⅳ 사안의 해결

甲에 의한 주식회사 설립등기는 부실의 사실에 해당하지 아니하므로 甲에게 공전자기록 등 부실기재죄 및 부실기재공전자기록 등 행사죄는 성립하지 아니한다.

---

[189] 대판 2020.2.27. 2019도9293

문제 3

I. 논점의 정리

이모 A의 명의로 편의점을 개업하여 운영하던 甲이, 채권자 乙이 대여금지급청구의 소를 제기하자 편의점을 폐업하고 사업자 등록을 처인 B 명의로 한 경우, 강제집행면탈죄의 성립 여부가 문제된다. 이와 관련하여 이 사안에서 강제집행면탈죄의 객체는 무엇인지, 편의점을 폐업하고 사업자 등록을 처 B 명의로 한 것이 편의점 내의 유체동산에 대한 압류 등을 면탈하기 위한 재산의 은닉에 해당하는지, 사업자 등록을 변경한 것이 채권자 乙을 해하는 것인지, 채무자 甲이 강제집행을 받을 객관적 상태에 있었는지 여부를 검토한다.

II. 강제집행면탈죄(형법 제327조)의 성립 여부

1. 강제집행면탈죄의 객체 해당 여부

(1) 객 체

강제집행면탈죄는 강제집행을 면할 목적으로 재산을 은닉·손괴·허위양도 또는 허위의 채무를 부담하여 채권자를 해함으로써 성립하는 범죄이다(형법 제327조). 객체는 재산으로 재물과 권리가 포함된다. 재물에는 동산·부동산을 불문하고 권리는 채권·산업재산권을 가리지 아니한다. 재산은 민사소송법상 강제집행의 대상이 될 수 있어야 한다.

(2) 검 토

甲의 편의점 내에 진열된 물품 등 유체동산은 강제집행의 대상이 될 수 있는 재산에 해당한다.

2. 사업자 등록 변경의 은닉 여부

(1) 은 닉

행위태양 중 은닉은 재산의 발견을 불가능하게 하거나 곤란하게 하는 것을 말한다.

(2) 판 례

판례는 사안과 유사한 사례에서 강제집행면탈죄에서 재산의 '은닉'이란 강제집행을 실시하는 자에 대하여 재산의 발견을 불능 또는 곤란케 하는 것을 말하는 것으로서, 재산의 소재를 불명케 하는 경우는 물론 그 소유관계를 불명하게 하는 경우도 포함하나, 채무자가 제3자 명의로 되어 있던 사업자등록을 또 다른 제3자 명의로 변경하였다는 사정만으로는 그 변경이 채권자의 입장에서 볼 때 사업장 내 유체동산에 관한 소유관계를 종전보다 더 불명하게 한 것이라고 할 수 없다고 판시하고 있다.[190]

---

190) 대판 2014.6.12. 2012도2732

(3) 검 토

생각건대 이모 A의 명의로 되어 있던 편의점의 사업자등록을 처 B 명의로 하였다고 하더라도, 편의점 내 유체동산에 관한 소유관계를 종전보다 더 불명하게 한 것으로는 볼 수 없어 은닉에 해당하지 아니한다.

3. 채권자 乙을 해하는 것인지 여부

(1) 채권자를 해할 것

본죄는 추상적 위험범이므로 채권자를 해할 위험성이 있으면 충분하고 현실적으로 채권자를 해할 것을 요하지 아니한다. 채권자를 해할 위험성의 존부는 행위자의 행위 당시를 기준으로 구체적 상황을 고려하여 판단한다.

(2) 판 례

판례는 사안과 유사한 사례에서 채무자가 제3자 명의로 되어 있던 사업자등록을 또 다른 제3자 명의로 변경하였다는 사정만으로는 그 변경이 채권자의 입장에서 볼 때 사업장 내 유체동산에 관한 소유관계를 종전보다 더 불명하게 한 것이라고 할 수 없다고 하여 채권자에게 손해를 입게 할 위험성을 야기한다고 단정할 수 없다.[191]

(3) 검 토

생각건대 편의점의 사업자 등록을 처 B 명의로 변경하였다고 하더라도 편의점 내 유체동산에 관한 소유관계를 종전보다 더 불명하게 한 것으로는 볼 수 없어 은닉에 해당하지 아니한다면 채권자를 해할 위험성도 없다고 보는 것이 타당하다.

4. 강제집행 위험이 있는 객관적 상태의 존재 여부

(1) 강제집행 위험이 있는 객관적 상태

채무자가 현실적으로 민사소송법에 의한 강제집행 또는 가압류, 가처분의 집행을 받을 우려가 있는 객관적인 상태, 즉 적어도 채권자가 민사소송을 제기하거나 가압류, 가처분의 신청을 할 기세를 보이고 있는 상태를 말한다.[192]

(2) 검 토

甲이 이모 명의로 개업한 편의점을 운영하던 중 乙이 甲을 상대로 대여금지급청구의 소를 제기하였으므로 강제집행 위험이 있는 객관적 상태는 인정된다.

---

191) 대판 2014.6.12. 2012도2732
192) 대판 1998.9.8. 98도1949

5. 사안의 적용

甲의 편의점 내에 진열된 물품 등 유체동산은 강제집행의 대상이 될 수 있는 재산에 해당하나, 甲이 편의점의 사업자 등록 명의를 처 B 명의로 하였다고 하더라도, 편의점 내 유체동산에 관한 소유관계를 종전보다 더 불명하게 한 것으로는 볼 수 없어 은닉에 해당하지 아니하므로 채권자를 해할 위험성도 없어, 乙이 甲을 상대로 대여금지급청구의 소를 제기하여 강제집행 위험이 있는 객관적 상태가 인정된다고 하더라도 강제집행면탈죄는 성립하지 아니한다.

Ⅲ 사안의 해결

甲이 편의점의 사업자 등록 명의를 처 B 명의로 하였다고 하더라도, 강제집행면탈죄는 성립하지 아니한다.

2020년 제26회 기출문제

문제 1

甲은 고속버스를 타고 가다가 옆자리에 앉은 승객 A가 두고 내린 지갑을 발견하고, 지갑 안에 있는 50,000원권 6매와 A의 운전면허증을 꺼내어 들고 내렸다. 며칠 뒤 甲은 소주 1병을 마시고 운전을 하던 중 음주단속에 걸렸고, 겁이 난 甲은 사진이 흐릿하게 나온 A의 면허증을 대신 제시할 생각으로 甲의 휴대폰으로 미리 촬영해둔 A의 운전면허증이 담긴 휴대폰 화면을 경찰관 乙에게 제시하였다. 경찰관 乙은 A의 운전면허증 정보를 토대로 적발처리를 하였다.

甲의 죄책을 논하시오(음주운전으로 인한 도로교통법 위반죄와 특별법 위반죄는 논외로 하고, 다툼이 있는 경우 대법원 판례에 따름). [10점]

문제 1-2

이후 음주운전으로 약식 기소된 사실을 안 A가 경찰서에 와서 항의를 하였고, 경찰관 乙은 甲의 인적사항을 탐문하여 찾아가 경찰서에 출석할 것을 요구하였다. 甲은 乙과 친분관계 있는 사업가 丙을 찾아가 범죄사실을 무마할 방법을 찾아달라고 부탁하였는데, 丙은 경찰관 乙을 이용하여 甲으로부터 돈을 받아내기로 마음먹었다. 경찰관 乙은 그동안 자신과 자신의 가족을 살뜰히 챙겨준 丙에게 마음의 빚을 갚을 기회라고 생각하고 丙과 공모하여 甲으로부터 돈을 받아내기로 하였다. 乙은 甲에게 "범죄사실을 무마하여 줄테니 丙에게 1,000만원을 전달하라. 그렇지 않으면 검찰에 기소의견으로 송치시키겠다."고 하였고, 甲은 겁을 먹고 다음 날 현금 1,000만원을 丙에게 주었다.

甲, 乙, 丙의 죄책을 논하시오(형법상 범인은닉·도피죄와 특별법 위반죄는 논외로 하고, 다툼이 있는 경우 대법원 판례 다수의견에 따름). [20점]

문제 2

甲은 乙과 함께 프랜차이즈 사업을 하였으나 최근 사업부진으로 사업을 청산하기로 하였다. 그 과정에서 甲은 乙 명의의 상점을 받고, 甲이 乙의 초기투자비용 3억원을 乙에게 돌려주는 대신 甲이 소유한 丙회사 주식 15,000주(계약 당시 1주당 2만원)를 乙이 양도담보 방식으로 받는 계약을 체결하였다. 이후 甲은 새로운 사업자금 확보를 위해 곧 취득할 乙소유의 상점에 대하여 A와 임대차계약을 체결하였다. 甲은 계약서를 작성하며 A에게 "내가 곧 乙로부터 소유권을 취득할 예정이다. 이전등기를 마치는 대로 당신에게 알려준 뒤 1순위 근저당권자 B은행 다음으로 대항력을 취득할 수 있도록 전입신고와 확정일자 받는 데 협력하겠다."고 약속하였다. 그러나 甲은 A로부터 임대차보증금을 모두 받고 乙로부터 상점 소유권을 취득하였음에도 A에게 이 사실을 고지하지 않았다. 甲은 추가적인 자금 확보를 위해 C에게 돈을 차용하며 상점에 대한 2순위 저당권설정계약을 체결하고 丙회사 주식 15,000주를 C에게 양도하였으며, D은행에서 대출을 받은 후 위 상점에 D 명의의 2순위 저당권설정등기를 마쳐주었다.

甲의 배임죄 성부에 대하여 논하시오(다툼이 있는 경우 결론은 대법원 판례 다수의견에 따르고 그 논거를 설명함).

[20점]

2020년 제26회 기출문제해설

문제 1

I 논점의 정리

(1) 甲이 승객 A가 두고 내린 지갑에서 현금과 카드를 들고 내린 경우 절도죄 또는 점유이탈물횡령죄의 성립 여부가 문제된다. 甲이 취득한 현금과 카드는 A소유라는 점에서 타인의 소유물이라는 데는 의문이 없으나 A의 점유가 인정되는지 여부에 따라 절도죄 또는 점유이탈물횡령죄의 성립 여부가 달려있으므로 이를 검토한다.

(2) A의 운전면허증이 담긴 휴대폰 화면을 경찰관 乙에게 제시한 경우, 공문서부정행사죄의 성립 여부와 관련하여 사용권한자와 용도가 특정된 공문서인지 여부와 사용권한 없는 자의 용도 외 사용인지 여부가 문제되며, 甲의 행위가 위계에 의한 공무집행방해죄에 해당하는지의 여부도 검토할 것이다.

II 승객 A의 지갑 속 물건을 가지고 내린 행위에 대한 죄책

1. 절도죄(형법 제329조) 또는 점유이탈물횡령죄(형법 제360조)의 성립 여부

(1) 절도죄(형법 제329조)의 성립 여부

1) 구성요건

절도죄는 타인이 점유하는 타인의 재물을 절취함으로써 성립하는 범죄이고(형법 제329조), 점유이탈물횡령죄는 유실물, 표류물, 매장물 또는 타인의 점유를 이탈한 재물을 횡령함으로써 성립하는 범죄이다(형법 제360조 제1항, 제2항).

2) 형법상 점유의 의의

점유란 재물에 대하여 사실상 지배를 하고 있는 상태를 말한다. 형법상의 점유는 순수한 사실적 · 현실적 개념인데 반하여 민법상의 점유는 규범적 개념이라는 점에서 본질적인 차이가 있다.

3) 점유의 요건

점유의 요건은 사실상의 재물지배를 의미하는 객관적 · 물리적 요소와 사실상의 지배의사와 일반적 지배의사, 잠재적 지배의사를 의미하는 주관적 · 정신적 요소 및 거래의 경험칙을 고려하여 점유개념의 확대와 축소가 결정되는 사회적 · 규범적 요소로 이루어져 있다.

4) 판 례

판례는 원칙적으로 어떤 물건을 잃어버린 장소가 당구장과 같이 타인의 관리 아래 있을 때에는 그 물건은 일응 그 관리자의 점유에 속한다 할 것이고, 이를 그 관리자 아닌 제3자가 취거하는 것은 유실물횡령이 아니라 절도죄에 해당한다고 판시하고[193] 있으나, 고속버스의 승객이 다른 승객의 유실물을 가져 간 경우, 고속버스 운전사는 고속버스의 관수자로서 차내에 있는 승객의 물건을 점유하는 것이 아니고 승객이 잊고 내린 유실물을 교부받을 권능을 가질 뿐이므로 유실물을 현실적으로 발견하지 않는 한 이에 대한 점유를 개시하였다고 할 수 없고, 그 사이에 다른 승객이 유실물을 발견하고 이를 가져 갔다면 절도에 해당하지 아니하고 점유이탈물횡령에 해당한다고 한다.[194]

(2) 검 토

승객 A가 점유를 상실한 지갑 안의 50,000원권 6매와 A의 운전면허증에 대하여 고속버스 운전사는 승객이 잊고 내린 유실물을 교부받을 권능을 가질 뿐이므로 유실물을 현실적으로 발견하지 않는 한 이에 대한 점유를 개시하였다고 할 수 없어 甲이 이를 꺼내어 들고 내렸다면 점유이탈물횡령죄의 구성요건에 해당하고 별도의 위법성조각사유나 책임조각사유는 인정되지 아니하므로 점유이탈물횡령죄가 성립한다고 보는 것이 타당하다.

2. 사안의 적용

甲이 승객 A의 50,000원권 6매와 운전면허증을 들고 내린 행위는 점유이탈물횡령죄를 구성한다.

III 휴대폰 화면을 경찰관 乙에게 제시한 행위에 대한 죄책

1. 공문서부정행사죄(형법 제230조)의 성립 여부

(1) 사용권한자와 용도가 특정된 공문서인지 여부

공문서부정행사죄의 객체는 사용권한자와 용도가 특정된 공문서이어야 한다. A의 운전면허증은 A가 사용권한자이고, 운전면허증에 표시된 사람이 운전면허시험에 합격한 사람이라는 자격증명과 이를 지니고 있으면서 내보이는 사람이 바로 그 사람이라는 동일인증명의 기능을 가지고 있어 공문서부정행사죄의 객체가 된다. 그러나 A의 운전면허증이 담긴 휴대폰 화면은 계속성은 인정되지만 그 자체로서 시각적 방법에 의해 이해할 수 있는 것이 아니어서 공문서에 해당하지 아니한다고 보아야 한다.

---

193) 대판 1988.4.25. 88도409
194) 대판 1993.3.16. 92도3170

(2) 사용권한 없는 자의 용도 외 사용인지 여부

1) 판 례

판례는 제3자로부터 신분확인을 위하여 신분증명서의 제시를 요구받고 다른 사람의 운전면허증을 제시한 행위는 그 사용목적에 따른 행사로서 공문서부정행사죄에 해당한다고[195] 하여, 사용권한 없는 자가 타인의 운전면허증을 용도 내로 사용한 것으로 보아 공문서부정행사죄를 인정하고 있다. 그러나 자동차 등의 운전자가 운전 중에 경찰공무원으로부터 운전면허증의 제시를 요구받은 경우, 운전면허증의 특정된 용법에 따른 행사는 도로교통법 관계 법령에 따라 발급된 운전면허증 자체를 제시하는 것이라고 보아야 하고, 이 경우 자동차 등의 운전자가 경찰공무원에게 다른 사람의 운전면허증 자체가 아니라 이를 촬영한 이미지파일을 휴대전화 화면 등을 통하여 보여주는 행위는 운전면허증의 특정된 용법에 따른 행사라고 볼 수 없는 것이어서 그로 인하여 경찰공무원이 그릇된 신용을 형성할 위험이 있다고 할 수 없으므로, 이러한 행위는 결국 공문서부정행사죄를 구성하지 아니한다고[196] 하여, 사용권한 없는 자의 용도 외 사용의 경우 공문서부정행사죄를 인정하지 아니하고 있다.

2) 검 토

생각건대 부정행사에서의 사용은 본래의 용도에 따른 공문서의 사용만을 의미한다고 보아야 할 것이므로 공문서의 사용권한 없는 자가 공문서를 용도 외로 사용한 경우에는 공문서부정행사죄를 인정하지 아니하는 것이 타당하다고 판단된다. 따라서 甲이 휴대폰으로 미리 촬영해둔 A의 운전면허증이 담긴 휴대폰 화면을 경찰관 乙에게 제시한 경우 甲에게 공문서부정행사죄는 성립하지 아니한다.

2. 위계에 의한 공무집행방해죄(형법 제137조)의 성립 여부

甲이 A의 운전면허증이 담긴 휴대폰 화면을 경찰관 乙에게 제시하였다고 하더라도 경찰관 乙의 공무집행이 저지되거나 현실적으로 곤란하게 되었다고 할 수 없어 공무집행방해죄는 성립하지 아니한다.

3. 사안의 적용

휴대폰 화면을 경찰관 乙에게 제시한 행위에 대하여는 공문서부정행사죄나 위계에 의한 공무집행방해죄는 성립하지 아니한다.

Ⅳ 사안의 해결

甲이 승객 A의 지갑 속 물건을 가지고 내린 행위는 점유이탈물횡령죄를 구성하고, 휴대폰 화면을 경찰관 乙에게 제시한 행위는 형법상 범죄를 구성하지 아니한다.

---

195) 대판 2001.4.19. 2000도1985[전합]
196) 대판 2019.12.12. 2018도2560

문제 1-2

I 논점의 정리

(1) 丙과 공모한 경찰관 乙에게 甲에 대한 공갈죄 및 수뢰죄의 성립 여부가 문제되며 이는 乙의 직무행위에 대한 대가관계가 있는지 여부와 관련된다. 또한 현금을 甲이 丙에게 주었다는 점에서 乙에게 제3자뇌물공여죄가 성립하는지 여부도 문제된다.
(2) 丙에게는 공갈죄의 공동정범의 성립 여부와 비공무원인 丙에게 수뢰죄의 공동정범이 성립할 수 있는지 문제된다.
(3) 甲의 죄책으로는 증뢰죄의 성립 여부가 문제되는데 이는 乙에게 수뢰죄가 성립하는지 여부와 관련된다.

II 乙의 죄책

1. 공갈죄(형법 제350조)의 성립 여부

(1) 공갈죄의 구성요건

공갈죄는 사람을 공갈하여 재물의 교부를 받거나 재산상의 이익을 취득하거나 제3자로 하여금 재물의 교부를 받게 하거나 재산상의 이익을 취득하게 함으로써 성립하는 범죄이다(형법 제350조). 공갈죄의 객체는 재물 또는 재산상의 이익으로 사기죄의 경우와 동일하다. 공갈이란 재물을 교부받거나 재산상의 이익을 취득하기 위하여 폭행·협박으로 상대방에게 외포심을 일으키게 하는 것을 말한다.

(2) 검 토

경찰관 乙은 불법영득의 의사로 甲을 공갈하여 丙에게 1,000만원을 전달하라고 하여 甲은 처분행위로서 현금 1,000만원을 丙에게 주었으므로 甲의 재산상의 손해 및 丙의 재산상 이익의 취득이 인정되어 공갈죄의 구성요건에 해당하고 별도의 위법성조각사유나 책임조각사유는 인정되지 아니하므로 공갈죄가 성립한다. 乙의 공갈은 乙이 직권을 이용하여 범한 것이므로 공갈죄에 정한 형의 2분의 1까지 가중한다(형법 제135조).

2. 수뢰죄(형법 제129조 제1항)의 성립 여부

(1) 수뢰죄의 구성요건

수뢰죄는 공무원 또는 중재인이 그 직무에 관하여 뇌물을 수수, 요구 또는 약속함으로써 성립하는 범죄이다(형법 제129조 제1항). 뇌물이란 공무원 또는 중재인의 직무에 관한 위법한 보수 또는 부정한 이익을 말한다.

(2) 판 례

판례는 공무원이 직무집행의 의사 없이 또는 직무처리와 대가적 관계없이 타인을 공갈하여 재물을 교부하게 한 경우에는 공갈죄만이 성립한다고 판시하고 있다.[197]

(3) 검 토

판례의 취지를 고려할 때 직무집행의 의사가 있거나 직무처리와 대가적 관계가 인정된다면 공무원에게 수뢰죄를 인정하는 것이 타당하다고 판단된다. 사안에서 乙이 甲에게 경찰서에 출석할 것을 요구하였고, 범죄사실을 무마시켜 주겠다고 하면서 현금을 丙에게 전달하라고 한 경우 乙은 직무집행의 의사로 대가관계가 인정되는 현금을 요구한 것으로 볼 수 있어 乙의 행위는 수뢰죄의 구성요건에 해당하고 별도의 위법성조각사유나 책임조각사유는 인정되지 아니하므로 수뢰죄가 성립한다.

3. 제3자뇌물공여죄(형법 제130조)의 성립 여부

(1) 문제점

제3자뇌물공여죄는 공무원 또는 중재인이 그 직무에 관하여 부정한 청탁을 받고 제3자에게 뇌물을 공여하게 하거나 공여를 요구 또는 약속함으로써 성립하는 범죄로(형법 제130조), 사안에서 乙이 직접 현금을 받은 것이 아니라 丙에게 전달하라고 한 경우, 제3자뇌물공여죄의 성립 여부가 문제된다.

(2) 판 례

판례는 공무원이 뇌물공여자로 하여금 공무원과 뇌물수수죄의 공동정범 관계에 있는 비공무원에게 뇌물을 공여하게 한 경우에는 공동정범의 성질상 공무원 자신에게 뇌물을 공여하게 한 것으로 볼 수 있어, 공무원과 공동정범 관계에 있는 비공무원은 제3자뇌물수수죄에서 말하는 제3자가 될 수 없고, 공무원과 공동정범 관계에 있는 비공무원이 뇌물을 받은 경우에는 공무원과 함께 뇌물수수죄의 공동정범이 성립하고 제3자뇌물수수죄는 성립하지 않는다고 한다.[198]

(3) 검 토

乙은 丙과 공모하여 직무집행의 의사로 직무와 관련하여 甲으로부터 현금을 받기로 하고, 공모한대로 丙이 현금을 받았으므로, 후술하는 바와 같이 丙에게는 수뢰죄의 공동정범이 성립하고 제3자뇌물수수죄에서 말하는 제3자가 될 수 없어 제3자뇌물수수죄는 성립하지 않는다고 보는 것이 타당하다.

4. 사안의 적용

乙이 직무집행의 의사로 직무처리와 대가적 관계가 인정되는 현금을 甲으로부터 丙에게 전달하도록 하여 丙이 받게 한 행위는 공갈죄와 수뢰죄를 구성하고 양 죄는 행위의 부분적 동일성이 인정되므로 상상적 경합의 관계에 있다.

---

197) 대판 1994.12.22. 94도2528
198) 대판 2019.8.29. 2018도2738[전합]

Ⅲ 丙의 죄책

1. 공갈죄의 공동정범(형법 제350조, 제30조)의 성립 여부

공동정범이란 2인 이상의 자가 공동의 범행계획에 따라 각자 실행의 단계에서 본질적인 기능을 분담하여 이행함으로써 성립하는 범죄형태를 말하고, 사안에서 乙이 丙과 공모하여 직무집행의 의사로 직무처리와 대가적 관계가 인정되는 현금을 甲이 丙에게 전달하도록 하여 丙이 이를 받은 경우, 기능적 행위지배에 의한 공동가공의 사실과 공동가공의 의사를 인정할 수 있으므로 丙에게는 공갈죄의 공동정범이 성립한다.

2. 수뢰죄의 공동정범(형법 제129조 제1항, 제30조)의 성립 여부

(1) 진정신분범의 공동정범의 성립 여부

신분관계가 없는 사람이 신분관계로 인하여 성립될 범죄(진정신분범)에 가공한 경우에는 신분관계가 있는 사람과 공범이 성립한다(형법 제33조 본문). 이 경우 신분관계가 없는 사람에게 공동가공의 의사와 이에 기초한 기능적 행위지배를 통한 범죄의 실행이라는 주관적·객관적 요건이 충족되면 공동정범으로 처벌된다.199)

(2) 판 례

판례는 비공무원이 공무원과 공동가공의 의사와 이를 기초로 한 기능적 행위지배를 통하여 공무원의 직무에 관하여 뇌물을 수수하는 범죄를 실행하였다면 공무원이 직접 뇌물을 받은 것과 동일하게 평가할 수 있으므로 공무원과 비공무원에게 뇌물수수죄의 공동정범이 성립한다고 한다.200)

(3) 검 토

수뢰죄는 진정신분범으로 공무원의 신분이 없는 丙이 乙과 공모하여 기능적 행위지배를 통하여 현금을 수수하였으므로 수뢰죄의 공동정범이 성립한다고 보는 것이 타당하다. 한편 乙과 丙이 사전에 현금을 丙에게 귀속시키기로 모의하였고 현금을 丙이 사용하거나 소비할 것이라고 하더라도 이러한 사정은 뇌물수수죄의 공동정범이 성립한 이후 뇌물의 처리에 관한 것에 불과하므로 뇌물수수죄가 성립하는 데 영향이 없다.

3. 사안의 적용

공무원의 신분이 없는 丙이 乙과 공모하여 甲을 공갈하고 甲으로부터 현금을 수수한 행위는 공갈죄와 수뢰죄의 공동정범을 구성하고 양 죄는 행위의 부분적 동일성이 인정되므로 상상적 경합의 관계에 있다.

---

199) 대판 2019.8.29. 2018도2738[전합]
200) 대판 2019.8.29. 2018도2738[전합]

IV 甲의 죄책

1. 증뢰죄(형법 제133조 제1항)의 구성요건

증뢰죄는 수뢰죄의 뇌물을 약속, 공여 또는 공여의 의사를 표시하거나 이러한 행위에 제공할 목적으로 제3자에게 금품을 교부한 자 또는 그 사정을 알면서 금품을 교부받은 제3자에게 성립하는 범죄이다(형법 제133조). 사안에서 乙과 丙이 공모하여 乙이 직무집행의 의사로 직무와 관련하여 甲이 丙에게 현금을 전달하게 하여 丙이 현금을 받은 경우, 乙과 丙은 수뢰죄의 공동정범이 성립하나 甲은 공갈죄의 피해자에 그치는 것인지 아니면 증뢰죄가 성립하는지 여부가 문제된다.

2. 판 례

판례는 공무원이 직무집행의 의사 없이 또는 직무처리와 대가적 관계없이 타인을 공갈하여 재물을 교부하게 한 경우에는 공갈죄만이 성립하고, 이러한 경우 재물의 교부자가 공무원의 해악의 고지로 인하여 외포의 결과 금품을 제공한 것이라면 그는 공갈죄의 피해자가 될 것이고 뇌물공여죄는 성립될 수 없다고 한다.[201]

3. 사안의 적용

乙과 丙이 공모하여 乙이 직무집행의 의사로 직무와 관련하여 甲이 丙에게 현금을 전달하게 하여 丙이 현금을 받은 경우, 乙과 丙에게는 수뢰죄의 공동정범이 성립하지만 乙의 공갈에 의해 丙에게 현금을 전달하는 甲에게도 乙의 직무와 관련하여 현금을 전달한다는 미필적 고의는 있었다고 볼 수 있으므로 甲의 행위는 증뢰죄의 구성요건에 해당하고 별도의 위법성조각사유나 책임조각사유는 인정되지 아니하므로 증뢰죄가 성립한다고 보는 것이 타당하다고 판단된다.

V 사안의 해결

乙과 丙이 공모하여 甲을 공갈하고 현금을 전달받은 행위는 공갈죄와 수뢰죄의 공동정범을 구성하고, 현금을 丙에게 전달한 甲의 행위는 증뢰죄를 구성한다.

---

201) 대판 1994.12.22. 94도2528

문제 2

I 논점의 정리

(1) 乙과 丙회사 주식에 대한 주식양도담보설정계약을 체결한 甲이 주식을 C에게 양도한 행위로 乙에 대한 배임죄가 성립하는지 여부가 문제된다.

(2) A와 임대차계약을 체결한 甲이 A로부터 임대차보증금을 모두 받고 乙로부터 상점 소유권을 취득하였음에도 A에게 고지하지 아니하고, C에게 돈을 차용하며 상점에 대한 2순위 저당권설정계약을 체결하고, D은행에서 대출을 받은 후 상점에 D 명의의 2순위 저당권설정등기를 마쳐준 행위로 A에 대한 배임죄가 성립하는지 여부가 문제된다.

(3) D은행에서 대출을 받은 후 상점에 D 명의의 2순위 저당권설정등기를 마쳐준 행위로 C에 대한 배임죄가 성립하는지 여부가 문제된다.

II 배임죄의 주체

1. 타인의 사무를 처리하는 자

배임죄의 주체는 타인의 사무를 처리하는 자로 타인과의 대내적 신임관계에 비추어 맡겨진 사무를 신의성실의 원칙에 부합하게 처리해야 할 의무가 있는 자를 말한다.

2. 판례

판례는 '타인의 사무를 처리하는 자'라고 하려면, 타인의 재산관리에 관한 사무의 전부 또는 일부를 타인을 위하여 대행하는 경우와 같이 당사자 관계의 전형적·본질적 내용이 통상의 계약에서의 이익대립관계를 넘어서 그들 사이의 신임관계에 기초하여 타인의 재산을 보호 또는 관리하는 데에 있어야 하므로, 이익대립관계에 있는 통상의 계약관계에서 채무자의 성실한 급부이행에 의해 상대방이 계약상 권리의 만족 내지 채권의 실현이라는 이익을 얻게 되는 관계에 있다거나, 계약을 이행함에 있어 상대방을 보호하거나 배려할 부수적인 의무가 있다는 것만으로는 채무자를 타인의 사무를 처리하는 자라고 할 수 없고, 위임 등과 같이 계약의 전형적·본질적인 급부의 내용이 상대방의 재산상 사무를 일정한 권한을 가지고 맡아 처리하는 경우에 해당하여야 한다고 판시하고 있다.[202]

---

202) 대판 2020.2.20. 2019도9756[전합]

Ⅲ 乙에 대한 배임죄(형법 제355조 제2항)의 성립 여부

1. 판 례

판례는 사안과 유사한 사례에서 채무자가 금전채무를 담보하기 위하여 그 소유의 동산을 채권자에게 양도담보로 제공함으로써 채권자인 양도담보권자에 대하여 담보물의 담보가치를 유지·보전할 의무 내지 담보물을 타에 처분하거나 멸실, 훼손하는 등으로 담보권 실행에 지장을 초래하는 행위를 하지 않을 의무를 부담하게 되었더라도, 이를 들어 채무자가 통상의 계약에서의 이익대립관계를 넘어서 채권자와의 신임관계에 기초하여 채권자의 사무를 맡아 처리하는 것으로 볼 수 없으므로, 채무자를 배임죄의 주체인 '타인의 사무를 처리하는 자'에 해당한다고 할 수 없고, 그가 담보물을 제3자에게 처분하는 등으로 담보가치를 감소 또는 상실시켜 채권자의 담보권 실행이나 이를 통한 채권실현에 위험을 초래하더라도 배임죄가 성립한다고 할 수 없고, 위와 같은 법리는, 채무자가 동산에 관하여 양도담보설정계약을 체결하여 이를 채권자에게 양도할 의무가 있음에도 제3자에게 처분한 경우에도 적용되고, 주식에 관하여 양도담보설정계약을 체결한 채무자가 제3자에게 해당 주식을 처분한 사안에도 마찬가지로 적용된다고 한다.[203]

2. 사안의 적용

甲은 乙과 함께 운영해 온 프랜차이즈 사업을 청산하기로 하면서 乙의 초기투자비용 3억원을 乙에게 돌려주는 대신 甲이 소유한 丙회사 주식 15,000주에 대하여 乙을 양도담보권자로 하는 주식양도담보설정계약을 체결하여 乙에 대하여 주식의 담보가치를 유지·보전할 의무 내지 주식을 타에 처분하거나 멸실, 훼손하는 등으로 양도담보권실행에 지장을 초래하는 행위를 하지 않을 의무를 부담하게 되었더라도 甲이 乙의 사무를 처리하는 자라고 할 수 없으므로 甲이 추가적인 자금 확보를 위해 C에게 돈을 차용하며 丙회사 주식 15,000주를 C에게 양도하였더라도 배임죄는 성립하지 아니한다.

Ⅳ A에 대한 배임죄(형법 제355조 제2항)의 성립 여부

1. 판 례

판례는 사안과 유사한 사례에서 피고인이 아파트에 관한 임대차계약을 체결하면서 아파트에 대한 소유권이전등기를 마치는 즉시 임차인인 피해자에게 그와 같은 사실을 알려 피해자로 하여금 전입신고를 하고 확정일자를 받아 1순위 근저당권자 다음으로 대항력을 취득할 수 있도록 약정하였는데, 소유권 취득 사실을 고지하지 아니한 경우, 피고인과 피해자 관계의 본질적 내용이 단순한 채권관계상의 의무를 넘어서 피해자의 재산을 보호 내지 관리하는 데 있다고까지 보기는 어려운 점 등을 고려하면 피고인이 타인의 사무를 처리하는 자의 지위에 있다고 보기 어렵다고 판시하고 있다.[204]

---

203) 대판 2020.2.20. 2019도9756[전합]
204) 대판 2015.11.26. 2015도4976

2. 사안의 적용

甲이 乙로부터 상점 소유권을 취득하였음에도 A에게 고지하지 아니하였으나 임차인 A가 전입신고를 하고 확정일자를 받는 것은 임대인 甲의 도움 없이 일방적으로 할 수 있는 점을 생각할 때 甲과 A의 관계가 단순한 채권관계상의 의무를 넘어서 甲이 A의 재산을 보호 내지 관리하는 데 있다고까지 보기는 어려우므로 甲이 C에게 돈을 차용하며 상점에 대한 2순위 저당권설정계약을 체결하고 D은행에서 대출을 받은 후 상점에 D명의의 2순위 저당권설정등기를 마쳐주었다고 하더라도 배임죄는 성립하지 아니한다.

Ⅴ C에 대한 배임죄(형법 제355조 제2항)의 성립 여부

1. 판 례

판례는 채무자가 금전채무를 담보하기 위한 저당권설정계약에 따라 채권자에게 그 소유의 부동산에 관하여 저당권을 설정할 의무를 부담하게 되었다고 하더라도, 이를 들어 채무자가 통상의 계약에서 이루어지는 이익대립관계를 넘어서 채권자와의 신임관계에 기초하여 채권자의 사무를 맡아 처리하는 것으로 볼 수 없고, 채무자가 저당권설정계약에 따라 채권자에 대하여 부담하는 저당권을 설정할 의무는 계약에 따라 부담하게 된 채무자 자신의 의무에 해당하여 채무자가 위와 같은 의무를 이행하는 것은 채무자 자신의 사무에 해당할 뿐이므로, 채무자를 채권자에 대한 관계에서 '타인의 사무를 처리하는 자'라고 할 수 없으므로 채무자가 제3자에게 먼저 담보물에 관한 저당권을 설정하거나 담보물을 양도하는 등으로 담보가치를 감소 또는 상실시켜 채권자의 채권실현에 위험을 초래하더라도 배임죄가 성립한다고 할 수 없다고 한다.[205]

2. 사안의 적용

甲은 C에게 돈을 차용하며 상점에 대한 2순위 저당권설정계약을 체결한 경우, 甲이 저당권설정계약에 따라 C에게 부담하는 저당권을 설정할 의무는 甲 자신의 사무에 해당할 뿐이므로, 甲을 C에 대한 관계에서 타인의 사무를 처리하는 자라고 할 수 없어 甲이 D은행에서 대출을 받은 후 위 상점에 D 명의의 2순위 저당권설정등기를 마쳐주었다고 하더라도 배임죄는 성립하지 아니한다.

---

205) 대판 2020.6.18. 2019도14340[전합]

Ⅵ 사안의 해결

乙과 丙회사 주식에 대한 주식양도담보설정계약을 체결한 甲이 주식을 C에게 양도한 행위는 乙에 대하여 배임죄를 구성하지 아니한다. A와 임대차계약을 체결한 甲이 乙로부터 상점 소유권을 취득하였음에도 A에게 고지하지 아니하고, C에게 상점에 대한 2순위 저당권설정계약을 체결하고, 상점에 D 명의의 2순위 저당권설정등기를 마쳐준 행위는 A에 대해 배임죄를 구성하지 아니한다. D은행에서 대출을 받은 후 상점에 D 명의의 2순위 저당권설정등기를 마쳐준 행위도 역시 C에 대한 배임죄를 구성하지 아니한다.

하느냐의 문제가 아니야,
언제 하느냐의 문제야.

- 미생 中 -

PART
4

판례연습

판례평석에 대하여는 고려대로스쿨의 정승환교수님께서 인권과 정의에 게재하신 평석과 고려대로스쿨의 이주원교수님, 법무법인 세종의 이건주·박배희 변호사님께서 법률신문에 게재하신 평석의 일부를 수정하여 싣는 것임을 미리 밝혀둔다.

제 1 편 형법의 일반이론

제1장 형법의 기본원리

제2장 형법의 적용범위

01 | 한시법의 추급효 인정 여부에 관한 동기설의 법리 폐기[206] 대판 2022.12.22. 2020도16420[전합]

범죄사실

검사는 피고인이 성명불상의 보이스피싱 조직원과 공모하여 피해자를 기망하여 재산상 이익을 편취하였다는 사기, 범죄에 이용할 목적으로 접근매체를 보관하였다는 전자금융거래법위반, 업무상 과실로 피해자 공소외 6에게 약 2주간의 치료가 필요한 경추의 염좌 및 긴장 등, 피해자 공소외 2에게 약 2주간의 치료가 필요한 경추의 염좌 및 긴장 등의 상해를 각각 입게 하였다는 교통사고처리특례법위반(치상), 자동차운전면허를 받지 아니하고 SM5 승용차를 운전하였다는 도로교통법위반(무면허운전), 도로교통법의 음주운전 금지 규정을 1회 이상 위반하였음에도 다시 위 음주운전 금지 규정을 위반하여 술에 취한 상태에서 자동차를 운전하였다는 등의 범죄사실에 대하여 피고인을 위의 각 위반죄로 서울서부지방법원에 공소제기하였다.

---

[206] 피고인이 도로교통법 위반(음주운전)죄로 처벌받은 전력이 있음에도 술에 취한 상태로 전동킥보드를 운전하였다고 하여 구 도로교통법 위반(음주운전)으로 기소되었는데, 구 도로교통법이 개정되어 원심판결 선고 후에 개정 도로교통법이 시행되면서 제2조 제19호의2 및 제21호의2에서 전동킥보드와 같은 '개인형 이동장치'와 이를 포함하는 '자전거 등'에 관한 정의규정을 신설함에 따라 개인형 이동장치 음주운전 행위는 자동차 등 음주운전 행위를 처벌하는 제148조의2의 적용 대상에서 제외되는 한편 자전거 등 음주운전 행위를 처벌하는 제156조 제11호가 적용되어 법정형이 종전보다 가볍도록 법률이 변경되고 별도의 경과규정은 두지 않은 사안에서, 이러한 법률 개정은 구성요건을 규정한 형벌법규 자체의 개정에 따라 형이 가벼워진 경우에 해당함이 명백하므로, 종전 법령이 반성적 고려에 따라 변경된 것인지를 따지지 않고 형법 제1조 제2항에 따라 신법인 도로교통법 제156조 제11호, 제44조 제1항으로 처벌할 수 있을 뿐이라는 이유로, 행위시법인 구 도로교통법 제148조의2 제1항, 도로교통법 제44조 제1항을 적용하여 공소사실을 유죄로 인정한 원심판결은 더 이상 유지될 수 없다고 한 사례(대판 2022.12.22. 2020도16420[전합]).

주요논점

[1] 범죄의 성립과 처벌에 관하여 규정한 형벌법규 자체 또는 그로부터 수권 내지 위임을 받은 법령의 변경에 따라 범죄를 구성하지 아니하게 되거나 형이 가벼워진 경우, 종전 법령이 범죄로 정하여 처벌한 것이 부당하였다거나 과형이 과중하였다는 반성적 고려에 따라 변경된 것인지를 따지지 않고 원칙적으로 형법 제1조 제2항과 형사소송법 제326조 제4호가 적용되는지 여부(적극)
[2] 이러한 법리는, 형벌법규가 고시 등 행정규칙·행정명령, 조례 등에 구성요건의 일부를 수권 내지 위임한 경우에도 그 고시 등 규정이 위임입법의 한계를 벗어나지 않는 한 마찬가지인지 여부(적극)
[3] 해당 형벌법규 자체 또는 그로부터 수권 내지 위임을 받은 법령이 아닌 다른 법령이 변경된 경우, 형법 제1조 제2항과 형사소송법 제326조 제4호를 적용하기 위한 요건
[4] 스스로 유효기간을 구체적인 일자나 기간으로 특정하여 효력의 상실을 예정하고 있던 법령이 그 유효기간을 경과함으로써 더 이상 효력을 갖지 않게 된 경우가 형법 제1조 제2항과 형사소송법 제326조 제4호에서 말하는 '법령의 변경'에 해당하는지 여부(소극)

판결요지

[다수의견]
[1] 범죄 후 법률이 변경되어 그 행위가 범죄를 구성하지 아니하게 되거나 형이 구법보다 가벼워진 경우에는 신법에 따라야 하고(형법 제1조 제2항), 범죄 후의 법령 개폐로 형이 폐지되었을 때는 판결로써 면소의 선고를 하여야 한다(형사소송법 제326조 제4호). 이러한 형법 제1조 제2항과 형사소송법 제326조 제4호의 규정은 입법자가 법령의 변경 이후에도 종전 법령 위반행위에 대한 형사처벌을 유지한다는 내용의 경과규정을 따로 두지 않는 한 그대로 적용되어야 한다. 따라서 범죄의 성립과 처벌에 관하여 규정한 형벌법규 자체 또는 그로부터 수권 내지 위임을 받은 법령의 변경에 따라 범죄를 구성하지 아니하게 되거나 형이 가벼워진 경우에는, 종전 법령이 범죄로 정하여 처벌한 것이 부당하였다거나 과형이 과중하였다는 반성적 고려에 따라 변경된 것인지 여부를 따지지 않고 원칙적으로 형법 제1조 제2항과 형사소송법 제326조 제4호가 적용된다.
[2]·[3] 형벌법규가 대통령령, 총리령, 부령과 같은 법규명령이 아닌 고시 등 행정규칙·행정명령, 조례 등(이하 '고시 등 규정')에 구성요건의 일부를 수권 내지 위임한 경우에도 이러한 고시 등 규정이 위임입법의 한계를 벗어나지 않는 한 형벌법규와 결합하여 법령을 보충하는 기능을 하는 것이므로, 그 변경에 따라 범죄를 구성하지 아니하게 되거나 형이 가벼워졌다면 마찬가지로 형법 제1조 제2항과 형사소송법 제326조 제4호가 적용된다. 그러나 해당 형벌법규 자체 또는 그로부터 수권 내지 위임을 받은 법령이 아닌 다른 법령이 변경된 경우 형법 제1조 제2항과 형사소송법 제326조 제4호를 적용하려면, 해당 형벌법규에 따른 범죄의 성립 및 처벌과 직접적으로 관련된 형사법적 관점의 변화를 주된 근거로 하는 법령의 변경에 해당하여야 하므로, 이와 관련이 없는 법령의 변경으로 인하여 해당 형벌법규의 가벌성에 영향을 미치게 되는 경우에는 형법 제1조 제2항과 형사소송법 제326조 제4호가 적용되지 않는다.
[4] 한편 법령이 개정 내지 폐지된 경우가 아니라, 스스로 유효기간을 구체적인 일자나 기간으로 특정하여 효력의 상실을 예정하고 있던 법령이 그 유효기간을 경과함으로써 더 이상 효력을 갖지 않게 된 경우도 형법 제1조 제2항과 형사소송법 제326조 제4호에서 말하는 법령의 변경에 해당한다고 볼 수 없다.

[5] 앞서 본 법리에 비추어 원심의 판단을 살펴본다.

이 부분 공소사실과 같이 도로교통법 제44조 제1항 위반 전력이 있는 사람이 다시 술에 취한 상태로 전동킥보드를 운전한 행위는, 이 사건 법률 개정 전에는 구 도로교통법 제148조의2 제1항이 적용되어 2년 이상 5년 이하의 징역이나 1천만원 이상 2천만원 이하의 벌금으로 처벌되었으나, 이 사건 법률 개정 후에는 도로교통법 제156조 제11호가 적용되어 20만원 이하의 벌금이나 구류 또는 과료로 처벌되게 되었다. 이러한 이 사건 법률 개정은 구성요건을 규정한 형벌법규 자체의 개정에 따라 형이 가벼워진 경우에 해당함이 명백하므로, 종전 법령이 반성적 고려에 따라 변경된 것인지 여부를 따지지 않고 형법 제1조 제2항을 적용하여야 한다. 결국 이 부분 공소사실 기재 행위는 형법 제1조 제2항에 따라 행위시법인 구 도로교통법 제148조의2 제1항, 도로교통법 제44조 제1항으로 처벌할 수 없고, 원심판결 후 시행된 이 사건 법률 개정을 반영하여 신법인 도로교통법 제156조 제11호, 제44조 제1항으로 처벌할 수 있을 뿐이므로, 원심판결 중 이 부분 공소사실에 관한 부분은 형사소송법 제383조 제2호의 "판결 후 형의 변경이 있는 때"에 해당하여 더 이상 유지될 수 없다. 따라서 원심판결 중 이 부분 공소사실에 관한 부분은 파기되어야 하는데, 이 부분은 유죄로 인정된 나머지 부분과 형법 제37조 전단의 경합범 관계에 있어 하나의 형이 선고되었으므로, 결국 원심판결은 전부 파기되어야 한다.

[별개의견 1]

종래 대법원판례의 법리는 기준이 불명확하고 판단이 자의적일 수 있다는 점에서, 다수의견이 이를 폐기하고 형법 제1조 제2항과 형사소송법 제326조 제4호에서 말하는 '법령의 변경'의 기준으로 '형사법적 관점의 변화'를 제시한 것은 기본적으로 타당하고, 이에 찬동할 수 있다. 그러나 다수의견이 형벌법규가 변경된 경우 원칙적으로 적용할 수 있는 기본 법리를 제시하는 데 그치지 않고 세분화된 유형별 법리를 구성한 후 각 유형별로 일률적인 결론을 정한 것은 받아들이기 어렵다.

[별개의견 2]

형법 제1조 제2항과 형사소송법 제326조 제4호에서 말하는 '법령의 변경'은 해당 형벌법규에 따른 범죄의 성립 및 처벌에 관한 형사법적 관점의 변화를 전제로 하여야 한다고 보아, 종전 법령에 따른 처벌이 부당하거나 과중하였다는 등 반성적 고려에 따라 변경된 것인지 여부를 따지지 않고, 형사법적 관점의 변화가 인정된다면 원칙적으로 형법 제1조 제2항과 형사소송법 제326조 제4호가 적용되어야 한다는 다수의견의 기본 입장은 타당하다. 그러나 다수의견이 '유효기간을 구체적인 일자나 기간으로 특정하여 효력의 상실을 예정하고 있던 법령이 유효기간을 경과한 경우'를 형법 제1조 제2항과 형사소송법 제326조 제4호에서 말하는 법령의 변경에 해당하지 않는다고 보아 일률적으로 피고인에게 유리한 재판시법의 적용을 배제하고 행위시법의 추급효를 인정하여야 한다는 부분에는 동의할 수 없다. 피고인에게 유리하게 형벌법규가 변경되었다는 관점에서 보면 법령이 개정·폐지된 경우와 법령의 유효기간이 경과된 경우는 본질적으로 차이가 없다. 형법 제1조 제2항과 형사소송법 제326조 제4호에서 말하는 '법령의 변경'이 범죄의 가벌성과 직접적으로 관련된 형사법적 관점의 변화를 전제로 하는 것이라면, 법령의 유효기간이 경과된 경우에도 추급효에 관한 경과규정을 두지 않은 이상 원칙적으로 피고인에게 유리한 재판시법이 적용되어야 한다.

판결주문

원심판결을 파기하고, 사건을 서울서부지방법원에 환송한다.

판례평석

이 판례는 행위자에게 유리한 재판시법(신법)의 적용을 규정한 형법 제1조 제2항의 '법률의 변경'과 관련하여, 이른바 동기설의 종래의 판단기준을 폐기하는 대신 '형사법적 관점의 변화'라는 새로운 판단기준을 제시하고 있다. 대상판결의 신기준인 형벌법규의 가벌성에 '직접 관련된' '형사법적 관점의 변화'라는 대체 표지는 동기설의 그늘에서부터 완전히 벗어난 것으로 평가되기 어렵다는 점에서, '신(新) 동기설'과 진배없다는 비판이 제기될 여지가 있다. 비록 '입법자의 내심의 동기를 탐지하는' 구기준인 동기설과 달리 '객관적으로 드러난 사정'에 기초한 '법령해석'이라고 대상판결은 자평하고 있지만, 구기준에서의 '과거의 처벌이 부당했다'는 반성적 고려 여부의 판단과 신기준의 '향후 처벌을 유지하지 않기로 했다'는 평가적 판단은 서로 원인과 결과의 관계에 있는 동전의 양면과 다를바 없고, 신기준 역시 여전히 행위자에게 불리한 '목적론적 축소해석'을 시도하고 있는 것이기 때문이다. 또한 신기준은 비록 이에 따른 판례들이 아직 충분히 축적된 상태가 아닌 만큼 단정하기는 어렵지만, 결국 종전의 '반성적 고려 유무'라는 기준을 '형사법적 관점의 변화'로 대체할 뿐 종래 동기설 법리의 판단구조를 그대로 유지하는 결과가 되므로, 광범위한 영역에서 '불명확성'이 그대로 남아있음을 부정할 수 없다.

제2편 범죄론

제1장 범죄론의 기초

제2장 구성요건론

01 | 다수인의 과실부작위 행위의 경합과 동시범[207]
대판 2023.3.9. 2022도16120

범죄사실

같은 회사 근로자인 갑(이하 '피고인 갑')과 을(이하 '피고인 을')은 회사 공장동 건물 외벽에 설치된 재활용 박스 분리수거장 옆에서 담배를 피우게 되었다. 당시 분리수거장 방향으로 바람이 상당히 강하게 불고 분리수거장에는 불이 붙기 쉬운 종이로 된 재활용 박스 등이 쌓여 있었다. 검사는 피고인 갑이 분리수거장 방향으로 담배꽁초 불씨를 손가락으로 튕긴 후 담배꽁초를 분리수거장 바로 옆 바닥에 놓여있던 쓰레기봉투에 던져 버리고, 피고인 을은 공장동 방향으로 담배꽁초 불씨를 손가락으로 튕긴 후 담배꽁초를 분리수거장을 향해 던져 버린 다음, 각자 상호 간 이를 보고도 아무런 조치를 취하지 아니하고 현장을 떠난 직후 약 3~4분 정도 지나 분리수거장 쪽에서 연기가 솟아 오르기 시작하여 분리수거장 안에 쌓여 있던 재활용 박스 등에 불이 붙고, 그 불이 위 공장동으로 번져 위 공장동 전체가 불에 타게 되었다는 범죄사실에 대하여 피고인들을 실화죄로 대구지방법원에 공소제기하였다.

---

[207] 피고인들이 분리수거장 방향으로 담배꽁초를 던져 버리고 현장을 떠난 후 화재가 발생하여 각각 실화죄로 기소된 사안에서, 피고인들 각자 본인 및 상대방이 버린 담배꽁초 불씨가 살아 있는지를 확인하고 이를 완전히 제거하는 등 화재를 미리 방지할 주의의무가 있음에도 이를 게을리한 채 만연히 현장을 떠난 과실이 인정되고 이러한 피고인들 각자의 과실이 경합하여 위 화재를 일으켰다고 보아, 피고인들 각자의 실화죄 책임을 인정한 원심판결을 수긍하는 한편, 원심판단 중 위 화재가 피고인들 중 누구의 행위에 의한 것인지 인정하기에 부족하다는 취지의 부분은 '피고인들 중 누구의 담배꽁초로 인하여 위 화재가 발생하였는지 인정할 증거가 부족하다.'는 의미로 선해할 수 있고, 이는 피고인들의 각 주의의무 위반과 위 화재의 발생 사이에 인과관계가 인정된다는 취지의 부가적 판단이므로, 이와 다른 전제에서 '원인행위가 불명이어서 피고인들은 실화죄의 미수로 불가벌에 해당하거나 적어도 피고인들 중 일방은 실화죄가 인정될 수 없다.'는 취지의 피고인들 주장은 받아들이기 어렵다고 한 사례(대판 2023.3.9. 2022도16120).

주요논점

[1] 형법상 부작위범의 성립 요건
[2] 실화죄에 있어서 공동의 과실이 경합되어 화재가 발생한 경우, 적어도 각 과실이 화재의 발생에 대하여 하나의 조건이 된 이상 그 공동적 원인을 제공한 사람들은 각자 실화죄의 책임을 지는지 여부(적극)

판결이유

[1]·[2] 형법이 금지하고 있는 법익침해의 결과발생을 방지할 법적인 작위의무를 지고 있는 자가 그 의무를 이행함으로써 결과발생을 쉽게 방지할 수 있는데도 결과발생을 용인하고 방관한 채 의무를 이행하지 아니한 것이 범죄의 실행행위로 평가될 만한 것이라면 부작위범으로 처벌할 수 있다. 실화죄에 있어서 공동의 과실이 경합되어 화재가 발생한 경우 적어도 각 과실이 화재의 발생에 대하여 하나의 조건이 된 이상은 그 공동적 원인을 제공한 사람들은 각자 실화죄의 책임을 면할 수 없다.

[3] 원심은 판시와 같은 이유로 피고인들이 분리수거장 방향으로 담배꽁초를 던져 버리는 한편, 피고인들 각자 본인 및 상대방이 버린 담배꽁초 불씨가 살아 있는지를 확인하고 이를 완전히 제거하는 등 화재를 미리 방지할 주의의무가 있음에도 이를 게을리한 채 만연히 현장을 떠난 과실이 인정되고 이러한 피고인들 각자의 과실이 경합하여 이 사건 화재를 일으켰다고 보아, 피고인들 각자의 실화죄 책임을 인정하면서 피고인들에 대한 예비적 공소사실을 유죄로 판단하였다. 원심판결 이유를 관련 법리와 적법하게 채택한 증거에 비추어 살펴보면, 원심의 판단에 논리와 경험의 법칙을 위반하여 자유심증주의의 한계를 벗어나거나 실화죄에서 주의의무 위반과 상당인과관계 등에 관한 법리를 오해한 잘못이 없다.

다만 원심 판단 중 이 사건 화재가 피고인들 중 누구의 행위에 의한 것인지 인정하기에 부족하다는 취지의 부분은 결과발생의 원인행위가 판명되지 않았다는 뜻으로 오해할 여지가 있기는 하다. 그러나 이는 '피고인들 중 누구의 담배꽁초로 인하여 이 사건 화재가 발생하였는지 인정할 증거가 부족하다'는 의미로 선해할 수 있고, 이는 피고인들의 근무내용, 화재 발생 시간과 장소 및 경위, 법익침해 방지를 위한 행위의 용이성 등을 고려할 때, 피고인들이 각자 본인 및 상대방의 담뱃불로 인하여 화재가 발생할 수 있음을 충분히 예견할 수 있어 상호 간에 담배꽁초 불씨가 남아 있는지를 확인하고 이를 완전히 제거할 주의의무가 있음에도 이를 위반한 채 분리수거장 부근에서 담배꽁초 불씨를 튕기고 담배꽁초를 던져 버린 후 아무런 조치 없이 현장을 떠났고 이러한 피고인들의 각 주의의무 위반과 이 사건 화재의 발생 사이에 인과관계가 인정된다는 취지의 부가적 판단이므로, 이와 다른 전제에서 '원인행위가 불명이어서 피고인들은 실화죄의 미수로 불가벌에 해당하거나 적어도 피고인들 중 일방은 실화죄가 인정될 수 없다'는 취지의 피고인들 주장은 받아들이기 어렵다.

판결주문

상고를 모두 기각한다.

판례평석

이 판례는 다수인의 과실부작위가 경합한 경우 과실부작위범의 단독정범 성립 여부를 판단한 예이다. 2인 이상이 정범으로 범죄를 실행한 경우 공동정범이 되지 않는 모든 현상은 동시범의 문제영역이다. 대상판결에서는 과실범의 공동정범 성립이 배제되는 이상, 다수인의 과실행위가 우연히 경합한 경우, 즉 '과실범의 동시범'과 같은 구조가 된다. 원심(항소심)은 '피고인들 중 한 명은 작위, 적어도 다른 한 명은 부작위'의 각 과실이 경합한 것, 즉 과실작위범과 과실부작위범의 경합으로 인정한 반면, 대법원은 '누구의 담배꽁초로 인하여 화재가 발생하였는지 인정할 증거가 없다'는 의미로 선해한 다음, 갑과 을 '각자의 부작위'에 초점을 맞추어 각 '인식 없는 과실의 부작위범'의 경합으로 인정하고 있으나, 생각건대 자신이나 타인의 작위행위(담배꽁초 불씨를 손가락으로 튕긴 행위)에 대해 독립적 발화의 충분한 인과성을 인정할 증거가 없다면, 이를 결과발생방지의무의 발생근거인 선행행위라고 하는 것이 과연 논리적인지 여부, 피고인들이 흡연이나 화재를 공모한 것이 아니므로 '피고인들'로 묶어서 판단해서는 안되고 피고인 각자의 행위를 각각 판단했어야 하는 것은 아닌지 여부 등에 대한 의문이 있다.

02 | 전공의의 과실로 환자가 사망한 경우 교수의 책임 인정 여부[208] 대판 2022.12.1. 2022도1499

범죄사실

피고인 A는 서울 소화기내과 위장관 파트의 임상조교수로서, 소속 전공의를 지도·감독하며 그 전공의들과 함께 환자를 진료하던 의사이고, 피고인 B는 내과 2년차 전공의로서 소화기내과 위장관 파트에서 근무하면서 피고인 A의 지도·감독하에 환자를 진료하던 의사이다. 검사는 피고인들이 장폐색 상태에 있는 피해자에 대하여 대장내시경 검사와 장청결을 위한 약품을 투여하면서 진료하던 중 의사에게 요구되는 주의의무를 게을리한 공동의 업무상 과실로 피해자를 사망에 이르게 하였다는 범죄사실에 대하여 피고인들을 업무상과실치사죄로 서울중앙지방법원에 공소제기하였다.

---

[208] 전공의가 분담한 의료행위에 관하여 내과 교수에게도 주의의무 위반에 따른 책임을 인정하려면, 부분 장폐색 환자에 대한 장정결 시행의 빈도와 처방 내용의 의학적 난이도, 내과 2년차 전공의임에도 소화기내과 위장관 부분 업무를 담당한 경험이 미흡하였거나 기존 경력에 비추어 보아 적절한 업무수행을 기대하기 어렵다는 등의 특별한 사정이 있었는지 여부 등을 구체적으로 심리하여 전공의에게 장정결 처방 및 그에 관한 설명을 위임한 것이 합리적이지 않았다는 사실에 대한 증명이 있었는지를 판단하였어야 함. 내과 교수가 전공의를 지휘·감독하는 지위에 있다는 사정만으로 직접 수행하지 않은 장정결제 처방과 장정결로 발생할 수 있는 위험성에 관한 설명에 대하여 책임이 있다고 단정한 원심에 의사의 의료행위 분담에 관한 법리를 오해하고 필요한 심리를 제대로 하지 아니함으로써 판결에 영향을 미친 잘못이 있다는 취지로 파기·환송한 사례(대판 2022.12.1. 2022도1499)

주요논점

[1] 의사가 의료행위를 할 때 취하여야 할 주의의무 및 의료사고가 발생한 경우에 의사의 과실을 인정하기 위한 요건 / 의사의 주의의무의 내용과 정도 및 과실의 유무를 판단하는 기준
[2] 의료행위가 의사들 사이의 분업적인 진료행위를 통하여 이루어지는 경우, 해당 의료행위에 필요한 주의의무의 준수 내지 위반이 있었는지 판단하는 기준
[3] 서로 대등한 지위에서 각자의 의료영역을 나누어 환자 진료의 일부를 분담한 경우, 진료를 분담받은 다른 의사의 전적인 과실로 환자에게 발생한 결과에 대하여 주된 의사의 지위에서 환자를 진료하는 의사에게 책임을 인정할 수 있는지 여부(소극)
[4] 수련병원의 전문의와 전공의 등의 관계처럼 의료기관 내의 직책상 주된 의사의 지위에서 지휘·감독 관계에 있는 다른 의사에게 특정 의료행위를 위임하는 수직적 분업의 경우, 주된 의사의 업무상 주의의무 및 그 위반 여부의 판단 기준
[5] 주된 지위에서 진료하는 의사가 설명의무의 이행을 다른 의사에게 위임할 수 있는지 여부(원칙적 적극) 및 이때 다른 의사에게 의료행위와 함께 그로 인하여 발생할 수 있는 위험성에 대한 설명까지 위임한 주된 지위의 의사의 주의의무 위반에 따른 책임을 인정할 수 있는 경우

판결요지

[1] 의사가 진찰·치료 등의 의료행위를 함에 있어서는 사람의 생명·신체·건강을 관리하는 업무의 성질에 비추어 환자의 구체적인 증상이나 상황에 따라 위험을 방지하기 위하여 요구되는 최선의 조치를 취하여야 할 주의의무가 있는바, 의료사고가 발생한 경우에 의사의 과실을 인정하기 위해서는 의사가 결과 발생을 예견할 수 있었음에도 불구하고 그 결과 발생을 예견하지 못하였고, 그 결과 발생을 회피할 수 있었음에도 불구하고 그 결과 발생을 회피하지 못한 과실이 검토되어야 한다. 의사의 이와 같은 주의의무의 내용과 정도 및 과실의 유무는 의료행위를 할 당시 의료기관 등 임상의학 분야에서 실천되고 있는 의료행위의 수준을 기준으로 삼되 그 의료수준은 같은 업무와 직무에 종사하는 통상의 의사에게 의료행위 당시 일반적으로 알려져 있고 또 시인되고 있는 의학의 수준, 진료환경과 조건, 의료행위의 특수성 등을 고려하여 규범적인 수준으로 파악되어야 한다.
[2]·[3] 어떠한 의료행위가 의사들 사이의 분업적인 진료행위를 통하여 이루어지는 경우에도 그 의료행위 관련 임상의학 분야의 현실과 수준을 포함하여 구체적인 진료환경 및 조건, 해당 의료행위의 특수성 등을 고려한 규범적인 기준에 따라 해당 의료행위에 필요한 주의의무의 준수 내지 위반이 있었는지 여부가 판단되어야 함은 마찬가지이다. 따라서 의사가 환자에 대하여 주된 의사의 지위에서 진료하는 경우라도, 자신은 환자의 수술이나 시술에 전념하고 마취과 의사로 하여금 마취와 환자 감시 등을 담당토록 하거나, 특정 의료영역에 관한 진료 도중 환자에게 나타난 문제점이 자신이 맡은 의료영역 내지 전공과목에 관한 것이 아니라 그에 선행하거나 병행하여 이루어진 다른 의사의 의료영역 내지 전공과목에 속하는 등의 사유로 다른 의사에게 그 관련된 협의진료를 의뢰한 경우처럼 서로 대등한 지위에서 각자의 의료영역을 나누어 환자 진료의 일부를 분담하였다면, 진료를 분담받은 다른 의사의 전적인 과실로 환자에게 발생한 결과에 대하여는 책임을 인정할 수 없다.

[4] 수련병원의 전문의와 전공의 등의 관계처럼 의료기관 내의 직책상 주된 의사의 지위에서 지휘·감독 관계에 있는 다른 의사에게 특정 의료행위를 위임하는 수직적 분업의 경우에는, 그 다른 의사에게 전적으로 위임된 것이 아닌 이상 주된 의사는 자신이 주로 담당하는 환자에 대하여 다른 의사가 하는 의료행위의 내용이 적절한 것인지 여부를 확인하고 감독하여야 할 업무상 주의의무가 있고, 만약 의사가 이와 같은 업무상 주의의무를 소홀히 하여 환자에게 위해가 발생하였다면 주된 의사는 그에 대한 과실 책임을 면할 수 없다. 이때 그 의료행위가 지휘·감독 관계에 있는 다른 의사에게 전적으로 위임된 것으로 볼 수 있는지 여부는 위임받은 의사의 자격 내지 자질과 평소 수행한 업무, 위임의 경위 및 당시 상황, 그 의료행위가 전문적인 의료영역 및 해당 의료기관의 의료 시스템 내에서 위임하에 이루어질 수 있는 성격의 것이고 실제로도 그와 같이 이루어져 왔는지 여부 등 여러 사정에 비추어 해당 의료행위가 위임을 통해 분담 가능한 내용의 것이고 실제로도 그에 관한 위임이 있었다면, 그 위임 당시 구체적인 상황하에서 위임의 합리성을 인정하기 어려운 사정이 존재하고 이를 인식하였거나 인식할 수 있었다고 볼 만한 다른 사정에 대한 증명이 없는 한, 위임한 의사는 위임받은 의사의 과실로 환자에게 발생한 결과에 대한 책임이 있다고 할 수 없다.

[5] 의료행위에 앞서 환자에게 그로 인하여 발생할 수 있는 위험성 등을 구체적으로 설명하여야 하는 주체는 원칙적으로 주된 지위에서 진료하는 의사라 할 것이나 특별한 사정이 없는 한 다른 의사를 통한 설명으로도 충분하다. 따라서 이러한 경우 다른 의사에게 의료행위와 함께 그로 인하여 발생할 수 있는 위험성에 대한 설명까지 위임한 주된 지위의 의사의 주의의무 위반에 따른 책임을 인정하려면, 그 위임사실에도 불구하고 위임하는 의사와 위임받는 의사의 관계 및 지위, 위임하는 의료행위의 성격과 그 당시의 환자 상태 및 그에 대한 각자의 인식 내용, 위임받은 의사가 그 의료행위 수행에 필요한 경험과 능력을 보유하였는지 여부 등에 비추어 위임의 합리성을 인정하기 어려운 경우에 해당하여야 한다.

판결주문

원심판결 중 피고인 A에 대한 부분을 파기하고, 이 부분 사건을 서울중앙지방법원에 환송한다.
피고인 B의 상고를 기각한다.

03 | 의사가 수술실을 이탈한 후 환자에게 심정지가 발생한 경우 의사의 책임 인정 여부[209]

대판 2023.8.31. 2021도1833

주요논점

[1] 의사에게 의료행위로 인한 업무상과실치사상죄를 인정하기 위한 요건 중 '업무상과실과 상해·사망 등 결과 발생 사이에 인과관계가 있음'에 대한 증명책임 소재(=검사) 및 증명 정도(=합리적인 의심의 여지가 없을 정도)
[2] 형사재판에서의 인과관계에 관한 판단이 동일 사안의 민사재판과 달라질 수 있는지 여부(적극)

판결이유

[1] 의사에게 의료행위로 인한 업무상과실치사상죄를 인정하기 위해서는, 의료행위 과정에서 공소사실에 기재된 업무상과실의 존재는 물론 그러한 업무상과실로 인하여 환자에게 상해·사망 등 결과가 발생한 점에 대하여도 엄격한 증거에 따라 합리적 의심의 여지가 없을 정도로 증명이 이루어져야 한다. 따라서 검사는 공소사실에 기재한 업무상과실과 상해·사망 등 결과 발생 사이에 인과관계가 있음을 합리적인 의심의 여지가 없을 정도로 증명하여야 하고, 의사의 업무상과실이 증명되었다는 사정만으로 인과관계가 추정되거나 증명 정도가 경감되는 것은 아니다.
[2] 형사재판에서는 인과관계 증명에 있어서 '합리적인 의심이 없을 정도'의 증명을 요하므로 그에 관한 판단이 동일 사안의 민사재판과 달라질 수 있다.

---

[209] 마취통증의학과 의사인 피고인이 수술실에서 환자인 피해자 갑(73세)에게 마취시술을 시행한 다음 간호사 을에게 환자의 감시를 맡기고 수술실을 이탈하였는데, 이후 갑에게 저혈압이 발생하고 혈압 회복과 저하가 반복됨에 따라 을이 피고인을 수회 호출하자, 피고인은 수술실에 복귀하여 갑이 심정지 상태임을 확인하고 마취해독제 투여, 심폐소생술 등의 조치를 취하였으나, 갑이 심정지 등으로 사망에 이르게 된 사안에서, 피고인이 갑에게 마취가 진행되는 동안 마취간호사도 아니고 마취간호 업무를 시작한 지 2~3개월밖에 안 된 을에게 환자의 감시 업무를 맡긴 채 다른 수술실로 옮겨 다니며 다른 환자들에게 마취시술을 하고, 갑의 활력징후 감시장치 경보음을 들은 을로부터 호출을 받고도 신속히 수술실로 가지 않고 휴식을 취하는 등 마취유지 중 환자감시 및 신속한 대응 업무를 소홀히 한 업무상과실이 있다고 본 원심판단은 정당하나, 한편 갑은 반복적인 혈압상승제 투여에도 불구하고 알 수 없는 원인으로 계속적으로 혈압 저하 증상을 보이다가 사망하였는데, 검사가 제출한 증거만으로는 피고인이 직접 갑을 관찰하거나 을의 호출을 받고 신속히 수술실에 가서 대응하였다면 구체적으로 어떤 조치를 더 할 수 있는지, 그러한 조치를 취하였다면 갑이 심정지에 이르지 않았을 것인지 알기 어렵고, 갑에게 심정지가 발생하였을 때 피고인이 갑을 직접 관찰하고 있다가 심폐소생술 등의 조치를 하였더라면 갑이 사망하지 않았을 것이라는 점에 대한 증명도 부족하므로, 피고인의 업무상과실로 갑이 사망하게 되었다는 점이 합리적인 의심의 여지가 없을 정도로 증명되었다고 보기 어렵다는 이유로, 이와 달리 피고인의 업무상과실로 인하여 갑이 사망하였다고 보아 피고인에게 업무상과실치사죄를 인정한 원심판단에 의사의 업무상과실과 피해자의 사망 사이의 인과관계 증명 등에 관한 법리오해의 잘못이 있다고 한 사례(대판 2023.8.31. 2021도1833)

[3] 원심판결 이유에 의하면, 피해자는 2015.12.30. 10:25경 혈압이 약 70/42mHg로 저하되어 혈압상승제인 에페드린 10mg을 투여받고 혈압이 상승하였으나 다시 10:45경약 75/55mmHg로 저하되었고, 다시 에페드린 10mg을 투여받고 혈압이 유지되었으나 11:00경 다시 약 80/55mmHg로 저하되었으며, 또 다시 에페드린 5mg을 투여받았으나 11:15경 피해자의 혈압이 측정되지 않으면서 심박수, 동맥혈산소포화도가 급격히 저하된 후 사망에 이르렀다. 그리고 피해자에 대한 부검이 이루어졌음에도 피해자의 사인이 명확히 밝혀지지 않았다. 이와 같이 피해자는 반복적인 혈압상승제 투여에도 불구하고 알 수 없는 원인으로 계속적으로 혈압 저하 증상을 보이다가 사망하였는데, 검사가 제출한 증거만으로는 피고인이 직접 피해자를 관찰하거나 간호사의 호출을 받고 신속히 수술실에 가서 대응하였다면 구체적으로 어떤 조치를 더 할 수 있는지, 그러한 조치를 취하였다면 피해자가 심정지에 이르지 않았을 것인지 알기 어렵다. 그리고 피해자에게 심정지가 발생하였을 때 피고인이 피해자를 직접 관찰하고 있다가 심폐소생술 등의 조치를 하였더라면 피해자가 사망하지 않았을 것이라는 점에 대한 증명도 부족하다. 결국 이 사건에서 피고인의 업무상과실로 피해자가 사망하게 되었다는 점이 합리적인 의심의 여지가 없을 정도로 증명되었다고 보기 어렵다.

그런데도 원심은 판시와 같은 이유만으로 피고인의 업무상과실로 인하여 피해자가 사망하였다고 보아 이 부분 공소사실을 유죄로 인정하였으므로, 원심의 위 판단에는 의사의 업무상과실과 피해자의 사망 사이의 인과관계 증명 등에 관한 법리를 오해하여 판결에 영향을 미친 잘못이 있다.

제3장 위법성론

04 | 정당방위의 침해의 현재성 판단 기준[210]   대판 2023.4.27. 2020도6874

주요논점

[1] 정당방위의 요건 중 '침해의 현재성'의 의미 및 일련의 연속되는 행위로 인해 침해상황이 중단되지 아니하거나 일시 중단되더라도 추가 침해가 곧바로 발생할 객관적인 사유가 있는 경우, 그중 일부 행위가 범죄의 기수에 이르렀더라도 침해의 현재성이 인정되는지 여부(적극)

[2] 정당방위의 방어행위에 순수한 수비적 방어뿐 아니라 적극적 반격을 포함하는 반격방어의 형태도 포함되는지 여부(적극) 및 방위행위가 상당한 것인지 판단하는 기준

판결요지

[1] 형법 제21조 제1항은 "현재의 부당한 침해로부터 자기 또는 타인의 법익을 방위하기 위하여 한 행위는 상당한 이유가 있는 경우에는 벌하지 아니한다."라고 규정하여 정당방위를 위법성조각사유로 인정하고 있다. 이때 '침해의 현재성'이란 침해행위가 형식적으로 기수에 이르렀는지에 따라 결정되는 것이 아니라 자기 또는 타인의 법익에 대한 침해상황이 종료되기 전까지를 의미하는 것이므로, 일련의 연속되는 행위로 인해 침해상황이 중단되지 아니하거나 일시 중단되더라도 추가 침해가 곧바로 발생할 객관적인 사유가 있는 경우에는 그중 일부 행위가 범죄의 기수에 이르렀더라도 전체적으로 침해상황이 종료되지 않은 것으로 볼 수 있다.

[2] 정당방위의 성립 요건으로서의 방어행위에는 순수한 수비적 방어뿐 아니라 적극적 반격을 포함하는 반격방어의 형태도 포함된다. 다만 정당방위로 인정되기 위해서는 자기 또는 타인의 법익침해를 방어하기 위한 행위로서 상당한 이유가 있어야 한다. 방위행위가 상당한 것인지는 침해행위에 의해 침해되는 법익의 종류와 정도, 침해의 방법, 침해행위의 완급, 방위행위에 의해 침해될 법익의 종류와 정도 등 일체의 구체적 사정들을 참작하여 판단하여야 한다.

---

[210] 포장부에서 근속한 피고인을 비롯한 다수의 근로자들을 영업부로 전환배치하는 회사의 조치에 따라 노사갈등이 격화되어 있던 중 사용자가 사무실에 출근하여 항의하는 근로자 중 1명의 어깨를 손으로 미는 과정에서 뒤엉켜 넘어져 근로자를 깔고 앉게 되었는데, 피고인이 근로자를 깔고 있는 사용자의 어깨 쪽 옷을 잡고 사용자가 일으켜 세워진 이후에도 그 옷을 잡고 흔들어 폭행으로 기소된 사안에서, 원심은 피고인이 어깨를 흔들 당시 사용자의 가해행위가 종료된 상태였고, 피고인의 행위가 소극적인 저항행위를 넘어서는 적극적인 공격행위라는 이유로 유죄로 판단하였으나, 대법원은 위 법리를 설시한 후 원심의 법리오해를 지적하고 위 법리에 따라 침해의 현재성과 방어행위의 상당성 등을 심리하여 정당방위 해당 여부를 판단하여야 함을 이유로 원심을 파기·환송한 사례(대판 2023.4.27. 2020도6874)

판결이유

[3] 이와 같은 사실을 앞서 본 법리에 비추어 정당방위를 인정할 수 있는지를 살펴본다.

원심은 정당방위를 부정하면서 그 이유로 '피고인 1의 가해행위가 이미 종료되었다'고 보았다. 그러나 앞서 본 바와 같이 일련의 연속되는 행위로 인해 침해상황이 중단되지 아니하거나 일시 중단되더라도 추가 침해가 곧바로 발생할 객관적인 사유가 있는 경우라면 그중 일부 행위가 외형상 범죄의 기수에 이르렀더라도 전체적으로 침해상황이 종료되지 않은 것으로 볼 수 있다. 원심이 판단한 바와 같이 피고인 1이 이미 넘어진 후 피고인이 피고인 1의 옷을 잡았고 자리에서 일어난 이후에도 피고인 1의 어깨를 흔들었으므로 원심과 같이 가해행위가 이미 종료되었다고 볼 여지도 없는 것은 아니다. 그러나 당시 피고인 1은 근로자들과 장기간 노사갈등으로 마찰이 격화된 상태에서 사무실 밖으로 나가기 위하여 좁은 공간에서 다수의 근로자들을 헤치거나 피하면서 앞쪽으로 움직이던 중 출입구 직전에서 공소외 2와 엉켜 넘어졌으므로 근로자들 중 일부인 공소외 1에 대한 가해행위만을 두고 침해상황의 종료를 판단하는 데에는 한계가 있다.

원심은 '가해행위 종료 이후의 행위라면 적극적인 공격행위'라고 보았다. 그러나 앞서 본 바와 같이 정당방위에서 방위행위의 상당성은 침해행위에 의해 침해되는 법익의 종류와 정도, 침해의 방법, 침해행위의 완급, 방위행위에 의해 침해될 법익의 종류와 정도 등 일체의 구체적 사정을 참작하여 종합적으로 판단하여야 한다. 피고인은 좁은 공간으로 사람들이 몰려드는 어수선한 상황에서 바닥에 깔려 있는 공소외 2를 구하기 위해 피고인 1을 일으켜 세울 필요가 있어 '내 몸에 손대지 마'라고 소리를 지르며 신체 접촉에 강하게 거부감을 보이는 피고인 1을 직접 일으켜 세우는 대신 손이 닿는 대로 어깨 쪽 옷을 잡아 올림으로써 무게를 덜고 피고인 1이 일어서도록 한 것으로 볼 여지가 있다. 원심은 위 법리에 따라 양쪽의 사정들을 좀 더 심리한 다음, 정당방위에 해당하는지를 판단하였어야 한다.

피고인의 행위가 정당방위에 해당하지 않는다고 본 원심의 판단에는 정당방위의 현재성, 상당성, 공격방위의 가능성 등에 관한 법리를 오해하여 필요한 심리를 다하지 않음으로써 판결에 영향을 미친 잘못이 있다. 이를 지적하는 피고인의 상고이유 주장은 이유 있다.

판례평석

이 판례는 정당방위에서 침해의 '현재성' 요건을 명시적으로 완화한 예로서 주목되는데, 여기서의 '현재성'은 방어자인 피해자의 입장에서 그 침해상황의 종료를 기준으로 해석해야 하는 것이지, 공격자인 가해자의 관점에서 그 침해행위의 종료를 기준으로 이해할 것은 아니다. 이러한 관점에서 '현재성' 요건의 판단기준을 새롭게 명시적으로 선언한 것은 진일보한 태도로서 타당하다. 아울러, 정당방위의 방어행위에는 순수한 수비적 방어뿐만 아니라 적극적 반격을 포함하는 '반격적 방어'의 형태도 포함된다. 방위행위자의 구성요건에 해당하는 행위가 적극적 공격행위로 보이는 경우라도, 전체로서 방어행위의 일환으로 평가될 수 있는 경우에는 정당행위의 가능성을 인정하는 것이 타당하다.

05 | 사회상규에 위배되지 아니하는 행위인지 여부(1)[211]　　대판 2024.8.1. 2021도2084

주요논점

[1] 형법 제20조의 '사회상규에 위배되지 아니하는 행위'의 규정 취지 및 법적 성격(=일반적 위법성조각사유)
[2] 사회상규에 위배되지 아니하는 정당행위에 해당하는지 판단하는 기준 / 이때 정당행위로 인정되기 위한 요건들 중 행위의 긴급성과 보충성은 수단의 상당성을 판단할 때 고려요소의 하나로 참작하여야 하는지 여부(적극) 및 긴급성이나 보충성의 내용과 정도

판결요지

[1] 형법 제20조의 '사회상규에 위배되지 아니하는 행위'는 우리 형법의 독특한 규정으로, 구성요건에 해당하는 행위가 형식적으로 위법하더라도 사회가 내리는 공적 평가에 의하여 용인될 수 있다면 그 행위를 실질적으로 위법한 것으로는 평가할 수 없다는 취지에서 도입된 일반적 위법성조각사유이다.
[2] 어떠한 행위가 정당행위에 해당하는지는 구체적인 사정 아래서 합목적적, 합리적으로 고찰하여 개별적으로 판단되어야 한다. '목적의 정당성'과 '수단의 상당성' 요건은 행위의 측면에서 사회상규의 판단 기준이 된다. 사회상규에 위배되지 아니하는 행위로 평가되려면 행위의 동기와 목적을 고려하여 그것이 법질서의 정신이나 사회윤리에 비추어 용인될 수 있어야 한다. 수단의 상당성·적합성도 고려되어야 한다. 또한 보호이익과 침해이익 사이의 법익균형은 결과의 측면에서 사회상규에 위배되는지를 판단하기 위한 기준이다. 이에 비하여 행위의 긴급성과 보충성은 수단의 상당성을 판단할 때 고려요소의 하나로 참작하여야 하고 이를 넘어 독립적인 요건으로 요구할 것은 아니다. 또한 그 내용 역시 다른 실효성 있는 적법한 수단이 없는 경우를 의미하고 '일체의 법률적인 적법한 수단이 존재하지 않을 것'을 의미하는 것은 아니라고 보아야 할 것이나, 정당행위로 인정되기 위하여 요구되는 긴급성이나 보충성의 정도는 개별 사안에 따라 다를 수 있다.

---

211) 이른바 '동물권'을 주장해 온 피고인들이 동물권보호단체 회원들과 공모하여, 갑 주식회사의 공장 정문 앞 도로에서 갑 회사가 농장으로부터 생닭을 공급받아 도계하는 영업을 계속한다는 이유로 피고인들은 자신들의 손을 콘크리트가 들어있는 가방으로 결박한 채 드러누워 몸으로 생닭을 실은 트럭들을 가로막는 등 차량 진행을 방해하고, 위 단체 회원들은 '닭을 죽이면 안 된다.'는 플래카드를 걸고 같은 내용의 구호를 외치며 노래를 부르는 등 위력으로써 갑 회사의 생닭 운송 및 도계 업무를 방해하였다는 내용으로 기소된 사안에서, 피고인들의 행위는 업무방해죄의 구성요건에 해당하고, 나아가 동물의 생명과 안전을 보호하고, 기업형(공장식) 축산 시스템에 반대하는 의사를 표명한다는 취지에서 이루어져 그 동기나 목적의 정당성이 인정될 여지가 있지만, 기업형(공장식) 축산 시스템에 따른 영업 형태가 우리나라 현행법하에서 위법하다거나 반사회성을 띠는 것으로서 형법상 보호가치가 없다고 볼 수 없는 점, 피고인들은 단순히 갑 회사의 영업장 인근에서 구호를 외치는 등의 의사 표현만을 한 것이 아니라, 피고인들을 포함한 4명이 함께 약 4시간 이상 지속하여 갑 회사 출입구를 몸으로 막음으로써 생닭을 수송하는 트럭 5대가 회사로 들어가지 못하도록 하여 갑 회사의 생닭 운송 및 도계 업무 집행 자체를 방해한 점, 갑 회사의 영업 형태가 피고인들의 신념에 반한다는 것만으로 갑 회사가 이러한 정도의 업무방해 피해를 그대로 수인하여야 한다고 보기 어려운 점에서 수단과 방법의 상당성, 법익 균형성 등이 인정되지 아니하여 정당행위에 해당하지 않는다고 본 원심의 판단이 정당하다고 한 사례(대판 2024.8.1. 2021도2084)

06 | 사회상규에 위배되지 아니하는 행위인지 여부(2)[212]　　대판 2023.5.18. 2017도2760

범죄사실

○○대학교는 학교법인의 전 이사장 A가 부정입학과 관련된 금품수수 문제로 구속되었다가 약 20년 만에 총장으로 선임됨에 따라 학내 갈등이 더욱 불거졌다. 검사는 총학생회 간부인 피고인 등이 총장 A와의 면담을 요구하면서 총장실 입구에서 진입을 시도하거나, 교무위원회 회의실에 들어가 이를 막는 교직원들과 실랑이를 벌였다는 범죄사실로 피고인 등을 위력에 의한 업무방해죄로 춘천지방법원에 공소제기하였다.

주요논점

[1] 형법 제20조에서 정당행위로 정한 '사회상규에 위배되지 아니하는 행위'를 인정하기 위한 요건 및 이러한 요건은 불가분적으로 연관되어 하나의 행위를 이루는 요소들로 종합적으로 평가되어야 하는지 여부(적극)
[2] 사회상규에 의한 정당행위의 요건을 판단하는 기준 및 이때 행위의 긴급성과 보충성은 '일체의 법률적인 적법한 수단이 존재하지 않을 것'을 의미하는지 여부(소극)

---

212) 갑 대학교는 학교법인의 전 이사장 을이 부정입학과 관련된 금품수수 등의 혐의로 구속되었다가 갑 대학교 총장으로 선임됨에 따라 학내 갈등을 빚던 중, 총학생회 간부인 피고인들이 총장 을과의 면담을 요구하면서 총장실 입구에서 진입을 시도하거나, 교무위원회 회의실에 들어가 총장의 사퇴를 요구하면서 이를 막는 학교 교직원들과 실랑이를 벌임으로써 위력으로 업무를 방해하였다는 내용으로 기소된 사안에서, 학교법인은 을이 20여 년 전 구속됨에 따라 교육인적자원부장관이 선임한 임시이사들에 의하여 운영된 이래, 종전 이사 체제 시 학교 운영에 관여했던 이른바 '구재단' 측과 임시이사 체제 시 학교 운영에 관여해 온 학내구성원 측의 갈등이 계속되던 중 을이 총장으로 선임되자 교수협의회와 총학생회는 총장 퇴진 운동을 벌이면서 을 등 구재단 측과 갈등을 빚게 되었고, 을의 비위행위 이후로 학교 운영과 관련한 갈등이 약 20년간 봉합되지 않던 중 구재단 측을 상징하는 을의 복귀로 갈등이 악화되어, 학교 운영의 파행이 학생들의 피해로 돌아가 학생들의 교육받을 권리가 침해될 것이 자명하자, 피고인들은 대학 운영의 정상화를 위하여 을과 대화를 꾸준히 요구하였으나 학교 측의 소극적인 태도로 인해 면담이 실질적으로 성사되지 않은 점 등 피고인들 행위의 목적 및 경위 등에 비추어 보면, 피고인들이 분쟁의 중심에 있는 을을 직접 찾아가 면담하는 이외에는 다른 방도가 없다는 판단 아래 을과 면담을 추진하는 과정에서 피고인들을 막아서는 사람들과 길지 않은 시간 동안 실랑이를 벌인 것은 동기와 목적의 정당성, 행위의 수단이나 방법의 상당성이 인정되고, 피고인들의 학습권이 헌법에 의하여 보장되는 권리라는 측면에 비추어 법익균형성도 충분히 인정되며, 나아가 학습권 침해가 예정된 이상 긴급성이 인정되고, 피고인들이 선택할 수 있는 법률적 수단이 더 이상 존재하지 않는다거나 다른 구제절차를 모두 취해본 후에야 면담 추진 등이 가능하다고 할 것은 아니어서 보충성도 인정되며, 만약 긴급성·보충성이 별도로 갖추어지지 않았다고 보아 정당행위 성립을 부정한다면 일반적·보충적 위법성조각사유로서의 정당행위를 규정한 입법 취지 및 사회상규의 의미에 배치될 수 있다는 이유로, 피고인들의 행위가 정당행위로 인정된다고 본 원심의 결론이 정당하다고 한 사례(대판 2023.5.18. 2017도2760).

판결요지

[1] 형법 제20조는 '사회상규에 위배되지 아니하는 행위'를 정당행위로서 위법성이 조각되는 사유로 규정하고 있다. 위 규정에 따라 사회상규에 의한 정당행위를 인정하려면, 첫째 그 행위의 동기나 목적의 정당성, 둘째 행위의 수단이나 방법의 상당성, 셋째 보호이익과 침해이익과의 법익균형성, 넷째 긴급성, 다섯째로 그 행위 외에 다른 수단이나 방법이 없다는 보충성 등의 요건을 갖추어야 하는데, 위 '목적·동기', '수단', '법익균형', '긴급성', '보충성'은 불가분적으로 연관되어 하나의 행위를 이루는 요소들로 종합적으로 평가되어야 한다.

[2] '목적의 정당성'과 '수단의 상당성' 요건은 행위의 측면에서 사회상규의 판단 기준이 된다. 사회상규에 위배되지 아니하는 행위로 평가되려면 행위의 동기와 목적을 고려하여 그것이 법질서의 정신이나 사회윤리에 비추어 용인될 수 있어야 한다. 수단의 상당성·적합성도 고려되어야 한다. 또한 보호이익과 침해이익 사이의 법익균형은 결과의 측면에서 사회상규에 위배되는지를 판단하기 위한 기준이다. 이에 비하여 행위의 긴급성과 보충성은 수단의 상당성을 판단할 때 고려요소의 하나로 참작하여야 하고 이를 넘어 독립적인 요건으로 요구할 것은 아니다. 또한 그 내용 역시 다른 실효성 있는 적법한 수단이 없는 경우를 의미하고 '일체의 법률적인 적법한 수단이 존재하지 않을 것'을 의미하는 것은 아니라고 보아야 한다.

판례평석

이 판례는 '긴급성과 보충성은 수단의 상당성 판단에서 고려요소의 하나일 뿐 독립적인 요건은 아니다'라고 명시적으로 판시함으로써 그 판단기준 상호 간의 관계에 대한 법이론적 규명을 시도를 하고 있다. 또한 사회상규 위배 여부는 궁극적으로 사안의 개별성·구체성에 기초한 판단기준 상호 간의 '완급의 조절' 문제라는 점을 구체적 논증을 통해 강조하고 있다. 다만 원심판결이 2017.1.26. 선고된 후 무려 6년 3개월 지나 상고심판결이 선고되었다는 점에서, 신속재판의 이념에 비추어 아쉬움이 있다.

제4장 책임론

07 | 위법성조각사유의 전제사실에 대한 착오[213]
대판 2023.11.2. 2023도10768

범죄사실

피고인은 복싱클럽의 코치이고 A는 관장, B는 회원이다. 검사는 회원 B가 등록을 취소하는 문제로 관장 A로부터 질책을 들은 다음 약 1시간이 지난 후 다시 복싱클럽을 찾아가 A에게 항의하였고, A는 그 과정에서 B의 멱살을 잡아당기거나 바닥에 넘어뜨린 후 목을 조르는 등 서로 뒤엉켜 몸싸움을 벌였는데, 코치인 피고인이 이를 지켜보던 중 B가 왼손을 주머니에 넣어 불상의 물건(사실은 휴대용녹음기)을 꺼내 움켜쥐자, '호신용 작은 칼' 같은 흉기로 오인하고 정당행위의 의사로 B의 왼손 주먹을 강제로 펴게 함으로써 B에게 손가락 골절상(요치 4주)을 가하였다는 범죄사실에 대하여 피고인을 상해죄로 서울서부지방법원에 공소제기하였다.

주요논점

위법성조각사유의 전제사실의 착오에 대한 해석

판결요지

갑은 관장 을이 운영하는 복싱클럽에 회원등록을 하였던 자로서 등록을 취소하는 문제로 을로부터 질책을 들은 다음 약 1시간이 지난 후 다시 복싱클럽을 찾아와 을에게 항의하는 과정에서 을이 갑의 멱살을 잡아당기거나 바닥에 넘어뜨린 후 목을 조르는 등 을과 갑이 뒤엉켜 몸싸움을 벌였는데, 코치인 피고인이 이를 지켜보던 중 갑이 왼손을 주머니에 넣어 불상의 물건을 꺼내 움켜쥐자 갑의 왼손 주먹을 강제로 펴게 함으로써 갑에게 약 4주간의 치료가 필요한 손가락 골절상을 입혔다는 상해의 공소사실로 기소된 경우, ① 을과 갑은 외형상 신체적

---

[213] 갑은 관장 을이 운영하는 복싱클럽에 회원등록을 하였던 자로서 등록을 취소하는 문제로 을로부터 질책을 들은 다음 약 1시간이 지난 후 다시 복싱클럽을 찾아와 을에게 항의하는 과정에서 을이 갑의 멱살을 잡아당기거나 바닥에 넘어뜨린 후 목을 조르는 등 을과 갑이 뒤엉켜 몸싸움을 벌였는데, 코치인 피고인이 이를 지켜보던 중 갑이 왼손을 주머니에 넣어 불상의 물건을 꺼내 움켜쥐자 갑의 왼손 주먹을 강제로 펴게 함으로써 갑에게 손가락 골절상을 입혔다는 상해의 공소사실로 기소된 사안에서, 피고인이 당시 죄가 되지 않는 것으로 오인한 것에 대해 '정당한 이유'를 부정하여 공소사실을 유죄로 인정한 원심판결에 위법성조각사유의 전제사실에 관한 착오, 정당한 이유의 존부에 관한 법리오해의 잘못이 있다고 한 사례(대판 2023.11.2. 2023도10768)

차이가 크지 않고, 당시 갑은 제압된 상태였더라도 상당한 정도의 물리력을 행사할 수 있는 능력이 있었을 뿐더러 그 직전까지도 을과 몸싸움을 하는 등 급박한 상황이 계속되고 있었으며, 몸싸움은 일시적·우발적으로 발생한 것이라기보다는 갑이 을에 대한 항의 내지 보복의 감정을 가진 상태에서 계획적·의도적으로 다시 찾아옴에 따라 발생하였고, 더구나 코치로서 관장과 회원 사이의 시비를 말리거나 더 커지는 것을 막아야 하는 위치에 있던 피고인의 입장에서, 둘 사이의 몸싸움이 격화되는 과정에서 갑이 왼손을 주머니에 넣어 특정한 물건을 움켜쥔 채 꺼내는 것을 목격하자, 이를 갑이 상대방의 생명·신체에 위해를 가하려는 것으로 충분히 오인할 만한 객관적인 정황이 있었던 점, ② 피고인은 일관하여 '갑이 호신용 작은 칼 같은 흉기를 꺼내는 것으로 오인하여 이를 확인하려고 하였다.'는 취지로 진술하였고, 갑 역시 수사과정에서 '피고인에게 상해의 의도가 있었다기보다는 손에 쥐고 있던 물건이 무엇인지 확인하기 위해서였다고 생각한다.'라고 같은 취지로 진술하였으며, 갑이 가지고 있던 '휴대용 녹음기'와 피고인이 착각하였다고 주장하는 '호신용 작은 칼'은 크기·길이 등 외형상 큰 차이가 없어 이를 쥔 상태의 주먹이나 손 모양만으로는 양자를 구별하는 것이 쉽지 않았으므로, 당시 피고인은 갑의 주먹이나 손 모양만으로 그가 움켜쥔 물건이 무엇인지조차 알기 어려웠던 점, ③ 갑은 당시 왼손으로 휴대용 녹음기를 움켜쥔 상태에서 이를 활용함에 별다른 장애가 없었으므로, 만일 몸싸움을 하느라 신체적으로 뒤엉킨 상황에서 갑이 실제로 위험한 물건을 꺼내어 움켜쥐고 있었다면 그 자체로 을의 생명·신체에 관한 급박한 침해나 위험이 초래될 우려가 매우 높은 상황이었던 점, ④ 형법 제20조의 사회상규에 의한 정당행위를 인정하기 위한 요건들 중 행위의 '긴급성'과 '보충성'은 다른 실효성 있는 적법한 수단이 없는 경우를 의미하지 '일체의 법률적인 적법한 수단이 존재하지 않을 것'을 의미하지는 않는다는 판례 법리에 비추어, 피고인의 행위는 적어도 주관적으로는 그 정당성에 대한 인식하에 이루어진 것이라고 보기에 충분한 점 등을 종합하면, 피고인이 당시 죄가 되지 않는 것으로 오인한 것에 대해 '정당한 이유'를 부정하여 공소사실을 유죄로 인정한 원심판결에는 위법성조각사유의 전제사실에 관한 착오, 정당한 이유의 존부에 관한 법리오해의 잘못이 있다.

판례평석

이 판례는 위법성조각사유의 전제사실의 착오에 대해 판단한 예이다. 이러한 착오 유형에 대해 대법원은, 착오론으로 접근하는 학설과 달리, 오인에 정당한 이유가 있는 경우에 위법성이 조각된다고 보아 '위법성조각사유의 존부 문제'로 접근하고 있다. 이러한 판례 법리(위법성조각설)는, 설령 정당화상황 및 그에 대한 착오라는 요건이 이론적 해석의 문제가 아니라, 정당화상황 판단(사실판단)과 그 상황에 대한 오신 판단(법률판단)의 교착지점에서 발생하는 실제사안에서의 평가 문제라고 하더라도, 정당화상황이 존재하지 않는 상황, 즉 위법성조각사유의 객관적 요건이 충족되지 않는 경우이므로, 어떤 경우에도 '위법성'은 조각될 수 없다는 문제점이 있다. 즉, 판례 법리에 의하면 오상정당행위를 정당행위와 동일하게 취급하는 결과가 되고, 상대방은 착오자에 대해 정당방위로 대항할 수 없게 되는 셈이다. 무엇보다 착오론적 접근을 배제하는 경우 범죄체계 관점에서 수긍하기 어렵다는 비판이 제기되고 있다. 향후 좀 더 적극적인 검토와 논거 제시가 필요할 것으로 보인다.

08 | 위법성조각사유의 전제사실에 대한 착오와 금지착오와의 구별[214] 대판 2024.7.25. 2023도16951

범죄사실

피고인은 2022.6.25. 00:00경 서울 용산구 (주소 생략)에 있는 ○○○파출소 앞 도로에서, '손님이 마음대로 타서 안 내린다'라는 취지의 방문신고를 받고 현장에 나온 경찰관으로부터 '승차거부와 관련하여서는 120번으로 민원을 접수하면 된다'라는 설명을 듣고도 사건을 접수해 달라고 항의하고, 갑자기 "아이 씨 좀 다르잖아"라고 크게 소리치며 공소외 1 순경에게 몸을 들이밀어 공소외 2 경위로부터 이를 제지받자 화가나, "왜 미는데 씹할"이라고 욕설하면서 손으로 공소외 2 경위의 몸을 4회 밀쳤다. 검사는 이와 같이 피고인이 경찰공무원의 신고사건 처리에 관한 정당한 직무집행을 방해하였다는 범죄사실에 대하여 피고인을 공무집행방해죄로 서울서부지방법원에 공소제기하였다.

주요논점

[2] 공무집행방해죄의 전제인 '공무집행의 적법성'의 요건과 판단 기준
[3] 공무집행방해죄에서 공무집행의 적법성에 관한 피고인의 잘못된 법적 평가로 인하여 자신의 행위가 금지되지 않는다고 오인한 경우, 피고인의 오인에 형법 제16조의 '정당한 이유'가 있는지 판단하는 기준

판결이유

[1] 원심은, 공소외 2의 행위는 피고인이 공소외 1에게 유형력을 행사할 수 있겠다고 판단하여 이를 제지한 것이므로 위법하다고 할 수 없으나, 피고인은 경찰관들에게 고성으로 항의만 하였을 뿐 유형력을 행사할 의도가 없었는데도 공소외 2가 자신의 몸을 밀치자 이를 위법하다고 오인하여 저항한 것이므로, 위법성 조각사유의 전제사실에 대한 착오에 해당하고 그 오인에 정당한 사유가 있다는 이유로, 이 사건 공소사실을 무죄로 판단한 제1심판결을 그대로 유지하였다.

---

214) 택시기사가 승차를 거부한다고 주장하던 피고인이 방문신고를 받고 현장에 나온 경찰관 A에게 소리치고 욕설하면서 몸을 밀쳤다는 공무집행방해로 기소된 사안에서, ① 피고인이 술에 취하여 항의를 계속하다가 갑자기 경찰관 B에게 고성을 지르고 몸을 들이밀면서 다가간 상황에서, 경찰관 A가 피고인을 급하게 밀쳐내는 방법으로 피고인과 경찰관 B를 분리한 조치는 경찰관 직무집행법 제6조에서 정하는 '범죄의 예방과 제지'에 관한 적법한 공무에 해당하고, ② 피고인이 경찰관 A를 밀친 행위로 나아가게 된 전제사실 자체에 관하여는 피고인의 인식에 어떠한 착오도 존재하지 않고, 다만 경찰관 A의 직무집행 적법성에 대한 주관적인 법적 평가가 잘못되었을 여지가 있을 뿐이므로 위법성 조각사유의 전제사실에 대한 착오가 있었다고 보기 어려우며, ③ 피고인에게 자신을 제지한 경찰관 A의 행위가 위법하다고 오인할 만한 정당한 이유가 있다고 할 수도 없다고 보아, 이와 달리 판단한 원심을 파기·환송한 사례(대판 2024.7.25. 2023도16951)

[2] 공무집행방해죄는 공무원의 적법한 공무집행이 전제되어야 하고, 공무집행이 적법하기 위해서는 그 행위가 공무원의 추상적 직무 권한에 속할 뿐만 아니라 구체적으로 그 권한 내에 있어야 하며, 직무행위로서 중요한 방식을 갖추어야 한다. 추상적인 권한에 속하는 공무원의 어떠한 공무집행이 적법한지는 행위 당시의 구체적 상황에 기초를 두고 객관적·합리적으로 판단해야 하고, 사후적으로 순수한 객관적 기준에서 판단할 것은 아니다.

[3] 형법 제16조에서 자기가 행한 행위가 법령에 의하여 죄가 되지 아니한 것으로 오인한 행위는 그 오인에 정당한 이유가 있는 때에 한하여 벌하지 아니한다고 규정하고 있으므로 공무집행방해죄에서 공무집행의 적법성에 관한 피고인의 잘못된 법적 평가로 인하여 자신의 행위가 금지되지 않는다고 오인한 경우에는 그 오인에 정당한 이유가 있는지를 살펴보아야 한다. 이때 피고인의 오인에 정당한 이유가 있는지 여부는 구체적인 행위 정황, 오인에 이르게 된 계기나 원인, 행위자 개인의 인식 능력, 행위자가 속한 사회집단에서 일반적으로 기대되는 오인 회피 노력의 정도와 회피 가능성 등을 고려할 때 피고인이 이러한 오인을 회피할 가능성이 있는지에 따라 판단하여야 한다.

[4] 원심판결 이유와 적법하게 채택된 증거에 따라 알 수 있는 아래 사실관계 및 사정을 위 법리에 비추어 살펴보면, 원심의 판단은 받아들이기 어렵다.

① 이 사건 당시 피고인은 경찰관들에게 자신이 탑승했던 택시의 기사가 승차를 거부했다고 말하였다. 경찰관들은 승차거부행위가 있었다고 볼만한 자료가 없는 반면 해당 택시에 이미 다른 탑승 예약이 되어 있었던 사실을 확인한 후, 피고인에게 이를 설명하고 120 신고절차를 안내하였다. 경찰관들이 위 사건을 경찰 소관이 아니라 지방자치단체 소관이라고 판단하여 승차거부로 접수하지 않은 것은 합리적인 재량 판단에 따른 직무집행으로 볼 수 있다.

② 피고인은 경찰관들의 위와 같은 안내에도 불구하고 술에 취하여 항의를 계속하다가, 갑자기 공소외 1에게 고성을 지르고 몸을 들이밀면서 다가갔다. 공소외 1은 차량이 통행 중인 도로를 등지고 있었고, 남성인 피고인은 여성 경찰관인 공소외 1보다 더 큰 체격을 가지고 있었으며, 극도로 흥분한 피고인이 공소외 1을 실제로 도로 방향으로 미는 등 유형력을 행사할 경우 공소외 1이 크게 다칠 위험이 있었다. 이러한 상황에서 공소외 2가 피고인을 급하게 밀쳐내는 방법으로 피고인과 공소외 1을 분리한 조치는 경찰관 직무집행법 제6조에서 정하는 '범죄의 예방과 제지'에 관한 적법한 공무에 해당한다.

③ 원심은, 피고인이 자신의 몸을 밀어낸 공소외 2의 행위를 위법하다고 오인하여 공소외 2를 밀친 것이므로 이는 위법성 조각사유의 전제사실에 대한 착오라고 판단하였다. 그러나 이 사건에서 위와 같은 행위로 나아가게 된 전제사실 자체에 관하여는 피고인의 인식에 어떠한 착오도 존재하지 않고, 다만 경찰관인 공소외 2의 직무집행의 적법성에 대한 피고인의 주관적인 법적 평가가 잘못되었을 여지가 있을 뿐이다. 그러므로 피고인에게 위법성 조각사유의 전제사실에 대한 착오가 있었다고 보기 어렵다.

④ 앞서 살펴본 것처럼 공무집행이 적법한데도 위법하다고 오인한 경우에는 형법 제16조가 적용되므로 그 오인에 정당한 이유가 있는 때에 한하여 벌하지 아니한다. 그런데 피고인은 택시 승차거부와 관련한 경찰관들의 반복된 설명에도 불구하고 근거 없는 항의를 계속하다가, 위와 같은 경위로 공소외 2가 공소외 1을 보호하기 위하여 피고인의 행동을 제지하자 곧바로 공소외 2에게 욕설하면서 공소외 2의 몸을 여러 차례 밀었다. 이러한 피고인의 행위는 당시 피고인이 술에 취하였던 점이나 그 상태에서 근거 없는 항의를 계속하면서 스스로 흥분하게 된 점과도 무관하지 않아 보인다. 이처럼 피고인이 스스로 오인의 계기를 제공하지 않았거나 이러한 상황에서 일반적으로 기대되는 정도의 오인 회피 노력을 기울였다면 이 사건에 이르지 않았을 것으로 보인다. 그런데도 원심은 달리 피고인의 오인에 정당한 이유가 있다고 할 만한 사정이 무엇인지 구체적으로 밝히지 않은 채 정당한 이유가 있다는 결론에 이르렀다.

⑤ 설령 원심의 판단처럼 피고인에게 자신을 제지한 공소외 2의 행위가 위법하다고 오인할 만한 정당한 이유가 있더라도, 이는 공소외 2를 밀친 피고인의 최초 행위를 정당화할 근거가 될 수 있을지는 몰라도 그 이후 공소외 2가 피고인에게 선제적으로 유형력을 행사하지 않았는데도 여러 차례에 걸쳐 먼저 공소외 2를 밀치며 유형력을 계속 행사한 피고인의 행위까지 정당화하는 근거가 될 수는 없다. 그런데도 원심은 피고인의 오인에 정당한 이유가 있는지를 구체적으로 판단하지 않은 채, 판시와 같은 이유만으로 이 사건 공소사실을 무죄로 판단한 제1심판결을 그대로 유지하였다. 이러한 원심의 판단에는 위법성조각사유의 전제사실에 대한 착오, 형법 제16조의 '정당한 이유'에 관한 법리를 오해하여 판결에 영향을 미친 잘못이 있다. 이를 지적하는 검사의 상고이유는 이유 있다.

제5장 미수론

제6장 정법 및 공범론

09 | 폭처법상 공동하여 폭행의 죄를 범한 때의 의미[215]   대판 2023.8.31. 2023도6355

주요논점

[1] 폭력행위 등 처벌에 관한 법률 제2조 제2항 제1호의 '2명 이상이 공동하여 폭행의 죄를 범한 때'의 의미
[2] 폭행 실행범과 공모한 사실은 인정되나 그와 공동하여 범행에 가담하였거나 범행장소에 있었다고 인정되지 않는 경우, 위 조항의 '공동하여 죄를 범한 때'에 해당하는지 여부(소극) 및 여러 사람이 공동하여 범행을 공모한 경우, 공모자에게도 공모공동정범이 성립하기 위해서는 그중 2인 이상이 범행장소에서 실제 범죄의 실행에 이르러야 하는지 여부(적극)

---

[215] 고등학생인 피고인 A, B, C가 피해자를 아파트 놀이터로 불러내어 그중 A가 피해자를 폭행하고 B는 이를 휴대전화로 촬영하였으며 C는 옆에서 싸움과정을 지켜봄으로써 폭력행위처벌법위반(공동폭행)으로 기소된 사안에서, 피고인들 상호 간에 공동으로 피해자를 폭행하자는 공동가공의 의사를 인정할 증거가 없고, 피고인들 중 1인만 실제 폭행의 실행행위를 하였고 나머지는 이를 인식하고 이용하여 피해자의 신체에 대한 유형력을 행사하는 폭행의 실행행위에 가담한 것이 아니라 단순히 지켜보거나 동영상으로 촬영한 것에 불과하여 2명 이상이 공동하여 피해자를 폭행한 경우 성립하는 폭력행위처벌법위반(공동폭행)죄의 죄책을 물을 수 없다고 보아, 이를 유죄로 판단한 원심판결을 파기·환송한 사례(대판 2023.8.31. 2023도6355)

> 판결이유

[1]·[2] 폭력행위 등 처벌에 관한 법률 제2조 제2항 제1호의 '2명 이상이 공동하여 폭행의 죄를 범한 때'란 수인 사이에 공범관계가 존재하고, 수인이 동일 장소에서 동일 기회에 상호 다른 자의 범행을 인식하고 이를 이용하여 폭행의 범행을 한 경우임을 요한다. 따라서 폭행 실행범과의 공모사실이 인정되더라도 그와 공동하여 범행에 가담하였거나 범행장소에 있었다고 인정되지 아니하는 경우에는 공동하여 죄를 범한 때에 해당하지 않고, 여러 사람이 공동하여 범행을 공모하였다면 그중 2인 이상이 범행장소에서 실제 범죄의 실행에 이르렀어야 나머지 공모자에게도 공모공동정범이 성립할 수 있을 뿐이다.

[3] 원심판결 이유를 위 법리와 기록에 비추어 살펴본다. 원심은 적법하게 채택한 증거들에 의하여, 이 사건 범행 전날 피고인 3은 '싸워서라도 돈을 받아내라', 피고인 2는 '무조건 고개를 낮추고 싸워', '영상으로 찍을 거니까 네가 이겨야 돼'라는 등의 말을 피고인 1에게 하였고, 범행 당일 피고인들 모두 피해자와의 싸움 현장에 나가 피고인 1이 직접 피해자를 폭행하자, 피고인 2는 그 모습을 휴대전화기로 촬영하고, 피고인 3은 이를 옆에서 지켜보았다는 제1심 인정사실을 인용하면서, 피고인들이 폭력행위처벌법 제2조 제2항 제1호에 따라 공동하여 피해자를 폭행한 것이라고 판단하였다. 그러나 원심이 인정한 사실관계에 의하더라도, 피고인들 상호 간에 공동으로 피해자를 폭행하자는 공동가공의 의사로 공범관계의 성립에 이르렀다고 볼 수 없을 뿐만 아니라, 피고인 3, 피고인 2는 이 사건 현장에서 피고인 1의 폭행을 인식하고 이를 이용하여 피해자의 신체에 대한 유형력을 행사하는 폭행의 실행행위에 가담한 것이 아니라 단지 피고인 1이 피해자를 폭행하는 모습을 지켜보거나 이를 동영상으로 촬영하였다는 것에 불과하다. 따라서 피고인 1의 단독범행에 의한 폭행과 피고인 3, 피고인 2의 폭행 교사 또는 방조로 인한 죄책 유무는 별론으로 하고, 피고인들에게 2명 이상이 공동하여 피해자를 폭행한 경우 성립하는 폭력행위처벌법위반(공동폭행)죄의 죄책을 물을 수는 없다.

그럼에도 원심이 피고인들에 대하여 폭력행위처벌법위반(공동폭행)죄가 성립한다고 판단한 것에는 위 법이 정하는 '공동하여'의 의미에 관한 법리를 오해하여 판결에 영향을 미친 잘못이 있다. 이를 지적하는 이 부분 피고인들의 상고이유 주장은 이유 있다.

> 판례평석

판례는 이 사안에서 피고인 2, 피고인 3의 범행에 대하여 "여러 사람이 공동하여 범행을 공모하였다면 그중 2인 이상이 범행장소에서 실제범죄의 실행에 이르렀어야 나머지 공모자에게도 공모공동정범이 성립할 수 있다"고 하는 합동범의 공동정범에 대한 기존 판례의 법리를 적용하여 폭력행위처벌법위반(공동폭행)죄의 죄책을 물을 수는 없다고 하였다. 만약 피고인 2가 피고인 1과 폭행행위를 같이 했다면 기존 판례의 취지를 고려할 때 피고인 3도 공동폭행의 공동정범이 되었을 것이다. 그러나 이와 같이 합동범의 공동정범을 인정하는 판례에 대해서는 여러 문헌에서 비판이 제기되기 되고 있는데, 무엇보다 판례의 태도는 합동범 구성요건의 입법취지에 반한다. 즉 합동범의 본질적 표지는 '현장성'이므로 범행현장에 2인 이상이 함께함으로써 범죄행위와 결과의 위험성이 증가하고 이를 방지하고자 합동범을 가중처벌하는 것인데 현장에 있지 않았던 공범까지 가중처벌하는 것은 근거 없이 처벌의 범위를 확대하는 것이다. 그러므로 판례가 변경되어야 하겠지만 그것이 어렵다면 기존판례의 법리를 유지하더라도 이번 판결처럼 실제사안에 적용하는 것을 최대한 제한하여야 한다.

10 | 정범의 범죄 실현과 밀접한 관련이 없는 행위를 도와준 데 지나지 않는 경우, 방조범의 성립 여부[216)

대판 2023.10.18. 2022도15537

주요논점

[1] '방조'의 의미 / 방조범의 성립에 필요한 고의의 내용 및 인과관계
[2] 방조범이 성립하려면 방조행위가 정범의 범죄 실현과 밀접한 관련이 있고 정범의 범죄 실현에 현실적인 기여를 하였다고 평가할 수 있어야 하는지 여부(적극) 및 정범의 범죄 실현과 밀접한 관련이 없는 행위를 도와준 데 지나지 않는 경우, 방조범이 성립하는지 여부(소극)

판결요지

[1] '방조'란 정범의 구체적인 범행준비나 범행사실을 알고 그 실행행위를 가능·촉진·용이하게 하는 지원행위 또는 정범의 범죄행위가 종료하기 전에 정범에 의한 법익 침해를 강화·증대시키는 행위로서, 정범의 범죄 실현과 밀접한 관련이 있는 행위를 말한다. 방조범은 정범의 실행을 방조한다는 이른바 방조의 고의와 정범의 행위가 구성요건에 해당하는 행위인 점에 대한 정범의 고의가 있어야 하고, 정범에 종속하여 성립하는 범죄이므로 방조행위와 정범의 범죄 실현 사이에는 인과관계가 필요하다.

[2] 방조범이 성립하려면 방조행위가 정범의 범죄 실현과 밀접한 관련이 있고 정범으로 하여금 구체적 위험을 실현시키거나 범죄 결과를 발생시킬 기회를 높이는 등으로 정범의 범죄 실현에 현실적인 기여를 하였다고 평가할 수 있어야 한다. 정범의 범죄 실현과 밀접한 관련이 없는 행위를 도와준 데 지나지 않는 경우에는 방조범이 성립하지 않는다.

제7장 죄수론

---

216) 박사방 운영진이 음란물 배포 목적의 텔레그램 그룹(이하 '미션방'이라 한다)을 만들고 특정 시간대에 미션방 참여자들이 인터넷 포털사이트에 일제히 특정 검색어를 입력함으로써 실시간 급상승 검색어로 노출되도록 하는 이른바 '실검챌린지'를 지시하여 불특정 다수의 텔레그램 사용자들로 하여금 정해진 시간에 미션방에 참여하게 한 다음 특정 시점에 미션방에 피해자 갑(여, 18세)에 대한 음란물을 게시한 것과 관련하여, 피고인이 박사방 운영진의 지시에 따라 4회에 걸쳐 검색어를 입력하고 미션방과 박사방 관련 채널에 검색사실을 올려 인증함으로써 박사방 운영진에 의한 아동·청소년 이용 음란물 배포행위를 방조하였다는 내용으로 기소된 사안에서, 피고인이 미션방에 참여하여 박사방 운영진의 지시 및 공지 내용을 인식하였다거나 검색어 자체만으로 '아동·청소년 이용 음란물 배포'의 범죄행위를 위한 것임을 알았다고 보기 어려운 이상 방조의 고의는 물론 정범의 고의가 있었다고 단정하기 어렵고, 나아가 검색 경위 및 피고인의 검색 시점으로부터 약 21시간 내지 24시간이 지난 시점에서야 박사방 운영진이 아동·청소년 이용 음란물을 배포한 사정에 비추어, 박사방 운영진의 미션방에 적극 참여하여 그 지시에 따라 검색어 입력 및 인증을 한 경우가 아니라 당시 다양한 경로로 접하게 된 검색어를 입력하는 등의 행위는, 박사방의 운영진이 특정 검색어가 당시 화제가 되고 있음에 편승하여 이에 관심을 가진 사람을 미션방으로 유도하여 음란물 판매를 촉진하려는 의도로 시작한 실검챌린지 등에 단순히 이용된 것으로 볼 여지가 있고, 달리 피고인의 각 행위와 정범의 범죄 실현 사이에 밀접한 관련성 등 인과관계를 인정하거나 피고인의 각 행위가 정범의 범죄 실현에 현실적인 기여를 하였다고 단정하기 어렵다는 이유로, 이와 달리 보아 공소사실을 유죄로 인정한 원심의 판단에 '방조'에 관한 법리오해 등의 잘못이 있다고 한 사례(대판 2023.10.18. 2022도15537)

제3편 형벌론

제1장 형벌론의 개관

제1편 개인적 법익에 대한 죄

제1장 생명과 신체에 대한 죄

제2장 자유에 대한 죄

01 | 권리행사의 일환으로 일정한 해악을 고지한 경우 협박죄의 성립 여부[217]
대판 2022.12.15. 2022도9187

범죄사실

검사는 피고인들을 비롯한 직원들의 임금이 체불되고 사무실 임대료를 내지 못할 정도로 재정 상태가 좋지 않는 등의 이유로 이 사건 회사의 경영상황이 우려되고 대표이사 겸 최대주주인 피해자의 경영능력이 의심받던 상황에서, 직접적 이해당사자인 피고인들이 2015.11.23. 동료 직원들과 함께 피해자를 만나 '사임제안서'만 전달하였을 뿐 별다른 말을 하지 않았고, 피해자도 약 5분 동안 이를 읽은 후 바로 그 자리를 떠났다는 범죄사실에 대하여, 피고인들을 협박죄로 서울중앙지방법원에 공소제기하였다.

주요논점

[1] 협박죄가 성립되려면 고지된 해악의 내용이 행위 전후의 여러 사정을 종합하여 볼 때 일반적으로 사람으로 하여금 공포심을 일으키기에 충분한 것이어야 하는지 여부(적극)
[2] 민사적 법률관계하에서 이해관계가 상충되는 당사자 사이에 권리의 실현·행사 과정에서 이루어진 상대방에 대한 불이익이나 해악의 고지가 협박죄의 '협박'에 해당하는지와 그것이 사회상규에 비추어 용인할 수 있는 정도를 넘어선 것인지를 판단할 때 고려할 사항

---

[217] 경영위기에 놓인 회사의 직원 중 일부가 동료 직원 및 주요 투자자와 협의를 거쳐 회사 갱생을 위한 자구책으로 마련한 '사임제안서'를 대표이사에게 전달한 행위는 '협박'으로 볼 수 없고, 이에 해당하더라도 사회통념상 용인할 수 있는 정도이거나 회사의 경영 정상화라는 정당한 목적을 위한 상당한 수단에 해당하여 사회상규에 반하지 아니한다고 보아, 유죄 판결을 한 원심을 협박죄의 성립에 관한 법리오해를 이유로 파기한 사례(대판 2022.12.15. 2022도9187)

판결이유

[1] 협박죄에서 '협박'은 일반적으로 보아 사람으로 하여금 공포심을 일으킬 수 있는 정도의 해악을 고지하는 것을 의미하고, 주관적 구성요건으로서의 고의는 행위자가 그러한 정도의 해악을 고지한다는 것을 인식·용인하는 것을 내용으로 하는바, 협박죄가 성립되려면 고지된 해악의 내용이 행위자와 상대방의 성향, 고지 당시의 주변 상황, 행위자와 상대방 사이의 친숙의 정도 및 지위 등의 상호관계 등 행위 전후의 여러 사정을 종합하여 볼 때에 일반적으로 사람으로 하여금 공포심을 일으키기에 충분한 것이어야 한다.

[2] 권리행사의 일환으로 상대방에게 일정한 해악을 고지한 경우에도, 그러한 해악의 고지가 사회의 관습이나 윤리관념 등에 비추어 사회통념상 용인할 수 있는 정도이거나 정당한 목적을 위한 상당한 수단에 해당하는 등 사회상규에 반하지 아니하는 때에는 협박죄가 성립하지 아니한다. 따라서 민사적 법률관계 하에서 이해관계가 상충되는 당사자 사이에 권리의 실현·행사 과정에서 이루어진 상대방에 대한 불이익이나 해악의 고지가 일반적으로 보아 공포심을 일으킬 수 있는 정도로서 협박죄의 '협박'에 해당하는지 여부와 그것이 사회상규에 비추어 용인할 수 있는 정도를 넘어선 것인지 여부를 판단할 때에는, 행위자와 상대방의 관계 및 사회경제적 위상의 차이, 고지된 불이익이나 해악의 내용이 당시 상황에 비추어 이해관계가 대립되는 당사자의 권리 실현·행사의 내용으로 통상적으로 예견·수용할 수 있는 범위를 현저히 벗어난 정도에 이르렀는지, 해악의 고지 방법과 그로써 추구하는 목적 사이에 합리적 관련성이 존재하는지 등 여러 사정을 세심히 살펴보아야 한다.

[3] 이러한 사정을 앞서 본 법리와 기록에 비추어 살펴보면, 다음과 같은 이유에서 이 사건 공소사실에 기재된 피고인들의 '사임제안서' 전달 행위를 협박죄에서의 '협박'으로 볼 수 없고, 설령 '협박'에 해당하더라도 사회통념상 용인할 수 있는 정도이거나 이 사건 회사의 경영 정상화라는 정당한 목적을 위한 상당한 수단에 해당하여 사회상규에 반하지 아니한다고 봄이 타당하다.

① 대표이사인 피해자의 경영실패에 따라 임금 체불, 사무실 임대료 체납 등으로 이 사건 회사의 존립이 위태로운 상황에서 피고인들을 포함하여 이 사건 회사에 최종적으로 잔류한 직원들과 투자금 상실의 위기에 놓인 주요 투자자들이 상호 공동의 이해관계 아래 그러한 사정을 공유한 후 '사임제안서'를 마련한 것은 이 사건 회사의 주요한 이해관계자로서 경영 정상화를 위한 대책을 자발적·집단적으로 마련한 노력의 일환이라고 볼 여지가 많으므로, 이를 법령에 위반된다거나 부당한 행위라고 단정할 수 없다.

② 특히 임금이 체불된 근로자인 피고인들은 '사임제안서'를 통하여 피해자에 대하여 임금지급과 관련한 법적 책임을 면제하겠다는 취지의 제안을 함으로써, 이 사건 회사가 정상화되지 않는 경우에 임금채권의 회수가능성에 관한 불확실성이 증대되고 사실상 이를 지급받지 못하게 되는 불이익·희생까지 감수하면서도 이 사건 회사의 갱생을 위한 방안을 마련·제시한 것이므로, 오직 피해자의 희생만을 요구하거나 피해자에게 일방적으로 불리한 내용만을 강제한 것이 아닐 뿐만 아니라 정당한 권리의 실현·확보가 아닌 다른 사적 목적이나 이익을 추구하기 위한 것으로 보이지도 않는다.

③ '사임제안서'를 거부할 경우에 대비하여 예정된 체불 임금의 신고는 해당 근로자로서 법률상 정당한 권리행사에 해당하고, 이러한 사정을 주요 투자자인 2개 기관에 고지하는 것은 공동의 이해관계자로서 '사임제안서'의 마련 과정에서 관련 정보를 공유하였거나 협의를 하였던 다른 이해관계자들에게 피해자의 수용 여부 등 협의의 진행 경과를 알려주는 당연히 예정된 절차에 불과하며, 나머지 사항은 협상결렬에 따라 향후 발생할 것으로 누구라도 예상할 수 있는 부정적 상황이나 결과에 대한 주관적인 예상·전망 또는 단순한 경고에 불과할 뿐 제3자로 하여금 해악을 가하도록 한 행위로 평가할 수 없다.

④ 대표이사 겸 최대주주로서 이 사건 회사의 정상화를 위한 주도권을 보유한 피해자는 '사임제안서'의 수용이나 거부는 물론 수정 제안 등 추가적인 협의를 시도할 수 있는 폭넓은 재량이나 권한을 가지고 있었고, 위와 같이 지속적으로 경영상황이 악화되는 가운데 직원들과 주요 투자자들이 합심하여 스스로의 민사상 권리를 보호하는 입장에서 자신을 압박하는 취지의 제안·조치를 취하리라는 것은 충분히 예상할 수 있었으므로, '사임제안서'의 전달 행위가 당시 상황에 비추어 피해자와 이해관계가 대립되는 피고인들 및 주요 투자자들의 권리 실현·행사의 내용으로 피해자가 통상적으로 수용할 수 있는 범위를 현저히 벗어난 정도에 이르렀다고 보기도 어렵다.

그럼에도 원심은 판시와 같은 사정만을 이유로 피고인들의 행위가 협박죄에 해당한다고 보았는바, 이러한 원심 판단에는 협박죄의 성립에 관한 법리를 오해함으로써 판결에 영향을 미친 잘못이 있다.

02 | 폭행·협박 선행형의 강제추행죄에서 '폭행 또는 협박'의 의미[218]

대판 2023.9.21. 2018도13877[전합]

범죄사실

군검사는 피고인이 주거지 방안에서 친척관계인 피해자(여, 15세)의 과제를 도와주던 중, 피해자를 양팔로 끌어안고 가슴을 만지는 등 강제로 추행하였다는 범죄사실에 대하여 피고인의 성폭력범죄처벌법위반(친족관계에 의한 강제추행)을 주위적 공소사실로, 청소년성보호법위반(위계등추행)을 예비적 공소사실로 보통군사법원에 공소제기하였다.

주요논점

[1] 강제추행죄의 '폭행 또는 협박'의 의미에 관한 종래 대법원의 입장 및 변경 필요성
[2] 강제추행죄의 '폭행 또는 협박'은 상대방의 신체에 대하여 불법한 유형력을 행사(폭행)하거나 일반적으로 보아 상대방으로 하여금 공포심을 일으킬 수 있는 정도의 해악을 고지(협박)하는 것이라고 보아야 하는지 여부(적극) 및 어떠한 행위가 이에 해당하는지 판단하는 기준

---

[218] 피고인이 자신의 주거지 방안에서 4촌 친족관계인 피해자 갑(여, 15세)의 학교 과제를 도와주던 중 갑을 양팔로 끌어안은 다음 침대에 쓰러뜨린 후 갑의 가슴을 만지는 등 강제로 추행하였다는 성폭력범죄의 처벌 등에 관한 특례법 위반(친족관계에 의한 강제추행)의 주위적 공소사실로 기소된 사안에서, 당시 피고인은 방안에서 갑의 숙제를 도와주던 중 갑의 왼손을 잡아 자신의 성기 쪽으로 끌어당겼고, 이를 거부하고 자리를 이탈하려는 갑의 의사에 반하여 갑을 끌어안은 다음 침대로 넘겨져 갑의 위에 올라탄 후 갑의 가슴을 만졌으며, 방문을 나가려는 갑을 뒤따라가 끌어안았는바, 이러한 피고인의 행위는 갑의 신체에 대하여 불법한 유형력을 행사하여 갑을 강제추행한 것에 해당한다고 볼 여지가 충분하다는 이유로, 이와 달리 피고인의 행위가 갑의 항거를 곤란하게 할 정도의 폭행 또는 협박에 해당하지 않는다고 보아 위 공소사실을 무죄로 판단한 원심의 조치에 강제추행죄의 폭행에 관한 법리오해 등의 잘못이 있다고 한 사례(대판 2023.9.21. 2018도13877[전합])

판결요지

[다수의견]

[1] 형법 및 성폭력범죄의 처벌 등에 관한 특례법(이하 '성폭력처벌법')은 강제추행죄의 구성요건으로 '폭행 또는 협박'을 규정하고 있는데, 대법원은 강제추행죄의 '폭행 또는 협박'의 의미에 관하여 이를 두 가지 유형으로 나누어, 폭행행위 자체가 곧바로 추행에 해당하는 경우(이른바 기습추행형)에는 상대방의 의사를 억압할 정도의 것임을 요하지 않고 상대방의 의사에 반하는 유형력의 행사가 있는 이상 그 힘의 대소강약을 불문한다고 판시하는 한편, 폭행 또는 협박이 추행보다 시간적으로 앞서 그 수단으로 행해진 경우(이른바 폭행·협박 선행형)에는 상대방의 항거를 곤란하게 하는 정도의 폭행 또는 협박이 요구된다고 판시하여 왔다(이하 폭행·협박 선행형 관련 판례 법리를 '종래의 판례 법리'라함).

강제추행죄의 범죄구성요건과 보호법익, 종래의 판례 법리의 문제점, 성폭력범죄에 대한 사회적 인식, 판례 법리와 재판 실무의 변화에 따라 해석 기준을 명확히 할 필요성 등에 비추어 강제추행죄의 '폭행 또는 협박'의 의미는 다시 정의될 필요가 있다. 강제추행죄의 '폭행 또는 협박'은 상대방의 항거를 곤란하게 할 정도로 강력할 것이 요구되지 아니하고, 상대방의 신체에 대하여 불법한 유형력을 행사(폭행)하거나 일반적으로 보아 상대방으로 하여금 공포심을 일으킬 수 있는 정도의 해악을 고지(협박)하는 것이라고 보아야 한다.

[2] 강제추행죄는 상대방의 신체에 대해 불법한 유형력을 행사하거나 상대방으로 하여금 공포심을 일으킬 수 있는 정도의 해악을 고지하여 상대방을 추행한 경우에 성립한다. 어떠한 행위가 강제추행죄의 '폭행 또는 협박'에 해당하는지 여부는 행위의 목적과 의도, 구체적인 행위태양과 내용, 행위의 경위와 행위 당시의 정황, 행위자와 상대방과의 관계, 그 행위가 상대방에게 주는 고통의 유무와 정도 등을 종합하여 판단하여야 한다.

[별개의견]

폭행·협박 선행형의 강제추행죄에서 '폭행 또는 협박'의 정도에 관하여 상대방의 항거를 곤란하게 하는 정도의 폭행 또는 협박이 요구된다고 판시한 '종래의 판례 법리'는 여전히 타당하므로 그대로 유지되어야 한다. 다수의견과 같이 강제추행죄의 처벌범위를 확대하는 해석론은 사회적 공감대가 형성된 후 국회의 입법절차를 통하여 해결하는 것이 바람직하다.

판례평석

대법원은 종래 강제추행죄를 판단함에 있어, 폭행·협박이 선행된 경우, 폭행·협박으로 '항거곤란'에 이를 것을 요구하면서도, 폭행행위 자체가 곧바로 추행에 해당하는 이른바 '기습추행'의 경우에는 폭행의 정도를 불문하고 즉, '항거곤란' 여부와 상관없이 강제추행죄의 성립을 인정해왔다. 실무상 대부분의 강제추행 범행은 가해자와 피해자의 신체접촉을 통해 이루어지기 때문에 재판 실무상 위 '기습추행'의 법리에 따라 폭행의 정도를 불문하고 강제추행죄의 성립을 인정해 왔으므로, 본 전원합의체 판결로 실무상 큰 차이가 발생하는 것은 아닌 것으로 보인다. 다만, 협박이 선행되고 신체 접촉 없이 피해자를 도구삼아 피해자 스스로 추행행위를 하게 한 사안(대판 2018. 2. 8. 2016도17733)과 같은 경우, 본 전합 판결을 통하여 협박의 정도를 보다 넓게 인정하여 범죄성립 대상을 확대하는 결과를 가져올 것으로 기대된다.

제3장 ▶ 명예와 신용에 대한 죄

03 | 시각적 수단을 사용한 표현행위에 의한 모욕죄의 성립 여부[219] 대판 2023.2.2. 2022도4719

주요논점

[1] 모욕죄의 보호법익(=외부적 명예) 및 '모욕'의 의미 / 상대방의 인격적 가치에 대한 사회적 평가를 저하시킬 만한 것이 아닌 표현이 다소 무례한 방법으로 표시된 경우, 모욕죄의 구성요건에 해당하는지 여부(소극)
[2] 언어적 수단이 아닌 비언어적·시각적 수단만을 사용한 표현이라도 사람의 사회적 평가를 저하시킬 만한 추상적 판단이나 경멸적 감정을 전달하는 것인 경우, 모욕죄가 성립하는지 여부(적극)

판결이유

[1] 형법 제311조의 모욕죄는 사람의 가치에 대한 사회적 평가를 의미하는 외부적 명예를 보호법익으로 하는 범죄로서, 모욕죄에서 말하는 모욕이란 사실을 적시하지 아니하고 사람의 사회적 평가를 저하시킬 만한 추상적 판단이나 경멸적 감정을 표현하는 것을 의미한다. 따라서 어떠한 표현이 상대방의 인격적 가치에 대한 사회적 평가를 저하시킬 만한 것이 아니라면 설령 그 표현이 다소 무례한 방법으로 표시되었다 하더라도 이를 두고 모욕죄의 구성요건에 해당한다고 볼 수 없다.

[2] 모욕의 수단과 방법에는 제한이 없으므로 언어적 수단이 아닌 비언어적·시각적 수단만을 사용하여 표현을 하더라도 그것이 사람의 사회적 평가를 저하시킬 만한 추상적 판단이나 경멸적 감정을 전달하는 것이라면 모욕죄가 성립한다. 최근 영상 편집·합성 기술이 발전함에 따라 합성 사진 등을 이용한 모욕 범행의 가능성이 높아지고 있고, 시각적 수단만을 사용한 모욕이라 하더라도 그 행위로 인하여 피해자가 입는 피해나 범행의 가벌성 정도는 언어적 수단을 사용한 경우와 비교하여 차이가 없다.

[3] 원심이, 피고인이 피해자를 '개'로 지칭하지는 않은 점 및 피고인이 효과음, 자막을 사용하지 않았다는 사정을 무죄의 근거로 든 것은 적절하다고 보기 어렵다. 그러나 원심 판단은 영상의 전체적인 내용을 살펴볼 때, 피고인이 피해자의 얼굴을 가리는 용도로 동물 그림을 사용하면서 피해자에 대한 부정적인 감정을 다소 해학적으로 표현하려 한 것에 불과하다고 볼 여지도 상당하므로, 해당 영상이 피해자를 불쾌하게 할 수 있는 표현이기는 하지만 객관적으로 피해자의 인격적 가치에 대한 사회적 평가를 저하시킬 만한 모욕적 표현을 한 경우에 해당한다고 단정하기는 어렵다는 취지로서 수긍할 수 있다.

---

219) 피고인이 자신의 유튜브 채널에 갑의 방송 영상을 게시하면서 갑의 얼굴에 '개' 얼굴을 합성하는 방법으로 갑을 모욕하였다는 내용으로 기소된 사안에서, 원심판단 중 피고인이 갑을 '개'로 지칭하지는 않은 점 및 효과음, 자막을 사용하지 않았다는 사정을 무죄의 근거로 든 것은 적절하지 않으나, 영상의 전체적인 내용을 살펴볼 때, 피고인이 갑의 얼굴을 가리는 용도로 동물 그림을 사용하면서 갑에 대한 부정적인 감정을 다소 해학적으로 표현하려 한 것에 불과하다고 볼 여지도 상당하므로, 해당 영상이 갑을 불쾌하게 할 수 있는 표현이기는 하지만 객관적으로 갑의 인격적 가치에 대한 사회적 평가를 저하시킬 만한 모욕적 표현을 한 경우에 해당한다고 단정하기 어렵다는 취지에서 공소사실을 무죄로 판단한 것은 수긍할 수 있다고 한 사례(대판 2023.2.2. 2022도4719)

04 | 감사의 이사회 출석 및 의견진술에 대한 업무방해죄의 성립 여부[220]

대판 2023.9.27. 2023도9332

주요논점

업무방해죄의 보호대상이 되는 '업무'의 의미

판결이유

[1] 업무방해죄의 보호대상이 되는 "업무"라 함은 직업 또는 사회생활상의 지위에 기하여 계속적으로 종사하는 사무나 사업을 말하는 것으로, 이러한 주된 업무와 밀접불가분의 관계에 있는 부수적인 업무도 이에 포함된다. 그러나 이사회가 의안 심의 및 결의에 관한 업무와 관련하여 특정 안건의 심의 및 의결 절차의 편의상 이사회 구성원이 아닌 감사 등의 의견을 청취하는 것은 그 실질에 있어 이사회 구성원인 이사들의 의안 심의 및 결의에 관한 계속적 업무 혹은 그와 밀접불가분의 관계에 있는 업무에 해당할 뿐, 그와 같은 경위로 이사회에 출석하여 의견을 진술한 이사회 구성원 아닌 감사의 업무를 방해한 경우에 해당한다고 볼 수 없다.

[2] 피고인들이 ○○농협의 제8차 및 제11차 이사회에서 '급여규정 일부 개정안'에 대하여 허위로 설명 또는 보고하거나 개정안과 관련하여 허위의 자료를 작성하여 이사들에게 제시하였다고 하더라도 그와 같은 행위는 직접적·본질적으로 이사들의 '급여규정 일부 개정안' 심의·의결 업무를 방해한 것으로 볼 수 있을 뿐, 이사회에 참석한 감사의 업무를 방해한 것으로 보기는 어렵다. 피고인들의 이사들에 대한 위와 같은 기망적인 행위로 인해 위 이사회에 출석한 감사가 의견을 진술하는 데에 결과적으로 지장을 초래한 것으로 볼 수 있다 하더라도 그 실질은 이사들의 정상적인 심의·의결 업무를 방해하는 행위로 평가·포섭될 수 있을 뿐이다. 달리 이 사건에서 감사들의 '이사회 출석' 및 '의견진술' 자체가 피고인들의 행위로 인하여 방해받은 바도 없다.

---

[220] 피고인들이 공모하여 이사회에서 '급여규정 일부 개정안'에 대하여 허위로 설명 또는 보고하거나 개정안과 관련하여 허위의 자료를 작성하여 제시하였는데, 위와 같은 행위로 위계로써 갑 농협 감사의 갑 농협의 재산과 업무집행상황에 대한 감사, 이사회에 대한 의견 진술 등에 관한 업무를 방해하였다는 내용으로 기소된 사안에서, 갑 농협의 정관에 따르면 감사는 갑 농협의 재산과 업무집행상황을 감사하는 것을 주된 업무로 하는 점, 이사회의 구성 및 운영 주체는 이사들이고, 개별 이사회에서 이루어지는 심의·의결 등 업무는 감사가 그 주체로서 행한 업무에 해당하지 아니하므로, 감사의 특정 이사회 출석 및 의견 진술은 감사의 본래 업무와 밀접불가분의 관계에 있는 부수적인 업무라고 보기 어려운 점, 갑 농협의 조합장을 비롯한 경영진이나 직원들이 이사회에 부의된 안건과 관련하여 이사회에서 하는 보고 또는 설명의 상대방은 이사회의 구성원인 이사들에 한정되는 것으로 볼 수 있을 뿐 이사회 구성원이 아닌 감사 등까지 포함된다고 보기는 어려운 점 등을 종합하면, 피고인들의 행위는 직접적·본질적으로 이사들의 '급여규정 일부 개정안' 심의·의결 업무를 방해한 것으로 볼 수 있을 뿐, 이사회에 참석한 감사의 업무를 방해한 것으로 보기는 어렵고, 피고인들의 이사들에 대한 위와 같은 기망적인 행위로 인해 이사회에 출석한 감사가 의견을 진술하는 데에 결과적으로 지장을 초래한 것으로 볼 수 있다 하더라도 그 실질은 이사들의 정상적인 심의·의결 업무를 방해하는 행위로 평가·포섭될 수 있을 뿐이므로, 이사회가 의안 심의 및 결의에 관한 업무와 관련하여 특정 안건의 심의 및 의결 절차의 편의상 이사회 구성원이 아닌 감사 등의 의견을 청취하는 것은 그 실질에 있어 이사회 구성원인 이사들의 의안 심의 및 결의에 관한 계속적 업무 혹은 그와 밀접불가분의 관계에 있는 업무에 해당할 뿐, 피고인들의 행위로 이사회에 출석하여 의견을 진술한 이사회 구성원 아닌 감사의 업무가 방해된 경우에 해당한다고 볼 수 없음에도, 이와 달리 본 원심판단에 법리오해의 잘못이 있다고 한 사례(대판 2023.9.27. 2023도9332)

05 | 교장이 신입생 입학 사정회의에서 의견을 밝힌 경우 업무방해죄의 성립 여부[221]

대판 2023.3.30. 2019도7446

주요논점

[1] 업무방해죄에서 말하는 '위력'의 의미 / 어떤 행위의 결과 상대방의 업무에 지장이 초래되었더라도 행위자가 상대방의 의사결정에 관여할 수 있는 권한을 가지고 있거나 업무상의 지시를 할 수 있는 지위에 있는 경우, 위력을 행사한 것인지 여부(원칙적 소극)

[2] 업무방해죄의 성립에 업무방해의 결과가 실제로 발생할 것을 요하지 아니하지만 업무방해의 결과를 초래할 위험은 발생하여야 하는지 여부(적극)

판결요지

[1]·[2] 형법상 업무방해죄에서 말하는 '위력'은 반드시 유형력의 행사에 국한되지 아니하므로 폭력·협박은 물론 사회적·경제적·정치적 지위와 권세에 의한 압박 등도 이에 포함되지만, 적어도 그러한 위력으로 인하여 피해자의 자유의사를 제압하기에 충분하다고 평가될 정도의 세력에는 이르러야 한다. 한편 어떤 행위의 결과 상대방의 업무에 지장이 초래되었더라도 행위자가 상대방의 의사결정에 관여할 수 있는 권한을 가지고 있거나 업무상의 지시를 할 수 있는 지위에 있는 경우에는 그 행위의 내용이나 수단이 사회통념상 허용될 수 없는 등 특별한 사정이 없는 한 위력을 행사한 것이라고 할 수 없다. 또한 업무방해죄의 성립에는 업무방해의 결과가 실제로 발생할 것을 요하지 아니하지만 업무방해의 결과를 초래할 위험은 발생하여야 하고, 그 위험의 발생이 위계 또는 위력으로 인한 것인지 신중하게 판단되어야 한다.

---

[221] 특성화고등학교인 갑 고등학교의 교장인 피고인이 신입생 입학 사정회의(이하 '사정회의') 과정에서 면접위원인 피해자들에게 "참 선생님들이 말을 안 듣네. 중학교는 이 정도면 교장 선생님한테 권한을 줘서 끝내는데. 왜 그러는 거죠?" 등 특정 학생을 합격시키라는 취지의 발언을 하여 특정 학생의 면접 점수를 상향시켜 신입생으로 선발되도록 함으로써 위력으로 피해자들의 신입생 면접 업무를 방해하였다는 내용으로 기소된 사안에서, 사정회의는 초·중등교육법령 및 관할 교육감이 공고한 '고등학교 입학전형 기본계획'에 근거하여 신입생 전형관리를 위하여 구성된 학교입학전형위원회(이하 '전형위원회')로서, 전형위원장인 피고인뿐만 아니라 피해자들을 비롯한 위원들은 모두 최초 총점에 따른 순위에 구애받지 않고 사정회의를 통해 다양한 의견을 반영하여 최종 합격자를 결정하고 그에 따라 면접 점수가 조정될 수 있음을 양해하였던 것으로 보이고, 피해자들이 특정 학생의 면접 점수를 조정하기로 한 것은 피고인이 발언을 통해 어떠한 분위기를 조성한 영향이라기보다는 전형위원회 위원들이 사정회의에서 논의한 결과에 따른 것이라고 볼 여지가 있는 점, 피고인의 발언은 전형위원회 위원들 사이에 최종 합격자 결정을 위한 다양한 의견이 개진되면서 합격자를 결정하지 못하고 있던 상황에서 나온 것으로 보이는 점, 피고인의 발언이 입학전형에 관한 부정한 청탁에 기인하거나 그 밖의 부정한 목적 또는 의도에 따른 것이라고 볼 만한 사정이 없는 점 등에 비추어 피고인이 업무방해의 고의로 발언을 하였다고 보기도 어려운 점 등 제반 사정을 종합하면, 피고인은 학교 교장이자 전형위원회 위원장으로서 사정회의에 참석하여 자신의 의견을 밝힌 후 계속하여 논의가 길어지자 발언을 한 것인바, 그 발언에 다소 과도한 표현이 사용되었더라도 그것만으로 그 행위의 내용이나 수단이 사회통념상 허용할 수 없는 것이었다거나 피해자들의 자유의사를 제압하기에 충분한 위력을 행사하였다고 단정하기 어렵고, 그로 인하여 피해자들의 신입생 면접 업무가 방해될 위험이 발생하였다고 보기도 어렵다는 이유로, 이와 달리 보아 공소사실을 유죄로 인정한 원심판결에 업무방해죄의 성립에 관한 법리오해 및 심리미진의 잘못이 있다고 한 사례(대판 2023.3.30. 2019도7446).

06 | 무자격자가 개설한 의료기관에 고용된 의료인에 대한 진료업무방해의 업무방해죄의 성립 여부[222]

대판 2023.3.16. 2021도16482

주요논점

[1] 업무방해죄의 보호대상이 되는 '업무'의 의미와 판단 기준 / 업무의 개시나 수행과정에 실체상 또는 절차상의 하자가 있더라도 그 정도가 반사회성을 띠는 데까지 이르지 아니한 경우, 업무방해죄의 보호대상이 되는지 여부(적극)
[2] 의료인이나 의료법인이 아닌 자가 의료기관을 개설하여 운영하는 행위가 업무방해죄의 보호대상이 되는 업무에 해당하는지 여부(소극) / 무자격자에 의해 개설된 의료기관에 고용된 의료인의 진료 업무가 업무방해죄의 보호대상이 되는 업무인지 판단하는 기준

판결이유

[1] 형법상 업무방해죄의 보호대상이 되는 '업무'란 직업 또는 계속적으로 종사하는 사무나 사업을 말하는 것으로서 타인의 위법한 행위에 의한 침해로부터 보호할 가치가 있는 것이면 되고, 그 업무의 기초가 된 계약 또는 행정행위 등이 반드시 적법하여야 하는 것은 아니므로, 법률상 보호할 가치가 있는 업무인지 여부는 그 사무가 사실상 평온하게 이루어져 사회적 활동의 기반이 되고 있느냐에 따라 결정되는 것이고, 그 업무의 개시나 수행과정에 실체상 또는 절차상의 하자가 있다고 하더라도 그 정도가 반사회성을 띠는 데까지 이르지 아니한 이상 업무방해죄의 보호대상이 된다고 보아야 한다.
[2] 의료인이나 의료법인이 아닌 자가 의료기관을 개설하여 운영하는 행위는 업무방해죄의 보호대상이 되는 업무에 해당하지 않는다. 그러나 무자격자에 의해 개설된 의료기관에 고용된 의료인이 환자를 진료한다고 하여 그 진료행위 또한 당연히 반사회성을 띠는 행위라고 볼 수는 없다. 이때 의료인의 진료 업무가 업무방해죄의 보호대상이 되는 업무인지는 의료기관의 개설·운영 형태, 해당 의료기관에서 이루어지는 진료의 내용과 방식, 피고인의 행위로 인하여 방해되는 업무의 내용 등 사정을 종합적으로 고려하여 판단해야 한다.

---

222) 의료인인 갑의 명의로 의료인이 아닌 을이 개설하여 운영하는 병 병원에서, 피고인이 단독으로 또는 공모하여 11회에 걸쳐 큰 소리를 지르거나 환자 진료 예약이 있는 갑을 붙잡고 있는 등의 방법으로 위력으로써 갑의 진료 업무를 방해하였다는 내용으로 기소된 사안에서, 피고인의 행위와 당시의 주변 상황 등을 종합하면, 공소사실 전부 또는 그중 일부는 피고인이 갑의 환자에 대한 진료행위를 방해한 것으로 볼 여지가 있으므로, 피고인이 병 병원의 일반적인 운영 외에 갑의 진료행위를 방해한 것인지에 대해 더 세밀하게 심리하여 업무방해죄 성립 여부를 판단하였어야 함에도, 원심이 병 병원의 운영에 관한 업무는 업무방해죄의 보호대상이 되는 업무에 해당하지 않는다고 전제한 다음, 갑의 진료행위도 병 병원의 운영에 관한 업무에 포함되어 별개의 보호가치 있는 업무로 볼 수 없다고 단정하여 공소사실을 무죄로 판단한 것에 업무방해죄의 업무에 관한 법리오해의 잘못이 있다고 한 사례(대판 2023.3.16. 2021도16482).

[3] 원심판결 이유와 증거에 의하면, 이 사건 병원은 공소외 1을 개설 명의자로 하여 의료인이 아닌 공소외 2가 개설하여 운영하는 병원인 사실, 피고인이 이 사건 병원에서 환자 관련 업무를 수행하고 있는 공소외 1을 붙잡는 등의 행위를 한 사실을 알 수 있다. 위와 같은 피고인의 행위와 그 당시의 주변 상황 등을 종합해 보면, 이 부분 공소사실 전부 또는 그중 일부는 피고인이 공소외 1의 환자에 대한 진료행위를 방해한 것으로 볼 여지가 있다. 따라서 원심으로서는 이 부분 공소사실에 대하여 피고인이 이 사건 병원의 일반적인 운영 외에 공소외 1의 진료행위를 방해한 것인지에 대해 더 세밀하게 심리하여 업무방해죄 성립여부를 판단했어야 한다. 그럼에도 원심은 이 사건 병원의 운영에 관한 업무는 업무방해죄의 보호대상이 되는 업무에 해당하지 아니한다고 전제한 다음, 의료인인 공소외 1의 진료행위도 이 사건 병원의 운영에 관한 업무에 포함되어 별개의 보호가치 있는 업무로 볼 수 없다고 단정하여 이 부분 공소사실을 무죄로 판단하였다. 이러한 원심의 판단에는 업무방해죄의 업무에 관한 법리를 오해한 잘못이 있다. 이를 지적하는 검사의 상고이유 주장은 이유 있다.

제4장　사생활의 평온에 대한 죄

07 ｜ 공동주택 공용부분에 출입한 경우 주거침입죄의 성립 여부[223]　대판 2024.2.15. 2023도15164

주요논점

[1] 공동주택 내부의 엘리베이터, 공용 계단, 복도 등 공용 부분이 주거침입죄의 객체인 '사람의 주거'에 해당하는지 여부(적극) / 거주자가 아닌 외부인이 공동주택의 공용 부분에 출입한 것이 공동주택 거주자들에 대한 주거침입에 해당하는지 판단하는 기준
[2] 주거에 들어가는 행위가 거주자의 의사에 반한다는 주관적 사정이 주거침입죄에서의 침입행위에 해당하는지를 판단할 때 고려할 하나의 요소인지 여부(적극) 및 이때 그 고려의 정도는 주거 등의 형태와 용도·성질, 외부인에 대한 출입의 통제·관리 방식과 상태 등 출입 당시 상황에 따라 달리 평가되는지 여부(적극)

판결이유

[1] 다가구용 단독주택이나 다세대주택·연립주택·아파트와 같은 공동주택 내부의 엘리베이터, 공용 계단, 복도 등 공용 부분도 그 거주자들의 사실상 주거의 평온을 보호할 필요성이 있으므로 주거침입죄의 객체인 '사람의 주거'에 해당한다. 거주자가 아닌 외부인이 공동주택의 공용 부분에 출입한 것이 공동주택 거주자들에 대한 주거침입에 해당하는지를 판단할 때에는 공용 부분이 일반 공중의 출입이 허용된 공간이 아니고 주거로 사용되는 각 가구 또는 세대의 전용 부분에 필수적으로 부속하는 부분으로서 거주자들 또는 관리자에 의하여 외부인의 출입에 대한 통제·관리가 예정되어 있어 거주자들의 사실상 주거의 평온을 보호할 필요성이 있는 부분인지,

---

223) 피고인이 예전에 사귀다 헤어진 여자친구인 갑의 사적 대화 등을 몰래 녹음하거나 현관문에 갑에게 불안감을 불러일으킬 수 있는 문구가 기재된 마스크를 걸어놓거나 갑이 다른 남자와 찍은 사진을 올려놓으려는 의도로 3차례에 걸쳐 야간에 갑이 거주하는 빌라 건물의 공동현관, 계단을 통해 갑의 2층 주거 현관문 앞까지 들어간 사안에서, 빌라 건물은 갑을 포함하여 약 10세대의 입주민들이 거주하는 전형적인 다세대주택으로, 피고인이 들어간 공동현관, 공용 계단, 세대별 현관문 앞부분은 형태와 용도·성질에 비추어 거주자들의 확장된 주거공간으로서의 성격이 강하여 외부인의 출입이 일반적으로 허용된다고 보기 어려운 점, 빌라 건물 1층에는 거주자들을 위한 주차장 및 공동현관이 있고, 각 세대에 가려는 사람은 외부에서 주차장을 거쳐 공동현관에 이른 뒤 위층으로 연결된 내부 계단을 통해 각 세대의 현관문에 이르게 되는데, 주차장 천장에 CCTV가 2대 이상 설치되어 있고 그 아래 기둥 벽면에 'CCTV 작동 중', '외부차량 주차금지'라는 문구가 기재된 점, 피고인의 출입 당시 CCTV가 실제로 작동하지는 않았고, 공동현관에 도어락 등 별도의 시정장치가 설치되지 않았으나, 빌라 건물의 거주자들이나 관리자는 CCTV 설치나 기둥 벽면의 문구를 통하여 외부차량의 무단주차금지 외에도 주차장 및 이와 연결된 주거공간인 빌라 건물 일체에 대한 외부인의 무단출입을 통제·관리한다는 취지를 대외적으로 표시하였다고 평가할 수 있는 점 등을 비롯하여 빌라 건물 공용 부분의 성격, 외부인의 무단출입에 대한 통제·관리 방식과 상태, 피고인과 갑의 관계, 피고인의 출입 목적 및 경위와 출입 시간, 출입행위를 전후한 피고인의 행동, 갑의 의사와 행동, 주거공간 무단출입에 관한 사회 통념 등 제반 사정을 종합하면, 피고인은 갑 주거의 사실상 평온상태를 해치는 행위태양으로 빌라 건물에 출입하였다고 볼 여지가 충분하다는 이유로, 이와 달리 보아 공소사실을 무죄로 판단한 원심판결에 주거침입죄의 '침입'에 관한 법리오해 및 심리미진의 잘못이 있다고 한 사례(대판 2024.2.15. 2023도15164)

공동주택의 거주자들이나 관리자가 평소 외부인이 그곳에 출입하는 것을 통제·관리하였는지 등의 사정과 외부인의 출입 목적 및 경위, 출입의 태양과 출입한 시간 등을 종합적으로 고려하여 '주거의 사실상 평온상태가 침해되었는지'의 관점에서 객관적·외형적으로 판단하여야 한다.

[2] 주거에 들어가는 행위 자체가 거주자의 의사에 반한다는 주관적 사정만으로는 바로 침입에 해당한다고 볼 수 없다. 침입행위에 해당하는지는 종국적으로는 주거의 사실상의 평온상태를 해치는 행위태양인지에 따라 판단되어야 하기 때문이다. 다만 거주자의 의사에 반하는지는 사실상의 평온상태를 해치는 행위태양인지를 평가할 때 고려할 하나의 요소가 될 수 있다. 이때 그 고려의 정도는 주거 등의 형태와 용도·성질, 외부인에 대한 출입의 통제·관리 방식과 상태 등 출입 당시 상황에 따라 달리 평가될 수 있다.

[3] 이러한 이 사건 건물 공용 부분의 성격, 외부인의 무단출입에 대한 통제·관리 방식과 상태, 피고인과 피해자의 관계, 피고인의 출입 목적 및 경위와 출입 시간, 이 사건 행위를 전후한 피고인의 행동, 피해자의 의사와 행동, 주거공간의 무단출입에 관한 사회 통념 등을 종합적으로 고려하여 보면, 피고인은 피해자 주거의 사실상 평온상태를 해치는 행위태양으로 이 사건 건물에 출입하였다고 볼 여지가 충분하다. 그런데도 원심은 앞서 든 사정만을 들어 피고인의 이 사건 행위를 '침입'으로 인정하기 어렵다고 보아 이 사건 공소사실에 대하여 무죄로 판단하였다. 이러한 원심의 판단에는 주거침입죄의 '침입'에 관한 법리를 오해하여 필요한 심리를 다하지 아니하여 판결에 영향을 미친 잘못이 있다. 이를 지적하는 상고이유는 이유 있다.

08 | 일반적으로 개방되어 있는 장소에 들어간 경우 주거침입죄의 성립 여부[224]

대판 2024.1.4. 2022도15955

주요논점

[1] 주거침입죄의 구성요건적 행위인 '침입'의 의미 및 침입행위에 해당하는지 판단하는 기준 / 업무시간 중 출입자격 등의 제한 없이 일반적으로 개방되어 있는 장소에 들어간 경우, 관리자의 명시적 출입금지 의사 및 조치가 없었던 이상 그 출입행위가 결과적으로 관리자의 추정적 의사에 반하였다는 사정만으로 이를 주거침입죄에서 규정한 침입행위로 평가할 수 있는지 여부(소극)

---

224) 호텔관리단 소속 피고인들이 업무시간 중 A건설, B저축은행, C저축은행에 사전 면담약속·방문 통지를 한 후 방문하거나 면담요청을 하기 위해 방문하였다가 면담이 무산되어 각 장소를 점거한 사안에서 피고인들이 업무시간 중 일반적으로 출입이 허용되어 개방된 장소이거나 업무상 이해관계인의 출입에 별다른 제한이 없는 영업장소에 업무상 이해관계인 자격으로 관리자의 출입제한이나 제지가 없는 상태에서 사전에 면담약속·방문 통지를 한 후 방문한 것이거나 면담요청을 하기 위해 통상적인 방법으로 들어간 이상, 사실상의 평온상태를 해치는 행위 태양으로 들어갔다고 볼 수 없어 건조물침입에서 규정하는 침입행위에 해당한다고 보기 어려우며, 사후적으로 볼 때 위 피고인들의 위 각 장소에의 순차적 출입이 앞서 본 소란 등 행위로 인하여 결과적으로 각 관리자의 추정적 의사에 반하는 결과를 초래하게 되었더라도, 그러한 사정만으로는 사실상의 평온상태를 해치는 행위 태양으로 출입하였다고 평가할 수 없다고 보아, 이와 달리 판단한 원심판결을 파기·환송한 사례(대판 2024.1.4. 2022도15955)

판결이유

[1] 주거침입죄는 사실상 주거의 평온을 보호법익으로 한다. 주거침입죄의 구성요건적 행위인 침입은 주거침입죄의 보호법익과의 관계에서 해석하여야 하므로, 침입이란 주거의 사실상 평온상태를 해치는 행위 태양으로 주거에 들어가는 것을 의미하고, 침입에 해당하는지는 출입 당시 객관적·외형적으로 드러난 행위 태양을 기준으로 판단함이 원칙이다. 사실상의 평온상태를 해치는 행위 태양으로 주거에 들어가는 것이라면 대체로 거주자의 의사에 반하겠지만, 단순히 주거에 들어가는 행위 자체가 거주자의 의사에 반한다는 주관적 사정만으로는 바로 침입에 해당한다고 볼 수 없다. 따라서 침입행위에 해당하는지는 거주자의 의사에 반하는지가 아니라 사실상의 평온상태를 해치는 행위 태양인지에 따라 판단되어야 한다. 한편 업무시간 중 출입자격 등의 제한 없이 일반적으로 개방되어 있는 장소에 들어간 경우, 관리자의 명시적 출입금지 의사 및 조치가 없었던 이상 그 출입행위가 결과적으로 관리자의 추정적 의사에 반하였다는 사정만으로는 사실상의 평온상태를 해치는 행위 태양으로 출입하였다고 평가할 수 없다.

[2] 위 피고인들은 물론 함께 들어간 구분소유자들이 위 각 장소에 순차적으로 들어간 후 다중의 위력을 보일 수 있을 정도의 규모에 이르렀고, 그로부터 상당한 시간이 경과한 이후 그때까지 위 피고인들이 기대하였던 담당자 또는 대표이사와의 면담 등이 무산됨에 따라 일부 참석자들에 의한 소란 등 행위가 우발적으로 발생하였던 것으로 보일 뿐이다. 즉, 소란 등 행위에 가담한 이들에 대하여 판시 업무방해 또는 폭력행위처벌법위반(공동퇴거불응) 등 범행이 성립함은 별론으로 하고, 업무시간 중 일반적으로 출입이 허용되어 개방된 'OSB저축은행·대신저축은행'은 물론 업무상 이해관계인의 출입에 별다른 제한이 없는 영업장소인 '신영건설'에 위 피고인들이 업무상 이해관계인 자격으로 관리자의 출입제한이나 제지가 없는 상태에서 사전에 면담약속·방문 통지를 한 후 방문한 것이거나 면담요청을 하기 위해 통상적인 방법으로 들어간 이상, 사실상의 평온상태를 해치는 행위 태양으로 들어갔다고 볼 수 없어 건조물침입죄에서 규정하는 침입행위에 해당한다고 보기 어렵다. 설령 사후적으로 볼 때 위 피고인들의 위 각장소에의 순차적 출입이 앞서 본 소란 등 행위로 인하여 결과적으로 각 관리자의 추정적 의사에 반하는 결과를 초래하게 되었더라도, 그러한 사후적 사정만으로는 사실상의 평온상태를 해치는 행위 태양으로 출입하였다고 평가할 수 없다. 그럼에도 'OSB저축은행·대신저축은행·신영건설'의 추정적 의사를 주된 근거로 삼아 폭력행위처벌법위반(공동주거침입)죄의 성립을 인정한 원심의 판단에는 건조물침입죄의 성립에 관한 법리를 오해하여 필요한 심리를 다하지 아니함으로써 판결에 영향을 미친 잘못이 있다.

제5장 재산에 대한 죄

09 | 절도죄와 사기죄의 구별[225]
대판 2022.12.29. 2022도12494

주요논점

[1] 형법상 '절취'의 의미 및 사기죄에서 처분행위가 갖는 역할과 기능
[2] 피기망자의 의사에 기초한 어떤 행위를 통해 행위자 등이 재물 또는 재산상의 이익을 취득하였다고 평가할 수 있는 경우, 사기죄에서 말하는 처분행위가 인정되는지 여부(적극) / 피기망자와 재산상의 피해자가 같은 사람이 아닌 경우에 사기죄가 성립하려면 피기망자가 피해자를 위하여 그 재산을 처분할 수 있는 권능을 갖거나 그 지위에 있어야 하는지 여부(적극)

판결요지

[1] 형법상 절취란 타인이 점유하고 있는 자기 이외의 자의 소유물을 점유자의 의사에 반하여 점유를 배제하고 자기 또는 제3자의 점유로 옮기는 것을 말한다. 이에 반해 기망의 방법으로 타인으로 하여금 처분행위를 하도록 하여 재물 또는 재산상 이익을 취득한 경우에는 절도죄가 아니라 사기죄가 성립한다.

[2] 사기죄에서 처분행위는 행위자의 기망행위에 의한 피기망자의 착오와 행위자 등의 재물 또는 재산상 이익의 취득이라는 최종적 결과를 중간에서 매개·연결하는 한편, 착오에 빠진 피해자의 행위를 이용하여 재산을 취득하는 것을 본질적 특성으로 하는 사기죄와 피해자의 행위에 의하지 아니하고 행위자가 탈취의 방법으로 재물을 취득하는 절도죄를 구분하는 역할을 한다. 처분행위가 갖는 이러한 역할과 기능을 고려하면 피기망자의 의사에 기초한 어떤 행위를 통해 행위자 등이 재물 또는 재산상의 이익을 취득하였다고 평가할 수 있는 경우라면, 사기죄에서 말하는 처분행위가 인정된다. 한편 사기죄가 성립되려면 피기망자가 착오에 빠져 어떠한 재산상의 처분행위를 하도록 유발하여 재산적 이득을 얻을 것을 요하고, 피기망자와 재산상의 피해자가 같은 사람이 아닌 경우에는 피기망자가 피해자를 위하여 그 재산을 처분할 수 있는 권능을 갖거나 그 지위에 있어야 한다.

---

225) 피해자 갑은 드라이버를 구매하기 위해 특정 매장에 방문하였다가 지갑을 떨어뜨렸는데, 10분쯤 후 피고인이 같은 매장에서 우산을 구매하고 계산을 마친 뒤, 지갑을 발견하여 습득한 매장 주인 을로부터 "이 지갑이 선생님 지갑이 맞느냐?"라는 질문을 받자 "내 것이 맞다."라고 대답한 후 이를 교부받아 가지고 간 사안에서, 을은 지갑을 습득하여 진정한 소유자에게 돌려주어야 하는 지위에 있으므로 갑을 위하여 이를 처분할 수 있는 권능을 갖거나 그 지위에 있었으며, 이러한 처분 권능과 지위에 기초하여 지갑의 소유자라고 주장하는 피고인에게 지갑을 교부하였고 이를 통해 피고인이 지갑을 취득하여 자유로운 처분이 가능한 상태가 되었으므로, 을의 행위는 사기죄에서 말하는 처분행위에 해당하고 피고인의 행위를 절취행위로 평가할 수 없다는 이유로, 피고인에 대한 주위적 공소사실인 절도 부분을 이유에서 무죄로 판단하면서 예비적 공소사실인 사기 부분을 유죄로 인정한 원심의 판단이 정당하다고 한 사례(대판 2022.12.29. 2022도12494)

10 | 타인의 토지에 건물을 신축한 경우 재물손괴죄의 성립 여부[226]   대판 2022.11.30. 2022도1410

주요논점

[1] 재물손괴죄의 성립요건 및 영득죄와의 구별 / 다른 사람의 소유물을 본래의 용법에 따라 무단으로 사용·수익하는 행위 때문에 소유자가 물건의 효용을 누리지 못하게 된 경우, 재물손괴죄에 해당하는지 여부(소극)

판결이유

[1] 재물손괴죄(형법 제366조)는 다른 사람의 재물을 손괴 또는 은닉하거나 그 밖의 방법으로 그 효용을 해한 경우에 성립하는 범죄로, 행위자에게 다른 사람의 재물을 자기소유물처럼 그 경제적 용법에 따라 이용·처분할 의사(불법영득의사)가 없다는 점에서 절도, 강도, 사기, 공갈, 횡령 등 영득죄와 구별된다. 다른 사람의 소유물을 본래의 용법에 따라 무단으로 사용·수익하는 행위는 소유자를 배제한 채 물건의 이용가치를 영득하는 것이고, 그 때문에 소유자가 물건의 효용을 누리지 못하게 되었더라도 효용 자체가 침해된 것이 아니므로 재물손괴죄에 해당하지 않는다.

[2] 피고인이 타인 소유 토지에 권원 없이 건물을 신축함으로써 그 토지의 효용을 해하였다는 이 사건 공소사실에 대하여, 원심은 판시와 같은 이유로 무죄로 판단하였다. 원심판결 이유에는 적절하지 않은 부분이 있지만, 피고인의 행위는 이미 대지화된 토지에 건물을 새로 지어 부지로서 사용·수익함으로써 그 소유자로 하여금 효용을 누리지 못하게 한 것일 뿐 토지의 효용을 해하지 않았으므로, 재물손괴죄가 성립하지 않는다는 결론은 정당하다. 원심판단에는 상고이유 주장과 같은 법리를 오해함으로써 판결 결과에 영향을 미친 잘못이 없다.

---

226) 부지의 점유 권원 없는 건물 소유자였던 피고인이, 토지 소유자와의 철거 등 청구소송에서 패소하고 강제집행을 당했는데도 무단으로 새 건물을 지은 사안에서, 검사는 피고인이 토지의 효용을 해하였다고 하여 재물손괴죄로 기소했으나, 피고인의 행위는 토지를 본래의 용법에 따라 사용·수익함으로써 그 소유자로 하여금 효용을 누리지 못하게 한 것일 뿐 효용을 침해한 것이 아니라고 보아, 원심의 무죄판결에 대한 검사의 상고를 기각한 사례(대판 2022.11.30. 2022도1410).

11 | 소송사기에서 기망행위의 정도[227]

대판 2024.6.27. 2021도2340

주요논점

[1] 허위 내용으로 법원을 기망하여 자기에게 유리한 소송비용액확정결정을 받는 행위가 사기죄를 구성할 수 있는지 여부(적극)
[2] 이때 소송비용액확정결정을 신청하는 당사자가 소명자료 등을 조작하거나 허위의 소명자료 등을 제출함이 없이 단지 실제 사실과 다른 비용액에 관한 주장만 하는 경우, 사기죄의 성립 여부(원칙적 소극)

판결이유

[1]·[2] 소송비용부담의 재판은 소송비용상환의무의 존재를 확정하고 그 지급을 명하는데 그치고, 구체적인 소송비용의 액수는 민사소송법 제110조 제1항에 의한 소송비용액 확정결정을 통하여 확정되며, 소송비용의 상환을 구하는 자는 소송비용액확정결정에 집행문을 부여받아 그 확정된 소송비용액에 관하여 강제집행을 할 수 있는바, 허위 내용으로 법원을 기망하여 자기에게 유리한 소송비용액확정결정을 받는 행위는 사기죄를 구성할 수 있다. 한편 소송비용액 확정결정을 신청할 때에는 비용계산서, 그 등본과 비용액을 소명하는 데 필요한 서면을 제출하여야 하므로(민사소송법 제110조 제2항), 당사자가 단순히 실제 사실과 다른 비용액에 관한 주장만 한 경우를 사기죄로 인정하는 것에는 신중하여야 한다. 소송비용 중 당사자 등이 소송 기타 절차를 수행하기 위하여 법원에 납부하는 인지액 및 민사예납금 등 이른바 '재판비용'은 관할법원이 스스로 보존하고 있는 재판서 및 소송기록 등에 의하여 계산할 것이 예정되어 있고, 당사자가 소송 등 수행을 위하여 제3자에게 직접 지출하는 이른바 '당사자비용'은 신청인이 반드시 소명하여야 하므로, 소명자료 등을 조작하거나 허위의 소명자료 등을 제출함이 없이 단지 실제 사실과 다른 비용액에 관한 주장만 하는 경우에는 특별한 사정이 없는 한 법원을 기망하였다고 단정하기 어렵기 때문이다.
[3] 원심판결 이유 및 기록에 의하면, 피고인 1은 이 사건 각 소송비용액확정신청서에 첨부한 소송비용액계산서에 '변호사비 : 5,000,000원'이라고 기재하였으나 이 사건 각 가처분사건에서 변호사를 선임한 적이 없었던 사실, 피고인 1은 이 사건 각 소송비용액확정신청서를 제출하면서 기왕에 납부한 인지대, 송달료에 관한 영수증은 소명자료로 제출하였으나, 변호사 비용에 관하여는 아무런 소명자료를 제출하지 않은 사실을 알 수 있다. 위와 같은 사실관계를 앞서 본 법리에 비추어 살펴보면, 피고인 1이 이 사건 각 가처분사건에서 변호사를 선임한 적이 없음에도 이 사건 각 소송비용액확정신청을 하면서 소송비용액계산서의 비용항목에 사실과 다르게 변호사 비용을 기재하기는 하였으나 이와 관련하여 소명자료 등을 조작하거나 허위의 소명자료를 제출하지는 않았는바, 피고인 1의 이 사건 각 소송비용액확정신청이 객관적으로 법원을 기망하기에 충분하다고 보기는 어려우므로,

---

227) 피고인이 가처분사건에서 변호사를 선임한 적이 없는데도 그 가처분사건에 관한 소송비용액확정결정신청을 하면서 실제 지출하지 않은 변호사비용을 기재하여 그 소송비용액 상당액을 편취하려다가 미수에 그쳤다는 사기미수로 기소된 사안에서, 피고인이 가처분사건에서 변호사를 선임한 적이 없는데도 소송비용액확정신청을 하면서 소송비용액계산서의 비용항목에 사실과 다르게 변호사비용을 기재하기는 하였으나 이와 관련하여 소명자료 등을 조작하거나 허위의 소명자료를 제출하지는 않았으므로, 피고인의 소송비용액확정신청이 객관적으로 법원을 기망하기에 충분하다고 보기는 어려워 이를 사기죄의 기망행위라고 단정할 수 없다고 보아, 이와 달리 사기미수죄의 성립을 인정한 원심을 파기·환송한 사례(대판 2024.6.27. 2021도2340)

이를 사기죄의 기망행위라고 단정할 수 없다. 그럼에도 원심은 판시와 같은 이유로 피고인 1에 대한 공소사실을 모두 유죄로 인정하였는바, 이러한 원심의 판단에는 소송비용액확정 절차에서 사기죄의 성립에 관한 법리를 오해하여 판결에 영향을 미친 잘못이 있다. 이를 지적하는 취지가 포함된 상고이유 주장은 이유 있다.

12 | 소송사기죄와 사기죄의 성립요건[228]

대판 2024.1.25. 2020도10330

주요논점

[1] 소송사기죄 적용의 엄격성 및 소송사기를 유죄로 인정할 수 있는 경우 / 소송당사자들이 조정절차를 통해 원만한 타협점을 찾는 과정에서 다소간의 허위나 과장이 섞인 언행을 한 경우, 이러한 언행이 사기죄에서 말하는 기망행위에 해당하는지 여부(한정 소극)

[2] 조정에 따른 이행의무를 부담하는 피고가 조정성립 이후 청구원인에 관한 주된 조정채무를 제때 이행하지 않았다는 사정만으로 원고에게 신의칙상 주의의무를 다하지 아니하였다거나 조정성립과 상당인과관계 있는 손해가 발생하였다고 단정할 수 있는지 여부(소극)

판결이유

[1] 소송사기는 법원을 속여 자기에게 유리한 판결을 얻음으로써 상대방의 재물 또는 재산상 이익을 취득하는 범죄로서, 이를 쉽사리 유죄로 인정하게 되면 누구든지 자기에게 유리한 주장을 하고 소송을 통하여 권리구제를 받을 수 있는 민사재판제도의 위축을 가져올 수밖에 없다. 이러한 위험성은 당사자 간 합의에 의하여 소송절차를 원만하게 마무리하는 민사조정에서도 마찬가지로 존재한다. 따라서 피고인이 범행을 인정한 경우 외에는 소송절차나 조정절차에서 행한 주장이 사실과 다름이 객관적으로 명백하고 피고인이 그 주장이 명백히 거짓인 것을 인식하였거나 증거를 조작하려고 하였음이 인정되는 때와 같이 범죄가 성립하는 것이 명백한 경우가 아니면 이를 유죄로 인정하여서는 안 된다. 소송당사자들은 조정절차를 통해 원만한 타협점을 찾는 과정에서 자신에게 유리한 결과를 얻기 위하여 노력하고, 그 과정에서 다소간의 허위나 과장이 섞인 언행을 하는 경우도 있다. 이러한 언행이 일반 거래관행과 신의칙에 비추어 허용될 수 있는 범위 내라면 사기죄에서 말하는 기망행위에 해당한다고 볼 수는 없다.

---

228) 아파트 시행사업을 하던 피고인들이 투자자인 피해자로부터 약정금 반환을 구하는 소를 제기 당하자, 조정절차에서 합의된 금전의 지급 재원이 될 아파트 시행 사업 양도대금의 지급시기에 관하여 조정 상대방인 피해자를 기망하여 이에 속은 피해자가 조정에 응함으로써 약정금을 감액받아 채무면제를 받았다는 이유로 사기죄로 기소된 사건에서, 기망행위의 성립범위를 엄격하게 제한하는 소송사기에 관한 법리가 소송절차에서 이루어지는 민사조정에서도 마찬가지로 적용된다는 점을 최초로 선언하면서, 피고인들이 민사소송의 조정 과정에서 피해자에게 아파트 시행 사업 양도대금의 지급시기를 설명하지 않았다는 사정만으로 곧바로 기망행위가 성립하였다거나 그로 인한 손해가 발생하였다고 할 수 없다고 보아, 이와 달리 판단한 원심판결을 파기·환송한 사례(대판 2024.1.25. 2020도10330)

[2] 통상의 조정절차에서는 조정채무 불이행에 대한 제재수단뿐만 아니라 소송비용의 처리 문제나 청구취지에 포함되지 않은 다른 잠재적 분쟁에 관한 합의내용도 포함될 수 있고, 소송절차를 단축시켜 집행권원을 신속히 확보하기 위한 목적에서 조정이 성립되는 경우도 있다. 소송당사자가 조정에 합의한 것은 이러한 부수적 사정에 따른 이해득실을 모두 고려한 이성적 판단의 결과로 보아야 하고, 변호사 등 소송대리인이 조정절차에 참여하여 조정이 성립한 경우에는 더욱 그러하다. 따라서 조정에 따른 이행의무를 부담하는 피고가 조정성립 이후 청구원인에 관한 주된 조정채무를 제때 이행하지 않았다는 사정만으로 원고에게 신의칙상 주의의무를 다하지 아니하였다거나 조정성립과 상당인과관계 있는 손해가 발생하였다고 쉽사리 단정하여서는 아니 된다.

[3] 공소외 1은 사채 중개업을 하던 사람으로서, 채권 회수를 위한 민사소송이나 조정절차에 관하여 어느 정도의 지식과 경험을 가지고 있었을 것으로 보일 뿐만 아니라 민사소송을 제기하면서 법률전문가인 변호사를 소송대리인으로 선임하였고 그 소송대리인이 조정절차에 참여하였으며, 합의된 조정조항에는 피고인 1의 금전지급의무 이외에 공소외 1의 비밀준수의무와 손해배상의무도 함께 정해져 있었다. 그렇다면 공소외 1은 자신의 이해득실을 충분히 고려한 후 내린 이성적 판단의 결과로 위 조정에 응하였다고 볼 여지가 크고, 단순히 피고인들의 언행만을 믿고 선뜻 조정에 응하였을 것이라고 보기는 어렵다.

또한 공소외 1이 민사소송을 제기할 무렵까지 약 10년 이상 피고인 1에 대한 채권을 회수하지 못하고 있었던 것으로 보이는데, 조정 당시 3회로 분할하여 지급하기로 한 약정금의 최초 분할지급기한과 마지막 분할지급기한이 3년가량이나 떨어져 있는 점이나 조정성립 당시 기한이익 상실에 관한 합의는 존재하였으나 지연이자에 관하여는 아무런 정함이 없었던 점에 비추어 보면, 피고인들과 공소외 1이 조정성립 당시 집행권원 획득이나 자력이 있는 공소외 3 회사의 연대지급의무 부담 이외에 약정금의 지급시기에도 큰 의미를 두고 있었다고 단정하기 어렵다. 따라서 피고인들이 이 사건 조정 당시 공소외 1에게 합의된 금전의 지급을 위한 유일한 재원이라고 할 수 있는 아파트 시행 사업 양도대금의 지급시기에 관하여 명확히 고지하였어야 할 신의칙상 주의의무를 부담하고 있었다고 보아야 할 특별한 사정을 찾을 수 없다. 그렇다면 피고인들이 2016년 12월 말까지 공소외 1에게 3억원을 지급할 의사와 능력이 없음에도 그와 같은 의사와 능력이 있는 것처럼 공소외 1을 기망하였다고 보기 어렵고, 피고인들이 민사소송의 조정 과정에서 공소외 1에게 아파트 시행 사업 양도대금의 지급시기를 설명하지 않았다는 사정만으로 곧바로 공소외 1에 대한 기망행위가 성립하였다거나 그로 인한 손해가 발생하였다고 할 수도 없다. 그럼에도 이와 달리 피고인들의 행위가 기망행위에 해당한다고 본 원심판단에는 조정절차에서의 소송사기에 관한 법리를 오해하여 판결 결과에 영향을 미친 잘못이 있다.

13. 수목을 식재할 당시 토지 소유권자의 동의가 있는 경우 특수재물손괴죄의 성립 여부[229]

대판 2023.11.16. 2023도11885

주요논점

[1] 민법 제256조에서 부동산에의 부합의 예외사유로 규정한 '권원'의 의미 / 타인 소유의 토지에 수목을 식재할 당시 토지 소유권자로부터 그에 관한 명시적 또는 묵시적 승낙·동의·허락 등을 받은 경우, 수목의 소유권이 귀속되는 자(=수목을 식재한 자)

판결이유

[1] 민법 제256조에서 부동산에의 부합의 예외사유로 규정한 '권원'은 지상권, 전세권, 임차권 등과 같이 타인의 부동산에 자기의 동산을 부속시켜서 그 부동산을 이용할 수 있는 권리를 뜻한다. 따라서 타인 소유의 토지에 수목을 식재할 당시 토지의 소유권자로부터 그에 관한 명시적 또는 묵시적 승낙·동의·허락 등을 받았다면, 이는 민법 제256조에서 부동산에의 부합의 예외사유로 정한 '권원'에 해당한다고 볼 수 있으므로, 해당 수목은 토지에 부합하지 않고 식재한 자에게 그 소유권이 귀속된다.

[2] 피고인이 위와 같이 판시 각 수목을 식재할 당시 이 사건 토지의 소유권자로부터 위와 같은 명시적 또는 묵시적 승낙·동의·허락 등을 받았다면, 이는 민법 제256조에서 부동산에의 부합의 예외사유로 정한 '권원'에 해당한다고 볼 수 있으므로, 판시 각 수목은 이 사건 토지에 부합하는 것이 아니라 이를 식재한 피고인에게 소유권이 귀속된다고 볼 수 있는데, 비록 피해자가 이 사건 토지를 매수할 당시 전 소유자로부터 지장물까지 함께 매수하였다는 취지로도 증언하였으나, 검사가 이를 뒷받침할 만한 증거를 제출한 적이 없고, 설령 이 사건 토지 및 지장물을 함께 매수하였더라도 판시 각 수목이 식재될 당시부터 이 사건 토지에 부합하지 않았다면 그 매매목적물에 판시 각 수목이 당연히 포함된다고 단정할 수도 없으므로, 피해자의 위 증언은 판시 각 수목의 소유권의 귀속 여부를 판단함에 별다른 장애가 되지 아니한다. 그럼에도 원심은 판시와 같은 이유로 공소사실을 유죄로 판단하였는바, 이러한 원심의 판단에는 재물손괴죄의 '소유권'에 관한 법리를 오해함으로써 판결에 영향을 미친 잘못이 있다.

---

[229] 피고인은 피해자 갑이 을로부터 매수한 토지의 경계 부분에 매수 전 자신이 식재하였던 옹아나무 등 수목 5그루 시가 합계 약 2,050만원 상당을 전기톱을 이용하여 절단하였다고 하여 특수재물손괴의 공소사실로 기소된 사안에서, 제반 사정에 비추어 피고인이 수목을 식재할 당시 토지의 전 소유자 을로부터 명시적 또는 묵시적으로 승낙·동의를 받았거나 적어도 토지 중 수목이 식재된 부분에 관하여는 무상으로 사용할 것을 허락받았을 가능성을 배제하기 어렵고, 이는 민법 제256조에서 부동산에의 부합의 예외사유로 정한 '권원'에 해당한다고 볼 수 있어 수목은 토지에 부합하는 것이 아니라 이를 식재한 피고인에게 소유권이 귀속되며, 비록 갑이 토지를 매수할 당시 을로부터 지장물까지 함께 매수하였다는 취지로도 증언하였으나 이를 뒷받침할 만한 증거가 없고, 설령 토지 및 지장물을 함께 매수하였더라도 수목이 식재될 당시부터 토지에 부합하지 않았다면 그 매매목적물에 수목이 당연히 포함된다고 단정할 수도 없다는 등의 이유로, 이와 달리 피고인은 수목이 갑 소유임을 미필적으로나마 인식하고서 이를 절단하였다고 보아 공소사실을 유죄로 인정한 원심판결에 재물손괴죄의 '소유권'에 관한 법리오해의 잘못이 있다고 한 사례(대판 2023.11.16. 2023도11885)

14 | 착오송금된 금원을 상계정산한 후 반환을 거부한 경우 횡령죄의 성립 여부[230]

대판 2022.12.29. 2021도2088

주요논점

[1] 형법 제355조 제1항에서 정하는 '반환의 거부'의 의미 및 판단 기준 / 반환거부에 정당한 이유가 있는 경우, 불법영득의 의사가 인정되는지 여부(소극)

판결이유

[1] 표시를 하는 행위를 뜻하므로, '반환의 거부'가 횡령죄를 구성하려면 타인의 재물을 보관하는 자가 단순히 반환을 거부한 사실만으로는 부족하고 반환거부의 이유와 주관적인 의사들을 종합하여 반환거부행위가 횡령행위와 같다고 볼 수 있을 정도이어야 한다. 횡령죄에서 불법영득의 의사는 타인의 재물을 보관하는 자가 그 취지에 반하여 정당한 권원 없이 스스로 소유권자와 같이 이를 처분하는 의사를 말하므로 비록 반환을 거부하였더라도 반환거부에 정당한 이유가 있다면 불법영득의 의사가 있다고 할 수 없다.

[2] 원심판결 이유와 기록을 통해 알 수 있는 다음과 같은 사정을 이러한 법리에 비추어 살펴보면, 피고인이 피해자의 착오로 B 명의 계좌로 송금된 금전 중 B의 피해자에 대한 채권액에 상응하는 부분에 관하여 반환을 거부한 행위는 정당한 상계권의 행사로 볼 여지가 있으므로, 피고인의 반환거부행위가 횡령행위와 같다고 보고 불법영득의사를 인정한 원심의 판단은 그대로 받아들이기 어렵다.

① 어떤 예금계좌에 금전이 착오로 잘못 송금되어 입금된 경우 수취인과 송금인 사이에 신의칙상 보관관계가 성립하기는 하나, 특별한 사정이 없는 한 이러한 이유만으로 송금인이 착오로 송금한 금전이 위탁자가 목적과 용도를 정하여 명시적으로 위탁한 금전과 동일하다거나, 송금인이 수취인에게 금전의 수수를 수반하는 사무처리를 위임하였다고 보아 수취인의 송금인에 대한 상계권 행사가 당초 위임한 취지에 반한다고 평가할 수는 없다.

---

[230] 주류업체 갑 주식회사의 사내이사인 피고인이 피해자를 상대로 주류대금 청구소송을 제기한 민사 분쟁 중 피해자가 착오로 피고인이 관리하는 갑 회사 명의 계좌로 금원을 송금하여 피고인이 이를 보관하게 되었는데, 피고인은 피해자로부터 위 금원이 착오송금된 것이라는 사정을 문자메시지를 통해 고지받아 위 금원을 반환해야 할 의무가 있었음에도, 피해자와 상계 정산에 관한 합의 없이 피고인이 주장하는 주류대금 채권액을 임의로 상계 정산한 후 반환을 거부하여 횡령죄로 기소된 사안에서, 어떤 예금계좌에 금원이 착오로 잘못 송금되어 입금된 경우 수취인과 송금인 사이에 신의칙상 보관관계가 성립하기는 하나, 특별한 사정이 없는 한 이러한 이유만으로 송금인이 착오로 송금한 금전이 위탁자가 목적과 용도를 정하여 명시적으로 위탁한 금전과 동일하다거나, 송금인이 수취인에게 금원의 수수를 수반하는 사무처리를 위임하였다고 보아 수취인의 송금인에 대한 상계권 행사가 당초 위임한 취지에 반한다고 평가할 수는 없는 점, 관련 민사사건의 진행경과에 비추어 갑 회사가 반환거부 일시경 피해자에 대하여 반환거부 금액에 상응하는 물품대금채권을 보유하고 있었던 것으로 보이는 점, 피고인은 착오송금된 금원 중 갑 회사의 물품대금채권액에 상응한 금액을 제외한 나머지는 송금 다음 날 반환하였고, 나머지에 대해서도 반환을 요청하는 피해자에게 갑 회사의 물품대금채권을 자동채권으로 하여 상계권을 행사한다는 의사를 충분히 밝힌 것으로 보여, 피고인이 불법영득의사를 가지고 반환을 거부한 것이라고 단정하기 어려운 점을 종합하면, 피고인이 피해자의 착오로 갑 회사 명의 계좌로 송금된 금원 중 갑 회사의 피해자에 대한 채권액에 상응하는 부분에 관하여 반환을 거부한 행위는 정당한 상계권의 행사로 볼 여지가 있으므로, 피고인의 반환거부행위가 횡령행위와 같다고 보아 불법영득의사를 인정한 원심판결에 법리오해의 잘못이 있다고 한 사례(대판 2022.12.29. 2021도2088).

② 관련 민사사건의 진행경과에 비추어 B가 이 사건 공소사실 기재 반환거부 일시경 피해자에 대하여 반환거부 금액에 상응하는 물품대금채권을 보유하고 있었던 것으로 보인다. 당시 B의 위 물품대금채권과 피해자의 부당이득반환채권이 서로 상계적상에 있지 않았다거나, B의 상계권 행사가 신의칙 위반이나 권리남용에 해당한다고 볼만한 자료나 정황도 보이지 아니한다.
③ 피고인은 착오송금된 금전 4,700,000원 중 B의 위 물품대금채권액 1,108,310원에 상응한 금액을 제외한 나머지는 송금 다음 날 반환하였고, 1,108,310원에 대해서도 반환을 요청하는 피해자에게 B의 위 물품대금채권을 자동채권으로 하여 상계권을 행사한다는 의사를 충분히 밝힌 것으로 보인다. 이와 같이 피고인이 위 물품대금채권액에 상응하는 금전에 대한 반환을 거부한 이유와 주관적인 의사를 살펴보면, 피고인이 불법영득의사를 가지고 반환을 거부한 것이라고 단정하기 어렵다.

그런데도 원심은 피고인의 반환거부행위를 횡령죄에서의 횡령행위와 같다고 보고 불법영득의사를 인정하여 위 공소사실을 유죄로 판단하였다. 원심판결에는 횡령죄에서의 횡령행위 및 불법영득의사에 관한 법리를 오해하여 필요한 심리를 다하지 않음으로써 판결에 영향을 미친 잘못이 있다.

15 | 배임죄에서 '타인의 사무를 처리하는 자'의 의미[231] 대판 2022.12.22. 2020도8682[전합]

범죄사실

검사는 피고인들이 운영하던 A회사 명의의 자동차에 관하여 피고인들이 피해자 회사와 양도담보계약을 체결하고, 이를 점유하여 사용하던 중 임의로 C에게 매도하였다는 범죄사실에 대하여 피고인들을 배임죄로 서울북부지방법원에 공소제기하였다.

주요논점

[1] 배임죄의 주체인 '타인의 사무를 처리하는 자'의 의미 / 금전채권채무 관계에서 채권자가 채무자의 급부이행에 대한 신뢰를 바탕으로 금전을 대여하고 채무자의 성실한 급부이행에 의해 채권의 만족이라는 이익을 얻게 된다 하더라도, 채무자가 채권자에 대한 관계에서 '타인의 사무를 처리하는 자'에 해당하는지 여부(소극)
[2] 이는 채무자가 금전채무를 담보하기 위하여 자신 소유의 동산을 채권자에게 양도하기로 약정하거나 양도담보로 제공한 경우에도 마찬가지인지 여부(적극)
[3] 위와 같은 법리는, 권리이전에 등기·등록을 요하는 동산에 관한 양도담보설정계약에도 마찬가지로 적용되는지 여부(적극) / 자동차 등에 관하여 양도담보설정계약을 체결한 채무자가 채권자에게 양도담보설정계약에 따른 의무를 다하지 아니하고 이를 타에 처분한 경우, 배임죄가 성립하는지 여부(소극)

---

[231] 피고인이 피해자 회사에게 이 사건 자동차를 양도담보로 제공하기로 약정하여 이에 관하여 등록명의를 이전해 주어야 할 의무를 부담함에도 제3자에게 임의로 매도한 행위에 대하여 배임죄로 기소된 사안에서, 대법관 전원일치 의견으로 종래 판례를 변경하여, 등기·등록을 요하는 동산에 관한 양도담보설정자에게는 배임죄의 구성요건으로서 타인의 사무를 처리하는 자의 지위가 인정되지 않아 배임죄가 성립하지 않는다고 판단하고, 이와 달리 종래 판례(대법원 89도350 판결 등)에 따라 배임죄의 성립을 인정한 원심의 판단에 배임죄에서 타인의 사무를 처리하는 자 등에 관한 법리를 오해하여 판결에 영향을 미친 잘못이 있다고 보아 원심판결을 파기·환송한 사례(대판 2022.12.22. 2020도8682[전합])

판결요지

[1] 금전채권채무 관계에서 채권자가 채무자의 급부이행에 대한 신뢰를 바탕으로 금전을 대여하고 채무자의 성실한 급부이행에 의해 채권의 만족이라는 이익을 얻게 된다 하더라도, 채권자가 채무자에 대한 신임을 기초로 그의 재산을 보호 또는 관리하는 임무를 부여하였다고 할 수 없고, 금전채무의 이행은 어디까지나 채무자가 자신의 급부의무를 다하기 위해 하는 것이므로 이를 두고 채권자의 사무를 맡아 처리하는 것으로 볼 수 없다. 따라서 채무자를 채권자에 대한 관계에서 '타인의 사무를 처리하는 자'에 해당한다고 할 수 없다.

[2] 채무자가 금전채무를 담보하기 위하여 자신 소유의 동산을 채권자에게 양도하기로 약정하거나 양도담보로 제공한 경우에도 마찬가지이다. 채무자가 양도담보설정계약에 따라 부담하는 의무, 즉 동산을 담보로 제공할 의무, 담보물의 담보가치를 유지·보전하거나 담보물을 손상, 감소 또는 멸실시키지 않을 소극적 의무, 담보권 실행 시 채권자나 그가 지정하는 자에게 담보물을 현실로 인도할 의무와 같이 채권자의 담보권 실행에 협조할 의무 등은 모두 양도담보설정계약에 따라 부담하게 된 채무자 자신의 급부의무이다. 또한 양도담보설정계약은 피담보채권의 발생을 위한 계약에 종된 계약으로, 피담보채무가 소멸하면 양도담보설정계약상의 권리의무도 소멸하게 된다. 양도담보설정계약에 따라 채무자가 부담하는 의무는 담보목적의 달성, 즉 채무불이행시 담보권 실행을 통한 채권의 실현을 위한 것이므로 담보설정계약의 체결이나 담보권설정 전후를 불문하고 당사자 관계의 전형적·본질적 내용은 여전히 금전채권의 실현 내지 피담보채무를 변제하는 것이다. 따라서 채무자가 위와 같은 급부의무를 이행하는 것은 채무자 자신의 사무에 해당할 뿐이고, 채무자가 통상의 계약에서 이익대립관계를 넘어서 채권자와 신임관계에 기초하여 채권자의 사무를 맡아 처리한다고 볼 수 없으므로 채무자를 채권자에 대한 관계에서 '타인의 사무를 처리하는 자'라고 할 수 없다.

[3] 위와 같은 법리는, 권리이전에 등기·등록을 요하는 동산에 관한 양도담보설정계약에도 마찬가지로 적용된다. 따라서 자동차 등에 관하여 양도담보설정계약을 체결한 채무자는 채권자에 대하여 그의 사무를 처리하는 지위에 있지 아니하므로, 채무자가 채권자에게 양도담보설정계약에 따른 의무를 다하지 아니하고 이를 타에 처분하였다고 하더라도 배임죄가 성립하지 아니한다.

제2편 사회적 법익에 대한 죄

제1장 공공의 안전과 평온에 대한 죄

제2장 공공의 신용에 대한 죄

01 사법경찰관이 재수사 결과서에 허위 내용을 기재한 경우 허위공문서작성죄의 성립 여부[232]

대판 2023.3.30. 2022도6886

판결요지

문서에 관한 죄의 보호법익은 문서의 증명력과 문서에 들어 있는 의사표시의 안정·신용으로, 일정한 법률관계 또는 거래상 중요한 사실에 관한 관계를 표시함으로써 증거가 될 만한 가치가 있는 문서를 대상으로 한다. 그중 공무소 또는 공무원이 직무에 관하여 진실에 반하는 허위 내용의 문서를 작성할 경우 허위공문서작성죄가 성립하고, 이는 공문서에 특별한 증명력과 신용력이 인정되기 때문에 성립의 진정뿐만 아니라 내용의 진실까지 보호하기 위함이다. 허위공문서작성죄에서 허위란 표시된 내용과 진실이 부합하지 아니하여 그 문서에 대한 공공의 신용을 위태롭게 하는 경우를 말하고, 허위공문서작성죄는 허위공문서를 작성하면서 그 내용이 허위라는 사실을 인식하면 성립한다.

---

[232] 사법경찰관인 피고인이 검사로부터 '교통사고 피해자들로부터 사고 경위에 대해 구체적인 진술을 청취하여 운전자 갑의 도주 여부에 대해 재수사할 것'을 요청받고, 재수사 결과서의 '재수사 결과'란에 피해자들로부터 진술을 청취하지 않았음에도 진술을 듣고 그 진술내용을 적은 것처럼 기재함으로써 허위공문서를 작성하였다는 내용으로 기소된 사안에서, 재수사 결과서의 작성 경위나 구성형태에 비추어 재수사 결과란의 기재는 피고인이 재수사 요청 취지에 따라 피해자들로부터 구체적인 진술을 듣고 진술내용을 적었음을 의미하는데 피고인은 피해자들로부터 진술을 청취하지 않았고, 특히 피고인은 피해자들이 진술한 바 없는 내용으로 자신의 독자적인 의견이나 추측에 불과한 것을 마치 피해자들로부터 직접 들은 진술인 것처럼 기재하였으므로, 피해자들 진술로 기재된 내용 중 일부가 결과적으로 사실과 부합하는지, 재수사 요청을 받은 사법경찰관이 검사에 의하여 지목된 참고인이나 피의자 등에 대한 재조사 여부와 재조사 방식 등에 대해 재량을 가지는지 등과 무관하게 피고인의 행위는 허위공문서작성죄를 구성하며, 피고인이 피해자들의 진술에 신빙성이 부족하다는 이유에서 자신의 판단에 따라 기재하는 내용이 객관적인 사실에 부합할 것이라고 생각하였다 하여 범의를 부정할 수 없다는 이유로, 이와 달리 보아 공소사실을 무죄로 판단한 원심판결에 심리미진 및 허위공문서작성죄에 관한 법리오해 등의 위법이 있다고 한 사례(대판 2023.3.30. 2022도6886).

02 | 장애인전용주차구역 주차표지가 실효된 이후 장애인전용주차구역이 아닌 장소에 승용차를 주차한 경우 공문서부정행사죄의 성립 여부[233]

대판 2022.9.29. 2021도14514

주요논점

[1] 형법 제230조 공문서부정행사죄를 적용함에 있어 범행의 주체, 객체 및 태양을 되도록 엄격하게 해석하여 처벌범위를 합리적인 범위 내로 제한하여야 하는지 여부(적극) / 사용권한자와 용도가 특정되어 있는 공문서를 사용권한 없는 자가 사용한 경우에도 그 공문서 본래의 용도에 따른 사용이 아닌 경우, 공문서부정행사죄가 성립하는지 여부(소극)

[2] 장애인사용자동차표지를 사용할 권한이 없는 사람이 장애인전용주차구역에 주차하는 등 장애인사용자동차에 대한 지원을 받을 것으로 합리적으로 기대되는 상황이 아닌 경우, 단순히 이를 자동차에 비치하였더라도 공문서부정행사죄가 성립하는지 여부(소극)

판결요지

[1] 형법 제230조의 공문서부정행사죄는 공문서의 사용에 대한 공공의 신용을 보호법익으로 하는 범죄로서 추상적 위험범이다. 형법 제230조는 본죄의 구성요건으로 단지 '공무원 또는 공무소의 문서 또는 도화를 부정행사한 자'라고만 규정하고 있어, 자칫 처벌범위가 지나치게 확대될 염려가 있으므로 본죄에 관한 범행의 주체, 객체 및 태양을 되도록 엄격하게 해석하여 처벌범위를 합리적인 범위 내로 제한하여야 한다. 사용권한자와 용도가 특정되어 있는 공문서를 사용권한 없는 자가 사용한 경우에도 그 공문서 본래의 용도에 따른 사용이 아닌 경우에는 공문서부정행사죄가 성립되지 아니한다.

[2] 장애인복지법과 장애인등편의법의 규정과 관련 법리에 따르면, 장애인사용자동차표지는 장애인이 이용하는 자동차에 대한 조세감면 등 필요한 지원의 편의를 위하여 장애인이 사용하는 자동차를 대상으로 발급되는 것이고, 장애인전용주차구역 주차표지가 있는 장애인사용자동차표지는 보행상 장애가 있는 사람이 이용하는 자동차에 대한 지원의 편의를 위하여 발급되는 것이다. 따라서 장애인사용자동차표지를 사용할 권한이 없는 사람이 장애인전용주차구역에 주차하는 등 장애인사용자동차에 대한 지원을 받을 것으로 합리적으로 기대되는 상황이 아니라면 단순히 이를 자동차에 비치하였더라도 장애인사용자동차표지를 본래의 용도에 따라 사용했다고 볼 수 없어 공문서부정행사죄가 성립하지 않는다.

---

[233] 피고인이 실효된 '장애인전용주차구역 주차표지가 있는 장애인사용자동차표지'를 승용차에 계속 비치한 채 아파트 주차장 중 장애인전용주차구역이 아닌 장소에 승용차를 주차하여 공문서부정행사의 공소사실로 기소된 사안에서, 피고인이 장애인사용자동차표지를 본래의 용도에 따라 사용한 것으로 볼 수 없으므로 공문서부정행사죄가 성립하지 않는다고 보아, 원심판결을 파기·환송한 사례(대판 2023.3.30. 2022도6886)

> **판례평석**

사회 통념상, 장애인사용자동차 표지를 자동차에 비치하는 행위는 장애인주차장에 주차할 권한이 있음을 일반적으로 공지하는 효력을 갖는다고 보아야 할 것이므로, '자동차의 주차표지 부착 위치에 비치하는 행위'는 주차표지를 그 용도에 따라 사용한 것으로 평가해야 하는 것은 아닌지 의문이다. 즉 사용권한이 없는 사람이 장애인사용자동차 표지를 자동차에 비치하였을 때 공문서부정행사의 실행의 착수를 인정하되, 실제 장애인 주차장에 주차하지 아니하고 일반 주차 구역에 주차한 경우에는 범행의 결과가 발생하지 아니하였으므로 형법 제235조에 따른 미수범 처벌을 논해야 하는 것은 아닌지 검토가 필요해 보인다.

03 | 사문서의 요건[234]
대판 2024.1.4. 2023도1178

> **주요논점**

[1] 사문서위조 및 동행사죄의 객체인 사문서 중 '권리·의무에 관한 문서'와 '사실증명에 관한 문서'의 의미 / '거래상 중요한 사실을 증명하는 문서'에 해당하기 위한 요건 및 문서의 주된 취지가 단순히 개인적·집단적 의견의 표현에 불과한 것도 이에 포함되는지 여부(소극)
[2] '거래상 중요한 사실을 증명하는 문서'에 해당하는지 판단하는 기준

> **판결이유**

[1] 사문서위조 및 동행사죄의 객체인 사문서는 권리·의무 또는 사실증명에 관한 타인의 문서 또는 도화를 가리키고, '권리·의무에 관한 문서'는 권리 또는 의무의 발생·변경·소멸에 관한 사항이 기재된 것을 말하며, '사실증명에 관한 문서'는 권리·의무에 관한 문서 이외의 문서로서 거래상 중요한 사실을 증명하는 문서를 의미한다. '거래상 중요한 사실을 증명하는 문서'는 법률관계의 발생·존속·변경·소멸의 전후 과정을 증명하는 것이 주된 취지인 문서뿐만 아니라 법률관계에 간접적으로만 연관된 의사표시 또는 권리·의무의 변동에 사실상으로만 영향을 줄 수 있는 의사표시를 내용으로 하는 문서도 포함될 수 있지만, 문서의 주된 취지가 단순히 개인적·집단적 의견의 표현에 불과한 것이어서는 아니 되고, 적어도 실체법 또는 절차법에서 정한 구체적인 권리·의무와의 관련성이 인정되는 경우이어야 한다.
[2] '거래상 중요한 사실을 증명하는 문서'에 해당하는지 여부는 문서 제목만을 고려할 것이 아니라 문서 내용과 더불어 문서 작성자의 의도, 문서가 작성된 객관적인 상황, 문서에 적시된 사항과 그 행사가 예정된 상대방과의 관계 등을 종합적으로 고려하여 판단하여야 한다.

---

234) 피고인이 특정 후보자에 대한 지지선언 형식의 기자회견을 위해 허무인 명의 서명부를 작성한 사안에서, 위와 같이 판시하면서 피고인이 허무인 명의로 작성한 이 사건 서명부 21장은 주된 취지가 특정 대통령후보자에 대한 정치적인 지지 의사를 집단적 형태로 표현하고자 한 것일 뿐, 실체법 또는 절차법에서 정한 구체적인 권리·의무에 관한 문서 내지 거래상 중요한 사실을 증명하는 문서에 해당한다고 보기 어렵다고 보아, 무죄를 선고한 원심판결을 수긍하여 상고를 기각한 사례(대판 2024.1.4. 2023도1178)

[3] 원심은 적법하게 채택한 증거를 종합하여, ① 피고인은 2022.3.9. 실시된 제20대 대통령선거를 앞두고 특정 후보자에 대한 지지선언 형식의 기자회견을 위하여 서명부 양식을 작성하여 최소 목표치인 1만 명으로부터 서명을 받기 위해 노력했으나 별다른 성과가 없자 총 315명의 허무인 명의로 서명부 21장을 임의로 작성한 사실, ② 위 서명부는 피고인이 근무하던 회사 사무실에 비치되어 서명을 받은 서명부와 마찬가지로 '특정 후보자 지지 1만인 선언'의 제목과 내용으로 작성된 것으로, 피고인은 서명부의 서명표 중 회사·이름·지역 란에 허무인 315명의 회사·이름·지역을 기재한 사실, ③ 한편, 피고인은 당초 목표하였던 1만 명의 서명 달성이 어렵게 되자 목표한 기자회견을 개최하지 않았고, 피고인이 위 서명부를 이용하여 특정 후보자에 대한 지지선언을 위한 기자회견 외에 다른 목적의 행사를 계획하였다고 볼 만한 사정은 없는 사실 등을 인정한 다음, 피고인이 허무인 명의로 작성한 이 사건 서명부 21장은 형법상사문서위조의 객체가 되는 '문서'라고 보기 어렵다고 보았다. 원심판결 이유를 앞서 본 관련 법리와 기록에 비추어 살펴보면, 피고인이 허무인 명의로 작성한 이 사건 서명부 21장은 주된 취지가 특정한 대통령후보자에 대한 정치적인 지지 의사를 집단적 형태로 표현하고자 한 것일 뿐, 실체법 또는 절차법에서 정한 구체적인 권리·의무에 관한 문서 내지 거래상 중요한 사실을 증명하는 문서에 해당한다고 보기 어려우므로, 이러한 취지의 원심의 판단에 형법상 사문서에 관한 법리를 오해함으로써 판결에 영향을 미친 잘못이 없다.

제3장 사회의 도덕에 대한 죄

제3편 국가적 법익에 대한 죄

제1장 국가의 존립과 권위에 대한 죄

제2장 국가의 기능에 대한 죄

01 | 뇌물수수죄의 공동정범의 성립 여부[235]
대판 2019.8.29, 2018도13792[전합]

주요논점

[1] 공무원과 공무원이 아닌 사람(비공무원)에게 뇌물수수죄의 공동정범이 성립하기 위한 요건 / 공무원이 뇌물공여자로 하여금 공무원과 뇌물수수죄의 공동정범 관계에 있는 비공무원에게 뇌물을 공여하게 한 경우, 제3자뇌물수수죄가 성립하는지 여부(소극) / 금품이나 이익 전부에 관하여 뇌물수수죄의 공동정범이 성립한 이후 뇌물이 실제로 공동정범인 공무원 또는 비공무원 중 누구에게 귀속되었는지가 이미 성립한 뇌물수수죄에 영향을 미치는지 여부(소극)

[2] 뇌물죄에서 뇌물의 내용인 이익의 의미 / 뇌물수수죄에서 말하는 '수수'의 의미 및 뇌물에 대한 법률상 소유권을 취득하여야 하는지 여부(소극) / 뇌물수수자가 뇌물로 제공된 물건에 대한 법률상 소유권 취득의 요건을 갖추지 않았더라도 그 물건 자체를 뇌물로 받은 것으로 볼 수 있는 경우 / 뇌물수수자가 뇌물공여자에 대한

---

[235] 1. 비공무원의 딸에 대한 승마 지원과 관련한 뇌물이 비공무원에게 모두 귀속되었더라도 공무원인 대통령과 비공무원 사이에 뇌물수수죄의 공동정범이 성립될 수 있다는 이유로, 같은 취지의 원심 판단에 상고이유에서 주장하는 법리오해 등 잘못이 없다고 판단함.
2. 비공무원에게 제공한 3필의 말들에 관한 실질적인 사용·처분권한이 비공무원에게 있다는 의사의 합치가 있었으므로 말들 자체가 뇌물이라고 보아야 한다는 이유로, 같은 취지의 원심 판단에 상고이유에서 주장하는 법리오해 등 잘못이 없다고 판단함.
3. 대통령의 직무와 특정 단체에 제공되는 이익 사이의 대가관계를 인정할 수 있을 정도로 묵시적 청탁의 대상으로서 이른바 '승계작업'이 특정되었으므로 이는 부정한 청탁의 내용이 될 수 있다는 이유로, 같은 취지에서 승계작업에 대한 묵시적 청탁과 특정 단체에 대한 지원금 사이에 대가관계가 있다고 본 원심의 판단에 상고이유에서 주장하는 법리오해 등 잘못이 없다고 판단함.
4. 대통령과 청와대 경제수석비서관 등이 전국경제인연합회나 대기업들에 재단법인의 출연금 또는 특정 단체에 지원금을 지급하게 하거나 특정 업체와 계약을 체결하게 하는 등의 요구를 한 것은 그 언동의 내용과 경위, 요구 당시의 상황 등에 비추어 강요죄의 성립요건인 협박으로 보기 부족하다는 이유로, 이와 달리 일부 강요죄를 유죄로 판단한 원심판결을 파기한 사례(대판 2019.8.29, 2018도13792[전합])

내부관계에서 물건에 대한 실질적인 사용·처분권한을 취득하였으나 뇌물수수 사실을 은닉하거나 뇌물공여자가 계속 그 물건에 대한 비용 등을 부담하기 위하여 소유권 이전의 형식적 요건을 유보하는 경우, 뇌물수수죄가 성립하는지 여부(적극)
[3] 제3자뇌물수수죄에서 '뇌물'과 '부정한 청탁'의 의미 및 직무와 관련된 뇌물에 해당하는지 또는 부정한 청탁이 있었는지 판단하는 기준
[4] 강요죄의 수단인 '협박'의 의미와 내용 및 협박받는 사람에게 공포심 또는 위구심을 일으킬 정도의 해악을 고지하였는지 판단하는 기준 / 직무상 또는 사실상 상대방에게 영향을 줄 수 있는 직업이나 지위에 있는 행위자가 직업이나 지위에 기초하여 상대방에게 어떠한 이익 등의 제공을 요구한 경우, 곧바로 그 요구 행위를 협박이라고 단정할 수 있는지 여부(소극) 및 이때 그 요구 행위가 강요죄의 수단으로서 해악의 고지에 해당하는지 판단하는 기준

판결요지

[1] 신분관계가 없는 사람이 신분관계로 인하여 성립될 범죄에 가공한 경우에는 신분관계가 있는 사람과 공범이 성립한다(형법 제33조 본문 참조). 이 경우 신분관계가 없는 사람에게 공동가공의 의사와 이에 기초한 기능적 행위지배를 통한 범죄의 실행이라는 주관적·객관적 요건이 충족되면 공동정범으로 처벌한다. 공동가공의 의사는 공동의 의사로 특정한 범죄행위를 하기 위하여 일체가 되어 서로 다른 사람의 행위를 이용하여 자기의 의사를 실행에 옮기는 것을 내용으로 한다. 따라서 공무원이 아닌 사람(이하 '비공무원')이 공무원과 공동가공의 의사와 이를 기초로 한 기능적 행위지배를 통하여 공무원의 직무에 관하여 뇌물을 수수하는 범죄를 실행하였다면 공무원이 직접 뇌물을 받은 것과 동일하게 평가할 수 있으므로 공무원과 비공무원에게 형법 제129조 제1항에서 정한 뇌물수수죄의 공동정범이 성립한다.

형법은 제130조에서 제129조 제1항 뇌물수수죄와는 별도로 공무원이 그 직무에 관하여 뇌물공여자로 하여금 제3자에게 뇌물을 공여하게 한 경우에는 부정한 청탁을 받고 그와 같은 행위를 한 때에 뇌물수수죄와 법정형이 동일한 제3자뇌물수수죄로 처벌하고 있다. 제3자뇌물수수죄에서 뇌물을 받는 제3자가 뇌물임을 인식할 것을 요건으로 하지 않는다. 그러나 공무원이 뇌물공여자로 하여금 공무원과 뇌물수수죄의 공동정범 관계에 있는 비공무원에게 뇌물을 공여하게 한 경우에는 공동정범의 성질상 공무원 자신에게 뇌물을 공여하게 한 것으로 볼 수 있다. 공무원과 공동정범 관계에 있는 비공무원은 제3자뇌물수수죄에서 말하는 제3자가 될 수 없고, 공무원과 공동정범 관계에 있는 비공무원이 뇌물을 받은 경우에는 공무원과 함께 뇌물수수죄의 공동정범이 성립하고 제3자뇌물수수죄는 성립하지 않는다. 뇌물수수죄의 공범들 사이에 직무와 관련하여 금품이나 이익을 수수하기로 하는 명시적 또는 암묵적 공모관계가 성립하고 공모 내용에 따라 공범 중 1인이 금품이나 이익을 주고받았다면, 특별한 사정이 없는 한 이를 주고받을 때 그 금품이나 이익 전부에 관하여 뇌물수수죄의 공동정범이 성립하고, 금품이나 이익의 규모나 정도 등에 대하여 사전에 서로 의사의 연락이 있거나 금품 등의 구체적 금액을 공범이 알아야 공동정범이 성립하는 것은 아니다. 금품이나 이익 전부에 관하여 뇌물수수죄의 공동정범이 성립한 이후에 뇌물이 실제로 공동정범인 공무원 또는 비공무원 중 누구에게 귀속되었는지는 이미 성립한 뇌물수수죄에 영향을 미치지 않는다. 공무원과 비공무원이 사전에 뇌물을 비공무원에게 귀속시키기로 모의하였거나 뇌물의 성질상 비공무원이 사용하거나 소비할 것이라고 하더라도 이러한 사정은 뇌물수수죄의 공동정범이 성립한 이후 뇌물의 처리에 관한 것에 불과하므로 뇌물수수죄가 성립하는 데 영향이 없다.

[2] 뇌물죄에서 뇌물의 내용인 이익은 금전, 물품 그 밖의 재산적 이익과 사람의 수요 욕망을 충족시키기에 충분한 일체의 유형·무형의 이익을 포함한다. 뇌물수수죄에서 말하는 '수수'란 받는 것, 즉 뇌물을 취득하는 것이다. 여기에서 취득이란 뇌물에 대한 사실상의 처분권을 획득하는 것을 의미하고, 뇌물인 물건의 법률상 소유권까지 취득하여야 하는 것은 아니다. 뇌물수수자가 법률상 소유권 취득의 요건을 갖추지는 않았더라도 뇌물로 제공된 물건에 대한 점유를 취득하고 뇌물공여자 또는 법률상 소유자로부터 반환을 요구받지 않는 관계에 이른 경우에는 그 물건에 대한 실질적인 사용·처분권한을 갖게 되어 그 물건 자체를 뇌물로 받은 것으로 보아야 한다. 뇌물수수자가 뇌물공여자에 대한 내부관계에서 물건에 대한 실질적인 사용·처분권한을 취득하였으나 뇌물수수 사실을 은닉하거나 뇌물공여자가 계속 그 물건에 대한 비용 등을 부담하기 위하여 소유권 이전의 형식적 요건을 유보하는 경우에는 뇌물공여자와 뇌물수수자 사이에서는 소유권을 이전받은 경우와 다르지 않으므로 그 물건을 뇌물로 받았다고 보아야 한다. 뇌물수수자가 교부받은 물건을 뇌물공여자에게 반환할 것이 아니므로 뇌물수수자에게 영득의 의사도 인정된다.

[3] 형법 제130조 제3자뇌물수수죄는 공무원 또는 중재인이 직무에 관하여 부정한 청탁을 받고 제3자에게 뇌물을 공여하게 하는 행위를 구성요건으로 한다. 여기에서 뇌물이란 공무원의 직무에 관하여 부정한 청탁을 매개로 제3자에게 교부되는 위법·부당한 이익을 말하고, 형법 제129조 뇌물죄와 마찬가지로 직무관련성이 있으면 인정된다. '부정한 청탁'이란 청탁이 위법·부당한 직무집행을 내용으로 하는 경우는 물론, 청탁의 대상이 된 직무집행 그 자체는 위법·부당하지 않더라도 직무집행을 어떤 대가관계와 연결시켜 직무집행에 관한 대가의 교부를 내용으로 하는 경우도 포함한다. 청탁의 대상인 직무행위의 내용을 구체적으로 특정할 필요도 없다. 부정한 청탁의 내용은 공무원의 직무와 제3자에게 제공되는 이익 사이의 대가관계를 인정할 수 있을 정도로 특정하면 충분하고, 이미 발생한 현안뿐만 아니라 장래 발생될 것으로 예상되는 현안도 위와 같은 정도로 특정되면 부정한 청탁의 내용이 될 수 있다. 부정한 청탁은 명시적인 의사표시가 없더라도 청탁의 대상이 되는 직무집행의 내용과 제3자에게 제공되는 금품이 직무집행에 대한 대가라는 점에 대하여 당사자 사이에 공통의 인식이나 양해가 있는 경우에는 묵시적 의사표시로 가능하다.

제3자뇌물수수죄에서 직무와 관련된 뇌물에 해당하는지 또는 부정한 청탁이 있었는지를 판단할 때에는 직무와 청탁의 내용, 공무원과 이익 제공자의 관계, 이익의 다과, 수수 경위와 시기 등의 여러 사정과 아울러 직무집행의 공정, 이에 대한 사회의 신뢰와 직무수행의 불가매수성이라고 하는 뇌물죄의 보호법익에 비추어 이익의 수수로 말미암아 사회 일반으로부터 직무집행의 공정성을 의심받게 되는지 등이 기준이 된다.

[4] 강요죄는 폭행 또는 협박으로 사람의 권리행사를 방해하거나 의무 없는 일을 하게 하는 범죄이다. 여기에서 협박은 객관적으로 사람의 의사결정의 자유를 제한하거나 의사실행의 자유를 방해할 정도로 겁을 먹게 할 만한 해악을 고지하는 것을 말한다. 이와 같은 협박이 인정되기 위해서는 발생 가능한 것으로 생각할 수 있는 정도의 구체적인 해악의 고지가 있어야 한다. 해악의 고지는 반드시 명시적인 방법이 아니더라도 말이나 행동을 통해서 상대방에게 어떠한 해악을 끼칠 것이라는 인식을 갖도록 하면 충분하고, 제3자를 통해서 간접적으로 할 수도 있다. 행위자가 그의 직업, 지위 등에 기초한 위세를 이용하여 불법적으로 재물의 교부나 재산상 이익을 요구하고 상대방이 불응하면 부당한 불이익을 입을 위험이 있다는 위구심을 일으키게 하는 경우에도 해악의 고지가 된다. 협박받는 사람이 공포심 또는 위구심을 일으킬 정도의 해악을 고지하였는지는 행위 당사자 쌍방의 직무, 사회적 지위, 강요된 권리·의무에 관련된 상호관계 등 관련 사정을 고려하여 판단해야 한다. 행위자가 직무상 또는 사실상 상대방에게 영향을 줄 수 있는 직업이나 지위에 있고 직업이나 지위에 기초하여 상대방에게 어떠한 요구를 하였더라도 곧바로 그 요구 행위를 위와 같은 해악의 고지라고 단정하여서는 안 된다. 특히 공무원이

자신의 직무와 관련한 상대방에게 공무원 자신 또는 자신이 지정한 제3자를 위하여 재산적 이익 또는 일체의 유·무형의 이익 등을 제공할 것을 요구하고 상대방은 공무원의 지위에 따른 직무에 관하여 어떠한 이익을 기대하며 그에 대한 대가로서 요구에 응하였다면, 다른 사정이 없는 한 공무원의 위 요구 행위를 객관적으로 사람의 의사결정의 자유를 제한하거나 의사실행의 자유를 방해할 정도로 겁을 먹게 할 만한 해악의 고지라고 단정하기는 어렵다.

행위자가 직업이나 지위에 기초하여 상대방에게 어떠한 이익 등의 제공을 요구하였을 때 그 요구 행위가 강요죄의 수단으로서 해악의 고지에 해당하는지 여부는 행위자의 지위뿐만 아니라 그 언동의 내용과 경위, 요구 당시의 상황, 행위자와 상대방의 성행·경력·상호관계 등에 비추어 볼 때 상대방으로 하여금 그 요구에 불응하면 어떠한 해악에 이를 것이라는 인식을 갖게 하였다고 볼 수 있는지, 행위자와 상대방이 행위자의 지위에서 상대방에게 줄 수 있는 해악을 인식하거나 합리적으로 예상할 수 있었는지 등을 종합하여 판단해야 한다. 공무원인 행위자가 상대방에게 어떠한 이익 등의 제공을 요구한 경우 위와 같은 해악의 고지로 인정될 수 없다면 직권남용이나 뇌물 요구 등이 될 수는 있어도 협박을 요건으로 하는 강요죄가 성립하기는 어렵다.

02 | 세월호 특별조사위원회 설립·활동을 방해한 경우 직권남용권리행사방해죄의 성립 여부[236]

대판 2023.4.27. 2020도18296

주요논점

공무원이 직권을 남용하여 공무원이거나 법령에 따라 일정한 공적 임무를 부여받고 있는 공공기관 등의 임직원에게 어떠한 일을 하게 한 경우, 직권남용권리행사방해죄의 '의무 없는 일을 하게 한 때'에 해당하는지 판단하는 방법

판결요지

직권남용 행위의 상대방이 일반 사인인 경우 특별한 사정이 없는 한 직권에 대응하여 따라야 할 의무가 없으므로 그에게 어떠한 행위를 하게 하였다면 '의무 없는 일을 하게 한 때'에 해당할 수 있다. 그러나 상대방이 공무원이거나 법령에 따라 일정한 공적 임무를 부여받고 있는 공공기관 등의 임직원인 경우에는 법령에 따라 임무를 수행하는 지위에 있으므로 그가 직권에 대응하여 어떠한 일을 한 것이 의무 없는 일인지는 관계 법령 등의 내용에 따라 개별적으로 판단해야 한다. 행정조직은 날로 복잡·다양화·전문화되고 있는 현대 행정에 대응하는 한편, 민주주의의 요청을 실현하는 것이어야 한다. 따라서 행정조직은 통일된 계통구조를 갖고 효율적으로 운영될 필요가 있고, 민주적으로 운영되어야 하며, 행정목적을 달성하기 위하여 긴밀한 협동과 합리적인 조정이 필요하다. 그로 인하여 행정기관의 의사결정과 집행은 다양한 준비과정과 검토 및 다른 공무원, 부서 또는 유관기관 등과의 협조를 거쳐 이루어지는 것이 통상적이다. 이러한 협조 또는 의견교환 등은 행정의 효율성을 높이기 위하여 필요하고, 동등한 지위 사이뿐만 아니라 상하기관 사이, 감독기관과 피감독기관 사이에서도 이루어질 수 있다. 이러한 관계에서 일방이 상대방의 요청을 청취하고 자신의 의견을 밝히거나 협조하는 등 요청에 응하는 행위를 하는 것은 특별한 사정이 없는 한 법령상 의무 없는 일이라고 단정할 수 없다.

결국 공무원이 직권을 남용하여 사람으로 하여금 어떠한 일을 하게 한 때에 상대방이 공무원 또는 유관기관의 임직원인 경우에는, 그가 한 일이 형식과 내용 등에서 직무범위 내에 속하는 사항으로서 법령 그 밖의 관련 규정에 따라 직무수행 과정에서 준수해야 할 원칙이나 기준, 절차 등을 위반하였는지 등을 살펴 법령상 의무 없는 일을 하게 한 때에 해당하는지를 판단해야 한다.

---

[236] 대통령비서실 소속 비서관들인 피고인 갑과 피고인 을이 4·16세월호참사 특별조사위원회(이하 '위원회') 설립준비 관련 업무를 담당하거나 설립팀장으로 지원근무 중이던 해양수산부 소속 공무원들에게 '세월호 특별조사위 설립준비 추진경위 및 대응방안 문건'을 작성하게 하고, 피고인 갑이 소속 비서관실 행정관 또는 해양수산부 공무원들에게 세월호 특별조사위원회의 동향을 파악하여 보고하도록 지시하였다는 직권남용권리행사방해의 공소사실로 기소된 사안에서, 대통령비서실과 해양수산부 사이에 현안의 협의·조정 등을 위해 업무 협조가 필요하여 해당 공무원들이 피고인 갑과 피고인 을의 협조 등 요청에 응하여야 하는 경우도 있으나, 해당 공무원들은 위원회의 정치적 중립성, 업무의 독립성·객관성을 보장할 의무가 있고, 위원회 설립준비팀장으로 지원근무를 하게 된 해당 공무원에게는 파견공무원에 준하는 직무상 독립성이 요구되는 점, 해당 공무원들이 위원회 직원을 통해 위원회 내부 동향을 파악하여 피고인 갑에게 보고하는 행위는 경우에 따라 4·16세월호참사 진상규명 및 안전사회 건설 등을 위한 특별법 제51조 제3항 제1호에 따라 처벌되는 비밀준수의무 위반행위에 가담한 행위로 평가될 수 있는 점 등을 종합하면, 피고인 갑과 피고인 을이 해당 공무원들에게 문건을 작성하거나 동향을 보고하게 함으로써 직무수행의 원칙과 기준 등을 위반하여 업무를 수행하게 하여 법령상 의무 없는 일을 하게 한 때에 해당한다고 볼 여지가 있는데도, 이와 달리 본 원심판단에 법리오해의 잘못이 있다고 한 사례(대판 2023.4.27. 2020도18296)

03 | 정당 의원총회에서 특정인을 의장으로 선출하기로 합의한 경우, 위계에 의한 공무집행방해죄의 성립 여부[237]

대판 2024.3.12, 2023도7760

주요논점

[1] 위계에 의한 공무집행방해죄에서 '위계'의 의미 및 상대방이 위계에 따라 그릇된 행위나 처분을 하여야만 위 죄가 성립하는지 여부(적극) / 이때 범죄행위가 구체적인 공무집행을 저지하거나 현실적으로 곤란하게 하는 데까지는 이르지 아니하고 미수에 그친 경우, 위계에 의한 공무집행방해죄로 처벌할 수 있는지 여부(소극)

판결이유

[1] 위계에 의한 공무집행방해죄에 있어서 위계란 행위자의 행위목적을 이루기 위하여 상대방에게 오인, 착각, 부지를 일으키게 하여 그 오인, 착각, 부지를 이용하는 것을 말하는 것으로 상대방이 이에 따라 그릇된 행위나 처분을 하여야만 이 죄가 성립하는 것이고, 만약 범죄행위가 구체적인 공무집행을 저지하거나 현실적으로 곤란하게 하는 데까지는 이르지 아니하고 미수에 그친 경우에는 위계에 의한 공무집행방해죄로 처벌할 수 없다.

[2] 사실관계를 앞서 본 법리에 따라 살펴보면, 이 사건 공소사실 중 감표위원들과 사무국장에 대한 위계에 의한 공무집행방해죄를 인정한 원심의 판단은 정당하나, 공모하지 않은 의원들에 대한 위계에 의한 공무집행방해죄를 인정한 원심의 판단은 받아들이기 어렵다. 그 이유는 다음과 같다.

① 비밀선거 원칙은 선거인의 의사결정이 타인에게 알려지지 않도록 투표 내용의 비밀을 보장함으로써 선거권 행사로 인한 불이익 발생을 방지하기 위한 원칙이다. 이는 투표과정에서 자유로운 의사결정을 보장함으로써 선거의 민주적·절차적 정당성을 확보하는 데 그 취지가 있다.

② 피고인 등의 행위로 인하여 피고인들을 비롯한 담합한 의원들 내부적으로는 서로 누가 누구에게 투표하였는지를 알 수 있게 되었으나, 공모하지 않은 의원들의 투표 내용까지 공개된다고 보기는 어렵다.

---

237) 피고인들 등은 갑 정당 소속 시의회 의원으로서 시의회 의장선거를 앞두고 개최된 갑 정당 의원총회에서 을을 의장으로 선출하기로 합의한 다음, 합의 내용의 이행을 확보하고 이탈표 발생을 방지하기 위하여 공모에 따라 피고인별로 미리 정해 둔 투표용지의 가상의 구획 안에 '을'의 이름을 각각 기재하는 방법으로 투표하여 을이 의장으로 당선되게 함으로써, 무기명·비밀투표 권한을 가진 병 등 공모하지 않은 의원들의 직무집행을, 투·개표 업무에 관한 감표위원 정 등의 직무집행을, 무기명투표 원칙에 따라 의장선거를 진행하는 사무국장의 직무집행을 각각 방해하였다는 내용으로 기소된 사안에서, 비밀선거 원칙은 선거인의 의사결정이 타인에게 알려지지 않도록 투표 내용의 비밀을 보장함으로써 선거권 행사로 인한 불이익 발생을 방지하기 위한 원칙으로, 투표과정에서 자유로운 의사결정을 보장함으로써 선거의 민주적·절차적 정당성을 확보하는 데 그 취지가 있는 점, 피고인들 등의 행위로 인하여 피고인들을 비롯한 담합한 의원들 내부적으로는 서로 누가 누구에게 투표하였는지를 알 수 있게 되었으나, 공모하지 않은 의원들의 투표 내용까지 공개된다고 보기는 어려운 점, 공모하지 않은 의원들은 본래의 의도대로 투표를 하였을 뿐 피고인들 등의 행위로 인하여 오인, 착각, 부지를 일으켜 그릇된 처분이나 행위를 하였다고 보이지 않는 점, 나아가 지방의회 의원 개인들에게 무기명·비밀투표에 의해 의장선거가 이루어지도록 하여야 할 일반적인 직무상 권한이나 의무가 있다고 볼 만한 근거도 없는 점 등을 종합하면, 공소사실 중 감표위원들과 사무국장에 대한 위계에 의한 공무집행방해죄를 인정한 원심판단은 정당하나, 공모하지 않은 의원들에 대한 위계에 의한 공무집행방해죄를 인정한 원심판단은 받아들이기 어렵다는 이유로, 이와 달리 보아 공소사실 전부를 유죄로 인정한 원심판결에 위계에 의한 공무집행방해죄의 성립에 있어 위계의 실행행위와 공무집행방해의 결과에 관한 법리 등을 오해한 잘못이 있다고 한 사례(대판 2024.3.12, 2023도7760)

③ 공모하지 않은 의원들은 본래의 의도대로 투표를 하였을 뿐 피고인 등의 행위로 인하여 오인, 착각, 부지를 일으켜 그릇된 처분이나 행위를 하였다고 보이지도 않는다.
④ 나아가 지방의회의 의원 개인들에게 무기명·비밀투표에 의해 의장선거가 이루어지도록 하여야 할 일반적인 직무상 권한이나 의무가 있다고 볼 만한 근거도 없다.

그럼에도 원심이 공모하지 않은 의원들에 대한 위계에 의한 공무집행방해죄가 성립한다고 판단한 것에는 위계에 의한 공무집행방해죄의 성립에 있어 위계의 실행행위와 공무집행방해의 결과에 관한 법리 등을 오해하여 판결에 영향을 미친 잘못이 있다. 이를 지적하는 피고인 2, 피고인 3의 상고이유 주장은 이유 있다.

나는 젊었을 때, 10번 시도하면 9번 실패했다.
그래서 10번씩 시도했다.

- 조지 버나드 쇼 -

법무사

판례색인

시대에듀

판례색인

PART 01 형법총론

[대법원]

대결 1994.12.20. 94모32[전합]	10
대결 1996.5.14. 96모14	223
대결 2001.6.27. 2001모135	243
대결 2008.7.24. 2008어4	8
대결 2018.2.6. 2017모3459	246
대판 1953.8.4. 4286형상20	160
대판 1961.8.2. 4294형상284	191
대판 1964.4.7. 63도410	231
대판 1966.12.6. 66도1392	207
대판 1968.5.7. 68도370	85
대판 1969.6.24. 69도692	217
대판 1970.9.29. 70도1516	207
대판 1972.5.9. 72도597	218
대판 1972.10.31. 72도2001	198
대판 1974.2.26. 73도2380	85
대판 1974.5.28. 74도509	186
대판 1974.10.8. 74도1301	218
대판 1975.1.14. 73도1848	210
대판 1975.4.22. 73도1963	229
대판 1976.2.10. 74도2046	65
대판 1976.5.25. 75도1549	142, 145, 186
대판 1976.6.8. 74도1266	241
대판 1977.5.24. 76도4001	224
대판 1978.9.26. 78도1787	199
대판 1978.11.14. 78도2388	104
대판 1978.11.28. 78도2175	202
대판 1978.11.28. 78도1961	45
대판 1978.12.13. 78도2617	110
대판 1979.5.22. 79도552	145
대판 1979.7.10. 79도840	212
대판 1979.8.21. 79도1249	163
대판 1979.10.30. 79도489	213
대판 1979.11.27. 79도2201	186
대판 1980.11.25. 80도2224	159
대판 1981.11.24. 81도2422	150
대판 1982.11.23. 82도2024	162
대판 1983.1.18. 82도2341	71
대판 1983.3.8. 82도3248	86
대판 1983.4.26. 83도323	214
대판 1983.6.14. 83도515[전합]	153
대판 1983.7.26. 83도1378	215
대판 1983.8.23. 82도3222	52
대판 1984.1.24. 83도2813	56
대판 1984.1.31. 83도2941	138
대판 1984.4.24. 84도195	193
대판 1984.4.24. 84도372	174
대판 1984.6.12. 84도397	230
대판 1984.10.10. 82도2595[전합]	25
대판 1984.11.27. 84도2263	203
대판 1984.11.27. 84도1906	39, 43
대판 1985.1.15. 84도2397	72
대판 1985.3.26. 85도206	141
대판 1985.4.9. 85도25	121
대판 1985.5.14. 84도2118	158, 173
대판 1985.5.28. 85도361	114
대판 1985.7.9. 85도707	90
대판 1986.1.21. 85도2339	134
대판 1986.1.21. 85도2371	167
대판 1986.6.24. 86도403	21
대판 1986.7.8. 86도749	176
대판 1986.9.23. 86도1429	181
대판 1986.10.28. 86도1406	99, 125
대판 1986.11.11. 86도1862	84
대판 1987.1.20. 85도221	87
대판 1987.2.24. 86도2731	198
대판 1987.4.28. 87도297	46

대판 1987.5.12. 87도694	208	대판 1992.12.22. 92도2540	80
대판 1987.5.26. 87도527	208	대판 1993.1.15. 92도2579	67
대판 1987.12.22. 87도1699	147	대판 1993.3.9. 92도2999	202
대판 1988.6.21. 88도551	223	대판 1993.3.23. 92도3250	230
대판 1988.6.28. 88도650	59	대판 1993.6.8. 93도766	79
대판 1988.6.28. 88도820	212	대판 1993.7.27. 92도2345	104
대판 1988.9.13. 88도1114	171	대판 1993.10.8. 93도1873	75
대판 1989.3.14. 88도837	168	대판 1993.10.12. 93도1888	123
대판 1989.8.8. 89도358	83	대판 1993.10.12. 93도1851	134
대판 1989.9.12. 89도866	52	대판 1993.10.12. 93도2056	229
대판 1989.11.28. 89도1309	209	대판 1993.11.23. 93도213	201
대판 1990.2.9. 89도1774	64, 67	대판 1994.2.22. 93도613	103
대판 1990.3.27. 89도1670	164	대판 1994.3.11. 93도2305	158
대판 1990.6.26. 90도765	75	대판 1994.3.22. 93도3612	44
대판 1990.8.10. 90도1211	93	대판 1994.4.15. 93도2899	109
대판 1990.9.25. 90도1596	72	대판 1994.4.15. 94도365	120
대판 1990.11.27. 90도2262	171	대판 1994.11.4. 94도2361	58
대판 1990.12.11. 90도694	48	대판 1994.12.23. 93도1002	194
대판 1991.2.26. 90도2856	49	대판 1995.1.12. 94도2781	87
대판 1991.5.14. 91도542	176	대판 1995.3.10. 94도2422	110
대판 1991.5.28. 91도80	84	대판 1995.5.12. 95도425	44, 45, 72
대판 1991.6.25. 91도643	208	대판 1995.5.12. 95도512	67
대판 1991.6.25. 91도436	137	대판 1995.6.16. 94도1793	123
대판 1991.9.10. 91도1722	203, 213	대판 1995.6.30. 94도1017	232
대판 1991.9.24. 91도1824	111	대판 1995.7.11. 95도382	65
대판 1991.11.12. 91도2156	171	대판 1995.8.22. 95도936	110
대판 1992.2.11. 91도2951	38, 40	대판 1995.8.25. 95도1351	120
대판 1992.2.25. 91도3192	179	대판 1995.8.25. 95도717	123
대판 1992.3.10. 91도3172	61	대판 1995.9.5. 95도577	160, 161
대판 1992.5.8. 91도2825	15	대판 1995.9.15. 95도906	49
대판 1992.5.22. 91도2525	123	대판 1995.9.15. 94도2561	131
대판 1992.6.9. 92도77	199	대판 1996.1.26. 94도2654	168
대판 1992.7.28. 92도999	117	대판 1996.4.12. 96도215	70, 171
대판 1992.7.28. 92도917	212	대판 1996.4.26. 96도485	70
대판 1992.8.14. 92도962	232	대판 1996.5.28. 96도979	110

판례색인

대판 1996.5.28. 95도1200	67
대판 1996.7.12. 96도1181	207
대판 1996.9.6. 95도2551	36, 39
대판 1996.9.24. 95도245	46
대판 1996.9.24. 96도2151	199
대판 1996.11.8. 95도2710	64
대판 1997.1.21. 96도2715	214
대판 1997.1.24. 96도524	25
대판 1997.2.14. 96도1959	161
대판 1997.3.14. 96도1639	43
대판 1997.3.20. 96도1167[전합]	9
대판 1997.3.28. 97도447	198
대판 1997.3.28. 95도2674	94
대판 1997.4.17. 96도3376[전합]	6, 7, 77, 99, 154
대판 1997.6.13. 97도957	134
대판 1997.6.24. 97도1075	76, 179
대판 1997.6.27. 97도163	162
대판 1997.7.25. 97도1142	22
대판 1997.9.30. 97도1940	164
대판 1997.11.20. 97도2021[전합]	20
대판 1997.11.28. 97도1740	163
대판 1997.12.26. 97도2609	193
대판 1998.2.27. 97도2812	66
대판 1998.4.14. 97도3340	207
대판 1998.4.24. 98도98	240
대판 1998.9.4. 98도2061	76
대판 1998.9.22. 98도1854	65
대판 1998.11.27. 98도2734	19
대판 1998.12.8. 98도3416	71
대판 1998.12.8. 98도3263	38
대판 1999.1.26. 98도3029	101
대판 1999.1.26. 98도3812	114
대판 1999.4.13. 99도640	133
대판 1999.4.23. 99도354	214
대판 1999.5.11. 99다12161	227
대판 1999.5.25. 99도983	111
대판 1999.6.11. 99도943	83
대판 1999.6.25. 99도1900	229
대판 1999.7.15. 95도2870[전합]	29
대판 1999.7.23. 99도1911	99
대판 1999.9.17. 97도3349	8
대판 1999.11.12. 99도3801	144
대판 1999.12.10. 99도3478	227
대판 2000.3.14. 99도457	92
대판 2000.3.28. 2000도228	82
대판 2000.4.21. 99도3403	19
대판 2000.4.25. 98도2389	111
대판 2000.5.12. 2000도745	75
대판 2000.5.26. 99도2781	93
대판 2000.6.13. 2000도778	153
대판 2000.6.13. 2000도691	229
대판 2000.7.4. 99도4341	80
대판 2000.7.28. 2000도2466	173
대판 2000.8.18. 2000도2943	120
대판 2000.8.18. 2000도1914	181
대판 2000.9.5. 2000도2671	46
대판 2000.10.27. 2000도3570	28
대판 2001.2.9. 2000도1216	215
대판 2001.2.23. 2000도4415	108
대판 2001.3.9. 2000도938	153
대판 2001.3.13. 2000도4880	219
대판 2001.6.29. 2001도1319	159
대판 2001.7.27. 2000도4298	131
대판 2001.8.21. 2001도3447	207
대판 2001.9.7. 2001도2917	111
대판 2001.9.25. 99도3337	21
대판 2001.10.12. 99도5294	230
대판 2001.12.11. 2001도5005	45
대판 2002.2.8. 2001도6669	140

대판 2002.2.26. 2000도4637	241
대판 2002.3.26. 2001도6641	74
대판 2002.4.9. 2001도6601	46
대판 2002.4.12. 2000도3485	74
대판 2002.5.16. 2002도51[전합]	199
대판 2002.5.17. 2001도4077	121
대판 2002.6.14. 2002도1283	224
대판 2002.6.28. 2000도3045	154
대판 2002.7.12. 2002도2029	208
대판 2002.7.18. 2002도669[전합]	200
대판 2002.8.23. 2002도2800	62
대판 2002.10.25. 2002도4089	76, 178
대판 2002.11.26. 2002도4929	22
대판 2003.1.10. 2001도3292	62, 66
대판 2003.1.10. 2002도4380	214
대판 2003.3.28. 2002도7477	158
대판 2003.3.28. 2003도665	210
대판 2003.5.30. 2003도705	224
대판 2003.6.24. 2003도1985	131
대판 2003.7.8. 2001도1335	12
대판 2003.8.19. 2001도3667	66
대판 2003.10.30. 2003도4382	161
대판 2003.11.13. 2003도3606	81
대판 2003.12.26. 2001도6484	99
대판 2004.4.9. 2003도8219	201
대판 2004.4.16. 2004도353	202
대판 2004.5.14. 2004도74	53
대판 2004.6.10. 2001도5380	100, 101
대판 2004.6.24. 2002도995	31, 32, 150
대판 2004.6.24. 2004도2003	233
대판 2004.7.15. 2004도2965[전합]	127
대판 2004.10.28. 2004도3994	148
대판 2004.10.28. 2004도3405	111
대판 2004.12.10. 2004도6480	54
대판 2005.2.25. 2004도8259	137

대판 2005.4.29. 2003도6056	185
대판 2005.6.10. 2005도835	124
대판 2005.10.28. 2005도4915	182, 203
대판 2005.12.8. 2005도8105	141
대판 2006.2.9. 2005도9230	35
대판 2006.3.9. 2003도6733	118
대판 2006.3.24. 2005도3717	122, 124
대판 2006.3.24. 2005도8081	91
대판 2006.4.13. 2005도9396	88
대판 2006.4.27. 2005도8074	109
대판 2006.4.28. 2003도4128	120, 182
대판 2006.9.14. 2006도4075	225
대판 2006.9.22. 2006도5010	22
대판 2006.10.13. 2006도5360	113, 114
대판 2006.10.27. 2006도4659	228
대판 2006.11.23. 2006도5586	228
대판 2007.2.8. 2006도6196	237
대판 2007.2.8. 2006도7900	113
대판 2007.2.22. 2005도9229	66
대판 2007.2.22. 2006도8555	242
대판 2007.5.10. 2007도1375	93
대판 2007.5.11. 2006도1993	124
대판 2007.5.31. 2007도1903	177
대판 2007.5.31. 2007도1977	105
대판 2007.6.28. 2005도8317	104
대판 2007.7.26. 2007도3687	141
대판 2007.7.27. 2007도768	238
대판 2007.9.6. 2007도4739	202
대판 2007.9.20. 2006도294	61
대판 2007.12.14. 2005도872	186
대판 2007.12.14. 2007도7353	227
대판 2007.12.28. 2007도7717	90
대판 2007.12.28. 2007도5204	102
대판 2008.1.18. 2007도9405	244
대판 2008.2.1. 2007도8286	12

판례색인

법무사 2차 형법

대판 2008.2.14. 2007도10034	225
대판 2008.2.28. 2007도9354	38
대판 2008.2.29. 2007도10120	75
대판 2008.3.27. 2008도89	42
대판 2008.4.10. 2008도1274	167, 168
대판 2008.4.11. 2007도8373	240
대판 2008.4.17. 2004도4899[전합]	19, 20
대판 2008.4.24. 2007도10058	73
대판 2008.7.24. 2007도4310	169
대판 2008.7.24. 2008도4085	21
대판 2008.9.11. 2006도8376	220
대판 2008.9.11. 2007도7204	153
대판 2008.10.9. 2008도7034	224
대판 2008.10.23. 2005도10101	129
대판 2008.11.13. 2006도4885	223
대판 2008.11.13. 2008도7143	198
대판 2008.11.27. 2008도7820	214
대판 2008.11.27. 2008도7311	70, 71
대판 2008.12.11. 2008도9606	96
대판 2008.12.11. 2008도9182	198
대판 2009.1.30. 2008도8607	123
대판 2009.5.21. 2009다17417[전합]	107
대판 2009.5.28. 2009도2682	113
대판 2009.6.23. 2009도2994	166
대판 2009.6.23. 2009도544	148
대판 2009.9.24. 2009도5302	28
대판 2009.10.29. 2009도5753	60
대판 2009.10.29. 2009도7150	143, 144
대판 2009.12.10. 2009도11448	6
대판 2009.12.24. 2009도9667	213
대판 2010.1.14. 2009도10845	198
대판 2010.1.14. 2009도12109	33, 40, 61
대판 2010.1.21. 2008도942[전합]	129
대판 2010.1.28. 2009도10139	164
대판 2010.2.11. 2009도12958	82
대판 2010.2.25. 2010도93	202
대판 2010.4.8. 2009도11395	110
대판 2010.4.29. 2009도7070	62
대판 2010.4.29. 2009도13868	123
대판 2010.5.13. 2009도13463	217
대판 2010.7.8. 2010도931	245
대판 2010.7.15. 2010도3544	165
대판 2010.9.9. 2010도6924	168, 169
대판 2010.9.30. 2010도6403	239
대판 2010.10.14. 2010도387	166
대판 2010.11.11. 2010도10690	200
대판 2010.12.16. 2010도5986[전합]	15
대판 2010.12.23. 2010도7412	159
대판 2010.12.23. 2010도11996	8
대판 2011.1.13. 2010도10029	54
대판 2011.1.13. 2010도9927	138, 169
대판 2011.1.27. 2010도11030	102
대판 2011.2.24. 2010도13801	209
대판 2011.3.17. 2006도8839[전합]	108
대판 2011.4.14. 2010도10104	50, 63
대판 2011.4.14. 2011도277	204
대판 2011.4.28. 2009도3642	148
대판 2011.5.13. 2011도1442	205
대판 2011.5.13. 2009도14442	108
대판 2011.5.26. 2011도3682	80
대판 2011.6.10. 2011도4260	14
대판 2011.7.14. 2011도1303	16
대판 2011.7.14. 2011도639	107
대판 2011.8.25. 2011도6507	22
대판 2011.8.25. 2011도7725	11
대판 2011.9.8. 2009도13959	63
대판 2011.10.13. 2011도6287	149
대판 2011.10.27. 2010도7733	166
대판 2011.11.10. 2011도10539	134
대판 2011.12.22. 2011도12041	233

대판 2011.12.22. 2011도12927	160, 170
대판 2012.3.15. 2012도544	212
대판 2012.3.15. 2011도17648	46
대판 2012.3.15. 2011도17117	49
대판 2012.3.29. 2011도14135	235
대판 2012.4.26. 2010도2905	164
대판 2012.6.14. 2010도14409	190
대판 2012.8.30. 2012도6027	182
대판 2012.9.27. 2012도6079	218
대판 2012.10.11. 2012도1895	199
대판 2012.11.15. 2012도7407	175
대판 2012.11.29. 2012도10980	201
대판 2013.1.24. 2012도10629	158
대판 2013.2.21. 2010도10500[전합]	203
대판 2013.4.11. 2010도13774	182
대판 2013.6.13. 2013도1685	5
대판 2013.8.23. 2011도1957	210
대판 2013.10.31. 2013도10020	207
대판 2013.11.14. 2013도7494	158, 183
대판 2014.1.16. 2013도6969	150
대판 2014.2.27. 2013도12301	212
대판 2014.3.13. 2014도212	199
대판 2014.4.10. 2012도8374	54
대판 2014.5.16. 2014도1547	226
대판 2014.5.16. 2013도16404	11
대판 2014.6.26. 2009도14407	63
대판 2014.7.24. 2014도6206	46
대판 2014.9.4. 2012도16119	105, 195
대판 2014.12.11. 2014도10036	204
대판 2015.1.15. 2012도7571	229
대판 2015.1.15. 2013도15027	124
대판 2015.2.12. 2012도4842	147
대판 2015.2.12. 2014도11501	95
대판 2015.4.23. 2014도655	5
대판 2015.4.23. 2014도16980	209
대판 2015.6.24. 2014도11315	50, 62
대판 2015.9.10. 2015도8592	201
대판 2015.10.15. 2015도8169	213
대판 2015.10.29. 2015도8429	104
대판 2015.11.12. 2015도6809[전합]	35, 38
대판 2016.1.14. 2015도9133	11
대판 2016.1.28. 2014도2477	88
대판 2016.1.28. 2015도15669	14
대판 2016.3.10. 2015도17847	10
대판 2016.6.23. 2016도5032	12
대판 2017.2.15. 2016도15226	205
대판 2017.2.16. 2015도16014[전합]	5
대판 2017.3.15. 2014도12773	124
대판 2017.3.22. 2016도21536	230
대판 2017.3.22. 2016도17465	21
대판 2017.4.7. 2017도378	196
대판 2017.5.30. 2017도4578	190
대판 2017.6.19. 2017도4240	148
대판 2017.7.11. 2017도4044	214
대판 2017.7.11. 2013도7896	102
대판 2017.8.24. 2017도5977[전합]	23
대판 2017.9.21. 2017도4019	235
대판 2017.11.9. 2016도12460	109
대판 2017.12.5. 2017도11564	30
대판 2017.12.21. 2015도8335[전합]	10
대판 2017.12.28. 2017도17762	11
대판 2018.1.24. 2017도18230	10
대판 2018.1.25. 2017도12537	49
대판 2018.1.25. 2017도18443	152
대판 2018.2.8. 2016도17733	152
대판 2018.5.11. 2017도9146	161
대판 2018.5.11. 2018도2844	12
대판 2018.5.30. 2018도3619	226
대판 2018.7.24. 2018도3443	10
대판 2018.8.1. 2015도10388	27

판례색인

대판 2018.8.30. 2018도10047	192
대판 2018.10.25. 2018도7041	9
대판 2019.3.28. 2018도16002[전합]	140, 141
대판 2019.4.18. 2017도14609[전합]	221
대판 2019.6.20. 2018도20698[전합]	219
대판 2019.8.29. 2018도2738[전합]	190
대판 2019.12.12. 2019도12560	220
대판 2020.6.11. 2016도3048	149
대판 2020.6.11. 2020도2883	229
대판 2020.7.29. 2017도2478	102
대판 2020.9.3. 2015도1927	103
대판 2020.10.15. 2020도7307	6
대판 2020.10.29. 2020도3972	192
대판 2020.11.5. 2017도18291	241
대판 2021.1.21. 2018도5475[전합]	233
대판 2021.2.4. 2020도12103	209
대판 2021.2.25. 2020도8728	235
대판 2021.4.29. 2020도16369	226
대판 2021.5.7. 2018도12973	42
대판 2021.7.8. 2021도2993	204
대판 2021.7.21. 2020도10970	227
대판 2021.8.12. 2020도17796	132
대판 2021.9.9. 2017도19025[전합]	184
대판 2021.9.16. 2021도8764	235
대판 2021.9.30. 2019도3595	27
대판 2021.10.14. 2021도7168	224, 227
대판 2021.10.28. 2020도1942	26, 30
대판 2021.12.30. 2021도9680	109
대판 2022.1.13. 2021도14471	220
대판 2022.3.24. 2017도18272[전합]	94
대판 2022.9.7. 2022도6993	218
대판 2022.12.22. 2020도16420[전합]	16, 18, 19
대판 2022.12.29. 2017도10007	40
대판 2023.1.12. 2022도11163	51
대판 2023.2.23. 2022도6434	17
대판 2023.3.9. 2022도16120	40
대판 2023.4.27. 2020도6874	79, 82
대판 2023.6.29. 2017도9835	185
대판 2023.8.31. 2021도1833	51
대판 2023.11.2. 2023도10768	125
대판 2023.11.16. 2023도10545	219
대판 2023.12.21. 2023도13514	209
대판 2023.12.28. 2023도12316	211
대판 2024.1.4. 2021도5723	225

[헌법재판소]

헌재 1991.7.8. 91헌가4	5
헌재 1996.2.16. 96헌가2	6, 7
헌재 1998.3.26. 96헌가20	5
헌재 1999.7.22. 97헌바76	7
헌재 2001.1.18. 99헌바112	5
헌재 2009.7.30. 2008헌가10	27
헌재 2010.7.29. 2009헌가25	27

PART 02 형법각론

[대법원]

대결 1991.12.30. 91모5	298
대판 1956.8.17. 4289형상170	407
대판 1957.10.21. 4290민상368	380
대판 1958.1.14. 4290형상393	793
대판 1958.1.14. 57도393	793
대판 1960.7.22. 293형상213	644
대판 1960.9.14. 4292형상537	629
대판 1960.11.16. 4293형상743	495, 721
대판 1961.7.14. 4294형상109	490
대판 1961.10.19. 4294형상347	809

판례	페이지
대판 1962.2.8. 4294형상470	545
대판 1964.4.21. 64도112	416
대판 1964.9.8. 64도310	442
대판 1965.10.26. 65도785	771
대판 1965.12.10. 65도826[전합]	807
대판 1967.1.31. 66도1483	255
대판 1967.1.31. 66도1581	769
대판 1967.10.31. 67도1151	286
대판 1968.2.27. 67도1579	505
대판 1968.6.18. 68도616	629
대판 1968.11.19. 68도1231	700
대판 1969.6.24. 68도1503	804
대판 1969.7.29. 69도984	522
대판 1969.12.30. 69도2062	254
대판 1970.6.30. 70도562	740
대판 1970.6.30. 70도1122	695
대판 1970.7.21. 70도1133	423
대판 1970.9.17. 70다1096	683
대판 1970.9.22. 70도1509	682
대판 1970.10.30. 70도1879	717
대판 1971.1.29. 69도2238	700
대판 1971.3.9. 70도2536	748
대판 1971.6.22. 71도740[전합]	546
대판 1971.11.23. 71도1576	622
대판 1971.12.28. 71다1116	575
대판 1972.6.13. 72도971	614
대판 1972.6.27. 72도863	283
대판 1972.6.27. 71도1072	629
대판 1972.10.31. 72도1966	702
대판 1973.2.28. 72도2538	420
대판 1973.6.26. 73도733	695
대판 1973.11.13. 73도1553[전합]	455
대판 1974.1.29. 73도1854	693
대판 1974.6.25. 74도1231	804
대판 1974.11.26. 74도2817	472
대판 1974.12.10. 74도2841	786
대판 1975.9.23. 75도1773	731
대판 1975.12.9. 74도2804	599, 615
대판 1976.1.27. 74도3442	405, 660
대판 1976.5.11. 75도2245	575
대판 1976.5.11. 76도988	779
대판 1976.9.14. 76도107	705
대판 1976.10.12. 75도1895	734
대판 1976.11.23. 76도3067	565
대판 1976.12.14. 76도3375	291
대판 1977.1.11. 76도3419	282
대판 1977.1.11. 76도3884	693
대판 1977.2.8. 76도3685	786
대판 1977.5.24. 76도4180	544
대판 1977.6.7. 77도1069	495, 758
대판 1977.12.27. 77도2155	695
대판 1978.1.10. 77도3571	731
대판 1978.2.28. 77도4037	759
대판 1978.9.26. 78도1787	714
대판 1978.11.14. 78도1904	660
대판 1978.11.28. 75도2713	552
대판 1979.3.27. 78도1031	801
대판 1979.6.12. 79도708	611
대판 1979.7.10. 79도1125	544
대판 1979.7.10. 79도961	601
대판 1979.7.10. 79도840	495, 656
대판 1979.10.30. 77도1879	667
대판 1979.11.27. 79도2410	566
대판 1980.3.25. 79도2831	737
대판 1980.3.25. 79도2874	435
대판 1980.4.22. 79도3034	661
대판 1980.4.22. 80도533	511
대판 1980.5.20. 80도306	728
대판 1980.6.24. 80도726	282
대판 1980.9.9. 80도1731	255

판례색인

대판 1980.9.24. 79도1387	284
대판 1980.10.14. 79도305	277
대판 1980.11.11. 80다1584	701
대판 1980.11.11. 80도131	403, 436
대판 1980.11.25. 80도2310	472
대판 1980.12.9. 80도1177	495
대판 1981.5.26. 81도673	554
대판 1981.6.23. 80도2934	583
대판 1981.7.28. 81도1046	266
대판 1981.8.20. 81도698	757
대판 1981.10.13. 80도1441	788
대판 1981.10.13. 81도2466	255
대판 1981.10.27. 81도2055	683
대판 1981.11.24. 81도2608	640
대판 1981.12.8. 81도1451	506
대판 1981.12.8. 81도1130	709
대판 1982.1.12. 81도2991	426
대판 1982.3.9. 81도1732	487
대판 1982.3.9. 81도3396	411
대판 1982.6.8. 81도3069	804
대판 1982.6.8. 82도486	291
대판 1982.6.22. 82도705	300
대판 1982.6.22. 82도677	660
대판 1982.7.13. 82도1352	454
대판 1982.7.27. 82도1160	505
대판 1982.7.27. 82도1026	695
대판 1982.9.14. 82도1679	492
대판 1982.9.28. 82도1656	606
대판 1982.9.28. 82도1297	710
대판 1982.10.12. 81도2621	253
대판 1982.10.12. 82도2183	322
대판 1982.12.28. 82도2210	700
대판 1983.1.18. 81도824	380
대판 1983.1.18. 82도2341	643, 646
대판 1983.1.18. 82도2624	734
대판 1983.2.8. 81도3137	576
대판 1983.2.8. 82도2486	360
대판 1983.2.8. 82도2714	519
대판 1983.2.22. 82도794	772
대판 1983.2.22. 82도3236	534
대판 1983.3.8. 82도2838	450
대판 1983.3.22. 82도2300	682
대판 1983.3.22. 82도3036	731
대판 1983.4.12. 82도2938	661
대판 1983.4.26. 83도323	301
대판 1983.4.26. 83도188	512, 706
대판 1983.5.24. 82도1426	689
대판 1983.6.28. 83도1036	680, 707
대판 1983.6.28. 82도1985	709
대판 1983.7.12. 82도180	598
대판 1983.8.23. 83도1017	339
대판 1983.8.23. 83도1486	796
대판 1983.10.25. 82도808	636
대판 1983.11.8. 82도2119	615
대판 1983.11.8. 83도2496	575
대판 1983.12.13. 83도1458	697
대판 1983.12.13. 82도735	610
대판 1983.12.27. 83도2472	606
대판 1983.12.27. 83도2442	701
대판 1984.2.14. 83도3120	325
대판 1984.2.14. 83도2897	390
대판 1984.2.14. 83도3186	264
대판 1984.2.28. 83도3321	453, 455
대판 1984.2.28. 84도38	407, 444
대판 1984.2.28. 84도114	803
대판 1984.2.28. 83도2783	760
대판 1984.2.28. 83도3162	460, 461
대판 1984.3.27. 83도2853	804
대판 1984.4.10. 84도353	269
대판 1984.4.10. 83도3288	799

대판 1984.4.24. 84도311	431	대판 1986.8.19. 86도1093	411
대판 1984.4.24. 83도1429	383	대판 1986.8.19. 86도584	591
대판 1984.5.9. 83도3084	601	대판 1986.9.9. 86도1382	576
대판 1984.5.15. 84도655	302	대판 1986.9.9. 86도1273	425, 613
대판 1984.6.12. 82도1544	635	대판 1986.10.14. 86도1189	760
대판 1984.6.26. 84도648	523	대판 1986.11.25. 86도1951	760
대판 1984.9.11. 84도1381	732	대판 1986.12.23. 86도2203	441
대판 1984.9.11. 84도1398	451	대판 1987.1.20. 86도2360	325
대판 1984.9.11. 84도368	693	대판 1987.1.20. 86도2395	257
대판 1984.10.5. 84도1544	254	대판 1987.4.14. 87도177	623
대판 1984.11.27. 84도1862	658, 660, 661	대판 1987.4.28. 87도414	605
대판 1984.11.27. 83도1946	598	대판 1987.5.12. 87도3	383
대판 1984.11.27. 84도1906	610	대판 1987.6.9. 87도1029	814
대판 1984.12.11. 84도2324	441	대판 1987.7.21. 87도564	684
대판 1985.1.22. 84도1033	771	대판 1987.8.18. 87도145	662
대판 1985.1.22. 84도2422	682	대판 1987.9.22. 87도516	274
대판 1985.2.8. 84도2215	820	대판 1987.10.13. 87도1240	439
대판 1985.2.26. 84도2802	623	대판 1987.10.13. 87도1633	613, 618
대판 1985.3.12. 85도74	467	대판 1987.11.24. 87도1463	770
대판 1985.3.26. 84도365	436	대판 1987.12.22. 87도2168	564
대판 1985.4.23. 85도431	337	대판 1987.12.22. 87도1699	770
대판 1985.6.25. 85도758	667	대판 1988.2.9. 87도2460	454
대판 1985.7.23. 85도1092	788	대판 1988.2.23. 87도1952	629
대판 1985.9.10. 84도2644	529	대판 1988.4.25. 88도18	649
대판 1985.9.24. 85도1490	672	대판 1988.4.25. 88도409	407
대판 1985.10.8. 84도2642	508	대판 1988.6.28. 88도820	463
대판 1985.10.8. 85도1537	325	대판 1988.9.13. 88도55	505
대판 1985.10.22. 85도1527	443	대판 1988.11.8. 88도1630	731
대판 1985.10.22. 85도1677	621	대판 1988.12.13. 88도184	545
대판 1985.11.12. 85도2096	722	대판 1989.3.14. 88도2437	553
대판 1986.1.21. 85도2472	618	대판 1989.4.11. 88도906	544
대판 1986.2.11. 85도2513	530	대판 1989.7.25. 89도126	754
대판 1986.2.25. 85도2798	707	대판 1989.8.8. 89도664	423
대판 1986.3.25. 86도255	653	대판 1989.9.12. 89도1153	415
대판 1986.7.8. 86도383	272	대판 1989.9.12. 88도1147	804

판례색인

대판 1989.9.12. 88도1752	363
대판 1989.10.24. 88도1296	621
대판 1989.11.14. 89도773	412
대판 1989.11.28. 89도1309	494
대판 1989.12.8. 89도1220	527
대판 1989.12.22. 89도1570	267
대판 1990.2.23. 89도1212	804
대판 1990.3.23. 89도2506	634
대판 1990.3.27. 89도2083	692
대판 1990.4.24. 90도401	269, 426
대판 1990.4.24. 90도193	450
대판 1990.5.25. 90도607	312
대판 1990.8.10. 90도414	545
대판 1990.8.14. 90도595	820
대판 1990.9.25. 90도1216	602
대판 1990.10.16. 90도1786	270
대판 1990.11.27. 90도2262	460, 461
대판 1990.12.26. 90도2362	459
대판 1991.1.15. 90도2301	640
대판 1991.1.29. 90도2153	264
대판 1991.1.29. 90도2445	291
대판 1991.2.26. 90도577	662
대판 1991.3.27. 90도2930	772
대판 1991.4.23. 91도476	416
대판 1991.5.10. 89도1748	805
대판 1991.5.10. 90도2102	290
대판 1991.5.28. 91도546	311
대판 1991.5.28. 91도352	761
대판 1991.6.11. 91도753	386
대판 1991.6.14. 91도253	277
대판 1991.6.25. 91도643	447
대판 1991.8.13. 91도1184	305
대판 1991.8.27. 91도1524	508
대판 1991.8.27. 91도61	606
대판 1991.9.10. 91도1722	684
대판 1991.9.10. 91도1610	680
대판 1991.10.11. 91도1950	814
대판 1991.10.25. 91도2085	301
대판 1991.11.12. 91도2241	463
대판 1991.11.12. 91도2156	461
대판 1991.11.22. 91도2296	448, 449
대판 1991.12.13. 91도2127	820
대판 1992.1.17. 91도2837	697
대판 1992.1.21. 91도1170	626
대판 1992.1.21. 91도1402[전합]	308
대판 1992.1.21. 91도2727	457
대판 1992.3.27. 91도2831	418
대판 1992.3.31. 91도2815	680
대판 1992.4.14. 91도2390	534
대판 1992.4.14. 92도408	457
대판 1992.4.24. 92도118	422
대판 1992.5.8. 92도532	768
대판 1992.5.12. 92도280	418
대판 1992.5.26. 92도353	669
대판 1992.6.9. 92도77	516
대판 1992.7.28. 92도917 427, 447, 448, 450, 780	
대판 1992.9.8. 92도1396	566
대판 1992.9.8. 92도1650	415
대판 1992.9.8. 91도3149	418
대판 1992.9.14. 91도2994	478
대판 1992.10.27. 92도1578	713
대판 1992.11.13. 92도610	277
대판 1992.11.27. 92도2079	553
대판 1992.12.24. 92도1223	598
대판 1993.2.9. 92도2929	363
대판 1993.2.23. 92도3395	379
대판 1993.3.9. 92도2999	526
대판 1993.3.16. 92도3170	407
대판 1993.4.13. 92도3035	375

대판 1993.5.11. 93도127	709
대판 1993.9.10. 93도196	272
대판 1993.9.10. 93도698	704
대판 1993.9.28. 93도2143	408, 409
대판 1993.12.24. 92도3334	699, 700, 736
대판 1993.12.24. 93도2339	523
대판 1994.2.8. 93도3445	818
대판 1994.3.22. 94도4	707
대판 1994.3.22. 93도2962	749
대판 1994.4.12. 93도3535	337
대판 1994.5.24. 94도600	379
대판 1994.8.12. 94도1487	410
대판 1994.9.9. 94도1522	416
대판 1994.10.11. 94도1991	269, 402
대판 1994.10.11. 94도1575	487
대판 1994.10.21. 94도852	768
대판 1994.11.4. 94도1311	260
대판 1994.11.4. 94도2361	263
대판 1994.12.22. 94도2528	524
대판 1995.1.20. 94도2760	528
대판 1995.1.24. 94도1949	779, 791
대판 1995.2.10. 94도2911	557
대판 1995.3.3. 93도3080	799
대판 1995.3.10. 94도2422	522
대판 1995.3.14. 95도59	560
대판 1995.4.11. 95도186	801
대판 1995.5.12. 95도283	544
대판 1995.7.28. 95도997	514, 517
대판 1995.9.5. 94도3033	410
대판 1995.9.5. 95도1269	667
대판 1995.9.5. 94도755	824
대판 1995.9.15. 94도2561	397
대판 1995.9.15. 94도3213	467
대판 1995.9.29. 94도2608	808
대판 1995.9.29. 95도803	663, 664
대판 1995.10.12. 95도1589	363
대판 1995.10.12. 94도2076	410
대판 1995.12.12. 95도2385	446
대판 1995.12.12. 94도3271	821
대판 1995.12.22. 94도3013	466
대판 1996.1.26. 95도2437	493
대판 1996.1.26. 95도2526	634
대판 1996.2.9. 95도2652	820
대판 1996.2.9. 95도1797	804
대판 1996.2.23. 95도1642	265
대판 1996.2.27. 95도2980	305
대판 1996.3.12. 95도2864	803
대판 1996.3.26. 95도2998	822
대판 1996.4.9. 95도2466	513
대판 1996.4.12. 94도3309	342
대판 1996.4.23. 96도424	688
대판 1996.4.26. 96도485	646
대판 1996.5.10. 95도3057	405
대판 1996.5.10. 96도51	799
대판 1996.5.10. 96도527	659
대판 1996.5.10. 96도529	263
대판 1996.5.14. 96도785	679
대판 1996.5.31. 96도771	814
대판 1996.5.31. 95도1967	701
대판 1996.6.11. 96도233	704
대판 1996.6.14. 96도865	749
대판 1996.6.14. 96도1016	798
대판 1996.7.9. 96도1198	274
대판 1996.7.12. 96도1181	513, 515, 516
대판 1996.7.12. 96도1108	459
대판 1996.7.30. 96도1285	447
대판 1996.8.23. 96도1231	766
대판 1996.8.23. 94도3191	347, 348
대판 1996.8.23. 95도192	404
대판 1996.9.10. 95도2747	405

판례색인

대판 1996.9.24. 95도1382	800
대판 1996.9.24. 96도2151	523
대판 1996.10.11. 95도1706	699
대판 1996.10.15. 96도2227	410
대판 1996.10.25. 96도1531	634
대판 1996.11.15. 95도1114	769
대판 1996.11.22. 96도2049	705
대판 1996.11.22. 96도1395	260
대판 1996.12.10. 96도2529	259, 260
대판 1996.12.23. 96도2673	260
대판 1997.1.21. 96도2715	447, 513, 515
대판 1997.1.24. 96도1731	437
대판 1997.2.14. 96도1959	520
대판 1997.2.25. 94도3346	767
대판 1997.2.28. 96도2825	737, 786
대판 1997.3.11. 96도2329	667
대판 1997.3.13. 73도58	614
대판 1997.3.28. 95도2674	392
대판 1997.3.28. 96도2625	466
대판 1997.4.11. 96도2753	734
대판 1997.4.17. 96도3376[전합]	728
대판 1997.4.22. 95도748	733
대판 1997.5.30. 97도597	268
대판 1997.6.27. 97도508	493, 494
대판 1997.7.8. 97도632	509
대판 1997.7.16. 97도985[전합]	731
대판 1997.7.25. 97도1142	254
대판 1997.8.29. 97도675	734, 735
대판 1997.9.5. 97도1572	771
대판 1997.10.14. 96도1405	510
대판 1997.10.24. 97도2042	605
대판 1997.12.23. 97도2430	509, 544
대판 1998.2.10. 97도3040	490
대판 1998.2.13. 97도2922	658, 664
대판 1998.2.27. 97도2483	502, 658
대판 1998.3.10. 97도1168	801
대판 1998.3.24. 97도2956	349
대판 1998.4.14. 98도150	818
대판 1998.4.14. 98도16	702, 706
대판 1998.4.14. 98도292	537
대판 1998.4.14. 98도356	458, 459
대판 1998.4.14. 97도3340	806
대판 1998.4.24. 97도3425	412
대판 1998.5.8. 98도631	291
대판 1998.5.21. 98도321[전합]	427, 428
대판 1998.5.26. 98도1036	301, 306
대판 1998.6.23. 98도700	404
대판 1998.7.10. 98도126	410, 553
대판 1998.8.21. 98도1701	709, 710
대판 1998.9.4. 98도2181	431
대판 1998.9.8. 98도1949	332, 636
대판 1998.9.22. 98도1234	763
대판 1998.10.9. 97도158	347, 351
대판 1998.11.10. 98도2642	420
대판 1998.11.24. 98도2967	405, 406
대판 1998.12.8. 98도3416	646
대판 1999.1.15. 98도663	362, 606
대판 1999.2.12. 98도3549	518
대판 1999.2.26. 98도3321	451
대판 1999.3.9. 99도242	443
대판 1999.3.26. 98도3030	617
대판 1999.4.9. 99도364	504
대판 1999.4.9. 99도519	325
대판 1999.4.15. 97도666	540
대판 1999.4.23. 99도354	433
대판 1999.4.27. 99도883	612
대판 1999.5.14. 98도3767	374
대판 1999.5.14. 99도206	709
대판 1999.5.14. 99도202	673
대판 1999.6.11. 99도1201	660

대판 1999.6.11. 99도275	550	대판 2000.10.13. 2000도3655	417, 418
대판 1999.6.22. 99도1095	576	대판 2000.11.10. 2000도4335	533
대판 1999.7.9. 99도857	420, 512, 658	대판 2000.11.24. 99도822	583
대판 1999.7.23. 99도390	751, 767	대판 2000.11.28. 2000도1089	807
대판 1999.9.17. 98도2036	550	대판 2000.12.8. 99도3338	588
대판 1999.11.12. 99도3801	464	대판 2001.1.5. 99도4101	695
대판 1999.11.26. 99도3963	408	대판 2001.1.16. 2000도1757	788
대판 1999.12.24. 99도2240	736	대판 2001.2.9. 2000도4700	610
대판 2000.1.21. 99도4940	748, 751	대판 2001.2.23. 2001도271	268
대판 2000.1.28. 99도4022	748	대판 2001.3.9. 2000도5590	254
대판 2000.2.11. 99도3048	345, 350, 351	대판 2001.3.9. 2000도938	681
대판 2000.2.11. 99도4794	260	대판 2001.3.23. 2001도359	441
대판 2000.2.11. 99도5286	302	대판 2001.4.19. 2000도1985[전합]	710
대판 2000.2.25. 99도4305	290	대판 2001.4.24. 2001도1092	386
대판 2000.2.25. 99도5775	405	대판 2001.4.27. 99도484	487
대판 2000.3.14. 99도457	576	대판 2001.6.12. 2001도1012	346
대판 2000.3.23. 99도3099	324	대판 2001.7.24. 2001도2196	494
대판 2000.3.24. 2000도102	641	대판 2001.8.21. 2001도3447	453
대판 2000.3.24. 99도5275	809	대판 2001.9.7. 2001도2917	371, 402
대판 2000.3.28. 2000도493	418	대판 2001.9.18. 2000도5438	757
대판 2000.4.11. 2000도565	527	대판 2001.9.25. 2001도3625	502
대판 2000.5.12. 99도5734	334	대판 2001.9.25. 2001도2722	548, 549
대판 2000.5.16. 99도5622	332	대판 2001.10.9. 2001도3594	342
대판 2000.5.26. 2000도440	302	대판 2001.10.12. 99도5294	761
대판 2000.5.30. 2000도883	663	대판 2001.10.23. 2001도2991	439, 465, 496
대판 2000.6.9. 2000도1253	312	대판 2001.10.23. 2001도4142	451
대판 2000.6.13. 2000도778	680	대판 2001.10.26. 2001도4546	421
대판 2000.6.27. 2000도1858	694	대판 2001.10.30. 2001도2095	533
대판 2000.7.4. 2000도1908	820, 821	대판 2001.11.27. 2001도4392	442
대판 2000.7.4. 99도4341	773	대판 2001.11.27. 2001도4759	631, 633
대판 2000.8.18. 2000도1856	528	대판 2001.11.30. 2001도2015	364, 365
대판 2000.8.22. 2000도2393	669	대판 2002.1.11. 2000도1881	509
대판 2000.9.5. 2000도2855	670	대판 2002.1.11. 2000도3950	653
대판 2000.9.8. 2000도1447	565, 638	대판 2002.2.5. 2001도5439	559
대판 2000.10.10. 99도5407	331	대판 2002.2.5. 2001도5789	479

판례색인

대판 2002.2.8. 2001도6425	462
대판 2002.2.8. 2000도3245	288
대판 2002.3.15. 2001도970	749, 750
대판 2002.3.26. 2001도6503	700
대판 2002.3.26. 2001도6641	644
대판 2002.3.29. 2000도3231	367
대판 2002.4.12. 2000도3485	773
대판 2002.4.26. 2002도429	432
대판 2002.4.26. 2001도6903	649
대판 2002.5.10. 2000도2251	757
대판 2002.5.17. 2001도6170	734
대판 2002.6.14. 2001도3534	567
대판 2002.6.14. 2002도1283	760, 770
대판 2002.6.25. 2002도461	502, 658
대판 2002.6.28. 2000도3045	352
대판 2002.7.12. 2002도745	404, 412
대판 2002.7.12. 2002도2134	414
대판 2002.7.18. 2002도669[전합]	495, 594
대판 2002.7.26. 2002도2620	487
대판 2002.8.23. 2001도5592	366
대판 2002.9.6. 2002도3465	431
대판 2002.9.24. 2002도2243	398
대판 2002.11.13. 2002도2219	552
대판 2002.11.26. 2002도3539	752
대판 2002.11.26. 2002도4586	266
대판 2002.12.10. 2001도7095	521
대판 2002.12.10. 2002도5533	667
대판 2003.1.10. 2000도5716	264
대판 2003.1.10. 2002도3340	655, 656
대판 2003.1.10. 2002도4380	301
대판 2003.1.24. 2002도5939	817
대판 2003.2.14. 2002도5374	798
대판 2003.2.26. 2002도4935	711
대판 2003.2.26. 2002도6834	604
대판 2003.3.14. 2002도6134	813
대판 2003.4.25. 2003도348	619
대판 2003.5.13. 2003도709	520
대판 2003.5.13. 2002도7420	335, 337
대판 2003.5.13. 2003도1178	498
대판 2003.5.13. 2003도1366	617
대판 2003.5.16. 2001도1825	490
대판 2003.5.30. 2003도1256	388, 392, 393
대판 2003.5.30. 2000도5767	627
대판 2003.6.13. 2003도1279	481
대판 2003.6.13. 2003도1060	766
대판 2003.6.24. 2003도1868	337
대판 2003.6.24. 2003도1985	415
대판 2003.6.27. 2002도6088	626
대판 2003.7.8. 2001도1335	718
대판 2003.7.11. 2003도67	573
대판 2003.7.22. 2003도1951	506
대판 2003.7.25. 2002도638	701
대판 2003.7.25. 2003도180	801
대판 2003.7.25. 2003도2316	440
대판 2003.9.26. 2003도763	293
대판 2003.9.26. 2003도3729	670
대판 2003.9.26. 2002도3924	380
대판 2003.10.9. 2000도4993	687
대판 2003.10.10. 2003도3516	535
대판 2003.10.24. 2003도4417	396, 424
대판 2003.11.13. 2001도7045	784
대판 2003.11.14. 2003도3977	518
대판 2003.11.28. 2003도4257	628
대판 2003.11.28. 2003도3972	358
대판 2003.12.12. 2003도4533	796, 799, 809
대판 2003.12.26. 2003도4914	492, 511
대판 2003.12.26. 2001도6349	772, 781
대판 2003.12.26. 2001도3380	624
대판 2004.1.16. 2003도7178	816
대판 2004.1.27. 2001도5414	702

대판 2004.1.27. 2003도5114		805
대판 2004.2.13. 2003도7393		398
대판 2004.3.12. 2002도5090		411
대판 2004.3.12. 2004도134		614
대판 2004.3.12. 2003도6514		719
대판 2004.3.26. 2003도8226		797
대판 2004.3.26. 2003도7830		711
대판 2004.3.26. 2003도5640		653
대판 2004.3.26. 2002도5004		736
대판 2004.4.9. 2003도8219	613,	618
대판 2004.4.9. 2004도340		353
대판 2004.4.9. 2003도7762		699
대판 2004.4.9. 2003도7828	474,	489
대판 2004.4.16. 2004도353	501, 518,	616
대판 2004.4.23. 2002도2518		722
대판 2004.5.14. 2003도5370		351
대판 2004.5.14. 2003도3487		654
대판 2004.5.27. 2002도6251		740
대판 2004.5.27. 2003도4531	475,	476
대판 2004.5.27. 2003도6988		527
대판 2004.6.11. 2004도2018	268, 269,	313
대판 2004.6.17. 2003도7645[전합]		555
대판 2004.6.24. 2004도1098	443,	460
대판 2004.6.24. 2002도4151	505,	511
대판 2004.7.9. 2002도631	376,	377
대판 2004.7.9. 2004도810		577
대판 2004.8.20. 2004도2870		314
대판 2004.10.15. 2004도4505		425
대판 2004.10.28. 2004도5183	404,	679
대판 2004.10.28. 2003도8238		788
대판 2004.11.18. 2004도5074[전합]		452
대판 2004.12.9. 2004도2212		817
대판 2004.12.9. 2004도5904	525, 566,	614
대판 2004.12.23. 2004도6483		679
대판 2004.12.24. 2003도4570		557
대판 2005.1.28. 2004도4663		707
대판 2005.2.18. 2004도8351		350
대판 2005.2.24. 2002도18[전합]		669
대판 2005.3.24. 2003도2144	511,	672
대판 2005.3.25. 2003도5004		371
대판 2005.4.15. 2004도8701		363
대판 2005.5.26. 2005도1039		323
대판 2005.5.26. 2002도5566		481
대판 2005.5.27. 2004도8447		371
대판 2005.6.9. 2004도6132		690
대판 2005.6.10. 2005도1373		257
대판 2005.6.24. 2005도2413		526
대판 2005.7.15. 2004도1388		345
대판 2005.7.22. 2003도2911		716
대판 2005.8.19. 2005도3045		563
대판 2005.8.19. 2004도6859		515
대판 2005.8.25. 2005도4910		705
대판 2005.8.25. 2005도1731		783
대판 2005.9.9. 2005도626		627
대판 2005.9.9. 2005도3108		276
대판 2005.9.15. 2003도5382	467,	481
대판 2005.9.28. 2005도3929		557
대판 2005.9.30. 2005도2712		824
대판 2005.9.30. 2005도5869		517
대판 2005.10.27. 2005도4528		663
대판 2005.10.28. 2005도5774		495
대판 2005.10.28. 2005도4915		594
대판 2005.10.28. 2005도5713		598
대판 2005.11.10. 2005도6604		627
대판 2005.12.9. 2005도5962		575
대판 2005.12.9. 2005도7527		261
대판 2005.12.22. 2005도3203		820
대판 2006.1.13. 2005도1264		718
대판 2006.1.13. 2005도6267		661
대판 2006.1.13. 2005도6791		322

판례색인

대판 2006.1.26. 2004도788	669, 684
대판 2006.1.26. 2005도4764	660
대판 2006.2.23. 2005도8645	475, 494
대판 2006.3.9. 2006도382	364
대판 2006.3.9. 2005도7819	420
대판 2006.3.10. 2005도9402	704
대판 2006.3.10. 2005도382	376
대판 2006.3.23. 2005도4455	626
대판 2006.3.24. 2005도6433	605
대판 2006.3.24. 2005도3516	497
대판 2006.3.24. 2006도282	480
대판 2006.4.7. 2005도9858[전합]	506
대판 2006.4.27. 2006도735	757
대판 2006.4.28. 2005도4085	559
대판 2006.5.11. 2006도1663	697
대판 2006.5.25. 2005도4642	820, 823
대판 2006.5.25. 2004도1313	361
대판 2006.5.26. 2005도7528	796
대판 2006.6.15. 2004도3424	762
대판 2006.6.30. 2005도5338	529
대판 2006.7.6. 2006도654	516
대판 2006.7.6. 2005도6810	792
대판 2006.7.27. 2006도3126	499, 513, 514
대판 2006.9.8. 2006도1580	367
대판 2006.9.14. 2006도2824	396, 424
대판 2006.9.14. 2004도6432	464
대판 2006.10.19. 2005도3909[전합]	737, 812
대판 2006.10.26. 2004도6280	551
대판 2006.10.27. 2004도6503	565
대판 2006.11.10. 2006도5811	511
대판 2006.11.23. 2006도6795	495
대판 2006.11.23. 2006도2732	778
대판 2006.11.24. 2005도5567	771
대판 2006.12.7. 2005도3707	795, 796
대판 2006.12.8. 2006도6155	289
대판 2007.1.11. 2006도4215	628
대판 2007.1.11. 2006도4498	413, 478
대판 2007.1.25. 2004도45	479
대판 2007.1.25. 2005도7559	543
대판 2007.1.25. 2006도5979	392, 393
대판 2007.2.8. 2006도8480	658
대판 2007.2.8. 2006도483	593
대판 2007.2.22. 2006도8750	649
대판 2007.2.23. 2005도10233	375
대판 2007.2.23. 2004도6025	771
대판 2007.3.15. 2007도169	678
대판 2007.3.15. 2006도9453	323, 821
대판 2007.3.15. 2006도2704	437
대판 2007.3.16. 2006도9164	645
대판 2007.3.29. 2006도9182	754
대판 2007.3.30. 2007도629	708
대판 2007.4.12. 2007도967	481
대판 2007.4.13. 2007도1377	517
대판 2007.4.19. 2005도7288[전합]	489
대판 2007.4.27. 2006도7634	490
대판 2007.4.27. 2006도8136	605
대판 2007.5.10. 2006도8544	347
대판 2007.5.10. 2007도1674	681
대판 2007.5.10. 2007도1375	517, 518
대판 2007.5.31. 2006도8070	379
대판 2007.5.31. 2006도8488	705
대판 2007.5.31. 2007도1082	528
대판 2007.6.1. 2006도1125	288
대판 2007.6.1. 2006도8400	545
대판 2007.6.14. 2005도7880	544
대판 2007.6.28. 2002도3600	810
대판 2007.6.29. 2005도3832	253
대판 2007.7.26. 2005도4072	686
대판 2007.7.26. 2005도6439	590
대판 2007.7.26. 2007도1840	540

대판 2007.7.27. 2007도3798	690	대판 2008.3.13. 2006도3558	716
대판 2007.8.23. 2007도2070	499	대판 2008.3.13. 2007도10804	756
대판 2007.8.23. 2007도2595	388, 394, 404, 405	대판 2008.3.27. 2006도3504	606
대판 2007.9.6. 2007도4739	714	대판 2008.3.27. 2007도11153	818
대판 2007.9.6. 2006도3591	504	대판 2008.3.27. 2008도917	396, 424
대판 2007.9.20. 2007도5507	484	대판 2008.4.10. 2008도1464	396
대판 2007.9.20. 2006도9157	375	대판 2008.4.10. 2008도1013	668
대판 2007.9.28. 2007도606[전합]	286, 289	대판 2008.4.24. 2008도294	688
대판 2007.10.12. 2005도7112	758	대판 2008.5.8. 2008도198	637, 638
대판 2007.10.25. 2007도5077	337	대판 2008.5.15. 2008도1097	294, 295
대판 2007.10.25. 2006도346	340, 351	대판 2008.5.29. 2007도5037	378
대판 2007.11.15. 2007도6990	401	대판 2008.5.29. 2008도2476	635
대판 2007.11.16. 2007도5539	789	대판 2008.6.12. 2008도2279	634
대판 2007.11.29. 2007도7480	668	대판 2008.6.12. 2008도2440	414
대판 2007.11.29. 2007도8333	255	대판 2008.6.12. 2008도938	687, 688
대판 2007.11.30. 2007도4812	674	대판 2008.6.19. 2006도4876[전합]	582
대판 2007.11.30. 2006도7329	633	대판 2008.6.26. 2006도2222	581
대판 2007.12.13. 2007도7601	440	대판 2008.6.26. 2008도1044	703
대판 2007.12.14. 2006도2074	348	대판 2008.6.26. 2008도3300	801
대판 2007.12.27. 2006도3575	806	대판 2008.6.26. 2008도3184	634
대판 2007.12.28. 2007도6441	503	대판 2008.7.10. 2008도1433	358
대판 2008.1.17. 2006도1721	785	대판 2008.7.10. 2008도3766	598
대판 2008.1.17. 2007도6987	671	대판 2008.7.10. 2007도9885	345
대판 2008.1.17. 2007도8485	306	대판 2008.7.10. 2008도2422	338, 339, 340, 354
대판 2008.1.24. 2007도9417	483	대판 2008.7.10. 2008도3252	410
대판 2008.1.24. 2007도9580	524	대판 2008.7.24. 2008도3438	437
대판 2008.2.1. 2007도5190	753	대판 2008.8.11. 2008도3090	275
대판 2008.2.14. 2007도10658	468	대판 2008.8.21. 2008도3754	815
대판 2008.2.14. 2007도3952	283	대판 2008.9.11. 2006도8721	635
대판 2008.2.14. 2007도8767	516	대판 2008.9.25. 2008도6556	257
대판 2008.2.15. 2005도6223	411	대판 2008.9.25. 2008도5618	491
대판 2008.2.28. 2008도3	791	대판 2008.10.9. 2007도1220	337
대판 2008.2.28. 2007도10416	490	대판 2008.10.23. 2007도6463	529
대판 2008.2.29. 2007도10120	325	대판 2008.10.23. 2008도6080	405, 416, 429
대판 2008.3.13. 2008도373	575	대판 2008.10.23. 2006도736	722

판례색인

대판 2008.10.23. 2008도4852	822
대판 2008.10.23. 2008도5200	707
대판 2008.10.23. 2008도6549	479
대판 2008.11.13. 2006도4885	560
대판 2008.11.13. 2008도7143	278
대판 2008.11.13. 2006도755	651
대판 2008.11.27. 2006도2016	676
대판 2008.11.27. 2006도4263	413
대판 2008.11.27. 2008도9071	382
대판 2008.11.27. 2006도9194	674
대판 2008.11.27. 2007도5312	339, 342
대판 2008.11.27. 2008도7820	433
대판 2008.12.11. 2008도9182	278
대판 2008.12.11. 2008도8279	554
대판 2008.12.24. 2008도9494	660
대판 2008.12.24. 2007도11137	799
대판 2008.12.24. 2007도9287	379
대판 2008.12.24. 2008도7836	677
대판 2009.1.15. 2008도8577	503
대판 2009.1.30. 2006도7777	672
대판 2009.1.30. 2008도10308	445
대판 2009.1.30. 2008도6950	371, 741, 747
대판 2009.1.30. 2008도9985	491
대판 2009.2.12. 2008도10248	706
대판 2009.2.12. 2008도10971	525
대판 2009.2.12. 2008도11804	412
대판 2009.2.26. 2008도10851	709
대판 2009.3.12. 2008도1321	609
대판 2009.3.26. 2007도3520	267
대판 2009.4.9. 2008도11978	377
대판 2009.4.9. 2009도128	511
대판 2009.4.23. 2007도9924	553
대판 2009.4.23. 2009도1203	618
대판 2009.4.23. 2008도8527	669
대판 2009.5.14. 2009도5	682
대판 2009.5.14. 2008도10914	718
대판 2009.5.14. 2008도11361	379
대판 2009.5.28. 2009도1040	273
대판 2009.5.28. 2008도4665	493
대판 2009.5.29. 2007도4949[전합]	580
대판 2009.6.11. 2009도2461	528
대판 2009.6.11. 2008도9437	782
대판 2009.6.25. 2008도3792	590
대판 2009.6.25. 2009도3505	780
대판 2009.7.9. 2009도4266	651
대판 2009.7.9. 2009도3816	305
대판 2009.7.9. 2009도295	506
대판 2009.7.23. 2009도1934	324
대판 2009.7.23. 2009도3924	769
대판 2009.8.20. 2009도3452	386
대판 2009.9.10. 2009도3580	310
대판 2009.9.10. 2009도5630	592, 593, 599
대판 2009.9.10. 2009도4335	313, 386
대판 2009.9.10. 2008도10177	641
대판 2009.9.10. 2009도6541	785
대판 2009.9.24. 2009도5900	505
대판 2009.9.24. 2009도5595	415
대판 2009.10.15. 2009도7421	648
대판 2009.10.15. 2007도9334	376
대판 2009.10.29. 2009도7150	258
대판 2009.11.19. 2009도4166[전합]	366
대판 2009.12.10. 2009도8776	414
대판 2009.12.10. 2009도9982	507
대판 2009.12.10. 2008도5282	724
대판 2009.12.24. 2007도6243	382
대판 2010.1.14. 2009도12109	644
대판 2010.1.14. 2009도9963	699
대판 2010.1.21. 2008도942[전합]	801, 803
대판 2010.1.28. 2007도9331	467
대판 2010.1.28. 2008도7312	746

대판 2010.1.28. 2009도10730	582		대판 2010.6.24. 2010도2615	276
대판 2010.1.28. 2009도9484	641		대판 2010.7.8. 2010도3545	687
대판 2010.2.11. 2009도9807	277		대판 2010.7.15. 2010도1017	287
대판 2010.2.25. 2007도6273	801		대판 2010.7.15. 2010도6068	668
대판 2010.2.25. 2009도13716	318		대판 2010.7.22. 2010도1911	274
대판 2010.2.25. 2009도13257	803		대판 2010.7.22. 2009도12878	605
대판 2010.2.25. 2009도1302	814		대판 2010.9.9. 2008도128	499
대판 2010.2.25. 2009도5064	421, 545		대판 2010.9.9. 2009도10681	606
대판 2010.2.25. 2010도93	563		대판 2010.9.9. 2008도8973	625
대판 2010.2.25. 2009도8473	620		대판 2010.9.30. 2009도12238	377
대판 2010.3.11. 2009도12609	387		대판 2010.9.30. 2010도7525	805
대판 2010.3.11. 2009도5008	398		대판 2010.10.14. 2010도4940	379
대판 2010.3.25. 2008도4228	370		대판 2010.10.14. 2008도6578	628
대판 2010.3.25. 2009도11660	761		대판 2010.10.28. 2008도9590	783
대판 2010.4.15. 2009도11146	756		대판 2010.11.11. 2010도1835	678
대판 2010.4.29. 2009도7070	275		대판 2010.11.11. 2009도11523	776
대판 2010.4.29. 2010도930	267		대판 2010.11.11. 2010도10690	594
대판 2010.4.29. 2010도1099	463		대판 2010.11.11. 2010도10256	267
대판 2010.4.29. 2010도1082	750		대판 2010.11.25. 2010도11460	768
대판 2010.4.29. 2010도2745	817		대판 2010.11.25. 2010도10202	814, 823
대판 2010.4.29. 2009도14643	387		대판 2010.11.25. 2010도10417	539
대판 2010.4.29. 2009도14554	415		대판 2010.11.25. 2010도9186	371
대판 2010.4.29. 2010도875	671, 698		대판 2010.12.9. 2010도6256	617
대판 2010.4.29. 2010도2328	257		대판 2010.12.9. 2010도891	532
대판 2010.5.13. 2008도5506	765		대판 2010.12.9. 2010도12553	664, 665
대판 2010.5.13. 2007도1397	804		대판 2010.12.9. 2010도9630	444, 462
대판 2010.5.13. 2010도1040	677		대판 2010.12.9. 2010도11015	637
대판 2010.5.13. 2009도13463	564		대판 2010.12.23. 2010도10910	750
대판 2010.5.27. 2010도3498	484, 532		대판 2010.12.23. 2010도7412	779
대판 2010.5.27. 2010도2680	270		대판 2010.12.23. 2010도13584	750
대판 2010.5.27. 2009도9008	419		대판 2011.1.13. 2010도9330	721
대판 2010.6.10. 2010도1125	700		대판 2011.1.20. 2008도10479[전합]	600
대판 2010.6.10. 2010도3409	515		대판 2011.1.20. 2008재도11	732
대판 2010.6.24. 2007도5899	561		대판 2011.1.27. 2010도5124	477
대판 2010.6.24. 2008도11226	693, 734		대판 2011.2.10. 2010도15986	779, 811

판례색인

대판 2011.2.10. 2010도8361	681
대판 2011.2.10. 2010도13766	744
대판 2011.2.24. 2010도11784	606
대판 2011.3.10. 2010도14856	493
대판 2011.3.10. 2010도14394	754
대판 2011.3.24. 2010도17396	528, 529
대판 2011.4.14. 2010도12313	763, 764
대판 2011.4.14. 2010도10104	275
대판 2011.4.14. 2011도300	423
대판 2011.4.14. 2011도769	494
대판 2011.4.14. 2011도277	595
대판 2011.4.28. 2010도15350	615
대판 2011.4.28. 2011도2170	435
대판 2011.4.28. 2009도14268	588
대판 2011.5.13. 2010도9962	623
대판 2011.5.13. 2011도1415	691, 697, 698, 702
대판 2011.5.13. 2011도1765	435, 436
대판 2011.5.13. 2011도2021	429
대판 2011.5.13. 2011도2368	629
대판 2011.5.13. 2011도1442	564
대판 2011.5.13. 2009도3552	617
대판 2011.5.13. 2009도5549	360
대판 2011.5.26. 2010도17349	466
대판 2011.5.26. 2010도17506	274
대판 2011.5.26. 2011도1904	558
대판 2011.5.26. 2011도2412	288
대판 2011.5.26. 2009도2453	750
대판 2011.5.26. 2011도3682	775
대판 2011.6.9. 2009도591	775
대판 2011.6.10. 2010도17684	533
대판 2011.6.30. 2011도614	598
대판 2011.7.14. 2009도13151	808
대판 2011.7.14. 2011도3180	586
대판 2011.7.14. 2010도1025	658, 703
대판 2011.7.28. 2011도6115	631, 633
대판 2011.7.28. 2009도11104	366
대판 2011.7.28. 2009도14928	802
대판 2011.7.28. 2011도5299	480
대판 2011.7.28. 2011도1739	742
대판 2011.7.28. 2010도12834	576
대판 2011.8.18. 2010도9570	422
대판 2011.8.25. 2009도5618	604
대판 2011.9.8. 2011도3489	817
대판 2011.9.8. 2011도7262	506, 507
대판 2011.9.8. 2011도5165	636
대판 2011.9.29. 2010도14587	675
대판 2011.9.29. 2011도4397	607
대판 2011.9.29. 2011도6223	675
대판 2011.10.13. 2009도320	731
대판 2011.10.13. 2011도7081	365
대판 2011.10.13. 2011도6855	636
대판 2011.10.27. 2010도7624	611
대판 2011.11.10. 2011도9919	466
대판 2011.11.10. 2011도10468	668
대판 2011.11.10. 2011도9620	658
대판 2011.11.24. 2011도12302	283
대판 2011.11.24. 2011도11994	802
대판 2011.11.24. 2010도11394	583, 591
대판 2011.11.24. 2010도5014	534
대판 2011.12.8. 2010도4129	632, 638
대판 2011.12.13. 2011도8873	512
대판 2011.12.22. 2010도10130	356
대판 2012.1.12. 2011도12604	536
대판 2012.1.27. 2010도11884	744
대판 2012.1.27. 2011도14247	468
대판 2012.1.27. 2011도16044	521
대판 2012.2.23. 2011도15857	583
대판 2012.2.23. 2011도14441	707
대판 2012.2.23. 2011도16385	569
대판 2012.2.23. 2011도7282	760

대판 2012.3.15. 2012도544	314		대판 2012.8.30. 2012도6027	794
대판 2012.3.15. 2010도14734	738, 739		대판 2012.8.30. 2011도2252	637
대판 2012.3.29. 2009도11249	803		대판 2012.8.30. 2010도13694	797
대판 2012.3.29. 2011도7704	654		대판 2012.9.13. 2010도11665	573
대판 2012.4.13. 2011도2989	474		대판 2012.9.27. 2011도282	466
대판 2012.4.13. 2012도1101	488		대판 2012.9.27. 2010도15206	660
대판 2012.4.26. 2009도5786	701, 705		대판 2012.9.27. 2012도7467	677
대판 2012.4.26. 2010도6334	407		대판 2012.11.15. 2012도9417	757
대판 2012.4.26. 2011도17125	782		대판 2012.11.15. 2012도6676	569
대판 2012.4.26. 2010도11771	413		대판 2012.11.15. 2012도9603	504, 505
대판 2012.5.9. 2010도2690	669		대판 2012.11.29. 2011도7361	549, 550
대판 2012.5.10. 2011도12408	558		대판 2012.11.29. 2012도10980	595
대판 2012.5.10. 2010도3532	576		대판 2012.11.29. 2012도10392	354
대판 2012.5.24. 2012도535	560		대판 2012.12.13. 2012도11162	777
대판 2012.5.24. 2011도11500	814		대판 2012.12.27. 2012도12777	458
대판 2012.5.24. 2010도9963	398		대판 2012.12.27. 2012도10822	587
대판 2012.5.24. 2009도4141	372		대판 2013.1.10. 2011도15497	365
대판 2012.5.24. 2011도7943	376		대판 2013.1.10. 2012도13999	798
대판 2012.5.24. 2012도2142	587		대판 2013.1.16. 2011도7164	318
대판 2012.5.24. 2010도12732	504, 505		대판 2013.1.24. 2012도10629	368
대판 2012.5.24. 2010도8614	561		대판 2013.1.24. 2012도12363	702
대판 2012.6.14. 2012도4175	425		대판 2013.2.14. 2010도13450	725
대판 2012.6.14. 2012도1283	588		대판 2013.2.15. 2010도11281	778
대판 2012.6.14. 2010도9871	555, 561		대판 2013.2.21. 2010도10500[전합]	564
대판 2012.6.28. 2011도15990	773		대판 2013.2.28. 2011도16718	373
대판 2012.6.28. 2012도2623	589		대판 2013.2.28. 2012도15303	411
대판 2012.6.28. 2012도2628	535		대판 2013.3.14. 2010도410	374
대판 2012.6.28. 2012도3999	635		대판 2013.3.28. 2012도16191	539
대판 2012.7.12. 2012도4031	311		대판 2013.3.28. 2010도14607	377
대판 2012.7.12. 2012도1132	417, 422		대판 2013.4.11. 2010도13774	521
대판 2012.7.26. 2012도5692	754		대판 2013.4.11. 2012도15890	592
대판 2012.8.17. 2011도10451	288		대판 2013.4.25. 2011도9238	560
대판 2012.8.17. 2011도9113	554		대판 2013.4.26. 2011도10797	471
대판 2012.8.23. 2011도12639	752, 754		대판 2013.4.26. 2011도6798	589
대판 2012.8.30. 2012도6157	520		대판 2013.5.16. 2012도14788[전합]	310

판례색인

대판 2013.6.13. 2010도13609	776
대판 2013.6.14. 2013도3829	364
대판 2013.6.20. 2010도14328[전합]	304
대판 2013.6.27. 2011도797	734
대판 2013.6.27. 2012도4848	553
대판 2013.7.11. 2013도5355	321
대판 2013.8.23. 2011도7637	553
대판 2013.8.30. 2013도2761	552
대판 2013.9.12. 2012도2349	777
대판 2013.9.13. 2013도7754	434
대판 2013.9.26. 2013도3631	469
대판 2013.9.26. 2013도5856	318
대판 2013.9.26. 2013도6862	818
대판 2013.9.27. 2013도6835	581
대판 2013.10.24. 2013도5752	694
대판 2013.10.31. 2013도10020	563
대판 2013.11.14. 2013도7494	481
대판 2013.11.14. 2011도4440	498
대판 2013.11.14. 2011도11174	607
대판 2013.11.28. 2013도5814	368
대판 2013.11.28. 2011도5329	808
대판 2013.11.28. 2011도7229	482, 488
대판 2013.11.28. 2013도10011	753
대판 2013.11.28. 2013도4430	372
대판 2013.11.28. 2013도459	509
대판 2013.11.28. 2013도5117	368
대판 2013.12.12. 2013도3950	644, 647
대판 2013.12.12. 2012도2249	655
대판 2013.12.12. 2012도3173	691
대판 2013.12.12. 2013도11899	444
대판 2013.12.26. 2013도8085	810
대판 2013.12.26. 2013도11050	778
대판 2013.12.26. 2010도16681	607
대판 2014.1.16. 2013도11014	537, 538
대판 2014.1.23. 2013도11735	607
대판 2014.1.29. 2013도13937	751
대판 2014.2.21. 2013도14139	417
대판 2014.2.27. 2013도12155	538
대판 2014.2.27. 2011도3482	575
대판 2014.2.27. 2013도5356	776
대판 2014.2.27. 2013도12301	306
대판 2014.3.13. 2013도16099	499, 500
대판 2014.3.13. 2012도5346	556
대판 2014.3.13. 2013도12430	349
대판 2014.3.27. 2013도11357	753
대판 2014.3.27. 2013도152	795, 797
대판 2014.3.27. 2011도15631	332
대판 2014.4.10. 2012도11361	276
대판 2014.4.10. 2013도12079	796
대판 2014.4.10. 2013도229	735
대판 2014.4.30. 2013도8799	536, 539
대판 2014.5.16. 2013도15895	703, 705
대판 2014.5.16. 2012도11259	606
대판 2014.6.12. 2012도2732	633
대판 2014.6.12. 2014도2578	588
대판 2014.6.12. 2014도1894	267, 791
대판 2014.7.24. 2014도6377	823
대판 2014.8.20. 2011도468	374
대판 2014.8.21. 2014도3363[전합]	570, 600
대판 2014.8.28. 2014도6286	558
대판 2014.9.4. 2012도13718	339
대판 2014.9.25. 2014도8984	436
대판 2014.9.26. 2014도8076	437
대판 2014.9.26. 2014도9567	457
대판 2014.9.26. 2014도9213	713
대판 2014.10.15. 2014도8113	751
대판 2014.12.11. 2014도10036	595
대판 2014.12.11. 2014도7976	777
대판 2014.12.24. 2012도4531	818
대판 2015.1.15. 2012도7571	761

대판 2015.1.22. 2014도10978[전합]	730	대판 2016.1.14. 2015도9133	671
대판 2015.2.26. 2013도13217	785	대판 2016.1.28. 2015도17297	783
대판 2015.3.26. 2013도2444	747	대판 2016.3.24. 2015도17452	469, 478
대판 2015.3.26. 2014도14909	636	대판 2016.4.28. 2012도14516	491
대판 2015.3.26. 2015도1301	569, 574	대판 2016.4.29. 2015도5665	584, 588
대판 2015.4.23. 2013도9828	365	대판 2016.5.12. 2015도20322	787
대판 2015.4.23. 2014도655	401	대판 2016.5.19. 2014도6992[전합]	548
대판 2015.5.29. 2015도3430	772	대판 2016.5.24. 2015도18795	608
대판 2015.6.11. 2012도1352	673	대판 2016.6.9. 2016도4618	427
대판 2015.6.11. 2015도3160	437	대판 2016.6.23. 2016도3540	764
대판 2015.6.25. 2015도1944[전합]	526	대판 2016.7.7. 2015도17628	578
대판 2015.7.9. 2014도11843	471	대판 2016.7.14. 2015도20233	483, 510
대판 2015.7.23. 2015도6905	478	대판 2016.7.14. 2016도2081	679
대판 2015.8.13. 2015도7343	321	대판 2016.7.27. 2015도17290	363
대판 2015.9.10. 2015도2229	357	대판 2016.8.24. 2014도6740	548, 549
대판 2015.9.10. 2015도6745	589	대판 2016.8.30. 2013도658	556
대판 2015.9.10. 2015도8592	563	대판 2016.9.28. 2016도6470	468
대판 2015.9.10. 2015도7081	642	대판 2016.10.13. 2014도17211	598, 599, 608
대판 2015.9.10. 2015도6980	316, 317	대판 2016.10.13. 2016도9674	356
대판 2015.9.15. 2015도9883	636	대판 2016.10.27. 2016도9302	264
대판 2015.10.15. 2015도9049	433	대판 2016.10.27. 2016도10956	373
대판 2015.10.15. 2015도6232	770	대판 2016.11.10. 2016도13734	630
대판 2015.10.29. 2015도9010	812	대판 2016.12.27. 2014도15290	330
대판 2015.10.29. 2015도8429	300	대판 2017.1.12. 2016도15470	769
대판 2015.10.29. 2015도7559	425	대판 2017.2.15. 2016도15226	594
대판 2015.10.29. 2015도12838	760	대판 2017.2.15. 2014도2415	701
대판 2015.10.29. 2015도10948	721	대판 2017.2.15. 2013도14777	538, 562
대판 2015.11.26. 2015도4976	571	대판 2017.2.16. 2016도13362[전합]	485, 486
대판 2015.11.26. 2014도17180	577	대판 2017.2.21. 2016도15144	369
대판 2015.11.27. 2014도17894	659, 677, 678	대판 2017.3.9. 2014도144	759
대판 2015.11.27. 2014도13083	622	대판 2017.3.9. 2013도16162	746
대판 2015.12.10. 2014도11533	435	대판 2017.3.15. 2013도2168	776
대판 2015.12.10. 2012도235	578	대판 2017.3.15. 2015도1456	737, 799
대판 2015.12.10. 2013도13444	552	대판 2017.3.22. 2016도21536	759, 761
대판 2016.1.14. 2015도15798	753	대판 2017.3.22. 2016도17465	529

판례색인

법무사 2차 형법

판례	페이지
대판 2017.4.7. 2016도12563	650
대판 2017.4.7. 2016도18104	611
대판 2017.4.13. 2016도19159	367
대판 2017.4.13. 2017도953	535
대판 2017.4.26. 2017도1405	477
대판 2017.4.26. 2016도18024	337, 340
대판 2017.4.26. 2016도19982	632
대판 2017.4.27. 2017도2583	786
대판 2017.4.28. 2013도13569	300
대판 2017.4.28. 2015도12325	275
대판 2017.5.11. 2016도19255	336
대판 2017.5.17. 2017도2230	629
대판 2017.5.17. 2016도13912	699
대판 2017.5.30. 2015도15398	820
대판 2017.5.30. 2016도9027	555
대판 2017.5.30. 2017도4578	626
대판 2017.5.30. 2016도18858	369
대판 2017.5.31. 2017도3894	497, 530
대판 2017.6.8. 2015도12932	482
대판 2017.6.8. 2016도5218	682
대판 2017.6.15. 2016도8557	345
대판 2017.6.29. 2017도3808	578
대판 2017.6.29. 2017도3196	324
대판 2017.7.11. 2017도4044	433
대판 2017.7.20. 2014도1104[전합]	585, 587
대판 2017.8.18. 2017도6229	632
대판 2017.8.18. 2017도7134	299
대판 2017.8.24. 2017도7489	570
대판 2017.9.7. 2016도15819	341
대판 2017.9.21. 2014도9960	586
대판 2017.9.21. 2017도10866	777
대판 2017.9.26. 2017도9458	778
대판 2017.9.26. 2017도8449	480
대판 2017.10.12. 2016도16948	312
대판 2017.10.12. 2017도6151	584
대판 2017.10.26. 2017도8600	640
대판 2017.10.26. 2012도13352	717
대판 2017.10.31. 2016도21231	319
대판 2017.11.9. 2017도12541	372
대판 2017.11.9. 2015도12633	577, 592
대판 2017.11.9. 2014도3270	364
대판 2017.11.9. 2014도15129	692
대판 2017.11.9. 2016도12460	468
대판 2017.11.29. 2015도18253	539
대판 2017.12.5. 2017도15628	338
대판 2017.12.5. 2014도14924	682
대판 2017.12.7. 2017도12129	609
대판 2017.12.13. 2015도10032	304
대판 2017.12.22. 2017도690	388
대판 2017.12.22. 2017도13211	373
대판 2017.12.22. 2017도12346	750, 751
대판 2017.12.22. 2017도14560	685
대판 2017.12.28. 2015도5854	262
대판 2018.1.24. 2017도11408	651
대판 2018.1.25. 2017도15519	278
대판 2018.2.8. 2017도19799	469, 484
대판 2018.2.13. 2014도11441	738
대판 2018.2.13. 2017도17627	579, 590
대판 2018.2.28. 2017도21249	299, 311
대판 2018.3.29. 2017도21537	774, 778, 779
대판 2018.4.10. 2017도17699	472
대판 2018.4.24. 2017도10956	271
대판 2018.4.26. 2018도2624	738
대판 2018.5.11. 2017도9146	650
대판 2018.5.15. 2017도19499	362, 368, 372, 668, 750, 782
대판 2018.5.17. 2017도4027[전합]	597
대판 2018.5.30. 2016도20890	358
대판 2018.5.30. 2017도607	335
대판 2018.6.15. 2018도4200	341

대판 2018.6.19. 2017도21783	704	대판 2019.12.27. 2015도10570	470
대판 2018.7.11. 2018도1818	819	대판 2019.12.27. 2019도14623	628
대판 2018.7.11. 2015도12692	590	대판 2020.1.9. 2019도11698	745
대판 2018.7.11. 2015도5403	788	대판 2020.1.16. 2019도14056	719
대판 2018.7.19. 2017도17494[전합]	531	대판 2020.1.30. 2018도2236[전합]	294, 741, 745
대판 2018.7.24. 2017도18807	621	대판 2020.2.13. 2019도5186	293, 742, 744
대판 2018.7.24. 2018도3443	270	대판 2020.2.20. 2019도9756[전합]	542, 568, 574, 602
대판 2018.8.1. 2015도20396	794, 795	대판 2020.2.27. 2019도9293	704
대판 2018.8.1. 2017도20682	473, 482	대판 2020.3.12. 2019도16484	387
대판 2018.8.1. 2018도7030	483, 484	대판 2020.3.12. 2016도19170	690
대판 2018.9.13. 2016도20954	683	대판 2020.3.26. 2019도15994	317
대판 2018.10.4. 2016도16388	559	대판 2020.3.27. 2017도20455	622
대판 2018.11.29. 2016도14678	331	대판 2020.3.27. 2016도18713	260, 303
대판 2018.11.29. 2016도15089	686	대판 2020.4.29. 2014도9907	571
대판 2018.11.29. 2017도2661	357	대판 2020.5.14. 2019도16228	596, 597
대판 2018.12.13. 2016도19417	775, 790	대판 2020.6.4. 2015도6057	601
대판 2018.12.13. 2016도19308	597	대판 2020.6.18. 2019도14340[전합]	541, 603
대판 2018.12.28. 2018도13305	491, 507, 510	대판 2020.6.25. 2018도13696	473
대판 2019.2.14. 2018도19493	523	대판 2020.7.9. 2020도5646	319
대판 2019.3.14. 2018도18646	693, 742, 781	대판 2020.8.20. 2020도7193	774
대판 2019.4.3. 2014도2754	476	대판 2020.8.20. 2019도16263	640
대판 2019.5.30. 2019도1839	472	대판 2020.8.27. 2019도14770[전합]	541, 574, 602
대판 2019.5.30. 2016도5816	552		
대판 2019.6.13. 2019도3341	326	대판 2020.8.27. 2019도11294[전합]	686, 687
대판 2019.6.13. 2016도21178	620	대판 2020.8.27. 2015도9436[전합]	327
대판 2019.6.13. 2018도20655	591, 611	대판 2020.9.24. 2017도19283	370
대판 2019.7.11. 2018도2614	815	대판 2020.9.24. 2020도8978	723
대판 2019.8.29. 2018도2738[전합]	756, 762, 765	대판 2020.9.24. 2020도9801	627
대판 2019.8.29. 2018도13792[전합]	293, 294	대판 2020.9.24. 2017도12389	754
대판 2019.11.28. 2019도12022	661	대판 2020.10.15. 2020도7218	439
대판 2019.11.28. 2019도11766	752	대판 2020.10.22. 2020도6258[전합]	573
대판 2019.11.28. 2018도20832	758	대판 2020.10.29. 2020도4015	328
대판 2019.12.12. 2018도2560	711	대판 2020.11.5. 2019도12042	703
대판 2019.12.24. 2019도9773	532	대판 2020.11.12. 2017도7236	369
대판 2019.12.24. 2019도2003	465		

판례색인

대판 2020.11.19. 2020도5813[전합] 333, 343	대판 2021.8.12. 2020도13704 488
대판 2020.12.10. 2016도8447 574	대판 2021.8.12. 2020도17796 315
대판 2020.12.10. 2019도12282 317, 318	대판 2021.8.26. 2021도6416 346
대판 2020.12.10. 2019도17879 745	대판 2021.9.9. 2020도6085[전합] 385, 399
대판 2020.12.10. 2020도11471 344	대판 2021.9.9. 2019도16421 304
대판 2020.12.24. 2019도12901 336	대판 2021.9.9. 2021도8468 475
대판 2020.12.24. 2019도8443 682	대판 2021.9.9. 2021도2030 743
대판 2020.12.30. 2020도14045 713	대판 2021.9.9. 2020도12630[전합]
대판 2020.12.30. 2015도15619 333	390, 391, 392, 399
대판 2020.12.30. 2015도12933 334	대판 2021.9.16. 2019도18394 693, 694
대판 2021.1.14. 2017도13252 536	대판 2021.9.16. 2020도12861 338
대판 2021.1.14. 2017도21323 389, 399	대판 2021.9.30. 2019도17102 606, 610
대판 2021.1.14. 2020도13077 824	대판 2021.10.14. 2018도2993 773, 774
대판 2021.1.14. 2020도14735 630	대판 2021.10.14. 2016도16343 470, 492
대판 2021.1.14. 2020도8780 346, 354	대판 2021.10.28. 2021도7538 318
대판 2021.1.28. 2020도2642 809, 811	대판 2021.10.28. 2021도9242 394
대판 2021.2.4. 2018도9781 320	대판 2021.11.11. 2021도9855 466
대판 2021.2.4. 2020도12103 766	대판 2021.11.25. 2016도3452 590
대판 2021.2.18. 2016도18761[전합]	대판 2021.11.25. 2018도1346 295
526, 527, 546, 547	대판 2021.11.25. 2021도2486 739
대판 2021.2.25. 2018도19043 683	대판 2021.12.16. 2020도9789 572
대판 2021.2.25. 2020도12927 543	대판 2021.12.30. 2021도13639 385
대판 2021.3.11. 2020도14666 671	대판 2021.12.30. 2021도11924 739, 746
대판 2021.3.11. 2020도12583 747	대판 2022.1.27. 2021도15507 390, 399
대판 2021.3.11. 2016도14415 369	대판 2022.2.11. 2021도10827 345
대판 2021.3.25. 2016도14995 344	대판 2022.2.11. 2021도12394 369
대판 2021.3.25. 2017도17643 359	대판 2022.3.24. 2017도18272[전합]
대판 2021.4.29. 2018도18582 786	394, 395, 399
대판 2021.5.7. 2019도13764 622	대판 2022.3.31. 2021도8900 382
대판 2021.6.24. 2018도14365 569	대판 2022.3.31. 2018도15213 392, 393, 400, 784
대판 2021.6.30. 2018도18010 527	대판 2022.3.31. 2021도17197 674
대판 2021.6.30. 2020도4539 446	대판 2022.4.14. 2021도17744 340
대판 2021.7.8. 2014도12104 571, 602	대판 2022.4.28. 2020도12239 705
대판 2021.7.15. 2015도5184 543	대판 2022.4.28. 2020도15738 355
대판 2021.7.15. 2020도3514 543	대판 2022.5.12. 2021도16876 630

대판 2022.5.13. 2020도15642	338	대판 2022.12.15. 2022도9187	291
대판 2022.5.26. 2022도1227	508	대판 2022.12.16. 2022도10629	516
대판 2022.6.16. 2021도7087	399	대판 2022.12.22. 2020도8682[전합]	574
대판 2022.6.23. 2017도3829[전합]	540	대판 2022.12.29. 2021도2088	557
대판 2022.6.30. 2018도4794	580	대판 2023.3.30. 2022도6886	696
대판 2022.6.30. 2021도244	785	대판 2023.4.27. 2020도18296	743
대판 2022.6.30. 2017도21286	529	대판 2023.6.29. 2023도3351	399
대판 2022.6.30. 2021도17712	685	대판 2023.8.31. 2023도7045	584
대판 2022.6.30. 2022도3413	821	대판 2023.9.21. 2018도13877[전합]	316
대판 2022.6.30. 2021도8361	735	대판 2023.12.14. 2023도9350	401
대판 2022.7.28. 2022도4171	354	대판 2023.12.28. 2020도12586	792
대판 2022.7.28. 2020도8421	346	대판 2024.1.4. 2022도15955	388, 400
대판 2022.7.28. 2020도8336	335	대판 2024.2.8. 2023도16595	399
대판 2022.8.19. 2020도9714	696	대판 2024.2.15. 2023도15164	399
대판 2022.8.25. 2022도3801	396	대판 2024.3.12. 2023도17394	759
대판 2022.8.25. 2020도16897	359	대판 2024.4.4. 2021도15080	692
대판 2022.8.31. 2019도7370	358		
대판 2022.9.7. 2021도9055	400	**[헌법재판소]**	
대판 2022.9.15. 2022도5827	627	헌재 2019.4.11. 2017헌바127	279
대판 2022.9.29. 2020도11754	822	헌재 2024.6.27. 2020헌마468	434
대판 2022.9.29. 2021도14514	712		
대판 2022.10.14. 2020도13344	712	**[지방법원]**	
대판 2022.10.27. 2020도15105	740, 741, 746	서울지판 2000.6.27. 2000노999	351
대판 2022.11.30. 2022도1410	623		
대판 2022.12.15. 2017도19229	357		

참고문헌

[형법총론]
- 이재상, 장영민, 강동범 공저, 형법총론, 박영사, 2024
- 신동운, 형법총론, 법문사, 2024
- 이형국, 김혜경 공저, 형법총론, 법문사, 2023
- 오영근, 노수환 공저, 형법총론, 박영사, 2024
- 김혜정, 박미숙, 안경옥, 원혜욱, 이인영 공저, 형법총론, 정독, 2024
- 김성돈, 형법총론, 박영사, 2024
- 이주원, 형법총론, 박영사, 2024
- 신호진, 2025 형법요론 1 총론, 렉스스터디(LEX STUDY), 2024
- 이인규, 정현석 공저, 2024 형법총론강의, 학연, 2024
- 이용배, 허정 공저, 2025 로스쿨 신체계 형법강의, 해커스변호사, 2024

[형법각론]
- 이재상, 장영민, 강동범 공저, 형법각론, 박영사, 2023
- 신동운, 형법각론, 법문사, 2023
- 이형국, 김혜경 공저, 형법각론, 법문사, 2023
- 오영근, 형법각론, 박영사, 2023
- 김혜정, 박미숙, 안경옥, 원혜욱, 이인영 공저, 형법각론, 정독, 2024
- 김성돈, 형법각론, 박영사, 2024
- 신호진, 2025 형법요론 2 각론, 렉스스터디(LEX STUDY), 2024
- 이인규, 정현석 공저, 2024 형법각론강의, 학연, 2024
- 이용배, 허정, 2025 로스쿨 신체계 형법강의, 해커스변호사, 2024

시대에듀 법무사 2차 형법

개정1판2쇄 발행	2025년 04월 15일(인쇄 2025년 08월 18일)
초 판 발 행	2023년 02월 06일(인쇄 2022년 12월 22일)
발 행 인	박영일
책 임 편 집	이해욱
편 저	안정현 · 시대법학연구소
편 집 진 행	안효상 · 이재성 · 김민지
표지디자인	조혜령
편집디자인	표미영 · 고현준
발 행 처	(주)시대고시기획
출 판 등 록	제10-1521호
주 소	서울시 마포구 큰우물로 75 [도화동 538 성지 B/D] 9F
전 화	1600-3600
팩 스	02-701-8823
홈 페 이 지	www.sdedu.co.kr
I S B N	979-11-383-8977-8(13360)
정 가	50,000원

※ 이 책은 저작권법의 보호를 받는 저작물이므로 동영상 제작 및 무단전재와 배포를 금합니다.
※ 잘못된 책은 구입하신 서점에서 바꾸어 드립니다.

 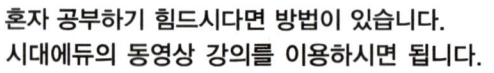 

혼자 공부하기 힘드시다면 방법이 있습니다.
시대에듀의 동영상 강의를 이용하시면 됩니다.
www.sdedu.co.kr → 회원가입(로그인) → 강의 살펴보기